Peter Kloep, Karsten Weigel, Kevin Momber,
Raphael Rojas, Annette Coenen

Windows Server 2025

Das umfassende Handbuch

Rheinwerk
Computing

Liebe Leserin, lieber Leser,

Sie halten hier ein wirklich großes Werk in den Händen – und das bezieht sich nicht nur auf den Umfang! Denn das Autorenteam um Peter Kloep gibt Ihnen in diesem Handbuch einen umfassenden Überblick über alle wichtigen Administrationsaufgaben rund um den Windows Server: Von grundlegenden Netzwerktechniken über den Aufbau des Active Directorys und dem Betrieb der wichtigsten Serverdienste bis hin zu fortgeschrittenen Sicherheitskonfigurationen wird alles besprochen, was Sie in der Systemadministration kennen sollten. Praxis- und lösungsorientiert werden alle Aspekte abgearbeitet, die Sie in der alltäglichen Arbeit mit Windows-Infrastrukturen brauchen.

Es benötigt viel Erfahrung aus der Praxis, um eine solche Themenbandbreite kompetent zu beschreiben. Peter Kloep, Karsten Weigel, Kevin Momber, Raphael Rojas und Annette Coenen arbeiten seit Jahren professionell mit dem Windows Server und kennen die Microsoft-Infrastruktur aus zahlreichen Projekten und Support-Einsätzen. Als erfahrene Administratoren in großen Umgebungen sind sie mit den zahllosen Fallstricken vertraut, die im täglichen IT-Betrieb lauern. Lassen Sie sich von ihnen begleiten und arbeiten Sie noch besser mit dem Server-Betriebssystem aus dem Hause Microsoft.

Abschließend noch ein Wort in eigener Sache: Dieses Werk wurde mit großer Sorgfalt geschrieben, geprüft und produziert. Sollte dennoch einmal etwas nicht so funktionieren, wie Sie es erwarten, freue ich mich, wenn Sie sich mit mir in Verbindung setzen. Ihre Kritik und konstruktiven Anregungen sind jederzeit willkommen.

Ihr Christoph Meister
Lektorat Rheinwerk Computing

christoph.meister@rheinwerk-verlag.de
www.rheinwerk-verlag.de
Rheinwerk Verlag · Rheinwerkallee 4 · 53227 Bonn

Auf einen Blick

Wir hoffen, dass Sie Freude an diesem Buch haben und sich Ihre Erwartungen erfüllen. Ihre Anregungen und Kommentare sind uns jederzeit willkommen. Bitte bewerten Sie doch das Buch auf unserer Website unter **www.rheinwerk-verlag.de/feedback**.

An diesem Buch haben viele mitgewirkt, insbesondere:

Lektorat Christoph Meister
Korrektorat Friederike Daenecke, Zülpich
Herstellung Stefanie Meyer
Typografie und Layout Vera Brauner
Einbandgestaltung Silke Braun
Coverbild iStock: 481482202©beresnev, 496737514 © shapecharge, 610749276 © spainter vfx
Satz SatzPro, Krefeld
Druck C.H.Beck, Nördlingen

FSC www.fsc.org MIX Papier | Fördert gute Waldnutzung FSC® C019821

Dieses Buch wurde gesetzt aus der TheAntiquaB (9,35/13,7 pt) in FrameMaker.

Gedruckt wurde es mit mineralölfreien Farben auf chlorfrei gebleichtem, FSC®-zertifiziertem Offsetpapier (90 g/m²).

Hergestellt in Deutschland.

Bibliografische Information der Deutschen Nationalbibliothek:
Die Deutsche Nationalbibliothek verzeichnet diese Publikation in der Deutschen Nationalbibliografie; detaillierte bibliografische Daten sind im Internet über *http://dnb.dnb.de* abrufbar.

ISBN 978-3-367-10339-3

3., aktualisierte Auflage 2025

Rheinwerk Verlag GmbH • Rheinwerkallee 4 • 53227 Bonn
service@rheinwerk-verlag.de

Informationen zu unserem Verlag und Kontaktmöglichkeiten finden Sie auf unserer Verlagswebsite **www.rheinwerk-verlag.de**. Dort können Sie sich auch umfassend über unser aktuelles Programm informieren und unsere Bücher und E-Books bestellen.

Inhalt

4 IP-Adressmanagement 161

Vorwort der Autoren

Windows Server 2025 ist die neue Version des Microsoft-Serverbetriebssystems, die im Herbst 2024 veröffentlicht wurde. Wir haben dies zum Anlass genommen, unsere Erfahrungen zu Papier zu bringen, die wir beim Testen und Implementieren des Betriebssystems bei unseren Kunden und Arbeitgebern gesammelt haben. Durch unsere langjährige Erfahrung im IT-Umfeld können wir Ihnen zahlreiche Tipps und Tricks zeigen, mit deren Hilfe Sie Fallstricke vermeiden.

Auch in Zeiten des Cloud-Computings wird es noch Unternehmen geben, die Server lokal bereitstellen wollen bzw. müssen, oder Unternehmen, die virtuelle Systeme mit aktuellen Betriebssystemen in der Cloud bereitstellen möchten. Mit dem Ende des erweiterten Supports für Windows Server 2016 im Januar 2027 müssen viele Unternehmen ihre Systeme aktualisieren. Falls Sie dazugehören, sollten Sie prüfen, ob Sie nicht direkt auf das neuste verfügbare Serverbetriebssystem wechseln wollen.

Dieses Buch richtet sich sowohl an Einsteiger, die vielleicht zum ersten Mal mit Windows Server Kontakt zu Microsoft-Servern haben, als auch an alle »alten Hasen«, die sehen wollen, welche neuen Möglichkeiten der neue Server bietet.

In diesem Buch steckt viel Arbeit, und bei fünf Autoren war die Abstimmung nicht immer leicht. Wir glauben aber, dass das Buch gut gelungen ist.

Nun wünschen wir Ihnen viel Spaß beim Lesen und viel Erfolg bei der Umsetzung Ihres Vorhabens mit dem Windows Server!

Wer sind »wir« – die Autoren?

Peter Kloep

Seit mehr als 25 Jahren bin ich im IT-Bereich unterwegs. Angefangen hat es mit dem Aufbau kleiner Netzwerke, bevor ich 2001 in einem IT-Systemhaus angeheuert habe. Dort habe ich als Techniker und Berater den Kunden bei ihren täglichen Problemen geholfen und habe neue Lösungen mit den Kunden geplant und umgesetzt. 2002 habe ich die Zertifizierung zum Microsoft Certified Trainer abgelegt und begonnen, im Rahmen von Trainings mein Wissen weiterzugeben.

Im Anschluss an das Systemhaus habe ich bei einem weltweit operierenden Unternehmen gearbeitet und dort den Anmelde- und Verzeichnisdienst betreut und die ersten Zertifizierungsstellen zur Absicherung der Netzwerkinfrastruktur und eine Smartcard-Anmeldung etabliert.

2007 habe ich den Schritt in die Selbstständigkeit gewagt und war bis 2011 als Trainer und Consultant für die Bereiche Windows Server, Active Directory und Exchange Server unterwegs.

2010 habe ich mich entschieden, nach Redmond zur Ausbildung als »Microsoft Certified Master – Directory Server« zu gehen, um ein noch tieferes Wissen und Verständnis für die Dienste rund um das Active Directory zu erlangen. Die abzulegenden Prüfungen habe ich bestanden, und so kam ich als Master aus Amerika zurück.

Im September 2011 bin ich dann – nach einem kurzen Abstecher zu Comparex – zu Microsoft als Premier Field Engineer gewechselt und habe dort Microsoft-Premier-Kunden im Bereich »Identity und Security« betreut.

2019 habe ich zwei kurze Abstecher zu anderen Arbeitgebern genommen und war unter anderem als Cyber-Security-Architekt für die Planung und den Aufbau einer sicheren Authentifizierungsplattform verantwortlich.

Im November 2019 wechselte ich als Senior Customer Engineer zurück zu Microsoft (die Rolle wurde umbenannt), war wieder für meine Kunden tätig und unterstützte sie im Bereich Identity, Security und Zertifikatdienste.

Seit Dezember 2023 bin ich nun als *Principal IT Architect Microsoft* bei der Materna Infrastructure Solutions GmbH tätig und betreue dort Kunden im Bereich Identity, Security und alles rund um die Zertifikatdienste. Schwerpunkt meiner Tätigkeit ist der Schutz vor Cyberangriffen.

In diesem Buch habe ich mich um die Themen PKI, PowerShell und Authentifizierungsprotokolle gekümmert. Zusätzlich habe ich die Kapitel zum Thema IIS und Remotedesktop sowie VPN geschrieben.

Alle Kunden und Schulungsteilnehmer, die mich kennen, werden die eine oder andere Sache wiedererkennen – ich sage nur: *ichkanngarnix.de* ☺

Neben diesem Buch sind weitere Bücher von mir im Rheinwerk-Verlag zum Thema Security verfügbar.

Mein Dank gilt meinen Eltern, ohne die ich nicht dort wäre, wo ich jetzt bin. Ein besonderer Dank geht an meine Frau, die besonders während der »heißen« Phase des Schreibens einige Stunden auf mich verzichten musste, während ich am Schreibtisch gesessen und die Tastatur gequält habe.

Karsten Weigel

Als Peter Kloep mich 2018 ansprach und mich fragte, ob ich mir vorstellen könne, an diesem Buch mitzuwirken, habe ich nicht lange überlegt und mich sehr auf die neue Aufgabe gefreut. Jetzt, nachdem wir bereits die 3. Auflage geschrieben haben, muss ich sagen: Es war ein hartes Stück Arbeit! Aber ich denke, es hat sich gelohnt. Ich muss ehrlich sagen, dass ich den Aufwand stark unterschätzt habe, kann aber auch sagen, dass es eine sehr lehrreiche Erfahrung für mich war.

Ich bin seit gut 25 Jahren in der IT unterwegs und habe schon einige Projekte begleitet und auch meistern dürfen. Ich habe in den letzten Jahren immer die Microsoft-Zertifizierungen für Windows Server abgelegt und habe aktuell die Zertifizierung »MCSE Core Infrastructure«. Hauptberuflich bin ich der fachliche Gesamtverantwortliche bei einer großen Sicherheitsbehörde tätig, betreue den Anmelde- und Verzeichnisdienst und unterstütze verschiedene weltweit eingesetzte Teams bei der Inbetriebnahme von Standorten bzw. der Regeneration der eingesetzten Hardware. Zusätzlich bin ich für die angeschlossenen Organisationseinheiten im 2nd und 3rd Level Support tätig.

Nebenberuflich betreue ich die IT verschiedener klein- bis mittelständischer Unternehmen, berate die IT-Abteilungen bei der Absicherung der IT-Infrastruktur bzw. administriere die IT-Umgebungen eigenständig. Hier kümmere ich mich um »alles, was ein Kabel hat«. Von der Planung, der Bestellung über die Installation und Inbetriebnahme unterstütze ich Kunden, die teilweise selbst kein eigenes IT-Personal vor Ort haben.

Mein täglicher Schwerpunkt ist das Active Directory, die IT-Sicherheit und die Weiterentwicklung bzw. Optimierung von eingesetzten Produkten. Einer meiner Schwerpunkte in den vergangenen Jahren war die Implementierung von Härtungsrichtlinien für Windows Server und die damit verbundenen Probleme. Die Dokumentation, Umsetzung und Überprüfung eines detaillierten Rollen- und Rechtekonzepts stellten hier eine anspruchsvolle Herausforderung dar. Durch den geschickten Einsatz der Windows PowerShell konnte ich zahlreiche der täglichen Aufgaben automatisieren und sie dadurch in der zur Verfügung stehenden Zeit optimieren.

Alle, die den Betrieb eines Active Directory unterstützen oder verantworten, kennen die alltäglichen Probleme, die durch die Anwender und lokalen Administratoren gemeldet werden. Diese erstrecken sich von »Mein Konto wird immer wieder gesperrt« über »Hier funktioniert etwas nicht ... ich habe aber nix gemacht« bis hin zu tatsächlichen Ausfällen von Systemen, die durch Hardwareausfälle entstehen.

Meine Inhalte in diesem Buch sind die Themen Netzwerkgrundlagen, IP-Adressmanagement, AD-Grundlagen sowie AD-Benutzer, -Gruppen und Co. Außerdem habe ich das Thema »Migration von Serverdiensten« übernommen. Hier konnte ich meine Praxiserfahrung einfließen lassen.

Ein ganz besonderer Dank geht an meine Partnerin, ich liebe Dich!

Ein weiterer Dank geht auch an meine Arbeitskollegen, Sven, Peter und Mark, die meine Texte gelesen und mit korrigiert haben.

Kevin Momber

Ich bewege mich seit Mitte der 90er Jahren in der IT und arbeite seit mehr 20 Jahren im IT-Umfeld. Dabei konnte ich viele unterschiedliche Stationen durchlaufen und war im 1st und 2nd Level Support tätig, habe in der IT-Administration gearbeitet, habe Kunden beraten und mich um die IT-Architektur gekümmert. So konnte ich eine Vielzahl von Technologien kennenlernen und viele Erfahrungen sammeln.

2015 startete ich als Premier Field Engineer für Microsoft und betreute Premier-Großkunden bei allen aufkommenden Fragen und Situationen, die im täglichen IT-Betrieb so vorkommen. Seit nun ungefähr 3 Jahren arbeite ich bei Microsoft als *Cloud Solution Architekt* im Bereich Security und berate unsere Kunden in allen Fragen der IT-Sicherheit.

Als mich Peter Kloep und der Rheinwerk Verlag 2018 angesprochen haben und fragten, ob ich an einem Windows Server Buch mitwirken möchte, war für mich sehr schnell klar, dass ich mich diesem Projekt stellen will. Ich habe als Autor der Kapitel Verwaltung, Virtualisierung, Dateiserver, Hyper-V sowie Dateidienste mitwirken dürfen. Es freut mich daher sehr, nun wieder Teil des Autorenteams sein zu können und hoffe, dass ich Ihnen einen Einblick in den Microsoft Windows Server 2025 geben kann.

Raphael Rojas

Seit mehr als 15 Jahren bin ich beruflich in der IT unterwegs, zunächst als Student des ziemlich allgemeinen Studiengangs Wirtschaftsinformatik und dann in einem multinationalen Industrieunternehmen, für das ich auch mehrere Einsätze im In- und Ausland in unterschiedlich großen Projekten begleiten und leiten durfte. Viele Zertifizierungen im IT-Service-Management, Projektmanagement, aber auch MCSA und MCSE, sowie ein Master-Studium später hat es mich 2016 zu Microsoft verschlagen, wo ich als Premier Field Engineer größere und kleinere Unternehmen zu Fragen der Security mit einem Fokus auf Active Directory-Sicherheit und Zertifizierungsstellen (PKI) beraten und unterstützt habe.

Später ergab sich ein Wechsel zurück zum vorherigen Arbeitgeber. Seitdem bin ich in verschiedenen Positionen tätig gewesen, zunächst als Enterprise-Architekt und im Bereich der IT-Security, als Manager für das Team *Windows Server und Clients* und inzwischen als *Director Network and Plattform Systems* der STIHL Gruppe.

Der »Ausflug« zu Microsoft hat mich eines gelehrt, nämlich, dass die Herausforderungen unabhängig von der Größe einer Unternehmung immer die gleichen bleiben: ganzheitliches Verständnis, Management von Komplexität und das Aufbrechen von Silos zwischen eingefahrenen Abteilungen und »bewährten« Vorgehensweisen sind die Herausforderungen der heutigen Zeit. Unternehmen, die aufgrund ihrer kleinen Größe hier die Chance nutzen, erweisen sich als flexibel und kommen mitunter trotz limitierter finanzieller Mittel schneller ans Ziel. In den letzten 10 Jahren hat sich jedes Jahr mehr gezeigt, dass der Blick über den Tellerrand essenziell ist, und dies ist auch meine persönliche Empfehlung an alle, die im IT-Umfeld aktiv sind: Schauen Sie einmal darüber hinaus!

In diesem Buch habe ich die Kapitel zum Patchmanagement (eine Herzensangelegenheit), zur Integration in Azure (eine absolute Notwendigkeit heutzutage) und zur Security (meine Leidenschaft) geschrieben. An Peter Kloep und den Verlag geht ein herzliches Dankeschön für die Einladung, an diesem Projekt mitzuwirken. Nach dem fachlichen Review für das zuvor erschienene PKI-Buch von Peter Kloep war dies eine schöne und auch anstrengende Herausforderung. Vielen Dank auch an alle um mich herum, vor allem an meine Familie, die einige Stunden auf mich verzichten durfte, damit ich mich diesem Werk widmen konnte.

Annette Coenen

Die legendäre Superheldin Lara Croft ist maßgeblich daran schuld, dass ich heute bin, wo und wer ich bin. Damit ich die kraftvolle digitale Lady am PC-Bildschirm laufen, springen und kämpfen lassen konnte, musste ich seinerzeit meinen alten Windows-PC aufrüsten und mich mit der Technik dahinter beschäftigen. Und von da an ließ mich die Faszination für die digitale Welt nicht mehr los: Microsoft wurde mein ständiger Begleiter. Obwohl ich mein Berufsleben als Bauzeichnerin und Ingenieur-Studentin in der Baubranche begann, wechselte ich nach einer Umschulung um die Jahrtausendwende in die IT. Nach vielen Jahren der Administration und Entwicklung im Infrastruktur-Team der Enterprise-Verwaltung der Deutschen Bundesbank begegnete ich bei einer Weiterbildung Peter Kloep als Trainer, der mir seither als Mentor und geschätzter Kollege zur Seite steht. Mit seiner Unterstützung begann ich die Weiterbildung zum Microsoft-zertifizierten Trainer, um selbst mein Wissen weitergeben zu können, was ich dann mehrere Jahre lang tat.

2011 wechselte ich für die kommenden 12 Jahre zum Serviceteam von Microsoft, um als Premier Field Engineer die IT-Infrastrukturen unserer Großkunden durch Gesundheitsprüfungen und Workshops zu verbessern. Seit 2024 bin ich als Senior System Engineer Teil eines innovativen Teams in einem Startup, das es sich zur Aufgabe gemacht hat, die IT der deutschen Behörden sicherer zu machen. Die Erfahrungen und Einblicke, die ich in dieser jahrelangen Zusammenarbeit mit Peter und anderen Kollegen in vielen Projekten bei den verschiedensten Kunden gewann, führten letztlich auch zu der Entscheidung, zusammen mit dem gesamten Autoren-Team an diesem Buch zu arbeiten. Ich stelle Ihnen darin alle Rollen, Rollendienste und Features vom Windows Server in deren Gesamtheit vor, um Ihnen dadurch einen einfachen Einstieg und eine schnelle Übersicht zu ermöglichen.

Für die Geduld und die Unterstützung meiner Eltern, meiner Tochter Franziska und meines Ehemanns Robert, während der vielen Monate, die wir fünf zusammengearbeitet haben, möchte ich mich herzlich bedanken: Ohne euch wäre alles nichts. Ich danke auch dem Autoren-Team für die erfolgreiche Zusammenarbeit und wünsche Ihnen nun viel Spaß und frohes Schaffen mit diesem Buch.

Kapitel 1
Windows Server 2025

Windows Server 2025 ist die aktuelle Server-Version aus dem Hause Microsoft. In diesem Kapitel erläutern wir die unterschiedlichen Versionen bzw. Editionen und verschiedene Wege der Bereitstellung.

Windows Server 2025 ist die neueste Version von Microsofts Serverbetriebssystem Windows Server. Die Vorabversion wurde Anfang 2024 veröffentlicht. Am 1. November wurde die finale Version als Version 24H2 mit der Build-Nummer 26100.2314 zur Verfügung gestellt (siehe Abbildung 1.1).

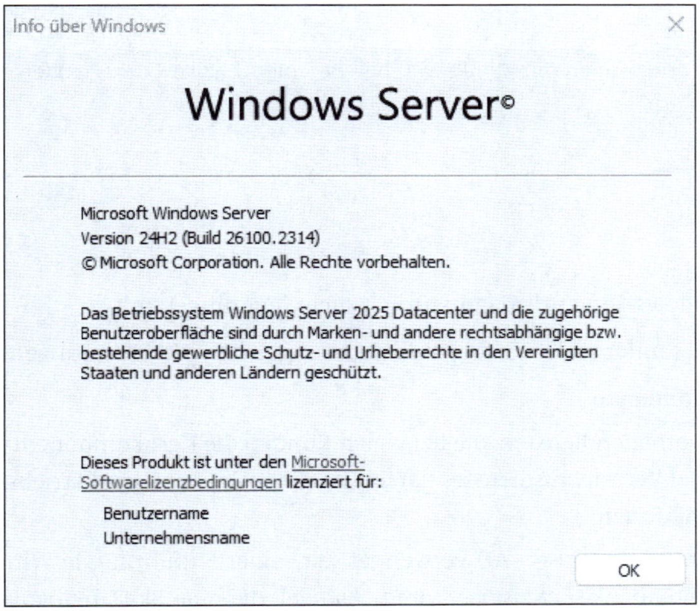
Info über Windows
Windows Server©
Microsoft Windows Server
Version 24H2 (Build 26100.2314)
© Microsoft Corporation. Alle Rechte vorbehalten.
Das Betriebssystem Windows Server 2025 Datacenter und die zugehörige Benutzeroberfläche sind durch Marken- und andere rechtsabhängige bzw. bestehende gewerbliche Schutz- und Urheberrechte in den Vereinigten Staaten und anderen Ländern geschützt.
Dieses Produkt ist unter den Microsoft-Softwarelizenzbedingungen lizenziert für:
Benutzername
Unternehmensname
OK

Abbildung 1.1 Versionsinformationen der Vorabversion von Windows Server 2025

Versionsnummer

Die Versionsnummer von Windows Server bleibt auch nach dem Einspielen von Windows-Updates die Gleiche.

Sie können die Versionsnummer in der Registrierung des Systems überprüfen. Unterhalb des Schlüssels *HKLM\Software\Microsoft\Windows NT\CurrentVersion* stehen die relevanten Informationen:

ProductName	Windows Server 2025 Datacenter
ReleaseId	2009
CurrentBuildNumber	26100
UBR (Update Build Revision)	2314

Versionsnummern über die PowerShell

Wenn Sie diese Informationen automatisiert auslesen möchten, können Sie dies über die PowerShell erreichen:

```
(Get-ItemProperty "HKLM:\SOFTWARE\Microsoft\Windows NT\CurrentVersion\" `
    -Name UBR).UBR
```

Remote können Sie diese Informationen mit den PowerShell-Befehlen `Invoke-Command` oder `Enter-PSSession` abrufen.

1.1 What's new?

Jedes neue Release eines Windows-Servers bringt natürlich auch Neuerungen mit.

In Windows Server 2025 gibt es unter anderem folgende Neuerungen bzw. Verbesserungen:

- **Active Directory-Domänendienste**

  Bei den Active Directory-Domänendiensten, die bei vielen Kunden die Kernkomponente des zentralen Anmelde- und Verzeichnisdienstes darstellen, gibt es seit einigen Betriebssystemversionen neue Funktionen:

  - Optionale 32k-Datenbankseitengröße – AD verwendet seit seiner Einführung in Windows 2000 eine ESE-Datenbank (*Extensible Storage Engine*), die eine 8k-Datenbankseitengröße verwendet. Dadurch durfte ein Active Directory-Objekt nicht größer als 8k werden. Die Umstellung auf ein 32k-Datenbankseitenformat bietet eine Verbesserung in Bereichen, die von veralteten Beschränkungen betroffen sind. So können mehrwertige Attribute jetzt bis zu ~3200 Werte enthalten, was einer Steigerung um den Faktor 2,6 entspricht. Diese Funktion kann für Unternehmen interessant sein, die zahlreiche zusätzliche Informationen im Active Directory speichern. Die Aktivierung der größeren Speicherseiten erfolgt mithilfe der *ADOptionalFeatures*, die – wie beim Active

Directory-Papierkorb – per PowerShell aktiviert werden können. Die 32k-Speicherseiten-Funktion setzt eine Gesamtstrukturfunktionsebene 2025 voraus, die mit Windows Server 2025 eingeführt wurde.

- AD-Objektreparatur – AD ermöglicht es Unternehmensadministratoren, Objekte mit fehlenden Kernattributen *SamAccountType* und *ObjectCategory* zu reparieren. Das *LastLogonTimeStamp*-Attribut kann für ein Objekt auf die aktuelle Uhrzeit zurückgesetzt werden. Aufgerufen werden diese Funktionen mithilfe von LDIF-Dateien (*LDAP Data Interchange Format*). Diese Vorgänge werden über eine neue RootDSE-Funktion mit dem Namen *fixupObjectState* vorgenommen.
- Zusätzliche Überwachungsmöglichkeiten für LDAP-Kanalbindungen – Die Ereignisse 3074 und 3075 können jetzt für die LDAP-Kanalbindung (*Lightweight Directory Access Protocol*) aktiviert werden.
- Verbesserungen am DC-Lokalisierungsalgorithmus – Der DC-Ermittlungsalgorithmus, also die Methode, wie ein Client seinen »nächstgelegenen« Domänencontroller findet, bietet neue Funktionen mit Verbesserungen bei der Zuordnung von kurzen Domänennamen im NetBIOS-Stil zu Domänennamen im DNS-Stil.
- Verbesserte Algorithmen für Name/SID-Suchvorgänge – Die LSA- (*Local Security Authority*, lokale Sicherheitsautorität) und SID-Suchweiterleitung zwischen Computerkonten verwendet nicht mehr den älteren sicheren Netlogon-Kanal. Stattdessen werden Kerberos-Authentifizierung und DC-Locator-Algorithmus verwendet. Um die Kompatibilität mit älteren Betriebssystemen zu wahren, kann auch der sichere Netlogon-Kanal weiterhin als Fallbackoption verwendet werden.
- Verbesserte Sicherheit für vertrauliche Attribute – DCs und AD-LDS-Instanzen bieten nur dann die Möglichkeit, LDAP-Vorgänge zum Hinzufügen, Suchen und Ändern von vertraulichen Attributen zuzulassen, wenn die Verbindung verschlüsselt ist. Vertrauliche Attribute können im Active Directory-Schema konfiguriert werden. Die Informationen sind dann nicht mehr für alle (authentifizierten Benutzer/Computer) lesbar.
- Verbesserte Sicherheit für Computerkonto-Standardkennwörter – AD verwendet jetzt zufällig generierte Standardkennwörter für das Computerkonto. Windows Server 2025-DCs verhindern, dass Computerkontokennwörter auf das Standardkennwort des Computerkontonamens festgelegt werden.
- Kerberos PKINIT-Unterstützung für kryptografische Agilität – Die Implementierung des PKINIT-Protokolls (*Kerberos Public Key Cryptography for Initial Authentication in Kerberos*) wurde aktualisiert, um kryptografische Flexibilität zu ermöglichen, indem mehr Algorithmen unterstützt und hartcodierte Algorithmen entfernt wurden.
- LAN Manager GPO-Einstellung – Die GPO-Einstellung *Netzwerksicherheit: LAN Manager Hash-Wert bei nächster Kennwortänderung nicht speichern* ist nicht mehr vorhanden und gilt nicht mehr für neue Versionen von Windows.

- LDAP-Standardverschlüsselung – Die gesamte Kommunikation von LDAP-Clients nach einer SASL-Bindung (*Simple Authentication and Security Layer*) verwendet standardmäßig die LDAP-Versiegelung.
- LDAP-Unterstützung für TLS 1.3 – LDAP verwendet die neueste SCHANNEL-Implementierung und unterstützt TLS 1.3 für *LDAP über TLS*-Verbindungen. TLS 1.3 räumt mit veralteten Kryptografiealgorithmen auf, erhöht die Sicherheit gegenüber älteren Versionen und zielt darauf ab, einen möglichst großen Teil des Handshakes zu verschlüsseln.
- NUMA-Support – AD DS nutzt jetzt die Vorteile von NUMA-fähiger Hardware (*Non-uniform Memory Access*), indem es CPUs in allen Prozessorgruppen verwendet. Bisher wurden in AD nur CPUs in Gruppe 0 verwendet. Active Directory kann über 64 Kerne hinaus erweitert werden.

- **Azure Arc**

  Standardmäßig ist eine Funktion zur On-demand-Einrichtung von Azure Arc installiert. Sie bietet eine einfache Assistentenoberfläche und ein Symbol in der Taskleiste, um das Hinzufügen von Servern zu Azure Arc zu erleichtern. *Azure Arc* erweitert die Funktionalitäten der Azure-Plattform und lässt die Erstellung von Anwendungen und Diensten zu, die in verschiedenen Umgebungen betrieben werden können.

- **Bluetooth**

  In Windows Server 2025 können Sie nun Mäuse, Tastaturen, Headsets, Audiogeräte und vieles mehr über Bluetooth verbinden.

- **Credential Guard**

  Ab Windows Server 2025 ist Credential Guard jetzt standardmäßig auf allen Geräten aktiviert, die die Anforderungen erfüllen. *Credential Guard* ist ein Sicherheitsfeature, das das Auslesen von Kennwortinformationen (NTHash) verhindert.

- **Delegiertes verwaltetes Dienstkonto**

  Dieser neue Kontotyp ermöglicht die Migration von einem Dienstkonto zu einem delegierten verwalteten Dienstkonto (*Delegated Managed Service Account, dMSA*). Dieser Kontotyp enthält verwaltete und vollständig zufällige Schlüssel, die minimale Anwendungsänderungen sicherstellen, während die ursprünglichen Kennwörter des Dienstkontos deaktiviert werden.

- **Dateikomprimierung**

  Seit Build 26040 verfügt Windows Server über ein neues Feature beim Komprimieren eines Elements. Um es zu nutzen, klicken Sie mit der rechten Maustaste auf KOMPRIMIEREN. Dieses Feature unterstützt die Komprimierungsformate *ZIP*, *7z* und *TAR* mit bestimmten Komprimierungsmethoden für jedes einzelne Format.

- **Hyper-V-Manager**

  Wenn Sie eine neue virtuelle Maschine über den Hyper-V-Manager erstellen, ist GENERATION 2 jetzt als Standardoption im *Assistenten für eine neue virtuelle Maschine* vorausgewählt.

- **OpenSSH**

  In früheren Versionen von Windows Server erforderte das Konnektivitätstool OpenSSH vor der Verwendung eine manuelle Installation. Ab Build 26080 wird die serverseitige OpenSSH-Komponente standardmäßig in Windows Server 2025 installiert. Die Server-Manager-Benutzeroberfläche enthält unter SSH-REMOTEZUGRIFF auch eine 1-Klick-Option, durch die der *sshd.exe*-Dienst aktiviert oder deaktiviert wird. Außerdem können Sie der Gruppe *OpenSSH-Benutzer* Benutzer hinzufügen, um den Zugriff auf Ihre Geräte zuzulassen oder einzuschränken.

- **Remotezugriff**

  Standardmäßig akzeptieren neue *Routing and Remote Access Services-(RRAS-)*Setups keine VPN-Verbindungen, die auf PPTP- und L2TP-Protokollen basieren. Sie können diese Protokolle aber weiterhin aktivieren, wenn notwendig. SSTP- und IKEv2-basierte VPN-Verbindungen werden weiterhin ohne Änderung akzeptiert.

- **Sichere Zertifikatverwaltung**

  Die Suche oder das Abrufen von Zertifikaten unter Windows unterstützt jetzt SHA-256-Hashes, wie in den Funktionen `CertFindCertificateInStore` und `CertGetCertificateContextProperty` beschrieben. Die TLS-Serverauthentifizierung ist in Windows sicherer und erfordert jetzt eine RSA-Schlüssellänge von mindestens 2048 Bit.

- **Server Message Block**

  Server Message Block (SMB) ist eines der am häufigsten verwendeten Protokolle in Netzwerken, da es eine zuverlässige Möglichkeit bietet, Dateien und andere Ressourcen zwischen Geräten in Ihrem Netzwerk auszutauschen. Windows Server 2025 bietet die folgenden SMB-Funktionen:

  - Deaktivierung von SMB über QUIC
  - Überwachen der SMB-Signatur und -Verschlüsselung

- **WLAN**

  Es ist nun einfacher, Wireless-Funktionen zu aktivieren, da das Feature *Wireless LAN-Dienst* jetzt standardmäßig installiert ist. Der drahtlose Startdienst ist auf manuell festgelegt und kann durch Ausführen von `net start wlansvc` in der Eingabeaufforderung, im Windows-Terminal oder in der PowerShell aktiviert werden. Allerdings stellt sich die Frage, warum WLAN auf einem Serverbetriebssystem installiert werden soll.

- **Windows-Terminal**

  Windows-Terminal, eine leistungsstarke und effiziente Multi-Shell-Anwendung für Befehlszeilenbenutzer, ist in Windows Server 2025 verfügbar. Mit Hilfe des Terminal ist es möglich, die Ausgaben im Fenster in eine Textdatei zu exportieren. Damit ist das recht aufwendige Markieren, dann Kopieren und dann Einfügen in einen Editor nicht mehr notwendig.

- **Winget**

  Winget ist standardmäßig installiert. Dies ist ein Windows-Paket-Manager-Tool mit Befehlszeilen, das umfassende Paket-Manager-Lösungen zum Installieren von Anwendungen auf Windows-Geräten bereitstellt.

1.2 Die verschiedenen Editionen

Windows Server 2025 wird in zwei verschiedenen Editionen (*Standard* und *Datacenter*) bereitgestellt. Zusätzlich gibt es verschiedene Installationsoptionen: Sie haben die Wahl zwischen einer *Core*-Installation (ohne grafische Oberfläche) und einer Installation mit der Desktopdarstellung.

1.2.1 Windows Server Standard

Windows Server Standard beinhaltet die meisten Funktionen, die auch eine Datacenter-Edition mitbringt. Einschränkungen gibt es im Bereich *Netzwerkcontroller* und *Storage Spaces Direct* (direkte Speicherplätze). Mit einer Windows Server 2025-Standard-Lizenz dürfen Sie bis zu drei Serverbetriebssysteme auf einem Host (*Blech*) installieren.

Wird nur die Virtualisierungssoftware installiert (z. B. Hyper-V) und außer Unterstützungsdiensten (Backup bzw. Virenscanner) keine Rolle oder Anwendung ausgeführt, dürfen Sie auf dem gleichen System zwei virtuelle Windows Server 2025 betreiben, die beliebige Rollen ausführen können.

Lizenzen

Da sich die Lizenzbedingungen unter Umständen auch ohne vorherige Ankündigung ändern können, sollten Sie bei der Installation die Lizenzbedingungen prüfen oder – wenn Sie den Datenträger aus einem Volumenlizenzprogramm bezogen haben – die Lizenzvereinbarung online im Lizenzportal nachlesen.

1.2.2 Windows Server Datacenter

Die *Datacenter*-Edition stellt eine beliebige Anzahl von virtuellen Lizenzen auf dem Host zur Verfügung, auf dem sie installiert wurde.

1.3 Lizenzierung

Wie fast jede kommerzielle Software muss auch Windows Server lizenziert werden. Neben der Serverlizenz werden zusätzliche sogenannte *Clientzugriffslizenzen* (*Client Access Licenses, CALs*) benötigt. Wenn Sie einen Remotedesktop-Server einsetzen möchten, werden eventuell zusätzliche Remotedesktop-CALs benötigt.

1.3.1 Verschiedene Lizenzierungsarten

Es gibt unterschiedliche Wege, wie Sie die Lizenzen für Ihren Windows Server beziehen können. Sie können die Lizenz zusammen mit der Hardware erwerben oder als einzelnes Software-Produkt kaufen bzw. im Rahmen eines Lizenzprogramms die benötigten Lizenzen erwerben.

Prüfen Sie mit Ihrem Lieferanten bzw. Ansprechpartner, welches Verfahren für Ihr Unternehmen infrage kommt.

Wie bei den vergangenen Versionen müssen Sie die Clientzugriffslizenzen nicht mehr im System nachhalten. Dennoch müssen diese Lizenzen »auf dem Papier« vorhanden sein und bei einer Überprüfung nachgewiesen werden können.

Remotedeskop-CAL-Lizenzen müssen weiterhin ins System eingetragen werden.

1.3.2 Lizenzprogramme (KMS und MAK)

Unternehmen verwenden häufig Lizenzen aus einem Volumenlizenzvertrag. Im Gegensatz zu den »herkömmlichen« Lizenzen, bei denen jeder Server über einen einzelnen Produktschlüssel (manuell) aktiviert werden muss, können Sie mit einem Volumenlizenzvertrag alle Systeme über einen *KMS* (*Key Management Server*) oder durch Verwendung von *MAK-Keys* (*Multiple Activation Keys*, Mehrfachaktivierungsschlüssel) aktivieren. Beide Schlüssel können Sie im Volumenlizenzportal abrufen.

Wenn Sie einen MAK-Key verwenden, wird dieser auf dem Zielsystem eingespielt und das System entweder direkt oder über eine Proxy-Aktivierung (durch ein anderes System) dauerhaft aktiviert. Bei der Verwendung einer KMS-Aktivierung wird das System für 180 Tage durch den KMS-Server aktiviert. Vor Ablauf dieser Frist wird das System in einem Intervall von 30 Tagen versuchen, die Aktivierung zu »verlängern«. In früheren Versionen betrug das Intervall 7 Tage.

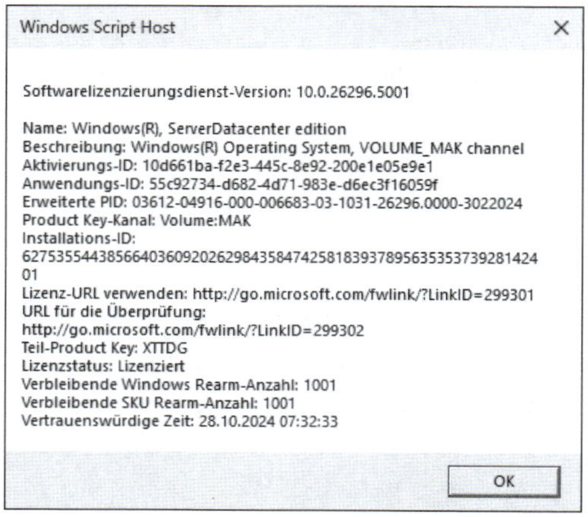
Windows Script Host
Softwarelizenzierungsdienst-Version: 10.0.26296.5001
Name: Windows(R), ServerDatacenter edition
Beschreibung: Windows(R) Operating System, VOLUME_MAK channel
Aktivierungs-ID: 10d661ba-f2e3-445c-8e92-200e1e05e9e1
Anwendungs-ID: 55c92734-d682-4d71-983e-d6ec3f16059f
Erweiterte PID: 03612-04916-000-006683-03-1031-26296.0000-3022024
Product Key-Kanal: Volume:MAK
Installations-ID:
627535544385664036092026298435847425818393789563535373928142401
Lizenz-URL verwenden: http://go.microsoft.com/fwlink/?LinkID=299301
URL für die Überprüfung:
http://go.microsoft.com/fwlink/?LinkID=299302
Teil-Product Key: XTTDG
Lizenzstatus: Lizenziert
Verbleibende Windows Rearm-Anzahl: 1001
Verbleibende SKU Rearm-Anzahl: 1001
Vertrauenswürdige Zeit: 28.10.2024 07:32:33
OK

Abbildung 1.2 Möglichkeit zur Aktivierung eines Servers in den Systemeigenschaften

Neben dem herkömmlichen Weg, den Produkt-Key auf der grafischen Oberfläche über den Punkt PRODUKT KEY ÄNDERN – oder bei der Installation – einzutragen (siehe Abbildung 1.2), gibt es weiterhin die Möglichkeit, mit dem Tool *slmgr* (*Software License Manager*, siehe Abbildung 1.3) die Produkt-Keys zu installieren, das Produkt zu aktivieren oder auch den »Testzeitraum« zu verlängern.

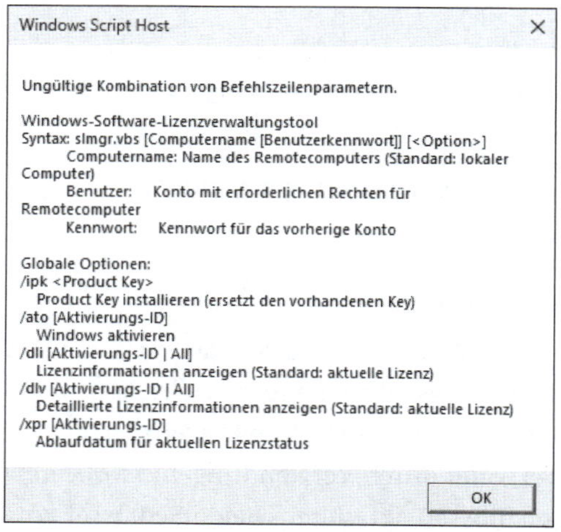
Windows Script Host
Ungültige Kombination von Befehlszeilenparametern.
Windows-Software-Lizenzverwaltungstool
Syntax: slmgr.vbs [Computername [Benutzerkennwort]] [<Option>]
Computername: Name des Remotecomputers (Standard: lokaler Computer)
Benutzer: Konto mit erforderlichen Rechten für Remotecomputer
Kennwort: Kennwort für das vorherige Konto
Globale Optionen:
/ipk <Product Key>
Product Key installieren (ersetzt den vorhandenen Key)
/ato [Aktivierungs-ID]
Windows aktivieren
/dli [Aktivierungs-ID | All]
Lizenzinformationen anzeigen (Standard: aktuelle Lizenz)
/dlv [Aktivierungs-ID | All]
Detaillierte Lizenzinformationen anzeigen (Standard: aktuelle Lizenz)
/xpr [Aktivierungs-ID]
Ablaufdatum für aktuellen Lizenzstatus
OK

Abbildung 1.3 Die erste Hilfeseite zum Windows-Software-Lizenzverwaltungstool

Sie können sich durch Verwendung des Parameters `/dlv` (*detailed license information verbose*) die detaillierten Lizenzierungsinformationen des Systems anzeigen lassen. Dort finden Sie neben dem KANAL (*Retail*), über den das Produkt bezogen wurde, auch die Information zum Lizenzstatus (siehe Abbildung 1.4). Hier können Sie sehen, ob Ihr System aktiviert wurde (LIZENZIERT) oder ob die Aktivierung noch aussteht (BENACHRICHTIGUNG).

Sie können – wie auch in früheren Versionen – die Aktivierungskarenzzeit (bei Servern 60 Tage) mit dem Aufruf `slmgr /rearm` zurücksetzen.

Abbildung 1.4 Ausgabe der detaillierten Lizenzinformationen

Für die Verwaltung der Lizenzen und das Bereitstellen der Aktivierungsoptionen KMS und *Active Directory Based Activation* bringt Windows Server 2025 eine entsprechende Serverrolle namens *Volumenaktivierungsdienste* mit, die diese Funktionen übernehmen kann (siehe Abbildung 1.5).

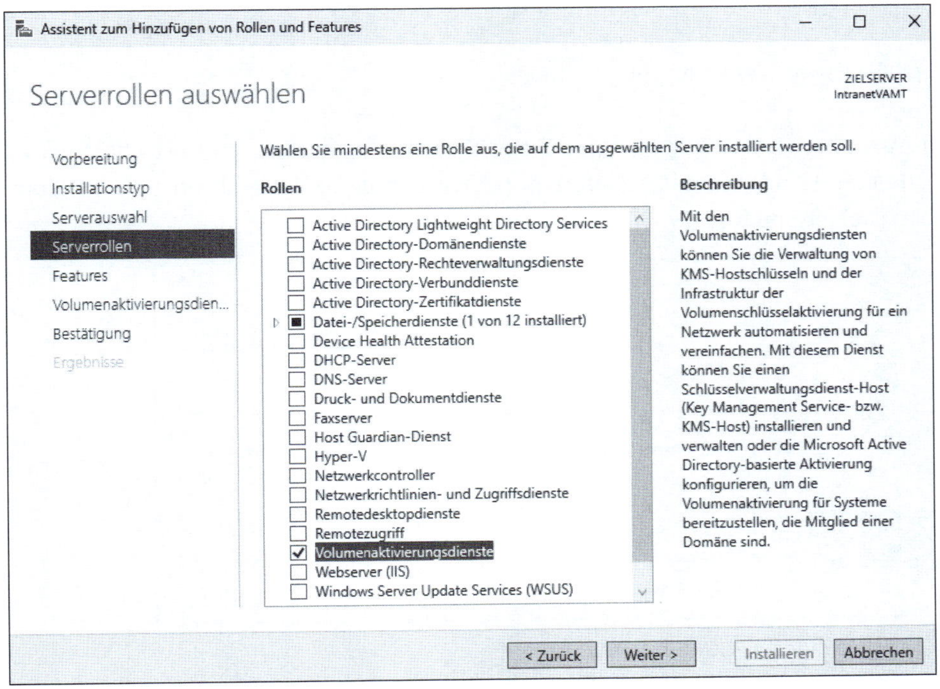

Abbildung 1.5 Installation der Rolle »Volumenaktivierungsdienste«

Wenn Sie die Rolle auf einem alleinstehenden Server installieren, der nicht Teil einer AD-Domäne ist, steht Ihnen nur die KMS-basierte Aktivierung zur Verfügung. Auf einem Domänenmitglied können Sie auch die Active Directory-basierte Aktivierung konfigurieren (siehe Abbildung 1.6).

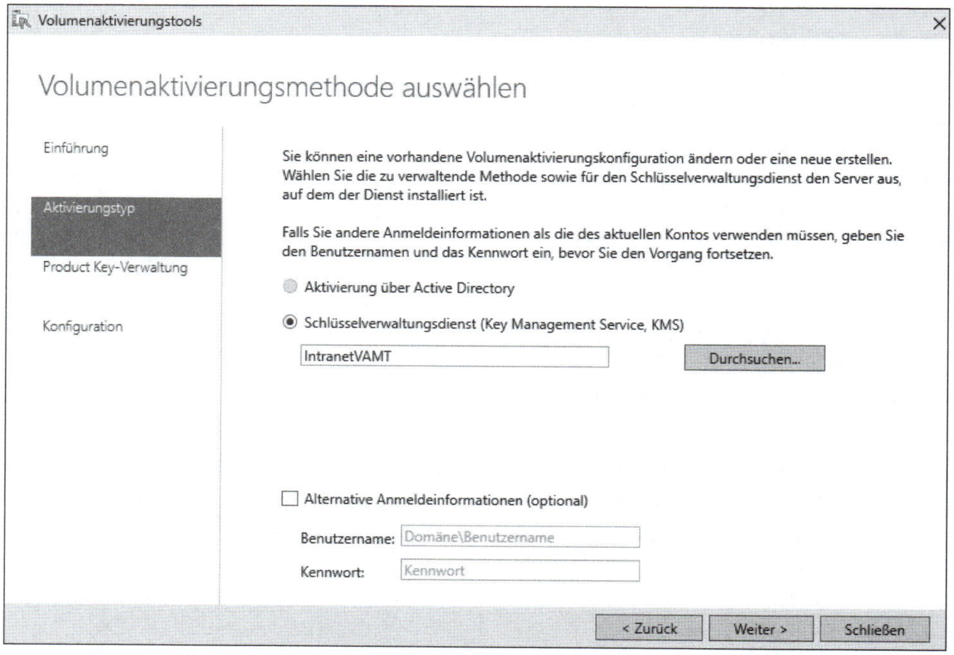
Volumenaktivierungstools
Volumenaktivierungsmethode auswählen
Einführung
Aktivierungstyp
Product Key-Verwaltung
Konfiguration
Sie können eine vorhandene Volumenaktivierungskonfiguration ändern oder eine neue erstellen. Wählen Sie die zu verwaltende Methode sowie für den Schlüsselverwaltungsdienst den Server aus, auf dem der Dienst installiert ist.
Falls Sie andere Anmeldeinformationen als die des aktuellen Kontos verwenden müssen, geben Sie den Benutzernamen und das Kennwort ein, bevor Sie den Vorgang fortsetzen.
Aktivierung über Active Directory
Schlüsselverwaltungsdienst (Key Management Service, KMS)
IntranetVAMT
Durchsuchen...
Alternative Anmeldeinformationen (optional)
Benutzername: Domäne\Benutzername
Kennwort: Kennwort
< Zurück
Weiter >
Schließen

Abbildung 1.6 Auswahl der Aktivierungsmethode

Nach der Auswahl des Aktivierungstyps müssen Sie den entsprechenden Hostschlüssel hinterlegen, den Sie vom Ihrem Lizenzlieferanten oder über das Volumenlizenzportal bekommen haben (siehe Abbildung 1.7).

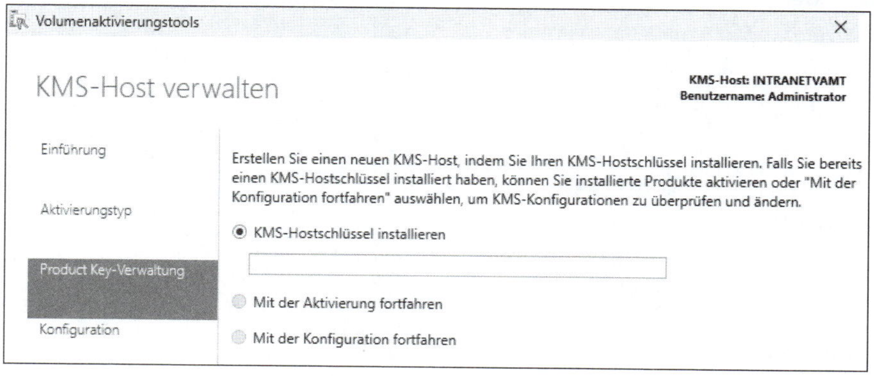
Volumenaktivierungstools
KMS-Host verwalten
KMS-Host: INTRANETVAMT
Benutzername: Administrator
Einführung
Aktivierungstyp
Product Key-Verwaltung
Konfiguration
Erstellen Sie einen neuen KMS-Host, indem Sie Ihren KMS-Hostschlüssel installieren. Falls Sie bereits einen KMS-Hostschlüssel installiert haben, können Sie installierte Produkte aktivieren oder "Mit der Konfiguration fortfahren" auswählen, um KMS-Konfigurationen zu überprüfen und ändern.
KMS-Hostschlüssel installieren
Mit der Aktivierung fortfahren
Mit der Konfiguration fortfahren

Abbildung 1.7 Eintragen des KMS-Hostschlüssels

Nachdem der Schlüssel eingetragen und aktiviert wurde, müssen Sie bei den KMS-Clients (Windows-Clientbetriebssystem oder -Serverbetriebssystem) die bekannten und verfügbaren KMS-Client-Keys hinterlegen. Auf der Webseite *https://docs.microsoft.com/de-de/windows-server/get-started/kmsclientkeys* finden Sie sowohl die Client-Keys für die LTSC-Version (Windows Server 2016 bis Windows Server 2025) als auch für die Semi-Annual-Channel-Versionen (Windows Server 1809 bis Windows Server 20H2).

Damit ein KMS-Server Lizenzen ausstellt, muss eine Mindestanzahl von Aktivierungsanfragen eingehen. Für Serverbetriebssysteme beträgt dieser Schwellenwert fünf Aktivierungen, bei Clients sind 25 Aktivierungen notwendig.

Ein KMS-Client kann über einen DNS-Eintrag vom Typ *SRV* einen KMS-Server finden. Alternativ können Sie bei einem Client auch »hart« einen KMS-Server hinterlegen, indem Sie `slmgr /skms:<Servername>` verwenden. Beachten Sie hierbei, dass nach dem festen Hinterlegen des Servers kein automatisches Umschalten auf einen anderen KMS-Server erfolgt. Durch die Verwendung von DNS wird ein Client automatisch auf einen anderen KMS-Server wechseln, sobald die DNS-Einträge angepasst werden.

1.3.3 Active Directory Based Activation (ADBA)

Eine Alternative zur KMS-basierten Aktivierung – bei der auch Computer verwaltet werden, die nicht zu einer Domäne gehören – ist die *Active Directory-basierte Aktivierung (ADBA)*. Für das Einrichten der ADBA können Sie den KMS-Host-Key aus dem Lizenzportal verwenden. Als Basis für die Validierung der Lizenz werden nun die Active Directory-Computerinformationen verwendet.

1.3.4 VM-Based Activation

Bei der *Virtual Machine Based Activation* erkennt das Betriebssystem eines virtualisierten Systems, ob das zugrunde liegende System aktiviert ist, und wird – wenn die generischen Keys von *https://learn.microsoft.com/de-de/windows-server/get-started/automatic-vm-activation?tabs=server2025* verwendet wurden – eine automatische Aktivierung der virtuellen Maschine durchführen.

1.4 Systemanforderungen

Windows Server 2025 ist nur noch als 64-Bit-Betriebssystem verfügbar. Die Systemanforderungen für Windows Server 2025 unterscheiden sich nicht von den Anforderungen, die frühere Versionen stellten:

- Es wird ein 64-Bit-Prozessor mit mindestens 1,4 GHz Geschwindigkeit vorausgesetzt. Für den Einsatz von Virtualisierungsdiensten werden zusätzlich Virtualisierungsfunktionen und die Datenausführungsverhinderung benötigt. Die Datenausführungsverhinderung *(Data Execution Prevention, DEP)* ist ein Schutzsystem, das unter anderem den Arbeitsspeicher des Systems schützt. Das System muss über mindestens 512 MB RAM für die Core-Installation verfügen. Wenn Sie die Desktopdarstellung nutzen wollen, sind es jedoch mindestens 2 GB. Bedenken Sie, dass es sich hierbei um die Mindestanforderung für den Server selbst handelt. Jede Applikation oder Rolle benötigt zusätzliche Ressourcen.

- Die minimale Anforderung an den Festplattenplatz beträgt 32 GB. In der Realität werden Sie damit aber nicht allzu lange zurechtkommen, da – je nach installierter Rolle – der Speicherbedarf deutlich größer sein wird.
- Soll der Server über das Netzwerk erreichbar sein, müssen Sie sicherstellen, dass eine unterstützte Netzwerkkarte vorhanden ist. Für die Installation sollten Sie ein DVD-Laufwerk oder Zugriff auf einen USB-Anschluss haben, sodass Sie die Installation des Betriebssystems durchführen können.
- Wenn Sie zusätzliche Rollen installieren möchten, müssen Sie prüfen, ob für diese weitere Anforderungen bestehen.

1.5 Installation von Windows Server 2025

Sie können das Betriebssystem entweder von der Installations-DVD installieren oder die Installationsdateien auf einen USB-Stick schreiben und von dort die Installation durchführen (siehe Abbildung 1.8). Bei der Verwendung von virtuellen Systemen können Sie den Installationsdatenträger in Form einer ISO-Datei direkt als Laufwerk in die virtuelle Maschine einbinden.

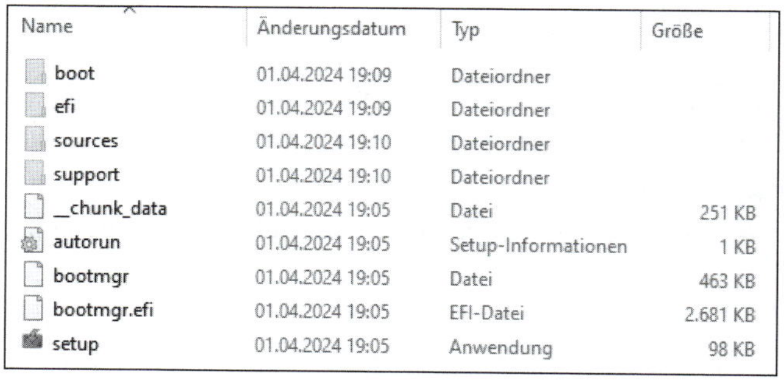

Name	Änderungsdatum	Typ	Größe
boot	01.04.2024 19:09	Dateiordner	
efi	01.04.2024 19:09	Dateiordner	
sources	01.04.2024 19:10	Dateiordner	
support	01.04.2024 19:10	Dateiordner	
_chunk_data	01.04.2024 19:05	Datei	251 KB
autorun	01.04.2024 19:05	Setup-Informationen	1 KB
bootmgr	01.04.2024 19:05	Datei	463 KB
bootmgr.efi	01.04.2024 19:05	EFI-Datei	2.681 KB
setup	01.04.2024 19:05	Anwendung	98 KB

Abbildung 1.8 Inhalt einer Installations-DVD

Die Windows Server 2025-Datenträger sind startfähig. Sie können also entweder von einem solchen Datenträger booten oder Sie legen auf einem bereits installierten System den Datenträger ein und führen die *setup.exe* aus, um eine Neuinstallation oder eine Aktualisierung des bestehenden Systems zu starten.

Der Ordner *support* auf dem Datenträger beinhaltet einige Tools, die Sie in bestimmten Szenarien benötigen:

- *ADFS* – Dieser Ordner *(AD FS, Active Directory Federation Services)* beinhaltet PowerShell-Skripte, die Sie zur Migration eines bestehenden AD-Verbundservers 2.0 verwenden können.
- *ADPrep* – Dieser Ordner *(Active Directory Preparation)* beinhaltet die notwendigen Dateien für eine Aktualisierung der AD-Umgebung auf den aktuellsten Stand. Diese Dateien benötigen Sie zum Beispiel, wenn Sie das Active Directory-Schema aktualisieren möchten, bevor Sie den ersten Windows Server 2025 in die Umgebung einbringen.
- *Logging* – In diesem Ordner befinden sich Dateien und Tools, die eine Fehleranalyse im Zuge des Setups erleichtern können. Ein Skript mit dem Namen *etwproviderinstall.vbs* stellt diese Funktionen bereit und aktiviert die Protokollierung.
- *Samples* – Im Ordner *Samples* befindet sich eine Antwortdatei, die zum automatisierten Installieren eines Serverbetriebssystems verwendet werden kann. Vor dem Einsatz muss die Datei geprüft und angepasst werden.

1.5.1 Installation mit grafischer Oberfläche

An der Art und Weise, wie die Installation von Windows Server abläuft, hat sich gegenüber den vorherigen Windows Server-Versionen nichts geändert. Die Installation erfolgt, indem Sie den Computer von einer DVD oder einem bootfähigen USB-Stick starten (siehe Abbildung 1.9).

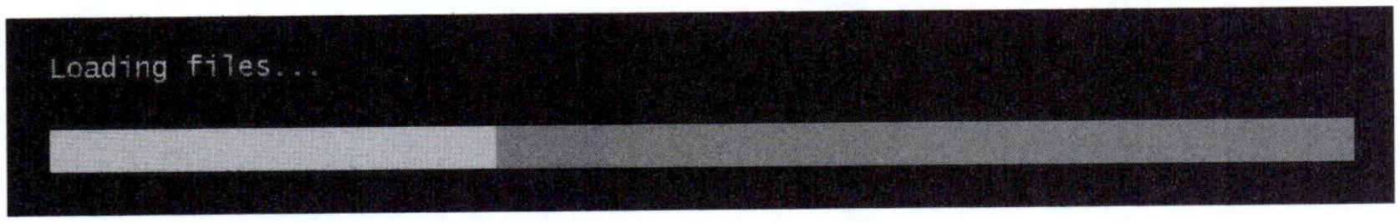

Abbildung 1.9 Booten von der Installations-DVD

Nachdem Windows PE *(Preinstallation Environment)* geladen wurde, können Sie zu Beginn des Installationsassistenten die Installationssprache (abhängig von den Sprachen auf der DVD), das Uhrzeit- und Währungsformat sowie die Tastaturbelegung oder die Eingabemethode festlegen (siehe Abbildung 1.10). Nehmen Sie die Einstellungen so vor, dass sie Ihren Anforderungen entsprechen. Diese Angaben können Sie nach abgeschlossener Installation bei Bedarf wieder anpassen.

Mit einem Klick auf WEITER gelangen Sie in das Begrüßungsfenster (siehe Abbildung 1.10), in dem Sie entweder die COMPUTERREPARATUROPTIONEN öffnen oder die Installation von Windows Server 2025 starten können.

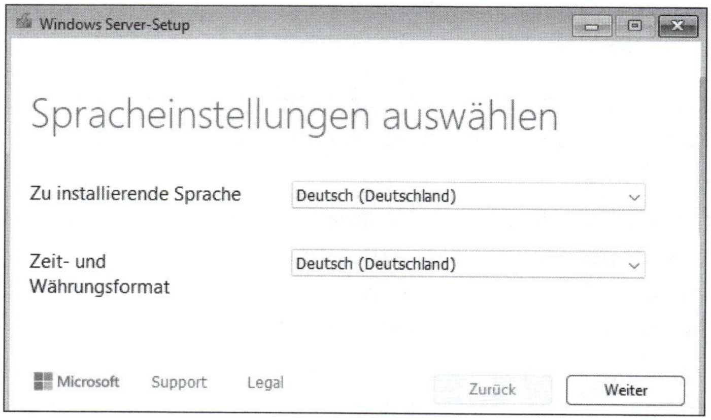

Abbildung 1.10 Auswahl der zu installierenden Sprache und des Zeit- und Währungsformats

Mit einem Klick auf WEITER gelangen Sie zur Auswahl der Tastatureinstellungen und können diese festlegen (siehe Abbildung 1.11).

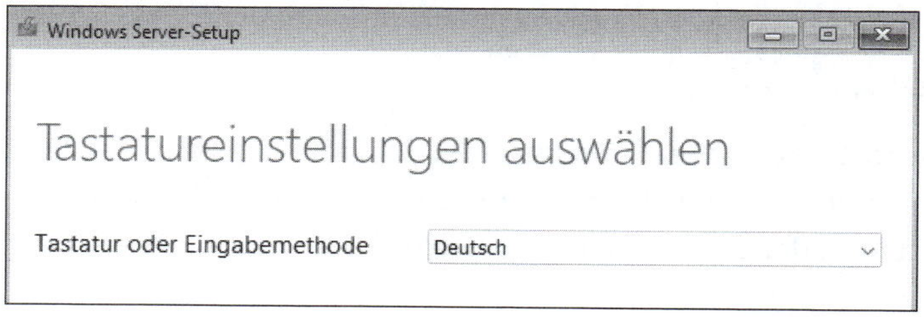

Abbildung 1.11 Auswahl der Tastatureinstellungen

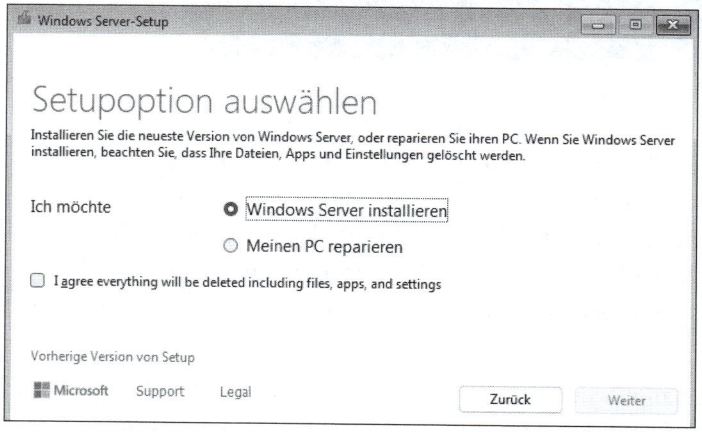

Abbildung 1.12 Auswahlmöglichkeit zur Installation von Windows Server 2025

Die bereits erwähnten *Computerreparaturoptionen* können Sie verwenden, wenn das System nach der Installation nicht mehr starten will. Hier stehen verschiedene Möglichkeiten zur

Wiederherstellung bzw. Reparatur des Systems zur Verfügung. Sie können über Ein Gerät verwenden dem System Zugriff auf Sicherungsdateien gewähren, sodass eine Sicherung zurückgespielt wird und damit das System auf einen »alten« funktionierenden Stand zurückgesetzt werden kann. Über die Problembehandlung können Sie eine Eingabeaufforderung öffnen oder die UEFI-Firmwareeinstellungen auf dem System anpassen.

In dieser Installation ist der Server von der DVD gebootet worden. Die Möglichkeit, auf Weiter zu klicken, wird erst aktiv, nachdem Sie die Option Ich stimme zu, dass alles gelöscht wird, ... aktiviert haben.

Nach einem Klick auf Weiter verlangt der Assistent die Auswahl der Lizenzierungsmethode. Hier stehen die Optionen Verwenden eines Produkt Keys und Nutzungsbasierte Bezahlung über Azure zur Verfügung (siehe Abbildung 1.13). Sie können entweder einen Produkt- oder Lizenzschlüssel *(Product Key)* eingeben oder die Bezahloption *Pay-as-you-go* über Azure Arc aktivieren. Der Product Key legt fest, ob Sie eine Standard-Edition oder eine Datacenter-Edition installieren. Sollten Sie (noch) keinen Product Key besitzen oder eine Testinstallation durchführen wollen, können Sie die Option Ich habe keinen Product Key auswählen.

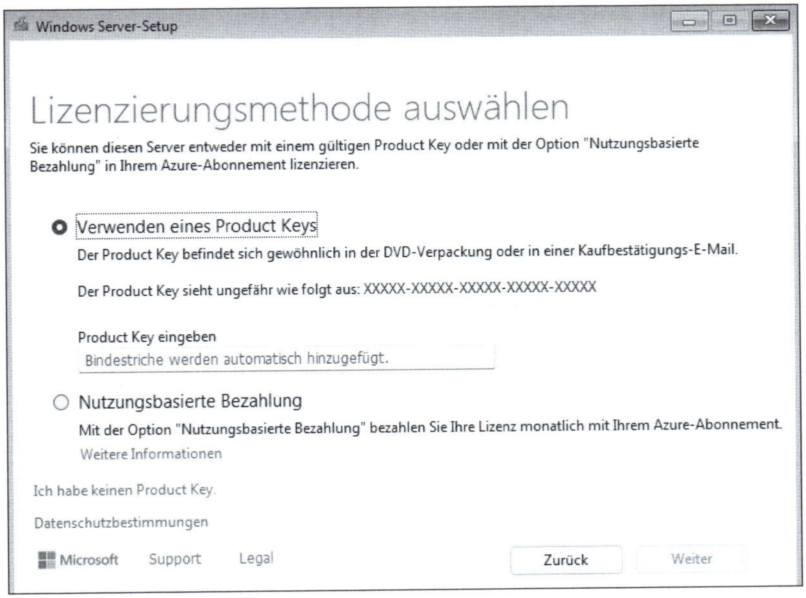
Windows Server-Setup
Lizenzierungsmethode auswählen
Sie können diesen Server entweder mit einem gültigen Product Key oder mit der Option "Nutzungsbasierte Bezahlung" in Ihrem Azure-Abonnement lizenzieren.
Verwenden eines Product Keys
Der Product Key befindet sich gewöhnlich in der DVD-Verpackung oder in einer Kaufbestätigungs-E-Mail.
Der Product Key sieht ungefähr wie folgt aus: XXXXX-XXXXX-XXXXX-XXXXX-XXXXX
Product Key eingeben
Bindestriche werden automatisch hinzugefügt.
Nutzungsbasierte Bezahlung
Mit der Option "Nutzungsbasierte Bezahlung" bezahlen Sie Ihre Lizenz monatlich mit Ihrem Azure-Abonnement.
Weitere Informationen
Ich habe keinen Product Key.
Datenschutzbestimmungen
Microsoft
Support
Legal
Zurück
Weiter

Abbildung 1.13 Auswahl der Lizenzierungsmethode

Sie können den Product Key auch nachträglich eintragen. Dies kann jedoch zur Folge haben, dass bestimmte Rollen und Features nachinstalliert werden oder vom System entfernt werden – je nachdem, ob Sie aus einer Standard-Edition eine Datacenter-Edition machen oder umgekehrt. Eine Liste der verfügbaren Rollen und Features und der Einschränkungen der verfügbaren Rollen bei der Standard-Edition finden Sie in Kapitel 2.

Nach der Installation wird Windows automatisch versuchen, die Installation zu aktivieren. Sollten Sie eine KMS-Version des Servers installieren, ist üblicherweise der KMS-Client-Key im Installationspaket hinterlegt. Sie können die KMS-Client-Versionen an den Buchstaben »VL« im Namen der ISO-Datei beim Download erkennen. *VL* steht dabei für *Volume License* und bedeutet, dass der Datenträger aus einem Volumenlizenzprogramm stammt.

Auf dem Datenträger sind üblicherweise mehrere Editionen vorhanden (siehe Abbildung 1.14). Sie können eine von ihnen auswählen, sofern Sie noch keinen Product Key eingegeben haben.

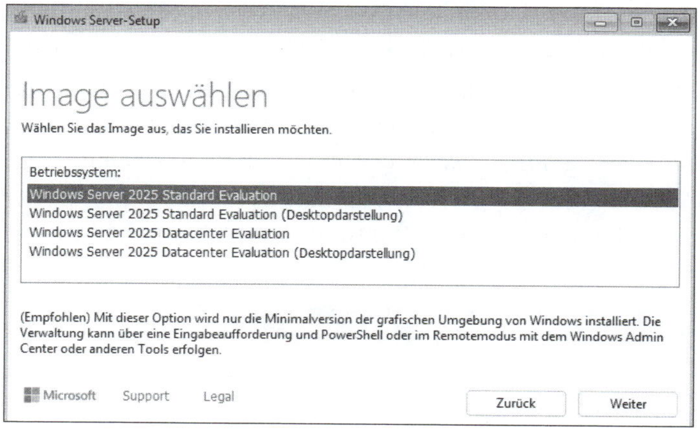
Windows Server-Setup
Image auswählen
Wählen Sie das Image aus, das Sie installieren möchten.
Betriebssystem:
Windows Server 2025 Standard Evaluation
Windows Server 2025 Standard Evaluation (Desktopdarstellung)
Windows Server 2025 Datacenter Evaluation
Windows Server 2025 Datacenter Evaluation (Desktopdarstellung)
(Empfohlen) Mit dieser Option wird nur die Minimalversion der grafischen Umgebung von Windows installiert. Die Verwaltung kann über eine Eingabeaufforderung und PowerShell oder im Remotemodus mit dem Windows Admin Center oder anderen Tools erfolgen.
Microsoft
Support
Legal
Zurück
Weiter

Abbildung 1.14 Auswahl der zur Verfügung stehenden installierbaren Betriebssysteme

Der nächste Schritt ist die Bestätigung der Lizenzbedingungen (siehe Abbildung 1.15), ohne die die Installation nicht fortgesetzt werden kann.

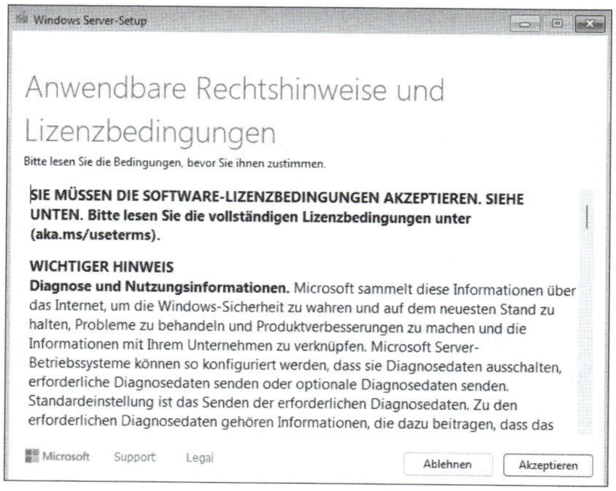
Windows Server-Setup
Anwendbare Rechtshinweise und Lizenzbedingungen
Bitte lesen Sie die Bedingungen, bevor Sie ihnen zustimmen.
SIE MÜSSEN DIE SOFTWARE-LIZENZBEDINGUNGEN AKZEPTIEREN. SIEHE UNTEN. Bitte lesen Sie die vollständigen Lizenzbedingungen unter (aka.ms/useterms).
WICHTIGER HINWEIS
Diagnose und Nutzungsinformationen. Microsoft sammelt diese Informationen über das Internet, um die Windows-Sicherheit zu wahren und auf dem neuesten Stand zu halten, Probleme zu behandeln und Produktverbesserungen zu machen und die Informationen mit Ihrem Unternehmen zu verknüpfen. Microsoft Server-Betriebssysteme können so konfiguriert werden, dass sie Diagnosedaten ausschalten, erforderliche Diagnosedaten senden oder optionale Diagnosedaten senden. Standardeinstellung ist das Senden der erforderlichen Diagnosedaten. Zu den erforderlichen Diagnosedaten gehören Informationen, die dazu beitragen, dass das
Microsoft
Support
Legal
Ablehnen
Akzeptieren

Abbildung 1.15 Hinweis auf die Lizenzbedingungen

Nach dem Akzeptieren der Lizenzbedingungen gelangen Sie zum Fenster SPEICHERORT FÜR DIE INSTALLATION VON WINDOWS SERVER AUSWÄHLEN, wo Sie die Laufwerke bzw. den

Datenträger wählen können, auf dem das Betriebssystem installiert werden soll (siehe Abbildung 1.16). Der Installationsassistent wird die für das Betriebssystem notwendigen Partitionen *(Volumes)* erstellen und einrichten.

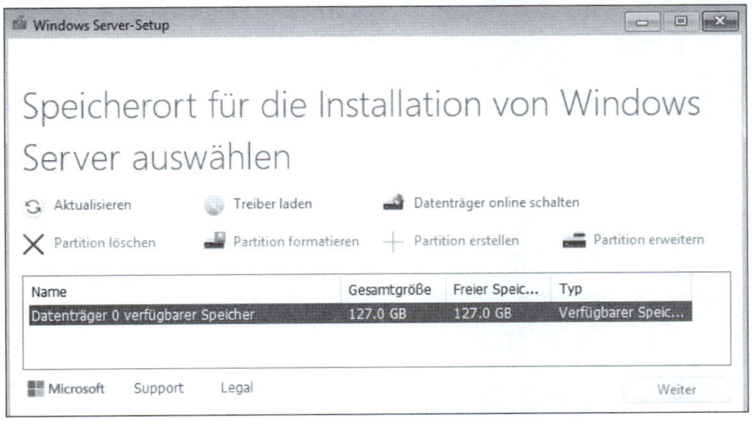

Abbildung 1.16 Auswahl des Zielorts für die Installation

Mit dem Assistenten können Sie bestehende Volumes auf dem Datenträger löschen oder erweitern. Sollten keine Laufwerke erkannt werden, können Sie hier Treiber nachladen – die zum Beispiel für bestimmte Controller notwendig sein können.

Bei der Installation werden drei Partitionen *(Volumes)* erstellt. Die Verwendung der einzelnen Volumes wird später in Abschnitt 1.5.3 beschrieben.

Im Anschluss wird eine kurze Zusammenfassung angezeigt (siehe Abbildung 1.17), und wenn Sie diese bestätigen, wird die Installation durchgeführt. Der Fortschritt wird Ihnen in Prozent angezeigt (siehe Abbildung 1.18). Nach dem Abschluss der Installation wird das System neu gestartet.

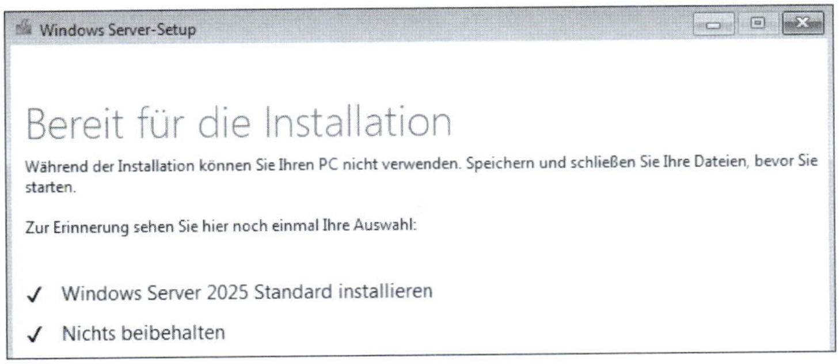

Abbildung 1.17 Zusammenfassung der Auswahl

Nach dem Neustart legen Sie unter EINSTELLUNGEN ANPASSEN (siehe Abbildung 1.19) das Kennwort für den lokalen Administrator fest. Sie sollten hier ein komplexes Kennwort hinterlegen. Das Kennwort muss mindestens 8 Zeichen lang sein.

Windows Server wird installiert.
Ihr PC startet einige Male neu, was eine Weile dauern kann.
10% abgeschlossen
Abbrechen

Abbildung 1.18 Anzeige des Installationsfortschritts

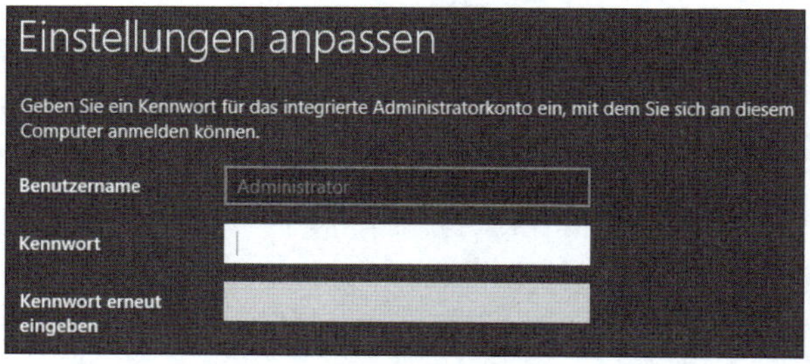
Einstellungen anpassen
Geben Sie ein Kennwort für das integrierte Administratorkonto ein, mit dem Sie sich an diesem Computer anmelden können.
Benutzername
Administrator
Kennwort
Kennwort erneut eingeben

Abbildung 1.19 Festlegen des Kennworts für das lokale Administratorkonto

Damit ist die Grundinstallation abgeschlossen. Nach der ersten Anmeldung müssen Sie noch eine Datenschutzoption konfigurieren. Dabei können Sie festlegen, welche Diagnosedaten an Microsoft gesendet werden. Es stehen die Optionen OPTIONAL EINSCHLIESSEN (siehe Abbildung 1.20) und NUR ERFORDERLICH zur Verfügung. Die Auswahl kann nachträglich angepasst werden.

Diagnosedaten an Microsoft senden
Wählen Sie Ihre Einstellungen und anschließend Annehmen aus, um sie zu speichern. Unter dem Link Weitere Informationen erhalten Sie mehr Informationen über diese Einstellungen, wie Sie diese ändern können und wie Windows Sie vor unsicheren Apps und Webinhalten schützt sowie vor den zugehörigen Datenübertragungen und Datenverwendungen.
Optional einschließen
Senden Sie Informationen über die Websites, die Sie besuchen, und darüber, wie Sie Anwendungen und Funktionen verwenden, sowie zusätzliche Informationen über die Integrität des Geräts, die Geräteaktivität und die erweiterte Fehlerberichterstattung. Diagnosedaten werden dazu verwendet, Windows sicher und aktuell zu halten, Probleme zu beheben und Produktverbesserungen vorzunehmen. Erforderliche Diagnosedaten werden immer mitgesendet, wenn Sie optionale Diagnosedaten senden möchten. Unabhängig von Ihrer Wahl wird Ihr Gerät ebenso sicher sein und normal funktionieren.
Weitere Informationen
Annehmen

Abbildung 1.20 Entscheiden Sie, welche Diagnose-Daten an Microsoft gesendet werden sollen.

1.5.2 Windows Server Core

Haben Sie sich bei der Auswahl des zu installierenden Betriebssystems für einen Server Core entschieden, laufen die Einrichtung der Laufwerke und die restliche Installation genauso wie bei einer Desktopinstallation ab. Nach der Installation bzw. dem Neustart geben Sie das Kennwort für den lokalen Administrator allerdings in einer Kommandozeile ein (siehe Abbildung 1.21).

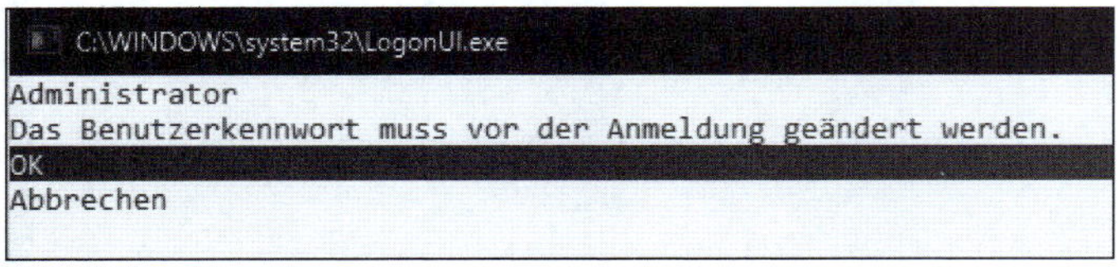
C:\WINDOWS\system32\LogonUI.exe
Administrator
Das Benutzerkennwort muss vor der Anmeldung geändert werden.
OK
Abbrechen

Abbildung 1.21 Festlegen des Kennworts auf einem Windows Server Core

Nach der ersten Anmeldung am Server Core müssen auch hier – wie bei der Desktopinstallation – die Einstellungen für das Übermitteln der Diagnosedaten festgelegt werden. Die Auswahl erfolgt über die Kommandozeile (siehe Abbildung 1.22).

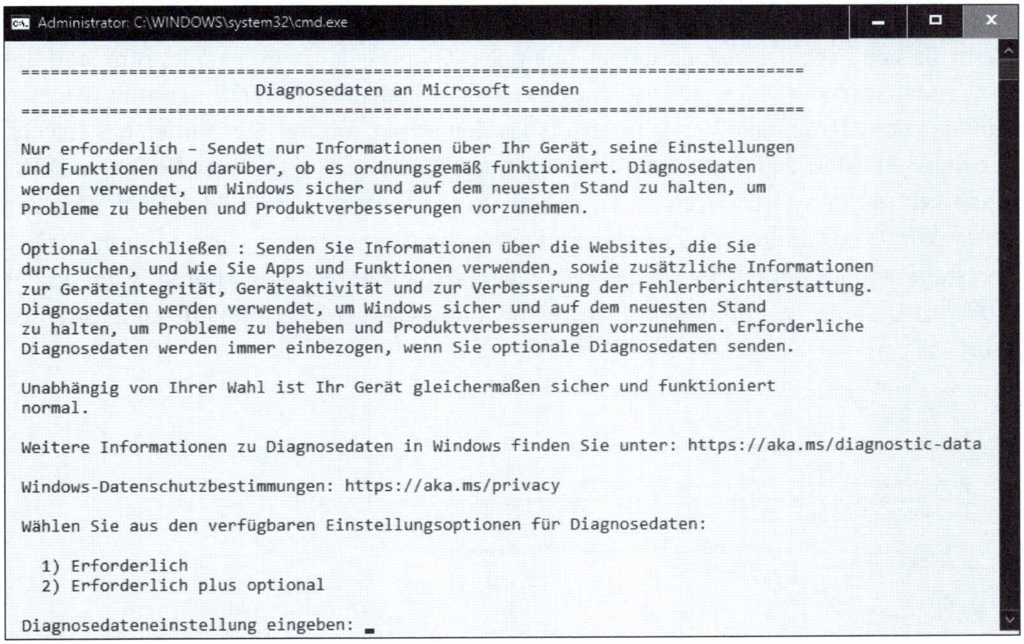
Administrator: C:\WINDOWS\system32\cmd.exe
Diagnosedaten an Microsoft senden
Nur erforderlich - Sendet nur Informationen über Ihr Gerät, seine Einstellungen
und Funktionen und darüber, ob es ordnungsgemäß funktioniert. Diagnosedaten
werden verwendet, um Windows sicher und auf dem neuesten Stand zu halten, um
Probleme zu beheben und Produktverbesserungen vorzunehmen.
Optional einschließen : Senden Sie Informationen über die Websites, die Sie
durchsuchen, und wie Sie Apps und Funktionen verwenden, sowie zusätzliche Informationen
zur Geräteintegrität, Geräteaktivität und zur Verbesserung der Fehlerberichterstattung.
Diagnosedaten werden verwendet, um Windows sicher und auf dem neuesten Stand
zu halten, um Probleme zu beheben und Produktverbesserungen vorzunehmen. Erforderliche
Diagnosedaten werden immer einbezogen, wenn Sie optionale Diagnosedaten senden.
Unabhängig von Ihrer Wahl ist Ihr Gerät gleichermaßen sicher und funktioniert
normal.
Weitere Informationen zu Diagnosedaten in Windows finden Sie unter: https://aka.ms/diagnostic-data
Windows-Datenschutzbestimmungen: https://aka.ms/privacy
Wählen Sie aus den verfügbaren Einstellungsoptionen für Diagnosedaten:
1) Erforderlich
2) Erforderlich plus optional
Diagnosedateneinstellung eingeben:

Abbildung 1.22 Festlegen der Diagnosedaten auf einem Core-Server

Im Anschluss – oder bei einer erneuten Anmeldung – wird automatisch das *sconfig*-Tool gestartet, mit dem Sie über Menüs gesteuert die Grundkonfiguration für Netzwerk, Firewall und Domänenmitgliedschaft vornehmen können (siehe Abbildung 1.23). Sie können hiermit auch nach Windows-Updates suchen und diese installieren.

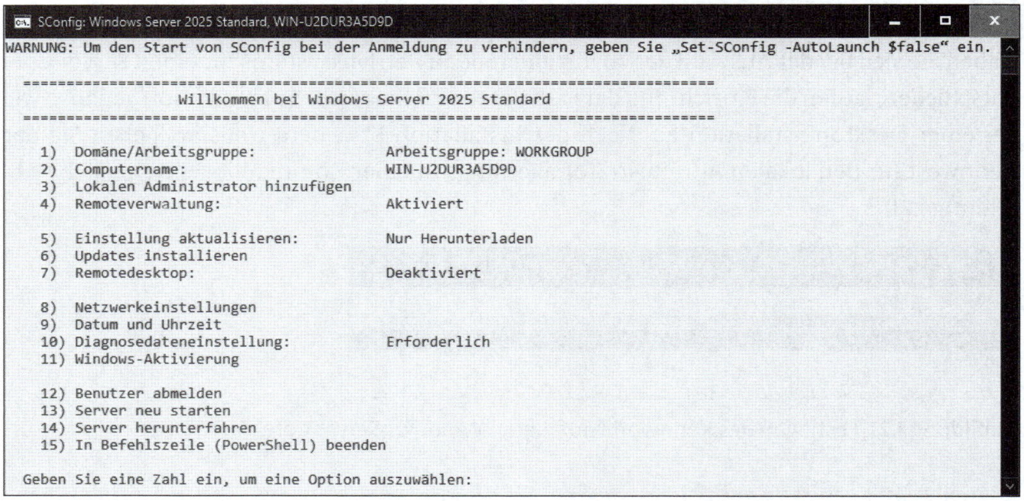
SConfig: Windows Server 2025 Standard, WIN-U2DUR3A5D9D
WARNUNG: Um den Start von SConfig bei der Anmeldung zu verhindern, geben Sie „Set-SConfig -AutoLaunch $false" ein.
Willkommen bei Windows Server 2025 Standard
1) Domäne/Arbeitsgruppe: Arbeitsgruppe: WORKGROUP
2) Computername: WIN-U2DUR3A5D9D
3) Lokalen Administrator hinzufügen
4) Remoteverwaltung: Aktiviert
5) Einstellung aktualisieren: Nur Herunterladen
6) Updates installieren
7) Remotedesktop: Deaktiviert
8) Netzwerkeinstellungen
9) Datum und Uhrzeit
10) Diagnosedateneinstellung: Erforderlich
11) Windows-Aktivierung
12) Benutzer abmelden
13) Server neu starten
14) Server herunterfahren
15) In Befehlszeile (PowerShell) beenden
Geben Sie eine Zahl ein, um eine Option auszuwählen:

Abbildung 1.23 »sconfig« dient zur einfacheren Ersteinrichtung des Core-Servers.

1.5.3 Nach der Installation

Wenn Sie sich nach der Installation an einem Server anmelden, wird parallel zum Start des Server-Managers ein weiteres Fenster angezeigt, das Ihnen die Informationen zum *Windows Admin Center*, dem neuen Verwaltungstool für den Server, anzeigt. Sie können das Erscheinen dieses Fensters dauerhaft unterdrücken, indem Sie im Server-Manager die Option DIESE MELDUNG NICHT MEHR ANZEIGEN anwählen. Dort ist zudem ein Link hinterlegt, über den Sie das Windows Admin Center herunterladen können. Die aktuelle Versionsnummer ist 2311 und sollte – wenn nötig – über Windows Update aktualisiert werden. Alternativ gibt es das *Modernized Gateway*, das über ein Feature in Windows Server 2025 direkt installiert werden kann.

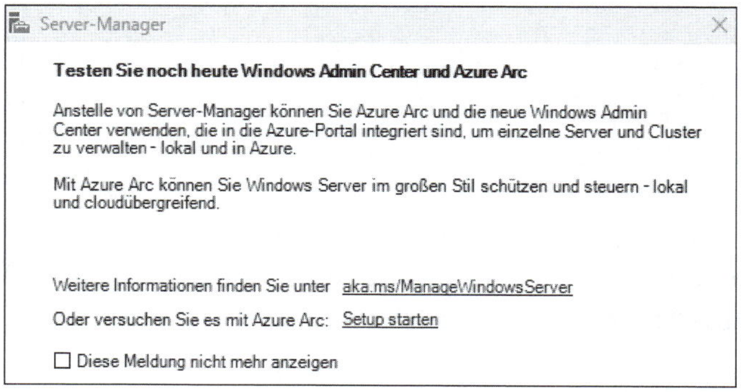
Server-Manager
Testen Sie noch heute Windows Admin Center und Azure Arc
Anstelle von Server-Manager können Sie Azure Arc und die neue Windows Admin Center verwenden, die in die Azure-Portal integriert sind, um einzelne Server und Cluster zu verwalten - lokal und in Azure.
Mit Azure Arc können Sie Windows Server im großen Stil schützen und steuern - lokal und cloudübergreifend.
Weitere Informationen finden Sie unter aka.ms/ManageWindowsServer
Oder versuchen Sie es mit Azure Arc: Setup starten
Diese Meldung nicht mehr anzeigen

Abbildung 1.24 Hinweis zur Verfügbarkeit des »Windows Admin Center«

Der Installationsassistent nimmt eine automatische Aufteilung des Datenträgers vor, sofern Sie vorab keine manuelle Anpassung gewählt haben. Neben der Startpartition (Laufwerk *C:*)

werden standardmäßig eine Wiederherstellungspartition mit 600 MB und eine EFI-Partition mit 100 MB eingerichtet (siehe Abbildung 1.25).

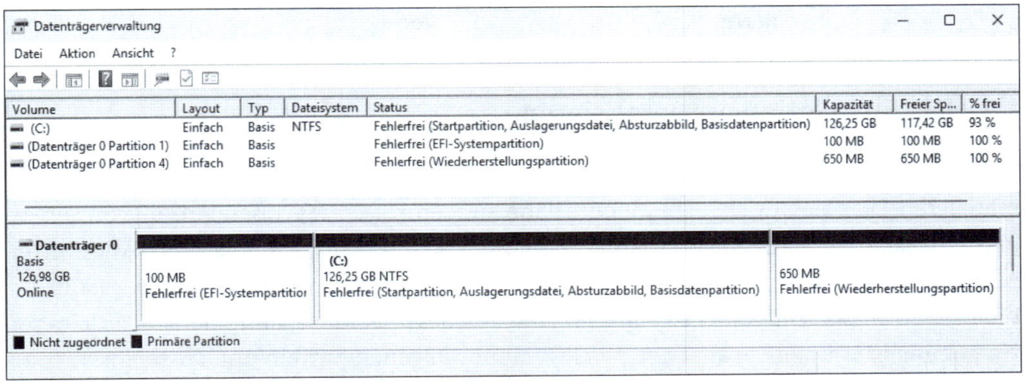

Abbildung 1.25 Laufwerksaufteilung nach der Installation

Die Ordnerstruktur eines Servers erscheint weiterhin in englischer Sprache. Die landesspezifischen Übersetzungen werden vom jeweiligen Explorer interpretiert. Dadurch soll die Kompatibilität von Anwendungen in verschiedenen Betriebssystemsprachen verbessert werden. Entsprechend wird Ihnen der tatsächliche Ordner *Users* im Explorer als *Benutzer* übersetzt (siehe Abbildung 1.26).

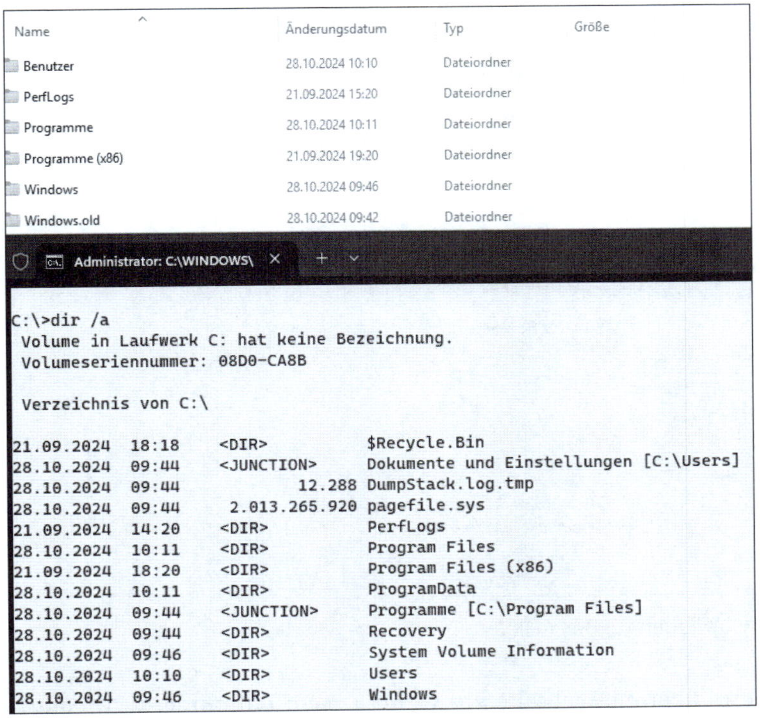

Abbildung 1.26 Der Explorer-Ordner »Benutzer« heißt im Dateisystem »Users«.

Aus Kompatibilitätsgründen werden sogenannte *Junctions* (dt. *Verknüpfungen*) eingerichtet, die beim Zugriff auf die »alten« Ordnernamen direkt auf den neuen Ordner umleiten. *Dokumente und Einstellungen* ist zum Beispiel eine Junction auf *C:\Users*.

1.6 Die Installation automatisieren

Wie auch bei den früheren Versionen können Sie die Installation des Betriebssystems automatisieren. Dies bietet sich insbesondere dann an, wenn Sie eine größere Anzahl von Serverbetriebssystemen bereitstellen. Natürlich können Sie hier auch komplette Softwareverteilungslösungen verwenden, zum Beispiel *System Center Configuration Manager (SCCM)* – heute als *Microsoft Endpoint Configuration Mananager (MECM)* bekannt. Gerade in kleineren Umgebungen können Sie aber auch vieles mit bordeigenen Mitteln und kostenlosen Tools erledigen.

1.6.1 Windows Assessment and Deployment Kit (ADK)

Microsoft stellt eine Toolsammlung für die Bereitstellung von Windows 11 (und damit auch von Windows Server) zur Verfügung. Dieses Paket trägt den Namen *Windows Assessment and Deployment Kit*. Seine Oberfläche sehen Sie in Abbildung 1.27.

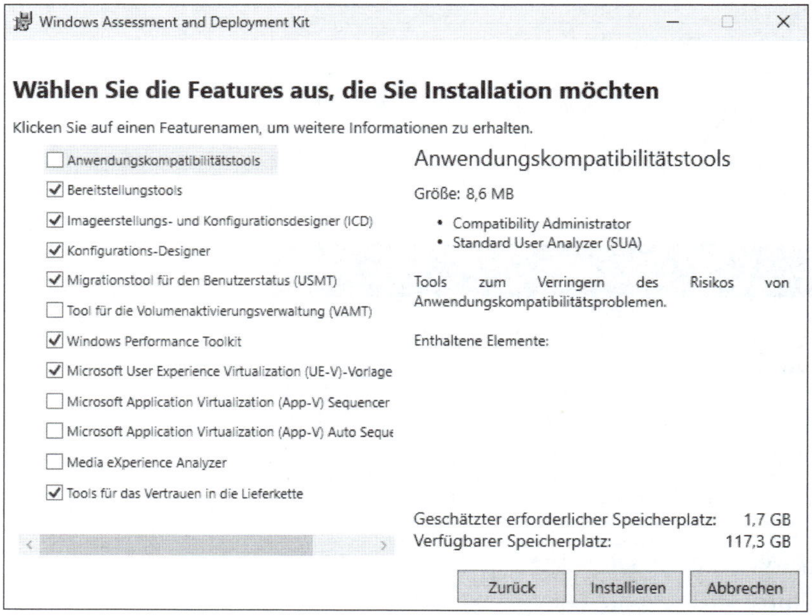

Abbildung 1.27 Installationsoptionen für das ADK

Das Installationspaket kann über die Webseite *https://docs.microsoft.com/en-us/windows-hardware/get-started/adk-install* heruntergeladen werden. Sie können der Installation entweder die ausgewählten Komponenten bereitstellen oder ein »Offline-Paket« erstellen, das Sie dann auf ein anderes (nicht mit dem Internet verbundenes) System portieren können.

Das ADK wird regelmäßig aktualisiert. In der Regel wird halbjährlich mit einem neuen Windows-Release auch eine neue Version des ADK veröffentlicht.

Das ADK beinhaltet folgende Komponenten (siehe Abbildung 1.27):

- Anwendungskompatibilitätstools – Diese Tools verringern das Risiko von Anwendungskompatibilitätsproblemen. Mit ihnen können Sie ältere Applikationen auf neueren Betriebssystemen verwenden, indem Sie die notwendigen Einstellungen auf dem neuen Betriebssystem anpassen.
- Bereitstellungstools – Diese Tools dienen zur Anpassung und Verwaltung von Windows-Images und zur Installationsautomatisierung. Beispielsweise ist der Windows *System Image Manager (SIM)* enthalten, eine grafische Oberfläche zur Erstellung von Antwortdateien für die automatisierte Installation. Daneben sind folgende Tools enthalten: *Deployment Image Servicing and Management (DISM), OEM Activation 2.5* und *3.0, OSCDIMG, BCDBoot, DISMAPI, WIMGAPI* sowie andere Tools und Schnittstellen.
- Imageerstellungs- und Konfigurationsdesigner (ICD) – Dieses Tool dient zur Optimierung der Imageanpassung und zur Bereitstellung des Images.
- Konfigurations-Designer – Mit diesem Tool zum Optimieren von Bereitstellungen können Anpassungen in einem Massenvorgang auf die vorhandenen Images angewendet werden.

  Für Schulen und kleinere Unternehmen kann das Tool eigenständig ohne die anderen Imageerstellungskomponenten installiert werden.
- Migrationstool für den Benutzerstatus (USMT) – Mit dem *User State Migration Tool* lassen sich Benutzerdaten von einer vorherigen Windows-Installation auf eine neue Installation migrieren. Enthaltene Elemente: das *ScanState*-Tool, das *LoadState*-Tool und das *USMTUtils*-Tool.
- Tool für die Volumenaktivierungsverwaltung (VAMT) – Das *Volume Activation Management Tool* dient zur Automatisierung und Verwaltung der Aktivierung von Windows, Windows Server und MS Office.
- Windows Performance Toolkit – Hier finden Sie Tools zum Aufzeichnen von Systemereignissen unter Verwendung der Ereignisablaufverfolgung für Windows sowie ein Tool zum Analysieren von Leistungsdaten auf einer grafischen Benutzeroberfläche. Enthaltene Elemente: *Windows-Leistungsaufzeichnung, Windows-Leistungsanalyse, Xperf.*
- Microsoft User Experience Virtualization (UE-V)-Vorlagengenerator – Um Anwendungseinstellungen zwischen Benutzercomputern zu synchronisieren, verwendet *Microsoft User Experience Virtualization* (*UE-V*) Vorlagen für Einstellungsorte. Einige Vorlagen für Einstellungsorte sind in User Experience Virtualization enthalten. Mithilfe des UE-V-Vorlagengenerators können Sie auch benutzerdefinierte Vorlagen für Einstellungsorte erstellen, bearbeiten oder überprüfen. Der UE-V-Vorlagengenerator überwacht

Windows-Desktopanwendungen, um die Orte zu ermitteln und zu erfassen, an denen die Anwendung ihre Einstellungen speichert. Die überwachte Anwendung muss eine Desktop-Anwendung sein.

- MICROSOFT APPLICATION VIRTUALIZATION (APP-V) SEQUENCER – Der *Application Virtualization (App-V) Sequencer* ist ein assistentenbasiertes Tool, mit dem Sie herkömmliche Anwendungen in virtuelle Anwendungen transformieren. Der App-V-Sequenzer überwacht den Installations- und Setup-Prozess für eine Anwendung und zeichnet die Informationen auf, die zum Ausführen der Anwendung in einer virtuellen Umgebung erforderlich sind. Sie können mit dem App-V-Sequenzer auch benutzerdefinierte Änderungen am Standardverhalten des Pakets konfigurieren.
- MICROSOFT APPLICATION VIRTUALIZATION (APP-V) AUTO SEQUENCER – Der *Application Virtualization (App-V) Auto Sequencer* ist ein Hilfstool für die Batch-Sequenzierung von Paketen.
- MEDIA EXPERIENCE ANALYZER – Diese Tools dienen zum Analysieren von Medienleistungsdaten in einer grafischen Benutzeroberfläche. Enthaltene Elemente: *Auto eXperience Analyzer* und *Media eXperience Analyzer*.

Eines der interessantesten Tools für die automatisierte Installation von Serverbetriebssystemen ist der *Windows System Image Manger (SIM)*. Mit ihm können Sie für Windows Server- und Clientbetriebssysteme sogenannte Antwortdateien erstellen. Alle Abfragen, die während der Installation auftreten, lassen sich hiermit automatisieren, sodass die Installation ohne Eingaben erfolgen kann.

Die Antwortdatei im *.xml*-Format muss im Stammverzeichnis des Installationsdatenträgers oder auf einem Wechseldatenträger bereitgestellt werden. Der Dateiname für diese Datei ist *autounattend.xml*.

Wenn Sie den SIM starten, sollten Sie eine Installationsdatei einer Windows-Server-DVD bereitstellen. Dazu können Sie von einer Installations-DVD die Datei *install.wim* aus dem Ordner *Sources* verwenden.

Nach dem Start des System Image Managers klicken Sie im ersten Schritt auf DATEI • WINDOWS-ABBILD AUSWÄHLEN. Hier wählen Sie die Datei *install.wim* aus. Daraufhin wird der Inhalt analysiert und Ihnen werden die verschiedenen Editionen und Installationsoptionen (Core und Desktopdarstellung) angezeigt. Wählen Sie nun die Edition aus, für die Sie eine Antwortdatei erstellen möchten.

Das Tool erstellt daraufhin eine Katalogdatei, die alle Komponenten beinhaltet, die in der entsprechenden Edition verfügbar sind. Zum Erstellen dieser Datei benötigen Sie lokale Administratorrechte.

Nachdem die Katalogdatei erstellt wurde, können Sie über DATEI eine neue Antwortdatei erstellen. Im linken unteren Bereich des SIM-Fensters (siehe Abbildung 1.28) stehen unter

Windows-Image die verschiedenen Komponenten zur Auswahl. Beispielsweise können Sie unter amd64_Microsoft-Windows-Setup_10.0.17763.1_neutral die Laufwerkskonfiguration festlegen, Volumegrößen und -namen definieren sowie bestehende Partitionen entfernen.

Die Komponenten aus dem Windows-Image können den sieben »Schritten« einer Windows-Installation zugeordnet werden, die Sie in dem Fenster Antwortdatei sehen können. Bei der Komponentenauswahl können Sie über Einstellung zu Pass x <Name> hinzufügen die Einstellungen in den entsprechenden Zweig einfügen und über die Eigenschaften am rechten Rand des Fensters konfigurieren.

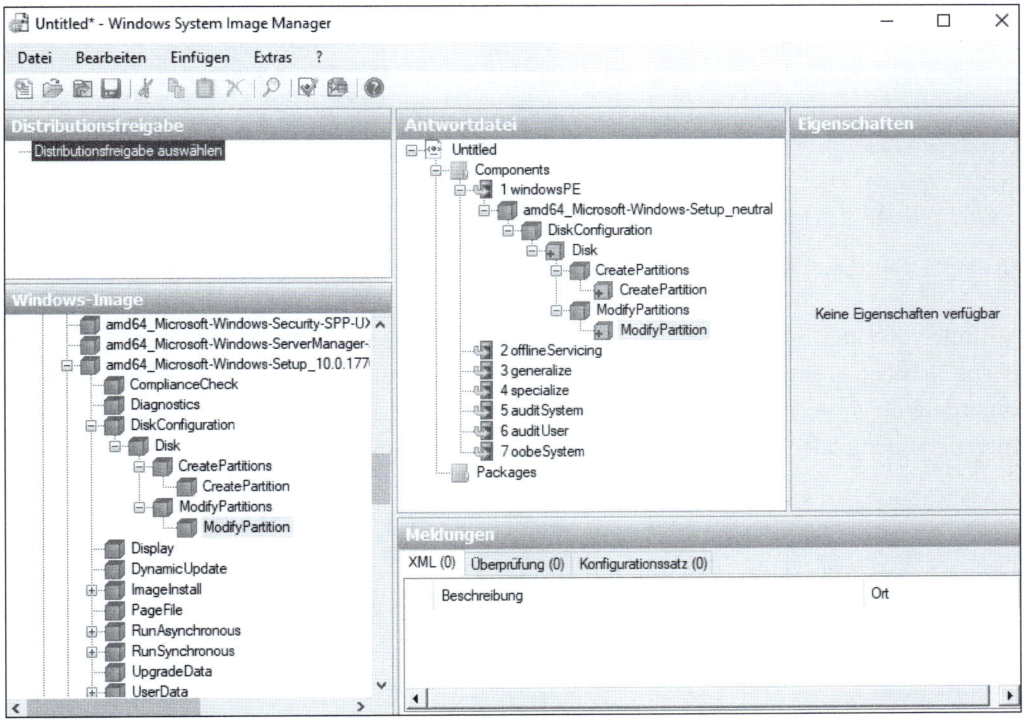

Abbildung 1.28 Ansicht des »System Image Managers«

Nachdem Sie alle notwendigen Schritte konfiguriert haben, können Sie die Antwortdatei auf Plausibilität prüfen lassen und sie im Anschluss abspeichern.

1.6.2 Abbildverwaltung (Deployment Image Servicing and Management)

Zur Verwaltung von Installationsabbildern – und einer vorhandenen Installation – verwenden Sie das Tool *Deployment Image Servicing and Management (DISM)*. Dieses Tool steht auf aktuellen Betriebssystemen stets zur Verfügung. Sie rufen es wie folgt auf:

```
C:\>dism

Tool zur Imageverwaltung für die Bereitstellung
Version: 10.0.26296.5001

DISM.exe [DISM-Optionen] {Imageerstellungsbefehl}
         [<Imageerstellungsargumente>]
DISM.exe {/Image:<Pfad zum Offlineimage> | /Online} [DISM-Optionen]
         {Wartungsbefehl} [<Wartungsargumente>]

BESCHREIBUNG:

  DISM dient zum Aufzählen, Installieren, Deinstallieren, Konfigurieren
  und Aktualisieren von Features und Paketen in Windows-Images.
  Welche Befehle verfügbar sind, hängt davon ab, welches Image gewartet
  wird und ob es sich bei dem Image um ein Offlineimage oder um ein
  Onlineimage handelt.
```

Listing 1.1 Hilfe beim Aufruf von DISM, dem »Tool zur Imageverwaltung für die Bereitstellung«

Mithilfe von DISM können Sie sich die auf dem System installierten Pakete anzeigen lassen (siehe Listing 1.2), einzelne Pakete deaktivieren oder deinstallieren. Da eine Deinstallation die Binärdateien vom System entfernt, müssen Sie für eine erneute Installation entweder einen Internetzugang oder ein Installationsmedium bereitstellen.

```
C:\>dism /online /Get-Packages

Tool zur Imageverwaltung für die Bereitstellung
Version: 10.0.26296.5001

Abbildversion: 10.0.26296.5001

Paketauflistung:

Paketidentität : Downlevel-NLS-Sorting-Versions-Server-FoD-
Package~31bf3856ad364e35~amd64~~10.0.26296.5001
Status : Installiert
Versionstyp : OnDemand Pack
Installationszeit : 21.09.2024 17:16

Paketidentität : Downlevel-NLS-Sorting-Versions-Server-FoD-
Package~31bf3856ad364e35~wow64~~10.0.26296.5001
```

```
Status : Installiert
Versionstyp : OnDemand Pack
Installationszeit : 21.09.2024 17:16

Paketidentität : Microsoft-OneCore-ApplicationModel-Sync-Desktop-FOD-
Package~31bf3856ad364e35~amd64~~10.0.26296.5001
Status : Installiert
Versionstyp : OnDemand Pack
Installationszeit : 21.09.2024 17:19
```

Listing 1.2 Auszug aus der Liste der auf einem System installierten Pakete

Mit dem Tool können Sie zudem die Integrität der Systemdaten und des Komponentenspeichers überprüfen, in dem die Binärdateien für die Rollen und Features bereitgestellt werden (siehe Listing 1.3):

```
C:\>dism /Online /Cleanup-Image /ScanHealth

Tool zur Imageverwaltung für die Bereitstellung
Version: 10.0.26296.5001

Abbildversion: 10.0.26296.5001

[==========================100.0%==========================]
Es wurde keine Komponentenspeicherbeschädigung erkannt.
Der Vorgang wurde erfolgreich beendet.
```

Listing 1.3 Prüfen der Integrität sowie Bereinigung des Komponentenspeichers

Anstatt den Parameter `/Online` zu verwenden, können Sie den Inhalt einer WIM-Datei bereitstellen und analysieren bzw. ein *Offline-Servicing* durchführen.

1.6.3 Sysprep

Wenn Sie ein bereits installiertes System erneut verteilen möchten (man spricht hier vom *Klonen* oder *automatisierten Installieren*), dann sollten Sie die vorhandene Installation vorher »anonymisieren«, das heißt Sicherheitskennungen, Profile und benutzerdefinierte Einstellungen entfernen. Hierfür verwenden Sie das Tool `Sysprep.exe` *(System Preparation)*, das sich im Ordner *C:\Windows\System32\Sysprep* befindet. Es besitzt eine grafische und eine kommandozeilenbasierte Variante (siehe Abbildung 1.29).

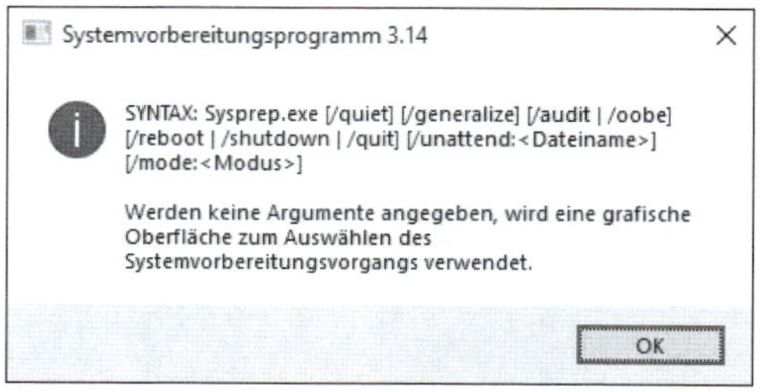
Systemvorbereitungsprogramm 3.14
SYNTAX: Sysprep.exe [/quiet] [/generalize] [/audit | /oobe] [/reboot | /shutdown | /quit] [/unattend:<Dateiname>] [/mode:<Modus>]
Werden keine Argumente angegeben, wird eine grafische Oberfläche zum Auswählen des Systemvorbereitungsvorgangs verwendet.
OK

Abbildung 1.29 Anzeigen der Hilfe durch Aufruf von »sysprep /?«

Das Kommandozeilentool `Sysprep` können Sie mit folgenden Optionen aufrufen:

- `/generalize` – bereitet die Imageerstellung der Windows-Installation vor. Sysprep entfernt alle eindeutigen Systeminformationen aus der Windows-Installation. Es setzt die Sicherheits-ID (SID) zurück und löscht alle Wiederherstellungspunkte sowie Ereignisprotokolle.
- `/audit` – startet den PC im Überwachungsmodus, in dem Sie zusätzliche Treiber oder Anwendungen hinzufügen und eine Windows-Installation testen können, bevor Sie die Installation einem Benutzer bereitstellen.
- `/oobe` *(Out-of-Box-Experience)* – startet Windows mit der Willkommensseite neu.
- `/reboot` – startet den Computer neu.
- `/shutdown` – fährt den Computer herunter.
- `/quit` – beendet Sysprep nach der Aktion.
- `/unattend:<Dateiname>` – verwendet die mit Pfad und Dateinamen (anstelle von `<answer-file>`) angegebene Antwortdatei für eine unbeaufsichtigte Installation.
- `/mode:<Modus>` – Seit Windows 8 generalisiert `Mode:VM` eine virtuelle Festplatte (VHD), damit Sie diese als VHD auf demselben virtuellen Computer (VM) oder Hypervisor bereitstellen können. Nach dem Neustart kann die VM mit der Windows-Willkommensseite gestartet werden.

Wird das Vorbereitungstool ohne Angabe von Parametern gestartet, können Sie die einzelnen Optionen in einer grafischen Oberfläche auswählen (siehe Abbildung 1.30).

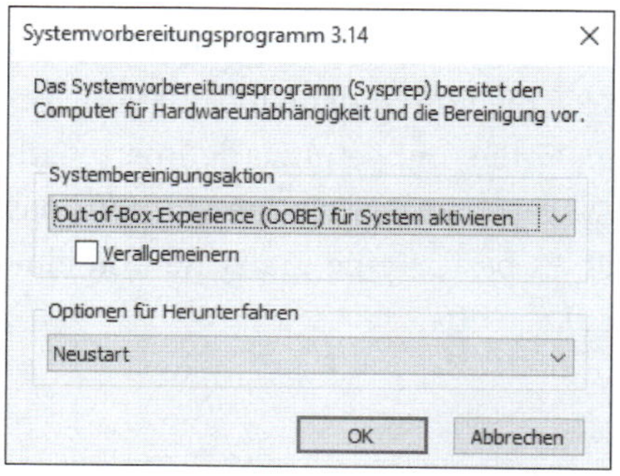
Systemvorbereitungsprogramm 3.14
Das Systemvorbereitungsprogramm (Sysprep) bereitet den Computer für Hardwareunabhängigkeit und die Bereinigung vor.
Systembereinigungsaktion
Out-of-Box-Experience (OOBE) für System aktivieren
Verallgemeinern
Optionen für Herunterfahren
Neustart
OK
Abbrechen

Abbildung 1.30 Grafische Oberfläche des Systemvorbereitungsprogramms

Nachdem das System verallgemeinert wurde, können Sie den Datenträger kopieren und auf anderen Systemen bereitstellen.

Lizenzbedingungen

Prüfen Sie unbedingt die Lizenzbedingungen! Nicht alle Windows-Lizenzen beinhalten das Recht, Betriebssysteme automatisiert zu installieren.

Eine Antwortdatei für die Sysprep-Installation können Sie entweder mit dem SIM oder direkt über einen Texteditor erstellen. Die Bestandteile einer Beispieldatei für einen Windows Server 2025 finden Sie in Listing 1.4 bis Listing 1.9. Achten Sie darauf, dass die Zeilen hier im Buch teilweise mehrfach umbrochen sind.

```
<?xml version="1.0" encoding="utf-8"?>
<unattend xmlns="urn:schemas-microsoft-com:unattend">
    <settings pass="specialize">
       <component name="Microsoft-Windows-Security-SPP-UX"
                  processorArchitecture="amd64"
                  publicKeyToken="31bf3856ad364e35" language="neutral"
                  versionScope="nonSxS"
                  xmlns:wcm="http://schemas.microsoft.com/WMIConfig/2002/State"
                  xmlns:xsi="http://www.w3.org/2001/XMLSchema-instance">
            <SkipAutoActivation>true</SkipAutoActivation>
        </component>
```

Listing 1.4 Kopf der XML-Datei und das Überspringen der automatischen Aktivierung

```
        <component name="Microsoft-Windows-Shell-Setup"
                   processorArchitecture="amd64"
                   publicKeyToken="31bf3856ad364e35" language="neutral"
                   versionScope="nonSxS"
                   xmlns:wcm="http://schemas.microsoft.com/WMIConfig/2002/State"
                   xmlns:xsi="http://www.w3.org/2001/XMLSchema-instance">
            <ComputerName></ComputerName>
            <TimeZone>W. Europe Standard Time</TimeZone>
        </component>
    </settings>
```

Listing 1.5 Der Computername soll automatisch generiert und die Zeitzone auf »W. Europe« gestellt werden.

```
    <settings pass="generalize">
       <component name="Microsoft-Windows-Security-SPP"
                  processorArchitecture="amd64"
```

```
            publicKeyToken="31bf3856ad364e35" language="neutral"
            versionScope="nonSxS"
            xmlns:wcm="http://schemas.microsoft.com/WMIConfig/2002/State"
            xmlns:xsi="http://www.w3.org/2001/XMLSchema-instance">
         <SkipRearm>1</SkipRearm>
      </component>
   </settings>
```

Listing 1.6 Die Lizenzierungsinformationen werden nicht zurückgesetzt.

```
   <settings pass="oobeSystem">
      <component name="Microsoft-Windows-International-Core"
            processorArchitecture="amd64"
            publicKeyToken="31bf3856ad364e35" language="neutral"
            versionScope="nonSxS"
            xmlns:wcm="http://schemas.microsoft.com/WMIConfig/2002/State"
            xmlns:xsi="http://www.w3.org/2001/XMLSchema-instance">
         <InputLocale>de-DE</InputLocale>
         <SystemLocale>de-DE</SystemLocale>
         <UILanguage>de-DE</UILanguage>
         <UserLocale>de-DE</UserLocale>
      </component>
```

Listing 1.7 Festlegen der Sprache(n) auf Deutsch

```
      <component name="Microsoft-Windows-Shell-Setup" processorArchitecture="amd64"
            publicKeyToken="31bf3856ad364e35" language="neutral"
            versionScope="nonSxS"
            xmlns:wcm="http://schemas.microsoft.com/WMIConfig/2002/State"
            xmlns:xsi="http://www.w3.org/2001/XMLSchema-instance">
         <AutoLogon>
            <Password>
               <Value>UABhACQAJAB3ADAAcgBkAFAAYQBzAHMAdwBvAHIAZAA=</Value>
               <PlainText>false</PlainText>
            </Password>
            <Enabled>true</Enabled>
            <LogonCount>1</LogonCount>
            <Username>Administrator</Username>
         </AutoLogon>
```

Listing 1.8 Festlegen des Kennworts des lokalen Administrators und automatisches Anmelden des Kontos beim Neustart

```
            <OOBE>
                <HideEULAPage>true</HideEULAPage>
                <NetworkLocation>Work</NetworkLocation>
                <ProtectYourPC>3</ProtectYourPC>
                <SkipMachineOOBE>true</SkipMachineOOBE>
                <SkipUserOOBE>true</SkipUserOOBE>
            </OOBE>
            <UserAccounts>
                <AdministratorPassword>
                    <Value>UABhACQAJAB3ADAAcgBkAEEAZABtAGkAbg
                           BpAHMAdAByAGEAdABvAHIAUABhAHMAcwB3
                           AG8AcgBkAA==</Value>
                    <PlainText>false</PlainText>
                </AdministratorPassword>

            </UserAccounts>
            <TimeZone>W. Europe Standard Time</TimeZone>
        </component>
    </settings>
    <cpi:offlineImage cpi:source="catalog:c:/users/administrator/desktop/install_
windows 7 professional.clg" xmlns:cpi="urn:schemas-microsoft-com:cpi" />
</unattend>
```

Listing 1.9 Definieren des Kontos und der Zeitzone

Diese Unattend-Antwortdatei können Sie nach dem »Syspreppen« auf dem Zielsystem im Ordner *C:\Windows\Panther* ablegen. Sie wird beim ersten Systemstart ausgewertet und angewendet.

1.7 Update-Strategie

Wenn Sie neue Serversysteme bereitstellen, sollten Sie sicherstellen, dass das neue System mit den aktuellen Sicherheitsupdates versorgt wurde, bevor Sie das System an das (produktive) Netzwerk anschließen. Nur dadurch können Sie sicherstellen, dass das neue System nicht sofort durch eine alte und bekannte Schwachstelle kompromittiert wird.

Sie können die Systeme auch in ein separates Installationsnetzwerk einbinden, um sie dort mittels eines Update-Servers zu aktualisieren, bevor Sie sie ins produktive Netzwerk verschieben.

Standardmäßig verwenden Computer *Windows Update*, um Aktualisierungen aus dem Internet herunterzuladen (siehe Abbildung 1.31). Wird der Server in die Domäne aufgenommen, kann der Update-Pfad durch Gruppenrichtlinien konfiguriert werden.

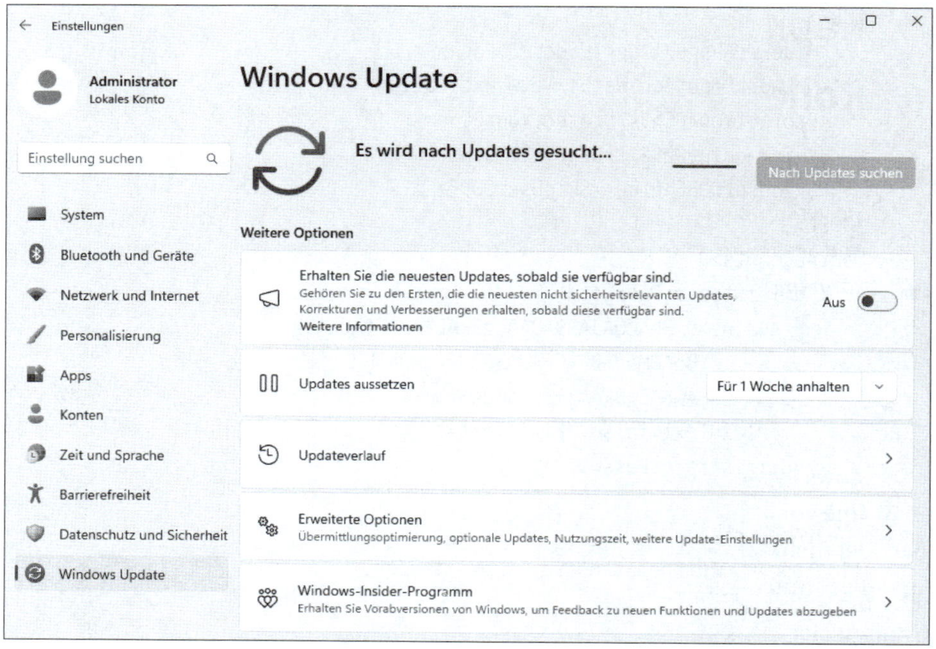

Abbildung 1.31 Aufruf von »Windows Update«

Wenn Sie bestimmte Updates manuell installieren möchten, können Sie diese von der Webseite des *Microsoft Update-Katalogs* (siehe Abbildung 1.32) herunterladen und auf dem Zielsystem bereitstellen, damit es bestmöglich geschützt ist. Professioneller gehen Sie dies mit einer WSUS-Installation an.

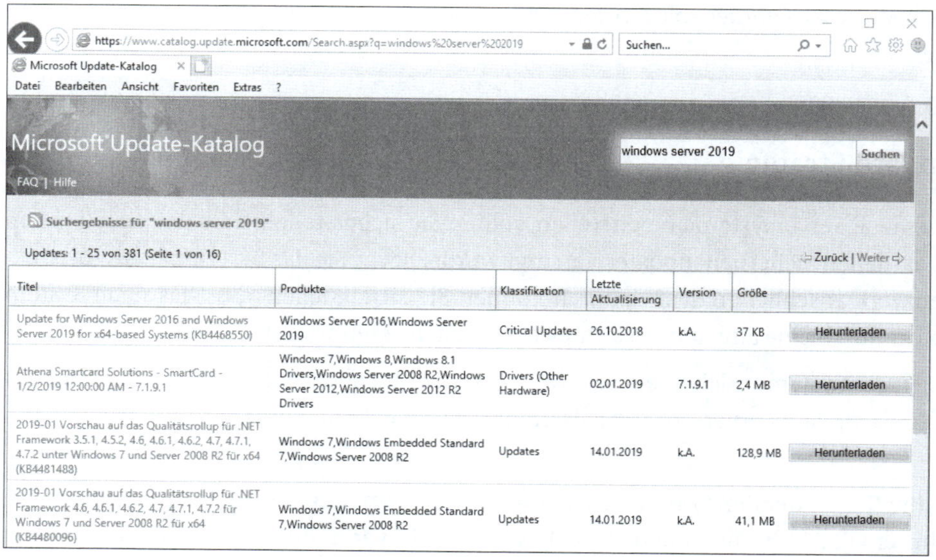

Abbildung 1.32 Der »Microsoft Update-Katalog«

Kapitel 2
Rollen und Features

Dieses Kapitel widmet sich den Rollen und Features von Windows Server 2025. Sie verleihen dem Betriebssystemgerüst, das den Rahmen vorgibt, erst Herz und Seele. Wir zeigen Ihnen hier, welche Aufgaben der Server übernehmen kann und wie Sie diese installieren.

Wenn Sie Windows Server 2025 installiert haben und es in Betrieb nehmen, tun Sie das, weil dieser Server eine von Ihnen definierte Aufgabe übernehmen soll. Aber erst durch die Installation einer oder mehrerer Rollen und möglicherweise auch verschiedener Features kann der Server seiner Bestimmung gerecht werden.

In diesem Kapitel lernen Sie alle Rollen, Rollendienste und Features kennen. Außerdem stellen wir die verschiedenen Editionen vor, und Sie erfahren, welche Installationsmöglichkeiten zur gewünschten Funktion auf Ihrem Server führen.

2.1 Rollen und Rollendienste

Eine *Rolle* beschreibt eine der Aufgaben, die der Server übernehmen wird. Durch die Installation der Rolle wird der Server auf seine Aufgabe vorbereitet. Aufgaben, für die ein Windows Server unter anderem eingesetzt werden kann, sind *Verzeichnisdienst-Funktionen*, *Dateidienst-Aufgaben* oder *Webserver*; aber er kann auch als *DHCP-Server*, *DNS-Server* oder *Hyper-V-Host* dienen (siehe Abbildung 2.1). Er kann für die Verteilung von Updates als *WSUS-Server* verwendet werden oder als *KMS* die Produktschlüssel für die Aktivierung aller Clients im Netzwerk zentral verwalten. Im Folgenden finden Sie zu jeder Rolle eine Kurzbeschreibung. Einen Großteil dieser Rollen werden wir in eigenen Kapiteln detailliert beschreiben.

Die möglichen *Rollendienste*, die während der Installation zu manchen Rollen aufgelistet werden, sind Einzelkomponenten einer Rolle. Ein Rollendienst ist eine Teilkomponente, die zu einer Rolle gehört und bei Bedarf ausgewählt und installiert werden kann (siehe Abbildung 2.2).

Das unterscheidet den Rollendienst auch von einem *Feature*, das unabhängig von Rollen die Serverfunktionen erweitert. Falls ein Rollendienst zum Betreiben einer Rolle unabdingbar ist, wird er während der Rolleninstallation automatisch aktiviert. Weitere Rollendienste können je nach Bedarf auch später hinzugefügt werden, insofern sie benötigt werden.

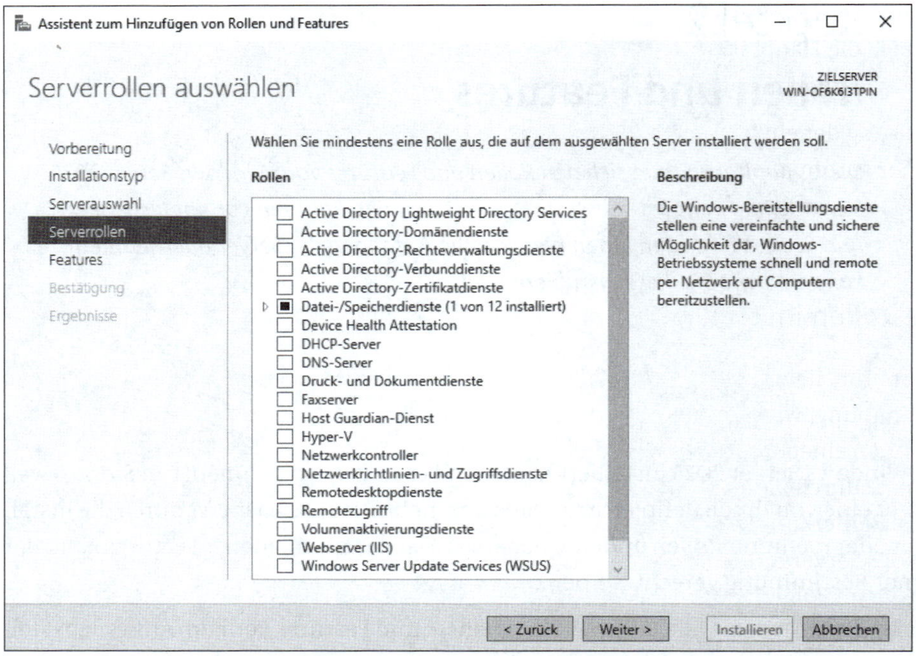

Abbildung 2.1 Assistent zum Hinzufügen von Rollen und Features – Rollenauswahl

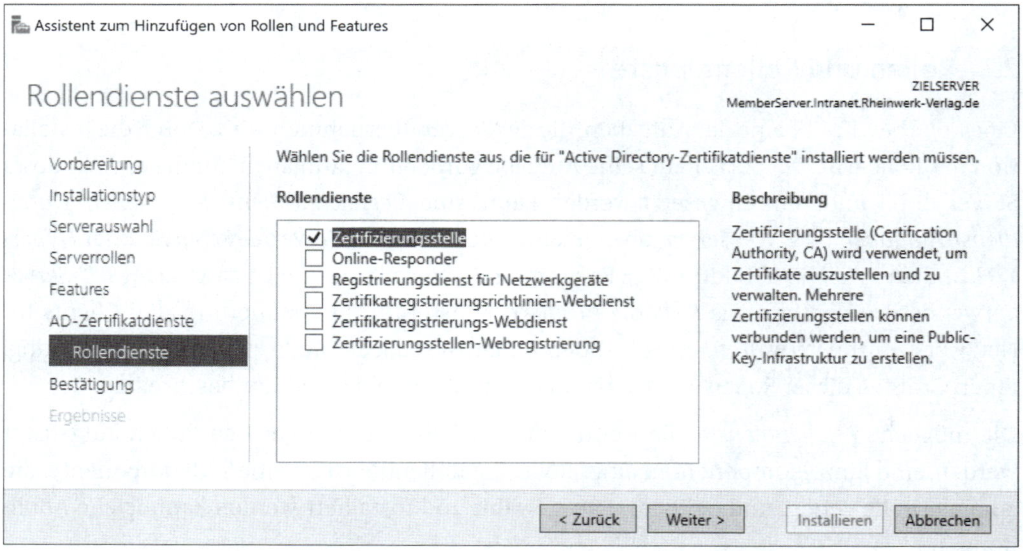

Abbildung 2.2 Rollendienst – Auswahl während der Installation einer Rolle

Ein Windows Server hat – ohne installierte Zusatzpakete – die Möglichkeit, 21 verschiedene Rollen plus deren Rollendienste auszuführen. Im Folgenden werden wir Ihnen diese Rollen und Dienste vorstellen.

Die Unterteilung der Aufgaben in Rollen und Features stammt von Microsoft. Unter den *Rollen* finden Sie die Hauptaufgaben für Server, die von den Kunden verwendet werden. Unter den *Features* werden meist Zusatzaufgaben bzw. unterstützende Funktionen gelistet.

Die Verwaltung der einzelnen Rollen und Features kann entweder über den Server-Manager erfolgen, der automatisch bei der Anmeldung an einem Server mit administrativen Rechten gestartet wird, oder über die PowerShell.

2.2 Die Rollen im Überblick

Dieser Abschnitt liefert Ihnen eine Übersicht über alle verfügbaren Rollen inklusive einer Kurzbeschreibung, wie sie auch im Installationsassistenten des Servers zu finden ist. Diese Liste soll Ihnen einen Überblick geben. Abgerundet wird die Vorstellung der Rollen und ihrer Rollendienste durch kleine Darstellungen, damit Sie die Elemente im Server leichter wiederfinden, und Bemerkungen über Besonderheiten. So können Sie einfach und schnell alle Möglichkeiten des Servers erkennen. Welche Funktionen sich hinter den einzelnen Rollen verbergen, lesen Sie im Folgenden.

2.2.1 Active Directory Lightweight Directory Services

Die erste Rolle, die zu den Verzeichnisdiensten gehört, heißt *Active Directory Lightweight Directory Services (AD LDS)*. Bis Windows Server 2003 trug diese Rolle den Namen *Active Directory Application Mode (ADAM)*.

Mithilfe von *AD LDS* können Sie Daten über das *LDAP(S)-Protokoll* bereitstellen. Dabei können Clients auf einen sogenannten Verzeichnisdienst zugreifen, der die Daten über ein standardisiertes Protokoll *(Lightweight Directory Access Protocol)* bereitstellt. Ein solcher Dienst wird als Verzeichnisdienst bezeichnet. AD LDS bietet für verzeichnisdienstfähige Anwendungen die Möglichkeit, deren Daten in einen dafür bereitgestellten Speicher zu legen. Man könnte ihn auch als »kleinen Bruder« der Active Directory-Domänendienste bezeichnen. Mit AD LDS können auch mehrere, verschiedene Instanzen auf einem Server parallel betrieben werden. Dies bietet zum Beispiel den Vorteil, dass die verschiedenen Instanzen nicht das gleiche Schema benutzen müssen. Die Daten der Applikation werden in separaten Ordnern gespeichert und bereitgestellt. Einen Domänencontroller muss man beim Einsatz dieser Rolle nicht extra betreiben. Sie können ihr »normales« Active Directory mit einer AD LDS-Instanz synchronisieren lassen und dabei definieren, welche Daten auf den AD LDS-Server übertragen werden.

Nachdem Sie die Rolle installiert haben, können Sie eine AD LDS-Instanz konfigurieren. Der Setup-Assistent benötigt folgende Informationen:

- die **Art der Instanz** – EINDEUTIG (eine neue Instanz) oder REPLIKAT (Kopie einer bestehenden Instanz)

- einen **Namen**
- den **Anschluss-Port** – Achten Sie darauf, dass es ein freier und verfügbarer Port ist!
- eine Entscheidung, ob eine **Anwendungspartition** erstellt werden soll oder ob die Anwendung selbst eine solche erstellt
- den **Speicherort** für die mit der Instanz verknüpften Daten
- das **Dienstkonto**, unter dessen Berechtigung die Instanz betrieben wird
- die Auswahl, welche **LDIF-Dateien** importiert werden, um bestimmte Konfigurationen anwenden zu können. Die LDIF-Dateien definieren den Aufbau des Verzeichnisdienstes, also welche Objekte (Klassen) Sie erstellen können und welche Informationen (Attribute) die Objekte besitzen. In den LDIF-Dateien wird das Schema des Verzeichnisdienstes definiert.

Vor der Installation der Instanz zeigt der Setup-Assistent eine Zusammenfassung aller Konfigurationen an (siehe Abbildung 2.3).

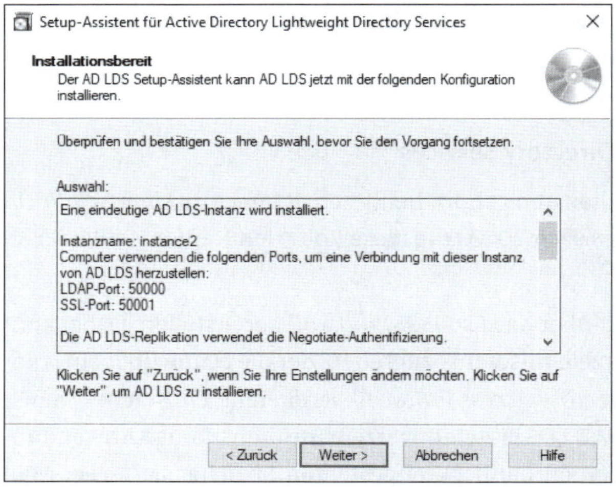
Setup-Assistent für Active Directory Lightweight Directory Services
Installationsbereit
Der AD LDS Setup-Assistent kann AD LDS jetzt mit der folgenden Konfiguration installieren.
Überprüfen und bestätigen Sie Ihre Auswahl, bevor Sie den Vorgang fortsetzen.
Auswahl:
Eine eindeutige AD LDS-Instanz wird installiert.
Instanzname: instance2
Computer verwenden die folgenden Ports, um eine Verbindung mit dieser Instanz von AD LDS herzustellen:
LDAP-Port: 50000
SSL-Port: 50001
Die AD LDS-Replikation verwendet die Negotiate-Authentifizierung.
Klicken Sie auf "Zurück", wenn Sie Ihre Einstellungen ändern möchten. Klicken Sie auf "Weiter", um AD LDS zu installieren.
< Zurück
Weiter >
Abbrechen
Hilfe

Abbildung 2.3 Zusammenfassung im Setup-Assistenten für eine neue AD LDS-Instanz

Diese Rolle ist nicht von anderen Rollen abhängig und könnte auch mit anderen Rollen betrieben werden. Die Installation dieser Rolle erfordert keinen Neustart.

Entfernen können Sie die Rolle erst, wenn zuvor alle AD LDS-Instanzen entfernt wurden. Diese Aktion erfordert ebenfalls keinen Neustart.

Eine installierte Instanz kann über PROGRAMME UND FEATURES (*appwiz.cpl*) entfernt werden. Dort werden alle auf dem Server installierten Instanzen von AD LDS aufgelistet und können einzeln entfernt werden (siehe Abbildung 2.4).

Ein nützliches Tool, das mit der Installation der Rollendienste bereitgestellt wird, ist das *Active Directory – Active Directory Lightweight Directory Services-Schemaanalysierungstool*

(AD Schema Analyzer). Mit dieser Verwaltungskonsole können Sie Ihr Active Directory-Schema mit einem Schema einer anderen Gesamtstruktur vergleichen oder vorab prüfen, ob ein geplantes Schema-Update Konflikte mit dem vorhandenen Schema verursacht. Die Analyse erfolgt mithilfe einer grafischen Oberfläche (siehe Abbildung 2.5).

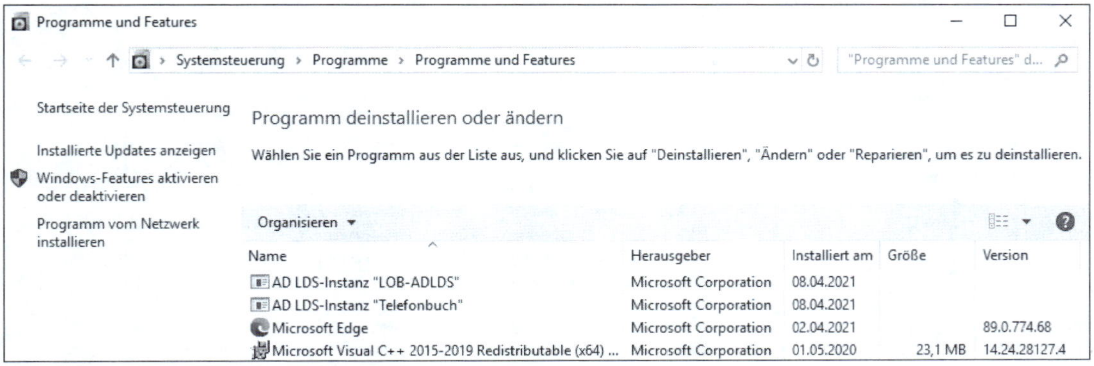

Abbildung 2.4 Anzeige der installierten Instanzen

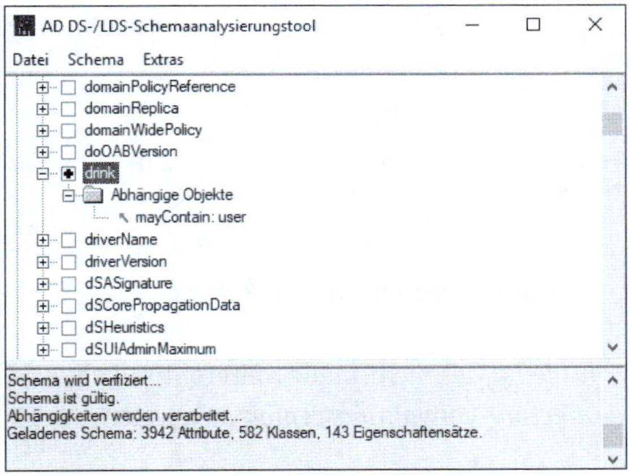

Abbildung 2.5 Anzeige des Attributs »drink« im »AD Schema Analyzer«

2.2.2 Active Directory-Domänendienste

Die Rolle *Active Directory-Domänendienste (AD DS)* stellt einen Informationsspeicher im Netzwerk bereit, in dem Administratoren (oder andere privilegierte Benutzer) beispielsweise Benutzer- oder Computer-Objekte anlegen und zentral verwalten können. Der Dienst wird auch gerne als zentraler Anmelde- und Verzeichnisdienst bezeichnet. Nachdem die Rolle installiert wurde, muss der Server zum *Domänencontroller* hochgestuft werden, damit er diese Rolle ausführen kann. Er authentifiziert dann z. B. Benutzer im Netzwerk, sobald sie sich anmelden. Nach erfolgreicher Authentifizierung ermöglicht der Domänencontroller ihnen den Zugriff auf zugelassene Ressourcen, wie Dateien auf Dateiservern oder Netzwerk-Drucker.

Einen tieferen Einblick in dieses Thema erhalten Sie in Kapitel 6, »Active Directory«, und in Kapitel 7, »Benutzer, Gruppen & Co im Active Directory«.

Eine beliebte klassische Verwaltungskonsole für die Domänendienste ist das MMC-Snap-In *Active Directory-Benutzer und -Computer*, das für die Konfiguration der Objekte der Domäne verwendet wird (siehe Abbildung 2.6).

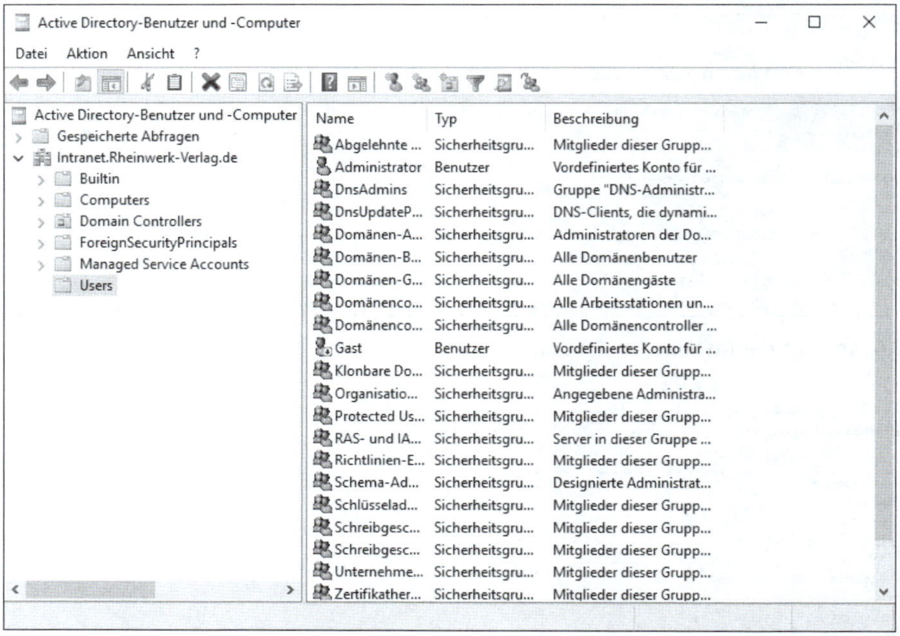

Abbildung 2.6 Active Directory-Benutzer und -Computer – eine Verwaltungskonsole

Da die klassische *Microsoft Management Console (MMC)* nicht mehr weiterentwickelt wird, können Sie zur Verwaltung auch das *Active Directory-Verwaltungscenter* verwenden, das Sie in Abbildung 2.7 sehen.

Die Installation der Rolle selbst erfordert keinen Neustart. Wenn allerdings nach der Rolleninstallation der Domänencontroller konfiguriert wurde, führt der Server automatisch einen Neustart durch, auf den hingewiesen wird. Danach ist eine Anmeldung nur noch mit einem Domänen-Benutzer möglich, der über administrative Rechte verfügt. Eine Ausnahme bildet hier der *Directory Service Restore Mode (DSRM)*, der unter anderem für die Domänencontroller-Wiederherstellung verwendet wird. Dabei kann der Domänencontroller ohne die Active Directory-Domänendienste gestartet werden und eine Anmeldung ist mit einem lokalen Administrator-Konto möglich.

Aufgrund der Sicherheitsrelevanz wird empfohlen, einen Domänencontroller als einzige Rolle auf einem Server zu betreiben. Die einzige Ausnahme stellt der DNS-Dienst dar. Wenn Sie den Namensauflösungsdienst auf einem Domänencontroller betreiben, können Sie die Vorteile von Active Directory-integrierten DNS-Zonen nutzen (siehe Kapitel 6).

Möchten Sie die AD DS-Rolle wieder entfernen, müssen Sie den Domänencontroller erst wieder herunterstufen. Wenn Sie einen Domänencontroller – also einen Server, der die konfigurierte Rolle ausführt – herunterstufen möchten, wählen Sie die Option zum Entfernen der Rolle. Der Assistent weist Sie anschließend darauf hin, dass der Server noch als Domänencontroller konfiguriert ist. Alternativ können Sie das Herunterstufen vorab mithilfe der PowerShell durchführen. Nach dem Herunterstufen ist ein Neustart notwendig. Der Computer ist anschließend ein Mitgliedserver der Domäne.

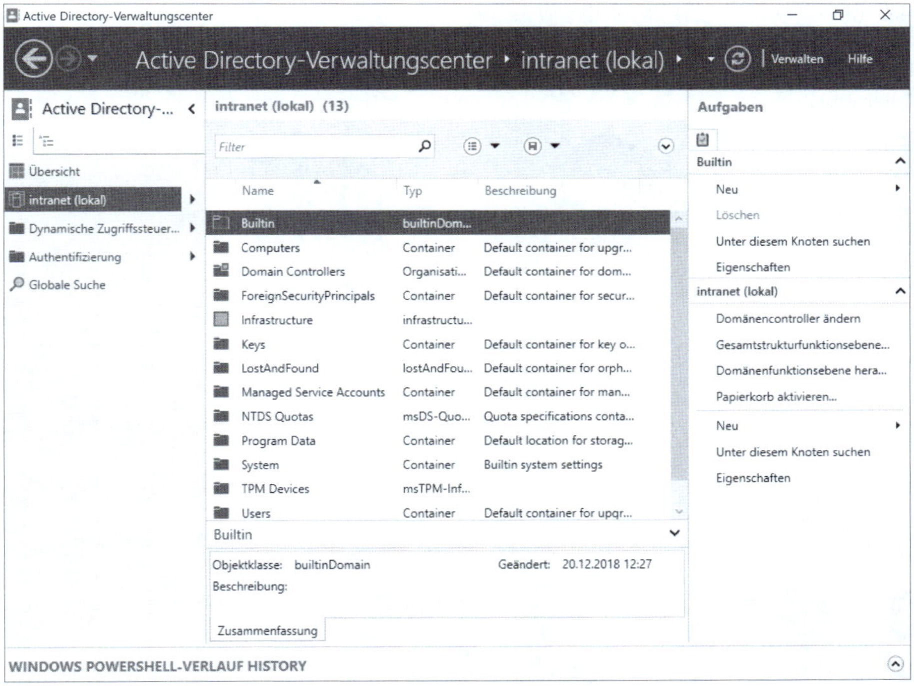

Abbildung 2.7 Das Active Directory-Verwaltungscenter

> **Die Rolle AD DS entfernen**
>
> Sollte es sich um den letzten Domänencontroller in der Umgebung handeln, entfernen Sie mit dieser Aktion Ihre AD-Gesamtstruktur!
>
> Bitte beachten Sie, dass nach dem Entfernen der Rolle *AD DS* die im Standardfall ebenfalls vorhandene Rolle *DNS-Server* immer noch installiert bleibt. Sie muss separat entfernt werden, sollten Sie sie ebenfalls nicht mehr benötigen.

2.2.3 Active Directory-Rechteverwaltungsdienste

Die *AD Rights Management Services (AD RMS)* sind eine Datenschutztechnologie, die – mit anderen Anwendungen – dazu beitragen kann, digitale Informationen vor Missbrauch zu schützen. Eingesetzt wird sie daher, wenn Sie Ihre Daten vor unautorisiertem Gebrauch schützen wollen.

Sie können sich das so vorstellen: Sie möchten einem Kollegen eine Datei schicken, aber verhindern, dass er die Datei weiterleiten oder ausdrucken kann. Mit den klassischen Mitteln einer Rechtevergabe im Dateisystem ist so etwas unmöglich. Wenn Sie aber einen AD RMS-Server im Netzwerk einsetzen, werden die Dokumente verschlüsselt auf dem RMS-Cluster abgespeichert. Nur wenn Ihr Kollege dort entsprechende Rechte besitzt, schaltet der AD RMS-Server den Zugriff frei (siehe Abbildung 2.8).

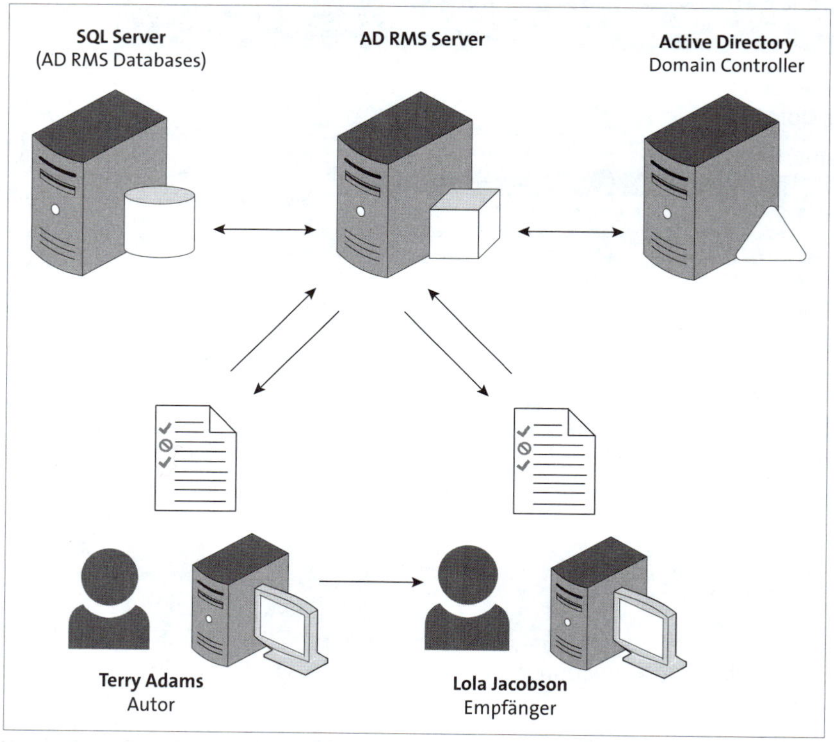

Abbildung 2.8 Beispiel einer möglichen AD RMS-Infrastruktur
(Quelle: https://learn.microsoft.com/en-us/previous-versions/windows/it-pro/windows-server-2012-r2-and-2012)

Wenn Sie die AD RMS-Rolle zur Installation auswählen, schlägt der Installationsassistent Ihnen vor, die darüber hinaus benötigten Rollendienste und Features gleich mit zu installieren. Dies betrifft Teile aus dem Bereich der .NET-Funktionen, der Webserver-Rollendienste und -Features und der Windows-Prozessaktivierungsdienste. Außerdem wird die Verwaltungskonsole für AD-Rechteverwaltungsdienste aus dem Feature-Bereich der Remoteserver-Verwaltungstools aktiviert.

AD RMS ist die erste Rolle in unserer Reihe, die während der Installation auch Rollendienste zur Installation auflistet.

Für AD RMS sind folgende Rollendienste gelistet:

- *Active Directory-Rechteverwaltungsserver* – Hierbei handelt es sich um den Rollendienst für die AD RMS-Rolle selbst.
- *Unterstützung für den Identitätsverbund* – Dieser Rollendienst nutzt Partnervertrauensstellungen zwischen Ihrer Organisation und anderen Organisationen, um Benutzeridentitäten nachzuweisen und um Zugriff auf geschützte Informationen beider Organisationen zu gewähren.

Da AD RMS auch Teile des Webservers (IIS) benötigt, werden auch davon Rollendienste und Features installiert, die der Assistent automatisch vorauswählt.

Den Namen der Domäne nicht ändern

Der Domänenname, in der der AD RMS-Server konfiguriert wird, darf sich anschließend nicht mehr ändern!

Unterstützt wird diese Technik nur von aktuellen MS Office-Versionen. Die Konfiguration der Rolle ist komplex und das Rechtekonstrukt unterscheidet sich sehr von der derzeit gewohnten Rechtevergabe auf Dateiebene.

AD RMS benötigt ein Active Directory im Netzwerk, also eine Domänenumgebung, die die Autorisierungen prüft. Außerdem muss ein Datenbankserver vorhanden sein, der als Informationsspeicher dient. Sollen Benutzer, die sich außerhalb der eigenen Infrastruktur befinden, ebenfalls zugreifen und Rechte abrufen können, muss der RMS-Server über das Internet erreichbar sein.

Als Cloud-basierte Lösung für den Schutz von Daten und Dokumenten kann *Azure Information Protection* verwendet werden.

2.2.4 Active Directory-Verbunddienste

Mit den *Active Directory-Verbunddiensten (AD FS, AD Federation Services)* können Sie Informationen und Daten mithilfe des LDAP-Protokolls (LDAP: *Lightweight Directory Access Protocol*) bereitstellen und Ihren Anwendungen zur Verfügung stellen.

Wenn Sie vorhaben, in Ihrem Unternehmen einen internen Verbund zwischen verschiedenen Identitätsbereichen zu erstellen oder sogar Cloud-Plattformen mit Ihrem Unternehmen zu verbinden, ist der AD FS eine gute Wahl.

Mit den Verbunddiensten wird es Ihnen ermöglicht, die im AD gespeicherten Identitätsinformationen eines Benutzers gesichert zu verwenden, um über den Verbund auch auf andere Bereiche zugreifen zu können. Der Benutzer braucht sich dadurch nicht mehrfach anzumelden. Der Vorteil für die Administration besteht darin, dass zusätzliche Benutzerkonten eingespart werden und die digitalen Identitäten und Zugriffsrechte der Benutzer an vertrauenswürdige Partner weitergegeben werden. Die Benutzer müssen nur an einer Stelle ihre Kennwörter pflegen. Diese Kennwörter müssen nicht mit anderen Servern außerhalb Ihres Unternehmens synchronisiert werden. Der Zugriff auf Ressourcen Ihrer Partner ist mit dieser Technik möglich, ohne dass es eine AD-Vertrauensstellung geben muss und Sie die Kennwörter Ihrer Benutzer an Ihre Partner liefern müssen. Der Einsatz dieser Rolle vereinfacht die Zusammenarbeit mit Verbundpartnern erheblich. Gerade in der heutigen Zeit, in der Cloud-Strategien immer relevanter werden, wächst die Bedeutung dieser Rolle.

Ein Beispiel für eine AD FS-Infrastruktur finden Sie in Abbildung 2.9.

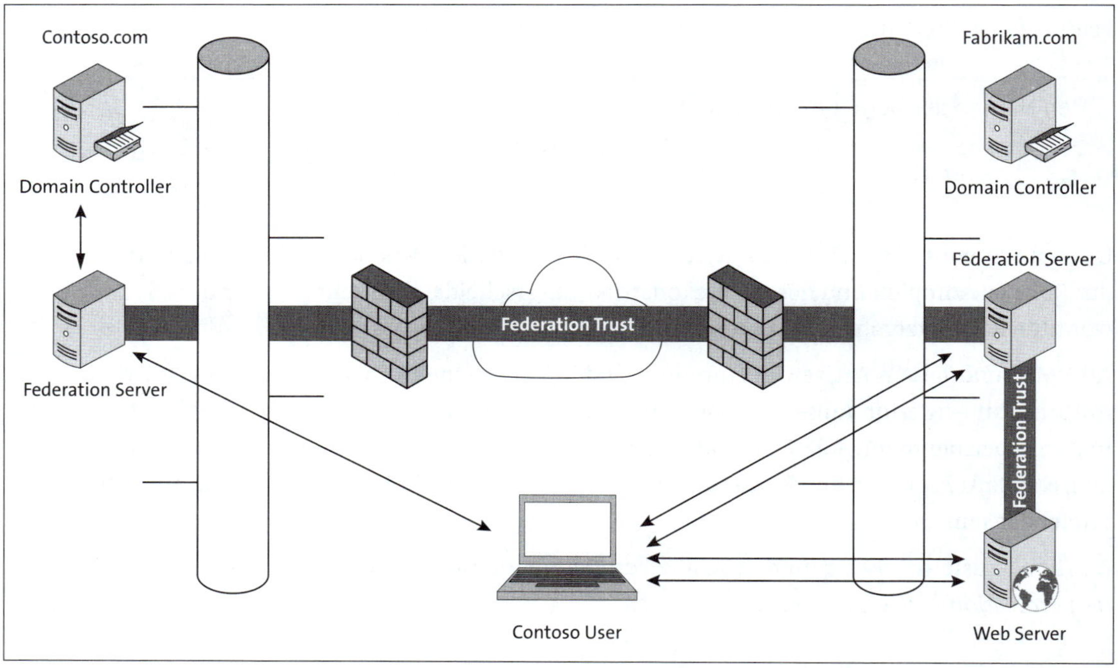

Abbildung 2.9 AD FS-Infrastruktur-Beispiel (Quelle: http://i1.wp.com/www.netwatch.me/wp-content/uploads/2015/07/ADFS-overview.png)

Ab Windows Server 2016 können Benutzerkonten, die in einer AD LDS-Instanz gespeichert sind, ebenfalls in einem Verbund authentifiziert werden.

Der Server muss Teil einer Domäne sein, wenn die AD FS-Rolle installiert wird. Außerdem kommt der Webanwendungsproxy-Rollendienst zum Einsatz. Er darf nicht auf demselben Computer installiert sein wie der Verbunddienst.

Die Installation der AD FS-Rolle erfordert keinen Neustart.

Nach der Rolleninstallation startet ein Konfigurationsassistent. Er zeigt Ihnen auf, welche Voraussetzungen es für die Installation eines Verbundservers gibt. Beispielsweise benötigen Sie unter anderem ein öffentliches Zertifikat für die SSL-Serverauthentifizierung, ein Dienstkonto und einen Datenbankspeicher.

Um eine Instanz zu entfernen, verwenden Sie die installierten PROGRAMME UND FEATURES (`appwiz.cpl`).

2.2.5 Active Directory-Zertifikatdienste

Haben Sie sich schon mal Gedanken darüber gemacht, sich mit einer Chip-Karte, einer sogenannten Smartcard, zu authentifizieren? Oder wollten Sie Ihre eigene öffentliche Unternehmenswebsite mit einem Vertrauenssiegel versehen? Dann müssen Sie sich mit dem Einsatz von Zertifikaten vertraut machen. Der Serverdienst, der solche Zertifikate erstellt und verwaltet, ist eine Zertifizierungsstelle. Diese kann eingesetzt werden, wenn Sie die Rolle *Active Directory-Zertifikatdienste (AD CS, AD Certificate Services)* installieren. Wenn Sie im Unternehmen eine eigene Zertifizierungsstelle *(Certificate Authority, CA)* bereitstellen, kann diese die Zertifikate für eine Vielzahl von Anwendungen ausstellen. Einige Beispiele sind Datei- oder E-Mail-Verschlüsselung, Smartcard-Authentifizierung oder Internetprotokollsicherheit (IPSec).

Der Aufbau einer CA-Infrastruktur, die Teil einer *Public-Key-Infrastruktur (PKI)* ist, sollte mehrere Zertifizierungsstellen-Ebenen vorsehen, um in erster Linie den Ursprung der Vertrauenskette zu schützen. Wenn wir zum Beispiel eine dreistufige Hierarchie betrachten (siehe Abbildung 2.10), würde diese sich wie folgt erklären:

- Den Ursprung bildet eine *Root-CA* oder *Stammzertifizierungsstelle*, die nach der Konfiguration und dem Ausstellen der benötigten Root-Zertifikate ausgeschaltet und sicher verwahrt werden sollte, damit die Vertrauenswürdigkeit der gesamten PKI gewährleistet bleibt. Diese Offline-Root-CA bildet den Anfang der Vertrauenskette der Zertifikate: Vertraut man dem Root-Zertifikat, vertraut man allen danach ausgestellten Zertifikaten ebenfalls.
- Unterhalb dieser Root-CA werden dann *Richtlinien-CAs* erstellt, mit deren Hilfe verschiedene Bereiche der PKI unterteilt werden können.
- Auf dritter Ebene werden *ausstellende CAs* aufgebaut. Beteiligte Geräte oder Benutzer wenden sich an eine ausstellende CA, um sich eines der zuvor definierten Zertifikate zuteilen zu lassen.

Beim Planen einer PKI sind Vorgaben wie die zukünftige Gültigkeitsdauer von Zertifikaten oder die Lebensdauer der Zertifizierungsstellen-Hardware sehr relevant und müssen mit betrachtet werden.

Konfiguration der AD CS-Rolle

Der Computername und die Domäneneinstellungen des Servers, auf dem die AD CS-Rolle installiert wird, können anschließend nicht mehr geändert werden.

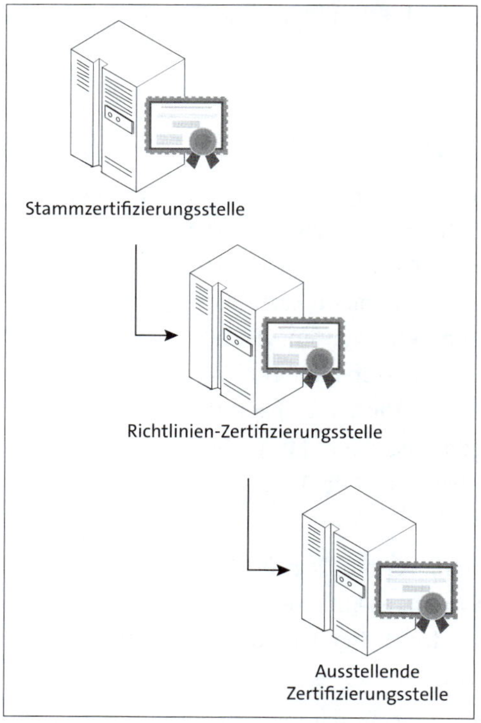

Abbildung 2.10 Aufbau einer dreistufigen Zertifizierungsstellenhierarchie

Während der Rolleninstallation werden folgende Rollendienste zur Installation angeboten, wobei der erste Dienst bereits aktiviert ist:

- *Zertifizierungsstelle* – Hierbei handelt es sich um den Rollendienst der Zertifizierungsstelle selbst, welche die Datenbank und die grundlegenden Funktionen bereitstellt.
- *Online-Responder* – Dieser Rollendienst ermöglicht Clients in komplexen Netzwerkumgebungen den Zugriff auf aktuelle Daten der Zertifikatsperrüberprüfung.
- *Registrierungsdienst für Netzwerkgeräte* – Dieser Dienst stellt das *Simple Certificate Enrollment Protocol (SCEP)* bereit und dient zum Ausstellen und Verwalten von Zertifikaten für Router und andere Netzwerkgeräte.
- *Zertifikatregistrierungsrichtlinien-Webdienst (CEP)* – Mit dem CEP können Benutzer und Computer Informationen der Zertifikatregistrierungsrichtlinien abrufen, auch wenn der Computer kein Mitglied der Domäne ist. Dieser Rollendienst arbeitet mit dem Zertifikatregistrierungs-Webdienst zusammen, um eine richtlinienbasierte automatische Zertifikatregistrierung für diese Benutzer und Computer bereitzustellen. CEP können Sie verwenden, um Clients Zertifikate bereitzustellen, die nicht über einen *Remote Procedure Call (RPC)* mit der Zertifizierungsstelle kommunizieren können oder sollen. Das Gleiche gilt auch für den nächsten Rollendienst: CES.

- *Zertifikatregistrierungs-Webdienst (CES)* – Mit diesem Rollendienst können Benutzer und Computer sich für Zertifikate registrieren und Zertifikate verlängern, auch wenn keine Domänenmitgliedschaft vorliegt. CES arbeitet mit dem Zertifikatregistrierungsrichtlinien-Webdienst (CEP) zusammen, um eine richtlinienbasierte automatische Zertifikatregistrierung für diese Benutzer und Computer bereitzustellen.

  Durch den Einsatz von CEP und CES können Clients, die sich in einem geschützten Bereich wie einer *demilitarisierten Zone (DMZ)* befinden, Zertifikate von einer internen Zertifizierungsstelle abrufen.

  Der CES kann hierbei als eine Art RPC-Proxy eingesetzt werden, der die Anfragen der Clients annimmt und dann die Verbindung zur Zertifizierungsstelle per RPC aufbaut.
- *Zertifizierungsstellen-Webregistrierung* – Der letzte angebotene Rollendienst stellt eine einfache Webschnittstelle bereit, die Benutzern das Ausführen von Aufgaben ermöglicht, beispielsweise das Anfordern von Sperrlisten (CRLs) oder das Registrieren von Smartcard-Zertifikaten.

Je nach Rollendienstauswahl wird auch der CA-Konfigurationsassistent, der nach Abschluss der Rolle ausgeführt werden kann, die Konfiguration der einzelnen Rollendienste anbieten. Er erweitert sich interaktiv nach Aktivierung des jeweiligen Rollendienstes.

Vor der Aktivierung eines Rollendienstes zeigt der Assistent die Punkte aus Abbildung 2.11 an.

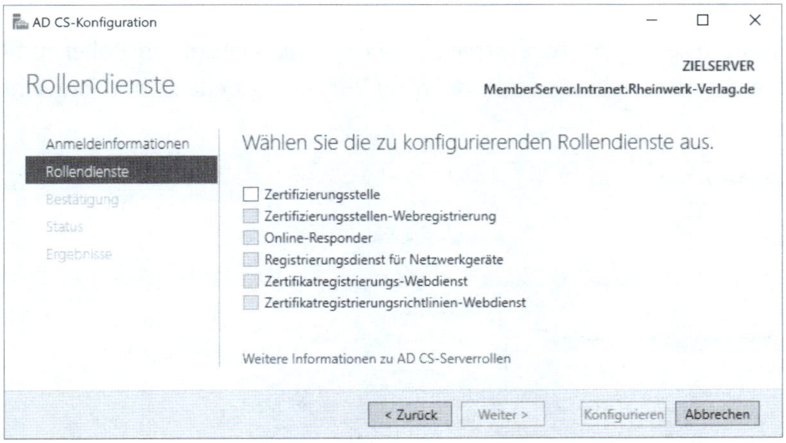

Abbildung 2.11 Der AD CS-Konfigurationsassistent vor der Aktivierung des Rollendienstes

Nach der Aktivierung des Rollendienstes erweitert sich die Ablaufleiste so wie in Abbildung 2.12.

Natürlich sind im Assistenten nur die Rollendienste aktivierbar, die auch bei der Rolleninstallation ausgewählt wurden.

Sollten Sie nachträglich noch Rollendienste benötigen, können Sie diese über den gleichen Weg wie eine Rolleninstallation auswählen und hinzufügen.

Mehr zum Thema Public-Key-Infrastruktur (PKI) finden Sie in Kapitel 16.

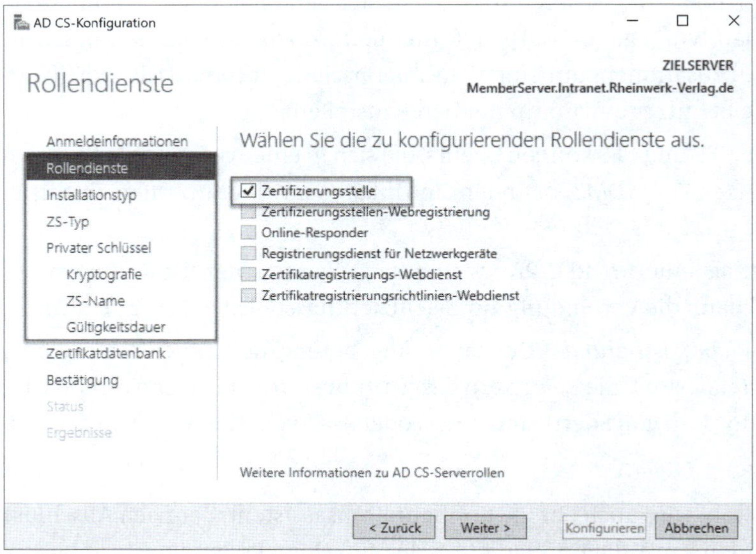

Abbildung 2.12 Der AD CS-Konfigurationsassistent nach der Aktivierung des Rollendienstes

2.2.6 Datei-/Speicherdienste

Die *Datei-/Speicherdienste (File and Storage Services)* bieten eine Vielzahl an Rollen und Diensten, die dem Server Dateiverwaltungsfunktionen zur Verfügung stellen. Eine Übersicht finden Sie in Abbildung 2.13.

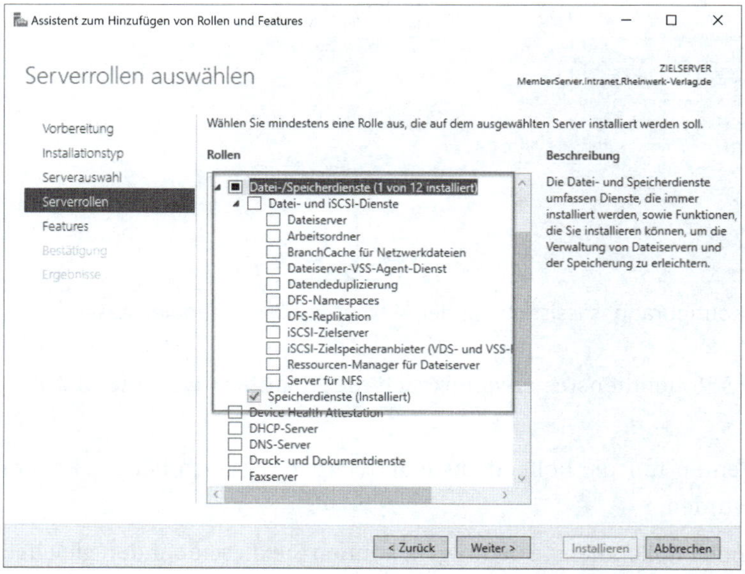

Abbildung 2.13 Liste der Datei-/Speicherdienste im Rolleninstallationsassistenten

Unter dem Sammelpunkt Datei- und iSCSI-Dienste verbergen sich Technologien, mit deren Hilfe Sie Dateiserver und Speicher verwalten, die Datenträgerauslastung reduzieren, Dateien in Außenstandorten replizieren und zwischenspeichern, eine Dateifreigabe auf einen anderen Clusterknoten verschieben oder einen Failover auf einen anderen Clusterknoten ausführen und Dateien mithilfe des NFS-Protokolls freigeben können. Aktivieren Sie diesen Sammelpunkt, wird automatisch die erste untergeordnete Rolle, Dateiserver, ausgewählt.

2.2.7 Dateiserver

Die Rolle *Dateiserver* bietet die Möglichkeit, freigegebene Ordner zu verwalten, und Benutzern Zugriff auf Dateien zu ermöglichen, die auf dem Server gespeichert sind.

Diese Rolle ist für alle anderen Rollen dieses Sammelpunktes notwendig. Sobald Sie eine der anderen Datei-/Speicherdienst-Rollen auswählen, weist der Assistent Sie darauf hin, dass die Rolle *Dateiserver* ebenfalls benötigt und daher mit installiert wird.

Die Installation der Rolle benötigt keinen Neustart. Nach der Rolleninstallation hat sich zwar die Anzahl der vorhandenen Tools nicht verändert, aber Sie finden im *Server-Manager* unter dem Auswahlpunkt Datei-/Speicherdienste die neu hinzugefügten Themen Freigaben, iSCSI und Arbeitsordner (siehe Abbildung 2.14).

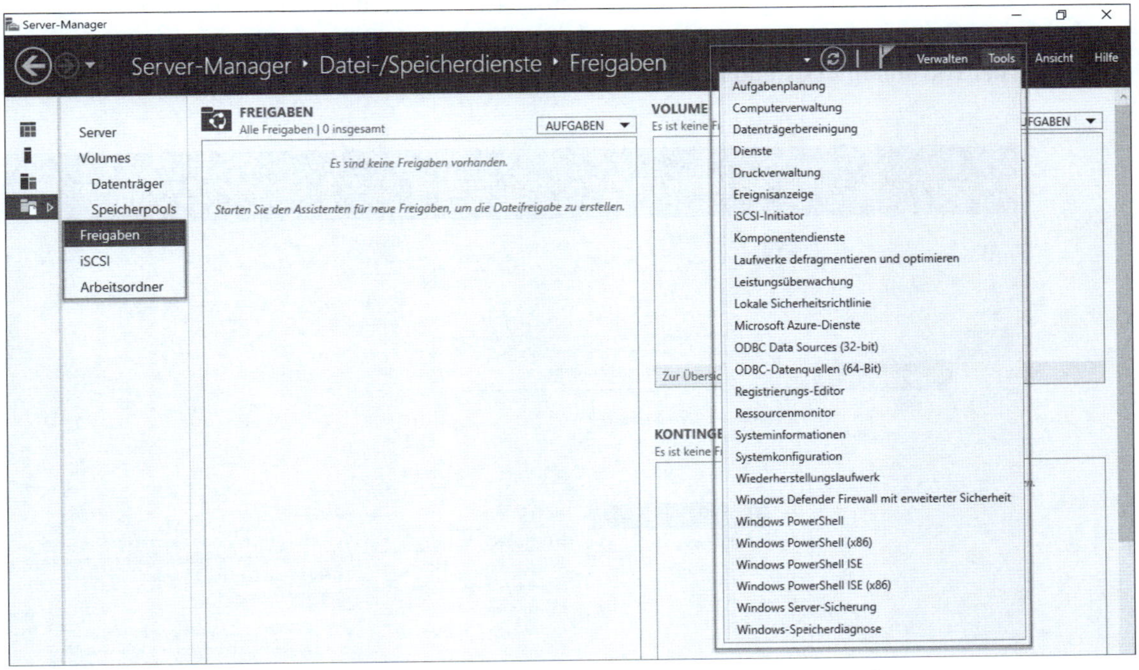

Abbildung 2.14 Server-Manager mit installierter Dateiserver-Rolle

Da aktuell nur die *Dateiserver*-Rolle installiert wurde, werden Sie feststellen, dass die Punkte iSCSI und ARBEITSORDNER zwar schon vorhanden sind, aber bei ihrer Auswahl darauf hinweisen, dass die jeweilige Rolle noch installiert werden muss (siehe Abbildung 2.15).

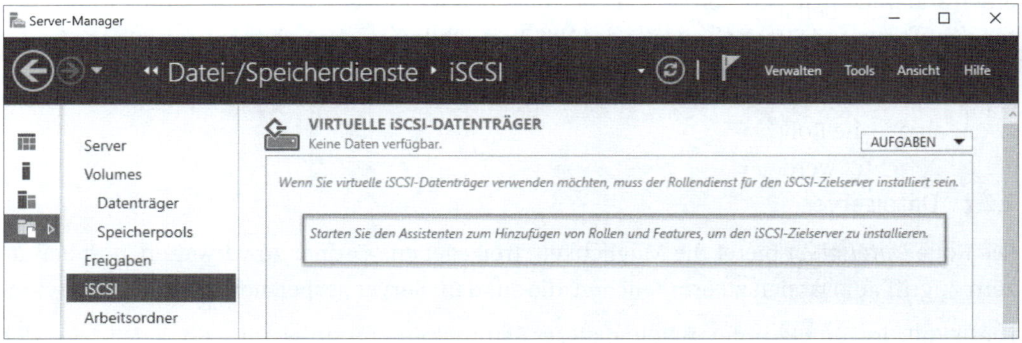

Abbildung 2.15 Server-Manager mit Hinweis zur Rolleninstallation

Ihnen wird des Öfteren auffallen, dass Konfigurationsoberflächen bereits auf dem Server vorhanden sind, aber noch nicht benutzt werden können, weil die dazu notwendigen Rollen fehlen. Aber keine Sorge, die Assistenten oder Hilfetexte weisen darauf hin und erleichtern Ihnen meist per Link die Aktivierung der benötigten Rolle.

Zurück zur Dateiserver-Rolle und ihrer Oberfläche zur Konfiguration von Freigaben, die Sie im Server-Manager finden: Wenn Sie eine Freigabe konfigurieren möchten, werden Sie auch hier von einem Assistenten unterstützt (siehe Abbildung 2.16).

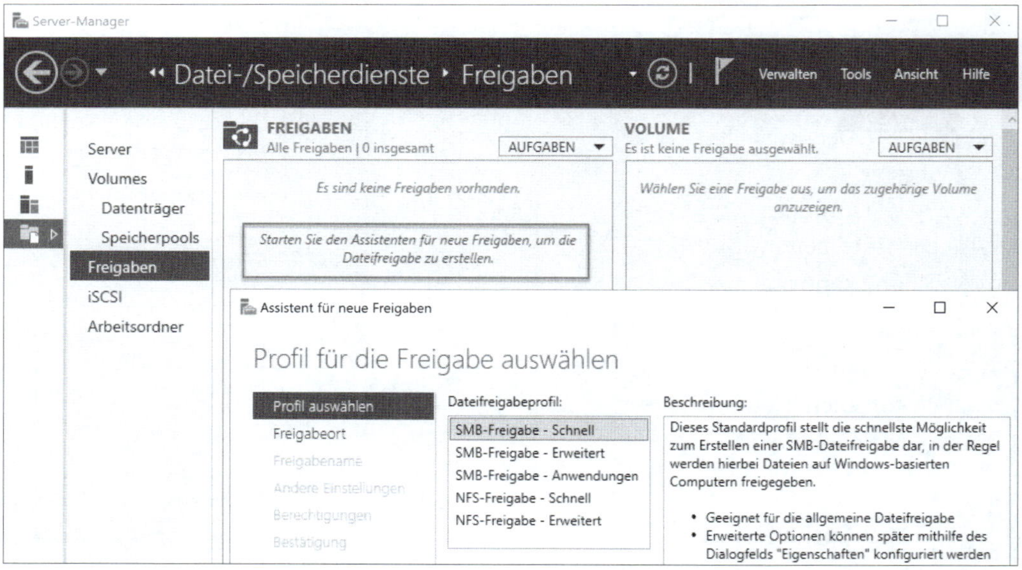

Abbildung 2.16 Der Assistent zur Erstellung von Freigaben auf einem Dateiserver

2.2.8 Arbeitsordner

Entscheiden Sie sich dafür, die Rolle *Arbeitsordner* zu aktivieren, wird der Assistent Sie darauf hinweisen, dass auch das Feature *Hostfähiger Webkern für Internetinformationsdienste* installiert wird. Arbeitsordner ermöglichen die Verwendung von Arbeitsdateien auf verschiedenen Computern, einschließlich Arbeitsgeräten und persönlichen Geräten.

Sie können mithilfe von Arbeitsordnern Benutzerdateien hosten und synchronisieren. Nachdem Sie die Rolle installiert haben, können Arbeitsordner auch über den Server-Manager eingerichtet werden (siehe Abbildung 2.17).

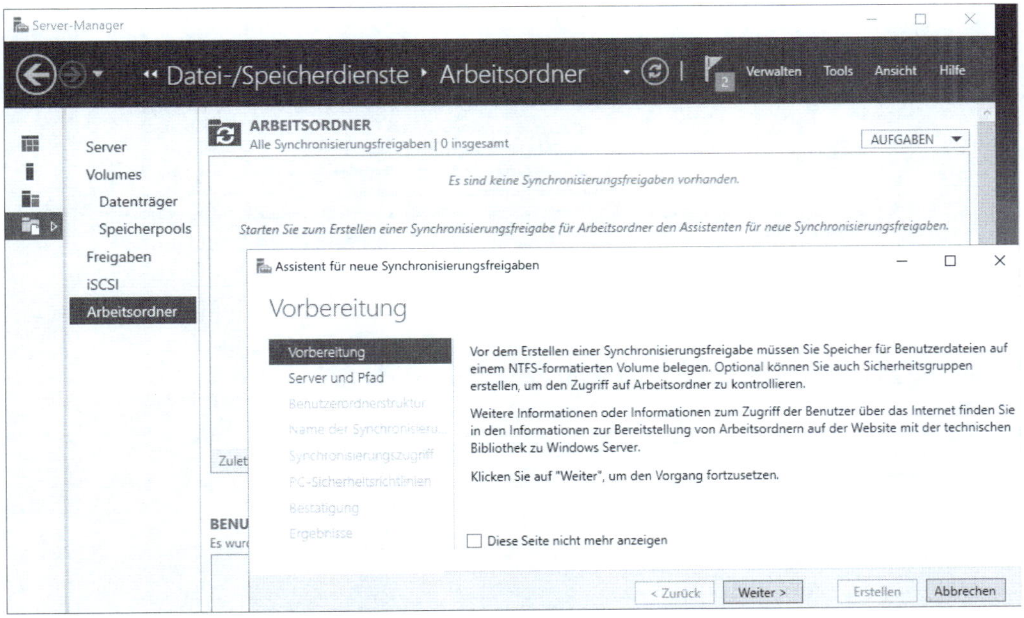
Server-Manager
Datei-/Speicherdienste ▸ Arbeitsordner
Verwalten
Tools
Ansicht
Hilfe
Server
Volumes
Datenträger
Speicherpools
Freigaben
iSCSI
Arbeitsordner
ARBEITSORDNER
Alle Synchronisierungsfreigaben | 0 insgesamt
AUFGABEN
Es sind keine Synchronisierungsfreigaben vorhanden.
Starten Sie zum Erstellen einer Synchronisierungsfreigabe für Arbeitsordner den Assistenten für neue Synchronisierungsfreigaben.
Assistent für neue Synchronisierungsfreigaben
Vorbereitung
Vorbereitung
Server und Pfad
Vor dem Erstellen einer Synchronisierungsfreigabe müssen Sie Speicher für Benutzerdateien auf einem NTFS-formatierten Volume belegen. Optional können Sie auch Sicherheitsgruppen erstellen, um den Zugriff auf Arbeitsordner zu kontrollieren.
Weitere Informationen oder Informationen zum Zugriff der Benutzer über das Internet finden Sie in den Informationen zur Bereitstellung von Arbeitsordnern auf der Website mit der technischen Bibliothek zu Windows Server.
Klicken Sie auf "Weiter", um den Vorgang fortzusetzen.
Diese Seite nicht mehr anzeigen
< Zurück
Weiter >
Erstellen
Abbrechen

Abbildung 2.17 Der Assistent zur Erstellung von Arbeitsordnern

Bei den Arbeitsordnern handelt es sich um eine Möglichkeit, Benutzern Zugriff auf netzwerkbasierte Ordner bereitzustellen und diese auf dem lokalen Computer einzubinden. Diese Bereitstellung kann auch über VPN-Verbindungen oder mittels sicherer Protokolle über das Internet erfolgen.

Diese Rolle kann ohne Neustart installiert und deinstalliert werden. Die Ansicht der Server-Manager-Konsolen im Bereich ARBEITSORDNER wird nach der Deinstallation allerdings erst nach einem Neustart wieder aktualisiert.

2.2.9 BranchCache für Netzwerkdateien

Die Rolle *BranchCache für Netzwerkdateien* stellt auf einem Dateiserver eine Bandbreitenoptimierungstechnologie für Fernnetze, sogenannte *Wide Area Networks (WANs)*, bereit.

Dadurch ist die Zwischenspeicherung von Daten möglich, die in den Filialstandorten benötigt werden, aber im zentralen Rechenzentrum gespeichert sind. Für einen Benutzer optimiert das den Zugriff auf diese Daten. Nachdem Sie die Rolle installiert haben, müssen Sie die gewünschten Verzeichnisse freigeben und die Hashgenerierung aktivieren, damit die Daten zwischengespeichert werden können. Diese Einstellungen setzen Sie per Gruppenrichtlinie oder lokaler Richtlinie (siehe Abbildung 2.18 und Abbildung 2.19).

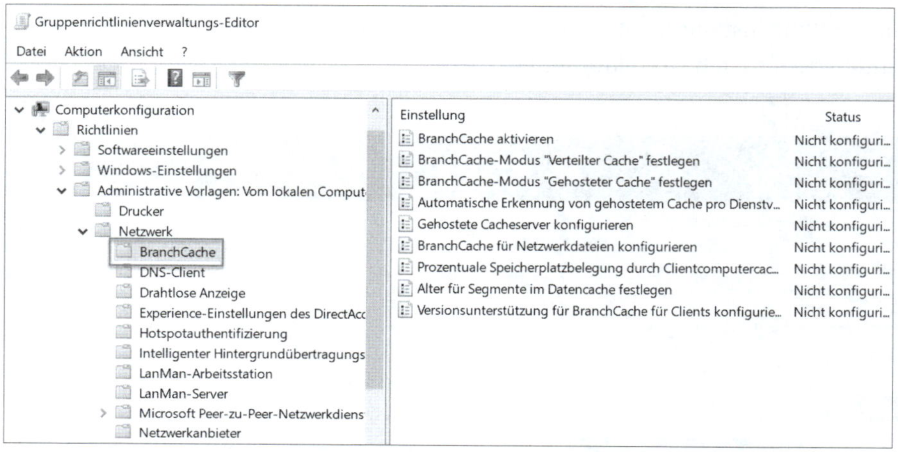

Abbildung 2.18 Richtlinien-Einstellungen für BranchCache-Dateiserver

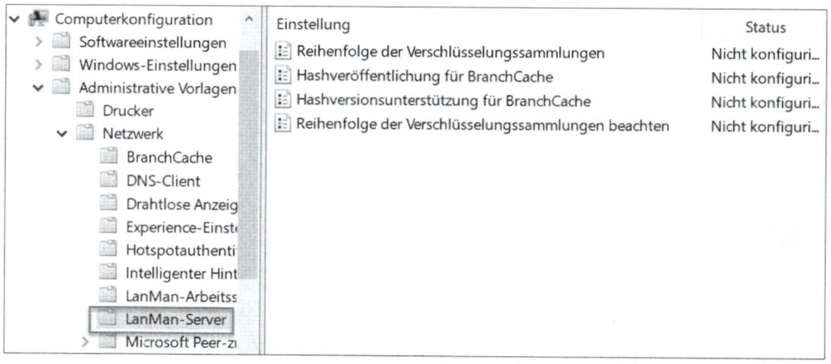

Abbildung 2.19 Richtlinien-Einstellungen für die Hashgenerierung der BranchCache-Dateiserver

Neben dem gehosteten BranchCache, bei dem die Cache-Daten auf einem Server in der Außenstelle gespeichert werden, gibt es noch den verteilten Modus, bei dem die Clients in der Außenstelle jeweils die Daten zwischenspeichern und bei Bedarf bereitstellen.

Die Installation dieser Rolle erfordert keinen Neustart, das Entfernen der Rolle allerdings schon.

2.2.10 Dateiserver-VSS-Agent-Dienst

Die nächste Rolle in der Liste aus Abbildung 2.13 ist der *Dateiserver-VSS-Agent-Dienst*. VSS steht für *Volume-Shadow-Copy Service* oder *Volumenschattenkopie*. Mit dieser Technik werden Änderungen an Dateien aufgezeichnet, sodass bei Bedarf auf entsprechende Vorgängerversionen zurückgegriffen werden kann. Nach der Installation dieser Rolle erscheint der MICROSOFT-SCHATTENKOPIE-AGENT-DIENST FÜR DATEISERVER in der Liste der installierten Dienste (siehe Abbildung 2.20). Er interagiert mit dem VSS-Dateiserver-Agent des Dateiservers. VSS-fähige Anwendungen können ihre Datendateien in Dateifreigaben auf dem Dateiserver speichern, und dieser Dienst verwaltet die Schattenkopien der Volumes auf dem Dateiserver, auf dem die Dateifreigaben liegen.

Manager-Dienst für den Funktionszugriff	Stellt Funktionen bereit, mit denen der Zugriff von UWP-Apps auf App-Funktio...		Manuell	Lokales System
Microsoft App-V Client	Manages App-V users and virtual applications		Deaktivi...	Lokales System
Microsoft iSCSI-Initiator-Dienst	Verwaltet Internet SCSI (iSCSI)-Sitzungen, die es zwischen diesem Computer und i...		Manuell	Lokales System
Microsoft Passport	Stellt die Prozessisolation für kryptografische Schlüssel bereit, die zur Authentifiz...		Manuell ...	Lokales System
Microsoft Passport-Container	Verwaltet lokale Benutzeridentitätsschlüssel, um Benutzer für Identitätsanbieter ...		Manuell ...	Lokaler Dienst
Microsoft Store-Installationsdienst	Bietet Infrastrukturunterstützung für den Microsoft Store. Der Dienst wird bei Be...		Manuell	Lokales System
Microsoft-Schattenkopie-Agent-Dienst für Dateiserver	Verwaltet die Schattenkopie von Dateifreigaben, die vom VSS-Dateiserver-Agent...		Manuell ...	Lokales System
Microsoft-SMP für Speicherplätze	Hostdienst für den Microsoft-Verwaltungsanbieter für Speicherplätze. Wird dies...		Manuell	Netzwerkdienst
Microsoft-Softwareschattenkopie-Anbieter	Verwaltet softwarebasierte Volumeschattenkopien des Volumeschattenkopie-Die...	Wird ausgeführt	Manuell	Lokales System
Net.Tcp-Portfreigabedienst	Ermöglicht es, TCP-Ports über das Protokoll "Net.Tcp" freizugeben.		Deaktivi...	Lokaler Dienst
Netzwerkeinrichtungsdienst	Der Netzwerkeinrichtungsdienst verwaltet die Installation von Netzwerktreibern ...	Wird ausgeführt	Manuell ...	Lokales System
Netzwerkkonnektivitäts-Assistent	Stellt die DirectAccess-Statusbenachrichtigung für Benutzeroberflächenkompon...		Manuell ...	Lokales System
Netzwerklistendienst	Identifiziert die Netzwerke, mit denen der Computer eine Verbindung hergestellt...	Wird ausgeführt	Manuell	Lokaler Dienst
Netzwerkspeicher-Schnittstellendienst	Dieser Dienst stellt Netzwerkbenachrichtigungen (z. B. beim Hinzufügen/Löschen...	Wird ausgeführt	Automat...	Lokaler Dienst
Netzwerkverbindungen	Verwaltet Objekte im Ordner "Netzwerk- und Wählverbindungen", in dem LAN- ...		Manuell	Lokales System

Abbildung 2.20 Ausschnitt aus der Liste der Dienste auf dem Windows Server

Weder die Installation noch die Deinstallation dieser Rolle erfordert einen Neustart.

2.2.11 Datendeduplizierung

Mit der Rolle *Datendeduplizierung* können Sie auf Ihrem Dateiserver Speicherplatz einsparen, indem nur eine Kopie identischer Daten auf einem Volume gespeichert wird. Die Deduplizierung ist eine Alternative zur Komprimierung von Daten, um Speicherplatz auf einer Festplatte einzusparen. Um wirklich effektiv Datenspeicher freizugeben, wird der Dienst standardmäßig erst aktiv, wenn eine Datei größer als 64 KB und älter als 3 Tage ist. Diese Werte können Sie entsprechend anpassen. Vorrangige Einsatzgebiete der Deduplizierung sind die Datensicherung (Backup), die Datenspeicherung und die Laufwerke (Volumes), auf denen Daten zur Archivierung gespeichert werden. Das Verfahren eignet sich jedoch grundsätzlich für jeden Einsatzfall, bei dem Daten (oder Teile davon) mehrfach auf einem Server vorhanden sind.

Mit der Installation der Rolle werden zwei Dienste hinzugefügt und gestartet:

- *Datendeduplizierungsdienst*
- *Datendeduplizierung – Volumenschattenkopie-Dienst*

Nachdem Sie die Rolle installiert haben, können Sie die Deduplizierungstechnik auf dem Volume wie in Abbildung 2.21 aktivieren und konfigurieren.

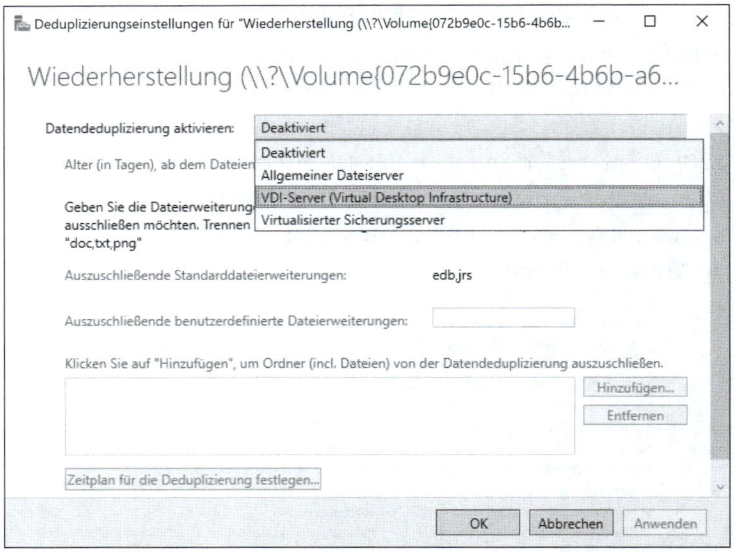

Abbildung 2.21 Optionen der Deduplizierung für das Volume, über den Server-Manager geöffnet

Eine Konfiguration der Laufwerke und des Dienstes ist über die PowerShell möglich. Die Installation der Rolle erfordert keinen Neustart, die Deinstallation allerdings schon.

2.2.12 DFS-Namespaces

Mithilfe der Rolle *DFS-Namespaces* (*Distributed File System*, dt. »verteiltes Dateisystem«) können Sie freigegebene Ordner von verschiedenen Dateiservern in logisch strukturierte DFS-Namespaces gruppieren. Das kann hilfreich sein, wenn Sie Ihren Anwendern eine immer gleichbleibende, bekannte Ordnerstruktur bereitstellen möchten, obwohl die Daten, die sich darin verbergen, auf verschiedenen Dateiservern gespeichert sind. Der Anwender braucht nicht zu wissen, auf welchen Dateiservern die Daten abgespeichert wurden, da diese über die logisch dargestellte Verzeichnisstruktur, den DFS-Namespace, für den Benutzer einfach und gleichbleibend zu finden sind. Selbst bei einem Hardware-Austausch der Dateiserver-Infrastruktur bleibt die bekannte Struktur für den Anwender erhalten.

Ein gutes Beispiel für den Einsatz eines DFS-Namespaces ist eine Projektarbeit, deren Teilnehmer über viele Standorte verteilt sind bzw. bei der die Projektdaten auf verschiedenen Dateiservern abgelegt werden. Ein neuer DFS-Namespace für die Projektdaten wird unter dem Namen *Projekte* angelegt. Der Pfad, um zum Beispiel mit dem Namespace *Projekte* zu arbeiten, könnte so aussehen: *\\intranet.rheinwerk-verlag.de\Projekte*. Hier findet der Anwender nun alle Projektdaten – ganz unabhängig davon, ob der Dateiserver, mit dem die Verzeichnisse verbunden werden, am Standort A oder Standort B betrieben wird. Dies bleibt dem Benutzer genauso unbekannt wie die Namen der verwendeten Dateiserver selbst. Nur die Administratoren, die die logische Struktur mit den tatsächlichen Dateiservern verbinden, müssen natürlich die Infrastruktur kennen, die hinter der sichtbaren Verzeichnisstruktur steht, und diese im DFS-Namespace verknüpfen.

Wenn Sie diese Funktion installieren, wird der Assistent Sie darauf hinweisen, dass er auch die Verwaltungsoberfläche *DFS-Verwaltung* installiert, die für die Administration der DFS-Namespaces wichtig ist (siehe Abbildung 2.22).

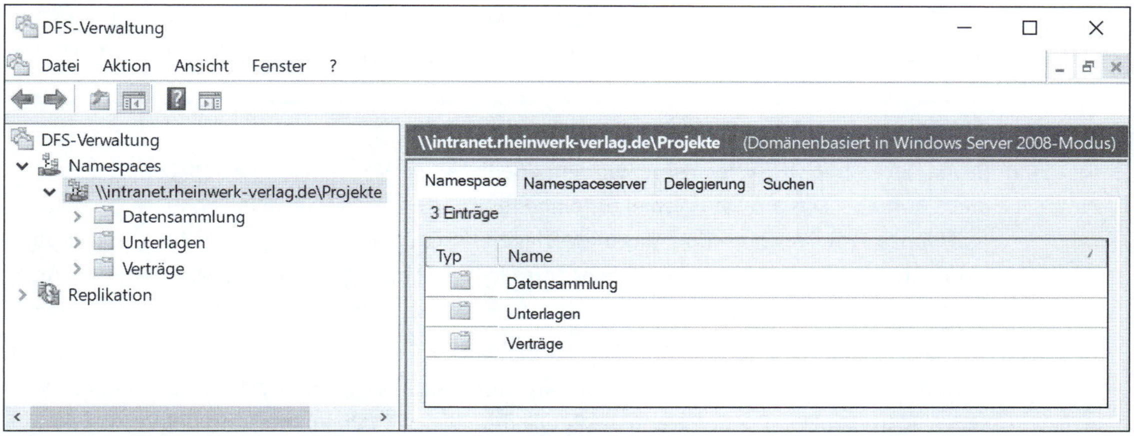

Abbildung 2.22 DFS-Management-Konsole mit einem DFS-Namespace namens »Projekte«

Die Installation der Rolle erfordert keinen Neustart. Wollen Sie die Rolle entfernen, hat der Assistent das Entfernen verhindert, sofern auf dem Domänencontroller – oder dem Server – ein DFS-Namespace vorhanden ist (siehe Abbildung 2.23). Ist auf einem Domänencontroller nur der SYSVOL-Namespace vorhanden, kann der Rollendienst entfernt werden.

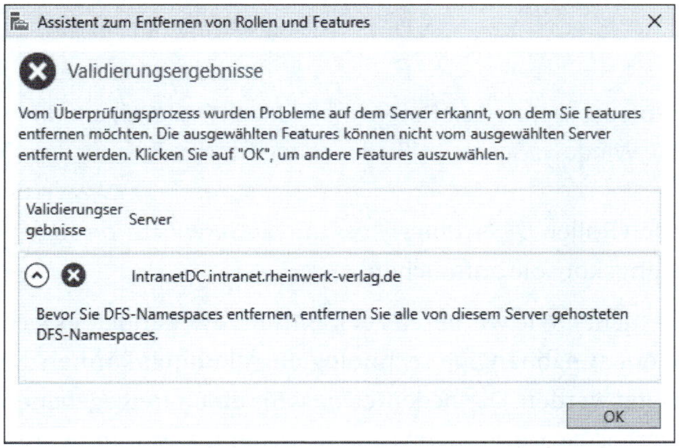

Abbildung 2.23 Hinweis beim Entfernen der DFS-Namespace-Rolle

2.2.13 DFS-Replikation

Ein Namensverwandter ist die Rolle *DFS-Replikation (DFS-R)*. Doch obwohl beide Rollen mit den drei gleichen Buchstaben beginnen und sogar in derselben Verwaltungskonsole administriert werden, haben sie nichts miteinander gemeinsam. Die Funktion, die sich hinter der Rolle *DFS-Replikation* befindet, hilft Ihnen dabei, Daten zwischen zwei oder mehreren Dateiservern zu replizieren.

Sie dient dazu, Daten beispielsweise aus den Filialen an einen zentralen Ort zu replizieren, um eine Datensicherung der gesammelten Daten durchführen zu können. Umgekehrt lassen sich auch Daten von einem zentralen Punkt an andere Orte verteilen. Ein gutes Beispiel dafür ist ein zentral verwaltetes Vorlagenverzeichnis, das Sie an die Filialstandorte verteilen.

FRS – Eine Ära geht zu Ende

Bevor Daten mit DFS-R repliziert wurden, erledigte der *FRS*-Dienst *(File Replication Service)* diese Aufgabe. Das älteste Beispiel für einen replizierten Ordner im Windows-Domänenumfeld ist das *SYSVOL-Verzeichnis*, das die Vorlagen für Gruppenrichtlinien und Anmeldeskripte beinhaltet. Es muss auf allen Domänencontrollern vollständig vorhanden sein, damit die Anmeldedienste konsistent arbeiten können. Deshalb war SYSVOL der erste vom Domänendienst automatisch eingerichtete replizierte Ordner.

Jedoch verlangte FRS einen höheren administrativen Aufwand und war fehleranfälliger als sein Nachfolger DFS-R. Auch wenn die Replikation des SYSVOL-Inhaltes mit der Verwendung von DFS-R noch warten musste, bis der Domänenlevel auf Windows Server 2008 umgestellt wurde, konnte für alle anderen Dateiverzeichnisse bereits ab Windows Server 2003 R2 die Replikationstechnik FRS durch DFS-R ersetzt werden.

Eine Migration muss immer manuell durchgeführt werden. Der FRS-Dienst kann noch bis Windows Server 2016 für bestehende Replikationen verwendet werden, wird aber seit Windows Server 2019 nicht mehr unterstützt.

FRS-Dienst und Windows Server

Denken Sie daran, Ihre mit dem FRS-Dienst replizierten Dateninhalte (auch SYSVOL!) auf die DFS-R-Technik zu migrieren, bevor Sie Windows Server 2019 oder neuer einsetzen.

Nun stellt sich die Frage, was die beiden Rollen *DFS-Namespaces* und *DFS-Replikation* so verbindet, dass sie in derselben Verwaltungskonsole auftauchen.

Technisch gesehen, verbindet sie gar nichts. Wie wir bereits erwähnt haben, handelt es sich um komplett eigenständige, voneinander unabhängige Technologien. Allerdings können die beiden Techniken kombiniert eingesetzt werden. Das bedeutet, dass Sie einen freigegebenen Ordner, der logisch mit einem DFS-Namespace verbunden und für die Benutzer somit veröffentlicht wurde, zusätzlich dazu noch mit DFS-Replikation auf verschiedene Server kopieren können. Damit erreichen Sie, dass Ihre Anwender am Standort A an der gleichen Stelle im DFS-Namespace-Verzeichnisbaum die augenscheinlich gleichen Daten sehen wie die Anwender am Standort B. Beide Anwender werden über den DFS-Namespace jeweils mit einem lokal replizierten Datenbereich verbunden, dessen Inhalt durch DFS-Replikation identisch gehalten werden könnte.

Falls Sie planen, diese Technik einzusetzen, müssen Sie bedenken, dass es sich dabei nicht um eine Echtzeit-Replikation handelt: Änderungen an replizierten Daten werden erst nach dem Schließen einer Datei vom DFS-R-Dienst übertragen. Sollte eine replizierte Datei zur gleichen Zeit an ihren verschiedenen Orten modifiziert werden, wird der DFS-Dienst für eine Lösung dieses Replikationsproblems sorgen: Die Änderungen an einer der beiden Dateien werden verloren gehen. Im besten Fall wird die Datei, die gelöscht wird, in einen separaten Speicherbereich verschoben; im schlechtesten Fall werden die Änderungen einfach überschrieben. Welcher Fall eintrifft, hängt von der Konfiguration der Replikationszeitpläne ab. Diese Technik ist, wie Sie erkennen, nicht für den Echtzeit-Zugriff an verschiedenen Lokationen gedacht, sondern eher, um Datensammlungen (z. B. für Datensicherungen) oder die Datenverteilung (z. B. zur Erstellung von verteilten Vorlagenverzeichnissen) zu ermöglichen.

Die Installation dieser Rolle erfordert keinen Neustart. Wollen Sie die Rolle entfernen, müssen Sie vorher alle DFS-Replikationsgruppen entfernen.

Detaillierte Informationen und Implementierungsbeschreibungen finden Sie in Kapitel 14.

SYSVOL

Sollten Sie den Rollendienst auf einem Domänencontroller installiert haben und ihn anschließend wieder entfernen wollen, ist dies nicht möglich, sofern Sie mehr als einen Domänencontroller in der Domäne installiert haben. Die systemrelevante Replikationsgruppe (SYSVOL) kann nicht entfernt werden und somit kann auch die DFS-R-Rolle nicht entfernt werden. Der Inhalt des auf einem Domänencontroller freigegebenen Verzeichnisses *SYSVOL*, das relevante Daten für den Domänenbetrieb beinhaltet, wird zwischen Domänencontrollern mit dieser DFS-R-Technik repliziert.

Trotzdem gilt: Wenn ein Domänencontroller aufgesetzt wird, arbeitet das System für die Replikation der SYSVOL-Dateien mit dem DFS-R-Dienst, auch wenn die eigentliche Rolle *DFS-Replikation* nicht aktiviert wurde bzw. nur als installiert dargestellt wird.

2.2.14 iSCSI-Zielserver

Der *iSCSI-Zielserver* ist die nächste Rolle in der Liste der Datei- und iSCSI-Dienste. Sie stellt Dienste und Verwaltungstools für iSCSI-Ziele bereit.

Die Installation der Rolle benötigt keinen Neustart, die Deinstallation allerdings schon.

2.2.15 iSCSI-Zielspeicheranbieter

Die Rolle *iSCSI-Zielspeicheranbieter* ermöglicht es Anwendungen, die mit einem iSCSI-Ziel verbunden sind, Volumenschattenkopien von Daten auf virtuellen iSCSI-Datenträgern zu erstellen. Darüber hinaus bietet sie Ihnen die Möglichkeit, virtuelle iSCSI-Datenträger mit älteren Anwendungen zu verwalten, die einen *VDS-Hardwareanbieter (Virtual Disk Service)* erfordern (z. B. der Befehl `Diskraid`).

Für diese iSCSI-Komponente ist weder nach der Installation noch nach dem Entfernen ein Neustart erforderlich.

2.2.16 Ressourcen-Manager für Dateiserver

Die Installation der nächsten Rolle, *Ressourcen-Manager für Dateiserver*, unterstützt Sie bei der Verwaltung von Dateien und Ordnern auf Ihrem Dateiserver. Außerdem können Sie mit ihr Berichte erstellen, die Ihnen helfen, Ihren Dateiserver zu verstehen. Mit dieser Rolle können Sie Folgendes tun:

- Dateiverwaltungsaufgaben und Speicherberichte planen
- Dateien und Ordner klassifizieren
- Ordnerkontingente konfigurieren
- Dateiprüfungsrichtlinien definieren

Während der Installation dieser Rolle wird Ihnen angeboten, auch die Verwaltungskonsole aus den Features *Rollenverwaltungstools* dafür hinzuzufügen.

2.2.17 Server für NFS

Die letzte der gelisteten Rollen im Bereich DATEI- UND ISCSI-DIENSTE ist die Rolle *Server für NFS*. Diese Funktion ermöglicht es dem Server, Dateien für UNIX-basierte Computer und andere Computer freizugeben, die das Protokoll *NFS (Network File System)* verwenden.

Die Aktivierung dieser Rolle fügt während der Installation automatisch noch das benötigte Administrations-Tool *Dienste für das Netzwerkdateisystem* hinzu. Dieses Tool ist nach Abschluss der Installation als Konsole DIENSTE FÜR NFS verfügbar. Nach dem Start zeigt es Ihnen eine Übersicht und eine Checkliste zum Einrichten für NFS an, wie Sie in Abbildung 2.24 erkennen können.

Die Installation der Rolle erfordert keinen Neustart. Wenn Sie die Rolle wieder entfernen, müssen Sie den Server neu starten.

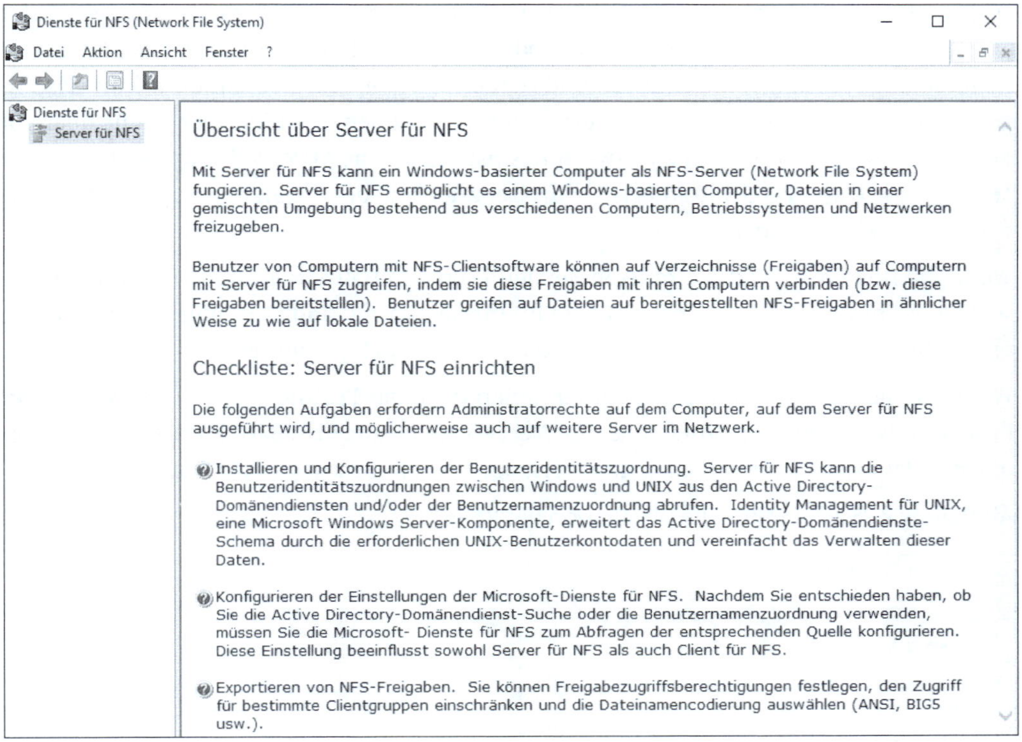
Dienste für NFS (Network File System)
Datei Aktion Ansicht Fenster ?
Dienste für NFS
Server für NFS
Übersicht über Server für NFS
Mit Server für NFS kann ein Windows-basierter Computer als NFS-Server (Network File System) fungieren. Server für NFS ermöglicht es einem Windows-basierten Computer, Dateien in einer gemischten Umgebung bestehend aus verschiedenen Computern, Betriebssystemen und Netzwerken freizugeben.
Benutzer von Computern mit NFS-Clientsoftware können auf Verzeichnisse (Freigaben) auf Computern mit Server für NFS zugreifen, indem sie diese Freigaben mit ihren Computern verbinden (bzw. diese Freigaben bereitstellen). Benutzer greifen auf Dateien auf bereitgestellten NFS-Freigaben in ähnlicher Weise zu wie auf lokale Dateien.
Checkliste: Server für NFS einrichten
Die folgenden Aufgaben erfordern Administratorrechte auf dem Computer, auf dem Server für NFS ausgeführt wird, und möglicherweise auch auf weitere Server im Netzwerk.
Installieren und Konfigurieren der Benutzeridentitätszuordnung. Server für NFS kann die Benutzeridentitätszuordnungen zwischen Windows und UNIX aus den Active Directory-Domänendiensten und/oder der Benutzernamenzuordnung abrufen. Identity Management für UNIX, eine Microsoft Windows Server-Komponente, erweitert das Active Directory-Domänendienste-Schema durch die erforderlichen UNIX-Benutzerkontodaten und vereinfacht das Verwalten dieser Daten.
Konfigurieren der Einstellungen der Microsoft-Dienste für NFS. Nachdem Sie entschieden haben, ob Sie die Active Directory-Domänendienst-Suche oder die Benutzernamenzuordnung verwenden, müssen Sie die Microsoft- Dienste für NFS zum Abfragen der entsprechenden Quelle konfigurieren. Diese Einstellung beeinflusst sowohl Server für NFS als auch Client für NFS.
Exportieren von NFS-Freigaben. Sie können Freigabezugriffsberechtigungen festlegen, den Zugriff für bestimmte Clientgruppen einschränken und die Dateinamencodierung auswählen (ANSI, BIG5 usw.).

Abbildung 2.24 Dienste für NFS – Verwaltungskonsole

2.2.18 Speicherdienste

Die am Ende gelisteten, bereits installierten *Speicherdienste* (siehe Abbildung 2.13) sind von Beginn an aktiviert, weil sie zum Betrieb des Betriebssystems benötigt werden. Sie bieten Speicherverwaltungsfunktionen und können nicht entfernt werden.

2.2.19 Device Health Attestation

Die Rolle *Device Health Attestation (DHA Service)* wurde mit Windows Server 2016 eingeführt. Sie ermöglicht Ihnen die Verwaltung von Geräten (die mindestens unter Windows 10 laufen müssen) in Ihrem Unternehmen durch den Integritätsnachweisdienst für Windows-Clients. Wird sie eingesetzt, können Sie die Integrität von Geräten überprüfen und administrieren, die *Trusted Platform Module (TPM)* 1.2 oder 2.0 unterstützen. Ein Beispiel für den Einsatz ist die Überprüfung, ob auf allen verwalteten Geräten die BitLocker-Funktion aktiviert ist.

Dieser Dienst empfängt Werte und Messungen von diversen Sicherheitsparametern der Clients (den Status von »Sicherer Start« oder einer aktivierten BitLocker-Festplattenverschlüsselung), die von TPM gemessen und signiert werden, und gibt daraufhin eine Bestätigung über den nachgewiesenen Integritätsstatus des Clients zurück. Der Client übergibt diese Bestätigung dann an eine Auswertungsinstanz wie die *MDM-Software (Mobile Device Management)*, um die Geräteintegrität für Szenarien wie den bedingten Zugriff auf Unternehmensressourcen auszuwerten.

Wenn die Rolle installiert ist, müssen Sie den Dienst initialisieren und konfigurieren. Anschließend müssen Sie diverse Zertifikate für die Signierung und Verschlüsselung erstellen und festlegen. Diese Konfiguration findet durch PowerShell-Befehle statt.

Wenn Sie diese Rolle installieren, werden Ihnen noch das Feature *.NET-Framework 4.7*, der Prozessaktivierungsdienst und Teile des Webservers IIS zur Installation angeboten. Weder die Installation noch die Deinstallation benötigt einen Neustart.

Abbildung 2.25 zeigt Ihnen die Installation der Rolle.

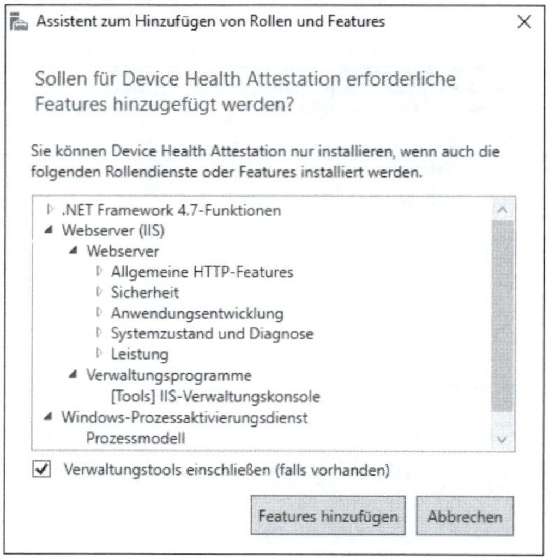

Abbildung 2.25 Installation der Rolle »DHA Service« und benötigte Features

Hochverfügbarkeit

Um Hochverfügbarkeit sicherzustellen, ist es ratsam, mehrere Instanzen der Rolle *DHA Service* zu installieren.

Die Verwaltung über den Server-Manager finden Sie in Abbildung 2.26.

Um diesen Dienst zu installieren, müssen Sie Mitglied der lokalen Administratorengruppe sein. Nach der Installation müssen Sie den Dienst noch mithilfe der bereitgestellten PowerShell-Cmdlets so initialisieren und konfigurieren wie in Abbildung 2.27.

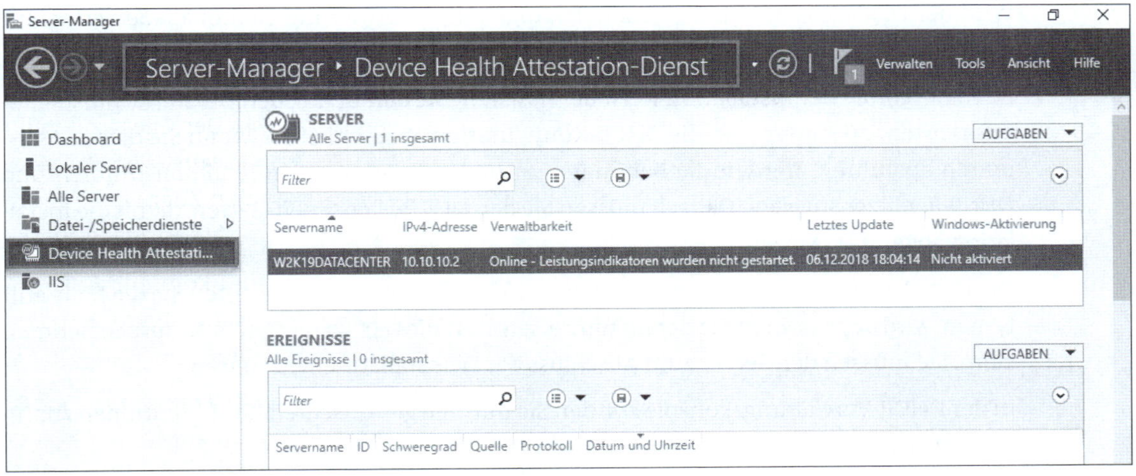

Abbildung 2.26 Verwaltungsoberfläche für »DHA Service« im Server-Manager

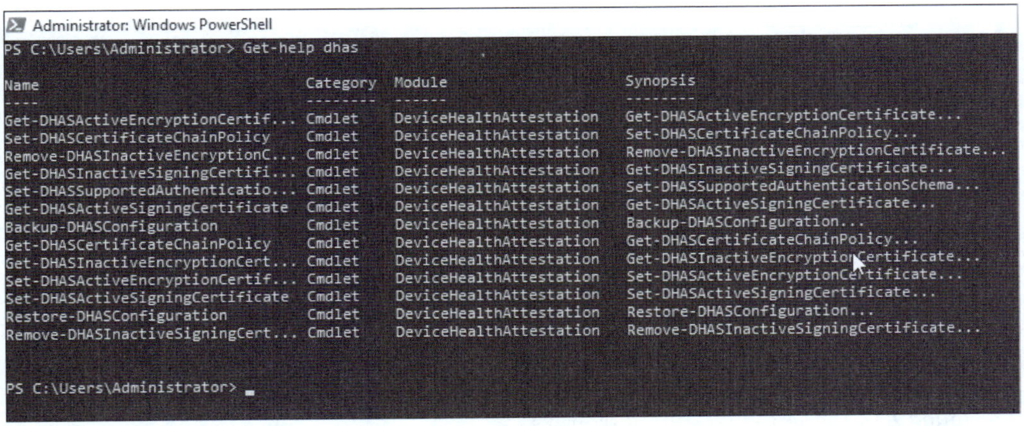

Abbildung 2.27 Cmdlets für das Modul »Device Health Attestation«

2.2.20 DHCP-Server

Möchten Sie mit Ihrem Server IP-Adressen in Ihrem Unternehmen zentral verwalten, bietet sich die Rolle des DHCP-Servers an. Der *Dynamic Host Configuration Protocol*-Server ermöglicht die zentrale Konfiguration, Verwaltung und Bereitstellung von IPv4- und IPv6-Adressen und liefert darüber hinaus weitere Informationen wie DNS-Server-IP-Adressen, Router-Informationen, Zeitserver-Informationen und viele mehr, die über diesen Dienst an den Clientcomputer übergeben werden können. Das servergestützte Zuweisen von IP-Adressen an Clientcomputer oder TCP/IP-basierte Netzwerkgeräte wird auch *Leasen* genannt. Durch die Verwendung von IP-Adressen können Geräte Verbindungen zu anderen Netzwerkressourcen wie DNS-Servern und Routern herstellen.

Wird der Dienst installiert, wird auch das zugehörige Verwaltungstool *DHCP-Servertool* für die Installation vorgeschlagen, das Sie natürlich ebenfalls installieren sollten.

Nach Abschluss der Installation weist der Assistent Sie darauf hin, den DHCP-Nachinstallationsassistent zu starten, um die DHCP-Konfiguration abzuschließen. Wenn Sie diesen Assistenten ausführen, werden die benötigten Sicherheitsgruppen *DHCP-Administratoren* und *DHCP-Benutzer* angelegt. Danach müssen Sie den DHCP-Dienst neu starten, damit die Installation abgeschlossen wird.

Die Installation dieser Rolle benötigt keinen Neustart des Servers. Möchten Sie die Rolle entfernen, wird der Assistent Sie darauf hinweisen, dass dies ein wenig Zeit in Anspruch nehmen kann. Sie müssen den Server zum Abschluss der Deinstallation neu starten.

In der DHCP-Verwaltungskonsole können Sie nun alle gewünschten Konfigurationen zur IP-Adressverwaltung einstellen (siehe Abbildung 2.28).

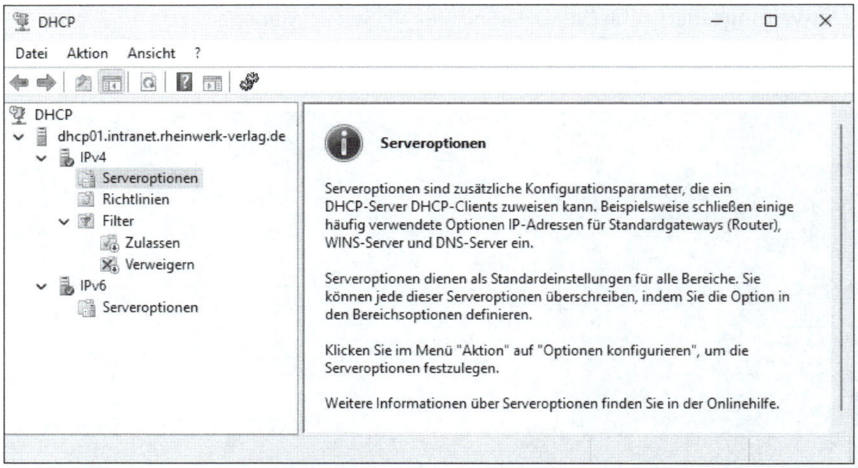
DHCP
Datei Aktion Ansicht ?
DHCP
dhcp01.intranet.rheinwerk-verlag.de
IPv4
Serveroptionen
Richtlinien
Filter
Zulassen
Verweigern
IPv6
Serveroptionen
Serveroptionen
Serveroptionen sind zusätzliche Konfigurationsparameter, die ein DHCP-Server DHCP-Clients zuweisen kann. Beispielsweise schließen einige häufig verwendete Optionen IP-Adressen für Standardgateways (Router), WINS-Server und DNS-Server ein.
Serveroptionen dienen als Standardeinstellungen für alle Bereiche. Sie können jede dieser Serveroptionen überschreiben, indem Sie die Option in den Bereichsoptionen definieren.
Klicken Sie im Menü "Aktion" auf "Optionen konfigurieren", um die Serveroptionen festzulegen.
Weitere Informationen über Serveroptionen finden Sie in der Onlinehilfe.

Abbildung 2.28 Die DHCP-Verwaltungskonsole

Stellen Sie sicher, dass in der Netzwerkkonfiguration des DHCP-Servers eine feste IP-Adresse eingetragen wurde. Ist das nicht der Fall, startet der DHCP-Dienst nicht.

Um eine Infrastruktur aufzubauen, die sich gut verwalten lässt, sollten Sie die Subnetze, DHCP-Bereiche und gegebenenfalls Ausschlüsse für Ihr DHCP-Netz planen, bevor Sie es tatsächlich anlegen.

Wenn Ihr DHCP-Server Mitglied Ihrer Domäne ist, muss der DHCP-Server erst im Active Directory autorisiert werden, bevor er IP-Adressen an die Clients verteilen kann. Das verhindert, dass unbeabsichtigt mehrere Windows-DHCP-Server gleichzeitig IP-Adressen verteilen und es dadurch zu Netzwerk-Kommunikationsproblemen wegen doppelter IP-Adressvergabe kommt. Die Autorisierung eines DHCP-Servers kann nur ein Benutzer durchführen, der Mitglied der Gruppe der *Organisations-Admins* oder der *Domänen-Administratoren* der *Root-Domäne* ist. Diese Aktion benötigt diese hohen Rechte, weil die Informationen der autorisierten DHCP-Server in einen Bereich der AD-Datenbank geschrieben werden, die unternehmensweit repliziert und verwendet werden kann.

Bei Bedarf können Sie diese Rechte auf dem Container *Netservices* (Root-Domäne • Configuration • Services • NetServices) an eine Gruppe delegieren, die dann hier ohne weitreichende Rechte im Active Directory die DHCP-Server autorisieren kann.

2.2.21 DNS-Server

Um in einem Netzwerk Ressourcen über ihren Namen ansprechen zu können, müssen diese Namen in IP-Adressen aufgelöst werden. Dazu benötigen Sie einen Namensauflösungsdienst *(Domain Name Service)*. Wird die Rolle des DNS-Servers installiert, kann der Server diese Aufgabe übernehmen. Für eine Active Directory-Domäne ist ein DNS-Server zwingend erforderlich. Sollten Sie sich dazu entschließen, die DNS-Daten AD-integriert abzuspeichern, muss der DNS-Server auf dem Domänencontroller installiert werden. Während der Promotion eines Domänencontrollers werden Sie durch den Assistenten darauf hingewiesen, und die DNS-Rolle wird mitinstalliert, falls sie noch nicht vorhanden ist.

Um die Eindeutigkeit der verwendeten Namen im Netzwerk zu gewährleisten, stellt DNS einen hierarchischen Namensraum zur Verfügung. Eine mögliche Zusammenarbeit mit dem DHCP-Dienst nimmt Ihnen die Arbeit ab, dass beim Erstellen neuer Geräte deren Namen manuell eintragen werden müssen.

Abbildung 2.29 zeigt Ihnen die DNS-Management-Konsole.

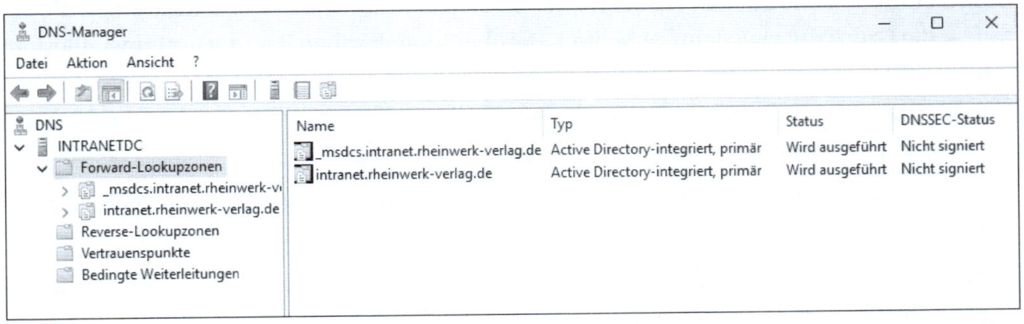

Abbildung 2.29 Die Management-Konsole für DNS

Sollte der DNS-Dienst auf dem Domänencontroller installiert worden sein, weil Sie sich für die AD-integrierte Konfiguration entschieden haben, werden alle DNS-Zonen und deren Inhalte in der Active Directory-Verzeichnisdatenbank abgespeichert. Somit erreichen Sie durch die AD-Datenbank-Replikation über die Domänencontroller-Infrastruktur eine optimale Verteilung der DNS-Informationen für die Namensauflösung.

Die meisten der seit Windows Server 2016 eingeführten Neuerungen und Verbesserungen sind nicht über die Verwaltungskonsole verfügbar und können nur per PowerShell konfiguriert werden. Neuerungen sind zum Beispiel *DNS-Zonescopes*, das *DNS Response Rate Limiting* und die Möglichkeit, bestimmten Clients – oder Subnetzen – die Namensauflösung zu verbieten.

2.2.22 Druck- und Dokumentendienste

Mit der Installation der Druck- und Dokumentendienste entsteht die Grundlage für den Betrieb eines Druckservers. Wenn Sie diese Rolle auf einem Server aktivieren, können Sie damit die Verwaltungsaufgabe für den Netzwerk-Druck zentralisieren. Während der Rolleninstallation wird auch das Feature *Tools für Druck- und Dokumentenmanagementdienste* zur Installation vorgeschlagen. Für die Verwaltung sollten Sie diese Konsolen natürlich auch aktivieren.

Sobald Sie über den Server-Manager die Rolle zur Installation aktiviert haben, werden im Installationsassistenten die Rollendienste *Druckserver*, *Internetdrucken* und *LPD-Druck* hinzugefügt.

Der Rollendienst *Druckserver* enthält das *Druckverwaltungs-Snap-In*, mit dem Sie mehrere Drucker oder Druckerserver verwalten und Drucker von anderen Windows-Druckservern oder auf andere Windows-Druckserver migrieren können. Dieser Rollendienst wird während der Rolleninstallation immer aktiviert. Die beiden folgenden Rollendienste können additiv hinzugefügt werden.

Mithilfe des zweiten Rollendienstes, *Internetdrucken*, wird für die Verwaltung von Druckaufträgen eine Webseite auf diesem Server bereitgestellt. Mithilfe der Webseite können die Benutzer die Druckaufträge dann verwalten. Darüber hinaus haben Benutzer mit installiertem Internetdruckclient die Möglichkeit, eine Verbindung mit freigegebenen Druckern des Servers herzustellen sowie auf diesen Druckern mithilfe eines Webbrowers zu drucken. Verwendet wird dazu das *Internet Printing Protocol (IPP)*.

Wird dieser Rollendienst während der Rolleninstallation ausgewählt, werden auch .NET 4.7-Funktionen und Teile des Webservers benötigt und ebenfalls installiert.

Der letzte Rollendienst, *LPD-Dienst* (LPD: *Line Printer Daemon*), wird benötigt, wenn UNIX-basierte Computer oder andere Computer, die den LPD-Dienst nutzen, auf Drucker zugreifen wollen, die auf diesem Server freigegeben wurden.

Wenn die Rolle installiert wurde, erscheint im Server-Manager ein neuer Einstiegspunkt für die DRUCKDIENSTE (siehe Abbildung 2.30).

Außerdem finden Sie unter TOOLS die Verwaltungsoberfläche für die Konfiguration (siehe Abbildung 2.31).

Druckertreiber gibt es in verschiedenen Modellen bzw. Typen. Windows Server unterstützt die Druckwarteschlangen mit Druckertreibern des Typs 3 oder 4. Während der Installation werden Sie ebenfalls darauf hingewiesen, dass es empfohlen ist, den Typ 4 zu verwenden. Mit diesem Typ können Benutzer, die nicht Mitglied der lokalen Admin-Gruppe sind, standardmäßig eine Verbindung mit dem Drucker herstellen.

Abbildung 2.30 Der Menüpunkt »Druckdienste« im Server-Manager

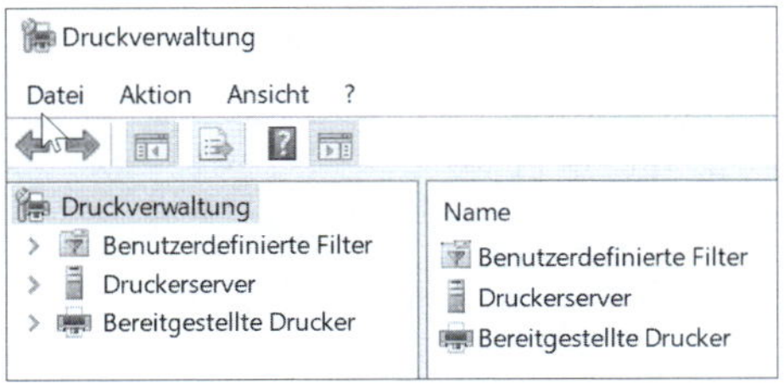

Abbildung 2.31 Das Druckverwaltung-Managementtool

Für den Betrieb dieser Rolle müssen signierte, paketierfähige Treiber verwendet werden, damit Clients eine Verbindung mit den freigegebenen Druckerwarteschlangen herstellen können, die den Druckertreiber des Typs 3 auf dem Druckerserver unterstützen. Falls keine signierten oder paketfähigen Treiber vorhanden sind, müssen Clientbenutzer entweder als lokaler Admin angemeldet sein oder Sie haben die Gruppenrichtlinien für *Computer\Administrative Vorlagen\Drucker\Point-and-Print-Einschränkungen* bereits für Sicherheitseingabeaufforderungen konfiguriert.

Zu guter Letzt wird noch darauf hingewiesen, dass für 32-Bit-Clients die 32-Bit-Versionen der Druckertreiber installiert sein müssen, falls Sie diese Technik einsetzen.

Die Installation dieser Rolle und ihrer Rollendienste erfordert keinen Neustart. Falls Sie die Rolle und ihre Rollendienste entfernen, müssen Sie den Server neu starten.

2.2.23 Faxserver

Soll Ihr Server Faxe senden und empfangen können, müssen Sie die Rolle *Faxserver* installieren. Sie können damit zum Thema Fax außerdem Aufgaben definieren, Einstellungen setzen und ändern, Berichte erstellen oder die Faxgeräte in Ihrem Netzwerk verwalten. Ein Faxserver dient dazu, Faxressourcen im Netzwerk an einer zentralen Stelle freizugeben und auch dort zu verwalten. Während der Konfiguration des Faxservers können Sie auch Routingrichtlinien und Faxregeln definieren, die Verwaltung des Zugriffs auf gesendete oder empfangene

Faxe steuern und die Aktivitäten protokollieren, um die Nutzung der Faxressourcen nachzuverfolgen. Der Faxdienst-Manager stellt die Oberfläche und die Werkzeuge bereit, mit denen die Faxgeräte installiert, angezeigt und verwaltet werden können.

Wird diese Rolle über den Server-Manager aktiviert, weist der Assistent Sie darauf hin, dass der Rollendienst *Druckserver* aus der Rolle *Druck- und Dateidienste* ebenfalls benötigt wird. Für die Verarbeitung der Faxe wird die Technologie des Druck-Spoolers verwendet. Deshalb wird dieser Rollendienst ebenfalls gebraucht.

Den Faxdienst-Manager und die Konfigurationsmöglichkeiten der Faxdienste sehen Sie in Abbildung 2.32 und Abbildung 2.33.

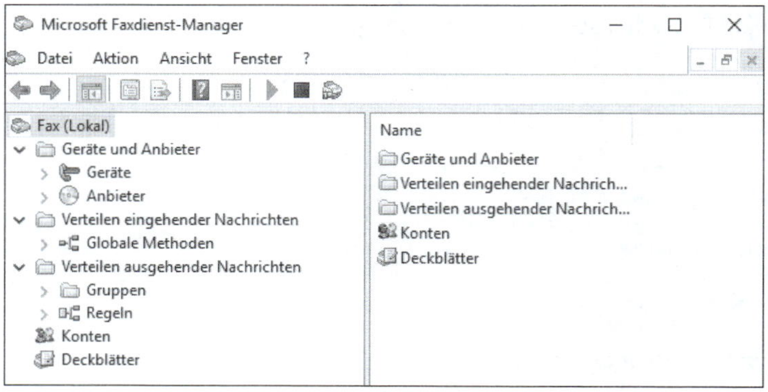

Abbildung 2.32 Der »Microsoft Faxdienst-Manager« nach der Installation der Rolle »Faxdienste«

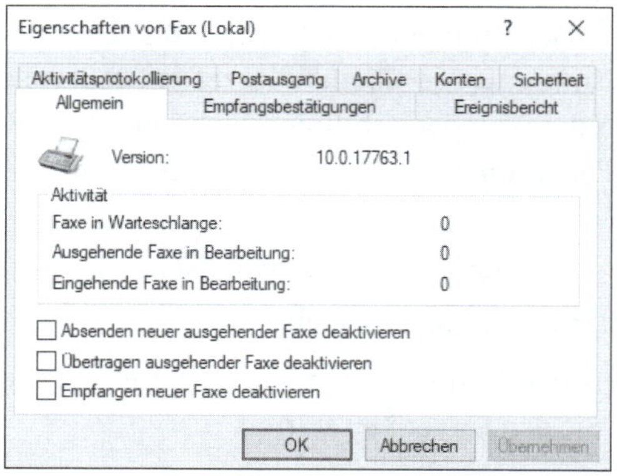

Abbildung 2.33 Konfigurationsmöglichkeiten der Faxdienste über die »Eigenschaften«-Seite

Die Installation der Rolle und des zusätzlich benötigten *Druck*-Rollendienstes erfordert keinen Neustart. Allerdings ist nach der Rolleninstallation die Konfiguration erforderlich. Darauf weist der Installationsassistent Sie hin. Nach der Auswahl des Konfigurationshinweises öffnet sich die Konsole FAXDIENST-MANAGER, über die alle Einstellungen gesetzt werden können, wie Sie in Abbildung 2.32 erkennen können.

Möchten Sie den Faxserver wieder entfernen, wird nicht automatisch auch der Rollendienst *Druckserver* mit entfernt. Diesen müssen Sie manuell auswählen, und Sie sollten ihn nicht vergessen, da der Rollendienst sonst unnötig weiter auf dem Server ausgeführt wird. Nachdem der Assistent die Rollen entfernt hat, müssen Sie den Server neu starten.

2.2.24 Host Guardian-Dienst

Der *Host Guardian-Dienst (HGS)* stellt Nachweis- und Schlüsselschutzdienste bereit, die die Ausführung abgeschirmter virtueller Computer auf *Guarded Hosts* ermöglichen, also auf überwachten Hostmaschinen. Der Nachweisdienst, der mit dieser Rolle installiert wird, überprüft die Identität und die Konfiguration der Guarded Hosts. Vereinfacht gesagt, können Sie durch HGS erreichen, dass Ihre virtuellen Maschinen so abgeschirmt betrieben werden, dass sie vor dem Zugriff durch Hyper-V-Administratoren geschützt sind.

Wenn Sie diese Rolle über den Assistenten aktivieren, wird eine große Anzahl an weiteren Rollen und Features aufgelistet, die ebenfalls benötigt werden. Dazu zählen das .NET Framework, der Active Directory-Domänendienst, das Failoverclustering, Teile des Webservers IIS und der Windows-Prozessaktivierungsdienst. Darüber hinaus wird noch eine ganze Handvoll Verwaltungsoberflächen für die genannten Rollen aktiviert.

Das automatische Hinzufügen der AD DS-Rolle macht deutlich, dass der Server, der die HGS-Rolle ausführen wird, einen neuen eigenen AD-Forest erstellt. Zum Installieren dieser Rolle benötigen Sie lokale administrative Rechte auf dem Server. Da allerdings aus diesem Server der Domänencontroller des neuen Forests entstehen muss, wofür Sie ebenfalls die benötigten Rechte besitzen müssen, handelt es sich somit bei lokalen administrativen Rechten um AD-Gesamtstruktur-Admin-Rechte. Sie können sich während der Konfiguration entscheiden, ob Sie für die HGS-Umgebung eine eigene AD-Gesamtstruktur aufbauen wollen (was der Empfehlung entspricht) oder ob Sie sich Ihrer bestehenden AD-Gesamtstruktur anschließen. Je nach Entscheidung sind administrative Domänenrechte in der vorhandenen oder der neuen AD-Gesamtstruktur erforderlich.

Die zweite Besonderheit ist hier, dass der Server ebenfalls Teil eines Failover-Clusters wird. Wichtig ist, dass der Failover-Dienst niemals den Domänendienst betreffen wird, sondern in diesem Fall ausschließlich die HGS-Dienste. Domänendienste sind Multimaster-Dienste und werden niemals geclustert.

Damit abgeschirmte virtuelle Computer bei einem Serverausfall auf Guarded Hosts ausgeführt werden können, müssen Sie mindestens drei Instanzen der Serverrolle des Host Guardian-Diensts installieren. Zu guter Letzt ist noch zu beachten, dass der Server bei der Rolleninstallation automatisch mit dem Profil MINIMALE ADMINISTRATION konfiguriert und bei vordefinierten Active Directory-Benutzergruppen registriert wird.

Die Konfiguration des HGS findet hauptsächlich über die PowerShell statt.

Diese Rolle gibt es seit Windows Server 2016, aber mit Windows Server 2019 wurden einige Features verbessert:

- *Host Key Attestation* ist der neueste Bescheinigungsmodus, der die Ausführung abgeschirmter VMs vereinfacht, wenn für Ihre Hyper-V-Hosts keine TPM-2.0-Geräte für die TPM-Attestierung verfügbar sind. Host Key Attestation verwendet Schlüsselpaare, um Hosts mit HGS zu authentifizieren. Dadurch müssen Hosts keiner Active Directory-Domäne beitreten, die AD-Vertrauensstellung zwischen HGS und der Unternehmensstruktur wird aufgehoben und die Anzahl der offenen Firewall-Ports reduziert. Die Hostschlüssel-Attestierung ersetzt die Active Directory-Attestierung, die in Windows Server 2019 nicht mehr unterstützt wird.
- *V2-Attestierungsversion* – Um die Host-Key-Attestierung und neue Funktionen in Zukunft zu unterstützen, wurde die Versionierung von HGS eingeführt. Eine Neuinstallation von HGS seit Windows Server 2019 führt dazu, dass der Server die Attestierung der Version 2 verwendet. Dies bedeutet, dass sowohl die Host-Key-Attestierung seit Windows Server 2019-Hosts als auch weiterhin die Hosts der Version 1 unter Windows Server 2016 unterstützt werden können. In-Place-Upgrades bis 2019 erhalten Version 1, bis Sie manuell Version 2 aktivieren. Die meisten PowerShell-Cmdlets verfügen jetzt über einen Parameter `-HgsVersion`, mit dem Sie angeben können, ob Sie mit älteren oder modernen Attestierungsrichtlinien arbeiten möchten.
- *Unterstützung für geschirmte Linux-VMs* – Hyper-V-Hosts unter Windows Server 2019 oder höher können geschirmte Linux-VMs ausführen. Während es seit Windows Server 1709 geschützte VMs gibt, ist Windows Server 2019 die erste Version des Long-Term-Service-Channels, die sie unterstützt.
- *Verbesserungen in Zweigstellen* – Die Ausführung von abgeschirmten VMs in Zweigstellen mit Unterstützung für abgeschirmte Offline-VMs und Fallback-Konfigurationen auf Hyper-V-Hosts wurde vereinfacht.
- *TPM-Hostbindung* – Für sicherste Workloads, für die eine abgeschirmte VM nur auf dem ersten Host ausgeführt werden soll, auf dem sie erstellt wurde, aber auf keinem anderen, können Sie die VM jetzt mithilfe des TPM des Hosts an diesen Host binden.

Nach der Installation der Rolle *HGS* und der Konfiguration aller zusätzlichen Dienste und Features sind mehrere Neustarts notwendig – der erste gleich nach der Rolleninstallation. Sollten Sie die Rolle wieder entfernen wollen, müssen Sie auch hier alle Komponenten manuell auswählen, die entfernt werden sollen. Danach ist ein Neustart erforderlich.

2.2.25 Hyper-V

Wenn Sie planen, virtuelle Maschinen auf Ihrem Server zu betreiben, dann ist die Rolle *Hyper-V* die richtige Wahl, auf die wir in Kapitel 13 ausführlicher eingehen. Diese Rolle stellt Dienste bereit, die Sie zum Erstellen und Verwalten der virtuellen Maschinen und von deren

Ressourcen verwenden können. Eine *virtuelle Maschine* ist ein Computersystem, das in einer isolierten Ausführungsumgebung betrieben wird. Dadurch können Sie gleichzeitig mehrere Betriebssysteme auf einem physischen Server parallel betreiben. Diese Rolle kann nur auf einem physischen Server installiert werden oder auf einer virtuellen Maschine mit aktivierter Virtualisierung *(Nested Virtualization)*. Versuchen Sie die Installation auf einer virtuellen Maschine, werden Sie so scheitern, wie es in Abbildung 2.34 zu erkennen ist. Eine Hyper-V-Infrastruktur für Virtualisierungen ist in einer bereits virtuellen Umgebung nicht möglich.

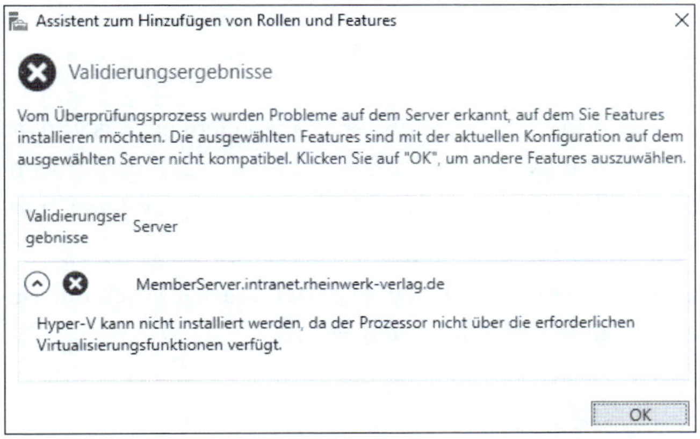
Assistent zum Hinzufügen von Rollen und Features
Validierungsergebnisse
Vom Überprüfungsprozess wurden Probleme auf dem Server erkannt, auf dem Sie Features installieren möchten. Die ausgewählten Features sind mit der aktuellen Konfiguration auf dem ausgewählten Server nicht kompatibel. Klicken Sie auf "OK", um andere Features auszuwählen.
Validierungsergebnisse
Server
MemberServer.intranet.rheinwerk-verlag.de
Hyper-V kann nicht installiert werden, da der Prozessor nicht über die erforderlichen Virtualisierungsfunktionen verfügt.
OK

Abbildung 2.34 Die Rolle »Hyper-V« kann nur auf physischen Servern installiert werden.

Wenn Sie die Rolle im Installationsassistenten aktivieren, werden die Verwaltungstools vorgeschlagen, die Sie zur Installation benötigen. Installieren Sie diese ebenfalls.

2.2.26 Netzwerkcontroller

Die Rolle *Netzwerkcontroller* stellt eine hochgradig skalierbare und hochverfügbare Automatisierung bereit und ist nur in der *Datacenter-Edition* vorhanden. Sie ist innerhalb eines Rechenzentrums erforderlich, und zwar für die kontinuierliche Konfiguration, Überwachung und Diagnose von:

- virtuellen Netzwerken
- physischen Netzwerken
- Netzwerkdiensten
- Netzwerktopologien
- Adressverwaltung usw.

Mit dieser Rolle können Sie virtuelle Infrastrukturen, z. B. virtuelle Hyper-V-Switches, programmieren und überwachen. Außerdem werden auch physische Infrastrukturen (wie Switches und Router) und Hardwarelösungen (wie Lastenausgleichmodule, dedizierte Firewalls und VPN-Server) für die Verwaltung eingebunden.

Während der Rolleninstallation wird die Verwaltungskonsole Network Controller Management ebenfalls für die Installation vorgeschlagen.

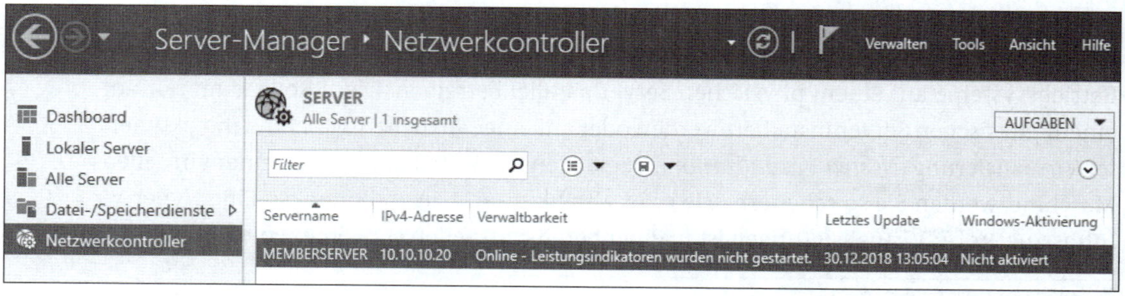

Abbildung 2.35 Der Server-Manager mit installierter Rolle »Netzwerkcontroller«

Die Rolle *Netzwerkcontroller* (siehe Abbildung 2.35) bietet Ihnen die Möglichkeit, das von ihr gesteuerte Netzwerk mithilfe von Verwaltungstools und anderen netzwerkfähigen Anwendungen, wie dem *System Center Virtual Machine Manager (SCVMM)* und dem *System Center Operation Manager (SCOM)*, zu verwalten.

Nach der Installation der Rolle muss der Server nicht neu gestartet werden. Nach der Deinstallation dieser Rolle fordert der Assistent allerdings einen Neustart.

2.2.27 Netzwerkrichtlinien- und Zugriffsdienste

Durch die Installation der Rolle *Netzwerkrichtlinien- und Zugriffsdienste* erstellen Sie auf Ihrem Windows Server 2025-Server einen *Netzwerkrichtlinienserver (NPS)*, der die Sicherheit in Ihrem Netzwerk erhöhen kann. Mit Unterstützung dieser Dienste können Sie Richtlinien für den Netzwerkzugriff definieren. Außerdem ist es möglich, Richtlinien für die Authentifizierung und Autorisierung bei Zugriffen auf das Netzwerk zu konfigurieren.

Nach der Installation finden Sie die Verwaltungskonsole NETZWERKRICHTLINIENSERVER im Menü TOOLS des Server-Managers. Diese Verwaltungskonsole (siehe Abbildung 2.36) erklärt erste Schritte und hilft Ihnen bei der weiteren Konfiguration dieser Rolle und ihrer Möglichkeiten.

Sie können den NPS als RADIUS-Server und -Proxy bereitstellen. RADIUS steht für *Remote Authentication Dial-In User Service* und ermöglicht die Authentifizierung, Autorisierung sowie das Accounting für RADIUS-Clients. Dazu zählen allerdings keine Clientbetriebssysteme oder Laptops, sondern die Komponenten, die für die Einwahl zur Verfügung stehen. RADIUS-Clients sind WLAN-Zugriffspunkte *(Access Points)*, Switches, DFÜ-Remotezugriffs- und VPN-Server. Nachdem Sie den NPS mit diesem Assistenten installiert haben, können Sie ihn mit der NPS-Konsole über die Konsolenstartseite konfigurieren.

Weder die Installation dieser Rolle noch die Deinstallation erfordert einen Neustart des Servers.

Mehr zum Thema RADIUS finden Sie in Kapitel 19, das die Einrichtung eines VPNs beschreibt.

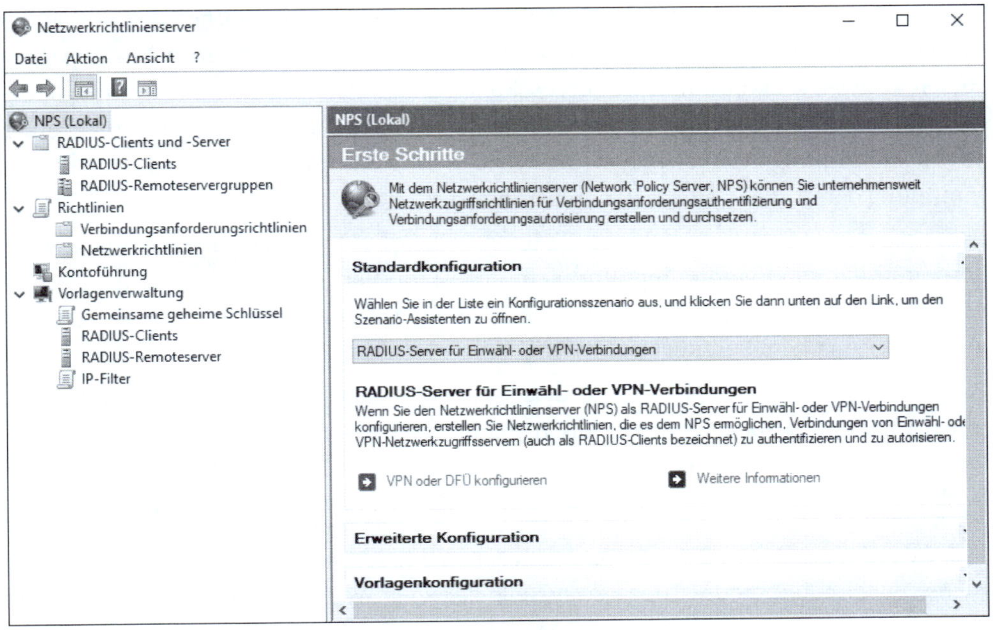
Netzwerkrichtlinienserver
Datei Aktion Ansicht ?
NPS (Lokal)
RADIUS-Clients und -Server
RADIUS-Clients
RADIUS-Remoteservergruppen
Richtlinien
Verbindungsanforderungsrichtlinien
Netzwerkrichtlinien
Kontoführung
Vorlagenverwaltung
Gemeinsame geheime Schlüssel
RADIUS-Clients
RADIUS-Remoteserver
IP-Filter
NPS (Lokal)
Erste Schritte
Mit dem Netzwerkrichtlinienserver (Network Policy Server, NPS) können Sie unternehmensweit Netzwerkzugriffsrichtlinien für Verbindungsanforderungsauthentifizierung und Verbindungsanforderungsautorisierung erstellen und durchsetzen.
Standardkonfiguration
Wählen Sie in der Liste ein Konfigurationsszenario aus, und klicken Sie dann unten auf den Link, um den Szenario-Assistenten zu öffnen.
RADIUS-Server für Einwähl- oder VPN-Verbindungen
RADIUS-Server für Einwähl- oder VPN-Verbindungen
Wenn Sie den Netzwerkrichtlinienserver (NPS) als RADIUS-Server für Einwähl- oder VPN-Verbindungen konfigurieren, erstellen Sie Netzwerkrichtlinien, die es dem NPS ermöglichen, Verbindungen von Einwähl- oder VPN-Netzwerkzugriffsservern (auch als RADIUS-Clients bezeichnet) zu authentifizieren und zu autorisieren.
VPN oder DFÜ konfigurieren
Weitere Informationen
Erweiterte Konfiguration
Vorlagenkonfiguration

Abbildung 2.36 Verwaltungskonsole für »Netzwerkrichtlinien- und Zugriffsdienste«

2.2.28 Remotedesktopdienste

Wenn Sie Ihren Benutzern in Ihrer Infrastruktur den Zugriff auf virtuelle Desktops, sitzungsbasierte Desktops und RemoteApp-Programme ermöglichen möchten, müssen Sie die Rolle *Remotedesktopdienste* aktivieren. Mit dieser Technik können Sie eine auf virtuellen Computern basierende oder sitzungsbasierte Desktopbereitstellung konfigurieren. Die Aktivierung der Rolle im Installationsassistenten fügt die Auswahl der möglichen Rollendienste hinzu (siehe Abbildung 2.37).

In der Auswahl finden Sie folgende Remotedesktop-Rollendienste:

- *Remote Desktop Session Host* – Dieser Rollendienst ermöglicht es diesem Server, RemoteApp-Programme oder sitzungsbasierte Desktops bereitzustellen. Anwendungen werden auf dem Server ausgeführt.
- *Remotedesktopgateway* – Dieser Rollendienst ermöglicht es autorisierten Benutzern, eine Verbindung über das Internet mit virtuellen Desktops, RemoteApp-Programmen und sitzungsbasierten Desktops in Ihrem Unternehmensnetzwerk herzustellen.
- *Remotedesktoplizenzierung* – Mit diesem Rollendienst verwalten Sie Ihre Lizenzen, die erforderlich sind, um eine Verbindung mit einem Remotedesktop-Sitzungshostserver oder einem virtuellen Desktop herstellen zu dürfen. Sie können damit Lizenzen installieren und ausstellen sowie ihre Verfügbarkeit nachverfolgen.

- *Remotedesktop-Verbindungsbroker* – Wenn Ihre Anwender Verbindungen zu vorhandenen virtuellen Desktops, Remote-App-Programmen und sitzungsbasierten Desktops herstellen können sollen, sollten Sie diesen Rollendienst installieren. Er stellt eine gleichmäßige Lastenverteilung zwischen den Remotedesktop-Sitzungshostservern in einer Sitzungssammlung oder zwischen den virtuellen Desktops einer virtuellen Desktopsammlung bereit, die in einem Pool zusammengefasst ist.
- *Remotedesktop-Virtualisierungshost* – Dieser Rollendienst ermöglicht es Ihren Anwendern, mithilfe von Remote-App- und Remotedesktop-Verbindungen Verbindungen mit virtuellen Desktops herzustellen. Die Anwendungen werden auf einem unter Hyper-V virtualisierten Client bereitgestellt.
- *Web Access für Remotedesktop* – Mit diesem Rollendienst wird es Ihren Anwendern ermöglicht, über das Startmenü oder einen Webbrowser auf RemoteApp- und andere Desktopverbindungen zuzugreifen. Das bietet Ihren Benutzern eine angepasste Ansicht von RemoteApp-Programmen, sitzungsbasierten Desktops und virtuellen Desktops.

Je nach Auswahl des Rollendienstes werden gegebenenfalls noch weitere Rollen aktiviert. So werden z. B. beim Remotedesktopgateway Teile der Rolle *Webserver IIS* und der Rolle *Netzwerkrichtlinienserver* aktiviert, bei der Rolle *Remotedesktop-Virtualisierungshost* kommen Hyper-V-Komponenten hinzu; andere Rollendienste wiederum benötigen keine gesonderte weitere Rollenaktivierung.

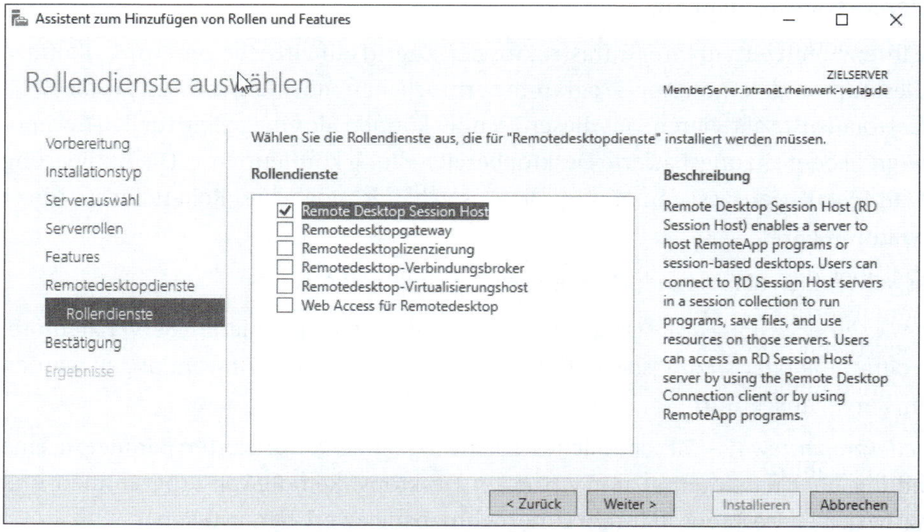
Assistent zum Hinzufügen von Rollen und Features
Rollendienste auswählen
ZIELSERVER
MemberServer.intranet.rheinwerk-verlag.de
Vorbereitung
Installationstyp
Serverauswahl
Serverrollen
Features
Remotedesktopdienste
Rollendienste
Bestätigung
Ergebnisse
Wählen Sie die Rollendienste aus, die für "Remotedesktopdienste" installiert werden müssen.
Rollendienste
Remote Desktop Session Host
Remotedesktopgateway
Remotedesktoplizenzierung
Remotedesktop-Verbindungsbroker
Remotedesktop-Virtualisierungshost
Web Access für Remotedesktop
Beschreibung
Remote Desktop Session Host (RD Session Host) enables a server to host RemoteApp programs or session-based desktops. Users can connect to RD Session Host servers in a session collection to run programs, save files, and use resources on those servers. Users can access an RD Session Host server by using the Remote Desktop Connection client or by using RemoteApp programs.
< Zurück
Weiter >
Installieren
Abbrechen

Abbildung 2.37 Rollendienst-Auswahl während der Installation der Remotedesktopdienste

Nach der Installation der Rolle finden Sie im Server-Manager unter TOOLS die Verwaltungskonsolen für das Lizenzmanagement für die REMOTE DESKTOP SERVICES (siehe Abbildung 2.38). Die Installation dieser Rolle und ihrer Rollendienste benötigt mindestens einen Neustart. Das Entfernen der verschiedenen Elemente erfordert meist auch einen Neustart.

Mehr zu diesem Thema erfahren Sie in Kapitel 18.

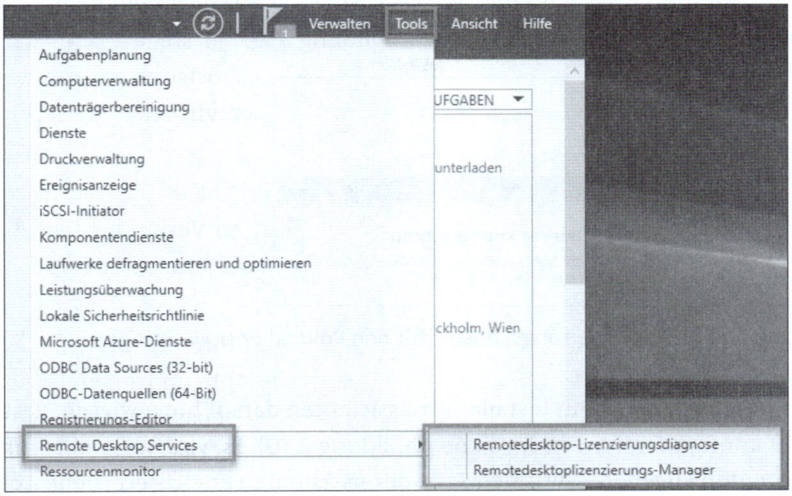

Abbildung 2.38 Verwaltungskonsolen für das Lizenzmanagement

2.2.29 Remotezugriff

Die Rolle *Remotezugriff* stellt die Verbindungsmöglichkeit über *DirectAccess*, *VPN* und *Webanwendungsproxy* bereit. Wenn Sie diese Rolle auswählen, werden drei Rollendienste zur Aktivierung angeboten und anschließend in einer einzigen Verwaltungskonsole integriert verwaltbar gemacht.

Durch *DirectAccess (DA)* können Ihre verwalteten Domänencomputer als DA-Clients eine Verbindung mit Ihrem internen Netzwerk aufbauen. Die Konnektivität ist nahtlos, transparent und jederzeit verfügbar, sofern der jeweilige Client mit dem Internet verbunden ist. DA-Administratoren können Clients remote verwalten und so sicherstellen, dass mobile Computer stets über die neuesten Sicherheitsupdates verfügen und die Anforderungen ihres Unternehmens erfüllen. Mit *VPN* haben Sie die Möglichkeit, den Clientcomputern, die DA nicht unterstützen oder einer Arbeitsgruppe angehören (also nicht Ihrer Active Directory-Domäne), einen Remotezugriff auf Ihr Unternehmensnetzwerk über eine VPN-Verbindung zu ermöglichen.

Der zweite auswählbare Rollendienst ist *Routing*. Dieser bietet die Unterstützung für NAT-Router, LAN-Router mit BGP *(Border Gateway Protocol)*, RIP *(Routing Information Protocol)* und multicastfähige Router, z. B. IGMP-Proxys *(Internet Group Management Protocol)*.

Mit dem dritten Rollendienst, *Webanwendungsproxy*, können Sie ausgewählte HTTP- und HTTPS-basierte Anwendungen aus Ihrem internen Netzwerk für Clients extern veröffentlichen. Zum Veröffentlichen von internen Anwendungen (z. B. Webseiten, OWA) kann der Webanwendungsproxy als Reverse-Proxy verwendet werden. Mit AD FS können Sie Ihre Benutzer vor dem Zugriff darauf auch authentifizieren lassen.

Der RAS-Verbindungsmanager wird während der Installation hinzugefügt. Sie können die Routing- und RAS-Konfiguration über die Konsole ROUTING UND RAS bearbeiten, die Sie nach der Rolleninstallation unter TOOLS finden (siehe Abbildung 2.39).

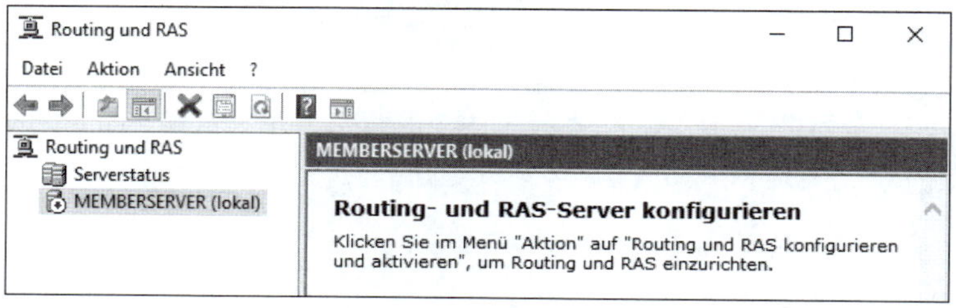
Routing und RAS
Datei Aktion Ansicht ?
Routing und RAS
Serverstatus
MEMBERSERVER (lokal)
MEMBERSERVER (lokal)
Routing- und RAS-Server konfigurieren
Klicken Sie im Menü "Aktion" auf "Routing und RAS konfigurieren und aktivieren", um Routing und RAS einzurichten.

Abbildung 2.39 »Routing und RAS«-Verwaltungskonsole für den Rollendienst »Routing«

Nach der Installation werden Sie noch im Installationsassistenten darauf hingewiesen, dass Sie den Remotezugriff konfigurieren müssen (siehe Abbildung 2.40). Es wird sogar ein Link zum Starten des Assistenten angeboten, was den Start des Assistenten erleichtert (siehe Abbildung 2.41).

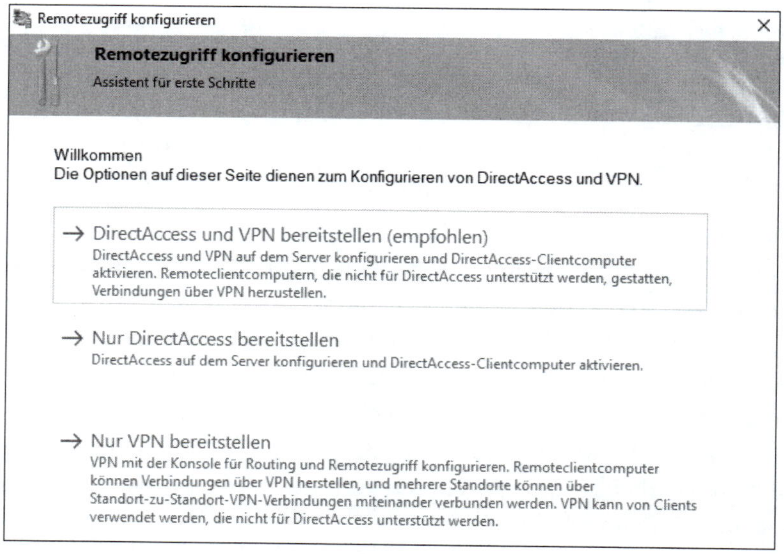
Remotezugriff konfigurieren
Remotezugriff konfigurieren
Assistent für erste Schritte
Willkommen
Die Optionen auf dieser Seite dienen zum Konfigurieren von DirectAccess und VPN.
DirectAccess und VPN bereitstellen (empfohlen)
DirectAccess und VPN auf dem Server konfigurieren und DirectAccess-Clientcomputer aktivieren. Remoteclientcomputern, die nicht für DirectAccess unterstützt werden, gestatten, Verbindungen über VPN herzustellen.
Nur DirectAccess bereitstellen
DirectAccess auf dem Server konfigurieren und DirectAccess-Clientcomputer aktivieren.
Nur VPN bereitstellen
VPN mit der Konsole für Routing und Remotezugriff konfigurieren. Remoteclientcomputer können Verbindungen über VPN herstellen, und mehrere Standorte können über Standort-zu-Standort-VPN-Verbindungen miteinander verbunden werden. VPN kann von Clients verwendet werden, die nicht für DirectAccess unterstützt werden.

Abbildung 2.40 Assistent zum Einrichten des Remotezugriffs

Die Installation erfordert keinen Neustart, aber nach der Rolleninstallation wird die Konfiguration des Remotezugriffs gefordert. Wenn Sie die Rolle wieder entfernen, müssen Sie die zusätzlichen Komponenten (wie Teile des Webservers IIS) ebenfalls manuell zum Entfernen aktivieren, sofern diese nicht mehr für andere Aufgaben benötigt werden. Anschließend ist auch ein Neustart erforderlich.

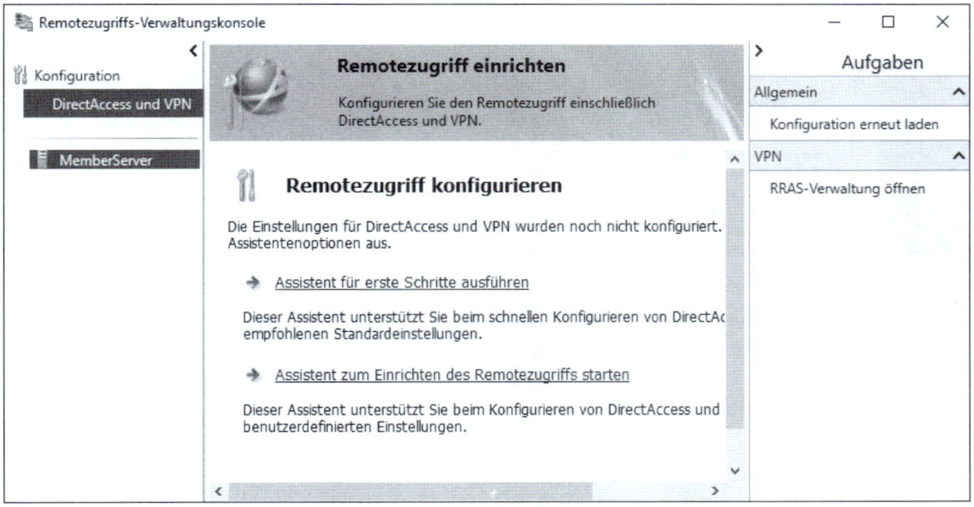

Abbildung 2.41 Die Verwaltungskonsole für den Remotezugriff

2.2.30 Volumenaktivierungsdienste

Ein System, auf dem ein aktuelles Microsoft-Betriebssystem installiert ist, muss während der Installation oder in einem definierten Zeitraum nach der Installation mit einem gültigen Lizenzschlüssel aktiviert werden, damit es ohne Einschränkungen betrieben werden kann. Wenn Sie also ein System neu aufsetzen, ist das manuelle Eintragen des Schlüssels kein Problem. Verwalten Sie allerdings viele Maschinen, ist es sinnvoll, die Schlüsselverteilung zur Lizenzaktivierung Ihrer Systeme von einem Server übernehmen zu lassen.

Mit der Installation der Rolle *Volumenaktivierungsdienste* erschaffen Sie eine Umgebung in Ihrem Netzwerk, in der die Maschinen nicht mehr manuell aktiviert werden müssen. Damit können Sie die Verwaltung von KMS-Hostschlüsseln und der Infrastruktur der Volumenschlüsselaktivierung für ein Netzwerk automatisieren und vereinfachen. Mit diesem Dienst installieren und verwalten Sie einen *Schlüsselverwaltungsdienst-Host (Key Management Service, KMS)* oder konfigurieren die Microsoft Active Directory-basierte Aktivierung, um die Volumenaktivierung für Systeme bereitzustellen, die Mitglied Ihrer AD-Domäne sind. Ausführlichere Informationen dazu finden Sie in Kapitel 1.

Nach der Rolleninstallation startet der Assistent aus Abbildung 2.42, der Sie durch die Konfiguration führt.

Bevor Sie diese Rolle installieren, müssen Sie den richtigen Volumenaktivierungsschlüssel beschaffen, der zum Betrieb des KMS-Servers benötigt wird. Um diese Rolle zu installieren und zu aktivieren, müssen Sie Mitglied in der lokalen Administratorengruppe des Servers sein. Die Installation dieser Rolle erfordert keinen Neustart. Sie können die (nicht konfigurierte) Rolle auch wieder ohne Neustart entfernen.

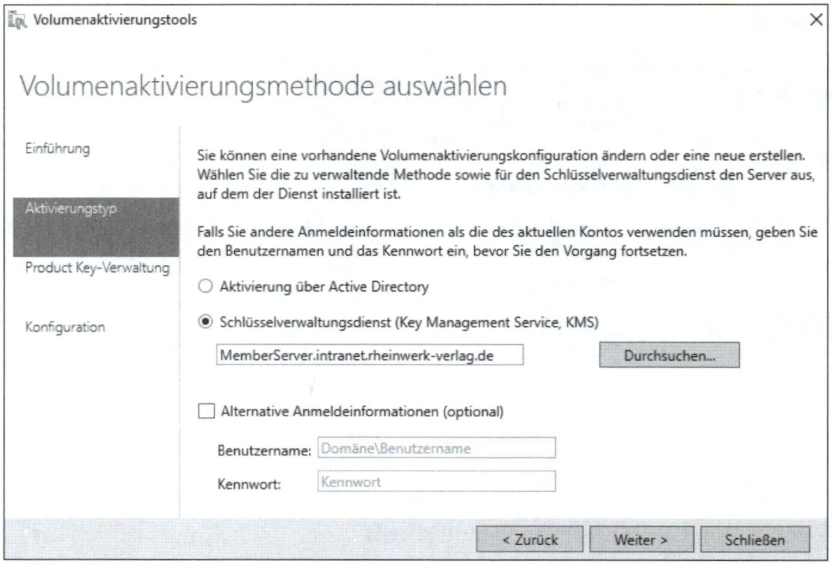
Volumenaktivierungstools
Volumenaktivierungsmethode auswählen
Einführung
Aktivierungstyp
Product Key-Verwaltung
Konfiguration
Sie können eine vorhandene Volumenaktivierungskonfiguration ändern oder eine neue erstellen. Wählen Sie die zu verwaltende Methode sowie für den Schlüsselverwaltungsdienst den Server aus, auf dem der Dienst installiert ist.
Falls Sie andere Anmeldeinformationen als die des aktuellen Kontos verwenden müssen, geben Sie den Benutzernamen und das Kennwort ein, bevor Sie den Vorgang fortsetzen.
Aktivierung über Active Directory
Schlüsselverwaltungsdienst (Key Management Service, KMS)
MemberServer.intranet.rheinwerk-verlag.de
Durchsuchen...
Alternative Anmeldeinformationen (optional)
Benutzername:
Domäne\Benutzername
Kennwort:
Kennwort
< Zurück
Weiter >
Schließen

Abbildung 2.42 Der Assistent zum Konfigurieren eines KMS-Dienstes

2.2.31 Webserver (IIS)

Wenn Sie webseitenbasierte Informationen veröffentlichen möchten – z. B. im Internet, aber auch innerhalb Ihres Netzwerks im Intranet oder eventuell in einem Extranet –, dann benötigen Sie zum Bereitstellen dieser Inhalte einen Webserver. Mit der Installation der Rolle *Webserver (IIS)* wird Ihr Windows Server zum Webserver.

Die Rolle *Webserver (IIS)* umfasst die meisten hinzufügbaren Rollendienste. Passen Sie die vorausgewählten Features nicht an, beinhaltet die Standardinstallation alle Techniken, die zum Bereitstellen von statischen Inhalten benötigt werden, die Sie auch komprimieren können. Kleine Anpassungen können Sie jedoch vornehmen. Außerdem können Sie die Serveraktivität überwachen und protokollieren lassen.

Da die Liste der möglichen Rollendienste und deren Erweiterungen so lang ist, hilft Ihnen die folgende Auflistung dabei, sich einen Überblick zu verschaffen. Um leichter zu erkennen, welche Vorauswahl bereits bei der Standardinstallation gesetzt ist (siehe auch Abbildung 2.43), wurden diese hier **fett** formatiert.

Die Rolle *Webserver (IIS)* umfasst folgende Rollendienste:

- **Allgemeine HTTP-Features** – Unterstützung grundlegender HTTP-Funktionen, z. B. Bereitstellen von Standarddateiformaten und Konfigurieren von benutzerdefinierten Servereigenschaften. Sie können allgemeine HTTP-Funktionen verwenden, um benutzerdefinierte Fehlermeldungen zu erstellen, einige Anforderungen automatisch an einen anderen Speicherort weiterzuleiten oder um zu konfigurieren, wie der Server auf Anforderungen ohne Dokumentangabe reagieren soll.

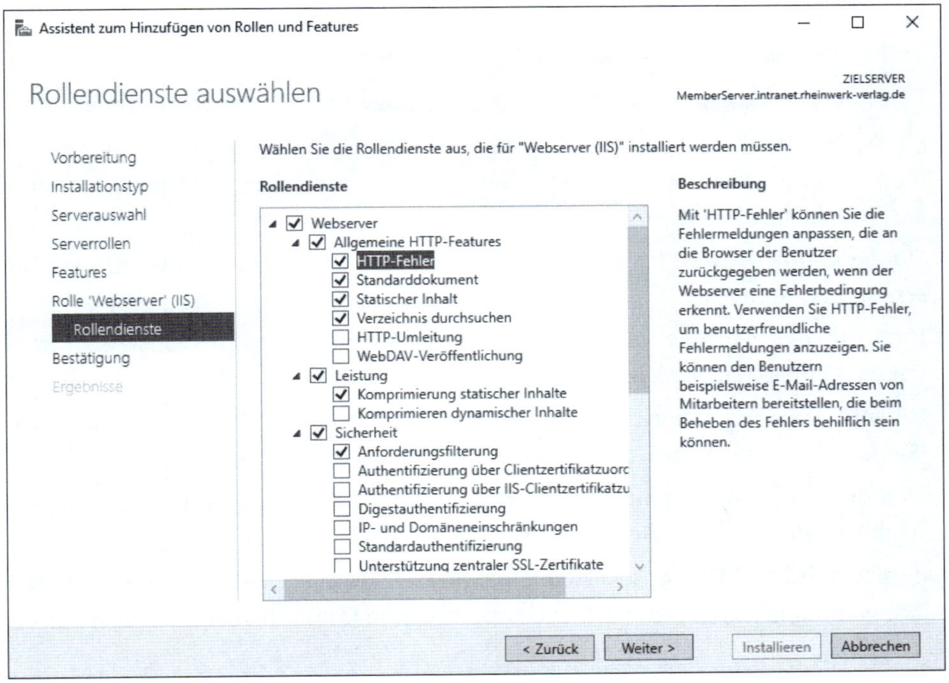

Abbildung 2.43 Auswahl der Rollendienste während der Konfiguration zur Webserver-Installation

Untergeordnet ist folgende Auswahl möglich:

- **HTTP-Fehler** – Erstellen benutzerfreundlicher Fehlermeldungen im Browser
- **Standarddokument** – Konfiguration einer Standarddatei
- **Statischer Inhalt** – Verwendung von statischen Webdateiformaten
- **Verzeichnis durchsuchen** – Anzeigen von Inhalten auf dem Webserver
- *HTTP-Umleitung* – Unterstützung beim Umleiten an ein neues Ziel (z. B. beim Umzug einer Webseite)
- *WebDAV-Veröffentlichung* – WebDAV *(Web Distributed Authoring and Versioning)* ermöglicht das Veröffentlichen von Dateien von und auf einem Webserver mithilfe des HTTP-Protokolls.

▸ **Leistung** – stellt die Infrastruktur zur Zwischenspeicherung der Ausgaben bereit.

- **Komprimierung statischer Inhalte**
- *Komprimieren dynamischer Inhalte*

▸ **Sicherheit** – stellt die Infrastruktur zum Sichern des Webservers durch verschiedene Authentifizierungsmethoden bereit.

- **Anforderungsfilterung** – Einsatz von Filtern, um bösartige Anforderungen zu erkennen

  - *Authentifizierung über Clientzertifikatzuordnung*
  - *Authentifizierung über IIS-Clientzertifikatzuordnung*
  - *Digestauthentifizierung* – Authentifizierung über den Domänencontroller mithilfe eines Kennwort-Hashs
  - *IP- und Domäneneinschränkungen* – Zulassen oder Ablehnen von Inhalten basierend auf IP-Quelladresse oder Quelldomänennamen
  - *Standardauthentifizierung* – gut geeignet für kleine Netze; sorgt für eine starke Browserkompatibilität.
  - *Unterstützung zentraler SSL-Zertifikate* – zentrale Verwaltung von SSL-Serverzertifikaten über eine Dateifreigabe
  - *URL-Autorisierung* – Zugriffseinschränkung auf Webinhalte mithilfe von Regeln, die an Benutzer, Gruppen oder HTTP-Headerverben gebunden werden
  - *Windows-Authentifizierung* – ermöglicht es in einer AD-Domäne, die Domäneninfrastruktur zum Authentifizieren von Benutzern zu verwenden.
- **Systemzustand und Diagnose** – stellt eine Infrastruktur bereit, um Webserver, Websites und Anwendungen zu überwachen, zu verwalten und um Probleme mit der Integrität zu behandeln.
  - **HTTP-Protokollierung** – ermöglicht das Protokollieren der Website-Aktivität.
  - *Ablaufverfolgung* – stellt eine Infrastruktur für Diagnose und Problembehandlung bereit.
  - *Anforderungsüberwachung* – stellt eine Infrastruktur zum Überwachen der Integrität bereit.
  - *Benutzerdefinierte Protokollierung* – unterstützt die Protokollierung mit eigens erstellten Modulen, die sich erheblich von den IIS-Protokollen unterscheiden.
  - *ODBC-Protokollierung* – unterstützt das Protokollieren der Webserveraktivitäten in eine ODBC-kompatible Datenbank.
  - *Protokollierungstools* – stellt eine Infrastruktur zum Verwalten von Webserverprotokollen und zum Automatisieren von allgemeinen Protokollierungsaufgaben bereit.
- *Anwendungsentwicklung* – Damit können Sie Webanwendungen entwickeln und hosten.

  Unter diesem Punkt werden folgende Optionen zur Aktivierung angeboten: *.NET-Erweiterbarkeit 3.5, .NET-Erweiterbarkeit 4.7, Anwendungsinitialisierung, ASP, ASP.NET 3.5, ASP.NET 4.8 CGI, ISAPI-Erweiterung, ISAPI-Filter, serverseitige Include-Dateien und WebSocket-Protokoll.*

Zusätzlich zur Webserver-Rolle und ihren soeben aufgezeigten Rollendiensten werden auch der FTP-Server mit den Rollendiensten *FTP-Dienst* und *FTP-Erweiterbarkeit* angeboten und, wie bei anderen Rollen auch, Teile der Verwaltungsprogramme, nämlich:

IIS-Verwaltungsprogramme

- IIS-Verwaltungsskripts und -tools
- Kompatibilität mit der IIS 6-Verwaltung
- IIS 6-Metabasiskompatibilität
- IIS 6-Skripttools
- IIS 6-Verwaltungskonsole
- Kompatibilität mit WMI für IIS 6
- Verwaltungsdienst

Die Installation der Rolle erfordert in ihrer Standardeinstellung keinen Neustart. Nach der Installation finden Sie unter TOOLS die Verwaltungsoberfläche INTERNETINFORMATIONSDIENSTE (IIS)-MANAGER, wie Sie in Abbildung 2.44 sehen können.

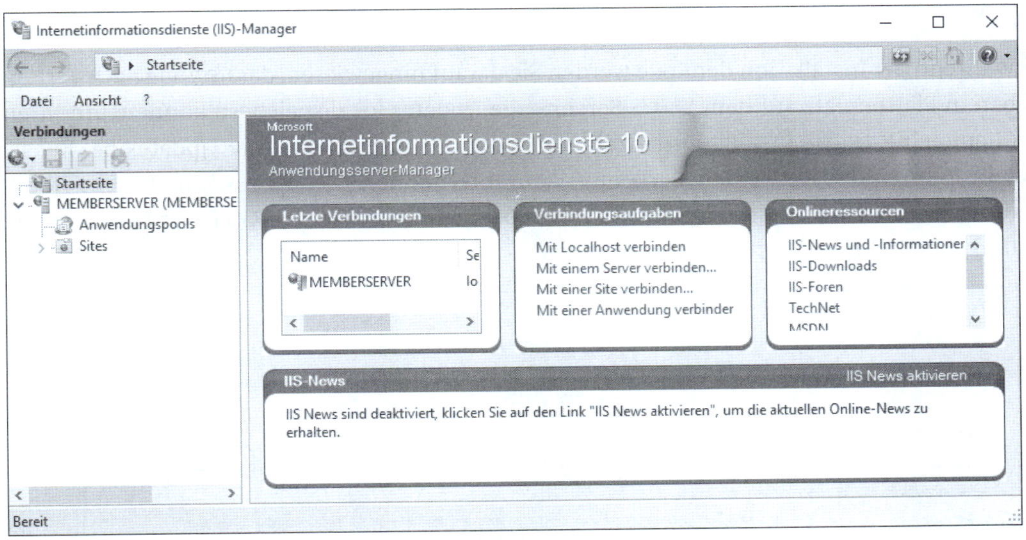

Abbildung 2.44 Verwaltungsoberfläche für den IIS

Beim Entfernen der Rolle müssen Sie den Server zum Abschluss neu starten.

2.2.32 Windows Server Update Services (WSUS)

Die Rolle *Windows Server Update Services (WSUS)* für den Update-Service unterstützt Sie beim Laden, Prüfen, Sortieren und Verteilen von Microsoft-Updates auf die Maschinen in Ihrem Unternehmen.

Über die Verwaltungsoberfläche von WSUS können Sie Bereiche von Computern gruppieren, um Installationsphasen bestimmen zu können, z. B. anhand von Betriebssystemen oder für Pilotphasen. Außerdem unterstützt dieses Produkt Sie beim Erstellen von Berichten über den Paketierungsstatus der Computer und der zu installierenden Updates.

Wenn Sie diese Rolle auswählen, werden ebenfalls .NET-Framework 4.7-Funktionen installiert und Teile des Webservers mit aktiviert.

Die Rolle *WSUS* beinhaltet drei Rollendienste:

- *WID Connectivity* – installiert die von WSUS verwendete Datenbank in WID *(Windows Internal Database)*.
- *WSUS Services* – beinhaltet alle verwendeten WSUS-Dienste: *Updatedienst, Berichtserstattungswebdienst, API-Remoting-Webdienst, Clientwebdienst, Webdienst für die einfache Webauthentifizierung, Serversynchronisierungsdienst* und *DSS-Authentifizierungswebdienst*.
- *SQL Server Connectivity* – Dieser Dienst kann optional gewählt werden und installiert dann die Funktionen, durch die die WSUS-Verbindung mit einer SQL-Server-Datenbank aktiviert wird.

Während der Installation der Rolle werden Sie darauf hingewiesen, dass Sie – je nach verfügbarem Plattenplatz auf dem WSUS-Server – die Updates lokal speichern können, um Ihren Clients eine rasche Installation anzubieten, oder dass die Clients ihre Updates bei Bedarf selbst vom Microsoft Update Server aus dem Internet herunterladen können (siehe Abbildung 2.45). Die Voraussetzungen zum Download sind mindestens 6 GB freier Speicherplatz und ein NTFS-formatiertes Laufwerk.

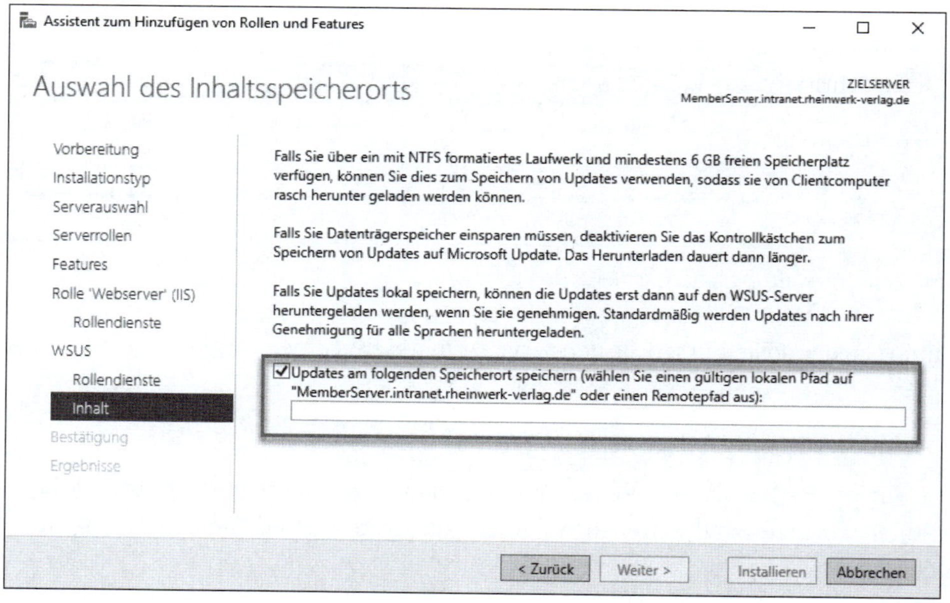
Assistent zum Hinzufügen von Rollen und Features
Auswahl des Inhaltsspeicherorts
ZIELSERVER
MemberServer.intranet.rheinwerk-verlag.de
Vorbereitung
Installationstyp
Serverauswahl
Serverrollen
Features
Rolle 'Webserver' (IIS)
Rollendienste
WSUS
Rollendienste
Inhalt
Bestätigung
Ergebnisse
Falls Sie über ein mit NTFS formatiertes Laufwerk und mindestens 6 GB freien Speicherplatz verfügen, können Sie dies zum Speichern von Updates verwenden, sodass sie von Clientcomputer rasch herunter geladen werden können.
Falls Sie Datenträgerspeicher einsparen müssen, deaktivieren Sie das Kontrollkästchen zum Speichern von Updates auf Microsoft Update. Das Herunterladen dauert dann länger.
Falls Sie Updates lokal speichern, können die Updates erst dann auf den WSUS-Server heruntergeladen werden, wenn Sie sie genehmigen. Standardmäßig werden Updates nach ihrer Genehmigung für alle Sprachen heruntergeladen.
Updates am folgenden Speicherort speichern (wählen Sie einen gültigen lokalen Pfad auf "MemberServer.intranet.rheinwerk-verlag.de" oder einen Remotepfad aus):
< Zurück
Weiter >
Installieren
Abbrechen

Abbildung 2.45 Rolleninstallation von WSUS – Auswahl des Inhaltsspeicherorts

Den Speicherort für die Updates können Sie an dieser Stelle direkt während der Installation definieren. Diese Option kann auch deaktiviert werden, wie Sie in der Darstellung erkennen können. Wenn Sie den Haken entfernen, müssen Sie es Ihren Clients aber ermöglichen, den Windows Update Service zu erreichen, um eigenständig die benötigten Updates zu laden.

Nach Abschluss der Rolleninstallation weist der Installationsassistent Sie darauf hin, dass der WSUS-Server konfiguriert werden muss, und bietet noch im Installationsfenster einen Link dafür an. Wenn Sie den Link anklicken, wird der Server im Hintergrund automatisch konfiguriert. Danach wird eine Abschlussmeldung wie in Abbildung 2.46 angezeigt.

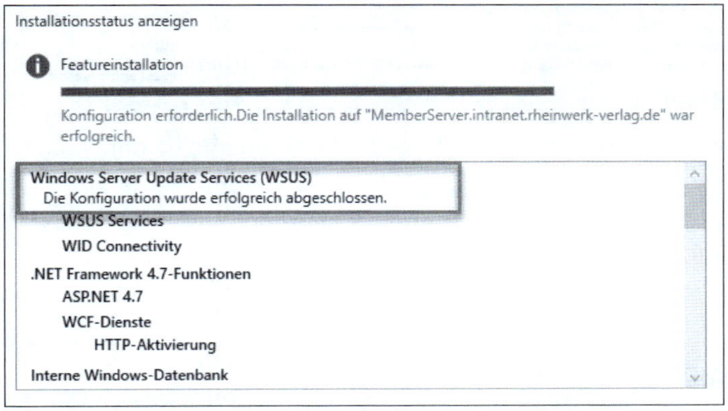

Abbildung 2.46 WSUS-Installation: Die Konfiguration wurde abgeschlossen.

Wenn Sie nun unter Tools erstmalig die Windows Server Update Service-Verwaltungsoberfläche öffnen, startet der Konfigurationsassistent aus Abbildung 2.47, der Ihnen bei allen notwendigen Schritten Unterstützung bietet.

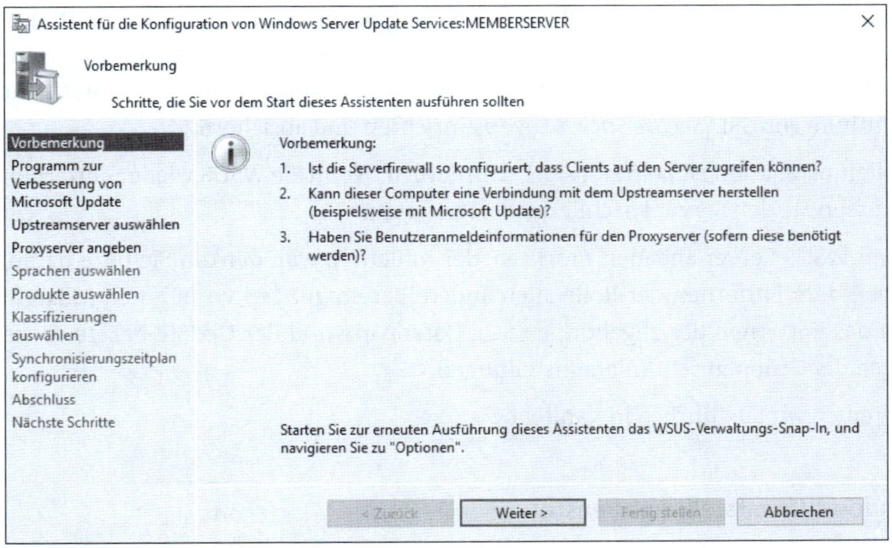

Abbildung 2.47 WSUS-Konfigurationsassistent

Haben Sie die Konfiguration abgeschlossen, können Sie Ihre Umgebung mit der Oberfläche aus Abbildung 2.48 verwalten.

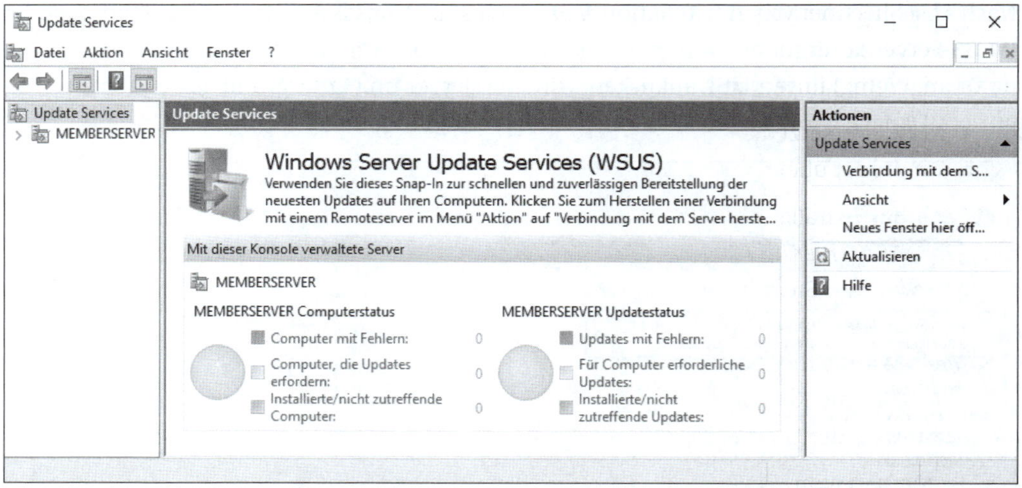

Abbildung 2.48 Verwaltungsoberfläche für WSUS

Mindestens ein WSUS-Server in Ihrer Umgebung muss in der Lage sein, die Updates über das Internet von Microsoft Update herunterzuladen. Ist das nicht der Fall, müssen Sie dafür sorgen, dass der Content anderweitig in Ihrer Umgebung bereitgestellt wird, zum Beispiel als Offline-Inhalt auf einem Windows-Client. Sie müssen dann allerdings (manuell) dafür sorgen, dass der Offline-Inhalt immer die aktuellsten Updates enthält. Der Rest der WSUS-Server (sollten mehrere vorhanden sein) kann dann die Daten von dem ersten WSUS-Server beziehen oder aber auch direkt von der Microsoft-Update-Quelle. Die Kommunikationsverbindungen von WSUS-Servern untereinander oder von dem WSUS-Server und seinem Client sollten Sie mithilfe von SSL *(Secure Socket Layer)* einrichten und absichern.

Nach der Rolleninstallation ist kein Neustart erforderlich. Wenn Sie WSUS wieder entfernen möchten, müssen Sie den Server anschließend neu starten.

Falls Sie einen WSUS-Server abbauen möchten, der in Betrieb war, denken Sie bitte daran, dass Sie neben dem Entfernen der Rolle auch andere Bereinigungen vornehmen müssen. Dazu zählen das Entfernen der zugehörigen SQL-Datenbank und der Update-Pakete sowie das Bereinigen der Gruppenrichtlinieneinstellungen.

WSUS beschreiben wir ausführlich in Kapitel 17.

2.2.33 Windows-Bereitstellungsdienste

Ganz unten in der Rollen-Liste steht noch die Rolle *Windows Deployment Services (WDS)*. Sie bietet eine vereinfachte und sichere Methode, um Windows-Betriebssysteme schnell und remote über Ihr Netzwerk für Ihre Windows-Maschinen bereitzustellen.

Sie können diese Rolle einsetzen, um auf PXE-fähigen Computern Betriebssysteme zu installieren und zu konfigurieren. *Preboot Execution Environment (PXE)* ist ein Verfahren, um netzwerkfähige Rechner von einem Server ausgehend über das Netzwerk starten zu können. Sollten Ihre Computer nicht PXE-fähig sein, kann auch *Windows PE* (die Windows-Vorinstallationsumgebung) unterstützend verwendet werden.

Die WDS-Rolle ersetzt die RIS-Dienste *(Remoteinstallationsdienste)*. Die Verwaltung und Konfiguration findet über das für die Bereitstellungsdienste hinzugefügte MMC-Snap-In statt.

Während der Installation der Rolle werden die beiden Rollendienste *Bereitstellungsserver* und *Transportserver* installiert. Der *Bereitstellungsserver* bietet die vollständige Funktionalität der WDS, die Sie zum Konfigurieren und für die Remoteinstallation Ihrer Windows-Clients benötigen. Mit diesem Rollendienst können Sie Images erstellen und anpassen. Für die Bereitstellung dieser Images benötigen Sie den zweiten Rollendienst, den *Transportserver*. Er enthält die Kernnetzwerkbestandteile, die Sie zum Übertragen Ihrer Daten mithilfe von Multicast oder Unicast auf einem eigenständigen Server verwenden können.

Für den Einsatz von WDS müssen im Netzwerk auch ein DHCP-Server und ein DNS-Dienst vorhanden sein. Außerdem benötigen Sie für den Bereitstellungs- und den Transportserver NTFS-Partitionen für den Datenspeicher (siehe Abbildung 2.49).

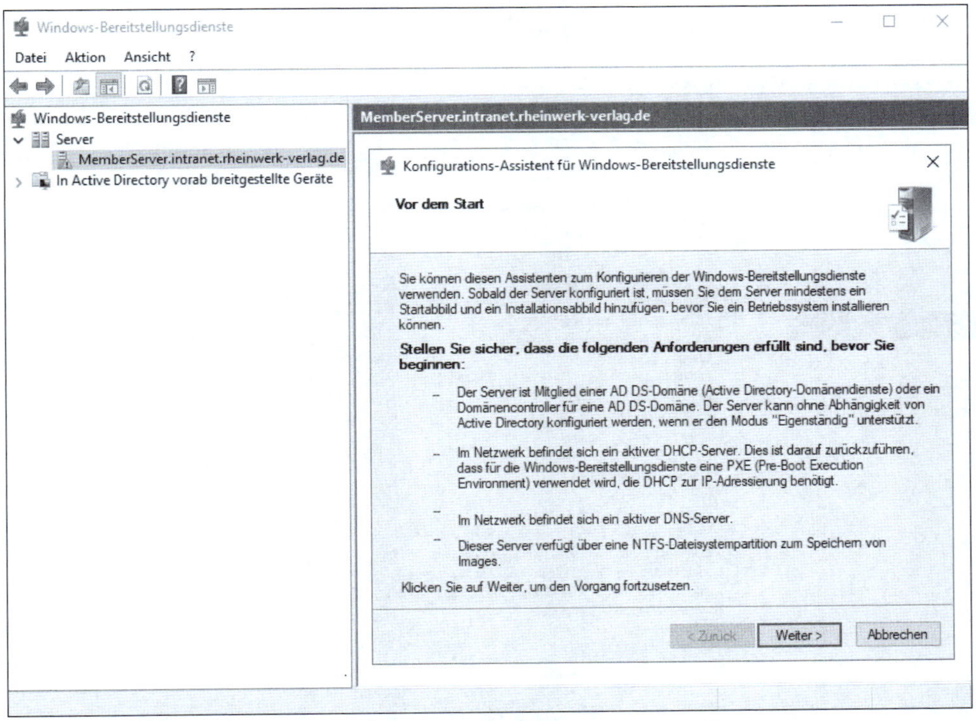
Windows-Bereitstellungsdienste
Datei Aktion Ansicht ?
Windows-Bereitstellungsdienste
Server
MemberServer.intranet.rheinwerk-verlag.de
In Active Directory vorab breitgestellte Geräte
MemberServer.intranet.rheinwerk-verlag.de
Konfigurations-Assistent für Windows-Bereitstellungsdienste
Vor dem Start
Sie können diesen Assistenten zum Konfigurieren der Windows-Bereitstellungsdienste verwenden. Sobald der Server konfiguriert ist, müssen Sie dem Server mindestens ein Startabbild und ein Installationsabbild hinzufügen, bevor Sie ein Betriebssystem installieren können.
Stellen Sie sicher, dass die folgenden Anforderungen erfüllt sind, bevor Sie beginnen:
Der Server ist Mitglied einer AD DS-Domäne (Active Directory-Domänendienste) oder ein Domänencontroller für eine AD DS-Domäne. Der Server kann ohne Abhängigkeit von Active Directory konfiguriert werden, wenn er den Modus "Eigenständig" unterstützt.
Im Netzwerk befindet sich ein aktiver DHCP-Server. Dies ist darauf zurückzuführen, dass für die Windows-Bereitstellungsdienste eine PXE (Pre-Boot Execution Environment) verwendet wird, die DHCP zur IP-Adressierung benötigt.
Im Netzwerk befindet sich ein aktiver DNS-Server.
Dieser Server verfügt über eine NTFS-Dateisystempartition zum Speichern von Images.
Klicken Sie auf Weiter, um den Vorgang fortzusetzen.
< Zurück
Weiter >
Abbrechen

Abbildung 2.49 Das WDS-MMC-Snap-In mit gestartetem Konfigurationsassistenten

WDS muss vor der Bereitstellung durch die Ausführung des Konfigurationsassistenten oder mit dem Tool `WDSutil.exe` konfiguriert werden. Das Bereitstellen eines Startabbildes und eines Installationsabbildes ist ebenfalls erforderlich, bevor Sie starten können.

Ein *Startabbild* ist zum Beispiel *Windows PE*, also das Betriebssystem, mit dem Sie starten.

Ein *Installationsabbild* beinhaltet das Zielbetriebssystem mit den gewünschten Anwendungen und benötigten Treibern.

Weder für die Installation noch zum Entfernen der Rolle WDS muss der Server neu gestartet werden.

2.3 Features

Neben den Rollen und ihren Rollendiensten finden Sie noch die sogenannten Features. Microsoft unterscheidet somit zwischen den primären Funktionen (den *Rollen*) und Zusatzdiensten (den *Features*).

Features sind kleine, zum Teil eigenständige Funktionen und Bausteine, die den Server beim Ausführen seiner Aufgaben um weitere Möglichkeiten erweitern. Bei der Installation einer Rolle sorgt der Installationsassistent meist dafür, dass Features, die für den Betrieb einer Rolle unabdingbar sind, bereits vorgeschlagen und aktiviert werden. Hierauf weist der Assistent Sie hin, und er zeigt die Auswahl an (siehe Abbildung 2.50).

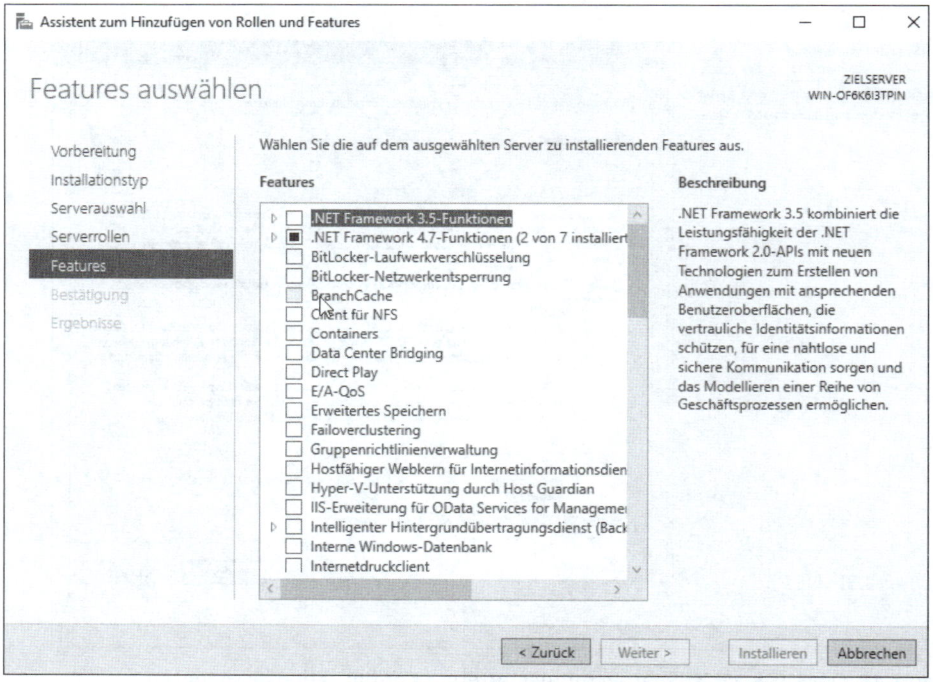

Abbildung 2.50 Der »Assistent zum Hinzufügen von Rollen und Features« – Features

Die vorhandenen 21 Rollen und ihre Rollendienste werden ergänzt durch über 80 Features, die wir Ihnen jetzt vorstellen.

2.3.1 .NET Framework 3.5-Funktionen

Dieses Feature erweitert die alten .NET Framework 2.0-APIs um neuere Technologien. Damit können Sie Anwendungen mit ansprechenden und modernen Benutzeroberflächen erschaffen, die vertrauliche Identitätsinformationen schützen. Das dient zur nahtlosen und sicheren Kommunikation und kann zur Erstellung einer Reihe von Geschäftsprozessen verwendet werden.

.NET-Framework

Beachten Sie bei der Installation dieses Features, dass diese alten .NET-Framework-Dateien nicht mehr in den Quelldateien des Betriebssystems vorhanden sind.

Deshalb müssen Sie bei der Installation den Quellpfad der Installationsdateien angeben (beispielsweise vom Installationsdatenträger im Verzeichnis *\Sources\SxS*). Der Server-Manager weist auf diesen Umstand während der Feature-Installation hin (siehe Abbildung 2.51 und Abbildung 2.52).

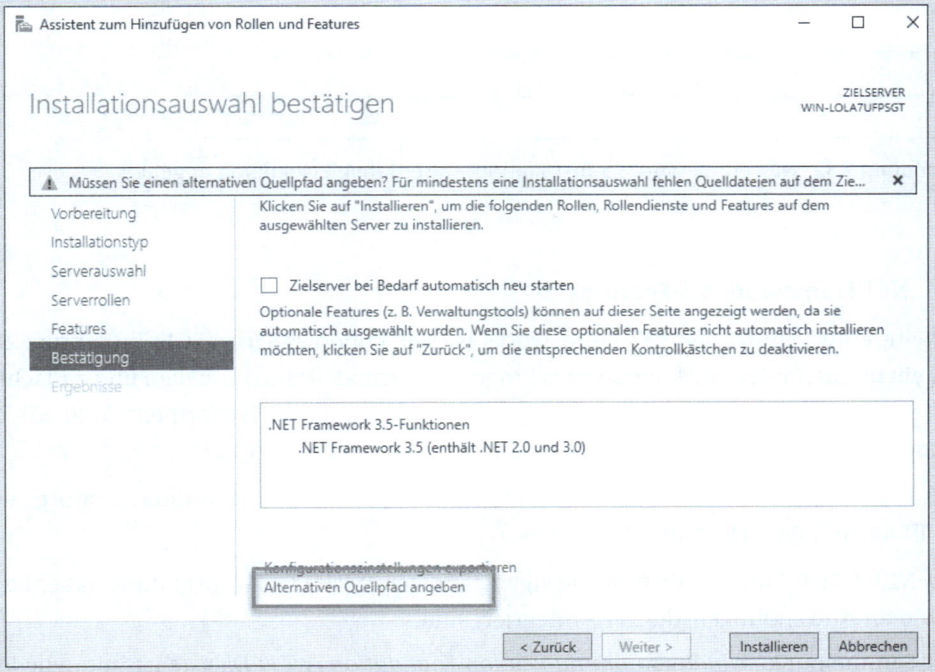
Assistent zum Hinzufügen von Rollen und Features
Installationsauswahl bestätigen
ZIELSERVER
WIN-LOLA7UFPSGT
Müssen Sie einen alternativen Quellpfad angeben? Für mindestens eine Installationsauswahl fehlen Quelldateien auf dem Zie...
Vorbereitung
Installationstyp
Serverauswahl
Serverrollen
Features
Bestätigung
Ergebnisse
Klicken Sie auf "Installieren", um die folgenden Rollen, Rollendienste und Features auf dem ausgewählten Server zu installieren.
Zielserver bei Bedarf automatisch neu starten
Optionale Features (z. B. Verwaltungstools) können auf dieser Seite angezeigt werden, da sie automatisch ausgewählt wurden. Wenn Sie diese optionalen Features nicht automatisch installieren möchten, klicken Sie auf "Zurück", um die entsprechenden Kontrollkästchen zu deaktivieren.
.NET Framework 3.5-Funktionen
.NET Framework 3.5 (enthält .NET 2.0 und 3.0)
Alternativen Quellpfad angeben
< Zurück
Weiter >
Installieren
Abbrechen

Abbildung 2.51 .NET Framework 3.5-Installation

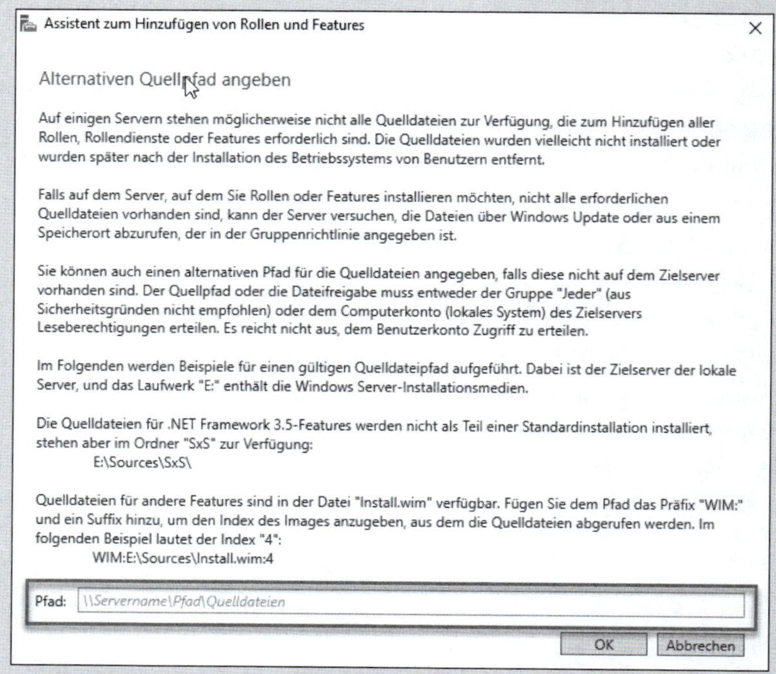
Assistent zum Hinzufügen von Rollen und Features
Alternativen Quellpfad angeben
Auf einigen Servern stehen möglicherweise nicht alle Quelldateien zur Verfügung, die zum Hinzufügen aller Rollen, Rollendienste oder Features erforderlich sind. Die Quelldateien wurden vielleicht nicht installiert oder wurden später nach der Installation des Betriebssystems von Benutzern entfernt.
Falls auf dem Server, auf dem Sie Rollen oder Features installieren möchten, nicht alle erforderlichen Quelldateien vorhanden sind, kann der Server versuchen, die Dateien über Windows Update oder aus einem Speicherort abzurufen, der in der Gruppenrichtlinie angegeben ist.
Sie können auch einen alternativen Pfad für die Quelldateien angegeben, falls diese nicht auf dem Zielserver vorhanden sind. Der Quellpfad oder die Dateifreigabe muss entweder der Gruppe "Jeder" (aus Sicherheitsgründen nicht empfohlen) oder dem Computerkonto (lokales System) des Zielservers Leseberechtigungen erteilen. Es reicht nicht aus, dem Benutzerkonto Zugriff zu erteilen.
Im Folgenden werden Beispiele für einen gültigen Quelldateipfad aufgeführt. Dabei ist der Zielserver der lokale Server, und das Laufwerk "E:" enthält die Windows Server-Installationsmedien.
Die Quelldateien für .NET Framework 3.5-Features werden nicht als Teil einer Standardinstallation installiert, stehen aber im Ordner "SxS" zur Verfügung:
E:\Sources\SxS\
Quelldateien für andere Features sind in der Datei "Install.wim" verfügbar. Fügen Sie dem Pfad das Präfix "WIM:" und ein Suffix hinzu, um den Index des Images anzugeben, aus dem die Quelldateien abgerufen werden. Im folgenden Beispiel lautet der Index "4":
WIM:E:\Sources\Install.wim:4
Pfad:
\\Servername\Pfad\Quelldateien
OK
Abbrechen

Abbildung 2.52 .NET Framework 3.5-Installation – alternativen Quellpfad angeben

2.3.2 .NET Framework 4.8-Features

Die Weiterentwicklung des .NET-Frameworks ist seit Windows Server 2012 im Einsatz. Sie bietet ein umfassendes und konsistentes Programmiermodell zum schnellen und einfachen Erstellen und Ausführen von Anwendungen für verschiedene Plattformen. Dazu zählen Desktop-PCs, Server, Smartphones und die öffentliche und private Cloud.

Dieses Feature ist bereits installiert. Es beinhaltet noch weitere, ungeordnete Features wie ASP.NET 4.8 und WCF-Dienste:

- *ASP.NET 4.8* wird für die Ausführung eigenständiger ASP.NET 4.7-Anwendungen benötigt sowie für Anwendungen, die in IIS integriert sind.
- Der Sammelpunkt *Windows Communication Foundation (WCF)-Dienste* ist untergliedert in *Pipe-Aktivierung*, *HTTP-Aktivierung*, *Message Queuing (MSMQ)-Aktivierung*, *TCP-Aktivierung* und in das vorinstallierte Feature *TCP-Portfreigabe*. Im Rahmen dieses Feature-Bundles wird der Windows-Prozessaktivierungsdienst genutzt, um Anwendungen mithilfe der genannten Protokolle über das Netzwerk aufzurufen. Dies ermöglicht Ihnen das dynamische Starten und Stoppen von Anwendungen als Reaktion auf eingehende Arbeitsaufgaben und somit ein stabiles, verwaltbares und effizientes Anwendungshosting.

2.3.3 BitLocker-Laufwerkverschlüsselung

Mit dem Feature *BitLocker-Laufwerkverschlüsselung* können Sie Ihre lokalen Festplatten verschlüsseln. Damit schützen Sie Ihre Daten gegen ungewollten Zugriff, falls sie verloren gehen, gestohlen werden oder unsachgemäß außer Dienst genommen werden. Einen Zugriff auf Daten, die sich auf verschlüsselten Platten befinden, erhalten Sie nur, wenn die Startkomponenten in Ihrem System erfolgreich überprüft wurden und sich das Laufwerk im originalen Computer befindet.

Diese Technik bietet an, nur benutzte Bereiche der Festplatte zu verschlüsseln. Kommen neue Daten hinzu, wird die Verschlüsselung dafür erweitert. Microsoft empfiehlt, die komplette Festplatte zu verschlüsseln. Für die Integritätsprüfung ist ein kompatibles *Trusted Platform Module (TPM)* erforderlich. Wenn Sie TPM nicht verwenden (können), haben Sie trotzdem die Möglichkeit, die Bitlocker-Verschlüsselung einzusetzen. Dazu benutzen Sie einen USB-Stick, auf dem Sie den symmetrischen Schlüssel speichern. Der Stick muss dann beim Starten eingesteckt sein, sonst fährt die Maschine nicht hoch.

2.3.4 BitLocker-Netzwerkentsperrung

Die *BitLocker-Netzwerkentsperrung* ermöglicht es, dass die BitLocker-Schlüsselinformationen Ihrer Domänencomputer zentral im Active Directory gespeichert werden. Die Verwendung dieser netzwerkbasierten Schlüsselschutzvorrichtung zur automatischen Entsperrung eines mit BitLocker geschützten Betriebssystemlaufwerks eines Domänenrechners sorgt zum Beispiel dafür, dass Administratoren Wartungsarbeiten, die einen Neustart des Computers erfordern, auch außerhalb der regulären Arbeitszeit durchführen können.

2.3.5 BranchCache

Das Feature *BranchCache* installiert Dienste, die es Ihnen ermöglichen, bereits geladene Daten auf diesem Computer zu speichern, um diese Daten vor Ort den Benutzern von Windows 7-Clients (und neuer) schneller verfügbar zu machen, falls sich die Originaldaten auf einem zentralen Server an einer anderen Lokation befinden. Der Computer fungiert dann als gehosteter Cacheserver oder BranchCache-aktivierter Inhaltsserver.

Für die Bereitstellung muss dieser Computer dann als HTTP-Webserver oder BITS-basierter (*Background Intelligent Transfer Service* – intelligenter Hintergrundübertragungsdienst) Anwendungsserver konfiguriert werden. Um dieses Feature benutzen zu können, müssen Sie auch die zugehörige Serverrolle *Dateidienste* und die ihr untergeordnete Serverrolle *BranchCache für Netzwerkdateien* installieren. Mehr zum Thema finden Sie in Kapitel 14 über Dateidienste.

2.3.6 Client für NFS

Wenn Sie Dateien auf UNIX-basierten NFS-Servern hosten und diese für den Zugriff von diesem Computer freigeben möchten, benötigen Sie das Feature *Client für NFS*. Es ermöglicht Ihnen, dass eine Verbindung mit der UNIX-NFS-Freigabe hergestellt wird, bei der ein anonymer Zugriff akzeptiert wird.

2.3.7 Container

Das Feature *Container* stellt Dienste und Werkzeuge bereit, um *Windows Server Container* und ihre Ressourcen zu erstellen und zu verwalten.

Die auf *Server Core* basierenden Containerimages in Windows Server unterstützen Entwickler in der Modernisierung bestehender Anwendungen, die Container-Technologien verwenden. Diese Technik macht es möglich, das Image auf etwa ein Drittel seiner derzeitigen Größe zu reduzieren und damit die Downloadzeiten stark zu verringern. Mit Windows Server wird Ihnen auch ein neues Image namens *Windows* bereitgestellt. Im Vergleich zu den bereits bekannten Images *Nanoserver* und *WindowsServerCore* bietet das neue Image einen stark erweiterten Funktionsumfang, mit dem sich nahezu alle Windows-Programme nutzen lassen.

Windows Server unterstützt ebenfalls *Kubernetes*. Google Kubernetes ist Googles Open-Source-System zum Management von Linux-Containern über Privat-, Public- und Hybrid-Clouds. Damit lassen sich auch hybride Container-Umgebungen betreiben.

2.3.8 Data Center Bridging

Durch die Installation des Features *Data Center Bridging* wird eine Auswahl von technischen Standardisierungen der IEEE aktiviert, die zur Verbesserung der Steuerung von großen Netzwerken beitragen. Der Einsatz von hardware-basierter Bandbreitenzuweisung ist nur ein Vorteil. Unterstützt Ihr Netzwerk-Adapter CNA *(Converged Netwerk Adapter)*, lassen sich auch Daten wie iSCSI und RDMA besser nutzen.

2.3.9 DirectPlay

Das Feature *DirectPlay* installiert die *DirectPlay*-Komponente. Mit diesem Protokoll können verschiedene Transport- und Übertragungsaufgaben zwischen Servern realisiert werden. Diese Technik kommt sinnvoll auf Remotedesktop-Servern zum Einsatz.

2.3.10 E/A-QoS

Das Feature *Eingabe/Ausgabe-Quality of Service* ermöglicht die Konfiguration dieser Komponente. Damit können Sie zum Beispiel E/A- und Bandbreitengrenzwerte für Anwendungen bestimmen.

2.3.11 Erweitertes Speichern

Wird das Feature *Erweitertes Speichern* aktiviert, haben Sie Zugriff auf zusätzliche Funktionen, die von erweiterten Speichergeräten bereitgestellt werden. Erweiterte Speichergeräte bieten integrierte Sicherheitsfeatures, die steuern, wer auf die Daten auf dem Gerät zugreifen darf. Die Zusammenarbeit Ihres Servers mit dem externen Speichergerät wird verbessert, indem beteiligte Komponenten Berechtigungen austauschen.

2.3.12 Failoverclustering

Wenn Sie vorhaben, einen Dienst hochverfügbar anzubieten, kann das Feature *Failoverclustering* Sie dabei unterstützen. Es installiert die Clusterfähigkeit des Servers und ermöglicht somit die Zusammenarbeit mehrerer Server zum Bereitstellen einer hochverfügbaren Serverrolle. Diese Technik wird häufig beim Clustern von Dateiservern, Datenbank- und E-Mail-Anwendungen eingesetzt.

Clusterfähigkeit der Dienste

Bitte informieren Sie sich, welche Dienste bzw. welche Hard- und Software clusterfähig ist, bevor Sie deren Einsatz planen. Sie können dazu die HCL (Hardware-Kompatibilitätsliste) konsultieren.

2.3.13 Gruppenrichtlinienverwaltung

Die grafische Verwaltungskonsole, die mit der Installation des Features *Gruppenrichtlinienverwaltung* verfügbar gemacht wird, unterstützt Sie beim Verwalten der Gruppenrichtlinien Ihres Active Directorys. Nach der Installation finden Sie die *Microsoft Management Console (MMC)* in den administrativen Tools oder auch als Snap-In. Abgekürzt wird diese Konsole oft als *GPMC* bezeichnet *(Group Policy Management Console)*.

Auf Domänencontrollern wird dieses Snap-In während der Installation der Rolle *Active Directory-Domänendienste* automatisch aktiviert; auf anderen Management-Maschinen können Sie es bei Bedarf für administrative Zwecke einzeln zusätzlich installieren. Die Installation auf einem Core-System ist nicht möglich.

2.3.14 Hostfähiger Webkern für Internetinformationsdienste

Dieses Feature macht es möglich, dass Serveranwendungen eigene Konfigurationsdateien für IIS verwenden können. Es wird als HWC *(Hosted Web Core)* abgekürzt. Dadurch kann die Anwendung HTTP-Anforderungen verarbeiten und eigene Konfigurationsdateien wie *applicationHost.config* und *root web.config* verwenden. Die HWC-Anwendungserweiterung ist in der Datei *hwebcore.dll* enthalten.

2.3.15 Hyper-V-Unterstützung durch Host Guardian

Dieses Feature stellt Funktionen bereit, die von einem Hyper-V-Server zur Bereitstellung abgeschirmter virtueller Computer benötigt werden. Es ist sozusagen das Gegenstück, die Client-Komponente, zur *Host Guardian Dienst-Rolle*. Die mit Windows Server 2019 verbesserten HGS-Funktionen werden damit unterstützt.

2.3.16 IIS-Erweiterung für OData Services for Management

Dieses Framework unterstützt die Bereitstellung von Windows-PowerShell-Cmdlets über einen ODATA-basierten Webdienst, der unter dem IIS ausgeführt wird. Nach der Aktivierung des Features muss neben weiteren Konfigurationsschritten auch eine Schemaerweiterung eingespielt werden, damit dieser Webdienst funktionsfähig wird.

2.3.17 Intelligenter Hintergrundübertragungsdienst (BITS)

Mit dem Feature *BITS* kann ein Server im Hintergrund Daten empfangen, ohne die Bandbreite im Vordergrund zu beeinträchtigen. Andere Netzwerkanwendungen können so auf einem Server weiterhin über die volle Netzwerkperformance verfügen. Dies hilft Ihrem System, die Reaktionsfähigkeit anderer Netzwerkanwendungen beizubehalten. Auch werden Dateiübertragungen fortgesetzt, nachdem eine Trennung vom Netzwerk stattgefunden hat oder der Server neu gestartet wurde. Der *Windows Update Service* zum Beispiel benutzt die BITS-Komponente auf dem Client, um darüber wegen der Updates zu kommunizieren. Das ist sozusagen das Pendant für einen Server, der Daten bereitstellt, die übertragen werden sollen oder müssen.

BITS beinhaltet außerdem noch zwei untergeordnete Features:

- *IIS-Servererweiterung* – Damit kann der Server Dateien empfangen, die von Clients hochgeladen wurden, auf denen das BITS-Uploadprotokoll implementiert ist.
- *Compact-Server* – Dieses Feature bietet einen eigenständigen HTTPS-Dateiserver, mit dem eine begrenzte Anzahl großer Dateien asynchron zwischen Computern in der gleichen Domäne oder in Domänen übertragen werden kann, die sich gegenseitig vertrauen.

2.3.18 Interne Windows-Datenbank

Diese kostenfreie Datenbank, die Ihnen das System als Feature anbietet, ist ein relationaler Datenspeicher, der nur von Windows-Rollen und -Funktionen verwendet werden kann. Dienste wie der Active Directory-Rechteverwaltungsdienst AD RMS oder der Windows-Update-Dienst WSUS können ihre Daten darin ablegen. Die interne Windows-Datenbank ist somit nicht für Drittherstellerprodukte geeignet.

2.3.19 Internetdruckclient

Der *Internetdruckclient* bietet Ihren Anwendern über das *Internet Printing Protocol (IPP)* die Möglichkeit, eine Verbindung mit Netzwerk- und/oder Internetdruckern herzustellen und Druckaufträge zu initiieren. Er ist somit das Pendant zur Rolle *Interdruckdienst*. Für mobile Mitarbeiter, die Dokumente von unterwegs in der Firma ausdrucken möchten, kann dieses Feature hilfreich sein.

2.3.20 IP-Adressverwaltungsserver (IPAM-Server)

Um eine zentrale Verwaltungsoberfläche für Ihr gesamtes IP-Management zu erhalten, können Sie dieses Feature einsetzen. Es stellt ein zentrales Framework bereit, über das Ihre IP-Adressräume und die entsprechenden Infrastrukturserver, wie DHCP- und DNS-Server, verwaltet werden können.

Auch wenn die klassischen Verwaltungskonsolen für DHCP und DNS weiterhin vorhanden sind und auch für gewisse Konfigurationen benötigt werden, bietet IPAM folgende Möglichkeiten in einer gemeinsamen Oberfläche:

- eine automatische Erkennung von Infrastrukturservern in der gesamten AD-Gesamtstruktur
- die Verwaltung dynamischer und statischer IPv4- und IPv6-Adressräume
- die Nachverfolgung von IP-Adressverwendungstrends
- das Erstellen von Berichten der IP-Infrastruktur
- Überwachungs- und Verwaltungsmöglichkeiten von DNS- und DHCP-Diensten im Netzwerk

2.3.21 iSNS-Serverdienst

iSNS steht für *Internet Storage Name Server*. Dieses Feature benötigen Sie, wenn Sie iSCSI-Geräte als Speichergeräte einsetzen. Er hilft iSNS-Initiatoren (Clients), über Namen iSNS-Ziele auf iSNS-Targets zu finden. Es stellt Erkennungsdienste für iSCSI-SANs bereit und verarbeitet Registrierungsanforderungen, Registrierungsaufhebungsanforderungen und Anfragen von iSCSI-Clients.

Der Vorteil von Geräten, die mit iSCSI angebunden werden, ist, dass diese Art der Anbindung nicht über LAN erfolgt. iSCSI ermöglicht den Zugriff auf NAS-Systeme mit dem bei lokalen Datenträgern üblichen Weg als normales lokales Laufwerk. Der blockbasierte Zugriff auf Dateien über die iSCSI-Technologie fällt manchen Anwendungen leichter als der Netzwerkzugriff auf Datenspeicher, die über eine IP-Adresse bereitgestellt werden.

2.3.22 LPR-Portmonitor

Benötigt der von Ihnen angeschlossene Drucker das LPT-Protokoll, müssen Sie dieses Feature installieren. Der LPT-Anschlussmonitor *(Line Printer Remote)* ermöglicht das Drucken auf Druckern, die mithilfe des LPD-Dienstes *(Line Printer Deamon)* freigegeben wurden.

Der LPD-Dienst wird häufig von UNIX-basierten Computern und Geräten für die Druckerfreigabe verwendet. LPD-Ports werden auf Windows-basierten Computern wie lokale Anschlüsse behandelt. Deshalb werden auch Drucker, die über das LPD-Protokoll angesprochen werden, wie lokale Drucker behandelt.

2.3.23 Media Foundation

Das Feature *Media Foundation* bietet Ihnen mit *Windows Media Foundation*, *Windows Media Format SDK* und einer Teilmenge von *DirectShow für Server* die erforderliche Infrastruktur, damit Ihre Anwendungen und Dienste Miniaturansichten für Mediendateien transcodieren, analysieren und generieren können. Für dieses Feature ist die Desktopdarstellung erforderlich. Ein Betrieb mit Windows Server Core ist somit nicht möglich. Der Einsatz auf einem Remotedesktop-Server ist sinnvoll.

2.3.24 Message Queuing

Die Funktion *Message Queuing* unterstützt den gesicherten und überwachten Austausch von Daten zwischen Applikationen auf dem Server. Sie bietet garantierte Nachrichtenübermittlung, effizientes Routing, Sicherheit und prioritätsbasiertes Messaging zwischen Anwendungen.

Die Nachrichtenübermittlung zwischen Anwendungen wird auch verwaltet, wenn diese auf verschiedenen Betriebssystemen, in unterschiedlichen Netzwerkinfrastrukturen, zeitweise offline oder auch zu unterschiedlichen Zeiten stattfindet.

Dieses Feature wird für die detaillierte Installation in weitere Kategorien mit Unterpunkten aufgeteilt:

- Der *Message Queuing-Dienst* enthält:
  - *Message Queuing-Server* – kann zum Implementieren von Lösungen für asynchrone und synchrone Messagingszenarien verwendet werden.
  - *HTTP-Unterstützung* – ermöglicht das Senden von Nachrichten über HTTP.
  - *Message Queuing-Trigger* – ermöglicht den Aufruf einer COM-Komponente oder einer ausführbaren Datei in Abhängigkeit von den Filtern, die Sie für die eingehenden Nachrichten in einer bestimmten Warteschlange definieren.
  - *Multicasting-Unterstützung* – ermöglicht das Einreihen in eine Warteschlange und das Senden von Multicastnachrichten an eine IP-Multicastadresse.

- *Routingdienst* – leitet Nachrichten zwischen verschiedenen Webseiten und innerhalb einer Webseite weiter.
- *Verzeichnisdienstintegration* – ermöglicht das Veröffentlichen von Warteschlangeneigenschaften im Verzeichnis sowie die Authentifizierung und Verschlüsselung von Nachrichten mithilfe von Zertifikaten, die im Verzeichnis registriert sind, sowie das Routing von Nachrichten über Verzeichniswebseiten hinweg.

- *Message Queuing-DCOM-Proxy* – Durch den DCOM-Proxy kann dieser Computer als DCOM-Client eines Message-Queuing-Remoteservers fungieren.

2.3.25 Multipfad-E/A

Durch den Einsatz des Features *Multipfad-E/A* wird die Verfügbarkeit des Servers erhöht. Mehrere Pfade inklusive Pfad-Failover werden dadurch vom Server zum Speichersubsystem zugelassen.

Unterstützt ein Server im *Storage Area Network* (*SAN*, Speichernetzwerk) diese Multipfad-E/A-Funktion, können Sie mehrere Pfade zum Lesen und Schreiben für eine *Logical Unit Number* (*LUN*, logischer Speicherbereich, der aus einem physischen Festplattenspeicher erstellt wird) aktivieren, indem Sie auf dem Server mehrere Fibrechannel-Ports oder iSCSI-Adapter derselben LUN zuweisen.

Multipfad-E/A

Um Datenverlust zu vermeiden, stellen Sie bitte sicher, dass der Server oder der Cluster die Funktion *Multipfad-E/A* unterstützt.

2.3.26 MultiPoint Connector

Das Feature *MultiPoint Connector* ermöglicht es mehreren Anwendern, sich diesen Computer mit unterschiedlichen Anwendererfahrungen zu teilen.

In Windows Server 2016 finden Sie diese Funktion als Rolle, die den *MultiPoint Server* als eigenständiges Produkt abgelöst hat. In Windows Server 2019 wurde die Rolle zum Feature. Dieses Feature enthält zwei separate Installationsoptionen:

- *MultiPoint Connector Dienste*
- *MultiPoint-Manager* und *MultiPoint Dashboard (GUI-Verwaltungstools)*

2.3.27 Netzwerklastenausgleich

Network Load Balancer (NLB) ist der bekanntere Name dieses Features. Es verteilt mithilfe des TCP/IP-Netzwerkprotokolls den aufkommenden Datenverkehr auf mehrere Server. Mit NLB können Sie sicherstellen, dass Anwendungen durch Hinzufügen von mehreren Servern bei zunehmender Last skalierbar sind. Das dynamische Umverteilen der Last beim Verändern der Anzahl der teilnehmenden Server ist einer der Vorteile. Applikationen, für die diese Technik eingesetzt werden kann, sind Webserver, Remotedesktopserver, virtuelle private Netzwerke, Windows-Media-Server und viele andere mehr.

2.3.28 Netzwerkvirtualisierung

Dieses Feature bietet Hyper-V-Netzwerkvirtualisierung an. Damit bietet sich Ihnen die Möglichkeit, überlagernde virtuelle Netzwerke für virtuelle Maschinen im selben physischen Netzwerk zu betreiben. Die Netzwerkvirtualisierung entkoppelt virtuelle Netzwerke von der physikalischen Netzwerkinfrastruktur. Diese Flexibilität erleichtert es Ihnen, zu *IaaS-Clouds* (*IaaS* – Infrastrucure as a Service) zu wechseln. Den Administratoren ist es damit möglich, die erforderliche Isolation zwischen den Instanzen bereitzustellen, ohne die Sicherheitsanforderungen zu übergehen.

2.3.29 Peer Name Resolution-Protokoll (PNRP)

Durch Verwendung dieses Protokolls können Anwendungen ihre Namen auf dem Computer registrieren und in eine IPv6-Adresse und Portnummer auflösen, was die Kommunikation anderer Computer mit diesen Anwendungen ermöglicht. Dieser Dienst baut auf IPv6 auf.

2.3.30 RAS-Verbindungs-Manager-Verwaltungskit (CMAK)

Mithilfe dieses Verwaltungskits können Sie Profile für die Verbindung zu Remoteservern und Remotenetzwerken erstellen. Daraus können Sie dann ausführbare Dateien erstellen, in denen die Einstellungen für das Herstellen von Verbindungen enthalten sind. Diese Dateien können Sie dann auf Ihren Clientcomputern anwenden, um deren Verbindungen zu den Remotenetzwerken zu konfigurieren. Weitere Informationen finden Sie in Kapitel 19, »Virtuelles privates Netzwerk und Netzwerkrichtlinienserver«.

2.3.31 Remotedifferenzialkomprimierung

Das Feature *Remotedifferenzialkomprimierung (RDC)* unterstützt Sie bei einer optimierten Übertragung von geänderten Daten über das Netzwerk. RDC berechnet und überträgt die Unterschiede zwischen zwei Datei-Objekten bei minimaler Bandbreitenbeanspruchung. Diese Technik ist ein Bestandteil der Rolle *DFS-Replikation* und optimiert die Netzlast.

2.3.32 Remoteserver-Verwaltungstools (RSAT)

Im Untermenü dieses Sammelpunktes befinden sich viele Tools und Snap-Ins, die zur Verwaltung von Serverfunktionen über das Netzwerk von dem jeweiligen Windows Server-System aus umgesetzt werden können. Das Feature *Remoteserver-Verwaltungstools* teilt sich auf in FEATUREVERWALTUNGSTOOLS (siehe Abbildung 2.53) und in ROLLENVERWALTUNGSTOOLS (siehe Abbildung 2.54).

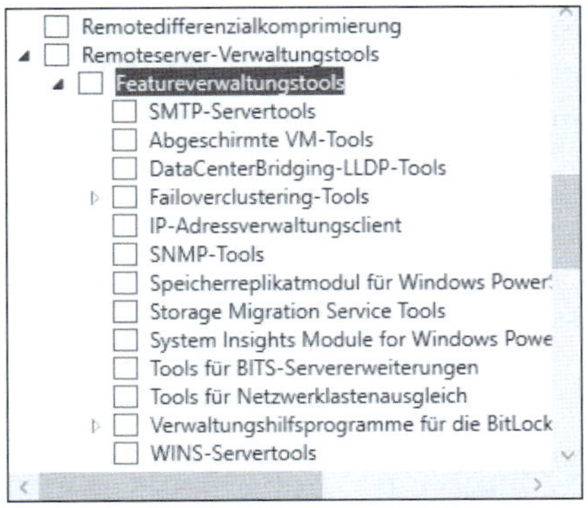

Abbildung 2.53 Server-Manager: Liste der möglichen Featureverwaltungstools

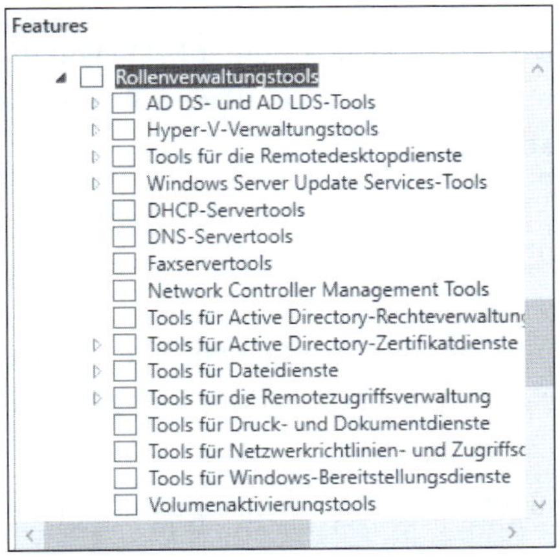

Abbildung 2.54 Server-Manager: Liste der möglichen Rollenverwaltungstools

2.3.33 Remoteunterstützung

Das Feature *Remoteunterstützung* ermöglicht es dem Benutzer, Hilfe von seinem Administrator oder von einem Mitarbeiter im technischen Support anzufordern. Diese Kollegen können sich dann per Remotedesktop auf den betroffenen Rechner aufschalten, um den Benutzer bei Fragen oder Problemen zu unterstützen.

Der Verbindungsaufbau kann dabei über das Netzwerk, das Internet oder eine Telefonleitung mit angeschlossenem Modem durchgeführt werden. Häufiger findet diese Art der Unterstützung auf einer Arbeitsstation als auf einem Server statt. Auf einem Remotedesktopserver kann es aber durchaus sinnvoll sein, dieses Feature zu installieren, damit es zur Unterstützung zur Verfügung steht.

2.3.34 RPC-über-HTTP-Proxy

Das Feature *RPC-über-HTTP-Proxy* verpackt Datenverkehr, der über *Remote Procedure Calls (RPC)* erfolgt, in *HTTP(S)*-Pakete. Wenn Anwender über das Internet auf Applikationen zugreifen müssen, kann diese Technik sie dabei unterstützen. Sie kommt zum Beispiel beim Zugriff von Outlook über das Internet auf einen internen Exchange-Server zum Einsatz. Dies ist eine Alternative zu den Clients, die über eine VPN-Verbindung auf den Server zugreifen.

2.3.35 Sammlung von Setup- und Startereignissen

Mit diesem Feature können Sie Setup- und Startereignisse von anderen Computern im Netzwerk sammeln und protokollieren.

2.3.36 Simple TCP/IP Services

Die einfachen TCP/IP-Dienste stellen Ihrem Server noch einige zusätzliche Dienste für TCP/IP zur Verfügung. Dieses Feature unterstützt folgende TCP/IP-Dienste:

- *Character Generator (Zeichengenerator)* – Er sendet Daten, die sich aus einer Folge von 95 druckbaren ASCII-Zeichen zusammensetzen. Eingesetzt wird er als Debugging-Tool zum Testen und bei der Problemanalyse von Zeilendruckern.
- *Daytime* – Wie der Name vermuten lässt, zeigt dieses Protokoll Meldungen mit Wochentag, Monat, Tag, Jahr, aktueller Uhrzeit im Format `HH:MM:SS` sowie Informationen zur Zeitzone an.
- *Discard* – Dieses Protokoll verwirft alle über diesen Anschluss empfangenen Daten, ohne eine Antwort zu senden. Es wird als Nullanschluss während der Netzwerkinstallation und -konfiguration eingesetzt.
- *Echo* – Damit werden Echorückmeldungen zu allen über diesen Serveranschluss empfangenen Nachrichten erzeugt.
- *Quote of the Day* – Das »Zitat des Tages« gibt ein zufälliges Zitat in Form eines ein- oder mehrzeiligen Textes zurück. Der Inhalt der Zufallsausgabe wird von der Datei *C:\Windows\System32\Drivers\Etc\Quotes* bestimmt.

2.3.37 SMB 1.0/CIFS File Sharing Support

Diese Technik unterstützt die Protokolle *SMB 1.0/CIFS-Dateifreigabe* und *Computer Browsing*. Unter dem Sammelpunkt befinden sich zwei separat aktivierbare Teile. Der erste ist der *SMB 1.0/CIFS Client* und der zweite der *SMB 1.0/CIFS Server*. Mit dem Client können Sie auf ältere Server zugreifen, die nur SMB 1.0 verwenden. Aktivieren Sie das Server-Feature, bietet Ihr Server das SMB 1.0-Protokoll für Datenfreigaben für ältere Clients an und benutzt es zum Browsen durchs Netzwerk.

Bitte bedenken Sie, dass es nicht mehr empfohlen wird, SMB 1.0 zu verwenden, da es Schadsoftware gibt (zum Beispiel die Schadsoftware *WannaCry*), die Schwächen dieser Technik ausnutzt, um in Ihr System einzudringen. Wenn es Ihnen möglich ist, entfernen Sie dieses Protokoll komplett aus Ihrem System!

2.3.38 SMB-Bandbreitengrenzwert

Wollen Sie den SMB-Datenverkehr pro Kategorie nachverfolgen oder die Menge der Bandbreite begrenzen, sollten Sie das Feature *SMB-Bandbreitengrenzwert* aktivieren. Zu den Kategorien, die Sie verfolgen können, zählen *Standard*, *Hyper-V* und *Life-Migration*. Meist wird dieses Feature eingesetzt, um die von der Life-Migration verwendete Bandbreite für SMB zu beschränken.

2.3.39 SMTP-Server

Mit dem Feature *SMTP-Server (Simple Mail Transfer Protocol)* unterstützen Sie den Transfer von E-Mail-Nachrichten zwischen einem Mailserver und Ihrem Windows Server. Aktuelle Exchange Server-Versionen bringen allerdings ihren eigenen SMTP-Dienst mit und benötigen dieses lokale Feature nicht. Falls Sie ältere Mail-Relay-Anwendungen verwenden, kann dieser lokale SMTP-Dienst noch benötigt werden. Das Feature ist unter Windows Server 2025 entfernt worden und ist nicht mehr verfügbar.

2.3.40 SNMP-Dienst

Das Kürzel SNMP steht für *Simple Network Management Protocol*. Dieser Dienst bietet Ihnen Agenten, mit denen Sie die Aktivität von Netzwerkgeräten überwachen können. Darüber hinaus können Sie damit Berichte für die Netzwerkarbeitsstation erstellen.

Zum Einsatz kommt diese Technik vor allem bei Überwachungsprogrammen von Servern. Dieser Dienst ist eine optionale Erweiterung einer erfolgreich abgeschlossenen TCP/IP-Konfiguration und stellt einen SNMP-Agenten bereit, der eine zentrale Remoteverwaltung von Computern ermöglicht.

2.3.41 Software Load Balancer

Der *Software Load Balancer (SLB)* ermöglicht einen Lastenausgleich zwischen Netzwerkressourcen. Dieses Feature bietet Cloud-Dienstanbietern und Unternehmen, die *Software Defined Networking (SDN)* bereitstellen, die Möglichkeit, Mandanten- und Netzwerkdatenverkehr zwischen Ressourcen im virtuellen Netzwerk gleichmäßig zu verteilen. SLB ermöglicht hohe Verfügbarkeit und Skalierbarkeit mit mehreren Servern zum Hosten derselben Workloads. Es ist seit Windows Server 2016 verfügbar.

2.3.42 Speicherreplikat

Mit der Aktivierung des Features *Speicherreplikat* erhalten Sie zum einen die Möglichkeit, Daten über eine synchrone Replikation auf Blockebene zwischen Servern oder Clustern für die Notfallwiederherstellung einzusetzen. Eine andere Einsatzmöglichkeit ist der *Failovercluster* zwischen Standorten. Die synchrone Replikation ermöglicht die Spiegelung von Daten an physischen Standorten mit ausfallsicheren Volumes, um auf Dateisystemebene sicherzustellen, dass kein Datenverlust auftritt. Die asynchrone Replikation ermöglicht die Standorterweiterung über regionale Bereiche hinaus, wobei jedoch Datenverluste auftreten können. Dieses Feature bietet Verbesserungen der Protokollierungsleistung für Speicherreplikate und unterstützt das *Windows Admin Center*.

2.3.43 Standardbasierte Windows-Speicherverwaltung

Wenn Sie auf Ihren Server-Verwaltungsschnittstellen den *SMI-S*-Standard *(Storage Management Initiative – Specification)* zum Erkennen, Verwalten und Überwachen von Hardwarespeichergeräten einsetzen möchten, können Sie mithilfe dieser Technik diese Geräte mit Windows-Tools verwalten.

SMI-S gilt als Standardbasis für zukünftige Management-Umgebungen bei Speichernetzwerken (SANs). Diese Funktionalität wird als Gruppe von *Windows Management Instrumentation-(WMI-)*Klassen und Windows-PowerShell-Cmdlets verfügbar gemacht.

2.3.44 Storage Migration Service

Das Feature *Storage Migration Service* koordiniert die Speichermigration, indem es den Speichermigrations-Proxy-Dienst aufruft. Der Speichermigrationsdienst ist eine neue Technologie, mit der Server leichter auf eine neuere Version von Windows Server migriert werden können. Er bietet ein grafisches Tool, das Daten auf Servern inventarisiert, Daten und die Konfiguration auf neuere Server überträgt und dann optional die Identitäten der alten Server auf die neuen Server überträgt, sodass Apps und Benutzer nichts ändern müssen.

2.3.45 Storage Migration Service Proxy

Dieser Proxy-Dienst unterstützt den Speichermigrationsdienst beim Ausführen der Inventarisierung, Übertragung und Übernahme von Daten für die Speichermigration. Sollen Daten von einem Server auf einen anderen Server übertragen werden, kann das über einen *Storage Migration Proxy* erfolgen. Wird dieses Feature aktiviert, wird der Dienst selbst über *Storage Migration Service* installiert. Weitere Informationen finden Sie in Abschnitt 12.7.6.

2.3.46 System Data Archiver

Der *System Data Archiver* bietet Dienste an, mit denen Windows Server-Systemdaten gesammelt und archiviert werden. Das Feature ist in Windows Server 2019 hinzugekommen, und es ist auf einem neuen System bereits installiert.

2.3.47 System Insights

Das ebenfalls in Windows Server 2019 hinzugekommene Feature *System Insights* erweitert Ihr System um noch mehr Überwachungsfunktionen. Es bietet lokale vorausschauende Analysefunktionen auf dem Server. Dazu werden unter anderem Leistungsindikatoren und Ereignisse mit einbezogen. Alle Daten werden lokal direkt gesammelt, gespeichert und analysiert. Mithilfe der Vorhersagen, die *System Insights* liefert (z. B. Daten zur Auslastung, zum Netzwerkverkehr und zur Datenspeicherung), können Sie Ihren Windows Sever effektiver betreiben.

Die Installation des *Windows Admin Center*, mit dem Sie auch Windows Server 2016 und Windows Server 2019 in einer webbasierten Oberfläche verwalten können, ist eine Voraussetzung für den Einsatz von *System Insights*. Im Admin Center finden Sie dieses Feature unter dem Namen SYSTEMDATEN. Weiterführende Informationen zum Windows Admin Center finden Sie in Kapitel 10.

Wenn Sie System Insights installieren, wird automatisch die PowerShell-Schnittstelle mit zur Installation angeboten. Damit können Sie über die grafische Verwaltung, die im Admin Center umgesetzt wird, Automatisierungen entwickeln und steuern.

2.3.48 Telnet-Client

Mit der Aktivierung des Telnet-Clients ist es Ihnen möglich, mit dem Telnet-Protokoll remote eine Verbindung zu einem Telnet-Server aufzubauen, um Anwendungen auf dem Zielserver zu betreiben. Das Feature, mit dem Sie Ihren Windows Server zu einem Telnet-Server machen können, ist allerdings seit der Version Windows Server 2016 kein Bestandteil des Betriebssystems mehr. Sie sollten dieses alte Protokoll nicht mehr nutzen.

2.3.49 TFTP-Client

Die Abkürzung TFTP steht für *Trivial File Transfer Protocol*. Dieses Protokoll benutzt ein Client, um von einem TFTP-Server Daten zu lesen oder um Daten dorthin zu schreiben. TFTP wird hauptsächlich von Geräten oder Systemen verwendet, die während des Startvorgangs Firmware, Konfigurationsinformationen oder ein Systemabbild von einem TFTP-Server abrufen.

2.3.50 Verbessertes Windows-Audio/Video-Streaming

Der Windows-Dienst *qWave* ist eine Netzwerkplattform für Audio/Video-Streaminganwendungen in IP-Heimnetzwerken. *qWave* stellt die Netzwerk-*QoS (Quality of Service)* für die Audio/Video-Anwendungen sicher und verbessert so deren Streamingleistung und -zuverlässigkeit. Der Dienst stellt Mechanismen für Zugangssteuerung, Laufzeitüberwachung und Laufzeiterzwingung, Anwendungsfeedback sowie Datenverkehrspriorisierung bereit.

Auf Windows Server-Plattformen sind für *qWave* nur Übertragungsraten- und Priorisierungsdienste verfügbar.

2.3.51 VM-Abschirmungstools für die Fabricverwaltung

Dieses Feature stellt Hilfsprogramme für abgeschirmte VMs bereit, die von Fabricverwaltungslösungen verwendet werden und auf dem Fabricverwaltungsserver installiert werden sollten.

Azure Service Fabric ist eine Plattform für verteilte Systeme, die das Packen, Bereitstellen und Verwalten skalierbarer und zuverlässiger Microservices und Container vereinfacht. Entwickler und Administratoren können komplexe Infrastrukturprobleme vermeiden und sich auf das Implementieren geschäftskritischer, anspruchsvoller Workloads konzentrieren, die skalierbar, zuverlässig und einfach zu verwalten sind.

2.3.52 WebDAV-Redirector

Mit der *Web Distributed Authoring and Versioning-Redirector*-Technik wird es Ihren Windows-basierten Programmen ermöglicht, internetbasierte Dateien zu erstellen, darauf zuzugreifen und diese zu ändern. Wenn Sie den WebDAV-Redirector aktivieren, können Autoren von Webinhalten Content auf einer vorhandenen Website veröffentlichen, auf der das WebDAV-Modul installiert ist.

2.3.53 Windows Defender Antivirus

Der *Windows Defender Antivirus* hilft Ihnen dabei, Ihren Windows Server vor Schadsoftware zu schützen. Dieses Feature ist bereits bei der Installation des Servers aktiviert. Wenn Sie einen anderen Virenscanner auf Ihrem System einsetzen, sollten Sie den Defender deaktivieren.

Vorsicht bei Core-Systemen

Bitte beachten Sie, dass bei deaktiviertem *Windows Defender Antivirus* die Komponenten auf einem Windows Server Core-System nicht aktualisiert werden. Somit könnten diese dann angreifbar werden und ein Sicherheitsrisiko darstellen.

2.3.54 Windows Identity Foundation 3.5

Windows Identity Foundation 3.5 (WIF 3.5) beinhaltet eine Sammlung von .NET Framework-Klassen, die zum Implementieren von Claim-basierten Identitäten verwendet werden. Claim-basierte Identitäten sind solche Identitäten, die anhand von Attributen anstatt von Gruppenzugehörigkeiten authentifiziert werden. WIF 3.5 wurde durch WIF-Klassen abgelöst, die in .NET 4.5 enthalten sind. Planen Sie den Einsatz von Claim-basierten Identitäten, sollten Sie .NET 4.5 für die Entwicklung Ihrer Anwendungen verwenden.

2.3.55 Windows PowerShell

Windows PowerShell ist eine auf dem .NET Framework basierende Skriptsprache, die das Automatisieren der lokalen Verwaltung und der Remoteverwaltung von Windows ermöglicht. Sie enthält Hunderte von integrierten Befehlen und bietet Ihnen die Möglichkeit, eigene Befehle und Skripte zu schreiben und zu verteilen. Dieses Feature bietet fünf untergeordnete Installationsmöglichkeiten, die Sie in Abbildung 2.55 sehen.

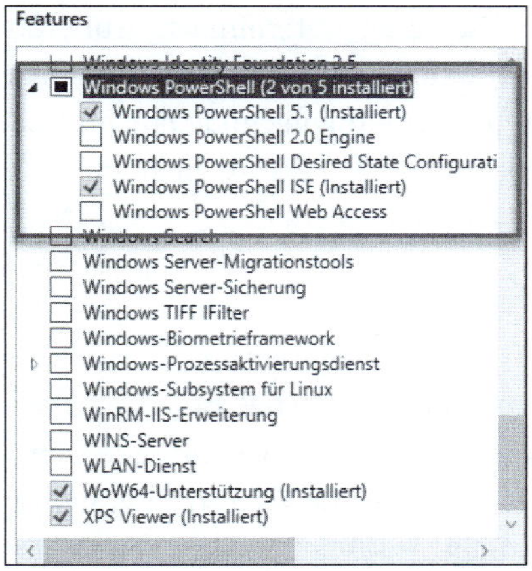

Abbildung 2.55 Server-Manager – PowerShell-Features

Das Feature *Windows PowerShell 5.1* und die *Windows PowerShell ISE* sind bereits installiert. Mit dem *Integrated Scripting Environment (ISE)* können Sie in einer grafischen Oberfläche Skripte erstellen, bearbeiten und debuggen. Darüber hinaus ist es möglich, mehrzeilige Teile eines vorhandenen Skripts aufzurufen. Zu den Vorzügen von ISE zählen *IntelliSense*, die Vervollständigung mit ↹, Ausschnitte, farbkodierte Syntax, Zeilennummerierung, selektive Ausführung, grafisches Debuggen, Rechts-nach-links-Sprache und Unicode-Unterstützung.

Zur Gewährleistung der Abwärtskompatibilität finden Sie in den Unterpunkten auch die *Windows PowerShell 2.0 Engine*.

Der Dienst *Windows PowerShell Desired State Configuration* unterstützt die Konfigurationsverwaltung mehrerer Knoten über ein einziges Repository.

Mit dem Feature *Windows PowerShell Web Access* ist es Ihnen möglich, den Server als Web-Gateway einzusetzen. Benutzer können dann damit auf Remotecomputern das Ausführen von Windows PowerShell-Sitzungen in einem Webbrowser verwalten. Die Gatewaykonfiguration muss nach der Installation von *Windows PowerShell Web Access* von einem Administrator in der *Webserver (IIS)*-Verwaltungskonsole vorgenommen werden.

2.3.56 Windows Search

Mit der *Windows-Suche* werden schnelle Dateisuchvorgänge auf Ihrem Server von Clients aus bereitgestellt, die mit diesem Feature kompatibel sind. Diese Funktion eignet sich für die Desktopsuche, die Verwendung auf Remotedesktop-Servern oder kleinen Dateiservern, auf denen indexierte Dateien für Ihre Anwender bereitgestellt werden müssen. Sie ist jedoch eher ungeeignet für komplexere Szenarien.

2.3.57 Windows Server-Migrationstools

Wie der Name schon andeutet, unterstützt dieses Feature Sie bei Migrationen von früheren Versionen von Windows Server. Die Aktivierung dieser Funktion stellt PowerShell-Cmdlets bereit, die die Migration von Serverrollen, Betriebssystemeinstellungen und Dateien und Freigaben von Computern erleichtern. Für eine Migration muss das Feature auch auf dem Quellserver aktiviert werden, von dem die Daten migriert werden sollen.

2.3.58 Windows Server-Sicherung

Mit dem Datensicherungsprogramm *Windows Server-Sicherung* können Sie Ihr Betriebssystem sowie Ihre Anwendungen und Daten sichern und wiederherstellen. Die grafische Oberfläche, die von Beginn an vorhanden ist, weist Sie beim ersten Öffnen darauf hin, dass Sie das Feature erst installieren müssen, um es verwenden zu können. Anschließend können Sie damit den Status der durchgeführten Sicherungen erkennen. Außerdem ist es möglich, eine Sicherungsaufgabe zu planen, um Daten oder den ganzen Server mithilfe des Assistenten wiederherstellen zu können. Selbst die Verwaltung von Datensicherungen anderer Server ist mit der *Windows Server-Sicherung* möglich. Neben der grafischen Konsole gibt es auch ein Befehlszeilentool `wbadmin`, das Sie zur Verwaltung Ihrer Sicherungsaufgaben einsetzen können.

2.3.59 Windows TIFF IFilter

Den *Tagged Image File Format Index Filter (TIFF IFilter)* benötigen Sie für die OCR-Erkennung von eingescannten TIFF 6.0-kompatiblen Dokumenten mit der Indexierung und der Windows-Suche. Die Dateien können die Dateiendung TIF oder TIFF verwenden.

2.3.60 Windows-Biometrieframework

Möchten Sie Anmeldungen an Windows-Maschinen anhand von Fingerabdrücken möglich machen, hilft Ihnen dieses Feature weiter. Das *Windows-Biometrieframework (WBF)* bringt die Komponenten mit, die Sie zur Verwendung von Fingerabdruckgeräten benötigen, um Identitäten zu bestimmen und zu überprüfen.

2.3.61 Windows-Prozessaktivierungsdienst

Der Windows-Prozessaktivierungsdienst *(Windows Process Activation Service, WPAS)* verallgemeinert das IIS-Prozessmodell und entfernt die Abhängigkeit von HTTP. Alle Funktionen, die zuvor nur für HTTP-Anwendungen verfügbar waren, sind nun für *Windows Communication Foundation-(WCF-)*Anwendungshostingdienste mithilfe von Nicht-HTTP-Protokollen verfügbar. IIS 10.0 verwendet WPAS außerdem für die nachrichtenbasierte Aktivierung über HTTP.

Das Feature WPAS besitzt noch zwei Unter-Features:

- Das *Prozessmodell* fungiert als Host für Web- und WCF-Dienste und wurde erstmals in IIS 6.0 eingesetzt. Das Prozessmodell ist eine neue Architektur, die einen schnellen Ausfallschutz, Integritätsüberwachung und Recycling ermöglicht. Das Prozessmodell des WPAS beseitigt die Abhängigkeit von HTTP.
- Die *.NET-Umgebung 3.5* unterstützt die Aktivierung von verwaltetem Code im Prozessmodell. Mithilfe der Konfigurations-APIs können Anwendungen, die mit dem .NET Framework erstellt wurden, von WPAS programmgesteuert konfiguriert werden. So können Entwickler veranlassen, dass die Einstellungen des WPAS beim Ausführen einer Anwendung automatisch konfiguriert werden und die Konfiguration nicht vom Administrator manuell durchgeführt werden muss.

2.3.62 Windows-Subsystem für Linux

Das *Windows-Subsystem für Linux (WSL)* umfasst Dienste und Umgebungen zum Ausführen von Linux-Shells und -Tools unter Windows. Das Windows-Subsystem für Linux ist nur auf 64-Bit-Versionen ab Windows 10 oder auf Windows Server ab 2019 verfügbar.

2.3.63 WinRM-IIS-Erweiterung

Die IIS-Erweiterung für die *Windows-Remoteverwaltung (WinRM)* ermöglicht es einem Server, Verwaltungsanforderungen eines Clients mithilfe der Webserver-Verwaltungskonsole zu empfangen. WinRM ist die Microsoft-Implementierung des Webserver-Verwaltungsprotokolls, das einen sicheren Kommunikationsweg zwischen lokalen Computern und Remotecomputern mithilfe von Webdiensten bereitstellt.

2.3.64 WINS-Server

Auch in Windows Server 2025 ist der Dienst *Windows Internet Naming Service (WINS)* noch verfügbar. Die mit diesem Server bereitgestellte verteilte WINS-Datenbank beinhaltet die registrierten dynamischen NetBIOS-Namenszuordnungen für Computer und kann somit NetBIOS- und WINS-Abfragen beantworten und auflösen. Dieser Dienst ordnet NetBIOS-Namen IP-Adressen zu und behebt die Probleme, die auf die NetBIOS-Namensauflösung in Routingumgebungen zurückzuführen sind.

2.3.65 WLAN-Dienst

Ein WLAN befindet sich heutzutage fast in jedem privaten Haushalt, und auch in Firmenumgebungen findet dieses Funknetzwerk seinen Einsatz. Möchten Sie Ihren Windows Server auch kabellos in Ihr WLAN-Netzwerk einbinden, müssen Sie dieses Feature installieren. Das Feature *WLAN-Dienst* startet und konfiguriert außerdem den WLAN-Autokonfigurationsdienst unabhängig davon, ob der Windows Server über einen Funkadapter verfügt. Die integrierte Autokonfiguration listet die verfügbaren Funkadapter auf und verwaltet sowohl Funkverbindungen als auch Funkprofile. Funkprofile enthalten die Einstellungen, die zum Konfigurieren eines WLAN-Clients notwendig sind, damit er eine Verbindung zum WLAN herstellen kann. Mit Windows Server 2025 ist das Feature automatisch installiert.

2.3.66 WoW64-Unterstützung

WoW64 *(Windows 32 Bit on Windows 64-Bit)* ist ein Subsystem des Windows-Betriebssystems, das in der Lage ist, 32-Bit-Anwendungen auszuführen. WoW64 ist in allen 64-Bit-Versionen von Windows seit Windows 2000 und Microsoft Windows XP enthalten.

Das Feature *WoW64-Unterstützung* ist bereits von Beginn an aktiviert und unterstützt die Ausführung von 32-Bit-Anwendungen auf Ihrem Windows Server. Es enthält das gesamte WoW64 zum Ausführen von 32-Bit-Anwendungen auf einem Server Core.

2.3.67 XPS Viewer

Das letzte Feature in der Liste ist der *XPS-Viewer*. Er wird benötigt, um Dateien im XPS-Format lesen zu können. XPS steht für *XML Paper Specification* und ist ein Dateiformat von Windows. Ähnlich wie beim weit verbreiteten PDF-Format wird eine XPS-Datei formatgetreu auf allen Geräten dargestellt und gedruckt. Das Dokument sieht somit immer gleich aus, egal mit welchem Gerät Sie es ansehen. Dieses Feature ist von Beginn an aktiviert.

2.4 Editionen und ihre Möglichkeiten

Sie haben in Kapitel 1 bereits erfahren, dass es für das aktuelle Windows Server-Betriebssystem verschiedene Editionen gibt, zwischen denen Sie sich entscheiden müssen. Im *Windows Server 2025 Long Term Servicing Channel (LTSC)* stehen die Editionen *Standard* und *Datacenter* zur Verfügung. Die unter Windows Server 2019 vorhandenen Editionen des *Windows Server Semi Annual Channel (SAC)* werden nicht mehr weitergeführt.

LTSC-Versionen enthalten alle Installationsmöglichkeiten. Dazu zählen der altbekannte Server mit dem Windows-Desktop und die Server Core-Installation. Die SAC-Versionen werden nur als Server Core-Edition bereitgestellt. Das heißt, sie haben keinen (klassischen) Desktop und müssen von einem anderen System aus oder per Kommandozeile bzw. PowerShell verwaltet werden.

LTSC-Versionen sind die Basis für traditionelle Applikationen wie Dateiserver, Druckserver, Domänencontroller, Exchange, SQL-Server oder virtuelle Infrastrukturen. SAC-Versionen enthalten wie oben erwähnt keine grafische Oberfläche und werden üblicherweise im Rahmen von *DevOps* für Container- und Cloud-Apps produktiv genutzt.

DevOps ist ein Kunstwort aus den Begriffen *Development* (dt. *Entwicklung*) und *IT-Operations* (dt. *IT-Betrieb*) und beschreibt einen Prozessverbesserungsansatz aus den Bereichen der Softwareentwicklung und der Systemadministration.

Wir erklären Ihnen im Folgenden die Unterschiede. Bei den Überlegungen, welche die richtige Version ist, geraten Sie sonst leicht in eine Sackgasse. Entscheiden Sie sich von Beginn an für die passende Version und Edition, die alle Rollen und Features bereitstellt, die Sie einsetzen möchten.

2.4.1 Windows Server SAC

Bis zum Beginn des Jahres 2020 wurden die SAC-Versionen – genau wie die Windows 10/11-Editionen – mit einer Bezeichnung veröffentlicht, die sich aus *<Jahr><Monat>* zusammensetzte (z. B. *Windows Server 1809*). Mit dem Update im Herbst 2020 wurde die Benennung angepasst. Aktuell heißen die Systeme nach dem *<Jahr><Halbjahr>* (z. B. *Windows Server 20H2*).

Sollten Sie sich für das SAC-Installations- und Update-Modell entscheiden wollen, haben Sie wie bereits erwähnt keine grafische Oberfläche und auch nicht die gleichen Optionen wie bei der vollen Installation der Desktop-Version eines Windows Server 2019. Allerdings können Sie auch hier aktuell zwischen den Installationsvarianten *Standard* und *Datacenter* wählen (siehe Abbildung 2.56).

Die letzte SAC-Version, die Microsoft veröffentlicht hat, ist Windows Server 23H2. In einer Ankündigung hat Microsoft erklärt, (erst einmal) keine neuen SAC-Versionen mehr zu veröffentlichen.

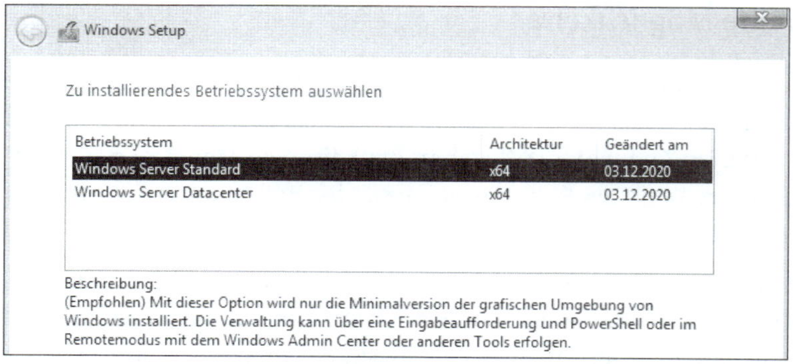
Windows Setup
Zu installierendes Betriebssystem auswählen
Betriebssystem
Architektur
Geändert am
Windows Server Standard
x64
03.12.2020
Windows Server Datacenter
x64
03.12.2020
Beschreibung:
(Empfohlen) Mit dieser Option wird nur die Minimalversion der grafischen Umgebung von Windows installiert. Die Verwaltung kann über eine Eingabeaufforderung und PowerShell oder im Remotemodus mit dem Windows Admin Center oder anderen Tools erfolgen.

Abbildung 2.56 SAC-Windows-Setup: Windows Server 20H2 – Betriebssystemauswahl

Versionsnummern

Die Nummer im Namen des SAC-Windows Servers steigt scheinbar in zufälligen Versionsnummer-Schritten an, ist aber eigentlich sprechend: Sie steht für das Jahr und den Monat der SAC-Ausgabe. Mit dem Herbst-Update 2020 wurde die Benennung des Monats in H1 (Halbjahr 1) und H2 (Halbjahr 2) geändert.

2.4.2 Windows Server 2019 LTSC – Essentials

Die Edition *Essentials* ist für kleine Unternehmen mit maximal 25 Mitarbeitern (50 Geräten) sinnvoll. Der Essentials-Server ist der Nachfolger des *Small Business Servers* (allerdings ohne Zusatzdienste wie Exchange und SharePoint) und wahrscheinlich auch mit der Version 2019 der letzte seiner Art. Sollte die Funktion des Domänencontrollers eingesetzt werden, darf jede Organisation nur einen einzigen *Windows Server 2019 Essentials* einsetzen. Die Einhaltung des Limits von 25 Benutzern und 50 Geräten wird über den Domänencontroller sichergestellt. Die Essentials-Edition kann damit nur in kleineren Organisationen und Umgebungen eingesetzt werden.

Windows Server 2019 Essentials verfügt über die gleichen Lizenzmerkmale und technischen Merkmale wie sein Vorgänger, *Windows Server 2016 Essentials*. Wenn Windows Server 2019 Essentials als Domänencontroller konfiguriert ist, muss dieser der einzige Domänencontroller sein und alle *Flexible Single Master Operations-(FSMO-)*Rollen ausführen, und er darf keine bidirektionalen Vertrauensstellungen mit anderen Active Directory-Domänen haben.

Windows Server 2019 Essentials enthält die neue Hardware-Unterstützung sowie Funktionen und Verbesserungen wie Windows Server 2019 Standard, einschließlich Speichermigrationsdiensten, Systeminformationen und viele mehr.

Windows Server 2019 Essentials enthält keine *Essentials Experience*-Rolle. Die Essentials Experience diente in erster Linie zur vereinfachten Dateifreigabe und Geräteverwaltung. Eine verbesserte Verwaltungserfahrung bietet jetzt das *Windows Admin Center*.

2.4.3 Windows Server 2025 LTSC – Standard oder Datacenter, Core oder Desktop

Gleich zu Beginn einer neuen Server-Installation wird der Windows-Setup-Assistent Sie wie in Abbildung 2.57 nach dem Product Key fragen, um Windows zu aktivieren.

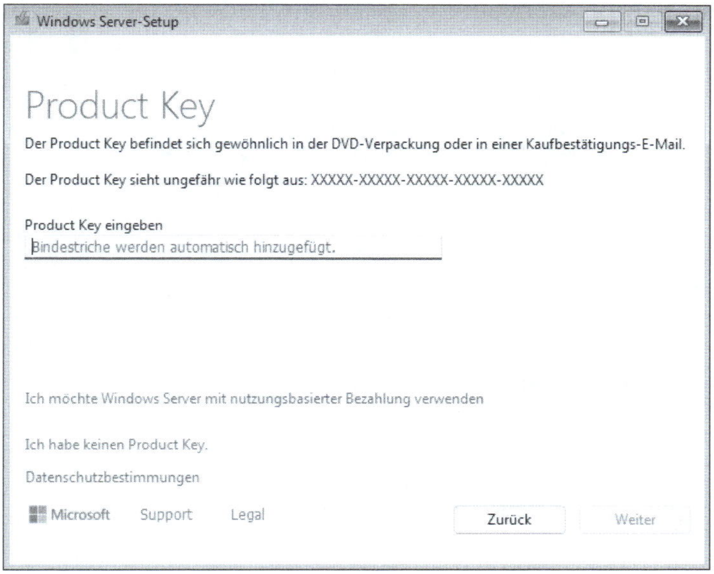
Windows Server-Setup
Product Key
Der Product Key befindet sich gewöhnlich in der DVD-Verpackung oder in einer Kaufbestätigungs-E-Mail.
Der Product Key sieht ungefähr wie folgt aus: XXXXX-XXXXX-XXXXX-XXXXX-XXXXX
Product Key eingeben
Bindestriche werden automatisch hinzugefügt.
Ich möchte Windows Server mit nutzungsbasierter Bezahlung verwenden
Ich habe keinen Product Key.
Datenschutzbestimmungen
Microsoft
Support
Legal
Zurück
Weiter

Abbildung 2.57 Windows-Setup: Windows aktivieren

Haben Sie keinen Key zur Hand, können Sie an dieser Stelle trotzdem fortfahren und Windows später aktivieren. In diesem Fall bekommen Sie bei der Auswahl für das zu installierende Betriebssystem alle Möglichkeiten angezeigt (siehe Abbildung 2.58):

- **Windows Server 2025 Standard** – als *Core* oder in der *Desktop*-Variante
- **Windows Server 2025 Datacenter** – als *Core* oder in der *Desktop*-Variante

Haben Sie allerdings einen Product Key vorliegen, entscheidet sich mit der Eingabe des Keys bereits die Auswahl der Version *Standard* oder *Datacenter*.

Nach der Eingabe eines Keys, den Sie für eine *Standard*-Version gekauft haben, erhalten Sie daher die Auswahl aus Abbildung 2.59.

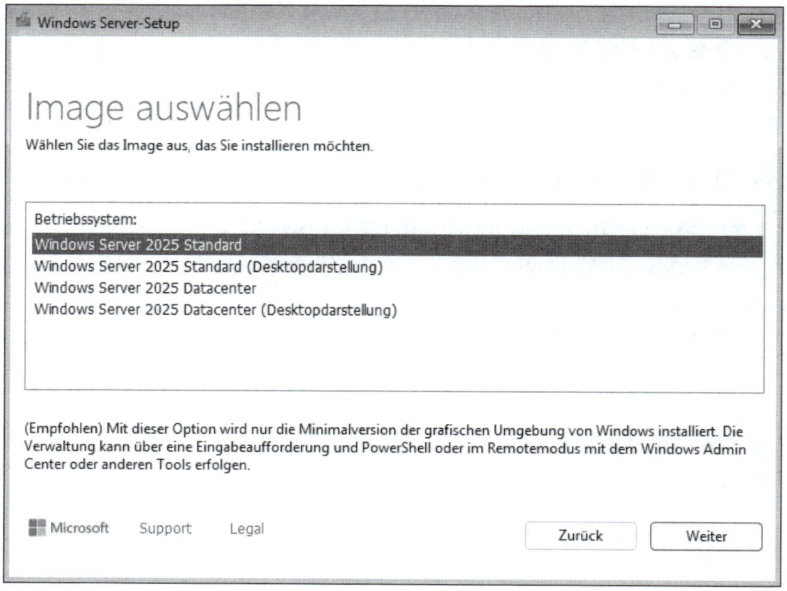
Windows Server-Setup
Image auswählen
Wählen Sie das Image aus, das Sie installieren möchten.
Betriebssystem:
Windows Server 2025 Standard
Windows Server 2025 Standard (Desktopdarstellung)
Windows Server 2025 Datacenter
Windows Server 2025 Datacenter (Desktopdarstellung)
(Empfohlen) Mit dieser Option wird nur die Minimalversion der grafischen Umgebung von Windows installiert. Die Verwaltung kann über eine Eingabeaufforderung und PowerShell oder im Remotemodus mit dem Windows Admin Center oder anderen Tools erfolgen.
Microsoft
Support
Legal
Zurück
Weiter

Abbildung 2.58 Windows-Setup: Installationsauswahl ohne Key-Eingabe

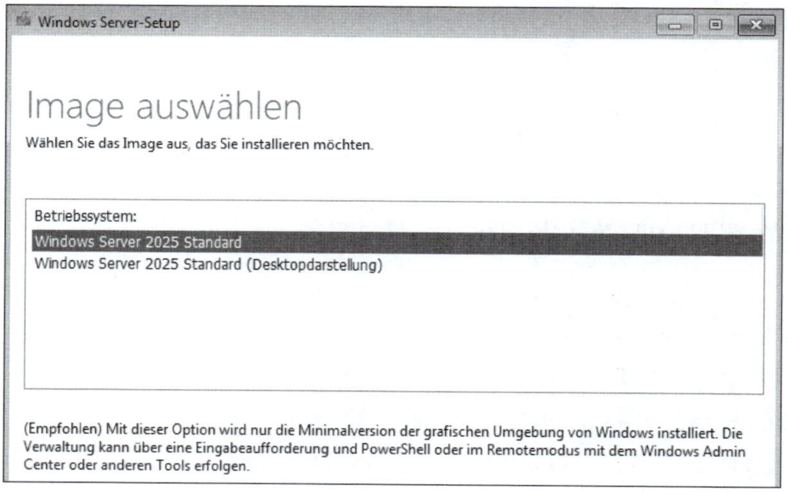
Windows Server-Setup
Image auswählen
Wählen Sie das Image aus, das Sie installieren möchten.
Betriebssystem:
Windows Server 2025 Standard
Windows Server 2025 Standard (Desktopdarstellung)
(Empfohlen) Mit dieser Option wird nur die Minimalversion der grafischen Umgebung von Windows installiert. Die Verwaltung kann über eine Eingabeaufforderung und PowerShell oder im Remotemodus mit dem Windows Admin Center oder anderen Tools erfolgen.

Abbildung 2.59 Windows-Setup nach der Eingabe eines gültigen Standard-Versions-Keys

Sollten Sie sich für die Lizenz einer *Datacenter*-Installation entschieden haben, sehen Sie auch dies nach der Eingabe des Keys (siehe Abbildung 2.60).

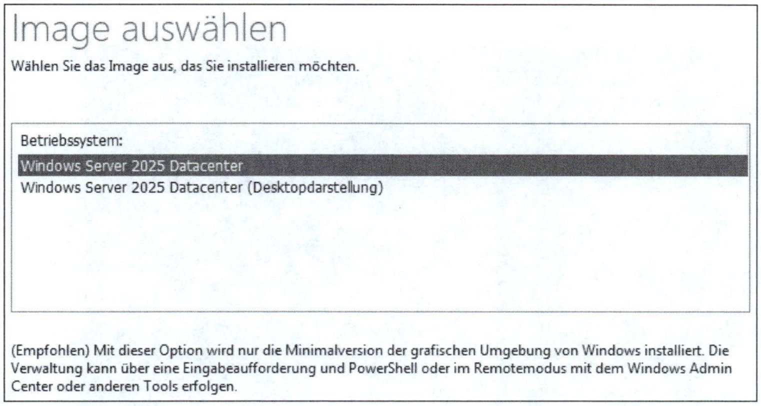
Image auswählen
Wählen Sie das Image aus, das Sie installieren möchten.
Betriebssystem:
Windows Server 2025 Datacenter
Windows Server 2025 Datacenter (Desktopdarstellung)
(Empfohlen) Mit dieser Option wird nur die Minimalversion der grafischen Umgebung von Windows installiert. Die Verwaltung kann über eine Eingabeaufforderung und PowerShell oder im Remotemodus mit dem Windows Admin Center oder anderen Tools erfolgen.

Abbildung 2.60 Windows-Setup nach der Eingabe eines gültigen Datacenter-Versions-Key

2.4.4 Vergleichen Sie die Editionen

Wenn Sie die *Windows Server 2025 Standard*- und die *Datacenter*-Edition (inklusive der Desktop- und Core-Varianten) vergleichen, bemerken Sie diverse Unterschiede bei den vorhandenen und aktivierten Funktionen. Nutzen Sie die PowerShell, um sich die aktivierten Funktionen auflisten zu lassen und die Dateien zu vergleichen.

Die vorhandenen Funktionen eines Servers und deren Installationsstatus können Sie mit folgendem Befehl abfragen:

```
Get-WindowsFeatures
```

Einen Ausschnitt der Ausgabe sehen Sie in Abbildung 2.61. Der Inhalt hängt natürlich von der jeweiligen Edition ab, für die der Befehl ausgeführt wurde.

Die Ausgabe dieser Abfrage speichern Sie in einer Textdatei ab. Wenn Sie zwei Server miteinander vergleichen wollen, führen Sie den oben genannten Vorgang auch für den zweiten Server durch. Beide Textdateien legen Sie in ein gemeinsames Verzeichnis.

Mit dem folgenden PowerShell-Befehl können Sie anschließend die beiden Textdateien der verschiedenen Installationsvarianten vergleichen und die Unterschiede erkennen:

```
Compare-Object (Get-Content ".\Feature-Liste_Datacenter.txt") `
  (Get-Content ".\Feature-Liste-Standard.txt")
```

In diesem Beispiel werden die Features der *Standard*-Installation in der Textdatei *Feature-Liste-Standard.txt* ausgegeben und die Features der Datacenter-Version in *Liste_Datacenter.txt* abgespeichert. Anschließend werden beide Dateien miteinander verglichen und in die Ausgabe aus Abbildung 2.62 geschrieben.

```
Administrator: Windows PowerShell
Windows PowerShell
Copyright (C) Microsoft Corporation. Alle Rechte vorbehalten.

PS C:\Users\Administrator> Get-WindowsFeature

Display Name                                            Name                       Install State
------------                                            ----                       -------------
[ ] Active Directory Lightweight Directory Services     ADLDS                          Available
[X] Active Directory-Domänendienste                     AD-Domain-Services             Installed
[ ] Active Directory-Rechteverwaltungsdienste           ADRMS                          Available
    [ ] Active Directory-Rechteverwaltungsserver        ADRMS-Server                   Available
    [ ] Unterstützung für Identitätsverbund             ADRMS-Identity                 Available
[ ] Active Directory-Verbunddienste                     ADFS-Federation                Available
[ ] Active Directory-Zertifikatdienste                  AD-Certificate                 Available
    [ ] Zertifizierungsstelle                           ADCS-Cert-Authority            Available
    [ ] Online-Responder                                ADCS-Online-Cert               Available
    [ ] Registrierungsdienst für Netzwerkgeräte         ADCS-Device-Enrollment         Available
    [ ] Zertifikatregistrierungsrichtlinien-Webdienst   ADCS-Enroll-Web-Pol            Available
    [ ] Zertifikatregistrierungs-Webdienst              ADCS-Enroll-Web-Svc            Available
    [ ] Zertifizierungsstellen-Webregistrierung         ADCS-Web-Enrollment            Available
[X] Datei-/Speicherdienste                              FileAndStorage-Services        Installed
    [X] Datei- und iSCSI-Dienste                        File-Services                  Installed
        [X] Dateiserver                                 FS-FileServer                  Installed
        [ ] Arbeitsordner                               FS-SyncShareService            Available
        [ ] BranchCache für Netzwerkdateien             FS-BranchCache                 Available
        [ ] Dateiserver-VSS-Agent-Dienst                FS-VSS-Agent                   Available
        [ ] Datendeduplizierung                         FS-Data-Deduplication          Available
        [X] DFS-Namespaces                              FS-DFS-Namespace               Installed
        [X] DFS-Replikation                             FS-DFS-Replication             Installed
        [ ] iSCSI-Zielserver                            FS-iSCSITarget-Server          Available
        [ ] iSCSI-Zielspeicheranbieter (VDS- und VSS... iSCSITarget-VSS-VDS            Available
        [ ] Ressourcen-Manager für Dateiserver          FS-Resource-Manager            Available
        [ ] Server für NFS                              FS-NFS-Service                 Available
    [X] Speicherdienste                                 Storage-Services               Installed
```

Abbildung 2.61 Ausgabe des PowerShell-Befehls für vorhandene Windows-Features

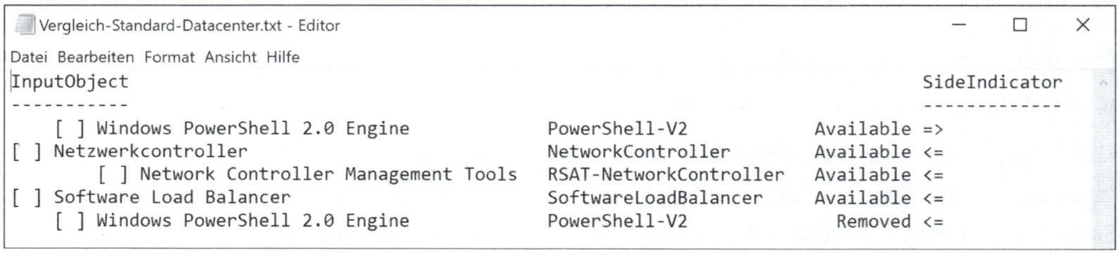

```
Vergleich-Standard-Datacenter.txt - Editor
Datei Bearbeiten Format Ansicht Hilfe
InputObject                                                                          SideIndicator
-----------                                                                          -------------
    [ ] Windows PowerShell 2.0 Engine            PowerShell-V2                Available =>
[ ] Netzwerkcontroller                           NetworkController            Available <=
        [ ] Network Controller Management Tools  RSAT-NetworkController       Available <=
[ ] Software Load Balancer                       SoftwareLoadBalancer         Available <=
    [ ] Windows PowerShell 2.0 Engine            PowerShell-V2                  Removed <=
```

Abbildung 2.62 Ausgabe eines Vergleichs von Textdateien

In der Ausgabe können Sie erkennen, dass das Feature *PowerShell-V2* in der *Standard*-Variante vorhanden und nicht aktiviert ist. Zu erkennen ist das daran, dass der Pfeil hinter AVAILABLE (dt. *verfügbar*) nach rechts zeigt. Im ausgeführten Befehl, mit dem beide Versionen miteinander verglichen wurden, stand der Standard-Server auch rechts (siehe Abbildung 2.63).

In der *Datacenter*-Variante ist das PowerShell-V2-Feature allerdings mit REMOVED (dt. *entfernt*) gekennzeichnet. Der Pfeil zeigt nach links und kennzeichnet somit den Datacenter-Server, der im Befehlsaufruf an erster Stelle stand, also links (siehe Abbildung 2.64).

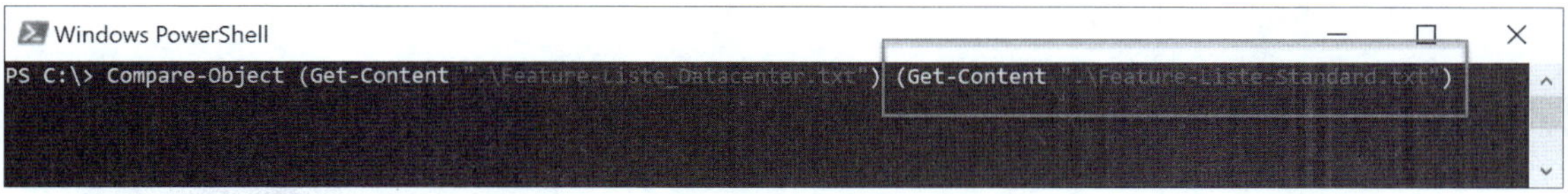
Windows PowerShell
PS C:\> Compare-Object (Get-Content ".\Feature-Liste_Datacenter.txt") (Get-Content ".\Feature-Liste-Standard.txt")

Abbildung 2.63 Vergleich von zwei Textdateien – »Standard« steht rechts.

Windows PowerShell
PS C:\> Compare-Object (Get-Content ".\Feature-Liste_Datacenter.txt") (Get-Content ".\Feature-Liste-Standard.txt")

Abbildung 2.64 Vergleich von zwei Textdateien – »Datacenter« steht links.

Mit diesem Wissen erkennen Sie aus dem Output in Abbildung 2.62, dass in der Datacenter-Variante auch das Feature *Netzwerkcontroller*, das zugehörige Management-Tool und der *Software Load Balancer* für die Installation verfügbar sind. Alle drei sind gemäß dieser Ausgabe somit in der *Standard*-Variante nicht vorhanden, weil sie nicht mit einem Pfeil nach rechts gelistet werden.

Mit dieser Möglichkeit können Sie bei Bedarf Versionen miteinander vergleichen und sich einen Überblick über die Unterschiede der verschiedenen Servertypen verschaffen.

2.5 Was wurde in den letzten Versionen entfernt?

Microsoft entfernt bei neuen Versionen von Betriebssystemen auch gerne mal Funktionen. Dabei wird zwischen entfernten *(removed)* oder zur Ersetzung vorgesehenen *(deprecated)* Funktionen unterschieden.

Entfernte Rollen und Features stehen nicht mehr zur Verfügung, wogegen Funktionen, die ersetzt werden sollen, in dieser Version noch vorhanden sind, aber vermutlich in einer der folgenden Versionen entfernt werden. Wenn Sie überlegen, eine neue Rolle oder Funktion einzuführen, und diese bereits als *deprecated* markiert ist, sollten Sie erwägen, eine alternative Lösung zu suchen, denn sonst kann es Ihnen passieren, dass bei dem Update auf die nächste Betriebssystemversion die genutzten Funktionen nicht mehr zur Verfügung stehen.

Die Liste der entfernten Funktionen finden Sie auf den Webseiten von Microsoft. Die Liste für Windows Server 2025 befindet sich unter:

https://learn.microsoft.com/de-de/windows-server/get-started/removed-deprecated-features-windows-server-2025

2.6 Server- bzw. Rollen-Platzierung

Auch wenn ein Server viele Rollen gleichzeitig übernehmen könnte, ist es aus vielen Gründen ratsam und sinnvoller, genau zu planen, welche und wie viele Rollen auf einer einzelnen Maschine laufen werden. Grundsätzlich und aufgrund der Tatsache, dass Server virtualisiert betrieben werden können, lautet die Empfehlung, so wenige Rollen wie möglich auf ein und derselben Maschine zu installieren.

Im laufenden Betrieb stellt sowohl die Verwaltung als auch die Wartung einer Maschine mit mehreren Rollen eine Herausforderung dar. Manche Rollen sind darüber hinaus gänzlich ungeeignet, um parallel mit anderen Rollen auf derselben Maschine installiert zu werden, oder sie werden gar nicht erst unterstützt.

Bitte setzen Sie sich vor der Inbetriebnahme einer Rolle damit auseinander, ob diese allein oder mit anderen Rollen oder Aufgaben auf einem einzelnen Windows Server 2025 laufen soll.

Klären Sie dabei folgende Fragen:

- Welcher Personenkreis wird den Server verwalten? Welche Rechte sind dazu notwendig?
- Gibt es Abhängigkeiten von anderen Rollen, die zu beachten sind?
- Sprechen technische Details gegen eine Inbetriebnahme der verschiedenen Rollen auf einem Server?
- Wie viele Server werden benötigt, und an welchen Lokationen müssen diese platziert werden, um den Anforderungen zu entsprechen?

Wenn Sie nun entschieden haben, welche Rollen Sie auf welchen Servern in Ihrem Netzwerk installieren werden, können Sie mit der Installation beginnen.

Kapitel 3
Netzwerkgrundlagen und -Topologien

Ein Computernetzwerk ist eine Verbindung zwischen Computern, mit der Daten über die unterschiedlichsten Medien ausgetauscht werden können. Daten werden in Form sogenannter Datenpakete ausgetauscht und durch das Netzwerk transportiert.

In diesem Kapitel gehen wir auf die Grundlagen von Netzwerktechniken und -Topologien ein. Denn nur dann, wenn Sie verstehen, wie ein modernes Netzwerk funktioniert, können Sie es kompetent einrichten und administrieren.

3.1 Was ist ein Netzwerk? Diese Begriffe sollten Sie kennen

In einem Netzwerk können viele unterschiedliche Geräte miteinander verbunden werden, die dann Daten untereinander austauschen. Heutzutage finden Sie in solch einem Netzwerk Computer, Smartphones, Drucker, Server, aber auch Agenten, Sensoren (z. B. Temperatursensoren in einem Rechenzentrum) und Netzwerkspeicher.

Es gibt verschiedene Netzwerktypen, die PAN, LAN, MAN, GAN, WAN und VPN genannt werden:

- Das *PAN (Private Area Network)* ist eine Verbindung zum Datenaustausch auf kurzen Distanzen und wird bei modernen Endgeräten wie Smartphones, Tablets, Laptops oder Desktop-Computern in einem *Ad-hoc-Netzwerk* (d. h. in einem für den Augenblick erstellten Netzwerk) zusammengeschlossen. Dies kann kabelgebunden als PAN oder kabellos als *WPAN (Wireless Personal Area Network)* auf Basis von Bluetooth, Wireless USB, IrDA *(Infrared Data Association)* erfolgen. PANs und WPANs erstrecken sich in der Regel nur über kurze Distanzen und eignen sich somit nicht, um Geräte in unterschiedlichen Räumen oder gar Gebäuden zu verbinden.
- Das *LAN (Local Area Network)* ist ein räumlich (z. B. auf ein Gebäude) begrenztes lokales Netzwerk. Mehrere LANs werden zu einem *MAN (Metropolitan Area Network)* zusammengeschlossen und verbinden somit mehrere Gebäude an einem Standort. Wenn ein Unternehmen mehrere Standorte hat, können diese über ein *GAN (Global Area Network)* zusammengeschlossen werden, und wenn das Unternehmen z. B. weltweit aufgestellt ist, werden die GANs zu einem *WAN (Wide Area Network)* verbunden.

- Ein firmeninternes Netzwerk wird auch als *Intranet* bezeichnet und kann sich von einem LAN bis hin zu einem WAN ausdehnen, über das Geräte miteinander kommunizieren und keine Verbindung zum öffentlichen unsicheren Netzwerk haben. Wenn ein Mitarbeiter des Unternehmens aus dem Internet auf firmeninterne Daten zugreifen muss, verbindet er sich über ein *VPN (Virtual Private Network)* mit dem firmeninternen Netzwerk. Hierbei handelt es sich um ein geschlossenes logisches Netzwerk, bei dem die Teilnehmer räumlich voneinander getrennt über einen sogenannten *IP-Tunnel* verbunden sind.

Die gesamte Kommunikation in allen Netzwerktypen erfolgt über sogenannte *Protokolle*, die mit dem *OSI-Modell (Open Systems Interconnection Model)* strukturiert werden können. Auf das OSI-Modell gehen wir in Abschnitt 3.3.1 ausführlich ein.

Geschichtsstunde: Das erste WAN

Das erste große dezentrale Netzwerk war das *ARPANET (Advanced Research Projects Agency Network)*, das von der US-Regierung für militärische Forschungszwecke geschaffen wurde. Das ARPANET kann man eigentlich auch als das erste WAN bezeichnen, das auf Redundanz und Ausfallsicherheit ausgelegt war.

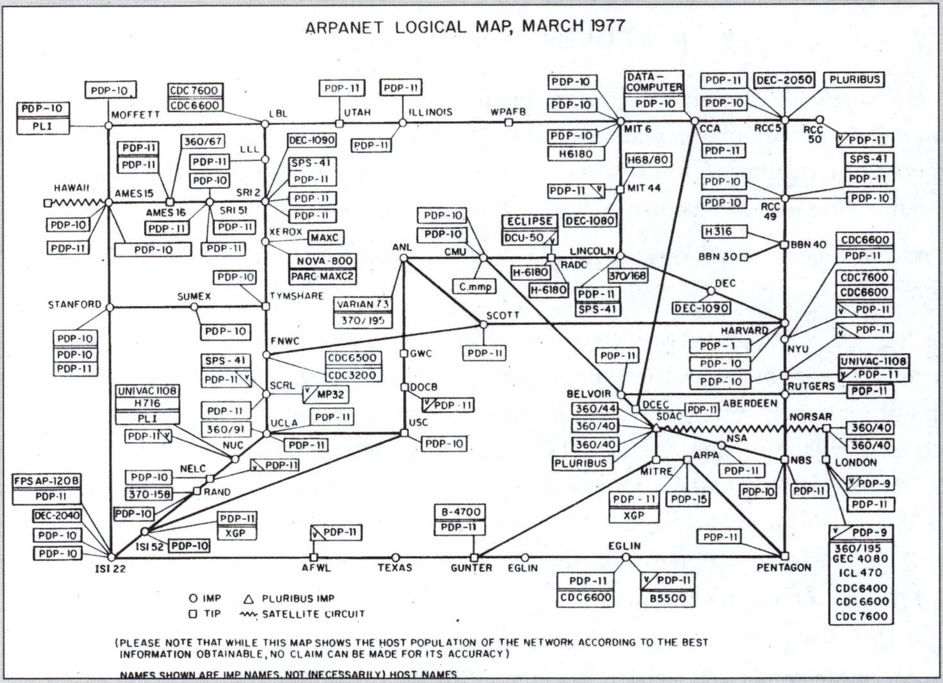

Abbildung 3.1 Logische Darstellung des ARPANET vom März 1977. Das Bild und weitere Informationen finden Sie unter https://en.wikipedia.org/wiki/ARPANET.

Es sollte ein dezentrales Netzwerk geschaffen werden, das Einzelplatzcomputer von amerikanischen Universitäten verband, die für das Verteidigungsministerium forschten, und das den

Ausfall von einzelnen Knoten kompensieren konnte. Die Verbindungen in dem Netzwerk wurden über Telefonleitungen hergestellt und ähnelten bereits dem heutigen Internet.

Anfang der 1970er-Jahre schufen Vint Cerf und Robert Kahn die Grundlage für das heutige Internet, und Anfang der 80er-Jahre löste das Internet dann das ARPANET ab.

3.2 Welche Topologien gibt es und welche werden heute in der Praxis noch genutzt?

Wenn Komponenten in einem Netzwerk verbunden werden, kann dies auf verschiedene Weisen erfolgen. Diese Varianten nennt man auch *Topologien*. Im Folgenden werden wir fünf Topologien näher erklären.

Unter einer Netzwerk-Topologie versteht man die physikalische Anordnung von Netzwerkstationen, die über ein Übertragungsmedium miteinander verbunden sind. Die Netzwerk-Topologie bestimmt die einzusetzende Hardware sowie die Zugriffsmethoden auf das Übertragungsmedium.

3.2.1 Bus-Topologie

Bei einer *Bus-Topologie* werden die Computer direkt miteinander verbunden; es sind keine aktiven Netzwerkkomponenten (Hubs, Switches oder Router) notwendig, wie Sie in Abbildung 3.2 sehen.

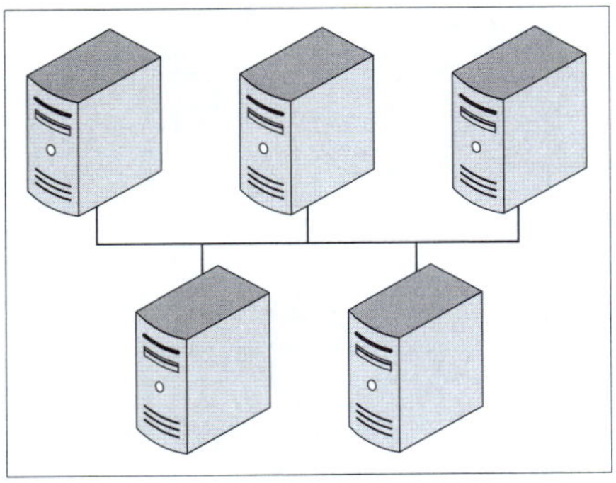

Abbildung 3.2 Bus-Topologie

Jeder Computer, der an dem Bus angeschlossen ist, hat Zugriff auf das Übertragungsmedium und die Daten. Die Daten werden von Computer zu Computer übertragen, und um Fehler zu vermeiden, wird am Kabelende ein Abschlusswiderstand angebracht. Der Abschlusswiderstand verhindert die Reflexion der übertragenen Datenströme und unterbindet damit die Zerstörung der Datenströme. In der Bus-Topologie kommt es oft zu Kollisionen von Datenpaketen. Pakete müssen aus diesem Grund mehrfach versendet werden und die Übertragung dauert länger.

Die Vorteile der Bus-Topologie sind die geringen Kosten aufgrund der geringen Kabelmengen und die schnelle Erweiterbarkeit des Netzwerks. Die Nachteile wiegen aber schwer: Pakete können im Netzwerk einfach abgehört werden, und ein einziger Defekt am Netzwerkkabel sorgt für den Ausfall der gesamten Verbindung. Aus diesen Gründen wird die Bus-Topologie heute kaum noch eingesetzt. Wenn Sie ein neues Netzwerk planen, sollten Sie sich die Alternativen anschauen.

3.2.2 Ring-Topolgie

Auch in der *Ring-Topologie* werden keine aktiven Netzwerkkomponenten benötigt (siehe Abbildung 3.3). Die Computer werden über zwei Punkte mit dem Netzwerk verbunden, sodass ein geschlossener Kreis (Ring) entsteht. Für die Kommunikation werden in dieser Topologie besondere Adressierungsverfahren genutzt, und jeder Computer ist ein Repeater. Die Datenpakete werden von Computer zu Computer weitergereicht. Der Vorteil der Ring-Topologie ist, dass beim Ausfall eines Netzwerkkabels nur die Übertragung in eine Richtung ausfällt. Ihr Nachteil ist die langsame Datenübertragung, wenn viele Computer im Netzwerk vorhanden sind, denn der Übertragungsweg ist sehr lang. Aus diesem Grund wird die Ring-Topologie heute kaum noch in modernen Netzwerken genutzt.

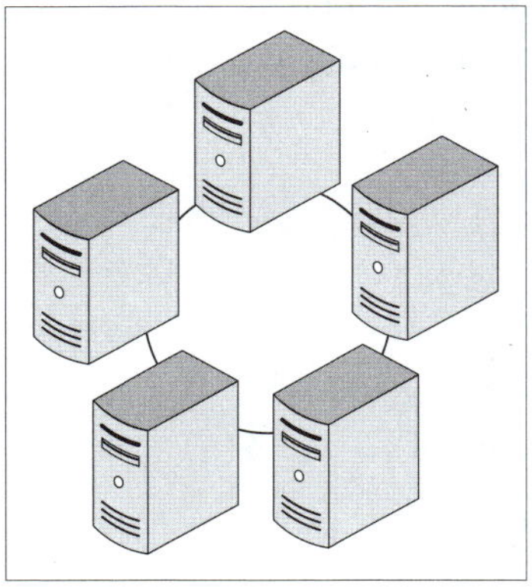

Abbildung 3.3 Ring-Topologie

3.2.3 Stern-Topologie

Bei der *Stern-Topologie* werden die Clients über eine aktive Netzwerkkomponente, z: B. einen *Hub*, *Switch* oder *Router*, miteinander verbunden (siehe Abbildung 3.4). Der Ausfall eines Clients führt nicht zum Ausfall des Netzwerks. Wenn jedoch eine aktive Netzwerkkomponente (Verteiler) ausfällt, so ist der Teil des Netzwerks hinter ihr nicht mehr erreichbar. Die Vorteile der Stern-Topologie sind die leichte Fehlersuche, die einfache Erweiterbarkeit und die schnelle Übertragung der Daten im Netzwerk (vorausgesetzt, es wird kein Hub eingesetzt). Nachteile der Stern-Topologie sind der hohe Kabelaufwand und die Tatsache, dass das gesamte Netz zusammenbricht, wenn ein Verteiler ausfällt.

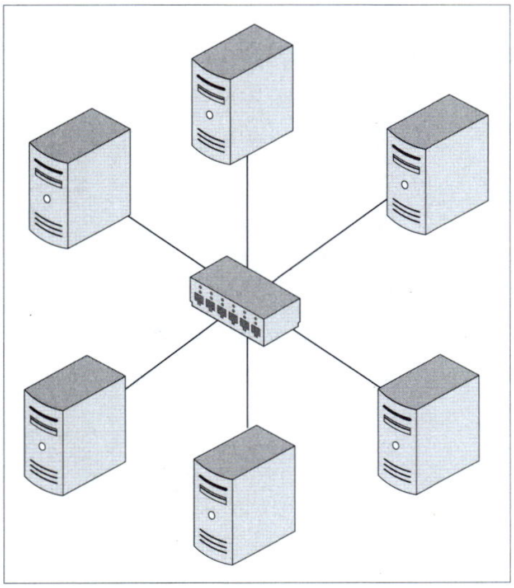

Abbildung 3.4 Stern-Topologie

3.2.4 Hierarchische Topologie

In größeren Netzwerken ist es sinnvoll, mehrere kleine Segmente in Sternform zu einem größeren Stern zusammenzuschließen (siehe Abbildung 3.5).

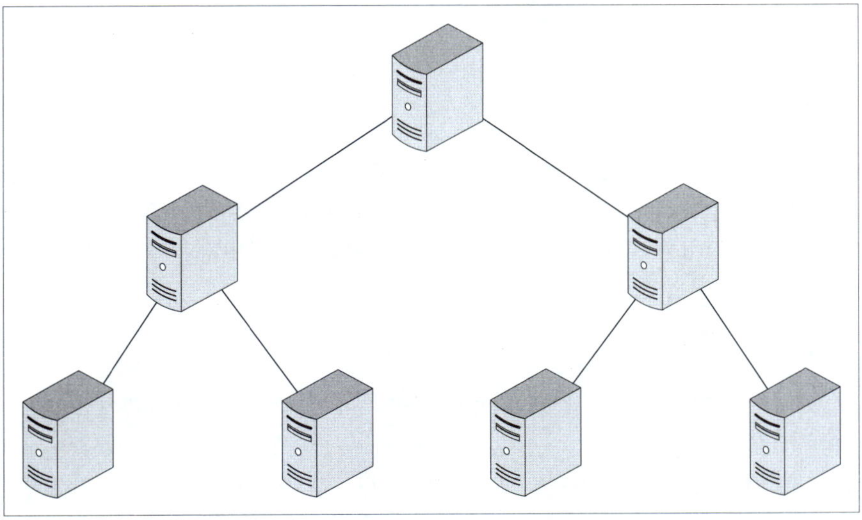

Abbildung 3.5 Hierarchische Topologie

Die *Zentralknoten* der einzelnen Sterne werden an den Zentralknoten des Gesamtnetzwerks angeschlossen und können somit segmentübergreifend kommunizieren. Man spricht in diesem Fall von einer *erweiterten Stern-Topologie* bzw. von einer *hierarchischen Topologie*, wenn die Verteilung über mehr als zwei Ebenen geht.

Fällt in einer hierarchischen Topologie der Zentralknoten des Netzwerks aus, sind die einzelnen Segmente noch arbeitsfähig.

3.2.5 Vermaschte Topologie

Bei der *vermaschten Topologie* haben die Computer direkte Verbindungen zu mehreren anderen Computern (siehe Abbildung 3.6). Wenn jeder Computer im Netzwerk mit allen anderen Computern im selben Netzwerk direkt verbunden ist, spricht man von einer *vollvermaschten Topologie*.

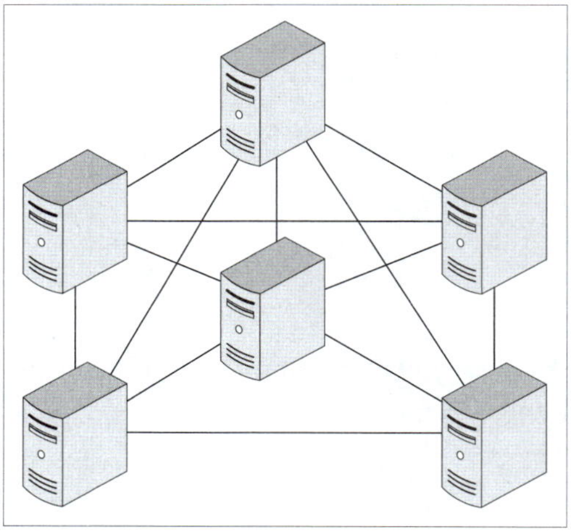

Abbildung 3.6 Vermaschte Topologie

Fällt bei der vollvermaschten Topologie ein Computer aus, können die anderen immer noch kommunizieren, und da es nur Direktverbindungen gibt, sind keine Router im Netzwerk notwendig. Ein Nachteil dieser Topologie sind die vielen benötigten Kabel und der hohe Energiebedarf.

Hub, Switch und Router

Damit ein Computer mit anderen Geräten kommunizieren kann, werden sogenannte Hubs, Switches oder Router benötigt:

- Ein *Hub* analysiert den Netzwerkverkehr nicht, sondern leitet die Pakete einfach an alle Ports weiter. Da er die Pakete einfach an alle Ports weiterreicht, wird er auch *Multiport-Repeater* genannt. Der Hub dient aber schon zur Kollisionserkennung bei Datenpaketen.

- Ein *Switch* verbindet lokale Netzwerke miteinander, wobei aber alle Systeme im selben Netzwerksegment liegen (sozusagen »in derselben Straße wohnen«) müssen. Ein Switch analysiert basierend auf der MAC-Adresse das Datenpaket und sendet es nur an den *Netzwerkport* weiter, an den der Empfänger angeschlossen ist. Der Switch kann aber keine unterschiedlichen Netze miteinander verbinden.
- Ein *Router* verbindet mehrere Netzwerke miteinander und leitet die Datenpakete auch zwischen den Netzsegmenten weiter. Netzwerke, die über Router miteinander verbunden sind, kann man sich wie Straßen und Kreuzungen vorstellen: Ohne diese Kreuzung kann das Fahrzeug auch in keine andere Straße einfahren.

Heutzutage werden fast ausschließlich Stern-Topologien oder vermaschte Netze verwendet. Bei den vermaschten Netzen ist der Computer mit mehreren aktiven Netzwerkkomponenten verbunden. Wenn eine Verbindung ausfällt, sorgt das *Routing* der Datenpakete dafür, dass ein anderer Weg genutzt wird.

3.3 Referenzmodelle

Der Datenverkehr in einem Netzwerk ist hochkomplex. Um unterschiedliche Dienste zu nutzen, müssen unterschiedliche Punkte geklärt und standardisiert werden: Dies fängt bei den Übertragungsmedien an, geht über die Zugriffsverfahren und die Flusskontrolle bis zur Ende-zu-Ende-Kommunikation von Anwendungen.

Es ist dabei nicht sinnvoll, sich ein Netzwerk als Einheit vorzustellen und alle Funktionen und Beschreibungen auf einer Ebene zu realisieren. Dies kann zwar unter Umständen eine effiziente Lösung sein, hat aber auch viele Nachteile. Es führt z. B. zu einer sehr hohen Komplexität und sorgt für eine schlechte Erweiterbarkeit.

Eine Lösung ist die Aufteilung der Bereiche in unterschiedliche Ebenen, die *Schichten (Layer)* genannt werden. Jede Schicht hat eine feste Aufgabe, kann nur mit der direkt benachbarten Schicht kommunizieren und nutzt nur die Dienste, die ihr von der vorangegangenen Schicht übergeben wurden. Dabei werden Realisierungsdetails solcher Dienste innerhalb einer Schicht gekapselt und vor den anderen Schichten verborgen. Das ermöglicht Änderungen innerhalb einer Schicht, ohne dass andere Schichten ebenfalls geändert werden müssen.

Innerhalb der Schichten gibt es bestimmte *Protokolle*, die die Regeln für den Aufbau von Diensten und Verfahren der jeweiligen Schicht festlegen. Die tatsächliche Datenübertragung zwischen Geräten findet immer auf der untersten Schicht *(physikalische Signalübertragung)* statt. Die Kommunikation zwischen gleichen Schichten nennt man *logische Verbindung*.

Damit die in Abbildung 3.7 dargestellte Kommunikation erfolgen kann, werden die Protokollinformationen der einzelnen Schichten (von der höchsten zur niedrigsten) um die Nutzdaten herum gelagert. Während des Datenflusses durch die einzelnen Schichten werden die

Daten auf dem sendenden System »verpackt« und auf dem empfangenden Gerät in umgekehrter Reihenfolge wieder »ausgepackt«.

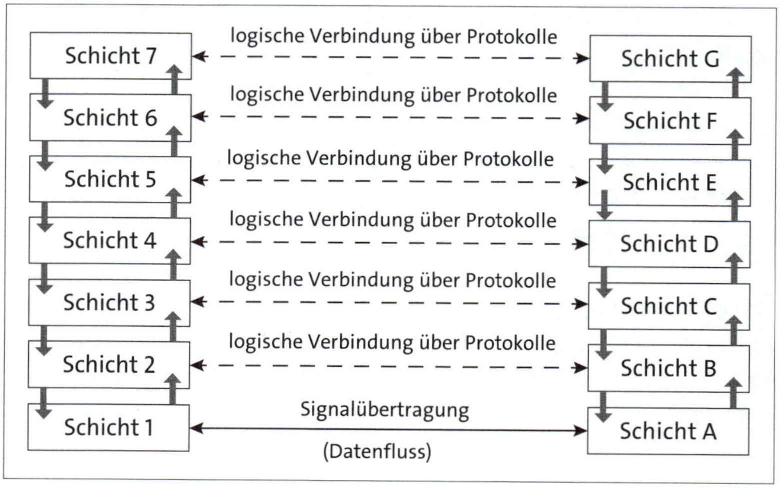

Abbildung 3.7 Allgemeines Schichtenmodell

3.3.1 Das ISO-OSI-Referenzmodell

Das wohl bekannteste Schichtenmodell ist das *ISO-OSI-Referenzmodell*, das 1983 von der *International Organisation for Standardization (ISO)* standardisiert und 1995 überarbeitet wurde.

Dieses Modell wird im Allgemeinen schlicht *OSI-Modell (Open Systems Interconnection)* genannt. Es besteht aus den Schichten, die Sie in Tabelle 3.1 finden. Die einzelnen Schichten stellen wir Ihnen im Anschluss kurz vor; wir können aber natürlich keine vollständige Einführung in das Netzwerkmanagement geben. Wenn Sie mehr darüber erfahren möchten, schauen Sie sich beispielsweise *Computer-Netzwerke* (ISBN: 978-3-8362-10707-0) von Harald Zisler oder *Rechnernetze* (ISBN: 978-3-8362-9094-4) von Peter Dordal an, die im Rheinwerk Verlag erschienen sind.

Schicht	Bezeichnung	Bezeichnung (englisch)
7	Anwendungsschicht	Application Layer
6	Darstellungsschicht	Presentation Layer
5	Kommunikationssteuerungsschicht	Session Layer
4	Transportschicht	Transport Layer
3	Vermittlungsschicht	Network Layer

Tabelle 3.1 Die Schichten des OSI-Modells

Schicht	Bezeichnung	Bezeichnung (englisch)
2	Sicherungsschicht	Data Link Layer
1	Bitübertragungsschicht	Physical Layer

Tabelle 3.1 Die Schichten des OSI-Modells (Forts.)

Bitübertragungsschicht

Die unterste Schicht des OSI-Modells stellt elektrische und mechanische Funktionen zur Übertragung von Bits bereit. Sie befindet sich am nächsten an der Hardware und wird daher auch als *physikalische Schicht* bezeichnet. Die Übertragung der Informationen erfolgt beispielsweise über elektrische Signale, optische Signale oder elektromagnetische Wellen. Mithilfe von Schicht 1 erfolgt die Übertragung auf leitungsgebundenen oder leitungslosen Übertragungsstrecken.

Standards und Normen der Schicht 1 sind beispielsweise *V.24, X.21* oder *RS 232*.

Geräte

Auf der Bitübertragungsschicht arbeiten neben den passiven Komponenten, zu denen z. B. Kupfer- oder Glasfaserkabel zählen, auch aktive Komponenten:

- Die *Netzwerkkarte (Network Interface Card, NIC)* verbindet ein Endgerät mit dem Netzwerk und ist die Grundlage für die Übertragung von Daten.
- Ein *Repeater* empfängt die Signale eines Netzwerks, bereitet die Signale auf *(Rekonfiguration)* und sendet sie weiter. Durch die Verwendung von Repeatern können Verbindungen hergestellt werden, die aufgrund der jeweiligen maximalen Kabellänge sonst nicht möglich wären.
- Ein *Hub* (auch *Multiport-Repeater* genannt) ist ein Gerät, um mehrere Endgeräte physisch sternförmig miteinander zu verbinden. Ein Hub empfängt die Signale an einem seiner Ports (Eingänge), regeneriert die Signale ähnlich wie ein Repeater und sendet diese dann an seine anderen Ports weiter. Es findet aber keine Analyse oder Inhaltsbetrachtung der Datenpakete statt.

Standards und Normen der Bitübertragungsschicht

- In der Empfehlung *V.24* der *ITU-T (International Telecommunication Union – Telecommunication Standardization Sector)* wurde eine Schnittstelle für die Datenfernübertragung standardisiert. Die Empfehlung beschreibt die Schnittstellenleitungen und deren Funktionen in einem Netzwerk zwischen Sender und Empfänger.
- *RS-232* ist eine serielle Schnittstelle und wird für die Konfiguration von Switches und Routern verwendet. Früher waren an diesen Schnittstellen auch Modems angeschlossen. Diese Art der Schnittstelle wurde in den frühen 1960er-Jahren von dem US-amerikanischen Standardisierungskomitee *Electronic Industries Association* erarbeitet.

- *X.21* ist eine von der ITU-T standardisierte Schnittstelle für die Datenübermittlung in öffentlichen Datenwählnetzen. Sie wird aufgrund der einfachen Struktur auch oft für Direktverbindungen verwendet.

Beispiele für Protokolle der Bitübertragungsschicht

- *Ethernet* ist die mit Abstand wichtigste Technik für das kabelgebundene Netzwerk. Sowohl Software (z. B. Protokolle) als auch Hardware (z. B. Netzwerkkarten) sind spezifiziert und durch Standards festgeschrieben.
- *Token Ring* wurde in *IEEE 802.5* definiert. In diesem Protokoll sind die Kabeltypen, die Signalisierung für die Bitübertragungsschicht, die Paketformate und die Protokolle für die MAC-Sicherungsschicht festgelegt.
- *FDDI (Fiber Distributed Data Interface*, umgangssprachlich auch *Lichtwellenleiter-Metro-Ring* genannt) wurde bereits Ende der 1980er-Jahre entwickelt und stellt eine standardisierte 100-Mbit/s-Netzwerkstruktur für lokale Netze dar. Die Daten werden über Glasfaserleitungen in einem doppelten gegenläufigen Ring gesendet. Heute spielt dieser Standard keine Rolle mehr, da er durch die kostengünstigere und einfachere Ethernet-Technik verdrängt wurde. Daran ändert auch nichts, dass 1994 der Standard erweitert wurde und die Übertragung auch über verdrillte Kupferleitungen ermöglicht wurde.
- Das Kommunikationsprotokoll *ATM (Asynchronous Transfer Mode)* eignet sich besonders für die Übertragung von Daten, Sprache und Video. Die Pakete haben eine feste Länge von 53 Byte, wobei 48 Byte für die Daten und 5 Byte für den Header genutzt werden. Die Übertragung erfolgt durch ein *asynchrones Zeitmultiplexing*. Das bedeutet, dass ungenutzte, aber zugeordnete Zeitabschnitte auch von anderen Datenströmen belegt werden können.

Sicherungsschicht

In der *Sicherungsschicht* soll die fehlerfreie und sichere Übertragung der Daten gewährleistet werden. Der Datenstrom wird aufgeteilt und durch *Prüfsummen* abgesichert. Im OSI-Modell ist die Sicherungsschicht die zweite Schicht.

Flusskontrolle

Die Datenflusskontrolle sorgt dafür, dass zwei unterschiedlich leistungsfähige Sender miteinander kommunizieren können. Dazu wird dynamisch ausgehandelt, mit welcher Geschwindigkeit die Daten gesendet werden, sodass der leistungsschwächere Empfänger noch in der Lage ist, die Daten aufzunehmen. Über das Aussenden von Bestätigungen steuert der Empfänger den Datenfluss und sorgt dafür, dass die Verbindungsqualität in Ordnung ist.

Fehlerbehandlung

Auf dieser Schicht werden die Daten in Blöcke aufgeteilt, die *Frames* oder *Rahmen* genannt werden. Der Empfänger muss nicht jeden Rahmen quittieren, sondern kann erst nach Empfang einer bestimmten Anzahl eine Rückmeldung senden. (Fenster-Technik: »Ein großes Fenster« bedeutet, es wird erst nach einer großen Zahl von Messages quittiert; »ein kleines

Fenster« bedeutet, es wird bereits nach einer kleinen Zahl von Messages quittiert.) Eine Prüfsumme in einem Frame erlaubt die Fehlererkennung und -behebung, was im Allgemeinen zu einer wiederholten Sendung des Blocks führt.

Die Aufgaben der Sicherungsschicht sind so vielseitig, dass man diese Schicht in Erweiterung des eigentlichen OSI-Modells oft noch in weitere Teilschichten aufgliedert. Für Ethernet beispielsweise hat das IEEE *(Institute of Electrical and Electronic Engineers)* die folgenden beiden Teilschichten definiert:

- *LLC* (*Logical Link Control*, logische Verbindungssteuerungsschicht) – Auf der LLC-Teilschicht werden die Daten in Rahmen *(Frames)* aufgeteilt, die als »Hülle« für die Protokolle der höheren Schicht dienen.
- *MAC* (*Medium Access Control*, Zugriffskontrollschicht) – In der MAC-Teilschicht wird festgelegt, wie auf den Übertragungskanal zugegriffen wird und wie Geräte innerhalb des Netzwerks physisch adressiert werden.

Geräte auf der Sicherungsschicht

- Mit einer *Netzwerkbrücke* (oder *Bridge*) werden mehrere (in der Regel zwei) Segmente eines Netzwerks miteinander verbunden. Eine Bridge kann auf der Unterschicht MAC oder LLC arbeiten. Sie wird dann MAC-Bridge oder LLC-Bridge genannt.
  - Mit einer *MAC-Bridge (IEEE 802.1D)* teilen Sie ein Netz in verschiedene Kollisionsdomänen auf. Auf diese Weise empfängt jeder Netzstrang nur die Pakete, die auch für ihn bestimmt sind, und vermindert so die Last in großen Netzen. Diese Brücken dienen auch dazu, Standorte über meist langsamere WAN-Links, z. B. ISDN oder X.25, miteinander zu koppeln. Eine MAC-Bridge verbindet Netze mit gleichen Zugriffsverfahren.
  - Mit einer *LLC-Bridge* (auch *Remote Bridge* oder *Translation Bridge* genannt) werden Teilnetze mithilfe verschiedener Zugriffsverfahren (z. B. *CSMA/CD* und *Token-Passing*) verbunden. Das Medium, das das aus zwei Teilen bestehende Netz verbindet, spielt dabei keine Rolle, da innerhalb der LLC-Bridge eine Umsetzung *(Translation)* stattfindet. Bei diesem Vorgang werden die Parameter des Quellnetzes, wie etwa die MAC-Adresse, die Größe und der Aufbau des MAC-Frames und weitere Einstellungen, so übersetzt, dass sie zu den Vorgaben des Zielnetzes passen. Eine solche Übersetzung ist jedoch nicht immer direkt möglich. Daher muss bei einer Inkompatibilität der Netze der Umweg über Router-Funktionalität auf Schicht 3 genommen werden.
- Ein *Switch* wird auch *Multiport-Bridge* genannt. Er arbeitet ähnlich wie eine Bridge mit MAC-Adressinformationen, die in Tabellen gespeichert sind und anhand des Datenverkehrs ständig aktualisiert werden. Switches besitzen meistens eine größere Anzahl von Ports und sind sehr leistungsfähig.

  Sobald der Switch das Netzwerk und die Endgeräte in den jeweiligen Netzsegmenten kennt, ist er in der Lage, die Frames anhand der MAC-Adresse zielgerichtet nur an den Port zu senden, an dem das Endgerät/Segment auch angeschlossen ist. So entsteht deutlich weniger Netzwerklast.

Um die Filterung anhand von MAC-Adressen durchzuführen, erstellen Bridges Tabellen, in denen sie die Zuordnung von MAC-Adressen zu den Segmenten speichern. Dafür müssen diese nicht extra konfiguriert werden, sondern bauen die Tabellen aufgrund des Netzwerkverkehrs auf. Frames, die für einen Empfänger bestimmt sind, der sich im gleichen Netzwerksegment wie der Absender befindet, werden nicht in andere Netzwerksegmente weitergeleitet.

Bridges werden heute hauptsächlich genutzt, um LAN-Segmente miteinander zu verbinden, die mit unterschiedlichen Protokollen arbeiten, z. B. Token Ring und Ethernet.

Switches dienen heutzutage als leistungsfähiger Ersatz für Hubs und verbinden Endgeräte in der Regel sternförmig miteinander.

Switches auf Layer 2 und Layer 3

Da es heute auch Layer-3-Switches gibt, die auf höheren Schichten arbeiten, spricht man hier auch von *Layer-2-Switches*.

Protokollbeispiele auf der Sicherungsschicht

- Das *Point-to-Point Protocol (PPP)* erfüllt genau die Aufgabe, die sein Name vermuten lässt: Es baut *Punkt-zu-Punkt-Verbindungen* auf und konfiguriert sie. PPP wurde für die Übertragung von Schicht-3-Protokollen über eine Punkt-zu-Punkt-Verbindung entwickelt, die in leitungsvermittelnden Netzen (z. B. Mobilfunk oder ATM) eingesetzt werden. PPP kümmert sich dabei um die Authentifizierung, die Aushandlung der Paketgröße, die Vergabe von IP-Adressen und um die Verschlüsselung der Daten. Grundsätzlich können mit PPP auch Protokolle aus höheren Schichten wie IP, IPX, NetBIOS oder AppleTalk übertragen werden; bei der Einwahl ins Internet werden allerdings nur IP-Pakete weitergeleitet.
- Mit *L2TP* werden PPP-Verbindungen über ein IP-Netzwerk zwischen zwei Endgeräten oder zwei eigenständigen Netzwerken hergestellt. Normalerweise werden dabei keine Authentifizierungs-, Integritäts- und Verschlüsselungsmechanismen eingesetzt, da L2TP mit Pre-shared Keys und Benutzerkonten arbeitet.
- Das *Secure Socket Tunneling Protocol (SSTP)* wurde von Microsoft entwickelt und ermöglicht den Aufbau eines VPN-Tunnels über SSL-geschütztes HTTP. Auf diesem Weg lassen sich VPN-Tunnel nutzen, die nicht durch Webproxys, Firewalls und NAT-Router geblockt werden, wenn andere Protokolle wie L2TP/IPSec verwendet werden.

Zugriffsverfahren auf der Sicherungsschicht

- Die *Carrier Sense Multiple Access/Collision Detection (CSMA/CD)* lässt sich als »Mehrfachzugriff mit Trägerprüfung und Kollisionserkennung« übersetzen. Die Aufgabe dieses Verfahrens lässt sich auch bereits aus seinem Namen ableiten: Es prüft, ob ein Übertragungsmedium für den Informationsaustausch bereit ist. Diese Prüfung teilt sich in *Carrier Sense* (die *Träger-Zustandserkennung*) und *Multiple Access* (den *Mehrfachzugriff*) auf. Jedes Endgerät prüft, ob das Übertragungsmedium frei ist bzw. mehrere Endgeräte teilen sich das Übertragungsmedium. Wenn mehrere Endgeräte gleichzeitig Daten übermitteln wollen, tritt die *Collision Detection (Kollisionserkennung)* auf den Plan. Den Ablauf von CSMA/CD möchten wir kurz skizieren, damit er leichter verständlich ist:

- Das Verfahren basiert darauf, dass alle Netzwerkteilnehmer die Signale auf dem Übertragungsmedium lesen, aber nicht gleichzeitig senden dürfen. Das Prinzip, nach dem bestimmt wird, welcher Sender das Medium nutzen darf, wird *Listen Before Talk* genannt.
- Die Geräte müssen ständig das Übertragungsmedium abhören und entscheiden, ob es besetzt oder frei ist *(Carrier Sense)*. Nur wenn das Medium frei ist, darf gesendet werden.
- An diesem Punkt kommt die Fehlerkontrolle durch die Collision Detection ins Spiel, da der Sender beim Übertragungsvorgang überprüft, ob das Signal, das er aussendet, auch mit dem Signal auf dem Medium übereinstimmt. Sollte es zu einer *Kollision* gekommen sein, weil gleichzeitig ein anderer Sender das Medium genutzt hat, wird dies durch eine Überlagerung der Signale deutlich.
- Wurde eine Kollision erkannt, wird die Übertragung unterbrochen. In diesem Fall sendet das Gerät, das die Überlagerung entdeckt hat, ein spezielles Signal über das Medium und markiert das Netzwerk so als blockiert. Ein weiterer Versuch wird nach einer zufälligen Wartezeit gestartet. Sollte das Medium wieder belegt sein, wird der Vorgang so lange wiederholt, bis die Daten ohne Kollision übertragen wurden. Auf solche Kollisionen sollten Sie in Ihrem Netzwerk gut achten, denn sie sorgen für eine größere Auslastung des Netzwerks. Datenpakete müssen mehrmals neu angefordert werden, und das mehrfache Senden belastet das Netzwerk. Je größer die Anzahl der Systeme im Netzwerk wird, desto größer wird die Wahrscheinlichkeit für Kollisionen.
- Erst wenn die Übertragung ohne Kollision beendet wird, gilt sie als erfolgreich.

▸ *Token Passing* ist ein Medienzugriffsverfahren in Netzwerken, mit dem die Weitergabe des Datenpakets geregelt wird. Das Datenpaket wird zwischen den Verteilern bis zum Endpunkt immer weitergereicht. Dabei hat immer ein Sender das Senderecht und gibt dieses ab, wenn das Paket angekommen ist oder das Paket verloren geht. Ein großer Vorteil von Token Passing ist das vorher bestimmbare Übertragungsverhalten.

Bei Token Passing gibt es zwei Formen für die Realisierung: *Token Ring* und *Token Bus*. Bei Token Bus wird der nächste logische Nachbar durch die Adresse der Netzwerkkarte ermittelt, wobei bei Token Ring das nächste physisch erreichbare Endgerät der nächste Nachbar ist. Beim Token Passing wird ein sogenanntes *Freitoken* verwendet. Das Freitoken besteht aus 3 bzw. 24 Bytes und wird zwischen den Komponenten im Netzwerk weitergeschickt.

Wenn Computer A aus Abbildung 3.8 Daten an Computer D versenden möchte, wartet er auf das Freitoken und packt die Daten sowie die Adresse von Computer D an das Token, markiert es als besetzt und sendet es an Computer B weiter. Computer B prüft das Token und sendet es an Computer C weiter, da es nicht für ihn bestimmt ist. Dies geht so weiter, bis das Datenpaket bei Computer D angekommen ist. Dieser prüft den Datenteil, kopiert ihn, markiert ihn als empfangen und sendet ihn weiter. Da das Datenpaket weiterhin als besetzt markiert ist, können keine Daten in das Token aufgenommen werden. Kommt das Datenpaket wieder bei Computer A an, prüft dieser den Inhalt und die Empfangsmarkierung. Stimmt alles mit dem gesendeten Paket überein, wird der Datenanteil entfernt und das Token wieder als frei markiert. Token Passing wird zum Beispiel für Echtzeitanwendungen genutzt.

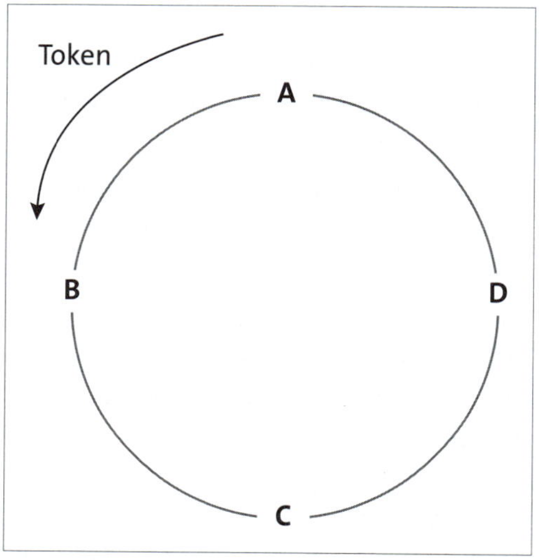

Abbildung 3.8 Token-Bus mit den genannten Endgeräten

Vermittlungsschicht

Auf der Vermittlungsschicht wird die Steuerung der Verbindung zwischen Endgeräten übernommen, die sich auch in getrennten Netzen befinden können. Hauptsächlich beinhaltet das die Wahl des Verbindungsweges für das Datenpaket *(Routing)*, die Fragmentierung der von der übergeordneten Schicht übertragenen Daten (wenn notwendig), die logische Adressierung (Aufteilung der Endgeräte in logische Einheiten) und die Fehlererkennung sowie -behandlung (z. B. das Unterbinden von Schleifen, endlos verkehrende Datenpakete).

Geräte der Vermittlungsschicht

- *Router* (auch *Layer3-Switches* genannt) sind Geräte, die aufgrund von statisch oder dynamisch erstellten Tabellen entscheiden, welchen Weg ein Datenpaket nehmen soll. Sie werden am häufigsten zur Internetanbindung, zur sicheren Kopplung mehrerer Standorte *(VPN, Virtual Private Network)* oder zur direkten Kopplung mehrerer lokaler Netzwerksegmente eingesetzt, gegebenenfalls mit Anpassung an unterschiedliche Netzwerktechniken (z. B. Ethernet und DSL).

Beispiele für Protokolle der Vermittlungsschicht

- *IPX (Internetwork Paket Exchange)* ist ein von Novell entwickeltes Netzwerkprotokoll, das vom *IDP (Internetwork Data Protocol)* der Xerox Network Services abstammt. Aufgrund der zunehmenden Verbreitung des Internets in den 1990er-Jahren und der direkten Unterstützung von TCP/IP (siehe Abschnitt 4.2, »Was ist TCP/IP?«) in Novell Netware verlor es zunehmend an Bedeutung und wird heute nur noch selten genutzt: Windows XP war das letzte Microsoft-Betriebssystem, das IPX noch unterstützt hat. In aktuellen Netzwerken spielt es keine Rolle mehr.
- *IP (Internet Protocol)* nutzt die verbindungslose, aber paketorientierte Übertragung von Datenpaketen ohne Zustellungsgarantie. Es wird keine Empfangsquittung gesendet, und die maximale Länge ist auf 65.535 Bytes begrenzt. Das Internet Protocol ist das wichtigste Protokoll der Verbindungsschicht, daher widmen wir ihm eine ausführliche Erklärung, und zwar in Abschnitt 4.3, »Das IP-Protokoll genauer erklärt«.
- Über das *ICMP-Protokoll (Internet Control Message Protocol)* werden in Netzwerken Informations- und Fehlermeldungen über das Internet Protocol in der Version 4 *(IPv4)* ausgetauscht. Für *IPv6* gibt es ein ähnliches Protokoll mit dem Namen *ICMPv6*. ICMP ist Bestandteil von IPv4, wird aber wie ein eigenständiges Protokoll behandelt. Die meisten ICMP-Pakete enthalten Diagnoseinformationen und werden vom Router zur Quelle zurückgesendet, wenn dieser die Pakete verwirft, zum Beispiel wenn die *Time-To-Live (TTL)* abgelaufen ist.

Transportschicht

Die *Transportschicht* ist das Verbindungsstück zwischen den transportorientierten Schichten 1–3 und den anwendungsorientierten Schichten 5–7. Auf der Transportschicht wird eine Kommunikationsbeziehung zwischen zwei Prozessen auf den jeweiligen Stationen hergestellt. Dabei kann es sich um verbindungsorientierte (Ende-zu-Ende-Verbindungen), aber auch um verbindungslose Dienste handeln. Die darüber liegenden Schichten bekommen einen transparenten Datentransportdienst zur Verfügung gestellt, während die Transportschicht eine Reihe von Aufgaben erledigen muss.

Teilaufgaben der Transportschicht

- Aufteilung der Anwendungsdaten bzw. Zusammensetzen der Daten nach der Datenübertragung
- Datenübertragung von Ende zu Ende
- Ende-zu-Ende-Verbindungen
- Kontrolle und Steuerung des Datenflusses
- Gewährleistung von Zuverlässigkeit durch Nummerierung und Empfangsbestätigung

Beispiele für Protokolle auf der Transportschicht

- Mit *TCP* (*Transmission Control Protocol*, Übertragungssteuerungsprotokoll) wird die Art und Weise festgelegt, mit der Daten zwischen Netzwerkkomponenten ausgetauscht werden sollen. Es ist das wichtigste und am weitesten verbreitete Netzwerkprotokoll: Nahezu sämtliche aktuellen Betriebssysteme moderner Computer beherrschen TCP und nutzen es für den Datenaustausch mit anderen Rechnern. Auf das Protokoll werden wir in Abschnitt 4.2 noch eingehen.
- *UDP (User Datagramm Protocol)* ist das zweite sehr bedeutende Netzwerkprotokoll, das besonders für die Übertragung von Audio- und Videostreams genutzt wird. Es ist nur für die Adressierung zuständig und bietet keine Fehlerkontrolle, da diese die Übertragung verlangsamen würde. Es gibt daher keine Garantie, dass Pakete auch tatsächlich in der richtigen Reihenfolge beim richtigen Empfänger ankommen.

Kommunikationssteuerungsschicht

Die *Kommunikationssteuerungsschicht* ist für den Betrieb der Sitzung zwischen zwei Endgeräten verantwortlich. Dieser umfasst den Auf- und Abbau der Verbindung, bei Bedarf eine Authentifizierung sowie die Synchronisation (z. B. bei gleichzeitigem Zugriff) und Steuerung der Dialoge. Dies gelingt mithilfe von sogenannten *Check Points* oder *Wiederaufsetzpunkten*. An diesen Fixpunkten lässt sich die Sitzung nach einem Ausfall einer Transportverbindung wieder synchronisieren, ohne dass die Übertragung von vorn beginnen muss.

Beispiele für Protokolle auf der Kommunikationssteuerungsschicht

- *RPC* (*Remote Procedure Call*, Aufruf einer fernen Prozedur) ist eine Technik zur Realisierung von Interprozesskommunikation und wird zum Aufruf von Funktionen in anderen Adressräumen genutzt. Es existieren zahlreiche unterschiedliche Implementierungen des Protokolls, die leider meistens nicht kompatibel zueinander sind. In aktuellen Windows-Betriebssystemen wird RPC über den Port 135 (TCP) aufgebaut und dann über die Highports TCP 49152–65535 abgewickelt.
- *PPTP (Point-to-Point-Tunneling Protocol)* ist eine alte Verschlüsselungsmethode, die heute als unsicher gilt. Das liegt am genutzten Anmeldevorgang und nicht am Protokoll an sich. PPTP wurde früher sehr häufig in VPN-Verbindungen genutzt, sollte heute jedoch nicht mehr verwendet werden.

Darstellungsschicht

Die *Darstellungsschicht* kümmert sich nicht um die Übertragung der Daten, sondern um die Datenumwandlung in eine verallgemeinerte Form. Damit die Daten gelesen werden können, müssen unter anderem bei der Codierung und den Steuerzeichen die Formatierungen übereinstimmen.

Aufgaben der Darstellungsschicht

- Die *Datenkompression* ist eine Aufgabe der Darstellungsschicht und sorgt für die Reduzierung der Datenmenge durch Verdichtung. Sie minimiert somit die Übertragungszeit. Die Umwandlung der Daten in eine kürzbare Form übernimmt ein *Kodierer*.
- Die *Verschlüsselung* auf Netzwerkebene soll für den Nutzer vollkommen transparent ablaufen. Mithilfe von Verschlüsselungsalgorithmen wird der Datenstrom während der Übertragung zwischen dem Client und dem Server geschützt. *SSL (Secure Sockets Layer)* oder *TLS (Transport Layer Security)* sind Verschlüsselungsvarianten, die in der Darstellungsschicht genutzt werden.

Beispiel für ein Protokoll auf der Darstellungsschicht

- *NetBIOS (Network Basic Input/Output System)* wurde von IBM für die Kommunikation in kleinen Netzwerken entwickelt und später von Microsoft übernommen. Microsoft hat NetBIOS in älteren Betriebssystemen für den Datenaustausch und die Kommunikation genutzt; heute findet diese nur noch über TCP/IP statt und NetBIOS wird nicht mehr benötigt. Da es aber immer noch alte Systeme gibt, die ohne NetBIOS nicht funktionieren, ist es aus Kompatibilitätsgründen noch vorhanden. Wenn solche älteren Systeme bei Ihnen nicht mehr vorhanden sind, können Sie NetBIOS deaktivieren.

Anwendungsschicht

Die *Anwendungsschicht* stellt keine Dienste für die anderen Schichten bereit, sondern stellt die Grundlagen für die Anwendungen auf dem Endgerät dar. Sie ist also die Schnittstelle zwischen dem Netzwerk und der Anwendung.

Beispiele für Protokolle auf der Anwendungsschicht

- **Kommunikation von Anwendungen** (zum Beispiel E-Mail) – *IMAP (Internet Message Access Protocol)* ist wie *POP3 (Post Office Protocol)* ein Protokoll für den Zugriff auf Ihr E-Mail-Postfach. IMAP hat den Vorteil, dass die Daten auf dem Server liegen bleiben. Dadurch können mehrere Nutzer auf das Postfach zugreifen und die E-Mails können synchronisiert werden. Bei IMAP und der Nutzung einer E-Mail-Software, wie beispielsweise Outlook oder Thunderbird, wird nur eine Kopie des Servers lokal gespeichert und die E-Mail auf dem Server nicht direkt mit dem Abruf gelöscht. Sämtliche im IMAP-Postfach erstellten Ordner befinden sich dann auf dem Server und dem Client. Wird das Postfach an einem weiteren Computer abgerufen, sind die Ordnerstrukturen dann bereits vorhanden und werden ebenfalls synchronisiert. Das ist ein großer Vorteil gegenüber POP3.
- **Dateiübertragung** – *FTP (File Transfer Protocol)* ist ein Datenübertragungsverfahren, das den Datenaustausch zwischen Rechnern ermöglicht. FTP arbeitet unabhängig vom Betriebssystem und den verwendeten Übertragungswegen. Es wird sehr oft für das Hochladen von Konfigurationsdateien auf einen Webserver genutzt. Für die Verwendung von FTP muss der Port TCP 21 in der Firewall freigeschaltet sein.

- **Bereitstellung von Daten in Hypertextform** – *HTTP (Hypertext Transfer Protocol)* wird genutzt, um Webseiten unverschlüsselt aus dem Intra- oder Internet zu laden. HTTP ist ein zustandsloses Protokoll. Es ist als Datenübertragungsprotokoll nicht nur auf das Laden von Webseiten beschränkt.

3.3.2 Das TCP/IP-Referenzmodell

Das *TCP/IP-Referenzmodell* besteht im Vergleich zum OSI-Modell aus nur vier Schichten. Es ist eine andere Möglichkeit, den Datenfluss darzustellen. Es fasst die erste und zweite Schicht des OSI-Modells (Bitübertragungs- und Sicherungsschicht) zur *Netzzugangsschicht* und die Schichten 5, 6 und 7 des OSI-Modells zur *Anwendungsschicht* zusammen.

Die Gliederung sehen Sie in Tabelle 3.2.

Schicht	Bezeichnung
4	Anwendungsschicht
3	Transportschicht
2	Internetschicht
1	Netzwerkzugangsschicht

Tabelle 3.2 Die Schichten des TCP/IP-Referenzmodells

Schicht 3 und Schicht 4 werden in der Praxis auch als *Hostschicht* bezeichnet. Nachdem die Daten um den Anwendungsheader ergänzt wurden, werden sie über die Transportschicht an die Netzwerkzugangsschicht übermittelt und vom IP-Protokoll aufgenommen und weiterversendet.

Netzwerkzugangsschicht

Die *Netzwerkzugangsschicht*, die ungefähr den Umfang der Bitübertragungsschicht und der Sicherungsschicht aus dem OSI-Modell besitzt, ist für den Aufbau von physikalischen Verbindungen zuständig, damit die übergeordnete Schicht IP-Pakete versenden kann. Das eingesetzte Protokoll bzw. Verfahren wird in dieser Schicht explizit festgelegt, obwohl Sie in heutigen Netzwerken praktisch nur noch Ethernet finden werden.

Internetschicht

Die Internetschicht legt explizit das *IP (Internet Protocol)* und das dazugehörige IP-Paketformat zur Übertragung von Paketen fest. Aus dem IP-Paketformat ergeben sich dann die weiteren Eigenschaften. Die Paketvermittlung erfolgt über Router, durch die die Pakete zwischen verschiedenen Netzen ausgetauscht werden. Eine Änderung der Paketreihenfolge und eine Fragmentierung der Pakete sind während des Transports möglich.

Transportschicht

Auch wenn das Modell »TCP-IP-Referenzmodell« heißt, ist neben *TCP (Transmission Control Protocol)* auch *UDP (User Datagram Protocol)* als Transportprotokoll definiert. Beide Protokolle arbeiten verbindungsorientiert, wobei UDP jedoch ohne Flusssteuerung auskommt.

Anwendungsschicht

Die Anwendungsschicht ist eine vereinfachende Zusammenfassung der drei oberen Schichten 5, 6 und 7 des OSI-Modells. Hier agieren alle anwendungsorientierten Protokolle.

3.3.3 Gegenüberstellung der beiden Modelle

Auch wenn sich eine formale Zuordnung der beiden Modelle herstellen lässt und sich die Bezeichnungen für die Schichten teilweise sogar gleichen, dürfen Sie die Modelle nicht verwechseln. Ein gleicher Name bedeutet nicht zwangsläufig, dass die Funktion der entsprechenden Schicht gleich ist! Tabelle 3.3 soll daher noch mal die Zuordnung darstellen.

OSI-Referenzmodell	TCP/IP-Referenzmodell	Protokolle	Endgeräte
Anwendungsschicht	Anwendungsschicht	FTP, HTTP, DNS, DHCP, TELNET	
Darstellungsschicht			
Sitzungsschicht			
Transportschicht TCP, UDP			Transportschicht
Vermittlungsschicht	Internetschicht	IGMP, RIP, OSPF, IP, ARP	Router, Layer-3-Switch
Sicherungsschicht	Netzwerkzugangsschicht	Ethernet, Token Ring	Bridge, Switch
Bitübertragungsschicht		Signale, Codierungen	Koxialkabel, Glasfaserkabel, Netzwerkkarte

Tabelle 3.3 Gegenüberstellung der beiden Referenzmodelle

3.4 Übertragungsmethoden

Es gibt verschiedene Übertragungsmethoden, die auf unterschiedliche Weisen genutzt werden. Sie beschreiben die unterschiedlichen Möglichkeiten, wie Datenpakete effizient zum Empfänger übertragen werden und die Belastung des Netzwerks möglichst reduziert wird.

3.4.1 Unicast

Bei *Unicast* werden die Daten zwischen einem einzigen Sender und einem Empfänger übertragen. Damit das Ziel eindeutig identifiziert werden kann, wird eine *Unicast-Adresse* (die IP-Adresse des Empfängers) verwendet. Wenn Daten an mehrere Empfänger gesendet werden sollen, muss für jeden Empfänger eine eigene Verbindung aufgebaut werden. Diese Methode der Datenübertragung verbraucht sehr viele Ressourcen und erhöht den Netzwerkverkehr enorm. Unicast wird heutzutage für Video-on-Demand-Dienste genutzt; hierbei erhält jeder Nutzer eine eigene Datenverbindung und kann deswegen jedes Video zu einem beliebigen Zeitpunkt ansehen. Unicast ist die Standard-Übertragungsmethode für eine 1:1-Kommunikation.

3.4.2 Multicast

Multicast kann Daten an mehrere Empfänger gleichzeitig versenden, ohne dass sich die Bandbreite mit der Zahl der Empfänger erhöht. Multicast wird zum Beispiel bei der Softwareverteilung über das Netzwerk verwendet. Multicast hat gegenüber Unicast den Vorteil, dass die Netzwerkauslastung beim Sender nicht mit der Anzahl der Empfänger steigt, wobei im Empfängernetzwerk die Netzwerkauslastung stark ansteigt. Je mehr Systeme die Daten empfangen, umso mehr ist das Netzwerk ausgelastet.

3.4.3 Broadcast

Bei einem *Broadcast* sendet der Sender die Nachricht an alle angeschlossenen Systeme des Netzwerks auf einmal. Broadcasts werden zum Beispiel innerhalb der Protokolle DHCP und ARP verwendet. Ist ein Ziel dem Sender unbekannt, fragt dieser im Netzwerk nach, wer den Empfänger kennt, und wartet auf Antwort. Mit dem Broadcast können auch Informationen an alle angeschlossenen Systeme eines Netzwerksegments gesendet werden, ohne dass sie mehrfach übertragen werden müssen.

Kapitel 4
IP-Adressmanagement

Ohne ein funktionierendes Netzwerk wird Ihr Windows Server wenig nützlich sein. Befassen wir uns also mit ein paar Grundlagen.

In diesem Kapitel gehen wir näher auf die notwendigen Komponenten und Hilfsmittel in IP-Netzwerken ein. Wenn Sie Abkürzungen wie *MAC*, *TCP/IP* oder *ARP* noch nicht kennen, sollten Sie dieses Kapitel genau studieren – auch wenn es nur einen Überblick geben und keinen vollständigen Netzwerk-Grundkurs ersetzen kann.

4.1 Was ist eine MAC-Adresse?

Eine *MAC-Adresse* (*Media Access Control Address*, auch *Hardwareadresse* genannt) dient zur eindeutigen Identifikation eines Netzwerkadapters. Sie darf innerhalb des lokalen Netzwerks nur einmal existieren.

MAC-Adressen werden vom Hersteller einer Ethernet-Netzwerkkarte und einem globalen Konsortium vergeben. Die Adresse jeder Schnittstelle sollte dabei weltweit eindeutig sein. Leider ist es aber schon mehrfach vorgekommen, dass Hersteller MAC-Adressen doppelt vergeben haben. Wenn zwei Geräte innerhalb eines Netzwerks mit derselben MAC-Adresse miteinander kommunizieren möchten, kommt es zu Routingfehlern, die nur schwer zu diagnostizieren und zu beheben sind.

Notfalls können Sie MAC-Adressen über den Einstellungsdialog Ihrer Netzwerkkarte ändern. Sie sollten dies jedoch unterlassen, sofern es keine schwerwiegenden Gründe für eine Änderung gibt.

MAC-Adressen und virtuelle Systeme

Wenn Sie virtuelle Systeme verwenden und diese sich auf unterschiedlichen Hyper-V-Servern befinden, sollten Sie auf die MAC-Pools der Hyper-V-Server achten! Es ist in der Vergangenheit schon häufig vorgekommen, dass den virtuellen Systemen die gleiche MAC-Adresse zugewiesen wurde, weil die Hyper-V-Server den gleichen Pool verwendet haben. Sie können den Pool, der verwendet werden soll, auf dem Hyper-V-Server konfigurieren.

Die MAC-Adresse wird in *hexadezimaler* Form angegeben und weist eine Länge von 6 Byte auf. Anhand der ersten drei Bytes (also den ersten 6 Stellen) der MAC-Adresse können Sie den Hersteller eindeutig identifizieren, die letzten drei Bytes bzw. 6 Stellen bezeichnen die Komponente (siehe Tabelle 4.1).

Aufbau von MAC-Adressen	
LL-LL-LL-XX-XX-XX	
LL-LL-LL	Herstellercode
XX-XX-XX	Identifikationsteil

Tabelle 4.1 Aufbau einer MAC-Adresse

Eine Trennung der Bytes kann durch »-« erfolgen. Diese *kanonische Schreibweise* ist in der Norm *IEEE802.3* definiert. Im Gegensatz dazu gibt es auch die *Bit-reverse-Darstellung*, die in *RFC 2469* beschrieben ist.

Sie können auf der Webseite *https://regauth.standards.ieee.org/standards-ra-web/pub/view.html#registries* den Hersteller Ihrer Netzwerkkarte ermitteln (siehe Abbildung 4.1).

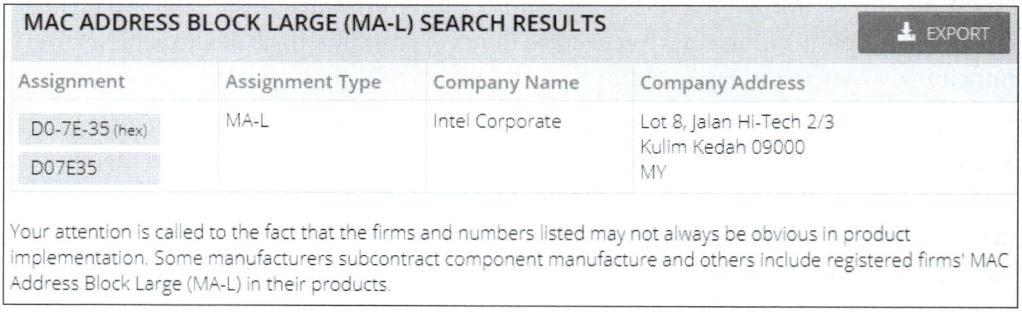
MAC ADDRESS BLOCK LARGE (MA-L) SEARCH RESULTS
EXPORT
Assignment
Assignment Type
Company Name
Company Address
D0-7E-35 (hex)
D07E35
MA-L
Intel Corporate
Lot 8, Jalan Hi-Tech 2/3
Kulim Kedah 09000
MY
Your attention is called to the fact that the firms and numbers listed may not always be obvious in product implementation. Some manufacturers subcontract component manufacture and others include registered firms' MAC Address Block Large (MA-L) in their products.

Abbildung 4.1 Ermittelter Herstellercode eines Notebooks

Für das Rundsenden *(Broadcast)* an alle Teilnehmer innerhalb des erreichbaren Netzwerksegments wird die sogenannte *Broadcast-MAC-Adresse* `ff:ff:ff:ff:ff:ff` verwendet. Sie wird vom Betriebssystem ausgegeben und ist geräteunabhängig. Die Netzwerkprotokolle verwenden die MAC-Adresse nur innerhalb des gleichen Netzsegments.

Im *Netzwerktrace* aus Abbildung 4.2 sehen Sie eine solche ARP-Anfrage, weil die Quelle `192.168.170.21` ein Datenpaket an das Ziel `192.168.170.230` senden möchte, das Ziel aber unbekannt ist, wie Sie am Eintrag `TargetMacAdress: 00-00-00-00-00-00` erkennen. Diese Anfrage erfolgt per Broadcast, der im rechten Fenster hervorgehoben ist.

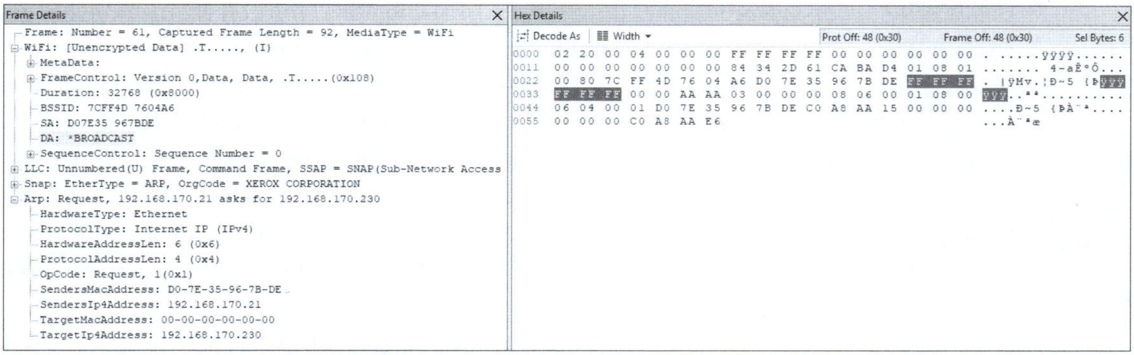

Abbildung 4.2 Netzwerktrace einer ARP-Anfrage im gleichen Subnetz als Broadcast

4.2 Was ist TCP/IP?

TCP/IP (Transmission Control Protocol/Internet Protocol) ist eine Netzwerkprotokollfamilie, auf der aktuelle Intranets und das Internet basieren. Aufgrund seiner hohen Bedeutung spricht man auch von der *Internetprotokollfamilie*.

Früher gab es noch weitere Netzwerkprotokolle, beispielsweise *AppleTalk* von Apple, *IPX* von Novell und *NetBEUI* von Microsoft. Dank seiner Bedeutung für das Internet hat sich TCP/IP durchgesetzt, während die anderen allmählich fast verschwunden sind.

Alle Geräte in einem TCP/IP-betriebenen Netzwerk werden über IP-Adressen identifiziert und können netzwerkübergreifend über einen Router miteinander kommunizieren.

Eine IP-Adresse können Sie sich wie eine Hausnummer vorstellen. Wenn das Datenpaket (siehe Abbildung 4.3) einem Rechner zugestellt werden soll, ähnelt der Ablauf einer Briefzustellung durch Ihren Postboten.

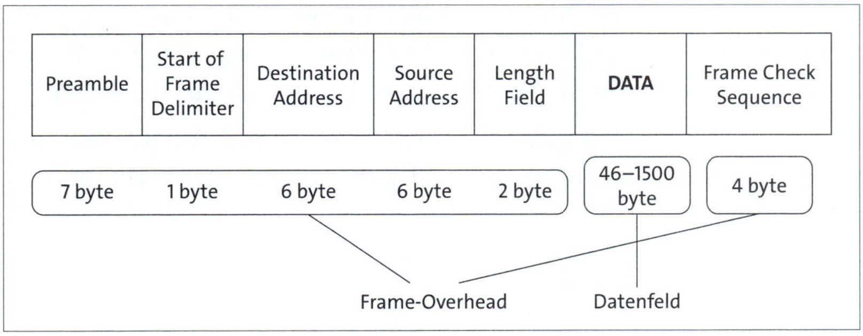

Abbildung 4.3 Ein Datenpaket und seine Bestandteile

Im Protokoll TCP/IP ist der Anteil *IP* für das Routing (also für das Finden des richtigen Weges) und der Anteil *TCP* für die Fehlerbehebung und die *Flusssteuerung* zuständig.

Das TCP/IP-Protokoll wurde später durch *UDP (User Datagram Protocol)* ergänzt und hat gewisse Hilfsprotokolle, z. B. *DHCP*. UDP ist quasi der kleine Verwandte von TCP und ist ein verbindungsloses Transportprotokoll. TCP verlangt eine Bestätigung beim Versenden von Daten, während UDP komplett auf diese verzichtet. Der Sender erfährt somit nicht, ob das Paket angekommen ist. UDP wird neben DHCP unter anderem für DNS-Anfragen, VPN-Verbindungen und SNMP genutzt. Der Vorteil von UDP ist der viel kleinere Paket-Header, wodurch das Datenpaket insgesamt schlanker und somit schneller übertragbar ist. Im Fall von *DHCP* könnte beispielsweise TCP gar nicht verwendet werden, da der Client hier erst um die Zuteilung einer IP-Adresse »bittet«.

Das Protokoll IP wird auf der 3. Schicht (Vermittlungsschicht) des OSI-Schichtenmodells (siehe Kapitel 3) übertragen, während TCP auf der 4. Schicht (Transportschicht) läuft.

Im heutigen Internet nutzt man fast nur Namen für Adressen, die durch ein weiteres Hilfsprotokoll, nämlich *DNS* (*Domain Naming System*, siehe Abschnitt 4.6.1), in IP-Adressen umgewandelt und dem Empfänger zugestellt werden. Außerdem »verbergen« sich heutzutage oft viele Webseiten hinter einer einzigen IP-Adresse; ohne DNS wären diese gar nicht adressierbar.

TCP/IP hat mehrere Vorteile, wobei wir einzelne hier aufführen:

- TCP/IP ist im Internet und in lokalen Netzwerken verwendbar.
- TCP/IP ist geräteunabhängig und kann von jedem Gerät genutzt werden.
- TCP/IP kann sogar auf Supercomputern implementiert werden.
- TCP/IP ist ein weit verbreiteter Standard und herstellerunabhängig.
- TCP/IP bildet eine transparente End-to-End-Übertragung ab.

TCP/IP hat aber auch Nachteile, z. B. folgende:

- Der administrative Aufwand ist nicht zu unterschätzen.
- Daten müssen aufgrund der Vorgaben zur maximalen Paketgröße auf ihrem Weg zum Ziel fragmentiert werden, was (Rechen-)Zeit kostet, Ressourcen beansprucht und je nach zu übertragender Datenmenge einen erheblichen Protokoll-Overhead mit sich bringt.
- Ein koordinierter Austausch von Verbindungsqualität und -anforderungen zwischen Netzknoten ist netzübergreifend nur sehr schwer realisierbar, denn Datenpakete können nur optional priorisiert werden.

4.3 Das IP-Protokoll genauer erklärt

Zwei Versionen des IP-Protokolls werden aktuell parallel genutzt: *IPv4* und *IPv6*. Neben IPv4 und IPv6 gibt es aber noch einige weitere Themen, die Sie kennen sollten, z. B. *ARP* und *Subnetting*. Wir stellen sie im Folgenden vor.

4.3.1 IP Version 4 (IPv4)

Das IP-Protokoll gibt es in der Version 4 (IPv4) und 6 (IPv6). Die Version 4 wurde im Jahre 1981 in *RFC 791* definiert und in den *RFCs 2474, 3168, 3260, 4301* und *6040* weiterentwickelt, und es wurden Verweise auf weitere beteiligte RFCs eingefügt. Die vorher vorhandenen Versionen waren eher experimentell und sind nie richtig im Einsatz gewesen.

IPv4 nutzt einen 32-Bit-Raum für die Adresszuweisung. In ihm sind maximal 4.294.967.296 eindeutige Adressen möglich. Diese werden in vier Blöcke (sogenannte *Oktette*) gruppiert dargestellt, dezimal geschrieben und in einem zulässigen Bereich von 0 bis 255 definiert.

Klassen der IP-Adressen

Früher konnten Sie anhand des ersten Bytes einer IP-Adresse die Netzklasse feststellen (siehe Tabelle 4.2). Um aber der Adressknappheit zu begegnen, wurde diese Einteilung aufgehoben.

Klasse	Präfix	Bereich	Netze	Nutzbare Adressen	Netzmaske
A	0...	0.0.0.0–127.255.255.255	128	16.777.214	255.0.0.0
B	10...	128.0.0.0–191.255.255.255	16.384	65.534	255.255.0.0
C	110...	192.0.0.0–223.255.255.255	2.097.152	254	255.255.255.0
D	1110...	224.0.0.0–239.255.255.255	Verwendung für Multicast-Adressen		
E	1111...	240.0.0.0–255.255.255.255	Reserviert für zukünftige Anwendungen		

Tabelle 4.2 Einteilung in Netzwerkklassen

Eine IP-Adresse ist in einen *Netzanteil* und in einen *Hostanteil* gegliedert. Wenn der Netzanteil der Endgeräte gleich ist, befinden sich diese im selben IP-Netzwerk und können direkt miteinander kommunizieren. Im selben IP-Netzwerk darf der Hostanteil immer nur einmal vergeben werden. Falls er doch einmal doppelt vergeben wird, kommt es zur Fehlermeldung aus Abbildung 4.4.

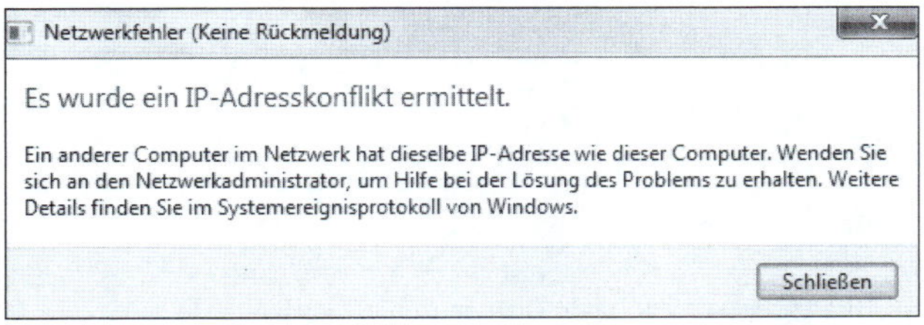
Netzwerkfehler (Keine Rückmeldung)
Es wurde ein IP-Adresskonflikt ermittelt.
Ein anderer Computer im Netzwerk hat dieselbe IP-Adresse wie dieser Computer. Wenden Sie sich an den Netzwerkadministrator, um Hilfe bei der Lösung des Problems zu erhalten. Weitere Details finden Sie im Systemereignisprotokoll von Windows.
Schließen

Abbildung 4.4 Diese Fehlermeldung erscheint bei einem IP-Adresskonflikt.

Wenn ein solcher Konflikt auftritt, müssen Sie das Endgerät mit der doppelten Hostadresse ermitteln und den Hostanteil der IP-Adresse verändern. Dieser Konflikt tritt normalerweise nur auf, wenn IP-Adressen in Netzsegmenten generell statisch vergeben werden, oder bei einer unsauberen Mischform aus statischer und dynamischer Adressvergabe (via DHCP). Deswegen sollte es in produktiven Umgebungen eine sinnvolle Trennung von Server- und Client- bzw. Druckernetzen geben! Wenn die Netze sinnvoll getrennt werden, wird ein Mischbetrieb vermieden und ein Konflikt kann nicht auftreten.

Subnetzmasken

Bevor es die Subnetzmasken gab, entschied das Bit-Muster des ersten Oktetts, wie viele Bits der IP-Adresse zum Netzanteil gehörten.

Hier ein Beispiel: Die IP-Adresse `120.1.2.3` hat die `120` im ersten Oktett. Wandeln Sie die `120` in eine binäre Schreibweise um, erhalten Sie `01111000`. Damit fällt die IP-Adresse in den Bereich der Klasse-A-Netze. In diesem Beispiel gehören die ersten 8 Bits zum Netzanteil und die restlichen 16 Bits zum Hostanteil. Demnach sieht die Subnetzmaske wie folgt aus: `255.0.0.0`. Binär wird sie mit `11111111.00000000.00000000.00000000` dargestellt.

Mit der Einführung der *Netzwerkmaske* wurde die IP-Adresse jedoch von der genannten (alten) Klasseneinteilung gelöst. Es sind nun Masken möglich, die fast alle Möglichkeiten ausschöpfen. Da aber als gültige Netzwerkmasken nur diejenigen infrage kommen, die von vorn beginnend zusammenhängende Einsen haben (der Rest sind Nullen, siehe Tabelle 4.3), gibt es »nur« 33 Möglichkeiten.

Binär	Dezimal	CIDR-Notation
00000000.00000000.00000000.00000000	0.0.0.0	/0
10000000.00000000.00000000.00000000	128.0.0.0	/1
11000000.00000000.00000000.00000000	192.0.0.0	/2
11100000.00000000.00000000.00000000	224.0.0.0	/3
11110000.00000000.00000000.00000000	240.0.0.0	/4
11111000.00000000.00000000.00000000	248.0.0.0	/5
11111100.00000000.00000000.00000000	252.0.0.0	/6
11111110.00000000.00000000.00000000	254.0.0.0	/7
11111111.00000000.00000000.00000000	255.0.0.0	/8
11111111.10000000.00000000.00000000	255.128.0.0	/9
11111111.11000000.00000000.00000000	255.192.0.0	/10
11111111.11100000.00000000.00000000	255.224.0.0	/11

Tabelle 4.3 Darstellung möglicher (aber nicht aller) Netzwerkmasken

Binär	Dezimal	CIDR-Notation
11111111.11110000.00000000.00000000	255.240.0.0	/12
11111111.11111000.00000000.00000000	255.248.0.0	/13
11111111.11111100.00000000.00000000	255.252.0.0	/14
11111111.11111110.00000000.00000000	255.254.0.0	/15
11111111.11111111.00000000.00000000	255.255.0.0	/16
11111111.11111111.10000000.00000000	255.255.128.0	/17
11111111.11111111.11000000.00000000	255.255.192.0	/18
11111111.11111111.11100000.00000000	255.255.224.0	/19
11111111.11111111.11110000.00000000	255.255.240.0	/20
11111111.11111111.11111000.00000000	255.255.248.0	/21
11111111.11111111.11111100.00000000	255.255.252.0	/22
11111111.11111111.11111110.00000000	255.255.254.0	/23
11111111.11111111.11111111.00000000	255.255.255.0	/24
11111111.11111111.11111111.10000000	255.255.255.128	/25
11111111.11111111.11111111.11000000	255.255.255.192	/26
11111111.11111111.11111111.11100000	255.255.255.224	/27
11111111.11111111.11111111.11110000	255.255.255.240	/28
11111111.11111111.11111111.11111000	255.255.255.248	/29
11111111.11111111.11111111.11111100	255.255.255.252	/30
11111111.11111111.11111111.11111110	255.255.255.254	/31
11111111.11111111.11111111.11111111	255.255.255.255	/32

Tabelle 4.3 Darstellung möglicher (aber nicht aller) Netzwerkmasken (Forts.)

IPv4-Adressen

IP-Adressen gehören immer zu einem *Netzwerk*. Ist eine Netzwerkmaske vorhanden, wird diese für die Ermittlung des Netzwerks herangezogen. Wenn keine Netzwerkmaske vorhanden ist, wird auf die Maske der Netzwerkklassen zurückgegriffen.

Netzwerk ermitteln für IPv4-Adressen

`IP-Adresse: 120.1.2.3`

`Netzwerkmaske: 255.255.255.248`

Betrachten Sie zunächst die *IP-Adresse* und die *Netzwerkmaske* in binärer Schreibweise:

```
IP-Adresse:     01111000.00000001.00000010.00000011
Netzwerkmaske:  11111111.11111111.11111111.11111000
```

Wenn Sie beide Zahlen mit einer logischen *AND-Funktion* verknüpfen, indem Sie alles von oben abschreiben, was über einer 1 steht, und alles auf 0 setzen, was über einer 0 steht, erhalten Sie:

```
Ergebnis:       01111000.00000001.00000010.00000000
```

Wandeln Sie das Ergebnis nun wieder in eine dezimale Zahl um, erhalten Sie die Netz-ID:

`Netz-ID: 120.1.2.0`

Daraus ergibt sich zusammen mit der Netzwerkmaske ein *Netzwerk*. Da sich die Netzwerkmaske immer aus zusammenhängenden Einsen von vorn ergibt, können Sie die Netzwerkmaske auch mit einer einfachen Zahl angeben. In diesem Beispiel würde die Zahl 29 lauten, da man die zusammenhängenden Einsen von vorn einfach nur zählt. Dadurch kann das Netzwerk gekürzt wie folgt angegeben werden:

`Netzwerk: 120.1.2.0/29`

Netz-ID und Broadcast

In einem Netzwerk sind immer zwei Netzwerkadressen reserviert und können nicht von Endgeräten genutzt werden. Die einzige Ausnahme ist /32 – dieser Bereich beinhaltet nur einen einzelnen Host, der z. B. zur lokalen Verwendung auf einem Gerät oder für eine spezielle Host-Route auf einem Router genutzt wird. Die Anzahl der möglichen Endgeräte in einem Netzwerk errechnet sich wie folgt:

$$(2^{\text{Anteil der verfügbaren Bits im Hostanteil}}) - 2$$

Die Netzwerk-ID ist immer die erste verfügbare IP-Adresse im Netzbereich und dient zur Bezeichnung des Netzwerks.

Für ein Netzwerk ist es immer wichtig, dass alle Endgeräte direkt erreichbar sind und kein Broadcast gesendet werden muss. Ein *Broadcast* ist ein Rundruf im Netzwerk, der von jedem Endgerät empfangen und ausgewertet wird. Werden zu viele Broadcasts gesendet, wird das Netzwerk belastet und ausgebremst.

Damit ein Broadcast gesendet werden kann, ist in jedem Netzwerk genau eine IP-Adresse reserviert. Diese darf von keinem Endgerät genutzt werden. Die reservierte Adresse ist immer die letzte verfügbare IP-Adresse in einem Netzwerk und hat im Hostanteil nur Einsen. Für das vorangegangene Beispiel lautet die Broadcast-Adresse:

`120.1.2.7, 01111000.00000001.00000010.00000111`

Es gibt noch eine andere Broadcast-Adresse, ähnlich dem Broadcast im Ethernet, bei der alle Bits auf `1` gesetzt werden:

`255.255.255.255, 11111111.11111111.11111111.11111111`

Beide machen das Gleiche, nur kann der erste Broadcast auch von außerhalb in ein Netz gesendet werden, der zweite wird von Routern nicht weitergeleitet.

Reservierte (private) Adressbereiche

Einige Adressbereiche sind von der allgemeinen Nutzung ausgeschlossen und für ganz bestimmte Bereiche reserviert (siehe Tabelle 4.4). Diese Adressen können im Internet nicht verwendet werden: Sie werden im Allgemeinen von den Routern im Internet verworfen, denn ein eindeutiger Routingweg wäre aufgrund der mehrfachen Verwendung dieser Netze nicht möglich.

Netzwerk/ID	Erste IP-Adresse	Letzte IP-Adresse	Bedeutung
0.0.0.0/0	0.0.0.1	255.255.255.255	alle IP-Adressen enthalten, Internet
10.0.0.0/8	10.0.0.1	10.255.255.255	Privates Netz der Klasse A
127.0.0.0/8	127.0.0.1	127.255.255.255	Local Loopback, Testnetzwerk
169.254.0.0/16	169.254.0.1	169.254.255.255	APIPA (siehe DHCP)
172.16.0.0/12	172.16.0.1	172.31.255.255	Privates Netz der Klasse B
192.168.0.0/16	192.168.0.1	192.168.255.255	Privates Netz der Klasse C

Tabelle 4.4 Die reservierten Adressbereiche

Sehr beliebt ist z. B. der Bereich `192.168.0.0` für private LANs. Wenn Sie diese Adressbereiche in unterschiedlichen privaten Subnetzen an verschiedenen Standorten verwenden, können Sie sie über ein VPN zu einem großen Netz zusammenschalten.

Mit dem Netzwerk `0.0.0.0/0` wird eigentlich das gesamte Internet bezeichnet – es ist also kein reserviertes Netz. Die reservierten (privaten) Adressbereiche werden in eigenen abgeschotteten (vom Internet aus nicht erreichbaren) Netzen verwendet und versorgen die Endgeräte mit IP-Adressen.

Das Netzwerk `127.0.0.0/8` ist Ihnen wahrscheinlich bereits bekannt, weil die darin enthaltene IP-Adresse `127.0.0.1` eine ganz besondere Bedeutung hat. Diese IP-Adresse bezeichnet den eigenen Computer, auch wenn keine Netzwerkkarte in ihn eingebaut ist, und wird auch *localhost* genannt. Das Netzwerk wurde aber nicht nur für diese eine Adresse eingerichtet, sondern kann mit jeder IP-Adresse des Netzwerks genutzt werden. Alle Anfragen an IP-

Adressen aus diesem Netzwerk verlassen den Rechner nicht und kommen sofort wieder zurück. Verantwortlich hierfür ist ein Eintrag in der Routingtabelle auf Ihrem Rechner (siehe Listing 4.1):

```
C:\Users\karst>route print
===========================================================================
Schnittstellenliste
  1...........................Software Loopback Interface 1
===========================================================================
IPv4-Routentabelle
===========================================================================
Aktive Routen:
     Netzwerkziel    Netzwerkmaske          Gateway    Schnittstelle Metrik
        127.0.0.0        255.0.0.0   Auf Verbindung         127.0.0.1    331
        127.0.0.1  255.255.255.255   Auf Verbindung         127.0.0.1    331
  127.255.255.255  255.255.255.255   Auf Verbindung         127.0.0.1    331
        224.0.0.0        240.0.0.0   Auf Verbindung         127.0.0.1    331
  255.255.255.255  255.255.255.255   Auf Verbindung         127.0.0.1    331
===========================================================================
Ständige Routen:
  Keine
IPv6-Routentabelle
===========================================================================
Aktive Routen:
 If Metrik Netzwerkziel             Gateway
  1    331 ::1/128                  Auf Verbindung
  1    331 ff00::/8                 Auf Verbindung
===========================================================================
Ständige Routen:
  Keine
```

Listing 4.1 Routen in einem Netzwerk

Listing 4.2 zeigt, dass wirklich jede Anfrage erfolgreich zurückgesendet wird, obwohl alle Netzwerkkarten deaktiviert sind:

```
C:\Users\karst>ping 127.0.0.2
Ping wird ausgeführt für 127.0.0.2 mit 32 Bytes Daten:
Antwort von 127.0.0.2: Bytes=32 Zeit<1ms TTL=128
Antwort von 127.0.0.2: Bytes=32 Zeit<1ms TTL=128
Antwort von 127.0.0.2: Bytes=32 Zeit<1ms TTL=128
Antwort von 127.0.0.2: Bytes=32 Zeit<1ms TTL=128
Ping-Statistik für 127.0.0.2:
    Pakete: Gesendet = 4, Empfangen = 4, Verloren = 0
```

```
    (0% Verlust),
Ca. Zeitangaben in Millisek.:
    Minimum = 0ms, Maximum = 0ms, Mittelwert = 0ms
```

Listing 4.2 Ping auf 127.0.0.1

APIPA (Automatic Private IP Adressing) wurde von Microsoft erfunden, um Computern ohne eine bestimmte Netzwerkkonfiguration die Kommunikation untereinander zu ermöglichen, ohne dass dafür DHCP und DNS benötigt werden. Falls es in einem so konfigurierten Netzwerk zu einem IP-Adresskonflikt kommt, wird dem Endgerät statt der konfigurierten IP-Adresse eine APIPA-Adresse für die betroffene Schnittstelle zugewiesen. Sie können APIPA in der Registry deaktivieren, wodurch aber auch die Notfallkommunikation nicht mehr funktioniert. Wenn es in einem Netzwerk nur einen IP-Adressbereich gibt und das Netz nicht wächst bzw. wenn keine Kenntnisse in der Netzwerktechnik vorhanden sind, dann kann APIPA für die komplette Kommunikation auf IP-Basis genutzt werden.

Weitere reservierte Adressbereiche

Mit *RFC 5735* wurden weitere Adressbereiche reserviert, die wir in Tabelle 4.5 kurz vorstellen möchten. Diese Bereiche können beispielsweise für Anleitungen und Dokumentationen genutzt werden, ohne dass damit Betriebsgeheimnisse und andere sicherheitskritische Informationen ausgeplaudert werden.

Adressbereich	Netzwerkmaske	Zweck	RFC
0.0.0.0–0.255.255.255	255.0.0.0	Aktuelles Netz (nur als Quelladresse zulässig)	3232
192.0.0.0–192.0.0.255	255.255.255.0	Noch reserviert, aber Vergabe vorgesehen	
192.0.2.0–192.0.2.255	255.255.255.0	Test-Netz-1, Dokumentation und Beispielcode	5737
192.88.99.0–192.88.99.255	255.255.255.0	Weiterleitungspräfix für 6to4-Anycast	7526
198.18.0.0–198.19.255.255	255.254.0.0	Benchmark-Tests	2544, 6201, 6815
198.51.100.0–198.51.100.255	255.255.255.0	Test-Netz-2, Dokumentation und Beispielcode	5737
203.0.113.0–203.0.113.255	255.255.255.0	Test-Netz-3, Dokumentation und Beispielcode	5737

Tabelle 4.5 Weitere in IPv4 reservierte Adressbereiche

Adressbereich	Netzwerkmaske	Zweck	RFC
224.0.0.0–239.255.255.255	Weitere Unterteilungen	Multicasts	5771
240.0.0.0–255.255.255.255	Weitere Unterteilungen	Reserviert	1112 Sect. 4, 2236, 3376
255.255.255.255	255.255.255.255	Broadcast	919 und 922

Tabelle 4.5 Weitere in IPv4 reservierte Adressbereiche (Forts.)

4.3.2 ARP

Wenn die Kommunikation von Computern im selben Subnetz erfolgt, wird das richtige Ziel über das Netzwerkprotokoll *ARP (Address Resolution Protocol*) ermittelt. Dabei wird zunächst zu einer IP-Adresse des Computers die physische Adresse (MAC) gesucht und in einer ARP-Tabelle gespeichert. In dieser Tabelle stehen alle gefundenen IP-Adressen und die dazugehörigen Adressen der physischen Komponenten, mit denen der Computer im selben Subnetz Kontakt hatte.

Der Befehl `arp -a` zeigt an, welche Adressen aktuell im ARP-Cache gespeichert sind:

```
Schnittstelle: 192.168.2.119 --- 0x1f
  Internetadresse Physische Adresse Typ
  192.168.2.1 74-31-70-d3-73-92 dynamisch
  192.168.2.100 2c-08-8c-d0-ee-b6 dynamisch
  192.168.2.255 ff-ff-ff-ff-ff-ff statisch
  224.0.0.22 01-00-5e-00-00-16 statisch
  224.0.0.251 01-00-5e-00-00-fb statisch
  224.0.0.252 01-00-5e-00-00-fc statisch
  239.255.255.250 01-00-5e-7f-ff-fa statisch
  255.255.255.255 ff-ff-ff-ff-ff-ff statisch
```

Normalerweise arbeitet das ARP-Protokoll ohne direkten Benutzereingriff unauffällig im Hintergrund.

Wie funktioniert ARP?

Nehmen wir an, Daten sollen von einem Computer an einen anderen übertragen werden und Sie geben jeweils die IP-Adresse auf dem OSI-Layer 3 an. Zunächst wird eine ARP-Anforderung *(ARP-Request)* mit der MAC-Adresse und der IP-Adresse des anfragenden Computers als Senderadresse und der IP-Adresse des gesuchten Computers als Empfänger-IP-Adresse an alle Computer des lokalen Netzwerks gesendet. Die MAC-Adresse des Empfängers ist die Broadcast-Adresse `ff-ff-ff-ff-ff-ff`.

Wenn ein Computer ein solches Paket erhält, prüft er, ob dieses Paket seine IP-Adresse als Empfänger-IP-Adresse enthält. Er sendet dann seine MAC-Adresse und IP-Adresse (*ARP-Antwort* oder *ARP-Reply*) an die MAC-Quelladresse des Anforderers.

Der Anforderer aktualisiert seine ARP-Tabelle, den sogenannten *ARP-Cache*, mit der Kombination von IP- und MAC-Adresse. Dabei wird für ARP-Request und ARP-Reply das gleiche Paketformat verwendet.

ARP-Cache

Der ARP-Cache ist eine dreispaltige Tabelle und enthält im Allgemeinen die Informationen über IP-Adresse, MAC-Adresse und Typ. Aktuelle Windows-Server-Versionen verwerfen den Cache nach zwei Minuten, wobei die Ablaufzeit verlängert wird, wenn ein Eintrag genutzt wurde.

Zusätzlich können die Empfänger des ARP-Requests die Kombination von IP-Adresse und MAC-Adresse des anfragenden Computers in ihre ARP-Tabelle eintragen bzw. einen bestehenden Eintrag aktualisieren, da der ARP-Request als Vorbereitung für weitere Kommunikation auf höherer Protokollebene dient.

Abbildung 4.5 zeigt Ihnen den Ablauf detailliert: Der Rechner unten rechts sendet die ARP-Anfrage, und die erreichbaren Endgeräte prüfen, ob ihnen die angegebene Adresse gehört. Die anderen Rechner verwerfen das Paket. Weiterhin kann ARP auch genutzt werden, um zu prüfen, ob ein Rechner im lokalen Netzwerk eingeschaltet ist, wenn z. B. der Ping in der Firewall nicht freigeschaltet ist und Sie dadurch keine Antwort auf das Datenpaket erhalten.

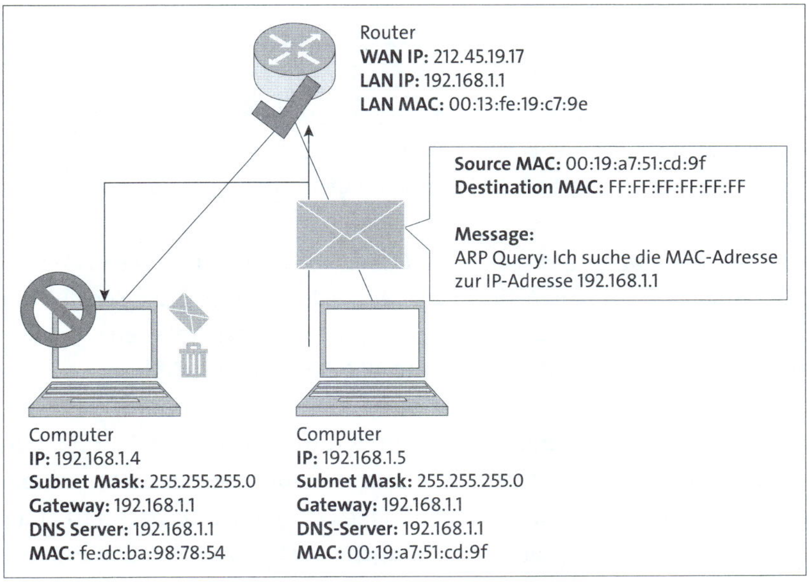

Abbildung 4.5 ARP-Request

Das angesprochene Endgerät sendet daraufhin ein Paket mit seiner IP- und MAC-Adresse zurück. Beide Geräte tragen das Paket in ihren ARP-Cache ein (siehe Abbildung 4.6).

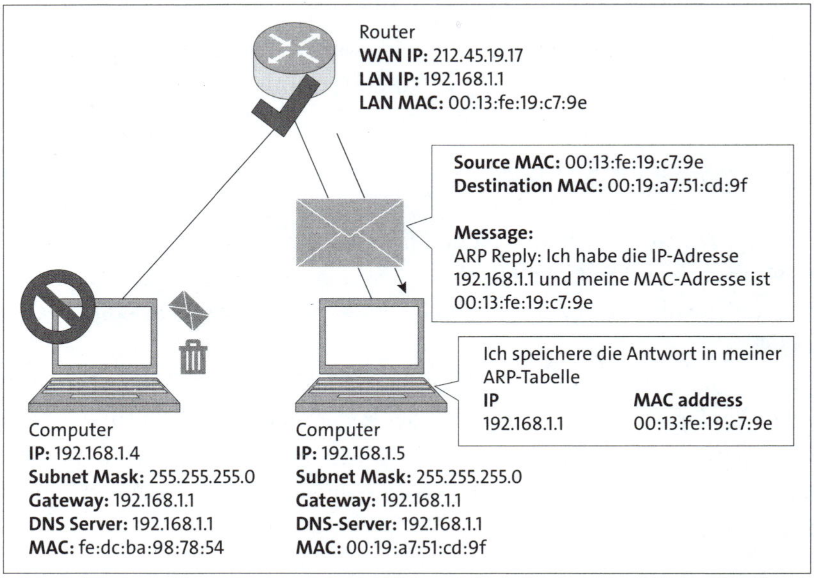

Abbildung 4.6 ARP-Reply

Ist die IP-Adresse unbekannt, können Sie auch mithilfe des *Reverse Address Resolution Protocol (RARP)* einen zentralen Rechner kontaktieren und nach der IP-Adresse fragen. Dieses Netzwerkprotokoll ist aber kaum noch von Bedeutung.

Proxy-ARP und Sicherheit

Es ist möglich, dass ein Router zwei Netze mit gleichem IP-Adressbereich verbindet. In diesem Fall antwortet der Router anstelle des Zielrechners. Wenn Sie nun den ARP-Cache auflisten, taucht die IP-Adresse des Routers anstelle der IP-Adresse des Zielrechners auf. In diesem Fall spricht man von *Proxy-ARP*.

Wenn Sie den ARP-Cache des abfragenden Rechners auflisten und zu ein und derselben MAC-Adresse verschiedene IP-Adressen finden, befindet sich entweder ein Proxy-ARP-Server im Netz oder es liegt *ARP-Spoofing* vor. In diesem Fall hat ein Angreifer vor, den Netzwerkverkehr zu belauschen oder zu manipulieren, indem er gefälschte ARP-Pakete verwendet!

Rechner versenden einen ARP-Broadcast mit der eigenen IP-Adresse als Absender und dem Ziel, die neue, eigene MAC-Adresse allen erreichbaren Rechnern des eigenen Netzwerksegments bekannt zu geben *(Gratuitous ARP)*. Das ist beim Laden oder beim Netzwerkstart eines Rechners ganz normal. Die benachrichtigten Rechner ergänzen oder ändern daraufhin die entsprechenden Einträge des ARP-Caches. Wenn Sie zwei oder mehrere Rechner redundant betreiben, wird damit allen anderen Teilnehmergeräten der Umstieg auf die Reserve, was das Netzwerk angeht, bekannt gemacht.

4.3.3 Subnetting

Subnetting ist eine Methode, um große IP-Netze in kleinere zu unterteilen. Daher ist jedes IP-Netz, das durch die Teilung eines größeren IP-Netzes entstanden ist, ein Subnetz. Außer dem Internet selbst (`0.0.0.0/0`) ist somit jedes IP-Netz ein Subnetz.

Diese Aufteilung wurde durch die Einführung von *VLSM (Variable Length of Subnet Mask)* möglich. Beim Subnetting wird die Anzahl der Bits der Subnetzmaske, die auf `1` stehen, immer größer. Dadurch verschiebt sich die Grenze zwischen Netz- und Hostanteil und es entstehen mehr mögliche Netze und weniger mögliche IP-Adressen für die Endgeräte.

Jede IP-Adresse unterteilt sich in *Netzadresse* und *Hostadresse*. Die Subnetzmaske bestimmt, an welcher Stelle diese Trennung stattfindet. Tabelle 4.6 enthält alle möglichen Subnetzmasken. Je nach verwendeter Netzwerkadresse und Subnetzmaske wird eine bestimmte Anzahl von Hosts in einem Subnetz adressierbar.

Anzahl der Hosts	Subnetzmaske	32-Bit-Wert	Suffix
16.777.214	255.0.0.0	1111 1111 0000 0000 0000 0000 0000 0000	/8
8.388.606	255.128.0.0	1111 1111 1000 0000 0000 0000 0000 0000	/9
4.194.302	255.192.0.0	1111 1111 1100 0000 0000 0000 0000 0000	/10
2.097.150	255.224.0.0	1111 1111 1110 0000 0000 0000 0000 0000	/11
1.048.574	255.240.0.0	1111 1111 1111 0000 0000 0000 0000 0000	/12
524.286	255.248.0.0	1111 1111 1111 1000 0000 0000 0000 0000	/13
262.142	255.252.0.0	1111 1111 1111 1100 0000 0000 0000 0000	/14
131.070	255.254.0.0	1111 1111 1111 1110 0000 0000 0000 0000	/15
65.534	255.255.0.0	1111 1111 1111 1111 0000 0000 0000 0000	/16
32.766	255.255.128.0	1111 1111 1111 1111 1000 0000 0000 0000	/17
16.382	255.255.192.0	1111 1111 1111 1111 1100 0000 0000 0000	/18
8.190	255.255.224.0	1111 1111 1111 1111 1110 0000 0000 0000	/19
4.094	255.255.240.0	1111 1111 1111 1111 1111 0000 0000 0000	/20
2.046	255.255.248.0	1111 1111 1111 1111 1111 1000 0000 0000	/21

Tabelle 4.6 Darstellung aller möglichen Subnetze

Anzahl der Hosts	Subnetzmaske	32-Bit-Wert	Suffix
1.022	255.255.252.0	1111 1111 1111 1111 1111 1100 0000 0000	/22
510	255.255.254.0	1111 1111 1111 1111 1111 1110 0000 0000	/23
254	255.255.255.0	1111 1111 1111 1111 1111 1111 0000 0000	/24
126	255.255.255.128	1111 1111 1111 1111 1111 1111 1000 0000	/25
62	255.255.255.192	1111 1111 1111 1111 1111 1111 1100 0000	/26
30	255.255.255.224	1111 1111 1111 1111 1111 1111 1110 0000	/27
14	255.255.255.240	1111 1111 1111 1111 1111 1111 1111 0000	/28
6	255.255.255.248	1111 1111 1111 1111 1111 1111 1111 1000	/29
2	255.255.255.252	1111 1111 1111 1111 1111 1111 1111 1100	/30

Tabelle 4.6 Darstellung aller möglichen Subnetze (Forts.)

Bitte denken Sie aber immer daran, dass die erste und die letzte IP-Adresse in jedem Bereich nicht genutzt werden darf! Die erste IP-Adresse ist die *Netz-ID* und die letzte ist die *Broadcast-Adresse* des Netzwerks.

Subnetting ist sicherheitsrelevant

Versuchen Sie, die Netzbereiche in Ihrem Unternehmen immer so klein wie möglich zu halten und z. B. zwischen den Abteilungen aufzuteilen. Wenn Sie diesen Schritt gehen, verbessern Sie die Sicherheit in Ihrem Netzwerk.

4.3.4 IP Version 6 (IPv6)

Das Internet-Protokoll der Version 6 wurde 1998 als Nachfolger von IPv4 in *RFC 2460* definiert. Ein neues Protokoll wurde notwendig, da der vorhandene Bereich für öffentliche Adressen zur Neige ging und parallel der Bedarf an öffentlich adressierbaren Adressen stetig wuchs. Das Protokoll wurde durch die *Internet Engineering Task Force (IETF)* dokumentiert und hat sich als Standard etabliert.

Eine IPv6-Adresse besteht aus 128 Bits und wird in hexadezimaler Schreibweise angegeben. Damit steht ein Adressbereich zur Verfügung, der 2^{128} unterschiedliche Adressen bereitstellt. Mit diesem Adressbereich sollten alle an das Internet (oder ein lokales Netzwerk) angeschlossenen Geräte adressierbar sein.

IPv6-Adressen werden *hexadezimal* dargestellt, während die IPv4-Adressen in *dezimaler* Schreibweise hinterlegt (`172.16.200.15`) und meist in Kombination mit einer Subnetzmaske

(255.255.0.0) verwendet werden. Bei den IPv6-Adressen werden jeweils vier hexadezimale Zeichen zusammengefasst und durch einen Doppelpunkt getrennt. Der Einfachheit halber zeigt Tabelle 4.7 Ihnen die Umrechnung.

Dezimal	Hexadezimal	Binär
0	0	0000
1	1	0001
2	2	0010
3	3	0011
4	4	0100
5	5	0101
6	6	0110
7	7	0111
8	8	1000
9	9	1001
10	A	1010
11	B	1011
12	C	1100
13	D	1101
14	E	1110
15	F	1111

Tabelle 4.7 Umrechnungstabelle für das dezimale, hexadezimale und binäre Zahlensystem

Eine öffentliche IPv6-Adresse könnte 2001:0db8:85a3:08d3:1319:8a2e:0370:7334 lauten. Sie merken hier bereits, dass – wenn Sie im Unternehmen auf IPv6-Adressen umstellen – der Einsatz von DNS deutlich wichtiger wird. Bei der Verwendung von privaten IPv6-Adressen können Sie auf Teile der Adresse Einfluss nehmen und diese selbst definieren.

Die Schreibweise von IPv6-Adressen kann vereinfacht werden. Nehmen wir einmal als Beispiel die Adresse 2001:0db8:0000:0000:0000:0000:1428:57ab. Sie sehen die Blöcke mit jeweils vier hexadezimalen Zeichen, die 16 Bits der IP-Adresse entsprechen.

Die Vereinfachungsregeln für IPv6-Adressen sind:

- In einem solchen 4-Zeichen-Block können Sie führende Nullen weglassen. Das heißt, ganze Blöcke aus Nullen können auch durch eine 0 ersetzt werden.
- Eine beliebige Anzahl von Blöcken mit Nullen kann durch :: ersetzt werden.
- Die Kombination :: darf in einer IPv6-Adresse aber nur einmal vorkommen.

Die oben dargestellte IPv6-Adresse könnte also auch durch `2001:db8:0:0:0:0:1428:57ab` ersetzt werden, wenn die erste Regel angewendet wird.

Eine weitere Verkürzung ist mit den verbleibenden beiden Regeln möglich, sodass die kürzeste Form `2001:db8::1428:57ab` ist.

Genau wie bei einer IPv4-Adresse gehört zu einer IPv6-Adresse eine Zusatzinformation, die festlegt, wo die Trennung zwischen Netzanteil und Hostanteil in der Adresse ist. Dieser Zusatz wird *Präfix* genannt und in der CIDR-Notation angegeben (/64).

Seit Windows Server 2003 (und Windows XP) ist das IPv6-Protokoll in den Betriebssystemen vorhanden, und seit Windows Server 2008 ist es automatisch aktiviert. Jedes aktuelle Windows-System vergibt automatisch eine oder mehrere IPv6-Adressen an sich selbst:

```
IPv6-Adresse. . . . . . . . . . . : fd00::1c5b:6265:3d4:2457(Bevorzugt)
Temporäre IPv6-Adresse. . . . . . : fd00::202a:5f7e:c30d:536b(Bevorzugt)
Verbindungslokale IPv6-Adresse  . : fe80::1c5b:6265:3d4:2457(Bevorzugt)
```

Listing 4.3 Auszug aus einem »IPConfig /all« eines Clients

Die letzten 64 Bits einer IPv6-Adresse – also die letzten 4 Blöcke, wenn die Adresse nicht gekürzt wurde – nennt man *Schnittstellenbezeichner (Interface Identifier)*. Sie werden durch den Client gebildet. Dieser Schnittstellenbezeichner kann

- ein zufällig generierter temporärer Bezeichner sein.
- ein zufällig generierter permanenter Bezeichner sein.
- ein manuell zugewiesener Bezeichner sein.

Standardmäßig gibt es in Windows-Systemen keine Möglichkeit, über den Schnittstellenbezeichner Rückschlüsse auf die Hardwarekennung (MAC) der Netzwerkkarte zu ziehen. Die Schnittstellenbezeichner werden immer dynamisch generiert. Wenn Sie diese Funktion jedoch bewusst abschalten möchten, können Sie dies über

```
netsh interface ipv6 set global randomizeidentifiers=disabled
```

konfigurieren. Danach können Sie vom Schnittstellenbezeichner auf die MAC-Adresse zurückschließen (siehe Abbildung 4.7).

```
IPv6-Adresse. . . . . . . . . . . : fd00::9aee:cbff:fe69:f55b(Bevorzugt)
Temporäre IPv6-Adresse. . . . . . : fd00::202a:5f7e:c30d:536b(Bevorzugt)
Temporäre IPv6-Adresse. . . . . . : fd00::f181:912a:68e0:a7e8(Bevorzugt)
Verbindungslokale IPv6-Adresse  . : fe80::9aee:cbff:fe69:f55b(Bevorzugt)
```

Listing 4.4 »IPConfig« mit ausgeschaltetem Randomizer

In der `IPConfig`-Ausgabe aus Listing 4.4 können Sie erkennen, dass bei der IPv6-Adresse und der verbindungslokalen IPv6-Adresse die letzten 64 Bits identisch sind.

Wenn Sie das zufällige Erstellen des Bezeichners deaktivieren, kann aus der Protokolldatei eines Webservers unter Umständen die Hardware identifiziert werden, von der aus zugegriffen wurde.

Ein IPv6-Client kann mehrere IPv6-Adressen besitzen. Hierbei unterscheidet man verschiedene Adresstypen. Diese stellen wir im Folgenden kurz vor.

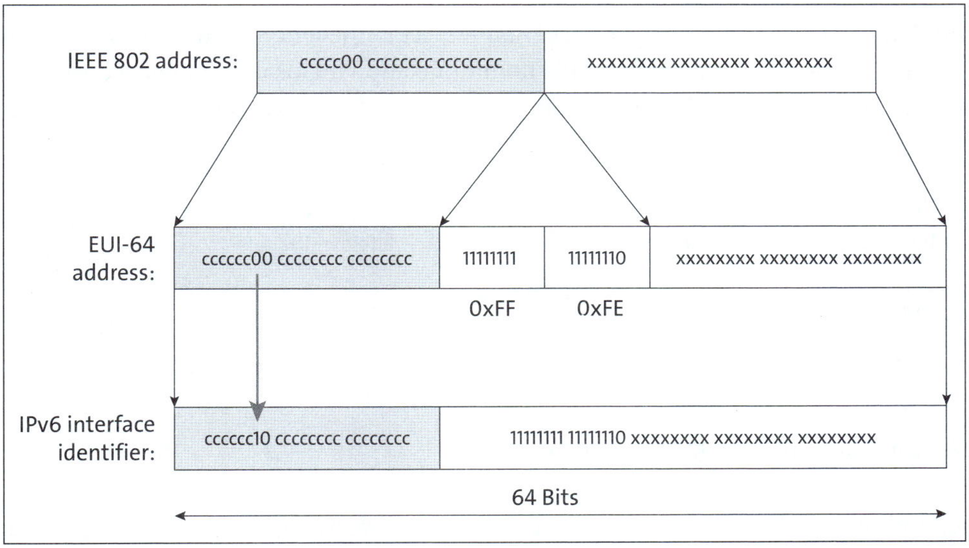

Abbildung 4.7 Umrechnung der MAC-Adresse in den Schnittstellenbezeichner

Globale Unicast-Adressen

Globale Unicast-Adressen haben die gleiche Funktion wie die öffentlichen IPv4-Adressen. Diese können Systemen zugeordnet werden, die direkt mit dem Internet kommunizieren und erreichbar sein müssen. Diese Adressen sind global routbar.

Globale Unicast-Adressen beginnen binär immer mit `001`. Dadurch ergeben sich IPv6-Adressen, die mit `2xxx` oder `3xxx` beginnen.

Dadurch, dass die letzten 64 Bits als Hostanteil verwendet werden, entstehen bei der Verwendung von IPv6 unter Umständen sehr große Netzwerksegmente. Ein Subnetting – also ein Aufteilen der Netzwerke – erfolgt in den ersten 64 Bits. Dazu sind in den globalen Unicast-Adressen 16 Bits vorgesehen (siehe Abbildung 4.8).

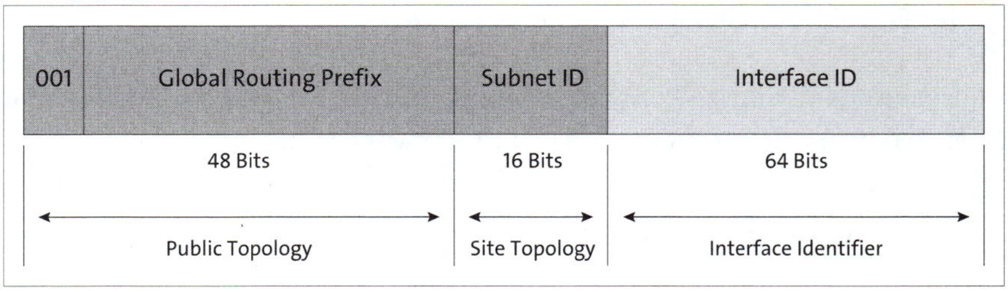

Abbildung 4.8 Aufbau einer globalen Unicast-Adresse

Verbindungslokale Adressen

Die verbindungslokale Adresse *(Link-Local Address)* ist auf jedem System mit aktiviertem IPv6-Protokoll vorhanden und wird für die Kommunikation im lokalen Subnetz verwendet. Der Aufbau der Adressen beginnt binär mit 1111 1110 10. Damit beginnen die IPv6-Adressen immer mit FE80 und verwenden ein Präfix von /10.

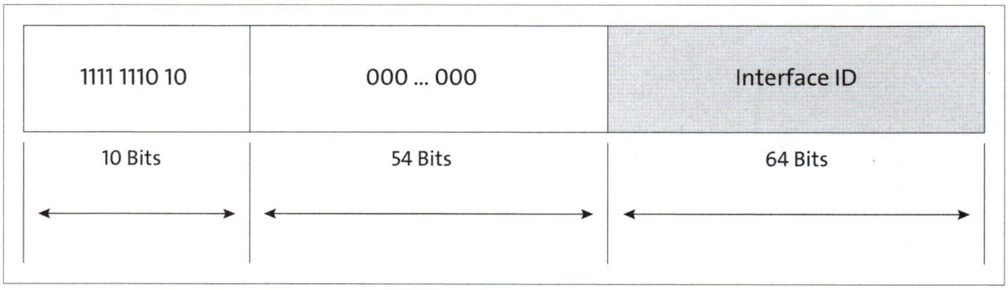

Abbildung 4.9 Aufbau der verbindungslokalen Adresse

Die verbindungslokalen Adressen werden nicht über Netzwerkgrenzen hinweg geroutet. Bei der Vergabe der dynamischen Schnittstellenbezeichner ist eine automatische Konflikterkennung und -behebung integriert.

Standortlokale Adressen

Die standortlokalen Adressen *(Unique Local Unicast Addresses)* entsprechen den privaten IP-Adressbereichen, die Sie von den IPv4-Adressen kennen. Diese können im internen Netzwerk verwendet werden und werden nicht ins Internet geroutet.

Der Aufbau der Adressen beginnt binär mit 1111 110. Damit können die IPv6-Adressen mit FCxx oder FDxx beginnen und verwenden ein Präfix von /8.

In der Definition der IPv6-Adressen für den internen Gebrauch sind 16 Bits für das Subnetting vorgesehen. Damit können Sie 2^{16} (65.536) unterschiedliche Subnetze anlegen, die jeweils 2^{64} IP-Adressen beinhalten.

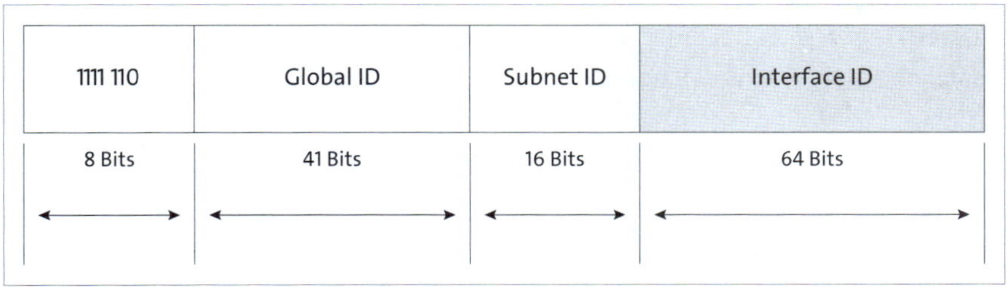

Abbildung 4.10 Aufbau der standortlokalen IPv6-Adressen

Weitere Adressen

Die Adresse `0:0:0:0:0:0:0:0` oder `::` ist nicht definiert. Sie wird als Quelladresse verwendet, ähnlich `0.0.0.0` bei IPv4. Der Localhost wird durch `0:0:0:0:0:0:0:1` oder `::1` gekennzeichnet und ist vergleichbar mit `127.0.0.1`.

Multicast-Adressen

Multicast-Adressen werden automatisch oder von der Anwendung konfiguriert. Die Adressen beginnen mit `FF01` oder `FF02`.

Bei der Implementierung von IPv6 gibt es einige Fallstricke. Viele Kunden würden gern IPv6 deaktivieren, da sie es nicht (aktiv) verwenden. Das Dilemma ist jedoch, dass Microsoft die Produkte nicht mehr mit abgeschaltetem IPv6 testet und somit nicht prüfen kann, ob das Produkt oder der Hotfix auch funktioniert, wenn IPv6 abgeschaltet ist.

Wenn Sie sich jedoch entschließen, IPv6 zu deaktivieren, sollten Sie nicht einfach nur den Haken in den Eigenschaften der Netzwerkkarte entfernen, sondern stattdessen das Protokoll in der Registrierung vollständig deaktivieren. Wenn Sie nur den Haken entfernen, kann es zu Funktionsstörungen kommen, beispielsweise zu einem extrem langsamen Systemstart. Sie müssen, zusätzlich zu den Anforderungen des Betriebssystems, allerdings unbedingt prüfen, ob Anwendungen auf dem System ein aktiviertes IPv6-Protokoll benötigen. So braucht z. B. Exchange Server IPv6.

Der Registrierungsschlüssel für die Deaktivierung von IPv6 befindet sich unter *Computer\HKEY_LOCAL_MACHINE\SYSTEM\CurrentControlSet\Services\Tcpip6\Parameters*. Legen Sie dort einen DWord-Eintrag mit dem Namen `DisabledComponents` an. Hier können Sie in dezimaler Form angeben, welche Komponenten im Protokoll deaktiviert werden sollen. Eine Beschreibung der einzelnen Werte finden Sie unter:

https://support.microsoft.com/de-de/help/929852/guidance-for-configuring-ipv6-in-windows-for-advanced-users

Deaktivieren Sie IPv6 nicht!

Der Microsoft-Support empfiehlt Ihnen, das IPv6-Protokoll nicht zu deaktivieren! Die einzige Ausnahme ist das Deaktivieren der Tunnelprotokolle. Diese Protokolle können unter bestimmten Voraussetzungen (z. B. bei einer öffentlichen IPv4-Adresse) dazu führen, dass das System eine zusätzliche globale Unicast-Adresse registriert und über sie kommunizieren will.

Möglichkeiten der Koexistenz

Im Internet ist ein Großteil der Systeme über IPv6 angeschlossen. Damit Sie nun auch von einem IPv4-System auf ein IPv6-Ziel zugreifen können, wurden insgesamt vier Protokolle definiert, die eine Koexistenz von IPv4 und IPv6 gewährleisten:

- **6-to-4** bzw. **4-to-6** – Ein Client, der eine öffentliche IPv4-Adresse hat, registriert einen Tunneladapter, dessen globale Unicast-Adresse im DNS-Server registriert wird. Dadurch können reine IPv6-Clients dieses IPv4-System über die Tunneladapter-Adresse erreichen, obwohl lokal kein IPv6 konfiguriert wurde.
- **Teredo** – Bei der Verwendung von Teredo werden die IPv6-Datenpakete in ein IPv4-UDP-Paket gepackt und an den Teredo-Server gesendet, der die Daten dann »auspackt« und intern versendet. Dadurch kann IPv6 in Umgebungen eingesetzt werden, die NAT verwenden.
- **ISATAP** – Ein ISATAP-Router ist in der Lage, Pakete von reinen IPv4-Clients an reine IPv6-Clients weiterzuleiten.

Neben diesen Protokollen gibt es noch weitere herstellerspezifische Protokolle, die einen Übergang und einen gemeinsamen Betrieb unterstützen.

NDP und IPv6

Bei der Adressvergabe von IPv6-Adressen werden mehrere Techniken verwendet. So kann das System mithilfe von *Neighbor Discovery* (Nachbarschaftserkennung) Informationen über die Umgebung erhalten. Ein Router kann hier zum Beispiel das Netzwerkpräfix und Ressourcen für Routing und Namensauflösung hinterlegen. Alternativ oder zusätzlich kann ein DHCP-Server für IPv6 konfiguriert werden, um weitere Informationen an die Systeme zu verteilen.

Bei IPv6 wurde ARP durch *NDP (Neighbor Discovery Protocol)* abgelöst. Wie auch die anderen Protokolle wird NDP durch verschiedene RFCs standardisiert. Und wie ARP arbeitet auch NDP unbemerkt vom Benutzer. Normalerweise ist keinerlei Eingriff nötig.

Aufgaben von NDP sind:

- Router- und Präfix-Ermittlung (*Router Discovery* und *Prefix Discovery*)
- Parameterermittlung (*Parameter Discovery*, z. B. MTU und Hop-Limit)
- Adressautokonfiguration (*Stateless Address Autoconfiguration, SLAAC*)
- Adressauflösung (*Address Resolution* mit *Neighbor Discovery*)
- Bestimmung des nächsten Hops
- Erkennung der Nichterreichbarkeit des Nachbarn (*Neighbor Unreachability Detection, NUD*)
- Erkennung doppelter Adressen (*Duplicate Address Detection, DAD*)
- Umleitung (*Redirect*)

NDP speichert seine Informationen in verschiedenen Caches, die Sie in Tabelle 4.8 finden.

Name des Cache	Aufgabe
Neighbour Cache	Liste mit Netzwerkteilnehmern, mit denen innerhalb einer festgelegten Zeitspanne erfolgreich kommuniziert wurde. Festgehalten werden die Unicast-IP-Adresse, die MAC-Adresse, der Zustand, das »Alter« des Eintrags und die verwendete Netzwerkschnittstelle.
Destination Cache	Enthält die Adressen, an die erfolgreich Daten gesendet wurden, und die Angabe für den nächsten Hop.
Prefix List	Beinhaltet Präfixe, die im gleichen Netzwerk gültig sind, mit Verfallsvorgaben. Ausnahme: Angaben des eigenen Rechners *(Link-local)*.
Default Router List	Enthält für jeden Netzwerkanschluss die erreichbaren Router mit den dazugehörigen Verfallsvorgaben.

Tabelle 4.8 Aufgaben der NDP-Caches

Den Zustandswert eines Eintrags können Sie aus dem Neighbour Cache auslesen, um damit protokollbedingte Netzwerkprobleme einzugrenzen. Die möglichen Zustände sind `Delay`, `Probe`, `Stale`, `Incomplete` und `Reachable`.

IPv4 und IPv6 im Vergleich

Das waren nun einige Grundlagen zu den Netzwerkprotokollen, die Sie in der Server-Administration kennen sollten. Die Unterschiede zwischen den beiden Versionen sehen Sie in Tabelle 4.9 noch einmal zusammengefasst.

	IPv4	IPv6
Adressraum	4.294.967.296 Adressen	2^{128} Adressen
Header	▸ Checksumme ▸ variable Länge ▸ keine Sicherheit direkt integriert ▸ Fragmentierung im Header	▸ Überprüfung auf höherer Schicht ▸ fest vorgeschriebene Größe ▸ IPsec über Extension-Header ▸ Fragmentierung im Extension-Header
Konfiguration	per DHCP, APIPA oder manuell	per DHCPv6, SLAAC oder manuell
Quality of Service (QoS)	Für die Priorisierung ist ein Servicetyp notwendig (ToS).	Im Header kann die Priorität über die *Traffic Class* angegeben werden. Davon profitieren unter anderem Multimedia-Anwendungen.
Sicherheit	Für die Verschlüsselung von IPv4 müssen weitere Schritte unternommen werden, z. B. durch VPN- oder IPSec-Konfiguration.	IPSec kann in IPv6 über den Extension-Header direkt integriert werden.
Netzwerkadresse	Ja	Nein
Broadcast	Ja	Nein
Localhost-Adresse	`127.0.0.1`	`::1`

Tabelle 4.9 Unterschiede zwischen IPv4 und IPv6

4.3.5 Aufbau eines IP-Pakets

Am Anfang eines IP-Pakets steht ein sogenannter *Header*, also ein Vorspann aus Daten, die angeben, woher das Paket kommt, an wen es gerichtet ist und um was für Daten es sich bei der Nutzlast handelt (also bei den Daten, die Sie eigentlich übertragen wollen).

IPv4-Header

Je Zeile beträgt die Datenmenge 32 Bit. Die Bedeutung der einzelnen Felder des Headers wird in Abbildung 4.11 und Tabelle 4.10 erläutert. Weitere Informationen finden Sie in den *RFCs 3168* (Updates *4301, 6040*) und *3260*.

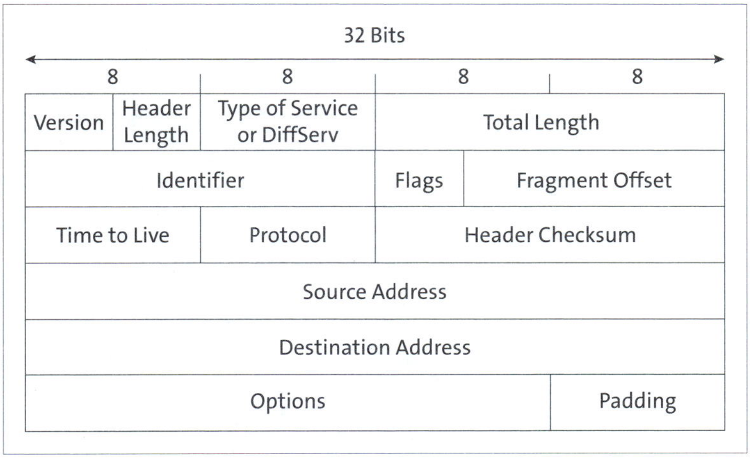

Abbildung 4.11 IPv4-Header

Feldname	Länge (Bits)	Inhalt
Version	4	IP-Protokollversion (IPv4)
Header Length	4	IHL *(Internet Header Length)*, Länge des IP-Headers
TOS	8	*Type of Service (ToS)*, Angabe zu Priorität und Eigenschaften des Pakets. Dieses Feld wird heute auch für die Angabe der QoS *(Quality of Service)* verwendet (*RFC 3168*, *4301* und *6040*), wobei nur die ersten 6 Bits benutzt werden: 0 für *Best Effort*, 40 für *Expedited Flow* (VoIP-Datenstrom) und 46 für *Expedited Forwarding* (VoIP-Datenstrom).
Total Length	16	Länge, maximal 64 kByte
Identifier	16	Laufende Nummerierung der Pakete; dient zum Bilden der richtigen Reihenfolge beim Empfänger.

Tabelle 4.10 Die Felder des IPv4-Headers

Feldname	Länge (Bits)	Inhalt
Flags	3	▸ Bit 0: 0 (fest) ▸ Bit 1: 0: Fragmentierung erlaubt 1: Fragmentierung verboten ▸ Bit 2: 0: letztes Fragment 1: weitere Fragmente folgen Diese Anweisung betrifft Router. Ist die Fragmentierung nicht erlaubt und ist das Paket größer als die *Maximum Transport Unit (MTU)*, verfällt das Paket. Bei IPv4 beträgt die Standardgröße für die Nutzlast 1500 Byte.
Fragment Offset	13	Positionsangabe für Fragmente
TTL	8	*Time to Live*: die Lebensdauer eines Pakets in Sekunden. Der Standardwert beträgt 64. Bei jedem Router, den das Paket durchläuft, vermindert sich der Wert um (mindestens) 1. Router verwerfen ein Paket mit der TTL 0. Dieser Mechanismus verhindert »unzustellbaren Datenmüll« und Nachrichten, die endlos im Internet kreisen.
Protocol	8	Angabe des *Upper Layer Protocols*, also des Protokolls, das eine OSI-Schicht höher liegt. Die Werte sind gemäß RFC 3232 in einer Datenbank hinterlegt. Beispiele: 6 = TCP, 17 = UDP, 1 = ICMP
Header Checksum	16	Header-Prüfsumme (gilt ausschließlich für den Header, nicht für die folgende Nutzlast)
Source Address	32	IP-Adresse des Absenders
Destination Address	32	IP-Adresse des Empfängers
Options	2	Angaben zu Routing- und Diagnosezwecken
Padding	*	Eventuell notwendige Füllbits zum Erreichen der vorgeschriebenen Bitzahl

Tabelle 4.10 Die Felder des IPv4-Headers (Forts.)

IPv6-Header

Der IPv6-Header (siehe Abbildung 4.12) unterscheidet sich deutlich vom älteren IPv4-Format. So hat er eine feste Größe von 320 Bit. Weitere Informationen finden in dem erweiterten Kopfdatenbereich ihren Platz, der sich zwischen dem Header und dem Nutzdatenbereich befindet. Einzelheiten zur IPv6-Adresse sind in verschiedenen RFCs aufgeführt. Tabelle 4.11 erläutert die einzelnen Felder des IPv6-Headers.

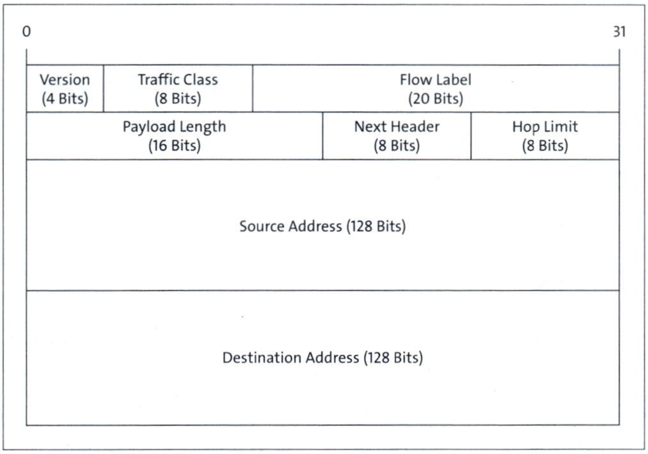

Abbildung 4.12 IPv6-Header

Feldname	Länge (Bits)	Inhalt
Version	4	IP-Protokollversion (6)
Traffic Class	8	*Quality of Service (QoS)*, Kennzeichnung der Priorität
Flow Label	20	Markieren von Paketen gleicher Verwendung und Behandlung (QoS). Zufallswerte, möglicher Bereich von 00001 bis FFFFF. Bei Paketen ohne Eintrag durch den Absender werden alle Bits mit 0 eingeleitet. Pakete desselben Flows müssen stets die gleiche Absender- und Empfängeradresse tragen, sonst wird das Flow-Label nicht ausgewertet. Weitere Informationen finden Sie in *RFC 6437*.
Payload Length	16	Länge der Daten nach dem IPv6-Header (maximal 64 KB; Ausnahme: Jumbogramm nach *RFC 2675*)
Next Header	8	Angabe des Folgeprotokolls (6 für TCP, 17 für UDP). Die Datenbank finden Sie unter: *http://www.iana.org/assignments/protocol-numbers/protocol-numbers.xml*
Hop Limit	8	Anzahl der maximalen Router-Sprünge *(Hops)*. Wird der Wert überschritten, wird das Paket verworfen und der Absender erhält eine ICPMv6-Nachricht. Bei jedem Hop vermindert sich der Wert um 1.

Tabelle 4.11 Die Felder des IPv6-Headers

Feldname	Länge (Bits)	Inhalt
Source Address	128	Absenderadresse; ihre Angabe ist zwingend erforderlich.
Destination Address	128	Zieladresse; kann auch nur die Adresse des nächsten Hops enthalten.

Tabelle 4.11 Die Felder des IPv6-Headers (Forts.)

4.4 Wie kommuniziert ein Computer mit einem Netzwerk?

In Unternehmen sind die meisten Computer über Kabelverbindungen mit dem Netzwerk verbunden, und auch Server, Netzwerkspeicher und Drucker werden fast ausschließlich über Kabelverbindungen betrieben. Über Kabel können Datenpakete viel schneller übertragen werden und die Verbindung ist nicht so stör- und abhöranfällig wie WLAN-Verbindungen.

WLAN im Firmennetz

Wenn Sie ein *WLAN* mit Windows Server nutzen wollen und Ihr Server mit einer entsprechenden WLAN-Netzwerkkarte ausgestattet ist, müssen Sie zuerst das Feature *WLAN-Dienst* installieren (siehe Abbildung 4.13). Erst danach kann der Server über die Netzwerkkarte mit dem WLAN-Netz verbunden werden.

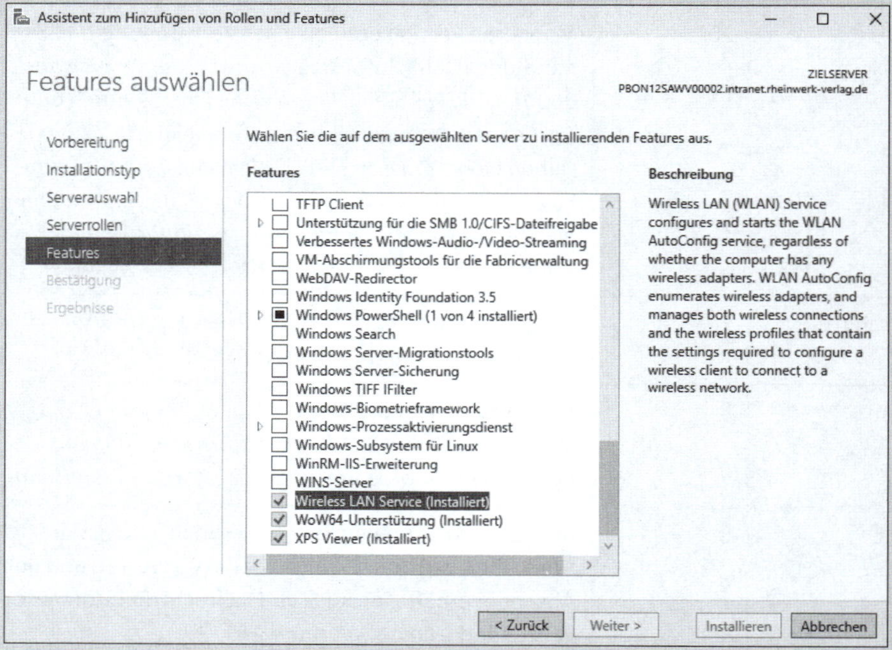

Abbildung 4.13 Das Feature »WLAN-Dienst« auf einem Windows Server installieren

4.4.1 Kabelverbindungen

Bei den Kabelverbindungen unterscheidet man in der Praxis zwischen *Kupfer-* und *Lichtwellenleiter (LWL)*. Bei LWL-Kabeln wird Licht über die Glasfaserleitungen gesendet. Hierbei wird zwischen Multimode- und Singlemode-Kabeln unterschieden. Diese unterscheiden sich im Aufbau und durch die Materialien, die im Kabel verwendet werden, und haben unterschiedliche Übertragungslängen.

Vorteile von LWL-Verbindungen sind:

- Da keine elektromagnetischen Störeinflüsse wirken, können Lichtwellenleiter beliebig parallel mit anderen Versorgungsleitungen verlegt werden.
- Es gibt keine andere Störstrahlung oder Masseprobleme, da die Übertragung optisch erfolgt.
- Ebenfalls gibt es keine entfernungsbedingten Verluste, die bei Kupferleitern durch Induktivitäten, Kapazitäten oder Widerstände auftreten können.
- Somit sind große Entfernungen ohne Laufzeitprobleme und hohe Geschwindigkeiten realisierbar.

Nachteile von LWL-Verbindungen sind:

- die sehr hohen Materialanschaffungs- und Montagekosten aufgrund des erhöhten Aufwandes
- Lichtwellenleiter sind nicht einfach zu verlegen: Bei starker Krümmung kann es zu starken Dämpfungen bis hin zum Signalverlust kommen; im schlimmsten Fall bricht die Faser im Kabel.
- Die Steckertechnik stellt eine Schwachstelle dar, besonders bei Verschmutzung.
- Die LWL-Schnittstellen erwärmen sich deutlich stärker. Insbesondere an Switches müssen Sie für ausreichend Wärmeabfluss sorgen!

In Unternehmen werden am häufigsten Kupferkabel (auch *Twisted Pair*-Kabel genannt) mit *RJ45*-Steckern verwendet (RJ45 ist der Typ des Steckers). Hierfür gibt es verschiedene Kabeltypen, mit denen Sie verschiedene Übertragungsraten erreichen können.

Generell kann die Verbindung zwischen zwei Computern mit Kupferkabeln maximal 100 m lang sein. Bei weiteren Strecken muss sie durch sogenannte *Repeater* oder eine aktive Netzwerkkomponente aufgefrischt und weitergeleitet werden.

4.4.2 WLAN und Mobilfunk

Private Computer, Smartphones oder ähnliche Geräte können über viele Übertragungswege miteinander kommunizieren. Der wohl am häufigsten genutzte Übertragungsweg im privaten Umfeld ist die Funkübertragung. Eine Funkübertragung kann über *WLAN (Wireless LAN)* oder *Mobilfunk* erfolgen.

WLAN

Beim WLAN verbindet sich das Gerät über eine WLAN-Netzwerkkarte mit einem WLAN-Access-Point oder WLAN-Router. Die WLAN-Karte und die dazugehörige Antenne sind in den meisten Geräten fest eingebaut. Nur bei stationären Computern werden sie noch durch zusätzliche Schnittstellenkarten zur Verfügung gestellt.

Sehr oft wird für ein WLAN auch der Begriff *Wi-Fi* genutzt (auch andere Schreibweisen, wie *WIFI*, kommen vor). WLAN und Wi-Fi sind streng genommen aber nicht das Gleiche: WLAN bezeichnet das Funknetzwerk, Wi-Fi hingegen die Zertifizierung durch die *Wi-Fi Alliance* anhand des IEEE-802.11-Standards. Alle Wi-Fi-zertifizierten Produkte sind somit 802.11-konform. Einen Überblick über die unterschiedlichen WLAN-Normen finden Sie in Tabelle 4.12.

Norm IEEE 802.11	Merkmale
–	Maximal 2 Mbit/s, 2,4-GHz-Band, veraltet
a	54 Mbit/s (effektiv ca. 50 % davon), 5 GHz
b	11 Mbit/s (effektiv ca. 50 % davon), 2,4 GHz, bei Altgeräten noch im Einsatz
g	54 Mbit/s (effektiv ca. 40 % davon), 2,4 GHz, sehr verbreitet
h	Der Standard 802.11a wurde um die Kontrolle der Senderausgangsleistung *(TPC)* und die dynamische Frequenzwahl *(DFS)* erweitert. Besonders außerhalb von Gebäuden könnten sonst Satelliten-, Ortungs- und Radaranwendungen (z. B. die der Flugsicherung) gestört werden.
n	600 Mbit/s, 2,4 GHz und 5 GHz, seit ca. 2010 der vorherrschende Standard
p	27 Mbit/s, 5,8 GHz, für die Vernetzung von Fahrzeugen untereinander
ac	Schnellere Datenübertragung mit 1,3 GBit/s brutto. Nur für den 5-GHz-Frequenzbereich; benutzt Kanalbandbreiten von 80 MHz bzw. 160 MHz.
ad	»Kurzstrecken«-WLAN im 60-GHz-Band. Die Reichweite ist auf wenige Meter beschränkt, also etwa auf den Bereich eines durchschnittlich großen Zimmers. Datenrate brutto bei 6 GBit/s.
ah	Standard in Einführung; arbeitet im 900-MHz-Bereich. Reichweite bis 1 km. Soll für das »Internet der Dinge« verwendet werden, also zur Kommunikation von Fahrzeugen, Maschinen und Geräten untereinander, nicht aber für klassische Netzwerkanwendungen dienen.

Tabelle 4.12 Gängige WLAN-Normen

WLAN-Frequenzen sind 2,4 GHz und 5 GHz, wobei die 2,4-GHz-Verbindung eine höhere Reichweite hat, aber aufgrund des begrenzten Frequenzbandes in dicht besiedelten Wohngebieten sehr anfällig ist. Aus diesem Grund wurden neue Standards geschaffen, die das 5-GHz-Frequenzband für die Übertragung nutzen und somit eine bessere Verfügbarkeit des Funknetzwerks ermöglichen. Der 5-GHz-Funkbereich wird jedoch von älteren Geräten nicht immer unterstützt und hat sich daher noch nicht komplett durchgesetzt. Aktuell wird am Standard *IEEE-802.11ad* gearbeitet, der im 60-GHz-Bereich agieren und eine noch höhere Datenübertragung haben wird.

Die Übertragung in einem Funknetzwerk sollte immer verschlüsselt erfolgen. Dies wird heute mit der *WPA2*-Verschlüsselungsmethode realisiert. Wenn Sie sich heute einen Access-Point oder Router kaufen, ist diese Verschlüsselungsvariante meist eingestellt und für den Nutzer vorkonfiguriert. Im professionellen Umfeld gibt es noch weitere Authentifizierungstechniken wie IEEE 802.1x in Verbindung mit einem RADIUS-Server für die zentrale Benutzerverwaltung.

Mobilfunk

Ein weiterer weitverbreiteter Übertragungsweg bei mobilen Geräten ist der *Mobilfunk*. Hier verwenden die meisten Geräte die 4. Generation (*LTE, Long Term Evolution*, auch *4G* oder *4G+* genannt) oder die darauf aufbauende 5. Generation. Sie können somit in der Theorie bis zu 20 Gbit/s übertragen, in der Praxis landet man bei ca. 100 Mbit/s unter ordentlichen Voraussetzungen. Dieser Übertragungsweg unterstützt sowohl Satelliten- als auch erdgestützte Sendeanlagen und wird von jedem Smartphone mit mobiler Internetverbindung genutzt. Über den Mobilfunk findet heute die gesamte Kommunikation statt (z. B. Kurznachrichten, Videotelefonate, interaktives Fernsehen und vieles mehr).

4.5 Netzwerkkonfiguration unter Windows

Für die Netzwerkkonfiguration stehen Ihnen altbewährte Tools wie beispielswiese `netsh` sowie moderne PowerShell-Cmdlets zur Verfügung. In diesem Abschnitt geben wir Ihnen einen kurzen Überblick und stellen die wichtigsten Werkzeuge und Befehle übersichtlich vor. Wenn Sie weitere Informationen suchen, finden Sie besonders für die PowerShell-Befehle ausführliche Beispiele und Hinweistexte auf den jeweiligen Hilfeseiten.

`Get-NetAdapter` zeigt den Namen, die Beschreibung, den Index, den Status, die MAC-Adresse und die verwendete Übertragungsgeschwindigkeit der Schnittstellen an (siehe Abbildung 4.14).

`Get-NetIPConfiguration` zeigt die Einstellungen der Netzwerkschnittstellen an, z. B. IP-Adresse, Default-Gateway oder die DNS-Server (siehe Abbildung 4.15).

```
PS C:\WINDOWS\system32> Get-NetAdapter

Name                      InterfaceDescription                    ifIndex Status       MacAddress             LinkSpeed
----                      --------------------                    ------- ------       ----------             ---------
WiFi                      Intel(R) Dual Band Wireless-AC 3160          31 Up           D0-7E-35-96-7B-DE       150 Mbps
Ethernet                  Realtek PCIe GBE Family Controller           30 Disconnected 54-EE-75-3E-EF-F2         0 bps
vEthernet (Classroom)     Hyper-V Virtual Ethernet Adapter #3          27 Up           00-15-5D-00-F9-02        10 Gbps
Ethernet 2                Sophos SSL VPN Adapter                       26 Disconnected 00-FF-DC-C2-72-13       100 Mbps
vEthernet (Default Swi... Hyper-V Virtual Ethernet Adapter #2          34 Up           76-15-2D-AA-EE-04        10 Gbps
```

Abbildung 4.14 Das Cmdlet »Get-NetAdapter«

```
PS C:\Users\karst> Get-NetIPConfiguration


InterfaceAlias       : vEthernet (Classroom)
InterfaceIndex       : 27
InterfaceDescription : Hyper-V Virtual Ethernet Adapter #3
NetProfile.Name      : Nicht identifiziertes Netzwerk
IPv4Address          : 169.254.109.179
IPv6DefaultGateway   :
IPv4DefaultGateway   :
DNSServer            : fec0:0:0:ffff::1
                       fec0:0:0:ffff::2
                       fec0:0:0:ffff::3

InterfaceAlias       : vEthernet (Default Switch)
InterfaceIndex       : 34
InterfaceDescription : Hyper-V Virtual Ethernet Adapter #2
NetProfile.Name      : Nicht identifiziertes Netzwerk
IPv4Address          : 172.17.107.65
IPv6DefaultGateway   :
IPv4DefaultGateway   :
DNSServer            : fec0:0:0:ffff::1
                       fec0:0:0:ffff::2
                       fec0:0:0:ffff::3

InterfaceAlias       : WiFi
InterfaceIndex       : 31
InterfaceDescription : Intel(R) Dual Band Wireless-AC 3160
NetProfile.Name      : WLAN-D37315
IPv6Address          : 2003:c6:6730:e440:b037:6a03:97b5:8608
IPv4Address          : 192.168.2.119
IPv6DefaultGateway   : fe80::1
IPv4DefaultGateway   : 192.168.2.1
DNSServer            : fe80::1
                       192.168.2.1
```

Abbildung 4.15 Das Cmdlet »Get-NetIPConfiguration«

`Get-NETIPInterface` zeigt den Index, den *Alias*, die Protokollversion, die *MTU*, die *Metric*, den Status und den Speicherort an (siehe Abbildung 4.16). Die Metric steht für die Qualität bzw. die Kosten einer Strecke. Die Strecke mit der geringsten Metric wird verwendet.

```
PS C:\Users\karst> Get-NetIPInterface

ifIndex InterfaceAlias                  AddressFamily NlMtu(Bytes) InterfaceMetric Dhcp     ConnectionState PolicyStore
------- --------------                  ------------- ------------ --------------- ----     --------------- -----------
27      vEthernet (Classroom)           IPv6                  1500              15 Enabled  Connected       ActiveStore
3       LAN-Verbindung* 6               IPv6                  1500              25 Enabled  Disconnected    ActiveStore
23      LAN-Verbindung* 4               IPv6                  1500              25 Disabled Disconnected    ActiveStore
34      vEthernet (Default Switch)      IPv6                  1500              15 Enabled  Connected       ActiveStore
1       Loopback Pseudo-Interface 1     IPv6            4294967295              75 Disabled Connected       ActiveStore
31      WiFi                            IPv6                  1492              50 Enabled  Connected       ActiveStore
27      vEthernet (Classroom)           IPv4                  1500              15 Enabled  Connected       ActiveStore
3       LAN-Verbindung* 6               IPv4                  1500              25 Enabled  Disconnected    ActiveStore
23      LAN-Verbindung* 4               IPv4                  1500              25 Enabled  Disconnected    ActiveStore
34      vEthernet (Default Switch)      IPv4                  1500              15 Disabled Connected       ActiveStore
1       Loopback Pseudo-Interface 1     IPv4            4294967295              75 Disabled Connected       ActiveStore
31      WiFi                            IPv4                  1500              50 Enabled  Connected       ActiveStore
```

Abbildung 4.16 Das Cmdlet »Get-NetIPInterface«

Tabelle 4.13 stellt die alten DOS-Befehle und die neuen PowerShell-Cmdlets zur Konfiguration von Netzwerkadaptern gegenüber.

PowerShell-Cmdlet	DOS-Befehl	Verwendung
Get-NetAdapter	netsh interface show interface	Zeigt die Netzwerkkarten-schnittstellen an.
Get-NetIPConfiguration bzw. Get-NetIPConfiguration -detailed	IPConfig bzw. IPConfig -all	Zeigt die Einstellungen der Netzwerkschnittstellen an. Der PowerShell-Befehl zeigt aber nur die Eigenschaften der aktiven Schnittstellen an.
Get-NetIPInterface	netsh interface ipv4 show interfaces	Zeigt die MTU der Schnittstellen an.

Tabelle 4.13 Netzwerkadapter und deren Konfiguration ermitteln

Wie Sie die IP-Adressenkonfiguration ändern, die MTU einstellen und den DNS-Server anpassen, zeigt Ihnen Tabelle 4.14. Eine Ausgabe sehen Sie in Abbildung 4.17.

PowerShell-Cmdlet	DOS-Befehl	Verwendung
Set-NetIPInterface -InterfaceAlias "WiFi" -Dhcp Enabled	netsh interface ipv4 set address "WiFi" Source=dhcp	Umstellen einer Netzwerkschnittstelle auf die Verwendung von DHCP
New-NetIPAddress -InterfaceAlias "WiFi" -IPAddress 192.168.1.2 -DefaultGateway 192.168.1.1 -PrefixLength 24	netsh interface ipv4 set address "WiFi" static 192.168.1.2 255.255.255.0 192.168.1.1	Ändern der IP-Adresse auf 192.168.1.2 bei einer IPv4-Schnittstelle mit dem Alias »WiFi«
Set-NetIPInterface -InterfaceIndex 27 -NlMtuBytes 1400 -PolicyStore PersistentStore	netsh interface ipv4 set subinterface 27 mtu=1400 Store=persistent	Ändern des MTU-Wertes auf einer IPv4-Schnittstelle mit dem Index 27 auf eine MTU von 1400; dauerhaft gespeichert
Set-DNSClientServerAddress -InterfaceIndex 27 -ServerAddresses 192.168.1.1	netsh interface ipv4 set dnsservers 27 static 192.168.1.1	Den DNS-Server der Schnittstelle mit dem Index 27 ändern

Tabelle 4.14 IP-Adresskonfiguration anpassen

Tabelle 4.15 zeigt Ihnen alte und neue Möglichkeiten, um den ARP-Cache zu bearbeiten.

PowerShell-Cmdlet	DOS-Befehl	Verwendung
`Get-NetNeighbor -AddressFamily IPv4`	`arp -a`	Zeigt die IPv4-Informationen, die im ARP-Cache liegen.
`Remove-NetNeighbor -IPAddress <ip>`	`arp -d <ip>`	Löscht eine IP-Adresse mit allen Infos aus dem ARP-Cache.
`Remove-NetNeighbor`	`netsh interface ip delete arpcache`	Leert den kompletten ARP-Cache.
`Set-NetNeighbor -IPAddress "<ip>" -LinkLayerAddress "<MAC>"`	`arp -s <ip> <mac>`	Fügt eine statische Zuordnung zum ARP-Cache hinzu.

Tabelle 4.15 Den ARP-Cache bearbeiten

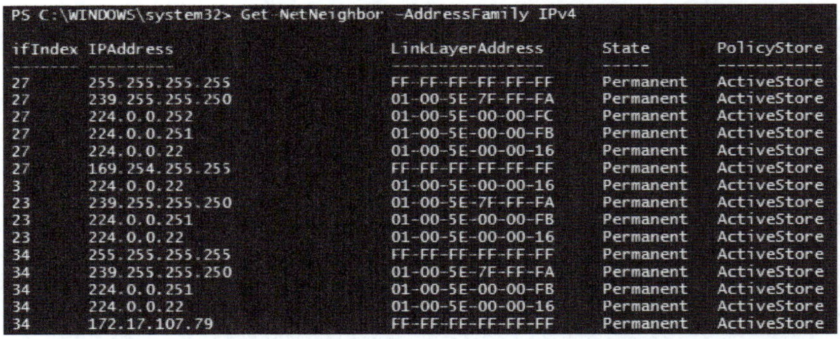

```
PS C:\WINDOWS\system32> Get-NetNeighbor -AddressFamily IPv4

ifIndex IPAddress                    LinkLayerAddress      State       PolicyStore
------- ---------                    ----------------      -----       -----------
27      255.255.255.255              FF-FF-FF-FF-FF-FF     Permanent   ActiveStore
27      239.255.255.250              01-00-5E-7F-FF-FA     Permanent   ActiveStore
27      224.0.0.252                  01-00-5E-00-00-FC     Permanent   ActiveStore
27      224.0.0.251                  01-00-5E-00-00-FB     Permanent   ActiveStore
27      224.0.0.22                   01-00-5E-00-00-16     Permanent   ActiveStore
27      169.254.255.255              FF-FF-FF-FF-FF-FF     Permanent   ActiveStore
3       224.0.0.22                   01-00-5E-00-00-16     Permanent   ActiveStore
23      239.255.255.250              01-00-5E-7F-FF-FA     Permanent   ActiveStore
23      224.0.0.251                  01-00-5E-00-00-FB     Permanent   ActiveStore
23      224.0.0.22                   01-00-5E-00-00-16     Permanent   ActiveStore
34      255.255.255.255              FF-FF-FF-FF-FF-FF     Permanent   ActiveStore
34      239.255.255.250              01-00-5E-7F-FF-FA     Permanent   ActiveStore
34      224.0.0.251                  01-00-5E-00-00-FB     Permanent   ActiveStore
34      224.0.0.22                   01-00-5E-00-00-16     Permanent   ActiveStore
34      172.17.107.79                FF-FF-FF-FF-FF-FF     Permanent   ActiveStore
```

Abbildung 4.17 Das Cmdlet »Get-NetNeighbor -AddressFamily IPv4«

Wie Sie Netzlaufwerke anzeigen, verbinden, erstellen und trennen, sehen Sie in Tabelle 4.16.

PowerShell-Cmdlet	DOS-Befehl	Verwendung
`Get-SmbShare` bzw. `GetSMB-Mapping`	`Net share` bzw. `Net use`	Zeigt die verbundenen Netzlaufwerke an. (`Get-SmbShare` bzw. `Net share` zeigt auch die administrativen und versteckten Freigaben.)
`Get-SmbShare -CimSession <Computername>` `Get-SMBMapping`	`Psexec <Comutername> net use` (*PsExec* ist ein Windows-SysInternals-Tool.)	zeigt die verbundenen Netzlaufwerke von einem entfernten Computer an.

Tabelle 4.16 Netzlaufwerke anzeigen, verbinden, erstellen und trennen

PowerShell-Cmdlet	DOS-Befehl	Verwendung
Get-SmbShare | select Name, CurrentUsers		Zeigt die verbundenen Netzlaufwerke und die Nutzer an, die diese gerade verbunden haben.
New-SmbMapping -LocalPath "Z:" -RemotePath "\\<Computername>\<Freigabename>"	net use Z: "\\<Computername>\<Freigabename>" -persistent:yes	Stellt die Verbindung zu einem Netzlaufwerk unter Verwendung des Laufwerksbuchstabens »Z« her.
New-SmbMapping -LocalPath "<Laufwerksbuchstabe>:" -RemotePath "\\<Computername>\<Freigabename>" -username <Benutzername> -password <Passwort> -SaveCredentials	net use "<Laufwerksbuchstabe>:" "\\<Computername>\<Freigabename>" /user:<Benutzername>	Stellt die Verbindung mit einem anderen Benutzernamen her.
Remove-SmbMapping "<Laufwerksbuchstabe>:" -UpdateProfile -Force	net use "<Laufwerksbuchstabe>:" -delete	Trennt die Verbindung zu einem Netzlaufwerk.
New-SMBShare -Name "Tools" -Path "D:\Tools" -ContinuouslyAvailable -ReadAccess "domain\Authentifizierte Benutzer"	net share "Tools"="lokaler Pfad" icacls "lokaler Pfad" /grant "domain\Authentifizierte Benutzer":R	Erstellt eine neue Freigabe mit dem Namen Tools und vergibt Lese-Rechte für die »authentifizierten Benutzer«.
Remove-SmbShare -Name <Freigabename>	net share <Freigabename> /DELETE	Löscht eine vorhandene Freigabe auf dem lokalen System.

Tabelle 4.16 Netzlaufwerke anzeigen, verbinden, erstellen und trennen (Forts.)

Tabelle 4.17 zeigt Ihnen schließlich, wie Sie Verbindungstests zu Endgeräten durchführen.

PowerShell-Cmdlet	DOS-Befehl	Verwendung
Test-NetConnection <ip>	ping <ip>	Testet die Verbindung zu einer IP-Adresse.

Tabelle 4.17 Verbindungstests mit »ping«, »pathping« und mehr

PowerShell-Cmdlet	DOS-Befehl	Verwendung
Test-NetConnection -ComputerName <Computername>	ping <Computername>	Testet die Verbindung mit dem angegebenen Computer und löst vorher den Namen in die IP-Adresse auf.
Test-Connection -ComputerName <ip> -BufferSize 1024	ping <ip> -l 1024	Testet die Verbindung zu einer IP-Adresse und verwendet eine Paketgröße von 1024 Byte.
	pathping <IP-Adresse>	Zunächst werden die gesamten Router auf der Strecke mit der IP-Adresse aufgelistet. Danach erfolgt eine Berechnung der ausführlichen Statistiken, was eine gewisse Zeit in Anspruch nimmt.
Test-NetConnection <IP-Adresse> -TraceRoute	tracert <IP-Adresse>	Zeigt alle Router bis zum Ziel auf.
Resolve-DnsName <Name>	Nslookup <Name>	Löst den Namen in die IP-Adresse auf.

Tabelle 4.17 Verbindungstests mit »ping«, »pathping« und mehr (Forts.)

Der Befehl `pathping` verdient einige weitere Erläuterungen. Seine Funktion ähnelt dem alten Befehl `tracert` in der MS-DOS-Eingabeaufforderung.

Bei `pathping` werden mehrere *ICMP*-Datenpakete *(Internet Control Message Protocol)* an den Empfänger gesendet, wie Listing 4.5 zeigt. Der erste Durchlauf beginnt mit einem *TTL*-Wert *(Time to Live)* von `1`. Passiert das Paket einen Router, wird die TTL automatisch um 1 minimiert. Hat die TTL wieder den Wert `0`, wird das Paket verworfen und die ICMP-Meldung `Time Exceeded (Typ 11)` zurückgesendet. Wenn diese ICMP-Meldung beim Sender ankommt, erhöht dieser die TTL um 1 und sendet das Paket wieder los. Diese Schritte werden so lange wiederholt, bis der Empfänger erreicht wurde oder die TTL den Wert von `30` überschreiten würde.

Sie erfahren auf diese Weise, wie viele Zwischenstationen *(Hops)* zwischen Ihnen und dem Ziel liegen.

Stehen in einer Zeile der Ausgabe Sternchen (*), so bedeutet das, dass der Router keine Rückmeldung geschickt hat. Die Sternchen werden zum Beispiel in verschlüsselten Tunnelverbindungen angezeigt, wenn der Router in der gesicherten Verbindung nicht antwortet. Die Anzahl der Router, die maximal durchlaufen werden sollen, ist standardmäßig auf `30` gesetzt, kann aber angepasst werden. Nach dem 30. Hop wird das Datenpaket verworfen. `pathping` bricht sofort ab, wenn ein System nicht auf das ICMP antwortet. Das ist ein großer Unterschied gegenüber `tracert`.

```
C:\WINDOWS\system32>pathping 8.8.8.8
Routenverfolgung zu "google-public-dns-a.google.com" [8.8.8.8]
über maximal 30 Hops:
  0  HSN-Support.Speedport_W_921V_1_44_000 [192.168.2.119]
  1  speedport.ip [192.168.2.1]
  2  62.155.241.138
  3  217.5.118.14
  4  62.157.250.46
  5     *        *        *
Berechnung der Statistiken dauert ca. 100 Sekunden...
            Quelle zum Abs.  Knoten/Verbindung
Abs. Zeit   Verl./Ges.=  %  Verl./Ges.=  %  Adresse
  0                                         HSN-Support.Speedport_W_921V_1_44_000
                                            [192.168.2.119]
                                0/ 100 =  0%  |
  1   2ms      0/ 100 =  0%     0/ 100 =  0%  speedport.ip [192.168.2.1]
                              100/ 100 =100%  |
  2   ---    100/ 100 =100%     0/ 100 =  0%  62.155.241.138
                                0/ 100 =  0%  |
  3   ---    100/ 100 =100%     0/ 100 =  0%  217.5.118.14
                                0/ 100 =  0%  |
  4   ---    100/ 100 =100%     0/ 100 =  0%  62.157.250.46
Ablaufverfolgung beendet.
```

Listing 4.5 Beispiel für ein »pathping« auf die IP-Adresse »8.8.8.8«

4.6 Namensauflösung

Spätestens seit der Einführung von IPv6 und der damit verbundenen komplexen Schreibweise der Adressen wird deutlich, dass ein Netzwerk von einem funktionierenden Namensauflösungsdienst abhängt. Hier kommt der *Domain Name Service (DNS)* ins Spiel. Dieser Dienst löst sowohl im internen Netzwerk als auch im Internet die »sprechenden« Namen in IP-Adressen auf, die dann vom System verwendet werden.

4.6.1 DNS-Namensauflösung

Aktuelle Betriebssysteme verwenden meistens die DNS-Namensauflösung. Diese wird auf dem Client durch den Dienst *DNS-Client* (Dienstname *DNS-Cache*) durchgeführt. Ist der Clientcomputer Mitglied einer Domäne, sollten Sie ausschließlich *interne DNS-Server* hinterlegen, die auch die domänenrelevanten Informationen (*SRV*-Einträge) bereitstellen, und durch die Clients kontaktieren lassen. Wenn Sie für einen Client auch *externe DNS-Server* in den Eigenschaften der Netzwerkkarten hinterlegen, kann es sein, dass der Client den externen DNS-Server nach internen Ressourcen fragen wird. Dieser externe Server wird diese Anfragen nicht beantworten können; damit wird der Zugriff auf interne Ressourcen gestört. Auch wenn in den Eigenschaften der Netzwerkkarten von einem »bevorzugten« und »alternativen« DNS-Server die Rede ist, wird für eine initiale Namensauflösung eine Anfrage an alle hinterlegten DNS-Server gesendet. Der Server, der zuerst antwortet, wird als Ansprechpartner des Clients für die Namensauflösung verwendet. So kann es vorkommen, dass ein externer Server schneller auf eine Anfrage antwortet als ein interner Server. Deshalb sollten Sie auf dem internen Server eine Weiterleitung an einen DNS-Server konfigurieren, der Internetressourcen auflösen kann, sodass Ihre Clients interne und externe Ressourcen per DNS auflösen können.

In Abschnitt 22.4 zeigen wir Ihnen eine DNS-Namensauflösung anhand eines Netzwerktraces. DNS-Anfragen verwenden das UDP-Protokoll und Port 53 (es sei denn, der angefragte DNS-Name »passt« nicht in ein UDP-Paket).

Den genauen Ablauf einer DNS-Namensauflösung werden wir noch schrittweise durchgehen. Die Frage des Clients beinhaltet immer einen Typ, nach dem der Client »sucht«. Diese unterschiedlichen Typen sehen Sie in Tabelle 4.18.

Typ	Beschreibung	Beispiel
A	Löst einen Namen in eine IPv4-Adresse auf. Diese Art der Auflösung wird als *Forward-Lookup* bezeichnet.	`www.rheinwerk-verlag.de` → `46.235.24.168`
AAAA	Löst einen Namen in eine IPv6-Adresse auf.	`www.heise.de` → `2a02:2e0:3fe:1001:7777:772e:2:85`
CNAME	Verwendet einen Alias *(Canonical Name)*, um einen Namen aufzulösen, der nicht als A oder AAAA direkt registriert wurde. Damit kann ein Ziel über mehrere Namen angesprochen werden. Wird häufig bei Webservern verwendet.	`Intranet` → `Web01.intranet.rheinwerk-verlag.de`
PTR	Löst eine IP-Adresse in einen DNS-Namen auf *(Reverse Lookup)*.	`172.16.200.201` → `W2K25-DC01`
SRV	Ein *SRV-Eintrag* kennzeichnet einen Dienst mit Prioritäten, einer Gewichtung und einem Port. Diese Einträge werden zum Beispiel für das Auffinden von Domänencontrollern verwendet.	`_ldap._tcp.dc._msdcs.intranet.rheinwerk-verlag.de`

Tabelle 4.18 Verschiedene Typen der DNS-Namensauflösung

Typ	Beschreibung	Beispiel
MX	MX-Einträge werden zum Auffinden von Mailservern verwendet.	`rheinwerk-verlag.de` → `MX` → `mail.rheinwerk-verlag.de`

Tabelle 4.18 Verschiedene Typen der DNS-Namensauflösung (Forts.)

Verwenden Sie das Kommandozeilentool `nslookup`, um die Namensauflösung von einem Client aus zu testen. Dieses Tool kontaktiert den bevorzugten DNS-Server, der in den Eigenschaften der Netzwerkkarte festgelegt wurde, und stellt die gewünschte Anfrage an den Server:

```
C:\>nslookup
Standardserver:  UnKnown
Address:  172.16.200.201
```

Listing 4.6 Starten von »nslookup« mit der Anzeige des eingestellten bevorzugten Servers

`nslookup` kann sowohl interaktiv (d. h., Sie starten das Tool und geben anschließend die gewünschten Befehle ein) als auch direkt mit den gewünschten Parametern und Befehlen aufgerufen werden. Das Gegenstück zu `nslookup` ist das PowerShell-Cmdlet `Resolve-DNSName`.

Server: UnKnown

Kommt beim Starten von `nslookup` die Information `UnKnown` für den Standardserver zurück, ist keine Reverse-Lookup-Zone eingerichtet. Eine solche Zone ermöglicht die Auflösung von IP-Adressen in Namen.

Wenn Sie nun interaktiv in `nslookup` einen Namen in eine IP-Adresse auflösen möchten, können Sie einfach den Namen des Ziels eingeben:

```
> www.ichkanngarnix.de
Server:  UnKnown
Address:  172.16.200.201

Nicht autorisierende Antwort:
Name:    www.ichkanngarnix.de
Address:  81.28.232.50
```

Listing 4.7 Abfrage eines DNS-Namens mit der Rückmeldung aus einem Cache

Bei der Abfrage eines Namens wird der DNS-Server mehrere andere Quellen kontaktieren, sofern er die Information nicht in seinem Cache gespeichert hat. Zeigt die Ausgabe von `nslookup` an, dass es sich um eine `nicht autorisierende Antwort` handelt, bedeutet dies, dass irgendein Server die Antwort der Namensauflösungskette aus dem Cache geliefert hat und kein Server kontaktiert wurde, der für die DNS-Domäne autorisierend war. Ein *autorisierter Server* ist ein Server, der die Zonendatenbank vorhält – also die aktuellsten Informationen bereitstellt. Informationen aus einem Cache können potenziell veraltet und/oder falsch sein.

`nslookup` sucht beim Starten automatisch nach A- oder AAAA-Einträgen. Sie können aber auch nach einem anderen Typ suchen. Dazu können Sie über `set type` den gewünschten Typ hinterlegen:

```
> set type=srv
> _ldap._tcp.dc._msdcs.intranet.rheinwerk-verlag.de
Server:  UnKnown
Address:  172.16.200.201

_ldap._tcp.dc._msdcs.intranet.rheinwerk-verlag.de       SRV service location:
          priority       = 0
          weight         = 100
          port           = 389
          svr hostname   = PBON10SDCV00002.Intranet.rheinwerk-verlag.de
_ldap._tcp.dc._msdcs.intranet.rheinwerk-verlag.de       SRV service location:
          priority       = 0
          weight         = 100
          port           = 389
          svr hostname   = PBON10SDCV00001.Intranet.rheinwerk-verlag.de
PBON10SDCV00002.Intranet.rheinwerk-verlag.de internet address = 172.16.200.202
PBON10SDCV00001.Intranet.rheinwerk-verlag.de internet address = 172.16.200.201
```

Listing 4.8 Suche nach einem Domänencontroller in der Domäne »intranet.rheinwerk-verlag.de«

DNS ist in der Microsoft-Welt nicht *case-sensitive*. Dies bedeutet, dass nicht zwischen Groß- und Kleinbuchstaben unterschieden wird. In Listing 4.8 können Sie sehen, dass in diesem `nslookup` nach einem Eintrag vom Typ SRV gesucht wird. Der Pfad `_ldap._tcp.dc._msdcs.<Domänenname>` wird vom Client verwendet, um einen Domänencontroller (LDAP-Server) für die Domäne zu finden. Der DNS-Server (`172.16.200.201`) wird nun in seiner Datenbank nach dem Eintrag schauen und die beiden dort registrierten Server zurückgeben.

Jeder SRV-Eintrag enthält zusätzliche Parameter:

- `priority` – Im Parameter für die Priorität ist über einen Zahlenwert festgelegt, in welcher Reihenfolge ein Client Server kontaktiert, die diesen Dienst bereitstellen. Ein kleiner Zahlenwert bedeutet, dass mehr Anfragen an diesen Server gesendet werden.
- `weight` – Bei gleicher Priorität wird der Client häufiger Anfragen an den Server senden, der eine höhere Gewichtung (`weight`) hat.
- `port` – Dies ist der Zielport für den registrierten Dienst.

Damit eine Kontaktaufnahme des Clients durchgeführt werden kann, liefert der DNS-Server neben den vollqualifizierten Domänennamen *(Fully Qualified Domain Names, FQDN)* auch direkt die IP-Adresse(n) der Zielsysteme mit. Wenn die Informationen nicht mitgeliefert werden, würde der Client eine weitere Anfrage an den DNS-Server schicken und nach der IP-Adresse des Domänencontrollers fragen.

Lassen Sie uns an dieser Stelle einmal eine Namensauflösung vom Client bis zum Ziel durchspielen und die einzelnen Schritte genau betrachten. Abbildung 4.18 zeigt einen solchen Vorgang.

Im ersten Schritt wird auf dem Client der vollqualifizierte DNS-Name (hier `www.support.rheinwerk-verlag.de`) erzeugt. Wenn Sie am Client zum Beispiel nur `www` als Namen eingeben, ist dies kein vollständiger DNS-Name, da dieser immer mindestens einen Punkt enthalten muss. Ist die Anfrage kein *FQDN (Fully-Qualified Domain Name)*, hängt der Client DNS-Suffixe (DNS-Anhänge) an den Kurznamen an, sodass daraus ein kompletter DNS-Name wird. Diese Suffixe können über verschiedene Wege gesteuert werden:

- über die Eigenschaften der Netzwerkkarte
- über einen DHCP-Server
- mithilfe von Gruppenrichtlinien
- anhand der Systemeigenschaften bei einem Domänenbeitritt

Zusätzlich hängt der Client am Ende des Namens einen Punkt an, sodass die Abfrage »abgeschlossen« ist.

Wenn dieser Name gebildet wurde, prüft der Client, ob er selbst das Ziel der Anfrage ist. Wenn dies nicht der Fall ist, prüft der Client seinen lokalen DNS-Client-Cache, den Sie sich mit `IPConfig /displaydns` anzeigen lassen können.

Der Inhalt einer lokalen Datei *host*, die auf dem System im Ordner *C:\Windows\System32\Drivers\etc* liegt, wird dazu verwendet, DNS-Einträge für diesen Client »zu verbiegen«. Wenn Sie diese Datei bearbeiten, wird der Inhalt der Datei permanent in den DNS-Cache des Clients geladen. Alle anderen gecachten Einträge verschwinden nach Ablauf der TTL-Frist.

Neben dem Positiv-Cache pflegt der Client auch einen Negativ-Cache. Wenn ein Name nicht aufgelöst werden konnte und der Client daher keine Antwort findet, speichert er einen entsprechenden Eintrag, damit im Gültigkeitszeitraum des Negativeintrags kein DNS-Server mehr nach diesem Namen gefragt wird (siehe Listing 4.9):

```
C:\Users\Administrator>ipconfig /displaydns
Windows-IP-Konfiguration
wpad
----------------------------------------
Der Name ist nicht vorhanden.
```

Listing 4.9 Anzeigen des Negativ-Caches eines Clients mit dem nicht aufgelösten Eintrag »wpad«

Die TTL für einen Negativeintrag passen Sie über die Registrierung auf dem Client an, indem Sie unter dem Schlüssel *HKEY_LOCAL_MACHINE\SYSTEM\CurrentControlSet\Services\DNS-Cache\Parameters* einen *DWORD*-Eintrag mit dem Namen `MaxNegativeCacheTtl` erstellen und die gewünschte Zeit in Sekunden eintragen. Der Standardwert beträgt 15 Minuten.

Findet der Client keinen Eintrag in seinem Cache, kontaktiert er alle DNS-Server, die in den Eigenschaften der Netzwerkkarte(n) hinterlegt sind. Der Server, der am schnellsten antwortet, wird als bevorzugter DNS-Server weiterverwendet und alle folgenden Anfragen gehen nur ihn. Bekommt der Client keine Antwort von einem DNS-Server, greift er eventuell auf die alte Namensauflösung zurück (siehe Abschnitt 4.6.2), sofern NetBIOS aktiviert ist.

Die an den bzw. die DNS-Server gesendete Abfrage ist eine *rekursive Abfrage*. Dabei erwartet der Client vom Server eine komplette Antwort. Der Server soll alle seine zur Verfügung stehenden Ressourcen nutzen und eine Antwort liefern. Ein Domänenmitglied sollte nur interne Domänencontroller bzw. DNS-Server konfiguriert haben und keine Anfragen ans Internet senden. Wie eine solche DNS-Auflösung funktioniert, schauen wir uns nun ausführlich an:

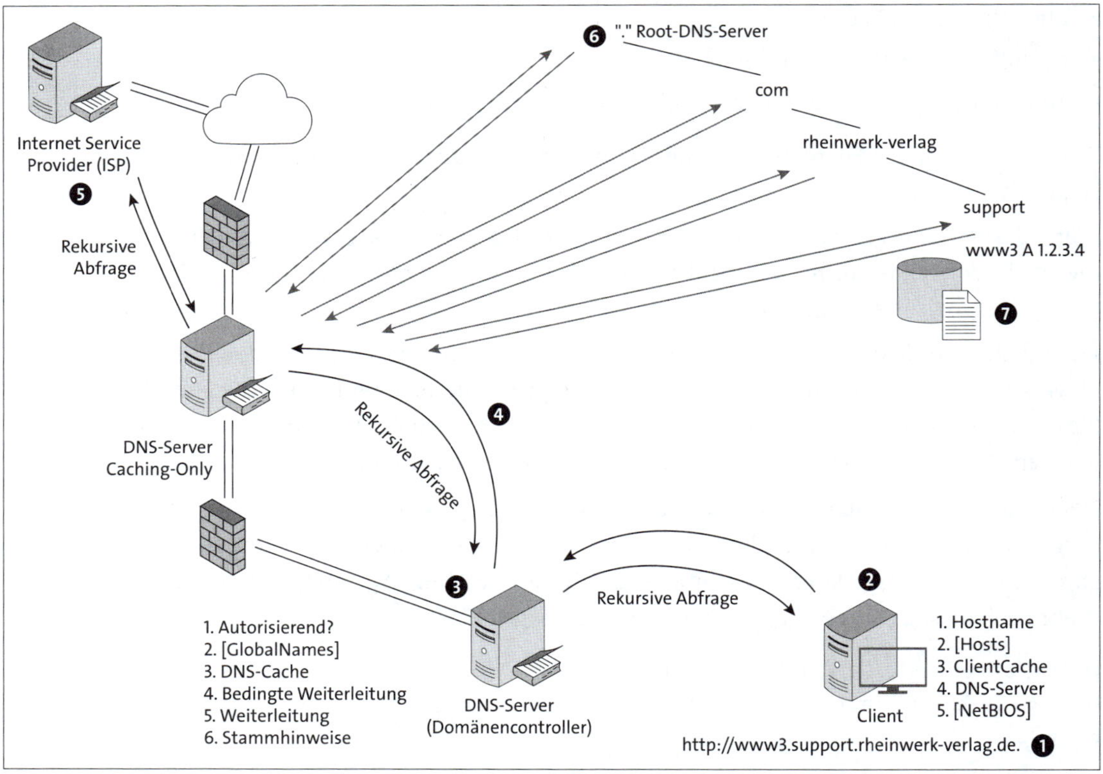

Abbildung 4.18 Schema einer Namensauflösung

1. Ein Client sendet die Anfrage »Ich wüsste gern die IPv4-Adresse für die Adresse *www3.support.rheinwerk-verlag.de*«. Sie wird vom DNS-Server angenommen. Der DNS-Server prüft, ob er dem Client weiterhelfen kann.

2. Der DNS-Server prüft im ersten Schritt (siehe Abbildung 4.18), ob er autorisierend für die DNS-Zone (*support.rheinwerk-verlag.de*) ist. Dabei schaut er, ob er eine Zonendatei mit dem entsprechenden Namen besitzt ❶. Ist dies der Fall, wird der Hostname (*www3*) in der Zone gesucht. Der DNS-Server liefert entweder die IP-Adresse zurück oder er meldet dem Client, dass es den Eintrag nicht gibt. Eine solche Antwort heißt *NX Domain* (also »Non-Existent Domain«, d. h., die Domäne und/oder der Name ist nicht vorhanden). Der Client wird daraufhin keine weiteren Auflösungen starten und den Eintrag in seinem Negativ-Cache hinterlegen.
3. Ist der DNS-Server nicht autorisierend für die Zone, prüft er, ob die Funktion `GlobalNames` aktiviert ist ❷. Dies ermöglicht die Auflösung von Kurznamen wie *W2K19-Web01* über DNS-Server, unabhängig davon, welches DNS-Suffix angefügt wurde.
4. Wenn die Option `GlobalNames` nicht aktiviert ist, prüft der DNS-Server seinen Server-Cache ❸. Ist hier der passende Eintrag vorhanden, wird der Server die Antwort aus dem Cache an den Client senden. Dies ist eine *nicht autorisierte Antwort*. Den Server-Cache können Sie sich in der DNS-Konsole über die ERWEITERTE ANSICHT anzeigen lassen.
5. Findet der DNS-Server keinen Eintrag im Cache, prüft er, ob eine *bedingte Weiterleitung* vorhanden ist ❹. Eine bedingte Weiterleitung sendet Anfragen für ein bestimmtes Ziel (z. B. **.ichkanngarnix.de*) an einen hinterlegten DNS-Server. Die Verwendung einer solchen Weiterleitung ist dann sinnvoll, wenn Sie bestimmte DNS-Namen nicht an einen allgemeinen Weiterleitungsserver senden möchten. Nach der bedingten Weiterleitung sendet der DNS-Server die Anfrage an einen *allgemeinen Weiterleitungsserver* ❺. Dieser könnte ein DNS-Server in der DMZ (Perimeter-Netzwerk) sein, damit der interne Server keine direkte Verbindung zu einem Server in Internet aufbauen muss. Wenn kein Weiterleitungsserver eine Antwort liefert – oder falls keiner konfiguriert ist –, dann kann der DNS-Server die Stammhinweise ❻ verwenden. Diese Liste liegt im Active Directory, wenn DNS auf einem Domänencontroller läuft, oder in der Textdatei *Cache.dns* im Ordner *C:\Windows\System32\DNS*.
6. Der interne DNS-Server sendet die Anfrage über eine Firewall (Port 53 UDP) an einen hinterlegten Server. Dieser führt die gleichen Schritte wie der interne Server aus. Dieser Server in der DMZ kann als *Caching-Only Server* konfiguriert werden. Ein solcher Server ist ein »normaler« DNS-Server, der jedoch keine DNS-Zonen speichert und damit nur mit dem Cache arbeitet. Dadurch wird erreicht, dass die internen Systeme nicht direkt mit Systemen im Internet kommunizieren müssen, um Namen aufzulösen. Man könnte diesen Server auch als *DNS-Proxy* bezeichnen.
7. Der DNS-Server in der DMZ wird in aller Regel an einen DNS-Server beim Internet Service Provider *(ISP)* oder einen anderen großen DNS-Server weiterleiten. Die »Trefferquote« eines solchen DNS-Servers beim ISP sollte bei 80 % liegen. Dadurch kann die Namensauflösung beschleunigt werden.

8. Wenn kein Weiterleitungsserver in der DMZ konfiguriert wurde (oder der Weiterleitungsserver keine Antwort liefert), wird der Server in der DMZ die Stammhinweise verwenden. Dazu sendet er die Anfrage »Ich wüsste gern die IPv4-Adresse für die Adresse *www3.support.rheinwerk-verlag.de*« an einen der aktuell 14 hinterlegten *DNS-Rootserver*. Dieser Server wird dem anfragenden System keine Antwort auf die Frage geben können, da er die Information schlicht nicht besitzt. Er wird jedoch dem anfragenden System einen Hinweis geben, an wen es sich wenden soll. Der Rootserver wird in unserem Beispiel eine Liste der DNS-Server zurückliefern, die für die Top-Level-Domain `.de` zuständig sind. Unser DNS-Server wird nun einen der DNS-Server für `.de` kontaktieren und die Frage wiederholen. Dieser Server wird vermutlich die Antwort auch nicht direkt liefern können und wird daher wieder mit einem Hinweis antworten, dass wir uns an einen DNS-Server wenden müssen, der für den DNS-Namensraum `rheinwerk-verlag.de` zuständig ist.
9. Also kontaktiert unser Server nun diesen DNS-Server und wird von ihm wieder an einen Server verwiesen, der für `support.rheinwerk-verlag.de` autorisierend ist. Dieser Server besitzt die Zone und wird dort einen Eintrag `www3` finden und die Antwort zurückliefern.
10. Der *Caching-only-Server* legt die Antwort nun in seinem Cache ab und sendet eine Antwort an den internen DNS-Server. Dieser speichert die Antwort ebenfalls in seinem Cache und liefert die Antwort an den Client. Dieser cacht ebenfalls und kann nun das Zielsystem über die IP-Adresse kontaktieren.

    Die Anfragen vom Caching-only-Server an die »externen« DNS-Server sind in aller Regel *iterative Anfragen*. Dabei erwartet der anfragende Server keine vollständige Antwort und gibt sich mit einem Verweis an einen anderen DNS-Server zufrieden.

Wenn Sie sich die einzelnen Schritte bei der Namensauflösung anschauen möchten, können Sie auf einem Windows-DNS-Server die Debug-Protokollierung aktivieren und sich die Logs anschauen, die so produziert werden. Schneller geht es, wenn Sie bei `nslookup` die Debug-Funktion aktivieren und auf den Level 2 setzen. Die Ausgabe wird dann so wie in Listing 4.10 bis Listing 4.13 aussehen:

```
> set db2
> www.ichkanngarnix.de
Server:  UnKnown
Address:  172.16.200.201
```

Listing 4.10 Aktivieren des Debug-Modus und Verbindungsaufbau zum bevorzugten Server

```
Got answer:
    HEADER:
        opcode = QUERY, id = 20, rcode = NXDOMAIN
        header flags:  response, auth. answer, want recursion, recursion avail.
        questions = 1,  answers = 0,  authority records = 1,  additional = 0
```

```
QUESTIONS:
    www.ichkanngarnix.de.intranet.rheinwerk-verlag.de, type = ANY, class = IN
AUTHORITY RECORDS:
->  intranet.rheinwerk-verlag.de
    ttl = 3600 (1 hour)
    primary name server = PBON10SDCV00001.intranet.rheinwerk-verlag.de
    responsible mail addr = hostmaster.intranet.rheinwerk-verlag.de
    serial  = 633
    refresh = 900 (15 mins)
    retry   = 600 (10 mins)
    expire  = 86400 (1 day)
    default TTL = 3600 (1 hour)
```

Listing 4.11 Der interne Server kennt »www.ichkanngarnix.de« nicht (NXDomain).

```
QUESTIONS:
    www.ichkanngarnix.de.rheinwerk-verlag.de, type = ANY, class = IN
AUTHORITY RECORDS:
->  rheinwerk-verlag.de
    ttl = 878 (14 mins 38 secs)
    primary name server = ns1.surfplanet.de
    responsible mail addr = hostmaster.surfplanet.de
    serial  = 2019012400
    refresh = 10800 (3 hours)
    retry   = 3600 (1 hour)
    expire  = 604800 (7 days)
    default TTL = 3600 (1 hour)
```

Listing 4.12 Anfrage an einen anderen Server, der dann die gewünschte Antwort liefert

```
QUESTIONS:
    www.ichkanngarnix.de, type = ANY, class = IN
ANSWERS:
->  www.ichkanngarnix.de
    internet address = 81.28.232.50
    ttl = 2482 (41 mins 22 secs)
------------
Nicht autorisierende Antwort:
www.ichkanngarnix.de
        internet address = 81.28.232.50
        ttl = 2482 (41 mins 22 secs)
```

Listing 4.13 Antwort des Servers (aus dem Cache) mit einer verbleibenden Gültigkeit von 41 Minuten und 22 Sekunden. Die Gültigkeit wird durch einen autorisierten DNS-Server in den Eigenschaften der Zone definiert.

Dies war ein nur kurzer Überblick über die DNS-Namensauflösung aus Clientsicht. Mit dem Thema DNS-Namensauflösung könnte man jedoch eigene Bücher füllen, denn das Verfahren, alle Rechner in einem Netzwerk auffindbar zu machen, ist notwendigerweise komplex. Viele Netzwerkprobleme lassen sich daher auch auf eine fehlerhafte DNS-Auflösung zurückführen. Prüfen Sie diesen Fall sorgfältig, wenn Ihnen schwer erklärbare Probleme in Ihrem Netzwerk mal wieder Ärger machen.

4.6.2 NetBIOS

Bevor DNS zur Namensauflösung verwendet wurde, war *NetBIOS* die Methode bzw. das Protokoll, um Namen in IP-Adressen aufzulösen. NetBIOS verwendet eine »flache« Namensstruktur, bei der nur der Hostname mit maximal 15 Zeichen verwendet wird.

Das Protokoll *NetBIOS over TCP/IP* ist standardmäßig nicht abgeschaltet. Die Konfiguration erfolgt unter ERWEITERTE TCP/IP-EINSTELLUNGEN der Netzwerkkarte (siehe Abbildung 4.19). Hier können Sie NetBIOS aktivieren oder deaktivieren. Zusätzlich können Sie die Option zum Steuern über einen DHCP-Server verwenden. Dabei kann über eine entsprechende Option auf dem DHCP-Server NetBIOS deaktiviert werden. Alternativ können Sie mit einem PowerShell-Skript, das über eine Gruppenrichtlinie verteilt werden kann, die Funktion deaktivieren.

Üblicherweise wird heutzutage eine reine DNS-Namensauflösung verwendet. Wenn Sie jedoch Drittanbieterprodukte einsetzen, kann es sein, dass diese die alte Namensauflösung verwenden müssen.

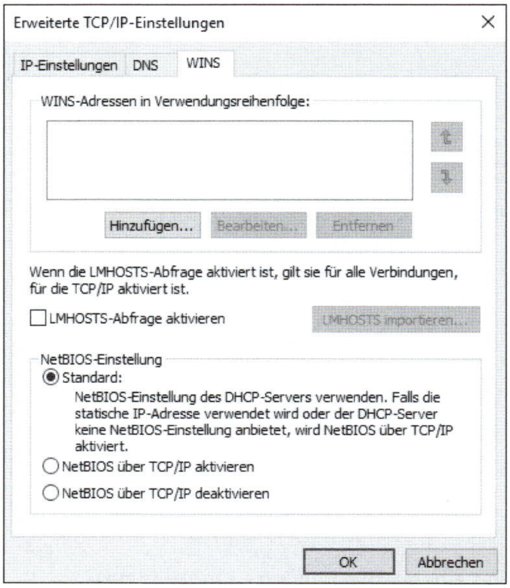

Abbildung 4.19 Option zum Aktivieren bzw. Deaktivieren von »NetBIOS over TCP/IP«

Das Dilemma mit NetBIOS ist die fehlende Möglichkeit, FQDNs über mehrere Domänen abzufragen, und die Tatsache, dass viele Abfragen für NetBIOS über einen Broadcast erfolgen. Wenn Sie also testen möchten, ob Sie noch die NetBIOS-Namensauflösung benötigen, können Sie bei ausgewählten Clients und Servern diese Option deaktivieren und prüfen, ob die Systeme und Anwendungen fehlerfrei funktionieren. Alternativ können Sie im Netzwerk überwachen, ob NETBIOS-NAMENSAUFLÖSUNGSVERKEHR zu finden ist. Um eine NetBIOS-Namensauflösung ohne Broadcast zu realisieren, kann ein *WINS-Server (Windows Internet Name Service)* bereitgestellt werden. Die Clients senden die Anfragen dann an diesen Server und führen – sofern konfiguriert – eine Registrierung bei diesem Server durch. Haben Sie keinen WINS-Server bereitgestellt, können die Systeme eine Namensauflösung über NetBIOS nur im lokalen Subnetz durchführen, da die NetBIOS-Broadcasts nicht vom Router in andere Netzwerksegmente weitergeleitet werden. Diese Tatsache kann Ihnen auch helfen, NetBIOS-Datenverkehr im lokalen Subnetz zu finden. Dazu können Sie mit einem Netzwerksniffer im jeweiligen Subnetz prüfen, ob jemand noch NetBIOS-Namen auflösen will.

Ähnlich wie bei DNS gibt es auch bei der NetBIOS-Namensauflösung festgelegte Reihenfolgen, in denen der Client bestimmte Aktionen ausführt. Hier gibt es auch einen Cache, eine Textdatei für eine lokale Konfiguration (*lmhosts*), einen WINS-Server und schlimmstenfalls einen Broadcast an alle Systeme im lokalen Subnetz.

In Netzwerken, in denen aktuelle Systeme und Anwendungen betrieben werden, sollten Sie prüfen, ob NetBIOS over TCP/IP deaktiviert werden kann.

4.7 DHCP

Das *Dynamic Host Configuration Protocol (DHCP)* ist für die Vergabe von IP-Adressen an Endgeräte im lokalen Netzwerk verantwortlich. Obwohl der DHCP-Server für die Vergabe von IP-Adressen nicht zwingend notwendig ist, gibt es kaum Netzwerke, die ihn nicht einsetzen.

4.7.1 Was ist DHCP?

Je größer ein Netzwerk ist, desto komplexer und zeitaufwendiger ist die Konfiguration einer solchen Umgebung. Um deren Konfiguration zu erleichtern, wird ein DHCP-Server verwendet. Der Server kann alle notwendigen Netzwerkinformationen an alle angeschlossenen Endgeräte verteilen und die Einstellung zentral verwalten.

Tabelle 4.19 stellt die Nachteile der manuellen Konfiguration und die Vorteile der automatischen Konfiguration durch den DHCP-Server einander gegenüber. Wir haben für unsere Beispiele diese Variante gewählt, da es kaum Vorteile bei der manuellen Konfiguration und unserer Meinung nach eigentlich keine Nachteile bei der automatischen Konfiguration gibt.

Nachteile der manuellen Konfiguration	Vorteile von DHCP
Falsche Konfiguration kann zu Netzwerkfehlern führen.	Durch die zentrale Konfiguration gibt es schneller Korrekturmöglichkeiten.
Eine einheitliche Konfiguration der Clients ist nicht wahrscheinlich.	einheitliche Konfiguration der Endgeräte durch Server- und Bereichsoptionen
hoher Aufwand bei Veränderung der Netzwerkkonfiguration (z. B. Ortswechsel)	automatische Aktualisierung der Netzwerkkonfiguration bei Veränderungen (z. B. Ortswechsel)
Die IP-Konfiguration muss auf jedem Client durchgeführt werden.	Die IP-Konfiguration erfolgt automatisch.

Tabelle 4.19 Warum Sie DHCP einsetzen sollten

4.7.2 IP-Adressen vergeben und erneuern

Bei IP-Adresssen geht es hauptsächlich darum, wie sie vergeben und erneuert werden.

IP-Adressvergabe

Sobald ein Endgerät gestartet wird oder der Status der Netzwerkverbindung zu »aktiv« wechselt, fragt das Endgerät mit einem Broadcoast einen DHCP-Server *(DHCP-DISCOVER)* nach einer IP-Adresse. Alle DHCP-Server im Netzwerk antworten auf die Anfragen *(DHCP-OFFER)* und markieren die IP-Adresse in ihrer Datenbank, sodass die IP-Adresse nicht doppelt angeboten werden kann.

Das Endgerät erhält die Antwort, entscheidet sich für eine IP-Adresse – in der Regel ist es die erste Antwort, die das Endgerät erhält – und fordert die IP-Adresse bei dem DHCP-Server an, der diese angeboten hat *(DHCP-REQUEST)*. In der Anforderung sind bereits die Daten des DHCP-Servers enthalten, sodass die anderen DHCP-Server erkennen, dass es sich um eine Absage handelt und sie die reservierte IP-Adresse in ihrer Datenbank wieder freigeben können. Der DHCP-Server, an den der DHCP-REQUEST adressiert war, antwortet mit einer Bestätigung *(DHCP-ACKNOWLEDGE)* inklusive der Gültigkeitsdauer der IP-Adresse. Nachdem das Endgerät die Konfiguration erhalten hat, sendet es noch einmal einen ARP-Request, um zu prüfen, ob kein anderes Gerät im Netzwerk (statische Konfiguration auf dem Endgerät) die zugewiesene IP-Adresse hat.

Den gesamten Vorgang nennt man auch *Lease-Vergabe*. Da er als Broadcast erfolgt, wurden alle im Netzwerk befindlichen Systeme über den Vorgang informiert.

IP-Adressen-Erneuerungsverfahren (Lease-Erneuerung)

Findet die Lease-Erneuerung nach einem Neustart des Rechners statt, überspringt dieser den *DHCP-DISCOVER*, wendet sich direkt an den DHCP-Server, von dem er die letzte IP-Adresse bezogen hat, und sendet das Paket als Broadcast. Der Rechner bezieht die Adresse dann von dem DHCP-Server, der zuerst antwortet.

Der Rechner erneuert die Lease bei jedem Neustart, beim Wechsel der Netzwerkverbindung, wenn die Lease-Zeit abgelaufen ist oder manuell durch Befehlseingabe. Diese Lease-Erneuerung ist dann erst mal eine Unicast-Verbindung, da der Rechner die IP-Adresse bei dem DHCP-Server erneuern will, von dem er sie erhalten hat. Ist der DHCP-Server nicht erreichbar, verwendet der Client wieder einen Broadcast und fragt nach verfügbaren DHCP-Servern.

Durch Eingabe des Kommandos `ipconfig /release` gibt der Client die Lease frei und hebt die Zuordnung der Netzwerkkarte zur IP-Adresse auf. Mit dem Kommando `ipconfig /renew` wird die manuelle Lease-Erneuerung angestoßen.

4.7.3 Automatische Vergabe von privaten IP-Adressen (APIPA)

Wenn mal kein DHCP-Server verfügbar ist oder der Client diesen nicht erreichen kann, weist sich der Client eigenständig eine IP-Adresse aus dem Bereich `169.254.0.0/16` zu. Dieser Bereich ist extra dafür reserviert und wird für eine störungsfreie Kommunikation der Rechner im gleichen Netzsegment genutzt. Durch diese Verbindung können die Rechner trotzdem Daten austauschen.

Bevor der Client diese Adresse aber nutzt, ermittelt er per ARP, ob die Adresse noch frei ist. Wenn ja, verwendet er sie, wenn nicht, nimmt er die nächste Adresse aus dem Bereich und fragt wieder per ARP an. Dies geschieht so lange, bis er eine freie IP-Adresse gefunden hat. Jedoch ist keine Routerfunktion gegeben, da APIPA keine Gateways kennt. Wenn der Rechner eine IP-Adresse aus dem APIPA-Bereich verwendet, führt er trotzdem alle 5 Minuten einen *DHCP-DISCOVER* durch, um mögliche DHCP-Server zu finden und die Vergabe wieder per Lease durchzuführen.

4.7.4 Aufbau eines DHCP-Datenpakets

Das DHCP-Protokoll befindet sich auf Schicht 4 des TCP/IP-Protokollstapels und nutzt zur Kommunikation das Transportprotokoll UDP sowie die Ports:

- 67: Server&Relay Agent
- 68: Client

In Tabelle 4.20 sind die Daten eines DHCP-Datenpakets aufgeschlüsselt.

Bezeichnung	Größe	Beschreibung/Wert
Operation	1 Byte	1 = Anforderung, 2 = Request
Hardware Type	1 Byte	Netztyp

Tabelle 4.20 Daten eines DHCP-Pakets

Bezeichnung	Größe	Beschreibung/Wert
Hardware Length	1 Byte	Länge der physikalischen Adresse
Hops	1 Byte	Anzahl der DHCP-Relay-Agents bis zum Server
Transaction ID	8 Byte	ID der Verbindung zwischen DHCP-Client und -Server
Seconds	4 Byte	Zeit in Sekunden seit dem Start des Clients

Tabelle 4.20 Daten eines DHCP-Pakets (Forts.)

Die restlichen Zeilen sind in Tabelle 4.21 beschrieben.

<table>
<tr><td>0</td><td>7</td><td>15</td><td>23</td><td>31</td></tr>
<tr><td>Operation</td><td>Hardware Type</td><td>Hardware Length</td><td colspan="2">Hops</td></tr>
<tr><td colspan="5">Transaction ID</td></tr>
<tr><td colspan="2">Seconds</td><td colspan="3">Unused</td></tr>
<tr><td colspan="5">Client IP Address</td></tr>
<tr><td colspan="5">Your IP Address</td></tr>
<tr><td colspan="5">Server IP Address</td></tr>
<tr><td colspan="5">Gateway IP Address</td></tr>
<tr><td colspan="5">Client Hardware Address (max. 16 Byte)</td></tr>
<tr><td colspan="5">Server Host Name (max. 64 Byte)</td></tr>
<tr><td colspan="5">Boot File Name (max. 128 Byte)</td></tr>
<tr><td colspan="5">Vendor Specific Area (max. 312 Byte)</td></tr>
</table>

Tabelle 4.21 DHCP-Datenpaket

4.7.5 Installation eines DHCP-Servers unter Windows Server

Die Installation des DHCP-Servers erfolgt über den Server-Manager, in dem Sie die Rolle *DHCP-Server* hinzufügen (siehe Abbildung 4.20).

Zu Beginn werden die Vorbemerkungen, der Installationstyp und die Serverauswahl angezeigt, die Sie einfach bestätigen können – vorausgesetzt, Sie verwalten keine weiteren Server über den Server-Manager. Falls doch, müssen Sie in der Serverauswahl erst den Server auswählen, auf dem die Rolle installiert werden soll. Die Installation der Rolle erfolgt hier auf einem normalen Memberserver, der Mitglied in einer Domäne ist.

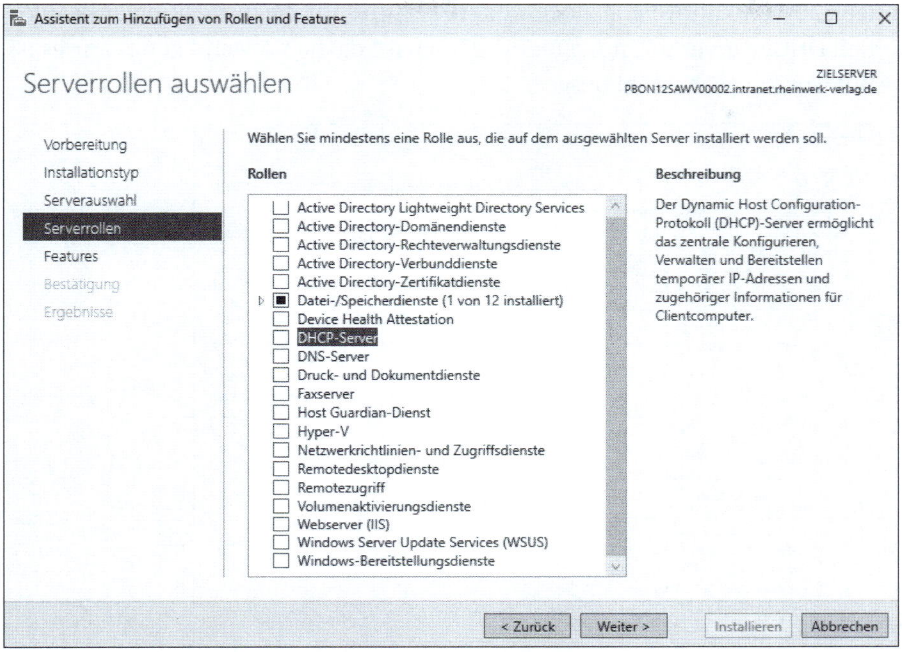

Abbildung 4.20 Auswahl der Serverrolle »DHCP-Server«

Nachdem Sie die Rolle *DHCP-Server* im Server-Manager ausgewählt haben (siehe Abbildung 4.20), erscheint die Frage, ob die erforderlichen Features inklusive Verwaltungstools (wenn vorhanden) mit installiert werden sollen. Hier empfehlen wir, auf jeden Fall FEATURES HINZUFÜGEN anzuklicken (siehe Abbildung 4.21). Wenn Sie diese Features jetzt nicht mit installieren, kann die Rolle später auf dem Server nicht verwaltet werden!

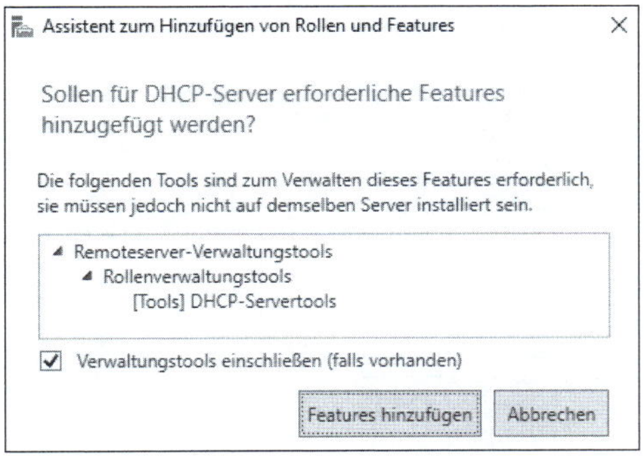

Abbildung 4.21 Auswahl der erforderlichen Features für den DHCP-Server (»Verwaltungstools einschließen«)

Sobald Sie im Fenster aus Abbildung 4.21 FEATURES HINZUFÜGEN anklicken, schließt sich das Fenster automatisch und Sie kehren zum letzten Fenster zurück. Die Rolle *DHCP-Server* ist nun ausgewählt und Sie können mit WEITER fortfahren.

Danach können Sie, wenn notwendig, noch weitere Features für die Installation auswählen, was aber für den DHCP-Server selbst nicht erforderlich ist, da die notwendigen Features bereits ausgewählt wurden (siehe Abbildung 4.22).

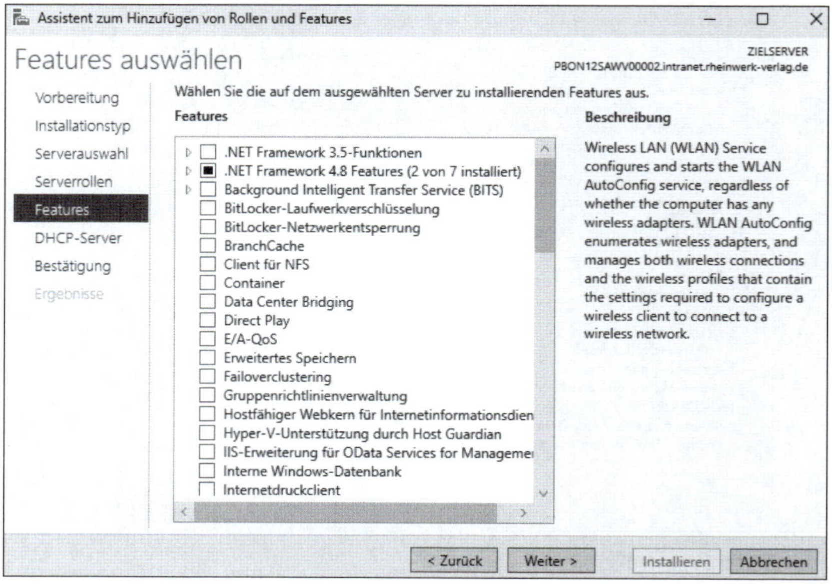

Abbildung 4.22 Feature-Auswahl

Auf der Seite DHCP-SERVER aus Abbildung 4.23 wird einmal kurz erklärt, was der DHCP-Server ist und welche Schritte vor seiner Inbetriebnahme zwingend notwendig sind.

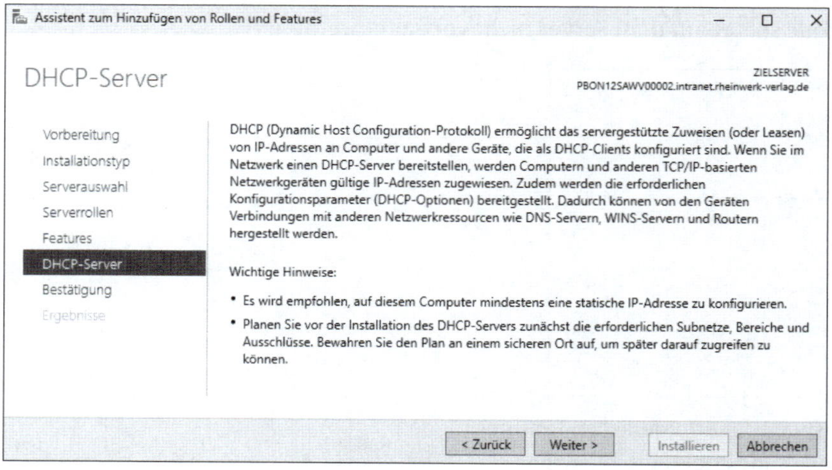

Abbildung 4.23 DHCP-Server – notwendige Hinweise

Sobald Sie in dem Fenster INSTALLATIONSAUSWAHL BESTÄTIGEN (siehe Abbildung 4.24) auf INSTALLIEREN klicken, beginnt die Installation der Rolle. Der Zielserver muss nach der Installation nicht neu gestartet werden, deswegen brauchen Sie den Haken bei ZIELSERVER BEI BEDARF AUTOMATISCH NEU STARTEN nicht zu setzen.

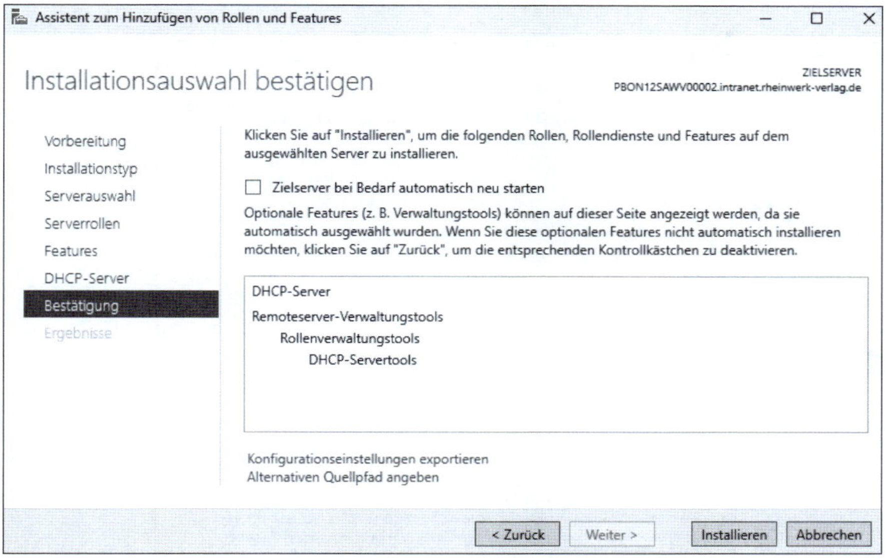

Abbildung 4.24 DHCP-Server – Installationszusammenfassung und Bestätigung der Auswahl

Während der Installation wird der aktuelle Stand wie in Abbildung 4.25 dargestellt. Sie können das Fenster aber auch über SCHLIESSEN ausblenden, da die Installation im Hintergrund läuft.

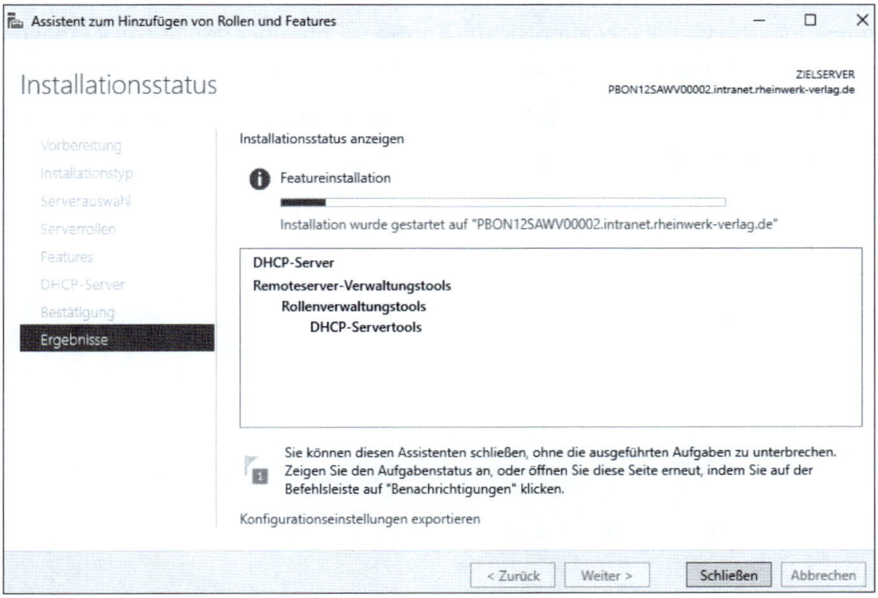

Abbildung 4.25 Die laufende Installation des DHCP-Servers

Sobald die Installation abgeschlossen ist (und sofern Sie das Fenster nicht geschlossen haben), wird im Dialog aus Abbildung 4.26 angezeigt, dass der DHCP-Server noch konfiguriert werden muss.

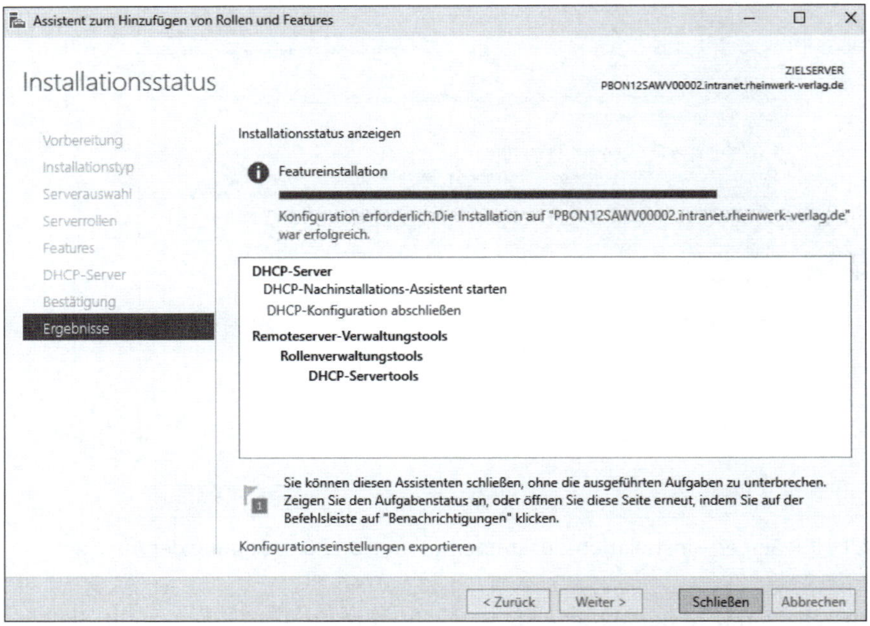

Abbildung 4.26 Die abgeschlossene Installation des DHCP-Servers

Hier können Sie direkt auf DHCP-KONFIGURATION ABSCHLIESSEN klicken. Falls das Fenster bereits vorher geschlossen wurde, beenden Sie die Konfiguration über den Server-Manager. Dort klicken Sie auf die Fahne oben rechts und wählen DHCP-KONFIGURATION AUSWÄHLEN.

Sobald Sie im Dialog aus Abbildung 4.27 auf COMMIT AUSFÜHREN geklickt haben, wird das Fenster aus Abbildung 4.28 angezeigt.

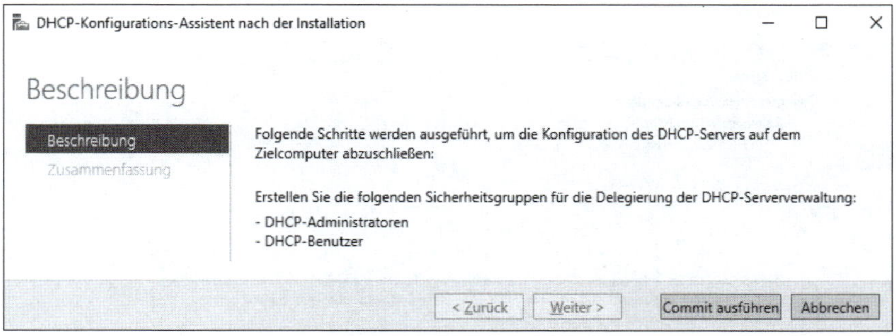

Abbildung 4.27 Notwendige Konfiguration nach der Installation des DHCP-Servers

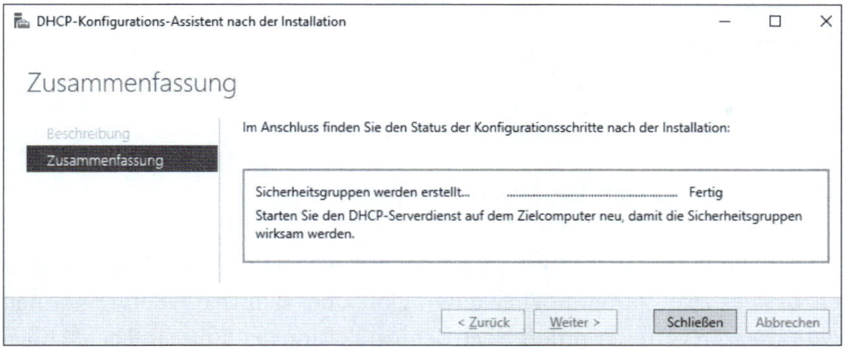

Abbildung 4.28 Der Commit wurde erfolgreich ausgeführt und es wurden Gruppen angelegt.

Die Gruppen wurden erfolgreich auf dem lokalen Server angelegt (also auf dem Server, auf dem gerade die Rolle installiert wurde).

Wenn Sie auf SCHLIESSEN klicken, ist die Installation der Rolle abgeschlossen und Sie können mit der Einrichtung des DHCP-Servers über den Server-Manager beginnen (siehe Abbildung 4.29). Für die Installation der Rolle sind lokale Administratorrechte auf dem Server notwendig. Wenn der DHCP-Server auf einem Mitgliedsserver installiert wird, muss dieser autorisiert werden. Hierfür sind mindestens Domänenadministratorrechte notwendig. Hat die Installationskennung ausreichende Rechte, wird die Autorisierung in diesem Schritt automatisch mit durchgeführt.

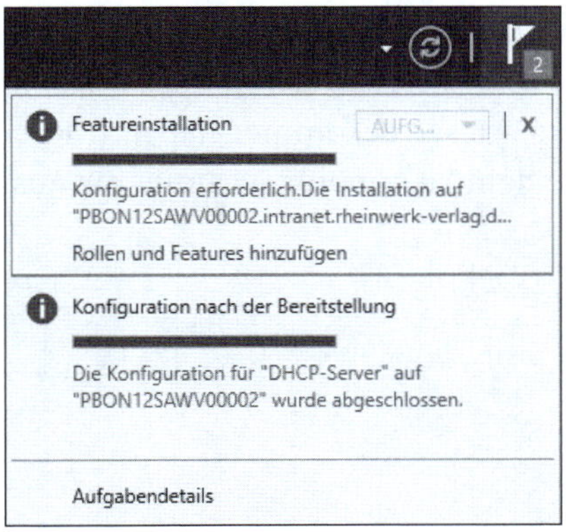

Abbildung 4.29 Die Fahne im Server-Manager nach der Installation des DHCP-Servers mit zwei Hinweisen

4.7.6 Konfiguration eines DHCP-Servers nach der Installation der Rolle

Die Konfiguration des frisch installierten DHCP-Servers erfolgt über die DHCP-Konsole, die Sie im Server-Manager unter TOOLS (siehe Abbildung 4.30) oder durch Eingabe von `dhcpmgmt.msc` im Startmenü aufrufen können.

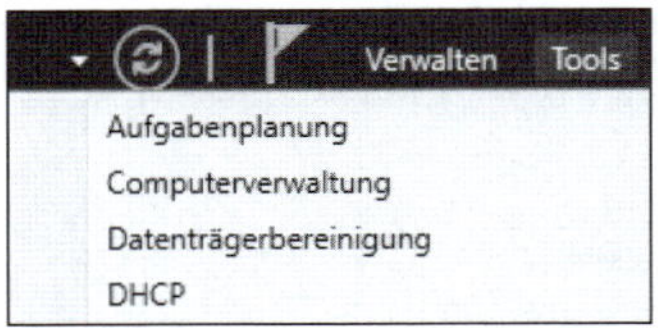

Abbildung 4.30 Der Server-Manager mit dem Menüpunkt »Tools«

Wenn die DHCP-Konsole gestartet wurde, klappt auf der linken Seite die komplette Struktur auf und Sie sehen, dass es zwei Verteilmöglichkeiten gibt: Über den DHCP-Server können nun IPv4- und IPv6-Adressen verteilt werden. Nach der Installation der Rolle sind beide noch deaktiviert und müssen vor der Nutzung aktiviert werden.

Der Vergabe der IP-Adresse erfolgt entweder über *BOOTP (Bootstrap Protocol)* oder über DHCP.

Autorisierung des DHCP-Servers

Zuerst sollte die Autorisierung des DHCP-Servers im Active Directory erfolgen, da dieser Schritt später gern vergessen wird und man sich dann wundert, warum der aktivierte Bereich nicht aktiv angezeigt wird und keine IP-Adressen verteilt werden.

Die Autorisierung ist eine reine Sicherheitsmaßnahme, damit in einem AD nur autorisierte Server IP-Adressen verteilen können. Die Autorisierung kann über die DHCP-Konsole (siehe Abbildung 4.31), `netsh` oder die PowerShell erfolgen. Der angemeldete Nutzer muss entweder über die Berechtigung *Organisations-Administrator* oder *Domänen-Administrator* der *Root-Domäne* verfügen oder innerhalb von *AD-Standorte und -Dienste* auf dem Punkt NETSERVICES das entsprechende Recht per Objektverwaltung zugewiesen bekommen haben. (Dieser Punkt wird erst angezeigt, wenn Sie in der Konsole unter dem Menüpunkt ANSICHT die Auswahl DIENSTKNOTEN ANZEIGEN angeklickt haben.)

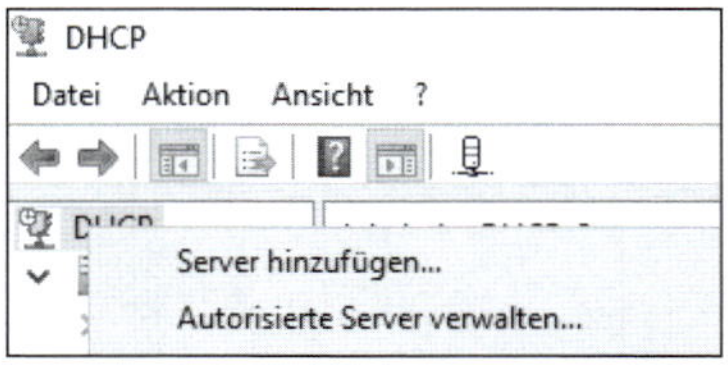

Abbildung 4.31 Auswahl »Autorisierte Server verwalten«

In dem Fenster, das nun erscheint (siehe Abbildung 4.32), kann der DHCP-Server durch einen Klick auf AUTORISIEREN im AD autorisiert werden.

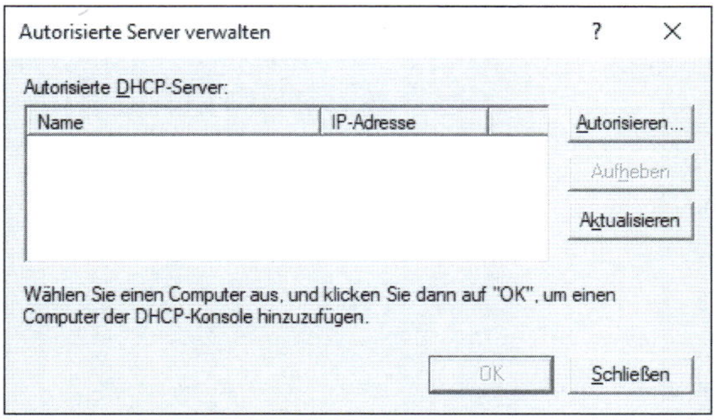

Abbildung 4.32 Autorisierte Server verwalten

Im Dialog aus Abbildung 4.33 müssen Sie die IP-Adresse oder den DNS-Namen des DHCP-Servers eintragen und mit OK bestätigen. Wenn es mehrere DHCP-Server in Ihrer Umgebung gibt, die autorisiert werden sollen, wiederholen Sie die folgenden Schritte einfach so oft, bis alle autorisiert sind.

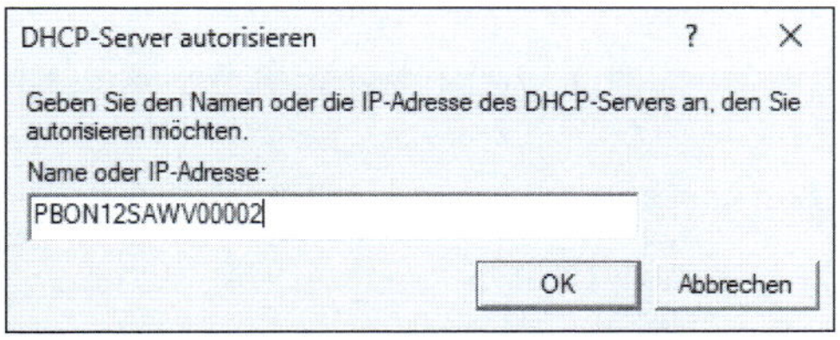

Abbildung 4.33 Der DNS-Name des Servers, der autorisiert werden soll

Der DNS-Name wird in eine IP-Adresse aufgelöst und, wenn dies erfolgreich war, im folgenden Fenster angezeigt (siehe Abbildung 4.34). Ist die aufgelöste IP-Adresse die richtige, autorisieren Sie den DHCP-Server im AD, indem Sie auf OK klicken.

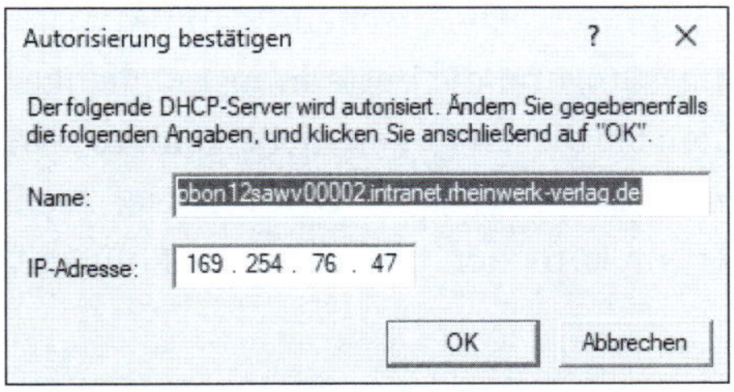

Abbildung 4.34 Ermittelte IP-Adresse zum DNS-Namen

Nach der erfolgreichen Autorisierung im AD wird der DHCP-Server in der Liste der zu verwaltenden Server angezeigt (siehe Abbildung 4.35). Wenn alle DHCP-Server autorisiert sind, schließen Sie das Fenster mit OK.

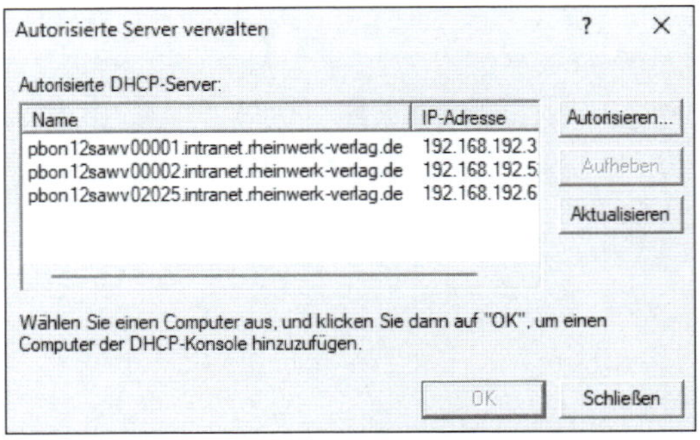

Abbildung 4.35 Autorisierte DHCP-Server

Eine weitere Variante, den DHCP-Server über die Konsole zu autorisieren, besteht darin, den Befehl AUTORISIEREN im Kontextmenü des DHCP-Servers zu wählen.

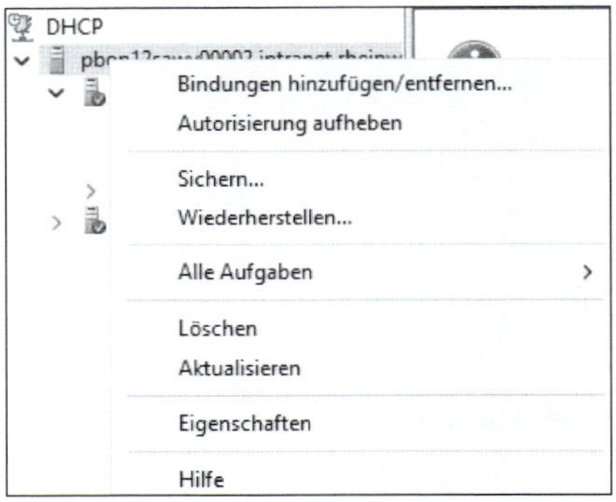

Abbildung 4.36 Autorisierung über das Kontextmenü des DHCP-Servers

War die Autorisierung erfolgreich, erscheint keine Meldung mehr. Sie können den Zustand aber wieder über das Kontextmenü des DHCP-Servers prüfen. Hier erscheint dann AUTORISIERUNG AUFHEBEN als Menüpunkt (siehe Abbildung 4.36), und die Verteilungsmöglichkeiten erhalten einen grünen Haken in der Konsole. Sehen Sie diesen Haken nicht, kann es sein, dass Sie die Konsole einmal manuell aktualisieren müssen. Wird ein DHCP-Server nicht mehr benötigt, sollten Sie immer erst die Autorisierung aufheben und dann die Rolle entfernen.

Die Autorisierung des DHCP-Servers können Sie auch über `netsh` oder die PowerShell durchführen. Führen Sie den jeweiligen Befehl einfach auf dem DHCP-Server aus:

```
netsh dhcp add server PBON12SAWV00002
Add-DhcpServerInDC
```

Ob der DHCP-Server autorisiert wurde bzw. welche DHCP-Server im Active Diretory autorisiert sind, können Sie in der Konsole *Active Directory-Standorte und -Dienste* prüfen (siehe Abbildung 4.37). Um die Dienstknoten angezeigt zu bekommen, öffnen Sie die Konsole, klicken ganz oben auf ACTIVE DIRECTORY-STANDORTE UND -DIENSTE, wählen den Namen des Servers, mit dem die Konsole verbunden ist, und klicken dann auf ANSICHT • DIENSTKNOTEN ANZEIGEN.

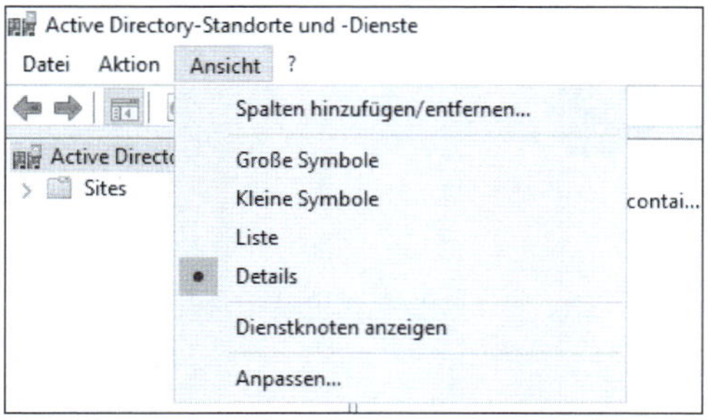

Abbildung 4.37 Der Menüpunkt »Dienstknoten anzeigen«

Sobald Sie diesen Punkt angeklickt haben, erscheint in der linken Hälfte der Unterpunkt SERVICES. In diesem wiederum sind die NETSERVICES enthalten, und unter diesen finden Sie die autorisierten DHCP-Server. Wenn Sie sich die eingestellten Berechtigungen im Unterpunkt NETSERVICES ansehen, erkennen Sie auch, welche Rechte für die Autorisierung eines DHCP-Servers in der Domäne notwendig sind. Wenn Sie die Rechte für die Autorisierung an eine bestimmte AD-Gruppe delegieren wollen, fügen Sie die Gruppe den Berechtigungen hinzu.

Einen neuen Bereich im DHCP-Server einrichten

Die Einrichtung des ersten Bereichs kann über einen Assistenten erfolgen, der die wichtigsten Punkte abfragt und die meisten dabei auch erklärt. Wählen Sie dazu NEUER BEREICH aus dem Kontextmenü aus (siehe Abbildung 4.38).

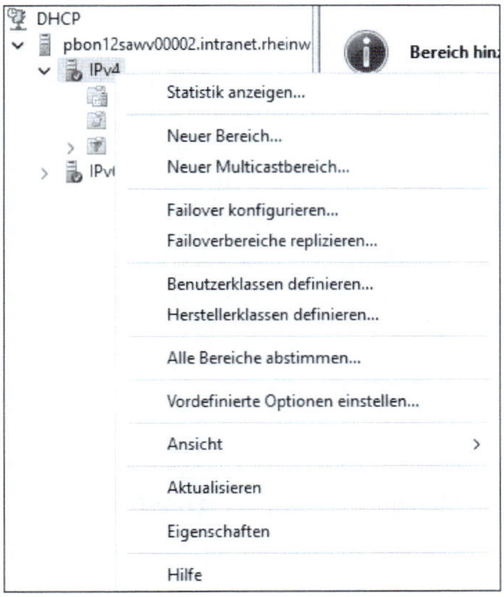

Abbildung 4.38 Hinzufügen eines neuen Bereichs und Nutzung des Assistenten

Die Willkommensseite können Sie wieder einfach überspringen. Im folgenden Fenster (siehe Abbildung 4.39) fügen Sie den Bereichsnamen und die Beschreibung hinzu. Hier empfiehlt es sich, die zukünftige Verwendung des Bereichs einzutragen.

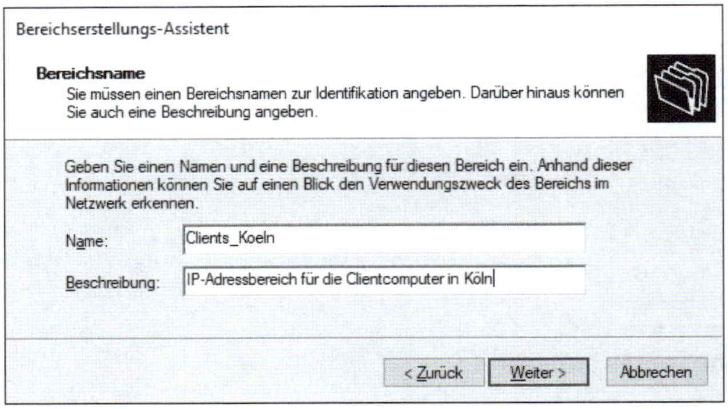
Bereichserstellungs-Assistent
Bereichsname
Sie müssen einen Bereichsnamen zur Identifikation angeben. Darüber hinaus können Sie auch eine Beschreibung angeben.
Geben Sie einen Namen und eine Beschreibung für diesen Bereich ein. Anhand dieser Informationen können Sie auf einen Blick den Verwendungszweck des Bereichs im Netzwerk erkennen.
Name:
Clients_Koeln
Beschreibung:
IP-Adressbereich für die Clientcomputer in Köln
< Zurück
Weiter >
Abbrechen

Abbildung 4.39 Tragen Sie den Namen und die Beschreibung des neuen Bereichs ein.

Im Fenster aus Abbildung 4.40 definieren Sie den neuen Bereich, indem Sie die Start- und End-IP-Adresse sowie die Subnetzmaske für den Bereich festlegen. Planen Sie vor der Einrichtung Ihr Netzwerk genau, damit Sie die Bereiche später nicht mehr anpassen müssen. Die Subnetzmaske wird automatisch eingefügt und richtet sich nach der ersten Zahl der Netz-ID, kann bei Bedarf aber angepasst werden.

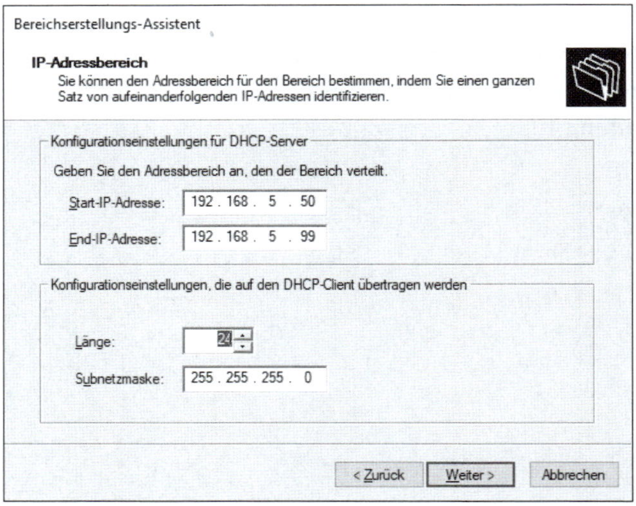
Bereichserstellungs-Assistent
IP-Adressbereich
Sie können den Adressbereich für den Bereich bestimmen, indem Sie einen ganzen Satz von aufeinanderfolgenden IP-Adressen identifizieren.
Konfigurationseinstellungen für DHCP-Server
Geben Sie den Adressbereich an, den der Bereich verteilt.
Start-IP-Adresse:
192 . 168 . 5 . 50
End-IP-Adresse:
192 . 168 . 5 . 99
Konfigurationseinstellungen, die auf den DHCP-Client übertragen werden
Länge:
24
Subnetzmaske:
255 . 255 . 255 . 0
< Zurück
Weiter >
Abbrechen

Abbildung 4.40 IP-Adressbereich und Subnetzmaske

Innerhalb eines definierten IP-Bereichs können Ausschlüsse und eine Verzögerung eingerichtet werden (siehe Abbildung 4.41).

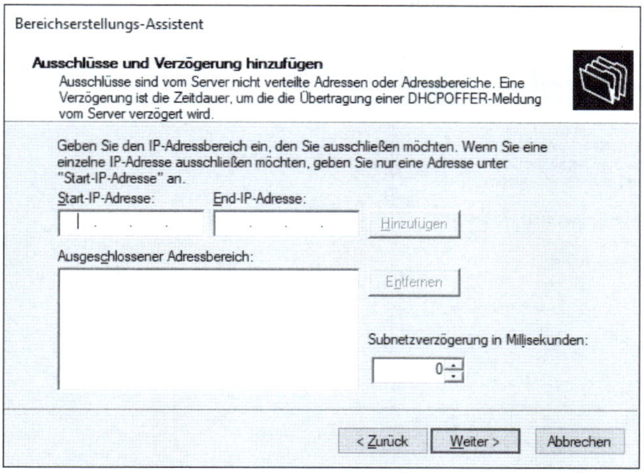
Bereichserstellungs-Assistent
Ausschlüsse und Verzögerung hinzufügen
Ausschlüsse sind vom Server nicht verteilte Adressen oder Adressbereiche. Eine Verzögerung ist die Zeitdauer, um die die Übertragung einer DHCPOFFER-Meldung vom Server verzögert wird.
Geben Sie den IP-Adressbereich ein, den Sie ausschließen möchten. Wenn Sie eine einzelne IP-Adresse ausschließen möchten, geben Sie nur eine Adresse unter "Start-IP-Adresse" an.
Start-IP-Adresse:
End-IP-Adresse:
Hinzufügen
Ausgeschlossener Adressbereich:
Entfernen
Subnetzverzögerung in Millisekunden:
0
< Zurück
Weiter >
Abbrechen

Abbildung 4.41 Ausschlüsse und Verzögerungen

Ausschlüsse bzw. *ausgeschlossene Bereiche* sind IP-Adressen, die von anderen Netzwerkkomponenten (z. B. Routern) bereits genutzt werden und die für die dynamische Verteilung nicht zur Verfügung stehen. Durch die Definition der ausgeschlossenen Bereiche müssen die IP-Adressen, die manuell an den Netzwerkkomponenten eingerichtet wurden, nicht einzeln in den Reservierungen eingetragen werden.

Über die Option SUBNETZVERZÖGERUNG IN MILLISEKUNDEN konfigurieren Sie eine Verzögerung bei der *DHCP-Offer*-Meldung. Dies wurde in der Vergangenheit genutzt, wenn Adressbereiche zwischen mehreren DHCP-Servern aufgeteilt wurden *(Split Scope)* und man die Ausfallsicherheit erhöhen wollte. Der DHCP-Server, bei dem die Verzögerung eingerichtet wurde, antwortete nur auf die DHCP-Anfrage, wenn der primäre DHCP-Server zu langsam oder gar nicht antwortete.

Mit Windows Server 2012 wurde bereits die Failover-Option im DHCP-Server implementiert, weswegen die Definition von Verzögerungen nicht mehr notwendig ist. Durch die Failover-Option muss keine Aufteilung der Adressbereiche mehr erfolgen, sondern der gesamte Bereich ist auf allen DHCP-Servern vorhanden. Über die Verteilung entscheidet die Konfiguration des Failoverclusters.

In unserem Beispiel gibt es in dem Bereich keine Ausschlüsse und keine Verzögerungen.

Die *Leasedauer* (siehe Abbildung 4.42) beschreibt, wie lange ein Endgerät die dynamisch zugeteilte IP-Adresse verwenden darf. Ist die Leasedauer zur Hälfte abgelaufen, beantragt das Endgerät bereits eine neue IP-Adresse beim DHCP-Server und erneuert die Leasedauer. Ist der DHCP-Server nicht mehr erreichbar, gibt das Endgerät nach der eingestellten Zeit die IP-Adresse frei und wechselt automatisch zu einer APIPA-Adresse.

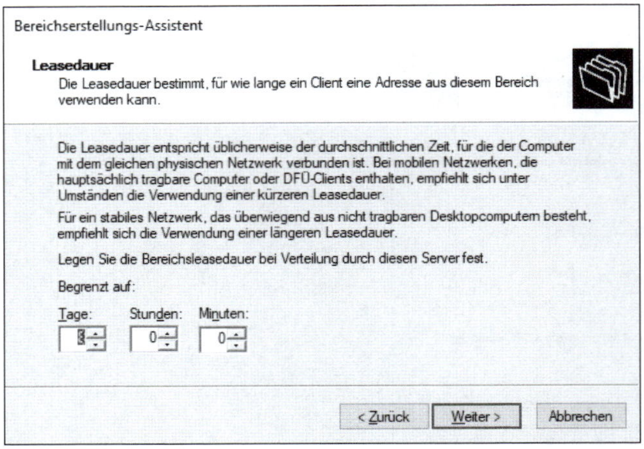
Bereichserstellungs-Assistent
Leasedauer
Die Leasedauer bestimmt, für wie lange ein Client eine Adresse aus diesem Bereich verwenden kann.
Die Leasedauer entspricht üblicherweise der durchschnittlichen Zeit, für die der Computer mit dem gleichen physischen Netzwerk verbunden ist. Bei mobilen Netzwerken, die hauptsächlich tragbare Computer oder DFÜ-Clients enthalten, empfiehlt sich unter Umständen die Verwendung einer kürzeren Leasedauer.
Für ein stabiles Netzwerk, das überwiegend aus nicht tragbaren Desktopcomputern besteht, empfiehlt sich die Verwendung einer längeren Leasedauer.
Legen Sie die Bereichsleasedauer bei Verteilung durch diesen Server fest.
Begrenzt auf:
Tage:
Stunden:
Minuten:
8
0
0
< Zurück
Weiter >
Abbrechen

Abbildung 4.42 Einrichtung der Leasedauer

Die Leasedauer sollte nicht zu lange und nicht zu kurz gewählt werden. Bei den meisten Endgeräten ist die vorgeschlagene Dauer von acht Tagen ausreichend. In Netzbereichen, in denen viele Notebooks immer wieder die Subnetze wechseln, empfiehlt es sich, die Leasedauer zu verkleinern, damit die Adressen schneller wieder freigegeben werden können.

Wenn Sie Änderungen an den durch DHCP verteilten Informationen durchführen (z. B. neue DNS-Server, Änderung der Range etc.), kann es daher bis zu acht Tage dauern, bis auch der letzte Client davon Kenntnis hat. Verkürzen Sie die Zeit, müssen Sie sich über die (Hoch-)Verfügbarkeitszeiten des DHCP-Servers Gedanken machen.

Im Dialog aus Abbildung 4.43 können Bereichsoptionen konfiguriert werden, z. B. das Standardgateway oder der DNS-Server. Dies sollten Sie, wenn die Einträge bereits bekannt sind, schon direkt über den Assistenten erledigen. In ihm werden wieder die wichtigsten Optionen abgefragt und direkt als Bereichsoption hinterlegt.

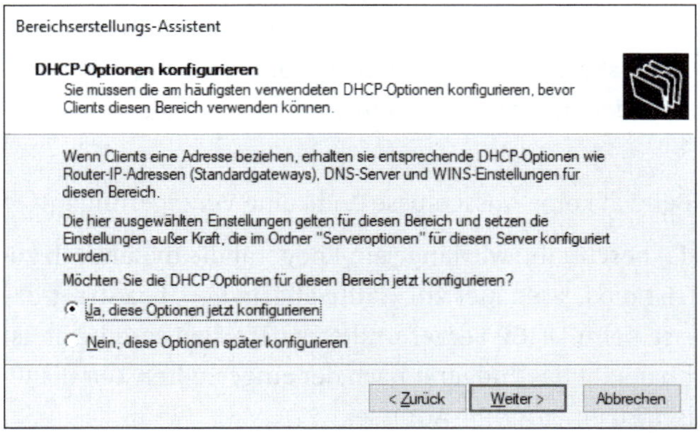
Bereichserstellungs-Assistent
DHCP-Optionen konfigurieren
Sie müssen die am häufigsten verwendeten DHCP-Optionen konfigurieren, bevor Clients diesen Bereich verwenden können.
Wenn Clients eine Adresse beziehen, erhalten sie entsprechende DHCP-Optionen wie Router-IP-Adressen (Standardgateways), DNS-Server und WINS-Einstellungen für diesen Bereich.
Die hier ausgewählten Einstellungen gelten für diesen Bereich und setzen die Einstellungen außer Kraft, die im Ordner "Serveroptionen" für diesen Server konfiguriert wurden.
Möchten Sie die DHCP-Optionen für diesen Bereich jetzt konfigurieren?
Ja, diese Optionen jetzt konfigurieren
Nein, diese Optionen später konfigurieren
< Zurück
Weiter >
Abbrechen

Abbildung 4.43 Möglichkeit zur Konfiguration der DHCP-Optionen

In den folgenden Fenstern, die wir nicht alle darstellen, können Sie das Standardgateway, die übergeordnete Domäne und die damit verbundenen DNS-Server und den WINS-Server (wenn noch vorhanden) festlegen. Zum Abschluss können Sie den Bereich bereits aktivieren (siehe Abbildung 4.44).

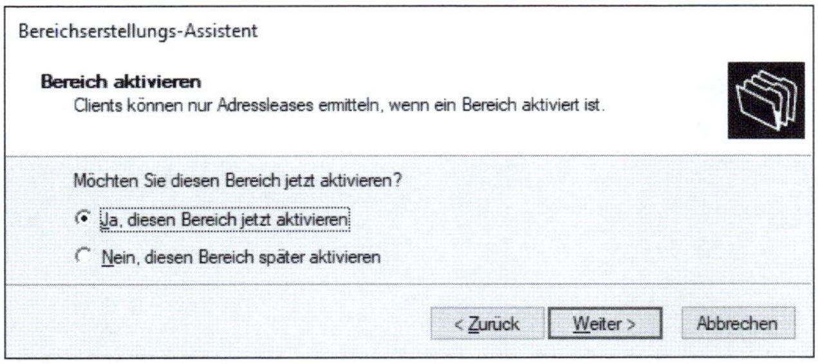

Abbildung 4.44 Aktivierungsmöglichkeit des Bereichs

Wird der Bereich aktiviert, beginnt der DHCP-Server (wenn er im AD bereits autorisiert wurde) mit der Verteilung der IP-Adressen, sobald er eine Anfrage aus dem Netzbereich erhält.

Bereichsgruppierungen

In den aktuellen Serverversionen können einzelne Bereiche auch zu Bereichsgruppierungen zusammengefasst werden. Dies dient der Übersichtlichkeit. Hier können zum Beispiel die Subnetze eines Standorts und die Verwendung des Bereichs als Gruppierungsname genutzt werden (siehe Abbildung 4.45).

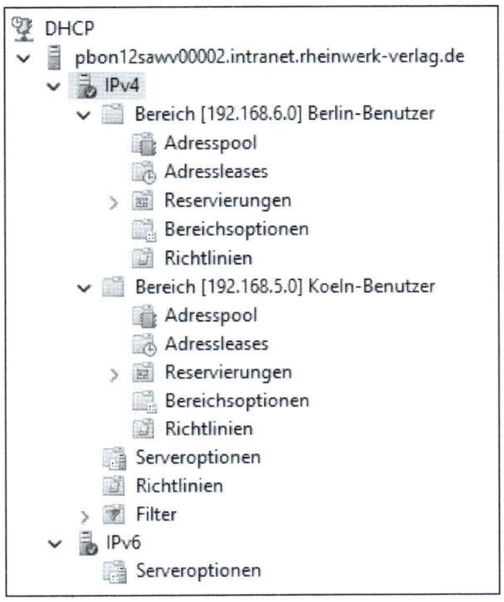

Abbildung 4.45 Darstellung einer erstellten Bereichsgruppierung

Bereichsgruppierung

Durch die Bereichsgruppierung wird ein Schutzmechanismus des DHCP-Servers ausgeschaltet. Normalerweise verteilt der DHCP-Server nur IP-Adressen an Komponenten im gleichen lokalen Subnetz, in dem er sich auch selbst befindet – es sei denn, die Anfrage erfolgt durch einen IP-Helper-Eintrag auf einem Switch. Wird die Bereichsgruppierung aktiviert und hat ein Client in einem bestimmten Bereich innerhalb der Gruppierung noch eine falsche Reservierung, so kann es zu Fehlern bei der IP-Adresszuweisung kommen, da der DHCP-Server nicht mehr den angefragten Bereich prüft.

Bereichs- und Serveroptionen

Die *Bereichsoptionen* sind Optionen, die nur innerhalb des festgelegten Bereichs gelten, wobei die *Serveroptionen* in allen Bereichen gültig sind.

Eine typische Bereichsoption ist das Standardgateway, und eine typische Serveroption ist der oder sind die Zeitserver.

Multicastbereiche

Multicastbereiche werden auch *MADCAP*-Bereiche genannt *(Multicast Address Dynamic Client Allocation Protocol)*. IP-Adressen des Multicastbereichs befinden sich im Bereich zwischen `224.0.0.0` bis `239.255.255.255` (`224.0.0.0/3`) und sind sogenannte IP-Adressen der Klasse D. Anwendungen, die die Multicastkommunikation unterstützen (z. B. *SCCM* bei der Betriebssystembereitstellung), nutzen diese Bereiche und reservieren sich darin eine IP-Adresse.

Durch die Multicastkommunikation kann ein Server problemlos mit mehreren Endgeräten gleichzeitig kommunizieren und damit auf Broadcasts im Netzwerk verzichten. Wenn die genutzte Anwendung Multicastadressen anfordern kann, können Sie auf dem DHCP-Server einen Multicastbereich für die Verteilung einrichten und die IP-Adresse mithilfe des DHCP-Servers an die Endgeräte verteilen. Verschiedene Anwendungen, die Multicastbereiche verwenden, liefern die Verteilfunktion aber bereits mit und es muss keine Konfiguration auf dem lokalen DHCP erfolgen. Wenn Sie den DHCP-Server für die Verteilung von Multicastadressen verwenden, können Sie dies über den Assistenten zum Erstellen von Multicastbereichen durchführen. Dabei müssen Sie die folgenden Eigenschaften definieren:

- **Name** – Name für den Multicastbereich
- **Beschreibung** – optionale Beschreibung des Multicastbereichs
- **IP-Adressbereich** – Geben Sie eine Start- und eine End-IP-Adresse an, die im Bereich zwischen `224.0.0.0` und `239.255.255.255` liegen muss. Der Bereich, den Sie verwenden wollen, muss mindestens 256 IP-Adressen enthalten.

- **Ausschlüsse** – Wie bei einem Standardbereich können Sie eine oder mehrere IP-Adressen ausschließen.
- **Leasedauer** – Der Standardwert ist 30 Tage.

Eine erfolgreiche Konfiguration für die Softwareverteilung über *PXE (Preboot Execution Environment)* sehen Sie in Abbildung 4.46.

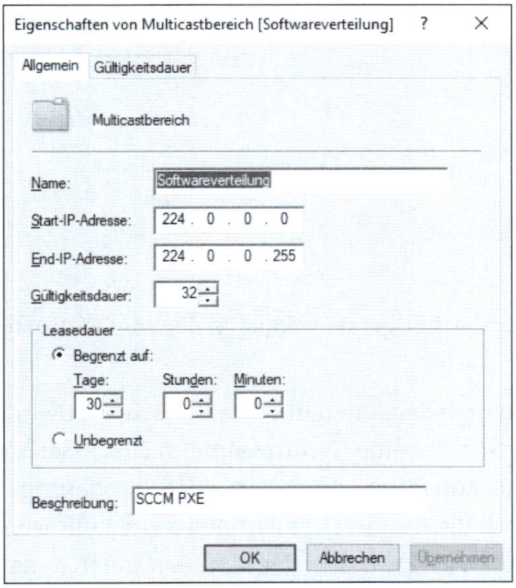

Abbildung 4.46 Darstellung eines Multicastbereichs am Beispiel der Softwareverteilung über PXE (SCCM = System Center Configuration Manager)

Reservierung

Reservierungen werden in DHCP verwendet, um einem Endgerät eine feste IP-Adresse zuzuweisen. Durch die Reservierung erhält das Endgerät immer die gleiche Adresse und ist somit immer über diese erreichbar. Dies wird z. B. für Netzwerkspeicher oder Drucker verwendet.

Die Vorteile einer Reservierung sind:

- Die reservierte IP-Adresse muss nicht aus dem Adressbereich ausgeschlossen werden.
- Wenn der Computer im Netzwerk ausgetauscht wurde, kann schnell dieselbe IP-Adresse zugewiesen werden.

Aufgrund praktischer Erfahrungen empfiehlt es sich, auch die Endgeräte, bei denen die IP-Adresse manuell vergeben wurde, als Reservierung einzutragen, da man auf diesem Weg einen schnellen Überblick über die verwendeten Adressen erhält und keine gesonderte Liste pflegen muss. Eine Reservierung fügen Sie unterhalb des Bereichs mit einem Rechtsklick auf den Ordner Reservierungen und dann durch die Auswahl von Neue Reservierung hinzu (siehe Abbildung 4.47).

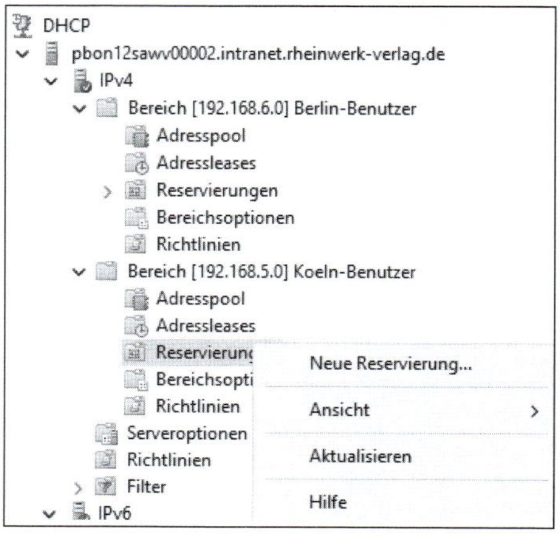

Abbildung 4.47 Eine neue Reservierung erstellen

Im folgenden Fenster werden die Eigenschaften des Endgeräts inklusive der MAC-Adresse hinterlegt (siehe Abbildung 4.48).

Klicken Sie auf HINZUFÜGEN, um den Eintrag zu erstellen, der dann direkt verwendet wird. Fragt ein Endgerät mit der eingetragenen MAC-Adresse eine IP-Adresse beim DHCP-Server an, wird die festgelegte IP-Adresse zugeteilt. Ist die Zuteilung erfolgt, wird der Reservierungsname durch den FQDN des Endgeräts ersetzt. Soll die IP-Adresse nicht mehr zugeteilt werden, kann die Reservierung wieder gelöscht werden und wandert damit in den freien dynamischen Pool.

Wurde die Reservierung erfolgreich erstellt, finden Sie sie unter RESERVIERUNGEN (siehe Abbildung 4.49). Unter dem Punkt ADRESSLEASES ist der Status der Reservierungen zu sehen.

Abbildung 4.48 Eingabe der notwendigen Felder für eine neue Reservierung

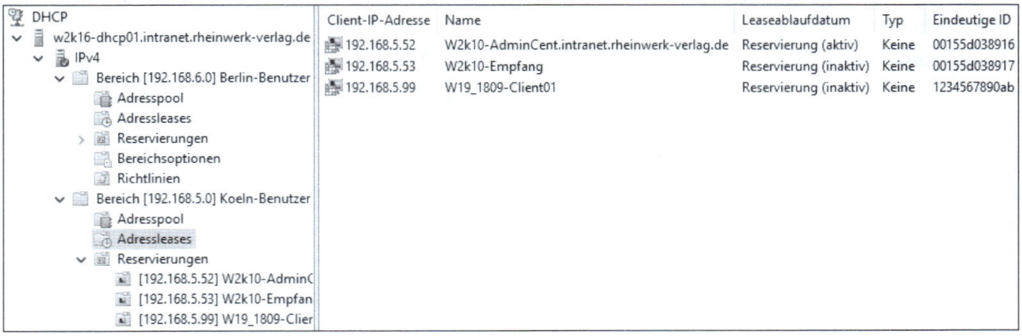

Abbildung 4.49 Erstellte Reservierungen mit Anzeige des aktuellen Status

4.7.7 Konfiguration eines DHCP-Failovers

Seit Windows Server 2012 gibt es die Möglichkeit, einen *DHCP-Failover* einzurichten. Dies erfolgt über das Kontextmenü auf dem Knoten IPv4, wenn das Failover beispielsweise für IPv4 eingerichtet werden soll. Hierfür werden dann die vorhandenen IP-Bereiche und der Partnerserver abgefragt. Die möglichen Partnerserver werden angezeigt und können, wenn es mehrere geben sollte, über das Dropdown-Feld aus Abbildung 4.50 ausgewählt werden.

Im folgenden Fenster (siehe Abbildung 4.51) können Sie die Failoverbeziehung konfigurieren und den Modus wählen. Als MODUS steht LASTENAUSGLEICH oder HOT STANDBY zur Verfügung.

Beim *Lastenausgleich* werden die Anfragen an alle DHCP-Server verteilt. Bei einem *Hot Standby* verteilt nur der aktive DHCP-Server die IP-Adressen: Fällt der aktive DHCP-Server aus, übernimmt der Standby-Server die Aufgabe. Bei der Konfiguration muss ein gemeinsamer geheimer Schlüssel für die Kommunikation unter den Partnern definiert werden.

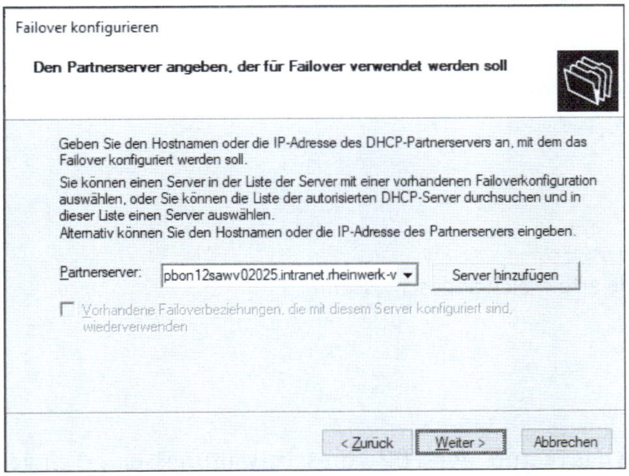

Abbildung 4.50 Failover, mögliche Partnerserver

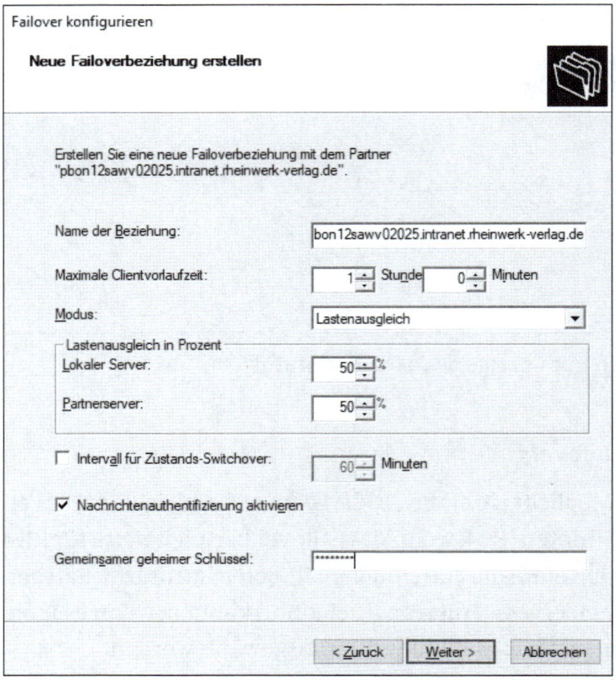

Abbildung 4.51 Konfiguration der Failoverbeziehung »Lastenausgleich«

Nach dem Klick auf WEITER wird noch eine Zusammenfassung angezeigt. Anschließend wird das Failover wie in Abbildung 4.52 konfiguriert.

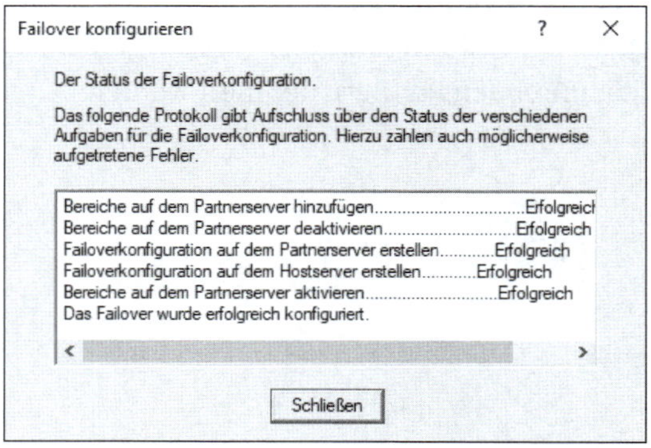

Abbildung 4.52 Die Konfiguration wurde erfolgreich abgeschlossen.

4.8 IPAM

Mit Windows Server 2012 wurde auch das Feature *IPAM* (IP-Adressverwaltungsserver) eingeführt. IPAM kann zum zentralen Verwalten des IP-Adressraums und der entsprechenden Infrastrukturserver, wie DNS und DHCP, genutzt werden und unterstützt die automatische Erkennung dieser Server in einer AD-Gesamtstruktur. Das Feature ermöglicht die Verwaltung von dynamischen und statischen IPv4- und IPv6-Bereichen, zeigt die zu erwartenden Trends in den Bereichen an und ermöglicht die Überwachung der DNS- und DHCP-Dienste in einem Netzwerk.

Mit IPAM können Sie alle DNS- und DHCP-Server zentral verwalten. Die Daten, die vom IPAM-Server ermittelt werden, speichert dieser in einer internen Windows-Datenbank; und ein Nutzer kann diese Daten auf einem SQL Server speichern. Der Server, auf dem das Feature installiert werden soll, sollte Mitglied einer Domäne und kein Domänencontroller sein.

4.8.1 Vorteile des IPAM

Durch den Einsatz des IP-Adressverwaltungsservers können die Rechte sehr klar delegiert werden. Durch die Verwendung der ASM- und MSM-Gruppen ist die Zuordnung sehr einfach und die Administratoren erhalten im IPAM nur die notwendigen Berechtigungen. Ein weiterer großer Vorteil ist, dass die Lease-Informationen für 180 Tage in der SQL-Datenbank des IPAM gespeichert werden. Durch diese Speicherung kann bei Bedarf für eine lange Zeit geprüft werden, welche Leases wann verwendet wurden, und Sie können nachvollziehen, welcher Client welche IP-Adresse zugewiesen bekommen hat. Der IPAM zeigt zudem eine Tendenz an, wie lange der bereitgestellte Adressbereich noch ausreichend ist, und warnt Sie aufgrund seiner Analyse rechtzeitig.

4.8.2 Installation des IPAM

Das Feature IPAM wird über den Server-Manager hinzugefügt und beim ersten Start konfiguriert (siehe Abbildung 4.53). Auch der Aufruf des Features IPAM erfolgt über den Server-Manager.

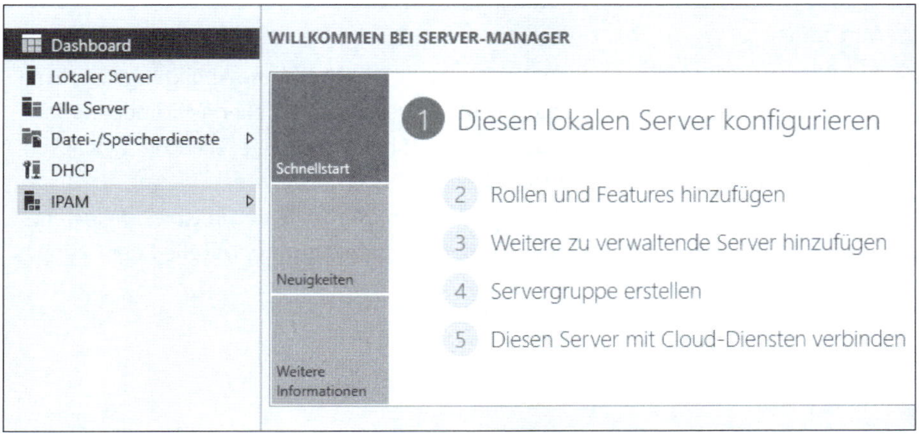

Abbildung 4.53 Start der IPAM-Konsole

Nach dem ersten Start des Features werden die IPAM-Serveraufgaben wie in Abbildung 4.54 dargestellt; sie können dann je nach Bedarf konfiguriert werden.

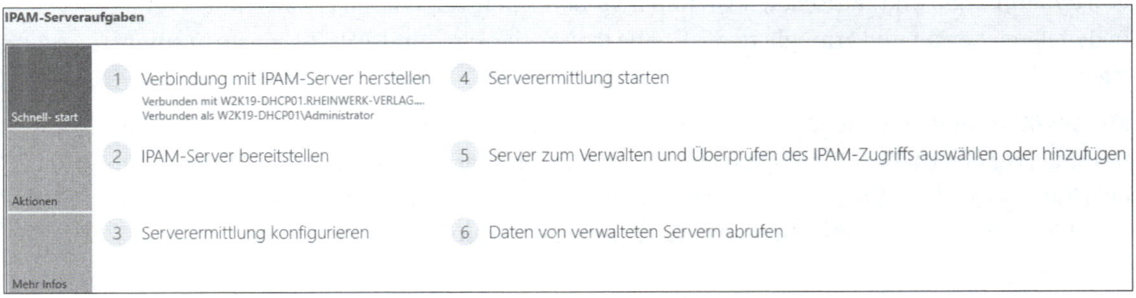

Abbildung 4.54 IPAM-Serveraufgaben für die Konfiguration des Features

4.8.3 Konfiguration des IPAM-Servers

Die Verbindung mit dem Server erfolgt automatisch und wird direkt in der Konsole angezeigt (siehe Punkt 1 in Abbildung 4.54).

Im Punkt IPAM-SERVER BEREITSTELLEN wird die IPAM-Datenbank erstellt (entweder als Windows-interne Datenbank oder auf einem SQL Server) und die Bereitstellungsmethode ausgewählt. Bei der manuellen Methode müssen Sie die Netzwerkfreigaben, die Sicherheitsgruppen und die Firewallregeln für jeden der verwalteten Server manuell konfigurieren. Bei der gruppenrichtlinienbasierten Methode werden die notwendigen Einstellungen durch Gruppenrichtlinien definiert und direkt nach der Erstellung durch den Assistenten mit der Domäne verknüpft, und die Sicherheitsfilterung wird angepasst. Diese Einstellungen können Sie später je nach Größe der Domäne verändern und direkt an die OUs der Serverobjekte anpassen. Bei dieser Methode muss ein GPO-Präfix (in unserem Beispiel »IPAM«) festgelegt werden.

Wahl der Methode

Wenn Sie die gruppenrichtlinienbasierte Methode gewählt haben (siehe Abbildung 4.55) und der Assistent beendet ist, können Sie später nicht wieder zur manuellen Methode zurückwechseln. Andersherum ist es jedoch über den PowerShell-Befehl `Set-IPamConfiguration` möglich. Mit dem Befehl `Invoke-IPAMGpoProvisioning -Domain rheinwerk-verlag.de -GpoPrefixName IPAM_` können die GPOs später in jeder Domäne (hier am Beispiel *rheinwerk-verlag.de*) erzeugt werden. Der Account, der den Befehl ausführt, muss Mitglied der Gruppe *Domänen-Administratoren* sein.

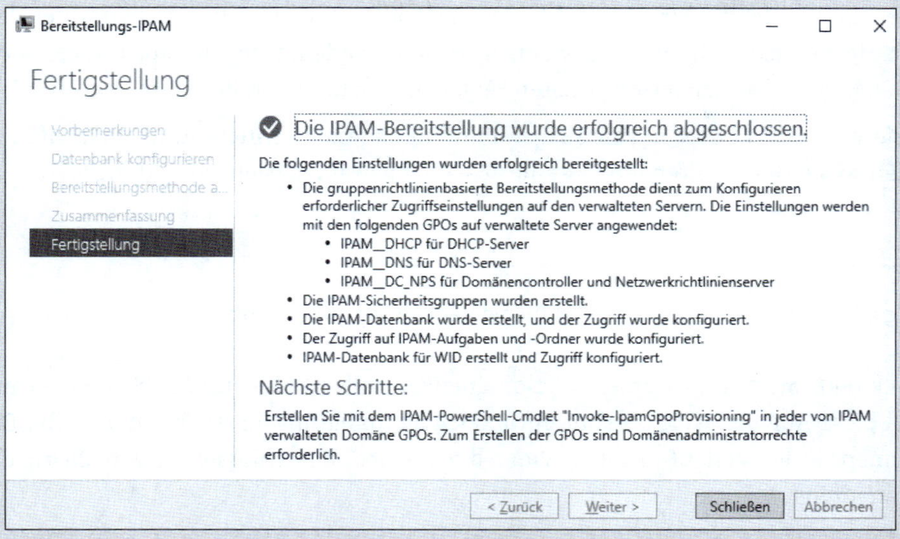
Bereitstellungs-IPAM
Fertigstellung
Vorbemerkungen
Datenbank konfigurieren
Bereitstellungsmethode a...
Zusammenfassung
Fertigstellung
Die IPAM-Bereitstellung wurde erfolgreich abgeschlossen.
Die folgenden Einstellungen wurden erfolgreich bereitgestellt:
• Die gruppenrichtlinienbasierte Bereitstellungsmethode dient zum Konfigurieren erforderlicher Zugriffseinstellungen auf den verwalteten Servern. Die Einstellungen werden mit den folgenden GPOs auf verwaltete Server angewendet:
• IPAM_DHCP für DHCP-Server
• IPAM_DNS für DNS-Server
• IPAM_DC_NPS für Domänencontroller und Netzwerkrichtlinienserver
• Die IPAM-Sicherheitsgruppen wurden erstellt.
• Die IPAM-Datenbank wurde erstellt, und der Zugriff wurde konfiguriert.
• Der Zugriff auf IPAM-Aufgaben und -Ordner wurde konfiguriert.
• IPAM-Datenbank für WID erstellt und Zugriff konfiguriert.
Nächste Schritte:
Erstellen Sie mit dem IPAM-PowerShell-Cmdlet "Invoke-IpamGpoProvisioning" in jeder von IPAM verwalteten Domäne GPOs. Zum Erstellen der GPOs sind Domänenadministratorrechte erforderlich.
< Zurück
Weiter >
Schließen
Abbrechen

Abbildung 4.55 Punkt 2 der Konfiguration der IPAM-Serveraufgaben wurde erfolgreich abgeschlossen.

Um die SERVERERMITTLUNG zu konfigurieren, klicken Sie zunächst auf GESAMTSTRUKTUREN (siehe Abbildung 4.56); das System ermittelt dann im Hintergrund die Gesamtstrukturen.

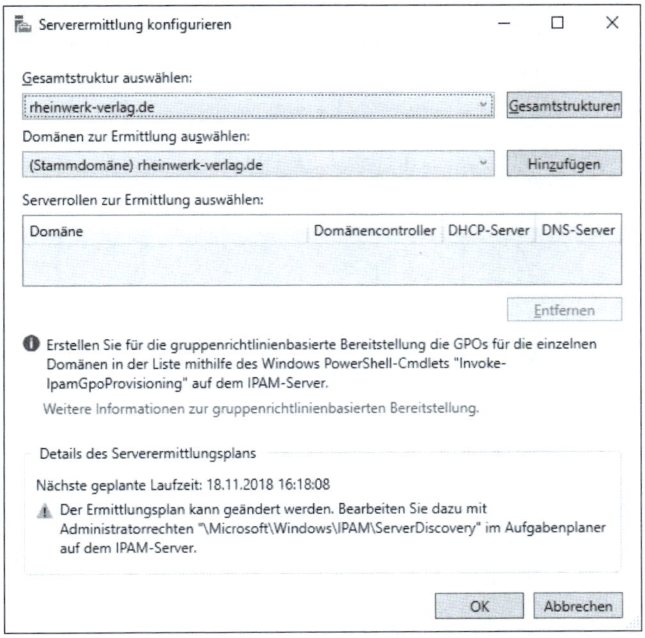
Serverermittlung konfigurieren
Gesamtstruktur auswählen:
rheinwerk-verlag.de
Gesamtstrukturen
Domänen zur Ermittlung auswählen:
(Stammdomäne) rheinwerk-verlag.de
Hinzufügen
Serverrollen zur Ermittlung auswählen:
Domäne
Domänencontroller
DHCP-Server
DNS-Server
Entfernen
Erstellen Sie für die gruppenrichtlinienbasierte Bereitstellung die GPOs für die einzelnen Domänen in der Liste mithilfe des Windows PowerShell-Cmdlets "Invoke-IpamGpoProvisioning" auf dem IPAM-Server.
Weitere Informationen zur gruppenrichtlinienbasierten Bereitstellung.
Details des Serverermittlungsplans
Nächste geplante Laufzeit: 18.11.2018 16:18:08
Der Ermittlungsplan kann geändert werden. Bearbeiten Sie dazu mit Administratorrechten "\Microsoft\Windows\IPAM\ServerDiscovery" im Aufgabenplaner auf dem IPAM-Server.
OK
Abbrechen

Abbildung 4.56 Nachdem die Hintergrundaufgabe beendet ist, wird die Serverermittlung konfiguriert

Sie können das Fenster direkt wieder schließen und sollten es erst nach Beendigung der Hintergrundaufgabe wieder öffnen. Denn wenn die Hintergrundaufgabe erfolgreich abgeschlossen werden konnte, werden die ermittelten Felder automatisch befüllt.

Klicken Sie auf HINZUFÜGEN, um die ausgewählte Domäne zur Konfiguration hinzuzufügen. Sie können so die zu verwaltenden Systeme aus- oder abwählen (siehe Abbildung 4.57).

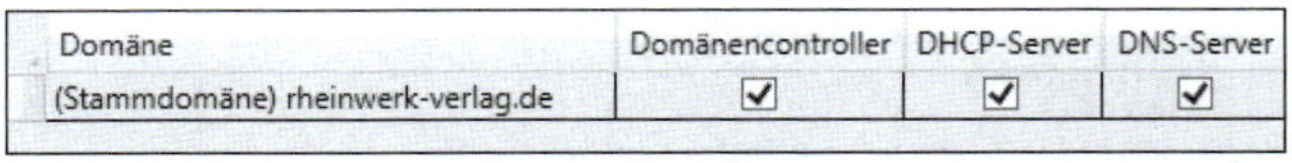

Abbildung 4.57 Alle Systeme sind im IPAM für die Verwaltung ausgewählt.

Bei der SERVERERMITTLUNG werden die Domänencontroller, DHCP- und DNS-Server ermittelt. Auch diese Aufgabe läuft im Hintergrund (siehe Abbildung 4.58). Über den Punkt DETAILS können Sie den Verlauf einsehen. Wenn die Aufgabe abgeschlossen ist, wird dies in der Konsole angezeigt.

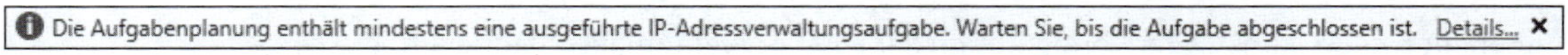

Abbildung 4.58 Darstellung des laufenden Hintergrundprozesses

Ist die Ermittlung beendet, können Sie mit Punkt 5, SERVER ZUM VERWALTEN UND ÜBERPRÜFEN DES IPAM-ZUGRIFFS AUSWÄHLEN ODER HINZUFÜGEN (siehe Abbildung 4.54), den Server verwalten. Dort finden Sie den bzw. die Server, die eine Rolle installiert haben, die Sie verwalten können. Mit einem Doppelklick auf den Server öffnen sich die Eigenschaften des Servers. Hier können Sie den VERWALTBARKEITSSTATUS auswählen (siehe Abbildung 4.59). Ändern Sie den Status auf VERWALTET, damit der IPAM für die Verwaltung genutzt werden kann.

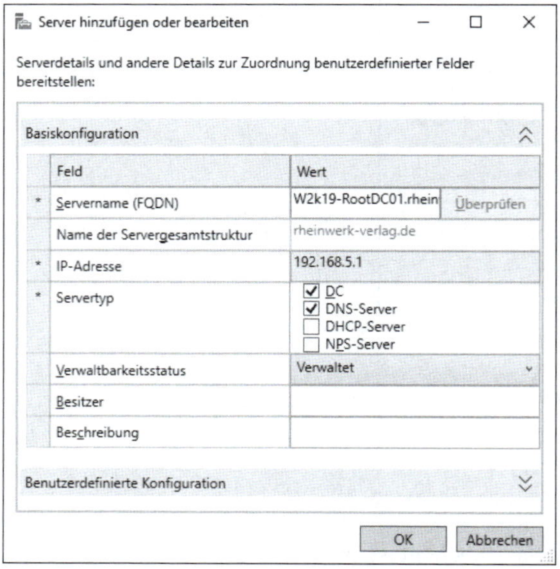

Abbildung 4.59 Eigenschaften des verwaltbaren Servers mit dem Verwaltbarkeitsstatus

Wenn der VERWALTBARKEITSSTATUS des Servers umgestellt ist, können Sie den Serverzugriffsstatus und alle dazugehörigen Serverdaten abrufen. Hierfür klicken Sie mit der rechten Maustaste auf den jeweiligen Server. Sie erhalten dann die Auswahlmöglichkeiten aus Abbildung 4.60.

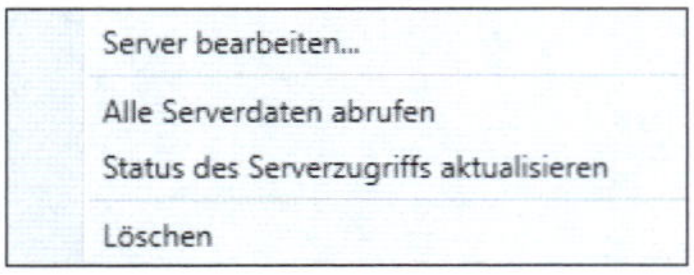

Abbildung 4.60 Die Eigenschaften des Servers

Sobald alle Daten abgerufen sind, ändert sich der Status des Servers (siehe Abbildung 4.61).

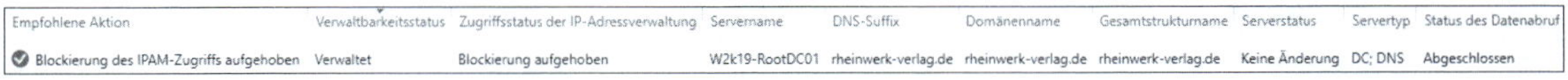

Abbildung 4.61 Statusfenster für Schritt 5 der IPAM-Konfiguration

Mit Schritt 6, DATEN VON VERWALTETEN SERVERN ABRUFEN, werden von allen eingetragenen Servern die Serverdaten abgerufen und die Informationen im IPAM bereitgestellt.

4.8.4 Mögliche Anpassungen des IPAM-Servers und Hinweise für den Betrieb

Alle gerade beschriebenen Schritte befinden sich in der Rubrik SCHNELL-START (siehe Abbildung 4.62). In dieser Rubrik können Sie z. B. weitere Server oder IPv4-Adressbereiche hinzufügen (siehe Abbildung 4.63).

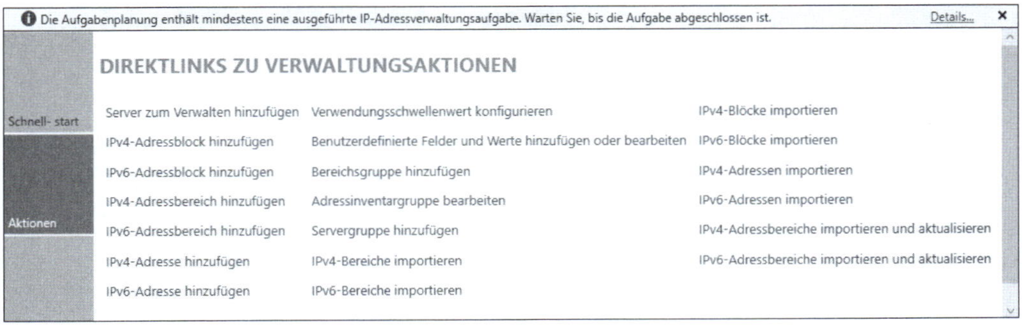

Abbildung 4.62 Aktionen des IPAM-Servers

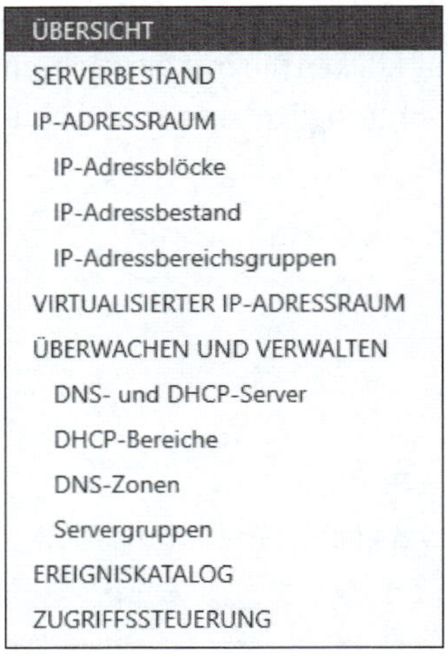

Abbildung 4.63 Übersicht der verwaltbaren Einstellungen der hinzugefügten Server

Ein Tipp zum Schluss: Wenn Sie die Server in Schritt 5 eingerichtet haben und der Serverzugriffsstatus der IP-Adressverwaltung weiter auf BLOCKIERT steht, hilft ein Neustart des betroffenen Servers, nachdem die Gruppenrichtlinien angewendet wurden. Verwenden Sie dazu den Befehl `gpupdate /force /target:computer`. Nach dem Neustart des betroffenen Servers und der Aktualisierung des Serverzugriffsstatus im IPAM wechselt der Zugriffsstatus auf BLOCKIERUNG AUFGEHOBEN.

Kapitel 5
Authentifizierungsprotokolle

In diesem Kapitel wollen wir Ihnen einen kurzen Überblick über die Authentifizierungsprotokolle LM, NTLM und Kerberos sowie über SPNs und die Kerberos-Delegierung geben. Zusätzlich geben wir Empfehlungen, welche Protokolle Sie nach Möglichkeit nicht mehr einsetzen sollten.

Wenn wir mit Kunden über *Authentifizierungsprotokolle* sprechen, stellen wir häufig fest, dass viele sich nie intensiver mit den Protokollen beschäftigt haben und ganz oft der Meinung sind, dass diese Beschäftigung Zeitverschwendung sei: »Wieso soll ich mich darum kümmern? Die Anmeldung funktioniert doch!«

Die Verwendung sicherer Authentifizierungsmethoden ist aber ein Schlüssel für die Sicherheit der IT-Infrastruktur und der Anmeldeinformationen. Widmen Sie ihnen also die Aufmerksamkeit, die ihnen zusteht!

Bevor wir nun mit den einzelnen Protokollen beginnen, definieren wir drei wesentliche Begriffe:

- *Identifikation* – »Ich bin der Peter«: Der Client »behauptet«, ein bestimmter Benutzer zu sein.
- *Authentifizierung* – »Ich bin der Peter und ich kann's beweisen«: Der Client beweist, dass er der Benutzer ist, zum Beispiel durch Eingabe eines Kennworts oder durch Kennwortinformationen *(Hash)*.
- *Autorisierung* – Die Autorisierung wird durch eine andere Instanz durchgeführt. Sie prüft die Authentifizierungsinformationen und gewährt dem Client die entsprechenden Rechte. Die autorisierende Instanz könnte also sagen: »Willkommen, Peter, komm rein und nimm dir 'nen Keks!«

Im Folgenden werden wir nun die einzelnen Protokolle vorstellen und in ihren Grundzügen beschreiben.

5.1 Domänenauthentifizierungsprotokolle

Für die Authentifizierung eines Benutzers oder eines Computers an einer Ressource, die zu einer Domäne gehört, stehen unterschiedliche Protokolle zur Verfügung. Um für Abwärtskompatibilität zu sorgen, sind unter Umständen noch alte unsichere Protokolle aktiv.

Aktualisierung der Domänencontroller

Falls Sie Anpassungen an den zu verwendenden Protokollen mithilfe von Gruppenrichtlinien vornehmen, werden diese Richtlinien nicht automatisch angepasst oder aktualisiert, wenn Sie die Betriebssysteme der Domänencontroller aktualisieren.

In diesem Kapitel legen wir den Schwerpunkt auf das *Kerberos-Authentifizierungsprotokoll*, da es dasjenige Protokoll ist, das Sie heutzutage verwenden sollten.

5.1.1 LanManager (LM)

Das *LM-Authentifizierungsprotokoll* (*LanManager* oder *LANMAN*) ist ein Authentifizierungsprotokoll, das um 1990 von IBM und Microsoft entwickelt wurde. Dabei werden die Kennwortinformationen gehasht, und dieser Hashwert wird gespeichert und übertragen. Ein *Hashwert* – oder auch ein *Hashing-Algorithmus* – stellt Folgendes sicher: Wenn die gleiche Eingabe (Text oder Datei) an den Algorithmus übergeben wird, wird am Ende immer der gleiche Hashwert ausgegeben. Ähnliche Eingaben müssen unterschiedliche Hashwerte liefern. Von einem Hashwert kann nicht auf den Eingabetext zurückgeschlossen werden. Die mathematischen Funktionen bei der Hash-Erzeugung basieren auf *Falltüralgorithmen*.

Sie kennen vermutlich Hashwerte von Downloads aus dem Internet, wo Sie eine Prüfsumme für eine Datei finden, die Sie herunterladen möchten. Dadurch können Sie prüfen, ob der Download korrekt ausgeführt wurde.

LM wurde eingeführt, als Windows 3.0 aktuell war. LM hat – wenn es um die Sicherheit geht – einige Probleme:

- Das eingegebene Kennwort wird in Blöcke mit jeweils 7 Zeichen aufgeteilt. Ist die Länge des Kennwortes kein Vielfaches von 7, wird mit Nullen (0) aufgefüllt.
- Die Kleinbuchstaben im Kennwort werden durch Großbuchstaben ersetzt, wodurch der mögliche verwendbare Zeichensatz für Kennwörter reduziert wird.
- Die einzelnen 7 Zeichen langen Zeichenketten werden mit einem 56-Bit-DES-Algorithmus *(Data Encryption Standard)* verschlüsselt.

Durch das Ändern der Kleinbuchstaben und die (nach heutigem Stand der Technik) veraltete und unsichere Verschlüsselung ist LM als sehr unsicheres Protokoll anzusehen und sollte nicht mehr verwendet werden. Eine Beschreibung, wie Sie das Protokoll abschalten, finden Sie in Abschnitt 5.1.5.

Auch wenn Sie heute (hoffentlich) aktuellere Betriebssysteme einsetzen, kann es trotzdem sein, dass Anwendungen noch alte Protokolle verwenden. Als Beispiel sei hier auch das *SMB-Protokoll* für den Dateizugriff genannt. Es kann vorkommen, dass in bestimmten Implementierungen von SMB noch sehr alte Authentifizierungsprotokolle aktiviert sind.

Ab Windows NT 3.5.1 und Windows 2000 wurde ein Nachfolgeprotokoll namens NTLM unterstützt, das – zumindest zu jener Zeit – sicherer war.

5.1.2 NTLM

Der Nachfolger des LM-Protokolls ist *NTLM*, der *New Technology LAN-Manager*. NTLM basiert auf einem sogenannten *Challenge and Response*-Verfahren. Dabei sendet der Client den Benutzernamen an das Zielsystem. Der Server sendet nun eine Zufallszahl *(Challenge)* an den Client. Der Client verschlüsselt die Challenge mit dem Hashwert seines Kennworts und sendet den Wert zurück *(Response)*. Der Server verschlüsselt die Zufallszahl ebenfalls mit dem Hashwert des Kennworts, das lokal oder auf dem authentifizierenden Domänencontroller gespeichert ist. Sind die beiden Ergebnisse identisch, wird die Authentifizierung als erfolgreich angesehen.

Die erste Version von NTLM war *NTLMv1* (Version 1) und wurde als Nachfolger von LM verwendet. Da es auch in Version 1 einige Schwachstellen gab – die teilweise erst ausnutzbar wurden, als leistungsfähigere Rechner zum Erstellen von Hashwerten für Brute-Force-Angriffe auf den Markt kamen –, wurde die Version 2 des NTLM-Protokolls entwickelt und implementiert.

NTLMv2 ist heute noch im Einsatz, sollte aber – wenn möglich – durch Kerberos abgelöst werden. Wenn man NTLM-Protokolle verwendet, besteht das Risiko einer Replay-Attacke, bei der ein Angreifer den initialen Verbindungsaufbau abfängt und die Daten später erneut sendet.

5.1.3 Kerberos

Kerberos ist das aktuelle und bevorzugte Authentifizierungsprotokoll für Domänenumgebungen. Der Name *Kerberos* leitet sich von dem dreiköpfigen Höllenhund aus der griechischen Mythologie ab. Dabei steht jetzt jeder der drei Köpfe für eine Komponente bei der Authentifizierung:

- *Client* – der Computer oder Benutzer, der auf die Zielressource zugreifen will
- *Zielserver* – der Dienst, auf den der Client zugreifen will
- *Schlüsselverteilungscenter* – der Dienst auf einem vertrauenswürdigen Server (Domänencontroller), der die für Kerberos notwendigen Tickets erstellt *(Key Distribution Center, KDC)*

Eine Kerberos-Authentifizierung kann man sehr gut mit einem Freizeitpark vergleichen: Wenn Sie morgens den Freizeitpark betreten, erwerben Sie an dem Kassenhäuschen ein »Armband« *(Ticket-Granting Ticket, TGT)*, auf dem Ihr Alter, Ihre Größe und der Tag vermerkt werden, für den Sie den Eintritt bezahlt haben. Dieses Armband wird mit einer Plombe versiegelt. Mit diesem Armband können Sie sich nun im Park bewegen.

Gelangen Sie nun zu einem Autoscooter-Fahrgeschäft und möchten eines der Fahrzeuge benutzen, benötigen Sie einen Fahrchip *(Service-Ticket)*, den Sie in den Autoscooter stecken müssen, damit das Fahrzeug startet. Diesen Chip erhalten Sie am Häuschen neben dem Fahrgeschäft. Dort zeigen Sie einfach nur Ihr Armband, um einen Chip zu erhalten. Das Armband, das die geprüften Merkmale (Alter, Größe, Datum) enthält, wurde ja von einer vertrauten Instanz (Plombe der Person, die Ihnen am Parkeingang die Plombe gegeben hat) ausgestellt, und der Mitarbeiter vertraut den Angaben auf dem Armband. Daher händigt er Ihnen einen Fahrchip aus. Sie müssen also an dem (Kassen-)Häuschen des Autoscooters nicht mehr den Nachweis in Form eines Ausweises und eines Kassenbons erbringen, dass Sie das Mindestalter erfüllen und für heute bezahlt haben.

Technisch gesprochen, fordert der Computer (und der Benutzer) bei der Anmeldung ein *Ticket-Granting Ticket* (ticketgewährendes Ticket, in unserem Beispiel das »Armband«) an, das den Client dazu berechtigt, *Service-Tickets* (Diensttickets; in unserem Beispiel die »Fahrchips«) anzufordern, mit denen der Client auf eine Ressource zugreifen kann.

Beide Tickets werden vom *Schlüsselverteilungscenter* ausgestellt (siehe Abbildung 5.1). Dieser Dienst kann auf einem Windows Server, der die Domänencontroller-Rolle installiert hat, ausgeführt werden.

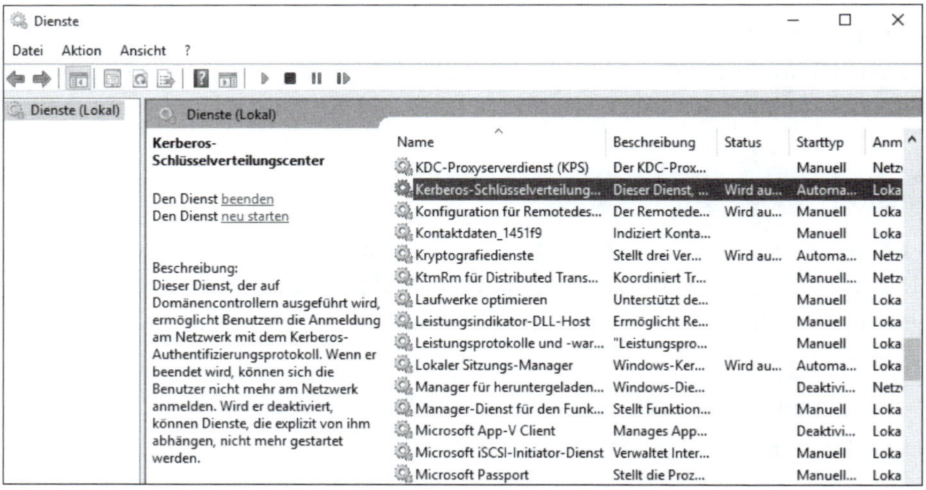

Abbildung 5.1 Der Dienst »Kerberos-Schlüsselverteilungscenter« auf einem Windows- Domänencontroller

Der *Kerberos-Schlüsselverteilungscenter*-Dienst (Dienstname *KDC*) besteht aus zwei Komponenten:

- *Authentication Service* – Der Authentication Service *(AS)* stellt die Ticket-Granting Tickets (»Armbänder«) aus.
- *Ticket-Granting Service* – Der Ticket-Granting Service stellt die Service-Tickets (»Fahrchips«) aus.

Mit dem Befehl `klist` können Sie sich auf einem Windows-Client die dort zwischengespeicherten Kerberos-Tickets anzeigen lassen und auch Kerberos-Tickets löschen (siehe Abbildung 5.2).

```
C:\Windows\system32\cmd.exe

C:\Users\PeterKloep>klist

Aktuelle Anmelde-ID ist 0:0x603fe

Zwischengespeicherte Tickets: (6)

#0>     Client: PeterKloep @ INTRANET.RHEINWERK-VERLAG.DE
        Server: krbtgt/INTRANET.RHEINWERK-VERLAG.DE @ INTRANET.RHEINWERK-VERLAG.DE
        KerbTicket (Verschlüsselungstyp): AES-256-CTS-HMAC-SHA1-96
        Ticketkennzeichen 0x60a10000 -> forwardable forwarded renewable pre_authent name_canonicalize
        Startzeit: 8/27/2024 10:05:17 (lokal)
        Endzeit:   8/27/2024 20:05:16 (lokal)
        Erneuerungszeit: 9/3/2024 10:05:16 (lokal)
        Sitzungsschlüsseltyp: AES-256-CTS-HMAC-SHA1-96
        Cachekennzeichen: 0x2 -> DELEGATION
        KDC aufgerufen: IntranetDC.intranet.rheinwerk-verlag.de

#1>     Client: PeterKloep @ INTRANET.RHEINWERK-VERLAG.DE
        Server: krbtgt/INTRANET.RHEINWERK-VERLAG.DE @ INTRANET.RHEINWERK-VERLAG.DE
        KerbTicket (Verschlüsselungstyp): AES-256-CTS-HMAC-SHA1-96
        Ticketkennzeichen 0x40e10000 -> forwardable renewable initial pre_authent name_canonicalize
        Startzeit: 8/27/2024 10:05:16 (lokal)
        Endzeit:   8/27/2024 20:05:16 (lokal)
        Erneuerungszeit: 9/3/2024 10:05:16 (lokal)
        Sitzungsschlüsseltyp: AES-256-CTS-HMAC-SHA1-96
        Cachekennzeichen: 0x1 -> PRIMARY
        KDC aufgerufen: INTRANETDC
```

Abbildung 5.2 (Teilweise) Ausgabe der auf einem Client vorhandenen Kerberos-Tickets

Java-Version

Abhängig von der Java-Version, die auf dem Computer installiert ist, und der damit verbundenen `Path`-Umgebungsvariablen (in dieser Variablen wird die Reihenfolge der Suchpfade für ausführbare Dateien definiert) kann es dazu kommen, dass das Java-Tool *KList* gestartet wird. Die Windows-Version befindet sich im Standard-Windows-Ordner *%windir%\System32*.

Den Zweck und die Art eines Tickets können Sie in der Ausgabe des `klist`-Kommandos über den Wert `Server` identifizieren. Dort ist der *Service Principal Name* für den Zieldienst hinterlegt.

Im Beispiel aus Abbildung 5.2 können Sie erkennen, dass die beiden Tickets (`#0` und `#1`) für den Server `krbtgt/INTRANET.RHEINWERK-VERLAG.DE` ausgestellt wurden. `krbtgt` steht dabei für *Kerberos Ticket-Granting Ticket*. Tickets, die für diesen Server ausgestellt wurden, sind Ticket-Granting Tickets (TGTs).

Die Sortierreihenfolge der Tickets zeigt immer zuerst die TGTs und anschließend die Service-Tickets an – jeweils die aktuellsten an erster Stelle.

Ein Ticket-Granting Ticket, das der Domänencontroller basierend auf einem *AS_REQ (Authentication Service Request)* ausstellt, besteht aus zwei Teilen, die Sie in Abbildung 5.3 sehen.

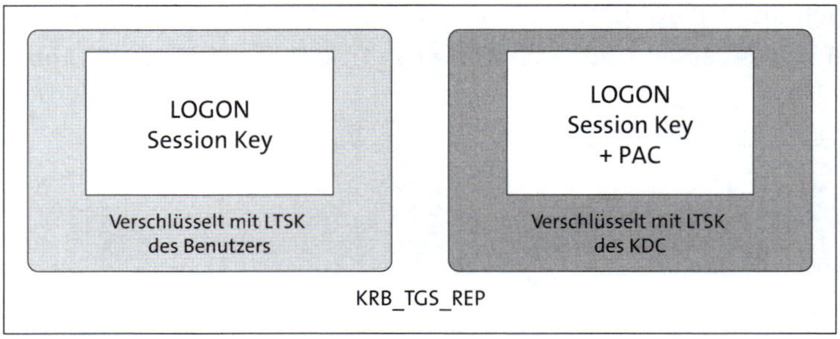

Abbildung 5.3 Inhalt eines TGTs

Der *Logon Session Key* wird für die Verschlüsselung der Kommunikation zwischen dem Benutzer (oder dem Computer – abhängig davon, für wen das Ticket ausgestellt wurde) und dem KDC verwendet. Dieser Session Key wird zweimal im TGT hinterlegt: Einmal wird der Session Key mit dem *Long Term Session Key (LTSK)* des Benutzers verschlüsselt – einer Verschlüsselung, die vom Kennwort des Benutzers (oder Computers) abgeleitet wird. Eine weitere Kopie des Session Keys wird mit dem »Kennwort« des *krbtgt*-Benutzers verschlüsselt. In der zusätzlichen Kopie wird zudem das *Privilege Access Certificate (PAC)* hinzugefügt, das die Gruppenmitgliedschaften und Privilegien des Benutzers (oder Computers) beinhaltet.

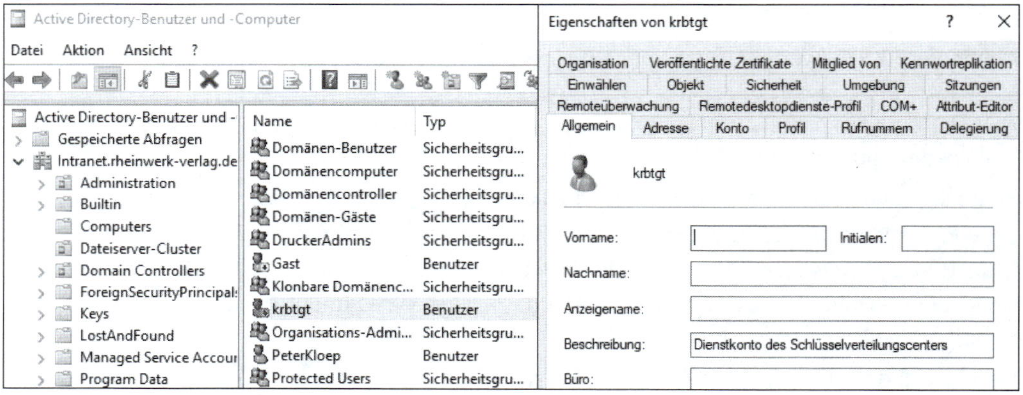

Abbildung 5.4 Anzeige des »krbtgt«-Kontos

Das *krbtgt*-Konto befindet sich im *Users*-Container der Domänenpartition des Active Directory und ist deaktiviert. Um sich das Konto mit dem Tool *Active Directory-Benutzer und -Computer* anzeigen zu lassen (siehe Abbildung 5.4), müssen Sie die »Erwachsenen-Ansicht« aktivieren, indem Sie ANSICHT • ERWEITERTE FEATURES auswählen.

Der zweite Teil des TGT wird mit diesem Konto verschlüsselt, sodass Sie mit dem TGT bei einem anderen Domänencontroller der Domäne weitere Tickets anfordern können, ohne sich erneut durch Eingabe von Benutzername und Kennwort (oder einer anderen Authentifizierungsmethode) anmelden zu müssen. Das *krbtgt*-Konto wird auf alle Domänencontroller der Domäne repliziert, wodurch jeder Domänencontroller der Domäne den zweiten Teil des TGTs entschlüsseln kann.

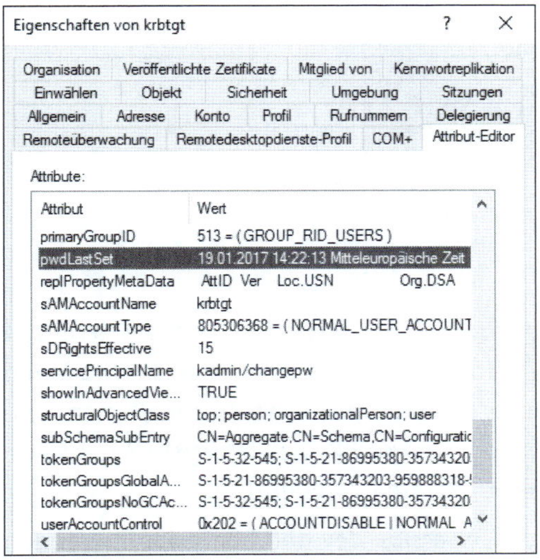

Abbildung 5.5 Kennwortänderungsdatum des »krbtgt«-Kontos

Das Kennwort dieses Kontos – das zur Verschlüsselung der TGTs verwendet wird – wird nicht automatisch geändert. Das System verwendet ein komplexes und über 120 Zeichen langes Kennwort. Eine Sicherheitsempfehlung von Microsoft lautet, das Kennwort des Kontos in regelmäßigen Abständen zu ändern (siehe Abbildung 5.5). Dadurch werden eventuell existierende »Golden Tickets«, die das unbegrenzte Erstellen weiterer Tickets ermöglichen, ungültig. Eine Beschreibung der Empfehlung und ein PowerShell-Skript zum Durchführen der Änderung finden Sie unter:

- *https://www.microsoft.com/security/blog/2015/02/11/krbtgt-account-password-reset-scripts-now-available-for-customers/*
- *https://gist.github.com/mubix/fd0c89ec021f70023695*

Basierend auf dem ausgestellten TGT kann der Client Service-Tickets beim Ticket-Granting Service (TGS) anfordern. Dazu sendet der Client einen *TGS Request* an den Domänencontroller. Dieser Request beinhaltet einen Authenticator, der die Zielressource beschreibt. Dieser Authenticator wird mit dem Session Key des TGTs verschlüsselt. Zusätzlich wird der zweite Teil des TGTs – der Teil, der mit dem *krbtgt*-Kennwort verschlüsselt wurde – mit an den Domänencontroller gesendet (siehe Abbildung 5.6).

Der Domänencontroller sucht nun nach dem *Service Principal Name (SPN)* der Zielressource. Dieser SPN wird bei `klist` unter dem Punkt `Server` angezeigt. SPNs müssen im Active Directory eindeutig zuzuordnen sein. Sollte ein Domänencontroller keinen oder mehrere SPNs für ein Ziel finden, kann der Domänencontroller kein Service-Ticket ausstellen.

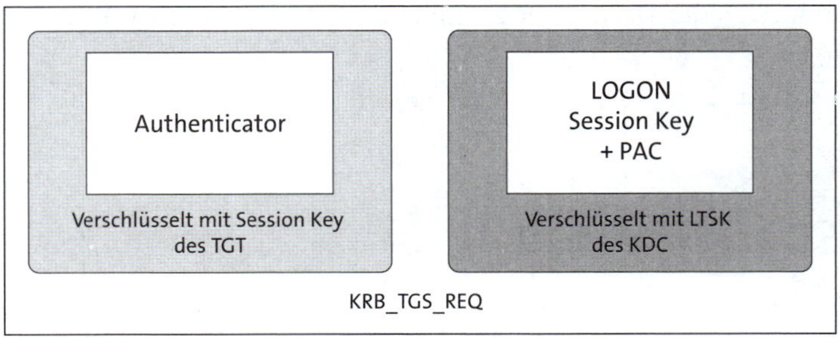

Abbildung 5.6 Inhalt des »TGS-Request«

Sowohl das TGT als auch das Service-Ticket werden verschlüsselt. Dabei handeln Client und Server das bestmögliche Protokoll aus. Abhängig vom verwendeten Betriebssystem oder den konfigurierten Einstellungen können hier durchaus alte und unsichere Protokolle zum Einsatz kommen, z. B. DES mit einer 56-Bit-Verschlüsselung. Aktuelle Betriebssysteme verwenden jedoch den aktuellen *AES*-Standard *(Advanced Encryption Standard)*.

Nun berechnet der Domänencontroller einen *Service Session Key* und überträgt ihn an den Client. Einmal wird der Key auf Basis des TGTs verschlüsselt, damit der Client den Inhalt entschlüsseln kann. Zusätzlich wird der Session Key mit einem PAC angefügt, das mit dem Kennwort des Zieldienstes verschlüsselt wird.

[»]

Doppelte Bedeutung bzw. Verwendung von »TGS«

Der Begriff *TGS* wird sowohl für den Dienst auf dem Domänencontroller verwendet (*Ticket Granting Service*) als auch für das ausgestellte Ticket, das an den Client gesendet wird (das *Service-Ticket*).

Das vom Domänencontroller ausgestellte TGS wird an den Client übermittelt. Auch dieses Ticket besteht aus zwei Teilen (siehe Abbildung 5.7).

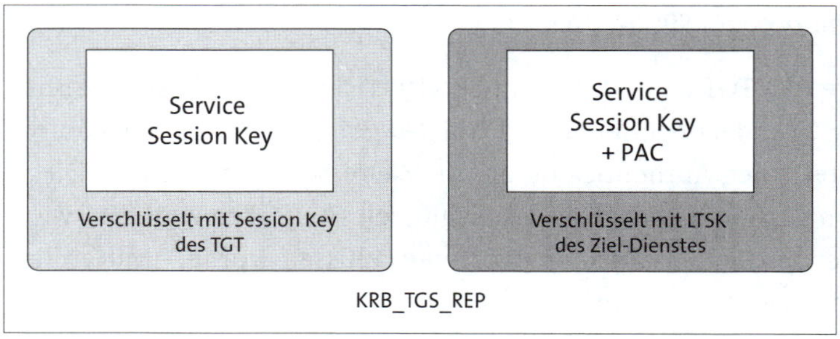

Abbildung 5.7 Inhalt des »TGS Reply«

Dieses »Paket« übermittelt der Client an das Zielsystem, wo es entschlüsselt werden kann.

Die ausgestellten TGS werden auf dem Client ebenfalls mit dem `klist`-Kommando angezeigt (siehe Abbildung 5.8). Eine Zuordnung zum Ziel erfolgt über den `Server`-Wert, der zurückgegeben wird. Hier wird der Service Principal Name des Zieldienstes angezeigt.

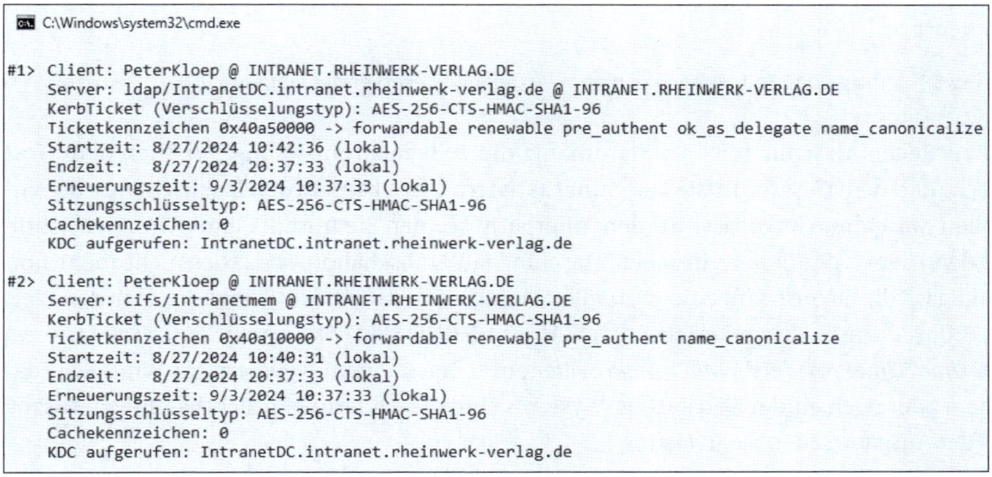

```
C:\Windows\system32\cmd.exe

#1> Client: PeterKloep @ INTRANET.RHEINWERK-VERLAG.DE
    Server: ldap/IntranetDC.intranet.rheinwerk-verlag.de @ INTRANET.RHEINWERK-VERLAG.DE
    KerbTicket (Verschlüsselungstyp): AES-256-CTS-HMAC-SHA1-96
    Ticketkennzeichen 0x40a50000 -> forwardable renewable pre_authent ok_as_delegate name_canonicalize
    Startzeit: 8/27/2024 10:42:36 (lokal)
    Endzeit:   8/27/2024 20:37:33 (lokal)
    Erneuerungszeit: 9/3/2024 10:37:33 (lokal)
    Sitzungsschlüsseltyp: AES-256-CTS-HMAC-SHA1-96
    Cachekennzeichen: 0
    KDC aufgerufen: IntranetDC.intranet.rheinwerk-verlag.de

#2> Client: PeterKloep @ INTRANET.RHEINWERK-VERLAG.DE
    Server: cifs/intranetmem @ INTRANET.RHEINWERK-VERLAG.DE
    KerbTicket (Verschlüsselungstyp): AES-256-CTS-HMAC-SHA1-96
    Ticketkennzeichen 0x40a10000 -> forwardable renewable pre_authent name_canonicalize
    Startzeit: 8/27/2024 10:40:31 (lokal)
    Endzeit:   8/27/2024 20:37:33 (lokal)
    Erneuerungszeit: 9/3/2024 10:37:33 (lokal)
    Sitzungsschlüsseltyp: AES-256-CTS-HMAC-SHA1-96
    Cachekennzeichen: 0
    KDC aufgerufen: IntranetDC.intranet.rheinwerk-verlag.de
```

Abbildung 5.8 Ausgestellte Service-Tickets

Kerberos-Tickets sind standardmäßig 10 Stunden lang gültig. Dieser Wert kann innerhalb der Domäne über Gruppenrichtlinien angepasst werden.

Kann ein Client keine Authentifizierung mittels Kerberos durchführen, dann wird der (Windows-)Client ein Failback zu älteren Authentifizierungsprotokollen (NTLM oder LM) versuchen.

Damit die Kerberos-Authentifizierung einwandfrei funktioniert, muss in der Domänenumgebung eine »saubere« Zeitsynchronisierung vorhanden sein oder eingerichtet werden. Der PDC-Emulator der Stammdomäne sollte mit einer externen Zeitquelle synchronisiert werden. Diese Konfiguration muss manuell erfolgen. Die anderen Domänencontroller beziehen die Zeit dann vom PDC-Emulator der Domäne, und zwar über das *NT5DS-Protokoll*. Alle anderen Domänenmitglieder beziehen die Systemzeit von ihrem Anmeldeserver. Sie können die Zeitquelle bei den Systemen mithilfe von `W32TM /query /status` abfragen.

Die Ausgabe könnte für einen Nicht-Domänencontroller so wie in Listing 5.1 aussehen:

```
Microsoft Windows [Version 10.0.17763.316]
(c) 2018 Microsoft Corporation. Alle Rechte vorbehalten.

C:\Users\1PeterKloep>w32tm /query /status
Sprungindikator: 0(keine Warnung)
Stratum: 4 (Sekundärreferenz - synchr. über (S)NTP)
Präzision: -23 (119.209ns pro Tick)
Stammverzögerung: 0.0002500s
```

```
Stammabweichung: 0.0100002s
Referenz-ID: 0x564D5450 (Quell-IP:  86.77.84.80)
Letzte erfolgr. Synchronisierungszeit: 24.02.2021 13:21:18
Quelle: VM IC Time Synchronization Provider
Abrufintervall: 6 (64s)
```

Listing 5.1 Abfrage des Zeitservers bei einem virtuellen Fileserver der Domäne

Bei virtuellen Maschinen ist standardmäßig die Zeitsynchronisierung zwischen dem *Host* (Blech) und dem *Gast* (virtuelle Maschine) aktiviert. Diese kann in den Eigenschaften der virtuellen Maschinen angepasst werden. Alternativ können Sie mithilfe einer Gruppenrichtlinie den Dienst, der in der virtuellen Maschine läuft, abschalten, sodass es nicht mehr notwendig ist, die Eigenschaften der virtuellen Maschinen anzupassen. Setzen Sie dazu den Wert für `Enabled` unter *Computer\HKEY_LOCAL_MACHINE\SYSTEM\CurrentControlSet\Services\W32Time\TimeProviders\VMICTimeProvider* auf `0`. Nach einem Neustart des Windows-Zeitgebers oder nach einem Neustart des Systems sind die Änderungen sichtbar. Einen Auszug aus der Ausgabe sehen Sie in Listing 5.2:

```
Microsoft Windows [Version 10.0.17763.316]
(c) 2018 Microsoft Corporation. Alle Rechte vorbehalten.

C:\Users\1PeterKloep>w32tm /query /status
Referenz-ID: 0xAC10C8C9 (Quell-IP:  172.16.200.201)
Letzte erfolgr. Synchronisierungszeit: 24.06.2024 13:24:55
Quelle: IntranetDC.Intranet.rheinwerk-verlag.de
```

Listing 5.2 Ausgabe von »W32tm« bei deaktiviertem »VMICTimeProvider«

Service Principal Names (SPN)

Dienstprinzipalnamen *(Service Principal Names, SPN)* werden benötigt, damit der Domänencontroller die Diensttickets (Service-Tickets) mit einem Geheimnis verschlüsseln kann, das dem Zieldienst bekannt ist. SPNs werden entweder auf Active Directory-Computer- oder -Benutzerkonten registriert – abhängig davon, in welchem Kontext der Zieldienst ausgeführt wird.

Damit eine korrekte Zuordnung durch den Domänencontroller erfolgen kann, müssen SPNs in der Gesamtstruktur eindeutig sein. Sollten mehrere gleiche SPNs vorhanden sein, werden für dieses Ziel keine Kerberos-Tickets ausgestellt. Ein Service Principal Name hat meist die Form *<Dienst>/<Ziel>*, also zum Beispiel `CIFS/IntranetMem` oder `LDAP/IntranetDC`. Wird jetzt ein Dienstticket für einen Zieldienst angefordert, sucht der Domänencontroller im gesamten Active Directory nach dem SPN, um festzustellen, welchem Konto (Benutzer oder Computer) dieser zugeordnet ist. Wird genau ein Konto gefunden, wird der Session Key des TGS mit dem Kennwort des Zieldienstes verschlüsselt (bzw. mit einem *Long-Term Session Key*, der vom

Kennwort gebildet wird). Wird kein SPN oder werden mehrere gleiche SPNs gefunden, wird der Domänencontroller gar kein Ticket ausstellen: Stellen Sie sich vor, Sie kommen an die Rezeption einer Firma oder Behörde und möchten Frau Müller besuchen. Nun prüft die Person an der Rezeption, ob Frau Müller anwesend ist. Wenn es aber mehrere Frau Müllers im Unternehmen gibt und Sie weder den Vornamen noch die Abteilung wissen, werden Sie nicht durchgelassen. Der Domänencontroller agiert hier wie eine sicherheitsbewusste Rezeptionistin: Obwohl die Rezeptionistin nacheinander alle Frauen namens Müller kontaktieren könnte, tut sie es nicht, sondern hält Sie für verdächtig. Analog wird der Domänencontroller, wenn er mehrere SPNs erkennt, die Erstellung des Kerberos-Tickets verweigern.

5

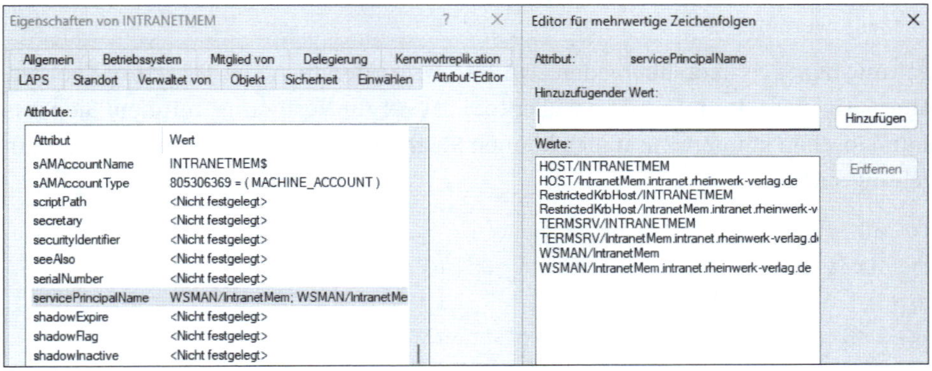

Abbildung 5.9 Das »servicePrincipalName«-Attribut eines Computerkontos

Die SPNs werden im Attribut SERVICEPRINCIPALNAME (siehe Abbildung 5.9) gespeichert und können hier auch geändert werden. Fordert nun ein Client ein Kerberos-Ticket für einen Zieldienst an und findet der Domänencontroller mehrere Computer (oder Benutzer), die den gleichen SPN registriert haben, dann wird der Domänencontroller in der Ereignisanzeige einen Fehler protokollieren, der besagt, dass ein doppelter SPN gefunden wurde (siehe Abbildung 5.10).

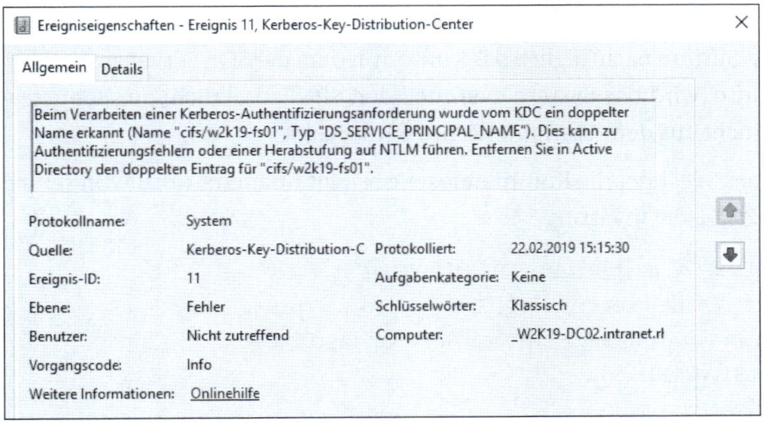

Abbildung 5.10 Ereignisprotokolleintrag bei einem doppelten SPN für »cifs/w2k19-fs01«

Den Eintrag finden Sie im System-Protokoll der Quelle *Kerberos-Key-Distribution-Center* (Kerberos-Schlüsselverteilzentrum).

Seit Windows Server 2012 verhindern die von Microsoft bereitgestellten Tools das Anlegen doppelter SPNs. Wurden jedoch vorher bereits solche Einträge erstellt, bleiben sie auch bei einem Domänen-Upgrade erhalten. Auch wenn doppelte SPNs vorhanden sind und die Fehler in der Ereignisanzeige protokolliert werden, merken Benutzer eventuell nichts von den Problemen, da das System automatisch ein *Failback* zu NTLMv2 durchführt und der Zugriff darüber autorisiert wird.

Sie können das sehr einfach mit einem `klist` testen. Nach dem Zugriff sollte ein Kerberos-Ticket angezeigt werden.

Die Verwaltung der SPNs kann über jeden LDAP-Browser oder die Active Directory-Tools erfolgen. Alternativ steht das Kommandozeilentool `SetSPN` zur Verfügung, mit dem Sie SPNs erstellen und löschen können. Zusätzlich können Sie mit dem Tool nach doppelten SPNs in der Umgebung suchen:

```
C:\Users\Administrator.INTRANET>setspn -x
Die Domäne "DC=intranet,DC=rheinwerk-verlag,DC=de" wird überprüft.
Eintrag 0 wird verarbeitet.
HOST/W2K19-FS01 wird auf diesen Konten registriert:
        CN=W2K19-FS02,CN=Computers,DC=intranet,DC=rheinwerk-verlag,DC=de
        CN=W2K19-FS01,CN=Computers,DC=intranet,DC=rheinwerk-verlag,DC=de

1 Gruppe von doppelten SPNs gefunden.
```

Listing 5.3 Suche nach doppelten SPNs mit »SetSPN«

In Listing 5.3 können Sie sehen, dass der SPN `HOST/W2K19-FS01` auf zwei Computerkonten registriert ist. Dies kann durch manuelle Fehlkonfiguration passiert sein oder durch das Anpassen von Diensten. Wenn Sie zum Beispiel einen SQL-Server installieren und diesen bei der ersten Einrichtung als *Lokales System* laufen lassen, dann würde der SPN auf dem Computerkonto registriert. Ändern Sie nun nachträglich das Konto, mit dem der SQL-Server ausgeführt wird, in ein Benutzerkonto, wird das System eventuell den SPN (zusätzlich) am Benutzerkonto registrieren und nicht aus dem Computerkonto entfernen.

Das manuelle Setzen eines SPN über die Kommandozeile erfolgt mit dem Aufruf von `setspn -S host/W2K19-FS01 W11-PAW01` wie in Listing 5.4:

```
C:\Windows\system32>setspn -S host/W2K19-FS01 W11-PAW01
Die Domäne "DC=Intranet,DC=rheinwerk-verlag,DC=de" wird überprüft.
CN=W2K19-FS01,CN=Computers,DC=Intranet,DC=rheinwerk-verlag,DC=de
        RestrictedKrbHost/W2K19-FS01
        HOST/W2K19-FS01
```

```
        RestrictedKrbHost/W2K19-FS01.Intranet.rheinwerk-verlag.de
        HOST/W2K19-FS01.Intranet.rheinwerk-verlag.de

Doppelter SPN gefunden, Vorgang wird abgebrochen.
```

Listing 5.4 Abbruch des Anlegens, wenn der SPN bereits auf einem anderen Konto registriert ist

Mit `SetSPN` wird automatisch eine Prüfung auf doppelte SPNs beim Erstellen durchgeführt. Der Parameter `-A`, den es in früheren Versionen noch gab, wird durch `-S` ersetzt. Der Parameter `-A` hat die Überprüfung auf doppelte SPNs übersprungen.

Wenn Sie sich nun die ausgestellten Kerberos-Tickets anschauen, werden Sie Tickets für `LDAP/`, `CIFS/` und andere Dienste finden. Sie werden jedoch keine SPNs finden, die für diese Dienste registriert sind. Hinter dem SPN `Host/` verbergen sich zahlreiche unterschiedliche Dienste. Die Liste kann über einen Eintrag im Konfigurationscontainer des Active Directory angepasst werden. Für diese Änderung benötigen Sie Organisationsadministrator-Rechte.

Hinter dem Parameter `Host` verbergen sich SPNs aus Listing 5.5, die über die Eigenschaften von `Directory Service` im Active Directory zentral festgelegt werden können (siehe Abbildung 5.11).

```
host=alerter,appmgmt,cisvc,clipsrv,browser,dhcp,dnscache,replicator,eventlog,
eventsystem,policyagent,oakley,dmserver,dns,mcsvc,fax,msiserver,ias,messenger,
netlogon,netman,netdde,netddedsm,nmagent,plugplay,protectedstorage,rasman,
rpclocator,rpc,rpcss,remoteaccess,rsvp,samss,scardsvr,scesrv,seclogon,scm,dcom,
cifs,spooler,snmp,schedule,tapisrv,trksvr,trkwks,ups,time,wins,www,http,w3svc,
iisadmin,msdtc
```

Listing 5.5 Liste der SPNs, die sich hinter »Host/« verbergen

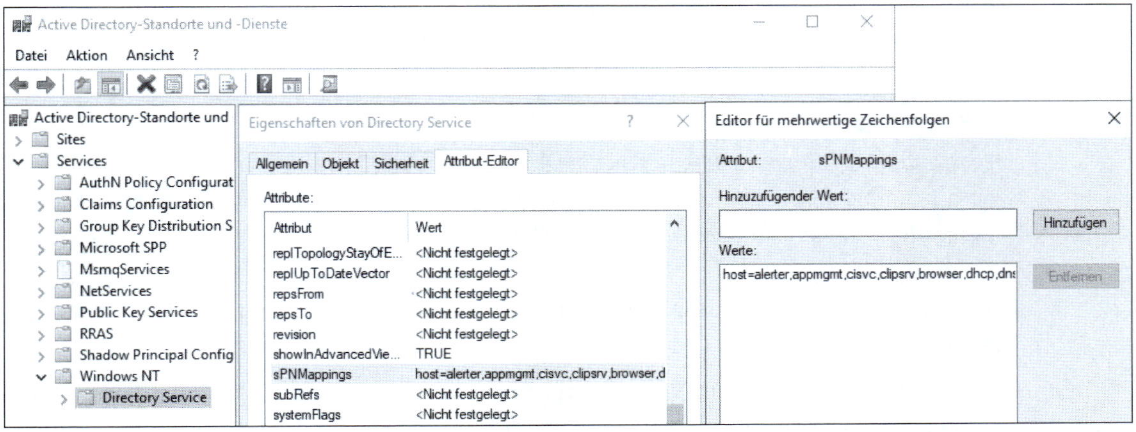

Abbildung 5.11 Übersicht der »sPNMappings«

Sie sollten Ihre Umgebung auf das Vorhandensein von doppelten SPNs überwachen und/ oder eine Überwachung des Systemereignisprotokolls auf das Vorhandensein der Ereignis-ID 11 einrichten.

Kerberos-Delegierung

Von einer Kerberos-Delegierung spricht man, wenn Anmeldeinformationen im Namen eines anderen an Systeme weitergegeben werden. Stellen Sie sich einmal vor, Sie möchten über einen Webserver auf Daten eines Datenbankservers zugreifen. In Hinblick auf die Sicherheit ist es durchaus sinnvoll, den Datenbankserver vom direkten Zugriff durch die Clients abzuschotten und den Server in ein separates Netzwerksegment zu bringen, auf das nur der Webserver (Frontend-Server) Zugriff hat. Der Datenbankserver benötigt auch einen Zugriff auf einen Domänencontroller und eventuell weitere unterstützende Dienste (Updates, Virenscanner).

Damit nun ein Benutzer über die Webseite auf die Daten des SQL-Servers zugreifen kann, muss auf dem Webserver ein sogenannter *Kontextwechsel (Impersonation)* stattfinden. Dabei wird der Zugriff auf den Datenbankinhalt durch ein hinterlegtes Konto durchgeführt. Dieses Konto hat keine Beziehung zu dem Benutzer, der gerade auf den Webserver zugegriffen hat. Eine Filterung der Daten basierend auf dem Benutzer, der über den Webserver zugreift, ist somit auf Datenbankebene nicht möglich und muss durch den Entwickler des Webdienstes geregelt und abgefangen werden.

Damit eine Sicherheitsfilterung auf der Quelle der Daten – dem Datenbankserver – durchgeführt werden kann, sollte eine Kerberos-Delegierung eingerichtet werden. Dabei wird dem Webserver erlaubt, die ihm präsentierten Anmeldeinformationen an den SQL-Server weiterzugeben. Dies ist natürlich ein sehr sensibles Recht, das nur auf die gewünschten Zieldienste beschränkt werden sollte.

Diese Kerberos-Delegierung funktioniert nur, wenn Kerberos läuft, und muss auf demjenigen System eingerichtet werden, das das Recht zum Delegieren bekommen soll.

Delegierung

Damit die Registerkarte DELEGIERUNG (siehe Abbildung 5.12) verfügbar ist, muss auf dem Konto (Benutzer oder Computer) ein SPN registriert sein. Ist kein SPN registriert, kann keine Delegierung eingerichtet werden.

In den Eigenschaften des Computers oder des Benutzers stehen folgende Optionen zur Verfügung:

- COMPUTER BEI DELEGIERUNGEN NICHT VERTRAUEN – Dies ist die Standardeinstellung. Dabei darf dieses System keine Anmeldeinformationen an andere Systeme weiterleiten.
- COMPUTER BEI DELEGIERUNGEN ALLER DIENSTE VERTRAUEN (NUR KERBEROS) – Diese Option wird als *Unconstrained Delegation* bezeichnet. Das bedeutet, dass es für die Kerberos-

Delegierung keine Beschränkung gibt. Damit darf das System die Anmeldeinformationen an jedes andere System weiterleiten und eventuell Zugriff auf Ressourcen darüber erhalten. Hierbei besteht das Risiko, dass die Anmeldeinformationen missbraucht werden können, wenn das System kompromittiert wurde oder durch den Systemverwalter (lokaler Administrator) falsch konfiguriert wurde.

- Computer bei Delegierungen angegebener Dienste vertrauen – Bei dieser »eingeschränkten Delegierung« *(Constrained Delegation)* darf das System die Anmeldeinformationen nur an vordefinierte Systeme weiterleiten. Dadurch wird das Risiko des Missbrauchs reduziert.

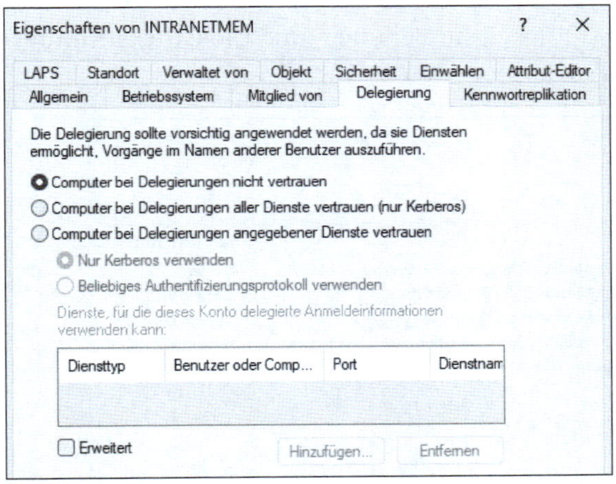

Abbildung 5.12 Die Registerkarte »Delegierung« eines Serverkontos

Die Auswahl in Abbildung 5.13 gestattet es dem Webserver, die Anmeldeinformationen, die dem Webserver präsentiert werden, an den Datenbankserver weiterzuleiten.

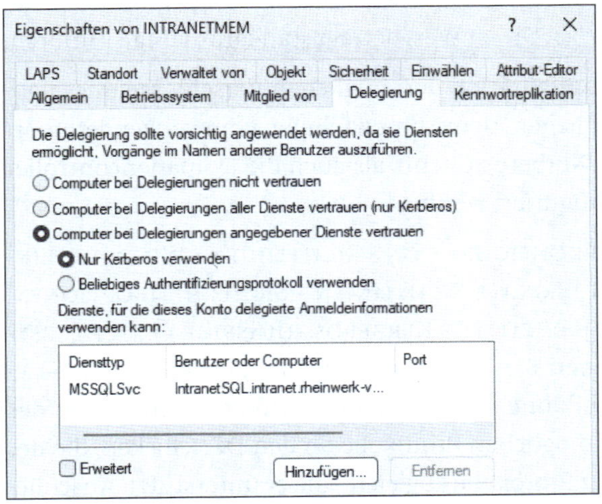

Abbildung 5.13 Konfiguration der eingeschränkten Delegierung

Ein weiterer Schutz vor Missbrauch der Delegierung sind die Einstellungen bei den Benutzerkonten. Hier können Sie – besonders bei administrativen Konten – konfigurieren, dass eine Weitergabe von Anmeldeinformationen für diese Konten gar nicht möglich ist. Wählen Sie dazu die Option KONTO IST VERTRAULICH UND KANN NICHT DELEGIERT WERDEN in den Eigenschaften des Kontos.

Kerberos-Richtlinien

Mithilfe von Kerberos-Richtlinien können Sie die Gültigkeit der Kerberos-Tickets konfigurieren. Dies erfolgt über die COMPUTERKONFIGURATION • RICHTLINIEN • WINDOWS-EINSTELLUNGEN • SICHERHEITSEINSTELLUNGEN • KONTORICHTLINIEN • KERBEROS-RICHTLINIE. Hier können Sie unter anderem die maximale Gültigkeit für Benutzer- und Diensttickets hinterlegen (siehe Abbildung 5.14).

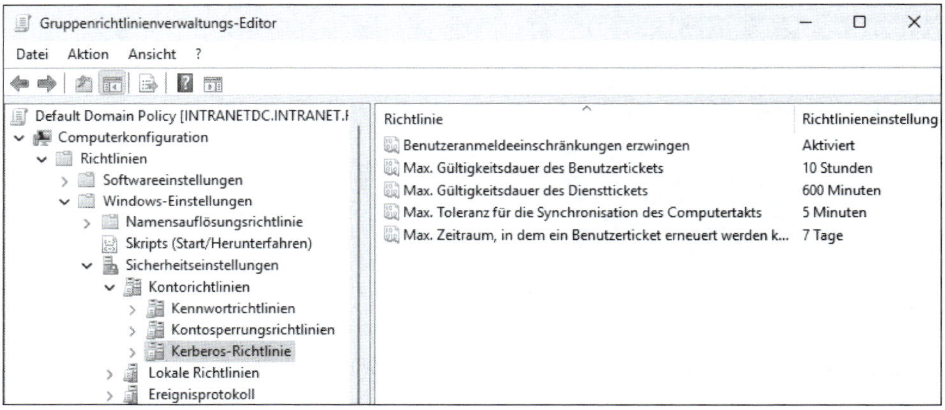

Abbildung 5.14 Konfigurationsmöglichkeit der Kerberos-Richtlinien

Zusätzlich können Sie per Gruppenrichtlinie die maximale Zeitabweichung hinterlegen, die für die Verwendung von Kerberos zulässig ist. Dieser Wert beträgt standardmäßig 5 Minuten.

Eine weitere wichtige Richtlinie ist die Konfiguration der möglichen Verschlüsselungsalgorithmen für die Kerberos-Tickets. Die möglichen Algorithmen hängen vom verwendeten Betriebssystem ab. Hier spielen sowohl die Kerberos-Clients als auch die Domänencontroller eine Rolle und müssen entsprechend konfiguriert werden.

Die Richtlinie finden Sie unter COMPUTERKONFIGURATION • RICHTLINIEN • WINDOWS-EINSTELLUNGEN • SICHERHEITSRICHTLINIEN • LOKALE RICHTLINIEN • SICHERHEITSOPTIONEN. Dort finden Sie die Option NETZWERKSICHERHEIT: FÜR KERBEROS ZULÄSSIGE VERSCHLÜSSELUNGSTYPEN KONFIGURIEREN. Hier können Sie die für Kerberos möglichen Verschlüsselungsprotokolle konfigurieren (siehe Abbildung 5.15). Der Client wird beim Anfordern des Ticket-Granting Tickets eine Liste seiner möglichen Protokolle an den DC schicken, die der Domänencontroller dann mit der Liste der Protokolle abgleicht, die er unterstützt. Anschließend wählt der Domänencontroller aus den beiden Listen das beste Protokoll aus. Findet der

Domänencontroller kein passendes Protokoll, wird es keine Kerberos-Tickets geben und es wird eventuell ein Failback auf NTLM durchgeführt.

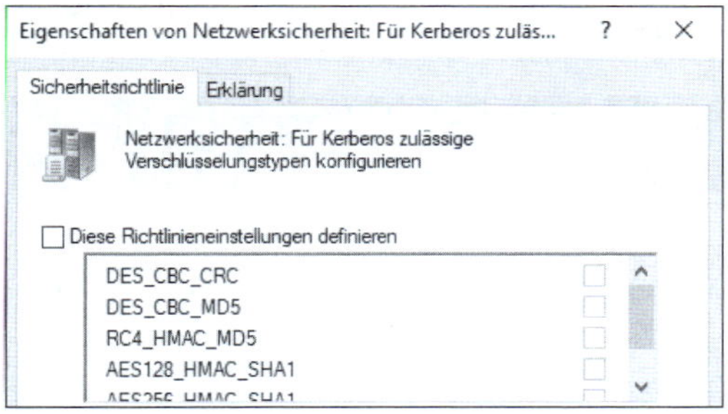

Abbildung 5.15 Konfiguration der Verschlüsselungstypen für Kerberos

Diese Richtlinie sollten Sie so konfigurieren, dass Clients und Domänencontroller mindestens ein gemeinsames Protokoll finden.

Kerberos und Vertrauensstellungen

Bei der Einrichtung einer Vertrauensstellung (siehe Abschnitt 6.9, »Vertrauensstellungen«) können Sie zwischen unterschiedlichen Vertrauensstellungstypen wählen. Sie können eine *externe Vertrauensstellung* oder eine *Gesamtstrukturvertrauensstellung* zwischen Windows-Domänen bzw. Windows-Gesamtstrukturen erstellen.

Die externen Vertrauensstellungen werden als *Legacy-Trust* (veraltete Vertrauensstellung) bezeichnet und sollten nicht mehr verwendet werden. Sie sollten heute eine Gesamtstrukturvertrauensstellung verwenden, damit Sie sicher Kerberos zwischen den beiden Umgebungen einsetzen können. Bei einem Legacy-Trust kann nicht garantiert werden, dass die Kerberos-Authentifizierung zuverlässig funktioniert.

Haben Sie nun eine Gesamtstrukturvertrauensstellung und möchten Sie auf eine Ressource in der anderen Gesamtstruktur zugreifen, bekommen Sie von »Ihrem« Domänencontroller ein sogenanntes *Kerberos-Referral-Ticket*. Dieses Weiterleitungsticket wird mit dem Kennwort des *Trusted Domain Object* (*TDO, Vertraute Domäne*-Objekt) verschlüsselt. Diese Objekte befinden sich jeweils im SYSTEM-Container der vertrauenden Domäne (siehe Abbildung 5.16). Der *PDC* (primäre Domänencontroller) der vertrauten Domäne wird dieses Kennwort alle 30 Tage automatisch ändern und übertragen.

Mit dem Referral-Ticket wenden Sie sich nun an einen Domänencontroller der »anderen« Domäne. Da dieser das Referral-Ticket entschlüsseln kann, wird er dann ein Service-Ticket für das Ziel ausstellen und Ihnen zurückschicken.

Bei der Konfiguration der Vertrauensstellungen müssen Sie nachträglich die Einstellungen der Vertrauensstellung überprüfen. Dort gibt es nämlich ein unscheinbares Feld, in dem Sie die *AES*-Verschlüsselung *(Advanced Encryption Standard)* für die Kerberos-Tickets aktivieren können. Diese Option ist standardmäßig nicht aktiviert (siehe Abbildung 5.17). Ist nun jedoch in einer der beiden Umgebungen eine Gruppenrichtlinie konfiguriert, die ausschließlich Kerberos mit einer AES-Verschlüsselung erlaubt, wird zwischen den beiden Umgebungen keine Authentifizierung mittels Kerberos möglich sein und es wird vermutlich NTLM verwendet.

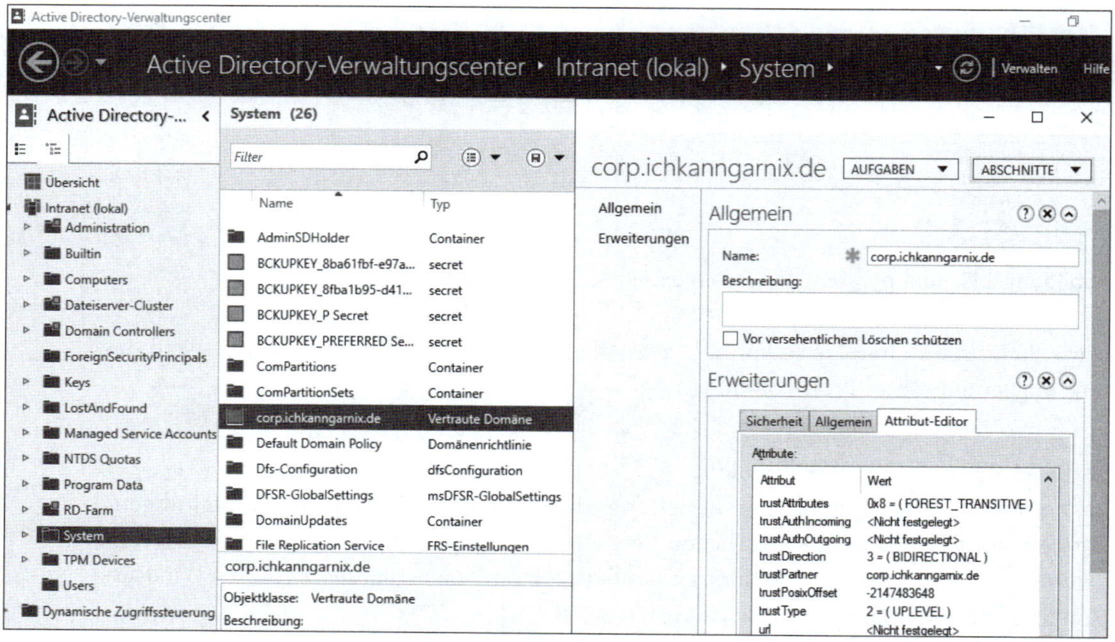

Abbildung 5.16 »Trusted Domain Object« für die Gesamtstruktur »corp.ichkanngarnix.de«

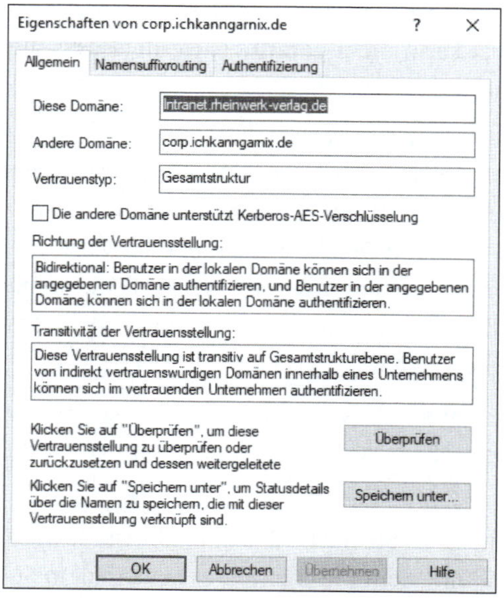

Abbildung 5.17 Konfiguration der Vertrauensstellungsoptionen zum Aktivieren der AES-Verschlüsselung

5.1.4 Ansprüche (Claims) und Armoring

Ansprüche (Claims) können für Authentifizierungssilos und die dynamische Zugriffssteuerung *(Dynamic Access Control, DAC)* verwendet werden. Zusätzlich wird so bei Clients ab Windows 8 und Domänencontrollern ab Windows Server 2012 *Kerberos Armoring* – eine Härtung des Kerberos-Protokolls – vorgenommen. *Authentifizierungssilos* werden zum Einschränken von Anmeldungen verwendet (und werden in Abschnitt 22.4.2 beschrieben).

Ansprüche können zum Beispiel von einen Dateiserver ausgewertet werden, sodass Sie die Berechtigungen auf Dateien so festlegen können, dass ein Benutzer mit einem bestimmten Attribut im Active Directory (z. B. Department = Geschäftsleitung) nur auf einem Computer mit einem bestimmten AD-Attribut (z. B. Department = Geschäftsleitung) auf die Dateien zugreifen kann. Ist eines der beiden Attribute nicht vorhanden, wird der Zugriff verweigert. Damit diese Informationen von einem Domänencontroller geliefert werden, muss der Client »danach fragen« und der Domänencontroller muss diese Ansprüche liefern können. Diese Einstellungen können mithilfe von Gruppenrichtlinien aktiviert werden.

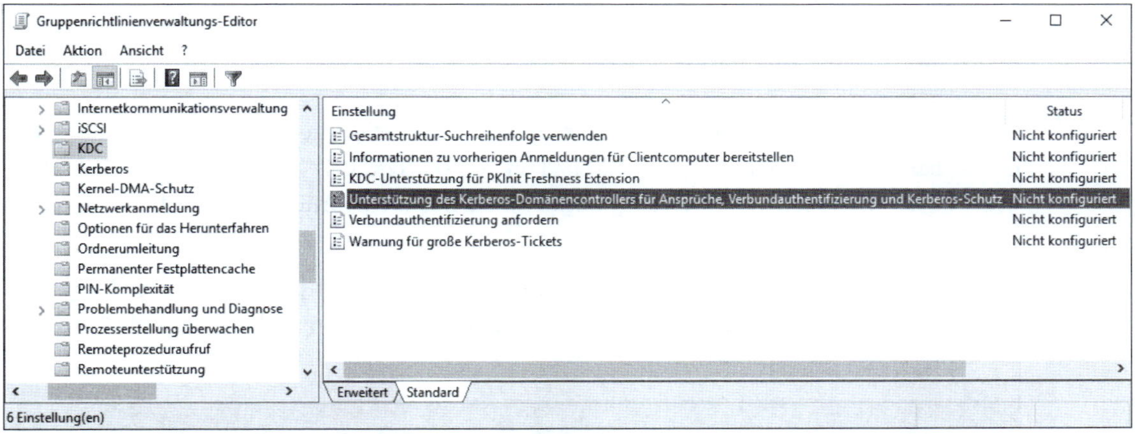

Abbildung 5.18 Konfiguration für die Domänencontroller zum Aktivieren von Ansprüchen

Die Aktivierung der Ansprüche erfolgt für die Clients und für die Domänencontroller. Erstellen Sie dazu eine Gruppenrichtlinie – oder bearbeiten Sie eine bestehende, die auf die Computerkonten der Domänencontroller angewendet wird, und aktivieren Sie die Option Unterstützung des Kerberos-Domänencontrollers für Ansprüche, Verbundauthentifizierung und Kerberos-Schutz unterhalb von Computerkonfiguration • Richtlinien • Administrative Vorlagen • KDC (siehe Abbildung 5.18). Hier gibt es verschiedene Optionen, mit denen Sie Ansprüche deaktivieren können, die Unterstützung aktivieren können (auch wenn der Client sie nicht explizit anfordert) und eine Authentifizierung ohne die Anforderung von Ansprüchen ablehnen können (siehe Abbildung 5.19).

Für die Bereitstellung von Ansprüchen würde theoretisch bereits ein Windows Server 2012 als Domänencontroller ausreichen. Sie müssen aber sicherstellen, dass genügend Domänencontroller mit aktivierten Claims zur Verfügung stehen.

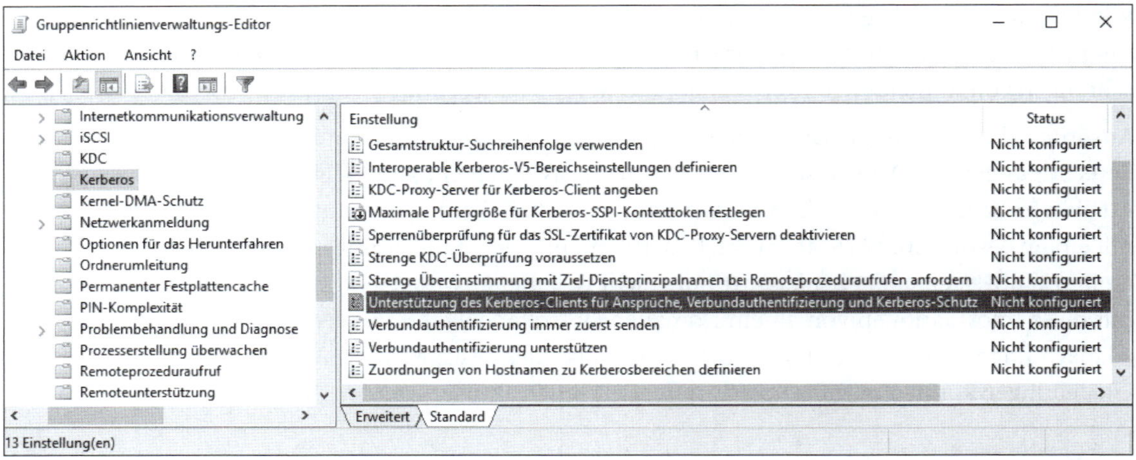

Abbildung 5.19 Konfiguration der Ansprüche für die Clients

Die Client-Konfiguration befindet sich in den Gruppenrichtlinien unter COMPUTERKONFIGURATION • RICHTLINIEN • ADMINISTRATIVE VORLAGEN • KERBEROS. Die Konfiguration muss auf allen Computerkonten angewendet werden, die Ansprüche (Claims) bei der Anmeldung anfordern sollen.

Die DYNAMISCHE ZUGRIFFSSTEUERUNG *(DAC)*, die Ansprüche für den Dateizugriff verwendet, richten Sie über das Active Directory-Verwaltungscenter ein (siehe Abbildung 5.20).

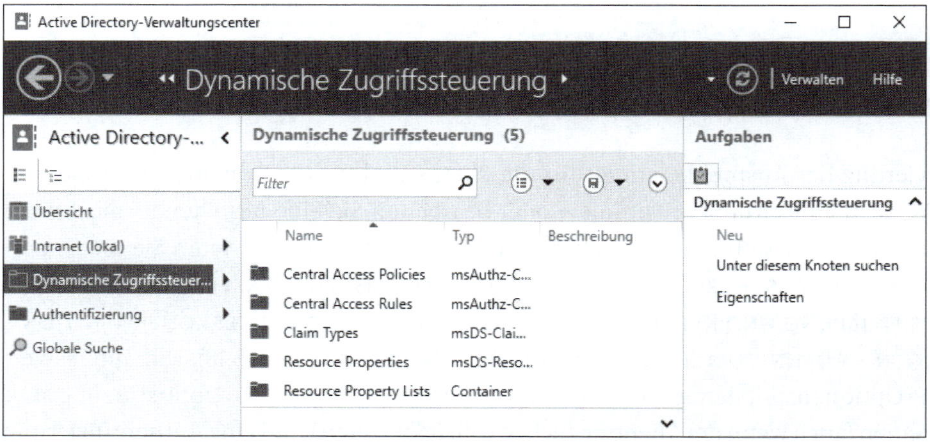

Abbildung 5.20 Möglichkeit zur Einrichtung der »Dynamischen Zugriffssteuerung«

Hier stehen fünf Objekte bzw. Container zur Verfügung:

- CENTRAL ACCESS POLICIES (zentrale Zugriffsrichtlinien) – Eine zentrale Zugriffsrichtlinie enthält mehrere *zentrale Zugriffsregeln (Central Access Rules)*, in denen festgelegt wird, wer Zugriff auf Ressourcen wie Dateien und Ordner hat. Die Richtlinie kann veröffentlicht und dann auf eine Ressource angewendet werden, um den Zugriff auf diese Ressource zu steuern.
- CENTRAL ACCESS RULES (zentrale Zugriffsregeln) – In einer zentralen Zugriffsregel wird definiert, welche Berechtigungen einer Ressource zugewiesen werden.
- CLAIM TYPES (Anspruchstypen) – Ein Anspruchstyp kann für einen Benutzer und/oder einen Computer definiert werden. Im Anspruchstyp wird das Active Directory-Attribut definiert, das als Anspruch bei der Anmeldung in das Kerberos-Ticket übernommen wird.
- RESOURCE PROPERTIES (Ressourceneigenschaften) – Eine Ressourceneigenschaft dient zum Beschreiben eines Merkmals einer Ressource (z. B. Datei oder Ordner). Sie wird beim Erstellen zentraler Zugriffsregeln verwendet, um Zielressourcen und Berechtigungen zu definieren, und dient auch zum Klassifizieren von Ressourcen.
- RESOURCE PROPERTY LISTS (Ressourceneigenschaftenlisten) – Eine Ressourceneigenschaftenliste wird dazu verwendet, Ressourcen zu kategorisieren.

Diese Ansprüche werden nach dem Ausstellen im Kerberos-Ticket hinterlegt und belegen dort Speicher. Ein Kerberos-Ticket darf maximal 64.000 Bytes groß sein. Wenn alle Ihre Clients Windows 8 oder höher ausführen, können Sie die sogenannte *SID-Compression* aktivieren. Dabei werden die Sicherheitskennungen *(Security Identifiers, SID)* komprimiert, sodass mehr Informationen im Ticket hinterlegt werden können.

Kerberos-Armoring ist ein neues Feature, das eine Replay-Attacke auf das Kerberos-Protokoll erschwert bzw. unmöglich macht. *Flexible Authentication Secure Tunneling (FAST)* bietet ein neues Framework zum Schutz der (Kerberos-)Präauthentifizierung und kann von Clients ab Windows 8 und Domänencontrollern ab Windows Server 2012 verwendet werden. Die Aktivierung erfolgt automatisch, sofern Sie die Unterstützung für Ansprüche aktiviert haben.

Sie können mithilfe von `klist` prüfen, ob FAST aktiviert ist.

Die `Cachekennzeichen` in der Ausgabe von `klist` sind ein Nachweis dafür, dass FAST verwendet wurde:

```
C:\Users\PeterKloep>klist
Aktuelle Anmelde-ID ist 0:0x367af
Zwischengespeicherte Tickets: (2)

#0>     Client: PeterKloep @ INTRANET.RHEINWERK-VERLAG.DE
        Server: krbtgt/INTRANET.RHEINWERK-VERLAG.DE @ INTRANET.RHEINWERK-VERLAG.DE
        KerbTicket (Verschlüsselungstyp): AES-256-CTS-HMAC-SHA1-96
```

```
        Ticketkennzeichen 0x40e10000 -> forwardable renewable initial pre_authent
                                        name_canonicalize
        Startzeit: 8/22/2024 18:18:48 (lokal)
        Endzeit:   8/23/2024 4:18:48 (lokal)
        Erneuerungszeit: 9/1/2024 18:18:48 (lokal)
        Sitzungsschlüsseltyp: AES-256-CTS-HMAC-SHA1-96
        Cachekennzeichen: 0x41 -> PRIMARY FAST
        KDC aufgerufen: INTRANETDC

#1>     Client: PeterKloep @ INTRANET.RHEINWERK-VERLAG.DE
        Server: LDAP/INTRANETDC.Intranet.rheinwerk-verlag.de/Intranet.rheinwerk-
                                         verlag.de @ INTRANET.RHEINWERK-VERLAG.DE
        KerbTicket (Verschlüsselungstyp): AES-256-CTS-HMAC-SHA1-96
        Ticketkennzeichen 0x40a50000 -> forwardable renewable pre_authent
                                        ok_as_delegate name_canonicalize
        Startzeit: 8/22/2024 18:18:49 (lokal)
        Endzeit:   8/23/2024 4:18:48 (lokal)
        Erneuerungszeit: 9/1/2024 18:18:48 (lokal)
        Sitzungsschlüsseltyp: AES-256-CTS-HMAC-SHA1-96
        Cachekennzeichen: 0x40 -> FAST
        KDC aufgerufen: INTRANETDC.Intranet.rheinwerk-verlag.de
```

Listing 5.6 Ausgabe von »klist« mit dem Hinweis, dass »FAST« verwendet wurde

5.1.5 Sicherheitsrichtlinien

Über *Gruppenrichtlinien* (für Windows-Clients und -Server) können Sie konfigurieren, welche Authentifizierungsmethoden im Netzwerk verwendet werden sollen (siehe Abbildung 5.21.)

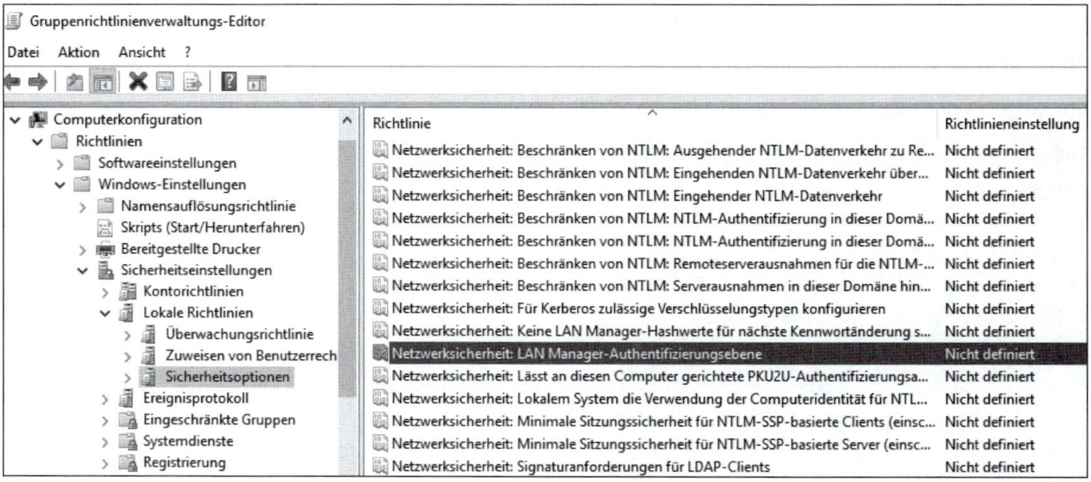

Abbildung 5.21 Konfiguration der »LAN Manager-Authentifizierungsebene«

Die Microsoft-Empfehlung für aktuelle Betriebssysteme ist die Option Nur NTLMv2-Antworten senden. LM & NTLM verweigern, die Sie in Abbildung 5.22 sehen. Diese Einstellung muss bei älteren Clients (vor Windows XP) geprüft werden und auch bei Drittanbieter-Betriebssystemen und Netzwerkgeräten, die sich an der Domäne anmelden.

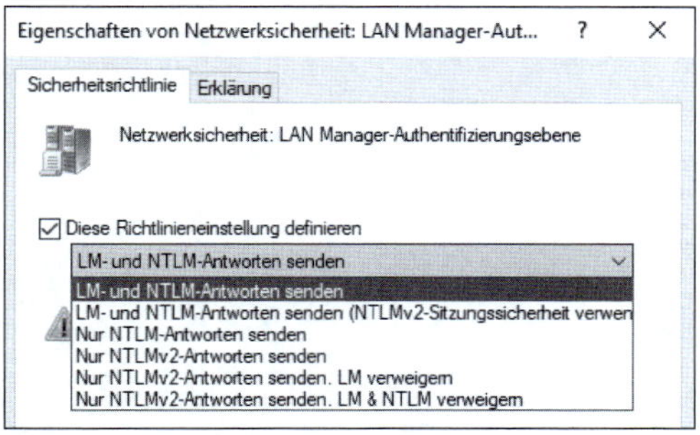

Abbildung 5.22 Auswahlmöglichkeit der »LAN Manager-Authentifizierungsebene«

Die Richtlinie muss für die Domänencontroller und Authentifizierungsclients gesetzt werden, damit alle Systeme die Einstellung erhalten.

Detaillierte Informationen zur Windows-Anmeldung und zur Kerberos-Authentifizierung werden unter anderem auf folgenden Microsoft-Webseiten zur Verfügung gestellt:

- How Interactive Logon Works: *https://docs.microsoft.com/en-us/previous-versions/windows/it-pro/windows-server-2003/cc780332(v=ws.10)*
- How Kerberos Works: *https://docs.microsoft.com/en-us/previous-versions/windows/it-pro/windows-server-2003/cc772815(v=ws.10)*

5.1.6 Protected Users und Encryption Types

Seit Windows Server 2012 R2 gibt es im Active Directory eine neue Sicherheitsgruppe mit dem Namen *Protected Users*. Diese Gruppe schützt die Konten, die Mitglied dieser Gruppe sind. Gedacht ist die Mitgliedschaft in der Gruppe für administrative Konten. Besonderheiten bzw. Einschränkungen für Mitglieder in der Gruppe sind folgende Punkte, sofern das Konto an einem Client angemeldet wird, auf dem ein Betriebssystem aktueller als Windows 8.1 läuft:

- Eine Verwendung von NTLM ist nicht mehr möglich. Es wird nur noch Kerberos als Authentifizierungsprotokoll akzeptiert.
- Eine Kerberos-Delegierung ist nicht mehr möglich.
- Die Laufzeit der Kerberos-Tickets wird auf 4 Stunden beschränkt.
- Es muss eine sichere Kerberos-Verschlüsselung mit AES bestehen.

In der Ausgabe eines `Klist` für ein Konto, das Mitglied der Protected Users ist (siehe Abbildung 5.23), können Sie erkennen, dass im Vergleich zu der Ausgabe in Abbildung 5.2 die Option `forwardable` fehlt.

```
Zwischengespeicherte Tickets: (6)

#0>     Client: 1peterkloep @ INTRANET.RHEINWERK-VERLAG.DE
        Server: krbtgt/INTRANET.RHEINWERK-VERLAG.DE @ INTRANET.RHEINWERK-VERLAG.DE
        KerbTicket (Verschlüsselungstyp): AES-256-CTS-HMAC-SHA1-96
        Ticketkennzeichen 0xe10000 -> renewable initial pre_authent name_canonicalize
        Startzeit: 8/27/2024 10:34:55 (lokal)
        Endzeit:   8/27/2024 14:34:55 (lokal)
        Erneuerungszeit: 8/27/2024 14:34:55 (lokal)
        Sitzungsschlüsseltyp: AES-256-CTS-HMAC-SHA1-96
        Cachekennzeichen: 0x1 -> PRIMARY
        KDC aufgerufen: INTRANETDC

#1>     Client: 1peterkloep @ INTRANET.RHEINWERK-VERLAG.DE
        Server: cifs/intranetmem @ INTRANET.RHEINWERK-VERLAG.DE
        KerbTicket (Verschlüsselungstyp): AES-256-CTS-HMAC-SHA1-96
        Ticketkennzeichen 0xa10000 -> renewable pre_authent name_canonicalize
        Startzeit: 8/27/2024 10:35:53 (lokal)
        Endzeit:   8/27/2024 14:34:55 (lokal)
        Erneuerungszeit: 8/27/2024 14:34:55 (lokal)
        Sitzungsschlüsseltyp: AES-256-CTS-HMAC-SHA1-96
        Cachekennzeichen: 0
        KDC aufgerufen: IntranetDC.intranet.rheinwerk-verlag.de
```

Abbildung 5.23 »Klist«-Ausgabe für ein Konto, das Mitglied der Protected Users ist

Das Fehlen bedeutet, dass dieses Ticket-Granting Ticket nicht für eine Delegation verwendet werden kann. Als Konsequenz können auch damit erstellte Service-Tickets nicht weitergeleitet werden. Dies bedeutet, dass unter Umständen ein Single Sign-on beim Windows Admin Center nicht mehr funktioniert, sofern das Windows Admin Center auf einem anderen Server installiert ist als der Server, von dem aus der Administrator zugreifen will.

In der Ausgabe des `Klist` sehen Sie auch die Verschlüsselungstypen für die einzelnen Tickets (AES-256-CTS-HMAC-SHA1-96). AES ist ein symmetrisches Verfahren, mit dem die Schlüssel verschlüsselt werden. Wenn Sie sich dazu im Vergleich noch einmal in Abbildung 5.24 den Verschlüsselungstyp bei `#1>` anschauen (`KerbTicket`), dann sehen Sie, dass dieses Ticket mit RSADSI RC4-HMAC – einem sehr alten und unsicheren Protokoll – verschlüsselt wurde. Dies passiert, wenn kein besseres Protokoll ausgehandelt werden kann.

```
Zwischengespeicherte Tickets: (3)

#0>     Client: PeterKloep @ INTRANET.RHEINWERK-VERLAG.DE
        Server: krbtgt/INTRANET.RHEINWERK-VERLAG.DE @ INTRANET.RHEINWERK-VERLAG.DE
        KerbTicket (Verschlüsselungstyp): AES-256-CTS-HMAC-SHA1-96
        Ticketkennzeichen 0x40e10000 -> forwardable renewable initial pre_authent name_canonicalize
        Startzeit: 8/27/2024 15:58:26 (lokal)
        Endzeit:   8/28/2024 1:58:26 (lokal)
        Erneuerungszeit: 9/3/2024 15:58:26 (lokal)
        Sitzungsschlüsseltyp: AES-256-CTS-HMAC-SHA1-96
        Cachekennzeichen: 0x1 -> PRIMARY
        KDC aufgerufen: IntranetDC.intranet.rheinwerk-verlag.de

#1>     Client: PeterKloep @ INTRANET.RHEINWERK-VERLAG.DE
        Server: cifs/intranetmem @ INTRANET.RHEINWERK-VERLAG.DE
        KerbTicket (Verschlüsselungstyp): RSADSI RC4-HMAC(NT)
        Ticketkennzeichen 0x40a10000 -> forwardable renewable pre_authent name_canonicalize
        Startzeit: 8/27/2024 15:58:41 (lokal)
        Endzeit:   8/28/2024 1:58:26 (lokal)
        Erneuerungszeit: 9/3/2024 15:58:26 (lokal)
        Sitzungsschlüsseltyp: RSADSI RC4-HMAC(NT)
        Cachekennzeichen: 0
        KDC aufgerufen: IntranetDC.intranet.rheinwerk-verlag.de
```

Abbildung 5.24 Hier wurde eine unsichere Verschlüsselung (RSADSI RC4-HMAC) für das Service-Ticket verwendet.

Microsoft hatte eigentlich angekündigt, die Unterstützung für RC4 zu deaktivieren. Bislang ist dies aber noch nicht erfolgt. Nichtdestotrotz sollten Sie versuchen, die unsichere Verschlüsselung aus Ihrem Netzwerk zu entfernen. Dazu können Sie per Gruppenrichtlinie eine Überwachung der TICKETVORGÄNGE DES KERBEROS-DIENSTS per Gruppenrichtlinie auf den Domänencontrollern aktivieren (siehe Abbildung 5.25).

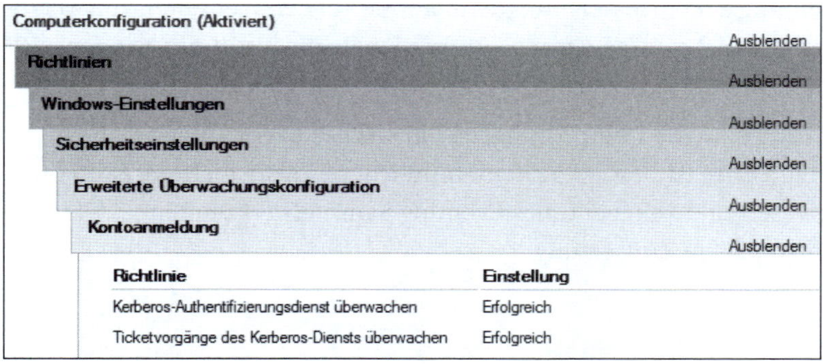

Abbildung 5.25 Aktivieren der Überwachung für Kerberos-Tickets

Wurde die Überwachung aktiviert, protokolliert der Domänencontroller (bzw. alle Domänencontroller) im Sicherheits-Eventlog einen entsprechenden Eintrag mit der EventID 4769 (siehe Abbildung 5.26).

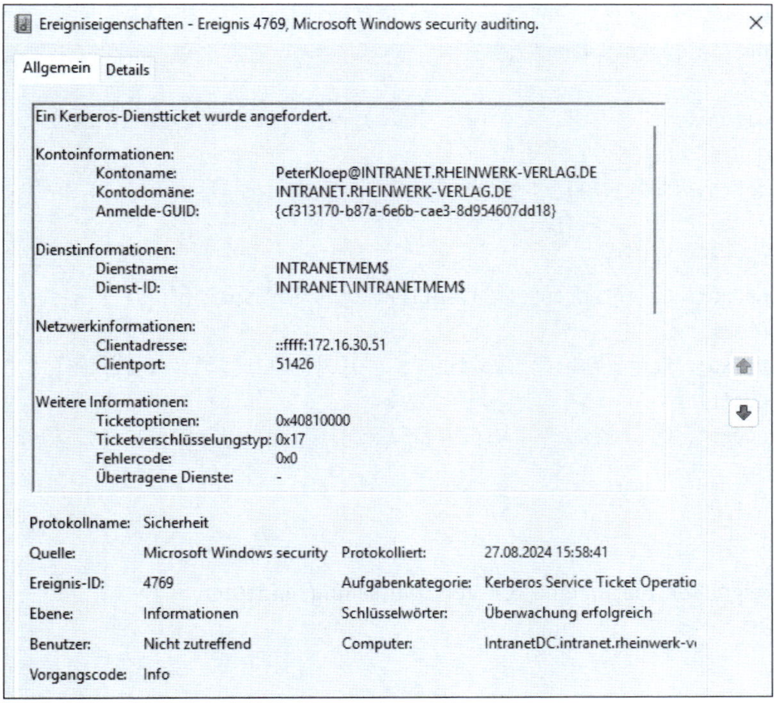

Abbildung 5.26 Anzeige eines 4769-Events

In diesem Event sehen Sie:

- KONTONAME: Wer hat das Ticket beantragt?
- DIENSTNAME: Für welches Ziel wurde es beantragt?
- TICKETVERSCHLÜSSELUNGSTYP: 0x17 = RC4

Eine komplette Beschreibung der einzelnen Punkte finden Sie auf den Webseiten von Microsoft unter *https://learn.microsoft.com/de-de/previous-versions/windows/it-pro/windows-10/security/threat-protection/auditing/event-4769?WT.mc_id=M365-MVP-6771*.

Sie können die Auswertung bzw. die Überprüfung, ob ein solches Event aufgetreten ist, per PowerShell automatisieren. Dies ist besonders dann hilfreich, wenn Sie mehrere Domänencontroller verwalten müssen und kein zentrales Eventlog-Sammelwerkzeug im Einsatz haben. Listing 5.7 zeigt eine mögliche Umsetzung:

```
$query = "<QueryList>
  <Query Id='0' Path='Security'>
    <Select Path='Security'>*[System[band(Keywords,9007199254740992) and
     (EventID=4769) and TimeCreated[timediff(@SystemTime) &lt;= 28800000]]]</Select>
  </Query>
</QueryList>"
# 9007199254740992 = AuditSuccess
$events = Get-WinEvent -FilterXml $query
$allevents=$events | Where-Object {$_.message.contains("0x17")}
$Filecontent+="4769RC4#$($allevents.count);"
$sources=@()
foreach ($event in $allevents)
{
  if ($event.message.contains("0x17"))
  {
    $sources+=$event.message.substring `
    ($event.message.indexof("Clientadresse:")).split("`r`n")[0].split(":")[-1]+";"
    +$event.message.substring `
    ($event.message.indexof("Kontoname:")).split("`r`n")[0].split(":")[-1].trim()+";"
    +$event.message.substring `
    ($event.message.indexof("Dienstname:")).split("`r`n")[0].split(":")[-1].trim()
  }
}
$sources
```

Listing 5.7 Suche nach Ereignissen, die auf eine RC4-Verschlüsselung hindeuten

Falls Sie solche Events finden sollten, müssen Sie im ersten Schritt prüfen, was bei DIENSTNAME angegeben wird. Bei dem dort angegebenen Konto sollten Sie im Active Directory über den Attribut-Editor am jeweiligen Konto das Attribut `msds-SupportedEncryptionTypes` prüfen. Hier wird dann vermutlich `0x28` (RC4 und AES) eingetragen sein, oder es ist nichts eingetragen. An dieser Stelle können Sie `0x24` (AES) eintragen und erneut eine Verbindung zum Ziel versuchen, nachdem Sie per `Klist purge` die Kerberos-Tickets am Client gelöscht haben. Danach sollten Sie auf dem Domänencontroller einen Event 4769 mit dem Verschlüsselungstyp `0x12` sehen. Sollten Sie keinen neuen Eintrag erhalten und der Zugriff auf das Ziel aber funktioniert haben, ist der Zugriff per NTLM erfolgt. In diesem Fall sollten Sie prüfen, ob das Ziel eine AES-Verschlüsselung unterstützt.

Wenn Sie Dienstkonten – oder alte Computerkonten, die das Kennwort nicht aktualisieren – verwenden, die erstellt wurden, bevor die Domänenfunktionsebene auf Windows Server 2008 aktualisiert wurde, beherrschen diese Konten keine AES-Verschlüsselung. Sie müssen dann das Kennwort für das Konto zweimal ändern (oder auf das gleiche Kennwort zurücksetzen), sodass die neuen Verschlüsselungen unterstützt werden. Sollten Sie feststellen, dass die Ticket-Granting Tickets per RC4 verschlüsselt sind, müssen Sie das Kennwort des *krbtgt*-Kontos zurücksetzen.

5.2 Remotezugriffsprotokolle

Remotezugriffsprotokolle werden beim Zugriff über ein VPN oder WLAN verwendet. Dafür stehen meist keine Domänenauthentifizierungsprotokolle zur Verfügung, da in aller Regel kein Domänencontroller über ein öffentliches und unsicheres Netzwerk bereitsteht.

5.2.1 MS-CHAP

MS-CHAP ist die Adaption des *Challenge Handshake Authentication Protocol (CHAP)*. Die erste Version des MS-CHAP-Protokolls stammt aus den Zeiten von Windows NT und Windows 95. *MS-CHAP v1* ist eine Umsetzung für DFÜ-Verbindungen (Einwahl per Modem), wogegen *MS-CHAP v2* für VPN-Verbindungen angepasst wurde. Es wird ein *Drei-Wege-Handshake* und eine gegenseitige Authentifizierung *(Mutual Authentication)* vollzogen.

5.2.2 Password Authentication Protocol (PAP)

Das *Password Authentication Protocol* (Kennwortauthentifizierungsprotokoll) ist ein unsicheres Protokoll, da bei ihm Benutzername und Kennwort unverschlüsselt an den Zielserver übertragen werden. PAP ist vergleichbar mit der Basis-Authentifizierung bei Webserver-Zugriffen. Wenn die Verbindung vor der Authentifizierung nicht verschlüsselt ist, sollte dieses Protokoll nicht verwendet werden, da ein Angreifer die Daten sehr einfach mitlesen könnte.

5.2.3 Extensible Authentication Protocol (EAP)

Das *Extensible Authentication Protocol* ist ein von der Internet Engineering Task Force entwickeltes Authentifizierungsprotokoll, das in den Windows-Betriebssystemen für eine Remotezugriffsauthentifizierung verwendet werden kann. Hierbei stehen in den Windows-Betriebssystemen zwei Varianten zur Verfügung:

- Authentifizierung über Benutzername und Kennwort des Benutzers oder Computers *(Protected EAP)*
- Authentifizierung über Zertifikate *(EAP-TLS, Extensible Authentication Protocol – Transport Layer Security)*

5.3 Webzugriffsprotokolle

Für den Zugriff auf Webserver können Sie aus einer Liste von möglichen Authentifizierungsprotokollen auswählen. Hier müssen Sie entscheiden, ob Sie eine hohe Kompatibilität zu den verwendeten Browsern haben wollen und eventuell Benutzernamen und Kennwort im Klartext übertragen oder ob Sie lieber sichere Authentifizierungsprotokolle verwenden möchten, dadurch aber die Verwendung bestimmter Browser ausschließen.

Drei Protokolle möchten wir an dieser Stelle erwähnen, die beim Zugriff auf Webdienste eine Rolle spielen – besonders außerhalb der eigenen Umgebung:

- *SAML* – Das Protokoll *Security Assertion Markup Language* ist ein XML-basiertes Protokoll, mit dem Single Sign-on bei Webdiensten eingerichtet werden kann, auch wenn die Webdienste zu unterschiedlichen Umgebungen gehören. Dabei werden von der ausstellenden Instanz »Aussagen« *(Assertions)* erstellt, die auf Active Directory-Attributen beruhen. Diese Aussagen werden vom Zielsystem überprüft, bevor das Konto berechtigt wird. Durch die Verwendung des XML-Formats kann SAML plattformübergreifend eingesetzt werden.
- *OAuth2.0* – *Open Authorization 2.0* ist ein Standardprotokoll für die Authentifizierung, das durch die Internet Engineering Task Force entwickelt wurde. Version 2.0 ersetzt dabei die ältere Version. OAuth wird gerne bei Webdiensten verwendet, die über eine API angesprochen werden können. Hierdurch können Anwendungen (auch Apps auf Mobilgeräten) gesichert auf die Webdienste zugreifen. Weitere Informationen zu dem Protokoll finden Sie unter *https://de.wikipedia.org/wiki/OAuth#OAuth_2.0*.
- *OpenID Connect* – OpenID Connect ist ein Authentifizierungs-Framework, das aus *OpenID* hervorgegangen ist, einem offenen Protokoll bzw. einer Spezifikation für das Single Sign-on aus dem Jahre 2005. OpenID Connect wurde 2014 veröffentlicht und zeichnet sich durch eine einfachere Umsetzung und Verwendung aus als sein Vorgänger (OpenID). OpenID Connect basiert auf dem Framework von OAuth 2.0 und bietet eine Authentifizierung für eine große Zahl an Webclients.

Kapitel 6
Active Directory

Das Active Directory (AD) ist der Anmelde- und Verzeichnisdienst von Microsoft und wird in den meisten größeren Firmen eingesetzt.

Wenn ein Unternehmen neue Mitarbeiter einstellt und diese sich an ihren Computern anmelden und auf Ressourcen zugreifen sollen, bedeutet das vorab viel Arbeit für das administrative Personal. Damit Sie nicht für Änderungen an jeden einzelnen Rechner laufen müssen, wird das *Active Directory (AD)* als Verzeichnisdienst genutzt. Mit diesem können Sie einen Benutzer schnell anlegen und ihm die notwendigen Ressourcen zuweisen, sodass ihm die Anmeldung an den Computern im Unternehmen ermöglicht wird. Außerdem lassen sich unternehmensweite Vorgaben schnell und strukturiert umsetzen. Beispielsweise können auf diesem Wege Kennwörter zurückgesetzt werden. Was das Active Directory genau ist und wie es funktioniert, erklären wir auf den folgenden Seiten. Wie es installiert wird, erläutern wir Ihnen ausführlich in Abschnitt 6.15.

Zunächst: Ein *Verzeichnis* ist eine Zusammenstellung von Informationen, ähnlich wie ein Telefonbuch. Das Active Directory stellt die Datenbank und die notwendigen Instrumente für die Verwaltung dieses Verzeichnisses zur Verfügung. Wie in jeder Datenbank hat jedes *Objekt* eine festgelegte Struktur, die *Attribute*. In einem Telefonbuch ist die Telefonnummer das Objekt (Klasse) und die Angaben wie Name, Vorname usw. sind die Attribute.

6.1 Die Geschichte von Active Directory

Der Verzeichnisdienst Active Directory wurde mit Windows Server 2000 eingeführt und bekam in den Nachfolgeversionen weitere Schlüsselfunktionen. Active Directory gehört damit zu den flexibelsten Verzeichnisstrukturen, die derzeit erhältlich sind. Durch die starke Integration von Anwendungen in das Verzeichnis können Unternehmen auch die schwierigsten Netzwerkumgebungen mithilfe von Active Directory verwalten. Ab der Version Windows Server 2008 wird der Dienst in fünf Rollen untergliedert. Im Kern stehen dabei die Active Directory-Domänendienste *(Active Directory Domain Services – AD DS)*.

Die Vorteile von Active Directory lassen sich leicht aufzählen:

- **Verwaltungsfähigkeit** – Das Active Directory basiert auf einem hierarchischen Verwaltungsmodell und kann durch die Administratoren flexibel angepasst werden.

- **Erweiterungsfähigkeit** – Das Schema, das die Struktur der Datenbank festlegt, kann individuell verändert und an die Anforderungen angepasst werden.
- **Skalierbarkeit** – Durch die Verwendung von AD-Standorten und die damit verbundene Verteilung der Domänencontroller auf die Standorte kann das AD beliebig angepasst werden. Auf diese Weise können Millionen Objekte verwaltet werden. Durch die Multimasterreplikation besteht ein hoher Schutz vor einem Ausfall, weil eine hohe Redundanz existiert.
- **zentrale Datenspeicherung** – Die Daten werden in einer Datenbank gespeichert und anschließend an andere Domänencontroller übertragen (repliziert). Dabei werden bandbreitenoptimierte Übertragungsmethoden verwendet.
- **flexible, sichere Authentifizierung und Autorisierung** – Im AD werden verschiedene Authentifizierungsmöglichkeiten unterstützt und domänenübergreifende Sicherheitsgruppen zur Verfügung gestellt.
- **Zusammenarbeit mit anderen Verzeichnisdiensten** – Das AD basiert auf Standardprotokollen wie DNS und LDAP und lässt sich somit mit vielen anderen Verzeichnisdiensten kombinieren.
- **Replikation von Informationen** – Das Active Directory repliziert die Informationen zwischen allen Domänencontrollern und schafft damit große Fehlertoleranz und hohe Verfügbarkeit. Durch diese Multimaster-Replikationstechnologie können Änderungen an unterschiedlichen Domänencontrollern durchgeführt werden, die dann an alle Domänencontroller repliziert werden. Selbst wenn ein Domänencontroller (DC) einmal ausfällt, erfolgt die Replikation, sobald der DC wieder verfügbar ist.

6.2 Was ist neu im Active Directory?

Da das Active Directory das Fundament der meisten Firmennetzwerke ist, wird mit Änderungen und neuen Features nur sehr vorsichtig umgegangen. Trotzdem bringt natürlich jede Version kleinere Änderungen mit sich. Wir gehen kurz auf die Neuerungen im Windows Server 2019 sowie im Windows Server 2025 ein, der sogar eine neue Funktionsebene mitbringt.

6.2.1 Neuerungen im Windows Server 2019

Auch wenn es auf den ersten Blick so aussieht, als wenn nichts angepasst worden wäre, so gibt es doch kleine Änderungen »unter der Haube«.

Sobald Sie den ersten Mitgliedsserver mit Windows Server 2019 zu einem Domänencontroller heraufstufen, wird das Schema auf die Version 88 hochgestuft. Durch das Schema-Update wird ein neues Attribut mit der Bezeichnung `msDS-preferredDataLocation` für die Klassen *Nutzer, Gruppen* und *Kontakte* eingefügt. Dieses Attribut kommt aus *Azure Entra ID* und wird von Office 365 für geografische Informationen genutzt.

Auch der *ESE Versions Store* (ESE: *Extensible Storage Engine*) wurde aktualisiert. In der Vergangenheit kam es wegen eines zu kleinen ESE-Versionsspeichers immer wieder zu Problemen im AD. Der neue Berechnungsalgorithmus wurde stark vereinfacht und an die 64-Bit-Technologie angepasst. Beim ersten Start von NTDS wird die Speichergröße der ESE-Version nun mit 10 % des physischen RAMs berechnet, wobei 400 MB das Minimum und 4 GB das Maximum sind. Mehr Informationen erhalten Sie unter folgendem Link:

https://techcommunity.microsoft.com/t5/ask-the-directory-services-team/deep-dive-active-directory-ese-version-store-changes-in-server/ba-p/400510#:~:text=The%20algorithm%20is%20now%20greatly,physical%20machines%20and%20virtual%20machines.

Mit Windows Server 2019 wurde keine neue Funktionsebene im Active Directory eingeführt, wodurch es einfach gewesen ist, ältere Domänencontroller auf Windows Server 2019 heraufzustufen.

6.2.2 Die neue Funktionsebene in Windows Server 2025

In diesem Abschnitt beschreiben wir Ihnen die wichtigsten Neuerungen im Active Directory, wenn Sie Windows Server 2025 verwenden. Weitere Informationen finden Sie unter:

https://learn.microsoft.com/de-de/windows-server/get-started/whats-new-windows-server-2025

Folgende Neuerungen sind mit Windows Server 2025 im Active Directory implementiert worden:

- **Optionale Funktion »32-k-Datenbankseitengröße«**

  Mit Windows 2000 wurde die ESE-Datenbank *(Extensible Storage Engine)* eingeführt, die eine 8k-Datenbankseitengröße aufweist. Diese alte Architekturentscheidung hat zu Einschränkungen in AD geführt, die sich in der maximalen Skalierbarkeit von AD niederschlagen. Ein Beispiel für diese Einschränkung ist, dass ein AD-Objekt mit einem einzelnen Datensatz nicht größer als 8 Kilobyte sein darf. Die Umstellung auf ein 32k-Datenbankseitenformat bietet eine Verbesserung in Bereichen, wenn Sie von den alten Beschränkungen betroffen sind. So können mehrwertige Attribute jetzt bis zu ~3200 Werte enthalten, was einer Steigerung um den Faktor 2,6 entspricht.

  Neue Domänencontroller können mit einer 32k-Datenbankseite installiert werden, die 64-Bit-LIDs *(Long Value IDs)* verwenden und in einem 8k-Seitenmodus ausgeführt werden, um die Kompatibilität mit früheren Versionen zu gewährleisten. Ein aktualisierter Domänencontroller verwendet weiterhin sein aktuelles Datenbankformat und 8k-Seiten. Die Umstellung auf 32k-Datenbankseiten erfolgt für die Gesamtstruktur und setzt voraus, dass alle Domänencontroller in der Gesamtstruktur über eine 32k-Seiten-fähige Datenbank verfügen.

- **AD-Schema-Updates**

  Es werden drei neue LDFs *(Log Database Files)* eingeführt, die das AD-Schema erweitern: *sch89.ldf*, *sch90.ldf* und *sch91.ldf*. Die entsprechenden AD LDS-Schema-Updates befinden sich in der Datei *MS-ADAM-Upgrade3.ldf*.

- **Active Directory-Objektreparatur**

  In Active Directory ist es jetzt möglich, Objekte mit fehlenden Kernattributen `SamAccountType` und `ObjectCategory` zu reparieren. Das Attribut `LastLogonTimeStamp` kann für ein Objekt auf die aktuelle Uhrzeit zurückgesetzt werden. Die beiden genannten Vorgänge werden über ein neues `RootDSE`-Feature zur Vorgangsänderung vorgenommen, das als `fixupObjectState` bezeichnet wird.

- **Funktionsebene »Gesamtstruktur und Domäne«**

  Die neue Funktionsebene wird für den allgemeinen Support verwendet und ist für die neue Funktion der 32K Datenbankseitengröße erforderlich. Die neue Funktionsebene wird den Werten `DomainLevel 10` und `ForestLevel 10` für unbeaufsichtigte Installationen zugeordnet.

- **Verbesserte Sicherheit für Computerkonto-Standardkennwörter**

  Active Directory verwendet jetzt zufällig generierte Standardkennwörter für das Computerkonto. Windows Server 2025-Domänencontroller verhindern, dass für Computerkontokennwörter das Standardkennwort des Computerkontonamens verwendet werden kann.

- **Kerberos AES SHA256 und SHA384**

  Die Implementierung des Kerberos-Protokolls wurde aktualisiert, um stärkere Verschlüsselungs- und Signiermechanismen mit Unterstützung für RFC 8009 durch Hinzufügen von SHA-256 und SHA-384 zu unterstützen. Das veraltete RC4 wird außer Betrieb genommen und auf die Liste der Verschlüsselungsmethoden verschoben, die nicht mehr verwendet werden dürfen.

- **LDAP-Unterstützung für TLS 1.3**

  LDAP verwendet die neueste SCHANNEL-Implementierung und unterstützt TLS 1.3 für LDAP über TLS-Verbindungen. TLS 1.3 räumt mit veralteten Kryptografiealgorithmen auf, erhöht die Sicherheit gegenüber älteren Versionen und zielt darauf ab, einen möglichst großen Teil des Handshakes zu verschlüsseln.

Mit der neuen Funktionsebene in Windows Server 2025 wurden seit Langem mal wieder Anpassungen am Active Directory vorgenommen. Die Erweiterung der Datenbankseitengröße ist die wichtigste Änderung, von der Sie aber nur in sehr großen Umgebungen etwas spüren werden. Kleine Umgebungen werden von den Anpassungen nicht profitieren. Wenn Sie also nur eine Handvoll Server und eine überschaubare Anzahl User haben, werden Sie diese Änderungen nicht bemerken.

Mit Blick auf die IT-Sicherheit hat Microsoft das alte RC4-Protokoll entfernt und mit den zufälligen Computerkontokennwörtern die Sicherheit weiter erhöht.

Nachfolgend fassen wir kurz unsere Migrationsempfehlungen auf Windows Server 2025 zusammen:

- Wenn Sie in Ihrer Umgebung Windows Server 2016 einsetzen, dann empfehlen wir ein zeitnahes Upgrade auf Windows Server 2025, da der erweiterte Support von Windows Server 2016 bereits am 12.01.2027 ausläuft. Microsoft wird also nur noch bis dahin Sicherheitsupdates verteilen. Da wir alle wissen, dass eine Aktualisierung der AD-Umgebung einige Zeit in Anspruch nimmt, sollten Sie möglichst bald damit beginnen.
- Wenn Sie Windows Server 2019 einsetzen und Ihr AD keine sehr große Umgebung ist, dann können Sie sich mit dem Upgrade auf Windows Server 2025 noch etwas Zeit lassen. Zwar gibt es auch für Windows Server 2019 nur noch Sicherheitsupdates, diese stellt Microsoft aber noch bis zum 09.01.2029 bereit. Bis dahin müssen Sie die Migration aber auf jeden Fall planen und durchführen!
- Ist Ihre AD-Umgebung sehr groß, empfehlen wir ein zeitnahes Upgrade auf Windows Server 2025. Dadurch profitieren Sie nicht nur von der neuen Datenbankgröße, sondern Sie haben auch mehr Zeit für die Umstellung. Je früher Sie damit anfangen und eine Upgrade-Strategie entwickeln, desto besser.

Allerdings ist es (wie vor jedem größeren Upgrade) sehr wichtig, dass Sie Ihre gesamte Software auf die Kompatibilität mit Windows Server 2025 prüfen und die Systeme erst dann aktualisieren, wenn die Anwendungen durch den jeweiligen Hersteller für Windows Server 2025 freigegeben wurden. Falls Sie dies nicht beachten und es zu Problemen nach der Migration kommt, stehen Sie sehr wahrscheinlich ohne Support da.

6.3 Die Datenbank von Active Directory

Für die Speicherung der Informationen verwendet das Active Directory eine *Jet(Blue)-Datenbank*. Microsoft hat sich für diese Variante der Datenbank entschieden, weil sie keinen physischen Speicherplatz für leere Spalten verbraucht und relational sowie transaktionsorientiert arbeitet. Diese Datenbankvariante wird auch für Microsoft Exchange oder Access verwendet.

Die maximale Speichergröße beträgt 16 TB, und jeder Domänencontroller kann bis zu zwei Milliarden Objekte anlegen. Die Active Directory-Datenbank wird in der Datei *ntds.dit* im Verzeichnis *%Windir%\ntds* auf dem Domänencontroller gespeichert. Seit der Version Windows Server 2000 ist die Datenbank auf jedem Domänencontroller eine »Lese-/Schreibkopie« und wird innerhalb der Domäne repliziert, damit jeder Domänencontroller den gleichen Datenbankinhalt vorhält. Eine Besonderheit ist der Read-Only-Domänencontroller: Hier wird die Datenbank nur als Lesekopie gespeichert. Diese Domänencontrollervariante wird verwendet, wenn der Domänencontroller an keinem sicheren Standort aufgebaut werden kann und Angriffen ausgesetzt sein könnte.

Die Datenbank wird in folgende Partitionen unterteilt (siehe auch Abbildung 6.1):

- In der *Konfigurationspartition* sind die Objekte enthalten, die die logische Struktur der Gesamtstruktur darstellen, einschließlich der Domänenstruktur und der Replikationstopologie. Gespeicherte Informationen sind die AD-Struktur inklusive der Domänen und Standorte sowie die Information, welche DCs existieren und welche Dienste verfügbar sind. Objekte dieser Partition müssen auf alle Domänencontroller der Gesamtstruktur repliziert werden. In der Konfigurationspartition werden zusätzlich die Informationen über die Exchange-, PKI- und DHCP-Server gespeichert.
- Die *Schemapartition* definiert die in der Gesamtstruktur erstellbaren Objekte (Klassen) sowie die Attribute, die diese Objekte haben können. Alle Objekte müssen sich an das vorgegebene Schema halten. Die Schemapartition muss auf alle Domänencontroller der Gesamtstruktur repliziert werden, und alle DCs verwenden dasselbe Schema, damit die Datenbankintegrität gewährleistet werden kann.
- Die *Domänenpartition* enthält alle in der Domäne gespeicherten Objekte und kann nur auf die Domänencontroller der Domäne repliziert werden. Alle Objekte in jeder Domänenpartition werden auch im globalen Katalog mit einer Teilmenge ihrer Attribute gespeichert.
- Die *Anwendungsverzeichnispartition* speichert Daten, die dynamisch und anwendungsspezifisch sind. Die Replikation wird von der Anwendung selbst gesteuert und verursacht keinen nennenswerten Netzwerkverkehr. Die Anwendungsverzeichnispartition kann beliebige Arten von Objekten enthalten. Ausgenommen hiervon sind Sicherheitsprinzipale wie Benutzer, Gruppen und Computer, die für die Vergabe von Zugriffberechtigungen verwendet werden können. Die Informationen der Anwendungsverzeichnispartition werden nicht im globalen Katalog gespeichert. Beispiele für Anwendungsverzeichnispartitionen sind die *ForestDNSZones* und die *DomainDNSZones*.

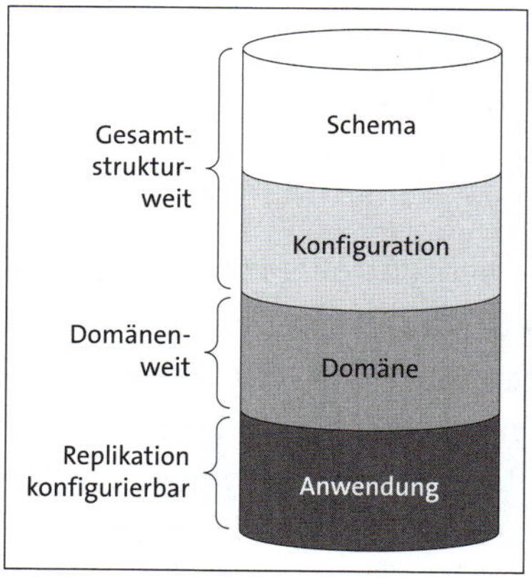

Abbildung 6.1 AD-Datenbank mit Replikationsbereichen

6.4 Die Komponenten von Active Directory

Im Active Directory stellen die *Organisationseinheiten (OUs)*, die Domänen oder die Gesamtstrukturen den logischen Aufbau einer Organisation dar. Die physische Struktur wird durch die Standorte, die Subnetze und die Domänencontroller abgebildet. Die logische und die physische Struktur werden im Active Directory vollständig voneinander getrennt.

6.4.1 Logischer Aufbau

Mithilfe der logischen Komponenten wird die logische Struktur des ADs aufgebaut (siehe Abbildung 6.2). Aufgrund der logischen Anordnung braucht der Nutzer sich keine Gedanken über den physischen Aufbau zu machen.

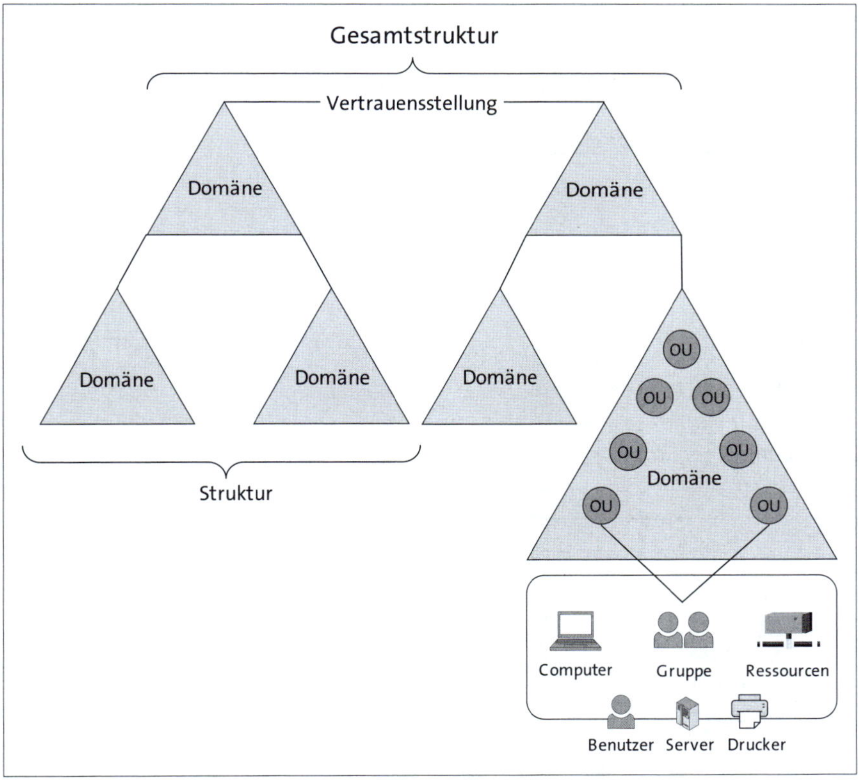

Abbildung 6.2 Darstellung einer logischen AD-Struktur

Struktur

Stellt eine Domäne eine untergeordnete Domäne einer anderen Domäne dar, so spricht man von einer *Struktur*. Wenn die Gesamtstruktur *intranet.rheinwerk-verlag.de* die beiden Domänen *europa.rheinwerk-verlag.de* und *asien.rheinwerk-verlag.de* umfasst (siehe Abbildung 6.3), so stellen diese Domänen einen zusammenhängenden Bereich im DNS-Namensraum und damit einzelne Strukturen dar. Handelt es sich jedoch umgekehrt bei den beiden Domänen *intranet.rheinwerk-verlag.de* und *ichkanngarnix.de* nicht um einen zusammenhängenden Bereich im DNS-Namensraum (siehe Abbildung 6.4), so verfügt die Gesamtstruktur über zwei Strukturen.

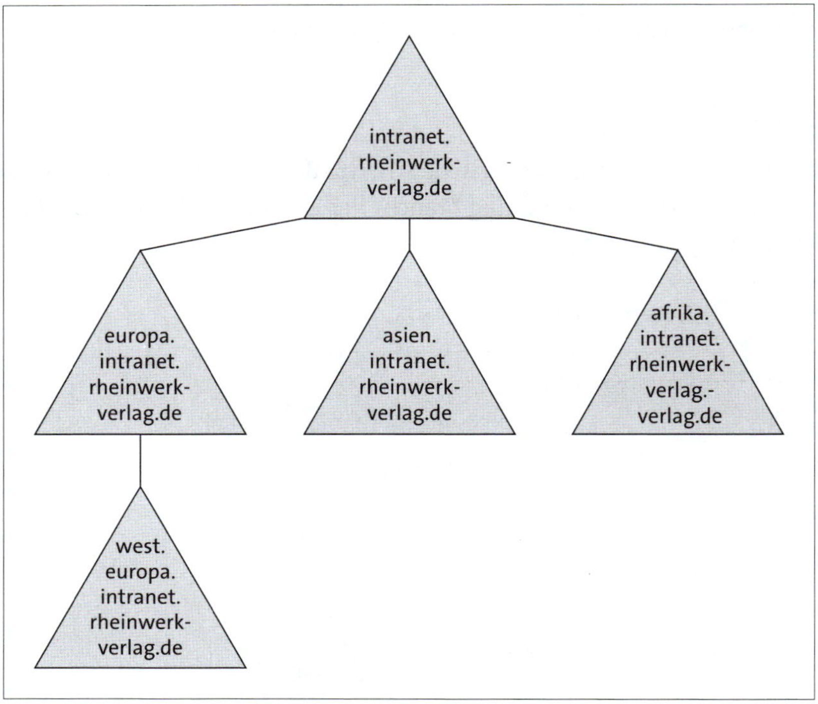

Abbildung 6.3 Darstellung einer Struktur

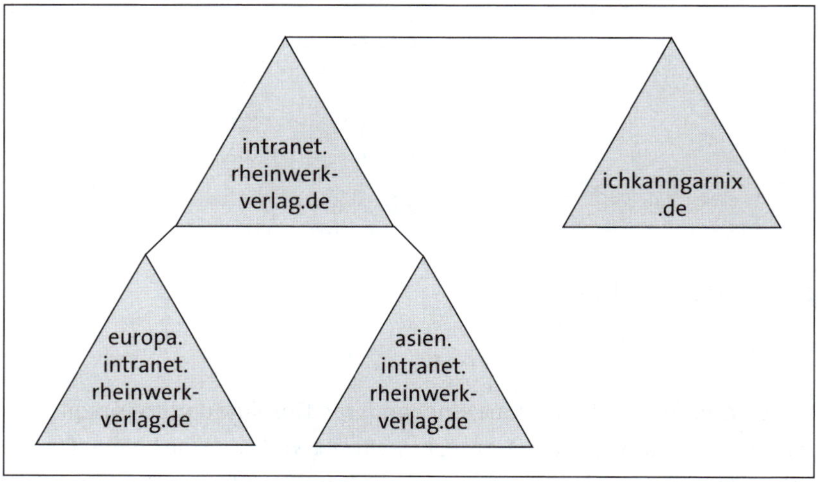

Abbildung 6.4 Darstellung einer Gesamtstruktur

Gesamtstruktur

Eine Gesamtstruktur ist eine Sammlung oder hierarchische Anordnung verschiedener Strukturen (AD-Domänen). Die erste in einer Gesamtstruktur installierte Domäne wird als *Gesamtstruktur* oder *Stammdomäne* bezeichnet und definiert den Pfad zur Schema- und Konfigurationspartition. Eine Gesamtstruktur ist eine einzelne Instanz des Verzeichnisses. Das heißt, Daten werden nicht außerhalb der Gesamtstrukturgrenzen repliziert. Die Gesamtstruktur stellt damit eine Sicherheitsgrenze dar.

Die Merkmale einer Gesamtstruktur sind:

- Die Strukturen in einer Gesamtstruktur haben entsprechend ihrer Domänen unterschiedliche Namensstrukturen.
- Alle Domänen arbeiten unabhängig, können jedoch über die Gesamtstruktur miteinander kommunizieren.
- Alle Domänen basieren auf dem gleichen gemeinsamen Schema.
- Für Microsoft ist eine Gesamtstruktur auch dann bereits gegeben, wenn nur eine Domäne vorhanden ist.
- Alle Domänen teilen sich die Informationen der Konfigurationspartition und sind damit gleich konfiguriert.

Domänen

Domänen sind im Active Directory die Grundlage der logischen Struktur und werden innerhalb einer Domäne in Organisationseinheiten unterteilt. Eine Domäne muss aus mindestens einem *Domänencontroller (DC)* bestehen, da die Domäne ohne ihn nicht arbeitsfähig ist. Aus Redundanzgründen sollten Sie in einem produktiven Umfeld mit mindestens zwei Mitgliedsservern *(Member Server)* als zukünftige DCs planen. Weitere Objekte einer Domäne sind z. B.:

- Mitgliedsserver (Member Server) – Das sind Server, die Dienste wie Exchange, SQL, Fileservices etc. bereitstellen und eben keine Domänencontroller sind.
- Computer
- Benutzer
- Benutzergruppen
- Organisationseinheiten

Organisationseinheiten (OU)

In einer OU *(Organizational Unit)* können sich z. B. Benutzer-, Computer- oder Gruppenobjekte befinden. Die OU stellt die kleinste administrative Einheit im AD dar. OUs werden z. B. genutzt, um Unternehmensstrukturen im AD abzubilden. Der Zugriff auf die OUs kann über ACLs (*Access Control Lists*, Zugriffskontrolllisten) gesteuert werden. OUs werden außerdem für die Verknüpfung von Gruppenrichtlinien verwendet. Eine OU-Struktur sehen Sie in Abbildung 6.5.

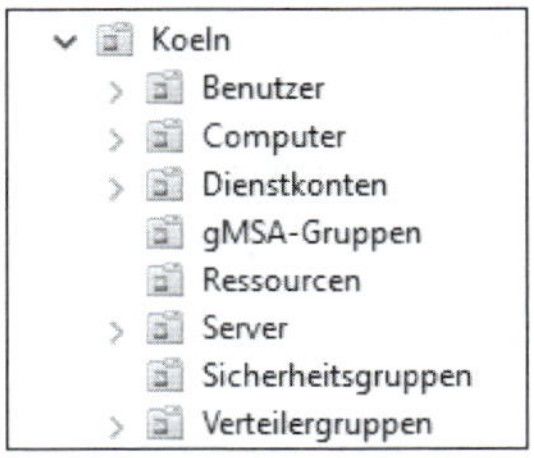

Abbildung 6.5 Darstellung einer OU-Struktur im Active Directory

6.4.2 Physischer Aufbau

Den physischen Aufbau des Active Directorys stellen die Domänencontroller und Standorte dar. Die Infrastruktur Ihres Unternehmens wird so im Active Directory abgebildet.

6.4.3 Globaler Katalog

Das AD erlaubt es Benutzern und Administratoren, Objekte innerhalb einer Domäne zu finden. Sollen Objekte außerhalb der eigenen Domäne, aber innerhalb der Gesamtstruktur ermittelt werden, ist eine andere Methode notwendig. Der *globale Katalog* ist der zentrale Speicher der Objektinformationen innerhalb einer Struktur oder Gesamtstruktur und wird standardmäßig auf dem ersten DC in der ersten Domäne der Gesamtstruktur erstellt. Jeder DC, der eine Kopie des globalen Katalogs speichert, wird *globaler Katalogserver* genannt. Der globale Katalog wird innerhalb der AD-Replikation mit repliziert.

Der globale Katalog speichert eine vollständige Sammlung aller Objektattribute seiner Hostdomäne und eine Teilmenge aller Objektattribute der in der Gesamtstruktur vorhandenen Domänen. Welche Objektattribute in den globalen Katalog aufgenommen werden, ist im *Schema* hinterlegt. Der globale Katalog ermöglicht damit die Benutzeranmeldung im Netzwerk und das Auffinden von Informationen im Verzeichnis, unabhängig davon, welche Domäne in der Gesamtstruktur die Daten tatsächlich enthält. Er kann Gruppenmitgliedschaften auf dem lokalen DC prüfen bzw. beantworten.

Somit muss die Anmeldung nicht immer über langsame WAN-Strecken erfolgen und der Netzwerkverkehr kann minimiert werden. Aus diesem Grund sollte auf jedem DC an einem AD-Standort eine Kopie des globalen Katalogs bereitgestellt werden.

Um einen DC nachträglich zum globalen Katalogserver zu machen, öffnen Sie die Eigenschaften des DCs in der Konsole *Active Directory-Standorte und -Dienste* und aktivieren die Option GLOBALER KATALOG auf dem Reiter ALLGEMEIN der NTDS SETTINGS (siehe Abbildung 6.6).

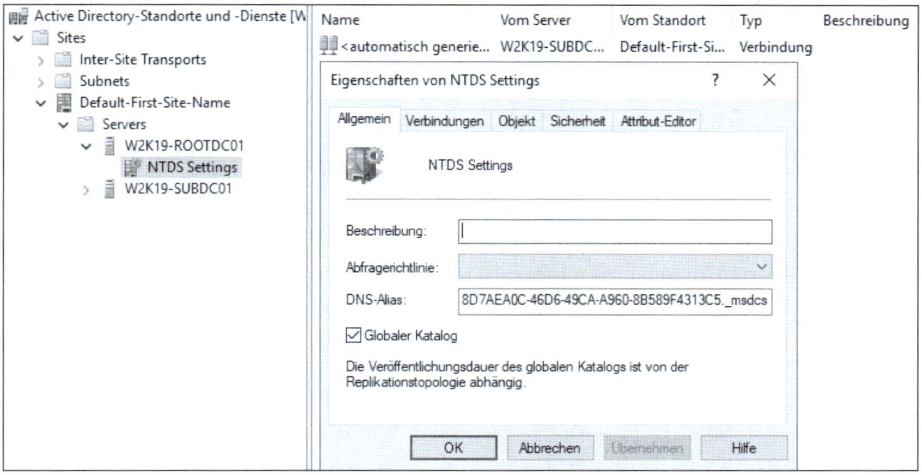

Abbildung 6.6 Die »NTDS Settings« des »W2k19-RootDC01« mit aktiviertem globalen Katalog

6.4.4 FSMO (Flexible Single Master Operations) bzw. Betriebsmaster

Das Active Directory wurde als Multimaster-Replikationssystem entwickelt. Dies bedeutet, dass alle Domänencontroller – mit Ausnahme der RODCs – Schreibzugriff auf die Active Directory-Datenbank haben müssen. Dieses System funktioniert problemlos für die meisten Aufgaben, aber für bestimmte Operationen gibt es genau einen Server, der diese Aufgabe durchführen darf. Der Domänencontroller, der diese spezifische Aufgabe durchführen kann, wird als *Betriebsmaster* oder *Operationsmaster* bezeichnet und besitzt eine der unten genannten Betriebsmaster-Rollen *(Flexible Single Master Operations (FSMO) Roles)*. Der Domänencontroller, der die Betriebsmasterrolle hat, darf diese speziellen Aufgaben durchführen, stellt die Konsistenz der Datenbank sicher und löst eventuelle Replikationskonflikte für seinen speziellen Bereich.

Infrastruktur-Master

Der Infrastruktur-Master ist dafür verantwortlich, die Berechtigungen von Benutzern aus unterschiedlichen Domänen zu steuern. Wenn das jeweilige Unternehmen Exchange einsetzt, wird die Rolle außerdem für die Auflösung von Verteilergruppen verwendet, da auch hier eine Gruppe Mitglieder aus unterschiedlichen Domänen haben kann. Pro Domäne kann es nur einen Infrastruktur-Master geben. Der globale Katalog kann auf dem DC, der die FSMO-Rolle *Infrastruktur-Master* hält, nur dann installiert werden, wenn auf jedem DC der globale Katalog installiert ist. Falls dem nicht so ist, darf auf dem DC mit der FSMO-Rolle *Infrastruktur-Master* der globale Katalog nicht vorhanden sein. Sobald das AD-Feature *AD-Papierkorb* aktiviert wurde, verhält sich jeder DC so, als wäre er der Infrastruktur-Master.

RID-Master

Der RID-Master verwaltet die *relativen IDs (RIDs)* und ist für die Zuweisung von RID-Pools an die Domänencontroller einer Domäne zuständig. Jeder Pool hat standardmäßig 500 IDs, und jeder Server fragt, wenn die Hälfte der IDs verbraucht ist, neue IDs beim RID-Master an. Den RID-Master kann es auch nur einmal pro Domäne geben. Funktioniert der RID-Master mal nicht und sind die IDs aufgebraucht, können keine Objekte (die eine relative ID besitzen, also z. B. Benutzer) mehr im AD angelegt werden. Mit dem Befehl `DCDIAG /test:ridmanager /v` können Sie sich die aktuellen Informationen Ihres RID-Masters in Ihrer Domäne anzeigen lassen. Hier sehen Sie einen Auszug der Ausgabe aus unserer Domäne:

```
Starting test: RidManager
  * Available RID Pool for the Domain is 2100 to 1073741823
  * PBON10SDCV00001.intranet.rheinwerk-verlag.de is the RID Master
  * DsBind with RID Master was successful
  * rIDAllocationPool is 1100 to 1599
  * rIDPreviousAllocationPool is 1100 to 1599
  * rIDNextRID: 1168
  ..................... PBON10SDCV00001 hat den Test RidManager bestanden.
```

Dem DC wurde der RID-Pool `1100` bis `1599` zugewiesen, und die nächste RID, die der DC verwenden würde, ist die `1169`.

Domain-Naming-Master

Der *Domain-Naming-Master* ist für die Namensgebung und das Hinzufügen und Entfernen von Domänen innerhalb der Gesamtstruktur verantwortlich. Den Domain-Naming-Master gibt es nur einmal pro Gesamtstruktur.

Schema-Master

Der *Schema-Master* steuert alle Veränderungen am Schema. Das Schema beschreibt alle Klassen und ihre Attribute. Den Schema-Master kann es nur einmal pro Gesamtstruktur geben. Um Änderungen durchzuführen, muss die administrative Kennung Mitglied der Gruppe *Schema-Administratoren* sein.

PDC-Emulator

Der *PDC-Emulator* ist das Benutzerkonto der primären Anmeldeserver für alle Prä-Windows-2000-Clients und dient für eventuell noch vorhandene Backup-Domain-Controller als primärer DC.

Der PDC verwaltet alle Kennwortänderungen, denn jeder DC meldet bei einer Kennwortänderung das Kennwort an den PDC. Kommt es zu einem Kennwortkonflikt innerhalb oder außerhalb der Domäne, wird der PDC befragt: Seine Antwort zählt. Der PDC-Emulator verwaltet zudem die GPOs, und jede Gruppenrichtlinienverwaltungskonsole verbindet sich standardmäßig mit dem PDC. Der PDC dient weiterhin als Zeitquelle für alle DCs innerhalb der Domäne. Und schließlich verwaltet der PDC die Kennwörter für die Vertrauensstellungen und übernimmt die Konsistenzprüfung für DFS. Den PDC-Emulator gibt es nur einmal je Domäne.

6.4.5 Standorte

Ein *AD-Standort* ist ein Subnetz oder eine Sammlung von Subnetzen. Ein AD-Standort stellt eine Standortgrenze dar und beinhaltet alle DCs an dem jeweiligen Standort. Im AD ist ein Standort kein Teil des Namensraums und bleibt deswegen für den Nutzer transparent. Ein AD-Standort beinhaltet nur Computer- und Verbindungsobjekte, die zur Konfiguration der Replikation zwischen den Standorten verwendet werden. Standardmäßig replizieren alle DCs an einem Standort direkt miteinander; das heißt, alle Änderungen werden sofort übertragen.

6.4.6 Distinguished Name

Der *Distinguished Name (DN)* ist der eindeutige Name des AD-Objekts. Zum Distinguished Name könnte man auch »LDAP-Pfad« sagen, aber eigentlich ist nur *DN* oder eben *Dinstinguished Name* gebräuchlich. Dieser Name identifiziert das AD-Objekt von der untersten Ebene, dem Objekt selbst, durch alle OUs/Container bis zur obersten Ebene, der Domäne. Der Wert kann aus dem gleichnamigen Attribut innerhalb des AD-Objekts ausgelesen werden. Die einzelnen Werte sind durch Kommas voneinander getrennt.

Eine administrative Kennung sieht so aus: `P1Karsten.Weigel`. Der vollständige Eintrag ist also:

```
CN=P1Karsten.Weigel,OU=Tier1,OU=Administration,DC=intranet,DC=rheinwerk-verlag,DC=de
```

6.4.7 Canonical Name

Der *Canonical Name* ist das Gleiche wie der Distinguished Name, jedoch wird das DNS-Domänennamenformat verwendet. Der DNS-Namensraum wird durch Punkte getrennt und die OUs bis zum Objekt selbst mit Slashes.

Die bereits bekannte administrativen Kennung sieht in dieser Schreibweise so aus: `P1Karsten.Weigel`

```
intranet.rheinwerk-verlag.de/Administration/Tier1/P1Karsten.Weigel
```

6.4.8 Common Name

Der *Common Name (CN)* ist der allgemeine Name des AD-Objekts. Der Distinguished Name beginnt immer mit dem CN des AD-Objekts.

6.5 LDAP

Das *Lightweight Directory Access Protocol (LDAP)* ist ein Netzwerkprotokoll, das in den *RFCs 4510, 4511* und *4532* definiert wurde. LDAP ist kein Verzeichnis, sondern das Protokoll, das für Abfragen und Änderungen in einem verteilten Verzeichnisdienst genutzt wird.

Alle am Netzwerk angeschlossenen Systeme müssen für eine ungesicherte Übertragung den Port 389 nutzen und für eine mit TLS gesicherte Verbindung den Port 636. Diese Ports sind in den Firewalls des Netzwerks für den Datenaustausch zwischen den Systemen freizuschalten.

Die Entwicklung des LDAP begann in der Universität in Michigan, wo im Jahre 1993 ein RFC für eine vereinfachte Variante des *Directory Access Protocol (DAP)* verfasst wurde. Der Vorschlag beinhaltete ein Verzeichnis, das über unterschiedliche Server verteilt sein sollte und in dem innerhalb der Baumstruktur Abfragen möglich sein sollten.

LDAP folgt dem Ansatz der projektorientierten Programmierung, besteht also aus Klassen, Objekten und Attributen. Die Objekte im LDAP haben verschiedene Attribute, und in derselben Ebene kann es kein gleiches Objekt mit demselben Namen geben. Der *Distinguished Name* ist das *Pflichtattribut* jedes Objekts. Über ihn wird geprüft, ob das Objekt bereits im AD vorhanden ist. Durch die Verwendung von Organisationseinheiten besteht die Möglichkeit, das LDAP zu strukturieren.

Im *RFC 2253 UTF-8 String Representation of Distinguished Names* sind unter anderem folgende Attributtypen definiert:

- `CN`: `commonName`
- `O`: `organizationName`
- `OU`: `organizationalUnitName`
- `C`: `countryName`
- `STREET`: `streetAddress`
- `DC`: `domainComponent`
- `UID`: `userid`

Dies wirkt durch die vielen möglichen Attribute der unterschiedlichen Objekte erst mal sehr komplex, stellt sich später aber viel einfacher und übersichtlicher in einer Struktur dar.

Wenn Sie die Objekte und Attribute innerhalb eines Active Directorys betrachten und damit arbeiten, werden Sie die Zusammenhänge schnell verstehen.

6.6 Schema

Das *Schema* ist die Schablone für alle Active Directory-Einträge. Es definiert die Objekttypen, ihre Klassen, Attribute und ihre Syntax. Welche Objekttypen in Active Directory verfügbar sind, wird durch die Definition neuer Typen beeinflusst. Das Muster, das Sie dafür einhalten müssen, ist eben das *Schema*, das die Objekte mit deren Attributen definiert. Nur Mitglieder der Gruppe der Schema-Administratoren können das Schema anpassen.

Damit Sie das Schema über die GUI anpassen können, müssen Sie die dafür notwendige Bibliothek *schmmgmt.dll* registrieren. Dies können Sie in einer administrativen Kommandozeile mit folgendem Befehl tun:

```
regsvr32.exe schmmgmt.dll
```


Danach fügen Sie einer leeren Verwaltungskonsole das Snap-In *Active Directory-Schema* hinzu. In ihr sind dann alle Klassen und deren Attribute sichtbar und können angepasst werden. Sie sollten aber immer nur dann Änderungen am Schema durchführen, wenn es zwingend notwendig ist! Notwendige Anpassungen, die von Anwendungen im AD benötigt werden, werden während der Installation der Anwendung automatisch vorgenommen.

6.7 Replikation

Die Replikation von Änderungen im Active Directory ist dann notwendig, wenn mehrere Domänencontroller in der Domäne betrieben werden. Jeder Domänencontroller repliziert bzw. synchronisiert den Inhalt seiner Active Directory-Datenbank mit den anderen Domänencontrollern in der Domänengesamtstruktur. Je größer die Umgebung ist, desto wichtiger ist die Replikation zwischen den DCs.

Die Active Directory-Datenbank ist in mehrere Verzeichnispartitionen eingeteilt, von denen jede für sich eine eigene Replikationsmethode besitzt:

- Die *Schemapartition* ist eine sogenannte *Organisationspartition* und wird innerhalb der Gesamtstruktur auf alle Domänencontroller repliziert.
- Die *Konfigurationspartition* wird ebenfalls als Organisationspartition auf alle Domänencontroller in der Gesamtstruktur repliziert.
- Die *Domänenpartition* wird nur auf die Domänencontroller der entsprechenden Domäne repliziert.

Während der Replikation werden immer nur die Deltas und nicht der komplette Dateninhalt übertragen.

6.7.1 Steuerung der AD-Replikation

Die AD-Replikation kann über die Konsole *Active Directory Standorte und -Dienste* ermittelt und verändert werden.

Die automatische Ermittlung der Replikationspartner am Standort und darüber hinaus übernimmt der Dienst *Knowledge Consistency Checker (KCC)*. Eine mögliche Replikation kann so wie in Abbildung 6.7 aussehen:

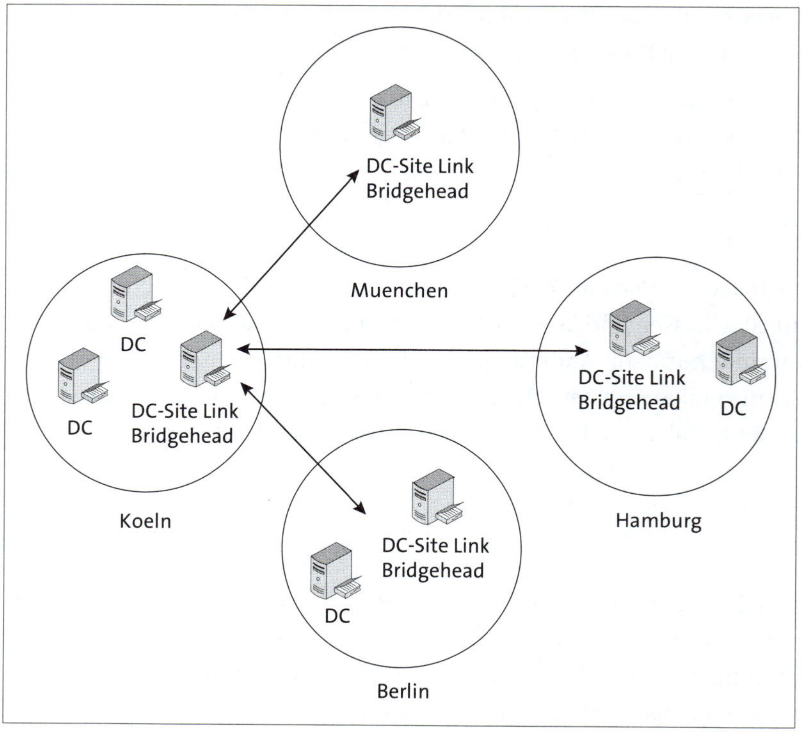

Abbildung 6.7 Eine mögliche AD-Replikation

Wenn Sie dieses Schaubild in die Konsole *Active Directory-Standorte und -Dienste* übertragen, sieht es wie Abbildung 6.8 aus.

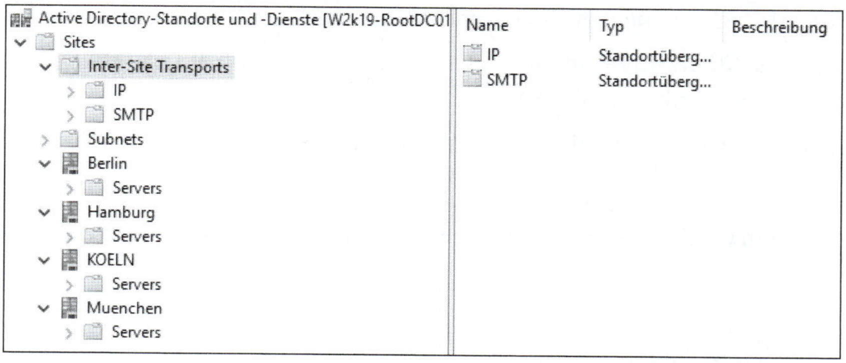

Abbildung 6.8 Die Standorte im Tool »AD-Standorte und -Dienste«

Die eingestellten Replikationsverbindungen der Standorte untereinander sehen Sie unter INTER-SITE TRANSPORTS • IP. Unsere Beispielumgebung sehen Sie in Abbildung 6.9.

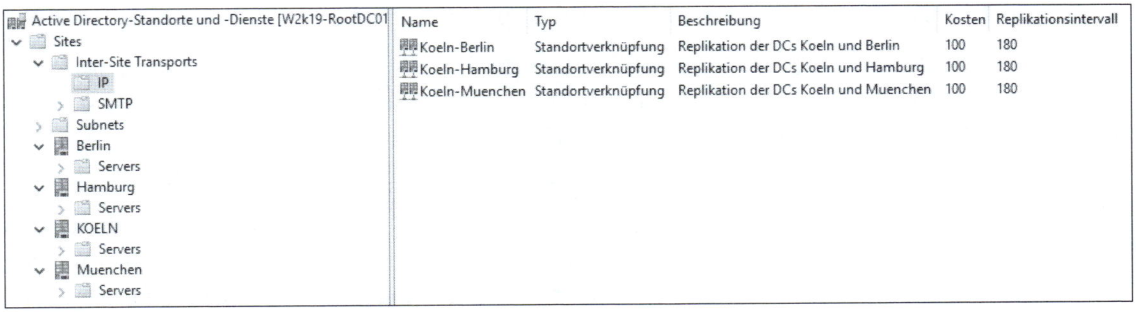

Abbildung 6.9 Die konfigurierten AD-Replikationsverbindungen

Wir haben dort drei Replikationsverbindungen konfiguriert und die KOSTEN auf 100 und das REPLIKATIONSINTERVALL auf 180 eingestellt. Bei den Werten handelt es sich um die Standardwerte für eine neue Standortverknüpfung. Gibt es mehrere Replikationen zwischen unterschiedlichen Standorten, entscheiden die Kosten darüber, welche Verbindung genutzt wird. Es wird immer die Strecke mit den geringsten Kosten verwendet. Das Replikationsintervall (in Minuten) gibt an, wie oft die Replikation stattfinden soll. Das heißt, in dem genannten Beispiel replizieren die Standorte alle 180 Minuten untereinander.

Standardmäßig ist in *AD-Standorte und -Dienste* die Option BRÜCKE ZWISCHEN ALLEN STANDORTVERKNÜPFUNGEN HERSTELLEN aktiviert (siehe Abbildung 6.10). Sie sorgt dafür, dass quasi jeder mit jedem repliziert.

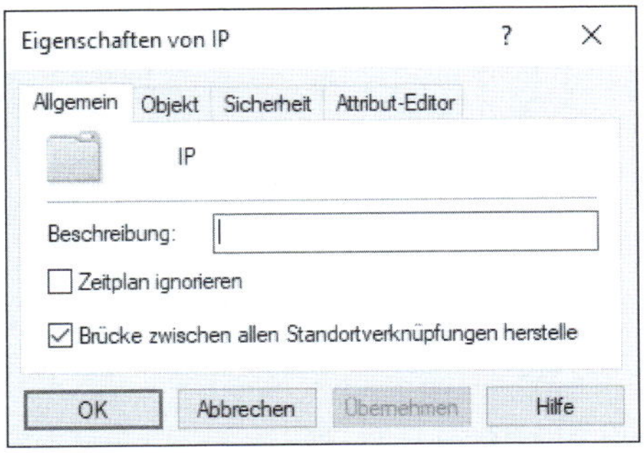

Abbildung 6.10 Die Option »Brücke zwischen allen Standortverknüpfungen herstellen« in der Konsole »AD-Standorte und -Dienste«

Diese Option kann jedoch zu Problemen führen, wenn Standorte z. B. durch Firewallsysteme geschützt sind und nicht alle Netze freigegeben wurden. In unserem Beispiel haben wir diese Option deaktiviert, sodass alle Standorte immer nur mit dem Standort *Koeln* replizieren. In der Praxis empfiehlt es sich, eine redundante Verbindung an einen zweiten Standort einzurichten, die genutzt wird, falls es mit der ersten Verbindung Probleme gibt.

6.7.2 Das Tool für die Überprüfung des Replikationsstatus

Das *Active Directory Replication Status Tool (ADREPLSTATUS)* war ein Werkzeug, das Ihnen einen Überblick über den Status der Replikation gewährte und Sie auf Fehler hinwies. Microsoft bietet den Download seit Mitte 2023 aber leider nicht mehr an.

Als Alternative hat Ryan Ries in einem privaten Projekt einen Nachfolger mit gleichem Namen entwickelt. Ries ist ein Microsoft Senior Escalation Engineer aus Amerika, und sein Tool finden Sie auf GitHub unter *https://github.com/ryanries/adreplstatus*. Wir haben mit der Version 1.3.1 gearbeitet und sie in unserer Testumgebung ausprobiert. Uns gefällt das Tool, denn es ist schlicht und übersichtlich. Allerdings müssen wir nochmals betonen, dass es sich um ein privates Projekt handelt, Microsoft keine Verantwortung für das Tool übernimmt und dass auch wir keine Garantie für eine fehlerfreie Funktion in Ihrer Umgebung übernehmen können.

In unseren Tests hat das Tool ohne Fehler funktioniert und wir konnten den Status der Replikationsverbindungen sehr schnell einsehen (siehe Abbildung 6.11). Sie müssen das Tool mit Domänenadministratorrechten auf einem Server im Tier 0 ausführen.

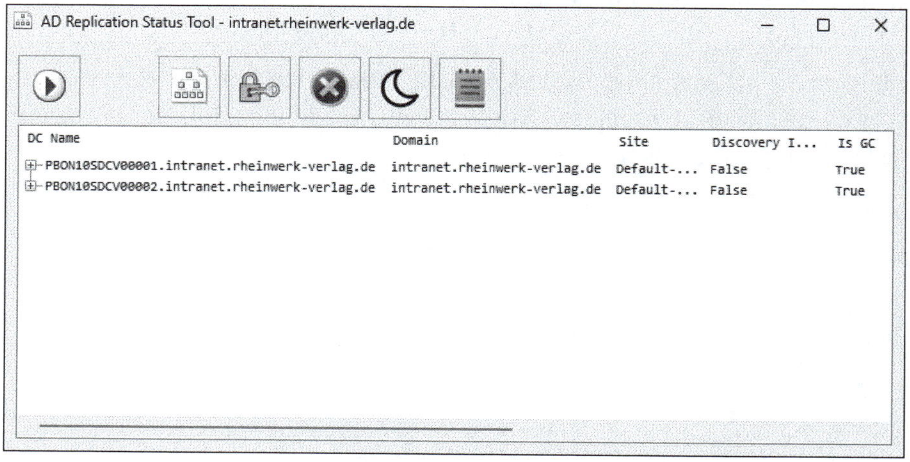

Abbildung 6.11 Das Tool »ADReplStatus« von Ryan Ries im Einsatz

6.8 Read-Only-Domänencontroller (RODC)

Ein *RODC (Read-Only-Domänencontroller)* ist ein schreibgeschützter Domänencontroller, der häufig in kleinen Außenstellen eingesetzt wird, die eine niedrige Sicherheitsstufe haben. Die Funktion des RODC wurde mit Windows Server 2008 eingeführt und kann heute noch genutzt werden.

Der RODC enthält nur eine schreibgeschützte Kopie der AD-Datenbank und einen schreibgeschützten DNS-Server. Der RODC speichert nur die Kennwörter der Nutzer zwischen, die vorher zur Replikation auf ihm eingerichtet wurden. Kennwörter von administrativen Accounts werden nicht synchronisiert, es sei denn, dies wird explizit gewünscht. Für die Administration des RODC können Sie eigene Rollen vergeben, um die administrative Wartung zu delegieren. Außerdem können Sie einen RODC zusätzlich absichern, indem Sie Attribute von der Replikation ausschließen.

Es gibt verschiedene Einsatzszenarien für einen RODC. Tabelle 6.1 liefert Ihnen einen Überblick.

Szenario	Vorteil	Nachteil
Es werden keine Informationen zwischengespeichert (Standardeinstellung).	Dies ist die sicherste Methode und ermöglicht die schnelle Authentifizierung und Anwendung der Richtlinien.	Kein Offline-Zugriff; eine WAN-Verbindung muss für die Anmeldung verfügbar sein. Sie muss stabil funktionieren, oder die gesamte Zweigstelle ist unbenutzbar.
Die meisten Konten werden zwischengespeichert.	Einfache Passwort-Verwaltung. Sinnvoll für Unternehmen, die die Verbesserungen durch die Verwaltung des RODC einsetzen wollen und sich weniger Gedanken über Sicherheit machen.	Die meisten Passwörter befinden sich auf dem RODC und sind damit potenziell gefährdet.
Nur wenige Konten (Zweigstellenkonten) werden zwischengespeichert.	Erlaubt den Offline-Zugriff für die Personen, die ihn benötigen. Maximale Sicherheit.	Granulare Administration notwendig; Benutzer und Computer müssen der Zweigstelle zugeordnet werden.

Tabelle 6.1 Die Vor- und Nachteile verschiedener Einsatzszenarien

6.8.1 Voraussetzungen für den Einsatz eines RODC

Damit Sie einen RODC einsetzen können, müssen die Domänenfunktionsebene und die Gesamtstrukturebene mindestens dem Windows Server 2003 entsprechen. Sie brauchen zudem mindestens einen beschreibbaren Windows Server-Domänencontroller in der Domäne. Der Read-Only-DC darf zudem nicht mehr als einen Sitelink-Hop entfernt vom beschreibbaren DC sein.

Die PDC-Emulator-Rolle für die Domäne muss auf mindestens einem Windows Server 2008 oder höher laufen. Wenn Sie noch Windows Server 2008 auf den DCs verwenden, müssen Sie vor der Installation des ersten RODCs den Befehl `Adprep /rodcprep` ausführen. Setzen Sie mindestens Windows Server 2012 ein, ist dieser Schritt nicht mehr erforderlich, da er automatisch durchgeführt wird.

6.8.2 Funktionalität

Da der RODC schreibgeschützt ist, werden keine Änderungen auf dem RODC vorgenommen und zurückrepliziert. RODCs benötigen zur Authentifizierung eine Verbindung zu einem beschreibbaren DC und replizieren standardmäßig keine Passwort-Hashes auf den RODC. Der RODC leitet alle Anmeldeversuche an einen beschreibbaren DC weiter, wobei bei Bedarf die Umgebung so konfiguriert werden kann, dass der DC die Anmeldeinformationen an einen RODC zum Cachen überträgt. Falls dieser RODC kompromittiert wird, müssen Sie nur die Anmeldeinformationen zurücksetzen, die auf diesem RODC gecacht waren.

6.8.3 RODC-Attributsatzfilter

Einige Anwendungen verwenden AD DS, um Daten wie Passwörter, Schlüssel oder Zugangsdaten zu speichern, die jedoch aus Sicherheitsgründen nicht auf einem RODC gespeichert werden sollen. Für diese Anwendungen können Sie die folgenden Schritte ergreifen, um eine unbeabsichtigte Veröffentlichung der Daten zu verhindern.

Fügen Sie das Attribut dem Attributsatz mit RODC-Filter hinzu, um zu verhindern, dass es an die RODCs in der Gesamtstruktur repliziert wird. Kennzeichnen Sie das Attribut als *vertraulich* (`confidential`). Dadurch können Mitglieder der Gruppe *Authentifizierte Benutzer* (einschließlich RODCs) diese Daten nicht mehr lesen. Dies erfolgt über eine Anpassung des Schemas, hier dargestellt am Attribut `drink` (siehe Abbildung 6.12).

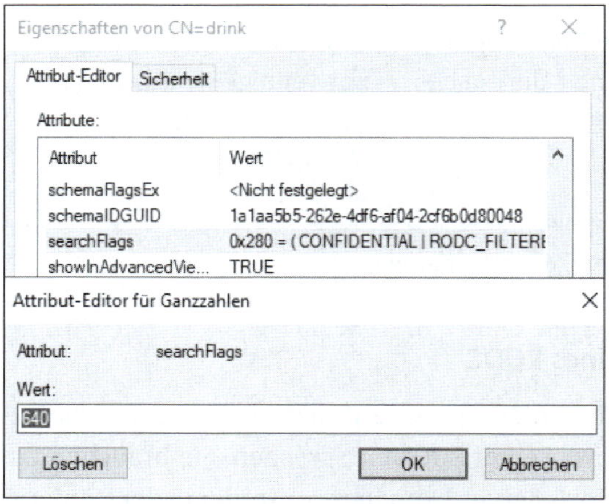

Abbildung 6.12 Die Eigenschaft des Feldes »searchFlags« wurde auf »0x280« gestellt.

Durch den Hexadezimalwert `0x280` (`640` dezimal) im Attribut `searchFlags` ist es nicht nur den authentifizierten Nutzern nicht mehr gestattet, die Eigenschaft zu lesen, dieses Attribut wird auch nicht mehr auf einen RODC repliziert.

6.8.4 Wie funktioniert eine RODC-Anmeldung?

Den Ablauf einer RODC-Anmeldung stellen wir in Abbildung 6.13 Schritt für Schritt dar.

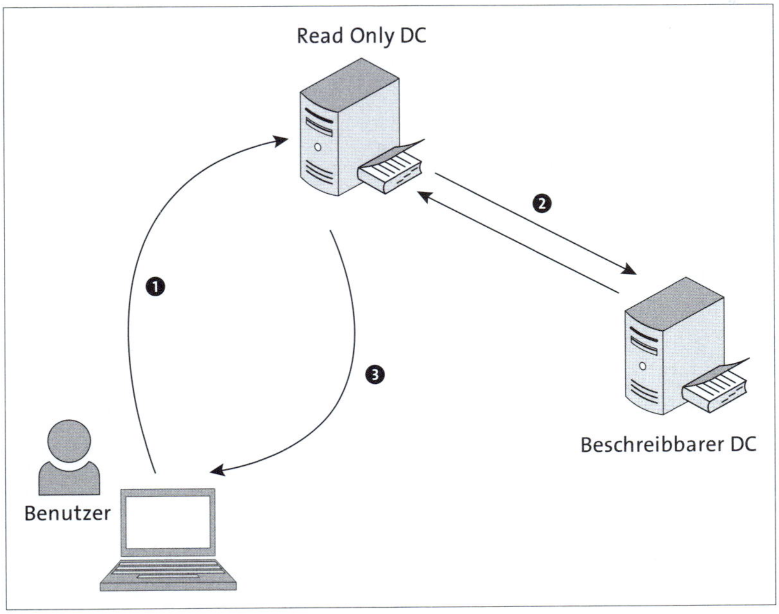

Abbildung 6.13 Ablauf einer Anmeldung an einem RODC

Zunächst sendet der Client die Anmeldung an den lokalen RODC, der dann den Anmeldecache prüft. Wenn der RODC keine gecachten Informationen findet, wird die Anmeldung an den Domänencontroller gesandt. Dieser verarbeitet sie ganz normal und sendet die Informationen an den RODC zurück. Wenn die Anmeldung erfolgreich war, authentifiziert der RODC den Benutzer und speichert die Informationen im Cache.

6.8.5 Einen schreibgeschützten Domänencontroller installieren

Die Installation eines RODC kann an einen Benutzer in der Zweigstelle delegiert werden. Dazu bereitet ein Administrator ein Konto für den RODC vor und legt eine Gruppe fest, die ihn installieren darf. Dafür wählen Sie im Kontextmenü der OU *DomainController* den Befehl Konto für schreibgeschützten Domänencontroller vorbereiten (siehe Abbildung 6.14).

Danach startet der Assistent mit einer Willkommensseite, die weitere Informationen enthält. Während der eigentlichen Installation wird abgefragt, ob der Vorgang mit dem angemeldeten Nutzer weiter fortgeführt werden kann (siehe Abbildung 6.15).

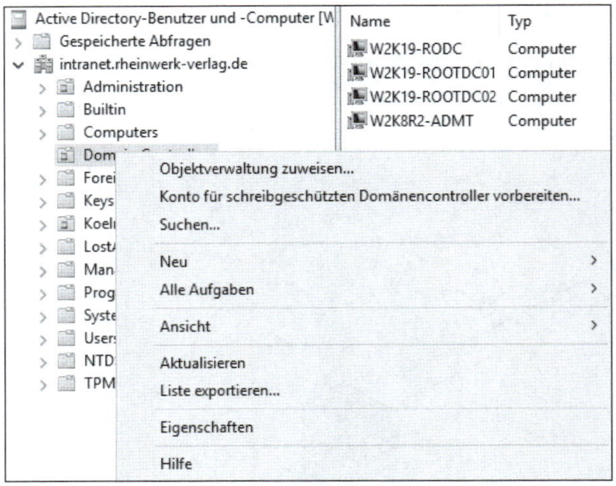

Abbildung 6.14 Konto für den schreibgeschützten DC im AD vorbereiten

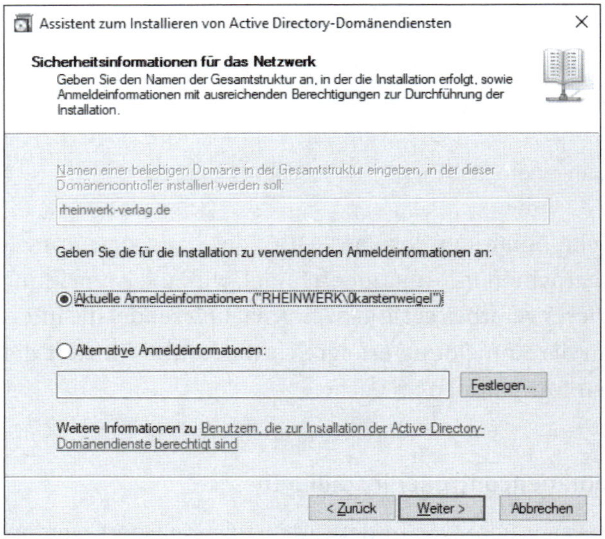

Abbildung 6.15 Abfrage, mit welchem Nutzer fortgefahren werden soll

Dann fragt der Assistent nach dem Computerobjekt, das als RODC verwendet werden soll. Ist das Computerobjekt noch nicht vorhanden, wird es jetzt erstellt (siehe Abbildung 6.16).

Danach legen Sie den Standort für den neuen RODC fest (siehe Abbildung 6.17). Ist dies erfolgt, wird die DNS-Konfiguration geprüft und es werden die notwendigen Punkte angepasst.

Wenn der Standort festgelegt wurde, müssen Sie die zusätzlichen Funktionen des neuen RODCs ebenfalls festlegen. Der RODC am Standort kann auch die Aufgabe eines DNS-Servers übernehmen oder eine Kopie des globalen Katalogs bereithalten (siehe Abbildung 6.18).

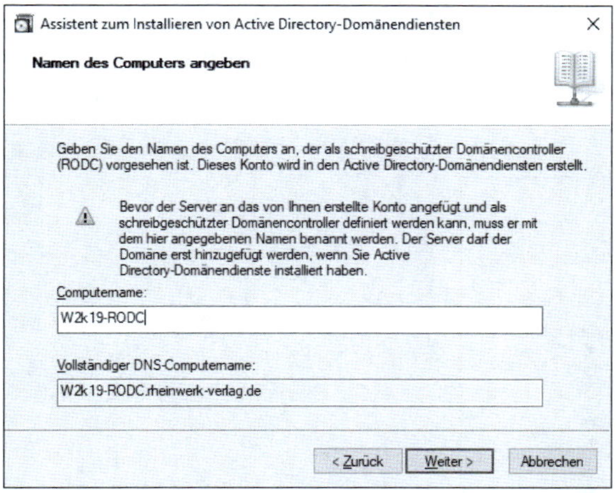
Assistent zum Installieren von Active Directory-Domänendiensten
Namen des Computers angeben
Geben Sie den Namen des Computers an, der als schreibgeschützter Domänencontroller (RODC) vorgesehen ist. Dieses Konto wird in den Active Directory-Domänendiensten erstellt.
Bevor der Server an das von Ihnen erstellte Konto angefügt und als schreibgeschützter Domänencontroller definiert werden kann, muss er mit dem hier angegebenen Namen benannt werden. Der Server darf der Domäne erst hinzugefügt werden, wenn Sie Active Directory-Domänendienste installiert haben.
Computername:
W2k19-RODC
Vollständiger DNS-Computername:
W2k19-RODC.rheinwerk-verlag.de
< Zurück
Weiter >
Abbrechen

Abbildung 6.16 Den Namen des Computers eingeben

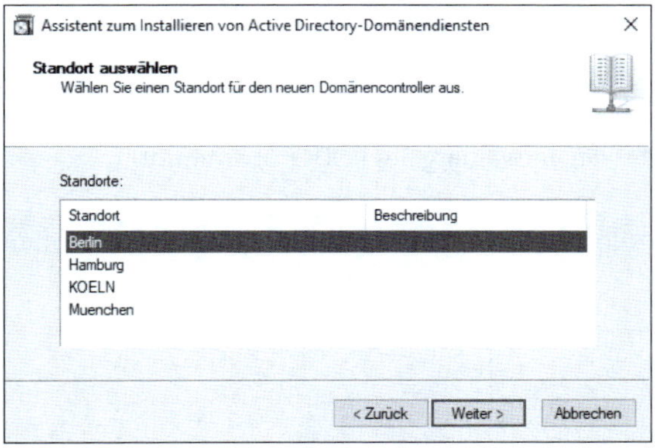
Assistent zum Installieren von Active Directory-Domänendiensten
Standort auswählen
Wählen Sie einen Standort für den neuen Domänencontroller aus.
Standorte:
Standort
Beschreibung
Berlin
Hamburg
KOELN
Muenchen
< Zurück
Weiter >
Abbrechen

Abbildung 6.17 Auswahl des Standorts für den neuen RODC

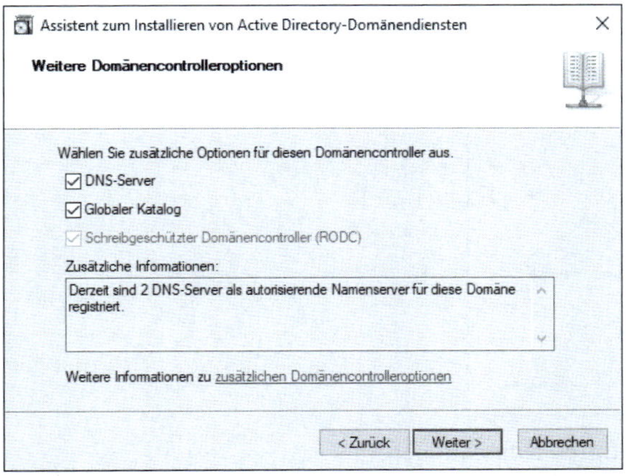
Assistent zum Installieren von Active Directory-Domänendiensten
Weitere Domänencontrolleroptionen
Wählen Sie zusätzliche Optionen für diesen Domänencontroller aus.
DNS-Server
Globaler Katalog
Schreibgeschützter Domänencontroller (RODC)
Zusätzliche Informationen:
Derzeit sind 2 DNS-Server als autorisierende Namenserver für diese Domäne registriert.
Weitere Informationen zu zusätzlichen Domänencontrolleroptionen
< Zurück
Weiter >
Abbrechen

Abbildung 6.18 Zusätzliche Funktionen des neuen RODCs am Standort

Zum Schluss legen Sie eine Gruppe fest, die für die Verwaltung des Servers zuständig ist. Diese kann die Installation des RODCs abschließen und hat lokale Adminrechte auf dem RODC (siehe Abbildung 6.19). Die festgelegte Gruppe können Sie später über das Attribut `verwaltet von` ändern.

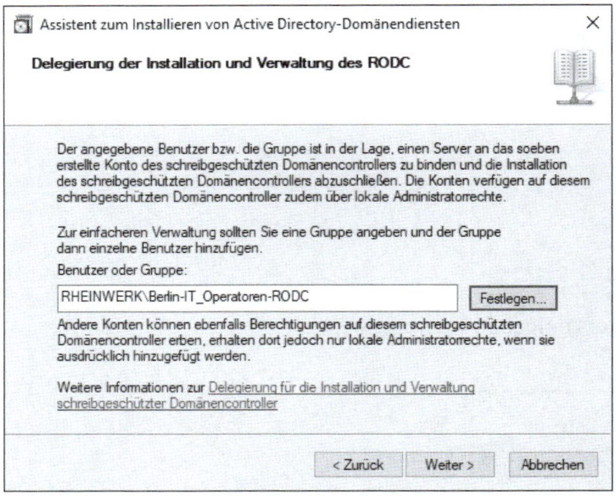
Assistent zum Installieren von Active Directory-Domänendienste
Delegierung der Installation und Verwaltung des RODC
Der angegebene Benutzer bzw. die Gruppe ist in der Lage, einen Server an das soeben erstellte Konto des schreibgeschützten Domänencontrollers zu binden und die Installation des schreibgeschützten Domänencontrollers abzuschließen. Die Konten verfügen auf diesem schreibgeschützten Domänencontroller zudem über lokale Administratorrechte.
Zur einfacheren Verwaltung sollten Sie eine Gruppe angeben und der Gruppe dann einzelne Benutzer hinzufügen.
Benutzer oder Gruppe:
RHEINWERK\Berlin-IT_Operatoren-RODC
Festlegen...
Andere Konten können ebenfalls Berechtigungen auf diesem schreibgeschützten Domänencontroller erben, erhalten dort jedoch nur lokale Administratorrechte, wenn sie ausdrücklich hinzugefügt werden.
Weitere Informationen zur Delegierung für die Installation und Verwaltung schreibgeschützter Domänencontroller
< Zurück
Weiter >
Abbrechen

Abbildung 6.19 Auswahl der Gruppe, die später die Verwaltung des RODCs übernimmt

In dem Dialog, der nun erscheint, werden alle Einstellungen zusammengefasst und können geprüft werden (siehe Abbildung 6.20).

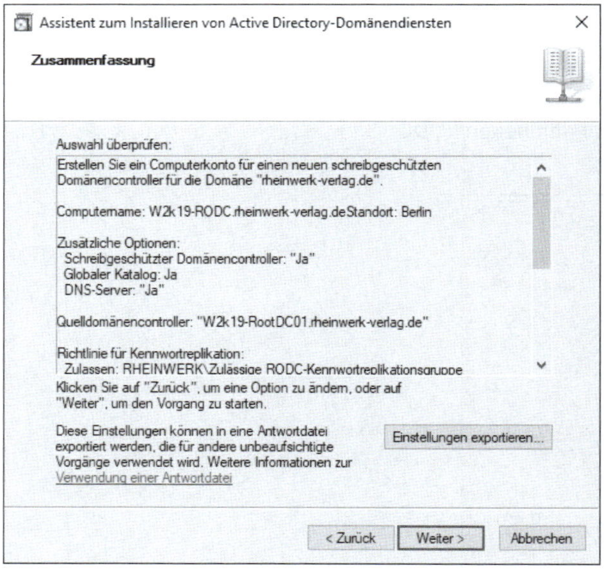
Assistent zum Installieren von Active Directory-Domänendiensten
Zusammenfassung
Auswahl überprüfen:
Erstellen Sie ein Computerkonto für einen neuen schreibgeschützten Domänencontroller für die Domäne "rheinwerk-verlag.de".
Computername: W2k19-RODC.rheinwerk-verlag.deStandort: Berlin
Zusätzliche Optionen:
Schreibgeschützter Domänencontroller: "Ja"
Globaler Katalog: Ja
DNS-Server: "Ja"
Quelldomänencontroller: "W2k19-RootDC01.rheinwerk-verlag.de"
Richtlinie für Kennwortreplikation:
Zulassen: RHEINWERK\Zulässige RODC-Kennwortreplikationsgruppe
Klicken Sie auf "Zurück", um eine Option zu ändern, oder auf "Weiter", um den Vorgang zu starten.
Diese Einstellungen können in eine Antwortdatei exportiert werden, die für andere unbeaufsichtigte Vorgänge verwendet wird. Weitere Informationen zur Verwendung einer Antwortdatei
Einstellungen exportieren...
< Zurück
Weiter >
Abbrechen

Abbildung 6.20 Zusammenfassung der getätigten Einstellungen

Mit WEITER werden Sie zum Fertigstellungsfenster weitergeleitet. Die Option EINSTELLUNGEN EXPORTIEREN (siehe Abbildung 6.20) können Sie nutzen, um Einstellungen in eine Antwortdatei zu exportieren und später für die unbeaufsichtigte Installation zu verwenden.

Zum Abschluss wird die erfolgreiche Durchführung noch mal bestätigt. Wenn Sie jetzt auf FERTIG STELLEN klicken, ist die Vorbereitung für den neuen RODC abgeschlossen.

Sobald der Assistent geschlossen wurde, erscheint das neue RODC-Computerkonto (siehe Abbildung 6.21). Direkt nach der Fertigstellung ist das Computerkonto noch deaktiviert, aber komplett vorbereitet.

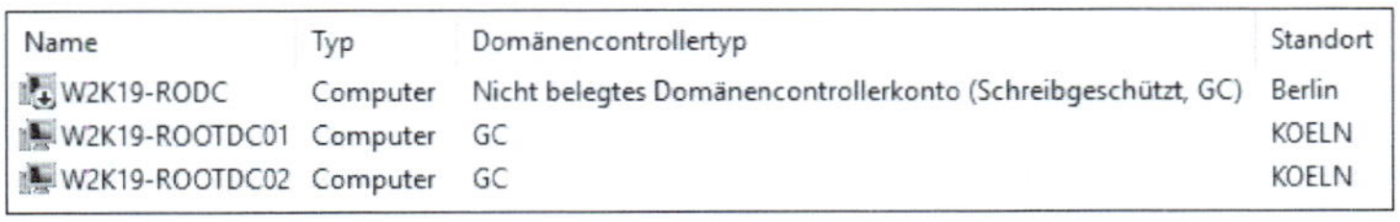

Name	Typ	Domänencontrollertyp	Standort
W2K19-RODC	Computer	Nicht belegtes Domänencontrollerkonto (Schreibgeschützt, GC)	Berlin
W2K19-ROOTDC01	Computer	GC	KOELN
W2K19-ROOTDC02	Computer	GC	KOELN

Abbildung 6.21 OU-Domänencontroller mit dem neuen RODC

Damit sind alle Vorbereitungen für den neuen RODC abgeschlossen. Als Nächstes werden auf dem neuen RODC die Rollen *Active Directory-Domänendienste* und *DNS-Server* installiert. Ist dies erfolgt, wird ein Assistent gestartet, der den Server zu einem Domänencontroller heraufstuft.

In diesem Assistenten geben Sie zuerst die Domäne und die Anmeldeinformationen ein, die verwendet werden sollen (siehe Abbildung 6.22). Nach einem Klick auf WEITER werden die Informationen geprüft und es wird eine Verbindung zu der genannten Domäne hergestellt.

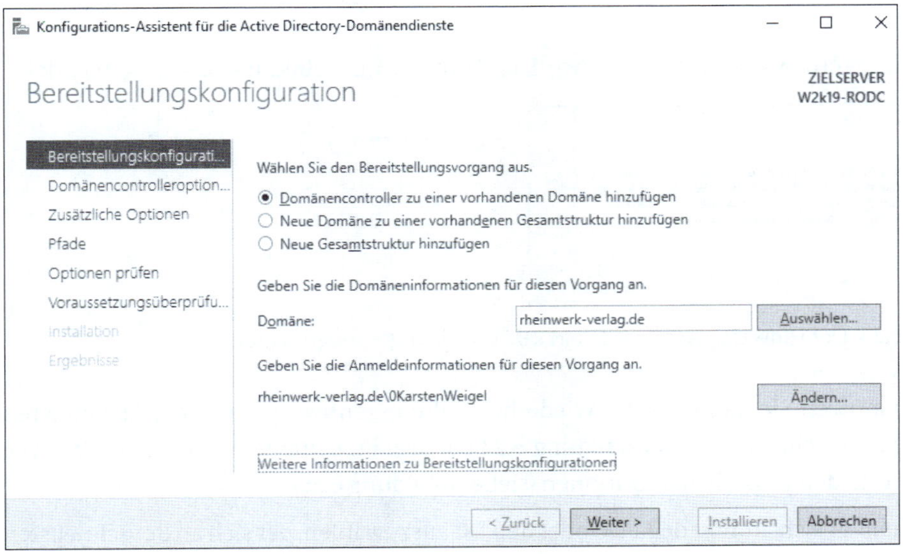

Abbildung 6.22 Einen Server zum DC heraufstufen – Auswahl der Domäne und der Anmeldeinformationen für den Vorgang

Außerdem wird in diesem Schritt geprüft, ob bereits ein RODC-Computerobjekt für den Namen des Servers vorhanden ist. Da wir für das Computerkonto bereits die Vorbereitungen erledigt haben, findet der Assistent auch das vorbereitete Computerobjekt im AD und zeigt es direkt an (siehe Abbildung 6.23).

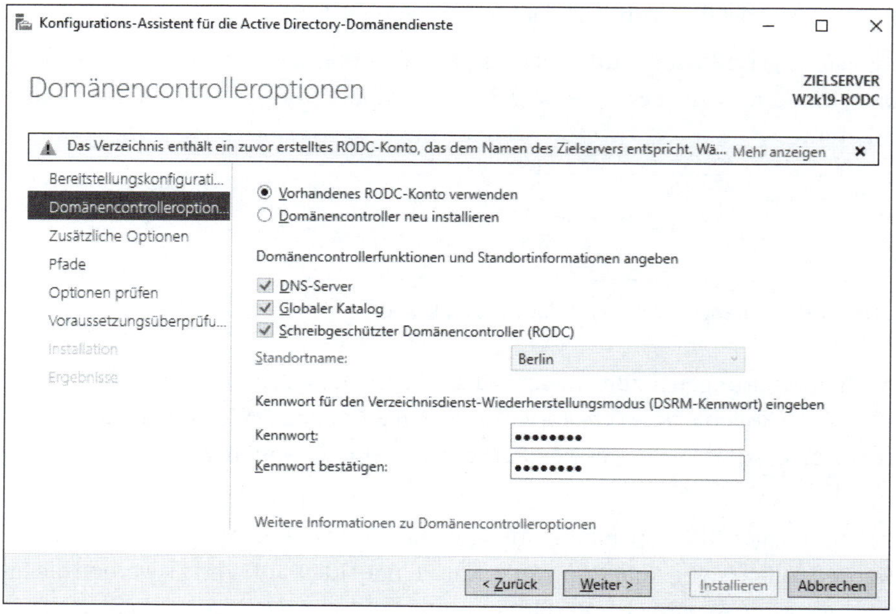

Abbildung 6.23 Anzeige des bereits vorhandenen Computerobjekts in der Domäne

Wenn Sie auf MEHR ANZEIGEN klicken, wird der Hinweis aus Abbildung 6.24 eingeblendet.

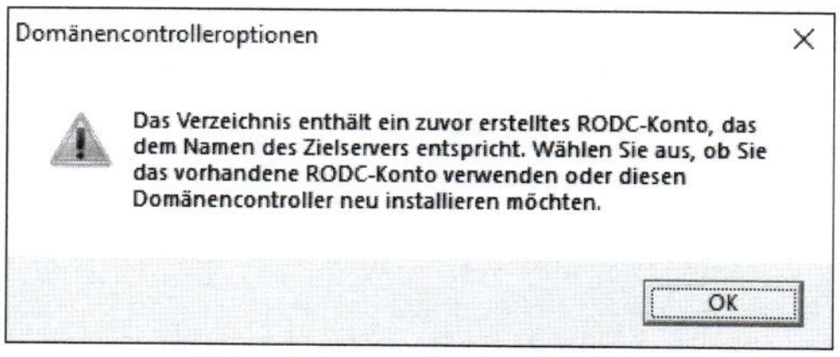

Abbildung 6.24 Der Hinweis, dass bereits ein RODC-Objekt gefunden wurde

Im Fenster müssen Sie dann das AD-Wiederherstellungskennwort eingeben. Alle anderen Einstellungen bleiben so, wie in Abbildung 6.23 dargestellt. Durch einen Klick auf WEITER kommen Sie zu den zusätzlichen Optionen (siehe Abbildung 6.25).

Hier empfiehlt es sich, immer den PDC oder den DC auszuwählen, der sich an der schnellsten und am stabilsten angebundenen Gegenstelle befindet. Ist die Verbindung zwischen den Standorten sehr langsam, sollten Sie vorher einen IFM-Datenträger erstellen, was wir in Abschnitt 6.16.3 beschreiben. Dieser kann dann im Dialog aus Abbildung 6.25 über die Option VOM MEDIUM INSTALLIEREN ausgewählt werden.

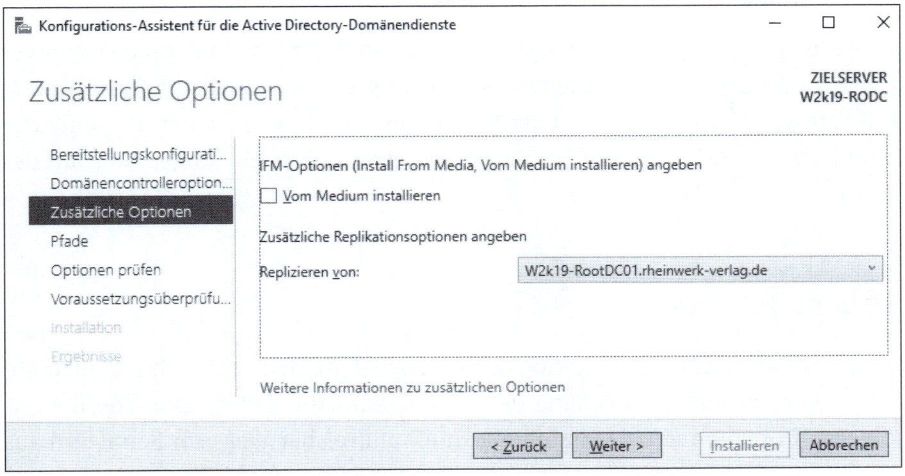

Abbildung 6.25 Auswahl des DCs, von dem repliziert werden soll

Die nächsten Fenster können Sie bis zur VORAUSSETZUNGSÜBERPRÜFUNG (siehe Abbildung 6.26) einfach alle mit WEITER bestätigen. Wenn von der Überprüfung keine Fehler angezeigt werden, können Sie auf INSTALLIEREN klicken, und das Heraufstufen des Servers zum DC wird abgearbeitet. Zum Abschluss wird der Server durch den Assistenten automatisch neu gestartet.

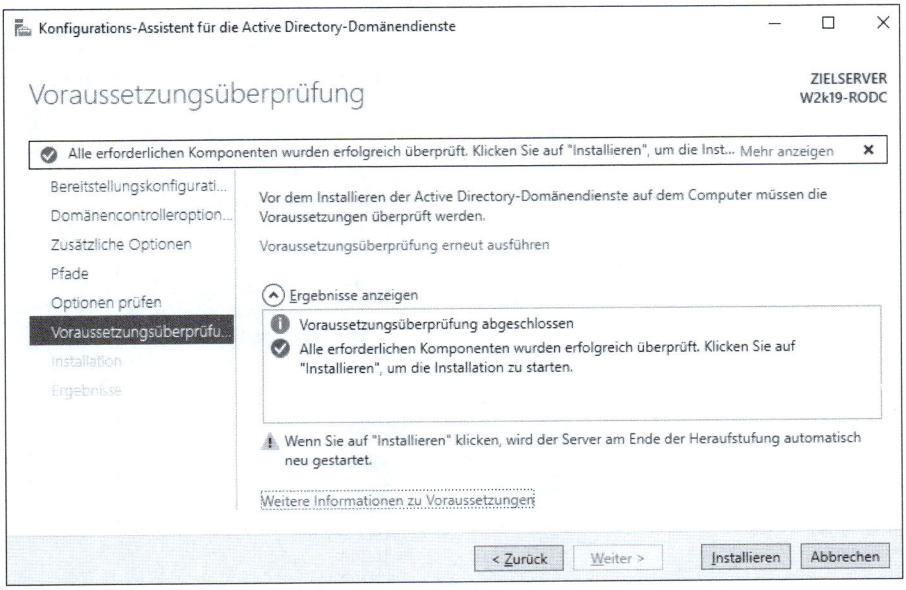

Abbildung 6.26 Die Voraussetzungsüberprüfung blieb ohne Fehler; die Heraufstufung kann erfolgen.

Nachdem der Server neu gestartet wurde, beginnt er direkt mit der Arbeit und steht als RODC für den Standort zur Verfügung. Sobald der Neustart des DCs erfolgt ist und er als DNS-Server arbeitet, müssen Sie die DNS-Servereinstellung auf der bzw. den Netzwerkkarte(n) anpassen. Die Loopback-Adresse wird nämlich sonst als Adresse des DNS-Servers in der IP-Konfiguration für IPv4 und IPv6 hinterlegt, was zu Problemen wie etwa einem sehr langen Neustart des DCs führen kann.

6.9 Vertrauensstellungen

In einer Domänenvertrauensstellung stehen immer zwei Domänen in Beziehung zueinander. Hierbei handelt es sich um die Domäne, der vertraut wird, und um die Domäne, die vertraut. Eine externe Domänenvertrauensstellung ist ein hilfreicher Weg, um Benutzern aus einer vertrauten Domäne Zugriff in der vertrauenden Domäne zu gewähren.

Sie können Vertrauensstellungen zwischen Windows-Domänen in unterschiedlichen Gesamtstrukturen, zwischen Kerberos-Bereichen der Version 5 und zwischen anderen Gesamtstrukturen erstellen.

In Abbildung 6.27 zeigt die Pfeilspitze auf die Domäne, der *vertraut* wird. Damit die Benutzer in Domäne C auf die Ressourcen in Domäne A und B zugreifen können (dünne Pfeile), müssen neue Vertrauensstellungen eingerichtet werden (dicke Pfeile). Da externe Vertrauensstellungen nicht transitiv sind, müssen Sie zusätzlich eine Vertrauensstellung zwischen B und C einrichten, auch wenn bereits eine Vertrauensstellung zwischen Domäne A und B besteht. Stellen Sie es sich so vor: Der Freund eines Freundes ist nicht unbedingt auch Ihr Freund.

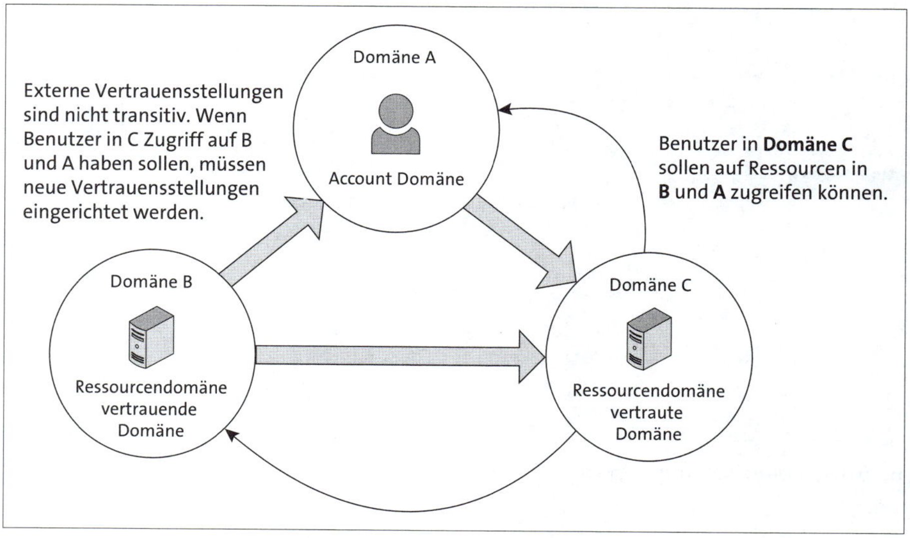
Externe Vertrauensstellungen sind nicht transitiv. Wenn Benutzer in C Zugriff auf B und A haben sollen, müssen neue Vertrauensstellungen eingerichtet werden.
Domäne A
Account Domäne
Benutzer in **Domäne C** sollen auf Ressourcen in **B** und **A** zugreifen können.
Domäne B
Ressourcendomäne vertrauende Domäne
Domäne C
Ressourcendomäne vertraute Domäne

Abbildung 6.27 Beispiel einer unidirektionalen Vertrauensstellung

Transitive Vertrauensstellungen

Alle Windows-Domänen innerhalb einer Gesamtstruktur sind automatisch durch bidirektionale transitive Vertrauensstellungen miteinander verbunden; sie sind also sowohl *eingehend* als auch *ausgehend* konfiguriert.

Eine beispielhafte Konfiguration sehen Sie in Abbildung 6.28.

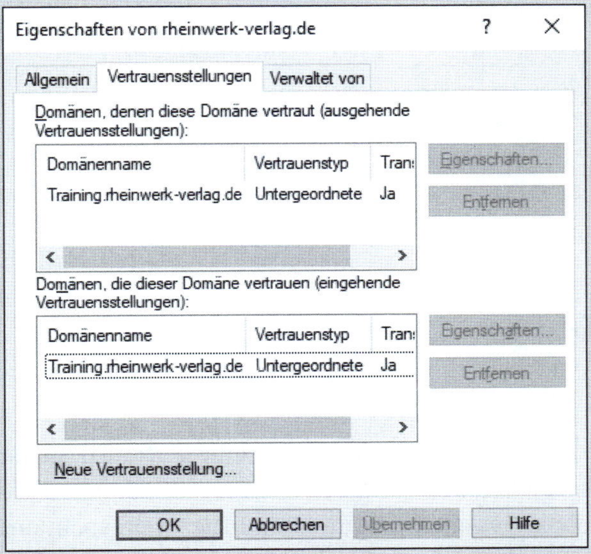

Abbildung 6.28 Beispiel für eine automatisch erzeugte untergeordnete transitive Vertrauensstellung zur Subdomäne »Training.rheinwerk-verlag.de«

6.9.1 Eigenschaften der Domänenvertrauensstellungen

Eine Domänenvertrauensstellung kann unterschiedliche Eigenschaften haben (siehe Abbildung 6.29):

- **Unidirektional eingehend** bedeutet, dass es sich bei dieser Domäne um die vertraute Domäne der Vertrauensstellung handelt. Bei einer eingehenden Vertrauensstellung können sich die Benutzer dieser Domäne an der anderen Domäne authentifizieren.
- **Unidirektional ausgehend** bedeutet, dass sich ausschließlich die Benutzer der anderen Domäne an dieser Domäne anmelden dürfen. Die Benutzer dieser Domäne können sich hingegen nicht an der anderen Domäne anmelden.
- **Bidirektional** bedeutet, dass die authentifizierten Benutzer der Domäne in der jeweiligen Partnerdomäne auf Dienste zugreifen können. Eine bidirektionale Vertrauensstellung entspricht zwei unidirektionalen Vertrauensstellungen.

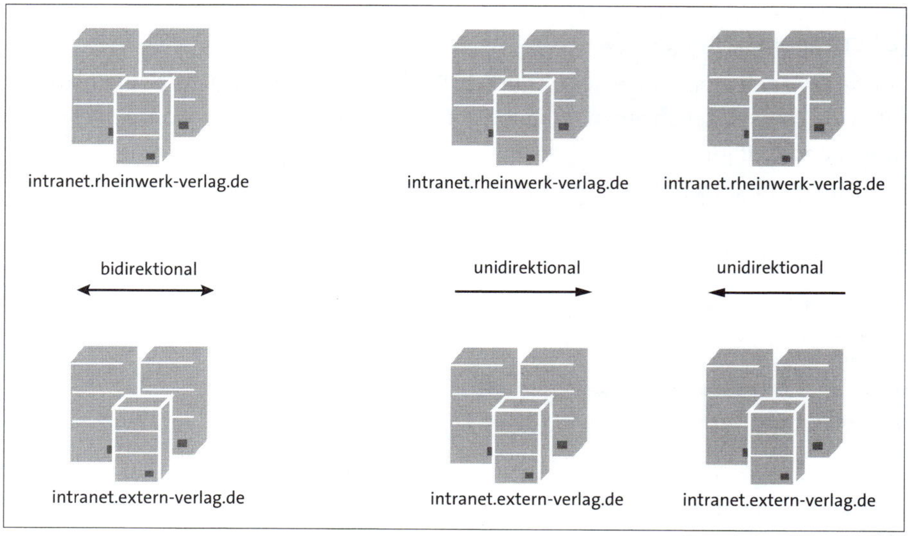

Abbildung 6.29 Bidirektional vs. unidirektional

Daneben unterscheidet man noch, ob die Vertrauensstellung transitiv ist oder nicht:

- **Transitiv** bedeutet, dass eine Domäne die Authentifizierung über die Vertrauensstellung auch weiterleiten kann. Das heißt, alle Benutzer aller Domänen in der Gesamtstruktur können in allen Domänen der anderen Gesamtstruktur authentifiziert werden. In unserem Beispiel mit den Domänen *intranet.rheinwerk-verlag.de, intranet.extern-verlag.de* und *ichkanngarnix.de* würde die Vertrauensstellung von der Domain *intranet.extern-verlag.de* bis hin zur Domain *ichkanngarnix.de* gehen (siehe Abbildung 6.30).

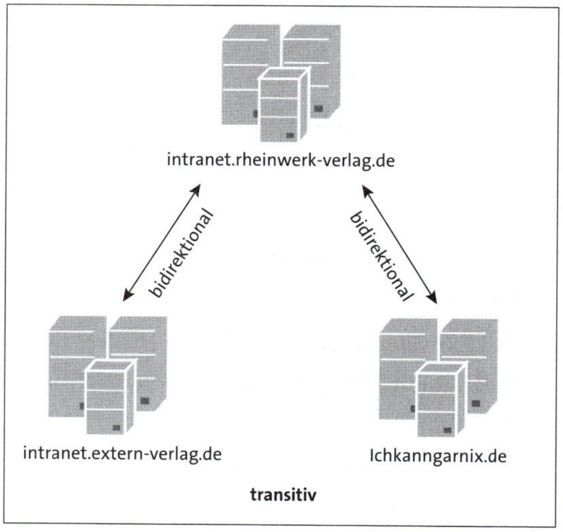

Abbildung 6.30 Darstellung einer bidirektionalen transitiven Gesamtstrukturvertrauensstellung

- **Nichttransitiv** bedeutet, dass nur der Domäne der Gesamtstruktur vertraut wird, mit der die Vertrauensstellung explizit erstellt wurde. Allen anderen Domänen der Gesamtstruktur wird nicht vertraut. Vertrauensstellungen zwischen *Forests*, sogenannte *Forest Trusts*, sind immer nichttransitiv.
- **Shortcut-Vertrauensstellungen** werden in Gesamtstrukturen verwendet, um die Leistung beim Zugriff auf Ressourcen in anderen Domänen zu optimieren. Eine Shortcut-Vertrauensstellung ist dann sinnvoll, wenn es regelmäßigen Zugriff zwischen Domänen gibt, die nicht direkt in der Gesamtstruktur miteinander verbunden sind. Wenn im Beispiel aus Abbildung 6.31 die Domänen B und F regelmäßig auf gegenseitige Ressourcen zugreifen, wird bei der Anmeldung auf alle Domänen »dazwischen« verwiesen. Eine Shortcut-Vertrauensstellung ist eine direkte Vertrauensstellung, ohne dass alle »dazwischen liegenden« Domänen kontaktiert werden müssen.

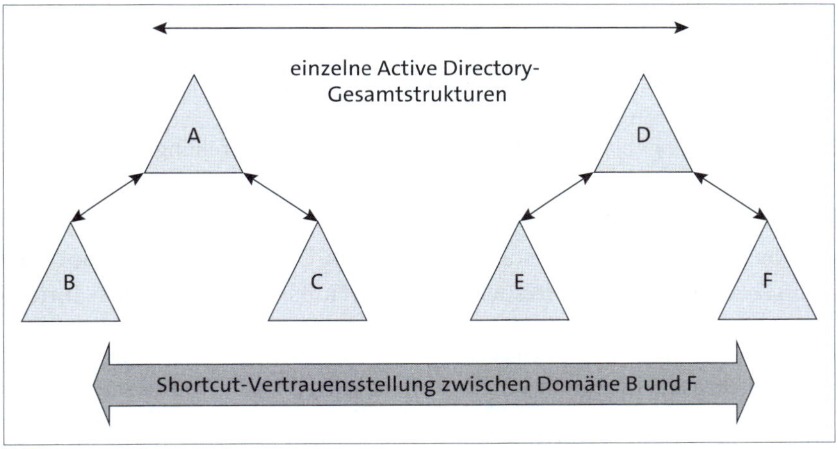

Abbildung 6.31 Beispiel für eine Shortcut-Vertrauensstellung zwischen Domäne B und Domäne F

6.9.2 Vertrauensstellungstypen

Generell unterscheidet man zwischen zwei Typen von Vertrauensstellungen: zwischen den *externen Vertrauensstellungen* und den *Gesamtstrukturvertrauensstellungen*. Die externen Vertrauensstellungen sind nichttransitive Vertrauensstellungen zwischen einer Domäne und einer anderen außerhalb der Gesamtstruktur. Die Gesamtstrukturvertrauensstellungen sind transitive Vertrauensstellungen zwischen zwei Gesamtstrukturen; dabei wird in jeder Domäne den beiden Gesamtstrukturen vertraut.

6.9.3 Vertrauensstellungen in Windows-Domänen ab Windows Server 2003

Jede Vertrauensstellung außerhalb einer Windows Server 2003/2008/2012/2016/2025-Gesamtstruktur zu einer anderen 2003/2008/2012/2016/2025-Gesamtstruktur ist ebenfalls extern, unidirektional und nichttransitiv, solange die beiden Gesamtstrukturen (Forests) nicht die Gesamtstrukturfunktionsebene *Windows Server 2003* oder höher haben. In dem Modus kann dann eine bidirektionale, transitive Gesamtstrukturvertrauensstellung eingerichtet werden (siehe Abbildung 6.32).

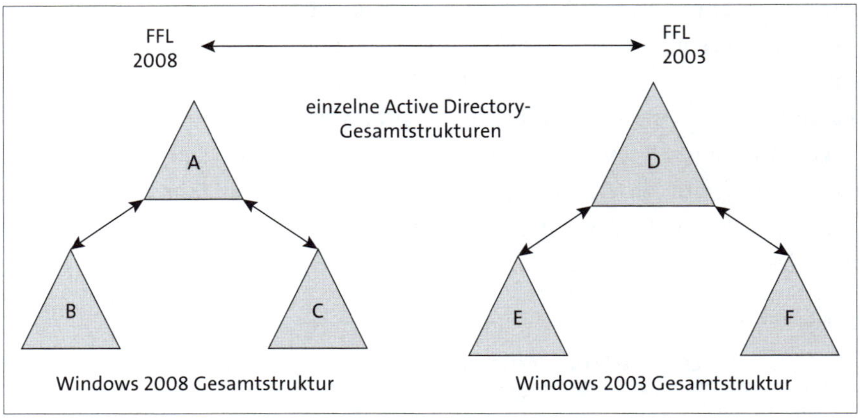

Abbildung 6.32 Darstellung einer bidirektionalen transitiven Vertrauensstellung

Vor dem *Forest Functional Level (FFL)* 2003, der mit Windows Server 2003 eingeführt wurde, konnte man nur eine externe Vertrauensstellung einrichten. Dabei vertraut die Root von Forest A der Root von Forest B. Weitere Vertrauensstellungen müssen Sie zusätzlich einrichten.

6.9.4 Authentifizierungsvarianten in Vertrauensstellungen ab Windows Server 2003

Beim Aufbau einer Gesamtstrukturvertrauensstellung können Sie zwischen einer *gesamtstrukturweiten Authentifizierung* und der *ausgewählten Authentifizierung* wählen. Nur Mitglieder der Organisations-Administratoren-Gruppe haben die Berechtigung, Gesamtstrukturvertrauensstellungen einzurichten.

- **Gesamtstrukturweite Authentifizierung** – Benutzer können Zugriff auf eine Ressource bekommen, sofern sie die korrekten NTFS-Berechtigungen haben. Falls aktiviert, bekommen Benutzer, die über eine Gesamtstrukturvertrauensstellung authentifiziert wurden, die SID der authentifizierten Benutzergruppe der vertrauenden Domäne. Die SID der Gruppe wird verwendet, um viele Standardrechte zu vergeben.
- **Ausgewählte Authentifizierung** – Benutzer können nur Zugriff auf Ressourcen bekommen, bei denen das Recht AUTHENTIFIZIERUNG ZULASSEN gewährt worden ist und die entsprechenden Berechtigungen festgelegt sind (siehe Abbildung 6.33).

  Dadurch gibt es mehr Kontrolle darüber, welche Benutzer und Gruppen auf Ressourcen zugreifen können. Diese Methode könnte man auch *Authentifizierungsfirewall* nennen – sie ist die sichere Variante, aber mit erhöhtem Aufwand verbunden.

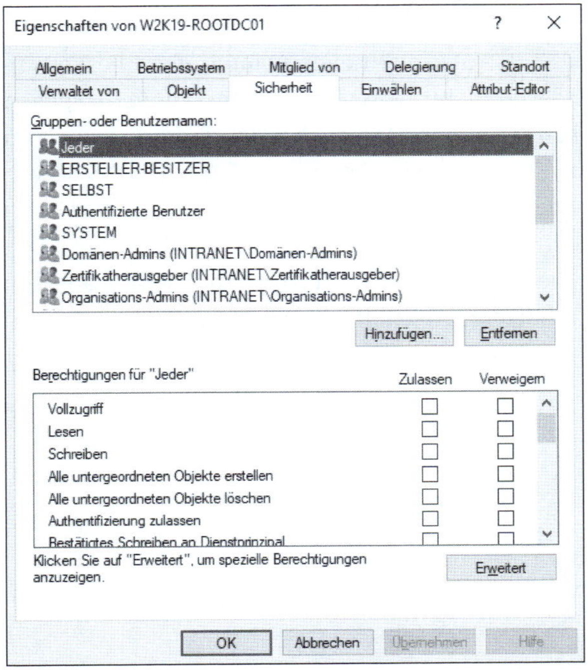

Abbildung 6.33 Das Feld »Authentifizierung zulassen« – bei der ausgewählten Authentifizierung muss hier »Zulassen« aktiviert werden.

6.9.5 Fehlerhafte Vertrauensstellungen

Falls eine Vertrauensstellung nicht mehr funktioniert, können die Anzeigenamen der Objekte nicht mehr aufgelöst werden (siehe Abbildung 6.34).

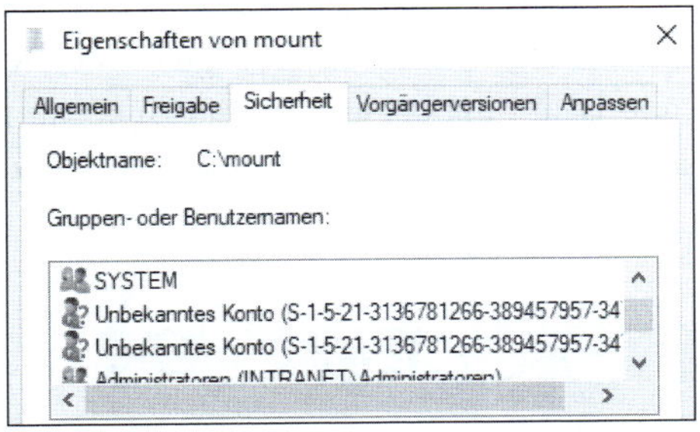

Abbildung 6.34 Fehlerhafte Vertrauensstellung mit nicht mehr auflösbaren Anzeigenamen

Tritt dieser Fehler auf, müssen Sie prüfen, ob die Vertrauensstellung noch benötigt wird bzw. ob die Objekte noch vorhanden sind. Ein häufiger Fehler bei Vertrauensstellungen ist die fehlerhafte DNS-Auflösung, die immer zuerst geprüft werden sollte. Wenn Sie keinen Fehler feststellen können und die Objekte nicht mehr vorhanden sind, löschen Sie die unbekannten Objekte in Ihrer Umgebung.

6.9.6 Eine Gesamtstrukturvertrauensstellung einrichten

In unserem Beispiel wollen wir eine Gesamtstrukturvertrauensstellung über die Verwaltungskonsole einrichten. Bevor es mit der Einrichtung der Vertrauensstellung losgehen kann, muss allerdings die Namensauflösung stimmen. Deshalb konfigurieren Sie zuerst im DNS-Manager eine bedingte Weiterleitung für beide Domänencontroller bzw. DNS-Server, sodass jeder die Namen für die Benutzer der jeweils anderen Domäne auflöst. Dafür öffnen Sie die DNS-Server-Konsole und wechseln auf den Unterpunkt BEDINGTE WEITERLEITUNGEN. Mit der rechten Maustaste öffnen Sie den Dialog zum Hinzufügen der DNS-Domäne und der IP-Adresse des DNS-Servers für die bedingte Weiterleitung (siehe Abbildung 6.35).

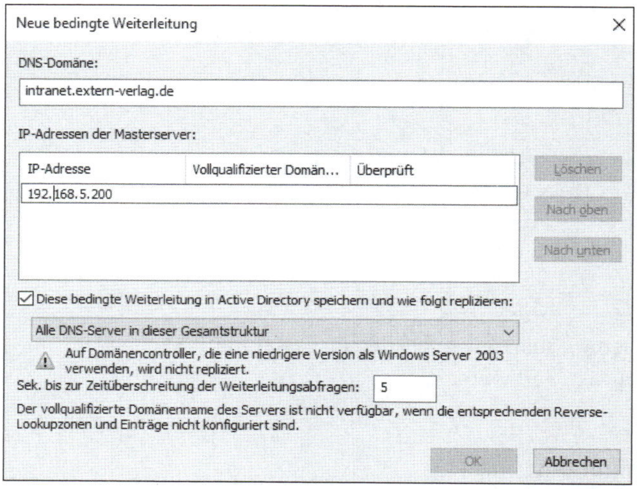

Abbildung 6.35 Die konfigurierte DNS-Weiterleitung

Wurde die bedingte Weiterleitung in beiden Gesamtstrukturen eingerichtet und im Active Directory gespeichert, ist sie auf allen DCs der beiden Gesamtstrukturen verfügbar und Sie können mit der Erstellung der Gesamtstrukturvertrauensstellung beginnen. Hierfür starten Sie im Server-Manager das Snap-In *Active Directory-Domänen und -Vertrauensstellungen* (siehe Abbildung 6.36).

Abbildung 6.36 Starten des MMC-Snap-Ins »AD-Domänen und -Vertrauensstellungen«

Nach dem Starten der Verwaltungskonsole ist die bereits automatisch erstellte Vertrauensstellung zur vorhandenen Subdomäne ersichtlich. Dies ist aber nur in der vorhandenen Umgebung so, da wir bei der Installation des Active Directorys (siehe Abschnitt 6.15.3) eine Subdomäne eingerichtet haben. Klicken Sie hier mit der rechten Maustaste auf die Domäne, und wählen Sie EIGENSCHAFTEN aus, um mit der Einrichtung fortzufahren (siehe Abbildung 6.37).

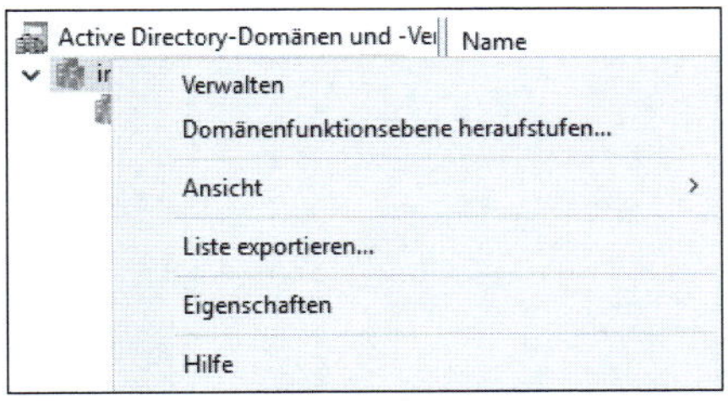

Abbildung 6.37 Auswahl des Punkts »Eigenschaften« der Domäne innerhalb der MMC

Im neuen Fenster klicken Sie auf den Reiter VERTRAUENSSTELLUNGEN und auf den Button NEUE VERTRAUENSSTELLUNG (siehe Abbildung 6.38).

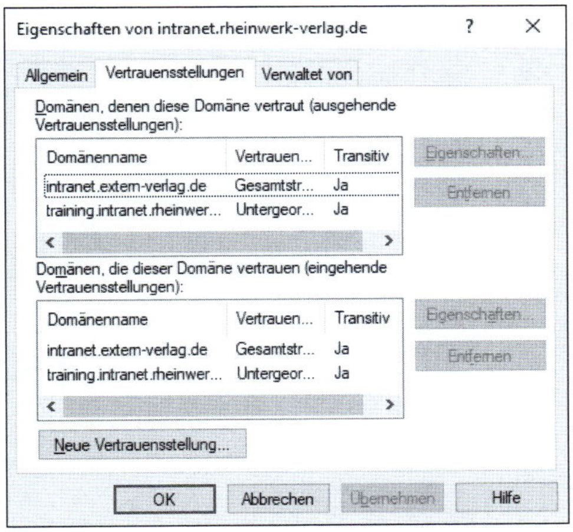

Abbildung 6.38 So starten Sie den »Assistenten für neue Vertrauensstellungen«.

Zunächst wird der Willkommensbildschirm angezeigt, den Sie mit WEITER überspringen können. Danach geben Sie den Namen der Gesamtstruktur ein, zu der die Vertrauensstellung aufgebaut werden soll. Nach Eingabe des Namens klicken Sie auf WEITER (siehe Abbildung 6.39). Der Assistent versucht nun, die Zieldomäne zu erreichen und Informationen über das Betriebssystem, den FFL usw. auszulesen. Abhängig von dem Ergebnis kann es dazu kommen, dass Sie im folgenden Fenster den Wert selbst eintragen müssen.

Als Nächstes muss der Typ der Vertrauensstellung festgelegt werden (siehe Abbildung 6.40). In unserem Beispiel verwenden wir die GESAMTSTRUKTURVERTRAUENSSTELLUNG und klicken nach erfolgter Auswahl auf WEITER.

Nun muss die Richtung der Vertrauensstellung bestimmt werden (siehe Abbildung 6.41). In unserem Beispiel verwenden wir die bidirektionale Variante. Klicken Sie nach der Auswahl auf WEITER.

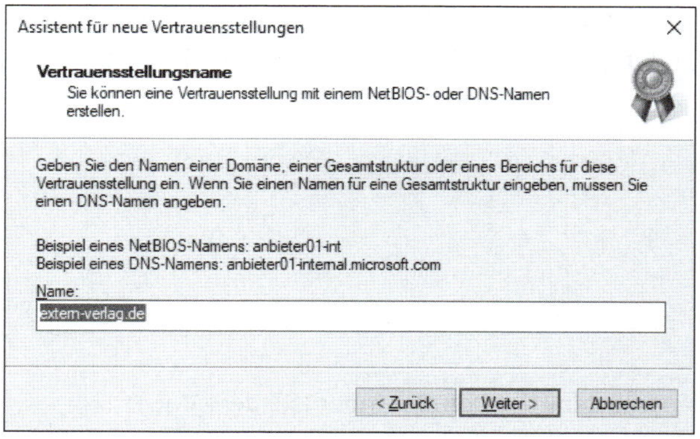
Assistent für neue Vertrauensstellungen
Vertrauensstellungsname
Sie können eine Vertrauensstellung mit einem NetBIOS- oder DNS-Namen erstellen.
Geben Sie den Namen einer Domäne, einer Gesamtstruktur oder eines Bereichs für diese Vertrauensstellung ein. Wenn Sie einen Namen für eine Gesamtstruktur eingeben, müssen Sie einen DNS-Namen angeben.
Beispiel eines NetBIOS-Namens: anbieter01-int
Beispiel eines DNS-Namens: anbieter01-internal.microsoft.com
Name:
extern-verlag.de
< Zurück
Weiter >
Abbrechen

Abbildung 6.39 Eingegebener Name der anderen Gesamtstruktur

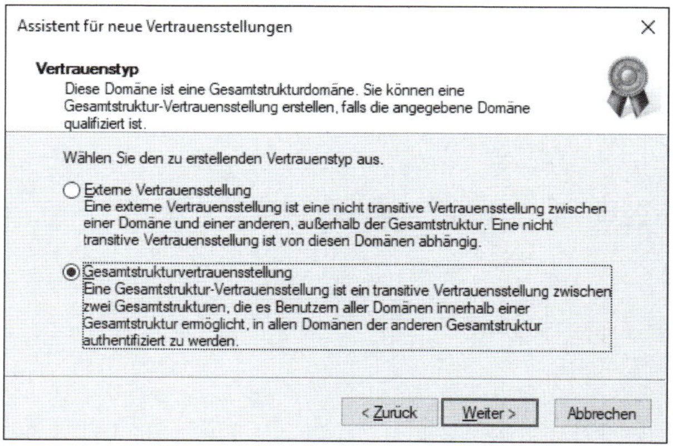
Assistent für neue Vertrauensstellungen
Vertrauenstyp
Diese Domäne ist eine Gesamtstrukturdomäne. Sie können eine Gesamtstruktur-Vertrauensstellung erstellen, falls die angegebene Domäne qualifiziert ist.
Wählen Sie den zu erstellenden Vertrauenstyp aus.
Externe Vertrauensstellung
Eine externe Vertrauensstellung ist eine nicht transitive Vertrauensstellung zwischen einer Domäne und einer anderen, außerhalb der Gesamtstruktur. Eine nicht transitive Vertrauensstellung ist von diesen Domänen abhängig.
Gesamtstrukturvertrauensstellung
Eine Gesamtstruktur-Vertrauensstellung ist ein transitive Vertrauensstellung zwischen zwei Gesamtstrukturen, die es Benutzern aller Domänen innerhalb einer Gesamtstruktur ermöglicht, in allen Domänen der anderen Gesamtstruktur authentifiziert zu werden.
< Zurück
Weiter >
Abbrechen

Abbildung 6.40 Auswahl des Vertrauenstyps im Assistenten

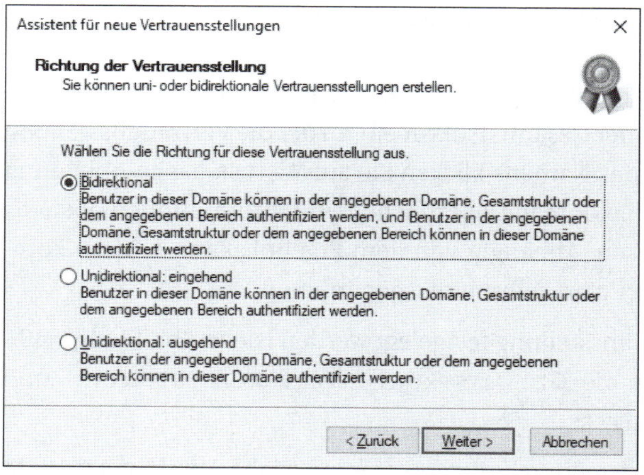
Assistent für neue Vertrauensstellungen
Richtung der Vertrauensstellung
Sie können uni- oder bidirektionale Vertrauensstellungen erstellen.
Wählen Sie die Richtung für diese Vertrauensstellung aus.
Bidirektional
Benutzer in dieser Domäne können in der angegebenen Domäne, Gesamtstruktur oder dem angegebenen Bereich authentifiziert werden, und Benutzer in der angegebenen Domäne, Gesamtstruktur oder dem angegebenen Bereich können in dieser Domäne authentifiziert werden.
Unidirektional: eingehend
Benutzer in dieser Domäne können in der angegebenen Domäne, Gesamtstruktur oder dem angegebenen Bereich authentifiziert werden.
Unidirektional: ausgehend
Benutzer in der angegebenen Domäne, Gesamtstruktur oder dem angegebenen Bereich können in dieser Domäne authentifiziert werden.
< Zurück
Weiter >
Abbrechen

Abbildung 6.41 Auswahl der Vertrauensrichtung innerhalb des Assistenten

Nach der Festlegung des Typs und der Richtung wird abgefragt, ob die Vertrauensstellung in beiden Umgebungen eingerichtet werden soll (siehe Abbildung 6.42).

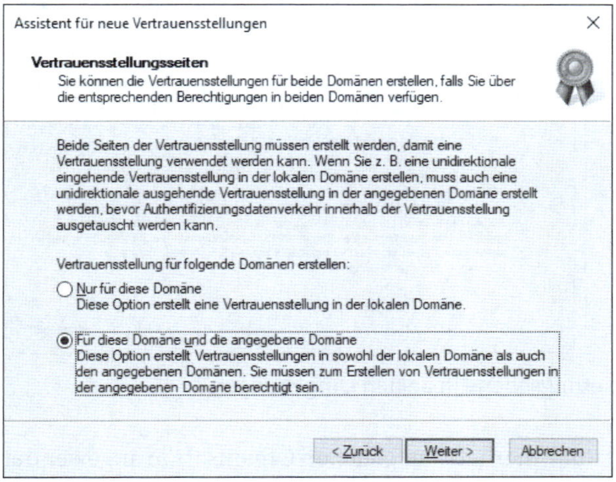
Assistent für neue Vertrauensstellungen
Vertrauensstellungsseiten
Sie können die Vertrauensstellungen für beide Domänen erstellen, falls Sie über die entsprechenden Berechtigungen in beiden Domänen verfügen.
Beide Seiten der Vertrauensstellung müssen erstellt werden, damit eine Vertrauensstellung verwendet werden kann. Wenn Sie z. B. eine unidirektionale eingehende Vertrauensstellung in der lokalen Domäne erstellen, muss auch eine unidirektionale ausgehende Vertrauensstellung in der angegebenen Domäne erstellt werden, bevor Authentifizierungsdatenverkehr innerhalb der Vertrauensstellung ausgetauscht werden kann.
Vertrauensstellung für folgende Domänen erstellen:
Nur für diese Domäne
Diese Option erstellt eine Vertrauensstellung in der lokalen Domäne.
Für diese Domäne und die angegebene Domäne
Diese Option erstellt Vertrauensstellungen in sowohl der lokalen Domäne als auch den angegebenen Domänen. Sie müssen zum Erstellen von Vertrauensstellungen in der angegebenen Domäne berechtigt sein.
< Zurück
Weiter >
Abbrechen

Abbildung 6.42 Auswahl der Option »Für diese Domäne und die angegebene Domäne«

Wenn Sie FÜR DIESE DOMÄNE UND DIE ANGEGEBENE DOMÄNE auswählen, müssen Sie im folgenden Fenster eine Kennung eingeben, die Organisations-Administratorrechte für das Anlegen der Vertrauensstellung in der anderen Root-Domäne besitzt (siehe Abbildung 6.43).

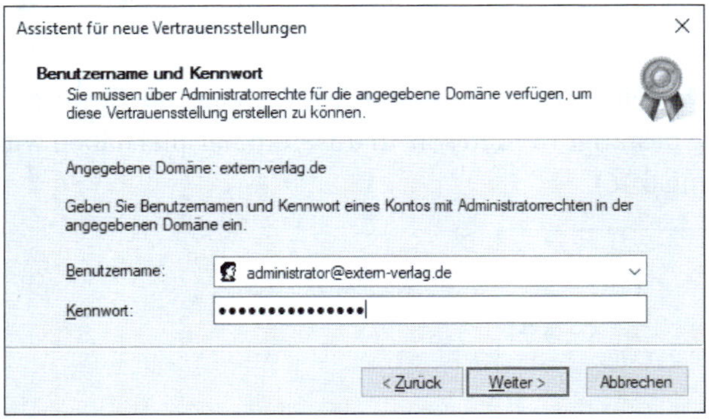
Assistent für neue Vertrauensstellungen
Benutzername und Kennwort
Sie müssen über Administratorrechte für die angegebene Domäne verfügen, um diese Vertrauensstellung erstellen zu können.
Angegebene Domäne: extern-verlag.de
Geben Sie Benutzernamen und Kennwort eines Kontos mit Administratorrechten in der angegebenen Domäne ein.
Benutzername:
administrator@extern-verlag.de
Kennwort:
< Zurück
Weiter >
Abbrechen

Abbildung 6.43 Kennung in der anderen Domäne für die Einrichtung der Vertrauensstellung

Achten Sie auf die richtigen Rechte

Denken Sie daran, dass nur die Mitglieder der Organisations-Administratoren-Gruppe berechtigt sind, eine Gesamtstrukturvertrauensstellung anzulegen!

Zum Abschluss müssen Sie nur noch die Authentifizierungsebene in beiden Umgebungen festlegen. In unserem Beispiel verwenden wir die GESAMTSTRUKTURWEITE AUTHENTIFIZIERUNG in beiden Umgebungen (siehe Abbildung 6.44).

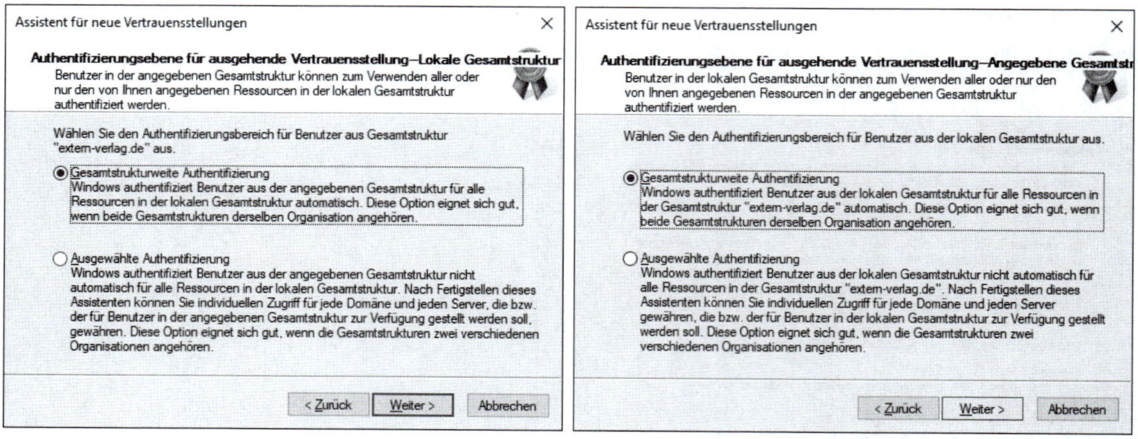

Assistent für neue Vertrauensstellungen
Authentifizierungsebene für ausgehende Vertrauensstellung–Lokale Gesamtstruktur
Benutzer in der angegebenen Gesamtstruktur können zum Verwenden aller oder nur den von Ihnen angegebenen Ressourcen in der lokalen Gesamtstruktur authentifiziert werden.
Wählen Sie den Authentifizierungsbereich für Benutzer aus Gesamtstruktur "extern-verlag.de" aus.
Gesamtstrukturweite Authentifizierung
Windows authentifiziert Benutzer aus der angegebenen Gesamtstruktur für alle Ressourcen in der lokalen Gesamtstruktur automatisch. Diese Option eignet sich gut, wenn beide Gesamtstrukturen derselben Organisation angehören.
Ausgewählte Authentifizierung
Windows authentifiziert Benutzer aus der angegebenen Gesamtstruktur nicht automatisch für alle Ressourcen in der lokalen Gesamtstruktur. Nach Fertigstellen dieses Assistenten können Sie individuellen Zugriff für jede Domäne und jeden Server, die bzw. der für Benutzer in der angegebenen Gesamtstruktur zur Verfügung gestellt werden soll, gewähren. Diese Option eignet sich gut, wenn die Gesamtstrukturen zwei verschiedenen Organisationen angehören.
< Zurück
Weiter >
Abbrechen
Assistent für neue Vertrauensstellungen
Authentifizierungsebene für ausgehende Vertrauensstellung–Angegebene Gesamtstr
Benutzer in der lokalen Gesamtstruktur können zum Verwenden aller oder nur den von Ihnen angegebenen Ressourcen in der angegebenen Gesamtstruktur authentifiziert werden.
Wählen Sie den Authentifizierungsbereich für Benutzer aus der lokalen Gesamtstruktur aus.
Gesamtstrukturweite Authentifizierung
Windows authentifiziert Benutzer aus der lokalen Gesamtstruktur für alle Ressourcen in der Gesamtstruktur "extern-verlag.de" automatisch. Diese Option eignet sich gut, wenn beide Gesamtstrukturen derselben Organisation angehören.
Ausgewählte Authentifizierung
Windows authentifiziert Benutzer aus der lokalen Gesamtstruktur nicht automatisch für alle Ressourcen in der Gesamtstruktur "extern-verlag.de". Nach Fertigstellen dieses Assistenten können Sie individuellen Zugriff für jede Domäne und jeden Server gewähren, die bzw. der für Benutzer in der lokalen Gesamtstruktur zur Verfügung gestellt werden soll. Diese Option eignet sich gut, wenn die Gesamtstrukturen zwei verschiedenen Organisationen angehören.
< Zurück
Weiter >
Abbrechen

Abbildung 6.44 Auswahl der Authentifizierungsebene in beiden Umgebungen

In der Praxis wird dieser Fall eigentlich nur innerhalb der gleichen Organisation angewendet und kommt ansonsten nur sehr selten vor. Wenn Sie die AUSGEWÄHLTE AUTHENTIFIZIERUNG benutzen, müssen danach alle notwendigen Kennungen zum Zugriff auf die Ressourcen der Gesamtstruktur berechtigt werden. Das ist auch der Weg, den Sie favorisieren sollten: Er birgt weniger Gefahren durch zu viele berechtigte Konten in der eigenen Umgebung.

Als Letztes zeigt der Assistent noch einmal eine Zusammenfassung an (siehe Abbildung 6.45). Klicken Sie auf WEITER. Nun wird die Vertrauensstellung in beiden Umgebungen eingerichtet.

Wurde die Vertrauensstellung erfolgreich eingerichtet, fragt der Assistent Sie, ob die ausgehende und die eingehende Verbindung bestätigt werden soll. In unserem Beispiel haben wir für beide JA ausgewählt (siehe Abbildung 6.46).

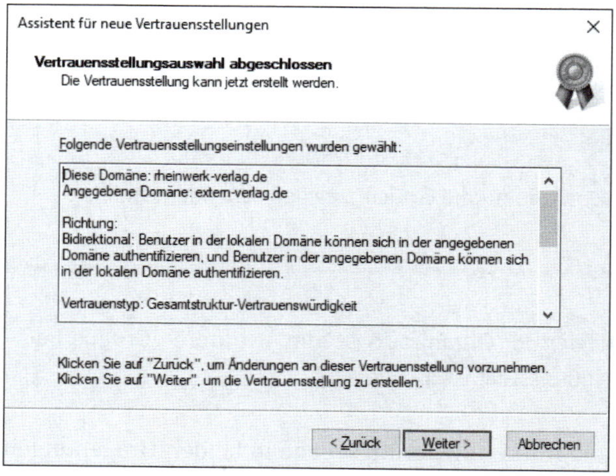

Assistent für neue Vertrauensstellungen
Vertrauensstellungsauswahl abgeschlossen
Die Vertrauensstellung kann jetzt erstellt werden.
Folgende Vertrauensstellungseinstellungen wurden gewählt:
Diese Domäne: rheinwerk-verlag.de
Angegebene Domäne: extern-verlag.de
Richtung:
Bidirektional: Benutzer in der lokalen Domäne können sich in der angegebenen Domäne authentifizieren, und Benutzer in der angegebenen Domäne können sich in der lokalen Domäne authentifizieren.
Vertrauenstyp: Gesamtstruktur-Vertrauenswürdigkeit
Klicken Sie auf "Zurück", um Änderungen an dieser Vertrauensstellung vorzunehmen.
Klicken Sie auf "Weiter", um die Vertrauensstellung zu erstellen.
< Zurück
Weiter >
Abbrechen

Abbildung 6.45 Zusammenfassung der ausgewählten Punkte zur letztmaligen Überprüfung

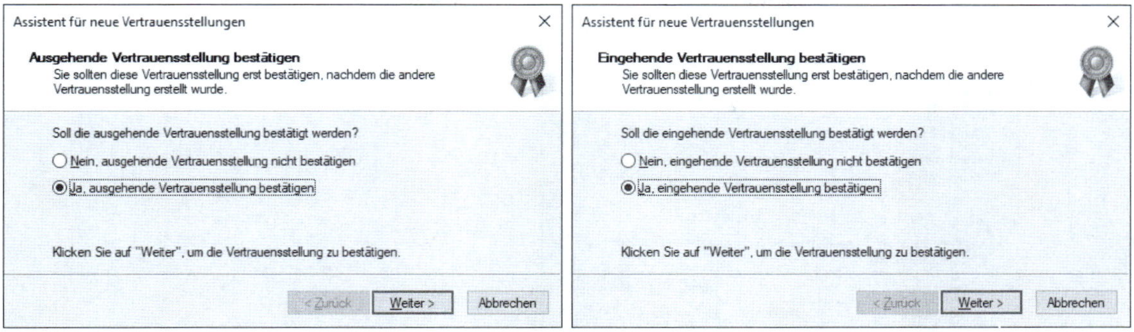

Assistent für neue Vertrauensstellungen
Ausgehende Vertrauensstellung bestätigen
Sie sollten diese Vertrauensstellung erst bestätigen, nachdem die andere Vertrauensstellung erstellt wurde.
Soll die ausgehende Vertrauensstellung bestätigt werden?
Nein, ausgehende Vertrauensstellung nicht bestätigen
Ja, ausgehende Vertrauensstellung bestätigen
Klicken Sie auf "Weiter", um die Vertrauensstellung zu bestätigen.
< Zurück
Weiter >
Abbrechen
Assistent für neue Vertrauensstellungen
Eingehende Vertrauensstellung bestätigen
Sie sollten diese Vertrauensstellung erst bestätigen, nachdem die andere Vertrauensstellung erstellt wurde.
Soll die eingehende Vertrauensstellung bestätigt werden?
Nein, eingehende Vertrauensstellung nicht bestätigen
Ja, eingehende Vertrauensstellung bestätigen
Klicken Sie auf "Weiter", um die Vertrauensstellung zu bestätigen.
< Zurück
Weiter >
Abbrechen

Abbildung 6.46 Die ausgehende und die eingehende Vertrauensstellung soll bestätigt werden.

Zum Abschluss bekommen Sie angezeigt, dass alles erfolgreich eingerichtet wurde (siehe Abbildung 6.47).

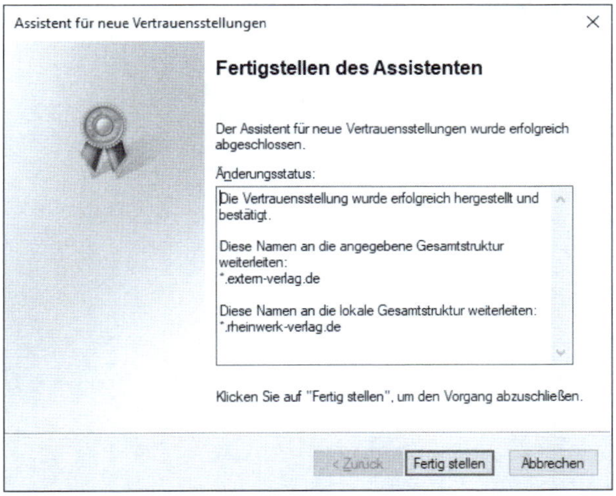

Assistent für neue Vertrauensstellungen
Fertigstellen des Assistenten
Der Assistent für neue Vertrauensstellungen wurde erfolgreich abgeschlossen.
Änderungsstatus:
Die Vertrauensstellung wurde erfolgreich hergestellt und bestätigt.
Diese Namen an die angegebene Gesamtstruktur weiterleiten:
*.extern-verlag.de
Diese Namen an die lokale Gesamtstruktur weiterleiten:
*.rheinwerk-verlag.de
Klicken Sie auf "Fertig stellen", um den Vorgang abzuschließen.
< Zurück
Fertig stellen
Abbrechen

Abbildung 6.47 Bestätigung, dass alles erfolgreich eingerichtet wurde

Sobald Sie das Fenster mit FERTIG STELLEN geschlossen haben, sehen Sie in der Verwaltungskonsole die eingerichtete Vertrauensstellung (siehe Abbildung 6.48) und können Benutzer in beiden Umgebungen berechtigen.

Zum Abschluss sollten Sie die AES-Verschlüsselung *(Advanced Encryption Standard)* in den Eigenschaften der Vertrauensstellung aktivieren (siehe Abbildung 6.49). So wird die Kommunikation mit einem sicheren Verschlüsselungsalgorithmus verschlüsselt. Weitere Informationen zur Authentifizierung finden Sie in Kapitel 5.

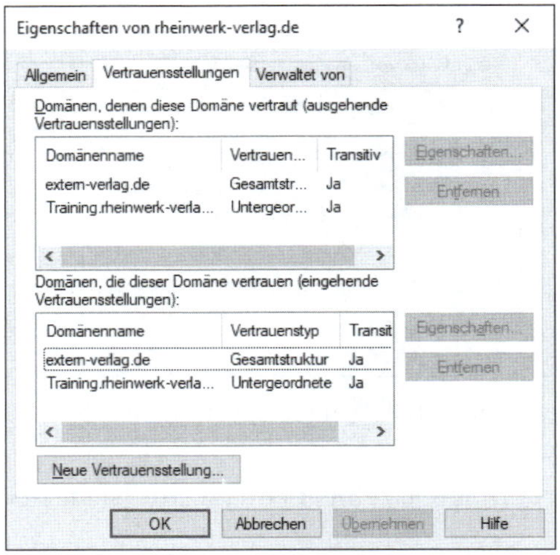
Eigenschaften von rheinwerk-verlag.de
Allgemein
Vertrauensstellungen
Verwaltet von
Domänen, denen diese Domäne vertraut (ausgehende Vertrauensstellungen):
Domänenname | Vertrauen... | Transitiv
extern-verlag.de | Gesamtstr... | Ja
Training.rheinwerk-verla... | Untergeor... | Ja
Eigenschaften...
Entfernen
Domänen, die dieser Domäne vertrauen (eingehende Vertrauensstellungen):
Domänenname | Vertrauenstyp | Transit
extern-verlag.de | Gesamtstruktur | Ja
Training.rheinwerk-verla... | Untergeordnete | Ja
Eigenschaften...
Entfernen
Neue Vertrauensstellung...
OK
Abbrechen
Übernehmen
Hilfe

Abbildung 6.48 Darstellung der fertig eingerichteten Vertrauensstellung

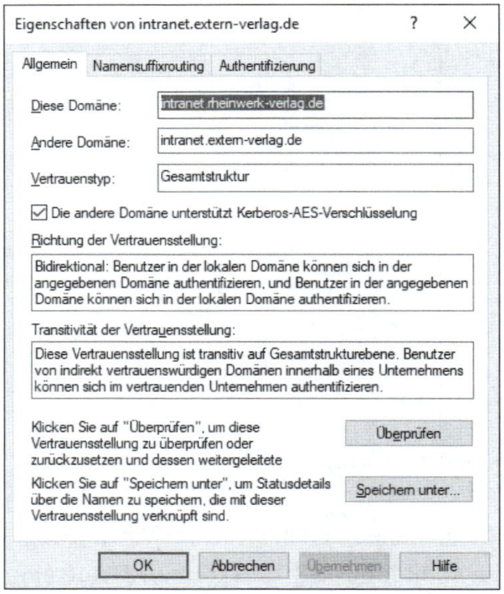
Eigenschaften von intranet.extern-verlag.de
Allgemein
Namensuffixrouting
Authentifizierung
Diese Domäne: intranet.rheinwerk-verlag.de
Andere Domäne: intranet.extern-verlag.de
Vertrauenstyp: Gesamtstruktur
Die andere Domäne unterstützt Kerberos-AES-Verschlüsselung
Richtung der Vertrauensstellung:
Bidirektional: Benutzer in der lokalen Domäne können sich in der angegebenen Domäne authentifizieren, und Benutzer in der angegebenen Domäne können sich in der lokalen Domäne authentifizieren.
Transitivität der Vertrauensstellung:
Diese Vertrauensstellung ist transitiv auf Gesamtstrukturebene. Benutzer von indirekt vertrauenswürdigen Domänen innerhalb eines Unternehmens können sich im vertrauenden Unternehmen authentifizieren.
Klicken Sie auf "Überprüfen", um diese Vertrauensstellung zu überprüfen oder zurückzusetzen und dessen weitergeleitete
Überprüfen
Klicken Sie auf "Speichern unter", um Statusdetails über die Namen zu speichern, die mit dieser Vertrauensstellung verknüpft sind.
Speichern unter...
OK
Abbrechen
Übernehmen
Hilfe

Abbildung 6.49 AES wird aktiviert.

Damit ist die Vertrauensstellung aktiviert und für die Verwendung von AES konfiguriert worden. In der vertrauenden Domäne *(Trusting Domain)* können Sie jetzt Objekte aus der vertrauten Domäne *(Trusted Domain)* berechtigen und – abhängig vom Gruppenbereich – verschachteln.

Legacy Trust bei Verwendung von netdom

Wenn Sie das Kommandozeilentool `netdom` zum Erstellen einer Vertrauensstellung verwenden, wird immer eine externe Vertrauensstellung eingerichtet. Diese wird auch gerne als *Legacy Trust* bezeichnet. Microsoft rät von diesem Setup ab, denn dann kann Kerberos nicht mehr als Authentifizierungsprotokoll zwischen den beiden Umgebungen genutzt werden. Außerdem besteht eine externe Vertrauensstellung nur zwischen den beiden Domänen. Das heißt: Besitzt eine der Seiten eine untergeordnete Domäne oder eine weitere Struktur, besteht kein Vertrauen.

Bei der Konfiguration der Vertrauensstellung sind unter Umständen weitere Anpassungen notwendig. Möchten Sie eine Produktionsumgebung mit einem administrativen Forest *(Red Forest)* verbinden, sollten Sie die Vertrauensstellung aus dem administrativen Forest heraus aufbauen und die notwendigen Anpassungen ebenfalls von dort vornehmen:

```
netdom trust /domain:<Produktions-AD> /enablepimtrust:ja /usero:<Organisationsadministrator aus Produktions-AD> /passwordo:*
```

In unserem Beispiel sieht das konkret so aus:

```
netdom trust intranet.rheinwerk-verlag.de /domain:admin.forest /enablepimtrust:ja
/usero:intranet\administrator /passwordo:*
```

Mit diesem Befehl, der mit Organisationsadministratorrechten im Admin Forest ausgeführt wird, wird die Funktion des *PIM-Trusts* aktiviert *(Privileged Identity Management)*. Damit können ShadowPrinicipals verwendet werden.

```
netdom trust /domain:<Produktions-AD> /enablesidhistory:ja /usero:intranet\administrator /passwordo:*
```

Durch das Aktivieren der SID-History nutzt ein Konto aus der vertrauten Domäne Einträge aus der SID-History für die Authentifizierung. Die Funktion ist in Verbindung mit dem PAM-Trust *(Privilege Access Management)* notwendig, der über den Parameter `PIMtrust` aktiviert wird.

```
netdom trust /domain: : /quarantine:nein /usero:intranet\administrator /passwordo:*
```

Wenn die Quarantäne nicht deaktiviert wird, dann werden einige SIDs gefiltert, die bei der Authentifizierung verwendet werden. Dadurch ist die Nutzung des PAM-Trusts und der ShadowPrincipals nicht möglich.

Achten Sie auf die richtige Sprache

Wenn Sie die deutsche Version des Servers installiert haben, müssen Sie die Befehle mit einem `JA` oder `NEIN` abschließen. Hier wird in der PowerShell zwischen den Sprachversionen unterschieden.

6.10 Offline-Domänenbeitritt

Mit Windows 7 bzw. Windows Server 2008 R2 wurde eine Möglichkeit geschaffen, Computer in eine Domäne aufzunehmen, ohne dass eine Netzwerkverbindung besteht. Es muss also kein Domänencontroller erreichbar sein und Sie brauchen auch kein Administrationskonto für den Zutritt zur Domäne. Diese Variante des Offline-Domänen-Joins ist für Massenimporte sehr gut geeignet: So können Sie Konten automatisiert der Domäne hinzufügen.

Setzen Sie hierzu das Tool *djoin.exe* ein. Im ersten Schritt müssen Sie auf einem Domänencontroller oder auf einem System, das mit der Domäne verbunden ist, ein *Provisioning File* für den entsprechenden Computer erstellen:

```
djoin /provision /domain <Domain-FQDN> /machine <Computername> /machineOU
"OU=<Computer-OU>,DC=<Domain>,DC=<Domain>" /savefile <Pfad>\<Provisioning-
Filename>.txt
```

Mit diesem Schritt wird das Computer-Objekt im AD in der OU angelegt und das Provisioning File im angegebenen Pfad abgelegt. Das Provisioning File müssen Sie dann auf den entsprechenden Computer kopieren, der dann offline in die Domäne aufgenommen wird:

```
djoin /requestODJ /loadfile <Pfad>\<Provisioning-Filename>.txt /windowspath
%SystemRoot% /localOS
```

Zum Schluss wird der Computer neu gestartet, um den Zutritt zur Domäne abzuschließen und zu aktivieren.

Für die erste Anmeldung mit einem Domänenbenutzer wird aber selbstverständlich die Verbindung zu einem Domänencontroller benötigt. Außerdem werden keine Gruppenrichtlinien und Anmeldeskripte für den Computer angewendet. Ist diese Verbindung nicht gegeben, kann keine Anmeldung erfolgen.

6.11 Der Papierkorb im Active Directory

Der AD-Papierkorb ist eine AD-Funktion, die seit Windows Server 2008 R2 vorhanden ist. Damit die Funktion genutzt werden kann, muss die Funktionsebene der Gesamtstruktur mindestens Windows Server 2008 R2 sein. Vor der Nutzung muss die Funktion zudem über das AD-Verwaltungscenter aktiviert werden (siehe Abbildung 6.50).

Alternativ können Sie folgenden PowerShell-Befehl nutzen:

```
Enable-ADOptionalFeature -Identity 'CN=Recycle Bin Feature, CN=Optional  Features,
  CN=Directory Service,CN=Windows NT, CN=Services,CN=Configuration, DC=Intranet,
  DC=rheinwerk-verlag,DC=de' -Scope ForestOrConfigurationSet -Target
  'intranet.rheinwerk-verlag.de'
```

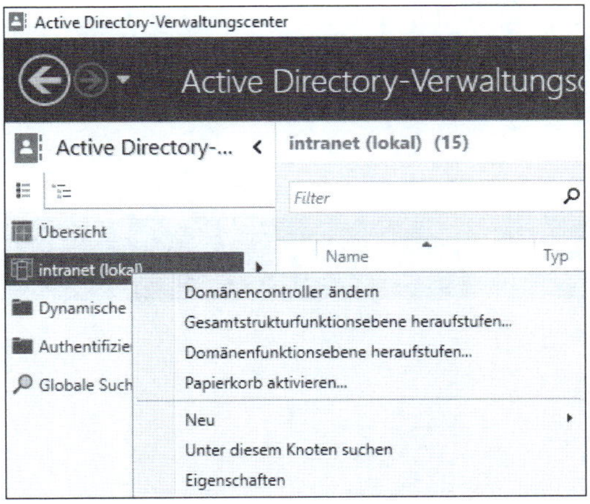

Abbildung 6.50 Aktivieren Sie den AD-Papierkorb über das AD-Verwaltungscenter.

Sie erhalten danach einige Meldungen (siehe Abbildung 6.51), die Sie über das Anlegen des Papierkorbs informieren.

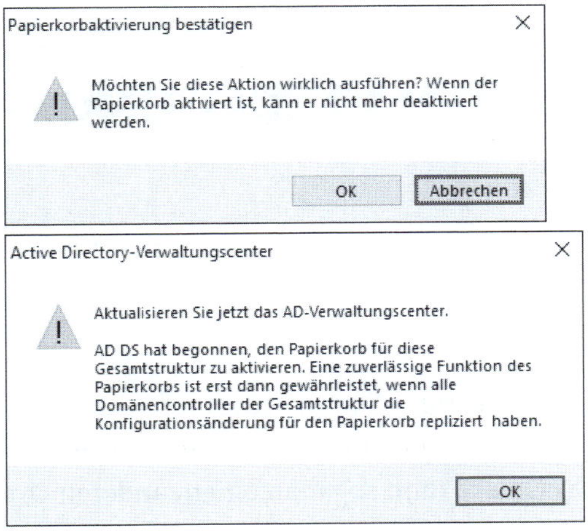

Abbildung 6.51 Notwendige Bestätigungen nach der Aktivierung des AD-Papierkorbs

Wenn Sie den AD-Papierkorb aktiviert haben, kann dieser Schritt nicht mehr rückgängig gemacht werden. Von nun an werden alle gelöschten Objekte in den Papierkorb verschoben. Die gelöschten Objekte können danach von jedem Domänenadministrator mit dem AD-Verwaltungscenter oder über die PowerShell wiederhergestellt werden (siehe Abbildung 6.52). Die Wiederherstellung eines Nutzers mithilfe der PowerShell (hier am Beispiel von `Karsten.Weigel`) funktioniert so:

```
Get-ADObject -Filter {displayName -eq "Karsten.Weigel"} -IncludeDeletedObjects |
  Restore-ADObject
```

Sie können aber natürlich auch mit dem Verwaltungscenter arbeiten (siehe Abbildung 6.52). Über WIEDERHERSTELLEN IN wählen Sie eine beliebige Organisationseinheit innerhalb der Domäne. Mit WIEDERHERSTELLEN erfolgt die Wiederherstellung in der alten Organisationseinheit.

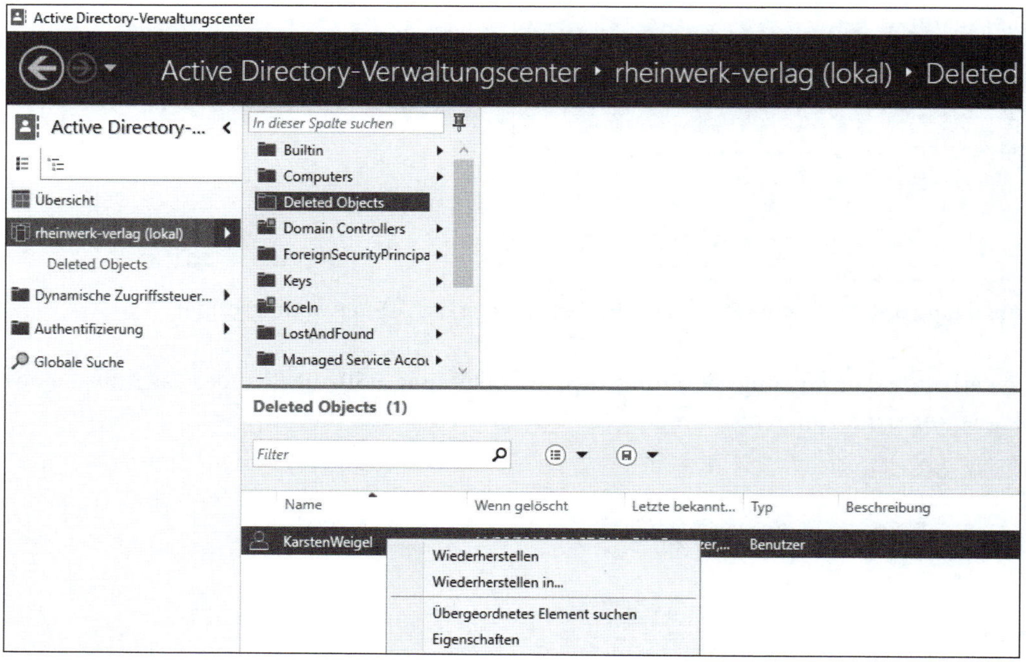

Abbildung 6.52 Wiederherstellung des Nutzers »Karsten Weigel« mithilfe des AD-Verwaltungscenters

Der große Vorteil des AD-Papierkorbs ist, dass die Objekte mit all ihren Attributen wiederhergestellt werden und keine autorisierte Wiederherstellung notwendig ist. Die Wiederherstellung kann im laufenden Betrieb erfolgen und das Objekt kann sogar an einem anderen Ort innerhalb der Domäne wiederhergestellt werden.

Wichtig ist, dass jedes Objekt in eine nicht gelöschte Eltern-Struktur wiederhergestellt wird. Wollen Sie eine ganze Teilstruktur wiederherstellen, müssen Sie mit deren Wurzel anfangen.

Größe der Datenbank

Die Größe der Datenbank wird steigen. Nach Ablauf der Recycletime (Standard: 180 Tage) wird das Objekt zum endgültigen Löschen markiert, und nach weiteren 180 Tagen wird es dann aus der Datenbank gelöscht. Wurde das Objekt zum endgültigen Löschen markiert, kann es nicht mehr aus dem Papierkorb wiederhergestellt werden.

6.12 Weitere optionale AD-Funktionen

Neben dem Active Directory-Papierkorb (siehe Abschnitt 6.11) gibt es seit Windows Server 2016 das *Privileged Access Management Feature* und seit Windows Server 2025 das *Database 32k Pages Feature*. Sie können sich die möglichen Features mit folgendem PowerShell-Cmdlet anzeigen lassen:

```
Get-ADOptionalFeature -Filter *
```

In der Ausgabe des Befehls erkennen Sie, welche Features vorhanden sind und welche aktiviert sind:

```
DistinguishedName  : CN=Recycle Bin Feature,CN=Optional Features,CN=Directory
                     Service,CN=Windows NT,CN=Services,CN=Configuration,
                     DC=intranet,DC=rheinwerk-verlag,DC=de
EnabledScopes      : {CN=NTDS Settings,CN=INTRANETDC1,CN=Servers,CN=Bonn,
                      CN=Sites,CN=Configuration,DC=intranet,DC=rheinwerk-verlag,
                      DC=de,CN=Partitions,CN=Configuration,DC=intranet,
                      DC=rheinwerk-verlag,DC=de, CN=NTDS Settings,
                      CN=INTRANETDC2,CN=Servers,CN=Bonn,CN=Sites,
                      CN=Configuration,DC=intranet,DC=rheinwerkverlag,DC=de}
FeatureGUID        : 766ddcd8-acd0-445e-f3b9-a7f9b6744f2a
FeatureScope       : {ForestOrConfigurationSet}
IsDisableable      : False
Name               : Recycle Bin Feature
ObjectClass        : msDS-OptionalFeature
ObjectGUID         : 8497ff7e-e9ec-43c3-8c0b-d03212fa50eb
RequiredDomainMode :
RequiredForestMode : Windows2008R2Forest

DistinguishedName  : CN=Privileged Access Management Feature,
                     CN=Optional Features,CN=Directory Service,CN=Windows NT,
                     CN=Services,CN=Configuration,DC=intranet,
                     DC=rheinwerk-verlag,DC=de
EnabledScopes      : {}
FeatureGUID        : ec43e873-cce8-4640-b4ab-07ffe4ab5bcd
FeatureScope       : {ForestOrConfigurationSet}
IsDisableable      : False
Name               : Privileged Access Management Feature
ObjectClass        : msDS-OptionalFeature
ObjectGUID         : 27878960-b3e8-4c27-92d1-ff4bc43f7d69
RequiredDomainMode :
RequiredForestMode : Windows2016Forest
```

```
DistinguishedName  : CN=Database 32k Pages Feature,CN=Optional Features,
                     CN=Directory Service,CN=Windows NT,
                     CN=Services,CN=Configuration,DC=intranet,
                     DC=rheinwerk-verlag,DC=de
EnabledScopes      : {}
FeatureGUID        : 52982ac6-1e73-754f-ae24-73ae2775aab8
FeatureScope       : {ForestOrConfigurationSet}
IsDisableable      : False
Name               : Database 32k Pages Feature
ObjectClass        : msDS-OptionalFeature
ObjectGUID         : f8f88c05-1e64-4949-aff0-5140feee0e22
RequiredDomainMode :
RequiredForestMode : Windows2025Forest
```

Listing 6.1 Ausgabe des Befehls »Get-ADOptionalFeature«

In der Ausgabe von Listing 6.1 sehen Sie den Namen des Features (`Name`) und die notwendigen Funktionsebenen (`RequiredDomainMode` und `RequiredForestMode`). Das Attribut `EnabledScopes` zeigt an, ob das Feature aktiviert ist. Der AD-Papierkorb (`Recycle Bin Feature`) ist aktiviert, und damit stehen unter Scopes die Objekte aller Domänencontroller. Ist ein Feature nicht aktiviert, ist der Inhalt leer, was Sie an {} erkennen.

6.13 Der Wiederherstellungsmodus von Active Directory

Es kommt vor, dass ein Systemstatus eines Servers wiederhergestellt werden muss. Dies kann notwendig werden, wenn die Datenbank beschädigt ist oder die Registry, die CA-Datenbank oder der *SYSVOL*-Ordner versehentlich gelöscht worden ist.

Wenn Sie einen DC mithilfe der Windows Server-Sicherung inklusive der Systemstatussicherung gesichert haben, können der Server und einzelne Daten aus der AD-Datenbank wiederhergestellt werden.

Es gibt drei Wiederherstellungstypen im Zusammenhang mit der AD-Datenbank:

- **Primär** – wird verwendet, wenn entweder der erste oder der einzige DC wiederhergestellt werden soll.
- **Nicht-autorisierend (Normal)** – Diese Option wird verwendet, wenn die Datenbank korrupt ist. Diese Option stellt die Datenbank wieder her. Nach einem Neustart des Servers werden die aktuellen Daten von anderen DCs repliziert.
- **Autorisierend** – Diese Option wird verwendet, um gelöschte AD-Objekte wie Benutzerkonten und Organisationseinheiten wiederherzustellen. Zuerst wird eine nicht-autorisierende Wiederherstellung durchgeführt. Anschließend müssen Sie mit `NTDSUtil` das gelöschte Objekt als autorisierend markieren.

Keine Nutzerdaten

Egal welche Wiederherstellung Sie wählen: Dabei werden natürlich keine Nutzerdaten wiederhergestellt. Es geht hier ausschließlich um die Struktur des Active Directorys. Ihre Mails, Dateien, Datenbanken usw. müssen Sie auf einem anderen Wege sichern!

Wir zeigen Ihnen im Folgenden kurz die Schritte für eine nicht-autorisierende und eine autorisierende Wiederherstellung. Bei der primären Wiederherstellung müssen Sie nichts beachten, da es dabei ja nicht zu Konflikten zwischen unterschiedlichen Domänencontrollern kommen kann.

6.13.1 Nicht-autorisierende Wiederherstellung

Starten Sie zunächst den Server neu, und drücken Sie F8 für die erweiterten Startoptionen. Wählen Sie dort VERZEICHNISDIENSTWIEDERHERSTELLUNG.

Melden Sie sich mit dem Konto eines DSRM-Administrators an. Geben Sie bei der Anmeldung `\Administrator` als Benutzername an. Nachdem Sie sich mit den notwendigen Rechten angemeldet haben, öffnen Sie eine Kommandozeile und geben folgenden Befehl ein:

```
wbadmin get versions -backuptarget: backuplocation
```

`backuplocation` ist der Laufwerksbuchstabe oder der UNC-Pfad des Speicherorts für die Backups. Nun werden alle Sicherungen im Pfad aufgelistet. Notieren Sie sich die Versionsinfo der Sicherung, die wiederhergestellt werden soll. Dieser Identifier ist der Zeitpunkt, an dem das Backup erstellt worden ist.

Geben Sie `wbadmin start systemstaterecovery -version:identifier -backuptarget:backuplocation` ein, wobei `identifier` die Versionsinfo und `backuplocation` der Laufwerksbuchstabe oder UNC-Pfad ist, unter dem das Backup gespeichert wurde.

Geben Sie `Y` ein und drücken Sie ↵, um die Wiederherstellung zu starten. Nachdem die Wiederherstellung abgeschlossen ist, starten Sie den DC neu.

6.13.2 Autorisierende Wiederherstellung

Für eine autorisierende Wiederherstellung gehen Sie ganz ähnlich vor. Sie müssen dazu die nicht-autorisierende Wiederherstellung genauso durchführen, wie gerade beschrieben wurde. Anstatt einen Neustart durchzuführen, starten Sie jedoch das Tool `NTDSUtil`.

Geben Sie dort `activate instance ntds` ein, und bestätigen Sie mit ↵. Dann folgt der Befehl `authoritative restore`, den Sie wieder mit ↵ bestätigen.

Um ein einzelnes Objekt wiederherzustellen, geben Sie `restore object "DN"` ein, wobei `DN` der LDAP-Name des Objekts ist, das autorisierend wiederhergestellt werden soll.

Um die Hierarchie von OUs wiederherzustellen, verwenden Sie `restore subtree "DN"`, wobei `DN` der LDAP-Name der OU ist, die autorisierend wiederhergestellt werden soll.

Wenn Sie die entsprechenden Objekte wiederhergestellt haben, beenden Sie `NTDSUtil` und starten den Server neu.

6.13.3 Garbage Collection

Wenn Sie ein Objekt entfernen, werden die meisten Attribute entfernt und das Objekt wird als »zu löschen« markiert; Sie bekommen einen sogenannten *Tombstone*. Es solches Objekt wird also logisch aus dem Verzeichnis gelöscht, aber nicht komplett entfernt.

Die Tombstone-Markierung wird an alle Replikationspartner repliziert, damit alle wissen, dass das Objekt gelöscht wurde. Objekte, die zum Löschen markiert wurden, werden in den Container *Deleted Objects* verschoben. Die Tombstone-Lifetime ist standardmäßig auf 180 Tage eingestellt und kann über das Attribut `tombstoneLifetime` angepasst werden. Ist dieser Zeitraum abgelaufen, wird die Müllabfuhr aktiv. Diese *Garbage Collection* ist ein Prozess, der auf jedem Domänencontroller läuft und in regelmäßigen Abständen (standardmäßig alle 12 Stunden) diese Objekte löscht, die vom Verzeichnisdienst nicht mehr benötigt werden.

6.13.4 Active Directory Database Mounting Tool

Mit dem *Active Directory Database Mounting Tool* (*dsamain.exe*) können Sie auf Snapshots des Active Directorys zuzugreifen, ohne dass Sie den Domänencontroller in die Verzeichnisdienstwiederherstellung booten müssen. Sie können dann LDAP-Anzeigetools wie *Ldp.exe* und *ADSI-Edit* verwenden, um sich den Inhalt der Snapshots anzeigen zu lassen.

Sie können also eine Active Directory-Datenbank an einem alternativen Speicherort wiederherstellen und mit dem Active Directory Database Mounting Tool auf den Inhalt zugreifen. Um einen solchen Snapshot zu erstellen, verwenden Sie das Tool `NTDSUtil`.

Nachdem Sie es gestartet haben, geben Sie `snapshot` ein, um zum entsprechenden Menü zu gelangen. Dort brauchen Sie die beiden Aufrufe `activate instance ntds` und `create`, die Sie jeweils mit [↵] bestätigen. Dies erstellt einen neuen Snapshot mit einem neuen Identifier.

Um einen Snapshot zu mounten, öffnen Sie wieder den `snapshot`-Prompt und geben erneut `activate instance ntds` ein. Dieser Schritt ist nicht erforderlich, wenn `ntdsutil` nicht beendet wurde. Mit `list all` listen Sie alle verfügbaren Snapshots auf. `mount <number>` bindet dann den gewünschten Snapshot ein.

6.14 Active Directory-Verbunddienste (AD FS)

Active Directory-Verbunddienste (Active Directory Federation Services, AD FS) ist eine Server-Rolle, die verwendet wird, um die Authentifizierungsfunktionen von Active Directory über die Grenzen der Gesamtstruktur zu erweitern. AD FS funktioniert in Verbindung mit Windows- und Nicht-Windows-Clients.

Sie sollten AD FS einsetzen, wenn es viele internetbasierte Anwendungen in Ihrer Umgebung gibt, bei denen ein einzelnes Benutzerkonto auf Ressourcen in mehreren Netzwerken zugreifen muss. Wenn Sie den Verbunddienst implementieren, können Vertrauensstellungen zwischen zwei unterschiedlichen Organisationen oder zwei verschiedenen Gesamtstrukturen erstellt werden. Dieser Verbund erlaubt es den Benutzern, die Sicherheitsinformationen aus ihrer eigenen Gesamtstruktur zu verwenden, wenn sie auf Anwendungen außerhalb ihrer Gesamtstruktur zugreifen.

Durch AD FS können sich Ihre Nutzer gegenüber externen Services per *Single Sign-on (SSO)* authentifizieren. SSO ermöglicht es den Benutzern, sich in ihrem lokalen Netzwerk anzumelden und ein Sicherheitstoken zu erhalten, mit dem sie auf Ressourcen in verschiedenen Netzwerken zugreifen können, die zum Verbund gehören. Daraus ergeben sich zahlreiche Vorteile: User benötigen nur noch eine einzige Kombination aus Name und Passwort und müssen sich für alle Dienste, die sie bei ihrer täglichen Arbeit einsetzen, nur einmalig authentifizieren.

AD FS ist kompatibel mit externen Umgebungen, die kein Windows-basiertes Identitätsmodell verwenden. In Kombination mit dem eigenen Active Directory entsteht so eine riesige Vielfalt an Anwendungsmöglichkeiten. Der Aufwand für die Verwaltung von Benutzerkennungen und Passwörtern reduziert sich durch das zentrale Management in der AD-Benutzerverwaltung deutlich. Dank der Verwendung von *Tokens* erhalten externe Serviceanbieter zu keiner Zeit Kenntnis von den tatsächlichen Benutzernamen und Passwörtern. Wird die Zusammenarbeit mit dem Anbieter beendet, reicht es aus, die eingerichteten Berechtigungen zu entziehen. Passwörter oder Benutzernamen müssen nicht geändert oder gelöscht werden.

6.14.1 Die Komponenten des AD FS

Folgende AD FS-Komponenten sollten Sie kennen:

- Das *Sicherheitstoken* ist ein signiertes kryptografisches Datenpaket, in dem angegeben ist, dass der Verbundserver die Echtheit des Verbundbenutzers erfolgreich überprüft hat.
- Der Dienst *Kontoverbundserver* wird von den Servern gebildet, die über eine gemeinsame Vertrauensrichtlinie verfügen. Authentifizierungsanforderungen für Benutzer aus fremden Organisationen oder aus dem Internet werden an die entsprechenden Server weitergeleitet.

- *Kontoverbund-Dienstproxy*: Um die Authentifizierungsanforderungen des Benutzers zu erhalten, greift der Verbundserver auf einen Proxyserver zurück, der sich in der DMZ befindet. Der Proxyserver sammelt die Authentifizierungsinformationen über das Webdienst-Verbund-PR-Protokoll *(WS-Federation Passive Requestor Profile)* aus dem Browser des Benutzers und übergibt die Informationen an den Verbunddienst.
- Der *Ressourcenverbundserver* ist der Verbundserver in der Ressourcenpartnerorganisation. Er ist für das Ausstellen der Sicherheitstoken verantwortlich.
- Der *Ressoucenverbund-Serverproxy* befindet sich ebenfalls in der Ressourcenpartnerorganisation. Er leitet eingehende Sicherheitstoken an den Ressourcenverbundserver weiter und übernimmt die Kontopartnerermittlungen der Internetclients.
- Der *AD FS Web Agent* ist ein Rollendienst, mit dem Sie einen AD FS-fähigen Webserver erstellen können. Er verarbeitet und prüft eingehende Sicherheitstoken.

6.14.2 Was ist eine Verbundvertrauensstellung?

Vom Grundsatz her können Sie eine Windows-Vertrauensstellung mit einer Verbundvertrauensstellung vergleichen. Die Vertrauensstellung ist unidirektional: Wie Sie in Abbildung 6.53 sehen, zeigt der Pfeil im Diagramm immer auf die Umgebung, aus der die Konten stammen. Die Seite der Vertrauensstellung, auf der die Konten verwaltet werden, ist der *Kontopartner*. Die Seite mit den Ressourcen wird dagegen *Ressourcenpartner* genannt.

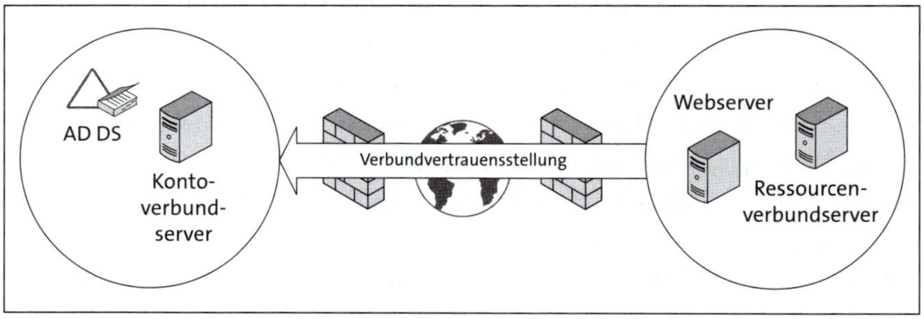

Abbildung 6.53 Verbundvertrauensstellung

Die Verbundvertrauensstellung unterscheidet sich aber von einer Windows-Vertrauensstellung: In einer Verbundvertrauensstellung müssen die Verbundserver des Kontopartners und des Ressourcenpartners nicht direkt miteinander kommunizieren.

Der Verbund wird konfiguriert zwischen:

- **Ressourcenorganisation** – Verschiedene Ressourcen, wie unterschiedliche Webseiten oder WebApps, können zu einer *Ressourcenorganisation* zusammengefasst werden. Über einen Ressourcenverbundserver wird der Zugriff auf sie zentral authentifiziert.
- **Kontoorganisation** – Die andere Seite in der AD FS-Beziehung ist die *Kontoorgansiation*. Sie verwaltet die Konten für den Zugriff auf die freigegebenen Ressourcen.

ADFS kann auch intern (also in Ihrer Umgebung) sehr sinnvoll sein. Wenn Sie zum Beispiel ein Single Sign-on an einem VMware vCenter einrichten wollen, können Sie dies über ADFS realisieren.

6.15 Active Directory installieren

Während Sie die verschiedenen Komponenten der Gesamtstruktur von AD installieren, müssen Sie unterschiedliche Punkte beachten. Wir zeigen Ihnen in den folgenden Abschnitten die Installationsszenarien.

6.15.1 Den ersten DC in einer Domäne installieren

Vor der Inbetriebnahme des ersten Domänencontrollers (DCs) sollten Sie den Namen des Servers ändern und seine IP-Adresse konfigurieren. Es empfiehlt sich, den Server nicht mit einer dynamischen IP-Adresse oder einer APIPA-Adresse zu nutzen!

Den Servernamen können Sie über den Server-Manager ändern. Dazu klicken Sie auf den aktuellen Namen und anschließend auf Ändern. Vergeben Sie den neuen Computernamen, und schließen Sie das Fenster mit OK (siehe Abbildung 6.54). Danach sollten Sie den Server unbedingt neu starten, damit alle Änderungen wirksam werden. Der Server bleibt Mitglied der Arbeitsgruppe, da der Server ja der erste DC in einer neuen Gesamtstruktur werden soll.

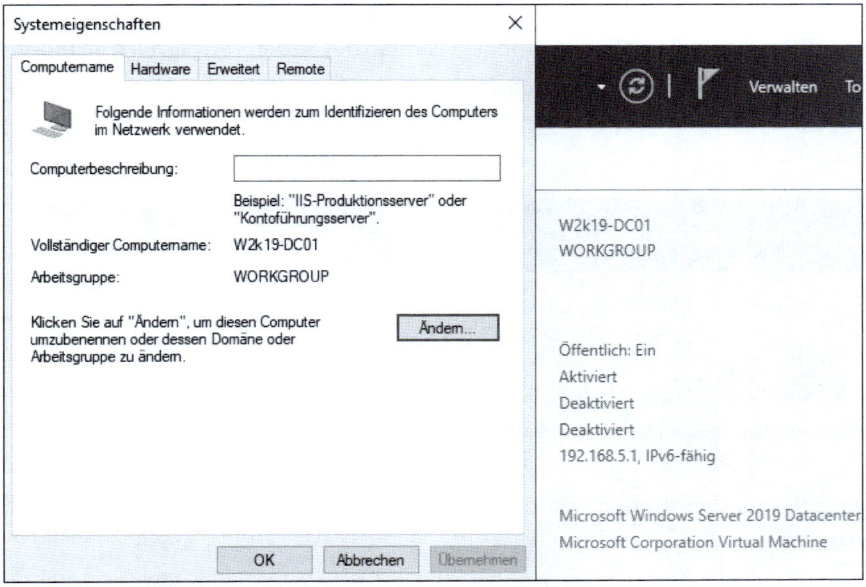

Abbildung 6.54 Vor der Installation bzw. der Inbetriebnahme des DCs sollte der Rechnername angepasst werden. So lässt sich das System später besser identifizieren.

Außerdem sollten Sie die Netzwerkdaten des Servers anpassen. Konfigurieren Sie eine statische IP-Adresse, und legen Sie einen passenden DNS-Server fest (siehe Abbildung 6.55).

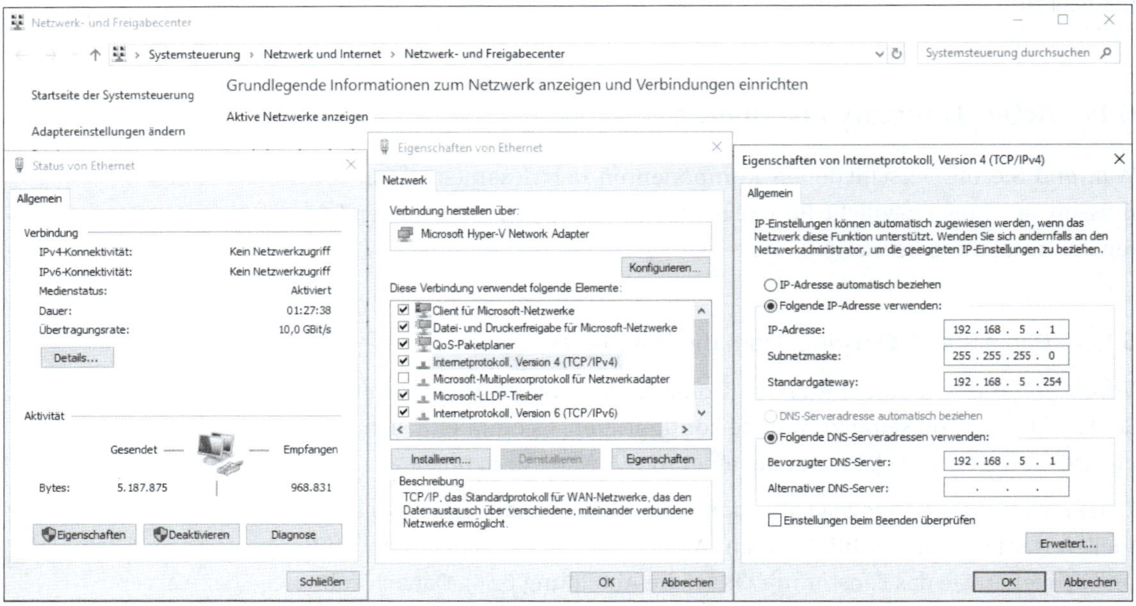

Abbildung 6.55 Die IP-Adresse und den zu verwendenden DNS-Server im lokalen Netzwerk anpassen

Sobald Sie die IP-Adresse der Netzwerkkarte und den Namen des Servers erfolgreich geändert haben, fügen Sie die Rolle *Active Directory-Domänendienste* über den Server-Manager hinzu (siehe Abbildung 6.56).

Abbildung 6.56 Server-Manager – Hinzufügen von Rollen und Features

Die folgenden Fenster mit den Vorbemerkungen und der Installation können Sie direkt mit WEITER überspringen.

Wenn über den Server-Manager des DCs keine weiteren Server verwaltet werden, ist das Computerkonto des DCs bereits so wie in Abbildung 6.57 vorausgefüllt.

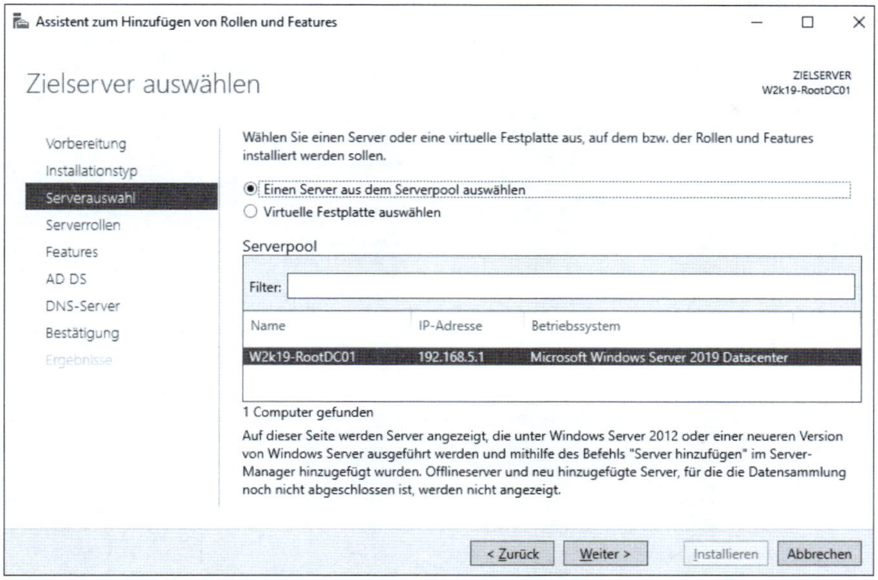

Abbildung 6.57 Zielserver auswählen

Im Fenster aus Abbildung 6.58 wählen Sie die Serverrollen ACTIVE DIRECTORY-DOMÄNENDIENSTE und DNS-SERVER inklusive aller notwendigen Verwaltungsfeatures (siehe Abbildung 6.59) aus.

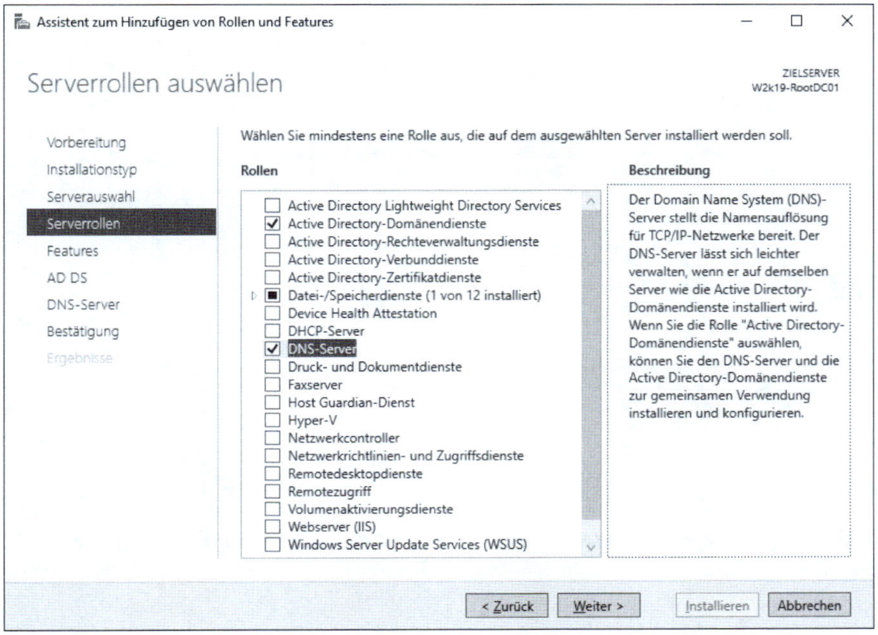

Abbildung 6.58 Ausgewählte Rollen, die installiert werden sollen

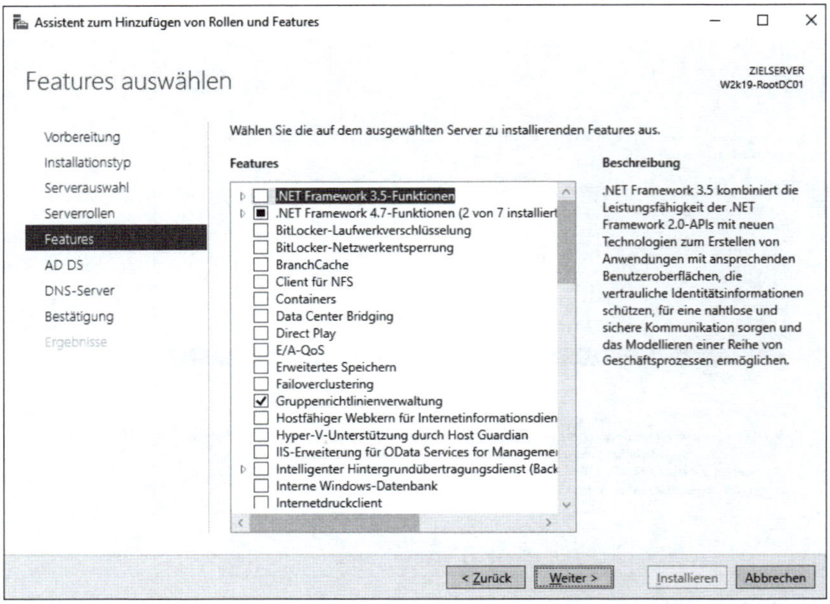
Assistent zum Hinzufügen von Rollen und Features
Features auswählen
ZIELSERVER
W2k19-RootDC01
Vorbereitung
Installationstyp
Serverauswahl
Serverrollen
Features
AD DS
DNS-Server
Bestätigung
Ergebnisse
Wählen Sie die auf dem ausgewählten Server zu installierenden Features aus.
Features
.NET Framework 3.5-Funktionen
.NET Framework 4.7-Funktionen (2 von 7 installiert
BitLocker-Laufwerkverschlüsselung
BitLocker-Netzwerkentsperrung
BranchCache
Client für NFS
Containers
Data Center Bridging
Direct Play
E/A-QoS
Erweitertes Speichern
Failoverclustering
Gruppenrichtlinienverwaltung
Hostfähiger Webkern für Internetinformationsdien
Hyper-V-Unterstützung durch Host Guardian
IIS-Erweiterung für OData Services for Manageme
Intelligenter Hintergrundübertragungsdienst (Back
Interne Windows-Datenbank
Internetdruckclient
Beschreibung
.NET Framework 3.5 kombiniert die Leistungsfähigkeit der .NET Framework 2.0-APIs mit neuen Technologien zum Erstellen von Anwendungen mit ansprechenden Benutzeroberflächen, die vertrauliche Identitätsinformationen schützen, für eine nahtlose und sichere Kommunikation sorgen und das Modellieren einer Reihe von Geschäftsprozessen ermöglichen.
< Zurück
Weiter >
Installieren
Abbrechen

Abbildung 6.59 Das Feature »Gruppenrichtlinienverwaltung« wurde ausgewählt.

Nun erscheint eine Seite mit wichtigen Hinweisen für einen reibungslosen Betrieb eines Active Directorys und mit Hinweisen auf Azure Active Directory (siehe Abbildung 6.60). Lesen Sie sich diese Seite durch, und klicken Sie dann auf WEITER.

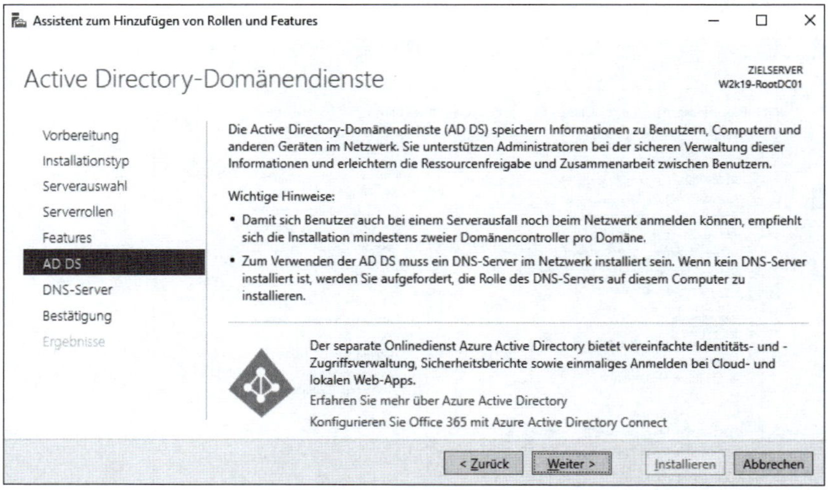
Assistent zum Hinzufügen von Rollen und Features
Active Directory-Domänendienste
ZIELSERVER
W2k19-RootDC01
Vorbereitung
Installationstyp
Serverauswahl
Serverrollen
Features
AD DS
DNS-Server
Bestätigung
Ergebnisse
Die Active Directory-Domänendienste (AD DS) speichern Informationen zu Benutzern, Computern und anderen Geräten im Netzwerk. Sie unterstützen Administratoren bei der sicheren Verwaltung dieser Informationen und erleichtern die Ressourcenfreigabe und Zusammenarbeit zwischen Benutzern.
Wichtige Hinweise:
• Damit sich Benutzer auch bei einem Serverausfall noch beim Netzwerk anmelden können, empfiehlt sich die Installation mindestens zweier Domänencontroller pro Domäne.
• Zum Verwenden der AD DS muss ein DNS-Server im Netzwerk installiert sein. Wenn kein DNS-Server installiert ist, werden Sie aufgefordert, die Rolle des DNS-Servers auf diesem Computer zu installieren.
Der separate Onlinedienst Azure Active Directory bietet vereinfachte Identitäts- und -Zugriffsverwaltung, Sicherheitsberichte sowie einmaliges Anmelden bei Cloud- und lokalen Web-Apps.
Erfahren Sie mehr über Azure Active Directory
Konfigurieren Sie Office 365 mit Azure Active Directory Connect
< Zurück
Weiter >
Installieren
Abbrechen

Abbildung 6.60 Wichtige Hinweise zum reibungslosen Betrieb eines Active Directorys und zu Azure Active Directory

Die darauf folgende Seite zeigt Hinweise zum DNS-Server an. Lesen Sie sie, und bestätigen Sie sie danach mit WEITER.

Zum Abschluss werden im Assistenten alle Änderungen zusammengefasst und angezeigt (siehe Abbildung 6.61). Wenn Sie auf INSTALLIEREN klicken, beginnt der Server, die Rollen und die notwendigen Verwaltungsfeatures zu installieren.

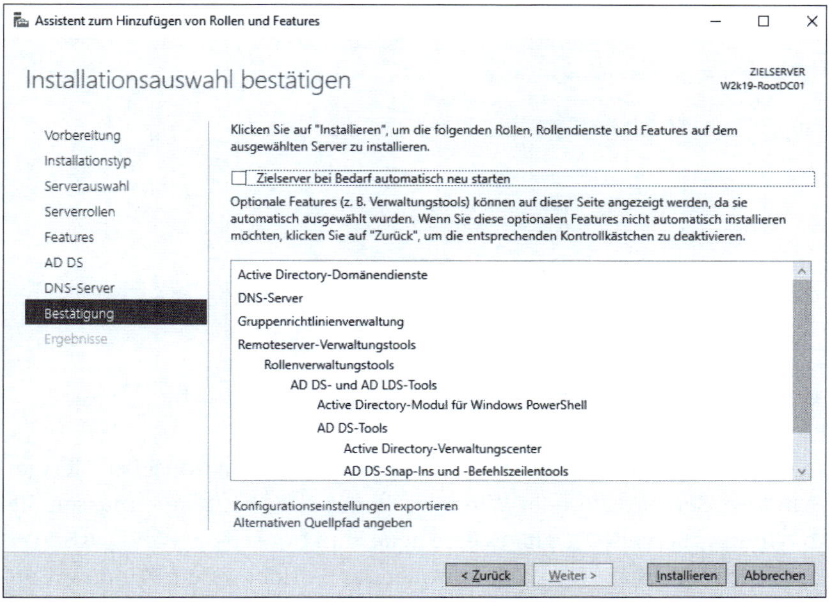

Abbildung 6.61 Zusammenfassung der folgenden Schritte

Nach dem erfolgreichen Installieren der Rollen und der notwendigen Verwaltungsfeatures ist kein Neustart des Servers notwendig. Sie können direkt mit der Konfiguration der AD-Rolle beginnen.

Die Konfiguration des DCs erfolgt wieder über den Server-Manager. Rechts oben wird eine Fahne angezeigt; wählen Sie dort den Punkt SERVER ZU EINEM DOMÄNENCONTROLLER HERAUFSTUFEN (siehe Abbildung 6.62).

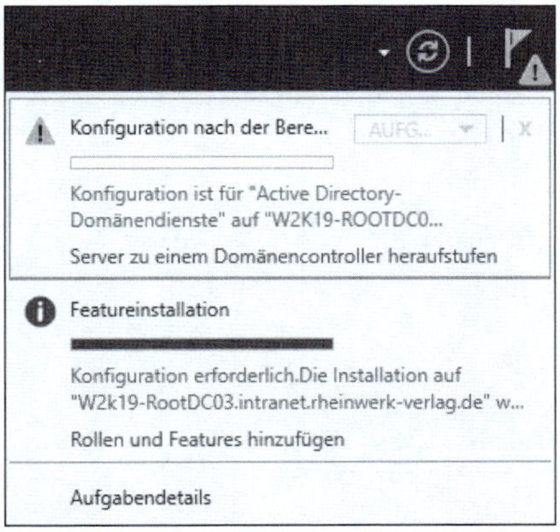

Abbildung 6.62 Die Fahne im Server-Manager mit der Auswahl für das Heraufstufen

Danach startet ein Assistent, der Sie durch die weiteren Schritte führt (siehe Abbildung 6.63).

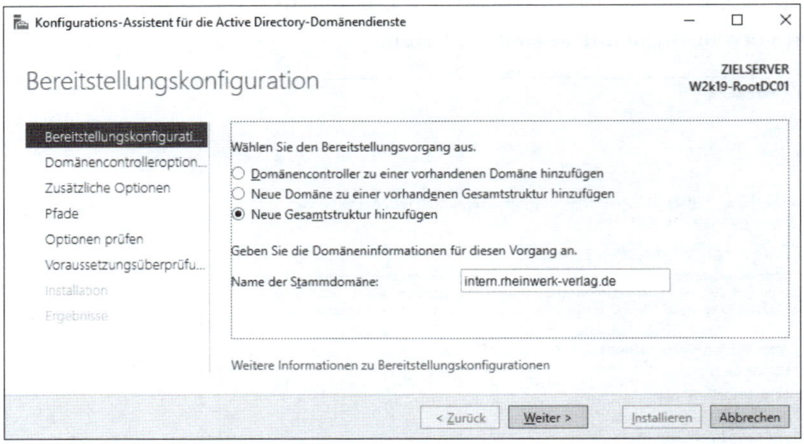

Abbildung 6.63 Bereitstellungskonfiguration für den ersten DC der Gesamtstruktur

Im folgenden Fenster werden die Gesamtstruktur- und die Domänenfunktionsebene festgelegt. Werden nur Windows Server 2016 oder Windows Server 2019 betrieben, müssen Sie nichts anpassen. Ab Windows Server 2025 gibt es eine neue Funktionsebene *Windows Server 2025*. Voraussetzung dafür ist, dass alle Domaincontroller das Betriebssystem Windows Server 2025 nutzen. Die notwendigen Funktionen GLOBALER KATALOG und DNS-SERVER sind bereits ausgewählt (siehe Abbildung 6.64) und sollten auch nicht verändert werden, falls Sie keinen anderen DNS-Server betreiben. Ist dem nicht so, muss der DNS-SERVER ausgewählt bleiben, da das AD sonst nicht richtig funktionieren wird: Ohne DNS kein AD!

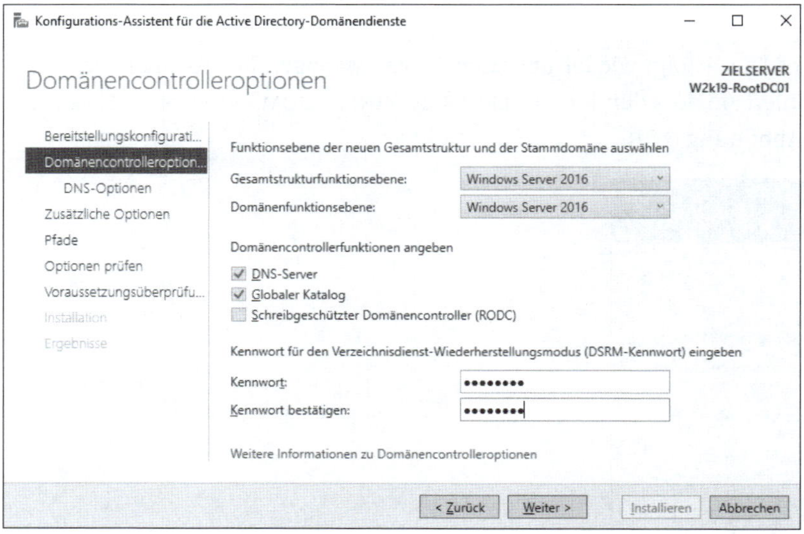

Abbildung 6.64 Mögliche Domänencontrolleroptionen

Sie müssen außerdem das AD-Wiederherstellungskennwort hinterlegen, das benötigt wird, wenn der DC im AD-Wiederherstellungsmodus gestartet wird. Dieses Kennwort ist nicht mit dem Kennwort des Administrators in der Domäne identisch!

Für den DNS-Server müssen Sie eine Delegierung beim übergeordneten DNS-Server erstellen, wenn es möglich sein soll, die Umgebung von dort aufzulösen. In unserem Beispiel gibt es jedoch keine übergeordnete Zone, weshalb auch keine Delegierung erstellt wird (siehe Abbildung 6.65).

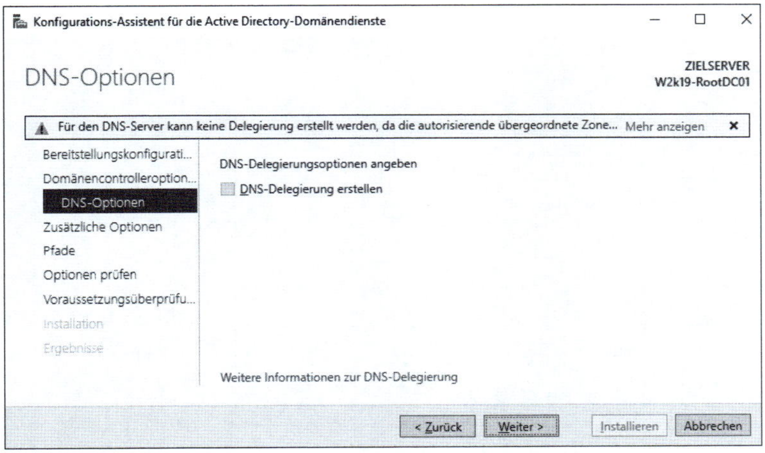

Abbildung 6.65 Die Delegierung in eine übergeordnete Zone

In dem Fenster aus Abbildung 6.66, das nun folgt, legen Sie den NetBIOS-Namen der Domäne fest.

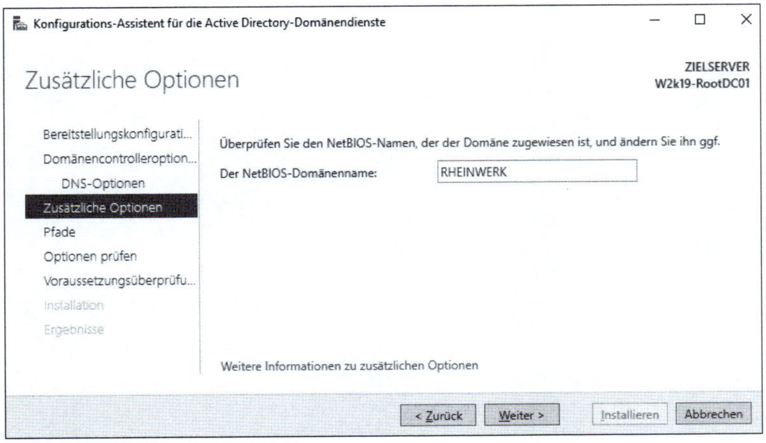

Abbildung 6.66 Der NetBIOS-Name für die Domäne

Auch wenn NetBIOS in der Umgebung nicht mehr genutzt wird, muss der Name immer mit festgelegt werden, damit alte Geräte mit der Domäne kommunizieren könnten. Der Net-

BIOS-Name darf maximal 15 Zeichen lang sein. Unser NetBIOS-Name wurde vom Assistenten mit »RHEINWERK-VERLA« vorgeschlagen, wir haben ihn aber in »RHEINWERK« geändert, da dies ja die Root-Domäne in der Gesamtstruktur ist und es keine höhere Ebene gibt.

Die Pfade für die AD DS-Datenbank, den Ablageort von *SYSVOL* und die Protokolldateien sollten Sie gemäß den Best Practices von Microsoft so belassen wie in Abbildung 6.67 und nicht ändern.

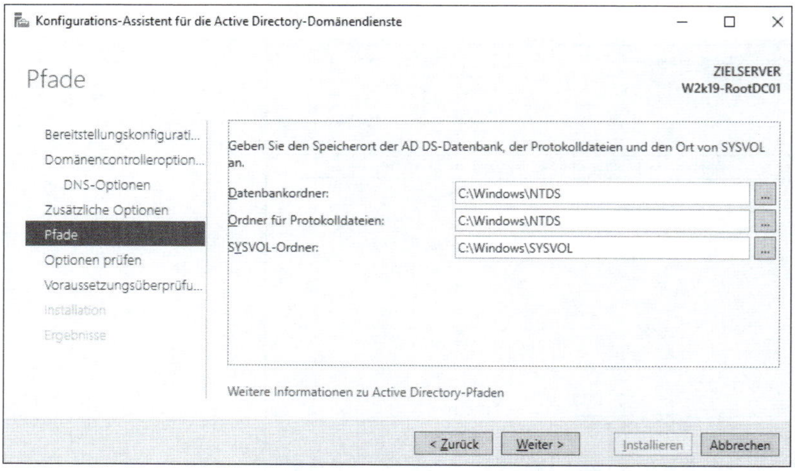

Abbildung 6.67 Pfade der notwendigen Dateien und Verzeichnisse

Der Assistent zeigt nun eine Zusammenfassung der Einstellungen an (siehe Abbildung 6.68).

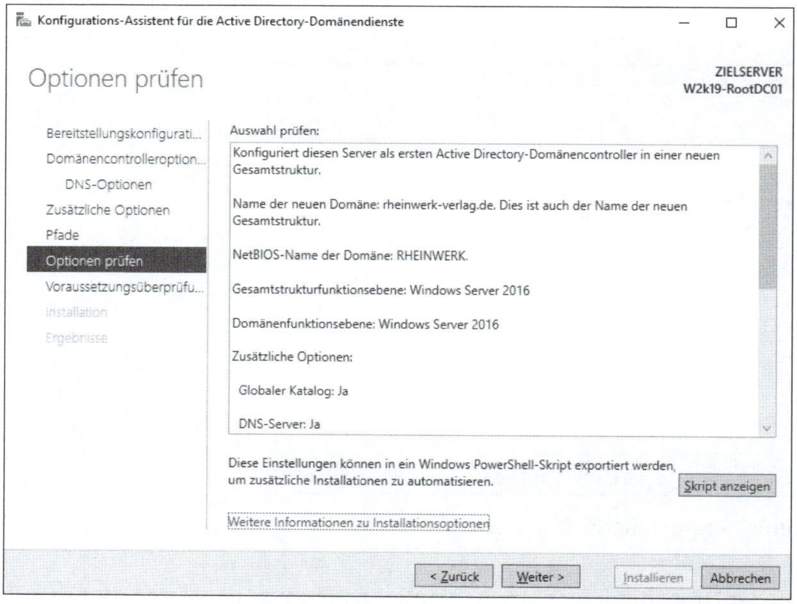

Abbildung 6.68 Zusammenfassung des Assistenten für das Heraufstufen des Servers

Wenn Sie hier auf WEITER klicken, beginnt der Server mit einer internen Überprüfung der Voraussetzungen und zeigt nach Abschluss der Überprüfung die Ergebnisse an (siehe Abbildung 6.69).

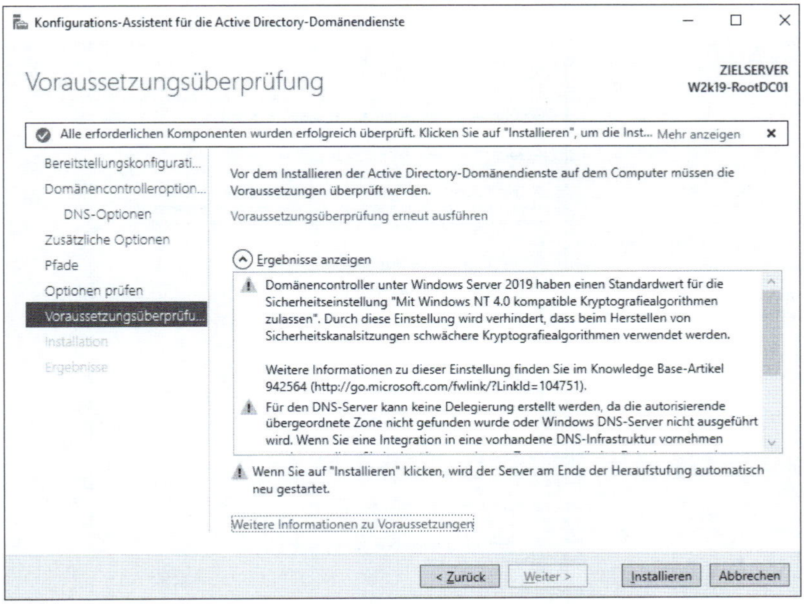
Konfigurations-Assistent für die Active Directory-Domänendienste
Voraussetzungsüberprüfung
ZIELSERVER
W2k19-RootDC01
Alle erforderlichen Komponenten wurden erfolgreich überprüft. Klicken Sie auf "Installieren", um die Inst... Mehr anzeigen
Bereitstellungskonfigurati...
Domänencontrolleroption...
DNS-Optionen
Zusätzliche Optionen
Pfade
Optionen prüfen
Voraussetzungsüberprüfu...
Installation
Ergebnisse
Vor dem Installieren der Active Directory-Domänendienste auf dem Computer müssen die Voraussetzungen überprüft werden.
Voraussetzungsüberprüfung erneut ausführen
Ergebnisse anzeigen
Domänencontroller unter Windows Server 2019 haben einen Standardwert für die Sicherheitseinstellung "Mit Windows NT 4.0 kompatible Kryptografiealgorithmen zulassen". Durch diese Einstellung wird verhindert, dass beim Herstellen von Sicherheitskanalsitzungen schwächere Kryptografiealgorithmen verwendet werden.
Weitere Informationen zu dieser Einstellung finden Sie im Knowledge Base-Artikel 942564 (http://go.microsoft.com/fwlink/?LinkId=104751).
Für den DNS-Server kann keine Delegierung erstellt werden, da die autorisierende übergeordnete Zone nicht gefunden wurde oder Windows DNS-Server nicht ausgeführt wird. Wenn Sie eine Integration in eine vorhandene DNS-Infrastruktur vornehmen
Wenn Sie auf "Installieren" klicken, wird der Server am Ende der Heraufstufung automatisch neu gestartet.
Weitere Informationen zu Voraussetzungen
< Zurück
Weiter >
Installieren
Abbrechen

Abbildung 6.69 Abgeschlossene Überprüfung mit den Ergebnissen

Klicken Sie auf INSTALLIEREN, damit der Server die notwendigen Schritte durchführt und den Mitgliedsserver zum DC heraufstuft. Da dieser Server der erste DC der Gesamtstruktur wird, erhält er auch alle FSMO-Rollen der Gesamtstruktur und der Domäne (siehe Abschnitt 6.4.4).

Wenn der Assistent alle notwendigen Schritte abgeschlossen hat, startet der Server automatisch neu. Nach dem Neustart können Sie sich mit dem Administrationskennwort der Domäne anmelden. Der erste Neustart des DCs wird spürbar länger dauern, was aber völlig normal ist.

Nach der Anmeldung an dem DC müssen Sie noch ein paar Einstellungen vornehmen. Als Erstes passen Sie den Eintrag des DNS-Servers wieder an. Während der Server zum DC heraufgestuft wurde, ist nämlich der DNS-Server-Eintrag überschrieben und durch `127.0.0.1` ersetzt worden. Folgen Sie den Best Practices von Microsoft, und setzen Sie den Eintrag wieder auf die IP-Adresse des DNS-Servers (siehe Abbildung 6.70).

Außerdem sollten Sie den DNS-Server in den Eigenschaften der IPv6-Schnittstelle (siehe Abbildung 6.71) komplett entfernen, falls IPv6 noch nicht in Ihrer Umgebung genutzt wird.

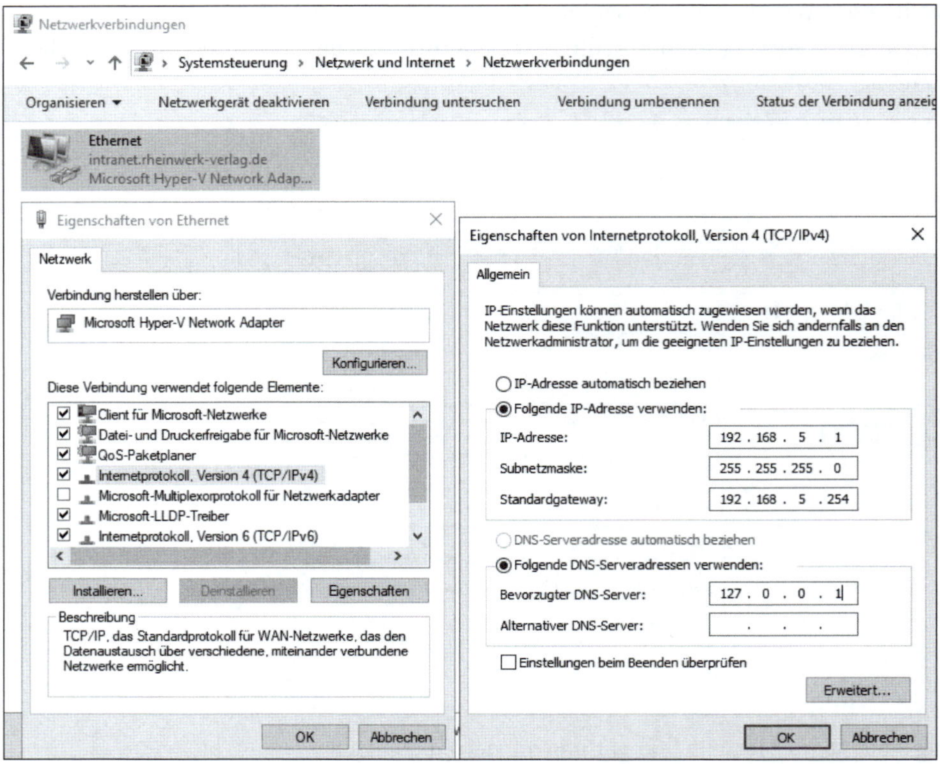

Abbildung 6.70 Anpassung des DNS-Server-Eintrags auf dem heraufgestuften DC

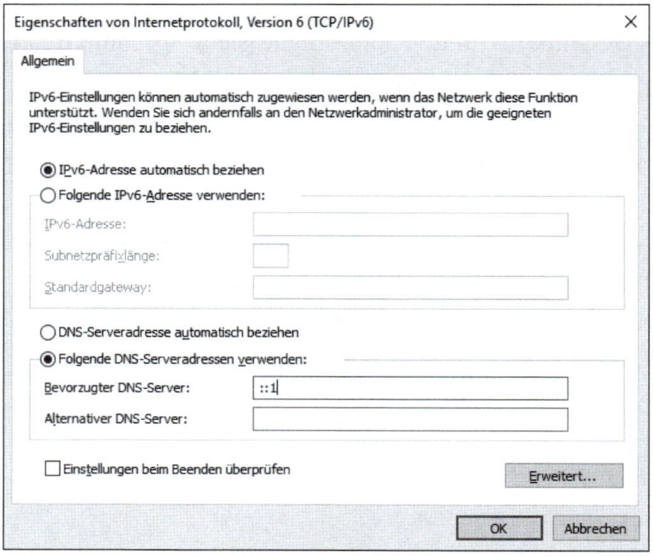

Abbildung 6.71 Die Eigenschaften der IPv6-Schnittstelle und die überschriebenen Eigenschaften des DNS-Servers

Die Konfiguration des ersten DCs können Sie auch komplett über die PowerShell erstellen, und zwar mit folgendem Befehl (wir haben das Beispiel aus Listing 6.2 an die vorangegangene Konfiguration angepasst):

```
#
# Windows PowerShell-Skript für die AD DS-Bereitstellung
#

Import-Module ADDSDeployment
Install-ADDSForest `
  -CreateDnsDelegation:$false `
  -DatabasePath "C:\Windows\NTDS" `
  -DomainMode "WinThreshold" `
  -DomainName "rheinwerk-verlag.de" `
  -DomainNetbiosName "RHEINWERK" `
  -ForestMode "WinThreshold" `
  -InstallDns:$true `
  -LogPath "C:\Windows\NTDS" `
  -NoRebootOnCompletion:$false `
  -SysvolPath "C:\Windows\SYSVOL" `
  -Force:$true
```

Listing 6.2 Konfiguration des ersten DCs mit der PowerShell

Die möglichen Werte für den Schalter `ForestMode` sind:

- Windows Server 2003: `2` oder `Win2003`
- Windows Server 2008: `3` oder `Win2008`
- Windows Server 2008 R2: `4` oder `Win2008R2`
- Windows Server 2012: `5` oder `Win2012`
- Windows Server 2012 R2: `6` oder `Win2012R2`
- Windows Server 2016 oder 2019: `7` oder `WinThreshold`
- Windows Server 2025: `8` oder `Win2025`

6.15.2 Einen weiteren DC in einer Domäne installieren

In diesem Abschnitt zeigen wir nur die Unterschiede bei der Durchführung des Assistenten, wenn Sie den Server in einer vorhandenen Gesamtstruktur bzw. Domäne zum DC heraufstufen.

Das Installieren der Rollen erfolgt genau so, wie wir es in Abschnitt 6.15.1 dargestellt haben. Nach dem Starten des Assistenten müssen Sie in der Bereitstellungskonfiguration die Option Domänencontroller zu einer vorhandenen Domäne hinzufügen auswählen (siehe

Abbildung 6.72). Danach geben Sie den Namen der Domäne und die zu verwendenden Anmeldeinformationen ein.

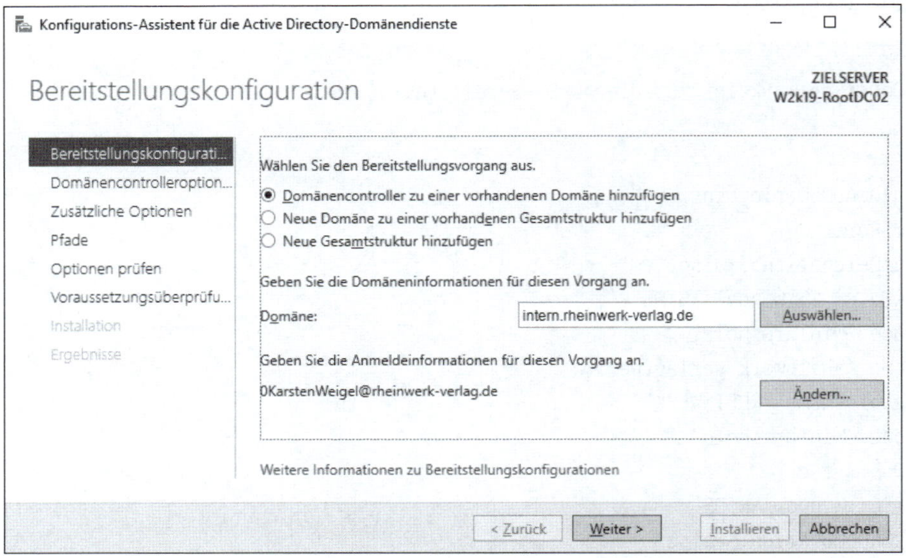

Abbildung 6.72 Bereitstellungskonfiguration für den zweiten DC in einer Domäne

Durch die Zuordnung der IP-Adresse zum AD-Standort wird dieser DC direkt dem Standort im AD zugewiesen (siehe Abbildung 6.73). Das Kennwort für den Wiederherstellungsmodus ist wie bei allen anderen DCs zwingend erforderlich.

Abbildung 6.73 Domänencontrolleroptionen mit Standortzugehörigkeit und DSRM-Kennwort

Den DC, von dem repliziert werden soll, wählen Sie im nächsten Schritt aus. Hier sollten Sie eine Auswahl treffen, denn wenn kein DC ausgewählt wird, ermittelt der Assistent zufällig einen DC und repliziert von diesem.

Ist der Standort schlecht angebunden und dauert die Replikation der Objekte sehr lange, können Sie auf einem DC einen IFM-Datenträger erstellen und während des Heraufstufens nutzen. Der Vorteil ist, dass der neue DC dann nur die Deltas von einem anderen DC replizieren muss und der Rest lokal aus dem IFM-Datenträger gezogen wird. Die Erstellung eines IFM-Datenträgers erläutern wir näher in Abschnitt 6.16.3. Wählen Sie in diesem Fall im Dialog aus Abbildung 6.74 die Option VOM MEDIUM INSTALLIEREN.

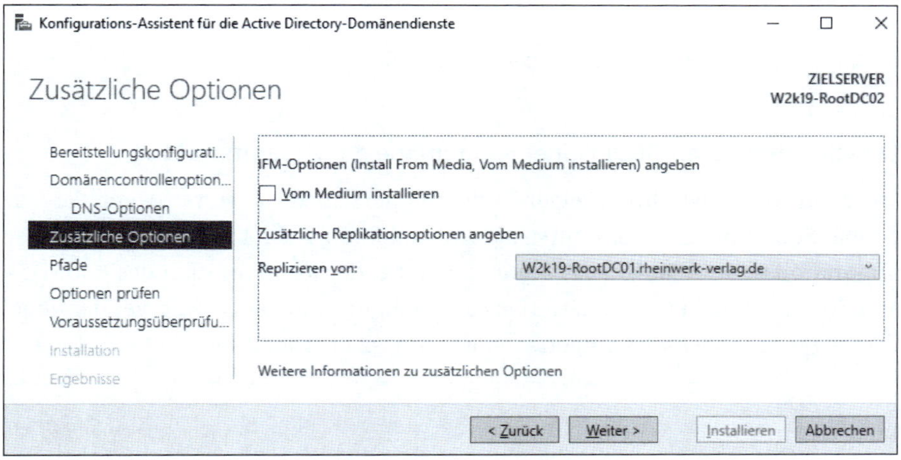

Abbildung 6.74 Auswahl des DCs, von dem repliziert werden soll, oder eines IFM-Datenträgers

Die anderen Punkte gleichen denen bei der Konfiguration des ersten DCs in der Domäne, die in Abschnitt 6.15.1 beschrieben wurde.

Die Konfiguration des zweiten DCs kann ebenfalls komplett über die PowerShell erfolgen. In Listing 6.3 wurden die Befehle an die vorangegangene Konfiguration angepasst:

```
#
# Windows PowerShell-Skript für die AD DS-Bereitstellung
#
$SafeModeAdministratorPassword=read-host "Bitte das Kennwort für AD `
  Verzeichnisdienstwiederherstellung eingeben" -AsSecureString

Import-Module ADDSDeployment
Install-ADDSDomainController `
  -NoGlobalCatalog:$false `
  -CreateDnsDelegation:$false `
  -Credential (Get-Credential) `
  -CriticalReplicationOnly:$false `
```

```
-DatabasePath "C:\Windows\NTDS" `
-DomainName "rheinwerk-verlag.de" `
-InstallDns:$true `
-LogPath "C:\Windows\NTDS" `
-NoRebootOnCompletion:$false `
-ReplicationSourceDC " PBON10SDCV00001.rheinwerk-verlag.de" `
-SiteName "KOELN" `
-SysvolPath "C:\Windows\SYSVOL" `
-SafeModeAdministratorPassword $SafeModeAdministratorPassword `

-Force:$true
```

Listing 6.3 Konfiguration des zweiten DCs mit der PowerShell

6.15.3 Installation des ersten DCs in einer Subdomäne der Gesamtstruktur

In diesem Abschnitt wollen wir Ihnen zeigen, welche Unterschiede auftreten, wenn Sie den ersten DC in einer Subdomäne der Gesamtstruktur installieren. Auch hier zeigen wir wieder nur die Konfigurationsschritte auf, die sich von denen bei der Konfiguration des Root-DCs unterscheiden. So muss hier bei der Netzwerkkartenkonfiguration der DNS-Server der übergeordneten Domäne als DNS-Server eingetragen werden (siehe Abbildung 6.75).

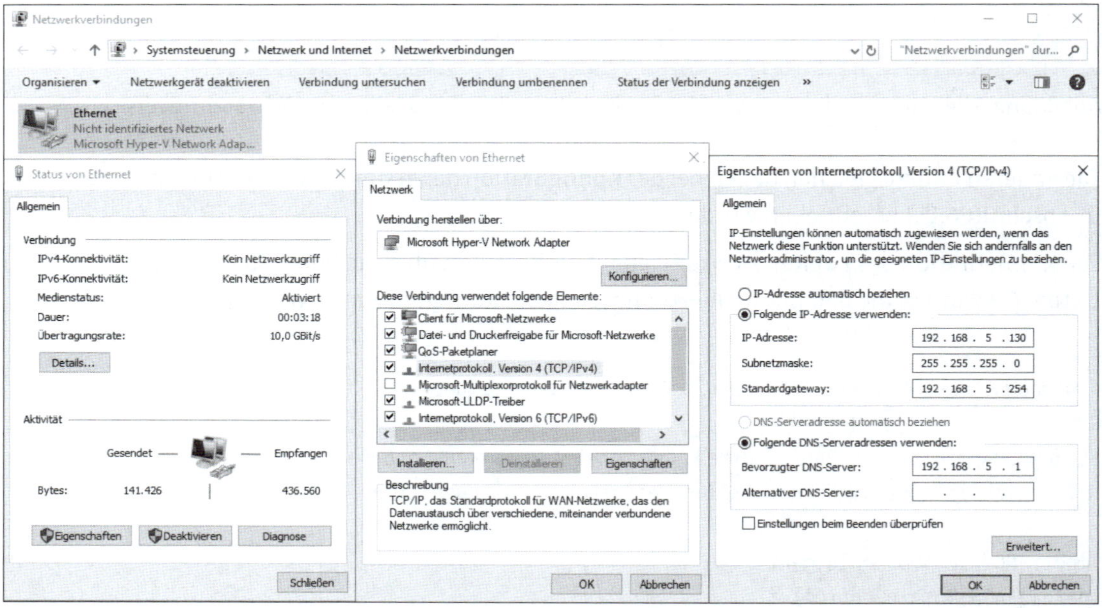

Abbildung 6.75 Netzwerkkartenkonfiguration für »W2k19-SUBDC01«

Zuerst müssen Sie bei der Bereitstellungskonfiguration den Vorgang NEUE DOMÄNE ZU EINER VORHANDENEN GESAMTSTRUKTUR HINZUFÜGEN auswählen (siehe Abbildung 6.76).

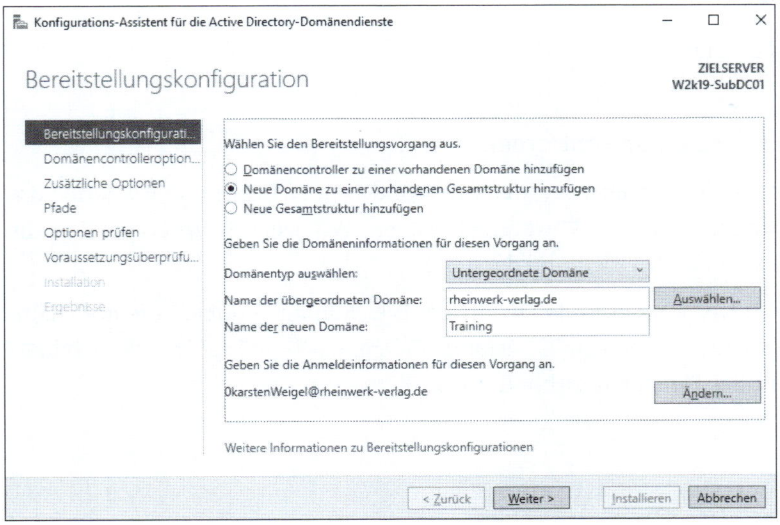

Abbildung 6.76 Auswahl der Bereitstellungskonfiguration

Klicken Sie auf AUSWÄHLEN hinter dem leeren Feld NAME DER ÜBERGEORDNETEN DOMÄNE, und authentifizieren Sie sich mit einer administrativen Kennung aus der übergeordneten Domäne, damit der Name der Domäne ermittelt und ausgewählt werden kann. Die administrative Kennung wird auch direkt als Anmeldeinformation für den Vorgang genutzt (siehe Abbildung 6.77). Sie müssen für diesen Schritt Mitglied der Gruppe der Organisationsadministratoren sein. Abschließend müssen Sie noch den Namen der neuen Domäne eingeben und mit WEITER bestätigen.

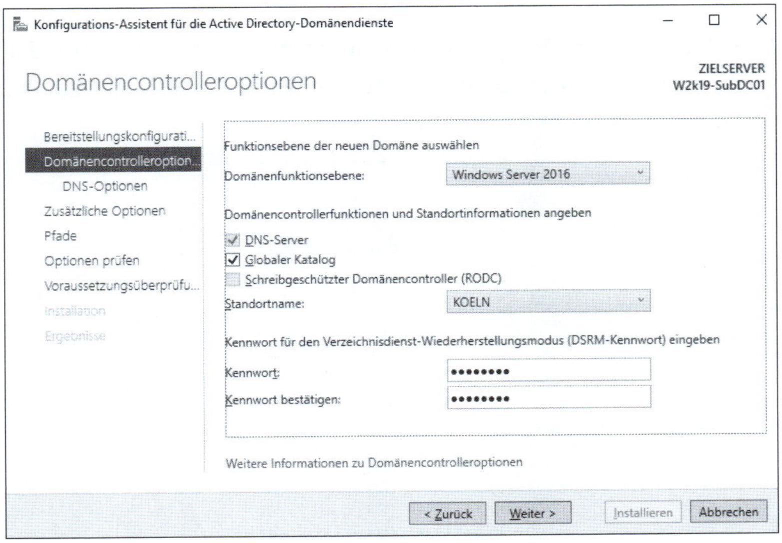

Abbildung 6.77 Auswahl des Funktionslevels der Domäne und des Standorts des DCs sowie Eingabe des DSRM-Kennworts

Alle weiteren Schritte sind analog zu den vorangegangenen Konfigurationen und werden hier nicht noch einmal gezeigt.

6.15.4 Einen DC aus einer Domäne entfernen

Wenn ein DC aus einer Domäne entfernt werden muss und er noch erreichbar ist, dann können Sie den Server-Manager oder die PowerShell nutzen. Wir werden im Folgenden die Schritte im Server-Manager beschreiben und darstellen.

Beginnen Sie mit dem Entfernen der Rolle aus dem Server-Manager: Sobald die Rolle zum Entfernen ausgewählt wurde und Sie auch bestätigt haben, dass die Features deinstalliert werden sollen, erscheint das Fenster aus Abbildung 6.78.

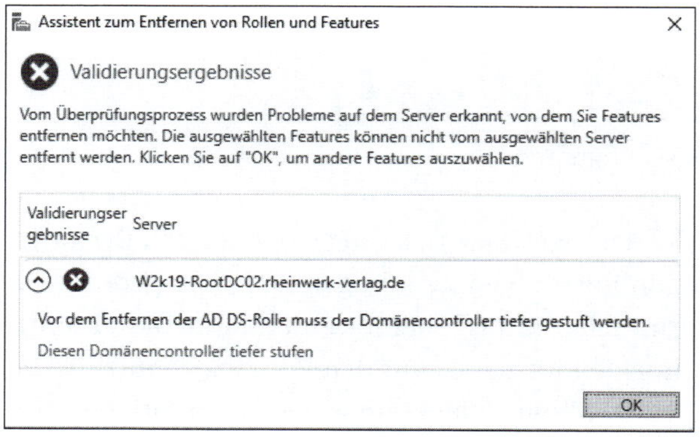
Assistent zum Entfernen von Rollen und Features
Validierungsergebnisse
Vom Überprüfungsprozess wurden Probleme auf dem Server erkannt, von dem Sie Features entfernen möchten. Die ausgewählten Features können nicht vom ausgewählten Server entfernt werden. Klicken Sie auf "OK", um andere Features auszuwählen.
Validierungsergebnisse
Server
W2k19-RootDC02.rheinwerk-verlag.de
Vor dem Entfernen der AD DS-Rolle muss der Domänencontroller tiefer gestuft werden.
Diesen Domänencontroller tiefer stufen
OK

Abbildung 6.78 Hinweis des Assistenten, dass die Rolle erst entfernt werden kann, wenn der DC heruntergestuft ist

Klicken Sie direkt im Hinweis auf DIESEN DOMÄNENCONTROLLER TIEFER STUFEN, damit der Vorgang beginnt. Wie immer müssen Sie sich zunächst mit einem Benutzer authentifizieren, der über ausreichende Rechte verfügt (siehe Abbildung 6.79).

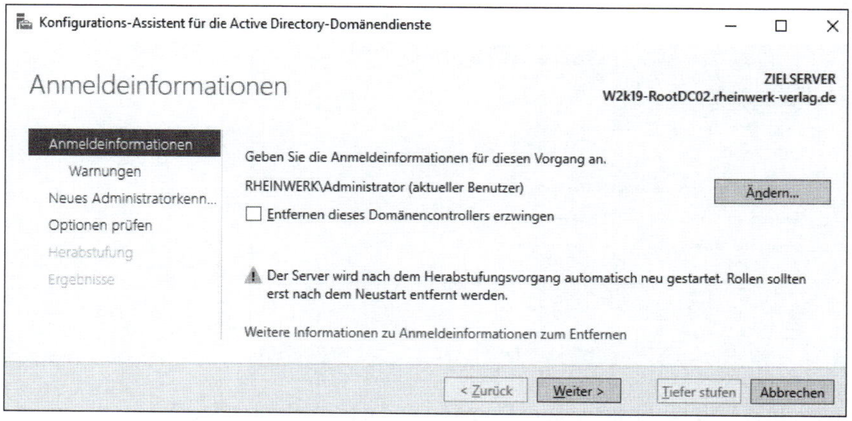
Konfigurations-Assistent für die Active Directory-Domänendienste
Anmeldeinformationen
ZIELSERVER
W2k19-RootDC02.rheinwerk-verlag.de
Anmeldeinformationen
Warnungen
Neues Administratorkenn...
Optionen prüfen
Herabstufung
Ergebnisse
Geben Sie die Anmeldeinformationen für diesen Vorgang an.
RHEINWERK\Administrator (aktueller Benutzer)
Ändern...
Entfernen dieses Domänencontrollers erzwingen
Der Server wird nach dem Herabstufungsvorgang automatisch neu gestartet. Rollen sollten erst nach dem Neustart entfernt werden.
Weitere Informationen zu Anmeldeinformationen zum Entfernen
< Zurück
Weiter >
Tiefer stufen
Abbrechen

Abbildung 6.79 Die Anmeldeinformationen werden überprüft.

Im folgenden Fenster (siehe Abbildung 6.80) werden Ihnen Warnungen angezeigt, die Sie mit der Auswahl von ENTFERNUNG FORTSETZEN bestätigen müssen. Dies soll noch eine letzte Warnung sein, damit Sie darüber nachdenken, ob Sie diesen Vorgang wirklich fortsetzen wollen, und weist auf die vorhandenen Komponenten auf dem DC hin.

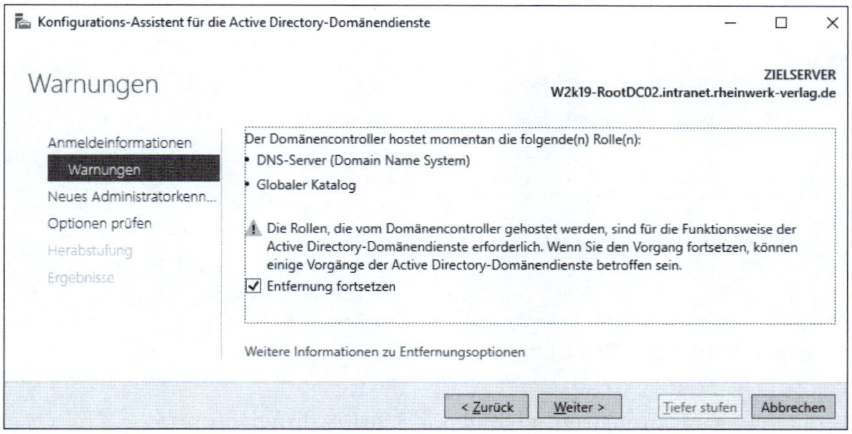

Abbildung 6.80 Die Warnung zeigt auch die weiteren vorhandenen Rollen an.

Als Nächstes müssen Sie das neue Kennwort des lokalen Administrators eingeben, das von dem System genutzt werden soll, sobald dieses wieder ein normaler Mitgliedsserver ist (siehe Abbildung 6.81).

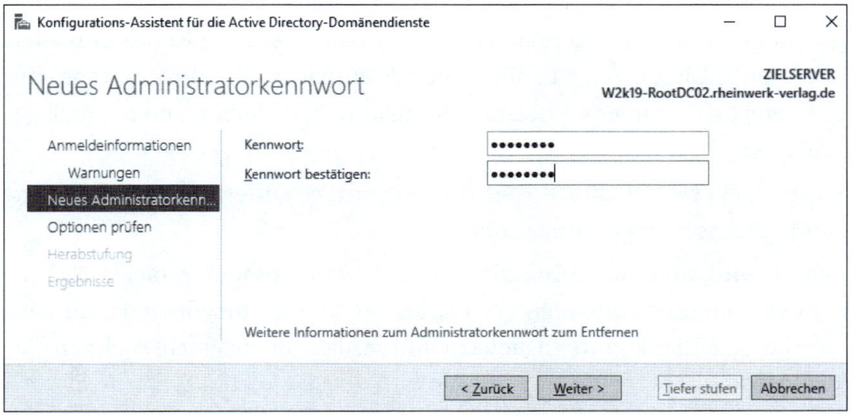

Abbildung 6.81 Eingabe des neuen Kennworts für den lokalen Administrator des Servers

Als Letztes werden die ausgewählten Optionen nochmals dargestellt (siehe Abbildung 6.82). Klicken Sie auf TIEFER STUFEN, damit das System wieder zum Mitgliedsserver gemacht wird.

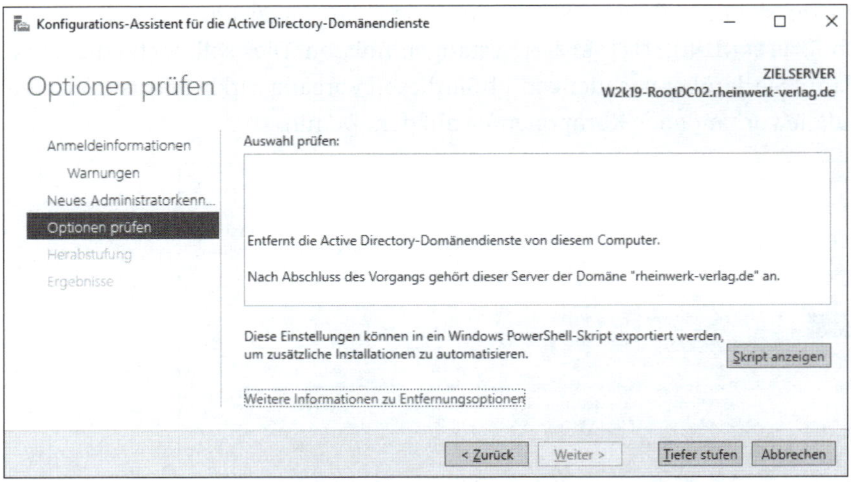

Abbildung 6.82 Anzeige der ausgewählten Optionen

Sobald Sie auf TIEFER STUFEN klicken, werden folgende Schritte durchgeführt:

- Die Dienste *Netlogon* und *KDC* werden angehalten.
- Der Dienst *KDC* wird vom System entfernt.
- Die Registry-Einträge für den NTDS-Service werden entfernt.
- Alle Ordner und Dateien werden gelöscht, die beim Heraufstufen des Servers zum DC erstellt wurden.
- Die DNS-Einträge des DCs für LDAP, Kerberos und den globalen Katalog werden aus allen Zonen im DNS entfernt. Diesen Schritt sollten Sie unbedingt noch einmal überprüfen, denn in der Praxis zeigt sich immer wieder, dass Reste bestehen bleiben und manuell gelöscht werden müssen.
- Aus dem Computerobjekt werden die DC-spezifischen Einträge entfernt. Das System wird dann wieder als Mitgliedsserver gekennzeichnet.
- Das Computerobjekt wird, wenn keine Containerumleitung für Computerobjekte vorhanden ist, wieder in den Container *Computers* verschoben. Achten Sie unbedingt darauf, dass dort andere GPOs greifen. Dies könnte sogar dazu führen, dass Sie sich nicht mehr an diesem Server anmelden können!
- Der DC wird aus der AD-Datenbank gelöscht und nicht mehr als DC gelistet.
- Die Änderung wird während der kommenden Replikation an alle anderen DCs verteilt.

6.15.5 Einen defekten oder nicht mehr erreichbaren DC aus einer Domäne entfernen

Wenn ein DC mal defekt sein sollte und für das AD nicht mehr erreichbar ist, kann es sein, dass Sie ihn »hart« aus der Domäne entfernen müssen. Dieser Schritt erfolgt entweder über die Konsole *Active Directory-Benutzer und -Computer* oder über eine administrative Kommandozeile und `NTDSUtil`. Beide Schritte werden wir hier kurz darstellen.

In der Verwaltungskonsole *Active Directory-Benutzer und -Computer* löschen Sie das Computerobjekt des defekten DCs. Dieser Schritt ist ab Windows Server 2012 R2 und dann, wenn der DC keine FSMO-Rollen hält, in der Regel ausreichend und es sind keine weiteren Schritte im AD notwendig. Beim Löschen müssen Sie eine gesonderte Abfrage bestätigen, die Sie auf die Folgen hinweist (siehe Abbildung 6.83).

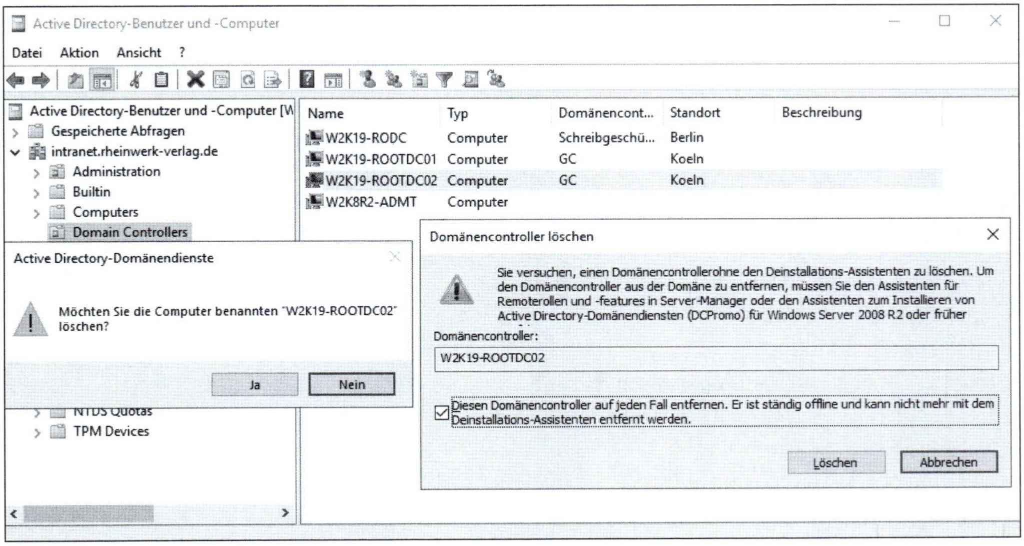
Active Directory-Benutzer und -Computer
Datei Aktion Ansicht ?
Active Directory-Benutzer und -Computer [W
Gespeicherte Abfragen
intranet.rheinwerk-verlag.de
Administration
Builtin
Computers
Domain Controllers
NTDS Quotas
TPM Devices
Name
Typ
Domänencont...
Standort
Beschreibung
W2K19-RODC
Computer
Schreibgeschü...
Berlin
W2K19-ROOTDC01
Computer
GC
Koeln
W2K19-ROOTDC02
Computer
GC
Koeln
W2K8R2-ADMT
Computer
Active Directory-Domänendienste
Möchten Sie die Computer benannten "W2K19-ROOTDC02" löschen?
Ja
Nein
Domänencontroller löschen
Sie versuchen, einen Domänencontrollerohne den Deinstallations-Assistenten zu löschen. Um den Domänencontroller aus der Domäne zu entfernen, müssen Sie den Assistenten für Remoterollen und -features in Server-Manager oder den Assistenten zum Installieren von Active Directory-Domänendiensten (DCPromo) für Windows Server 2008 R2 oder früher
Domänencontroller:
W2K19-ROOTDC02
Diesen Domänencontroller auf jeden Fall entfernen. Er ist ständig offline und kann nicht mehr mit dem Deinstallations-Assistenten entfernt werden.
Löschen
Abbrechen

Abbildung 6.83 Das Computerobjekt des DCs »W2k19-RootDC02« hart aus dem AD entfernen

Wurde der DC aus der Domäne ohne den Assistenten entfernt, ist ein bisschen Handarbeit erforderlich. Folgende Schritte müssen Sie manuell durchführen:

Bereinigen Sie die Konsole *AD-Standorte und -Dienste*, und entfernen Sie den DC aus dem Standort. Passen Sie DNS-Zonen an, und entfernen Sie entsprechende Einträge komplett. Achten Sie darauf, dass wirklich in allen Zonen die Einträge gelöscht werden!

Wenn der Domänencontroller gleichzeitig DNS-Server war, müssen Sie in den Eigenschaften des DNS-Servers unter dem Reiter NAMENSERVER den Eintrag des DCs entfernen. Achten Sie außerdem darauf, dass der DC aus den vorhandenen Firewallregeln entfernt wird.

Zur Sicherheit sollten Sie eine extra Organisationseinheit im AD anlegen, in der Sie ein neues Computerobjekt mit dem Namen des alten DCs hinterlegen und deaktivieren. So sind spätere Fehler ausgeschlossen, sollte das System doch wieder online gehen.

Wenn der DC noch über FSMO-Rollen verfügt, müssen Sie diese per `NTDSUtil` oder mit den jeweiligen Assistenten auf einen funktionstüchtigen DC migrieren. Wie das geht, zeigen wir in Abschnitt 6.16.1.

Niemals defekte DCs ins AD bringen!

Wenn ein DC für defekt erklärt wurde, dann darf er nicht wieder ans Active Directory angeschlossen werden. Sollte der Server z. B. durch einen Hardwaretausch wieder funktionstüchtig werden, muss er neu installiert werden!

Um den defekten DC mit `NTDSUtil` zu entfernen, müssen Sie einen *Metadata Cleanup* durchführen. Im Beispiel aus Listing 6.4 entfernen wir `RootDC02` per `NTDSUtil` in einer administrativen Kommandozeile:

```
C:\Windows\system32>NTDSUtil
NTDSUtil: metadata cleanup
metadata cleanup: connections
server connections: connect to server w2k19-RootDC01
Bindung mit " PBON10SDCV00001 " ...
Eine Verbindung mit " PBON10SDCV00001 " wurde unter Verwendung der
  Benutzerinformationen des lokal angemeldeten
Benutzers hergestellt.
server connections: q
metadata cleanup: select operation target
select operation target: list domains
2 Domäne(n) gefunden
0 - DC=rheinwerk-verlag,DC=de
1 - DC=Training,DC=rheinwerk-verlag,DC=de
select operation target: select domain 0
Kein aktueller Standort
Domäne - DC=rheinwerk-verlag,DC=de
Kein aktueller Server
Kein aktueller Namenskontext
select operation target: list sites
4 Standort(e) gefunden
0 - CN=KOELN,CN=Sites,CN=Configuration,DC=rheinwerk-verlag,DC=de
1 - CN=Muenchen,CN=Sites,CN=Configuration,DC=rheinwerk-verlag,DC=de
2 - CN=Berlin,CN=Sites,CN=Configuration,DC=rheinwerk-verlag,DC=de
3 - CN=Hamburg,CN=Sites,CN=Configuration,DC=rheinwerk-verlag,DC=de
select operation target: select site 0
Standort - CN=KOELN,CN=Sites,CN=Configuration,DC=rheinwerk-verlag,DC=de
Domäne - DC=rheinwerk-verlag,DC=de
Kein aktueller Server
Kein aktueller Namenskontext
select operation target: list servers in site
3 Server gefunden
```

```
0 - CN= PBON10SDCV00001,CN=Servers,CN=KOELN,CN=Sites,CN=Configuration,
    DC=rheinwerk-verlag,DC=de
1 - CN= PBON10SDCV00002,CN=Servers,CN=KOELN,CN=Sites,CN=Configuration,
    DC=rheinwerk-verlag,DC=de
2 - CN= PBON10SDCV00003,CN=Servers,CN=KOELN,CN=Sites,CN=Configuration,
    DC=rheinwerk-verlag,DC=de
select operation target: select server 2
Standort - CN=KOELN,CN=Sites,CN=Configuration,DC=rheinwerk-verlag,DC=de
Domäne - DC=rheinwerk-verlag,DC=de
Server - CN= PBON10SDCV00003,CN=Servers,CN=KOELN,CN=Sites,CN=Configuration,
         DC=rheinwerk-verlag,DC=de
         DSA-Objekt - CN=NTDS Settings,CN= PBON10SDCV00003,CN=Servers,CN=KOELN,
         CN=Sites,CN=Configuration,DC=rheinwerk-verlag,DC=de
         DNS-Hostname - PBON10SDCV00003.rheinwerk-verlag.de
         Computerobjekt - CN= PBON10SDCV00003,OU=Domain Controllers,
         DC=rheinwerk-verlag,DC=de
Kein aktueller Namenskontext
select operation target: q
metadata cleanup: remove selected server
```

Listing 6.4 Einen Domänencontroller entfernen

Sobald Sie den letzten Schritt mit [↵] bestätigt haben, erscheint das Hinweisfenster aus Abbildung 6.84, das Sie mit JA bestätigen müssen.

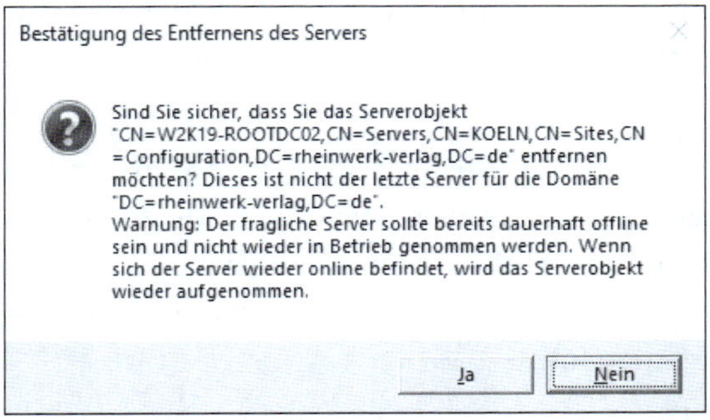
Bestätigung des Entfernens des Servers
Sind Sie sicher, dass Sie das Serverobjekt "CN=W2K19-ROOTDC02,CN=Servers,CN=KOELN,CN=Sites,CN=Configuration,DC=rheinwerk-verlag,DC=de" entfernen möchten? Dieses ist nicht der letzte Server für die Domäne "DC=rheinwerk-verlag,DC=de".
Warnung: Der fragliche Server sollte bereits dauerhaft offline sein und nicht wieder in Betrieb genommen werden. Wenn sich der Server wieder online befindet, wird das Serverobjekt wieder aufgenommen.
Ja
Nein

Abbildung 6.84 Warnhinweis beim Entfernen eines DCs mit »NTDSUtil« und Metadata Cleanup

Nach dem erfolgreichen Entfernen des DCs werden folgende Zeilen angezeigt:

```
Die FSMO-Rollen werden vom ausgewählten Server übertragen bzw. übernommen.
FRS-Metadaten werden vom ausgewählten Server entfernt.
Es wird nach FRS-Mitgliedern unter "CN= PBON10SDCV00003,OU=Domain Controllers,
  DC=rheinwerk-verlag,DC=de" gesucht.
Die Unterstruktur unter "CN= PBON10SDCV00003,OU=Domain Controllers,
  DC=rheinwerk-verlag,DC=de" wird gelöscht.
```

```
Fehler beim Versuch, die FRS-Einstellungen auf CN= PBON10SDCV00003,CN=Servers,
  CN=KOELN,CN=Sites,CN=Configuration,DC=rheinwerk-verlag,DC=de zu löschen,
  da die "Element nicht gefunden.";
Metadaten-Bereinigung fortgesetzt wird.
"CN= PBON10SDCV00003,CN=Servers,CN=KOELN,CN=Sites,CN=Configuration,
  DC=rheinwerk-verlag,DC=de" wurde vom Server " PBON10SDCV00003" entfernt.
```

Listing 6.5 Der Domänencontroller wurde erfolgreich entfernt.

Wenn auf dem Domänencontroller FSMO-Rollen vorhanden waren, werden diese direkt einem anderen DC zugewiesen. Die FRS-Einstellungen können nicht entfernt werden, weil die aktuellen DCs per DFS-Replikation replizieren und die alte Variante nicht mehr verwenden.

Wenn der DC entfernt wurde, müssen Sie die gleichen manuellen Schritte durchführen, die wir in Abschnitt 6.15.4 aufgezählt haben.

Wenn Sie noch über direkten oder entfernten Zugriff auf den defekten DC kommen, können Sie die Rolle jedoch mit der PowerShell entfernen. Verwenden Sie dazu das PowerShell-Cmdlet `Uninstall-ADDSDomaincontroller` mit dem Schalter `-ForceRemoval`.

6.15.6 Die Domäne entfernen

Wird eine Domäne nicht mehr verwendet oder wurden alle Objekte in eine andere Domäne migriert, kann sie gelöscht werden. Zuerst müssen Sie dazu alle DCs bis auf den letzten aus der Domäne entfernen, wie wir es in Abschnitt 6.15.4 beschrieben haben. Anschließend stufen Sie dann den letzten DC herab und löschen die Domäne. Wie das geht, zeigen wir Ihnen nun.

Zuerst müssen Sie die Rolle *Active Directory-Domänendienste* über den Server-Manager von dem Server entfernen. Daraufhin erscheint wieder das Hinweisfenster mit der Meldung, dass vor dem Entfernen der Rolle erst der DC heruntergestuft werden muss (siehe Abbildung 6.78). Wählen Sie wieder Diesen Domaincontroller tiefer stufen aus, und folgen Sie dem Assistenten, der Sie durch das Herunterstufen führt.

Im ersten Fenster (siehe Abbildung 6.85) werden die Anmeldeinformationen des angemeldeten Benutzers geprüft, aber es erscheint auch die neue Auswahlmöglichkeit Letzter Domänencontroller in der Domäne, die Sie aktivieren müssen, wenn der Vorgang fortgesetzt werden soll.

Im folgenden Fenster erscheinen wieder die Warnungen, dass noch weitere Funktionen auf dem DC bereitgestellt werden und dass es zu Problemen kommen kann (siehe Abbildung 6.86). An dieser Stelle kommen Sie nur weiter, wenn Sie die Option Entfernung fortsetzen aktivieren.

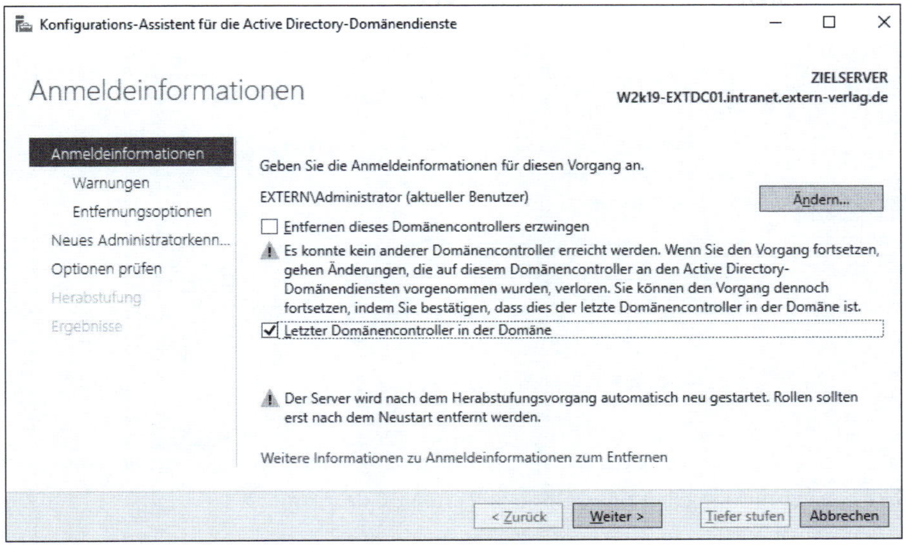
Konfigurations-Assistent für die Active Directory-Domänendienste
Anmeldeinformationen
ZIELSERVER
W2k19-EXTDC01.intranet.extern-verlag.de
Anmeldeinformationen
Warnungen
Entfernungsoptionen
Neues Administratorkenn...
Optionen prüfen
Herabstufung
Ergebnisse
Geben Sie die Anmeldeinformationen für diesen Vorgang an.
EXTERN\Administrator (aktueller Benutzer)
Ändern...
Entfernen dieses Domänencontrollers erzwingen
Es konnte kein anderer Domänencontroller erreicht werden. Wenn Sie den Vorgang fortsetzen, gehen Änderungen, die auf diesem Domänencontroller an den Active Directory-Domänendiensten vorgenommen wurden, verloren. Sie können den Vorgang dennoch fortsetzen, indem Sie bestätigen, dass dies der letzte Domänencontroller in der Domäne ist.
Letzter Domänencontroller in der Domäne
Der Server wird nach dem Herabstufungsvorgang automatisch neu gestartet. Rollen sollten erst nach dem Neustart entfernt werden.
Weitere Informationen zu Anmeldeinformationen zum Entfernen
< Zurück
Weiter >
Tiefer stufen
Abbrechen

Abbildung 6.85 Die Auswahl des letzten DCs in der Domäne

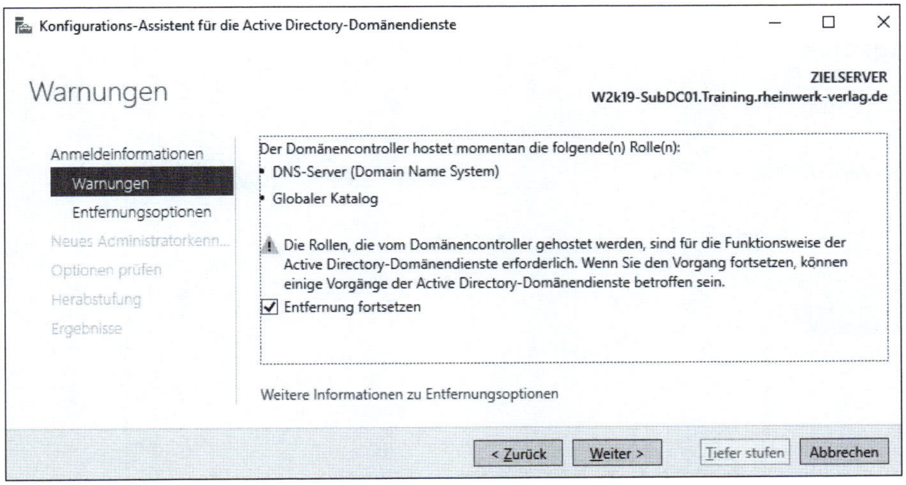
Konfigurations-Assistent für die Active Directory-Domänendienste
Warnungen
ZIELSERVER
W2k19-SubDC01.Training.rheinwerk-verlag.de
Anmeldeinformationen
Warnungen
Entfernungsoptionen
Neues Administratorkenn...
Optionen prüfen
Herabstufung
Ergebnisse
Der Domänencontroller hostet momentan die folgende(n) Rolle(n):
DNS-Server (Domain Name System)
Globaler Katalog
Die Rollen, die vom Domänencontroller gehostet werden, sind für die Funktionsweise der Active Directory-Domänendienste erforderlich. Wenn Sie den Vorgang fortsetzen, können einige Vorgänge der Active Directory-Domänendienste betroffen sein.
Entfernung fortsetzen
Weitere Informationen zu Entfernungsoptionen
< Zurück
Weiter >
Tiefer stufen
Abbrechen

Abbildung 6.86 Warnung zu den weiteren Funktionen, die auf dem DC vorhanden sind

Im nächsten Schritt müssen Sie alle vorhandenen Checkboxen aktivieren, da es sich ja um den letzten DC der Domäne handelt (siehe Abbildung 6.87). Die Anmeldeinformationen für die DNS-Delegierung müssen in eine administrative Kennung aus der Root-Domäne geändert werden.

Damit die Verzeichnispartition gelöscht werden kann, muss die verwendete administrative Kennung aus der Root-Domäne in der Gruppe der *Organisations-Admins* stammen.

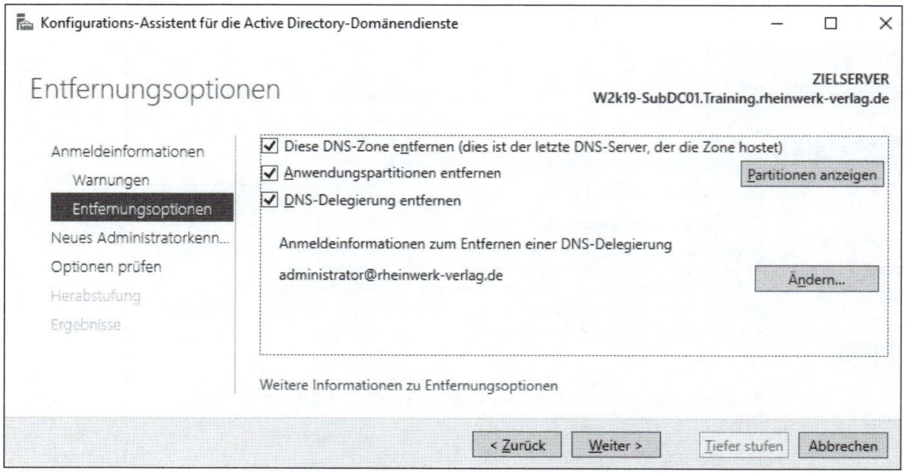

Abbildung 6.87 Die »Entfernungsoptionen« für den letzten DC der Domäne

Als letzten Schritt müssen Sie noch das neue lokale Administratorkennwort des Servers festlegen, damit Sie sich später wieder anmelden können (siehe Abbildung 6.88). Der Server ist nach der Herunterstufung kein Mitglied einer Domäne mehr, sondern gehört nur noch zu einer Arbeitsgruppe.

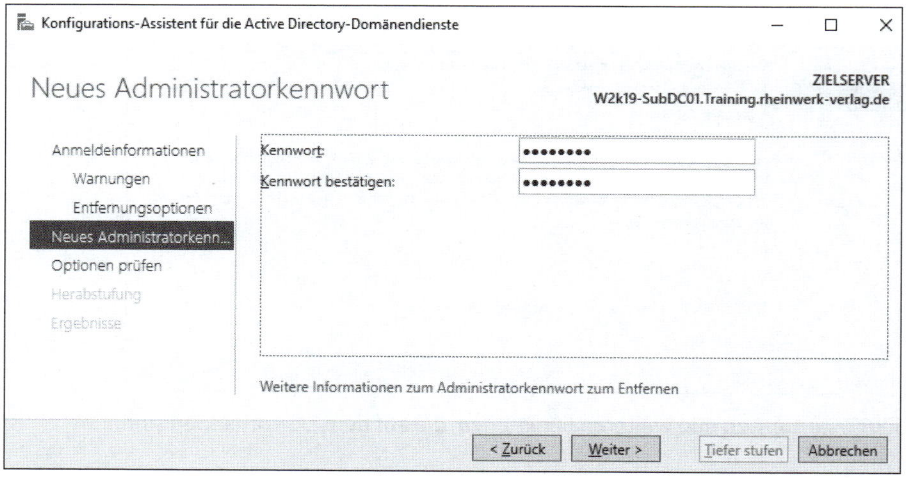

Abbildung 6.88 Das neue Administratorkennwort festlegen

Zum Schluss werden noch mal alle Optionen angezeigt (siehe Abbildung 6.89) und Sie können den DC durch einen Klick auf TIEFER STUFEN herunterstufen.

Wurde der DC erfolgreich heruntergestuft, wird er aus der Root-Domäne entfernt und die Vertrauensstellung zur Subdomäne wird ebenfalls aufgehoben. Wenn Sie auch die Root-Domäne außer Betrieb nehmen, sind keine weiteren Schritte notwendig. Falls diese aber weiterbetrieben wird, müssen Sie die manuellen Schritte, die wir Abschnitt 6.15.4 gezeigt haben, in der Root-Domäne für den DC der Subdomäne durchführen.

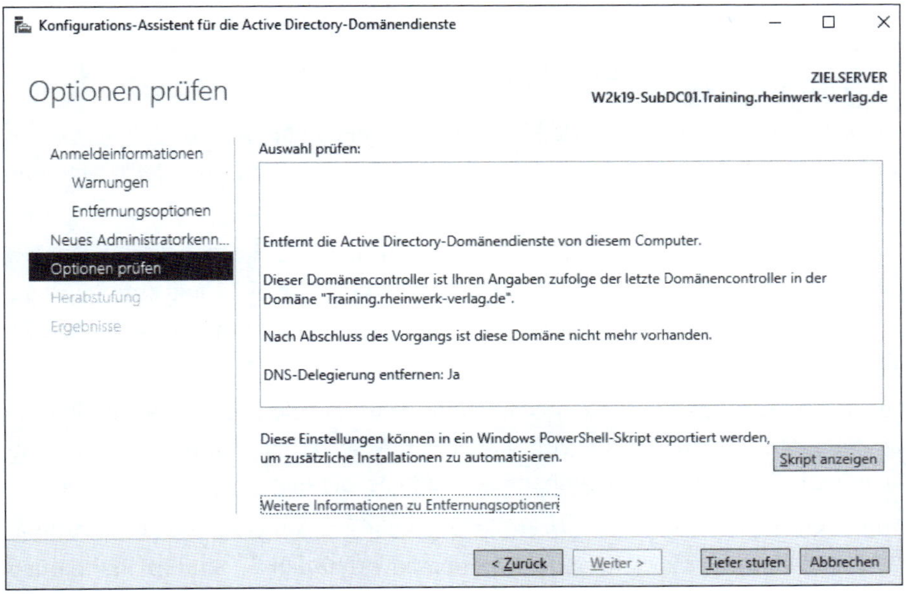

Abbildung 6.89 Zusammenfassung der ausgewählten Optionen

6.16 Wartungsaufgaben innerhalb des Active Directorys

Wenn Sie ein umfangreiches Active Directory verwalten, wird Ihnen bestimmt nicht langweilig werden. Wir zeigen Ihnen hier beispielhaft einige Wartungsaufgaben, die Sie kennen sollten.

6.16.1 Übertragen oder Übernehmen der FSMO

Manchmal ist es notwendig, dass die Betriebsmasterrollen übertragen oder übernommen werden. Hierfür gibt es zwei Methoden: entweder über die Verwaltungskonsole oder mit `transfer` und `seize` innerhalb von `NTDSUtil`. Der Befehl `transfer` wird verwendet, wenn die Betriebsmasterrollen online auf einen anderen Server übertragen werden sollen, weil z. B. eine Migration des Betriebssystems auf eine neue Version erfolgt.

`seize` sollten Sie nur benutzen, wenn es wirklich erforderlich ist. Ein Grund hierfür könnte ein Hardware-Ausfall eines DCs sein. Werden die Betriebsmasterrollen von einem anderen Server mit `seize` übernommen, darf der alte Inhaber der Rollen nie wieder in Betrieb genommen werden. Wenn dies doch passieren sollte, kann es zum Totalausfall des Systems kommen!

6.16.2 Wartung der AD-Datenbank

Zu den üblichen Wartungsaufgaben zählen das Komprimieren der AD-Datenbank, das Verschieben dieser Datenbank oder das Verschieben von Logdateien.

Komprimierung der AD-Datenbank

Wenn das Active Directory länger in Betrieb ist und die Datenbank gewachsen ist bzw. wenn viele Objekte hinzugefügt und gelöscht wurden, kann eine Komprimierung der Datenbank notwendig werden. Hierfür müssen Sie folgende Schritte durchführen:

Öffnen Sie die *Dienste*-Konsole auf einem Domänencontroller, und stoppen Sie den Dienst *Active Directory-Domänendienste* und alle Dienste, die von diesem abhängig sind (oder Sie geben `net stop ntds` in einer Kommandozeile ein). Starten Sie dann eine Kommandozeile, und geben Sie `NTDSUtil` ein.

In `NTDSUtil` geben Sie `Activate Instance NTDS` und dann `files` ein. So gelangen Sie in den *File Maintenance Prompt*. Durch die Eingabe von `info` erhalten Sie aktuelle Laufwerks- und Pfadinformationen sowie die Größe der Datenbank und der Log-Dateien.

Geben Sie nun `compact to` *`drive:\directory`* ein. Wählen Sie ein Laufwerk und einen Ordner, in dem ausreichend Platz zum Speichern der Datenbank vorhanden ist. Sind im Pfadnamen Leerzeichen vorhanden, muss der Pfad in Anführungszeichen "" gesetzt werden.

Die Offline-Defragmentierung erstellt eine neue Datenbank mit dem Namen *Ntds.dit* in dem Pfad, der angegeben wurde. Wenn die Datenbank sich an dem neuen Ort befindet, ist sie defragmentiert.

Wenn die Defragmentierung abgeschlossen ist, geben Sie zweimal `quit` ein, um zur Kommandozeile zurückzukommen.

Kopieren Sie nun die defragmentierte Datei *Ntds.dit* über die alte *Ntds.dit* im Speicherpfad der Active Directory-Datenbank, und löschen Sie dort die Logdateien. Starten Sie dann den Domänencontroller neu, denn durch den Neustart werden auch alle notwendigen Dienste wieder mit gestartet.

Verschieben der Datenbank auf ein RAID-5-Laufwerk

Wird die Active Directory-Datenbank noch nicht auf einem RAID-5-Laufwerk betrieben, sollten Sie dies aus Gründen der Leistung und Ausfallsicherung ändern. Hierfür sind folgende Schritte notwendig:

Starten Sie den Server neu, und drücken Sie während des Startvorgangs [F8], um zum *Reparaturmodus für Verzeichnisdienste* zu gelangen. Melden Sie sich dann mit dem Wiederherstellungskennwort (auch *DSRM-Kennwort* genannt) an.

Starten Sie `NTDSUtil` in einer PowerShell-Konsole mit administrativen Rechten, und aktivieren Sie dort die Instanz mit dem Befehl `Activate Instance NTDS`. Danach geben Sie direkt `files` ein. Mit dem Befehl `move DB to "Pfad"` verschieben Sie die Datenbank in den neuen Pfad.

Das Kommando `NTDSUtil` ändert in der Registrierung die Einstellung und informiert das Betriebssystem über den neuen dauerhaften Speicherort.

Verschieben der Log-Dateien auf ein gespiegeltes Laufwerk

Die Log-Dateien sollten mindestens auf ein RAID 1 (gespiegelter Datenträger) gespeichert werden, um für Fehlertoleranz zu sorgen. Gehen Sie dazu genau so vor, wie gerade beschrieben wurde, und starten Sie `NTDSUtil` mit administrativen Rechten. Aktivieren Sie die Instanz wieder mit `Activate Instance NTDS`, und geben Sie danach `files` ein.

Mit dem Befehl `move Logs to "Pfad"` verschieben Sie die Log-Dateien an den neuen Pfad. Auch hier ändert `NTDSUtil` die Einstellung und sorgt dafür, dass das Betriebssystem den neuen Pfad kennt.

6.16.3 IFM-Datenträger

Soll ein Domänencontroller neu in Betrieb genommen werden und ist er über eine langsame Verbindung angeschlossen, so können Sie einen IFM-Datenträger nutzen, um nach der Installation die Replikationsdaten nicht über das Netzwerk zu beziehen. Damit die Daten lokal bezogen werden können, wird der IFM-Datenträger verwendet, den Sie auf Basis der aktuellen Active Directory-Daten erstellt haben. Damit dieser Datenträger an dem Standort mit der langsamen Verbindung verwendet werden kann, müssen Sie zuvor einige Vorbereitungen treffen.

Für die Installation eines Domänencontrollers an entfernten Standorten oder bei bereits ausgelasteten Netzwerken bietet es sich an, auf einem Quelldomänencontroller zunächst Daten aus dem Active Directory zu exportieren, auf einen Datenträger zu kopieren und zum externen Standort zu senden. Bei der Heraufstufung eines Domänencontrollers kann dieses Medium dann verwendet werden. So muss der Domänencontroller an dem Standort nur noch das Delta zwischen Medium und den aktuellen Daten mit seinen Replikationspartnern synchronisieren, was das Netzwerk deutlich entlastet und sehr viel Zeit für die Replikation einsparen kann. In dem folgenden Abschnitt zeigen wir Ihnen, welche Schritte für das Erstellen und Verwenden eines solchen Datenträgers notwendig sind.

Einen IFM-Datenträger erstellen

Um den IFM-Datenträger vorzubereiten, müssen Sie sich an einem Domänencontroller anmelden, am besten an einem DC mit globalem Katalog, und zwar mit Adminrechten. Öffnen Sie dann eine Eingabeaufforderung, und rufen Sie das Befehlszeilentool `NTDSUtil` auf. Geben

Sie als Nächstes `Activate instance ntds` ein, gefolgt von `Ifm` und `Create full C:\IFM`. Mit `Quit` verlassen Sie das Werkzeug wieder.

Wenn Sie einen IFM-Datenträger für einen RODC erstellen wollen, müssen Sie stattdessen `Create rodc C:\IFM` verwenden. Falls das Verzeichnis *SYSVOL* miteingeschlossen werden soll, nutzen Sie `Create sysvol full` oder `Create Sysvol RODC` für einen RODC. Den Namen des Ordners, in dem Sie das IFM-Medium ablegen wollen, können Sie frei wählen.

Listing 6.6 zeigt Ihnen zusammengefasst, wie wir den IFM-Datenträger auf unserem DC erstellt haben:

```
C:\Windows\system32>NTDSUtil
NTDSUtil: activate instance ntds
Aktive Instanz wurde auf "ntds" festgelegt.
NTDSUtil: ifm
IFM: create full C:\IFM
Snapshot wird erstellt...
Der Snapshotsatz {f380075a-cb38-4d81-93d9-2d0251d8d7cb} wurde erfolgreich generiert.
Der Snapshot {cf9a91fa-3eac-43c3-aaa2-6b72429138a3} wird als C:\$SNAP_201901031011_
VOLUMEC$\ bereitgestellt.
Snapshot {cf9a91fa-3eac-43c3-aaa2-6b72429138a3} ist bereits bereitgestellt.
Defragmentierungsmodus wird initialisiert...
     Quelldatenbank: C:\$SNAP_201901031011_VOLUMEC$\Windows\NTDS\ntds.dit
     Zieldatenbank: C:\IFM\Active Directory\ntds.dit

                  Defragmentation  Status (complete)

          0    10   20   30   40   50   60   70   80   90  100
          |----|----|----|----|----|----|----|----|----|----|
          ...................................................

Registrierungsdateien werden kopiert...
C:\IFM\registry\SYSTEM wird kopiert
C:\IFM\registry\SECURITY wird kopiert
Die Bereitstellung des Snapshots {cf9a91fa-3eac-43c3-aaa2-6b72429138a3} wurde
aufgehoben.
IFM-Medien wurden erfolgreich in "C:\IFM" erstellt.
```

Listing 6.6 Einen IFM-Datenträger erstellen

Um den erstellten IFM-Datenträger auf dem Zielsystem verwenden zu können, müssen Sie das gerade verwendete Verzeichnis auf den DC am entfernten Standort kopieren. Da sich in dem Ordner nur wenige kleine Dateien befinden, muss der Ordner nicht komprimiert werden. Falls die DCs untereinander aber nicht per IPSec kommunizieren oder kein VPN zwischen den Standorten verwendet wird, sollten Sie den Ordner komprimieren und zur Sicherheit mit einem Kennwort versehen. Wenn Sie den IFM-Datenträger für einen RODC erstellen, werden alle sicherheitsrelevanten Informationen entfernt, beispielsweise gehashte Kennwörter. Wenn das Erstellen jedoch nicht mit dem Schalter `RODC` ausgeführt wird, sind die sicherheitsrelevanten Daten noch enthalten.

Einen IFM-Datenträger verwenden

Den neuen DC am entfernten Standort können Sie entweder per PowerShell oder über den Assistenten in Betrieb nehmen. Zuerst müssen Sie die Rolle *Active Directory-Domänendienste* installieren und danach müssen Sie den DC heraufstufen.

Wenn Sie den Assistenten verwenden, aktivieren Sie auf der Seite ZUSÄTZLICHE OPTIONEN den Punkt VOM MEDIUM INSTALLIEREN und wählen den lokalen Ordner aus, in dem Sie die Daten abgelegt haben (siehe Abbildung 6.90). Die Auswahl des IFM-Datenträgers ist möglich, wenn Sie auf der ersten Seite des Assistenten (BEREITSTELLUNGSKONFIGURATION) die Option DOMÄNENCONTROLLER ZU EINER VORHANDENEN DOMÄNE HINZUFÜGEN ausgewählt haben.

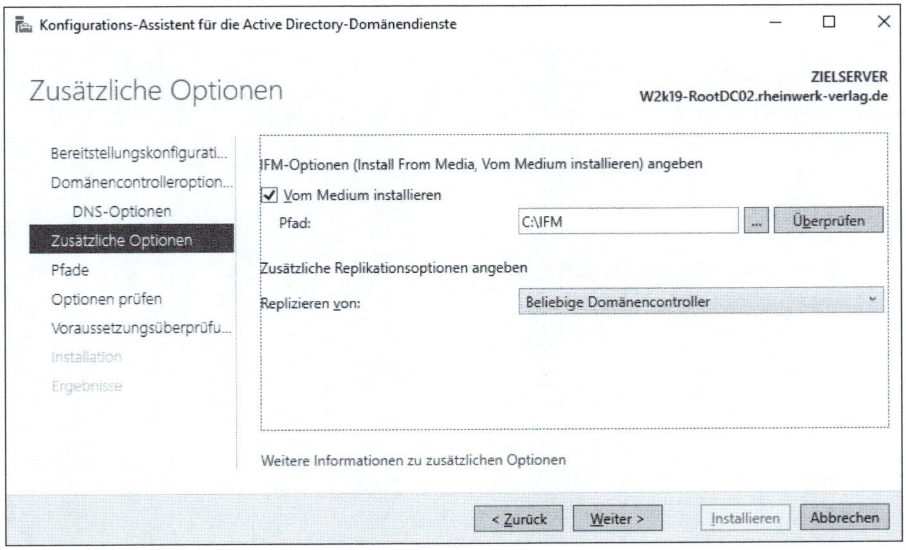

Abbildung 6.90 Die Seite »Zusätzliche Optionen«

Tombstone-Lifetime

Der IFM-Datenträger darf nicht älter als die Tombstone-Lifetime sein (siehe Abschnitt 6.13.3).

Wenn Sie auf ÜBERPRÜFEN klicken, wird der Inhalt des angegebenen Ordners überprüft. Werden Fehler festgestellt, werden diese in einer roten Zeile angezeigt.

Danach müssen Sie den Domänencontroller so heraufstufen, wie wir es in Abschnitt 6.15 beschrieben haben. Wenn Sie dazu die PowerShell nutzen wollen, können Sie sich an Listing 6.7 orientieren:

```
#
# Windows PowerShell-Skript für die AD DS-Bereitstellung
#
$SafeModeAdministratorPassword=read-host "Bitte das Kennwort für AD `
Verzeichnisdienstwiederherstellung eingeben" `
  -AsSecureString

Import-Module ADDSDeployment
Install-ADDSDomainController `
  -NoGlobalCatalog:$false `
  -CreateDnsDelegation:$false `
  -CriticalReplicationOnly:$false `
  -DatabasePath "C:\Windows\NTDS" `
  -DomainName "intranet.rheinwerk-verlag.de" `
  -InstallationMediaPath "C:\IFM" `
  -InstallDns:$true `
  -LogPath "C:\Windows\NTDS" `
  -SafeModeAdministratorPassword $SafeModeAdministratorPassword `
  -SiteName "KOELN" `
  -SysvolPath "C:\Windows\SYSVOL" `
  -Force:$true
```

Listing 6.7 Einen Domänencontroller heraufstufen

Kapitel 7

Benutzer, Gruppen & Co im Active Directory

In diesem Kapitel erläutern wir die Bestandteile des Active Directorys anhand von Beispielen. Außerdem finden Sie praktische Hinweise für die tägliche Arbeit mit dem Active Directory.

Eine Windows-Infrastruktur ohne Benutzer und Gruppen? Undenkbar. Schauen wir uns also an, wie Sie das *Active Directory (AD)* verwalten.

7.1 Container

Container sind Ordner im Active Directory, die bei der Konfiguration des ADs eingerichtet werden. Es gibt die Container Builtin, Computers, ForeignSecurityPrincipals, Keys, LostAndFound, Managed Service Accounts, Program Data, System, Users, NTDS Quotas und TPM Devices (siehe Abbildung 7.1). Eine Besonderheit dieser Ordner ist, dass keine Gruppenrichtlinien mit ihnen verknüpft werden können.

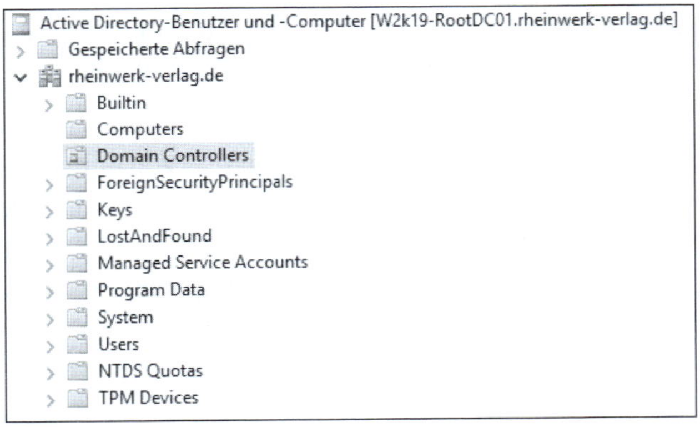

Abbildung 7.1 Container im AD, mit Ausnahme der OU »Domain Controllers«

In Abbildung 7.1 sind die eingerichteten Container auf der obersten Ebene der Domänenpartition zu sehen. Container erkennen Sie an dem Ordner-Symbol, das sie von den OUs unterscheidet – den Unterschied sehen Sie beispielsweise an der OU Domain Controllers.

Weitere Container und OUs in Containern können nur mit anderen Tools wie *ADSI-Edit* erstellt werden, aber nicht mit den Konsolen *Active Directory-Benutzer und -Computer* oder dem *AD-Verwaltungscenter*.

Im Container USERS befinden sich die administrativen Accounts und Sicherheitsgruppen, die für den Betrieb des ADs notwendig sind (siehe Abbildung 7.2).

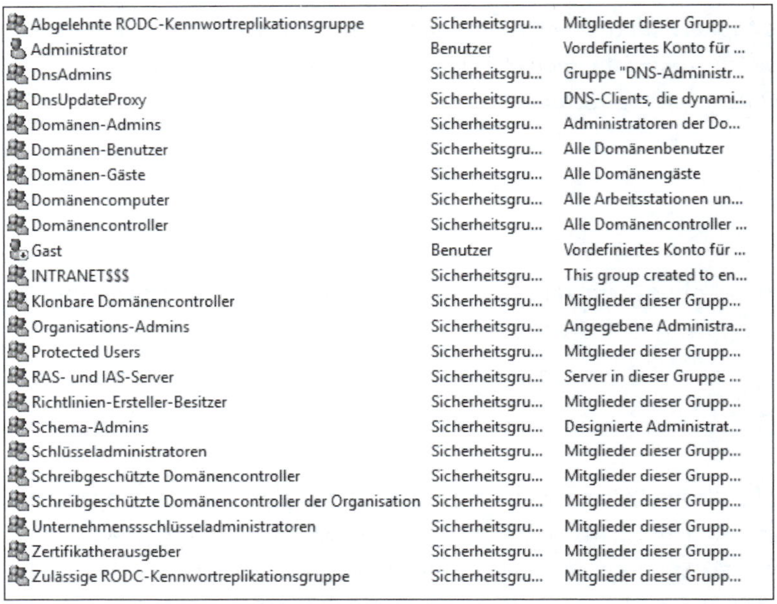

Abgelehnte RODC-Kennwortreplikationsgruppe	Sicherheitsgru...	Mitglieder dieser Grupp...
Administrator	Benutzer	Vordefiniertes Konto für ...
DnsAdmins	Sicherheitsgru...	Gruppe "DNS-Administr...
DnsUpdateProxy	Sicherheitsgru...	DNS-Clients, die dynami...
Domänen-Admins	Sicherheitsgru...	Administratoren der Do...
Domänen-Benutzer	Sicherheitsgru...	Alle Domänenbenutzer
Domänen-Gäste	Sicherheitsgru...	Alle Domänengäste
Domänencomputer	Sicherheitsgru...	Alle Arbeitsstationen un...
Domänencontroller	Sicherheitsgru...	Alle Domänencontroller ...
Gast	Benutzer	Vordefiniertes Konto für ...
INTRANET$$$	Sicherheitsgru...	This group created to en...
Klonbare Domänencontroller	Sicherheitsgru...	Mitglieder dieser Grupp...
Organisations-Admins	Sicherheitsgru...	Angegebene Administra...
Protected Users	Sicherheitsgru...	Mitglieder dieser Grupp...
RAS- und IAS-Server	Sicherheitsgru...	Server in dieser Gruppe ...
Richtlinien-Ersteller-Besitzer	Sicherheitsgru...	Mitglieder dieser Grupp...
Schema-Admins	Sicherheitsgru...	Designierte Administrat...
Schlüsseladministratoren	Sicherheitsgru...	Mitglieder dieser Grupp...
Schreibgeschützte Domänencontroller	Sicherheitsgru...	Mitglieder dieser Grupp...
Schreibgeschützte Domänencontroller der Organisation	Sicherheitsgru...	Mitglieder dieser Grupp...
Unternehmensschlüsseladministratoren	Sicherheitsgru...	Mitglieder dieser Grupp...
Zertifikatherausgeber	Sicherheitsgru...	Mitglieder dieser Grupp...
Zulässige RODC-Kennwortreplikationsgruppe	Sicherheitsgru...	Mitglieder dieser Grupp...

Abbildung 7.2 Der »Users«-Container im AD

Der Container BUILTIN (siehe Abbildung 7.3) beinhaltet die lokalen Benutzer und Gruppen des ersten *Domänencontrollers (DC)* der Domäne, die für den Betrieb von Windows-Diensten genutzt werden.

Die Sicherheitsgruppen aus dem Container BUILTIN werden für die Delegation von Aufgaben und Rechten im AD und den angeschlossenen Systemen verwendet. Die Mitglieder haben das Recht, auf alle DCs oder auf Server der angeschlossenen Systeme zuzugreifen, und müssen nicht erneut konfiguriert werden. Sie werden von der Domäne an die Systeme vererbt. Wenn Sie z. B. Mitglied der Gruppe der *Druck-Operatoren* auf den Domänencontrollern sind, sind Sie nicht automatisch Mitglied der Gruppe mit gleichem Namen auf anderen Systemen der Domäne.

Generell werden die Container und Organisationseinheiten für die Delegation von Rechten und für die Sortierung der gesamten Struktur verwendet. Vergleichen kann man das mit dem Dateisystem.

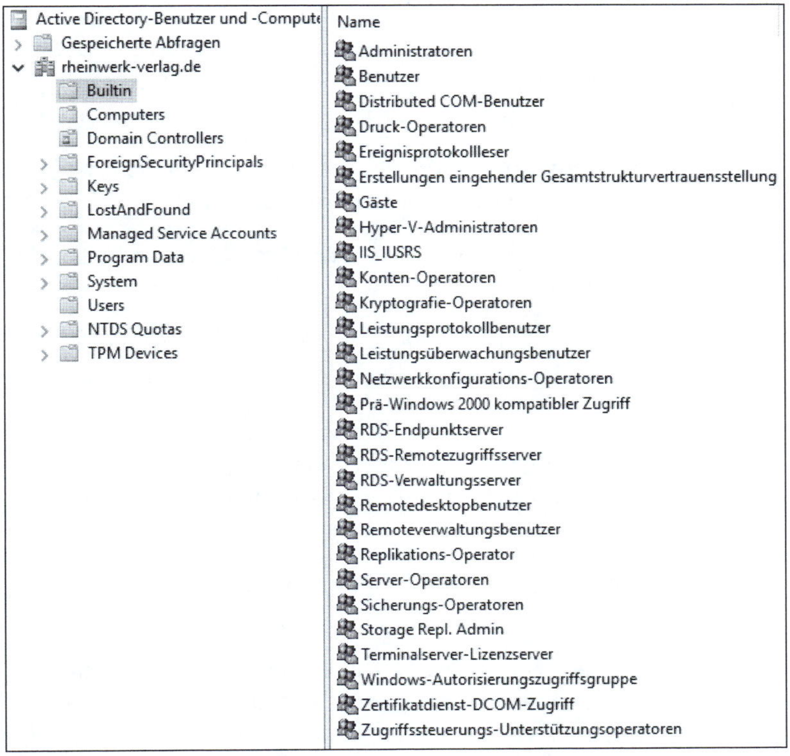

Abbildung 7.3 Die Gruppen im »Builtin«-Container

7.1.1 Administrative Konten und Sicherheitsgruppen im Container »Builtin«

Es gibt eine ganze Reihe von vordefinierten Gruppen und Konten. Tabelle 7.1 liefert Ihnen einen kurzen Überblick.

Sicherheitsgruppe	Verwendung
Administratoren	*Administratoren* haben alle Rechte in der lokalen Domäne. Sie haben vollständigen und uneingeschränkten Zugriff auf die Computer oder Domänencontroller und die Domäne.
Benutzer	Benutzer können keine Änderungen am AD durchführen und haben nur lesenden Zugriff. Sie dürfen die meisten Anwendungen ausführen. Ist ein Benutzer-Objekt nur Mitglied in der Gruppe der *Benutzer*, hat es lesenden Zugriff auf das AD und alle darin enthaltenen Objekte.

Tabelle 7.1 Sicherheitsgruppen aus dem Container »Builtin« und ihre Beschreibung

Sicherheitsgruppe	Verwendung
Distributed COM-Benutzer	Diese Gruppe vergibt das Recht, Distributed-COM-Objekte auf diesem Computer zu starten, zu aktivieren und zu verwenden.
Druck-Operatoren	Mitglieder dieser Gruppe können auf Domänencontrollern installierte Drucker verwalten und Treiber installieren.
Ereignisprotokollleser	Mitglieder dieser Gruppe haben das Recht, die Ereignisprotokolle aller DCs zu lesen.
Erstellungen eingehender Gesamtstrukturvertrauensstellung	Mitglieder dieser Gruppe können eingehende unidirektionale Vertrauensstellungen zur ausgewählten Gesamtstruktur erstellen.
Gäste	Die Zugriffsrechte der Gäste sind mit der Gruppe *Benutzer* vergleichbar, allerdings gibt es für das Gastkonto noch weitere Einschränkungen.
Hyper-V-Administratoren	Die Mitglieder dieser Gruppe können Hyper-V-Server administrieren.
IIS_IUSRS	Diese integrierte Gruppe wird von IIS verwendet und bei der Installation eines Webservers auf einem DC erstellt.
Konten-Operatoren	Mitglieder dieser Gruppe können Benutzer, Gruppen und Computer in allen OUs und Containern (ausgenommen des BUILTIN-Containers und der OU *Domain Controllers*) erstellen, ändern oder löschen. Zu Änderungen an den Gruppenadministratoren und Domänenadministratoren sind sie nicht berechtigt.
Kryptografie-Operatoren	Die Mitglieder dieser Gruppe dürfen kryptografische Vorgänge durchführen.
Leistungsprotokollbenutzer	Diese Gruppe erhält Zugriff auf die Leistungsprotokolle. Mitglieder können die Netzwerküberwachung und Ereignisprotokolle nutzen.
Leistungsüberwachungsbenutzer	Mitglieder dieser Gruppe können lokal und remote auf Leistungszählerdaten zugreifen und diese auslesen.
Netzwerkkonfigurations-Operatoren	Die Mitglieder dieser Gruppe haben einzelne Administrationsrechte, um Netzwerk-Features zu konfigurieren, wie etwa das Ändern der IP-Adresse.
Prä-Windows 2000 kompatibler Zugriff	Diese Gruppe sorgt für die Kompatibilität mit den alten Vorgängerversionen des Windows Servers. Sie gewährt allen Benutzern und Gruppen in der Domäne Lesezugriff.

Tabelle 7.1 Sicherheitsgruppen aus dem Container »Builtin« und ihre Beschreibung (Forts.)

Sicherheitsgruppe	Verwendung
RDS-Endpunktserver	Dieser Gruppe müssen die Server hinzugefügt werden, die Remote-Apps, virtuelle Computer und persönliche virtuelle Desktops zur Verfügung stellen. Die Gruppe muss auf den Servern mit der Rolle *RD-Verbindungsbroker* befüllt werden. Die RD-Sitzungshostserver und RD-Virtualisierungshostserver müssen Mitglieder dieser Gruppe sein.
RDS-Remotezugriffs-server	Dieser Gruppe müssen die Server hinzugefügt werden, die Remote-Apps und persönliche virtuelle Desktops über das Internet zur Verfügung stellen. Die Gruppe muss auf den Servern mit der Rolle *RD-Verbindungsbroker* befüllt werden. Die RD-Gatewayserver und die RD-WebAccess-Server müssen Mitglieder dieser Gruppe sein.
RDS-Verwaltungsserver	Diese Gruppe beinhaltet die Server, die für administrative Routineaktionen vorgesehen sind und auf denen die Rolle *Remotedesktopdienste (RDS)* installiert ist. Die Gruppe muss auf allen Servern befüllt werden, die Teil der RDS-Infrastruktur sind. Server mit dem zentralen RDS-Verwaltungsdienst müssen Mitglied der Gruppe sein.
Remotedesktop-benutzer	Mitglieder dieser Gruppe können die Remotedesktop-Verbindung nutzen, um sich an den DCs anzumelden.
Remoteverwaltungs-benutzer	Mitglieder dieser Gruppe können über Verwaltungsprotokolle auf WMI-Namespaces zugreifen, die dem Benutzer Zugriff gewähren.
Replikations-Operator	Ein Replikations-Operator unterstützt die Dateireplikation in Domänen.
Server-Operatoren	Mitglieder dieser Gruppe können alle DCs verwalten.
Sicherungs-Operatoren	Sicherungs-Operatoren werden für die Datensicherung und Datenwiederherstellung genutzt und können, wenn nötig, Sicherheitsbeschränkungen für diese Maßnahme umgehen. Mitglieder dieser Gruppen dürfen sich an allen DCs der Domäne anmelden, Dateien ersetzen und diese herunterfahren. Standardmäßig hat die Gruppe keine Mitglieder.
Storage Repl. Admin	Mitglieder dieser Gruppe können Speicherreplikate nutzen und administrieren.
Terminalserver-Lizenz-server	Mitglieder dieser Gruppe können Benutzerkonten im Active Directory für Nachverfolgungs- und Berichtszwecke mit Informationen zur Lizenzausstellung aktualisieren.

Tabelle 7.1 Sicherheitsgruppen aus dem Container »Builtin« und ihre Beschreibung (Forts.)

Sicherheitsgruppe	Verwendung
Windows-Autorisierungszugriffsgruppe	Mitglieder dieser Gruppe haben Zugriff auf das berechnete Attribut `tokenGroupsGlobalAndUniversal` für Benutzerobjekte.
Zertifikatdienst-DCOM-Zugriff	Mitglieder dieser Gruppe haben das Recht, eine Verbindung zu den Zertifizierungsstellen der Infrastruktur herzustellen.
Zugriffssteuerungs-Unterstützungs-operatoren	Mitglieder dieser Gruppe können remote Autorisierungsattribute und -berechtigungen für Ressourcen auf dem Computer abfragen.

Tabelle 7.1 Sicherheitsgruppen aus dem Container »Builtin« und ihre Beschreibung (Forts.)

7.1.2 Administrative Konten und Sicherheitsgruppen aus dem Container »Users«

Auch der Container Users beinhaltet Sicherheitsgruppen und Benutzerkonten. Tabelle 7.2 verschafft Ihnen einen Überblick.

Benutzer	Verwendung
Administrator	Der *Administrator* ist ein vordefiniertes Konto für die Verwaltung des Computers bzw. der Domäne. Die Kennung *Administrator* hat immer die RID (*Relative Identifier*) 500. RID 500 kennzeichnet den Builtin-Administrator der Domäne.
Gast	Der *Gast* ist ein vordefiniertes Konto für den anonymen Zugriff auf den Computer bzw. die Domäne. Es ist normalerweise deaktiviert und sollte wirklich nur bei Bedarf aktiviert werden!
krbtgt	Das Dienstkonto des Schlüsselverteilungscenters. Die Kennung ist immer deaktiviert. Mit dieser Kennung verschlüsselt das Schlüsselverteilungscenter die Kerberos-Tickets.
Abgelehnte RODC-Kennwortreplikations-gruppe	Die Kennwortinformationen der Mitglieder dieser Gruppe werden nicht auf einem RODC gecacht oder dorthin repliziert.
DnsAdmins	Die Gruppe der »DNS-Administratoren«. Mitglieder der Gruppe können alle DNS-Server der Domäne verwalten, sofern DNS auf einem DC läuft.
DnsUpdateProxy	DNS-Clients, die dynamische Updates für andere Clients durchführen dürfen (wie etwa DHCP-Server)

Tabelle 7.2 Sicherheitsgruppen aus dem »Users«-Container und ihre Beschreibung

Benutzer	Verwendung
Domänen-Admins	Mitglieder dieser Gruppe sind die Administratoren der Domäne. Sie sind für die Verwaltung verantwortlich. Sie haben Rechte auf den DCs (vergleichbar mit der Gruppe der Administratoren) und besitzen durch »Vererbung« lokale Administratorrechte auf allen Nicht-DCs.
Domänen-Benutzer	Alle Domänenbenutzer
Domänen-Gäste	Alle Domänengäste
Domänencomputer	Alle Computer der Domäne mit Ausnahme der DCs
Domänencontroller	Alle Domänencontroller der Domäne
Klonbare Domänencontroller	Mitglieder dieser Gruppe sind Domänencontroller, die geklont werden können.
Organisations-Admins	Administratoren der Organisation mit erweiterten Rechten, z. B. zur Installation zusätzlicher Domänen
Protected Users	Mitglieder dieser Gruppe erhalten zusätzlichen Schutz vor Sicherheitsbedrohungen. Weitere Informationen finden Sie in Abschnitt 7.5.2 und unter *http://go.microsoft.com/fwlink/?LinkId=298939*.
RAS- und IAS-Server	Server in dieser Gruppe können auf die RAS-Eigenschaften von Benutzern zugreifen (siehe Kapitel 19, »Virtuelles privates Netzwerk und Netzwerkrichtlinienserver«).
Richtlinien-Ersteller-Besitzer	Mitglieder dieser Gruppe können Gruppenrichtlinien für die Domäne erstellen und ändern.
Schema-Admins	Mitglieder können Benutzer der Domäne sein; sie sind die Administratoren des Schemas und können dieses auch verändern.
Schlüsseladministratoren	Mitglieder dieser Gruppe können administrative Aktionen für Schlüsselobjekte innerhalb der Domäne ausführen.
Schreibgeschützte Domänencontroller	Mitglieder dieser Gruppe sind die schreibgeschützten Domänencontroller der Domäne.
Schreibgeschützte Domänencontroller der Organisation	Mitglieder dieser Gruppe sind die schreibgeschützten Domänencontroller der Gesamtstruktur.
Unternehmensschlüsseladministratoren	Mitglieder dieser Gruppe können administrative Aktionen für Schlüsselobjekte innerhalb der Gesamtstruktur ausführen.

Tabelle 7.2 Sicherheitsgruppen aus dem »Users«-Container und ihre Beschreibung (Forts.)

Benutzer	Verwendung
Zertifikatherausgeber	Mitglieder dieser Gruppe dürfen Zertifikate im Active Directory veröffentlichen.
Zulässige RODC-Kennwortreplikationsgruppe	Kennwortinformationen von Mitgliedern dieser Gruppe können auf einem RODC gespeichert werden.

Tabelle 7.2 Sicherheitsgruppen aus dem »Users«-Container und ihre Beschreibung (Forts.)

Die Mitgliedschaften in den Gruppen der Container BUILTIN und USERS sollten immer so gering wie möglich gehalten werden. Ebenfalls sollten immer nur die nötigsten Berechtigungen erteilt werden. Diese Vorgehensweise nennt man das *Least-Privilege-Prinzip*, siehe Abschnitt 22.1.2. Wenn Sie diesen Weg nicht verfolgen, öffnen Sie sehr viele Sicherheitslücken: Durch einen einzigen Identitätsdiebstahl können viele Systeme befallen werden, weil die Berechtigungen zu großzügig vergeben waren.

7.2 Organisationseinheiten

Organisationseinheiten (OU) sind so etwas wie Ordner innerhalb des Verzeichnisdienstes. Über die Organisationseinheiten kann eine hierarchische Struktur im AD dargestellt werden, und es können GPOs verknüpft und Berechtigungen delegiert werden.

Außerdem können Sie eine OU verwenden, um bestimmte Teile des ADs für normale Nutzer unsichtbar zu machen. Ist dies erforderlich, wird dem »authentifizierten Nutzer« das Recht *Lesen* entzogen. Alternativ verwenden Sie die Attribute `List-Object Mode` bzw. `showInAdvancedViewOnly` (siehe Abbildung 7.4), damit die entsprechende OU nicht mehr sichtbar ist.

Eine Organisationseinheit wird aber sicherlich am häufigsten für die Delegation von Rechten verwendet. Dies kann über die Eigenschaften der OU auf dem Reiter SICHERHEIT konfiguriert werden. Diesen Schritt sollten Sie nur gehen, wenn Sie sehr genau wissen, was Sie tun, da die Abhängigkeiten nicht geprüft werden. Fehler können hier gravierende Folgen nach sich ziehen, die sich kaum beheben lassen!

Die sicherere Alternative ist die Verwendung des Assistenten OBJEKTVERWALTUNG ZUWEISEN. Über ihn können Sie die Berechtigungen an Gruppen oder Benutzer zuweisen. Sie können die im Assistenten vorgeschlagenen Berechtigungen oder die objektspezifischen Berechtigungen granular vergeben. Dabei sollten Sie die Berechtigungen stets einer Sicherheitsgruppe erteilen, damit beim Kopieren eines Benutzers die Berechtigung auch an die Kopie weitergegeben wird. Wenn die Berechtigung auf Benutzerebene erteilt wird, werden die Berechtigungen nicht auf die Kopie übertragen!

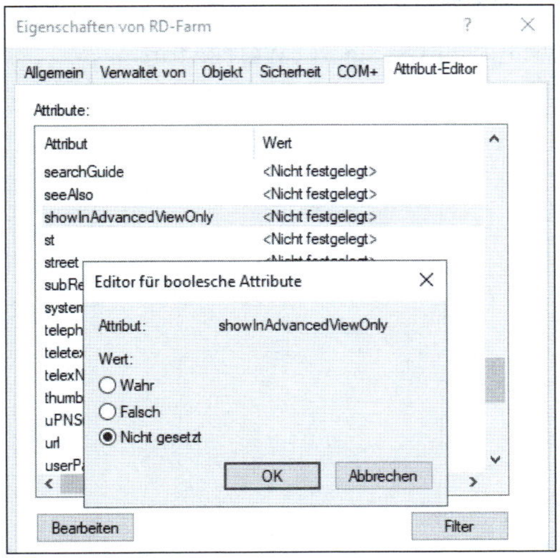

Abbildung 7.4 Das Attribut »showInAdvancedViewOnly«

7.2.1 Objektverwaltung delegieren

Wir werden die Delegation der Objektverwaltung am Beispiel der Gruppe *Koeln-SG-lokale Nutzerbetreuer* und des Rechts *Kennwort ändern* für alle Benutzerobjekte in der OU *intranet.rheinwerk-verlag.de/Koeln/Benutzer* darstellen.

Öffnen Sie den bereits erwähnten ASSISTENTEN ZUM ZUWEISEN DER OBJEKTVERWALTUNG, indem Sie mit der rechten Maustaste auf die OU klicken. Nach dem Willkommensbildschirm erscheint das Fenster für die Auswahl der Kennung oder der Sicherheitsgruppe, die in Zukunft die Objekte verwalten soll (siehe Abbildung 7.5).

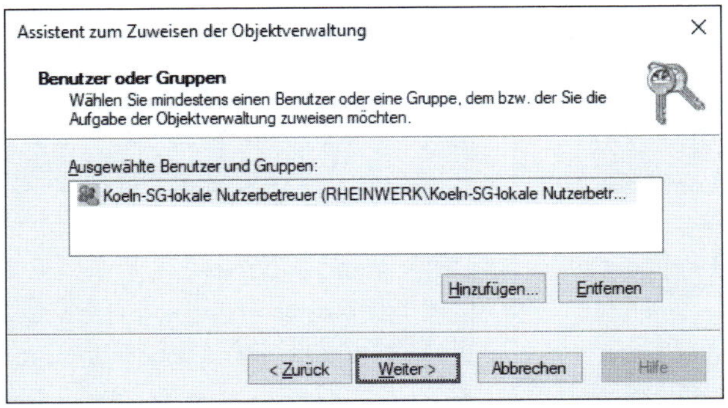

Abbildung 7.5 Auswahl der Benutzer oder Gruppen für die Delegation

Die Delegation der Rechte kann an globale, domänenlokale und universelle Sicherheitsgruppen der eigenen Domäne sowie an globale Sicherheitsgruppen aus anderen vertrauten Domänen erfolgen.

Mit HINZUFÜGEN suchen Sie nach einem Benutzer oder einer Gruppe im AD. Eine Mehrfachselektion ist möglich. Wurde alles korrekt ausgewählt, fahren Sie mit WEITER fort.

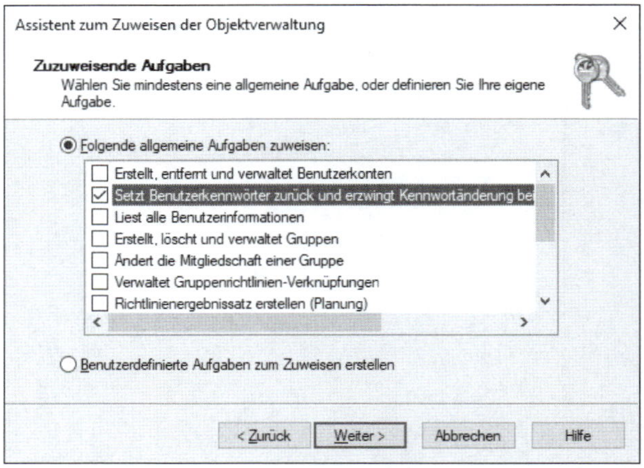

Abbildung 7.6 Ausgewähltes Recht auf die genannten OUs

Wenn Sie wie in Abbildung 7.6 ein Häkchen bei der Aufgabe SETZT BENUTZERKENNWÖRTER ZURÜCK UND ERZWINGT DIE KENNWORTÄNDERUNG BEI DER NÄCHSTEN ANMELDUNG setzen, erhält der Benutzer oder die Gruppe die notwendigen Berechtigungen für diese Aufgabe. Abschließend wird alles zusammengefasst und Sie können die Eingaben prüfen (siehe Abbildung 7.7).

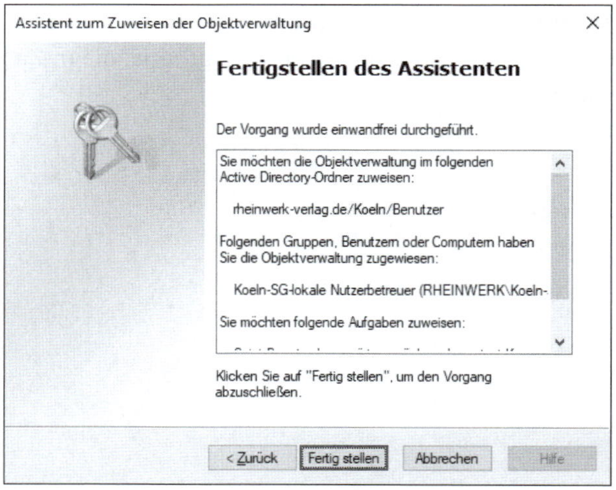

Abbildung 7.7 Die Delegation der Objektverwaltung wird zusammengefasst.

Durch einen Klick auf FERTIG STELLEN werden die Berechtigungen auf die Benutzerobjekte innerhalb der genannten OU erteilt.

delegwiz.inf

Die Funktionen, die im Assistenten bereitgestellt werden, können Sie in der Datei *%windir%\System32\delegwiz.inf* anpassen.

In unserem Beispiel haben wir eine vordefinierte Aufgabe verwendet, die alle erforderlichen Rechte automatisch setzt. Über den Assistenten können auch benutzerdefinierte Aufgaben zugewiesen werden. Diese sind aber so komplex, dass sie nicht alle dargestellt werden können. Eine ausführliche Anleitung finden Sie unter:

https://docs.microsoft.com/en-us/previous-versions/windows/it-pro/windows-server-2003/cc772784(v=ws.10)

Das Entfernen der zugewiesenen Berechtigungen auf den jeweiligen Objekten kann nur über die Registerkarte SICHERHEIT erfolgen.

Wenn Sie in Ihrem AD viele Berechtigungen delegiert haben, kann es mit der Zeit sehr unübersichtlich werden. Diese Berechtigungen können Sie nur über die Registerkarte SICHERHEIT auslesen. Es gibt jedoch verschiedene kostenfreie Tools, die dies einfacher machen. Ein Beispiel ist der *AD ACL Scanner*, den Sie unter *https://github.com/canix1/ADACLScanner* finden. Er bereitet Informationen über die vergebenen Rechte übersichtlich auf.

7.3 Benutzer

Ein *Benutzerobjekt* wird für persönliche oder Funktionskennungen genutzt und beinhaltet den späteren Anmeldenamen des Benutzers am Computer oder an dem bereitgestellten AD-integrierten Dienst.

Das Benutzerobjekt hat verschiedene wichtige Attribute, die wir in Tabelle 7.3 kurz erläutern.

Attribut	Bedeutung
Displayname (Anzeigename)	Dieses Attribut wird später am Computer als der angemeldete Benutzer angezeigt.
UserPrincipalName (Benutzerprinzipalname)	Der *User Principal Name (UPN)* lautet in der Regel `Prä2000-Name@Domainsuffix`. Mit dem UPN kann man sich am Computer oder an einem AD-integrierten Dienst anmelden. Diese Anmeldevariante wird in der Praxis in der Regel aber nicht genutzt. Bei der zertifikatbasierten Anmeldung wird die UPN-Anmeldung verwendet.
Prä2000-Name	Mit dem Prä2000-Namen wird sich der Nutzer später am PC oder dem AD-integrierten Dienst anmelden.

Tabelle 7.3 Benutzerobjekte im Active Directory

Attribut	Bedeutung
PwdLastSet	In diesem Attribut wird das Datum aufgeführt, an dem der Nutzer das letzte Mal sein Kennwort geändert hat.
ObjectSID	Hier finden Sie die eindeutige ID des Kontos.
cn (common name)	Der Wert des Attributs ist der Anzeigename in der *AD-Benutzer und -Computer*-Verwaltungskonsole des Benutzerobjekts und muss nicht identisch mit den Anmeldenamen sein.
LastLogon	Zeigt den Datums- bzw. Zeitstempel der letzten erfolgreichen Anmeldung an einem Computer an.
LastLogonTimestamp	Zeigt den Datums- bzw. Zeitstempel der letzten erfolgreichen Anmeldung an einem AD-integrierten Dienst an. Dieser Wert wird nur alle 14 Tage zwischen den DCs repliziert!

Tabelle 7.3 Benutzerobjekte im Active Directory (Forts.)

7.4 Computer

Computerobjekte sind alle Computer oder Server, die dem Active Directory beigetreten sind. Von Haus aus darf jeder authentifizierte Nutzer 10 Computer in die Domäne aufnehmen. Dieser Wert kann über das Attribut `ms-DS-MachineAccountQuota` angepasst werden.

Wird ein Computerobjekt in der Domäne erstellt, wird erst mal nur eine Hülle mit dem Namen des Objekts und der zukünftigen Objekt-SID erstellt. Sobald der Domänenbeitritt stattfindet, wird geprüft, ob eine Hülle mit demselben Namen bereits existiert und ob sie gegebenenfalls in Verwendung ist. Außerdem wird das Computerkennwort festgelegt, das alle 30 Tage automatisch erneuert wird. Beim Domänenbeitritt werden der Hülle auch die Betriebssysteminformationen hinzugefügt. Daran können Sie in der Verwaltungskonsole *Benutzer und Computer* erkennen, ob die Hülle des Computerobjekts bereits genutzt wurde (siehe Abbildung 7.8).

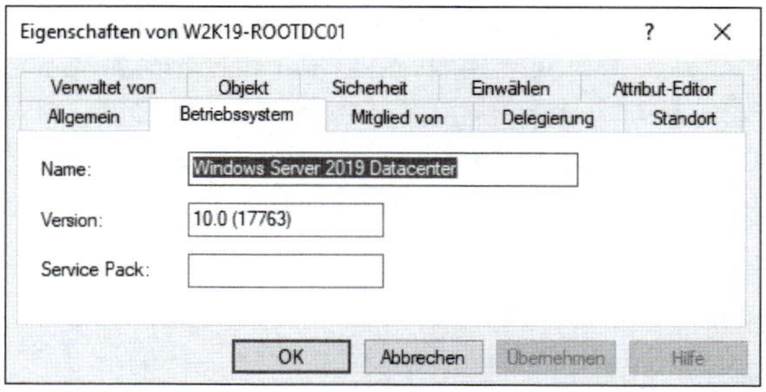

Abbildung 7.8 Informationen zum Betriebssystem erscheinen nach dem Domänenbeitritt – hier am Beispiel des Servers »W2k19-RootDC1«

7.4.1 Sicherheitseinstellungen für den Domänenbeitritt von neuen Computern

Da jeder authentifizierte Nutzer bis zu 10 Computer der Domäne hinzufügen darf und diese dann einfach in den Container *Computers* aufgenommen werden und funktionstüchtig sind, empfiehlt es sich, einige Sicherheitsmaßnahmen zu treffen. Wir stellen Ihnen hier ein Beispiel aus der Praxis vor, das sehr gut funktioniert und sehr schnell Wirkung zeigt.

Standard-OU für neue Computerobjekte ändern

Im Active Directory muss eine neue Organisationseinheit erstellt werden, die in unserem Beispiel `neue-Computer` heißt und direkt auf der obersten Ebene liegt. Sobald diese OU erstellt wurde, kann auf dem DC folgender Befehl abgesetzt werden:

```
redircmp OU=neue-Computer,DC=intranet,DC=rheinwerk-verlag,DC=de
```

Konnte der Befehl erfolgreich durchgeführt werden, gibt die PowerShell nur den Hinweis `Umleitung erfolgreich` zurück. Ab sofort werden alle neuen Computerobjekte in die genannte OU umgeleitet – es sei denn, das Computerkonto wird vor dem Domänenbeitritt an einer anderen Stelle angelegt. Mit der Umleitung erhöhen Sie die Sicherheit des Active Directorys. Sobald der Computer in die Domäne aufgenommen wurde, kann sich jeder authentifizierte Nutzer an diesen Computern anmelden. Damit dies nicht passiert, sollte eine GPO mit der neuen OU verknüpft werden, die die Anmeldung verhindert und darauf hinweist, dass dieser Computer in die falsche OU aufgenommen wurde.

Gruppenrichtlinie mit der neuen Standard-OU verknüpfen und die Anmeldung verweigern sowie Hinweistext anzeigen

Als Nächstes müssen Sie auf der neuen Standard-OU für Computer die Gruppenrichtlinienvererbung deaktivieren und eine Gruppenrichtlinie erstellen und verlinken, die die Einstellungen aus Abbildung 7.9 enthalten sollte.

Computerkonfiguration (Aktiviert)

Richtlinien

Windows-Einstellungen

Sicherheitseinstellungen

Lokale Richtlinien/Zuweisen von Benutzerrechten

Richtlinie	Einstellung
Anmelden als Dienst	
Anmelden über Terminaldienste verweigern	Jeder, NT-AUTORITÄT\Authentifizierte Benutzer
Anmelden über Terminaldienste zulassen	
Auf diesen Computer vom Netzwerk aus zugreifen	
Lokal anmelden zulassen	VORDEFINIERT\Administratoren
Synchronisieren von Verzeichnisdienstdaten	
Zugriff vom Netzwerk auf diesen Computer verweigern	Jeder, NT-AUTORITÄT\Authentifizierte Benutzer

Lokale Richtlinien/Sicherheitsoptionen

Interaktive Anmeldung

Richtlinie	Einstellung
Interaktive Anmeldung: Nachricht für Benutzer, die sich anmelden wollen	DIESER COMPUTER BEFINDET SICH IN EINER FALSCHEN OU, UND KANN NICHT GENUTZT WERDEN!, BITTE WENDEN SIE SICH AN IHREN ZUSTÄNDIGEN ADMINISTRATOR!
Interaktive Anmeldung: Nachrichtentitel für Benutzer, die sich anmelden wollen	"ACHTUNG: COMPUTER WURDE FALSCH DER DOMÄNE HINZUGEFÜGT!!"

Konten

Richtlinie	Einstellung
Konten: Administratorkontostatus	Deaktiviert

Abbildung 7.9 Erstellte und verlinkte Gruppenrichtlinie auf der OU »neue-Computer«

Die Richtlinie verhindert, dass authentifizierte Benutzer sich am Computer anmelden können. Dadurch kann niemand aus dem Netzwerk auf den Computer zugreifen.

Computerobjekte vor dem Hinzufügen zur Domäne anlegen

Die Umlenkung der Computerobjekte soll immer dann erfolgen, wenn der zuständige Administrator der Organisationseinheit das Computerobjekt nicht vorher angelegt hat. Die Umlenkung greift also immer dann, wenn das Computerobjekt nicht vor seiner Aufnahme in die Domäne angelegt wurde. Aus diesem Grund müssen die Administratoren das Computerobjekt immer erst im AD anlegen und dann den Computer in die Domäne aufnehmen oder die Computer z. B. durch den *SCCM* (*System Center Configuration Manager*) installieren und automatisch der Domäne beitreten lassen. Wenn die Administratoren das Computerobjekt im AD erstellen, können sie auswählen, wer das Objekt später aufnehmen darf (siehe Abbildung 7.10). Das kann genutzt werden, wenn z. B. an einem entfernten Standort ein Computer aufgenommen werden soll und kein Administrator vor Ort ist.

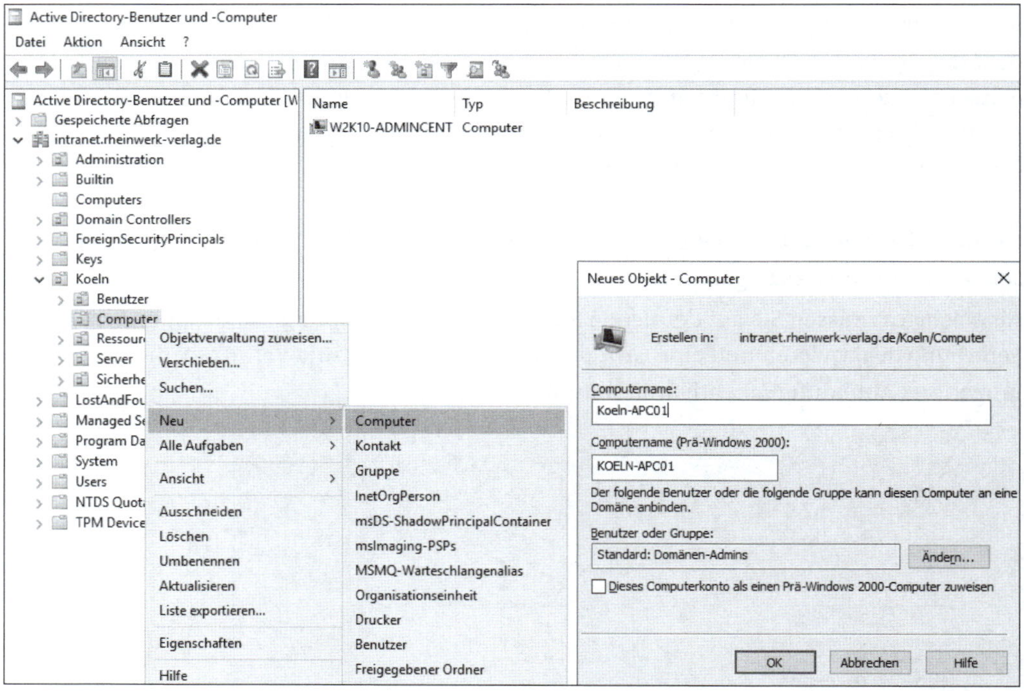

Abbildung 7.10 Erstellung des neuen Computerobjekts vor dem Domänenbeitritt

Beim manuellen Anlegen von Computerobjekten wird leider immer im Attribut `userAccountControl` der Wert `PwdNotRequired` eingetragen. Diesen Wert sollten Sie regelmäßig bereinigen!

7.5 Gruppen

Eine *Gruppe* ist eine Zusammenfassung von Benutzern, Computern oder anderen Gruppen. Benutzer und Computer können Mitglied mehrerer Gruppen sein. Bei Gruppen im AD unterscheidet man zwischen Sicherheitsgruppen und Verteilergruppen. *Sicherheitsgruppen* werden z. B. für den Zugriff auf Ressourcen oder für die Vergabe von Berechtigungen verwendet, beinhalten aber auch alle Eigenschaften einer *Verteilergruppe*, die nur zur reinen E-Mail-Verteilung verwendet werden kann. Wenn Sie eine Gruppe erstellen, müssen Sie auch den *Gruppentyp* festlegen. Er sollte zudem im Namen der Gruppe vorkommen: Der Namensbestandteil *SG* in Abbildung 7.11 steht für den Gruppentyp Sicherheit und den Gruppenbereich Global.

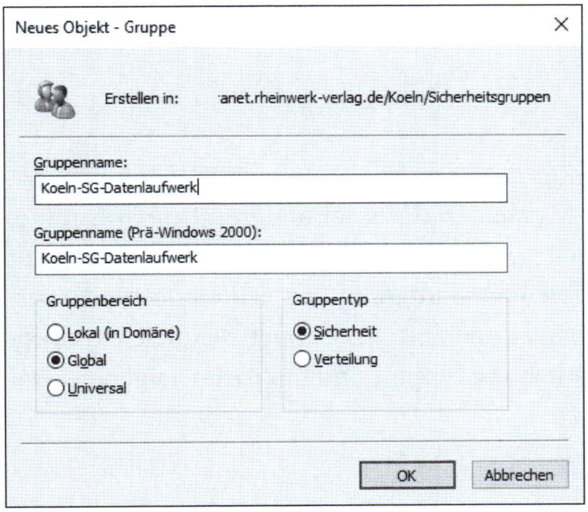

Abbildung 7.11 Auswahl der Gruppentypen bei der Gruppenerstellung

Lokale und globale Sicherheitsgruppen werden zwar im globalen Katalog angezeigt, ihre Mitglieder jedoch nicht. Dadurch verringert sich der Replikationsverkehr, um den globalen Katalog aktuell zu halten.

Sie können den Gruppentyp später noch anpassen. Wenn Sie ihn von Sicherheit in Verteilung umwandeln, wird allerdings eine Warnung angezeigt (siehe Abbildung 7.12).

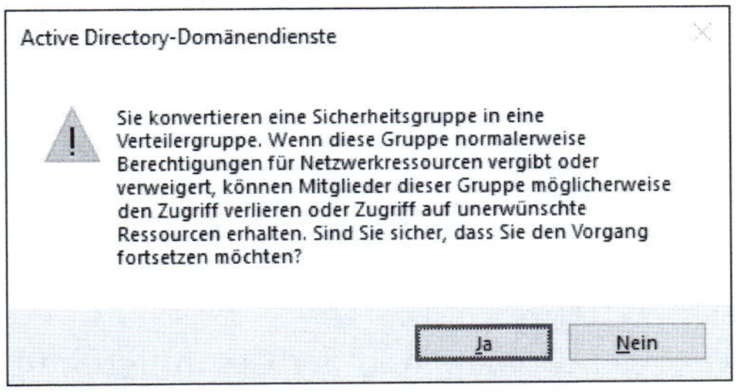

Abbildung 7.12 Warnung beim Umwandeln des Gruppentyps von »Sicherheit« in »Verteilung«

Die unterschiedlichen Gruppen haben unterschiedliche Kosten im Kerberos-Ticket, das heißt sie belegen dort unterschiedlich viel Speicher:

- Globale Gruppen sind »preiswert«.
- Universelle Gruppen aus der gleichen Domäne sind »preiswert«.
- Universelle Gruppen aus einer anderen Domäne sind »teuer«.
- Domänenlokale Gruppen sind »teuer«.

7.5.1 Arten von Sicherheitsgruppen

Es gibt vier unterschiedliche Arten von *Sicherheitsgruppen*, die wir Ihnen kurz vorstellen möchten.

(Domänen-)lokale Sicherheitsgruppen

Lokale Sicherheitsgruppen werden vor allem für die Vergabe von Berechtigungen verwendet, da in solch einen Gruppenbereich auch Mitglieder aus einer anderen Domäne aufgenommen werden können. Die lokale Sicherheitsgruppe kann nur für die Berechtigung auf Ressourcen innerhalb derselben Domäne verwendet werden, in der sich die lokale Sicherheitsgruppe befindet. Lokale Sicherheitsgruppen können nur in Gruppen des gleichen Gruppenbereichs aufgenommen werden. Domänenlokale Gruppen sind nur in der »eigenen« Domäne sichtbar.

Globale Sicherheitsgruppen

In einer globalen Sicherheitsgruppe sind die Benutzer- oder Computerobjekte der Domäne enthalten. Wenn eine globale Sicherheitsgruppe Zugriff auf Ressourcen einer anderen Domäne benötigt, muss sie zur lokalen Sicherheitsgruppe der anderen Domäne hinzugefügt werden. Dieser Gruppenbereich ermöglicht deswegen nur eine eingeschränkte Mitgliedschaft. Nur Mitglieder aus derselben Domäne können dieser Gruppe hinzugefügt werden. Diese Gruppen können jedoch auch auf Ressourcen in einer anderen Domäne berechtigt werden. Globale Sicherheitsgruppen können als Mitglied in lokale Sicherheitsgruppen beliebiger Domänen, universelle Sicherheitsgruppen und globale Sicherheitsgruppen der eigenen Domäne aufgenommen werden.

Universelle Sicherheitsgruppen

Universelle Gruppen gibt es seit Windows Server 2000. Mit ihnen lassen sich Berechtigungen auf gewünschte Ressourcen in mehreren Domänen erteilen.

Universelle Gruppen können Mitglieder aus beliebigen Domänen in der Gesamtstruktur aufnehmen und können auf Ressourcen in allen Domänen einer Gesamtstruktur zugreifen bzw. berechtigt werden. Universelle Gruppen sind verfügbar, wenn die Domänenfunktionsebene entweder Windows Server 2000 pur oder Windows Server 2003 und höher ist. Alle

Exchange-Gruppen sind universelle Gruppen. Die Gruppenmitgliederliste wird im globalen Katalog gespeichert.

Verteilergruppen

Verteilergruppen haben wir bereits zu Beginn des Abschnitts kurz erwähnt. Sie werden in Anwendungen verwendet, um eine große Anzahl von Benutzern zusammenzufassen, um z. B. E-Mails zu versenden. Eine Verteilergruppe hat jedoch nicht die Eigenschaften einer Sicherheitsgruppe in Bezug auf das Vergeben von Berechtigungen. Wenn Sie Exchange in Ihrer Infrastruktur einsetzen, ist es besser, wenn Sie die entsprechende Verwaltungskonsole nutzen. Sonst müssen Sie für die Gruppen noch die notwendigen Exchange-Attribute nachtragen.

7.5.2 Protected Users Group

Mitglieder der *Protected Users Group* verfügen automatisch über einen besonderen Schutz für ihre Konten, der sich nicht konfigurieren lässt. Die einzige Möglichkeit, diese Schutzfunktionen für ein Konto zu ändern, besteht darin, das Konto aus der Sicherheitsgruppe zu entfernen.

Die Mitgliedschaft in dieser Gruppe soll standardmäßig restriktiv und proaktiv sicher sein. Konten für Dienste und Computer sollten nie Mitglied der *Protected Users Group* sein. Außerdem unterstützt diese Gruppe die lokale Speicherung der Identitäten nicht; das Kennwort oder das Zertifikat müssen also immer auf dem Host verfügbar sein. Andernfalls erhalten Sie einen Authentifizierungsfehler für alle Dienste oder Computer, die Mitglied der Gruppe *Protected Users* sind.

Wenn der Benutzer Mitglied der Gruppe der *Protected Users* ist, werden die folgenden Schutzmaßnahmen angewendet:

- Die *Credential Delegation (CredSSP)* speichert die Klartext-Anmeldeinformationen des Benutzers nicht zwischen, und zwar auch dann nicht, wenn die Gruppenrichtlinieneinstellung *Delegieren von Standard-Anmeldeinformationen zulassen* aktiviert ist.
- Seit Windows 8.1 und Windows Server 2012 R2 speichert *Windows Digest* die Anmeldeinformationen des Benutzers nicht mehr im Klartext zwischen, selbst wenn dies aktiviert sein sollte.
- Es werden Einschränkungen für *Ticket-Granting Tickets (TGTs)* für jedes Mitglied dieser Gruppe eingerichtet. Normalerweise legt der Domänencontroller die TGTs-Lebensdauer (600 Minuten) und den Zeitpunkt der Erneuerung basierend auf den Domänenrichtlinien fest. Ist der PDC mindestens auf dem Stand von Windows Server 2012 R2, wird für die Gruppe der geschützten Benutzer die Lebensdauer auf 4 Stunden (240 Minuten) reduziert. Befindet sich die FSMO-Rolle *PDC* (primärer Domänencontroller) auf einem älteren Windows Server-Betriebssystem, wird die Lebensdauer nicht reduziert.

7.6 MSA und gMSA

7.6.1 Managed Service Account (MSA)

Managed Service Accounts wurden mit Windows Server 2008 R2 eingeführt und waren als Servicekonto für Anwendungen und Dienste vorgesehen. Managed Service Accounts wechseln alle 30 Tage automatisch ihr Kennwort und speichern es im AD. Die Kennwortlänge wird von Microsoft nicht genau veröffentlicht, soll aber mehr als 120 Zeichen betragen. Die MSAs registrieren die SPNs der Anwendungen automatisch.

MSAs unterstützten am Anfang nur wenige Anwendungen, konnten aber für Dienste und geplante Aufgaben auf einzelnen Servern verwendet werden. MSAs konnten in der Domäne nur dann erstellt werden und das Kennwort konnte nur dann automatisch erneuert werden, wenn sich die Windows Server 2008 R2-DCs direkt unter der OU DOMAIN CONTROLLERS befanden. In der aktuellen Version besteht dieses Problem nicht mehr. Eine interaktive Anmeldung an einem Server oder Computer oder die Sperrung eines MSAs ist nicht möglich.

Voraussetzungen für MSAs

Voraussetzung für den Einsatz der MSAs ist die Domänenfunktionsebene von Windows Server 2008 R2 oder höher. Ist die Domänenfunktionsebene Windows Server 2008, dann beschränken sich Managed Service Accounts auf die Passwortverwaltung. Clients und Server, deren Dienste und Anwendungen sich mit einem MSA anmelden sollen, müssen ebenfalls bestimmte Voraussetzungen erfüllen. Sie können von Computern und Servern genutzt werden, die Mitglied der Domäne sind und auf denen mindestens Windows 7 oder Windows Server 2008 R2 installiert ist. Außerdem müssen das PowerShell-Modul für Active Directory und .NET Framework 3.5. installiert sein.

7.6.2 Group Managed Service Account (gMSA)

MSAs werden mithilfe der PowerShell nur einem Computerobjekt im AD zugewiesen und können nur von Diensten oder Anwendungen genutzt werden, die auf diesem Rechner installiert sind. Der Einsatz von MSAs auf Serverfarmen oder bei Systemen hinter einem Loadbalancer ist daher nur sehr eingeschränkt möglich.

In diesen Fällen wäre es zweckmäßig, wenn sich alle Systeme über eine Identität ausweisen könnten, ohne zu wissen, welcher Server gerade genutzt wird. Um dieses Problem zu beheben, wurden mit Windows Server 2012 die *Group Managed Service Accounts (gMSA)* eingeführt. Diese haben die gleichen Funktionen wie MSAs, können aber auf mehreren Systemen genutzt werden. gMSAs werden einer Sicherheitsgruppe im AD zugewiesen. In diese Sicherheitsgruppe können dann die Computerobjekte aufgenommen werden, auf denen der jeweilige gMSA genutzt werden soll. Durch diese neue Möglichkeit konnten die gMSAs auch für geplante Aufgaben oder den IIS auf mehreren Servern genutzt werden. Mittlerweile können die gMSAs auch von vielen Dritthersteller-Tools genutzt werden.

Voraussetzungen für gMSA

Für die erweiterten Funktionen eines gMSAs müssen folgende Voraussetzungen erfüllt sein:

- Das Kennwort des Kontos wird mit einem sogenannten *KDS Root Key* verschlüsselt, der erst erstellt werden muss.
- Zusätzlich müssen die Konten definiert werden, die das Recht bekommen, das Kennwort des gMSAs zu lesen und zu ändern. Hier werden die Computerkonten eingetragen, die den gMSA verwenden sollen.
- Für den Einsatz von gMSAs muss mindestens ein Domänencontroller mit Windows Server 2012 vorhanden sein.

Einen gMSA erstellen und verwenden

Alle Aktionen für gMSAs werden per PowerShell durchgeführt. Vor dem ersten Einsatz eines gMSAs in der Domäne muss ein *KDS Root Key* erstellt werden:

```
Add-KdsRootKey -EffectiveImmediately
Guid
----
85b383c6-a42b-2d87-4ea8-b79826b9691d
```

`EffectiveImmediately` sagt aus, dass der Key direkt wirksam ist, was aber nicht wirklich stimmt: Der Key wurde zwar erstellt, allerdings müssen Sie nun aufgrund einer Sicherheitsvorkehrung und anders, als der Befehl es vermuten lässt, 10 Stunden warten, bevor der Key genutzt werden kann und die vorhandenen Kerberos-Tickets abgelaufen sind bzw. erneuert wurden. Dadurch wird auch sichergestellt, dass der Key auf alle DCs repliziert wurde. Da wir diese Schritte in einem Lab durchführen und nicht warten möchten, nutzen wir einen Weg, um diese Wartezeit zu umgehen. Für Tests können Sie den Befehl wie folgt abwandeln:

```
Add-KdsRootKey -EffectiveTime ((get-date).addhours(-10))
```

So kann der Key sofort verwendet werden. Sollen die gMSAs aber produktiv eingesetzt werden, sollten Sie die eingeplanten 10 Stunden abwarten. Vertreiben Sie sich die Zeit inzwischen anders.

Danach können gMSAs in der Domäne mit folgendem PowerShell-Befehl erstellt werden:

```
New-ADServiceAccount -Name DCMonitoring -DNSHostName DCMonitoring `
  -PrincipalsAllowedToRetrieveManagedPassword gMSA-SG-DCMonitoring
```

Wurde der gMSA erstellt, erscheint keine weitere Meldung in der PowerShell. Die erfolgreiche Erstellung können Sie im *Active Directory-Verwaltungscenter* (siehe Abbildung 7.14) oder in der Konsole *Active Directory-Benutzer und -Computer* prüfen (siehe Abbildung 7.13).

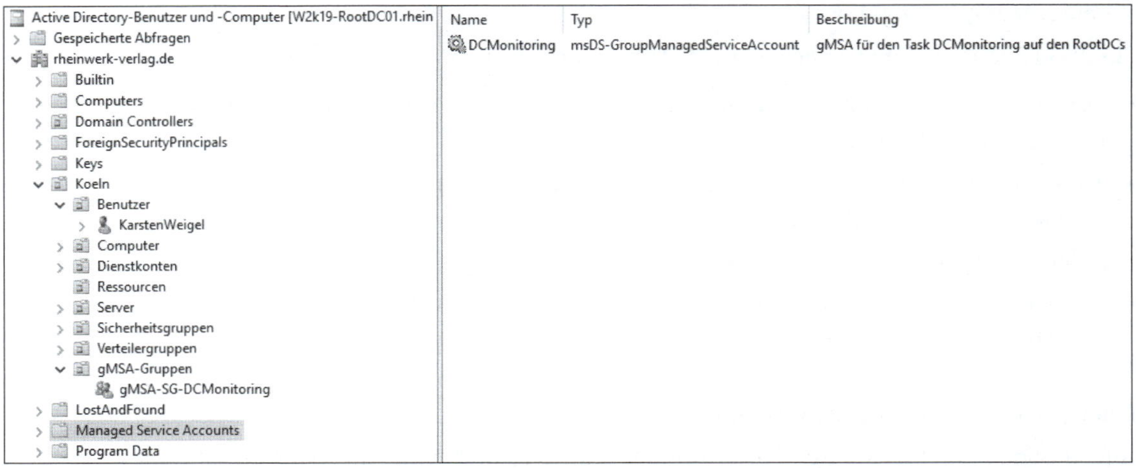

Abbildung 7.13 So erscheinen gMSAs in der Konsole »Active Directory-Benutzer und -Computer«.

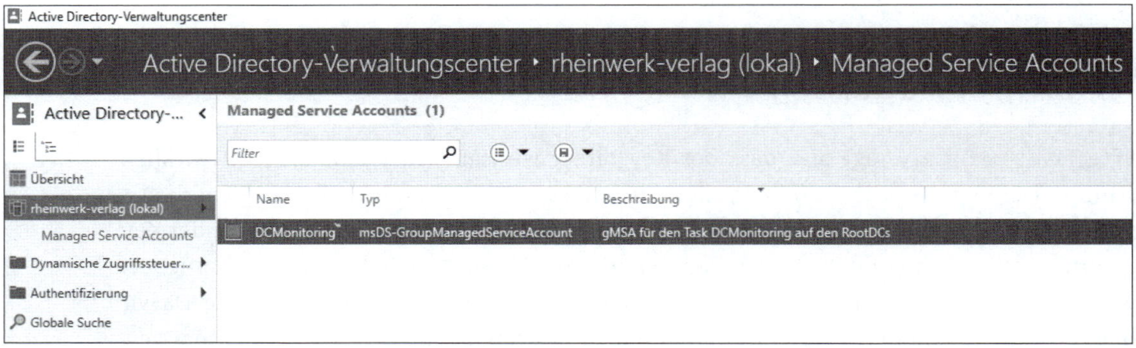

Abbildung 7.14 Erstellter gMSA im AD-Verwaltungscenter

Damit der gMSA auf den Servern oder Clients genutzt werden kann, muss er quasi auf ihnen installiert werden. Genau für diesen Schritt ist auch das AD-PowerShell-Modul notwendig. Die endgültige Einrichtung des gMSAs erfolgt auf dem System, das Mitglied der festgelegten Gruppe ist. Nutzen Sie dort folgenden PowerShell-Befehl:

```
Install-ADServiceAccount DCMonitoring
```

Einen Test führen Sie mit dem Aufruf `Test-ADServiceAccount DCMonitoring` durch.

Einen gMSA für eine geplante Aufgabe verwenden

Sie können entweder eine geplante Aufgabe über den Server-Manager erstellen und den gMSA am Ende für die Nutzung konfigurieren, oder Sie nutzen die PowerShell. Wir werden Ihnen hier den Weg über die PowerShell zeigen und erklären.

```
$action = New-ScheduledTaskAction  "PowerShell.exe C:\@Scripts\DCMonitoring.ps1"
$trigger = New-ScheduledTaskTrigger -At 23:00 -Daily
$principal = New-ScheduledTaskPrincipal -UserID rheinwerk-verlag.de\DCMonitoring$ `
  -LogonType Password
Register-ScheduledTask DCMonitoringTask -Action $action -Trigger $trigger `
  -Principal $principal
```

Wenn Sie einen gMSA für geplante Aufgaben verwenden und die Betriebssystemversion des Servers älter als Windows Server 2019 ist, dann muss der gMSA auf dem System das Recht *Anmelden als Stapelverarbeitungsauftrag* erhalten, sonst schlägt die Aufgabe fehl. Wenn Sie die AUFGABENPLANUNG öffnen, können Sie die gerade erstellte Aufgabe einsehen (siehe Abbildung 7.15).

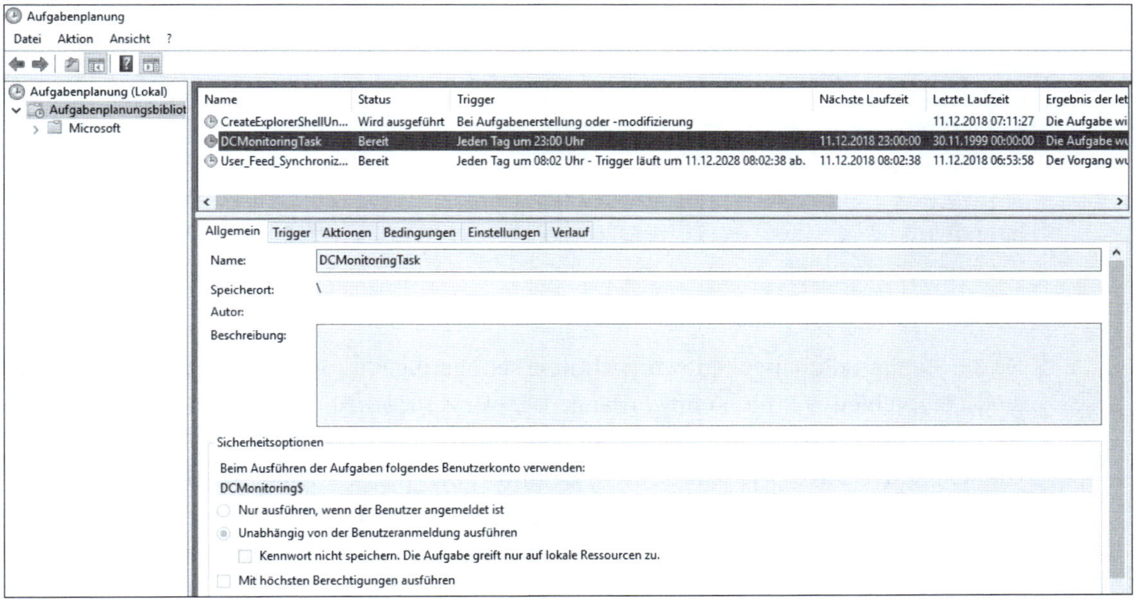

Abbildung 7.15 Die »Aufgabenplanung« mit der erstellten Aufgabe

Kerberos Encryption Types

Wenn bei der Verwendung des PowerShell Applets `Install-ADServiceAccount` die Fehlermeldung `provided context did not match the target` angezeigt wird, kann dies daran liegen, dass Microsoft inzwischen den Kerberos Encryption Type RC4 aus Windows Server entfernt hat.

Damit Sie das PowerShell-Applet ausführen können, müssen Sie mit folgendem PowerShell-Befehl die Kerberos Encryption Types anpassen:

```
Set-ADServiceAccount -Identity SQLServerGMSA -KerberosEncryptionType AES128,AES256,
AES384
```

7.7 Password Settings Objects (PSOs)

Password Settings Objects wurden mit Windows Server 2008 eingeführt und werden genutzt, um unterschiedliche Kennwortrichtlinien für unterschiedliche Kontentypen umzusetzen.

Die Standardeinstellungen sind auf einem Domänencontroller in `gpmc.msc` unter *Domänen/[DomänenName]/Default Domain Policy* zu finden, können aber auch mit der PowerShell angezeigt werden:

```
Get-ADDefaultDomainPasswordPolicy

ComplexityEnabled           : True
DistinguishedName           : DC=intranet.rheinwerk-verlag,DC=de
LockoutDuration             : 00:30:00
LockoutObservationWindow    : 00:30:00
LockoutThreshold            : 0
MaxPasswordAge              : 42.00:00:00
MinPasswordAge              : 1.00:00:00
MinPasswordLength           : 7
objectClass                 : {domainDNS}
objectGuid                  : dc627663-e644-4cb9-9f73-eaf79b504ce6
PasswordHistoryCount        : 24
ReversibleEncryptionEnabled : False
```

Da die Standarddomänenkennwortrichtlinie sehr geringe Anforderungen an das Kennwort stellt, empfehlen wir, die Kennwortlänge (`MinPasswordLength`) auf 12 Zeichen zu erweitern und den Wert für die Kontosperrungsschwelle (`LockoutThreshold`) auf über 20 zu erhöhen. Gibt ein Active Directory-Benutzer sein Kennwort mehr als 20-mal falsch ein, wird er für 30 Minuten gesperrt und kann sich nicht einloggen, was in der Kontosperrdauer (`LockoutDuration`) angegeben ist. Diese Zeit muss er aussitzen. In einer Zeitspanne von 30 Minuten (`LockoutOberservationWindow`) darf der Benutzer das Kennwort nicht öfter als 20-mal falsch eingeben, sonst wird er gesperrt. Hierzu zählen auch automatische Anmeldeversuche durch falsche oder veraltete Kennwörter, die in Anwendungen gespeichert sind.

Die Standarddomänenkennwortrichtlinie kann entweder über die Gruppenrichtlinienverwaltungskonsole oder über einen Einzeiler in der PowerShell angepasst werden:

```
Set-ADDefaultDomainPasswordPolicy -Identity intranet.rheinwerk-verlag.de `
  -MinPasswordLength 12 -LockoutThreshold 20
```

Die *PSOs* bieten an dieser Stelle Vorteile. Mit ihnen können Sie andere und erweiterte Kennwortrichtlinien für administrative Konten konfigurieren oder für Benutzerkonten, die für Dienste benötigt werden.

7

7.7.1 Voraussetzungen für das Anwenden der PSOs

Damit PSOs genutzt werden können, muss die Domänenfunktionsebene mindestens auf der Version Windows Server 2008 sein. PSOs können nur von Domänenadministratoren erstellt und später für Benutzer- oder globale Sicherheitsgruppen angewendet werden. Ein PSO kann nicht auf eine OU angewendet werden.

7.7.2 PSOs erstellen

PSOs werden entweder über das AD-Verwaltungscenter oder die PowerShell erzeugt.

Wählen Sie im AD-Verwaltungscenter SYSTEM • PASSWORD SETTINGS CONTAINER, und klicken Sie im rechten Bildbereich unter AUFGABEN auf NEU (siehe Abbildung 7.16).

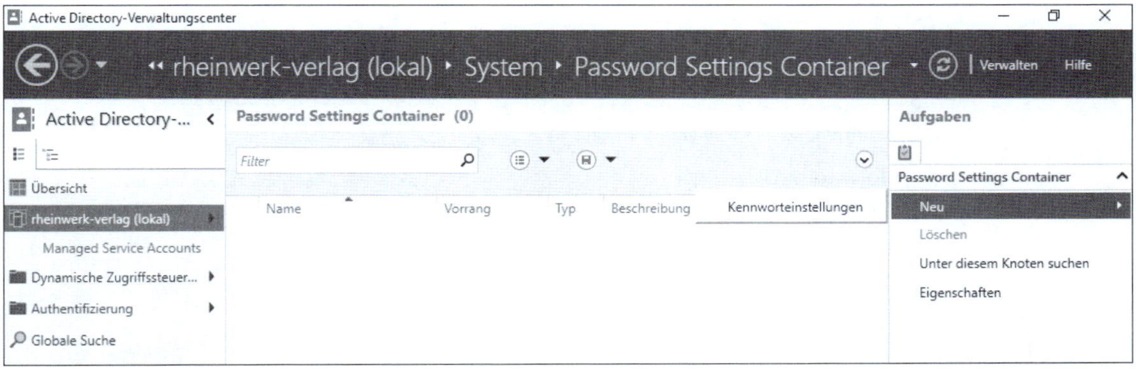

Abbildung 7.16 Ein PSO über das AD-Verwaltungscenter erstellen

Ein neues PSO erhält zunächst die Einstellungen der Standarddomänenkennwortrichtlinie, die Sie im Anschluss anpassen müssen.

Wir zeigen Ihnen im Folgenden zwei PSOs: eines für Administratoren und eines für Dienstkonten. Das erste PSO erstellen wir mithilfe des AD-Verwaltungscenters, das Sie in Abbildung 7.17 sehen, und das zweite mit der PowerShell.

Die hier verwendete Gruppe sollte auf Grundlage einer vorhandenen Namenskonvention für administrative Kennungen per Skript automatisch befüllt werden. In der Praxis empfiehlt es sich, die Gruppe jede Nacht zu leeren und mit den ermittelten administrativen Kennungen zu befüllen.

Mit diesem PowerShell-Befehl erstellen Sie das PSO für Dienstkonten und verknüpfen es anschließend mit einer AD-Gruppe:

```
New-ADFineGrainedPasswordPolicy -Name "PSO-Dienstkonten" -ComplexityEnabled $true `
  -Precedence 2 `
  -Description "Kennwortrichtlinie für nicht gMSA Dienstkonten" `
  -DisplayName "PSO-Dienstkonten" `
```

```
-MinPasswordAge "1" `
-MaxPasswordAge "360" `
-LockoutThreshold 0 `
-MinPasswordLength "24"
```

```
Add-ADFineGrainedPasswordPolicySubject "PSO-Dienstkonten" PSO-SG-Dienstkonten
```

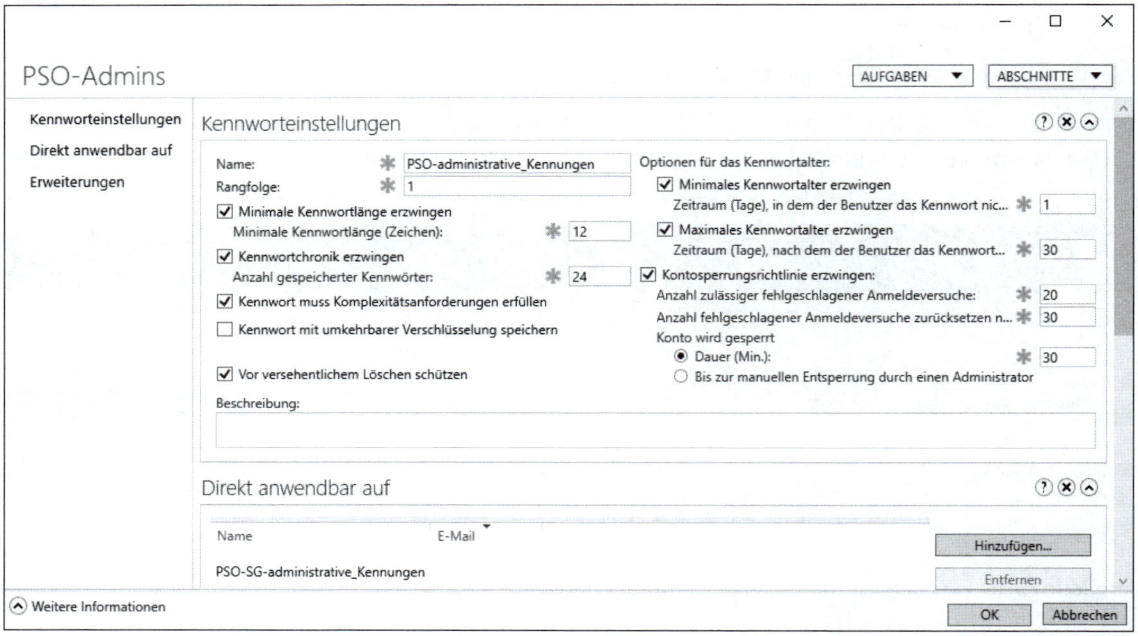

Abbildung 7.17 »PSO-administrative_Kennungen« mithilfe des AD-Verwaltungscenters

Um zu überprüfen, bei welchen Objekten die Kennwortrichtlinie angewendet wird, verwenden Sie folgenden PowerShell-Befehl:

```
Get-ADFineGrainedPasswordPolicySubject PSO-administrative_Kennungen
```

Im AD-Verwaltungscenter wird das PSO dann so wie in Abbildung 7.18 angezeigt.

Die PSOs können auch über ADSIEdit erstellt und angepasst werden. Da die Verwendung der PowerShell oder des AD-Verwaltungscenters viel einfacher und auf jedem DC verfügbar ist, gehen wir jedoch nicht weiter darauf ein.

Viel wichtiger ist die Frage: Was hat wie Vorrang und wie wird es abgearbeitet?

- PSOs speziell für Benutzer haben Vorrang vor PSOs für die Gruppe, wenn der Benutzer Mitglied der Gruppe ist.
- Bei gleichem Typ hat das PSO mit der niedrigeren Rangfolge Vorrang.
- Bei gleichem Typ und gleicher Rangfolge hat das PSO mit der kleineren GUID Vorrang.

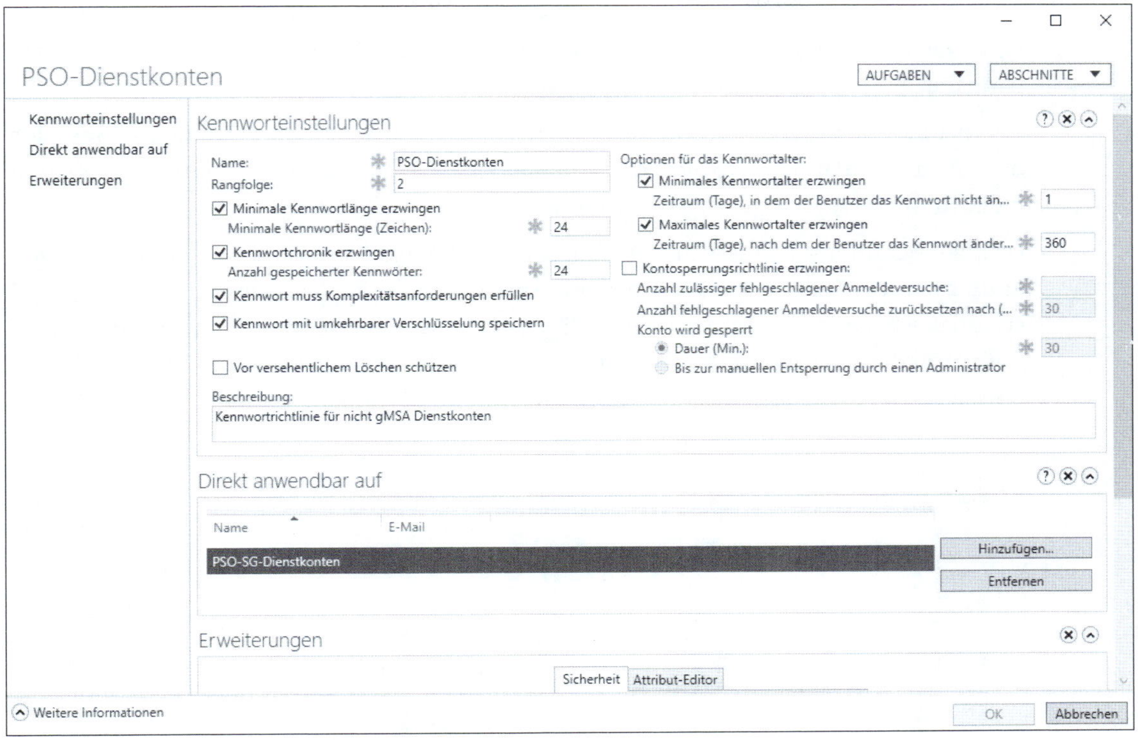

Abbildung 7.18 Das erstellte PSO für Dienstkonten im AD-Verwaltungscenter

Welches PSO auf die Gruppe oder den Benutzer wirkt, sehen Sie anhand des Attributs `msDS-ResultantPSO` (siehe Abbildung 7.19). Das Attribut wird in der Konsole nur dann angezeigt, wenn Sie den Filter für erzeugte (*constructed*) Attribute aktivieren.

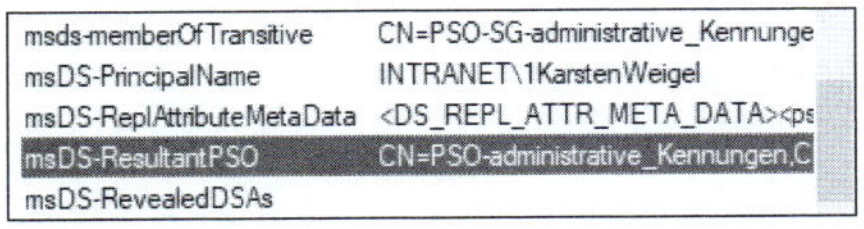

Abbildung 7.19 Das Attribut »msDS-ResultantPSO« mit dem angewendeten PSO

7.8 Gruppenrichtlinienobjekte (GPOs)

GPOs sind Konfigurationseinstellungen, die auf Benutzer oder Computer angewendet werden können. Mit Gruppenrichtlinien können Sie das Verhalten und die Einstellungen der Computer und Benutzer steuern und verändern. Jede Gruppenrichtlinie besteht aus den Bereichen *Benutzerkonfiguration* und *Computerkonfiguration*.

Diese Unterteilung ist sehr wichtig, da die Benutzer und Computer sicherlich in unterschiedlichen OUs sein werden. Die Computerkonfigurationen werden durch den Computer beim

Start des Betriebssystems abgearbeitet: Erst nach erfolgreicher Abarbeitung kann sich der Benutzer am Computer anmelden. Bei der Anmeldung des Benutzers am Computer werden dann die Benutzerkonfigurationen verarbeitet.

Der nicht verwendete Konfigurationsbereich (Computer- oder Benutzerkonfiguration) sollte deaktiviert werden, damit er nicht erst von allen Objekten gelesen werden muss und es somit nicht zu Anmeldeverzögerungen für die Benutzer kommt.

Gruppenrichtlinien können mit Organisationseinheiten, Domänen und Standorten verknüpft werden. Die Abarbeitung von Gruppenrichtlinien erfolgt so, wie es in Abbildung 7.20 schematisch dargestellt wird. Ist eine Policy mit der Domäne verknüpft und ist eine andere Policy mit der OU verknüpft, dann hat die Policy an der OU eine höhere Priorität und überschreibt die eventuellen Einstellungen der Richtlinie auf Domänenebene.

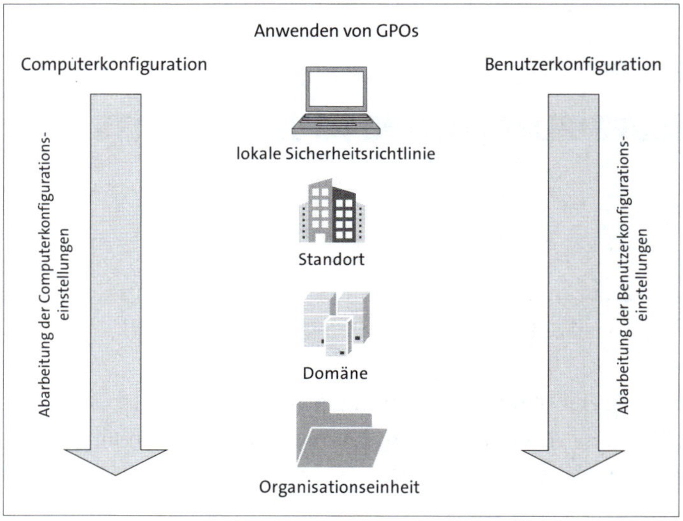

Abbildung 7.20 Abarbeitung von Gruppenrichtlinien in einer Domäne

Die Anwendung von Gruppenrichtlinien wird seit Windows Server 2008 nicht mehr durch den `Winlogon`-Prozess verwaltet, sondern vom Dienst `gpsvc`. Hierdurch ist eine effektivere und sichere Umgebung für die Anwendung von Gruppenrichtlinien entstanden.

Die AD-Hierarchie bietet die Möglichkeit, dass GPOs auf höherer Ebene (OUs oberster Ebene) verknüpft werden und die Einstellungen automatisch an darunter liegende OUs vererbt werden. Diese Vererbung bietet eine effektive Methode, um Gruppenrichtlinieneinstellungen für die Umgebung anzuwenden. Wenn eine AD-Domäne erstellt wird, werden automatisch zwei Gruppenrichtlinien erstellt und mit dem AD verknüpft, nämlich die *Default Domain Policy* und die *Default Domain Controllers Policy*. Diese Richtlinien sollten gemäß den Best Practices nicht verändert werden. Erstellen Sie stattdessen neue Richtlinien, und nehmen Sie die Konfiguration dort vor. Gruppenrichtlinien werden immer nur von Benutzern und Computern abgearbeitet, niemals von Druckern oder Sicherheitsgruppen.

Sind mehrere Gruppenrichtlinien mit einem Standort, der Domäne oder der gleichen OU verknüpft, werden die Richtlinien von unten nach oben abgearbeitet. Das heißt, die GPO mit der Verknüpfungsreihenfolge 1 wird zum Schluss abgearbeitet.

Abbildung 7.21 zeigt ein Beispiel für die Abarbeitung von Gruppenrichtlinien auf der OU *intranet.rheinwerk-verlag.de/Koeln/Benutzer*.

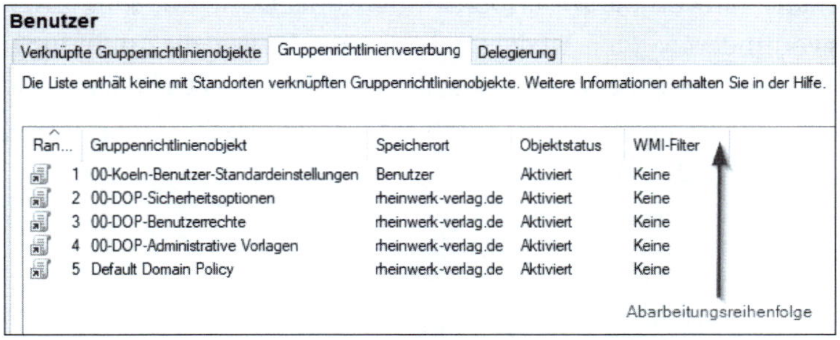

Abbildung 7.21 GPO-Vererbung für die OU-Benutzer

Sie können die Übernahme von GPO-Einstellungen auch erzwingen. Die erzwungene Übernahme der Einstellungen sollte nur im Ausnahmefall, zum Test oder bei einer gewünschten erzwungenen delegierten Verwaltung erfolgen. Das Erzwingen einer GPO auf OU-Ebene mit der Verknüpfungsreihenfolge 1 ist sinnlos, da diese sowieso zum Schluss abgearbeitet wird – es sei denn, eine andere GPO auf höherer Ebene erhält die gleichen Einstellungen und wird auch erzwungen. Wenn auf einer Ebene die GPOs der übergeordneten Ebene nicht mehr abgearbeitet werden sollen, können Sie die VERERBUNG DEAKTIVIEREN (siehe Abbildung 7.22). Ist die Vererbung deaktiviert, werden bis auf die erzwungenen GPOs alle GPOs der höheren Ebenen nicht mehr angewendet und das Symbol der OU erhält ein blaues Ausrufezeichen.

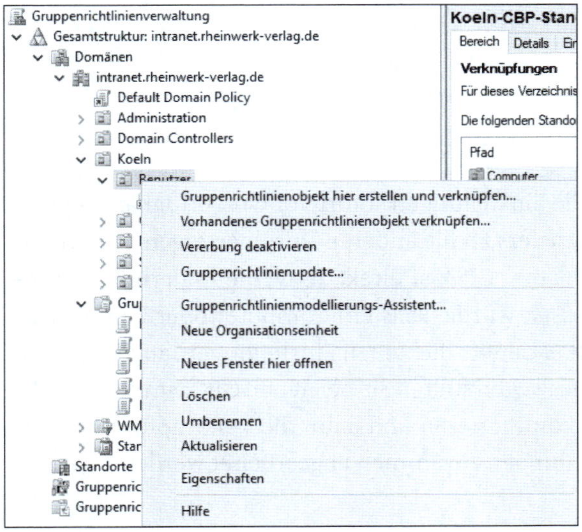

Abbildung 7.22 Vererbung der Gruppenrichtlinie deaktivieren

7.8.1 Allgemeines zu Gruppenrichtlinien

Neue Gruppenrichtlinien werden über die *Gruppenrichtlinienverwaltungskonsole (GPMC)* erstellt, geändert und verwaltet. In der normalen *AD-Benutzer und -Computer*-Konsole sind die Gruppenrichtlinien nicht mehr sichtbar. Wird die GPMC auf einem Domänencontroller oder einem Client geöffnet, verbindet sie sich standardmäßig immer mit dem primären Domänencontroller (PDC) der Domäne. Die Verbindung erfolgt immer zum PDC, damit konkurrierende Änderungen an GPOs verhindert werden. Ist dies nicht erwünscht, weil die Anbindung zu langsam ist oder die Einstellungen direkt vor Ort wirken sollen, kann in der Gruppenrichtlinienverwaltungskonsole der Domänencontroller gewechselt werden. Dafür wechseln Sie einfach wie in Abbildung 7.23 zum lokalen DC.

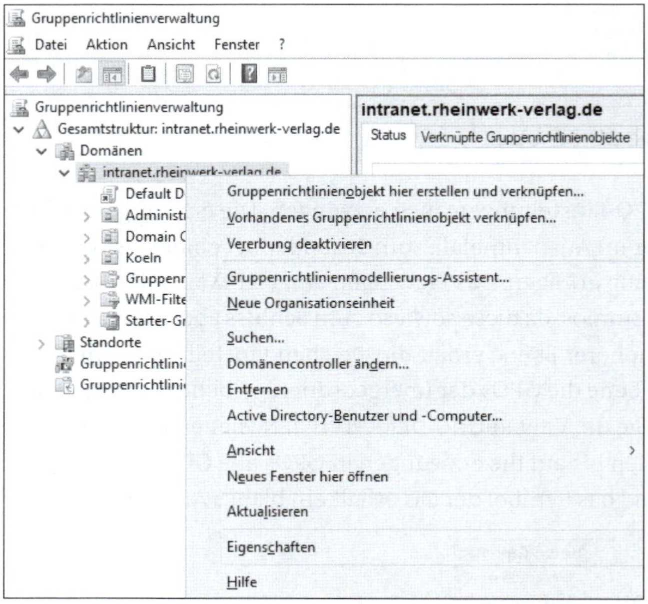

Abbildung 7.23 So verbinden Sie sich über die Gruppenrichtlinienverwaltung mit einem anderen DC.

Wenn Sie nun eine GPO anpassen, sind die Einstellungen sofort vor Ort verfügbar und werden während des nächsten Replikationsfensters an die anderen DCs übertragen. Jede vorgenommene Änderung einer Einstellung in einer GPO ist direkt aktiv; die Änderung wird gespeichert, ohne dass das Fenster geschlossen wurde. Falls ein Computer oder Benutzer im gleichen Zeitraum die GPOs abruft, erhält er bereits die neuen Einstellungen, auch wenn die Bearbeitung noch nicht geschlossen ist. Deswegen sollten Sie bei neuen GPOs immer erst das neue Objekt erstellen, die Einstellungen konfigurieren und dann die Verknüpfung vornehmen. So stellen Sie sicher, dass alle Einstellungen zusammen abgearbeitet werden.

7.8.2 Bestandteile einer GPO und die Ablageorte

Jede erstellte GPO hat eine eindeutige Nummer, die *GUID*. Die Einstellungen, die Sie an den GPOs vorgenommen haben, werden in sogenannten *GPT*-Dateien *(Group Policy Template)* im *SYSVOL*-Ordner gespeichert (siehe Abbildung 7.24) und mit *DFS-R (Distributed File System Replication)* zwischen den DCs repliziert.

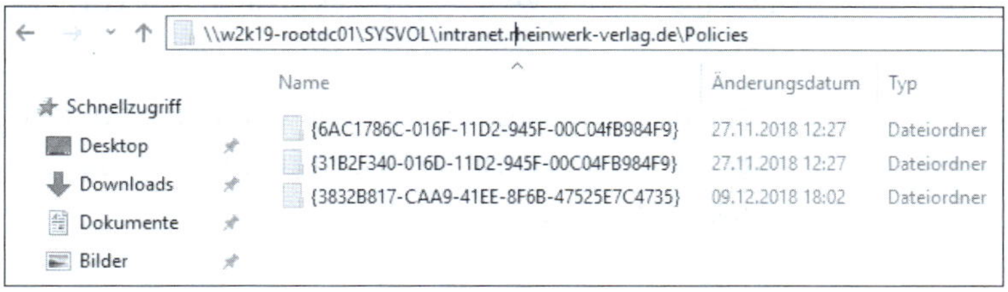

Abbildung 7.24 Die Freigabe »SYSVOL« auf dem Domänencontroller »W2k19-RootDC01«

Die Gruppenrichtlinien mit der zugeordneten GUID werden als *GPC (Group Policy Container)* im AD im Container *System/Policies* gespeichert und mit der AD-Replikation repliziert. Die ersten beiden GPOs sind die *Domain Policy* und die *Domain Controller Policy*. Die dritte GPO ist die erste GPO, die Sie selbst erstellen (siehe Abbildung 7.25).

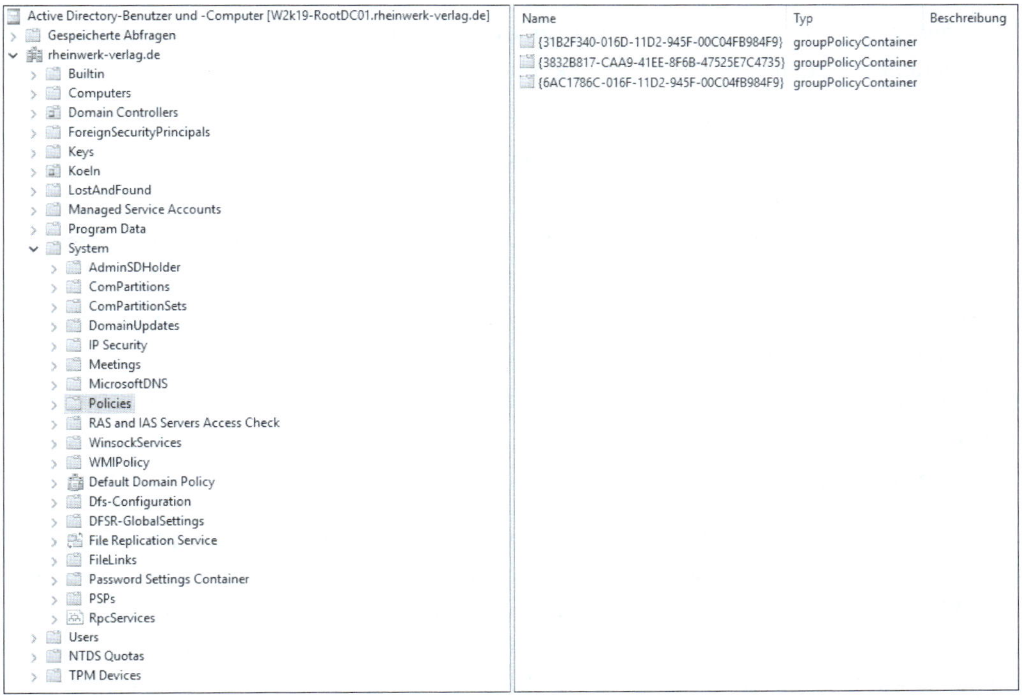

Abbildung 7.25 Die Group Policy Container (GPCs) werden im AD unter dem Container »System« gespeichert.

Wird eine Richtlinie in der Gruppenrichtlinienverwaltungskonsole verknüpft, erfolgt damit die Zuordnung der GPT. Sobald die Gruppenrichtlinie jetzt abgerufen wird, lädt der Computer bzw. Benutzer die Einstellungen aus dem lokalen *SYSVOL*-Verzeichnis des DCs vor Ort.

Dadurch, dass bei den GPT-Dateien und den GPCs unterschiedliche Replikationswerkzeuge verwendet werden, kann es sein, dass der Group Policy Container bereits im AD ist, aber die GPT-Datei und der Policy-Ordner noch nicht im *SYSVOL*-Verzeichnis des lokalen DCs vorhanden sind oder andersherum.

Falls dies geschieht, wird der GPC abgerufen, kann aber aufgrund der fehlenden Dateien noch nicht abgearbeitet werden. Bei den nächsten Versuchen wird der GPC immer wieder abgerufen und werden die Einstellungen im *SYSVOL*-Verzeichnis ermittelt.

7.8.3 Aktualisierungsintervalle von GPOs

Für Mitgliedserver, Computer und Benutzer werden die Richtlinien im Hintergrund aktualisiert, und zwar standardmäßig alle 90 Minuten mit einem Offset von 0 bis 30 Minuten. Der zufällige Offset dient dazu, dass nicht alle Clients zur gleichen Zeit die Richtlinien aktualisieren. Das bedeutet, es kann bis zu 120 Minuten dauern, bis eine geänderte Gruppenrichtlinie in Kraft tritt.

Domänencontroller aktualisieren standardmäßig alle 5 Minuten die Gruppenrichtlinien. Die verschiedenen Aktualisierungsintervalle können Sie einstellen:

- Das Gruppenrichtlinien-Aktualisierungsintervall für Computer finden Sie unter:

  COMPUTERKONFIGURATION • RICHTLINIEN • ADMINISTRATIVE VORLAGEN • SYSTEM • GRUPPENRICHTLINIE
- Das Gruppenrichtlinien-Aktualisierungsintervall für Domänencontroller finden Sie unter:

  COMPUTERKONFIGURATION • RICHTLINIEN • ADMINISTRATIVE VORLAGEN • SYSTEM • GRUPPENRICHTLINIE
- Das Gruppenrichtlinien-Aktualisierungsintervall für Benutzer finden Sie unter:

  BENUTZERKONFIGURATION • RICHTLINIEN • ADMINISTRATIVE VORLAGEN • SYSTEM • GRUPPENRICHTLINIE

GPOs können aber auch manuell aktualisiert werden. Dazu verwenden Sie das Kommando `gpupdate /force`, wobei mit dem Schalter `force` das Anwenden der Richtlinien erzwungen wird. Wenn Sie die Kommandozeile als Benutzer öffnen, werden nur die Benutzereinstellungen übernommen. Sollen auch die Computereinstellungen übernommen werden, müssen Sie sie mit Administrationsrechten öffnen. Mit dem Schalter `/target:USER` oder `/target:COMPUTER` können Sie auch nur die Benutzer- oder Computereinstellungen aktualisieren bzw. anwenden.

7.8.4 GPOs erstellen und löschen

GPOs werden über die Gruppenrichtlinienverwaltungskonsole eingerichtet und sollten immer zentral erstellt werden. Führen Sie hierzu einen Rechtsklick auf die OU aus, und wählen Sie VORHANDENES RICHTLINIENOBJEKT VERKNÜPFEN oder ziehen Sie das Objekt auf die OU. GPOs sollten dabei stets unter GRUPPENRICHTLINIENOBJEKTE erstellt werden (siehe Abbildung 7.26). Erst wenn die GPO komplett erstellt ist, sollte sie mit dem Standort, der Domäne oder der OU verknüpft werden.

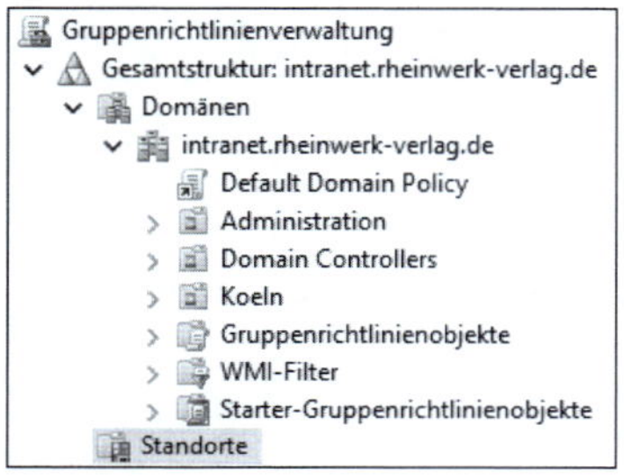

Abbildung 7.26 Eine GPO mit einem Standort verknüpfen

Eine GPO kann über die Gruppenrichtlinienverwaltungskonsole auch mit einem Standort verknüpft werden. Wenn Gruppenrichtlinien angewendet werden sollen, die auf dem Standort des Benutzers und/oder Computers basieren, verknüpfen Sie die Richtlinie mit einem der STANDORTE. Soll nur eine bestimmte Gruppe die Richtlinie am Standort erhalten, steuern Sie die Anwendung über eine Sicherheitsfilterung für die Gruppe.

Um eine lokale Richtlinie auf einer einzelnen Maschine bei Bedarf anzuwenden, bearbeiten Sie die lokale Gruppenrichtlinie mit dem *Lokalen Gruppenrichtlinien-Editor* (`gpedit.msc`).

Soll eine GPO wieder entfernt werden, wählen Sie LÖSCHEN im Kontextmenü der verknüpften GPO. Durch das Löschen wird nur die Verknüpfung und nicht die GPO gelöscht. Dazu erscheint der Hinweis aus Abbildung 7.27.

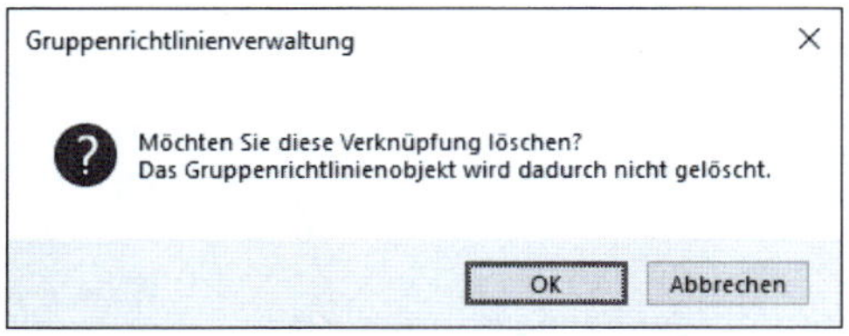

Abbildung 7.27 Die Verknüpfung einer GPO auf OU-Ebene löschen

Wenn Sie die GPO komplett löschen wollen, muss dies unterhalb der Gruppenrichtlinienobjekte erfolgen. Auch hier müssen Sie die GPO auswählen und im Menü auf LÖSCHEN klicken (siehe Abbildung 7.28). Hierdurch werden auch alle noch vorhandenen Verknüpfungen gelöscht.

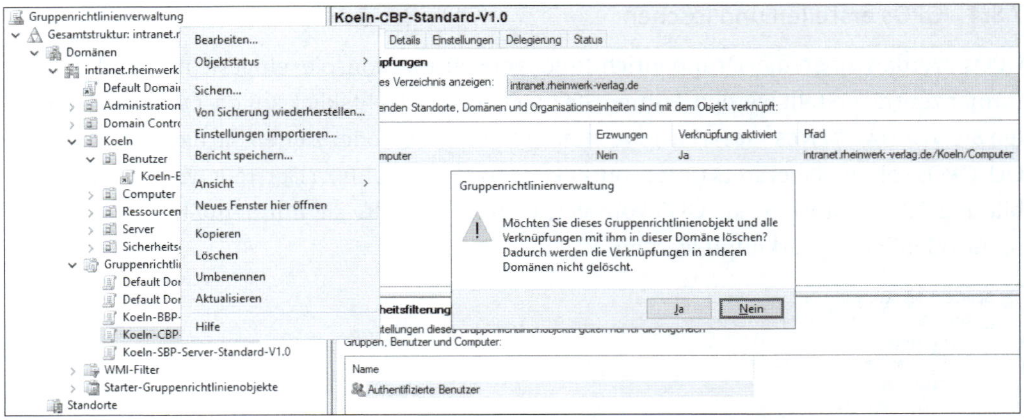

Abbildung 7.28 Eine GPO mit allen vorhandenen Verknüpfungen unterhalb der Gruppenrichtlinienobjekte löschen

7.8.5 Sicherheitsfilter der GPOs

Durch *Sicherheitsfilter* kann eine GPO nur auf einzelne Gruppen (Benutzer und Computer) oder bestimmte Objekte angewendet werden. Wird in die Sicherheitsfilterung nur eine Gruppe von Benutzern oder ein einzelnes Benutzerobjekt eingetragen, müssen die Domänencomputer zwingend über den Reiter DELEGIERUNG das Leserecht zugewiesen bekommen, da die GPO sonst nicht übernommen werden kann. Der Hinweis aus Abbildung 7.29 zeigt dies noch mal an und ist nicht zu vernachlässigen. Weitere Infos finden Sie unter *https://support.microsoft.com/kb/3163622*.

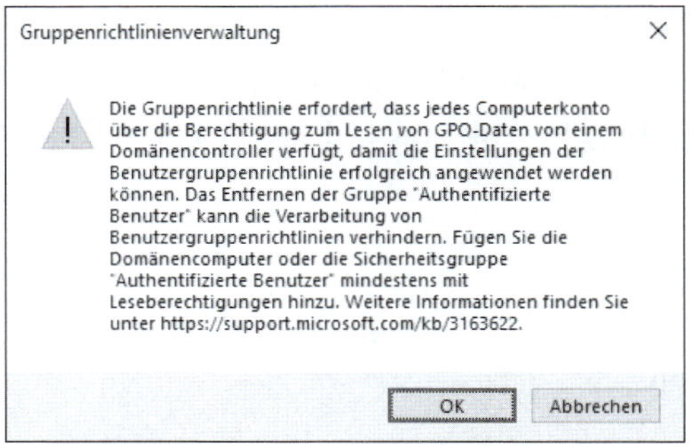

Abbildung 7.29 Das Leserecht ist für die Domänencomputer zwingend erforderlich.

Jedes Objekt, das die Einstellung einer GPO übernehmen soll, benötigt die Rechte *Lesen* und *Gruppenrichtlinie übernehmen*. Außerdem ist es möglich, die Rechte für Objekte zu verweigern. Diese Maßnahme ist aber nur zu Testzwecken oder im Ausnahmefall einzusetzen! Das Verweigern von Rechten hat oberste Priorität und kann zu vielen Fehlern führen. Wenn Sie trotzdem gute Gründe dafür haben, Rechte zu verweigern, finden Sie die Optionen auf dem Reiter DELEGIERUNG unter dem Punkt ERWEITERT.

Die Sicherheitsfilterung von GPOs kann nur durch die Administratoren erfolgen, die Vollzugriff auf die GPO in der Gruppenrichtlinienverwaltungskonsole haben. Dieses Recht kann delegiert werden, sollte aber nicht an alle Administratoren vergeben werden!

7.8.6 Administrative Vorlagen und Central Store

Für die Konfiguration von GPOs können Sie administrative Vorlagen nutzen. In ihnen sind bereits viele Einstellungsmöglichkeiten für unterschiedlichste Einstellungen vorhanden und vor allem beschrieben.

Seit Windows Server 2008 gibt es die Möglichkeit, die administrativen Vorlagen an einem zentralen Speicherort im *SYSVOL*-Verzeichnis abzulegen. Das sollten Sie heutzutage auf jeden Fall machen, damit auf allen Systemen, auf denen Sie Gruppenrichtlinien bearbeiten, immer die gleichen Vorlagen (in der gleichen Version) vorhanden sind und die Einstellungen korrekt angezeigt und konfiguriert werden können. Die Einrichtung des zentralen Speicherorts im *SYSVOL*-Verzeichnis erklären wir in Abschnitt 7.8.7.

Administrative Vorlagen bestehen aus *.admx*- und *.adml*-Dateien. Die *.admx*-Dateien enthalten die möglichen Einstellungsvarianten und die *.adml*-Dateien die Sprachpakete für die Darstellung in der Gruppenrichtlinienverwaltungskonsole. Abbildung 7.30 und Abbildung 7.31 geben Ihnen einen Überblick über die möglichen Einstellungen der standardmäßig bereitgestellten administrativen Vorlagen.

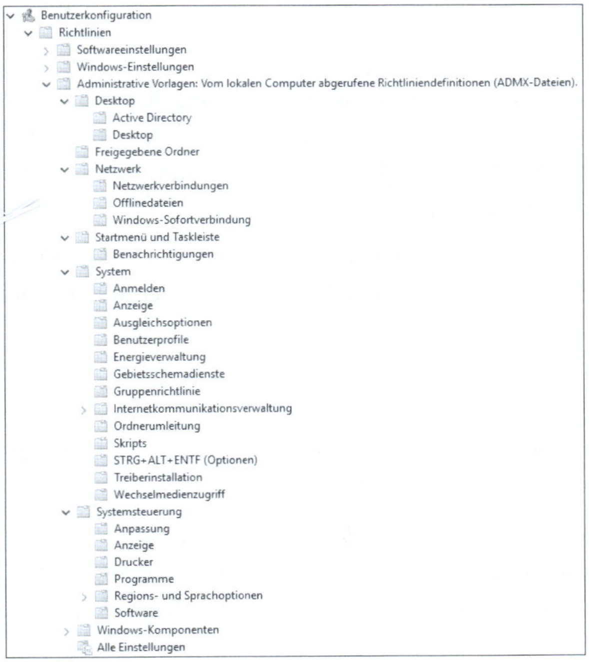

Abbildung 7.30 Die administrativen Vorlagen der Benutzerkonfiguration nach Inbetriebnahme des Active Directorys

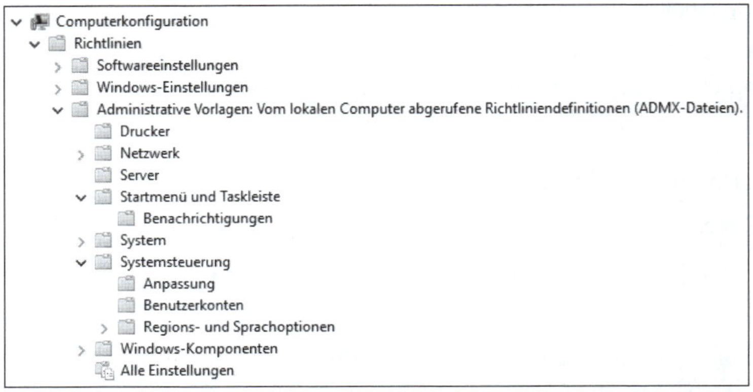

Abbildung 7.31 Die administrativen Vorlagen der Computerkonfiguration nach Inbetriebnahme des Active Directorys

.admx- und *.adml*-Dateien werden nur für die Bearbeitung der GPOs benötigt. Die Clients, die die GPOs anwenden, benötigen diese Dateien nicht und laden sie auch nicht vom Domänencontroller herunter.

Solange die *.admx*- und *.adml*-Dateien nicht im *SYSVOL*-Verzeichnis zentral bereitgestellt werden, finden Sie diese auf jedem DC und auf jedem Computer im Pfad *C:\Windows\PolicyDefinitions*.

7.8.7 Der Central Store

Der *Central Store* speichert Vorlagendateien (*.admx*) und die dazu passenden Sprachdateien (*.adml*) und hält sie für die Anwendung bereit. Die Dateien befinden sich im Ordner *\SYSVOL\<FQDN>\Policies\PolicyDefinitions*. Dort werden für die Sprachdateien Unterordner angelegt, beispielsweise *en-US* für das US-amerikanische Sprachpaket.

So umgehen Sie die Systemsprache des Rechners und legen fest, welche Sprache genutzt wird. Wird das entsprechende Sprachpaket in den Ordner *de-DE* gelegt, können nur noch die deutschen Bezeichnungen genutzt werden.

Inbetriebnahme des Central Stores

Um den Central Store zu nutzen, melden Sie sich am *PDC-Emulator* an, öffnen im Explorer den lokalen Pfad *C:\Windows* und kopieren den gesamten Ordner *PolicyDefinitions*.

Wechseln Sie in die *SYSVOL*-Ordner auf dem PDC (*C:\Windows\SYSVOL\domain\Policies*), und fügen Sie den Ordner mit dem gesamten Inhalt dort ein. Ist der Kopiervorgang erfolgreich abgeschlossen, wird der Ordner *PolicyDefinitions* unterhalb des Ordners angezeigt (siehe Abbildung 7.32).

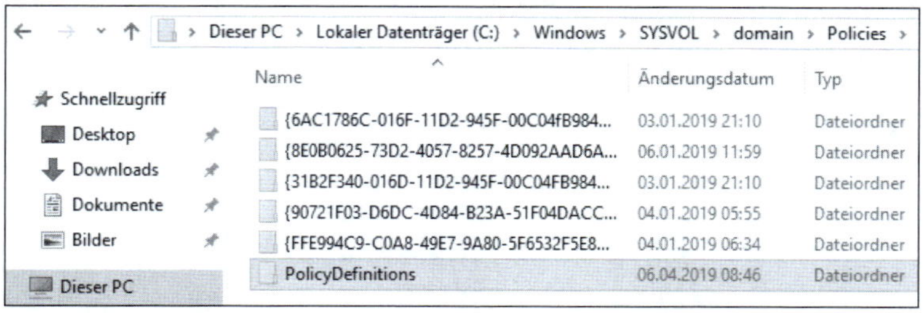

Abbildung 7.32 Der Kopiervorgang wurde erfolgreich beendet und der Ordner wurde erstellt.

Damit ist die Umstellung auf den zentralen Speicher abgeschlossen. Jetzt müssen Sie nur noch warten, bis der Ordner mit der DFS-Replikation auf allen DCs verteilt wurde. Ist dies erfolgt, werden automatisch – egal an welchem Computer Sie die Gruppenrichtlinienverwaltungskonsole öffnen – immer die *.admx*- bzw. *.adml*-Dateien aus dem zentralen Speicher verwendet. Wenn Sie dem System neue *.admx*- bzw. *.adml*-Dateien (z. B. für Microsoft Office) hinzufügen, müssen diese immer im zentralen Speicher abgelegt werden, da diese sonst nicht sichtbar sind.

.admx-Dateien

Wenn Sie auf bestimmten Systemen lieber den lokalen Speicher (*C:\Windows\PolicyDefinitions*) anstelle des zentralen Speichers verwenden möchten, verwenden Sie die Funktion *Override Use of Central Store*. Dies kann sinnvoll sein, wenn Sie bestimmte Vorlagen (und damit Konfigurationsmöglichkeiten) nur bestimmten Administratoren zur Verfügung stellen möchten (z. B. Office).

Bei Windows Server 2012 R2 mussten Sie dazu noch ein Update einspielen, das Sie unter *https://support.microsoft.com/en-us/help/2917033/an-update-is-available-to-enable-the-use-of-local-admx-files-for-group* finden.

Ab Windows Server 2016 kann der Key auch direkt gesetzt werden. Der Schlüssel ist *HKEY_LOCAL_MACHINE\SOFTWARE\Policies\Microsoft\Windows\Group Policy\EnableLocalStoreOverrideType* vom Typ *REG_DWORD* mit folgenden möglichen Werten:

- 0 – Nutze, wenn vorhanden, die PolicyDefinitions aus *SYSVOL* (Default).
- 1 – Nutze immer die lokalen PolicyDefinitions.

Der Central Store unterstützt keine *.adm*-Dateien, sondern speichert diese wie bisher im jeweiligen ADM-Unterordner pro Gruppenrichtlinie ab. In Enterprise-Umgebungen sollten Sie selbst geschriebene Vorlagen in das neue *.admx*-Format umwandeln.

7.8.8 Clientseitige Erweiterungen

Eine weitere Möglichkeit, um Rechner und Benutzer zu konfigurieren, sind die *clientseitigen Erweiterungen (Client-side Extensions, CSE)*, die in der GPMC schlicht EINSTELLUNGEN (engl.

PREFERENCES) genannt werden. Auch hier sind viele Einstellungsmöglichkeiten bereits vorhanden und gut dokumentiert (siehe Abbildung 7.33 und Abbildung 7.34).

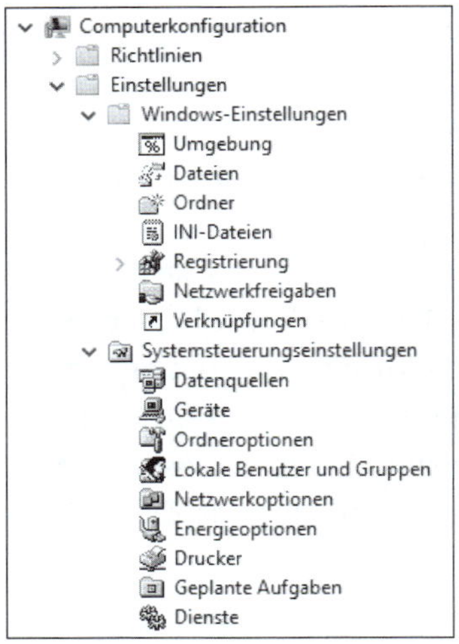

Abbildung 7.33 CSEs für Computer

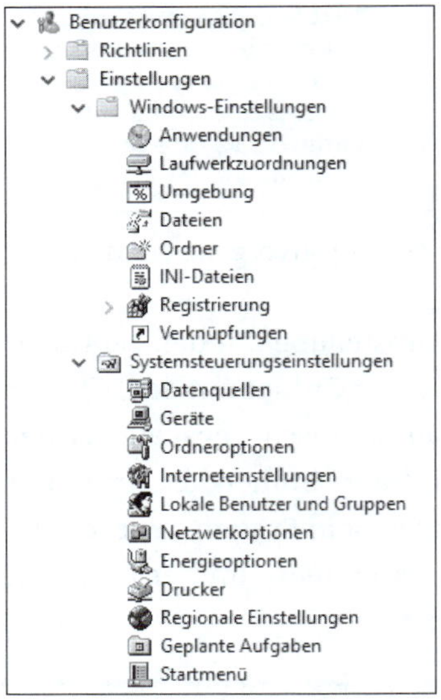

Abbildung 7.34 CSEs für Benutzer

Die CSEs liefern eine erweiterte Kontrolle über zahlreiche Windows- und Systemsteuerungseinstellungen, mit der Möglichkeit, einzelne Registry-Einstellungen vorzunehmen (vergleichbar mit der Anwendung von Anmeldeskripten, die von vielen Unternehmen noch immer eingesetzt werden). Der große Vorteil dieser Einstellungen ist, dass die Einstellungen als GPO behandelt werden und damit rückgängig gemacht werden können, wenn die Policy nicht mehr angewendet wird.

Die CSE hat Microsoft übrigens extern hinzugekauft. Daher sehen die Icons in der GPMC ein wenig anders aus als gewohnt.

7.8.9 Softwareinstallation über GPOs

Über GPOs besteht auch die Möglichkeit, Software auf die Computer zu installieren. Davon raten wir allerdings dringend ab: Erstens sind GPOs nicht für die Softwareverteilung geschaffen worden, daher ist der Prozess sehr fehleranfällig. Außerdem kann auf diese Weise keine Inventarisierung durchgeführt werden, da Sie nicht wissen, auf welchen Systemen die Installation erfolgreich war. Der größte Nachteil ist aber, dass durch die Option *Softwareinstallation* der langsame Verarbeitungsmodus für Gruppenrichtlinien aktiviert wird und alle Einstellungen nacheinander abgearbeitet werden. Die parallele Abarbeitung von Einstellungen ist dann nicht mehr möglich und es kann zu großen Verzögerungen bei der Übernahme der Einstellungen kommen.

7.8.10 Sicherheitseinstellungen innerhalb der GPOs

GPOs werden in den meisten Umgebungen für die Umsetzung von Sicherheitsvorgaben und für das zentrale Management verwendet.

Da die einzelnen Einstellungen sehr zahlreich und speziell sind und den Rahmen dieses Buches sprengen würden, gehen wir hier nur auf die wichtigsten und gebräuchlichsten Einstellungen ein.

Erlaubte und verbotene Anmeldungen bzw. erlaubte und verbotene Zugriffe vom Netzwerk auf den Computer

Unter dem Punkt SICHERHEITSEINSTELLUNGEN • LOKALE RICHTLINIEN • ZUWEISEN VON BENUTZERRECHTEN (siehe Abbildung 7.35) wird definiert, wer sich an dem Computer anmelden bzw. auf ihn zugreifen darf und wer nicht.

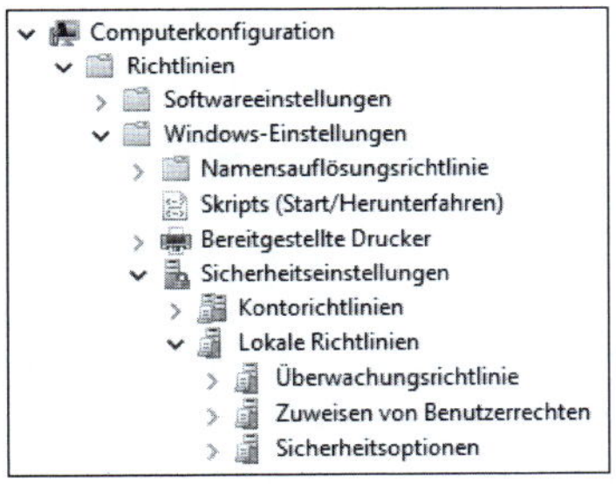

Abbildung 7.35 Mögliche Einstellungsgruppen für Sicherheitseinstellungen

> **GPOs überschreiben sich**
>
> Die Einstellungen verschiedener GPOs werden nicht zusammengeführt, sondern überschrieben. Es werden also nur die Werte der zuletzt abgearbeiteten GPO übernommen!

Hier gibt es eine Reihe von Einstellungsmöglichkeiten, die Tabelle 7.4 aufschlüsselt.

Richtlinie	Erklärung
Lokal anmelden zulassen	Diese Option legt fest, welche Benutzer sich lokal anmelden können. Änderungen an dieser Einstellung können sich auf die Kompatibilität mit Clients, Diensten und Anwendungen auswirken. Eine lokale Anmeldung ist auch eine Verwendung der Hyper-V-Konsole als einfache Sitzung. Standardeinstellung: ▸ Auf Arbeitsstationen und Servern: Administratoren, Sicherungsoperatoren, Hauptbenutzer, Benutzer und Gäste ▸ Auf Domänencontrollern: Kontenoperatoren, Administratoren, Sicherungsoperatoren und Druckoperatoren

Tabelle 7.4 Anmeldungen und Zugriffe auf Computerobjekte der Domäne

Richtlinie	Erklärung
Lokal anmelden verweigern	Mit dieser Sicherheitseinstellung wird festgelegt, welchen Benutzern verweigert wird, sich am Computer anzumelden. Diese Richtlinieneinstellung überschreibt die Regel *Lokal anmelden zulassen*, falls für ein Benutzerkonto beide Richtlinien gelten. Wenn Sie diese Sicherheitsrichtlinie auf die Gruppe *Jeder* anwenden, wird sich kein Benutzer mehr lokal anmelden können. Standardwert: Leer
Auf diesen Computer vom Netzwerk aus zugreifen	Mit diesem Benutzerrecht wird festgelegt, welche Benutzer und Gruppen über das Netzwerk eine Verbindung mit dem Computer herstellen können. Dieses Benutzerrecht hat jedoch keine Auswirkung auf die Remotedesktopdienste. ▸ Standardwert bei Arbeitsstationen und Servern: Administratoren, Sicherungsoperatoren, Benutzer, Jeder ▸ Standardwert bei Domänencontrollern: Administratoren, authentifizierte Benutzer, Domänencontroller der Organisation, Jeder
Zugriff vom Netzwerk auf diesen Computer verweigern	Diese Sicherheitseinstellung entspricht der lokalen Sperre und legt die Benutzer fest, die sich nicht über das Netzwerk anmelden können. Diese Richtlinieneinstellung löst die Richtlinieneinstellung *Auf diesen Computer vom Netzwerk aus zugreifen* ab, falls Sie für ein Benutzerkonto beide widersprüchlichen Richtlinien eingerichtet haben. Standardwert: Gast
Anmelden über Remotedesktopdienste zulassen	Diese Sicherheitsrichtlinie legt die Benutzer oder Gruppen fest, die sich als Remotedesktopdienste-Client anmelden können. Als Remoteanmeldung zählt auch die Verwendung der Hyper-V-Konsole als erweiterte Sitzung. Standardwert: ▸ Bei Arbeitsstationen und Servern: Administratoren, Remotedesktopbenutzer ▸ Bei Domänencontrollern: Administratoren
Anmelden über Remotedesktopdienste verweigern	Diese Sicherheitseinstellung legt die Benutzer und Gruppen fest, denen verweigert wird, sich als Remotedesktopdienste-Client anzumelden. Kein Standardwert

Tabelle 7.4 Anmeldungen und Zugriffe auf Computerobjekte der Domäne (Forts.)

Status und Name des Administrators und des Gastkontos

Tabelle 7.5 erläutert weitere Richtlinien zu den Objekten *Administrator* und *Gast*.

Richtlinie	Erklärung
Konten: Administrator umbenennen	Diese Richtlinie legt fest, ob mit dem Sicherheitsbezeichner (SID) für das Konto *Administrator* ein anderer Kontoname verknüpft ist. So können Sie es Angreifern ein wenig schwerer machen, den Namen des Administrationskontos zu erraten. Standardwert: Administrator
Konten: Administratorstatus	Mit dieser Sicherheitseinstellung wird festgelegt, ob das lokale Administratorkonto aktiviert oder deaktiviert ist. Sie können ein Administratorkonto nur reaktivieren, wenn es den Kennwortanforderungen entspricht. Falls Sie sich aussperren, muss ein anderer Benutzer der Administratorengruppe Ihr Passwort zurücksetzen. Standardwert: Aktiviert
Konten: Gast umbenennen	Diese Richtlinie legt fest, ob mit dem Sicherheitsbezeichner (SID) für das Konto *Gast* ein anderer Kontoname verknüpft ist. Dieser Fall ist zwar nicht so wichtig wie das Umbenennen des Administratorenkontos, kann aber auch zur Sicherheit beitragen. Standardwert: Gast
Konten: Gastkontenstatus	Mit dieser Sicherheitseinstellung wird festgelegt, ob das Gastkonto aktiviert oder deaktiviert ist. Standardwert: Deaktiviert

Tabelle 7.5 Richtlinien zu den Objekten »Administrator« und »Gast«

Ein Beispiel: Die Firewall mithilfe von GPOs steuern

Mit GPOs können Sie die *Windows Defender Firewall* zentral steuern und konfigurieren. Über die Einstellungen wird die Firewall in den einzelnen Profilen aktiviert oder deaktiviert. Außerdem können Sie eingehende und ausgehende Regeln sowie das Firewall-Logging verwalten. Die möglichen Firewalleinstellungen können Sie aber nur vornehmen, wenn die Gruppenrichtlinienverwaltungskonsole eine Verbindung zum PDC aufbauen kann. Besteht diese Verbindung nicht, kommt es in der GPMC zu der Fehlermeldung aus Abbildung 7.36.

Weiterhin besteht über die Firewalleinstellungen in der GPO die Möglichkeit, die IPSec-Kommunikation zwischen den Computern der Domäne (z. B. zwischen den DCs) zu konfigurieren (siehe Abbildung 7.37). Diese IPSec-Kommunikation sollte entweder mit einem *Pre-shared Key* oder einem Computerzertifikat (von einer Unternehmens-CA) implementiert sein. Eine dritte Authentifizierungsmethode für IPSec ist Kerberos, was jedoch für Domänencontroller nicht zuverlässig funktioniert und ein Henne-Ei-Problem darstellt.

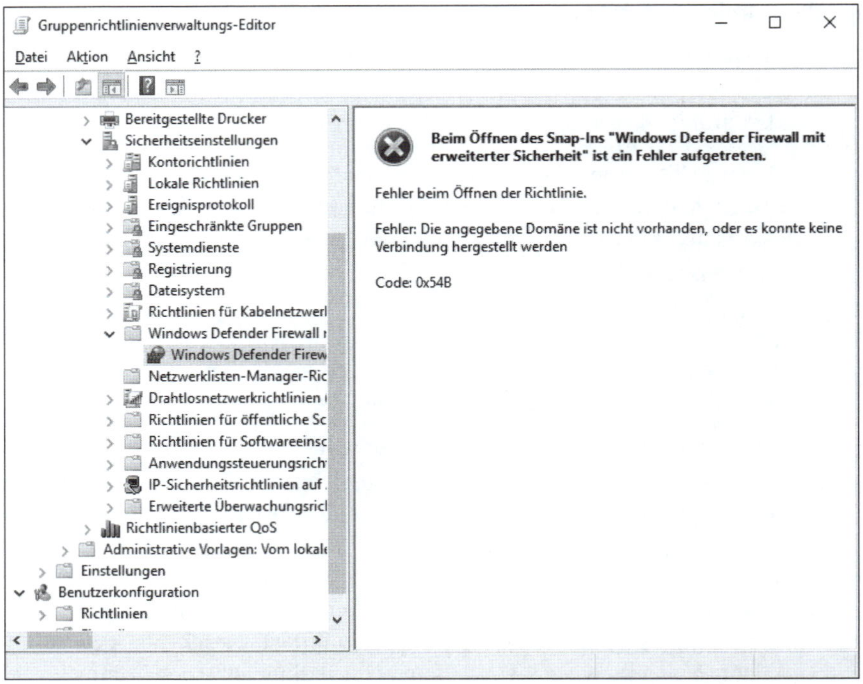

Abbildung 7.36 Gruppenrichtlinienverwaltungskonsole • Sicherheitseinstellungen: Die Windows Defender Firewall hat keine Verbindung zum PDC.

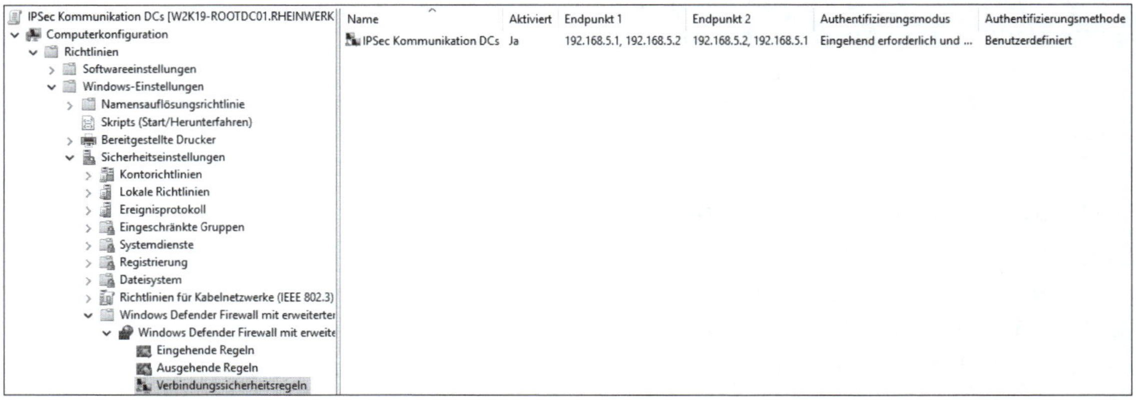

Abbildung 7.37 Eingerichtete IPSec-Verbindung zwischen den DCs der Domäne

Pre-shared Key

Wird die Variante *Pre-shared Key* verwendet, kann es zu Fehlern bei der Zuordnung des Firewallprofils kommen. In der Praxis hat sich gezeigt, dass die meisten Fehler vermieden werden können, wenn der *NLA*-Dienst *(Network Locator)* auf verzögerten Start umgestellt wird.

Sie sehen schon: Es gibt eine Vielzahl an Konfigurationsoptionen, die Sie mit den GPOs durchführen können. Manche sind unverzichtbar für die tägliche Arbeit, andere braucht man nur in den seltensten Ausnahmefällen. Die hier aufgeführten Punkte sind nur Beispiele; welche Optionen Ihnen die Administration einfacher machen können, müssen Sie selbst herausfinden.

Eine große Hilfe dabei ist die Webseite *https://gpsearch.azurewebsites.net/*. Stellen Sie die Seite auf Deutsch um, damit Sie auch nach den deutschen Bezeichnungen der Objekte suchen können.

7.9 msDS-ShadowPrincipal

Die Objektklasse im Schema `msDS-ShadowPrincipal` wurde mit Windows Server 2016 eingeführt. Sie wird im Zusammenhang mit PAM-Trusts verwendet und bietet die Möglichkeit, die Limitierung der Gruppenverschachtelungen zu überwinden. Damit stellt sie ein Sicherheitsfeature dar. Sie können auf diesem Weg Zugriffe auf Objekte im Active Directory steuern und verwalten. *Privileged Access Management (PAM)* ist ein optionales Feature wie der AD-Papierkorb und muss erst aktiviert werden. Bei der Aktivierung des Features werden dem AD neue Objekte und Klassen hinzugefügt, mit denen zeitbasierte Gruppenmitgliedschaften möglich werden. Damit Sie das neue Feature nutzen können, muss in beiden Forests der *Forest Function Level* mindestens Windows Server 2016 sein.

7.9.1 msDS-ShadowPrincipalContainer

`msDS-ShadowPrincipalContainer` ist der Container, in dem alle Shadow Principals gespeichert werden. Wenn Sie ihn nicht per Hand anpassen, verfügt er über folgende Struktur:

```
CN=Shadow Principal Configuration,CN=Services,CN=Configuration,DC=intranet,
DC=rheinwerk-verlag,DC=de
```

Prinzipiell können weitere Container angelegt werden. Diese funktionieren dann aber nicht mit Kerberos.

7.9.2 Die Klasse msDS-ShadowPrincipal

Die Klasse `msDS-ShadowPrincipal` stellt ein Objekt aus einem anderen Forest dar. Objekte dieser Klasse können nur in dem Container *Shadow Principal* erstellt werden. Außerdem darf das Attribut `msDS-ShadowPrincipalSid` nicht leer sein. Ein *Shadow Principal* kann einen beliebigen Benutzer, eine Sicherheitsgruppe oder einen Computer darstellen. Ebenso wie bei temporären Gruppen können Sie beim Member-Attribut eine *Time to Live* setzen. Die Time to Live bestimmt die Dauer der Mitgliedschaft. Der Shadow Principal wird im Admin-Forest angelegt (er erhält die SID aus der Produktion), und das Konto aus der Admin-Domäne kommt in die Gruppe der Produktion. Ein Vorteil ist, dass es auch mit globalen Gruppen (z. B. den Domänenadmins) funktioniert.

7.9.3 Die msDS-ShadowPrincipalSID

Die SID (der Sicherheitsbezeichner) `msDS-ShadowPrincipal` ist ein Attribut des Objekts `msDS-ShadowPrincipal` und enthält die SID des Objekts aus der anderen Gesamtstruktur. Es kann keine SID aus der gleichen Domain oder dem gleichen Forest hinzufügt werden. Um die SID hinzuzufügen, muss eine entsprechende Vertrauensstellung vorhanden sein, da sonst die SID nicht ausgelesen werden kann.

7.9.4 Shadow Principals nutzen

Bevor die Shadow Principals sinnvoll verwendet werden können, müssen Sie zunächst einen entsprechenden *Trust* anlegen. Die Voraussetzung dafür ist, dass die Namensauflösung zwischen den Forests funktioniert. Dabei müssen die Trust-Attribute `SIDHistory` auf `Yes` und `Quarantine` auf `No` gesetzt werden.

Die Einrichtung der Vertrauensstellung (*Trust*) wird in Abschnitt 6.9 beschrieben.

7.10 Freigegebene Ordner

Mit dem AD-Objekt *Freigegebener Ordner* können Freigaben im Active Directory schnell bekannt gemacht und bei Bedarf sogar komplett umbenannt werden. Selbst das Verschieben der Freigaben auf einen anderen Server ist dann kein Problem mehr. Der freigegebene Ordner kann anschließend per GPO über das AD-Objekt *Freigegebener Ordner* an die Nutzer verteilt werden (siehe Abbildung 7.38). Zusätzlich können Sie über die Leserechte auf dem AD-Objekt die Sichtbarkeit des Objekts steuern.

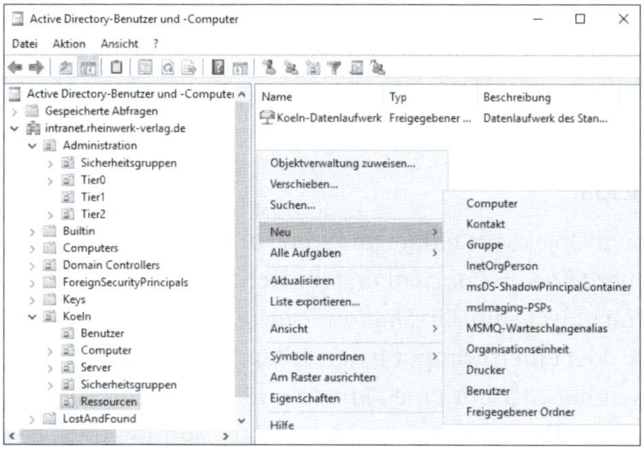

Abbildung 7.38 Das Active Directory-Objekt »Freigegebener Ordner«

7.11 Freigegebene Drucker

Freigegebene Drucker werden ähnlich wie freigegebene Ordner im Active Directory angelegt und für den Nutzer sichtbar gemacht. Wenn Sie einen Drucker im Active Directory veröffentlichen, wird dieser, wenn Sie die Ansicht auf BENUTZER, KONTAKTE, GRUPPEN UND COMPUTER ALS CONTAINER umstellen, direkt unter dem Druckserverobjekt angezeigt.

Ein neuer Drucker wird im AD mit einem Rechtsklick auf die OU und dann NEU • DRUCKER angelegt. Er kann damit einfach in GPOs verknüpft werden, und auch die Freigabe lässt sich einfach anpassen. Innerhalb des AD-Objekts *Drucker* wird der Netzwerkpfad der Druckerfreigabe bekannt gemacht. Abbildung 7.39 zeigt Ihnen die Schritte.

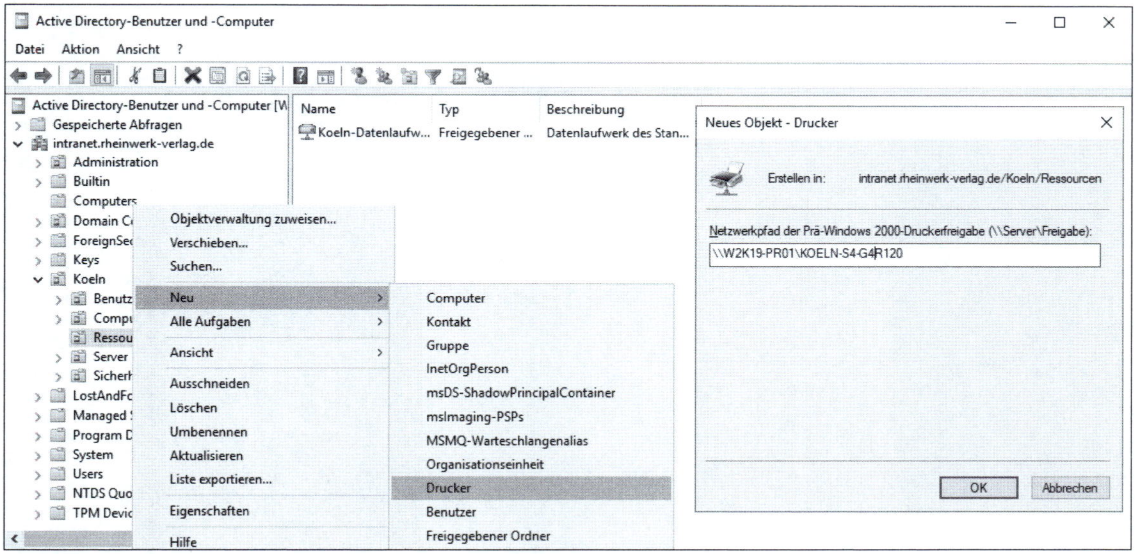

Abbildung 7.39 Ein neues Druckerobjekt im Active Directory anlegen

Im Druckerobjekt können Sie anschließend die Funktionen (Duplexdruck, Farbdruck, Seitenanzahl pro Minute, Papiergröße) angeben, damit die Benutzer über das Active Directory nach Druckern mit bestimmten Funktionen suchen können.

Kapitel 8
Virtualisierung

In diesem Kapitel befassen wir uns mit den Grundlagen der Virtualisierung und legen natürlich den Schwerpunkt auf die Virtualisierung von Serversystemen, die zentraler Bestandteil einer jeden Infrastruktur ist.

Die Virtualisierung von Server- und Clientbetriebssystemen ist seit Windows Server 2008 Bestandteil des Betriebssystems und kann mithilfe der Rolleninstallation hinzugefügt werden. Darauf aufbauend hat Microsoft Virtualisierung flächendeckend in seine verschiedenen Produkte implementiert, selbst Teile der Windows-Clientsysteme werden heutzutage virtualisiert. Auch in dem Hybrid-Betriebssystem *Azure Stack HCI*, zu dem wir kurz in Abschnitt 8.6 kommen, sowie bei der Bereitstellung von virtuellen Systemen in der Azure Cloud findet sich Hyper-V. Sogar in der Gaming-Hardware Xbox wird Virtualisierung genutzt.

Dies macht Microsoft zu einem der führenden Anbieter auf diesem Markt – mit steigenden Anteilen. Dieser Erfolg ist vor allem den Lizenzkosten der jeweiligen Virtualisierungslösungen geschuldet: Da die Microsoft-Virtualisierung mittels *Hyper-V* Bestandteil des Betriebssystems ist, erzeugt sie keine weiteren Kosten. Hinzu kommt der stetig wachsende Umfang an Funktionen, der den Einsatz von Hyper-V immer attraktiver macht.

In diesem Kapitel befassen wir uns mit den Grundlagen der Server-Virtualisierung sowie mit den Neuerungen, die Ihnen mit der Einführung von Windows Server 2025 zur Verfügung stehen.

8.1 Hypervisoren

Warum Virtualisierung? Und was ist das eigentlich? Bis vor einigen Jahren stellte sich noch die Frage, ob überhaupt virtualisiert werden solle. Aufgrund der inzwischen zur Verfügung stehenden Hardware und der Möglichkeiten, die Ihnen Private- sowie Hybrid-Cloud-Szenarien bieten, ist die Debatte eigentlich überholt: Virtualisieren Sie!

Lizenzierung der Software

Bitte achten Sie bei der Virtualisierung von Workloads darauf, welche Einschränkungen oder Vorgaben der jeweilige Software-Hersteller im Zusammenhang mit einer eingesetzten Virtualisierung macht. Diese Vorgaben müssen Sie selbstverständlich unabhängig von den Microsoft-Lizenzbedingungen betrachten.

Physische Server, die heute bereitgestellt werden, sind durch die auf ihnen betriebenen *Workloads* meistens nicht mehr vollständig ausgelastet. Nur in den wenigsten Fällen besteht eine so hohe Auslastung durch die Software, dass der jeweilige Software-Hersteller eine »echte« Installation empfiehlt. Und nur in Ausnahmefällen kommt es vor, dass die virtuelle Infrastruktur ganz bestimmte Rahmenbedingungen erfüllen muss. Hier sind die jeweiligen Empfehlungen Ihrer Software-Hersteller zu beachten.

Virtualisierung bietet Ihnen die Möglichkeit, die zur Verfügung stehenden Ressourcen der Hardware, die mit jeder neuen Generation immer leistungsfähiger wird, in entsprechende *Pools* aufzuteilen. Diese Pools können dynamisch mit virtualisierten Server- und Clientsystemen viel besser ausgelastet werden, als dies mit physischen Installationen möglich wäre. Durch diese Abstrahierung der physischen Hardware auf eine virtuelle Hardware, die auf dem gesamten Pool, den Sie bereitstellen, identisch ist, bieten sich viele Möglichkeiten, z. B. neue Desaster-Recovery-Ansätze oder die dynamische und flexible Skalierung der einzelnen Workloads. Zusätzlich zu den ökonomischen und ökologischen Vorteilen, die durch die Virtualisierung ermöglicht werden, wird so natürlich die Bereitstellung und Skalierung neuer Server und Workloads einfacher. Außerdem bieten Ihnen solche Setups viel Spielraum zur Automatisierung des Betriebs und zur Bereitstellung aller virtualisierten Server, Clients und der auf ihnen betriebenen Workloads. Dies ist ein massiver Kostenpunkt, der sowohl in kleineren als gerade auch in größeren Infrastrukturen signifikant ins Gewicht fällt.

8.1.1 Hypervisor-Typen

Bei den Hypervisoren, die zur Virtualisierung zum Einsatz kommen, unterscheidet man zwei Typen:

- Bei *Hypervisoren des Typs 1* handelt es sich um eine sogenannte *Bare-Metal-Architektur*. Hierbei wird der Hypervisor direkt auf der Hardwareplattform ausgeführt, während die virtuellen Gastsysteme im Kontext des Hypervisors ausgeführt werden (siehe Abbildung 8.1). Dies bietet eine bessere Performance, eine höhere Verfügbarkeit und eine Verbesserung der Sicherheit der betriebenen virtuellen Gastsysteme. Zum Hypervisor-Typ 1 zählen zum Beispiel Lösungen wie *Citrix XEN*, *VMware ESXi* und *Microsoft Hyper-V*.
- Bei *Hypervisoren des Typs 2* handelt es sich um sogenannte *Host-Based-Architekturen*. Diese Hypervisoren werden wie jede andere Software auf dem Server- oder Clientbetriebssystem ausgeführt (siehe Abbildung 8.2). Dies führt dazu, dass die virtuellen Gastsysteme zwei Ebenen über der physischen Hardware ausgeführt werden. Der hierdurch entstehende Overhead führt zu entsprechenden Reduktionen der Performance, außerdem müssen Kompromisse sowohl bei der Hochverfügbarkeit als auch bei der Security eingegangen werden. Beispiele für solche Hypervisoren sind *Virtual PC*, *VirtualBox* sowie *VMware Workstation*.

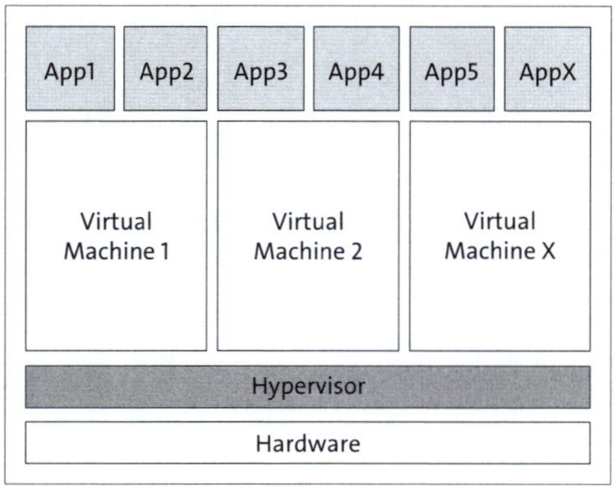

Abbildung 8.1 Hypervisor-Typ 1

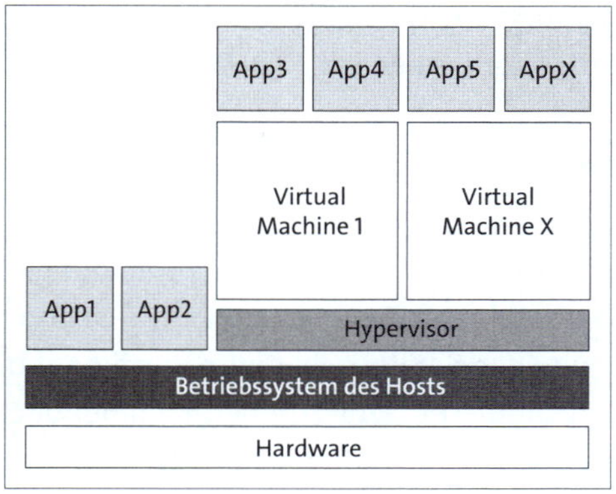

Abbildung 8.2 Hypervisor-Typ 2

8.1.2 Hypervisor-Design

Zusätzlich zu den unterschiedlichen Architekturen gibt es unterschiedliche Hypervisor-Designs. Dabei wird zwischen *monolithischen* und *Micro-Kernel-Hypervisoren* unterschieden. Ihr schematischer Aufbau wird in Abbildung 8.3 und Abbildung 8.4 dargestellt.

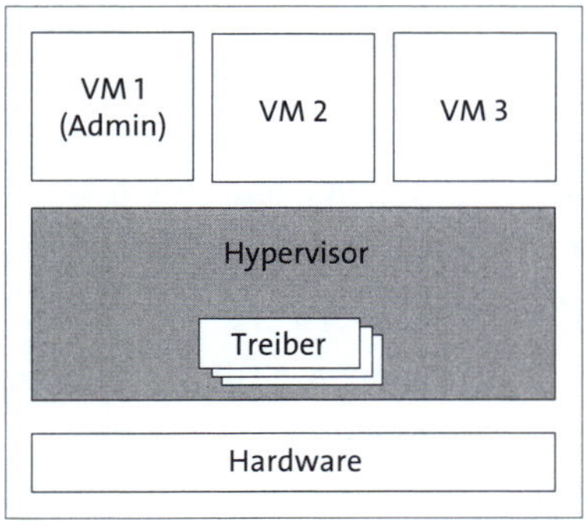

Abbildung 8.3 Monolithischer Hypervisor

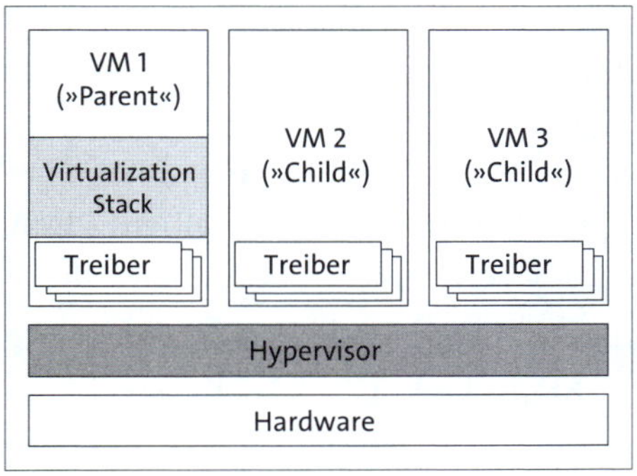

Abbildung 8.4 Mikro-Kernel-Hypervisor

Monolithischer Hypervisor

Für den Betrieb eines *monolithischen Hypervisors* werden spezifische Gerätetreiber benötigt, die durch den Hypervisor bereitgestellt und verwaltet werden. Die hierfür verwendeten Gerätetreiber unterscheiden sich erheblich von denen im Gastbetriebssystem. Die Verwendung des monolithischen Hypervisor-Designs bietet die Möglichkeit, die Gastbetriebssysteme direkt mit der vorhandenen physischen Hardware interagieren zu lassen, ohne dass die Notwendigkeit besteht, die Gastbetriebssysteme durch ein übergeordnetes Betriebssystem zu steuern und zu verwalten.

Dieser Vorteil ist jedoch auch der größte Nachteil, da für eine Vielzahl von Hardwaregeräten entsprechende Hypervisor-fähige Treiber entwickelt werden müssen. Dies ist für die Hersteller der jeweiligen Hardware mit Mehraufwand verbunden, der die Anzahl an verfügbaren Geräten aufgrund deren spezifischer Gerätetreiber begrenzt oder deren Bereitstellung und Updatefähigkeit erheblich einschränkt.

Mikro-Kernel-Hypervisor

Um einen *Mikro-Kernel-Hypervisor* betreiben zu können, sind keine Hypervisor-spezifischen Gerätetreiber notwendig (siehe Abbildung 8.4). Bei diesem Design wird ein Betriebssystem im Kontext einer Root- oder Parent-Partition betrieben, um eine Betriebsebene für die Ausführung der Gerätetreiber zum Zugriff auf die physische Hardware zu ermöglichen. Die Installation dieser Gerätetreiber ist daher auch nur in der jeweiligen übergeordneten (Root- oder Parent-)Partition notwendig.

Gastbetriebssysteme werden im Kontext einer untergeordneten (Child-)Partition ausgeführt und kommunizieren über die übergeordnete (Root- oder Parent-)Partition, um hardwarespezifische Aktionen ausführen zu können.

Einer der Vorteile des Mikro-Kernel-Hypervisor-Designs besteht darin, dass keine Hypervisor-fähigen Gerätetreiber notwendig sind. Dies reduziert den Entwicklungsaufwand seitens der Hersteller und sorgt damit für eine höhere Anzahl an Geräten, die verwendet werden können. Auch können Updates für diese Gerätetreiber in einem kürzeren Zeitraum bereitgestellt werden. Hinzu kommt, dass die Gerätetreiber nicht im Kontext des Hypervisors ausgeführt werden und somit entstehender Overhead vermieden wird. Dies reduziert den sogenannten *Footprint* des Hypervisors, also seine Größe und Komplexität. Außerdem verhindert es die Ausführung von Fremdcode innerhalb des Hypervisors. Hierdurch kann sichergestellt werden, dass zu keinem Zeitpunkt bösartiger Quellcode innerhalb des Hypervisors zur Übernahme des Servers und dessen Gastbetriebssystemen führt.

Die Notwendigkeit einer übergeordneten (Root- oder Parent-)Partition stellt jedoch einen der Nachteile des Mikro-Kernel-Hypervisor-Designs dar: Es entsteht Overhead für die Kommunikation zwischen der übergeordneten (Root- oder Parent-)Partition und den untergeordneten (Child-)Partitionen.

8.2 Hyper-V

In diesem Abschnitt befassen wir uns mit Hyper-V, der Hypervisor-basierten Virtualisierungstechnik von Microsoft, die sowohl in die Client- als auch in die Serverbetriebssysteme integriert ist.

> **Unterschiede zwischen der Server- und der Client-Virtualisierung**
> Der Funktionsumfang der Virtualisierung in den Client-Betriebssystemen unterscheidet sich massiv von dem in den Server-Betriebssystemen. Wir betrachten im Folgenden ausschließlich die Virtualisierung auf dem Server-Betriebssystem

8.2.1 Hyper-V-Hypervisor

Microsoft bietet mit Hyper-V bereits seit Windows Server 2008 eine Server- und Clientvirtualisierung an. Seitdem wurde Hyper-V kontinuierlich weiterentwickelt. Im Folgenden betrachten wir die Neuerungen der einzelnen Windows Server-Versionen, damit Sie einen Überblick über die heute verfügbaren Funktionen bekommen.

Windows Server 2008 R2

Mit Windows Server 2008 R2 wurde Hyper-V in vier unterschiedlichen Server-Editionen veröffentlicht: in den lizenzierungspflichtigen *Standard-*, *Enterprise-* sowie *Datacenter-Editionen* sowie als frei downloadbare *Hyper-V Server Edition*. Technisch unterscheiden sich die lizenzpflichtigen Versionen nicht voneinander. Der freie Hyper-V Server verfügt jedoch lediglich über die Server-Rolle *Hyper-V* sowie über das Server-Feature *Failover-Cluster*.

Außerdem wurden grundlegenden Funktionen zum erfolgreichen Einsatz von Hyper-V im Rechenzentrum eingeführt. Hierzu gehören:

- **Live-Migration** – Mit der Live-Migration konnte Microsoft zu seinen Konkurrenten aufschließen und war somit in der Lage, virtuelle Maschinen ohne Unterbrechung oder Ausfallzeit zwischen einzelnen Cluster-Nodes zu verlagern.
- **Cluster Shared Volumes (CSV)** – *Cluster Shared Volumes* dienen zur skalierbaren und flexiblen Nutzung von Shared Storage, z. B. von *SAN (Storage Area Network)* als zentralem Ablageort für virtuelle Gastbetriebssysteme.
- **Prozessorkompatibilität** – Durch die Prozessorkompatibilität wurde es möglich, virtuelle Maschinen auch zwischen Hosts mit unterschiedlichen Prozessoren per Live-Migration zu verschieben.
- **Storage Hot-Add** – Storage Hot-Add erlaubt das Hinzufügen sowie das Entfernen von Storage zu bzw. aus virtuellen Maschinen. Voraussetzung hierfür ist die Verwendung des virtuellen SCSI-Controllers für die Anbindung neuer VHD-Dateien.
- **Netzwerkverbesserungen** – Jumbo-Frames und *VMQ (Virtual Machine Queue)* zur Steigerung der Performance virtueller Netzwerke wurden unterstützt.

Windows Server 2012 R2

Mit der Einführung von Windows Server 2012 R2 wurde eine große Anzahl an Verbesserungen hinzugefügt:

- **Verbesserung der Verwaltung** – automatische Aktivierung von Gastbetriebssystemen, die Windows Server 2012 R2 ausführen. Voraussetzung ist der Einsatz einer Datacenter-Lizenz auf dem Virtualisierungshost.
- **Live-Export** – Der Live-Export von virtuellen Maschinen ermöglicht es, eine Kopie von Gastbetriebssystemen während der Laufzeit zu erstellen.

- **Live-Migration** – Die Live-Migration wurde verbessert, um eine Komprimierung des Live-Migration-Datenverkehrs zu ermöglichen.
- **SMB (Server Message Block) Direct** – *Server Message Block Direct* wurde als neues Feature hinzugefügt, um die Migrationsgeschwindigkeit erheblich zu verbessern.
- **Erweiterung der Hyper-V-Replikation** – Die Konfigurationsmöglichkeiten wurden verbessert und die Replikation wurde um ein drittes Replikationsziel erweitert.
- **Storage-Verbesserungen** – Die Datenträger der virtuellen Maschinen können nun vergrößert und verkleinert werden.

  Storage-QoS *(Quality of Service)* wurde eingeführt, um die verfügbaren IOPs (*Input/Output Operations Per Second*, also die Anzahl an Lese-/Schreibvorgängen pro Sekunde) der virtuellen Maschine zu begrenzen.

  Um virtuelle Gast-Cluster zu ermöglichen, wurde *Shared VHDX* eingeführt – also virtuelle Festplattendateien, die gleichzeitig an mehrere virtuelle Maschinen angebunden werden können.

  Um die Nutzung verschiedener Speicherklassen zu ermöglichen, wurde *Storage Tiering* als neues Feature hinzugefügt. Ebenso wird seitdem die Deduplizierung unterstützt, um für eine optimierte VDI-Bereitstellung *(Virtual Desktop Infrastructure)* zu sorgen.
- **Netzwerkverbesserungen** – Die Hochverfügbarkeit der Netzwerkanbindung der virtuellen Maschinen wurde durch geschützte Netzwerke verbessert. Diese geschützten Netzwerke werden durch die Bereitstellung des Failover-Clusters mithilfe von Windows Server 2012 R2 verfügbar. Hierbei wird die Netzwerkverbindung durch den Cluster überwacht. Kommt es zu einer Verbindungsunterbrechung bei einer virtuellen Maschine, wird diese ohne Unterbrechung auf den nächsten verfügbaren Cluster-Node live-migriert, der über eine passende und funktionierende Netzwerkverbindung verfügt.

  Virtual RSS (Receive-Side Scaling) kann nun zusammen mit *VMQ (Virtual Machine Queue)* eingesetzt werden und führt somit zu einer linearen Verbindungsskalierung der hiermit konfigurierten virtuellen Maschinen. Dies ermöglicht eine gleichmäßige Verteilung der Prozessorbelastung, die durch die Netzverbindungen entsteht, und sorgt somit für die maximal mögliche Verbindungsgeschwindigkeit.

Windows Server 2016

In Windows Server 2016 kamen folgende Funktionen und Verbesserungen hinzu:

- **Verbundene Standby-Kompatibilität** – *Verbundener Standby* steht zur Verfügung, sobald Hyper-V auf einem Hostsystem installiert wird, das über ein *Always On/Always Connected-(AOAC-)*Netzteil verfügt.
- **Discrete Device Assignment** – Hierbei handelt es sich im Prinzip um eine Hardware-Pass-Through-Lösung, die virtuelle Maschinen direkt und exklusiv mit einer physischen Hardwarekomponente koppelt.

Prinzipiell war dies bereits in Windows Server 2012 R2 möglich, beschränkte sich jedoch auf physische Datenträger sowie auf zu ihnen kompatible Grafikkarten. Im Falle der Grafikkarten musste jedoch zusätzlich eine *RDS*-Infrastruktur *(Remote Desktop Service)* aufgebaut werden. Dies ist seit Windows Server 2016 direkt möglich und unterstützt natives GPU-Pass-Through.

- **Verschlüsselung von Betriebssystemfestplatten virtueller Maschinen der Generation 1** – Mit *BitLocker* können Sie Betriebssystemfestplatten Ihrer virtuellen Maschinen der Generation 1 verschlüsseln. Möglich wird dies durch das Anlegen eines Schlüsselspeichers in einem hierzu extra angelegten Laufwerk, in dem die notwendigen BitLocker-Schlüssel gespeichert werden. Hierzu ist kein virtuelles *TPM (Trusted Platform Module)* erforderlich, da dieses nur für virtuelle Maschinen der Generation 2 zur Verfügung steht.
- **Hostressourcenschutz** – Der Hyper-V-Host überwacht den Ressourcenverbrauch der jeweiligen Maschine und stellt somit sicher, dass diese nicht mehr Systemressourcen verbraucht, als ihr zugewiesen wurden. Dies stellt sicher, dass eine einzelne virtuelle Maschine keine Auswirkungen hat: weder auf den Hypervisor-Host noch auf die anderen virtuellen Maschinen. Wird im Rahmen der Überwachung eine virtuelle Maschine entdeckt, die übermäßig viele Ressourcen verbraucht, werden die Ressourcenzuordnungen dieser virtuellen Maschine reduziert. Diese Funktion ist standardmäßig nicht aktiviert und muss mit dem folgenden PowerShell-Kommando aktiviert werden:

```
Set-VMProcessor TestVM -EnableHostResourceProtection $true
```

- **Hinzufügen und Entfernen von Netzwerkadaptern und Arbeitsspeicher während der Laufzeit** – Netzwerkadapter können virtuellen Maschinen der Generation 2 nun während der Laufzeit und ohne Unterbrechung hinzugefügt oder aus ihnen entfernt werden. Außerdem ist es möglich, die Arbeitsspeicherzuordnung von virtuellen Maschinen zu verändern, auch wenn kein dynamischer Arbeitsspeicher konfiguriert wurde. Dies ist unabhängig von der Generation der virtuellen Maschine möglich, wenn das Gastbetriebssystem in Windows Server 2016 oder Windows 10 bereitgestellt wird.
- **Verbesserungen am Hyper-V-Manager** – Der Hyper-V-Manger wurde erweitert, um die neuen Funktionen des *Hyper-V Servers 2016* verwalten zu können.
- **Unterstützung für eine alternative Anmeldung** – Dieses Feature ermöglicht es, sich nun mithilfe des *Hyper-V Managers* unter Verwendung einer anderen Anmeldung mit einem Hyper-V-Host zu verbinden und diese Anmeldung im Bedarfsfall zu speichern. Bei dem Hyper-V-Host, mit dem die Verbindung hergestellt wird, muss es sich mindestens um einen Windows Server 2016 oder um Windows 10 handeln.
- **Verwalten vorheriger Versionen** – Der Hyper-V Manager von Windows Server 2016 und von Windows 10 kann für die Verwaltung von Hyper-V auf Windows Server 2012/2012 R2 sowie Windows 8/8.1 installiert werden.
- **Aktualisierung von Verwaltungsprotokollen** – Der Hyper-V Manager verwendet für die Kommunikation mit den Hyper-V-Hosts das *WS-MAN*-Protokoll, das *CredSSP (Credential*

Security Support Provider) sowie Kerberos oder NTLM für die Authentifizierung einsetzt. Die Verwendung von CredSSP ermöglicht den Einsatz der Live-Migration, ohne dass Sie eine eingeschränkte Delegation im Active Directory einrichten müssen.

Ein weiterer großer Vorteil des WS-MAN-Protokolls besteht darin, dass es über Port 80 kommuniziert und somit die Anforderungen an die Netzwerkinfrastruktur reduziert, da Port-80-Kommunikation in den meisten Umgebungen nicht geblockt wird.

- **Bereitstellung von Integrationskomponenten per Windows Update** – Die Integrationsdienste für die virtuellen Gastbetriebssysteme, die Bestandteile des Betriebssystems sind, werden seit der Einführung von Windows Server 2016 per *Windows Update* aktualisiert.
- **Linux Secure Boot** – Virtuelle Linux-Maschinen der Generation 2 können mittels aktivierter Secure-Boot-Option gestartet werden. Bevor diese Funktion genutzt werden kann, müssen die virtuellen Maschinen für die Verwendung der *Microsoft UEFI Certificate Authority* konfiguriert werden. Nutzen Sie dazu folgenden PowerShell-Befehl:

```
Set-VMFirmware TestVM -SecureBootTemplate MicrosoftUEFICertificateAuthority
```

- **Shielded VMs** – Mit der Funktion der *Shielded VMs* wird es sowohl Hyper-V-Administratoren als auch schadhafter Software auf dem so gesicherten Host erschwert, den Zustand einer auf diese Weise gesicherten virtuellen Maschine zu prüfen, zu manipulieren oder Daten zu entwenden. Dies wird dadurch erreicht, dass die Daten sowie der aktuelle Status der virtuellen Maschine verschlüsselt werden. Daher ist es dem Hyper-V-Administrator nicht möglich, die Bildschirmausgabe der Konsole einzusehen oder die virtuellen Festplatten zu mounten und so deren Daten zu manipulieren. Auch können die virtuellen Maschinen nur auf Hyper-V-Hosts ausgeführt werden, denen vom *Host Guardian Server* der Zustand »Gesund« attestiert wurde (siehe Abbildung 8.5).

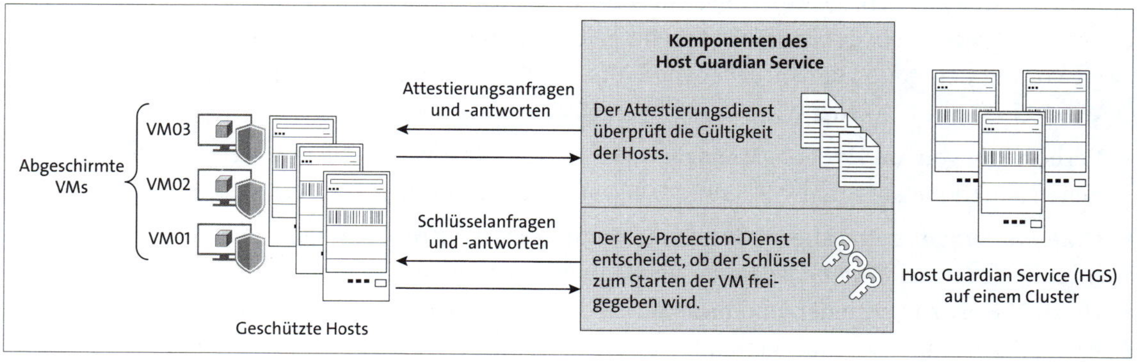

Abbildung 8.5 Ablaufdiagramm für den »Host Guardian Service«

- **Nested-Virtualisierung** – Mit der verschachtelten (engl. *nested*) Virtualisierung können Sie virtuelle Maschinen als Hyper-V-Hosts betreiben. Abbildung 8.6 und Abbildung 8.7 zeigen die Unterschiede bei der Bereitstellung.

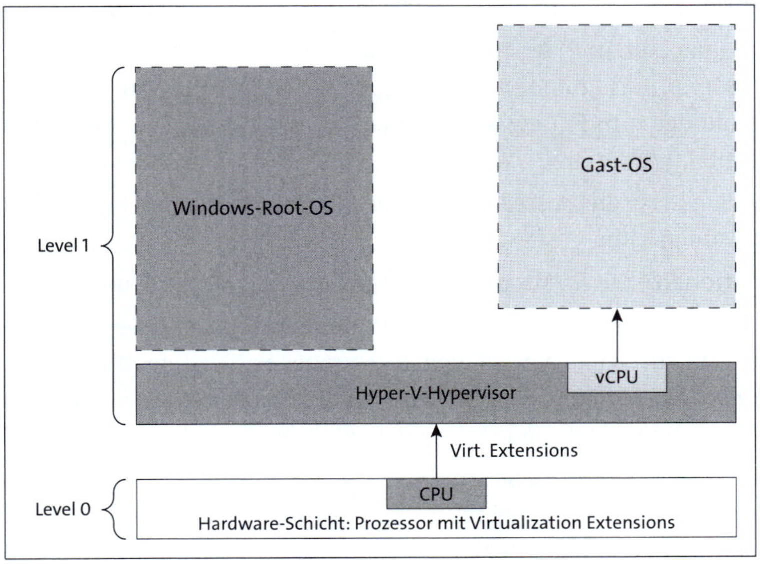

Abbildung 8.6 Ohne Nested-Virtualisierung

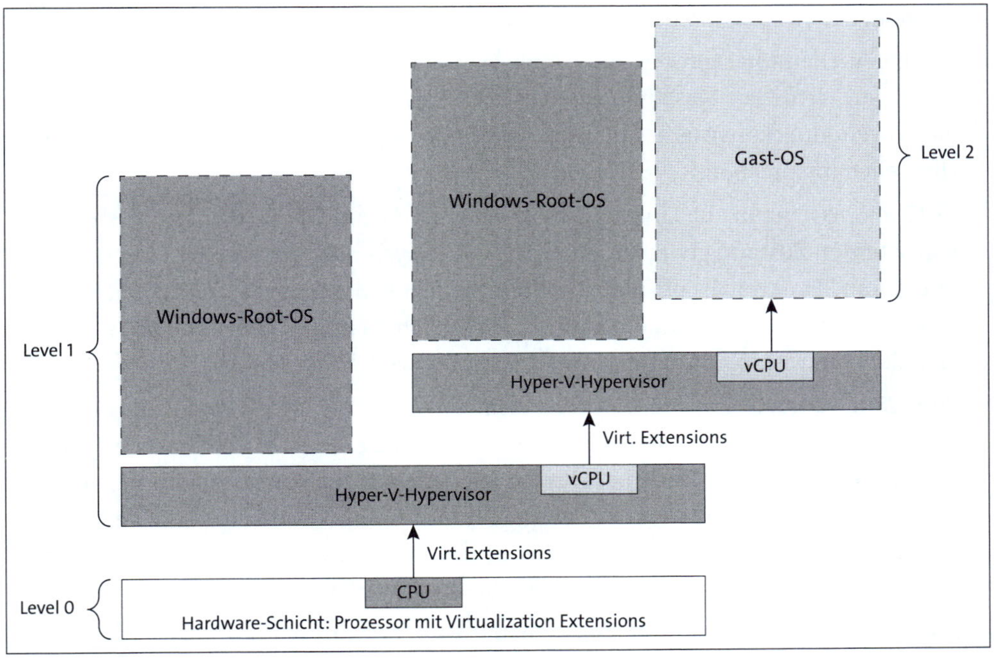

Abbildung 8.7 Mit Nested-Virtualisierung

Sie können eine verschachtelte Virtualisierung erstellen, in der virtuelle Maschinen wiederum auf einer virtuellen Maschine betrieben werden. Bei der Bereitstellung von Entwicklungs- und Testumgebungen kann dies hilfreich sein. Es sind jedoch ein paar Voraussetzungen für die Nutzung der Nested-Virtualisierung zu berücksichtigen: Der physische Hyper-V-Server muss mindestens in Windows Server 2016 oder Windows 10 betrieben werden, und der zum Einsatz kommende Prozessor muss über die Intel-VT-Technologie verfügen.

Beachten Sie außerdem, dass die Nested-Virtualisierung nicht mit dem Host Guardian Service kombiniert werden kann.

- **Neue Netzwerkfunktionen** – Mit *RDMA* und *VMMQ* gibt es zwei Netzwerkfunktionen:
  - **RDMA** *(Remote Direct Memory Access)* kann auf Netzwerkadaptern eingerichtet werden, an die bereits ein virtueller Hyper-V-Switch gebunden wurde, unabhängig davon, ob *SET (Switch Embedded Teaming)* ebenfalls eingerichtet wird. Mit SET wird ein virtueller Switch zur Verfügung gestellt, der einige der Funktionen des NIC-Teamings bietet.
  - **VMMQ** *(Virtual Machine Multi Queues)* dienen zur Verbesserung des VMQ-Datendurchsatzes durch die Verwendung mehrerer Hardware-Warteschlangen pro virtueller Maschine. Hierbei wird die Standardwarteschlange in eine Anzahl von Warteschlangen partitioniert, um die Verbindungen der virtuellen Maschinen auf diese zu verteilen.
- **Produktionsprüfpunkte** – Bei Produktionsprüfpunkten handelt es sich um *Point-in-Time-*Abbilder der virtuellen Maschine.

  Hierbei werden Checkpoints unter Einbeziehung des *Volume Snapshot Service (VSS)* der jeweiligen virtuellen Maschine erzeugt. Dies ermöglicht das Erstellen von Checkpoints, die anwendungskonsistent sind und somit den Support-Anforderungen der jeweiligen Hersteller entsprechen.

  Virtuelle Maschinen, die Linux-Gastbetriebssysteme ausführen, werden hierbei in einen konsistenten Zustand gebracht, indem der Dateisystempuffer vorher geleert wird. Diese Checkpoint-Funktion ist bei neu erstellten virtuellen Maschinen standardmäßig aktiviert, kann jedoch in der Konfiguration der virtuellen Maschinen deaktiviert werden. Das Erstellen von Standard-Checkpoints ist natürlich weiterhin möglich.
- **PowerShell Direct** – PowerShell Direct ermöglicht es, PowerShell-Befehle direkt über den *VMBus* an die virtuelle Maschine zu übermitteln; Sie brauchen dafür keine Remoteverbindung zu der virtuellen Maschine. Dies reduziert die Anforderungen an das Netzwerk-, Firewall- und Berechtigungsmanagement auf ein Minimum. Damit stellt PowerShell Direct eine zusätzliche Option zum Verwalten der virtuellen Gastbetriebssysteme dar, sofern die jeweilige virtuelle Maschine nicht als Shielded VM konfiguriert wurde.
- **Rolling Hyper-V Cluster Upgrades** – Um die Migration auf Windows Server 2016 komfortabler zu gestalten, wurde *Rolling Cluster Upgrade* als Windows Server 2012 R2-Cluster-Kompatibilität eingeführt. Hierdurch ist es möglich, einem bestehenden Cluster Windows Server 2016-Nodes hinzuzufügen, die dann kompatibel zu den restlichen Cluster-Nodes laufen. So können Sie unterbrechungsfrei Cluster aktualisieren; Sie sollten jedoch die Koexistenz kurz halten. Während des Zeitraums der Koexistenz besteht nämlich kein Zugriff

auf neue Cluster- und Hyper-V-Versionen. Die Verwaltung des Clusters muss ab dem Moment der Koexistenz von einem Windows Server 2016 oder neuer bzw. von Windows 10 oder neuer aus erfolgen.

Sobald alle alten Nodes durch Windows Server 2016-Nodes ersetzt wurden, können Sie mithilfe der PowerShell den Betriebsmodus des Clusters anheben. Wenn dies erfolgt ist, besteht keine Möglichkeit mehr, Windows Server 2012 R2-Nodes dem Cluster hinzuzufügen.

Wenn Sie dies erfolgreich durchgeführt haben, können Sie die virtuellen Gastsysteme manuell aktualisieren, wodurch die neuen Hyper-V-Features für diese Gastsysteme verfügbar werden.

- **Shared Virtual Hard Disks (VHD)** – VHD-Dateien, die für Gast-Cluster verwendet werden, können während der Laufzeit vergrößert oder verkleinert werden, ohne dass es zu einem Ausfall kommt. Hierzu ist kein Wartungsfenster des Gast-Clusters notwendig.

  Außerdem wird auch die Hyper-V-Replikation für Shared VHD unterstützt. Die Aktivierung sowie die Verwaltung dieser Replikation ist für Shared VHD ausschließlich per WMI möglich. Die hierzu gehörige WMI-API-Funktion ist in der WMI-Klasse `Msvm_CollectionReplicationService` dokumentiert. Um Hyper-V-Replikation für Shared VHD nutzen zu können, müssen sich diese auf einem Hyper-V-Cluster befinden und einem Gast-Cluster zugeordnet sein.
- **Start Order Priority für virtuelle Maschinen im Cluster** – Dieses Feature erlaubt es Ihnen, die Startreihenfolge der virtuellen Maschinen Ihres Hyper-V-Clusters zu beeinflussen, ohne dass Sie komplexe Skripte einsetzen müssen. So wird es möglich, auf Basis der Priorisierung ausgewählte virtuelle Maschinen zuerst zu starten, um beispielsweise Abhängigkeiten untereinander abbilden zu können. Für die Konfiguration brauchen Sie folgende PowerShell-Cmdlets:
  - `New-ClusterGroupSet`
  - `Get-ClusterGroupSet`
  - `Add-ClusterGroupSetDependency`
- **Storage Quality of Service (QoS)** – Mit *Storage-QoS-Richtlinien* ist es möglich, auf *Scale-Out-Fileservern* entsprechende Leistungsklassen zu definieren und diese an verschiedene virtuelle Festplatten zu binden, die Hyper-V-Maschinen zugewiesen sind. Die zur Verfügung stehende Storage-Leistung wird automatisch an die zugewiesene Leistungsklasse der Richtline angepasst, wenn es zu Schwankungen in der zur Verfügung stehenden Leistung kommt.
- **Format der Konfigurationsdateien für virtuelle Maschinen** – Um die Lese- und Schreibgeschwindigkeit sowie die Robustheit zu verbessern, wurde ein neues Dateiformat für die Konfigurationsdateien der virtuellen Maschinen eingeführt. Bei den neuen Formaten handelt es sich um die Dateierweiterungen **.vmcx* zur Beschreibung der Konfiguration der virtuellen Maschinen und um die Dateierweiterung **.vmrs*, die den Laufzeitstatus der

virtuellen Maschine abbildet. Beachten Sie, dass es sich bei diesem Format um eine Binärdatei handelt, deren manuelle Bearbeitung nicht unterstützt wird.

- **Virtual Machine Configuration Version** – Zusätzlich zu den bereits beschriebenen neuen Dateierweiterungen wurde auch die Version der virtuellen Maschinenkonfiguration angehoben. Wie bereits in vorherigen Windows Server-Betriebssystemen wird mittels der jeweiligen Version der virtuellen Maschinenkonfiguration die Kompatibilität der virtuellen Maschine mit dem ausführenden Hypervisor sichergestellt. Dies bezieht sich vor allem auf die Konfiguration, den gespeicherten Status sowie auf die Checkpoint-Dateien der virtuellen Maschine.

  Somit sind virtuelle Maschinen in der Version 5, die mit dem Betriebssystem Windows Server 2012 R2 eingeführt wurde, sowohl auf Windows Server 2012 R2 als auch auf Windows Server 2016 lauffähig. Virtuelle Maschinen, deren Version höher als 5 ist, können nicht mehr auf Windows Server 2012 R2 ausgeführt werden.

  Beachten Sie hierbei unbedingt, dass virtuelle Maschinen, die in einer älteren Version erstellt und auf Windows Server 2016 importiert oder per Live- oder Quick-Migration auf einen neueren Server verschoben wurden, nicht automatisch auf die Version der virtuellen Maschine angehoben werden. Dieser Vorgang muss manuell erfolgen! Sobald Sie die Version jedoch angehoben haben, kann die jeweilige virtuelle Maschine nicht mehr auf einem Server mit niedrigerer Versionsabhängigkeit betrieben werden. Ein Herabstufen der hinterlegten Version ist später unmöglich.

  Das Anheben der Version ist sowohl über die Managementkonsole als auch über die PowerShell möglich, wird jedoch auf Clustern verweigert, die sich noch in der Cluster-Funktionsebene Windows Server 2012 R2 befinden.

- **Virtualisierungsbasierende Sicherheitsfunktionen für virtuelle Maschinen der zweiten Generation** – Um virtuelle Gastbetriebssysteme vor Angriffen sowie schadhafter Software besser schützen zu können, wurden in Windows Server 2016 mit *Device Guard* und *Credential Guard* zwei neue virtualisierungsbasierende Funktionen bereitgestellt.

  Der Einsatz dieser neuen Funktionen ist jedoch auf virtuelle Maschinen der zweiten Generation beschränkt und hängt auch von der virtuellen Maschinenkonfiguration ab: Sie benötigen mindestes Version 8.

- **Core Scheduler** – Weil es in den vergangenen Jahren zu immer mehr und ausgeklügelteren Angriffen auf die CPU-Beschleunigung des Hypervisors gekommen ist (z. B. zum sogenannten *Cache-Side-Channel-Angriff*), sah Microsoft sich zum Handeln gezwungen, um die Sicherheit von Hyper-V-Umgebungen sicherzustellen.

  Beim Cache-Side-Channel-Angriff versuchen Angreifer aus einer kompromittierten virtuellen Maschine heraus den Cache abzufragen, in dem sich ein Thread befindet, der von einer anderen virtuellen Maschine verwendet wird. Um dies zu verhindern, hat Microsoft die sogenannte *HyperClear*-Technologie entwickelt, die das Gefahrenpotenzial verringern soll. Der *Core Scheduler* ist hierbei Teil vom *HyperClear*.

- **Windows Container** – Mit *Windows Container* wurde eine Applikationsisolation eingeführt, die es ermöglicht, mehrere Applikationen auf einem System isoliert voneinander zu betreiben. Hierbei wird zwischen zwei Container-Bereitstellungstypen unterschieden: dem Windows Server Container und dem Hyper-V-Container.

  Beim *Windows Server Container* handelt sich um eine Isolation auf Basis der Applikation mit einem geteilten Kernel. Das heißt, hierbei teilen sich alle isolierten Applikationen und das Host-Betriebssystem denselben Kernel (siehe Abbildung 8.8).

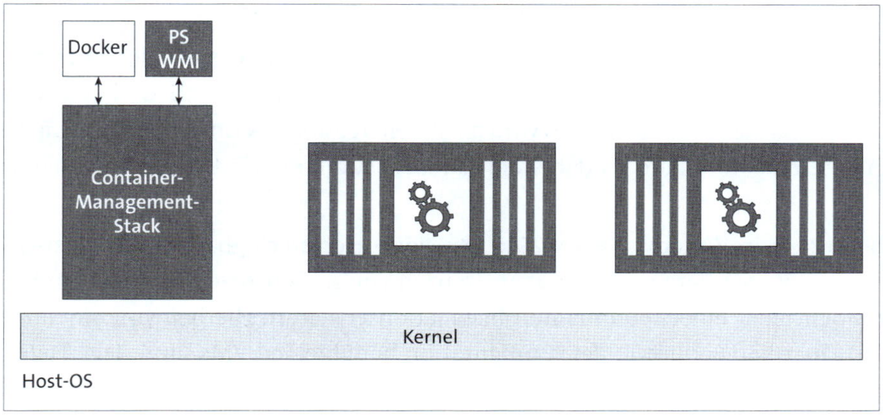

Abbildung 8.8 Schematischer Aufbau eines »Windows Server Containers«

Der *Hyper-V-Container* wird anders als der Windows Server Container mithilfe des Hypervisors bereitgestellt (siehe Abbildung 8.9).

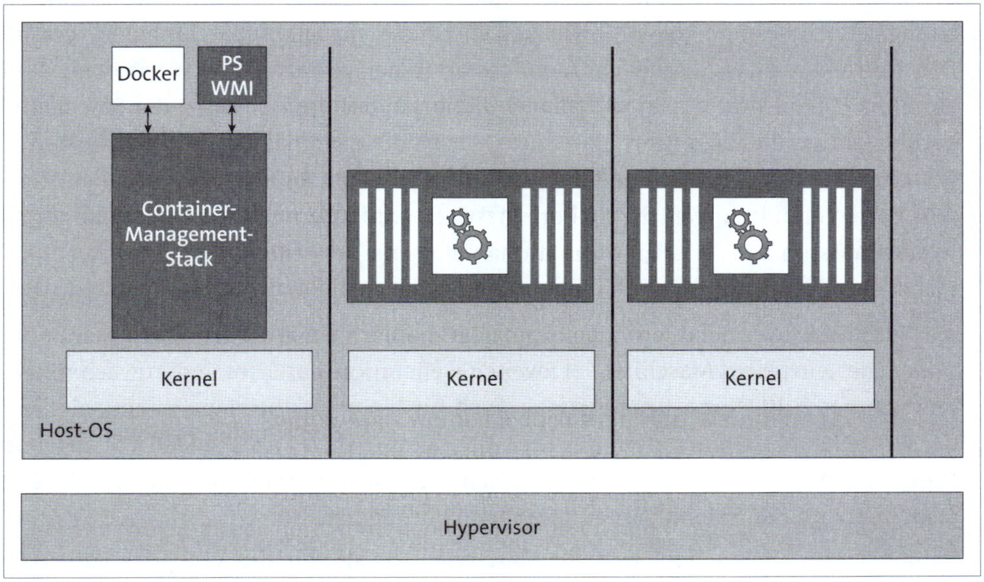

Abbildung 8.9 Schematischer Aufbau des »Hyper-V-Containers«

So erreichen Sie eine weitergehende Isolation, als es beim Windows Server Container der Fall ist. Durch die Verwendung des Hypervisors bei der Bereitstellung des Containers wird auch der verwendete Kernel isoliert, wodurch jeder Container über seinen eigenen, nicht geteilten Kernel verfügt. Außerdem sind Hyper-V-Container durch die verwendete Virtualisierungsschicht im höchsten Maße portabel und skalierbar.

Windows Server 2019

Mit Windows Server 2019 kamen die folgenden Änderungen hinzu:

- **Verbesserungen bei Shielded VMs** – Seit Windows Server 2019 basiert die Funktion der *Host-Attestierung* des Host-Guardian-Dienstes nicht mehr auf dem Active Directory, sondern auf Host-Schlüsseln und TLM. So wird die Bereitstellung des Host-Guardian-Dienstes deutlich vereinfacht, ohne dass dabei der Funktionsumfang der Lösung eingeschränkt wird.

  Auch die bereits in Windows Server 2016 kritisierte Hochverfügbarkeit des Host-Guardian-Dienstes bei der Bereitstellung über Grenzen von Außenstellen hinweg wurde nun um die Möglichkeit einer redundanten Installation erweitert. Hierbei wird ein alternativer Host-Guardian-Service in der Konfiguration der Shielded VMs hinterlegt. Falls der erste Service nicht erreichbar ist, wird dieser redundant bereitgestellte Service verwendet.

  Ein weiterer großer Kritikpunkt an der Bereitstellung des Host-Guardian-Dienstes war die mangelnde Offline-Funktionalität. Diese führte bei der Bereitstellung von Nebenstellen, weiteren Brandabschnitten oder Rechenzentren dazu, dass im Falle eines teilweisen oder gänzlichen Netzwerkausfalls der Host-Guardian-Dienst nicht mehr zur Verfügung stand. Die laufenden virtuellen Maschinen erfuhren hierdurch zwar keine Service-Unterbrechung, jedoch bestand keine Möglichkeit mehr, die virtuellen Maschinen zu verwalten. Dies führte dazu, dass diese nicht mehr gestartet, neu gestartet oder verschoben werden konnten. Hierzu wird nun eine Offline-Funktion in der Konfiguration der Shielded VMs berücksichtigt, die dazu führt, dass diese – sobald sie einmal erfolgreich attestiert und gestartet wurden – auch offline-fähig sind. Bitte beachten Sie, dass die virtuellen Maschinen nach Veränderungen der Sicherheitskonfiguration erneut attestiert und gestartet werden müssen, um die Offline-Funktionalität wiederherstellen zu können.

  Bisher stand der Schutz von virtuellen Maschinen durch den Host-Guardian-Dienst nur zur Verfügung, wenn das jeweilige Gastbetriebssystem ein Windows-Betriebssystem auf Basis einer virtuellen Maschine der zweiten Generation war. Dies änderte sich mit Windows Server 2019: Nun wurde erstmals auch für Linux-Gastbetriebssysteme ein Schutz der virtuellen Maschine mittels des Host-Guardian-Dienstes als Shielded VM angeboten. Dieser Schutz ist für die aktuellen Ausgaben der Distributionen Ubuntu, Red Hat Enterprise Linux und SUSE Linux Enterprise Server vorhanden.

  Weiter stehen nun auch für virtuelle Maschinen, die als Shielded VM geschützt sind, die Funktionen *VMConnect* sowie *PowerShell Direct* bereit. Fehler sollen sich so leichter finden und beheben lassen. Dies ist vor allem dann notwendig, wenn die jeweilige virtuelle Maschine ihre Netzwerkverbindung verloren hat und somit kein direkter Zugriff mehr möglich ist.

- **Verschlüsselte Subnetze** – Die softwarebasierte Netzwerkvirtualisierung wurde um die Funktion der *verschlüsselten Subnetze* erweitert. So können Sie Subnetze der softwarebasierten Netzwerkinfrastruktur gezielt verschlüsseln. Dieses neue Sicherheitsfeature soll verhindern, dass Angreifer, die bereits erfolgreich auf das physische Netzwerk zugreifen konnten, die Netzwerkkommunikation des softwarebasierten Netzwerks mitscheiden. Dies schützt die ausgehende und eingehende Netzwerkkommunikation der virtuellen Maschinen.
- **Cluster Sets** – Bei *Cluster Sets* handelt es sich um eine neue Funktion in Windows Server 2019. Cluster, die in einem Rechenzentrum betrieben werden, können so abstrahiert und über die Grenzen der einzelnen Failover-Cluster hinweg betrachtet werden. Sie können diese lose föderieren, ohne die Möglichkeit zu verlieren, sie weiterhin über den *Failover Cluster Manager* einzeln verwalten zu können. Diese vereinfachte Betrachtung der Mitglied-Cluster und ihrer Compute-, Storage- oder hyperkonvergent bereitgestellten Ressourcen ermöglicht es, die virtuellen Maschinen innerhalb dieses einheitlichen gemeinsamen Namensraums dynamisch über das gesamte Cluster Set zu verteilen und zu betreiben. Abbildung 8.10 zeigt diese Funktion schematisch.

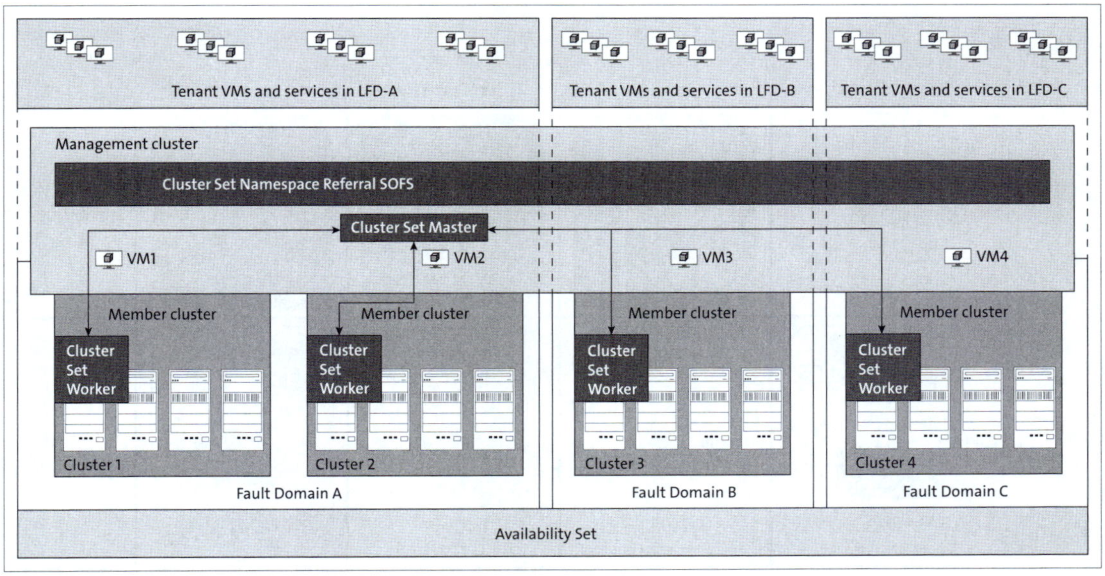

Abbildung 8.10 Schematische Darstellung der Funktion von Cluster Sets

Windows Server 2022

Mit der Einführung von Windows Server 2022 wurden die folgenden Änderungen eingeführt:

- Einführung der *Nested-Virtualisierung* (siehe Abbildung 8.7) für Prozessoren von AMD.
- Der kostenlose Hyper-V Server wurde mit Windows Server 2022 eingestellt.
- Shielded VM wurde mit Windows Server 2022 abgekündigt und wird somit nicht mehr weiterentwickelt. Diese Funktion ist zwar in Windows Server 2025 noch enthalten, Microsoft rät jedoch von der Implementierung dieser Lösung für zukünftige Bereitstellungen ab und empfiehlt hier für die Zukunft den Einsatz von *Azure Stack HCI*. (Zu den Neuerungen in Windows Server 2025 siehe Abschnitt 8.3.)
- Einführung von Version 10 der virtuellen Maschinen. Mit der Einführung dieser Version kamen einige Verbesserungen und neue Funktionen für diese virtuellen Maschinen hinzu.

8.2.2 Die Hyper-V-Architektur

Die Architektur von Hyper-V ist in *Partitionen* unterteilt, wodurch eine Isolierung möglich wird. Betriebssysteme lassen sich so in unterschiedlichen logischen Einheiten betreiben. Partitionen können Sie sich hierbei als eine Art Container vorstellen, der durch den Hypervisor bereitgestellte Ressourcen verwendet, um isolierte Prozesse ausführen zu können. Eine schematische Darstellung finden Sie in Abbildung 8.11.

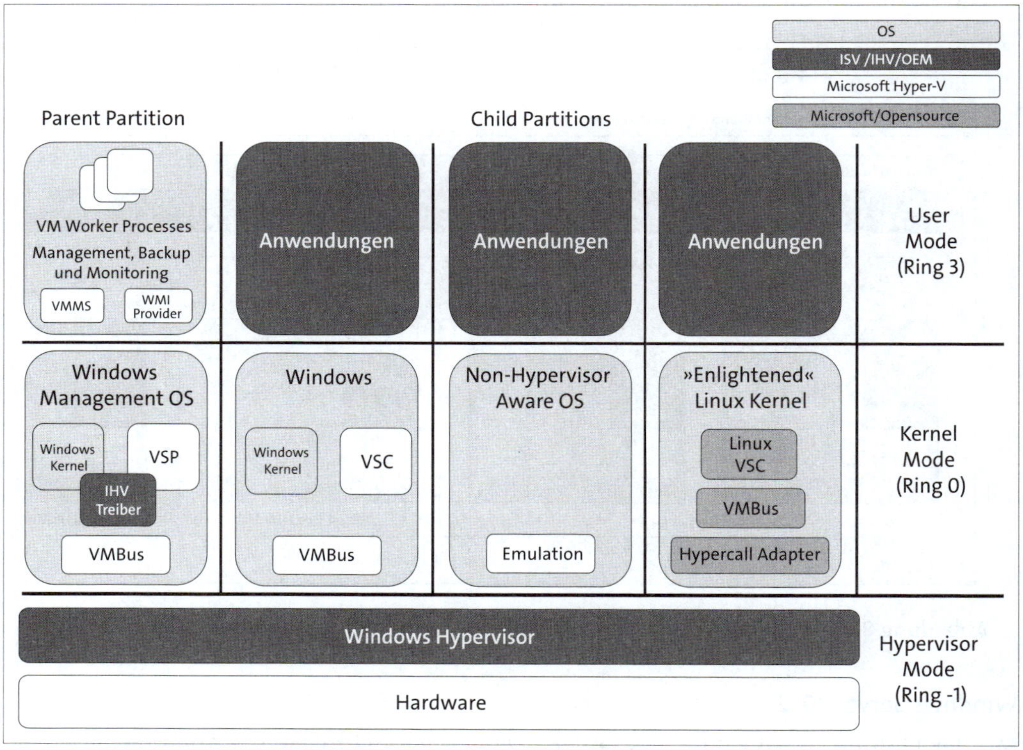

Abbildung 8.11 Root-, Parent- und Child-Partitionen in Hyper-V

Der Hypervisor muss über mindestens eine übergeordnete (*Parent-* oder *Root-*)Partition verfügen, in der das Host-Betriebssystem ausgeführt wird. In der übergeordneten (Parent-) Partition befindet sich der *Virtualisierungs-Stack*, der direkten Zugriff auf die zur Verfügung stehende Hardware hat. Die Root-Partition erstellt dann mittels *API-Calls* (*Hypercall Application Programming Interface*) der Parent-Partition die notwendigen Child-Partitionen, in deren Kontext die Gastbetriebssysteme ausgeführt werden. Durch diese Isolation besteht für die Gastbetriebssysteme kein Zugriff auf die physische Hardware. Diese wird in Form virtueller Ansichten dargestellt, sogenannter *VDevs* (*Virtual Devices* – virtuelle Geräte). Alle Anfragen an die physische Hardware der Gastbetriebssysteme werden über den VMBus oder den Hypervisor an die übergeordnete Partition weitergeleitet.

Der *VMBus* stellt einen Kanal zwischen den Partitionen dar, der es den Child-Partitionen (Client, virtueller Gast) ermöglicht, mit den von der Parent-Partition bereitgestellten *VSPs (Virtualization Service Providers)* zu kommunizieren. So entsteht ein Prozess, der für das Gastbetriebssystem transparent ist und der es Geräten erlaubt, Zugriffe ihrer *VSCs (Virtualization Service Clients)* über den VMBus an die VSPs der Parent-Partition weiterzuleiten.

Virtuelle Geräte können die Windows Server-Virtualisierungsfunktion *Enlightened I/O* für Speicher, Netzwerke, Grafiken und Eingabesubsysteme nutzen. Diese Funktion stellt ein High-Level-Kommunikationsprotokoll wie beispielsweise SCSI unter direkter Verwendung des VMBus zur Verfügung, womit die Geräte-Emulationsschicht umgangen werden kann, um die Kommunikation effektiver zu gestalten. Es ist jedoch notwendig, im Gastbetriebssystem die Hyper-V-Integrationsdienste bereitzustellen (siehe Abbildung 8.12).

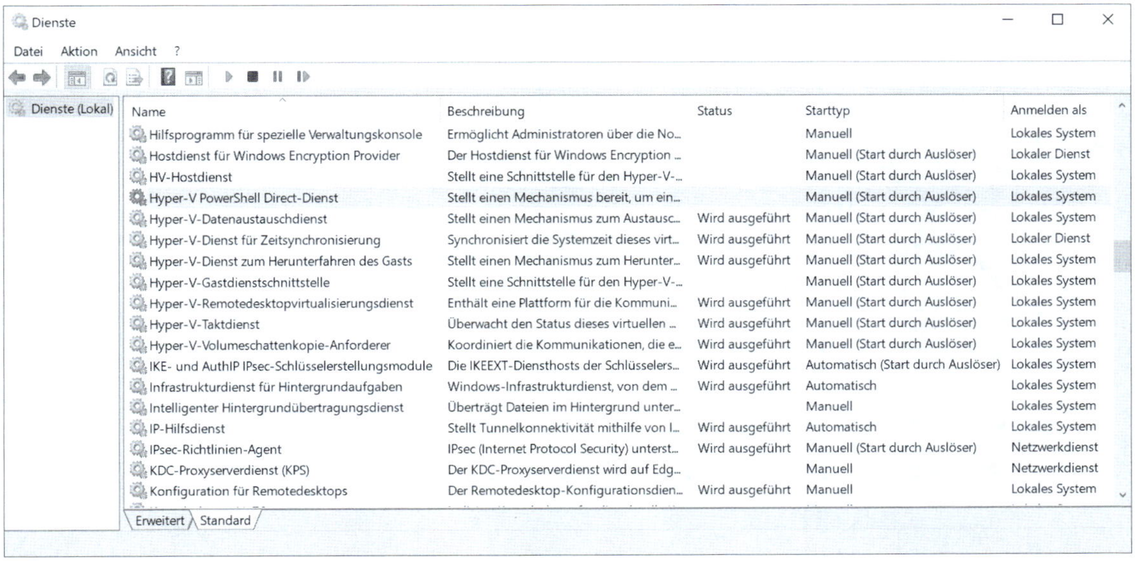

Abbildung 8.12 Auflistung der Integrationskomponentendienste aus Sicht des Gastbetriebssystems

Die Integrationskomponenten, die die VSC-Treiber *(Virtual Service Client)* beinhalten, sind seit Windows Server 2012 sowie Windows 8 Bestandteil des Betriebssystems. Des Weiteren stehen Integrationskomponententreiber für diverse Linux-Betriebssysteme zur Verfügung.

Um diese Komponenten bereitstellen zu können, benötigt Hyper-V Prozessoren, die über eine entsprechende hardwaregestützte Virtualisierung verfügen. Diese finden sich in Prozessoren mit der *Intel VT*- sowie der *AMD-V*-Technologie.

Diese Isolation gilt auch für den Zugriff auf den physischen Prozessor. Hierbei werden keine Interrupts durch das Gastbetriebssystem verwaltet. Die Prozessoren werden ebenso wie die restliche Hardware in Form einer virtuellen Ansicht dargestellt und mittels virtueller Speicheradressbereiche exklusiv für die jeweilige Child-Partition und somit für das Gastbetriebssystem reserviert. Die Verwaltung der Prozessor-Interrupts sowie die Übersetzung und Weiterleitung der physischen Adressbereiche zu den bereitgestellten virtuellen Gastbetriebssystemen der Child-Partitionen erfolgt durch den Hypervisor.

Hyper-V ist hierbei mehr als nur der Hypervisor, denn dieser ist eine Teilmenge von Hyper-V: Der Hypervisor stellt lediglich die Schicht zwischen der Hardware und der übergeordneten Partition dar, während Hyper-V den gesamten Stack vom Hypervisor bis zum Host-Betriebssystem und hinein in die Gastbetriebssysteme repräsentiert. Hierbei stellen *VMMS-(Virtual Machine Management Service)*-, VMWP- und WMI-Provider und der VMBus Teilkomponenten von Hyper-V dar und sind dennoch nicht Teil des Hypervisors. Eine grafische Darstellung der beschriebenen Komponenten finden Sie in Abbildung 8.13.

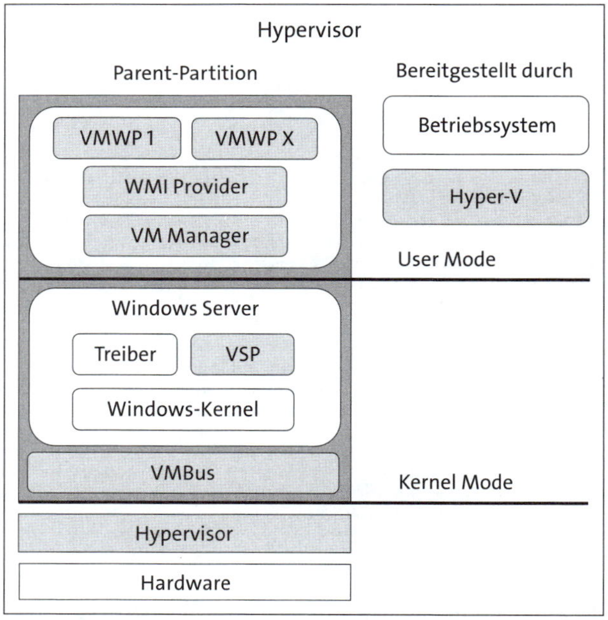

Abbildung 8.13 Auflistung der einzelnen Komponenten von Hyper-V

8.2.3 Hyper-V-Anforderungen

Um Hyper-V in Windows Server 2025 nutzen zu können, gibt es eine Reihe von Anforderungen an die Hardware. Die grundlegenden Hardware-Anforderungen haben sich im Vergleich zu Windows Server 2019/2022 nicht verändert. Sie sollten dennoch darauf achten, dass bei der Installation und dem Betrieb von kritischen Systemen Geräte von Herstellern nutzen, die Ihnen bescheinigen, dass ihre Hardware für Windows Server 2025 zertifiziert ist.

Bei dieser Zertifizierung liefert der Hersteller Folgendes mit:

- signierte Treiber
- Media Kits zur vereinfachten Bereitstellung des Host-Betriebssystems auf der jeweiligen Hardware
- notwendige PXE-Komponenten zur automatischen, netzwerkunterstützten Bereitstellung der Systeme

Dies gilt vor allem bei der Bereitstellung mittels *SCVMM (System Center Virtual Machine Manager)* auf Bare-Metal-Hosts. Grundsätzlich sollte der Betrieb von Hyper-V auch auf bestehender Hyper-V-Hardware möglich sein, die noch unter Windows Server 2019/2022 läuft.

Die im Folgenden aufgelisteten Hardware-Anforderungen stellen die Minimum-Anforderungen dar und sind in Abhängigkeit von weiteren Funktionen des Hypervisors, die Sie nutzen wollen, modular zu betrachten.

Minimalanforderungen

Wie für das Betriebssystem benötigen Sie für den Einsatz von Hyper-V seit Windows Server 2008 R2 Intel-kompatible 64-Bit-Prozessoren, die zwingend über die Funktion der *Second-Level Address Translation (SLAT)* verfügen müssen.

Darüber hinaus müssen die zur Verfügung stehenden Virtualisierungsfunktionen des oder der Prozessoren im BIOS bzw. UEFI aktiviert werden. Hierzu gehören beim Einsatz von Intel-Prozessoren *Intel VT* für die Harware-Virtualisierung sowie das *XD Bit (Execute Disable Bit)* für die *Data Execution Prevention (DEP)*.

Wenn Sie auf AMD-Prozessoren setzen, sind die entsprechenden Funktionen *AMD-V* sowie das *NX Bit (No Execute Bit)*. Eine Übersicht über die Anforderungen sehen Sie in Tabelle 8.1.

Minimalanforderung beim Prozessor	1,4 GHz 64-Bit
Hardware-Virtualisierung	Intel-VT oder AMD-V
Hardware Data Execution Prevention (DEP)	Intel-XD oder AMD NX
Second Level Address Translation (SLAT)	Intel EPT *(Extended Page Tables)* oder AMD NPT *(Nested Page Tables)*

Tabelle 8.1 Auflistung der Hardware-Anforderungen für die Installation von Hyper-V

Zusätzlich sind für den Betrieb von Windows Server 2025 als Hypervisor mittels Hyper-V noch der SSE4.2-Anweisungssatz *(Streaming SIMD Extensions 4.2)* und die *POPCNT*-Anweisung *(Population Count)* auf den verwendeten Prozessoren notwendig.

Um bei der Migration bestehender Systeme auf Windows Server 2025 Hyper-V sicher zu sein, dass alle notwendigen Prozessor-Erweiterungen vorhanden sind, sollten Sie das Programm *Coreinfo* aus der *Sysinternals Suite* nutzen. Sie können Coreinfo bei Microsoft unter dem folgenden Link herunterladen:

https://learn.microsoft.com/de-de/sysinternals/downloads/coreinfo

Natürlich benötigen Sie für den Einsatz von Hyper-V auf einem Windows Server noch Arbeitsspeicher, und zwar mindestens 4 GB Arbeitsspeicher, um die Serverrolle *Hyper-V* auf dem jeweiligen Server betreiben zu können. Selbstverständlich handelt es sich hier um das absolute Minimum, das für den Einsatz im Produktivbetrieb nicht ausreicht! Denn Sie benötigen für jede betriebene virtuelle Maschine – auch bei der Zuweisung von dynamischem Arbeitsspeicher – zusätzliche Ressourcen, um einen fehlerfreien Betrieb sicherstellen zu können.

Im Rahmen der Skalierbarkeit gibt es bei der Bereitstellung einer virtuellen Infrastruktur zusätzlich zu den minimalen Anforderungen auch eine entsprechende maximale Ausbaustufe, die Sie in die Planung einbeziehen müssen. Diese maximale Ausbaustufe ist jedoch im Kontext des einzelnen Hypervisor-Hosts, Hypervisor-Clusters bzw. der jeweiligen virtuellen Maschine zu betrachten. Sie finden die Angaben in Tabelle 8.2.

Ressourcen	Windows Server 2019	Windows Server 2022	Windows Server 2025
Host			
Logische Prozessoren	512	1024	1024
Physischer Arbeitsspeicher	24 TB	▸ 4 PB (5-Level Paging) ▸ 256 TB (4-Level Paging)	▸ 4 PB (5-Level Paging) ▸ 256 TB (4-Level Paging)
Virtuelle Prozessoren pro Server	2048	2048	2048
Virtuelle Maschine			
Virtuelle Prozessoren pro VM	▸ 240 Generation-2-VMs ▸ 64 Generation-1-VMs	▸ 1024 Generation-2-VMs ▸ 64 Generation-1-VMs	▸ 2048 Generation-2-VMs ▸ 64 Generation-1-VMs

Tabelle 8.2 Hyper-V-Leistungsgrenzen in der Server-Versionsübersicht

Ressourcen	Windows Server 2019	Windows Server 2022	Windows Server 2025
Host			
Speicher pro VM	▸ 12 TB auf Generation-2-VMs ▸ 1 TB auf Generation-1-VMs	▸ 240 TB Generation-2-VMs ▸ 1 TB auf Generation-1-VMs	▸ 240 TB Generation-2-VMs ▸ 1 TB auf Generation-1-VMs
Max. VMs pro Host	1024	1024	1024
Cluster			
Max. Nodes	64	64	64
Max. VMs	8000	8000	8000

Tabelle 8.2 Hyper-V-Leistungsgrenzen in der Server-Versionsübersicht (Forts.)

Anforderungen beim Discrete Device Assignment

Um die Funktion *Discrete Device Assignment* nutzen zu können, werden zusätzliche Anforderungen an die Hardware des jeweiligen Hosts gestellt. Diese Anforderungen kommen zu den bereits geschilderten allgemeinen Anforderungen hinzu:

- Second-Level Address Translation (SLAT)
- Intel EPT oder AMD NPT
- Interrupt Remapping
- Intel VT-d2 oder AMD I/O MMU
- DMA Remapping
- Intel-VT mit Queued Invalidations oder AMD I/O-MMU

Zusätzlich müssen noch *ACS (Access Control Services)* auf dem PCI-Express-Root-Port vorhanden sein und die Firmware muss die I/O-*MMU (Memory Management Unit)* dem Hypervisor zur Verfügung stellen.

Beachten Sie zudem, dass für die Verwendung einiger Geräte spezielle zertifizierte Gerätetreiber benötigt werden.

Shielded VMs

Damit virtuelle Maschinen auf diesem Wege geschützt werden können, muss der jeweilige Host-Server weitere Anforderungen erfüllen. Hierzu gehören die Bereitstellung des Host-Servers auf einem Hardware-Server mit einem UEFI-BIOS der Version 2.3.1c.

Außerdem werden, um die virtuellen Maschinen schützen zu können, noch ein verbautes und aktiviertes *TPM (Trusted Platform Module)* der Version 2.0 sowie Prozessoren mit aktivierter *Intel VT-D*-Funktionalität benötigt.

Bitte beachten Sie, dass diese Funktion bereits mit Windows Server 2022 abgekündigt wurde und daher nicht durch Microsoft weiterentwickelt wird.

Netzwerkanforderungen

Damit Hyper-V innerhalb eines Unternehmensnetzwerks eingesetzt werden kann, müssen Sie eine Anzahl an Netzwerk-Ports freischalten. Dies gilt natürlich gleichermaßen für die Software-basierte Firewall auf dem jeweiligen Windows Server als auch für alle Hardware-Firewalls zwischen den jeweiligen Host- und Client-Verbindungen.

Eine vollständige Liste der ausgehenden und eingehenden Ports finden Sie in Tabelle 8.3 bzw. in Tabelle 8.4.

Port	Ziel	Quelle	Beschreibung
Dynamischer Port-Bereich (49152–65535)	Management-IP-Adresse des Hyper-V-Hosts	Management-IP-Adresse	RPC-Protokoll *(Remote Procedure Call)* zur Verwendung des Server-Managers oder anderer Management-Tools sowie des *RDS Brokers* bei der Verwendung von RDS
HTTP (80)	Alle Hyper-V-Hosts	Management-IP-Adresse	Hyper-V-Replica (nur bei der Verwendung von ungesicherter Übertragung)
RPC (135)	Management-IP-Adresse	Management-Server bzw. -Client	RPC Endpoint Mapper
HTTPS (443)	Alle Hyper-V-Hosts sowie SCVMM	Management-IP-Adresse	Hyper-V-Replica (bei der Verwendung von gesicherten Übertragungen) sowie System Center VMM

Tabelle 8.3 Auflistung der ausgehenden Ports

Port	Ziel	Quelle	Beschreibung
SMB (445)	SMB 2/3	► Management-IP-Adressen ► Cluster-Network-IP-Adressen ► RDS User Profile Disk Share	► Zugriff auf VM-Storage für Live-Migration mittels SMB sowie Zugriff auf die Konfiguration und VHD/X-Dateien ► SMB2-Dateiablage für ISO-Files und SCVMM-Library ► Cluster-Kommunikation ► Cluster Shared Volume ► RDS UPD (User Profile Disk) Host
iSCSI (3260)	iSCSI-Ziele	iSCSI-Discovery- und Initiator-IP-Adressen	iSCSI
Live-Migration (6600)	Alle Hyper-V-Hosts, auf denen Live-Migration durchgeführt werden soll	Live-Migration-IP-Adressen	Live-Migration, wenn eine Standard-TCP- oder eine komprimierte TCP-Verbindung verwendet wird

Tabelle 8.3 Auflistung der ausgehenden Ports (Forts.)

Port	Ziel	Quelle	Beschreibung
Dynamischer Port-Bereich (49152–65535)	Management-IP-Adresse; CNO	► Management-Server bzw. -Client ► RDS Broker	RPC-Protokoll *(Remote Procedure Call)* zur Verwendung des Server-Managers oder anderer Management-Tools

Tabelle 8.4 Auflistung der eingehenden Ports (CNO: Cluster Name Object)

Port	Ziel	Quelle	Beschreibung
HTTP (80)	Management-IP-Adresse	Alle Hyper-V-Hosts	Hyper-V-Replica (nur bei einer unsicheren Verbindung)
RPC (135)	Management-IP-Adresse	▸ Management-Server bzw. -Client ▸ RDS Broker	RPC Endpoint Mapper
HTTPS (443)	Management-IP-Adresse	▸ Alle Hyper-V-Hosts ▸ SCVMM-Server	Hyper-V-Replica (bei der Verwendung von gesicherten Übertragungen) sowie System-Center-VMM
SMB (445)	▸ Management-IP-Adresse ▸ Cluster-IP-Adressen ▸ Live-Migration-IP-Adressen	▸ Management-Server bzw. -Clients, die Dateien zum Host kopieren ▸ Live-Migration innerhalb des Clusters ▸ RDS Broker	▸ Eingehender Kopiervorgang ▸ Cluster-Kommunikation ▸ Cluster-Shared-Volume-Kommunikation ▸ Live-Migration, wenn diese über SMB durchgeführt wird
VMMS (2179)	Management-IP-Adresse; CNO	▸ Management-Server bzw. -Client ▸ RDS Broker	Kommunikation zum Virtual Machine Management Service (VMMS)
TCP & UDP (3389)	Management-IP-Adresse	Management-Server bzw. -Client	Zugriff mittels RDP
WinRM (5985)	Management-IP-Adresse	▸ Management-Server bzw. -Client ▸ RDS Broker	▸ WSMan und WMI ▸ PowerShell Remoting

Tabelle 8.4 Auflistung der eingehenden Ports (CNO: Cluster Name Object) (Forts.)

Port	Ziel	Quelle	Beschreibung
WinRM (5986)	Management-IP-Adresse	▸ Management-Server bzw. -Client ▸ SCVMM	Sichere WSMan- und WMI-Verbindung
Live-Migration (6600)	Live-Migration-IP-Adressen	Alle Hyper-V-Hosts, auf denen Live-Migration durchgeführt werden soll	Live-Migration, wenn eine Standard-TCP- oder eine komprimierte TCP-Verbindung verwendet wird

Tabelle 8.4 Auflistung der eingehenden Ports (CNO: Cluster Name Object) (Forts.)

Da Firewalls die Komplexität des Netzwerks erhöhen und daher für eine höhere Fehleranfälligkeit sorgen, empfiehlt es sich, Cluster-Netzwerke zu isolieren und innerhalb dieser Netze auf den Einsatz von Firewalls zu verzichten.

Unterstützte virtuelle Gastbetriebssysteme

Alle Windows-Betriebssysteme, die sich noch im Support befinden, werden als Gastbetriebssysteme unterstützt. Je nach eingesetzter Version des Betriebssystems sind unterschiedliche Einschränkungen bei der Zuweisung von virtuellen Hardwarekomponenten zu beachten. Schauen Sie sich dazu Tabelle 8.5 an.

Gastbetriebssystem	Max. vCPUs	Integration Services
Windows Server 2025	▸ 2048 in Generation-2-VMs ▸ 64 in Generation-1-VMs	integriert
Windows Server 2022	▸ 1024 in Generation-2-VMs ▸ 64 in Generation-1-VMs	integriert
Windows Server 2019	▸ 240 in Generation-2-VMs ▸ 64 in Generation-1-VMs	integriert
Windows Server 2016	▸ 240 in Generation-2-VMs ▸ 64 in Generation-1-VMs	integriert
Windows 11	32	integriert
Windows 10	32	integriert

Tabelle 8.5 Kompatibilitätsliste unterstützter Microsoft Windows-Betriebssysteme

Integrationsdienste

Die *Integrationsdienste (Integration Services)* sind nicht mehr Bestandteil der Hyper-V-Installation, sondern des jeweiligen Betriebssystems und werden nun über den Windows Update-Katalog bzw. den Update-Dienst aktualisiert.

Hyper-V unterstützt in Windows Server 2025 Linux-Gastbetriebssysteme. Bei einigen gibt es jedoch Einschränkungen bezüglich des Funktionsumfangs. Eine vollständige Liste dieser supporteten Gastbetriebssysteme und deren Einschränkungen finden Sie unter folgendem Link:

https://docs.microsoft.com/en-us/windows-server/virtualization/hyper-v/supported-linux-and-freebsd-virtual-machines-for-hyper-v-on-windows

Bitte beachten Sie bei dieser Liste, dass diese natürlich Änderungen unterliegt und abhängig von den Änderungen in den jeweiligen Linux-Kerneln ist. Die Unterstützung wird über das Windows Update stetig erweitert.

Lizenzierung

Im Vergleich zu Windows Server 2019/2022 hat sich das Lizenzmodell in Bezug auf Hyper-V nicht verändert. Was jedoch gerade für kleinere Kunden von Interesse sein kann, ist die Tatsache, dass die Storage-Replikation auch in der Lizenz des Standard-Servers enthalten ist – wenn auch mit Einschränkungen.

Einen Überblick über die Features finden Sie in Tabelle 8.6.

Funktion	Datacenter Edition	Standard Edition
Kernfunktionen von Windows Server	verfügbar	verfügbar
Hybridintegration	verfügbar	verfügbar
Hyper-konvergente Infrastruktur	verfügbar	nicht verfügbar
OSEs (VMs oder Hyper-V-Container)	unbegrenzt	2
Windows Server Container	unbegrenzt	unbegrenzt
Storage-Replikation	verfügbar	limitiert auf ein Volume mit 2 TB
Shielded Virtual Machines	verfügbar	nicht verfügbar
SDN (Software Defined Network)	verfügbar	nicht verfügbar

Tabelle 8.6 Hypervisor-Funktionen auf Basis der jeweiligen Lizenzierung

Funktion	Datacenter Edition	Standard Edition
SDS (Software Defined Storage)	verfügbar	nicht verfügbar
Alle anderen Windows Server-Rollen und -Funktionen	verfügbar	verfügbar

Tabelle 8.6 Hypervisor-Funktionen auf Basis der jeweiligen Lizenzierung (Forts.)

Beachten Sie, dass Microsoft mit Windows Server 2016 die Lizenzierung umgestellt hat. Nun geht es nicht mehr um Prozessorsockel, sondern darum, wie viele Cores pro Host zur Verfügung stehen. Dies kann gerade bei neueren, sehr stark ausgestatteten Servern die Lizenzkosten im Vergleich zu Infrastrukturen erhöhen, die noch unter Windows Server 2012 R2 bereitgestellt wurden.

8.3 Das ist neu in Windows Server 2025

Mit der Einführung von Windows Server 2025 wurde eine Reihe von Rollen und Funktionen des Serverbetriebssystems verändert bzw. erweitert. In Bezug auf die Virtualisierung liegt der Schwerpunkt auf der Erhöhung der Hardware-Grenzen, damit noch stärker ausgestattete Hypervisoren und noch leistungsfähigere virtuelle Maschinen genutzt werden können. Kein Wunder: Die KI-Anwendungen spielen eine zentrale Rolle in der strategischen Ausrichtung Microsofts, und dafür wird nicht nur viel Rechenpower, sondern auch eine flexible Skalierung benötigt. Auch wurden Anpassungen am Hypervisor durchgeführt, die eine bessere Bereitstellung von Grafikkarten ermöglichen, denn dies kann bei der Nutzung von KI-lastigen Anwendungen entscheidend sein.

8.3.1 GPU-Partitionierung

Um Grafikkarten in virtuellen Umgebungen besser nutzen zu können, hat Microsoft mit Windows Server 2025 die GPU-Partitionierung eingeführt. Grafikkarten, die im Hypervisor verbaut sind, können in logische Einheiten aufgeteilt werden, die dann an einzelne virtuelle Maschinen zugewiesen werden, wie es in Abbildung 8.14 schematisch dargestellt ist.

Hieraus ergeben sich Vorteile bei der Ressourcennutzung und Verbesserungen der Failover-Fähigkeiten der einzelnen virtuellen Maschinen.

Wenn Sie Grafikkarten partitionieren möchten, müssen Sie die Datacenter Edition von Windows Server 2025 nutzen und die Rolle *Hyper-V* auf dem Host aktivieren. Außerdem muss eine physische Grafikkarte verbaut sein, unterstützt werden (wichtig!) und mit dem passenden Treiber ausgestattet sein. Aktuell werden ausschließlich Grafikkarten von NVIDIA aus den Baureihen A2, A10, A16, A40, L4, L40 und L40S unterstützt.

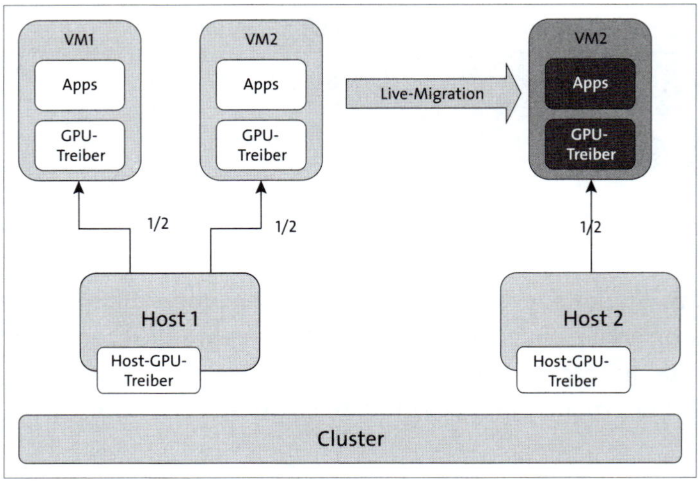

Abbildung 8.14 Die GPU-Partitionierung und das Failover einer VM mit GPU

Wenn Sie die Failover-Fähigkeit der virtuellen Maschinen nutzen wollen, müssen Sie bei der Bereitstellung auf einem Cluster darauf achten, dass Grafikkarten der gleichen Baureihe und Dimensionierung auf allen Hosts des Clusters verwendet werden. Auch die Versionen der Treiber müssen genau übereinstimmen. Achten Sie auf die Angaben des zertifizierten OEM-Herstellers, da sich einzelne Konfigurationen auch innerhalb derselben Baureihe unterscheiden können.

Ein Anwendungsbeispiel für dieses Feature sind virtuelle Desktop-Lösungen, in denen grafiklastige Anwendungen bereitgestellt werden müssen, z. B. CAD-, Rendering- oder Grafikbearbeitungssoftware. Sie können so Grafikleistung, die nur zeitgebunden benötigt wird, auf zentral bereitgestellten Grafikkarten ausführen, um diese ideal auszulasten. So sparen Sie sich den Kauf teurer Grafikkarten für einzelne Arbeitsplätze. Besonders wichtig sind natürlich die Beschleunigung KI-basierter Anwendungen sowie das Training von Maschine-Learning-Modellen.

8.3.2 GPU-Pooling

Das GPU-Pooling ist der umgekehrte Prozess der GPU-Partitionierung: Anstatt eine Grafikkarte zu unterteilen, werden Grafikkarten zu logischen Einheiten zusammengefasst (siehe Abbildung 8.15). Durch das Poolen der Grafikkarten erhöht sich die zur Verfügung stehende Rechenleistung: Das ist wichtig bei der Bereitstellung von extrem rechenintensiven Anwendungen.

Dieses Feature steht ausschließlich in der Failover-Konfiguration von Hyper-V zur Verfügung. In der Vergangenheit unterstützte Hyper-V jedoch aufgrund des zugrunde liegenden *Discrete Device Assignment* keine Live-Migration der jeweiligen virtuellen Maschine, die mit der logischen Grafikkarte konfiguriert wurde.

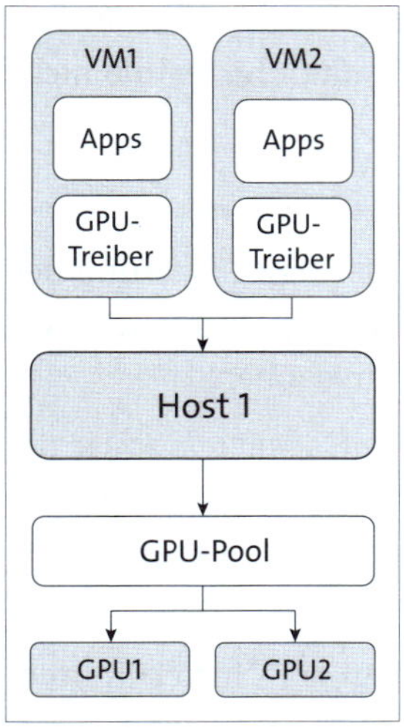

Abbildung 8.15 Das GPU-Pooling

Mit Windows Server 2025 wurde nun Support für HA-Setups eingeführt, in denen GPUs mit Discrete Device Assignment verwendet werden. Dazu müssen Sie auf jedem Node des Clusters *PCI Express*-Ressourcen-Pools mit genau dem gleichen Namen anlegen und ihnen entsprechende GPUs zuordnen. Während eines Failovers oder einer geplanten Migration können virtuelle Maschinen dann auf einem anderen Node gestartet werden.

8.3.3 Live-Migration in Hyper-V-Clustern

Die Live-Migration ist bereits seit Windows Server 2008R2 ein Feature von Hyper-V und wurde über alle Versionen hinweg weiterentwickelt. Auch in Windows Server 2025 hat Microsoft Veränderungen an der Live-Migration vorgenommen.

Migration ohne Active Directory

Die Möglichkeit, eine Migration ohne ein Active Directory durchzuführen, wurde bereits mit Windows Server 2016 eingeführt. Sie können also Failover-Cluster ohne ein Active Directory betreiben. Das ist nützlich, wenn Sie Hyper-V-Cluster an kleineren Unternehmensstandorten zur Verfügung stellen wollen, wo kein lokaler Domänencontroller platziert werden soll und wo wegen Latenz und Ausfallsicherheit kein Remote-Domänencontroller infrage kommt. (Oder denken Sie auch an DMZ-Szenarien.)

Bisher unterstützen solche Hyper-V-Cluster nur die sogenannte »schnelle Migration«. Dies löst Microsoft nun mit der Einführung der zertifikatbasierten Live-Migration für Hyper-V-Cluster ohne ein Active Directory ab.

Auch die Logik, mit der ein Hyper-V-Failover-Cluster bestimmt, wie Live-Migrationen durchgeführt werden, wurde in Windows Server 2025 überarbeitet. Das Ziel war es, die Stabilität und Leistungsfähigkeit von Live-Migrationen zu verbessern, und zwar sowohl im Umfeld direkt miteinander verbundener Cluster als auch standortübergreifender Cluster, die nicht zwingend über ein dediziertes Cluster-Netzwerk verbunden sind.

Live-Migration in einem Cluster mit direkt verbundenen Cluster-Netzwerken

Live-Migrationen werden in diesem Szenario bei einem Failover oder einer Wartung des Hyper-V-Hosts innerhalb desselben Standorts durchgeführt. Die virtuellen Maschinen werden innerhalb des bestehenden Clusters auf einen anderen Knoten verschoben.

Der aktuelle Status einer virtuellen Maschine, also der Inhalt des Arbeitsspeichers sowie die laufenden Operationen der CPU, werden über das Netzwerk zum Ziel-Knoten übermittelt. Da Cluster über mehrere angebundene Netzwerke verfügen bzw. verfügen sollten, identifiziert Hyper-V automatisch das Netzwerk, das für die Live-Migration genutzt wird.

Unterschieden werden muss hierbei zwischen direkten Verbindungen der Cluster-Knoten, wie sie in Abbildung 8.16 dargestellt sind, und Verbindungen, die über eine Switch-Infrastruktur hergestellt werden. Direkte Verbindungen werden bevorzugt.

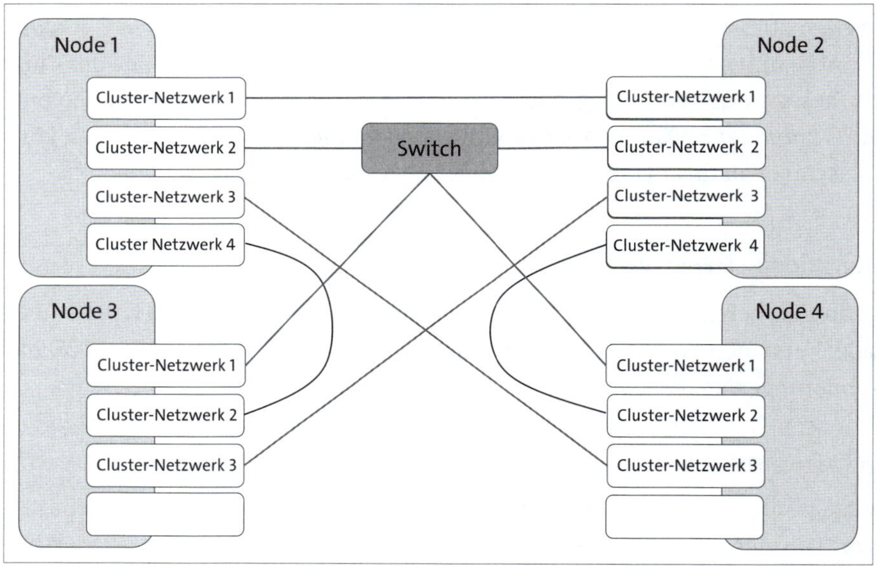

Abbildung 8.16 Cluster mit direkt verbundenen Cluster-Netzwerk

Wird eine Switch-Infrastruktur zur Anbindung der Cluster-Netzwerke verwendet, wie es in Abbildung 8.17 dargestellt ist, können Live-Migrationen in den meisten Fällen von allen angebundenen Netzwerken zum jeweiligen Ziel-Cluster-Knoten ausgeführt werden.

Um nun die optimale Verbindung zwischen den Cluster-Knoten für Live-Migrationen identifizieren zu können, wurde in Windows Server 2025 die zugrunde liegende Logik zum Ermitteln der idealen Verbindung verbessert. Bei der Validierung der Verbindung werden alle

Netzwerke abgefragt und priorisiert, die Bestandteil der Cluster-Konfiguration sind und für Live-Migrationen aktiviert wurden. Dies stellt eine große Verbesserung gegenüber älteren Versionen von Windows Server dar, da früher die Verbindungen sequenziell geprüft wurden. Bei einer fehlerhaften Verbindung waren Verzögerung von 20 Sekunden pro zu prüfendem Netzwerk angesagt. Im Windows Server 2025 funktioniert die Live-Migration wesentlich stabiler und einfacher.

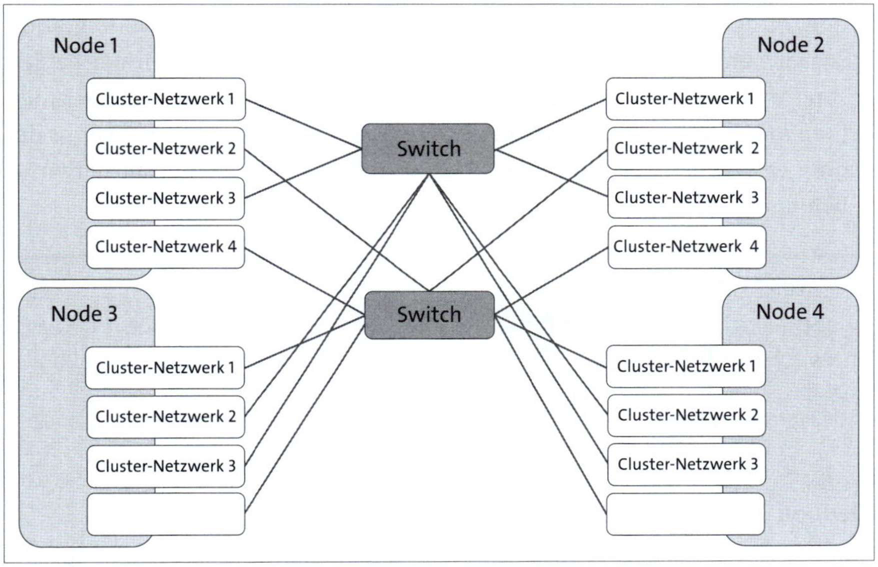

Abbildung 8.17 Cluster mit über Switches verbundenen Cluster-Netzwerken

Live-Migration in einem Multi-Site-Cluster

Ein Multi-Site-Cluster ist ein Cluster, der sich über mehrere Standorte ausdehnt. Der häufigste Einsatzzweck für solche Cluster ist die Umsetzung von Notfallkonzepten für den Ausfall eines oder mehrerer Standorte. Solche Konzepte sehen vor, dass trotz des Ausfalls alle Sites des Clusters über aktive Systeme verfügen können. Kommt es nun zum Ausfall eines Standorts oder mehrerer Standorte, werden an den verbliebenen Standorten die virtuellen Maschinen der ausgefallenen Standorte neu gestartet bzw. wiederhergestellt.

Live-Migrationen zum Zwecke des Lastenausgleichs oder der Wartung von Hyper-V-Hosts erfolgen im Normalfall innerhalb der jeweiligen Site.

Da die verwendeten Cluster-Netzwerke bei Multi-Site-Clustern über Switch- und Routing-Infrastruktur miteinander verbunden werden und sich somit im Regelfall nicht im selben Subnetz befinden, war die Identifikation dieser Netzwerkverbindungen in älteren Versionen von Windows Server nicht möglich und führte zu Problemen bei der Live-Migration von virtuellen Maschinen. Dieser Fall wurde in der Live-Migrationslogik von Windows Server 2025 nun ergänzt: Er ist nun in der Lage, auch Verbindungen über Router bei der Suche nach geeigneten Netzwerken für die Live-Migration zu berücksichtigen.

8.3.4 Dynamische Prozessor-Kompatibilität

Microsoft hat die Kompatibilität der Prozessoren, die innerhalb eines Clusters verwendet werden, durch die *Dynamic Processor Compatibility* verändert. Diesen Kompatibilitätsmodus aktiviert Microsoft nun standardmäßig bei der Bereitstellung eines neuen Clusters für alle virtuellen Maschinen, die im aktuellen Konfigurationsmodus laufen.

So ist es nun möglich, die unterstützten Features der einzelnen Prozessoren im Cluster zu ermitteln und sie den virtuellen Maschinen zur Verfügung zu stellen. Bei einer Live-Migration findet der Hypervisor heraus, welche Unterschiede zwischen den Prozessoren der beiden Hosts bestehen und welche CPU-Features auf dem Ziel-Host für die virtuellen Maschinen konfiguriert werden müssen. Durch die dynamische *HAL-Detection* des Betriebssystems der virtuellen Maschine werden dann vorhandene CPU-Features im laufenden Betrieb der virtuellen Maschine bereitgestellt.

[!]

Intel und AMD nicht mischen

Beachten Sie dabei jedoch, dass dies nur für Prozessoren derselben Hersteller zutrifft. Eine Live-Migration zwischen Intel- und AMD-Prozessoren wird auf diese Weise nicht durch Zauberhand möglich.

8.3.5 Re-FS-Deduplizierung für Hyper-V

Microsoft hat mit Windows Server 2025 die Features des ReFS-Dateisystems erweitert. Bisher war die Dedupilizerung von Daten auf einem ReFS-Dateisystem auf Datenträger beschränkt, die zur Bereitstellung von Dateien verwendet wurden, die geringen Änderungsraten unterliegen, also auf sogenannte *Kalt-Daten*. Mit der neuen Version ändert sich dies nun: Das ReFS-Dateisystem unterstützt nun auch die Deduplizierung von Datenträgern, die Hyper-V-Speicher bereitstellen. Insbesondere bei virtuellem Datenträger wie *.vhd-* oder *.vhdx*-Dateien ist das Einsparpotenzial groß, da eine große Anzahl an identischen Blöcken auf dem Datenträger geschrieben werden. Durch die Deduplizierungs-Referenzierung werden große Teile des Datenträgers wieder freigegeben.

Die Deduplizerung ist allerdings kein Allheilmittel, das stets genutzt werden sollte. Der Prozess ist sehr rechenintensiv und wird große Hardware-Ressourcen binden. Nutzen Sie die Funktion also gerade auf den Hyper-V-Hosts mit Bedacht.

8.4 Virtual Desktop Infrastructure (VDI)

Die Bereitstellung von VDI-Lösungen ist in den letzten Jahren von immer größerer Bedeutung geworden. Dies ist vor allem den steigenden Anforderungen an den Desktop-Betrieb der Systeme geschuldet. Gerade die zunehmende Nutzung von auf HTML5 basierenden Anwendungen sowie die Darstellung von Inhalten, die viele Ressourcen benötigen, stellen Herausforderungen dar, die klassische RDS-Bereitstellungen nicht mehr bewältigen können.

Verschiedene Hersteller bieten daher seit Jahren Produkte an, mit denen Sie Windows-Client-Betriebssysteme virtualisieren können, wobei das Grafik-Rendering aber an die physische GPU ausgelagert wird. Das führt zu einer erheblichen Beschleunigung der Darstellung gegenüber RDS. Microsoft bietet eine solche Form der Virtualisierung von Client-Betriebssystemen bereits seit Windows Server 2008 R2 an.

Die Bereitstellung von Desktops mittels VDI bietet einige Vorteile, z. B. die Standardisierung der Client-Installationen durch die Verwendung von Templates sowie das Einbinden der Lösung in die bestehende Windows Server-Infrastruktur. Große Software-Installationen und der damit verbundene Einsatz komplexer Infrastrukturen zur Verteilung dieser Software wie *SCCM (System Center Configuration Manager)* sind dann nicht mehr notwendig.

Auch die Optimierung von WAN-Zugriffen auf die bereitgestellten VDI-Desktops per *RemoteFX* und die Verwendung der vorhandenen GPU des Virtualisierungssystems stellen Vorteile dar. Jedoch sind Microsoft-VDI-Installationen offline nicht verfügbar, was eine permanente Verbindung zum Rechenzentrum notwendig macht und die Verwendung von Hyper-V voraussetzt.

Lizenzierung

Beachten Sie auch hier: Die Lizenzen der Windows-VDI-Clients sind kein Bestandteil des unbegrenzten Virtualisierungsrechts der *Microsoft Windows Server Datacenter Edition*.

Außerdem müssen Sie daran denken, dass Sie für VDI lediglich die hierfür zertifizierten Grafikkarten verwenden dürfen.

8.4.1 Virtual-Desktop-Typen

Bei der Bereitstellung der VDI-Desktops wird zwischen zwei unterschiedlichen Bereitstellungstypen unterschieden: den *Pooled* und den *Personal* Virtual Desktops.

Bei der *Pooled*-Bereitstellung werden auf Basis eines vorher erzeugten Master-Images eines Windows-Client-Betriebssystems automatisch beim Verbinden der zugelassenen User neue virtuelle Maschinen erzeugt, die gestartet und den Usern im Rahmen der Laufzeit zur Verfügung gestellt werden. Beim Deployment dieser virtuellen Desktops werden legen die zugrunde liegenden virtuellen Maschinen Checkpoints an. Wenn die Benutzer-Session beendet wird, werden die erstellten virtuellen Maschinen auf den vorab erstellten Checkpoint zurückgesetzt. Die Benutzereinstellungen werden daher auf einer separaten virtuellen Benutzerprofil-Disk gespeichert.

Personal bereitgestellte virtuelle Desktops, also persönliche persistente VDI-Desktops, werden ebenfalls aus einem vorher erzeugten Master-Image erstellt. Jedoch werden diese virtuellen Desktops dem jeweiligen Benutzer fest zugewiesen und behalten sämtliche durchgeführten Einstellungen bei. Außerdem besteht administrativer Zugriff auf virtuelle Desktops, die auf diese Weise bereitgestellt wurden.

8.4.2 Infrastruktur

An der VDI-Infrastruktur wurden in Windows Server 2025 im Vergleich zu den vorherigen Versionen keine Änderungen vorgenommen. Somit ist diese Lösung weiterhin eng mit *RDS (Remote Desktop Services)* verbunden. Dies betrifft sowohl das *RDP (Remote Desktop Protocol)* als auch die Nutzung von *RDS Broker* und des Lizenzservers. Optional können der *Remote Desktop Web Access* sowie das *Remote Desktop Gateway* verwendet werden, um einen webbasierenden Zugriff auf die bereitgestellte Lösung zu ermöglichen (siehe Abbildung 8.18).

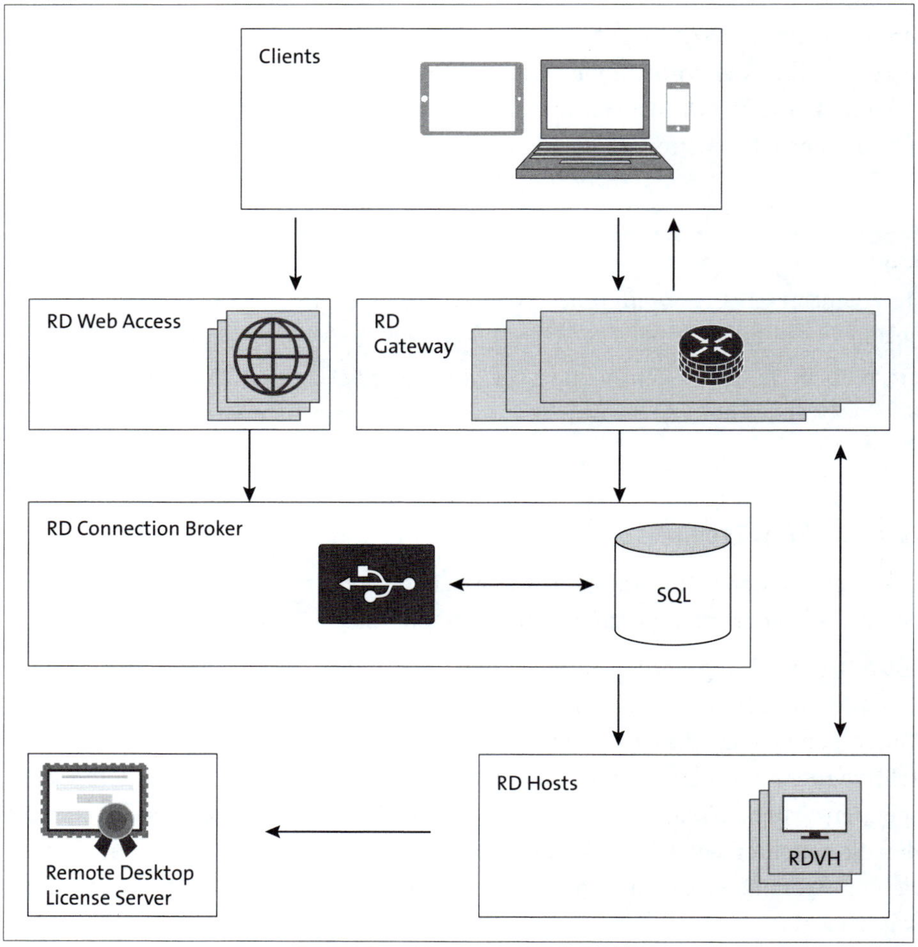

Abbildung 8.18 Übersicht der VDI-Komponenten

8.5 Container

Mit Containern werden Anwendungen in einer Isolation verkapselt. Durch die Verkapselung ist die Anwendung innerhalb des Containers so isoliert, dass sie keinen Zugriff auf Prozesse des ausführenden Betriebssystems hat. Sie verfügt innerhalb des Containers nur noch über diejenigen Abhängigkeiten, die zu ihrer Ausführung notwendig sind. Außerdem sind so gepackte Anwendungen als Container in einem hohen Maße mobil und können unabhängig vom ausführenden Betriebssystem verschoben und ausgeführt werden.

Grundsätzlich ähneln sich Container und virtuelle Maschinen in einigen Punkten: Beide führen ein Betriebssystem aus, verfügen über ein Dateisystem und werden über das physische Netzwerk adressiert. Konzeptionell unterscheiden sich Container jedoch erheblich von virtuellen Maschinen (siehe Abbildung 8.19).

8

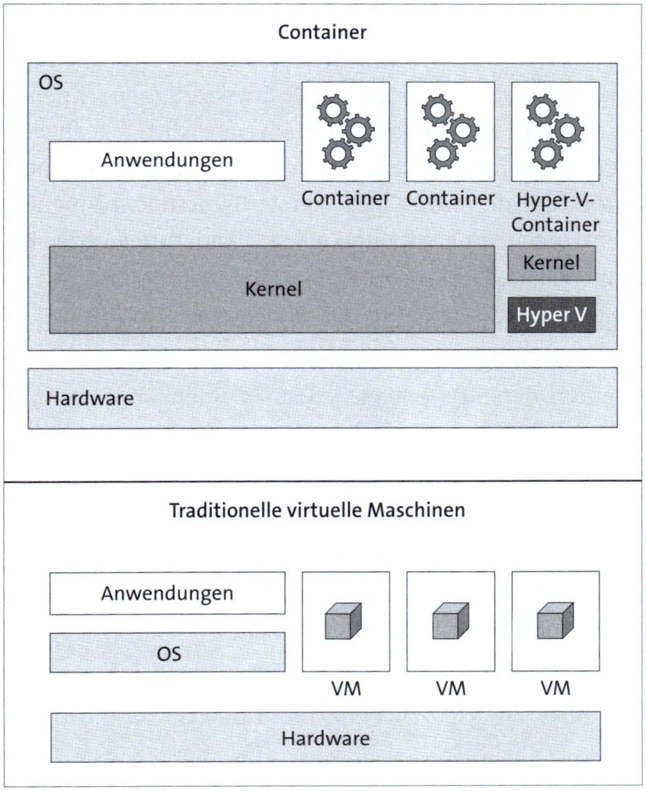

Abbildung 8.19 Vergleich zwischen Containern mit Hyper-V und virtuellen Maschinen

Wenn wir virtuelle Maschinen und die dazugehörige Virtualisierungsinfrastruktur betrachten, so erkennen Sie große Vorteile gegenüber einer Infrastruktur, die nur auf »Blech« beruht. Zu diesen Vorteilen gehören die grundsätzlichen Eigenschaften virtueller Maschinen:

- Durch geteilte Hardware-Ressourcen wird eine größere Nutzungsdichte auf den betriebenen Hosts erreicht.
- Die Daten und Ressourcen werden deutlich mobiler.

Jedoch gibt es auch Nachteile: Sie müssen Betriebssysteme, Anwendungen, Binarys und Bibliotheken installieren, was zu einer hohen Anzahl an Dateien führt, die nicht für das Bereitstellen des jeweiligen Service benötigt werden. Außerdem müssen Sie sich um Updates kümmern und das Betriebssystem auf Schadsoftware überwachen und vor ihr schützen.

Container haben die gleichen Vorteile wie virtuelle Maschinen, aber nicht deren Nachteile. Dies liegt daran, dass Container lediglich die auszuführende Anwendung und ihre Abhängigkeiten verkapselt mit sich führen.

Container können als *Windows-Container* oder als *Hyper-V-Container* bereitgestellt werden.

Für die Bereitstellung von Containern empfiehlt Microsoft die Nutzung von *Windows Server Core* und *Nano*. Diese beiden Server-Varianten erhalten über den *SAC (Semi-annual Channel)* mindestens zweimal pro Jahr ein neues Release, sodass funktionelle Erweiterungen schneller verfügbar sind. Dies ist gerade in Bezug auf die Nutzung von Containern wichtig – auch weil Microsoft die Bereitstellung von auf Open Source basierenden *Docker*-Containern in Hyper-V unterstützt und weil die Weiterentwicklung durch die Open-Source-Gemeinde sprunghaft erfolgen kann. Microsoft muss dementsprechend häufig und schnell Änderungen bzw. Erweiterungen für Windows Server bereitstellen.

Container können Sie prinzipiell für alle Anwendungen nutzen, wobei auch Abhängigkeiten zwischen einzelnen Containern möglich sind. Ein Beispiel hierfür können Webserver sein, die in einem Container ausgeführt werden, deren Datenbank jedoch in einem anderen Container liegt.

Um auch komplexere und große Container-Implementierungen verwalten zu können, sollten Sie eine Verwaltungssoftware einsetzen. Microsoft empfiehlt *Kubernetes* zur Bereitstellung, Verwaltung und Orchestrierung der eingesetzten Container. So erhalten Sie einen Überblick über die Auslastung Ihrer Infrastruktur und können automatisiert und flexibel die Container skalieren, die Sie verwenden wollen. Hierzu bietet Microsoft in Azure einen passenden Kubernetes-Service an.

Weitere Informationen zu Kubernetes sowie zu dem Azure-Angebot finden Sie unter:

https://azure.microsoft.com/de-de/services/kubernetes-service/

8.5.1 Windows-Container

Windows-Container bieten eine Isolation der bereitgestellten Anwendung, indem sie die notwendigen Prozesse und den Namespace vom Hostbetriebssystem trennen. Hierbei wird der Kernel des Hostbetriebssystems mit allen darauf bereitgestellten Windows-Containern geteilt, was jedoch eine Abhängigkeit des Windows-Containers von der Kernelversion und der

Konfiguration des bereitstellenden Windows-Betriebssystems bedeutet. Abbildung 8.20 zeigt schematisch, wie Windows-Container aufgebaut sind.

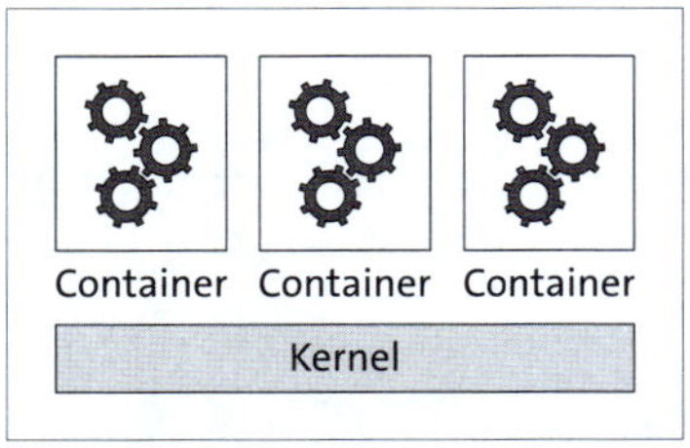

Abbildung 8.20 Aufbau des Windows-Containers

8.5.2 Hyper-V-Container

Hyper-V-Container gehen noch einen Schritt weiter und verstärken im Vergleich zu den Windows-Containern die Isolation noch mehr, sodass ein mandantenfähiges Hosting von Services möglich wird. Dies wird erreicht, indem die Container in einer speziell optimierten virtuellen Maschine ausgeführt werden, die über eigenen direkt zugewiesenen Arbeitsspeicher verfügt.

Hierbei werden die Konfiguration und der vom Container genutzte Kernel innerhalb der Hülle der virtuellen Maschine weiter verkapselt, wodurch jeder Hyper-V-Container seinen eigenen, nicht geteilten Kernel verwendet (siehe Abbildung 8.21). So wird die Abhängigkeit zur Kernel- und Konfigurationsversion des Container-Hostbetriebssystems aufgelöst. Das verbessert die Mobilität von Hyper-V-Containern erheblich. Außerdem wird es so möglich, dass Hyper-V-Container mit unterschiedlichen Kernel- und Konfigurationsversionen auf demselben Container-Hostbetriebssystem laufen.

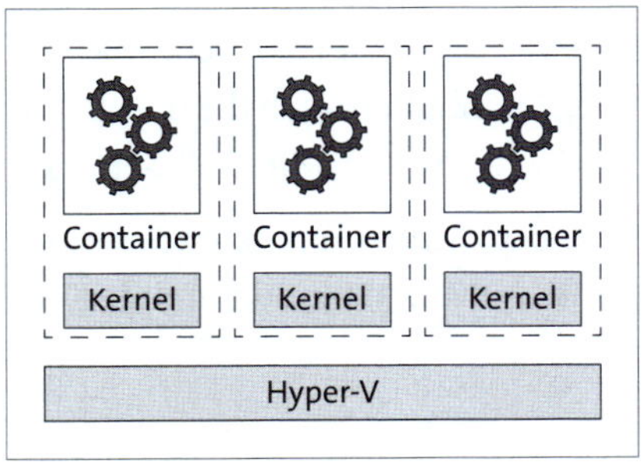

Abbildung 8.21 Aufbau des Hyper-V-Containers

8.6 Azure Stack

Gerne möchten wir Ihnen zum Abschluss dieses Kapitels noch einen Einblick in die Hybridisierungsbestrebungen von Microsoft mit *Azure Stack* geben. Mit Azure Stack versucht Microsoft, die Lücke zwischen der klassischen On-Premises-Infrastruktur und der Azure Cloud zu schließen. Durch die Verwendung von standardisierten APIs und definierten Prozessen sowie Tools können Sie Azure-Services im eigenen Rechenzentrum betreiben und somit die Azure Cloud in Ihr eigenes Rechenzentrum hinein erweitern (siehe Abbildung 8.22).

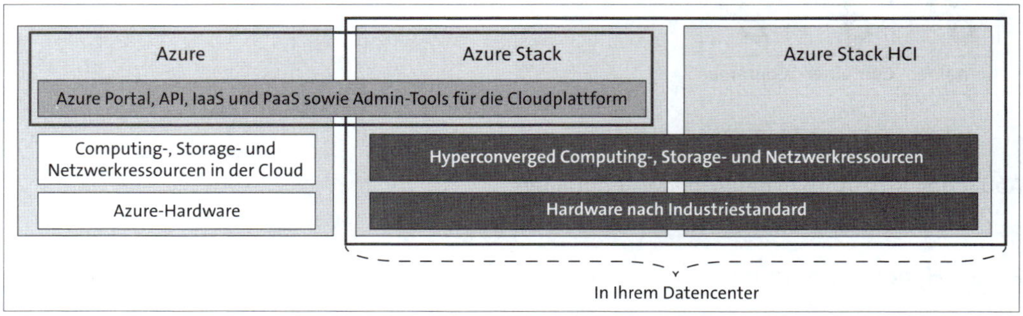

Abbildung 8.22 Azure-Stack als hybrider Ansatz zwischen Cloud- und On-Premises-Infrastruktur

So können Sie einfacher auf individuelle Sicherheitsanforderungen reagieren und die standardisierten Dienste dynamisch zwischen dem eigenen Rechenzentrum und der Azure Cloud verschieben, was gerade Szenarien vereinfacht, in denen schnelle Skalierungen notwendig sind. Um dieses hohe Maß an Standardisierung sicherzustellen, ist Azure Stack nur von ausgewählten zertifizierten Hardware-Herstellern erhältlich.

Der transparente Übergang zwischen dem Azure Stack im eigenen Rechenzentrum und der Microsoft Azure Cloud macht es möglich, eine Vielzahl von Azure-Diensten aus den Bereichen *IaaS (Infrastructure as a Service)* und *PaaS (Platform as a Service)* zu verwenden, ohne dass es hierbei einen Unterschied macht, ob der jeweilige Dienst in Azure oder auf Azure Stack betrieben wird.

Ihnen stehen dazu Services aus dem Bereich Computing zur Verfügung, die virtuelle Maschinen, Datenbanken sowie Webanwendungen bereitstellen. Sie beinhalten auch die notwendigen Storage- und diverse Netzwerklösungen, wie VPN-, Loadbalancer- und Firewall-Setups.

Somit können Anwendungen Ende-zu-Ende von der Betriebsplattform bis hin zum Netzwerk-Endpunkt transparent zwischen dem Azure Stack und der Azure Cloud bereitgestellt und verschoben werden.

[»]

Kostenkontrolle

Bitte achten Sie bei dem Betrieb von virtuellen Maschinen auf die Kosten, die anfallen, wenn Sie *Azure Stack* nutzen. Mit Azure Stack sind die Kosten je virtueller Maschine deutlich höher als beim Einsatz in einem klassischen virtuellen Betriebsmodell oder direkt in der Azure Cloud. Als Alternative sollten Sie hier *Azure Stack HCI* in Betracht ziehen (siehe Abschnitt 8.6.3).

Um Azure Stack im Unternehmen einsetzen zu können, ist für den klassischen On-Premises-Betrieb eine Umorganisierung und Neuausrichtung erforderlich, damit die bereits bestehenden Entwicklungs-, Bereitstellungs- und Betriebsprozesse an die Cloud-Dienste angepasst werden können. Dies liegt an den bereits erwähnten Prozessen, Tools und APIs, auf die Microsoft für die dynamische Entwicklung und Verwaltung in der Azure Cloud setzt. Wenn Sie Ihr eigenes Rechenzentrum über den Azure Stack an die Azure Cloud anbinden wollen, müssen Sie sich auf diese Anforderungen einlassen.

Dies stellt aber nicht nur eine Herausforderung dar, sondern bietet enormes Potenzial! Denn so wird es möglich, On-Premises wie auch in der Cloud einheitliche Services zu entwickeln, bereitzustellen und zu betreiben, wodurch auch die dynamische Nutzung von On-Premises- und Cloud-Ressourcen möglich wird. Es macht also keinen Unterschied mehr, ob ein Service für den Betrieb im eigenen Rechenzentrum oder für die Bereitstellung in der Cloud entwickelt wurde. Somit kann Ihr Service auf demselbem Wege bereitgestellt werden, ohne dass Prozesse oder Tools für den identischen Service erneut angepasst werden müssen.

Auch können Sie so Datenschutzbedenken begegnen, da relevante Daten und Services auf dem lokalen Azure Stack verbleiben, während alle anderen Komponenten dynamisch in der Azure Cloud bereitgestellt werden.

Außerdem bietet Microsoft mit Azure Stack auch Optionen, um Azure Stack an Remotestandorten mit eingeschränkter Netzwerkkonnektivität zu betreiben. Dies setzt natürlich voraus, dass Ihre Anwendungen auch für den Betrieb ohne Verbindung zu Azure konzipiert sind.

Azure Stack zusammengefasst

Azure Stack bietet:

- Zugriff auf alle Azure Cloud-Funktionen aus dem lokalen Azure Stack
- identische Tools, Prozesse und APIs auf dem Azure Stack und in der Azure Cloud
- geringen Aufwand bei der Entwicklung, Bereitstellung und dem Betrieb von Services
- die dynamische Verlagerung von Services zwischen Azure Stack und Azure Cloud
- geringe Netzwerklatenz bei zeitkritischen Services, wenn diese auf Azure Stack bereitgestellt werden
- vereinfachten Datenschutz, weil von Services verwendete Daten auf dem Azure Stack verbleiben können

8.6.1 Hardware für Azure Stack

Azure Stack Hub

Der *Microsoft Azure Stack Hub* basiert auf validierter und zertifizierter Hardware und kann mit 4 bis 16 Rack-Servern je Installation skaliert werden. Hierbei wird die validierte Hardware von zertifizierten Microsoft-Partnern direkt in Ihr Rechenzentrum geliefert und von diesen aufgebaut und in Betrieb genommen. Sie als Kunde müssen lediglich die folgenden vorbereitenden Maßnahmen für die Inbetriebnahme treffen:

- Bereitstellen der Stromversorgung sowie ihrer Redundanz
- Bereitstellen der Netzwerkkonnektivität sowie ihrer Redundanz
- ausreichende Kühlung des Rechenzentrums
- Zugang zum Internet, inklusiver aller Freigaben der Port- und Netz-Endpunkte
- Zur Anbindung des Azure Stacks muss bereits ein passendes Azure-Abonnement (*Subscription*) vorhanden sein.

Da der Azure Stack Hub auf Hardware gemäß Industriestandard basiert, wird diese mit denselben Tools verwaltet, die auch in der Azure Subscription genutzt werden.

Eine aktuelle Auflistung von Microsoft-Partnern, über die Sie einen Azure Stack erhalten können, finden Sie unter folgendem Link:

https://azure.microsoft.com/de-de/products/azure-stack/hub/#partners

Azure Stack Edge

Azure Stack Edge stellt – wie der Azure Stack Hub – eine Hardware-Lösung zum Betrieb des Azure-Stacks dar. Diese basiert ebenfalls auf Hardware nach Industriestandard und wird als *Hardware-as-a-Service* vertrieben. Die Bestellung von Azure Stack Edge erfolgt über das Azure-Portal, und sein Betrieb wird monatlich über Ihr Azure-Abonnement berechnet.

Microsoft bietet hier aktuell drei unterschiedliche Azure Stack-Modelle an:

- **Azure Stack Mini-R**

  Der Mini-R ist eine kleine, sehr robuste Lösung für den Einsatz außerhalb von Rechenzentren, auch in Situationen ohne Internetverbindung. Der Mini-R kann ohne Stromversorgung per integriertem Akku betrieben werden, was ihn ideal für den nicht urbanen Einsatz auf Schiffen, Bohrinseln oder im militärischen Sektor macht.

- **Azure Stack Pro**

  Der Azure Stack Pro ist eine 1 HE große Hardware-Appliance für den Einsatz im Rechenzentrum bzw. im gesicherten Rack-Betrieb. Da der Azure Stack Pro über keine integrierte Stromquelle verfügt, benötigt er eine gesicherte externe Stromversorgung.

  Optional können Sie den Azure Stack Pro zusätzlich mit NVIDIA-T4-Grafik-CPUs bestellen, was auch den Betrieb von grafiklastigen Anwendungen ermöglicht.

- **Azure Stack Pro-R**

  Wie der Azure Stack Pro ist der Azure Stack Pro-R eine robuste Lösung in einem speziellen transportablen Gehäuse, wodurch er auch außerhalb von Rechenzentren betrieben werden kann. Sobald der Azure Stack Pro-R an eine ausreichende Stromquelle angebunden wird, stellt er im Prinzip ein eigenes kleines portables Rechenzentrum in der Box dar.

In den Azure Stack Pro-R sind bereits NVIDIA-T4-Grafik-CPUs für grafikintensive Anwendungen integriert.

Optional kann der Azure Stack Pro-R mit einer unterbrechungsfreien Stromversorgung bestellt werden, wodurch Sie den Azure Stack Pro-R auch an Standorten mit instabiler Stromversorgung unterbrechungsfrei betreiben können.

8.6.2 Anwendungsbeispiel

Ein klassisches Beispiel für den Einsatz von Azure Stack ist eine Webapplikation, die datenschutzrelevante Daten verarbeitet und die verarbeiteten Daten mit weiteren Services verknüpft. Stellen Sie sich hierbei eine Webseite vor, die als Kundenportal verwendet wird und die über die Bestellhistorie der Kunden sowie deren Zahlungsinformationen verfügt. Hierbei sollen dem Kunden auf Basis seines Einkaufs- und Zahlungsverhaltens angepasste Produkte angeboten werden; außerdem findet der Kunde für bereits bestellte Produkte den notwendigen Service. Es soll so wenig Aufwand wie möglich für die eigenen Mitarbeiter entstehen.

Die wichtigste Anforderung ist, dass die verwendeten Daten, z. B. Kundendetails oder Zahlungsinformationen, nicht auf Cloud-basierende Plattformen verlagert bzw. dort gespeichert werden dürfen, weil dies gegen Compliance-Richtlinien des Unternehmens und/oder rechtliche Vorgaben verstößt.

Diesen Anforderungen können Sie mit dem Azure Stack und der Azure Cloud gerecht werden, indem die notwendigen Daten im lokalen Rechenzentrum im Azure Stack verbleiben, während die Anwendungsbestandteile und angebundenen Services in der Azure Cloud bereitgestellt werden.

Als angebundene Anwendung wäre beispielsweise ein AI-Chat-Bot denkbar, der den Kunden automatisch Fragen zu ihren bereits erworbenen Artikeln beantwortet. Dieser Bot könnte in der Azure Cloud laufen und die dortigen AI-Angebote nutzen.

Oder Sie könnten eine Anwendung bereitstellen, die auf Basis des gespeicherten Einkaufs- und Zahlungsverhaltens des Kunden geeignete Artikel ermittelt, die Sie dem Kunden zum Kauf anbieten.

Wichtig ist dabei, dass die eigentlichen Kundendaten im Azure Stack verbleiben und nicht in die Cloud wandern, Sie jedoch alle Automatisierungsdienste und Services nutzen können, die Sie von Azure kennen (siehe Abbildung 8.23).

Dies ist ein sehr plastisches Beispiel, aber es verdeutlicht das enorme Potenzial des Azure Stacks und der Azure Cloud, um eine Vielzahl von möglichen Anwendungen zu entwickeln und bereitzustellen.

Sie können so sehr individuelle Anforderungen umsetzen und auf spezielle Datenschutz- oder Compliance-Anforderungen eingehen. Dies bedarf selbstverständlich einer genauen Einzelbetrachtung hinsichtlich der technischen sowie der rechtlichen Anforderungen.

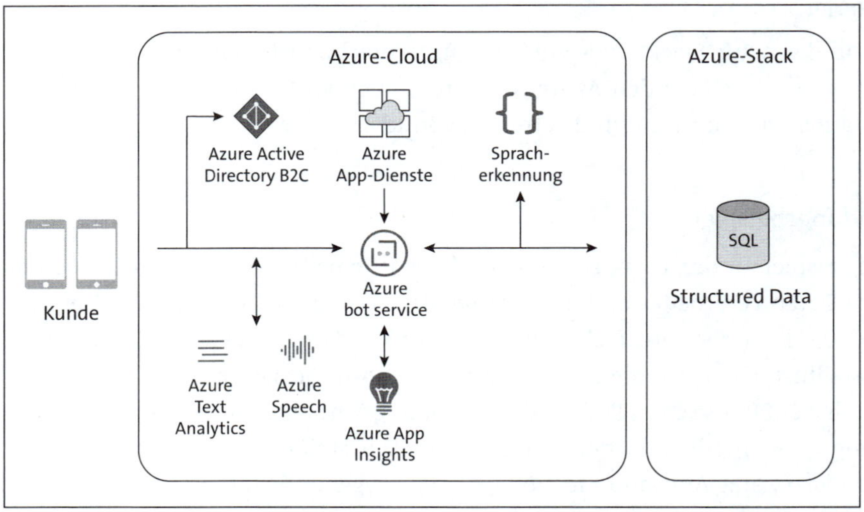

Abbildung 8.23 Beispiel-Webapplikation: Azure-Bot-Service mit Azure Stack – vereinfachte Darstellung

8.6.3 Azure Stack HCI (hyperkonvergente Infrastruktur)

Im Zusammenhang mit Azure Stack werden Sie rasch auf den Begriff *Azure Stack HCI* stoßen. Hinter Azure Stack HCI verbirgt sich, anders als der Name vermuten lässt, nicht ein Teil oder eine Erweiterung von Azure Stack selbst, sondern ein eigenes Betriebssystem, das speziell für hyperkonvergente Infrastrukturen entwickelt wurde und das auch beim Betrieb von Azure Stack selbst Verwendung findet.

Architektur

Im Gegensatz zu Azure Stack bietet Azure Stack HCI keinen nahtlosen Übergang zwischen Ihrem Rechenzentrum und der Azure Cloud, sondern verbindet ein eigenes HCI-Betriebssystem mit validierter und zertifizierter Hardware sowie einer standardisierten Management-Oberfläche.

Azure Stack selbst ist eine Bereitstellungsplattform für virtuelle Maschinen, die auf Windows und Linux basieren, und liefert die dazu notwendige Infrastruktur mit. Mit dem *Windows Admin Center* wird die On-Premises-Verwaltungskonsole bereitgestellt, mit der Sie zusätzlich zu Azure Stack HCI auch Azure Cloud-Dienste wie *Azure Backup*, *Azure Monitoring* und *Azure Security Center* verwalten können. Außerdem können Sie Azure Stack HCI auch über das angebundene Azure-Abonnement verwalten, was das Gefühl vermittelt, dass Sie direkt in der Azure Cloud arbeiten. Dies ist jedoch rein optional.

Im Prinzip stellt Azure Stack HCI somit nichts anderes als ein *Software Defined Datacenter* dar, das mit Hyper-V-Virtualisierung, Failover-Clustern sowie Software Defined Storage (SDS) mittels *Storage Space Direct* und einem *Software Defined Network*-Stack (SDN) eine Komplettlösung zur Bereitstellung von Rechenzentren bietet (siehe Abbildung 8.24).

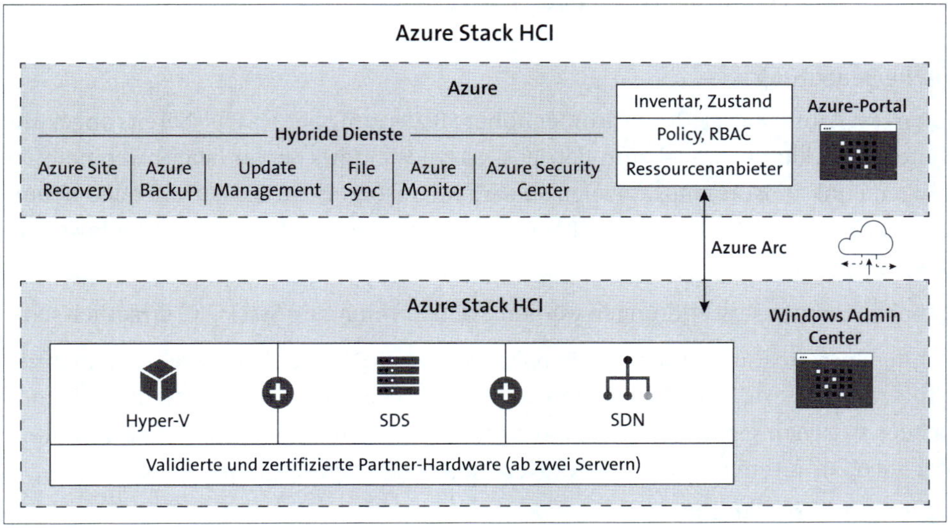

Abbildung 8.24 Übersicht zu den »Azure Stack HCI«-Komponenten sowie zur Anbindung an Azure

Validierte Hardware zum Aufbau einer Infrastruktur mit Azure Stack HCI finden Sie in dem Microsoft-*WSDD*-Zertifizierungsprogramm *(Windows Software Defined Datacenter)*, das die Kompatibilität der eingesetzten Komponenten sicherstellen soll. Den Katalog der aktuell validierten Lösungen finden Sie unter folgendem Link:

https://www.microsoft.com/en-us/cloud-platform/azure-stack-hci-catalog

Einsatz von Azure Stack HCI

Azure Stack HCI ist ideal für Kunden, die keine klassischen On-Premises-Silo-Implementierungen in ihren Rechenzentren betreiben möchten oder die diese Silos auflösen wollen. Auch lassen sich über Azure Stack HCI Außenstandorte verwalten, die zuvor nicht an die Infrastruktur der eigenen Rechenzentren angeschlossen waren.

Durch den HCI-Ansatz wird es möglich, mittels Hardware gemäß Industriestandard einen in sich geschlossenen Stack bereitzustellen. Dieser Stack beinhaltet die Virtualisierung der Computer sowie der Netzwerk- und Storage-Komponenten mit einem zentralen Management. Die Kosten für teure Netzwerkinfrastruktur sowie für Storage-Systeme entfallen hierbei, da diese komplett durch Azure Stack HCI abgebildet werden. Dies bietet ein hohes Maß an Flexibilität beim Aufbau und bei der Weiterentwicklung zur Bereitstellung eigener Dienste auf Azure Stack HCI und ist somit ideal, wenn Sie einen komplett neuen Building-Block für den Betrieb einer Anwendungsinfrastruktur bereitstellen wollen.

Weil Sie Ihren Azure Stack optional in Ihr Azure-Abonnement einbinden können, wird es möglich, die Bereitstellung von Systemen über dieselben Verfahren und Tools durchzuführen, wie dies auch in der Azure Cloud geschieht. Die hier entwickelten Verfahren auf Basis von z. B. *ARM*-Templates *(Azure Resource Manager)* ermöglichen es, später mit den identischen Verfahren Systeme auch in der Cloud bereitzustellen.

Strategische Bedeutung

Microsoft misst Azure Stack HCI eine immer höhere Bedeutung bei, was die bereits angekündigte Weiterentwicklung parallel zum Betriebssystem Windows Server (aber mit einem eigenständigen Funktionsumfang) aufzeigt. So wird Microsoft einige der kommenden neuen Funktionen exklusiv für Azure Stack HCI entwickeln und diese nicht mehr in Windows Server einfließen lassen.

Die folgenden Funktionserweiterungen werden exklusiv mit Azure Stack HCI erhältlich sein:

- **Stretchingclusterlösung** – Die neue Replikations- und Disaster-Recovery-Implementierung in Azure Stack HCI erlaubt es Ihnen, Cluster zwischen geografisch getrennten Standorten oder zwischen separaten Rack-Systemen bereitzustellen, wobei über den gesamten Cluster auch ein automatischer VM-Failover eingerichtet werden kann.
- **Schnelle Speicherreparatur**
- **Integrierte Full-Stack-Updates** – Durch die Zusammenarbeit von Microsoft mit den zertifizierten Hardware-Anbietern kann die gesamte Betriebsplattform inklusive der Firmware aller Komponenten sowie ihrer Treiber ohne Ausfallzeit aktualisiert werden. Dies wird durch *Cluster-Aware-Updates* erreicht, die bereits in Windows Server zum Einsatz kommen.
- **Native Azure-Integration und Sichtbarkeit im Azure-Portal** – Da Sie Azure Stack HCI in Azure integrieren können, können Sie die lokale On-Premises-Installation direkt im Azure-Portal verwalten. Dies ist optional, bietet jedoch ein großes Potenzial, weil durch die einheitliche Verwaltung und durch die Verwendung standardisierter APIs die Entwicklung und der Betrieb der hybriden Infrastruktur vereinfacht werden.
- **Integrierter Support in Azure** – Den Support für Azure Stack HCI stellt Microsoft nicht wie für Windows Server über teure Supportverträge sicher, sondern Microsoft integriert den Support in Azure. Die Kosten für den Support belaufen sich auf ca. 29 € pro Monat. Dies ist eine der wichtigsten Veränderungen.
- **Einfacher Self-Service** – Die Integration in das Azure-Portal ermöglicht es Ihnen, die Verwaltung von virtuellen Maschinen über Azure zu delegieren, ohne dass weitere Tools oder Infrastrukturkomponenten (wie z. B. der *System Center Virtual Maschine Manager*) benötigt werden. Dies beschränkt sich nicht nur auf das Verwalten von virtuellen Maschinen, sondern bietet auch weitreichende Möglichkeiten, um Funktionen zu delegieren, ohne dass sämtliche Aktionen nochmals autorisiert werden müssen (siehe auch Abbildung 8.24).

All dies zeigt, dass Microsoft mit Azure Stack HCI eine neue Produktlinie geschaffen hat, die auf das Bereitstellen von virtuellen Infrastrukturen spezialisiert ist und bei der Microsoft sich an den Erfahrungen mit der eigenen Azure Cloud orientiert.

Kosten und Lizenzierung

Der Bezug und die Lizenzierung dieses Betriebssystems erfolgen nach einer Registrierung und einer 30-tägigen Testzeit mittels Core-Lizenzierung unter:

https://azure.microsoft.com/de-de/products/azure-stack/hci/hci-download/

Die Kosten belaufen sich nach aktuellen Informationen auf 10 € pro Monat und CPU-Kern und werden über ein Azure-Abonnement abgerechnet. So können Sie die anfallenden Kosten monatsgenau im Azure-Portal kontrollieren.

Die Kosten für die Lizenzierung der in Azure Stack HCI betriebenen Gastbetriebssysteme der virtuellen Maschinen sind nicht mit der Azure Stack HCI-Lizenz abgegolten und müssen daher separat entrichtet werden.

Kapitel 9
Dateiserver

In diesem Kapitel befassen wir uns mit dem Dateiserver. Wir vermitteln Ihnen einen Überblick über die möglichen Datenträger- und Dateiserver-Funktionen von Windows Server 2025.

Bei Dateiservern müssen Sie die Konfiguration gut planen, denn ein Dateiserver muss vielfältige Anforderungen bedienen. Diese reichen von der grundlegenden Bereitstellung von Funktionen für den Betrieb des Betriebssystems (weshalb ein Teil der *Dateiserver*-Rolle automatisch mit der Betriebssysteminstallation zur Verfügung steht) über die Dateiserver-Bereitstellung als zentrale Ablage von Dateien bis hin zur Bereitstellung von Speicher für Workloads, z. B. als zentraler *SMB*-Storage für *Hyper-V*.

9.1 Grundlagen des Dateisystems

Damit Sie verstehen, wie der Dateiserver angewendet werden kann, geben wir Ihnen hier zunächst einen Überblick über einige der grundlegenden Funktionen und Konfigurationsmöglichkeiten, um einen Dateiserver bereitzustellen.

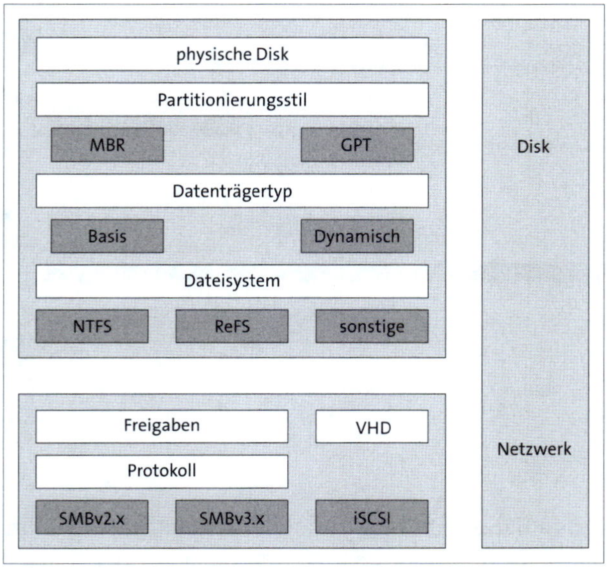

Abbildung 9.1 Dateisystem-Schichten

Der Dateiserver ist in Schichten aufgebaut. Auf der untersten Schicht befindet sich der physische (oder auch virtuelle) Datenträger. Auf der obersten Schicht liegen die letztendlich genutzten Protokolle. Den Aufbau dieser Schichten zeigt Abbildung 9.1.

Windows Storage Server

Der *Windows Storage Server* wurde von Microsoft mit der Windows Server-Version 2016 abgekündigt und erscheint seit Windows Server 2019 nicht mehr.

9.1.1 Datenträger und Volumes

Partitionierungsstil

Bei der Initialisierung neuer Datenträger müssen Sie sich für einen Partitionierungsstil des neu erkannten Datenträgers entscheiden. Hierbei haben Sie die Wahl zwischen MBR (Master Boot Record) und GPT (GUID-Partitionstabelle) (siehe Abbildung 9.2).

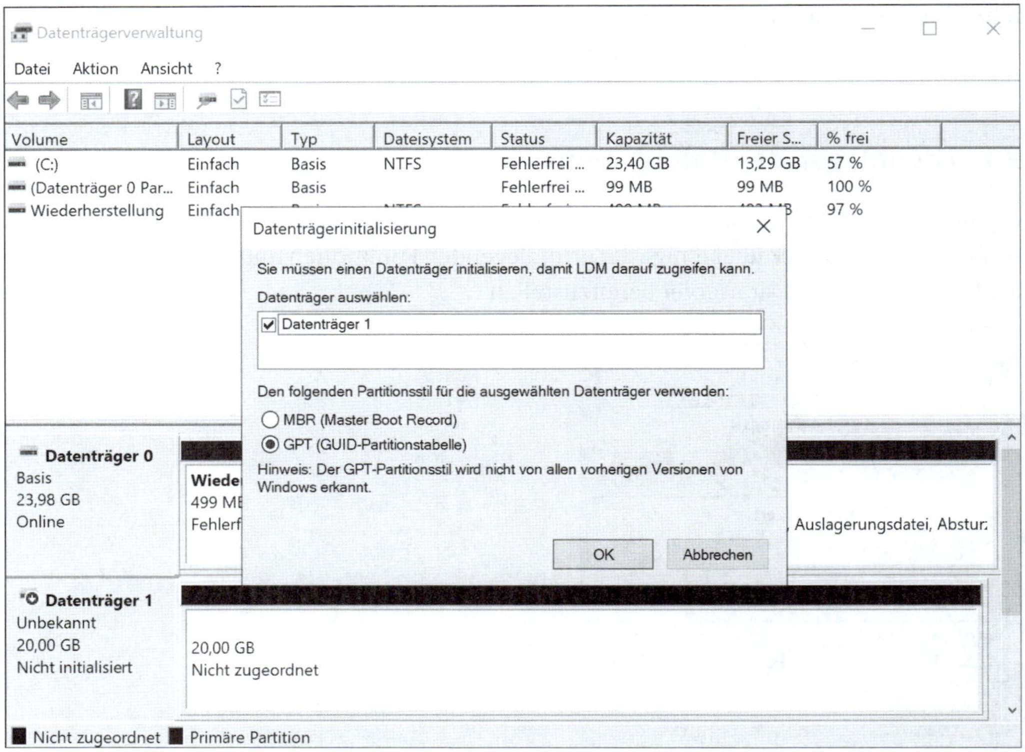

Abbildung 9.2 Auswahl des Partitionierungsstils

Der Partitionsstil übt maßgeblich Einfluss auf die Erstellung von Volumes aus. So stehen im Partitionsstil MBR lediglich vier Volumes mit insgesamt maximal 2 TB Speicherkapazität auf dem gesamten Datenträger zur Verfügung, während durch GPT insgesamt bis zu 128 Volumes mit in Summe 18 EB (Exabyte) zur Verfügung stehen. Die wichtigsten Unterschiede listet Tabelle 9.1 auf.

	GPT	MBR
Volumes	128	4
Max. Partitionsgröße	18 EB	2 TB
Max. Harddisk-Größe	18 EB	2 TB
Datensicherheit	Sektoren für Prüfsummen und Backup	Ein Datensektor ohne Prüfsumme
Bezeichnung der Partitionen	GUID *(Global Unique ID)* mit 36 Zeichen Länge sowie Partitionsname	Gespeichert in der Partition

Tabelle 9.1 Auflistung der Partitionsschemas und ihrer Rahmendaten

Zusammenfassend kann festgehalten werden, dass es sich beim MBR um den älteren und nicht mehr zeitgemäßen Partitionierungsstil handelt. Daher empfehlen wir den Einsatz von GPT gerade in Hinblick auf die wachsenden Datenträgergrößen sowie auf die immense Datenflut.

Achten Sie jedoch darauf, dass das Boot-Volume in GPT nicht von älteren Systemen genutzt werden kann, die noch auf der 32-Bit-Architektur und einem Legacy-BIOS beruhen.

Bei bestehenden Datenträgern können Sie den zum Einsatz kommenden Partitionsstil in den Eigenschaften des Datenträgers einsehen. Gehen Sie hierzu wie folgt vor:

Drücken Sie die Tastenkombination [Win]+[X], und wählen Sie die DATENTRÄGERVERWALTUNG aus. Alternativ können Sie auch mit [Win]+[R] die Eingabeaufforderung öffnen und dort `diskmgmt.msc` eingeben.

In der DATENTRÄGERVERWALTUNG wählen Sie nun den Datenträger aus, dessen Partitionierungsstil Sie überprüfen wollen. Öffnen Sie hierfür mit einem Rechtsklick auf den Datenträger das Kontextmenü, und wählen Sie unter EIGENSCHAFTEN den Reiter VOLUMES (siehe Abbildung 9.3). Dort finden Sie die Zusammenfassung der Datenträgerinformationen. Unter dem Punkt PARTITIONSSTIL sehen Sie, welche Konfiguration auf dem Datenträger verwendet wird.

Auch die Konvertierung des verwendeten Partitionierungsstils von MBR in GPT (und umgekehrt) ist über die Datenträgerverwaltung möglich (siehe Abbildung 9.4). Beachten Sie jedoch, dass eine Konvertierung erst durchgeführt werden kann, nachdem Sie sämtliche Volumes des betroffenen Datenträgers entfernt haben. Sie sollten daher zunächst eine vollständige Sicherung durchführen, um die Inhalte der Volumes anschließend wiederherstellen zu können.

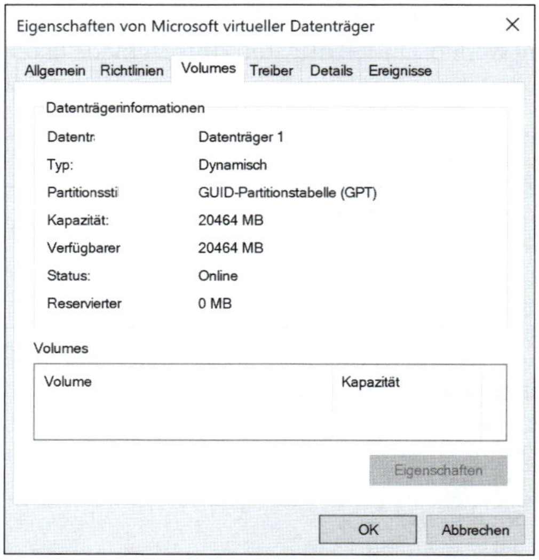

Abbildung 9.3 Volume-Eigenschaften von Datenträgern

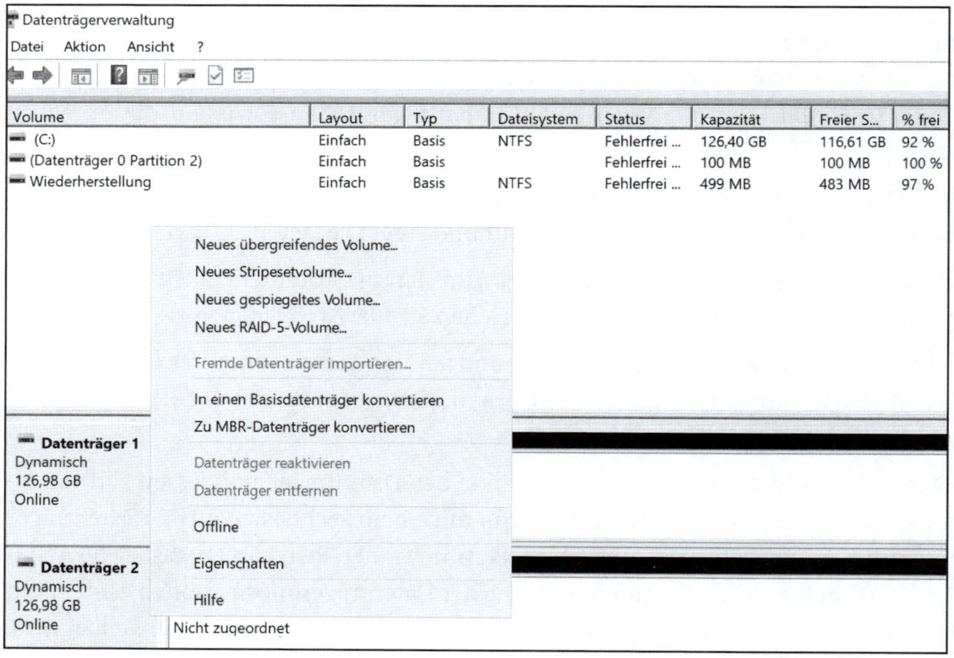

Abbildung 9.4 Konvertierung des Partitionierungsstils per »Datenträgerverwaltung«

Volume

Bei einem *Volume* handelt es sich um einen Speicherbereich, der auf einem Datenträger bereitgestellt wird und der mit einem Dateisystem formatiert ist. Hierbei kommen im Microsoft-Betriebssystem die *Dateisystemformate* FAT, FAT32, NTFS und ReFS zum Einsatz. Um die bereitgestellten Volumes (mit dem jeweils formatierten Dateisystem) verwenden zu können, wird diesen ein Laufwerksbuchstabe zugewiesen, der dann über das Betriebssystem referenziert werden kann. Alternativ besteht auch die Möglichkeit, das erstellte Volume per *Mountpoint* in eine bestehende Dateisystemstruktur einzubinden. Je nach verwendetem Partitionierungsstil können unterschiedlich viele und unterschiedlich große Volumes pro Datenträger angelegt werden.

Dynamische und nichtdynamische Datenträger

Der maßgebliche Unterschied zwischen dem *Basisdatenträger* (nichtdynamischer Datenträger) und dem *dynamischen Datenträger* besteht in den zusätzlichen Funktionen, die bei dynamischen Datenträgern zur Verfügung stehen. Diese ermöglichen es, die Volumes, die auf den logischen Laufwerken erzeugt werden, auf mehrere unterschiedliche dynamische Datenträger zu verteilen und dort zu spiegeln. Hierdurch erhöht sich die Ausfallsicherheit, jedoch benötigen Sie entsprechend zusätzliche physische Datenträger.

Standardmäßig werden neue Datenträger nach der Installation und Auswahl des Partitionierungsstils als Basisdatenträger angelegt. Diese können jedoch über die Datenträgerverwaltung in dynamische Datenträger konvertiert werden (siehe Abbildung 9.5).

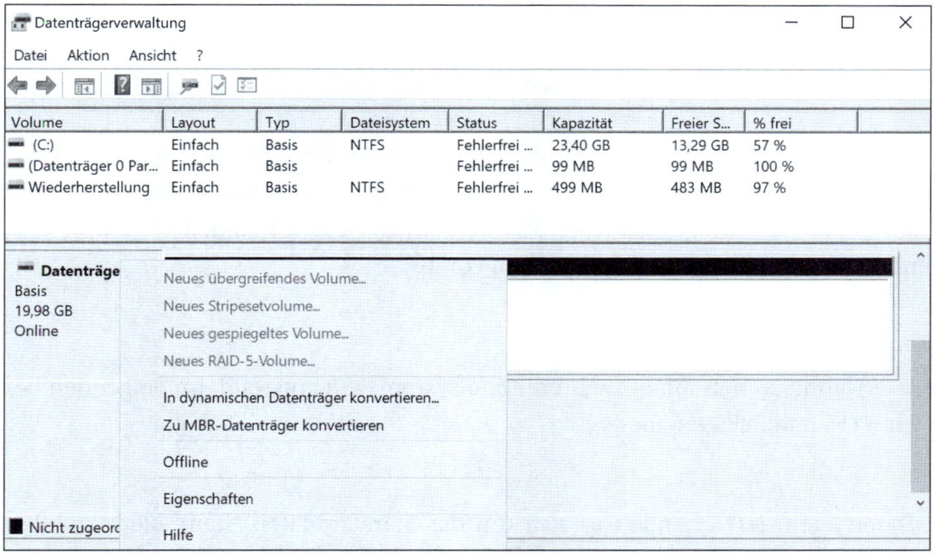

Abbildung 9.5 Einen Datenträger in einen dynamischen Datenträger konvertieren

Dynamische Datenträger können natürlich auch wieder in Basisdatenträger zurückkonvertiert werden (siehe Abbildung 9.6). Der entsprechende Menüpunkt erscheint im Kontextmenü des dynamischen Datenträgers.

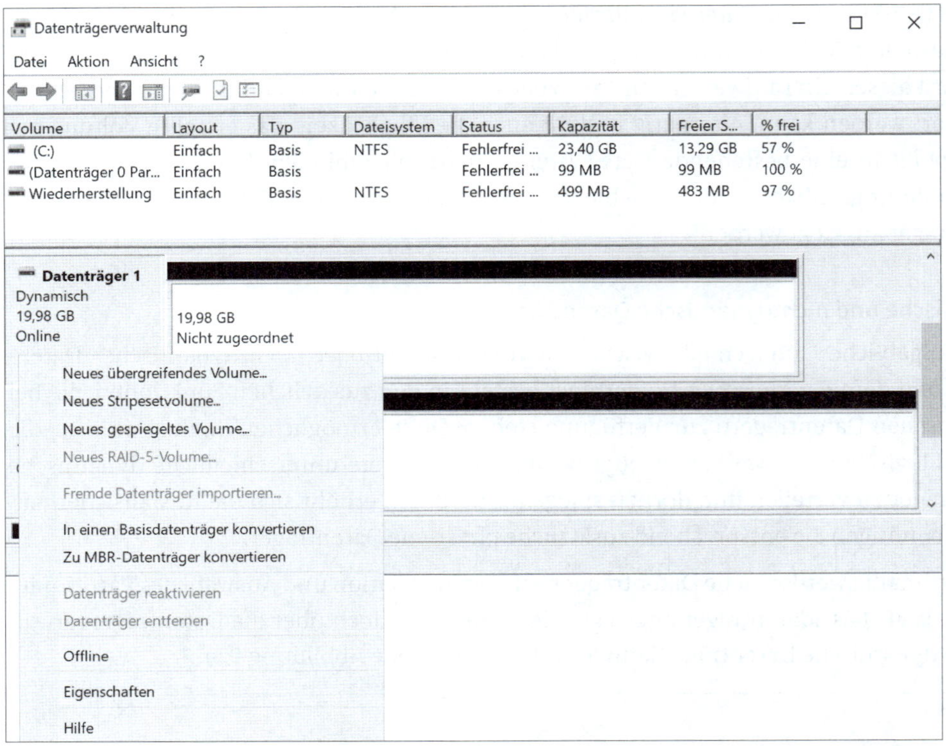

Abbildung 9.6 Erstellen von Volumes auf dynamischen Datenträgern

Beachten Sie hierbei, dass die Konvertierung in einen dynamischen Datenträger unterbrechungsfrei und ohne Datenverlust möglich ist. Allerdings müssen bei der Konvertierung eines dynamischen Datenträgers in einen Basisdatenträger die vorhandenen Volumes gelöscht werden. Sichern Sie daher wichtige Daten vorab.

Dateisystem

Wie bereits erwähnt, stehen Ihnen mehrere Dateisysteme zur Auswahl. Im Folgenden betrachten wir NTFS und ReFS genauer.

NTFS

Bei dem Dateisystem *NTFS* handelt es sich um das Standarddateisystem aller aktuellen Windows-Client- und -Serverbetriebssysteme. Das NTFS-Dateisystem wurde in den 80er-Jahren von Microsoft und IBM entwickelt und kontinuierlich erweitert, um immer neueren Anforderungen gerecht zu werden. So wurde es um die Dateisystemsicherheit (ACLs), Verschlüsselungen, Datenträgerkontingente, Selbstheilung, Transaction NTFS, Deduplizierung sowie Clusterfunktionalität und -kompatibilität erweitert. Als eine der wichtigsten Erweiterungen wurden auch die Grenzwerte für den maximalen Support von Volume-Größen auf nun 256 TB pro Volume erhöht, um den immer höheren Anforderungen an das Dateisystem gerecht werden zu können.

Blockgröße	Max. Volume-Größe	Max. Dateigröße
4 KB (Standardgröße)	16 TB	16 TB
8 KB	32 TB	32 TB
16 KB	64 TB	64 TB
32 KB	128 TB	128 TB
64 KB (max. unterstützt)	256 TB	256 TB

Tabelle 9.2 NTFS-Volume-Größenbegrenzungen basierend auf der Blockgröße

Achten Sie bei der Verwendung von nicht standardgemäßen Blockgrößen größer 4 KB darauf, dass Ihre Workloads, die den Datenträger oder Dateifreigaben für die Speicherung von Daten verwenden, damit kompatibel sind. Abweichende Blockgrößen können zu technischen Inkompatibilitäten oder Einschränkungen des jeweiligen Hersteller-Supports führen. Auch können bei falsch gewählten Blockgrößen Leistungseinschränkungen auftreten.

ReFS

Das Dateisystem ReFS *(Resilient File System)* wurde erstmals mit Windows Server 2012 als Alternative zum bestehenden und ein wenig in die Jahre gekommenen NTFS-Dateisystem bereitgestellt. ReFS war dabei, wie der Name bereits vermuten lässt, als widerstandsfähiges und leistungsfähiges Dateisystem für anspruchsvolle Workloads gedacht, z. B. für technische Lösungen wie *Storage Spaces Direct* oder *Hyper-V*. Jedoch gestaltete sich der Start des neuen Dateisystems mit Windows Server 2012 aufgrund fehlenden Supports für die verschiedenen Lösungen noch recht schwierig. Bis zur Einführung von Windows Server 2016 und der Aktualisierung des Dateisystems auf die Version 3.1 war es kaum von Belang.

Ein großer Vorteil von ReFS ist, dass es sich für das Bereitstellen besonders großer Volumes eignet. So können mittels ReFS Volumes in einem Umfang von bis zu 35 PB (Petabyte) angelegt werden. Dies entspricht einem Volumen von 35.000 TB und stellt somit gegenüber dem NTFS-Dateisystem mit dessen lediglich 256 TB je Volume einen erheblichen Puffer angesichts des bestehenden Datenwachstums dar.

Darüber hinaus ist das ReFS extrem robust gegenüber Fehlern und verfügt über Funktionen, die Probleme im Dateisystem wieder korrigieren können. Hierbei kommen Funktionen wie das optionale *Integrity Stream* zum Einsatz, was auf Basis einer Prüfsummenermittlung während der Datenspeicherung vor Fehlern schützt. Bitte beachten Sie, dass diese Funktion standardmäßig nicht aktiv ist, sondern manuell aktiviert werden muss.

Bei der Verwendung von Storage Spaces werden durch Spiegelungen sowie durch das Verwenden von *Parity Volumes* Fehler automatisch durch das Dateisystem korrigiert, ohne dass es notwendig ist, einzelne Volumes offline zu nehmen. Somit ist eine unterbrechungsfreie Datenbereitstellung für die verbundenen Services sichergestellt.

Durch die automatische und proaktive Fehlerkorrektur, die in regelmäßigen Abständen ausgeführt wird, werden die Volumes auf mögliche Fehler hin überprüft und gegebenenfalls durch die verfügbaren Schutzmaßnahmen korrigiert.

Auch unter Windows Server 2025 gilt weiter, dass die Verwendung von ReFS immer vom jeweiligen Einsatzzweck abhängig ist. So wird bei Hyper-V-Clustern mit SAN-Storage noch immer auf das NTFS-Dateisystem gesetzt, wobei die Einführung des Supports für die Deduplizierung von Hyper-V-Speicher das ReFS-Dateisystem attraktiver macht. Bei *SDS*-Lösungen *(Software-defined Storage)* mit lokalen nicht geteilten Storage-Kapazitäten führt zum Beispiel heute fast kein Weg mehr an ReFS vorbei.

Im Prinzip gilt aber weiterhin für den Einsatz des ReFS-Dateisystems die gleiche Empfehlung wie für alle Microsoft-Produkte: »It depends«. Sie müssen auf Basis der zur Verfügung stehenden Funktionen des ReFS-Dateisystems sowie auf Basis der zu betreibenden Workloads und deren Support-Empfehlungen entscheiden, ob der Einsatz von ReFS ratsam ist. Oder ist doch das bisher verwendete NTFS-Dateisystem die bessere Lösung? Vielleicht hilft Ihnen Tabelle 9.3 bei der Entscheidung.

Funktion	ReFS	NTFS
BitLocker-Verschlüsselung	✓	✓
Cluster-Shared-Volume-(CSV-)Support	✓	✓
Soft-Links	✓	✓
Failover-Cluster-Support	✓	✓
Access Control Lists (ACL)	✓	✓
USN-Journal	✓	✓
Change Notifications	✓	✓
Junction Points	✓	✓
Mount Points	✓	✓
Reparse Points	✓	✓
Volume Snapshots	✓	✓

Tabelle 9.3 Vergleich der Dateisysteme NTFS und ReFS auf Basis der verfügbaren Funktionen

Funktion	ReFS	NTFS
File-IDs	✓	✓
Oplocks	✓	✓
Sparse Files	✓	✓
Named Streams	✓	✓
Block Clone	✓	–
Sparse VDL	✓	–
Real-time-Tier-Optimierung*	✓	–
Dateisystemkomprimierung	✓	✓
Dateisystemverschlüsselung (transparente Verschlüsselung)	–	✓
Datendeduplizierung	✓	✓
Transaktionen	–	✓
Hard-Links	–	✓
Object-IDs	–	✓
Short Names	–	✓
Extended Attributes	–	✓
Disk-Quotas	–	✓
Bootable**	✓	✓
Support für Removable Media	–	✓
NTFS-Storage-Tiers	–	✓
* verfügbar unter Storage Spaces Direct ** verfügbar in Azure, Azure Stack sowie Azure Stack HCI		

Tabelle 9.3 Vergleich der Dateisysteme NTFS und ReFS auf Basis der verfügbaren Funktionen (Forts.)

9.1.2 iSCSI

iSCSI (*Internet Small Computer System Interface*) ist eine netzwerkbasierende Storage-Lösung, bei der das SCSI-Protokoll auf ein Netzwerkprotokoll übertragen wird. In vielen konvergenten Lösungen stellt iSCSI eine sehr verbreitete Lösung dar und ist somit zusammen mit dem klassischen SAN-Fibre-Channel eine der am häufigsten implementierten Lösungen. Im Microsoft-Umfeld ist die Nutzung des iSCSI-Protokolls jedoch seit der Einführung von SMB 3 in modernen Lösungen immer weniger relevant.

Im iSCSI-Umfeld wird zwischen zwei Endpunkten unterschieden:

- serverseitige Bereitstellung von iSCSI-Speicher mittels sogenannter *iSCSI-Targets*
- Bereitstellung auf dem jeweiligen Client-System, dem *iSCSI-Initiator*

Die Einrichtung des iSCSI-Servers, also des iSCSI-Target-Servers, erfolgt über den Server-Manager, die PowerShell oder das Windows Admin Center. Sie finden die Funktion unter dem Punkt DATEI-/SPEICHERDIENSTE und dem Eintrag ISCSI-ZIELSERVER (siehe Abbildung 9.7). Beachten Sie, dass für das Installieren und Bereitstellen von iSCSI lokale Administratorrechte notwendig sind.

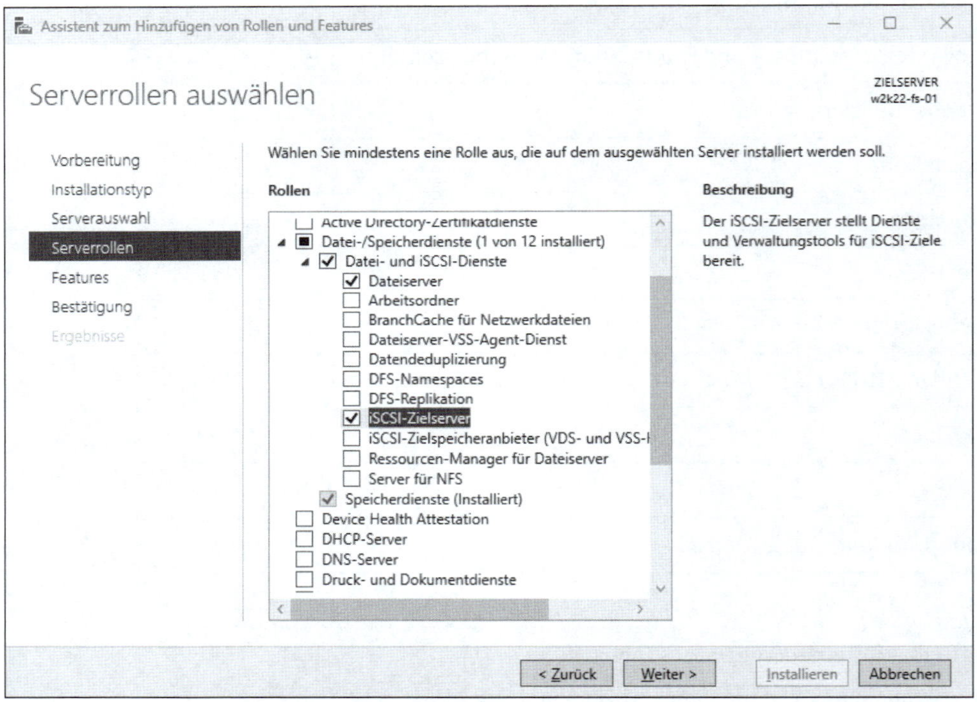

Abbildung 9.7 Installation des iSCSI-Target-Servers

Das Bereitstellen von iSCSI-Targets erfolgt nach der erfolgreichen Installation direkt über den Server-Manager. Nach der erfolgreichen Installation finden Sie im Server-Manager unter dem Dashboard die Auswahl DATEI-/SPEICHERDIENSTE und dort die Option ISCSI (siehe Abbildung 9.8).

Legen Sie nun im Konfigurationsassistenten den Speicherort der zu erzeugenden virtuellen Disk sowie deren Größe und Provisionierungsart fest. Da es sich um eine virtuelle Disk handelt, können Sie mehrere Optionen auswählen. Diese reichen von einer festen Diskgröße über eine dynamisch wachsende bis hin zu einer differenzierenden Disk.

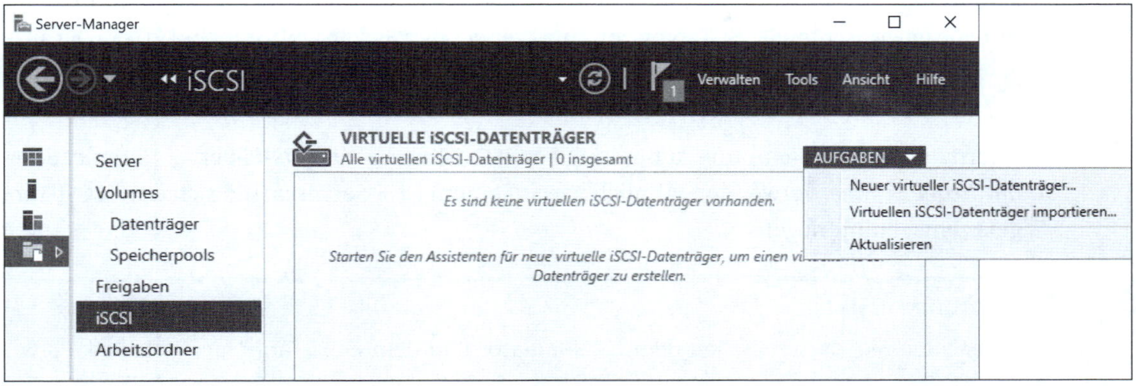

Abbildung 9.8 Erstellen neuer oder Import bestehender iSCSI-Datenträger

Wenn noch kein iSCSI-Target vorhanden ist, erstellt der Bereitstellungsassistent ein neues iSCSI-Target. Hierzu können Sie einen Namen, den anzubindenden iSCSI-Initiator sowie das zu verwendende Authentifizierungsverfahren festlegen.

Beachten Sie bei der Auswahl des iSCSI-Initiators über die Abfrage des Active Directorys, dass für Microsoft Windows 7 und Windows Server 2008 R2 oder früher kein Support existiert. In diesem Fall müssen Sie den *IQN (iSCSI Qualified Name)* des iSCSI-Initiators verwenden.

Nachdem der Bereitstellungsassistent abgeschlossen ist, ist die virtuelle Disk im Dateisystem angelegt und das iSCSI-Target wird für die anzubindenden Clients zum Verbinden angeboten.

Um den iSCSI-Initiator nun anbinden zu können, öffnen Sie ihn in der Systemverwaltung des jeweiligen Clientsystems. Der iSCSI-Initiator wird Sie beim ersten Aufruf darüber informieren, dass der Microsoft iSCSI-Dienst gegenwärtig nicht läuft, und nachfragen, ob dieser gestartet werden soll. Dies bestätigen Sie mit JA (siehe Abbildung 9.9).

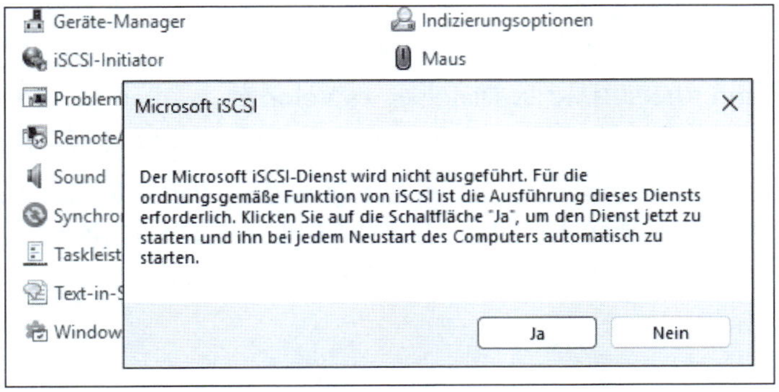

Abbildung 9.9 Verwenden des iSCSI-Initiators

Im iSCSI-Initiator hinterlegen Sie nun im Reiter ZIELSERVER den *FQDN* des iSCSI-Target-Servers und betätigen den Button SCHNELLE SUCHE. Die für dieses System angelegten iSCSI-Targets werden automatisch gefunden und in einer Auswahlliste zurückgeliefert. Wählen Sie nun die gewünschten iSCSI-Targets aus, und verwenden Sie die Option VERBINDEN. Die ausgewählten iSCSI-Targets werden daraufhin im Datenträger-Manager angezeigt und können partitioniert und formatiert werden.

Alternativ können Sie für die Anbindung von iSCSI-Targets einen *iSNS*-Server *(Internet Storage Name Service)* verwenden. Ähnlich wie auf einem DNS-Server lassen sich dort iSCSI-Targets zentral hinterlegen.

Port für iSCSI

Beachten Sie, dass zwischen dem iSCSI-Initiator und dem iSCSI-Target der Netzwerk-Port 3260 verfügbar sein muss, damit das Suchen und Anbinden des iSCSI-Targets möglich ist.

9.1.3 Schattenkopien

Die *Schattenkopien* (also der *Volume Shadow Copy Service*, VSS) sind seit Windows Server 2003 Bestandteil des Betriebssystems und können dem Administrator das Wiederherstellen von Daten aus nächtlichen Backups ersparen. Bei VSS werden, wie aus dem Namen dieser Funktion bereits hervorgeht, auf dem jeweiligen Volume, auf dem sie aktiviert wird, Kopien der darauf gespeicherten Daten vorgehalten. Diese Kopien können entweder auf demselben oder aber auch auf einem weiteren Datenträger abgelegt werden. Dies kann gerade bei Performance- oder Platzproblemen sehr hilfreich sein. Eine Änderung dieser Konfiguration kann jedoch nur dann vorgenommen werden, wenn keine Schattenkopien für das Volume vorhanden sind.

Keine Schattenkopien unter ReFS

Beachten Sie, dass Schattenkopien auf Volumes, die mit dem Dateisystem ReFS formatiert wurden, nicht zur Verfügung stehen.

Schattenkopien aktivieren Sie im EIGENSCHAFTEN-Dialog eines Volumes. Wählen Sie dort den Reiter SCHATTENKOPIEN, und klicken Sie auf JETZT ERSTELLEN (siehe Abbildung 9.10).

Über die Schaltfläche EINSTELLUNGEN gelangen Sie in den Konfigurationsdialog der Schattenkopien, der in Abbildung 9.11 zu sehen ist. Hier haben Sie die Möglichkeit, eine Größenbeschränkung für das Anlegen von Schattenkopien sowie deren Speicherort festzulegen.

Abbildung 9.10 Aktivieren und Erstellen von Schattenkopien

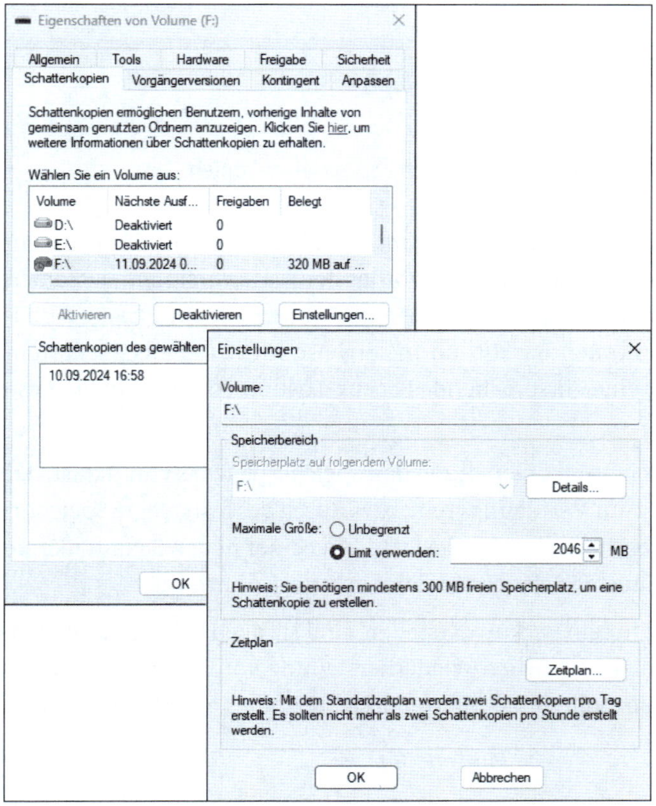

Abbildung 9.11 VSS-Konfiguration des Speicherpfades und des Speicherlimits

Sie haben die Möglichkeit, zu festgelegten Zeiten Schattenkopien zu erstellen, indem Sie detaillierte Zeitpläne hinterlegen (siehe Abbildung 9.12).

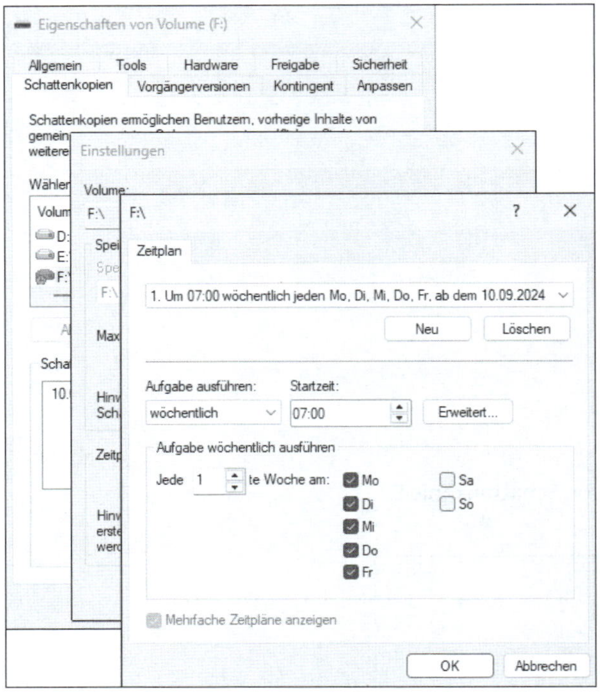

Abbildung 9.12 Hinterlegen von Zeitplänen für das Erstellen von Schattenkopien

Schattenkopien über den Tag verteilt anzulegen, ist sehr sinnvoll, um dem Fehlerteufel ein Schnippchen zu schlagen. So können Sie Dateien aus vorherigen Dateiversionen desselben Tages aus Schattenkopien wiederherstellen, die nur wenige Stunden alt sind (siehe Abbildung 9.13). Dies ist mit einem zentralen Backup normalerweise nicht möglich. Schattenkopien sind jedoch kein Ersatz für eine entsprechende Backup-Lösung, sondern sollen diese lediglich ergänzen.

Beachten Sie, dass die Anzahl an Schattenkopien durch den Speicherplatz beschränkt ist, der auf dem ausgewählten Datenträger zur Verfügung steht, bzw. durch das festgelegte Speicherlimit. Sobald nicht mehr ausreichend Speicher für die Erstellung einer neuen Schattenkopie zur Verfügung steht, werden die ältesten Schattenkopien schrittweise entfernt.

So wie Schattenkopien kein Ersatz für ein Backup darstellen, sind sie auch keine Dateiversionierung, sondern dienen lediglich zur schnellen Wiederherstellung von Dateien. Wenn Sie eine Dateiversionierung benötigen, sollten Sie über den Einsatz eines SharePoint-Servers nachdenken.

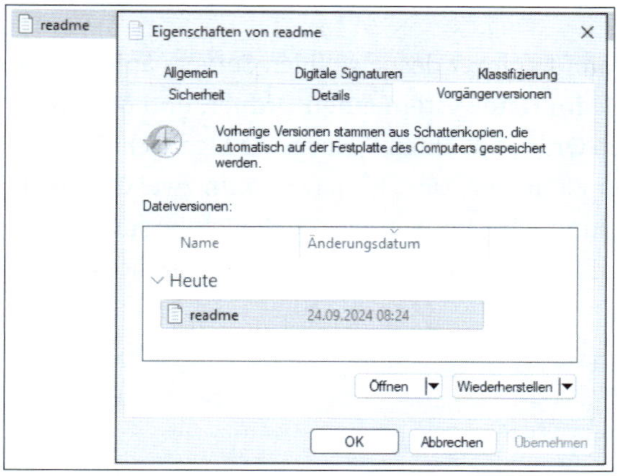

Abbildung 9.13 Wiederherstellen aus vorhandenen Schattenkopien

9.1.4 Freigaben

Mit der Netzwerkkomponente *Datei- und Druckerfreigabe für Microsoft-Netzwerke* des Betriebssystems können lokale Verzeichnisse per *UNC*-Pfad *(Universal Naming Convention)* über das Netzwerk zur Verfügung gestellt werden. Somit besteht für Benutzer die Möglichkeit, zentral Daten im Netzwerk auf einem Server abzulegen, wie Abbildung 9.14 zeigt.

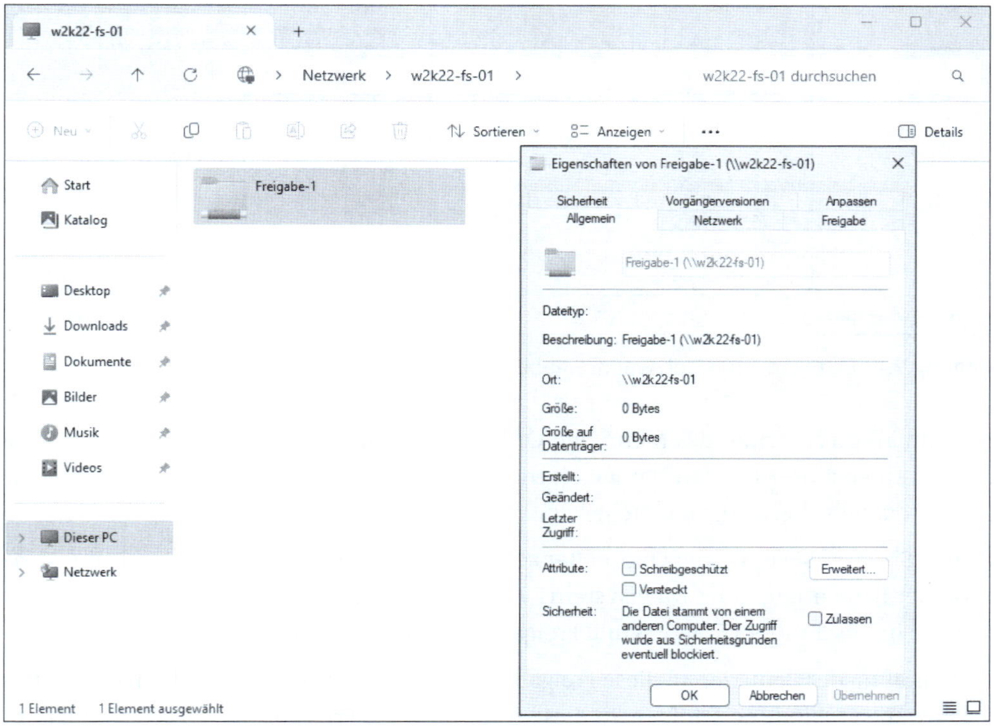

Abbildung 9.14 Zugriff auf eine Netzwerkfreigabe

Erstellen von Freigaben

Netzwerkfreigaben können Sie über den Datei-Explorer des jeweiligen Servers anlegen. Erstellen Sie hierzu an der gewünschten Stelle im Dateisystem einen Ordner, und öffnen Sie per Rechtsklick das Kontextmenü für diesen Ordner. Wählen Sie nun die Eigenschaften des Ordners aus, und wechseln Sie in den Reiter FREIGABE. Dort finden Sie nun zwei Optionen, um eine Freigabe zu erzeugen (siehe Abbildung 9.15). Verwenden Sie die ERWEITERTE FREIGABE, und setzen Sie in dem folgenden Menü ein Häkchen bei der Option DIESEN ORDNER FREIGEBEN.

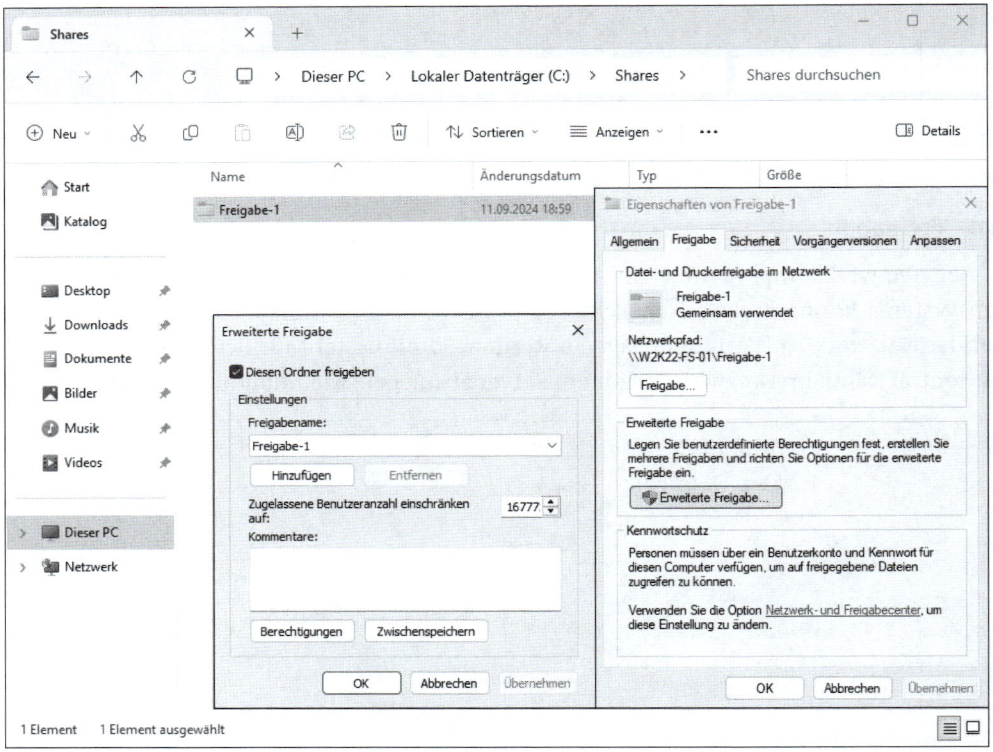

Abbildung 9.15 Erstellen einer Netzwerkfreigabe

Standardmäßig verwendet das Menü den Ordnernamen für die Freigabe. Sie können hier aber auch einen abweichenden Namen eintragen. Auf diese Weise lassen sich mehrere Freigaben für dasselbe Verzeichnis erstellen.

Beachten Sie, dass Sie unter der Option BERECHTIGUNGEN den Zugriff auf die Freigabe separat von der Berechtigung des Dateisystems vergeben können. Weitere Informationen dazu finden Sie in Abschnitt 9.1.5, »NTFS und Freigaben-Berechtigungen«.

Die Anbindung der Benutzer an diese Freigabe kann entweder per UNC-Pfad oder mit einer Netzlaufwerksverbindung erfolgen. In diesem Fall wird die Freigabe als virtuelles Laufwerk eingebunden.

Um *Netzlaufwerksverbindungen* anzubinden, verwenden Sie wahlweise den Kommandozeilenbefehl `net use`, eine Gruppenrichtlinie oder Sie erstellen die Verbindung mithilfe des Datei-Explorers. Wenn Sie die Verbindung herstellen, sollten Sie den FQDN des Dateiservers verwenden. So stellen Sie sicher, dass beim Verbindungsaufbau zum Dateiserver Kerberos für die Authentifizierung der Benutzer verwendet wird.

Um den Zugriff auf die von Ihnen erstellte Dateifreigabe zusätzlich zu den Berechtigungen der Freigabe sowie der NTFS-Berechtigung einschränken zu können, stehen Ihnen zwei Möglichkeiten zur Verfügung:

- Sie können beim Anlegen der Dateifreigabe hinter dem von Ihnen festgelegten Namen für die Dateifreigabe ein $-Zeichen anfügen. Dadurch wird die Dateifreigabe beim Aufruf des Dateiservers versteckt. Sie können die Dateifreigabe dennoch verwenden, indem Sie sie inklusive des $-Zeichens aufrufen.
- Sie können auch für einzelne Freigaben die ZUGRIFFSBASIERTE AUFZÄHLUNG *(Access-based Enumeration, ABE)* aktivieren, wie Sie in Abbildung 9.16 sehen. Dies führt dazu, dass der Dateiserver die Verzeichnisse und Dateien in der Freigabe für nicht berechtigte Benutzer ausblendet.

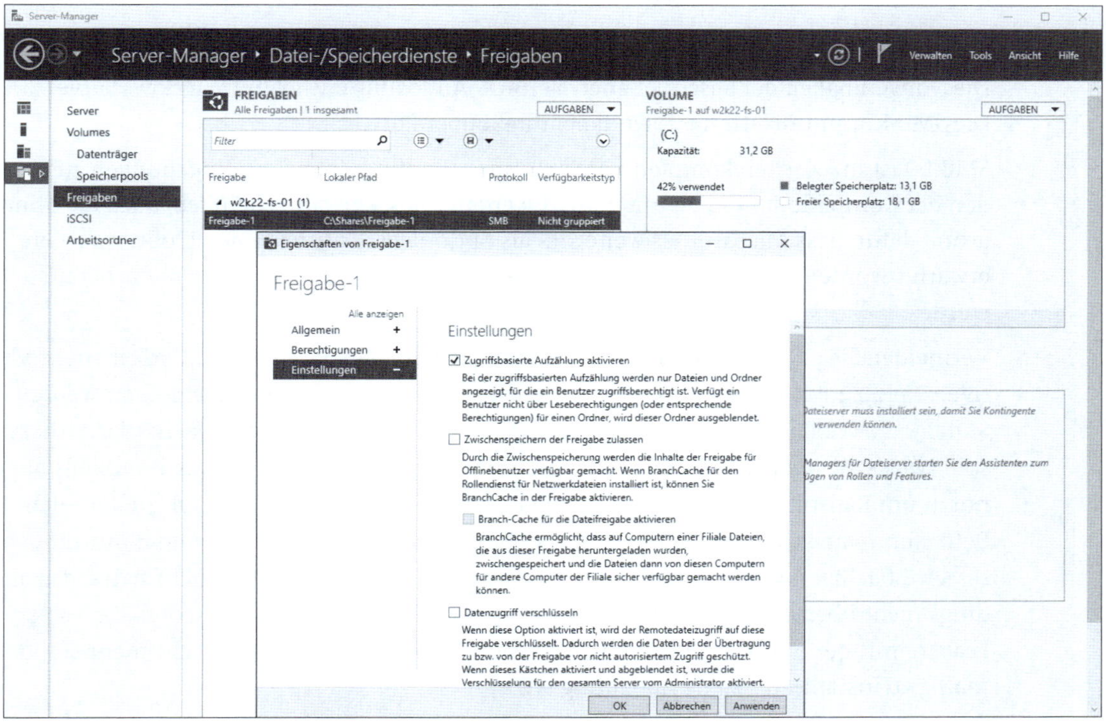
Server-Manager
Server-Manager ▸ Datei-/Speicherdienste ▸ Freigaben
Verwalten Tools Ansicht Hilfe
Server
Volumes
Datenträger
Speicherpools
Freigaben
iSCSI
Arbeitsordner
FREIGABEN
Alle Freigaben | 1 insgesamt
AUFGABEN
Filter
Freigabe Lokaler Pfad Protokoll Verfügbarkeitstyp
w2k22-fs-01 (1)
Freigabe-1 C:\Shares\Freigabe-1 SMB Nicht gruppiert
VOLUME
Freigabe-1 auf w2k22-fs-01
(C:)
Kapazität: 31,2 GB
42% verwendet
Belegter Speicherplatz: 13,1 GB
Freier Speicherplatz: 18,1 GB
Eigenschaften von Freigabe-1
Freigabe-1
Alle anzeigen
Allgemein
Berechtigungen
Einstellungen
Einstellungen
Zugriffsbasierte Aufzählung aktivieren
Bei der zugriffsbasierten Aufzählung werden nur Dateien und Ordner angezeigt, für die ein Benutzer zugriffsberechtigt ist. Verfügt ein Benutzer nicht über Leseberechtigungen (oder entsprechende Berechtigungen) für einen Ordner, wird dieser Ordner ausgeblendet.
Zwischenspeichern der Freigabe zulassen
Durch die Zwischenspeicherung werden die Inhalte der Freigabe für Offlinebenutzer verfügbar gemacht. Wenn BranchCache für den Rollendienst für Netzwerkdateien installiert ist, können Sie BranchCache in der Freigabe aktivieren.
Branch-Cache für die Dateifreigabe aktivieren
BranchCache ermöglicht, dass auf Computern einer Filiale Dateien, die aus dieser Freigabe heruntergeladen wurden, zwischengespeichert und die Dateien dann von diesen Computern für andere Computer der Filiale sicher verfügbar gemacht werden können.
Datenzugriff verschlüsseln
Wenn diese Option aktiviert ist, wird der Remotedateizugriff auf diese Freigabe verschlüsselt. Dadurch werden die Daten bei der Übertragung zu bzw. von der Freigabe vor nicht autorisiertem Zugriff geschützt. Wenn dieses Kästchen aktiviert und abgeblendet ist, wurde die Verschlüsselung für den gesamten Server vom Administrator aktiviert.
OK Abbrechen Anwenden

Abbildung 9.16 Aktivierung der ABE auf einer Dateifreigabe über den Server-Manager

Eingesetzte Protokolle

Beim Zugriff auf Netzwerkfreigaben kommt das Protokoll *SMB (Server Message Block)* zum Einsatz. Je nach verwendetem Betriebssystem und/oder Anwendung werden natürlich verschiedene Versionen des SMB-Protokolls genutzt. Die Entstehung dieses Protokolls geht auf Barry Feigenbaum (IBM) im Jahre 1983 zurück. Seitdem wurde SMB durch einige Unternehmen, darunter auch Microsoft, weiterentwickelt.

Das SMB-Protokoll wurde in den vergangenen Jahren unter verschiedenen Namen bekannt, so z. B. als *LAN-Manager-Protokoll* oder auch als *CIFS (Common Internet File System)*. Daher lesen Sie auch heute noch in vielen Artikeln, Blogs und einigen technischen Anleitungen den Begriff »CIFS-Protokoll«.

Das SMB-Protokoll stellt ein Netzwerkdateisystem bereit, das in seiner Funktion zum größten Teil vom Dateisystem des Betriebssystems unabhängig ist. Diese Bereitstellung erfolgte ursprünglich mittels *NetBIOS over TCP/IP (NBT)*, das die TCP/UDP-Ports im Bereich zwischen 137 und 139 sowie WINS bzw. Broadcasts zur Namensauflösung nutzte. In aktuellen Betriebssystemen ist dies nicht mehr der Fall: Hier wird im Rahmen der SMB-Kommunikation auf den TCP-Port 445 gesetzt, und die Auflösung der Namen erfolgt via *DNS* oder *LLMNR (Link-local Multicast Name Resolution*). Letzteres ist jedoch in größeren Infrastrukturen nicht relevant.

SMB 1.0

Die Notwendigkeit der beschriebenen NetBIOS-Auflösung entfiel mit Windows Server 2000. Die SMB-Kommunikation erfolgt daher direkt über Port 445.

SMB 1.0 ist inzwischen komplett veraltet, muss allerdings in vielen Umgebungen aus Gründen der Kompatibilität noch unterstützt werden. Dies ist (wahrscheinlich) auch der Hintergrund dafür, dass Microsoft es weiterhin als optionales Feature anbietet, obwohl eigentlich erwartet worden war, dass der Windows Server 2025 SMB 1.0 gar nicht mehr bereitstellen würde.

Vermeiden Sie es daher grundsätzlich, immer noch SMB in der Version 1.0 in einem produktiven Netz zu betreiben: Weil seine Sicherheitslücken nicht mehr geschlossen werden, ist SMB 1.0 eine Gefahr für Ihre Infrastruktur, denn es stellt ein erhebliches Risiko dar. So hat beispielsweise *WannaCry* (im Mai 2017) eine Sicherheitslücke innerhalb des Protokolls ausgenutzt, um Ransomware auf möglichst viele Systeme im lokalen Netzwerk zu verteilen. Für Betroffene war es besonders ärgerlich, da Microsoft noch rechtzeitig vor dem Auftreten dieses großflächigen Cyberangriffs ein entsprechendes Update veröffentlicht hatte, das allerdings nicht überall eingespielt wurde. Daher hat sich Microsoft entschieden, dieses Server-Feature mit der Veröffentlichung von Version 1709 im Oktober 2017 nicht mehr standardmäßig zu installieren (siehe Abbildung 9.17).

SMB 2.0

Im Rahmen der Bereitstellung des *SMB 2.0*-Protokolls wurde SMB grundlegend überarbeitet. Durch die Reduktion der verfügbaren SMB-Kommandos sowie durch weitere Anpassungen wurde die Leistungsfähigkeit des Protokolls entscheidend verbessert, was vor allem die Übertragungsgeschwindigkeit in WAN-Netzwerken erhöht.

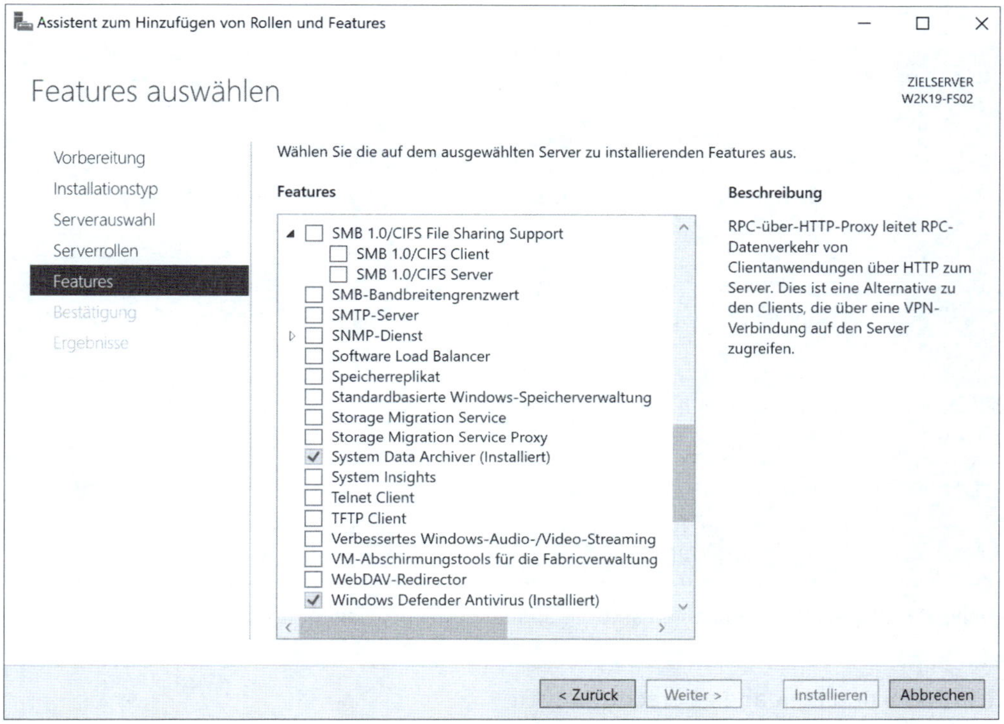

Abbildung 9.17 Das Windows-Feature »SMB 1.0/CIFS File Sharing Support« kann weiterhin installiert werden, wenn Sie es unbedingt brauchen.

SMB 3.0

In der SMB-Version 3.0 wurde das SMB-Protokoll um einige neue Features erweitert:

- **SMB-Direct** – Dieses Feature setzt die Verwendung von *RDMA*-Netzwerkkomponenten *(Remote Direct Memory Access)* voraus, was den direkten Zugriff auf den Arbeitsspeicher des jeweiligen Remotesystems ermöglicht.
- **Multichannel-SMB** – Hierdurch können mehrere Verbindungen zwischen dem SMB-Client und dem Zielserver aufgebaut werden, was durch redundante Netzwerkpfade den Durchsatz erheblich erhöhen kann.
- **Ende-zu-Ende-Verschlüsselung** – Dieses Feature ermöglicht die Verschlüsselung der versendeten Pakete über alle Transport-Hops hinweg, wodurch die Entschlüsselung der Inhalte nur den jeweiligen Kommunikationspartnern möglich ist.

Tabelle 9.4 fasst die Neuerungen in den einzelnen SMB-Versionen noch einmal kompakt zusammen.

SMB-Version	Betriebssystem	Neue Features
CIFS	Windows NT 4.0	
1.0	Windows 2000	SMB TCP/IP – keine Notwendigkeit von NetBIOS
2.0	Windows Vista bzw. Server 2008	Optimierung der Leistung durch Reduktion der Kommandos
2.1	Windows 7 bzw. Server 2008 R2	Weitere Optimierungen und Bereitstellung von Locking-Mechanismen
3.0	Windows 8 bzw. Server 2012	Erweiterungen für den Einsatz in virtuellen Infrastrukturen (SMB-Direct, Multichannel, Transparent Failover), Verschlüsselung
3.0.2	Windows 8.1 bzw. Server 2012 R2	
3.1.1	Windows 10/11 bzw. Server 2016/ 2019/2022/2025	Erweiterte Verschlüsselung (AES 128GCM/CCM) Integrationsüberprüfung (SHA-512)

Tabelle 9.4 Übersicht der einzelnen SMB-Versionen und -Funktionen

9.1.5 NTFS und Freigaben-Berechtigungen

Wie wir bereits in Abschnitt 9.1.4 beschrieben haben, können Sie die Berechtigungen des NTFS-Dateisystems und der von Ihnen erstellten Freigaben separat voneinander setzen. In der Vergangenheit haben die meisten Administratoren Berechtigungen ausschließlich auf dem NTFS-Dateisystem gesteuert und in der Freigabe für *Jeder* die Berechtigung *Vollzugriff* gewährt. Dies schützt Ihre Daten jedoch nur begrenzt und ermöglicht Ihnen nicht das Steuern von Zugriffen auf Dateisystempfade, die über mehrere Dateifreigaben zugänglich gemacht werden. Hier stellt das explizierte Vergeben von Berechtigungen auf der Dateifreigabe, zusätzlich zu der NTFS-Berechtigung des Dateisystems, eine gute Möglichkeit dar, diesen Zugriff granularer zu steuern.

NTFS

Mithilfe der NTFS-Berechtigungen können Sie festlegen, wer auf Dateien und Ordner zugreifen darf und wie weit der Zugriff für den jeweiligen Benutzer oder die jeweilige Gruppe reicht. Hierzu steht Ihnen im NTFS-Dateisystem (im Gegensatz zu der Dateifreigabe) eine Vielzahl von möglichen Berechtigungen zur Verfügung (siehe Abbildung 9.18):

- VOLLZUGRIFF – Durch den Vollzugriff sind Benutzer in der Lage, Dateien und Ordner zu lesen, zu schreiben, zu ändern und zu löschen. Außerdem können diese Benutzer die Berechtigungen für Dateien und Ordner ändern.

- ÄNDERN – Hierbei dürfen Benutzer Dateien und Ordner lesen, schreiben und auch löschen.
- LESEN, AUSFÜHREN – Dies ermöglicht es den Benutzern, Dateien (hierzu gehören auch Skripte und ausführbare Dateien) anzuzeigen und auszuführen.
- ORDNERINHALT ANZEIGEN – erlaubt es Benutzern, Dateien und Ordner aufzulisten sowie Dateien auszuführen.
- LESEN – Benutzer können mit dieser Berechtigung Inhalte von Ordnern auflisten.
- SCHREIBEN – Das Hinzufügen von Dateien und Ordnern sowie das Ändern von Dateien ist mit dieser Berechtigung möglich.

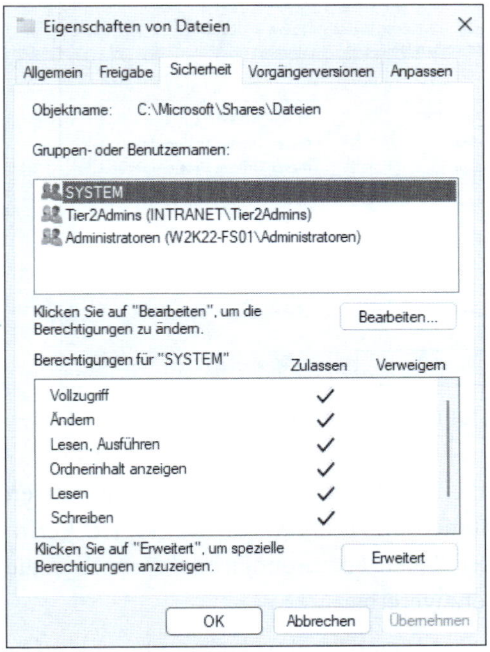

Abbildung 9.18 Zugriff auf die NTFS-Berechtigungen eines Ordners im Explorer

Um NTFS-Berechtigungen für Dateien und Ordner einsehen oder auch ändern zu können, können Sie mit dem Datei-Explorer die NTFS-Berechtigungen auflisten.

Gehen Sie hierzu wie folgt vor: Öffnen Sie den Datei-Explorer, und wechseln Sie in das Verzeichnis, in dem sich die Datei oder der Ordner befindet, dessen Berechtigung Sie einsehen bzw. ändern wollen.

Öffnen Sie die Eigenschaften der Datei oder des Ordners, und wählen Sie die Registerkarte SICHERHEIT (siehe Abbildung 9.18). Hier erhalten Sie eine Übersicht über die Berechtigungen der Benutzer und Gruppen. Mit BEARBEITEN können Sie die aufgelisteten Berechtigungen ändern.

Auf der Registerkarte SICHERHEIT können Sie über die Option ERWEITERT auf weitere Funktionen zugreifen (siehe Abbildung 9.19). Dazu zählen die Auflistung der vergebenen NTFS-Berechtigungen und der Dateifreigabe-Berechtigungen sowie die ÜBERWACHUNG und der EFFEKTIVE ZUGRIFF.

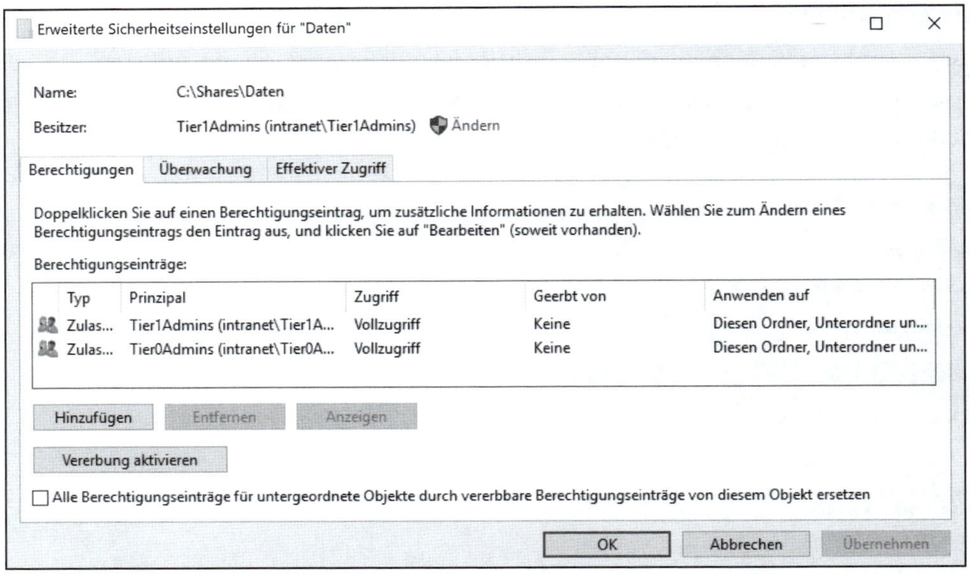

Abbildung 9.19 Erweiterte Sicherheitseinstellungen für Dateien und Ordner

Im Reiter BERECHTIGUNGEN können Sie zusätzlich zu den aufgelisteten Berechtigungen auch deren Anwendungsebene festlegen. Hier stehen Ihnen die Möglichkeiten zur Verfügung, die Berechtigungen nur für die ausgewählten Objekte anzuwenden oder sie auch an die darunter liegenden Strukturen und Dateien weiterzuvererben.

Auch das Vererben der Berechtigungen aus übergeordneten Strukturen kann hier aktiviert oder deaktiviert werden; außerdem ist es auch möglich, die gesetzten Berechtigungen an untergeordnete Strukturen zu vererben.

Über den Reiter FREIGABE (siehe Abbildung 9.18) erhalten Sie eine Auflistung der vergebenen Dateifreigabe-Berechtigungen und können diese dort weiter anpassen.

Der Reiter ÜBERWACHUNG (siehe Abbildung 9.19) bietet Ihnen die Möglichkeit, den Zugriff auf Dateien und Ordner für ausgewählte Benutzer und Gruppen zu überwachen. Hierbei werden die entsprechend konfigurierten Zugriffe im Eventlog des Dateiservers protokolliert.

Mit den Funktionen im Reiter EFFEKTIVER ZUGRIFF testen Sie, welche Auswirkungen die vergebenen NTFS-Berechtigungen haben. Sie können Benutzer, Gruppen oder Geräte auswählen und sehen sofort, wie sich der Zugriff auswirkt. Dies ist vor allem dann hilfreich, wenn Sie während der Fehlersuche festzustellen versuchen, warum ein Zugriff auf die Dateien und Ordner möglich oder auch nicht möglich ist (siehe Abbildung 9.20).

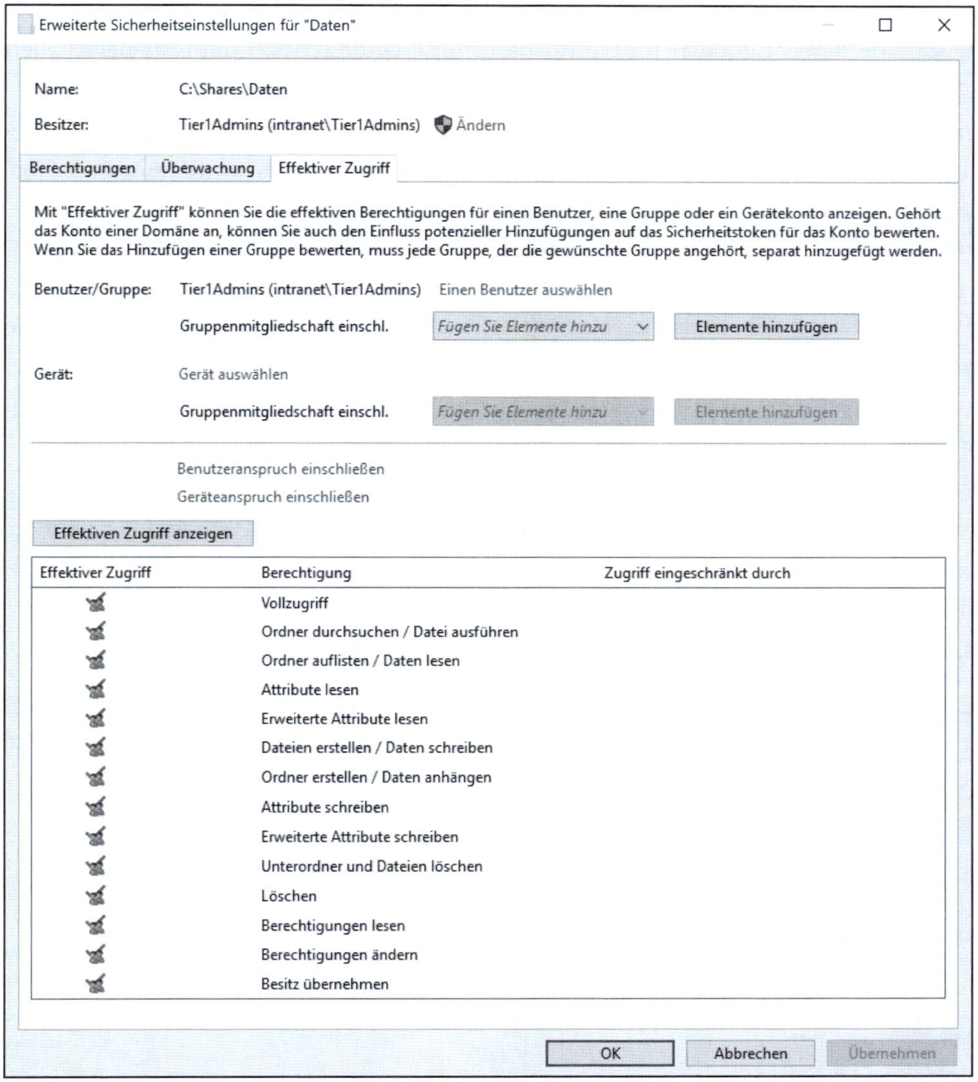

Abbildung 9.20 Überprüfung des effektiven Zugriffs für ausgewählte Benutzer, Gruppen oder Geräte

Zusätzlich zu Genehmigungsberechtigungen können Sie auch explizite Verweigerungsrechte vergeben. Der Vorteil hierbei ist, dass Verweigerungseinträge vorrangig behandelt werden: Wenn also ein Benutzer Mitglied in mehreren Gruppen ist, reicht das Verweigerungsrecht in irgendeiner Gruppenmitgliedschaft aus, um diesem Benutzer den Zugriff zu verwehren, selbst wenn ihm über eine der vorhandenen Gruppen Zugriff gewährt wird.

Um die Steuerung von Berechtigungen zu automatisieren, nutzen Sie die PowerShell. Verwenden Sie das Cmdlet `Get-ACL` zum Auslesen bestehender Berechtigungen und `Set-ACL`, um

Berechtigungen auf Dateien und/oder Ordnern zu setzen. Dies bietet sich zum Beispiel an, wenn Sie eine Berechtigungsrichtlinie für bestimmte Ordnerstrukturen festgelegt haben und diese automatisch in regelmäßigen Abständen erneut anwenden lassen.

Somit können Sie sicherstellen, dass die Berechtigungen, wenn diese manuell verändert wurden, in einem festgelegten Zeitfenster wieder der von Ihnen definierten Richtlinie entsprechen.

Dateifreigaben

Durch die Vergabe von Dateifreigabe-Berechtigungen können Sie festlegen, wie Benutzer über das Netzwerk auf die von Ihnen bereitgestellte Dateifreigabe zugreifen können und wie weitgehend deren Zugriff über das Netzwerk ist.

In der Dateifreigabe stehen Ihnen drei mögliche Berechtigungen zur Verfügung (siehe Abbildung 9.23):

- VOLLZUGRIFF – Benutzer, die über Vollzugriff verfügen, können in der Dateifreigabe lesen, ändern, Berechtigungen verändern und den Besitz von Dateien und Ordnern übernehmen.
- ÄNDERN – Hierdurch können Benutzer in den Dateifreigaben lesen, ausführen, schreiben und löschen.
- LESEN – Dies ermöglicht Benutzern das Auflisten von Inhalten in der Dateifreigabe.

Um Zugriff auf die Berechtigungen von Dateifreigaben zu erhalten, gehen Sie wie folgt vor: Öffnen Sie die Eigenschaften der Datei oder des Ordners, und wählen Sie die Registerkarte FREIGABE (siehe Abbildung 9.21).

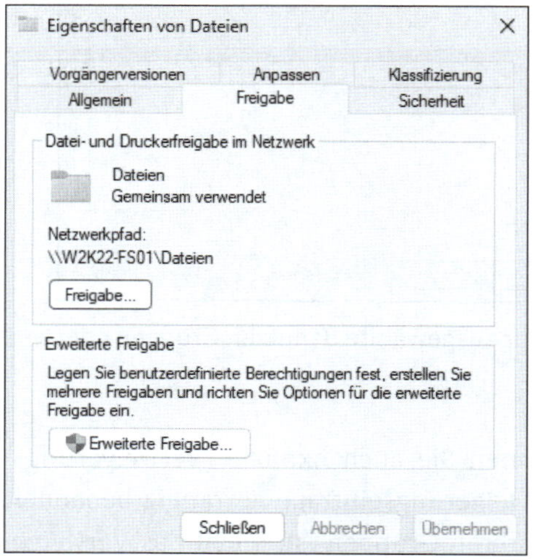

Abbildung 9.21 Freigabe-Eigenschaften einer Dateifreigabe im Explorer

Klicken Sie in der Registerkarte FREIGABE auf die Option ERWEITERTE FREIGABE.

Abbildung 9.22 »Erweiterte Freigabe«-Eigenschaften der Dateifreigabe im Explorer

In der ERWEITERTEN FREIGABE aus Abbildung 9.22 können Sie nun über die Option BERECHTIGUNGEN die Berechtigungen der Dateifreigabe einsehen und gegebenenfalls anpassen (siehe Abbildung 9.23).

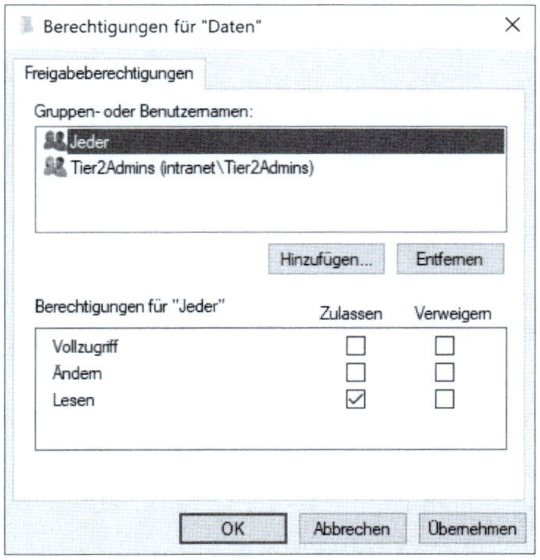

Abbildung 9.23 Zugriff auf die Dateifreigabe-Berechtigungen im Explorer

Kombination von Dateifreigabe- und NTFS-Berechtigungen

Wenn Sie eine Dateifreigabe auf einem Ordner einrichten, auf dem eine NTFS-Berechtigung vergeben wurde, wird bei einem Zugriff über das Netzwerk auf die Dateifreigabe und das darunter liegende Dateisystem die restriktivste Berechtigung angewendet.

Wenn das NTFS-Dateisystem einem Benutzer also Vollzugriff gewährt, in der Dateifreigabe jedoch nur eine Leseberechtigung eingerichtet ist, dann kann der Nutzer nur lesend auf die Dateien zugreifen. Eine schematische Darstellung dieser Zugriffsberechtigung sehen Sie in Abbildung 9.24.

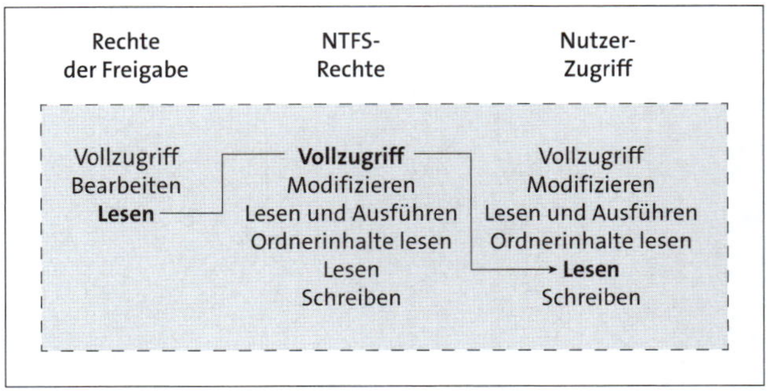

Abbildung 9.24 Sechematische Darstellung einer lesenden Dateifreigabe-Berechtigung

Im Umkehrschluss bedeutet dies, dass selbst dann, wenn die Freigabe den Vollzugriff erlaubt, für den Nutzer nur eine Leseberechtiung besteht, falls das NTFS-Dateisystem nicht mehr erlaubt. Es wird ja, wie bereits beschrieben, immer die restriktivste Berechtigung angewendet. In Abbildung 9.25 finden Sie eine Darstellung der beschriebenen Berechtigung.

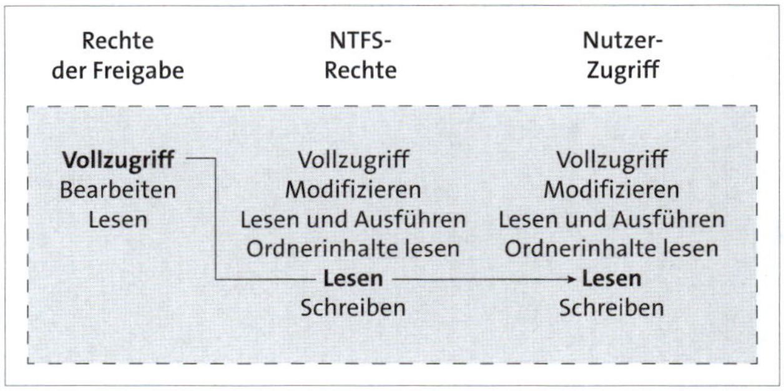

Abbildung 9.25 Schematische Darstellung einer Vollzugriff-Dateifreigabe-Berechtigung

Sicherheitsgruppen

Wenn ein Benutzer Mitglied in mehreren Sicherheitsgruppen ist, die für den Zugriff auf die Dateifreigabe konfiguriert wurden, wirken die Berechtigungen kumuliert.

Wenn ein Benutzer also durch eine Sicherheitsgruppe lesende Berechtigungen für die Dateifreigabe bekommt und durch eine zweite Sicherheitsgruppe schreibende Berechtigungen für dieselbe Dateifreigabe, resultiert daraus die effektiv kumulierte Berechtigung *lesender und schreibender Zugriff*. Dies verhält sich auf Ebene der Dateifreigabe ebenso wie auf der Ebene der NTFS-Berechtigungen.

9.1.6 Offlinedateien

Offlinedateien sind eine Funktion zum Synchronisieren von Dateien zwischen einem Windows-Clientbetriebssystem und einer bereitgestellten Netzwerkfreigabe. Hierbei werden in zeitlich festgelegten Abständen die Daten mit dem Dateiserver abgeglichen. Die Speicherung erfolgt also auch im Online-Modus (d. h., wenn eine Verbindung zum Dateiserver besteht) immer erst in die lokale Replik und wird dann synchronisiert.

Ob es diese Funktion weiterhin geben wird, ist unklar, da Microsoft aktuell immer mehr das Cloud-Geschäft in den Fokus stellt und die damit verbundenen Produkte fördert. Die Offlinedateien stehen mit der Cloud-basierenden Lösung *OneDrive* bzw. *OneDrive for Business* in Konkurrenz.

Das Einrichten der Offlinedateien kann über die lokale Konfiguration im Clientbetriebssystem erfolgen oder für das flächendeckende Konfigurieren in Unternehmen per GPO ausgerollt werden. Hierbei ist jedoch darauf zu achten, dass nicht alle Konfigurationen zwischen den einzelnen Windows-Clientbetriebssystemversionen kompatibel sind.

Bei den Offlinedateien wird zwischen den Betriebsmodi *Online*, *Langsame Verbindung*, *automatisch Offline* sowie *manuell Offline* unterschieden. Hierbei wird die Verbindungsgeschwindigkeit zwischen dem Client und dem Server durch die Übertragung eines Pakets mit der Standardpaketgröße überprüft, um festzustellen, wie groß die Gesamtlaufzeit der Übertragung ist. Sobald eine Gesamtlaufzeit kleiner als 80 ms festgestellt wird, wird die Verbindung als lokales Netzwerk bzw. als stabile Remoteverbindung betrachtet und somit in den Online-Modus gewechselt. Zeiten über 80 ms werden demnach als *Langsame Verbindung* eingestuft und es wird standardmäßig in den Offline-Modus gewechselt.

Die Erstsynchronisation wird nach dem erfolgreichen Einrichten im Hintergrund ausgeführt und nach erfolgreicher Beendigung mit dem Offlinedateien-Synchronisations-Icon (SYNCHRONISIERUNGSCENTER) in der Taskleiste bestätigt (siehe Abbildung 9.26). Jede weitere Synchronisation erfolgt in einem Standardzeitfenster von 5 Minuten.

Abbildung 9.26 Offline-Synchronisation in der Taskleiste

Serverseitig ist keine besondere Konfiguration für die Verwendung der Offlinedateien erforderlich. Standardmäßig hat der Benutzer die Möglichkeit, während der Erstellung von Freigaben Offlinedateien für diese einzurichten. Wir raten Ihnen jedoch dringend davon ab, diese Funktion für Freigaben mit mehr als einem Benutzer zu verwenden: Abgesehen von dem hohen Replikationsaufkommen besteht hier das Risiko, dass eine Vielzahl nicht auflösbarer Konflikte im Rahmen der Replikation entstehen. Ausnahmen sind Verzeichnisse, wie beispielsweise Dateivorlagen, auf die ausschließlich lesend zugegriffen wird.

In den OFFLINEEINSTELLUNGEN finden Sie die folgenden drei Optionen aus Abbildung 9.27:

- NUR VON BENUTZERN ANGEGEBENE DATEIEN UND PROGRAMME SIND OFFLINE VERFÜGBAR – Hierdurch kann der Benutzer Dateien und Ordner für die Offline-Synchronisation explizit auswählen. Außerdem besteht die Möglichkeit, BRANCHCACHE zu aktivieren. Dabei handelt es sich um einen weiteren Dienst der Windows Server-Rolle *Datei-/Speicherdienste*. Mit BranchCache können Server, die z. B. in Außenstellen stehen, einmal abgerufene Dateiinhalte in dem jeweiligen Standort zwischenspeichern. Dies soll das erneute Herunterladen von einem anderen Standort verhindern. Wenn kein Server am Standort vorhanden ist, werden durch *BranchCache* die vor Ort vorhandenen Clients zum Zwischenspeichern verwendet. Die Auswahl dieser Option steht erst zur Verfügung, nachdem BranchCache auf dem Dateiserver installiert wurde.
- KEINE DATEIEN ODER PROGRAMME AUS DEM FREIGEGEBENEN ORDNER OFFLINE VERFÜGBAR MACHEN – Hierdurch wird die Funktion unterbunden, Offlinedateien für die jeweilige Dateifreigabe zu verwenden.

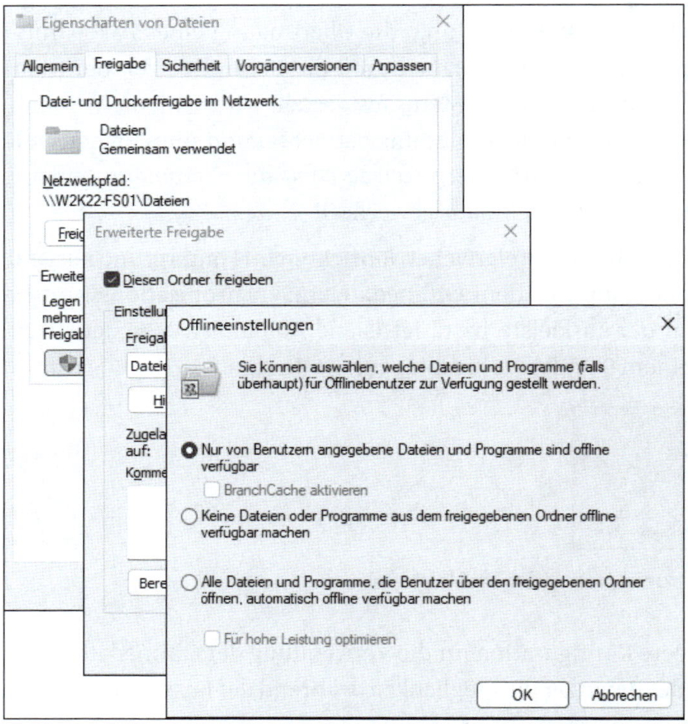

Abbildung 9.27 Freigabe zur Nutzung der Offlinedateien bereitstellen

- ALLE DATEIEN UND PROGRAMME, DIE BENUTZER ÜBER DEN FREIGEGEBENEN ORDNER ÖFFNEN, AUTOMATISCH OFFLINE VERFÜGBAR MACHEN – Die Einstellung erstellt automatisch Offlinedateien von Dateien und Programmen, die durch den Benutzer aufgerufen werden. Dabei reicht schon das einmalige Öffnen der Dateien oder Programme aus, damit Offlinedateien angelegt werden. Durch die Option FÜR HOHE LEISTUNG OPTIMIEREN wird das

Synchronisationsverhalten für ausführbare Programme verbessert. Es wird dann nur die Programmversion der ausführbaren Datei geprüft; erst wenn sich diese ändert, wird eine erneute Synchronisation dieser Datei ausgelöst.

Wenn die maximale Cachegröße erreicht wurde, wird das System automatisch mit der Datenbereinigung beginnen. Dabei werden Dateien aus dem Cache entfernt, die bereits seit Längerem nicht mehr verwendet wurden und nicht explizit zur Offline-Speicherung durch den Benutzer markiert wurden. Solange die Bereinigung nicht durchgeführt wurde und somit kein weiterer Speicher für den Cache zur Verfügung steht, werden keine weiteren Dateien offline bereitgestellt.

Auch die Protokollierung der Synchronisation, die im *Sync Center* zu finden ist, kann Hinweise zur Behebung von Problemen liefern.

Manchmal kann es erforderlich sein, den Offlinedateien-Cache zu leeren, um Fehlerbilder zu beseitigen, beispielsweise Dateien, die sich nicht mehr synchronisieren lassen. Hierzu muss die Option `FormatDatabase` im Registry-Schlüssel *HKEY_LOCAL_MACHINE\SYSTEM\CurrentControlSet\services\CSC\Parameters* auf den Wert `1` gesetzt und das System neu gestartet werden.

Alle nicht synchronisierten Daten werden hierdurch unwiederbringlich gelöscht!

Laut Microsoft sind die Netzwerkports aus Tabelle 9.5 für die Kommunikation mit Offlinedateien notwendig.

Anwendungsprotokoll	Zielsystem	Protokoll	Port
SMB	Dateiserver	TCP	445
Global Catalog	Domänencontroller	TCP	3269
Global Catalog	Domänencontroller	TCP	3268
LDAP Server	Domänencontroller	TCP/UDP	389
LDAP SSL	Domänencontroller	TCP	636

Tabelle 9.5 Auflistung der notwendigen Netzwerkports

9.1.7 Datendeduplizierung

Das stetig wachsende Datenaufkommen führt zu der Frage, wie man redundante Daten erkennt und löscht. Hierfür hat Microsoft mit Windows Server 2012 die Datendeduplizierung eingeführt und bis heute stetig ausgebaut.

Die *Deduplizierung* prüft ein Volume blockweise auf identische Blöcke und setzt für gefundene Duplikate Adress-Pointer, die auf ihre Dublette verweisen. Im Ergebnis sind doppelte Datenblöcke nur noch einmal pro Volume vorhanden. Das Einsparpotenzial ist hierbei enorm. In Abhängigkeit von den vorhandenen Daten lassen sich Speicherkapazitäten von bis zu 90 % einsparen – zum Beispiel bei virtuellen Datenträgern (*VHD/X*-Dateien) von Gastbetriebssystemen, die sich auf demselben Volume befinden.

Die Grenzen der Deduplizierung

Beachten Sie, dass die Deduplizierung nur auf Ebene eines Volumes konfiguriert werden kann und nicht auf Ordnerebene. Daten lassen sich auch nicht über die Grenzen des ausgewählten Volumes hinweg deduplizieren.

Die Standardkonfiguration der Deduplizierung basiert auf vordefinierten Kategorien für Dateiserver, *VDI*-Server *(Virtual Desktop Infrastructure)* und virtualisierte Backupserver. Darüber hinaus gibt es jedoch weitere Szenarien, die von den jeweiligen Lösungen unterstützt werden: Hierzu gehören z. B. Bereitstellungsfreigaben von SCCM *(System Center Configuration Manager)* und SCVMM (*System Center Virtual Machine Manager*, die Library-Freigaben) sowie Sicherungsvolumes von SQL- und Exchange-Servern.

Mit der Installation der Rolle *Datendeduplizierung* können Sie im Server-Manager die Deduplizierung für ausgewählte Volumes aktivieren (siehe Abbildung 9.28).

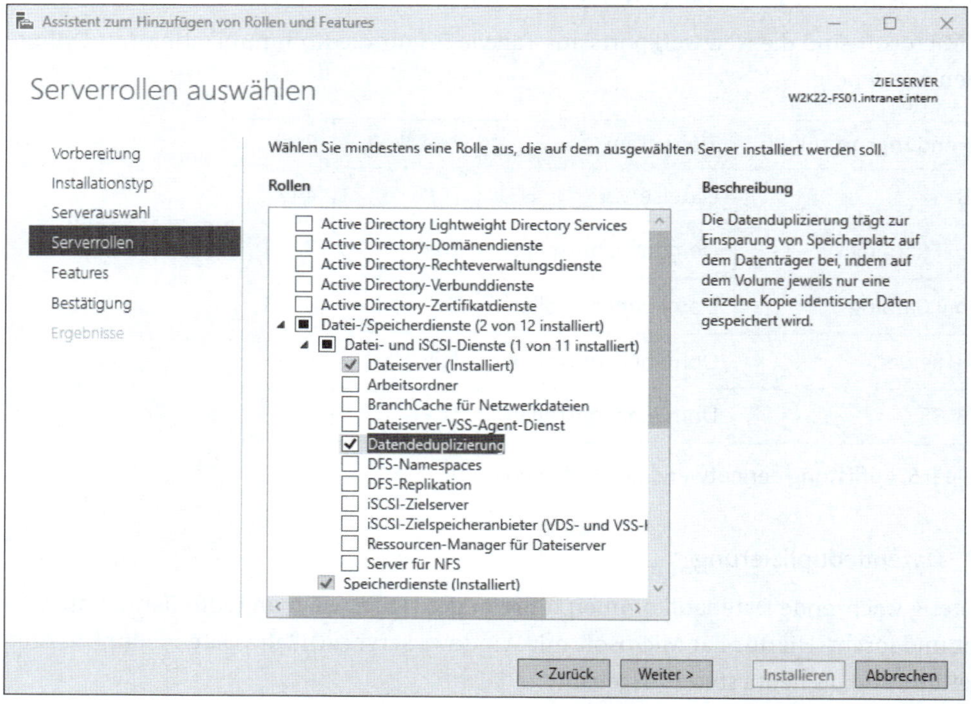

Abbildung 9.28 Installation der Dateiserver-Deduplizierung

Die Konfiguration der Deduplizierung erfolgt über einen Assistenten (siehe Abbildung 9.29) und ermöglicht es Ihnen, eine Kategorie für die Deduplizierung zu hinterlegen. Sie können zudem bestimmen, ab welchem Alter eine Datei dedupliziert werden soll und welche Dateierweiterungen davon ausgenommen werden sollen.

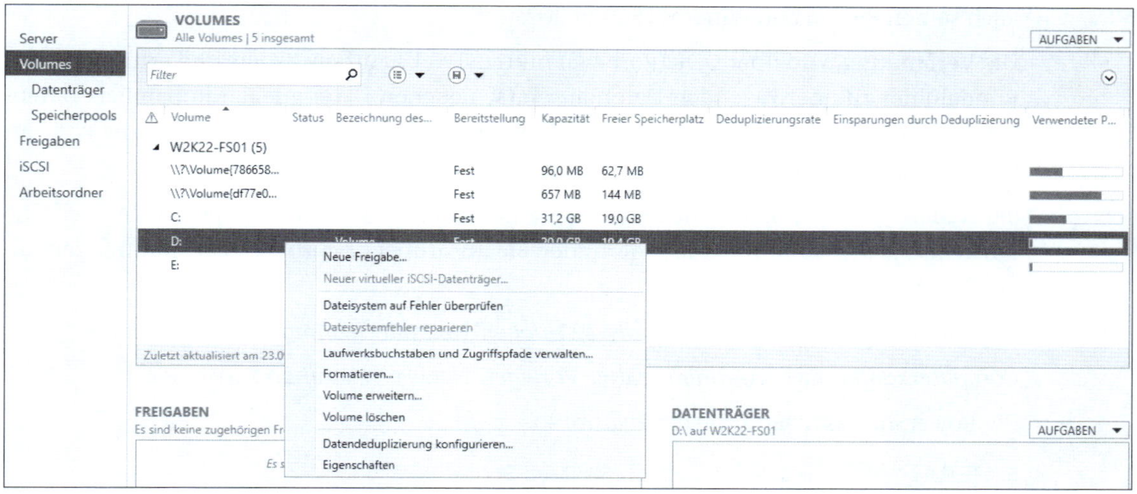

Abbildung 9.29 Einrichten der Deduplizierung für ein Volume

Auch bei der Deduplizierung lässt sich ein Zeitplan anlegen. Das Aktivieren der Hintergrundoptimierung bietet sich hierbei an, wenn es auf dem Server lastfreie bzw. lastarme Zeiten gibt, die für die Deduplizierung der Daten genutzt werden können. Wir empfehlen jedoch, einen eigenen Zeitplan zu hinterlegen, der außerhalb von Servicezeiten und Backup-Fenstern liegt. Somit kann die Deduplizierung ungestört durchgeführt werden, ohne sich als Störfaktor auf angeschlossene Dienste auszuwirken.

Nach dem erfolgreichen Einrichten der Deduplizierung und ihrem ersten Lauf können Sie sie per PowerShell abfragen, um festzustellen, wie effektiv die Deduplizierung auf dem ausgewählten Volume durchgeführt wurde. Nutzen Sie dazu das Cmdlet `Get-DedupStatus`:

```
PS C:\> Get-DedupStatus -Volume "E:"
FreeSpace    SavedSpace   OptimizedFiles     InPolicyFiles     Volume
---------    ----------   --------------     -------------     ------
125.04 GB    2.52 GB      9666               9666              E:
```

9.2 Neues mit Server Windows 2025

Microsoft hat mit Windows Server 2025 eine Reihe von Verbesserungen für das SMB-Protokoll eingeführt, die SMB-Shares sicherer machen sollen.

9.2.1 SMB über QUIC

Um die sichere Übertragung von Daten mittels des SMB-Protokolls an entfernte Systeme über eine unzuverlässige Verbindung (z. B. VPN) zu ermöglichen, hat Microsoft bereits in der *Windows Server 2022 Azure Edition* QUIC über SMB eingeführt. Nun findet dieses Feature auch seinen Weg in den Windows Server 2025.

Die Verbindung wird über UDP (Port 445) mittels TLS 1.3 authentifiziert und ermöglicht das Bündeln der zu übertragenden Daten aus verschiedenen Datenquellen in parallele Datenströme. Das QUIC-Protokoll sorgt für eine Staukontrolle und die Wiederherstellung von verlorenen Paketen während der Übertragung.

Sie steuern diese Funktion entweder über eine Gruppenrichtlinie und per PowerShell. Die Einstellung ENABLE SMB OVER QUIC finden Sie im Gruppenrichtlinien-Editor unter den folgenden Pfaden:

Computerkonfiguration\Administrative Vorlagen\Netzwerk\Lanman-Arbeitsstation

Computerkonfiguration\Administrative Vorlagen\Netzwerk\Lanman-Server

Per PowerShell aktivieren Sie das Feature so:

```
Set-SmbClientConfiguration -EnableSMBQUIC $true
```

Als weitere Absicherung können Sie *Client Access Control für SMB über QUIC* konfigurieren. Hierbei stellen Sie für die Clients, die Sie anbinden wollen, Zertifikate einer vertrauenswürdigen Zertifizierungsstelle aus. Die Hashwerte der Client-Zertifikate können Sie dann auf dem Zielsystem in einer Zugangsliste zusammenfassen. Nun vergleicht Ihr Server bei einer eingehenden SMB-über-QUIC-Verbindung das vom Client verwendete Zertifikat mit den Hashwerten aus der hinterlegten Zugangsliste und gibt die Verbindung nur dann frei, wenn der Hashwert des Zertifikats auf der Zugangsliste steht.

9.2.2 Verbesserte Verwaltung der SMB-Dialektkontrolle

Durch die verbesserte Kontrolle der SMB-Dialekte können Sie in Windows Server 2025 einzelne SMB-Protokollversionen blockieren. Dies hat erhebliche Auswirkungen auf die Kompatibilität Ihres Dateiservers mit angebundenen Betriebssystemen. Andererseits können Sie so die Performance Ihres Dateiservers verbessern und durch das Deaktivieren älterer und ungenutzter SMB-Versionen die Sicherheit Ihres Netzwerks verbessern.

Auf dem Server aktivieren Sie diese Funktion per PowerShell so:

```
Set-SmbServerConfiguration -Smb2DialectMax SMB311 -Smb2DialectMin SMB300
```

Auf der Client-Seite erfolgt die Konfiguration wie folgt:

```
Set-SmbClientConfiguration -Smb2DialectMax SMB311 -Smb2DialectMin SMB311
```

Zur Auswahl stehen folgende SMB-Protokolle:

- None
- SMB202
- SMB210
- SMB300
- SMB302
- SMB311

Alternativ können Sie dies auch per Gruppenrichtline konfigurieren. Die notwendigen Einstellungen für MAXIMALE VERSION VON SMB VORGEBEN sowie MINDESTVERSION VON SMB VORGEBEN finden Sie im Gruppenrichtlinien-Editor unter folgenden Pfaden:

Computerkonfiguration\Administrative Vorlagen\Netzwerk\Lanman-Server

Computerkonfiguration\Administrative Vorlagen\Netzwerk\Lanman-Arbeitsstation

9.2.3 NTLM für SMB deaktivieren

Kaum etwas verbessert die Sicherheit Ihrer Dateiserver so sehr wie das Abschalten alter Autorisierungsprotokolle. Im Windows Server 2025 können Sie nun auch NTLM über das SMB-Protokoll abschalten – falls keine Anwendung in Ihrem Netzwerk diese Option braucht.

Die Deaktivierung erfolgt einfach über die PowerShell:

```
Set-SmbClientConfiguration -DisableNTLM $true
```

Auch per Gruppenrichtlinie können Sie diese Einstellung verteilen. Die Einstellung NTLM BLOCKIEREN (LM, NTLM, NTLMv2) finden Sie unter folgendem Pfad im Gruppenrichtlinien-Editor:

Computerkonfiguration\Administrative Vorlagen\Netzwerk\Lanman-Arbeitsstation

Sollten Sie Systeme haben, die Sie von dieser Einstellung ausnehmen wollen, können Sie eine Ausnahmeliste per Gruppenrichtlinie pflegen. Die Einstellung finden Sie im selben Pfad wie die Deaktivierung unter der Option NTLM-SERVERAUSNAHMELISTE BLOCKIEREN. Hinterlegen Sie die Systeme, die Sie ausnehmen wollen, Zeile für Zeile in der Ausnahmeliste. Geben Sie zu den Systemen auch ihren DNS-Namen, ihre IP-Adresse oder ihren NetBIOS-Namen an.

9.2.4 SMB-Authentifizierungsraten begrenzen

Mit dem SMB-Authentifizierungsratenbegrenzer hat Microsoft in Windows Server 2025 einen Mechanismus eingeführt, um unterschiedliche Brute-Force-, Credential-Stuffing- und Rainbow-Table-Angriffe einzuschränken. Bei solchen Angriffen werden Server im Sekundentakt mit unzähligen Benutzernamen und Passwortversuchen bombardiert, was zu erheblichen Performance-Einbrüchen und im schlimmsten Fall zur Kompromittierung eines Benutzerkontos führt.

Um solche Angriffe zu unterbinden, wird bei jedem fehlerhaften Versuch, der per NTLM oder PKU2U *(Public Key Cryptography Based User-to-User)* erfolgt, eine Verzögerung von 2 Sekunden zwischen jedem Anmeldeversuch erzwungen. Wenn ein Angreifer zwei Minuten lang 150 fehlschlagende Anmeldeversuche pro Sekunde durchführt, könnte er in dieser kurzen Zeit 18.000 Kombinationen ausprobieren. Durch die Anmeldeverzögerung wird für die gleiche Anzahl an Anmeldeversuchen ein Zeitraum von mehr als 10 Stunden benötigt – was für den Angreifer deutlich weniger attraktiv ist.

Diese Anmeldeverzögerung können Sie nach eigenen Bedürfnissen anpassen und eine individuelle Verzögerung konfigurieren:

```
Set-SmbServerConfiguration -InvalidAuthenticationDelayTimeInMs XX
```

Wenn Sie lieber per Gruppenrichtlinie arbeiten, schauen Sie sich die Option BEGRENZER FÜR AUTHENTIFIZIERUNGSRATE AKTIVIEREN im Pfad *Computerkonfiguration\Verwaltungsvorlagen\Netzwerk\Lanman-Server* an.

Beachten Sie aber, dass per Gruppenrichtlinie lediglich diese Funktion ein- bzw. ausgeschaltet werden kann. Um das Intervall zu verändern, brauchen Sie die PowerShell.

9.2.5 SMB-Signierung als Standardeinstellung aktivieren

Microsoft empfiehlt schon seit geraumer Zeit, die SMB-Signierung zu aktivieren, um Relay-Angriffe zu vermeiden. Hierbei wird jede SMB-Nachricht mit einem Sitzungsschlüssel signiert, um Manipulationen zu verhindern. In Windows Server 2025 ist diese Option nun standardmäßig aktiviert. Dies gilt für alle Windows Server 2025- sowie Windows 11-Versionen außer den Home-Editionen.

9.2.6 Härtung der SMB-Firewall-Regeln

Windows Server 2025 verfügt standardmäßig über gehärtete SMB-Firewall-Regeln. Sie konfigurieren die Härtung über die PowerShell:

```
New-NetFirewallRule -DisplayName "SMB-Out" -Direction Outbound -Protocol TCP `
  -LocalPort 445 -Action Allow -Profile Domain
```

Für eingehende Verbindungen verwenden Sie das folgende PowerShell-Kommando:

```
New-NetFirewallRule -DisplayName "SMB-In" -Direction Inbound -Protocol TCP `
  -LocalPort 445 -Action Allow -Profile Domain
```

Für das flächendeckende Konfigurieren der SMB-Firewall-Regeln per Gruppenrichtlinie können Sie mithilfe des Gruppenrichtlinien-Editors unter den folgenden Pfaden die eingehenden und ausgehenden Regeln für die SMB-Härtung einstellen und an Ihre Anforderungen anpassen.

Die Firewall-Regeln finden Sie im Gruppenrichtlinien-Editor unter:

Computerkonfiguration\Windows-Einstellungen\Sicherheitseinstellungen\Windows Defender Firewall mit erweiterter Sicherheit

9.3 Distributed File System (DFS)

Das *Distributed File System* (verteilte Dateisystem) kann bei der Bereitstellung zentraler sowie dezentraler Dateiserver eine erhebliche Erleichterung in Sachen Transparenz, Konfiguration und Hochverfügbarkeit bieten. Wir erläutern im Folgenden die beiden Verfahren *DFS-N (Distributed File System Namespace)* und *DFS-R (Distributed File System Replication)*.

9.3.1 DFS-N (Distributed File System Namespace)

Grundsätzlich wird bei *DFS-N* zwischen zwei Bereitstellungmodellen unterschieden: dem *domänenbasierten* und dem *eigenständigen DFS*. Im Grunde werden bei beiden Bereitstellungen die eingesetzten Dateiserver durch einen festgelegten Namespace maskiert. Der Benutzer sieht dadurch seine freigegebenen Ordner, braucht aber nicht zu wissen, auf welchem Server sie tatsächlich liegen. Dies bietet viele Vorteile:

- **persistente Pfade** – Die Freigabepfade sind für den Benutzer transparent und führen ihn immer auf den nächsten Server, der über die jeweilige Dateifreigabe verfügt. Dies ist unabhängig davon, welche und wie viele Dateiserver sich hinter dem gewählten Namespace verbergen. Der Pfad für den Benutzer bleibt immer identisch, was auch im Falle des Austauschs einzelner Server recht einfach kompensiert werden kann, ohne dass dies Auswirkungen auf die Verfügbarkeit der verwendeten Freigaben hat.
- **Teilen von Inhalten** – Durch das Speichern auf einer per DFS-N bereitgestellten Freigabe kann auf mehrere Server ohne räumliche Beschränkungen zugegriffen werden, wenn diese repliziert wurden. Somit können alle Benutzer über denselben *UNC*-Pfad *(Universal Naming Convention)* auf den jeweils nächsten Server zugreifen.
- **vereinfachte Konsolidierung** – Das Herauslösen alter Dateiserver stellt immer ein Problem dar. Denn meistens ist nicht bekannt, wer diesen Dateiserver verwendet und wer darüber informiert werden muss, dass sich der Name des Servers verändert hat bzw. verändern wird. Gerade in größeren Unternehmen ist dies häufig ein nicht zu bewältigendes Problem. Wenn diese Dateiserver jedoch im DFS-N eingebunden sind, ist der Austausch problemlos möglich, da die verwendeten UNC-Pfade sich im DFS-N nicht ändern.

Tabelle 9.6 gibt eine Übersicht über die Anforderungen, die für die Verwendung der beiden Namespace-Varianten von DFS-N erfüllt sein müssen.

Typ	Eigenständiger Namespace	Domänenbasierter Namespace
UNC-Einstiegspunkt	Computername	Domänenname
Metadaten-Speicherort	Registry	Active Directory
Maximal empfohlene Anzahl an Foldern	50.000	50.000 (getestet, daher kein hartes Limit)
Hochverfügbarkeit	Failover-Cluster	mehrere DFS-N-Server
Mindestens erforderliche Betriebssystemversion (Namespace-Server)	Windows Server 2000	Windows Server 2008
Mindestens erforderliche AD-Funktionsebene	keine Abhängigkeit zum AD vorhanden	2008-Domain-Funktionsebene 2003-Forest-Funktionsebene
ABE *(Access-based Enumeration)*	verwendbar	verwendbar

Tabelle 9.6 DFS-N – Übersicht und Leistungsgrenzen

Im Bereich des DFS-N unterscheiden wir folgende Begriffe:

- **Namespace Server** – Hierbei handelt es sich um den oder die Server (mehrere Server nur im Falle eines domänenbasierten DFS-N), die den verwendeten Namespace bereitstellen.
- **Namespace Root** – Das ist der Einstiegspunkt innerhalb des jeweiligen Namensraums. Unterhalb dieser Ebene strukturiert sich der resultierende UNC-Pfad.
- **Ordner** – Das Verwenden von Ordnern ohne ein entsprechendes Ordnerziel ermöglicht es, im DFS-N eine hierarchische Struktur darzustellen. In diesen Ordnern können Ordnerziele gruppiert dargestellt werden, wobei der Client beim Aufruf dieser Ordnerziele direkt und transparent zum jeweiligen Ordner umgeleitet wird.
- **Ordnerziele** – Ordnerziele bzw. *Folder Targets* sind die virtuellen Ziele für die Dateifreigaben der jeweiligen Dateiserver. Sie maskieren den bzw. die eigentlichen UNC-Pfade zum Ziel. Die Dateifreigaben dieser UNC-Pfade können gleichermaßen von Windows- oder Linux/Unix-Servern oder NAS-Lösungen bereitgestellt werden, die SMB-kompatibel sind, z. B. *NetApp, EMC Isilon* oder *HPE Lefthand (StoreVirtual)*. Auch andere DFS-Roots können als Folder Target verwendet werden. Hierbei spricht man von sogenannten *Interlinked Namespaces*.

Voraussetzungen und Empfehlungen

Im Rahmen der Bereitstellung von DFS-N sollten Sie die Auflösung der *Referals* auf FQDN umstellen. Referals sind UNC-Pfade, die DFS-N für die aufgerufenen Ordnerziele an die anfragenden Clients weiterleitet. Standardmäßig verwendet DFS-N NetBIOS-Namen bei der Auflösung der Referals; dies kann jedoch gerade in größeren sowie in Multi-Domain-Umgebungen zu unerwarteten Problemen führen.

Setzen Sie hierzu den `DFSDnsConfig`-Schlüssel in dem Registry-Pfad *HKLM\System\CurrentControlSet\Services\DFS* auf `1`.

Um DFS-N im Unternehmen betreiben zu können, müssen Sie die in Tabelle 9.7 aufgeführten Netzwerkprotokolle für die Kommunikation im Netzwerk freischalten. Dies ist vor allem in größeren und verteilten Strukturen aufgrund der Netzwerksegmentierung wichtig.

Applikationsprotokoll	Zielserver	Protokoll	Ports
Internet Control Message Protocol		ICMP	
NetBIOS Datagram Service	Domänencontroller, Namespace-Root-Server, Dateiserver	UDP	138
NetBIOS Session Service	Domänencontroller, Namespace-Root-Server, Dateiserver	TCP	139
LDAP Server	Domänencontroller	TCP/UDP	389
SMB	Dateiserver, Namespace-Root-Server	TCP	445
RPC	Domänencontroller	TCP	135
High Ports	Domänencontroller	TCP	49152–65535

Tabelle 9.7 DFS-N – Netzwerkanforderungen

Eigenständiger DFS-Namespace

Bei der Variante des eigenständigen DFS-Namespaces handelt es sich um eine wenig skalierbare Lösung, die über lediglich einen aktiven Namespace-Server verfügt, um den Namespace und seine Ziele bereitzustellen. Hierdurch besteht nicht die Möglichkeit, die Zugriffe auf Basis der Standorte zu verteilen, und es gibt auch keine Skalierbarkeit. Der eigenständige DFS-Server kann zwar durch die Bereitstellung eines Microsoft Failover-Clusters hochverfügbar eingerichtet werden, jedoch kann auch mittels Clustering der DFS-Rolle der Namespace nur auf einem Knoten des Clusters aktiv gehalten werden.

Ein weiterer wichtiger Unterschied zum domänenbasierten DFS-N besteht in dem bereitgestellten Namespace des DFS-N, da hier der Name des Servers bei der Bereitstellung des Namespaces herangezogen wird und daher der Aufruf des DFS-N über den NetBIOS-Namen oder den FQDN des Namespace-Servers erfolgt.

Die Speicherung der DFS-N-Struktur erfolgt nicht wie beim domänenbasierten DFS-N im Active Directory, sondern in der Registry des eigenständigen DFS-N-Namespace-Servers.

Der Bereich der Registry, in dem die DFS-N-Informationen gespeichert werden, befindet sich unter folgendem Registry-Pfad:

HLKM\Software\Microsoft\Dfs\Root\Standalone

Änderungen an diesem Registry-Pfad sollten nur mit größter Vorsicht erfolgen, da sie unmittelbare Auswirkungen auf die Funktionalität des eigenständigen DFS-N haben. Bitte beachten Sie, dass diese Änderungen erst nach dem Neustart des DFS-N-Dienstes Anwendung finden, da der DFS-N-Dienst die Konfiguration des eigenständigen DFS-N im Arbeitsspeicher des Servers hält.

Eine wichtige Einschränkung bei der Bereitstellung der Ordnerziele beim eigenständigen DFS-N besteht darin, dass auf diese Weise bereitgestellte Dateifreigaben auf Basis eines Windows Server mit NTFS-Dateisystem erfolgen müssen und dass keine Drittherstellerprodukte sowie Drittherstellerbetriebssysteme unterstützt werden.

Weil sich DFS-N nicht auf mehrere Namespace-Server verteilen lässt und es damit keine aktiven Redundanzen gibt und weil die Migration mit DFS-N komplexer und nicht unterbrechungsfrei ist, hat sich der eigenständige DFS-N nicht in der Fläche durchgesetzt und wird daher nur von wenigen Kunden verwendet.

Domänenbasierter DFS-N

Der domänenbasierte DFS-N ist die am weitesten verbreitete Lösung. Dies ist vor allem der Skalierbarkeit und Verteilbarkeit dieser Lösung zuzuschreiben.

Der domänenbasierte DFS-N ist, wie aus seinem Namen bereits hervorgeht, eng mit dem Active Directory verbunden und macht sich die Eigenschaften des Active Directorys und seiner Site-Struktur zunutze, um Clients bei der Anfrage von Ordnerzielen Referals zu liefern, die über einen UNC-Pfad zu Dateiservern in direkter Nähe des Clients führen (siehe Abbildung 9.30).

Durch eine geschickte Verteilung werden Daten auch in dezentral aufgebauten Infrastrukturen redundant und unabhängig von der Netzwerkverbindung zwischen den Standorten bereitgestellt.

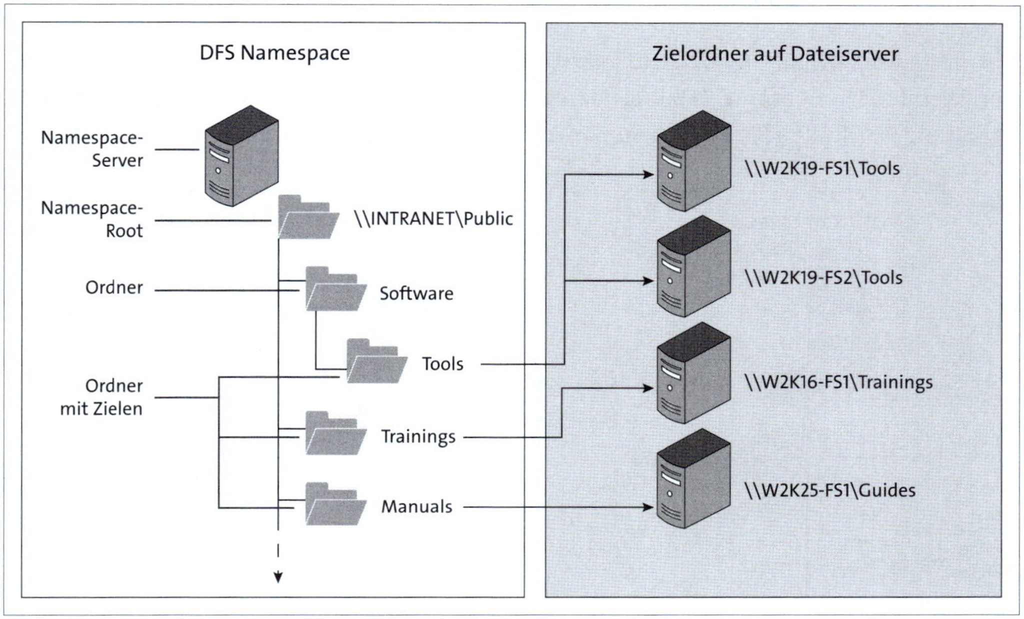

Abbildung 9.30 Aufbau des domänenbasierten DFS-N

Ein weiterer großer Vorteil stellt die Verteilung der Konfiguration dar, weil die domänenbasierte DFS-N-Konfiguration im Active Directory gespeichert wird. Das Schema sehen Sie in Abbildung 9.31. Hierdurch werden die Daten durch die Mechanismen des Active Directorys auf alle Domänencontroller des Namenkontextes repliziert und sind damit redundant an verschiedenen Orten gespeichert und gesichert.

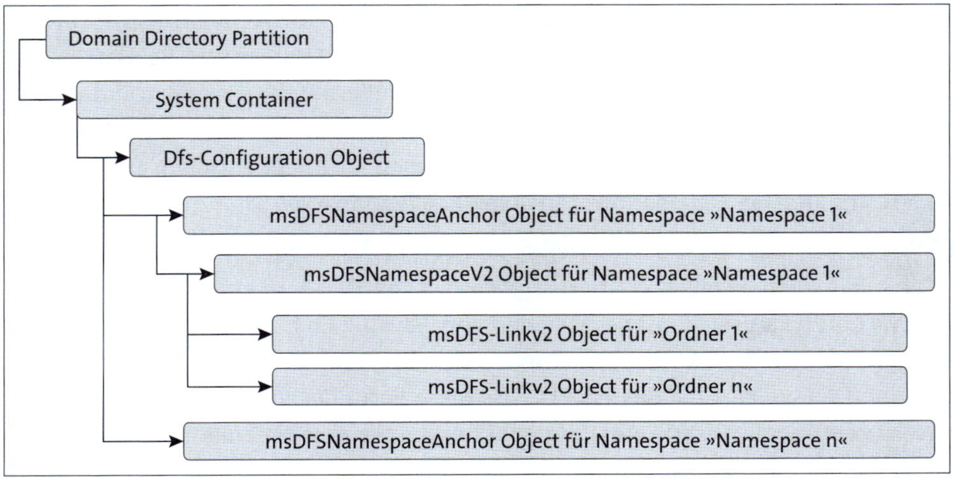

Abbildung 9.31 Schema der DFS-N-Speicherung im Active Directory

9.3.2 DFS-R (Distributed File System Replication)

Um die Redundanz im DFS-N darstellen zu können, müssen die Inhalte der Ordnerziele repliziert werden. Hier kommt DFS-R als dateibasierter Replikationsmechanismus ins Spiel. In Abbildung 9.32 finden Sie eine exemplarische Umsetzung eines redundanten Ordnerziels.

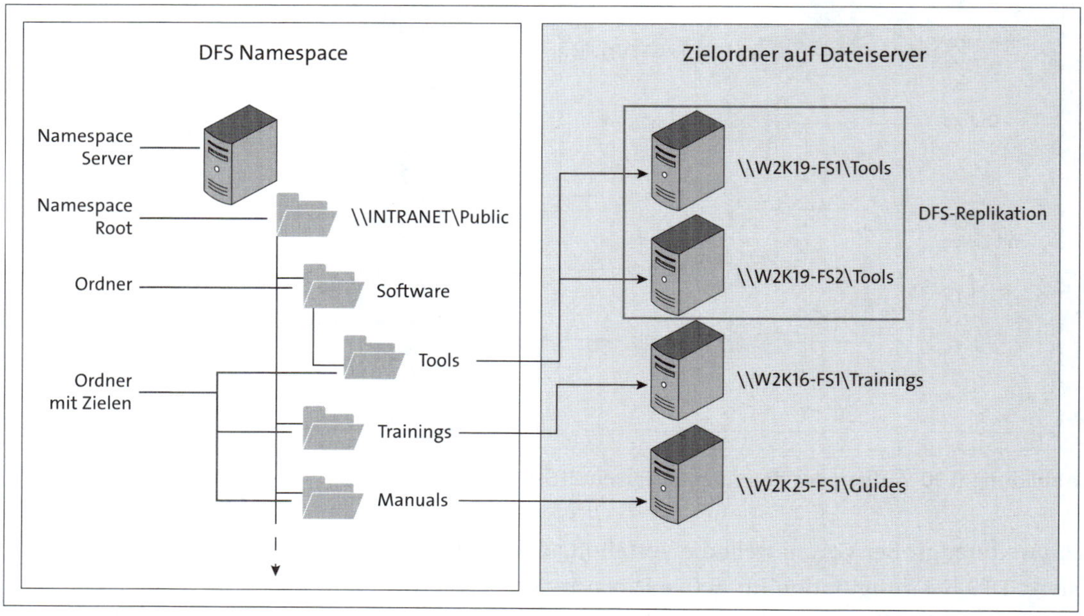

Abbildung 9.32 DFS-N mit DFS-Replikation

DFS-R ist leistungsfähig und seit den letzten Anpassungen in Windows Server 2012 R2 in der Lage, bis zu 70 Millionen Dateien pro Volume mit einem Gesamtvolumen von 100 TB zu replizieren. Hierbei wird eine maximale Dateigröße von 250 GB unterstützt. Bei Dateien, die größer als 250 GB sind, wird empfohlen, diese mittels *Cloning* auf die jeweiligen Ordnerziele zu verteilen. Erfahrungsgemäß ist jedoch schon bei Dateien, die erheblich kleiner als 250 GB sind, die Verwendung von DFS-R nicht mehr zu empfehlen. Dies liegt vor allem an den jeweiligen Änderungsraten der Dateien sowie an deren Replikationszeit.

Mit DFS-R lässt sich außerdem die Notwendigkeit von Backups einzelner Dateiserver reduzieren: Die Inhalte der jeweiligen Dateiserver werden mit DFS-R an einen zentralen Punkt repliziert und dort lokal gesichert. Dies reduziert vor allem die Abhängigkeit des Backups von einer entsprechenden WAN-Anbindung aufgrund der kontinuierlichen Replikation der sich verändernden Daten. Beachten Sie jedoch, dass diese Form der Replikation nur zwischen Windows-Servern möglich ist. In Abbildung 9.33 sehen Sie eine schematische Darstellung einer solchen Implementierung.

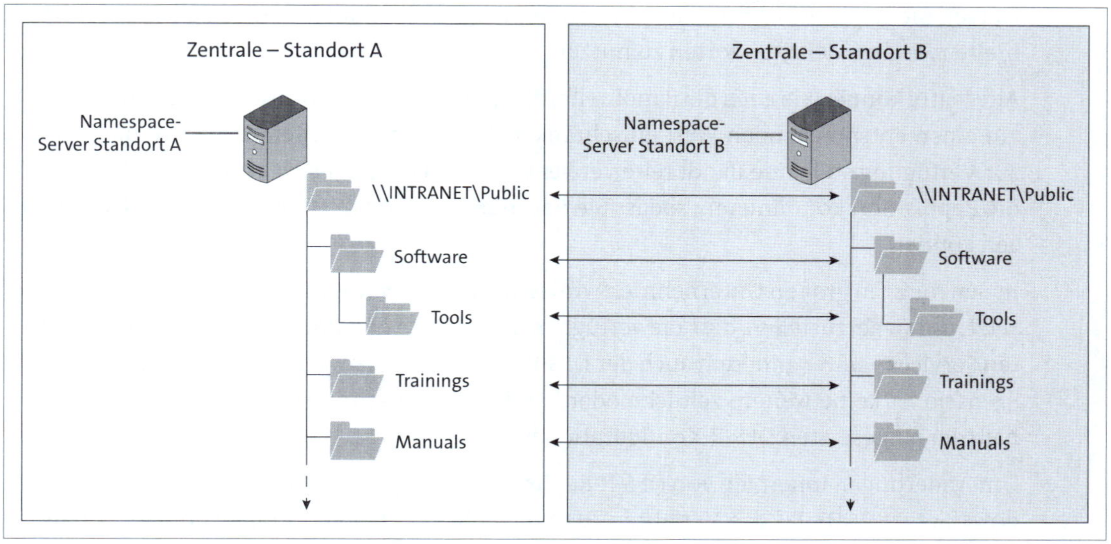

Abbildung 9.33 Standortübergreifende Bereitstellung von DFS-N-Inhalten mittels DFS-R

Wenn Sie DFS-R über verschiedene Netzwerksegmente hinweg verwenden wollen, müssen Sie die notwendigen Netzprotokolle beachten (siehe Tabelle 9.8).

Anwendungsprotokoll	Protokoll	Zielserver	Ports
DNS	UDP	DNS-Server	53
Kerberos	TCP/UDP	Domänencontroller	88
RPC	TCP	Domänencontroller, DFS-R-Dateiserver	135
LDAP	TCP/UDP	Domänencontroller	389
LDAPS	TCP/UDP	Domänencontroller	636
SMB	TCP	DFS-R-Dateiserver	445
TCP High Ports	TCP	Domänencontroller, DFS-R-Dateiserver	49152–65535

Tabelle 9.8 Auflistung der notwendigen DFS-R-Netzwerkports

Optimierungen

Wenn Sie DFS-R über WAN-Strecken hinweg betreiben wollen, sollten Sie über Optimierungen nachdenken. Die zu replizierenden Daten und die zur Verfügung stehende Bandbreite sind dabei wichtige Faktoren.

Nutzen Sie Replikationszeitpläne, um außerhalb der Geschäftszeiten möglichst viel Bandbreite zwischen den Standorten zu nutzen.

Alternativ können Sie auch die Bandbreite, die für die DFS-R-Replikation genutzt werden soll, auf einen entsprechenden Wert einschränken. So stellen Sie sicher, dass nicht die gesamte zur Verfügung stehende Bandbreite verwendet wird. Dies lässt sich auch mit Zeitplänen für die Replikation kombinieren, sodass Sie besonders lastarme Zeiten für die Replikation nutzen können.

In den meisten großen Unternehmen wird jedoch auf QoS-Konfigurationen im Netzwerk gesetzt, um sicherzustellen, dass die verfügbare Bandbreite dynamisch auf Basis der verwendeten Services – unter anderem auch der DFS-R-Replikation – aufgeteilt wird. In einem solchen Szenario ist keine weitere zeitliche oder bandbreiteneinschränkende Konfiguration innerhalb der eingesetzten DFS-R-Konfiguration notwendig.

Um Änderungen innerhalb von DFS-R-Replikationsgruppen zu übertragen, kommt seit Windows Server 2003 R2 das Verfahren RDC *(Remote Differential Compression)* zum Einsatz. Durch dieses Verfahren muss, im Rahmen der Replikation von Änderungen über DFS-R, nicht mehr das vollständige Dokument übermittelt werden. Mit RDC werden lediglich geänderte Datenblöcke, sogenannte *Deltas*, übertragen, nicht mehr das gesamte Dokument.

Sie sollten RDC jedoch *nicht* verwenden, falls Sie DFS-R-Replikationsgruppen nutzen, in denen sich die Replikationspartner am selben Standort und im selben LAN befinden.

Beachten Sie bei der Dimensionierung der Volumes für die Replikation, dass ein sogenanntes *Staging-Verzeichnis* eingerichtet werden muss. Dieses Verzeichnis dient als Zwischenspeicher der einzuarbeitenden Replikate und wird mit einem Kontingent von 4096 MB automatisch angelegt.

Die initiale Replikation hängt von den Daten ab, die Sie replizieren wollen. Dementsprechend sollten Sie die Größe des Staging-Verzeichnisses anpassen. Dies ist vor allem dann notwendig, wenn Sie größere Dateien replizieren wollen, um eine unterbrechungsfreie Replikation zu gewährleisten.

Zusätzlich zum Staging-Verzeichnis wird noch der *Konflikt- und Löschordner* erstellt, in dem Daten und Ordner zwischengespeichert werden, bei denen es während der Replikation zu Konflikten gekommen ist. Dieses Verzeichnis wird ebenfalls mit 4096 MB angelegt. In der Konfiguration dieses Verzeichnisses können Sie außerdem auch gelöschte Dateien zwischenspeichern: Aktivieren Sie hierfür die Option GELÖSCHTE DATEIEN IN KONFLIKT- UND LÖSCHORDNER VERSCHIEBEN. Achten Sie dabei auf das zusätzliche Datenwachstum auf dem angegebenen Volume. Diese beiden Staging-Bereiche können Sie in der DFS-VERWALTUNG wie in Abbildung 9.34 dargestellt konfigurieren.

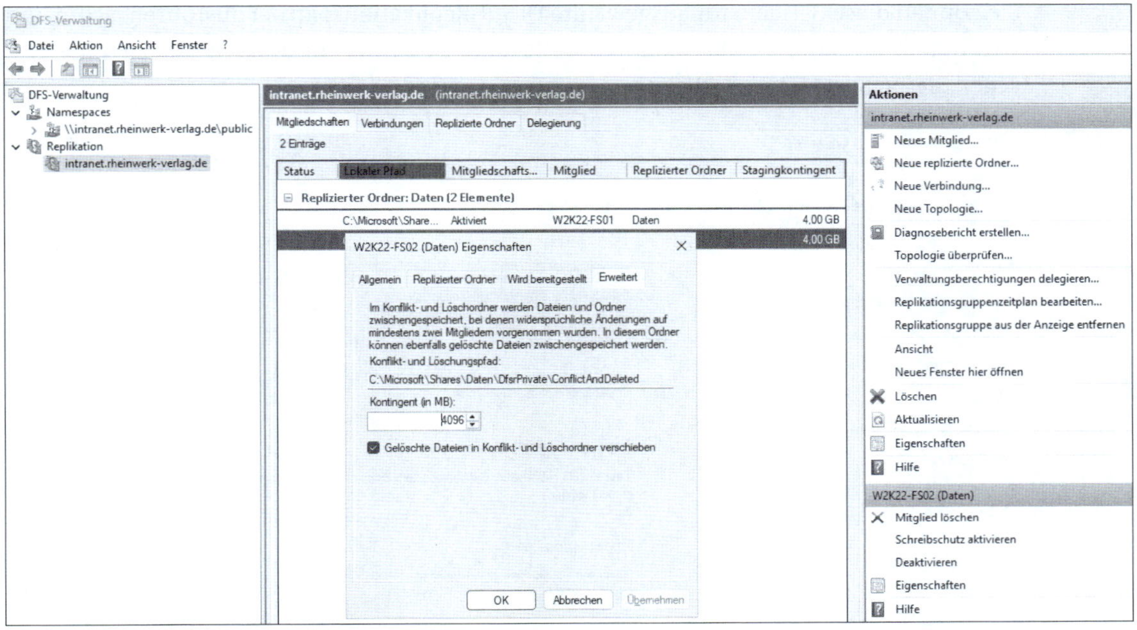

Abbildung 9.34 Konfiguration des Kontingents für den DFS-R-»Konflikt- und Löschordner«

Management

Das Management der DFS-R-Replikation kann über das DFS-Verwaltungstool erfolgen. Weitere Möglichkeiten, auch für die Automatisierung komplexerer Lösungen, bietet die PowerShell, die seit Windows Server 2012 um immer mehr PowerShell-Cmdlets ergänzt wurde.

Eine Liste der verfügbaren Cmdlets finden Sie unter:

https://docs.microsoft.com/en-us/powershell/module/dfsr/?view=win10-ps

Wenn die implementierte DFS-R-Infrastruktur immer komplexer wird, bieten die integrierten Diagnoseberichte eine gute Möglichkeit, um sich einen Überblick über den Zustand der Umgebung zu verschaffen. Sie haben hierbei die Auswahl aus drei verschiedenen Optionen (siehe Abbildung 9.35):

- INTEGRITÄTSBERICHT – erstellt einen Bericht über die Integrität und Effizienz der Replikation.
- PROPAGIERUNGSTEST – erzeugt eine Datei, die in einem zu replizierenden Ordner erstellt wird, um den Status der Replikation zu ermitteln.
- PROPAGIERUNGSBERICHT – erstellt einen Bericht, der auf einem durchgeführten Propagierungstest basiert.

Sie können diese Berichte für ausgewählte DFS-R-Replikationspartner ausführen lassen, um wichtige Informationen über den Health-Zustand in der Kommunikationsbeziehung zwischen diesen Systemen zu erhalten.

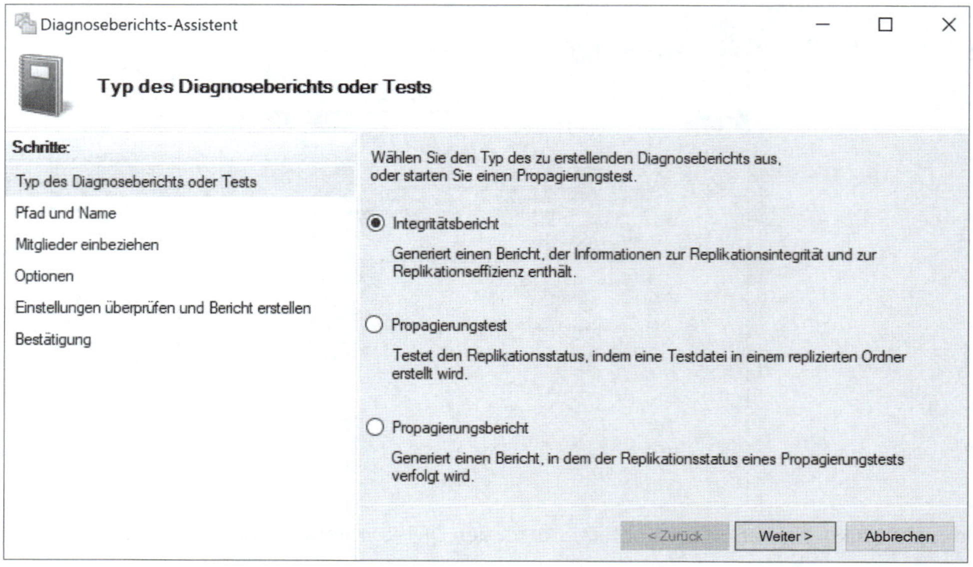
Diagnoseberichts-Assistent
Typ des Diagnoseberichts oder Tests
Schritte:
Typ des Diagnoseberichts oder Tests
Pfad und Name
Mitglieder einbeziehen
Optionen
Einstellungen überprüfen und Bericht erstellen
Bestätigung
Wählen Sie den Typ des zu erstellenden Diagnoseberichts aus, oder starten Sie einen Propagierungstest.
Integritätsbericht
Generiert einen Bericht, der Informationen zur Replikationsintegrität und zur Replikationseffizienz enthält.
Propagierungstest
Testet den Replikationsstatus, indem eine Testdatei in einem replizierten Ordner erstellt wird.
Propagierungsbericht
Generiert einen Bericht, in dem der Replikationsstatus eines Propagierungstests verfolgt wird.
< Zurück
Weiter >
Abbrechen

Abbildung 9.35 Der DFS-R-Diagnoseberichts-Assistent

Es ist außerdem sehr hilfreich, wenn Sie diese Berichte täglich automatisiert erstellen lassen. So können Sie Entwicklungstendenzen erkennen, die es Ihnen ermöglichen, die Funktionsfähigkeit Ihrer Umgebung sicherzustellen. Hierzu nutzen Sie wahlweise den Kommandozeilenbefehl `dfsradmin` oder erstellen die Berichte per PowerShell mit `Write-Dfsr-Health-Report`.

9.4 Hochverfügbarkeit (HA-Anforderungen)

Die *Hochverfügbarkeit* der Dateiservices richtet sich wie deren Einsatz nach den Anforderungen der Gesamtlösung. So können *generische* Dateiservices, die Dateien, Home-Verzeichnisse und Ordnerweiterleitungen anbieten, gut mithilfe von DFS-R und DFS-N hochverfügbar bereitgestellt werden. Außerdem können Sie die Hochverfügbarkeit auch auf Basis des Failover-Clusters einrichten, wie es bereits seit Windows Server 2008 R2 möglich ist. Dies wird allerdings nicht für den Einsatz von Hyper-V-Dateien empfohlen, denn in diesem Fall werden die Dateidienste optimalerweise über SoFS (*Scale-Out File Server*) hochverfügbar bereitgestellt.

9.4.1 Dateiserver für den allgemeinen Gebrauch

Wie wir bereits eingangs erwähnt haben, hat sich an dem Dateiserver für den allgemeinen Gebrauch seit Windows Server 2008 R2 grundsätzlich nichts verändert. Bei dieser Bereitstellung der Dateiservices als geclusterte Ressource werden alle über den Cluster veröffentlichten Freigaben über nur einen Clusterknoten aktiv den Clients repräsentiert. Hierbei spricht man von einem *Aktiv-passiv-Konstrukt*.

Dies stellt das empfohlene Szenario für Dateiserver dar, auf denen generisch ständig Dateien geöffnet und geschlossen werden:

- Das Szenario wird empfohlen für den Einsatz von Dateifreigaben und für das Bereitstellen von Applikationen mit Dateien, die häufig geöffnet und geschlossen werden.
- Es verwendet Harddisks, die mit *Cluster Shared Nothing* bereitgestellt werden.
- Alle Verbindungen werden über einen Clusterkonten verwaltet.
- Der Dateiserver verfügt über eine dedizierte IP-Zuweisung.
- Es kann verwendet werden, um Clients mit SMB 3.0 oder höher eine ständige Verfügbarkeit *(Continuous Availability)* anzubieten.

9.4.2 Scale-Out-Dateiserver

Der SoFS *(Scale-Out File Server)* wurde mit Windows Server 2012 eingeführt und ist für die Bereitstellung von Dateifreigaben für serverbasierende Anwendungen optimiert. Insbesondere beim Einsatz von Hyper-V wird SoFS für die Speicherbereitstellung empfohlen – vor allem, weil diese Lösung gerade hierbei ihre große Leistungsfähigkeit ausspielen kann.

Die Dateifreigaben werden beim SoFS auf allen Clusterknoten zur selben Zeit gehalten, womit diese Lösung aktiv-aktiv zur Verfügung steht und unter Verwendung von server- und clientseitiger SMBv3-Kommunikation den transparaten Failover ermöglicht (siehe Abbildung 9.36), falls die Verbindung geplant oder nicht geplant ausfällt. Hierbei ist zudem eine stärkere Verteilung der Clientverbindungen möglich, was auch für die Performance von Serveranwendungen wie Hyper-V ideal ist. Daher ist SoFS für Hyper-V auch die empfohlene Dateiserver-Lösung:

- SoFS wird empfohlen für den Einsatz von Serveranwendungen, wie z. B. Hyper-V, bei denen Dateien über einen längeren Zeitraum geöffnet sind.
- SoFS verwendet *Cluster Shared Volumes*.
- Clientverbindungen werden für einen besseren Durchsatz auf mehrere Clusterknoten verteilt.
- Der Dateiserver verfügt über keine dedizierte IP-Zuweisung.
- SoFS bietet ständige Verfügbarkeit.
- Es ermöglicht das Ausführen von `CHKDSK` ohne Serviceunterbrechung sowie viele Verbesserungen mit Windows Server 2012 zur Beschleunigung der Reparaturzeiten und Verwendung auf CSVs ohne Offline-Phase.
- Es erhöht die Lesegeschwindigkeit von CSVs durch die Einführung des CSV-Caches mit Windows Server 2012.

- Es gestattet die automatische Verteilung der SoFS-Clients. Mit Windows Server 2012 R2 wurde die automatische Verteilung der SMB-Verbindungen pro Dateifreigabe möglich. Hierbei werden Clients auf den Clusterknoten weitergeleitet, der den besten Zugriff auf das jeweilige Ziel-Volume zur Verfügung stellt.

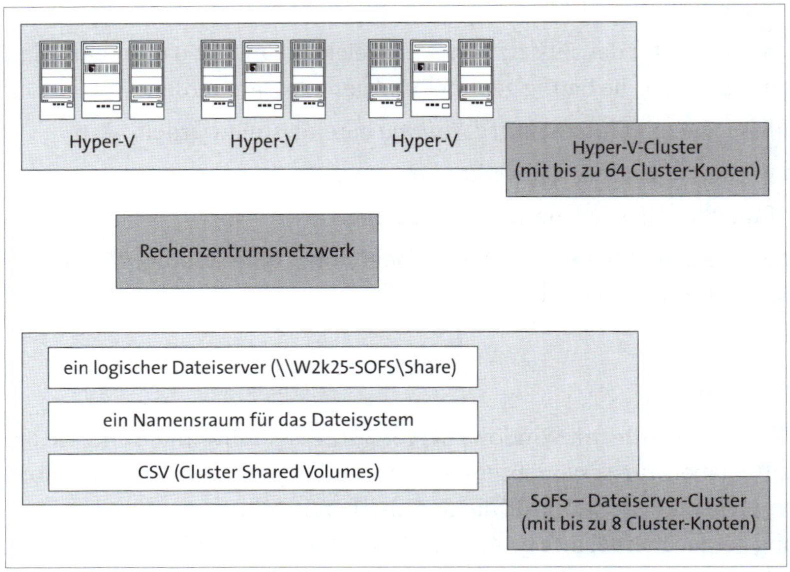

Abbildung 9.36 SoFS im schematischen Überblick

9.5 Server Storage Migration Service

Bisher mussten Dateidienste aufwendig mittels komplexer Konzepte migriert werden. Diesem Problem begegnet Microsoft mit dem *Server Storage Migration Service*, mit dem Sie Migrationen von SMB-Dateifreigaben auf andere Dateiserver durchführen können.

Der Server Storage Migration Service ist dabei sehr flexibel und kann SMB-Dateifreigaben von verschiedenen Betriebssytemversionen als Quellsystem verwenden, um diese unter Beibehaltung sämtlicher Berechtigungen auf die jeweiligen Zielsysteme zu migrieren. Die Quellsysteme reichen von Windows Server 2003 bis zu Windows Server 2025. Auch fremde NAS-Systeme werden unterstützt. Als Zielsysteme können nicht nur aktuelle Windows Server 2025, sondern auch *Azure File Sync, Azure Files* und in Azure gehostete *IaaS*-Systeme *(Infrastructure as a Service)* verwendet werden. Abbildung 9.37 zeigt dies schematisch.

Die Verwaltung der Übernahme der Daten vom Quell- zum Zielsystem erfolgt wahlweise per *Windows Admin Center* oder mit dem PowerShell-Modul.

Die Installation des Server Storage Migration Service sowie der Proxy-Funktion dieses Service erfolgt als Server-Feature über z. B. den Server-Manager. Die Proxy-Komponente kann in mehreren Instanzen im Unternehmensnetzwerk verteilt werden und wird durch die zentrale

Installation des Server Storage Migration Service orchestriert und gesteuert. Das Windows Admin Center ist hierbei der zentrale Anlaufpunkt, um die Inventur der Quellsysteme durchzuführen, die zu übernehmenden Daten festzulegen und um die entsprechenden Namensräume zu übernehmen.

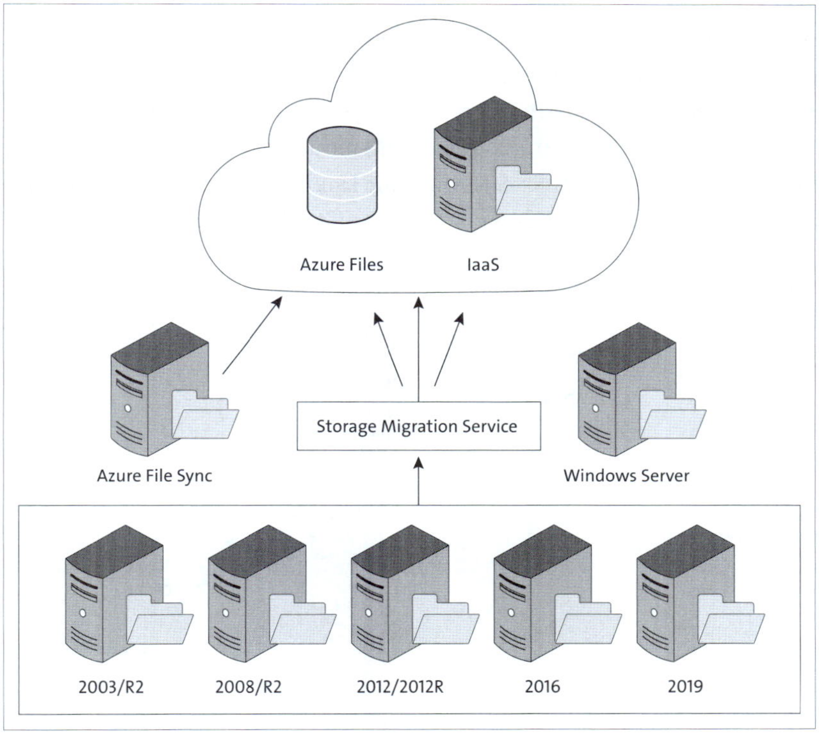

Abbildung 9.37 Übersicht des Aufbaus des »Server Storage Migration Service«

Im Rahmen der Migration der Dateifreigaben werden sämtliche Berechtigungen, Datei-Attribute, die erweiterte Konfiguration der Freigabe sowie lokal vorhandene Benutzer und Gruppen mit übernommen, die sich auf dem Quelldateiserver befinden. Hierbei werden auch Daten migriert, auf die gerade zugegriffen wird. Voraussetzung hierfür ist die Verwendung eines Microsoft Windows-Dateiservers. Bei der Nutzung von Nicht-Windows-Dateiserverprodukten ist mit Einschränkungen bei der Migration zu rechnen.

Genauere Anweisungen, wie Sie die Migration von SMB-Dateifreigaben einrichten, finden Sie in Kapitel 12.

9.6 Azure Files

Zusätzlich zu den bereits aufgezeigten Funktionen der Dateidienste von Windows Server 2019 möchten wir Ihnen an dieser Stelle einen Ausblick auf *Azure Files* bieten. Mit Azure Files bietet Microsoft seinen Kunden eine weitere Möglichkeit, die bisher on-premises bereitgestellten Dateidienste in die Azure-Cloud zu verlagern bzw. hybrid bereitzustellen.

9.6.1 Einsatzgebiete für Azure Files

Azure Files stellt eine verwaltete Infrastruktur zur Dateifreigabe in der Azure-Cloud bereit, die den Clients den Zugriff über die Dateisystemprotokolle SMB (*Server Message Block*, siehe auch Abschnitt 9.1.4) und NFS *(Network File System)* ermöglicht. Hierbei werden gleichermaßen Windows-, Linux- und macOS-Clients unterstützt. Außerdem reduziert das Zwischenspeichern von Azure-Files-Freigaben auf Windows Server-Systemen die Latenzen in Ihrem Netzwerk und sorgt so für einen schnelleren und zuverlässigeren Datenzugriff (siehe Abbildung 9.38).

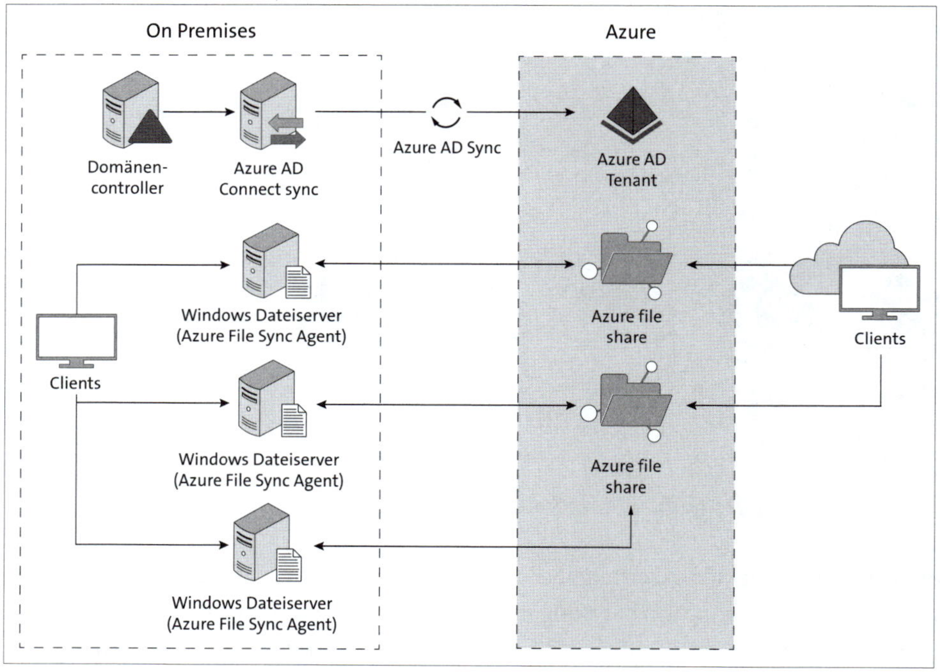

Abbildung 9.38 Infrastruktur für »Azure Files«-Freigaben

Und schließlich vereinfacht die Bereitstellung von Dateifreigaben mit Azure Files Cloud-Anwendungsentwicklungsprozesse, da die Dateifreigabe so »näher« an die jeweilige Anwendung gebracht wird und die etablierten Cloud-APIs den Zugriff vereinfachen.

Über Azure Files können Sie Dateifreigaben für das Betreiben von Containern erzeugen, die von den Containern als persistente Volumes, also nichtflüchtige Datenspeicher, genutzt werden, um Datenbanken, Schlüsselspeicherwerte, Konfigurations-, Roh- sowie Anwendungsdaten auch nach einem Neustart des jeweiligen Containers oder dessen Host erhalten zu können.

9.6.2 Azure-Dateifreigabeprotokolle

Wie bereits erwähnt, werden aktuell zwei Freigabeprotokolle von Azure Files zum Einbinden erstellter Freigaben unterstützt: SMB *(Server Message Block)* und NFS *(Network File System)*. Weitere Protokolle werden aktuell nicht unterstützt. Welches Dateifreigabeprotokoll Sie für Ihr Anwendungsszenario verwenden sollten, richtet sich nach dem Anwendungszweck, den zugreifenden Clientsystemen, den Authentifizierungsverfahren, den Funktionen des Dateifreigabeprotokolls (siehe hierzu auch Tabelle 9.11 weiter unten) sowie nach den benötigten Azure-Tarifen und den notwendigen Redundanzen. Im Folgenden möchten wir Ihnen daher beide Dateifreigabeprotokolle genauer vorstellen.

Das SMB-Dateifreigabeprotokoll

Das SMB-Protokoll ist aktuell das einzige Protokoll, das von Microsoft voll unterstützt wird. Es ist somit in allen Regionen und mit allen gelisteten Funktionen verfügbar. Achten Sie dabei jedoch darauf, dass Azure Files nur die SMB-Protokolle 2.1 sowie 3.0 anbietet. Weitere Informationen zum SMB-Protokoll finden Sie in Abschnitt 9.1.4.

Funktionsumfang

Dateifreigaben in Azure Files, die mithilfe des SMB-Protokolls bereitgestellt werden, bieten aktuell die folgenden Kernfunktionen:

- Mit der **Azure-Dateisynchronisierung** können Sie Dateifreigaben in Azure Files mit einem On-Premises-Dateiserver synchronisieren. So erreichen Sie bei intensiven Zugriffen an einem Standort eine Verbesserung der Latenz und sparen Bandbreitenkapazitäten ein.
- Eine **identitätsbasierte Authentifizierung** wird über die *Azure Active Directory Domain*-Dienste, das *Azure Active Directory*, *Azure RBAC* sowie über ein On-Premises-Active Directory angeboten. Hierbei müssen Sie jedoch ein paar Einschränkungen beachten, z. B. die fehlende Unterstützung von Computerkonten.
- Mit der **Azure Backup-Unterstützung** haben Sie eine sichere und unkomplizierte Methode zum Sichern Ihrer Azure Files-Dateifreigaben in der Cloud. Wenn Sie die zentrale Azure-Backup-Verwaltung nutzen, können Sie somit Azure Files zusammen mit anderen Endpunkten verwalten, konfigurieren und gegebenenfalls auch automatisieren.
- Über **Momentaufnahmen** erstellen Sie ein Abbild des aktuellen Zustands der Azure Files-Dateifreigabe. Mit diesem Verfahren können bis zu 200 Momentaufnahmen je Dateifreigabe erstellt werden. Dies können Sie mit *Azure Backup* kombinieren, um längere Aufbewahrungszeiträume zu realisieren.
- **Vorläufiges Löschen** schützt Sie davor, dass Azure Files-Dateifreigaben versehentlich gelöscht werden. Hierbei werden gelöschte Dateifreigaben nicht physisch gelöscht, sondern mithilfe eines Flags nur logisch gelöscht. Auf diese Weise können Sie das Löschen so geschützter Dateifreigaben für den voreingestellten Vorhaltezeitraum jederzeit rückgängig

machen. Sie gewinnen dabei auch die in den Dateifreigaben gespeicherten Daten zurück. Diese Funktion steht ausschließlich auf Ebene der Dateifreigabe zur Verfügung und kann somit nicht für einzelne Dateien verwendet werden.

- Die Dateien werden sowohl während der **Übertragung als auch auf den Datenträgern verschlüsselt gespeichert**.

  Die Voraussetzungen für den Zugriff über SMB sowie den Ablauf eines Zugriffs zeigt Ihnen Abbildung 9.39.

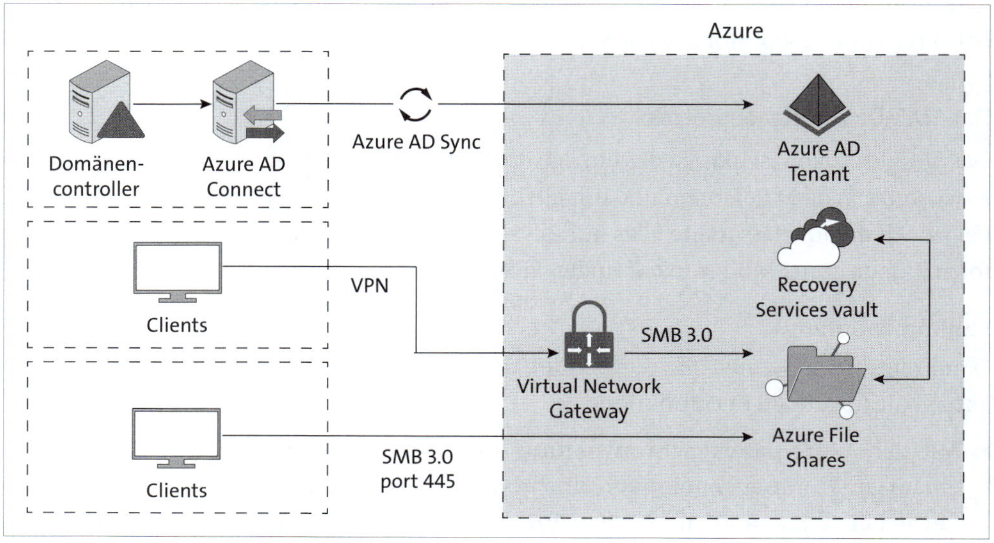

Abbildung 9.39 Zugriff auf »Azure Files«-Freigaben mit dem Dateifreigabeprotokoll SMB

Einsatzszenarien

Sie können Azure Files für viele verschiedene Anwendungsszenarien nutzen. In diesem Abschnitt geben wir Ihnen einen Überblick über die gängigsten Bereitstellungen.

Azure Files wird meistens dann verwendet, wenn man lokale Speicherkapazitäten wie Dateiserver und lokale NAS-Systeme *(Network Attached Storage)* vollständig ersetzen will oder wenn man sie punktuell ergänzen möchte, um die Speicherkapazität zu erweitern. Hierbei werden Dateifreigaben, die mit dem SMB-Protokoll bereitgestellt werden, über die Azure-Dateisynchronisation bidirektional zwischen Windows-Servern und der Azure-Cloud repliziert. Dies ist vor allem bei starker On-Premises-Nutzung der Daten nützlich, um die Latenz beim Zugriff zu verbessern. Dazu wird der direkte Zugriff für die gängigsten Clientbetriebssysteme unterstützt, wie in Tabelle 9.11 aufgeführt.

Für die Authentifizierung des Zugriffs auf Azure Files können sowohl Azure-Sicherheitsgruppen als auch Sicherheitsgruppen aus einem On-Premises-Active Directory genutzt werden. Voraussetzung für das Verwenden von On-Premises-Identitäten ist, dass Sie vorher die Identitäten mit dem Azure Active Directory synchronisieren, das Sie für die Bereitstellung der

Azure Files verwenden. Weitergehende Informationen zur Synchronisation des On-Premises-Active Directorys mit einem Azure Active Directory finden Sie in Kapitel 20.

Neben diesem sehr klassischen Anwendungszweck sollten Sie Azure Files auch in Betracht ziehen, wenn Sie bereits Cloud-Anwendungen entwickeln. So können Sie die gemeinsame Nutzung zur Ablage von anwendungsbezogenen Dateien wie Konfigurations- und Diagnosedateien durch unterschiedliche Anwendungsinstanzen organisieren. Der Zugriff der Anwendungen erfolgt hierbei mithilfe der Datei-REST-API. Die geringere Latenz innerhalb der Azure-Cloud stellt hier einen entscheidenden Vorteil dar. Den Zugriff für Ihre Entwicklerteams oder Supportmitarbeiter stellen Sie mit einer lokal replizierten SMB-Freigabe bereit, sodass diese wie gewohnt mit lokalen Entwicklungs- und Analysewerkzeugen arbeiten können.

Voraussetzungen für das Einbinden von SMB-Dateifreigaben

Sie können Azure Files-Dateifreigaben außerhalb einer Azure-Region, in Ihrem eigenen Rechenzentrum oder sogar von einem mobilen Endgerät aus nutzen. Dies setzt jedoch die Verwendung des SMB-Protokolls in der Version 3.0 voraus. Die jeweils unterstützten Windows-Versionen finden Sie in Tabelle 9.9. In Tabelle 9.10 geht es um verschiedene Linux-Distributionen.

Windows-Betriebssystem	SMB-Version	Einbindung in Azure-VM	Lokale Einbindung
Windows Server 2025	SMB 3.1.1	Ja	Ja
Windows Server 2022	SMB 3.1.1	Ja	Ja
Windows Server 2019	SMB 3.1.1	Ja	Ja
Windows 11	SMB 3.1.1	Ja	Ja
Windows 10 ab Build 1507	SMB 3.1.1	Ja	Ja
Halbjährlicher Windows Server-Kanal ab Build 1809	SMB 3.0	Ja	Ja
Windows Server 2016	SMB 3.1.1	Ja	Ja
Windows 8.1	SMB 3.0	Ja	Ja
Windows Server 2012 R2	SMB 3.0	Ja	Ja
Windows Server 2012	SMB 3.0	Ja	Ja
Windows 7	SMB 2.1	Ja	Nein
Windows Server 2008 R2	SMB 2.1	Ja	Nein

Tabelle 9.9 In diesen Windows-Betriebssystemen können Sie »Azure File«-SMB-Dateifreigaben einbinden.

Linux-Distribution	SMB 3.0 (Einbindungen auf VMs innerhalb derselben Azure-Region)	SMB 3.1.1 (Einbindungen aus einer lokalen Region und regionsübergreifend)
Ubuntu	16.04.4 oder höher	18.04.5 oder höher
Red Hat Enterprise	7.5 oder höher	8.0 oder höher
Debian	10 oder höher	10 oder höher
openSUSE	13.2 oder höher	42.3 oder höher
SUSE Linux Enterprise Server	12 SP2 oder höher	15 SP2 oder höher

Tabelle 9.10 In diesen Linux-Betriebssystemen können Sie »Azure File«-SMB-Dateifreigaben einbinden.

Das Einbinden von Azure Files-Dateifreigaben stellt nicht nur Anforderungen an das Betriebssystem, wie oben beschrieben, sondern auch beim Netzwerk müssen gewisse Voraussetzungen erfüllt sein. Für die Verwendung des SMB-Protokolls wird der TCP-Port 445 benötigt, der in den meisten Fällen durch Firewalls gesperrt ist, sodass Sie über diesen Port nicht auf das Internet zugreifen können. Nutzen Sie das PowerShell-Cmdlet `Test-NetConnection`, um zu überprüfen, ob der Port bereits frei verwendbar ist oder noch blockiert wird. Alternativ zum Freischalten des TCP-Ports 445 können Sie eine Azure-Dateisynchronisation bereitstellen, die über den TCP-Port 443 die Synchronisation in eine lokale Replik durchführt. Somit ist der Zugriff über das lokale Netzwerk sichergestellt. Eine weitere Alternative stellt eine Azure-VPN-Lösung dar, mit deren Hilfe die in Azure bereitgestellte Dateifreigabe über einen gesicherten Tunnel angebunden werden kann. Abbildung 9.39 gibt Ihnen einen Überblick.

Azure Files-Dateifreigaben funktionieren wie eine On-Premises-Bereitstellung von Dateifreigaben mit der Zuordnung eines Laufwerksbuchstabens oder Bereitstellungspunkts bzw. UNC-Pfades. Sie können die Konfigurationsseite der jeweiligen Azure Files-Dateifreigabe im Azure-Portal nutzen (siehe Abbildung 9.40), um eine Verbindung mit der Dateifreigabe herzustellen. Es werden hier Betriebssysteme von Microsoft wie auch macOS und Linux (siehe Tabelle 9.10) unterstützt, und es werden auch gleich Abhängigkeiten für die Nutzung der Dateifreigaben aufgelöst. Um die Verbindung herstellen zu können, müssen Sie lediglich den im Portal bereitgestellten Konsolenbefehl kopieren und in der Konsole des Zielbetriebssystems ausführen.

Das Beispiel in Abbildung 9.40 zeigt die Verbindung mittels SPEICHERKONTOSCHLÜSSEL.

Durch die Verwendung des Speicherkontoschlüssels erhalten Sie administrativen Zugriff auf die Azure Files-Dateifreigabe und somit vollen Zugriff auf alle Inhalte. Dies ist für die Bereitstellung im Unternehmensumfeld nicht geeignet, da Sie hier nicht jedem Benutzer vollen Zugriff gewähren wollen. In diesem Fall sollten Sie die identitätsbasierte Authentifizierung verwenden, die Sie jedoch im Vorfeld erst für die Dateifreigabe registrieren müssen. Alternativ können Sie auch die Azure Files-Dateisynchronisation verwenden.

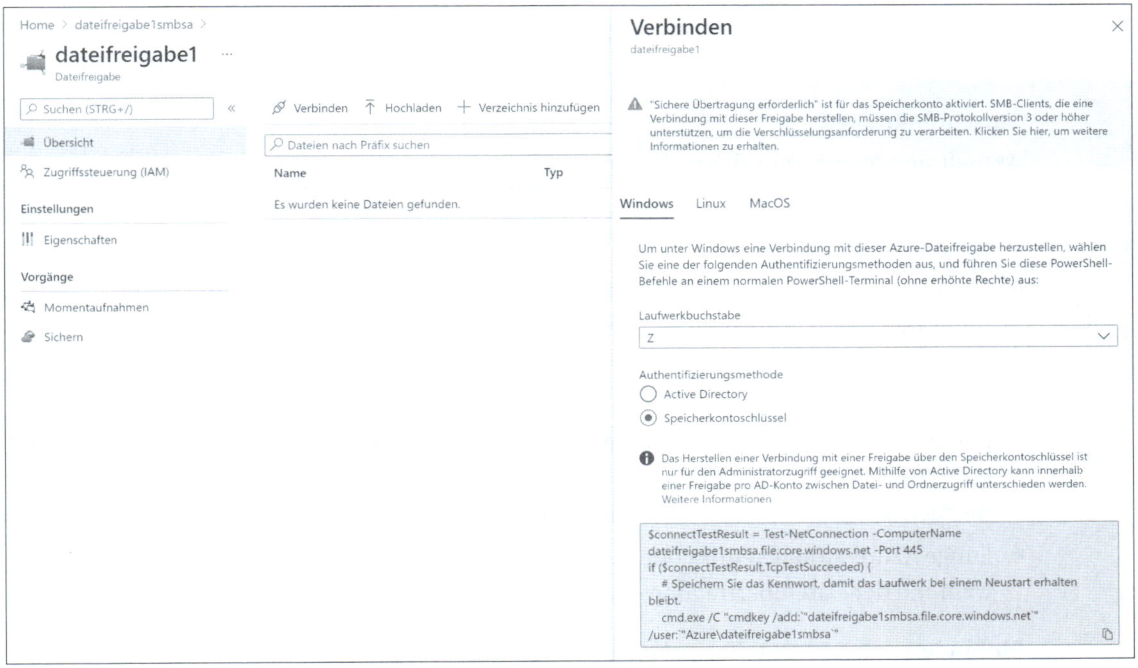
Home > dateifreigabe1smbsa >
dateifreigabe1
Dateifreigabe
Suchen (STRG+/)
Übersicht
Zugriffssteuerung (IAM)
Einstellungen
Eigenschaften
Vorgänge
Momentaufnahmen
Sichern
Verbinden
Hochladen
Verzeichnis hinzufügen
Dateien nach Präfix suchen
Name
Typ
Es wurden keine Dateien gefunden.
Verbinden
dateifreigabe1
"Sichere Übertragung erforderlich" ist für das Speicherkonto aktiviert. SMB-Clients, die eine Verbindung mit dieser Freigabe herstellen, müssen die SMB-Protokollversion 3 oder höher unterstützen, um die Verschlüsselungsanforderung zu verarbeiten. Klicken Sie hier, um weitere Informationen zu erhalten.
Windows
Linux
MacOS
Um unter Windows eine Verbindung mit dieser Azure-Dateifreigabe herzustellen, wählen Sie eine der folgenden Authentifizierungsmethoden aus, und führen Sie diese PowerShell-Befehle an einem normalen PowerShell-Terminal (ohne erhöhte Rechte) aus:
Laufwerkbuchstabe
Z
Authentifizierungsmethode
Active Directory
Speicherkontoschlüssel
Das Herstellen einer Verbindung mit einer Freigabe über den Speicherkontoschlüssel ist nur für den Administratorzugriff geeignet. Mithilfe von Active Directory kann innerhalb einer Freigabe pro AD-Konto zwischen Datei- und Ordnerzugriff unterschieden werden.
Weitere Informationen
$connectTestResult = Test-NetConnection -ComputerName dateifreigabe1smbsa.file.core.windows.net -Port 445
if ($connectTestResult.TcpTestSucceeded) {
# Speichern Sie das Kennwort, damit das Laufwerk bei einem Neustart erhalten bleibt.
cmd.exe /C "cmdkey /add:`"dateifreigabe1smbsa.file.core.windows.net`" /user:`"Azure\dateifreigabe1smbsa`"

Abbildung 9.40 Verbinden der Dateifreigabe im Azure-Portal

Wenn Sie die Azure-SMB-Dateifreigaben eingebunden haben, können Sie über den Windows Explorer auf die Momentaufnahmen der Dateifreigabe zugreifen und einzelne Dateien wiederherstellen, falls ein Wiederherstellungsplan ausgelöst werden muss.

Eine Liste der vorherigen Versionen erhalten Sie über die Auswahl der jeweiligen Dateieigenschaften oder ihres übergeordneten Dateisystemobjekts. Der Zugriff erfolgt genauso, wie wir es in Abschnitt 9.1.3, »Schattenkopien«, beschrieben haben. Schauen Sie sich Abbildung 9.13 dazu an.

Das NFS-Dateifreigabeprotokoll

Dateifreigaben können alternativ zum SMB-Protokoll auch mit dem Protokoll *NFS 4.1* eingebunden werden. Das erlaubt eine bessere Integration von Linux/Unix-Systemen.

Die NFS-Implementierung von Azure Files ist vollständig POSIX-kompatibel und entspricht damit dem Standard kommerzieller und nichtkommerzieller Linux/Unix-Betriebssysteme. Sie ist auf eine möglichst hohe Skalierbarkeit ausgelegt und ist aktuell bereits in der Lage, sowohl Ihren Speicherbedarf als auch die Belastung durch die Anzahl der Anbindungen an die

Freigabe zu skalieren. So können Sie aktuell Tausende Instanzen gleichzeitig an dieselbe Freigabe anbinden und auf sie zugreifen lassen.

Einsatzszenarien

NFS kommt selbstverständlich dann zum Einsatz, wenn Sie Anwendungen betreiben, die POSIX-kompatible Freigaben benötigen und somit von Dateisystemen ausgehen, die groß- und kleinschreibungssensitiv sind und das POSIX-Berechtigungsformat nutzen.

Einschränkungen

Aktuell sind folgende funktionelle Einschränkungen bekannt:

- Um Azure-Dateifreigaben mit NFS bereitzustellen, benötigen Sie einen Storage-Account, der im Premium-Tarif bereitgestellt wird.
- Einige der spezifischen Funktionen des NFS-Protokolls – wie Delegierungen, Rückrufe, Up- und Downgrades von Sperren, Kerberos-Authentifizierung und die verschlüsselte Übertragung der Daten zwischen Azure und einen anderen Endpunkt – werden ebenfalls nicht unterstützt.
- Für die Vergabe von Berechtigungen werden aktuell nur numerische UIDs (User-IDs) und GIDs (Group-IDs) zur Verfügung gestellt, um die clientseitige Verwendung von alphanumerischen UIDs und GIDs zu verhindern.
- Einige Azure-Storage-Funktionen – wie Kerberos Authentication und die Verschlüsselung während der Dateiübertragung – werden aktuell noch nicht mit NFS unterstützt.

Einbinden von NFS-Dateifreigaben

Um eine Azure-Dateifreigabe mit NFS einbinden zu können, müssen Sie zuerst die *Sichere Übertragung* des Storage-Accounts deaktivieren.

Gehen Sie hierzu wie folgt vor: Melden Sie sich im Azure-Portal an, und öffnen Sie den Storage-Account, der die Dateifreigabe enthält.

Wählen Sie nun im Storage-Account den Unterpunkt KONFIGURATION. Hier finden Sie die Option SICHERE ÜBERTRAGUNG ERFORDERLICH. Diesen Punkt müssen Sie nun abwählen.

Nun können Sie die Dateifreigabe unter Linux/Unix einbinden. Dies können Sie wie folgt tun: Melden Sie sich im Azure-Portal an, und öffnen Sie den Storage-Account, der die Dateifreigabe enthält. Wählen Sie nun im Storage-Account den Unterpunkt DATEIFREIGABE und wählen Sie dort die NFS-Freigabe aus, die Sie verbinden wollen. In der Übersicht der NFS-Freigabe wählen Sie nun die Option VERBINDEN aus.

Im Kontextmenü, das sich nun öffnet, geben Sie den Mounting-Punkt Ihres Zielbetriebssystems an und erstellen so einen fertigen Shell-Befehl. Kopieren Sie diese Shell-Kommandos, und führen Sie sie in Ihrem Linux/Unix-Betriebssystem aus.

Nach dem Ausführen wird die NFS-Dateifreigabe in dem von Ihnen angegebenen Mounting Point eingebunden.

Dateifreigabeprotokoll – Zusammenfassung

Die Vorteile von Azure Files-Dateifreigaben bestehen in der Verwendung der Standardprotokolle SMB und NFS, was zu einer besseren Kompatibilität führt. So können Sie Azure-Dateifreigaben entweder als reine Cloud-Lösungen verwenden oder als hybride Lösungen einsetzen.

Ein weiterer großer Vorteil stellt die Unabhängigkeit von der zugrunde liegenden Hardware dar. So vermeiden Sie komplizierte Hardware-Beschaffungsprozesse und sind vollkommen flexibel, wenn Sie kurzfristig skalieren müssen. Auch müssen Sie sich keine Gedanken über Wartungen der Hardware oder Update-Zyklen machen.

Themen wie Hochverfügbarkeit (z. B. durch das Aufbauen von Clustern oder andere Lösungen) entfallen, da Azure-Dateifreigaben bereits als hochverfügbar konzipiert sind. Die genauen Redundanzen können Sie bei der Einrichtung des Storage-Accounts je nach Protokoll konfigurieren. Tabelle 9.11 gibt Ihnen eine Übersicht.

Über PowerShell-Cmdlets, das Azure-Portal, die Azure-CLI und weitere Tools wie den Storage Explorer sowie die Rest-API können Sie die Dateifreigaben flexibel und standardisiert verwalten und auf diese Weise automatisieren.

Komponente	NFS	SMB
Zugriffsprotokoll	NFS 4.1	SMB2.1, SMB 3.0, SMB3.1.1
Betriebssystem-Empfehlung	Linux, mit einer Kernelversion von 5.4 oder höher	Windows Server 2008 R2 oder höher sowie Linux mit einer Kernelversion von 4.4 oder höher
Aktuell verfügbare Azure-Tarife	Storage Premium	Storage Premium, Transaktionsoptimiert, Heiß, Kalt
Verfügbare Redundanzen	LRS (Lokal redundanter Speicher), ZRS (Zonenredundanter Speicher)	LRS (Lokal redundanter Speicher), ZRS (Zonenredundanter Speicher), GRS (Georedundanter Speicher)
Authentifizierung	Hostbasierte Authentifizierung	Identitätsbasierte Authentifizierung, benutzerbasierte Authentifizierung
Berechtigungen	Linux/UNIX-Format	NTFS-Format
Dateisystemsemantik	POSIX-kompatibel	Nicht POSIX-kompatibel
Groß- und Kleinschreibung	Groß-/Kleinschreibung beachten	keine Unterscheidung zwischen Groß- und Kleinbuchstaben

Tabelle 9.11 »Azure Files«-Dateifreigabeprotokolle im Vergleich

Komponente	NFS	SMB
Unterstützung statischer Links	Unterstützt	Nicht unterstützt
Unterstützung symbolischer Verknüpfungen	Unterstützt	Nicht unterstützt
Löschen oder Ändern im Zugriff befindlicher Dateien	Unterstützt	Nicht unterstützt
Sperren	Netzwerksperrungs- Manager im Bytebereich (Empfehlung)	Unterstützt
Sichere Auflistung öffentlicher IP-Adressen	Nicht unterstützt	Unterstützt
Protokoll-interoperabilität	Nicht unterstützt	FileREST

Tabelle 9.11 »Azure Files«-Dateifreigabeprotokolle im Vergleich (Forts.)

9.6.3 Kosten

Die anfallenden Kosten für Azure-Dateifreigaben richten sich nach den gewählten Optionen des Storage-Accounts sowie nach dem jeweils bereitgestellten Volumen der Freigaben und ausgeführten Transaktionen. Bei Transaktionen handelt es sich um sämtliche REST- und SMB-Aktionen, wie beispielsweise die Auflistungen von Verzeichnissen, sowie um das Lesen von Dateien.

Folgende Speicheroptionen werden unterschieden:

- **Premium**
  Dateifreigaben, die mit der Speicheroption *Premium* bereitgestellt werden, unterstützen sehr E/A-(Eingabe und Ausgabe-)intensive Anwendungen, bei denen hohe Datendurchsätze mit einer möglichst niedrigen Latenz notwendig sind. Dies entspricht dem, was Sie On-Premises als ein *AllFlash-System* kennen. Microsoft setzt jetzt bei diesem Angebot auf SSDs *(Solid State Drives)*.
- **Transaktionsoptimiert**
  Unter *Transaktionsoptimiert* versteht Microsoft die Unterstützung von Anwendungen, die zwar E/A-intensiv sind, jedoch nicht die niedrigen und konstanten Latenzen der Premium-Speicheroption benötigen.
- **Heiß**
  Die Speicheroption *Heiß* ist für das Bereitstellen von allgemeinen Dateifreigabeszenarien gedacht und sollte Ihre Wahl sein, wenn Sie »normale« Freigaben benötigen oder die Azure-Dateisynchronisation nutzen.

- **Kalt**
  Für das Bereitstellen von günstigem Speicher ist die Speicheroption *Kalt* geeignet. Diese Speicheroption ist als Online-Archiv gedacht, kann aber auch für die Azure-Dateisynchronisation verwendet werden. Im Falle der Dateisynchronisation sollten Sie sich jedoch auf Anwendungsszenarien beschränken, die über einen geringen Anteil an Änderungen benötigen.

Ein weiterer kostentreibender Faktor kann die ausgewählte Redundanz spielen. Aktuell stehen Ihnen die folgenden Redundanzen für Azure-Speicher zur Verfügung:

- **LRS (Lokal redundanter Speicher)**
  Mit LRS werden die Daten Ihres Storage-Accounts innerhalb eines Rechenzentrums der von Ihnen ausgewählten Region repliziert (siehe Abbildung 9.41). Die Zuverlässigkeit des Zugriffs auf Objekte gibt Microsoft mit 99,999999999 % an.

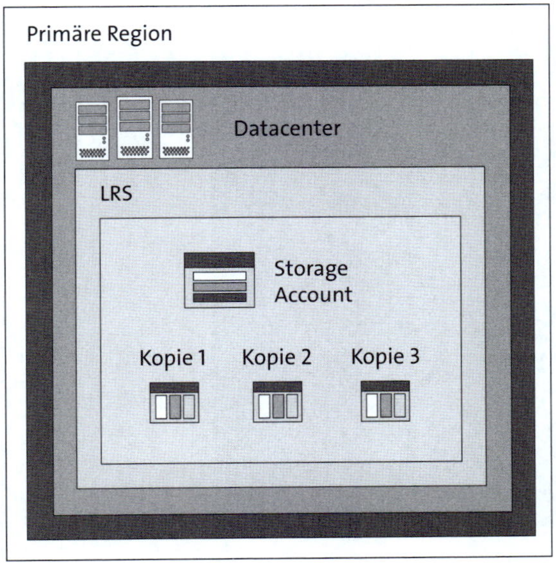

Abbildung 9.41 Architektur der LRS-Redundanz (Lokal redundanter Speicher)

  Diese Redundanz stellt die kostengünstigste Variante dar und schützt Ihre Daten vor Ausfällen des Server-Racks sowie von Laufwerken. Darüber hinaus schützt LRS jedoch nicht vor Katastrophenfällen (Feuer, Überschwemmungen, Anschlägen etc.) und kann somit bei einer Havarie des Rechenzentrums den Verlust sämtlicher Daten bedeuten.

  Sie sollten LRS daher nur für Daten verwenden, deren Verlust entweder unproblematisch ist oder die über Wiederherstellungskonzepte schnell zurückgespielt werden können.

- **ZRS (Zonenredundanter Speicher)**
  ZRS bietet die synchrone Replikation der Daten Ihres Storage-Accounts über drei Azure-Verfügbarkeitszonen in der von Ihnen ausgewählten Azure-Region (siehe Abbildung 9.42).

Hierbei stellt jede Verfügbarkeitszone einen physisch getrennten Standort dar. Jeder Standort verfügt über unabhängige Strom- und Kühlsysteme sowie über eine eigene redundante Netzinfrastruktur und Anbindung. Die Zuverlässigkeit des Zugriffs auf Objekte gibt Microsoft hier mit 99,9999999999 % an.

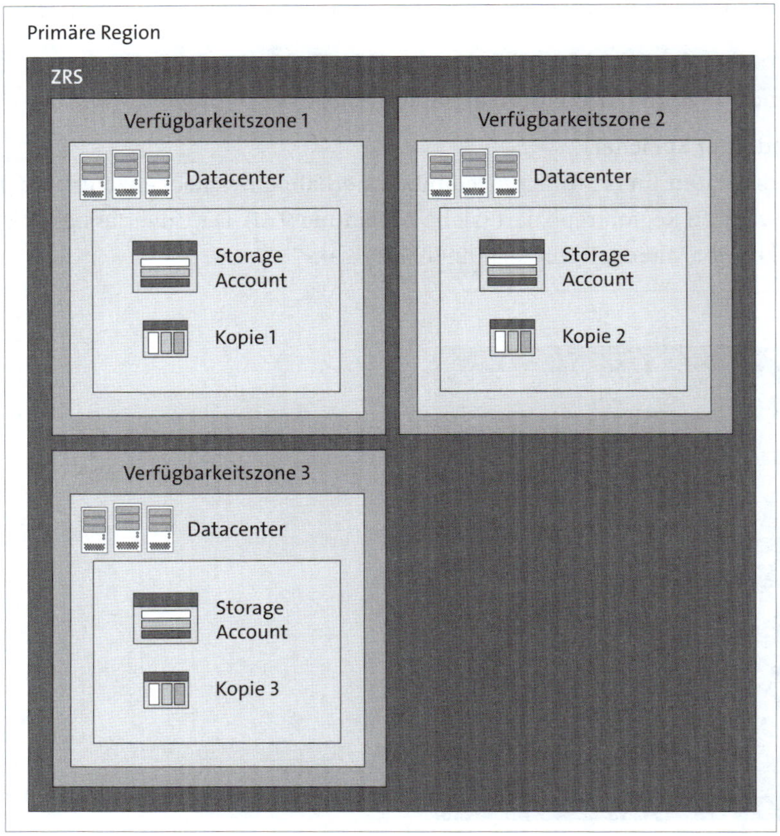

Abbildung 9.42 Architektur der ZRS-Redundanz (Zonenredundanter Speicher)

Die Verwendung von ZRS-Redundanz bietet sich an, wenn Sie den Ausfall einzelner Verfügbarkeitszonen für Ihre Anwendung kompensieren wollen, jedoch sicherstellen müssen, dass Ihre Daten die von Ihnen ausgewählte Region aus regulatorischen Gründen nicht verlassen.

Beachten Sie dabei aber, dass es im Falle von Unterbrechungen und dem daraus resultierenden Schwenk der aktiven Verbindungen auf verbleibende Verfügbarkeitszonen zu kurzzeitigen Verbindungsunterbrechungen kommen kann. Dies sollten Sie beim Erstellen Ihrer Anwendung bedenken.

- **GRS (Georedundanter Speicher)**
  Bei der Auswahl einer GRS-Redundanz werden Ihre Daten innerhalb eines physischen Standorts mittels LRS-Redundanz in drei Instanzen synchron repliziert und dann an-

schließend asynchron in drei weitere LRS-Instanzen repliziert, die sich in einer anderen Azure-Region befinden. Eine grafische Darstellung dieser Redundanz finden Sie in Abbildung 9.43. Die Zuverlässigkeit des Zugriffs auf Objekte gibt Microsoft mit 99,99999 999999999 % an.

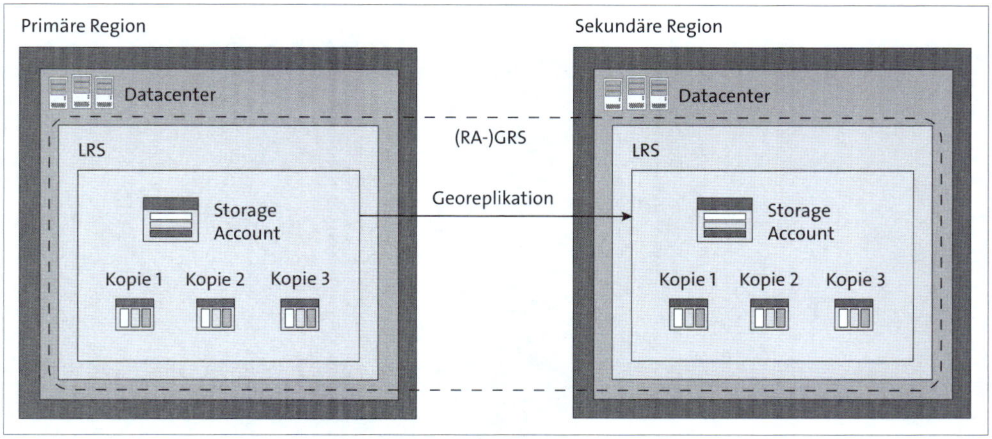

Abbildung 9.43 Architektur der GRS-Redundanz (Georedundanter Speicher)

GRS bietet sich an, wenn Sie eine Verfügbarkeit Ihrer Daten wie bei der ZRS-Redundanz benötigen, es jedoch keine Rolle spielt, wo die Daten letztendlich gespeichert werden.

Die genauen Preise für die Azure-Angebote ändern sich ständig und sind von Ihren individuellen Anforderungen abhängig. Microsoft bietet dazu Informationen und einen Rechner zur Kalkulation der jeweiligen Kosten an. Weitere Informationen finden Sie unter:

https://azure.microsoft.com/de-de/pricing/details/storage/files/

Kapitel 10
Verwaltung

In diesem Kapitel geben wir Ihnen einen Überblick über die Werkzeuge, die Ihnen zur lokalen Verwaltung sowie zur Remoteverwaltung von Servern zur Verfügung stehen.

Mit Windows Server 2025 stehen Ihnen zurzeit fünf unterschiedliche Varianten zum Verwalten der im Unternehmen betriebenen Server zur Verfügung: das *Windows Admin Center*, der *Server-Manager*, *RSAT (Remote Server Administration Tools)*, *PowerShell* sowie *Azure Arc*. Hierbei ist der Verwaltungsansatz in den Lösungen recht unterschiedlich. Außerdem können Sie *WinRM (Windows Remote Management)* und *WinRS (Windows Remote Shell)* für die ferngesteuerte Verwaltung einsetzen und Backups mit der *Windows Server-Sicherung* verwalten.

Sie sehen daran, dass verschiedene Entwicklungsteams innerhalb von Microsoft unterschiedliche Ansätze bei der Verwaltung der jeweiligen Lösungen finden und dass wenig zentral entwickelt wird. So setzt Microsoft bei der Installation und Verwaltung von RDS-Servern auf den Server-Manager; im Bereich des Active Directorys kommt noch die alte *Microsoft Management Console (MMC)* zum Einsatz, und *Storage Spaces Direct* verwendet das *Windows Admin Center*. Die PowerShell spielt überall eine große Rolle.

Daher liefern wir Ihnen in diesem Kapitel einen Überblick über diese Verwaltungswerkzeuge und deren Bereitstellung.

10.1 Windows Admin Center (WAC)

Das *Windows Admin Center (WAC)* ist die Weiterentwicklung der bereits ein wenig in die Jahre gekommenen *Microsoft Management Console (MMC)*, die immer noch in Windows Server integriert ist und auf Clients via *RSAT (Remote Server Administration Tools)* nachinstalliert werden kann.

Das Windows Admin Center baut eine Remoteverbindung zu allen Systemen auf, die verwaltet werden sollen, und ermöglicht so eine umfassende Verwaltung dieser Systeme. Darüber hinaus können Sie das Windows Admin Center mithilfe von Add-ins erweitern. Es bietet somit Anpassungsmöglichkeiten für individuelle Lösungen.

Das Windows Admin Center wurde im Herbst 2017 unter dem Projektnamen *Honolulu* von Microsoft als Preview zur Verfügung gestellt. Im Frühjahr 2018 endete die Preview-Phase, und die Veröffentlichung erfolgte unter dem Namen *Windows Admin Center*.

Die Wahl des Browsers

Um das *Windows Admin Center (WAC)* nutzen zu können, müssen Sie einen aktuellen Browser verwenden. Sie müssen daher den Microsoft Edge-Browser oder Chrome installieren, wenn Sie WAC von einem Windows-Serverbetriebssystem aus nutzen wollen. Mit den aktuellen Release-Versionen von Windows Server 2025 steht Microsoft Edge bereits nach der Installation zur Verfügung. Bei älteren Versionen müssen Sie ihn erst herunterladen. Den aktuellen Microsoft Edge-Browser finden Sie unter folgendem Link:

https://www.microsoft.com/de-de/edge

Beachten Sie, dass der alte Internet Explorer hier nicht funktioniert (siehe Abbildung 10.1).

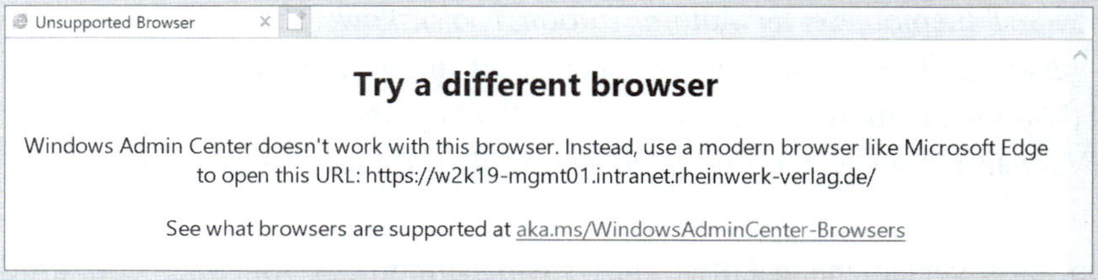
Unsupported Browser
Try a different browser
Windows Admin Center doesn't work with this browser. Instead, use a modern browser like Microsoft Edge to open this URL: https://w2k19-mgmt01.intranet.rheinwerk-verlag.de/
See what browsers are supported at aka.ms/WindowsAdminCenter-Browsers

Abbildung 10.1 Es ist nicht möglich, das Windows Admin Center mit dem Internet Explorer zu verwenden.

10.1.1 Bereitstellungsszenarien

Das Windows Admin Center kann in vier verschiedenen Aufbauszenarien zur Verfügung gestellt werden (siehe Abbildung 10.2). In vielen Umgebungen finden sich mit den bis heute anzutreffenden Verwaltungstools ganz ähnliche Ansätze, um Tools für die Verwaltung der verschiedenen Lösungen bereitzustellen.

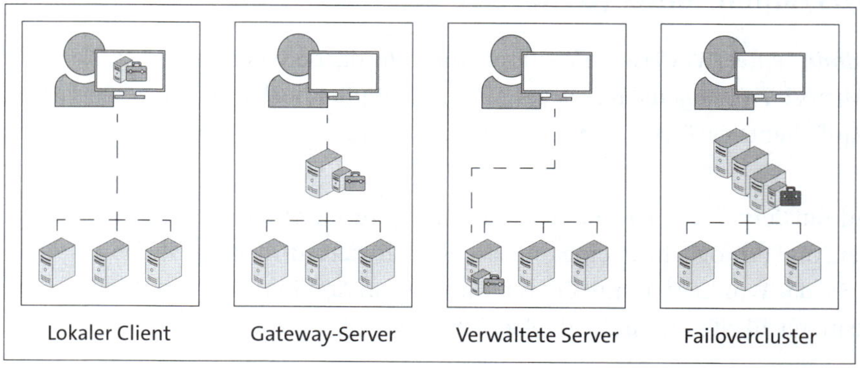
Lokaler Client
Gateway-Server
Verwaltete Server
Failovercluster

Abbildung 10.2 Übersicht der Bereitstellungsszenarien

Client-Installation

Die lokale Installation auf einem Client bietet die Möglichkeit, schnell mit der Bereitstellung des Windows Admin Centers zu beginnen. Sie ist jedoch nur bedingt zu empfehlen, weil sie sich nicht für den Einsatz im Unternehmen skalieren lässt und keine ausreichende Sicherheit bietet. Weitere Informationen zum Thema Sicherheit finden Sie in Kapitel 22.

Um mit dem Browser eine Verbindung zum Windows Admin Center herzustellen, verwenden Sie bitte bei der Bereitstellung einer Clientinstallation die URL *https://localhost:6516*. Haben Sie im Rahmen der Installation einen abweichenden Port angegeben, verwenden Sie diesen.

Gateway-Installation

Beim Bereitstellungszenario *Gateway-Installation* wird das Windows Admin Center auf einem hierfür bereitgestellten Server installiert. Die Benutzer des Windows Admin Centers verwenden einen kompatiblen Browser, um mit dem WAC zu arbeiten.

Diese Bereitstellungsmethode hat viele Vorteile: So sind die gegebenenfalls notwendigen Firewall-Freischaltungen für die zu verwaltenden Serversysteme zentral durchzuführen und nicht für jeden Client separat. Dies vereinfacht die Bereitstellung erheblich. Auch die Vereinheitlichung sowie das Aktualisieren können zentral erfolgen, wodurch sichergestellt werden kann, dass immer die aktuellsten Updates und Add-ins eingespielt wurden. Durch das Installieren verschiedener Instanzen ist es auch möglich, verschiedene Sicherheitsebenen abzubilden (Tier-Modell).

Damit die WAC-Benutzer mit dem Browser eine Verbindung zum Windows Admin Center herstellen können, verwenden Sie bei der Bereitstellung einer Gateway-Installation in der URL den FQDN des Gateway-Servers. Beachten Sie, dass es zu Fehlermeldungen kommt, wenn Namenskontexte verwendet werden, die nicht im Zertifikat berücksichtigt sind.

Installation auf einem Failovercluster

Die Installation mithilfe eines Failoverclusters stellt im Prinzip eine hochverfügbare Variante der Gateway-Installation dar und ist gerade in großen Unternehmen auf Basis der zu erfüllenden SLAs *(Service Level Agreements)* durchaus sinnvoll. Hierbei wird eine allgemeine Failovercluster-Rolle erstellt, die auf Basis eines CSVs *(Cluster Shared Volumes)* eine zentrale Datenablage für die einzelnen Clusterknoten bereitstellt.

Installation auf dem zu verwaltenden Server

Natürlich ist es auch möglich, das Windows Admin Center direkt auf einem Server zu installieren, der auch mit ihm verwaltet werden soll oder der Bestandteil eines zu verwaltenden Clusters ist. Dies ist im Falle verteilter Infrastrukturen durchaus ein gangbares Szenario und vereinfacht auch die Bereitstellung, da Sie beispielsweise keine Firewalls anpassen müssen.

Jedoch ist dies aufgrund des dezentralen Ansatzes sowie des fehlenden kompatiblen Browsers im Zielbetriebssystem nicht generell zu empfehlen.

Windows Admin Center und Tiers

Wenn Sie das Windows Admin Center in unterschiedlichen Tier-Leveln verwenden wollen, dann müssen Sie je Level ein eigenes Windows Admin Center bereitstellen, so dass es zu keiner Vermischung der Tier-Leveln kommt. Jede administrative Kennung desjeweiligen Levels kann sich dann nur am entsprechenden Windows Admin Center anmelden.

In den jeweiligen Leveln können Sie die Berechtigungen der einzelnen administrativen Kennungen dann durch Sicherheitsgruppen im Active Directory steuern.

10.1.2 Voraussetzungen

Die Installation des Windows Admin Centers baut auf Funktionen aktueller Betriebssysteme auf. Deswegen können Sie es nicht auf allen Betriebssystemen installieren. Eine Übersicht der Betriebssysteme, von denen Windows Admin Center unterstützt wird, finden Sie in Tabelle 10.1.

Betriebssystemversion	Unterstütztes Bereitstellungszenario
Windows 10, Version 1709 oder höher	Client-Installation (lokal)
Windows Server 2016	Gateway-Installation, verwalteter Server, Failover-Cluster
Windows Server 2019	Gateway-Installation, verwalteter Server, Failover-Cluster
Windows Server 2022	Gateway-Installation, verwalteter Server, Failover-Cluster
Windows Server 2025	Gateway-Installation, verwalteter Server, Failover-Cluster

Tabelle 10.1 Auf diesen Betriebssystemen können Sie das Windows Admin Center installieren.

Keine Installation auf DCs

Beachten Sie bei der Installation in der Bereitstellungsvariante *Installation auf verwaltetem Server*, dass die Installation von Windows Admin Center auf Domänencontrollern nicht unterstützt wird.

Sie können mit Windows Admin Center auch (einige) Betriebssystemversionen verwalten, auf denen WAC nicht installiert werden kann. So wird beispielsweise auch noch Windows Server 2012 R2 unterstützt, dessen erweiterter Support bereits am 10. Oktober 2023 endete.

Eine Auflistung der Betriebssysteme, die Sie mit WAC verwalten können, finden Sie in Tabelle 10.2.

Betriebssystemversion	Verwalten über Serververbindung	Verwalten über Failovercluster-Verbindung	Verwalten über HCI-Verbindung
Windows 10, Version 1709 oder höher	Ja, über Computer-Management	Nicht verfügbar	Nicht verfügbar
Windows 11	Ja, über Computer-Management	Nicht verfügbar	Nicht verfügbar
Azure Stack HCI	Ja	Ja	Ja
Windows Server 2025	Ja	Ja	Ja
Windows Server 2022	Ja	Ja	Ja
Windows Server 2019	Ja	Ja	Ja
Windows Server 2016	Ja	Ja	Ja, Update-Stand beachten
Windows Server 2012 R2	Ja	Ja	Nicht verfügbar

Tabelle 10.2 Diese Betriebssysteme können Sie mit dem Windows Admin Center verwalten.

PowerShell-Funktionen

Um Server mit dem Windows Admin Center verwalten zu können, sind PowerShell-Funktionen notwendig, die nicht in Windows 2012 R2 vorhanden sind. Sollten Sie planen, diese Betriebssysteme mit dem Windows Admin Center zu verwalten, müssen Sie das *Windows Management Framework (WMF)* in der Version 5.1 oder höher auf diesen Servern installieren. Bei neueren Betriebssystemen müssen für die Verwaltung bestimmter Funktionen die dazugehörigen PowerShell-Erweiterungen im Zielsystem installiert werden. Dies wird jedoch vom Windows Admin Center erkannt, das die Installation automatisch anbietet.

10.1.3 Die Installation des Windows Admin Centers vorbereiten

Um eine Installation auf einem Serverbetriebssystem vorzunehmen, sollten Sie zunächst auf dem Server oder den Servern ein entsprechendes Zertifikat einspielen, da Sie es während der Installation des Windows Admin Centers angeben müssen. Dies bietet den Vorteil, dass Sie nicht ein selbstsigniertes Zertifikat verwenden müssen. (Mit selbstsignierten Zertifikaten gehen Nachteile einher: So wird diesen Zertifikaten nicht auf Anhieb vertraut und sie sind lediglich 60 Tage lang gültig.)

Sie sollten daher ein Zertifikat verwenden, das von einer Zertifizierungsstelle Ihrer Infrastruktur ausgestellt wurde. Weitere Informationen zu den Themen Zertifikate und Zertifizierungsinfrastruktur finden Sie in Kapitel 16.

Wie Sie vorgehen, wenn Sie eine Zertifizierungsstelle verwenden, die in Ihr Active Directory integriert ist, erklären wir im Folgenden sehr genau, da dies ein sehr wichtiger Punkt ist.

Starten Sie die *Microsoft Managment Console (MMC)*, indem Sie im Suchfeld oder im AUSFÜHREN-Dialog »MMC« eingeben.

In der MMC drücken Sie `Strg`+`M` und doppelklicken unter VERFÜGBARE SNAP-INS auf ZERTIFIKATE. (Alternativ können Sie auch `certlm.msc` aufrufen.) Im nächsten Dialog wählen Sie COMPUTERKONTO aus und bestätigen mit WEITER (siehe Abbildung 10.3).

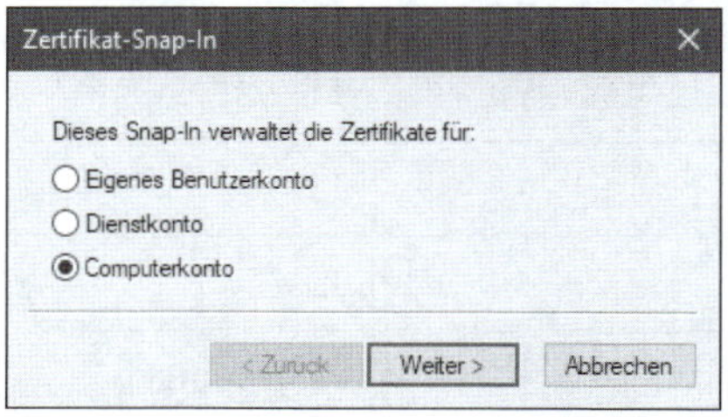

Abbildung 10.3 Das Computerkonto

Behalten Sie anschließend die Option LOKALEN COMPUTER bei, und bestätigen Sie mit FERTIG STELLEN. In der Zertifikate-Konsole markieren Sie nun EIGENE ZERTIFIKATE (siehe Abbildung 10.4).

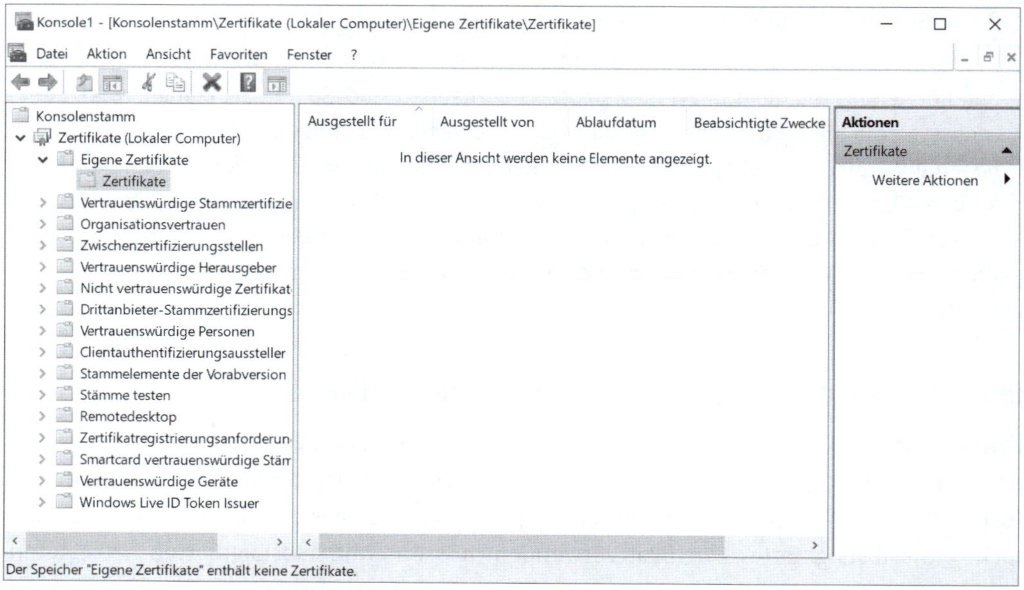

Abbildung 10.4 Die »Zertifikate«-Konsole

Gehen Sie auf WEITERE AKTIONEN • ALLE AUFGABEN • NEUES ZERTIFIKAT ANFORDERN, um durch die Zertifikatregistrierung geführt zu werden.

Wählen Sie die Zertifikatregistrierungsrichtlinie ACTIVE DIRECTORY-REGISTRIERUNGSRICHTLINIE und anschließend die Zertifikatvorlage WEBSERVER. Unter den EIGENSCHAFTEN der Zertifikatvorlage können Sie noch weitere Optionen in dem Zertifikat hinterlegen (siehe Abbildung 10.5).

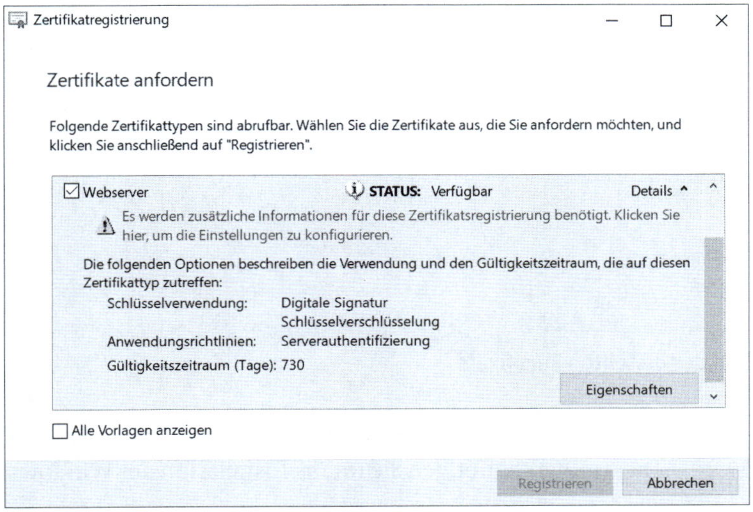

Abbildung 10.5 Auswahl der Zertifikatvorlage

Mit REGISTRIEREN stellen Sie das Zertifikat aus. Sie sollten nun in der Zertifikate-Konsole das ausgestellte Zertifikat finden können (siehe Abbildung 10.6).

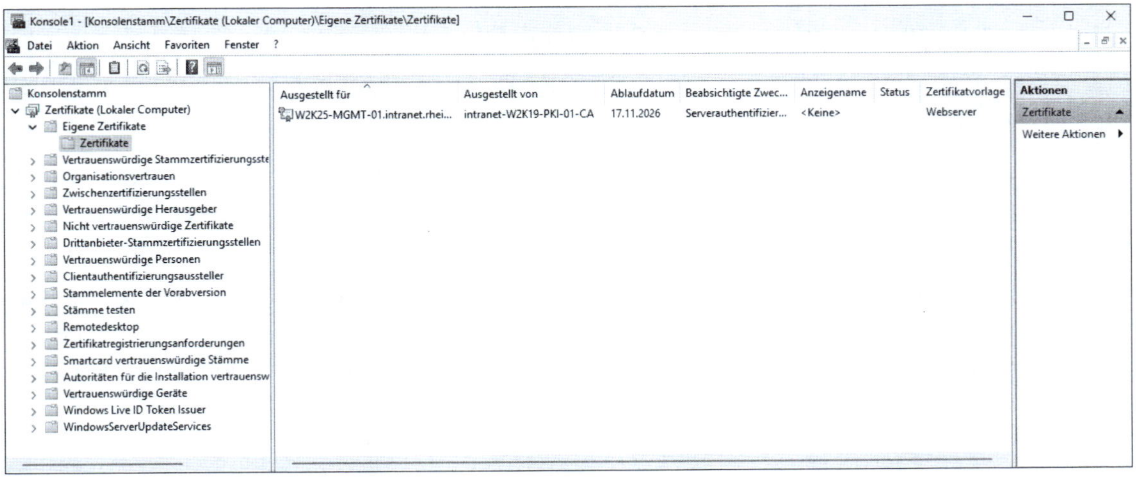

Abbildung 10.6 Ausgestelltes Zertifikat

Öffnen Sie die EIGENSCHAFTEN des neu erstellten Zertifikats, und wechseln Sie auf den Reiter DETAILS (siehe Abbildung 10.7).

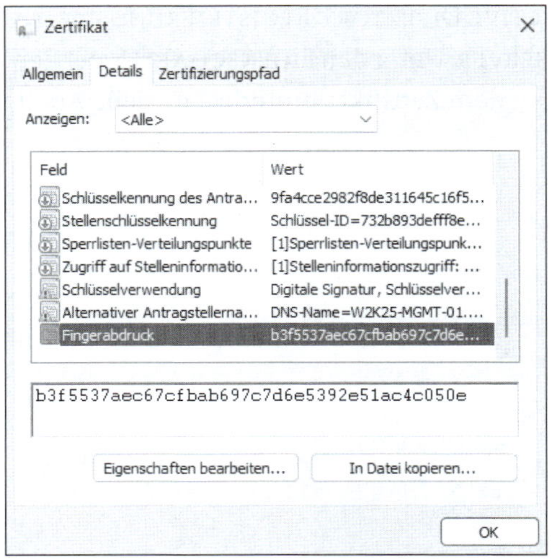

Abbildung 10.7 Eigenschaften des erstellten Zertifikats

Suchen Sie nun das FELD mit dem FINGERABDRUCK des Zertifikats, und kopieren Sie den Wert dieses Feldes (`b3f5537a...`). Diesen Wert benötigen Sie für die Installation des Windows Admin Centers.

Diese Vorgehensweise ist nicht für die Desktop-Installationsvariante auf einem Clientbetriebssystem notwendig: Hier werden während der Installation die *vertrauenswürdigen Hosts* angepasst und wird ein lokaler Port angebunden.

10.1.4 Windows Admin Center installieren

In diesem Abschnitt beschreiben wir schrittweise die Installation und Einrichtung des Windows Admin Centers.

Laden Sie die Installationsressourcen für das Windows Admin Center von der Adresse *https://aka.ms/windowsadmincenter* herunter, und starten Sie die Installation. Lesen und akzeptieren Sie die Lizenzbestimmungen, und klicken Sie auf WEITER.

Alternativ können Sie auch direkt das Setup des Windows Admin Centers verwenden, das mit dem Windows Server 2025 ausgeliefert wird. Es installiert das Windows Admin Center mit den Standard-Optionen, im Bereitstellungsprozess werden alle benötigten Komponenten oder Updates automatisch heruntergeladen.

Im nächsten Fenster müssen Sie entscheiden, ob Sie das Windows Admin Center über *Windows Update* regelmäßig aktualisieren wollen (siehe Abbildung 10.8). Diese Option sollten Sie auswählen, solange nicht sehr triftige Gründe dagegensprechen.

Windows Admin Center-Setup
Computer mit Microsoft Update schützen und auf dem neuesten Stand halten
Microsoft Update stellt sicherheitsrelevante und wichtige Updates für Windows und andere Microsoft-Produkte (einschließlich Windows Admin Center) bereit. Updates werden auf der Grundlage Ihrer Einstellungen für automatische Updates bereitgestellt. Sie können aber auch die Microsoft Update-Website besuchen.
Bei der Suche nach Updates Microsoft Update verwenden (empfohlen)
Ich möchte Microsoft Update nicht verwenden.
Sehen Sie sich die häufig gestellten Fragen zu Microsoft Update an.
Lesen Sie unsere Datenschutzerklärung online.
Zurück
Weiter
Abbrechen

Abbildung 10.8 »Windows Update«-Konfiguration während der Installation

Die folgende Seite (siehe Abbildung 10.9) zeigt Informationen über die möglichen Bereitstellungsvarianten an sowie die URL zu der entsprechenden Dokumentation. Sie finden dort noch einmal die Informationen, die wir Ihnen bereits in Abschnitt 10.1.1, »Bereitstellungsszenarien«, aufgeschlüsselt haben.

Klicken Sie hier auf WEITER.

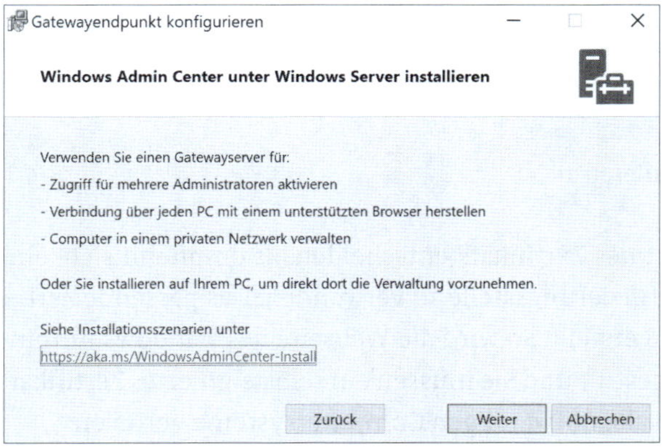
Gatewayendpunkt konfigurieren
Windows Admin Center unter Windows Server installieren
Verwenden Sie einen Gatewayserver für:
- Zugriff für mehrere Administratoren aktivieren
- Verbindung über jeden PC mit einem unterstützten Browser herstellen
- Computer in einem privaten Netzwerk verwalten
Oder Sie installieren auf Ihrem PC, um direkt dort die Verwaltung vorzunehmen.
Siehe Installationsszenarien unter
https://aka.ms/WindowsAdminCenter-Install
Zurück
Weiter
Abbrechen

Abbildung 10.9 Konfiguration des Gatewayendpunkts

Im Dialog aus Abbildung 10.10 folgt die Abfrage, ob die Installation die Einstellungen der »vertrauenswürdigen Hosts« während der Installation anpassen darf. Sie können zudem einschränken, dass der WinRM-Zugriff nur über verschlüsselte Verbindungen laufen darf.

Abbildung 10.10 Option zum Anpassen der vertrauenswürdigen Hosts

Im Dialog aus Abbildung 10.11 geben Sie den Port an, der verwendet werden soll. Standardmäßig verwendet das WAC den Port 443. Wenn Sie diesen verwenden, müssen Sie kaum Änderungen an Firewalls und an der Access List der Netzinfrastruktur vornehmen, um Windows Admin Center aufrufen zu können. Dennoch können Sie hier abweichende Ports verwenden.

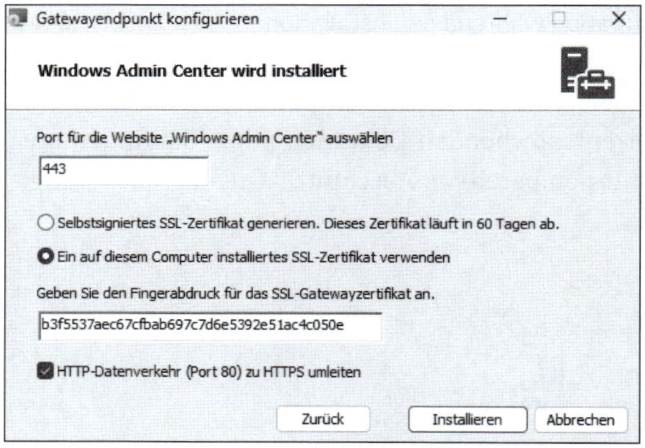

Abbildung 10.11 Port und Zertifikat konfigurieren

Als Nächstes müssen Sie sich für die Art des Zertifikats entscheiden. Es empfiehlt sich, ein Zertifikat einer vertrauenswürdigen Zertifizierungsstelle zu verwenden. Das passende Zertifikat haben Sie bereits in Abschnitt 10.1.3 erstellt. So wird die Webseite des Windows Admin Center immer als vertrauenswürdig eingestuft und Sie müssen ein selbstsigniertes Zertifikat nicht extra in Ihrem Active Directory an alle notwendigen Computersysteme verteilen.

Tragen Sie nun hier den Fingerabdruck des Zertifikats ein, und setzen Sie den Haken, damit der Netzwerkverkehr nicht über den ungesicherten Port 80 läuft, sondern durch Ihr Zertifikat gesichert wird.

Nachdem Sie alle Einstellungen vorgenommen haben, starten Sie die Installation. Sie dauert im Normalfall nur wenige Sekunden und liefert Ihnen nach Abschluss die URL, mit der Sie auf das Windows Admin Center zugreifen (siehe Abbildung 10.12).

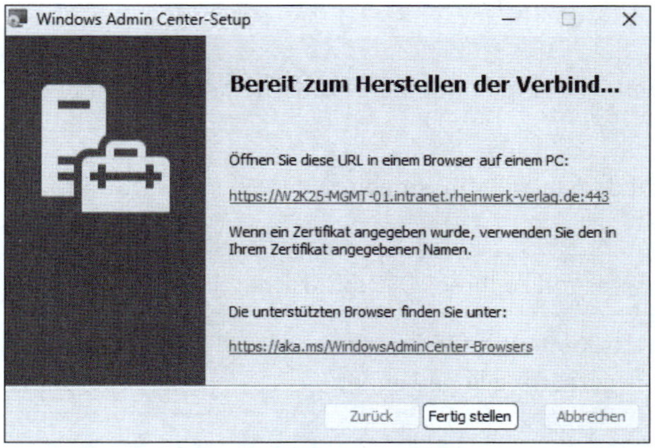

Abbildung 10.12 Die Installation erfolgreich abschließen

10.1.5 Für Hochverfügbarkeit sorgen

In bestimmten Szenarien kann es durchaus sinnvoll sein, den Zugriff auf das Windows Admin Center mit einer Redundanz zu versehen. Wenn das Windows Admin Center als Gateway-Server bereitgestellt wird, ist dies mit *Failoverclustern* möglich. Dann wird immer einer der im Failovercluster konfigurierten Server als aktiver Knoten angeboten. Dadurch besteht zwar keine Lastenverteilung, jedoch ist ein *Failover* im Fehlerfall möglich.

Dazu müssen Sie eine Reihe von Voraussetzungen schaffen: Sie benötigen mindestens zwei Knoten, die über eine Windows Server-Installation ab Version 2016 verfügen. Hier gelten im Prinzip die Anforderungen, die auch an eine Gateway-Server-Installation gestellt werden. Außerdem benötigen Sie ein CSV *(Cluster Shared Volume)* von ca. 10 GB sowie ein Zertifikat für das Bereitstellen der HTTPS-Verbindung des Windows Admin Centers. Auch dieses Zertifikat muss vor der Installation des Windows Admin Centers auf dem Clusterkonten bereitgestellt werden.

Die Installation des Windows Admin Centers erfolgt über das PowerShell-Skript *Install-WindowsAdminCenterHA.ps1*, das Sie unter *https://aka.ms/WACHAScript* finden. Es unterstützt eine Reihe von Optionen, die wir in Tabelle 10.3 aufschlüsseln.

Parameter	Beschreibung
`-ClusterStorage`	Gibt das Clustervolume an, in dem die Daten des Windows Admin Centers zentral gespeichert werden.
`-ClientAccessPoint`	Hiermit geben Sie die zentrale Zugriffs-URL für den Aufruf des Windows Admin Centers an. Angegeben wird hier lediglich der NetBIOS-Name, der dann in den FQDN übersetzt wird. Zum Beispiel: *https://admincenter.intranet.rheinwerk-verlag.de*

Tabelle 10.3 Das Skript »Install-WindowsAdminCenterHA.ps1« – mögliche Parameter

Parameter	Beschreibung
`-StaticAddress`	(Optional) Hinterlegt eine oder mehrere statische Adressen für den Clusterdienst.
`-msiPath`	Gibt den Pfad zu dem Installationsmedium des Windows Admin Centers an.
`-certPath`	(Optional) Gibt den Pfad zu Ihrer PFX-Zertifikatdatei an.
`-certPassword`	(Optional) Gibt das Kennwort für das verwendete PFX-Zertifikat an. Dieses wird als SecureString angewendet.
`-generateSslCert`	(Optional) Generiert ein selbstsigniertes Zertifikat, wenn Sie kein eigenes hinterlegen wollen. Dieses ist jedoch nur für 60 Tage gültig.
`-portNumber`	(Optional) Hinterlegt einen abweichenden Zugriffsport. Standardmäßig wird der Port 443 (HTTPS) verwendet.

Tabelle 10.3 Das Skript »Install-WindowsAdminCenterHA.ps1« – mögliche Parameter (Forts.)

Sie können das Installationsskript für Windows Admin Center beispielsweise nutzen, um eine bestehende Single-Server-Gateway-Installation hochverfügbar bereitzustellen, um das Windows Admin Center zu aktualisieren oder einfach um ein bestehendes eingebundenes Zertifikat zu ersetzen.

Installieren Sie zuerst einen Failovercluster, und stellen Sie dann per RDP auf dem ersten Clusterknoten eine Remoteverbindung her. Kopieren Sie nun das Skript *Install-WindowsAdminCenterHA.ps1* sowie die Installationsdatei des WACs auf den Clusterknoten oder das CSV.

Erstellen Sie für die Nutzung des Windows Admin Centers über HTTPS ein passendes Zertifikat, und kopieren Sie dieses ebenfalls in das Zielverzeichnis.

Öffnen Sie nun eine PowerShell-Konsole mit administrativen Berechtigungen, und verwenden Sie folgende PowerShell-Anweisungen:

```
$CertPwd = Read-Host 'Zertifikat-Passwort eingeben:' -AsSecureString

C:\ClusterStorage\Volume1\Install\Install-WindowsAdminCenterHA.ps1 `
  -ClusterStorage 'C:\ClusterStorage\Volume1\' -ClientAccessPoint `
  WindowsAdminCenterHA -msiPath `
  'C:\ClusterStorage\Volume1\Install\WindowsAdminCenter2311.msi' `
  -CertPath 'C:\ClusterStorage\Volume1\Install\cert.pfx' `
  -CertPassword $CertPwd -StaticAddress 172.70.0.43
```

Im Rahmen der Installation werden nun alle notwendigen Installationsressourcen in dem vorgegebenen Verzeichnis gespeichert (siehe Abbildung 10.13). Außerdem wird das Windows Admin Center auf allen Clusterknoten installiert und für den Betrieb der angelegten Clusterrolle konfiguriert.

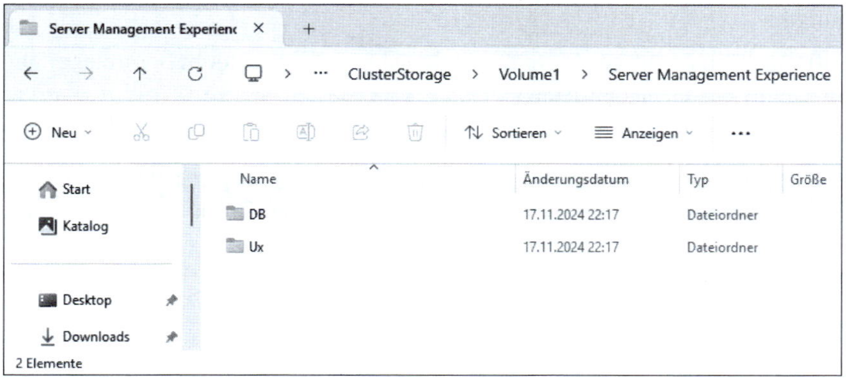

Abbildung 10.13 Das Installationsverzeichnis nach der erfolgreichen Installation

Nachdem die Installation erfolgreich durchgeführt wurde, können Sie im Failovercluster-Manager unter ROLLEN die neu installierte Rolle finden (siehe Abbildung 10.14). In einem modernen Browser wie Edge oder Chrome ist der Aufruf des Windows Admin Centers über den festgelegten Rollennamen möglich. Beachten Sie, dass die Installation standardmäßig Port 443 nutzt.

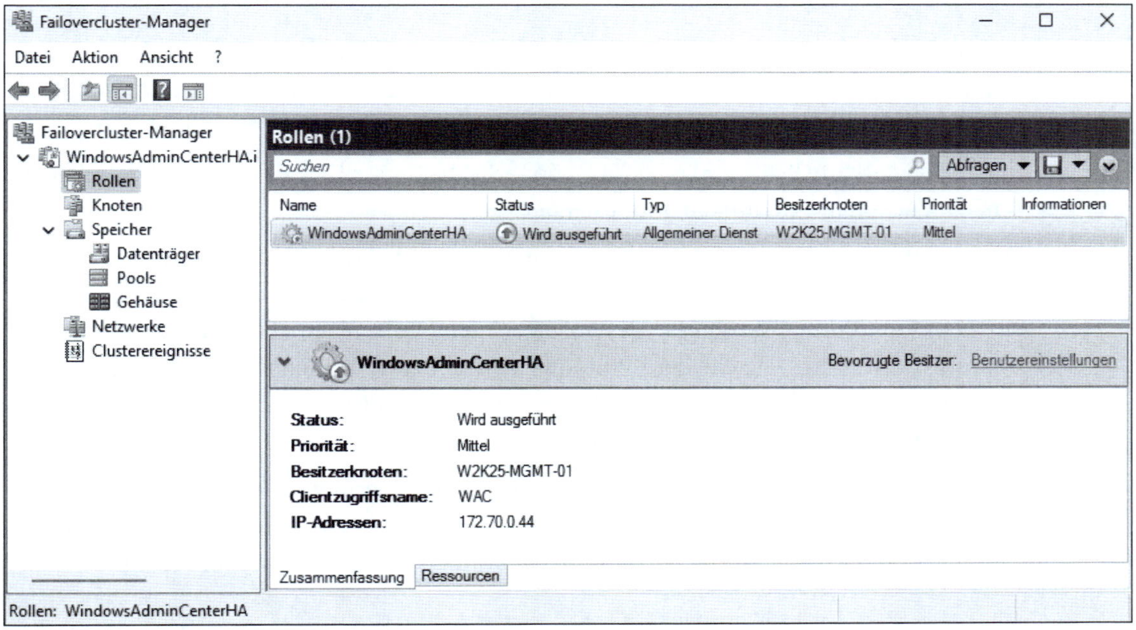

Abbildung 10.14 Windows Admin Center – die Clusterrolle nach der erfolgreichen Installation

10.1.6 Einstellungen des Windows Admin Centers

Die Einstellungen des Windows Admin Centers teilen sich in zwei Bereiche auf: in die benutzerspezifischen Einstellungen und in die Gateway-Einstellungen.

Benutzereinstellungen

Die benutzerspezifischen Einstellungen werden auf den aktiv angemeldeten Benutzer angewendet und teilen sich in die Bereiche KONTO, PERSONALISIERUNG, SPRACHE/REGION, VORSCHLÄGE sowie ERWEITERT auf (siehe Abbildung 10.15).

Abbildung 10.15 Windows Admin Center – Benutzereinstellungen

Auf der Registerkarte KONTO wird der aktuell angemeldete Benutzer angezeigt. Das Konfigurieren der Sprach- und Regionseinstellungen ist auf der Registerkarte SPRACHE/REGION möglich.

In der Registerkarte PERSONALISIERUNG könne Sie die Darstellung des Windows Admin Centers vom hellen in den dunkeln Modus ändern.

Die vom Windows Admin Center angezeigten Vorschläge bezüglich verfügbarer Azure-Services sowie Neuerungen im Windows Admin Center können auf der Registerkarte VORSCHLÄGE konfiguriert werden. Für das Anzeigen neuer Vorschläge ist eine aktive Internetverbindung notwendig. Falls Sie dem Windows Admin Center keinen direkten Internetzugriff gewähren wollen, sollten Sie die Vorschläge deaktivieren, da es sonst zu unnötigen Meldungen in den Firewall- oder Proxylogs kommen wird.

Auf der Registerkarte ERWEITERT können Sie die Protokollierungstiefe für die Ausgabe in der Browserkonsole hinterlegen. Außerdem lassen sich dort *Experimentierschlüssel* hinterlegen, die neue und noch nicht fertig entwickelte Funktionen im Windows Admin Center freischalten. Dies stellt im Prinzip eine Art Preview dar. Bedenken Sie hierbei, dass es sich um nicht fertige Funktionen handelt und dass diese möglicherweise in einigen Fällen nicht so funktionieren, wie Sie es erwarten oder wie es vorgesehen ist.

Gateway-Einstellungen

Die Gateway-Einstellungen stellen die zentrale Konfiguration innerhalb des Windows Admin Centers dar und wirken sich auf alle Benutzer aus, die dieses Windows Admin Center verwenden. Die Gateway-Einstellungen splitten sich in die drei Registerkarten ERWEITERUNGEN, AZURE und GATEWAYZUGRIFF auf.

Erweiterungen

Unter ERWEITERUNGEN sind alle installierten sowie verfügbaren Erweiterungen für das bereitgestellte Windows Admin Center aufgelistet (siehe Abbildung 10.16). Hier können Sie neue Erweiterungen installieren sowie bereits installierte Erweiterungen aktualisieren. Beachten Sie jedoch, dass diese Funktionen nur bei vorhandener Internetverbindung zur Verfügung stehen.

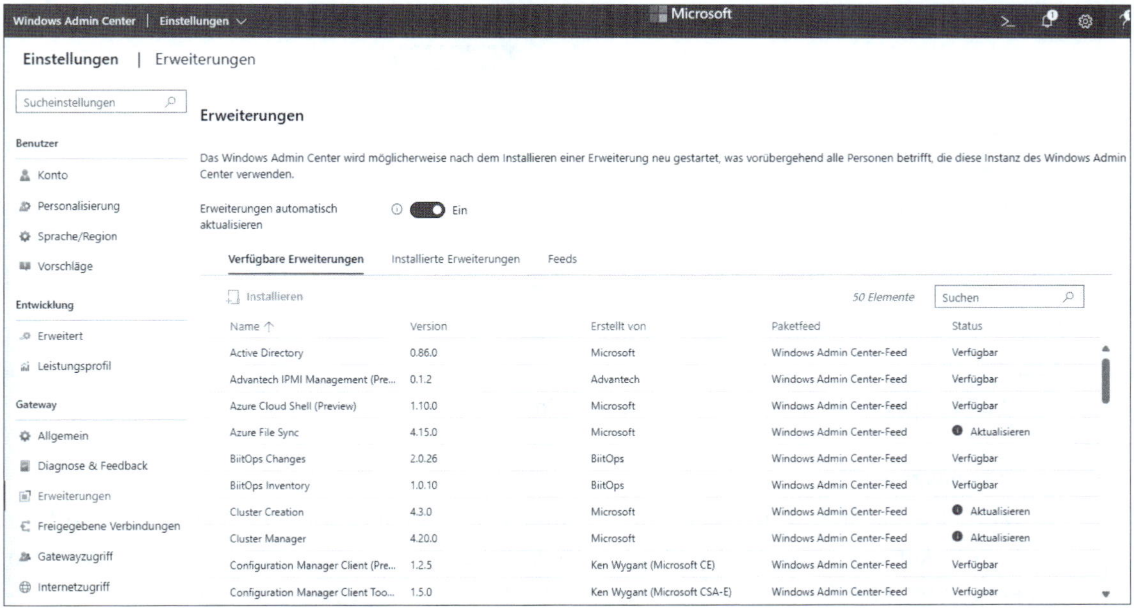

Abbildung 10.16 Windows Admin Center – »Einstellungen • Gateway • Erweiterungen«

Azure

Um Azure-Dienste, wie das *Azure EntraID*, den *Azure Site Recovery Service* und weitere, aus dem Windows Admin Center heraus zu nutzen, hinterlegen Sie auf der Registerkarte REGIS-

TRIEREN Ihre Azure-Subscription (siehe Abbildung 10.17). Hierzu ist natürlich zwingend ein Internetzugriff notwendig. Diese Möglichkeit finden Sie redundant in den Registerkarten KONTO und GATEWAYZUGRIFF.

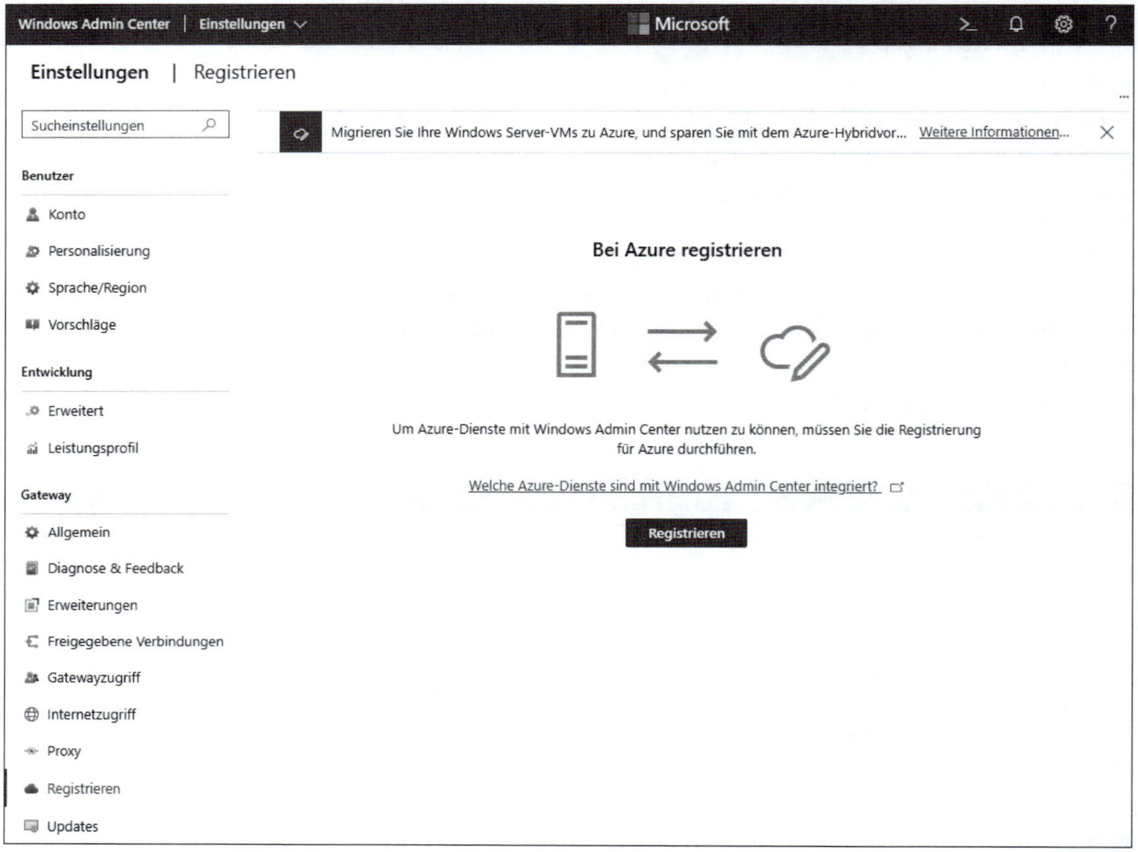

Abbildung 10.17 Windows Admin Center – »Einstellungen • Gateway • Registrieren«

Gatewayzugriff

Damit Sie den Zugriff auf das Windows Admin Center steuern können, ist es möglich, auf der Registerkarte GATEWAYZUGRIFF entsprechende Konfigurationen vorzunehmen. Sie können ein *Azure Entra ID* einbinden sowie die mehrstufige (Multi-Factor-)Authentifizierung einrichten (siehe Abbildung 10.18).

Natürlich können Sie hier sowohl lokale Benutzer und Gruppen als auch Benutzer und Gruppen aus dem Active Directory für den Zugriff hinterlegen.

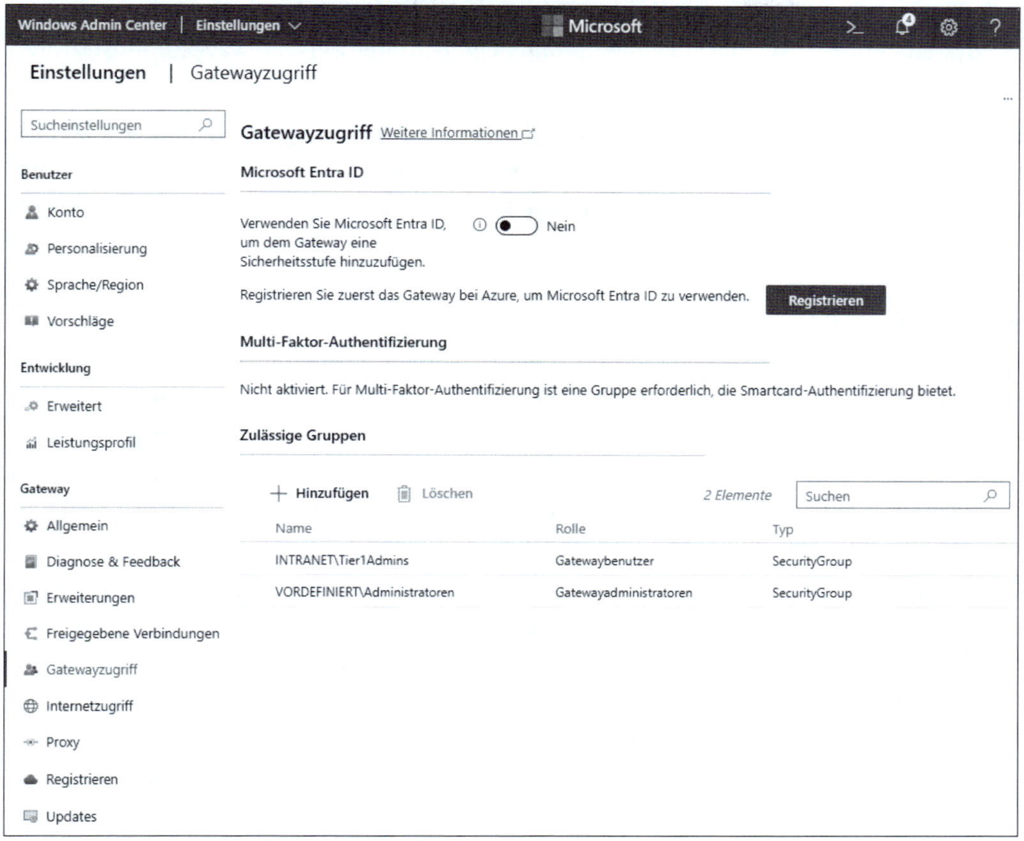

Abbildung 10.18 Windows Admin Center – »Einstellungen • Gateway • Gatewayzugriff«

10.1.7 Berechtigungen konfigurieren

Grundsätzlich unterscheidet das Windows Admin Center zwischen zwei Zugriffsberechtigungen:

- **Gateway-Benutzer** – Sie müssen Benutzer in die Gruppe der Gateway-Benutzer aufnehmen. Erst dann können diese Benutzer auf die Server zugreifen, die in dem jeweiligen Windows Admin Center eingebunden sind, und sie verwalten. Den Gateway-Benutzern ist lediglich der Zugriff auf das Windows Admin Center sowie das Personalisieren ihrer eigenen Sitzung möglich, jedoch nicht für den Zugriff auf *Windows Admin Center*-weite Konfigurationen.
- **Gateway-Administratoren** – Die Verwaltung des Windows Admin Centers ist nur den Gateway-Administratoren möglich. Diese können alle systemweiten Konfigurationen des Admin Centers vornehmen. Eine Auflistung dieser Optionen haben Sie oben im Abschnitt »Gateway-Einstellungen« gesehen.

In der Grundeinstellung wird die Gruppe der lokalen Administratoren auf dem bereitgestellten System automatisch der *Windows Admin Center*-Gruppe der Gateway-Administratoren hinzugefügt.

Bitte beachten Sie hierbei, dass sich Gateway-Berechtigungen lediglich auf den WAC-Zugriff auswirken und nicht auf die verwalteten Server. Sie müssen den Zugriff auf die zu verwaltenden Server für die verwaltenden Personen separat über Berechtigungskonzepte sicherstellen.

Active Directory oder lokale Gruppen

Nach der Installation des Windows Admin Centers werden automatisch die lokalen Administratoren des Servers, auf dem es installiert wurde, als Gateway-Administratoren hinterlegt. Somit können Sie WAC über den Benutzer konfigurieren, der Mitglied der lokalen Administratoren ist. Es lassen sich weitere Gruppen für den Zugriff konfigurieren. Wenn der Server Mitglied einer Active Directory-Domäne ist, hinterlegen Sie Gruppen des Verzeichnisdienstes für den Zugriff und/oder die Verwaltung des Windows Admin Centers.

Achten Sie darauf, dass das WAC aktuell über keine Lookup-Funktionalität verfügt, die es ermöglicht, beim Eintippen der jeweiligen Gruppen bereits eine automatische Auflösung zu erhalten. Es steht auch keine Browsing-Funktion für lokale oder Domänengruppen zur Verfügung. Sie müssen daher die Gruppen, denen Sie Berechtigungen erteilen wollen, manuell hinterlegen, und zwar unter den EINSTELLUNGEN auf der Registerkarte GATEWAYZUGRIFF.

Sie müssen Gruppenfreigaben konfigurieren, da es nicht möglich ist, einzelne Benutzer zu hinterlegen.

Gateway-Administratoren

Die Gruppe der lokalen Administratoren auf dem Gateway-Server hat immer die Berechtigung *Gateway-Administratoren*. Diese Berechtigung erhält die Gruppe der lokalen Administratoren automatisch mit der Installation des Windows Admin Centers. Sie kann auch nicht entfernt werden.

Smartcard-Authentifizierung

Viele Unternehmen wollen den Zugang zu Managementsystemen mithilfe einer Mehrfaktorauthentifizierung stärker sichern. Eine bewährte Methode stellt die Nutzung von Smartcard-Lösungen dar.

Hierzu müssen Sie lediglich eine Sicherheitsgruppe angeben, die für die Smartcard-basierende Authentifizierung konfiguriert ist. Nachdem Sie diese Gruppe im Windows Admin Center als Gateway-Benutzer oder Gateway-Administrator hinterlegt haben, ist für die Mitglieder dieser Gruppe die Anmeldung mittels Smartcard möglich.

Single Sign-on (SSO) konfigurieren

Wenn Sie das Windows Admin Center verwenden, werden Sie bei einem Zugriff auf die zu verwaltenden Zielsysteme feststellen, dass diese den bereits angemeldeten Benutzer im Windows Admin Center nicht direkt für die Anmeldung verwenden können. Es ist daher die Eingabe von Zugangsdaten notwendig. Dies lässt sich jedoch durch das Einrichten einer Kerberos-Delegierung verhindern. Das bedeutet, Sie richten ein Single Sign-on für die angemeldeten Benutzer ein. Hierbei wird der *Windows Admin Center*-Gateway-Server für das Zielsystem als vertrauenswürdig hinterlegt.

Diese Delegierung können Sie am einfachsten per PowerShell umsetzen. Öffnen Sie hierzu die PowerShell-ISE, und verwenden Sie das folgende Skript. Führen Sie die PowerShell-ISE mit administrativen Berechtigungen aus, und denken Sie daran, dass Sie die AD-Cmdlets benötigen:

```
$GatewayServer = "WindowsAdminCenterServer"
$TargetServer  = "ZielServer"
$GatewayServerObject = Get-ADComputer -Identity $GatewayServer
$TargetServerObject  = Get-ADComputer -Identity $TargetServer `
  Set-ADComputer -Identity $TargetServerObject `
  -PrincipalsAllowedToDelegateToAccount $GatewayServerObject
```

Dieses Skript hinterlegt das Computerkonto des Gateway-Servers im Active Directory-Attribut `PrincipalsAllowedToDelegateToAccount` des Computerkontos des Zielservers. Beachten Sie aber, dass Administratoren, die sich in der Gruppe *Protected User* im Active Directory befinden, nicht delegiert werden dürfen. Eine Lösung ist das Bereitstellen des Windows Admin Centers auf einem Terminal-Server, der dann als *Jump Host* genutzt wird.

Nach der Ausführung können Sie Zielserver mit der aktiven Anmeldung im WAC direkt hinzufügen und verwalten, ohne dass eine weitere Anmeldung notwendig ist. Dazu müssen Sie auf dem Zielserver über die entsprechenden Berechtigungen verfügen.

Entfernen können Sie diese Delegierung wie folgt:

```
$TargetServer  = "ZielServer"
Set-ADComputer -Identity $TargetServer -PrincipalsAllowedToDelegateToAccount $null
```

Beachten Sie, dass Sie hierfür einen Domänencontroller benötigen, auf dem mindestens Windows Server 2012 R2 läuft, und dass der Aufruf des Zielsystems im FQDN-Format *(Fully-Qualified Domain Name)* erfolgt. Natürlich sollten Sie die notwendigen Rechte im AD besitzen, um die entsprechenden Attribute auf dem Computerkonto des Zielsystems schreiben zu können.

10.1.8 Erweiterungen

Das Windows Admin Center ist als Verwaltungsplattform konzipiert, deren Funktionsumfang Sie dynamisch erweitern können. Auch alle bereits mit der Installation vorhandenen Funktionen sind eigentlich Erweiterungspakete.

Microsoft verwendet für das Bereitstellen von Erweiterungen das NuGet-Feed-Verfahren, was die WAC-Plattform für die freie Entwicklung von Erweiterungen öffnet. Dies ermöglicht sowohl die Entwicklung eigener angepasster Erweiterungen als auch die Entwicklung von Erweiterungen für Drittanbieterlösungen, z. B. von Speicher- und Netzwerklösungsanbietern, um die gesamte Administration in einem zentralen Werkzeug abbilden zu können.

Um einen Überblick über die Erweiterungen zu bekommen, wechseln Sie in die Einstellungen des Windows Admin Centers und öffnen dort die Registerkarte ERWEITERUNGEN (siehe Abbildung 10.19). Da die Erweiterungen zu den Gateway-Einstellungen zählen, müssen Sie Gateway-Administrator sein, um Zugriff auf sie zu erhalten.

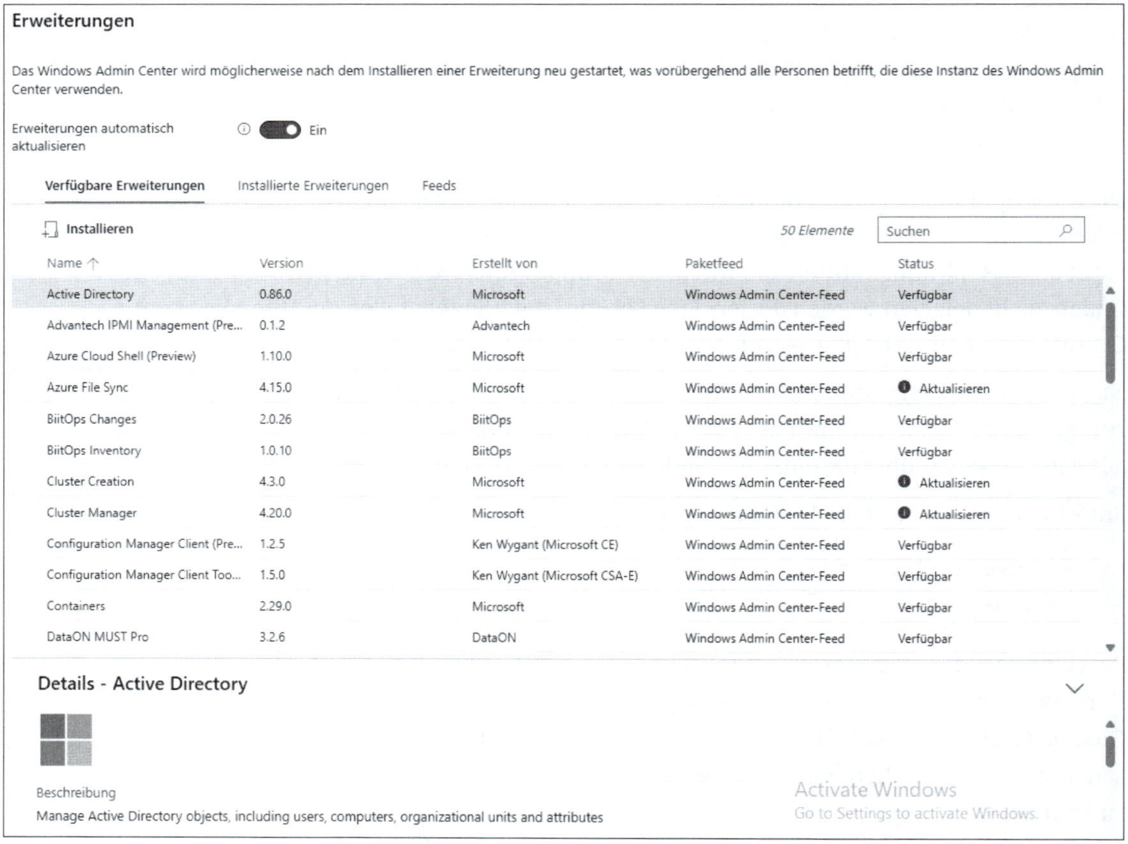

Abbildung 10.19 Verfügbare »Windows Admin Center«-Erweiterungen

Die ERWEITERUNGEN teilen sich in drei Unterpunkte auf, die wir im Folgenden vorstellen.

Verfügbare Erweiterungen

Die Gateway-Administratoren können über die EINSTELLUNGEN des Windows Admin Centers unter GATEWAY auf die Registerkarte ERWEITERUNGEN zugreifen. Dort befindet sich im Reiter VERFÜGBARE ERWEITERUNGEN eine Auflistung aller installierbaren Erweiterungen, die in den Quell-Feeds zur Verfügung stehen. Standardmäßig bezieht das Windows Admin Center diese Erweiterungen aus dem Feed unter *http://aka.ms/sme-extension-feed*.

Um diese Erweiterungen installieren zu können, müssen Sie sie lediglich in der Liste markieren und auf die Option INSTALLIEREN klicken.

In der Liste der zur Verfügung stehenden Erweiterungen werden Ihnen noch weitergehende Informationen zu den jeweils zur Verfügung stehenden Erweiterungen angezeigt. Hierzu gehören die VERSION, die Angabe, vom wem die Erweiterung erstellt wurde, der Name des PAKETFEEDS, also der Quelle der Erweiterung, sowie deren STATUS.

10

Installierte Erweiterungen

Im Reiter INSTALLIERTE ERWEITERUNGEN erhalten Sie eine Liste aller installierten Erweiterungen (siehe Abbildung 10.20).

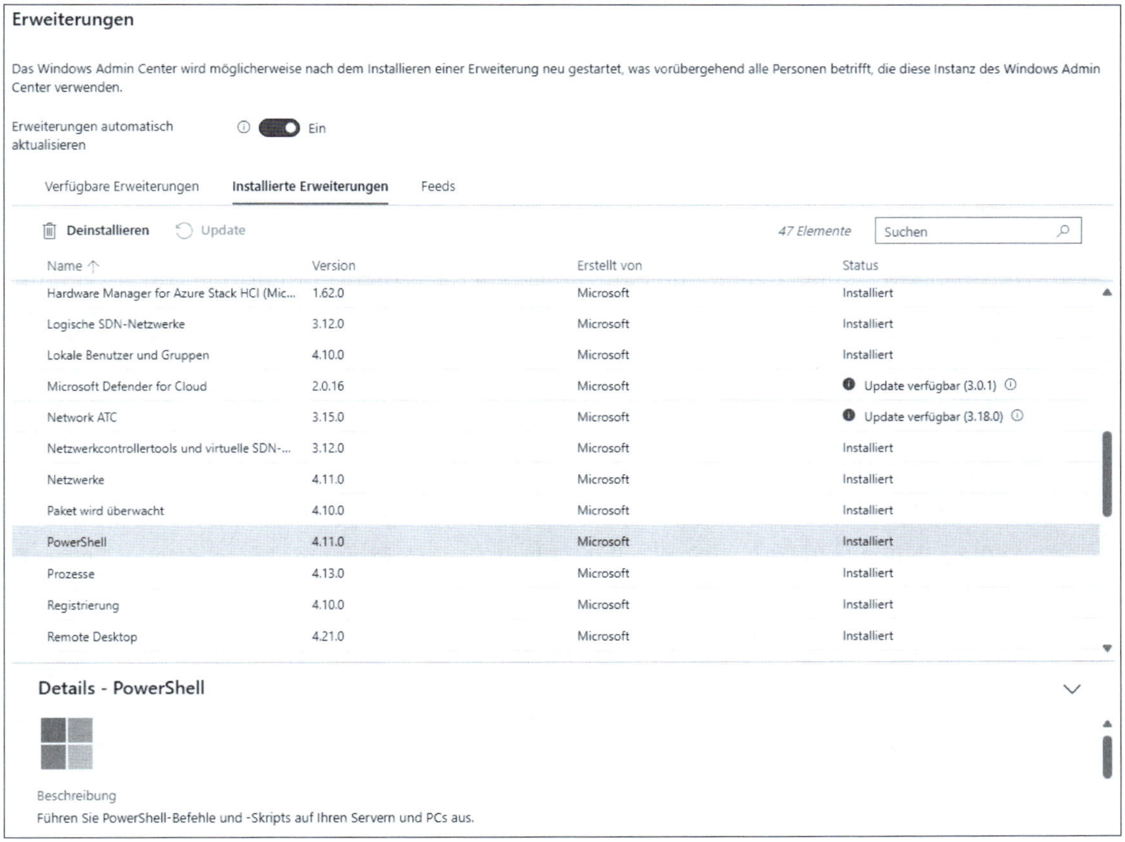

Abbildung 10.20 Installierte »Windows Admin Center«-Erweiterungen

Durch das Markieren von Erweiterungen ergeben sich weitere Optionen. So haben Sie die Möglichkeit, diese wahlweise zu deinstallieren oder durch die Option UPDATE auf die neueste Version zu aktualisieren.

Achten Sie darauf, dass Sie bei erneuter Installation des Windows Admin Centers, etwa im Rahmen eines Upgrades oder bei Änderungen an der bestehenden Installation, die Erweiterungen erneut installieren müssen.

Feeds

Der Reiter FEEDS listet alle Paketfeeds auf, die Ihrem Windows Admin Center bekannt sind. Sie können hier sowohl weitere Feeds hinterlegen als auch bestehende entfernen (siehe Abbildung 10.21). Durch das Hinzufügen weiterer Feeds stehen Ihnen weitere Quellen für die Installation von Erweiterungen zur Verfügung.

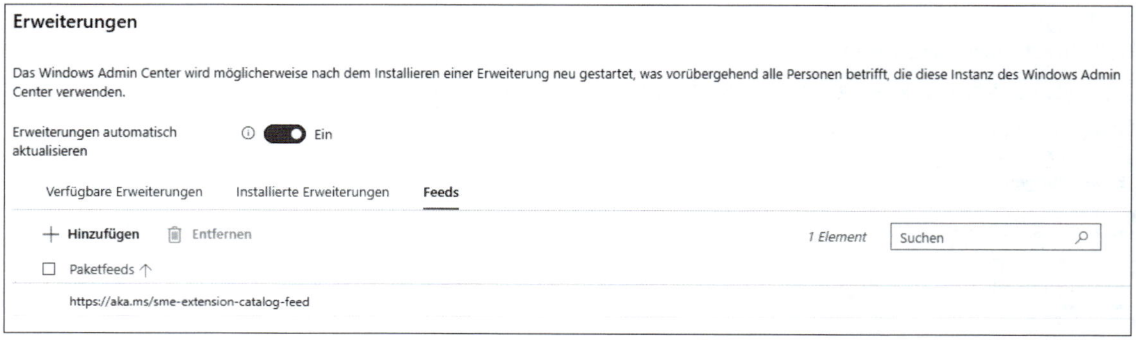

Abbildung 10.21 Hinterlegte Paketfeeds im Windows Admin Center

Das Windows Admin Center unterstützt mehrere Feeds für die Installation von Erweiterungen zur selben Zeit. Zu den unterstützten Formaten für die Einbindung als Feed zählen die NuGet-V2-API, die als URL hinterlegt wird, sowie Dateifreigaben.

Nachdem Sie weitere Feeds hinzugefügt und einen Refresh im Browser durchgeführt haben, sind die neuen Feeds aktiv. Wenn Sie nun verfügbare Erweiterungen abfragen, erhalten Sie auch Erweiterungen aus den von Ihnen hinzugefügten Feeds aufgelistet, um diese installieren zu können.

Sollte sich Ihre Installation des Windows Admin Centers in einem abgeschotteten Netzwerk befinden und somit keinen Zugang zum Internet haben, ist der Zugriff auf die Erweiterungsfeeds nicht möglich. Es ist jedoch auch möglich, Erweiterungen herunterzuladen und diese offline in Ihrem Windows Admin Center bereitzustellen. Verwenden Sie dazu folgende Seite:

https://dev.azure.com/WindowsAdminCenter/Windows%20Admin%20Center%20Feed/_artifacts/feed/WAC

Öffnen Sie auf der Website die von Ihnen benötigte Erweiterung, und verwenden Sie die Option DOWNLOAD, um die *.nupkg*-Datei herunterzuladen (siehe Abbildung 10.22). Wiederholen Sie dies für alle von Ihnen benötigten Erweiterungen.

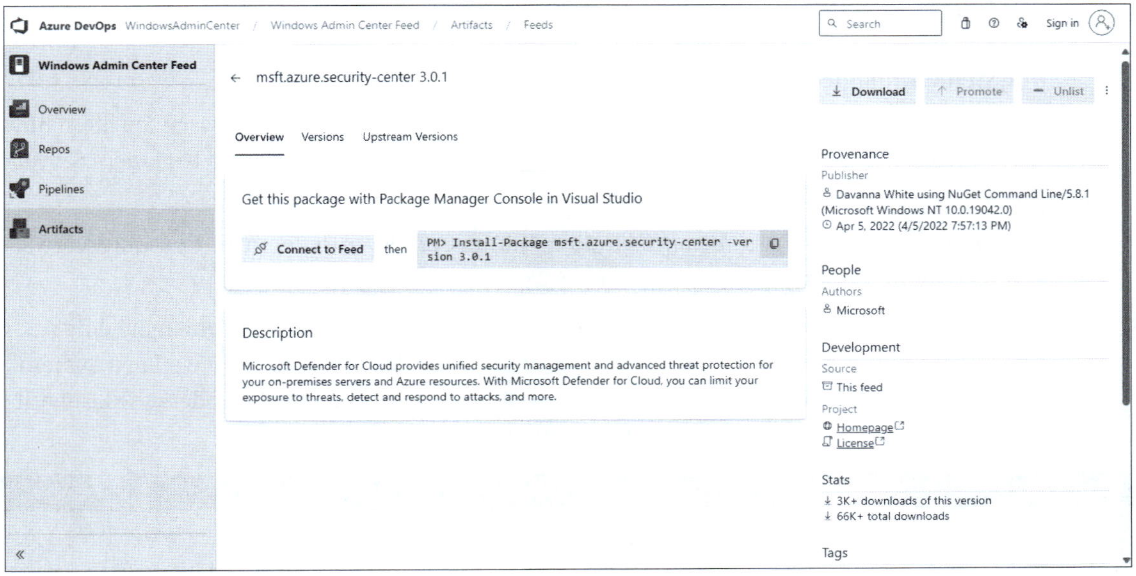

Abbildung 10.22 Standard-Feeds-Website zum Download der .nupkg-Dateien

Wenn Sie alle gewünschten Erweiterungen heruntergeladen haben, kopieren Sie diese auf den Server bzw. Client Ihrer WAC-Installation. Um die Installation vornehmen zu können, wechseln Sie im WAC in die EINSTELLUNGEN und öffnen unter den GATEWAY-Einstellungen die Registerkarte ERWEITERUNGEN. Dort finden Sie den Reiter FEEDS, unter dem Sie die Option HINZUFÜGEN finden können. Hier können Sie sowohl URLs als auch UNC-Pfade angeben. Hinterlegen Sie an dieser Stelle den UNC-Pfad zu den *.nupkg*-Dateien. Wenn Sie nun einen Refresh in Ihrem Browser durchführen, stehen Ihnen die in dem UNC-Pfad abgelegten Erweiterungen zur Installation in Ihrem Windows Admin Center zur Verfügung.

10.1.9 Systeme verwalten

Das Windows Admin Center ermöglicht es Ihnen, sämtliche Server- und Clientbetriebssysteme in Ihrer Infrastruktur zentral zu verwalten. Hierbei sind die Möglichkeiten der Verwaltung sehr tiefgehend und werden kontinuierlich weiterentwickelt. Dies wird durch den modularen Aufbau ermöglicht, der mithilfe von Erweiterungen dynamisch vergrößert und verbessert werden kann.

Voraussetzung für das Verwalten von Servern und Clients ist die passende Version des zu verwaltenden Systems (siehe hierzu Tabelle 10.2). Außerdem muss das zu verwaltende Betriebssystem über ein installiertes WMF 5.1 *(Windows Management Framework)* oder höher verfügen.

Systeme einbinden

Um mit dem Windows Admin Center Systeme verwalten zu können, müssen Sie diese hinzufügen: bei einem Clientbetriebssystem in der *Computerverwaltung* und bei einem Serverbetriebssystem in der *Serververwaltung*.

Hierzu wechseln Sie links oben im Windows Admin Center entweder in die Computerverwaltung oder in die Serververwaltung und verwenden dort den Button HINZUFÜGEN.

In dem Dialog, der sich nun auf der rechten Hälfte der Website öffnet, finden Sie eine Auswahl von Systemen, die Sie hinzufügen können. Nach der Auswahl des jeweiligen Systems können Sie wahlweise den FQDN des zu verwaltenden Systems eingeben oder eine Liste mithilfe einer Textdatei importieren (siehe Abbildung 10.23).

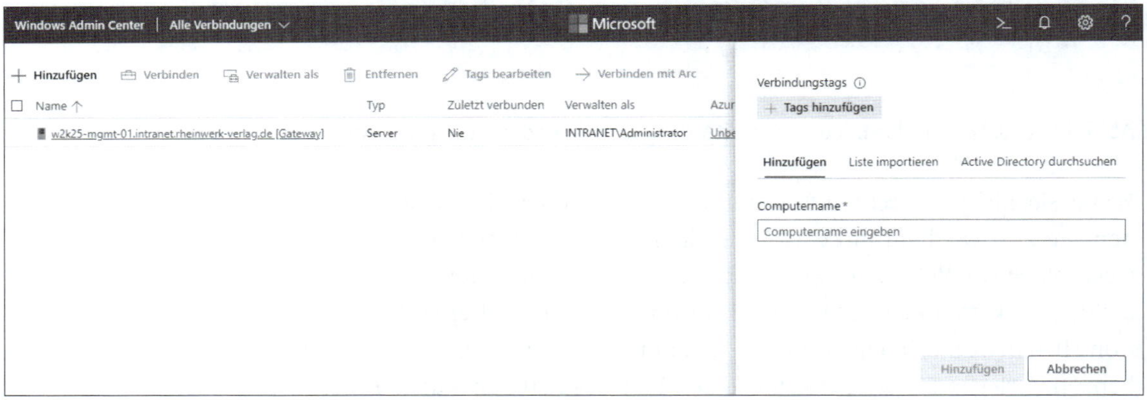

Abbildung 10.23 Hinzufügen von Windows-Clients

Außerdem können Sie ein Tag für das oder die zu verwaltenden Systeme hinterlegen, was später das Filtern der hinzugefügten Systeme vereinfacht.

Um einen Import durchführen zu können, verwenden Sie eine CSV-Datei und hinterlegen dort die zu importierenden Systeme (siehe Abbildung 10.24).

Für die Bereitstellung von identischen Systemübersichten, wie dies im Falle von servicespezifischen Abteilungen im Regelfall notwendig ist, können Sie aus einer bestehenden bereits konfigurierten Windows Admin Center-Sitzung die zu verwaltenden Systemverbindungen exportieren und z. B. für einen neuen Mitarbeiter importieren. Hierbei bleiben die Zuordnung und das jeweilige Tag für die zu verwaltenden Systemverbindungen erhalten.

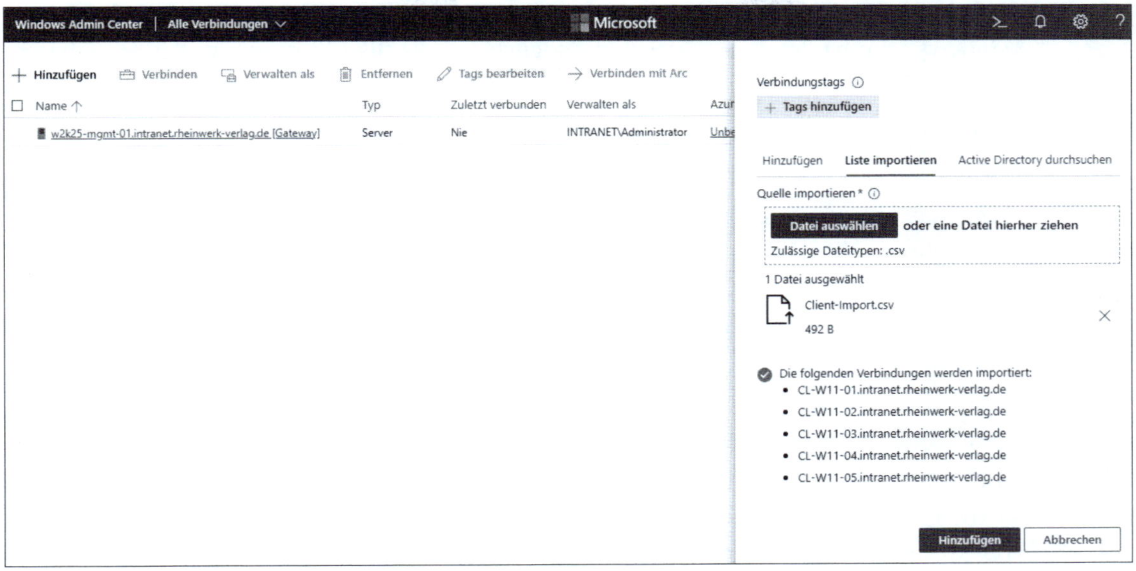

Abbildung 10.24 Hinzufügen von Windows-Clients per Importdatei

Verwenden Sie für den Export der bestehenden Systemverbindungen das PowerShell-Skript aus Listing 10.1:

```
Import-Module "$Env:ProgramFiles\windows admin center\PowerShell\Modules\
  ConnectionTools"
Export-Connection "https://W2k25-MGMT01.intranet.rheinwerk-verlag.de" `
  -fileName "WAC-Verbindungen.csv"
```

Listing 10.1 Export der Systemverbindungen

Beachten Sie, dass der Export im Kontext des Benutzers durchgeführt werden muss, der als Quelle dient.

Um die nun erstellte Exportdatei wieder importieren zu können, melden Sie sich mit dem Benutzer an, für den der Import erfolgen soll. Verwenden Sie den PowerShell-Aufruf aus Listing 10.2:

```
Import-Module "$Env:ProgramFiles\windows admin center\PowerShell\Modules\
  ConnectionTools"
Import-Connection "https:// W2k25-MGMT01.intranet.rheinwerk-verlag.de " `
  -fileName "WAC-Verbindungen.csv"
```

Listing 10.2 Import der Systemdatei aus Abschnitt Listing 10.1

Wichtig ist hierbei, dass diese Funktion des Exports und Imports per PowerShell nur mit Windows Admin Center-Installationen möglich ist, die als Gateway-Installation bereitgestellt wurden.

Nachdem der Import oder das manuelle Eintragen der Clients erfolgt ist, stehen die Clients in der Liste der Computerverwaltung zur Auswahl zur Verfügung.

Durch das Anklicken der jeweiligen Clientnamen in der Auflistung der COMPUTERVERWALTUNG öffnet sich nun die Verwaltung für das ausgewählte System. Hier steht Ihnen eine große Auswahl an Möglichkeiten zur Konfiguration des ausgewählten Systems zur Verfügung. Beachten Sie, dass wir hier nur die standardmäßig verfügbaren Erweiterungen beleuchten.

Windows-Betriebssysteme verwalten

Grundsätzlich werden im Windows Admin Center Clientbetriebssysteme in der COMPUTERVERWALTUNG aufgelistet und können so verwaltet werden. Die eingebundenen Serverbetriebssysteme finden Sie in der SERVERVERWALTUNG.

Je nachdem, ob es sich um ein Client- oder ein Serverbetriebssystem handelt, stehen Ihnen unterschiedliche Funktionen zur Verwaltung der Zielsysteme zur Verfügung.

Im Falle von Clientbetriebssystemen sind dies die folgenden Funktionen:

- Übersicht
- Apps und Features
- Container
- Dienste
- Ereignisse
- Firewall
- Geplante Aufgaben
- Geräte
- Lokale Benutzer und Gruppen
- PowerShell
- Prozesse
- Registrierung
- Remotedesktop
- Speicher
- Zertifikate

Wenn Sie ein Serverbetriebssystem verwalten, kommen zu den bereits gelisteten Funktionen der Clientbetriebssysteme noch die folgenden hinzu:

- Daten
- Installierte Apps (anstelle von Apps und Features)
- Netzwerk
- Rollen und Features
- Storage Migration Service
- Systemdaten
- Updates

Verwaltungsfunktionen

Unter ÜBERSICHT (siehe Abbildung 10.25) können Sie den Namen des Systems ändern, es neu starten oder herunterfahren. Außerdem finden Sie in der Übersicht eine Auflistung der wichtigsten Daten des Systems. Zum Beispiel sehen Sie hier den Namen des Computers, seine Zugehörigkeit zu einer Domäne, die Version des Betriebssystems sowie relevante Hardwaredaten.

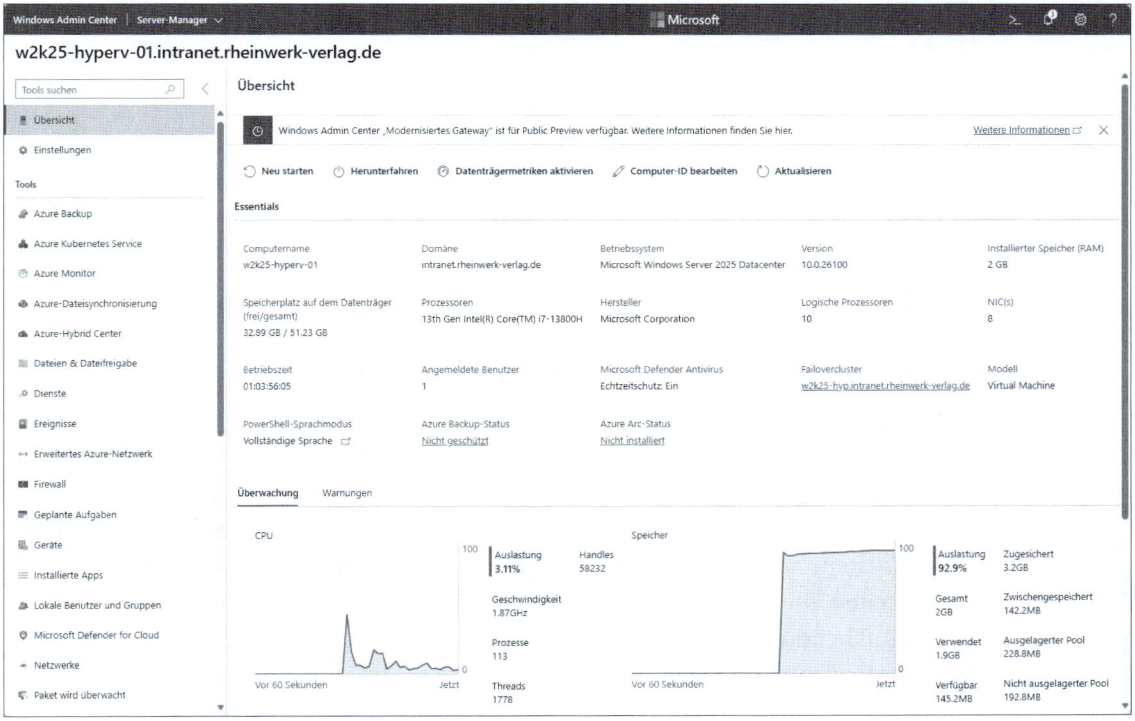

Abbildung 10.25 Serverübersicht im Windows Admin Center

Darüber hinaus wird die Übersicht noch um Live-Performance-Daten ergänzt. Hierdurch erhalten Sie einen Eindruck von der aktuellen Auslastung des Systems während der letzten

60 Sekunden: Es wird jeweils die Auslastung der CPU, des Arbeitsspeichers, der Datenträger und der Netzwerkadapter angezeigt.

- Das Feld APPS UND FEATURES (siehe Abbildung 10.26) gliedert sich in zwei Optionen:
  - Unter APPS können Sie die auf dem System installierten Anwendungen deinstallieren.
  - Der Reiter FEATURES ermöglicht es Ihnen, die auf dem System zur Verfügung stehenden Funktionen wahlweise zu aktivieren bzw. zu deaktivieren.

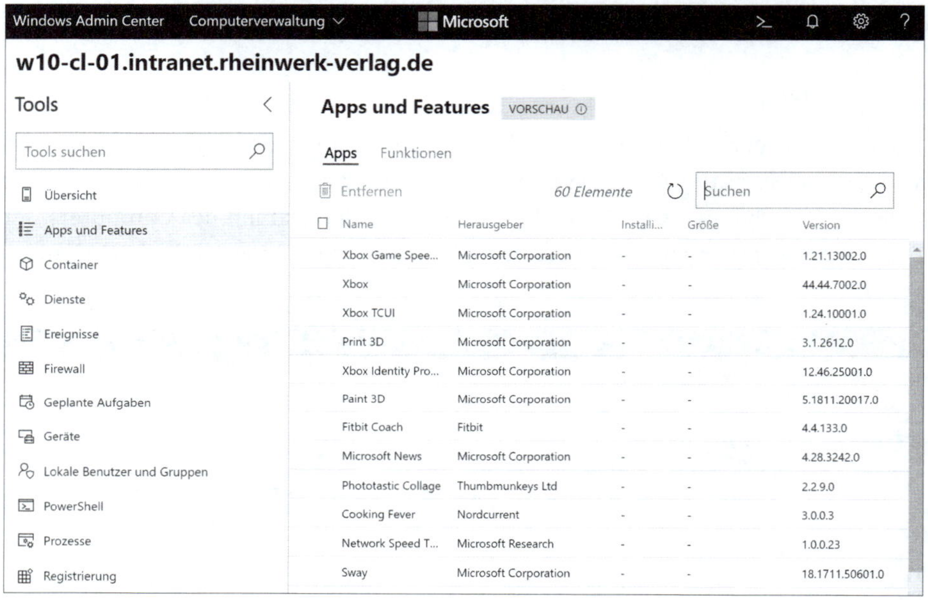

Abbildung 10.26 Auflistung der vorhandenen Anwendungsinstallationen

- Unter der Registerkarte CONTAINER verwalten Sie Docker-Container.
- Bei der Funktion DATEIEN & DATEIFREIGABEN (siehe Abbildung 10.27) handelt es sich um einen einfachen Dateiexplorer, mit dem Sie auf das Dateisystem des zu verwaltenden Servers zugreifen. Sie können so durch das Dateisystem browsen, neue Ordner erstellen, komprimierte Dateien entpacken, Dateien und Ordner löschen oder sie über den Browser im Dateisystem hochladen und herunterladen. Somit stehen Ihnen die grundlegenden Möglichkeiten zum Eingriff in das Dateisystem zur Verfügung, ohne dass Sie direkten SMB-Zugriff benötigen. Außerdem können Sie auch bereits erstellte SMB-Freigaben anzeigen, ändern oder neu anlegen.
- In dem Reiter DIENSTE (siehe Abbildung 10.28) erhalten Sie Zugriff auf die Dienste, die auf dem System ausgeführt werden – ganz wie in der Managementkonsole *Dienste*. Sie können Dienste starten, beenden und anhalten. Außerdem können Sie auch Zugriff auf die Einstellungen der Dienste nehmen und deren Startverhalten sowie die auszuführende Datei und deren Parametrisierung beeinflussen. Auch das Verhalten des Dienstes im Fehlerfall und der zu verwendende Benutzer können hier verändert werden.

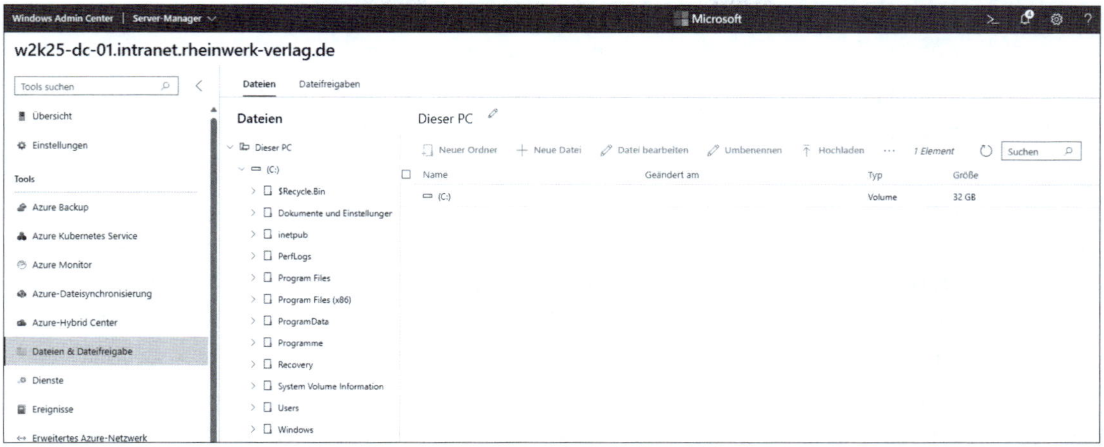

Abbildung 10.27 Dateisystemzugriff per Browser über das Windows Admin Center

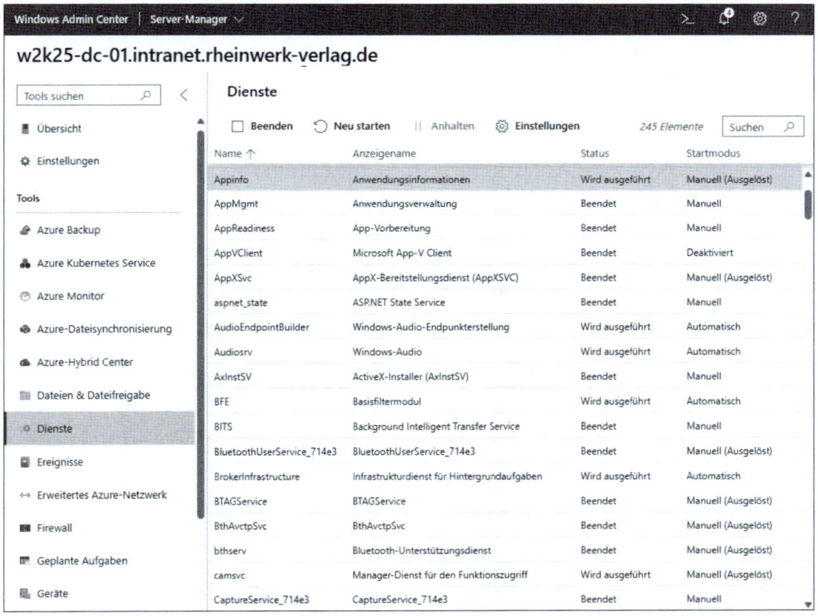

Abbildung 10.28 Auflistung der Betriebssystemdienste im Windows Admin Center

- Wenn Sie bisher die Managementkonsole *Ereignisanzeige (Event-MMC)* verwendet haben, werden Sie die Filtermöglichkeiten von Event-Log-Einträgen im Windows Admin Center unter dem Reiter EREIGNISSE bevorzugen. Das Windows Admin Center bietet Zugriff auf alle verfügbaren Event-Logs des verwalteten Betriebssystems und filtert im Gegensatz zu der Event-MMC die Daten sehr schnell.
- Nachdem Sie Ihr Windows Admin Center in Azure registriert haben, können Sie über die Registerkarte ERWEITERTES AZURE-NETZWERK die lokal in Ihren virtuellen Systemen kon-

figurierten Subnetze erweitern, um sie bei der Migration dieser Systeme nach Azure zu nutzen, ohne dass Sie das Netzwerk anpassen müssen.

- Das Windows Admin Center bietet Ihnen unter FIREWALL Zugriff auf die Firewall-Profile und die eingehenden sowie ausgehenden Firewall-Regeln.
- GEPLANTE AUFGABEN lassen sich mit dem Windows Admin Center nur partiell verwalten. Die Möglichkeiten der Verwaltung begrenzen sich aktuell auf das Anlegen neuer sowie das Editieren bereits vorhandener Aufgaben. Außerdem können Sie vorhandene Aufgaben starten, beenden oder löschen. Die vorhandene MMC zur Verwaltung der geplanten Aufgaben bietet hier aktuell noch mehr Möglichkeiten, z. B. den Export und Import von Aufgaben im XML-Format.
- Unter GERÄTE finden Sie eine Auflistung aller vorhandenen Geräte des ausgewählten Systems sowie weitergehende Informationen, etwa zu den verwendeten Treibern. Zu den ausführbaren Optionen gehören das Deaktivieren von Geräten sowie die Aktualisierung der Treiber.
- Die Option INSTALLIERTE APPS bietet Ihnen eine Übersicht über alle Software-Pakete, die auf dem Zielsystem installiert sind. Sie können diese auch gezielt entfernen.
- Das Anlegen lokaler Benutzer und das Hinzufügen von Benutzern zu den lokalen Gruppen ist ebenfalls direkt aus dem Windows Admin Center möglich, und zwar auf dem Reiter LOKALE BENUTZER UND GRUPPEN. Natürlich besteht hier auch die Möglichkeit, diese bei Bedarf zu entfernen oder deren Kennwörter zu ändern.
- Das Registrieren Ihrer lokalen Systeme in *Microsoft Defender for Cloud* ist über die gleichnamige Registerkarte möglich. Hiermit bietet Ihnen Microsoft für Ihre lokalen Systeme in ein zentrales Sicherheitsmanagement und einen umfassenden Bedrohungsschutz.
- Unter NETZWERKE finden Sie eine Auflistung der im Zielsystem verfügbaren Netzwerkadapter sowie detaillierte Hardware- und Konfigurationsinformationen zu den jeweils ausgewählten Adaptern. Sie können in diesem Menüpunkt auch die IPv4- und IPv6-Konfiguration der Adapter vornehmen. Außerdem können Sie den neuen Azure-Netzwerkanschluss dem Zielsystem hinzufügen. Diese Option ist jedoch erst mit Windows Server 2019 oder neuer verfügbar.
- Bisher mussten Sie für das Erstellen von Netzwerkverfolgungen mit Port-Spiegelungen arbeiten oder umständlich andere Tools wie *Wireshark* installieren. Das wird mit der Option PAKET WIRD ÜBERWACHT nun einfacher. Für Traces werden die Filtertreiber von Wireshark und des Payload Parser auf dem Zielsystem installiert und die Paketverfolgung direkt im Windows Admin Center zur Verfügung gestellt.
- Mit dem Windows Admin Center können Sie direkt auf die lokale POWERSHELL-Konsole des zu verwaltenden Systems zugreifen (siehe Abbildung 10.29). Hierdurch ist es möglich, unabhängig von einer PowerShell-Konsole eine Verbindung über die bestehende Browserverbindung herzustellen, wobei die PowerShell-Verbindung vom Windows Admin Server aufgebaut und lediglich die Ausgabe an den Webbrowser umgeleitet wird.

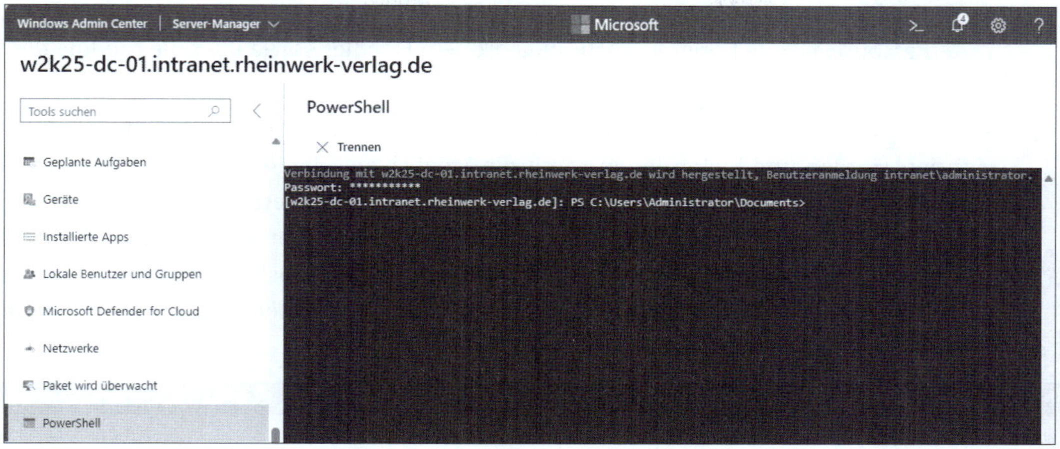

Abbildung 10.29 Die PowerShell-Konsole von Windows Admin Center

- Um die Systemauslastung und deren Ursachen ermitteln zu können, mussten Sie bisher immer eine Remoteverbindung zu den Systemen aufbauen, die Sie verwalten wollen. Dies ist durch das Windows Admin Center nicht mehr nötig. In dem Menüpunkt PROZESSE erhalten Sie eine Auflistung aller ausgeführten Prozesse auf dem Zielsystem und können diese bei Bedarf beenden (siehe Abbildung 10.30).

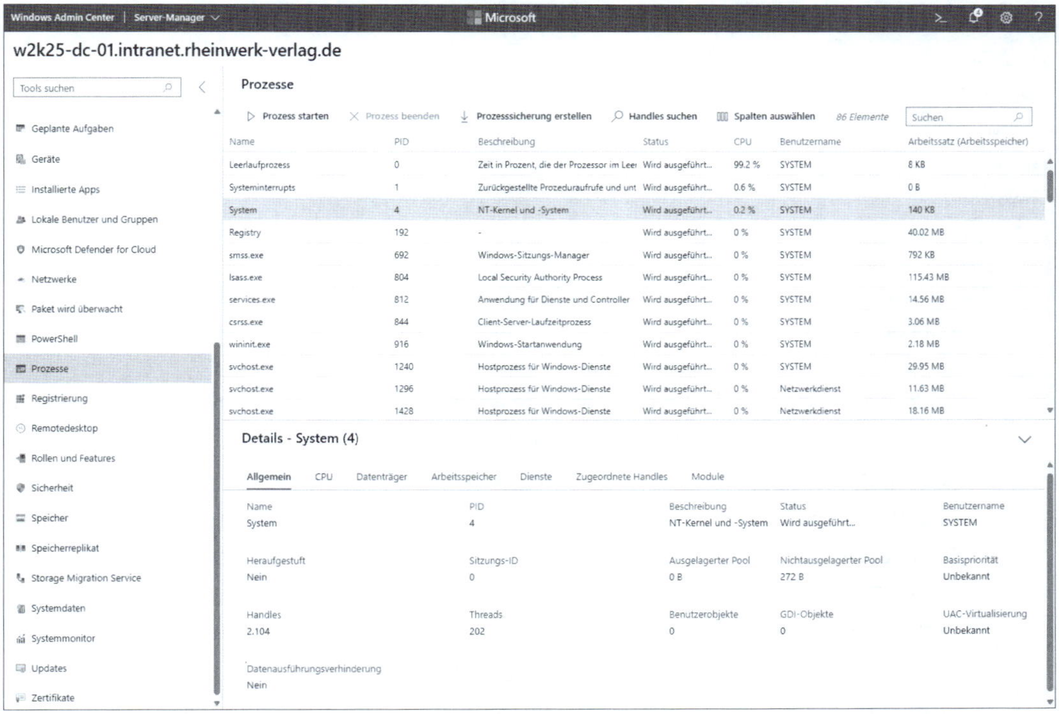

Abbildung 10.30 Auflistung der auf dem Zielsystem ausgeführten Prozesse

Außerdem erhalten Sie zu jedem Prozess weiterführende Informationen über verbrauchte Ressourcen, zugehörige Dienste, zugeordnete Handles sowie über die Module des jeweiligen Prozesses.

- Die Funktionen der REGISTRIERUNG sind ebenfalls in das Windows Admin Center integriert worden und bieten Ihnen somit die Möglichkeit, die Registry Ihrer Systeme von einem entfernten Computer aus einzusehen und zu verändern (siehe Abbildung 10.31). Hierbei verfügen Sie über die Standardfunktionen eines Editors zum Erstellen, Modifizieren und Löschen von Registry-Schlüsseln. Diese Form des Registry-Zugriffs ist von Vorteil, wenn Sie in größeren Umgebungen an einer Vielzahl von Systemen die Registry überprüfen oder verändern müssen.

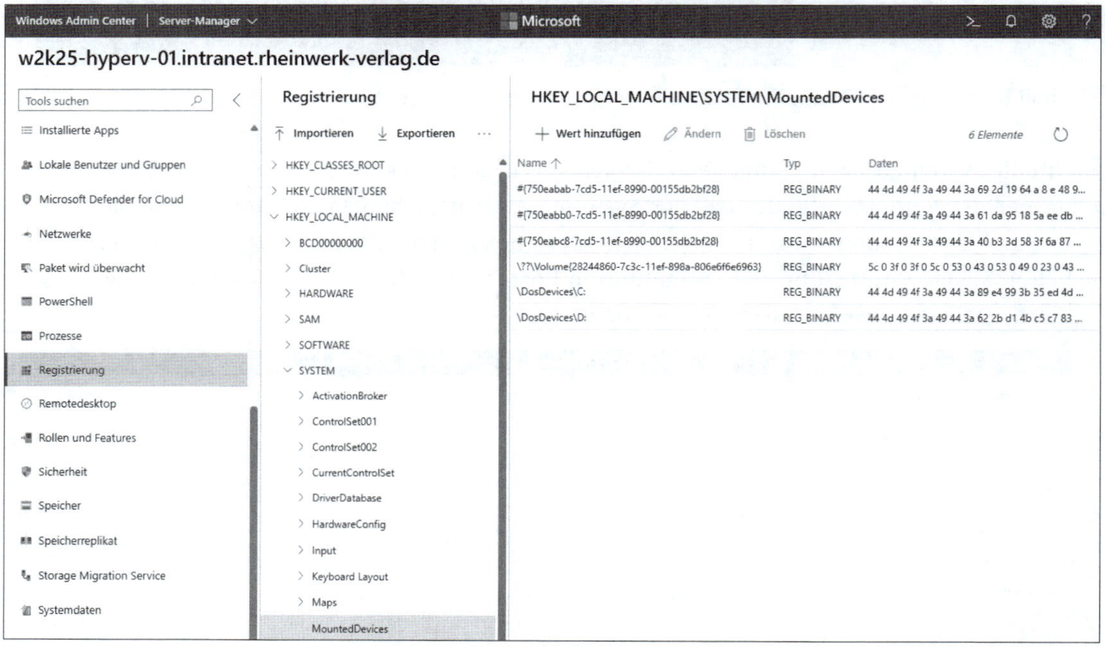

Abbildung 10.31 Remote Registry-Zugriff durch das Windows Admin Center

Sie können hier auch bereits bestehende Registry-Strukturen exportieren, um diese dann auf anderen Systemen wieder zu importieren.

Sollten Sie trotz der bereitgestellten Funktionen des Windows Admin Centers dennoch eine RDP-Verbindung zu einem Server herstellen müssen, so ist dies auch direkt aus dem Browser heraus möglich. Hierzu bietet das Windows Admin Center Ihnen unter REMOTEDESKTOP die Möglichkeit, direkt im aktiven Browserfenster die Remoteverbindung zu verwenden (siehe Abbildung 10.32).

- Die Option ROLLEN UND FEATURES ermöglicht Ihnen die direkte Installation und Deinstallation von Rollen und Features auf dem Zielsystem (siehe Abbildung 10.33).

Abbildung 10.32 Remote-Verbindung, hergestellt durch das Windows Admin Center

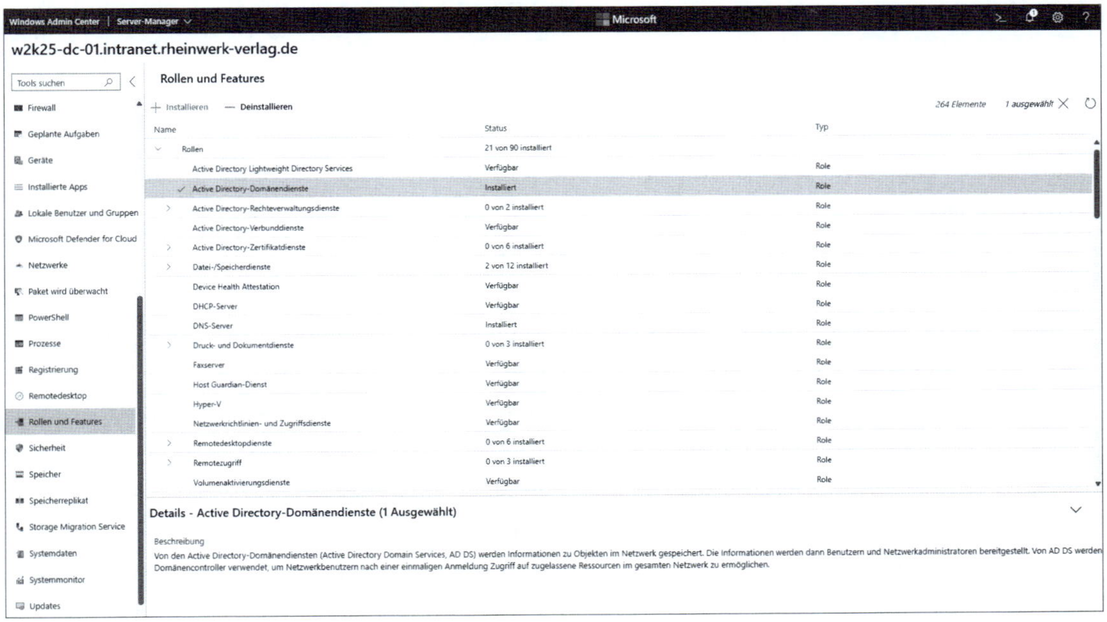

Abbildung 10.33 Windows Admin Center – »Rollen und Features«

- Über die Option SICHERHEIT können Sie den Status des Viren- und Bedrohungsschutzes abfragen sowie neue Überprüfungen manuell starten oder mit entsprechenden Zeitplänen versehen. Zudem erhalten Sie hier auch einen kalkulierten Security-Score, der den Sicherheitszustand des Systems auf Basis von Metriken darstellt, die von Microsoft festgelegt werden.

- Auch der Datenträger-Manager wurde von Microsoft im Windows Admin Center abgebildet. Auf diese Weise können Sie nun auch die Datenträger Ihrer Zielsysteme über den Browser verwalten. Nutzen Sie dazu den Punkt SPEICHER (siehe Abbildung 10.34). Es wurden hierbei alle notwendigen Funktionen implementiert: das Anlegen neuer (virtueller) Volumes, das Verändern der Datenträgergröße, das Zuordnen des Laufwerks-Mappings, das Formatieren der Volumes und das Löschen der Volumes.

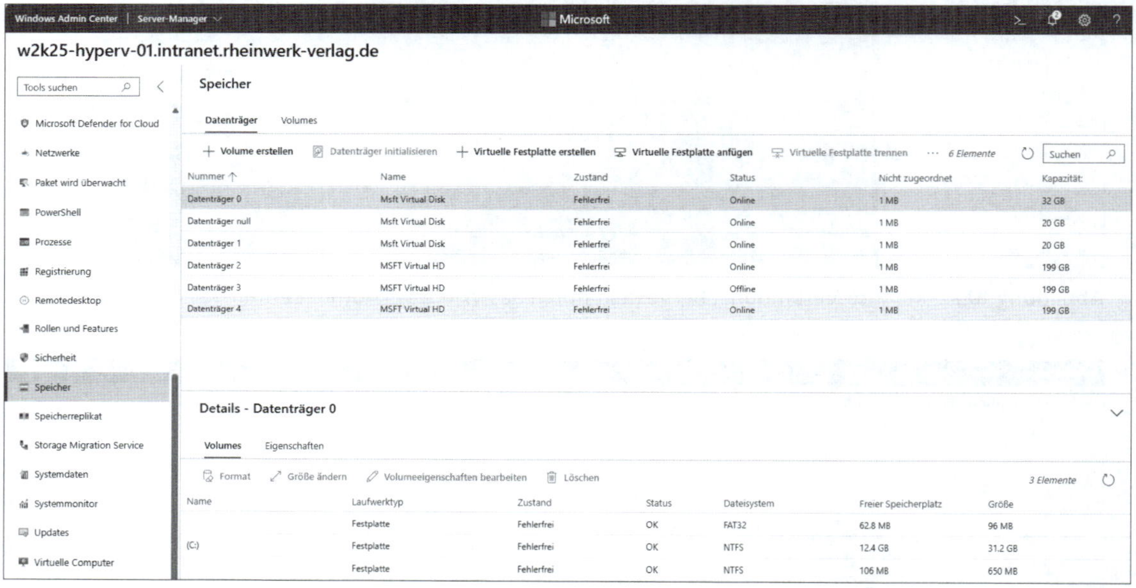

Abbildung 10.34 Windows Admin Center – Datenträgerverwaltung

Außerdem können Sie hier auch Zugriff auf die vorhandenen Dateifreigaben nehmen und bei Bedarf neue anlegen oder bestehende verändern sowie löschen.

- Unter dem Punkt SPEICHER können Sie die Speicherreplikation des Zielsystems mit weiteren Servern konfigurieren. Sollte diese Funktion nicht vorhanden sein, wird das Windows Admin Center Ihnen anbieten, sie zu installieren.
- Die Option SPEICHERREPLIKAT stellt zusammen mit den dazugehörigen PowerShell Kommandos die einzige Möglichkeit dar, um Speicherreplikate zu konfigurieren. Sehen Sie hierzu auch Kapitel 9.
- Die Funktion STORAGE MIGRATION SERVICE wird seit der Einführung von Windows Server 2019 bereitgestellt. Sie kann aktuell nur mit der PowerShell oder eben dieser Option im Windows Admin Center verwaltet werden. Weitere Informationen zum Storage Migration Service finden Sie in Kapitel 9 und Kapitel 12.

- Mit der Option SYSTEMDATEN können Sie Prognosen zur Ressourcenauslastung des jeweils ausgewählten Zielsystems erstellen. Auf Basis bekannter Auslastungsdaten des Zielsystems kalkuliert das Windows Admin Center mögliche Werte in der Zukunft.

  Sie können diese Funktion seit Windows Server 2019 auch über den Server-Manager und über die PowerShell bereitstellen:

  ```
  Add-WindowsFeature System-Insights -IncludeManagementTools
  ```

  Diese Funktion ist erst mit Windows Server 2019 im Build 17692 oder höher verfügbar.
- Mit dem SYSTEMMONITOR prüfen Sie Leistungsindikatoren für das Betriebssystem, Anwendungen und Hardwarekomponenten und vergleichen sie mit bestehenden Daten.
- Mit der Erweiterung UPDATES (siehe Abbildung 10.35) ist keine Remoteverbindung zum Zielsystem mehr notwendig, um die Windows Updates einspielen zu können. Sie können ausstehende Updates direkt aus dem Windows Admin Center auf dem Zielsystem einspielen und den notwendigen Neustart planen oder direkt ausführen.

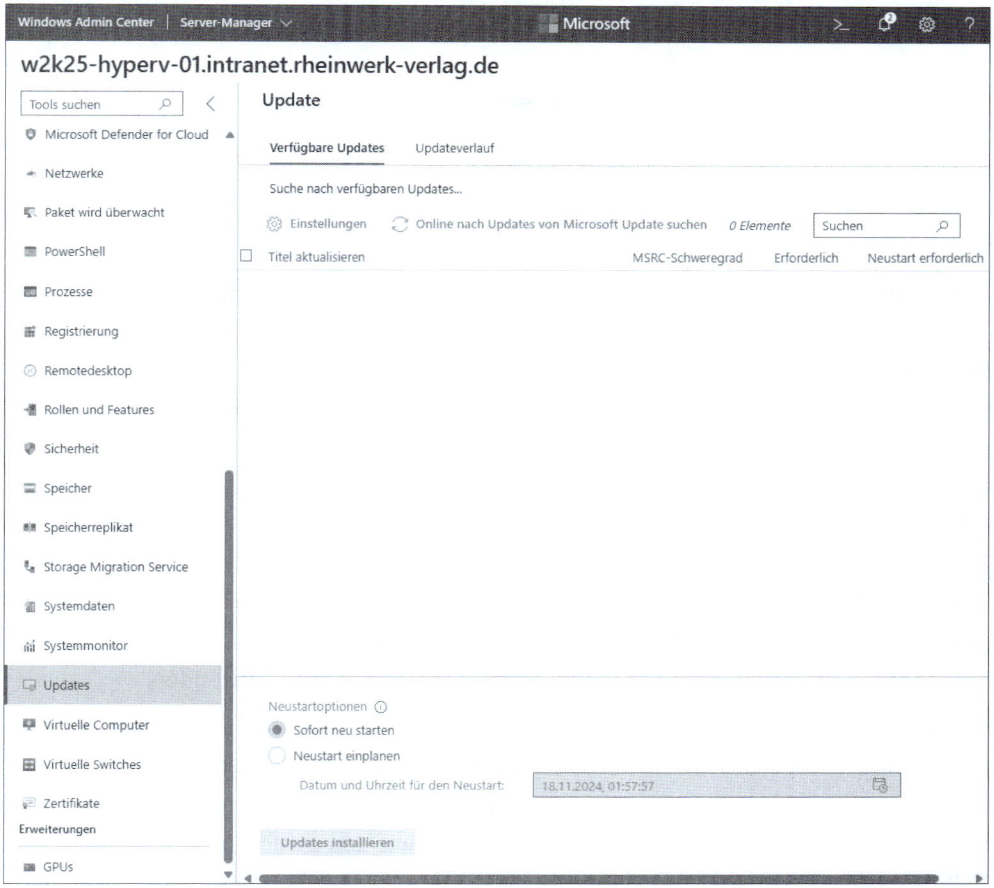

Abbildung 10.35 Windows Admin Center – Zugriff auf den »Windows Update«-Dienst des Zielsystems

- Die Optionen VIRTUELLER COMPUTER und VIRTUELLE SWITCHES dienen der Verwaltung von Hyper-V-Systemen und den VMs. Weitere Informationen finden Sie im Kapitel 8.
- Das Verwalten des lokalen Zertifikatspeichers ist ebenfalls mit dem Windows Admin Center möglich (siehe Abbildung 10.36). Die Übersicht vermittelt einen guten Eindruck davon, wie viele ZERTIFIKATE auf dem Zielsystem eingespielt sind, und vor allem davon, welche Zertifikate bereits abgelaufen sind. Auch können Sie zwischen dem Speicher des Computer-Objekts und dem Speicher des angemeldeten Benutzers direkt wechseln.

  Außerdem können Sie detaillierte Informationen für ausgewählte Zertifikate direkt auslesen, neue Zertifikate anfordern oder bestehende erneuern, sie exportieren und löschen.

Abbildung 10.36 Remote-Zugriff auf den Zertifikatspeicher des Zielsystems

Failovercluster verwalten

Das Einbinden von Failoverclustern erfolgt im Windows Admin Center unter der Option FAILOVERCLUSTER. Gehen Sie dazu so vor, wie es weiter oben im Abschnitt »Systeme einbinden« beschrieben und in Abbildung 10.23 dargestellt wurde. Anders als bei der direkten Einbindung von Systemen verwenden Sie jedoch den Failoverclusternamen des Clusters, den Sie verwalten wollen (siehe Abbildung 10.37). Die Auflösung aller im Failovercluster vorhandenen Clusterknoten erfolgt dann automatisch durch das Windows Admin Center.

Durch das Einbinden des Failoverclusters erhalten Sie die Möglichkeit, folgende Funktionen im Rahmen der Verwaltung über das Windows Admin Center zu verwenden:

- Die ÜBERSICHT liefert Ihnen detaillierte Informationen über den Zustand Ihres Failoverclusters und bietet Ihnen die Möglichkeit, Clusterressourcen zu verwalten.
- Die Option DATENTRÄGER liefert Ihnen eine Auflistung sämtlicher Datenträger im Cluster und liefert Ihnen weitergehende Informationen, wie den aktuellen Besitzer und die Auslastung der ausgewählten Datenträger.
- Die Option NETZWERKE zeigt Ihnen die Clusternetzwerke an sowie eine detaillierte Auflistung der darunter liegenden Netzwerkadapter und deren IP-Konfigurationen.

- Unter der Option KNOTEN erhalten Sie eine Auflistung der im Cluster vorhandenen Clusterknoten sowie ihres aktuellen Zustands. Außerdem können Sie hier weitere Clusterknoten in den Cluster aufnehmen. Durch das Anklicken der einzelnen Clusterknoten werden Sie direkt in die Serververwaltung der einzelnen Clusterknoten umgeleitet.
- Unter ROLLEN legen Sie neue leere Clusterrollen an oder verwalten vorhandene.
- Die Funktion UPDATES unterstützt Sie bei der Verwaltung von *Cluster-Aware-Updates*.

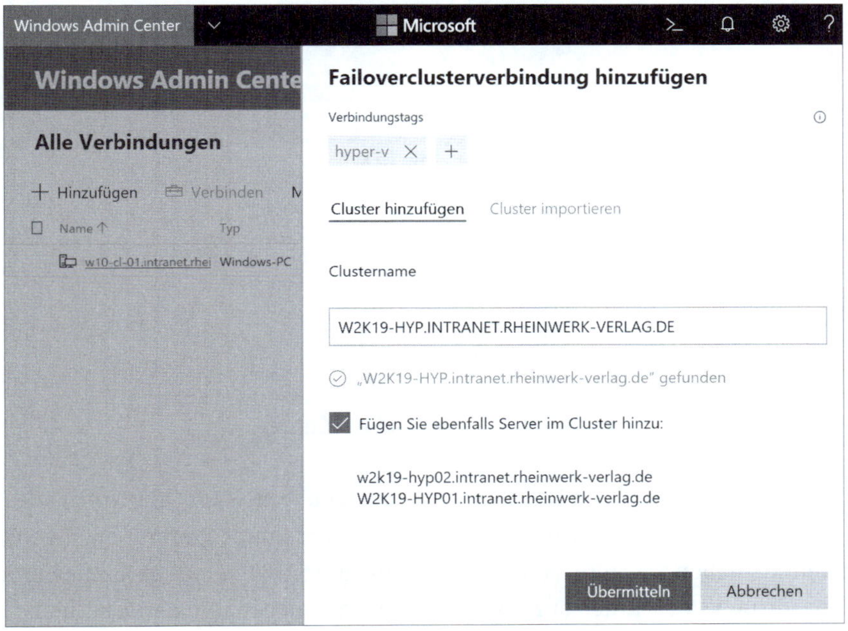

Abbildung 10.37 Einbinden von Failoverclustern

Virtuellen Computer verwalten

Mit dem Windows Admin Center können Sie auch virtuelle Systeme direkt über den Hypervisor verwalten. Sobald ein in das Windows Admin Center eingebundenes Zielsystem über die Rolle *Hyper-V* verfügt, schaltet das Windows Admin Center die Verwaltungsfunktionen für die virtuellen Maschinen dieses Zielsystems frei.

Hierbei handelt es sich um die folgenden Windows Admin Center-Erweiterungen:

- Die Erweiterung VIRTUELLE COMPUTER (siehe Abbildung 10.38) zeigt Ihnen nicht nur Informationen zu Ihren virtuellen Maschinen an, sondern liefert Ihnen sogar eine Zusammenfassung von allen Informationen über den Zustand Ihres Hypervisors.

  Hierzu gehören Auslastungsdaten des Hypervisors und der Status der auf dem System vorhandenen virtuellen Maschinen inklusive ihres aktuellen Zustands. Sie finden auch eine Liste der letzten Ereignisse des Hypervisors.

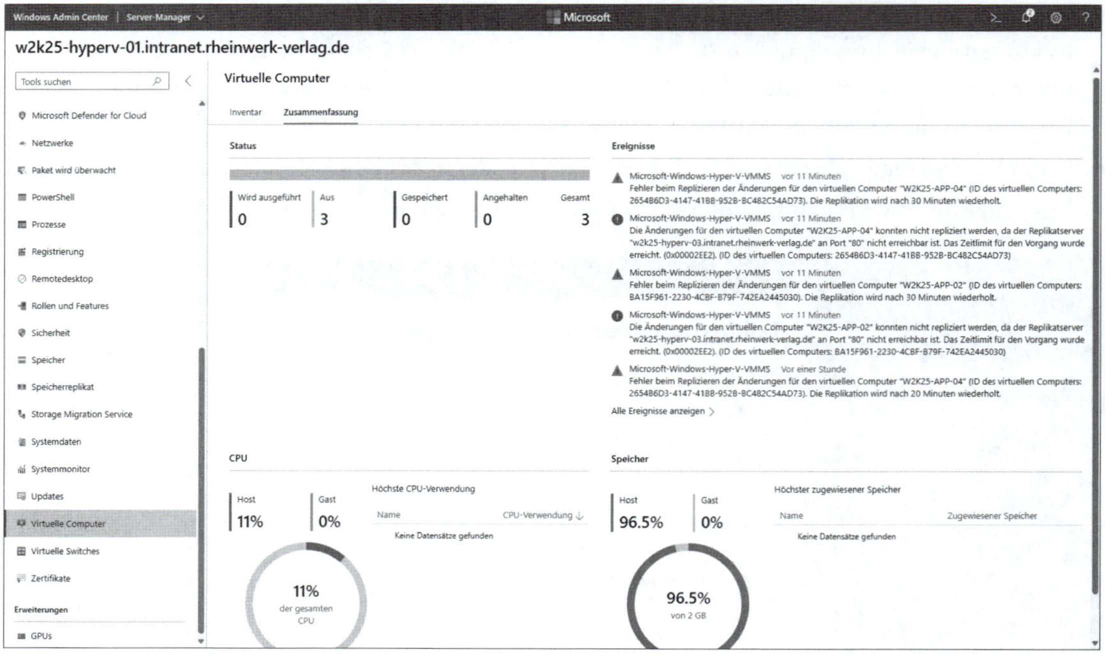

Abbildung 10.38 Übersicht des Hypervisors im Windows Admin Center

- Im Reiter INVENTAR (siehe Abbildung 10.39) erhalten Sie eine Auflistung aller vorhandenen virtuellen Maschinen und ihres aktuellen Zustands und Ressourcenverbrauchs. In der Ansicht des Inventars haben Sie außerdem die Möglichkeit, mithilfe eines vereinfachten Assistenten neue virtuelle Maschinen auf dem Zielsystem anzulegen und deren aktuellen Zustand durch das Starten, Herunterfahren, Anhalten oder Fortsetzen zu verändern.

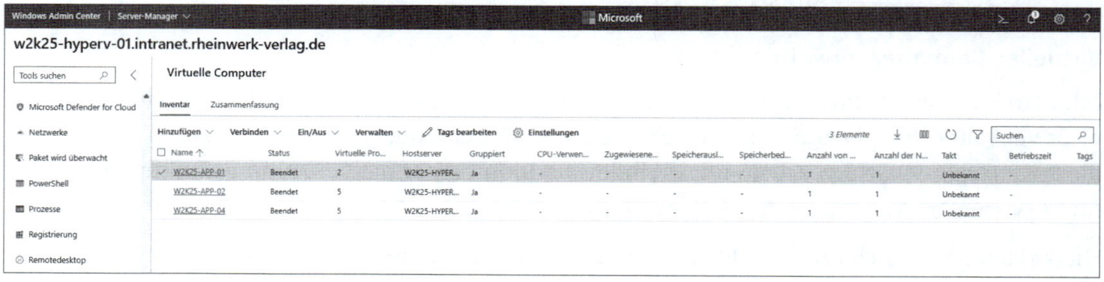

Abbildung 10.39 »Inventar«-Ansicht Ihrer virtuellen Computer

Auch das Erstellen von Prüfpunkten, das Ändern der Einstellungen, das Umbenennen, das Einrichten des VM-Schutzes, das Herunterladen einer RDP-Datei zum Herstellen einer Remoteverbindung sowie das Verbinden per VM-Konsole sind hier möglich.

Wenn Sie die Einstellungen einer virtuellen Maschine verändern wollen, erhalten Sie über die Option EINSTELLUNGEN Zugriff auf ein weiterführendes Menü, das der Hyper-V-Konsole (MMC) in Bezug auf die Konfiguration virtueller Maschinen sehr ähnelt.

- Unter VIRTUELLE SWITCHES werden Ihnen die vorhandenen virtuellen Switches des Zielsystems aufgelistet (siehe Abbildung 10.40). Sie haben hier die Möglichkeit, neue virtuelle Switches anzulegen, bestehende umzubenennen, zu löschen oder sich die Einstellungen des jeweils ausgewählten Switchs anzeigen zu lassen.

  In den Einstellungen des virtuellen Switchs können Sie den Switch-Typ verändern, physische Netzwerkadapter an den virtuellen Switch anbinden sowie festlegen, ob der jeweils ausgewählte physische Netzwerkadapter auch auf dem verwaltenden Betriebssystem freigegeben wird.

Abbildung 10.40 Übersicht der vorhandenen virtuellen Switches des Zielsystems

Hyperkonvergente Infrastruktur verwalten

Das Windows Admin Center unterstützt seit der Version 1804 *Hyper Converged Infrastructure (HCI)* aus dem Hause Microsoft. Dabei werden der Datenspeicher und die Rechenkraft in einem Cluster redundant pro Clusterknoten bereitgestellt, ohne dass teure SAN-Storage-Lösungen notwendig sind. Hier setzt Microsoft nun mit dem Windows Admin Center neue Maßstäbe bei der Verwaltung dieser hochintegrierten Lösungen, indem verschiedene Verwaltungs- und Analysemöglichkeiten eingeführt wurden, die selbst im *System Center Virtual Machine Manager (SCVMM)* in dieser Form zurzeit nicht zur Verfügung stehen.

Das Verwalten von Microsoft HCI ist bereits mit der Betriebssystemversion Windows Server 2016 möglich. Jedoch müssen Sie für das Verwalten von Windows Server 2016 vorab noch das Update KB4103723 (kumulatives Windows-Update für Windows Server 2016 Mai 2018) einspielen und das folgende PowerShell-Kommando auf allen Clusterknoten ausführen:

```
Add-ClusterResourceType -Name "SDDC Management" -dll "$env:SystemRoot\Cluster\
  sddcres.dll" -DisplayName "SDDC Management"
```

Um HCI-Cluster im Windows Admin Center anzubinden, die mittels Windows Server 2019 oder neuer bereitgestellt wurden, sind keine Anpassungen notwendig.

Das Windows Admin Center bietet hierbei umfangreiche Möglichkeiten zur Überwachung der Leistung und Ressourcennutzung des gesamten Clusters. Hinzu kommen erheblich vereinfachte Möglichkeiten zur Bereitstellung und Verwaltung der Clusterknoten.

Beachten Sie, dass notwendige Verwaltungs-APIs in Windows Server 2016 nachträglich bereitgestellt wurden und sich daher leider nicht vollständig in das Windows Admin Center integrieren lassen. Hierdurch stehen einige Verwaltungsfunktionen wie der Leistungsverlauf Ihres HCI-Clusters im Dashboard sowie Informationen über den Deduplizierungs- und Komprimierungsstatus nicht zur Verfügung.

10.2 Server-Manager

Microsoft hat den *Server-Manager* mit Windows Server 2008 erstmalig veröffentlicht und mit ihm versucht, eine einheitliche und zentrale Plattform für die Verwaltung von Windows Server zu etablieren. Mithilfe des Server-Managers sollte es möglich werden, Server remote zu verwalten, ohne dabei auf RDP *(Remote Desktop Protocol)* zugreifen zu müssen. Aufgrund des noch eingeschränkten Funktionsumfangs war dies jedoch nur begrenzt erfolgreich.

Erst die in Windows Server 2012 implementierten Änderungen, um eine größere Auswahl an Servern simultan verwalten zu können, verhalfen dem Server-Manager dazu, die notwendigen Anforderungen an eine zentrale Verwaltung erfüllen zu können. Nach Angaben von Microsoft sollen durch die durchgeführten Änderungen nun – je nachdem, über welche Ressourcen der Verwaltungsserver verfügt – bis zu 100 Remote-Server verwaltet werden können. Hierbei handelt es sich um keine technische Limitierung, sondern um das Maximum, das Microsoft getestet hat. Die Erfahrung hat jedoch gezeigt, dass unabhängig von den lokalen Ressourcen des Verwaltungsservers schon bei weniger Servern keine sinnvolle Verwaltung mehr möglich ist.

Der Server-Manager ist fester Bestandteil des Betriebssystems und muss nicht erst installiert werden, wenn Sie einen Windows Server mit Desktop-Oberfläche installieren.

10.2.1 Lokalen Server verwalten

Der Server-Manager bietet Ihnen die grundlegenden Einstellungen für das lokale Betriebssystem über den Reiter Lokaler Server an (siehe Abbildung 10.41). Hierbei sind jedoch nur wenige Funktionen direkt über den Server-Manager abgebildet worden; in den meisten Fällen verweist der Server-Manager Sie an bereits vorhandene Verwaltungstools des Betriebssystems.

Die Optionen COMPUTERNAME und DOMÄNE beispielsweise führen Sie in die SYSTEMEIGENSCHAFTEN, wo Sie den NetBIOS-Namen des Systems sowie die Zugehörigkeit zu einer Arbeitsgruppe oder Domain konfigurieren können.

Mit den Optionen ZULETZT INSTALLIERTE UPDATES, WINDOWS UPDATE und ZULETZT AUF UPDATES GEPRÜFT führen Sie alle Windows Update-Konfigurationen in der neuen Windows-UI *(User Interface)* durch.

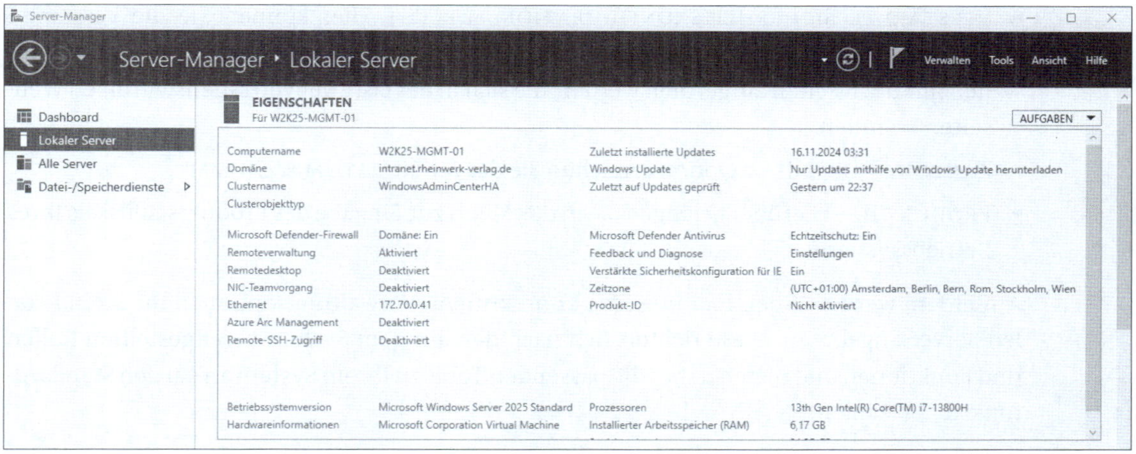

Abbildung 10.41 Verwaltung des lokalen Servers

Darunter finden Sie noch weitere Optionen:

- WINDOWS DEFENDER-FIREWALL – öffnet das Fenster der WINDOWS-SICHERHEIT in der *Windows Modern UI*.
- REMOTEVERWALTUNG – Unter dieser Option können Sie die Remoteverwaltung für das lokale System aktivieren, was es Ihnen ermöglicht, den lokalen Server auch von anderen Systemen aus zu verwalten. Diese Option ist standardmäßig aktiviert.
- REMOTEDESKTOP – Wenn Sie auf diese Option klicken, werden die *Systemeigenschaften* geöffnet. Sie können dort Remoteverbindungen zulassen und hierfür berechtigte Benutzer oder Gruppen hinterlegen.
- NIC-TEAMVORGANG – In diesem Assistenten konfigurieren Sie hochverfügbare Netzwerkanbindungen *(Netzwerk-Teaming)*.
- ETHERNET – Um in der Systemsteuerung in die Netzwerkverbindungen zu gelangen, verwenden Sie diese Option. Sie zeigt Ihnen alle im Betriebssystem bekannten Netzwerkverbindungen an.
- AZURE ARC – Hier können Sie den Azure Arc Wizzard starten, um das Onboarding in Azure Arc vorzunehmen. Siehe hierzu Abschnitt 10.7

- REMOTE-SSH-ZUGRIFF – Diese Option startet eine PowerShell Konsole für den SSH-Zugriff.
- WINDOWS DEFENDER ANTIVIRUS – Den Windows Defender können Sie über diese Option ein- bzw. ausschalten. Dieser Menüpunkt führt Sie zum Assistenten *Einstellungen für Viren & Bedrohungsschutz*.
- FEEDBACK UND DIAGNOSE – Öffnet das Menü DIAGNOSE UND FEEDBACK. Hier stehen Ihnen die Einstellungen zur Fehlerberichterstattung Ihres Betriebssystems zur Verfügung.
- VERSTÄRKTE SICHERHEITSKONFIGURATION FÜR IE – Hier können Sie die verstärkte Sicherheit für Administratoren und Benutzer im Internet Explorer aktivieren. Somit können nur noch Seiten aufgerufen werden, die sich in der Liste der vertrauenswürdigen Webseiten befinden.
- ZEITZONE – Über diese Option erreichen Sie das Menü DATUM & UHRZEIT.
- PRODUKT ID – Hierüber gelangen Sie in das Menü zur Eingabe des Produktschlüssels Ihres Betriebssystems.

Außerdem werden Ihnen hier über das Kontextmenü Verwaltungsoptionen für Ihren lokalen Server angeboten. Diese richten sich nach den auf dem System bereitgestellten Rollen und Funktionen und bieten daher die passenden Tools zu Ihrem System an. Zu den Standardfunktionen zählen:

- Lokalen Computer herunterfahren
- Windows PowerShell
- Computerverwaltung

In DASHBOARD wird Ihnen zusätzlich noch eine Auflistung der letzten Ereignisse der Eventlogs sowie der Dienste des Servers und der installierten Rollen und Funktionen angezeigt. Darüber hinaus stehen hier noch ein *Best Practice Analyser (BPA)* und eine Leistungsüberwachung zur Verfügung. In der Leistungsüberwachung können Sie Schwellenwerte für den Prozessor und den verfügbaren Arbeitsspeicher festlegen und angeben, wie lange diese Werte im Server-Manager dargestellt werden sollen

10.2.2 Servergruppen erstellen

Um die Remoteverwaltung von Servern zu vereinfachen, können Sie im Server-Manager Server zu Gruppen zusammenzufassen. Um eine Servergruppe zu erstellen, gehen Sie wie folgt vor:

Öffnen Sie den Server-Manager, und wechseln Sie auf das Dashboard (siehe Abbildung 10.42). Verwenden Sie dort die Option 4. SERVERGRUPPE ERSTELLEN.

Abbildung 10.42 Das Server-Manager-Dashboard

Im folgenden Assistenten können Sie einen Namen für Ihre Servergruppe vergeben. Wählen Sie die Server aus, die Sie der Servergruppe hinzufügen wollen. Hierzu stehen die Quellen aus Abbildung 10.43 zur Verfügung:

- Beim SERVERPOOL handelt es sich um jene Server, die bereits durch eine Servergruppe dem Server-Manager hinzugefügt wurden. Diese Server können Sie nun weiteren Gruppen hinzufügen.
- Mit der Suche im ACTIVE DIRECTORY können Sie nach bestehenden Computer-Objekten Ausschau halten, die Sie Ihrer neuen Gruppe hinzufügen wollen.
- Sie können mit einem DNS-Forward- wie auch -Reverse-Lookup nach Servernamen oder IP-Adressen suchen.
- Mit IMPORTIEREN fügen Sie die Server über eine Datei ein. Verwenden Sie dazu eine Textdatei, in der Sie alle Server, die Sie importieren wollen, mittels Zeilenumbruch-Trennung angeben.

Sobald Sie die gewünschten Server-Objekte gefunden haben, können Sie diese im Ergebnisfenster auswählen und Ihrer Servergruppe hinzufügen.

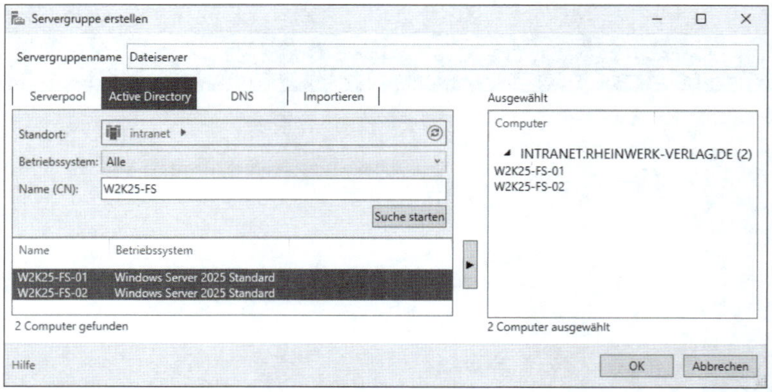

Abbildung 10.43 Der Assistent zum Erstellen von Servergruppen

Die Servergruppe wird nun zur Ansicht Ihres Server-Managers hinzugefügt, und identische Funktionen wie *Datei-/Speicherdienste* werden auf allen Computern zusammengeführt, die dem Server-Manager bekannt sind.

10.2.3 Remote-Server verwalten

Das Verwalten von Remote-Servern beschränkt sich auf das Zusammenfassen von Servern per Servergruppe. So können Sie alle Server einer Servergruppe mit den Verwaltungsmöglichkeiten aus Abbildung 10.44 remote konfigurieren.

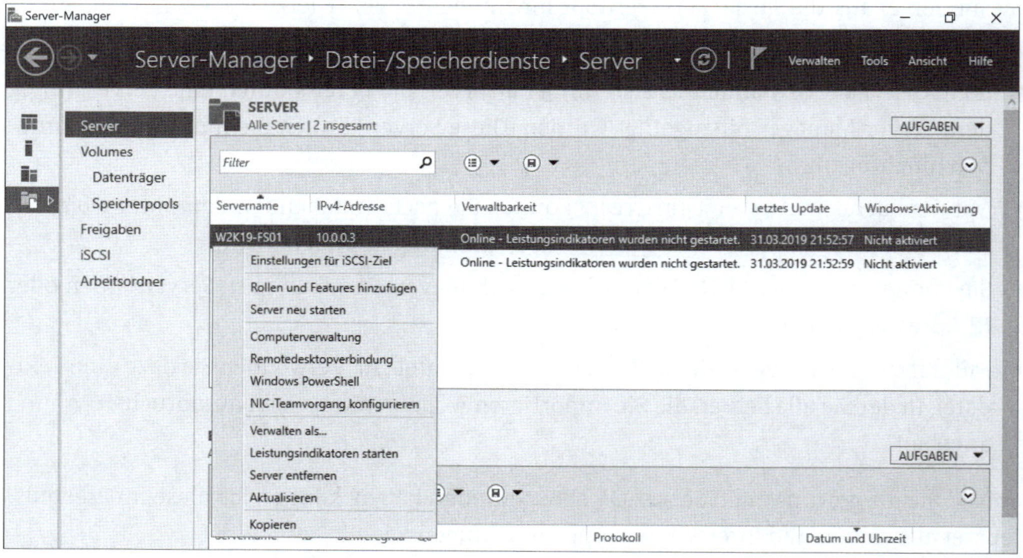

Abbildung 10.44 Server aus einer Servergruppe remote verwalten

Außerdem werden Rollen und Features, die direkt aus dem Server-Manager verwaltet werden können (hierzu gehören z. B. Teile der Datei-/Speicherdienste und Remote Desktop Server), separat als Funktion zwischen den Servergruppen angezeigt. Hierdurch bietet sich Ihnen die Möglichkeit, aus Sicht der jeweiligen Funktion Server auszuwählen und die gewünschte Aktion auszuführen.

10.3 Remote Server Administration Tools (RSAT)

Die *Remote Server Administration Tools (RSAT)* basieren auf dem Standard der *MMC (Microsoft Management Console)*. Mit ihnen können Sie sowohl auf dem Server wie auch auf dem Client die Serverrollen aus der Ferne administrieren. Wie auch beim Server-Manager brauchen Sie keinen physischen Zugriff auf die Systeme, die Sie verwalten wollen.

Sie können die RSAT über den Server-Manager als Feature explizit für die jeweils zu verwaltende Server-Rolle installieren (siehe Abbildung 10.45). Eine Vorauswahl zur Verwaltung der notwendigen Serverfunktionen wurde bereits während der Serverinstallation eingespielt.

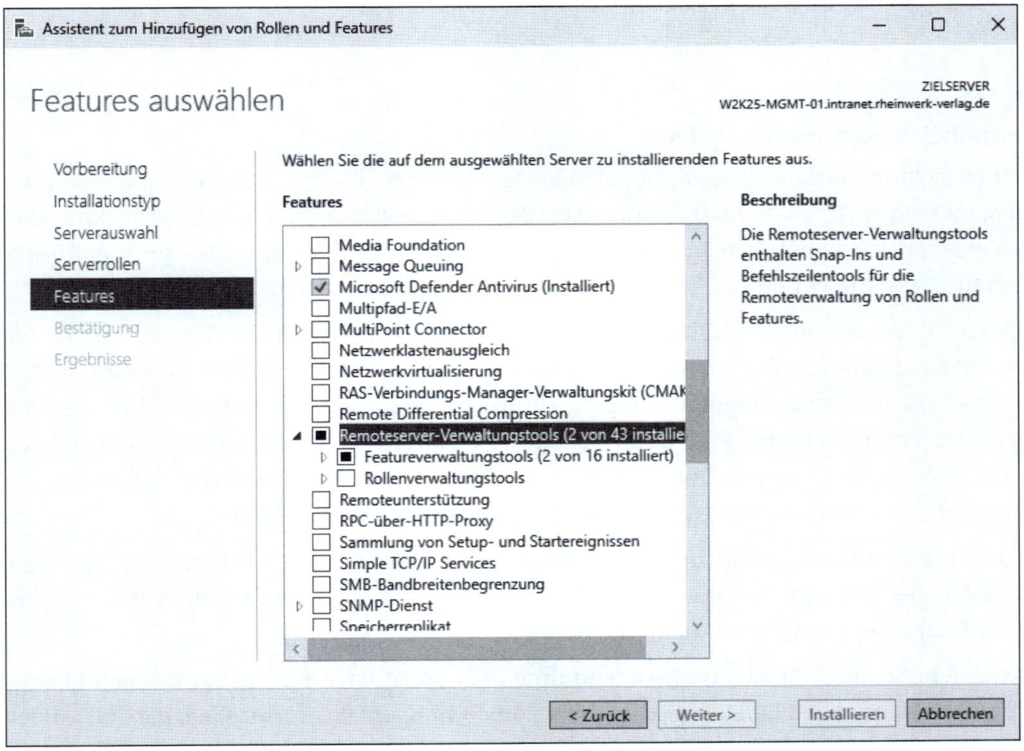

Abbildung 10.45 Installation der Verwaltungstools im Server

Um Server mithilfe von RSAT von einem Clientbetriebssystem aus zu verwalten, mussten Sie bisher die passende RSAT-Version herunterladen und installieren. Dies hat Microsoft jedoch mit der Veröffentlichung von Windows 10 Build 1809 geändert: Nun müssen Sie RSAT wie auf dem Server als optionales Feature einzeln je nach der Server-Rolle installieren, die Sie verwalten wollen. Das stellt Administratoren in abgeschotteten Umgebungen vor Herausforderungen.

10.3.1 Installation unter Windows 11

In diesem Abschnitt wollen wir daher betrachten, wie Sie RSAT dennoch auf Windows 10-Clients mit installiertem Build-Update 1809 sowie unter Windows 11 installieren. Gleich vorweg: Die Installation via WSUS ist leider nicht möglich, auch wenn es in der Produktklassifizierung des WSUS erlaubt ist, optionale Features zu berücksichtigen. Leider ist es hiermit jedoch nicht möglich, diese dann auf Ihren Windows 10- oder Windows 11-Clients zu installieren.

Windows Home

Beachten Sie außerdem, dass diese optionalen Features nicht in der *Home*-Edition zur Verfügung stehen. Dort wären Sie auch ziemlich fehl am Platz ....

Installation via Windows Update

Da es nicht möglich ist, diese optionalen Bestandteile per WSUS zu beziehen und zu verteilen, müssen Sie Ihre Windows-Clients so konfigurieren, dass sie die WSUS-Infrastruktur umgehen und die benötigten Installationsquellen direkt referenzieren. Dies setzt natürlich voraus, dass Ihre Windows-Clients auf das Internet zugreifen dürfen.

Öffnen Sie die Gruppenverwaltung, und wählen Sie die Gruppenrichtlinie aus, mit der Sie die WSUS-Konfiguration Ihrer Windows-Clients vornehmen. Wählen Sie dann die Option BEARBEITEN, und öffnen Sie den Gruppenrichtlinienverwaltungs-Editor. Wechseln Sie in der Gruppenrichtlinie in den Pfad COMPUTERKONFIGURATION • RICHTLINIEN • ADMINISTRATIVE VORLAGEN • SYSTEM. Dort finden Sie die Option EINSTELLUNGEN FÜR DIE INSTALLATION OPTIONALER KOMPONENTEN UND REPARATUR VON KOMPONENTEN.

Aktivieren Sie diese Option, und aktivieren Sie die Checkbox LADEN SIE INHALTE FÜR DAS REPARIEREN UND OPTIONALE FEATURES DIREKT VON WINDOWS UPDATE ANSTATT VON WSUS [...] HERUNTER (siehe Abbildung 10.46).

Nachdem Sie diese Einstellung vorgenommen haben, müssen Sie die betroffenen Clients neu starten oder den Befehl `gpupdate /force` ausführen, um sicherzustellen, dass die Änderungen an der Gruppenrichtlinie auch auf dem Client verarbeitet werden.

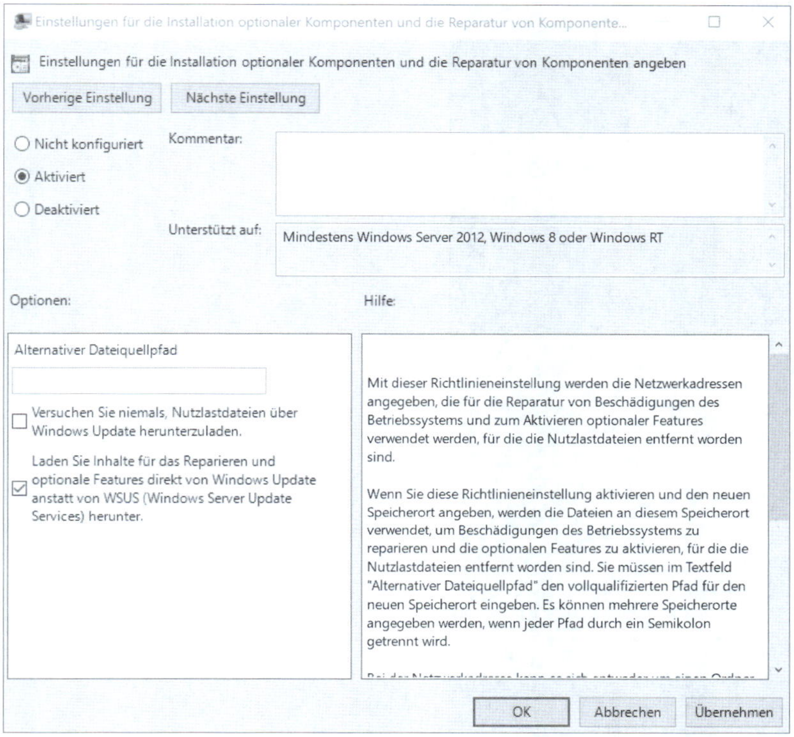

Einstellungen für die Installation optionaler Komponenten und die Reparatur von Komponente...
Einstellungen für die Installation optionaler Komponenten und die Reparatur von Komponenten angeben
Vorherige Einstellung
Nächste Einstellung
Nicht konfiguriert
Aktiviert
Deaktiviert
Kommentar:
Unterstützt auf:
Mindestens Windows Server 2012, Windows 8 oder Windows RT
Optionen:
Hilfe:
Alternativer Dateiquellpfad
Versuchen Sie niemals, Nutzlastdateien über Windows Update herunterzuladen.
Laden Sie Inhalte für das Reparieren und optionale Features direkt von Windows Update anstatt von WSUS (Windows Server Update Services) herunter.
Mit dieser Richtlinieneinstellung werden die Netzwerkadressen angegeben, die für die Reparatur von Beschädigungen des Betriebssystems und zum Aktivieren optionaler Features verwendet werden, für die die Nutzlastdateien entfernt worden sind.
Wenn Sie diese Richtlinieneinstellung aktivieren und den neuen Speicherort angeben, werden die Dateien an diesem Speicherort verwendet, um Beschädigungen des Betriebssystems zu reparieren und die optionalen Features zu aktivieren, für die die Nutzlastdateien entfernt worden sind. Sie müssen im Textfeld "Alternativer Dateiquellpfad" den vollqualifizierten Pfad für den neuen Speicherort eingeben. Es können mehrere Speicherorte angegeben werden, wenn jeder Pfad durch ein Semikolon getrennt wird.
OK
Abbrechen
Übernehmen

Abbildung 10.46 Anpassung der WSUS-Gruppenrichtlinie bezüglich optionaler Windows-Features

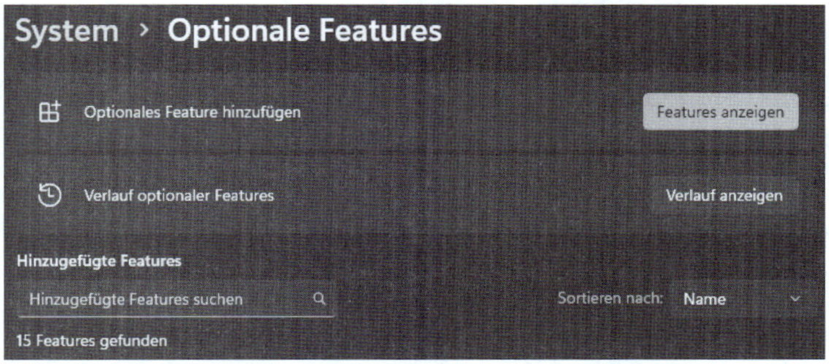

System › Optionale Features
Optionales Feature hinzufügen
Features anzeigen
Verlauf optionaler Features
Verlauf anzeigen
Hinzugefügte Features
Hinzugefügte Features suchen
Sortieren nach:
Name
15 Features gefunden

Abbildung 10.47 Windows-Einstellungen »Optionale Features«

Die Installation der optimalen Features sollte nun möglich sein. Wählen Sie dazu in den Einstellungen den Unterpunkt SYSTEM aus. Dort finden Sie die Option OPTIONALES FEATURE HINZUFÜGEN (siehe Abbildung 10.47), die Ihnen eine Übersicht der bereits installierten Features liefert. Über OPTIONALES FEATURE HINZUFÜGEN (siehe Abbildung 10.48) installieren Sie die RSAT-Angebote.

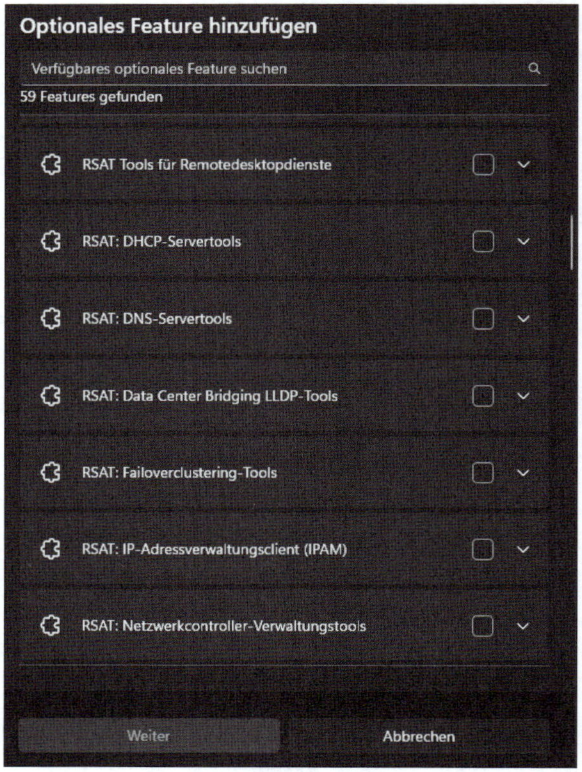

Abbildung 10.48 Installation der optionalen Windows-Features

Sollten sich die optionalen Features dennoch nicht installieren lassen, so kann dies an zwei Dingen liegen: Entweder bekommen Sie aufgrund fehlender Proxy-Konfiguration oder nicht vorhandener Internetverbindung keinen Zugriff auf den Windows Update Service oder der Zugriff auf den Windows Update Service wurde per Gruppenrichtlinie unterbunden.

Um die Abfrage des Windows Update Service für Ihre Windows-Clients zu aktivieren, benötigen Sie eine WSUS-Gruppenrichtlinie.

Öffnen Sie die Gruppenrichtlinienverwaltung, und bearbeiten Sie die Gruppenrichtlinie, mit der Sie die WSUS-Konfiguration Ihrer Windows Clients vornehmen. Wechseln Sie in der Gruppenrichtlinie in den Pfad COMPUTERKONFIGURATION • RICHTLINIEN • ADMINISTRATIVE VORLAGEN • WINDOWS-KOMPONENTEN.

Hier finden Sie die Richtlinie KEINE VERBINDUNGEN MIT WINDOWS UPDATE-INTERNETADRESSEN HERSTELLEN (siehe Abbildung 10.49). Wenn diese aktiviert ist, müssen Sie sie deaktivieren, um die Abfrage des Windows Update Service wieder zu ermöglichen. Danach ist wieder ein Neustart oder ein `gpupdate /force` erforderlich.

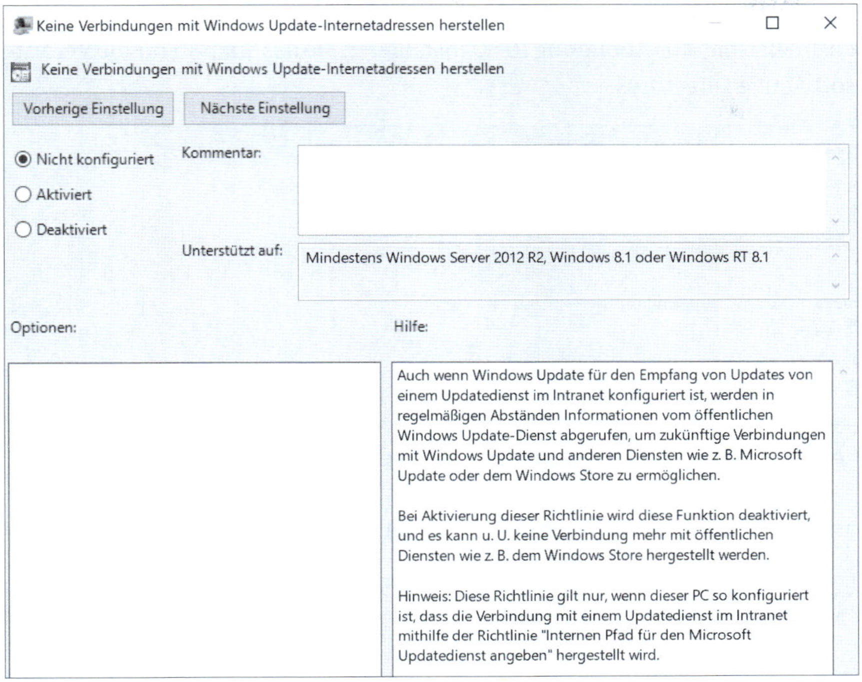
Keine Verbindungen mit Windows Update-Internetadressen herstellen
Keine Verbindungen mit Windows Update-Internetadressen herstellen
Vorherige Einstellung
Nächste Einstellung
Nicht konfiguriert
Aktiviert
Deaktiviert
Kommentar:
Unterstützt auf:
Mindestens Windows Server 2012 R2, Windows 8.1 oder Windows RT 8.1
Optionen:
Hilfe:
Auch wenn Windows Update für den Empfang von Updates von einem Updatedienst im Intranet konfiguriert ist, werden in regelmäßigen Abständen Informationen vom öffentlichen Windows Update-Dienst abgerufen, um zukünftige Verbindungen mit Windows Update und anderen Diensten wie z. B. Microsoft Update oder dem Windows Store zu ermöglichen.
Bei Aktivierung dieser Richtlinie wird diese Funktion deaktiviert, und es kann u. U. keine Verbindung mehr mit öffentlichen Diensten wie z. B. dem Windows Store hergestellt werden.
Hinweis: Diese Richtlinie gilt nur, wenn dieser PC so konfiguriert ist, dass die Verbindung mit einem Updatedienst im Intranet mithilfe der Richtlinie "Internen Pfad für den Microsoft Updatedienst angeben" hergestellt wird.

Abbildung 10.49 Gruppenrichtlinie zum Unterbinden der Abfrage von Windows Update

Installation per »Feature on Demand«-ISO

In einigen Fällen ist es jedoch nicht möglich, den Windows Update Service zu verwenden – gerade wenn es um die Bereitstellung einer PAW *(Privileged Access Workstation)* geht, da dort kein Internetzugriff erlaubt ist. Hier empfiehlt es sich, die Installation in einem Offline-Verfahren durchzuführen. Dazu benötigen Sie die *Features on Demand*-ISO, die Sie auf dem Portal des Volumenlizenz-Programms sowie über das MSDN-Portal für Abonnenten finden. Laden Sie dort für die Installation auf einem Windows-Client-Rechner das erste Medium herunter.

Mounten Sie die ISO-Datei, und installieren Sie die gewünschten Werkzeuge. Dies stellt im Übrigen eine Verbesserung gegenüber älteren RSAT-Installationen dar, weil Sie nun die Möglichkeit haben, ausgewählte Verwaltungstools auf Ihren Clients zu installieren.

Öffnen Sie zum Installieren eine PowerShell-Konsole mit administrativen Berechtigungen. Verwenden Sie folgende Abfrage, um diejenigen Snap-Ins auszuwählen, die Sie installieren wollen:

```
Get-WindowsCapability -Online -Source [e]:\ | where{$_.Name -like "*RSAT.A*"}
```

Sie müssen den Laufwerkspfad und das Filterkriterium an Ihre Umgebung und das passende Snap-In anpassen. Im Beispiel aus Abbildung 10.50 installieren Sie das Snap-In für die Verwaltung des Microsoft Active Directorys.

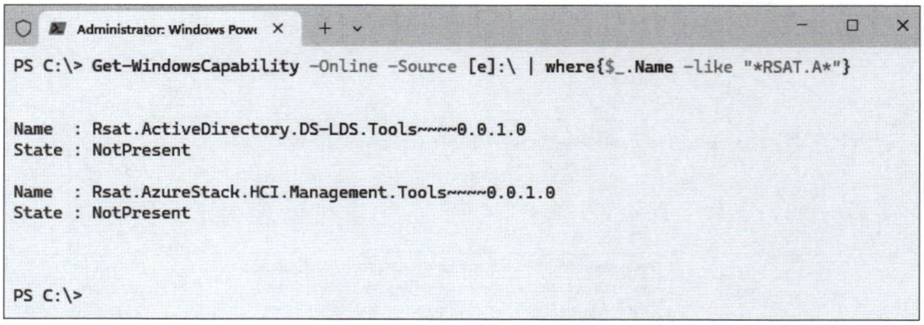
Administrator: Windows Pow
PS C:\> Get-WindowsCapability -Online -Source [e]:\ | where{$_.Name -like "*RSAT.A*"}
Name : Rsat.ActiveDirectory.DS-LDS.Tools~~~~0.0.1.0
State : NotPresent
Name : Rsat.AzureStack.HCI.Management.Tools~~~~0.0.1.0
State : NotPresent
PS C:\>

Abbildung 10.50 Abfrage der optionalen Features von RSAT per PowerShell

Wenn Sie das passende Snap-In identifiziert haben, installieren Sie es per:

```
$FoDs = Get-WindowsCapability -Online -Source e:\ | where{$_.Name -like "*RSAT.A*"}
  foreach($FoD in $FoDs)
{
Add-WindowsCapability -Name $FoD.Name -LimitAccess -Source e:\ -Online
}
```

Nach erfolgreicher Installation sind die ausgewählten Verwaltungstools im Startmenü des Betriebssystems verfügbar.

10.4 PowerShell

Die Windows PowerShell wurde mit Windows Server 2008 eingeführt und seitdem stetig weiterentwickelt. Sie ist die Basis, wenn es um die Verwaltung, Konfiguration, Installation und Automatisierung Ihrer Infrastruktur geht. Mittlerweile können Sie viele Produkte nur noch mit der PowerShell voll konfigurieren.

Die Windows PowerShell ist eine komplexe, objektbasierende Befehlsshell, die modular erweiterbar ist. Dies stellt gegenüber klassischen Shells wie der Kommandozeile, der CMD, einen erheblichen Unterschied dar.

Mit der PowerShell wurde das Konzept der Cmdlets eingeführt, die eine dynamische Erweiterbarkeit des PowerShell-Befehlssatzes ermöglichen. Es gibt bereits viele Beispiele von Cmdlets, die Drittanbieter entwickelt haben, um ihre Lösungen nahtlos in das Betriebssystem zu integrieren und die mit PowerShell bereitgestellte Automatisierung zu ermöglichen. Zu den bekanntesten gehören unter anderem die Lösungen von VMWare *(VMware PowerCLI)* und Veeam *(Veeam Backup PowerShell Toolkit)*.

10.4.1 Anforderungen

Für die Verwendung der Windows PowerShell bestehen keine besonderen Anforderungen an das Betriebssystem. Achten Sie jedoch darauf, dass nicht alle Cmdlets in jeder PowerShell-Version zur Verfügung stehen.

Aktuell liegt die Windows PowerShell in der Version 7 vor und ist standardmäßig bereits in Windows Server 2025 installiert. Für die Betriebssysteme Windows 2019, Windows Server 2016 sowie Microsoft Windows 10 und Windows 11 muss sie jedoch nachinstalliert werden. Die nachträgliche Installation erfolgt per *MSI*, *WinGet* oder über den Microsoft Store.

Um die Installation vornehmen zu können, brauchen Sie außerdem das Microsoft .NET Framework 4.5 oder höher. Dieses muss vor der Installation des Windows Management Frameworks 5.1 auf dem Zielsystem installiert werden. Die Installationsressourcen für das Windows Management Framework 5.1 können Sie von *http://aka.ms/wmf5download* herunterladen. Tabelle 10.4 zeigt, wie die Versionen zusammenspielen.

Betriebssystemversion	PowerShell-Version	Erweiterbarkeit
▸ Windows Server 2012 R2 ▸ Windows 8.1	PowerShell 4.0	PowerShell 7 mit WMF 5.1
▸ Windows Server 2016 ▸ Windows Server 2019 ▸ Windows Server 2022 ▸ Windows Server 2025 ▸ Windows 10 ▸ Windows 11	PowerShell 5.1	

Tabelle 10.4 Übersicht der verfügbaren PowerShell-Versionen sowie Update-Pfad

Die in Ihrem Betriebssystem bereits installierte Version der Windows PowerShell fragen Sie per `$PSVersiontable` ab:

```
Name                           Value
----                           -----
PSVersion                      5.1.22621.4391
PSEdition                      Desktop
PSCompatibleVersions           {1.0, 2.0, 3.0, 4.0...}
BuildVersion                   10.0.22621.4391
CLRVersion                     4.0.30319.42000
WSManStackVersion              3.0
PSRemotingProtocolVersion      2.3
SerializationVersion           1.1.0.1
```

10.4.2 Beispiele für die Verwaltung

In Kapitel 11 befassen wir uns ausführlich mit der Verwendung der PowerShell und vermitteln Ihnen, welche Möglichkeiten sie Ihnen zur Verfügung stellt. Dennoch möchten wir Ihnen im Rahmen dieses Kapitels ein paar Beispiele zur Verwaltung von Servern geben.

Die folgenden Beispiele orientieren sich an der Inbetriebnahme eines Servers. Bei Installationen, die per Sysprep oder per ISO bereitgestellt wurden, ist in der Regel kein Servername vergeben, der innerhalb eines Unternehmens verwendet werden kann. Daher muss dieser Name während der Inbetriebnahme geändert werden. Hierzu öffnen Sie die PowerShell-Konsole mit administrativen Berechtigungen und verwenden folgenden Aufruf zum Ändern des Servernamens. Hinterlegen Sie in der Variablen `$Name` den neuen Zielnamen des Servers:

```
$Name = 'W2k25-HYP01'   #Der gewünschte neue Servername
Rename-Computer -NewName $Name
WARNUNG: Die Änderungen werden nach einem Neustart des Computers W2K25 wirksam.
```

Anschließend führen Sie einen Neustart des Servers aus:

```
Restart-Computer
```

Um den Server auch über das Netzwerk erreichen zu können, sollten Sie die Konfiguration der Netzwerkadresse von DHCP auf eine statische IP-Adresse umstellen. Nutzen Sie die PowerShell wie folgt:

```
$IP = '10.0.0.31'     #Tragen Sie hier die von Ihnen gewünschte IP-Adresse ein
$Subnet = '24'        #Hier können Sie die Subnetzmaske eintragen
$GW = '10.0.0.253'    #Tragen Sie hier das Gateway ein
$DNS = '10.0.0.1'     #Eintrag für die DNS-Adresse
New-NetIPAddress -InterfaceAlias "Ethernet" -IPAddress $IP -PrefixLength $Subnet `
  -DefaultGateway $GW
Set-DnsClientServerAddress -InterfaceAlias "Ethernet" -ServerAddresses $DNS
```

Nun sollten Sie den Server noch einer Active Directory-Domäne hinzufügen (siehe Abbildung 10.51):

```
$Domain = 'intranet.rheinwerk-verlag.de' #Ziel-Domäne für den Join
$Cred = Read-Host 'Bitte geben Sie den Benutzer für den Domain-Join an'
Add-Computer -DomainName $Domain -Credential $Cred
WARNUNG: Die Änderungen werden nach einem Neustart des Computers W2k25-HYP01 wirksam.
```

Nachdem die Konsole gemeldet hat, dass der Server der Domain hinzugefügt wurde und dass ein Neustart für den Abschluss dieser Konfiguration notwendig ist, können Sie eben diesen Neustart wieder per `Restart-Computer` durchführen.

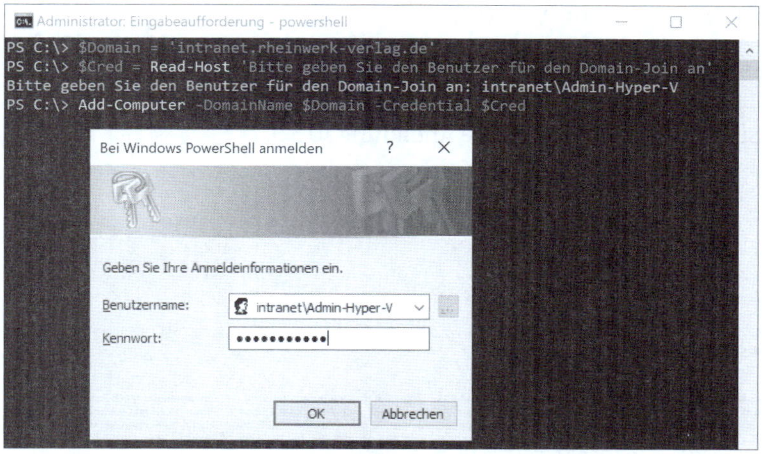
Administrator: Eingabeaufforderung - powershell
PS C:\> $Domain = 'intranet.rheinwerk-verlag.de'
PS C:\> $Cred = Read-Host 'Bitte geben Sie den Benutzer für den Domain-Join an'
Bitte geben Sie den Benutzer für den Domain-Join an: intranet\Admin-Hyper-V
PS C:\> Add-Computer -DomainName $Domain -Credential $Cred
Bei Windows PowerShell anmelden
Geben Sie Ihre Anmeldeinformationen ein.
Benutzername:
intranet\Admin-Hyper-V
Kennwort:
OK
Abbrechen

Abbildung 10.51 Bildschirmausgabe beim Domain-Join per PowerShell

Da Sie dem Server nun bereits einen neuen Namen gegeben, eine neue statische IP-Adresse konfiguriert und den Server in eine Active Directory-Domäne aufgenommen haben, fehlt jetzt nur noch die Installation einer oder mehrerer Server-Rollen und/oder -Features. Hierzu verwenden Sie zuerst `Get-WindowsFeature`, um die passenden Rollen und Features zu identifizieren. Installieren Sie sie dann per `Install-WindowsFeature`. Bei der gleichzeitigen Installation mehrerer Rollen und Features trennen Sie die Namen durch je ein Komma. Hier installieren Sie die Rolle *Hyper-V* sowie das Feature *Failover-Cluster*:

```
Install-WindowsFeature -Name Hyper-V, Failover-Clustering
Success Restart Needed Exit Code      Feature Result
------- -------------- ---------      --------------
True    Yes            SuccessRest... {Failoverclustering, Hyper-V}
WARNUNG: Sie müssen den Server neu starten, um den Installationsprozess
abzuschließen.
```

Starten Sie den Server nach der erfolgten Installation neu, um die Installation abschließen zu können.

Diese Beispiele sind nur eine kleine Kostprobe dessen, was Sie mit der PowerShell erreichen können. Gerade bei der Verwendung von Windows Server Core ist sie die effizienteste Möglichkeit, das Betriebssystem zu konfigurieren.

10.5 WinRM und WinRS

WinRM *(Windows Remote Management)* und WinRS *(Windows Remote Shell)* sind Microsofts in das Betriebssystem integrierte Lösungen zum entfernten Verwalten von Windows-Betriebssystemen. WinRM ist dabei ein Interface für WinRS.

10.5.1 Windows Remote Management (WinRM)

WinRM ist zwar Bestandteil des Betriebssystems, steht jedoch nicht ohne vorherige Konfiguration zur Verfügung. Hierzu müssen Sie sicherstellen, dass der WinRM-Service auf dem Zielserver gestartet ist, den Sie verwalten wollen (siehe Abbildung 10.52).

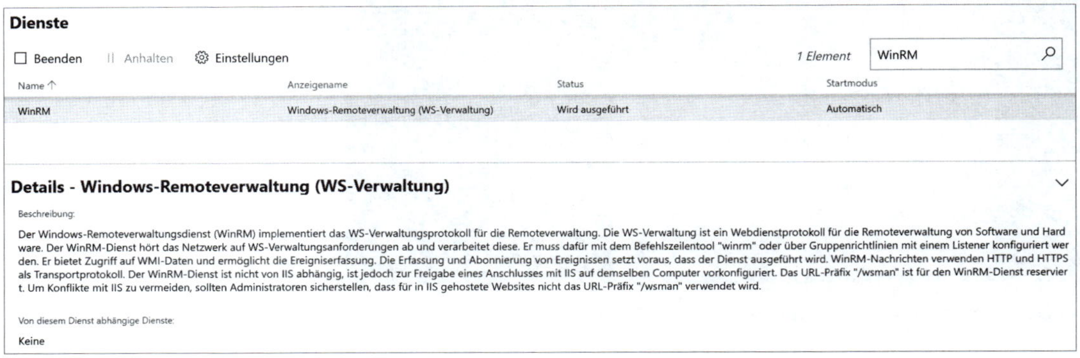
Dienste
Beenden
Anhalten
Einstellungen
1 Element
WinRM
Name
Anzeigename
Status
Startmodus
WinRM
Windows-Remoteverwaltung (WS-Verwaltung)
Wird ausgeführt
Automatisch
Details - Windows-Remoteverwaltung (WS-Verwaltung)
Beschreibung:
Der Windows-Remoteverwaltungsdienst (WinRM) implementiert das WS-Verwaltungsprotokoll für die Remoteverwaltung. Die WS-Verwaltung ist ein Webdienstprotokoll für die Remoteverwaltung von Software und Hard ware. Der WinRM-Dienst hört das Netzwerk auf WS-Verwaltungsanforderungen ab und verarbeitet diese. Er muss dafür mit dem Befehlszeilentool "winrm" oder über Gruppenrichtlinien mit einem Listener konfiguriert wer den. Er bietet Zugriff auf WMI-Daten und ermöglicht die Ereigniserfassung. Die Erfassung und Abonnierung von Ereignissen setzt voraus, dass der Dienst ausgeführt wird. WinRM-Nachrichten verwenden HTTP und HTTPS als Transportprotokoll. Der WinRM-Dienst ist nicht von IIS abhängig, ist jedoch zur Freigabe eines Anschlusses mit IIS auf demselben Computer vorkonfiguriert. Das URL-Präfix "/wsman" ist für den WinRM-Dienst reservier t. Um Konflikte mit IIS zu vermeiden, sollten Administratoren sicherstellen, dass für in IIS gehostete Websites nicht das URL-Präfix "/wsman" verwendet wird.
Von diesem Dienst abhängige Dienste:
Keine

Abbildung 10.52 Der WinRM-Dienst in der Übersicht der Dienste im Windows Admin Center

Alternativ können Sie dies auch über die Kommandozeile überprüfen. Verwenden Sie dazu den Befehl `sc query winrm`, der Ihnen den aktuellen Status des WinRM-Dienstes zurückliefert. Wenn der WinRM-Dienst läuft, überprüfen Sie mit `winrm enumerate winrm/config/listener`, ob der Dienst auch für die Remoteverwaltung konfiguriert wurde.

Sollte dies nicht der Fall sein, konfiguriert `winrm quickconfig` den WinRM-Dienst für die Remoteverwaltung. Listing 10.3 zeigt Ihnen die Abfrage des WinRM-Dienstes.

```
C:\Windows\System32>sc query winrm

Service_Name: winrm
        TYPE               : 10 WIN32_OWN_PROCESS
        STATE              : 4 RUNNING
                             (STOPPABLE, NOT_PAUSABLE, ACCEPTS_SHUTDOWN)
        WIN32_EXIT_CODE    : 0 (0x0)
        SERVICE_EXIT_CODE  : 0 (0x0)
        CHECKPOINT         : 0x0
        WAIT_HINT          : 0x0
```

Listing 10.3 Informationen zum WinRM-Dienst

Zusätzlich zu dem laufenden WinRM-Dienst müssen Sie auf dem zu verwaltenden Zielserver noch Firewallregeln für die eingehende WinRM-Kommunikation einrichten. Suchen Sie hierzu, wie in Abbildung 10.53 dargestellt, die bereits vorhandenen Regeln für die Windows-Remoteverwaltung-Kommunikation in der Windows Firewall, und stellen Sie sicher, dass die eingehenden HTTP-Regeln aktiviert sind.

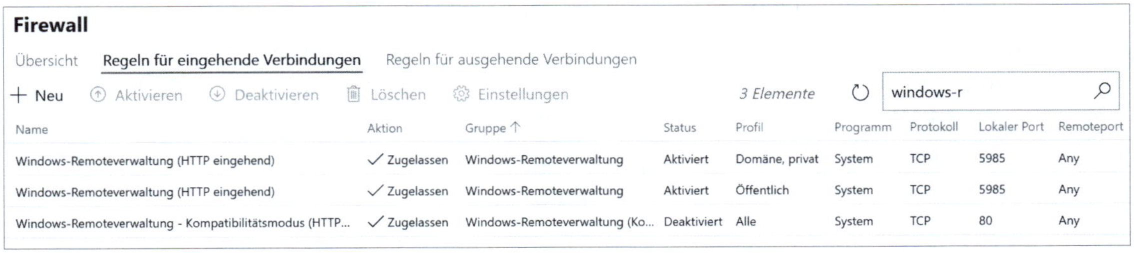

Abbildung 10.53 Eingehende WinRM-Firewallregeln

10.5.2 Windows Remote Shell (WinRS)

WinRS ist ein Kommandozeilen-Tool zum Ausführen von Programmen und Skripten auf Remote-Computern. Hierbei kommt WinRM zum Herstellen der Remoteverbindung zum Einsatz. Um WinRS einsetzen zu können, öffnen Sie die CMD mit administrativen Berechtigungen und führen den Befehl `WinRS -r:[Remote-Computername] [auszuführendes Kommando]` aus, um ein Programm oder einen Befehl auf dem Zielsystem zu starten.

Öffnen Sie zum Beispiel mit `WinRS -r:W2K25-DFS01 cmd` eine CMD-Konsole auf dem Zielsystem. Hierbei wird die Ausgabe der CMD auf Ihr System umgeleitet. Wenn Sie hier also den Befehl `ipconfig` eingeben, bekommen Sie die IP-Konfiguration des Zielsystems angezeigt. Wenn Sie die lokale Systemvariable `Hostname` abfragen, sehen Sie den NetBIOS-Namen des Zielsystems (siehe Abbildung 10.54).

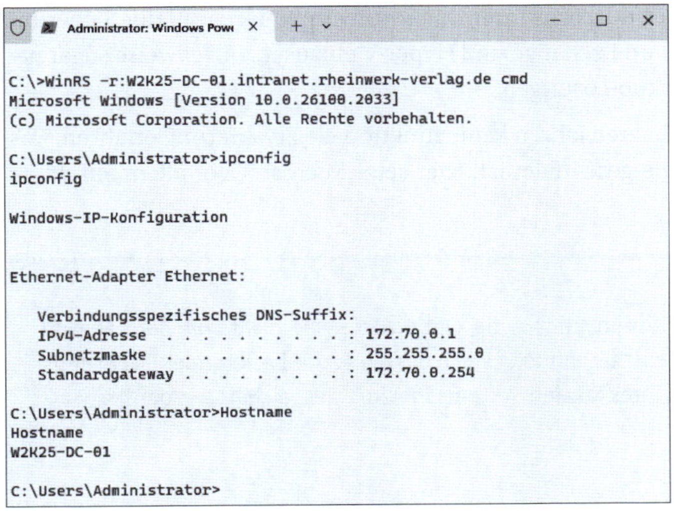

Abbildung 10.54 WinRS-Remoteverbindung und Remotestart der CMD

Um eine Verbindung zu Remotesystemen herzustellen, können Sie wahlweise deren NetBIOS-Namen oder den FQDN verwenden. In größeren Multi-Domänen-Umgebungen sowie verteilten Infrastrukturen empfiehlt sich natürlich die Verwendung des FQDNs.

Außerdem ist auch das Verbinden mit dem Remotesystem unter Verwendung einer alternativen Anmeldung möglich. Verwenden Sie hierzu im Rahmen des parametrisierten Aufrufs von WinRS zusätzlich den Schalter `-u:`, und geben Sie die Anmeldedaten an. Sie können hier auch mit dem Schalter `-p:` das Kennwort für die herzustellende Verbindung hinzufügen. Wenn Sie diesen Schalter nicht angeben oder hier kein Kennwort eintragen, werden Sie beim Verbindungsaufbau nach dem Kennwort gefragt:

```
WinRS -r:W2K25-DFS01.intranet.rheinwerk-verlag.de -u:intranet\adminfs cmd
```

Eine Auflistung der möglichen WinRS-Befehle erhalten Sie unter:

https://docs.microsoft.com/de-de/windows-server/administration/windows-commands/winrs

Wenn Sie Systeme verwalten, die nicht Mitglied in einer Domäne sind, müssen Sie beide Systeme gegenseitig in die Gruppe der *TrustedHosts* aufnehmen. Nutzen Sie dazu den Befehl `winrm set winrm/config/client @{TrustedHosts="Hostname"}`. Ersetzen Sie den `Hostname` im Befehl durch den Namen der Server, und führen Sie den Aufruf jeweils auf dem Ziel und dem Verwalter aus.

10.6 Windows Server-Sicherung

Die *Windows Server-Sicherung* ist seit Windows Server 2008 die integrierte Backup-Lösung. Sie ist in der Lage, das Betriebssystem, einzelne Dateien sowie applikationskonsistente Sicherungen von einigen Anwendungen durchzuführen. Microsoft empfiehlt, sie für die Sicherungen des Active Directorys sowie von Exchange und Hyper-V einzusetzen, teilweise sogar parallel zu bereits bestehenden Backup-Lösungen.

Jedoch hat die Sicherung in den letzten Jahren keine funktionelle Erweiterung erfahren, was Microsofts »Cloud First«-Strategie geschuldet ist. Hier setzt Microsoft vor allem auf *Azure Site Recovery*.

Sichern und Sicherungen

Verwechseln Sie im Windows Admin Center die Option SICHERN nicht mit dem Feature *Windows Server-Sicherung*. Bei SICHERN handelt es sich um ein Azure-basierendes Sicherungsverfahren, bei dem Sicherungen Ihres lokalen Systems in Azure gespeichert werden.

10.6.1 Die Windows Server-Sicherung installieren

Die Installation der Windows Server-Sicherung erfolgt wahlweise per PowerShell, Server-Manager oder über das Windows Admin Center. Um die Installation mit dem Windows Admin Center durchzuführen, wählen Sie den gewünschten Zielserver in der Server-Manager-Ansicht aus und öffnen unter den Tools des Servers ROLLEN UND FUNKTIONEN.

Wählen Sie in der Auswahlliste, wie in Abbildung 10.55 zu sehen, das Feature WINDOWS SERVER-SICHERUNG aus, und verwenden Sie die Option + INSTALLIEREN.

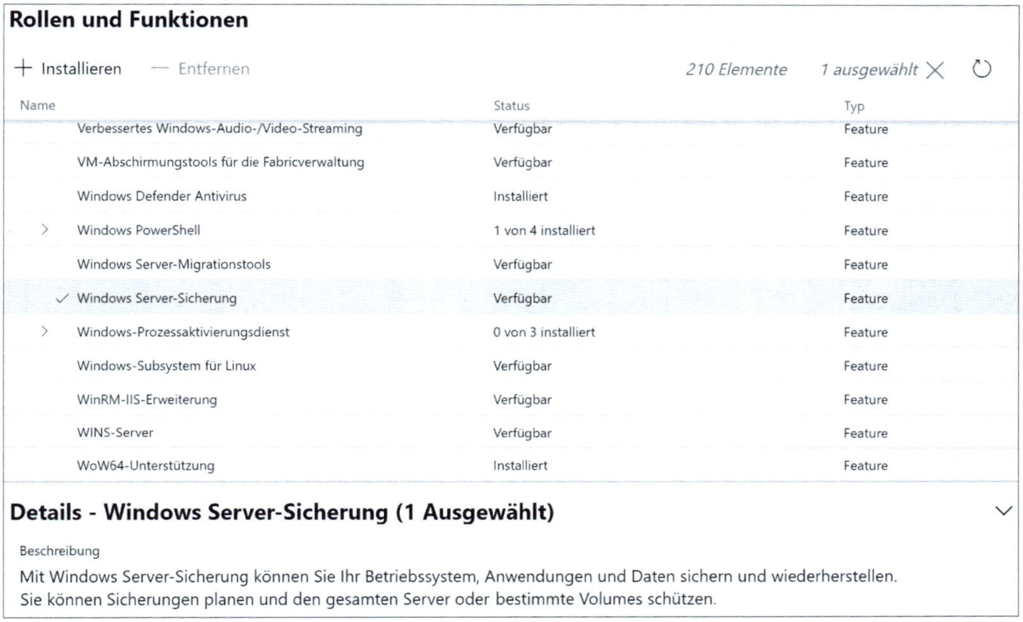

Abbildung 10.55 Installation der »Windows Server-Sicherung« im Windows Admin Center

Wenn Sie die PowerShell einsetzen, weil Sie dieses Feature zum Beispiel auf einem Windows Core-Server installieren wollen, verwenden Sie folgenden PowerShell-Befehl:

```
Install-WindowsFeature Windows-Server-Backup
```

Beachten Sie aber, dass Sie auf einem Windows Core-Server die MMC-Verwaltungskonsole nicht mitinstallieren können. Hierzu ist ein Windows Server mit vollständigem Desktop notwendig.

10.6.2 Backup-Jobs erstellen

Nach der Installation können Sie Backups mit der Verwaltungs-MMC *Windows Server-Sicherung* anlegen. Hierzu stehen Ihnen die beiden Optionen SICHERUNGSZEITPLAN sowie die EINMALSICHERUNG zur Verfügung, die in Abbildung 10.56 rechts zu sehen sind.

Beide Optionen starten denselben Assistenten zum Anlegen der Sicherungsaufträge. Der wesentliche Unterschied besteht lediglich darin, dass im Rahmen der EINMALSICHERUNG kein Zeitplan für wiederkehrende Sicherungen hinterlegt werden kann.

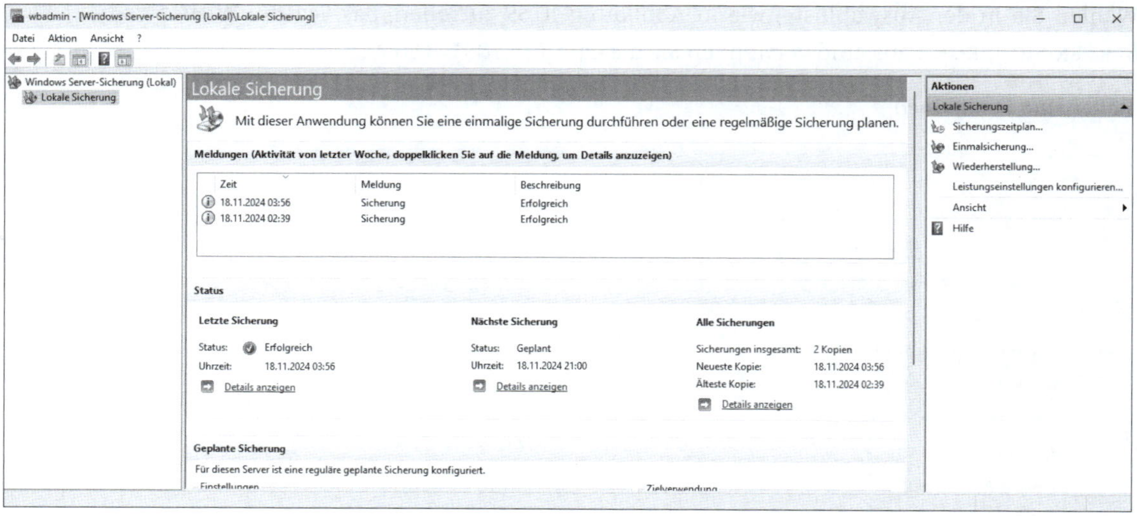

Abbildung 10.56 MMC-Verwaltungskonsole der Windows Server-Sicherung

Wenn Sie einen wiederkehrenden Sicherungsauftrag anlegen wollen, verwenden Sie die Option SICHERUNGSZEITPLAN, um den Assistenten zu starten. Überspringen Sie die ERSTEN SCHRITTE, und wechseln Sie direkt in die Auswahl der SICHERUNGSKONFIGURATION (siehe Abbildung 10.57). Hier haben Sie nun die Auswahl zwischen der empfohlenen Vollsicherung und einer benutzerdefinierten Sicherung.

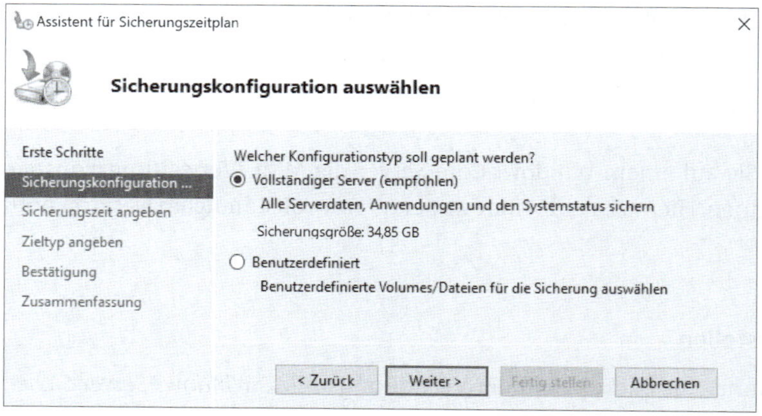

Abbildung 10.57 Auswahl der Sicherungskonfiguration

Bei Auswahl der vollständigen Sicherung wird eine sogenannte *Bare-Metal-Sicherung* durchgeführt, die alle Daten des ausgewählten Servers sichert. Wenn Sie die benutzerdefinierte Sicherung auswählen, wird der Assistent um die Auswahl der zu sichernden Elemente erweitert (siehe Abbildung 10.58). In dieser Auswahl können Sie mit ELEMENTE HINZUFÜGEN die Elemente auswählen, die Sie sichern wollen.

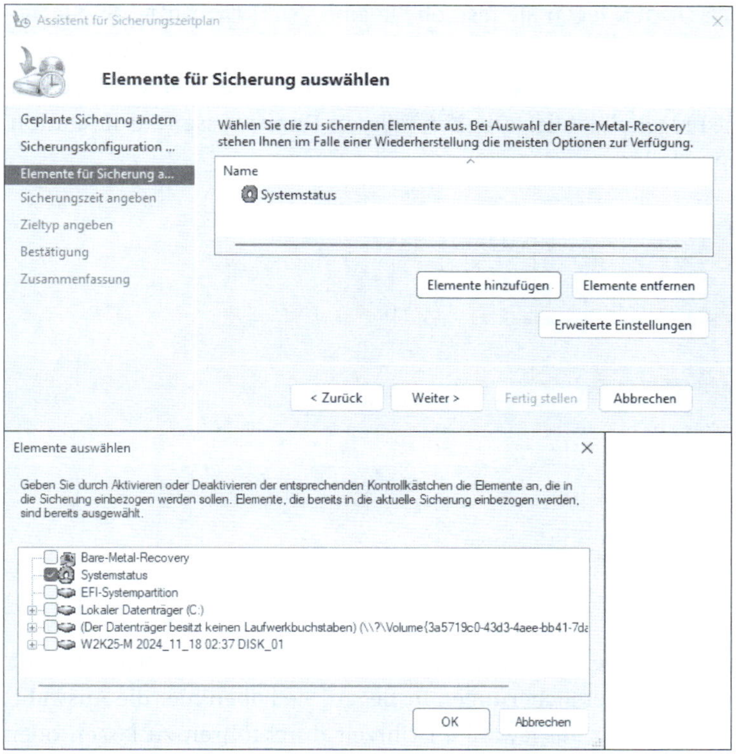

Abbildung 10.58 Auswahl der zu sichernden Elemente

Mit der Option ERWEITERTE EINSTELLUNGEN können Sie für die ausgewählten Elemente Ausnahmen definieren, die Sie nicht mit sichern wollen. In Abbildung 10.59 sehen Sie Beispiele für solche Ausnahmen.

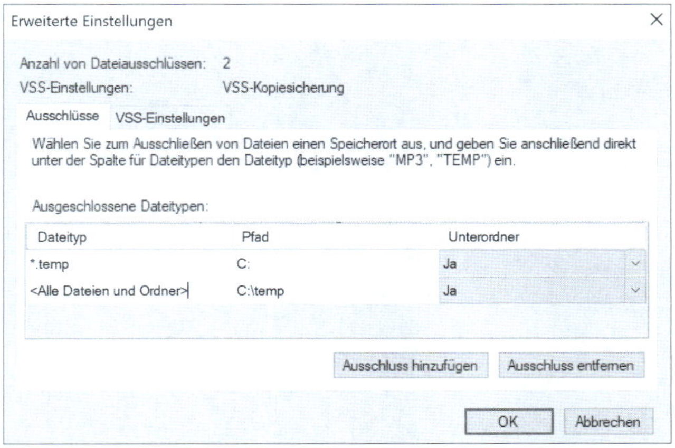

Abbildung 10.59 Erweiterte Sicherungseinstellungen

Auf dem Reiter VSS-EINSTELLUNGEN legen Sie fest, ob Sie eine VOLLSTÄNDIGE VSS-SICHERUNG oder nur eine VSS-KOPIESICHERUNG durchführen wollen (siehe Abbildung 10.60). Dies ist relevant, wenn Sie eine weitere Sicherungslösung für denselben Server einsetzen und anwendungsspezifische Protokolldateien erhalten müssen. Dann müssen Sie die Option auf VSS-KOPIESICHERUNG umstellen.

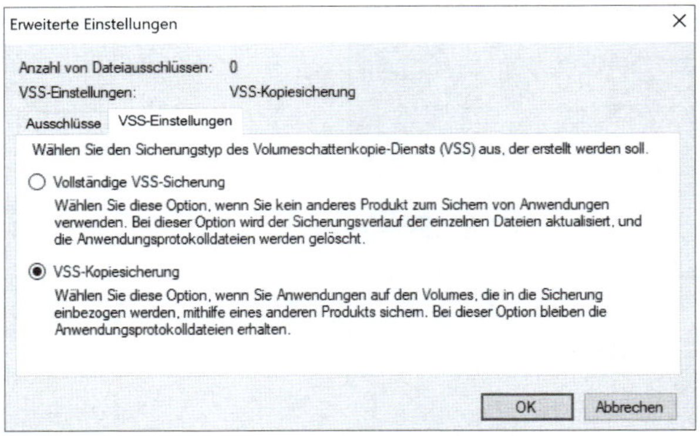

Abbildung 10.60 Erweiterte VSS-Einstellungen

Nachdem Sie festgelegt haben, was Sie wie sichern wollen, können Sie im nächsten Schritt einen Zeitplan für das Durchführen der Sicherungen festlegen. Sie haben hier die Auswahl, die Sicherung einmal täglich zu einer ausgewählten Uhrzeit durchführen zu lassen oder einen Zeitplan mit mehreren Tagessicherungen zu hinterlegen, wie dies in Abbildung 10.61 dargestellt ist.

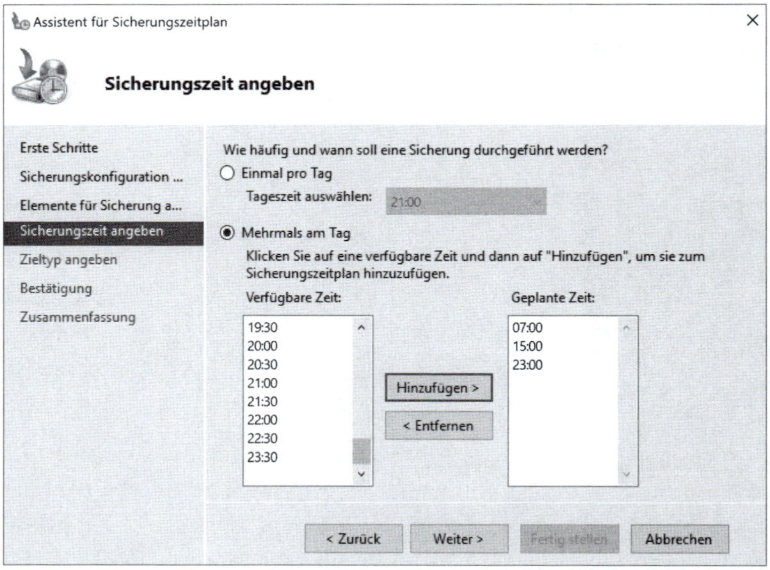

Abbildung 10.61 Erstellen des Sicherungszeitplans für den Sicherungsauftrag

Wenn Sie einen Zeitplan hinterlegt haben, steht Ihnen im nächsten Schritt des Assistenten die Auswahl des Speichers für das Ablegen der durchzuführenden Sicherung zur Verfügung. Hier haben Sie die drei Optionen zur Auswahl, die Sie in Abbildung 10.62 sehen.

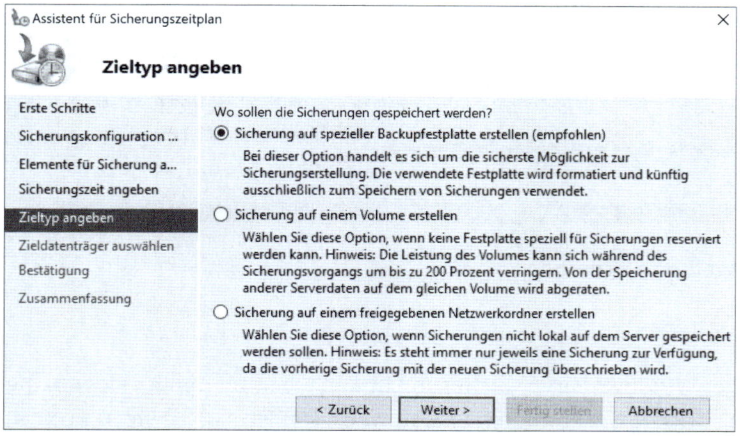

Abbildung 10.62 Auswahl des Sicherungsspeichers

Basierend auf Ihrer Auswahl des Speichers können Sie im nächsten Schritt des Assistenten die Konfiguration für Ihre Auswahl vornehmen. Wählen Sie hier entweder ein Volume oder einen Datensicherungsdatenträger aus, der auch ein USB-Laufwerk sein kann. Achten Sie bei der Auswahl einer Dateifreigabe als Sicherungsziel darauf, dass Sie hier entsprechende Anmeldeinformationen für die Nutzung der Dateifreigabe angeben müssen.

Abschließend erhalten Sie eine Zusammenfassung der von Ihnen für diesen Sicherungsauftrag ausgewählten Konfigurationen. Wenn Sie den Sicherungsauftrag abschließen, wird ein Task in der Aufgabenplanung angelegt (siehe Abbildung 10.63).

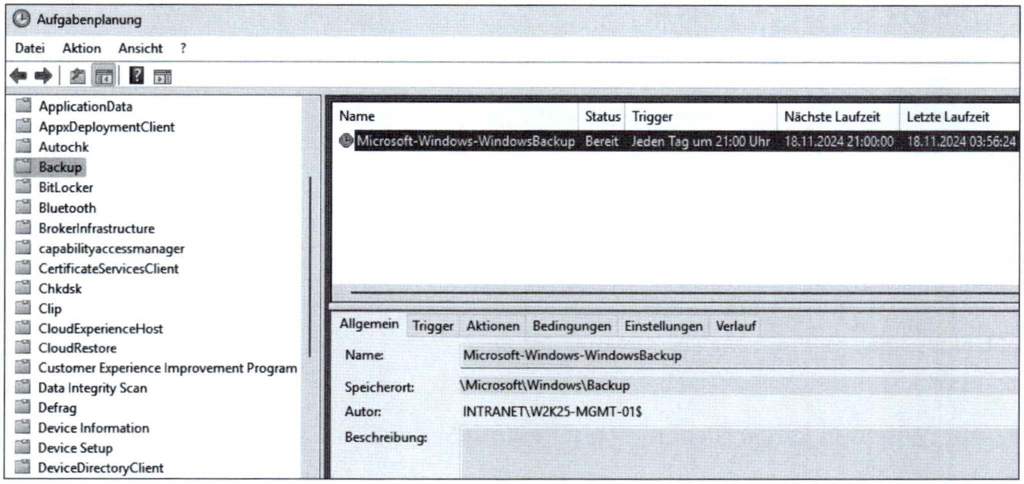

Abbildung 10.63 Angelegter Sicherungsauftrag in der Aufgabenplanung

Sobald der Sicherungsauftrag wie geplant ausgeführt wird, können Sie den aktuellen Status des laufenden Sicherungsauftrags in der Verwaltungs-MMC der Windows Server-Sicherung überprüfen (siehe Abbildung 10.64). Hier werden auch alle Statusinformationen von bereits abgeschlossenen Sicherungsaufträgen protokolliert.

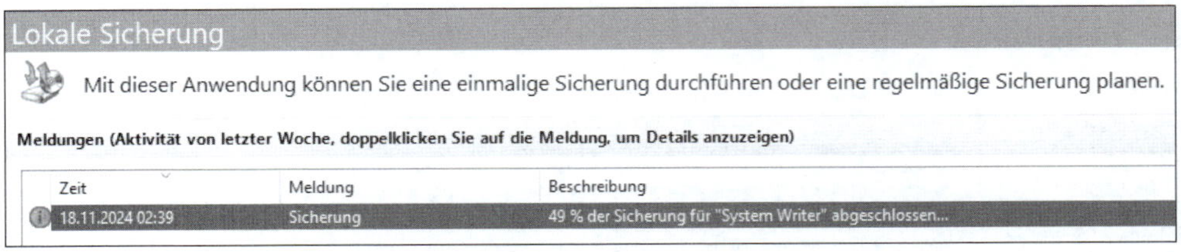
Lokale Sicherung
Mit dieser Anwendung können Sie eine einmalige Sicherung durchführen oder eine regelmäßige Sicherung planen.
Meldungen (Aktivität von letzter Woche, doppelklicken Sie auf die Meldung, um Details anzuzeigen)
Zeit
Meldung
Beschreibung
18.11.2024 02:39
Sicherung
49 % der Sicherung für "System Writer" abgeschlossen...

Abbildung 10.64 Aktuell ausgeführte Sicherung

Optimierungen

In der Verwaltungs-MMC der Windows Server-Sicherung finden Sie unter den AKTIONEN die Option LEISTUNGSEINSTELLUNGEN. Sie können hier wahlweise mit NORMALE SICHERUNGSLEISTUNG eine Vollsicherung aller Elemente durchführen lassen oder mit SCHNELLE SICHERUNGSLEISTUNG die Elemente inkrementell sichern. Wenn Sie diese Einstellungen nicht auf alle zu sichernden Elemente anwenden wollen, können Sie die Sicherung mit BENUTZERDEFINIERT für jedes Element einzeln steuern (siehe Abbildung 10.65).

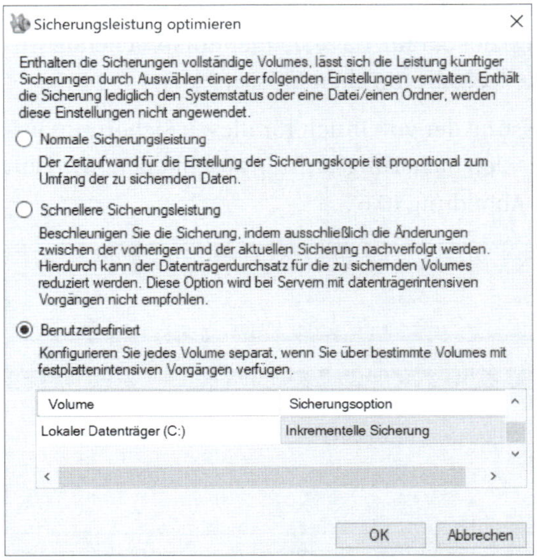
Sicherungsleistung optimieren
Enthalten die Sicherungen vollständige Volumes, lässt sich die Leistung künftiger Sicherungen durch Auswählen einer der folgenden Einstellungen verwalten. Enthält die Sicherung lediglich den Systemstatus oder eine Datei/einen Ordner, werden diese Einstellungen nicht angewendet.
Normale Sicherungsleistung
Der Zeitaufwand für die Erstellung der Sicherungskopie ist proportional zum Umfang der zu sichernden Daten.
Schnellere Sicherungsleistung
Beschleunigen Sie die Sicherung, indem ausschließlich die Änderungen zwischen der vorherigen und der aktuellen Sicherung nachverfolgt werden. Hierdurch kann der Datenträgerdurchsatz für die zu sichernden Volumes reduziert werden. Diese Option wird bei Servern mit datenträgerintensiven Vorgängen nicht empfohlen.
Benutzerdefiniert
Konfigurieren Sie jedes Volume separat, wenn Sie über bestimmte Volumes mit festplattenintensiven Vorgängen verfügen.
Volume
Sicherungsoption
Lokaler Datenträger (C:)
Inkrementelle Sicherung
OK
Abbrechen

Abbildung 10.65 Optimierung der Sicherungsleistung

10.6.3 Windows Server-Sicherung auf Remote-Servern

Die Windows Server-Sicherung stellt zwar eine lokale Backup-Lösung dar, Sie können damit aber auch Remote-Server verwalten. Dies bietet sich vor allem bei Windows-Core-Servern an.

Damit Sie die Windows Server-Sicherung remote verwenden können, müssen Sie diese auf dem jeweiligen Zielserver installieren und die in Abbildung 10.66 abgebildeten Freischaltungen in der Firewall vornehmen.

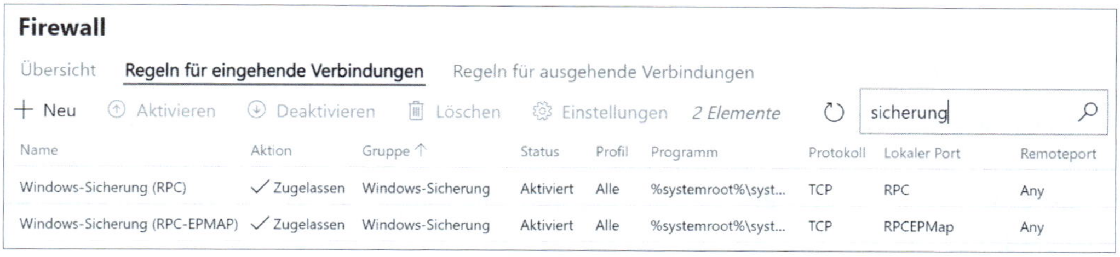

Abbildung 10.66 Eingehende Firewallregeln für die Windows Server-Sicherung

Sie können mit der Windows Server-Sicherung keine direkte Remoteverbindung herstellen, wenn Sie sie über den Server-Manager oder mit `wbadmin.msc` aufrufen. Um die Remoteverwaltung herstellen zu können, müssen Sie über den Ausführen-Dialog oder über ein Suchfenster, in das Sie »MMC« eingeben, eine leere Konsole öffnen. Drücken Sie dann entweder die Tastenkombination [Strg]+[M], oder wählen Sie Snap-In hinzufügen/entfernen. Nun können Sie aus der Liste der Snap-Ins Windows Server-Sicherung hinzufügen. Hierbei sehen Sie den Dialog zur Auswahl des Zielsystems (siehe Abbildung 10.67). Wählen Sie den Zielserver aus, den Sie verwalten wollen.

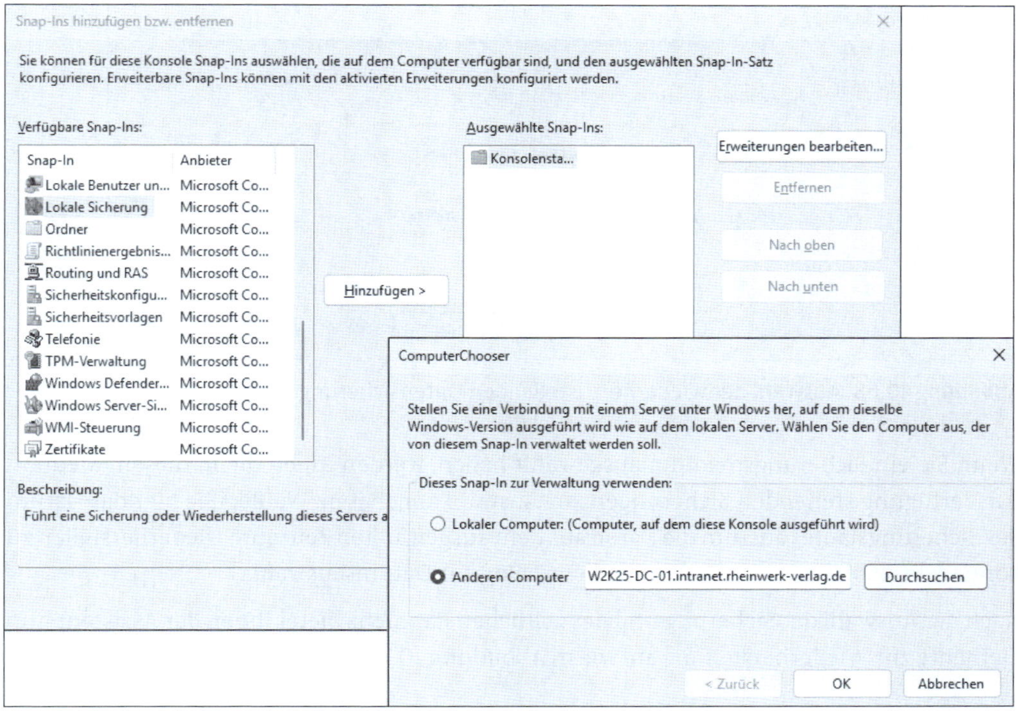

Abbildung 10.67 Windows Server-Sicherung – Remoteverbindung herstellen

Das Snap-In *Windows Server-Sicherung* lädt die Verbindung zu dem Zielserver. Lassen Sie sich nicht dadurch irritieren, dass in dem geladenen Snap-In LOKALE SICHERUNG angezeigt wird. Sie führen die Sicherung remote auf dem entfernten System durch.

10.6.4 Einzelne Dateien wiederherstellen

Eine der häufigsten Tätigkeiten bei der Verwendung einer Datensicherungslösung ist das Wiederherstellen einzelner Ordner und Dateien. Für diese Aufgabe wählen Sie in der Verwaltungs-MMC der Windows Server-Sicherung unter den angebotenen Aktionen die Option WIEDERHERSTELLUNG.

Im ersten Schritt des Wiederherstellungs-Assistenten (siehe Abbildung 10.68) haben Sie die Auswahl, die Sicherung vom lokalen Server oder aus einer alternativen Quelle wiederherzustellen. Bei der Auswahl einer alternativen Quelle stehen Ihnen die Optionen eines lokalen Datenträgers oder einer Dateifreigabe zur Verfügung.

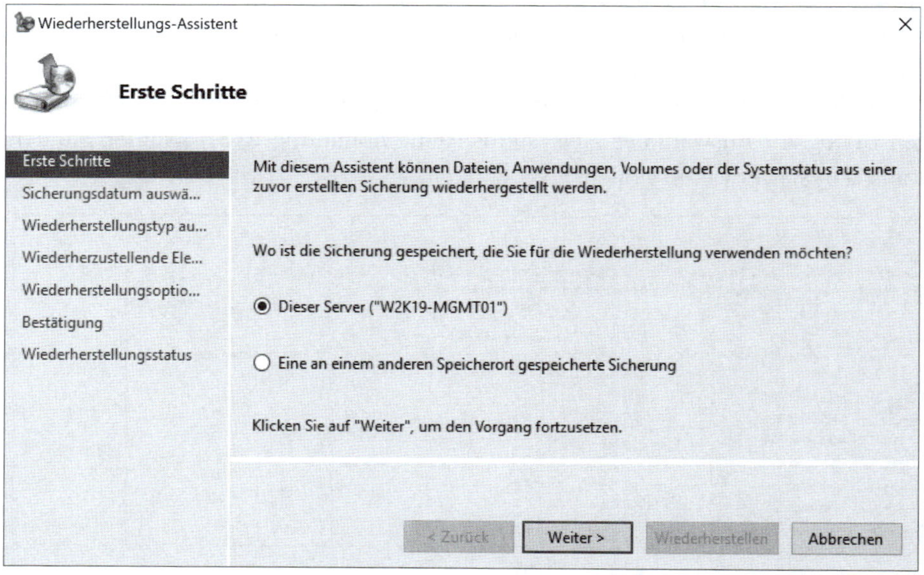
Wiederherstellungs-Assistent
Erste Schritte
Erste Schritte
Sicherungsdatum auswä...
Wiederherstellungstyp au...
Wiederherzustellende Ele...
Wiederherstellungsoptio...
Bestätigung
Wiederherstellungsstatus
Mit diesem Assistent können Dateien, Anwendungen, Volumes oder der Systemstatus aus einer zuvor erstellten Sicherung wiederhergestellt werden.
Wo ist die Sicherung gespeichert, die Sie für die Wiederherstellung verwenden möchten?
Dieser Server ("W2K19-MGMT01")
Eine an einem anderen Speicherort gespeicherte Sicherung
Klicken Sie auf "Weiter", um den Vorgang fortzusetzen.
< Zurück
Weiter >
Wiederherstellen
Abbrechen

Abbildung 10.68 Auswahl der wiederherzustellenden Datensicherung

Wenn Sie ein Sicherungsmedium ausgewählt haben, werden Ihnen die in diesem Medium zur Verfügung stehenden Sicherungen zur Auswahl angeboten. Wählen Sie hier das Datum des Sicherungslaufes aus, um die Daten aus dem ausgewählten Zeitraum wiederherstellen zu können. In Abbildung 10.69 sehen Sie den Dialog zur Datumsauswahl.

Nach der Auswahl der Sicherung und des zeitlichen Rahmens bietet Ihnen der Assistent nun Elemente zur Wiederherstellung an, wie in Abbildung 10.70 dargestellt.

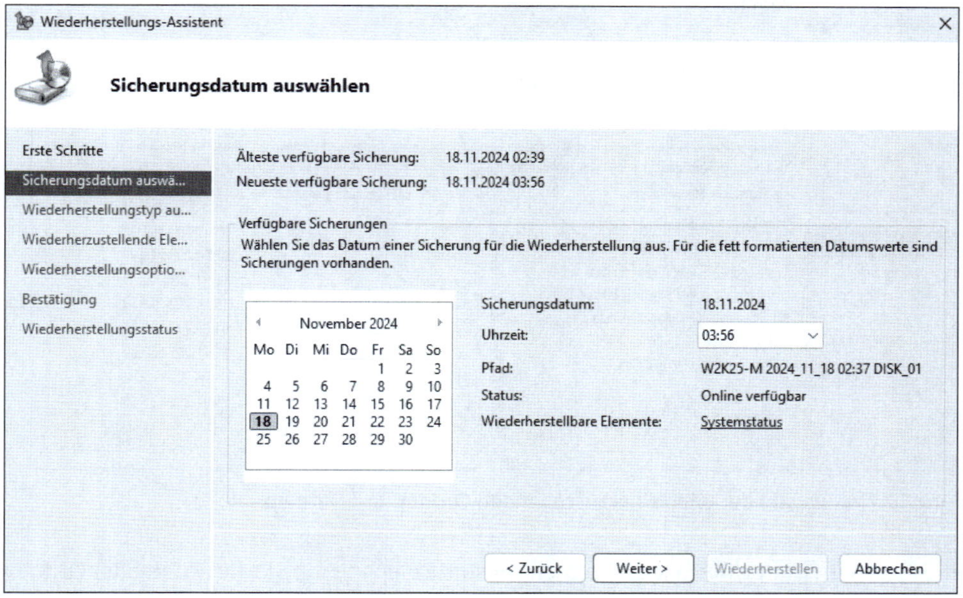

Abbildung 10.69 Auswahl der Datensicherung nach Sicherungsdatum

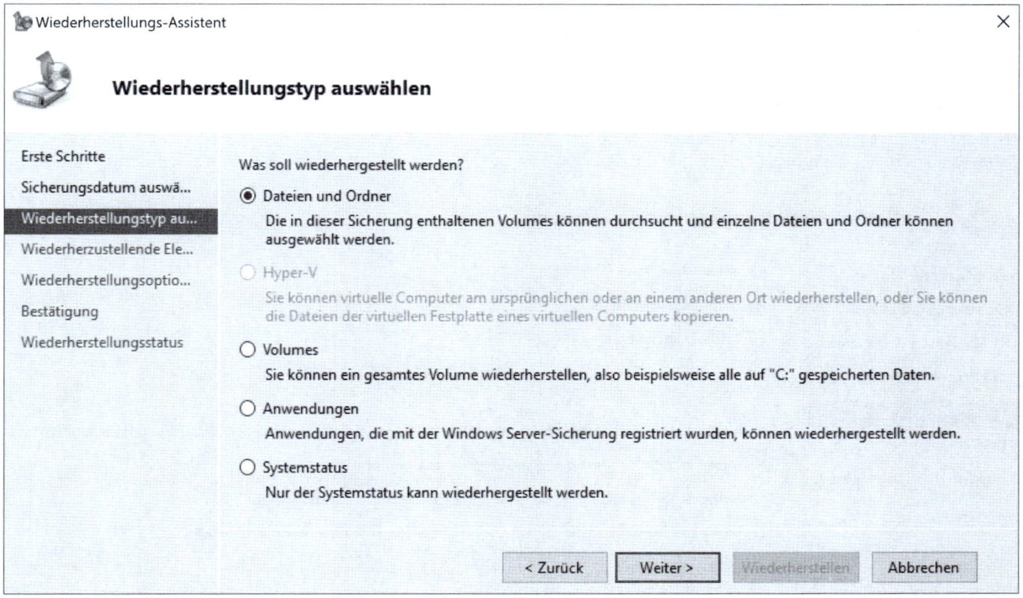

Abbildung 10.70 Auswahl der wiederherzustellenden Elemente

Sie können nun im nächsten Schritt des Assistenten gezielt Dateien aus dem Verzeichnisbaum auswählen. Wählen Sie hier den Ordner oder die Datei aus, den bzw. die Sie wiederherstellen wollen (siehe Abbildung 10.71).

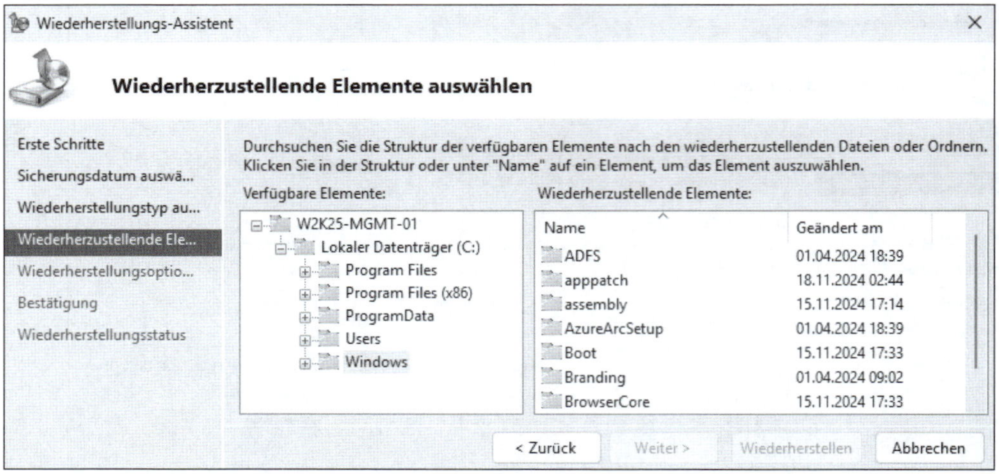

Abbildung 10.71 Auswahl der wiederherzustellenden Ordner und Dateien

Wählen Sie nun im Dialog der Wiederherstellungsoptionen aus, ob Sie die Daten oder Ordner im ursprünglichen Verzeichnis oder in einem alternativen Verzeichnis wiederherstellen wollen. Außerdem können Sie festlegen, ob lediglich eine Kopie erstellt werden soll und somit die noch vorhandenen Dateien und Ordner erhalten bleiben. Dies entscheidet, ob die Dateien und Ordner, die noch vorhanden sind, überschrieben werden oder ob die Wiederherstellung abgebrochen wird, wenn die rückzusichernden Elemente bereits im Zielverzeichnis vorhanden sind (siehe Abbildung 10.72).

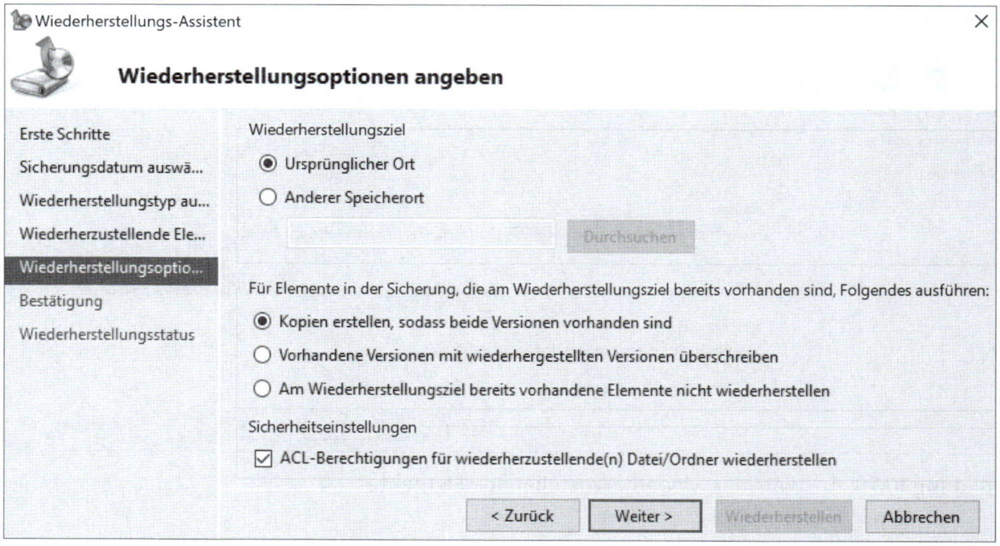

Abbildung 10.72 Dialog zur Auswahl des Wiederherstellungsverzeichnisses

Abschließend erhalten Sie eine Zusammenfassung der von Ihnen vorgenommenen Einstellungen für die Wiederherstellung.

Durch das Starten der Wiederherstellung wechselt der Assistent in den Wiederherstellungsstatus und liefert Ihnen den aktuellen Status zurück. Die Dauer der Wiederherstellung richtet sich nach der Auswahl der wiederherzustellenden Elemente.

10.6.5 Recovery-Medium nutzen

In einigen Fällen kann es notwendig sein, das komplette System wiederherzustellen. Dies setzt natürlich voraus, dass Sie eine Bare-Metal-Sicherung durchgeführt haben. Außerdem benötigen Sie einen Server oder eine virtuelle Maschine, auf der Sie die Wiederherstellung durchführen können. Und schließlich brauchen Sie ein bootfähiges Windows Server-Medium.

Bevor Sie den Server booten, auf dem Sie die Wiederherstellung durchführen wollen, sollten Sie noch sicherstellen, dass Sie Zugriff auf die Sicherungsmedien haben bzw. dass der Sicherungsdatenträger an den Server angebunden wurde.

Starten Sie nun den ausgewählten Server mit dem bootfähigen Windows Server-Medium. Dieses startet den Sprachauswahldialog, der Ihnen bereits aus der Installation des Serverbetriebssystems bekannt ist. Wählen Sie hier die gewünschte Sprache aus. Sie erhalten nun den Windows Server-Installationsdialog wie in Abbildung 10.73. Verwenden Sie hier die Option MEINEN PC REPARIEREN.

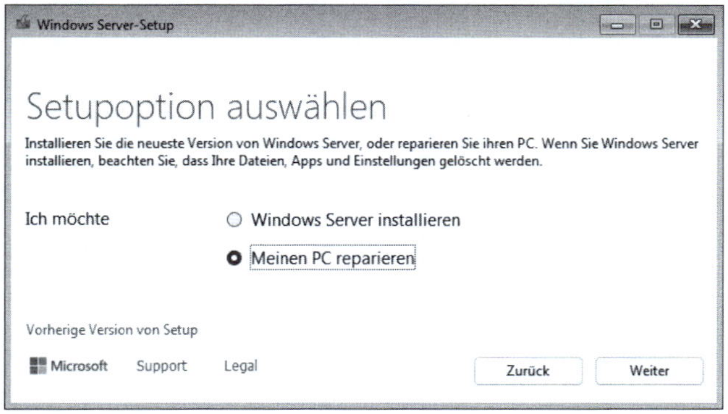

Abbildung 10.73 Windows Server 2025-Installationsbildschirm

In dem Dialog, der sich nun öffnet, wählen Sie PROBLEMBEHANDLUNG, um Zugriff auf die Auswahl ERWEITERTE OPTIONEN zu erhalten (siehe Abbildung 10.74).

Wählen Sie hier nun die SYSTEMIMAGE-WIEDERHERSTELLUNG, um die Wiederherstellung durchzuführen.

Der Wiederherstellungs-Assistent durchsucht die angeschlossenen Datenträger und Volumes des Systems nach Systemabbildern und wählt automatisch das letzte erzeugte Systemabbild als empfohlene Vorauswahl. Sollten Sie auf den angeschlossenen Datenträgern und Volumes mehrere Systemabbilder haben, wählen Sie SYSTEMABBILD AUSWÄHLEN (siehe Abbildung 10.75). Dort können Sie den UNC-Pfad von Dateifreigaben angeben, wenn Sie keinen lokalen Zugriff auf das Systemabbild haben. Außerdem können Sie Treiber laden, die für die Verbindung zum Datenträger notwendig sind. Das können zum Beispiel RAID-Controller sein, die standardmäßig nicht unterstützt werden.

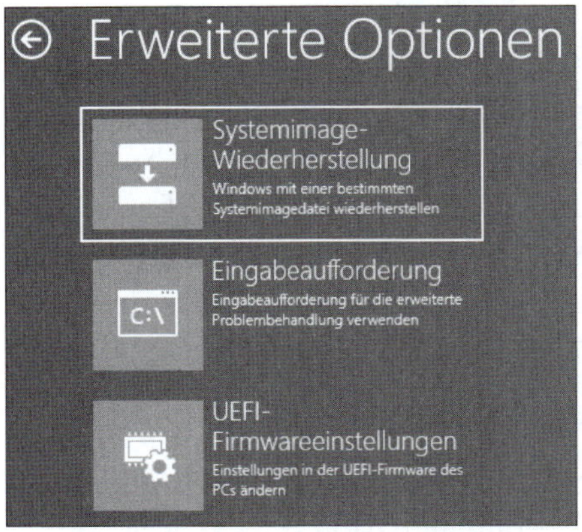

Abbildung 10.74 Erweiterte Optionsauswahl der Computerreparaturoptionen

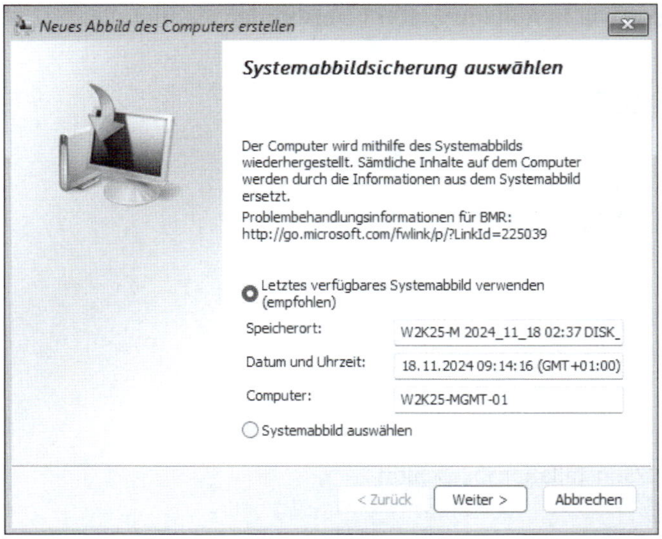

Abbildung 10.75 Auswahl der wiederherzustellenden Sicherung

Beachten Sie, dass das Durchsuchen der vorhandenen Datenträger und Volumes je nach Anzahl und Anschlussverfahren durchaus einige Minuten dauern kann.

Nach der Auswahl des zurückzusichernden Systemabbildes wechseln Sie zum nächsten Schritt der Wiederherstellung. Wie Sie in Abbildung 10.76 sehen, ist die Option DATENTRÄ-

GER FORMATIEREN UND NEU PARTITIONIEREN bereits vorausgewählt, weil erst nach dieser Aktion die Daten aus dem Systemabbild auf den Zieldatenträgern geschrieben werden können. Hier gibt es noch zwei Optionen: DATENTRÄGER AUSSCHLIESSEN, um bestimmte Datenträger von der Formatierung auszunehmen, und TREIBER INSTALLIEREN, um spezifische Treiber für das wiederherzustellende Betriebssystem vorzubereiten.

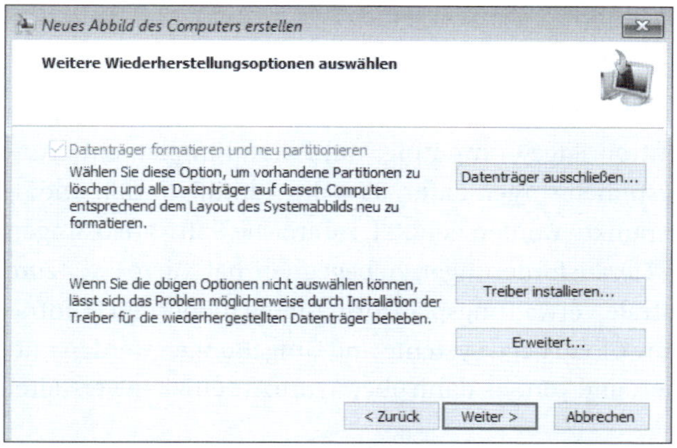

Abbildung 10.76 Wiederherstellungsoptionen für die Wiederherstellung des Systems

Wenn Sie nur das Systemlaufwerk Ihres Systemabbildes wiederherstellen wollen, aktivieren Sie die Option NUR SYSTEMLAUFWERKE WIEDERHERSTELLEN. Abschließend können Sie unter ERWEITERT angeben, wie sich der Wiederherstellungs-Assistent beim Auftreten von Datenträgerfehlern verhalten soll und ob nach Abschluss der Rücksicherung automatisch das System neu gestartet werden soll.

Verwenden Sie die Option WEITER, um zur Zusammenfassung der von Ihnen angegebenen Optionen für die Rücksicherung zu gelangen. Hier sehen Sie in einer Liste, welches Systemabbild, welcher Host und welche Laufwerke zurückgesichert werden.

Wenn Sie den Dialog aus Abbildung 10.77 abschließen, beginnt der Wiederherstellungsassistent mit der Rücksicherung Ihres Systemabbilds und liefert Ihnen eine Rückmeldung über den aktuellen Zustand während der Rücksicherung.

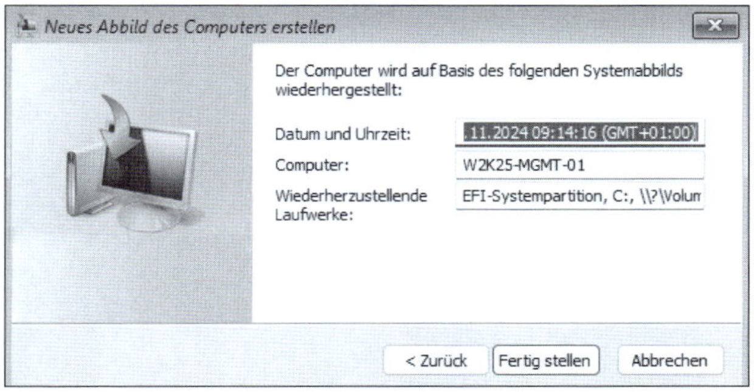

Abbildung 10.77 Bestätigungsdialog für das Ausführen der Wiederherstellung

Bedenken Sie bei der Rücksicherung, dass diese je nach Datenvolumen und verwendetem Medium, auf dem sich das Systemabbild befindet, einige Zeit in Anspruch nehmen kann. Sobald die Rücksicherung abgeschlossen ist, wird das System innerhalb von 60 Sekunden neu gestartet. Hierbei startet Ihr System direkt das zurückgesicherte Betriebssystem.

10.7 Azure Arc

IT-Infrastrukturen werden immer komplexer und ihre Verwaltung wird eine immer größere Herausforderung: Verteilte Rechenzentren, Edge-Computing, Multi-Cloud-Implementierungen und eine Vielzahl von Betriebssystemen sorgen dafür, dass die Administration uneinheitlicher wird. Verschiedene Zugriffspunkte werden genutzt, zahlreiche Softwarelösungen müssen verwaltet werden. Um diesen Herausforderungen zu begegnen, hat Microsoft *Azure Arc* ins Leben gerufen. Es soll eine zentrale Verwaltungsplattform für die modernen IT-Infrastrukturen sein, deren Basis in der Azure Cloud liegt. Systeme und Umgebungen werden mithilfe eines Agents in Azure Arc integriert und können dann über Azure Arc effizient verwaltet werden.

Nach der Installation kommuniziert der Arc-Agent entweder direkt oder indirekt über ein bereitzustellendes Gateway mit der Azure Cloud. Dabei hat Microsoft nicht nur Windows Server im Blick, sondern auch Kubernetes-Cluster, SQL Managed Instances, Postgres-Cluster, virtuelle Systeme bei anderen Hyperscalern sowie eine Vielzahl von Daten-Services.

Der große Vorteil besteht also darin, dass Sie all diese Dienste über die Azure Backplane und somit über eine standardisierte Verwaltungsplattform im Blick haben, egal wo und wie diese bereitgestellt werden.

Wir wollen Ihnen hier Azure Arc kurz vorstellen, einen Einblick in seinen Aufbau und einen Überblick über seine Funktionen geben. Eine Anleitung zum Onboarding von Servern in Azure Arc finden Sie in Abschnitt 17.6.1.

Die Anbindung von Servern an Azure Arc erfolgt mittels des *Azure Connected Machine-Agent*, den Sie auf dem System installieren, das Sie verwalten wollen. Folgende Betriebssysteme werden unterstützt:

- **Microsoft**
  - Windows Server 2012 R2
  - Windows Server 2016
  - Windows Server 2019
  - Windows Server 2022
  - Windows Server 2025
  - Windows 10
  - Windows 11

- **Linux**
  - Ubuntu 16.04/18.04/20.04/22.04/24.04
  - Debian 10/11/12
  - CentOS 7/8/9
  - Oracle Linux 7/8/9
  - Red Hat Enterprise Linux (RHEL) 7/8/9
  - Rocky Linux 8/9
  - SUSE Linux Enterprise Server (SLES) 12 SP3-SP5/15
  - AlmaLinux 8
  - Amazon Linux 2/2023

Der Azure Connected Machine-Agent baut eine ausgehende Verbindung zu dem öffentlichen Endpunkt des Azure-Backends auf, wie in der Abbildung 10.78 dargestellt.

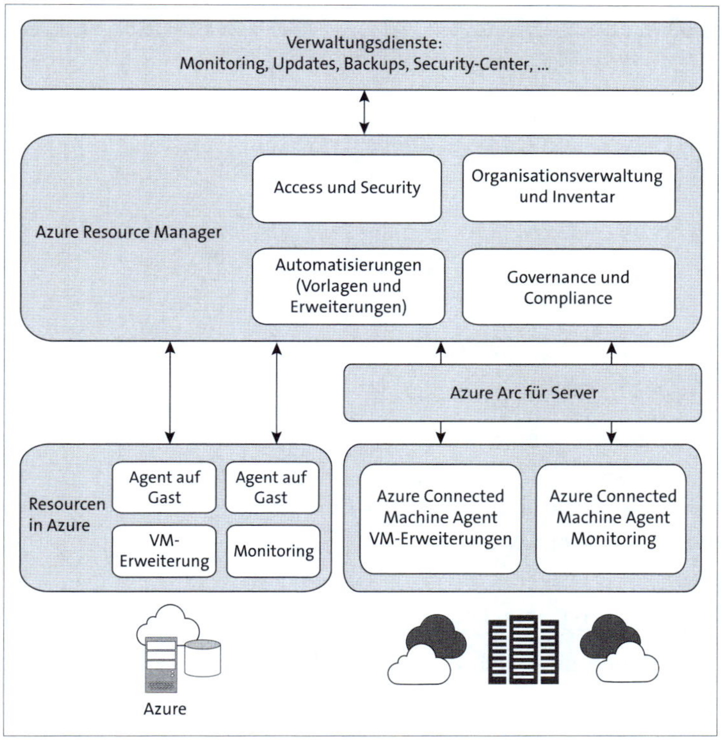

Abbildung 10.78 Der logische Aufbau von Azure Arc

Da es sich um eine ausgehende Verbindung handelt, bestehen keine besonderen Anforderungen an die Verbindung zwischen dem Server und Azure Arc. Achten Sie lediglich darauf, dass die notwendigen Endpunkte erreichbar sind. Eine Auflistung der aktuellen Endpunkte erhalten Sie unter folgendem Link:

https://learn.microsoft.com/en-us/azure/azure-arc/network-requirements-consolidated?tabs=azure-cloud

Um Funktionen zur Verwaltung, zum Monitoring, zum Backup und für einiges mehr zu nutzen, wird der Azure Connected Machine-Agent um weitere Komponenten erweitert. Sie müssen also keine zusätzlichen Agenten auf dem Zielsystem installieren.

Da es sich um einen Dienst in der Azure Cloud handelt, benötigen Sie für das Bereitstellen von Azure Arc für Server Folgendes, bevor Sie Server onboarden können:

- **Azure-Abonnement**: Sie benötigen ein aktives Azure-Abonnement mit hinterlegten Abrechnungsinformationen, denn einige Azure Arc-Funktionen können Kosten verursachen.
- **Azure-Ressourcengruppe**: Erstellen Sie eine Azure-Ressourcengruppe, in der die Server später nach dem Onboarding hinzugefügt werden.

Nach dem erfolgreichen Onboarding finden Sie Ihren Server, wie in Abbildung 10.79 dargestellt, im Azure Portal unter dem Menüpunkt AZURE ARC.

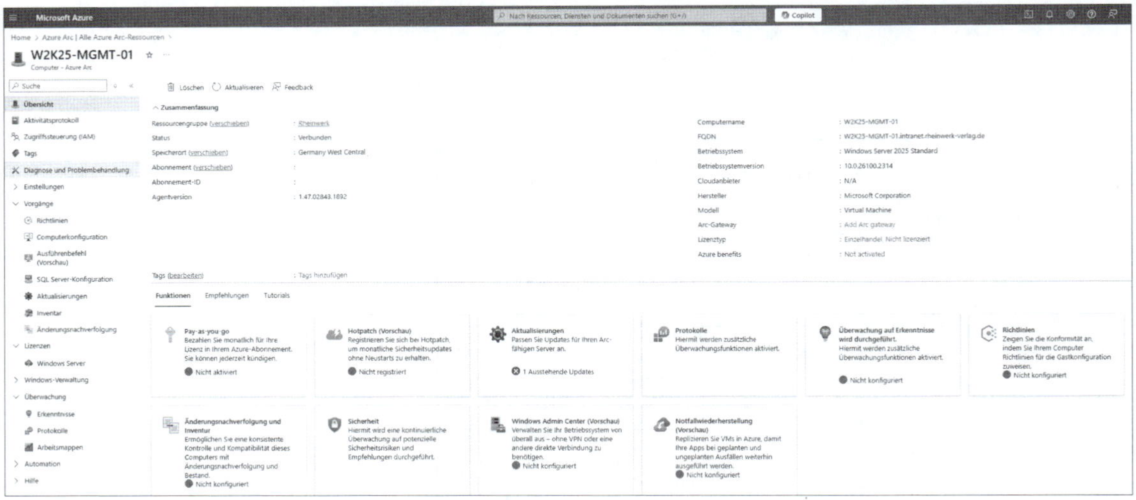

Abbildung 10.79 Windows Server im Azure Arc-Dashboard

Dort können Sie nun die folgenden Funktionen kostenfrei nutzen:

- **Ressourcenverwaltung**: Sie können nun auch Ihre Server, die nicht in der Azure-Cloud laufen, im Azure-Portal unter Azure Arc anzeigen und verwalten.
- **Tagging und Inventar**: Nutzen Sie Tags, um Ihre Ressourcen zu organisieren, auszuwerten und verwalten. Sie können damit ein zentrales Inventar aller IT-Ressourcen im Azure Portal anlegen.
- **Governance und Compliance**: Grundlegende Azure Policy-Funktionen stehen Ihnen in Azure Arc ebenfalls kostenfrei zur Verfügung. Erweiterte Funktionen zur Ermittlung des Compliance-Status können allerdings Kosten verursachen.

- **Überwachung und Diagnose**: Sie können nun grundlegende Überwachungs- und Diagnosefunktionen des Azure-Monitors nutzen, einschließlich der Integration von Log Analytics für grundlegende Überwachungsanforderungen.
- **Integration in den Azure Resource Manager**: Vielleicht am spannendsten: Die Server, die Sie in Azure Arc integrieren, werden in den Azure Resource Manager eingebunden. Damit können Sie diese Ressourcen genauso verwalten du organisieren, als wären es native Azure-Ressourcen.

10.7.1 Einstellungen

Über das ÜBERSICHT-Dashboard Ihres Servers im Azure Arc-Panel finden Sie in der Menüstruktur die möglichen Funktionen, zu denen wir Ihnen einen sehr kurzen Überblick verschaffen wollen.

Verbinden

Unter dem Panel VERBINDUNG finden Sie, wie in Abbildung 10.80 dargestellt, die Möglichkeit, Ihren Server per SSH anzubinden. Hier haben Sie die Auswahl zwischen verschieden Authentifizierungstypen sowie der Nutzung von privaten SSH-Schlüsseln, die Sie entweder manuell hinterlegen können oder aus dem *Azure Key Vault* beziehen.

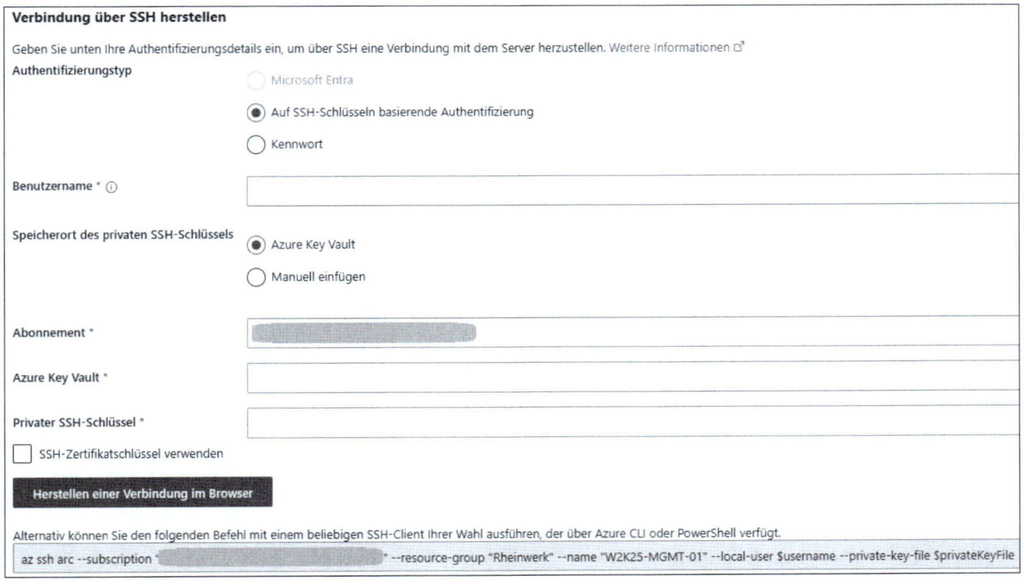

Abbildung 10.80 Das Verbindungs-Panel in Azure Arc

Sicherheit

Das Sicherheits-Panel (siehe Abbildung 10.81) bieten Ihnen eine Zusammenfassung des aktuellen Sicherheitszustandes Ihrer Server. Der Sicherheitszustand wird ermittelt, indem die

Konfiguration Ihres Servers mit bekannten Bedrohungen und den Best Practices des Microsoft-Supports abgeglichen wird.

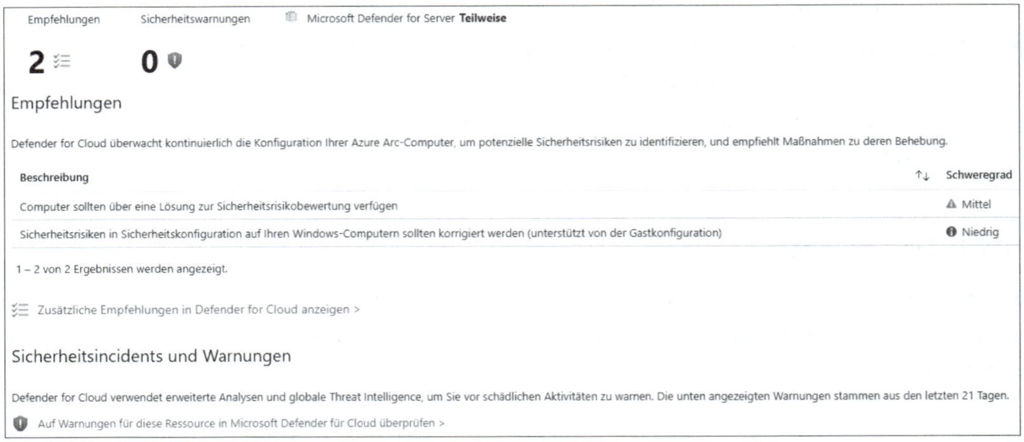

Abbildung 10.81 Sicherheit in Azure Arc

Erweiterungen

Im Erweiterungen-Panel finden Sie Ergänzungen, die Sie dem Azure Connected Machine-Agent zuzuweisen können. Für Windows Server werden beim Onboarding bereits die Erweiterung *Microsoft Defender for Endpoint* und die *WindowsPatchExtension* verknüpft. Es steht Ihnen jedoch eine Reihe weiterer Extensions zur Verfügung, wie in Abbildung 10.82 zu sehen ist.

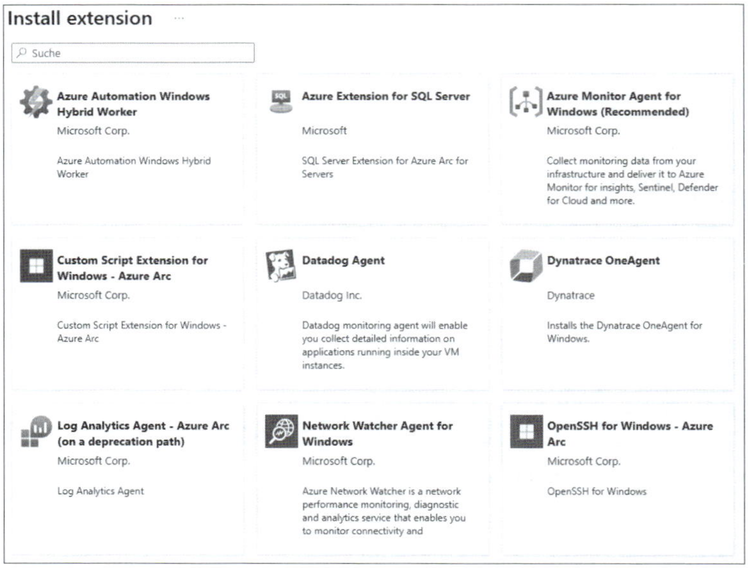

Abbildung 10.82 Erweiterungen für Agenten: Sie können sowohl Microsoft-Dienste als auch Drittanbieter nutzen.

10.7.2 Vorgänge

Richtlinien

Im Panel RICHTLINIEN können Sie Azure Policys zuweisen und den Compliance-Zustand Ihres Servers überprüfen (siehe Abbildung 10.83). Wenn Sie also bereits Richtlinien für Ihre Cloud-Systeme festgelegt haben, können Sie diese ganz einfach auch auf Ihre lokalen Server erweitern und alles zentral verwalten.

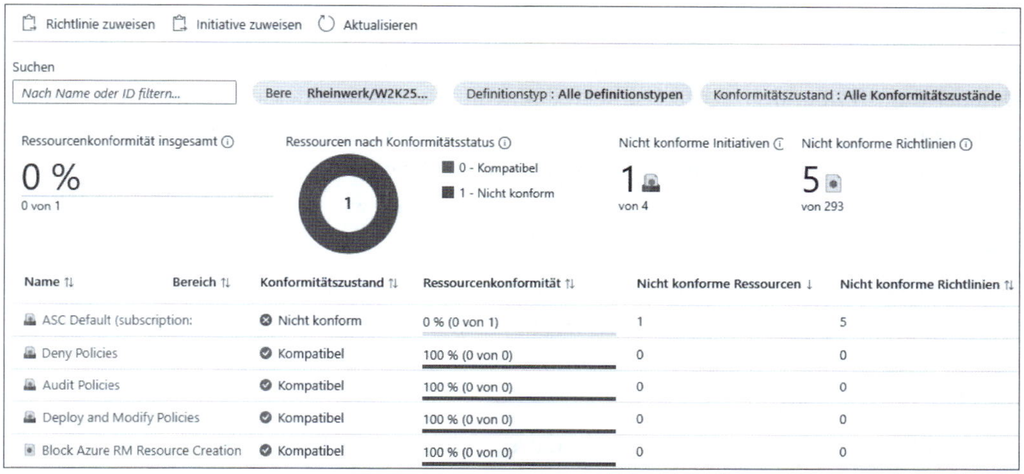

Abbildung 10.83 Das Richtlinien-Panel von Azure Arc

Bitte beachten Sie aber, dass nur ein Teil der Azure-Policys kostenfrei verwendet werden können. Professionelle Compliance-Optionen müssten gesondert lizenziert werden.

Computerkonfiguration

In der COMPUTERKONFIGURATION können Sie Baselines definieren und zuweisen. Es gibt hier eine große Auswahl an Konfigurationsoptionen, mit denen Sie Standardkonfigurationen vorgeben und Ihre Server härten können.

Dies ist vergleichbar mit dem, was Microsoft in der Vergangenheit mithilfe von Gruppenrichtlinien umgesetzt hat, jedoch ist diese Konfiguration nun unabhängig von der Plattform. Sie können also gleichermaßen Windows- wie auch Linux-Systeme verwalten. Ein weiterer großer Vorteil ist, dass Sie im COMPUTERKONFIGURATION-Panel auch eine aktive Rückmeldung über die Anwendung der zugewiesenen Konfigurationen auf Ihrem Server bekommen und somit den Compliance-Zustand des Systems direkt erkennen.

Ausführbefehl

Mithilfe des Panels AUSFÜHRBEFEHL können Sie über den Azure Connected Machine-Agent direkt Skripte und Befehle auf Ihrem Server ausführen. Das Skript wird über die gesicherte Verbindung des Agenten übertragen und lokal auf Ihrem Server ausgeführt.

SQL Server-Konfiguration

Die SQL SERVER-KONFIGURATION in Azure Arc erkennt automatisch SQL Server-Instanzen und bietet Ihnen weitreichende Konfigurations-, Überwachungs- und Lizenzierungsmöglichkeiten.

10.7.3 Windows-Verwaltung

Mit Azure Arc können Sie auf das *Windows Admin Center* zur Verwaltung Ihres Servers zugreifen. Dazu ist keine VPN-Verbindung und auch kein direkter Netzwerkzugriff erforderlich, weil der Zugriff über den Azure Connected Machine-Agent und dessen ausgehende Verbindung läuft. Der Windows Admin Center-Agent wird über die Azure VM-Erweiterung des Azure Connected Machine-Agents bereitgestellt. Die Verwaltungstools des auf diese Weise bereitgestellten Windows Admin Center sind die gleichen wie in der On-Premises-Variante (siehe Abschnitt 10.1)

Beachten Sie aber, dass Sie für diese Nutzung des Windows Admin Center eine Lizenzierung über Pay-as-you-go oder mit aktiver *SA (Software Assurance)* benötigen.

Best Practices-Bewertung

Mit der BEST PRACTICES-BEWERTUNG in Azure Arc können Sie Ihre Server kontinuierlich gegen die von Microsoft entwickelten Best Practices evaluieren. Sie sehen also auf einen Blick, ob sich Ihre Einstellungen von den empfohlenen Werten unterscheiden.

Dazu wird eine umfassende Analyse der auf Ihren Systemen gesammelten Daten durchgeführt. Die daraus resultierenden Berichte zeigen Ihnen eine Liste von Findings auf, samt Einschätzung der Kritikalität sowie Empfehlungen zu ihrer Behebung.

Um die Daten für die Analyse erheben zu können, werden drei Erweiterungen auf dem Zielsystem benötigt:

- **Assessment Plattform**: Diese Erweiterung stellt die Plattform für zukünftige Entwicklungen bereit, wenn neue Bewertungsszenarien eingeführt werden.
- **Windows Server Assessment**: Dieses Add-on enthält alle notwendigen Informationen zur Validierung der auf dem Zielsystem ausgeführten Rollen und Features sowie der erkannten Software-Komponenten.
- **Azure Monitor Agent (AMA)**: Dieser Agent sammelt die Protokolle und lädt sie in Ihren Log Analytics-Workspace hoch.

Voraussetzung hierfür ist ein in Azure Arc registrierter und verbundener Windows Server 2016 oder neuer mit mindestens 4 GB Arbeitsspeicher. Auch hier müssen Sie mittels Pay-as-you-go bezahlen oder eine Software Assurance haben.

10.7.4 Überwachung

Erkenntnisse

Der Punkt Azure Arc Erkenntnisse (Sie kennen diese Funktion wahrscheinlich als *Insights*) hilft Ihnen, Ihre hybride Infrastruktur zu überwachen und zu verwalten. Der Fokus liegt auf der Leistungsanalyse, der Abhängigkeitsanalyse und der Protokollanalyse. Insights interpretiert und visualiert die gesammelten Daten in sogenannten *Workbooks*.

Sie können Insights direkt im Server-Objekt des registrierten und verbundenen Servers aktivieren, wie in Abbildung 10.84 dargestellt. Auch hier gilt wieder, dass diese Funktion extra abgerechnet bzw. lizenziert werden muss.

Überwachen von Ressourcengruppen
Azure Monitor
Aktualisieren
Überwachung konfigurieren
Feedback geben
Erhalten Sie mehr Einblick in Integrität und Leistung von Arc-Ressource
Durch das Aktivieren zusätzlicher Überwachungsfunktionen erhalten Sie Einblicke in die Leistung und die Abhängigkeiten Ihrer Ressource vom Typ "Arc-Ressourcen".
Die Abrechnung erfolgt basierend auf der Menge an erfassten Daten sowie auf Ihren Einstellungen für die Datenaufbewahrung. Es kann 5–10 Minuten dauern, bis "Arc-Ressource" konfiguriert ist und die Überwachungsdaten angezeigt werden.
Der mit Azure Monitor für VMs gesammelte Satz an Zuordnungsdaten soll Infrastrukturdaten zu den bereitgestellten und überwachten Ressourcen bieten. Um Details zu den gesammelten Daten anzuzeigen, klicken Sie hier.
Aktivieren

Abbildung 10.84 »Azure Arc Erkenntnisse« (Insights)

Zur weiteren Verarbeitung der gesammelten Daten können Sie die *Azure Monitoring Integration* nutzen, um weitere und detaillierte Analysen auf Basis dieser Daten ausführen. Dies macht Insights zu einer sehr wertvollen Erweiterung für die Überwachung Ihrer Infrastruktur.

Protokolle

Mit Protokolle bietet Azure Arc für Server eine umfassende Möglichkeit zur Abfrage von gesammelten Protokoll-, Sicherheits- und Leistungsdaten. Mit dieser Funktion greifen Sie auf vorgefertigte Abfragen aus dem Abfragehub (siehe Abbildung 10.85) zurück. Natürlich können Sie aber auch eigene Abfragen erstellen und auf Ihre gesammelten Daten loslassen.

Durch die Integration in das Azure Monitoring und das Azure Security Center können Sie auf diese Weise weitreichende Analysen durchführen und Daten aus unterschiedlichen Quellen verknüpfen. Dabei helfen Ihnen *Arbeitsmappen*. Das sind flexible Werkzeuge für die Datenanalyse und zur Erstellung visueller Berichte, die sich aus verschiedenen Datenquellen speisen.

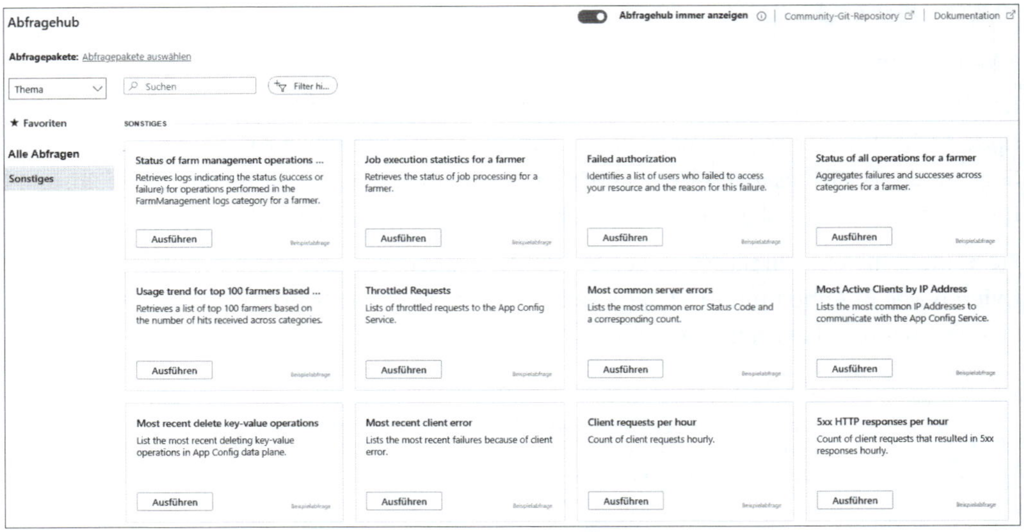
Abfragehub
Abfragehub immer anzeigen
Community-Git-Repository
Dokumentation
Abfragepakete: Abfragepakete auswählen
Thema
Suchen
Filter hi...
★ Favoriten
Alle Abfragen
Sonstiges
SONSTIGES
Status of farm management operations ...
Retrieves logs indicating the status (success or failure) for operations performed in the FarmManagement logs category for a farmer.
Job execution statistics for a farmer
Retrieves the status of job processing for a farmer.
Failed authorization
Identifies a list of users who failed to access your resource and the reason for this failure.
Status of all operations for a farmer
Aggregates failures and successes across categories for a farmer.
Usage trend for top 100 farmers based ...
Retrieves a list of top 100 farmers based on the number of hits received across categories.
Throttled Requests
Lists of throttled requests to the App Config Service.
Most common server errors
Lists the most common error Status Code and a corresponding count.
Most Active Clients by IP Address
Lists the most common IP Addresses to communicate with the App Config Service.
Most recent delete key-value operations
List the most recent deleting key-value operations in App Config data plane.
Most recent client error
Lists the most recent failures because of client error.
Client requests per hour
Count of client requests hourly.
5xx HTTP responses per hour
Count of client requests that resulted in 5xx responses hourly.
Ausführen

Abbildung 10.85 Mit Abfragen werten Sie die gesammelten Protokolle aus.

10.7.5 Automatisierung

Kommen wir zum letzten Punkt, den Automatisierungen. Nach der Registrierung und dem Deployment des Azure Connected Machine-Agents auf Ihrem Zielsystem stehen Ihnen die *Azure CLI* sowie das *Azure PowerShell-Modul* auf Ihrem Zielsystem zur Verfügung. Welche Möglichkeiten diese Erweiterungen bieten, müssen wir Ihnen hier wahrscheinlich gar nicht mehr aufzeigen. Sie können so quasi alles automatisieren, was sich über diese Module ansprechen lässt. Beispielsweise können Sie:

- Agent-Einstellungen verwalten
- Netzwerkverbindungstests für Azure Arc-Endpunkte durchführen
- Systeme an Azure Arc anbinden und diese Verbindung auch wieder trennen
- Protokolle sammeln
- den Agent-Status sowie dessen Version abfragen
- Erweiterungen verwalten
- Ressourcen verschieben
- Einstellungen des Ziel-Servers verändern

Zusammenfassend können wir sagen, dass wir gerne mit Azure Arc arbeiten, wenn wir Systeme verwalten müssen, die in die Cloud eingebettet sind. Dass man mit diesem Verwaltungswerkzeug eine Vielzahl von Systemen, Infrastruktur-Hosts, Datenbanken und Hyper-Scalern zentral ansprechen und überwachen kann, ist wirklich praktisch. Die gesammelten Daten lassen sich analysieren und einfach zusammenführen, und wenn Sie diese Erkenntnisse clever nutzen, können Sie die angebundenen Systeme weiterentwickeln und absichern.

Kapitel 11

Windows PowerShell

Die Windows PowerShell ist seit einigen Windows-Betriebssystemversionen ein Verwaltungswerkzeug für das Betriebssystem selbst und für verschiedene Anwendungen. Zusätzlich können mit der PowerShell auch Daten von Systemen sehr schnell zentral erfasst oder Verwaltungsaufgaben automatisiert werden.

Die Windows PowerShell ist in allen aktuellen Betriebssystemen enthalten und bereits installiert. Sowohl auf den Clients als auch auf Serverbetriebssystemen steht die PowerShell zur Verfügung.

Die PowerShell ist ein sehr komplexes Werkzeug. Um den Rahmen dieses Buches nicht zu sprengen, beschränken wir uns in diesem Kapitel auf die Grundlagen und einige Praxisanwendungen. Sie finden zur PowerShell aber sehr umfangreiche Literatur und zahlreiche Informationen im Internet, um sich auch die feineren Details anzueignen.

11.1 Windows PowerShell und PowerShell Core

Die Windows PowerShell ist ein Windows-Befehlszeilentool, das für Administratoren zur Verwaltung von Anwendungen und Systemen entwickelt wurde. Es gibt eine Kommandozeilenversion (ähnlich der *cmd.exe*) und eine Skripting-Umgebung, das *Integrated Scripting Environment* (die *ISE*).

Die Windows PowerShell basiert auf der *.NET Framework Common Language Runtime (CLR)* und auf dem *.NET Framework*.

Die unterschiedlichen Betriebssystemversionen enthalten auch unterschiedliche PowerShell-Versionen. Neuere PowerShell-Versionen haben in aller Regel einen erweiterten Funktionsumfang und zahlreiche neue Befehle, die *Cmdlets* genannt werden.

- *PowerShell Version 1.0* – Sie wurde 2006 bereitgestellt und konnte unter Windows XP SP2, Windows Server 2002 und Windows Vista manuell installiert werden.
- *PowerShell Version 2.0* – Sie wurde unter Windows 7 und Windows Server 2008 R2 bereits vorinstalliert.
- *PowerShell Version 3.0* – Sie ist in Windows 8 und Windows Server 2012 integriert.
- *PowerShell Version 4.0* – Sie ist in Windows 8.1 und Windows Server 2012 R2 integriert.

- *PowerShell Version 5.0* – Sie ist in Windows 10 und Windows Server 2016 enthalten.
- *PowerShell Core 6.0* – optionaler Download; sie kann parallel zu der PowerShell, die mit dem Betriebssystem bereitgestellt wird, installiert und verwendet werden.
- *PowerShell 7.0* – optionaler Download; sie kann parallel zu der PowerShell, die mit dem Betriebssystem bereitgestellt wird, installiert und verwendet werden.

Die vollständige Versionsnummer unter Windows Server 2025 lautet 5.1.26257.5000. Unter Windows Server 2022 besitzt die PowerShell die Versionsnummer 5.1.14393.2791.

Die Version der PowerShell kann auf älteren Systemen durch eine Aktualisierung des *Windows Management Frameworks (WMF)* angehoben werden. Wenn Sie herausfinden möchten, welche PowerShell-Version auf dem System installiert ist, können Sie sich durch Verwendung des Alias `$PSVersionTable` die Versionsnummer (`PSVersion`) anzeigen lassen:

```
PS C:\Users\0PeterKloep> $PSVersionTable

Name                           Value
----                           -----
PSVersion                      5.1.26257.5000
PSEdition                      Desktop
PSCompatibleVersions           {1.0, 2.0, 3.0, 4.0...}
BuildVersion                   10.0.26257.5000
CLRVersion                     4.0.30319.42000
WSManStackVersion              3.0
PSRemotingProtocolVersion      2.3
SerializationVersion           1.1.0.1
```

Listing 11.1 Ausgabe des Alias »$PSVersionTable« auf einem Windows Server 2025

Die PowerShell ist abwärtskompatibel zur Kommandozeile: Es können mit ihr auch andere Befehlssprachen oder Schnittstellen verwendet werden, also etwa Kommandozeilenbefehle, .NET-Aufrufe oder VB-Skripte.

Die »nativen« PowerShell-Befehle werden als *Cmdlet* (sprich: »Command-Let«) bezeichnet und haben immer die Form `<Verb>-<Objekt>`. Welche Cmdlets zur Verfügung stehen, hängt von den verfügbaren Modulen ab. Ein Modul kann als Cmdlet-Erweiterung für die PowerShell bezeichnet werden, durch die die PowerShell neue Funktionen ausführen kann.

Auf einem aktuellen Windows-System stehen im Startmenü die vier verschiedenen PowerShell-Punkte aus Abbildung 11.1 zur Verfügung.

Sie haben die Wahl zwischen der WINDOWS POWERSHELL und der WINDOWS POWERSHELL ISE. Diese beiden Menüpunkte stehen sowohl in der 64- als auch in der 32-Bit-Version (x86) zur Verfügung, sofern Sie ein 64-Bit-Betriebssystem verwenden.

Diese vier Anwendungen können Sie als Benutzer und im Administrator-Modus ausführen, sofern Sie die notwendigen Rechte besitzen (siehe Abbildung 11.2).

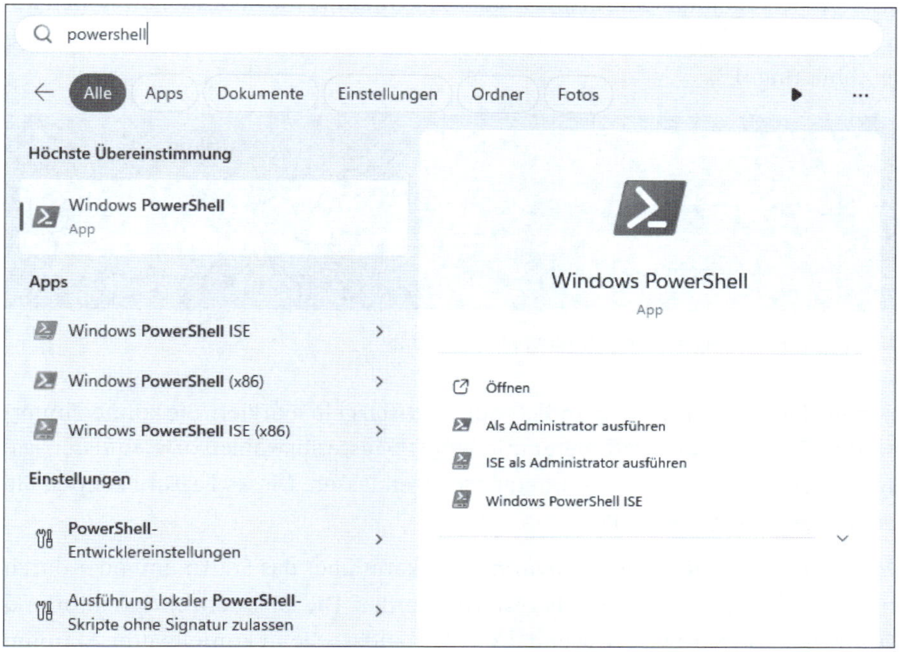
powershell
Alle
Apps
Dokumente
Einstellungen
Ordner
Fotos
Höchste Übereinstimmung
Windows PowerShell
App
Apps
Windows PowerShell ISE
Windows PowerShell (x86)
Windows PowerShell ISE (x86)
Einstellungen
PowerShell-Entwicklereinstellungen
Ausführung lokaler PowerShell-Skripte ohne Signatur zulassen
Windows PowerShell
App
Öffnen
Als Administrator ausführen
ISE als Administrator ausführen
Windows PowerShell ISE

Abbildung 11.1 PowerShell-Einträge im Startmenü

Vor Windows Server 2025 wurde die PowerShell als Anwendung mit einem blauen Hintergrund geöffnet (siehe Abbildung 11.2).

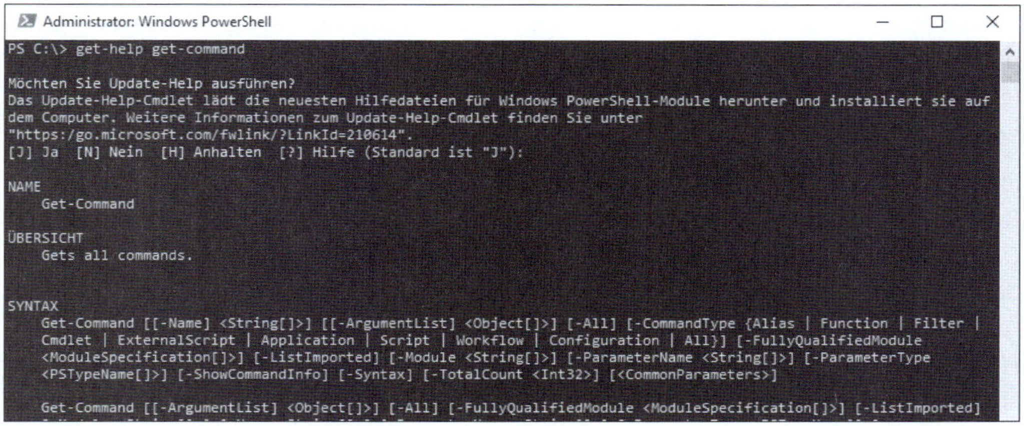
Administrator: Windows PowerShell
PS C:\> get-help get-command
Möchten Sie Update-Help ausführen?
Das Update-Help-Cmdlet lädt die neuesten Hilfedateien für Windows PowerShell-Module herunter und installiert sie auf dem Computer. Weitere Informationen zum Update-Help-Cmdlet finden Sie unter "https:/go.microsoft.com/fwlink/?LinkId=210614".
[J] Ja [N] Nein [H] Anhalten [?] Hilfe (Standard ist "J"):
NAME
Get-Command
ÜBERSICHT
Gets all commands.
SYNTAX
Get-Command [[-Name] <String[]>] [[-ArgumentList] <Object[]>] [-All] [-CommandType {Alias | Function | Filter | Cmdlet | ExternalScript | Application | Script | Workflow | Configuration | All}] [-FullyQualifiedModule <ModuleSpecification[]>] [-ListImported] [-Module <String[]>] [-ParameterName <String[]>] [-ParameterType <PSTypeName[]>] [-ShowCommandInfo] [-Syntax] [-TotalCount <Int32>] [<CommonParameters>]
Get-Command [[-ArgumentList] <Object[]>] [-All] [-FullyQualifiedModule <ModuleSpecification[]>] [-ListImported]

Abbildung 11.2 Die PowerShell im Administrator-Modus

Bei Windows Server 2025 öffnet sich nach einem Klick auf POWERSHELL die Terminal-App und stellt die Funktionen der PowerShell bereit. Die Terminal-App ist auch auf Client-Betriebssystemen vorhanden. Die Funktionalitäten entsprechen im Großen und Ganzen denen der PowerShell mit einigen Erweiterungen. In der Terminal-App wird direkt ein Hinweis angezeigt, dass Sie sich über den Link *https://aka.ms.PSWindows* die neueste PowerShell herunterladen können, sofern Ihr Server einen Internetzugang und Sie die notwendigen Rechte haben (siehe Abbildung 11.3).

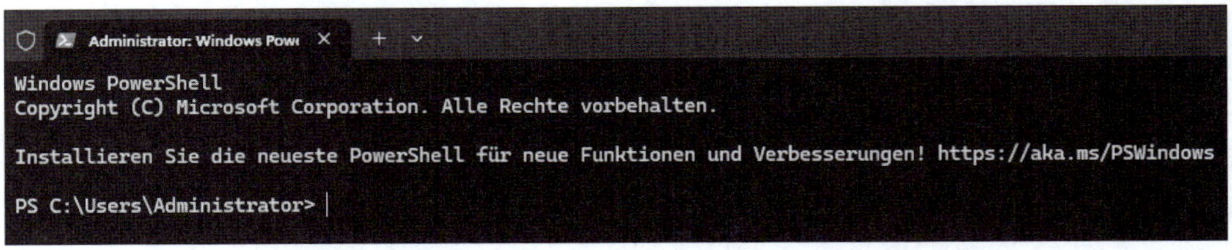
Administrator: Windows Pow
Windows PowerShell
Copyright (C) Microsoft Corporation. Alle Rechte vorbehalten.
Installieren Sie die neueste PowerShell für neue Funktionen und Verbesserungen! https://aka.ms/PSWindows
PS C:\Users\Administrator>

Abbildung 11.3 Die Terminal-App unter Windows Server 2025

In der PowerShell-Konsole werden die Cmdlets automatisch gelb markiert. Sie können innerhalb der PowerShell Cmdlets und Parameter mit der [Tab]-Taste auswählen bzw. auflisten lassen oder angefangene Cmdlets bzw. Parameter ergänzen lassen. Dieses Feature kennen Sie vielleicht bereits von den Linux-Shells.

Die *PowerShell ISE (Integrated Scripting Environment)* kann über das Startmenü oder durch Eingabe von `ISE` aus der PowerShell heraus gestartet werden. Die ISE ist ein Skripteditor und kann zum Debuggen von Skripten verwendet werden, sodass Sie in komplexeren Skripten leichter Fehler identifizieren und beheben können.

Abbildung 11.4 zeigt eine geöffnete ISE. Im oberen Bereich gibt es eine Menüleiste mit den verschiedenen Optionen zur Dateiverwaltung (DATEI), zum Suchen und Ersetzen (BEARBEITEN) und weitere Menüs.

Unterhalb der Menüleiste befindet sich eine Symbolleiste, die häufig verwendete Menüpunkte als Icon beinhaltet. Hier können Sie z. B. das geladene oder erstellte Skript ausführen (grüner Pfeil nach rechts) oder einen im Quelltext markierten Bereich ausführen (Icon rechts vom grünen Pfeil).

Sie können mehrere Skripte gleichzeitig in der ISE öffnen. Diese werden in verschiedenen Registerkarten *(Tabs)* dargestellt. Am oberen Rand des Tabs steht der Name des Skripts bzw. *Unbenannt1.ps1*, wenn das Skript noch nicht gespeichert wurde. Steht neben dem Namen des Skripts am oberen Rand des Tabs ein *, ist dies ein Indiz dafür, dass das Skript nach einer Änderung noch nicht gespeichert wurde. Im Skript-Fenster wird automatisch ein *Syntax-Highlighting* aktiviert, das Sie beim Erstellen von Skripten unterstützt und bei der Fehlersuche hilfreiche Hinweise zur Verfügung stellt, z. B. über fehlende Klammern oder Anführungszeichen.

Unterhalb des weißen Skriptfensters sehen Sie das Ausführungs- und Ausgabefenster. In ihm werden die Ausgaben der ausgeführten Befehle angezeigt. Sie können hier zusätzliche Befehle direkt eingeben oder Variablenwerte abfragen.

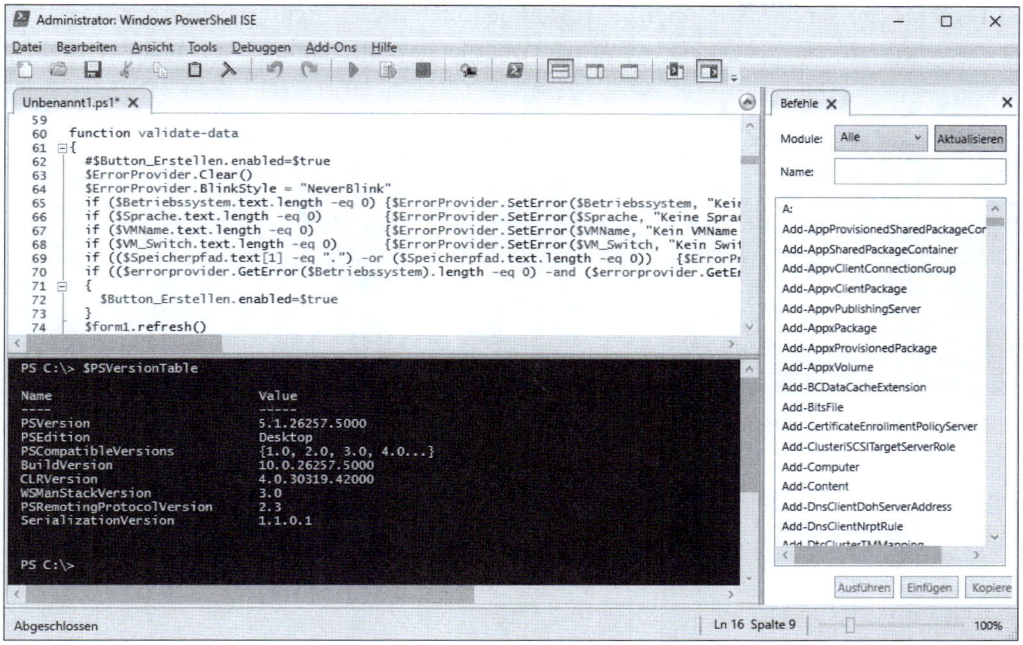

Abbildung 11.4 Ansicht des »Integrated Scripting Environment« (ISE)

Auf der rechten Seite des Fensters finden Sie das BEFEHLE-Add-On, mit dem Sie sich die Syntax der *Cmdlets* anzeigen lassen können oder nach diesen suchen können.

Eine weitere nützliche Funktion der ISE ist der Debugger (d. h. die Fehlersuche innerhalb eines Skripts; siehe Abbildung 11.5). Sie können mit DEBUGGEN ein gespeichertes PowerShell-Skript bis zu einem bestimmten *Haltepunkt (Break Point)* ausführen lassen und dann dort einzelne Befehle ausführen, Variablen anzeigen lassen oder das Skript ab dort in Einzelschritten ausführen, um Fehler oder unerwartetes Verhalten zu prüfen.

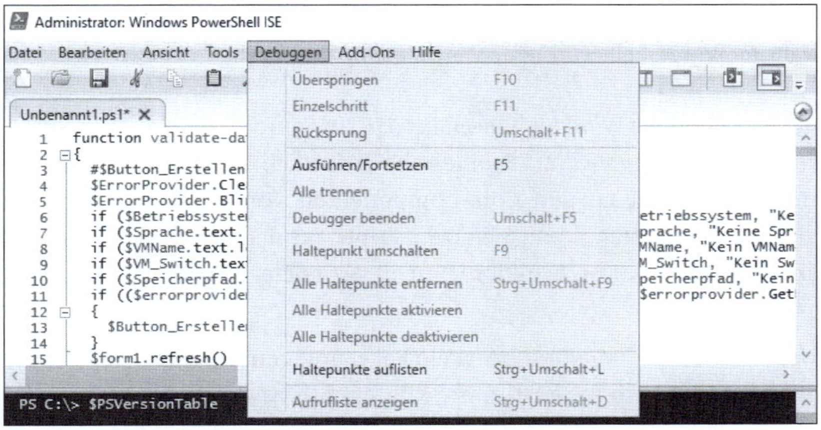

Abbildung 11.5 Aktivieren des Debuggers

Auf einem Core-Server steht Ihnen die PowerShell auch zur Verfügung (siehe Abbildung 11.6). Da es auf einem Core-Server keine grafische Oberfläche gibt, ist die ISE dort nicht verfügbar.

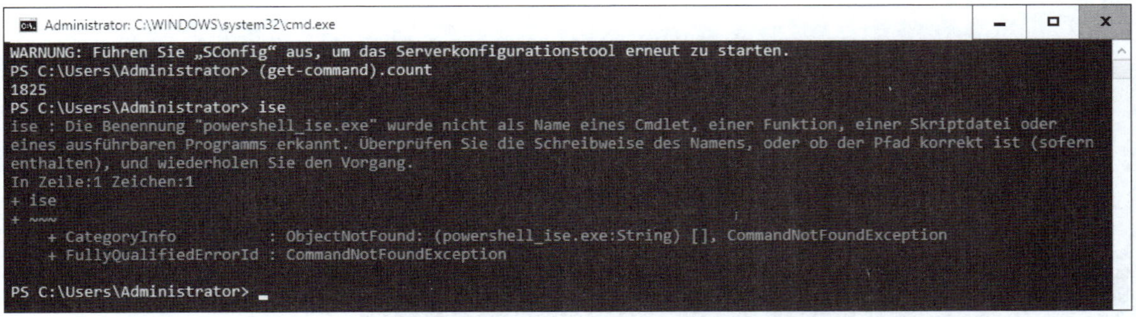
Administrator: C:\WINDOWS\system32\cmd.exe
WARNUNG: Führen Sie „SConfig" aus, um das Serverkonfigurationstool erneut zu starten.
PS C:\Users\Administrator> (get-command).count
1825
PS C:\Users\Administrator> ise
ise : Die Benennung "powershell_ise.exe" wurde nicht als Name eines Cmdlet, einer Funktion, einer Skriptdatei oder eines ausführbaren Programms erkannt. Überprüfen Sie die Schreibweise des Namens, oder ob der Pfad korrekt ist (sofern enthalten), und wiederholen Sie den Vorgang.
In Zeile:1 Zeichen:1
+ ise
+ ~~~
+ CategoryInfo : ObjectNotFound: (powershell_ise.exe:String) [], CommandNotFoundException
+ FullyQualifiedErrorId : CommandNotFoundException
PS C:\Users\Administrator>

Abbildung 11.6 PowerShell auf einer Core-Installation

Über den Server-Manager stehen vier verschiedene PowerShell-Features zur Verfügung (siehe Abbildung 11.7).

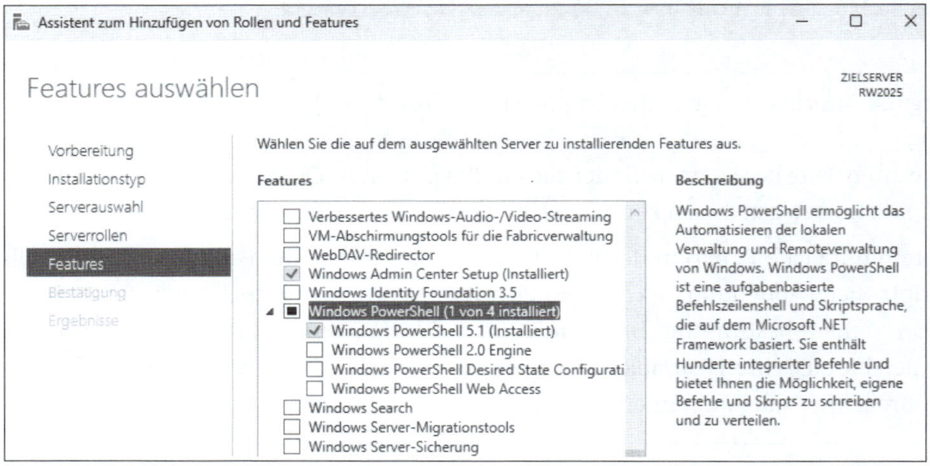
Assistent zum Hinzufügen von Rollen und Features
Features auswählen
ZIELSERVER
RW2025
Vorbereitung
Installationstyp
Serverauswahl
Serverrollen
Features
Bestätigung
Ergebnisse
Wählen Sie die auf dem ausgewählten Server zu installierenden Features aus.
Features
Verbessertes Windows-Audio-/Video-Streaming
VM-Abschirmungstools für die Fabricverwaltung
WebDAV-Redirector
Windows Admin Center Setup (Installiert)
Windows Identity Foundation 3.5
Windows PowerShell (1 von 4 installiert)
Windows PowerShell 5.1 (Installiert)
Windows PowerShell 2.0 Engine
Windows PowerShell Desired State Configurati
Windows PowerShell Web Access
Windows Search
Windows Server-Migrationstools
Windows Server-Sicherung
Beschreibung
Windows PowerShell ermöglicht das Automatisieren der lokalen Verwaltung und Remoteverwaltung von Windows. Windows PowerShell ist eine aufgabenbasierte Befehlszeilenshell und Skriptsprache, die auf dem Microsoft .NET Framework basiert. Sie enthält Hunderte integrierter Befehle und bietet Ihnen die Möglichkeit, eigene Befehle und Skripts zu schreiben und zu verteilen.

Abbildung 11.7 Auswahl der PowerShell-Features

Die *Windows PowerShell 5.1* und die *Windows PowerShell ISE* sind automatisch auf den Systemen installiert. Die *Windows PowerShell 2.0 Engine* kann zusätzlich installiert werden und bietet eine Abwärtskompatibilität zu den Core-Komponenten von PowerShell 2.0. Die Engine sollten Sie nur dann einsetzen, wenn Sie noch Skripte aus den Zeiten von Windows Server 2008 R2 benötigen, denn diese funktionieren in aktuellen PowerShell-Versionen nicht mehr.

Windows PowerShell Desired State Configuration ist ein Paket, mit dem Sie sicherstellen oder protokollieren können, ob Ihre Systeme bestimmte Konfigurationsvorgaben erfüllen oder nicht.

Windows PowerShell Web Access (auch als *PowerShell Web Access Gateway* bezeichnet) ist eine Möglichkeit, über einen Browser PowerShell-Cmdlets auf Systemen auszuführen.

Eine weitere PowerShell-»Option« ist die Verwendung von *PowerShell (Core)*. Die Bezeichnung »Core« ist zwischenzeitlich in den Software-Komponenten verschwunden. Als Unterscheidung zur mitgelieferten Standardversion wird der Begriff hier jedoch weiterhin verwendet. Die PowerShell Core ist eine Open-Source-Implementierung, mit der Sie PowerShell-Funktionen nicht nur auf Windows-Systemen (siehe Abbildung 11.8), sondern auch auf Linux- und macOS-Systemen sowie ARM-Architekturen verwenden können. Auf diese Weise können Sie auch diese Systeme per PowerShell verwalten. Der genaue Funktionsumfang hängt von der jeweiligen Implementierung von PowerShell Core ab.

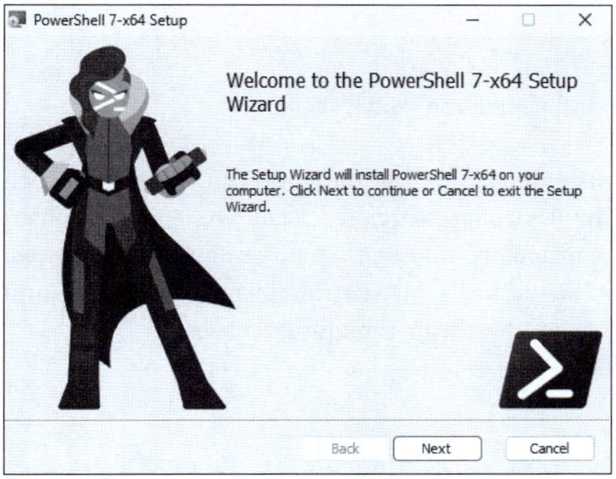
PowerShell 7-x64 Setup
Welcome to the PowerShell 7-x64 Setup Wizard
The Setup Wizard will install PowerShell 7-x64 on your computer. Click Next to continue or Cancel to exit the Setup Wizard.
Back
Next
Cancel

Abbildung 11.8 Der Installationsassistent für »PowerShell« unter Windows

In den aktuellen Versionen (aktuell ist 7.4.5) ist die Bezeichnung Core nicht mehr vorhanden und sie wird als *PowerShell 7.4.5* bezeichnet.

Auf Windows-Systemen können Sie neue PowerShell auch installieren. Die Installationsdateien für die verschiedenen Betriebssysteme und der Source-Code sind auf GitHub veröffentlicht:

https://github.com/PowerShell/PowerShell/releases

Bei der Installation von PowerShell 7 können Sie die Pfadvariable des Installationspfades direkt hinzufügen, sodass PowerShell direkt aus anderen Kommandozeilen heraus aufgerufen werden kann.

Zusätzlich kann die Remoteverwaltung direkt aktiviert werden, sodass das System aus der Ferne verwaltet werden kann. Hier müssen Sie beachten, dass eventuell zusätzliche Firewall-Anpassungen notwendig sind (siehe Abbildung 11.9).

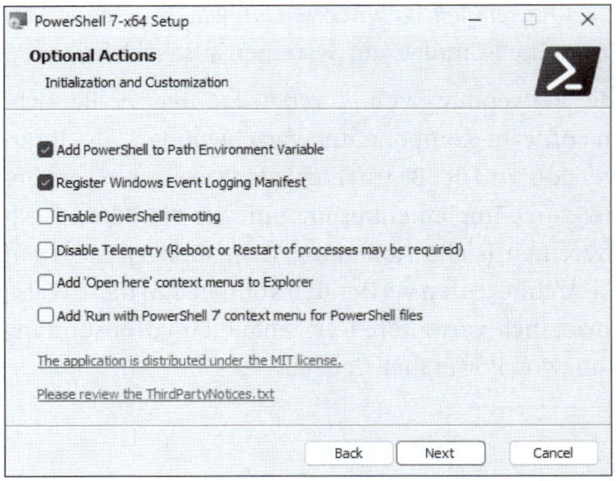

Abbildung 11.9 Optionale Aktionen bei der Installation von »PowerShell«

Im weiteren Verlauf des Installationsassistenten können Sie die Option zum automatischen Aktualisieren der PowerShell mittels Windows Update aktivieren. Dadurch werden neue Versionen automatisch auf dem Computer installiert, wodurch die PowerShell immer aktuell gehalten wird. PowerShell Core können Sie nach der Installation über das Startmenü mit dem Menüpunkt POWERSHELL 7 (X64) öffnen, den Sie in Abbildung 11.10 sehen.

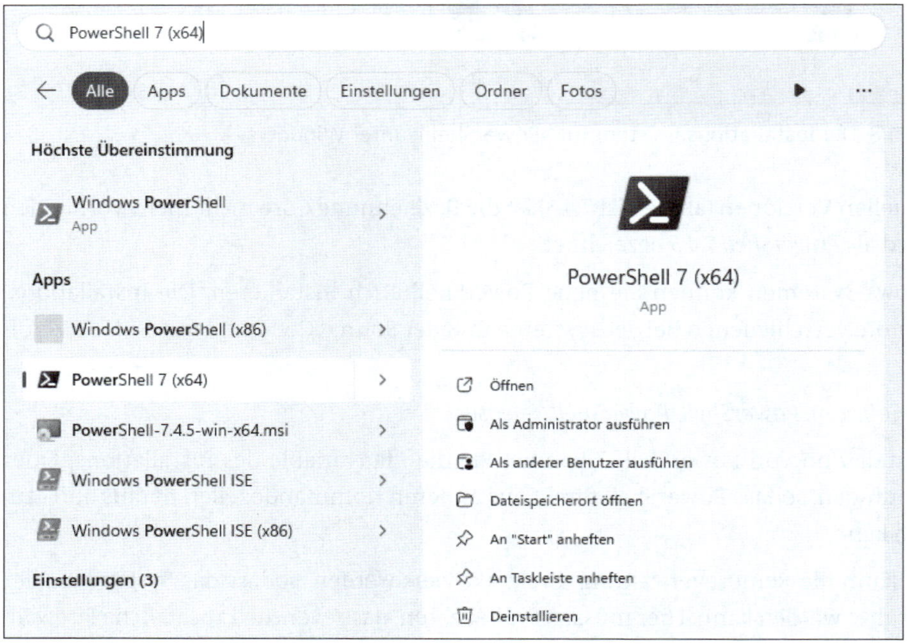

Abbildung 11.10 Starten von »PowerShell Core«

Eine weitere – und auch die empfohlene Variante – ist die Installation mithilfe von `winget`. Dies ist möglich, wenn der Computer einen Internetzugang hat. Mit dem Befehl `winget search Microsoft.PowerShell` können Sie sich die aktuellen Versionen anzeigen lassen:

```
C:\>winget search Microsoft.PowerShell
Name               ID                            Version Quelle
---------------------------------------------------------------
PowerShell         Microsoft.PowerShell          7.4.5.0 winget
PowerShell Preview Microsoft.PowerShell.Preview  7.5.0.3 winget
```

Listing 11.2 Suche nach »Microsoft.PowerShell« mithilfe von »winget«

Die Installation kann dann mithilfe des Befehls `winget install --id Microsoft.Powershell --source winget` erfolgen.

Wenn Sie nur die 64-Bit-Version von PowerShell heruntergeladen und installiert haben, steht Ihnen auch nur diese Option zur Verfügung. Die 32-Bit-Version müssen Sie separat herunterladen und installieren.

Die Binärdateien der (klassischen) PowerShell befinden sich im Ordner *C:\Windows\System32\WindowsPowerShell*. Hier liegen die *powershell.exe* und die *powershell_ise.exe* sowie die Module unterhalb des Ordners *Modules* (siehe Abbildung 11.11).

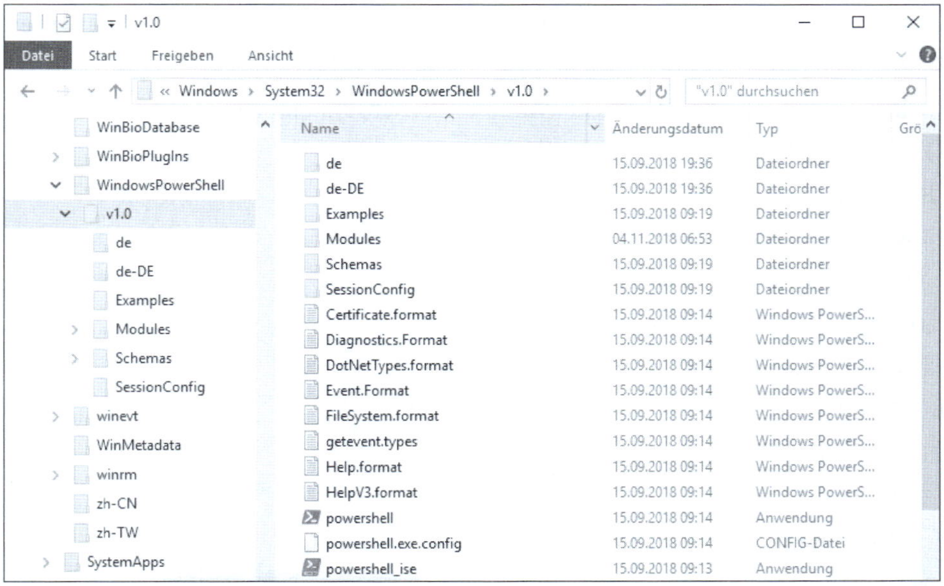

Abbildung 11.11 Speicherort der Binärdateien für die PowerShell

Zusätzlich gibt es im Ordner *C:\Programme* und *C:\Programme (x86)* einen Ordner *WindowsPowerShell*, in dem Konfigurationen und Module abgelegt werden können.

Weitere Module können Sie entweder in den entsprechenden Ordner kopieren oder durch eine Installationsroutine installieren. Beim Starten der PowerShell oder der ISE wird eine Konfigurationsdatei geladen, sofern sie vorhanden ist. Diese Datei befindet sich im *Dokumente*-Profilordner des angemeldeten Benutzers. Sie können sich den Pfad über die Variable `$Profile` anzeigen lassen:

```
PS C:\> $profile
C:\Users\1PeterKloep\Documents\WindowsPowerShell\Microsoft.PowerShell_profile.ps1
```

Listing 11.3 Speicherort der »Microsoft.PowerShell_profile.ps1« für den Benutzer »1PeterKloep«

Den Ordner *WindowsPowerShell* unterhalb des *Dokumente*-Ordners müssen Sie vorher anlegen. Sie können die Datei dann direkt aus der PowerShell heraus über `Notepad $Profile` erstellen lassen und bearbeiten.

Für die ISE gibt es eine zweite Datei. Dadurch können Sie unterscheiden, welche Datei Sie beim Start der unterschiedlichen Apps ausführen möchten:

```
PS C:\> $profile
C:\Users\1PeterKloep\Documents\WindowsPowerShell\Microsoft.PowerShellISE_profile.ps1
```

Listing 11.4 Speicherort und Dateiname der »Autostart«-Datei für die »PowerShell ISE«

In diesen Dateien können Sie »normale« PowerShell-Cmdlets oder kompatible Befehle verwenden. Diese werden dann beim Starten der Anwendung ausgeführt.

PowerShell (Core) kann auch unter Nicht-Windows-Betriebssystemen bereitgestellt werden. Aktuell werden folgende Systeme unterstützt:

- Windows 7, 8.1, 10 und Windows 11
- Windows Server 2008 R2, 2012, 2012 R2, 2016, 2019, 2022, 2025
- der halbjährliche Kanal von Windows Server
- Ubuntu 14.04, 16.04 und 17.04 und höher
- Debian 8.7 und höher
- CentOS 7 und höher
- Red Hat Enterprise Linux 7 und höher
- OpenSUSE 42.2 und höher
- Fedora 25 und höher
- macOS 10.12 und höher

Zur Installation (hier am Beispiel von Ubuntu Desktop 22.04) geben Sie im Terminal folgende Befehle ein:

```
# Download des Pakets
wget -q https://packages.microsoft.com/config/ubuntu/22.04/packages-microsoft-
prod.deb

# Registrieren des Pakets
sudo dpkg -i packages-microsoft-prod.deb

# Prüfen auf Updates
sudo apt update

# Installation der PowerShell
sudo apt install -y powershell

# Starten der PowerShell
Pwsh
```

Listing 11.5 Installation von »PowerShell Core« unter Ubuntu 22.04

Eine Beschreibung für die Installation finden Sie unter *https://learn.microsoft.com/en-us/powershell/scripting/install/install-ubuntu?view=powershell-7.4*.

Mit dem Start der PowerShell stehen die Standardmodule und Cmdlets zur Verfügung und können verwendet werden (siehe Abbildung 11.12).

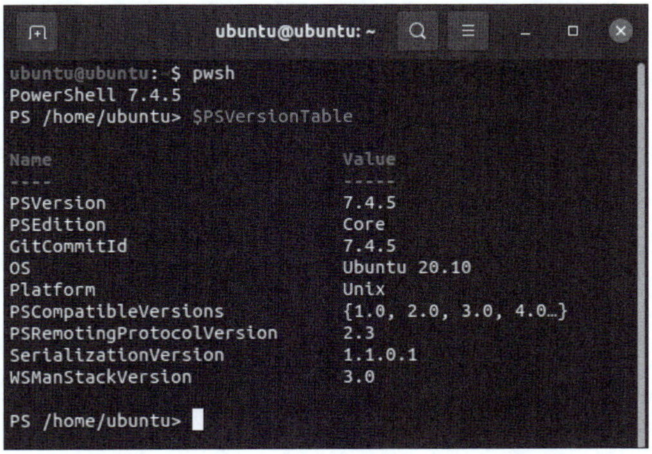
ubuntu@ubuntu: ~
ubuntu@ubuntu: $ pwsh
PowerShell 7.4.5
PS /home/ubuntu> $PSVersionTable
Name Value
---- -----
PSVersion 7.4.5
PSEdition Core
GitCommitId 7.4.5
OS Ubuntu 20.10
Platform Unix
PSCompatibleVersions {1.0, 2.0, 3.0, 4.0…}
PSRemotingProtocolVersion 2.3
SerializationVersion 1.1.0.1
WSManStackVersion 3.0
PS /home/ubuntu>

Abbildung 11.12 Starten von PowerShell und Anzeigen der Version

Sie können sich mit `get-command` die PowerShell-Cmdlets anzeigen lassen, die in PowerShell zur Verfügung stehen (siehe Abbildung 11.13). Der Funktionsumfang hängt – besonders bei zusätzlich bereitgestellten Modulen – von den Entwicklern der Module ab.

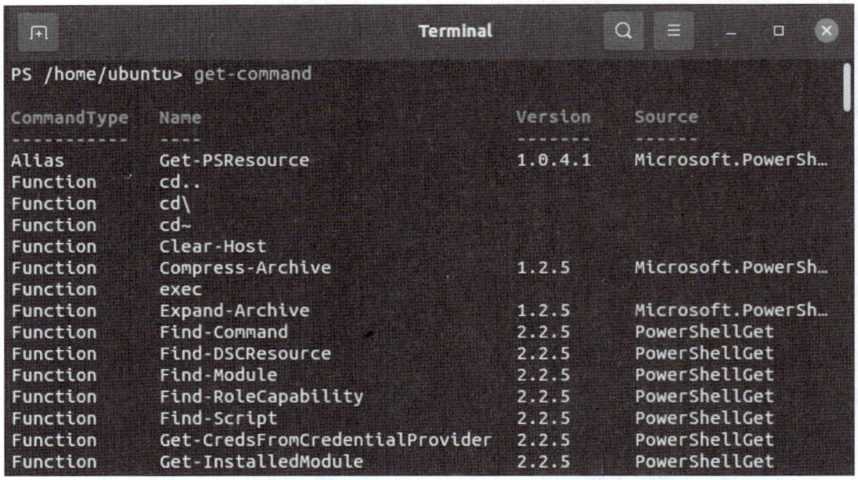
Terminal
PS /home/ubuntu> get-command
CommandType Name Version Source
Alias Get-PSResource 1.0.4.1 Microsoft.PowerSh…
Function cd..
Function cd\
Function cd~
Function Clear-Host
Function Compress-Archive 1.2.5 Microsoft.PowerSh…
Function exec
Function Expand-Archive 1.2.5 Microsoft.PowerSh…
Function Find-Command 2.2.5 PowerShellGet
Function Find-DSCResource 2.2.5 PowerShellGet
Function Find-Module 2.2.5 PowerShellGet
Function Find-RoleCapability 2.2.5 PowerShellGet
Function Find-Script 2.2.5 PowerShellGet
Function Get-CredsFromCredentialProvider 2.2.5 PowerShellGet
Function Get-InstalledModule 2.2.5 PowerShellGet

Abbildung 11.13 Anzeige der verfügbaren Befehle in PowerShell

Eine Übersicht der installierten Module erhalten Sie mit:

```
get-module -ListAvailable
    Directory: /opt/microsoft/powershell/7/Modules
ModuleType Version    Name                              PSEdition ExportedCommands
---------- -------    ----                              --------- ----------------
Manifest   1.2.5      Microsoft.PowerShell.Archive      Desk      {Compress-Archive,
                                                                   Expand-Archive}
Manifest   7.0.0.0    Microsoft.PowerShell.Host         Core      {Start-Transcript,
                                                                   Stop-Transcript}
Manifest   7.0.0.0    Microsoft.PowerShell.Management Core        {Add-Content,
                                                                   Clear-Content,
                                                                   Clear-ItemProp...
Manifest   7.0.0.0    Microsoft.PowerShell.Security     Core      {Get-Credential,
                                                                  Get-ExecutionPolicy,
                                                                   Set-E...
Manifest   7.0.0.0    Microsoft.PowerShell.Utility      Core      {Format-List,
                                                                   Format-Custom,
                                                                   Format-Table, ...
Script     1.4.8.1    PackageManagement                 Desk      {Find-Package,
                                                                   Get-Package,
                                                                   Get-PackageProv...
```

Listing 11.6 Auszug aus der Liste der verfügbaren PowerShell-Module in PowerShell Core

11.2 Grundlagen zur PowerShell

Schauen wir uns nun mal ein paar Grundlagen zum Umgang mit der PowerShell an. PowerShell-Module erweitern die PowerShell um neue Funktionen und Cmdlets. Mit dem Cmdlet `Get-Module` können Sie sich die geladenen PowerShell-Module anzeigen lassen:

```
PS C:\> Get-Module
ModuleType Version    Name                              ExportedCommands
---------- -------    ----                              ----------------
Manifest   3.1.0.0    Microsoft.PowerShell.Management  {Add-Computer, Add-Content,
                                                         Checkpoint-Computer,
                                                         Clear-Con...
Manifest   3.1.0.0    Microsoft.PowerShell.Utility     {Add-Member, Add-Type,
                                                         Clear-Variable, Compare-
                                                         Object...}
Skript     2.0.0      PSReadline                       {Get-PSReadLineKeyHandler,
                                                         Get-PSReadLineOption,
                                                         Remove-PS...
```

Listing 11.7 Ausgabe des Cmdlets »Get-Module« mit den drei geladenen Modulen

Das Cmdlet listet jedoch nicht alle auf dem System bereitgestellten Module auf. Wenn Sie eine komplette Liste der verfügbaren Module brauchen, geben Sie `Get-Module -ListAvailable` ein, um diese Liste zu bekommen (siehe Listing 11.8). Die Anzahl der Module hängt von den installierten und bereitgestellten Rollen und Features ab.

```
PS C:\> Get-Module -ListAvailable
    Verzeichnis: C:\Program Files\WindowsPowerShell\Modules
ModuleType Version    Name                              ExportedCommands
---------- -------    ----                              ----------------
Skript     1.0.1      Microsoft.PowerShell.Operation.V... {Get-OperationValidation,
                                                            Invoke-OperationValidation}
Skript     1.0.0.0    Microsoft.SME.CredSspPolicy
Binary     1.0.0.1    PackageManagement                {Find-Package, Get-Package,
                                                         Get-PackageProvider,
Skript     3.4.0      Pester                           {Describe, Context, It,
                                                         Should...}
Skript     1.0.0.1    PowerShellGet                    {Install-Module, Find-Module,
                                                         Save-Module, Update-...}
Skript     2.0.0      PSReadline                       {Get-PSReadLineKeyHandler,
                                                         Set-PSReadLineKeyHandler,
                                                         Remov...
```

```
    Verzeichnis: C:\Windows\system32\WindowsPowerShell\v1.0\Modules
ModuleType Version    Name                ExportedCommands
---------- -------    ----                ----------------
Manifest   1.0.0.0    AppBackgroundTask   {Disable-AppBackgroundTaskDiagnosticLog,
                                           Enable-AppBackgro...
Manifest   2.0.0.0    AppLocker           {Get-AppLockerFileInformation,
                                           Get-AppLockerPolicy, New-Ap...
Manifest   1.0.0.0    AppvClient          {Add-AppvClientConnectionGroup,
                                           Add-AppvClientPackage, Add...
Manifest   2.0.1.0    Appx                {Add-AppxPackage, Get-AppxPackage,
                                           Get-AppxPackageManifest...
Manifest   1.0        BestPractices       {Get-BpaModel, Get-BpaResult,
                                           Invoke-BpaModel, Set-BpaResult}
Manifest   2.0.0.0    BitsTransfer        {Add-BitsFile, Complete-BitsTransfer,
                                           Get-BitsTransfer, Re...
```

Listing 11.8 Auszug aus der Liste der verfügbaren Module

Sie sehen, dass bei der Auflistung der verfügbaren Module sowohl der Ordner *C:\Programme* als auch *C:\Windows\System32* durchsucht wird. Sie können auch eigene Module schreiben, sodass Sie bestimmte Cmdlets erstellen und auf Ihren Systemen verwenden können. Module müssen in aller Regel »nur« auf das Zielsystem kopiert und nicht installiert werden.

Seit Windows Server 2012 müssen die Module nicht mehr manuell über das Cmdlet `Import-Module` geladen werden. Bei früheren Versionen waren erst nach dem Laden die entsprechenden Cmdlets verfügbar. Bei den aktuellen Betriebssystemen prüft die PowerShell automatisch, welche Module – und damit welche Cmdlets und Funktionen – verfügbar sind. Bei Verwendung wird sie dann das komplette Modul laden.

Sie können in der PowerShell Aliasse definieren, mit denen Sie z. B. komplexe Befehlszeilen mit einem »sprechenden« Namen versehen können und die Befehlszeile dann einfach ausführen können. Zahlreiche Aliasse sind bereits definiert.

11.2.1 Aufbau der PowerShell-Cmdlets

Sie können in der PowerShell z. B. `dir` verwenden, um sich den Inhalt eines Ordners anzeigen zu lassen. Verwenden Sie aber einen Schalter aus dem `dir`-Kommandozeilentool (/s), wird eine Fehlermeldung angezeigt:

```
PS C:\> dir /s
dir : Der Pfad "C:\s" kann nicht gefunden werden, da er nicht vorhanden ist.
In Zeile:1 Zeichen:1
+ dir /s
+ ~~~~~~
```

```
    + CategoryInfo          : ObjectNotFound: (C:\s:String) [Get-ChildItem],
      ItemNotFoundException
    + FullyQualifiedErrorId :
PathNotFound,Microsoft.PowerShell.Commands.GetChildItemCommand
```

Listing 11.9 Fehlermeldung beim Ausführen von »dir /s«

Hinter dem `dir` in der PowerShell steckt ein Alias. Beim Ausführen von `dir` – oder auch `ls` – wird ein `Get-Childitem` ausgeführt. Dieses Cmdlet ist ein PowerShell-Cmdlet, das keinen Parameter `/s` besitzt. Möchten Sie auch Dateien in Unterordnern anzeigen lassen, müssen Sie den Parameter `-Recurse` verwenden.

Eine Liste der verfügbaren Parameter können Sie sich über die PowerShell mithilfe von `Get-Command` anzeigen lassen:

```
PS C:\> (Get-Command Get-Childitem).parameters

Key                 Value
---                 -----
Path                System.Management.Automation.ParameterMetadata
LiteralPath         System.Management.Automation.ParameterMetadata
Filter              System.Management.Automation.ParameterMetadata
Include             System.Management.Automation.ParameterMetadata
Exclude             System.Management.Automation.ParameterMetadata
Recurse             System.Management.Automation.ParameterMetadata
Depth               System.Management.Automation.ParameterMetadata
Force               System.Management.Automation.ParameterMetadata
```

Listing 11.10 Auszug der Parameter für ein PowerShell-Cmdlet

Alternativ können Sie sich die Parameter in der ISE anzeigen lassen. In ihr werden automatisch die Optionen und Parameter eingeblendet (siehe Abbildung 11.14), wenn Sie z. B. nach dem Verb ein »-« eingeben oder das »-« für einen weiteren Parameter angeben.

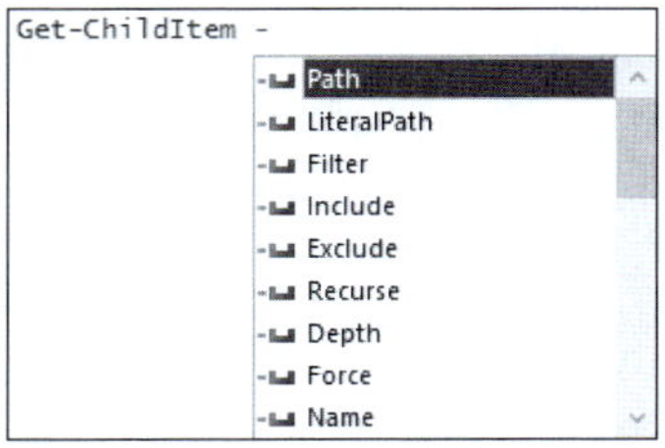

Abbildung 11.14 Anzeige der Parameter für ein Cmdlet in der ISE

Detaillierte Beschreibungen zu den Cmdlets, die mit dem Betriebssystem mitgeliefert werden, sind im Internet auf der Microsoft-Webseite verfügbar.

Dadurch, dass »jeder« PowerShell-Module veröffentlichen kann, gibt es keine einheitliche Syntax für die Verwendung der Parameter. Hier müssen Sie für jedes Cmdlet prüfen, welche Parameter Pflicht sind und wie sie angewendet werden müssen:

```
PS C:\> Get-ADuser

Cmdlet Get-ADUser an der Befehlspipelineposition 1
Geben Sie Werte für die folgenden Parameter an:
(Geben Sie !? ein, um Hilfe zu erhalten.)
Filter:
```

Listing 11.11 Ausgabe des Cmdlets »Get-ADUser« ohne Angabe des Pflichtparameters »Filter«

Wenn für ein Cmdlet Pflichtparameter vorgeschrieben sind und Sie diese nicht bei der Ausführung mit angeben, wird bei der Ausführung nach den Parametern gefragt und Sie können sie interaktiv eingeben. Das Cmdlet wird dann ausgeführt.

Sie können sich die Definition der Cmdlets auch mithilfe der PowerShell anzeigen lassen, damit Sie erkennen können, welche Parameter möglich und nötig sind:

```
PS C:\> (Get-Command Move-ADObject).Definition

Move-ADObject [-Identity] <ADObject> [-TargetPath] <string> [-WhatIf] [-Confirm]
[-AuthType <ADAuthType>] [-Credential <pscredential>] [-Partition <string>]
[-PassThru] [-Server <string>] [-TargetServer <string>] [<CommonParameters>]
```

Listing 11.12 Ausgabe der Definition des Cmdlets »Move-ADObject«

Die meisten PowerShell-Cmdlets sind intuitiv benannt. Ein *Get*-`Cmdlet` wird üblicherweise nur lesend zugreifen, wohingegen ein *Set*-`Cmdlet` Daten ändern wird. So können Sie anhand des Verbs schon einschätzen, ob das Cmdlet »Schaden« anrichten könnte oder nicht.

11.2.2 Skripte ausführen

Wenn Sie ein PowerShell-Skript speichern, wird es üblicherweise die Dateierweiterung *.ps1* erhalten. Diese Dateierweiterung ist mit dem Editor verknüpft (siehe Abbildung 11.15). Dies bedeutet, dass sich der Editor öffnet, wenn Sie eine PowerShell-Skriptdatei mit einem Doppelklick öffnen.

Mit einem Rechtsklick auf eine *.ps1*-Datei öffnen Sie ein Menü, in dem Sie die Skriptdatei mit der PowerShell ausführen können (siehe Abbildung 11.16). Wenn Sie auf BEARBEITEN klicken, öffnen Sie direkt die ISE.

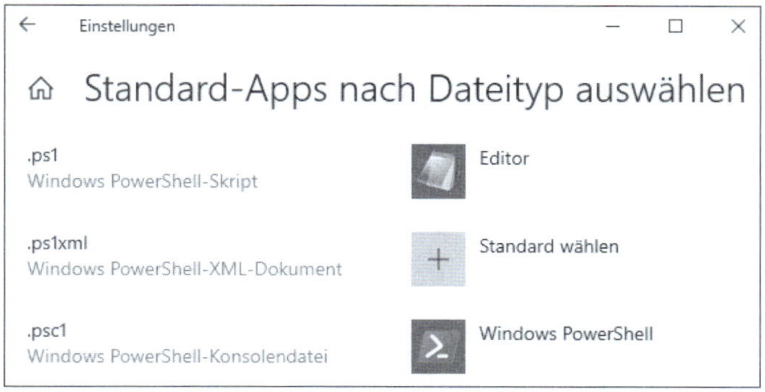

Abbildung 11.15 Zuordnung der Standard-App für ».ps1«-Dateien

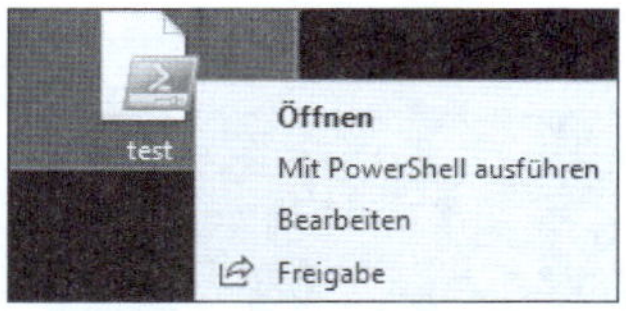

Abbildung 11.16 Kontextmenü einer ».ps1«-Datei

Sie können über die STANDARD-APPS die Dateizuordnung ändern.

Wenn Sie PowerShell-Skripte automatisiert ausführen lassen möchten, können Sie sie – z. B. aus einer Batch-Datei heraus – durch ein Voranstellen der *PowerShell.exe* ausführen lassen.

Die Hilfe der *PowerShell.exe* lassen Sie sich über den Befehl `PowerShell /?` anzeigen. Hier werden Sie unter anderem den Parameter `-file` finden, mit dem Sie einen Pfad und Dateinamen zu einer *.ps1*-Datei angeben können, die dann ausgeführt wird:

```
C:\Users\1PeterKloep\Desktop>PowerShell.exe -file test.ps1

Hello World
```

Listing 11.13 Ausführen der »test.ps1« aus einer Kommandozeile mit dem Inhalt Write-Host »Hello World«

Diese Funktion können Sie auch auf den Systemen nutzen, um Skripte mithilfe von geplanten Aufgaben auszuführen. Dazu müssen Sie entweder in der geplanten Aufgabe eine Batch-Datei starten, oder Sie starten direkt die *PowerShell.exe* und geben den Pfad zur Skriptdatei an.

Damit die geplanten Aufgaben ausgeführt werden können, muss das Konto über das Recht *Anmelden als Stapelverarbeitungsauftrag* verfügen. Sie können PowerShell-Skripte auch mithilfe eines verwalteten Dienstkontos (*gMSA*, siehe Abschnitt 7.6) ausführen lassen.

Wenn Skripte mit Benutzerkonten ausgeführt werden, die hohe Rechte besitzen, führt dies unweigerlich zu Diskussionen, denn durch die Manipulation des Skripts könnte etwas ungewollt ausgeführt werden, das die Rechte des Kontos missbraucht. Sie müssen natürlich darauf achten, dass das ausgeführte Skript vor unbefugtem Zugriff geschützt ist. Erlangt ein Angreifer physischen Zugriff auf eine unverschlüsselte Festplatte, dann *gehört ihm das System* und er kann jegliche Manipulation durchführen.

11.2.3 Offline-Aktualisierung der PowerShell und der Hilfedateien

Sie können sich mit dem Cmdlet `Get-Help` die Hilfe zur PowerShell und zu den einzelnen Cmdlets anzeigen lassen. Wenn Sie diesen Befehl ausführen, wird die PowerShell Sie fragen, ob die Hilfe über das Internet aktualisiert werden soll (siehe Abbildung 11.17).

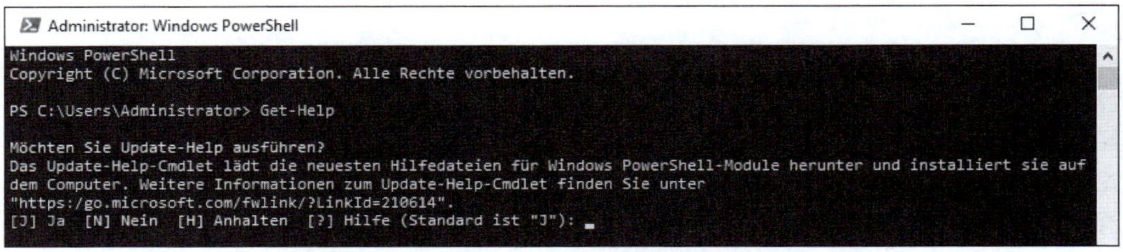
Administrator: Windows PowerShell
Windows PowerShell
Copyright (C) Microsoft Corporation. Alle Rechte vorbehalten.
PS C:\Users\Administrator> Get-Help
Möchten Sie Update-Help ausführen?
Das Update-Help-Cmdlet lädt die neuesten Hilfedateien für Windows PowerShell-Module herunter und installiert sie auf
dem Computer. Weitere Informationen zum Update-Help-Cmdlet finden Sie unter
"https://go.microsoft.com/fwlink/?LinkId=210614".
[J] Ja [N] Nein [H] Anhalten [?] Hilfe (Standard ist "J"):

Abbildung 11.17 Nachfrage, ob die PowerShell-Hilfe aktualisiert werden soll

Hat der Computer, auf dem Sie die Skripte erstellen möchten, keinen Internetzugang, können Sie eine Offline-Aktualisierung der Hilfe durchführen, indem Sie die Hilfe auf einem Computer mit Internetzugang herunterladen und anschließend auf die Offline-Systeme bringen und dort einbinden.

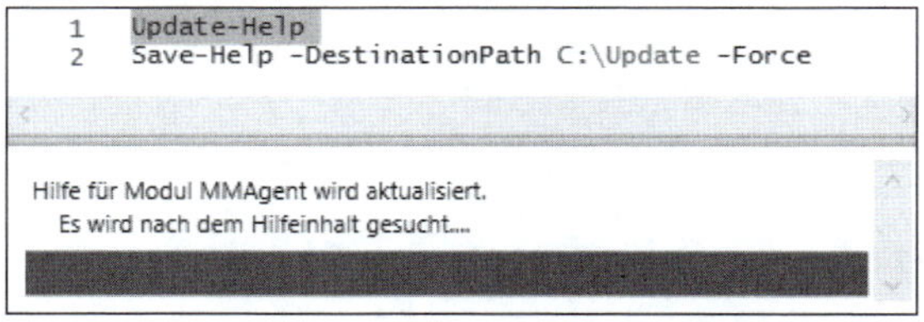
Update-Help
Save-Help -DestinationPath C:\Update -Force
Hilfe für Modul MMAgent wird aktualisiert.
Es wird nach dem Hilfeinhalt gesucht....

Abbildung 11.18 Aktualisieren und Speichern der Hilfe-Dateien

Mit dem Cmdlet `Update-Help` können Sie auf dem lokalen System die PowerShell-Hilfe für die installierten Module aktualisieren (siehe Abbildung 11.18). Sie sollten also sicherstellen, dass Sie die benötigten Module bereitgestellt haben. Nach der Aktualisierung können Sie die Hilfe des lokalen Systems mit `Save-Help` in einem Ordner speichern, der dann auf den Offline-Systemen bereitgestellt werden muss (siehe Abbildung 11.19).

Die Hilfe-Dateien werden in Form von CAB-Dateien und XML-Dokumenten bereitgestellt. Auf dem Zielsystem können Sie dann die Hilfe mit dem `Update-Help`-Cmdlet aktualisieren:

```
Update-Help -SourcePath C:\Update\
```

Listing 11.14 Einspielen der Hilfedateien aus dem Ordner »C:\Update«

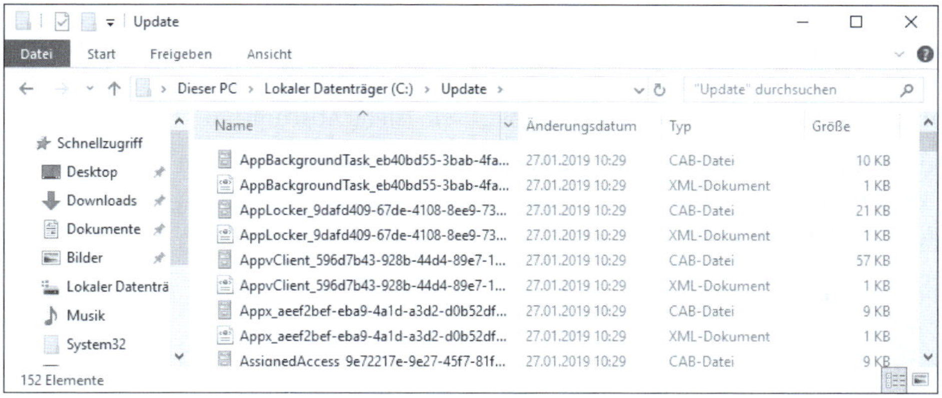

Abbildung 11.19 Inhalt des Ordners mit der gespeicherten Hilfe

11.3 Sicherheit rund um die PowerShell

Die PowerShell ist ein sehr mächtiges Werkzeug und kann bei falscher Verwendung einen sehr großen Schaden anrichten. Die PowerShell nutzt in aller Regel die Rechte, mit denen das Skript ausgeführt wird.

11.3.1 Ausführungsrichtlinien (Execution Policys)

Neben der Verknüpfung der Dateierweiterung mit dem Editor gibt es einen weiteren Schutz vor der Ausführung von PowerShell-Skripten. Was passiert, wenn er zuschlägt, sehen Sie in Abbildung 11.20.

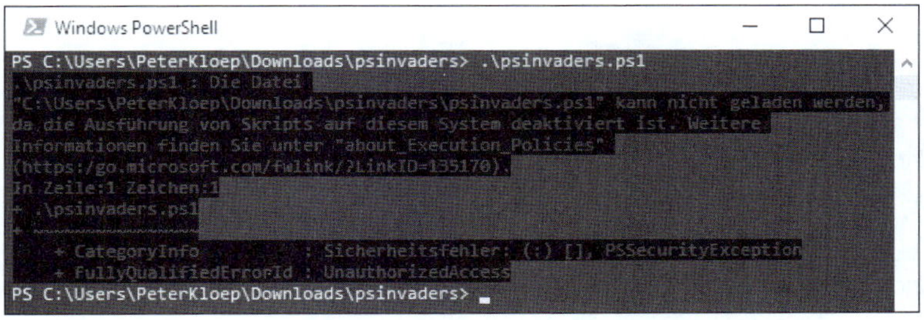

Abbildung 11.20 Das Ausführen von »nicht sicheren« Skripten ist untersagt.

Die PowerShell verfügt über sogenannte *Execution Policys* (Ausführungsrichtlinien), die steuern, ob PowerShell-Skripte ausgeführt werden dürfen. Die Standard-Richtlinie ist `RemoteSigned`:

```
PS C:\> Get-ExecutionPolicy
RemoteSigned
```

Listing 11.15 Standard-Ausführungsrichtlinie

Die Ausführungsrichtlinie `RemoteSigned` bedeutet, dass Skripte, die lokal auf dem System erstellt wurden, ausgeführt werden können. Skripte, die von anderen Systemen kommen oder ausgeführt werden sollen, müssen digital signiert sein (siehe Abschnitt 16.3.1).

Alternativ können Sie bei Downloads aus dem Internet das Skript manuell als vertrauenswürdig klassifizieren. Aktivieren Sie dazu die Option ZULASSEN in den Eigenschaften der Datei (siehe Abbildung 11.21).

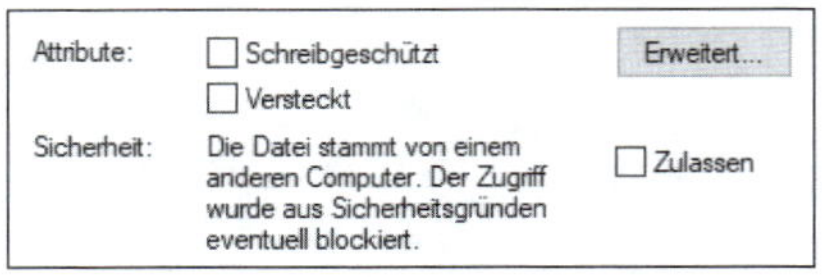
Attribute:
Schreibgeschützt
Versteckt
Erweitert...
Sicherheit:
Die Datei stammt von einem anderen Computer. Der Zugriff wurde aus Sicherheitsgründen eventuell blockiert.
Zulassen

Abbildung 11.21 In den Eigenschaften einer .ps1-Datei, die Sie aus dem Internet geladen haben, wird darauf hingewiesen, dass die Datei von einem anderen Computer kommt und eventuell blockiert wird.

Unblock-File

Dieser Schutz kann auch bei Office-Anwendungen oder anderen Applikationen, die zusätzliche Dateien verwenden, zum Problem werden, falls diese verwendeten Dateien (Vorlagen, Erweiterungen) als nicht vertrauenswürdig eingestuft sind. Sie können per PowerShell das »Anderer Computer«-Flag entfernen. Verwenden Sie dazu das Cmdlet `Unblock-File`.

In der PowerShell gibt es mehrere Speicherorte bzw. Anwendungsbereiche für die Ausführungsrichtlinien:

```
PS C:\> Get-ExecutionPolicy -List

        Scope ExecutionPolicy
        ----- ---------------
MachinePolicy       Undefined
   UserPolicy       Undefined
      Process       Undefined
  CurrentUser       Undefined
 LocalMachine    RemoteSigned
```

Listing 11.16 Übersicht der verschiedenen Ausführungsrichtlinien-Anwendungsbereiche

Die *Scopes* (Bereiche) definieren, wo eine bestimmte Ausführungsrichtlinie konfiguriert wurde. Die möglichen Ausführungsrichtlinien werden in Tabelle 11.1 beschrieben. Um diese für die `MachinePolicy` und `LocalMachine` anzupassen, müssen Sie über lokale Administratorrechte verfügen.

Ausführungsrichtlinie	Auswirkung
`Unrestricted`	Sämtliche Konfigurationsdateien und Skripte werden geladen. Unter Umständen werden Warnungen bei Skripten aus dem Internet angezeigt. (Geringste Sicherheit!)
`Restricted`	Skripte oder Konfigurationsdateien können nicht geladen werden.
`AllSigned`	Alle Skripte müssen signiert sein, unabhängig davon, ob sie lokal oder vom Netzwerk ausgeführt werden.
`RemoteSigned`	Skripte aus dem Internet müssen von einem vertrauenswürdigen Herausgeber digital signiert worden sein. (Standardeinstellung)
`Bypass`	Es wird nichts geblockt und es werden keine Warnungen angezeigt.
`Undefined`	Entfernt die aktuell gesetzte Execution-Policy (es sei denn, diese wurde per GPO gesetzt).
`Default`	Setzt die Ausführungsrichtlinie wieder auf den Standardwert (RemoteSigned) zurück.

Tabelle 11.1 Übersicht über die Ausführungsrichtlinien

Die Ausführungsrichtlinien können Sie mithilfe von Gruppenrichtlinien definieren. Unter dem Knoten *Computerkonfiguration\Administrative Vorlagen\Windows-Komponenten\Windows PowerShell* finden Sie die Option zum Konfigurieren der Ausführungsrichtlinien (siehe Abbildung 11.22).

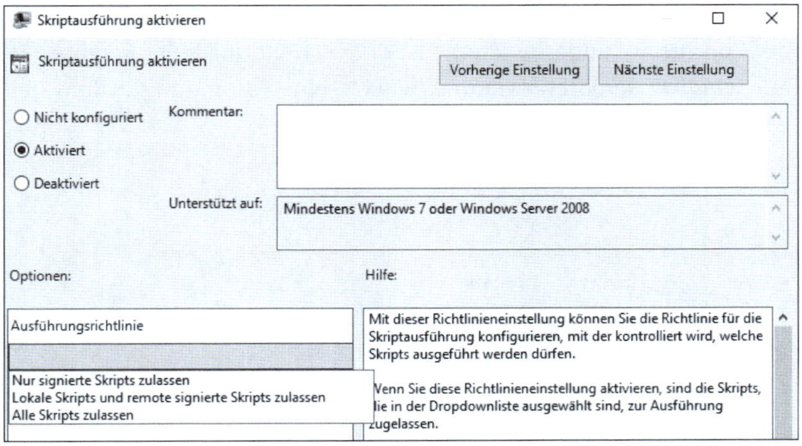

Abbildung 11.22 In diesem Dialog legen Sie die Ausführungsrichtlinien für die PowerShell fest.

11.3.2 Die PowerShell remote ausführen

Interessant wird die PowerShell natürlich, um damit auf Informationen auf anderen Systemen zuzugreifen und diese Daten auszulesen. Viele Cmdlets beinhalten bereits die Option, einen anderen Server als Ziel anzugeben:

```
PS C:\> $env:computername
W2K25-DC01
PS C:\> Get-WmiObject -Class Win32_Computersystem -ComputerName W2K25-DC02

Domain              : intranet.rheinwerk-verlag.de
Manufacturer        : Microsoft Corporation
Model               : Virtual Machine
Name                : W2K25-DC02
PrimaryOwnerName    : Windows-Benutzer
TotalPhysicalMemory : 2146459648
```

Listing 11.17 Remote-Abfrage von WMI-Daten von einem anderen System

In Listing 11.17 sehen Sie, wie eine *Umgebungsvariable* in der PowerShell abgefragt wird. In der Kommandozeile können Sie sich diese mit dem Befehl `Set` anzeigen lassen, in der PowerShell stellen Sie ein `$env:` voran. Die Befehle werden auf dem Rechner W2K25-DC01 ausgeführt und es wird ein *WMI*-Objekt *(Windows Management Instrumentation*) vom W2K25-DC02 abgefragt und ausgegeben. Neben dem Computernamen des Zielsystems werden auch weitere Informationen zum System ausgegeben.

Die Syntax bzw. der Parameter für eine Remote-Verbindung kann sich von Cmdlet zu Cmdlet ändern, da diese Parameternamen durch den Autor des Moduls frei gewählt werden können.

Um die einzelnen Cmdlets auf einem Remote-System verwenden zu dürfen, muss für das entsprechende Protokoll eine Freigabe in der Firewall erfolgen. Abhängig davon, welches Cmdlet Sie verwenden, sind das unterschiedliche Regeln (z. B. WMI).

Eine weitere Option des Zugriffs auf andere Systeme ist die Verwendung einer *Remote-Session*. Dabei wird über die *Windows Remoteverwaltung (WinRM)* eine Verbindung zu dem Zielsystem aufgebaut:

```
PS C:\> hostname
W2K25-DC01
PS C:\> Enter-PSSession -ComputerName W2K25-DC02
[W2K25-DC02]: PS C:\Users\Administrator.INTRANET\Documents> hostname
W2K25-DC02
[W2K25-DC02]: PS C:\Users\Administrator.INTRANET\Documents>
```

Listing 11.18 Aufbau einer PowerShell-Sitzung vom DC01 zum DC02

Für diesen Zugriff werden auf dem Zielsystem Rechte benötigt. Standardmäßig ist dieses Recht den (lokalen) Administratoren des Zielsystems vorbehalten:

```
PS C:\> Enter-PSSession -ComputerName W2K25-DC02
Enter-PSSession : Beim Verbinden mit dem Remoteserver "W2K25-DC02" ist folgender
Fehler aufgetreten: Zugriff verweigert Weitere Informationen finden Sie im Hilfethema
"about_Remote_Troubleshooting".
In Zeile:1 Zeichen:1
+ Enter-PSSession -ComputerName W2K25-DC02
+ ~~~~~~~~~~~~~~~~~~~~~~~~~~~~~~~~~~~~~~~~
    + CategoryInfo          : InvalidArgument: (W2K25-DC02:String) [Enter-PSSession],
                                  PSRemotingTransportException
    + FullyQualifiedErrorId : CreateRemoteRunspaceFailed
```

Listing 11.19 Fehlermeldung bei einem Zugriff mit einem Konto ohne die notwendigen Rechte

Sie können die Rechte auf den Zielsystemen mit dem Cmdlet `Get-PSSessionConfiguration` auslesen und mit `Set-PSSessionConfiguration` konfigurieren:

```
PS C:\> Get-PSSessionConfiguration Microsoft.PowerShell

Name          : microsoft.powershell
PSVersion     : 5.1
StartupSkript :
RunAsUser     :
Permission    : NT-AUTORITÄT\INTERAKTIV AccessAllowed,
                VORDEFINIERT\Administratoren AccessAllowed,
                VORDEFINIERT\Remoteverwaltungsbenutzer AccessAllowed
```

Listing 11.20 Anzeigen der Rechte für eine Remote-PowerShell-Sitzung

Sollten auf Ihrem System, von dem aus Sie administrieren möchten, PowerShell-Module fehlen, können Sie diese auch von einem entfernten System importieren und verwenden. Diese Module sind aber nur in dieser einen Sitzung verfügbar.

In Abbildung 11.23 sehen Sie in der ersten Zeile, wie eine neue PowerShell-Sitzung zum Server W2K19-DC01 aufgebaut wird und diese Sitzung in der Variablen `$Session` gespeichert wird. Die zweite Zeile importiert nun das Modul `ActiveDirectory` vom Server W2K19 (durch die `$Session`-Variable) und fügt allen Cmdlets das Präfix `DC01` hinzu.

Dadurch stehen nun die Cmdlets des PowerShell-Moduls auf einem System zur Verfügung, auf dem das Modul nicht lokal installiert ist, und Sie müssen sich auch nicht interaktiv in einer Remote-PowerShell-Sitzung befinden.

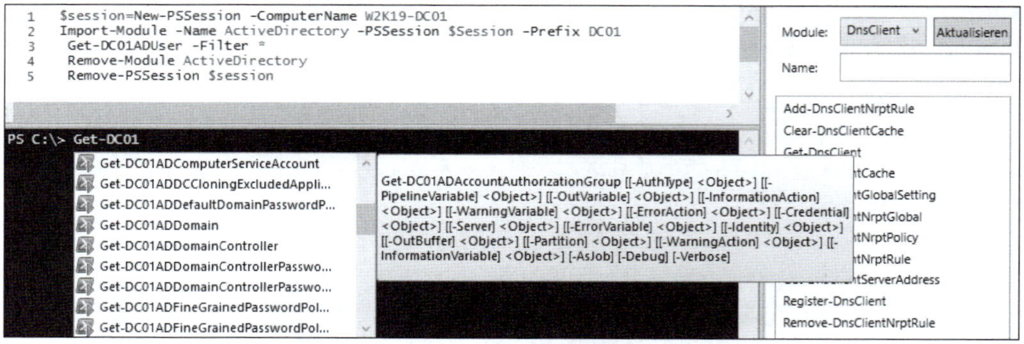

Abbildung 11.23 Einbinden eines Remote-PowerShell-Moduls

Die Besonderheit ist jedoch, dass Sie nun nicht mehr die »normalen« Cmdlets wie z. B. `Get-ADUser` verwenden können, sondern das Präfix mit einbinden müssen. In diesem Fall lautet es `Get-DC01ADUser`.

Die Zeilen 4 und 5 beenden das PowerShell-Modul `ActiveDirectory` und die Remote-Sitzung mit dem Server DC01.

Eine mögliche Alternative, um remote auf einem System Aktionen ausführen zu können, ist das Sysinternals-Tool *PSExec*, das auf der Microsoft-Website zum Download zur Verfügung steht (*https://docs.microsoft.com/en-us/sysinternals/downloads/psexec*). Für die Remote-Verwendung von PSExec werden auf dem Zielsystem lokale Administratorrechte verwendet.

Eine vielleicht etwas »elegantere« Lösung ist die Verwendung der *Windows Remote Shell (WinRS)*. Dieses Tool, das seit Windows Server 2008 zur Verfügung steht, verwendet *WinRM (Windows Remote Management)* für den Zugriff auf entfernte Systeme. Dadurch können auch Konten verwendet werden, die auf den Zielsystemen keine Administratorrechte besitzen. Schauen Sie sich dazu auch Abschnitt 10.5 an.

11.3.3 Überwachung der PowerShell

Oft ist es interessant zu sehen, was eine Person mit der PowerShell ausgeführt hat. Dazu können Sie verschiedene Protokollierungsoptionen aktivieren und verwenden.

Sie können die Protokollierung für einzelne Module so aktivieren, dass auf dem System, auf dem das Cmdlet ausgeführt wurde, in der Ereignisanzeige detaillierte Informationen protokolliert werden, was für ein Cmdlet der Benutzer ausgeführt hat und welche Parameter verwendet wurden.

Sie können die Protokollierung mithilfe der PowerShell wie folgt aktivieren:

```
PS C:\> Import-Module ActiveDirectory
PS C:\> (Get-Module ActiveDirectory).LogPipelineExecutionDetails = $true
```

```
PS C:\>
PS C:\> Get-ADUser -Filter *
```

Listing 11.21 Aktivieren der Protokollierung für das geladene Modul »ActiveDirectory« und Suche nach allen AD-Benutzern

In Listing 11.21 sehen Sie, dass die `LogPipelineExecutionDetails` auf `$True` gesetzt werden. Damit wird die Protokollierung aktiviert, und ab sofort werden die Informationen in der Ereignisanzeige aufgezeichnet (siehe Abbildung 11.24).

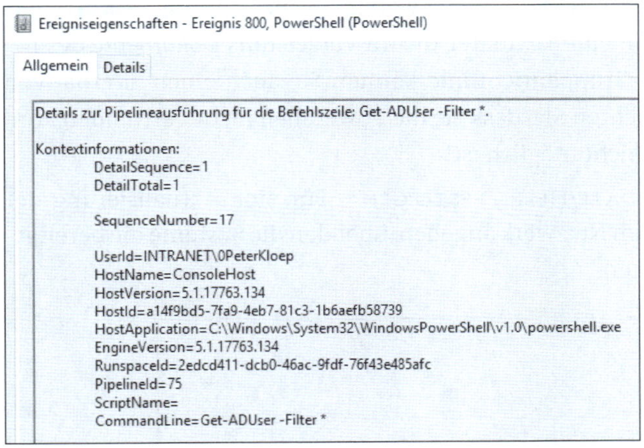
Ereigniseigenschaften - Ereignis 800, PowerShell (PowerShell)
Allgemein
Details
Details zur Pipelineausführung für die Befehlszeile: Get-ADUser -Filter *.
Kontextinformationen:
DetailSequence=1
DetailTotal=1
SequenceNumber=17
UserId=INTRANET\0PeterKloep
HostName=ConsoleHost
HostVersion=5.1.17763.134
HostId=a14f9bd5-7fa9-4eb7-81c3-1b6aefb58739
HostApplication=C:\Windows\System32\WindowsPowerShell\v1.0\powershell.exe
EngineVersion=5.1.17763.134
RunspaceId=2edcd411-dcb0-46ac-9fdf-76f43e485afc
PipelineId=75
ScriptName=
CommandLine=Get-ADUser -Filter *

Abbildung 11.24 So wird die Ausführung eines PowerShell-Cmdlets protokolliert.

Im Eventlog-Eintrag – der unter *Anwendungs- und Dienstprotokolle\Windows PowerShell* abgelegt wird – sind neben dem Benutzer, der das Cmdlet ausgeführt hat, die `HostApplication` (PowerShell oder ISE) und die gesamte Kommandozeile (`CommandLine`) zu sehen. Damit können Sie sehr leicht protokollieren, wer mit welchen PowerShell-Cmdlets Daten abgerufen oder eine Konfiguration geändert hat.

Mithilfe einer *Gruppenrichtlinie* können Sie die Überwachungseinstellungen ebenfalls konfigurieren, wie Sie in Abbildung 11.25 sehen. Der Vorteil davon ist, dass Sie auf diese Weise mehrere Systeme gleichzeitig konfigurieren können und die Einstellungen nicht für jedes System einzeln vornehmen müssen.

In der Gruppenrichtlinie, die Sie unter *Computerkonfiguration\Administrative Vorlagen\Windows-Komponenten\Windows PowerShell* finden, können Sie folgende Optionen konfigurieren:

- MODULPROTOKOLLIERUNG AKTIVIEREN – Mit dieser GPO-Einstellung können Sie die Protokollierung für die Module aktivieren, die Sie vorher per `LogPipelineExecutionDetails = $True` gesetzt haben. Sie können bei der Konfiguration der zu überwachenden Module mit Wildcards wie * arbeiten.

- Protokollierung von PowerShell-Skriptblöcken aktivieren – Wenn Sie diese Option aktivieren, wird die Verarbeitung von Cmdlets, Skriptblöcken, Funktionen und Skripts protokolliert – unabhängig davon, welches Modul verwendet wird und ob die Befehle manuell oder automatisiert ausgeführt worden sind. Die Protokolle werden in der Ereignisanzeige unter *Anwendungs- und Dienstprotokolle\Windows\PowerShell\Operational* gespeichert.
- Skriptausführung aktivieren – Diese Einstellung steuert die Ausführungsrichtlinie für PowerShell-Skripte.
- PowerShell-Aufzeichnung aktivieren – Die PowerShell-Aufzeichnung protokolliert alle Aktionen in der PowerShell in eine Textdatei, die im Verzeichnis *Dokumente* des Benutzers abgelegt wird. Über die Gruppenrichtlinie können Sie auch einen alternativen (zentralen) Pfad hinterlegen. Beachten Sie, dass Sie die PowerShell nicht verwenden können, wenn eine Protokollierung nicht möglich ist!
- Standardquellpfad für »Update-Help« festlegen – Für eine Aktualisierung der Hilfe können Sie hier einen Pfad im Netzwerk angeben, über den die Systeme die bereitgestellten Hilfe-Dateien laden können.

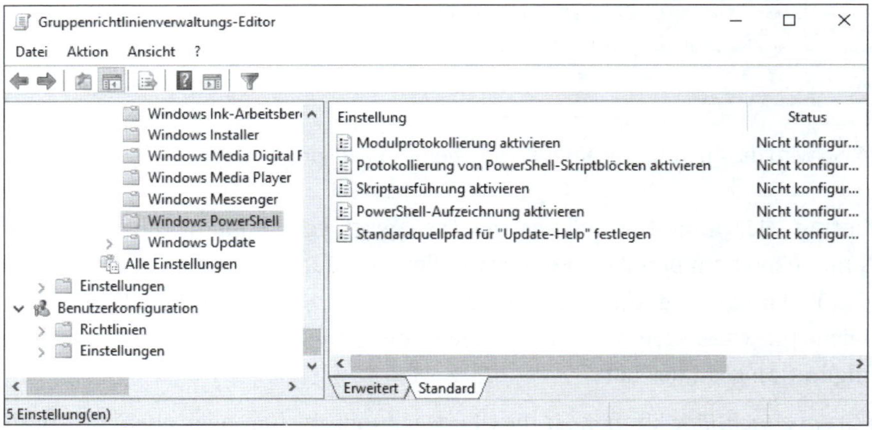

Abbildung 11.25 Konfiguration der Überwachung per Gruppenrichtlinie

11.4 Beispiele für die Automatisierung

In diesem Abschnitt zeigen wir Ihnen einige Beispiele für die Nutzung der PowerShell und erläutern, was die Skripte machen. Es kann durchaus sein, dass bestimmte Operationen einfacher oder ressourcenschonender zu erreichen sind. Unser Ziel ist es aber, Ihnen verschiedene Wege aufzuzeigen, wie Daten abgerufen werden können.

```
#Letzter Reboot der Domaincontroller
[array]$allDCs=Get-ADDomainController -filter *
Write-Host "letzter Reboot der Domaincontroller:" -ForegroundColor Cyan
Foreach($DC in $allDCs)
{
  $Reboot = Get-WmiObject -ClassName win32_operatingsystem -ComputerName $dc.Name
  Write-Host "$($dc.name) wurde gebootet am: `
    $($Reboot.ConvertToDateTime($reboot.lastbootuptime))"
}
```

Listing 11.22 WMI-Abfrage des letzten Reboots aller Domänencontroller der Domäne

Innerhalb von PowerShell-Skripten können Sie Kommentare in die Skripte einfügen. Ein # kommentiert den Rest der Zeile aus. Wenn Sie zeilenübergreifend kommentieren möchten, verwenden Sie <# für den Anfang des Kommentars und #> für sein Ende.

In Listing 11.22 sehen Sie bei der Definition der Variablen `$allDCs` ein vorangestelltes `[array]`. Diese Methode wird als *Casting* bezeichnet: Die PowerShell wird versuchen, der Rückgabe des Cmdlets `Get-ADDomainController` einen passenden Datentyp zuzuordnen. In früheren PowerShell-Versionen konnte es vorkommen, dass bestimmte Funktionen nicht funktionierten, wenn z. B. ein Array (eine Sammlung von Objekten) erwartet wurde, aber nur ein einzelnes Objekt eines bestimmten Typs zurückgegeben wurde. Durch das Casting wird auch ein einzelnes zurückgegebenes Objekt als Array behandelt und Sie können die Array-Funktionen (`Foreach`) verwenden.

Das Cmdlet `Write-Host` kann zur Ausgabe von Texten am Bildschirm verwendet werden, und in Verbindung mit `ForeGroundColor` und `BackGroundColor` können Sie die Ausgaben »hervorheben«.

Die `Foreach`-Schleife wird so oft durchlaufen, bis alle Domänencontroller bearbeitet wurden, die in der Variablen `$allDCs` gespeichert sind. Dabei wird der jeweils aktuell betroffene DC in der Variablen `$DC` übergeben.

Mithilfe von WMI wird von dem Ziel-DC die WMI-Klasse `Win32_Operatingsystem` abgerufen. In dieser Rückgabe ist im Attribut `LastBootUpTime` die Startzeit des Systems hinterlegt. Diese Zeit wird ausgegeben, nachdem sie in ein »lesbares« Format umgewandelt wurde.

Der Backtick

Wenn Sie einen Backtick ` in einem PowerShell-Skript sehen, wird das nächste Zeichen ignoriert und nicht ausgeführt. So können Sie auch eine einzelne Zeile in einem PowerShell-Skript über mehrere Bildschirmzeilen verteilen, was die Lesbarkeit erhöht, denn auf diesem Weg wird der Zeilenumbruch übersprungen.

```
$vmname=(Get-ItemProperty 'HKLM:\SOFTWARE\Microsoft\Virtual Machine\Guest\`
    Parameters').VirtualMachineName
Rename-Computer -NewName $vmname -Restart
```

Listing 11.23 Auslesen eines Registry-Keys und Umbenennen des Computers mit anschließendem Neustart

Mit dem Cmdlet `Get-ItemProperty` können Sie sich Informationen über ein Objekt anzeigen lassen. Im Pfad wird ein `HKLM:` vorangestellt. Dadurch wird über die PowerShell direkt auf die Registrierung *(Registry)* zugegriffen. Neben `HKLM:` gibt es noch `CERT:` für den Zertifikatspeicher sowie – wenn installiert – eine Verbindung zum Active Directory über das Kürzel `AD:`.

Im Beispiel aus Listing 11.23 wird der Wert des Registrierungsschlüssels `VirtualMachineName` in die Variable `$vmname` gespeichert. Im Anschluss wird der Computer umbenannt und neu gestartet.

```
### Backup-GPO
$Backuppfad="C:\GPO-Backup"
$Versionen=40 #Anzahl der Tage, nach denen die Sicherungen gelöscht werden
$currentdate=get-date -Format yyyy-MM-dd
New-Item -Path $Backuppfad -Name $currentdate -ItemType Directory
Get-GPO -All | Backup-GPO -Path $Backuppfad\$currentdate
###Cleanup
$Ordner=Get-ChildItem -Path $Backuppfad
foreach ($item in $Ordner)
{
  if (((get-date).AddDays(-$Versionen)) -gt ((get-date ($item.Name))))
  {
    Remove-Item "$($backuppfad)\$($item)" -Recurse -Force
  }
}
```

Listing 11.24 PowerShell-Skript, das die Gruppenrichtlinien aus der aktuellen Domäne in einen Ordner sichert und Ordner, die älter als 40 Tage sind, wieder löscht.

Im Skript aus Listing 11.24 wird ein Backup-Pfad mit einem existierenden Pfad auf der lokalen Festplatte oder einem Netzlaufwerk definiert. Zusätzlich wird festgelegt, dass 40 Versionen der Sicherung aufgehoben werden sollen. `$Currentdate` wird mit dem aktuellen Datum im Format `Jahr-Monat-Tag` gesetzt. Mit dem Cmdlet `New-Item` wird im Zielordner ein neuer Ordner mit dem Namen des aktuellen Datums erstellt. Dorthin werden dann per Backup-GPO alle Gruppenrichtlinien gesichert.

Im `Cleanup`-Teil werden alle Ordner des Backup-Ziels eingelesen und es wird geprüft, ob der Name des Ordners einem Namen entspricht, der darauf hindeutet, dass er älter als 40 Tage ist. Ist dies der Fall, wird der Ordner gelöscht.

```
$pfad="d:\daten"

$allfolder=Get-ChildItem -Path $pfad -Directory -Recurse
foreach ($folder in $allfolder)
{
  Write-host "$($folder): $($folder.FullName)" -BackgroundColor Green
  if ((Test-Path $folder.FullName) -eq $true) -and (Get-ChildItem -Path `
    $folder.FullName -File -Recurse).count -eq 0)
  {
    Write-Host "Löschen $($folder.FullName)" -BackgroundColor Red
    Remove-Item $folder.fullname -Confirm:$false -Recurse
  }
}
```

Listing 11.25 Skript zum Löschen von leeren Ordnern unterhalb eines definierten Einstiegspunktes

Nach der Definition des Pfades, der auf leere Ordner durchsucht werden soll, werden in Listing 11.25 mit `Get-ChildItem <...> -recurse` alle Ordner eingelesen, die sich unterhalb des `$pfad` befinden, und in die Variable `$allfolder` geschrieben. Danach wird in einer `foreach`-Schleife durch alle Ordner »gegangen« und geprüft, ob der Ordner (noch) existiert und ob die Anzahl der Dateien in diesem Ordner (und darunter) 0 beträgt. Wenn ja, wird der Ordner gelöscht.

```
#DFSREvent:
$badevent=Get-EventLog -LogName 'DFS Replication' -InstanceId 3221230480 -Newest 1
$goodevent=Get-EventLog -LogName 'DFS Replication' -InstanceId 1073746828 -Newest 1
if ($badevent.Index.ToString().length -gt 0)
  {
    if ($goodevent.timewritten -ge $badevent.TimeWritten)
      {
        $Filecontent+=%%DFSREvent#GoodEvent: $(get-date ($goodevent.TimeWritten)
        -Format %%dd.MM.yyyy HH:mm:ss%%);BadEvent: `
        $(get-date ($badevent.TimeWritten) `
        -Format %%dd.MM.yyyy HH:mm:ss%%)`r`n%%
      }
    else
      {
        $Filecontent+=%%DFSREvent#!BadEvent: $(get-date ($badevent.TimeWritten) `
           -Format %%dd.MM.yyyy HH:mm:ss%%)`r`n%%
      }
  }
```

Listing 11.26 Prüfen der Ereignisanzeige, ob ein Fehler-Event aufgetreten ist und ob danach ein »Wieder alles gut«-Event vorhanden ist

Viele Dienste und Programme protokollieren Fehler in die Ereignisanzeige. Ein Fehler kann z. B. auftreten, wenn eine Verbindung zu einem zentralen Server unterbrochen wird. Wird die Verbindung wiederhergestellt, so wird meist auch dies protokolliert. Es ist also immer eine Überprüfung notwendig, ob nach einem Fehler (`badevent`) eine positive Rückmeldung (`goodevent`) auftaucht. Das Skript aus Listing 11.26 sucht nach dem aktuellsten BadEvent und dem aktuellsten GoodEvent und speichert den Eventlog-Eintrag in die entsprechenden Variablen.

Anschließend wird geprüft, ob tatsächlich ein Event vorliegt (`index.tostring().length`). Ist dies der Fall, wird überprüft, ob das Erstellungsdatum (`timewritten`) des GoodEvents genauso alt oder neuer ist als das BadEvent. Ist dies der Fall, wird eine (String)-Variable `$FileContent` um den Text erweitert, der das Auftreten des BadEvents und des GoodEvents beinhaltet. Am Ende der Zeile wird ein Zeilenumbruch `` `r`n `` angefügt. Ist das BadEvent aktueller als ein GoodEvent, wird nur das BadEvent protokolliert und ein `!` vorangestellt – als Indiz, dass etwas nicht stimmt.

Diese Variable könnte in einer Datei gespeichert und anschließend (zentral) ausgewertet werden.

Haben Sie alles verstanden? Keine Sorge, so kompliziert ist die PowerShell gar nicht! Allerdings ist sie eine ausgewachsene Skriptsprache, die über eine Vielzahl an Features verfügt. Wenn Sie tiefer in die Administration von Windows-Servern eintauchen wollen, sollten Sie sich unbedingt PowerShell-Kenntnisse aneignen – für die moderne Administration ist sie unverzichtbar.

11.5 Just Enough Administration (JEA)

Just Enough Administration (»gerade genügend Administrationsrechte«) ist eine Möglichkeit, mithilfe der PowerShell Benutzern Zugriff auf bestimmte Informationen zu gewähren, ohne ihnen weitreichende Rechte geben zu müssen.

11.5.1 Einsatzszenarien

Mit JEA können Sie die Berechtigung auf bestimmte PowerShell-Cmdlets oder Parameter beschränken. Neben der Beschränkung können Sie auf diese Weise auch Rechte gewähren, ohne dass der Benutzer weitreichende Rechte (z. B. lokaler Admin) auf dem Zielsystem haben muss.

Voraussetzung für die Verwendung von JEA ist das *Windows Management Framework 5.1*, das auf aktuellen Systemen installiert werden kann. Ab Windows Server 2012 ist die volle Funktionalität verfügbar. Unter Windows Server 2008 R2 kann nur eine eingeschränkte Funktionalität bereitgestellt werden.

Clientseitig wird Windows 8.1 oder Windows 10 (ab Version 1607) und Windows 11 vollständig unterstützt.

11.5.2 Konfiguration und Verwendung

Wir wollen nun einmal die Einrichtung von JEA auf einem Server durchspielen und einer Windows-Gruppe Rechte auf einem Server gewähren. Die Gruppe *Intranet\DruckerAdmins* soll das Recht bekommen, den Spooler-Dienst neu zu starten. Zum Prüfen wird zusätzlich das Recht zum Starten von `whoami` gewährt.

Der Benutzer *PeterKloep*, der keine Administratorenrechte auf dem Ziel hat, wird als Mitglied der Gruppe hinterlegt und soll den Spooler-Dienst neu starten können.

Die Einrichtung auf dem Zielsystem müssen Sie mit einem Konto mit lokalen Administratorrechten vornehmen.

Im ersten Schritt wird eine *.pssc*-Datei erstellt. Bei diesem Dateityp handelt es sich um sogenannte *PowerShell-SessionConfiguration-Files*. Diese PowerShell-Sitzungskonfigurationsdatei muss nach dem Anlegen angepasst werden.

Sie erstellen die Datei mit:

```
New-PSSessionConfigurationFile -Path 'C:\Program Files\WindowsPowerShell\ `
  Spooler_Conf.pssc'
```

Die Datei ist eine »normale« Textdatei, die Sie mit einem Editor bearbeiten können.

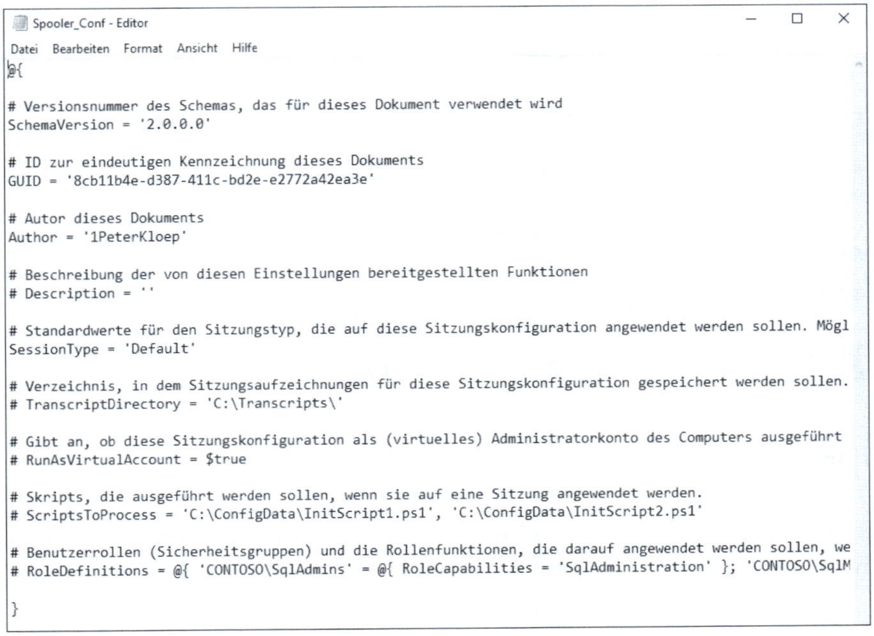

```
Spooler_Conf - Editor
Datei  Bearbeiten  Format  Ansicht  Hilfe
@{

# Versionsnummer des Schemas, das für dieses Dokument verwendet wird
SchemaVersion = '2.0.0.0'

# ID zur eindeutigen Kennzeichnung dieses Dokuments
GUID = '8cb11b4e-d387-411c-bd2e-e2772a42ea3e'

# Autor dieses Dokuments
Author = '1PeterKloep'

# Beschreibung der von diesen Einstellungen bereitgestellten Funktionen
# Description = ''

# Standardwerte für den Sitzungstyp, die auf diese Sitzungskonfiguration angewendet werden sollen. Mögl
SessionType = 'Default'

# Verzeichnis, in dem Sitzungsaufzeichnungen für diese Sitzungskonfiguration gespeichert werden sollen.
# TranscriptDirectory = 'C:\Transcripts\'

# Gibt an, ob diese Sitzungskonfiguration als (virtuelles) Administratorkonto des Computers ausgeführt
# RunAsVirtualAccount = $true

# Skripts, die ausgeführt werden sollen, wenn sie auf eine Sitzung angewendet werden.
# ScriptsToProcess = 'C:\ConfigData\InitScript1.ps1', 'C:\ConfigData\InitScript2.ps1'

# Benutzerrollen (Sicherheitsgruppen) und die Rollenfunktionen, die darauf angewendet werden sollen, we
# RoleDefinitions = @{ 'CONTOSO\SqlAdmins' = @{ RoleCapabilities = 'SqlAdministration' }; 'CONTOSO\SqlM

}
```

Abbildung 11.26 Inhalt der erstellten »Spooler_Conf.pssc«-Datei

In Abbildung 11.26 sehen Sie, dass in der *.pssc*-Datei vielen Zeilen ein # vorangestellt ist. Dadurch werden die Inhalte in diesen Zeilen nicht angewendet und sind auskommentiert. Für die meisten Anwendungsfälle sollten Sie den `SessionType` auf `RestrictedRemoteServer` festlegen (siehe Abbildung 11.27). Dadurch wird automatisch eine Liste der vordefinierten Cmdlets erlaubt.

Diese Liste beinhaltet:

- `Clear-Host` (cls, *Anzeige löschen*)
- `Exit-PSSession` (exsn, *beenden*)
- `Get-Command` (gcm)
- `Get-FormatData`
- `Get-Help`
- `Measure-Object` (*messen*)
- `Out-Default`
- `Select-Object` (*auswählen*)

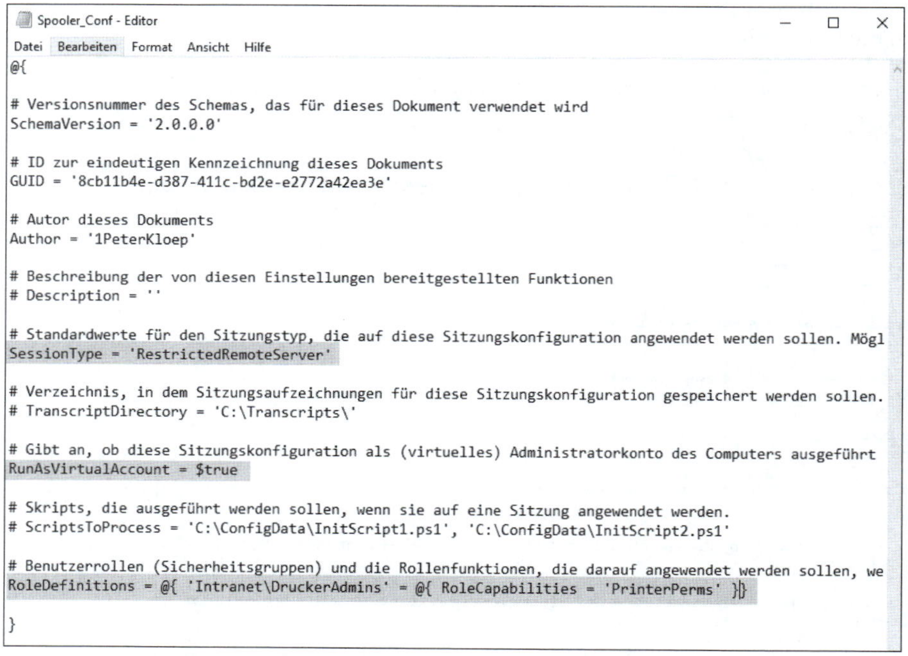
Spooler_Conf - Editor
Datei Bearbeiten Format Ansicht Hilfe
@{
# Versionsnummer des Schemas, das für dieses Dokument verwendet wird
SchemaVersion = '2.0.0.0'
# ID zur eindeutigen Kennzeichnung dieses Dokuments
GUID = '8cb11b4e-d387-411c-bd2e-e2772a42ea3e'
# Autor dieses Dokuments
Author = '1PeterKloep'
# Beschreibung der von diesen Einstellungen bereitgestellten Funktionen
# Description = ''
# Standardwerte für den Sitzungstyp, die auf diese Sitzungskonfiguration angewendet werden sollen. Mögl
SessionType = 'RestrictedRemoteServer'
# Verzeichnis, in dem Sitzungsaufzeichnungen für diese Sitzungskonfiguration gespeichert werden sollen.
# TranscriptDirectory = 'C:\Transcripts\'
# Gibt an, ob diese Sitzungskonfiguration als (virtuelles) Administratorkonto des Computers ausgeführt
RunAsVirtualAccount = $true
# Skripts, die ausgeführt werden sollen, wenn sie auf eine Sitzung angewendet werden.
# ScriptsToProcess = 'C:\ConfigData\InitScript1.ps1', 'C:\ConfigData\InitScript2.ps1'
# Benutzerrollen (Sicherheitsgruppen) und die Rollenfunktionen, die darauf angewendet werden sollen, we
RoleDefinitions = @{ 'Intranet\DruckerAdmins' = @{ RoleCapabilities = 'PrinterPerms' }}
}

Abbildung 11.27 Angepasste PSSC-Datei

Über den Parameter `RunAsVirtualAccount = $true` legen Sie fest, dass die PowerShell-Cmdlets im Kontext eines virtuellen Kontos ausgeführt werden (siehe Listing 11.27). Dieses Konto bekommt lokale Administratorrechte auf dem Zielsystem und kann alle Aufgaben ausführen, die in den Konfigurationsdateien gestattet sind.

```
# Beschränken des virtuellen Kontos
RunAsVirtualAccount = $true
RunAsVirtualAccountGroups = 'DnsAdmins', 'Leistungsprotokollbenutzer'
```

Listing 11.27 Beschränken des virtuellen Kontos auf die Gruppe der DNS-Admins und der Leistungsprotokollbenutzer

Sie können JEA auch so konfigurieren, dass bei der Verwendung ein gruppenverwaltetes Dienstkonto (gMSA) genutzt werden soll (siehe Listing 11.28). Der Vorteil eines solchen ist, dass der Kontoinhaber auf weitere Systeme zugreifen kann.

```
# Konfiguration von JEA für die Verwendung eines gMSA
GroupManagedServiceAccount = 'Domain\MeinJEAgMSA'
```

Listing 11.28 Konfiguration von JEA zur Verwendung eines gruppenverwalteten Dienstkontos

Die wichtigste Anpassung in der PSSC-Datei befindet sich unterhalb des Bereichs `Benutzerrollen`. Hier wird unter `RoleDefinitions` die Gruppe *Intranet\DruckerAdmins* berechtigt, die PowerShell-Session zu verwenden. Verbindet sich ein Benutzer mit dieser (neuen) Sitzung, wird die *.psrc*-Datei `PrinterPerms` angewendet. *.psrc* steht für *PowerShell-RoleCapability*, und eine solche Datei beinhaltet die genaue Definition, was der Benutzer ausführen darf.

Für die Speicherung der *.psrc*-Datei legen wir unterhalb von *Windows PowerShell\Modules* einen neuen Ordner an, in dem dann die *.psrc*-Datei erstellt wird:

```
New-Item -Path 'C:\Program Files\WindowsPowerShell\Modules\JEA\RoleCapabilities' `
  -ItemType Directory
```

Listing 11.29 Einen neuen Ordner erstellen

Das Erstellen des Sample-Files kann per PowerShell erfolgen:

```
New-PSRoleCapabilityFile -Path 'C:\Program `
   Files\WindowsPowerShell\Modules\JEA\RoleCapabilities\PrinterPerms.psrc'
```

Listing 11.30 Erstellen der ».psrc«-Datei

Auch diese Datei muss anschließend editiert und so angepasst werden, wie Abbildung 11.28 es zeigt.

In der `RoleCapabilities`-Datei müssen Sie ebenfalls Zeilen »aktivieren«, indem Sie das vorangestellte `#`-Zeichen entfernen. Sie können hier die verschiedenen Bereiche (Cmdlets, Aliasse, Funktionen und externe Kommandos) anpassen.

In Abbildung 11.28 sind die Anpassungen markiert. Im Bereich `VisibleCmdlets` wird nur das Cmdlet `Restart-Service` mit dem Parameter `Spooler` erlaubt. Bei den externen Kommandos wird ein `whoami` zugelassen.

```
PrinterPerms.psrc - Editor
Datei  Bearbeiten  Format  Ansicht  Hilfe
@{

# ID zur eindeutigen Kennzeichnung dieses Dokuments
GUID = '2f904ca4-e777-4f17-9fb4-c3484a31fc6c'

# Autor dieses Dokuments
Author = '1PeterKloep'

# Beschreibung der von diesen Einstellungen bereitgestellten Funktionen
# Description = ''

# Company associated with this document
CompanyName = 'Unbekannt'

# Urheberrechtserklärung für dieses Dokument
Copyright = '(c) 2019 1PeterKloep. Alle Rechte vorbehalten.'

# Module, die importiert werden sollen, wenn sie auf eine Sitzung angewendet werden.
# ModulesToImport = 'MyCustomModule', @{ ModuleName = 'MyCustomModule'; ModuleVersion = '1.0.0.0'; GUID = '

# Aliase, die sichtbar gemacht werden sollen, wenn sie auf eine Sitzung angewendet werden.
# VisibleAliases = 'Item1', 'Item2'

# Cmdlets, die sichtbar gemacht werden sollen, wenn sie auf eine Sitzung angewendet werden.
VisibleCmdlets = @{ Name = 'Restart-Service'; Parameters = @{ Name = 'Name'; ValidateSet = 'Spooler'} }

# Funktionen, die sichtbar gemacht werden sollen, wenn sie auf eine Sitzung angewendet werden.
# VisibleFunctions = 'Invoke-Function1', @{ Name = 'Invoke-Function2'; Parameters = @{ Name = 'Parameter1';

# Externe Befehle (Skripts und Anwendungen), die sichtbar gemacht werden sollen, wenn Sie auf eine Sitzung
VisibleExternalCommands = 'whoami'
```

Abbildung 11.28 Angepasste Rollendatei

Nachdem wir nun die Dateien erstellt haben, müssen diese auf dem Zielsystem eingebunden werden (siehe Abbildung 11.29).

```
Register-PSSessionConfiguration -Name PrinterPerms `
  -Path 'C:\Program Files\WindowsPowerShell\Spooler_Conf.pssc'

##Unregister-PSSessionConfiguration -Name PrinterPerms
```

```
PS C:\> C:\Users\1PeterKloep\Documents\JEA.ps1
WARNUNG: Register-PSSessionConfiguration muss den WinRM-Dienst ggf. neu starten, wenn die Registrierung einer Konfigur
ation mit diesem Namen kürzlich aufgehoben wurde. Bestimmte Systemdatenstrukturen sind u. U. noch zwischengespeichert,
 wodurch ein Neustart von WinRM erforderlich sein kann.
Alle WinRM-Sitzungen, die mit Windows PowerShell-Sitzungskonfigurationen verbunden sind, z. B. "Microsoft.PowerShell",
 und Sitzungskonfigurationen, die mit dem Register-PSSessionConfiguration-Cmdlet erstellt wurden, werden getrennt.


   WSManConfig: Microsoft.WSMan.Management\WSMan::localhost\Plugin

Type            Keys                                Name
----            ----                                ----
Container       {Name=PrinterPerms}                 PrinterPerms
WARNUNG: Set-PSSessionConfiguration muss den WinRM-Dienst ggf. neu starten, wenn die Registrierung einer Konfiguration
 mit diesem Namen kürzlich aufgehoben wurde. Bestimmte Systemdatenstrukturen sind u. U. noch zwischengespeichert, wodu
rch ein Neustart von WinRM erforderlich sein kann.
Alle WinRM-Sitzungen, die mit Windows PowerShell-Sitzungskonfigurationen verbunden sind, z. B. "Microsoft.PowerShell",
 und Sitzungskonfigurationen, die mit dem Register-PSSessionConfiguration-Cmdlet erstellt wurden, werden getrennt.
WARNUNG: Register-PSSessionConfiguration muss den WinRM-Dienst ggf. neu starten, wenn die Registrierung einer Konfigur
ation mit diesem Namen kürzlich aufgehoben wurde. Bestimmte Systemdatenstrukturen sind u. U. noch zwischengespeichert,
 wodurch ein Neustart von WinRM erforderlich sein kann.
Alle WinRM-Sitzungen, die mit Windows PowerShell-Sitzungskonfigurationen verbunden sind, z. B. "Microsoft.PowerShell",
 und Sitzungskonfigurationen, die mit dem Register-PSSessionConfiguration-Cmdlet erstellt wurden, werden getrennt.
```

Abbildung 11.29 Registrieren der »SessionConfig«-Datei

Nach der Registrierung der Datei muss der WinRM-Dienst neu gestartet werden. Anschließend kann der Client die Verbindung nutzen (siehe Abbildung 11.30).

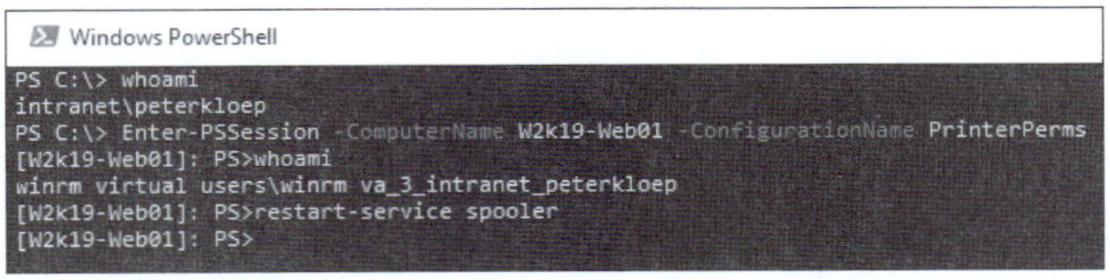
Windows PowerShell
PS C:\> whoami
intranet\peterkloep
PS C:\> Enter-PSSession -ComputerName W2k19-Web01 -ConfigurationName PrinterPerms
[W2k19-Web01]: PS>whoami
winrm virtual users\winrm va_3_intranet_peterkloep
[W2k19-Web01]: PS>restart-service spooler
[W2k19-Web01]: PS>

Abbildung 11.30 Verwendung von JEA

Der Benutzer (`Intranet\PeterKloep`) stellt eine Verbindung zum Server `W2k19-Web01` unter dem Konfigurationsnamen `PrinterPerms` her. In der »Standard«-Sitzung hat der Benutzer keine Rechte, da diese per Default den Administratoren vorbehalten ist.

Nach dem Aufbau der Verbindung kann der Benutzer das erlaubte Kommandozeilentool `whoami` ausführen. In Abbildung 11.30 sehen Sie, dass der Kontext gewechselt wurde und jetzt ein `Winrm Virtual account` verwendet wird. Der Neustart des Spooler-Dienstes funktioniert.

11

Alle anderen Dienste kann der Benutzer nicht starten, und die Liste der verwendbaren Cmdlets ist ebenfalls sehr »überschaubar« (siehe Abbildung 11.31) – genau so, wie wir es festgelegt haben.

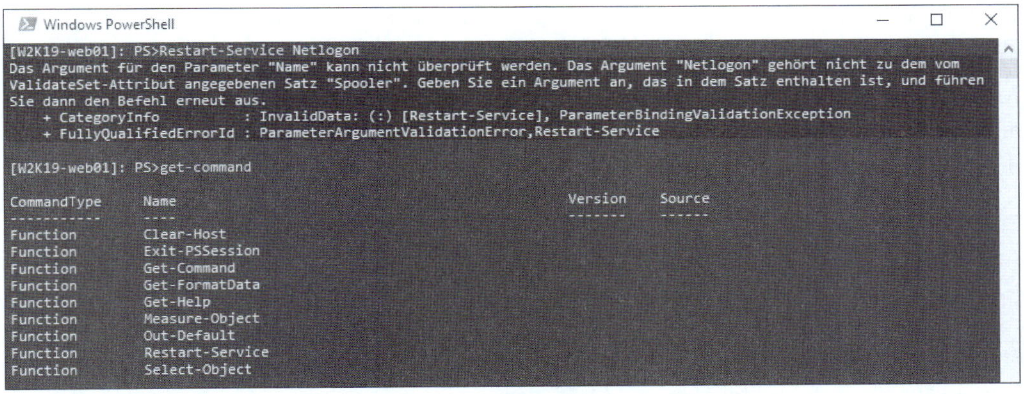
Windows PowerShell
[W2K19-web01]: PS>Restart-Service Netlogon
Das Argument für den Parameter "Name" kann nicht überprüft werden. Das Argument "Netlogon" gehört nicht zu dem vom ValidateSet-Attribut angegebenen Satz "Spooler". Geben Sie ein Argument an, das in dem Satz enthalten ist, und führen Sie dann den Befehl erneut aus.
+ CategoryInfo : InvalidData: (:) [Restart-Service], ParameterBindingValidationException
+ FullyQualifiedErrorId : ParameterArgumentValidationError,Restart-Service
[W2K19-web01]: PS>get-command
CommandType Name Version Source
Function Clear-Host
Function Exit-PSSession
Function Get-Command
Function Get-FormatData
Function Get-Help
Function Measure-Object
Function Out-Default
Function Restart-Service
Function Select-Object

Abbildung 11.31 Fehler beim Starten eines anderen Dienstes und Auflistung aller verfügbaren Cmdlets

Wenn Sie nach dem Registrieren der Dateien Änderungen vornehmen, müssen Sie – damit sie aktiviert werden – die bestehende Konfiguration deregistrieren und erneut registrieren. Verwenden Sie dazu das Cmdlet `Unregister-PSSessionConfiguration -Name PrinterPerms`.

11.6 Windows PowerShell Web Access

Das Tool *PowerShell Web Access (PWSA)* ist eine Möglichkeit, den Zugriff auf eine PowerShell-Konsole über eine Webseite bereitzustellen. Nach der Installation der Rolle stehen neue PowerShell-Cmdlets zur Verfügung:

```
PS C:\> get-command -Module PowerShellWebAccess

CommandType     Name                             Version    Source
-----------     ----                             -------    ------
Function        Install-PswaWebApplication       1.1.0.0    PowerShellWebAccess
Function        Uninstall-PswaWebApplication     1.1.0.0    PowerShellWebAccess
Cmdlet          Add-PswaAuthorizationRule        1.1.0.0    PowerShellWebAccess
Cmdlet          Get-PswaAuthorizationRule        1.1.0.0    PowerShellWebAccess
Cmdlet          Remove-PswaAuthorizationRule     1.1.0.0    PowerShellWebAccess
Cmdlet          Test-PswaAuthorizationRule       1.1.0.0    PowerShellWebAccess
```

Listing 11.31 Übersicht der Cmdlets des Moduls für die Einrichtung des »PowerShell Web Access«-Gateways

Im ersten Schritt muss die `WebApplication` installiert werden:

```
Install-PswaWebApplication -UseTestCertificate
Add-PswaAuthorizationRule -UserName * -ComputerName * -ConfigurationName *
```

Über die Autorisierungsregel wird festgelegt, wer über das Web-Gateway auf welche Systeme zugreifen darf und welche Konfigurationsparameter er verwenden darf.

Anstelle des Test-Zertifikats, das mit `Install-PswaWebApplication` eingerichtet wurde, sollte ein Zertifikat von einer vertrauenswürdigen Zertifizierungsstelle verwendet und in den Bindungen des IIS eingerichtet werden.

[!]

Install-PswaWebApplication generiert ein SHA1-Zertifikat

Wenn Sie mit dem Cmdlet `Install-PswaWebApplication` ein selbstsigniertes Zertifikat erstellen lassen, wird dies mit dem SHA1-Algorithmus signiert. Alle aktuellen Browser verweigern den Zugriff auf Webseiten, die ein Zertifikat mit diesem als unsicher eingestuften Algorithmus verwenden. Sie sollten per `New-SelfSignedCertificate -Type SSLServerAuthentication -DnsName WS2025` ein selbstsigniertes Zertifikat erstellen und über den IIS-Manager an die Default Web Site binden, sofern Sie kein Zertifikat von einer Zertifizierungsstelle bekommen können.

Der Zugriff auf das System erfolgt anschließend über den Browser. Dort wird neben den Anmeldeinformationen das Zielsystem angegeben, auf das zugegriffen werden soll (siehe Abbildung 11.32).

Versionsverwirrung

Obwohl sie auf einem Windows Server 2025 installiert ist, zeigt die Webseite einen Windows Server 2016 an ☺. Dieser Fehler ist auch bei den aktuellen Installationsdaten des Windows Server 20H2 vorhanden und wurde bislang nicht über das Windows Update behoben.

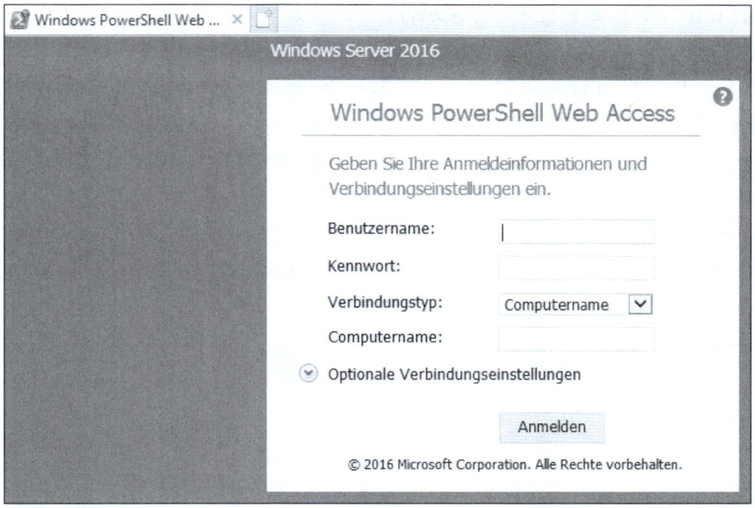

Abbildung 11.32 Zugriff auf die PSWA-Webseite

Nach der Authentifizierung und der Eingabe eines Computernamens, der in der Zulassen-Liste hinterlegt wurde, erfolgt die »Weiterleitung« ans Zielsystem wie in Abbildung 11.33.

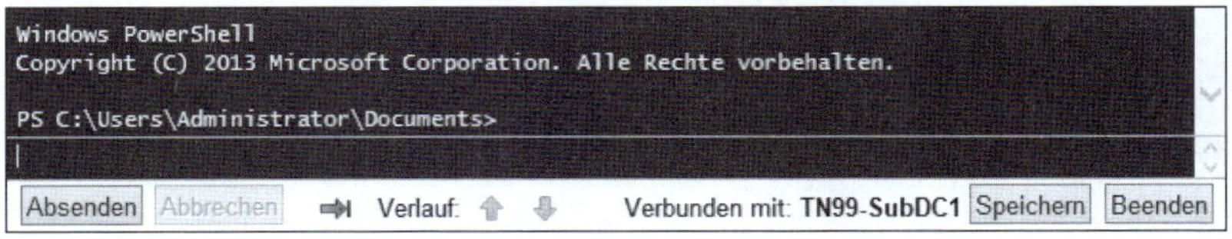

Abbildung 11.33 Die PowerShell auf einem Zielsystem

Der *Windows PowerShell Web Access* stellt eine Alternative zum *Windows Admin Center* dar, ist jedoch obsolet, wenn das Windows Admin Center im Einsatz ist.

11.7 Visual Studio Code und VSCodium

Visual Studio Code (kurz *VSCode*) ist ein Code-Editor, der für zahlreiche verschiedene Sprachen verwendet werden kann, um Programme oder Code zu entwickeln und zu debuggen. Neben PowerShell gibt es eine Unterstützung für HTML, PHP, JSON, C und Markdown. Eine komplette Liste und die Möglichkeit zum kostenlosen Download finden Sie unter *https://code.visualstudio.com/*.

Die Installation kann im Systemkontext (für alle Benutzer) oder im Benutzermodus erfolgen. Nach der Installation steht das Programm zur Verfügung. Mit dem ersten Start kann ein Theme ausgewählt werden – z. B. *Dark mode*.

Danach können Sie sofort eine Datei erstellen oder einen bestehenden Ordner auswählen, aus dem dann die Dateien gelesen werden. Wird eine Datei geöffnet, versucht Visual Studio Code die Sprache zu erkennen und schlägt – wenn nötig – den Download einer nötigen Erweiterung vor. In Abbildung 11.34 haben wir ein PowerShell-Script geöffnet, und der Assistent erkennt, dass eine Erweiterung verfügbar ist, die die Verarbeitung des Skripts erleichtert. Die Erweiterungen – unter anderem ist hierüber auch ein deutsches Sprachpaket für Visual Studio Code verfügbar – können installiert werden, und es wird beim Starten von Visual Studio Code geprüft, ob für die installierten Erweiterungen Updates vorhanden sind. Es gibt auch kostenpflichtige Erweiterungen, die Sie installieren können.

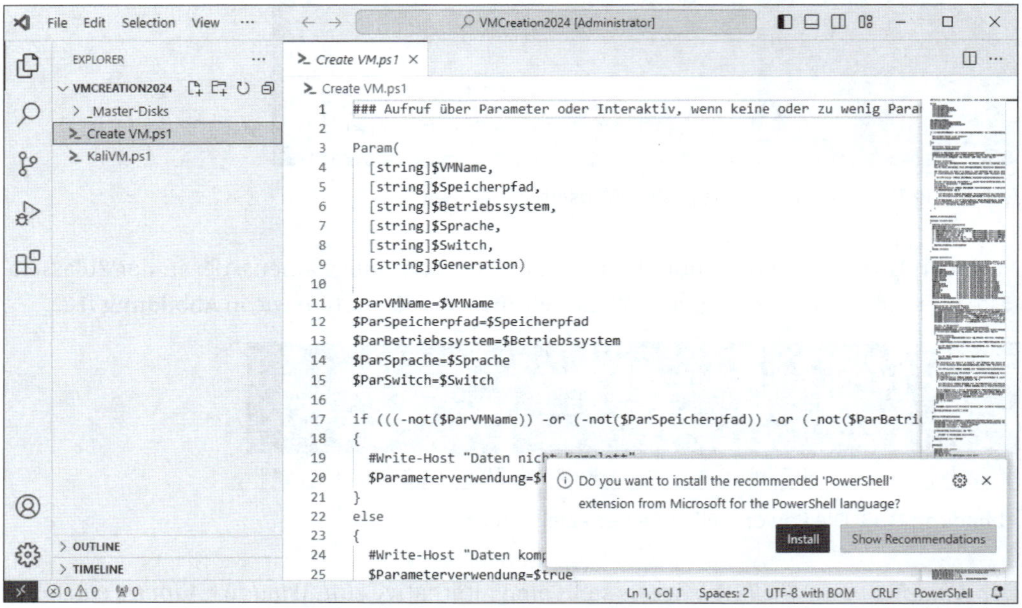
File Edit Selection View
VMCreation2024 [Administrator]
EXPLORER
VMCREATION2024
_Master-Disks
Create VM.ps1
KaliVM.ps1
OUTLINE
TIMELINE
Create VM.ps1
Aufruf über Parameter oder Interaktiv, wenn keine oder zu wenig Para
Param(
[string]$VMName,
[string]$Speicherpfad,
[string]$Betriebssystem,
[string]$Sprache,
[string]$Switch,
[string]$Generation)
$ParVMName=$VMName
$ParSpeicherpfad=$Speicherpfad
$ParBetriebssystem=$Betriebssystem
$ParSprache=$Sprache
$ParSwitch=$Switch
if (((-not($ParVMName)) -or (-not($ParSpeicherpfad)) -or (-not($ParBetri
{
#Write-Host "Daten nic
$Parameterverwendung=$
}
else
{
#Write-Host "Daten kom
$Parameterverwendung=$true
Do you want to install the recommended 'PowerShell' extension from Microsoft for the PowerShell language?
Install
Show Recommendations
Ln 1, Col 1 Spaces: 2 UTF-8 with BOM CRLF PowerShell

Abbildung 11.34 Visual Studio Code erkennt ein PowerShell-Skript und schlägt die Installation der Erweiterung vor.

Mit der installierten Erweiterung für PowerShell analysiert Visual Studio Code den Quelltext und macht Ihnen Vorschläge bzw. listet mögliche Probleme im Skript auf (siehe Abbildung 11.35). Hier wird darauf hingewiesen, dass für eine Funktion eine unübliche Syntax (`validatedata`) verwendet wurde. Zusätzlich werden definierte, aber nicht verwendete Variablen aufgelistet, wodurch es leichter ist, den Skriptcode zu entschlacken.

Sobald Sie auf einen der Vorschläge zum Beheben von Problemen klicken, werden Ihnen weitere Informationen angeboten. Im Skripttext erscheint über der Position des problematischen Codes eine kleine Glühbirne (siehe Abbildung 11.36). Wenn Sie auf dieses Icon klicken, haben Sie die Möglichkeit, das Problem direkt zu beheben (in der Abbildung aus `$a -eq $null` ein `$null -eq $a` zu machen).

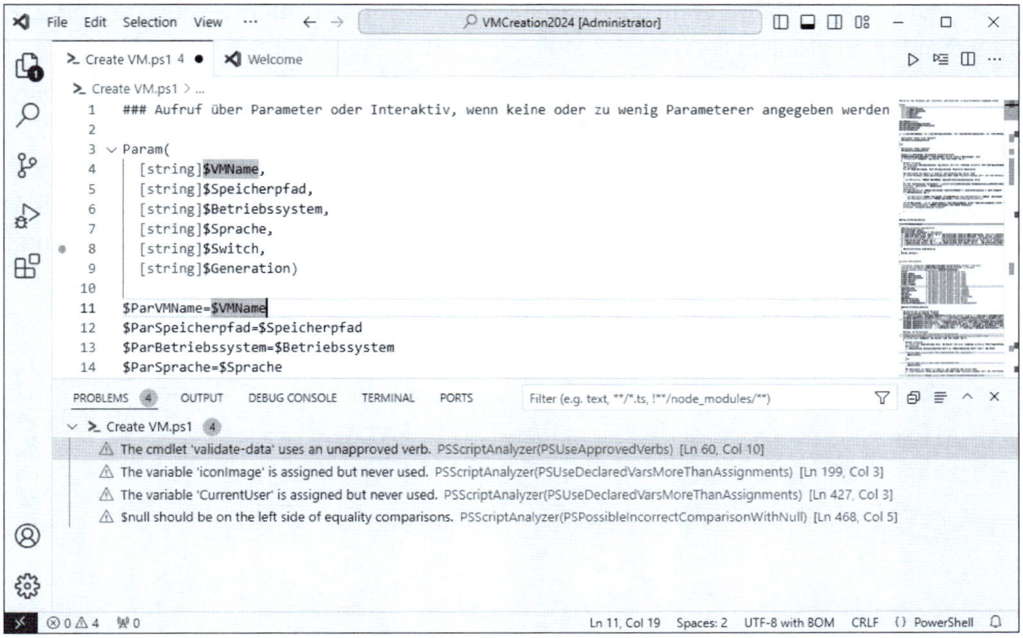

Abbildung 11.35 Visual Studio Code zeigt Probleme beim Skript an.

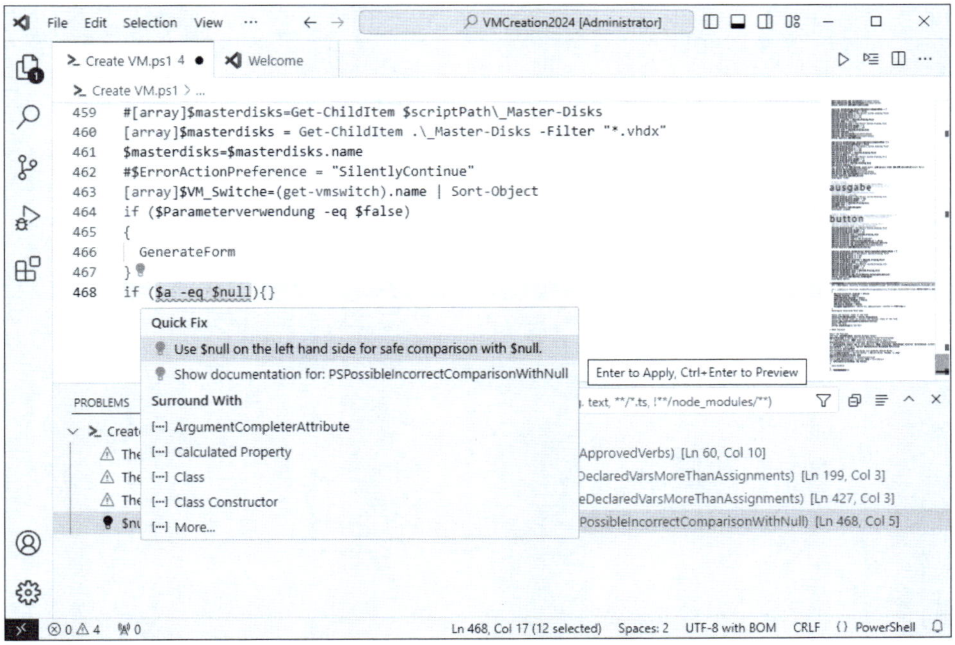

Abbildung 11.36 Weitere Informationen und Links zu den Problemen

Zusätzlich werden – sofern vorhanden – weitere Informationen auf Internetseiten verlinkt, die sich mit dem Problem befassen.

VSCode wird von Microsoft bereitgestellt und ist als Open Source (MIT-lizenziert) lizenziert. In der Microsoft-Variante des Download-Pakets (Visual Studio Code) sind Tracking- und Telemetriekomponenten integriert, die Daten an Microsoft senden. Wenn Sie dies nicht möchten, können Sie auf die Community-basierte Version mit dem Namen *VSCodium* zurückgreifen. VSCodium basiert auf den gleichen Funktionen, beinhaltet aber keine Tracking- und Telemetriekomponenten und ist dasher besonders interessant für Computer, die keinen Internetzugang besitzen. Sie finden VSCodium unter *https://vscodium.com/*.

Kapitel 12

Migration verschiedener Serverdienste auf Windows Server 2025

Auf den folgenden Seiten finden Sie Anleitungen für Migrationen. Wir zeigen Ihnen, wie die Betriebssystemaktualisierungen ablaufen. Dabei gehen wir auch auf die Zwischenschritte ein, die bei verschiedenen Diensten des Windows Servers notwendig sind.

Da es in diesem Kapitel nur um die Migration der Anwendungen geht, gehen wir nicht auf die jeweilige Installation ein. Diese wurde bereits an anderer Stelle beschrieben oder wird von uns vorausgesetzt.

12.1 In-Place Upgrade eines Domänencontrollers von Windows Server 2022 auf Windows Server 2025

Dieser Abschnitt beschreibt das In-Place Upgrade eines Domänencontrollers, der von Windows Server 2022 auf Windows Server 2025 aktualisiert wird. In Abschnitt 12.1.2 gehen wir auch kurz auf die Besonderheiten ein, die bei einer Preview-Version notwendig sind.

[!]

Vorsicht bei In-Place Upgrades

Wir möchten gleich zu Beginn des Kapitels darauf hinweisen, dass ein In-Place Upgrade immer nur dann verwendet werden sollte, wenn es keine andere Möglichkeit gibt. Microsoft sagt zwar, dass ein In-Place Upgrade ohne Probleme durchgeführt werden kann, was auch richtig ist, wenn nur das Betriebssystem an sich betrachtet wird. In der Praxis zeigt sich aber immer wieder, dass nach einem In-Place Upgrade manche Rollen, Features und sonstige Anwendungen nicht mehr richtig funktionieren und weitere Schritte notwendig sind. Diese Anpassungen können sehr aufwendig und fehleranfällig sein – was konkret zu tun ist, hängt von der eingesetzten Software und den Rollen ab.

Aus diesem Grund empfehlen wir immer die Neuinstallation des Betriebssystems auf einem neuen Server. Migrieren Sie dann die Rollen und Features sowie die weiteren Anwendungen auf den neuen Server.

Wollen Sie trotzdem ein In-Place Upgrade durchführen, dann müssen Sie die notwendigen Installationsdatenträger aus dem *Microsoft Evaluation Center* herunterladen. Microsoft stellt den Installationsdatenträger über folgenden Link bereit:

https://www.microsoft.com/de-de/evalcenter/evaluate-windows-server-2025

Sie können die ISO-Datei herunterladen und dann auf dem Windows Server 2022 im Dateiexplorer als virtuelles Laufwerk einbinden (siehe Abbildung 12.1) bzw. über den Hyper-V-Manager als DVD-Laufwerk im virtuellen Server mounten.

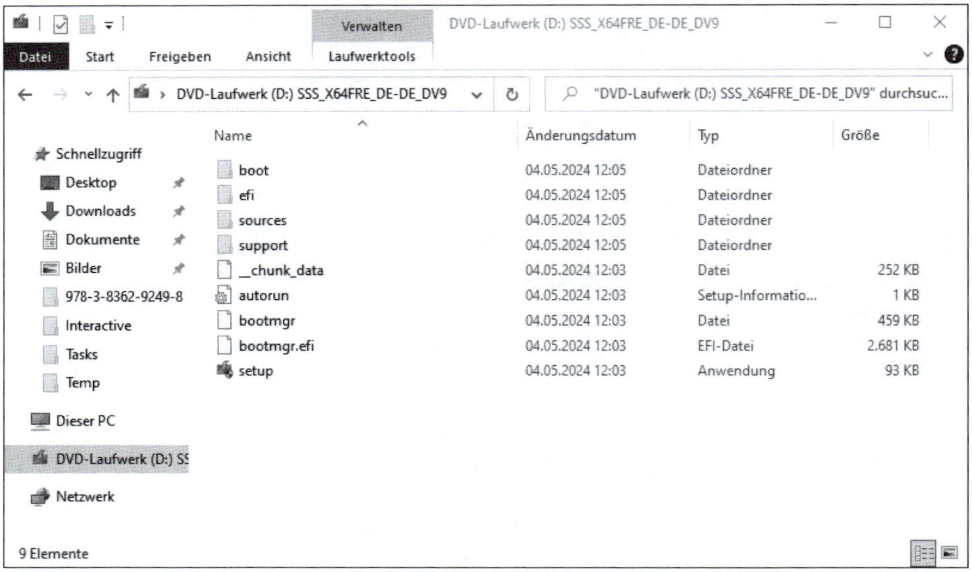

Abbildung 12.1 Die ISO-Datei wurde im Datei-Explorer eingebunden.

Das In-Place Upgrade starten Sie mit der Datei *setup.exe*. Nachdem Sie das Setup gestartet haben, wird das Fenster aus Abbildung 12.2 angezeigt.

Abbildung 12.2 Wählen Sie aus, wie die notwendigen Updates heruntergeladen werden sollen.

Wenn Ihr Serversystem eine Verbindung zum Internet hat und die notwendigen Updates und Treiber von Microsoft heruntergeladen werden können und wenn Sie nicht zu der Verbesserung der Installation beitragen wollen (siehe Abbildung 12.3), dann klicken Sie auf WEITER.

Windows Server-Setup
Updates, Treiber und optionale Features abrufen
Diese Updates helfen bei der reibungslosen Installation und können wichtige Korrekturen, aktualisierte Gerätetreiber und zusätzliche Dateien enthalten, die sich nicht auf dem Installationsmedium befinden. Wenn Sie diese Updates jetzt nicht installieren, funktioniert Ihr PC nach der Installation möglicherweise nicht richtig, und Sie müssen möglicherweise einige optionale Features und Sprachen neu installieren.
Updates, Treiber und optionale Funktionen herunterladen (empfohlen)
Nicht jetzt
Ich möchte zur Verbesserung der Installation beitragen
Datenschutzerklärung
Microsoft
Support
Legal
Zurück
Weiter

Abbildung 12.3 Auswahl, ob Treiber und Updates aus dem Internet heruntergeladen werden sollen

Falls Ihr Serversystem keine Verbindung zum Internet hat, dann klicken Sie auf ÄNDERN, WIE UPDATES VON SETUP HERUNTERGELADEN WERDEN und passen die Einstellung an. Sie müssen die Installationsdateien dann anderweitig bereitstellen. Denken Sie an die Clean-Source-Grundsätze aus Abschnitt 22.1.6.

Wenn Sie sich für das Herunterladen der Updates und Treiber entschieden haben, sorgt das Setup-Programm dafür, dass neue Versionen direkt bei der Installation ergänzt werden. Danach werden Sie zur Eingabe des Product Key aufgefordert (siehe Abbildung 12.4).

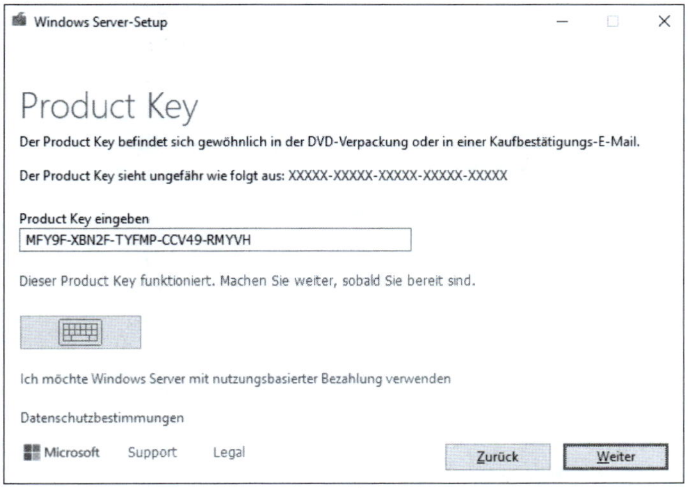
Windows Server-Setup
Product Key
Der Product Key befindet sich gewöhnlich in der DVD-Verpackung oder in einer Kaufbestätigungs-E-Mail.
Der Product Key sieht ungefähr wie folgt aus: XXXXX-XXXXX-XXXXX-XXXXX-XXXXX
Product Key eingeben
MFY9F-XBN2F-TYFMP-CCV49-RMYVH
Dieser Product Key funktioniert. Machen Sie weiter, sobald Sie bereit sind.
Ich möchte Windows Server mit nutzungsbasierter Bezahlung verwenden
Datenschutzbestimmungen
Microsoft
Support
Legal
Zurück
Weiter

Abbildung 12.4 Eingabe des notwendigen Product Key

Als Nächstes müssen Sie die Entscheidung treffen, welche Version von Windows Server 2025 installiert werden soll (siehe Abbildung 12.5).

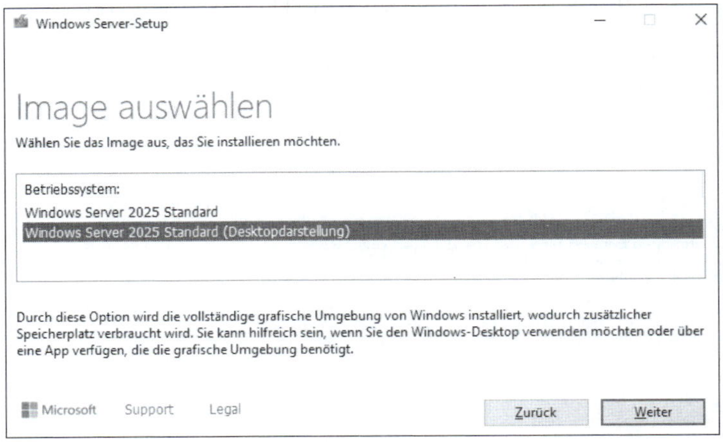
Windows Server-Setup
Image auswählen
Wählen Sie das Image aus, das Sie installieren möchten.
Betriebssystem:
Windows Server 2025 Standard
Windows Server 2025 Standard (Desktopdarstellung)
Durch diese Option wird die vollständige grafische Umgebung von Windows installiert, wodurch zusätzlicher Speicherplatz verbraucht wird. Sie kann hilfreich sein, wenn Sie den Windows-Desktop verwenden möchten oder über eine App verfügen, die die grafische Umgebung benötigt.
Microsoft
Support
Legal
Zurück
Weiter

Abbildung 12.5 Welches Image soll installiert werden?

Wir haben uns für die Variante WINDOWS SERVER 2025 STANDARD (DESKTOPDARSTELLUNG) entschieden, da wir Ihnen ja einige Screenshots des neuen Servers präsentieren wollen. Wenn Ihr Product Key auch für die Datacenter-Version verwendet werden kann, finden Sie in der Auswahl weitere Auswahlmöglichkeiten.

Sobald Sie eine Auswahl getroffen haben, werden alle Voraussetzungen für die Installation des Betriebssystems auf dem PC geprüft. Wenn diese Prüfung erfolgreich war, werden Ihnen die Lizenzbedingungen angezeigt, die Sie lesen und bestätigen müssen.

Windows Server-Setup
Anwendbare Rechtshinweise und Lizenzbedingungen
Bitte lesen Sie die Bedingungen, bevor Sie ihnen zustimmen.
gewährt, weder konkludent noch ausdrücklich (einschließlich beschränkte Garantie). Durch Installieren von Vorschauen auf Ihrem Gerät können Sie die Garantie Ihres Geräts ungültig machen oder beeinträchtigen und möglicherweise an Gerätehersteller oder Netzbetreiber keinen Supportanspruch haben. Microsoft haftet nicht für die Ihnen dadurch entstandenen Schäden. Microsoft erbringt eventuell keine Supportdienste für Vorschauen. Wenn Sie Microsoft Kommentare, Vorschläge oder sonstiges Feedback zur Vorschau („Übermittlungen") zukommen lassen, räumen Sie Microsoft und ihren Partnern Rechte ein, die Übermittlung in jeder Form und für jeden Zweck zu nutzen.
EULAID:Sept2020_DCSTD_DE-DE
Microsoft
Support
Legal
Ablehnen
Akzeptieren

Abbildung 12.6 Anzeige der Lizenzbedingungen

Da wir hier ein In-Place Upgrade durchführen und das Setup-Programm ein bereits installiertes Betriebssystem auf dem PC ermittelt hat, müssen wir nun die Entscheidung treffen, ob die Dateien, Anwendungen und Einstellungen übernommen werden sollen oder ob das System neu installiert werden soll (siehe Abbildung 12.7). Wenn Sie explizit ein In-Place Upgrade durchführen wollen, sollten Sie natürlich immer alles beibehalten.

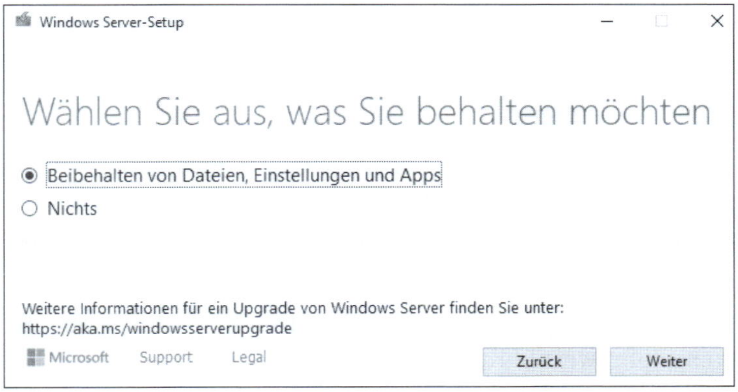
Windows Server-Setup
Wählen Sie aus, was Sie behalten möchten
Beibehalten von Dateien, Einstellungen und Apps
Nichts
Weitere Informationen für ein Upgrade von Windows Server finden Sie unter:
https://aka.ms/windowsserverupgrade
Microsoft
Support
Legal
Zurück
Weiter

Abbildung 12.7 Auswahl der Einstellungen, Anwendungen und Dateien, die übernommen werden sollen

Da wir jedoch trotzdem ein In-Place Upgrade auf einem Domänencontroller durchführen, sind zur Vorbereitung weitere Schritte notwendig, die bei einem normalen Mitgliedsserver nicht durchgeführt werden müssen. Bevor wir das In-Place Upgrade durchführen können, muss der gesamte Forest vorbereitet werden. Hierfür benötigen Sie eine Verbindung zum Schema- und Infrastrukturmaster und müssen Mitglied in den Sicherheitsgruppen *Schema-Admins* und *Organisations-Admins* sein. Der Hinweis, welche Schritte notwendig sind, wird während der Installation angezeigt (siehe Abbildung 12.8). In unserem Beispiel werden wir darauf hingewiesen, dass das Schema des Active Directory noch nicht der geforderten Version entspricht. Wir müssen also noch den *Forestprep* durchführen.

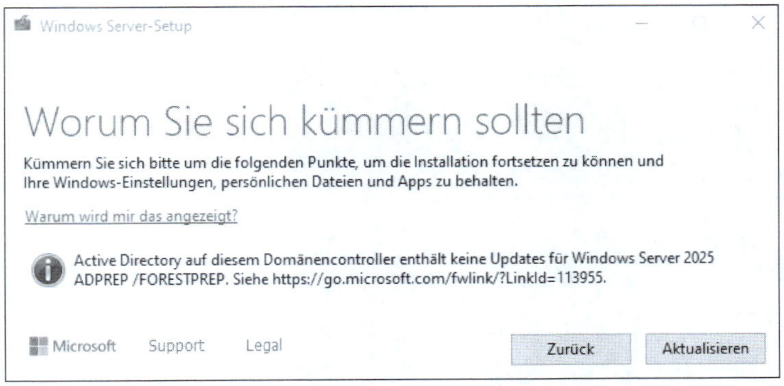
Windows Server-Setup
Worum Sie sich kümmern sollten
Kümmern Sie sich bitte um die folgenden Punkte, um die Installation fortsetzen zu können und Ihre Windows-Einstellungen, persönlichen Dateien und Apps zu behalten.
Warum wird mir das angezeigt?
Active Directory auf diesem Domänencontroller enthält keine Updates für Windows Server 2025 ADPREP /FORESTPREP. Siehe https://go.microsoft.com/fwlink/?LinkId=113955.
Microsoft
Support
Legal
Zurück
Aktualisieren

Abbildung 12.8 Anzeige der notwendigen Vorbereitung für das In-Place Upgrade des Domänencontrollers

Prüfen Sie alles!

Nach einem In-Place Upgrade eines Windows Server müssen Sie immer alle Funktionen und Anwendungen des Servers prüfen. Sie können nicht davon ausgehen, dass diese einfach funktionieren. Wir haben schon oft die Erfahrung gemacht, dass Anpassungen notwendig waren und nicht alles rundlief!

12.1.1 Der Forestprep und der Domainprep

Die notwendigen Schritte können Sie im Hintergrund oder auf einem anderen Domänencontroller durchführen, das Setup muss nicht neu gestartet werden. Das Setup-Programm überprüft die Voraussetzungen jedes Mal erneut, wenn Sie zur Bestätigung auf AKTUALISIEREN klicken.

Wir beschreiben nun die Vorbereitung des gesamten Forests, damit das In-Place Upgrade auf dem Domänencontroller durchgeführt werden kann.

Als Erstes müssen Sie auf dem Domänencontroller, auf dem Sie den Forestprep ausführen wollen, den Installationsdatenträger bereitstellen und anschließend eine administrative Eingabeaufforderung öffnen. Auf dem Installationsdatenträger finden Sie die Datei *adprep.exe* im Verzeichnis *Support\Adprep*, die Sie mit dem Schalter `/forestprep` ausführen müssen (siehe Abbildung 12.9).

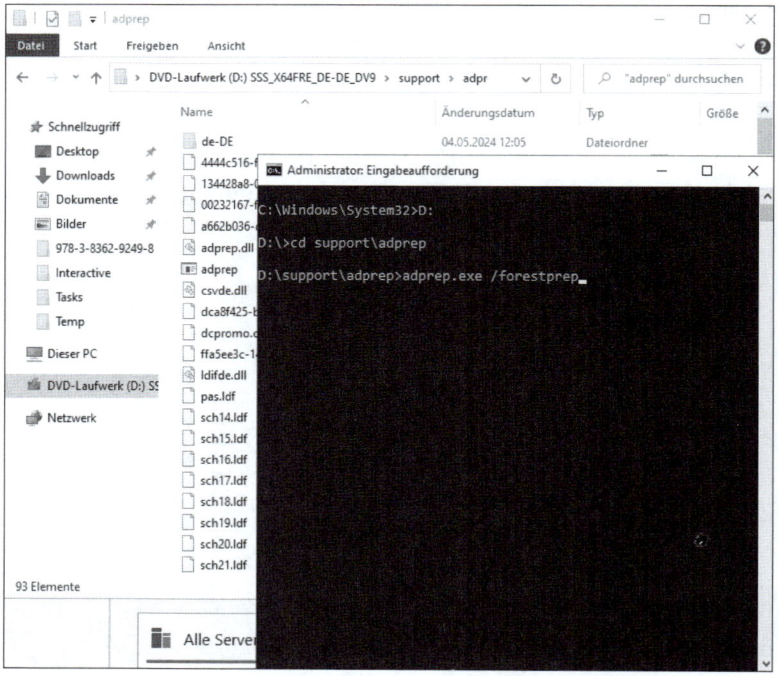

Abbildung 12.9 Administrative Eingabeaufforderung mit den notwendigen Befehlen

Sobald Sie den Vorgang starten, werden die notwendigen Berechtigungen geprüft. Ist die verwendete administrative Kennung nicht in den notwendigen Sicherheitsgruppen, wird dies angezeigt und der Vorgang beendet. Nehmen Sie die administrative Kennung dann in die genannten Sicherheitsgruppen auf, und starten Sie den Vorgang erneut. Danach müssen Sie sich neu am System anmelden, damit die administrative Kennung auch die notwendigen Berechtigungen erhält, da die Mitgliedschaft in den Sicherheitsgruppen erst danach übernommen wird.

Nachdem wir den Vorgang also erneut gestartet haben, waren alle Voraussetzungen erfüllt und wir erhalten die Ausgabe aus Listing 12.1.

```
C:\>d:\support\adprep\adprep.exe /forestprep

ADPREP-WARNUNG:

Voraussetzung für die Ausführung von Adprep ist, dass auf allen Windows-basierten
Active Directory-Domänencontrollern der Gesamtstruktur mindestens Windows Server 2003
verwendet wird.

Sie sind im Begriff, das Schema der Active Directory-Gesamtstruktur "Admin.Forest"
unter Verwendung des Active Directory-Domänencontrollers "AdminDC1.Admin.Forest"
(Schemamaster) zu aktualisieren.
Dieser Vorgang kann nicht mehr rückgängig gemacht werden.

[Benutzeraktion]
Wenn auf allen Domänencontrollern der Gesamtstruktur mindestens Windows Server 2003
verwendet wird und Sie das Schema aktualisieren möchten, drücken Sie zur Bestätigung
C und dann die EINGABETASTE. Drücken Sie andernfalls eine beliebige andere Taste und
anschließend ebenfalls die EINGABETASTE.
```

Listing 12.1 Ausgabe des ADPrep /forestprep Teil 1

Damit der Forestprep durchgeführt werden kann, müssen Sie dies explizit bestätigen, da dieser Schritt nicht mehr rückgängig gemacht werden kann. Der Vorgang wird fortgesetzt, nachdem Sie ein [C] eingegeben haben und diese Eingabe mit der [↵] bestätigt haben.

Danach wird der Forestprep durchgeführt und der Fortschritt in der administrativen Eingabeaufforderung angezeigt (siehe Listing 12.2).

```
Die aktuelle Schemaversion lautet "88".

Schema wird auf Version "91" aktualisiert...

Dateisignatur wird verifiziert
Verbindung mit "AdminDC1.Admin.Forest" wird hergestellt.
```

```
Anmelden als aktueller Benutzer unter Verwendung von SSPI
Das Verzeichnis wird aus der Datei "d:\support\adprep\sch89.ldf" importiert.
Die Einträge werden geladen...............
14 Einträge wurden erfolgreich geändert.

Der Befehl wurde einwandfrei durchgeführt.
Dateisignatur wird verifiziert
Verbindung mit "AdminDC1.Admin.Forest" wird hergestellt.
Anmelden als aktueller Benutzer unter Verwendung von SSPI
Das Verzeichnis wird aus der Datei "d:\support\adprep\sch90.ldf" importiert.
Die Einträge werden geladen............
25 Einträge wurden erfolgreich geändert.

Der Befehl wurde einwandfrei durchgeführt.
Dateisignatur wird verifiziert
Verbindung mit "AdminDC1.Admin.Forest" wird hergestellt.
Anmelden als aktueller Benutzer unter Verwendung von SSPI
Das Verzeichnis wird aus der Datei "d:\support\adprep\sch91.ldf" importiert.
Die Einträge werden geladen..........
34 Einträge wurden erfolgreich geändert.

Der Befehl wurde einwandfrei durchgeführt.
Verbindung mit "AdminDC1.Admin.Forest" wird hergestellt.
Anmelden als aktueller Benutzer unter Verwendung von SSPI
Das Verzeichnis wird aus der Datei "d:\support\adprep\PAS.ldf" importiert.
Die Einträge werden geladen....................
53 Einträge wurden erfolgreich geändert.

Der Befehl wurde einwandfrei durchgeführt.
Die gesamtstrukturweiten Informationen wurden erfolgreich aktualisiert.
```

Listing 12.2 Die Aktualisierung des Schemas ist erfolgt.

Jetzt kehren Sie in den Assistenten für das In-Place Upgrade zurück und klicken auf AKTUALISIEREN (siehe Abbildung 12.10).

Der Installationsassistent prüft jetzt, ob der gesamte Forest erfolgreich erweitert werden konnte. Wenn dies erfolgt ist, wird danach die Domäne geprüft. Da hier auch noch weitere Schritte notwendig sind, zeigt der Installationsassistent dies erneut an. Die Meldung aus Abbildung 12.11 erinnert stark an die Meldung aus Abbildung 12.8.

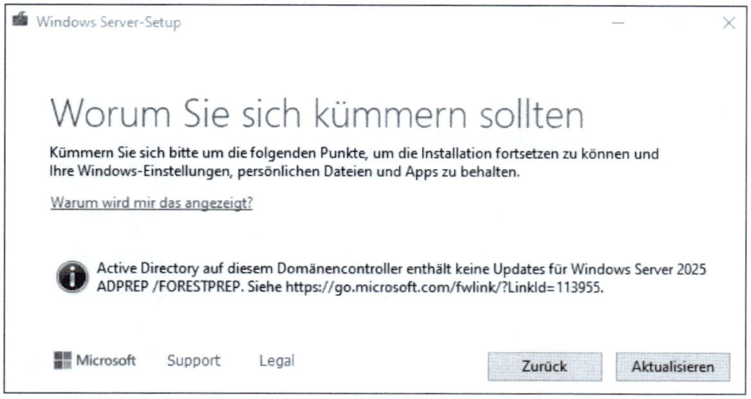
Windows Server-Setup
Worum Sie sich kümmern sollten
Kümmern Sie sich bitte um die folgenden Punkte, um die Installation fortsetzen zu können und Ihre Windows-Einstellungen, persönlichen Dateien und Apps zu behalten.
Warum wird mir das angezeigt?
Active Directory auf diesem Domänencontroller enthält keine Updates für Windows Server 2025 ADPREP /FORESTPREP. Siehe https://go.microsoft.com/fwlink/?LinkId=113955.
Microsoft
Support
Legal
Zurück
Aktualisieren

Abbildung 12.10 Fortsetzen des In-Place Upgrades nach erfolgreichem Forestprep

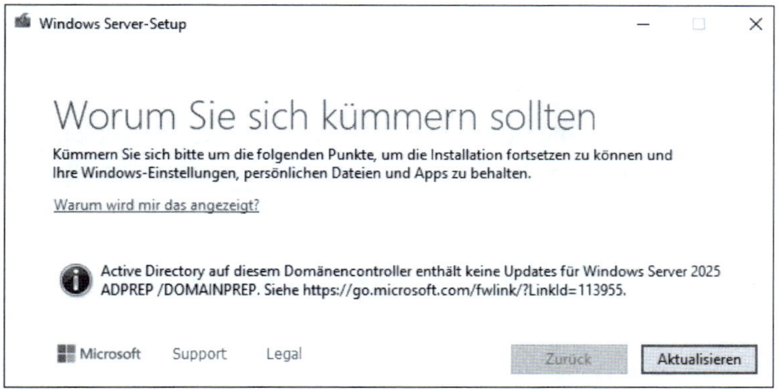
Windows Server-Setup
Worum Sie sich kümmern sollten
Kümmern Sie sich bitte um die folgenden Punkte, um die Installation fortsetzen zu können und Ihre Windows-Einstellungen, persönlichen Dateien und Apps zu behalten.
Warum wird mir das angezeigt?
Active Directory auf diesem Domänencontroller enthält keine Updates für Windows Server 2025 ADPREP /DOMAINPREP. Siehe https://go.microsoft.com/fwlink/?LinkId=113955.
Microsoft
Support
Legal
Zurück
Aktualisieren

Abbildung 12.11 Der Installationsassistent zeigt an, dass weitere Schritt auf Domänenebene notwendig sind.

Genau wie beim Forestprep müssen wir wieder die administrative Eingabeaufforderung verwenden. Dieses Mal führen wir die Datei `adprep.exe` aber mit dem Schalter `/domainprep` aus:

```
adprep.exe /domainprep /domain intranet.rheinwerk-verlag.de
Die domänenweiten Informationen wurden erfolgreich aktualisiert.
```

Listing 12.3 Der durchgeführte Domainprep

Dieser Vorgang wird sehr schnell abgeschlossen und das Ergebnis wird direkt angezeigt.

Damit sind alle Vorbereitungen abgeschlossen. Gehen Sie nun wieder zum Installationsassistenten und klicken Sie auf AKTUALISIEREN. Danach beginnt der Assistent mit dem In-Place Upgrade und startet während des Vorgangs den Computer neu. Sobald der Neustart abgeschlossen ist, können Sie sich am Computer anmelden – und das System ist auf Windows Server 2025 aktualisiert.

12.1.2 Exkurs: Notwendige Schritte bei einer Preview-Version

Da wir eine Preview-Version verwendet haben, sind einige zusätzliche Schritte notwendig, die wir Ihnen nicht vorenthalten wollen. Dies gilt grundsätzlich, falls Sie mit Vorschauversionen des Betriebssystems in einer Testumgebung experimentieren wollen.

Die meisten Testumgebungen sind nicht an das »normale« Netzwerk angeschlossen und verfügen daher nicht über einen direkten Zugriff auf das Internet. Das gilt auch für unser Setup: Alle virtuellen Server in unserer Buchumgebung hatten keinen Internetzugriff, weswegen wir die folgenden Schritte manuell durchführen mussten. Hat Ihr Server keine Internetverbindung, können die notwendigen Zertifikate also nicht automatisch nachgeladen werden und müssen – wie im folgenden Schritt gezeigt – manuell installiert werden. Abhängig von der Preview-Version – und der damit verbundenen Zertifikate, die für das Signieren der Binärdateien verwendet wurden – kann es aber auch sein, dass Sie die Zertifikate trotz Internetverbindung manuell bereitstellen müssen.

12.1.3 Fehlende Zertifikate in der Preview-Version

Nachdem die administrative Kennung in die notwendigen Sicherheitsgruppen aufgenommen wurde und wir den Vorgang erneut gestartet haben, wurde uns der Fehler aus Listing 12.4 angezeigt.

```
Schema wird auf Version "91" aktualisiert...

Dateisignatur wird verifiziert
Dateisignatur konnte nicht verifiziert werden: Fehler 0x800b010a.
Fehler beim Importieren aus der Datei "D:\support\adprep\sch89.ldf". Die Fehlerdatei
wurde unter "C:\Windows\debug\adprep\logs\20241114145841\ldif.err.89" gespeichert.

Wenn der Fehlercode "Keine ausreichenden Rechte" lautet (LDAP-Fehlercode 50), stellen
Sie sicher, dass der angegebene Benutzer zum Lesen und Schreiben von Objekten im
Schema und in den Konfigurationscontainern berechtigt ist. Sie können sich auch
abmelden, als Benutzer mit den nötigen Rechten wieder anmelden und "forestprep"
erneut ausführen. Zum Ausführen von "forestprep" reicht es in der Regel aus, sowohl
der Gruppe "Schema-Admins" als auch der Gruppe "Organisations-Admins" anzugehören.

Das Schema auf dem Schemamaster konnte nicht aktualisiert werden.
[Status/Folgen]
Das Schema wird nicht im ursprünglichen Zustand wiederhergestellt.
[Benutzeraktion]
Weitere Informationen finden Sie in der Protokolldatei "Ldif.err" im Verzeichnis "C:\
Windows\debug\adprep\logs\20241114145841".
```

```
Die Gesamtstrukturinformationen konnten nicht aktualisiert werden.
[Status/Folgen]
Für diesen Vorgang benötigt Adprep Zugriff auf die vorhandenen gesamtstrukturweiten
Informationen des Schemamasters.
[Benutzeraktion]
Weitere Informationen finden Sie in der Protokolldatei "ADPrep.log" im Verzeichnis
"C:\Windows\debug\adprep\logs\20241114145841".
```

Listing 12.4 Fehlermeldung wegen falscher Dateisignatur

Dieser Fehler wird verursacht, da Microsoft die Datei signiert. In der Preview-Version wird aber ein anderes Zertifikat verwendet als in der normalen Version. Dieses Zertifikat ist auf einer Installation von Windows Server 2022 nicht vorhanden und muss deswegen in den Computerzertifikatsspeicher aufgenommen werden.

Die notwendigen Zertifikate können Sie von der Datei *schupgrade* im Ordner *setup/adprep* auf dem Installationsdatenträger exportieren. Hierfür wechseln Sie im Datei-Explorer auf die Datei und lassen sich die Eigenschaften anzeigen. Auf dem Reiter DIGITALE SIGNATUREN klicken Sie mit der linken Maustaste auf DETAILS und können sich dann auf dem Reiter ALLGEMEIN die Zertifikate anzeigen lassen. Auf dem Reiter ZERTIFIKATSPFAD wählen Sie dann zuerst das Zertifikat aus, das für die Signatur verwendet wurde (siehe Abbildung 12.12), und danach das Rootzertifikat (siehe Abbildung 12.13), damit der Zertifikatsbaum komplett aufgelöst werden kann. Nach Auswahl des jeweiligen Zertifikats klicken Sie auf ZERTIFIKAT ANZEIGEN und dann auf dem Reiter ALLGEMEIN auf ZERTIFIKAT INSTALLIEREN.

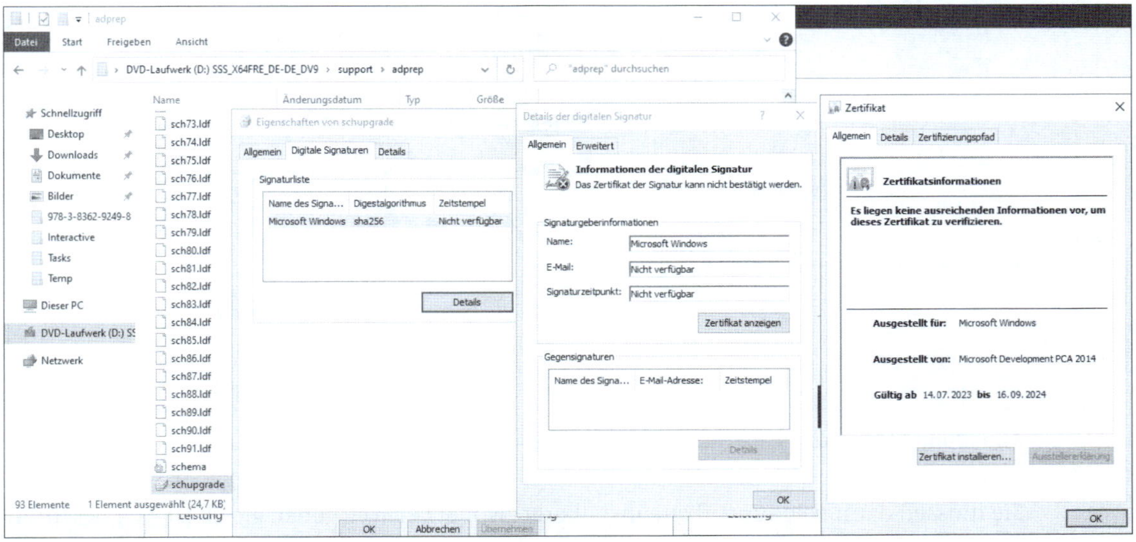

Abbildung 12.12 Anzeige des Zertifikats, das für die Signatur verwendet wurde

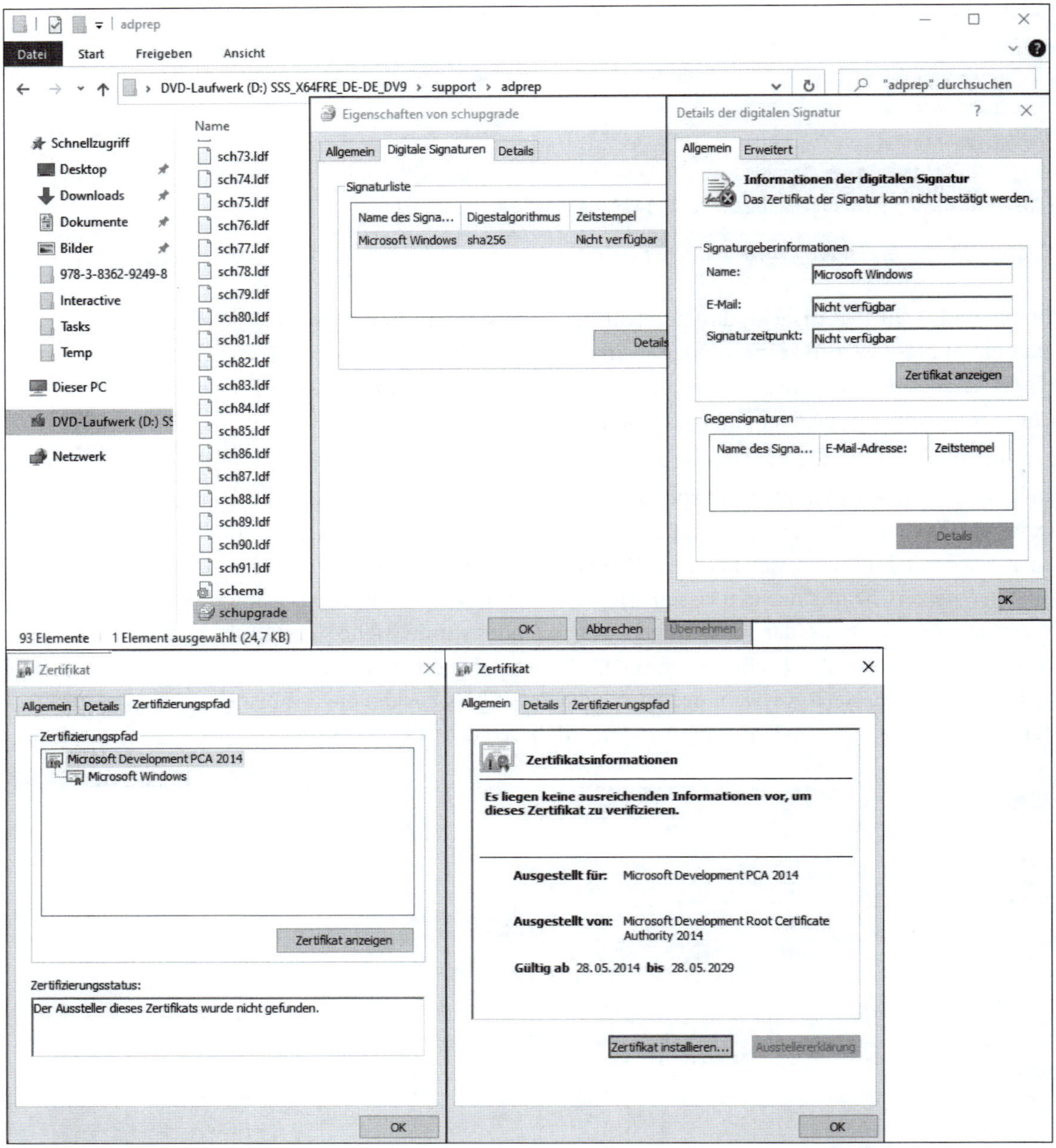

Abbildung 12.13 Anzeige des Rootzertifikats zur Abbildung des Zertifikatsbaums

Sie müssen dann beide Zertifikate installieren, wobei der Weg genau gleich ist. Wir beschreiben diesen Schritt daher nur einmal.

Nachdem Sie auf ZERTIFIKAT INSTALLIEREN geklickt haben, wird der Assistent zum Installieren des Zertifikats auf dem Domänencontroller gestartet. Zuerst müssen Sie die Auswahl des

Speicherortes festlegen: Hier ist es notwendig, den lokalen Computer als Speicherort zu verwenden (siehe Abbildung 12.14). Für diesen Schritt sind administrative Rechte auf dem Domänencontroller notwendig und Sie müssen sich entsprechend authentifizieren.

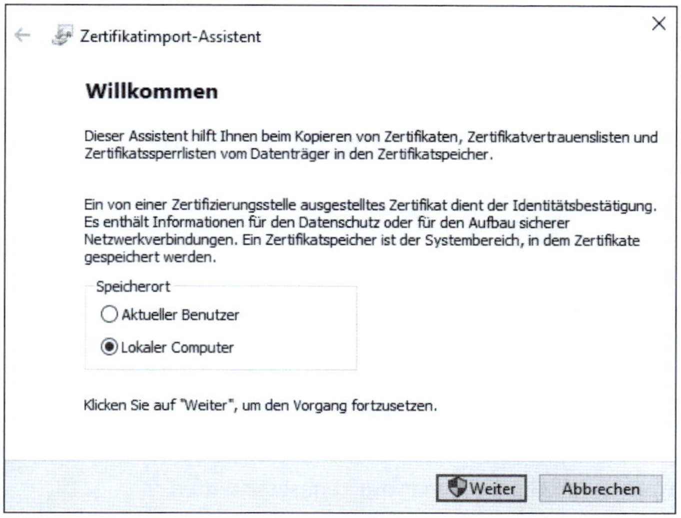
Zertifikatimport-Assistent
Willkommen
Dieser Assistent hilft Ihnen beim Kopieren von Zertifikaten, Zertifikatvertrauenslisten und Zertifikatssperrlisten vom Datenträger in den Zertifikatspeicher.
Ein von einer Zertifizierungsstelle ausgestelltes Zertifikat dient der Identitätsbestätigung. Es enthält Informationen für den Datenschutz oder für den Aufbau sicherer Netzwerkverbindungen. Ein Zertifikatspeicher ist der Systembereich, in dem Zertifikate gespeichert werden.
Speicherort
Aktueller Benutzer
Lokaler Computer
Klicken Sie auf "Weiter", um den Vorgang fortzusetzen.
Weiter
Abbrechen

Abbildung 12.14 Auswahl des lokalen Computers als Speicherort für das Zertifikat

Nach der Auswahl des Speicherortes müssen Sie festlegen, in welchem Bereich das Zertifikat gespeichert werden soll. Wählen Sie wie in Abbildung 12.15 über die Schaltfläche DURCHSUCHEN als Bereich VERTRAUENSWÜRDIGE STAMMZERTIFIZIERUNGSSTELLEN aus.

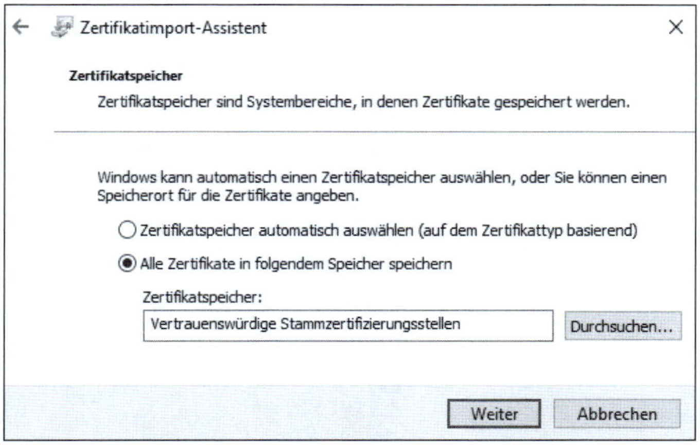
Zertifikatimport-Assistent
Zertifikatspeicher
Zertifikatspeicher sind Systembereiche, in denen Zertifikate gespeichert werden.
Windows kann automatisch einen Zertifikatspeicher auswählen, oder Sie können einen Speicherort für die Zertifikate angeben.
Zertifikatspeicher automatisch auswählen (auf dem Zertifikattyp basierend)
Alle Zertifikate in folgendem Speicher speichern
Zertifikatspeicher:
Vertrauenswürdige Stammzertifizierungsstellen
Durchsuchen...
Weiter
Abbrechen

Abbildung 12.15 Legen Sie fest, in welchem Bereich das Zertifikat abgelegt wird.

Zum Abschluss zeigt der Assistent noch mal die getroffene Auswahl an. Sobald Sie dann auf WEITER klicken, wird das Zertifikat abgelegt.

Wie wir bereits erwähnt haben, müssen Sie diesen Schritt für beide Zertifikate durchführen.

12.1.4 Aktivierung des Flightings

Damit Sie eine Vorabversion auf einem Windows Server 2022 installieren können, müssen Sie das sogenannte *Flighting* aktivieren. Dies kann direkt im Installationsassistenten erfolgen (siehe Abbildung 12.16).

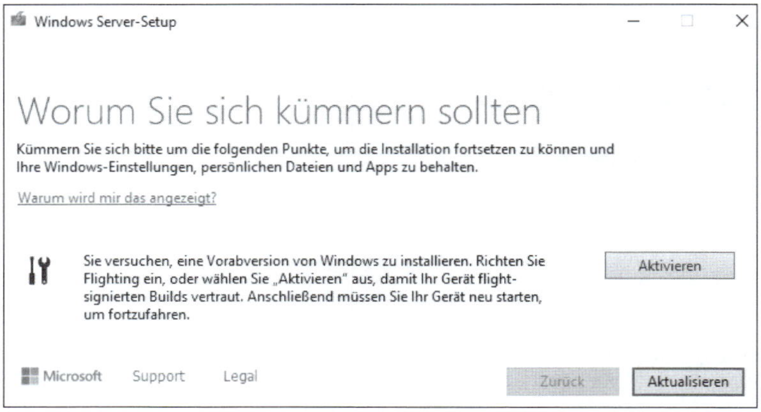
Windows Server-Setup
Worum Sie sich kümmern sollten
Kümmern Sie sich bitte um die folgenden Punkte, um die Installation fortsetzen zu können und Ihre Windows-Einstellungen, persönlichen Dateien und Apps zu behalten.
Warum wird mir das angezeigt?
Sie versuchen, eine Vorabversion von Windows zu installieren. Richten Sie Flighting ein, oder wählen Sie „Aktivieren" aus, damit Ihr Gerät flight-signierten Builds vertraut. Anschließend müssen Sie Ihr Gerät neu starten, um fortzufahren.
Aktivieren
Microsoft
Support
Legal
Zurück
Aktualisieren

Abbildung 12.16 Notwendige Aktivierung von Flighting im Installationsassistenten

Nachdem Sie auf Aktivieren geklickt haben, wird das System auf die Preview-Version umgestellt und das System neu gestartet. Sie erhalten eine entsprechende Hinweismeldung, dass Sie nach dem Neustart die Installation fortsetzen müssen, indem Sie die *setup.exe* erneut ausführen. Das System stellt dann fest, dass der Installationsassistent bereits ausgeführt wurde, und Sie können mit dem vorherigen Schritt fortfahren.

Als wir im Herbst 2024 die Installation getestet haben, war der Windows Server 2025 noch nicht veröffentlicht. Wie Sie in Abbildung 12.17 sehen, wurde uns zu diesem frühen Zeitpunkt noch die Installation von Windows 11 versprochen – die üblichen Abenteuer, auf die man sich einlassen muss, wenn man Vorschau- und Testversionen nutzt. Bis zum Release der finalen Version wird dieser Fehler sicherlich behoben sein.

Die Installation von Windows 11 wird vorbereitet
Bereit, Windows 11 zu installieren?
Aktion an der zuvor erreichten Stelle fortsetzen
Neu beginnen
Microsoft
Support
Rechtshinweise
Weiter

Abbildung 12.17 Auswahl, ob der Installationsassistent an der vorherigen Stelle weiter fortfahren soll

12.2 Heraufstufen der Gesamtstruktur- und Domänenfunktionsebene

Nach dem Update aller Domänencontroller ist es erforderlich, die Gesamtstruktur- und Domänenfunktionsebene auf Windows Server 2025 anzuheben.

Sobald Sie alle Domänencontroller der Domäne auf Windows Server 2025 aktualisiert haben, können Sie die Domänenfunktionsebene auf Windows Server 2025 heraufstufen.

Wenn Sie dann auch alle Domänencontroller der Gesamtstruktur *(Forest)* auf Windows Server 2025 aktualisiert haben, können Sie auch die Gesamtstrukturfunktionsebene auf Windows Server 2025 heraufstufen. Diese beiden Schritte sind aber erst möglich, wenn es keinen Domänencontroller mit einem älteren Betriebssystem mehr gibt: Nach dem Heraufstufen der beiden Ebenen können keine Domänencontroller mit einem älteren Betriebssystem als Windows Server 2025 mehr verwendet werden!

Sie werden in Abschnitt 12.2.1 und 12.2.2 sehen, dass die aktuelle Funktionsebene jeweils Windows Server 2016 ist und sich vielleicht wundern. Das liegt daran, dass mit den Betriebssystemen Windows Server 2019 und Windows Server 2022 keine neuen Ebenen eingeführt wurden und deswegen auch kein Heraufstufen möglich war. Welche Änderungen mit der Funktionsebene Windows Server 2025 neu dazugekommen sind, beschreiben wir in Abschnitt 1.1.

Erst wenn die Domänencontroller der Domäne bzw. der Gesamtstruktur eine Active Directory-interne Replikation durchgeführt haben, ist das Heraufstufen der jeweiligen Ebene bekannt.

12.2.1 Heraufstufen der Domänenfunktionsebene

Damit Sie die Domänenfunktionsebene anheben können, öffnen Sie die Konsole *Active Directory-Benutzer und -Computer*, klicken mit der rechten Maustaste auf den Namen der Domäne und wählen DOMÄNENFUNKTIONSEBENE HERAUFSTUFEN aus (siehe Abbildung 12.18).

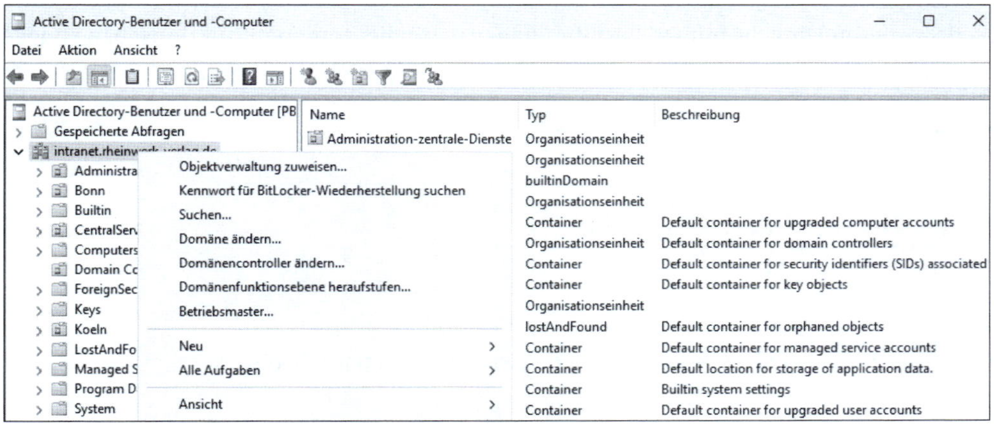

Abbildung 12.18 Active Directory mit geöffnetem Menü auf der Ebene der Domäne

Im folgenden Fenster wird Ihnen angezeigt, welche Domänenfunktionsebene aktuell verwendet wird und auf welche diese heraufgestuft werden kann (siehe Abbildung 12.19). (Und wie gesagt: Der Eintrag »Windows Server 2016« trifft auch auf die direkten Vorgänger zu.)

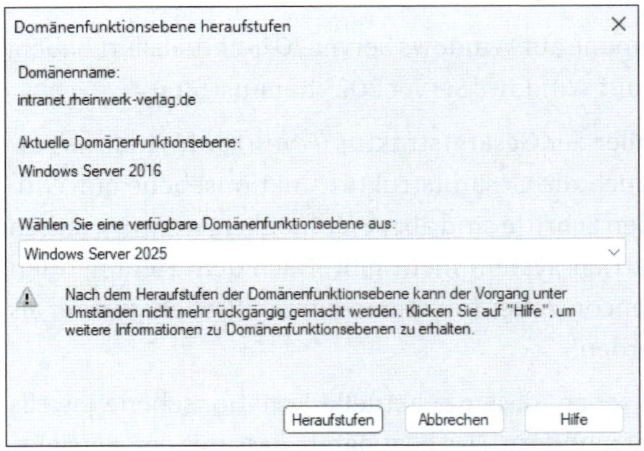
Domänenfunktionsebene heraufstufen
Domänenname:
intranet.rheinwerk-verlag.de
Aktuelle Domänenfunktionsebene:
Windows Server 2016
Wählen Sie eine verfügbare Domänenfunktionsebene aus:
Windows Server 2025
Nach dem Heraufstufen der Domänenfunktionsebene kann der Vorgang unter Umständen nicht mehr rückgängig gemacht werden. Klicken Sie auf "Hilfe", um weitere Informationen zu Domänenfunktionsebenen zu erhalten.
Heraufstufen
Abbrechen
Hilfe

Abbildung 12.19 Welche Domänenfunktionsebene wird verwendet und auf welche kann sie angehoben werden?

Sobald Sie auf HERAUFSTUFEN klicken, wird noch mal eine Warnung angezeigt, dass dieser Schritt nicht rückgängig gemacht werden kann (siehe Abbildung 12.20).

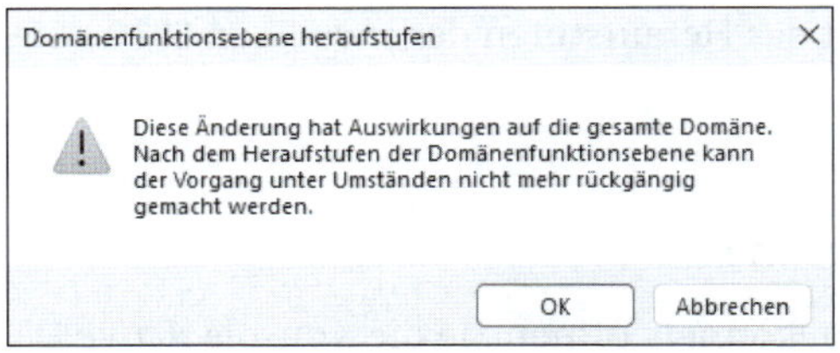
Domänenfunktionsebene heraufstufen
Diese Änderung hat Auswirkungen auf die gesamte Domäne. Nach dem Heraufstufen der Domänenfunktionsebene kann der Vorgang unter Umständen nicht mehr rückgängig gemacht werden.
OK
Abbrechen

Abbildung 12.20 Hinweis, dass dieser Schritt unter Umständen nicht rückgängig gemacht werden kann

Sobald Sie diesen Hinweis mit OK bestätigt haben, wird die Domänenfunktionsebene angehoben und Ihnen die erfolgreiche Durchführung bestätigt (siehe Abbildung 12.21).

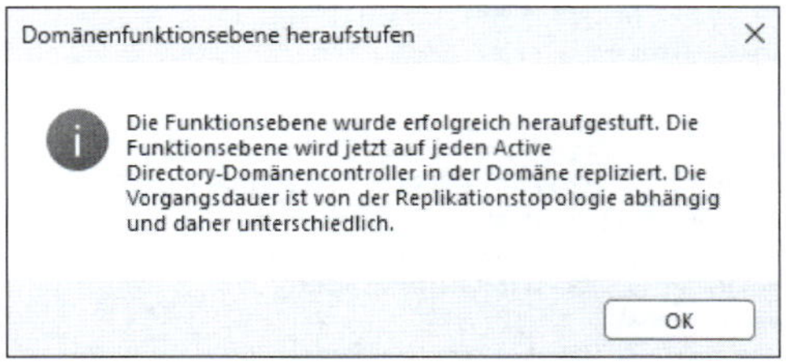
Domänenfunktionsebene heraufstufen
Die Funktionsebene wurde erfolgreich heraufgestuft. Die Funktionsebene wird jetzt auf jeden Active Directory-Domänencontroller in der Domäne repliziert. Die Vorgangsdauer ist von der Replikationstopologie abhängig und daher unterschiedlich.
OK

Abbildung 12.21 Erfolgreiche Heraufstufung der Domänenfunktionsebene

12.2.2 Heraufstufen der Gesamtstrukturfunktionsebene

Sind alle Domänencontroller der Gesamtstruktur auf Windows Server 2025 aktualisiert, können Sie die Gesamtstrukturfunktionsebene ebenfalls auf Windows Server 2025 heraufstufen. Damit Sie die Gesamtstrukturfunktionsebene auf Windows Server 2025 heraufstufen können, müssen Sie Mitglied der Sicherheitsgruppe der *Organisations-Admins* sein.

Die Gesamtstrukturfunktionsebene stufen Sie mit Tool *Active Directory-Domänen und -Vertrauensstellung* herauf. Öffnen Sie dieses Tool z. B. über den Servermanager und klicken Sie mit der rechten Maustaste direkt auf die oberste Ebene (siehe Abbildung 12.22). Wählen Sie dann den Unterpunkt GESAMTSTRUKTURFUNKTIONSEBENE HERAUFSTUFEN aus.

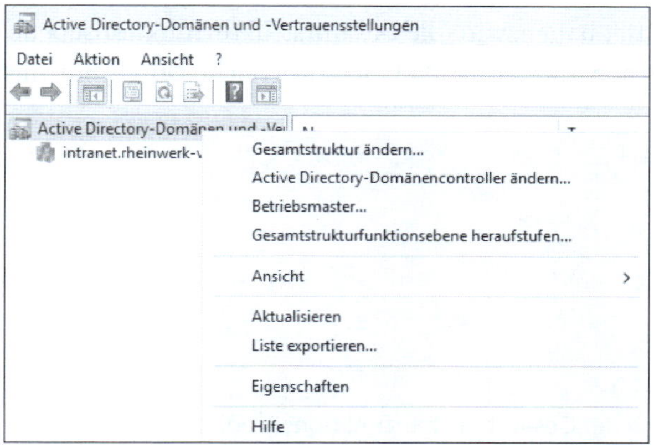

Abbildung 12.22 Das Untermenü mit dem Punkt »Gesamtstrukturfunktionsebene heraufstufen«

Nachdem Sie diesen Unterpunkt ausgewählt haben, werden Ihnen wie bei der Domänenfunktionsebene die aktuell verwendete Ebene und die mögliche Ebene angezeigt (siehe Abbildung 12.23).

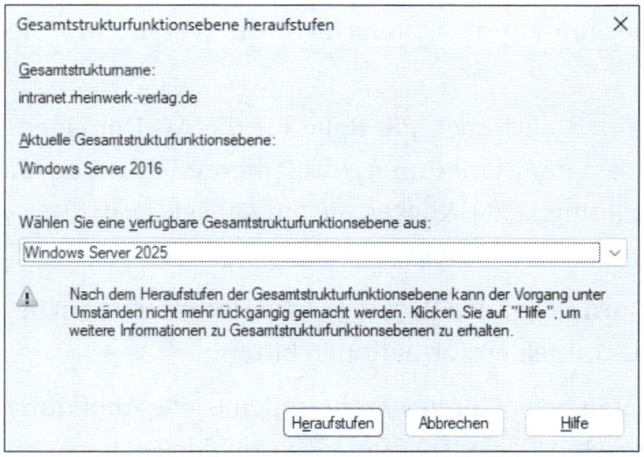

Abbildung 12.23 Welche Gesamtstrukturfunktionsebene wird verwendet und worauf kann aktualisiert werden?

Wenn Sie auf HERAUFSTUFEN klicken, wird erneut der Hinweis angezeigt, dass auch dieser Vorgang unter Umständen nicht rückgängig gemacht werden kann (siehe Abbildung 12.24).

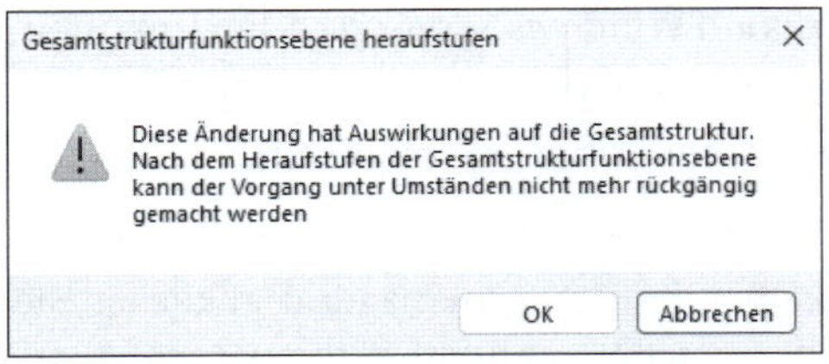
Gesamtstrukturfunktionsebene heraufstufen
Diese Änderung hat Auswirkungen auf die Gesamtstruktur. Nach dem Heraufstufen der Gesamtstrukturfunktionsebene kann der Vorgang unter Umständen nicht mehr rückgängig gemacht werden
OK
Abbrechen

Abbildung 12.24 Dieser Schritt kann unter Umständen nicht rückgängig gemacht werden!

Sobald Sie diesen Hinweis mit OK bestätigt haben, wird die Gesamtstrukturfunktionsebene angehoben und Ihnen mit der Meldung aus Abbildung 12.25 die erfolgreiche Durchführung bestätigt.

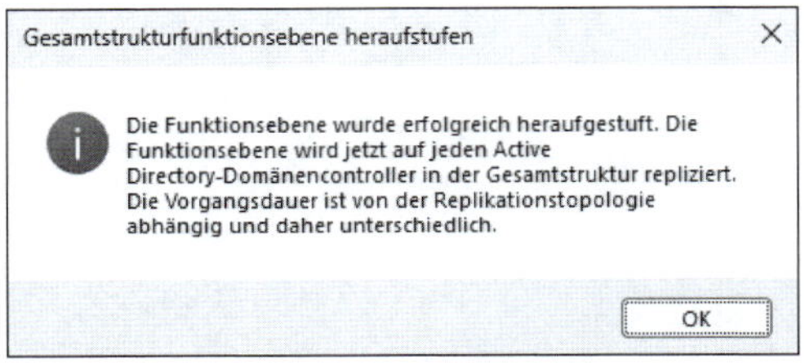
Gesamtstrukturfunktionsebene heraufstufen
Die Funktionsebene wurde erfolgreich heraufgestuft. Die Funktionsebene wird jetzt auf jeden Active Directory-Domänencontroller in der Gesamtstruktur repliziert. Die Vorgangsdauer ist von der Replikationstopologie abhängig und daher unterschiedlich.
OK

Abbildung 12.25 Erfolgreiche Heraufstufung der Gesamtstrukturfunktionsebene

12.3 Löschen eines Read-only-Domain-Controllers (RODC)

12.3.1 Einen produktiven und erreichbaren RODC aus der Domäne entfernen

Das Löschen eines RODC ähnelt sehr dem Entfernen eines normalen Domänencontrollers (DC) aus der Domäne. Wir gehen hier daher nur auf die Unterschiede ein (vergleichen Sie hierzu Kapitel 6).

Zuerst melden Sie sich auf dem RODC an und entfernen die Rolle für die AD-Domänendienste. Daraufhin werden Sie informiert, dass der DC heruntergestuft werden muss, bevor die Rolle entfernt werden kann (siehe Abbildung 12.26). Klicken Sie auf DIESEN DOMÄNENCONTROLLER TIEFER STUFEN, und der Assistent startet direkt.

Sollte das Konto, das Sie verwenden, keine ausreichenden Rechte für das Herunterstufen besitzen, wird der Assistent Sie um alternative Anmeldeinformationen bitten.

Der Assistent fragt Sie dann, ob die Metadaten beibehalten werden sollen (siehe Abbildung 12.27). Setzen Sie hier ein Häkchen, wenn Sie den DC wieder sofort als normalen DC hochstufen wollen. Wenn Sie das System außer Betrieb nehmen möchten, sollten Sie die Metadaten immer löschen.

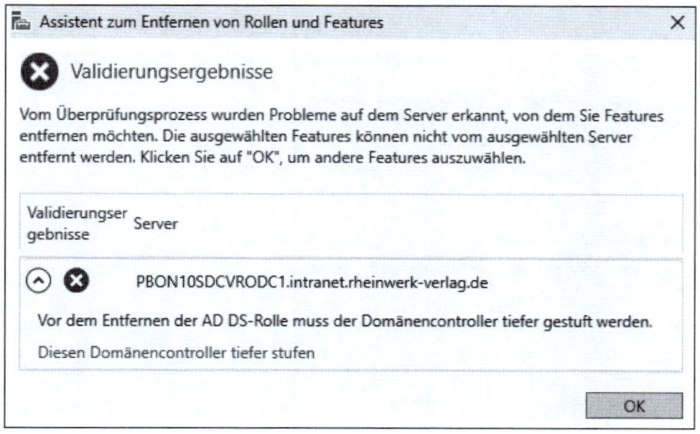

Abbildung 12.26 Der Assistent weist darauf hin, dass der DC heruntergestuft werden muss.

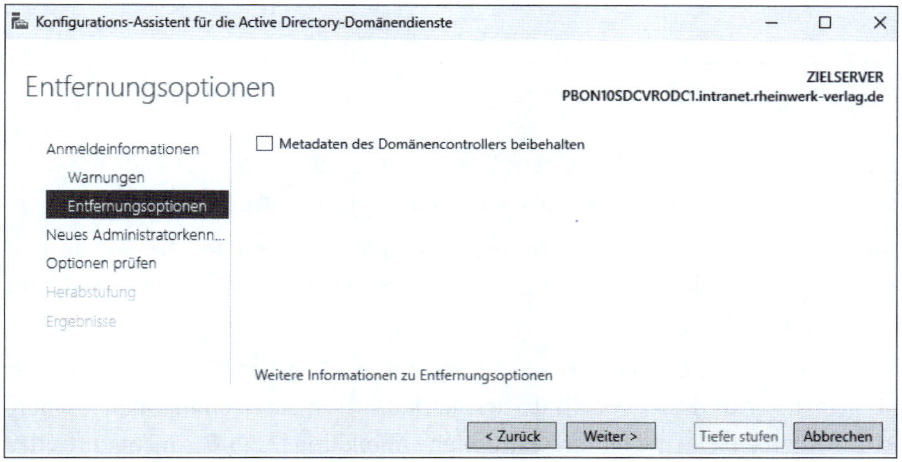

Abbildung 12.27 Abfrage, ob die Metadaten behalten werden sollen

Weitere Unterschiede gegenüber dem Herunterstufen eines normalen DCs gibt es nicht. Der RODC wird nun zum Mitgliedsserver und alle AD-relevanten Dateien werden gelöscht. Er kann anschließend für andere Zwecke genutzt werden.

12.3.2 Einen RODC entfernen, der kompromittiert wurde bzw. einer Gefahr ausgesetzt war

Wird ein RODC gestohlen oder war er einer Gefahr ausgesetzt, dann sollten Sie das Computerobjekt im AD direkt löschen. Beim Löschen sollten Sie alle Möglichkeiten, wie in Abbildung 12.28 angezeigt, auswählen! Alle Nutzer am externen Standort benötigen dann neue Kennwörter, und alle Computer müssen neu in die Domäne aufgenommen werden bzw. der Secure Channel muss repariert werden.

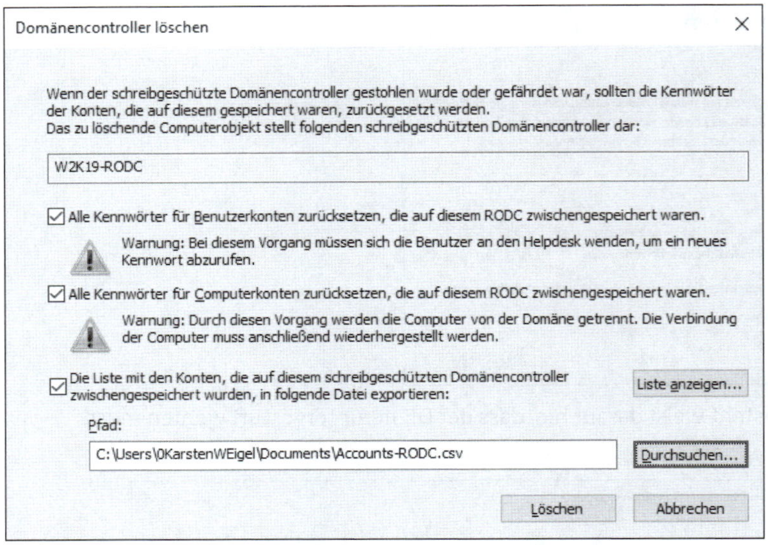
Domänencontroller löschen
Wenn der schreibgeschützte Domänencontroller gestohlen wurde oder gefährdet war, sollten die Kennwörter der Konten, die auf diesem gespeichert waren, zurückgesetzt werden.
Das zu löschende Computerobjekt stellt folgenden schreibgeschützten Domänencontroller dar:
W2K19-RODC
Alle Kennwörter für Benutzerkonten zurücksetzen, die auf diesem RODC zwischengespeichert waren.
Warnung: Bei diesem Vorgang müssen sich die Benutzer an den Helpdesk wenden, um ein neues Kennwort abzurufen.
Alle Kennwörter für Computerkonten zurücksetzen, die auf diesem RODC zwischengespeichert waren.
Warnung: Durch diesen Vorgang werden die Computer von der Domäne getrennt. Die Verbindung der Computer muss anschließend wiederhergestellt werden.
Die Liste mit den Konten, die auf diesem schreibgeschützten Domänencontroller zwischengespeichert wurden, in folgende Datei exportieren:
Liste anzeigen...
Pfad:
C:\Users\0KarstenWEigel\Documents\Accounts-RODC.csv
Durchsuchen...
Löschen
Abbrechen

Abbildung 12.28 Abfrage für das Zurücksetzen der zwischengespeicherten Kennwörter

Wenn Sie auf LISTE ANZEIGEN klicken, können Sie sich die betroffenen Nutzer und Computer anzeigen lassen sowie die Informationen in einer CSV-Datei speichern.

Falls der RODC nicht gestohlen wurde, aber einer Gefahr ausgesetzt war (etwa einem Einbruch ins Netzwerk), dann sollten Sie den Server direkt neu installieren und nicht wieder an das Netzwerk anschließen!

Durch das Löschen des RODC-Computerobjekts werden auch direkt alle Metadaten des RODCs im AD gelöscht. Nur das *krbtgt*-Konto des RODC müssen Sie noch manuell löschen, denn jeder RODC erhält ein eigenes *krbtgt*-Konto (siehe Abbildung 12.29), das nicht durch das Löschen des Computerobjekts mit entfernt wird.

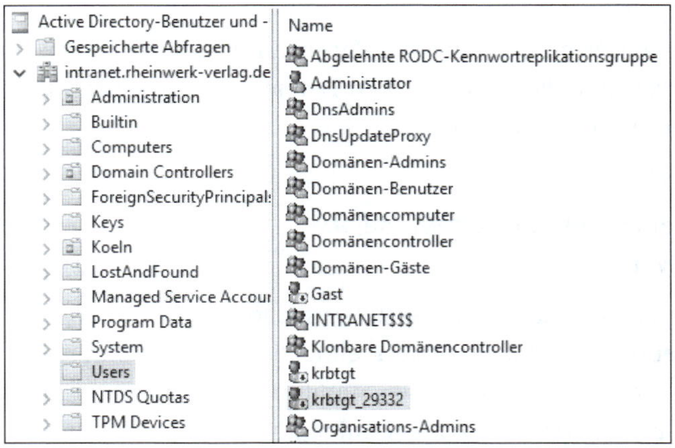
Active Directory-Benutzer und -
Gespeicherte Abfragen
intranet.rheinwerk-verlag.de
Administration
Builtin
Computers
Domain Controllers
ForeignSecurityPrincipal
Keys
Koeln
LostAndFound
Managed Service Accour
Program Data
System
Users
NTDS Quotas
TPM Devices
Name
Abgelehnte RODC-Kennwortreplikationsgruppe
Administrator
DnsAdmins
DnsUpdateProxy
Domänen-Admins
Domänen-Benutzer
Domänencomputer
Domänencontroller
Domänen-Gäste
Gast
INTRANET$$$
Klonbare Domänencontroller
krbtgt
krbtgt_29332
Organisations-Admins

Abbildung 12.29 Das »krbtgt«-Konto des gelöschten RODC müssen Sie manuell löschen.

krbtgt-Konto löschen

Falls das *krbtgt*-Konto nicht wie in Abbildung 12.29 unter dem Users-Container angezeigt wird, aktivieren Sie unter Ansicht die Erweiterten Features (siehe Abbildung 12.30). In der Praxis wird diese Ansicht auch »Erwachsenen-Ansicht« genannt.

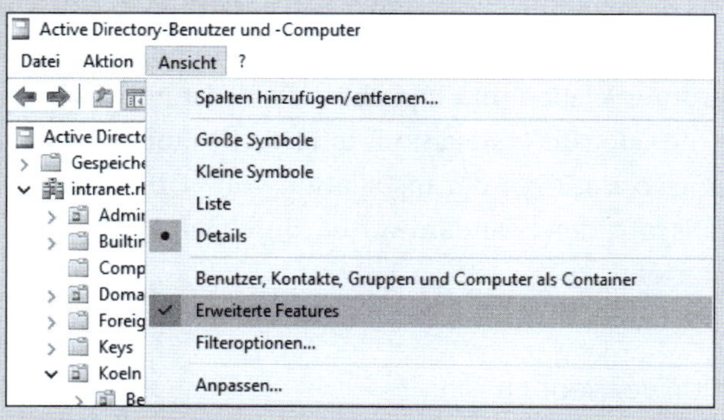

Abbildung 12.30 Aktivieren Sie »Erweiterte Features«, damit das krbtgt-Konto angezeigt wird.

12.4 Migration von AD-Objekten aus einem Active Directory in ein anderes Active Directory

Die Migration von Objekten von einem AD in ein neues funktioniert am besten mit dem von Microsoft bereitgestellten *AD-Migrationstool (ADMT)*, das in der Version 3.2 vorliegt. Wir stellen es Ihnen in diesem Beispiel vor.

Für die Installation des ADMT benötigen Sie mindestens ein Windows Server 2008 R2 oder Windows Server 2012 R2 sowie eine SQL Express-Installation auf dem Server oder einen SQL Server im Netzwerk, auf dem die Datenbank abgelegt werden kann.

Active Directory Migration Tool

Das Active Directory Migration Tool wird leider nicht mehr von Microsoft weiterentwickelt. Da es aber kein anderes Tool von Microsoft für On-Prem-Umgebungen gibt, haben wir uns trotzdem dafür entschieden, es in diesem Kapitel zu beschreiben. Es gibt zwar verschiedene Tools von anderen Herstellern, diese sind aber meist kostenpflichtig und haben zudem unterschiedliche Funktionsumfänge.

Das Computerobjekt wurde in die OU *Domänencontroller* verschoben, damit sich die Domänenadministratoren anmelden können. Weiterhin wurde eine bidirektionale transitive Gesamtstrukturvertrauensstellung zwischen den Domänen *intranet.rheinwerk-verlag.de* (Quelle) und *intranet.extern-verlag.de* (Ziel) erstellt.

12.4.1 Installation von ADMT auf einem Windows Server 2012 R2

Wir haben uns für einen Windows Server 2012 R2 und SQL Express in der Version 2014 entschieden. Beides haben wir auf dem virtuellen Server installiert und den Server dann in das AD aufgenommen, in dem die zu migrierenden Objekte vorhanden sind.

Die SQL Express-Installation haben wir durchgeführt, indem wir den gesamten Assistenten einfach durchgeklickt haben, ohne die Standardwerte zu verändern. Während der Installation wird das .NET Framework 4.0 heruntergeladen und installiert. Dafür ist entweder eine Internetverbindung erforderlich oder Sie laden die Installationsdateien von einem Client herunter und installieren das .NET Framework 4.0 vor der Installation von SQL Express. Die ADMT-Installation haben wir ebenfalls mit den Standardwerten durchgeführt. Zum Abschluss haben wir den Server neu gestartet.

12.4.2 ADMT für die Nutzermigration verwenden

Nach der erfolgreichen Installation finden Sie das ADMT unter den Verwaltungstools. Oder geben Sie »migrator.msc« in der Suche ein.

Nach dem Starten des Tools klicken Sie mit der rechten Maustaste auf die oberste Zeile in der linken Spalte (ACTIVE DIRECTORY MIGRATION TOOL) und wählen den Menüpunkt USER ACCOUNT MIGRATION WIZARD aus (siehe Abbildung 12.31). Die Kennung, mit der die Migration durchgeführt wird, benötigt Leserechte in der Quell-Organisationseinheit und Schreibrechte in der Ziel-Organisationseinheit der Zieldomäne.

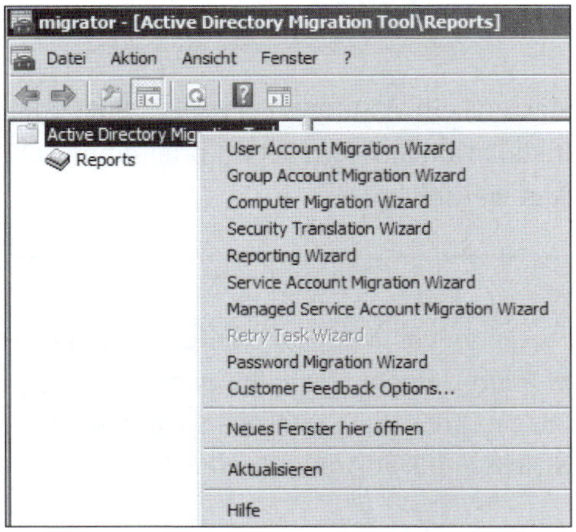

Abbildung 12.31 Starten des »User Account Migration Wizard« im ADMT

Das Willkommensfenster, das nun erscheint, überspringen Sie mit einem Klick auf WEITER.

Im folgenden Fenster legen Sie die Quell- und die Zieldomäne sowie die DCs fest, die bei der Migration verwendet werden sollen. Den FQDN der Quell- und Zieldomäne müssen Sie manuell eintragen; die möglichen DCs werden dann über DNS ermittelt. Wenn Sie ANY DOMAIN

CONTROLLER in der Auswahl stehen lassen wie in Abbildung 12.32, verwendet das Tool einen verfügbaren DC in jeder Domäne.

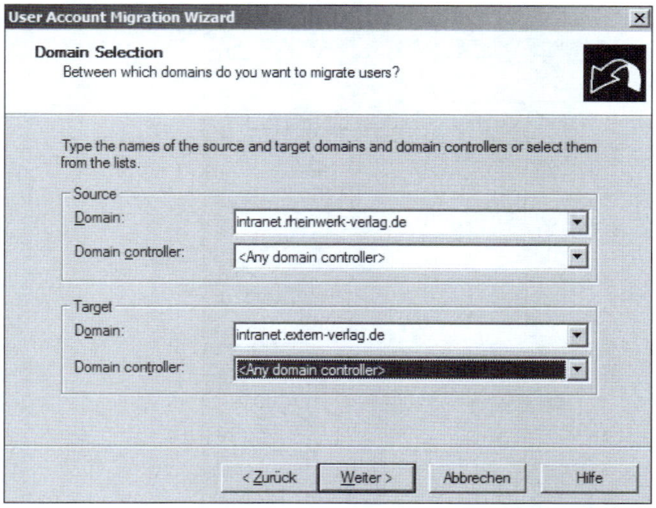

Abbildung 12.32 Auswahl der Quell- und Zieldomäne mit den dazugehörigen DCs

Wenn Sie dann auf WEITER klicken, wird die Verfügbarkeit der Domänen und der DCs geprüft und Sie kommen zu dem Fenster aus Abbildung 12.33. In ihm wählen Sie die Nutzer aus, die Sie migrieren möchten. Wir verwenden in unserem Beispiel SELECT USERS FROM DOMAIN.

Mit WEITER gelangen Sie zum Fenster mit der Nutzerauswahl. Wenn Sie auf ADD klicken, können Sie Nutzer in der Domäne suchen und dann übernehmen. Wenn Sie im Suchfenster auf ERWEITERT klicken, können Sie den Pfad festlegen und nach allen Nutzerobjekten in dem Pfad suchen und diese dann auch selektieren.

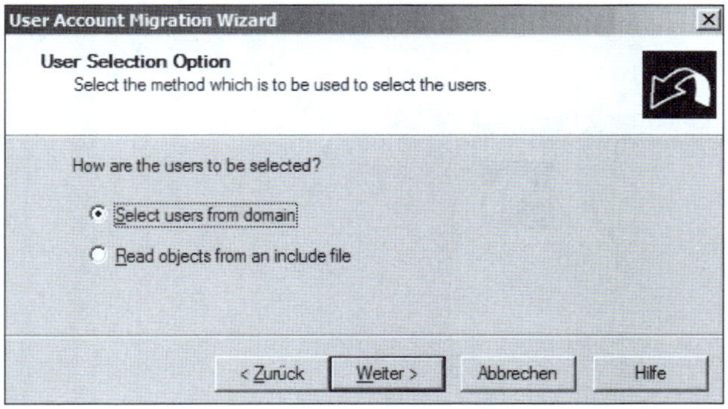

Abbildung 12.33 Geben Sie an, wie die zu migrierenden Nutzer selektiert werden sollen.

Den soeben beschriebenen Weg sind wir in diesem Beispiel auch gegangen, und wir haben alle Nutzerobjekte aus der *OU Benutzer/Koeln/intranet.rheinwerk-verlag.de* ausgewählt.

Wenn Sie den Vorgang nun zweimal mit OK bestätigen, sind die Nutzer im ADMT ausgewählt und Sie gelangen mit WEITER ins nächste Fenster des ADMT (siehe Abbildung 12.34).

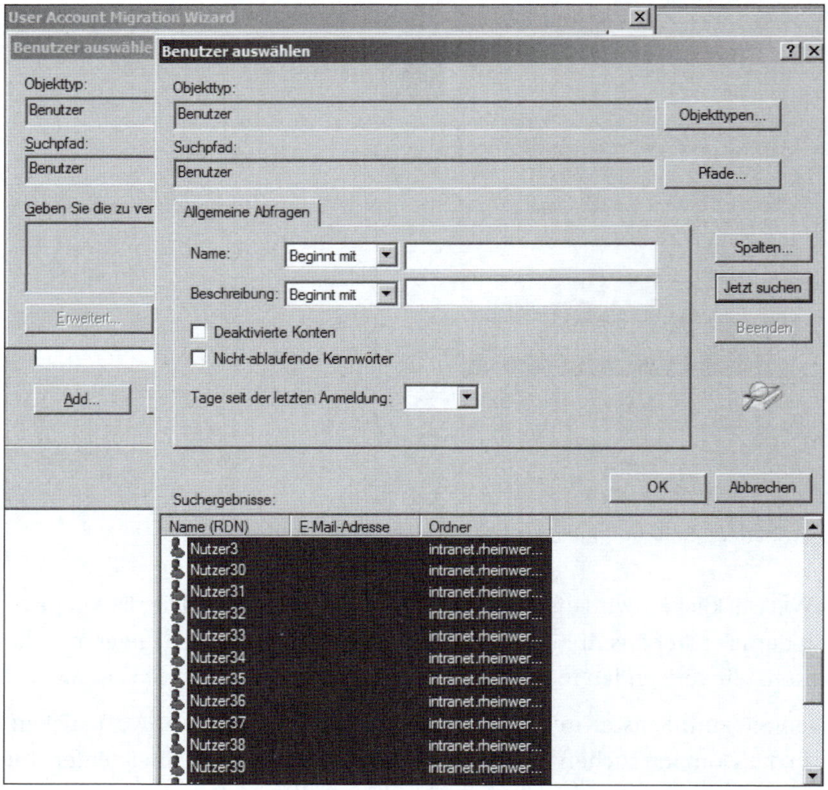

Abbildung 12.34 Ergebnis der Suche nach Nutzerobjekten in der OU »Benutzer« der Quelldomäne

Im folgenden Fenster müssen Sie die Ziel-Organisationseinheit für die Nutzerobjekte angeben (siehe Abbildung 12.35).

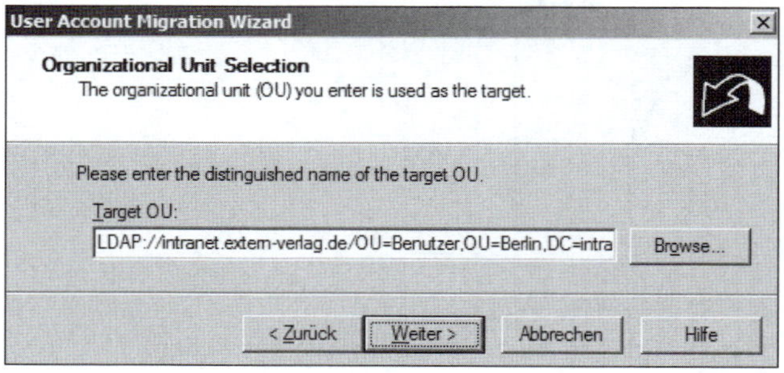

Abbildung 12.35 Auswahl der Ziel-Organisationseinheit in der Zieldomäne

Nach Auswahl der Ziel-OU und einem Klick auf Weiter kommen Sie zu den Passwortoptionen (siehe Abbildung 12.36).

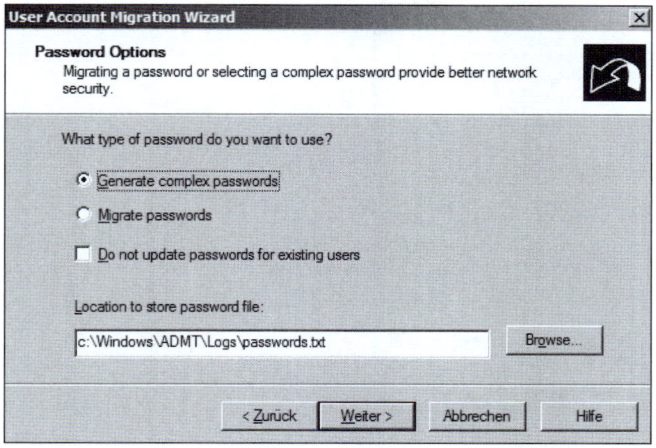

Abbildung 12.36 Festlegen der Kennwortoptionen und des Ablageortes der Kennwortdatei

Aufgrund der Sicherheitsaspekte haben wir uns in unserem Beispiel für das Erstellen neuer komplexer Kennwörter entschieden (Generate complex passwords). Ein weiterer möglicher Auswahlpunkt ist die Übernahme der alten Kennwörter der Nutzer (Migrate passwords). Davon raten wir aber ab und empfehlen Ihnen, immer neue komplexe Kennwörter vergeben zu lassen. Diese können durch die Nutzer in der Zieldomäne bei der ersten Anmeldung geändert werden. Wenn Sie die Kennwortoptionen festgelegt haben, klicken Sie auf Weiter. Sie kommen dann zu den Objektstatuseinstellungsmöglichkeiten (Account Transition Options).

Innerhalb der Objektstatuseinstellungen können Sie festlegen, ob der migrierte Nutzer aktiviert oder deaktiviert werden soll (siehe Abbildung 12.37). Außerdem besteht die Möglichkeit, den Status aus der Quelldomäne zu übernehmen. Die Quellnutzerobjekte können entweder direkt oder nach einer festzulegenden Tagesanzahl deaktiviert werden. Als letzter Punkt kann die aktuelle SID des Objekts mit in die Zieldomäne migriert werden.

In der Zieldomäne wird die SID in das Feld SID-History eingetragen. Durch diesen Eintrag kann das Nutzerobjekt auch später noch auf Ressourcen der Quelldomäne zugreifen. Ist dies irgendwann nicht mehr erforderlich, sollten Sie die alte SID aus dem Nutzerobjekt in der Zieldomäne löschen!

Wenn Sie das AD-Auditing in der Quelldomäne noch nicht aktiviert haben und die SID-Migration verwenden wollen, erscheint der Hinweis aus Abbildung 12.38. Bestätigen Sie ihn mit Ja. Wenn Sie hier auf Nein klicken, kann die SID-Migration nicht durchgeführt werden. Außerdem muss das AD-Auditing für Benutzerkontenverwaltung überwachen in der Zieldomäne bei Erfolg und Fehlern aktiviert werden. Wenn Sie dies nicht tun, schlägt die SID-Migration fehl.

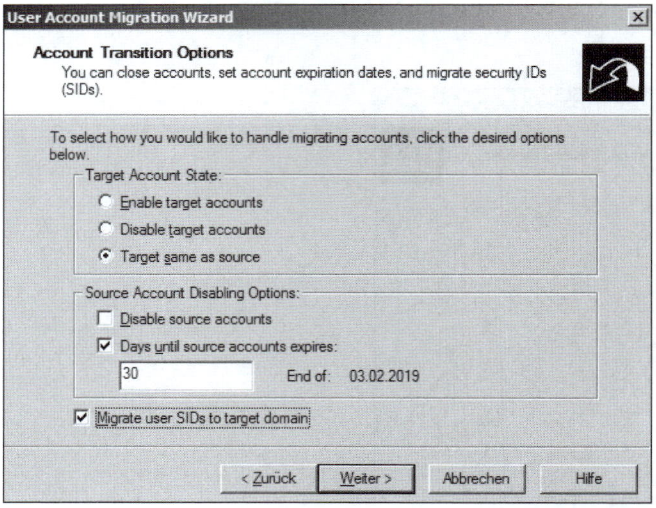
User Account Migration Wizard
Account Transition Options
You can close accounts, set account expiration dates, and migrate security IDs (SIDs).
To select how you would like to handle migrating accounts, click the desired options below.
Target Account State:
Enable target accounts
Disable target accounts
Target same as source
Source Account Disabling Options:
Disable source accounts
Days until source accounts expires:
30
End of: 03.02.2019
Migrate user SIDs to target domain
< Zurück
Weiter >
Abbrechen
Hilfe

Abbildung 12.37 Legen Sie den Status des Nutzerobjekts in der Quell- und Zieldomäne fest, und migrieren Sie die SID.

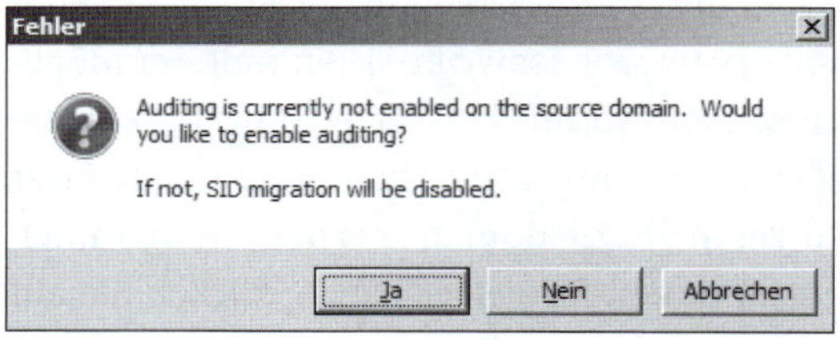
Fehler
Auditing is currently not enabled on the source domain. Would you like to enable auditing?
If not, SID migration will be disabled.
Ja
Nein
Abbrechen

Abbildung 12.38 Hinweis, dass das AD-Auditing noch nicht aktiviert, aber notwendig ist

Außerdem erscheint der Hinweis, dass die lokale Sicherheitsgruppe *Intranet$$$* noch nicht existiert und angelegt werden muss (siehe Abbildung 12.39). Diesen Hinweis müssen Sie auch mit JA bestätigen. Wenn Sie in diesem Fenster auf NEIN klicken, kann die SID-Migration nicht durchgeführt werden.

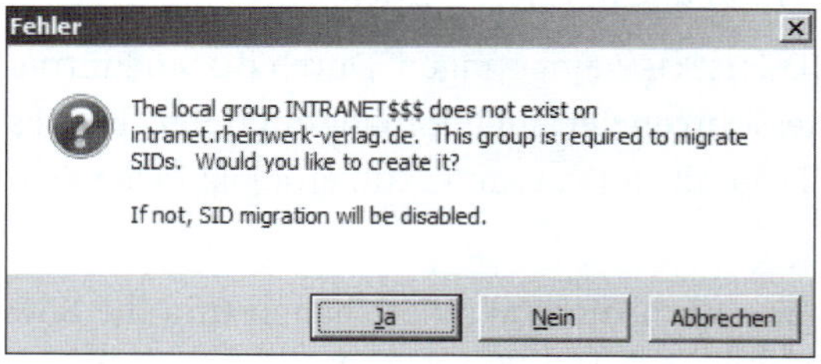
Fehler
The local group INTRANET$$$ does not exist on intranet.rheinwerk-verlag.de. This group is required to migrate SIDs. Would you like to create it?
If not, SID migration will be disabled.
Ja
Nein
Abbrechen

Abbildung 12.39 Hinweis, dass die Sicherheitsgruppe »Intranet$$$« noch nicht existiert, aber erforderlich ist

Im Dialog aus Abbildung 12.40 müssen Sie eine administrative Kennung angeben, die die erforderlichen Rechte in der Quell-OU hat und das Feld SID bei den Benutzerobjekten auslesen kann.

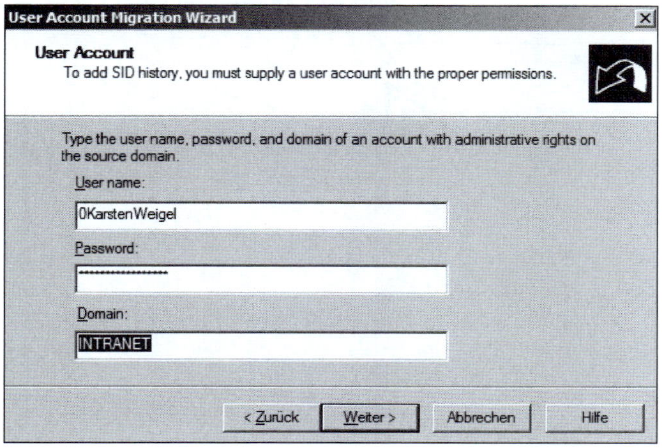

Abbildung 12.40 Auswahl der administrativen Kennung mit den erforderlichen Rechten

Nun sind wir beim drittletzten Fenster angekommen und können folgende Nutzeroptionen festlegen (siehe Abbildung 12.41):

- Das Roaming-Profil des Nutzerobjekts kann mit migriert werden.
- Die Benutzerberechtigungen können aktualisiert werden.
- Die Sicherheitsgruppen, in denen die Nutzer Mitglied sind, können direkt mit migriert werden.

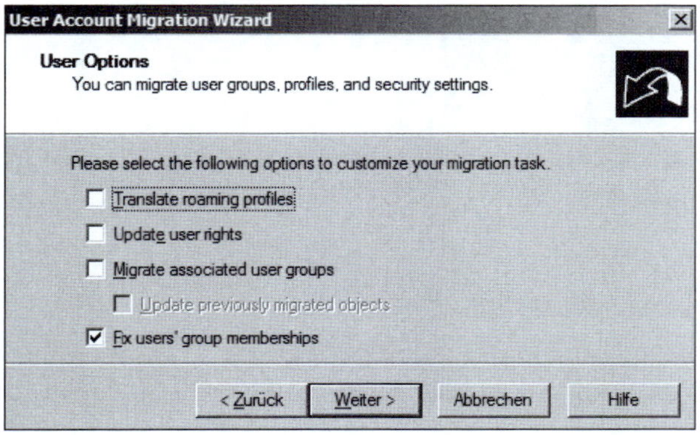

Abbildung 12.41 Auswahl der möglichen Nutzeroptionen

Als letzten Punkt auf der Seite gibt es die Option, die Nutzermitgliedschaften zu bereinigen. Diese Option ist standardmäßig ausgewählt.

Im vorletzten Fenster haben Sie die Möglichkeit, Objektattribute auszuschließen und nicht mit zu migrieren (siehe Abbildung 12.42). Das kann notwendig sein, wenn zusätzliche Informationen in Attributen in der Quelldomäne genutzt wurden, aber in der Zieldomäne nicht mehr benötigt werden. In unserem Beispiel haben wir davon keinen Gebrauch gemacht.

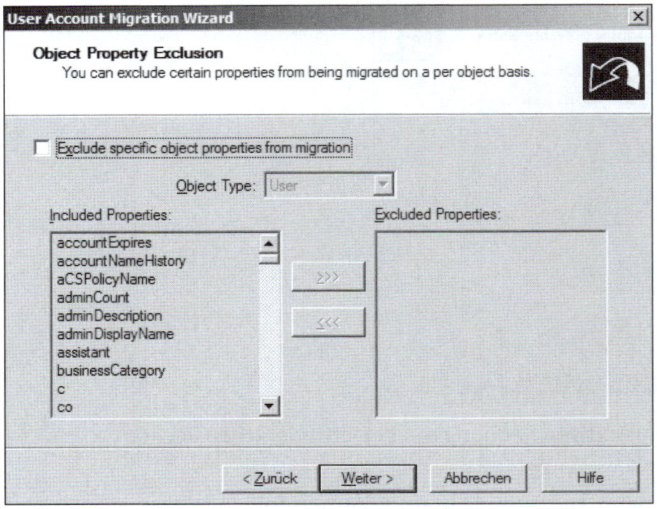
User Account Migration Wizard
Object Property Exclusion
You can exclude certain properties from being migrated on a per object basis.
Exclude specific object properties from migration
Object Type:
User
Included Properties:
Excluded Properties:
accountExpires
accountNameHistory
aCSPolicyName
adminCount
adminDescription
adminDisplayName
assistant
businessCategory
c
co
>>>
<<<
< Zurück
Weiter >
Abbrechen
Hilfe

Abbildung 12.42 Möglicher Ausschluss von Objektattributen, die nicht migriert werden sollen

Im letzten Fenster vor der Zusammenfassung müssen Sie entscheiden, wie bei Konflikten verfahren wird (siehe Abbildung 12.43). Standardmäßig ist ausgewählt, dass das Objekt nicht migriert wird, wenn es zu einem Konflikt in der Zieldomäne kommt.

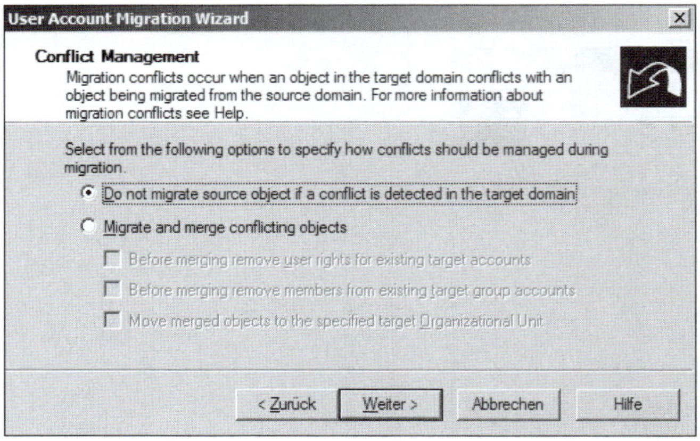
User Account Migration Wizard
Conflict Management
Migration conflicts occur when an object in the target domain conflicts with an object being migrated from the source domain. For more information about migration conflicts see Help.
Select from the following options to specify how conflicts should be managed during migration.
Do not migrate source object if a conflict is detected in the target domain
Migrate and merge conflicting objects
Before merging remove user rights for existing target accounts
Before merging remove members from existing target group accounts
Move merged objects to the specified target Organizational Unit
< Zurück
Weiter >
Abbrechen
Hilfe

Abbildung 12.43 Das Verfahren bei Konflikten muss festgelegt werden.

Wenn Sie auf WEITER klicken, wird noch eine Zusammenfassung wie in Abbildung 12.44 angezeigt. Mit FERTIG STELLEN werden die Objekte migriert.

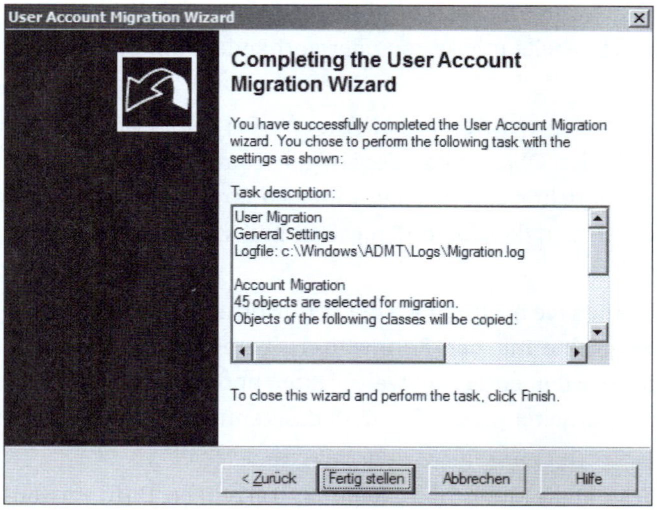
User Account Migration Wizard
Completing the User Account Migration Wizard
You have successfully completed the User Account Migration wizard. You chose to perform the following task with the settings as shown:
Task description:
User Migration
General Settings
Logfile: c:\Windows\ADMT\Logs\Migration.log
Account Migration
45 objects are selected for migration.
Objects of the following classes will be copied:
To close this wizard and perform the task, click Finish.
< Zurück
Fertig stellen
Abbrechen
Hilfe

Abbildung 12.44 Zusammenfassung der Konfigurationsauswahl

Die Logdatei wird im angegebenen Pfad abgelegt und kann später eingesehen werden. Die Kennwortdatei der migrierten Nutzer wird im selben Pfad wie die Logdatei abgelegt.

Wurden die Nutzerobjekte erfolgreich migriert, können Sie sich die Logdatei anzeigen lassen und den Assistenten beenden.

Weitere Migrationsmöglichkeiten mit dem ADMT

Es gibt sehr viele unterschiedliche Migrationen, die mit dem ADMT möglich sind. Aus diesem Grund werden wir die sonstigen Möglichkeiten nur kurz aufführen bzw. Wichtiges anmerken:

- *Gruppenmigration* – Bei der Gruppenmigration besteht wie bei den Nutzerobjekten die Möglichkeit, die SID mit zu migrieren sowie die Gruppenmitglieder direkt mit zu migrieren. Alle anderen Punkte entsprechen denen bei der Nutzermigration.
- *Computermigration* – Bei der Migration der Computerobjekte findet ein Domänenumzug statt und der Computer wird neu gestartet. Außerdem besteht die Möglichkeit, die Zugriffskontrolllisten zu korrigieren bzw. an die neue Umgebung anzupassen.

Vorsicht bei der SID-History

Wenn Sie den Computer mithilfe von ADMT migrieren, werden in der Registry die Berechtigungen der Profile nicht angepasst. Das heißt, die SIDs der Benutzer der alten Domäne bleiben darin enthalten. Wenn Sie die SID-History der Benutzer später entfernen, kann es zu Zugriffsproblemen kommen. Prüfen Sie daher vorab unbedingt die Berechtigungen und korrigieren Sie sie bei Bedarf.

- *Zugriffskontrolllisten aktualisieren* – Diese Option ermöglicht die nachträgliche Anpassung der Zugriffskontrolllisten von bereits migrierten oder vorhandenen Computern in der Zieldomäne.
- *Service Account Migration / Managed Service Account Migration* – Bei der *Service Account Migration* werden die zu migrierenden Objekte von denjenigen Computern ausgelesen, auf denen die Service Accounts eingerichtet sind. Bei den *Managed Service Accounts* findet eine einfache Migration der Accounts in die Zieldomäne statt, und sie können anschließend dort wiederverwendet werden.
- *Kennwortmigration* – Hiermit können Sie nachträglich die Kennwörter in die Zieldomäne migrieren. Wenn Sie die Nutzerobjekte mit den Kennwörtern bereits migriert hatten, brauchen Sie nur die Kennwörter von denjenigen Nutzerobjekten noch mal anpassen, die noch länger in der Quelldomäne gearbeitet haben, falls dort das Kennwort bereits wieder angepasst werden musste.
- *Reports* – Innerhalb des ADMT besteht die Möglichkeit, Reports zu erzeugen. Dazu verwenden Sie den *Reporting Wizard*, in dem Sie die Reporttypen nacheinander auswählen müssen. Eine Mehrfachselektion ist nicht möglich. Nur wenn Sie Reports erzeugen lassen, können Sie diese auch während oder nach der Migration einsehen.

12.5 Migration eines DHCP-Servers

Die Migration des DHCP-Servers kann auf verschiedenen Wegen erfolgen. Wir werden zuerst den »Old School«-Weg beschreiben und dann die Migration über die *Failovercluster-Funktion* nutzen, die seit Windows Server 2016 vorhanden ist.

Für die Migration des DHCP-Servers auf einen Windows Server 2025 müssen folgende Voraussetzungen erfüllt sein:

- Auf dem neuen Server ist bereits der DHCP-Server installiert.
- Die DHCP-Konfiguration ist abgeschlossen.
- Der DHCP-Server ist im AD autorisiert.

12.5.1 Migration des DHCP-Servers auf klassische Weise

Die Migration nach dem althergebrachten Verfahren hat den Vorteil, dass direkt alle Bereiche auf einmal migriert werden und dieser Schritt nicht einzeln erfolgen muss.

Übernahme der DHCP-Konfiguration

Um die DHCP-Konfiguration inklusive der Bereiche, Reservierungen und Leases zu exportieren, müssen Sie auf dem Quell-Server folgenden Befehl in einer administrativen Eingabeaufforderung ausführen:

```
netsh dhcp server export c:\dhcpDB.dat all
```

Wenn Sie die Schritte lieber mit einer administrativen PowerShell durchführen wollen, dann können Sie folgenden Befehl verwenden:

```
Export-DhcpServer -File C:\2025DHCPdb.xml -Leases
```

Der Schalter `-Leases` sorgt dafür, dass auch die aktuellen Leases mit exportiert werden.

Anschließend beenden Sie den DHCP-Dienst auf dem Quell-Server und setzen den Starttyp auf DEAKTIVIERT, um einen ungewollten Start des Dienstes zu verhindern.

Die exportierte Konfiguration (in unserem Fall *dhcpDB.dat*) kopieren Sie nun auf den Ziel-Server und importieren sie dort mit folgendem Befehl in einer administrativen Eingabeaufforderung:

```
netsh dhcp server import c:\dhcpDB.dat all
```

In der administrativen PowerShell sieht dieser Schritt so aus:

```
Import-DhcpServer -File C:\2025DHC\Pdb.xml -Backup C:\DHCPbackup
```


Wenn der Export und der Import geklappt haben, wurde die DHCP-Server-Konfiguration komplett auf den neuen Server übertragen.

Sie dürfen auf keinen Fall vergessen, den DHCP-Server-Dienst zu deaktivieren und den Starttyp auf dem alten Server auf DEAKTIVIERT zu setzen, da es ansonsten zu IP-Adresskonflikten kommen kann!

12.5.2 Migration des DHCP-Servers mithilfe des Failover-Features

Die Migration des DHCP-Servers über die *Failoverbeziehung* kann leider nicht für den gesamten DHCP-Server eingerichtet werden. Mithilfe des Failover-Features kann nur der IPv4-Bereich migriert werden; bei IPv6 wird dieses Feature noch nicht angeboten. Da wir aber davon ausgehen, dass in den meisten Bereichen noch IPv4 genutzt wird, werden wir die erforderlichen Schritte aufzeigen und erklären.

Diese Variante hat auch den Vorteil, dass der alte Server nicht direkt abgeschaltet werden muss und zu Testzwecken noch etwas laufen kann. Allerdings dürfen Sie nicht vergessen, ihn danach abzuschalten. Ein großer Nachteil dieses Verfahrens ist aber, dass die Failoverbeziehung später nur Bereich für Bereich aufgelöst werden kann. Deswegen empfiehlt sich diese Variante nur in nicht zu großen Umgebungen bzw. dann, wenn ein Parallelbetrieb gewünscht ist.

Eine Failoverbeziehung zwischen dem alten und dem neuen DHCP-Server erstellen

Auf dem alten Server (Windows Server 2019) nehmen Sie die Failoverkonfiguration für IPv4 vor. Dafür klicken Sie mit der rechten Maustaste auf IPv4 und wählen FAILOVER KONFIGURIEREN aus dem Kontextmenü aus (siehe Abbildung 12.45).

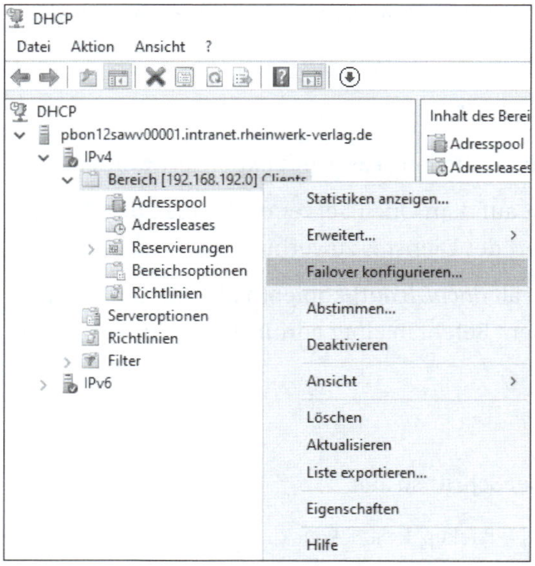

Abbildung 12.45 Die Auswahl »Failover konfigurieren...« aus dem Kontextmenü »IPv4«

Wenn der Assistent für die Einrichtung gestartet ist, sehen Sie auf dem ersten Fenster eine Liste der verfügbaren Bereiche (siehe Abbildung 12.46). Sie können dieses Fenster mit WEITER verlassen.

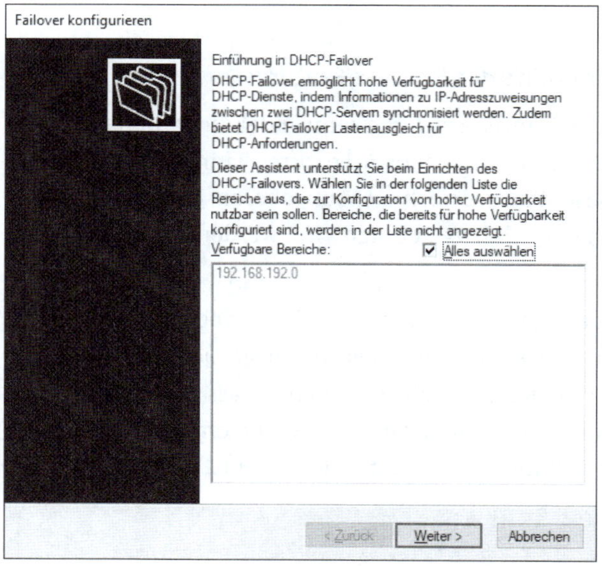

Abbildung 12.46 Die Willkommensseite zu »Failover konfigurieren« mit den verfügbaren Bereichen

Danach müssen Sie den PARTNERSERVER angeben (siehe Abbildung 12.47). Diesen können Sie einfach in das Feld eintragen oder durch einen Klick auf SERVER HINZUFÜGEN ermitteln.

Wenn der Partnerserver fertig eingetragen ist, können Sie mit WEITER zum nächsten Fenster gehen.

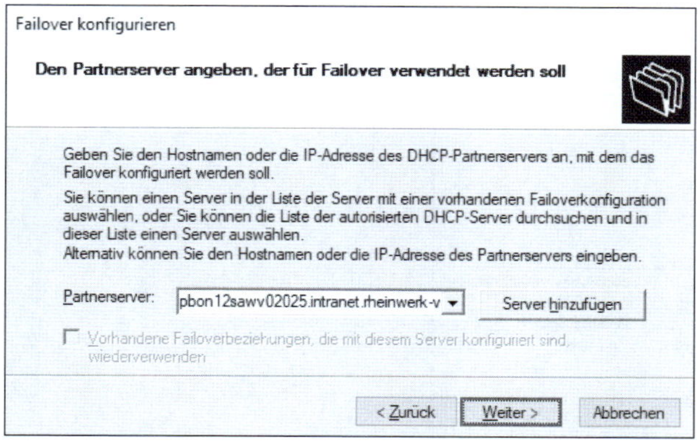
Failover konfigurieren
Den Partnerserver angeben, der für Failover verwendet werden soll
Geben Sie den Hostnamen oder die IP-Adresse des DHCP-Partnerservers an, mit dem das Failover konfiguriert werden soll.
Sie können einen Server in der Liste der Server mit einer vorhandenen Failoverkonfiguration auswählen, oder Sie können die Liste der autorisierten DHCP-Server durchsuchen und in dieser Liste einen Server auswählen.
Alternativ können Sie den Hostnamen oder die IP-Adresse des Partnerservers eingeben.
Partnerserver:
pbon12sawv02025.intranet.rheinwerk-v
Server hinzufügen
Vorhandene Failoverbeziehungen, die mit diesem Server konfiguriert sind, wiederverwenden
< Zurück
Weiter >
Abbrechen

Abbildung 12.47 Auswahl des Partnerservers für die Failoverbeziehung

Im Fenster aus Abbildung 12.48 legen Sie noch die Eigenschaften der Failoverbeziehung fest. Für unsere Migration sind diese eigentlich irrelevant, und daher können Sie die Standardeinstellungen einfach übernehmen. Wichtig ist nur die Vergabe des gemeinsamen geheimen Schlüssels, da ohne ihn keine Daten repliziert werden können. Haben Sie den geheimen Schlüssel eingetragen, können Sie das Fenster mit WEITER verlassen.

Failover konfigurieren
Neue Failoverbeziehung erstellen
Erstellen Sie eine neue Failoverbeziehung mit dem Partner "pbon12sawv02025.intranet.rheinwerk-verlag.de".
Name der Beziehung:
bon12sawv02025.intranet.rheinwerk-verlag.de
Maximale Clientvorlaufzeit:
1
Stunde
0
Minuten
Modus:
Lastenausgleich
Lastenausgleich in Prozent
Lokaler Server:
50
%
Partnerserver:
50
%
Intervall für Zustands-Switchover:
60
Minuten
Nachrichtenauthentifizierung aktivieren
Gemeinsamer geheimer Schlüssel:
< Zurück
Weiter >
Abbrechen

Abbildung 12.48 Konfiguration der Failoverbeziehungseigenschaften

Im letzten Fenster werden nochmal alle Einstellungen angezeigt, die Sie festgelegt haben. Wenn Sie auf FERTIG STELLEN klicken, wird die Beziehung eingerichtet (siehe Abbildung 12.49).

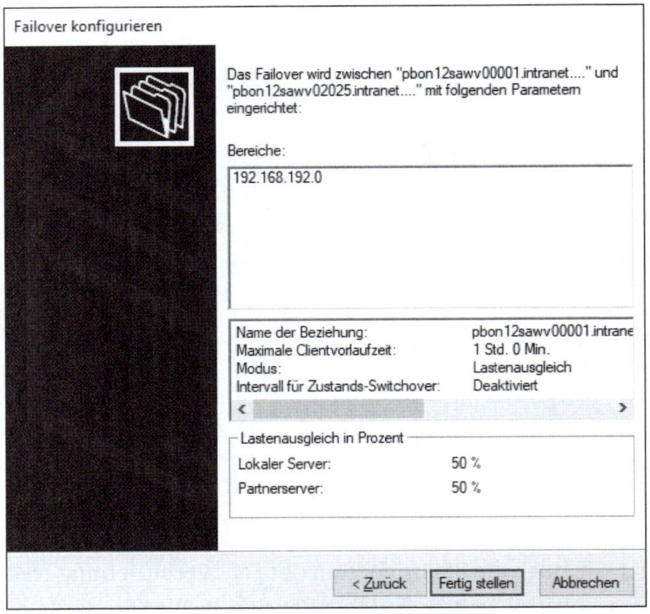

Abbildung 12.49 Zusammenfassung der Einstellungen für das Failover

Das Statusfenster der Einrichtung wird eingeblendet und zeigt den Fortschritt der Einrichtung an (siehe Abbildung 12.50). Wenn Sie nun auf SCHLIESSEN klicken, wird der Assistent beendet.

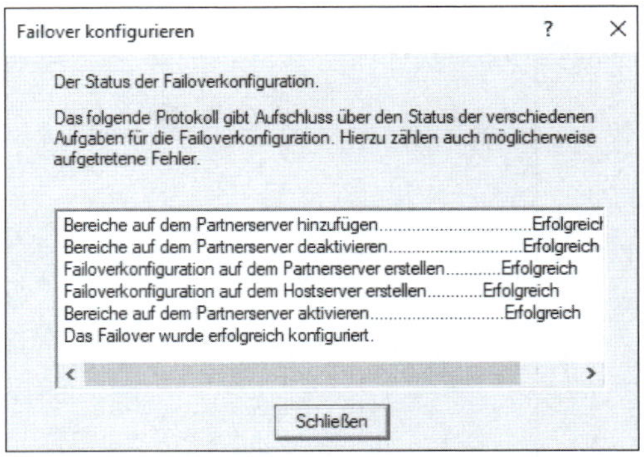

Abbildung 12.50 Der Einrichtungsstatus

Den alten DHCP-Server abschalten

Bevor Sie den alten DHCP-Server abschalten, sollten Sie die Failover-Bereiche noch einmal replizieren. Dies erfolgt in der DHCP-Server-Verwaltungskonsole mit einem Rechtsklick auf IPv4 und durch Auswahl von FAILOVERBEREICHE REPLIZIEREN im Kontextmenü (siehe Abbildung 12.51).

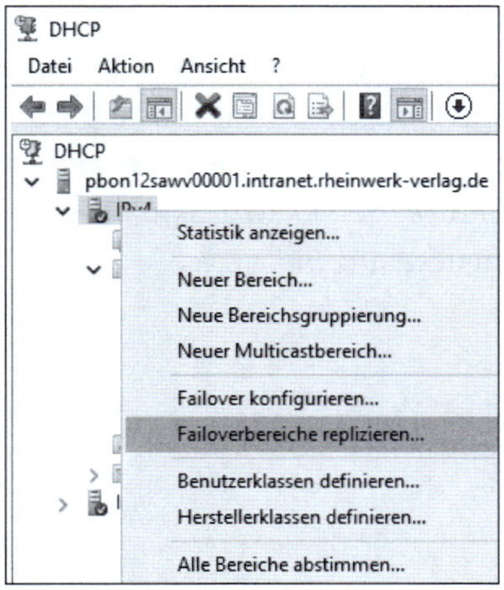
DHCP
Datei Aktion Ansicht ?
DHCP
pbon12sawv00001.intranet.rheinwerk-verlag.de
Statistik anzeigen...
Neuer Bereich...
Neue Bereichsgruppierung...
Neuer Multicastbereich...
Failover konfigurieren...
Failoverbereiche replizieren...
Benutzerklassen definieren...
Herstellerklassen definieren...
Alle Bereiche abstimmen...

Abbildung 12.51 Die Auswahl »Failoverbereiche replizieren...« aus dem Kontextmenü von »IPv4«

Im Anschluss erscheint ein Hinweis, dass die Replikation der Konfiguration aller Bereiche einige Zeit in Anspruch nehmen wird (siehe Abbildung 12.52). In unserem Beispiel, in dem es nur einen Bereich gibt, hat der Vorgang fünf Sekunden gedauert. In größeren Umgebungen und bei eventuell langsameren Netzwerkstrecken wird dieser Vorgang selbstverständlich mehr Zeit in Anspruch nehmen!

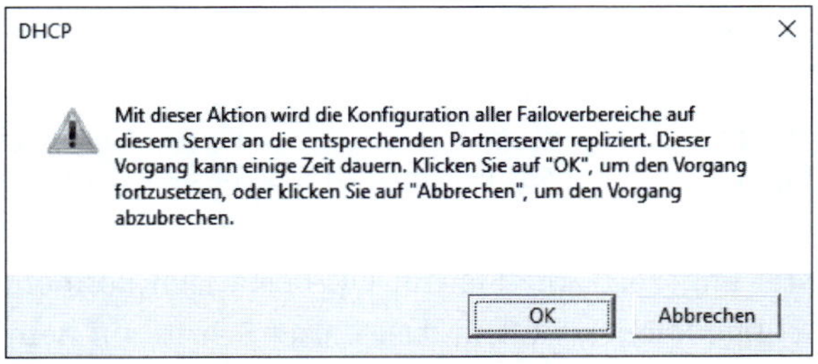
DHCP
Mit dieser Aktion wird die Konfiguration aller Failoverbereiche auf diesem Server an die entsprechenden Partnerserver repliziert. Dieser Vorgang kann einige Zeit dauern. Klicken Sie auf "OK", um den Vorgang fortzusetzen, oder klicken Sie auf "Abbrechen", um den Vorgang abzubrechen.
OK
Abbrechen

Abbildung 12.52 Hinweis auf die eventuell längere Dauer der Replikation

Während der Replikation und nach ihrer Beendigung wird der Status so wie in Abbildung 12.53 angezeigt.

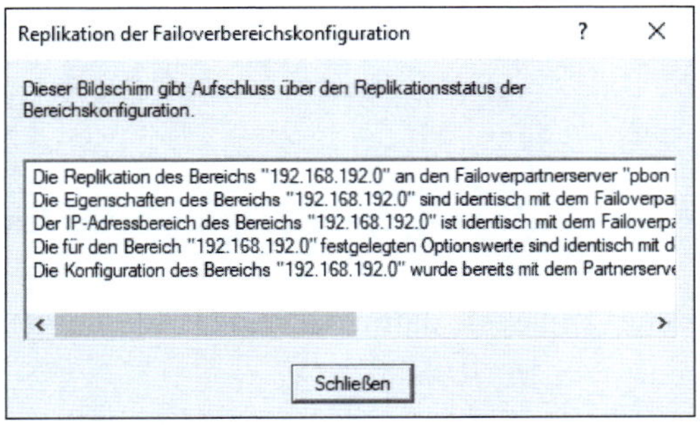
Replikation der Failoverbereichskonfiguration
Dieser Bildschirm gibt Aufschluss über den Replikationsstatus der Bereichskonfiguration.
Die Replikation des Bereichs "192.168.192.0" an den Failoverpartnerserver "pbon
Die Eigenschaften des Bereichs "192.168.192.0" sind identisch mit dem Failoverpa
Der IP-Adressbereich des Bereichs "192.168.192.0" ist identisch mit dem Failoverp
Die für den Bereich "192.168.192.0" festgelegten Optionswerte sind identisch mit d
Die Konfiguration des Bereichs "192.168.192.0" wurde bereits mit dem Partnerserve
Schließen

Abbildung 12.53 Das Replikationsstatusfenster

Wenn die Replikation abgeschlossen ist, lösen Sie vom *neuen* DHCP-Server (Windows Server 2025) die Failoverbeziehung auf (siehe Abbildung 12.54). Dies muss leider Bereich für Bereich erfolgen und kann deswegen einige Zeit in Anspruch nehmen. Durch diese Auflösung werden die Bereiche auf dem alten DHCP-Server gelöscht und es werden keine IP-Adressen mehr verteilt. Wenn Sie den alten DHCP-Server jetzt auch auf Windows Server 2025 aktualisieren, können Sie die Failoverbeziehung danach wieder einrichten und nutzen.

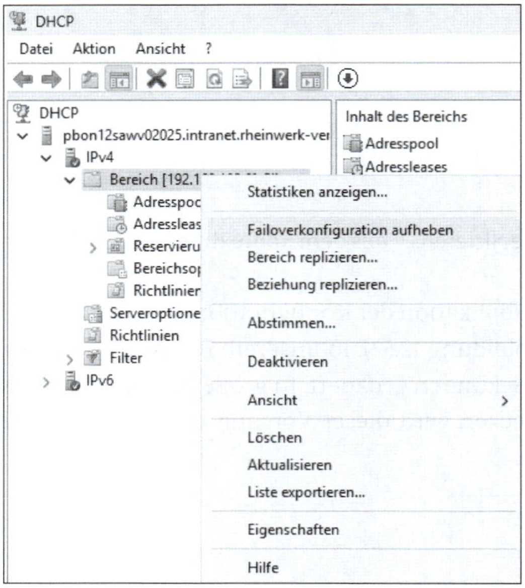

Abbildung 12.54 Die Auswahl »Failoverkonfiguration aufheben« im Kontextmenü des Bereichs

Im Anschluss werden zwei Hinweisfenster angezeigt, die Sie mit OK bestätigen können, wenn Sie sich sicher sind, dass es der richtige Bereich ist und dass dieser Schritt auf dem neuen DHCP-Server durchgeführt wird (siehe Abbildung 12.55 und Abbildung 12.56).

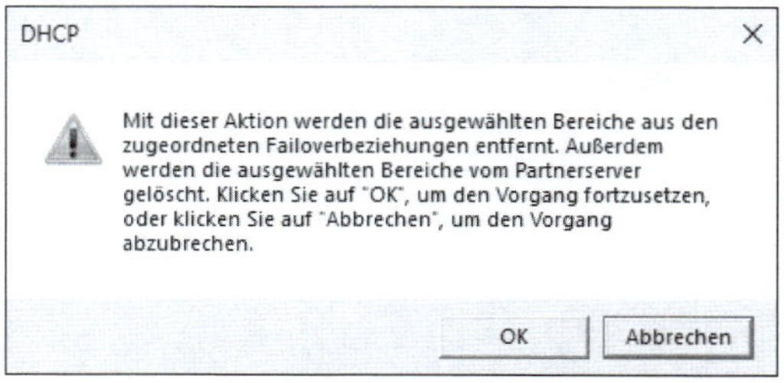

Abbildung 12.55 Hinweis 1, dass die ausgewählten Bereiche auf dem Partnerserver gelöscht werden

Nun müssen Sie auch den IP-Helper auf den Switches anpassen, damit der neue DHCP-Server genutzt wird.

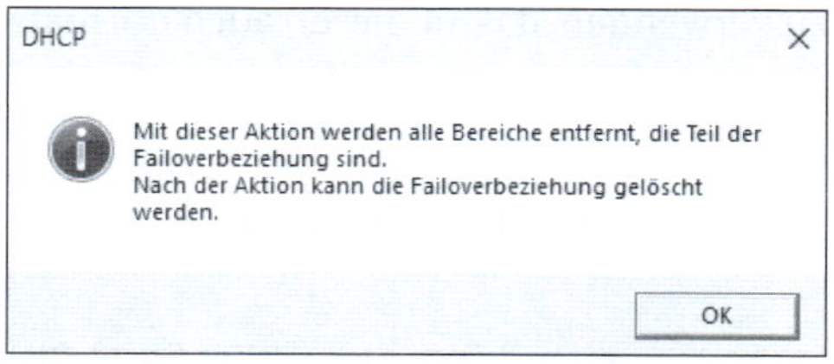
DHCP
Mit dieser Aktion werden alle Bereiche entfernt, die Teil der Failoverbeziehung sind.
Nach der Aktion kann die Failoverbeziehung gelöscht werden.
OK

Abbildung 12.56 Hinweis 2, dass die ausgewählten Bereiche auf dem Partnerserver gelöscht werden

Zum Abschluss wird wieder das Statusfenster der Konfigurationsaufhebung angezeigt (siehe Abbildung 12.57).

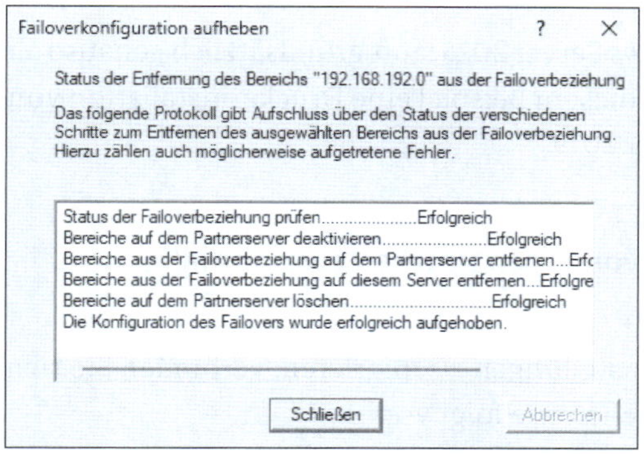
Failoverkonfiguration aufheben
Status der Entfernung des Bereichs "192.168.192.0" aus der Failoverbeziehung
Das folgende Protokoll gibt Aufschluss über den Status der verschiedenen Schritte zum Entfernen des ausgewählten Bereichs aus der Failoverbeziehung. Hierzu zählen auch möglicherweise aufgetretene Fehler.
Status der Failoverbeziehung prüfen....................Erfolgreich
Bereiche auf dem Partnerserver deaktivieren.......................Erfolgreich
Bereiche aus der Failoverbeziehung auf dem Partnerserver entfernen...Erfc
Bereiche aus der Failoverbeziehung auf diesem Server entfernen...Erfolgre
Bereiche auf dem Partnerserver löschen..............................Erfolgreich
Die Konfiguration des Failovers wurde erfolgreich aufgehoben.
Schließen
Abbrechen

Abbildung 12.57 Das Statusfenster zur Aufhebung der Failoverkonfiguration

Danach ist der Bereich nur noch auf dem neuen DHCP-Server vorhanden. Liegen alle Bereiche nur noch auf dem neuen DHCP-Server, können Sie den alten DHCP-Server löschen.

12.6 Migration eines Druckerservers

Die Migration eines Druckerservers ist wahrscheinlich die einfachste Migration, die Sie als Admin erleben werden. Der Export und Import aller Informationen erfolgt komplett assistentenbasiert und ist sehr einfach gestaltet. Die Migration der Einstellungen des Druckerservers ist auch betriebssystemversionsübergreifend möglich.

Bevor wir mit der Migration des Druckerservers beginnen, wollen wir auf die Neuerungen mit Windows Server 2025 eingehen und Ihnen ein paar wichtige Hinweise mit auf den Weg geben:

- Windows Server 2025 unterstützt Druckerwarteschlangen mit Druckertreibern des Typs 3 oder 4, die mit Windows Server 2022 eingeführt wurden.

- Wir empfehlen Ihnen, Drucktreiber des Typs 4 zu verwenden, da mit diesen auch normale Benutzer, die nicht Mitglieder der lokalen Administratorengruppe sind, standardmäßig eine Verbindung mit dem Drucker herstellen können.
- Benutzer von 32-Bit-Clients können auch ohne 32-Bit-Treiber eine Verbindung zum Druckerserver herstellen.
- Wenn Sie Druckertreiber des Typs 3 und 32-Bit-Clients verwenden, müssen Sie die 32-Bit-Version des Druckertreibers auf dem Druckerserver bereitstellen, da diese Clients ansonsten keine Verbindung mit dem Drucker herstellen können.
- Wir empfehlen, nur signierte, paketfähige Druckertreiber zu verwenden, damit Clients eine Verbindung mit freigegebenen Druckerwarteschlagen herstellen können, die den Druckertreiber des Typs 3 verwenden.

Die Migration des Druckerservers unter Windows Server 2025 läuft grundsätzlich genauso ab wie unter seinen Vorgängern. Wir migrieren in diesem Beispiel eine Druckerinstallation von einem Windows Server 2016 zu Windows Server 2019.

12.6.1 Migration der vorhandenen Drucker vom alten Druckerserver mithilfe des Assistenten

Um alle Drucker inklusive ihrer Treiber und Einstellungen zu migrieren, verbinden Sie sich mit dem zu migrierenden Druckerserver und gehen wie folgt vor.

Sie starten die DRUCKVERWALTUNG, klicken mit der rechten Maustaste auf den Druckerserver, den Sie migrieren wollen, und wählen im Kontextmenü DRUCKER IN DATEI EXPORTIEREN aus (siehe Abbildung 12.58).

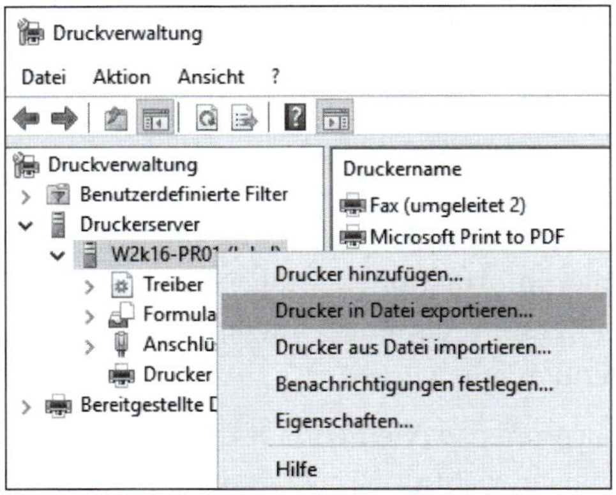

Abbildung 12.58 Auswahl des Menüpunkts »Drucker in Datei exportieren« aus dem Kontextmenü

Im folgenden Fenster werden die Drucker inklusive der Gerätetreiber und der Geräteanschlüsse angezeigt, die migriert werden können.

Durch einen Klick auf WEITER kommen Sie in das Fenster aus Abbildung 12.59. Geben Sie dort den gewünschten Speicherort der Exportdatei an.

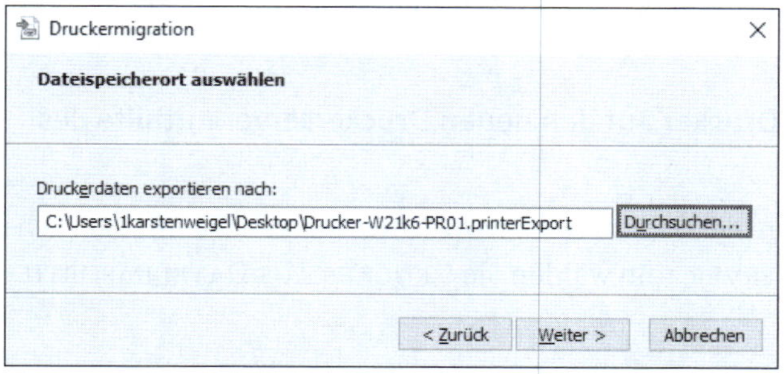

Abbildung 12.59 Den Speicherort für die Exportdatei festlegen

Das waren auch schon alle Angaben, die für die Migration der Drucker notwendig sind!

Durch einen Klick auf WEITER werden alle Infos direkt in die Exportdatei exportiert und am festgelegten Speicherort abgelegt. Wurde der Export erfolgreich abgeschlossen, wird dies noch einmal im Assistenten angezeigt (siehe Abbildung 12.60).

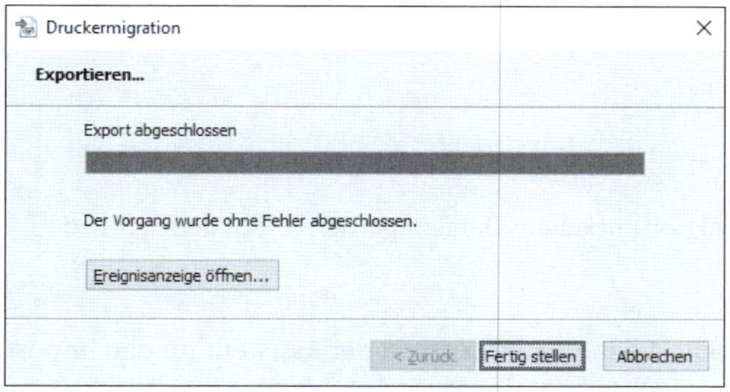

Abbildung 12.60 Der Export der Drucker wurde erfolgreich abgeschlossen.

Wenn Sie sich die Informationen aus der Ereignisanzeige anzeigen lassen wollen, klicken Sie einfach auf EREIGNISANZEIGE ÖFFNEN. Die Ereignisanzeige für die Druckermigrationsereignisse wird direkt geöffnet, wie in Abbildung 12.61 zu sehen ist.

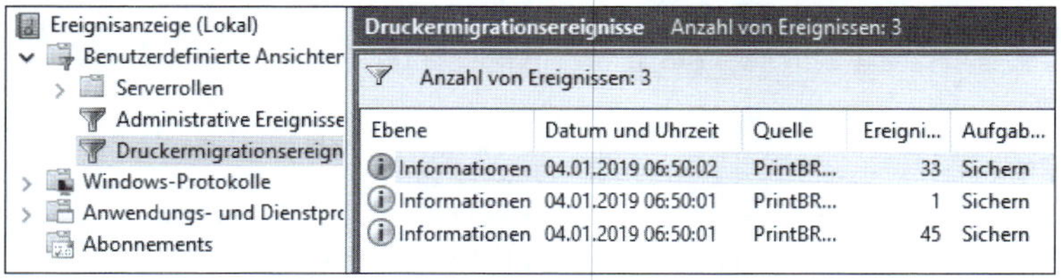

Abbildung 12.61 Das geöffnete Ereignislog für die Druckermigrationsereignisse

Klicken Sie auf FERTIG STELLEN, und der Assistent wird geschlossen. Als Nächstes kopieren Sie die Exportdatei auf den neuen Druckerserver oder legen sie auf einem Netzlaufwerk ab, von dem aus die angemeldete Kennung von beiden Servern zugreifen kann.

12.6.2 Migration der gesicherten Drucker auf den neuen Druckerserver mithilfe des Assistenten

Auf dem neuen Druckerserver starten Sie die DRUCKVERWALTUNG. Klicken Sie mit der rechten Maustaste wieder auf DRUCKERSERVER, und wählen Sie DRUCKER AUS DATEI IMPORTIEREN aus (siehe Abbildung 12.62).

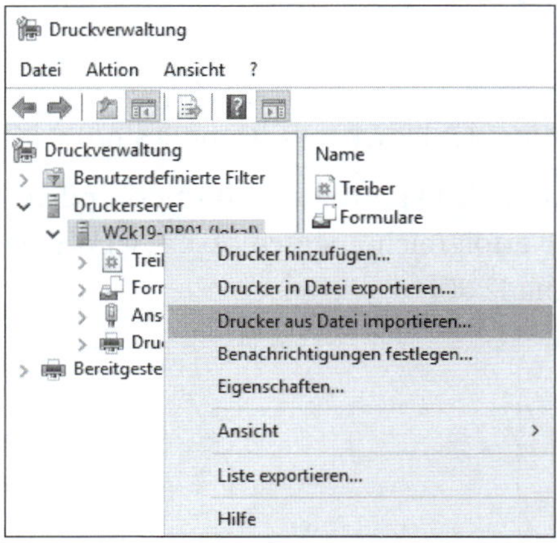

Abbildung 12.62 Auswahl des Menüpunkts »Drucker aus Datei importieren« aus dem Kontextmenü

Wenn Sie den genannten Punkt angeklickt haben, startet direkt der Assistent für den Import der Drucker auf dem neuen Druckerserver. Sie müssen den Pfad zur Exportdatei entweder eingeben oder über den Punkt DURCHSUCHEN ermitteln (siehe Abbildung 12.63). Sobald Sie den Pfad eingefügt haben, können Sie mit WEITER fortfahren.

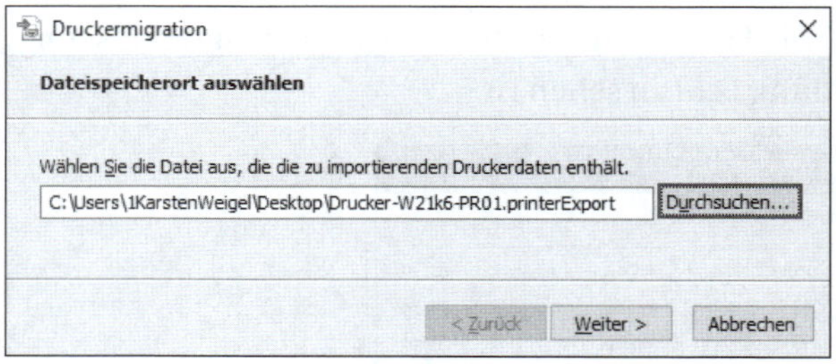

Abbildung 12.63 Auswahl des Pfades zu der Exportdatei vom alten Druckerserver

Konnte die Datei erfolgreich eingelesen werden, werden im folgenden Fenster die zu importierenden Drucker inklusive ihrer Einstellungen angezeigt (siehe Abbildung 12.64).

Mit einem Klick auf WEITER kommen Sie zum letzten Fenster, bevor der Druckerimport beginnt.

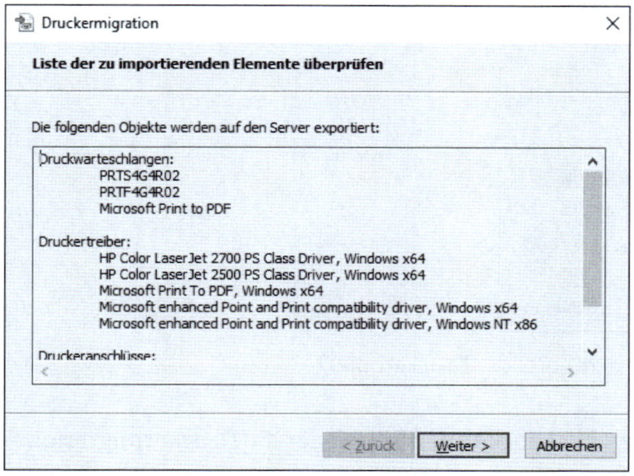

Abbildung 12.64 Die Liste der Drucker aus der Exportdatei wird angezeigt.

Zuletzt müssen Sie noch die Importoptionen festlegen (siehe Abbildung 12.65). Bei IMPORTMODUS müssen Sie entscheiden, ob bereits vorhandene Drucker überschrieben oder behalten werden sollen:

- Wenn Sie sich dafür entscheiden, die Drucker zu behalten, werden die bereits vorhandenen Drucker übersprungen, wobei der Druckername hierfür ausschlaggebend ist.
- Entscheiden Sie sich für das Überschreiben, wird das Druckerobjekt inklusive aller Einstellungen ausgetauscht.

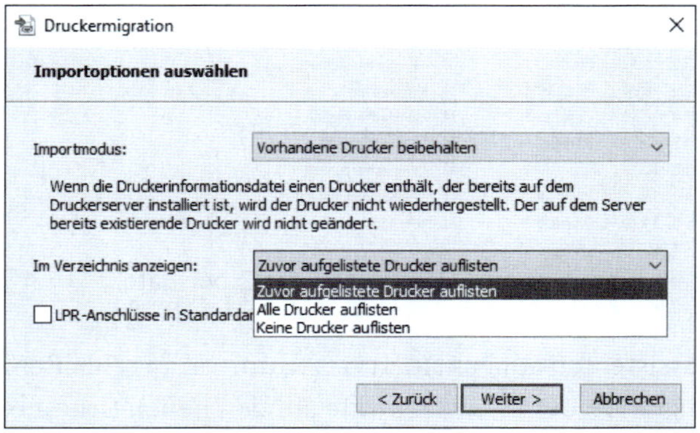

Abbildung 12.65 Auswahl der Importoptionen auf dem neuen Druckerserver

Bei der Auswahl IM VERZEICHNIS ANZEIGEN müssen Sie sich entscheiden, ob keine Drucker, alle Drucker oder nur die Drucker, die vorher bereits aufgelistet waren, aufgenommen werden sollen.

Sobald Sie auf WEITER klicken, werden alle Drucker inklusive ihrer Treiber und Einstellungen auf den neuen Druckerserver importiert. Im Abschlussfenster (siehe Abbildung 12.66) bekommen Sie das Importergebnis angezeigt.

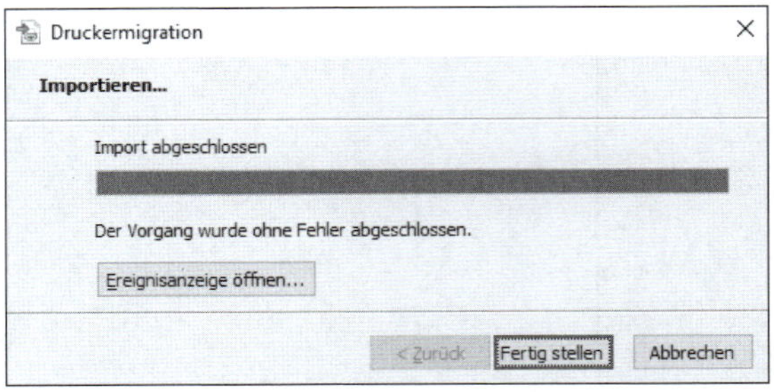

Abbildung 12.66 Anzeige des erfolgreichen Imports der Druckerobjekte

Indem Sie auf EREIGNISANZEIGE ÖFFNEN klicken, können Sie wieder die Druckermigrationsereignisanzeige betrachten, was natürlich besonders dann hilfreich ist, wenn beim Import etwas schiefgegangen ist.

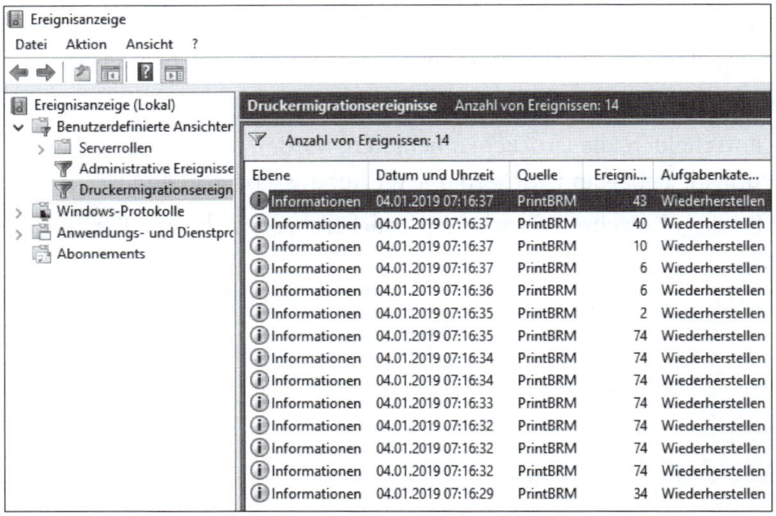

Abbildung 12.67 Die Druckermigrationsereignisanzeige nach dem Import der Exportdatei

Klicken Sie nun im Druckermigrationsassistenten auf FERTIG STELLEN, um ihn zu schließen. Mit diesen wenigen Schritten ist die Migration der Druckerobjekte auf den neuen Druckerserver abgeschlossen.

12.6.3 Anpassung einer eventuell vorhandenen GPO für die Druckerzuweisung

Wenn Sie im Verzeichnis aufgelistete Drucker per GPO an die Nutzer verteilen, dann müssen Sie diese GPO anpassen. Dafür melden Sie sich an einem T0-Adminserver oder einem DC an und starten die Gruppenrichtlinienverwaltungskonsole. In ihr gehen Sie auf GRUPPENRICHTLINIENOBJEKTE, klicken mit der rechten Maustaste auf Ihre Drucker-GPO und wählen im Kontextmenü BEARBEITEN aus (siehe Abbildung 12.68).

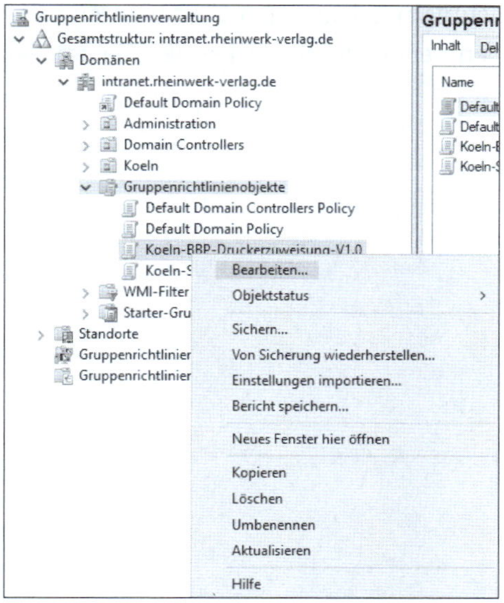

Abbildung 12.68 Auswahl des Menüpunkts »Bearbeiten...« aus dem Kontextmenü für die Drucker-GPO

Im Bearbeitungsmodus der GPO (siehe Abbildung 12.69) gehen Sie auf BENUTZERKONFIGURATION • EINSTELLUNGEN • SYSTEMSTEUERUNGSEINSTELLUNGEN • DRUCKER und sehen dann auf der rechten Seite die Drucker, die über diese GPO an die Nutzer verteilt werden. Bei den Druckern stehen zu diesem Zeitpunkt noch die alten Pfade.

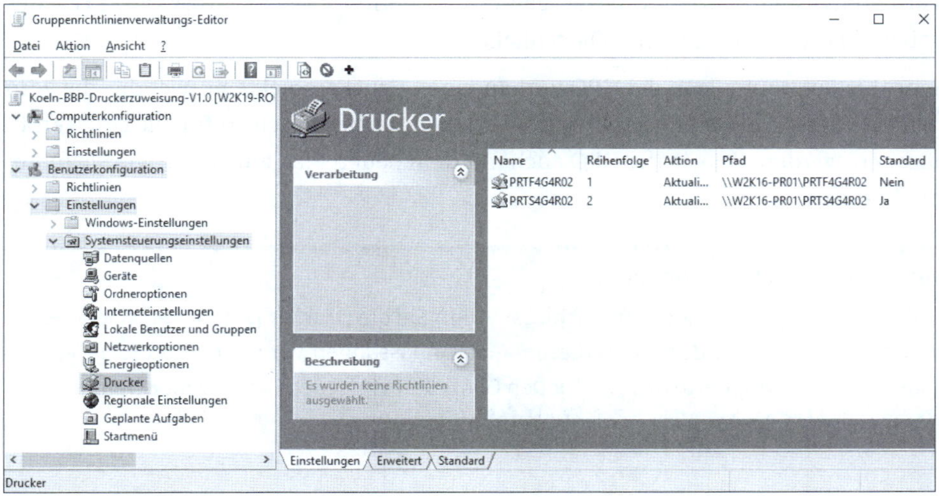

Abbildung 12.69 Der Bearbeitungsmodus der GPO mit den bereitgestellten Druckern

Jetzt müssen Sie bei jedem Drucker den Pfad anpassen. Dafür klicken Sie doppelt auf das Druckerobjekt.

Indem Sie auf die drei Punkte hinter der Pfadangabe klicken, können Sie den Pfad ändern (siehe Abbildung 12.70). Nun werden alle im Verzeichnis angelegten Drucker angezeigt. Sie müssen aber nur den neuen Drucker auswählen. Den neuen Drucker erkennen Sie am Namen des neuen Druckerservers.

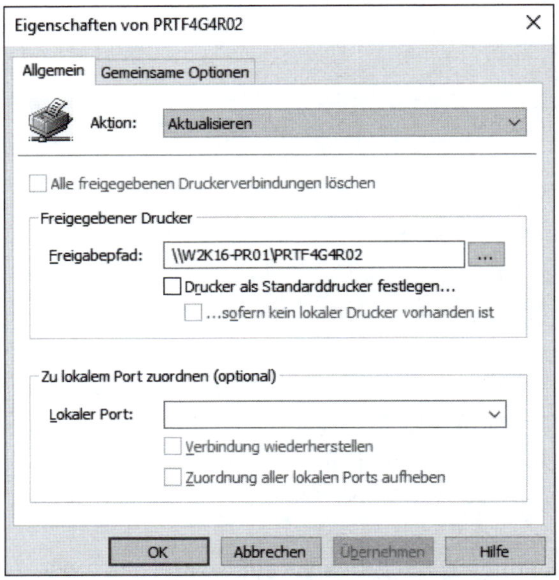

Abbildung 12.70 Geöffnete Eigenschaften eines Druckerobjekts aus der GPO

Im Suchfenster aus Abbildung 12.71 wählen Sie den gleichen Drucker, der vom neuen Druckerserver bereitgestellt wird, und bestätigen das Menü mit OK. Die EIGENSCHAFTEN des Druckerobjekts können Sie dann mit OK schließen.

Dieser Schritt ist jetzt für alle in der GPO vorhandenen Druckerobjekte notwendig, die vom migrierten Druckerserver bereitgestellt wurden. Haben Sie diesen Schritt für alle Druckerobjekte vollzogen, werden diese in der GPO auch mit dem neuen Pfad angezeigt, wie Sie in Abbildung 12.72 sehen.

[»]

Aktualisierung der Anwendungen

Einen allgemeinen Hinweis noch zum Schluss: Wenn Sie die Drucker jetzt in verschiedenen Anwendungen nutzen, werden Sie in diesen auch Anpassungen vornehmen müssen. Vom Grundsatz her ist der migrierte Drucker für den Computer ein neues Gerät. Daher werden die Einstellungen in den Anwendungen nicht übernommen.

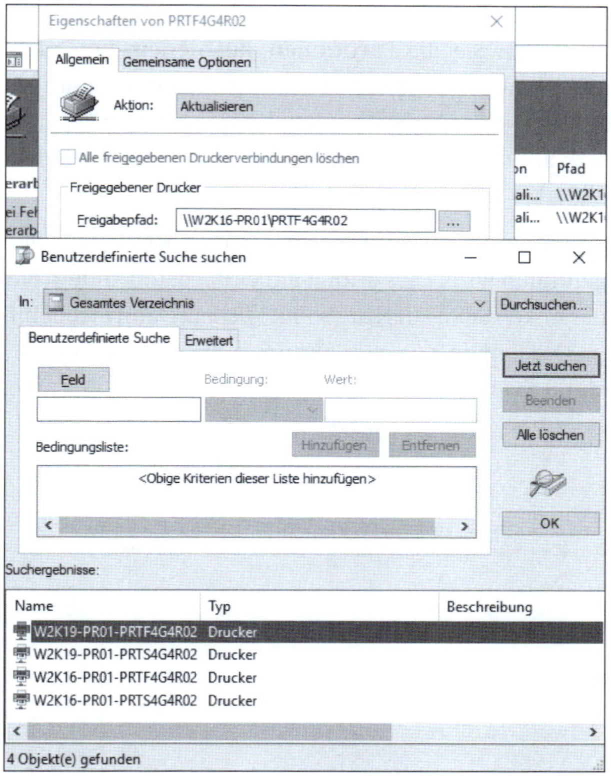

Abbildung 12.71 Auswahl des neuen Druckers, der durch den neuen Druckerserver bereitgestellt wird

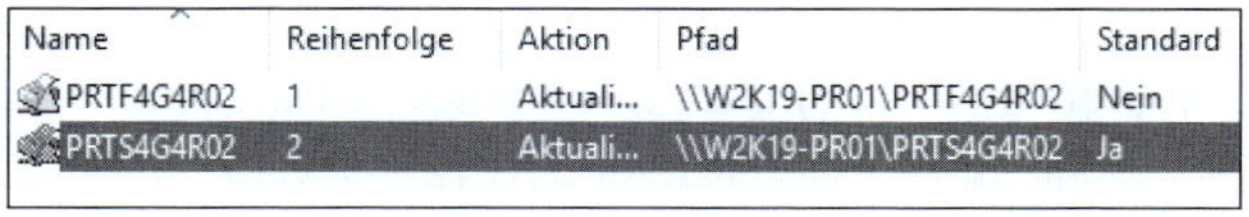

Abbildung 12.72 Die Druckerobjekte erscheinen in der GPO mit dem neuen Pfad.

12.7 Migration eines Dateiservers

Auch die Migration eines Dateiservers innerhalb der Domäne ist kein Hexenwerk und schnell erledigt.

12.7.1 Vorbereitungen für die Migration des Dateiservers

Damit die Daten vom alten auf den neuen Dateiserver migriert werden können, installieren Sie auf dem neuen Server das Betriebssystem Windows Server 2025. Die Rolle *Dateiserver* wird bereits mit der Betriebssysteminstallation aktiviert. Binden Sie über die Datenträgerverwaltung die Festplatten ein oder erstellen Sie die Partitionen, auf denen die Daten migriert werden sollen. Sie brauchen auf dem neuen Dateiserver nur den obersten Ordner erstellen, in den die Daten migriert werden sollen. Die Freigaben erstellen Sie bitte erst später, damit noch niemand über das Netzwerk auf sie zugreifen kann. Die Unterordner werden während des Kopiervorgangs mit erstellt.

Auf dem neuen Dateiserver muss die Datei- und Netzwerkfreigabe aktiviert werden, da der Server sonst über das Netzwerk nicht gefunden wird. Dies erfolgt am einfachsten, indem Sie auf den Explorer zugreifen und auf seiner linken Seite auf NETZWERK klicken. Dann erscheint ein Hinweis, den Sie mit OK bestätigen. Der Explorer wechselt dann in die Netzwerkumgebung und zeigt den Hinweis aus Abbildung 12.73 an.

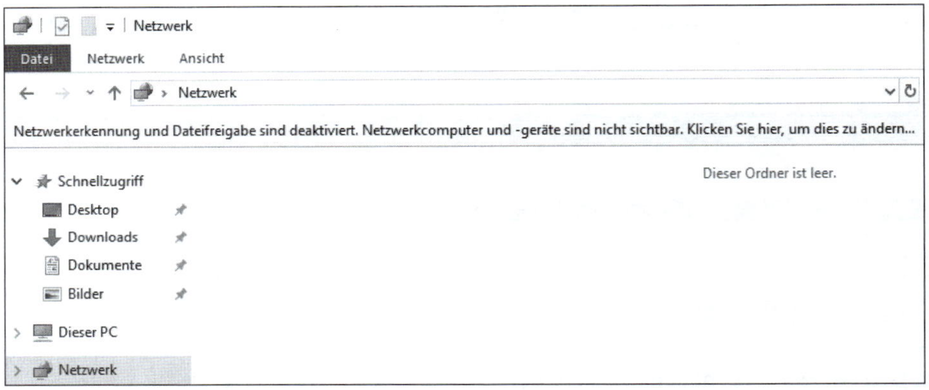

Abbildung 12.73 Die deaktivierte Netzwerkerkennung und die Dateifreigabe müssen für den Zugriff aktiviert werden.

Wenn die gelbe Zeile angezeigt wird, müssen Sie diese einfach nur anklicken. Daraufhin öffnet sich das Menü aus Abbildung 12.74, das Sie durch einen Klick auf NETZWERKERKENNUNG UND DATEIFREIGABE AKTIVIEREN bestätigen müssen.

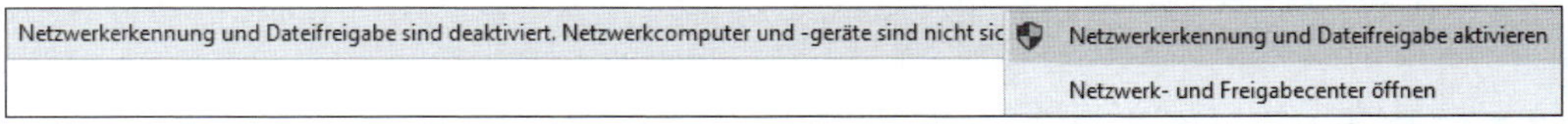

Abbildung 12.74 Menüpunkt zur Aktivierung der Netzwerkerkennung und der Dateifreigabe

Danach ist der Server im Netzwerk sichtbar und berechtigte Benutzer können auf die administrativen Freigaben zugreifen.

Die administrative Kennung, die für die Migration genutzt wird, benötigt administrative Berechtigungen auf dem neuen Dateiserver und dem Ziellaufwerk.

Sie sollten außerdem die Dateipfadlänge mit einem Tool prüfen. Sind die Pfadlängen vom Stammverzeichnis bis zur letzten Datei nämlich länger als 255 Zeichen, kann es zu Problemen beim Kopiervorgang kommen und die Ordner bzw. Dateien werden nicht mit kopiert. Die zu langen Dateipfade müssen also vorher gekürzt werden.

12.7.2 Daten mithilfe von robocopy auf einen neuen Dateiserver migrieren

Seit Windows Server 2008 ist das Microsoft-Internals-Tool `robocopy` fester Bestandteil des Betriebssystems. Es liegt im Ordner *C:\Windows\SysWOW64*. Gestartet wird es über die Kommandozeilenaufforderung. Wie die meisten Werkzeuge lässt es sich über verschiedene Parameter steuern, die ausführlich dokumentiert sind. Die Hilfe rufen Sie mit dem Parameter `/?` auf.

In diesem Beispiel haben wir folgende Schalter genutzt, die wir in Tabelle 12.1 erklären:

```
robocopy Quelle Ziel /MIR /Log:Pfad_zur_Log-Datei /SEC /MT
```

Schalter	Bedeutung
`/MIR`	Spiegelt den gesamten Ordner, inklusive Unterordner und Dateien. Wenn der Vorgang mehrfach durchgeführt wird, werden alle nicht mehr vorhandenen Dateien oder Ordner im Zielpfad wieder gelöscht.
`/Log:Pfad zur Log-Datei`	Erstellt eine Logdatei, in der später die Fehler erkennbar sind bzw. der erfolgte Kopiervorgang in einer Übersicht dargestellt wird.
`/SEC`	Durch den Schalter werden die Zugriffsrechte auf die Ordner und Dateien direkt mit kopiert und müssen später nicht mehr verändert werden.
`/MT[:n]`	Multithreadkopien werden mit `n` Threads erstellt (Standardwert: 8). `n` muss zwischen 1 und 128 (einschließlich) liegen.

Tabelle 12.1 Verwendete Schalter des Befehls »robocopy«

12.7.3 Daten zwischen virtuellen Dateiservern migrieren

Wenn der neue und der alte Dateiserver jeweils eine virtuelle Maschine ist, kann die Datenfestplatte, sofern sie einzeln vorhanden ist, vom alten Server auf den neuen Server umgehängt werden. Für das Umhängen der virtuellen Festplatte müssen Sie beide virtuellen Server herunterfahren. Entfernen Sie dann die virtuelle Festplatte vom alten Dateiserver und hängen Sie sie im neuen ein. Nun können Sie den neuen Dateiserver wieder starten und die Festplatte in der Datenträgerverwaltung online schalten. Danach müssen Sie nur noch die

Freigaben der Ordner und die Freigabeberechtigungen neu erstellen. Anschließend sind die Daten direkt wieder erreichbar und können auf dem neuen Server genutzt werden.

12.7.4 Weitere Schritte nach der Migration der Daten

Nach der Migration der Daten müssen Sie noch folgende Punkte beachten:

- Falls die Freigabe über DFS für die Nutzer bereitgestellt wird, muss der Pfad zur Freigabe angepasst werden. Danach sind die Daten für die Nutzer direkt wieder erreichbar.
- Wenn das Netzlaufwerk per GPO verteilt wird, muss die GPO angepasst und der neue Freigabename (UNC-Pfad) hinterlegt werden.
- Denken Sie ebenfalls an Third-Party-Software, die eventuell mit den Pfaden arbeitet – hier sei z. B. *SafeGuard LAN Crypt* genannt. An dieser Software sind gegebenenfalls Nacharbeiten notwendig.
- Überprüfen Sie, ob alle Daten migriert wurden und ob alle Nutzer auf die Freigaben zugreifen können.
- Schalten Sie den alten Dateiserver ab, damit kein Nutzer bzw. keine Anwendung mehr auf ihn zugreifen kann.
- Deaktivieren Sie die Berechtigungsvererbung vom Wurzelverzeichnis aus, da sonst der »authentifizierte Nutzer« auf alle Dateien lesend zugreifen kann.

12.7.5 Einen Dateiserver über die Domänen hinaus migrieren

Wenn Sie Daten über die Domäne hinaus migrieren, müssen Sie an die neuen Berechtigungen denken. Sie können die Migration genau so durchführen, wie wir in Abschnitt 12.7.2 erklärt haben; lassen Sie aber den Schalter `/Sec` bei dem Befehl `robocopy` weg. Dann werden die Daten ohne die Zugriffsberechtigungslisten übertragen. Richten Sie die Berechtigungen später per Skript oder manuell ein. Die Schritte unter Punkt 12.7.4 müssen Sie ebenfalls ausführen.

12.7.6 Dateiserver mit dem Storage Migration Service auf Server 2025 umziehen

Seit Windows Server 2019 ist der *Storage Migration Service* ein Teil der Installation und erleichtert den Umzug älterer Dateiserver in moderne Umgebungen. Microsoft hat dabei nicht nur die Migration der freigegebenen Ordner und der Daten im Blick, sondern auch die Migration von Sicherheitseinstellungen wie den NTFS-Berechtigungen und der Freigaben. Einen Überblick sehen Sie in Abbildung 12.75.

Das Migrationstool verfügt nicht nur über einen größeren Funktionsumfang als `robocopy`, sondern ist auch einfacher zu bedienen. Zudem bietet es Ihnen Hilfestellungen zu den verschiedenen Migrationsschritten an:

- Freigaben inklusive ihrer Konfiguration müssen übertragen werden.
- Alle Sicherheitseinstellungen sollten möglichst mit übernommen werden, wenn keine neue Strukturierung angestrebt wird.
- Alle Daten müssen migriert werden, auch jene, die sich im Zugriff befinden oder die während der Migration geändert wurden.
- Datei-Attribute und -Informationen, Verschlüsselung und Komprimierungen müssen migriert werden.
- Netzwerkadressen, DNS-Konfiguration, Hostname und eventuell sogar lokale User sollten ebenfalls übertragen werden.

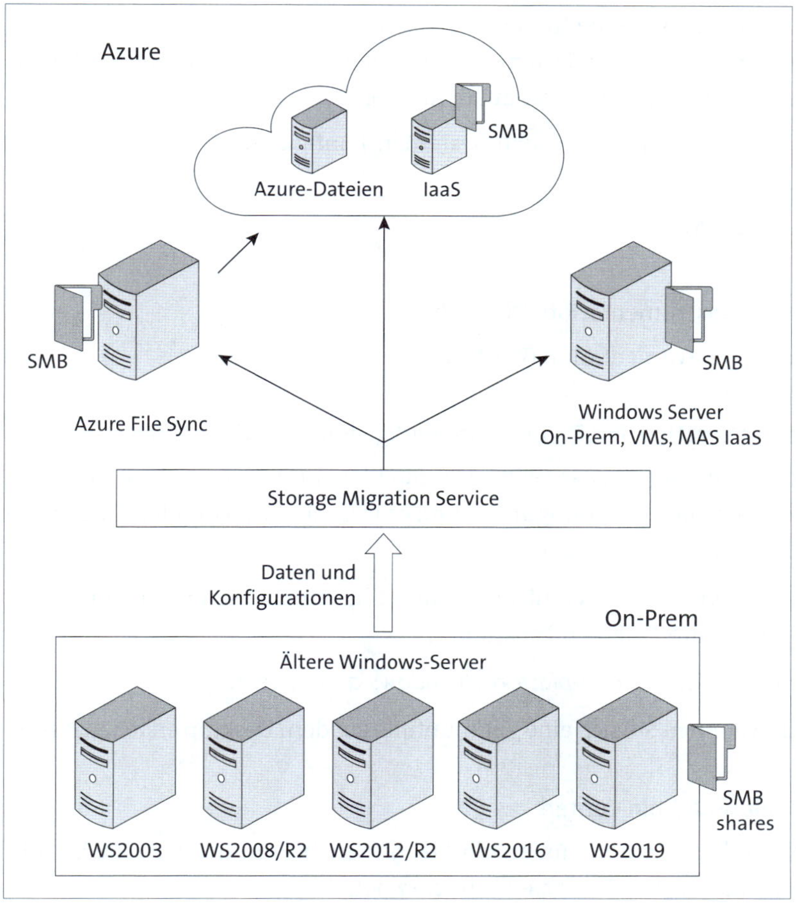

Abbildung 12.75 Migrationsmöglichkeiten mit dem »Storage Migration Service« in Windows Server 2025

Der Storage Migration Service durchsucht zunächst den zu migrierenden Quellserver nach Informationen zur Speicherkonfiguration, nach den Netzwerk- und Sicherheitseinstellungen, den SMB-Freigaben sowie den zu migrierenden Daten. Diese Daten werden im Anschluss übertragen. Der große Vorteil ist, dass der neue Server die Netzwerkeinstellungen und damit die Identität des Quellservers automatisch übernimmt. Sie können den Quellserver daher abschalten oder vom Netz nehmen, damit er nicht mehr erreichbar ist.

Systemvoraussetzungen für die Nutzung des Storage Migration Service

Um einen Windows Server 2025 zum *Orchestrator* zu machen, müssen Sie das Feature für die Storage-Migration aktivieren.

Das *Windows Admin Center* kann auf einem Management-System (Windows 10 ab Version 1709) zum Einsatz kommen, wenn die *Storage Migration Service Extensions* vorhanden sind. Die unterstützten Quellbetriebssysteme für die Migration von Diensten sind Windows Server 2003 bis 2025. Zudem müssen alle Systeme einer Domäne angehören und das Migrationskonto muss über Administrationsrechte auf dem Quell- bzw. Zielserver verfügen.

Sie müssen außerdem die Firewall auf beiden Systemen konfigurieren und für folgende Dienste öffnen:

- File and Printer Sharing (SMB-In)
- Netlogon Service (NP-In)
- Windows Management Instrumentation (DCOM-In)
- Windows Management Instrumentation (WMI-In)

Installation des Storage Migration Service und notwendige Rollen und Features

Über den Server-Manager müssen Sie das Feature *Storage Migration Service Proxy* installieren. Dabei wird WinRM aktiviert und konfiguriert, und es werden die passenden Einstellungen in der Windows-Firewall vorgenommen.

Falls Sie das *Windows Admin Center* noch nicht installiert haben, müssen Sie die Installationsdatei von Microsoft herunterladen und ausführen:

https://www.microsoft.com/de-de/cloud-platform/windows-admin-center

Am Ende der Installation können Sie sich eine Verknüpfung auf dem Desktop erstellen lassen.

Konfiguration des Windows Admin Centers

Wenn Sie das Windows Admin Center zum ersten Mal öffnen, bekommen Sie eine Einführungstour angezeigt, die Ihnen die wichtigsten Schritte zeigt.

Im Windows Admin Center können Sie links oben einen Server zum Admin Center HINZUFÜGEN (siehe Abbildung 12.76).

Abbildung 12.76 Einen Server zum Windows Admin Center hinzufügen

Wenn Sie einen Server ausgewählt und auf HINZUFÜGEN geklickt haben, verändert sich die rechte Spalte und Sie können den Namen des Servers eingeben.

Sobald Sie den Namen des Servers eingegeben haben, wird eine Verbindung zu dem System aufgebaut und es findet ein Anmeldeversuch statt. In Abbildung 12.77 konnte aufgrund der eingerichteten Kerberos-Delegierung eine Verbindung zum Zielserver aufgebaut werden. Sobald Sie auf HINZUFÜGEN klicken, wird der Server in der Liste angezeigt.

Abbildung 12.77 Einen Server zum Windows Admin Center hinzufügen

Ist der Anmeldeversuch nicht erfolgreich oder fehlen der angemeldeten Kennung die benötigten Rechte, bekommen Sie eine Meldung angezeigt und müssen eine Kennung mit ausreichenden Rechten hinterlegen.

Wenn Sie eine Kennung mit ausreichenden Rechten eingetragen haben, klicken Sie auf MIT ANMELDEINFORMATIONEN ÜBERMITTELN an (siehe Abbildung 12.78) und stellen damit die Verbindung zum Server her.

Konnte die Verbindung mit dem Server hergestellt werden, wird der Server in der Liste der Systeme angezeigt (Abbildung 12.79).

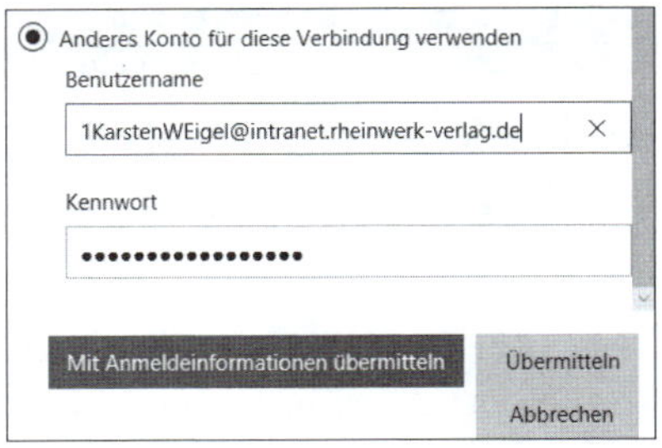

Abbildung 12.78 Anmeldung an dem Server mit einer anderen Kennung

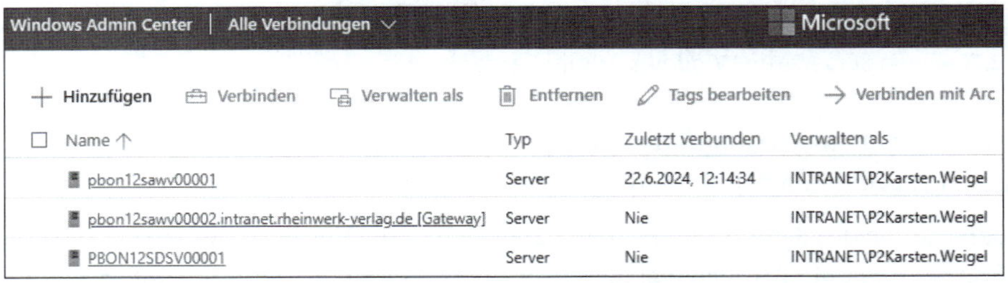

Abbildung 12.79 Darstellung des Servers, der zum Windows Admin Center hinzugefügt wurde

Wenn Sie nun den Servernamen anklicken, können Sie das System administrieren. Auf der linken Seite sehen Sie die möglichen Tools, unter anderem auch den Storage Migration Service. Wir haben diesen bereits angeklickt und bekommen dadurch die Optionen aus Abbildung 12.80 angezeigt. Da dies nur eine Infoseite ist, kann sie mit SCHLIESSEN ausgeblendet werden.

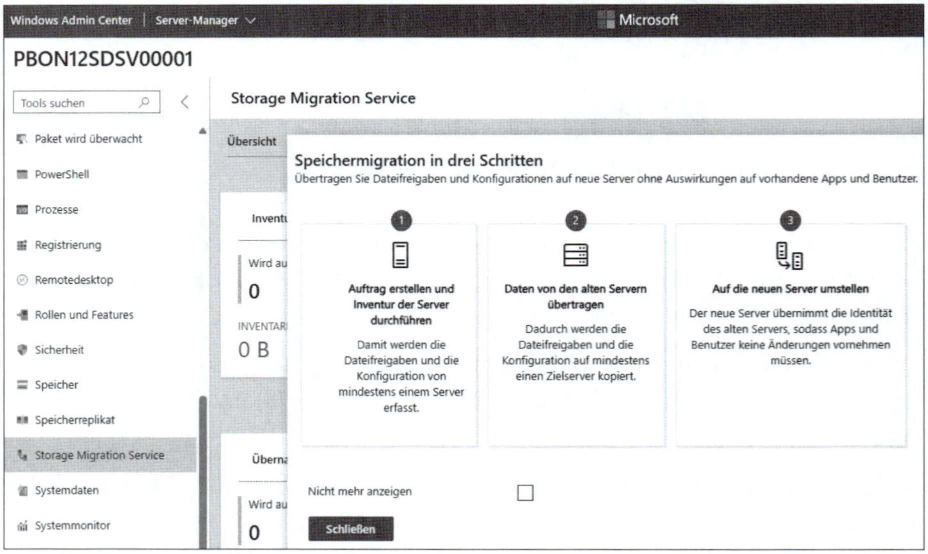

Abbildung 12.80 Anzeige der notwendigen Installation aller erforderlichen Komponenten

Falls Sie die erforderlichen Komponenten bereits installiert haben bzw. die Installation erfolgreich abgeschlossen wurde, werden die verfügbaren Optionen des Storage Migration Service angezeigt (siehe Abbildung 12.81).

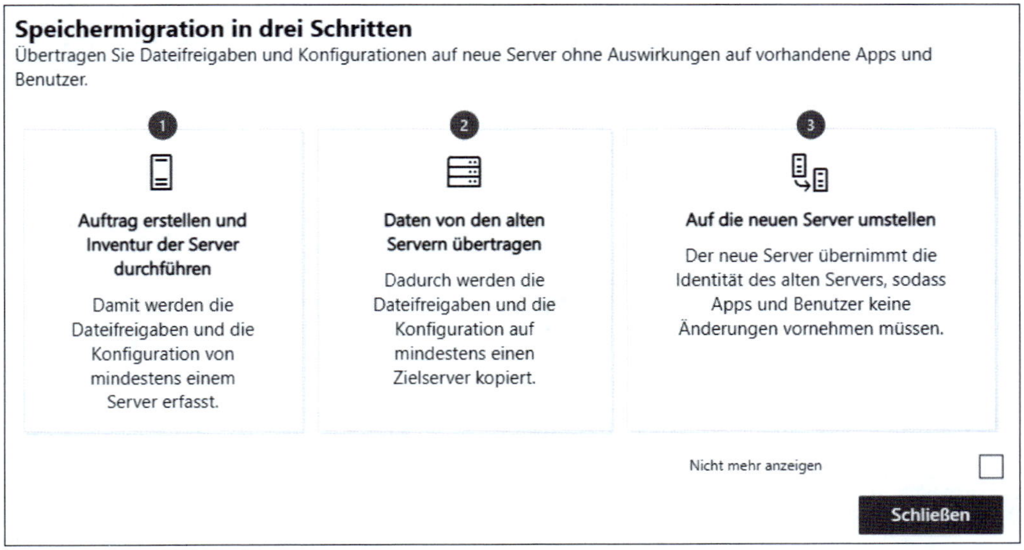
Speichermigration in drei Schritten
Übertragen Sie Dateifreigaben und Konfigurationen auf neue Server ohne Auswirkungen auf vorhandene Apps und Benutzer.
1
Auftrag erstellen und Inventur der Server durchführen
Damit werden die Dateifreigaben und die Konfiguration von mindestens einem Server erfasst.
2
Daten von den alten Servern übertragen
Dadurch werden die Dateifreigaben und die Konfiguration auf mindestens einen Zielserver kopiert.
3
Auf die neuen Server umstellen
Der neue Server übernimmt die Identität des alten Servers, sodass Apps und Benutzer keine Änderungen vornehmen müssen.
Nicht mehr anzeigen
Schließen

Abbildung 12.81 Die möglichen Optionen des Storage Migration Service

Einen neuen Auftrag fügen Sie mit + NEUER AUFTRAG hinzu (siehe Abbildung 12.82).

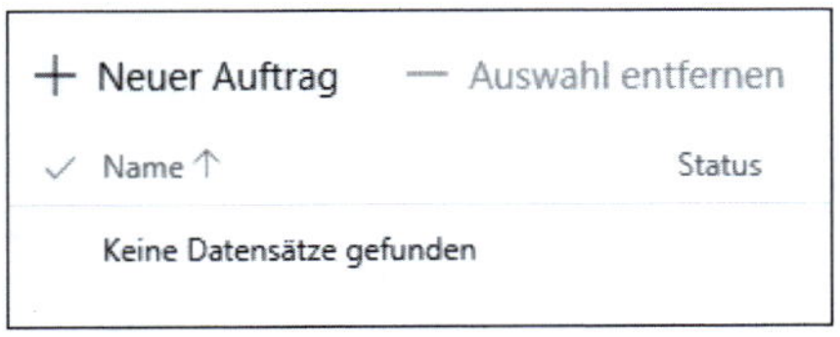
+ Neuer Auftrag
— Auswahl entfernen
Name ↑
Status
Keine Datensätze gefunden

Abbildung 12.82 Auswahl zum Erstellen eines neuen Auftrags

Als Erstes muss ein Auftragsname vergeben und mit OK bestätigt werden. Nach der Eingabe des Auftragsnamens werden Ihnen die Voraussetzungen angezeigt, die Sie überprüfen und erfüllen müssen, damit Sie die Daten unter Verwendung des STORAGE MIGRATION SERVER migrieren können.

Dann geht es auf der nächsten Seite weiter. Dort werden die Anmeldeinformationen für das zu migrierende System abgefragt (siehe Abbildung 12.84). Sobald Sie den Benutzernamen und das Kennwort eingegeben haben, können Sie mit WEITER fortfahren.

Storage Migration Service > Datenmigration
1 Inventarserver
2 Daten übertragen
3 Auf die neuen Server umstellen
Ereignisse
Voraussetzungen überprüfen
Anmeldeinformationen eingeben
Erforderliche Tools installieren
Geräte hinzufügen und überprüfen
Voraussetzungen überprüfen
Hier erfahren Sie, was Sie vor der Migration von SMB-Freigaben wissen müssen.
Wir können Migrieren von:
Server unter Windows Server 2003 oder höher
Windows Server-Cluster, die Windows Server 2008 R2 oder höher ausführen
Linux-Server, der Samba verwendet
NetApp FZ. b. Ausführung von ONTAP 9 oder höher (Sie müssen NetApp PowerShell Toolkit auf dem Orchestrator installieren) Weitere Informationen
Wir können Migrieren zu:
Server unter Windows Server 2012 R2 oder höher
Eigenständiger Windows-Server und -Failovercluster
Bewährte Methoden
Storage Migration Service auf der neuesten Version von Windows Server ausführen
Ändern von Dateien auf Quell- oder Zielservern während der Migration vermeiden
Nicht unterstützt
Domänenmigrationen oder Übernahme von Domänencontrollern
Dateien oder Ordner werden übertragen, die das Betriebssystem behindern könnten
Konsolidierung mehrerer Server in einem Server (obwohl mehrere Server zu einem Failovercluster migrieren können)
Lokal installierte Apps werden migriert (obwohl wir lokale Benutzer und Gruppen migrieren können)

Abbildung 12.83 Voraussetzungen für die Nutzung des Storage Migration Service

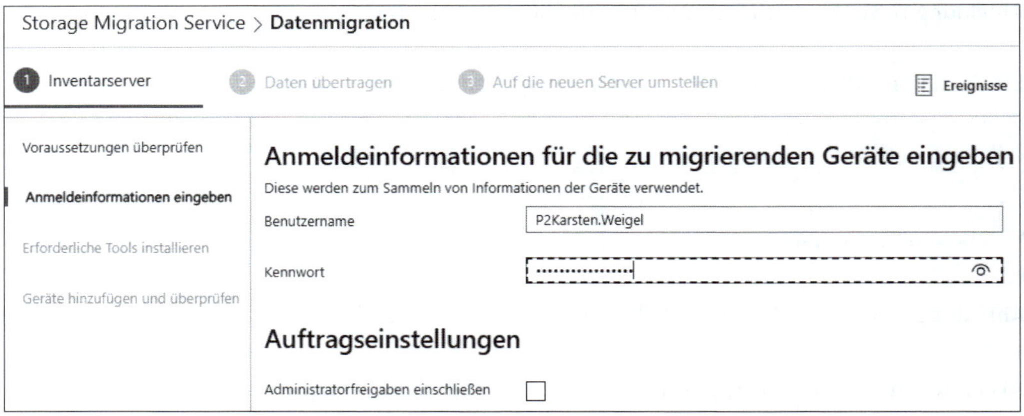
Storage Migration Service > Datenmigration
1 Inventarserver
2 Daten übertragen
3 Auf die neuen Server umstellen
Ereignisse
Voraussetzungen überprüfen
Anmeldeinformationen eingeben
Erforderliche Tools installieren
Geräte hinzufügen und überprüfen
Anmeldeinformationen für die zu migrierenden Geräte eingeben
Diese werden zum Sammeln von Informationen der Geräte verwendet.
Benutzername
P2Karsten.Weigel
Kennwort
Auftragseinstellungen
Administratorfreigaben einschließen

Abbildung 12.84 Eingabe der notwendigen Kennung für das Quellsystem

Nun wird geprüft, ob erforderliche Features installiert werden müssen. Im nächsten Schritt (siehe Abbildung 12.85) klicken Sie auf GERÄT HINZUFÜGEN, geben den Namen des Quellservers ein und klicken auf HINZUFÜGEN.

Sobald das System hinzugefügt wurde, klicken Sie auf ÜBERPRÜFUNG STARTEN (siehe Abbildung 12.86) und führen eine Inventarisierung des Systems durch.

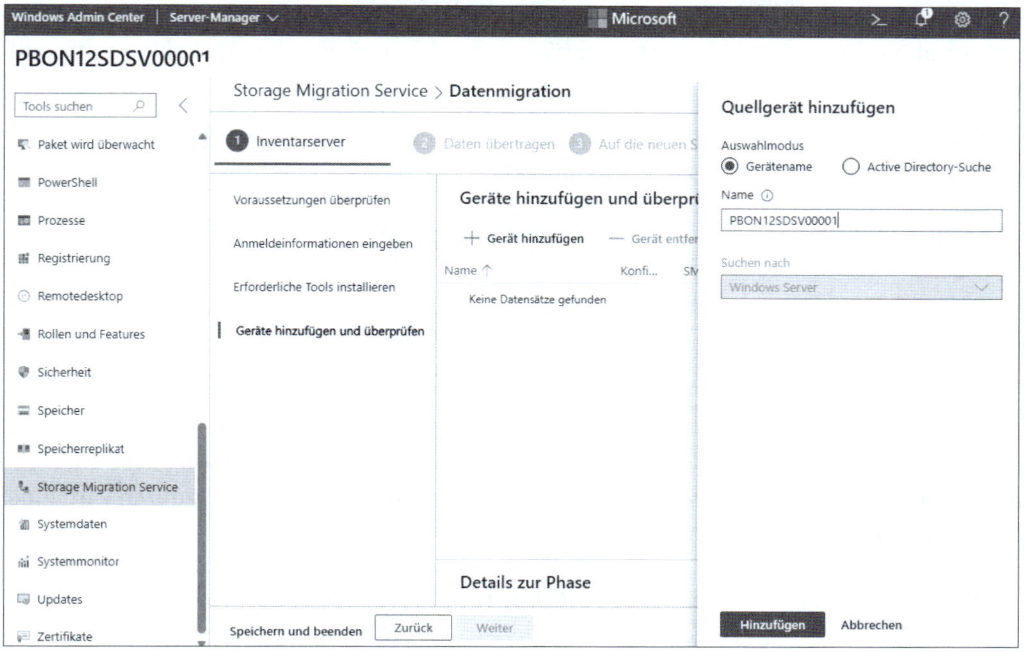

Abbildung 12.85 Den Quellserver zum Migrationsauftrag hinzufügen

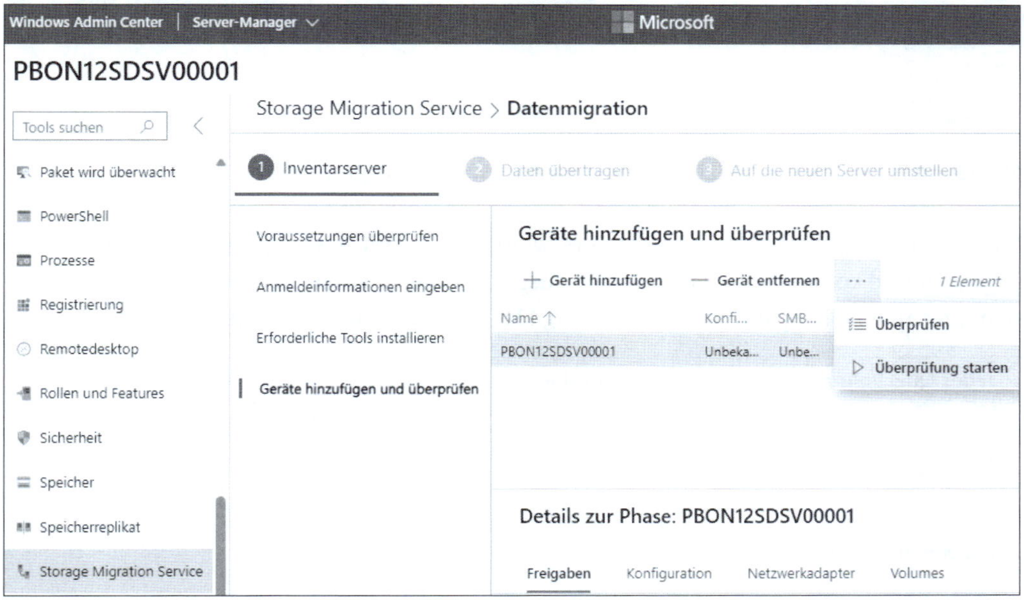

Abbildung 12.86 Die Überprüfung des Quellservers starten

Dieser Vorgang dauert eine Weile, die von der Datenmenge und der Übertragungsrate des Servers abhängig ist. Wurde die Inventarisierung erfolgreich durchgeführt, klicken Sie auf WEITER.

Als Nächstes müssen Sie die Anmeldeinformationen des Zielservers eingeben und sie danach mit WEITER bestätigen (siehe Abbildung 12.87).

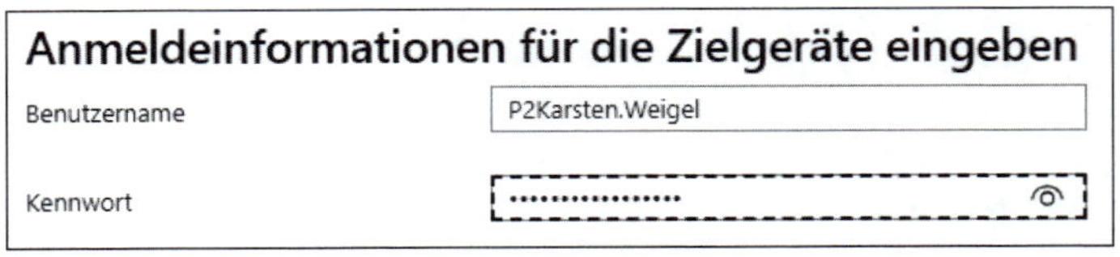

Abbildung 12.87 Die eingegebenen Anmeldeinformationen für das Zielsystem

Der Name des Zielsystems ist erforderlich und muss im Dialog aus Abbildung 12.88 eingegeben werden. Wenn Sie ihn eingetragen haben, klicken Sie auf SCANNEN. Dadurch wird eine Verbindung zum Zielsystem hergestellt.

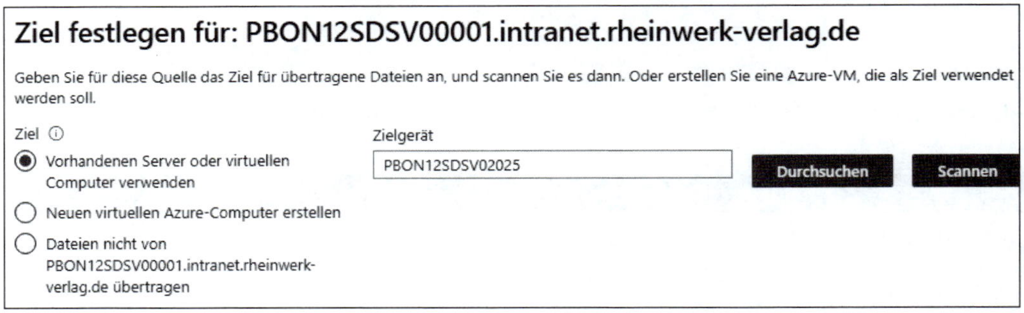

Abbildung 12.88 Eingabe des Zielsystems im Windows Admin Center

Nach dem erfolgreichen Scan des Systems werden die ermittelten Laufwerke und Freigaben angezeigt und können von der Migration ausgeschlossen werden. In unserem Fall handelt es sich nur um eine Freigabe (siehe Abbildung 12.89) und wir müssen nichts weiter ändern.

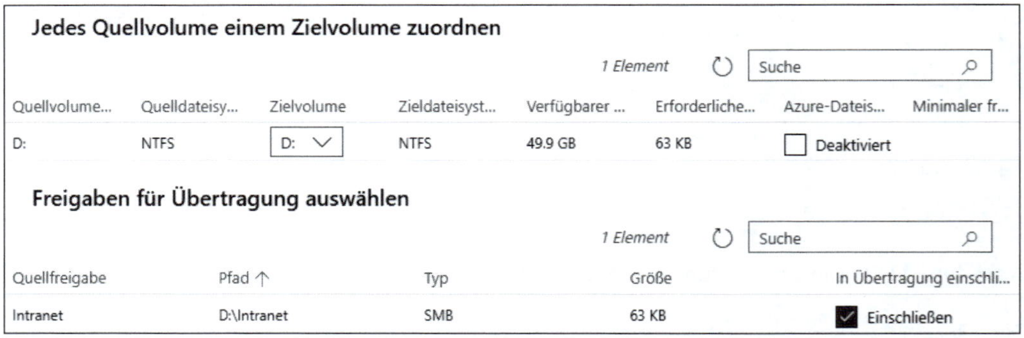

Abbildung 12.89 Die gefundenen Laufwerke und Freigaben auf Quell- und Zielserver

Klicken Sie auf WEITER, um im nächsten Fenster (siehe Abbildung 12.90) folgende Punkte festzulegen:

- Sichern von Ordnern, die überschrieben werden würden
- Übertragungsvalidierung außer Kraft setzen
- Überprüfungsmethode (Prüfsumme) verwenden
- die maximale Dauer
- Benutzer und Konten migrieren
- die Anzahl der Wiederholungen
- die Verzögerung zwischen den Wiederholungen

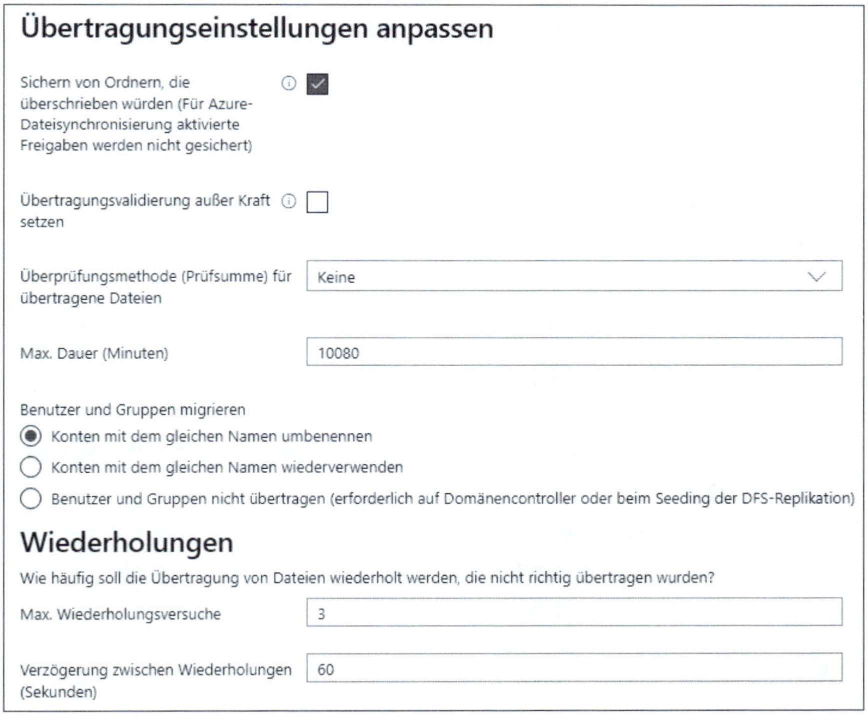

Abbildung 12.90 Mögliche Anpassungen für die Datenmigration

Nachdem Sie alle Einstellungen vorgenommen haben, werden erforderliche Features auf dem zweiten Server geprüft; falls eine Installation notwendig ist, werden zusätzliche Features automatisch installiert. Für die Anmeldung an dem zweiten Server können Sie das Windows-Konto verwenden (vorausgesetzt, dieses hat die erforderlichen Rechte); alternativ Sie können die Anmeldeinformationen eines anderen Kontos eingeben.

Auf der letzten Seite vor der endgültigen Übertragung der Daten können Sie beide Server noch einmal überprüfen lassen (siehe Abbildung 12.91). Durch diese Überprüfung können Sie letzte Fehler finden bzw. vermeiden.

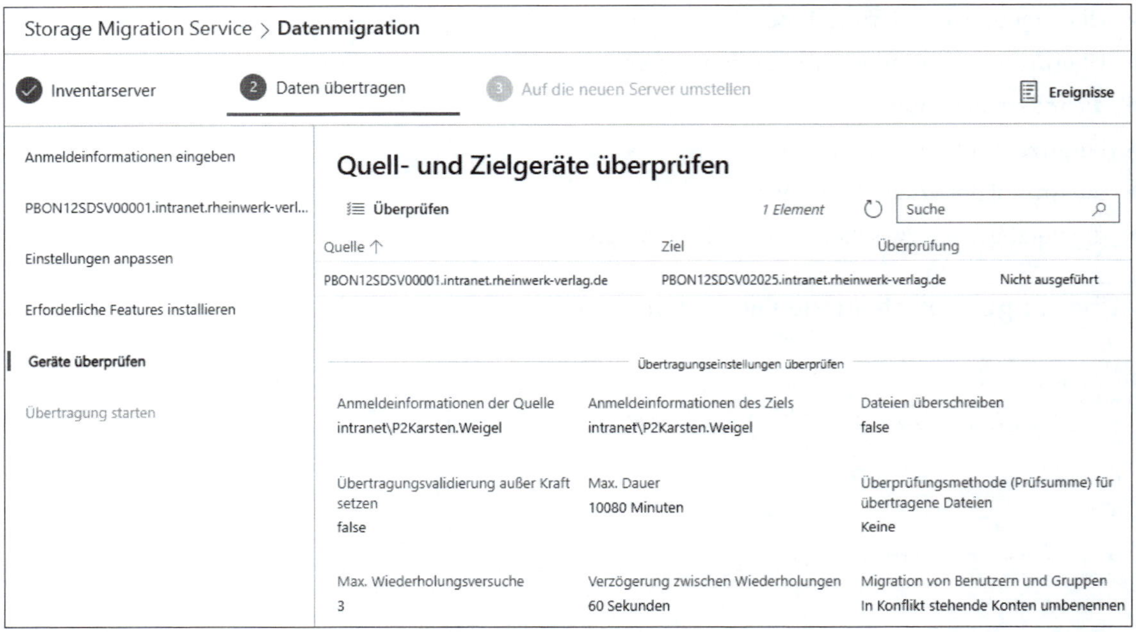

Abbildung 12.91 Letztmalige Überprüfung der Systeme, bevor die Übertragung beginnt

War die Übertragung erfolgreich, wird dies auf der rechten Seite unter dem Punkt ÜBERPRÜFUNG mit ERFOLGREICH angezeigt.

Sobald die Überprüfung abgeschlossen ist, können Sie mit WEITER zur letzten Seite gehen. Auf ihr starten Sie mit den vorgenommenen Einstellungen die Übertragung der Daten vom alten auf den neuen Dateiserver (siehe Abbildung 12.92).

Abbildung 12.92 Die letzte Seite mit der Möglichkeit, die Übertragung zu starten

In unserem Beispiel konnte die Übertragung erfolgreich abgeschlossen werden. Sie hat nur 3 Sekunden gedauert, wie Sie Abbildung 12.93 entnehmen können.

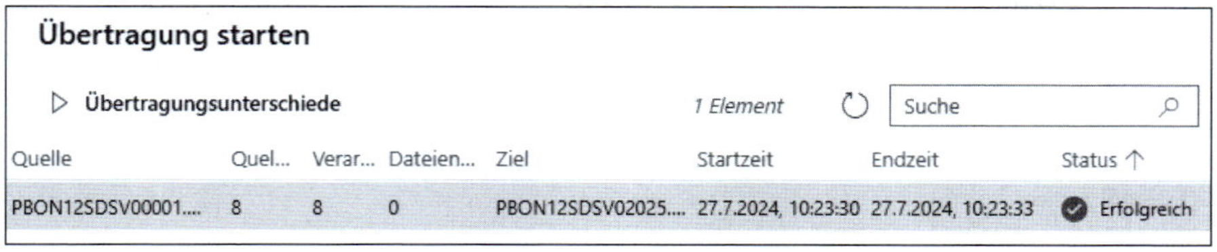

Abbildung 12.93 Der Datenbestand des alten Dateiservers wurde erfolgreich übertragen.

Damit ist die Migration der Ordner, Dateien und Freigaben auf den neuen Dateiserver abgeschlossen.

Als Letztes führt der Assistent noch die Umstellung des neuen Servers auf die IP-Adresse und den Namen des alten Servers durch, sodass Sie keine weiteren Third Party Tools oder Einstellungen mehr anpassen müssen. Nach dem letzten Schritt ist das neue System unter der alten IP-Adresse und dem alten Namen erreichbar. Die eben verwendeten Anmeldeinformationen (siehe Abbildung 12.94) sind im System noch gespeichert und können weiterhin genutzt werden. Mit WEITER gelangen Sie auf die nächste Seite.

12

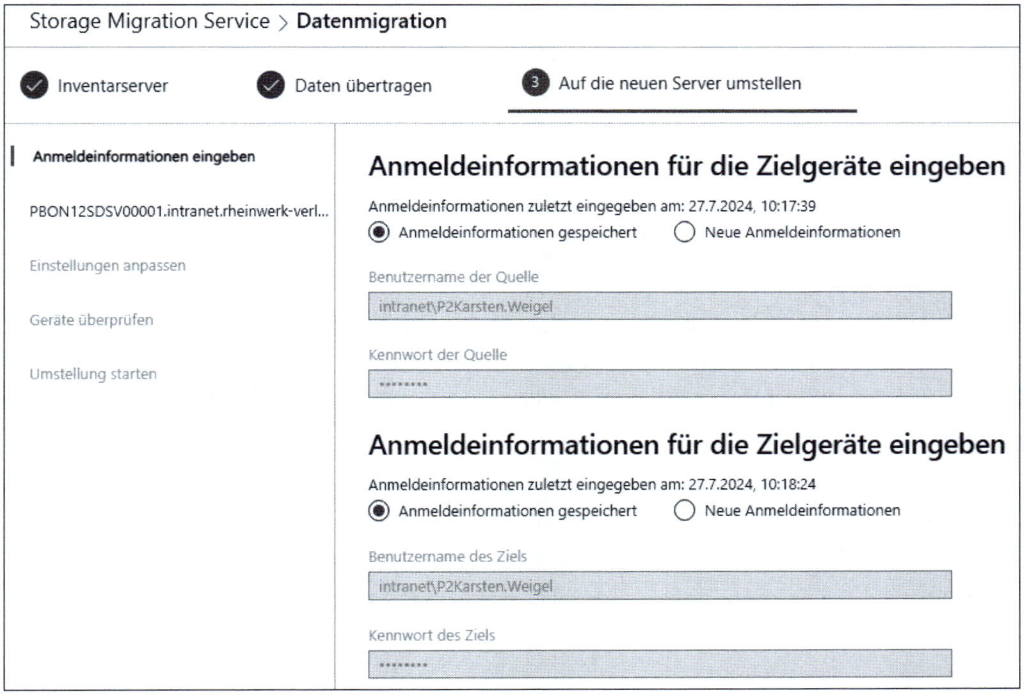

Abbildung 12.94 Die Anmeldeinformationen für den letzten Schritt werden abgefragt.

Im Dialog aus Abbildung 12.95 wird abgefragt, auf welche Netzwerkkarte des Zielservers die Daten der Netzwerkkarte des Quellservers geschrieben werden sollen. Für den Quellserver ist die Verwendung von DHCP festgelegt worden. Außerdem wird nach dem neuen Namen des Quellservers gefragt. Hier können Sie einen Namen festlegen oder den Assistenten durch Zufallsprinzip einen Namen festlegen lassen.

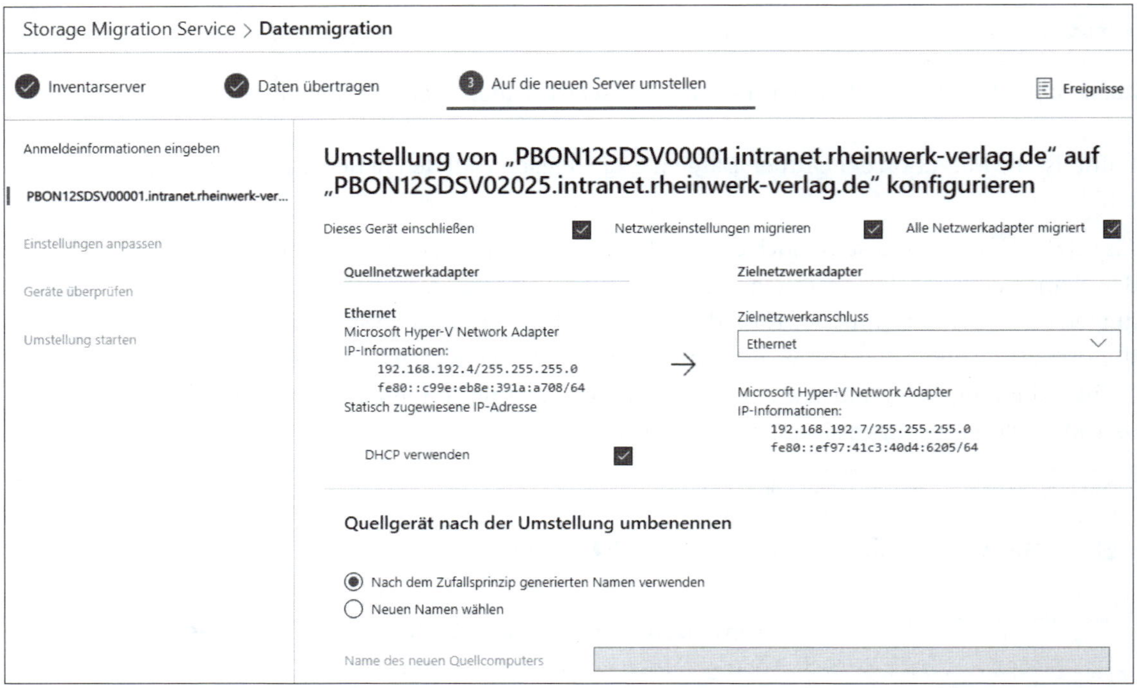

Abbildung 12.95 Der Adapter und der neue Name werden für die Umstellung abgefragt.

Nun wird die maximale Zeit abgefragt, in der der Quellserver die Umstellung abgeschlossen haben soll. Als Standardwert waren bei uns 2880 Minuten festgelegt, was wir für zu lange halten und auf 30 Minuten gekürzt haben. Klicken Sie auf WEITER, um fortzufahren.

Vor der endgültigen Umstellung findet noch einmal eine letzte Überprüfung für den bevorstehenden Arbeitsschritt statt (siehe Abbildung 12.96). Wenn Sie sich sicher sind, klicken Sie einfach auf ÜBERPRÜFEN. Achten Sie dann auf das Ergebnis in der Spalte ÜBERPRÜFUNG. Ist die Überprüfung erfolgreich, können Sie mit WEITER auf die Umstellungsseite wechseln.

Abbildung 12.96 Überprüfungsseite vor dem letzten Arbeitsschritt der Migration

Nun kann die Umstellung der Netzwerkkarte und des Computernamens beginnen. Klicken Sie einfach auf UMSTELLUNG STARTEN (siehe Abbildung 12.97), und schon legt der Assistent los.

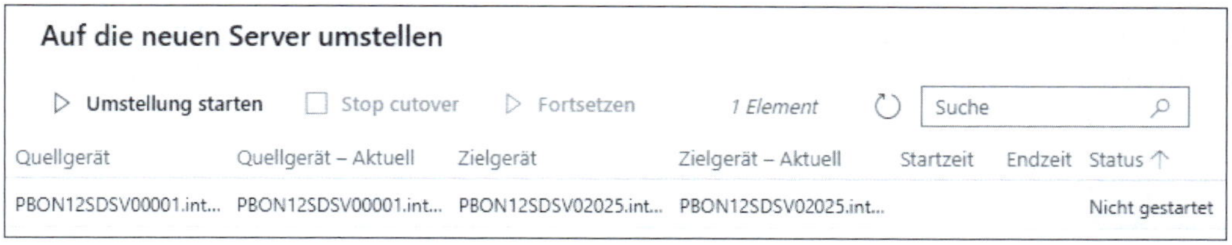

Abbildung 12.97 Der letzte Menüpunkt für die Umstellung der Netzwerkkarte und des Computernamens

Sobald die Umstellung abgeschlossen ist, sehen Sie in der Spalte STATUS den Status der Umstellung. Wenn die Netzwerkkarteneigenschaften und Computernamen umgestellt sind, starten beide Systeme neu. Die Anpassung des DNS-Eintrags der Systeme und die Namensanpassung erfolgt automatisch beim Neustart der Server. Durch einen Klick auf FERTIGSTELLEN beenden Sie den Assistenten.

Probleme bei der Migration

Während des letzten Schritts wird der Zielserver umbenannt und aus der Domäne entfernt. Wenn aber die Kennung, die für die Anpassung genutzt wird, keine Rechte im Active Directory (AD) hat, kann das System nicht mehr ins AD aufgenommen werden. Dieser Schritt muss dann manuell erfolgen oder Sie müssen eine Kennung verwenden, die über die Rechte für die notwendige OU verfügt.

Außerdem ist uns aufgefallen, dass der Zielserver zwar die IP-Adresse des Quellservers erhält, aber seine ursprüngliche IP-Adresse dennoch behält. Dies müssen Sie, falls erforderlich, nachträglich noch korrigieren!

12.8 Migration eines Hyper-V-Servers

Damit die *virtuellen Maschinen (VMs)* von einem Hyper-V-Server auf den anderen verschoben werden können und danach direkt funktionieren, müssen Sie dafür sorgen, dass auf dem neuen Hyper-V-Server die gleichen virtuellen Switches vorhanden sind. Kann das nicht gewährleistet werden, müssen Sie die Netzwerkkarteneinstellungen des virtuellen Servers anpassen, bevor er zum ersten Mal auf dem neuen Hyper-V-Server in Betrieb genommen wird.

Um einen virtuellen Server von einem alten Hyper-V-Server auf einen neuen zu migrieren, gibt es zwei unterschiedliche Wege.

12.8.1 Migration einer virtuellen Maschine durch Exportieren und Importieren

Damit Sie die VM exportieren können, fahren Sie diese herunter bzw. schalten Sie sie aus. Der Exportvorgang kann nur gestartet werden, wenn die VM den Status AUS hat.

Verbinden Sie sich mit dem Hyper-V-Manager auf den Hyper-V-Server, von dem Sie die VMs exportieren wollen. Klicken Sie die VM mit der rechten Maustaste an, und wählen Sie EXPORTIEREN aus (siehe Abbildung 12.98).

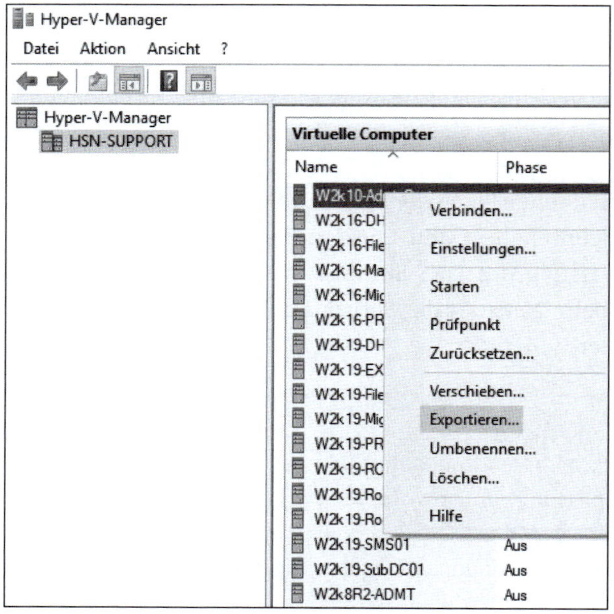

Abbildung 12.98 Eine VM im Hyper-V-Manager exportieren

Nachdem Sie auf EXPORTIEREN geklickt haben, werden Sie nach dem SPEICHERORT gefragt, an dem die Dateien der VM abgelegt werden sollen (siehe Abbildung 12.99).

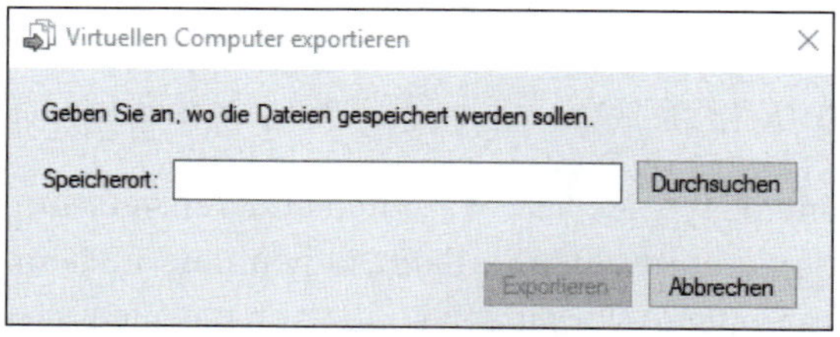

Abbildung 12.99 Auswahl des Speicherortes für die Dateien der VM

Nachdem Sie den Speicherort eingetragen haben, beginnt der Export der VMs an den genannten Speicherort. Der Fortschritt des Exports wird im Hyper-V-Manager angezeigt (siehe Abbildung 12.100).

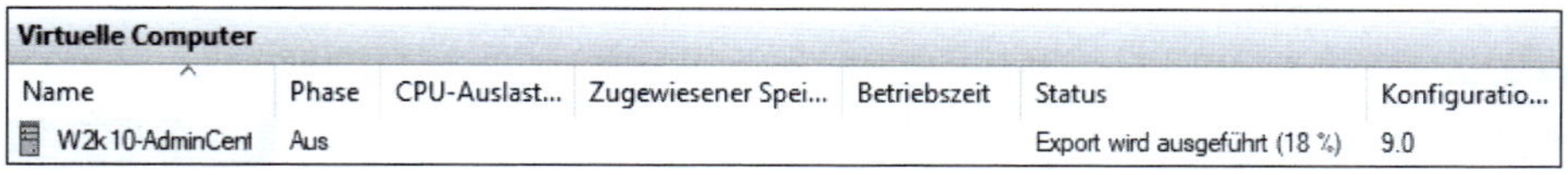

Abbildung 12.100 Fortschrittsanzeige im Hyper-V-Manager

Wurde der Export erfolgreich abgeschlossen, sollten Sie die VM nicht mehr starten. Wird die VM nämlich noch einmal gestartet und werden Änderung durchgeführt, wird der Export nicht mehr aktualisiert. Sind bei der exportierten VM Speicherpunkte vorhanden, werden diese ebenfalls exportiert. Der komplette Ordner der VM wird auf das Zielmedium exportiert. Es muss vorher kein Zielordner erstellt werden.

Jetzt verbinden Sie sich mit dem Hyper-V-Manager des neuen Servers: Entweder verwenden Sie die Konsole des Hyper-V-Managers auf dem alten Server und verbinden sich auf den neuen Hyper-V-Server (siehe Abbildung 12.101) oder Sie stellen eine Verbindung zum Server remote her und starten die Konsole so.

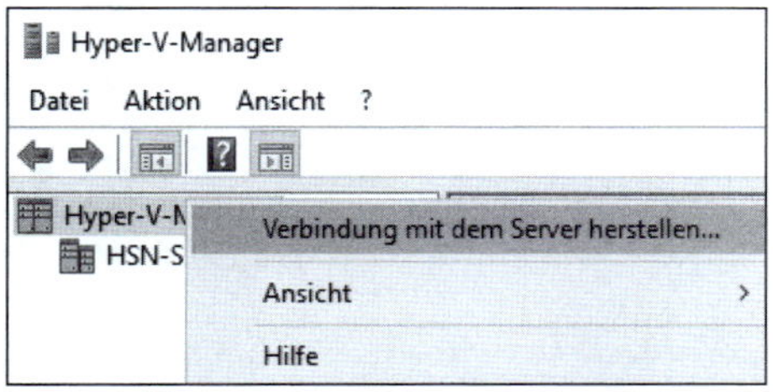

Abbildung 12.101 Verbindung zum neuen Hyper-V-Server über die Verwaltungskonsole des alten Hyper-V-Servers

Sind Sie mit dem neuen Hyper-V-Server verbunden, müssen Sie Zugriff auf die exportierten Dateien haben. Wenn Sie die Dateien auf einer externen Festplatte gesichert haben, dann verbinden Sie die Festplatte mit dem neuen Server. Wenn die VM nicht im Standardordner für VMs abgelegt werden soll, kopieren Sie den gesamten Ordner auf die Festplatte, von der die VM später geladen wird, und wählen dann beim Importtyp DIREKT REGISTRIEREN aus. Beim Importvorgang wird dieser Ordner dann in der VM hinterlegt und nicht mehr angepasst.

Klicken Sie nun im Hyper-V-Manager mit der rechten Maustaste auf den Namen des Servers, und wählen Sie VIRTUELLEN COMPUTER IMPORTIEREN aus (siehe Abbildung 12.102).

Danach startet direkt der Assistent für den Importvorgang (siehe Abbildung 12.103). Als Erstes wird der Willkommensbildschirm angezeigt. Diesen können Sie direkt mit WEITER überspringen. Wenn Sie diesen Assistenten öfter ausführen werden, können Sie auf der ersten Seite unten auch den Punkt DIESE SEITE NICHT MEHR ANZEIGEN auswählen. Der Assistent wird dann den Willkommensbildschirm in Zukunft überspringen.

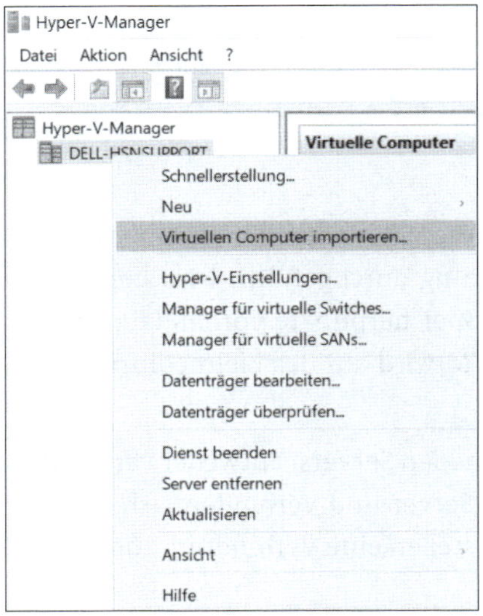

Abbildung 12.102 Auswahl des Menüpunkts »Virtuellen Computer importieren«

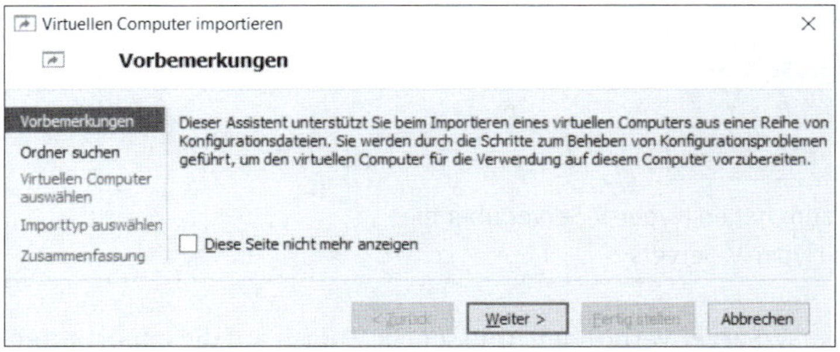

Abbildung 12.103 Start des Assistenten für den Import der VM

Auf der zweiten Seite (siehe Abbildung 12.104) muss der Ordner ausgewählt werden, in den Sie den Ordner gerade kopiert bzw. verschoben haben.

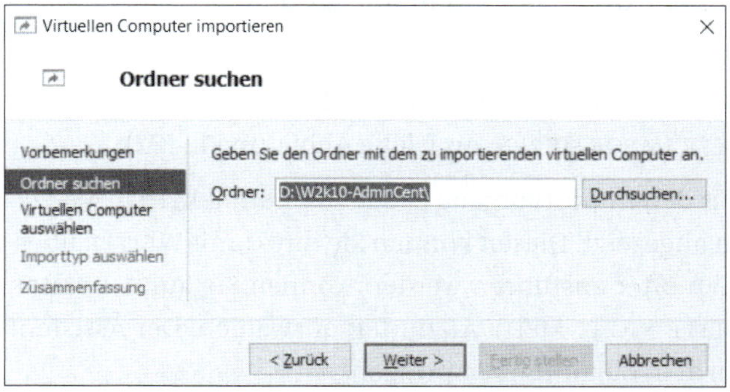

Abbildung 12.104 Auswahl des Ordners, in dem die Dateien der VM gespeichert sind

Auf die Reihenfolge kommt es an

Verschieben bzw. kopieren Sie Ordner zuerst an den neuen Ort! Machen Sie diesen Schritt nämlich nicht vorher, wird die VM von der externen Festplatte oder dem Netzlaufwerk eingebunden und ist dann eventuell sehr langsam oder sogar nicht mehr verfügbar, wenn Sie die externe Platte vom Server trennen!

Nachdem Sie den Ordner ausgewählt und Ihre Auswahl mit WEITER bestätigt haben, wird die VM in dem Ordner gesucht und im folgenden Fenster inklusive des Erstellungsdatums angezeigt (siehe Abbildung 12.105).

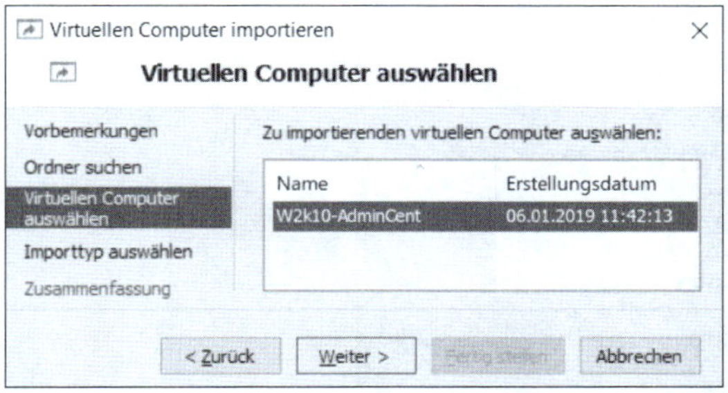

Abbildung 12.105 Die gefundene VM wird mit dem Erstellungsdatum des Exports angezeigt.

Klicken Sie auf WEITER, und wählen Sie einen Importtyp (siehe Abbildung 12.106).

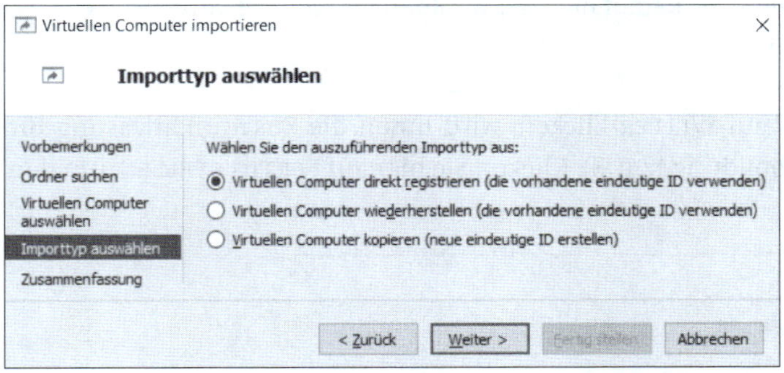

Abbildung 12.106 Auswahl des Importtyps zur Bestimmung der späteren eindeutigen ID

Der erste Punkt bedeutet, dass die VM importiert wird, ohne dass ihre Dateien in die Standardverzeichnisse für Hyper-V kopiert oder verschoben werden. Die eindeutige ID der VM bleibt bei diesem Vorgang erhalten. Das Wiederherstellen (zweiter Punkt) bewahrt ebenfalls die ID der VM. Bei dieser Option werden sowohl die Metadaten (*.xml*) als auch die virtuellen Festplatten in die vorgegebenen Verzeichnisse des Hypervisors kopiert. Eventuell vorhandene Snapshots oder Hibernate-Zustände der VM werden nicht übernommen. Bei dieser Variante ist es sinnvoll, am Ende die Quell-VM zu löschen oder aufgrund des möglichen ID-Konflikts nicht auf dem Host zu starten, auf dem sie importiert wurde. Das Kopieren (dritter

Punkt) bewirkt das gleiche Ergebnis wie das Wiederherstellen, nur dass die VM im Zielverzeichnis eine neue ID erhält. Daher lässt sich dieses Verfahren nutzen, um eine VM zu klonen. Bei Bedarf können Sie im Wizard für die Kopie ein alternatives Verzeichnis auswählen.

Haben Sie sich für einen Typ entschieden und WEITER angeklickt, wir die Konfiguration der VM eingelesen und mit dem neuen Hyper-V-Server verglichen. Ist zum Beispiel der virtuelle Switch nicht vorhanden, wird der Fehler aus Abbildung 12.107 angezeigt, und Sie müssen die richtige Verbindung auswählen. Hier sollten Sie prüfen, dass der ausgewählte Switch über die gleichen Anbindungseigenschaften wie der vorherige Switch auf dem alten Hyper-V-Server verfügt.

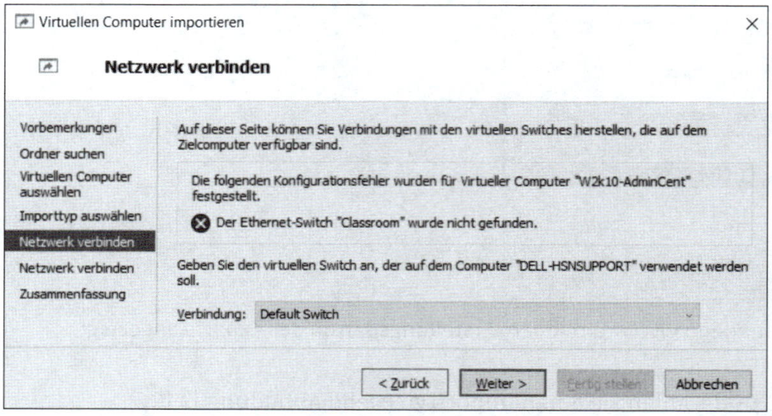

Abbildung 12.107 Der Assistent weist Sie darauf hin, dass die Konfiguration des virtuellen Switchs nicht mit der VM zusammenpasst.

Wenn Sie nun ein letztes Mal auf WEITER klicken, wird Ihnen die Zusammenfassung für den Import angezeigt (siehe Abbildung 12.108). Klicken Sie hier auf FERTIG STELLEN, um den Importvorgang zu starten.

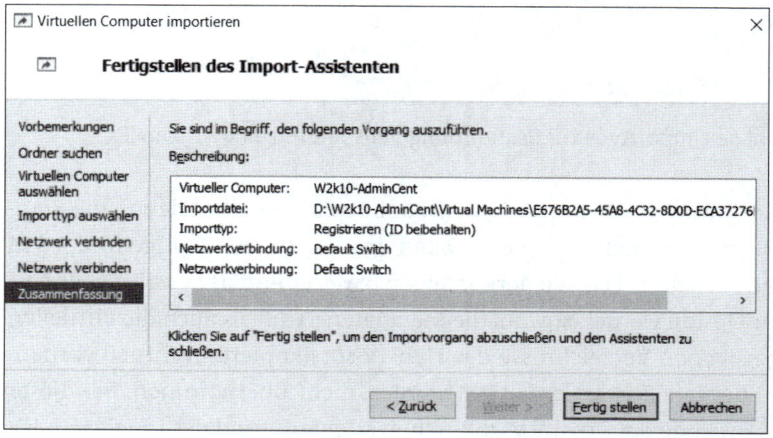

Abbildung 12.108 Die Zusammenfassung des Importvorgangs wird angezeigt.

Wurde die VM erfolgreich importiert, ist sie im Hyper-V-Manager zu sehen und kann direkt gestartet werden. Falls ein Speicherpunkt vorhanden gewesen ist, werden Sie gefragt, ob Sie zu diesem zurückspringen wollen oder ob die VM fortgesetzt werden soll. Zum Fortsetzen klicken Sie auf WEITER.

Damit ist der Import über den Hyper-V-Manager abgeschlossen.

12.8.2 Migration einer virtuellen Maschine mithilfe der PowerShell

Das Cmdlet für den Export heißt `Export-VM`. Sofern Sie den Namen der VM kennen, können Sie direkt mit `Export-VM` und den entsprechenden Optionen (Name der VM, Export-Pfad etc.) die VM exportieren. Welche VMs auf dem System vorhanden sind, zeigt Ihnen das Cmdlet `Get-VM`:

```
PS C:\Windows\system32> Get-VM

Name             State CPUUsage(%) MemoryAssigned(M) Uptime   Status          Version
----             ----- ----------- ----------------- ------   ------          -------
W2k10-AdminCent Off   0           0                 00:00:00 Normaler Betrieb 9.0
W2k16-DHCP01    Off   0           0                 00:00:00 Normaler Betrieb 9.0
W2k16-File01    Off   0           0                 00:00:00 Normaler Betrieb 9.0
W2k16-Master    Off   0           0                 00:00:00 Normaler Betrieb 9.0
W2k16-MigDC01   Off   0           0                 00:00:00 Normaler Betrieb 9.0
W2k16-PR01      Off   0           0                 00:00:00 Normaler Betrieb 9.0
W2k19-DHCP01    Off   0           0                 00:00:00 Normaler Betrieb 9.0
W2k19-EXTDC01   Off   0           0                 00:00:00 Normaler Betrieb 9.0
W2k19-File01    Off   0           0                 00:00:00 Normaler Betrieb 9.0
W2k19-MigDC01   Off   0           0                 00:00:00 Normaler Betrieb 9.0
W2k19-PR01      Off   0           0                 00:00:00 Normaler Betrieb 9.0
W2k19-RODC      Off   0           0                 00:00:00 Normaler Betrieb 9.0
W2k19-RootDC01  Off   0           0                 00:00:00 Normaler Betrieb 9.0
W2k19-RootDC02  Off   0           0                 00:00:00 Normaler Betrieb 9.0
W2k19-SMS01     Off   0           0                 00:00:00 Normaler Betrieb 9.0
W2k19-SubDC01   Off   0           0                 00:00:00 Normaler Betrieb 9.0
W2k8R2-ADMT     Off   0           0                 00:00:00 Normaler Betrieb 9.0
```

Haben Sie die VM zum Import ausgewählt, können Sie mit dem Cmdlet

```
Export-VM W2k10-ADminCent -Path D:\VMs
```

die VM exportieren.

Wollen Sie alle VMs auf einmal exportieren, können Sie den Befehl direkt durch eine Pipe getrennt absenden und verarbeiten lassen:

```
Get-VM | Export-VM -Path D:\VMs
```

Für das Importieren von VMs gibt es das Cmdlet `Import-VM`. Auch hier müssen Sie die drei verschiedenen Arten des Importvorgangs unterscheiden. Wie wir bereits in Abschnitt 12.8.1 erklärt haben, sind dies die folgenden:

- direktes Registrieren
- virtuellen Computer wiederherstellen
- virtuellen Computer kopieren

Was Sie in jedem Fall zum Importieren benötigen, ist der Name der *.vmcx*-Datei. Dazu wechseln Sie in das Verzeichnis der VM und dort in den Ordner *Virtual Machines* und lassen sich wie in Abbildung 12.109 den Namen anzeigen.

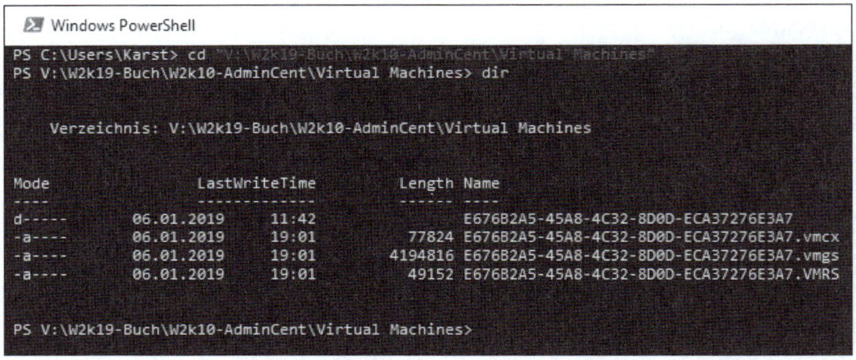
Windows PowerShell
PS C:\Users\Karst> cd "V:\W2k19-Buch\W2k10-AdminCent\Virtual Machines"
PS V:\W2k19-Buch\W2k10-AdminCent\Virtual Machines> dir
Verzeichnis: V:\W2k19-Buch\W2k10-AdminCent\Virtual Machines
Mode LastWriteTime Length Name
d----- 06.01.2019 11:42 E676B2A5-45A8-4C32-8D0D-ECA37276E3A7
-a---- 06.01.2019 19:01 77824 E676B2A5-45A8-4C32-8D0D-ECA37276E3A7.vmcx
-a---- 06.01.2019 19:01 4194816 E676B2A5-45A8-4C32-8D0D-ECA37276E3A7.vmgs
-a---- 06.01.2019 19:01 49152 E676B2A5-45A8-4C32-8D0D-ECA37276E3A7.VMRS
PS V:\W2k19-Buch\W2k10-AdminCent\Virtual Machines>

Abbildung 12.109 Den Namen der ».vmcx«-Datei für den bevorstehenden Import anzeigen lassen

Direktes Registrieren

Bei diesem Verfahren wird der Speicherort des VM-Pfades verwendet und auch die ID des virtuellen Computers bleibt gleich. Dieser Importvorgang funktioniert natürlich nur, wenn der Computer nicht schon im Hyper-V-Server registriert ist. Sollte er vorhanden sein, müssen Sie ihn vorher löschen. Der vollständige PowerShell-Aufruf lautet:

```
Import-VM -Path 'D:\VMs\W2k10-AdminCent\Virtual Machines\E676B2A5-45A8-4C32-8D0D-
  ECA37276E3A7.vmcx'
```

Den virtuellen Computer wiederherstellen

Möchten Sie den virtuellen Computer an einem neuen Speicherort wiederherstellen, dann benötigen Sie noch zusätzlich einige Parameter wie `-Copy`, `-VhdDestinationPath` oder `-VirtualMachinePath`. Sie dürfen aber nicht vergessen, dass bei dieser Art des Imports noch keine neue ID erzeugt wird.

```
Import-VM -Path 'D:\VMs\W2k10-AdminCent\Virtual Machines\E676B2A5-45A8-4C32-8D0D-
  ECA37276E3A7.vmcx' -Copy -VhdDestinationPath 'C:\VMs\W2k10-AdminCent\
  Virtual Hard Disks' -VirtualMachinePath 'C:\VMs\W2k10-AdminCent\Virtual Machines'
```

Den virtuellen Computer kopieren

Bei dieser Art des Importierens wird zusätzlich noch eine neue ID für den virtuellen Computer erstellt. Sie erreichen das mit dem Parameter `-GenerateNewId`:

```
Import-VM -Path 'C:\VMs\W2k10-AdminCent\Virtual Machines\E676B2A5-45A8-4C32-8D0D-
  ECA37276E3A7.vmcx' -Copy -GenerateNewId
```

Ganz klar besteht der Vorteil bei der PowerShell darin, dass Sie das Exportieren sowie auch das Importieren automatisieren können, z. B. durch ein Backup-Skript, das in regelmäßigen Abständen einen Export der virtuellen Computer durchführt. Die Automatisierung könnten Sie durch einen Task in der Aufgabenplanung erreichen. Durch die hier dargestellte Möglichkeit ergeben sich mit der PowerShell viel mehr Alternativen als mit den grafischen Menüs.

12.8.3 Migration eines Failoverclusters

Die Voraussetzungen für die Migration des *Failoverclusters* sind ein funktionierender Cluster und das installierte Feature *Failoverclustering* auf dem neuen Server. Außerdem müssen der neue und der alte Server Zugriff auf die gleichen Speicherbereiche haben. Das Betriebssystem des vorhanden Clusters muss Windows Server 2022 sein. Sie können beim Failover-Cluster-Aktualisieren nur um eine Version upgraden.

Wenn Sie Ihren Cluster aktualisieren und dabei Versionen überspringen möchten, müssen Sie entweder den Cluster neu aufbauen oder Betriebssystemversion für Betriebssystemversion aktualisieren.

Migration des Failoverclusters mit neuer Hardware

Der einfachste Weg, um einen Failovercluster auf Windows Server 2025 zu migrieren, besteht darin, den Windows Server 2025 als neuen Knoten zum vorhandenen Cluster hinzuzufügen. Anschließend entfernen Sie den oder die alten Server aus dem Cluster. Diesen Weg werden wir Ihnen nun beschreiben. Diese Variante hat den großen Vorteil, dass der Clustername und die Cluster-IP gleich bleiben.

Unser Cluster hat für Darstellungszwecke nur einen Windows Server 2022 als Knoten (siehe Abbildung 12.110) und hostet die Rolle *DHCP-Server* auf dem Cluster, wie Sie in Abbildung 12.111 erkennen. Außerdem gehen wir davon aus, dass neue Hardware für den Windows Server 2025 genutzt wird.

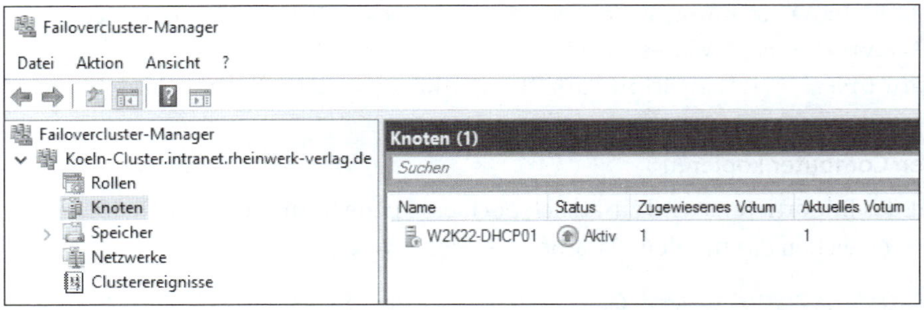

Abbildung 12.110 Ausgangspunkt für die Migration des Clusters auf Windows Server 2025

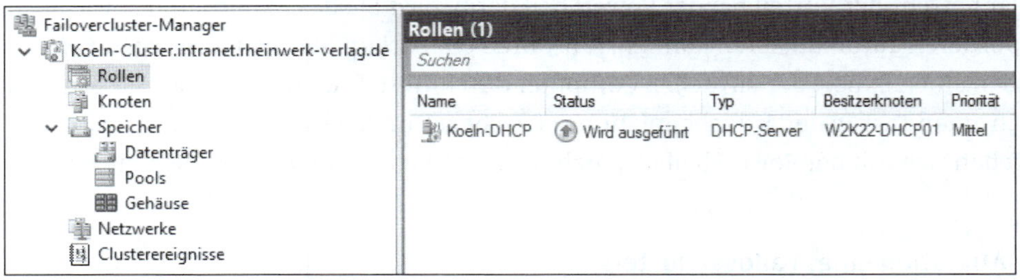

Abbildung 12.111 Die bereitgestellte Rolle auf dem Failovercluster

Den neuen Knoten zum Cluster hinzufügen

Als Erstes müssen Sie den neuen Server zum Failovercluster hinzufügen. Dafür klicken Sie mit der rechten Maustaste auf den Namen des Clusters und wählen KNOTEN HINZUFÜGEN aus (siehe Abbildung 12.112).

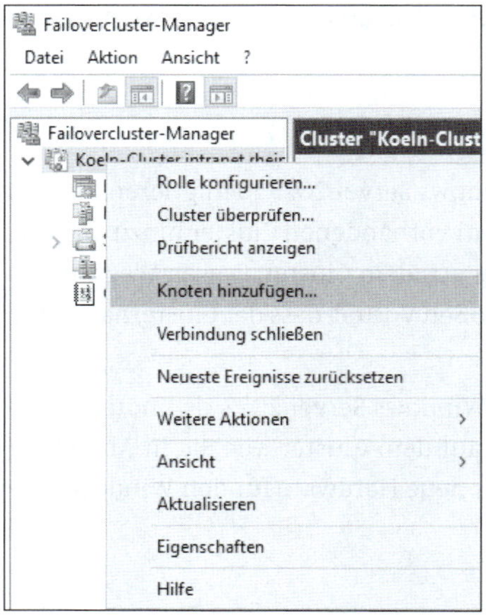

Abbildung 12.112 Starten des Assistenten zum Hinzufügen des neuen Knotens

Die erste Seite mit den Vorbemerkungen können Sie einfach durch einen Klick auf WEITER überspringen. Auf der folgenden Seite klicken Sie auf DURCHSUCHEN, geben in der dann folgenden Suchmaske den Namen des neuen Clusterknotens ein und bestätigen Ihre Angaben mit OK (siehe Abbildung 12.113).

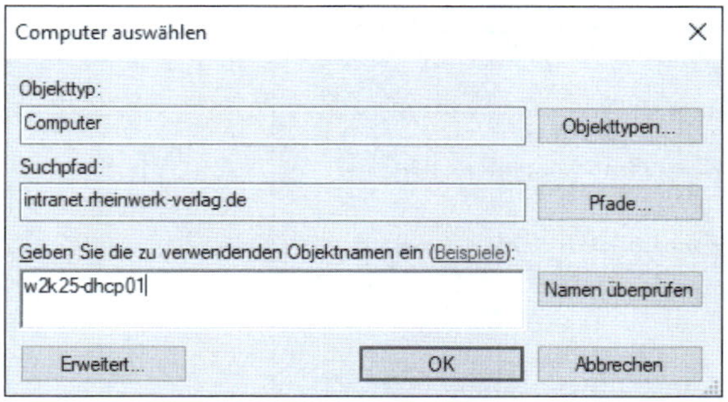

Abbildung 12.113 Suche nach dem neuen Clusterknoten im AD

Wird das System gefunden, findet eine kurze Analyse des Servers statt. Hier wird geprüft, ob das ausgewählte System für den Cluster geeignet ist. Waren die Analyse und der Verbindungstest erfolgreich, wird der Server zu den AUSGEWÄHLTEN SERVERN hinzugefügt (siehe Abbildung 12.114).

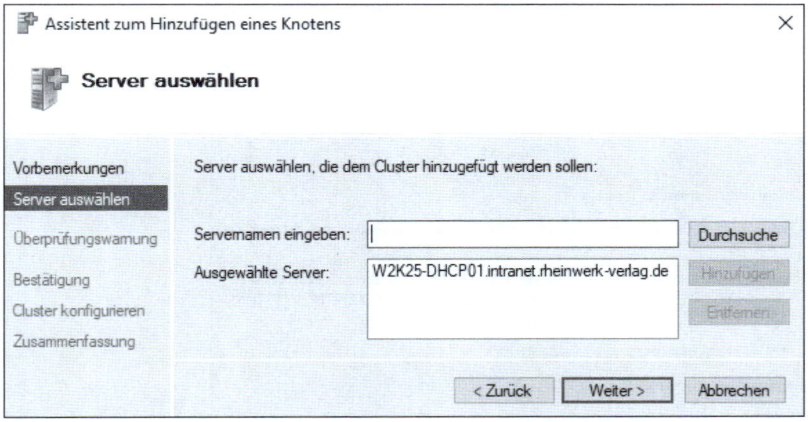

Abbildung 12.114 Der Server wurde zu »Ausgewählte Server« hinzugefügt.

Wenn Sie keinen weiteren Knoten zum Failovercluster hinzufügen wollen, können Sie das Fenster mit OK verlassen. Im nächsten Schritt wird der Konfigurationsvalidierungstest durchgeführt. Diesen könnten Sie auch überspringen (siehe Abbildung 12.115), was wir aber nicht empfehlen: Lassen Sie diesen Test immer laufen, damit eventuell übersehene Konfigurationspunkte später nicht zu einem Fehler führen.

Sobald Sie auf WEITER geklickt haben, startet der Assistent für den Validierungstest.

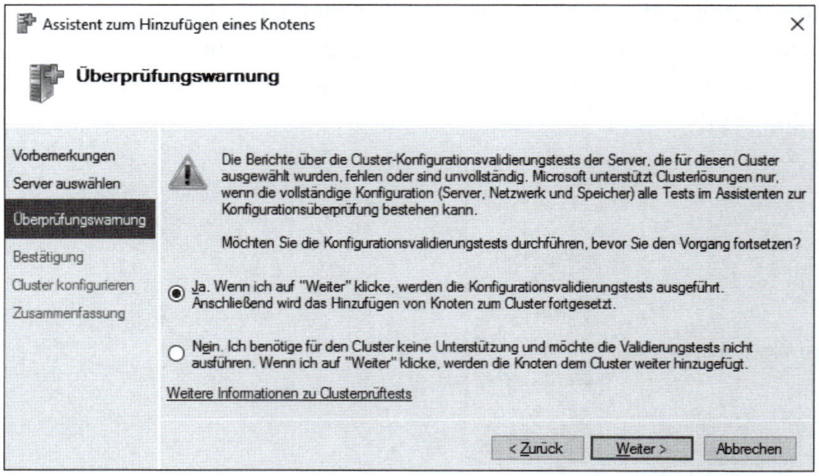
Assistent zum Hinzufügen eines Knotens
Überprüfungswarnung
Vorbemerkungen
Server auswählen
Überprüfungswarnung
Bestätigung
Cluster konfigurieren
Zusammenfassung
Die Berichte über die Cluster-Konfigurationsvalidierungstests der Server, die für diesen Cluster ausgewählt wurden, fehlen oder sind unvollständig. Microsoft unterstützt Clusterlösungen nur, wenn die vollständige Konfiguration (Server, Netzwerk und Speicher) alle Tests im Assistenten zur Konfigurationsüberprüfung bestehen kann.
Möchten Sie die Konfigurationsvalidierungstests durchführen, bevor Sie den Vorgang fortsetzen?
Ja. Wenn ich auf "Weiter" klicke, werden die Konfigurationsvalidierungstests ausgeführt. Anschließend wird das Hinzufügen von Knoten zum Cluster fortgesetzt.
Nein. Ich benötige für den Cluster keine Unterstützung und möchte die Validierungstests nicht ausführen. Wenn ich auf "Weiter" klicke, werden die Knoten dem Cluster weiter hinzugefügt.
Weitere Informationen zu Clusterprüftests
< Zurück
Weiter >
Abbrechen

Abbildung 12.115 Auswahl des Konfigurationsvalidierungstests für den neuen Knoten

Die erste Seite, VORBEMERKUNGEN, können Sie wieder direkt mit WEITER überspringen. Im folgenden Fenster werden Sie gefragt, ob alle Tests ausgeführt werden sollen (siehe Abbildung 12.116). Wir empfehlen, beim ersten Durchlauf immer alle Tests durchzuführen: Falls beim ersten Durchlauf Fehler aufgetreten sind und diese behoben wurden, können Sie später die jeweiligen Tests auswählen und müssen nicht mehr alle durchlaufen.

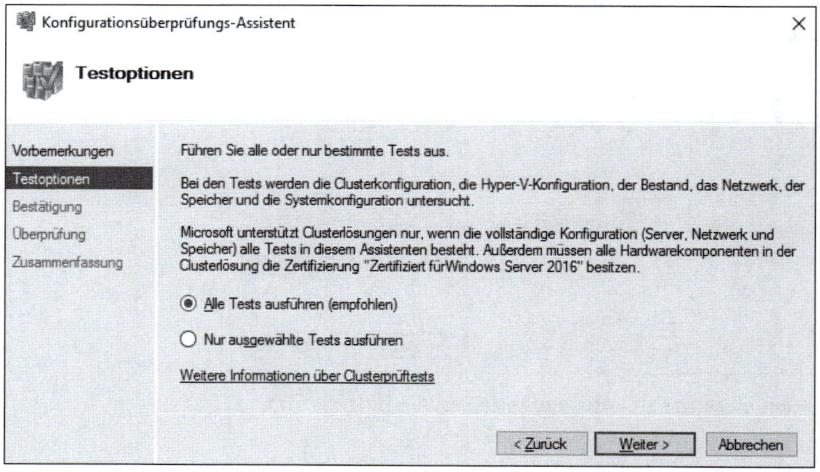
Konfigurationsüberprüfungs-Assistent
Testoptionen
Vorbemerkungen
Testoptionen
Bestätigung
Überprüfung
Zusammenfassung
Führen Sie alle oder nur bestimmte Tests aus.
Bei den Tests werden die Clusterkonfiguration, die Hyper-V-Konfiguration, der Bestand, das Netzwerk, der Speicher und die Systemkonfiguration untersucht.
Microsoft unterstützt Clusterlösungen nur, wenn die vollständige Konfiguration (Server, Netzwerk und Speicher) alle Tests in diesem Assistenten besteht. Außerdem müssen alle Hardwarekomponenten in der Clusterlösung die Zertifizierung "Zertifiziert fürWindows Server 2016" besitzen.
Alle Tests ausführen (empfohlen)
Nur ausgewählte Tests ausführen
Weitere Informationen über Clusterprüftests
< Zurück
Weiter >
Abbrechen

Abbildung 12.116 Wählen Sie aus, dass alle Tests durchgeführt werden sollen.

Durch einen Klick auf WEITER wechselt der Assistent auf die Seite BESTÄTIGUNG, wo die Server und die Tests angezeigt werden. Wenn Sie auf WEITER klicken, starten die Tests. Sind sie erfolgreich abgeschlossen worden, wird das Ergebnis im Fenster ZUSAMMENFASSUNG angezeigt.

Bei unserer Migration wird nur eine Warnung angezeigt (siehe Abbildung 12.117), dass die Systeme nur über eine Schnittstelle erreichbar sind, was der Testumgebung geschuldet ist. Der Assistent überprüft den kompletten Cluster – also auch den vorhandenen Windows Server 2022 –, wodurch dieser in der Ausgabe der Zusammenfassung in der Abbildung angezeigt wird.

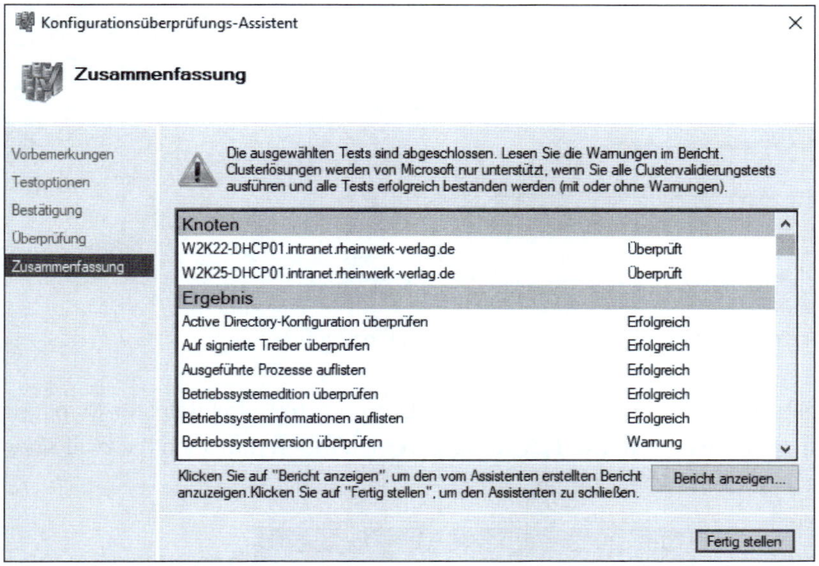

Abbildung 12.117 Das Ergebnis der erfolgreichen Überprüfung des Validierungstests

Durch einen Klick auf FERTIG STELLEN beenden Sie den Assistenten für den Validierungstest und springen wieder in den Assistenten für das Hinzufügen des neuen Clusterknotens. In diesem wird noch einmal der Server angezeigt, der jetzt dem Cluster hinzugefügt werden soll (siehe Abbildung 12.119).

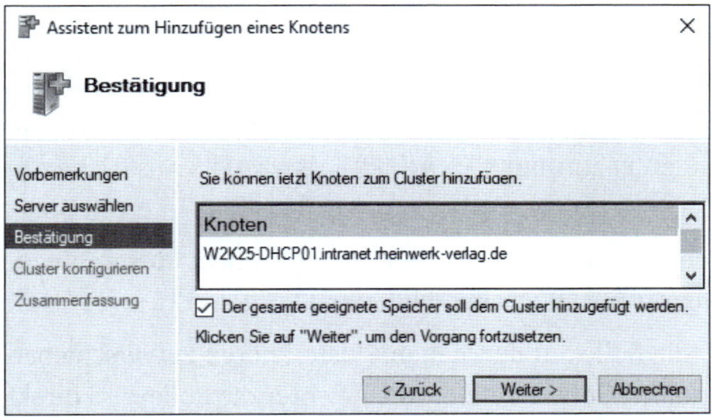

Abbildung 12.118 Der getestete und ausgewählte Server

Wenn Sie in diesem Dialog auf WEITER klicken, wird der Cluster konfiguriert und der Server zu ihm hinzugefügt. Konnte dieser Schritt erfolgreich durchgeführt werden, wird dies auf der Seite ZUSAMMENFASSUNG angezeigt (siehe Abbildung 12.119).

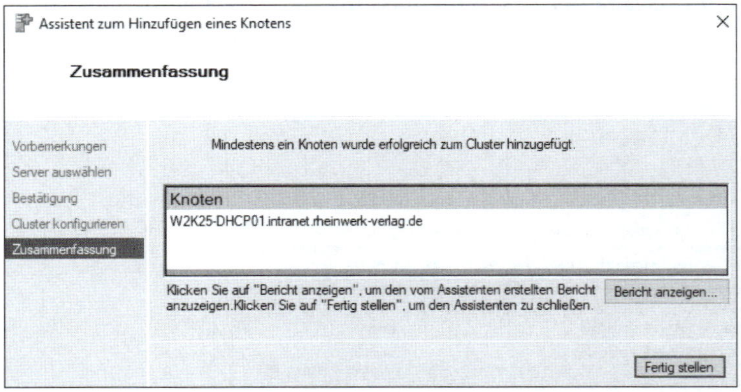

Abbildung 12.119 Der Knoten wurde dem Cluster erfolgreich hinzugefügt.

Mit FERTIG STELLEN beenden Sie den Assistenten und kehren zum Failovercluster-Manager zurück. Wenn Sie in der Konsole auf KNOTEN klicken, werden Ihnen nun auch die zwei Knoten im Cluster angezeigt (siehe Abbildung 12.120).

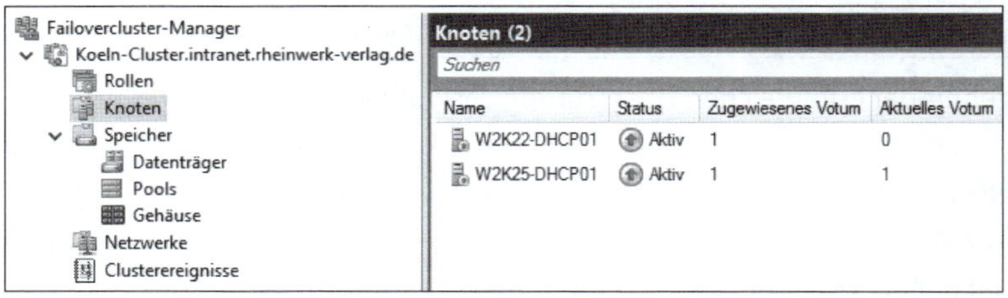

Abbildung 12.120 Beide Knoten sind im Cluster sichtbar und funktionsbereit.

Die Rollen und Speicher auf den neuen Server verschieben

Nun kommen wir zum Verschieben der Rollen und Speicher auf den neuen Knoten, damit der alte Server aus dem Cluster entfernt werden kann. Klicken Sie mit der rechten Maustaste auf die jeweilige Rolle, und wählen Sie VERSCHIEBEN • KNOTEN AUSWÄHLEN aus (siehe Abbildung 12.121).

Im folgenden Fenster wählen Sie den Clusterknoten aus, den wir gerade dem Cluster hinzugefügt haben, und bestätigen den Schritt mit OK (siehe Abbildung 12.122).

Danach beginnt der Cluster direkt, die Rolle auf den neuen Clusterknoten zu verschieben und schaltet die Ressource wieder online. Der verwendete Speicher für die Rolle wird direkt mit verschoben. Konnte das Verschieben erfolgreich abgeschlossen werden, wird die Rolle wieder online geschaltet, und bei Besitzerknoten wird der neue Clusterknoten angezeigt (siehe Abbildung 12.123).

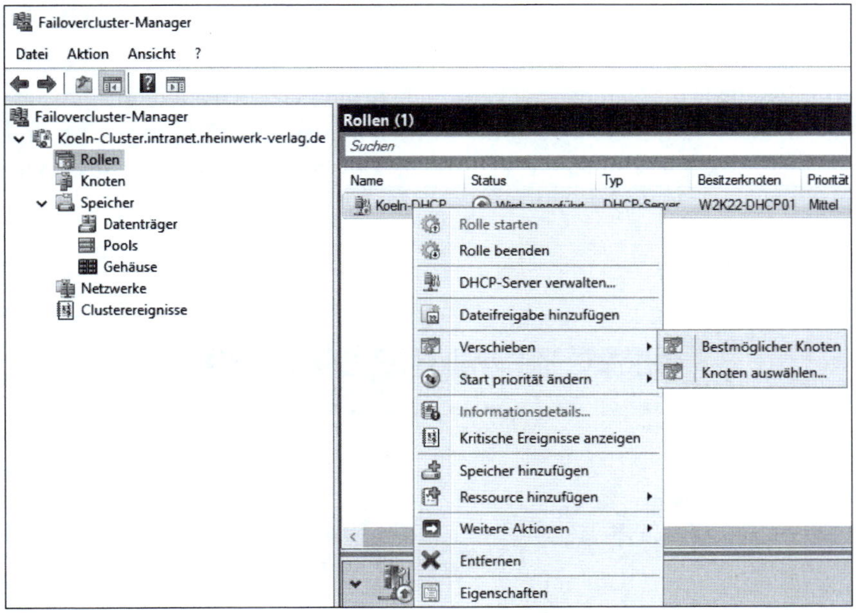

Abbildung 12.121 So verschieben Sie die Rolle »DHCP« auf den neuen Knoten.

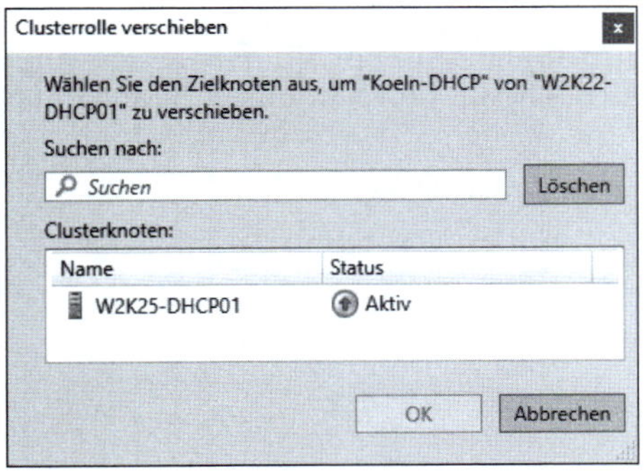

Abbildung 12.122 Auswahl des neuen Clusterknotens zum Verschieben der Rolle

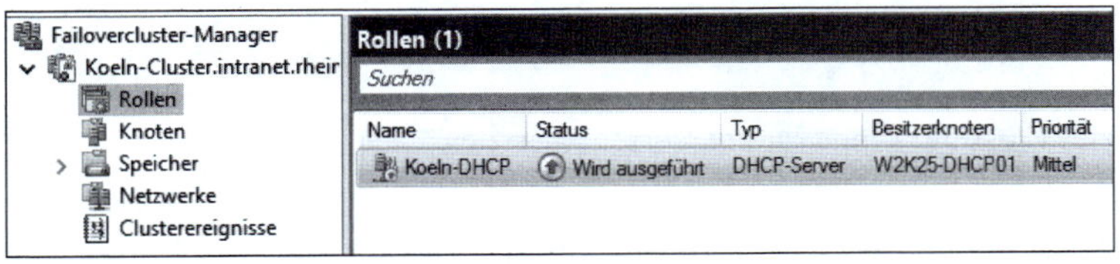

Abbildung 12.123 Die Rolle Koeln-DHCP wurde auf den neuen Knoten (W2K25-DHCP01) verschoben.

Diesen Schritt müssen Sie mit allen Rollen durchführen, die bei Ihnen bereitgestellt werden. Wenn Sie virtuelle Maschinen über den Failovercluster bereitstellen, müssen Sie auch diese verschieben. In unserem Beispiel wurden allerdings keine virtuellen Maschinen bereitgestellt und deswegen ist dieser Schritt nicht notwendig.

Als letzten Schritt müssen Sie die Datenträger verschieben, die sich noch auf dem alten Server befinden. Hierfür klicken Sie ebenfalls mit der rechten Maustaste auf den Speicher und wählen im Menü VERFÜGBAREN SPEICHER VERSCHIEBEN • KNOTEN AUSWÄHLEN aus (siehe Abbildung 12.124).

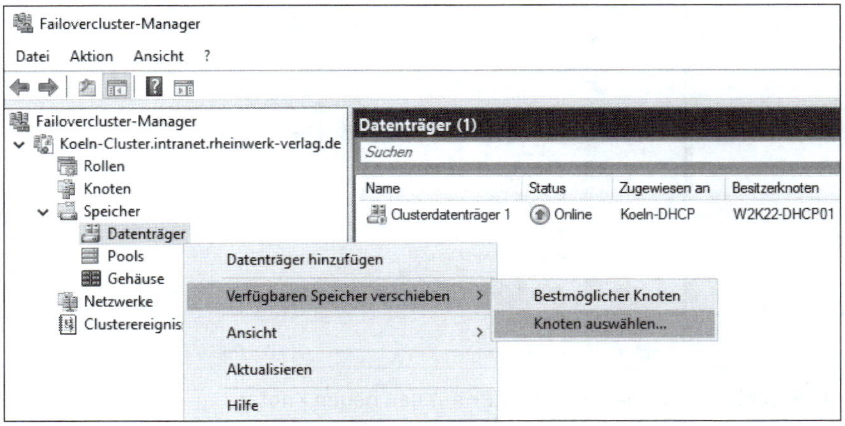

Abbildung 12.124 Verschieben der Datenträger, die noch auf dem alten Server liegen

Im Fenster aus Abbildung 12.125 geben Sie im Feld SUCHEN NACH den Namen des neuen Clusterknotens ein und bestätigen mit OK.

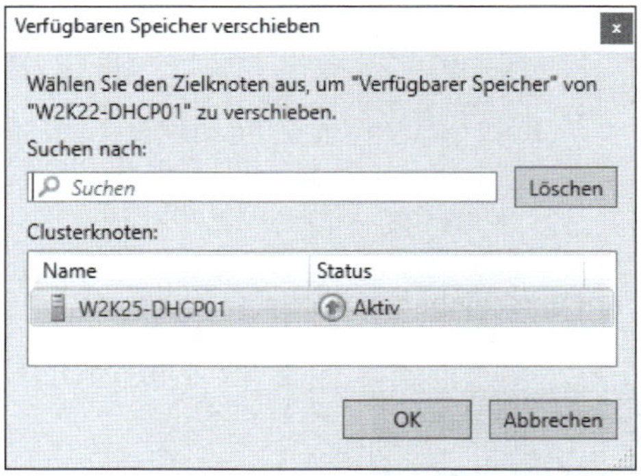

Abbildung 12.125 Eingabe des Clusterknotens für das Verschieben des Speichers

Der Speicher wird direkt verschoben und wieder online geschaltet.

Dieser Schritt muss ebenfalls für alle Speicher durchgeführt werden, die bei Ihnen noch bereitgestellt werden. Da in unserem Beispiel alle Speicher verschoben worden sind, müssen wir diesen Schritt nicht mehr ausführen.

Den alten Server aus dem Cluster entfernen

Den Knoten entfernen Sie im Failovercluster-Manager, indem Sie mit der rechten Maustaste auf den Knoten klicken und dann WEITERE AKTIONEN • ENTFERNEN auswählen (siehe Abbildung 12.126).

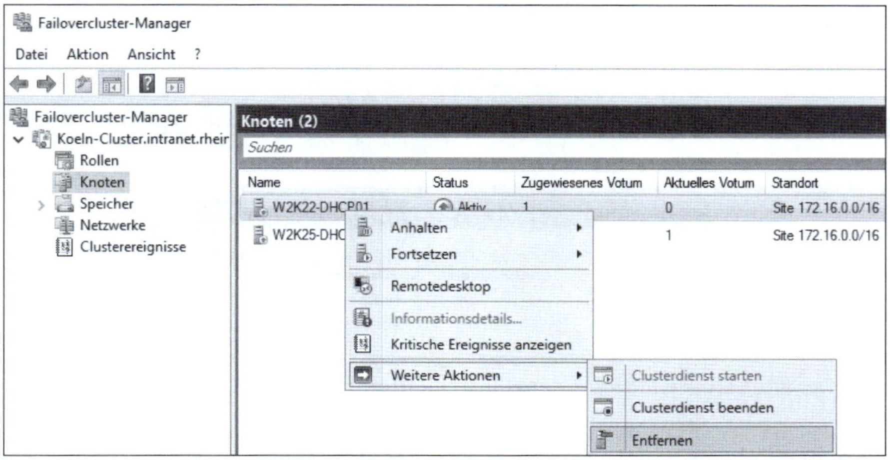

Abbildung 12.126 Den Knoten aus dem Cluster entfernen

[!]

Vorsicht beim Entfernen der Rollen

Falls Sie die Schritte zum Verschieben der Rolle auf einen neuen Server nicht durchgeführt haben, werden alle noch vorhandenen Rollen und Speicher beim Entfernen des Knotens aus dem Cluster verschoben. Dadurch kann es zu einem längeren Ausfall der Rollen oder zu anderen Fehlern kommen.

Prüfen Sie und sorgen Sie dafür, dass Sie alle Rollen und Ressourcen vor dem Herunterfahren verschoben haben, da der Cluster sonst das Herunterfahren als Failover behandelt, wobei laut Failoverpolicy aber nur ein Failover in sechs Stunden passieren darf. Erfolgen mehr Failovers in diesem Zeitraum, geht der ganze Cluster offline. Das bedeutet: Wenn Sie eine Ressource (z. B. ein Log-Laufwerk) vergessen und Sie den »alten« Knoten herunterfahren, ist schon die maximal zulässige Anzahl an Failovers für sechs Stunden erreicht. Passiert jetzt in den nächsten sechs Stunden noch etwas, geht der ganze Cluster offline.

Nachdem Sie auf ENTFERNEN geklickt haben, werden Sie noch einmal gefragt, ob Sie den Knoten wirklich aus dem Cluster entfernen wollen (siehe Abbildung 12.127). Klicken Sie hier auf JA, wird der Knoten aus dem Cluster entfernt.

Ist der Knoten aus dem Cluster entfernt worden, ist unter dem Punkt KNOTEN wie in Abbildung 12.128 auch nur noch ein Server sichtbar.

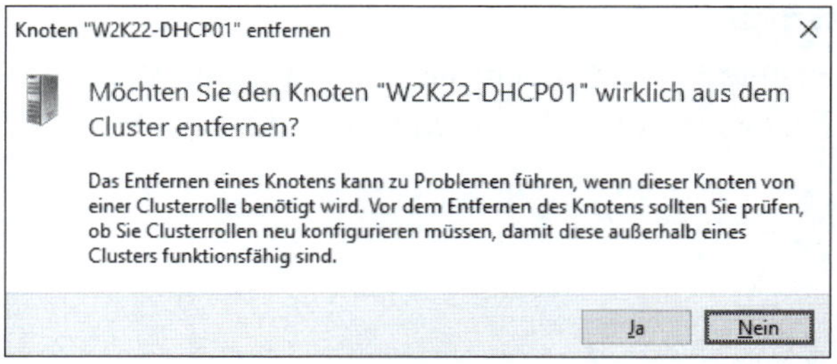
Knoten "W2K22-DHCP01" entfernen
Möchten Sie den Knoten "W2K22-DHCP01" wirklich aus dem Cluster entfernen?
Das Entfernen eines Knotens kann zu Problemen führen, wenn dieser Knoten von einer Clusterrolle benötigt wird. Vor dem Entfernen des Knotens sollten Sie prüfen, ob Sie Clusterrollen neu konfigurieren müssen, damit diese außerhalb eines Clusters funktionsfähig sind.
Ja
Nein

Abbildung 12.127 Die letzte Abfrage, bevor der Knoten aus dem Cluster entfernt wird

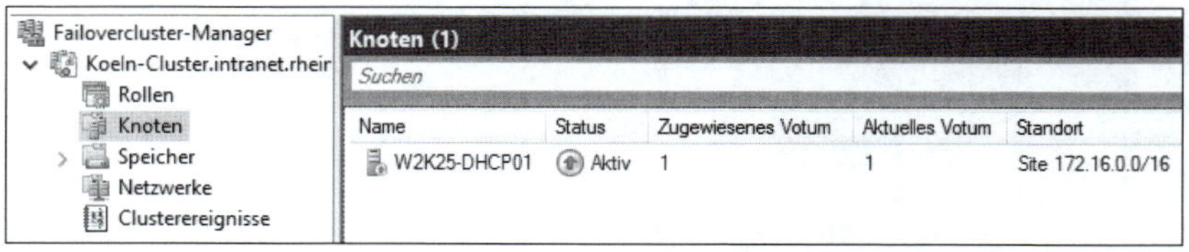
Failovercluster-Manager
Koeln-Cluster.intranet.rheir
Rollen
Knoten
Speicher
Netzwerke
Clusterereignisse
Knoten (1)
Suchen
Name
Status
Zugewiesenes Votum
Aktuelles Votum
Standort
W2K25-DHCP01
Aktiv
1
1
Site 172.16.0.0/16

Abbildung 12.128 Der alte Server wurde aus dem Cluster entfernt.

Anheben der Clusterfunktionslevel auf Windows Server 2025

Das Anheben der Clusterfunktionslevel erfolgt über eine administrative PowerShell.

Mit dem Befehl `Get-Cluster | select ClusterFunctionalLevel` können Sie das aktuelle Level auslesen. In unseren Beispiel ist das aktuelle Level `11` (Windows Server 2022), weil wir den Cluster unter Windows Server 2022 aufgesetzt haben. Jetzt, wo der letzte Windows Server 2022 aus dem Cluster entfernt wurde, kann das Funktionslevel auf Windows Server 2025 angehoben werden. Das Anheben des Funktionslevels erfolgt mit dem Cmdlet `Update-ClusterFunctionalLevel`.

Wenn Sie den Befehl eingegeben haben, erscheint folgende Anzeige, die Sie mit [↵] bestätigen können, da [J] die Standardauswahl ist:

```
Die Funktionsebene für den Cluster 'Koeln-Cluster' wird aktualisiert.

Warnung: Der Vorgang kann nicht rückgängig gemacht werden.
Möchten Sie den Vorgang fortsetzen?
[J] Ja  [A] Ja, alle  [N] Nein  [K] Nein, keine  [H] Anhalten  [?] Hilfe
(Standard ist "J"):
```

Haben Sie den Vorgang ausgeführt, erscheint nur noch einmal der Name des Clusters:

```
Name
----
Koeln-Cluster
```

Wenn Sie nun erneut das Cmdlet `Get-Cluster | select ClusterFunctionalLevel` eingeben, wird das aktuelle Level wieder angezeigt, und wir sehen, dass es sich um 1 erhöht hat:

```
PS C:\Windows\system32> Get-Cluster | select ClusterFunctionalLevel

ClusterFunctionalLevel
----------------------
                    12
```

Damit ist das Clusterfunktionslevel angehoben und es können nur noch Server mit dem Betriebssystem Windows Server 2025 als Clusterknoten eingebunden werden.

Migration eines Failoverclusters ohne neue Hardware

Da der Ablauf dieser Migration sehr den Schritten aus dem vorangegangenen Abschnitt ähneln, werden wir nur die Schritte kurz aufführen, aber auf die einzelnen Screenshots verzichten.

In früheren Versionen von Windows Server war es äußerst zeitaufwendig, Failovercluster auf eine neue Betriebssystemversion zu aktualisieren. Seit Windows Server 2016 hat Microsoft die Architektur aber deutlich verbessert und den Prozess damit wesentlich vereinfacht. Wir betrachten hier nur die Aktualisierung des Betriebssystems und nicht die Aktualisierung der einzelnen Applikationen auf dem Server.

Vor dem Upgrade eines Windows Server-Failoverclusters sollten Sie am Anfang zunächst immer Backups des Clusters anfertigen. Auch wenn der gesamte Upgrade-Prozess abgesichert ist, sollte im Fall der Fälle ein aktuelles Backup der Umgebung vorhanden sein. Sobald das Backup erfolgreich erstellt wurde, können Sie das Upgrade starten. Zuerst müssen alle Rollen eines Clusterknotens auf einen anderen migriert werden. Wenn keine Rollen mehr auf dem zu aktualisierenden Knoten ausgeführt werden, kann dieser vom Cluster entfernt werden.

Ab diesem Zeitpunkt ist er eigentlich kein wirklicher Cluster mehr, sondern wieder ein einzelner Server. Anschließend kann auf dem entfernten Server Windows Server 2025 installiert werden. Sobald das Betriebssystem installiert wurde, müssen Sie den Server wieder mit dem Netzwerk verbinden, ihn ins AD aufnehmen, das Feature *Failovercluster* installieren und die gemeinsam genutzten Speicherbereiche anbinden.

Ist dies alles erfolgt, können Sie den Server wieder (wie zuvor beschrieben) dem Cluster als neuer Knoten hinzufügen. Wenn es mit dem neuen Betriebssystem auch neue Failoverclusterfunktionen gibt, können diese erst genutzt werden, wenn alle Clusterknoten auf das Betriebssystem migriert worden sind und die Clusterfunktionsebene angehoben wurde. Ist die Funktionsebene noch nicht angehoben, kann jedes Betriebssystem bis zur verwendeten Funktionsebene genutzt werden.

Kapitel 13
Hyper-V

In diesem Kapitel möchten wir mit der praktischen Anwendung von Hyper-V an Kapitel 8, »Virtualisierung«, anknüpfen und Ihnen einen tieferen Einblick in die Bereitstellung und Konfiguration von Hyper-V geben.

Bevor Sie mit der Installation von Hyper-V beginnen können, müssen Sie sich noch entscheiden, welche Windows Server-Edition Sie als Basis einsetzen wollen. Hier besteht die Auswahl zwischen dem traditionellen Windows Server mit Benutzeroberfläche, dem Windows Server Core oder dem kostenfreien *Hyper-V Server*. Microsoft empfiehlt für die Bereitstellung von Hyper-V die Verwendung von Windows Server Core.

Bitte beachten Sie bei dem Einsatz des kostenfreien Hyper-V Servers, dass dieser lediglich das Core-Betriebssystem beinhaltet und über keine Betriebslizenzen *(OSE, Operating System Environment)* für Gastbetriebssysteme verfügt. Diese müssen separat lizenziert werden. Hier können Sie natürlich auch eine Datacenter-Lizenz für alle betriebenen Gastbetriebssysteme des jeweiligen Hosts verwenden.

13.1 Bereitstellung von Hyper-V

Vor der Bereitstellung von Hyper-V sollten Sie bereits einen Hostnamen vergeben sowie die erforderlichen Netzwerkkonfigurationen vorgenommen haben, um Ihren Windows Server Core aus dem Netzwerk erreichen zu können. Sollte der Server Mitglied in einer Windows-Domäne sein, sollte der Domänenbeitritt vor der Bereitstellung von Hyper-V und des Failoverclusters erfolgen.

Bitte beachten Sie, dass die Mitgliedschaft in einer Windows-Domäne aus Sicht von Hyper-V beim Einsatz von Microsoft-Clustern nicht zwingend erforderlich ist. Die Windows-Domänenmitgliedschaft ist jedoch aufgrund der einfacheren und zentralen Verwaltung zu empfehlen.

13.1.1 Hyper-V installieren

Wenn Sie Ihren zukünftigen Hyper-V-Server bereits so weit vorkonfiguriert haben, dass er in das *Windows Admin Center* eingebunden werden kann, gehen Sie wie folgt vor, um die notwendigen Rollen und Funktionen zu installieren:

Öffnen Sie Ihr Windows Admin Center, und wechseln Sie in die Ansicht Server-Manager. Verwenden Sie dort die Option +Hinzufügen. Tragen Sie in dem Dialog, der sich nun öffnet, den FQDN Ihres zukünftigen Hyper-V-Servers ein (siehe Abbildung 13.1), und bestätigen Sie den Dialog mit einem Klick auf Hinzufügen.

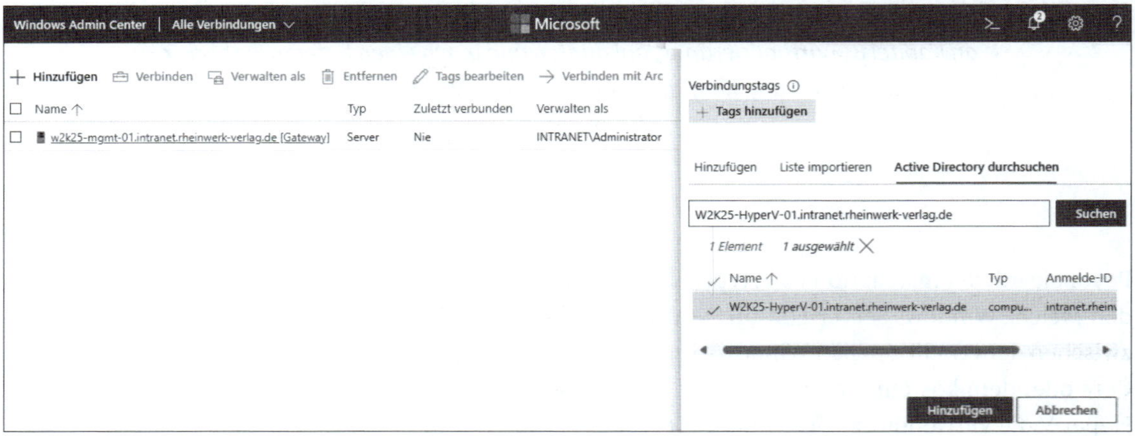

Abbildung 13.1 Hinzufügen des Hyper-V-Servers zum Windows Admin Center

Wählen Sie in der Server-Ansicht nun unter den Tools die Rollen und Features aus. Hier erhalten Sie eine Übersicht über alle Rollen und Funktionen, die für den ausgewählten Server verfügbar sind. Anschließend wählen Sie unter den Rollen Hyper-V aus. Bitte überprüfen Sie, ob unter den Funktionen auch Hyper-V-Modul für Windows PowerShell für die Installation mit ausgewählt wurde. Diese Funktion finden Sie unter Funktionen • Remoteserver-Verwaltungstools • Rollenverwaltungstools • Hyper-V-Verwaltungstools. Sie ist notwendig, um Ihren Hyper-V-Server später mit dem Windows Admin Center sowie über die Konsole vollständig verwalten zu können.

Verwenden Sie nun die Option Installieren. Hierdurch öffnet sich auf der rechten Seite Ihres Browsers die Installationsübersicht, die Ihnen noch mal eine Auflistung der zu installierenden Komponenten liefert (siehe Abbildung 13.2). Aktivieren Sie die Option Den Server, falls erforderlich, automatisch neu starten, bevor Sie die Installation durch das Klicken auf Ja beginnen. Dies ist notwendig, da Hyper-V erst nach erfolgtem Neustart vollständig installiert ist.

Sobald die Installation abgeschlossen ist, finden Sie im Windows Admin Center in der Server-Ansicht unter den Tools die Optionen Virtuelle Computer sowie Virtuelle Switches.

Alternativ können Sie die Installation der Rollen und Funktionen, die für den Betrieb von Hyper-V notwendig sind, natürlich auch per PowerShell direkt auf der Konsole des Servers durchführen.

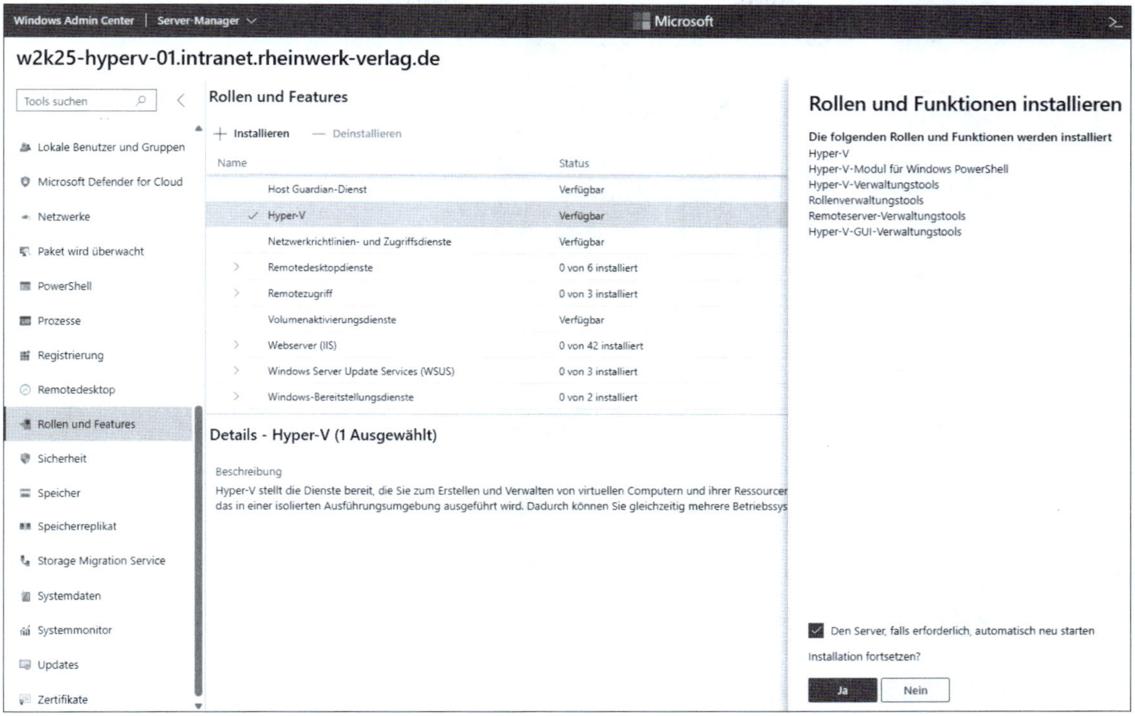

Abbildung 13.2 Installation der Hyper-V-Rolle mit dem Windows Admin Center

13.1.2 Das Hyper-V-Netzwerk konfigurieren

Bevor Sie nun mit dem Erstellen von virtuellen Maschinen beginnen, müssen Sie noch die notwendigen Netzwerkkonfigurationen für Hyper-V abschließen und den notwendigen virtuellen Switch für die Kommunikation der virtuellen Maschinen mit dem Unternehmensnetzwerk erstellen.

Hierfür stehen Ihnen mit Windows Server 2025 zwei Optionen zur Verfügung: *Switch-Embedded Teaming* und *Windows NIC-Teaming*.

Switch-Embedded Teaming (SET)

Microsoft empfiehlt seit Windows Server 2016 *Switch-Embedded Teaming (SET)* für die Bereitstellung von Hyper-V. Diese Option spielt besonders dann ihre Stärken aus, wenn Sie *Storage Spaces Direct* sowie *Storage Replica* mit dem Protokoll SMB 3.1.1 verwenden. Mit dieser Option können Sie RDMA-Netzwerkadapter zu Teams zusammenfassen, ohne sie dabei in ihrem Funktionsumfang einzuschränken, wie dies beim klassischen Windows-NIC-Teaming der Fall ist.

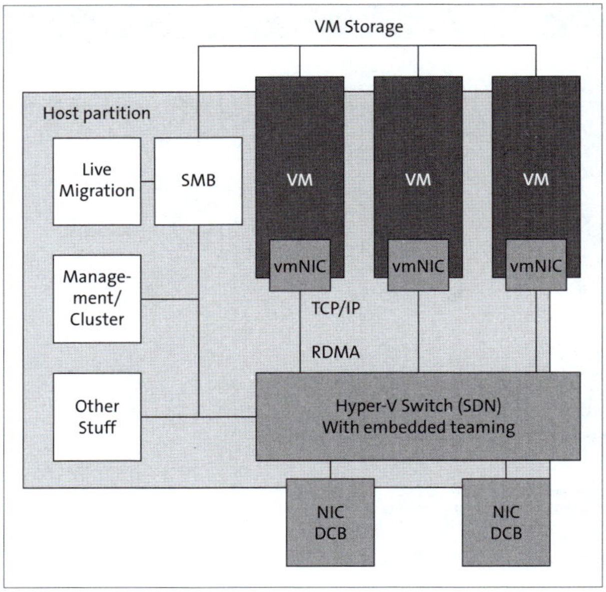

Abbildung 13.3 Schematische Darstellung des »Switch-Embedded Teamings« (SET)

Durch das Switch-Embedded Teaming verschiebt sich das Teaming von der Ebene des Betriebssystems in die Virtualisierung (siehe Abbildung 13.3). Hierbei werden bis zu acht Netzwerkadapter unterstützt, sofern sie den gleichen Hersteller haben und vom gleichen Typ sind. Es werden Bandbreiten von 10, 40 sowie 56 Gbit/s unterstützt.

So viel zu den Vorteilen. Es gibt allerdings auch einige Nachteile des Switch-Embedded Teamings: So unterstützt Switch-Embedded Teaming lediglich bis zu acht Netzwerkadapter, kann nur im Switch-unabhängigen Modus betrieben werden und verfügt über keine passiven Adapter. Außerdem gewährt Microsoft keinen Support, wenn Sie das Switch-Embedded Teaming innerhalb von virtuellen Maschinen und auf Hyper-V-Failoverclustern einsetzen.

Die mithilfe des Switch-Embedded Teamings bereitgestellten Netzwerkadapter des Management-Betriebssystems unterstützen die folgenden Netzwerkfunktionen:

- **Datacenter Bridging (DCB)** – Dies wird z. B. zur Optimierung des Netzwerk-Traffics bei der Verwendung von *RoCE (RDMA over Converged Ethernet)* verwendet.
- **Hyper-V-Netzwerkvirtualisierung** – Hier werden seit Windows Server 2016 *NV-GRE* und *VxLAN* unterstützt.
- **Receive-side Checksum Offloads (IPv4, IPv6, TCP)** – Hierbei werden die Prüfsummenberechnungen für die empfangenen TCP-Pakete vom Betriebssystem auf die Netzwerkkarte ausgelagert.
- **Remote Direct Memory Access (RDMA)** – Mit RDMA kann direkt auf die Daten innerhalb des Arbeitsspeichers zugegriffen werden, ohne dass der Prozessor, der Cache oder das Betriebssystem des Zielservers genutzt wird.

- **Single Root I/O Virtualization (SR-IOV)** – Mit SR-IOV bekommen virtuelle Maschinen direkten Zugriff auf PCIe-Hardwarefunktionen der angebundenen Netzwerkadapter.
- **Transmit-side Checksum Offloads (IPv4, IPv6, TCP)** – Hierbei werden die Prüfsummenberechnungen der zu sendenden TCP-Pakete vom Betriebssystem auf die Netzwerkkarte ausgelagert.
- **Virtual Machine Queues (VMQ)** – Diese Option beschreiben wir im Unterabschnitt »Virtual Machine Queues (VMQ) verwenden« genauer.
- **Virtual Receive Side Scaling (vRSS)** – Mit vRSS wird bei hoher Netzwerklast der anfallende Netzwerkverkehr gleichmäßig auf die vorhandenen virtuellen Prozessoren der virtuellen Maschine verteilt. Dies sorgt für eine bessere Skalierung der Ressourcen.

Das Switch-Embedded Teaming kann erst nach der Installation der Windows Server-Rolle *Hyper-V* auf dem jeweiligen Server bereitgestellt werden. Die Bereitstellung erfolgt entweder per PowerShell, mit dem *System Center Virtual Machine Manager (SCVMM)* oder über das Windows Admin Center. Eine Integration in die bestehenden MMCs wurde nicht umgesetzt.

Verwenden Sie zur Bereitstellung des Switch-Embedded Teamings per PowerShell das Cmdlet `New-VMSwitch`. Das Hinzufügen sowie Entfernen von Netzwerkadaptern ist beim Switch-Embedded Teaming ohne Unterbrechung der Verbindung möglich. Hierzu können Sie die PowerShell-Cmdlets `Add-VMSwitchTeamMember` und `Remove-VMSwitchTeamMember` verwenden.

Auch der Teaming-Algorithmus kann per PowerShell umgestellt werden, ohne das Teaming vorher auflösen zu müssen. Dies ist mit dem Befehl `Set-VMSwitchTeam` möglich. Die Umstellung des Teaming-Algorithmus wird zu einer kurzzeitigen Unterbrechung führen; beachten Sie dies in produktiven Umgebungen. Ein Beispiel für die Konfiguration des Switch-Embedded Teamings finden Sie in Abbildung 13.4.

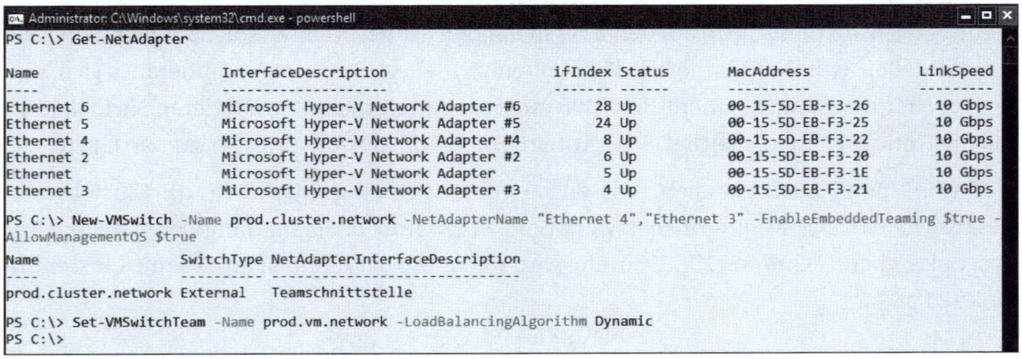
Administrator: C:\Windows\system32\cmd.exe - powershell
PS C:\> Get-NetAdapter
Name InterfaceDescription ifIndex Status MacAddress LinkSpeed
Ethernet 6 Microsoft Hyper-V Network Adapter #6 28 Up 00-15-5D-EB-F3-26 10 Gbps
Ethernet 5 Microsoft Hyper-V Network Adapter #5 24 Up 00-15-5D-EB-F3-25 10 Gbps
Ethernet 4 Microsoft Hyper-V Network Adapter #4 8 Up 00-15-5D-EB-F3-22 10 Gbps
Ethernet 2 Microsoft Hyper-V Network Adapter #2 6 Up 00-15-5D-EB-F3-20 10 Gbps
Ethernet Microsoft Hyper-V Network Adapter 5 Up 00-15-5D-EB-F3-1E 10 Gbps
Ethernet 3 Microsoft Hyper-V Network Adapter #3 4 Up 00-15-5D-EB-F3-21 10 Gbps
PS C:\> New-VMSwitch -Name prod.cluster.network -NetAdapterName "Ethernet 4","Ethernet 3" -EnableEmbeddedTeaming $true -AllowManagementOS $true
Name SwitchType NetAdapterInterfaceDescription
prod.cluster.network External Teamschnittstelle
PS C:\> Set-VMSwitchTeam -Name prod.vm.network -LoadBalancingAlgorithm Dynamic
PS C:\>

Abbildung 13.4 Bereitstellen des »Switch-Embedded Teamings« (SET) per PowerShell

Mit dem Windows Admin Center stellen Sie das Switch-Embedded Teaming bereit, indem Sie unter TOOLS in VIRTUELLE SWITCHES wechseln und dort über die Option HINZUFÜGEN den Dialog zum Anlegen neuer virtueller Switches starten.

Vergeben Sie in diesem Dialog einen Namen für den anzulegenden Switch, und wählen Sie den Switchtyp EXTERN aus. Sobald Sie den Switchtyp ausgewählt haben, ermittelt das Windows Admin Center die zur Verfügung stehenden Netzwerkadapter. Markieren Sie mindestens zwei Adapter, die so dem neuen Switch-Embedded Team zugewiesen werden (siehe Abbildung 13.5).

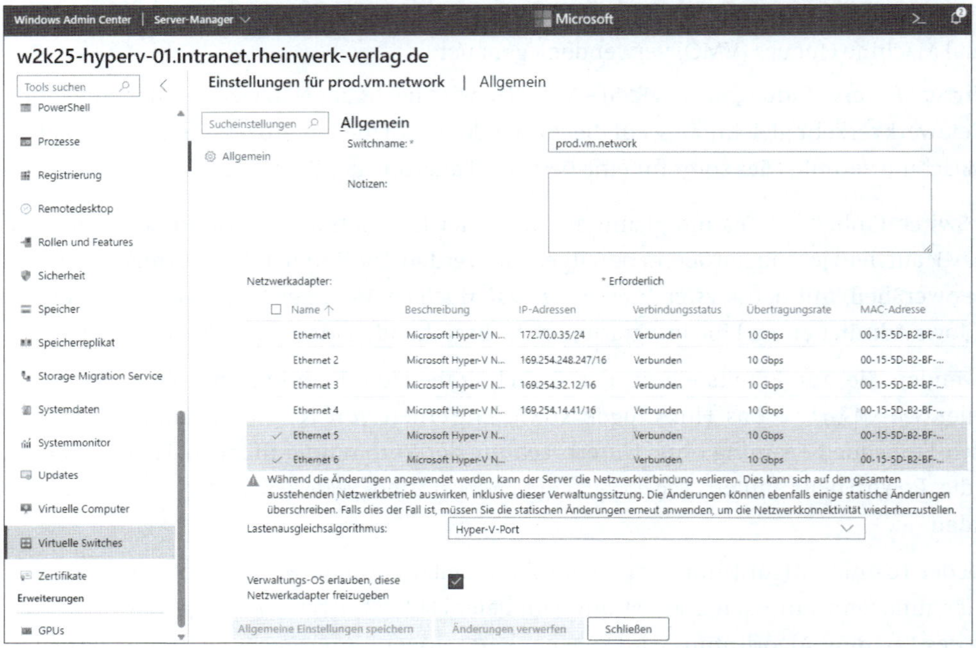

Abbildung 13.5 Erstellen eines Switch-Embedded-Teaming-Switchs im Windows Admin Center

Je nachdem, wozu Sie das Teaming verwenden wollen, wählen Sie nun aus, ob das Management-Betriebssystem Zugriff auf den zu erstellenden Switch erhalten soll oder nicht. Im Falle von virtuellen Switches für die bereitgestellten virtuellen Maschinen empfiehlt es sich, diesen Zugriff für das Management-Betriebssystem zu unterbinden. Deaktivieren Sie in diesem Fall die Option VERWALTUNGS-OS ERLAUBEN, DIESE NETZWERKADAPTER FREIZUGEBEN.

Wenn Sie einen Cluster erstellen, müssen Sie weitere Teaming-Adapter für das Cluster-Netzwerk sowie das Live-Migrationsnetzwerk per Switch-Embedded Teaming bereitstellen. Der Mischbetrieb mit Windows NIC-Teaming wird weder pro Server noch im Gesamt-Cluster unterstützt.

Windows NIC-Teaming

Das *Windows NIC-Teaming* (oder auch *LBFO-Teaming*, kurz für *Load Balancing und Failover*) wurde mit Windows Server 2012 eingeführt und ermöglicht es Ihnen, Netzwerkadapter zu verbinden, um so eine höhere Verfügbarkeit sowie Ausfallsicherheit zu erlangen (siehe Abbildung 13.6).

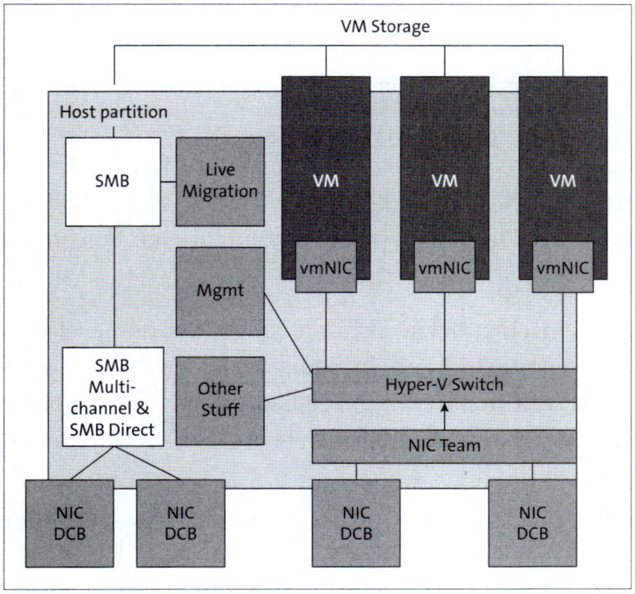

Abbildung 13.6 Schematische Darstellung des »Windows NIC-Teamings«

So wird verhindert, dass die Netzwerkanbindung zu Performance-Problemen der betriebenen Services führt, was deren Ausfallsicherheit durch die redundante Anbindung über mehrere Netzwerkadapter erhöht.

Hierbei stehen sowohl eine Switch-abhängige als auch eine Switch-unabhängige Anbindung dieser Teams zur Verfügung. Diese Teams werden entweder im Aktiv/Aktiv- oder im Aktiv/Passiv-Modus betrieben. Das Windows NIC-Teaming stellt hierbei keine zusätzliche Rolle oder Funktion dar, sondern steht Ihnen direkt nach der Installation als Basisfunktion des Betriebssystems zur Verfügung, unabhängig von der eingesetzten Windows Server-Edition und den eingesetzten Treibern der Netzwerkkartenhersteller.

Der so in das Betriebssystem integrierte Lastenausgleich sowie Failover unterstützt auf physischen Servern bis zu 32 Netzwerkkarten und innerhalb von virtuellen Gastbetriebssystemen bis zu 2 Netzwerkkarten pro Team.

Im Windows NIC-Teaming stehen drei Teaming-Varianten zur Verfügung:

- **Statisch** – Im statischen Teammodus ist die manuelle Konfiguration des Netzwerk-Switchs sowie des Servers für jeden einzelnen Netzwerkadapter notwendig, der in das Teaming mit aufgenommen wird. Dies ist nötig, um die jeweiligen Netzwerkadapter zu identifizieren. Sie müssen jedoch alle Netzwerkadapter des Teamings an denselben Netzwerk-Switch binden.
- **LACP** – Das *Link Aggregation Control Protocol (LACP)* bietet im Vergleich zum statischen Teaming eine Protokollunterstützung, die die Identifikation der einzelnen Netzwerkadapter vereinfacht. Die Einschränkung bei der Nutzung von LACP ist jedoch, dass Sie alle Netz-

werkadapter eines Teamings an denselben Switch bzw. dieselbe Switch-Fabric binden müssen. (Bei einer *Switch-Fabric* handelt es sich um eine logische Zusammenfassung von Netzwerk-Switches, um die auftretende Last zu verteilen und bei einem Ausfall einen Failover durchführen zu können.)

- **Switch-unabhängig** – Im Teammodus *Switch-unabhängig* können Sie die Netzwerkadapter desselben Teamings an unterschiedliche Netzwerk-Switches binden. Weiter können Sie bei dieser Teaming-Variante abweichende Standby-Adapter konfigurieren. So können Sie entweder Aktiv/Aktiv- oder Aktiv/Passiv-Konfigurationen herstellen.

Zusätzlich zum Failover, um den Ausfall einzelner Netzwerkverbindungen zu kompensieren, stehen Ihnen auch Funktionen zum *Lastenausgleich* zur Verfügung. Dies vergrößert die zur Verfügung stehende Bandbreite, womit Performance-Probleme bei der Nutzung der Netzwerkverbindung minimiert oder sogar verhindert werden. Auch beim Lastenausgleich gibt es wieder verschiedene Teaming-Optionen:

- **Adresshash** – Hierbei wird ein Hashwert auf Basis der Quell- und Ziel-IP-Adresse sowie des TCP/IP-Ports für jedes Netzwerkpaket berechnet. Netzwerkpakete mit demselben Hashwert werden dann über denselben Netzwerkadapter versendet.
- **Hyper-V-Port** – Dieser Lastenausgleichsmodus wurde für die Verwendung der Hyper-V-Virtualisierung vorgesehen und leitet den Netzwerkverkehr auf Basis der MAC-Adressen der angeschlossenen virtuellen Maschinen bzw. anhand der virtuellen Ports der Hyper-V-Switches an die jeweiligen physischen Netzwerkadapter weiter. Hiermit wird sichergestellt, dass einzelne virtuelle Maschinen nicht die gesamte aggregierte Netzwerkbandbreite verwenden können.
- **Dynamisch** – Das dynamische Teaming vereint die beiden Verfahren *Adresshash* und *Hyper-V-Port* miteinander. So werden in diesem Lastenausgleichsmodus die ausgehenden Netzwerkpakete wie im Adresshash-Verfahren auf die verfügbaren Netzwerkadapter des Teamings verteilt. Hingegen werden die eingehenden Netzwerkverbindungen wie im Hyper-V-Port-Verfahren zwischen den Netzadaptern verteilt.

Microsoft empfiehlt das dynamische Verfahren mit der Switch-unabhängig Konfiguration.

Um das Windows NIC-Teaming zu konfigurieren, gehen Sie wie folgt vor:

Öffnen Sie den Server-Manager, wechseln Sie in die Ansicht ALLE SERVER, und wählen Sie den entsprechenden Server in der Auflistung der Server aus. Sollte sich der zu verwaltende Server nicht in der Auflistung befinden, müssen Sie ihn hier erst hinzufügen. Wählen Sie dann im Kontextmenü die Option NIC-TEAMVORGANG KONFIGURIEREN (siehe Abbildung 13.7).

Keine Konfiguration im Windows Admin Center möglich

Die Konfiguration des Windows NIC-Teamings ist aktuell nicht im Windows Admin Center möglich.

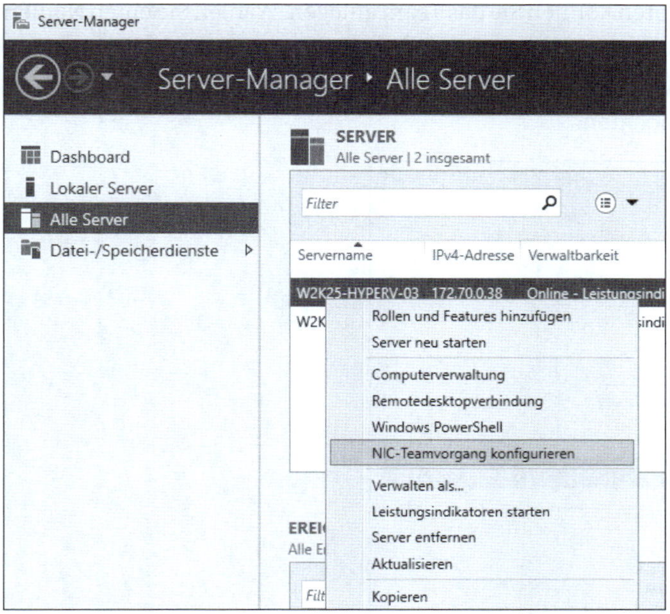

Abbildung 13.7 Konfigurieren des »Windows NIC-Teamings« im Server-Manager

Im Assistenten NIC-TEAMVORGANG (siehe Abbildung 13.8) wählen Sie im Fenster TEAMS die Aufgaben aus und verwenden die Option NEUES TEAM.

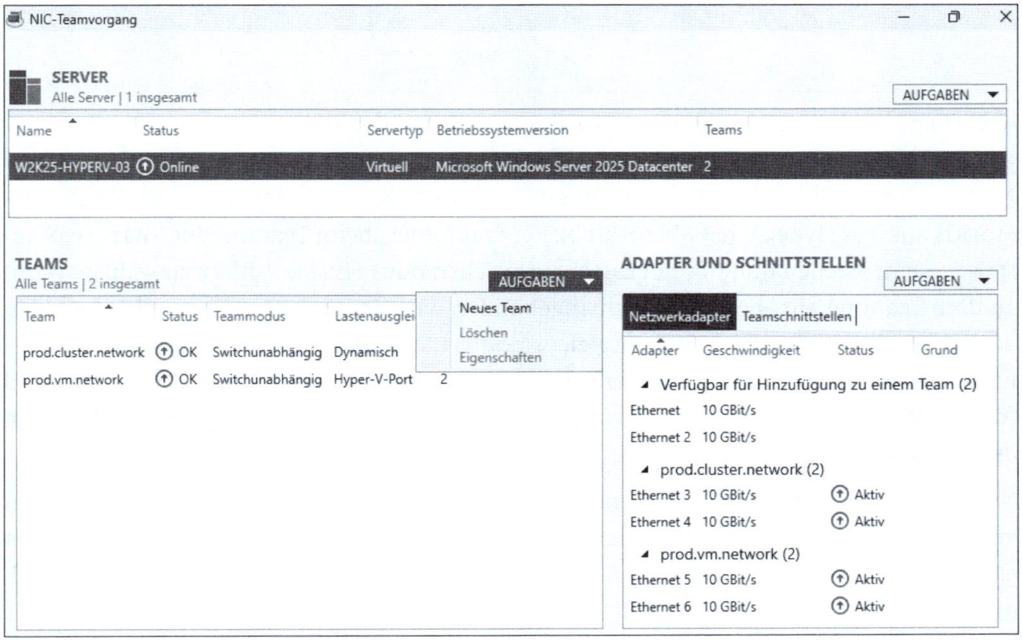

Abbildung 13.8 Der Server-Manager-Assistent zum Erstellen und Verwalten von Teams

Im nächsten Fenster des Assistenten können Sie das Team anlegen. Wählen Sie einen Namen für das zu erstellende Team aus, und tragen Sie ihn in das Feld TEAMNAME ein (siehe Abbildung 13.9). Nun wählen Sie in dem Bereich MITGLIEDERADAPTER die Netzwerkadapter aus, die Sie dem Team hinzufügen möchten.

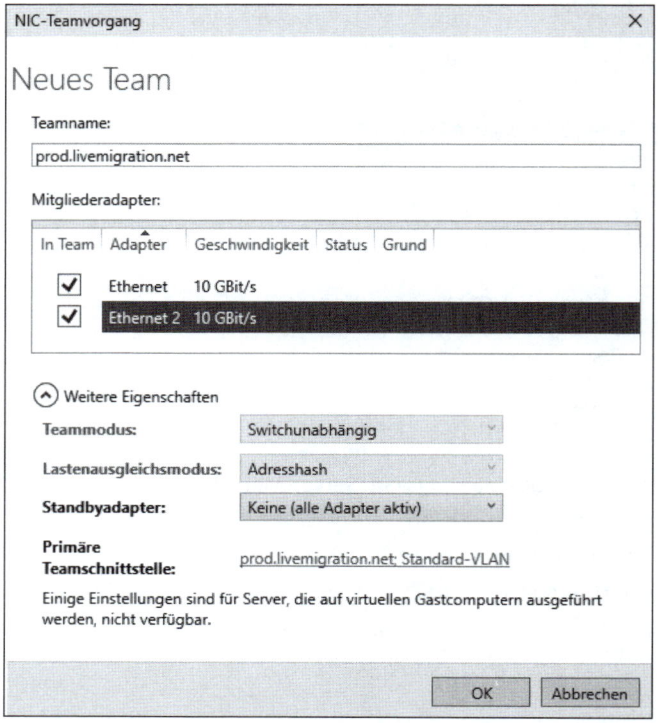

Abbildung 13.9 Der Assistent zum Erstellen des Teaming-Adapters

Anschließend wählen Sie den passenden TEAMMODUS sowie den LASTENAUSGLEICHSMODUS aus. Für Hyper-V hat Microsoft bisher empfohlen, beim Teammodus SWITCHUNABHÄNGIG einzustellen und für den Lastenausgleichsmodus HYPER-V-PORT zu wählen, wenn an dem Teaming ein Hyper-V-Switch angebunden wird. Die Erfahrung hat jedoch gezeigt, dass es besser ist, hier den Lastenausgleichsmodus DYNAMISCH zu verwenden, da er zu weniger Fehlern und Problemen im Bereich des physischen Netzwerks führt. Außerdem wird für Hyper-V kein Standby-Adapter konfiguriert, wodurch das Teaming im Aktiv/Aktiv-Modus arbeitet.

Nun können Sie für den zu erstellenden Teaming-Adapter noch eine VLAN-Konfiguration vornehmen. Verwenden Sie hierzu den Hyper-Link, den Sie in Abbildung 13.9 sehen. Er öffnet einen weiteren Dialog im Assistenten, in dem Sie ein VLAN hinterlegen können (siehe Abbildung 13.10).

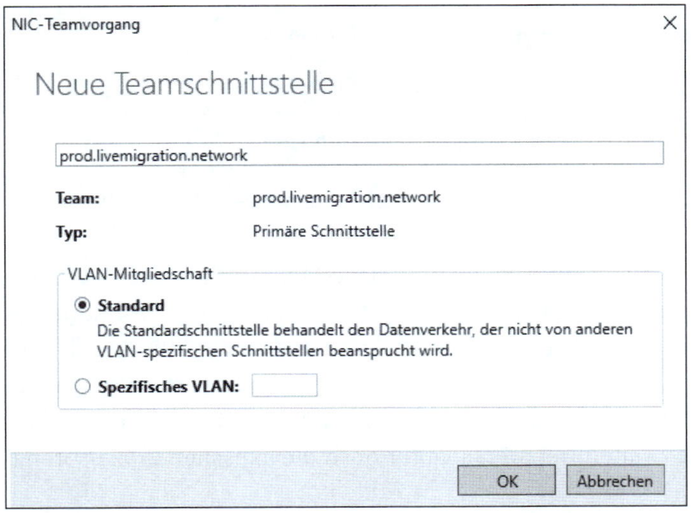

Abbildung 13.10 Der Assistent zur VLAN-Konfiguration des Teaming-Netzwerkadapters

Für das Teaming, an das Sie später die Hyper-V-Switches binden, ist dies normalerweise nicht notwendig, da der erstellte Teaming-Netzwerkadapter bei der Konfiguration des Hyper-V-Switchs dem Management-OS nicht zugänglich gemacht wird. Die Konfiguration der VLANs für die virtuellen Maschinen erfolgt dann wahlweise auf dem virtuellen Switch oder auf den virtuellen Netzwerkadaptern. Daher können Sie diesen Konfigurationsschritt im Normallfall überspringen.

Auch wenn heute viele Administratoren noch das Windows NIC-Teaming verwenden, empfiehlt Microsoft diese Option für Hyper-V nicht mehr. Dies liegt vor allem an dem mit Windows Server 2016 eingeführten Switch-Embedded Teaming, das für die hochverfügbare und skalierbare Anbindung von Hyper-V-Servern entwickelt wurde. Sie sollten daher immer versuchen, Switch-Embedded Teaming einzusetzen.

Virtual Machine Queues (VMQ) verwenden

VMQ ist eine Warteschlage, mit der das Betriebssystem die anfallenden Netzwerkpakete auf den zugewiesenen logischen Prozessoren verarbeitet und an die jeweiligen virtuellen Maschinen weiterleitet. Durch die Zuweisung der logischen Prozessoren in der Konfiguration der *Sum-* oder *Min-Queue* (je nach eingesetztem Teaming-Verfahren) kann eine bessere Verteilung der notwendigen Prozessorlasten erreicht werden, was sich positiv auf die Performance der virtuellen Gesamtlösung auswirkt.

Bei der Konfiguration von VMQ werden also zwei Queue-Verteilungen unterschieden, nämlich die Min-Queue und die Sum-Queue. Die Auswahlkriterien für die jeweilige Queue-Konfiguration entnehmen Sie Tabelle 13.1. Beachten Sie, das VMQ beim Einsatz von Switch-Embedded Teaming mit Sum-Queues konfiguriert werden muss.

Teaming-Mode	Adresshash	Hyper-V-Port	Dynamisch
Switch-unabhängig	Min-Queues	Sum-Queues	Sum-Queues
Switch-abhängig	Min-Queues	Min-Queues	Min-Queues

Tabelle 13.1 Der VMQ-Queue-Modus hängt von dem eingesetzten Teaming-Verfahren ab.

Bei der Konfiguration des Netzwerk-Teamings im *Sum-Queue-Modus* sollten Sie es vermeiden, Prozessoren überlappend zu konfigurieren. Dies bedeutet: Bei einem Prozessor mit 4 Kernen (z. B. einem Intel i7, also mit 8 logischen Prozessoren) und einem Teaming, das auf zwei Netzwerkadaptern basiert, sollten Sie für den ersten Netzwerkadapter die logischen Prozessoren beginnend mit dem zweiten logischen Prozessor bis zum logischen Prozessor 5 verwenden. Somit stehen für den zweiten Netzwerkadapter noch die logischen Prozessoren 6 und 7 zur Verfügung.

Bei der Zuweisung der logischen Prozessoren für die Verwendung von VMQ dürfen Sie die logischen Prozessoren 0 und 1 nicht verwenden, da diese dem Host-Betriebssystem für die Verarbeitung der systemrelevanten Prozesse vorbehalten bleiben. Außerdem müssen Sie bei der Zuweisung der logischen Prozessoren beachten, dass bei der Zuweisung von Basis- bzw. Max-CPU mit Hyper-Threading nur die Cores mit einer geraden Nummer verwendet werden.

Wenn Sie hingegen Ihre Teaming-Netzwerkadapter im *Min-Queue-Modus* bereitstellen, müssen Sie die von Ihnen für VMQ konfigurierten logischen Prozessoren für die Verwendung der Mitglieder des Netzwerk-Teamings identisch – also überlappend – konfigurieren.

Um VMQ für Ihre Hyper-V-Server konfigurieren zu können, benötigen Sie PowerShell-Zugriff auf die jeweiligen Server sowie administrative Berechtigungen. Verwenden Sie in der PowerShell-Konsole den folgenden Aufruf, um den in Ihrem Server verwendeten Prozessor abzufragen (siehe Abbildung 13.11):

```
Get-WmiObject -Class Win32_Processor | Select-Object -Property Name, Number*
```

Notieren Sie die zur Verfügung stehenden logischen Prozessoren, und verteilen Sie diese gemäß der zu konfigurierenden VMQ-Konfiguration auf dem vorhandenen Netzwerkadapter. Fragen Sie nun die vorhandene VMQ-Konfiguration Ihres Hyper-V Servers mit `Get-NetAdapterVmq` ab. Vergleichen Sie die vorhandene Konfiguration mit der von Ihnen geplanten, und verwenden Sie den folgenden PowerShell-Aufruf, um die gewünschte Zielkonfiguration zu erstellen:

```
Set-NetAdapterVmq -Name 'prod.vm.network' -BaseProcessorNumber 2 -MaxProcessors 4
```

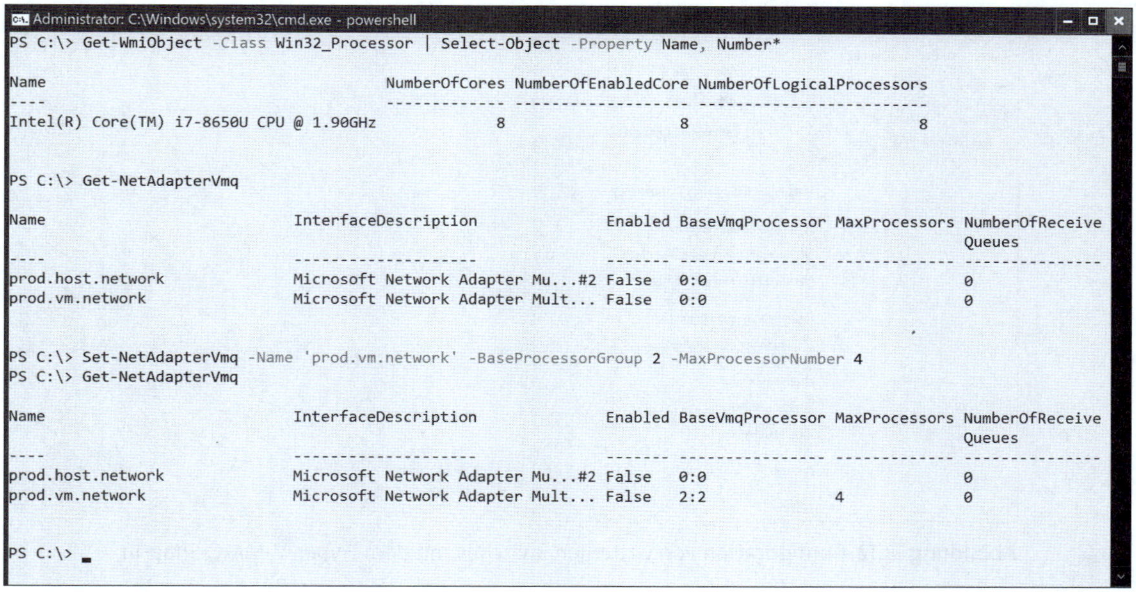
Administrator: C:\Windows\system32\cmd.exe - powershell
PS C:\> Get-WmiObject -Class Win32_Processor | Select-Object -Property Name, Number*
Name NumberOfCores NumberOfEnabledCore NumberOfLogicalProcessors
Intel(R) Core(TM) i7-8650U CPU @ 1.90GHz 8 8 8
PS C:\> Get-NetAdapterVmq
Name InterfaceDescription Enabled BaseVmqProcessor MaxProcessors NumberOfReceive Queues
prod.host.network Microsoft Network Adapter Mu...#2 False 0:0 0
prod.vm.network Microsoft Network Adapter Mult... False 0:0 0
PS C:\> Set-NetAdapterVmq -Name 'prod.vm.network' -BaseProcessorGroup 2 -MaxProcessorNumber 4
PS C:\> Get-NetAdapterVmq
Name InterfaceDescription Enabled BaseVmqProcessor MaxProcessors NumberOfReceive Queues
prod.host.network Microsoft Network Adapter Mu...#2 False 0:0 0
prod.vm.network Microsoft Network Adapter Mult... False 2:2 4 0
PS C:\>

Abbildung 13.11 VMQ-Konfiguration mit der PowerShell

Ersetzen Sie in diesem PowerShell-Kommando den Namen des zu konfigurierenden Netzwerkadapters durch den Namen, der in Ihrem System verwendet wird. Außerdem müssen Sie unter `BaseProcessorNumber` den logischen Prozessor angeben, von dem aus die VMQ-Gruppierung startet. Der Schalter `MaxProcessors` legt die Anzahl der zu verwendenden logischen Prozessoren fest.

13.1.3 Hyper-V konfigurieren

Konfiguration von virtuellen Switches

Wenn Sie sich bei der Bereitstellung für die Verwendung des Switch-Embedded Teamings entschieden haben, ist die Konfiguration von Hyper-V-Switches nicht mehr notwendig, da diese bereits vorhanden sind.

Sie können im Windows Admin Center keine virtuellen Switches auf Basis von Windows NIC-Teaming-Netzwerkadaptern erstellen. Verwenden Sie hierzu das Hyper-V-MMC-Snap-In (siehe Abbildung 13.12). Gehen Sie hierzu wie folgt vor: Öffnen Sie entweder auf dem Zielserver oder von einem Verwaltungsserver aus das Hyper-V-MMC-Snap-In. Wenn Sie die MMC remote verwenden, um Ihren Zielserver zu konfigurieren, wird es zu einer kurzzeitigen Verbindungsunterbrechung kommen, während der virtuelle Switch erstellt wird.

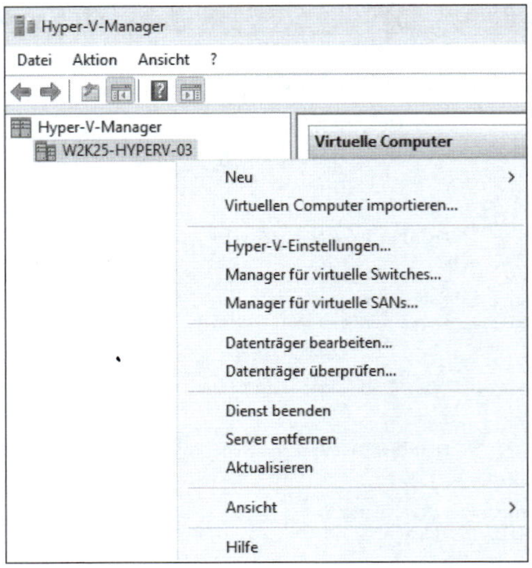

Abbildung 13.12 Konfiguration von virtuellen Switches mit dem Hyper-V-MMC-Snap-In

Wählen Sie den Hyper-V-Server aus, auf dem Sie den virtuellen Switch erstellen wollen, und wählen Sie im Kontextmenü die Option MANAGER FÜR VIRTUELLE SWITCHES.

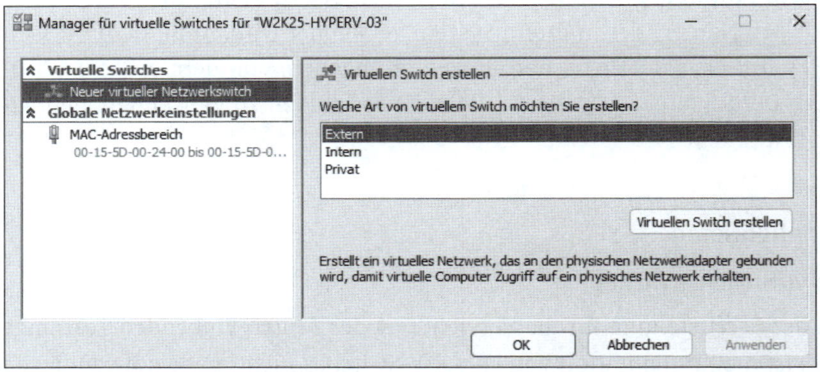

Abbildung 13.13 Der »Manager für virtuelle Switches« im Hyper-V-MMC-Snap-In

Markieren Sie im Dialog aus Abbildung 13.13 die Option NEUER VIRTUELLER NETZWERKSWITCH, und wählen Sie einen virtuellen Switchtyp aus. Es stehen hier folgende Switchtypen zur Verfügung:

- PRIVAT – Der private virtuelle Netzwerkswitch ermöglicht es Ihnen, die an ihn angeschlossenen virtuellen Maschinen miteinander zu verbinden, diese jedoch vom physischen Netzwerk sowie vom Management-Betriebssystem zu isolieren.
- INTERN – Mit dem internen virtuellen Netzwerk-Switch können Sie die daran angeschlossenen virtuellen Maschinen miteinander und mit dem Management-Betriebssystem ver-

binden. Auch für das Management-Betriebssystem wird ein Netzwerkadapter angelegt, eine Verbindung zum physischen Netzwerk besteht jedoch nicht.

- EXTERN – Im Fall des externen virtuellen Switchs wird dieser mit einem physischen Netzwerkadapter verbunden und stellt somit für die an diesen virtuellen Switch angebundenen virtuellen Maschinen den Zugriff auf das physische Netzwerk her. Verwenden Sie für die externe Anbindung Ihrer virtuellen Maschinen den Switchtyp EXTERN. Diesen können Sie wahlweise mit dem Management-Betriebssystem teilen oder dies unterbinden.

Nun öffnet sich der Assistent zum Erstellen neuer virtueller Switches. Wählen Sie hier unter EXTERNES NETZWERK (siehe Abbildung 13.14) einen physischen Netzwerkadapter aus, um die virtuellen Maschinen an das physische Unternehmensnetzwerk anzubinden. Entfernen Sie den Haken bei GEMEINSAMES VERWENDEN DIESES NETZWERKADAPTERS FÜR DAS VERWALTUNGSBETRIEBSSYSTEM ZULASSEN.

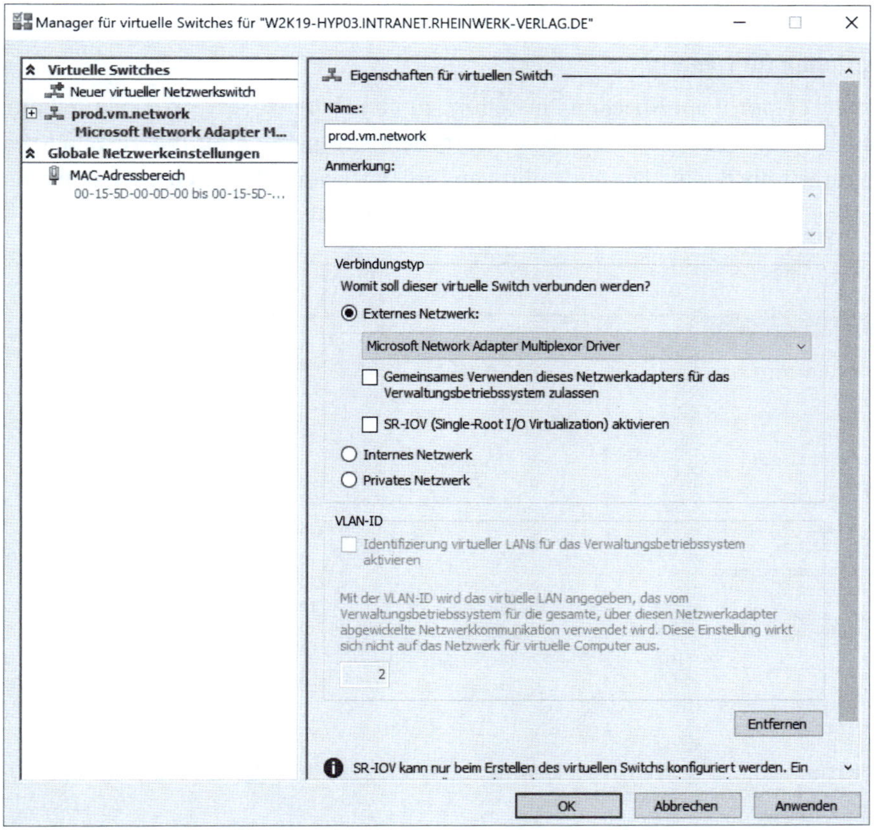

Abbildung 13.14 Erstellen eines virtuellen externen Switchs im Hyper-V-MMC-Snap-In

Außerdem können Sie für den neuen virtuellen Switch *SR-IOV (Single Root I/O Virtualization)* aktivieren. So können Netzwerkpakete an dem virtuellen Switch vorbei direkt an die jeweiligen virtuellen Maschinen weitergeleitet werden. Hierzu müssen Sie jedoch einige hardwarebedingte Abhängigkeiten beachten, wie die BIOS-Kompatibilität sowie die *SLAT*-Unterstützung *(Second Level Address Translation)* der eingesetzten Prozessoren. Grundsätzlich wird von der Verwendung der Option SR-IOV abgeraten, wenn sie nicht explizit für die Workloads der virtuellen Maschinen erforderlich ist. Beachten Sie, dass Sie bei einem bereits erzeugten virtuellen Switch SR-IOV nicht mehr aktivieren können; Sie müssen den virtuellen Switch neu anlegen und alle daran angebundenen virtuellen Maschinen neu zuordnen, wenn Sie diese Option nutzen wollen.

Wenn Sie den virtuellen Switch dem Verwaltungsbetriebssystem zugänglich machen, können Sie unter VLAN-ID ein entsprechendes VLAN für die Kommunikation des Verwaltungsbetriebssystems mit dem physischen Netzwerk hinterlegen. Dies ist jedoch nicht notwendig bzw. möglich, wenn Sie den virtuellen Switch dem Verwaltungsbetriebssystem nicht zur gemeinsamen Nutzung zur Verfügung stellen.

Einstellungsoptionen für Hyper-V

Der Zugriff auf die Hyper-V-spezifischen Einstellungen von Hyper-V-Servern ist aktuell nur mit dem Snap-In *Hyper-V* möglich, weil die entsprechende Implementierung im Windows Admin Center zurzeit noch fehlt. Die Einstellungen für Hyper-V gliedern sich hierbei in eine SERVER- und eine BENUTZER-spezifische Konfiguration (siehe Abbildung 13.15).

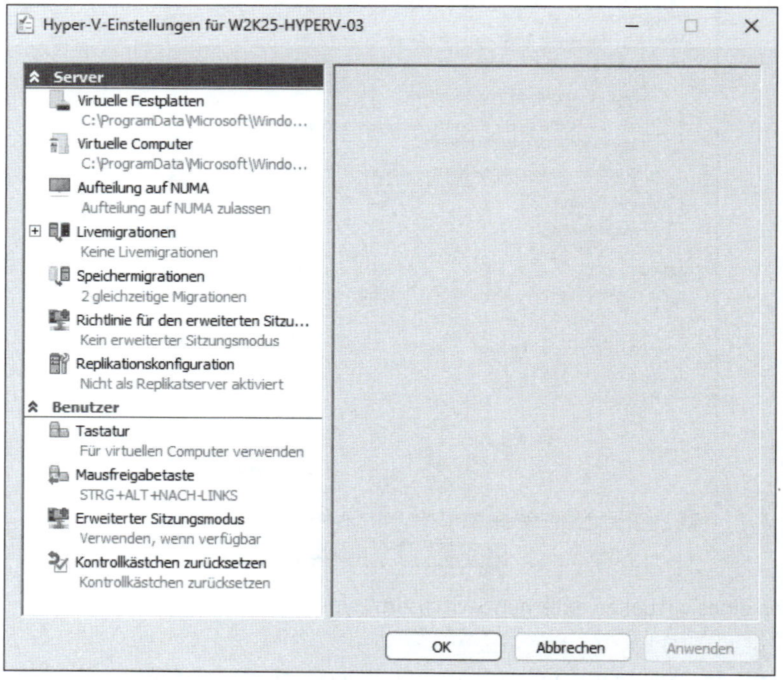

Abbildung 13.15 Hyper-V-Konfiguration

Server

Zur SERVER-spezifische Konfiguration gehören folgende Punkte:

- VIRTUELLE FESTPLATTEN – legt den Standardpfad für das Anlegen neuer virtueller Datenträger fest. Dieser Pfad sollte auf einen anderen Datenträger zeigen oder beim Einsatz eines Failoverclusters in den Verzeichnispfad des CSV *(Cluster Shared Volume)*.
- VIRTUELLE COMPUTER – Diese Option legt den Standardpfad fest, in dem die Dateien der virtuellen Maschinen angelegt werden sollen. Auch dieser Pfad sollte auf einen anderen Datenträger oder beim Einsatz eines Failoverclusters in den Verzeichnispfad des CSV zeigen.
- AUFTEILUNG AUF NUMA – Die Aufteilung der NUMA-Knoten ist standardmäßig aktiviert und ermöglicht es dem System, über Arbeitsspeicher zu verfügen, der einem anderen NUMA-Knoten zugewiesen ist. Diese Einstellung sollten Sie nur dann inaktiv setzen, wenn die Verwendung von Arbeitsspeicher anderer NUMA-Knoten zu Performance-Problemen führt. Bei NUMA-Knoten handelt es sich um die Speicherarchitektur von Multi-Prozessor-Servern. Hierbei wird den jeweiligen Prozessoren Arbeitsspeicher direkt zugewiesen, wodurch der oder die jeweiligen anderen Prozessoren Zugriff über einen gemeinsamen Adressraum erhalten.
- LIVEMIGRATIONEN – Hier können Sie die Livemigration für Ihren Hyper-V-Server aktivieren und festlegen, welche der zur Verfügung stehenden Netzwerksegmente, die dem Server bekannt sind, für die Livemigration verwendet werden können. Außerdem können Sie in den erweiterten Einstellungen festlegen, welches Autorisierungsprotokoll verwendet werden soll. Es stehen hier Kerberos und CredSSP zur Verfügung. CredSSP ist die Standardkonfiguration. Auch können Sie zwischen Standard-TCP/IP, SMB oder der vorausgewählten komprimierten Datenübertragung wählen, um die Übertragung im Rahmen der Livemigration zu verbessern.
- SPEICHERMIGRATIONEN – Unter diesem Punkt können Sie angeben, wie viele Speichermigrationen Ihr Hyper-V-Server gleichzeitig ausführen kann. Der Standardwert liegt hier bei 2 gleichzeitigen Speichermigrationen. Eine Anpassung dieses Wertes sollte nur bei Bedarf erfolgen und ist natürlich abhängig von der eingesetzten Hardware.
- RICHTLINIE FÜR DEN ERWEITERTEN SITZUNGSMODUS – Hiermit aktivieren Sie auf dem Server global, also für alle Benutzer dieses Servers, den erweiterten Sitzungsmodus. Die erweiterten Sitzungen stellen eine erhebliche Verbesserung gegenüber den bekannten Hyper-V-Konsolensitzungen dar. Hierdurch steht Ihnen eine skalierbare, mehr-monitorfähige Remoteverbindung zur virtuellen Maschine zur Verfügung. Außerdem werden hier sowohl Audio-, USB- als auch Plug-and-Play-Geräte, Laufwerke, die Zwischenablage sowie Smartcards in die virtuelle Maschine umgeleitet.

  Bitte beachten Sie auch: Um die erweiterte Sitzung nutzen zu können, muss der Benutzer, der sich anmeldet, in der virtuellen Maschine über die lokale Berechtigung *Remotedesktopbenutzer* verfügen.

- REPLIKATIONSKONFIGURATION – Hier können Sie den jeweiligen Hyper-V-Server als Replikationsserver aktivieren sowie die Authentifizierung und das Übertragungsprotokoll konfigurieren, die Sie verwenden wollen. Außerdem können Sie hier den Speicherort und ausgewählte Quellsysteme für die Replikation angeben.

Benutzer

Zur BENUTZER-spezifischen Konfiguration gehören folgende Punkte:

- TASTATUR – Legen Sie hier fest, wie einschlägige Tastenkombinationen angewendet werden sollen, wenn Sie sich in einer Hyper-V-Konsolensitzung befinden.
- MAUSFREIGABETASTE – Wenn Sie sich in einer Konsolensitzung einer virtuellen Maschine befinden, können Sie mit der hier festgelegten Tastenkombination die in dieser Sitzung vorhandene Maus wieder aus der Sitzung herauslösen. Dies ist kann notwendig sein, wenn Sie eine virtuelle Maschine ohne VMBus-Integration betreiben.
- ERWEITERTER SITZUNGSMODUS – Diese Option bietet Ihnen automatisch beim Herstellen einer Hyper-V-Konsolensitzung an, diese im erweiterten Sitzungsmodus zu starten. Dies setzt voraus, dass die Richtlinie für die Nutzung des erweiterten Sitzungsmodus aktiviert wurde.
- KONTROLLKÄSTCHEN ZURÜCKSETZEN – Diese Option setzt alle durchgeführten Konfigurationen zum Ausblenden von Dialogen zurück. Dies betrifft etwa die Verwendung des erweiterten Sitzungsmodus, wenn Sie ihn als Standardverbindungsart festgelegt haben.

13.1.4 Virtuelle Maschinen bereitstellen

Um virtuelle Maschinen in Hyper-V bereitstellen zu können, stehen Ihnen mehrere Möglichkeiten zur Verfügung. Hierzu gehören das Hyper-V-MMC-Snap-In, *SCVMM (System Center Virtual Machine Manager)*, die PowerShell sowie das Windows Admin Center.

Virtuelle Maschinen erstellen

Im Windows Admin Center lassen sich virtuelle Maschinen mithilfe eines einfachen Dialogs bereitstellen. Das ist wesentlich bequemer als das Bereitstellen mit SCVMM oder mit dem Hyper-V-Snap-In.

Um eine neue virtuelle Maschine mit dem Windows Admin Center zu erstellen, gehen Sie wie folgt vor: Wechseln Sie in die Server-Manager-Ansicht, und wählen Sie dort den Hyper-V-Server aus, auf dem Sie die virtuelle Maschine erstellen wollen. In der Server-Ansicht gehen Sie zu TOOLS und darunter zu VIRTUELLE COMPUTER und wechseln auf die Registerkarte INVENTAR.

Dort erhalten Sie eine Auflistung der virtuellen Maschinen, die auf diesem Hyper-V-Server bereitgestellt wurden. Verwenden Sie hier die Option + NEU, um den Dialog zum Erstellen neuer virtueller Maschinen zu starten (siehe Abbildung 13.16).

Hier können Sie einen *Namen* für die virtuelle Maschine festlegen. Legen Sie auch die GENERATION der virtuellen Maschine fest. GEN2 ist hier vorausgewählt und stellt auch die Empfehlung dar. (Die Unterschiede zwischen den Generationen erklären wir Ihnen in Kapitel 8.) Vergeben Sie die Anzahl an virtuellen Prozessoren, die Sie Ihrer virtuellen Maschine zuordnen wollen. Sie sollten hier mindestens zwei virtuelle Prozessoren für Windows-Betriebssysteme festlegen. Bei Bedarf können Sie für den Prozessor noch die GESCHACHTELTE VIRTUALISIERUNG AKTIVIEREN *(Nested Virtualization)*.

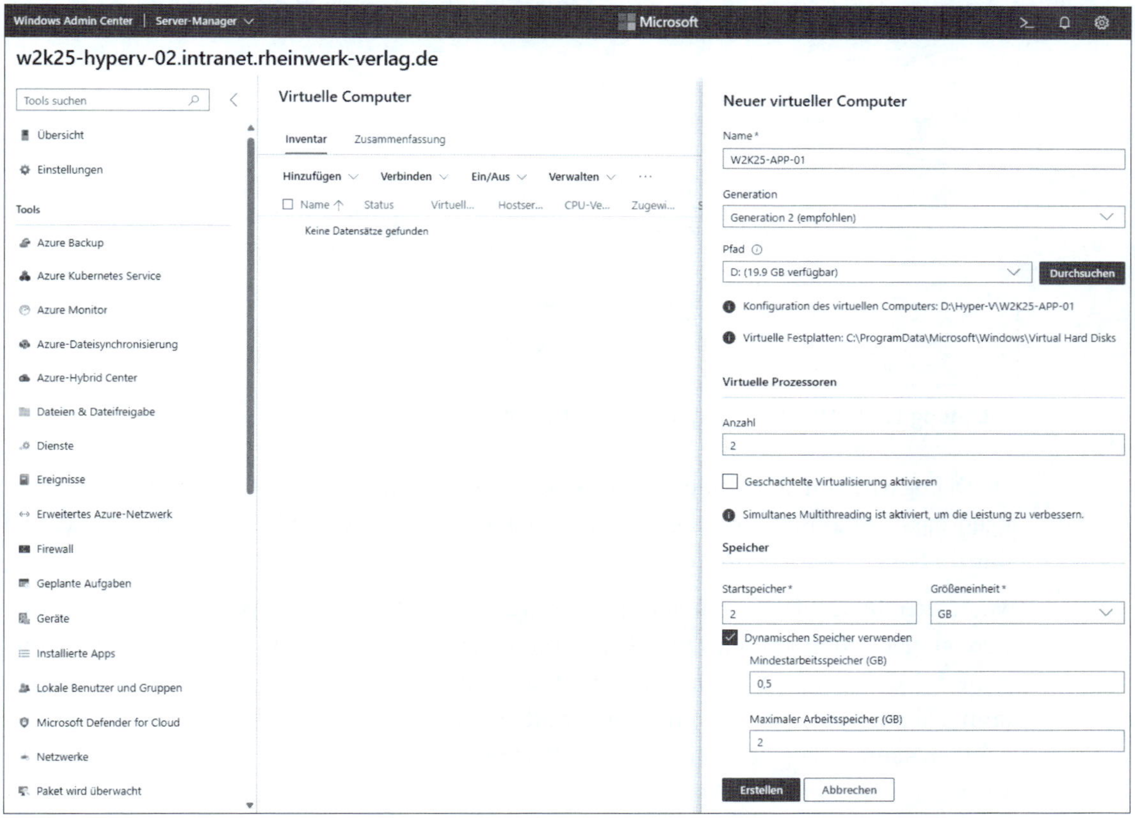

Abbildung 13.16 Der »Windows Admin Center«-Dialog zum Erstellen virtueller Maschinen

Ordnen Sie der virtuellen Maschine Arbeitsspeicher zu, und aktivieren Sie, wenn gewünscht, die dynamische Vergabe von Arbeitsspeicher. Beachten Sie bei der Aktivierung des dynamischen Arbeitsspeichers, dass dieser nicht von allen Anwendungen unterstützt wird. Außerdem sollten Sie hierbei genügend Startspeicher hinterlegen, um ein zügiges Starten der virtuellen Maschine sicherzustellen.

Wählen Sie in dem Dropdown-Feld der Netzwerkadapter einen virtuellen Switch aus, an den die virtuelle Netzwerkkarte Ihrer virtuellen Maschine gebunden werden soll. Denken Sie daran, dass es beim Erstellen der virtuellen Maschine noch nicht möglich ist, ein entsprechendes VLAN-Tag zu konfigurieren.

Abschließend müssen Sie noch Datenträger für Ihre virtuelle Maschine konfigurieren. Verwenden Sie hierzu die Option + DATENTRÄGER HINZUFÜGEN, um weitere Datenträger anzubinden. Hierdurch wird das Dialog-Fenster erweitert, damit Sie virtuelle Festplatten erstellen oder eine vorhandene einbinden können (siehe Abbildung 13.17). Legen Sie entweder die gewünschte Datenträgergröße in GB fest oder wählen Sie eine vorhandene virtuelle Datenträgerdatei aus.

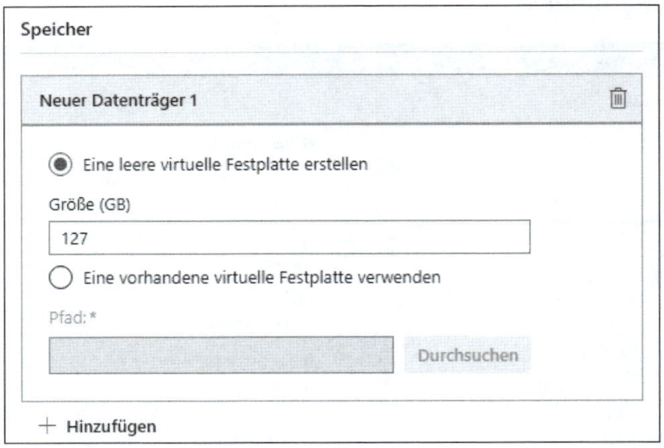

Abbildung 13.17 »Windows Admin Center«-Dialog zum Erstellen virtueller Datenträger

Der Dialog wird um die Option des Betriebssystems erweitert. Hier können Sie entweder festlegen, dass Sie das Betriebssystem später installieren wollen, oder Sie können hier direkt eine Startup-fähige ISO-Datei hinterlegen.

Wenn sich die ISO-Datei auf einer Dateifreigabe befindet, kann es dazu kommen, dass sie nicht eingebunden werden kann, da die Anmeldeinformation des Windows Admin Centers nicht von dem Hyper-V-Server für die Anmeldung an der Dateifreigabe verwendet werden kann. Hierzu wäre eine entsprechende Kerberos-Delegierung notwendig. Aus Sicherheitsgründen sollten Sie jedoch die Vor- und Nachteile einer solchen Delegierung sorgfältig abwägen.

Konfiguration von VMs

Um die Konfiguration Ihrer virtuellen Maschinen anzupassen, wechseln Sie im Windows Admin Center unter TOOLS zum Punkt VIRTUELLE COMPUTER und dort auf die Registerkarte INVENTAR. Wählen Sie dort die gewünschte virtuelle Maschine aus. Die Ansicht ändert sich nun und wird zur Übersichtsansicht der virtuellen Maschine. Verwenden Sie den Menüpunkt MEHR, und wählen Sie die Option EINSTELLUNGEN aus, um die Konfiguration der virtuellen Maschine einsehen zu können oder zu verändern.

Hier können Sie aus den folgenden Konfigurationskategorien auswählen:

- Im Punkt ALLGEMEIN finden Sie die Konfiguration des Namens der virtuellen Maschine, den Sie hier auch editieren können. Außerdem können Sie in diesem Dialog auch das Startverhalten der virtuellen Maschine beeinflussen, wie Sie in Abbildung 13.18 sehen.

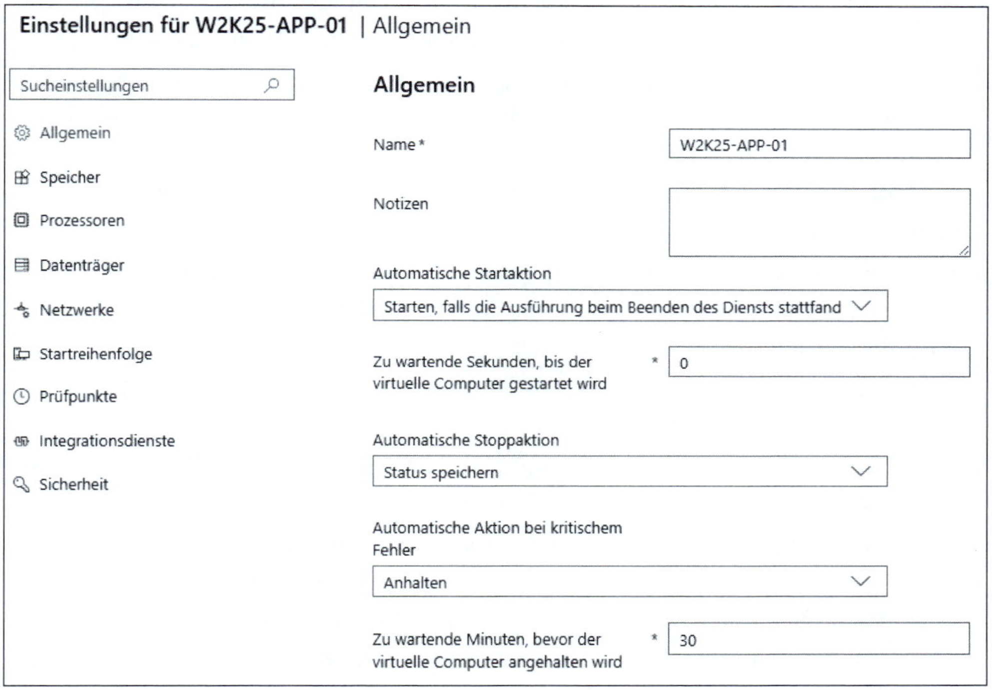

Abbildung 13.18 Die Einstellungen für virtuelle Maschinen im Windows Admin Center

- Im Punkt SICHERHEIT können Sie vTPM für Ihre virtuelle Maschine aktivieren, wenn Ihre Hardware dies unterstützt. Außerdem kann hier der Modus ABGESCHIRMTE VM aktiviert werden, wenn der Hyper-V-Host an einen *Host Guardian Service* angebunden ist und erfolgreich attestiert wurde.

  Durch *vTPM* haben Sie die Möglichkeit, Ihre virtuelle Maschine, ebenso wie Ihre physischen TPM 2.0-Server, mittels BitLocker zu verschlüsseln sowie weitere Lösungen einzusetzen, die von diesem Chipsatz abhängig sind.

- Im Punkt SPEICHER legen Sie den zur Verfügung stehenden Arbeitsspeicher fest oder aktivieren den dynamischen Arbeitsspeicher. Sie können dann die Limits des zu verwendenden Arbeitsspeichers sowie die Speichergewichtung festlegen. Sie können den dynamischen Arbeitsspeicher allerdings nur dann aktivieren, wenn die virtuelle Maschine heruntergefahren ist.

- Unter PROZESSOREN weisen Sie Ihrer virtuellen Maschine zusätzliche virtuelle Prozessoren zu. Außerdem können Sie hier die geschachtelte Virtualisierung aktivieren, um virtuelle Hypervisoren innerhalb der virtuellen Maschine zu installieren: Das ist die sogenannte *Nested Virtualization*.
- Unter DATENTRÄGER können Sie Ihrer virtuellen Maschine virtuelle Datenträger hinzufügen oder diese aus ihr entfernen. Auch das Einbinden von ISO-Abbildern ist möglich.
- Im Punkt NETZWERKE fügen Sie bestehende virtuelle Netzwerkadapter der VM hinzu oder entfernen sie. Außerdem können Sie die vorhandenen virtuellen Netzwerkadapter um eine VLAN-Konfiguration ergänzen. In der erweiterten Konfiguration der jeweiligen Netzwerkadapter ändern Sie die Konfiguration der MAC-Adressen und limitieren die nutzbare Bandbreite des Netzwerkadapters.

  Beachten Sie bei der Netzwerkkonfiguration Ihrer virtuellen Maschine, dass es über das Hyper-V-Snap-In weitere Konfigurationsoptionen gibt, die über das Windows Admin Center nicht verfügbar sind. Hierzu gehören:

  - Der DHCP-WÄCHTER entfernt Netzwerkpakete aus DHCP-Servernachrichten von nicht autorisierten virtuellen Maschinen.
  - Der ROUTER-WÄCHTER entfernt Routerankündigungen sowie Umleitungsmeldungen von nicht autorisierten virtuellen Maschinen.
  - Die PORT-SPIEGELUNG ermöglicht das Analysieren und Überwachen des Netzwerkverkehrs des ausgewählten Netzwerkadapters. Hierbei werden die eingehenden und ausgehenden Netzwerkpakete an ein anderes System weitergeleitet.
  - Das GESCHÜTZTE NETZWERK schützt die virtuelle Maschine davor, bei einem Failover auf einen anderen Cluster-Knoten verschoben zu werden, wenn dieser über keine geeignete Netzwerkverbindung verfügt, um die virtuelle Maschine zu betreiben.
  - Unter NIC-TEAMING können Sie die NIC-Teaming-Funktion innerhalb der virtuellen Maschine für den ausgewählten Netzwerkadapter aktivieren.
  - Die GERÄTEBENENNUNG reicht den Namen des vorhandenen Netzwerkadapters an die virtuelle Maschine weiter.
- Im Punkt STARTREIHENFOLGE können Sie festlegen, in welcher Reihenfolge die zur Verfügung stehenden bootbaren Medien auf einem Bootstack überprüft werden.
- Unter PRÜFPUNKTE können Sie festlegen, ob Prüfpunkte für Ihre virtuelle Maschine zur Verfügung stehen, welches Prüfpunktverfahren verwendet werden soll und wo diese Prüfpunkte von Ihrem Hyper-V-Server abgelegt werden sollen.

  Produktion-Prüfpunkte werden nicht von allen Anwendungen unterstützt. Bei diesen Prüfpunkten wird durch die Verwendung der VSS-Provider, die in der virtuellen Maschine vorhanden sind, versucht, applikationskonsistente Prüfpunkte zu erstellen. Wenn Sie nicht wissen, ob Ihre Anwendung dies unterstützt, sollten Sie Standard-Prüfpunkte verwenden.

13.2 Hochverfügbarkeit herstellen

Um den Anforderungen an eine hochverfügbare und skalierbare Infrastruktur für die Bereitstellung von virtuellen Maschinen nachzukommen, sollten Sie Hyper-V im Failovercluster bereitstellen. Hierdurch können virtuelle Maschinen innerhalb des Clusters live-migriert werden, also im Fehlerfall auf einem alternativen Cluster-Knoten neu gestartet werden, um sie dort weiter zu betreiben.

13.2.1 Installation des Failoverclusters

Um die Installation von Hyper-V im Failovercluster vornehmen zu können, müssen Sie das Feature *Failover-Clustering* installieren. Die Installation können Sie wahlweise mit dem Server-Manager, der PowerShell oder dem Windows Admin Center durchführen. Wenn Sie die Installation über die Konsole von *Hyper-V Server* durchführen, nutzen Sie das Cmdlet `Install-WindowsFeature -Name Failover-Clustering`.

Wenn Sie die Remote-Verwaltung nutzen, verwenden Sie das Windows Admin Center und öffnen die Server-Manager-Ansicht, um den Server auszuwählen, den Sie im Failovercluster als Knoten hinzufügen wollen. Wechseln Sie in den Tools im Menü ROLLEN UND FEATURES. Dort können Sie das Windows Server-Feature FAILOVERCLUSTER auswählen und es über die Option INSTALLIEREN auf dem Zielserver installieren. Wiederholen Sie dies für alle Server, die Sie im Failovercluster hinzufügen wollen.

13.2.2 Den Cluster erstellen

Nach der Installation des notwendigen Windows-Features auf allen Windows-Servern, die in dem zu erstellenden Cluster Mitglied werden sollen, können Sie nun den neuen Cluster erstellen. Dies ist aktuell leider noch nicht über das Windows Admin Center möglich, daher sollten Sie die Verwaltungskonsole *Failovercluster-Manager* verwenden. Da es empfohlen wird, die Hyper-V-Server als Server Core bereitzustellen, sollten Sie zum Erstellen des Clusters auf einem ausgewählten Verwaltungsserver die entsprechende Failovercluster-Manager-MMC installieren (siehe Abbildung 13.19).

Gehen Sie zum Erstellen des Clusters wie folgt vor: Öffnen Sie den *Failovercluster-Manager*. Sie finden ihn entweder über den Server-Manger im Menü TOOLS oder Sie rufen ihn über AUSFÜHREN direkt auf. Geben Sie dazu `FailoverClusters.SnapInHelper.msc` ein.

In den AKTIONEN finden Sie die Option CLUSTER ERSTELLEN, mit der Sie den Assistenten öffnen. Lesen Sie sich die Vorbemerkungen durch (siehe Abbildung 13.20), und klicken Sie auf WEITER.

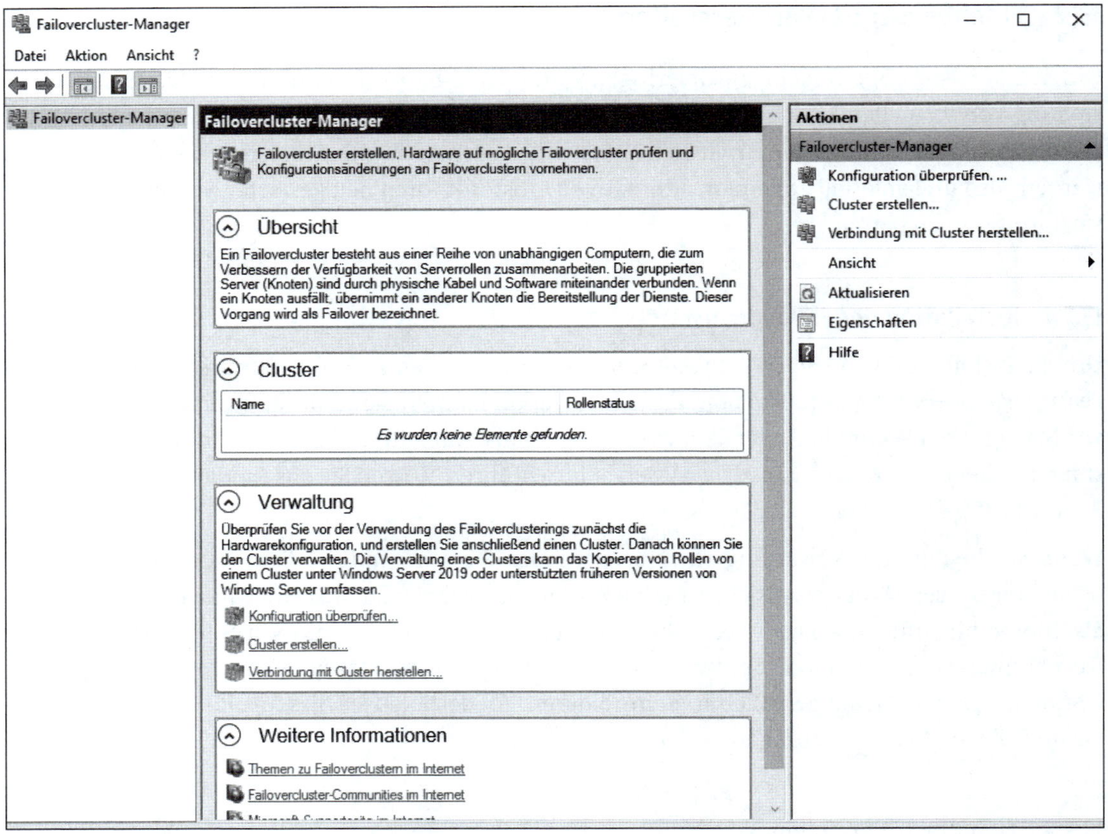
Failovercluster-Manager
Datei Aktion Ansicht ?
Failovercluster-Manager
Failovercluster-Manager
Failovercluster erstellen, Hardware auf mögliche Failovercluster prüfen und Konfigurationsänderungen an Failoverclustern vornehmen.
Übersicht
Ein Failovercluster besteht aus einer Reihe von unabhängigen Computern, die zum Verbessern der Verfügbarkeit von Serverrollen zusammenarbeiten. Die gruppierten Server (Knoten) sind durch physische Kabel und Software miteinander verbunden. Wenn ein Knoten ausfällt, übernimmt ein anderer Knoten die Bereitstellung der Dienste. Dieser Vorgang wird als Failover bezeichnet.
Cluster
Name
Rollenstatus
Es wurden keine Elemente gefunden.
Verwaltung
Überprüfen Sie vor der Verwendung des Failoverclusterings zunächst die Hardwarekonfiguration, und erstellen Sie anschließend einen Cluster. Danach können Sie den Cluster verwalten. Die Verwaltung eines Clusters kann das Kopieren von Rollen von einem Cluster unter Windows Server 2019 oder unterstützten früheren Versionen von Windows Server umfassen.
Konfiguration überprüfen...
Cluster erstellen...
Verbindung mit Cluster herstellen...
Weitere Informationen
Themen zu Failoverclustern im Internet
Failovercluster-Communities im Internet
Aktionen
Failovercluster-Manager
Konfiguration überprüfen. ...
Cluster erstellen...
Verbindung mit Cluster herstellen...
Ansicht
Aktualisieren
Eigenschaften
Hilfe

Abbildung 13.19 Failovercluster-MMC

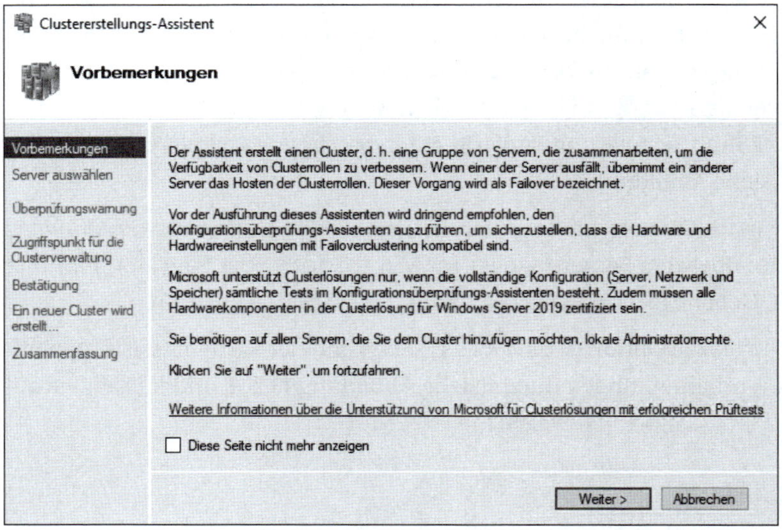
Clustererstellungs-Assistent
Vorbemerkungen
Vorbemerkungen
Server auswählen
Überprüfungswarnung
Zugriffspunkt für die Clusterverwaltung
Bestätigung
Ein neuer Cluster wird erstellt...
Zusammenfassung
Der Assistent erstellt einen Cluster, d. h. eine Gruppe von Servern, die zusammenarbeiten, um die Verfügbarkeit von Clusterrollen zu verbessern. Wenn einer der Server ausfällt, übernimmt ein anderer Server das Hosten der Clusterrollen. Dieser Vorgang wird als Failover bezeichnet.
Vor der Ausführung dieses Assistenten wird dringend empfohlen, den Konfigurationsüberprüfungs-Assistenten auszuführen, um sicherzustellen, dass die Hardware und Hardwareeinstellungen mit Failoverclustering kompatibel sind.
Microsoft unterstützt Clusterlösungen nur, wenn die vollständige Konfiguration (Server, Netzwerk und Speicher) sämtliche Tests im Konfigurationsüberprüfungs-Assistenten besteht. Zudem müssen alle Hardwarekomponenten in der Clusterlösung für Windows Server 2019 zertifiziert sein.
Sie benötigen auf allen Servern, die Sie dem Cluster hinzufügen möchten, lokale Administratorrechte.
Klicken Sie auf "Weiter", um fortzufahren.
Weitere Informationen über die Unterstützung von Microsoft für Clusterlösungen mit erfolgreichen Prüftests
Diese Seite nicht mehr anzeigen
Weiter >
Abbrechen

Abbildung 13.20 Der Assistent zum Erstellen neuer Failovercluster

Im nächsten Schritt wählen Sie die Server aus, die Sie dem Cluster, den Sie gerade erstellen, als Cluster-Knoten hinzufügen wollen (siehe Abbildung 13.21). Wenn Sie die Option DURCHSUCHE verwenden, können Sie auch das Active Directory nach Servern durchsuchen. Klicken Sie anschließend auf WEITER.

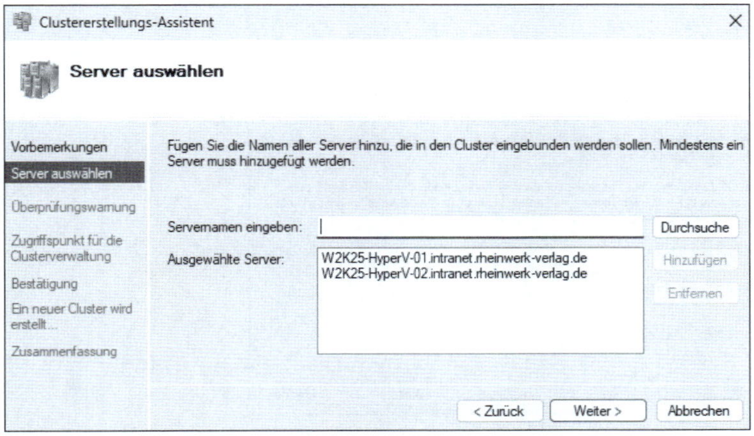
Clustererstellungs-Assistent
Server auswählen
Vorbemerkungen
Server auswählen
Überprüfungswarnung
Zugriffspunkt für die Clusterverwaltung
Bestätigung
Ein neuer Cluster wird erstellt...
Zusammenfassung
Fügen Sie die Namen aller Server hinzu, die in den Cluster eingebunden werden sollen. Mindestens ein Server muss hinzugefügt werden.
Servernamen eingeben:
Durchsuche
Ausgewählte Server:
W2K25-HyperV-01.intranet.rheinwerk-verlag.de
W2K25-HyperV-02.intranet.rheinwerk-verlag.de
Hinzufügen
Entfernen
< Zurück
Weiter >
Abbrechen

Abbildung 13.21 Hinzufügen von Servern als Cluster-Knoten

Im nächsten Schritt werden Sie aufgefordert, einen Cluster-Konfigurationsvalidierungstest durchführen zu lassen (siehe Abbildung 13.22). Dieser Schritt ist dringend empfohlen und wird abgefragt, wenn Sie einen Support-Case bei Microsoft öffnen. Wenn Sie auf WEITER klicken, startet automatisch der Konfigurationsüberprüfungs-Assistent.

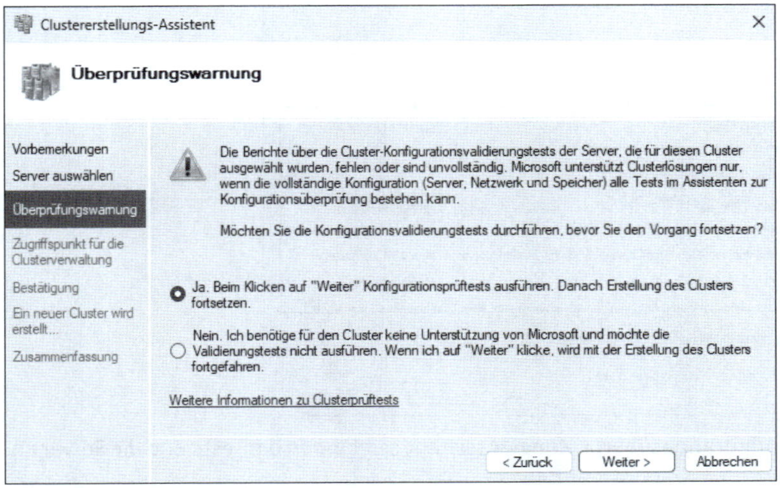
Clustererstellungs-Assistent
Überprüfungswarnung
Vorbemerkungen
Server auswählen
Überprüfungswarnung
Zugriffspunkt für die Clusterverwaltung
Bestätigung
Ein neuer Cluster wird erstellt...
Zusammenfassung
Die Berichte über die Cluster-Konfigurationsvalidierungstests der Server, die für diesen Cluster ausgewählt wurden, fehlen oder sind unvollständig. Microsoft unterstützt Clusterlösungen nur, wenn die vollständige Konfiguration (Server, Netzwerk und Speicher) alle Tests im Assistenten zur Konfigurationsüberprüfung bestehen kann.
Möchten Sie die Konfigurationsvalidierungstests durchführen, bevor Sie den Vorgang fortsetzen?
Ja. Beim Klicken auf "Weiter" Konfigurationsprüftests ausführen. Danach Erstellung des Clusters fortsetzen.
Nein. Ich benötige für den Cluster keine Unterstützung von Microsoft und möchte die Validierungstests nicht ausführen. Wenn ich auf "Weiter" klicke, wird mit der Erstellung des Clusters fortgefahren.
Weitere Informationen zu Clusterprüftests
< Zurück
Weiter >
Abbrechen

Abbildung 13.22 Überprüfungswarnung des Clustererstellungs-Assistenten

In dem nun gestarteten Konfigurationsüberprüfungs-Assistenten erhalten Sie in der Vorbemerkung eine kurze Erläuterung, die Sie mit WEITER überspringen können. Im nächsten

Schritt können Sie die TESTOPTIONEN der Cluster-Überprüfung festlegen (siehe Abbildung 13.23). Um später den vollen Microsoft-Support erhalten zu können, sollten Sie alle Tests ausführen lassen!

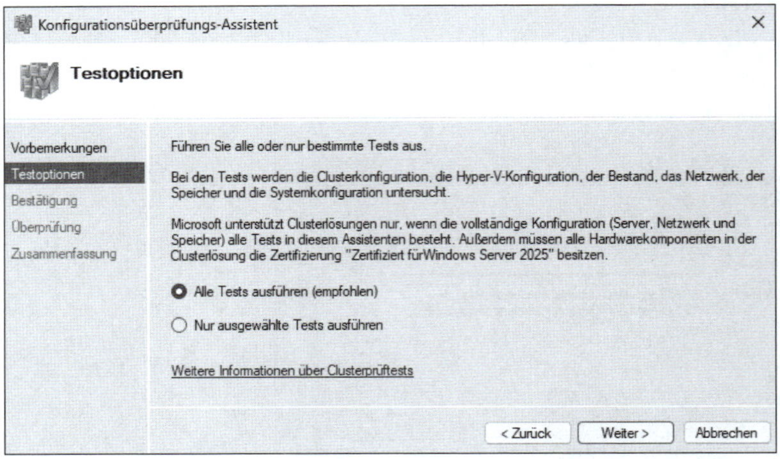

Abbildung 13.23 Testoptionen im Konfigurationsüberprüfungs-Assistenten

Im nächsten Schritt erhalten Sie eine Zusammenfassung der Tests, die bei der Überprüfung ausgeführt werden (siehe Abbildung 13.24).

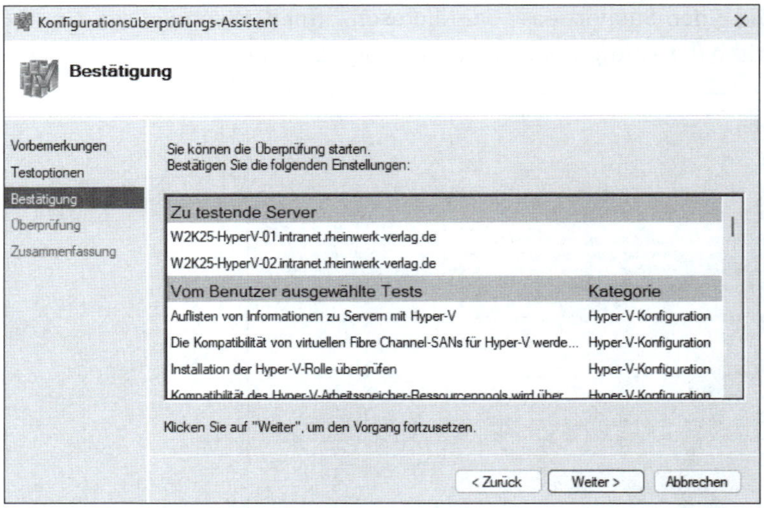

Abbildung 13.24 Der Konfigurationsüberprüfungs-Assistent zeigt Ihnen die Tests und die Server an.

Während der Laufzeit des Tests erhalten Sie eine Rückmeldung, was gerade geschieht (siehe Abbildung 13.25). Farbige Erfolgsindikatoren zeigen Ihnen, ob die Tests bestanden wurden.

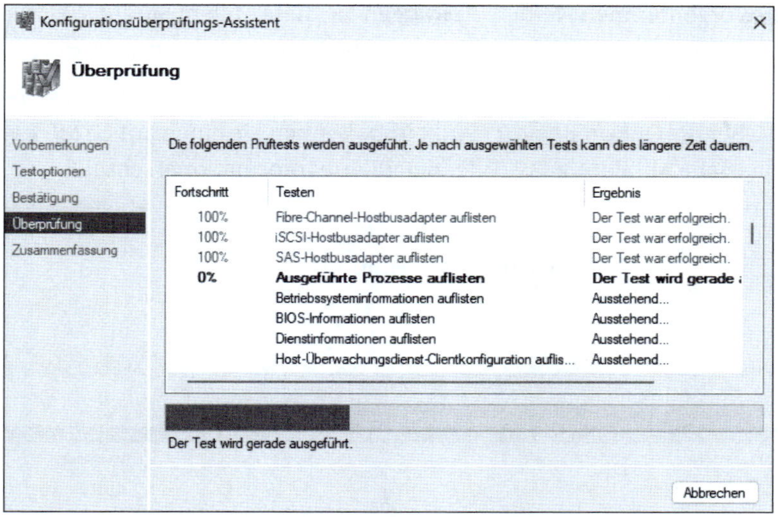

Abbildung 13.25 Durchführung des Failovercluster-Validierungstests

Nachdem die Überprüfung durchgeführt wurde, werden Sie automatisch zur Zusammenfassung weitergeleitet (siehe Abbildung 13.26). Hier sehen Sie die Ergebnisse auf einen Blick und können mit BERICHT ANZEIGEN den HTML-Bericht öffnen, der detailliertere Informationen beinhaltet.

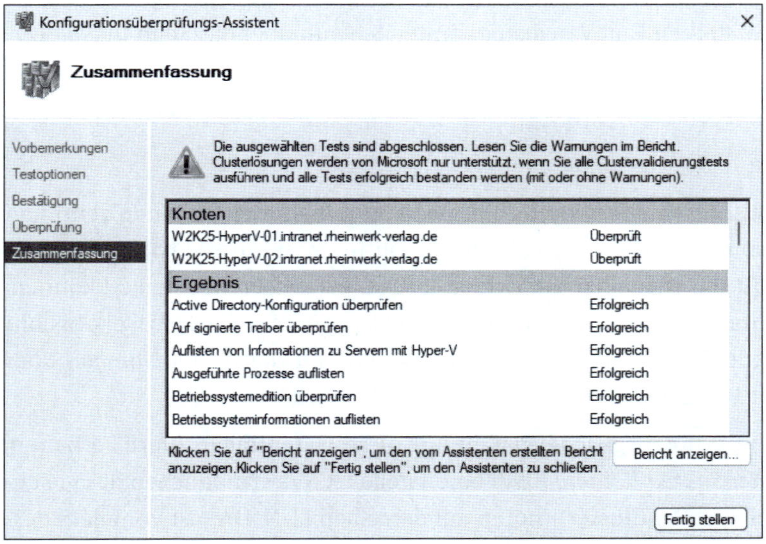

Abbildung 13.26 Zusammenfassung der Failovercluster-Validierung

Wenn Sie den Konfigurationsüberprüfungs-Assistenten über FERTIG STELLEN beenden, öffnet sich automatisch wieder der Cluster-Assistent. Dieser erscheint mit dem Bereitstellungsschritt BESTÄTIGUNG, in dem Sie eine Auflistung der Einstellungen erhalten, die für die Bereitstellung des Clusters vorgenommen werden. Bestätigen Sie diese, indem Sie auf WEITER klicken. Der Clustererstellungs-Assistent beginnt dann mit der Bereitstellung des Clusters.

Nach der erfolgreichen Erstellung des Clusters erhalten Sie eine Zusammenfassung des Bereitstellungsprozesses. Über die Option BERICHT ANZEIGEN können Sie einen auf HTML basierenden Report öffnen (siehe Abbildung 13.27), der detaillierte Informationen enthält.

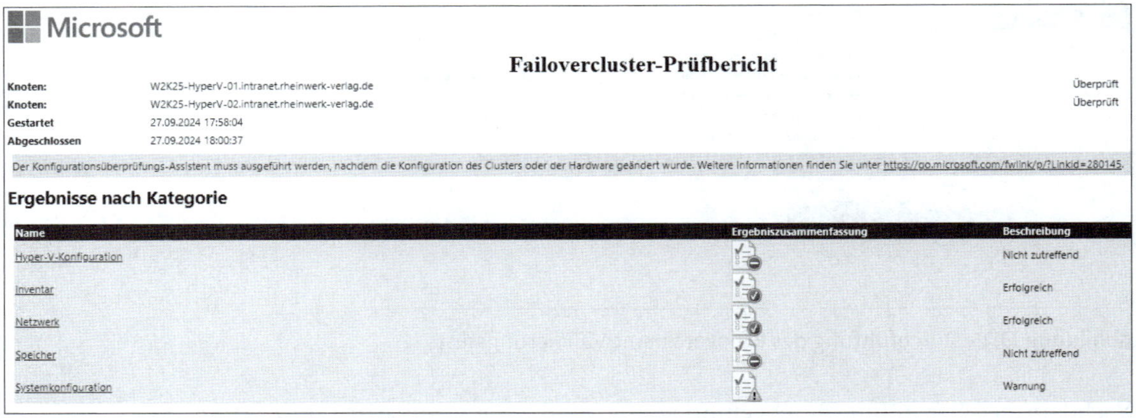

Abbildung 13.27 HTML-Prüfbericht über die Failovercluster-Erstellung

Durch die Bereitstellung des Failoverclusters wird der Name, den Sie für den Failovercluster gewählt haben, als Computer-Objekt im Active Directory erstellt und der dazugehörige DNS-Eintrag registriert. Den erstellten Failovercluster können Sie nun über das Snap-In *Failovercluster* verwalten.

13.2.3 Cluster-Storage

Je nach Betriebskonzept Ihres Clusters kann es notwendig sein, diesen an einen zentralen Speicher *(Storage)* anzubinden. Dies ist gerade in monolithischen Infrastrukturen ratsam, um den Speicherplatz für die virtuellen Maschinen Ihres Clusters bereitstellen zu können. (Denken Sie etwa an Infrastrukturen, die modular vom Storage über das Netzwerk bis hin zum Computer aufgebaut sind.) Hierbei werden Storage-LUNs *(Logical Unit Number)* über Glasfaser-Netze oder das LAN an Ihre Cluster-Knoten angebunden.

Damit jedoch alle Cluster-Knoten gleichermaßen auf diese Datenträger Zugriff erhalten, müssen Sie ihn als *Cluster Shared Volume (CSV)* bereitstellen. CSVs ermöglichen das gleichzeitige Lesen und Schreiben aller Cluster-Knoten auf derselben LUN. Dies ist vor allem deshalb notwendig, damit im Failover-Fall ein anderer Cluster-Knoten auf die LUN des ausgefallenen Cluster-Knotens zugreifen kann, um die Kontrolle über diesen zu übernehmen. Dies stellt sicher, dass die damit ausgelöste Live-Migration unterbrechungsfrei möglich ist.

Um CSVs bereitstellen zu können, müssen Sie alle Cluster-Knoten an dieselben LUNs anbinden. Diese werden Ihnen dann als weitere Datenträger in der Datenträgerverwaltung des

Betriebssystems angezeigt. Öffnen Sie anschließend den Failovercluster-Manager, und wechseln Sie in der Ansicht Ihres Clusters unter SPEICHER in die Kategorie DATENTRÄGER, wie in Abbildung 13.28 dargestellt.

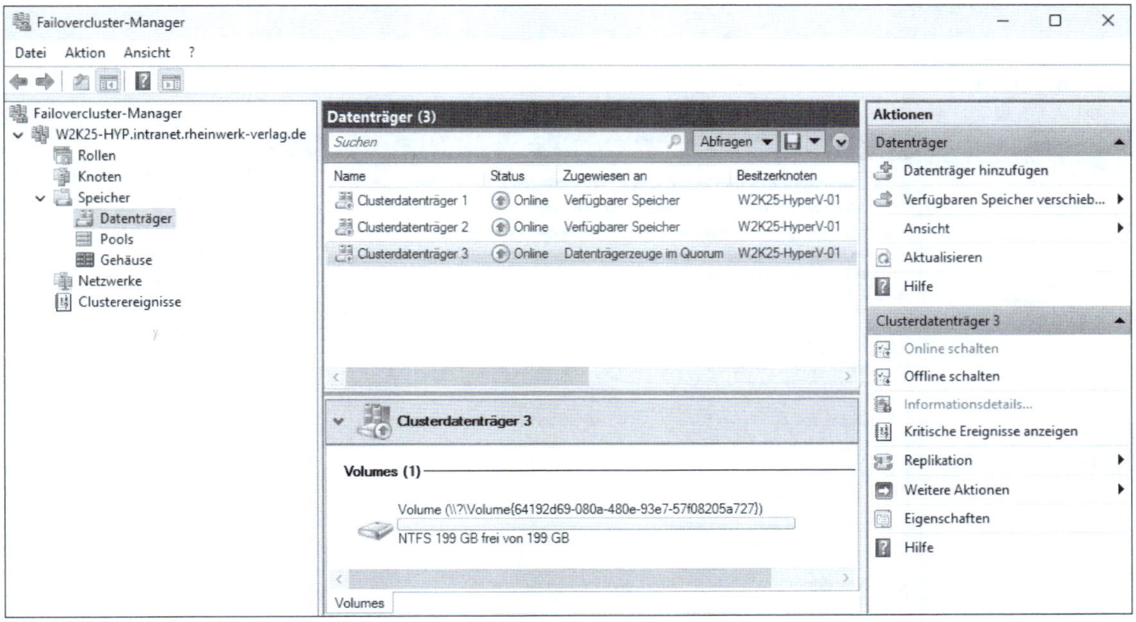

Abbildung 13.28 »Datenträger«-Ansicht im Failovercluster-Manager

Verwenden Sie unter AKTIONEN den Befehl DATENTRÄGER HINZUFÜGEN, um den Auswahldialog für die zur Verfügung stehenden Datenträger zu erhalten. Datenträger erscheinen erst dann in der Auswahl, wenn sie vorab online genommen, initialisiert und mit einem Dateisystem formatiert wurden.

Wenn Sie einen Datenträger ausgewählt haben, wird dieser als CSV Ihrem Cluster hinzugefügt. Sobald dies abgeschlossen ist, steht Ihnen der Datenträger auf allen Cluster-Knoten unter *C:\ClusterStorage (%SystemDrive%\ClusterStorage)* zur Verfügung. Sie müssen ihn also nicht an einen Laufwerksbuchstaben binden.

13.2.4 Das Quorum konfigurieren

Das Cluster-Quorum stellt einen Zeugen dar, der zusätzlich zu den Cluster-Knoten herangezogen wird, um festzustellen, wie der aktuelle Zustand des Clusters ist. Dies ist vor allem dann relevant, wenn Komponenten im Cluster ausfallen und festgestellt werden muss, ob der Cluster weiter aufrechterhalten werden kann. Hierbei wird der Teil des Clusters lauffähig gehalten, der über die größere Anzahl an Gesamtstimmen verfügt. Dies soll verhindern, dass Teile des Clusters unabhängig voneinander weiterlaufen und es somit zum sogenannten *Split Brain* kommt.

Um den Assistenten zur Konfiguration des Cluster-Quorums auszuführen, öffnen Sie den Failovercluster-Manager und klicken unter den AKTIONEN auf WEITERE AKTIONEN. Hier finden Sie in der Auswahl den Punkt CLUSTERQUORUMEINSTELLUNGEN KONFIGURIEREN (siehe Abbildung 13.29).

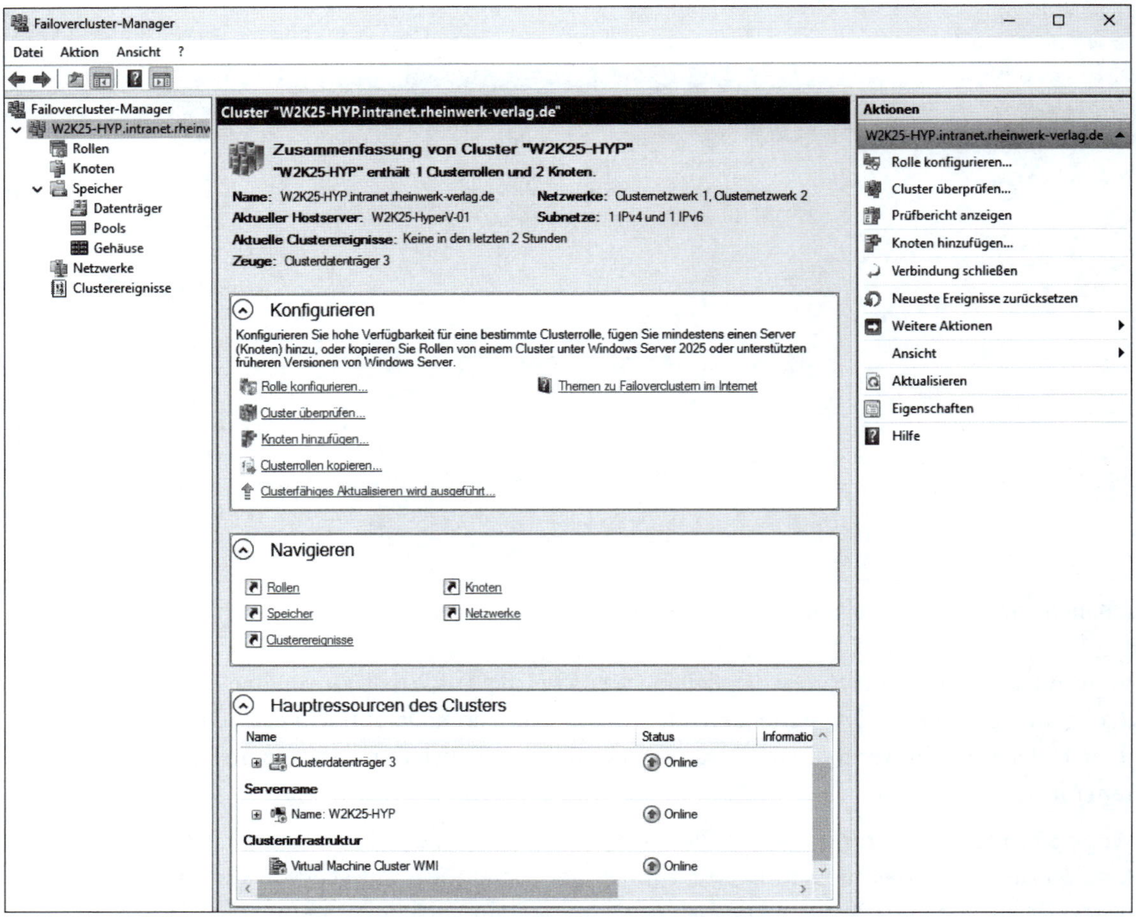

Abbildung 13.29 Clusterquorumeinstellungen im Failovercluster-Manager

Der Assistent führt Sie nun schrittweise durch die Konfiguration des Clusterquorums. Nachdem Sie die Vorbemerkungen gelesen und auf WEITER geklickt haben, können Sie nun festlegen, ob der Cluster das Quorum mit der Standardkonfiguration erstellen soll oder ob Sie die Auswahl lieber manuell vornehmen wollen (siehe Abbildung 13.30).

In der manuellen Auswahl stehen Ihnen im nächsten Schritt des Assistenten drei unterschiedliche Quorumstypen zur Verfügung: DATENTRÄGERZEUGE, DATEIFREIGABEZEUGE und CLOUDZEUGE (siehe Abbildung 13.31), die wir gleich noch näher vorstellen.

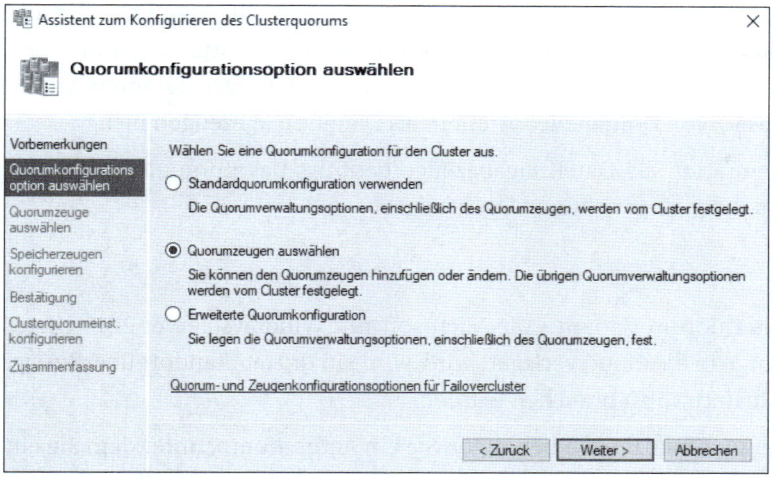

Abbildung 13.30 Auswahl der Quorumskonfigurationsoption

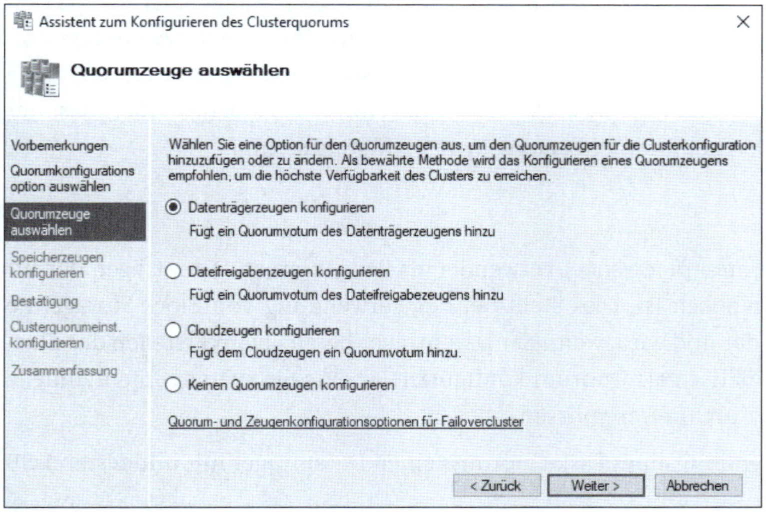

Abbildung 13.31 Auswahl des Quorumzeugen

Nachdem Sie den gewünschten Quorumtyp ausgewählt und die notwendigen Konfigurationen für die Verwendung des Quorums vorgenommen haben, können Sie den Assistenten über FERTIG STELLEN beenden.

Dateifreigabezeuge

Bei dem Dateifreigabezeugen handelt es sich um eine Dateifreigabe, die auf einem ausgewählten Windows Server bereitgestellt wird. Dieser Server sollte keiner der Cluster-Knoten sein, für den Sie das Quorum erstellen, und er sollte auch keine virtuelle Maschine sein, die dieser Cluster bereitstellt. Optimalerweise handelt es sich bei Ihrer Auswahl um einen Windows Server an einem anderen Standort als an dem Standort der Cluster-Knoten. Microsoft unterstützt den Einsatz von Domänencontrollern als Dateifreigabezeugen nicht.

Für die Quorum-Konfiguration als Dateifreigabezeuge benötigt das Computerobjekt des Clusters Schreibrechte auf der eingerichteten Dateifreigabe.

Cloudzeuge

Der Cloudzeuge ist eine Quorum-Variante, die Microsoft mit Windows Server 2016 eingeführt hat. Indem der Zeuge in die Cloud verlagert wird, wird ein dritter Standort überflüssig, den Sie bei verteilten Clustern sonst brauchen würden.

Für die Bereitstellung eines Cloudzeugen benötigen Sie ein Azure-Konto, unter dem Sie ein Speicherkonto anlegen müssen. Im Assistenten müssen Sie dann lediglich den Namen sowie den Schlüssel des Speicherkontos hinterlegen.

Die Kommunikation aller Cluster-Knoten mit dem Cloudzeugen erfolgt über die HTTPS-REST-Schnittstelle des Azure-Speicherkonto-Dienstes, das heißt über den Netzwerk-Port 443. Sie müssen daher die HTTPS-Kommunikation für alle Cluster-Knoten freigeben. Wenn Sie für die Internetverbindung einen Proxyserver verwenden, müssen Sie sicherstellen, dass der Netzwerk-Port für HTTPS über Ihren Proxyserver zur Verfügung steht.

Datenträgerzeuge

Das Disk-Quorum (dt. *Datenträgerzeuge*) verwendet als Zeugen einen Datenträger, der für alle Cluster-Knoten zugänglich ist. Dies stellt bei der Verwendung von Block-Storage die Standardkonfiguration dar und wird, wenn der Datenträger bereits beim Erstellen des Clusters verfügbar ist, automatisch als Quorum konfiguriert, sodass Sie später keine manuelle Quorum-Konfiguration durchführen müssen.

Stellen Sie für die Verwendung eines Disk-Quorums einen Datenträger mit mindesten 1 GB Speicher bereit.

13.2.5 Das Cluster-Netzwerk konfigurieren

Für den Betrieb des Failoverclusters, mit dem Sie Hyper-V bereitstellen, sollten Sie mindestens drei *Switch-Embedded Teamings (SETs)* anlegen:

- Das erste Team ist für die Kommunikation des Clusters mit Ihrem Unternehmensnetzwerk sowie für den Heartbeat zwischen den Cluster-Knoten und für das Umleiten der Metadaten-Änderungen an Dateien auf den Cluster Shared Volumes zuständig.
- Das zweite Team weisen Sie dem Cluster als Live-Migration-Netzwerk zu. Es wird vom Cluster für die Durchführung von Live-Migrationen verwendet. Dabei werden die notwen-

digen Laufzeitinformationen der jeweiligen virtuellen Maschine so lange über dieses Netzwerk synchronisiert, bis diese auf dem neuen Cluster-Knoten aktiviert wird.

- Das dritte Netzwerk verwenden Sie für die Anbindung Ihrer virtuellen Maschinen an Ihr Unternehmensnetzwerk. In diesem Fall sollten Sie dem Verwaltungsbetriebssystem den Zugriff auf das Switch-Embedded Teaming untersagen. Dieses Team können Sie nun an Ihren virtuellen Maschinen als Hyper-V-Switch für die Anbindung an die virtuellen Netzwerkadapter verwenden.

Natürlich können Sie am Failovercluster weitere Netzwerkadapter konfigurieren, beispielsweise für die Anbindung an IP-basierenden Storage (iSCSI) oder für die Verwendung in weiteren virtuellen Switches. Achten Sie jedoch darauf, dass Sie beim Einrichten weiterer Teamings nicht das Switch-Embedded Teaming mit dem Windows NIC-Teaming (LBFO-Teaming) vermischen: Dies wird weder auf einem einzelnen Hyper-V-Server noch im gesamten Cluster unterstützt!

Deaktivieren Sie nicht genutzte Netzwerkadapter. Dies verhindert, dass diese Adapter dem Failovercluster hinzugefügt und möglichweise ungewollt verwendet werden.

13.2.6 Hochverfügbare virtuelle Maschinen erstellen

Das Bereitstellen von virtuellen Maschinen im Failovercluster ist über mehrere Wege möglich. Hierzu gehören das Erstellen der virtuellen Maschine per PowerShell, mit dem Failovercluster-Manager, über den *System Center Virtual Machine Manager (SCVMM)* oder über das Windows Admin Center.

Neue virtuelle Maschinen erstellen Sie über das *Windows Admin Center*, indem Sie in die FAILOVERCLUSTER-MANAGER-Ansicht wechseln und dort den erstellten Failovercluster zur Verwaltung im Windows Admin Center hinzufügen. Verwenden Sie hierzu die Option + HINZUFÜGEN und den FQDN-Namen des Failoverclusters.

Wechseln Sie nun in der Failovercluster-Manager-Ansicht in die DETAILS des Clusters. Verwenden Sie unter den TOOLS die Option VIRTUELLE COMPUTER. Sie zeigt Ihnen die Zusammenfassung der Auslastung sowie aktuelle Warnungen des Failoverclusters. Dort können Sie in das INVENTAR wechseln, das eine Auflistung aller virtuellen Maschinen des Failoverclusters beinhaltet.

Verwenden Sie hier die Option + NEU, um eine neue hochverfügbare virtuelle Maschine anzulegen. Die Konfiguration erfolgt grundsätzlich so, wie bereits in Abschnitt 13.1.4 beschrieben wurde. In der Konfiguration, die Sie in Abbildung 13.32 sehen, wurde für die hochverfügbare Bereitstellung die zusätzliche Option HOST hinzugefügt. Diese ermöglicht es dem Besitzer, Cluster-Knoten für die virtuelle Maschine festzulegen. Der Assistent ermittelt einen empfohlenen Cluster-Knoten und füllt das HOST-Feld daher automatisch aus. Ebenso wird der PFAD für die Ablage der Konfigurationsdateien mit einer Empfehlung vorausgefüllt.

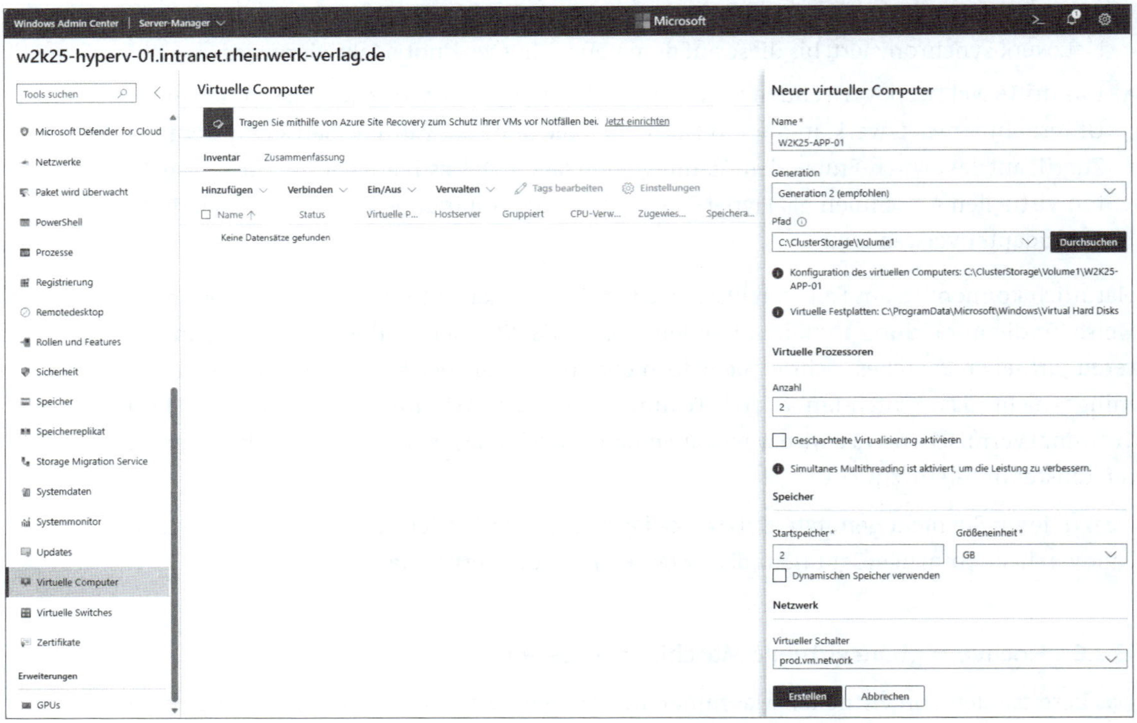

Abbildung 13.32 Erstellen einer hochverfügbaren virtuellen Maschine

Wenn Sie alle notwendigen Einstellungen für das Anlegen der virtuellen Maschine vorgenommen haben, klicken Sie auf ERSTELLEN, um die virtuelle Maschine anzulegen.

Sie können auch bereits bestehende virtuelle Maschinen zu hochverfügbaren virtuellen Maschinen erweitern. Dies ist aktuell nur mit dem Snap-In *Failovercluster-Manager* möglich. Wechseln Sie dort in die ROLLEN. Dort klicken Sie unter den Aktionen auf ROLLEN KONFIGURIEREN, um den *Assistenten für hohe Verfügbarkeit* zu öffnen. Dieser Assistent legt neue Failovercluster-Rollen an und führt Sie schrittweise durch den Prozess. Wenn Sie die Vorbemerkung mit WEITER bestätigen, gelangen Sie in die Rollenauswahl (siehe Abbildung 13.33). Wählen Sie nun die Rolle VIRTUELLER COMPUTER aus, was den Assistenten um zusätzliche Schritte erweitert.

Sie erhalten dann eine Auflistung aller virtuellen Maschinen auf Ihren Cluster-Knoten (siehe Abbildung 13.34), die noch nicht hochverfügbar bereitgestellt wurden.

Wählen Sie dort die virtuelle Maschine aus, die Sie hochverfügbar bereitstellen wollen, und klicken Sie auf WEITER, um im nächsten Schritt eine Auflistung der gewünschten Aktionen zu erhalten. Anschließend wird die neue Failovercluster-Rolle angelegt und die ausgewählte virtuelle Maschine hochverfügbar bereitgestellt.

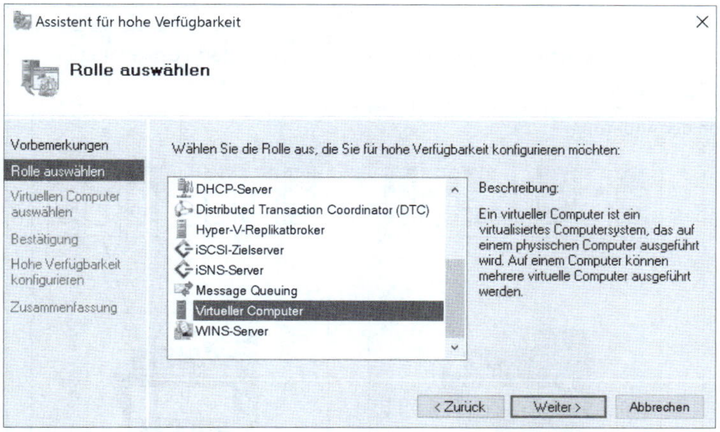

Abbildung 13.33 Auswahl einer Rolle zum Anlegen einer neuen Failovercluster-Rolle

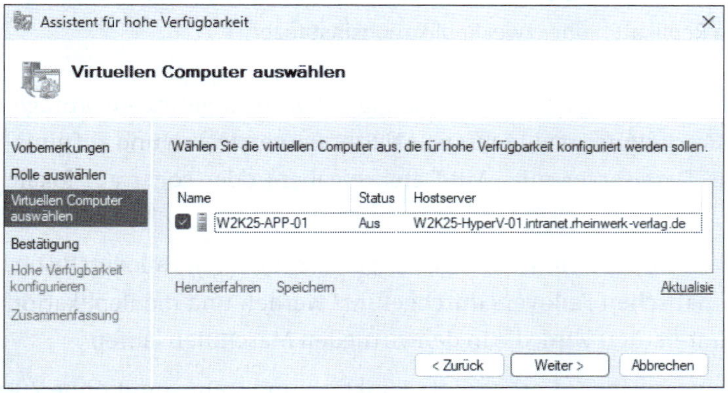

Abbildung 13.34 Auswahl einer virtuellen Maschine für eine neue Failovercluster-Rolle

Nachdem dies erfolgt ist, erhalten Sie im letzten Schritt eine Zusammenfassung der Bereitstellung durch den Assistenten. Beachten Sie hier vor allem die Warnungen. Lösen Sie die genannten Probleme, um für einen fehlerfreien Betrieb der virtuellen Maschine im gesamten Cluster zu sorgen.

13.3 Replikation für Hyper-V

Mit der Hyper-V-Replikation bietet Microsoft seit Windows Server 2012 eine weitere Möglichkeit an, mit der Sie Desaster-Recovery-Konzepte umsetzen können. Hierbei werden ausgewählte virtuelle Maschinen durchgehend an einen Replikationsserver oder Failovercluster übertragen. Im Rahmen dieser Replikation werden alle Änderungen der Quell-VM blockweise an einen anderen Brandabschnitt oder über eine WAN-Strecke an einen dritten Standort übertragen – oder es geschieht beides (siehe Abbildung 13.35).

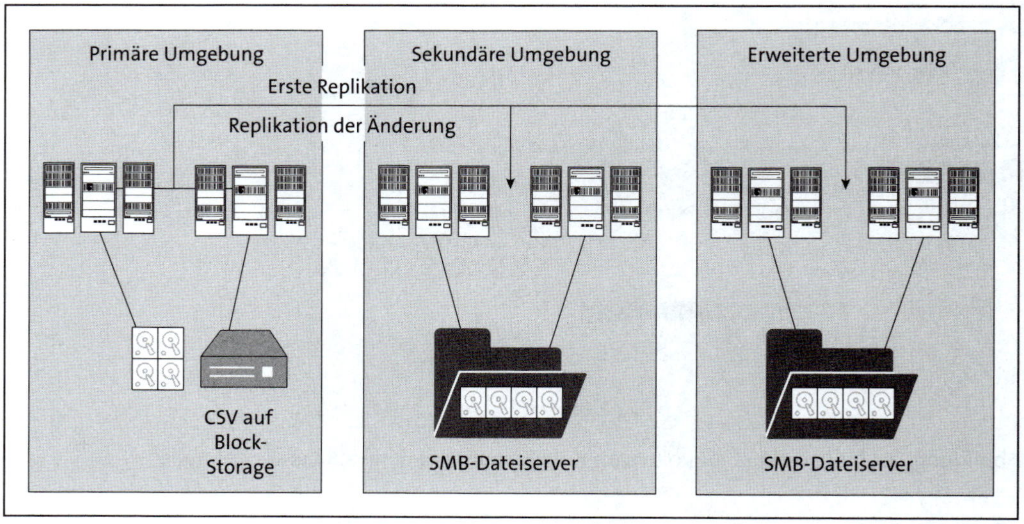

Abbildung 13.35 Verteilung von Replikaten über zwei Replikationsinstanzen

Ein weiterer großer Vorteil dieser Lösung ist die Unabhängigkeit vom eingesetzten Storage: So können Sie für den Replikationsstandort auf teuren SAN-Storage verzichten und auf günstigere Speicherlösungen (z. B. Dateiserver mit SMB-Dateifreigaben) oder sogar auf lokale Festplatten zurückgreifen.

Die Hyper-V-Replikation ist jedoch trotz ihrer Vorzüge kein Ersatz für einen Failovercluster, vor allem da hier keine automatischen Failovers durchgeführt werden und die Replikation nicht für alle Applikationen unterstützt wird, die in den virtuellen Maschinen laufen.

Die Hyper-V-Replikation ist eine in Hyper-V integrierte Funktion und steht somit ohne Zusatzkosten in allen Windows Server-Editionen zur Verfügung.

13.3.1 Den Replikatserver konfigurieren

Damit Sie die Replikation starten können, müssen Sie zunächst den Replikationszielserver konfigurieren. Dazu wechseln Sie in das *Hyper-V*-Snap-In, markieren den Hyper-V-Zielserver, den Sie als Replikationsziel verwenden wollen, und öffnen die EINSTELLUNGEN. Dort finden Sie den Punkt REPLIKATIONSKONFIGURATION (siehe Abbildung 13.36).

Aktivieren Sie den Hyper-V-Server als Replikationsziel, und konfigurieren Sie das Übertragungsprotokoll sowie den Speicherpfad für eingehende Replikationen. Beachten Sie bei dem Übertragungsprotokoll, dass hier zwar Kerberos als Authentifizierungsprotokoll Anwendung findet; für die Übermittlung der HTTP-Änderungspakete ist aber standardmäßig die unverschlüsselte Übertragung aktiviert.

Dies ist innerhalb desselben Active Directorys in der Regel auch ausreichend, da hier nur einzelne Datenblöcke übertragen werden. Wenn sich Ihr Replikationszielserver jedoch nicht innerhalb desselben Active Directorys befindet, sollten Sie hier die zertifikatbasierte HTTPS-Übertragung aktivieren. Dafür müssen Sie ein Zertifikat verwenden, das für eine Client- und Serverauthentifizierung geeignet ist und bei dem als alternativer Antragstellername der FQDN des Servers eingetragen ist.

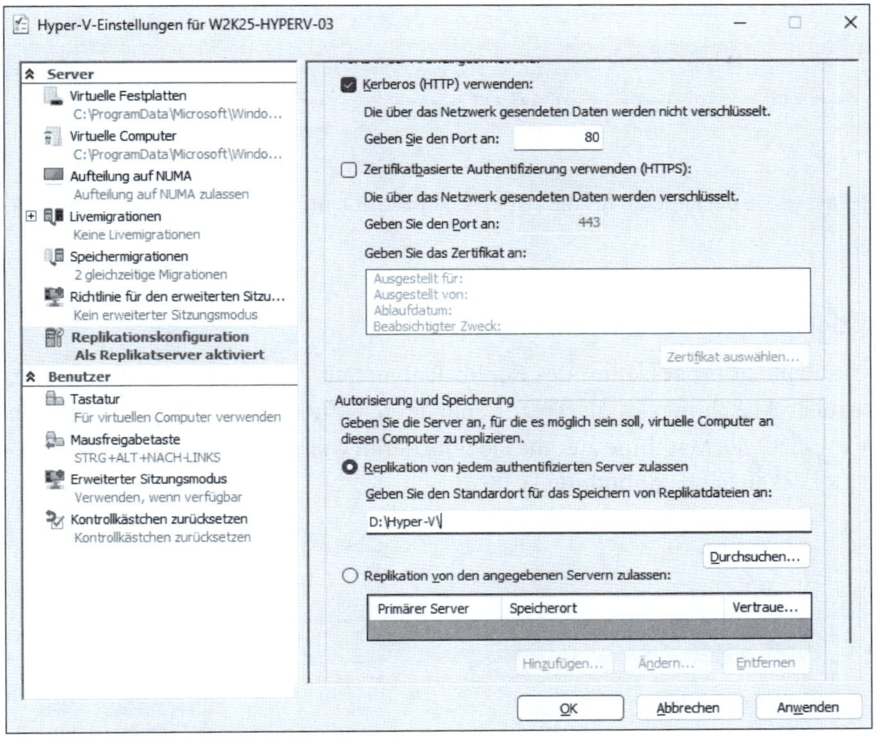

Abbildung 13.36 Replikationseinstellungen in den Hyper-V-Einstellungen des Zielservers

Wenn Sie die Replikation aktiviert haben, müssen Sie noch die Firewall für die eingehende Replikation freischalten. Hierzu verwenden Sie am besten das *Windows Admin Center*. Wechseln Sie hierzu in die SERVER-MANAGER-Ansicht, und wählen Sie dort den Replikationszielserver aus. In den Serverdetails wählen Sie unter TOOLS die Option FIREWALL aus. Konfigurieren Sie dort die REGELN FÜR EINGEHENDE VERBINDUNGEN. Suchen Sie nach den Regeln *Hyper-V Replikat – HTTP-Listener* oder *Hyper-V Replikat – HTTPS-Listener* (siehe Abbildung 13.37).

Die beiden Regeln sollten eigentlich bereits aktiviert sein. Wenn dem nicht so sein sollte, müssen Sie sie hier aktivieren.

Hin und her

Um nach einem erfolgten Failover auf Ihren Replikatserver zurückschwenken zu können, müssen die gleichen Firewallregeln auch auf dem Quellserver der Replikation aktiviert sein.

Abbildung 13.37 Passen Sie die Firewall für die Hyper-V-Replikation am besten im Windows Admin Center an.

13.3.2 Replikation für virtuelle Maschinen starten

Nachdem Sie die Replikation aufseiten des Replikatservers aktiviert haben, beginnen Sie, ausgewählte virtuelle Maschinen an diesen zu replizieren. Öffnen Sie das Hyper-V-Snap-In und wählen Sie die virtuelle Maschine aus, die Sie replizieren wollen, indem Sie auf REPLIKATION AKTIVIEREN klicken (siehe Abbildung 13.38).

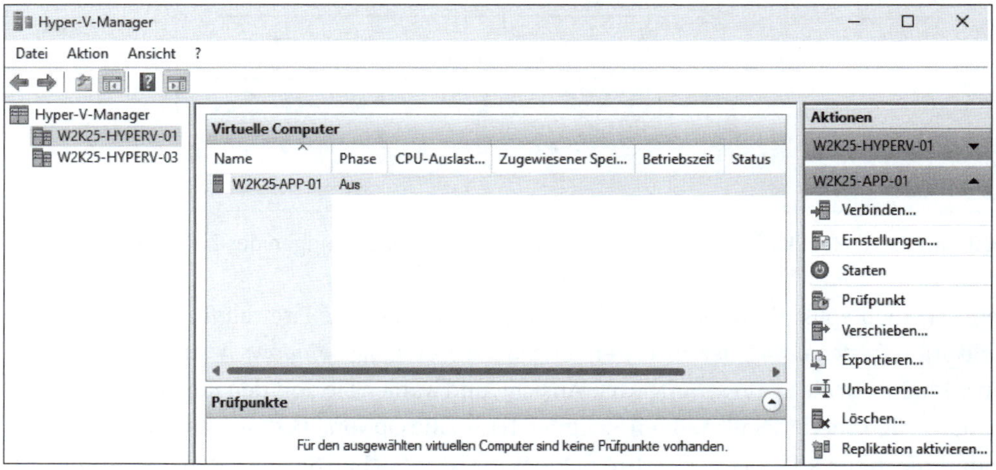

Abbildung 13.38 Aktivieren der Replikation im Hyper-V-Snap-In

Im Assistenten zur Einrichtung der Replikation wählen Sie den Replikatserver aus, auf dem Ihre virtuelle Maschine repliziert werden soll. Wenn Sie auf dem Replikatserver mehrere Optionen konfiguriert haben, können Sie in der Verbindungskonfiguration zwischen den verfügbaren Verbindungsoptionen auswählen.

Bestätigen Sie die Auswahl der Verbindungskonfiguration mit WEITER, und geben Sie im nächsten Schritt an, welche virtuellen Datenträger der ausgewählten virtuellen Maschine Sie replizieren wollen. Sie können hier einzelne Datenträger von der Replikation ausnehmen.

Bestätigen Sie Ihre Auswahl über WEITER, und hinterlegen Sie im nächsten Schritt das Replikationsintervall. Es stehen Ihnen hier 30 Sekunden, 5 Minuten und 15 Minuten als mögliche Intervalle zur Verfügung. Die Auswahl eines zu geringen Zeitintervalls hat natürlich Auswirkungen auf die Netzwerkauslastung der beteiligten Server.

Wenn Sie das Intervall nun über WEITER bestätigen, können Sie im nächsten Schritt festlegen, wie die Replikation mit den Wiederherstellungspunkten umgehen soll. Es besteht hier die Möglichkeit, lediglich den aktuellen Wiederherstellungspunkt vorzuhalten oder stündliche Wiederherstellungspunkte über einen festgelegten Zeitraum zu archivieren.

Im nächsten Schritt konfigurieren Sie die Erstkopie. Während der Erstkopie müssen die virtuelle Maschine und die ausgewählten virtuellen Datenträger vollständig an den Replikatserver übertragen werden. Je nach Datenmenge kann dies auf unterschiedliche Arten erfolgen (siehe Abbildung 13.39): Sie können hier wahlweise die Erstkopie direkt mit dem Einrichten der Replikation über das Netzwerk vornehmen, sie mithilfe eines externen Mediums bereitstellen oder eine bereits vorhandene Kopie auf dem Replikatserver verwenden. Außerdem können Sie für die erste Replikation und somit auch für die Erstkopie eine zeitliche Planung hinterlegen. Dies kann sinnvoll sein, um größere Datenmengen so zu übertragen, dass diese nicht die Produktion beeinflussen. Schließen Sie die Konfiguration der Replikation für Ihre virtuelle Maschine mit einem Klick auf FERTIG STELLEN ab.

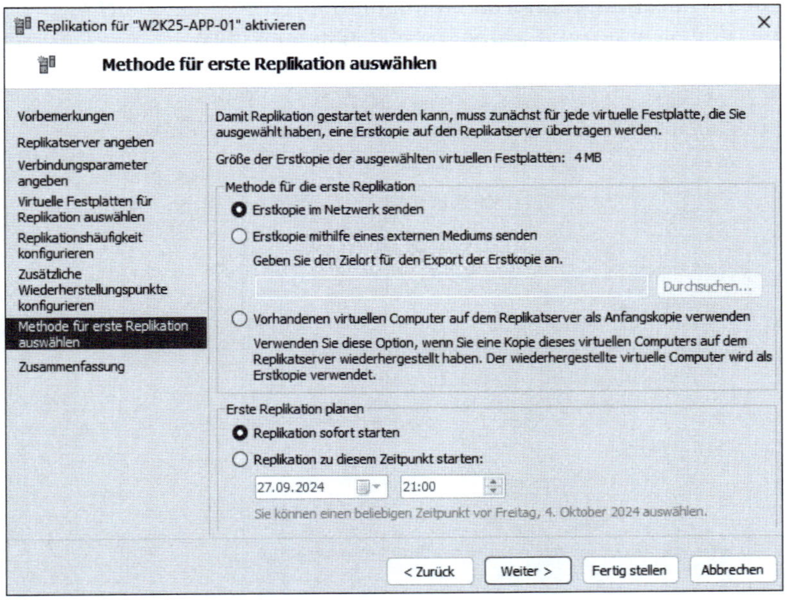

Abbildung 13.39 Konfiguration der Erstreplikation

Sobald die Erstkopie auf dem Replikatserver bereitgestellt wurde, nutzt Hyper-V für die fortlaufende Replikation der Änderungen das Replica Log *(Hyper-V Replica Log, HRL)* und überträgt lediglich diejenigen Datenblöcke an den Replikatserver, die sich ändern.

Den aktuellen Status der Replikation fragen Sie per PowerShell mit dem Cmdlet `Measure-VMReplication` ab (siehe Abbildung 13.40).

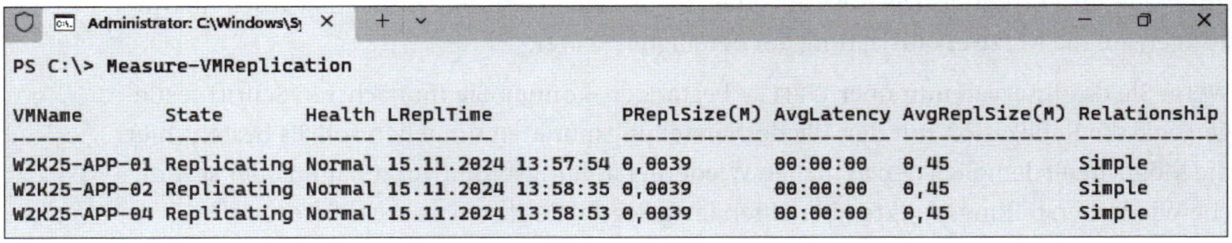

Abbildung 13.40 Abfrage des Replikationsstatus

Sie können den Status der Replikation auch über das Snap-In *Hyper-V* einsehen. Wählen Sie die virtuelle Maschine auf dem Quellsystem aus, und öffnen Sie das Kontextmenü. Unter dem Punkt REPLIKATION finden Sie die Option REPLIKATIONSSTATUS ANZEIGEN. So erhalten Sie in einem neuen Fenster eine Übersicht über den aktuellen Status der laufenden Replikation.

13.3.3 Die Konfiguration der virtuellen Maschine anpassen

Durch die Aktivierung der Replikation werden die Konfigurationseinstellungen der virtuellen Maschine um den Punkt REPLIKATION erweitert (siehe Abbildung 13.41).

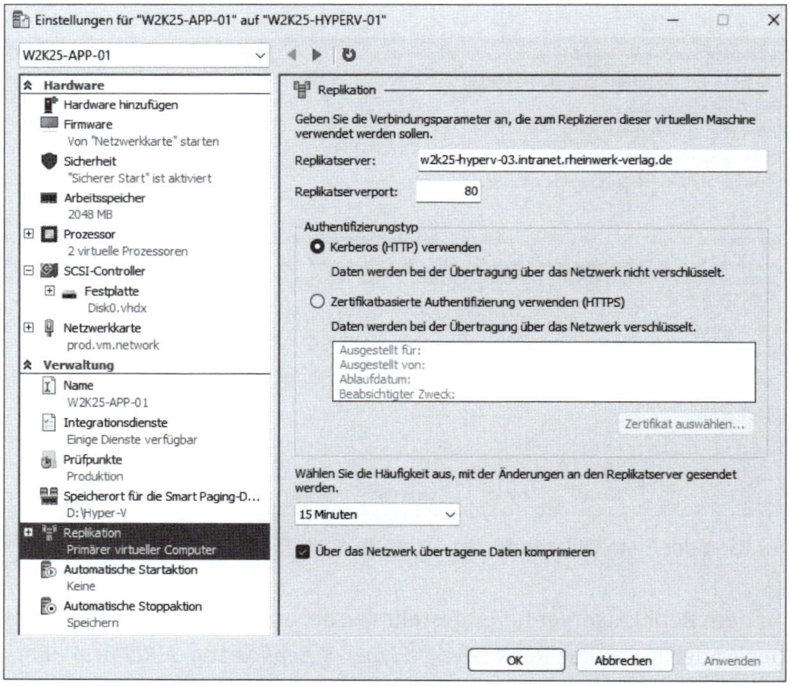

Abbildung 13.41 Replikationseinstellungen in der Konfiguration der virtuellen Maschinen

So können Sie die Replikation nachträglich ändern und beispielsweise den Authentifizierungstyp, das Replikationsintervall, die Steuerung der Wiederherstellungspunkte sowie das Festlegen des Zeitfensters für die Neusynchronisation anpassen.

13.3.4 Testfailover

Um zu prüfen, ob Ihre virtuelle Maschine erfolgreich mittels Hyper-V-Replika auf Ihren Replikatserver übertragen wurde und lauffähig ist, führen Sie auf dem Replikatserver einen Testfailover durch. Nutzen Sie dazu das Snap-In *Hyper-V*: Verbinden Sie sich mit Ihrem Replikatserver, und wählen Sie dort Ihre virtuelle Maschine aus. Im Kontextmenü (siehe Abbildung 13.42) finden Sie unter REPLIKATION die Option TESTFAILOVER. Wenn Sie für die Replikation der virtuellen Maschine mehrere Wiederherstellungspunkte konfiguriert haben, können Sie aus den zur Verfügung stehenden Wiederherstellungspunkten wählen. So wird eine Kopie Ihrer replizierten virtuellen Maschine auf dem Replikatserver angelegt, die zunächst über keine Netzwerkverbindung verfügt. Diese virtuelle Maschine können Sie nun isoliert starten, um die Funktionalität zu überprüfen. Es ist jedoch oft nötig, weitere virtuelle Maschinen auf diesem Wege bereitzustellen und mithilfe eines privaten Netzwerkswitchs miteinander zu verbinden, um die Abhängigkeiten der einzelnen Systeme auflösen zu können.

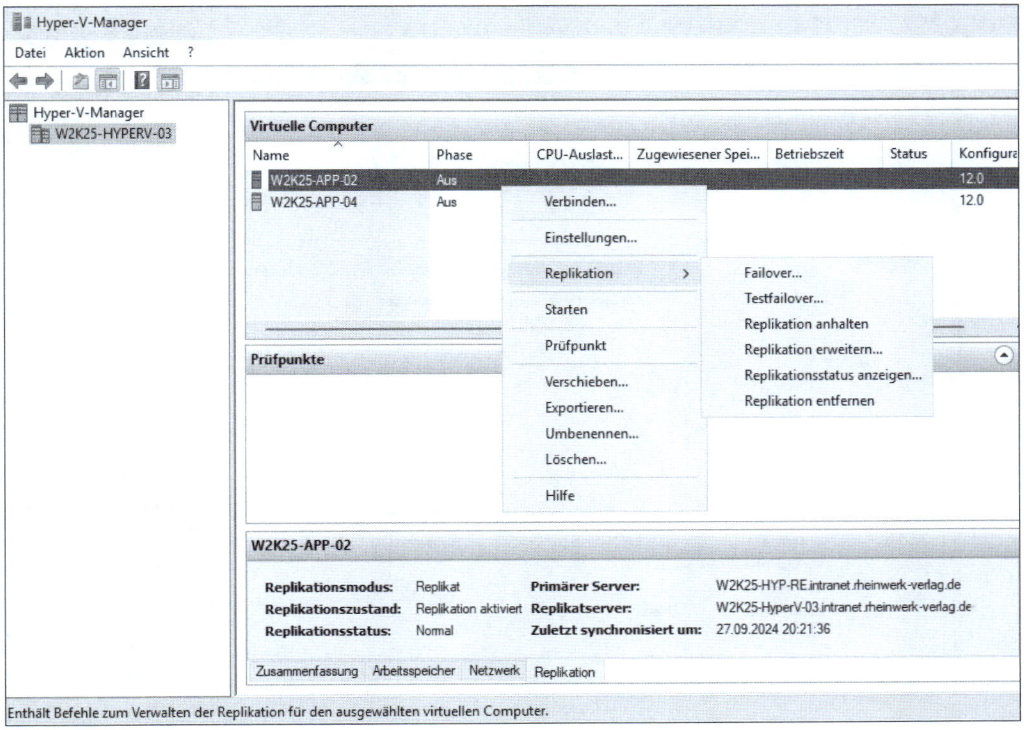

Abbildung 13.42 Hyper-V-Replika – das Kontextmenü »Replikation« auf dem Replikatserver

Um den Testfailover zu beenden, öffnen Sie erneut das Kontextmenü der replizierten virtuellen Maschine und klicken auf TESTFAILOVER BEENDEN. Dies entfernt die virtuelle Maschine, die für Ihren Testfailover erstellt wurde.

13.3.5 Geplante Failovers

Den geplanten Failover können Sie auf dem Replika-Quellserver (auch *primärer Host* genannt) ausführen, um die virtuelle Maschine auf den Replikatserver zu schwenken (siehe Abbildung 13.43). Dies kann in kleineren Infrastrukturen ohne Failovercluster-Installationen verwendet werden, um z. B. einen Hyper-V-Host lastfrei zu bekommen, damit Wartungsarbeiten auf ihm ausgeführt werden können.

Damit Sie den geplanten Failover ausführen können, muss die virtuelle Maschine ausgeschaltet sein. Dann steht Ihnen im Kontextmenü unter REPLIKATION die Option GEPLANTES FAILOVER zur Verfügung (siehe Abbildung 13.43), die den Auswahldialog aus Abbildung 13.44 öffnet.

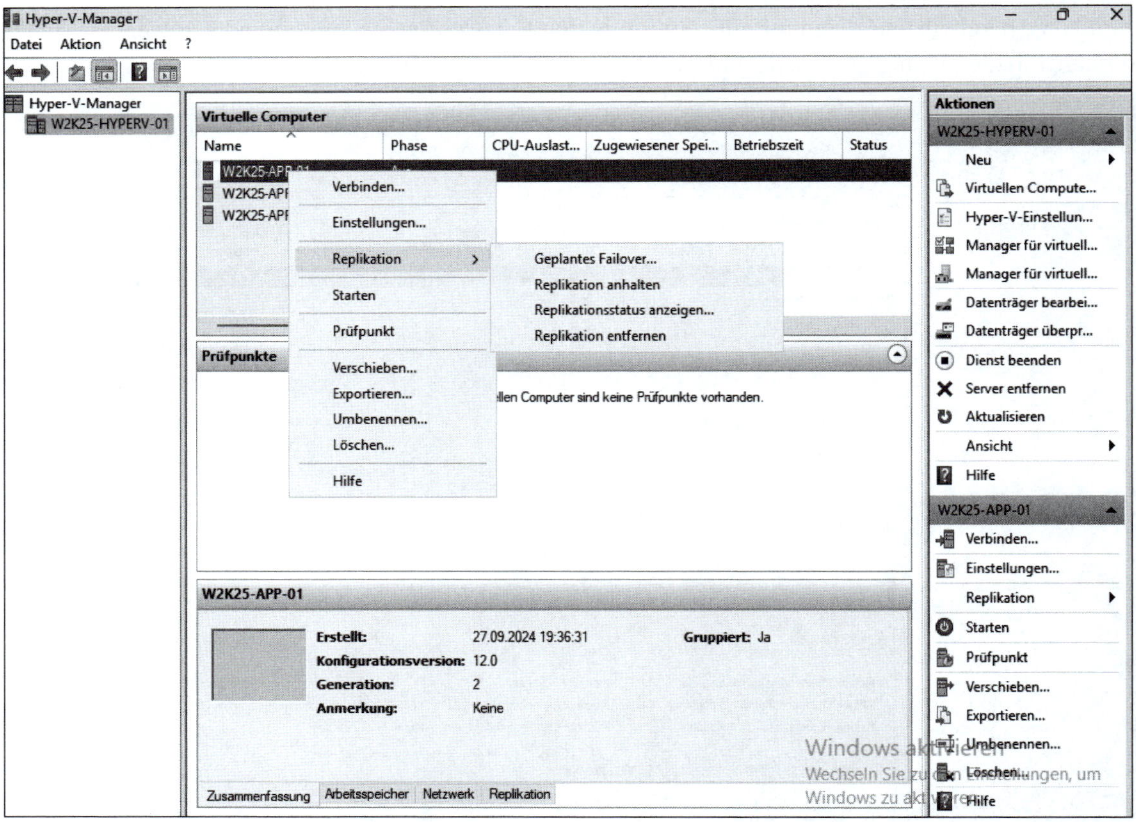

Abbildung 13.43 Hyper-V-Replika – das Kontextmenü »Replikation« auf dem Replika-Quellserver

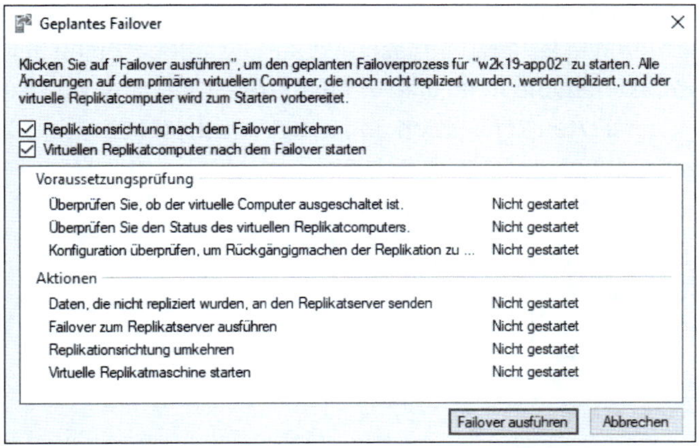

Abbildung 13.44 Auswahlmenü für den geplanten Failover

Hier haben Sie zwei Auswahloptionen, um die virtuelle Maschine mit dem Failover zu starten und die Replikation nach dem Failover umzukehren. Sie sollten beide Optionen aktivieren, um sicherzustellen, dass die virtuelle Maschine direkt nach dem Failover auf dem Replikatserver gestartet wird und damit alle Änderungen, die innerhalb der virtuellen Maschine auf dem Replikatserver entstehen, zum primären Host zurückrepliziert werden. Dies ist notwendig, damit Sie die virtuelle Maschine später wieder ohne Datenverlust in Betrieb nehmen können.

Replizierte Maschinen und Lizenzen

Beachten Sie, dass die virtuellen Maschinen, die Sie mithilfe von geplanten Failovers übertragen, separat auf dem Replikatserver lizenziert sein müssen. Dies wird notwendig, sobald die virtuellen Maschinen auf dem Replikatserver aktiviert werden. Sie können Lizenzen nicht ohne Weiteres von dem primären Host auf den Replikatserver übertragen. Orientieren Sie sich dazu an den Microsoft-*Product Use Rights (PUR)*. Weitere Informationen finden Sie unter:

https://www.microsoft.com/en-us/licensing/product-licensing/products

13.3.6 Desasterfall

In einem Desasterfall, also wenn der primäre Hyper-V-Host ausgefallen ist, können Sie auf dem Replikatserver einen Failover auslösen. Dadurch wird das Replikat auf dem Replikatserver aktiviert und anschließend gestartet.

Um den Failover auszulösen, müssen Sie auf dem Replikatserver im *Hyper-V*-Snap-In die gewünschte replizierte virtuelle Maschine auswählen und das Kontextmenü per Rechtsklick öffnen (siehe Abbildung 13.42). Dort wählen Sie unter REPLIKATION die Option FAILOVER aus.

Dies öffnet den Auswahldialog für den gewünschten Wiederherstellungspunkt (siehe Abbildung 13.45). Sobald Sie den gewünschten Wiederherstellungspunkt ausgewählt haben (in der Regel sollte dies der aktuellste sein), können Sie den Failover ausführen. Der Datenverlust umfasst natürlich den Zeitraum seit der letzten Replikation und hängt von dem Zeitintervall ab, das Sie für die Replikation ausgewählt haben.

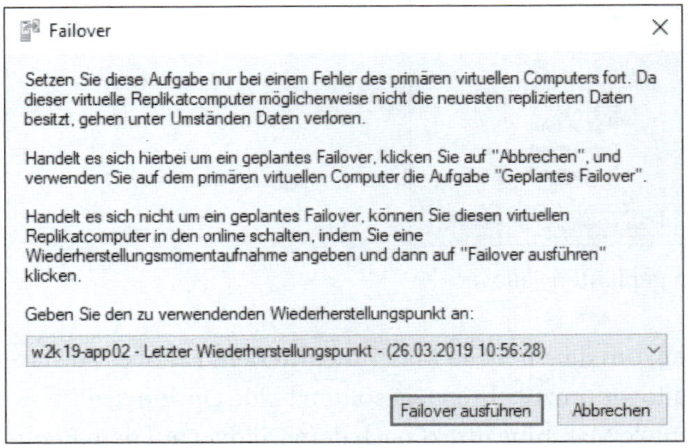
Failover
Setzen Sie diese Aufgabe nur bei einem Fehler des primären virtuellen Computers fort. Da dieser virtuelle Replikatcomputer möglicherweise nicht die neuesten replizierten Daten besitzt, gehen unter Umständen Daten verloren.
Handelt es sich hierbei um ein geplantes Failover, klicken Sie auf "Abbrechen", und verwenden Sie auf dem primären virtuellen Computer die Aufgabe "Geplantes Failover".
Handelt es sich nicht um ein geplantes Failover, können Sie diesen virtuellen Replikatcomputer in den online schalten, indem Sie eine Wiederherstellungsmomentaufnahme angeben und dann auf "Failover ausführen" klicken.
Geben Sie den zu verwendenden Wiederherstellungspunkt an:
w2k19-app02 - Letzter Wiederherstellungspunkt - (26.03.2019 10:56:28)
Failover ausführen
Abbrechen

Abbildung 13.45 Auswahl des Wiederherstellungspunktes im Failover-Fall

Nachdem die Funktion des primären Hyper-V-Hosts wiederhergestellt ist, können Sie die virtuelle Maschine über den Kontextmenübefehl REPLIKATION und dessen Option REPLIKATION RÜCKGÄNGIG MACHEN wieder auf den primären Hyper-V-Host übertragen. Diese Option öffnet den Assistenten für die Rückübertragung. Gehen Sie in diesem Assistenten so vor, wie wir in Abschnitt 13.3.2 beschrieben haben.

Wenn alle Änderungen erfolgreich repliziert worden sind, fahren Sie die virtuelle Maschine auf dem Replikatserver herunter und führen auf dem primären Hyper-V-Host einen geplanten Failover durch. Nun läuft die virtuelle Maschine wieder auf dem primären Hyper-V-Host und wird wie vor dem Failover auf den Replikatserver repliziert.

Bitte beachten Sie, dass Sie für den Failover-Fall keine weiteren Lizenzen für die Aktivierung der virtuellen Maschinen auf dem Replikatserver benötigen. Dies gilt für den Zeitraum des Ausfalls des primären Servers und ist in den Microsoft-PUR geregelt.

Datenintegrität

Führen Sie nach dem erfolgten Failover immer eine Konsistenzprüfung Ihrer Anwendung aus, um sicherzustellen, dass die Datenintegrität innerhalb Ihrer Anwendung gewahrt bleibt. Dies ist notwendig, da es sich bei der Hyper-V-Replikation um eine crash-konsistente Datenreplikation handelt. Daher ist die Hyper-V-Replikation kein Ersatz für eine Datensicherung!

Kapitel 14
Dateidienste

In diesem Kapitel geben wir Ihnen einen Einblick in die Bereitstellung von Dateidiensten und deren Redundanz. Der Fokus liegt auf der Bereitstellung der am häufigsten verwendeten Funktionen.

Im Folgenden zeigen wir Ihnen die Bereitstellung von Dateiservern und installieren diese schrittweise bis zur Integration von *DFS-Namespace (DFS-N)* und der Replikation per *DFS-R (Distributed File System Replication)*, um so Standorte mittels *DFS-N* abzubilden.

Dabei greifen wir auf den Server-Manager zurück, der auch in Windows Server 2025 weiterhin ein zentraler Bestandteil ist, um die jeweiligen Installationen durchzuführen. Die Installation ist jedoch ebenfalls sowohl mit dem Windows Admin Center als auch mit der PowerShell möglich.

Über die PowerShell lassen sich alle Aufgaben rund um die Dateidienste erledigen und entsprechend auch automatisieren. Das Modul, das Sie dafür benötigen, heißt DFSN. Seine Befehle und Optionen sind hier dokumentiert:

https://learn.microsoft.com/en-us/powershell/module/dfsn/?view=windowsserver2025-ps

14.1 Die Dateiserver-Rolle installieren

Die Installation der *Dateiserver*-Rolle kann auf mehreren Wegen erfolgen. Sie benötigen auf jeden Fall lokale Administrationsrechte für die Installation der Rollen. Dies gilt auch für Systeme, die remote verwaltet werden: Hier brauchen Sie zusätzlich noch das Recht zum Remotezugriff.

14.1.1 Installation mit dem Server-Manager

Damit Sie Dateiserver nutzen und Dateifreigaben erstellen und bereitstellen können, müssen Sie die *Dateiserver*-Rolle nicht erst installieren. Sie wird standardmäßig installiert und muss für Dateifreigaben auch nicht um weitere Funktionen erweitert werden (siehe Abbildung 14.1).

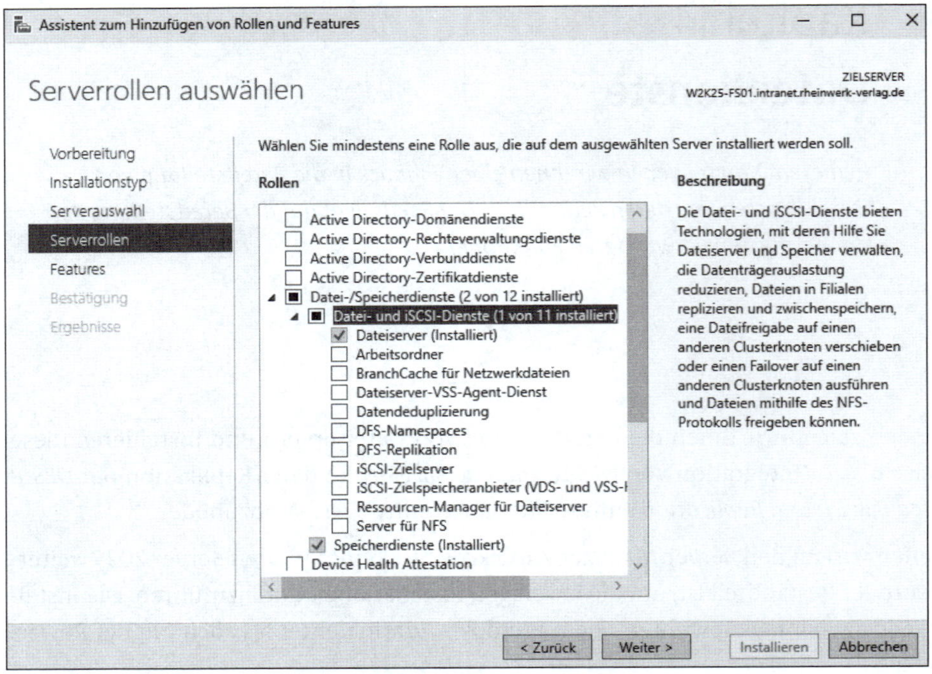

Abbildung 14.1 Standardinstallation des Dateiservers

14.1.2 Dateifreigaben anlegen

Um auf Ihrem Dateiserver Dateifreigaben zu erstellen, öffnen Sie den Windows Explorer und wechseln in das Verzeichnis auf Ihrem Dateiserver, das Sie mithilfe der Dateifreigabe veröffentlichen wollen. Hier markieren Sie das gewünschte Verzeichnis und öffnen die Eigenschaften des Verzeichnisses. Im Reiter FREIGABE wählen Sie nun die Option ERWEITERTE FREIGABE. Daraufhin öffnet sich das Menü zum Bereitstellen der Freigabe.

Dort hinterlegen Sie nun den Namen, den die Freigabe erhalten soll. Sie können den Namen der Freigabe frei wählen, er muss nicht den Namen des Verzeichnisses tragen (siehe Abbildung 14.2).

Beim Zugriff auf die Freigabe sind die NTFS-Rechte zwar grundlegend relevant, werden jedoch durch die Freigabeberechtigungen überlagert. Standardmäßig ist die Gruppe *Jeder* (siehe Abbildung 14.3) berechtigt, auf die Dateien zuzugreifen. Dies sollten Sie jedoch an Ihre Anforderungen anpassen. Weitere Informationen zum Thema NTFS und Freigabeberechtigungen finden Sie in Abschnitt 9.1.5.

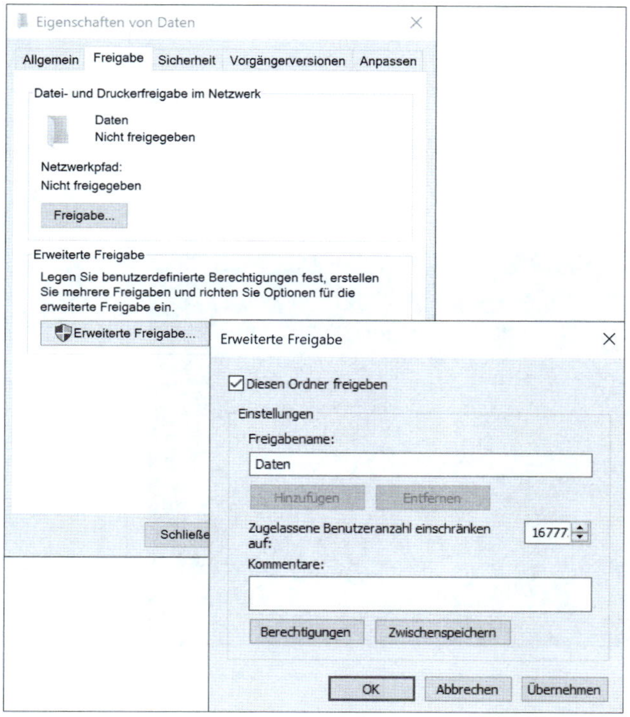

Abbildung 14.2 Dateifreigabe erstellen

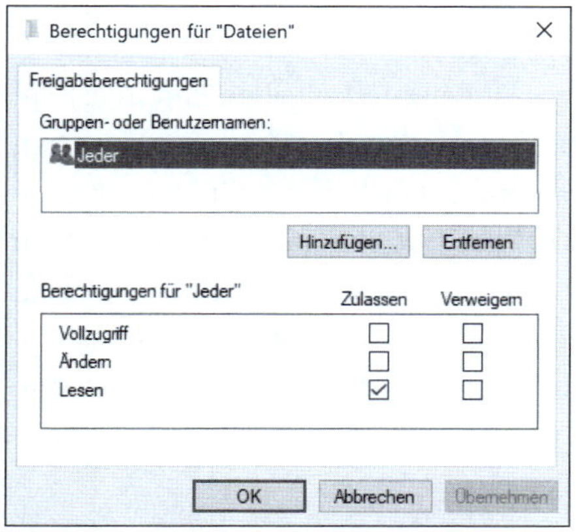

Abbildung 14.3 Dateifreigaben – Standardberechtigungen

Ob die Dateifreigabe erfolgreich erstellt wurde, prüfen Sie mit dem Befehl `net share` (siehe Abbildung 14.4).

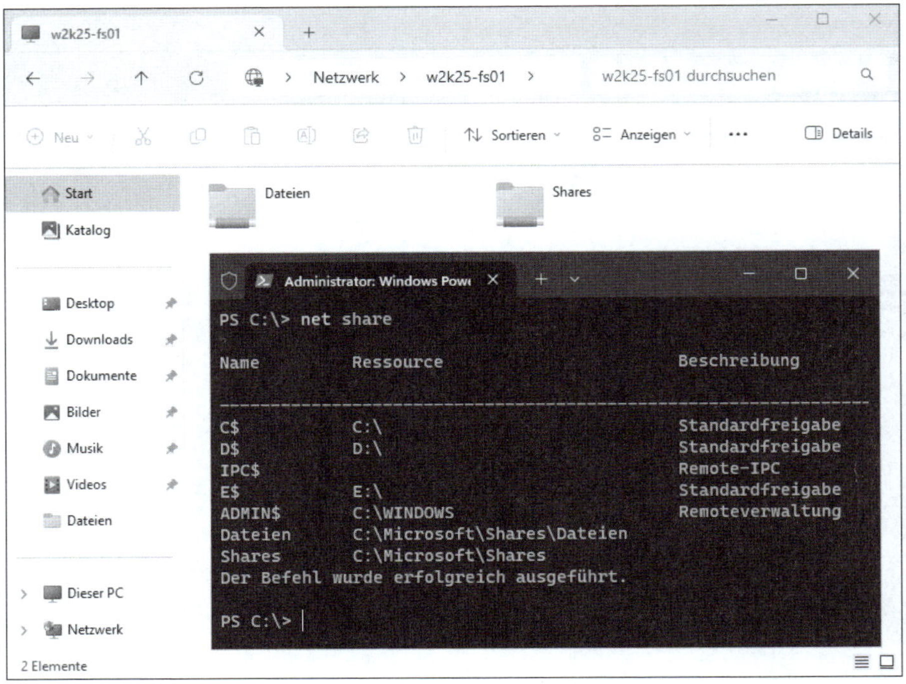

Abbildung 14.4 Auflistung der Dateifreigaben in der CMD

14.2 DFS-Namespaces

Im vorigen Abschnitt haben wir mithilfe der *Dateiserver*-Rolle Dateifreigaben bereitgestellt. Jedoch verfügen diese Dateifreigaben über keinerlei Redundanz und können nur über den NetBIOS-Namen sowie den FQDN des Dateiservers erreicht werden. Um nun einen unternehmensweit einheitlichen Namenskontext für den Aufruf der Dateifreigaben verwenden zu können, richten wir im Folgenden einen domänenbasierten DFS-Namensraum ein. Sie sollten separate DFS-N-Server verwenden und sie nicht als zusätzliche Rolle auf bereits vorhandenen Servern bereitstellen. In der Praxis finden sich häufig DFS-N-Installationen auf Domänencontrollern: Das ist keine gute Idee!

14.2.1 DFS installieren

Um die Installation von DFS-N auf dem separat bereitzustellenden Server durchzuführen, starten Sie den Server-Manager und wählen dort die Option ROLLEN UND FEATURES HINZUFÜGEN.

In diesem Assistenten klicken Sie auf WEITER, bis Sie in die Auswahlliste der Serverrollen gelangen. Dort erweitern Sie die Auswahl DATEI-/SPEICHERDIENSTE und dann DATEI- UND ISCSI-DIENSTE wie in Abbildung 14.5.

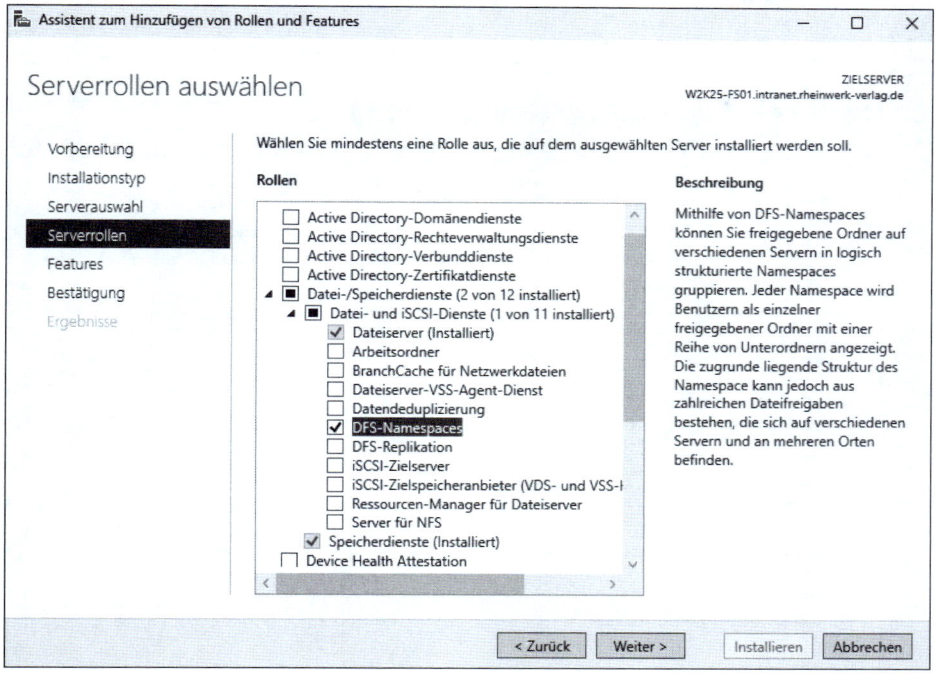

Abbildung 14.5 Installation von DFS-N

Nun wählen Sie den Rollendienst DFS-NAMESPACES aus und schließen die Installation ab, indem Sie auf WEITER klicken.

14.2.2 Basiskonfiguration

Zum Anlegen und Verwalten von DFS-Namespaces können Sie ein MMC-Snap-In verwenden, das zusammen mit dieser Rollenerweiterung installiert wurde. Wählen Sie die MMC *DFS-Verwaltung* über den Server-Manager unter der Option TOOLS aus, oder starten Sie sie über die Option AUSFÜHREN, indem Sie `dfsmgmt.msc` eingeben. Diese Verwaltungskonsole wird gleichermaßen für DFS-N wie für DFS-R verwendet (siehe Abbildung 14.6). Beachten Sie, dass Sie für das Anlegen neuer Namespaces Domänenadministratorrechte sowie lokale Administratorberechtigungen auf dem DFS-Namespaceserver benötigen.

Einen neuen DFS-Namespace legen Sie in der DFS-Verwaltungskonsole an. Wählen Sie dort unter den Aktionen die Option NAMESPACE ZUR ANZEIGE HINZUFÜGEN. Dieser Assistent leitet Sie durch die Erstellung eines DFS-Namespaces.

Als Erstes wählen Sie den Server aus, der für die Bereitstellung des Namensraums verwendet werden soll (siehe Abbildung 14.7).

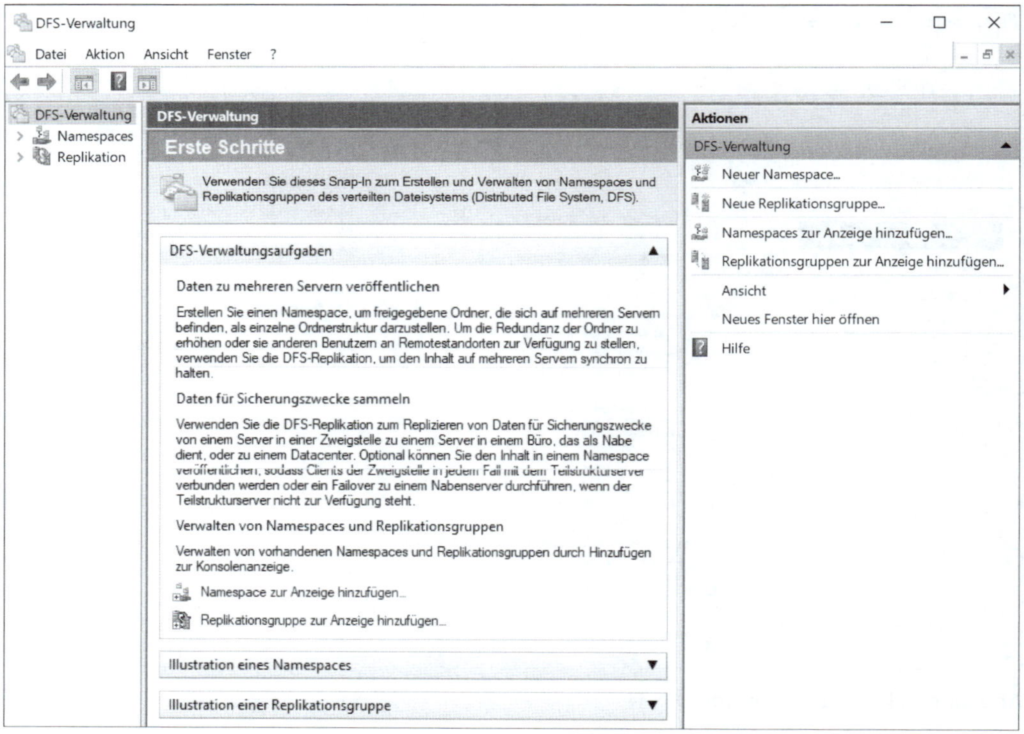
DFS-Verwaltung
Datei Aktion Ansicht Fenster ?
DFS-Verwaltung
Namespaces
Replikation
DFS-Verwaltung
Erste Schritte
Verwenden Sie dieses Snap-In zum Erstellen und Verwalten von Namespaces und Replikationsgruppen des verteilten Dateisystems (Distributed File System, DFS).
DFS-Verwaltungsaufgaben
Daten zu mehreren Servern veröffentlichen
Erstellen Sie einen Namespace, um freigegebene Ordner, die sich auf mehreren Servern befinden, als einzelne Ordnerstruktur darzustellen. Um die Redundanz der Ordner zu erhöhen oder sie anderen Benutzern an Remotestandorten zur Verfügung zu stellen, verwenden Sie die DFS-Replikation, um den Inhalt auf mehreren Servern synchron zu halten.
Daten für Sicherungszwecke sammeln
Verwenden Sie die DFS-Replikation zum Replizieren von Daten für Sicherungszwecke von einem Server in einer Zweigstelle zu einem Server in einem Büro, das als Nabe dient, oder zu einem Datacenter. Optional können Sie den Inhalt in einem Namespace veröffentlichen, sodass Clients der Zweigstelle in jedem Fall mit dem Teilstrukturserver verbunden werden oder ein Failover zu einem Nabenserver durchführen, wenn der Teilstrukturserver nicht zur Verfügung steht.
Verwalten von Namespaces und Replikationsgruppen
Verwalten von vorhandenen Namespaces und Replikationsgruppen durch Hinzufügen zur Konsolenanzeige.
Namespace zur Anzeige hinzufügen...
Replikationsgruppe zur Anzeige hinzufügen...
Illustration eines Namespaces
Illustration einer Replikationsgruppe
Aktionen
DFS-Verwaltung
Neuer Namespace...
Neue Replikationsgruppe...
Namespaces zur Anzeige hinzufügen...
Replikationsgruppen zur Anzeige hinzufügen...
Ansicht
Neues Fenster hier öffnen
Hilfe

Abbildung 14.6 Die »DFS-Verwaltung«-MMC für DFS-N und DFS-R

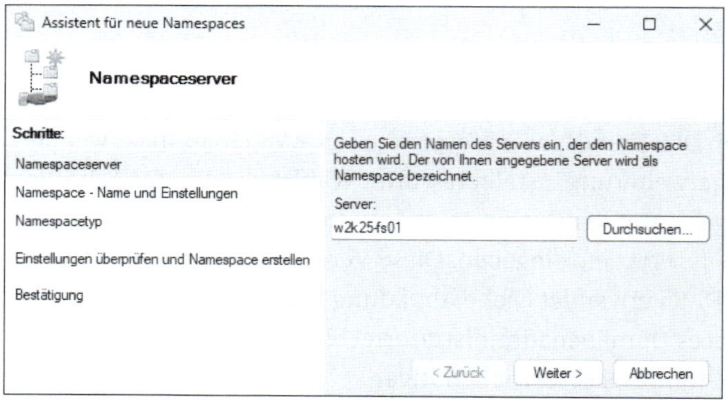
Assistent für neue Namespaces
Namespaceserver
Schritte:
Namespaceserver
Namespace - Name und Einstellungen
Namespacetyp
Einstellungen überprüfen und Namespace erstellen
Bestätigung
Geben Sie den Namen des Servers ein, der den Namespace hosten wird. Der von Ihnen angegebene Server wird als Namespace bezeichnet.
Server:
w2k25fs01
Durchsuchen...
< Zurück
Weiter >
Abbrechen

Abbildung 14.7 Auswahl des Namespaceservers

Im nächsten Schritt definieren Sie den Einstiegspunkt für den DFS-N-Stamm. Dies ist die logische Ebene, die nach dem definierten Namensraum verwendet wird. Der DFS-N-Stamm wird auch als *DFS-N-Root* bezeichnet. In diesem Dialog können Sie unter EINSTELLUNGEN BEARBEITEN (siehe Abbildung 14.8) die Freigabeberechtigungen für den DFS-N-Stamm konfigurieren, der nun erstellt werden soll. Standardmäßig erhalten hier alle Benutzer eine Leseberechtigung.

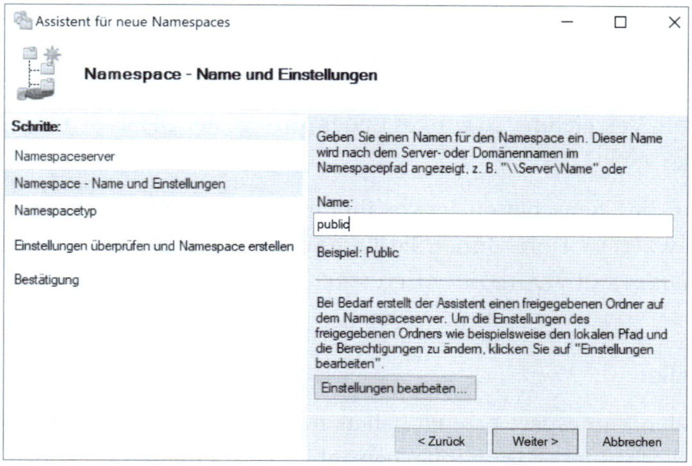
Assistent für neue Namespaces
Namespace - Name und Einstellungen
Schritte:
Namespaceserver
Namespace - Name und Einstellungen
Namespacetyp
Einstellungen überprüfen und Namespace erstellen
Bestätigung
Geben Sie einen Namen für den Namespace ein. Dieser Name wird nach dem Server- oder Domänennamen im Namespacepfad angezeigt, z. B. "\\Server\Name" oder
Name:
public
Beispiel: Public
Bei Bedarf erstellt der Assistent einen freigegebenen Ordner auf dem Namespaceserver. Um die Einstellungen des freigegebenen Ordners wie beispielsweise den lokalen Pfad und die Berechtigungen zu ändern, klicken Sie auf "Einstellungen bearbeiten".
Einstellungen bearbeiten...
< Zurück
Weiter >
Abbrechen

Abbildung 14.8 Definieren des DFS-N-Stamms

Anschließend müssen Sie sich für ein DFS-N-Modell entscheiden (siehe Abbildung 14.9). Hier haben Sie die Auswahl zwischen EIGENSTÄNDIGER NAMESPACE und DOMÄNENBASIERTER NAMESPACE. Eine Beschreibung des jeweiligen Namespace-Modells erhalten Sie in Abschnitt 9.3.1. Im Rahmen der hier beschriebenen Installation verwenden wir die Bereitstellung per domänenbasiertem Namespace.

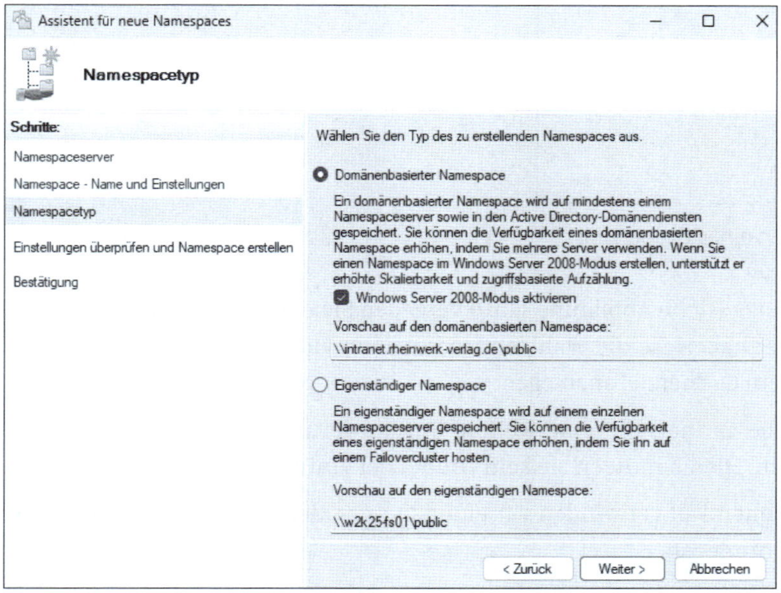
Assistent für neue Namespaces
Namespacetyp
Schritte:
Namespaceserver
Namespace - Name und Einstellungen
Namespacetyp
Einstellungen überprüfen und Namespace erstellen
Bestätigung
Wählen Sie den Typ des zu erstellenden Namespaces aus.
Domänenbasierter Namespace
Ein domänenbasierter Namespace wird auf mindestens einem Namespaceserver sowie in den Active Directory-Domänendiensten gespeichert. Sie können die Verfügbarkeit eines domänenbasierten Namespace erhöhen, indem Sie mehrere Server verwenden. Wenn Sie einen Namespace im Windows Server 2008-Modus erstellen, unterstützt er erhöhte Skalierbarkeit und zugriffsbasierte Aufzählung.
Windows Server 2008-Modus aktivieren
Vorschau auf den domänenbasierten Namespace:
\\intranet.rheinwerk-verlag.de\public
Eigenständiger Namespace
Ein eigenständiger Namespace wird auf einem einzelnen Namespaceserver gespeichert. Sie können die Verfügbarkeit eines eigenständigen Namespace erhöhen, indem Sie ihn auf einem Failovercluster hosten.
Vorschau auf den eigenständigen Namespace:
\\w2k25-fs01\public
< Zurück
Weiter >
Abbrechen

Abbildung 14.9 Auswahl des Namespacetyps

In den nächsten beiden Schritten erhalten Sie eine Zusammenfassung der vorher getätigten Einstellungen sowie die Möglichkeit, die Konfiguration abzuschließen.

Nachdem Sie den DFS-Namespace installiert haben, sollten Sie noch die *Access-based Enumeration (ABE)* für die Root-Ebene des eingerichteten Namensraums aktivieren. Hierbei handelt es sich um einen zugriffsrechtbasierenden Filter innerhalb der DFS-N-Verzeichnisstruktur. Besteht kein Zugriffsrecht auf ein Verzeichnis, so wird es in der Anzeige der DFS-N-Struktur für den Benutzer ausgeblendet.

Öffnen Sie für die Konfiguration die Eigenschaften des von Ihnen angelegten Namensraums, und gehen Sie auf den Reiter ERWEITERT. Dort können Sie diese Funktion einschalten, indem Sie bei der Option ZUGRIFFSBASIERTE AUFZÄHLUNG AKTIVIEREN ein Häkchen setzen.

14.2.3 DFS-Ordnerziele erstellen

Nachdem wir nun erfolgreich den Namespace erzeugt haben, müssen wir an ihn natürlich noch mithilfe von Ordnern die vorhandenen Dateifreigaben anbinden, damit diese über den Namespace veröffentlicht werden.

Hierzu öffnen Sie wieder die DFS-Verwaltungskonsole, markieren den DFS-N-Root und wählen die Option NEUER ORDNER. Nun öffnet sich nun der Dialog zum Erstellen von Ordnern.

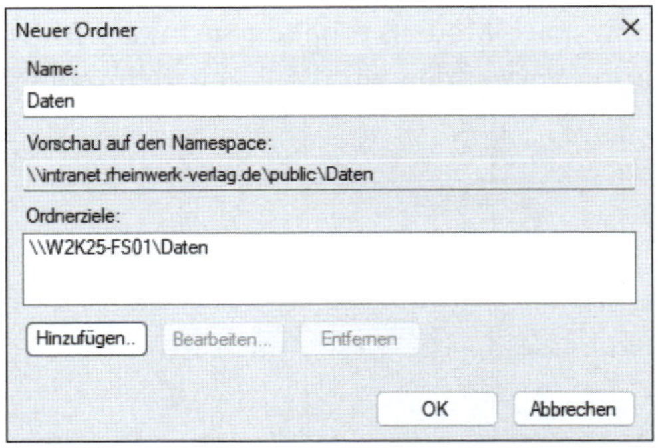

Abbildung 14.10 Erstellen eines Ordnerziels

Im Dialog NEUER ORDNER (siehe Abbildung 14.10) vergeben Sie einen Namen für den zu erstellenden Ordner. Hier haben Sie die Wahl, entweder einen virtuellen Ordner oder einen Ordner mit hinterlegtem Ordnerziel anzulegen.

Verwenden Sie virtuelle Ordner, um eine weitere Strukturierung in dem erstellten DFS-Namespace zu erzeugen. Hierzu müssen Sie kein Ordnerziel hinterlegen.

In dem nun beschriebenen Fall verwenden wir einen Ordner, den wir nun samt UNC-Pfad unter ORDNERZIELE hinterlegen.

Nun haben wir bereits erfolgreich die Dateifreigabe des Dateiservers mithilfe von DFS-N unterhalb des DFS-Stamms veröffentlicht (siehe Abbildung 14.11).

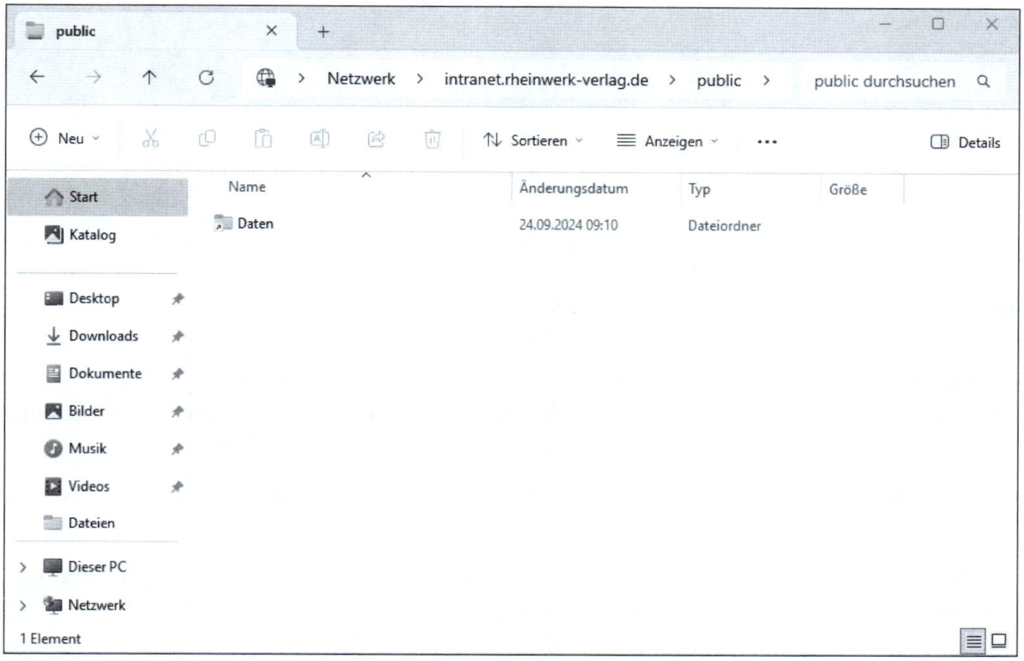

Abbildung 14.11 Aufruf des Ordnerziels, das mit DFS-Namespaces bereitgestellt wurde

14.2.4 Redundanzen der Namespaceserver

Einer der großen Vorteile des domänenbasierten DFS-Namensraums besteht in seiner Skalierbarkeit, die es ermöglicht, mit wenig Aufwand die Ordnerziele innerhalb des Namensraums in der gesamten Infrastruktur zu verteilen. Das schließt auch Außenstandorte ein.

Um ein Ordnerziel um eine weitere Dateifreigabe auf einem oder mehreren separaten Dateiservern zu erweitern, gehen Sie wie folgt vor:

Markieren Sie in der DFS-Verwaltungskonsole das Ordnerziel, für das Sie einen weiteren Dateiserver als Redundanz oder als zusätzlichen Zugriffspunkt anlegen möchten. Wählen Sie im Kontextmenü oder in dem AKTION-Panel die Option ORDNERZIEL HINZUFÜGEN aus.

Hier fügen Sie nun das zusätzliche Ordnerziel hinzu. Der Assistent prüft, ob das Verzeichnis im Dateisystem existiert und ob die notwendige Dateifreigabe vorhanden ist. Wenn Verzeichnis und Dateifreigabe noch nicht angelegt sind, so wird der Assistent Ihnen anbieten, diese Aufgabe für Sie zu erledigen (siehe Abbildung 14.12). Es ist jedoch ratsam, die Freigaben vorab anzulegen und die notwendigen Berechtigungen im Dateisystem sowie für die Dateifreigabe explizit den Anforderungen entsprechend zu konfigurieren.

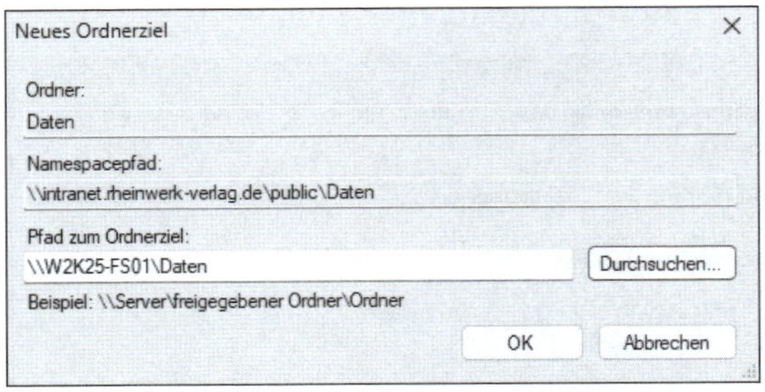

Abbildung 14.12 DFS-N-Redundanz und DFS-R anlegen

Um nun noch die Daten zwischen den angelegten Ordnerzielen möglichst identisch halten zu können, können Sie eine Replikation für den neu hinzugefügten Dateiserver einrichten. Sie haben die Wahl zwischen verschiedenen Replikationsverbindungstypen:

- Einzelne bidirektionale Verbindung zu – Dies ist eine direkte Verbindung zwischen zwei Replikationspartnern.
- Vollständig vermaschtes Netzwerk für alle Mitglieder – Hierbei replizieren alle Mitglieder der Replikationsgruppe miteinander (siehe Abbildung 14.13).

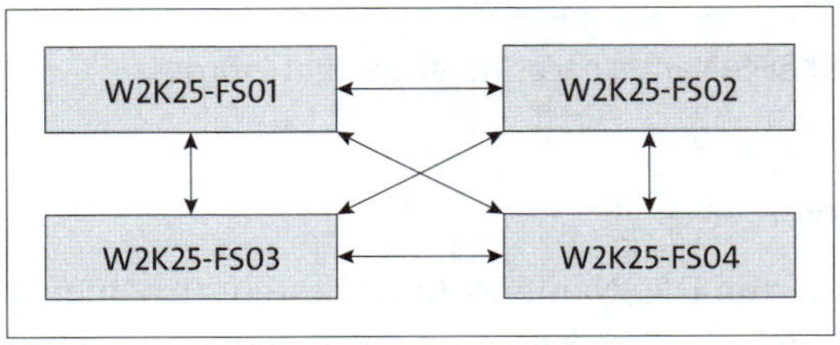

Abbildung 14.13 Vollständig vermaschtes Netzwerk

- Benutzerdefinierte Verbindungen – Es können auch individuelle Verbindungen zwischen einzeln ausgewählten Replikationspartnern erstellt werden (siehe Abbildung 14.14).

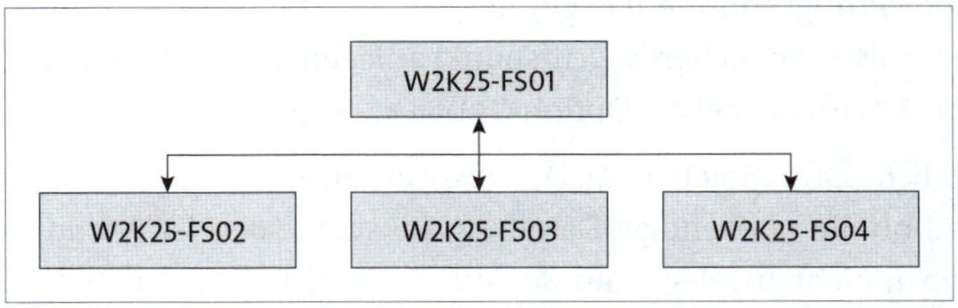

Abbildung 14.14 Benutzerdefiniertes »Hub and Spoke«

Dies ermöglicht das Abbilden einfacher wie auch komplexer Verbindungstopologien. Man spricht hier von einer sogenannten *Hub and Spoke*-Topologie (dt. »Nabe und Speiche«). Hierbei können Spokes auch wieder einen Hub für darunterliegende Spokes darstellen. Auf diese Weise können mehrstufige hierarchische Verbindungsebenen entstehen.

Beachten Sie hierbei, dass mit steigender Komplexität der Verknüpfungstopologie auch das Risiko von Replikationsproblemen steigt. Auch muss die DFS-R-Rolle auf allen teilnehmenden Replikationspartnern installiert sein, bevor Sie DFS-N redundant bereitstellen und dieses mittels DFS-R replizieren können.

14.3 DFS-Replikation

Durch den Einsatz von DFS-R wird es möglich, Verzeichnisse über mehrere Server hinweg zu replizieren, um so eine Redundanz herzustellen. Dies ist vor allem beim Einsatz von DFS-N wichtig, wie bereits in Abschnitt 14.2.4 beschrieben wurde, um unternehmensweite sowie standortbezogene Dateifreigaben bereitstellen zu können.

14.3.1 DFS-R installieren

Starten Sie für die Installation den Server-Manager auf den Dateiservern, die miteinander replizieren sollen, und wählen Sie die Option ROLLEN UND FEATURES HINZUFÜGEN. Klicken Sie im Assistenten auf WEITER, bis Sie zur Auswahlliste der Serverrollen gelangen. Dort erweitern Sie die Auswahl DATEI-/SPEICHERDIENSTE und dann DATEI- UND ISCSI-DIENSTE (siehe Abbildung 14.15).

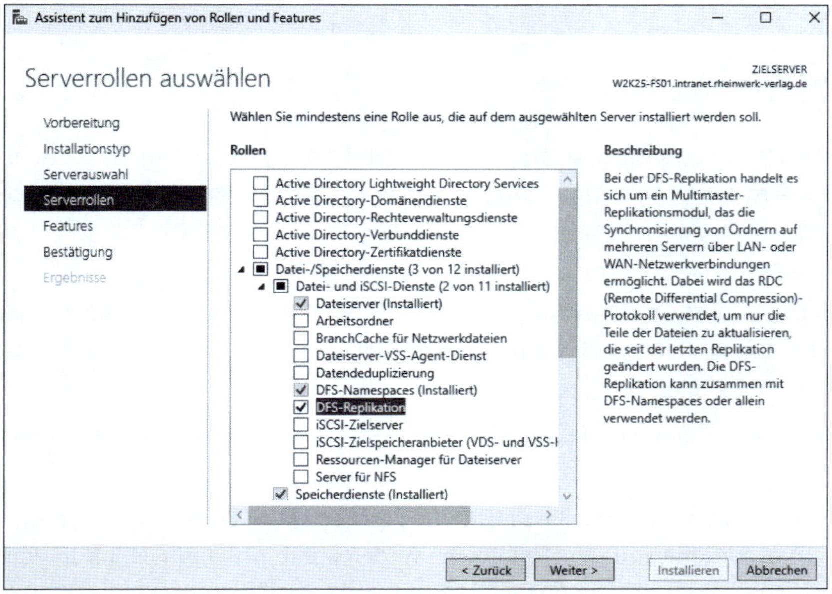

Abbildung 14.15 Installation von DFS-R

Nun wählen Sie den Rollendienst DFS-REPLIKATION aus und schließen die Installation mit einem Klick auf WEITER ab.

14.3.2 Die Replikation einrichten und konfigurieren

Zusätzlich zu der Möglichkeit, Replikationsgruppen direkt beim Anlegen zusätzlicher Dateiserver als Ordnerziele zu bestimmen, können Replikationsgruppen auch manuell angelegt werden. Öffnen Sie hierzu die DFS-Verwaltung, und markieren Sie den Unterpunkt REPLIKATION. Verwenden Sie die Option NEUE REPLIKATIONSGRUPPE, um den Assistenten für die Erstellung weiterer DFS-Replikationen zu starten (siehe Abbildung 14.16).

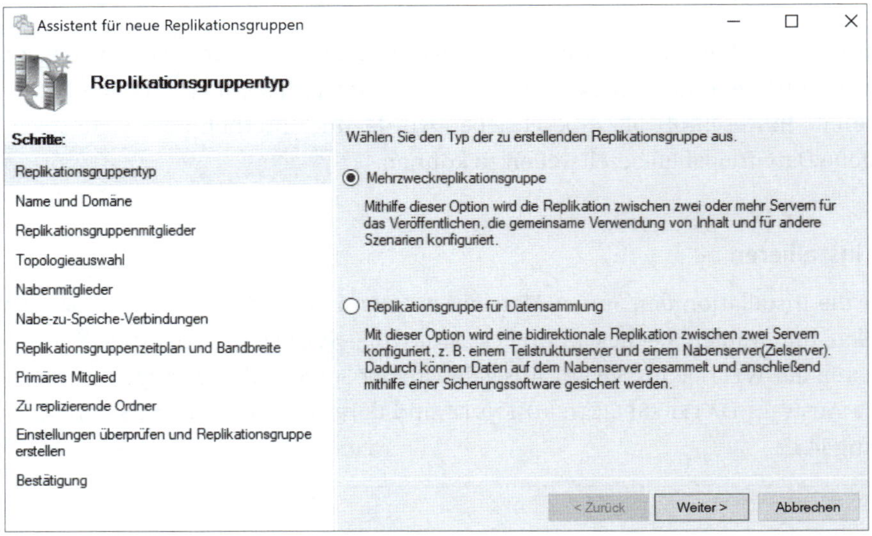
Assistent für neue Replikationsgruppen
Replikationsgruppentyp
Schritte:
Replikationsgruppentyp
Name und Domäne
Replikationsgruppenmitglieder
Topologieauswahl
Nabenmitglieder
Nabe-zu-Speiche-Verbindungen
Replikationsgruppenzeitplan und Bandbreite
Primäres Mitglied
Zu replizierende Ordner
Einstellungen überprüfen und Replikationsgruppe erstellen
Bestätigung
Wählen Sie den Typ der zu erstellenden Replikationsgruppe aus.
Mehrzweckreplikationsgruppe
Mithilfe dieser Option wird die Replikation zwischen zwei oder mehr Servern für das Veröffentlichen, die gemeinsame Verwendung von Inhalt und für andere Szenarien konfiguriert.
Replikationsgruppe für Datensammlung
Mit dieser Option wird eine bidirektionale Replikation zwischen zwei Servern konfiguriert, z. B. einem Teilstrukturserver und einem Nabenserver(Zielserver). Dadurch können Daten auf dem Nabenserver gesammelt und anschließend mithilfe einer Sicherungssoftware gesichert werden.
< Zurück
Weiter >
Abbrechen

Abbildung 14.16 Der Assistent für neue Replikationsgruppen

Wählen Sie nun einen Replikationsgruppentyp entsprechend der geplanten Nutzung aus. In den meisten Fällen wird die Option MEHRZWECKREPLIKATIONSGRUPPE verwendet, wobei alle an der Replikation teilnehmenden Replikationspartner für die Veröffentlichung der Inhalte optimiert werden.

Vergeben Sie im Schritt NAME UND DOMÄNE einen Namen für die Replikationsgruppe und optional eine Beschreibung. Verfügen Sie über mehrere Domänen, können Sie hier die entsprechende Domäne auswählen.

Im nächsten Schritt hinterlegen Sie die REPLIKATIONSGRUPPENMITGLIEDER (siehe Abbildung 14.17).

Im Schritt TOPOLOGIEAUSWAHL können Sie sich für die passende Replikationstopologie entscheiden. Weitere Informationen zu den Topologien finden Sie in Abschnitt 14.2.4. In den nun folgenden Schritten können Sie einen Zeitplan sowie die Bandbreitennutzung für die Replikation festlegen.

Im Schritt PRIMÄRES MITGLIED hinterlegen Sie den Dateiserver, der die Ausgangsdaten hält, die per Replikation verteilt werden sollen. Wählen Sie anschließend die Verzeichnispfade aus.

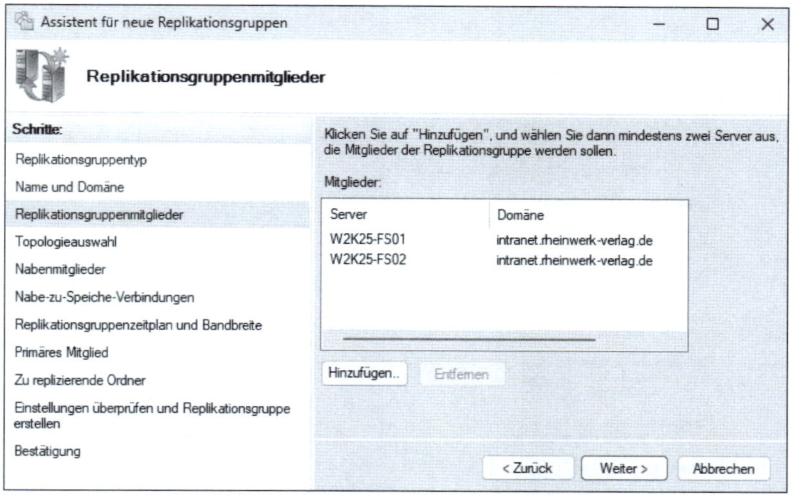

Abbildung 14.17 Registrieren der Replikationsmitglieder

Weisen Sie im darauffolgenden Schritt das Zielverzeichnis zu, das auf dem Replikationspartner verwendet werden soll (siehe Abbildung 14.18).

14

Abbildung 14.18 Auswahl der zu replizierenden Verzeichnisse und ihrer Ziele

Sobald Sie diese Schritte abgeschlossen haben, erhalten Sie eine Zusammenfassung der vorgenommenen Konfigurationen (siehe Abbildung 14.19). Verwenden Sie den Button ERSTELLEN, um die Replikationsgruppe zu erstellen und zu starten.

Nach dem Erstellen der Replikationsgruppe wird diese aktiviert und beginnt je nach ausgewähltem Zeitplan mit der Replikation der Inhalte auf die Mitglieder der Replikationsgruppe.

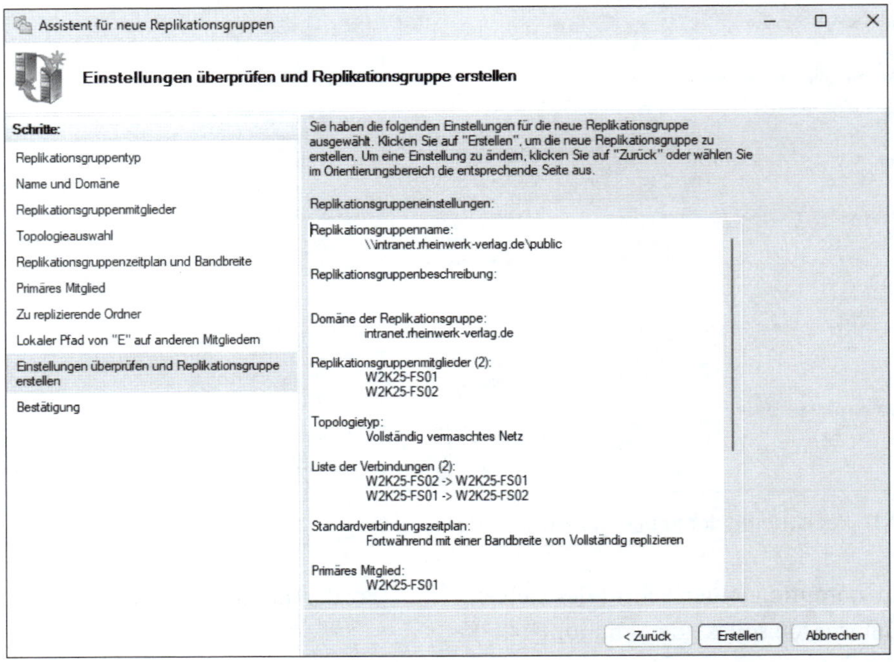

Abbildung 14.19 Zusammenfassung des Replikationsgruppen-Assistenten

Bei der Einrichtung der Replikation müssen Sie beachten, dass dies nur für Volumes mit NTFS-Dateisystem möglich ist. ReFS sowie FAT32 werden von DFS-R nicht unterstützt und lassen sich auch nicht einrichten.

14.4 Ressourcen-Manager für Dateiserver

Erfahrungsgemäß sind zentrale Dateiserver in Unternehmen gigantische Datengräber, in denen sich nicht selten Dateien befinden, die dort aus Unternehmenssicht nichts verloren haben oder einfach nur unerwünscht sind. Diese Dateien sind eine Belastung für alle an die Dateiserver angebundenen Lösungen, wie etwa die DFS-Replikation oder das zentrale Backup-Verfahren.

Für diesen Fall ist der *Ressourcen-Manager für Dateiserver* (siehe Abbildung 14.20) ein regulierendes Werkzeug. Mit ihm können Sie Filter und Kontingente definieren, mit denen Sie den Zugriff auf den Dateiserver anpassen und einschränken. Außerdem bietet der Speicherbericht Ihnen einen Überblick über den Nutzungsstand der Dateiserver, um die Art der Daten zu klassifizieren und Trends bei der Speichernutzung ableiten zu können.

- Die KONTINGENTVERWALTUNG ermöglicht die Einschränkung der Speichernutzung durch einzelne Benutzer, indem sie Speicher-Quotas einführt. Diese Quotierung des Speichers kann auf der Ebene der zu konfigurierenden Ordnerpfade innerhalb des ausgewählten Dateisystems erfolgen und ist somit besonders flexibel einsetzbar. Hierbei werden die Dateibesitzer als Trigger für die Ermittlung der individuellen Kontingente verwendet.

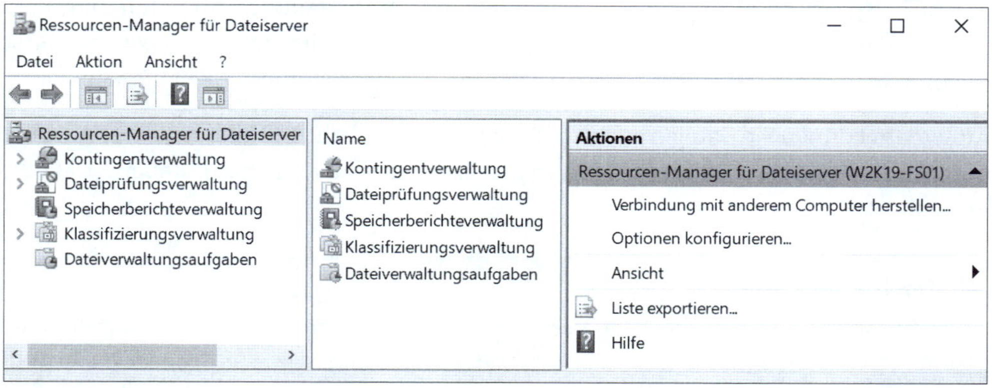

Abbildung 14.20 Verwaltungs-MMC des »Ressourcen-Managers für Dateiserver«

- Mit der DATEIPRÜFUNGSVERWALTUNG können Sie die Nutzung des Dateisystems auf Basis von Dateitypen einschränken. Dies ist besonders dann sinnvoll, wenn Sie sicherstellen wollen, dass Benutzer nicht wahllos Dateien wie etwa ein MP3-Archiv auf den zentralen Dateiservern des Unternehmens ablegen. Die Filterung der Dateien erfolgt auf Basis der Dateinamen und Dateiendungen und nicht anhand der Header-Information der jeweiligen Datei.
- In der SPEICHERBERICHTEVERWALTUNG können Sie Trends in der Datenträgernutzung ableiten, was für die Kapazitätsplanung der Dateiserver sehr hilfreich ist. Um Kapazitätstrends ermitteln zu können, sollten Sie *System Insights* zusammen mit Windows Server 2025 einsetzen. So werden Informationen über die veränderte Auslastung des Systems genutzt, um zukünftige Kapazitätbedürfnisse zu kalkulieren. Das *Windows Admin Center* zeigt diese Prognosen dann grafisch an.

  Mit den Speicherberichten überwachen Sie definierte Benutzergruppen auf Verstöße gegen vorher erstellte Richtlinien der Dateiprüfungsverwaltung.

Datenschutz

Bei diesen Dateiüberwachungen müssen Sie jedoch unbedingt die betrieblichen Regularien beachten. Sprechen Sie Maßnahmen daher immer mit dem Betriebsrat und der Geschäftsführung ab.

- Um die Verwaltung Ihrer Daten auf dem Dateiserver zu automatisieren, verwenden Sie die KLASSIFIZIERUNGSVERWALTUNG, die Ihnen einen tieferen Einblick in die vorhandenen Daten ermöglicht. Hiermit können Sie Ihre Daten sortieren und klassifizieren. Mit Richtlinien zur dynamischen Zugriffssteuerung können Sie den Zugriff einschränken sowie eine Datenverschlüsselung auf die Daten anwenden.

- Mit den DATEIVERWALTUNGSAUFGABEN wenden Sie Klassifizierungen, Richtlinien oder Aktionen auf Dateien in ausgewählten Verzeichnispfaden an. Auslöser und Bedingungen sind beispielsweise Klassifizierungseigenschaften, das Erstellungs- und Änderungsdatum einer Datei sowie der letzte Zugriff. Aktionen können beispielsweise das Verschlüsseln von Dateien oder das automatische Ausführen benutzerdefinierter Befehle sein.

Außerdem können Sie Dateien auch auf Basis des Dateiinhalts mithilfe regulärer Ausdrücke durchsuchen und klassifizieren und dann den Zugriff darauf dynamisch steuern (siehe auch Abschnitt 14.5).

Dateisysteme

Der *Ressourcen-Manager für Dateiserver* unterstützt nur Volumes, die mit dem NTFS-Dateisystem formatiert wurden. ReFS und FAT32 werden nicht unterstützt und können daher auch nicht ausgewählt werden. Außerdem unterstützt der Ressourcen-Manager für Dateiserver nur Volumes, die durch einen Windows-Dateiserver bereitgestellt wurden.

14.4.1 Installation des Ressourcen-Managers für Dateiserver

Den Ressourcen-Manager installieren Sie wie die anderen Features auch: Starten Sie den Server-Manager, und wählen Sie die Option ROLLEN UND FEATURES HINZUFÜGEN. In diesem Assistenten klicken Sie auf WEITER, bis Sie in der Auswahlliste der Serverrollen sind.

Dort erweitern Sie die Auswahl DATEI-/SPEICHERDIENSTE und dann DATEI- UND ISCSI-DIENSTE. Nun wählen Sie den Rollendienst RESSOURCEN-MANAGER FÜR DATEISERVER aus und schließen die Installation ab (siehe Abbildung 14.21).

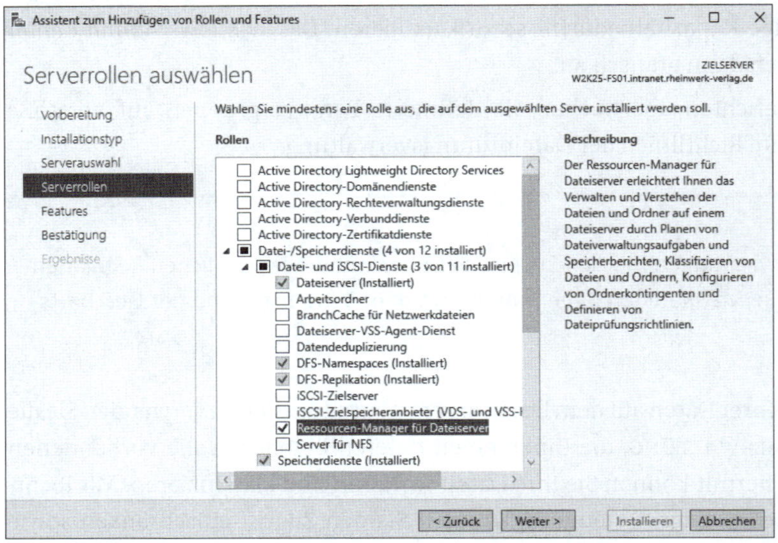

Abbildung 14.21 Installation per Server-Manager

14.4.2 Kontingente

Kontingente sind Speicherplatzrichtlinien, die es dem Dateiserver-Administrator ermöglichen, auf Basis ausgewählter Verzeichnisse den Speicherplatz für Benutzer zu begrenzen. Wenn Sie das Kontingent als harte Grenze festlegen, ist kein weiteres Speichern von Dateien in dem Verzeichnis mehr möglich.

Kontingente erstellen

Der *Ressourcen-Manager für Dateiserver* bringt mit der Installation bereits eine Auswahl von Kontingentvorlagen mit, die Sie direkt verwenden können (siehe Abbildung 14.22).

Abbildung 14.22 Vordefinierte Kontingentvorlagen

Diese Vorlagen können Sie natürlich sofort einsetzen, jedoch decken sie in der Regel nicht die Aufgaben ab, die Sie als Administrator benötigen. Erstellen Sie daher eigene Vorlagen.

Öffnen Sie die Verwaltungskonsole für den Ressourcen-Manager, erweitern Sie die KONTINGENTVERWALTUNG, und markieren Sie die KONTINGENTVORLAGEN. Wählen Sie dann die Aktion KONTINGENTVORLAGE ERSTELLEN aus.

Nun öffnet sich das Fenster zum Erstellen der Kontingentvorlagen (siehe Abbildung 14.23).

Dort können Sie entweder eine bereits vorhandene Vorlage kopieren und an Ihre individuellen Bedingungen anpassen oder eine gänzlich neue Vorlage erstellen. Hinterlegen Sie hier einen passenden Namen und eine Beschreibung für Ihre Vorlage sowie das entsprechende Speicherlimit.

Wichtig ist die Auswahl, ob diese Begrenzung eine HARTE oder WEICHE KONTINGENTGRENZE darstellt. Dies ist insbesondere deshalb wichtig, weil im Falle einer harten Begrenzung kein Speichern von neuen Dateien oder auch Dateiänderungen mehr möglich ist, wenn die vordefinierte Begrenzung erreicht wurde. Die weiche Begrenzung kommt nur für die Überwachung und das Ausführen der definierten Folgeaktionen zum Einsatz. Hier können die Nutzer die Speicherbegrenzung also überschreiten; wie darauf reagiert wird, legen Sie individuell fest.

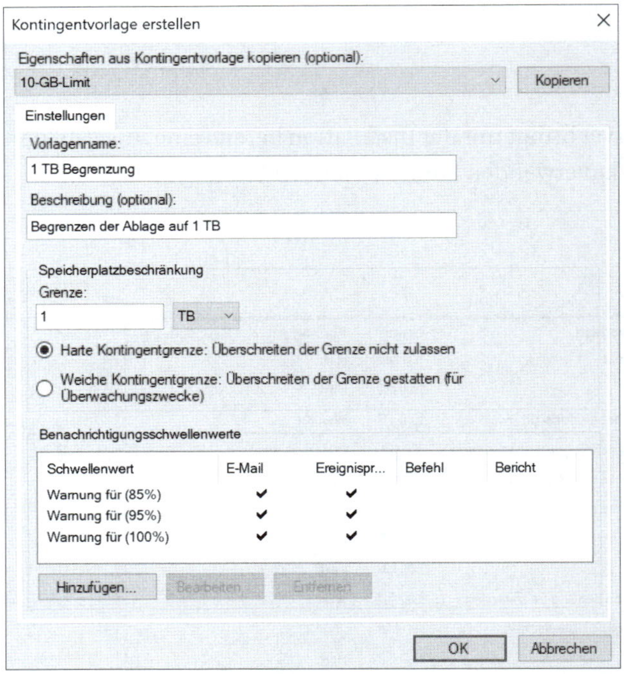

Abbildung 14.23 Kontingentvorlage erstellen

Mit Hinzufügen definieren Sie weitere Aktionen für Ihre Kontingentvorlage (siehe Abbildung 14.24). Hinterlegen Sie hier, ab welchem Schwellenwert eine bestimmte Aktion ausgeführt werden soll, und wählen Sie unter den zur Verfügung stehenden Reitern die jeweilige Aktion. Hierzu gehören sowohl eine E-Mail-Nachricht als auch Einträge in das Ereignisprotokoll des Dateiservers, das Ausführen von Skripten oder Befehlen sowie das Erstellen von Berichten.

Kontingente anwenden

Nach dem erfolgreichen Erstellen einer Kontingentvorlage muss diese noch angewendet werden. Hierzu müssen Sie die Kontingentvorlage einem Verzeichnis zuweisen: Erweitern Sie die Kontingentverwaltung in der Verwaltungskonsole, und markieren Sie die Kontingentvorlagen. Wählen Sie eine Vorlage aus, und verwenden Sie die Aktion Kontingent mithilfe einer Vorlage erstellen. Alternativ können Sie auch aus der Kontingentverwaltung zu den Kontingenten wechseln und die Option Kontingent erstellen verwenden. In beiden Fällen öffnet sich derselbe Dialog aus Abbildung 14.25 zum Zuweisen eines Kontingents.

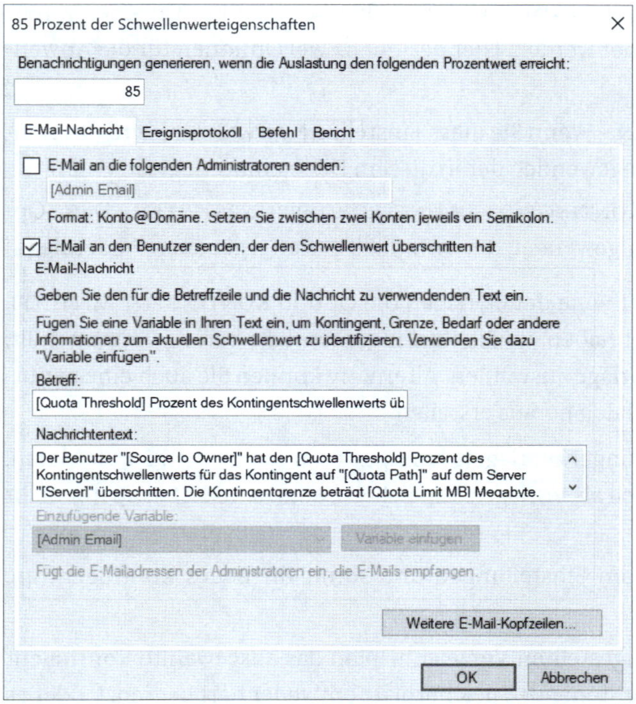

Abbildung 14.24 Aktionen beim Erreichen von vordefinierten Schwellenwerten

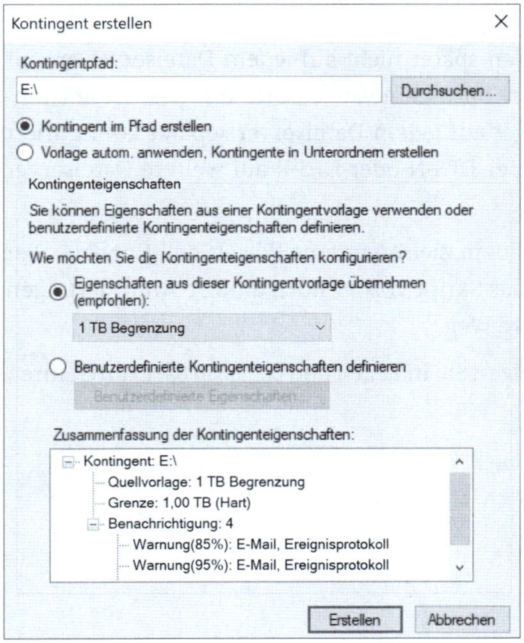

Abbildung 14.25 Zuweisen eines Kontingents

Hinterlegen Sie nun den KONTINGENTPFAD. Beachten Sie hierbei, dass Kontingente immer auf einen expliziten Pfad angewendet werden. Hier bestehen zwei Optionen für die Anwendung des Kontingents:

- KONTINGENT IM PFAD ERSTELLEN – Wenn Sie diese Einstellung verwenden, wird das Kontingent lediglich auf dem Pfad angewendet, der in diesem Dialog hinterlegt ist.
- VORLAGE AUTOM. ANWENDEN, KONTINGENTE IN UNTERORDNERN ERSTELLEN – Diese Option wird auf den Unterordner angewendet, der unterhalb des angegebenen Pfades liegt.

Wenn Sie mit einem Rechtsklick auf eine der Vorlagen die Option KONTINGENT MITHILFE EINER VORLAGE ERSTELLEN genutzt haben, ist die Kontingentvorlage bereits vorausgefüllt. Ansonsten müssen Sie hier eine Vorlage auswählen. Alternativ können Sie auch eine benutzerdefinierte Vorlage aus diesem Dialog heraus erstellen.

Wenn Sie benutzerdefinierte Kontingentvorlagen konfigurieren, dann denken Sie daran, diese im Rahmen dieses Dialogs auch als Vorlage zu speichern, denn sonst ist es später nicht möglich, sie erneut zu verwenden.

Wenden Sie nun die durchgeführten Einstellungen und somit Ihr neues Kontingent an, indem Sie auf ERSTELLEN klicken.

Hierdurch wird nun für den voreingestellten Verzeichnispfad das ausgewählte Kontingent angewendet und der zur Verfügung stehende Speicherplatz entweder hart begrenzt, oder es wird eine vordefinierte Aktion ausgeführt, wenn der Schwellenwert erreicht wird.

Kontingente migrieren

Damit Sie die Konfiguration von Kontingenten später nicht auf jedem Dateiserver erneut vornehmen müssen, besteht die Möglichkeit, Kontingente zu exportieren. Dies ist notwendig, da der *Ressourcen-Manager für Dateiserver* auf jedem Dateiserver separat konfiguriert werden muss und die Einstellungen nicht über DFS-N oder DFS-R auf weitere Dateiserver übertragen werden.

Um Kontingente zu migrieren, öffnen Sie auf dem Zielserver eine PowerShell-Konsole oder die ISE mit administrativen Rechten. Da Sie das Skript vorher noch an Ihre Anforderungen anpassen müssen, ist die ISE der komfortablere Weg.

Verwenden Sie das Skript aus Listing 14.1. Ersetzen Sie in Zeile 1 den `ComputerName` durch Ihren Quellserver.

```
$SourceServer = New-CimSession -ComputerName W2K25-FS01
$SourceFsrmQuotas = Get-FsrmQuota -CimSession $SourceServer
Foreach($SourceFsrmQuota in $SourceFsrmQuotas)
{
```

```
New-FsrmQuota -Description $SourceFsrmQuota.Description -Path $SourceFsrmQuota.Path `
  -Size $SourceFsrmQuota.Size -Template $SourceFsrmQuota.Template
}
```

Listing 14.1 Kontingente migrieren

Beachten Sie, dass die Kommandozeilenwerkzeuge `Dirquota`, `Filescrn` und `Storrept` für die Konfiguration des Ressourcen-Managers abgekündigt sind. Diese sind nach aktuellem Stand zwar noch Bestandteil des Betriebssystems, werden aber bereits in kommenden Versionen nicht mehr zur Verfügung stehen. Microsoft verweist hier auf die Verwendung der entsprechenden PowerShell-Cmdlets.

Da Sie mit der oben beschriebenen Vorgehensweise die Kontingentvorlagen auf Ihren Zielserver migriert haben, müssen Sie nun noch die effektiven Kontingente verschieben. Auch hierfür können Sie ein PowerShell-Skript nutzen.

Öffnen Sie auf dem Zielserver erneut die PowerShell-ISE mit administrativen Berechtigungen, verwenden Sie das Skript aus Listing 14.2, und ersetzen Sie zu Beginn den Beispielnamen durch den Namen Ihres Quellservers:


```
$SourceServer = New-CimSession -ComputerName W2K25-FS01
$SourceQuotas = Get-FsrmQuota -CimSession $SourceServer
Foreach($SourceQuota in $SourceQuotas)
{
 New-FsrmQuota -Path: $SourceQuota.Path -Size: $SourceQuota.Size -Template:`
 $SourceQuota.Template -Softlimit: $SourceQuota.Softlimit
}
```

Listing 14.2 Effektive Kontingente verschieben

Nachdem das Skript durchgelaufen ist, sollten Sie im Ressourcen-Manager für Dateiserver unter KONTINGENTVERWALTUNG die importierten Kontingente finden. Mit dieser Vorgehensweise können Sie über alle Ihre Dateiserver hinweg die Konfiguration identisch halten, was gerade bei der Verteilung der Daten über DFS-N-Ordnerziele, die mittels DFS-R repliziert werden, sinnvoll ist.

An dieser Stelle sollten Sie beachten, dass es sich hier um ein Beispielskript handelt, das den identischen Aufbau der Dateiserver voraussetzt. Um es in Ihrer Umgebung verwenden zu können, müssen Sie es anpassen. Weitere verknüpfte Aktionen werden hiermit nicht migriert und müssen gegebenenfalls nachträglich hinterlegt werden.

14.4.3 Die Dateiprüfungsverwaltung verwenden

Zusätzlich zu der Beschränkung der Speicherkapazität können Sie auch festlegen, was die Benutzer auf den entsprechenden Bereichen des Dateiservers speichern dürfen. Als Filterkriterium dienen hierbei die Dateitypen, die in der Dateiprüfungsverwaltung festgelegt werden:

- **Dateigruppen** – Bei den *Dateigruppen* handelt es sich um eine Zusammenfassung der Dateierweiterungen, nach denen in der Dateiprüfvorlage gefiltert wird (siehe Abbildung 14.26).

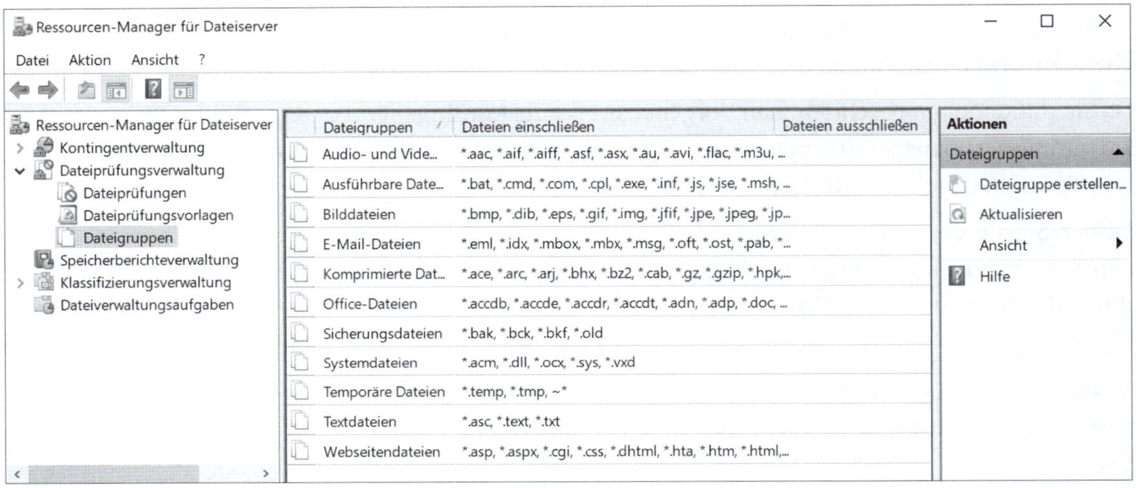

Abbildung 14.26 Vordefinierte Dateigruppen

- **Dateiprüfungsvorlagen** – Eine *Dateiprüfungsvorlage* ist die Vorlage für das Überwachen von Verzeichnisstrukturen auf Basis der vorher definierten Dateigruppen. Außerdem können Sie die Art der Prüfung sowie weitergehende Aktionen definieren, z. B. E-Mail-Benachrichtigungen, Einträge in das Ereignisprotokoll des Dateiservers, das Hinterlegen von Skripten und Befehlen sowie das Erstellen von Berichten (siehe Abbildung 14.27).

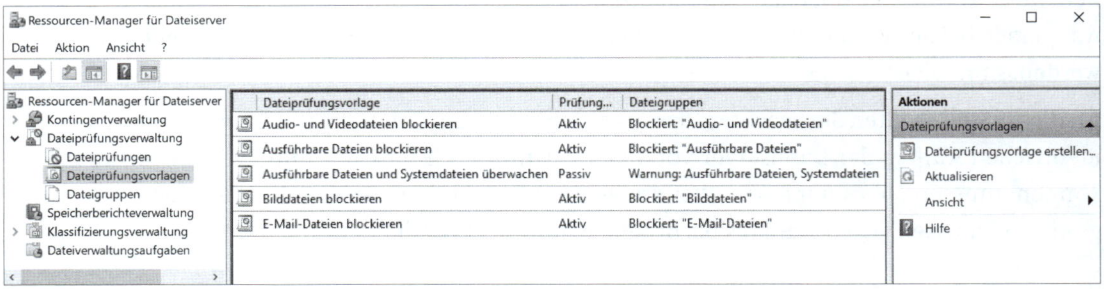

Abbildung 14.27 Vordefinierte Dateiprüfungsvorlagen

- **Dateiprüfungen** – Eine erstellte *Dateiprüfung* wird immer auf Basis des definierten Verzeichnisses sowie der darunter liegenden Verzeichnisse angewendet. Sie können hierbei auf die vorhandenen Vorlagen zurückgreifen oder benutzerdefinierte Einstellungen hinterlegen. Dies wiederum bietet jedoch nicht die Möglichkeit, die getätigten Einstellungen wiederzuverwenden.

Dateigruppen erstellen

Der Ressourcen-Manager bringt bereits im Rahmen der Installation eine Vorauswahl an Dateigruppen mit, die jedoch nicht alle notwendigen Szenarien abdeckt. Vielleicht müssen MP3-Dateien blockiert werden, MP4-Dateien sollen jedoch zugelassen werden. Daher ist es meistens sinnvoll, eigene Dateigruppen zu erstellen.

Erweitern Sie dazu die DATEIPRÜFUNGSVERWALTUNG in der Verwaltungskonsole des *Ressourcen-Managers für Dateiserver*, und markieren Sie die DATEIGRUPPEN. Wählen Sie dort die Aktion DATEIGRUPPENEIGENTSCHAFTEN ERSTELLEN aus. Dann erscheint der Dialog aus Abbildung 14.28.

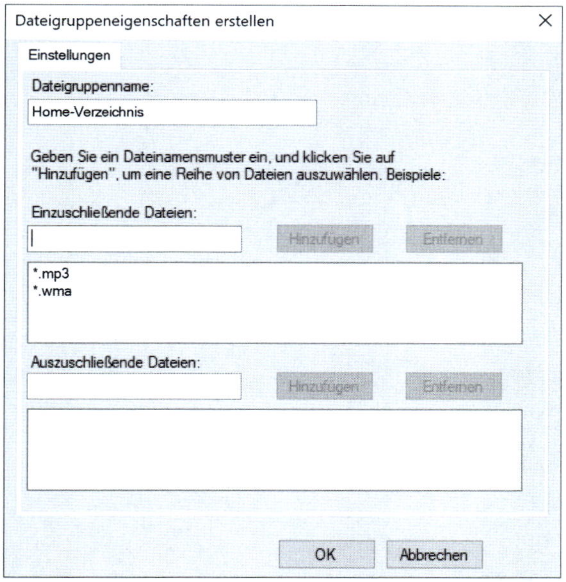

Abbildung 14.28 Dialog zum Erstellen von Dateigruppen

Hier hinterlegen Sie für Ihre neue Dateigruppe einen passenden Namen sowie die einzuschließenden Dateiendungen. Achten Sie hierbei auf die Schreibweise, und verwenden Sie für den Dateinamen immer eine Wildcard (*) und den Punkt als Separator zwischen Dateinamen und Dateiendung.

Eine Dateiprüfungsvorlage anlegen

Nun können Sie auf Basis der Dateigruppe eine Dateiprüfungsvorlage erstellen, die Sie mit den gewünschten Aktionen verbinden können.

Erweitern Sie die DATEIPRÜFUNGSVERWALTUNG in der Verwaltungskonsole des *Ressourcen-Managers für Dateiserver*, und markieren Sie die DATEIPRÜFUNGSVORLAGEN. Wählen Sie dort die Aktion DATEIPRÜFUNGSVORLAGE ERSTELLEN aus. Hinterlegen Sie einen Namen für die zu erstellende Dateiprüfungsvorlage, und wählen Sie eine Dateigruppe aus, für die die Vorlage angewendet werden soll.

Um das Speichern der unerwünschten Dateien zu verhindern, wählen Sie AKTIVES PRÜFEN aus (siehe Abbildung 14.29); wenn Sie jedoch nur prüfen wollen, ob es solche Dateien gibt, wählen Sie hier PASSIVES PRÜFEN. Außerdem können Sie noch Aktionen mit der Prüfung verknüpfen. So können Sie wahlweise E-Mails versenden, Einträge ins Ereignisprotokoll des Dateiservers schreiben, Skripte oder Befehle ausführen oder Berichte erstellen lassen, wenn die Prüfung positiv war.

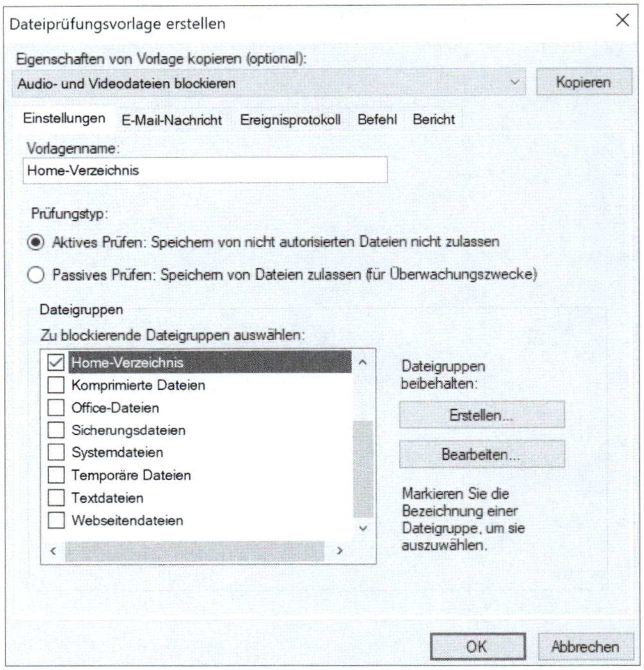

Abbildung 14.29 Erstellen von Dateiprüfungsvorlagen

Dateiprüfungen umsetzen

Mit den durchgeführten Schritten haben Sie die Grundlagen für das Erstellen einer Dateiprüfung geschaffen. Zum Abschluss wählen Sie nun die Aktion DATEIPRÜFUNG ERSTELLEN aus. Dort hinterlegen Sie das zu prüfende Verzeichnis und wählen die vorher erstellte Dateiprüfungsvorlage aus (siehe Abbildung 14.30).

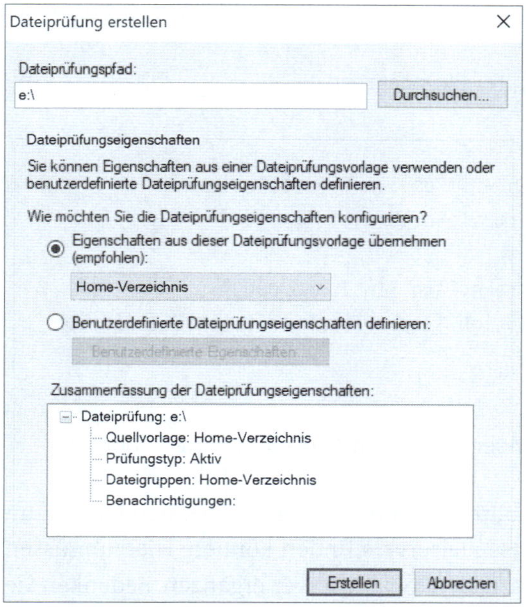

Abbildung 14.30 Erstellen einer Dateiprüfung

Die Konfigurationen der Datenträgerverwaltung migrieren

Wenn Sie die Datenträgerverwaltung erfolgreich auf einem Dateiserver umgesetzt haben, wollen Sie sie vermutlich auch auf den restlichen Dateiservern Ihrer Infrastruktur anwenden. Vor allem wenn es sich um eine verteilte DFS-N-Umgebung handelt, sollten die Regeln auf allen Servern mit dem jeweils identischen Ordnerziel hinterlegt werden.

Öffnen Sie hierzu auf dem Zielserver erneut die PowerShell-Konsole oder die ISE mit administrativen Berechtigungen. Verwenden Sie das Skript aus Listing 14.3, und ersetzen Sie den Beispielnamen durch den Namen Ihres Quellservers:

```
$SourceServer = New-CimSession -ComputerName W2K25-FS01
#Migriert die Dateigruppen
$SourceFsrmFileGroups = Get-FsrmFileGroup -CimSession $SourceServer
Foreach($SourceFsrmFileGroup in $SourceFsrmFileGroups)
{
New-FsrmFileGroup -Name $SourceFsrmFileGroup.Name -Description `
$SourceFsrmFileGroup.Description -IncludePattern $SourceFsrmFileGroup.IncludePattern
}
#Migriert die Dateiprüfungsvorlagen
$SourceFsrmFileScreenTemplates = Get-FsrmFileScreenTemplate -CimSession $SourceServer
Foreach($SourceFsrmFileScreenTemplate in $SourceFsrmFileScreenTemplates)
{
```

```
New-FsrmFileScreenTemplate -Name $SourceFsrmFileScreenTemplate.Name -Description `
$SourceFsrmFileScreenTemplate.Description `
  -IncludeGroup $SourceFsrmFileScreenTemplate.IncludeGroup
}
#Migriert die Dateiprüfungen
$SourceFsrmFileScreens = Get-FsrmFileScreen -CimSession $SourceServer
Foreach($SourceFsrmFileScreen in $SourceFsrmFileScreens)
{
New-FsrmFileScreen -Path $SourceFsrmFileScreen.Path -IncludeGroup `
$SourceFsrmFileScreen.IncludeGroup -Description $SourceFsrmFileScreen.Description `
  -Template $SourceFsrmFileScreen.Template
}
```

Listing 14.3 Beispielskript zur Migration bestehender Ressourcen-Manager-Konfigurationen

Durch die Benutzung dieses Beispielskripts sollten Sie nun die entsprechenden Einstellungen in der Datenträgerprüfungsverwaltung des Zielservers finden können. Hierzu müssen Sie im Beispielskript den Quellserver in der Variablen `$SourceServer` ergänzen. Bedenken Sie hierbei, dass es sich um ein Beispielskript handelt, das Sie noch anpassen müssen, bevor Sie es in Ihrer Infrastruktur anwenden können. Auch werden auf diesem Wege die vordefinierten Aktionen nicht migriert. Hierzu müssten Sie ein komplexeres Skript entwerfen. Weitere Beispiele hierzu finden Sie unter *https://gallery.technet.microsoft.com/*.

14.5 Dynamische Zugriffssteuerung (Dynamic Access Control, DAC)

Wie in Abschnitt 5.1.4 beschrieben, unterstützt ein Domänencontroller ab Windows Server 2012 in Verbindung mit einem Client ab Windows 8 und einem Dateiserver ab Windows Server 2012 den Einsatz von Ansprüchen (*Claims*), um den Zugriff auf Dateien (und andere Ressourcen) zu steuern.

Vielleicht haben Sie sich auch bereits die Frage gestellt, wie Sie es erreichen können, dass ein Benutzer nur dann Zugriff auf einen Ordner bekommt, wenn er Mitglied in *zwei* bestimmten Gruppen ist. Die Variante, dass er in einer der beiden Gruppen Mitglied ist, stellt in aller Regel keine Herausforderung dar. Wenn jedoch auf zwei Gruppen geprüft werden soll, bleibt auf dem herkömmlichen Weg nur die Option, eine dritte Gruppe zu erstellen und dort die Benutzer hinzuzufügen, die in den beiden anderen Gruppen enthalten sind. Dies stellt natürlich einen nicht zu vernachlässigenden Aufwand dar und bietet Potenzial für Fehlkonfigurationen.

Ein weiteres Szenario, nach dem Kunden uns immer wieder fragen, besteht darin, dass ein Benutzer eine Datei auf dem Fileserver nur öffnen darf, wenn er an einem bestimmten Computer angemeldet ist. Auch dies ist eigentlich eine Kombination verschiedener Berechtigungen, die Sie durch den Einsatz der *dynamischen Zugriffssteuerung* erreichen.

Spielen wir doch ein Beispiel durch: Auf dem Dateiserver *W2K25-FS01* gibt es die Netzwerkfreigabe *Daten* und darunter gibt es einen Ordner *IT-Abteilung*, auf den nur die Benutzer Zugriff haben, die laut Active Directory Mitglieder der Abteilung *IT* sind. Außerdem soll der Zugriff nur über Computerkonten erlaubt sein, deren AD-Attribut `department` (dt. »Abteilung«) ebenfalls als *IT* hinterlegt ist (siehe Abbildung 14.31).

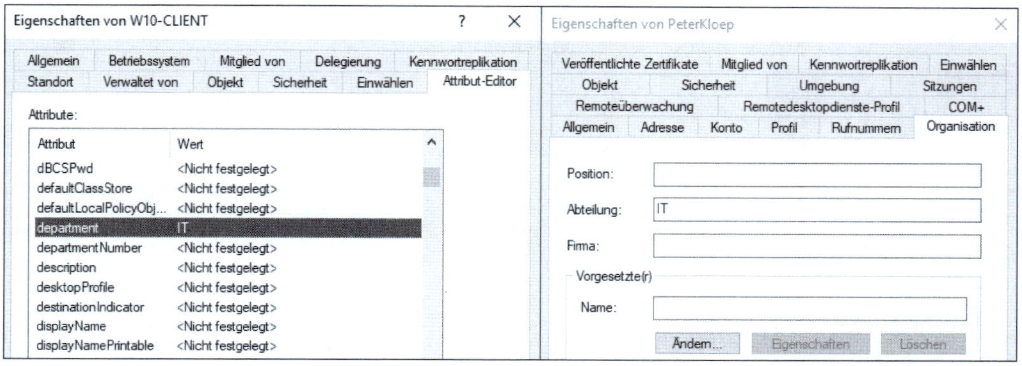

Abbildung 14.31 Festlegen der »department«-Eigenschaft für das Computerkonto und das Benutzerkonto

In unserem Beispiel soll im Computerkonto als Abteilung der Wert *IT* hinterlegt werden. Da dieses Attribut in der grafischen Oberfläche nicht – wie beim Benutzer – sichtbar ist, muss der Wert entweder über den Attribut-Editor gesetzt werden (siehe Abbildung 14.31) oder über die PowerShell oder ein anderes LDAP-Tool. Für den Benutzer ist dieses Feld direkt in den grafischen Verwaltungstools sichtbar. Alternativ können Sie auch ein anderes Attribut verwenden, um die Zugehörigkeit des Computerkontos festzulegen.

Das grafische Einrichten der dynamischen Zugriffssteuerung erfolgt über das *Active Directory-Verwaltungscenter*. Alternativ stehen PowerShell-Cmdlets zur Verfügung. Für das Erstellen der Regelwerke müssen Sie über die Rechte des Organisationsadministrators verfügen. Alternativ können die Berechtigungen delegiert werden.

Im Active Directory-Verwaltungscenter steht im Fenster Willkommen beim Active Directory-Verwaltungscenter eine Verknüpfung mit dem Namen Bereitstellen der dynamischen Zugriffssteuerung zur Verfügung (siehe Abbildung 14.32). Hier werden Sie mit einer Microsoft-Webseite verbunden, die weitere Informationen bereitstellt. Der Link zum Download des *Active Directory Claims Wizard* ist zwischenzeitlich leider verwaist und führt ins Leere.

Damit Sie *Ansprüche* (Claims) verwenden können, muss auf den Domänencontrollern aktiviert werden, dass diese Ansprüche geliefert werden. Auch die Clients müssen Ansprüche anfordern. Die dazu relevante Option finden Sie auf den Domänencontrollern unter Computerkonfiguration • Richtlinien • Administrative Vorlagen • System • KDC • Unterstützung des Kerberos-Domänencontrollers für Ansprüche, Verbund-

Authentifizierung und Kerberos-Schutz. Aktivieren Sie sie, und wählen Sie entweder die Einstellung Unterstützt oder Immer Ansprüche liefern.

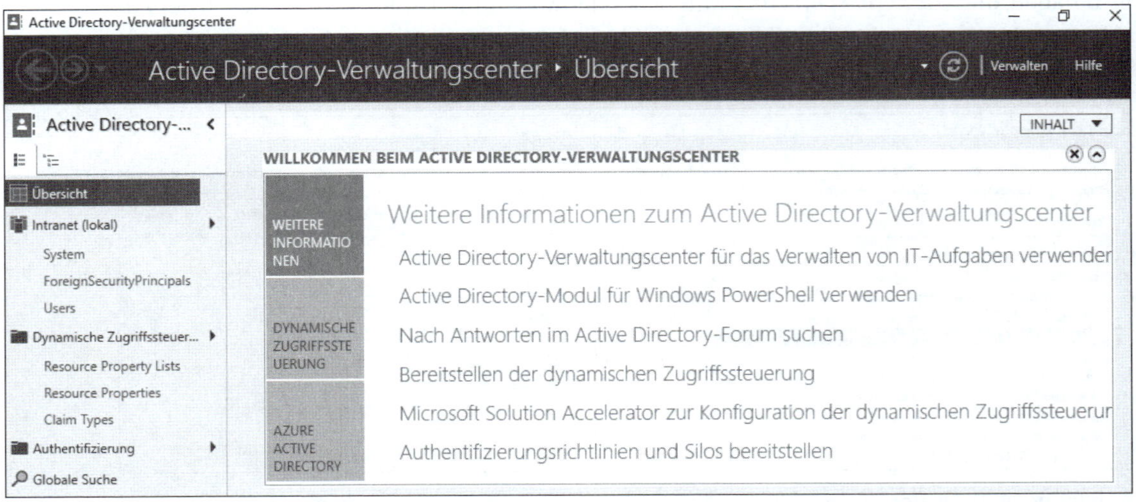

Abbildung 14.32 Möglichkeit zur Konfiguration der dynamischen Zugriffssteuerung

Für die Client-Systeme, die auf den Dateiserver zugreifen möchten, muss ebenfalls eine Gruppenrichtlinieneinstellung verknüpft werden. Hier müssen Sie die Option Computerkonfiguration • Richtlinien • Administrative Vorlagen • System • Kerberos • Unterstützung des Kerberos-Clients für Ansprüche, Verbundauthentifizierung und Kerberos-Schutz auf Aktiviert setzen. Danach sollten Sie eine Gruppenrichtlinienaktualisierung abwarten oder eine manuelle Aktualisierung durchführen.

Im Active Directory-Verwaltungscenter stehen unter dem Knoten Dynamische Zugriffssteuerung die fünf Objekte zur Verfügung, die von DAC verwendet werden (siehe Abbildung 14.33). Diese werden in Abschnitt 5.1.4 beschrieben. Wir fokussieren uns jetzt auf die praktische Umsetzung.

Im ersten Schritt wird ein neuer Claim Type (*Anspruchstyp*) erstellt. Klicken Sie dazu mit der rechten Maustaste auf Claim Types, und wählen Sie Neu • Anspruchstyp. Sollte Neu ausgegraut sein, melden Sie sich als Organisationsadministrator neu an und wiederholen den Schritt.

Wählen Sie department in der Quellattributliste aus, und stellen Sie sicher, dass Benutzer und Computer bei den Klassen ausgewählt sind. Verwenden Sie `CT_Abteilung` als Anzeigename. `CT` ist der *Claim Type*.

Im nächsten Schritt werden die Ressourceneigenschaften definiert. Klicken Sie dazu mit der rechten Maustaste auf Resource Properties, und wählen Sie im Menü Neu • Ressourceneigenschaft.

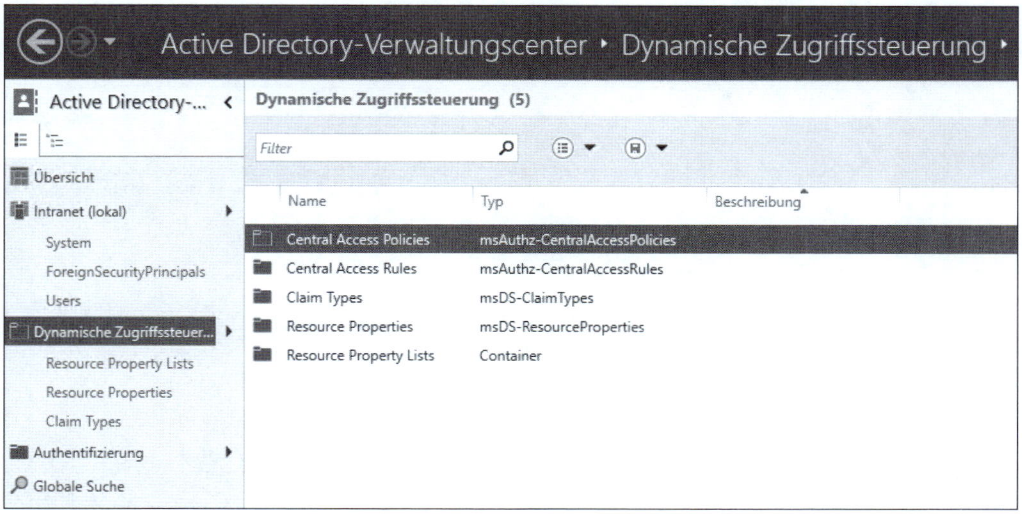

Abbildung 14.33 Optionen zur Konfiguration der dynamischen Zugriffssteuerung im AD-Verwaltungscenter

Legen Sie als ANZEIGENAMEN den Wert `RP_Abteilung` fest. `RP` verwenden wir als Merkmal für eine Ressourceneigenschaft (*Resource Property*). Als WERTTYP übernehmen Sie `Single-valued Choice`. Es stehen zahlreiche andere Optionen (Ja/Nein, Datum/Uhrzeit/Zahlen) zur Verfügung. Hier sollten Sie einen Werttyp verwenden, der zu den Informationen passt, mit denen Sie den Zugriff steuern möchten. Dies ist in unserem Fall ein »einzelner Wert«, der auf dem Department-Attribut des Benutzers und Computers basiert (siehe Abbildung 14.34).

Wenn Sie möchten, können Sie unter dem Punkt BESCHREIBUNG einen beschreibenden Text für die Ressourceneigenschaft hinterlegen.

Im Abschnitt VORGESCHLAGENE WERTE klicken Sie auf HINZUFÜGEN, um eine Liste von Vorschlägen zu erstellen, aus denen der Benutzer, der die Daten klassifizieren will, auswählen kann. Tragen Sie hier die folgenden Werte ein:

- WERT: `IT`
- ANZEIGENAME: `IT-Abteilung`
- BESCHREIBUNG: `Mitglieder der IT-Abteilung`

Erstellen Sie einen weiteren vorgeschlagenen Wert mit folgenden Daten:

- WERT: `GF`
- ANZEIGENAME: `Geschäftsführung`
- BESCHREIBUNG: `Mitglieder der Geschäftsführung`

Das Ergebnis der Konfiguration sehen Sie in Abbildung 14.34.

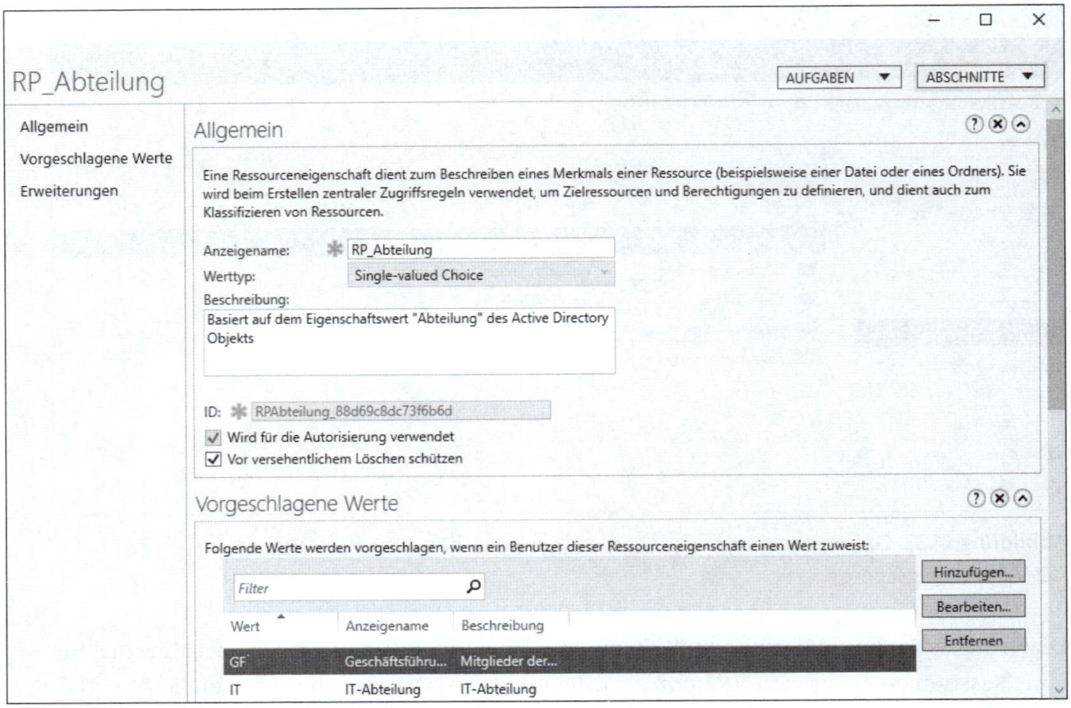

Abbildung 14.34 Konfiguration der Ressourceneigenschaft

Nun wird eine *Central Access Rule* (zentrale Zugriffsregel) erstellt. Klicken Sie dazu auf CENTRAL ACCESS RULES, und wählen Sie im Menü NEU • ZENTRALE ZUGRIFFSREGEL.

Vergeben Sie einen sprechenden Namen für die zentrale Zugriffsregel. In diesem Beispiel verwenden wir `CAR_Zugriff auf IT-Daten`. `CAR` steht dabei für *Central Access Rule*. Eine Beschreibung der Regel kann Ihnen helfen, die Verwendung der Regel zu erkennen, bzw. klarstellen, für welche Ressourcen die Regel verwendet wird. Tragen Sie beispielsweise »Schützt den sicheren Zugriff auf Abteilungslaufwerke« ein.

Klicken Sie im Bereich ZIELRESSOURCEN auf BEARBEITEN und anschließend auf BEDINGUNG HINZUFÜGEN. Legen Sie die Bedingungen mit den Parametern aus Abbildung 14.35 fest.

Nach der Konfiguration der Bedingungen können Sie unter dem Punkt BERECHTIGUNGEN die Einstellungen vornehmen, die steuern, wer letztendlich Zugriff auf die Daten erhält. Definieren Sie unter FOLGENDE BERECHTIGUNGEN ALS AKTUELLE BERECHTIGUNGEN VERWENDEN die entsprechenden Berechtigungen. Sie können hier die authentifizierten Benutzer berechtigen, da der effektive Zugriff durch die Bedingungen eingeschränkt wird.

Konfigurieren Sie die Berechtigungen wie in Abbildung 14.36 gezeigt. Dadurch wird definiert, dass jeder authentifizierte Benutzer, für den Sie in seinem Benutzerkonto unter dem Attribut `department` (Abteilung) den Text *IT* hinterlegt haben, von einem Computer aus zugreifen kann, der ebenfalls im Attribut `department` den Wert *IT* hinterlegt hat.

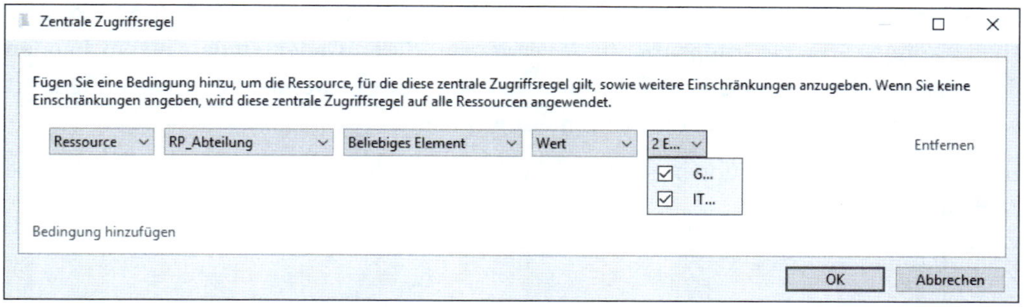

Abbildung 14.35 Konfiguration der Bedingungen in der CAR

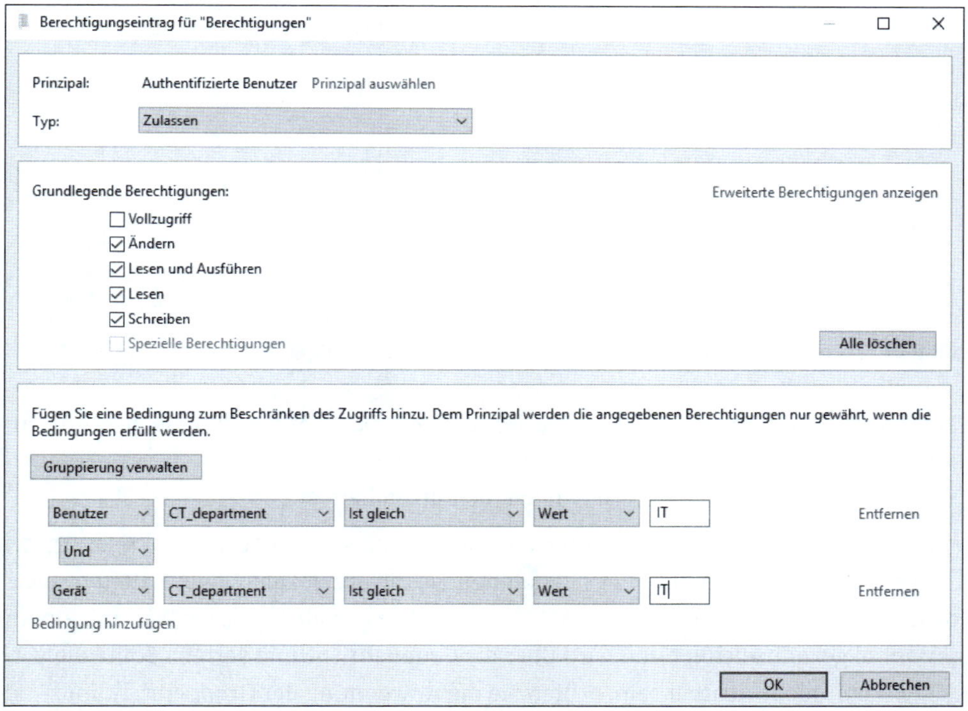

Abbildung 14.36 Festlegen der Berechtigungen für den Zugriff über Ansprüche

Die erstellte CAR wird nun über eine zentrale Zugriffsrichtlinie *(Central Access Policy, CAP)* übernommen, damit diese Einstellungen mit den Ressourcen (z. B. den Dateiservern) verknüpft werden können.

Klicken Sie auf CENTRAL ACCESS POLICIES, und wählen Sie die Option NEU, um eine zentrale Zugriffsrichtlinie zu erstellen. Tragen Sie als Namen `CAP_Abteilungslaufwerke` ein, und legen Sie eine Beschreibung für das Element fest, etwa »Zugriff auf Abteilungslaufwerke«. Fügen Sie dann unter dem Punkt ZENTRALE ZUGRIFFSREGEL des Mitglieds die neue Regel »CAR_Zugriff auf Abteilungsdaten« hinzu, und klicken Sie auf OK, um das Fenster zu schließen.

Diese erstellte zentrale Zugriffsrichtlinie muss nun an die Dateiserver verteilt werden. Hierzu können Sie eine Gruppenrichtlinie verwenden, die entweder mit der entsprechenden Organisationseinheit verknüpft wird oder die über einen Sicherheitsfilter so konfiguriert wird, dass nur die Dateiserver die Richtlinie anwenden.

In der entsprechenden Gruppenrichtlinie hinterlegen Sie die gerade konfigurierte CAP (siehe Abbildung 14.37).

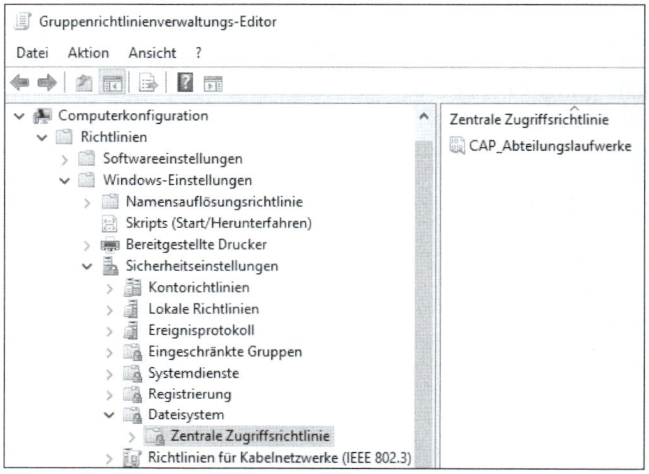

Abbildung 14.37 Erstellen der Richtlinie für das Verteilen der zentralen Zugriffsrichtlinie (CAP)

Nach einer Aktualisierung der Gruppenrichtlinie auf dem Dateiserver steht die Richtlinie im *Ressourcen-Manager für Dateiserver* zur Verfügung. Dieser Rollendienst muss eventuell nachträglich installiert werden, sofern er noch nicht installiert ist.

Im Ressourcen-Manager finden Sie unter dem Punkt KLASSIFIZIERUNGSEIGENSCHAFTEN eine Liste der Regeln. In Abbildung 14.38 erkennen Sie die drei lokalen Eigenschaften sowie die globale Eigenschaft mit dem Namen `RP_Abteilung`. Die globale Eigenschaft ist mit einem Schlosssymbol gekennzeichnet und wird über die Gruppenrichtlinie verteilt. Sollte die verteilte Eigenschaft nicht sichtbar sein, prüfen Sie die Anwendung der Gruppenrichtlinie und aktualisieren die Anzeige.

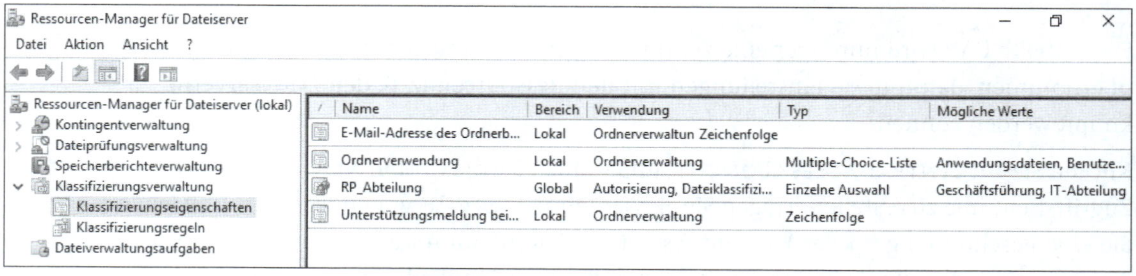

Abbildung 14.38 Übersicht der lokalen und zentral verteilten Eigenschaften

Im nächsten Schritt erstellen Sie einen neuen Ordner auf dem Dateiserver oder bearbeiten die Sicherheitseinstellungen eines bestehenden – und freigegebenen – Ordners. In den erweiterten Sicherheitseinstellungen ist durch das Verteilen der Ressourceneigenschaft eine neue Registerkarte namens ZENTRALE RICHTLINIE aktiviert worden (siehe Abbildung 14.39).

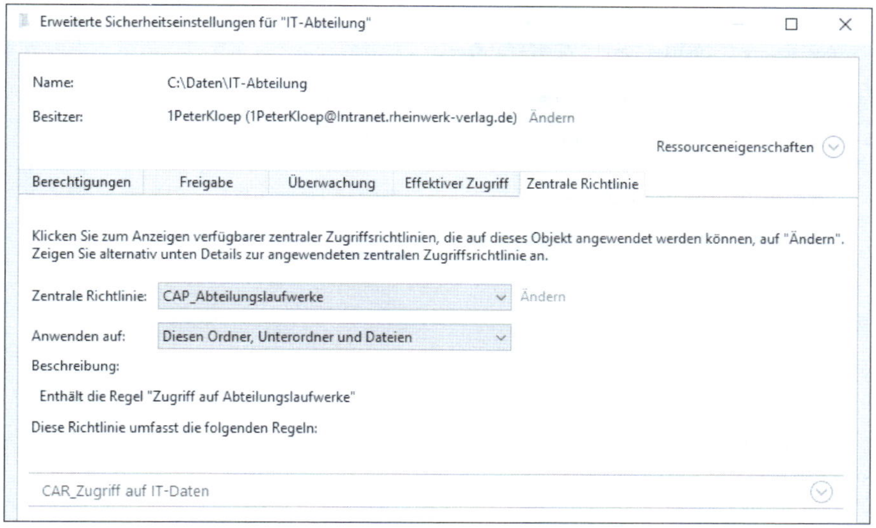

Abbildung 14.39 Zuweisen der Richtlinie zu dem Ordner

Die Richtlinie wird jetzt auf den Ordner angewendet, und Sie können den erforderlichen Wert hinterlegen. Wählen Sie dazu die Registerkarte KLASSIFIZIERUNG in den Eigenschaften des Ordners aus, und legen Sie den Wert `IT-Abteilung` für den Namen `RP_Abteilung` fest.

Nach der Konfiguration können Sie über den Reiter EFFEKTIVER ZUGRIFF in den erweiterten Sicherheitseinstellungen prüfen, ob die Konfiguration richtig angewendet wurde. Sie können in dem Fenster für die effektiven Berechtigungen (siehe Abbildung 14.40) einen Benutzer und einen Computer auswählen und die Ansprüche festlegen. Daraus berechnet dann das System die effektiven Rechte und zeigt die Berechtigungen für den Benutzer an dem Computer an. Wenn Sie nun an einem der Objekte im Active Directory das Attribut `department` ändern, wird der Zugriff verweigert werden.

An dem Client, an dem der Benutzer angemeldet ist, können Sie über das Kommandozeilen-Tool `whoami` neben dem Benutzernamen und den Gruppenmitgliedschaften auch die zugewiesenen Ansprüche anzeigen lassen: `whoami /claims`

```
INFORMATIONEN ZU BENUTZERANSPRÜCHEN
-----------------------------------

Anspruchsname   Anspruchs-ID                        Typ          Werte
=============== ============================   ======== ============ =====
"CT_department" ad://ext/CT_department:88d69c8d85c4dece Zeichenfolge "IT"
```

Listing 14.4 Anzeige der zugewiesenen Ansprüche für den Benutzer

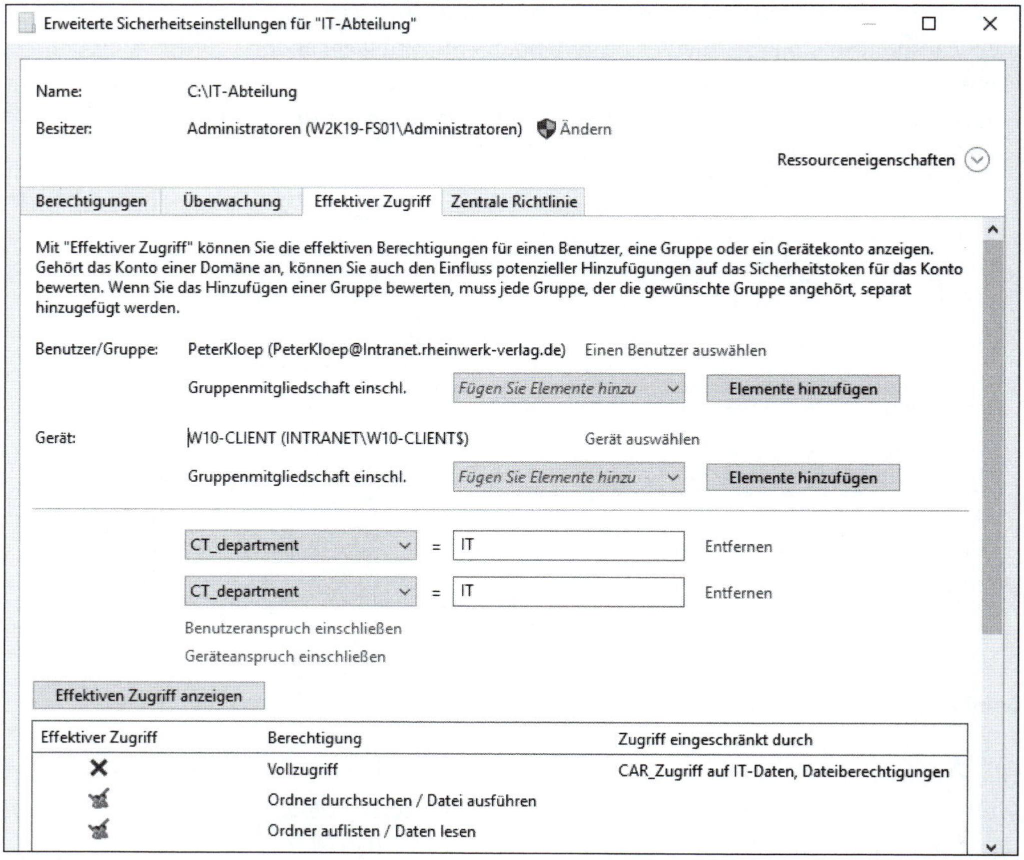

Abbildung 14.40 Anzeige des effektiven Zugriffs basierend auf Ansprüchen

Mithilfe der Berechtigungsvergabe können Sie über Ansprüche also Rechte basierend auf AD-Attributen definieren, wodurch Sie nicht mehr »nur« auf Gruppenmitgliedschaften angewiesen sind und dadurch mehr Flexibilität erhalten: Sie können den Zugriff auf die Ressourcen auch an bestimmte Computerkonten binden.

Dynamische Zugriffssteuerung

Die Funktion *Dynamische Zugriffssteuerung* wird auch von manchen Nicht-Microsoft-Speicherherstellern angeboten. Hier müssen Sie prüfen, ob diese Systeme die Funktion unterstützen. Weiterhin müssen Sie beachten, dass Benutzer (oder Administratoren), die Schreibzugriff auf die verwendeten Attribute im Active Directory besitzen, durch Anpassung von Konteneigenschaften Rechte auf Dateisystemen erlangen können. Administratoren der Domäne haben diese Rechte meist sowieso und können auch bei der herkömmlichen Verwendung von Gruppen für die Rechtevergaben die Gruppenmitgliedschaften anpassen.

14.6 Hochverfügbare Dateiserver

Der Dateiserver stellt in den meisten Umgebungen eine unternehmenskritische Anwendung dar und muss stets verfügbar sein. In diesem Abschnitt zeigen wir Ihnen Möglichkeiten, mit bordeigenen Mitteln den Dienst hochverfügbar bereitzustellen.

Hochverfügbarkeit (HA, High Availability) bedeutet, dass ein System mit einer sehr hohen Wahrscheinlichkeit (99,9 % und mehr) weiterhin verfügbar ist, auch wenn eine seiner Teilkomponenten ausgefallen ist.

Wenn eine Hochverfügbarkeit gefordert wird, müssen Sie sich immer folgende Frage stellen: »Was muss ich alles hochverfügbar machen, damit der Dienst selbst hochverfügbar ist?«

Hier kann Ihnen eine sogenannte *Service Map* helfen, in der sichtbar wird, wer Ihren Dienst (in diesem Fall den Dateiserver) nutzt. Durch diese Liste können Sie dann bei Änderungen an Ihrem Dienst die entsprechenden »Nutzer« des Dienstes informieren.

Zusätzlich erstellen Sie eine Übersicht der anderen Dienste, von denen Ihr Dienst abhängt. Dies können neben IT-Diensten wie Active Directory, Netzwerk, DNS und Virtualisierung auch solche »Dienste« wie die Klimatisierung und die Stromversorgung sein.

Wir werden nun einige unterschiedliche Möglichkeiten betrachten, wie man Hochverfügbarkeit für Dateidienste einrichtet. Natürlich können Sie einen Dateiserver auf einer hochverfügbaren Virtualisierungsplattform bereitstellen, um einen Ausfall des Dienstes zu verhindern. Tatsächlich schützt Sie dies aber nur vor dem Ausfall eines der Knoten, auf denen die Virtualisierung ausgeführt wird. Müssen Sie den virtuellen Dateiserver neu starten – zum Beispiel nach der Installation von Updates –, steht der Dienst für die Clients und die anderen abhängigen Dienste während des Neustarts nicht zur Verfügung.

Damit die gespeicherten Daten redundant und hochverfügbar zur Verfügung stehen, werden wir im ersten Schritt einen iSCSI-Zielserver (iSCSI-Target) installieren, auf dem dann Datenträger bereitgestellt werden, die von den verschiedenen hochverfügbaren Dateiservern verwendet werden können.

Den notwendigen Rollendienst können Sie über die PowerShell mit `Add-WindowsFeature FS-iSCSITarget-Server` installieren. Er wird anschließend über den *Server-Manager* verwaltet (siehe Abbildung 14.41). Eine alternative Verwaltung über die PowerShell steht aber zur Verfügung, und natürlich ist auch eine Installation mithilfe des Server-Managers möglich.

Sie können entweder den Assistenten aus Abbildung 14.41 zum Einrichten der Datenträger verwenden oder Sie verwenden das PowerShell-Cmdlet aus Listing 14.5:

```
#Anlegen einer iSCSI-Virtual-Disk im Ordner c:\iSCSI-Targets mit dem Namen LUN3 und
#einer Größe von 20 GB
New-IscsiVirtualDisk C:\iSCSI-Targets\LUN3.vhdx -size 20GB
```

Listing 14.5 Erstellen einer iSCSI-Virtual-Disk

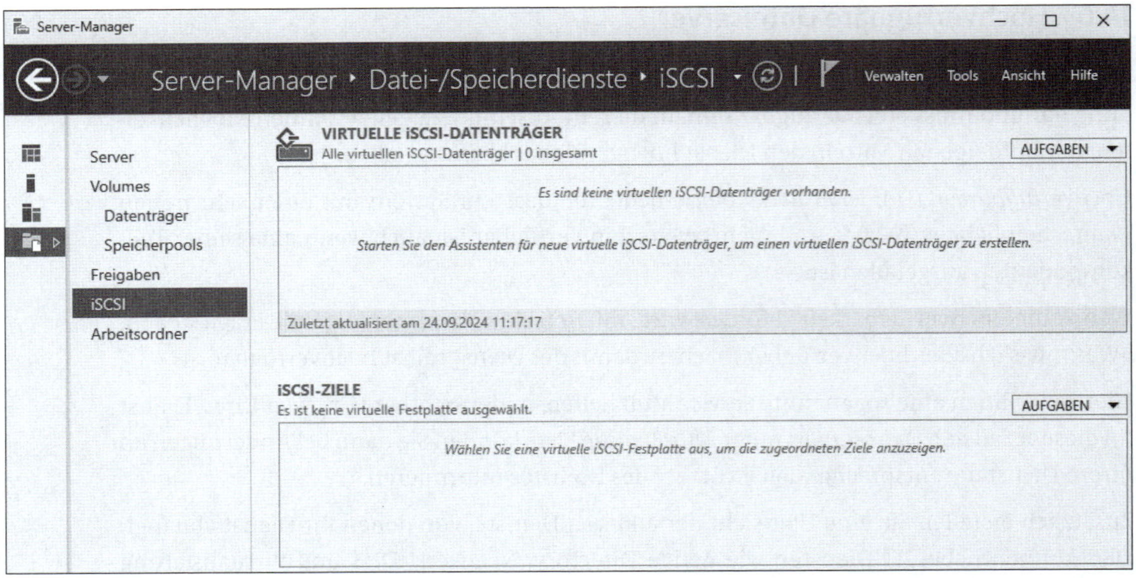

Abbildung 14.41 Konfigurationsoption für den iSCSI-Zielserver im Server-Manager

Mögliche Probleme bei der Verwendung der Suche nach Computerkonten

Es kann vorkommen, dass Sie beim Einrichten der iSCSI-Ziele bei der Auswahl von Domänencomputerkonten eine Fehlermeldung bekommen, die besagt, dass der IQN *(iSCSI Qualified Name)* nicht ermittelt bzw. gebildet werden kann. In diesem Fall können Sie auch in der grafischen Oberfläche den IQN manuell eingeben. Er lautet für Microsoft-Betriebssysteme iqn.1991-05.com.microsoft:<Servername>-iscsi3-target.

Das Ausführen wird durch eine Ausgabe mit Details bestätigt. Im produktiven Einsatz sollten Sie keine dynamisch erweiterbaren Datenträger verwenden und eine Methode wählen, in der auch der iSCSI-Zielserver hochverfügbar angebunden ist.

```
ClusterGroupName    :
ComputerName        : W2K25-iSCSI.intranet.rheinwerk-verlag.de
Description         :
DiskType            : Dynamic
HostVolumeId        : {CADB2108-1668-483E-8EEF-2140ED66D882}
LocalMountDeviceId  :
OriginalPath        :
ParentPath          :
Path                : C:\iSCSI-Targets\LUN3.vhdx
SerialNumber        : C88DD04C-E344-4940-8625-4E94F84ABAF3
```

```
Size                : 21474836480
SnapshotIds         :
Status              : NotConnected
VirtualDiskIndex    : 1553327631
```

Listing 14.6 Rückmeldung zur Erstellung des Datenträgers mit allen relevanten Informationen

Der gerade erstellte Datenträger wird nach einer Aktualisierung des Server-Managers dort angezeigt. Durch dieses Vorgehen wurden insgesamt drei Datenträger mit den Namen LUN1 bis LUN3 angelegt (siehe Abbildung 14.42).

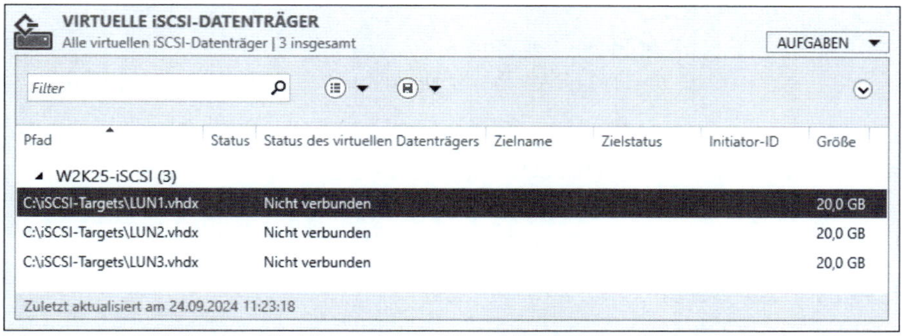

Abbildung 14.42 Resultat des Erstellens von drei Datenträgern

Damit diese Datenträger nun von anderen Systemen verwendet werden können, müssen die iSCSI-Ziele eingerichtet werden. Das sind die Bereitstellungspunkte, auf die die iSCSI-Clients zugreifen können. Diese Erstellung der iSCSI-Ziele kann über die PowerShell oder im Server-Manager erfolgen:

```
#Erstellen des iSCSI-Targets iSCSI1
New-iSCSIServerTarget -TargetName iSCSI1
```

Listing 14.7 Erstellen eines iSCSI-Targets mit der PowerShell

Die Ausgabe beim Anlegen des iSCSI-Targets zeigt detaillierte Informationen, die Sie bei der Erstellung mitkonfigurieren oder später anpassen können. Über `Get-iSCSIServerTarget` können Sie die Informationen jederzeit auslesen.

```
ChapUserName                 :
ClusterGroupName             :
ComputerName                 : W2K25-iSCSI.intranet.rheinwerk-verlag.de
Description                  :
EnableChap                   : False
EnableReverseChap            : False
```

```
EnforceIdleTimeoutDetection : True
FirstBurstLength            : 65536
IdleDuration                : 00:00:00
InitiatorIds                : {}
LastLogin                   :
LunMappings                 : {}
MaxBurstLength              : 262144
MaxReceiveDataSegmentLength : 65536
ReceiveBufferCount          : 10
ReverseChapUserName         :
Sessions                    : {}
Status                      : NotConnected
TargetIqn                   : iqn.1991-05.com.microsoft:w2k25-iscsi-iscsi1-target
TargetName                  : iSCSI1
```

Listing 14.8 Informationen zum angelegten iSCSI-Target

Im nächsten Schritt wird dem iSCSI-Target ein iSCSI-Datenträger zugeordnet:

```
Add-IscsiVirtualDiskTargetMapping -TargetName iSCSI1 -Path C:\iSCSI-Targets\LUN1.vhdx
```

Der finale Schritt für die Bereitstellung ist nun das Berechtigen der Systeme, die auf den Datenträger zugreifen dürfen. Hierzu wird der IQN *(iSCSI Qualified Name)* benötigt. Er ist eine Beschreibung des Zielsystems. Sie finden ihn im iSCSI-Initiator oder Sie tragen diese Konten über den Server-Manager ein und können dabei das Active Directory durchsuchen.

```
#Berechtigen von W2K25-CFS01 und W2K25-CFS-02 auf iSCSI1
Get-IscsiServerTarget -TargetName iSCSI1 | Set-IscsiServerTarget -InitiatorIds`
  IQN:iqn.1991-05.com.microsoft:W2K25-CFS-01.intranet.rheinwerk-verlag.de, `
  IQN:iqn.1991-05.com.microsoft:W2K25-CFS-02.intranet.rheinwerk-verlag.de
```

Listing 14.9 Berechtigung zum Verwenden des iSCSI-Targets

In den Eigenschaften des iSCSI-Ziels (siehe Abbildung 14.43) können Sie die IQNs anpassen sowie eine Authentifizierung erzwingen.

Im letzten Schritt wird nun auf den iSCSI-Clients – den beiden Servern, die das Ziel nutzen sollen – der iSCSI-Initiator konfiguriert. Um den iSCSI-Zielserver und den iSCSI-Initiator einzurichten, benötigen Sie jeweils lokale Administratorrechte auf den Systemen.

Wenn Sie den iSCSI-Initiator aus dem Startmenü oder der Desktopsuche heraus starten, wird Ihnen die Frage gestellt, ob der Dienst `MSiSCSI` *(Microsoft iSCSI-Initiator-Dienst)* automatisch gestartet werden soll (siehe Abbildung 14.44).

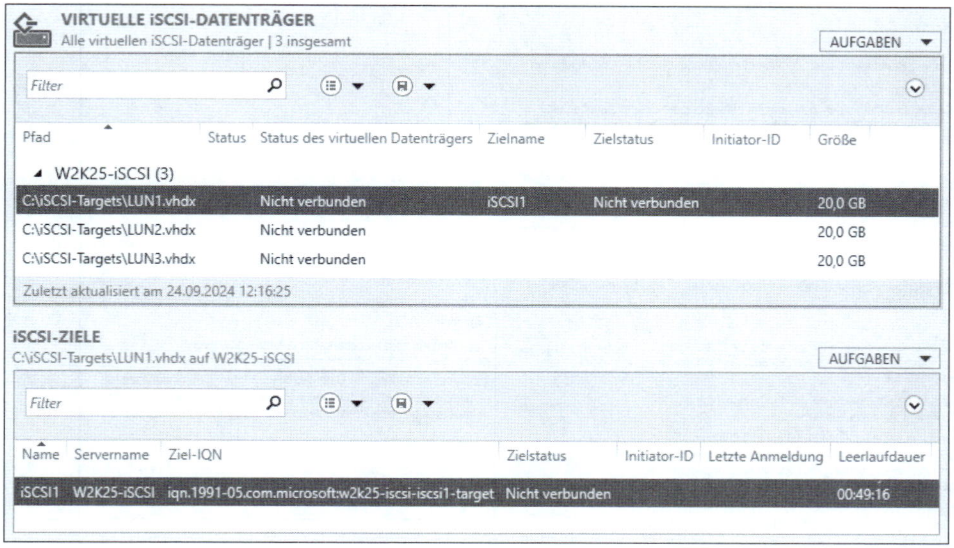

Abbildung 14.43 Der virtuelle iSCSI-Datenträger ist einem iSCSI-Ziel zugeordnet.

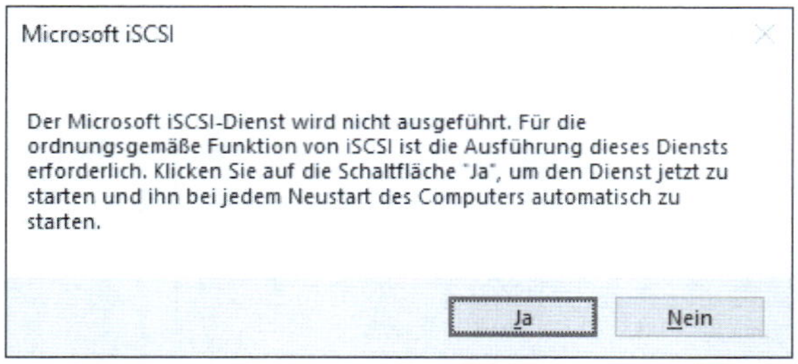

Abbildung 14.44 Hinweis, die Startart des Dienstes zu ändern

In der nun startenden Anwendung bauen Sie auf der Registerkarte ZIELE über die Option SCHNELL VERBINDEN eine Verbindung zum Portal des iSCSI-Zielservers auf (siehe Abbildung 14.45). Mögliche Ziele werden automatisch erkannt und verbunden.

In den verbundenen Laufwerken (siehe Abbildung 14.45) können Sie sich die Eigenschaften des Ziels anzeigen lassen. Hier müssen Sie sicherstellen, dass der Haken bei DIESE VERBINDUNG DER LISTE ... aktiviert ist, sodass bei einem Neustart des Rechners die Laufwerke erneut verbunden werden.

Nach dem Verbinden der Laufwerke steht der bzw. stehen die Datenträger in der Datenträgerverwaltung (`diskmgmt.msc`) zur Verfügung und müssen online geschaltet und initialisiert werden. Danach können Sie Volumes erstellen (siehe Abbildung 14.46).

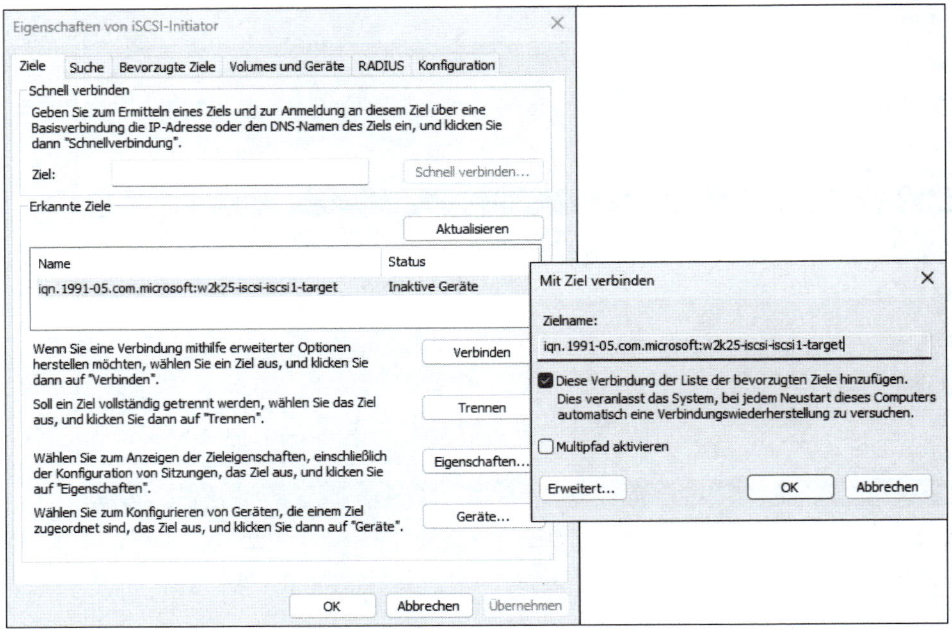

Abbildung 14.45 Verbundene Ziele und die Eigenschaften der Verbindung

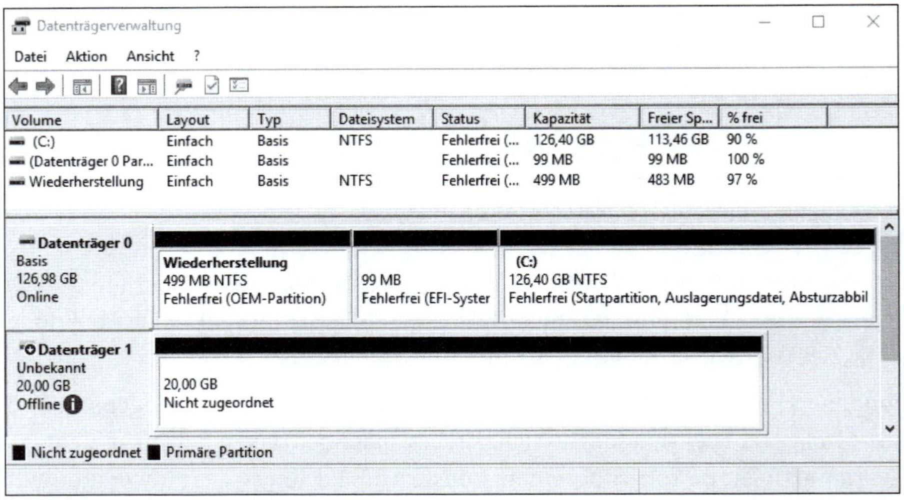

Abbildung 14.46 Datenträger 1 (aktuell offline und nicht initialisiert) ist über iSCSI eingebunden.

Die gleichen Schritte im iSCSI-Initiator müssen auf dem zweiten Server durchgeführt werden. Auf dem zweiten Server muss der Datenträger in der Datenträgerverwaltung nur online geschaltet werden. Die Initialisierung und das Formatieren sind nur einmal notwendig.

Nun sind die Vorbereitungen getroffen und wir können uns die einzelnen Bereitstellungsoptionen anschauen.

14.6.1 Bereitstellung über einen Failovercluster

Die Verwendung eines *Failoverclusters* für den Dateiserver ist eine Option, die schon sehr lange verfügbar ist. Der Nachteil bei dieser Bereitstellung ist der, dass die Daten an einem einzigen Ort liegen und dass dies möglicherweise die Design-Schwachstelle ist. Um einen Dateiserver hochverfügbar zu machen, sollten Sie mindestens zwei Laufwerke verbinden: Das erste Laufwerk wird für die Clusterverwaltung verwendet und die weiteren Laufwerke zur Speicherung der Daten.

Dazu installieren Sie als Erstes auf beiden Servern (*Knoten*), die den Cluster bilden sollen, die Dateiserver-Rolle und das Failovercluster-Feature.

Die Server sollten über mindestens zwei Netzwerkkarten verfügen, damit die interne Clusterkommunikation vom Datenverkehr der Clients getrennt wird. Zusätzlich sollte die Kommunikation zu den Speicherdatenträgern (iSCSI, SAN) wenn möglich vom »öffentlichen« Netzwerk getrennt werden. Die gesamte Hardware sollte auf der Hardware-Kompatibilitätsliste von Microsoft gelistet sein. Dadurch können Sie sicherstellen, dass signierte Treiber vorhanden sind und Sie bei Bedarf Unterstützung durch den Microsoft-Support erhalten.

Abbildung 14.47 Benennung der Netzwerkverbindungen

Es bietet sich an, die Netzwerkverbindungen nach der Konfiguration gemäß der geplanten Verwendung umzubenennen (siehe Abbildung 14.47). Dadurch fällt die Auswahl der richtigen Netzwerkkarten später leichter.

Nach der Installation des Failovercluster-Features müssen die beiden Server neu gestartet werden. Nach der Anmeldung am System kann der Failovercluster-Manager geöffnet werden. Hier sollten Sie im ersten Schritt die Clusterkonfiguration überprüfen und einen Report erstellen lassen.

Anschließend erstellen Sie über die Option CLUSTER ERSTELLEN im AKTIONEN-Bereich einen neuen Cluster. Um den Assistenten ausführen und einen Cluster erstellen zu können, brauchen Sie Domänenadministratorrechte. Sie können vorab ein Computerkonto für den Clusterdienst erstellen und das Konto deaktivieren. Dazu sollten Sie eine eigene Organisationseinheit für die Clusterkonten erstellen und dort die Computerkonten anlegen. Zusätzlich müssen Sie dem Konto, mit dem die Einrichtung erfolgt, Vollzugriff auf die Computerkonten in der Organisationseinheit geben.

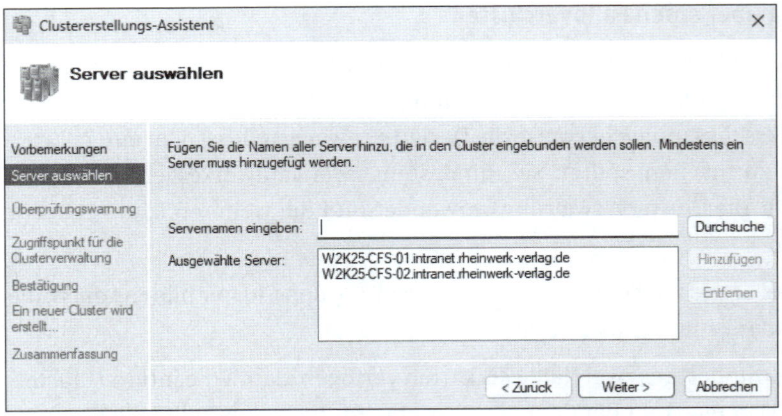

Abbildung 14.48 Der Clustererstellungs-Assistent – Wählen Sie die Knoten des Clusters aus.

Im Assistenten wählen Sie die Server aus, die Teil des Clusters werden sollen (siehe Abbildung 14.48). Ist auf den Zielsystemen das Failovercluster-Feature nicht installiert, wird der Assistent das Feature installieren und Sie zu einem Neustart auffordern.

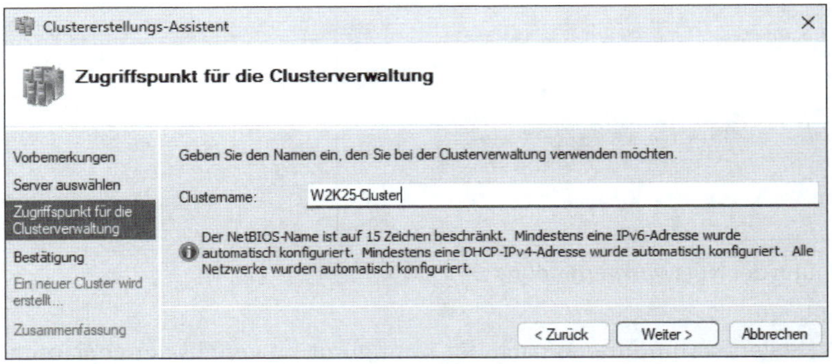

Abbildung 14.49 Den Namen und die IP-Adresse des Clusters festlegen

Für die Einrichtung des Clusters wird eine IP-Adresse aus dem produktiven Netzwerk benötigt, und Sie müssen einen Namen für den Cluster festlegen (siehe Abbildung 14.49). Dieser Name ist für den generischen Clusterdienst und hat noch nichts mit den im Cluster verwendeten Diensten zu tun. Daher haben wir den Namen »W2K25-Cluster« gewählt.

Im Bestätigungsfenster aus Abbildung 14.50 wird eine Zusammenfassung der Konfiguration angezeigt, und es gibt die Option, den gesamten verfügbaren (clusterfähigen) Speicher dem Cluster hinzuzufügen.

Nach der Einrichtung haben wir die Beschreibung des Computerkontos auf »Virtuelles Netzwerknamenskonto für Failovercluster« angepasst und einen DNS-Eintrag in der entsprechenden DNS-Zone erstellt.

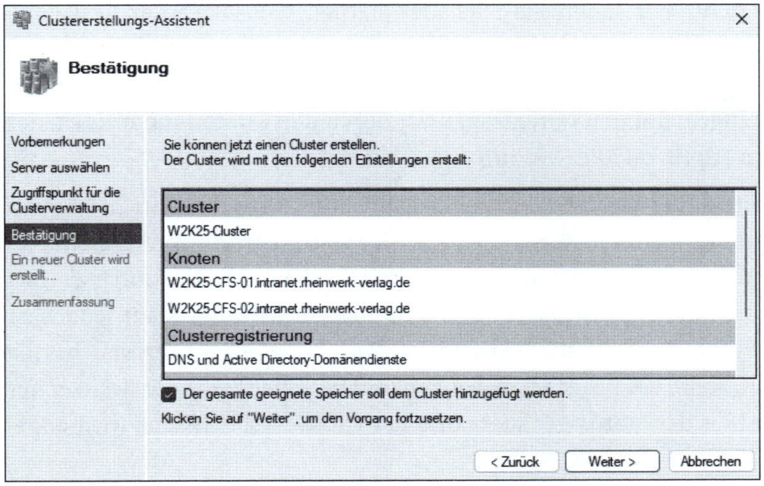

Abbildung 14.50 Zusammenfassung der Konfiguration

Damit ist die Grundeinrichtung des Clusters abgeschlossen. Im nächsten Schritt sollten Sie unter NETZWERKE die richtige Zuordnung für die Clusterkommunikation und die Einstellungen bei CLUSTER UND CLIENT überprüfen. Die Clusterkommunikation wird für die Überprüfung des *Heartbeats* verwendet – also für die Prüfung, welche Knoten erreichbar sind.

Unter dem Knoten SPEICHER • DATENTRÄGER stehen die Clusterdatenträger zur Verfügung und können einzelnen Ressourcen zugeordnet werden.

Abbildung 14.51 zeigt die verfügbaren Datenträger. DATENTRÄGER 1 wurde als DATENTRÄGERZEUGE IM QUORUM zugewiesen und wird im Störungsfall als weitere Instanz hinzugezogen, damit entschieden werden kann, ob ein Knoten online ist oder nicht (*https://docs.microsoft.com/de-de/windows-server/failover-clustering/manage-cluster-quorum*).

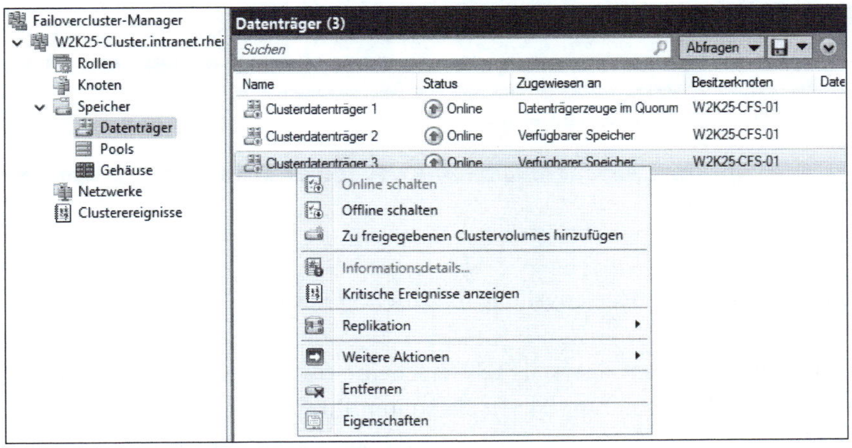

Abbildung 14.51 Übersicht der Datenträger im Cluster und die Option, diesen Datenträger »zu freigegebenen Clustervolumes hinzuzufügen«

In der Übersicht der Datenträger sehen Sie auch den aktuellen Besitzer der Ressource (W2K25-CFS-01). Sie können Datenträger als *freigegebenes Clustervolume (Cluster Shared Volume, CSV)* hinzufügen, um sicherzustellen, dass alle Knoten auf den Inhalt zugreifen können und dass ein exklusiver Zugriff auf den Datenträger nur durch den Knoten möglich ist, der für die Rolle aktiv ist, also Zugriff auf die Ressourcen besitzt.

In der Datenträgerverwaltung der Knoten tauchen die Laufwerke durch die Einrichtung von iSCSI auf. Mit der Konfiguration des Clusters ändert sich der Status der Laufwerke (siehe Abbildung 14.52). Die Abbildung zeigt W2K25-CFS-02, der kein Besitzer der Ressource ist. Das Laufwerk taucht dort in der Datenträgerverwaltung als verbundenes Laufwerk auf, jedoch ist das Laufwerk deaktiviert und hat den Status »Reserviert«. Es wird kein Laufwerksbuchstabe für das Volume angezeigt. Sollte der Besitzer schwenken und W2K25-CFS-01 der Besitzer der Ressource werden, wird hier der Status geändert und der Laufwerksbuchstabe wird angezeigt.

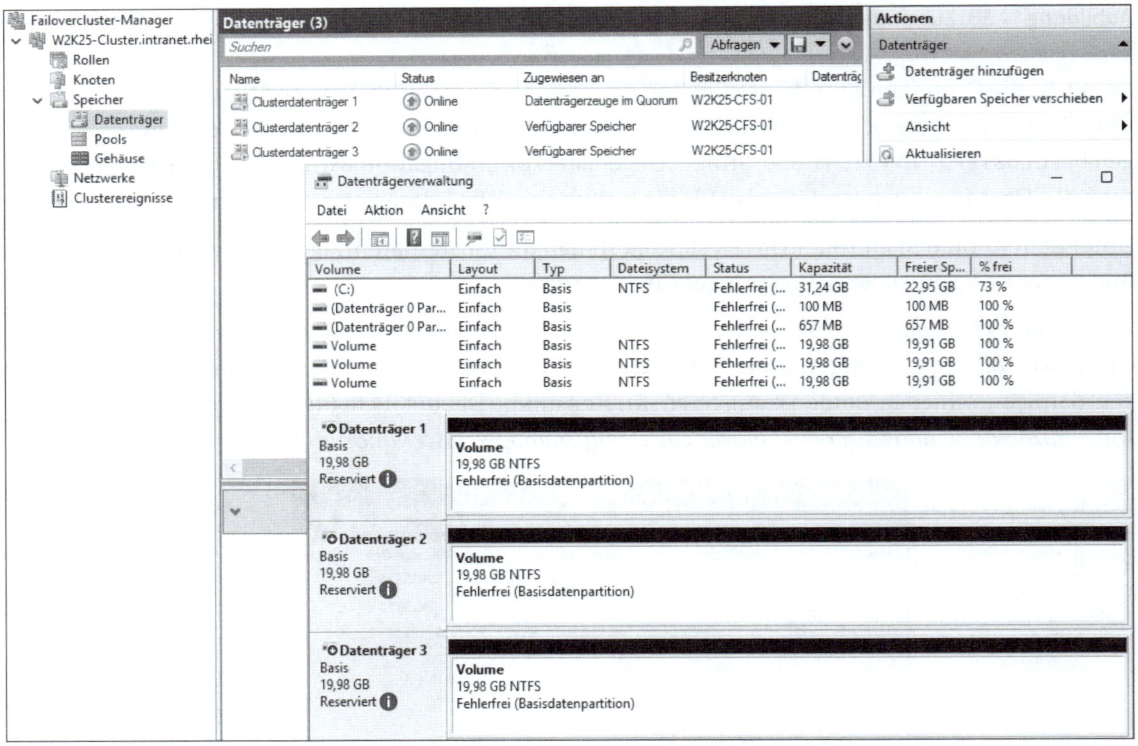

Abbildung 14.52 Ansicht der Datenträgerverwaltung für den Nicht-Besitzerknoten

Nach der Konfiguration des Datenträgers als CSV erscheint ein Link zu dem Datenträger unter *C:\ClusterStorage* (siehe Abbildung 14.53). Sie sollten Ihre Anwendungen, die dieses Laufwerk verwenden, so konfigurieren, dass sie den Pfad über das CSV nutzen.

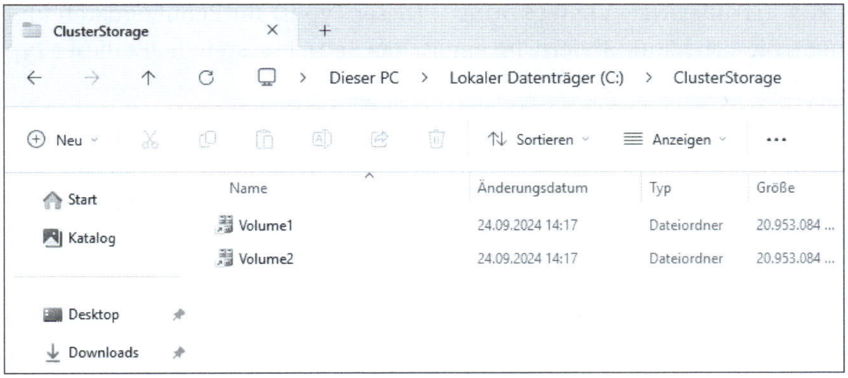

Abbildung 14.53 Anzeige der Verknüpfung zum Cluster Shared Volume

Nun sind die Vorbereitungen abgeschlossen und Sie können die Dateiserver-Rolle im Cluster installieren. Dazu können Sie im Failovercluster-Manager mit einem Rechtsklick auf ROLLEN die Option ROLLE KONFIGURIEREN auswählen. Es wird ein Assistent gestartet, der Sie durch die Einrichtung leitet.

In der Rollenauswahl stehen einige Dienste bzw. Rollen zur Verfügung. In unserem Beispiel wollen wir einen Dateiserver einrichten und wählen daher die DATEISERVER-Rolle aus (siehe Abbildung 14.54).

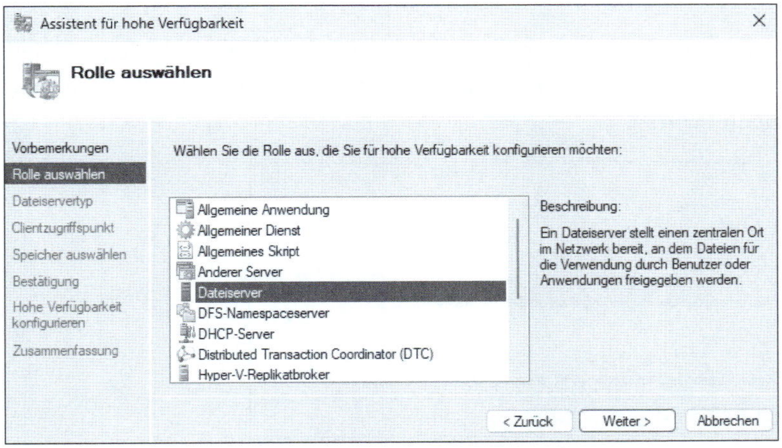

Abbildung 14.54 Auswahl der Dateiserver-Rolle als Clusterrolle

Im *Assistenten für hohe Verfügbarkeit* stehen unter DATEISERVERTYP zwei Installationsoptionen zur Verfügung (siehe Abbildung 14.55). Sie können zwischen dem DATEISERVER ZUR ALLGEMEINEN VERWENDUNG und dem DATEISERVER MIT HORIZONTALER SKALIERUNG FÜR ANWENDUNGSDATEN wählen. Durch die entsprechende Auswahl optimieren Sie den Zugriff auf die Daten – abhängig von der Verwendung:

- Dateiserver zur allgemeinen Verwendung – Dieser Typ ist für Benutzerdaten und Dateien optimiert, die sich häufig ändern. Im englischen Betriebssystem heißt dieser Typ *File Server for general use*.
- Dateiserver mit horizontaler Skalierung für Anwendungsdaten – Dieser Typ ist geeignet, um Daten für Serverdienste bereitzustellen. Hier können Sie zum Beispiel Speicher für Hyper-V-Hosts bereitstellen. Im englischen Betriebssystem heißt dieser Typ *Scale-Out File Server for application data*.

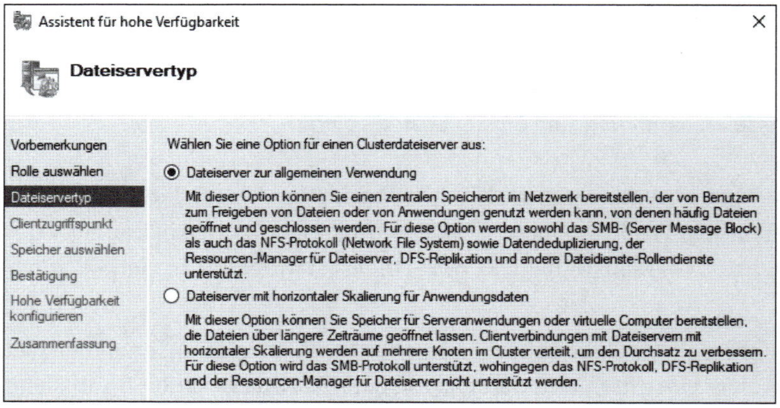

Abbildung 14.55 Auswahl des Dateiservertyps

Im nächsten Schritt des Assistenten muss ein Name für den Clusterdienst festgelegt werden (siehe Abbildung 14.56). Diesen Pfad verwenden die Clients für den Zugriff auf die Daten, sofern kein DFS-N eingerichtet wird.

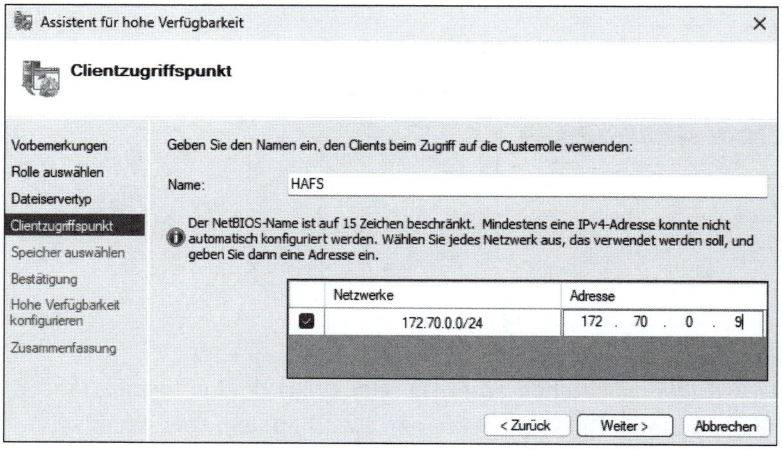

Abbildung 14.56 Festlegen des Namens und der IP-Adresse für die Rolle

Neben dem Namen muss auch eine IP-Adresse für die Clusterrolle hinterlegt werden. Für diese IP-Adresse wird ein DNS-Eintrag angelegt, sodass Clients den Namen in die richtige IP-Adresse auflösen können.

Aller Wahrscheinlichkeit nach werden Sie beim Klick auf WEITER die Fehlermeldung aus Abbildung 14.57 erhalten. Das Active Directory-Konto *HAFS* soll in der gleichen Organisationseinheit oder dem gleichen Container angelegt werden, in dem sich das Clusterkonto befindet. Das Anlegen erfolgt mit dem Konto des Clusters. In unserem Fall ist das Clusterkonto das Computerkonto mit dem Namen *W2K25-Cluster* und befindet sich in der Organisationseinheit DATEISERVER-CLUSTER.

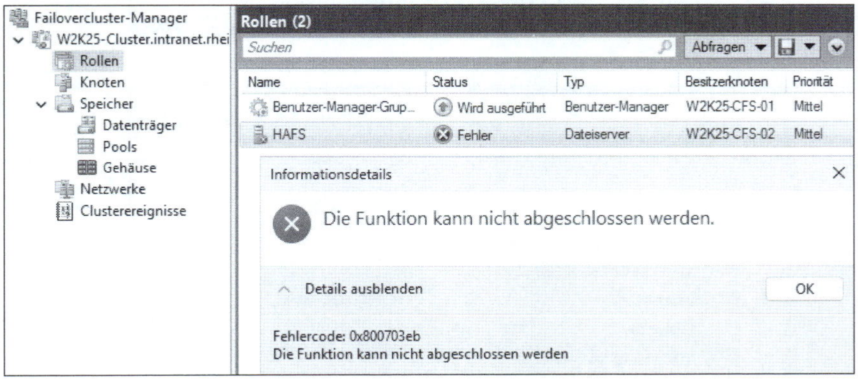

Abbildung 14.57 Fehlermeldung bei der Einrichtung des »Highly Available File Servers«

Damit die Einrichtung des Dateiserver-Clusters funktioniert, müssen Sie auf der Organisationseinheit DATEISERVER-CLUSTER das Clusterkonto *W2K25-Cluster* – oder eine Gruppe, in der das Computerkonto Mitglied ist – dazu berechtigen, *Computerkonten anzulegen* und *Alle Eigenschaften zu lesen*. Danach ist die Einrichtung erfolgreich. Sollten Sie auf den Fehler in Abbildung 14.57 gestoßen sein, müssen Sie die Clusterrolle löschen und erneut erstellen, sodass das Computerkonto *HAFS* in der Organisationseinheit erstellt werden kann (siehe Abbildung 14.58).

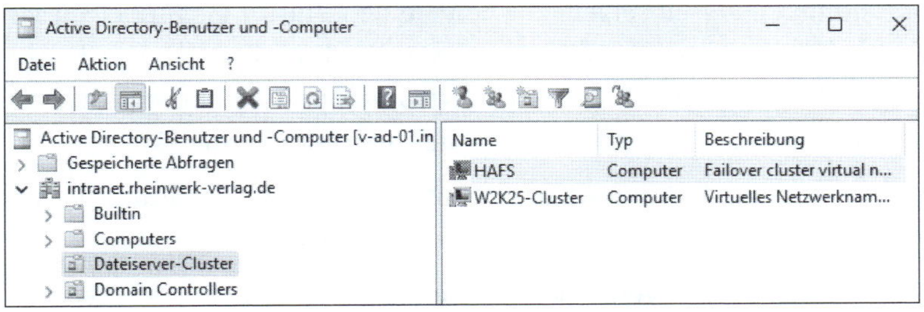

Abbildung 14.58 Das Clusterkonto »HAFS« wurde angelegt.

Sie können sich nun die konfigurierten Eigenschaften der Clusterrolle über den Failovercluster-Manager – oder über die PowerShell – anzeigen lassen und bei Bedarf anpassen.

Bei der Einrichtung des Dateiservers können die verfügbaren Clusterlaufwerke automatisch eingebunden werden. Abbildung 14.59 zeigt, dass der CLUSTERDATENTRÄGER 2 den Laufwerksbuchstaben *E* besitzt. Mit einem Rechtsklick auf das Symbol des Datenträgers können Sie den Laufwerksbuchstaben anpassen.

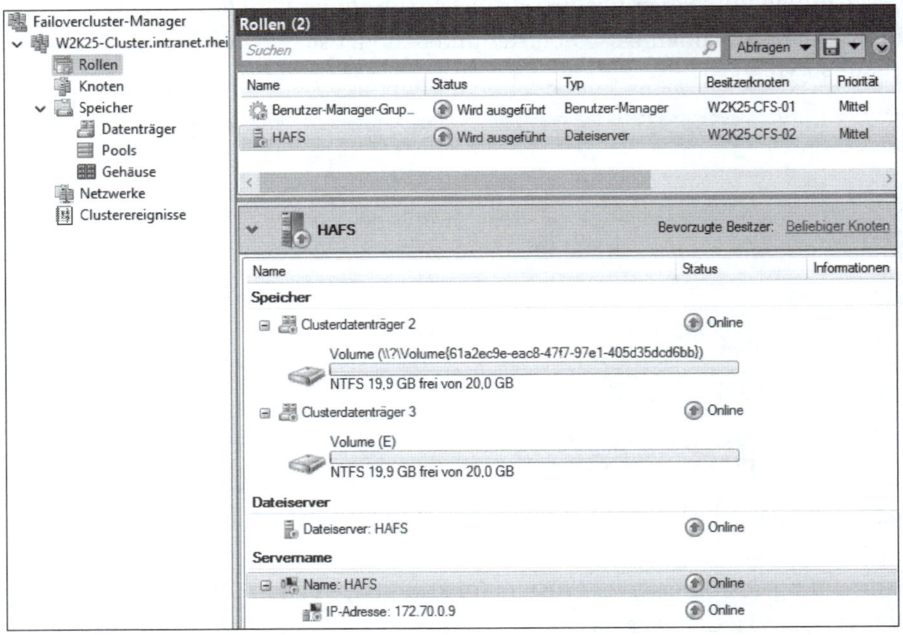

Abbildung 14.59 Eigenschaften der konfigurierten Clusterrolle

Auf dem Laufwerk (*E:*) können Sie nun – wie gewohnt – Ordner und Freigaben erstellen, auf die dann die Benutzer zugreifen können. Der Zugriff erfolgt über den Namen des virtuellen Dateiservers (*HAFS*), der auf einem der Knoten des Clusters ausgeführt wird.

Wenn Sie das *Windows Admin Center* einsetzen, können Sie den Cluster auch über dieses webbasierte Tool verwalten. Dazu können Sie über VERBINDUNG das Failovercluster-Konto (*W2k25-Cluster*) hinzufügen. Mit dem Hinzufügen des Clusters werden auch automatisch alle Knoten des Clusters der Verwaltungsoberfläche hinzugefügt (siehe Abbildung 14.60).

Nach der Einrichtung stehen nun im Windows Admin Center zahlreiche Verwaltungsoptionen für die Clusterrollen und -ressourcen zur Verfügung (siehe Abbildung 14.61).

Damit ist die Grundeinrichtung des hochverfügbaren Dateiservers abgeschlossen. Die Laufwerkszuweisung für die Clients erfolgt genau wie beim Verbinden mit einem »normalen« Dateiserver.

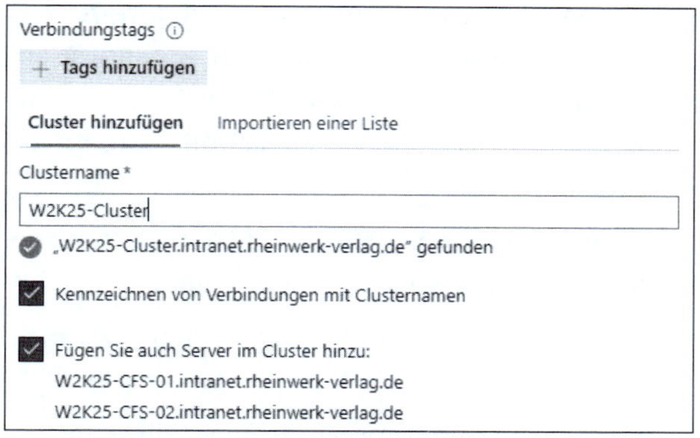

Abbildung 14.60 Hinzufügen des Failoverclusters zum Windows Admin Center

Abbildung 14.61 Optionen zur Verwaltung der Failovercluster-Rolle

14.6.2 Ein Speicherreplikat einrichten

Mithilfe der *Speicherreplikation (Storage Replica, SR)* – einer Funktion, die mit Windows Server 2016 eingeführt wurde – können Sie Daten zwischen zwei Speichersystemen (lokalen Festplatten oder Speichersystemen) replizieren lassen, um im Fehlerfall die Daten redundant vorzuhalten und auf den alternativen Speicherort umschalten zu können.

Hierbei unterscheidet die Speicherreplikation zwischen der *synchronen* und der *asynchronen Replikation*. Bei der synchronen Replikation werden die Daten sofort repliziert, sodass der Datenbestand zwischen den Speicherorten immer konsistent ist.

Im Gegensatz dazu ist die asynchrone Replikation für eine Replikation über Standortgrenzen hinweg gedacht – oder über Netzwerkverbindungen hinweg, die eine hohe Latenz aufweisen. Bei der asynchronen Replikation kann nicht garantiert werden, dass der Datenbestand auf allen Partnern gleich ist. Die Übertragung der Daten zwischen den Replikationspartnern erfolgt über SMB *(Server Message Block)*.

Detaillierte Informationen über die Speicherreplikation finden Sie unter *https://docs.microsoft.com/de-de/windows-server/storage/storage-replica/storage-replica-overview*.

Die Speicherreplikation wird als Feature installiert und ist sowohl in der Standard- als auch in der Datacenter-Edition verfügbar.

Folgende Voraussetzungen für den Einsatz der Speicherreplikation müssen erfüllt sein:

- In jedem Speicherserver müssen zwei Volumes erstellt werden: ein Volume für Daten und ein Volume für Protokolle.
- Die Datenträger für Protokolle und Daten müssen als GPT (nicht MBR) initialisiert werden.
- Die beiden Datenvolumes müssen dieselbe Größe aufweisen.
- Die beiden Protokollvolumes sollten dieselbe Größe aufweisen.
- Alle Datenträger für replizierte Daten müssen dieselben Sektorgrößen aufweisen.
- Alle Datenträger für Protokolle müssen dieselben Sektorgrößen aufweisen.
- Die Protokollvolumes sollten Flash-basierten Speicher verwenden (z. B. SSD). Microsoft empfiehlt, dass die Protokollspeicherung schneller als die Datenspeicherung durchgeführt wird.
- Protokollvolumes dürfen niemals für andere Dateispeicherungen bzw. -bereitstellungen verwendet werden.

Das Feature kann über den Server-Manager, das Windows Admin Center oder die Windows PowerShell installiert werden (siehe Abbildung 14.62). Neben dem Feature wird auch das Verwaltungstool *Speicherreplikatmodul für Windows PowerShell* installiert.

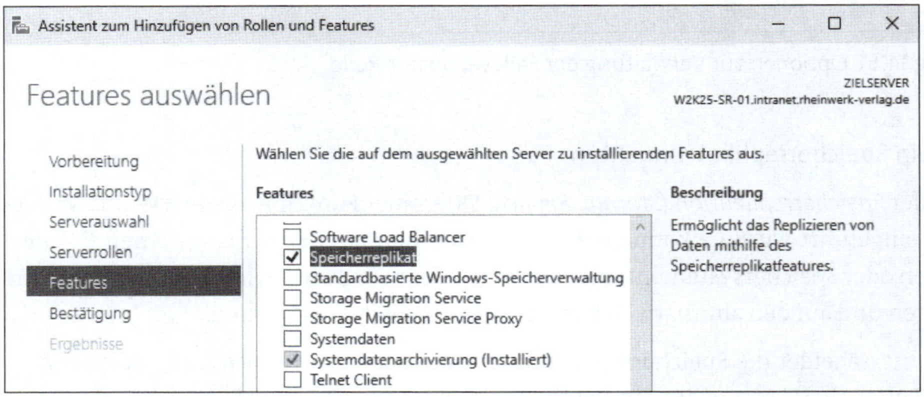

Abbildung 14.62 Auswahl des Features »Speicherreplikat« zur Installation

Mithilfe der PowerShell können Sie das Feature auch direkt auf mehreren Systemen installieren:

```
$Servers = "W2K25-SR-01","W2K25-SR-02"
$Servers | ForEach { Install-WindowsFeature -ComputerName $_ -Name Storage `
  -Replica,FS-FileServer -IncludeManagementTools -restart }
```

Listing 14.10 Installation des »Speicherreplikat«-Features auf zwei Serversystemen

Der Rollendienst *FS-Fileserver* (*Dateiserver*) ist notwendig, wenn Sie das PowerShell-Cmdlet `Test-SRTopology` zum Testen der Speicherreplikationstopolgie verwenden möchten:

```
Test-SRTopology -SourceComputerName W2K25-SR-01 -SourceVolumeName D: `
  -SourceLogVolumeName E: -DestinationComputerName W2K25-SR-02 `
  -DestinationVolumeName D: -DestinationLogVolumeName E: -DurationInMinutes 5 `
  -ResultPath C:\srreport
```

Listing 14.11 PowerShell-Cmdlet zum Testen der Speicherreplikationstopologie unter Angabe von Quell- und Zielserver sowie Laufwerksbuchstaben für Daten- und Log-Laufwerk

In dem Ordner, der im PowerShell-Skript angegeben wird, werden Testdateien während des Tests gespeichert und auf das Zielsystem übertragen. Wenn die Tests abgeschlossen sind, werden diese Dateien gelöscht und es wird ein Report erstellt, der Informationen über die Topologie und mögliche Probleme aufzeigt.

Anforderungstests

Die folgenden Tests wurden ausgeführt. Zeigen Sie auf die einzelnen Tests unten, um weitere Details anzuzeigen.

	Test
ⓘ	**Test zur Volumeverfügbarkeit:** Volume **D:** ist auf **W2K25-SR-01** vorhanden.
ⓘ	**Test zur Volumeverfügbarkeit:** Volume **E:** ist auf **W2K25-SR-01** vorhanden.
ⓘ	**Test zur Volumeverfügbarkeit:** Volume **D:** ist auf **W2K25-SR-02** vorhanden.
ⓘ	**Test zur Volumeverfügbarkeit:** Volume **E:** ist auf **W2K25-SR-02** vorhanden.
ⓘ	**Test des Partitionsstils:** Die Partition **D:** auf **W2K25-SR-01** ist eine Partition im GPT-Stil.
ⓘ	**Test des Partitionsstils:** Die Partition **E:** auf **W2K25-SR-01** ist eine Partition im GPT-Stil.
ⓘ	**Test des Partitionsstils:** Die Partition **D:** auf **W2K25-SR-02** ist eine Partition im GPT-Stil.
ⓘ	**Test des Partitionsstils:** Die Partition **E:** auf **W2K25-SR-02** ist eine Partition im GPT-Stil.
ⓘ	**Volumegrößentest:** Die Größe der Volumes **D:** auf **W2K25-SR-01** und **D:** auf **W2K25-SR-02** ist identisch.
ⓘ	**Dateisystemtest:** Das Dateisystem auf Volume **E:** auf **W2K25-SR-01** entspricht **NTFS**.
ⓘ	**Dateisystemtest:** Das Dateisystem auf Volume **E:** auf **W2K25-SR-02** entspricht **NTFS**.
ⓘ	**Test der Sektorgröße von Datenträgern:** Die Sektorgröße der Volumes **D:** auf **W2K25-SR-01** und **D:** auf **W2K25-SR-02** ist identisch.
ⓘ	**Test der Sektorgröße des Protokolldatenträgers:** Die Sektorgröße der Volumes **E:** auf **W2K25-SR-01** und **E:** auf **W2K25-SR-02** ist identisch.
⚠	**Speicherplatzüberprüfung des Protokollvolumes:** Der freie Speicherplatz in **E:** auf **W2K25-SR-01** reicht nicht für die empfohlene Protokollgröße aus. Die minimal unterstützte Protokollgröße (**1** GB) ist jedoch verfügbar. Für eine optimale Leistung des Speicherreplikats wird eine Protokollgröße von mindestens **8** GB empfohlen.
⚠	**Speicherplatzüberprüfung des Protokollvolumes:** Der freie Speicherplatz in **E:** auf **W2K25-SR-02** reicht nicht für die empfohlene Protokollgröße aus. Die minimal unterstützte Protokollgröße (**1** GB) ist jedoch verfügbar. Für eine optimale Leistung des Speicherreplikats wird eine Protokollgröße von mindestens **8** GB empfohlen.
ⓘ	**Test der Remoteserververwaltung:** Der Zielserver **W2K25-SR-02** kann remote über WMI verwaltet werden.
ⓘ	**SMB-Konnektivitätstest:** Firewalls sind so konfiguriert, dass SMB-Protokolldatenverkehr zu und von **W2K25-SR-02** zulässig ist.
ⓘ	**Netzwerklatenztest:** Die durchschnittliche Roundtrip-Latenz zwischen dem Quellserver **W2K25-SR-01** und Zielserver **W2K25-SR-02** liegt innerhalb des empfohlenen Latenzschwellenwerts von **5** Millisekunden.
ⓘ	**Test der Anforderung an physischen Speicher:** **W2K25-SR-01** erfüllt die Anforderung an physischen Speicher zum Bereitstellen des Speicherreplikats.
ⓘ	**Test der Anforderung an physischen Speicher:** **W2K25-SR-02** erfüllt die Anforderung an physischen Speicher zum Bereitstellen des Speicherreplikats.

Abbildung 14.63 Ausgabe des Reports vom Topologietest

In Abbildung 14.63 wird das Ergebnis des Tests angezeigt. Die Warnungen, die hier angezeigt werden, beziehen sich auf fehlenden Arbeitsspeicher (es werden 8GB erwartet) und die Nichterreichbarkeit des Partnerservers über ICMP (Ping): In diesem Fall müssen Sie eine entsprechende Firewallregel *Datei- und Druckerfreigabe (Echoanforderung – ICMPv4 eingehend)* aktivieren. Wenn Sie anschließend – und nach dem Erhöhen des Arbeitsspeichers – den Test erneut ausführen, sollte eine Protokolldatei ohne Warnungen und Fehler erstellt werden.

Das Einrichten der Partnerschaft erfolgt über die PowerShell mit zahlreichen Parametern, die überwiegend selbsterklärend sind (siehe Abbildung 14.64). Die Werte RGName sind beschreibende Werte für den Namen der Replikationsgruppe pro Server.

Den Replikationsmodus können Sie bei Bedarf mithilfe der PowerShell ändern. Mit dem Befehl Get-SRPartnership | Set-SRPartnership -ReplicationMode Synchronous ändern Sie den Modus auf synchron. Mit dem Parameter -Asynchronous wechseln Sie zu asynchron.

```
New-SRPartnership -SourceComputerName W2K25-SR-01 `
    -SourceRGName ResGrp01 -SourceVolume D: `
    -SourceLogVolumeName E: `
    -DestinationComputerName W2K25-SR-02 `
    -DestinationRGName ResGrp02 `
    -DestinationVolumeName D: `
    -DestinationLogVolumeName E:

DestinationComputerName : W2K25-SR-02
DestinationRGName       : ResGrp02
Id                      : 87871635-3980-47ef-ba54-1ab26fcde436
SourceComputerName      : W2K25-SR-01
SourceRGName            : ResGrp01
PSComputerName          :
```

Abbildung 14.64 Konfiguration der Partnerschaft

Auf dem Replikationspartner wird der Zugriff auf das Datenlaufwerk unterbunden. Sie sehen in Abbildung 14.65 das LOGS-Laufwerk (*E:*) und die Größe des Laufwerks. Für das DATEN-Laufwerk wird nur der Laufwerksbuchstabe *D:* angezeigt und dass das Laufwerk mit dem NTFS-Dateisystem formatiert wurde.

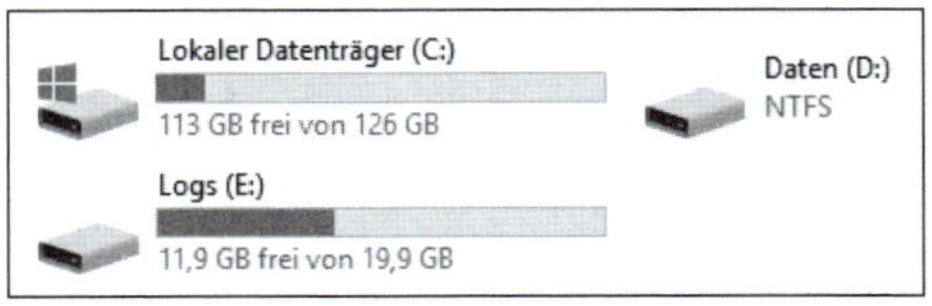

Abbildung 14.65 Anzeige der Laufwerke auf dem »passiven« Replikationspartner

Wenn nun Daten auf dem primären Partner gespeichert werden, gelangen sie in eine Warteschlange und werden dann per SMB übertragen. Die Warteschlange können Sie sich mit (Get-SRGroup).Replicas | Select-Object numofbytesremaining anzeigen lassen.

Zum Ändern der Replikationsrichtung – also im Fehlerfall – können Sie über Set-SRPartnership -NewSourceComputername <neue Quelle> -DestinationComputername <neuer Partner> die Replikationspartnerschaft umdrehen. Zusätzlich müssen die RGNamen mit angegeben werden.

Neben einer Überwachung in der Ereignisanzeige unter WINDOWS- UND ANWENDUNGSPROTOKOLLE • STORAGEREPLICA stehen auch Leistungsindikatoren zur Verfügung, die Aufschluss über die Funktionalität und mögliche Leistungsprobleme bei der Verwendung der Speicherreplikation geben.

Es wird immer nur ein Server auf die Daten des Volumes Zugriff haben, und Sie müssen in aller Regel im Fehlerfall die Replikationsrichtung manuell anpassen. Für die Verwaltung der Speicherreplikation gibt es im Windows Admin Center eine Verwaltungsoption über eine grafische Oberfläche.

Damit Sie die Server im Windows Admin Center verwalten können, müssen Sie auf dem Server, der das Windows Admin Center ausführt, das PowerShell-Modul für die *Speicherreplikation* installieren. Die fehlenden Remoteserver-Verwaltungstools für das Feature *Speicherreplikation* können Sie nun wie in Abbildung 14.66 dargestellt direkt aus dem Windows Admin Center heraus nachinstallieren.

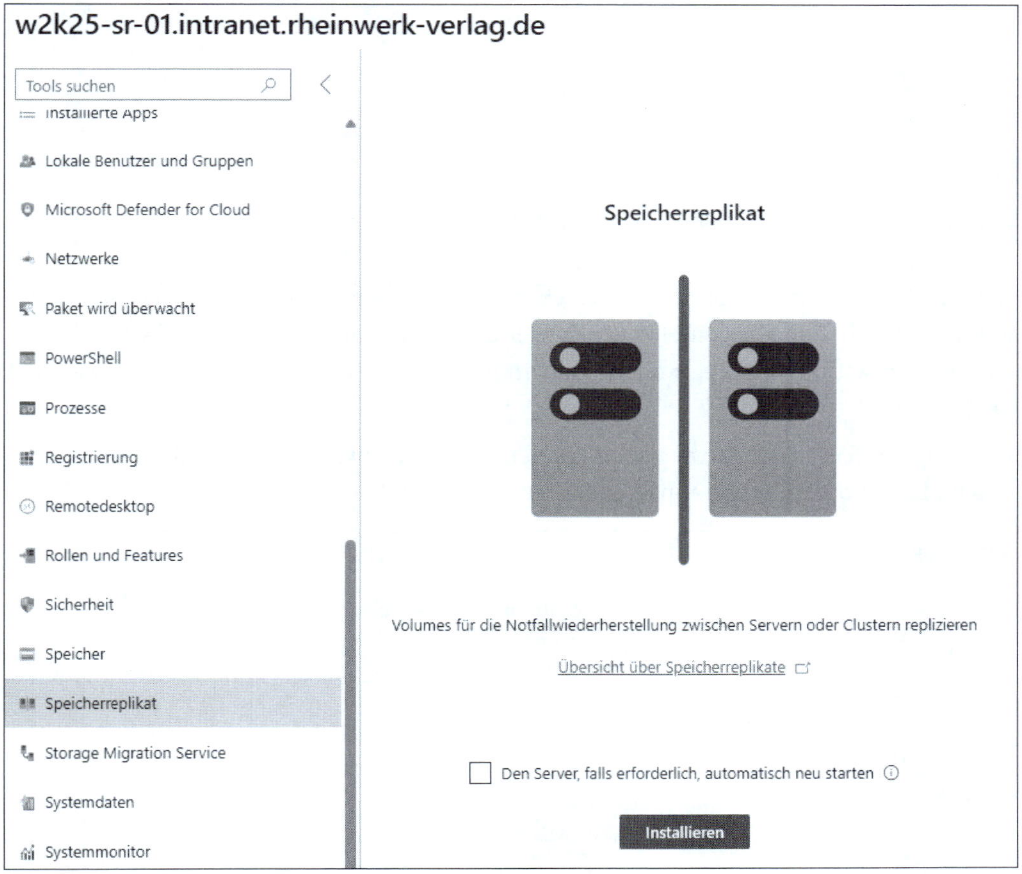

Abbildung 14.66 Hinweis, dass Tools installiert werden müssen, damit die Funktion genutzt werden kann

Nach der Installation des PowerShell-Moduls auf dem *Windows Admin Center*-System stehen die Optionen zur Verwaltung bereit (siehe Abbildung 14.67).

Abbildung 14.67 Verwaltung des Speicherreplikats im Windows Admin Center

Über die Webverwaltung können Sie bestehende Replikationsverbindungen verwalten oder neue Partnerschaften anlegen. Hier können Sie auch sehr einfach über die grafische Oberfläche die Replikationsrichtung ändern und müssen die Anpassung nicht per PowerShell durchführen.

In den Eigenschaften der Partnerschaft können Sie den Replikationsmodus, die Verschlüsselung und die Protokollgröße anpassen (siehe Abbildung 14.68).

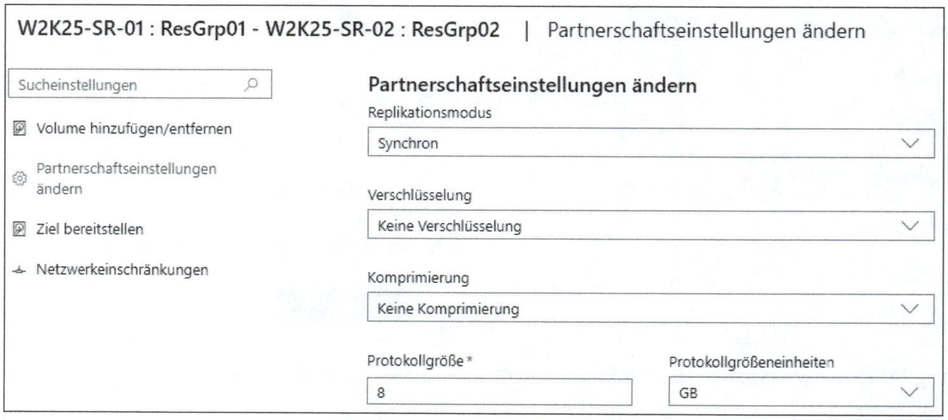

Abbildung 14.68 Anpassen des Replikationsmodus

14.6.3 »Direkte Speicherplätze« einrichten (Storage Spaces Direct, S2D)

Mithilfe von *direkten Speicherplätzen* können Sie hochverfügbare und hochskalierbare Speicherlösungen bereitstellen, die auf Windows Server basieren. Dabei können Sie lokal angeschlossene Datenträger *(Direct Attached Storage, DAS)* verwenden, was zu einer enormen Kostenersparnis führen kann.

S2D ist in der Datacenter-Edition von Windows Server 2025 enthalten. S2D kann für eine konvergente Bereitstellung (z. B. einen Speicherort für Hyper-V-basierte virtuelle Maschinen) oder eine hyperkonvergente Bereitstellung sorgen (z. B. für Hyper-V-basierte virtuelle Maschinen mit SQL-Server, die Daten auf einem lokalen Laufwerk abrufen müssen).

Eine detaillierte Beschreibung und Einsatzmöglichkeiten finden Sie in der Microsoft-Dokumentation:

https://docs.microsoft.com/de-de/windows-server/storage/storage-spaces/storage-spaces-direct-overview

In diesem Abschnitt werden wir die Grundeinrichtung per PowerShell durchführen und einen replizierten Speicherort über lokal angeschlossene Laufwerke bereitstellen. Hier könnten Hyper-V-basierte virtuelle Maschinen und deren Festplatten gespeichert werden, sodass auch das Speichermedium, das die virtuellen Festplatten der VMs speichert, hochverfügbar ist.

Voraussetzung für die Verwendung von S2D sind zwei Netzwerkkarten und mindestens drei Datenträger (neben dem Systemlaufwerk). Die zweite Netzwerkkarte wird für die Clusterkommunikation (Heartbeat) verwendet.

Mit einem PowerShell-Skript können die notwendigen Rollen installiert werden:

```
# Installation der notwendigen Rollen und Dienste auf den Servern
$ServerList = "W2K25-S2D-01", "W2K25-S2D-02"
$FeatureList = "Hyper-V", "Failover-Clustering", "Data-Center-Bridging", `
  "RSAT-Clustering-PowerShell", "Hyper-V-PowerShell", "FS-FileServer"
foreach ($Feature in $FeatureList)
{
  Invoke-Command ($ServerList) -ArgumentList $Feature `
    {param($feature) Install-windowsfeature $feature}
}
```

Listing 14.12 Dieses PowerShell-Skript installiert die Rollen auf allen Systemen in »$ServerList«.

Für die Installation benötigen Sie lokale Administratorrechte auf den Knoten des Clusters, den Sie bilden wollen. Nach der Installation wird über die PowerShell eine Ausgabe erzeugt, die das Ergebnis der Installation auf den beiden Knoten anzeigt. Natürlich können Sie die Rollen auch über den Server-Manager zusammenklicken.

```
Success Restart Needed Exit Code      Feature Result       PSComputerName
------- -------------- ---------      --------------       --------------
True    Yes            SuccessRest... {Hyper-V}            W2K25-S2D02
WARNUNG: Sie müssen den Server neu starten, um den Installationsprozess
abzuschließen.
True    Yes            SuccessRest... {Hyper-V}            W2K25-S2D01
WARNUNG: Sie müssen den Server neu starten, um den Installationsprozess
abzuschließen.
True    Yes            SuccessRest... {Failoverclustering} W2K25-S2D01
WARNUNG: Sie müssen den Server neu starten, um den Installationsprozess
abzuschließen.
```

Listing 14.13 Auszug aus der Ausgabe mit dem Ergebnis der Installation der Rollen auf den beiden Knoten

Nach der Installation müssen die beiden Knoten neu gestartet werden. Nach dem Neustart sollten Sie über die PowerShell die Voraussetzungen für die Einrichtung des Clusters prüfen. Dafür können Sie das PowerShell-Cmdlet `Test-Cluster` verwenden, das durch die Installation der Rollen zur Verfügung steht:

```
### TestCluster
Test-Cluster -Node "W2K25-S2D-01","W2K25-S2D-02" -Include "Storage Spaces `
  Direct","Inventory","Netzwerk","Systemkonfiguration"
```

Listing 14.14 Erstellen eines Cluster-Prüfberichts für den Einsatz von »Storage Spaces Direct«

Sind die Voraussetzungen nicht erfüllt, wird beim Test eine entsprechende Warnung ausgegeben (siehe Abbildung 14.69). Die dort gelisteten Fehler und Probleme sollten vor der Einrichtung behoben werden.

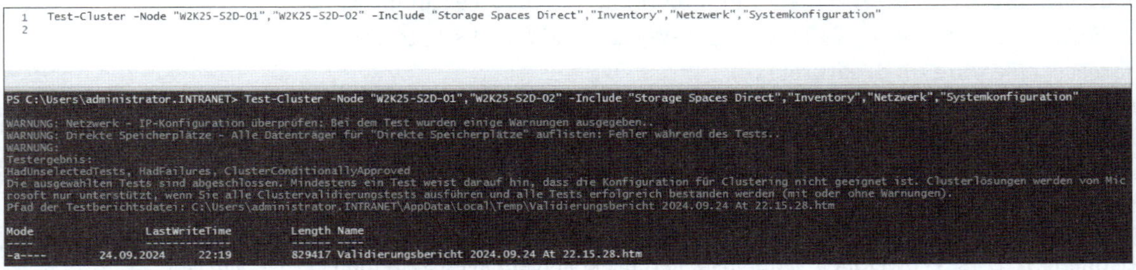
1 Test-Cluster -Node "W2K25-S2D-01","W2K25-S2D-02" -Include "Storage Spaces Direct","Inventory","Netzwerk","Systemkonfiguration"
2
PS C:\Users\administrator.INTRANET> Test-Cluster -Node "W2K25-S2D-01","W2K25-S2D-02" -Include "Storage Spaces Direct","Inventory","Netzwerk","Systemkonfiguration"
WARNUNG: Netzwerk - IP-Konfiguration überprüfen: Bei dem Test wurden einige Warnungen ausgegeben..
WARNUNG: Direkte Speicherplätze - Alle Datenträger für "Direkte Speicherplätze" auflisten: Fehler während des Tests..
WARNUNG:
Testergebnis:
HadUnselectedTests, HadFailures, ClusterConditionallyApproved
Die ausgewählten Tests sind abgeschlossen. Mindestens ein Test weist darauf hin, dass die Konfiguration für Clustering nicht geeignet ist. Clusterlösungen werden von Microsoft nur unterstützt, wenn Sie alle Clustervalidierungstests ausführen und alle Tests erfolgreich bestanden werden (mit oder ohne Warnungen).
Pfad der Testberichtsdatei: C:\Users\administrator.INTRANET\AppData\Local\Temp\Validierungsbericht 2024.09.24 At 22.15.28.htm
Mode LastWriteTime Length Name
-a---- 24.09.2024 22:19 829417 Validierungsbericht 2024.09.24 At 22.15.28.htm

Abbildung 14.69 Ausführen des Clustertests

Der Validierungsbericht wird im Ordner *C:\Windows\Cluster\Reports* gespeichert. Dort finden Sie den HTML-Report (siehe Abbildung 14.70) und können detaillierte Informationen überprüfen.

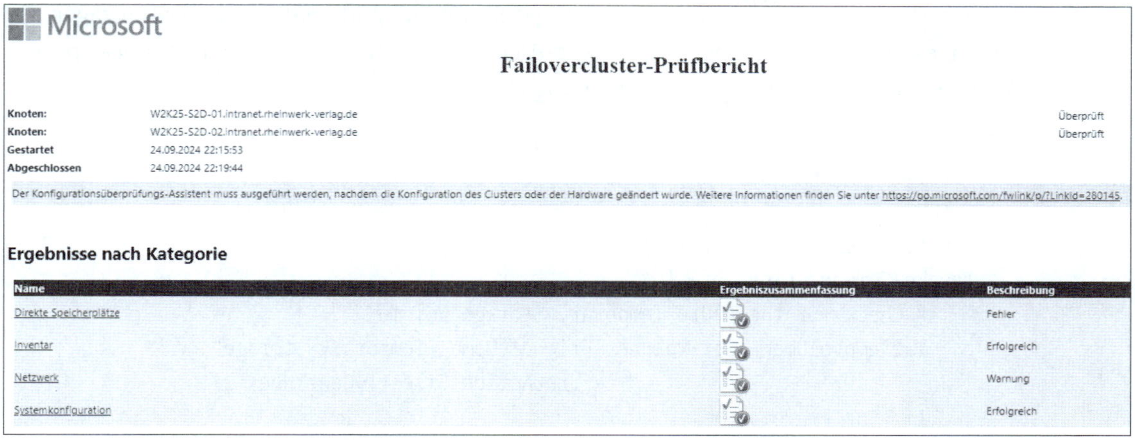

Abbildung 14.70 HTML-Report der Überprüfung

In der Datenträgerverwaltung sind die drei nicht partitionierten Datenträger gelistet (siehe Abbildung 14.71). Diese sollten offline sein und keine Volumes enthalten. Das Vorbereitungsskript für die Datenträger wird die Inhalte komplett löschen und die Datenträger initialisieren.

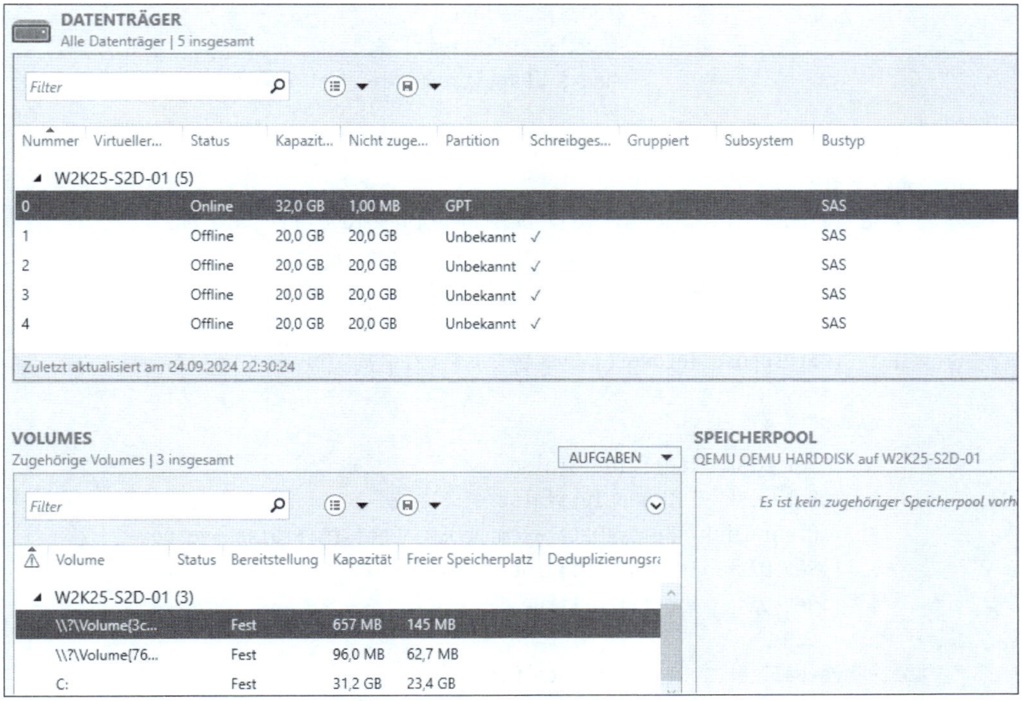

Abbildung 14.71 Übersicht der Datenträger vor der Vorbereitung

Auf der Microsoft-Website gibt es ein fertiges Skript zur Vorbereitung der Datenträger. Sie finden es unter *https://docs.microsoft.com/en-us/windows-server/storage/storage-spaces/deploy-storage-spaces-direct* sowie in Listing 14.15:

```
# Fill in these variables with your values
$ServerList = "W2K25-S2D-01", "W2K25-S2D-02"

foreach ($server in $serverlist) {
    Invoke-Command ($server) {
        # Check for the Azure Temporary Storage volume
        $azTempVolume = Get-Volume -FriendlyName "Temporary Storage" `
                                   -ErrorAction SilentlyContinue
        If ($azTempVolume) {
            $azTempDrive = (Get-Partition `
                                   -DriveLetter $azTempVolume.DriveLetter).DiskNumber
        }

        # Clear and reset the disks
        $disks = Get-Disk | Where-Object {
            ($_.Number -ne $null -and $_.Number -ne $azTempDrive `
                                 -and !$_.IsBoot `
                                 -and !$_.IsSystem `
                                 -and $_.PartitionStyle -ne "RAW")
        }
        $disks | ft Number,FriendlyName,OperationalStatus
        If ($disks) {
            Write-Host "This action will permanently remove any data on `
                        any drives other than the operating system boot drive!`
                        `nReset disks? (Y/N)"
            $response = read-host
            if ( $response.ToLower() -ne "y" ) { exit }

            $disks | % {
            $_ | Set-Disk -isoffline:$false
            $_ | Set-Disk -isreadonly:$false
            $_ | Clear-Disk -RemoveData -RemoveOEM -Confirm:$false -verbose
            $_ | Set-Disk -isreadonly:$true
            $_ | Set-Disk -isoffline:$true
        }
        #Get-PhysicalDisk | Reset-PhysicalDisk
        }
        Get-Disk | Where-Object {
            ($_.Number -ne $null -and $_.Number -ne $azTempDrive `
```

```
                                    -and !$_.IsBoot `
                                    -and !$_.IsSystem `
                                    -and $_.PartitionStyle -eq "RAW")
        } | Group -NoElement -Property FriendlyName
    }
}
```

Listing 14.15 PowerShell-Skript zur Vorbereitung der Speicherpools und der Datenträger für den Einsatz von S2D

Bevor nun der Cluster über die PowerShell angelegt werden kann, müssen Sie – genau wie beim Dateiserver als Failovercluster – ein Clusterkonto anlegen und deaktivieren. Dadurch muss das Konto, mit dem die Installation durchgeführt wird, kein Domänen-Administrator sein. Eine Einrichtung mithilfe der grafischen Oberfläche ist aktuell nicht vorgesehen, aber theoretisch möglich:

```
New-Cluster -Name S2D -Node "W2K25-S2D-01","W2K25-S2D-02" -NoStorage `
  -StaticAddress 172.70.0.27
```

Listing 14.16 Erstellen des Clusters mit dem Namen »S2D« und den beiden Knoten

Bei der Erstellung des Clusters definieren Sie die beiden Knoten des Clusters und die IP-Adresse, die im DNS registriert werden soll. Der Parameter `-NoStorage` bedeutet, dass keine Datenträger dem Cluster hinzugefügt werden. Diese werden später bei der Einrichtung von S2D zugeordnet.

Nun kann S2D aktiviert werden (siehe Listing 14.17). Dies erfolgt mit der PowerShell. Dazu muss ein Name für den Datenträgerpool definiert werden. Abhängig von der Art der Laufwerke kann es notwendig sein, den Cache-Status zu deaktivieren (dies ist bei lokal angeschlossenen Datenträgern in einer virtuellen Maschine notwendig).

```
Enable-ClusterStorageSpacesDirect -PoolFriendlyName "Pool01" -Autoconfig $true `
  -CacheState Disable
```

Listing 14.17 »Storage Spaces Direct« aktivieren

Im letzten Schritt müssen die Volumes erstellt werden. Mit dem Cmdlet `New-Volume` können Sie ein Volume erstellen, das als *Cluster Shared Volume* eingebunden wird, sodass alle Knoten die Daten erhalten:

```
New-Volume -FriendlyName "Volume1" -FileSystem CSVFS_ReFS `
  -StoragePoolFriendlyName "Pool01" -Size 10GB
```

Listing 14.18 Ein Volume mit 10 GB Größe aus dem Pool »Pool01« erstellen

Beim Erstellen der Volumes können Sie unter verschiedenen Dateisystemen auswählen. Zur Auswahl stehen hier *NTFS* und *ReFS* in der »normalen« Version und jeweils als *Cluster Shared Volume File System (CSVFS)*, also als Dateisystem für freigegebene Datenträger von Pool1 im Cluster.

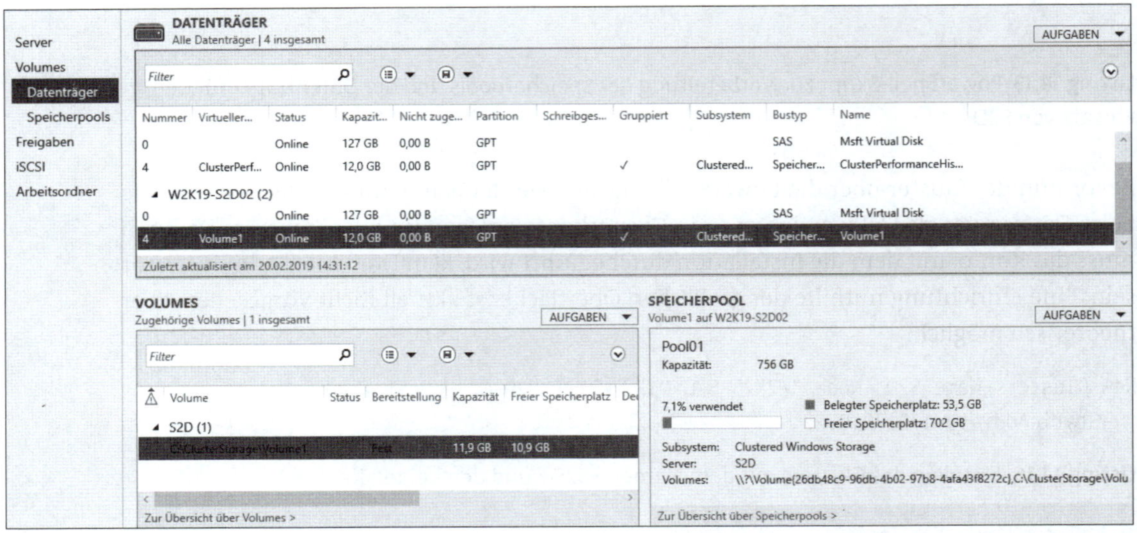

Abbildung 14.72 Ansicht der Datenträger nach der Einrichtung

Durch die Auswahl des CSV-Dateisystems wird automatisch das Laufwerk unter *C:\ClusterStorage\Volume1* eingebunden (siehe Abbildung 14.73). Sie sollten dann diesen Pfad verwenden, um auf die Daten zuzugreifen.

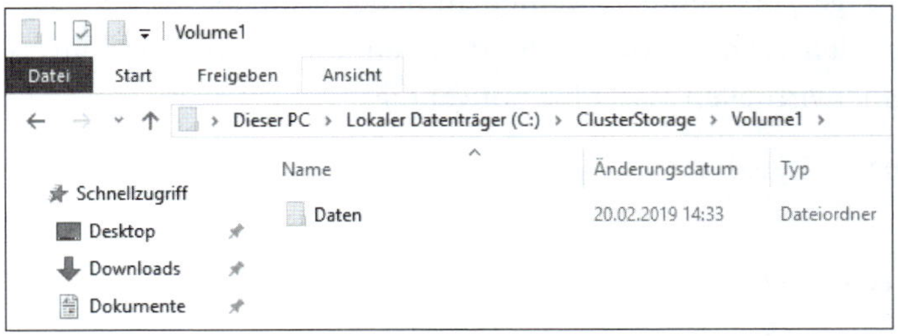

Abbildung 14.73 Ansicht des CSV im Dateisystem

Im Dateisystem können Sie nun Ordner anlegen, um die Daten zu speichern. Der Inhalt wird automatisch an den Knoten bzw. die anderen Knoten repliziert und steht lokal zur Verfügung.

Die notwendige Konfiguration der Clusterressourcen nehmen Sie per PowerShell vor. Sie können über den *Failovercluster-Manager* (der noch separat installiert werden muss) die Ressourcen überprüfen und bei Bedarf anpassen (siehe Abbildung 14.74).

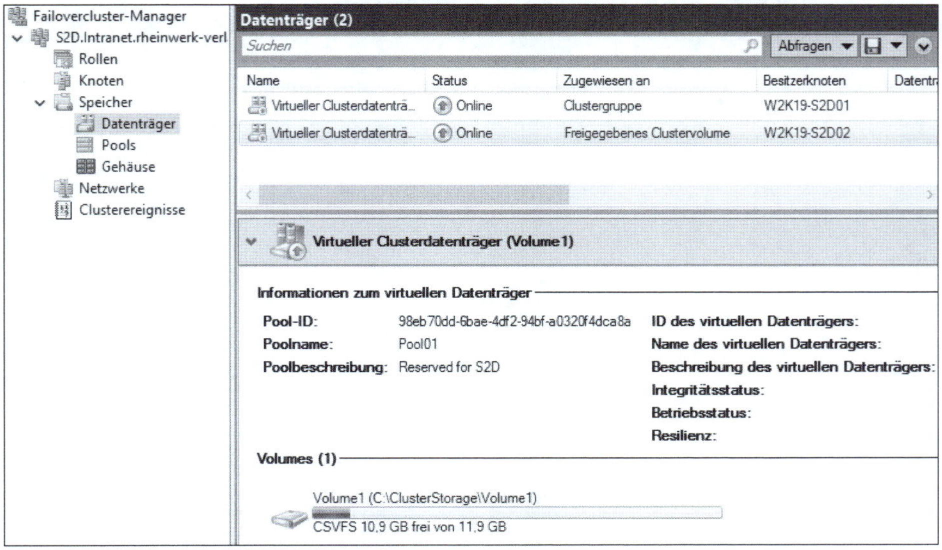

Abbildung 14.74 Anzeige der Clusterressourcen

Das Einbinden des S2D-Clusters ist seit der Version 1904 des Windows Admin Centers auch über dieses separat zu installierende Tool möglich. Sie können dort nun auch die S2D-spezifischen Funktionen nutzen.

Kapitel 15
Internetinformationsdienste-Server (IIS)

Der Internetinformationsdienste-Server ist seit der Version Windows Server 2000 Bestandteil des Betriebssystems. Er kommt auf Windows-Systemen neben den klassischen Open-Source-Webservern sehr häufig zum Einsatz – teils als klassischer Webserver, teils als Unterstützungsdienst für andere Applikationen.

Der *Internetinformationsdienste-Server (Internet Information Services, IIS)* kann auf einem Serverbetriebssystem ab Windows Server 2000 und auf Clientbetriebssystemen installiert werden. Mit diesem Dienst können Sie Websites mithilfe des Hypertext-Transfer-Protokolls (HTTP) oder über HTTPS betreiben.

Seit Windows Server 2016 liegt IIS in Version 10 vor. In den aktuelleren Betriebssystemen wie Windows Server 2025 oder Windows 11 gibt es im Vergleich zu den Vorversionen keine Änderungen.

15.1 Installation der IIS-Rolle

Damit Sie die Rolle IIS installieren können, muss das verwendete Konto über lokale Administratorenrechte verfügen. Nach erfolgter Installation können Teile der Administration delegiert werden. Dadurch können Benutzer Websites (Webseiten) verwalten, ohne grundlegende Konfigurationen auf dem Server vornehmen zu können.

Eine Installation und Bereitstellung eines IIS kann auch auf einem Core-Server erfolgen. Dabei kann die Installation und die Verwaltung von einem Remotesystem aus erfolgen.

15.1.1 Installation auf einem Client

Die Installation auf einem Clientbetriebssystem erfolgt über die Option WINDOWS-FEATURES AKTIVIEREN ODER DEAKTIVIEREN (siehe Abbildung 15.1). Diese Option finden Sie über die Systemsteuerung unterhalb von PROGRAMME. Dort steht der Punkt PROGRAMME UND FEATURES zur Verfügung.

Wenn Sie einen Webserver auf einem Clientbetriebssystem verwenden, sollten Sie beachten, dass in Clientbetriebssystemen eine Voreinstellung existiert, die die Anzahl der gleichzeitigen Verbindungen zum System auf zehn einschränkt. Dies bedeutet, dass nicht mehr als zehn Anwender oder Systeme remote auf den Client zugreifen können.

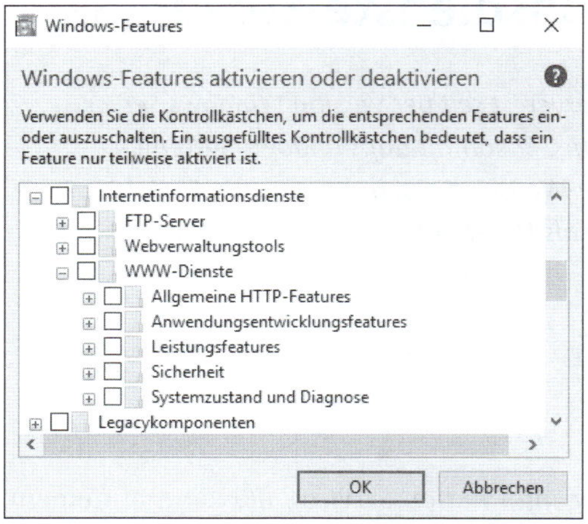

Abbildung 15.1 Auswahl der Features bei der Installation des IIS auf einem Client

Die zur Verfügung stehenden Rollendienste entsprechen den Optionen bei einem Serverbetriebssystem und werden in Abschnitt 15.1.2 erläutert.

Soll der IIS auf dem Client auch gleichzeitig verwaltet werden, müssen Sie zusätzlich die *Webverwaltungstools* installieren.

Nach der Installation wird automatisch die Standardwebsite *(Default Web Site)* aus Abbildung 15.2 auf dem System bereitgestellt und kann über das HTTP-Protokoll über Port 80 abgerufen werden.

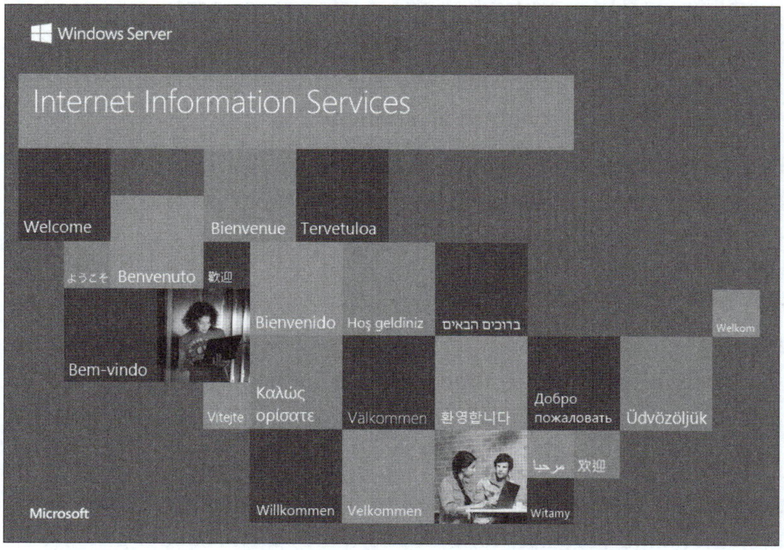

Abbildung 15.2 Die Startseite des IIS

Die Verwaltungskonsole auf einem Client beinhaltet einen Hinweis mit einem Link, mit dem zusätzliche (teils kommerzielle) Produkte und Erweiterungen für den IIS heruntergeladen und installiert werden konnten.

Die Unterstützung des *Webplattform-Installer* wurde im Dezember 2022 eingestellt und von den Microsoft-Webseiten entfernt. In der Verwaltungskonsole ist der Menüpunkt jedoch weiterhin vorhanden (siehe Abbildung 15.3). Er liefert aber nicht mehr das erwartete und gewünschte Ergebnis.

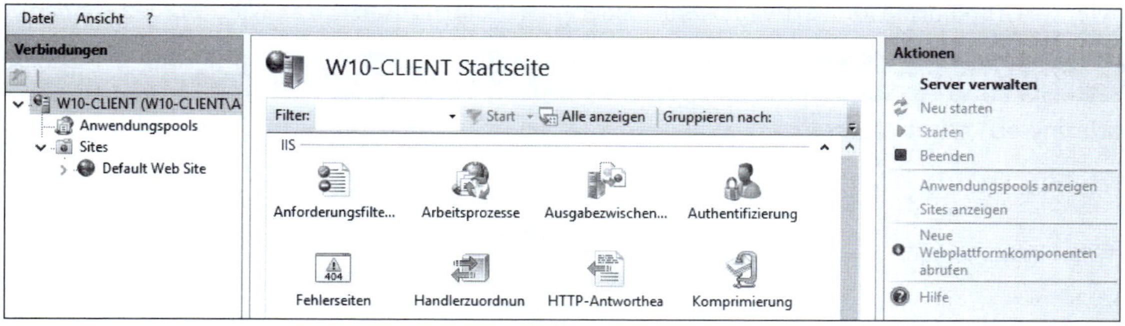

Abbildung 15.3 Link im IIS-Manager »Neue Webplattformkomponenten abrufen«

Achten Sie auf die Benutzerrechte

Sie sollten stets vorsichtig sein, wenn Sie von einem Serversystem aus eine Verbindung zum Internet aufbauen – besonders dann, wenn Sie als Administrator dort angemeldet sind. Sollten Sie beim Zugriff auf das Internet Schadsoftware herunterladen und ausführen, wird diese Schadsoftware unter Umständen mit den administrativen Rechten des angemeldeten Benutzers ausgeführt. Lässt sich eine solche Konfiguration nicht vermeiden, sollten Sie alle vorhandenen Schutzmechanismen des Betriebssystems (und idealerweise weitere) aktiviert lassen (z. B. die *Benutzerkontensteuerung* bzw. *User Account Control, UAC* oder die *Windows Defender-Anwendungssteuerung*).

15.1.2 Installation auf einem Serverbetriebssystem

Für die Installation des IIS auf einem Serverbetriebssystem benötigen Sie lokale Administratorrechte. Soll die Installation remote auf einem anderen System erfolgen, müssen Ihnen die notwendigen Rechte dort vorher gewährt werden und der Remotezugriff muss aktiviert sein.

Die Rolle des IIS ist in allen Server-Editionen verfügbar.

Windows Server Web Edition

Die unter Windows Server 2008 vorhandene Edition *Windows Server Web Edition* gibt es in den aktuellen Betriebssystemen nicht mehr.

Es gibt verschiedene Wege, die Installation durchzuführen. Wir erläutern sie im Folgenden kurz.

Nach der optionalen Installation des *Windows Admin Center* (siehe Kapitel 10, »Verwaltung«) können Sie die Rolle und/oder die dazugehörenden Rollendienste auf dem lokalen Server oder auf anderen Systemen installieren. Dazu wählen Sie den gewünschten Zielserver aus und wechseln in der TOOLS-Ansicht auf ROLLEN UND FEATURES (siehe Abbildung 15.4).

Dort finden Sie die Rolle *Webserver* mit den aktuell 34 Rollendiensten, die teils mit der Grundinstallation aktiviert werden oder – bei Bedarf – zusätzlich aktiviert werden können.

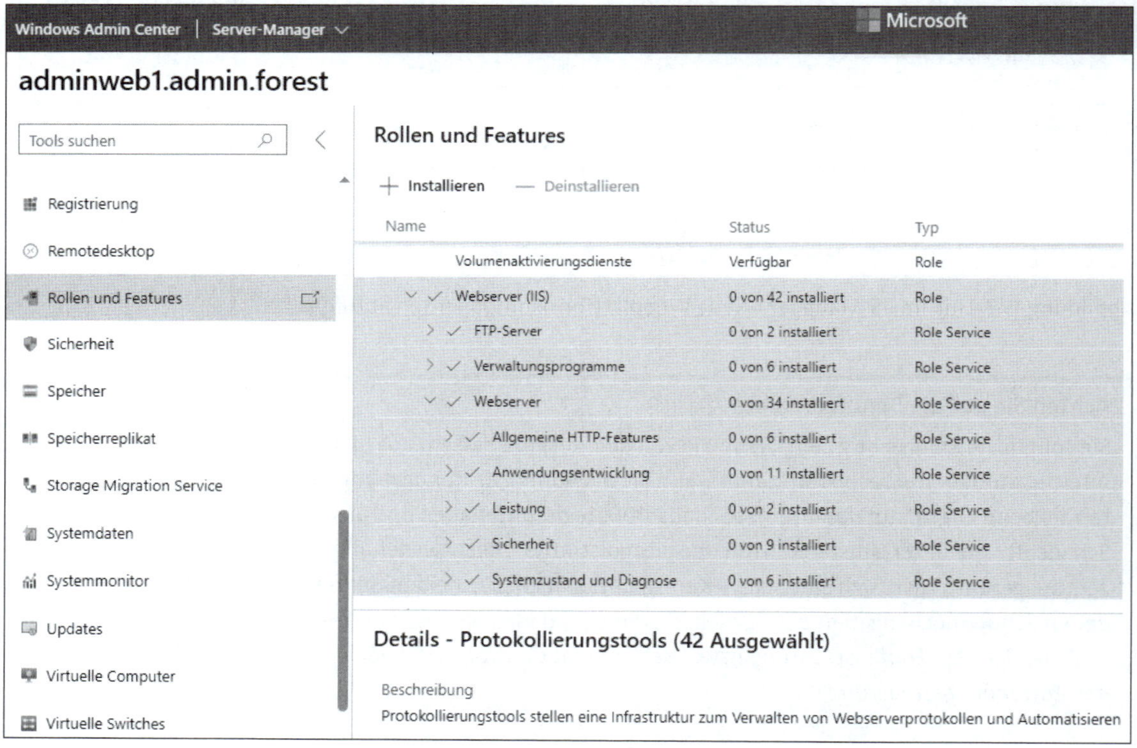

Abbildung 15.4 Auswahl der Rolle »Webserver« im Windows Admin Center

Sie sollten vor der Installation der Rolle prüfen, welche Funktionen des IIS Sie nutzen möchten. Prüfen Sie in den Voraussetzungen der Applikation, die Sie auf dem IIS betreiben wollen, welche Pakete benötigt werden.

Abbildung 15.5 Information zum Start der Installation

Der Start der Installation wird kurz im Browser angezeigt (wie in Abbildung 15.5) und verschwindet anschließend. Über den Abschluss der Installation informiert Sie eine Benachrichtigungsfunktion (Glocke oben rechts im Browserfenster). Ein Klick auf das Icon öffnet das Fenster mit den Benachrichtigungen, bei denen Sie sich das Ergebnis des Installationsversuchs anzeigen lassen können (siehe Abbildung 15.6). Die Installation erfordert üblicherweise keinen Neustart.

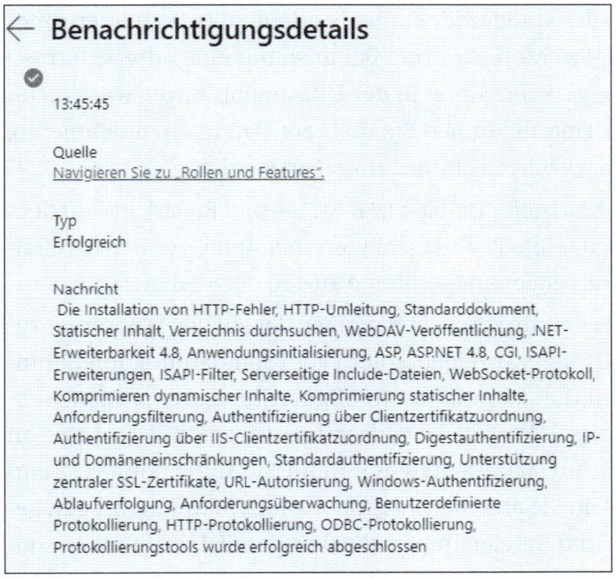
Benachrichtigungsdetails
13:45:45
Quelle
Navigieren Sie zu „Rollen und Features".
Typ
Erfolgreich
Nachricht
Die Installation von HTTP-Fehler, HTTP-Umleitung, Standarddokument, Statischer Inhalt, Verzeichnis durchsuchen, WebDAV-Veröffentlichung, .NET-Erweiterbarkeit 4.8, Anwendungsinitialisierung, ASP, ASP.NET 4.8, CGI, ISAPI-Erweiterungen, ISAPI-Filter, Serverseitige Include-Dateien, WebSocket-Protokoll, Komprimieren dynamischer Inhalte, Komprimierung statischer Inhalte, Anforderungsfilterung, Authentifizierung über Clientzertifikatzuordnung, Authentifizierung über IIS-Clientzertifikatzuordnung, Digestauthentifizierung, IP- und Domäneneinschränkungen, Standardauthentifizierung, Unterstützung zentraler SSL-Zertifikate, URL-Autorisierung, Windows-Authentifizierung, Ablaufverfolgung, Anforderungsüberwachung, Benutzerdefinierte Protokollierung, HTTP-Protokollierung, ODBC-Protokollierung, Protokollierungstools wurde erfolgreich abgeschlossen

Abbildung 15.6 Das Ergebnis der Installation

Nach der Installation werden die installierten Dienste automatisch gestartet und der Dienst steht zur Verfügung.

Sie können nachträglich zusätzliche Rollendienste des IIS nachinstallieren oder entfernen. Beim Entfernen von Rollendiensten kann ein Neustart notwendig sein.

Die Rolle des IIS bringt zahlreiche zusätzliche Rollendienste mit sich. Im Folgenden listen wir die einzelnen Dienste auf und beschreiben sie kurz. In Abbildung 15.7 bis Abbildung 15.12 sehen Sie die verfügbaren Rollendienste. Anhand der ausgewählten Checkboxen können Sie erkennen, welche Rollendienste automatisch mit der Grundinstallation des IIS installiert werden.

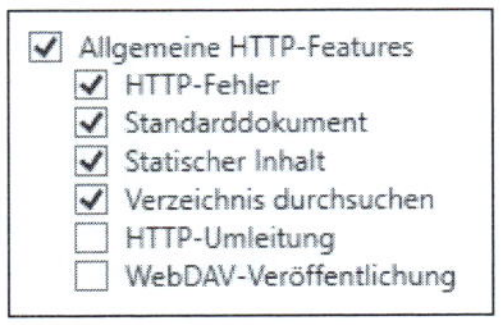
Allgemeine HTTP-Features
HTTP-Fehler
Standarddokument
Statischer Inhalt
Verzeichnis durchsuchen
HTTP-Umleitung
WebDAV-Veröffentlichung

Abbildung 15.7 Allgemeine HTTP-Features

Der Abschnitt Allgemeine HTTP-Features, der in Abbildung 15.7 gezeigt wird, beinhaltet folgende Rollendienste:

- *HTTP-Fehler* – Dieser Rollendienst ermöglicht das Anpassen von Fehlermeldungen, die an den Client zurückgegeben werden. Dadurch können Sie mehr oder weniger Informationen bereitstellen, die der Client angezeigt bekommt, wenn es zu einem Fehler auf dem Webserver kommt.
- *Standarddokument* – Die Funktion des Standarddokuments erlaubt das Definieren einer oder mehrerer Dateien, die angezeigt werden, wenn der Benutzer nur eine Adresse (*http://www.rheinwerk-verlag.de*) eingibt, aber keine Datei in der URL angibt (*http://www.rheinwerk-verlag.de/index.html*). Mit der Option können Sie mehrere Dateinamen definieren, die dann – sofern sie existieren– im jeweiligen Ordner angezeigt werden.
- *Statischer Inhalt* – Der Rollendienst beschreibt Dateien (z. B. HTML und Bilder), die auf dem System bereitgestellt werden. Statischer Inhalt wird nicht von einer Applikation dynamisch generiert, sondern »nur« vom Webserver bereitgestellt und an den Client übertragen.
- *Verzeichnis durchsuchen* – Mit dieser Option kann ein Benutzer, der auf den Webserver zugreift, den Inhalt des hinterlegten Ordners anzeigen, sofern kein Standarddokument hinterlegt oder vorhanden ist. Die Funktion kann in der Konfiguration der einzelnen Websites und der virtuellen Verzeichnisse aktiviert bzw. deaktiviert werden. Diese Option sollten Sie aus Sicherheitsgründen nur dann aktivieren, wenn Sie sie benötigen. Denn hiermit können die Benutzer (denken Sie an einen eventuell anonymen Zugriff) den gesamten Ordnerinhalt durchsuchen und Dateien finden, die sie eigentlich nicht sehen sollten, wenn der Inhalt über die reguläre Website angezeigt wird.
- *HTTP-Umleitung* – Dieser Rollendienst bietet die Option, Anfragen an den Webserver an eine andere Adresse umzuleiten. Sie können Anfragen entweder an eine »Unterseite« auf dem gleichen Server verweisen, an einen anderen Server weiterleiten oder auch einen HTTP-Zugriff auf eine sichere Seite mit HTTPS umleiten.
- *WebDAV-Veröffentlichung* – Das Kürzel *WebDAV* steht für *Web Distributed Authoring and Versioning* ist ein Protokoll, mit dem Dateien über das HTTP-Protokoll bereitgestellt werden können. Dabei wird ein Laufwerk vom Client verbunden, das die Dateien auf dem Webserver anzeigt und mithilfe einer Versionierung verwalten kann.

Im Abschnitt Leistung stehen die zwei Optionen aus Abbildung 15.8 zur Verfügung.

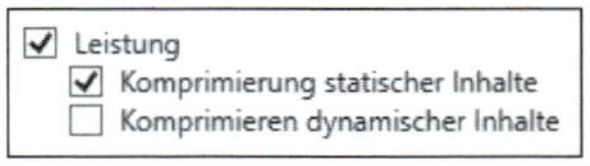

Abbildung 15.8 Sie können die Komprimierung von Inhalten aktivieren.

- *Komprimierung statischer Inhalte* – Bei der Komprimierung statischer Inhalte werden die Daten bei der Übertragung an den Client komprimiert, sodass Bandbreite gespart werden kann. Anders als beim *Komprimieren dynamischer Inhalte* ist die Ressourcenbelastung der

CPU für den Server hier eher gering, da komprimierte Inhalte auf dem Server zwischengespeichert werden und nicht immer neu berechnet werden müssen.

- *Komprimieren dynamischer Inhalte* – Bei der Komprimierung dynamischer Inhalte müssen die Daten bei jedem Zugriff erneut berechnet werden. Dadurch kann es bei der Aktivierung der Funktion und der Verwendung von dynamischen Seiten zu einer höheren Belastung der CPU kommen. Durch die Komprimierung kann jedoch Netzwerkbandbreite zwischen Client und Server gespart werden.

Der Knoten SICHERHEIT listet alle sicherheitsrelevanten Rollendienste auf, die auf dem IIS verwendet werden können. Standardmäßig ist nur die ANFORDERUNGSFILTERUNG aktiviert (siehe Abbildung 15.9).

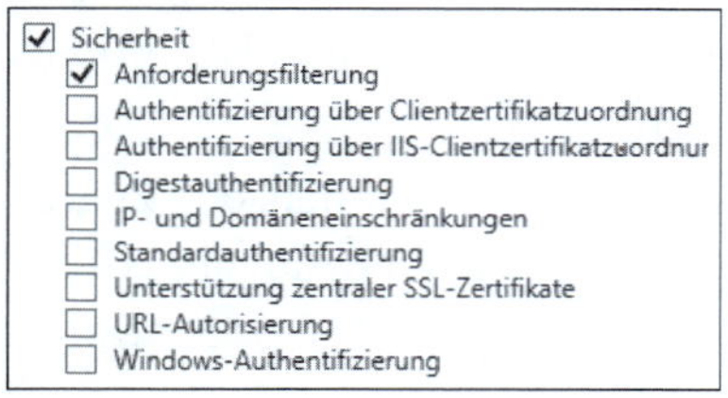

Abbildung 15.9 Die Rollendienste im Abschnitt »Sicherheit«

Folgende Optionen stehen hier zur Verfügung und können – sofern benötigt – zusätzlich installiert werden.

- *Anforderungsfilterung* – Mit der Anforderungsfilterung können Sie auf dem IIS Regeln definieren, um zu bestimmen, welche Anforderungen vom Server angenommen oder abgelehnt werden. Das Regelwerk kann über den IIS-Manager erstellt und bearbeitet werden, und Sie können Anfragen basierend auf Dateinamen filtern oder Anfragen unterbinden, die zu lange dauern.
- *Authentifizierung über Clientzertifikatzuordnung* – Mithilfe der Clientzertifikatzuordnung können Sie Benutzer, die auf die Website zugreifen wollen, mit einem Zertifikat authentifizieren. Hierdurch kann eine sichere Anmeldung an der Website ermöglicht werden. Die Zertifikate benötigen die Schlüsselverwendung (also den Zweck) *Clientauthentifizierung* und müssen von einer vertrauenswürdigen Zertifizierungsstelle stammen.
- *Authentifizierung über IIS-Clientzertifikatzuordnung* – Die IIS-Clientauthentifizierung verwendet eine Zuordnung auf dem IIS – und nicht eine Zuordnung über Informationen im Zertifikat. Die Authentifizierung ist schneller als bei der »normalen« Clientzertifikatzuordnung.
- *Digestauthentifizierung* – Bei der Digestauthentifizierung wird ein Hashwert des Kennworts an den Domänencontroller übertragen – oder an den Server, der die Authentifizierung durchführt. Die Digestauthentifizierung ist sicherer als die Standardauthentifizierung. Trotzdem sollte die Authentifizierung mit SSL abgesichert werden, sodass die Daten in einem verschlüsselten Paket durch einen Tunnel übertragen werden.

- *IP- und Domäneneinschränkungen* – Mit dem Rollendienst *IP- und Domäneneinschränkung* können Sie den Zugriff auf Inhalte des Webservers basierend auf den Quell-IP-Adressen der Systeme, die zugreifen wollen, einschränken oder den Zugriff mithilfe von Domänennamen festlegen.
- *Standardauthentifizierung* – Bei der Standardauthentifizierung werden Benutzername und Kennwort unverschlüsselt übertragen. Diese Authentifizierung sollte ausschließlich in Verbindung mit einer verschlüsselten Kommunikation verwendet werden. Die Verwendung der Standardauthentifizierung kann aufgrund von Kompatibilitätsanforderungen bestimmter (älterer) Browser oder Anwendungen notwendig sein.
- *Unterstützung zentraler SSL-Zertifikate* – Die Unterstützung für zentralisierte Zertifikate bietet eine Option, Webserver-Zertifikate an einem zentralen Ort (Netzwerkfreigabe) zu hinterlegen, sodass eine zentrale Verwaltung der Webserver-Zertifikate aktiviert werden kann.
- *URL-Autorisierung* – Der Rollendienst *URL-Autorisierung* ermöglicht es Ihnen, den Zugriff auf Webinhalte durch Regeln einzuschränken. Sie können basierend auf Benutzern, Gruppen oder Parametern (z. B. HTTP-Headerverben wie `GET`) Zugriffe gestatten oder verweigern.
- *Windows-Authentifizierung* – Bei der Windows-Authentifizierung wird die interne Active Directory-Domäne oder die Active Directory-Gesamtstruktur für die Authentifizierung verwendet. Diese Authentifizierungsweise kann für Clients verwendet werden, die entweder über das interne Netzwerk auf den Webserver zugreifen oder über eine VPN-Verbindung angebunden sind und einen Domänencontroller zur Authentifizierung erreichen können.

Durch die Auswahl von Rollendiensten aus dem Abschnitt SYSTEMZUSTAND UND DIAGNOSE können Sie ein erweitertes Logging aktivieren, um entweder eine Protokollierung der Zugriffe oder eine Fehlerdiagnose zu ermöglichen (siehe Abbildung 15.10).

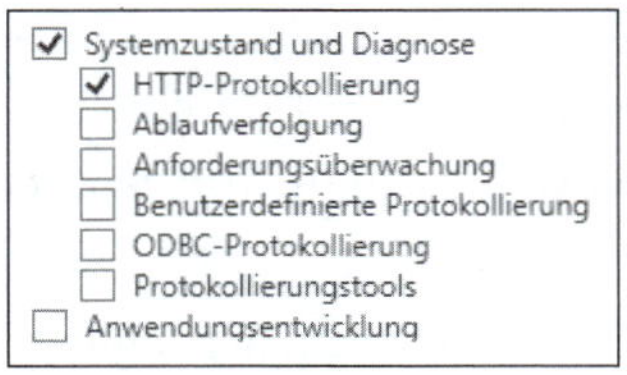

Abbildung 15.10 Übersicht der Rollendienste zur Überwachung des Systemzustandes

- *HTTP-Protokollierung* – Die standardmäßig aktivierte HTTP-Protokollierung aktiviert eine Speicherung der Informationen über Zugriffe auf den IIS. Diese Informationen werden in einer Textdatei im Ordner *%SystemDrive%\inetpub\logs\LogFiles* abgelegt. Den Pfad und das Format können Sie über den IIS-Manager ändern.

- *Ablaufverfolgung* – Mithilfe der Ablaufverfolgung können fehlerhafte Zugriffe auf dem IIS detailliert protokolliert werden. Über einen Assistenten im IIS können Sie definieren, welche Ereignisse überwacht werden sollen und wie lange die Daten gesammelt werden sollen.
- *Anforderungsüberwachung* – Der Rollendienst *Anforderungsüberwachung* kann die Integrität der Webanwendung überwachen, indem zum Beispiel HTTP-Anforderungen protokolliert werden. Er beinhaltet Optionen zur Prüfung und Protokollierung der detaillierten Anfragen an den Server.
- *Benutzerdefinierte Protokollierung* – Die benutzerdefinierte Protokollierung ermöglicht eine granulare Konfiguration des Protokollformats. Durch die Registrierung von *COM*-Komponenten *(Component Object Model)* werden Schnittstellen bereitgestellt, über die Informationen abgerufen werden können.
- *ODBC-Protokollierung* – Durch die ODBC-Protokollierung werden die Log-Daten in einer Datenbank gespeichert, deren Inhalt über eine Website bereitgestellt werden kann. Dadurch ist der Zugriff auf die Protokolldaten sehr einfach.
- *Protokollierungstools* – Die Protokollierungstools stellen eine Möglichkeit bereit, auf die gesammelten Protokolle zuzugreifen und Protokollierungsaufgaben zu automatisieren.

Wenn Sie die Option ANWENDUNGSENTWICKLUNG (siehe Abbildung 15.10) aktivieren, erhalten Sie eine Plattform zum Entwickeln und Hosten (Bereitstellen) von Webanwendungen.

FTP steht für *File Transfer Protocol*. Dieses Protokoll wird verwendet, um Dateien auf einen Server zu laden oder von dem Server auf einen Client zu transferieren. Zu dem Abschnitt FTP-SERVER gehören die beiden Rollendienste aus Abbildung 15.11.

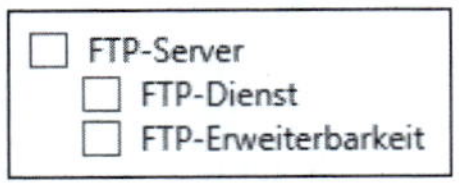

Abbildung 15.11 Rollendienste des FTP-Servers

- *FTP-Dienst* – Der FTP-Dienst stellt die Grundfunktionalität des FTP-Servers bereit. Dadurch können Inhalte bereitgestellt werden, die über das FTP-Protokoll abgerufen werden können.
- *FTP-Erweiterbarkeit* – Durch Zusatzfunktionen können benutzerdefinierte Erweiterungen mit neuen Funktionen eingebunden werden und kann eine erweiterte Benutzerauthentifizierung bzw. -autorisierung verwendet werden.

Die VERWALTUNGSPROGRAMME (siehe Abbildung 15.12) werden für die (Remote-)Verwaltung des IIS verwendet. Sie können auch auf einem anderen System installiert werden und so den IIS fernsteuern.

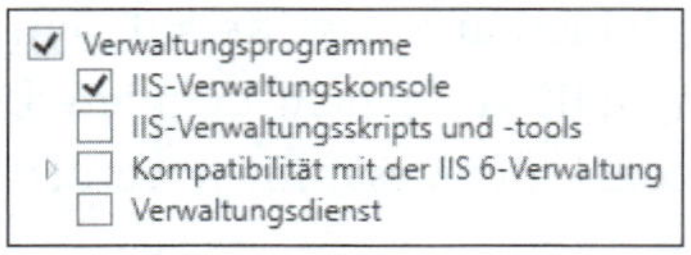

Abbildung 15.12 Übersicht der Verwaltungsprogramm-Rollendienste des IIS

- *IIS-Verwaltungskonsole* – Die IIS-Verwaltungskonsole ist das Hauptverwaltungstool für die grafische Verwaltung des IIS. Je nach installierten Rollendiensten stehen zusätzliche Optionen zur Verfügung.
- *IIS-Verwaltungsskripts und -tools* – Dieser Rollendienst beinhaltet eine Sammlung von Skripten und Tools zur Verwaltung des IIS.
- *Kompatibilität mit der IIS 6-Verwaltung* – Die IIS 6-Verwaltungstools sind eine Sammlung von Tools, mit denen ein IIS 6 (Windows Server 2003) verwaltet werden kann.
- *Verwaltungsdienst* – Der Verwaltungsdienst ermöglicht die Remoteverwaltung des IIS von einem anderen Computer aus.

Die einzelnen Rollendienste können Sie über den Assistenten zum Hinzufügen und Entfernen von Rollen und Rollendiensten installieren bzw. entfernen. Über eine Servergruppe im Server-Manager verwalten Sie die Funktionen auf mehreren Systemen.

Die Verwaltung der Rollendienste kann auch mithilfe der PowerShell erfolgen. Mit dem Cmdlet `Get-WindowsFeatures Web*` können Sie sich alle Rollen und Rollendienste im Zusammenhang mit dem Webserver anzeigen lassen (siehe Abbildung 15.13).

```
Display Name                                            Name                       Install State
------------                                            ----                       -------------
    [ ] Webanwendungsproxy                              Web-Application-Proxy          Available
[ ] Webserver (IIS)                                     Web-Server                     Available
    [ ] Webserver                                       Web-WebServer                  Available
        [ ] Allgemeine HTTP-Features                    Web-Common-Http                Available
            [ ] HTTP-Fehler                             Web-Http-Errors                Available
            [ ] Standarddokument                        Web-Default-Doc                Available
            [ ] Statischer Inhalt                       Web-Static-Content             Available
            [ ] Verzeichnis durchsuchen                 Web-Dir-Browsing               Available
            [ ] HTTP-Umleitung                          Web-Http-Redirect              Available
            [ ] WebDAV-Veröffentlichung                 Web-DAV-Publishing             Available
        [ ] Leistung                                    Web-Performance                Available
            [ ] Komprimierung statischer Inhalte        Web-Stat-Compression           Available
            [ ] Komprimieren dynamischer Inhalte        Web-Dyn-Compression            Available
        [ ] Sicherheit                                  Web-Security                   Available
            [ ] Anforderungsfilterung                   Web-Filtering                  Available
            [ ] Authentifizierung über Clientzertifi... Web-Client-Auth                Available
            [ ] Authentifizierung über IIS-Clientzer... Web-Cert-Auth                  Available
            [ ] Digestauthentifizierung                 Web-Digest-Auth                Available
            [ ] IP- und Domäneneinschränkungen          Web-IP-Security                Available
            [ ] Standardauthentifizierung               Web-Basic-Auth                 Available
            [ ] Unterstützung zentraler SSL-Zertifikate Web-CertProvider               Available
            [ ] URL-Autorisierung                       Web-Url-Auth                   Available
            [ ] Windows-Authentifizierung               Web-Windows-Auth               Available
        [ ] Systemzustand und Diagnose                  Web-Health                     Available
            [ ] HTTP-Protokollierung                    Web-Http-Logging               Available
            [ ] Ablaufverfolgung                        Web-Http-Tracing               Available
            [ ] Anforderungsüberwachung                 Web-Request-Monitor            Available
            [ ] Benutzerdefinierte Protokollierung      Web-Custom-Logging             Available
            [ ] ODBC-Protokollierung                    Web-ODBC-Logging               Available
            [ ] Protokollierungstools                   Web-Log-Libraries              Available
        [ ] Anwendungsentwicklung                       Web-App-Dev                    Available
            [ ] .NET-Erweiterbarkeit 3.5                Web-Net-Ext                    Available
            [ ] .NET-Erweiterbarkeit 4.7                Web-Net-Ext45                  Available
```

Abbildung 15.13 Ein Teil der Rollen der »Webserver«-Rolle

Webanwendungsproxy

Der *Webanwendungsproxy* ist ein Rollendienst, der als Reverse-Proxy verwendet werden kann. Hiermit können Sie Webanwendungen über eine sichere Methode ins Internet (oder andere unsichere Netzwerke) stellen, aber den Webdienst in einem geschützten Netzwerk belassen.

Nach der Installation der Rolle *Webserver* werden auf dem Server im Dateisystem und in der Dienste-Konfiguration Anpassungen vorgenommen. Auf dem Server werden die vier zusätzlichen Dienste aus Tabelle 15.1 installiert.

Name	Kurzname	Beschreibung	Startart
Anwendungshost-Hilfsdienst	AppHostSvc	Stellt Verwaltungsdienste für den Konfigurationsverlauf des IIS bereit.	Wird ausgeführt/automatisch
W3C-Protokollierungsdienst	W3LOGSVC	Stellt die Protokollierung des IIS zur Verfügung. Ist der Dienst nicht gestartet, wird keine Protokollierung vorgenommen.	Gestoppt/manuell
WWW-Publishing-dienst	W3SVC	Stellt Webverbindungen und Webverwaltung mithilfe des Internetinformationsdienste-Managers zur Verfügung.	Wird ausgeführt/automatisch
Windows-Prozess-aktivierungsdienst	WAS	Der *Windows-Prozessaktivierungsdienst (WAS)* bietet Dienste zur Prozessaktivierung, Ressourcenverwaltung und Zustandsverwaltung von Anwendungen mit Nachrichten-unterstützung.	Wird ausgeführt/automatisch

Tabelle 15.1 Dienste des IIS, die nach der Installation verfügbar sind

Die für den automatischen Start konfigurierten Dienste werden beim Starten des Servers automatisch gestartet. Die Dienste, die mit der Startart MANUELL konfiguriert sind, können von Anwendungen oder Ereignissen gestartet werden, wenn sie benötigt werden.

Um den IIS-Dienst neu zu starten, sollten Sie den IIS-Manager verwenden. Alternativ können Sie den Dienst in der Dienstekonsole oder mit dem PowerShell-Cmdlet `Restart-Service W3SVC` neu starten.

Mit der Installation der Rolle wird auf dem Systemlaufwerk (*C:*) die Ordnerstruktur aus Abbildung 15.14 angelegt, die der IIS verwendet, um dort Daten abzulegen und abzurufen.

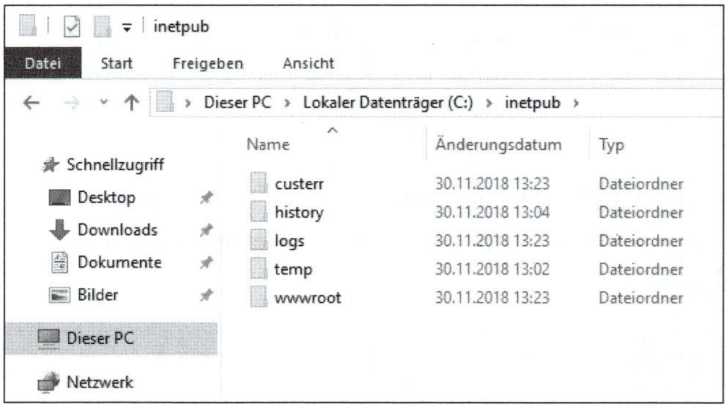

Abbildung 15.14 Diese Ordnerstruktur wird bei der Installation angelegt.

Die »IIS-eigenen« Ordner beinhalten auch den Ordner mit der Standardwebsite. Sie können bei Bedarf zusätzliche Ordner unterhalb des Ordners *inetpub* anlegen:

- *custerr* – In diesem Ordner befinden sich die Fehlermeldungen, die auf einem Client angezeigt werden, der auf den Webserver zugreifen will. Diese Dateien (also die Websites) können bei Bedarf angepasst werden, damit die Fehlermeldungen zusätzliche Hinweise enthalten oder die Meldungen dem »Corporate ID«-Design entsprechen. Die Dateinamen entsprechen den Errorcodes, die zurückgegeben werden.
- *history* – Jede Konfigurationsänderung am IIS wird hier protokolliert. In diesem Ordner wird für jede Änderung ein neuer Ordner in der Form *CFGHISTORY_0000000001* angelegt, in dem die »alten« Konfigurationsdateien abgelegt werden. Dadurch kann eine Historie der IIS-Konfiguration abgerufen werden.
- *logs* – Bei aktivierter Protokollierung werden in diesem Ordner standardmäßig die Log-Dateien abgelegt. Der Pfad kann bei Bedarf angepasst werden.
- *temp* – Gecachter Inhalt des IIS wird in diesem Ordner zwischengespeichert.
- *wwwroot* – Dies ist der Ordner, in dem Websites abgelegt werden können. Hier befindet sich auch die Standardwebsite, die nach der Installation der Rolle aufgerufen werden kann. Zusätzliche Websites können auch in alternativen Ordnern abgelegt werden, oder der Pfad der Standardwebsite kann auf einen anderen Ordner im Dateisystem umgelegt werden. Die Berechtigungen in den jeweiligen Ordnern steuern, wer den Inhalt der Website angezeigt bekommt.

Die Konfiguration des IIS wird im Ordner *%Systemroot%\System32\inetsrv* gespeichert.

15.1.3 Remoteverwaltung des IIS

Soll ein IIS remote verwaltet werden, müssen Rollendienste auf dem System bereitgestellt werden, von dem aus der Server verwaltet werden soll. Dies ist besonders dann notwendig, wenn ein IIS auf einem Core-Server bereitgestellt wird.

Mit den Verwaltungstools können Verbindungen zu mehreren IIS-Servern hergestellt werden. Die PowerShell- oder Kommandozeilenbefehle sind ebenfalls remote ausführbar. Die Rollendienste haben wir bereits in Abschnitt 15.1.2 beschrieben.

Auf dem Verwaltungssystem müssen die Tools (*IIS-Verwaltungskonsole* und/oder *IIS-Verwaltungsskripts und -tools*, siehe Abbildung 15.16) installiert werden, damit die notwendigen Werkzeuge bereitstehen.

Beim Öffnen des *IIS-Managers* wird eine Verbindung zum lokalen IIS-Serverdienst hergestellt – sofern dieser installiert ist. Abbildung 15.15 zeigt die Installation auf einem Administrationsserver (*AdminT1*), der für die Remoteverwaltung verwendet werden soll.

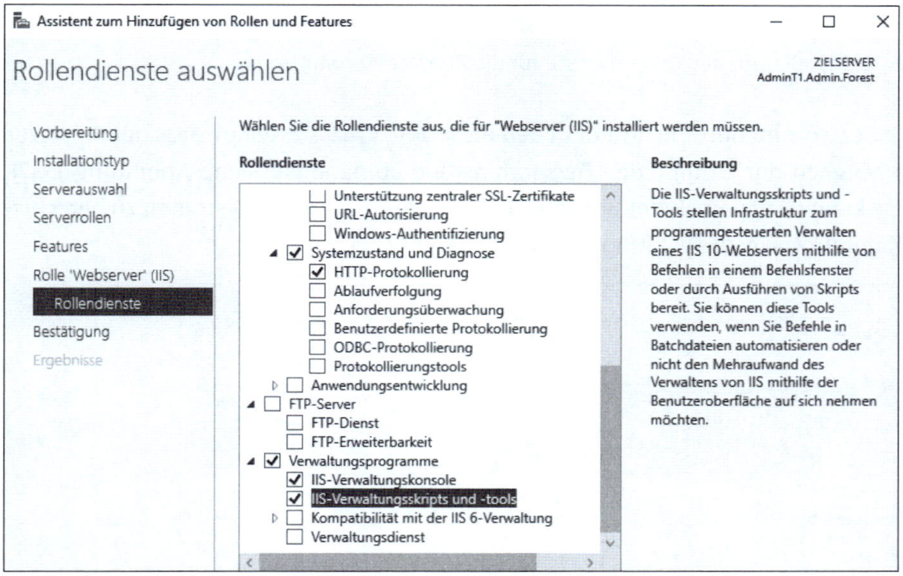

Abbildung 15.15 Deaktivierte Default Web Site auf dem Server, der für die Administration verwendet werden soll.

Wir wollen nun erreichen, dass ein administratives Konto (*1PeterKloep*) Websites auf dem Webserver *AdminWeb01* remote verwalten kann.

Öffnet *1PeterKloep* den IIS-Manager auf dem administrativen Server, wird keine Verbindung zu einem Webserver hergestellt, da auf dem Admin-Server kein IIS installiert ist.

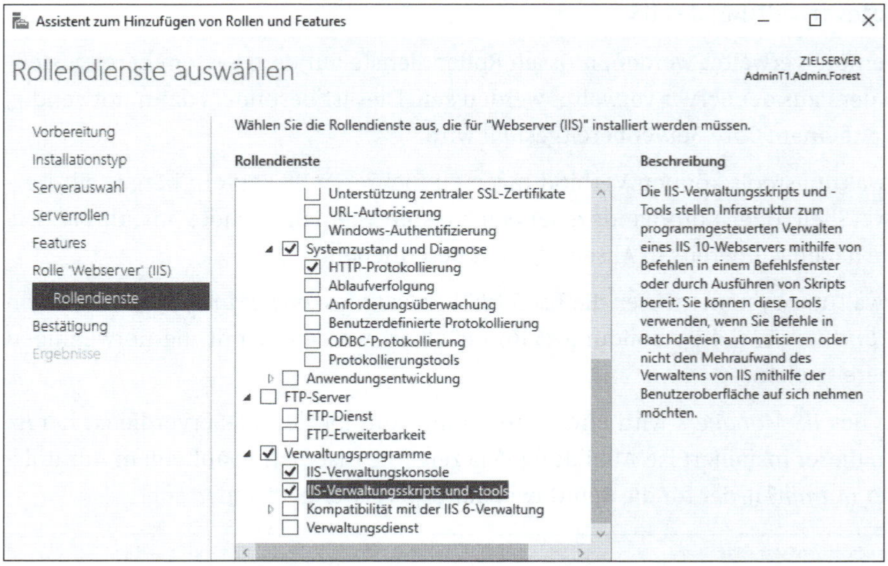

Abbildung 15.16 Installation der Rollendienste für die Remote-Verwaltung

Die Ausgabe der Kommandozeile mit dem Befehl `whoami /groups` zeigt an, dass der Benutzer *1PeterKloep* Mitglied der Gruppe der *Tier1Admins* der Domäne ist (siehe Abbildung 15.17). Diese Gruppe kann dazu verwendet werden, Tier-1-Konten auf Server-Systemen zu berechtigen (siehe Kapitel 22, »Security in und mit Windows Server«).

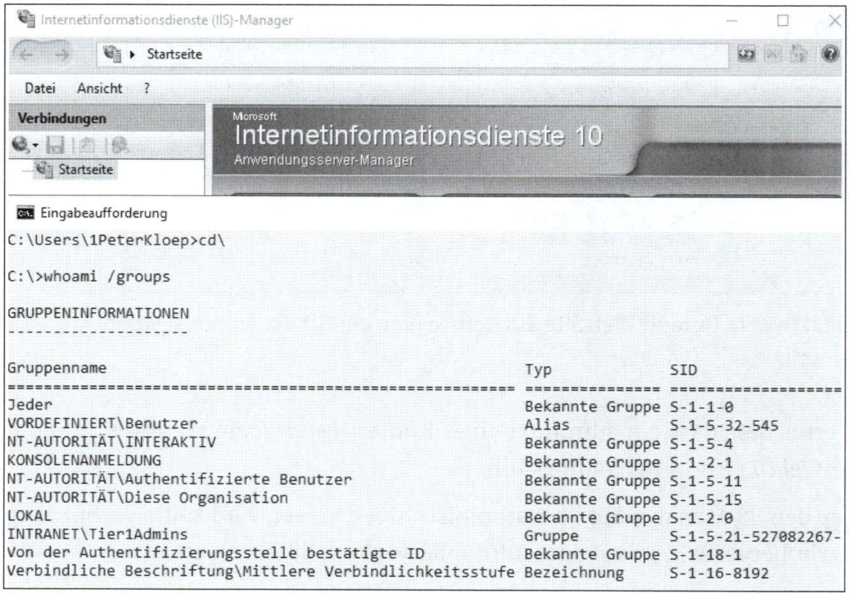

Abbildung 15.17 Aufruf des IIS-Managers und Anzeige der Gruppenmitgliedschaften des administrativen Kontos für die Verwaltung

Um mit dem IIS Websites auf dem Zielsystem zu verwalten, muss das Konto kein Mitglied der Gruppe der lokalen Administratoren sein. Beachten Sie jedoch, dass eventuell im Dateisystem ein Administrator die Berechtigungen anpassen muss, damit der IIS-Admin dort Anpassungen – außerhalb des IIS-Managers – vornehmen kann.

Wenn Sie IIS remote verwalten wollen, muss auf dem Zielsystem die *Windows-Remoteverwaltung* aktiviert sein und die Firewall darf den Datenverkehr für die Remoteverwaltung nicht blockieren.

Auf dem Zielsystem, das verwaltet werden soll, muss der Rollendienst *Verwaltungsdienst* installiert werden, der unterhalb der *Verwaltungsprogramme* zu finden ist (siehe Abbildung 15.18). Dieser Dienst wird verwendet, um die Kommunikation zwischen dem verwaltenden und dem verwalteten System herzustellen.

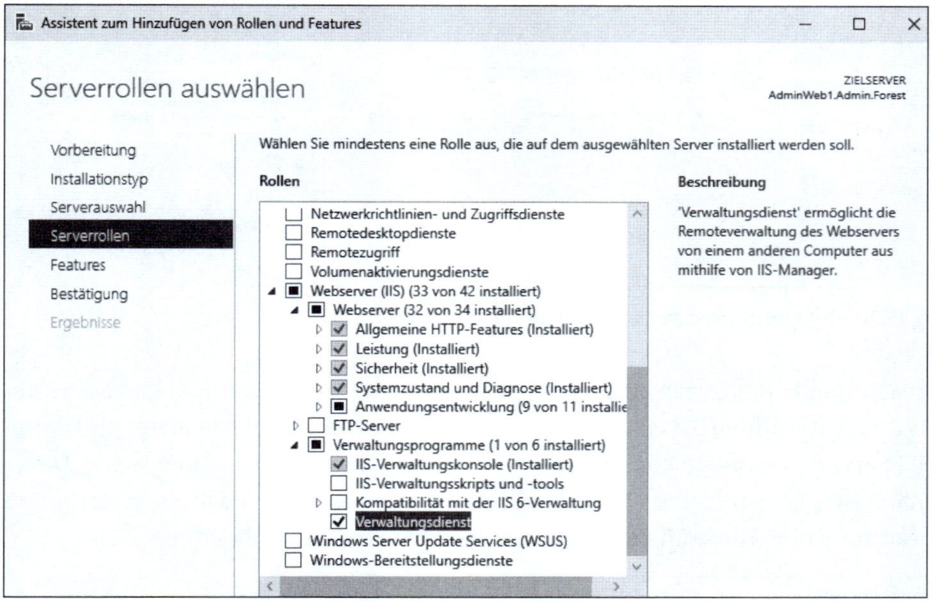

Abbildung 15.18 Installation des Verwaltungsdienstes für den IIS

Neben der Installation der Rolle müssen zusätzlich noch Berechtigungen delegiert werden. Dazu nutzen Sie im IIS-Manager den Menüpunkt IIS-MANAGER-BERECHTIGUNGEN in der Verwaltungskonsole (siehe Abbildung 15.19). Eine Delegierung von Rechten auf der Serverebene ist jedoch nicht möglich. Die Berechtigungen können nur auf den Websites unterhalb von Sites delegiert werden.

Die im IIS-Manager angezeigte Warnung besagt, dass Rechte nicht auf Serverebene delegiert werden können. Wenn Sie unterhalb von SITES auf eine Website (DEFAULT WEB SITE) wechseln, können Sie über die Verwaltungskonsole einem Benutzer oder einer Gruppe Rechte zuweisen (siehe Abbildung 15.20).

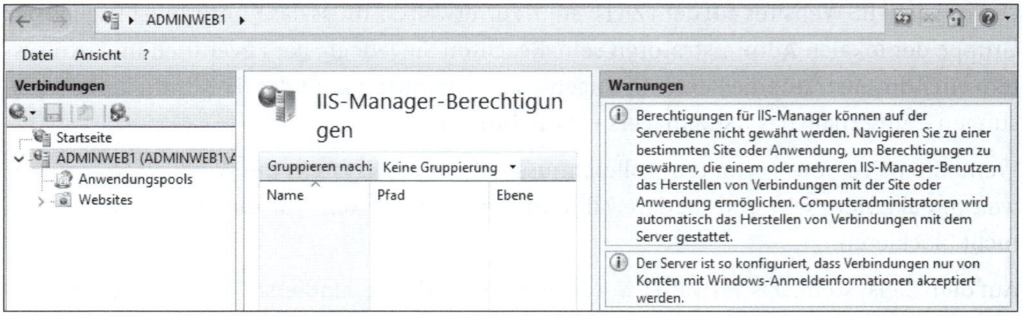

Abbildung 15.19 Hier wird versucht, Rechte auf Serverebene zu delegieren.

Abbildung 15.20 Delegation von Rechten auf der »Default Web Site«

Über den Menüpunkt BENUTZER ZULASSEN ... in den IIS-Manager-Berechtigungen (siehe Abbildung 15.20 rechts) öffnen Sie ein Fenster, in dem Sie entweder lokale Benutzer und Gruppen des IIS-Servers auswählen können oder – wenn der Server Mitglied einer Active Directory-Domäne ist – Benutzer und Gruppen aus der eigenen Domäne oder einer vertrauten Domäne (Admin-Forest) auswählen und berechtigen können (siehe Abbildung 15.21).

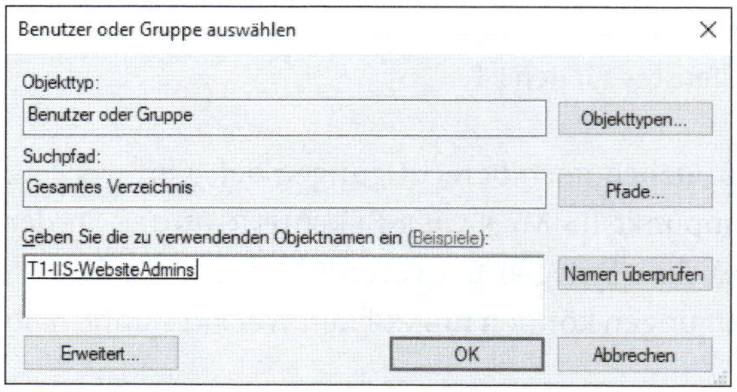

Abbildung 15.21 Auswahl der Gruppe für die Delegation der Rechte

Nach dem Delegieren der Rechte müssen Sie zusätzlich noch die »generelle« Remoteverwaltung aktivieren. Dazu können Sie mit dem VERWALTUNGSDIENST (wie in Abbildung 15.22 gezeigt) die Remote-Verwaltung zulassen.

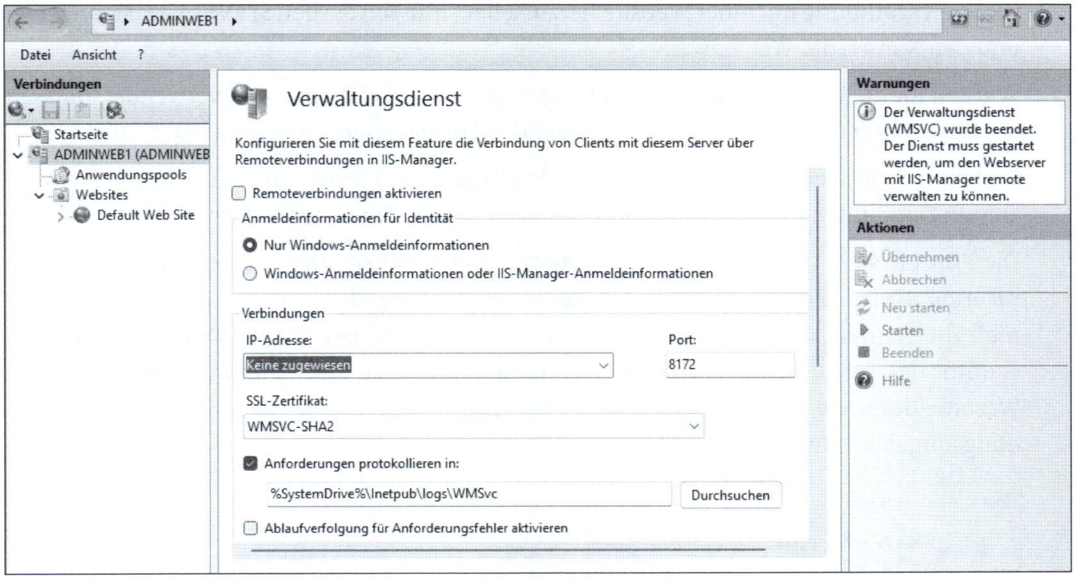

Abbildung 15.22 Aktivierung der Remoteverwaltung

Nach der erfolgten Delegation kann vom Admin-Server aus die Verbindung hergestellt werden. Dazu klicken Sie im IIS-Manager auf die Option MIT EINER SITE VERBINDEN (siehe Abbildung 15.23). Um Serverfunktionen zu verwalten, klicken Sie auf die Option MIT EINEM SERVER VERBINDEN. Dazu benötigen Sie jedoch lokale Admin-Rechte auf dem Zielsystem.

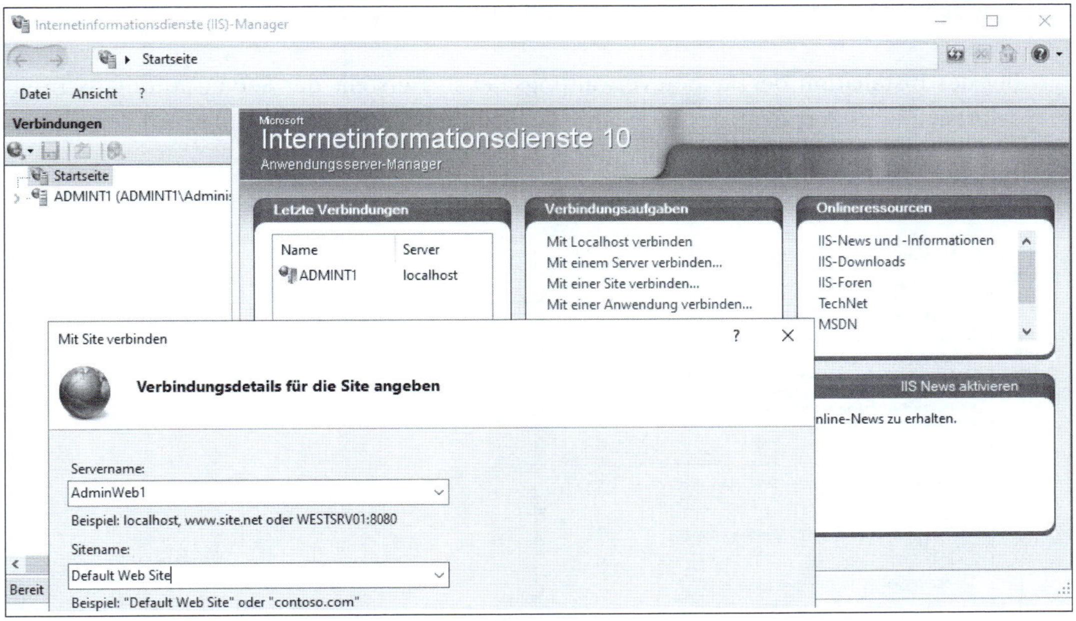

Abbildung 15.23 Auswahl des Ziels für den Verbindungsaufbau

Um die Verbindung mit einer Website herzustellen, müssen Sie den SERVERNAMEN angeben und den Namen der Website.

Wurden für die Website andere Ports als die Standardports (80 bzw. 443) verwendet, müssen Sie diese hinter dem Servernamen im folgenden Format angeben: `<Servername>:<Port>`.

Sie können das Zielsystem entweder über den Kurznamen (Hostname) oder den vollqualifizierten Domänennamen *(FQDN, Fully Qualified Domain Name)* hinterlegen.

Die Konsole stellt nun eine Verbindung zum Zielsystem her. Zur Absicherung der Kommunikation wird ein Zertifikat verwendet, das automatisch auf dem IIS bereitgestellt wird. Stimmen die Namen auf dem Zertifikat nicht mit dem Wert bei SERVERNAME überein oder stammt das Zertifikat nicht von einer vertrauenswürdigen Zertifizierungsstelle, wird eine Warnmeldung wie in Abbildung 15.24 angezeigt, die Sie bestätigen müssen, bevor die Verbindung aufgebaut werden kann.

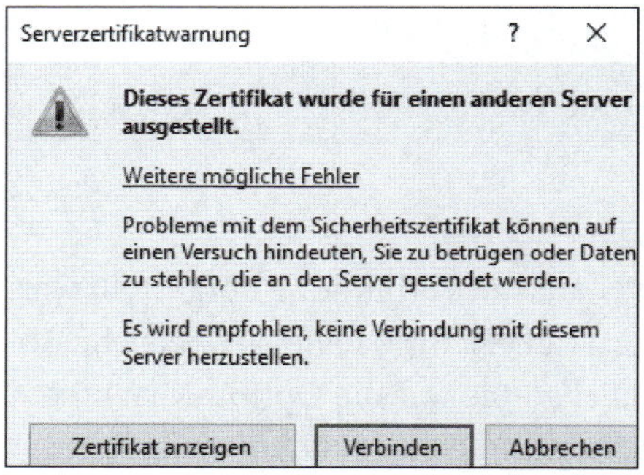
Serverzertifikatwarnung
Dieses Zertifikat wurde für einen anderen Server ausgestellt.
Weitere mögliche Fehler
Probleme mit dem Sicherheitszertifikat können auf einen Versuch hindeuten, Sie zu betrügen oder Daten zu stehlen, die an den Server gesendet werden.
Es wird empfohlen, keine Verbindung mit diesem Server herzustellen.
Zertifikat anzeigen
Verbinden
Abbrechen

Abbildung 15.24 Zertifikatwarnung bei der Verbindung zum Remoteserver

Bei der Installation des Remoteverwaltungsdienstes erstellt der Server automatisch ein selbstsigniertes Zertifikat, das zehn Jahre lang gültig ist. Ausgestellt wird es auf den Namen `WMSvc-SHA2-<Hostname>` (siehe Abbildung 15.25).

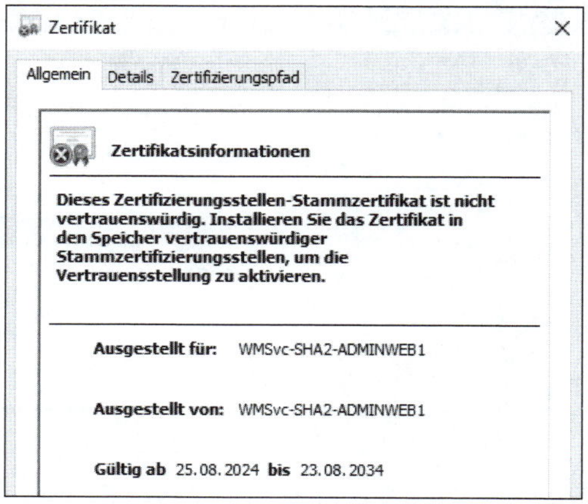
Zertifikat
Allgemein
Details
Zertifizierungspfad
Zertifikatsinformationen
Dieses Zertifizierungsstellen-Stammzertifikat ist nicht vertrauenswürdig. Installieren Sie das Zertifikat in den Speicher vertrauenswürdiger Stammzertifizierungsstellen, um die Vertrauensstellung zu aktivieren.
Ausgestellt für: WMSvc-SHA2-ADMINWEB1
Ausgestellt von: WMSvc-SHA2-ADMINWEB1
Gültig ab 25.08.2024 bis 23.08.2034

Abbildung 15.25 Anzeigen der Zertifikateigenschaften

Wenn Sie diese Zertifikatwarnung vermeiden möchten, können Sie auf dem IIS ein Server-Authentifizierungs-Zertifikat von einer vertrauenswürdigen Zertifizierungsstelle registrieren und das vertrauenswürdige Zertifikat mithilfe des IIS-Managers unter dem Knotenpunkt VERWALTUNGSDIENST hinterlegen. Nach einem Neustart des Verwaltungsdienstes ist das Zertifikat dann im Dienst aktiv und wird verwendet. Dadurch können beim Remote-Zugriff für die Administration Warnmeldungen wie die in Abbildung 15.24 vermieden werden.

Sollten Sie auch nach dem Ausstellen eines neuen Zertifikats eine Warnmeldung beim Zugriff angezeigt bekommen, können Sie sich über die Option ZERTIFIKAT ANZEIGEN den Grund für die Warnung anzeigen lassen. Gründe können ein falscher Name, ein abgelaufenes Zertifikat oder die Verwendung einer nicht vertrauenswürdigen Zertifizierungsstelle sein.

Nachdem die Verbindung hergestellt wurde, können Sie die Funktionen verwenden, die auf dem Zielsystem installiert sind (siehe Abbildung 15.26).

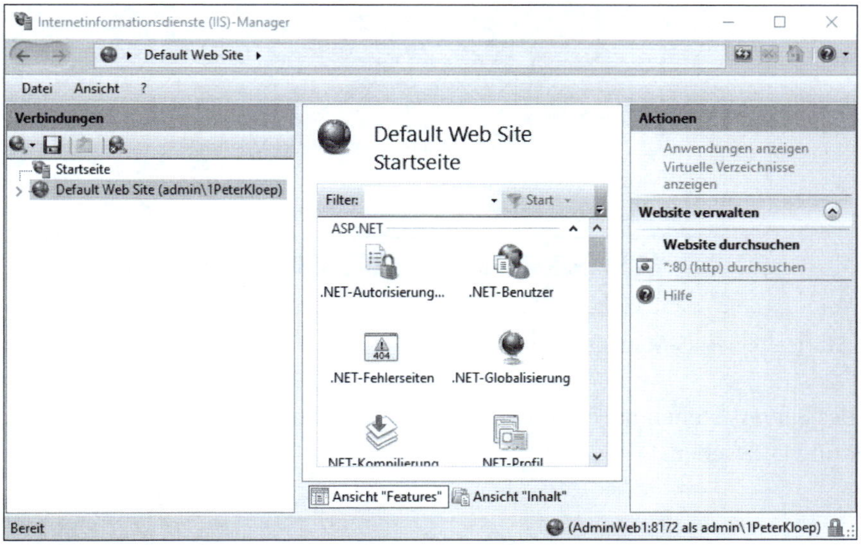

Abbildung 15.26 Erfolgreiche Verbindung zu einem (Remote-)IIS-Server

Sollten Dateien im Dateisystem des IIS bearbeitet werden, müssen Sie hierfür einen alternativen Weg schaffen. Dies können das Windows Admin Center, ein Netzwerkshare oder die PowerShell sein.

15.2 Konfiguration des IIS

Mithilfe der Verwaltungstools können Sie den IIS konfigurieren. Die Oberfläche des IIS-Managers wurde mit der Einführung von Windows Server 2008 komplett überarbeitet und stark vereinfacht.

Auf der linken Seite der Konsole (siehe Abbildung 15.27) sind der Server, die Anwendungspools und die eingerichteten Websites aufgelistet. Im mittleren Fenster werden – abhängig von der Auswahl des Knotens im Fenster VERBINDUNGEN – die vorhandenen Konfigurationssymbole angezeigt. Im AKTIONEN-Bereich (siehe Abbildung 15.26) stehen abhängig vom ausgewählten Objekt unterschiedliche Operationen zur Verfügung, die auf dem Objekt ausgeführt werden können.

Die Startseite des IIS bietet die Möglichkeit, eine Remoteverbindung herzustellen, und listet die zuletzt verwendeten Verbindungen auf (siehe Abbildung 15.27). Zusätzlich gibt es hier Links zu verschiedenen Online-Ressourcen.

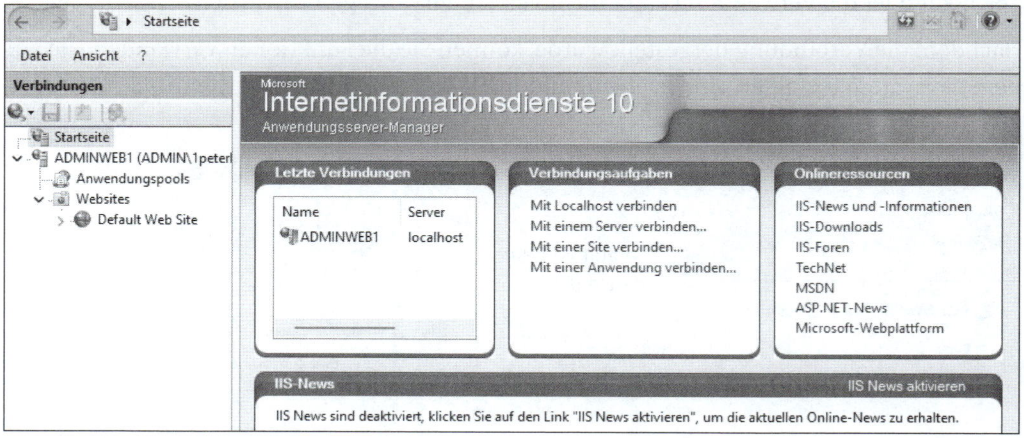

Abbildung 15.27 Startseite des IIS-Managers

Auf der Ebene des Servers stehen bei einer Grundinstallation die Optionen zur Verfügung, die Sie in Abbildung 15.28 sehen.

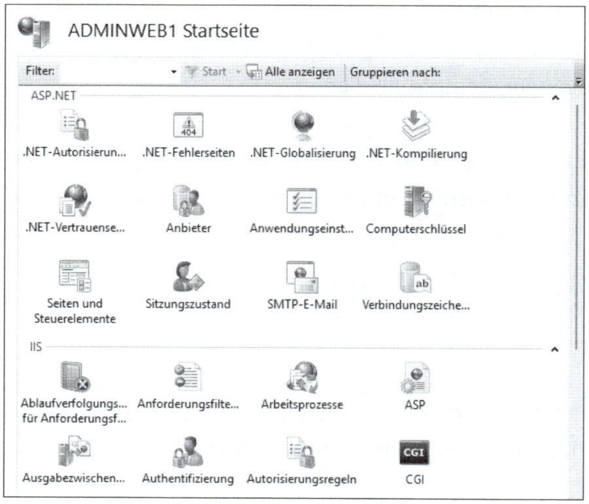

Abbildung 15.28 Übersicht der Features im IIS-Manager

Navigation im IIS-Manager

Mit den Pfeiltasten in der oberen linken Ecke des IIS-Managers können Sie zur Übersicht der Features zurückkehren.

- ANFORDERUNGSFILTERUNG – Die Anforderungsfilterung bietet Ihnen die Möglichkeit, den Zugriff auf den Webserver zu beschränken. Sie können Regelwerke hinterlegen, die bestimmen, welche Inhalte zugelassen oder blockiert sind. Sie können diese Regeln basierend auf Dateierweiterungen, Headerinformationen, der URL, HTTP-Verben oder definierten Abfragezeichenfolgen festlegen (siehe Abbildung 15.29). Dadurch können Sie bestimmte HTTP-Funktionen unterbinden.

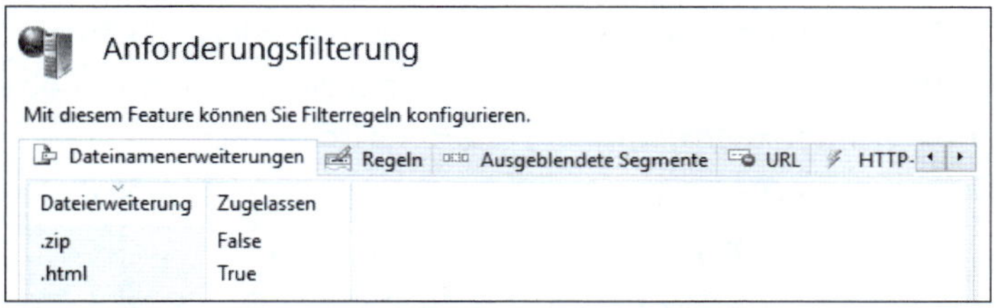

Abbildung 15.29 Ansicht der Anforderungsfilterung

- ARBEITSPROZESSE – Die Option ARBEITSPROZESSE listet die Arbeitsprozesse des Webservers auf. Hier werden der verwendete Anwendungspool (der Bereich, in dem die Anwendung ausgeführt wird), die Prozess-ID und die verwendeten Ressourcen aufgelistet. Bei diesem Feature handelt es sich um eine reine Ansicht: Hier können keine Aktionen ausgeführt werden.
- AUSGABEZWISCHENSPEICHERUNG – Die Ausgabezwischenspeicherung steuert das Caching-Verhalten des IIS. Sie können hier Regeln definieren, wie lange der Dienst die gespeicherten Website-Informationen im Arbeitsspeicher vorhält, bevor sie erneut vom Datenträger geladen werden. Dadurch kann die Antwortgeschwindigkeit des Dienstes beeinflusst werden.
- AUTHENTIFIZIERUNG – Das Feature *Authentifizierung* bietet die Möglichkeit, installierte Authentifizierungsprotokolle für den Server bzw. für einzelne Websites zu aktivieren oder zu deaktivieren.
- FEHLERSEITEN – Über die Fehlerseiten können Sie eine Verknüpfung zwischen einem Error-Code und der angezeigten Fehlerseite konfigurieren. Die Fehler-Websites liegen im Ordner *%SystemDrive%\inetpub\custerr* und können durch Anlegen von Ordnern im Language-Format (de-DE oder en-US) für verschiedene Sprachen bereitgestellt werden. Ausschlaggebend ist die Sprache des Clients, der die Verbindung aufbaut.
- HANDLERZUORDNUNG – Handlerzuordnungen steuern, wie Anwendungen (DLLs oder verwalteter Code) Antworten auf bestimmte Anfragen zurücksenden.

- HTTP-ANTWORTHEADER – Hier können Sie Antworten des Webservers anpassen, die an Clients zurückgesendet werden (z. B. zur Identifizierung des Servertyps). Dies kann dann notwendig sein, wenn Sie die Pfade von Websites ändern möchten, bevor Sie sie in das Internet veröffentlichen bzw. sie aus dem Internet zugänglich machen.
- KOMPRIMIERUNG – Unter KOMPRIMIERUNG definieren Sie, welche Inhalte (statisch und/oder dynamisch) vor der Übertragung komprimiert werden, um Bandbreite zu sparen. Dabei können Sie die minimale Dateigröße festlegen, ab der Dateien komprimiert werden. Server- und clientseitig bedeutet die Komprimierung einen erhöhten Rechenbedarf.
- MIME-TYP – Das Kürzel *MIME* steht für *Multipurpose Internet Mail Extensions* und definiert ursprünglich das Datenformat von E-Mails. Im IIS wird mit dieser Option eine Dateierweiterung an einen Dateityp gebunden. Dadurch können Sie steuern, wie sich ein Client verhält, wenn bestimmte Dateien auf dem Webserver aufgerufen werden. So können Sie zum Beispiel bestimmen, ob der Inhalt einer Datei im Browser angezeigt wird oder ob auf dem Client der Dialog zum Herunterladen der Datei gestartet wird.
- MODULE – Das Feature *Module* listet alle geladenen Module des IIS auf und bietet die Möglichkeit, Module zu entfernen oder zusätzliche Module zu installieren.
- PROTOKOLLIERUNG – Über die Option PROTOKOLLIERUNG definieren Sie, ob Sie pro Website oder (nur) für den Server protokollieren wollen. Als Formate stehen IIS, NCSA und W3C zur Verfügung. Alternativ können Sie benutzerdefinierte Formate festlegen, die Ihren Anforderungen entsprechen.
- SERVERZERTIFIKATE – Das Feature *Serverzertifikate* listet die auf dem System vorhandenen Webserverzertifikate auf. Hier können Sie auch selbstsignierte Zertifikate erstellen, eine Anforderung erstellen bzw. abschließen und ein Domänenzertifikat erstellen.

  Möchten Sie ein Zertifikat mit einem alternativen Antragstellernamen anfordern, sollten Sie die Verwaltungskonsole für die Zertifikate des lokalen Computers verwenden (`certlm.msc`).
- STANDARDDOKUMENT – Das Feature *Standarddokument* steuert die Dateinamen und die Reihenfolge der Dateien, die aus dem Ordner der Website geladen und bereitgestellt werden, wenn der Client keinen Dateiennamen im Request mitbringt.
- VERZEICHNIS DURCHSUCHEN – Befindet sich kein Standarddokument im Verzeichnis der Website, wird ein HTTP-Fehler angezeigt. Sollen die dort vorhandenen Dateien aufgelistet werden und soll der Benutzer eine beliebige Datei auswählen können, kann die Option VERZEICHNIS DURCHSUCHEN aktiviert werden.
- DELEGIERUNG VON FEATURES – Das Delegieren von Features bietet die Möglichkeit, Konfigurationsvorgaben vom Server auf Websites »durchzudrücken« oder auf einer Website die »Vererbung« von übergeordneten Elementen zu deaktivieren.
- KONFIGURATIONS-EDITOR – Im *Konfigurations-Editor* finden und bearbeiten Sie alle zusätzlichen Konfigurationsoptionen des IIS, für die es kein eigenes Konfigurationsfeature gibt.

- Shared Configuration – Die *Shared Configuration* (dt. *verteilte Konfiguration*) ist eine Möglichkeit, einen physischen Pfad zu einem Laufwerk zu hinterlegen, von dem der IIS die Konfigurationen laden kann. Dadurch können Sie für mehrere Server zentrale Konfigurationsdateien hinterlegen, die beim Starten des Dienstes oder einer Website geladen werden.
- IIS-Manager Benutzer – Hier können Sie lokale Benutzer im IIS anlegen und diese Konten berechtigen.
- IIS-Manager Berechtigungen – Über diese Option können Sie die Berechtigungen im IIS delegieren, sofern das Feature installiert wurde.
- Verwaltungsdienst – Über den Verwaltungdienst kann die Remote-Verwaltung des IIS aktiviert und konfiguriert werden.

Der Knotenpunkt Anwendungspools (*Application Pools*, siehe Abbildung 15.27 und Abbildung 15.30) listet die vorhandenen Anwendungspools auf. Durch den Einsatz dieser Pools können Sie die vom IIS verwendeten Ressourcen voneinander trennen. Eine Website oder eine Anwendung kann einem Pool zugeordnet werden, und Sie können einem Pool Rechnerressourcen zuweisen. Dadurch kann erreicht werden, dass eine Website immer noch funktioniert, obwohl eine andere Website auf dem Server durch Fehlkonfiguration alle Ressourcen verwenden möchte.

Zusätzlich können Sie für einen Anwendungspool definieren, mit welchen Parametern (*Common Language Runtime*-Version) er arbeitet. Sie können verschiedene Konten hinterlegen, mit denen ein Pool ausgeführt wird. Dies ist sinnvoll, wenn zum Beispiel Zugriff auf externe Ressourcen gewährt werden muss – also auf Ressourcen, die sich nicht auf dem Webserver befinden.

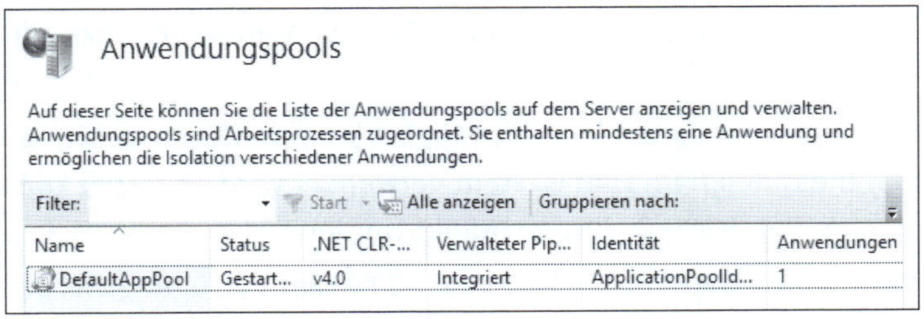
Anwendungspools
Auf dieser Seite können Sie die Liste der Anwendungspools auf dem Server anzeigen und verwalten. Anwendungspools sind Arbeitsprozessen zugeordnet. Sie enthalten mindestens eine Anwendung und ermöglichen die Isolation verschiedener Anwendungen.
Filter:
Start
Alle anzeigen
Gruppieren nach:
Name
Status
.NET CLR-...
Verwalteter Pip...
Identität
Anwendungen
DefaultAppPool
Gestart...
v4.0
Integriert
ApplicationPoolId...
1

Abbildung 15.30 Auflisten der Anwendungspools

Für einen Anwendungspool muss ein Konto hinterlegt werden, in dessen Kontext die Prozesse gestartet werden. Ist die Domänenumgebung für die Verwendung eines *gruppenverwalteten Dienstkontos* (*gMSA*, siehe Abschnitt 7.6) vorbereitet, kann für den IIS-Anwendungspool ein solches Konto verwendet werden. Dadurch kann ein Anwendungspool auf mehreren Systemen unter dem gleichen Kontext ausgeführt werden, ohne dass Sie sich um die Kennwortverwaltung des Kontos Gedanken machen müssen. gMSAs wechseln alle 30 Tage ihr Kennwort und übertragen die Änderung an alle Systeme, die das Konto verwenden.

15.2.1 Websites und virtuelle Verzeichnisse erstellen

Beim Erstellen neuer Inhalte für einen Webserver wird zwischen *Websites* und *virtuellen Verzeichnissen* unterschieden.

Eine neue Website kann auf einen anderen Namen, eine andere IP-Adresse oder einen anderen Port »horchen«, wogegen ein virtuelles Verzeichnis als Unterordner einer bestehenden Website verstanden werden kann. Für den Client unterscheidet sich eine Website von einem virtuellen Verzeichnis durch die Adresse, die der Nutzer eingeben muss: *http://<Name des Servers>* greift in aller Regel auf eine Website zu, wogegen *http://<Name des Servers>/<Name des virtuellen Verzeichnisses>* auf ein virtuelles Verzeichnis zugreift.

Virtuelle Verzeichnisse verwenden den gleichen Anwendungspool – und damit den gleichen Ressourcenpool – wie die übergeordnete Website.

Zum Hinzufügen einer neuen Website können Sie entweder den IIS-Manager verwenden oder das PowerShell-Cmdlet `New-Website` oder das Kommandozeilentool `Appcmd`, das sich im Installationsordner der IIS-Dateien (*%Systemroot%\System32\inetsrv*) befindet.

Beim Hinzufügen einer neuen Website müssen Sie einige Parameter definieren, die für die Website verwendet werden (siehe Abbildung 15.31):

- Sitename – Der Sitename ist der Anzeigename der Website auf dem IIS. Dieser Name dient zum »Auffinden« der Site in den Verwaltungstools und hat keinen Einfluss darauf, wie die Website zu erreichen ist oder welchen Inhalt die Clients angezeigt bekommen.
- Anwendungspool – Eine neue Website verwendet den *DefaultAppPool*. Mithilfe von Auswählen können Sie diesen Anwendungspool ändern, sofern Sie die Website in einem anderen Anwendungspool laufen lassen möchten.
- Physischer Pfad – Der physische Pfad legt fest, wo die Dateien für die Website auf dem Server abgelegt sind. Die Berechtigungen auf dem Ordner im Dateisystem steuern, wer die Inhalte sehen darf.
- Verbinden als – Die Option Verbinden als bietet die Möglichkeit, ein Konto zu hinterlegen, das für den Zugriff auf die Dateien im Dateisystem verwendet wird. Dadurch können die Berechtigungen auf dem Dateisystem eingeschränkt werden.
- Bindung • Typ – Für den Verbindungstyp stehen HTTP und HTTPS zur Verfügung. Bei der Auswahl von HTTPS werden zusätzliche Optionen eingeblendet.
- Bindung • IP-Adresse – Über die IP-Adresse in der Bindung können Sie festlegen, welche IP-Adresse für die Website verwendet wird. Standardmäßig ist hier Keine zugewiesen ausgewählt, was bedeutet, dass alle Adressen verwendet werden, die nicht explizit anderen Sites zugewiesen sind.

All unassigned

Wenn Sie das englische Sprachpaket installiert haben, wird an dieser Stelle All unassigned – also alle nicht (explizit) zugewiesenen Adressen – angezeigt.

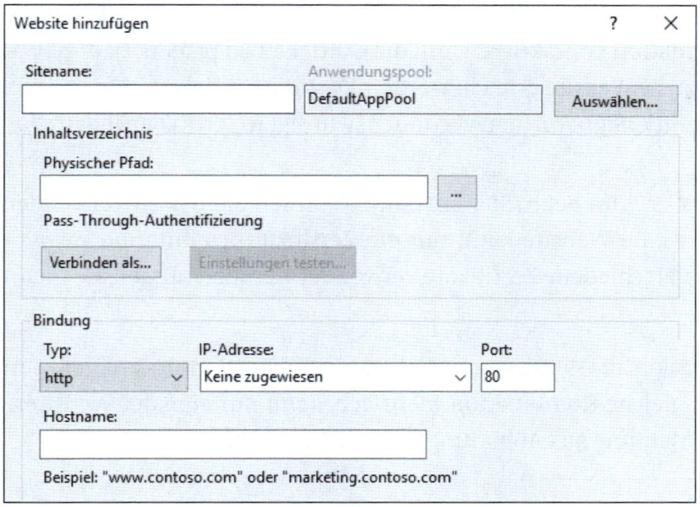

Abbildung 15.31 Erstellen einer neuen Website

- BINDUNG • PORT – Der Port definiert, über welchen Zielport die Website bereitgestellt wird. Hier werden Port 80 (HTTP) und Port 443 (HTTPS) angeboten. Wenn Sie einen anderen Port auswählen, müssen Sie darauf achten, dass der Port von keiner anderen Applikation auf diesem Server verwendet wird, dass die Clients beim Zugriff auf die Website den Port mit angeben (*http://Servername:Port*) und dass die Firewall des Systems den Zugriff über diesen Port zulässt.
- BINDUNG • HOSTNAME – Über den Hostnamen (Hostheader) können Sie anhand des Namens, den der Client zwischen dem *http://* und dem nächsten / eingibt, festlegen, welche Website angezeigt wird. Dadurch können Sie auf einem IIS unter der gleichen IP-Adresse und dem gleichen Port mehrere Websites bereitstellen.
- BINDUNG • SNI (SERVER NAME INDICATION ERFORDERLICH) – Wurde HTTPS als Protokoll ausgewählt, steht die Auswahl zur Erzwingung der *Server Name Indication* zur Verfügung. Mit dieser Option sendet der Client beim Aufbau der SSL-Verbindung im *Client-Hello* den Servernamen mit, auf den er zugreifen möchte. Dadurch ist es möglich, dass der Webserver dem Client direkt das richtige – der Website zugewiesene – Zertifikat präsentiert. SNI wird in Browsern, die auf Windows-Betriebssystemen laufen, seit Windows Vista unterstützt. Wenn Sie die Option aktivieren, muss der Client diese Information liefern.
- BINDUNG • HTTP/2 DEAKTIVIEREN – HTTP/2 (oder auch HTTP/2.0) ist die Weiterentwicklung des *Hypertext Transfer Protocols 1.1*. Das neue Protokoll ist beim IIS automatisch aktiviert und kann für Websites deaktiviert werden. Das neue – und schnellere – Protokoll ist in allen gängigen Browsern implementiert.
- BINDUNG • OCSP STAPLING DEAKTIVIEREN – Das *Online Certificate Status Protocol (OCSP)* ist ein Protokoll, mit dem die Gültigkeit von Zertifikaten geprüft werden kann. Beim *OCSP Stapling* lädt der Webserver die Sperrinformationen von der im Zertifikat hinterlegten

Adresse und liefert die Informationen an den Client. Der Client muss nicht selbst den Verteilpunkt der Sperrinformation kontaktieren, um die Gültigkeit zu prüfen. Dadurch kann ein schnellerer Zugriff auf die Website erreicht werden. Dass die Gültigkeitsinformationen korrekt sind, wird durch die Signatur der vertrauenswürdigen Zertifizierungsstelle gewährleistet.

- BINDUNG • SSL-ZERTIFIKAT – Im Feld SSL-ZERTIFIKAT können Sie das zu verwendende Zertifikat auswählen. Für eine Website kann nur ein Zertifikat pro Bindung verwendet werden. Sollen mehrere verschiedene Zertifikate verwendet werden, müssen Sie mehrere Bindungen erstellen.

Eine *Bindung* – die Kombination aus IP-Adresse, Hostheader und Port – muss auf dem Server einmalig sein. Existiert die gleiche Kombination mehrfach, kann nur eine der Websites gestartet werden, worauf die Meldung aus Abbildung 15.32 Sie hinweist.

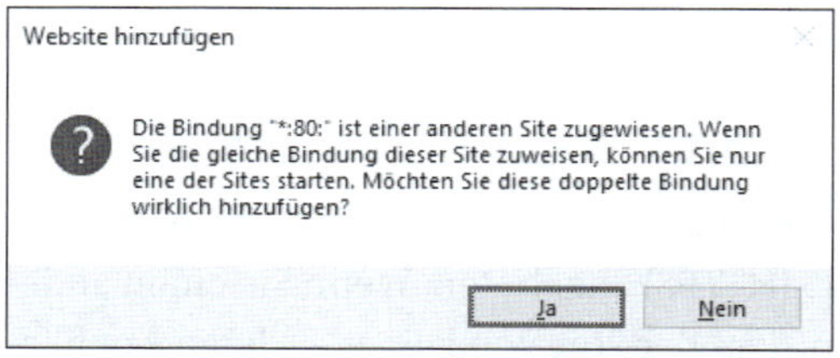
Website hinzufügen
Die Bindung "*:80:" ist einer anderen Site zugewiesen. Wenn Sie die gleiche Bindung dieser Site zuweisen, können Sie nur eine der Sites starten. Möchten Sie diese doppelte Bindung wirklich hinzufügen?
Ja
Nein

Abbildung 15.32 Bei einer doppelten identischen Bindung kann die Website nicht gestartet werden.

In Abbildung 15.33 sehen Sie, dass die Website *crl* nicht gestartet ist. (Sie erkennen das an dem schwarzen Quadrat in der Weltkugel.) Soll diese Site gestartet werden, müssen Sie entweder die Bindung anpassen oder diejenige(n) Website(s) deaktivieren oder anpassen, die die konkurrierende Bindung verwendet bzw. verwenden.

Vorsicht beim Auflösen der Bindungen

Prüfen Sie, bevor Sie eine Bindung anpassen, ob die Website für Anwendungen genutzt wird, die nach einer Änderung der Bindung nicht mehr funktionieren (z. B. SharePoint)!

Auf der neu angelegten Website stehen ebenfalls – wie auf Serverebene – Konfigurationsfeatures zur Verfügung. Diese Einstellungen gelten dann nur für diese Website und die darunter liegenden virtuellen Verzeichnisse.

Die Änderungen an den Features einer Website oder eines virtuellen Verzeichnisses werden in einer Datei mit dem Namen *web.config* im jeweiligen Ordner der Website gespeichert (siehe Abbildung 15.34). Dadurch kann eine Sicherung und Wiederherstellung der Einstellungen sehr schnell und einfach erfolgen.

Virtuelle Verzeichnisse können Sie unterhalb einer Website oder unterhalb eines virtuellen Verzeichnisses anlegen (siehe Abbildung 15.35).

Abbildung 15.33 Für die gestoppte Seite »crl« stehen Konfigurationsfeatures zur Verfügung.

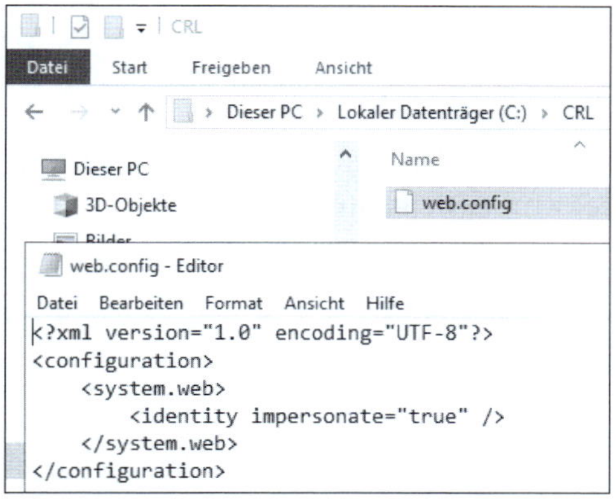

Abbildung 15.34 Die »web.config«-Datei im Ordner der Website

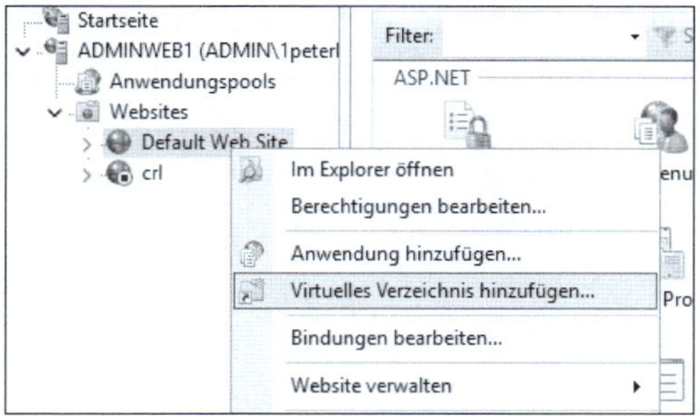

Abbildung 15.35 Erstellen eines virtuellen Verzeichnisses (1)

Zum Erstellen können Sie alternativ auch das Tool `Appcmd` und das PowerShell-Cmdlet `New-WebVirtualDirectory` verwenden. Wenn Sie VIRTUELLES VERZEICHNIS HINZUFÜGEN verwenden (siehe Abbildung 15.36), müssen Sie bei der Einrichtung einen ALIAS (den Namen, unter dem der Inhalt erreichbar ist) und den physischen Pfad zu den Dateien auf dem Webserver hinterlegen. Optional kann für die PASS-THROUGH-AUTHENTIFIZIERUNG ein Konto hinterlegt werden, das für den Zugriff auf das Dateisystem verwendet wird.

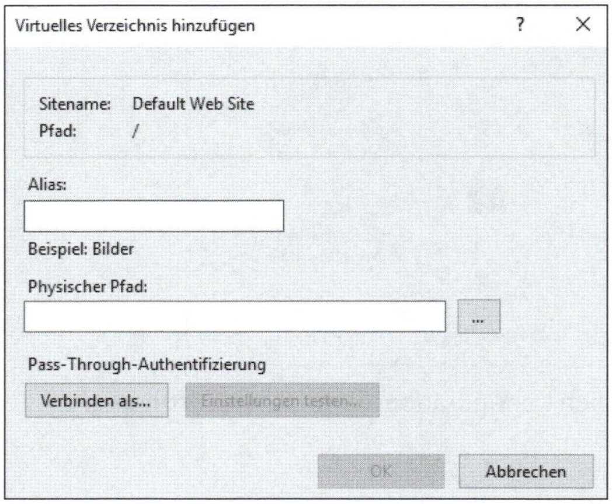

Abbildung 15.36 Erstellen eines virtuellen Verzeichnisses (2)

Ein Client greift nun über die Adresse *http://W2K-WEB02/Unterseite* auf das virtuelle Verzeichnis zu, sofern die Standardbindung verwendet wurde (siehe Abbildung 15.37).

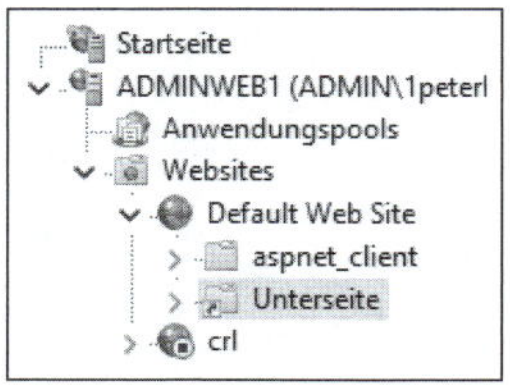

Abbildung 15.37 Anzeige des virtuellen Verzeichnisses

Virtuelle Verzeichnisse sind einfacher zu verwalten als zusätzliche Websites, da für sie keine zusätzlichen Bindungen erstellt werden müssen. Der Nachteil der virtuellen Verzeichnisse ist, dass ihnen keine einzelnen Anwendungspools – und damit dedizierte Ressourcen – zugeordnet werden können. Fällt eine Website aus (indem sie gestoppt wird oder weil der Anwendungspool »hängt«), fallen auch alle virtuellen Verzeichnisse dieser Website aus.

15.3 Absichern des Webservers

Wenn Sie einen IIS betreiben, sollten Sie ihn entsprechend der Anforderungen möglichst sicher konfigurieren. Dazu gehören der Einsatz von Zertifikaten zur Absicherung der Kommunikation, aber auch das Deaktivieren von nicht benötigten Authentifizierungsprotokollen.

15.3.1 Authentifizierungsprotokolle

Der IIS unterstützt zahlreiche Authentifizierungsprotokolle. Für die interne Verwendung – also für Zugriffe von Benutzern, die sich intern an der Active Directory-Domäne authentifiziert haben – sollten Sie die Windows-Authentifizierung verwenden. Dazu müssen Sie, nachdem Sie den Rollendienst installiert haben, über das Feature *Authentifizierung* das Protokoll aktivieren.

Zusätzlich müssen Sie sicherstellen, dass die Adresse des Webservers auf den Clients zur Internet Explorer-Zone LOKALES INTRANET zeigt. Dazu können Sie die Adresse (oder den Domänennamen) manuell, per GPO oder über ein Konfigurationsskript auf dem Proxy-Server hinterlegen. Nur wenn der Client die Adresse in dieser Zone gelistet hat, wird er die Windows-Authentifizierung für den Zugriff auf die Website verwenden. Dazu wird er ein Kerberos-Ticket anfordern und an den Webserver übermitteln.

Die Betriebssysteme haben einen konfigurierten Maximalwert für die Größe von Kerberos-Tickets (ab Windows 8 ist der MaxTokenSize-Wert 48000). Dadurch wird festgelegt, welche Ticketgröße der Client speichern kann. Parallel dazu verwenden die Domänencontroller diesen Wert, um die maximale Größe der Tickets zu definieren, die die Domänencontroller ausstellen. Wird die maximal mögliche Ticketgröße überschritten (siehe Kapitel 5), kommt es zu Problemen bei der Anmeldung über Kerberos: Dann fehlen Gruppen oder es wird kein Ticket erstellt.

Damit nun ein Webserver Kerberos-Tickets einer bestimmten Größe verwenden kann, müssen Sie unter Umständen eine weitere Konfiguration vornehmen.

Seit Windows Server 2012 ist der Defaultwert des IIS 48000, also genauso groß wie der des Betriebssystems. Sollten Sie noch ältere Betriebssysteme einsetzen (oder falls Sie die Größe von 48000 für den IIS anpassen möchten), ändern Sie die Registry-Werte MaxFieldLength und MaxRequestBytes, die sich im Pfad *HKEY_LOCAL_MACHINE\System\CurrentControlSet\Services\HTTP\Parameters* befinden.

Die verwendeten Authentifizierungsprotokolle können Sie in der Ereignisanzeige des IIS und in den Logs erkennen. Zusätzlich kann am Client geprüft werden, ob Kerberos verwendet wird. Ein Windows-Client (und auch ein Serverbetriebssystem) bringt das Kommandozeilentool *KList* mit, mit dem Kerberos-Tickets angezeigt werden können.

Ist auf dem IIS die anonyme Authentifizierung deaktiviert und die Windows-integrierte Authentifizierung aktiviert, wird ein Kerberos-Ticket für den Webserver angefordert und bei KList angezeigt.

Abbildung 15.38 zeigt einen Ausschnitt der auf dem Client vorhandenen Kerberos-Tickets. Ticket #1 ist ein Ticket-Granting Ticket (zu erkennen am Eintrag Server: krbtgt/<Domänenname>) und ein Ticket für HTTP/adminweb1.admin.forest. Der Eintrag, der bei Ticket #1 hinter Server steht, ist dabei der *Service Principal Name (SPN)*, der im Active Directory vorhanden sein muss, damit der Domänencontroller das Service-Ticket mit dem Konto des Zieldienstes verschlüsseln kann (siehe Abschnitt 5.1.3).

```
C:\Windows\system32\cmd.exe
Zwischengespeicherte Tickets: (3)

#0>     Client: 1peterkloep @ ADMIN.FOREST
        Server: krbtgt/ADMIN.FOREST @ ADMIN.FOREST
        KerbTicket (Verschlüsselungstyp): AES-256-CTS-HMAC-SHA1-96
        Ticketkennzeichen 0x40e10000 -> forwardable renewable initial pre_authent name_canonicalize
        Startzeit: 8/25/2024 17:24:19 (lokal)
        Endzeit:   8/26/2024 3:24:19 (lokal)
        Erneuerungszeit: 9/1/2024 17:24:19 (lokal)
        Sitzungsschlüsseltyp: AES-256-CTS-HMAC-SHA1-96
        Cachekennzeichen: 0x41 -> PRIMARY FAST
        KDC aufgerufen: ADMINDC1

#1>     Client: 1peterkloep @ ADMIN.FOREST
        Server: HTTP/adminweb1.admin.forest @ ADMIN.FOREST
        KerbTicket (Verschlüsselungstyp): AES-256-CTS-HMAC-SHA1-96
        Ticketkennzeichen 0x40a10000 -> forwardable renewable pre_authent name_canonicalize
        Startzeit: 8/25/2024 17:26:00 (lokal)
        Endzeit:   8/26/2024 3:24:19 (lokal)
        Erneuerungszeit: 9/1/2024 17:24:19 (lokal)
        Sitzungsschlüsseltyp: AES-256-CTS-HMAC-SHA1-96
        Cachekennzeichen: 0x40 -> FAST
        KDC aufgerufen: AdminDC1.Admin.Forest
```

Abbildung 15.38 Ausschnitt aus den Kerberos-Tickets auf dem Client

Der Vorteil beim Einsatz von Kerberos ist, dass für die Dauer der Gültigkeit des Tickets keine erneute Authentifizierung durch einen Domänencontroller erfolgen muss. Die Gültigkeit kann über Gruppenrichtlinien angepasst werden, und sie wird durch die maximale Laufzeit des Ticket-Granting Tickets (Ticket #0) begrenzt.

15.3.2 Einsatz von SSL

SSL steht für *Secure Socket Layer*, eine Methode, um die Kommunikation zwischen Systemen abzusichern. Damit Sie SSL bei einem Webserver verwenden können, muss der Server über ein Zertifikat mit dem Zweck Serverauthentifizierung und dem dazu passenden privaten Schlüssel verfügen. Zusätzlich muss das Zertifikat in den Bindungen der Website hinterlegt werden.

Beim Verbindungsaufbau sendet der Client ein Datenpaket mit dem Namen *Client Hello*. Dieses unverschlüsselte Paket wird vom Server mit einem digital signierten Paket *Server Hello* beantwortet. Darin ist das Zertifikat des Webservers mit dem öffentlichen Schlüssel enthalten. Der Client kann nun die Herkunft und die Integrität des Zertifikats prüfen. Er wird dann einen symmetrischen Sitzungsschlüssel an den Server übertragen, mit dem die Daten verschlüsselt werden.

Die Zertifikate für den Webserver können über das Feature *Serverzertifikate* auf Serverebene angefordert werden (siehe Abbildung 15.39). Dabei können jedoch keine *alternativen Antragstellernamen (SAN, Subject Alternate Name)* verwendet werden. Ein SAN ist ein zusätzlicher

DNS-Name, für den das Zertifikat verwendet werden kann. Dadurch können Sie eine Website unter mehreren Namen mit dem gleichen Zertifikat verwenden, ohne dass bei den zusätzlichen Namen eine Zertifikatwarnung angezeigt wird. Es gibt Browser (z. B. Chrome), die keine Zertifikate mehr akzeptieren, die keinen alternativen Antragstellernamen (SAN) enthalten.

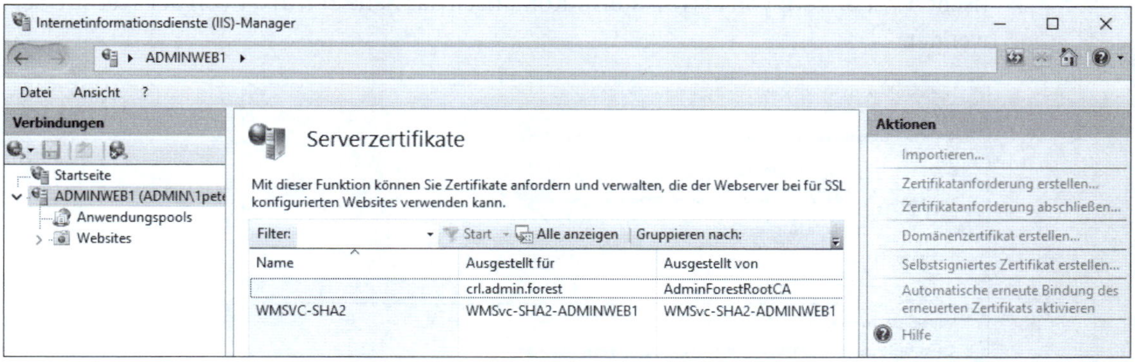

Abbildung 15.39 Das Feature für die Anforderung von Serverzertifikaten im IIS-Manager

Im AKTIONEN-Fenster des Features *Serverzertifikate* stehen Ihnen folgende Optionen zur Verfügung:

- IMPORTIEREN – Diese Aktion bietet die Möglichkeit, ein bereits ausgestelltes Zertifikat in den IIS zu importieren. Dazu wird eine PKCS#12-Datei *(Public-Key Cryptography Standards)* mit einem privaten Schlüssel benötigt. Es muss ein Kennwort für das Öffnen der Datei angegeben werden. Diese Funktion sollten Sie verwenden, wenn das gleiche Zertifikat auf mehrere Systeme installiert werden soll (z. B. beim Einsatz eines Netzwerklastenausgleichs, *NLB*).
- ZERTIFIKATANFORDERUNG ERSTELLEN – Hiermit wird ein *Certificate Signing Request (CSR)* erstellt, der anschließend an eine Zertifizierungsstelle übermittelt werden kann. Diese stellt dann das Zertifikat basierend auf der Anforderung aus und signiert es mit ihrem privaten Schlüssel, um es vor Manipulation zu schützen.
- ZERTIFIKATANFORDERUNG ABSCHLIESSEN – Wurde ein CSR von einer Zertifizierungsstelle bearbeitet, kann mit dieser Option das ausgestellte Zertifikat installiert werden.
- DOMÄNENZERTIFIKAT ERSTELLEN – Ist der Webserver Teil einer Domäne und gibt es eine Unternehmenszertifizierungsstelle, kann der Webserver direkt ein Zertifikat bei der Zertifizierungsstelle anfordern. Dazu muss eine entsprechende Vorlage auf der Zertifizierungsstelle veröffentlicht werden und der Webserver muss Rechte zum Registrieren der Vorlage besitzen.
- SELBSTSIGNIERTES ZERTIFIKAT ERSTELLEN – Bei einem selbstsignierten Zertifikat handelt es sich um ein Zertifikat, das der Webserver selbst ausstellt. Dadurch wird kein anderes System diesem Zertifikat vertrauen, solange es nicht im Speicher der vertrauenswürdigen Stammzertifizierungsstellen installiert wurde.

- Automatische erneute Bindung des erneuerten Zertifikats aktivieren bzw. deaktivieren – Die automatische Bindung erlaubt das Aktualisieren der Bindungen, wenn ein Zertifikat erneuert wird. Dazu wird eine geplante Aufgabe registriert (siehe Abbildung 15.40), die getriggert wird, wenn ein Zertifikat erneuert wird. Dadurch wird beim automatischen Verlängern von Zertifikaten automatisch das neue Zertifikat von der Website verwendet.

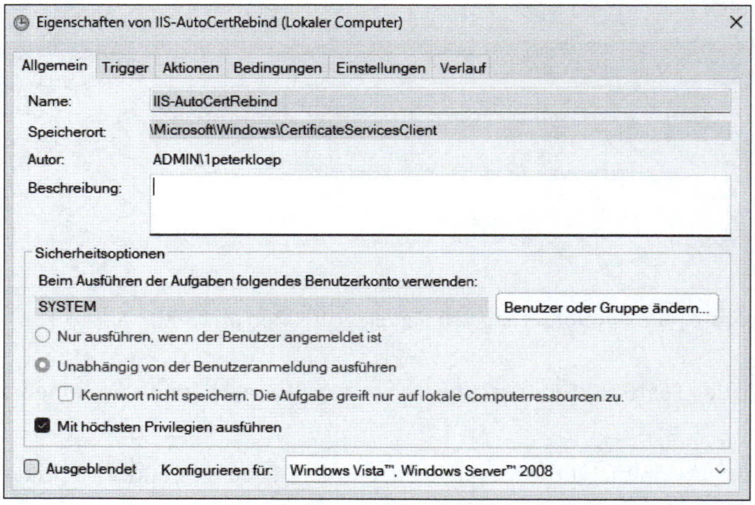

Abbildung 15.40 Die geplante Aufgabe für das Aktualisieren der Bindung beim Erneuern eines Zertifikats

Sollen für ein Zertifikat des Webservers alternative Antragstellernamen verwendet werden, sollten Sie die Verwaltungskonsole für die Zertifikate des lokalen Computers verwenden. Die Zertifikate für den Webserver müssen im Zertifikatspeicher des Computers abgelegt sein. Für die Anforderung und Bearbeitung der Zertifikate sind lokale Administratorrechte notwendig.

Die Konsole erreichen Sie entweder durch Ausführen von `certlm.msc` *(Certificates Local Machine)* oder indem Sie eine leeren Verwaltungskonsole öffnen und das Snap-In für die Zertifikate des lokalen Computers hinzufügen.

Mit der Konsole können Zertifikate angefordert werden. Für ein Webserver-Zertifikat sollten Sie die Anforderungsinformationen (»Für wen ist das Zertifikat?«) in der Anforderung definieren.

Dadurch ist es möglich, mehrere Namen in einem Zertifikat zu verwenden. Auf den Einsatz sogenannter *Wildcard-Zertifikate* (also **.rheinwerk-verlag.de*) sollten Sie allerdings möglichst verzichten. Es gibt einige Browser, die sowohl Wildcard-Zertifikate ablehnen als auch Zertifikate für Webserver mit einer Laufzeit von mehr als 1 Jahr.

Mit einem Klick auf ES WERDEN ZUSÄTZLICHE INFORMATIONEN ... (siehe Abbildung 15.41) öffnet sich das Fenster zum Festlegen der ZERTIFIKATEIGENSCHAFTEN, die dann in Form eines Requests an die Zertifizierungsstelle gesendet werden.

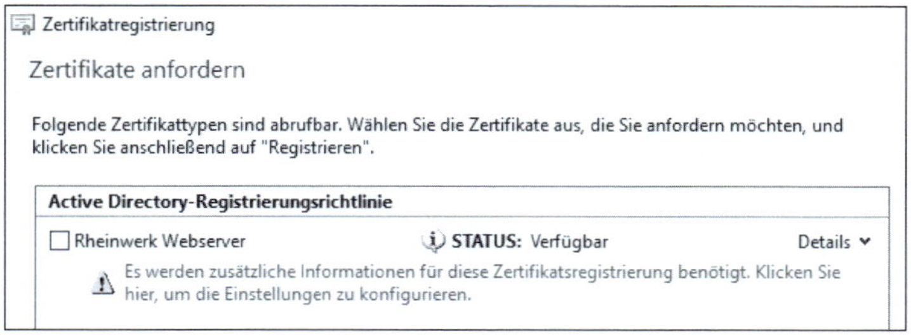

Abbildung 15.41 So fordern Sie ein Zertifikat für einen Webserver an.

In diesem Fenster können Sie auf der Registerkarte ANTRAGSTELLER, die mit einem gelben Warndreieck gekennzeichnet ist (siehe Abbildung 15.42), die Werte für den Antragsteller und die ALTERNATIVEN NAMEN definieren. Hier sollten Sie – sofern benötigt – sowohl die Hostnamen als auch die *vollqualifizierten Domänennamen (Fully Qualified Domain Name, FQDN)* hinterlegen, damit die Clients sowohl mit dem kurzen Namen als auch mit dem kompletten Domänennamen auf die Website zugreifen können, ohne dass eine Warnmeldung erscheint.

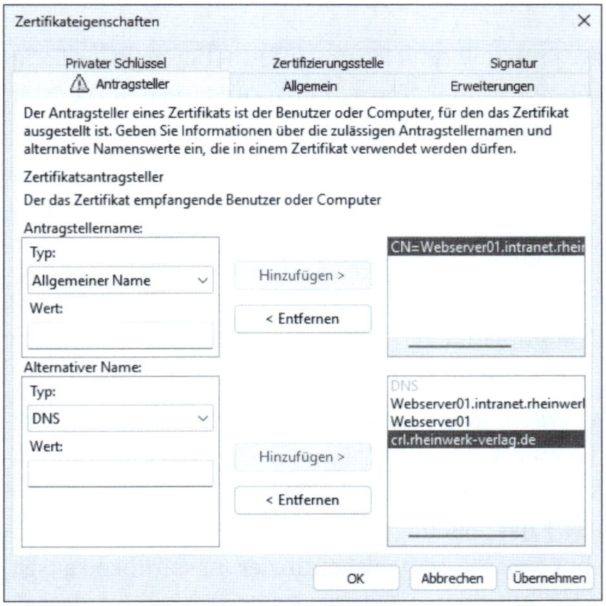

Abbildung 15.42 Festlegen der »Antragsteller«-Informationen und der SAN-Einträge

Nachdem das Zertifikat ausgestellt wurde, können Sie sich die Eigenschaften auf dem Webserver anschauen. Hier finden Sie neben den Informationen über die Gültigkeitsdauer und den Möglichkeiten zum Abruf von Sperrinformationen auch die *Alternativen Antragstellernamen*, für die das Zertifikat verwendet werden kann (siehe Abbildung 15.43).

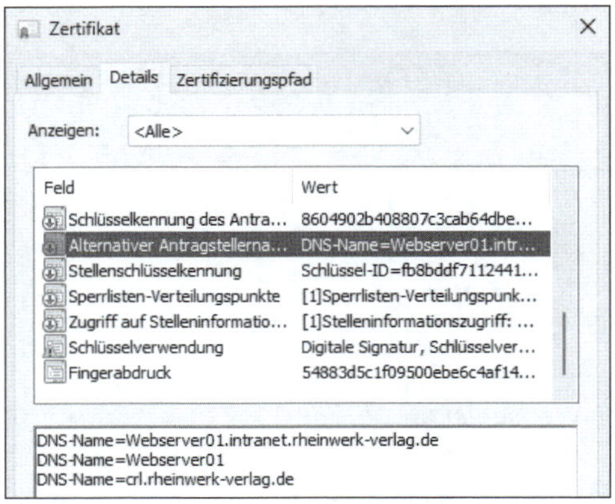

Abbildung 15.43 Eigenschaften des Zertifikats

Pro Bindung auf einer Website kann nur ein Zertifikat eingebunden werden. Sollen mehrere unterschiedliche Zertifikate verwendet werden, müssen Sie mehrere Bindungen erstellen.

15.3.3 Überwachung und Auditing

Der Internetinformationsdienste-Service protokolliert relevante Informationen in die Ereignisanzeige des lokalen Systems. Hier können Sie die Informationen rund um den Dienst in der Ereignisanzeige prüfen, um Fehler und Fehlfunktionen frühzeitig erkennen zu können.

Die Protokolle finden Sie im System-Eventlog oder in der gefilterten Ansicht unterhalb von Benutzerdefinierte Ansichten • Serverrollen • Webserver (IIS). Hier werden alle Ereignisse im Zusammenhang mit dem IIS protokolliert (siehe Abbildung 15.44).

Anders als bei den administrativen Ereignissen werden bei den Serverrollen alle Ereignisse (auch Informationen) angezeigt. Die administrativen Ereignisse enthalten nur Einträge der Stufe Warnung oder höher.

Im Ordner *C:\Inetpub\Logs\LogFiles\W3SVC1* sind die detaillierten Protokolldateien zu finden. Über das Feature *Protokollierung* können Sie das Format und die »Menge« an Informationen definieren. In Abbildung 15.45 können Sie neben den Datumsinformationen die Quell-IP-Adresse, die HTTP-Methode (`POST`), das angefragte Dokument und den Benutzer erkennen. Für die Protokollierung des Benutzers muss ein Authentifizierungsprotokoll ausgewählt worden sein, das eine Authentifizierung verlangt. Solange Sie die anonyme Authentifizierung verwenden, wird hier kein Benutzername protokolliert, es sei denn, für den Zugriff auf die Dateien im Dateisystem ist eine Authentifizierung erforderlich.

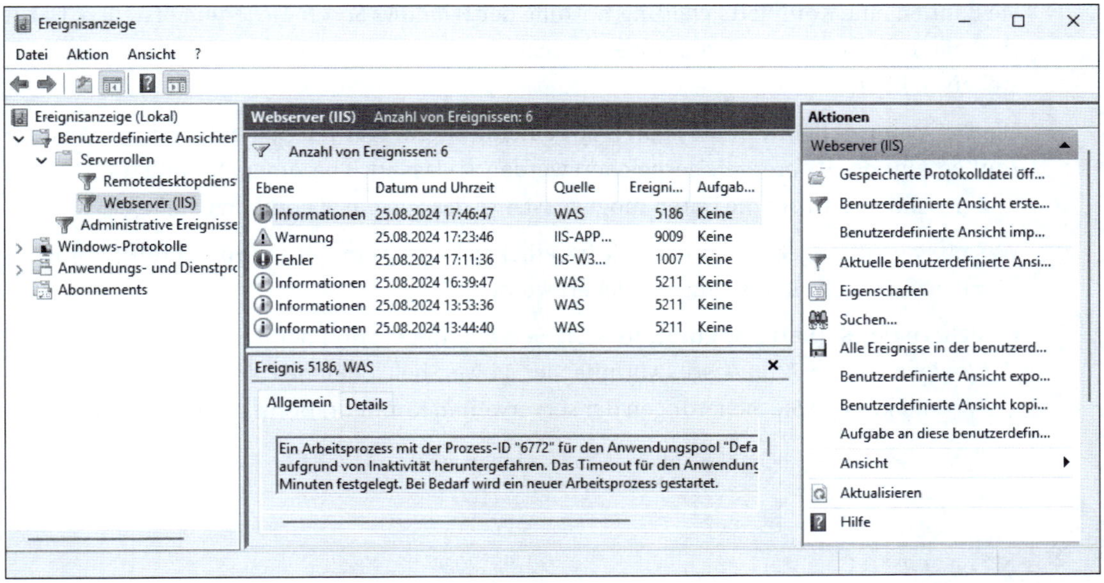

Abbildung 15.44 Die Ansicht der Ereignisanzeige für den Webserver (IIS)

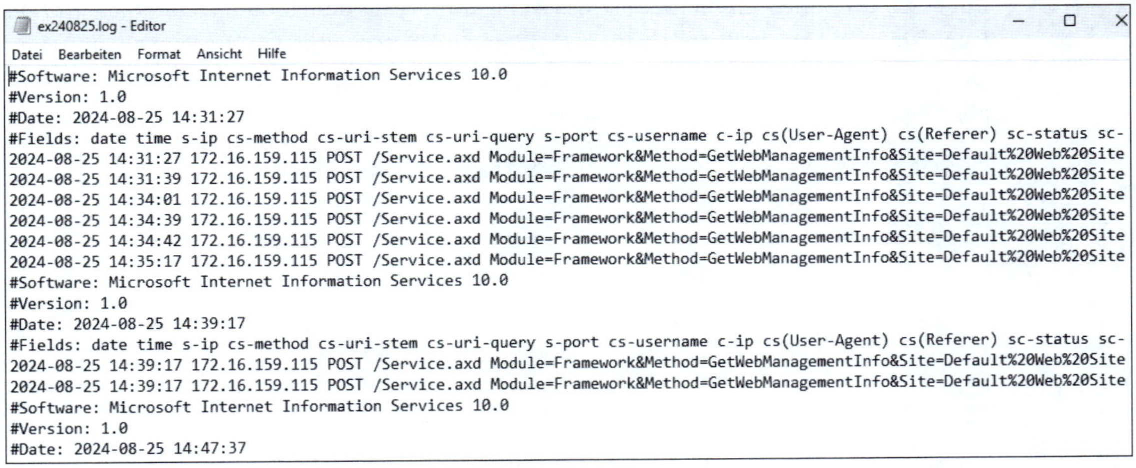


```
#Software: Microsoft Internet Information Services 10.0
#Version: 1.0
#Date: 2024-08-25 14:31:27
#Fields: date time s-ip cs-method cs-uri-stem cs-uri-query s-port cs-username c-ip cs(User-Agent) cs(Referer) sc-status sc-
2024-08-25 14:31:27 172.16.159.115 POST /Service.axd Module=Framework&Method=GetWebManagementInfo&Site=Default%20Web%20Site
2024-08-25 14:31:39 172.16.159.115 POST /Service.axd Module=Framework&Method=GetWebManagementInfo&Site=Default%20Web%20Site
2024-08-25 14:34:01 172.16.159.115 POST /Service.axd Module=Framework&Method=GetWebManagementInfo&Site=Default%20Web%20Site
2024-08-25 14:34:39 172.16.159.115 POST /Service.axd Module=Framework&Method=GetWebManagementInfo&Site=Default%20Web%20Site
2024-08-25 14:34:42 172.16.159.115 POST /Service.axd Module=Framework&Method=GetWebManagementInfo&Site=Default%20Web%20Site
2024-08-25 14:35:17 172.16.159.115 POST /Service.axd Module=Framework&Method=GetWebManagementInfo&Site=Default%20Web%20Site
#Software: Microsoft Internet Information Services 10.0
#Version: 1.0
#Date: 2024-08-25 14:39:17
#Fields: date time s-ip cs-method cs-uri-stem cs-uri-query s-port cs-username c-ip cs(User-Agent) cs(Referer) sc-status sc-
2024-08-25 14:39:17 172.16.159.115 POST /Service.axd Module=Framework&Method=GetWebManagementInfo&Site=Default%20Web%20Site
2024-08-25 14:39:17 172.16.159.115 POST /Service.axd Module=Framework&Method=GetWebManagementInfo&Site=Default%20Web%20Site
#Software: Microsoft Internet Information Services 10.0
#Version: 1.0
#Date: 2024-08-25 14:47:37
```

Abbildung 15.45 Textdatei mit der Protokollierung der Zugriffe

15.4 Sichern und Wiederherstellen

Die Sicherung eines Webservers kann im Fall einer Störung oder einer ungewollten Konfigurationsänderung elementar sein, um einen funktionierenden Zustand wiederherzustellen.

Sie können eine Komplettsicherung mithilfe der *Windows Server-Sicherung* erstellen. Darin sind alle notwendigen Informationen enthalten, um einen Server im Fehlerfall wiederherstellen zu können.

Die Sicherungen der Systeme sollten auf einem Datenträger oder einem anderen Medium »außerhalb« des Webservers gespeichert werden, sodass auch bei einem Komplettausfall des Systems ein Zugriff auf die Daten möglich ist, um das System wiederherzustellen.

Was nun den IIS angeht, so müssen Sie bei einer Sicherung einige Dinge beachten. Es müssen nämlich eine ganze Reihe Dinge gesichert werden:

- **Sichern der Serverkonfiguration** – Die Serverkonfiguration befindet sich im Ordner *C:\Windows\System32\Inversrv*. Mithilfe der PowerShell oder des Kommandozeilentools *Appcmd* können Sie Sicherungen der serverweiten Konfigurationsdateien erstellen:

  ```
  PS C:\> Backup-WebConfiguration -Name Sicherung01
  Name                                 Creation Date
  ----                                 -------------
  Sicherung01                          22.08.2024 00:00:00
  ```

  Listing 15.1 Erstellen einer Sicherung der IIS-Serverkonfiguration mit dem Namen »Sicherung01«

  Mit dem PowerShell-Cmdlet `Backup-WebConfiguration` aus dem Modul *WebAdministration* legen Sie nun unterhalb des Ordners *C:\Windows\System32\inetsrv\backup* einen neuen Ordner mit dem Namen der Sicherung an. In diesem Ordner werden die Config-Dateien abgelegt:

  ```
  PS C:\Windows\System32\inetsrv\backup\Sicherung01> Get-Childitem


      Verzeichnis: C:\Windows\System32\inetsrv\backup\sicherung01
  Mode                LastWriteTime         Length Name
  ----                -------------         ------ ----
  -a----       22.08.2024     11:21          19010 administration.config
  -a----       22.08.2024     12:35          52730 applicationHost.config
  -a----       22.08.2024     10:56            728 redirection.config
  ```

  Die so gesicherten Dateien können Sie mithilfe der PowerShell (Restore-Webconfiguration) wiederherstellen.

  Alternativ zur PowerShell können Sie das Kommandozeilentool *AppCmd* aus dem Ordner *Inetsrv* verwenden:

  ```
  C:\Windows\System32\inetsrv>appcmd backup /?
  Verwaltung von Serverkonfigurationssicherungen

  APPCMD (Befehl) BACKUP <ID> <-Parameter1:Wert1 ...>
  ```

```
Unterstützte Befehle:
  list      Vorhandene Konfigurationssicherungen auflisten
  add       Konfigurationssicherung erstellen
  delete    Konfigurationssicherung löschen
  restore   Konfigurationssicherung wiederherstellen
```

Listing 15.2 Hilfe zur Sicherung und Wiederherstellung mit AppCmd

- **Sichern der Websites** – Neben der Serverkonfiguration müssen Sie auch den Inhalt der einzelnen Websites sichern. Abhängig von der Konfiguration der verwendeten Websites kann es ausreichen, den Inhalt der Ordner zu sichern, auf die die Websites verweisen, und ihn im Bedarfsfall wiederherzustellen.

  Werden für die Websiteinhalte dynamische Quellen (Anwendungen, Datenbanken) verwendet, müssen diese im Fehlerfall ebenso wiederhergestellt werden. Sie müssen daher im Vorfeld so gesichert werden, dass sie wiederhergestellt werden können.

- **Sichern der Zertifikate** – Wenn Sie auf dem Webserver Zertifikate verwenden, sollten Sie vom Zertifikat (und dem privaten Schlüssel) eine Sicherung erstellen, sofern dies möglich ist. Bei externen Zertifikaten von einer kommerziellen Zertifizierungsstelle hängt es von der Art der Ausstellung und Übermittlung des Zertifikats ab, ob Sie den privaten Schlüssel sichern können.

  Wenn Sie eine interne Zertifizierungsstelle verwenden, ist eine Sicherung eines Zertifikats nicht unbedingt notwendig, da Sie im Fehlerfall ein neues Zertifikat anfordern und das alte Zertifikat sperren lassen können.

- **Sichern sonstiger Informationen** – Für die Verwendung des Webservers sind unter Umständen noch weitere Informationen zu sichern bzw. zu dokumentieren. Wurden für einen Anwendungspool Dienstkonten verwendet, sollten Sie diese auf einem Domänencontroller sichern und sie bei Bedarf auf einem wiederhergestellten Server erneut einrichten bzw. installieren.

  DNS-Einträge, die auf den DNS-Servern für die Webserver eingerichtet wurden, sollten dokumentiert und durch die entsprechenden Systemadministratoren gesichert werden, sodass sie bei Bedarf wiederhergestellt werden können. Beachten Sie, dass der Webserver von anderen Diensten abhängt: Fallen diese Dienste aus (DNS, Netzwerk), stehen die Dienste des Webservers nicht mehr für die Clients zur Verfügung.

15.5 Hochverfügbarkeit

Damit ein Webserver ausfallsicher und damit hochverfügbar ist, müssen Sie einige Parameter beachten.

Wenn Sie den Webserver auf einem Hardwaresystem betreiben, sollten Sie sicherstellen, dass die Hardwarekomponenten ausfallsicher sind (z. B. mit einer USV oder redundanten

Netzteilen). Zusätzlich muss die Netzwerkinfrastruktur (Switch-Infrastruktur) ausfallsicher sein, damit eine Störung dieser nicht zur Nichterreichbarkeit des Webservers führt.

Wenn Sie virtuelle Systeme betreiben, können Sie einen Teil der Hochverfügbarkeitsanforderungen durch eine hochverfügbare Virtualisierungsinfrastruktur realisieren. Es bleibt aber das Problem, dass die Windows-Systeme regelmäßig neu gestartet werden müssen, nachdem Updates installiert wurden.

Um dieses Problem zu umgehen, können Sie mithilfe eines Netzwerklastenausgleichs zwei oder mehr Systeme zu einem Cluster zusammenschalten. Hierzu können Sie entweder einen Hardware-Loadbalancer verwenden oder Sie verwenden das Windows-Feature *Netzwerklastenausgleich (NLB)*, das bei Windows-Serverbetriebssystemen installiert werden kann.

Ein NLB kann bis zu 32 Knoten (Server, die zum Cluster gehören) enthalten, die die Anfragen der Clients bearbeiten.

Damit ein NLB funktioniert und alle Benutzer die gleichen Daten angezeigt bekommen, müssen Sie sicherstellen, dass alle Knoten die gleiche Konfiguration besitzen. Dazu können Sie das IIS-Feature *Shared Configuration* verwenden. Dabei wird die Konfiguration der Webserver an einer zentralen Stelle (Netzwerkfreigabe) gespeichert, und die Knoten laden die Konfiguration beim Starten des Dienstes von dort.

Nach der Installation des Features *Netzwerklastenausgleich* önnen Sie auf einem der Knoten den Cluster erstellen. Dazu benötigen Sie eine IP-Adresse und einen DNS-Namen für den Cluster. Die Clients verwenden anschließend diesen Namen bzw. die IP-Adresse, um auf die Webdienste zuzugreifen.

Dieser DNS-Name muss im DNS-Server registriert werden, und Zertifikate für die Webserver müssen diesen Namen als alternativen Antragstellernamen beinhalten, damit die Clients beim Zugriff keine Warnmeldungen aufgrund eines falschen Namens angezeigt bekommen.

Ein NLB kann in drei verschiedenen Clusterausführungmodi betrieben werden (siehe Abbildung 15.46):

- Im *Unicast-Modus* wird die *MAC-Adresse (Media Access Control-Adresse)* auf der Netzwerkkarte des Knotens durch die MAC-Adresse des NLB ersetzt. Damit ist über diese Netzwerkschnittstelle nur noch eine Kommunikation »nach außen« zu den Clients möglich. Eine Kommunikation zwischen den Knoten des Clusters ist über diese Schnittstelle nicht möglich. Damit die Clusterknoten untereinander kommunizieren oder Daten von einer externen Quelle abrufen können, muss im Unicast-Modus eine weitere Netzwerkschnittstelle verwendet werden.
- Im *Multicast-Modus* wird die Cluster-MAC-Adresse als zusätzliche Adresse an die Netzwerkkarte des Knotens gebunden. Dadurch kann über diese Schnittstelle eine externe Kommunikation und eine Intra-Cluster-Kommunikation stattfinden.
- *IGMP-Multicast (Internet Group Management Protocol)* ist eine erweiterte Form des Multicast-Modus, der im Zusammenhang mit einigen Switches verwendet werden sollte. Bei

diesem Modus wird ein »Fluten« des Switchs verhindert, was passieren kann, wenn Multicast-Pakete mit gleicher MAC-Adresse von mehreren Schnittstellen gesendet werden. Manche Switches senden diese Datenpakete an alle Ports des Switchs und erzeugen damit eine hohe Netzwerklast.

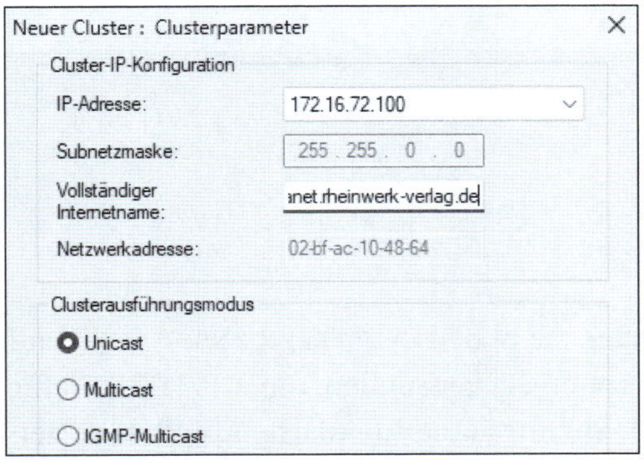

Abbildung 15.46 Konfiguration der Clusterparameter

Nachdem Sie die Grundkonfiguration des Clusters abgeschlossen haben, können Sie im NETZWERKLASTENAUSGLEICH-MANAGER den Status des Clusters prüfen.

Der Knoten mit der HOSTPRIORITÄT 1 (siehe Abbildung 15.47) ist der *Master* des Clusters. Bei einem NLB können Knoten im laufenden Betrieb hinzugefügt oder entfernt werden. Sobald ein Knoten online ist und in den Cluster aufgenommen wird, wird die Konfiguration des Clusters »zusammengeführt«, und sobald dies erfolgt ist, wird der Knoten als Teil des Clusters Anfragen bearbeiten.

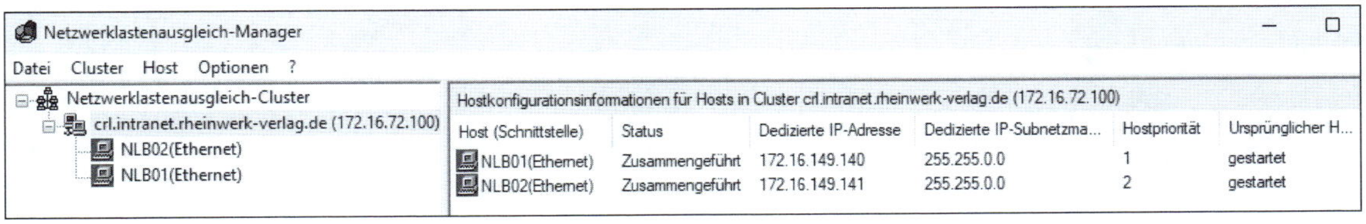

Abbildung 15.47 Übersicht über den NLB-Cluster

Für einen NLB gibt es über die *Portregeln* die Möglichkeit, den Zugriff zu steuern. Portregeln sind Regeln, die definieren, wie Daten an die Knoten gesendet werden. Zur Auswahl stehen folgende AFFINITÄTEN (siehe Abbildung 15.48):

- KEINE – Alle Anfragen, die an den Cluster gesendet werden, werden an alle Knoten des Clusters gesendet. Der Knoten, der am schnellsten reagiert, sendet die Daten an den Client. Es kann also vorkommen, dass der Client die Informationen, die er anfordert, von verschiedenen Servern geliefert bekommt. KEINE Affinität ist für statuslose Verbindungen geeignet. Dies sind Verbindungen, die nicht sitzungsbasiert sind und über die Daten von einem beliebigen Knoten geliefert werden können.

- EINFACH – Bei der einfachen Affinität geht die erste Anfrage an alle Knoten des Clusters. Der Knoten, der zuerst antwortet, wird alle weiteren Anfragen des Clients erhalten und beantworten. Diese Konfiguration wird für sitzungsbasierte Verbindungen empfohlen.
- NETZWERK – Bei der NETZWERK-Affinität können Sie einzelne Klasse-C-Subnetze einem Knoten zuordnen.

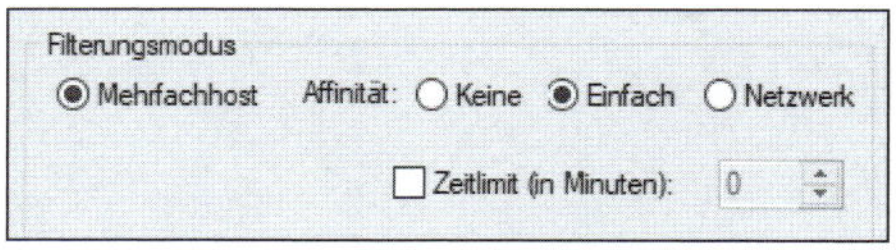

Abbildung 15.48 Konfiguration der Affinität

Die Einstellungen für den Filterungsmodus finden Sie in den CLUSTEREIGENSCHAFTEN auf der Registerkarte PORTREGELN. Diese Regeln können Sie verwenden, um z. B. HTTP-Traffic (Port 80) mit keiner Affinität und HTTPS-Traffic sitzungsbasiert (einfache Affinität) zu verteilen.

Kapitel 16
PKI und Zertifizierungsstellen

Zertifikate werden häufig von Diensten verwendet, um die Kommunikation zwischen Diensten und/oder Systemen abzusichern. Mithilfe der Active Directory-Zertifikatdienste können Sie im eigenen Netzwerk eine Zertifizierungsstelle bereitstellen und damit die Funktion von Zertifikaten im Netzwerk realisieren.

16.1 Was ist eine PKI?

Als *Public Key Infrastructure (PKI)* oder – wie es ins Deutsche übersetzt wird – *Infrastruktur für öffentliche Schlüssel* wird das gesamte Konstrukt rund um die Absicherung der Datenkommunikation und die Identitätskontrolle im Netzwerk mithilfe von Zertifikaten bezeichnet. Bei der Absicherung der Kommunikation können eine Datenverschlüsselung, eine Datensignatur und ein Identitätsnachweis die Sicherheit der Kommunikation erhöhen.

Eine PKI besteht aus:

- einer oder mehreren Zertifizierungsstellen
- digitalen Zertifikaten
- Geräten und Anwendungen, die diese Zertifikate verwenden
- Verwaltungstools für die Infrastruktur
- Zertifikatsperrlisten bzw. einer Möglichkeit, um die Gültigkeit eines Zertifikats zu überprüfen
- Unterstützungskomponenten (Sperrlisten, Dienste für Netzwerkgeräte und Methoden zum Sperren von Zertifikaten)
- Sicherheitshardware
- Prozessen

Eine PKI ist also eine Kombination aus Software, Prozessen, Verschlüsselungstechnologie und Services, die eine Organisation benötigt, um die Vertraulichkeit, Integrität, Authentizität und Nachweisbarkeit von Business-Transaktionen und Kommunikation sicher zu gewährleisten.

Eine PKI ist daher deutlich umfangreicher und komplexer als eine Zertifizierungsstelle. Eine *Zertifizierungsstelle (CA, Certificate Authority)* stellt »nur« Zertifikate aus und sperrt sie gegebenenfalls wieder.

16.1.1 Zertifikate

Wir werden uns als Erstes der Frage widmen, was ein Zertifikat ist und wozu Zertifikate eingesetzt werden können. Wenn hier von Zertifikaten die Rede ist, meinen wir natürlich digitale Zertifikate und nicht diejenigen Zertifikate, die Sie sich nach einer erfolgreichen Prüfung oder Ausbildung im Bilderrahmen an die Wand hängen.

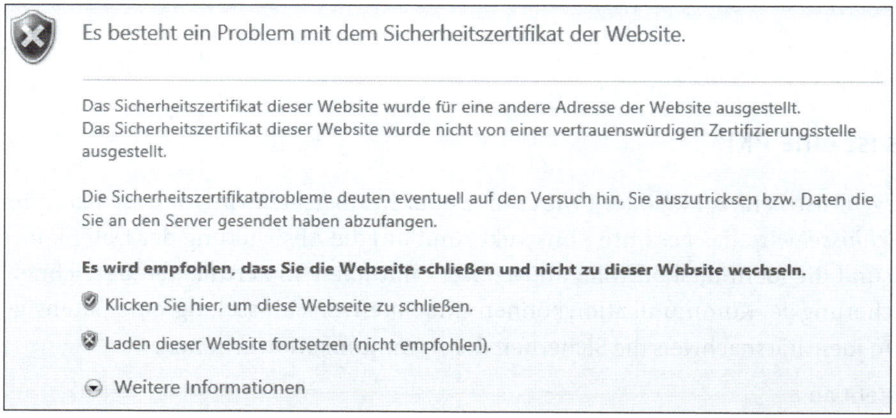
Es besteht ein Problem mit dem Sicherheitszertifikat der Website.
Das Sicherheitszertifikat dieser Website wurde für eine andere Adresse der Website ausgestellt.
Das Sicherheitszertifikat dieser Website wurde nicht von einer vertrauenswürdigen Zertifizierungsstelle ausgestellt.
Die Sicherheitszertifikatprobleme deuten eventuell auf den Versuch hin, Sie auszutricksen bzw. Daten die Sie an den Server gesendet haben abzufangen.
Es wird empfohlen, dass Sie die Webseite schließen und nicht zu dieser Website wechseln.
Klicken Sie hier, um diese Webseite zu schließen.
Laden dieser Website fortsetzen (nicht empfohlen).
Weitere Informationen

Abbildung 16.1 Zertifikatwarnung im Browser

Die in Abbildung 16.1 gezeigte Warnung – oder eine ähnliche – hat wohl jeder schon einmal gesehen, der häufiger an einem Computer arbeitet. Diese Meldungen können darauf hindeuten, dass etwas mit dem Umgang mit Zertifikaten nicht »passt« oder dass ein Angreifer versucht, Sie auf eine andere Webseite zu locken.

Die Definition eines Zertifikats könnte wie folgt lauten: »Ein digitales Zertifikat bindet einen öffentlichen Schlüssel an eine Entität (Benutzer, Organisation, Computer) und beinhaltet zusätzliche Informationen, wie Sperrlisteninformationen und vieles mehr.«

16.1.2 Verschlüsselung und Signatur

In der Kryptografie wird zwischen zwei Hauptverfahren unterschieden, mit denen Daten abgesichert werden: symmetrischen und asymmetrischen Verfahren. Bei den *symmetrischen* Verfahren wird ein Schlüssel verwendet, mit dem Daten verschlüsselt werden. Der gleiche Schlüssel wird auch dazu verwendet, die Daten wieder zu entschlüsseln (siehe Abbildung 16.2).

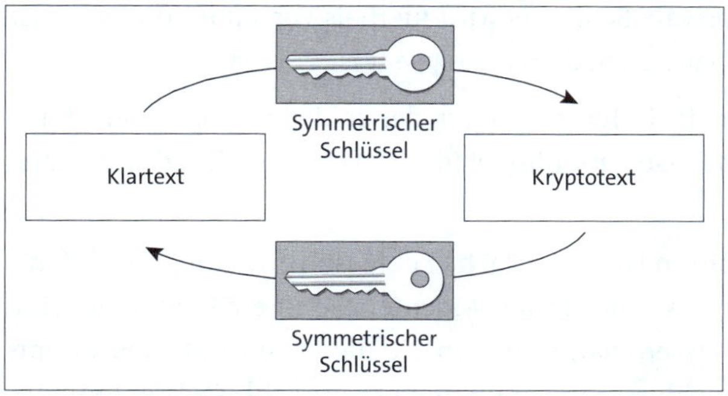

Abbildung 16.2 Symmetrische Verschlüsselung

Ein Schlüssel ist dabei natürlich – und das gilt ebenso bei den asymmetrischen Verfahren – eine Folge von Nullen und Einsen, die in aller Regel durch mathematische Verfahren erzeugt wird.

Symmetrische Verfahren können von ihrer Funktion her mit einem herkömmlichen Türschloss verglichen werden: Haben Sie einen passenden Schlüssel für das Schloss, dann können Sie den Schlüssel zum Auf- und Zuschließen des Schlosses verwenden.

Ein Nachteil bei den symmetrischen Verfahren ist der Schlüsselaustausch, der auf sichere Art und Weise erfolgen muss, denn der Empfänger der Nachricht muss ja den gleichen Schlüssel besitzen wie der Absender, um die Daten erfolgreich entschlüsseln zu können. Ein solcher Schlüsselaustausch ist nicht praktikabel.

Der Vorteil der symmetrischen Verfahren ist jedoch ihre Geschwindigkeit: Sie sind im Vergleich zu den asymmetrischen Verfahren deutlich schneller (bis zum Faktor 5000).

Bei der *asymmetrischen Kryptografie*, die auch als *Public Key Cryptography* bezeichnet wird, wird ein Schlüsselpaar verwendet (siehe Abbildung 16.3).

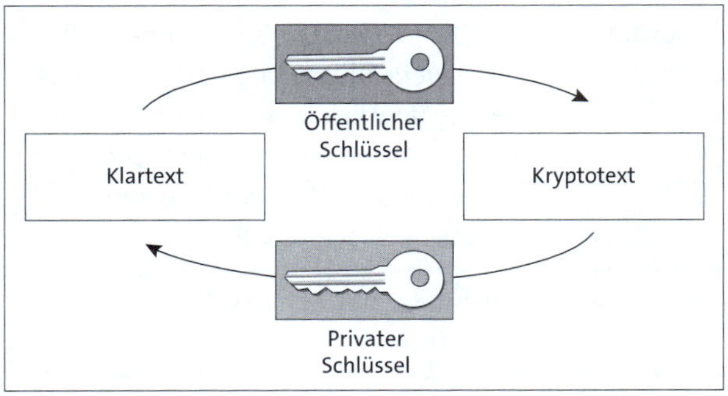

Abbildung 16.3 Bei asymmetrischen Verfahren werden ein öffentlicher Schlüssel und der dazu passende private Schlüssel verwendet.

Die beiden Schlüssel des Paars werden als öffentlicher Schlüssel *(Public Key)* und privater Schlüssel *(Private Key)* bezeichnet. Der private Schlüssel ist im Besitz der Entität, für die das

Schlüsselpaar ausgestellt wurde. Der private Schlüssel wird niemals versendet und verlässt üblicherweise nicht den gesicherten Speicher, in dem er abgelegt ist.

Bei asymmetrischen Verfahren werden die Daten mit einem der beiden Schlüssel verschlüsselt und können nur mit dem passenden Gegenschlüssel (dem zweiten Schlüssel des Paars) entschlüsselt werden.

Der Vorteil der asymmetrischen Verfahren ist die einfache Schlüsselverteilung: Der öffentliche Schlüssel darf jedem bekannt sein, also auch Ihnen. Möchten Sie einem Empfänger eine verschlüsselte Nachricht zukommen lassen, dann können Sie die Daten mit dem öffentlichen Schlüssel des Empfängers so verschlüsseln, dass nur der private Schlüssel des Empfängers (der sich ausschließlich im Besitz des Empfängers befindet) diese Daten wieder sichtbar machen kann.

Tabelle 16.1 listet die Vor- und Nachteile der beiden Verfahren auf.

Eigenschaft	Symmetrische Verschlüsselung	Asymmetrische Verschlüsselung
Schlüssel	Es wird der gleiche Schlüssel für die Ver- und Entschlüsselung verwendet.	Ein Teilnehmer besitzt den privaten Schlüssel; der oder die anderen Teilnehmer besitzen den öffentlichen Schlüssel. Daten, die mit einem der beiden Schlüssel verschlüsselt wurden, können nur mit dem jeweils anderen Schlüssel entschlüsselt werden.
Schlüsselaustausch	Muss auf anderem Wege erfolgen.	Dadurch, dass der öffentliche Schlüssel »jedem« bekannt ist, kann direkt verschlüsselt kommuniziert werden.
Geschwindigkeit	Symmetrische Algorithmen sind weniger komplex und daher deutlich schneller (bis zum Faktor 5000).	Asymmetrische Algorithmen sind deutlich komplexer und daher ist die Datenverschlüsselung und -entschlüsselung deutlich langsamer. Üblicherweise werden nur symmetrische Schlüssel oder Hashwerte asymmetrisch verschlüsselt.
Verwendung	Verschlüsselung von Daten	Austausch von Schlüsseln und Signatur

Tabelle 16.1 Vor- und Nachteile der verschiedenen Verfahren

Jetzt stellt sich die Frage, welches Verfahren verwendet werden soll. In der Praxis werden in aller Regel *Hybrid-Verfahren* verwendet. Dabei wird ein asymmetrisches Verfahren genutzt, um den symmetrischen Schlüssel zu verschlüsseln und diesen dann gesichert zu übertragen.

Mit einer Verschlüsselung will man erreichen, dass nur der gewünschte Empfänger die Daten lesen kann (siehe Abbildung 16.4). Man könnte nun diese Daten asymmetrisch mit dem öffentlichen Schlüssel des Empfängers verschlüsseln, um sicherzustellen, dass nur der Empfänger die Daten lesen kann. Allerdings sind die asymmetrischen Verfahren sehr langsam.

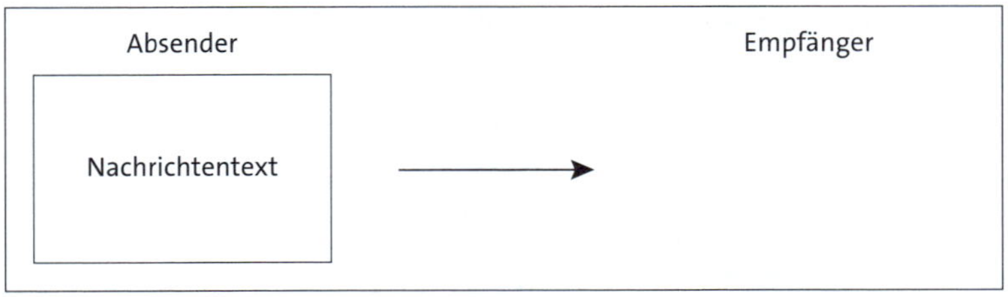

Abbildung 16.4 Eine verschlüsselte Nachricht soll an einen Empfänger gesendet werden.

Also verwendet man eine Hybrid-Verschlüsselung, bei der die (große) Menge an Daten schnell symmetrisch verschlüsselt wird. Dazu erstellt der Client (oder die Applikation) einen symmetrischen Schlüssel. Dieser Schlüssel wird dann an die Daten angefügt (siehe Abbildung 16.5).

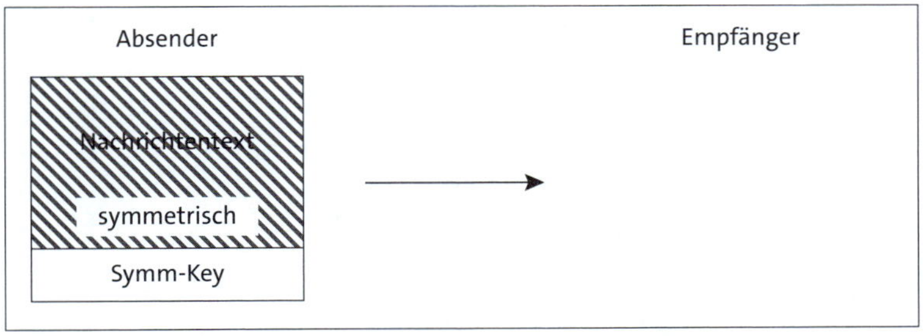

Abbildung 16.5 Symmetrische Verschlüsselung der Daten

Dieser symmetrische Verschlüsselungsschlüssel wird dann asymmetrisch mit dem öffentlichen Schlüssel des Empfängers verschlüsselt und kann nun sicher zusammen mit den Daten übertragen werden (siehe Abbildung 16.6).

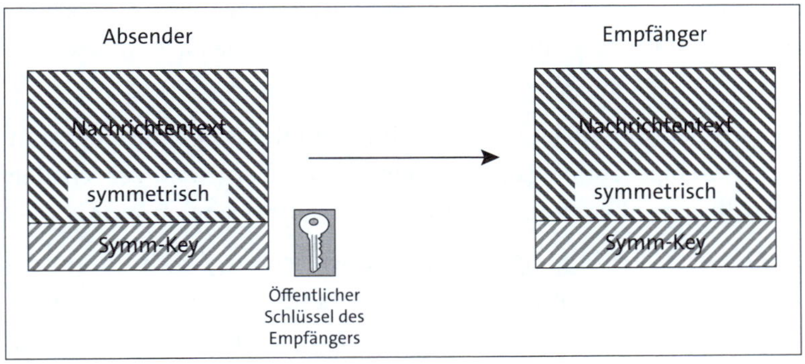

Abbildung 16.6 Verschlüsseln des symmetrischen Schlüssels und Übertragen der Daten

Während der Übertragung sind die Daten verschlüsselt, und es wird der private Schlüssel des Empfängers benötigt, um die Daten lesbar zu machen.

Auf der Empfängerseite nimmt nun der Empfänger seinen privaten Schlüssel und entschlüsselt damit den symmetrischen Schlüssel (siehe Abbildung 16.7). Ist dies erfolgt, kann der Empfänger die Daten symmetrisch entschlüsseln (siehe Abbildung 16.8).

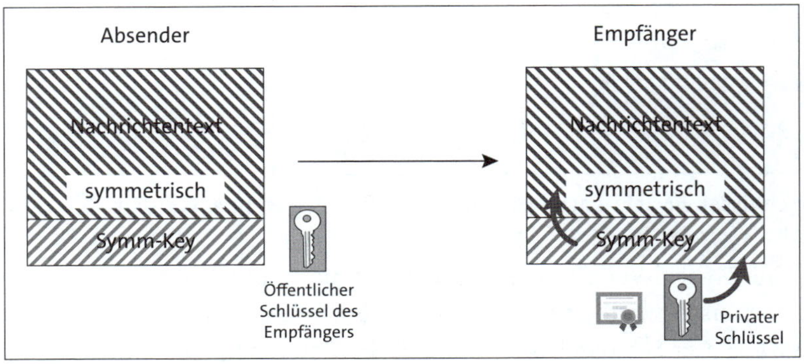

Abbildung 16.7 Entschlüsseln auf der Empfängerseite

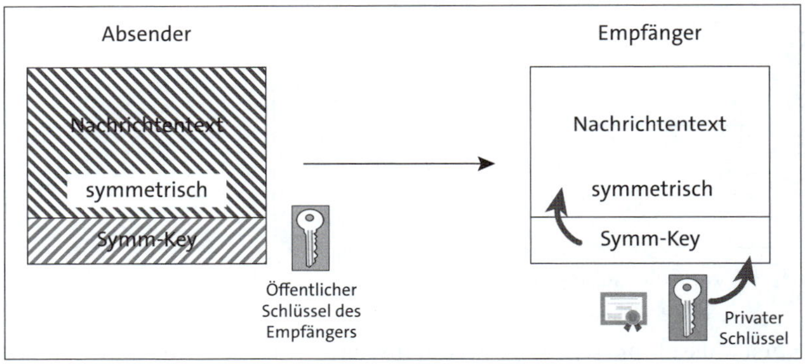

Abbildung 16.8 Erfolgreiche Entschlüsselung der Daten durch den Empfänger

Der Zeitaufwand dafür, den symmetrischen Schlüssel zu ver- und zu entschlüsseln, kann vernachlässigt werden, da es sich hierbei um kleine Datenmengen handelt. Je nach Applikation können es zwischen 128 Bit und 16.384 Bit sein.

Geht man nun davon aus, dass der öffentliche Schlüssel eines Benutzers *öffentlich* bekannt ist, wäre es denkbar, dass ein beliebiger Sender (also auch jemand, der dem Benutzer schaden oder das System angreifen will) verschlüsselte Daten an den Empfänger senden kann.

Gefährlich kann eine verschlüsselte Übertragung von E-Mail-Nachrichten sein, da Virenscanner erst auf dem Client die Daten prüfen können, d. h., sie erst dann scannen können, wenn der private Schlüssel des Empfängers ins Spiel kommt und die Nachricht entschlüsselt wird.

Eine weitere Anforderung an die Sicherheit von digitalen Nachrichten bzw. Übertragungen ist das Erkennen von Veränderungen während der Übertragung. Auch muss Gewissheit herrschen, dass die Nachricht von dem erwarteten Absender stammt. Um diese Anforderungen zu realisieren, kann eine digitale Signatur verwendet werden.

Wir vergleichen die Funktion einer digitalen Signatur gern mit einer unterschriebenen und laminierten Postkarte. Bei einer reinen Signatur – also nicht in Kombination mit einer Verschlüsselung – kann jeder, der Zugriff auf die Nachricht oder die Daten hat, diese lesen.

Bei einer digitalen Signatur erstellt der Client einen Hashwert der Nachricht. Ein *Hashwert* ist eine Art Prüfsumme, die immer das gleiche Ergebnis liefert, wenn die gleichen Daten in den Algorithmus eingespeist werden. Werden auch nur kleine Änderungen an den Eingabedaten vorgenommen, so wird ein anderer Hashwert berechnet. Dadurch kann geprüft werden, ob die Nachricht geändert wurde.

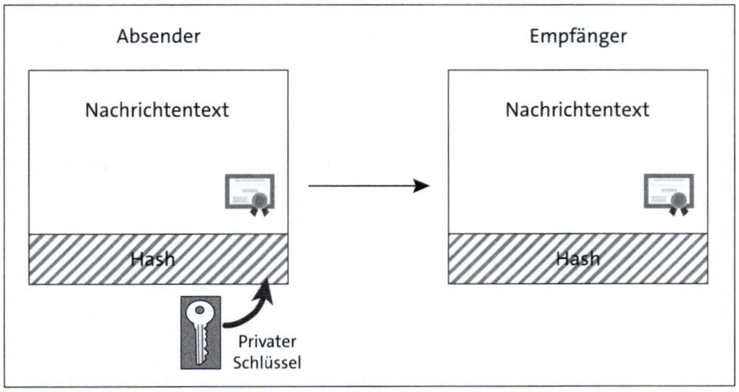

Abbildung 16.9 Die Nachricht mit dem verschlüsselten Hashwert und dem Zertifikat

Der von der Nachricht gebildete Hashwert wird an die Nachricht angefügt und mit dem privaten Schlüssel des Absenders verschlüsselt (siehe Abbildung 16.9). Bei einer Verschlüsselung mit dem privaten Schlüssel spricht man von einer *Signatur*. Die Verwendung des privaten Schlüssels ist vergleichbar mit dem königlichen Siegel, mit dem in früheren Zeiten Dokumente und Weisungen des Königs autorisiert wurden. Jeder wusste, wie das Siegel des Königs aussah. Dadurch konnte der Empfänger davon ausgehen, dass er – wenn er ein Dokument mit dem Siegel im Wachs bekam – ein authentisches Dokument in den Händen hielt.

Damit der Empfänger die digitale Signatur prüfen kann, schickt der Absender sein Zertifikat mit, das den öffentlichen Schlüssel beinhaltet, den der Empfänger für die Entschlüsselung des Hashwerts benötigt. Die Daten werden nun versendet.

Auf der Empfängerseite bildet der Empfänger eine eigene Prüfsumme (Hashwert). Der Empfänger nutzt den öffentlichen Schlüssel in der Nachricht, um den mitgelieferten Hashwert des Absenders zu entschlüsseln (siehe Abbildung 16.10).

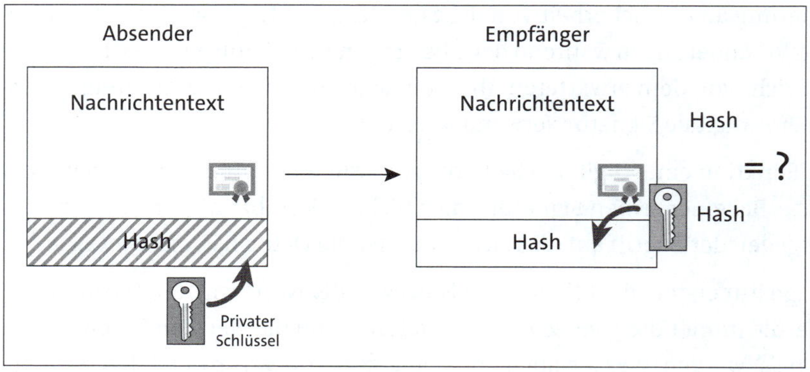

Abbildung 16.10 Die digitale Signatur konnte geprüft werden.

Danach vergleicht der Empfänger den mitgelieferten Hashwert mit dem selbst errechneten Hashwert. Stimmen die beiden Werte überein, kann er davon ausgehen, dass die Nachricht vom richtigen Absender stammt und dass die Nachricht auf dem Weg vom Absender bis zu ihm nicht geändert wurde.

Symmetrische und asymmetrische Verfahren können kombiniert werden, um die beiden Sicherheitsanforderungen (Signatur und Verschlüsselung) zu gewährleisten.

16.2 Aufbau einer CA-Infrastruktur

Bevor Sie mit der eigentlichen Installation der ersten Zertifizierungsstelle beginnen können, müssen noch ein paar Rahmenbedingungen und Parameter geklärt werden, die wir im Folgenden zunächst definieren wollen:

- **Sicherheitsanforderungen** – Bei den Sicherheitsanforderungen, die an eine Zertifizierungsstelle gestellt werden, geht es primär darum, zu definieren, welche »Art« von Zertifikaten durch die Zertifizierungsstelle ausgestellt wird. Dies können Maschinenzertifikate sein, die von Clients oder Netzwerkgeräten zur Authentifizierung verwendet werden. Andererseits können aber auch Benutzerzertifikate ausgestellt werden, mit denen zum Beispiel Zahlungsverkehr autorisiert wird. Damit wird klar, dass an eine *Maschinenzertifikat-Zertifizierungsstelle* geringere Sicherheitsanforderungen gestellt werden als an eine Zertifizierungsstelle, mit deren Zertifikaten man Zahlungsverkehr autorisieren kann. Muss zum Beispiel eine Zahlungsanweisung mit einem Zertifikat eines berechtigten Benutzers autorisiert werden, könnte ein Angreifer ebenfalls Zahlungen autorisieren, sobald er es schafft, an den privaten Schlüssel des Zertifikats zu gelangen oder ein anderes, vergleichbares Zertifikat unberechtigterweise zu erstellen.

- **Anzahl der Ebenen** – In der Praxis findet man Zertifizierungsstellen-Infrastrukturen mit ein bis drei Ebenen. Am häufigsten ist ist eine zweistufige CA-Infrastruktur. Die Gründe für den Einsatz mehrerer Ebenen ergeben sich aus den Sicherheitsanforderungen. Durch den Einsatz einer *Offline Root-CA* in der obersten Ebene haben Sie die Möglichkeit, die untergeordnete Zertifizierungsstelle zu sperren, und können so Clients die Information zukommen lassen, dass die Zertifizierungsstelle (und alle von ihr ausgestellten Zertifikate) kompromittiert wurden. Bei einer einstufigen Zertifizierungsstelle können Sie die Zertifizierungsstelle nicht auf eine Sperrliste setzen, da Sie für das Root-CA-Zertifikat keine Sperrlisteninformationen konfigurieren und keine Sperrlisten veröffentlichen können.

  Setzt man eine zweistufige Zertifizierungsstellen-Infrastruktur ein, wird in aller Regel die Root-CA offline betrieben und die untergeordnete *Sub-CA* mit dem Netzwerk verbunden.

  Dreistufige Infrastrukturen beinhalten zudem eine Richtlinien-Zertifizierungsstelle *(PolicyCA)*. Sie werden eingesetzt, wenn es mehrere untergeordnete Zertifizierungsstellen gibt, an die ähnliche Sicherheitsanforderungen gestellt werden, die aber untereinander unterschiedliche Anforderungen haben, die jeweils von der PolicyCA vorgegeben werden.

- **Hardware Security Modules** – *HSMs* (teilweise auch als *Hardware Storage Modules* bezeichnet) sind Speichergeräte, auf denen Schlüsselmaterial abgelegt werden kann und auf denen kryptografische Operationen durchgeführt werden können (das Erstellen von Schlüsseln und Signaturoperationen, wie das Signieren einer Sperrliste). Es gibt diese Geräte als »Einbauversion«, als Netzwerkversion oder als USB-Version zum Anstecken an den Server. Einige Cloud-Anbieter stellen cloudbasierte HSMs zur Verfügung (z. B. *AWS CloudHSM*, siehe: *https://aws.amazon.com/de/cloudhsm/*).

- **Administrationspersonal für die CA** – Eine der wichtigsten Fragen rund um die Zertifizierungsstelle ist, *wer* sie administrieren soll. Schließlich hat ein Administrator der Zertifizierungsstelle die volle Kontrolle über sie und damit über die ausgestellten Zertifikate. Dadurch könnte die Möglichkeit bestehen, dass der CA-Administrator sich über ein Zertifikat Domänenadministratorrechte oder Organisationsadministrator-Rechte beschafft.

  Es stellt sich nun die Frage, ob die Administratoren der Umgebung (Active Directory) dieselben Personen sind, die auch die Zertifizierungsstelle betreuen. Ist dies der Fall, kann es sein, dass eine Rollentrennung nicht sinnvoll ist, da hierbei die Komplexität erhöht wird, jedoch der Sicherheitsgewinn überschaubar ist. Werden andere Personen mit der Administration der Zertifizierungsstelle betraut, die nicht mit der Verwaltung des Active Directory beauftragt sind, ist die Trennung in weitere Rollen sinnvoll, um einen Missbrauch der Rechte zu erschweren.

- **Rollentrennung** – Eine Windows-Zertifizierungsstelle kennt die Verwaltungsrollen aus Tabelle 16.2, die an die PKI-Rollen der Common Criteria angelehnt sind. *Common Criteria* steht für *Common Criteria for Information Technology Security Evaluation* und ist eine Organisation, die sich um Sicherheitsstandards kümmert. Weitere Informationen finden Sie unter *https://www.commoncriteriaportal.org*.

Rolle	Berechtigung	Verwendungszweck
CA-Administrator	Verwaltung der Zertifizierungsstelle	Hauptverwalter der CA mit der Berechtigung, die Rollen zu definieren. Besitzt das Recht, das CA-Zertifikat zu erneuern.
Zertifikatverwaltung	Ausstellen und Verwalten von Zertifikaten	Durchführen von Sperrungen und das Genehmigen von Zertifikatanforderungen, die nicht automatisch genehmigt wurden
Sicherungs-Operator	Sichern und Wiederherstellen von Dateien und Ordnern	Dieses Konto darf das System sichern und wiederherstellen.
Auditor	Verwaltung der Überwachungs- und Sicherheitsprotokolle	Konfiguration, Auswertung der Überwachungsprotokolle (Ereignisanzeige)
Registrierende	Lesen- und Registrieren-Recht auf Zertifikatvorlagen	Benutzer, Computer oder Dienste, die das Recht haben, Zertifikate anzufordern

Tabelle 16.2 Berechtigungsrollen in einer Windows-CA

- **Maximale Laufzeit eines Nutzerzertifikats** – Die maximale Laufzeit eines Nutzerzertifikats (Benutzer, Dienst oder Computerkonto) definiert indirekt die maximale Laufzeit der Zertifizierungsstellen. Eine Zertifizierungsstelle kann keine Zertifikate ausstellen, die länger gültig sind als ihr eigenes Zertifizierungsstellen-Zertifikat.
- **Maximale Laufzeit der Zertifizierungsstelle** – Beispiel: Die Zertifikate für die Clientcomputer sollen drei Jahre lang gültig sein. (Drei Jahre sind der Zyklus, in dem Clientcomputer regeneriert werden.) Ist aber die Laufzeit der Zertifizierungsstelle auf fünf Jahre begrenzt, müssten Sie nun bereits nach zwei Jahren das CA-Zertifikat erneuern, um die maximale Laufzeit für die Client-Zertifikate gewährleisten zu können.

  Eine Faustformel für die maximale Laufzeit einer untergeordneten Zertifizierungsstelle lautet:

  (Maximale Laufzeit eines Nutzerzertifikats × 2) + Reservezeit

  In unserem Beispiel wären das: 3 Jahre × 2 + 1 = 7 Jahre

  Für eine Stammzertifizierungsstelle verwenden Sie als Faustformel:

  (2 × Laufzeit der untergeordneten Zertifizierungsstelle) + Reservezeit

  In unserem Beispiel sind das: 2 × 7 + 1 = 15 Jahre

Laufzeit der Zertifizierungsstellen-Zertifikate

Viele öffentliche kommerzielle Zertifizierungsstellen reduzieren die Laufzeit der Zertifizierungsstellen-Zertifikate. Die Betreiber haben meist keine Kontrolle über die Systeme, auf denen die Zertifikate verwendet werden. Bei einer internen Zertifizierungsstelleninfrastruktur haben Sie die Möglichkeit, die Systeme zu verwalten und Zertifikate vor ihrem Ablauf zu erneuern, sollte dies notwendig sein.

- **Schlüssellänge und Algorithmen des CA-Zertifikats** – Bei der Schlüssellänge gilt grundsätzlich: je größer, desto sicherer. Es ist jedoch Vorsicht geboten: Manche Clients (besonders Telefone oder andere Netzwerkgeräte) haben unter Umständen Probleme mit bestimmten Schlüssellängen bzw. bestimmten Algorithmen. Dabei kann es auch zu dem Problem kommen, dass Clients CA-Zertifikate nicht akzeptieren, wenn eine bestimmte Schlüssellänge überschritten wird. Die maximale Schlüssellänge bei einer Windows-Zertifizierungsstelle hängt von dem verwendeten Algorithmus ab. Zu beachten ist aber: Es gibt Algorithmen, die mit geringerer Schlüssellänge eine deutlich höhere Sicherheit gewährleisten als veraltete Algorithmen (z. B. RSA) mit großer Schlüssellänge.
- **Speicherort des CA-Zertifikats und der Sperrlisten** – Damit Clients die Gültigkeit von Zertifikaten prüfen können, muss der Client auf die Sperrliste der CA zugreifen können. Mögliche Speicherorte für Sperrlisten sind:
  - Webserver
  - LDAP (Active Directory)
  - File-Server
  - FTP

  Die Speicherorte der Sperrlisten hängen davon ab, von »wo« Sie die Zertifikate verwenden wollen. Werden Zertifikate nur innerhalb des lokalen Netzwerks eingesetzt, wird vermutlich das Speichern innerhalb des Active Directorys *(LDAP)* die einfachste Implementierung sein, da – beim Einsatz mehrerer Domänencontroller – automatisch eine Hochverfügbarkeit der Sperrliste gewährleistet wird. Sollen jedoch Clients von außerhalb des Netzwerks Sperrlisten abrufen können (oder Netzwerkkomponenten und Clients, die nicht der Domäne angehören), dann ist der Einsatz von HTTP zweckmäßig. Hierbei bietet es sich an, auch für die interne Verwendung den öffentlichen Namensraum zu nutzen, da durch diese Maßnahme die Einträge der Sperrlisten-Verteilungspunkte in den Zertifikaten reduziert werden können und damit die Prüfung schneller erfolgen kann. Die HTTP-Veröffentlichungspunkte müssen Sie dann über einen Netzwerklastenausgleich hochverfügbar bereitstellen.
- **Aktualisierungsintervall der Sperrlisten** – Mithilfe der Sperrlisten kann die Gültigkeit eines Zertifikats geprüft werden. Je länger die Laufzeit (und damit die Gültigkeit) einer Sperrliste ist, desto länger dauert es, bis gewährleistet werden kann, dass alle Clients die Informationen über das Sperren eines Zertifikats erhalten. Für jede Zertifizierungsstelle der

Infrastruktur kann eine eigene Sperrlistenlaufzeit konfiguriert werden. Die Laufzeit einer Sperrliste kann ohne größeren Aufwand im laufenden Betrieb geändert werden. Zu beachten ist aber, dass eventuell Clients Sperrlisten mit der alten Laufzeit heruntergeladen haben und die Änderung erst nach Ablauf der alten Gültigkeitsdauer wirksam wird.

- **Einsatz eines Online-Responders** – Möchten Sie die Verzögerung beim Herunterladen und Aktualisieren von Sperrlisten reduzieren oder möchten Sie die Datenmenge reduzieren, die Clients von den Sperrlisten-Verteilungspunkten herunterladen, dann sollten Sie über den Einsatz eines Online-Responders nachdenken. Dabei werden die Sperrinformationen für jeweils ein angefragtes Zertifikat unter Verwendung der Seriennummer des Zertifikats bei einer zentralen Stelle abgefragt, und der Online-Responder liefert dann die entsprechende Antwort, ob das Zertifikat gesperrt wurde oder nicht. Ein Online-Responder verwendet das *Online Certificate Status Protocol (OCSP)*, das von Windows-Clients ab Vista unterstützt wird. Bei Clients mit Nicht-Microsoft-Betriebssystem muss geprüft werden, ob sie OCSP unterstützen.
- **Schlüsselarchivierung** – Bei der Schlüsselarchivierung wird der private Schlüssel, der zu einem Zertifikat gehört, in die Datenbank der Zertifizierungsstelle gesichert. Üblicherweise verbleibt der private Schlüssel beim Client und wird nicht übertragen. Werden nun aber Zertifikate für eine (dauerhafte) Verschlüsselung von Daten verwendet, kann es notwendig sein, eine Sicherung des privaten Schlüssels vorzuhalten, sollte der »originale« verloren gehen, weil zum Beispiel das Profil des Benutzers oder die Festplatte des Computers gelöscht wurde. Werden Zertifikate mit dem Zweck *Verschlüsselung* verwendet, sollte die Zertifizierungsstelle für die Verwendung der Schlüsselarchivierung konfiguriert werden. Dabei werden Schlüsselwiederherstellungsagenten eingerichtet, die in der Lage sind, im Notfall private Schlüssel wiederherzustellen.
- **Name der Zertifizierungsstelle** – Immer wieder spannend ist die Namensfindung für Zertifizierungsstellen. Bedenken Sie, dass der Name einer Zertifizierungsstelle nachträglich nicht mehr geändert werden kann. Möchten Sie den Namen nachträglich ändern, müssen Sie die Zertifizierungsstelle deinstallieren oder eine neue Zertifizierungsstelle mit dem neuen Namen installieren. Bei der Namensfindung sollten Sie auch betrachten, wer in Kontakt mit Zertifikaten der Zertifizierungsstelle kommt, denn der Name der Zertifizierungsstelle (der nicht der Hostname des CA-Computers sein muss) ist damit eventuell von »außen« sichtbar. Der Name der Zertifizierungsstelle kann nicht mehr als 64 Zeichen beinhalten. Sie können Probleme bekommen, wenn Sie Sonderzeichen verwenden. Ein »_« zum Beispiel kann von einigen Routern nicht ausgewertet werden, wenn diese auf die CA zugreifen oder Zertifikate verwenden sollen, die von einer Zertifizierungsstelle stammen, die Unicode-Zeichen verwendet.
- **Physische CA oder virtuelle CA** – Grundsätzlich ist es unerheblich, ob die Zertifizierungsstelle als physischer Computer oder als virtuelle Maschine betrieben wird. Sie sollten aber daran denken, dass eine physische Maschine eventuell einfacher vor nicht berechtigtem

Zugriff geschützt werden kann als eine virtuelle Maschine, bei der zum Beispiel die Virtualisierungsadministratoren Zugriff auf die virtuelle Maschine (per Snapshot) oder auf die virtuellen Festplatten besitzen. In diesem Zusammenhang empfiehlt sich ab Windows Server 2016 der Einsatz von *geschützten virtuellen Maschinen (Shielded-VMs)*. Der Vorteil einer virtuellen Maschine ist die Entkopplung von der Hardware, sodass eine Wiederherstellung der kompletten Maschine einfacher ist. Eine virtuelle Maschine, die als Zertifizierungsstelle eingesetzt wird, sollte per BitLocker verschlüsselt sein und/oder durch ein HSM geschützt werden.

- **Server Core oder Installation mit grafischer Oberfläche** – Eine Windows-Zertifizierungsstelle kann auf einem Windows Server mit grafischer Oberfläche oder auf einem Windows Server Core installiert werden. Ein Server Core bietet eine geringere Angriffsfläche, da ein Großteil der Binärdateien nicht mitinstalliert und damit nicht geladen wird. Die Verwaltung des Server Cores erfolgt lokal über die Kommandozeile und die PowerShell oder remote über die gewohnten Verwaltungstools. Bei einem Server Core kann es zu Funktionseinschränkungen bei den Exit-Modulen (SMTP-Versand) kommen, da die notwendigen Binärdateien nicht vorhanden sind.
- **Verwendungszwecke der Zertifikate** – Im Vorfeld sollten Sie sich überlegen, wozu die Zertifikate, die von den Zertifizierungsstellen ausgestellt werden, verwendet werden sollen. Durch das Auflisten und Dokumentieren der verschiedenen Zertifikatsverwendungen werden zusätzliche Anforderungen an die Zertifizierungsstellen sichtbar und können definiert werden.

  Beispiele für mögliche Einsatzwecke für Zertifikate sind:

  - CA-Zertifikate
  - Benutzerauthentifizierung
  - Computerauthentifizierung
  - IPSec
  - Serverauthentifizierung
  - Webserver
  - Dateiverschlüsselung
  - E-Mail-Signatur
  - E-Mail-Verschlüsselung

  Zu verschiedenen Einsatzszenarien gehören entsprechende Schlüsselverwendungen:

  - digitale Signatur
  - Schlüsselverschlüsselung
  - Datenverschlüsselung
  - Zertifikatsignatur

- **Zertifikatregistrierungsrichtlinien-Webdienst** *(Certificate Enrollment Policy, CEP)* und **Zertifikatregistrierungs-Webdienst** *(Certificate Enrollment Web Services, CES)*

  Standardmäßig kontaktiert ein Client einer Active Directory-Umgebung, der ein Zertifikat bekommen möchte, die Zertifizierungsstelle mittels *DCOM (Distributed Component Object Model)*, das einen RPC-Aufruf an die Zertifizierungsstelle sendet. Eine RPC-Verbindung besteht aus mehreren Kommunikationsverbindungen. Die erste Verbindung wird zum Zielport 135 (RPC-Endpoint-Mapper) aufgebaut, über den der Server dem Client einen dynamischen *High Port* zuweist (ab Windows Server 2008 ist das der Port-Bereich von 49152 bis 65535). Die folgende Kommunikation findet dann über diesen sogenannten High Port statt. Möchten Sie nun die Kommunikation zu einem Zielsystem schützen, das RPC verwendet, können Sie entweder die Anzahl der dynamischen High Ports einschränken (was jedoch die Anzahl der gleichzeitigen Verbindungen beschränkt) oder Sie müssen den dynamischen Port-Bereich in der Firewall freigeben.

  Damit nun Clients aus unsicheren Netzwerken Zugriff auf eine Zertifikatregistrierungsstelle bekommen können, wurden mit Windows Server 2008 R2 zwei neue Rollendienste für die Zertifizierungsstelle bereitgestellt. Diese können auch dann eingesetzt werden, wenn Netzwerkregeln existieren, die eine Kommunikation über High Ports zwischen bestimmten Netzwerksegmenten untersagen.

  Ein Client baut zu den beiden Diensten eine Verbindung mittels HTTPS auf, und die beiden Server verwenden dann die entsprechenden Protokolle (RPC bzw. LDAP), um auf die Zielsysteme zuzugreifen. Dadurch kann die Kommunikation zur Zertifizierungsstelle eingeschränkt werden, wodurch die Angriffsfläche in Richtung Zertifizierungsstelle reduziert wird. Der Zertifikatregistrierungsrichtlinien-Webdienst stellt eine Verbindung zu einem Domänencontroller per LDAP her, und der Zertifikatregistrierungs-Webdienst verbindet sich per RPC mit der Zertifizierungsstelle. Sie sollten prüfen, ob Sie diese Funktion benötigen und einsetzen wollen.

- **Zertifikatrichtlinie (Certificate Policy)** – Eine Zertifikatrichtlinie ist ein Dokument, das regelt, wie ein Client ein Zertifikat bekommt. Dabei wird definiert, wie sich der Client authentifizieren muss und ob weitere Schutzmechanismen etabliert werden, um z. B. die Identität des Antragstellers zu überprüfen (Firmenausweis). Dabei werden in der Zertifikatrichtlinie üblicherweise für verschiedene Zertifikatverwendungen auch verschieden starke Authentifizierungen gefordert.

  Die Richtlinie regelt dabei auch, wo die privaten Schlüssel der Zertifikate gespeichert werden dürfen und welche Gründe zu einer Sperrung des Zertifikats führen. Häufig werden in Zertifikatrichtlinien verschiedene Klassen definiert, die dann beschreiben, welche »Hürden« ein Client nehmen muss, um ein entsprechendes Zertifikat zu erhalten.

- **Zertifikatverwendungsrichtlinie (Certificate Practice Statement)** – Ein Certificate Practice Statement *(CPS)* definiert, wie die Zertifizierungsstelle betrieben und geschützt wird. Ein CPS wird dabei häufig anhand von RFC 3647 erstellt und besteht aus einem Standardformat, das folgende Abschnitte beinhalten kann:

- **Einführung**: Die Einführung enthält eine kurze Information über das Ziel der Zertifizierungsstelle und den Einsatz – also darüber, wer als Client Zertifikate von der Zertifizierungsstelle bezieht.
- **Verantwortlichkeiten**: Wer ist der Ansprechpartner für die Zertifizierungsstelle und wer ist verantwortlich?
- **Identifizierung und Authentifizierung**: Hier wird definiert, wie Clients identifiziert werden und ob weitere Authentifizierungen zum Anfordern eines Zertifikats notwendig sind.
- **Zertifikate, Sperrlisten und OCSP-Profile**: Hier wird beschrieben, welche Zertifikat-Typen ausgestellt werden und welche Gründe für eine Sperrung infrage kommen. Zusätzlich werden die Informationen über die Sperrprüfung (Sperrlisten/OCSP) hinterlegt.

Eine Zertifikatverwendungsrichtlinie wird üblicherweise veröffentlicht und für Clients erreichbar hinterlegt. Ein Link zu dem Dokument wird im Zertifikat hinterlegt, sodass ein Client, der Kontakt zu einem Zertifikat hat, direkt diese Informationen (manuell) abrufen kann.

In Abbildung 16.11 sehen Sie das Zertifikat des Webservers des Rheinwerk Verlags.

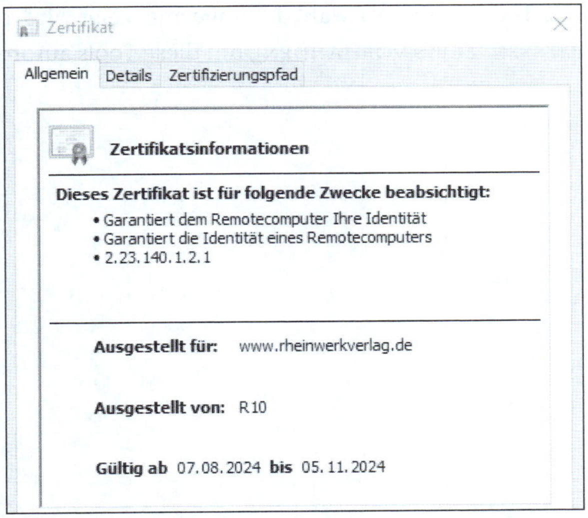

Abbildung 16.11 Option mit Informationen zur Ausstellererklärung (CPS)

16.2.1 Installation der Rolle

Die Installation einer Windows-Zertifizierungsstelle erfolgt in drei Schritten:

- Installation der Rollen (Binärdateien)
- Konfiguration der Rollen (Installations-/Konfigurationsassistent)
- Konfigurationen nach der Installation (Anpassungen)

Die Binärdateien können am einfachsten über den *Server-Manager* installiert werden. Der Server-Manager ist ein Verwaltungstool, das beim Anmelden an einem Server mit Administratorrechten automatisch gestartet wird. In ihm können Sie dann sowohl den lokalen Server verwalten als auch weitere Server (z. B. auch Server-Core-Installationen) zusammenfassen und zentral verwalten bzw. überwachen.

Für die Installation der Rolle gibt es keine Unterschiede zwischen den unterschiedlichen Server-Betriebssystemen von Windows Server 2012 R2 bis Windows Server 2025. Zur Installation der Binärdateien benötigen Sie ein Konto mit lokalen Administratorrechten.

Nachdem Sie im Server-Manager die Option ROLLEN UND FEATURES HINZUFÜGEN angeklickt haben, wird der *Assistent zum Hinzufügen von Rollen und Features* gestartet, der Sie durch die Installation von Rollen und Features leiten wird. Alternativ können Sie den Assistenten über den Menüpunkt VERWALTEN in der Menüleiste starten. Hier befindet sich auch die Option zum Entfernen von Rollen und Features.

Die Zertifikatdienste sind unter der Option ACTIVE DIRECTORY-ZERTIFIKATDIENSTE verfügbar. Auch wenn die Zertifizierungsstelle und/oder der CA-Computer nicht Teil eines Active Directorys sind, heißt die Rolle mit Vornamen »Active Directory«.

Zu der *Active Directory-Zertifikatdienste-Rolle* gehören Verwaltungstools. Aktivieren Sie in dem Popup-Fenster aus Abbildung 16.12, das nach der Auswahl der Rolle angezeigt wird, die Option VERWALTUNGSTOOLS EINSCHLIESSEN (FALLS VORHANDEN), um diese Tools automatisch mit zu installieren.

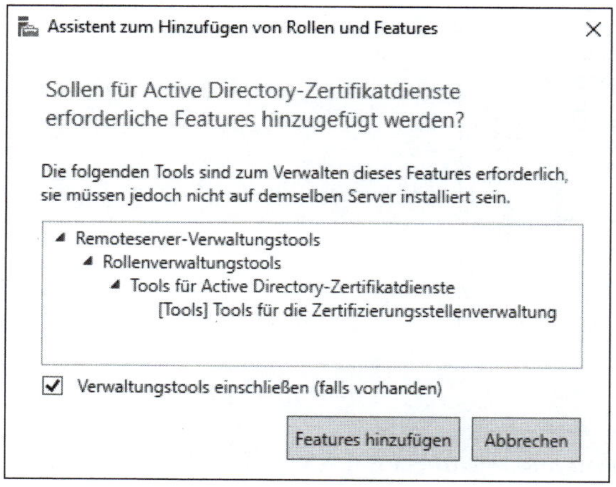

Abbildung 16.12 Installation der Verwaltungstools

Durch die Auswahl der Rolle werden neue Menüpunkte in den Ablauf des Installationsassistenten integriert.

Werden die Zertifikatdienste (siehe Abbildung 16.13) auf einem Server installiert, können Sie den Computernamen und die Domänenmitgliedschaft anschließend nicht mehr ändern.

Möchten Sie den Hostnamen oder die Domänenmitgliedschaft dennoch ändern, müssen Sie die Zertifikatdienste-Rolle vorher deinstallieren.

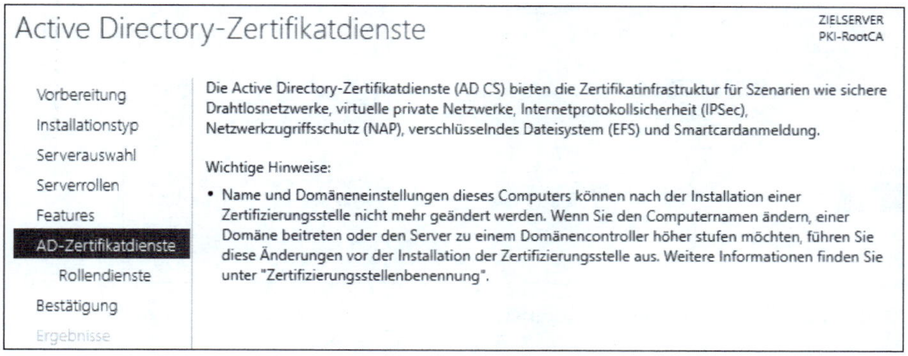
Active Directory-Zertifikatdienste
ZIELSERVER
PKI-RootCA
Vorbereitung
Installationstyp
Serverauswahl
Serverrollen
Features
AD-Zertifikatdienste
Rollendienste
Bestätigung
Ergebnisse
Die Active Directory-Zertifikatdienste (AD CS) bieten die Zertifikatinfrastruktur für Szenarien wie sichere Drahtlosnetzwerke, virtuelle private Netzwerke, Internetprotokollsicherheit (IPSec), Netzwerkzugriffsschutz (NAP), verschlüsselndes Dateisystem (EFS) und Smartcardanmeldung.
Wichtige Hinweise:
• Name und Domäneneinstellungen dieses Computers können nach der Installation einer Zertifizierungsstelle nicht mehr geändert werden. Wenn Sie den Computernamen ändern, einer Domäne beitreten oder den Server zu einem Domänencontroller höher stufen möchten, führen Sie diese Änderungen vor der Installation der Zertifizierungsstelle aus. Weitere Informationen finden Sie unter "Zertifizierungsstellenbenennung".

Abbildung 16.13 Informationen zu den Zertifikatdiensten

Die *Zertifikatdienste* bestehen aus mehreren Rollendiensten (siehe Abbildung 16.14):

- *Zertifizierungsstelle* – Dieser Rollendienst stellt die Zertifizierungsstellenfunktionalität zur Verfügung.
- *Online-Responder* – Der Online-Responder stellt Sperrinformationen über das *Online Certificate Status Protocol (OCSP)* bereit. Er sollte nicht auf der Zertifizierungsstelle installiert werden, sofern die Zugriffe auf die Zertifizierungsstelle eingeschränkt werden sollen.
- *Registrierungsdienst für Netzwerkgeräte* – Dieser Dienst stellt einen Registrierungsdienst für Netzwerkgeräte bereit, die das *Simple Certificate Enrollment Protocol (SCEP)* verwenden. Diese Rolle sollte auf einem Server installiert werden, der nicht die Zertifikatdienste ausführt.
- *Zertifikatregistrierungsrichtlinien-Webdienst* – Dieser Dienst gestattet es Benutzern und Computern, Richtlinieninformationen abzurufen, auch wenn sie nicht Mitglied der Domäne sind oder sich außerhalb des Netzwerks befinden.
- *Zertifikatregistrierungs-Webdienst* – Dieser Dienst gestattet es Benutzern und Computern, Zertifikate anzufordern, auch wenn sie nicht Mitglied der Domäne sind oder sich außerhalb des Netzwerks befinden.
- *Zertifizierungsstellen-Webregistrierung* – Dieser Dienst stellt eine Webseite bereit, auf der Benutzer Zertifikate anfordern und das Zertifizierungsstellenzertifikat und die Sperrlisten abrufen können. Dieser Dienst ist ein »altes« Feature, das aus Kompatibilitätsgründen weiterhin verfügbar ist.

Die Installation der Rollendienste erfolgt ohne Neustart. Beim Entfernen von Binärdateien ist ein Neustart notwendig. Die Rolle mit den entsprechenden Diensten können Sie auch ohne Antwortdatei mithilfe der PowerShell installieren. Dazu verwenden Sie das PowerShell-Cmdlet `Get-WindowsFeature` (siehe Abbildung 16.15).

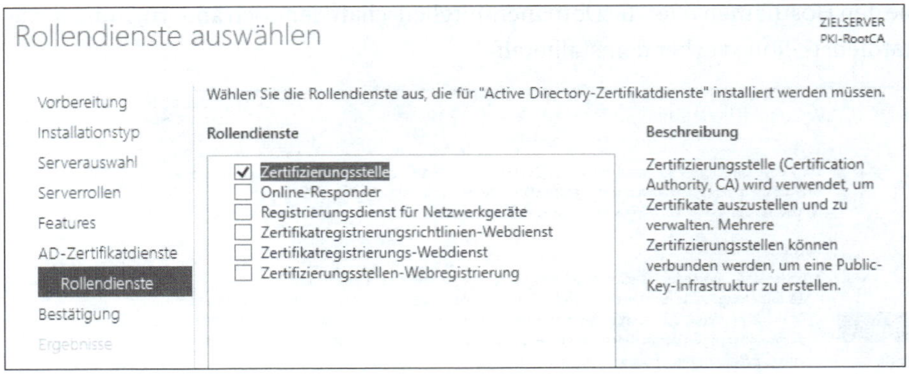

Abbildung 16.14 Rollendienste der Zertifikatdienste

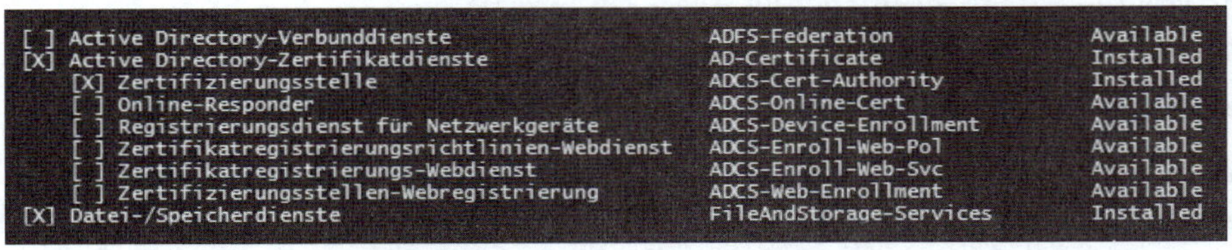

Abbildung 16.15 Auflisten der installierten und verfügbaren Rollen und Features mit »Get-WindowsFeature«

Nachdem Sie die Rolle installiert haben, müssen Sie die installierten Rollendienste konfigurieren. Zu diesem Zweck können Sie eine Art Antwortdatei verwenden. Diese Textdatei muss sich im Windows-Ordner (*%Windir%*) befinden und den Namen *CAPolicy.inf* besitzen.

In dieser Datei können Sie Einstellungen vornehmen, die der Konfigurationsassistent ausliest und konfiguriert. Die Einstellungen werden bei der Konfiguration der Rolle sowie beim Erneuern des Zertifizierungsstellenzertifikats angewendet.

Die Datei befindet sich in einem Ordner, in dem nur Mitglieder der lokalen Administratorgruppe Schreibrechte haben. Wenn Sie also einen Texteditor verwenden und die Datei direkt in dem Ordner speichern wollen, sollten Sie sich vergewissern, dass Sie den Texteditor als Administrator öffnen und die Datei in der ANSI-Codierung speichern.

Die Datei besteht aus verschiedenen Bereichen. Sie beginnt immer mit:

```
[Version]
Signature="$Windows NT$"
```

Der `[Version]`-Abschnitt muss in der Datei vorhanden sein und muss an ihrem Anfang stehen.

Die einzelnen Abschnitte der *CAPolicy.inf* sind optional und können – je nach Bedarf – in die Datei eingefügt werden.

CAPolicy.inf

Die Datei *CAPolicy.inf* wird nur bei der Konfiguration der Rolle angewendet oder wenn das CA-Zertifikat erneuert wird. Eine Installation und Konfiguration der Zertifizierungsstelle ist auch ohne Konfiguration der *CAPolicy.inf* möglich.

```
[PolicyStatementExtension]
Policies=Policy1, Policy2
```

Mithilfe der `PolicyStatementExtension` können Sie Richtlinien (CPS/CP) definieren und in das CA-Zertifikat übernehmen. Die definierten Policys müssen in der Datei ebenfalls definiert werden. Dazu konfigurieren Sie pro Policy einen eigenen Abschnitt mit den Daten:

```
[Policy1]
OID=1.1.1.1.1.1.1
Notice="Text der Policy"
[Policy2]
OID=1.1.1.1.1.1.2
URL=http://crl.rheinwerk-verlag.de/Policy2.aspx
```

Ein *Object Identifier* (`OID`) kann entweder ein selbst definierter Wert sein oder ein bei der IANA registrierter öffentlicher Wert.


```
[CRLDistributionPoint]
URL=http://crl.rheinwerk-verlag.de/RootCA.crl
```

Der Abschnitt `CRLDistributionPoint` legt die Veröffentlichungspunkte für die Sperrlisten fest.

```
[AuthorityInformationAccess]
URL=http://crl.rheinwerk-verlag.de/RootCA.crt
```

Im Abschnitt `AuthorityInformationAccess` legen Sie die Veröffentlichungspunkte für das CA-Zertifikat fest, wenn Clients das Zertifikat herunterladen können müssen, um die Zertifikatkette zu bilden.

```
[certsrv_server]
RenewalKeyLength=4096
RenewalValidityPeriod=Years
RenewalValidityPeriodUnits=5
CRLPeriod=Days
CRLPeriodUnits=2
CRLDeltaPeriod=Hours
CRLDeltaPeriodUnits=4
LoadDefaultTemplates=False
```

Im Abschnitt `certsrv_server` konfigurieren Sie Servereinstellungen, die in der Registry abgelegt werden und nach der Installation auch manuell konfiguriert werden können.

In `RenewalKeyLength` legen Sie die Schlüssellänge beim Erneuern des CA-Zertifikats fest.

In `RenewalValidityPeriod` und `RenewalValidityPeriodUnits` haben wir in diesem Beispiel die Laufzeit des CA-Zertifikats bei einer Root-CA auf 5 Jahre festgelegt.

Die `CRL`-Werte definieren hier, dass die Basissperrlisten 2 Tage und die Deltasperrlisten 4 Stunden gültig sind.

Im Punkt `LoadDefaultTemplates` legen Sie fest, ob die Unternehmenszertifizierungsstelle automatisch die Standardzertifikatvorlagen lädt und damit sofort Zertifikate verteilen kann. `False` bedeutet, dass die Templates nicht geladen werden; `True` bedeutet, dass die Vorlagen bereitgestellt werden und abgerufen werden können.

16.2.2 Alleinstehende »Offline« Root-CA

Die *Root-CA* wird nach der Installation des Betriebssystems in einer Arbeitsgruppe belassen und wird nicht mit dem Netzwerk verbunden. In der Praxis müssen Sie einen Weg definieren, wie Daten aus der Zertifizierungsstelle kopiert werden können.

Die Root-CA wird nur gestartet, wenn sie benötigt wird. Deswegen müssen Sie definieren, »wo« sich die Zertifizierungsstelle befindet, wenn sie nicht benötigt wird.

Bei einer Installation auf einer physischen Maschine können Sie die Festplatten aus dem Server herausnehmen und in einem Tresor aufbewahren. Handelt es sich um eine virtuelle Maschine, können Sie die virtuelle Festplatte auf einer externen Festplatte speichern und diese an einem sicheren Ort aufheben.

Sollte beides nicht möglich sein, können Sie auch den privaten Schlüssel der Zertifizierungsstelle exportieren und löschen. Dann installieren Sie den Schlüssel von einem sicheren Datenträger wieder, wenn er benötigt wird.

Die Root-CA wird weder mit Windows Updates noch mit Virenscanner-Signaturen versorgt. Dies führt dazu, dass das System nach kurzer Zeit nicht mehr vor Schadsoftware geschützt ist. Möchten Sie jetzt Daten auf die Root-CA bringen, müssen Sie sicherstellen, dass die Datenträger und die Daten keine Schadsoftware beinhalten. Daten, die auf die CA gebracht werden müssen, sind Zertifikatanforderungen von untergeordneten Zertifizierungsstellen.

Daten, die die Root-CA verlassen müssen, sind die Sub-CA-Zertifikate und die Sperrlisten, die regelmäßig veröffentlicht werden müssen. Um die Sicherheit der Daten und damit die Integrität der CA zu gewährleisten, können Sie einen sogenannten Schleusen-PC verwenden, an dem die Datenträger, die an der Root-CA verwendet werden, auf Schadsoftware gescannt werden.

Die Installation der notwendigen Rollen erfolgt entweder über die grafische Oberfläche in Form des Server-Managers oder mithilfe der PowerShell.

Auf der Stammzertifizierungsstelle stehen die gleichen Rollen zur Verfügung wie auf einem Server, der Teil einer Active Directory-Domäne ist.

Bevor Sie die Zertifikatdienste-Rolle installieren können, müssen Sie eine Datei *CAPolicy.inf* im Windows-Order des Servers erstellen.

Dazu starten Sie Notepad als Administrator, geben den Text aus Listing 16.1 in den Editor ein und speichern die Datei ab.

```
[Version]
Signature="$Windows NT$"
[certsrv_server]
RenewalKeyLength=4096
RenewalValidityPeriod=Years
RenewalValidityPeriodUnits=30
CRLPeriod=Months
CRLPeriodUnits=6
```

Listing 16.1 Der Inhalt der »CAPolicy.inf«

Der Inhalt der *CAPolicy.inf* legt fest, dass die Schlüssellänge 4096 Bit beträgt und die Laufzeit der Sperrliste sechs Monate ist. Sie werden gleich bei der Konfiguration der CA sehen, dass nicht alle Werte bei der Erstinstallation der CA verwendet werden. Die Benennung der Parameter mit dem Wort `Renewal` deutet bereits darauf hin, dass diese Werte erst beim Erneuern des CA-Zertifikats greifen werden.

Die *Active Directory-Zertifikatdienste* (siehe Abbildung 16.16) installieren Sie mit den Verwaltungstools. Für die Installation der Rolle werden lokale Administratorrechte benötigt.

Für die Root-CA sollten Sie andere Administratorkennungen bzw. Administratorkennwörter verwenden, als Sie auf den übrigen Servern nutzen. Dadurch können Sie Unbefugten den Zugriff auf die Zertifizierungsstelle erschweren.

Es ist durchaus üblich, das Kennwort zur Verwaltung der Zertifizierungsstelle in zwei Teile zu trennen, die jeweils einem Administrator bekannt sind, sodass niemand allein Konfigurationen an der Root-CA vornehmen kann.

Für Notfälle sollten die Kennwortteile in versiegelten Umschlägen – vor unbefugtem Zugriff geschützt – hinterlegt werden.

Die Verwaltungstools der Root-CA beinhalten das PowerShell-Modul und die Verwaltungskonsole für die Zertifizierungsstelle.

Es wird auch die Verwaltungskonsole *Zertifikatvorlagen* mitinstalliert, die jedoch auf einer eigenständigen Zertifizierungsstelle keine Anwendung findet, da diese Konsole die Vorlagen bearbeitet, die im Active Directory gespeichert sind.

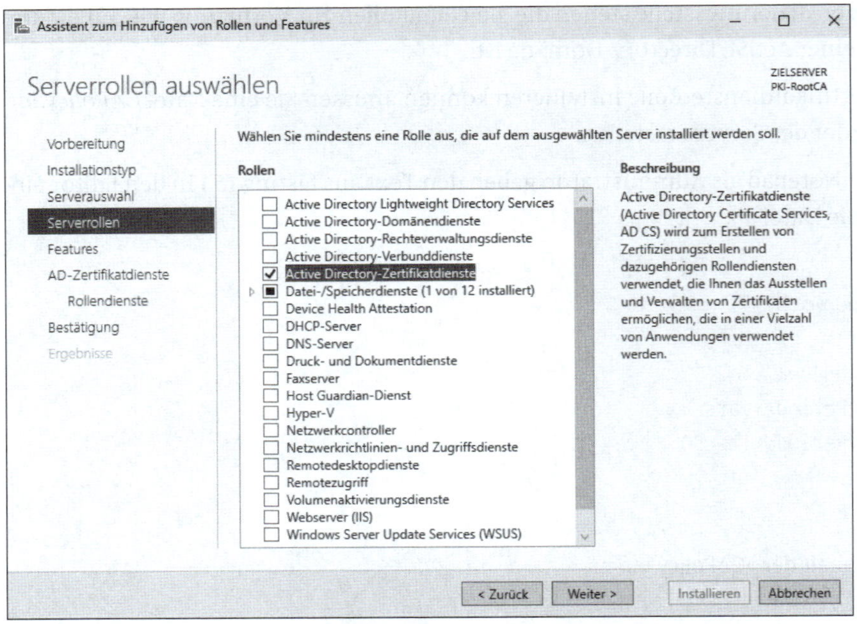

Abbildung 16.16 Auswahl der »Active Directory-Zertifikatdienste«

Eine eigenständige Zertifizierungsstelle verwendet keine Zertifikatvorlagen. Die Auswahl der Rollendienste (siehe Abbildung 16.17) ist auf allen Servern gleich. Nach der Installation der Rolle bietet der Assistent die Option, den Konfigurationsassistenten für die Konfiguration der Zertifizierungsstelle abzuschließen.

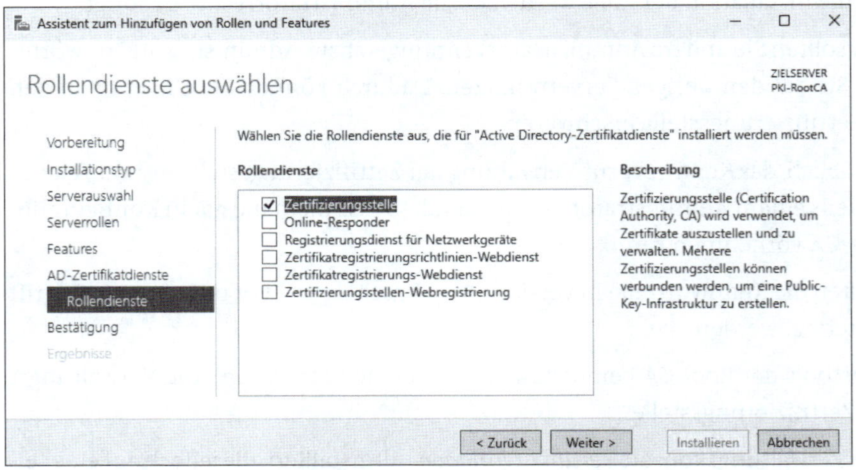

Abbildung 16.17 Auswahl der Rollendienste

Der Konfigurationsassistent bietet Ihnen in diesem Fall nur die Option einer Eigenständigen Zertifizierungsstelle (siehe Abbildung 16.18) zur Auswahl an, da der Computer nicht

Teil einer Domäne ist und das angemeldete Konto bzw. das Installationskonto nicht Mitglied der Organisationsadministratoren ist bzw. die notwendigen Rechte zur Installation delegiert wurden.

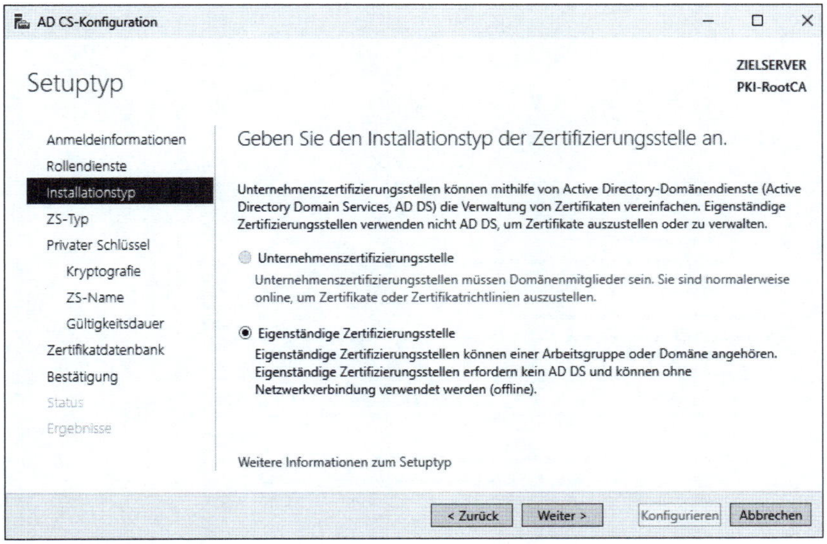
AD CS-Konfiguration
Setuptyp
ZIELSERVER
PKI-RootCA
Anmeldeinformationen
Rollendienste
Installationstyp
ZS-Typ
Privater Schlüssel
Kryptografie
ZS-Name
Gültigkeitsdauer
Zertifikatdatenbank
Bestätigung
Status
Ergebnisse
Geben Sie den Installationstyp der Zertifizierungsstelle an.
Unternehmenszertifizierungsstellen können mithilfe von Active Directory-Domänendienste (Active Directory Domain Services, AD DS) die Verwaltung von Zertifikaten vereinfachen. Eigenständige Zertifizierungsstellen verwenden nicht AD DS, um Zertifikate auszustellen oder zu verwalten.
Unternehmenszertifizierungsstelle
Unternehmenszertifizierungsstellen müssen Domänenmitglieder sein. Sie sind normalerweise online, um Zertifikate oder Zertifikatrichtlinien auszustellen.
Eigenständige Zertifizierungsstelle
Eigenständige Zertifizierungsstellen können einer Arbeitsgruppe oder Domäne angehören. Eigenständige Zertifizierungsstellen erfordern kein AD DS und können ohne Netzwerkverbindung verwendet werden (offline).
Weitere Informationen zum Setuptyp
< Zurück
Weiter >
Konfigurieren
Abbrechen

Abbildung 16.18 Auswahl des Installationstyps

Wir wollen eine Root-CA installieren, also wählen wir beim Zertifizierungsstellentyp (ZS-TYP) eine STAMMZERTIFIZIERUNGSSTELLE aus (siehe Abbildung 16.19).

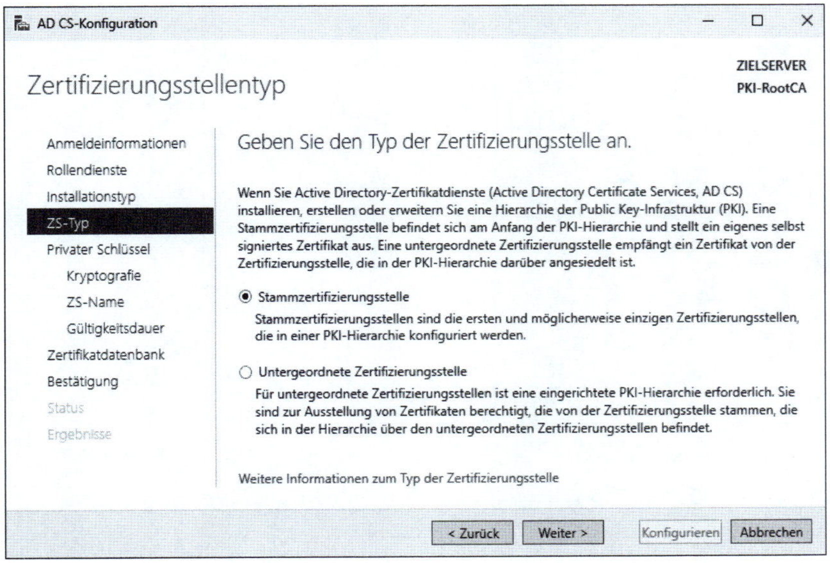
AD CS-Konfiguration
Zertifizierungsstellentyp
ZIELSERVER
PKI-RootCA
Anmeldeinformationen
Rollendienste
Installationstyp
ZS-Typ
Privater Schlüssel
Kryptografie
ZS-Name
Gültigkeitsdauer
Zertifikatdatenbank
Bestätigung
Status
Ergebnisse
Geben Sie den Typ der Zertifizierungsstelle an.
Wenn Sie Active Directory-Zertifikatdienste (Active Directory Certificate Services, AD CS) installieren, erstellen oder erweitern Sie eine Hierarchie der Public Key-Infrastruktur (PKI). Eine Stammzertifizierungsstelle befindet sich am Anfang der PKI-Hierarchie und stellt ein eigenes selbst signiertes Zertifikat aus. Eine untergeordnete Zertifizierungsstelle empfängt ein Zertifikat von der Zertifizierungsstelle, die in der PKI-Hierarchie darüber angesiedelt ist.
Stammzertifizierungsstelle
Stammzertifizierungsstellen sind die ersten und möglicherweise einzigen Zertifizierungsstellen, die in einer PKI-Hierarchie konfiguriert werden.
Untergeordnete Zertifizierungsstelle
Für untergeordnete Zertifizierungsstellen ist eine eingerichtete PKI-Hierarchie erforderlich. Sie sind zur Ausstellung von Zertifikaten berechtigt, die von der Zertifizierungsstelle stammen, die sich in der Hierarchie über den untergeordneten Zertifizierungsstellen befindet.
Weitere Informationen zum Typ der Zertifizierungsstelle
< Zurück
Weiter >
Konfigurieren
Abbrechen

Abbildung 16.19 Auswahl der CA-Typs

Sofern kein privater Schlüssel und kein Zertifikat vorhanden sind, wird die Zertifizierungsstelle ein neues Schlüsselpaar erstellen (siehe Abbildung 16.20). Dazu hinterlegen Sie im nächsten Schritt die Parameter (siehe Abbildung 16.21).

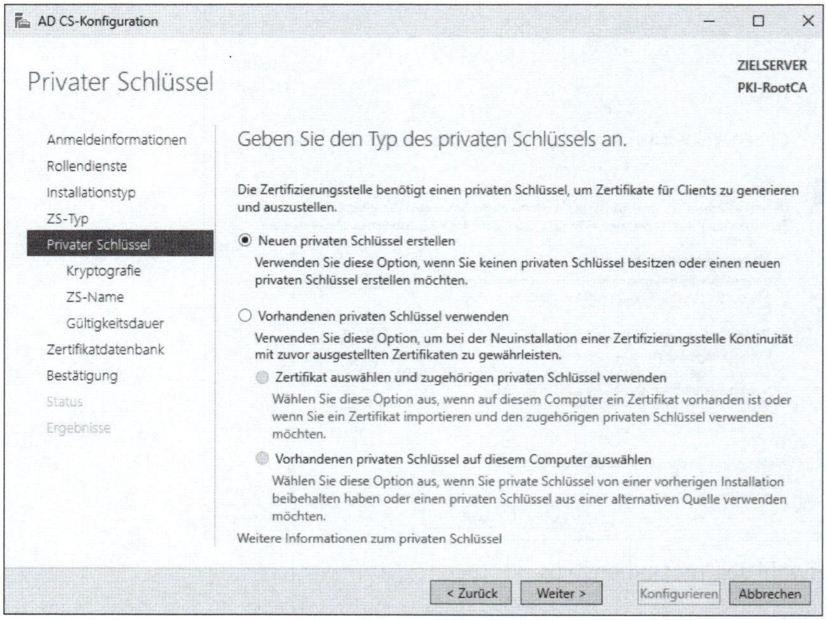
AD CS-Konfiguration
Privater Schlüssel
ZIELSERVER
PKI-RootCA
Anmeldeinformationen
Rollendienste
Installationstyp
ZS-Typ
Privater Schlüssel
Kryptografie
ZS-Name
Gültigkeitsdauer
Zertifikatdatenbank
Bestätigung
Status
Ergebnisse
Geben Sie den Typ des privaten Schlüssels an.
Die Zertifizierungsstelle benötigt einen privaten Schlüssel, um Zertifikate für Clients zu generieren und auszustellen.
Neuen privaten Schlüssel erstellen
Verwenden Sie diese Option, wenn Sie keinen privaten Schlüssel besitzen oder einen neuen privaten Schlüssel erstellen möchten.
Vorhandenen privaten Schlüssel verwenden
Verwenden Sie diese Option, um bei der Neuinstallation einer Zertifizierungsstelle Kontinuität mit zuvor ausgestellten Zertifikaten zu gewährleisten.
Zertifikat auswählen und zugehörigen privaten Schlüssel verwenden
Wählen Sie diese Option aus, wenn auf diesem Computer ein Zertifikat vorhanden ist oder wenn Sie ein Zertifikat importieren und den zugehörigen privaten Schlüssel verwenden möchten.
Vorhandenen privaten Schlüssel auf diesem Computer auswählen
Wählen Sie diese Option aus, wenn Sie private Schlüssel von einer vorherigen Installation beibehalten haben oder einen privaten Schlüssel aus einer alternativen Quelle verwenden möchten.
Weitere Informationen zum privaten Schlüssel
< Zurück
Weiter >
Konfigurieren
Abbrechen

Abbildung 16.20 Konfiguration des privaten Schlüssels

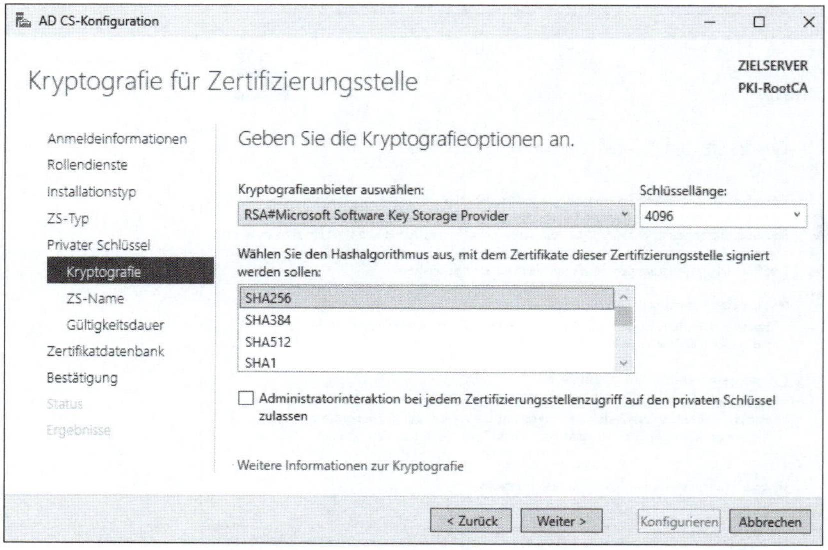
AD CS-Konfiguration
Kryptografie für Zertifizierungsstelle
ZIELSERVER
PKI-RootCA
Anmeldeinformationen
Rollendienste
Installationstyp
ZS-Typ
Privater Schlüssel
Kryptografie
ZS-Name
Gültigkeitsdauer
Zertifikatdatenbank
Bestätigung
Status
Ergebnisse
Geben Sie die Kryptografieoptionen an.
Kryptografieanbieter auswählen:
Schlüssellänge:
RSA#Microsoft Software Key Storage Provider
4096
Wählen Sie den Hashalgorithmus aus, mit dem Zertifikate dieser Zertifizierungsstelle signiert werden sollen:
SHA256
SHA384
SHA512
SHA1
Administratorinteraktion bei jedem Zertifizierungsstellenzugriff auf den privaten Schlüssel zulassen
Weitere Informationen zur Kryptografie
< Zurück
Weiter >
Konfigurieren
Abbrechen

Abbildung 16.21 Auswahl des Algorithmus und der Schlüssellänge

Der Name der Zertifizierungsstelle wird für jeden sichtbar sein, der Kontakt mit einem Zertifikat der Infrastruktur bekommt. Bedenken Sie also Folgendes:

- Wenn der Name des Unternehmens bzw. der Organisation Teil des CA-Namens ist, müssen Sie eventuell Zertifikate – und die Infrastruktur – neu ausrollen, sollte sich der Name des Unternehmens bzw. der Organisation ändern.
- Allerdings kann es sehr wohl erwünscht sein, den Namen des Unternehmens bzw. der Organisation in den Zertifikaten zu verwenden, sodass die Clients erkennen können, dass das Zertifikat von Ihnen stammt.

Obwohl wir in der *CAPolicy.inf* eine Laufzweit von 30 Jahren konfiguriert hatten, erfolgt im Assistenten die Abfrage der maximalen Laufzeit. Die Laufzeit-Daten aus der *CAPolicy.inf* werden erst beim Erneuern des CA-Zertifikats verwendet.

Auf der Stammzertifizierungsstelle belassen wir den Speicherort auf dem Standardwert, da bei der Root-CA nicht zu erwarten ist, dass die Datenbank stark anwächst.

Der *Best Practices Analyzer* für die Zertifikatdienste empfiehlt übrigens die Speicherung der Datenbank auf einem zusätzlichen Laufwerk, damit eine wachsende Datenbank das System nicht zum Stillstand bringt.

Der Speicherort der CA-Datenbankdateien wird in der Registrierungsdatenbank unter dem Schlüssel *HKEY_LOCAL_MACHINE\SYSTEM\CurrentControlSet\Services\CertSvc\Configuration* gespeichert.

Vier Einträge legen hier fest, wo sich die Dateien befinden:

- *DBDirectory*
- *DBLogDirectory*
- *DBSystemDirectory*
- *DBTempDirectory*

Die Bestätigungsseite des Konfigurationsassistenten zeigt die gewählten Optionen. Mit einem Klick auf KONFIGURIEREN werden die ausgewählten Optionen angewendet und wird die Grundkonfiguration der Root-CA abgeschlossen. Nachdem der Assistent abgeschlossen ist, können Sie die Verwaltungskonsole der Zertifizierungsstelle öffnen und anschließend die Konfiguration abschließen.

In der Zertifikatdienste-Konsole können Sie am Fehlen des Knotens ZERTIFIKATVORLAGEN erkennen, dass es sich bei der Zertifizierungsstelle um eine eigenständige Zertifizierungsstelle handelt.

Prüfen Sie nun zuerst das selbstsignierte CA-Zertifikat auf die relevanten Angaben. Die Laufzeit wurde auf die konfigurierten 30 Jahre festgelegt und der Aussteller-Name des Zertifikats lautet *Root-CA*.

Eine der notwendigen Konfigurationen nach der Installation der Rolle sind die *CDP*- und *AIA*-Einstellungen. CDP steht für *CRL Distribution Point*, also für »Sperrlisten-Verteilungspunkt«; AIA steht für *Authority Information Access* und legt den Speicherort des CA-Zertifikats fest.

In unserer Infrastruktur werden diese Informationen auf einem Webserver gespeichert, der über den Namen *crl.rheinwerk-verlag.de* erreichbar sein soll.

Die Speicherorte können in den ausgestellten Zertifikaten hinterlegt werden, damit jeder Client, der Kontakt mit einem Zertifikat hat, eine Adresse bekommt, um die Gültigkeit des Zertifikats prüfen zu können.

Eine Änderung dieser Konfiguration auf der Zertifizierungsstelle wirkt sich erst bei neu ausgestellten Zertifikaten aus bzw. dann, wenn eine neue Sperrliste ausgestellt wird.

Die Option zum Einstellen der Speicherorte befindet sich in den Eigenschaften der Zertifizierungsstelle auf der Registerkarte ERWEITERUNGEN.

Dort finden Sie unter dem Punkt ERWEITERUNG AUSWÄHLEN ein Dropdown-Fenster, mit dem Sie zwischen der Konfiguration der Sperrlisten-Verteilpunkte und dem Zugriff auf Stelleninformationen wechseln können.

Es gibt einige vordefinierte Pfade:

- *C:\Windows\System32\CertSrv\CertEnroll* – An diesem Ort werden automatisch Basis- und Deltasperrlisten gespeichert. Bei lokalen Pfadangaben ist im Assistenten die Option ausgegraut, diesen Pfad in Zertifikate zu schreiben, da der Client bei einem lokalen Pfad auf dem eigenen lokalen Datenträger nach der Sperrliste suchen würde.
- *Ldap://* – Die Sperrliste wird in der Konfigurationspartition der Active Directory-Datenbank abgelegt und auf alle Domänencontroller der Gesamtstruktur repliziert. Dieser Pfad kann in die Zertifikate aufgenommen werden. Wenn Sie Sperrlisten mithilfe des Active Directorys verteilen, haben Sie den Vorteil, dass die Sperrlisten hochverfügbar sind, sofern mehr als ein Domänencontroller vorhanden ist. Die Replizierung der Sperrlisten zwischen den Domänencontrollern erfolgt mithilfe der Active Directory-Replikation. Zusätzlich wird ein Windows-Client immer versuchen, einen lokalen Domänencontroller zu kontaktieren, wodurch die WAN-Strecken entlastet werden, sofern die Standorte mit den zugehörigen Subnetzen im Active Directory konfiguriert sind.

  Problematisch kann der LDAP-Zugriff jedoch für Geräte sein, die nicht Teil der AD-Umgebung sind, denn je nach Konfiguration der Umgebung kann für den LDAP-Zugriff eine Authentifizierung notwendig sein. Damit könnten Nicht-Domänenmitglieder die Sperrliste nicht abrufen. Gemäß RFC 5280, das die CRLs beschreibt, sollte kein LDAP in den Sperrlisten-Verteilungspunkten verwendet werden.
- *http://* – Bei der Verwendung eines HTTP-Pfades deaktiviert die grafische Konsole automatisch die Optionen zur Speicherung der Sperrlisten an dem konfigurierten Ort. Der HTTP-Pfad kann nur in die Zertifikate integriert werden, sodass Clients den Pfad verwenden können, um Sperrlisten herunterzuladen.

Die Verwendung von HTTP stellt hier kein Sicherheitsrisiko dar, es sei denn, die Unternehmensrichtlinie verbietet den Einsatz von HTTP. Sie können hier auch einen HTTPS-Pfad verwenden, sollten dann aber für den Webserver ein Zertifikat verwenden, dessen Sperrliste nicht auf dem gleichen Server liegt, damit es kein »Henne-Ei-Problem« gibt, wenn ein Client eine Sperrliste herunterladen will. Gemäß RFC 5280, das die CRLs beschreibt, sollte kein HTTPS in den Sperrlisten-Verteilungspunkten verwendet werden.

- *file://* – Der File-Pfad kann für das Speichern und das Abrufen verwendet werden.

Schauen wir uns nun die verschiedenen Checkboxen aus Abbildung 16.22 an:

- Sperrlisten an diesem Ort veröffentlichen – Diese Option legt fest, dass eine Basissperrliste an dem hinterlegten Ort gespeichert wird.
- In alle Sperrlisten einbeziehen. Legt fest, wo dies bei manueller Veröffentlichung im Active Directory veröffentlicht werden soll – Diese Option kann für Offline-Zertifizierungsstellen verwendet werden, wenn die Sperrlisten der CA bei einer manuellen Veröffentlichung im Active Directory gespeichert werden sollen.
- In Sperrlisten einbeziehen. Wird zur Suche von Deltasperrlisten verwendet – Diese Option brauchen Sie, wenn der Client über den gleichen Pfad eine Deltasperrliste abrufen soll. Deltasperrlisten erhalten ein +-Zeichen vor der Dateierweiterung.

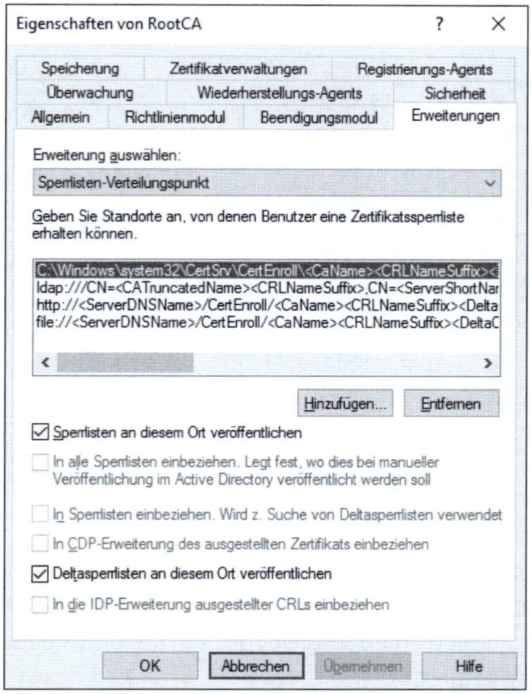

Abbildung 16.22 Konfiguration der Sperrlisten-Verteilungspunkte

- In CDP-Erweiterung des ausgestellten Zertifikats einbeziehen – Wenn diese Checkbox gesetzt wird, dann wird der Pfad, der konfiguriert wurde, in jedes neu ausgestellte Zertifikat aufgenommen, damit Clients die Information bekommen, wo die Sperrliste abgerufen werden kann.
- Deltasperrlisten an diesem Ort veröffentlichen – Diese Option legt fest, dass eine Deltasperrliste an dem hinterlegten Ort gespeichert wird.
- In die IDP-Erweiterung ausgestellter CRLs einbeziehen – IDP-Erweiterungen *(Issuing Distribution Point)* werden von Nicht-Windows-Clients verwendet, um den Sperrstatus zu überprüfen.

Wenn Sie sich die Standardpfade in Abbildung 16.22 anschauen, können Sie dort Parameter erkennen, die mit <- und >-Zeichen abgegrenzt sind. Die konfigurierten Werte werden in der Registrierung gespeichert. Der Wert `REG_MULTI_SZ` für die Sperrlisten-Verteilungspunkte (siehe Abbildung 16.23) besteht aus einem Zahlenwert, gefolgt von einem Doppelpunkt und dem konfigurierten Pfad.

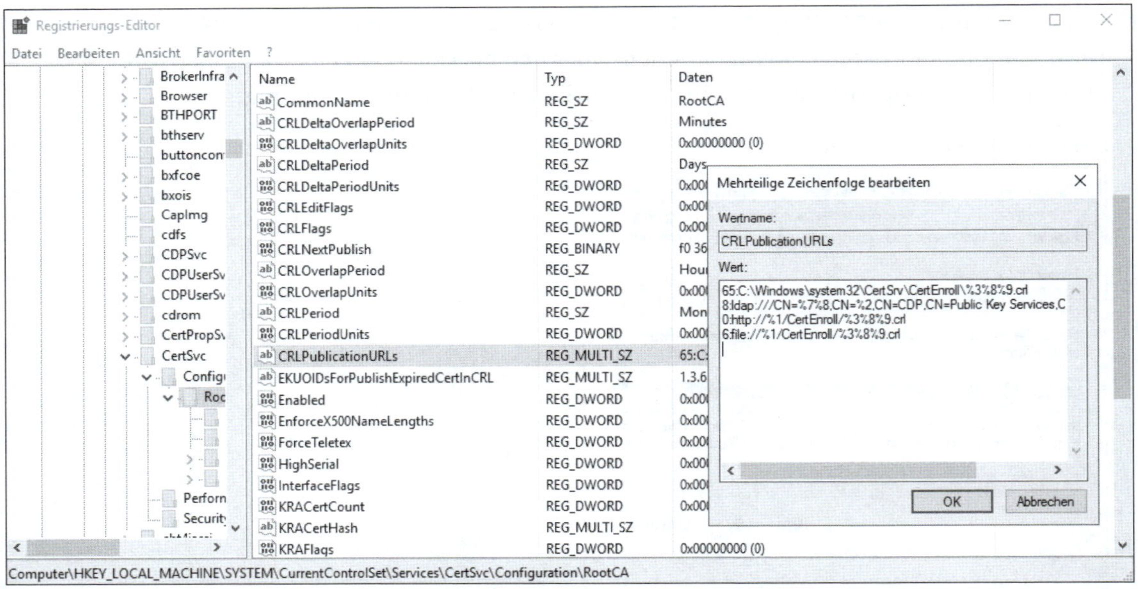

Abbildung 16.23 CDP-Einträge in der Registrierung

Die grafische Konfigurationsoberfläche interpretiert die in der Registrierung hinterlegten Werte. Der Zahlenwert zu Beginn einer Zeile definiert, welche »Checkboxen« gesetzt sind (siehe Tabelle 16.3). Dabei hat jede der Checkboxen einen festgelegten Wert. Wenn Sie mehrere Optionen auswählen, werden die Werte addiert.

Checkbox in der grafischen Oberfläche	**Dezimalwert in der Registrierung**
Sperrlisten an diesem Ort veröffentlichen	1
In alle Sperrlisten einbeziehen. Legt fest, wo dies bei manueller Veröffentlichung im Active Directory veröffentlicht werden soll.	8
In Sperrlisten einbeziehen. Wird zur Suche von Deltasperrlisten verwendet.	4
In CDP-Erweiterungen des ausgestellten Zertifikats einbeziehen	2
Deltasperrlisten an diesem Ort veröffentlichen	64
In die IDP-Erweiterungen ausgestellter CRLs einbeziehen	128

Tabelle 16.3 Checkbox-Werte für die Sperrlisten

In der grafischen Oberfläche kann die Reihenfolge der Einträge nicht geändert werden. Möchten Sie dies trotzdem tun, müssen Sie die vorhandenen Einträge löschen und neu erstellen. In der Registrierung können Sie dann die Reihenfolge anpassen. Möchten Sie einen neuen zusätzlichen Pfad konfigurieren (siehe Abbildung 16.24), sollten Sie die entsprechenden Variablen verwenden, damit die Informationen dynamisch aktualisiert werden, wenn zum Beispiel das CA-Zertifikat erneuert wird.

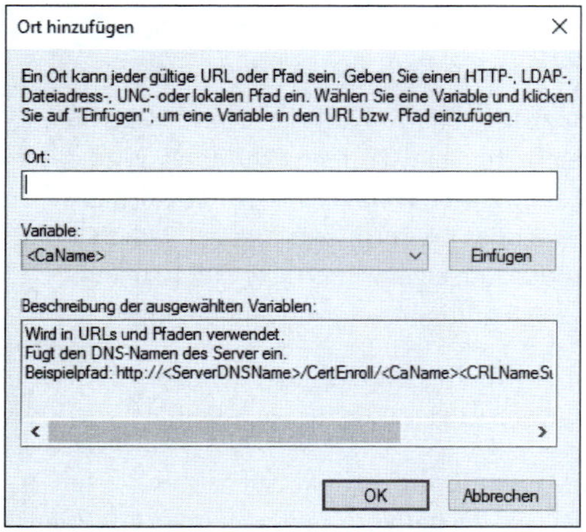
Ort hinzufügen
Ein Ort kann jeder gültige URL oder Pfad sein. Geben Sie einen HTTP-, LDAP-, Dateiadress-, UNC- oder lokalen Pfad ein. Wählen Sie eine Variable und klicken Sie auf "Einfügen", um eine Variable in den URL bzw. Pfad einzufügen.
Ort:
Variable:
<CaName>
Einfügen
Beschreibung der ausgewählten Variablen:
Wird in URLs und Pfaden verwendet.
Fügt den DNS-Namen des Server ein.
Beispielpfad: http://<ServerDNSName>/CertEnroll/<CaName><CRLNameSu
OK
Abbrechen

Abbildung 16.24 Konfiguration eines neuen CDP-Eintrags

Die Variablen werden als %-Werte in die Registrierung geschrieben und bei ihrer Verwendung mit den tatsächlichen Werten gefüllt. Tabelle 16.4 zeigt, mit welchen Namen die Variablen in der GUI erscheinen und was sie beinhalten.

Variable	Name in der GUI	Beschreibung
%1	<ServerDNSName>	DNS-Name des Computers. Gehört der Computer zu einer Domäne, ist dies der vollqualifizierte Domänenname (FQDN) <Hostname>.<Domänenname>.
%2	<ServerShortName>	Der Kurzname (NetBIOS) des CA-Computers
%3	<CAName>	Der Name der CA, der bei der Konfiguration angegeben wurde
%4	<CertificateName>	Diese Variable erlaubt eine Versionierung, die auf der »Generation« des CA-Zertifikats basiert. Das erste Zertifikat hat die Nummer 0, und <CertificateName> beinhaltet keine laufende Nummer. Wird das CA-Zertifikat erneuert, wird eine »(1)« bzw. die laufende Nummer des CA-Zertifikats ergänzt.
%5	Keiner	Wird nicht verwendet.
%6	<ConfigurationContainer>	Wird durch den Konfigurationscontainer des Active Directorys ersetzt.
%7	<CATruncatedName>	Diese Variable wird mit dem CA-Namen gefüllt, der auf maximal 32 Zeichen gekürzt und um ein »#« ergänzt wurde.
%8	<CRLNameSuffix>	Diese Variable erlaubt eine Versionierung, die auf der »Generation« des CA-Zertifikats basiert. Die erste Sperrliste hat die Nummer 0, und <CRLNameSuffix> beinhaltet keine laufende Nummer. Wird das CA-Zertifikat erneuert, wird eine »(1)« bzw. die laufende Nummer des CA-Zertifikats ergänzt. Jedes CA-Zertifikat muss eine eigene Sperrliste bereitstellen, solange es noch gültig ist und verwendet wird.
%9	<DeltaCRLAllowed>	Wird eine Deltasperrliste verwendet, wird ein +-Zeichen an den <CRLNameSuffix> angefügt.
%10	<CDPObjectClass>	Die Objektklassen-ID für Zertifikatsperrlisten-Verteilungspunkte, die bei der Veröffentlichung im LDAP verwendet wird
%11	<CAObjectClass>	Die Objektklassen-ID für eine Zertifizierungsstelle, die bei der Veröffentlichung im LDAP verwendet wird

Tabelle 16.4 Variablen zur Definition von Pfaden

Auf der Root-CA werden in aller Regel keine Deltasperrlisten veröffentlicht. Trotzdem können Sie den Parameter `<DeltaCRLAllowed>` verwenden, sodass die Konfiguration auf allen Zertifizierungsstellen identisch ist.

Zusätzlich zum HTTP-Verteilungspunkt kann es hilfreich sein, im Dialog zur Definition der Sperrlisten-Verteilungspunkte auf der Root-CA einen Verteilungspunkt unter *C:\pki* anzulegen und das Speichern der Sperrlisten in diesem Ordner zu konfigurieren.

Aus diesem Ordner können dann im Betrieb der CA regelmäßig die Sperrlisten auf den Webserver kopiert werden, der die Sperrlisten bereitstellt. Alternativ könnten die Sperrlisten auch aus dem Standardordner unter *C:\Windows\System32\CertSrv\CertEnroll* kopiert werden. Das System – also das Computerkonto der Zertifizierungsstelle – muss Berechtigungen zum Zugriff auf die Ordner erhalten, auf denen Sperrlisten direkt abgelegt werden sollen.

Änderungen an den Erweiterungen bedingen immer einen Neustart der Zertifikatdienste – egal, ob Sie die Änderungen über die grafische Oberfläche oder über die Registrierung vorgenommen haben.

Nach der Konfiguration der CDP wird nun der *AIA (Authority Information Access)* konfiguriert. Für den Zugriff auf Stelleninformationen stehen die gleichen Speicherort-Optionen zur Verfügung wie für die Sperrlisten-Verteilungspunkte.

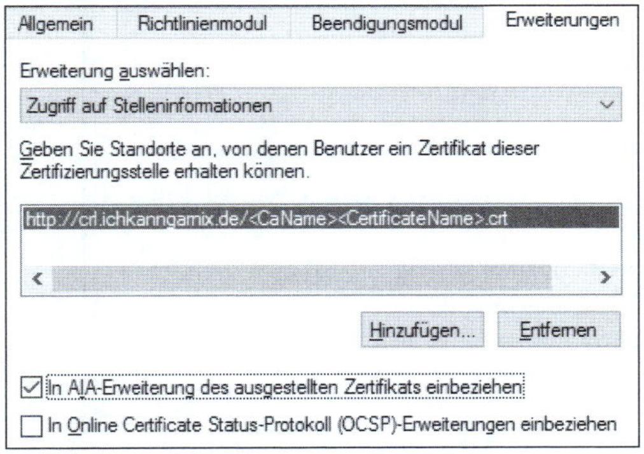

Abbildung 16.25 Möglichkeit zur Konfiguration der AIA-Informationen

Es stehen Ihnen folgende Checkboxen zur Verfügung (siehe Abbildung 16.25):

- In AIA-Erweiterung des ausgestellten Zertifikats einbeziehen – Diese Option trägt die definierte Adresse in jedes ausgestellte Zertifikat ein, sodass der Client das CA-Zertifikat am konfigurierten Ort herunterladen kann, sofern es sich nicht auf dem Client im entsprechenden Speicherort befindet.
- In Online Certificate Status-Protokoll (OCSP)-Erweiterungen einbeziehen – Diese Konfiguration wird verwendet, um in den ausgestellten Zertifikaten die Adresse des Online-Responders zu konfigurieren. An dieser Adresse (üblicherweise *http://*) kann ein Client den Sperrstatus eines einzelnen Zertifikats abfragen, ohne die komplette Sperrliste herunterladen zu müssen.

- Wird keine der Checkboxen aktiviert, wird das CA-Zertifikat am konfigurierten Ort gespeichert, sofern dies möglich ist.

Die Variablen entsprechen den Variablen für Sperrlisten-Verteilpunkte. Nicht verwendete Einträge können entfernt werden. Die Speicherung der Konfiguration findet ebenfalls in der Registrierung statt – analog zu den CDP.

Neben dem HTTP-AIA-Eintrag wird auch ein Eintrag mit dem Ziel *C:\pki* angelegt. Für diesen Eintrag wird keine Checkbox hinterlegt. Damit wird das CA-Zertifikat an diesem Ort abgelegt, wenn das CA-Zertifikat erneuert wird. Beachten Sie, dass die Dateiendung der Zertifikate *.crt* lautet. Die Erweiterung der Sperrlisten ist *.crl*.

Bei der Konfiguration der CDP- und AIA-Werte ist größte Sorgfalt angeraten. Wenn sich hier ein Tippfehler einschleicht, müssen Sie unter Umständen die bereits ausgerollten Zertifikate erneuern, damit die richtigen Werte verwendet werden.

Das Aktualisierungsintervall für die Sperrlisten wurde in der *CAPolicy.inf* hinterlegt. Sie können es mit einem Rechtsklick auf GESPERRTE ZERTIFIKATE und durch Auswahl der Eigenschaften prüfen (siehe Abbildung 16.26).

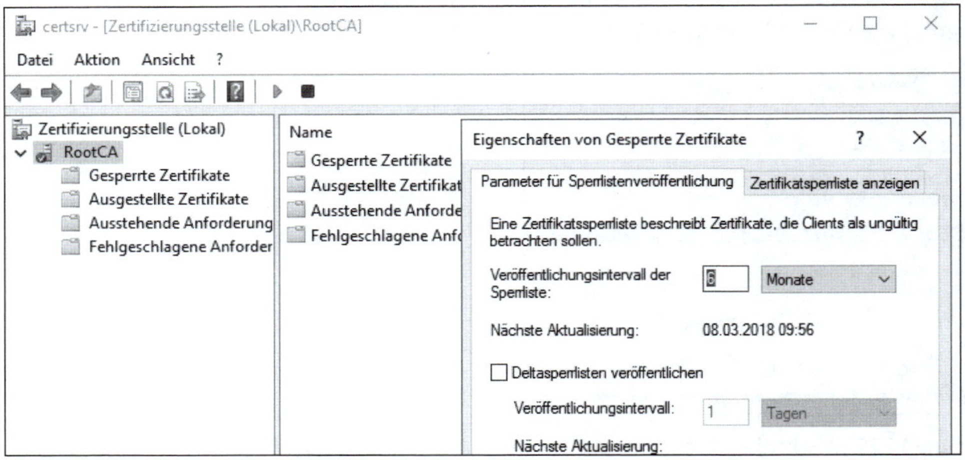

Abbildung 16.26 Die Gültigkeitsdauer der Sperrlisten prüfen

Die Sperrlistenkonfiguration zeigt, dass die Sperrlisten sechs Monate gültig sind und dass es keine Deltasperrlisten gibt.

Der letzte notwendige Konfigurationsschritt ist die Definition der maximalen Laufzeit der Zertifikate, die von der Root-CA ausgestellt werden. Bei einer eigenständigen Zertifizierungsstelle ist die maximale Standarddauer für Zertifikate auf ein Jahr festgelegt.

Wenn Sie diese Konfiguration nicht anpassen würden, dann wäre das Sub-CA-Zertifikat nur ein Jahr gültig, und damit könnte die Sub-CA keine Zertifikate ausstellen, die länger gültig wären.

Diese Konfigurationen werden in der Registrierung abgelegt und können entweder dort geändert werden oder über das Kommandozeilentool *CertUtil* konfiguriert werden (siehe Abbildung 16.27).

```
Administrator: Eingabeaufforderung

C:\>certutil -getreg ca\val*
HKEY_LOCAL_MACHINE\SYSTEM\CurrentControlSet\Services\CertSvc\Configuration\RootCA\val*:

Werte:
  ValidityPeriod            REG_SZ = Years
  ValidityPeriodUnits       REG_DWORD = 1
CertUtil: -getreg-Befehl wurde erfolgreich ausgeführt.
```

Abbildung 16.27 Die maximale Gültigkeit eines Zertifikats prüfen

Mit dem Parameter `-setreg` (siehe Abbildung 16.28) können Sie Registrierungswerte schreiben. Diese Zeitdauer wird durch die beiden Werte `ValidityPeriod` (Einheit) und `ValidityPeriodUnits` (Wert) zusammengesetzt. Nach Anpassung der `ValidityPeriod`-Werte muss der Zertifikatdienst neu gestartet werden.

```
C:\>certutil -setreg ca\validityperiodunits 15
HKEY_LOCAL_MACHINE\SYSTEM\CurrentControlSet\Services\CertSvc\Configuration\RootCA\ValidityPeriodUnits:

Alter Wert:
  ValidityPeriodUnits REG_DWORD = 1

Neuer Wert:
  ValidityPeriodUnits REG_DWORD = f (15)
CertUtil: -setreg-Befehl wurde erfolgreich ausgeführt.
Der Dienst "CertSvc" muss neu gestartet werden, damit die Änderungen wirksam werden.
```

Abbildung 16.28 Festlegen von »ValidityPeriodUnits« auf 15 (Jahre)

Damit ist die Grundkonfiguration der Root-CA abgeschlossen.

Nun müssen Sie einen Webserver und einen DNS-Eintrag bereitstellen sowie die Sperrliste und das CA-Zertifikat der Root-CA dort hinterlegen.

Die Installation und Vorbereitung der Umgebung kann mithilfe der PowerShell erfolgen:

```
### Erstellen der CAPolicy.inf
notepad C:\windows\capolicy.inf
### oder direktes Schreiben des Inhalts
# `r`n fügt einen Zeilenumbruch ein (neue Zeile)
$text= "[Version]`r`n"
$text+='Signature=$Windows NT$'+"`r`n"
$text+="`r`n"
$text+="[certsrv_server]`r`n"
$text+="RenewalKeyLength=4096`r`n"
$text+="RenewalValidityPeriod=Years`r`n"
$text+="RenewalValidityPeriodUnits=30`r`n"
$text+="CRLPeriod=Months`r`n"
```

```
$text+="CRLPeriodUnits=6`r`n"
Set-Content C:\windows\capolicy.inf $text
### Erstellen des Ordners C:\pki
New-Item -ItemType Directory -Path C:\pki
### Installation der ADCS-Rolle
Install-WindowsFeature ADCS-Cert-Authority `
  -IncludeManagementTools
### Prüfen der Konfigurationsparameter der Root-CA
Install-AdcsCertificationAuthority -CAType StandaloneRootCA `
  -CryptoProviderName `
  "RSA#Microsoft Software Key Storage Provider" `
  -KeyLength 4096 -HashAlgorithmName SHA512 `
  -CACommonName RootCA -ValidityPeriod Years `
  -ValidityPeriodUnits 30 -DatabaseDirectory `
  "C:\Windows\System32\CertLog" -LogDirectory `
  "C:\Windows\System32\CertLog" -WhatIf
### Konfiguration der Root-CA
Install-AdcsCertificationAuthority -CAType StandaloneRootCA `
  -CryptoProviderName `
  "RSA#Microsoft Software Key Storage Provider" `
  -KeyLength 4096 -HashAlgorithmName SHA512 `
  -CACommonName RootCA -ValidityPeriod Years `
  -ValidityPeriodUnits 30 -DatabaseDirectory `
  "C:\Windows\System32\CertLog" -LogDirectory `
  "C:\Windows\System32\CertLog" -Confirm:$false
### Anpassen der Sperrlisten-Verteilungspunkte
# Löschen der vorhandenen Verteilungspunkte
Get-CACrlDistributionPoint | Remove-CACrlDistributionPoint `
  -Confirm:$false
# Konfiguration des Speicherpfads c:\pki
Add-CACrlDistributionPoint -Uri C:\pki\%3%8%9.crl `
  -PublishToServer -Force
# Konfiguration des HTTP-Pfades
Add-CACrlDistributionPoint -Uri `
  http://crl.rheinwerk-verlag.de/%3%8%9.crl -AddToCertificateCdp `
  -AddToFreshestCrl -AddToCrlIdp -Force
### Anpassen der AIA-Informationen
# Löschen der vorhandenen Einträge
Get-CAAuthorityInformationAccess | `
  Remove-CAAuthorityInformationAccess -Confirm:$false
# Konfiguration des Zertifikatpfades C:\pki mithilfe der Registry
$CAName=(get-itemproperty HKLM:\SYSTEM\CurrentControlSet\Services\CertSvc\
Configuration).active
```

```
Set-ItemProperty "HKLM:\SYSTEM\CurrentControlSet\Services\CertSvc\
Configuration\$($CAName)" -Name CACertPublicationURLs -Value `
  "0:C:\pki\%3%4.crt"
# Konfiguration des HTTP-Pfades
Add-CAAuthorityInformationAccess -Uri `
  http://crl.rheinwerk-verlag.de/%3%4.crt -AddToCertificateAia `
  -Force
### Aktivieren der Überwachung der CA
if ((Get-ItemProperty "HKLM:\SYSTEM\CurrentControlSet\Services\CertSvc\
Configuration\$($CAName)" "Auditfilter" -ErrorAction `
  SilentlyContinue).length -eq 0){New-ItemProperty `
  "HKLM:\SYSTEM\CurrentControlSet\Services\CertSvc\Configuration\$($CAName)" `
  -Name AuditFilter -Value 126 -PropertyType DWord
}
else
{
  Set-ItemProperty "HKLM:\SYSTEM\CurrentControlSet\Services\CertSvc\Configuration\
$($CAName)" -Name AuditFilter -Value 126
}
# oder über CertUtil
CertUtil -setreg CA\AuditFilter 126 # Deutsches OS:
auditpol /set /category:"Objektzugriff" /failure:enable /success:enable
# Englisches OS:
# auditpol /set /category:"Object Access" /failure:enable /success:enable
### Maximale Laufzeit der Zertifikate
Certutil -setreg CA\ValidityPeriodUnits 15
### Neustart des CA-Dienstes
Restart-Service CertSVC
### Kopieren des CA-Zertifikats und Erstellen einer Sperrliste
Copy-Item "C:\Windows\System32\Certsrv\CertEnroll\$(hostname)_
  $($CAName).crt" -Destination "C:\pki\$($CAName).crt"
Certutil -crl
```

Die Installation bzw. Konfiguration des Webservers nehmen Sie wie folgt vor:

```
### Installation der Webserverrolle und Einrichtung der Webseite
Install-WindowsFeature Web-Server -IncludeManagementTools
New-Website -Name CRL -Port 80 -HostHeader `
  "crl.rheinwerk-verlag.de" -PhysicalPath "C:\pki"
### Aktivieren von Double Escaping
Set-WebConfigurationProperty -Filter `
  system.Webserver/Security/requestfiltering -Name `
  AllowDoubleEscaping -Value True
```

Anschließend erstellen Sie die DNS-Zone im internen Netzwerk auf einem Domänencontroller:

```
### Erstellen der primären Zone crl.rheinwerk-verlag.de
Add-DnsServerPrimaryZone -Name "crl.rheinwerk-verlag.de" `
  -DynamicUpdate None -ReplicationScope Forest
Add-DnsServerResourceRecordA -IPv4Address 172.16.1.200 -Name `
  "@" -ZoneName "crl.rheinwerk-verlag.de"
```

Zum Schluss sollten Sie noch das Root-CA-Zertifikat im Active Directory veröffentlichen, damit es automatisch auf alle Mitglieder der AD-Gesamtstruktur im Speicher der vertrauenswürdigen Stammzertifizierungsstellen kopiert wird. Dazu benötigen Sie entweder die Rechte eines Organisations-Administrators (Enterprise Admin) oder die Rechte müssen vorher delegiert worden sein.

```
### Installation des Root-CA-Zertifikats im AD
CertUtil -dspublish -f C:\pki\RootCA.crt RootCA
```

16.2.3 Untergeordnete Zertifizierungsstelle als »Online«-Sub-CA

Nach der erfolgreichen Installation der Root-CA kann die *Sub-CA (Subordinate Certification Authority)* installiert werden. Der Ablauf der Installation ähnelt der Installation der Root-CA.

Nach der Installation der Rolle sollten Sie sich entweder mit einem Konto mit Organisationsadministratorrechten anmelden oder ein Konto verwenden, dem die Rechte in der Konfigurationspartition des Active Directorys delegiert wurden, um die Konfiguration abzuschließen. Zusätzlich werden auf dem Server lokale Administratorrechte benötigt.

Rechte des Organisationsadministrators

Ein Organisationsadministrator hat administrative Rechte auf allen Domänencontrollern der Gesamtstruktur, aber auf allen Nicht-DCs nur »Benutzerrechte«.

Bei der Konfiguration des Dienstes wird eine UNTERNEHMENSZERTIFIZIERUNGSSTELLE ausgewählt und die Zertifizierungsstelle als UNTERGEORDNETE ZERTIFIZIERUNGSSTELLE (Sub-CA, siehe Abbildung 16.29) konfiguriert.

Bei diesem Vorgang wird nach Abschluss des Konfigurationsassistenten die Anforderung *(Certificate Signing Request, CSR)* an die übergeordnete Zertifizierungsstelle übertragen. Dort wird das Zertifikat erstellt und wieder an die Sub-CA übertragen und auf dieser installiert.

Die Übertragung des CSRs an die übergeordnete Zertifizierungsstelle kann online über das Netzwerk erfolgen oder – wenn die übergeordnete Zertifizierungsstelle als Offline-CA konfiguriert wurde – mithilfe eines Dateitransfers (siehe Abbildung 16.30).

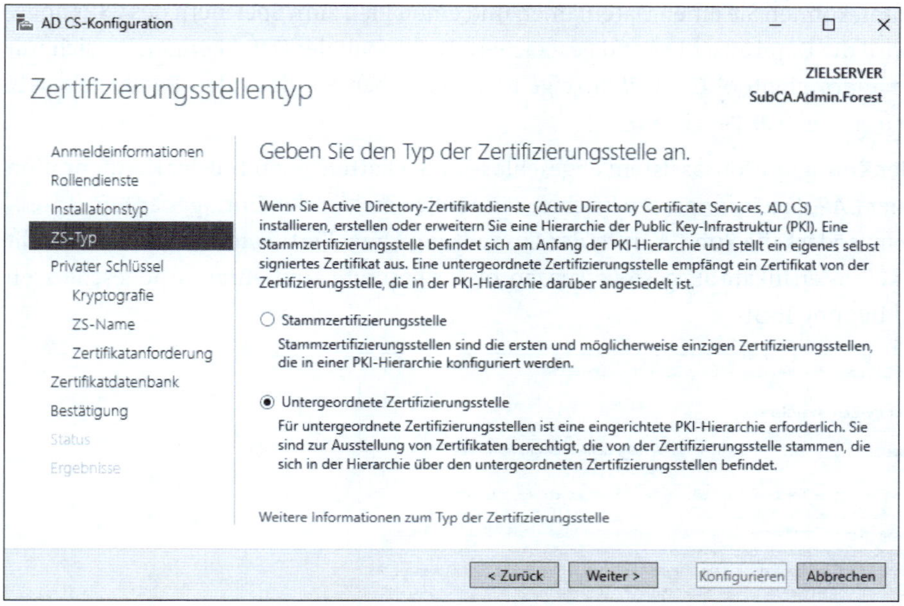
AD CS-Konfiguration
Zertifizierungsstellentyp
ZIELSERVER
SubCA.Admin.Forest
Anmeldeinformationen
Rollendienste
Installationstyp
ZS-Typ
Privater Schlüssel
Kryptografie
ZS-Name
Zertifikatanforderung
Zertifikatdatenbank
Bestätigung
Status
Ergebnisse
Geben Sie den Typ der Zertifizierungsstelle an.
Wenn Sie Active Directory-Zertifikatdienste (Active Directory Certificate Services, AD CS) installieren, erstellen oder erweitern Sie eine Hierarchie der Public Key-Infrastruktur (PKI). Eine Stammzertifizierungsstelle befindet sich am Anfang der PKI-Hierarchie und stellt ein eigenes selbst signiertes Zertifikat aus. Eine untergeordnete Zertifizierungsstelle empfängt ein Zertifikat von der Zertifizierungsstelle, die in der PKI-Hierarchie darüber angesiedelt ist.
Stammzertifizierungsstelle
Stammzertifizierungsstellen sind die ersten und möglicherweise einzigen Zertifizierungsstellen, die in einer PKI-Hierarchie konfiguriert werden.
Untergeordnete Zertifizierungsstelle
Für untergeordnete Zertifizierungsstellen ist eine eingerichtete PKI-Hierarchie erforderlich. Sie sind zur Ausstellung von Zertifikaten berechtigt, die von der Zertifizierungsstelle stammen, die sich in der Hierarchie über den untergeordneten Zertifizierungsstellen befindet.
Weitere Informationen zum Typ der Zertifizierungsstelle
< Zurück
Weiter >
Konfigurieren
Abbrechen

Abbildung 16.29 Auswahl der untergeordneten Zertifizierungsstelle

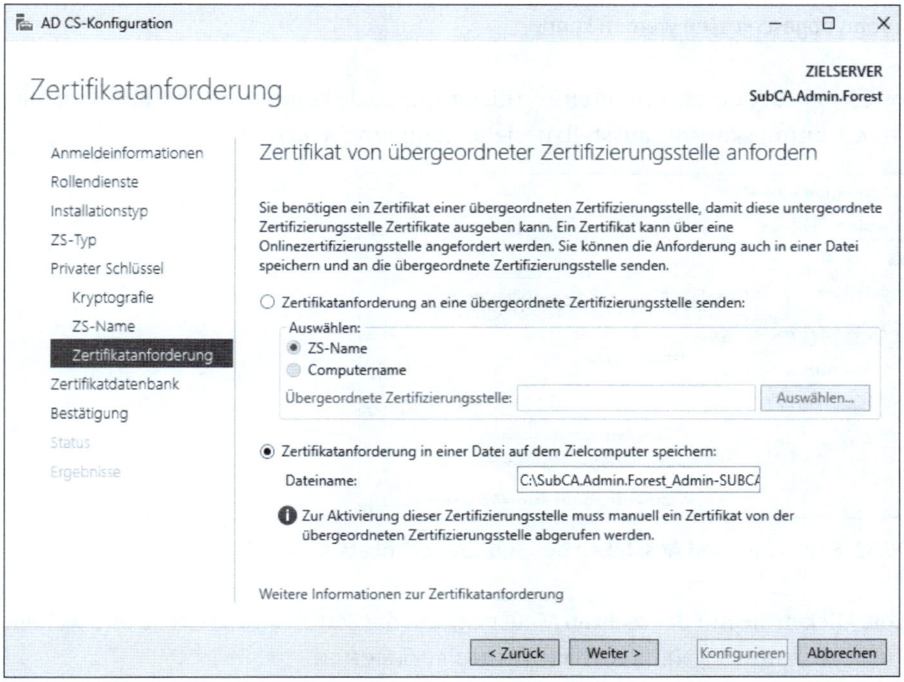
AD CS-Konfiguration
Zertifikatanforderung
ZIELSERVER
SubCA.Admin.Forest
Anmeldeinformationen
Rollendienste
Installationstyp
ZS-Typ
Privater Schlüssel
Kryptografie
ZS-Name
Zertifikatanforderung
Zertifikatdatenbank
Bestätigung
Status
Ergebnisse
Zertifikat von übergeordneter Zertifizierungsstelle anfordern
Sie benötigen ein Zertifikat einer übergeordneten Zertifizierungsstelle, damit diese untergeordnete Zertifizierungsstelle Zertifikate ausgeben kann. Ein Zertifikat kann über eine Onlinezertifizierungsstelle angefordert werden. Sie können die Anforderung auch in einer Datei speichern und an die übergeordnete Zertifizierungsstelle senden.
Zertifikatanforderung an eine übergeordnete Zertifizierungsstelle senden:
Auswählen:
ZS-Name
Computername
Übergeordnete Zertifizierungsstelle:
Auswählen...
Zertifikatanforderung in einer Datei auf dem Zielcomputer speichern:
Dateiname:
C:\SubCA.Admin.Forest_Admin-SUBCA
Zur Aktivierung dieser Zertifizierungsstelle muss manuell ein Zertifikat von der übergeordneten Zertifizierungsstelle abgerufen werden.
Weitere Informationen zur Zertifikatanforderung
< Zurück
Weiter >
Konfigurieren
Abbrechen

Abbildung 16.30 Erstellen des CSRs

Im Assistenten können Sie einen Dateinamen und einen Pfad zum Speichern des CSRs angeben. Dort wird die Datei anschließend gespeichert. Den Inhalt der Datei können Sie sich mit dem Kommandozeilentool *CertUtil* anzeigen lassen. Geben Sie dazu den Befehl `certutil -dump <Dateiname der CSR-Datei>` ein.

Damit ist der Konfigurationsassistent abgeschlossen. Sie hätten einen Teil der Konfiguration mithilfe einer *CAPolicy.inf* anpassen können. Sinnvoll kann hier der Eintrag `LoadDefaultTemplates=0` sein, sodass die Sub-CA nach der Einrichtung keine Zertifikatvorlagen bereitstellt und damit keine Zertifikate ausgestellt werden, bis die gesamte Konfiguration abgeschlossen ist (siehe Abbildung 16.31).

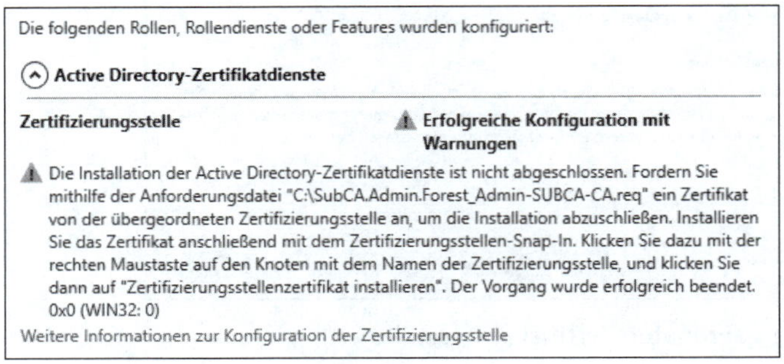
Die folgenden Rollen, Rollendienste oder Features wurden konfiguriert:
Active Directory-Zertifikatdienste
Zertifizierungsstelle
Erfolgreiche Konfiguration mit Warnungen
Die Installation der Active Directory-Zertifikatdienste ist nicht abgeschlossen. Fordern Sie mithilfe der Anforderungsdatei "C:\SubCA.Admin.Forest_Admin-SUBCA-CA.req" ein Zertifikat von der übergeordneten Zertifizierungsstelle an, um die Installation abzuschließen. Installieren Sie das Zertifikat anschließend mit dem Zertifizierungsstellen-Snap-In. Klicken Sie dazu mit der rechten Maustaste auf den Knoten mit dem Namen der Zertifizierungsstelle, und klicken Sie dann auf "Zertifizierungsstellenzertifikat installieren". Der Vorgang wurde erfolgreich beendet. 0x0 (WIN32: 0)
Weitere Informationen zur Konfiguration der Zertifizierungsstelle

Abbildung 16.31 Hinweis, dass der CSR an die übergeordnete CA übertragen werden muss, damit die Konfiguration abgeschlossen werden kann.

Auf der Root-CA bzw. der übergeordneten Zertifizierungsstelle können Sie die CSR-Datei mithilfe der CA-Verwaltungskonsole ausstellen (siehe Abbildung 16.32).

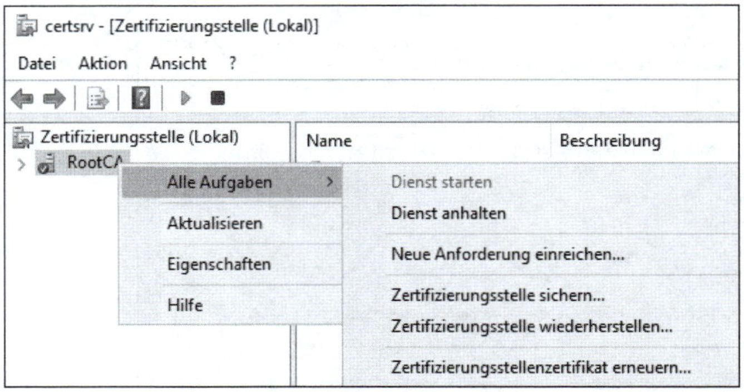
certsrv - [Zertifizierungsstelle (Lokal)]
Datei
Aktion
Ansicht
?
Zertifizierungsstelle (Lokal)
RootCA
Name
Beschreibung
Alle Aufgaben
Aktualisieren
Eigenschaften
Hilfe
Dienst starten
Dienst anhalten
Neue Anforderung einreichen...
Zertifizierungsstelle sichern...
Zertifizierungsstelle wiederherstellen...
Zertifizierungsstellenzertifikat erneuern...

Abbildung 16.32 Einreichen und Ausstellen des Sub-CA-Zertifikats auf der Root-CA

In der Konsole klicken Sie mit der rechten Maustaste auf die Zertifizierungsstelle und wählen die Option ALLE AUFGABEN • NEUE ANFORDERUNG EINREICHEN.

Danach wählen Sie die Datei von der Sub-CA aus. Das Fenster zur Auswahl der Datei schließt sich und die Anforderung wird unter dem Knoten AUSSTEHENDE ANFORDERUNGEN aufgelistet. Hier können Sie die Anforderung prüfen und das Zertifikat anschließend entweder ausstellen oder verweigern (siehe Abbildung 16.33).

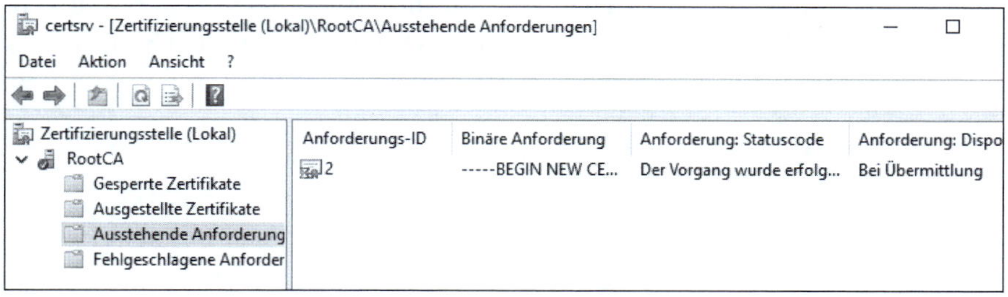

Abbildung 16.33 Ausstehende Anforderung für das Zertifikat der Sub-CA

Nach dem Ausstellen wird der Eintrag mit der Anforderungs-ID in den Knoten Ausgestellte Zertifikate verschoben. Das ausgestellte Zertifikat können Sie nun auf der Root-CA öffnen und über den Reiter Details in eine Datei kopieren. Hier bietet sich das Format aus Abbildung 16.34 an, da dieses Format das vorausgewählte Format beim Installieren des Zertifikats auf der Sub-CA ist.

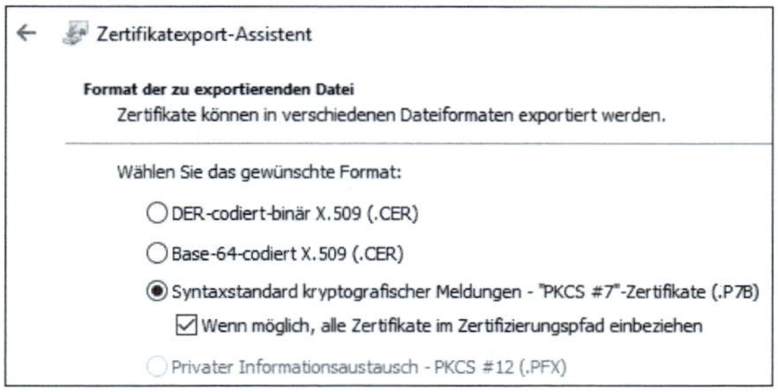

Abbildung 16.34 Export des Zertifikats der Sub-CA

Die exportierte Datei muss nun wieder zur Sub-CA übertragen werden. Dort wird ebenfalls über die CA-Verwaltungskonsole das Zertifizierungsstellenzertifikat installiert (siehe Abbildung 16.35).

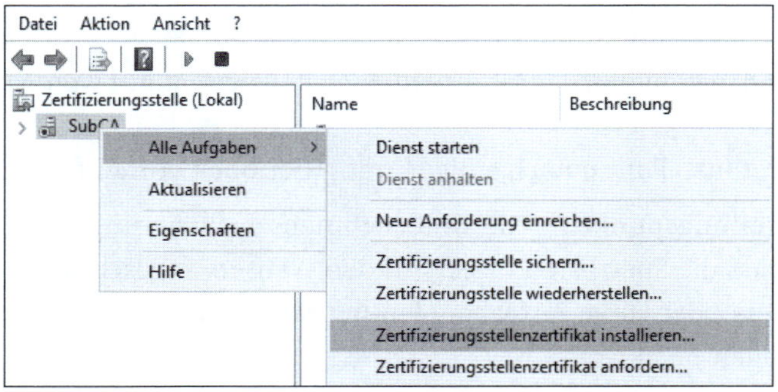

Abbildung 16.35 Installation des Sub-CA-Zertifikats

Beim Einbinden des Zertifikats auf der Sub-CA prüft der Assistent unter anderem, ob die Sperrlisten der Root-CA erreichbar sind. Sind diese Informationen nicht abrufbar, wird eine Warnmeldung wie in Abbildung 16.36 angezeigt. Wenn Sie diese Meldung mit OK bestätigen, wird die Installation des Zertifikats abgeschlossen, jedoch wird der Dienst nicht gestartet.

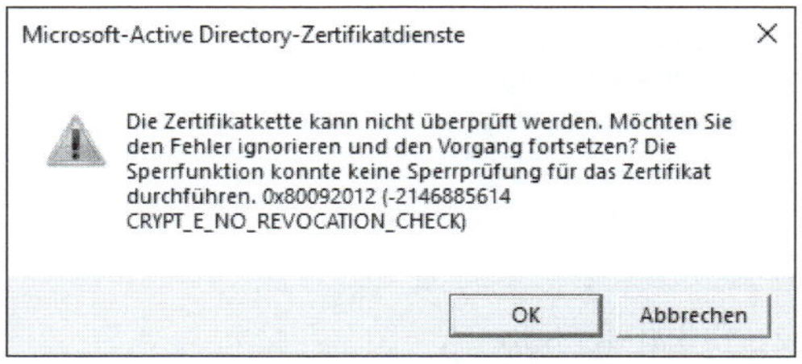

Abbildung 16.36 Warnmeldung, dass die Sperrlistenüberprüfung nicht durchgeführt werden kann

Damit die Überprüfung durchgeführt werden kann, müssen Sie die Sperrliste der Root-CA und das CA-Zertifikat der Root-CA auf dem konfigurierten Webserver hinterlegen.

Im Anschluss können Sie den CA-Dienst starten.

Wurde eine Unternehmenszertifizierungsstelle installiert, werden dort – sofern Sie die *CA-Policy.inf* nicht angepasst haben – automatisch die in Abbildung 16.37 gezeigten Zertifikatvorlagen bereitgestellt. Dabei können Systeme oder Benutzer automatisch Zertifikate registrieren, sofern das automatische Registrieren von Zertifikaten aktiviert wurde.

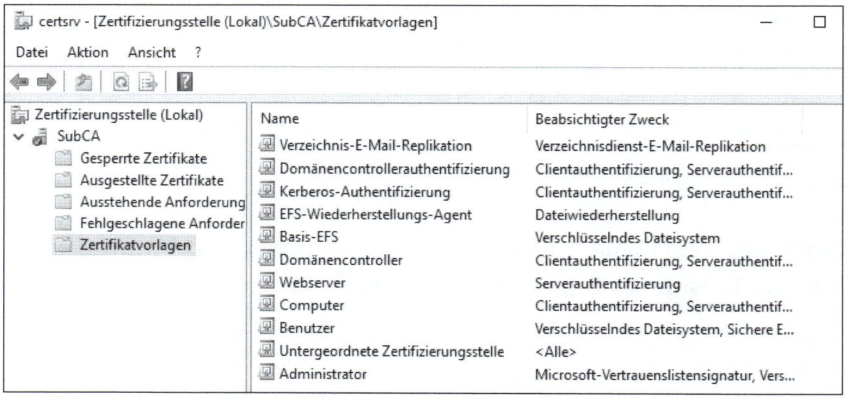

Abbildung 16.37 Liste der Zertifikatvorlagen, die auf der Zertifizierungsstelle veröffentlicht wurden

Auf der Sub-CA müssen Sie nach der Installation noch einige Konfigurationen vornehmen:

- **Anpassen der Sperrlisten-Verteilungspunkte** – Die Unternehmenszertifizierungsstelle kann so konfiguriert werden, dass die Sperrlisten direkt auf den Webserver geschrieben werden. Dadurch ist kein Prozess oder keine Aufgabenplanung notwendig, um die Dateien auf den Webserver zu bringen.

- **Anpassen des Zugriffs auf Stelleninformationen** – Die Konfiguration der Einstellungen zum Download des CA-Zertifikates erfolgt identisch zur Konfiguration der RootCA. Für die Konfiguration des Online-Responders sollten Sie eine Adresse verwenden, die von den Clients erreichbar ist.
- **Anpassen der maximalen Laufzeit der ausgestellten Zertifikate** – Wie bei der Root-CA muss die maximale Laufzeit eventuell angepasst werden (*ValidityPeriodUnits*). Bei einer Unternehmenszertifizierungsstelle ist die maximale Laufzeit standardmäßig auf zwei Jahre festgelegt. Dies bedeutet, dass die Sub-CA keine Zertifikate ausstellen kann, die länger als zwei Jahre gültig sind – egal, was in der Zertifikatvorlage konfiguriert wurde.

Die Remoteserveradministrationstools für die Zertifikatdienste beinhalten eine Verwaltungskonsole mit dem Namen UNTERNEHMENS-PKI (Enterprise-PKI, `pkiview.msc`).

Dieses Tool prüft die installierte Umgebung und listet alle im Active Directory registrierten CA-Infrastrukturen auf. Dabei werden auch die Verfügbarkeit und die (Rest-)Laufzeit der CA-Zertifikate und der Sperrlisten geprüft (siehe Abbildung 16.38).

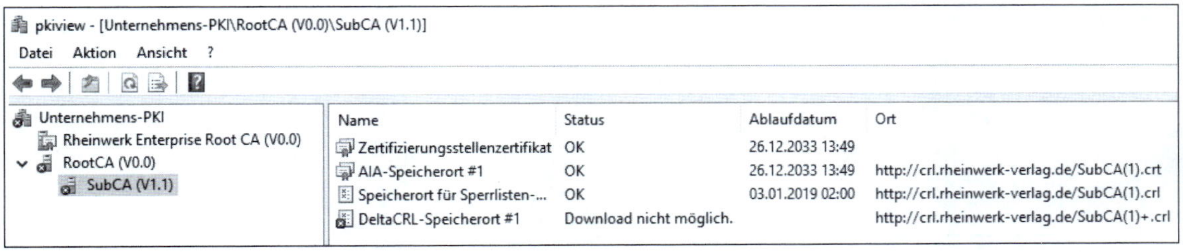

Abbildung 16.38 »PKIView.msc« kann keine Deltasperrlisten abrufen.

Damit auf einem IIS Deltasperrlisten bereitgestellt werden können, muss das sogenannte *Double-Escaping* aktiviert werden. Deltasperrlisten enthalten nämlich ein +-Zeichen im Dateinamen, das vom Webserver anders interpretiert wird.

Diese Option muss auf dem IIS auf der Webseite konfiguriert werden (siehe Abbildung 16.39).

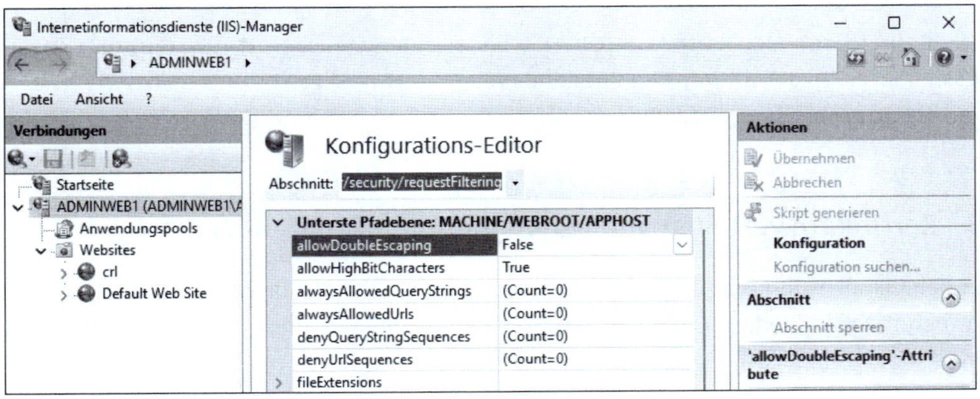

Abbildung 16.39 Aktivieren des Double-Escapings

Dazu öffnen Sie auf der Webseite den KONFIGURATIONS-EDITOR und wählen dort die Option SYSTEM.WEBSERVER • SECURITY • REQUESTFILTERING aus.

Wurden alle CA-Zertifikate und alle Sperrlisten auf den Webserver kopiert, wird dieser keine Fehler mehr anzeigen.

Durch die Installation der Unternehmenszertifizierungsstelle wurden einige Eintragungen im Active Directory vorgenommen. Im Konfigurationscontainer finden Sie unter SERVICES die Einträge für die PUBLIC KEY SERVICES (siehe Abbildung 16.40).

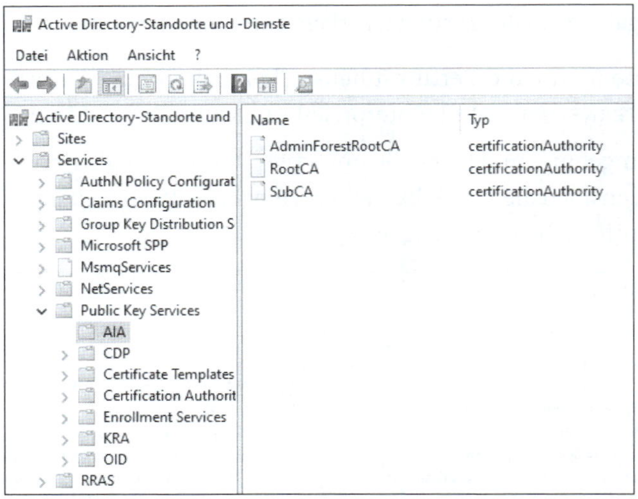

Abbildung 16.40 Container bzw. Einträge im Konfigurationscontainer des Active Directory

Der Container AIA beinhaltet eine Liste von CA-Zertifikaten. Diese Liste wird bei den Clients, die zur AD-Gesamtstruktur gehören, in den Speicher der Zwischenzertifizierungsstellen kopiert.

Der Container CDP dient als Speicherort für Zertifikatsperrlisten, die im Active Directory veröffentlicht werden.

Der Container CERTIFICATION AUTHORITIES bietet einen Speicherort für Stammzertifizierungsstellenzertifikate, die von den Clients als vertrauenswürdige Stammzertifizierungsstellenzertifikate gespeichert werden.

16.3 Zertifikate verteilen und verwenden

Nach der Installation können Sie Zertifikatvorlagen erstellen und auf der Zertifizierungsstelle bereitstellen, sodass Clients (Computer oder Benutzer) diese Zertifikate anfordern können.

Mithilfe der *Zertifikatvorlagenkonsole* können Sie bestehende Zertifikatvorlagen duplizieren und an die Anforderungen Ihres Unternehmens anpassen.

Zertifikatvorlagen werden auf Unternehmenszertifizierungsstellen verwendet und definieren, *wie* Zertifikate konfiguriert werden, die durch eine Zertifizierungsstelle ausgestellt werden.

Die Zertifikatvorlagen können Sie mit der Zertifikatvorlagenkonsole verwalten, die Sie in Abbildung 16.41 sehen.

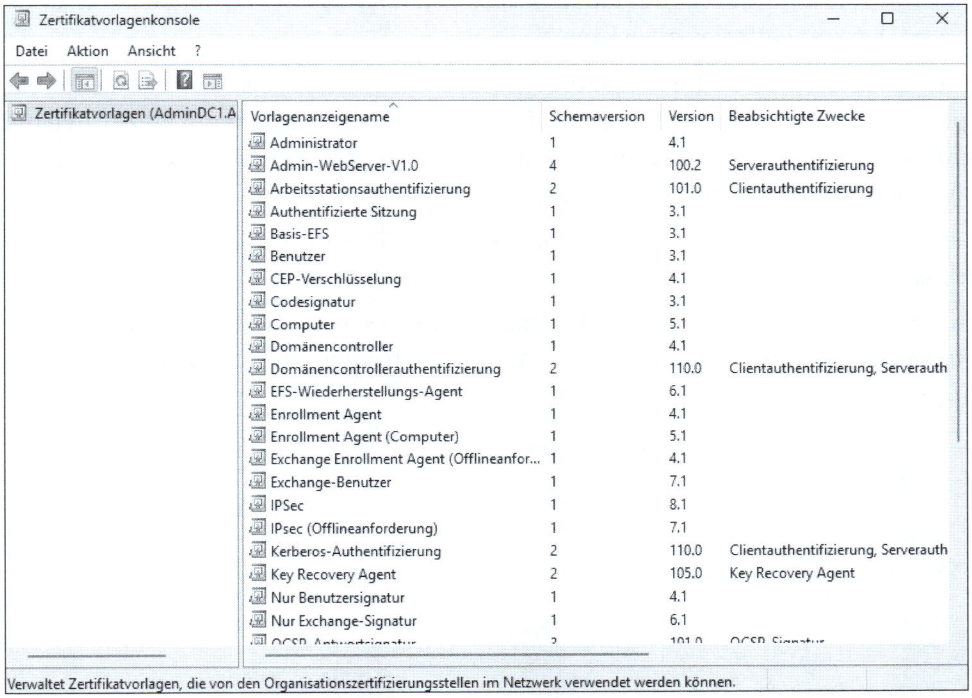

Abbildung 16.41 Auflistung der Zertifikatvorlagen im Active Directory

Die Vorlagen werden im Konfigurationscontainer des Active Directory gespeichert und zwischen den Domänencontrollern repliziert. Es gibt nur einen Speicherort für Templates. Das bedeutet, dass alle Unternehmenszertifizierungsstellen, die zur Active Directory-Gesamtstruktur gehören, das gleiche Repository der Zertifikatvorlagen verwenden.

Außer mit der Verwaltungskonsole für die Zertifikatvorlagen können Sie sich die Vorlagen mit jedem LDAP-Browser anzeigen lassen.

16.3.1 Zertifikate an Clients verteilen

Die Verteilung von Zertifikaten kann über die Verwaltungskonsole für Zertifikate vom Client aus erfolgen, also per `Certmgr.msc` und `Certlm.msc`.

Dabei können Zertifikate für einen Benutzer *(Certmgr)* oder für einen Computer *(Certlm)* registriert werden. Für die Computerzertifikate werden lokale Administratorrechte benötigt.

Das manuelle Registrieren von Zertifikaten bietet den Vorteil, dass Sie während der Anforderung zusätzliche Informationen übermitteln können. Auf diese Weise können Sie angepasste Zertifikatanforderungen erstellen, die dann – halbautomatisch – ausgerollt werden können. Falls Sie ein Zertifikat anfordern, das auf einer Vorlage basiert, ist unter Umständen kein Eingriff durch einen Zertifikatverwalter notwendig.

Auf einem Windows-System gibt es die *Zertifikatverwaltungskonsole*, die für Benutzer, Computer oder Dienste geöffnet werden kann.

`Certmgr.msc` ist die Konsole für den aktuellen Benutzer, `Certlm.msc` ist die Konsole für das Computerkonto. Möchten Sie die Konsole für Dienste öffnen oder sich mit einem anderen Computer verbinden, müssen Sie zuerst eine leere Verwaltungskonsole mit MMC öffnen und anschließend die Snap-Ins hinzufügen.

Für den Zugriff auf die Zertifikate des Computers oder der Dienste müssen Sie über lokale Administratorrechte verfügen.

Durch einen Rechtsklick auf EIGENE ZERTIFIKATE können Sie über ALLE AUFGABEN • NEUES ZERTIFIKAT ANFORDERN einen Assistenten für die Zertifikatregistrierung starten (siehe Abbildung 16.42).

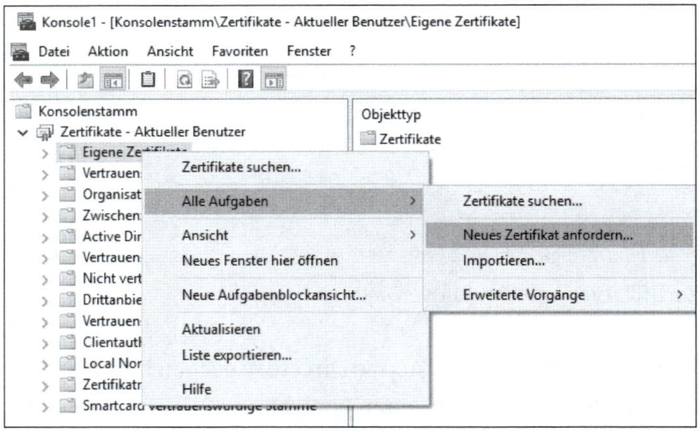

Abbildung 16.42 Der Assistent zum Registrieren eines Zertifikats für einen Benutzer

Durch Gruppenrichtlinien kann die automatische Zertifikatregistrierung aktiviert werden. Dabei prüft der Client (Benutzer oder Computer), ob auf einer Unternehmenszertifizierungsstelle Zertifikatvorlagen veröffentlicht wurden, auf denen der Client das Lesen-Recht, das Registrieren-Recht und das Recht zum automatischen Registrieren besitzt.

Ist dies der Fall und hat der Client noch kein solches Zertifikat, wird er mit der Zertifizierungsstelle Kontakt aufnehmen und ein Zertifikat registrieren. In den Vorlagen können Sie definieren, wie lange vor Ablauf des Zertifikats der Client ein solches Zertifikat erneuern muss.

16.3.2 Remotedesktopdienste

Für die *Remotedesktopdienste* wird ein Zertifikat mit dem Zweck *Server-Authentifizierung* oder *Remotedesktop-Authentifizierung* (mit der OID 1.3.6.1.4.1.311.54.1.2) benötigt.

Jedes Windows-System erstellt sich ein selbstsigniertes Zertifikat, das für das Remotedesktop-Protokoll *(RDP, Remote Desktop Protocol)* verwendet wird.

Diese selbstsignierten Zertifikate erzeugen bei der Verbindung zu den Systemen eine Fehlermeldung wie in Abbildung 16.43, da das Zertifikat von dem Client, von dem aus Sie sich verbinden, als nicht vertrauenswürdig eingestuft wird. Daher bietet es sich an, Zertifikate von einer vertrauenswürdigen Zertifizierungsstelle zu verteilen, sodass die Warnmeldungen nicht mehr angezeigt werden.

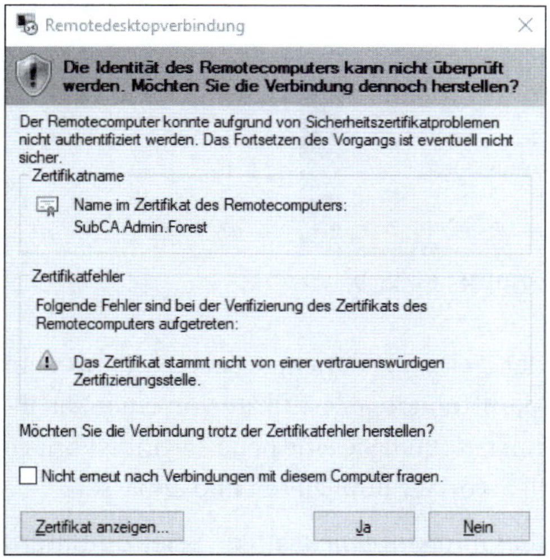
Remotedesktopverbindung
Die Identität des Remotecomputers kann nicht überprüft werden. Möchten Sie die Verbindung dennoch herstellen?
Der Remotecomputer konnte aufgrund von Sicherheitszertifikatproblemen nicht authentifiziert werden. Das Fortsetzen des Vorgangs ist eventuell nicht sicher.
Zertifikatname
Name im Zertifikat des Remotecomputers:
SubCA.Admin.Forest
Zertifikatfehler
Folgende Fehler sind bei der Verifizierung des Zertifikats des Remotecomputers aufgetreten:
Das Zertifikat stammt nicht von einer vertrauenswürdigen Zertifizierungsstelle.
Möchten Sie die Verbindung trotz der Zertifikatfehler herstellen?
Nicht erneut nach Verbindungen mit diesem Computer fragen.
Zertifikat anzeigen...
Ja
Nein

Abbildung 16.43 Warnmeldung bei der Verwendung von nicht vertrauenswürdigen Zertifikaten bei RDP

Das RDP-Zertifikat befindet sich im Computerspeicher und wurde im Container Remotedesktop gespeichert (siehe Abbildung 16.44). Wenn Sie hier das Zertifikat löschen, wird es nach einem Neustart automatisch erstellt.

Wenn Sie erreichen möchten, dass das System keine selbstsignierten Zertifikate für den Remotedesktop-Dienst erstellt, müssen Sie die Rechte in der Registrierung anpassen.

Auch wenn Sie dem Computer ein Zertifikat von einer Zertifizierungsstelle zur Verfügung stellen, wird das System zusätzlich ein selbstsigniertes Zertifikat erstellen – es aber nicht verwenden.

Wenn Sie sich nun über Folgendes wundern: »Ich habe doch keine Zertifikate konfiguriert, erhalte aber auch keine Warnmeldung bei der Verbindung zu meinen Servern«, könnte dies daran liegen, dass (je nach Konfiguration) im internen Netzwerk die Kerberos-Authentifizierung für RDP verwendet wird.

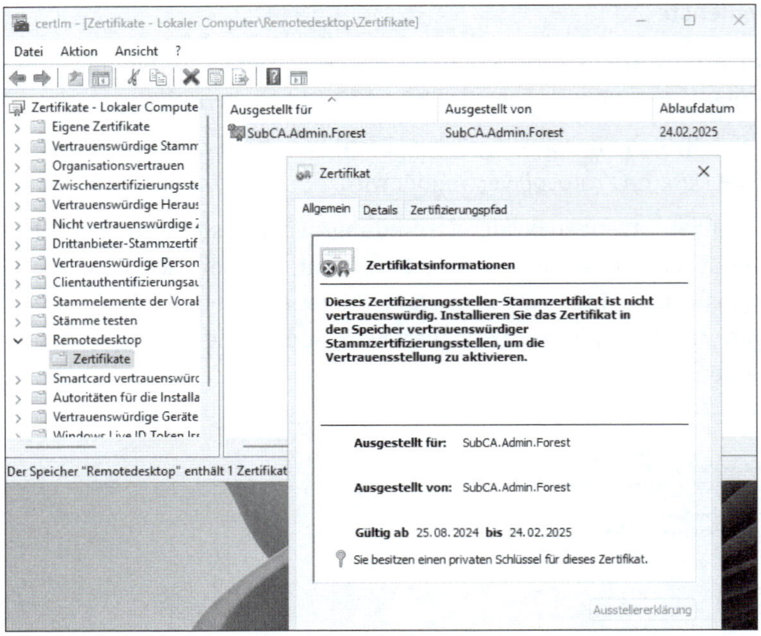

Abbildung 16.44 Speicherort des selbstsignierten Zertifikats für RDP

Dabei wird mithilfe von Kerberos überprüft, ob der Zielserver derjenige Server ist, mit dem sich der Client verbinden wollte. Damit wir nun »kontrollierte« Zertifikate von einer Zertifizierungsstelle für den RDP-Zugriff verwenden können, sollten Sie eine neue Zertifikatvorlage erstellen. Sie können hierzu die Webserver-Zertifikatvorlage duplizieren und anpassen.

Mithilfe einer Gruppenrichtlinie können Sie nun das *Autoenrollment* auf den Zielcomputern aktivieren (Computerkonfiguration • Sicherheitseinstellungen • Richtlinien für öffentliche Schlüssel • Zertifikatdienstclient – Automatische Registrierung). Zusätzlich müssen Sie unter Computerkonfiguration • Administrative Vorlagen • Windows-Komponenten • Remotedesktopdienste • Remotedesktopsitzungs-Host • Sicherheit die Zertifikatvorlage für Serverauthentifizierung hinterlegen (siehe Abbildung 16.45).

Nach einer Gruppenrichtlinienaktualisierung auf dem RDP-Server (und einem eventuell notwendigen Neustart zum Aktualisieren der Gruppenmitgliedschaften) wird der Server ein Zertifikat registrieren, das auf der Vorlage basiert, und es im Computerspeicher des Systems ablegen.

Durch die Gruppenrichtlinie wird das Zertifikat automatisch an den RDP-Dienst gebunden. Wenn Sie ein anderes Zertifikat verwenden möchten, müssen Sie dies dem Dienst zuordnen. Dies kann mithilfe des WMI-Kommandozeilentools `wmic` erfolgen:

```
wmic /namespace:\\root\cimv2\TerminalServices PATH Win32_TSGeneralSetting Set
SSLCertificateSHA1Hash="Thumbprint"
```

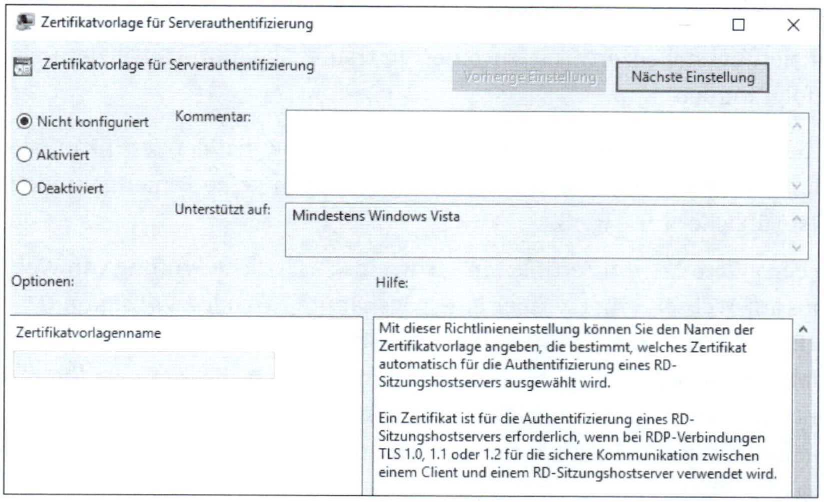
Zertifikatvorlage für Serverauthentifizierung
Zertifikatvorlage für Serverauthentifizierung
Vorherige Einstellung
Nächste Einstellung
Nicht konfiguriert
Aktiviert
Deaktiviert
Kommentar:
Unterstützt auf:
Mindestens Windows Vista
Optionen:
Hilfe:
Zertifikatvorlagenname
Mit dieser Richtlinieneinstellung können Sie den Namen der Zertifikatvorlage angeben, die bestimmt, welches Zertifikat automatisch für die Authentifizierung eines RD-Sitzungshostservers ausgewählt wird.
Ein Zertifikat ist für die Authentifizierung eines RD-Sitzungshostservers erforderlich, wenn bei RDP-Verbindungen TLS 1.0, 1.1 oder 1.2 für die sichere Kommunikation zwischen einem Client und einem RD-Sitzungshostserver verwendet wird.

Abbildung 16.45 Anpassen der Gruppenrichtlinie zum Anfordern eines RDP-Zertifikats

Beim Einsatz der »großen« Remotedesktopdienste (siehe Kapitel 18) werden ebenfalls Zertifikate für die Signatur der RDP-Pakete verwendet, die für die Bereitstellung von Apps verwendet werden. Diese Zertifikate werden über den Server-Manager eingebunden und verwendet.

16.3.3 Webserver

Vermutlich haben alle, die schon mal im Internet gesurft haben, eine HTTPS-Webseite aufgerufen. *HTTPS* steht für *HyperText Transfer Protocol Secure*. Mit diesem Protokoll wird die Kommunikation zwischen dem Client und dem Server verschlüsselt, die Identität des Servers geprüft und damit die Kommunikation gesichert.

Wenn Sie gesichert auf eine Webseite zugreifen möchten, sollen meist zwei Dinge erreicht werden:

- Die Kommunikation zwischen dem Client und dem Server soll verschlüsselt sein.
- Es soll gewährleistet werden, dass der Server, zu dem die Verbindung besteht, auch der Server ist, der er zu sein vorgibt.

Diese beiden Anforderungen werden mit Webserver-Zertifikaten erreicht. Ein Client (in dem Fall der Browser) prüft dabei unter anderem folgende Eigenschaften:

- Gültigkeit des Zertifikats (Datum)
- Verwendungszweck (Serverauthentifizierung)
- Stimmt der Name in der Adressleiste des Browsers mit einem Antragstellernamen auf dem Zertifikat überein?
- Befindet sich das Zertifikat des Webservers auf einer gültigen Sperrliste?

- Stammt das Webserver-Zertifikat von einer vertrauten Zertifizierungsstelle?
- Kann das Zertifizierungsstellenzertifikat zu einer vertrauten (Stamm-)Zertifizierungsstelle zurückverfolgt werden?

Warnhinweise bei der Abarbeitung der Zertifikatkettenbildung bzw. bei der Zertifikatüberprüfung werden durch eine rote Adressleiste signalisiert. Wurden keine Fehler gefunden, bleibt die Adressleiste üblicherweise weiß.

Es gibt jedoch eine besondere Art von Zertifikaten – bzw. eine zusätzliche Prüfung von Webserver-Zertifikaten – auf Webservern, die über eine sogenannte *Extended Validation-(EV-) Funktion* verfügen. Bei solchen Zertifikaten wird die Adressleiste des Browsers in Grün angezeigt (siehe Abbildung 16.46), wodurch farblich signalisiert wird, dass die Webseite (besonders) sicher ist. Der Hintergrund der Extended Validation ist ein spezielles Prüfverfahren für die Ausstellung von Zertifikaten. Bei unternehmenseigenen Zertifizierungsstellen lässt sich EV nicht vollständig implementieren.

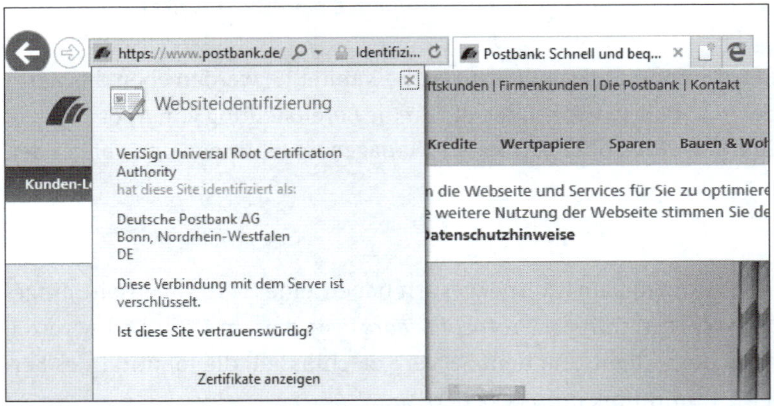

Abbildung 16.46 Ansicht einer Webseite mit einem Extended-Validation-Zertifikat

Damit für einen Webserver ein Zertifikat von einer Windows-CA angefordert werden kann, müssen Sie die Zertifizierungsstelle entsprechend vorbereiten. Bei der Planung der CA-Infrastruktur müssen Sie berücksichtigen, ob die Sperrlisten der Zertifizierungsstelle außerhalb des internen Netzwerks erreichbar sein sollen.

Ein Webserver-Zertifikat kann sowohl von einer alleinstehenden als auch von einer Unternehmenszertifizierungsstelle ausgestellt werden. Ist eine Unternehmenszertifizierungsstelle im Einsatz, sollten Sie vor dem Ausrollen des Zertifikats eine entsprechende Zertifikatvorlage erstellen bzw. konfigurieren.

Die Zertifikatvorlage, die automatisch bereitgestellt wird, ist eine Version-1-Vorlage, die von allen Systemen verwendet werden kann. Da es sich um eine ältere Vorlage handelt, können Sie hier nur die Sicherheitseinstellungen anpassen.

Daher ist es ratsam, beim Einsatz einer Unternehmenszertifizierungsstelle eine eigene Zertifikatvorlage zu erstellen, die den Anforderungen entspricht. Um eine neue Vorlage zu erstellen, sollten Sie die bestehende Webserver-Vorlage duplizieren. Dies erfolgt in der Zertifikatvorlagenkonsole.

Für diesen Vorgang benötigen Sie das Recht *Organisationsadministrator*. Sollen weniger privilegierte Konten Vorlagen erstellen bzw. bearbeiten können, kann ein Organisationsadministrator die Rechte entsprechend delegieren. Die Zertifikatvorlagen werden in der Konfigurationspartition des Active Directory gespeichert und auf alle Domänencontroller der Gesamtstruktur repliziert.

Wenn Sie für ein Windows-System ein Webserver-Zertifikat anfordern möchten, können Sie entweder die IIS-Verwaltungskonsole, die Zertifikate-Verwaltungskonsole oder die Kommandozeile bzw. die PowerShell verwenden.

Webserver-Zertifikate werden im Computer-Zertifikatspeicher abgelegt. Beim *Windows-IIS* (dem Webserver auf einem Windows-System) ist zu beachten, dass Sie pro Webseitenbindung nur ein Zertifikat in den Bindungen hinzufügen können. Dies bedeutet, dass Sie unter Umständen mit alternativen Antragsteller-Zertifikaten arbeiten müssen, sofern die Webseite, die Sie absichern möchten, auf verschiedene URLs reagieren soll.

Die Verwaltung der Zertifikate kann über den IIS-Manager (die Verwaltungskonsole des Webservers, siehe Abbildung 16.47), über die Zertifikatkonsole für den Computer (`Certlm.msc`) oder durch Installation von erstellten Zertifikaten erfolgen.

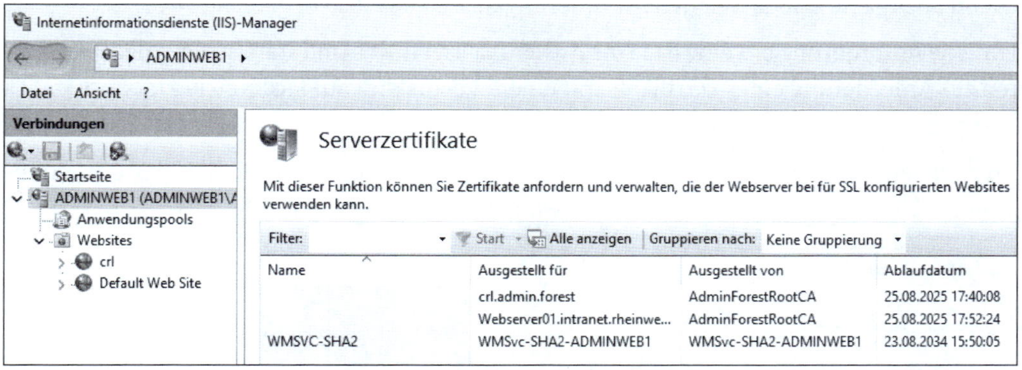

Abbildung 16.47 Verwaltung der Zertifikate im IIS-Manager

Die Verwaltung der Serverzertifikate erfolgt auf »Server-Ebene« des IIS und ist eine Ansicht der Zertifikate, die im Computerspeicher des Systems abgelegt sind und den Zweck *(Extended Key Usage, EKU)* SERVERAUTHENTIFIZIERUNG besitzen.

Damit die vorhandenen Zertifikate für eine Webseite benutzt werden können, müssen Bindungen erstellt bzw. angepasst werden. Eine Bindung besteht im IIS immer aus einer Kombination aus IP-Adresse, Port und Hostheader (siehe Abbildung 16.48).

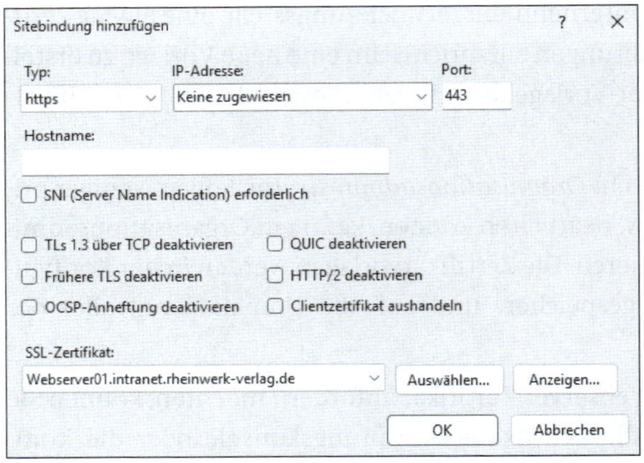

Abbildung 16.48 Sitebindung hinzufügen

Ein *Hostheader* ist der Hostname, über den der Webserver angesprochen wird. Für eine Webseite können mehrere Bindungen erstellt werden, jedoch muss die Kombination aus den drei Parametern auf dem Server eindeutig sein. Ist die Kombination auf einem Server an mehrere Webseiten gebunden, können die Webseiten nicht gleichzeitig bereitgestellt werden und eine der Webseiten wird gestoppt werden.

Als Administrator können Sie dazu die Verwaltungskonsole ZERTIFIKATE • LOKALERCOMPUTER (`certlm.msc`) verwenden. Dieser Assistent bietet die Möglichkeit, den Request entsprechend anzupassen, sodass er den Anforderungen an die Webseite gerecht wird.

Für eine Anforderung erweitern Sie die Ansicht ZERTIFIKATE und starten dann den Assistenten zur Anforderung eines Zertifikats mit einem Rechtsklick auf EIGENE ZERTIFIKATE • ALLE AUFGABEN • NEUES ZERTIFIKAT ANFORDERN.

Im Assistenten werden dann die Zertifikatvorlagen aufgelistet, auf denen das Computerkonto die Rechte *Lesen* und *Registrieren* besitzt (siehe Abbildung 16.49).

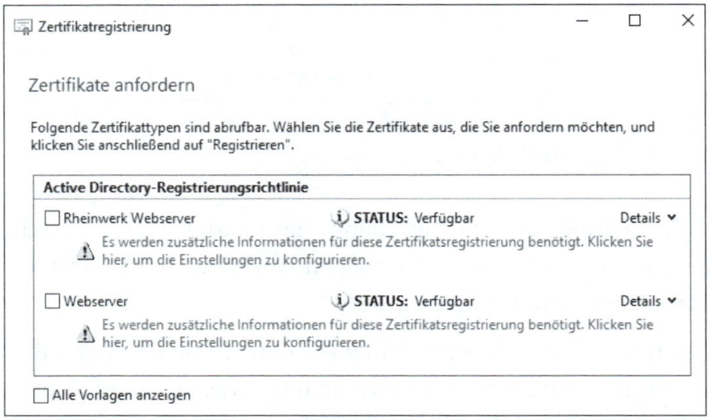

Abbildung 16.49 Anfordern eines Webserver-Zertifikats mit dem Zertifikate-Snap-In

Der Assistent für die Zertifikatregistrierung listet alle relevanten Vorlagen der ausgewählten Zertifizierungsstelle auf. In Abbildung 16.49 wird durch die gelben Warnhinweise signalisiert, dass zusätzliche Informationen angegeben werden müssen. Der Grund dafür ist die Zertifikatvorlage, in der konfiguriert wurde, dass die Namen in der Anforderung definiert werden müssen.

Durch einen Klick auf den blau hinterlegten Link öffnet sich ein weiteres Fenster, in dem Sie die gewünschten Informationen eintragen können (siehe Abbildung 16.50).

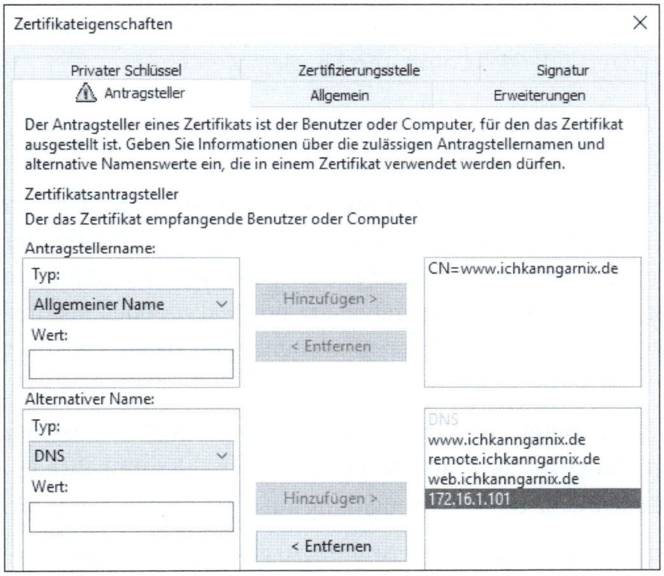

Abbildung 16.50 Anpassen der Anforderung mit alternativen Antragstellernamen

Hier können Sie alternative Antragstellernamen, Algorithmen und zahlreiche zusätzliche Informationen hinterlegen, die dann an die Zertifizierungsstelle übermittelt und in das Zertifikat aufgenommen werden.

Nach dem erfolgreichen Ausstellen des Zertifikats ist es auf dem Server verfügbar und kann an eine Webseite gebunden werden. Sollte der Request fehlschlagen, werden Fehler in der Zertifizierungsstelle protokolliert, und auf dem Client werden Meldungen im CAPI2-Log protokolliert, sofern das Logging aktiviert wurde.

16.3.4 Clients

Zertifikate für Clients können für verschiedene Zwecke verwendet werden:

- Authentifizierung am Netzwerk
- Authentifizierung am Drahtlosnetzwerk
- Authentifizierung am Remotezugang (VPN)

- Verschlüsselung bzw. Signatur des Datenverkehrs (IPSec)
- Benutzerauthentifizierung zum Zugriff auf Ressourcen (z. B. Webseiten)

In den meisten Fällen werden hierzu Zertifikate mit dem Zweck *Clientauthentifizierung* verwendet. Dabei wird ein Datenpaket vom Client mit dem privaten Schlüssel verschlüsselt (signiert) und an das Zielsystem übertragen. Dieses System kann die Signatur verifizieren, indem das Paket mit dem öffentlichen Schlüssel entschlüsselt wird. Dadurch ist die Identität des Absenders bestätigt.

Der Speicherort der Zertifikate hängt davon ab, *wer* das Zertifikat nutzt. Die Zertifikate können im Zertifikatspeicher des Benutzers oder des Computers abgelegt werden.

16.3.5 Codesignatur

Mithilfe einer Codesignatur können Sie Dateien oder Skripte digital signieren und dadurch Veränderungen an den Inhalten erkennen. Zusätzlich können Sie durch das Erzwingen der Überprüfung von digitalen Signaturen erreichen, dass nur gewünschte Dateien und Inhalte auf einem System ausgeführt werden. Sie können PowerShell-Skripte, Makros oder ausführbare Dateien (z. B. *.exe*- und *.dll*-Dateien) digital signieren. Dazu benötigen Sie ein Zertifikat mit dem Zweck *Codesignatur*.

Mit dem Ausstellen solcher Zertifikate sollten Sie sehr zurückhaltend sein: Ein Benutzer, der im Besitz eines Codesigning-Zertifikats ist, dem Ihre Clients vertrauen, könnte jedweden Code digital signieren – und der Code würde ohne Warnmeldung auf den Clients ausgeführt.

Sie sollten erwägen, eine Zustimmung eines Zertifikatverwalters zu erzwingen, wenn ein berechtigter Benutzer ein Codesigning-Zertifikat anfordert.

Eine Alternative dazu wäre eine Art Vier-Augen-Prinzip: Das Codesigning-Zertifikat wird auf einem USB-Stick gespeichert, und das Kennwort für den Zugriff ist zweigeteilt.

Soll nun Code digital signiert werden, müssen beide Personen zusammenkommen und gemeinsam das Zertifikat installieren, den Code signieren und das Zertifikat anschließend wieder von dem Computer entfernen, auf dem der Code signiert wurde.

Eine Windows-Unternehmenszertifizierungsstelle bringt eine Zertifikatvorlage für die Codesignatur mit, die Sie duplizieren und an Ihre Bedürfnisse anpassen können.

Die Laufzeit des Zertifikats kann nicht länger als die Restlaufzeit der Zertifizierungsstelle sein und wird eventuell durch den Wert `CA\ValidityPeriodUnits` begrenzt.

Der Zweck des Zertifikats ist die *Codesignatur*. Daher ist eine Archivierung des privaten Schlüssels in der Zertifizierungsstelle nicht möglich – und auch nicht nötig. Sollte ein Codesigning-Zertifikat »verloren« gehen (z. B., weil der USB-Stick nicht mehr lesbar ist), können Sie ein neues ausstellen und die neuen Codes mit dem neuen Zertifikat signieren.

Sie sollten den Export des privaten Schlüssels untersagen, es sei denn, Sie wollen das Zertifikat auf einem USB-Stick speichern. Eine Alternative dazu ist die Verwendung einer Smartcard für das Signaturzertifikat. Dadurch können Sie durch Splitten des PINs auch ein Vier-Augen-Prinzip für die Codesignatur etablieren.

Die ANWENDUNGSRICHTLINIE für das benötigte Zertifikat heißt *Codesignatur* (siehe Abbildung 16.51). Nach dem Erstellen der Vorlage und dem Veröffentlichen auf einer Unternehmenszertifizierungsstelle kann der berechtigte Benutzer das Zertifikat anfordern und das Zertifikat auf einem Computer installieren, nachdem alle Voraussetzungen erfüllt sind (Genehmigung durch Zertifikatverwalter, Installieren vom USB-Stick, Verwenden einer Smartcard).

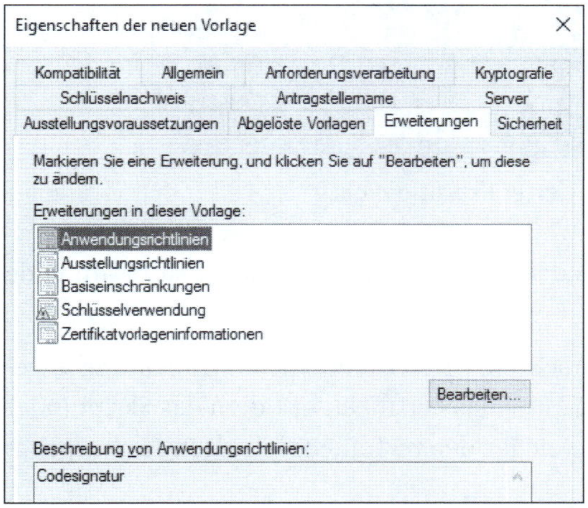

Abbildung 16.51 Anwendungsrichtlinien in der Codesigning-Zertifikatvorlage

Das Zertifikat wird im persönlichen Speicher des Benutzers gespeichert, der den Code signieren können soll.

Sie können auch überlegen, ein Dienstkonto *(SVC-Codesign01)* zu verwenden, wenn Sie nicht den Namen eines Benutzers für die Signatur verwenden möchten.

Die Windows PowerShell verwendet sogenannte *Execution Policys*, um das Ausführen von Skripten auf den Systemen einzuschränken. Damit soll erreicht werden, dass nur geprüfte Skripte ausgeführt werden können.

Sie können sich die Ausführungsrichtlinie mit dem Cmdlet `Get-ExecutionPolicy` anzeigen lassen (siehe Abbildung 16.52) und die Ausführungsrichtlinien mithilfe des Cmdlets `Set-ExecutionPolicy` anpassen.

Die Signatur eines PowerShell-Skripts erfolgt über die PowerShell. Das Cmdlet `Set-AuthenticodeSignature` signiert eine Datei.

Das Cmdlet `Set-AuthenticodeSignature` benötigt den Dateinamen der zu signierenden Datei und ein Zertifikat als Parameter. Das Zertifikat finden Sie mithilfe von `Get-Childitem`

`CERT:\CurrentUser\My -CodeSigning`. Dabei wird im persönlichen Speicher nach einem Zertifikat gesucht, das die Anwendungsrichtlinie *Codesignatur* besitzt. Es findet keine Blockierung von Skripten statt, und es werden keine Warnhinweise beim Ausführen angezeigt.

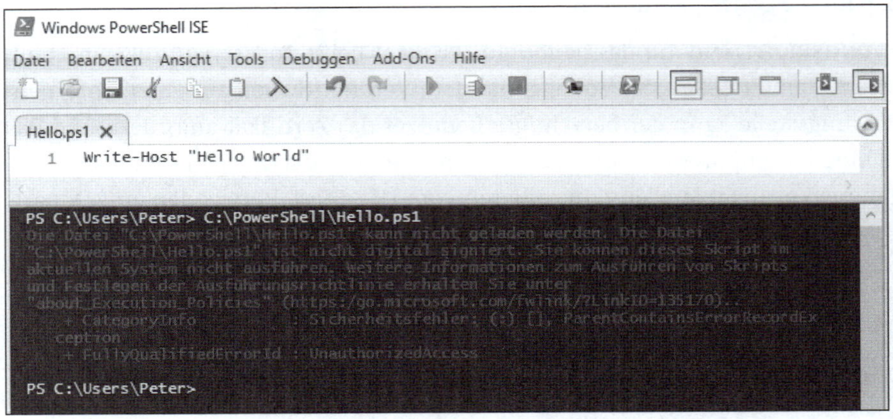
Windows PowerShell ISE
Datei Bearbeiten Ansicht Tools Debuggen Add-Ons Hilfe
Hello.ps1
1 Write-Host "Hello World"
PS C:\Users\Peter> C:\PowerShell\Hello.ps1
Die Datei "C:\PowerShell\Hello.ps1" kann nicht geladen werden. Die Datei
"C:\PowerShell\Hello.ps1" ist nicht digital signiert. Sie können dieses Skript im
aktuellen System nicht ausführen. Weitere Informationen zum Ausführen von Skripts
und Festlegen der Ausführungsrichtlinie erhalten Sie unter
"about_Execution_Policies" (https:/go.microsoft.com/fwlink/?LinkID=135170)..
+ CategoryInfo : Sicherheitsfehler: (:) [], ParentContainsErrorRecordEx
ception
+ FullyQualifiedErrorId : UnauthorizedAccess
PS C:\Users\Peter>

Abbildung 16.52 Ausführen eines Skripts bei aktivierter ExecutionPolicy

Wenn Sie nach der Signatur die *.ps1*-Datei wieder öffnen, können Sie die Signatur am Ende des Skripts erkennen.

Wenn Sie nun das Skript erneut ausführen möchten, wird erneut eine Warnmeldung angezeigt. Damit das Skript vertrauenswürdig ist, muss das Zertifikat, mit dem das Skript (oder auch anderer Code) signiert wurde, in den Speicher der vertrauenswürdigen Herausgeber installiert werden.

Die Verteilung des Zertifikats in den Speicher für vertrauenswürdige Herausgeber kann entweder lokal auf dem Client erfolgen oder Sie steuern die Verteilung zentral mithilfe einer Gruppenrichtlinie.

Dazu verteilen Sie das Codesigning-Zertifikat (ohne privaten Schlüssel) an alle Systeme, die den signierten Code ausführen sollen.

Die Verteilung per Gruppenrichtlinie finden Sie unter COMPUTERKONFIGURATION • RICHTLINIEN • WINDOWS-EINSTELLUNGEN • SICHERHEITSEINSTELLUNGEN • RICHTLINIEN FÜR ÖFFENTLICHE SCHLÜSSEL • VERTRAUENSWÜRDIGE HERAUSGEBER. Hier können Sie das Zertifikat importieren. Nach der Replikation der Gruppenrichtlinie und der Gruppenrichtlinienaktualisierung des Clients wird das Zertifikat lokal im korrekten Speicher abgelegt und kann verwendet werden.

Ist das Zertifikat auf dem Client vorhanden und kann signierte Software korrekt erkannt werden, kann das Skript mit aktivierter Ausführungsrichtlinie gestartet werden.

Wird nun der Inhalt des Skripts geändert (von `Hello World` in `Hello other World`), schlägt das Ausführen erneut fehl. Der Grund dafür ist, dass durch die Änderung der Hashwert des Skripts nicht mehr mit dem gespeicherten Hashwert in der Signatur übereinstimmt.

Eine weitere Herausforderung ist die Laufzeit der Codesigning-Zertifikate. Läuft das verwendete Zertifikat ab, werden erneut Fehlermeldungen auf den Systemen angezeigt, die den signierten Code ausführen wollen.

In Abbildung 16.53 sehen Sie ganz unten rechts, dass das Systemdatum auf 2030 eingestellt wurde. Das verwendete Codesigning-Zertifikat ist schon 2019 abgelaufen. Bei der Ausführung des Skripts wird der Fehler angezeigt, dass die Signatur nicht in Ordnung ist.

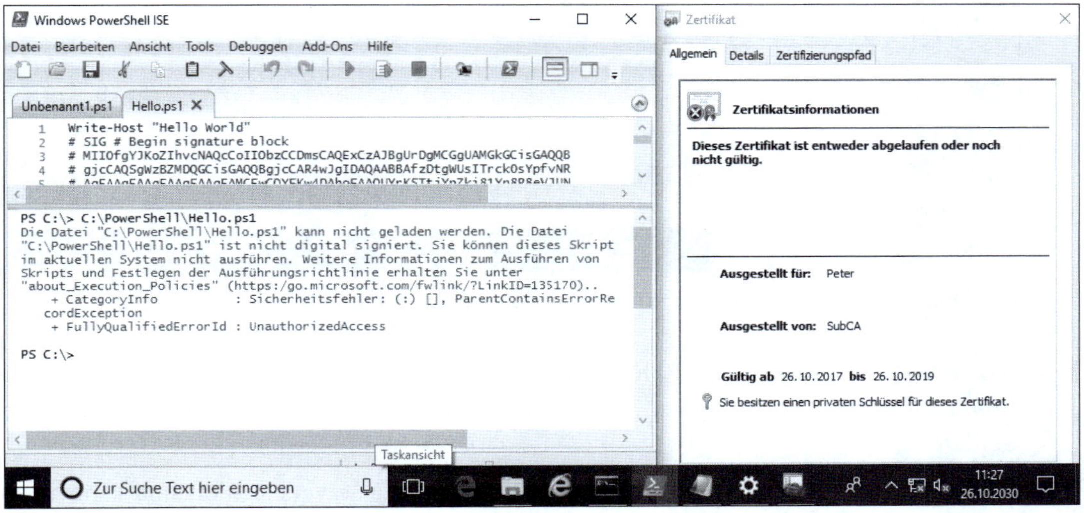
Windows PowerShell ISE
Datei Bearbeiten Ansicht Tools Debuggen Add-Ons Hilfe
Unbenannt1.ps1
Hello.ps1
Write-Host "Hello World"
SIG # Begin signature block
PS C:\> C:\PowerShell\Hello.ps1
Die Datei "C:\PowerShell\Hello.ps1" kann nicht geladen werden. Die Datei "C:\PowerShell\Hello.ps1" ist nicht digital signiert. Sie können dieses Skript im aktuellen System nicht ausführen. Weitere Informationen zum Ausführen von Skripts und Festlegen der Ausführungsrichtlinie erhalten Sie unter "about_Execution_Policies" (https://go.microsoft.com/fwlink/?LinkID=135170)..
+ CategoryInfo : Sicherheitsfehler: (:) [], ParentContainsErrorRecordException
+ FullyQualifiedErrorId : UnauthorizedAccess
PS C:\>
Zertifikat
Allgemein
Details
Zertifizierungspfad
Zertifikatsinformationen
Dieses Zertifikat ist entweder abgelaufen oder noch nicht gültig.
Ausgestellt für: Peter
Ausgestellt von: SubCA
Gültig ab 26.10.2017 bis 26.10.2019
Sie besitzen einen privaten Schlüssel für dieses Zertifikat.
Taskansicht
Zur Suche Text hier eingeben
11:27
26.10.2030

Abbildung 16.53 Verwendung eines abgelaufenen Signaturzertifikats ohne Timestamping

Sie können nun entweder alle paar Jahre (nach Ablauf des Codesigning-Zertifikats) Ihren gesamten Code neu signieren, die Laufzeit des Codesigning-Zertifikats sehr hoch setzen oder eine Funktion verwenden, die sich `TimeStamp` nennt.

Dabei wird ein Zeitstempel an die Signatur anfügt. Beim Timestamping wird signiert, dass das verwendete Zertifikat zum Zeitpunkt der Signatur gültig war. Für die Verwendung von Timestamps müssen Sie externe Dienste nutzen.

```
Set-AuthenticodeSignature -filepath "C:\PowerShell\Hello2.ps1" `
  -Certificate (Get-Childitem CERT:\CurrentUser\My -codesigning) `
  -TimeStampServer http://timestamp.globalsign.com/scripts/timestamp.dll
```

Timestamp-Server von Verisign abgeschaltet

Der Timestamp-Server von Verisign (*timestamp.verisign.com/scripts/timstamp.dll*) wurde Anfang 2021 abgeschaltet. Alternativen sind:

- *http://timestamp.comodoca.com/authenticode*
- *http://timestamp.globalsign.com/scripts/timestamp.dll*
- *http://tsa.starfieldtech.com*

Mit dem Parameter `-TimeStampServer` können Sie bei der Verwendung von `Set-Authenticode-Signature` einen Zeitstempel zu der Signatur hinzufügen. In Abbildung 16.54 schreiben wir wieder das Jahr 2030.

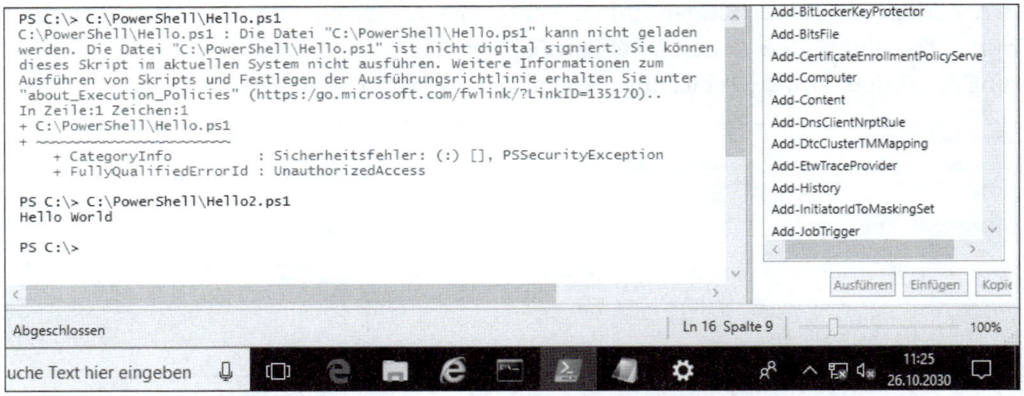
PS C:\> C:\PowerShell\Hello.ps1
C:\PowerShell\Hello.ps1 : Die Datei "C:\PowerShell\Hello.ps1" kann nicht geladen
werden. Die Datei "C:\PowerShell\Hello.ps1" ist nicht digital signiert. Sie können
dieses Skript im aktuellen System nicht ausführen. Weitere Informationen zum
Ausführen von Skripts und Festlegen der Ausführungsrichtlinie erhalten Sie unter
"about_Execution_Policies" (https:/go.microsoft.com/fwlink/?LinkID=135170)..
In Zeile:1 Zeichen:1
+ C:\PowerShell\Hello.ps1
+ CategoryInfo : Sicherheitsfehler: (:) [], PSSecurityException
+ FullyQualifiedErrorId : UnauthorizedAccess
PS C:\> C:\PowerShell\Hello2.ps1
Hello World
PS C:\>
Add-BitLockerKeyProtector
Add-BitsFile
Add-CertificateEnrollmentPolicyServe
Add-Computer
Add-Content
Add-DnsClientNrptRule
Add-DtcClusterTMMapping
Add-EtwTraceProvider
Add-History
Add-InitiatorIdToMaskingSet
Add-JobTrigger
Ausführen
Einfügen
Kopie
Abgeschlossen
Ln 16 Spalte 9
100%
uche Text hier eingeben
11:25
26.10.2030

Abbildung 16.54 Ausführen eines Skripts mit und ohne Timestamping

Das Skript *Hello.ps1* wurde 2017 ohne Timestamp mit dem (damals gültigen und jetzt abgelaufenen Zertifikat) digital signiert. Das Skript kann im Jahr 2030 also nicht mehr ausgeführt werden.

Das Skript *Hello2.ps1* wurde mithilfe eines Timestamping-Servers signiert und kann auch nach Ablauf des Signaturzertifikats verwendet werden.

Würde der Skriptinhalt geändert werden, wäre eine Ausführung des Skripts natürlich nicht mehr möglich und die Datei müsste neu signiert werden.

Außer für PowerShell-Skripte wird die Signatur häufig im Zusammenhang mit Office-Makros, Webseiten-Erweiterungen oder sonstigen *.dll*- oder *.exe*-Dateien verwendet.

16.4 Überwachung und Troubleshooting der Zertifikatdienste

Mithilfe der *erweiterten Überwachungsrichtlinien* können Sie auf der Zertifizierungsstelle zahlreiche Ereigniseinträge überwachen. Diese sollten regelmäßig von einem Auditor überprüft werden, damit Auffälligkeiten auf einer Zertifizierungsstelle untersucht und gegebenenfalls behoben werden. Ein *Auditor* ist eine unabhängige Person (oder Personengruppe), die mit den Prozessen der PKI vertraut ist, aber nicht zur Gruppe der Administratoren gehört.

Bei einer Offline-Zertifizierungsstelle bleibt nur die Überprüfung direkt am System. Für eine Online-Zertifizierungsstelle könnten Sie dem Auditor entweder das Lesen-Recht auf den Eventlogs gewähren oder Sie übertragen die Eventlogs auf ein anderes System, an dem der Auditor die Logs prüfen kann. Diese Option sollten Sie bevorzugen, denn in diesem Fall haben Sie eine zusätzliche Kopie der Logs auf einem anderen System und können die Logs auswerten, auch wenn die Zertifizierungsstelle nicht (mehr) verfügbar sein sollte. Dies bietet auch einen zusätzlichen Schutz vor Manipulation der Logdateien. Für die Übertragung der Logs können Sie Eventlog-Abonnements nutzen, oder Sie erstellen eine Aufgabenplanung, die die Logdateien mithilfe der PowerShell oder des Kommandozeilentools `WEvtUtil` dem Auditor liefert.

Die Überwachung einer Zertifizierungsstelle besteht aus zwei Teilen:

- Überwachung der Funktion
- Auditing

Für die Funktionsüberwachung setzen Sie mit Sicherheit bereits Tools ein, die Ihnen den Status Ihrer Serversysteme anzeigen und berichten. Eine mögliche Lösung von Microsoft ist der *System Center Operations Manager*. Egal welche Lösung Sie einsetzen, Sie sollten darauf achten, dass die Software, die auf der Zertifizierungsstelle installiert werden soll, nur mit Rechten ausgestattet ist, die keinen Zugriff auf den CA-Dienst zulassen.

Daher wird es in der Praxis eher so aussehen, dass Sie eine eigene Funktionsüberwachung auf der Zertifizierungsstelle einrichten. Hierbei kann die Funktion *Leistungsüberwachung* des Servers Sie unterstützen.

In der Leistungsüberwachung können Sie den Datensammlersatz *System Performance* verwenden. Alternativ konfigurieren Sie einen eigenen angepassten Sammlersatz, der regelmäßig ausgeführt wird. Sie sollten regelmäßig die Logs der Zertifizierungsstelle(n) überprüfen.

Sie können auch eine Alarmierung in der Ereignisanzeige konfigurieren, die Sie informiert oder eine Aktion ausführt, wenn ein bestimmter Event eintritt.

Die Optionen auf der Registerkarte ÜBERWACHUNG (siehe Abbildung 16.55) sind:

- DATENBANK DER ZERTIFIZIERUNGSSTELLE SICHERN/WIEDERHERSTELLEN – Mit dieser Option wird das Sichern oder Wiederherstellen der Zertifizierungsstelle protokolliert.
- ZERTIFIZIERUNGSSTELLENKONFIGURATION ÄNDERN – Änderungen an der Konfiguration der Zertifizierungsstelle werden protokolliert.
- SICHERHEITSEINSTELLUNGEN DER ZERTIFIZIERUNGSSTELLE ÄNDERN – protokolliert Änderungen an den Sicherheitseinstellungen der Zertifizierungsstelle.
- ZERTIFIKATANFORDERUNGEN VERWALTEN UND AUSSTELLEN – protokolliert das Ausstellen und Ablehnen von Zertifikaten.
- ZERTIFIKATE SPERREN UND SPERRLISTEN VERÖFFENTLICHEN – Das Sperren von ausgestellten Zertifikaten, das Aufheben einer Blockierung eines Zertifikats und das Ausstellen von einer Sperrliste werden mit dieser Option protokolliert.
- ARCHIVIERTE SCHLÜSSEL SICHERN UND ABRUFEN – Diese Überwachung protokolliert Vorgänge rund um die Schlüsselarchivierung.
- ACTIVE DIRECTORY-ZERTIFIKATDIENSTE STARTEN/BEENDEN – dient zur Protokollierung des Zertifikat-Dienstes.

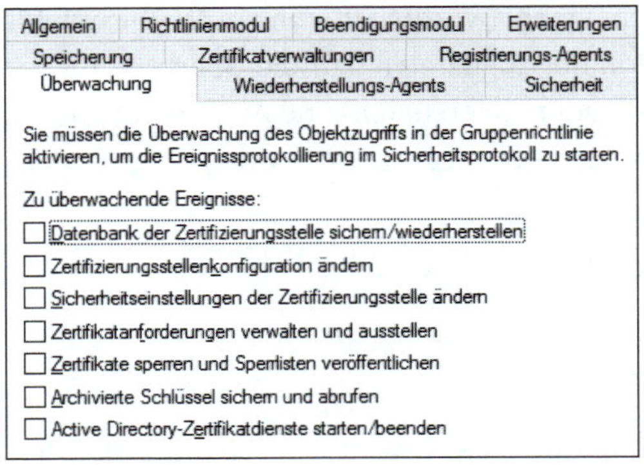

Abbildung 16.55 Konfiguration der Überwachungsoptionen

Damit die Einstellungen der Überwachung funktionieren, müssen Sie entweder über eine lokale Sicherheitsrichtlinie oder über eine Gruppenrichtlinie die Überwachung der Objektzugriffsversuche aktivieren (siehe Abbildung 16.56).

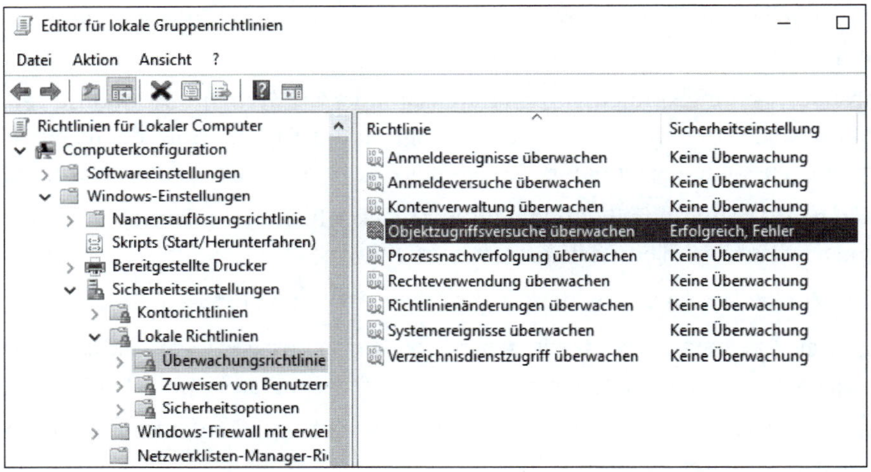

Abbildung 16.56 Konfiguration der »Objektzugriffsversuche«-Überwachung

Bei dieser Überwachung haben Sie die Option, die Protokollierung von Fehlversuchen und/oder eine erfolgreiche Überwachung zu aktivieren:

- Eine erfolgreiche Überwachung bedeutet, dass ein Benutzer oder ein Administrator eine überwachte Operation erfolgreich ausgeführt hat. Der Benutzer oder Admin hatte also das Recht, dies zu tun.
- Eine Fehlerüberwachung bedeutet, dass ein Benutzer oder Administrator eine Operation ausführen wollte, für die er keine ausreichenden Berechtigungen besitzt.

Die Überwachungsereignisse werden in dem Sicherheits-Eventlog protokolliert.

Zusätzlich können Sie die erweiterten Überwachungsoptionen aktivieren. Diese finden Sie in einer Gruppenrichtlinie unter COMPUTERKONFIGURATION • WINDOWS-EINSTELLUNGEN • SICHERHEITSEINSTELLUNGEN • ERWEITERTE ÜBERWACHUNGSRICHTLINIENKONFIGURATION • ÜBERWACHUNGSRICHTLINIEN • OBJEKTZUGRIFF. Hier steht eine Überwachung der Zertifikatdienste zur Auswahl (siehe Abbildung 16.57).

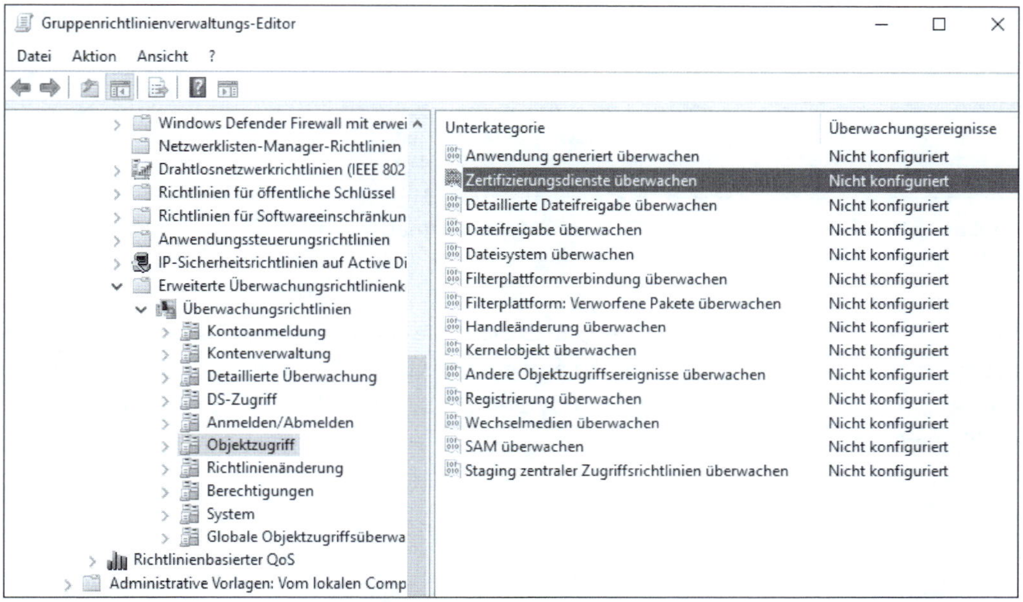

Abbildung 16.57 Die GPO »Zertifizierungsdienste überwachen«

Ein Großteil der Konfiguration einer Zertifizierungsstelle wird in der Registry gespeichert und kann direkt in der Registrierung angepasst werden. Damit diese Änderungen ebenfalls protokolliert werden, kann die Überwachung der Registrierung konfiguriert werden.

Um Probleme bei der Validierung von Zertifikaten auf Windows-Clients zu erkennen und diese Probleme zu beheben, ist auf den Windows-Systemen das *CAPI2-Logging* vorhanden, das aktiviert werden kann und das dann die Verwendung der Crypto-API protokolliert. Die Tätigkeiten des Clients im Zusammenhang mit Zertifikaten werden über diese API abgearbeitet, es sei denn, die Applikation bringt eine eigene Crypto-API mit.

Sie finden das Log in der Ereignisanzeige unter ANWENDUNGS- UND DIENSTPROTOKOLLE • MICROSOFT • WINDOWS • CAPI2. Standardmäßig ist es deaktiviert. Sie können es durch einen Rechtsklick auf PROTOKOLL AKTIVIEREN so konfigurieren, dass die Events nun protokolliert werden (siehe Abbildung 16.58). Über die gleiche Methode kann das Log wieder deaktiviert werden.

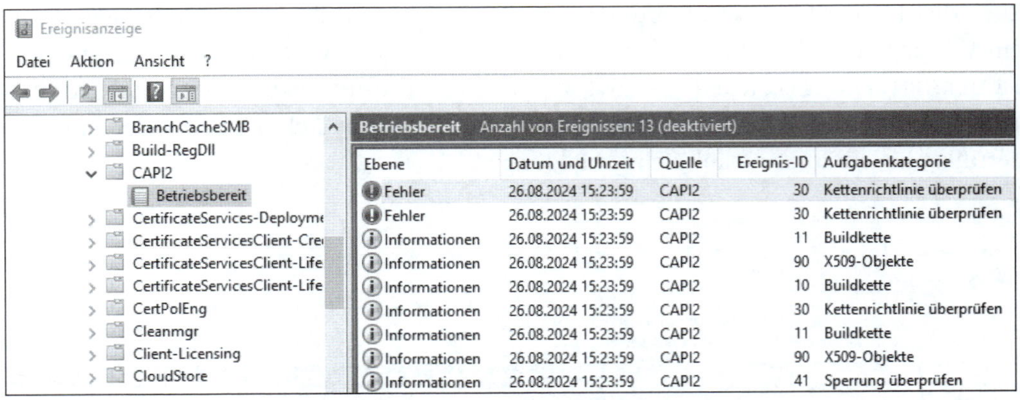

Abbildung 16.58 Das deaktivierte CAPI2-Log, in dem Informationen rund um die Verwendung von Zertifikaten gespeichert werden

Hinter der Anzahl der angezeigten Ereignisse finden Sie den Status des Logs. Leider sind diese Events nicht so einfach zu lesen, wie Sie es vielleicht von anderen Eventlogs gewohnt sind. Die gesamten detaillierten Informationen zu einem Event sind nur in der Ansicht DETAILS verfügbar (siehe Abbildung 16.59).

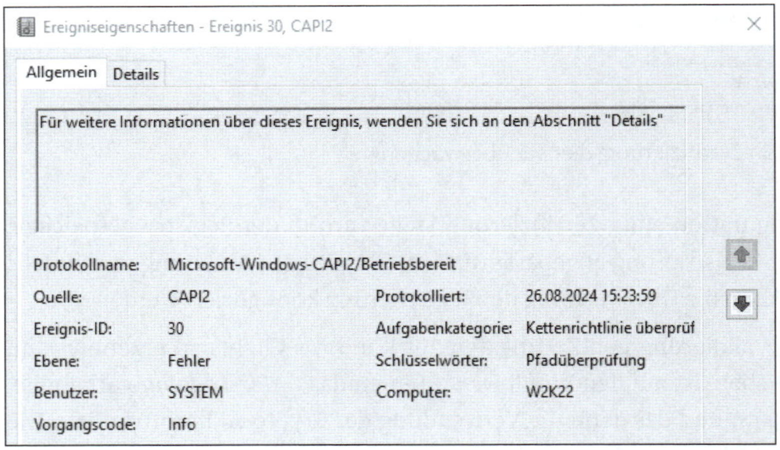

Abbildung 16.59 In der Ansicht »Allgemein« werden Sie auf den »Details«-Tab verwiesen.

Die Darstellung auf der Registerkarte DETAILS wirkt auf den ersten Blick sehr unübersichtlich (siehe Abbildung 16.60). Hier bietet es sich an, die Suche zu verwenden oder gezielt nach Fehlern Ausschau zu halten. Tabelle 16.5 erläutert, was unter den jeweiligen Ereigniseinträgen beschrieben wird.

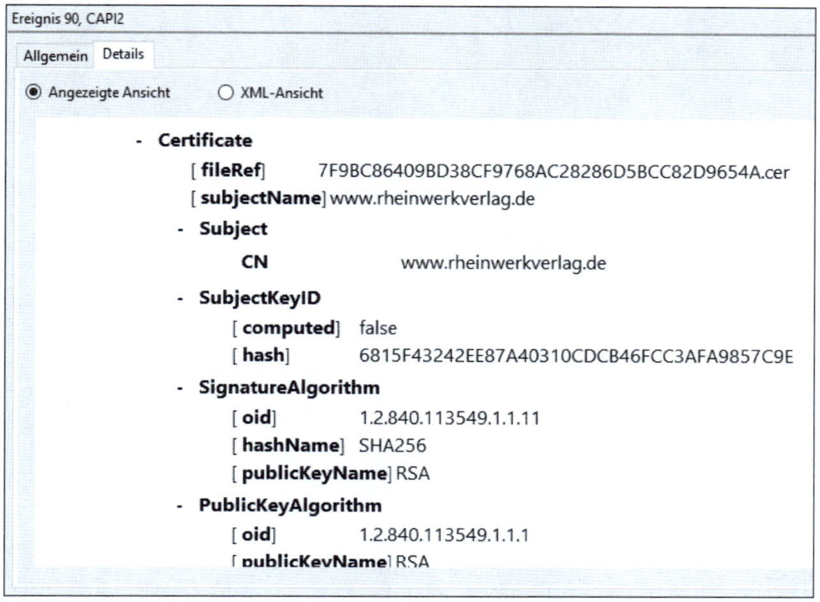

Abbildung 16.60 Prüfung der Zertifikatkette für ein Webserver-Zertifikat

Ereigniseintrag	Beschreibung
`CertGetCertificateChain`	Zeigt das Ergebnis der Zertifikatkettenerstellung an.
`CertVerifyRevocation`	Zeigt das Ergebnis der Sperrüberprüfung an.
`CryptRetrieveObjectByUrlWire`	Detaillierte Informationen über den Abruf von Sperrlisten oder Online-Responder-Informationen
`CertRejectedRevocationInfo`	Detaillierte Fehlerinformationen bei Problemen mit dem Abruf von Sperrinformationen
`X509Objects`	Detaillierte Informationen über die Objekte, die bei der Prüfung verwendet wurden

Tabelle 16.5 Eventlog-Einträge des CAPI2-Logs

Eine detaillierte Beschreibung der Events und weitere Möglichkeiten, wie Sie PKI-Probleme lösen können, finden Sie in Microsofts Technet:

https://technet.microsoft.com/en-us/library/cc749296(v=ws.10).aspx

Kapitel 17
Patchmanagement für Windows Server

Das Patchmanagement ist vergleichbar mit der Durchführung von Kleinreparaturen, wie dem Reparieren von klemmenden Fenstern oder Türen, die wegen einer Temperaturänderung immer wieder aufspringen: eigentlich alles kein großer Aufwand, aber die Menge macht das Patchen zu einer umfangreichen Aufgabe.

Patching – also das Beheben bekannter Sicherheitslücken und Bugs in der Software – stellt einen fundamentalen Bestandteil einer Sicherheitsstrategie dar. Denn nachweislich wurden bei etlichen Angriffen ältere Softwarelücken ausgenutzt, um ein System zu übernehmen. Inzwischen wird das Patching häufig auch verwendet, um zusätzliche Funktionen bereitzustellen.

17.1 Einführung

Der *Windows Server Update Service (WSUS)* bietet die Möglichkeit, die Microsoft-eigene Umgebung zu patchen. Im Folgenden geht es um die Planung, Konfiguration und den Betrieb einer auf der WSUS basierenden Patchmanagement-Lösung. Diese erfordert keine Ausgaben für Cloud-Dienste. Zum Abschluss wird noch die Update-Steuerung über Azure Update Manager eingeführt – als moderne Lösung für Systeme, die über Azure Arc verbunden sind.

17.1.1 Patching in der Windows-Welt

Spätestens der »I love you«-Virus aus dem Jahr 2000 und der Wurm »Code Red« von 2001 führten bei Microsoft zu der sicherlich frustrierenden Erkenntnis, dass die weite Verbreitung der eigenen Software auch das Schließen der in Software kaum vermeidbaren Sicherheitslücken erfordert. 2002 strebte Bill Gates an, die gesamte Industrie mit einer Selbstverpflichtung zum *Trustworthy Computing* (dt. »verlässliche IT-Nutzung«) anzuführen.

Bereits in Windows 98 gab es die Möglichkeit, die Microsoft-Update-Komponente zu installieren und auf der Clientseite nach verfügbaren Updates (Security und andere) für Windows, aber auch für Office und weitere Microsoft-Programme (wie Visual Studio und SQL) zu suchen.

Mit der Einführung des *Patch Tuesday* (Patch-Dienstags) erfolgte 2005 die nächste wichtige Änderung, die maßgeblich auf die Effizienz und Beherrschbarkeit im Unternehmensumfeld abzielte. Seither stellt Microsoft alle angefallenen und zur Veröffentlichung anstehenden Sicherheitsupdates an jedem zweiten Dienstag eines Monats gesammelt zur Verfügung. Der Patch Tuesday wird auch als »B«-Release bezeichnet. Am dritten und vierten Dienstag gibt es zusätzliche Vorschau-Funktionen im C- bzw. D-Release.

17.1.2 Die Geschichte von WSUS

WSUS geht auf den sogenannten *Server Update Service (SUS)* zurück, der Administratoren die Option gab, Updates auf Serversysteme auszurollen. Mit der Veröffentlichung von Windows Server 2003 R2 im Jahr 2005 wurde WSUS 2.0 zum Systembestandteil und löste somit SUS ab, der jedoch bis 2007 weiterhin unterstützt wurde.

Bereits in der ersten WSUS-Version gab es die Möglichkeit, den Update-Status von Computern sichtbar zu machen und auf Maschinenebene den Patchstand abzufragen. Seitdem arbeiten alle WSUS-Versionen mit einem Microsoft-Repository, das für jeden Patch einen Status hinterlegt, der pro Computergruppe unterschiedlich sein kann.

Jede Windows Server-Version erhielt auch eine neue WSUS-Version. Mit Windows Server 2016 kam die Version 5.0 heraus. Gemäß der Angabe in der WSUS-Administrationsoberfläche und der Versionsinformation in der Registrierung ist es bei Windows Server 2019 und den nachfolgenden Versionen jedoch Version 10.0. Von der Funktionalität und dem Erscheinungsbild her hat sich seit Windows Server 2012 R2 an WSUS nichts wesentlich verändert. Seit jeher besteht WSUS aus einer Datenbank, einem Repository und einer Steuerungsoberfläche.

17.1.3 Patch Tuesday

Der eben angesprochene *Patch Tuesday* ist traditionell der zweite Dienstag eines Monats. Diese Gesetzmäßigkeit wurde jedoch von Microsoft 2016 durch die Einführung des sogenannten *Servicing-Modells* und durch die konsequente Einführung von *kumulativen Rollups* aufgeweicht.

Es bleibt aber (mit wenigen Ausnahmen) bei der Veröffentlichung an einem Dienstag. Dieser Dienstag kann jedoch der zweite (B-Veröffentlichung), dritte (C-Veröffentlichung) oder vierte Dienstag (D-Veröffentlichung) eines Monats sein. Sowohl die C- als auch die D-Veröffentlichungen enthalten allerdings keine sicherheitsrelevanten Updates, sondern lediglich Vorschau-Updates für den funktionalen Anteil des nächsten B-Updates.

Für den Systemadministrator gibt es also folgende Phasen:

Woche	Geplante Veröffentlichung
A (ab 1. Dienstag)	Nur für schwerwiegende Zero-Day-Lücken
B (ab 2. Dienstag)	Reguläres Rollup (Sicherheit und Funktion)
C (ab 3. Dienstag)	Vorschau auf Funktionsupdates
D (ab 4. Dienstag)	Vorschau auf Funktionsupdates (optional)

Tabelle 17.1 Phasen der Microsoft-Updates

Diese Update-Steuerung gilt für das Basisbetriebssystem, also für alle unterstützten Betriebssysteme seit Windows 7 SP1 und Windows Server 2008 R2 SP1, sowie für das .NET Framework. Andere Produkte werden nur noch mittels einzelner Patches bedient. Das heißt, es gibt für diese keine kumulativen Patch-Pakete mehr.

Zunächst waren die Vorschau-Updates lediglich für Woche C geplant, inzwischen erscheinen sie allerdings auch in Woche D. Wobei dies nicht für jeden Monat gilt. In diesen Wochen können Unternehmen Updates zur Prüfung von kritischen Anwendungen ausrollen und in Pilotgruppen testen.

Im monatlichen Patch-Paket sind also die aktuellen Sicherheitsupdates und die in der Vorschau getesteten Funktionsupdates des Vormonats enthalten.

In nicht mehr unterstützten Windows-Versionen gab es noch leicht abweichende Patch-Regeln: Hier gab es bis zum Ende des Lebenszyklus die Option, auf funktionale Updates zu verzichten und sogenannte *Security-Only-Updates* zu installieren. Dies ist für Windows Server 2025 und die anderen unterstützten Server-Systeme nicht mehr möglich.

17.1.4 Best Practices für das Patching

Zwei grundlegende Faktoren sind in Bezug auf die Best Practices zum Thema Patching zu nennen und praktisch umzusetzen: *Geschwindigkeit* und *Stabilität*.

Geschwindigkeit

Sobald ein Patch veröffentlicht wird, lässt sich die Schwachstelle leicht erkunden. Auf Basis der Beschreibung, aber vor allem durch die Veränderungen an Systemdateien lassen sich Lücken und Probleme nachvollziehen. Daher wird die Schwachstelle kurz nach der Veröffentlichung des Patchs in der Regel in Schadsoftware eingebaut, um nicht gepatchte Systeme möglichst effektiv anzugreifen. Einige Studien zeigen, dass nicht gepatchte Systeme eines der häufigsten Einfallstore für gezielte Angriffe sind. Das gilt natürlich nicht nur für Windows-

bzw. Microsoft-Patches, sondern auch für Patches aller auf dem System eingesetzten Anwendungen. Daher sollten Sie alle Patches so schnell wie möglich direkt installieren.

Während funktionale Updates aus der Woche C oder D für alle Kunden bereitstehen, werden Security-Updates nur einem kleinen Kundenkreis vorab zur Verfügung gestellt, um die Kenntnis von Schwachstellen nicht unnötig zu verbreiten.

Im sogenannten *Security Update Validation Program (SUVP)* werden ausgewählten Kunden (ihre genaue Anzahl ist nicht bekannt) die Security-Updates des folgenden Patch Tuesdays bereitgestellt, um diese ca. drei Wochen vor dem Release in realen Umgebungen zu testen. Die Teilnahme am SUVP erfolgt nur nach ausführlicher Prüfung, der Unterzeichnung verschiedener Verträge und der Freigabe durch Microsoft. Die genauen Auswahlkriterien sind ebenso wie die Namen der teilnehmenden Unternehmen nicht öffentlich.

Vorgesehen ist auch hier keine flächendeckende Installation, sondern die Installation in Qualitätssicherungsumgebungen oder Testumgebungen. Die Updates wurden in der Vergangenheit für WSUS bereitgestellt.

In der Realität muss geprüft werden, wie schnell Updates in einem Windows-Netzwerk überhaupt verteilt werden können. Dafür gibt es organisatorische und technische Grenzen: Beispielsweise sind in Unternehmen, in denen viele Außendienstmitarbeiter nur eine schlechte Verbindung zum Firmennetz haben, andere Mechanismen notwendig als in Unternehmen, in denen alle Mitarbeiter ihre Arbeit an einem zentralen Standort durchführen. Zunehmend ist das Konnektivitätsproblem jedoch keine echte Herausforderung mehr; allerdings gibt es weiterhin Länder mit eingeschränkter und begrenzter mobiler Konnektivität. Außerdem müssen die Bearbeitung von Updates und der Umgang mit möglichen Ausfällen oder Störungen eingeplant werden.

Wir empfehlen Ihnen, die Microsoft-E-Mails zur Veröffentlichung von Updates auf der Microsoft-Website des *Microsoft Security Response Center* zu abonnieren:

https://www.microsoft.com/en-us/msrc/technical-security-notifications

Dadurch stellen Sie sicher, alle Informationen, Updates und neuen Versionen (Revisionen) von Updates zu erhalten. Das ist besonders hilfreich für außerplanmäßige Updates, die sich nicht an die Veröffentlichungsfrequenz halten.

Wir empfehlen Ihnen zudem, klare Update-Ziele und Kennzahlen zu definieren. Diese können beispielsweise darin bestehen, 99 % der Systeme innerhalb von zwei Wochen auf 100 % Patch-Installation zu bekommen. Anhand dieser Ziele sollten Sie die Abläufe planen und technische Vorkehrungen treffen.

Ein Ablauf könnte folgendermaßen aussehen (siehe auch Tabelle 17.2): Tag 1 bezeichnet den Tag der Veröffentlichung von Updates (zweiter Dienstag im Monat). Alle anderen Update-Veröffentlichungen sind für Testzwecke, also nicht für eine vollständige Installation vorgesehen. Es sei denn, es existieren Probleme, die mit einem dieser Preview-Updates behoben werden.

Sie sollten für Ihre Umgebung einen vergleichbaren Plan aufstellen. Versuchen Sie, möglichst alle Faktoren zu bedenken:

- Wie wichtig ist das zeitnahe Einspielen der Updates?
- Wie schnell können Sie reagieren?
- Wie ausführlich müssen Updates geplant werden?

Zeitpunkt	Status vonseiten Microsofts	Administrator-Tätigkeit
Tag 1	Eine Update-Benachrichtigung wird verschickt.	Sichtung der Unterlagen
Tag 1	Die Updates werden veröffentlicht (in der Regel am späten Dienstagabend).	Verifizierung der Verfügbarkeit von Updates
Tag 2	Die Updates stehen zur Installation bereit.	Vorbereitung des Deployments, Test auf ausgewählten Systemen
Tag 3	Die Updates stehen zur Installation bereit.	Ausweitung der Tests und Freigabe für die übrigen Systeme
Tag 4–14	Die Updates stehen zur Installation bereit.	Installation auf allen Systemen in verschiedenen Phasen (Redundanzen beachten!)
Tag 15	Die Updates stehen zur Installation bereit.	Installationsstatus prüfen, Fehler in Update-Vorgängen beheben und letzte Systeme updaten
Tag 16	Die Updates stehen zur Installation bereit.	Report erstellen, eventuell vorhandene Dokumentation aktualisieren

Tabelle 17.2 Beispielhafter Ablauf eines Patchmanagements

Der Ablauf aus Tabelle 17.2 ermöglicht es Ihnen, in gut zwei Wochen alle Systeme auf den aktuellen Stand zu bringen und dies zu dokumentieren. WSUS erleichtert diesen Kraftakt, indem es dafür sorgt, dass Administratoren ein solches System mit beherrschbarem Aufwand umsetzen können.

Stabilität

Der zweite angesprochene Punkt ist die *Stabilität*. Es hat sich immer wieder gezeigt, dass Updates auch negative Effekte auf die Stabilität haben können. Idealerweise prüfen Sie das Update zunächst in einer gesonderten Testumgebung und spielen den Patch erst aus, wenn Sie sich sicher sind, dass er keine Probleme macht. In der Realität ist dies allerdings kaum praktikabel. Sie brauchen daher einen Notfallplan, falls ein Update wirklich einmal Ärger bereitet. Daher benötigen Sie neben dem Standardplan auch einen Plan für die eventuelle Rücknahme eines Patchs.

17.1.5 Begriffe im Microsoft Update-Umfeld

Um die folgenden Abschnitte verständlich zu gestalten, führen wir an dieser Stelle die für WSUS und die Microsoft Update-Welt spezifischen Begriffe ein und erläutern diese.

Definitionen

Die offizielle Microsoft-Dokumentation zu diesen Begriffen finden Sie unter:

- *https://support.microsoft.com/en-us/help/824684/description-of-the-standard-terminology-that-is-used-to-describe-micro*
- *https://docs.microsoft.com/de-de/sccm/sum/get-started/configure-classifications-and-products*

Unterschiede zwischen Microsoft Update, Windows Update und WSUS

Microsoft Update bezeichnet die Online-Update-Funktionalität von Microsoft, die vom Windows Update-Client in den jeweiligen Betriebssystemen angesprochen werden kann. Microsoft Update wird als Online-Dienst bereitgestellt und kann von jedem mit dem Internet verbundenen und aktivierten Windows-Computer uneingeschränkt verwendet werden.

Über *Windows Update* lassen sich Produkte von Microsoft und anderen Herstellern (beispielsweise Adobe Flash Player) aktualisieren, deren Updates über Microsoft Update bereitgestellt werden.

Der *Windows Server Update Service (WSUS)* hingegen ist eine Rolle auf Servern, die seit Windows Server 2003 R2 regelmäßig erneuert wird und im Basisbetriebssystem ohne zusätzliche Lizenzkosten verwendet werden kann. Mit WSUS werden Updates heruntergeladen, gesteuert und zur zentralen Verteilung in einem Unternehmensnetzwerk bereitgestellt. WSUS unterstützt hierbei standardmäßig ausschließlich Microsoft-Produkte. Der Client verwendet beim Download der Updates vom WSUS-Server das Windows Update.

Der *Azure Update Manager* (siehe Abschnitt 17.6) ist die aktuelle Azure-basierte Update-Orchestrierungslösung, die für Microsoft-basierte Betriebssysteme und weitere Betriebssysteme genutzt werden kann. Sie erfordert eine Integration der Server-Systeme in Azure Arc.

Produkte

Als *Produkte* werden im WSUS-Umfeld die verschiedenen Software-Angebote von Microsoft bezeichnet. Durch die Option lässt sich steuern, welche Updates im Netzwerk angeboten werden. Ein Produkt ist beispielsweise eine Windows-Version wie Windows Server 2019, aber auch eine Programmversion von Microsoft SQL oder Microsoft Office. Mittels WSUS können Sie ebenso die über Windows Update angebotenen Treiber (z. B. Windows Server-Treiber) und Zusatzprodukte (z. B. Windows Defender) installieren.

Klassifizierungen

Klassifizierungen beschreiben die verschiedenen Typen von Aktualisierungspaketen, die für ein Produkt bereitstehen. Sie folgen einer bestimmten Nomenklatur (die Reihenfolge der Auflistung entspricht dem Auftreten in der WSUS-Konfigurationsoberfläche):

- **Definitionsupdates** – Definitionsupdates sind freigegebene Aktualisierungen für eine Definitionsdatenbank eines Produkts. Bekannt sind sie z. B. von Virenscannern, die mit diesen Definitionen schadhafte Codebestandteile oder andere Attribute erkennen können.
- **Feature Packs** – Neue Produktfunktionalitäten werden zunächst als Feature Pack, später als Teil eines vollständigen Produkt-Releases veröffentlicht oder ergänzen ein bestehendes Produkt.
- **Schnellinstallationsdateien** – Schnellinstallationsdateien sind *Delta-Updates*. Kumulative Updates enthalten häufig Inhalte, die bereits in einem vorangegangenen Update enthalten waren und deswegen auf Clientseite möglicherweise schon vorhanden sind. Mit Schnellinstallationsdateien werden mehr Daten auf dem WSUS-Server generiert (für jede Möglichkeit), allerdings wird der Download-Traffic für den Client stark reduziert. Im Azure Update Manager steht dies nicht zur Verfügung.
- **Service Packs** – Ein getestetes, kumulatives Update-Paket, das aus Hotfixes, Sicherheitsupdates, kritischen Updates und Updates besteht, wurde bislang als *Service Pack* bezeichnet. In der Regel wurden mit diesem auch Designveränderungen und weitere Änderungen durchgeführt. Neue Windows-Versionen erhalten keine Service Packs mehr.
- **Sicherheitsupdates** – Ein Sicherheitsupdate ist ein allgemein veröffentlichtes Update, um eine produktspezifische sicherheitsrelevante Verwundbarkeit zu beheben oder einzuschränken. Sicherheitsupdates werden nach der Kritikalität eingestuft.
- **Tools** – Mit Tools sind kleine Hilfsprogramme gemeint, mit denen sich administrative Aufgaben leicht erledigen lassen. Bisher wurden Tools zum Entfernen schädlicher Programmteile verteilt.
- **Treiber** – Ein Treiber ist Software, die das Verhalten eines Geräts kontrolliert. Im Azure Update Manager steht diese Option nicht zur Verfügung.
- **Treibersätze** – Treibersätze oder *Treiberpakete* enthalten gesammelt mehrere Treiberaktualisierungen in einem Update, etwa für ein Microsoft Surface. Im Azure Update Manager steht diese Option nicht zur Verfügung.
- **Update-Rollups** – Ein Update-Rollup ist eine getestete, kumulative Sammlung von Hotfixes, Sicherheitsupdates, kritischen Updates und Updates, die zur einfachen Verteilung in einem Paket gebündelt wurden.

- **Updates** – Ein Update ändert ein einzelnes Feature oder Verhalten, um ein Problem zu beheben.
- **Upgrades** – Upgrades ist eine Kategorie für Windows 10-Features und -Funktionalitäten. Damit sind Pakete gemeint, die es Ihnen ermöglichen, von einer Windows 10-Version auf die nächste zu kommen. Dies existiert seit WSUS-Version 4.0 mit Hotfix 3095113. Im Azure Update Manager steht dies Option nicht zur Verfügung.
- **Wichtige Updates** – Dies sind kritische, getestete Updates, mit denen ein oder mehrere wichtige, nicht sicherheitsrelevante Fehler behoben werden.

17.2 Eine WSUS-Installation planen

Bevor Sie eine WSUS-Installation in Ihrer Infrastruktur beginnen, sollten Sie sich Gedanken über die Planung machen.

17.2.1 Systemvoraussetzungen

Ein WSUS-Server ist vor allem mit der Steuerung und der Auslieferung von Updates beschäftigt. Er hat daher einen hohen Bedarf an Bandbreite und muss große Speicherreserven für die Updates vorhalten, die er zur Verfügung stellt. Dies gilt jedoch nur, wenn die Updates zentral vom WSUS-Server ausgeliefert werden.

Die offizielle Dokumentation von Microsoft spricht auch heutzutage noch von 40 GB Speicher. Die allgemeinen Systemvoraussetzungen von Microsoft (unabhängig von der Rolle, die der WSUS-Server einnimmt) finden Sie im Kasten.

Systemvoraussetzungen

Hardware (virtuell oder physisch):

- 1,4-GHz-CPU (Eine 2-GHz-CPU oder schneller wird empfohlen.)
- 2 + 2 GB RAM (2 GB für Windows Server 2019 mit Desktop Experience und 2 GB für WSUS)
- Netzwerkadapter mit 100 Mbit/s
- 40 GB Speicher für WSUS

Software:

- Microsoft Report Viewer Runtime 2012
- SQL SYS CLR-Types für SQL Server 2012
- .NET Framework

Berechtigungen:

- lokale Administrationsrechte auf dem für WSUS vorgesehenen Computer

- Sie müssen zum Erstellen bzw. Ändern einer GPO berechtigt sein, falls Sie Updates zentral steuern wollen.
- Alternativ müssen Sie lokale Policys auf Systemen erstellen können, die Updates von WSUS erhalten sollen. Dies ist jedoch nicht empfohlen bzw. nur für Umkreisnetzwerk-Systeme empfohlen, die nicht Teil der Domäne sind.

Die oben genannten Mindestanforderungen an die Hardware sind jedoch in keiner Weise realistisch: Bei einem Single-CPU-Deployment mit diesem Arbeitsspeicher kommt es zu starken Performance-Einbußen und Timeouts der Services aufgrund von verlängerten Antwortzeiten der Datenbank. Eine Netzwerkbereitstellung mit 100 Mbit/s ist ebenfalls nicht empfehlenswert, da dies zu einer verzögerten Übertragung an die Clients führen wird. Außerdem ist die geplante Festplattengröße zu gering: Bereits Updates, die innerhalb von zwei Monaten erscheinen und nur für eine Windows Server-Version sowie .NET gelten, bewegen sich in der Größenordnung von 1 bis 2 GB (ohne Schnellinstallationsdateien). Je nach ausgewählten Produkten und Sprachen sowie Typen von Updates können auch mehrere Hundert Gigabyte anfallen. Rechnen Sie also bei allen Microsoft-Vorgaben deutlich großzügiger, und planen Sie besonders beim Festplattenplatz mit deutlich mehr Bedarf.

17.2.2 Bereitstellungsoptionen

Mit WSUS können Sie verschiedene Anforderungen erfüllen. Während wir uns im weiteren Verlauf des Kapitels vor allem mit den Konfigurationen eines einzelnen WSUS-Servers beschäftigen, sind die verschiedenen Bereitstellungsoptionen die Chance für einen weiteren Ausbau. Prüfen Sie, was für Ihre Umgebung am sinnvollsten ist: eine WSUS-Konfiguration als Einzelserver, ein hierarchischer Aufbau oder ein WSUS-Server, der vom Netzwerk getrennt ist.

WSUS-Deployment als Einzelserver

In einem WSUS-Deployment als Einzelserver wird der WSUS-Server über das Internet mit Microsoft Update verbunden, und alle Clients (dies können Server oder Windows-Clients sein) verbinden sich mit dem WSUS-Server (siehe Abbildung 17.1).

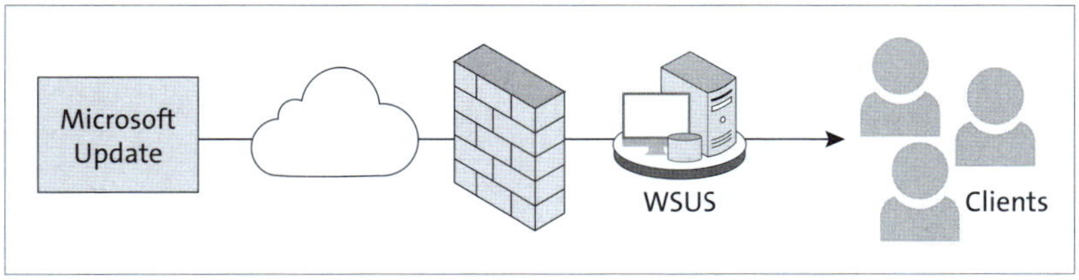

Abbildung 17.1 Einzelbereitstellung

Um den WSUS-Server mit dem Internet zu verbinden, sind einige URLs notwendig, die wir im folgenden Kasten gesammelt haben. Sie müssen dafür sorgen, dass sie erreichbar sind und nicht durch Ihre Firewalls geblockt werden.

Notwendige URLs für Windows Update

- *http://windowsupdate.microsoft.com*
- *http://*.windowsupdate.microsoft.com*
- *https://*.windowsupdate.microsoft.com*
- *http://*.update.microsoft.com*
- *https://*.update.microsoft.com*
- *http://*.windowsupdate.com*
- *http://download.windowsupdate.com*
- *http://download.microsoft.com*
- *http://*.download.windowsupdate.com*
- *http://test.stats.update.microsoft.com*
- *http://ntservicepack.microsoft.com*

Ein einzelner WSUS-Server kann verschiedene Computergruppen steuern. Um unterschiedliche Computer unterschiedlich zu behandeln, sind also nicht mehrere WSUS-Server notwendig (siehe Abbildung 17.2).

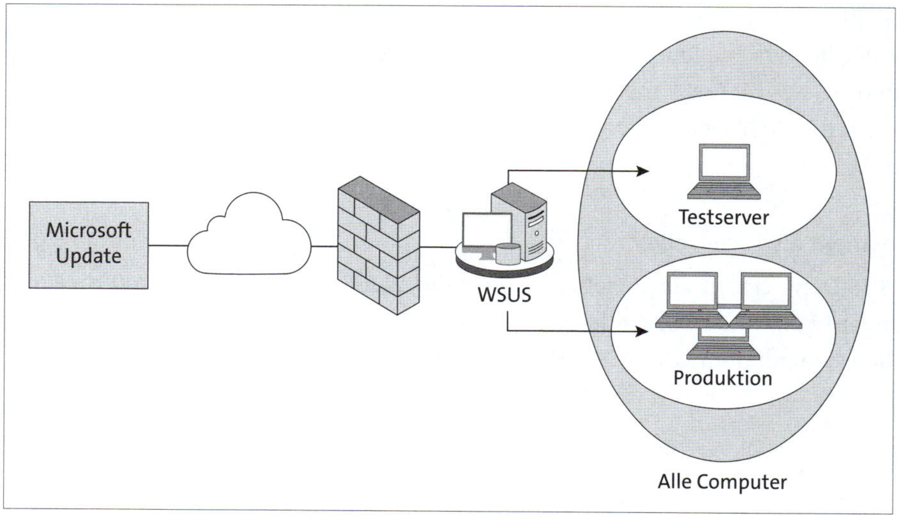

Abbildung 17.2 Single-WSUS-Server mit verschiedenen Computergruppen

Alle Clients, die für den WSUS-Server vorgesehen sind, bilden zusammen die Gruppe *Alle Computer*. Darunter können verschiedene Gruppen auf mehreren Ebenen angelegt werden.

Vom Netzwerk getrennter WSUS-Server

Der vom Netzwerk getrennte WSUS-Server unterstützt Szenarien, in denen keine Internetverbindung besteht. Dies ist für einige Umgebungen der Fall, in denen aufgrund von Sicherheitsanforderungen oder wegen Auflagen einer Regulierungsbehörde der Internetzugang vollständig unterbleiben muss oder schlicht nicht möglich ist.

Für diese Art von WSUS-Aufbau sind mindestens zwei WSUS-Server notwendig. Dabei fungiert einer als Download- und Export-Server, der andere als Import- und echter Update-Server.

Aufgaben des Download- und Export-Servers	Aufgaben des Import-Servers
▸ Verbindung zum Internet herstellen ▸ Download der Updates ▸ Bereitstellung der Updates ▸ Bereitstellung der Meta-Daten	▸ Import der Updates ▸ Import der Meta-Daten ▸ Reporting

Die operative Umsetzung des Exports und Imports erläutern wir im Verlauf dieses Kapitels.

WSUS-Server-Hierarchie

WSUS-Server können in einer Hierarchie angeordnet werden. Dadurch wird ein mehrfacher Download von Microsoft Updates verhindert. Dies ist vor allem in Umgebungen mit einer schmalbandigen Internetanbindung eine sinnvolle Konfiguration.

Die Idee dahinter ist, dass der Downstreamserver sehr nah an den zu versorgenden Clientcomputern steht, um einen mehrfachen Download von Updates über eine langsame WAN-Leitung zu vermeiden. Außerdem können Downstreamserver so eingerichtet werden, dass sie unterschiedliche Spracheinstellungen unterstützen.

Unterstützt werden Hierarchien mit bis zu drei Stufen (siehe Abbildung 17.3).

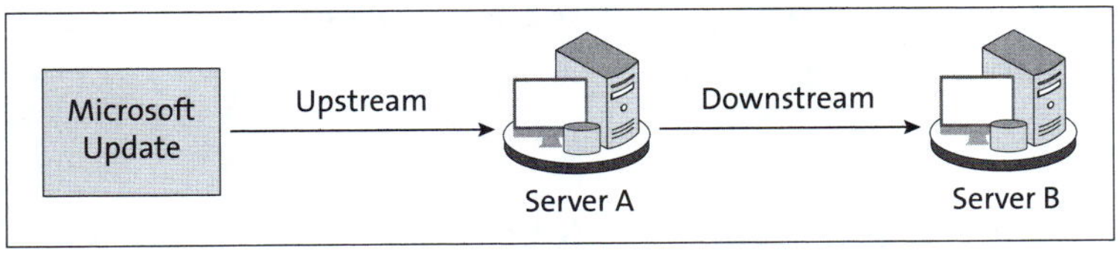

Abbildung 17.3 Upstream- und Downstreamserver

In einer WSUS-Hierarchie können die Server in zwei verschiedenen Betriebsmodellen benutzt werden. Einer sorgt für eine zentrale Administration *(Replikatserver)*, der andere für eine verteilte Administration *(autonomer Downstreamserver)*.

Der größte Unterschied ist der Anteil an Informationen, der von einem WSUS-Server mit dem anderen geteilt wird.

17.2.3 Installationsoptionen

Ein WSUS-Server kann auf unterschiedliche Weise und mit unterschiedlichen Optionen installiert werden.

Sie müssen die grundlegende Entscheidung treffen, ob Sie mit der internen Datenbank (*Windows Internal Database, WID*, seit Windows Server 2012) oder mit einer (separat zu lizenzierenden) SQL-Datenbank arbeiten möchten. Für den Beginn empfiehlt es sich zu testen, ob die Performance und die Benutzerfreundlichkeit der WID für Sie ausreichen, denn eine Migration auf eine SQL-Datenbank ist später ohne Probleme möglich. Die Datenbank enthält ausschließlich Meta-Informationen:

- WSUS-Server-Konfigurationsinformationen
- Meta-Daten zu jedem Update
- Informationen über Clientcomputer, Updates und Interaktionen (z. B. über den Updatestatus)

Die interne Windows-Datenbank (WID)

- WSUS erzeugt bei der Installation eine SQL-Instanz mit dem Namen `MSSQL$MICROSOFT##WID`.
- Der zuständige Dienst ist nicht *SQL Server*, sondern *WID*.
- Die Datenbank wird unter *%windir%\wid\data* gespeichert. In den meisten Fällen ist das *C:\Windows\wid\data*.
- Die Datenbankdatei heißt *SUSDB.mdf*.
- Wenn Sie nicht die *Windows Server-Sicherung* benutzen, dann müssen Sie im Rahmen von Backups darauf achten, dass eine Sicherungsvariante genutzt wird, die mit der Datenbank kompatibel ist.

Weitere Informationen zur Planung einer WSUS-Installation finden Sie unter:

https://docs.microsoft.com/en-us/windows-server/administration/windows-server-update-services/plan/plan-your-wsus-deployment#BKMK_1.1

17.3 Installation und Konfiguration von WSUS-Server

In diesem Abschnitt beschäftigen wir uns mit der Installation und der Konfiguration der Rolle *WSUS-Server*. Dabei gehen wir davon aus, dass ein Server existiert, der Mitglied der Domäne ist und die in Abschnitt 17.2.1 beschriebenen Systemvoraussetzungen erfüllt. Ein WSUS-Server kann auch als Server einer Workgroup betrieben werden.

Prüfung vor der Installation

Prüfen Sie also vor der Installation:

- Ist ein lokales Administratorkonto vorhanden?
- Ist ausreichend freier Speicherplatz vorhanden?
- Ist ein ausreichend schneller Internetzugriff vorhanden?
- Alternativ: Ist eine Verbindung zu einem anderen WSUS-Server vorhanden?

Die Installation erfolgt mit dem Server-Manager und der Funktion VERWALTEN • ROLLEN UND FUNKTIONEN HINZUFÜGEN. In der Rollenauswahl wählen Sie den WINDOWS SERVER UPDATE SERVICE (WSUS) aus (siehe Abbildung 17.4).

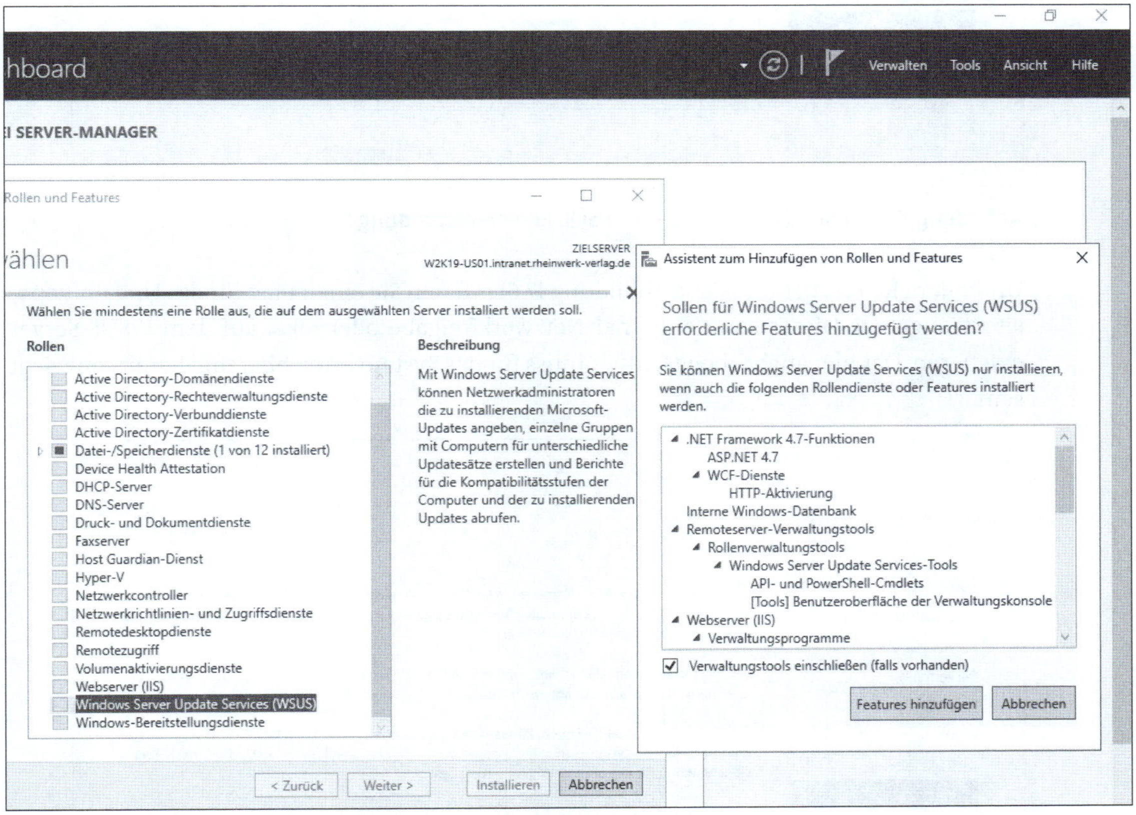

Abbildung 17.4 Serverrollen-Auswahl für WSUS

Die zusätzlichen Funktionen werden automatisch ergänzt. Bei der Installation der Rollendienste gibt es zwei Optionen: WID oder eine Verbindung zu einem SQL-Server (siehe Abbildung 17.5).

Installieren Sie zunächst einen WSUS-Server mit WID. Wenn Sie einen SQL-Server verwenden wollen, müssen Sie die SQL SERVER CONNECTIVITY als Rollendienst auswählen (siehe Abbildung 17.5).

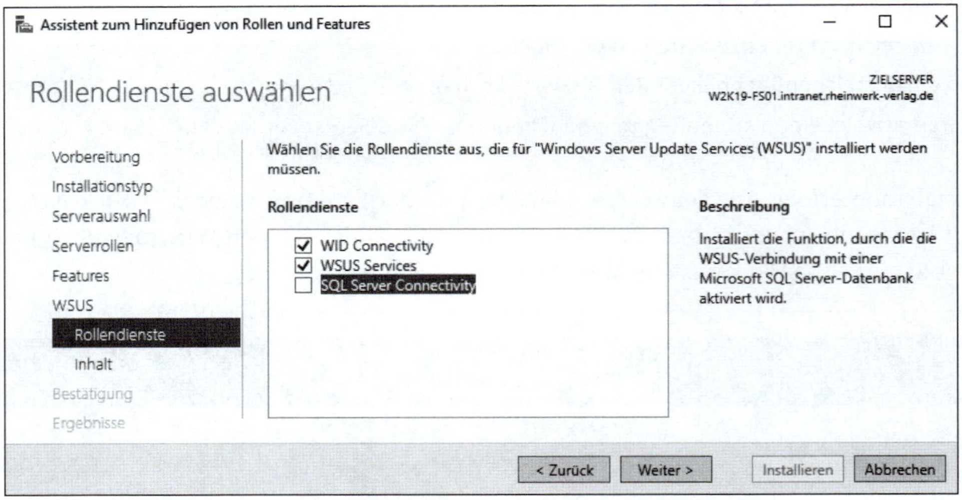

Assistent zum Hinzufügen von Rollen und Features
Rollendienste auswählen
ZIELSERVER
W2K19-FS01.intranet.rheinwerk-verlag.de
Vorbereitung
Installationstyp
Serverauswahl
Serverrollen
Features
WSUS
Rollendienste
Inhalt
Bestätigung
Ergebnisse
Wählen Sie die Rollendienste aus, die für "Windows Server Update Services (WSUS)" installiert werden müssen.
Rollendienste
WID Connectivity
WSUS Services
SQL Server Connectivity
Beschreibung
Installiert die Funktion, durch die die WSUS-Verbindung mit einer Microsoft SQL Server-Datenbank aktiviert wird.
< Zurück
Weiter >
Installieren
Abbrechen

Abbildung 17.5 Rollendienste: WID- oder SQL-Server-Verbindung?

Unter dem Reiter INHALT (siehe Abbildung 17.6) müssen Sie einen Pfad für das Update-Repository angeben. Dieser kann auf einer Netzwerkfreigabe oder lokal auf dem WSUS-Server existieren. Der hier angegebene Ordner muss für das System erreichbar und bereits angelegt sein.

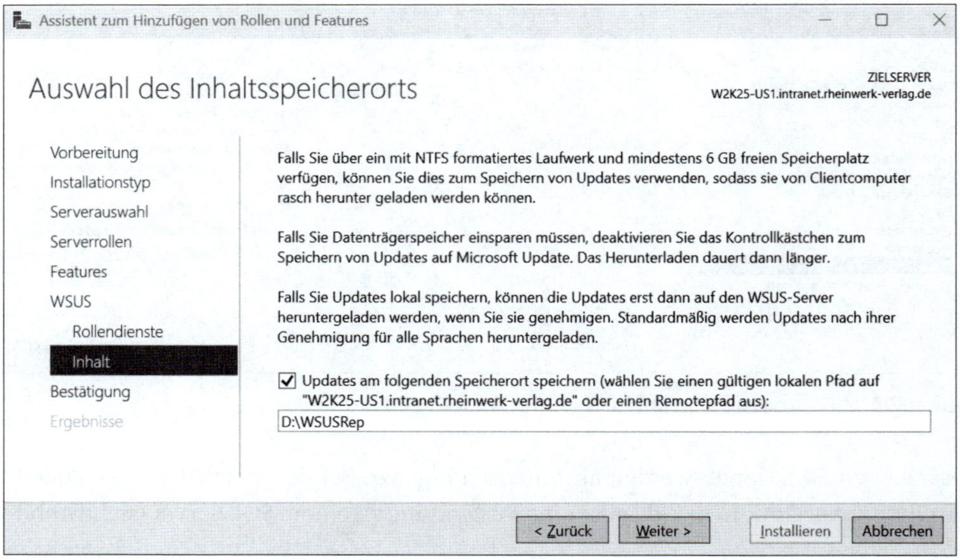

Assistent zum Hinzufügen von Rollen und Features
Auswahl des Inhaltsspeicherorts
ZIELSERVER
W2K25-US1.intranet.rheinwerk-verlag.de
Vorbereitung
Installationstyp
Serverauswahl
Serverrollen
Features
WSUS
Rollendienste
Inhalt
Bestätigung
Ergebnisse
Falls Sie über ein mit NTFS formatiertes Laufwerk und mindestens 6 GB freien Speicherplatz verfügen, können Sie dies zum Speichern von Updates verwenden, sodass sie von Clientcomputer rasch herunter geladen werden können.
Falls Sie Datenträgerspeicher einsparen müssen, deaktivieren Sie das Kontrollkästchen zum Speichern von Updates auf Microsoft Update. Das Herunterladen dauert dann länger.
Falls Sie Updates lokal speichern, können die Updates erst dann auf den WSUS-Server heruntergeladen werden, wenn Sie sie genehmigen. Standardmäßig werden Updates nach ihrer Genehmigung für alle Sprachen heruntergeladen.
Updates am folgenden Speicherort speichern (wählen Sie einen gültigen lokalen Pfad auf "W2K25-US1.intranet.rheinwerk-verlag.de" oder einen Remotepfad aus):
D:\WSUSRep
< Zurück
Weiter >
Installieren
Abbrechen

Abbildung 17.6 Auswahl des Inhaltsspeicherorts

Der Speicherort für Updates

Für den produktiven Einsatz sollten Sie das Repository nicht auf dem Systemlaufwerk speichern. Nutzen Sie einen Speicherort, der vom Windows-Laufwerk abweicht.

Der Update-Speicherort auf dem Windows-Laufwerk (in den meisten Fällen *C:*) ist nur für Laborumgebungen zu empfehlen, da die Stabilität von Windows eingeschränkt sein kann, wenn die Festplatte durch große Downloads bis 100 % gefüllt wird.

Ein Fehler in der Konfiguration lässt sich beheben und das Repository lässt sich später verschieben.

Sie sollten den verwendeten Speicherort mit Bedacht wählen, da ein späteres Verschieben einige Zeit benötigt. Die übrigen Reiter können Sie mit einem Klick auf WEITER bestätigen. Da der WSUS einen Webservice anbietet – der Download der Updates erfolgt über HTTP(S) –, wird auch ein IIS auf dem Server installiert.

Die Installation dauert aufgrund des Umfangs und der parallelen Installation von Datenbank und Webserver inklusive Webservice einige Minuten und ist nach dem Assistenten für die Rollen und Features noch nicht abgeschlossen. Es stehen nämlich noch die sogenannten Nachinstallationsaufgaben an.

Starten Sie daher die NACHINSTALLATIONSAUFGABEN durch einen Klick auf den entsprechenden Link im Rollen-Assistenten (siehe Abbildung 17.7). Die Aufgaben werden dann automatisch ausgeführt.

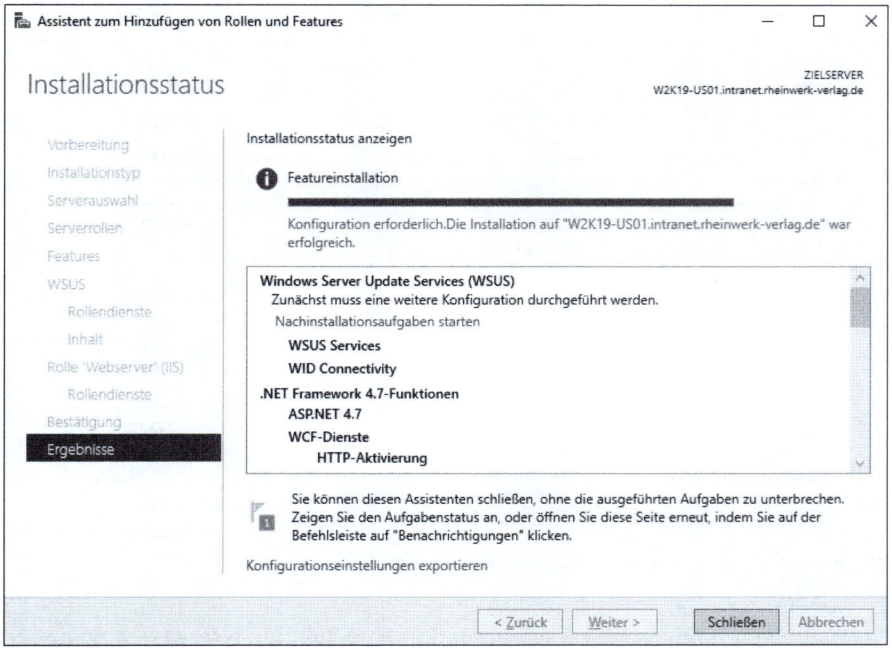

Abbildung 17.7 Die Installation weist darauf hin, dass Nachinstallationsaufgaben anstehen.

17.3.1 Konfigurationsassistent

In der Konfiguration von WSUS haben Sie einige Einstellungsmöglichkeiten. Der *Assistent für die Konfiguration von WSUS* führt Sie durch die neun Schritte der Konfiguration.

Schritt 1: Vorbemerkung

An dieser Stelle müssen Sie keine Konfiguration vornehmen oder Entscheidung treffen, sondern bekommen einen Hinweis auf die häufigsten Konfigurationsprobleme. Prüfen Sie an dieser Stelle, ob der Server Zugang zu den Quellen des Microsoft Updates hat – entweder direkt oder über einen Proxyserver. Wenn Sie einen Proxyserver mit Authentifizierung verwenden, benötigen Sie die Benutzernamen und Passwörter für einen der nächsten Schritte. Außerdem müssen Sie die Firewall des Servers prüfen. Sofern diese nicht manuell geändert wurde, ist mit der Installation von WSUS eine Firewallregel aktiv, die die eingehenden WSUS-Service-Ports freigibt.

Dies können Sie über Windows-Sicherheit • Firewall- & Netzwerkschutz nach einem Klick auf Erweiterte Einstellungen verifizieren: Nun öffnet sich die aus älteren Windows-Versionen bekannte Managementkonsole Windows Defender Firewall mit erweiterter Sicherheit (siehe Abbildung 17.8). Alternativ öffnen Sie die Konsole über die Eingabe von `wf.msc` auf einer Kommandozeile.

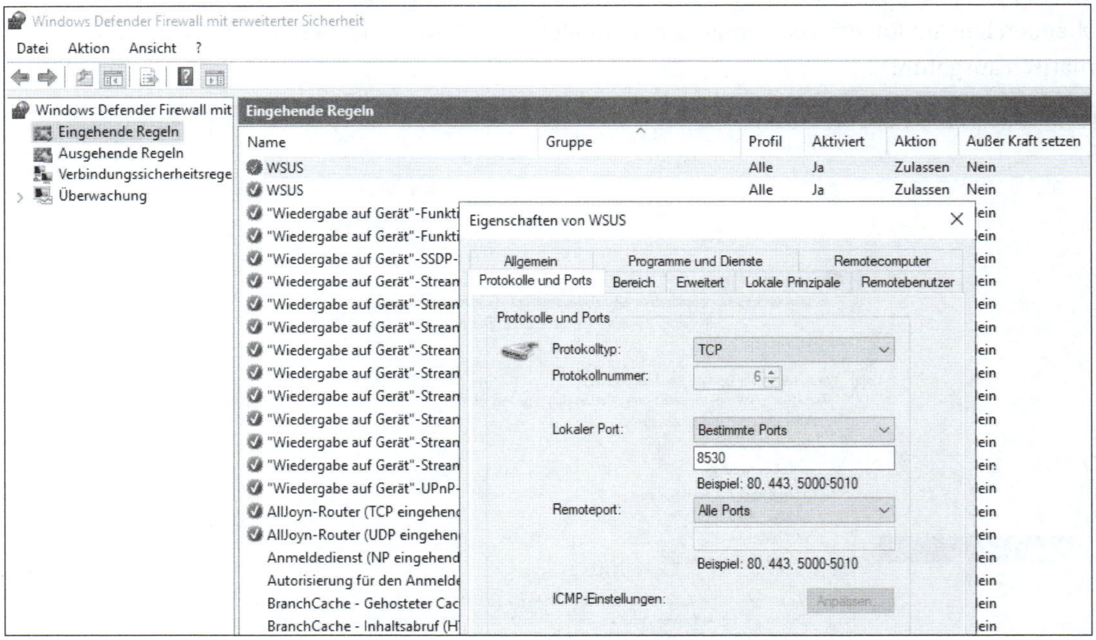

Abbildung 17.8 Zwei WSUS-Firewallregeln für Port 8530 und 8531

Die beiden Firewallregeln namens WSUS erlauben den eingehenden Netzwerkverkehr für HTTP- und HTTPS-basierten Zugriff auf den WSUS-Dienst.

Schritt 2: Programm zur Verbesserung von Microsoft Update

Mit einem Haken erlauben Sie die Übertragung von zusätzlichen Telemetriedaten aus Windows Update, um die Qualität zu verbessern. Hier müssen Sie die Datenschutzerklärung prüfen. Auf die Funktionalität hat das Abwählen der Option keinen Einfluss.

Schritt 3: Upstreamserver auswählen

In diesem Schritt wählen Sie die Quelle für die zu verteilenden Updates aus (siehe Abbildung 17.9). Für den ersten oder einzigen WSUS-Server ist dies Microsoft Update, also eine Online-Quelle, die die Updates für den Server bereitstellt. Der sogenannte *Upstreamserver* kann aber in der WSUS-Hierarchie auch ein firmeninterner Server sein. Den Servernamen und den Port müssen Sie dann entsprechend anpassen.

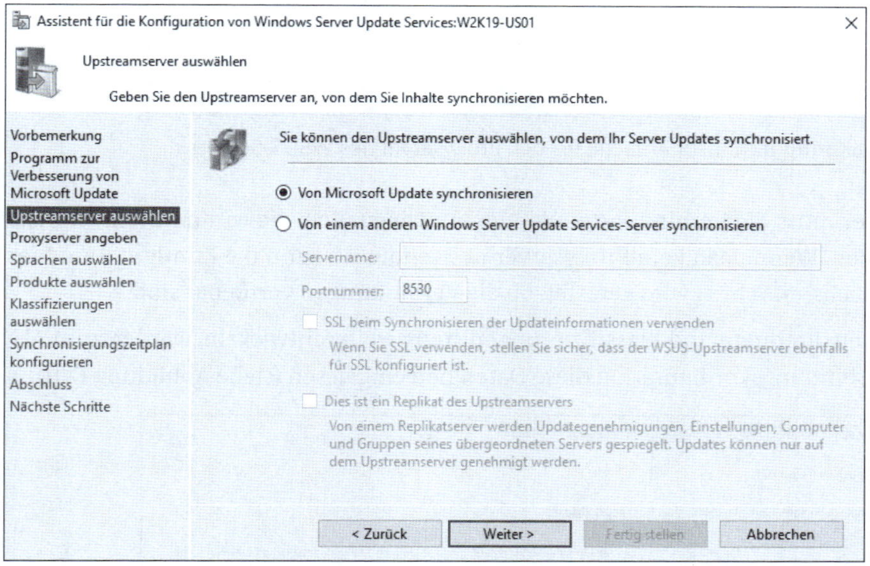

Abbildung 17.9 Standardeinstellung für den ersten WSUS-Server – Download von Microsoft

Wenn es sich nicht um den ersten WSUS-Server in der Organisation handelt, dann können Sie an dieser Stelle den Replika- bzw. den autonomen Modus des WSUS-Servers konfigurieren. Beim *Replika-Modus* handelt es sich um eine 1:1-Kopie, die logisch als eine Einheit mit dem Upstreamserver auftritt. Diese enthält den kompletten Server inklusive aller Updates und Genehmigungslisten. Wenn Sie den Haken vor Dies ist ein Replikat des Upstreamservers nicht setzen, dann können Sie auf dem Downstreamserver andere Update-Genehmigungen etc. setzen.

Schritt 4: Proxyserver angeben

Dieser Schritt ist optional und wird nur benötigt, wenn der Zugang zum Internet nicht über eine andere Technik ermöglicht werden kann (siehe Abbildung 17.10).

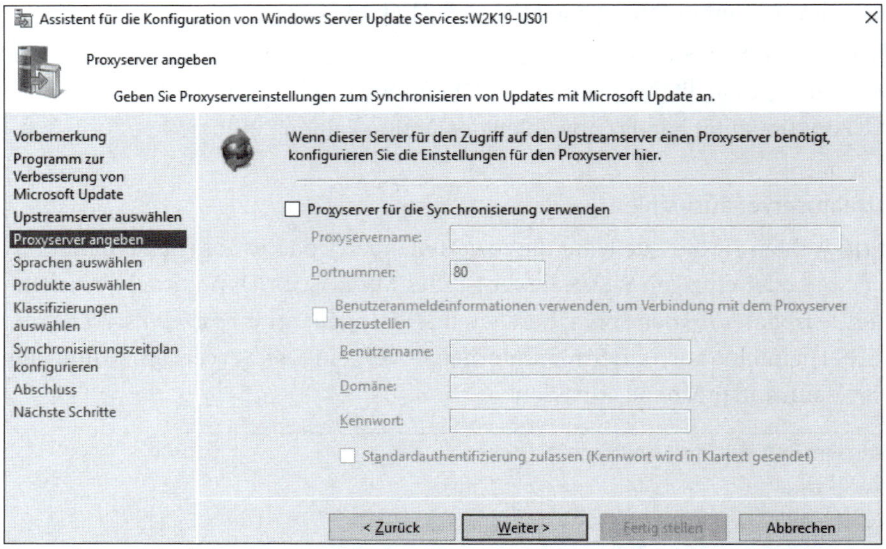

Abbildung 17.10 Konfigurationsoberfläche für den Proxyserver des WSUS-Servers

Der Proxyserver muss die Verbindung zu den URLs sicherstellen, die wir in Abschnitt 17.2.2 aufgelistet haben. Wenn dazu kein Proxyserver notwendig ist, kann die Konfiguration hier entfallen. Im nächsten Schritt wird getestet, ob die Verbindungen verfügbar sind.

Da sich Sprachen, Produkte und Klassifizierungen stetig weiterentwickeln, werden zum Abschluss der Verbindungskonfiguration diese Daten neu eingelesen (siehe Abbildung 17.11).

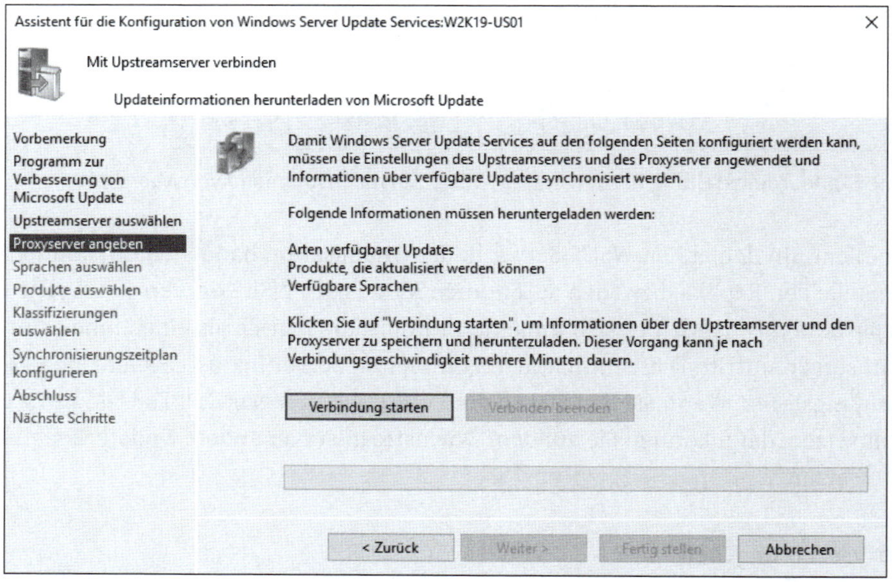

Abbildung 17.11 Verbindungstest und Aktualisierung

> **Sicherheitsempfehlung**
>
> Aus Sicherheitsgründen sollte kein Server direkten Internetzugang erhalten. In einigen Infrastrukturen werden sogenannte *transparente Proxys* eingesetzt. In diesem Fall entfällt die Konfiguration des Proxyservers für WSUS, allerdings ist dennoch eine Konfiguration der Freischaltung auf diesem transparenten Proxy notwendig.

Ein vollständig grüner Balken zeigt den Erfolg der Aktualisierung an. Eine Fehlermeldung erscheint nur, wenn die Verbindung nicht erfolgreich ist. Dieser Vorgang dauert einige Minuten.

Schritt 5: Sprachen auswählen

Im nächsten Schritt können Sie die Sprachen auswählen, die grundsätzlich zur Verfügung stehen (siehe Abbildung 17.12). Hier wird eine entsprechende Planung benötigt, da von dieser Auswahl auch die Frontend-Sprachen von Clientcomputern, z. B. für Windows 10 oder Office, betroffen sind. Eine zu große Auswahl von eventuell nicht benötigten Sprachen sorgt für den Download von unzähligen Metadaten. Sie können jederzeit zusätzliche Sprachen ergänzen, sodass Sie erst einmal mit einem kleinen Satz an Sprachen starten sollten.

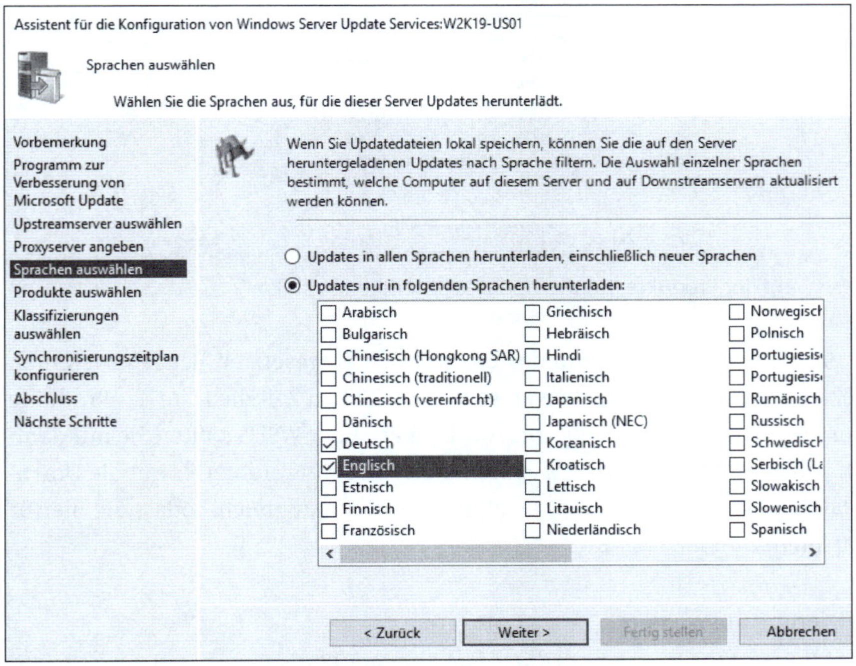

Abbildung 17.12 Auswahl der Sprachen Englisch und Deutsch

Keinesfalls sollten Sie ENGLISCH abwählen: Viele Testversionen oder einzelne Systemtools sind ausschließlich in Englisch vorhanden. Windows-Standardpakete sind grundsätzlich immer auf Englisch und die Sprache spielt nur für die Lokalisierungen eine Rolle. Andere Produkte sind noch nicht sprachneutral.

Schritt 6: Produkte auswählen

Bei der Produktauswahl (siehe Abbildung 17.13) verhält es sich ähnlich wie bei den Sprachen: Nicht benötigte Produkte sollten Sie nicht aktivieren. Allerdings werden fehlende Updates auch nicht angezeigt, wenn das jeweilige Produkt nicht aktiviert ist.

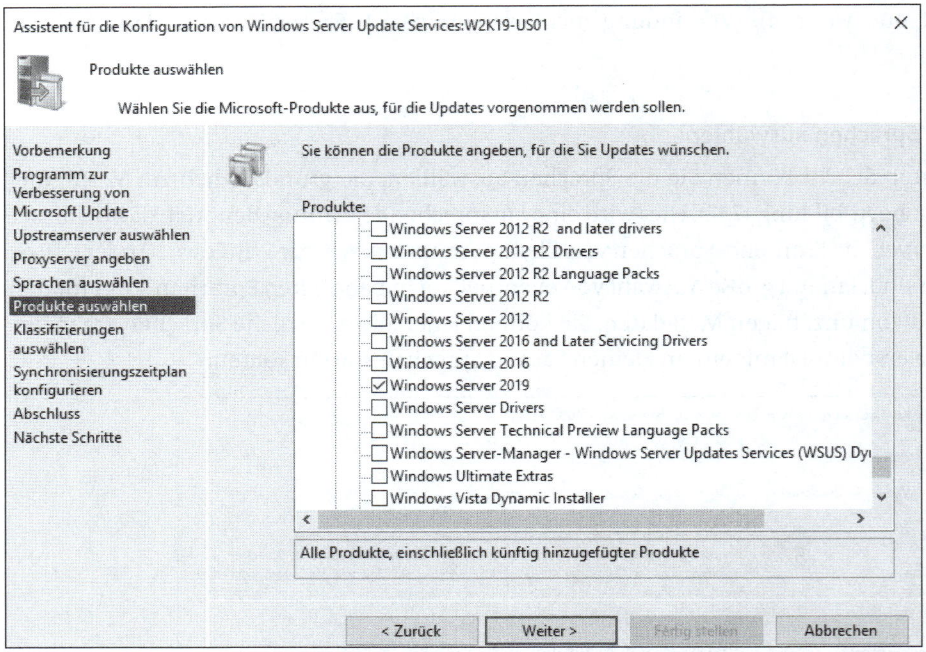

Abbildung 17.13 Auswahl der Produkte, für die Updates bereitstehen sollen

An dieser Stelle empfehlen wir Ihnen, mindestens mit den eingesetzten Betriebssystemen und weiteren bekannten Produkten zu starten sowie von Zeit zu Zeit die Liste der Produkte neu zu bewerten. Die Auswahl der Installation von Treibern über WSUS sollten Sie nur dann aktivieren, wenn kein anderes Treibermanagement zur Verfügung steht. Der initiale Download aller Metadaten zu möglichen Treiberpaketen ist sehr umfangreich, sodass Sie hierfür sehr viel Zeit einplanen müssen.

Schritt 7: Klassifizierung auswählen

Im Dialog aus Abbildung 17.14 können Sie die verschiedenen Klassen von Updates auswählen. Diese entsprechen den *Klassifizierungen*, die wir in Abschnitt 17.1.5 vorgestellt und erläutert haben. Wenn sich im Betrieb herausstellt, dass einzelne Pakete nicht gefunden oder nicht angezeigt werden, sollten Sie die Klassifizierung noch einmal überprüfen.

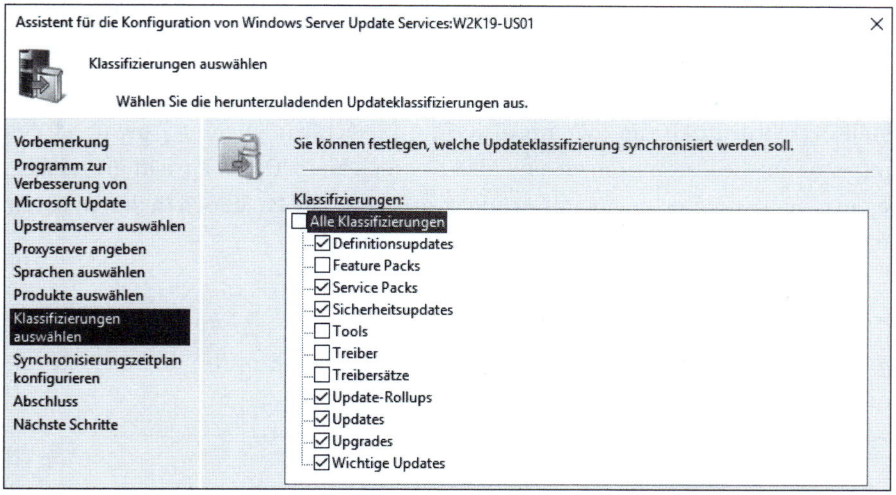

Abbildung 17.14 WSUS-Klassifizierungen

Das absolute Minimum für eine WSUS-Installation ist die Aktivierung von SICHERHEITSUPDATES. Da seit der Einführung des Service-Modells von Windows 10 auch funktionale Updates für Windows 7 und 8.1 sowie die entsprechenden Serverbetriebssysteme als Sicherheitsupdates markiert werden, ist das Updaten von Funktionsfehlern in der Software automatisch inkludiert.

Schritt 8: Synchronisierungszeitplan

Mit dem Synchronisierungszeitplan ist das Update des Servers durch den *Microsoft Update-Service* im Internet gemeint (siehe Abbildung 17.15).

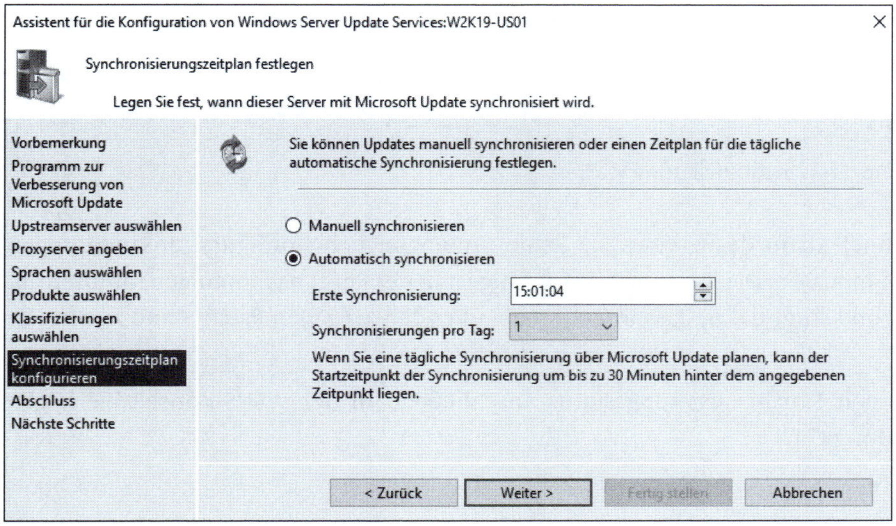

Abbildung 17.15 Synchronisierungszeitplan einstellen

Von einer manuellen Synchronisierung ist abzuraten, denn dies funktioniert erfahrungsgemäß nie zuverlässig und führt immer zu veralteten Systemen. Suchen Sie stattdessen mindestens einmal täglich automatisch nach neuen Updates.

Je nach Einstellung wird durch die Synchronisierung tatsächlich nur der Download der Metadaten angestoßen, die Datenmengen sind also ziemlich klein. Daher spricht grundsätzlich nichts gegen eine häufigere Synchronisierung. Einmal pro Tag ist jedoch in den meisten Fällen ausreichend.

Schritt 9: Abschluss und Erstsynchronisierung

Im nächsten Schritt können Sie auswählen, ob die Erstsynchronisierung direkt nach Abschluss des Assistenten starten soll (siehe Abbildung 17.16).

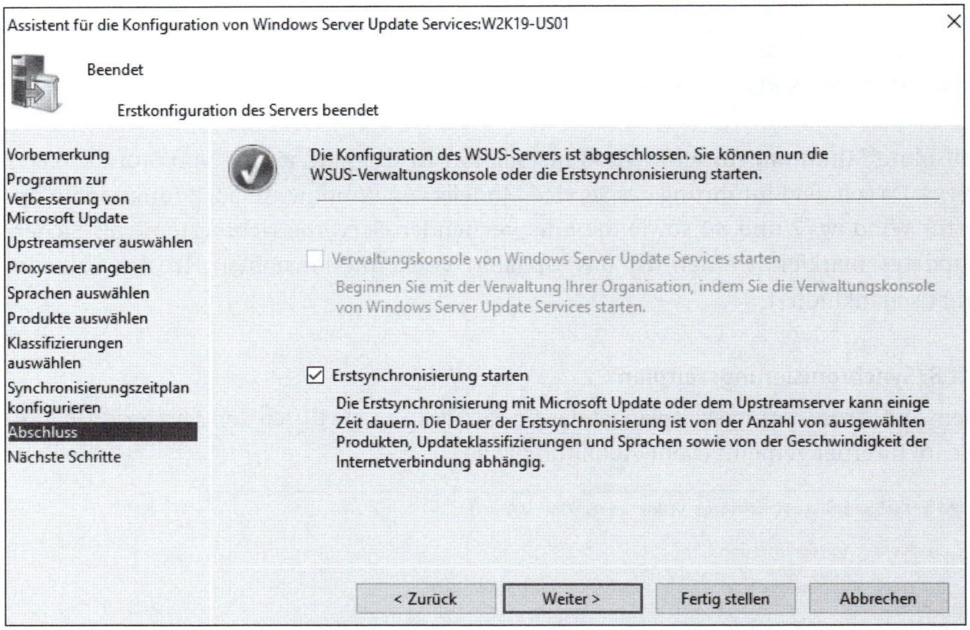
Assistent für die Konfiguration von Windows Server Update Services:W2K19-US01
Beendet
Erstkonfiguration des Servers beendet
Vorbemerkung
Programm zur Verbesserung von Microsoft Update
Upstreamserver auswählen
Proxyserver angeben
Sprachen auswählen
Produkte auswählen
Klassifizierungen auswählen
Synchronisierungszeitplan konfigurieren
Abschluss
Nächste Schritte
Die Konfiguration des WSUS-Servers ist abgeschlossen. Sie können nun die WSUS-Verwaltungskonsole oder die Erstsynchronisierung starten.
Verwaltungskonsole von Windows Server Update Services starten
Beginnen Sie mit der Verwaltung Ihrer Organisation, indem Sie die Verwaltungskonsole von Windows Server Update Services starten.
Erstsynchronisierung starten
Die Erstsynchronisierung mit Microsoft Update oder dem Upstreamserver kann einige Zeit dauern. Die Dauer der Erstsynchronisierung ist von der Anzahl von ausgewählten Produkten, Updateklassifizierungen und Sprachen sowie von der Geschwindigkeit der Internetverbindung abhängig.
< Zurück
Weiter >
Fertig stellen
Abbrechen

Abbildung 17.16 Erstsynchronisierung starten

Wir raten Ihnen dann dazu, wenn Sie keine umfangreichen Konfigurationsänderungen durchführen möchten. Die Erstsynchronisierung ist in der Regel nach wenigen Minuten abgeschlossen und sorgt dafür, dass Ihre Systeme über den aktuellen Patch-Stand informiert wurden.

Sie können den Synchronisierungsstatus anschließend in der WSUS-Konsole verfolgen (siehe Abbildung 17.17).

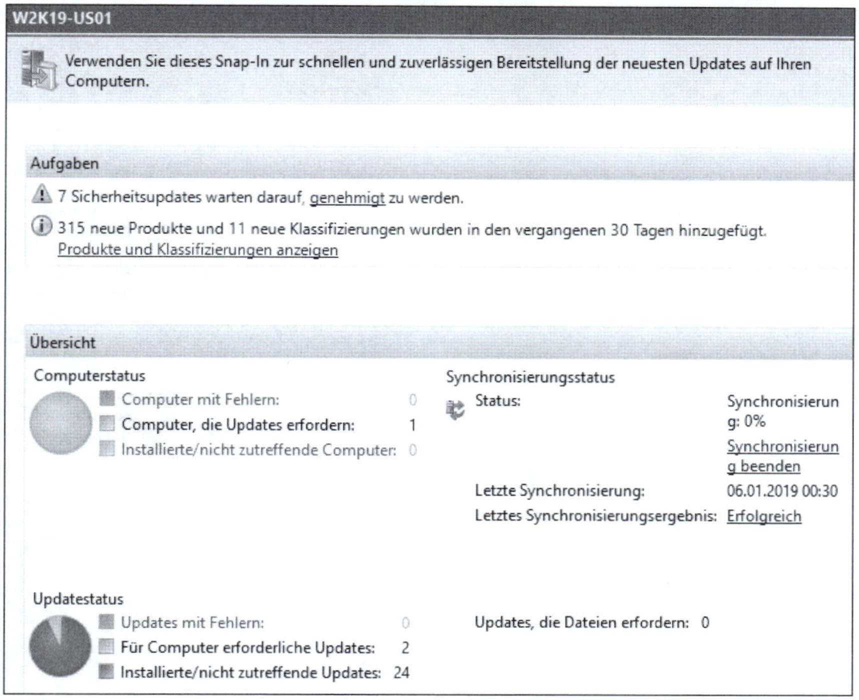

Abbildung 17.17 Die WSUS-Konsole mit dem Synchronisierungsstatus

17.3.2 Den Abruf von Updates über WSUS konfigurieren

Damit Clientrechner WSUS anstelle des Online-Dienstes von Microsoft verwenden, ist eine Einstellung über die *Computerrichtlinie* notwendig. In Unternehmensnetzwerken sollten Sie diese Einstellung über eine *Gruppenrichtlinie* vornehmen.

Starten Sie mit einem Konto, das über das Recht verfügt, Gruppenrichtlinien zu erstellen und zu verlinken, die *Gruppenrichtlinienverwaltungskonsole* (`gpmc.msc`). Um unterschiedliche Zeitfenster für die automatische Installation zu ermöglichen, werden hier zwei getrennte GPOs (Gruppenrichtlinienobjekte) erstellt: Ein Objekt erzeugt die Basiskonfiguration, das andere ist für die Zeitsteuerung zuständig. So kann die Basiskonfiguration auf alle Systeme angewendet werden, und das jeweils passend für die Zeitsteuerung.

Die Einstellungen für Windows Update finden Sie unter COMPUTERKONFIGURATION • RICHTLINIEN • ADMINISTRATIVE VORLAGEN • WINDOWS-KOMPONENTEN • WINDOWS UPDATE (siehe Abbildung 17.18).

Um den Computer grundsätzlich zu konfigurieren, müssen Sie den Punkt INTERNEN PFAD FÜR DEN MICROSOFT UPDATEDIENST ANGEBEN anpassen (siehe Abbildung 17.19).

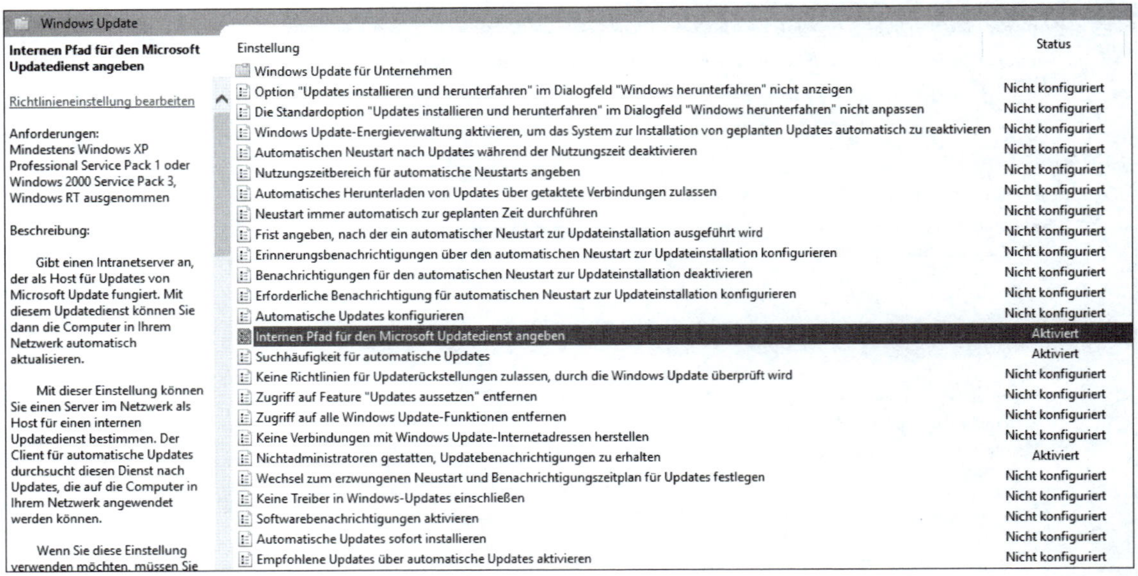
Windows Update
Internen Pfad für den Microsoft Updatedienst angeben
Richtlinieneinstellung bearbeiten
Anforderungen:
Mindestens Windows XP Professional Service Pack 1 oder Windows 2000 Service Pack 3, Windows RT ausgenommen
Beschreibung:
Gibt einen Intranetserver an, der als Host für Updates von Microsoft Update fungiert. Mit diesem Updatedienst können Sie dann die Computer in Ihrem Netzwerk automatisch aktualisieren.
Mit dieser Einstellung können Sie einen Server im Netzwerk als Host für einen internen Updatedienst bestimmen. Der Client für automatische Updates durchsucht diesen Dienst nach Updates, die auf die Computer in Ihrem Netzwerk angewendet werden können.
Wenn Sie diese Einstellung verwenden möchten, müssen Sie
Einstellung
Status
Windows Update für Unternehmen
Option "Updates installieren und herunterfahren" im Dialogfeld "Windows herunterfahren" nicht anzeigen — Nicht konfiguriert
Die Standardoption "Updates installieren und herunterfahren" im Dialogfeld "Windows herunterfahren" nicht anpassen — Nicht konfiguriert
Windows Update-Energieverwaltung aktivieren, um das System zur Installation von geplanten Updates automatisch zu reaktivieren — Nicht konfiguriert
Automatischen Neustart nach Updates während der Nutzungszeit deaktivieren — Nicht konfiguriert
Nutzungszeitbereich für automatische Neustarts angeben — Nicht konfiguriert
Automatisches Herunterladen von Updates über getaktete Verbindungen zulassen — Nicht konfiguriert
Neustart immer automatisch zur geplanten Zeit durchführen — Nicht konfiguriert
Frist angeben, nach der ein automatischer Neustart zur Updateinstallation ausgeführt wird — Nicht konfiguriert
Erinnerungsbenachrichtigungen über den automatischen Neustart zur Updateinstallation konfigurieren — Nicht konfiguriert
Benachrichtigungen für den automatischen Neustart zur Updateinstallation deaktivieren — Nicht konfiguriert
Erforderliche Benachrichtigung für automatischen Neustart zur Updateinstallation konfigurieren — Nicht konfiguriert
Automatische Updates konfigurieren — Nicht konfiguriert
Internen Pfad für den Microsoft Updatedienst angeben — Aktiviert
Suchhäufigkeit für automatische Updates — Aktiviert
Keine Richtlinien für Updaterückstellungen zulassen, durch die Windows Update überprüft wird — Nicht konfiguriert
Zugriff auf Feature "Updates aussetzen" entfernen — Nicht konfiguriert
Zugriff auf alle Windows Update-Funktionen entfernen — Nicht konfiguriert
Keine Verbindungen mit Windows Update-Internetadressen herstellen — Nicht konfiguriert
Nichtadministratoren gestatten, Updatebenachrichtigungen zu erhalten — Aktiviert
Wechsel zum erzwungenen Neustart und Benachrichtigungszeitplan für Updates festlegen — Nicht konfiguriert
Keine Treiber in Windows-Updates einschließen — Nicht konfiguriert
Softwarebenachrichtigungen aktivieren — Nicht konfiguriert
Automatische Updates sofort installieren — Nicht konfiguriert
Empfohlene Updates über automatische Updates aktivieren — Nicht konfiguriert

Abbildung 17.18 »Windows Update«-GPO

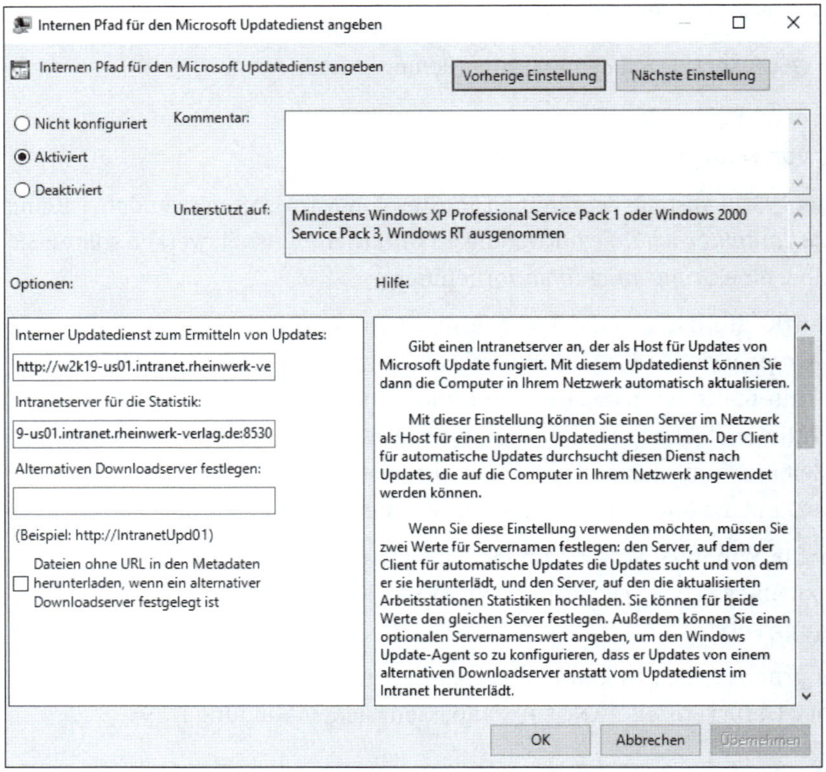
Internen Pfad für den Microsoft Updatedienst angeben
Internen Pfad für den Microsoft Updatedienst angeben
Vorherige Einstellung
Nächste Einstellung
Nicht konfiguriert
Aktiviert
Deaktiviert
Kommentar:
Unterstützt auf:
Mindestens Windows XP Professional Service Pack 1 oder Windows 2000 Service Pack 3, Windows RT ausgenommen
Optionen:
Hilfe:
Interner Updatedienst zum Ermitteln von Updates:
http://w2k19-us01.intranet.rheinwerk-ve
Intranetserver für die Statistik:
9-us01.intranet.rheinwerk-verlag.de:8530
Alternativen Downloadserver festlegen:
(Beispiel: http://IntranetUpd01)
Dateien ohne URL in den Metadaten herunterladen, wenn ein alternativer Downloadserver festgelegt ist
Gibt einen Intranetserver an, der als Host für Updates von Microsoft Update fungiert. Mit diesem Updatedienst können Sie dann die Computer in Ihrem Netzwerk automatisch aktualisieren.
Mit dieser Einstellung können Sie einen Server im Netzwerk als Host für einen internen Updatedienst bestimmen. Der Client für automatische Updates durchsucht diesen Dienst nach Updates, die auf die Computer in Ihrem Netzwerk angewendet werden können.
Wenn Sie diese Einstellung verwenden möchten, müssen Sie zwei Werte für Servernamen festlegen: den Server, auf dem der Client für automatische Updates die Updates sucht und von dem er sie herunterlädt, und den Server, auf den die aktualisierten Arbeitsstationen Statistiken hochladen. Sie können für beide Werte den gleichen Server festlegen. Außerdem können Sie einen optionalen Servernamenswert angeben, um den Windows Update-Agent so zu konfigurieren, dass er Updates von einem alternativen Downloadserver anstatt vom Updatedienst im Intranet herunterlädt.
OK
Abbrechen
Übernehmen

Abbildung 17.19 Detailkonfiguration der Gruppenrichtlinie

Sie sollten an dieser Stelle zudem die SUCHHÄUFIGKEIT FÜR AUTOMATISCHE UPDATES (siehe Abbildung 17.18) konfigurieren, sodass der Computer im Hintergrund laufend prüft, ob Updates anstehen.

Beachten Sie, dass für die Konfiguration der Gruppenrichtlinie seit Windows Server 2012 je nach Einstellung Port 8530 für HTTP (Standard, aber weniger sicher) oder Port 8531 angegeben werden muss. Zuvor war WSUS auf Port 80 bzw. 443 aktiv. Wenn die Portangabe fehlt, kann der Client keine erfolgreiche Verbindung aufbauen.

Im Beispiel aus Abbildung 17.19 ist für den internen Updatedienst die URL *http://w2k19-us01.intranet.rheinwerk-verlag.de:8530* eingetragen.

Die vorhin erstellte GPO muss verlinkt und den gewünschten Computern müssen Leserechte auf die GPO gewährt werden. Sollten Sie Windows Update zuvor nicht aktiviert haben, müssen Sie es nun aktivieren.

Nach dem GPO-Update-Zyklus (von normalerweise 90 Minuten) arbeiten die Clients mit der neuen Konfiguration. Dies lässt sich durch verschiedene Indizien verifizieren.

In den Einstellungen unter WINDOWS UPDATE finden Sie bei aktiver Anwendung einer Gruppenrichtlinie den Hinweis, dass einige der Einstellungen von der Organisation verwaltet werden (siehe Abbildung 17.20). Der Klick auf NACH UPDATES SUCHEN verifiziert den Update-Status gegenüber dem WSUS-Server.

17

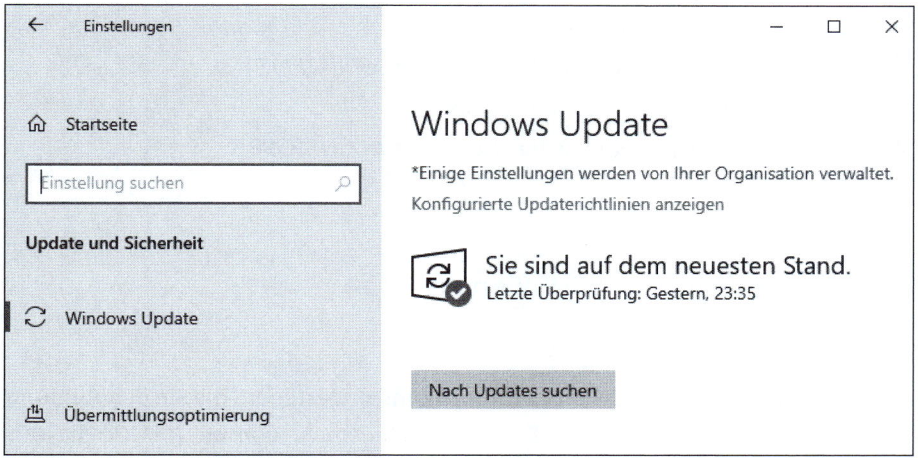

Abbildung 17.20 »Windows Update«-Fenster

Sie können die Anwendung der Gruppenrichtlinie in der Registry unter folgendem Pfad prüfen: *HKEY_LOCAL_MACHINE\SOFTWARE\Policies\Microsoft\Windows\Windows\WindowsUpdate*

Die Werte `WUServer` und `WUStatusServer` müssen auf die zuvor angegebene URL zeigen (siehe Abbildung 17.21).

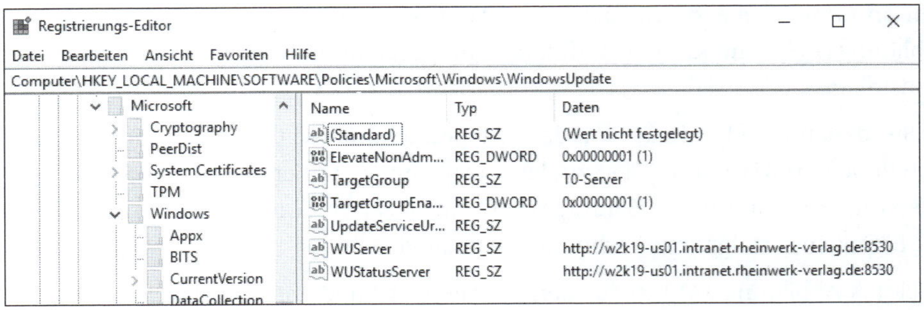

Abbildung 17.21 Registrierungsinformationen der »Windows Update«-Gruppenrichtlinie

17.3.3 Reporting-Funktionalität aktivieren

Ohne eine Reporting-Funktion ist WSUS stark eingeschränkt. Sie müssen entweder für ein externes Reporting sorgen oder zwei Komponenten nachinstallieren, um auf Computer-Ebene Berichte zu erzeugen. Leider wird dies in der Rolleninstallation nicht angezeigt.

Die Tools und die entsprechenden Download-Links finden Sie im Kasten. Eine Konfiguration oder weitere Schritte sind an dieser Stelle nicht notwendig.

Download für die Reporting-Funktionalität

- Microsoft Report Viewer 2012-Laufzeit:
  https://www.microsoft.com/de-de/download/details.aspx?id=35747
- System-CLR für SQL 2012 (Teil des Feature Packs):
  https://www.microsoft.com/de-de/download/details.aspx?id=49999

17.4 Die Administration des WSUS-Servers

17.4.1 Die WSUS-Konfigurationskonsole

Der WSUS-Server wird über die WSUS-Konfigurationskonsole gesteuert, die Sie in Abbildung 17.22 sehen. Die WSUS-Konsole ist eine *Microsoft Management Console (MMC)*, die seit Windows Server 2008 R2 kaum Veränderungen erfahren hat.

Die WSUS-Konsole besteht aus einem Baum mit den verschiedenen Konfigurationsbereichen auf der linken Seite, aus einem Übersichtspanel in der Mitte, das beim Klick auf den WSUS-Server-Knoten angezeigt wird, sowie aus einem Aktionen-Panel auf der rechten Seite.

Unter Updates findet die Update-Steuerung statt; unter Computer können Sie die Status-Informationen der Computer aufrufen. Unter Downstreamserver tauchen eventuell vorhandende nachgelagerte WSUS-Server auf. Der Menüpunkt SYNCHRONISIERUNGEN bietet die Möglichkeit, Fehler beim Download von Metadaten zu erkennen. Unter dem Punkt BERICHTE lassen sich Reports generieren, und unter OPTIONEN können Sie alle bereits bei der Erstkonfiguration eingestellten Parameter weiter konfigurieren oder ändern.

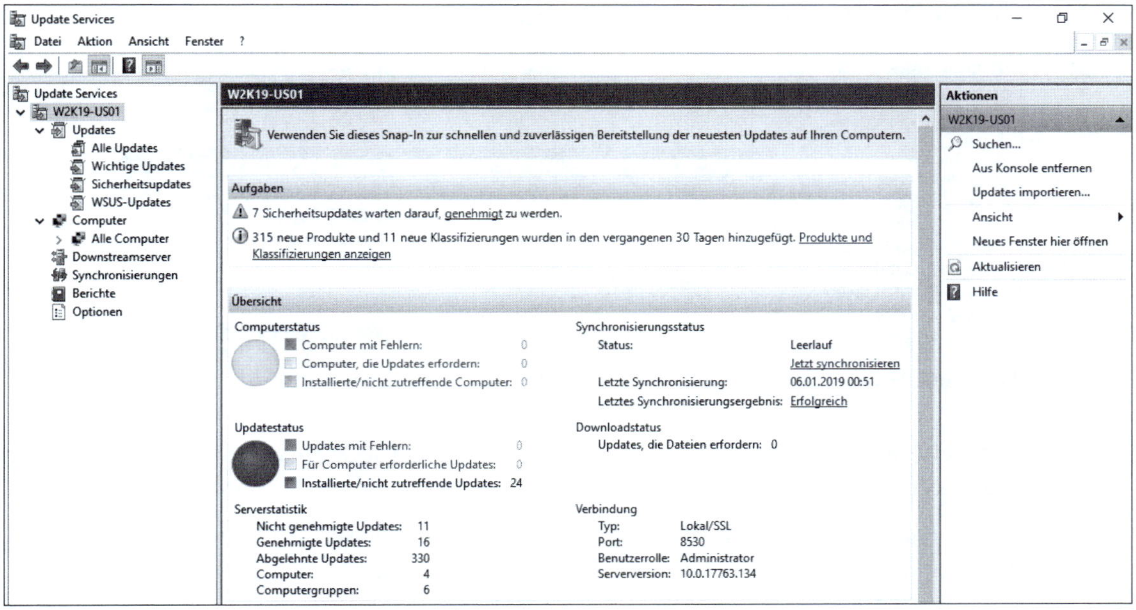

Abbildung 17.22 Die WSUS-Konsole im Überblick

Konfigurationskonsole: Updates

Unter UPDATES können verschiedene Ansichten auf die Updates erzeugt werden. Sowohl der Status der Genehmigung als auch der Status der Installation ist hier sichtbar (siehe Abbildung 17.23).

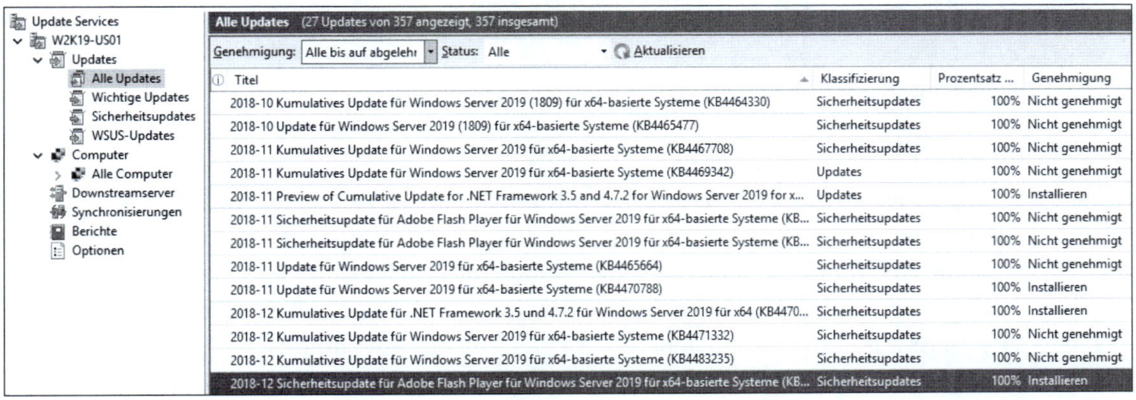

Abbildung 17.23 Updateübersicht in WSUS

Der Genehmigungsstatus kann NICHT GENEHMIGT, INSTALLIEREN oder ABGELEHNT sein. Alle neuen Updates stehen, sofern keine automatische Genehmigungsregel aktiv ist, auf NICHT GENEHMIGT.

Beim STATUS (siehe Abbildung 17.24) sind deutlich mehr Kombinationen möglich, da hier auch ein Fehlerstatus oder KEIN STATUS möglich sind.

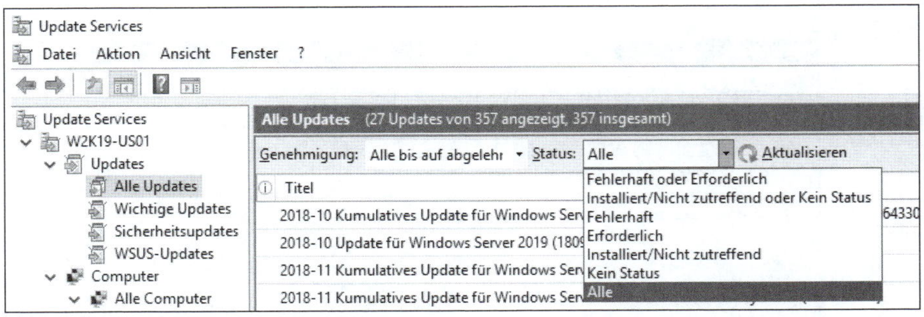

Abbildung 17.24 »Status«-Dropdown-Liste in der »Updates«-Übersicht

Der Status KEIN STATUS ist hier besonders interessant: Dieser ist so lange gesetzt, bis mindestens ein Computer, der den WSUS verwendet, dieses Update als erforderlich markiert.

Jedes Update hat zusätzliche Informationen, die für Ihre Bewertung wichtig sind oder beim Ausführen einer automatischen Regel hinzugezogen werden können (siehe Abbildung 17.25).

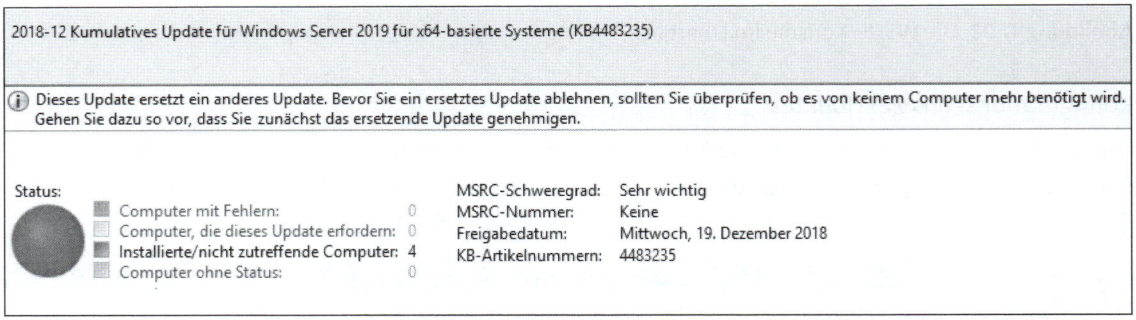

Abbildung 17.25 »2018-12 Kumulatives Update« – Detailansicht

So zeigt dieses Update 2018-12 für Windows Server 2019 beispielsweise, dass es aus Sicherheitsgründen als SEHR WICHTIG eingestuft wurde und dass die zugehörige Knowledge-Base-Artikelnummer KB4483235 ist. Weitere Informationen zu den Updates können Sie stets über diese Artikelnummer finden. Außerdem wurde das Update auf vier Computern installiert und es wird von keinem weiteren Computer angefordert. Zusätzlich wird im Banner angezeigt, dass dieses Update ein anderes ersetzt. Da es sich um kumulative Updates handelt, ist das Update aus dem Vormonat nicht mehr notwendig. Dieses kann später vom WSUS entfernt werden, da es auch von Computern nicht mehr aktiv genutzt wird. Nutzen Sie dazu die Funktion SERVERBEREINIGUNG aus den Optionen.

Konfigurationskonsole: Computer

Unter COMPUTER können Sie verschiedene Gruppen anlegen. Diese sind für die Steuerung von Update-Freischaltungen und Reports notwendig. Dabei können diese Gruppen wie in Abbildung 17.26 auch mehrere Ebenen haben.

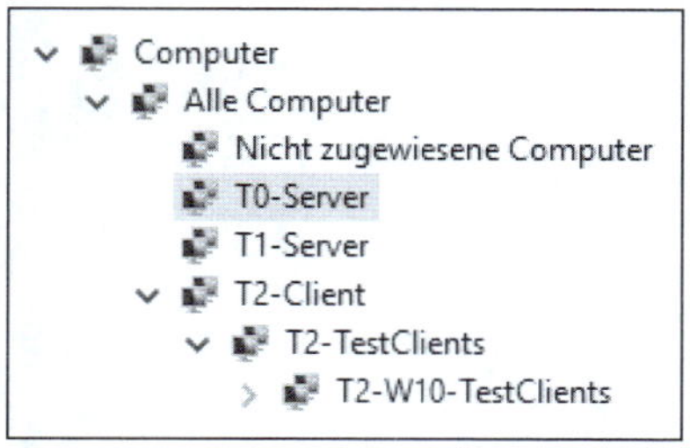

Abbildung 17.26 Computerhierarchie

In den Optionen von WSUS gibt es zwei Möglichkeiten, wie Computer den verschiedenen Gruppen zugewiesen werden können:

- eine *manuelle Zuweisung*, die nach der Installation Standard ist, und die sogenannte *clientseitige Zielzuordnung* über lokale Registrierungseinstellungen oder Gruppenrichtlinien.
- Je größer und komplexer die Umgebung ist, desto stabiler funktioniert die Zuweisung über die clientseitige Zielzuordnung. Prüfen Sie regelmäßig die nicht zugewiesenen Computer, was Ihnen gleichzeitig die Möglichkeit der Qualitätskontrolle gibt. Alle anderen Computer wissen über den Eintrag in ihrer Registry, zu welcher Gruppe sie gehören, und teilen dies dem WSUS-Server bei der Registrierung mit.

Ein Computer kann nur einer Computergruppe zugeordnet werden. Diese Zuordnung kann verändert werden.

Konfigurationskonsole: Synchronisierungen

Unter SYNCHRONISIERUNGEN (siehe Abbildung 17.27) können Sie die Abgleichvorgänge zwischen dem WSUS-Server und dem Upstreamserver verfolgen. Bei einer Einzelinstallation ist der Upstreamserver der Internetdienst von Microsoft Update. Zu jeder Synchronisation ist der Status ersichtlich sowie die Anzahl von neuen, überarbeiteten oder abgelaufenen Updates. Nach der Synchronisation stehen diese Updates unter dem gleichnamigen Menüpunkt zur Verfügung.

Mit einem Rechtsklick auf den Punkt SYNCHRONISIERUNGEN können Sie eine manuelle Synchronisation anstoßen. Dies ist hilfreich, wenn Produkte oder Klassifizierungen bzw. Sprachen angepasst wurden und die Wirksamkeit kurzfristig getestet werden soll. Über die Mail-Benachrichtigungen können Sie sich hierzu informieren lassen.

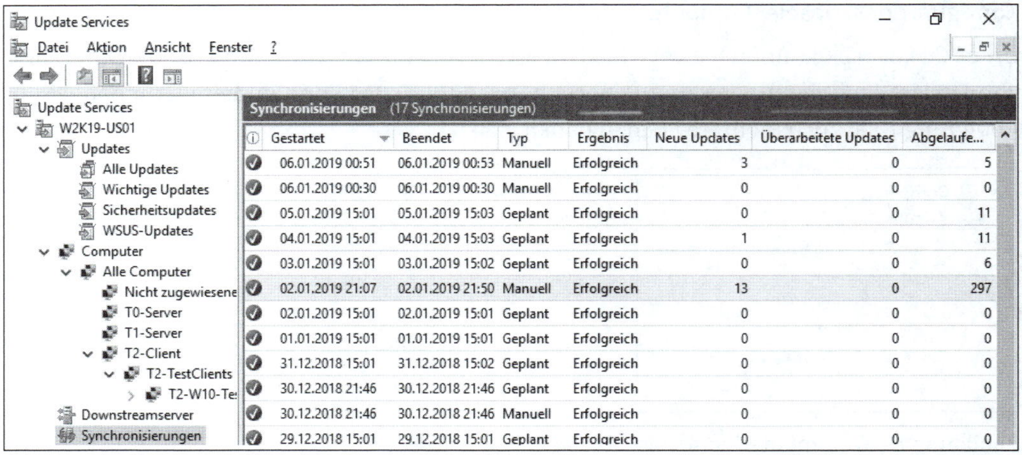

Abbildung 17.27 Synchronisationsübersicht

Konfigurationskonsole: Optionen

Neben den bei der Erstkonfiguration vorgestellten Einstellungen sind in den OPTIONEN weitere Einstellungen zugänglich (siehe Abbildung 17.28). Drei besonders praktische – AUTOMATISCHE GENEHMIGUNGEN, COMPUTER und ASSISTENT FÜR DIE SERVERBEREINIGUNG – erläutern wir hier.

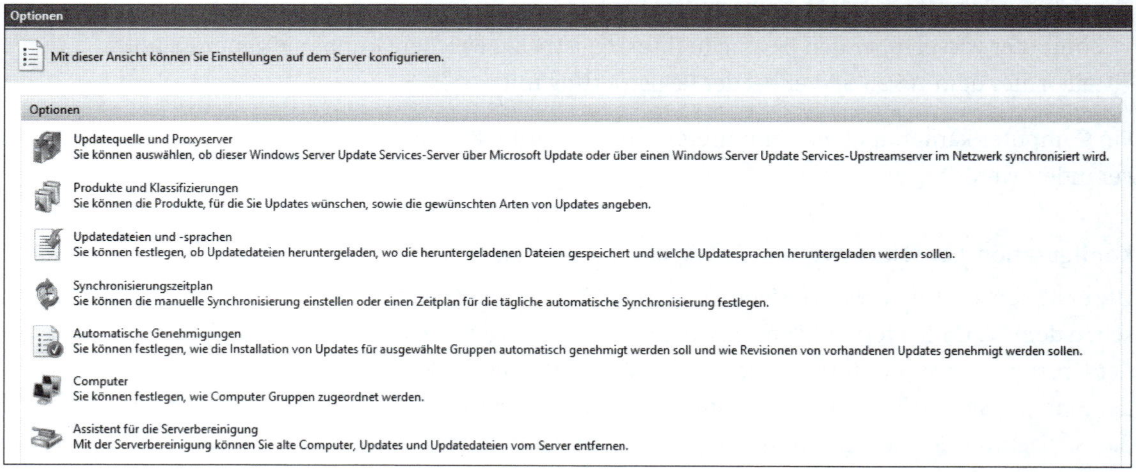
Optionen
Mit dieser Ansicht können Sie Einstellungen auf dem Server konfigurieren.
Optionen
Updatequelle und Proxyserver
Sie können auswählen, ob dieser Windows Server Update Services-Server über Microsoft Update oder über einen Windows Server Update Services-Upstreamserver im Netzwerk synchronisiert wird.
Produkte und Klassifizierungen
Sie können die Produkte, für die Sie Updates wünschen, sowie die gewünschten Arten von Updates angeben.
Updatedateien und -sprachen
Sie können festlegen, ob Updatedateien heruntergeladen, wo die heruntergeladenen Dateien gespeichert und welche Updatesprachen heruntergeladen werden sollen.
Synchronisierungszeitplan
Sie können die manuelle Synchronisierung einstellen oder einen Zeitplan für die tägliche automatische Synchronisierung festlegen.
Automatische Genehmigungen
Sie können festlegen, wie die Installation von Updates für ausgewählte Gruppen automatisch genehmigt werden soll und wie Revisionen von vorhandenen Updates genehmigt werden sollen.
Computer
Sie können festlegen, wie Computer Gruppen zugeordnet werden.
Assistent für die Serverbereinigung
Mit der Serverbereinigung können Sie alte Computer, Updates und Updatedateien vom Server entfernen.

Abbildung 17.28 Optionen von WSUS-Server

Automatische Genehmigungen

Durch AUTOMATISCHE GENEHMIGUNGEN können Sie nach einem hinterlegten Regelsatz die Updates steuern, die über Synchronisierungen neu auf den Server geladen wurden. Zum Beispiel können Sie sie für eine bestimmte Computergruppe freigeben.

Dabei gibt es unterschiedliche Varianten der Freigabe. Diese können vom Produkt, der Klassifizierung und der Computergruppe abhängen (siehe Abbildung 17.29).

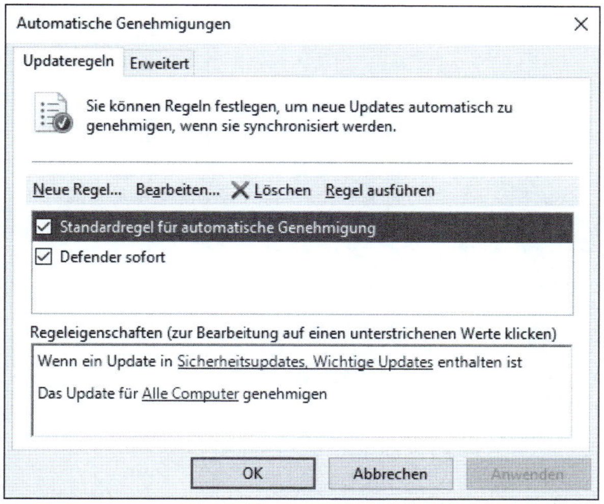

Abbildung 17.29 Aktive Regeln des WSUS-Servers

Beachten Sie, dass die Genehmigung des Updates nur bedeutet, dass der Computer dieses Update installieren könnte. Eine Installation wird durch diese Genehmigung nur dann automatisch angestoßen, wenn der Computer gleichzeitig zur Genehmigung auch einen automatischen Installationsvorgang durchführt. Dies konfigurieren Sie in der Gruppenrichtlinie unter AUTOMATISCHE UPDATES KONFIGURIEREN (siehe Abbildung 17.30). In dieser Gruppenrichtlinie lässt sich die Art und Weise des Automatismus einstellen. Dabei stehen vier Optionen zur Verfügung:

- Vor Download und automatischer Installation benachrichtigen
- Automatisch Herunterladen, aber vor Installation benachrichtigen
- Automatisch Herunterladen und laut Zeitplan installieren
- Lokalen Administratoren ermöglichen, Einstellungen auszuwählen

Außerdem können Sie mit der Steuerung einen Zeitplan erzwingen, z. B. die Installation an einem bestimmten Wochentag zu einer bestimmten Zeit. Mit dieser Steuerung, die Sie für verschiedene Computer unterschiedlich konfigurieren können, indem Sie die GPO nur für berechtigte Computer anwenden, können Sie eine gestaffelte Installation erreichen.

Im Regel-Assistenten können Sie neue Regeln basierend auf Klassifizierung, Produkt und Computergruppe erstellen (siehe Abbildung 17.31). Außerdem können Sie einen Stichtag für die Genehmigung hinterlegen. Wählen Sie beispielsweise den Donnerstag, werden (zumindest durch den Automatismus) in den ersten 24 Stunden nach dem Patch Day keine neuen Updates installiert.

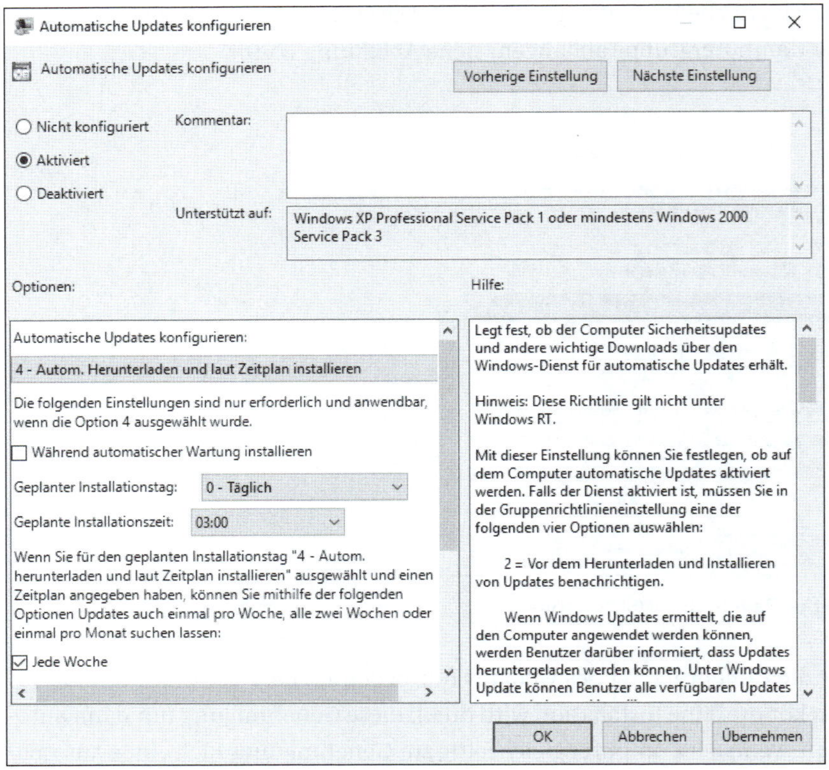

Abbildung 17.30 »Automatische Updates konfigurieren« in der GPO

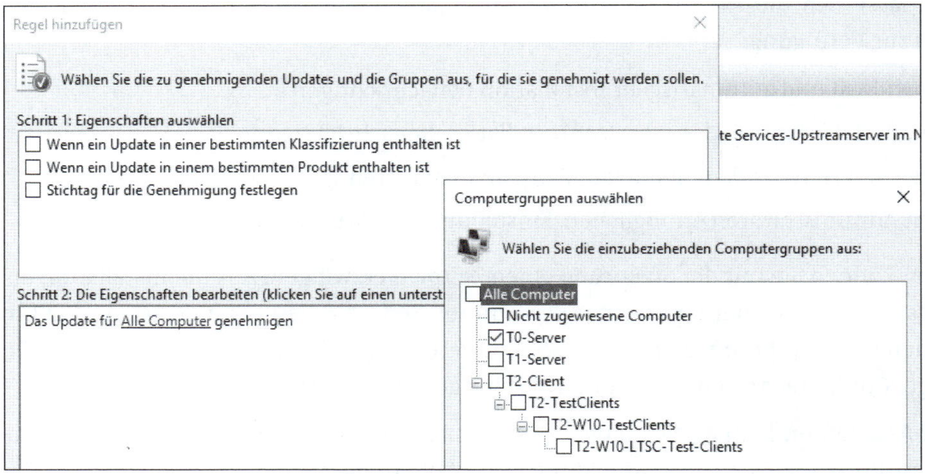

Abbildung 17.31 Regel-Assistent für die automatische Genehmigung

Die Kombination aus Genehmigung und Installationszeitpunkt gibt Ihnen die notwendige Flexibilität, um Zeitpläne für alle Computer umzusetzen.

Wir empfehlen Ihnen allerdings, die Update-Freigabe im WSUS relativ simpel zu halten, um nicht den Überblick zu verlieren, und die Installationssteuerung über die automatische Update-Konfiguration in der GPO durchzuführen.

Außerdem sind in der automatischen Genehmigung einige Sonderfälle für Updates enthalten (siehe Abbildung 17.32). Darunter fallen Updates für den WSUS selbst, die automatisch freigegeben werden sollten, da diese in der Regel die Funktionalität des WSUS betreffen und weil deren fehlende Genehmigung in Kombination mit anderen Updates zu Fehlern führen kann. Zum anderen gehören sogenannte *Revisionen* ebenfalls zu den Sonderfällen.

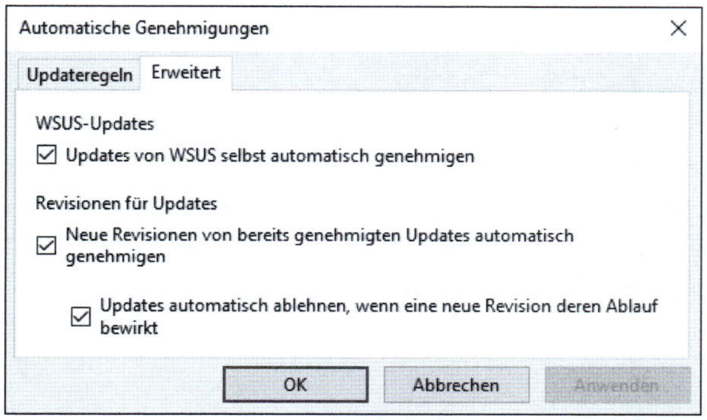

Abbildung 17.32 Erweiterte Einstellungen der »Automatischen Genehmigungen«

Revisionen sind Patches aller Art, bei denen eine nicht maßgebliche Kleinigkeit geändert wurde, beispielsweise die Art und Weise, wie diese vom Computer erkannt werden. Wenn diese Revisionssteuerung nicht dem Automatismus unterliegt, ist eine tägliche Kontrolle von Updates notwendig, da die Revisionen sich nicht an die Zeitpläne (Dienstage mit Veröffentlichung) halten.

Computer

Computer und Computergruppen, die in der Konsole sichtbar werden oder in automatischen Genehmigungen verwendet werden, sind das einzige Gruppierungselement in WSUS (siehe Abbildung 17.33). Dynamische Zuweisungen (z. B. auf Basis des Betriebssystems) oder Mitgliedschaften in mehreren Gruppen werden nicht unterstützt.

WSUS bietet die Möglichkeit, die Gruppenzuordnung manuell durchzuführen. Wenn Sie eine WSUS-Umgebung zum Testen aufbauen, wird dies eine denkbare Lösung sein. In einer WSUS-Umgebung, die einige Hundert Computer mit Updates versorgen soll, ist eine manuelle Zuordnung jedoch undenkbar.

Keine Kombination möglich

Sie müssen sich entscheiden, wie Sie Ihre Computer zuordnen wollen. Eine Kombination aus beiden Methoden ist nicht möglich.

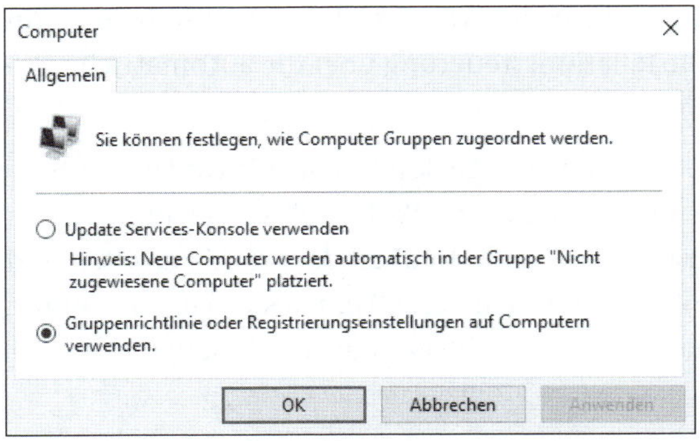
Computer
Allgemein
Sie können festlegen, wie Computer Gruppen zugeordnet werden.
Update Services-Konsole verwenden
Hinweis: Neue Computer werden automatisch in der Gruppe "Nicht zugewiesene Computer" platziert.
Gruppenrichtlinie oder Registrierungseinstellungen auf Computern verwenden.
OK
Abbrechen
Anwenden

Abbildung 17.33 Einstellung für die Computergruppenzuordnung

Für die Zuweisung mittels einer Gruppenrichtlinie müssen Sie die Clientseitige Zielzuordnung aktivieren (siehe Abbildung 17.34). Tragen Sie in identischer Schreibweise die Zielgruppe ein, und stellen Sie die Option in WSUS auf Gruppenrichtlinie oder Registrierungseinstellungen auf Computern verwenden (siehe Abbildung 17.33).

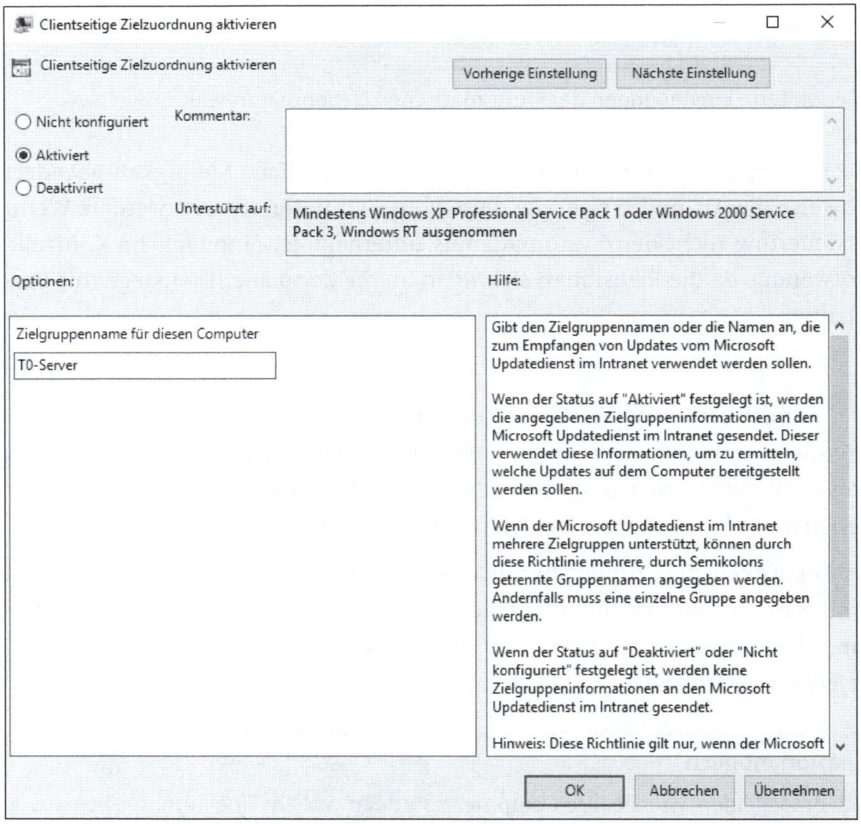
Clientseitige Zielzuordnung aktivieren
Clientseitige Zielzuordnung aktivieren
Vorherige Einstellung
Nächste Einstellung
Nicht konfiguriert
Aktiviert
Deaktiviert
Kommentar:
Unterstützt auf:
Mindestens Windows XP Professional Service Pack 1 oder Windows 2000 Service Pack 3, Windows RT ausgenommen
Optionen:
Hilfe:
Zielgruppenname für diesen Computer
T0-Server
Gibt den Zielgruppennamen oder die Namen an, die zum Empfangen von Updates vom Microsoft Updatedienst im Intranet verwendet werden sollen.
Wenn der Status auf "Aktiviert" festgelegt ist, werden die angegebenen Zielgruppeninformationen an den Microsoft Updatedienst im Intranet gesendet. Dieser verwendet diese Informationen, um zu ermitteln, welche Updates auf dem Computer bereitgestellt werden sollen.
Wenn der Microsoft Updatedienst im Intranet mehrere Zielgruppen unterstützt, können durch diese Richtlinie mehrere, durch Semikolons getrennte Gruppennamen angegeben werden. Andernfalls muss eine einzelne Gruppe angegeben werden.
Wenn der Status auf "Deaktiviert" oder "Nicht konfiguriert" festgelegt ist, werden keine Zielgruppeninformationen an den Microsoft Updatedienst im Intranet gesendet.
Hinweis: Diese Richtlinie gilt nur, wenn der Microsoft
OK
Abbrechen
Übernehmen

Abbildung 17.34 Clientseitige Zielzuordnung

Halten Sie die Anzahl der zu erstellenden GPOs mit den verschiedenen Varianten so gering wie möglich, und verwenden Sie nur sehr grobe Gruppierungen.

Serverbereinigung

Da WSUS laufend neue Updates erhält, ist es offensichtlich, dass ältere Updates zu einem bestimmten Zeitpunkt nicht mehr benötigt werden. Die *Serverbereinigung* (siehe Abbildung 17.35) sorgt dafür, dass eben diese Updates aus der Datenbank und dem Repository entfernt werden. Außerdem könnten Computer, die seit vielen Tagen keine Verbindung mehr mit dem Server hergestellt haben, nicht mehr in Verwendung sein. All diese Varianten können mit der WSUS-Serverbereinigung abgedeckt werden, um den Speicherplatz wieder freizugeben.

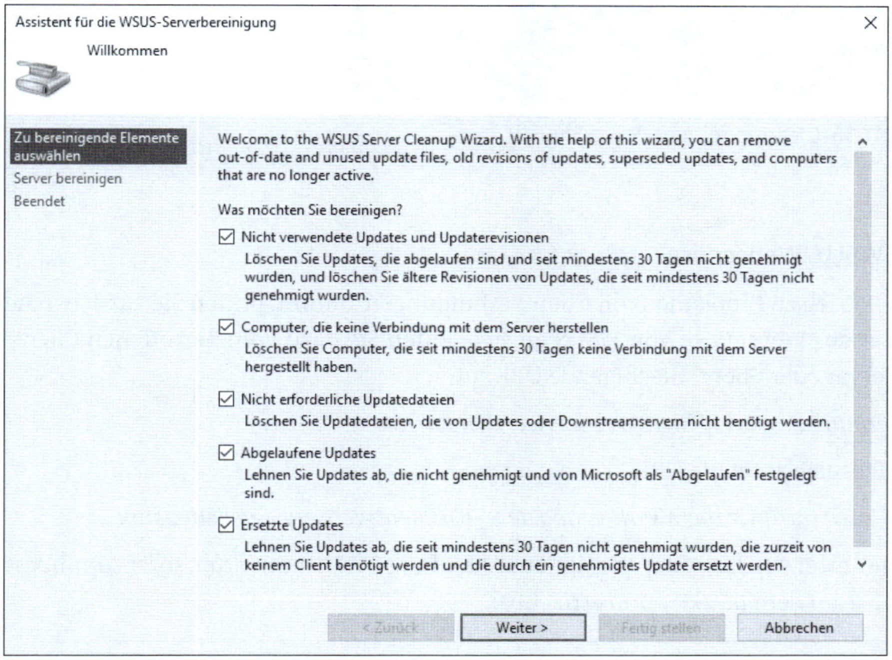
Assistent für die WSUS-Serverbereinigung
Willkommen
Zu bereinigende Elemente auswählen
Server bereinigen
Beendet
Welcome to the WSUS Server Cleanup Wizard. With the help of this wizard, you can remove out-of-date and unused update files, old revisions of updates, superseded updates, and computers that are no longer active.
Was möchten Sie bereinigen?
Nicht verwendete Updates und Updaterevisionen
Löschen Sie Updates, die abgelaufen sind und seit mindestens 30 Tagen nicht genehmigt wurden, und löschen Sie ältere Revisionen von Updates, die seit mindestens 30 Tagen nicht genehmigt wurden.
Computer, die keine Verbindung mit dem Server herstellen
Löschen Sie Computer, die seit mindestens 30 Tagen keine Verbindung mit dem Server hergestellt haben.
Nicht erforderliche Updatedateien
Löschen Sie Updatedateien, die von Updates oder Downstreamservern nicht benötigt werden.
Abgelaufene Updates
Lehnen Sie Updates ab, die nicht genehmigt und von Microsoft als "Abgelaufen" festgelegt sind.
Ersetzte Updates
Lehnen Sie Updates ab, die seit mindestens 30 Tagen nicht genehmigt wurden, die zurzeit von keinem Client benötigt werden und die durch ein genehmigtes Update ersetzt werden.
< Zurück
Weiter >
Fertig stellen
Abbrechen

Abbildung 17.35 Der Serverbereinigungsassistent

Je nach Umfang kann dieser Vorgang eine längere Zeit in Anspruch nehmen. Führen Sie die WSUS-Serverbereinigung daher regelmäßig durch.

WSUS-Cleanup mit der PowerShell

Das CMDlet `Invoke-WsusServerCleanup` ermöglicht die Server-Bereinigung per PowerShell:

```
Invoke-WsusServerCleanup
 [-UpdateServer <IUpdateServer>]
 [-CleanupObsoleteComputers]
 [-CleanupObsoleteUpdates]
```

```
[-CleanupUnneededContentFiles]
[-CompressUpdates]
[-DeclineExpiredUpdates]
[-DeclineSupersededUpdates]
[-WhatIf]
[-Confirm]
```

Erstellen Sie eine automatisierte Aufgabe in der Aufgabenplanung, um die Serverbereinigung regelmäßig durchzuführen. Die Ausführung per PowerShell gibt auch eine Rückmeldung, wie viele Objekte in den verschiedenen Kategorien gelöscht wurden (siehe Abbildung 17.36).

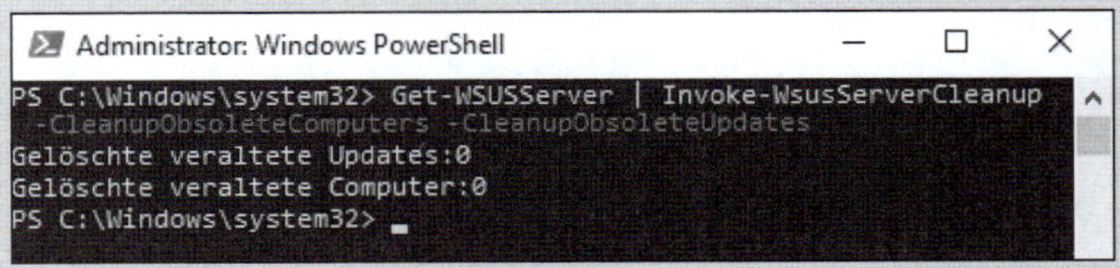
Administrator: Windows PowerShell
PS C:\Windows\system32> Get-WSUSServer | Invoke-WsusServerCleanup
-CleanupObsoleteComputers -CleanupObsoleteUpdates
Gelöschte veraltete Updates:0
Gelöschte veraltete Computer:0
PS C:\Windows\system32>

Abbildung 17.36 Cleanup mit der PowerShell

17.4.2 Der WSUS-Webservice

Wenn es im Betrieb zu Problemen mit Clientverbindungen kommt, prüfen Sie zunächst die Funktionalität des Webservice von WSUS an sich. Rufen Sie dazu vom betroffenen Clientcomputer (Server oder Client) die folgende URL auf:

http://<servername>:<port>/ClientWebService/client.asmx

In unserem Beispiel lautet die URL:

http://w2k19-us01.intranet.rheinwerk-verlag.de:8530/ClientWebService/client.asmx

Wird diese URL erfolgreich mit der Anzeige aus Abbildung 17.37 beantwortet, so ist zumindest der Webservice auf dem IIS aktiv und erreichbar.

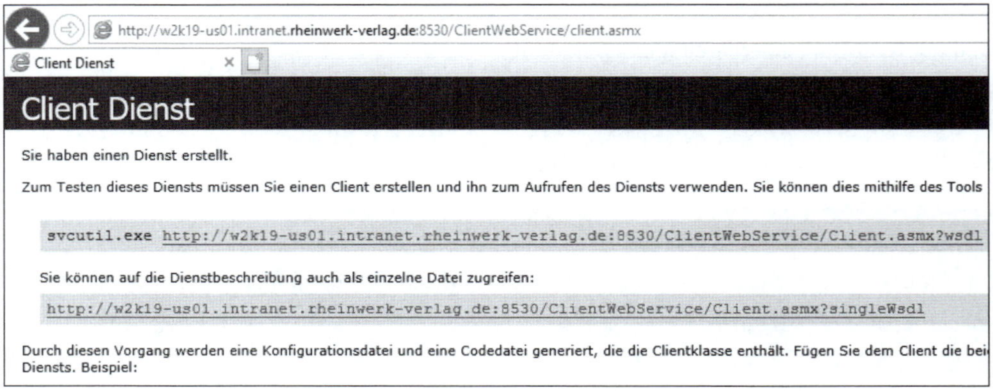
http://w2k19-us01.intranet.rheinwerk-verlag.de:8530/ClientWebService/client.asmx
Client Dienst
Client Dienst
Sie haben einen Dienst erstellt.
Zum Testen dieses Diensts müssen Sie einen Client erstellen und ihn zum Aufrufen des Diensts verwenden. Sie können dies mithilfe des Tools
svcutil.exe http://w2k19-us01.intranet.rheinwerk-verlag.de:8530/ClientWebService/Client.asmx?wsdl
Sie können auf die Dienstbeschreibung auch als einzelne Datei zugreifen:
http://w2k19-us01.intranet.rheinwerk-verlag.de:8530/ClientWebService/Client.asmx?singleWsdl
Durch diesen Vorgang werden eine Konfigurationsdatei und eine Codedatei generiert, die die Clientklasse enthält. Fügen Sie dem Client die bei
Diensts. Beispiel:

Abbildung 17.37 Client-Webservice auf dem WSUS-Server

Der WSUS-Webservice entspricht im weitesten Sinne auch dem Microsoft Update-Webdienst, den die Clients verwenden, die eine Online-Update-Funktionalität nutzen. Es ist sehr unwahrscheinlich, dass es am Client liegt, wenn Online-Updates erfolgreich funktionieren, aber lokale Updates von WSUS nicht möglich sind.

17.4.3 Updates freigeben

Unter dem Knoten UPDATES lassen sich z. B. alle nicht genehmigten, aber erforderlichen Updates anzeigen. Diese können Sie mit einem Rechtsklick auf GENEHMIGEN im dann erscheinenden Fenster UPDATES GENEHMIGEN für die Installation freigeben (siehe Abbildung 17.38).

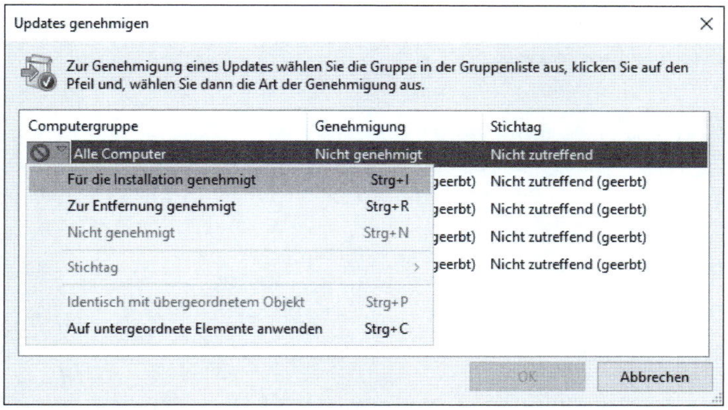

Abbildung 17.38 Updates genehmigen

Dies kann für die virtuelle ALLE COMPUTER-Gruppe oder für einzelne Computergruppen geschehen. Hier wird deutlich, dass eine manuelle Genehmigung die Ausnahme bleiben sollte, da dies ein sehr aufwendiger Prozess ist.

Je nach Größe der WSUS-Datenbank kann von der Genehmigung bis zum Download des Updates einige Zeit vergehen. Standard ist, dass Updates erst nach der Genehmigung heruntergeladen werden. Dies können Sie unter UPDATEDATEIEN UND -SPRACHEN konfigurieren (siehe Abbildung 17.39). Außerdem lassen sich hier die sogenannten SCHNELLINSTALLATIONSDATEIEN aktivieren. Diese sorgen dafür, dass die Clients weniger Downloadumfang vom WSUS-Server haben, führen allerdings auch dazu, dass deutlich mehr Updatedateien auf dem WSUS-Server vorgehalten werden.

Die Option UPDATEDATEIEN NICHT LOKAL SPEICHERN kann in Szenarien, in denen viele Außendienstmitarbeiter aktiv sind, eine attraktive Lösung sein, da sonst die Internetleitung des Unternehmens massiv belastet wird, wenn eventuell Hunderte Clients die Windows Updates über eine VPN-Verbindung herunterladen. Für Server, die keine oder nur sehr eingeschränkte Internetverbindungen haben, ist dies nicht die präferierte Lösung. Wenn zwei unterschiedliche Arten der Bereitstellung erfolgen sollen, ist ein zweiter WSUS-Server nicht zu vermeiden.

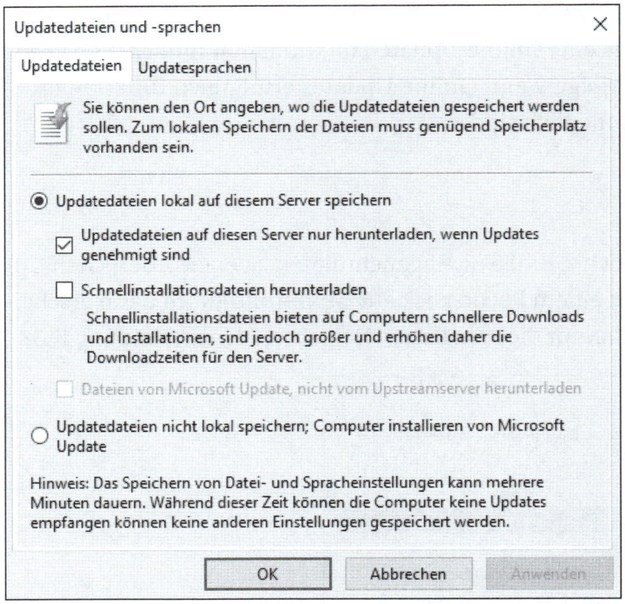

Abbildung 17.39 Updatedateien und -sprachen

17.4.4 Computer-Reports

Unter ALLE COMPUTER (und in den jeweiligen Computergruppen) können Sie den Installationsstand der Computer überwachen. Dieser wird in Prozent ausgedrückt und in einem Kuchendiagramm dargestellt (siehe Abbildung 17.40).

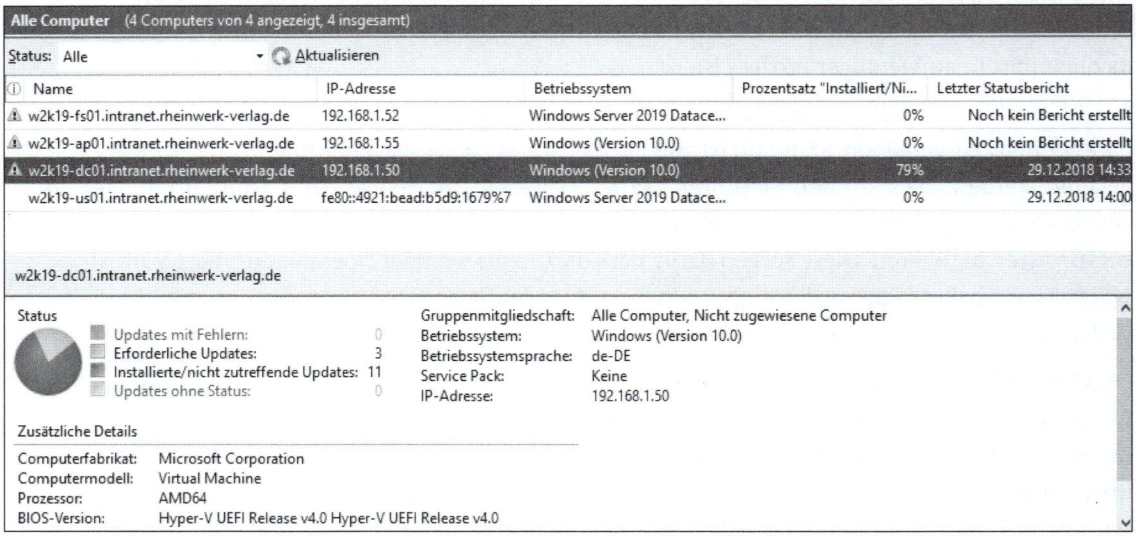

Abbildung 17.40 Computerübersicht mit Status

Außerdem sehen Sie, wann der letzte Statusbericht an den WSUS-Server gesendet wurde. Dies ist relevant, da diese Berichte nur circa einmal pro Tag erfolgen (alle 22 Stunden bei der Standardeinstellung in Korrelation mit der Suche) und daher die Information auf dem WSUS-Server nicht aktuell sein kann.

Führen Sie das Kommando `wuauclt /reportnow` auf dem Computer aus, um einen neuen Report an den WSUS-Server zu senden. Beachten Sie, dass dies kein Kommando ist, das unverzüglich zur Generierung und zum Upload führt, sondern dass einige Minuten vergehen können.

Wenn Sie im Detailfenster auf ERFORDERLICHE UPDATES klicken, öffnet sich nach der Installation der Komponente *Report Viewer* und der CTL-Typen das Reporting für den ausgewählten Computer (siehe Abbildung 17.41).

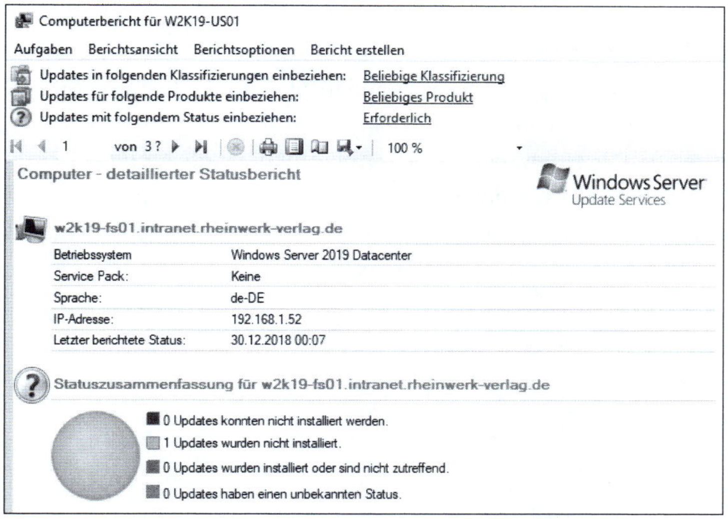

Abbildung 17.41 Detailreporting für den Computer »w2k19-fs01«

In diesem detaillierten Bericht sehen Sie auf der ersten Seite das Serverbetriebssystem sowie die Sprache und die IP-Adresse. Das Kuchendiagramm zeigt, dass 1 UPDATE nicht installiert wurde.

Der Titel des Fensters ist leider irreführend: Da es sich bei *W2K19-US01* um den WSUS-Server handelt, wird dort immer COMPUTERBERICHT FÜR W2K19-US01 angezeigt. Den tatsächlichen Namen des Computers finden Sie weiter unten im Fenster neben dem Computersymbol und noch einmal neben STATUSZUSAMMENFASSUNG.

Der Wechsel auf Seite 2 zeigt, welches Update tatsächlich fehlt (siehe Abbildung 17.42). In dieser Darstellung erkennen Sie, dass das Update zur Installation freigegeben wird (GENEHMIGUNG steht auf INSTALLIEREN), der Status aber NICHT INSTALLIERT ist. Es gibt keinen Grund, warum das Update nicht installiert ist – es sei denn, der Computer wurde eventuell nicht für automatische Installationen freigegeben. Kontrollieren Sie daher die Freigabe auf dem Server, und stoßen Sie Windows Update erneut an.

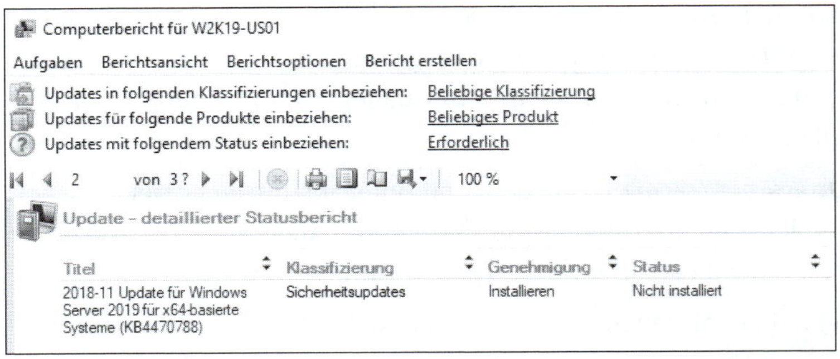
Computerbericht für W2K19-US01
Aufgaben
Berichtsansicht
Berichtsoptionen
Bericht erstellen
Updates in folgenden Klassifizierungen einbeziehen:
Beliebige Klassifizierung
Updates für folgende Produkte einbeziehen:
Beliebiges Produkt
Updates mit folgendem Status einbeziehen:
Erforderlich
2
von 3 ?
100 %
Update - detaillierter Statusbericht
Titel
Klassifizierung
Genehmigung
Status
2018-11 Update für Windows Server 2019 für x64-basierte Systeme (KB4470788)
Sicherheitsupdates
Installieren
Nicht installiert

Abbildung 17.42 Detailseite 2 des Computers »w2k19-fs01«

17.4.5 Erstellen von zeitgesteuerten Update-Phasen

Zu Beginn des Kapitels haben wir Ihnen empfohlen, einen Ablaufplan für die Installation von Updates technisch und organisatorisch sicherzustellen. Organisatorisch können wir Ihnen an dieser Stelle nicht weiterhelfen. Für einen technischen Ablaufplan ist die *Gruppenrichtlinienverwaltung* notwendig. Innerhalb der Windows-Komponente WINDOWS UPDATE ist die EINSTELLUNG AUTOMATISCHE UPDATES KONFIGURIEREN entscheidend. Dabei ist die Option 4 AUTOMATISCH HERUNTERLADEN UND NACH ZEITPLAN INSTALLIEREN maßgeblich (siehe Abbildung 17.43).

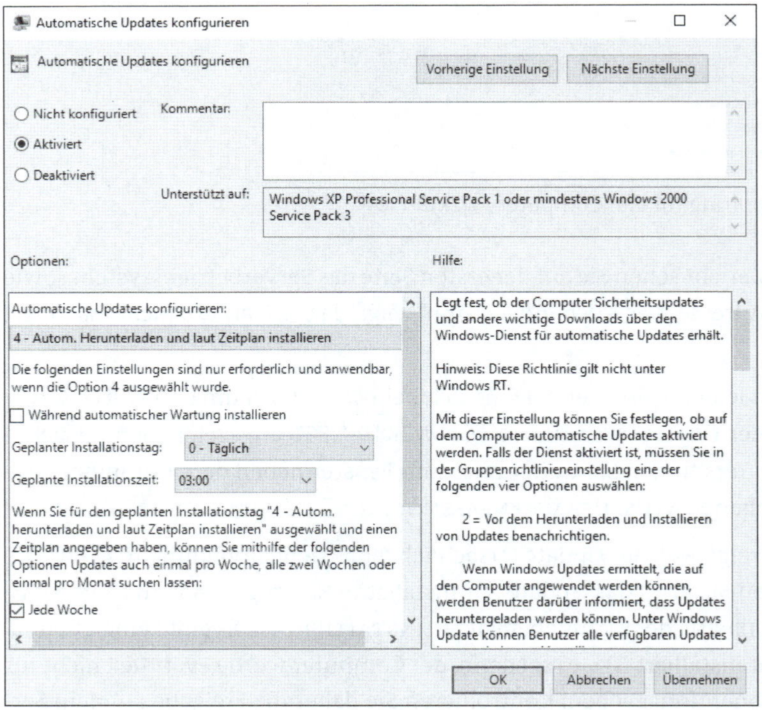
Automatische Updates konfigurieren
Automatische Updates konfigurieren
Vorherige Einstellung
Nächste Einstellung
Nicht konfiguriert
Aktiviert
Deaktiviert
Kommentar:
Unterstützt auf:
Windows XP Professional Service Pack 1 oder mindestens Windows 2000 Service Pack 3
Optionen:
Hilfe:
Automatische Updates konfigurieren:
4 - Autom. Herunterladen und laut Zeitplan installieren
Die folgenden Einstellungen sind nur erforderlich und anwendbar, wenn die Option 4 ausgewählt wurde.
Während automatischer Wartung installieren
Geplanter Installationstag:
0 - Täglich
Geplante Installationszeit:
03:00
Wenn Sie für den geplanten Installationstag "4 - Autom. herunterladen und laut Zeitplan installieren" ausgewählt und einen Zeitplan angegeben haben, können Sie mithilfe der folgenden Optionen Updates auch einmal pro Woche, alle zwei Wochen oder einmal pro Monat suchen lassen:
Jede Woche
Legt fest, ob der Computer Sicherheitsupdates und andere wichtige Downloads über den Windows-Dienst für automatische Updates erhält.
Hinweis: Diese Richtlinie gilt nicht unter Windows RT.
Mit dieser Einstellung können Sie festlegen, ob auf dem Computer automatische Updates aktiviert werden. Falls der Dienst aktiviert ist, müssen Sie in der Gruppenrichtlinieneinstellung eine der folgenden vier Optionen auswählen:
2 = Vor dem Herunterladen und Installieren von Updates benachrichtigen.
Wenn Windows Updates ermittelt, die auf den Computer angewendet werden können, werden Benutzer darüber informiert, dass Updates heruntergeladen werden können. Unter Windows Update können Benutzer alle verfügbaren Updates
OK
Abbrechen
Übernehmen

Abbildung 17.43 Automatische Updates konfigurieren in der GPO

Diese ist die Basis dafür, dass automatisiert und ohne Ihr Zutun die Installationen der Updates durchgeführt werden.

Wenn Sie den Installationstag auf einen anderen Wert als 0 - TÄGLICH einstellen, können Sie mehrere Gruppenrichtlinien für unterschiedliche Tage erzeugen. Sollten Sie detaillierter vorgehen wollen, können Sie auch unterschiedliche Zeiten wählen.

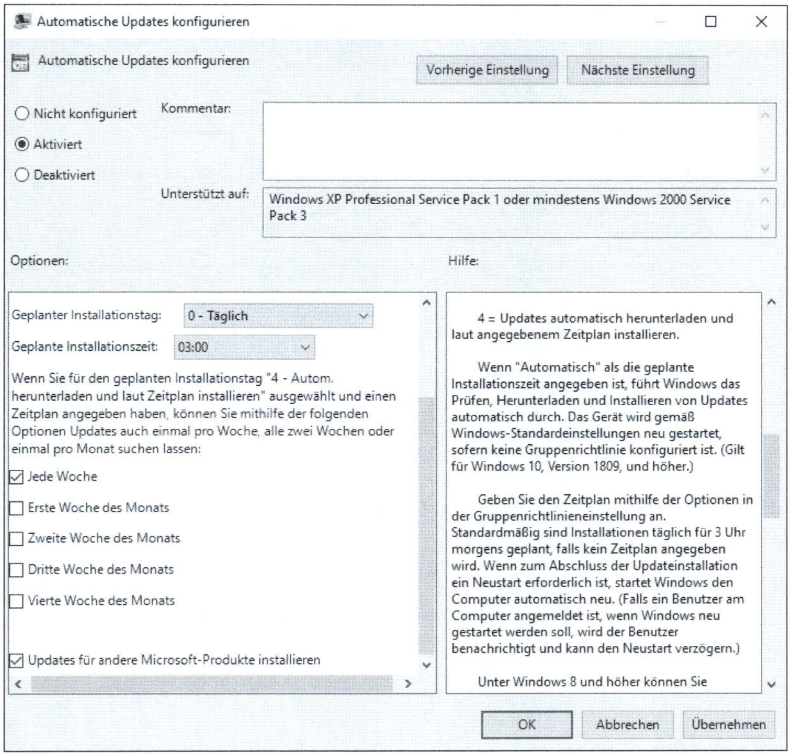

Automatische Updates konfigurieren
Automatische Updates konfigurieren
Vorherige Einstellung
Nächste Einstellung
Nicht konfiguriert
Aktiviert
Deaktiviert
Kommentar:
Unterstützt auf:
Windows XP Professional Service Pack 1 oder mindestens Windows 2000 Service Pack 3
Optionen:
Hilfe:
Geplanter Installationstag:
0 - Täglich
Geplante Installationszeit:
03:00
Wenn Sie für den geplanten Installationstag "4 - Autom. herunterladen und laut Zeitplan installieren" ausgewählt und einen Zeitplan angegeben haben, können Sie mithilfe der folgenden Optionen Updates auch einmal pro Woche, alle zwei Wochen oder einmal pro Monat suchen lassen:
Jede Woche
Erste Woche des Monats
Zweite Woche des Monats
Dritte Woche des Monats
Vierte Woche des Monats
Updates für andere Microsoft-Produkte installieren
4 = Updates automatisch herunterladen und laut angegebenem Zeitplan installieren.
Wenn "Automatisch" als die geplante Installationszeit angegeben ist, führt Windows das Prüfen, Herunterladen und Installieren von Updates automatisch durch. Das Gerät wird gemäß Windows-Standardeinstellungen neu gestartet, sofern keine Gruppenrichtlinie konfiguriert ist. (Gilt für Windows 10, Version 1809, und höher.)
Geben Sie den Zeitplan mithilfe der Optionen in der Gruppenrichtlinieneinstellung an. Standardmäßig sind Installationen täglich für 3 Uhr morgens geplant, falls kein Zeitplan angegeben wird. Wenn zum Abschluss der Updateinstallation ein Neustart erforderlich ist, startet Windows den Computer automatisch neu. (Falls ein Benutzer am Computer angemeldet ist, wenn Windows neu gestartet werden soll, wird der Benutzer benachrichtigt und kann den Neustart verzögern.)
Unter Windows 8 und höher können Sie
OK
Abbrechen
Übernehmen

Abbildung 17.44 Wochensteuerung

Analog zu einem Serientermin können Sie sogar die Woche wählen, in der Updates durchgeführt werden (siehe Abbildung 17.44). Da der Patch Day, also der zweite Dienstag des Monats, mal früher (frühestens am 8. eines Monats) oder später (spätestens am 14. eines Monats) stattfindet, empfehlen wir Ihnen, zumindest zwei Wochen auszuwählen. Diese Einstellungen werden in der Gruppenrichtlinie konfiguriert und in der Registry sichtbar.

Definitionsupdates über WSUS

Sorgen Sie durch eine entsprechende Freigabesteuerung für eine mehrfach tägliche Updatesuche und -installation, sobald Sie Definitionsupdates (wie z. B. für *Defender*) über WSUS verteilen. Defender-Definitionsupdates werden ohne Neustart installiert. Achten Sie darauf, dass Sie die automatische Installation konfigurieren.

Ein einfaches Konfigurationsbeispiel ist die Erstellung zweier Phasen, bei denen der einzige Unterschied der jeweilige INSTALLATIONSTAG ist. Abbildung 17.45 zeigt die zweite Update-Phase.

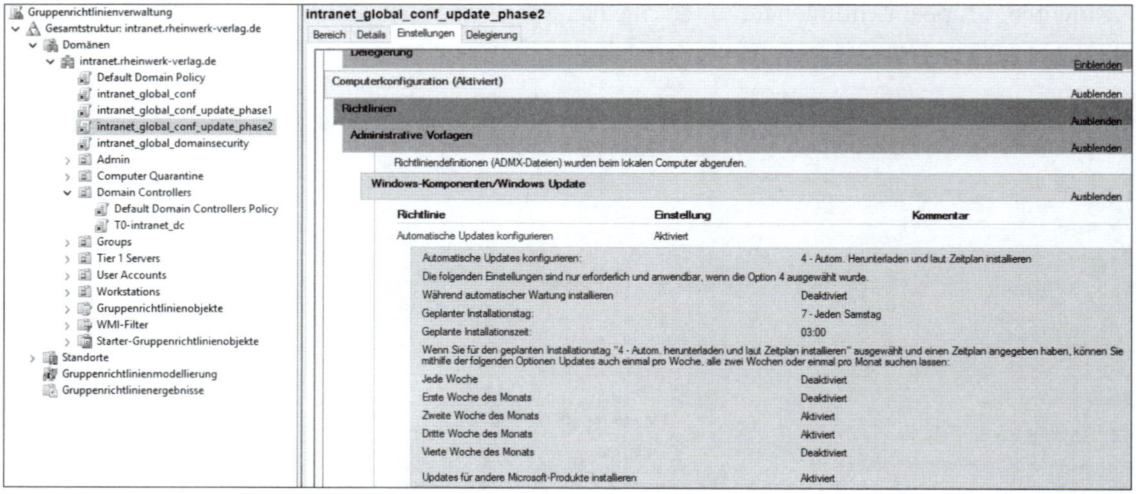

Abbildung 17.45 Gruppenrichtlinie für die zweite Update-Phase

Um zu entscheiden, welche Phase für den jeweiligen Computer relevant ist, können Sie die Sicherheitsfilterung für die Gruppenrichtlinie aktivieren. Dazu müssen Sie eine Sicherheitsgruppe im Active Directory anlegen (siehe Abbildung 17.46). Diese Sicherheitsgruppe können Sie für die Sicherheitsfilterung auswählen. Alle Computer, die in der Gruppe sind, erhalten die damit verbundenen Einstellungen.

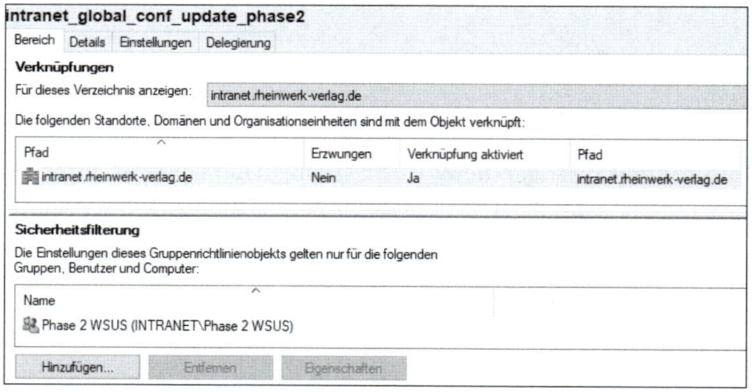

Abbildung 17.46 Phase-2-Computer sind Teil der Active Directory-Computergruppe »Phase 2 WSUS«.

Die in Phase 1 gesetzten Einstellungen lassen sich auch in der Registry verifizieren. Unterhalb von *HKEY_LOCAL_MACHINE\SOFTWARE\Policies\Microsoft\Windows\WindowsUpdate\AU* finden sich die entsprechenden Einstellungen (siehe Abbildung 17.47).

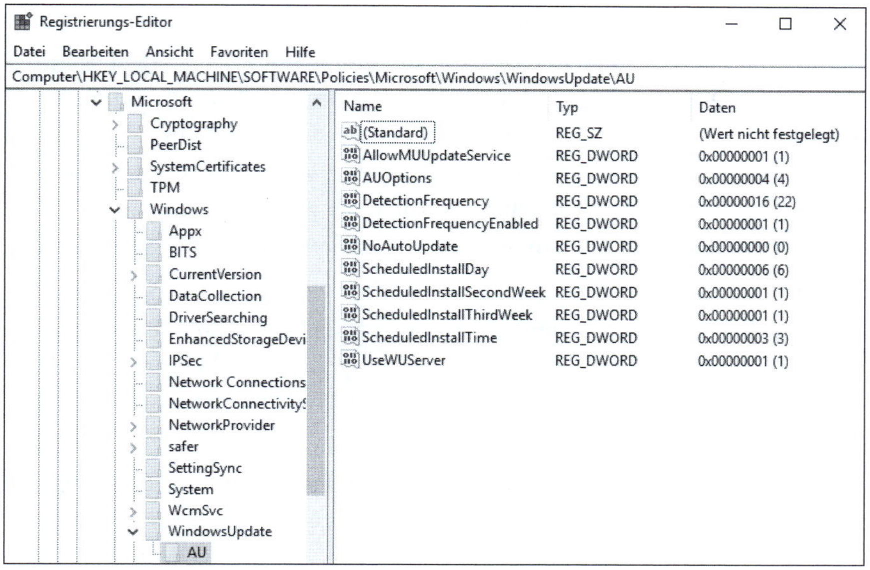

Abbildung 17.47 Registry der automatischen Update-Konfiguration

`AUOptions` steht auf `4` (d. h. automatischer Download und Installation), `ScheduledInstallDay` steht auf `6` (d. h. Freitag), und die Updates werden in der zweiten und dritten Woche installiert beziehungsweise heruntergeladen (`ScheduledInstallSecondWeek` und `ScheduledInstall-ThirdWeek` stehen auf `1`).

Dieses Konzept funktioniert, wenn folgende Gruppenrichtlinien erstellt sind:

- Generelle Gruppenrichtlinien mit den Einstellungen zum WSUS-Server werden auf alle Computer angewendet.
- Auf einzelne Gruppen beschränkte Gruppenrichtlinien mit der Zeitsteuerung werden auf einzelne Computer mit dem entsprechenden Zeitplan für die Installation angewendet.

Registry bei lokal verwalteten Einstellungen ohne Gruppenrichtlinie

Die identischen Pfade müssen Sie auch verwenden, wenn Sie das Verhalten eines lokalen Servers ohne Domänenbeitritt konfigurieren wollen. Dazu legen Sie die entsprechenden Schlüssel manuell unterhalb von *Policies\Microsoft\Windows\WindowsUpdate\AU* an. Nutzen Sie dazu `gpedit.msc`.

Empfehlung: Exportieren Sie die Einstellungen von einem ähnlich konfigurierten Computer über die Exportfunktion des Registrierungseditors, und führen Sie manuelle Anpassungen durch, beispielsweise des Wochentags, sofern dies notwendig ist.

Weitere Informationen dazu finden Sie unter:

https://docs.microsoft.com/de-de/security-updates/windowsupdateservices/21669493

17.4.6 Vom Netzwerk getrennte WSUS-Server

Bevor Sie Metadaten und Updates in einem Szenario mit einem vom Netzwerk getrennten WSUS-Server exportieren, müssen Sie beachten, dass der Server, der die Updates und Metadaten exportiert bzw. importiert, für die Dauer des Export- bzw. Importvorgangs anderen Clients nicht zur Verfügung steht. Der WSUS-Update-Service wird heruntergefahren und kann so für mehrere Stunden nicht verwendet werden. In einer großen Umgebung raten wir Ihnen davon ab, einen produktiven, mit dem Internet verbundenen WSUS-Server als Export-Server zu definieren.

Außerdem müssen Sie die Einstellungen der beiden Server abgleichen. Dazu gehören vor allem die Einstellungen für Express-Installationsdateien und Update-Sprachen. Die Einstellungen für Proxyserver, den Download-Zeitplan und Produkte bzw. Produktklassifizierungen müssen nicht übereinstimmen.

Die Verwendung von verzögerten Downloads hat keinen direkten Einfluss auf den Importserver, allerdings müssen Sie Updates in diesem Fall erst freigeben, bevor Sie diese auf einen Importserver migrieren können.

Zudem muss der durchführende Benutzer Mitglied der Gruppe der lokalen Administratoren sein. Die angesprochenen Einstellungen lassen sich in der WSUS-Konsole verifizieren. Diese können Sie wie folgt öffnen: WINDOWS-VERWALTUNGSPROGRAMME • WINDOWS SERVER UPDATE SERVICES (WSUS) (siehe Abbildung 17.48).

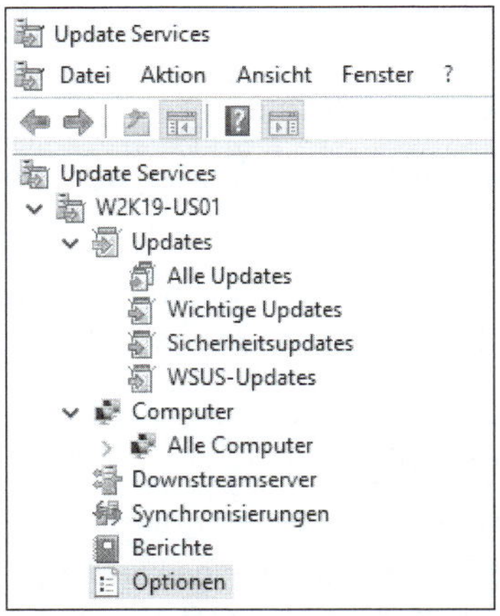

Abbildung 17.48 Menübaum der WSUS-Update-Konsole

Export von Metadaten und Updates

Der Export von Metadaten und Updates stellt den ersten Schritt des Abgleichs mit einem vom Netzwerk getrennten WSUS-Server dar. Mit dem Befehl

```
wsusutil.exe export <Zielarchiv> <LogFile>
```

führen Sie den Export aus (siehe Abbildung 17.49).

Das Tool `wsusutil` finden Sie unter *%programdata%\Update Services\Tools*; der Aufruf lautet dann beispielsweise:

```
wsusutil.exe export C:\export\export.cab C:\export\export.log
```

Der Vorgang dauert je nach Datenbankgröße einige Minuten bis mehrere Stunden. Führen Sie ihn daher am besten auf einem Server aus, den Sie nicht dringend benötigen, da der WSUS-Dienst während des Exportvorgangs gestoppt wird.

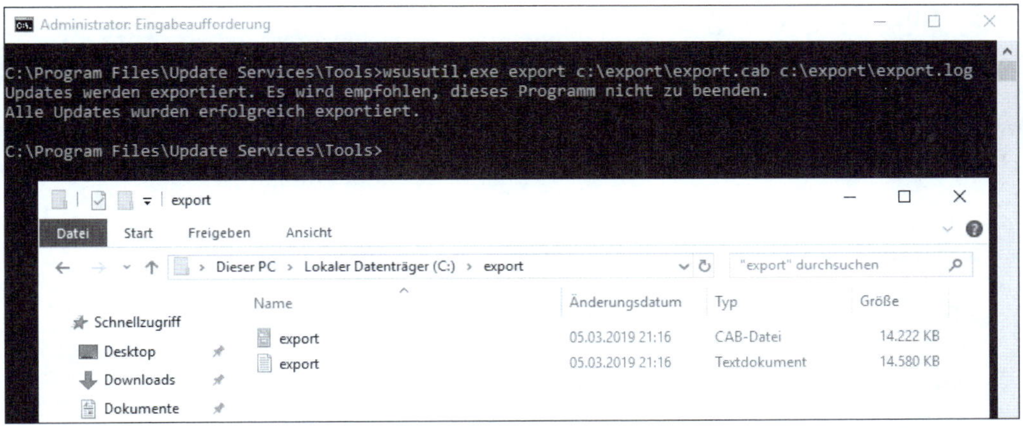

Abbildung 17.49 Export von Metadaten und Logfiles für einen vom Netzwerk getrennten WSUS-Server

Anschließend müssen Sie die Daten an das entsprechende Ziel kopieren oder vom Export-Verzeichnis aus zugreifbar machen (z. B. über eine Netzwerkfreigabe).

Import von Metadaten und Updates

Führen Sie den Import der Metadaten und Updates nach dem gleichen Muster durch:

```
wsusutil.exe export <Zielarchiv> <LogFile>
```

Der WSUS-Dienst wird am Ende des Imports automatisch wieder gestartet.

17.4.7 Verschieben des WSUS-Repositorys

Für das Verschieben eines WSUS-Repositorys benötigen Sie das Kommandozeilen-Tool `wsusutil.exe`. Dieses finden Sie im Pfad der WSUS-Installation (in der Regel in *C:\Programme\Update Services\Tools*). Das Tool muss in einer Kommandozeile mit Administratorrechten ausgeführt werden:

```
wsusutil.exe movecontent <Inhaltspfad> <Logdatei> [-skipcopy]
```

Wenn Sie also von *C:\Repository* auf *D:\Repository* umziehen möchten, ist der Pfad wie folgt:

```
wsusutil.exe movecontent D:\Repository D:\Repository\Logdatei [-skipcopy]
```

Wenn die administrativen Berechtigungen nicht vorhanden sind oder wenn der Zielpfad nicht existiert, erhalten Sie eine Fehlermeldung. Nach einem erfolgreichen Verschieben des Inhalts wird dies auch quittiert. Anschließend befinden sich alle Updates und deren Informationen an einer neuen Stelle. Die Windows-interne Datenbank bleibt am ursprünglichen Ort. Sie kann nicht über einen einfachen Kommandozeilenbefehl verschoben werden.

17.5 Automatisierung

17.5.1 E-Mail-Benachrichtigungen

WSUS unterstützt den Versand von E-Mails, die Sie informieren, wenn neue Updates synchronisiert werden und Sie eine Statusübersicht benötigen (siehe Abbildung 17.50).

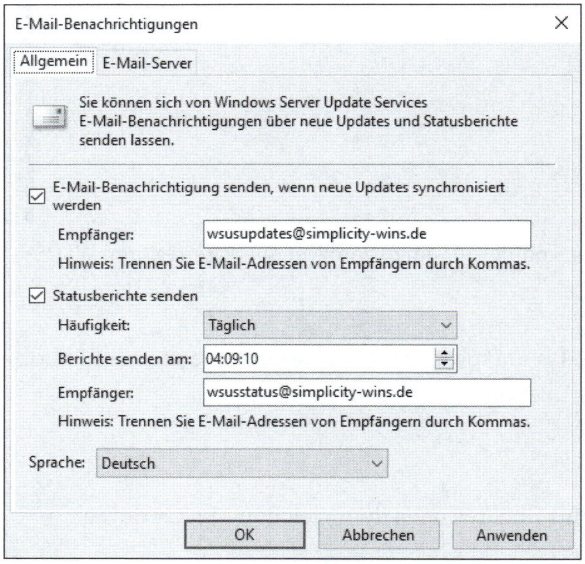

Abbildung 17.50 E-Mail-Benachrichtigungsoptionen

Wichtig ist, dass Sie neben der Konfiguration auf dem Reiter ALLGEMEIN auch auf dem Reiter E-MAIL-SERVER einen E-Mail-Server eintragen, der die Annahme von E-Mails unterstützt. Bei den Empfängern können Sie mehrere Adressen hinterlegen. E-Mails können Sie ausschließlich in einer Sprache versenden; eine Steuerung pro Empfänger ist nicht möglich.

17.5.2 Installation und Konfiguration mit der PowerShell

Das Beispiel aus Listing 17.1 zeigt Ihnen alternativ zur Installation über den Rollenassistenten die Installation und Konfiguration von WSUS mittels eines PowerShell-Skripts:

```
# Automatisierte Installation und Konfiguration eines WSUS-Servers
# Setzen von Variablen
$WSUSRepository = "D:\WSUSData"
$WSUSSprachen = "en","de"

# Prüfen, ob die Voraussetzungen erfüllt sind
if ((Install-WindowsFeature UpdateServices -IncludeManagementTools -WhatIf).success `
  -eq $true)
    {
        Write-Host "Voraussetzungen für WSUS sind erfüllt, die Rolle wird nun
         installiert"
        Install-WindowsFeature UpdateServices -IncludeManagementTools
    }
    else
    {
        return "Installation wird abgebrochen, Voraussetzungen prüfen!"
    }

# Prüfen, ob Verzeichnis vorhanden
if ((Test-Path  $WSUSRepository -eq $true)
    {
        Write-Host "WSUS-Repository-Verzeichnis bereits vorhanden"
    }
    else
    {   Write-Host "WSUS-Repository-Verzeichnis nicht vorhanden, wird erstellt"
        New-Item $WSUSRepository -ItemType Directory -Force | Out-Null
    }

# Festlegen des Datenverzeichnisses auf dem WSUS-Server
start "C:\Program Files\Update Services\Tools\wsusutil.exe" -ArgumentList `
   ("postinstall CONTENT_DIR="+$WSUSRepository)

# WSUS-Server-Objekt auslesen
$WSUSObjekt = Get-WsusServer

# Standard-Computergruppen festlegen
$WSUSObjekt.CreateComputerTargetGroup("T0-Server")
$WSUSObjekt.CreateComputerTargetGroup("T1-Server")
$WSUSObjekt.CreateComputerTargetGroup("T2-Clients")
```

```
# Updates direkt von Microsoft herunterladen
Set-WsusServerSynchronization -SyncFromMU

# WSUS-Server-Konfiguration laden
$WSUSKonfiguration = $WSUSObjekt.GetConfiguration()

# Sprachen auf Deutsch und English festlegen und Konfiguration speichern
$WSUSKonfiguration.AllUpdateLanguagesEnabled = $false
$WSUSKonfiguration.SetEnabledUpdateLanguages($WSUSSprachen)
# Automatisches Update für WSUS-eigene Updates
$WSUSKonfiguration.AutoApproveWsusInfrastructureUpdates = $true
$WSUSKonfiguration.TargetingMode = Client
$WSUSKonfiguration.DoServerSyncCompression = $true
# Nur Downloads, die benötigt werden, werden heruntergeladen
$WSUSKonfiguration.DownloadUpdateBinariesAsNeeded = $true
$WSUSKonfiguration.LocalContentCachePath = ($WSUSRepository + "\Cache")
# Download von Expressfiles
$WSUSKonfiguration.DownloadExpressPackages = $true
$WSUSKonfiguration.Save()

# WSUS-Synchronisation festlegen und
# initiale Synchronisation der letzten Kategorien
$WSUSSync = $WSUSObjekt.GetSubscription()
$WSUSSync.SynchronizeAutomatically = $true
$WSUSSync.SynchronizeAutomaticallyTimeOfDay = (New-TimeSpan -Hours 15)
$wsussync.NumberOfSynchronizationsPerDay = 1
$WSUSSync.StartSynchronizationForCategoryOnly()

# Prüfen, ob die initiale Synchronisation abgeschlossen ist
while ($WSUSSync.GetSynchronizationStatus() -ne "NotProcessing"){
Write-Host (Get-Date) -ForegroundColor Cyan
Write-Host "Bitte warten auf Synchronisation..." -ForegroundCclor Red
Start-Sleep -Seconds 15
cls
}
Write-Host "Initiale Synchronisation abgeschlossen..." -ForegroundColor Green

# Update-Produkte festlegen
Get-WsusProduct | Where {$_.Product.Title -in (
'Windows Defender',
```

```
'Windows Server 2019',
'Windows Admin Center'
)} | Set-WsusProduct

# Update-Klassifizierungen festlegen
Get-WsusClassifica tion | where {$_.Classification.Title -in (
'Definitionsupdates',
'Service Packs',
'Sicherheitsupdates',
'Update-Rollups',
'Updates',
'Upgrades',
'Wichtige Updates'
)} | Set-WsusClassification

# Synchronisation der Klassifizierungen und Produktkategorien starten
$WSUSSync.StartSynchronization()

# Prüfen, ob die initiale Synchronisation abgeschlossen ist
while ($WSUSSync.GetSynchronizationStatus() -ne "NotProcessing"){
Write-Host (Get-Date) -ForegroundColor Cyan
Write-Host "Bitte warten auf Synchronisation..." -ForegroundColor Cyan
Start-Sleep -Seconds 15
cls
}
Write-Host "Synchronisation abgeschlossen..." -ForegroundColor Green
```

Listing 17.1 Konfigurationsbeispiel für einen WSUS-Server mittels PowerShell

17.5.3 WSUS-Automatisierung mit der Kommandozeile

WSUS unterstützt grundsätzlich zwei Arten der Interaktion auf Kommandozeilen-Ebene. Beide wurden hier bereits vorgestellt. In diesem Abschnitt wollen wir die Limitierungen und Möglichkeiten von `wsusutil` und dem PowerShell-Modul `UpdateServices` aufzeigen.

Das PowerShell-Modul `UpdateServices` (siehe Abbildung 17.51) legt den Schwerpunkt auf das Auslesen und Setzen der verschiedenen Optionen für Produkte und Klassifizierungen sowie auf die Verwaltung von Updates.

Beispielsweise erhalten Sie mit dem Kommando `Get-WsusUpdate -approval unapproved` schnell einen Überblick über noch nicht genehmigte Updates (siehe Abbildung 17.52).

```
Administrator: Windows PowerShell
PS C:\Windows\system32> Get-Command -Module UpdateServices

CommandType     Name
-----------     ----
Cmdlet          Add-WsusComputer
Cmdlet          Add-WsusDynamicCategory
Cmdlet          Approve-WsusUpdate
Cmdlet          Deny-WsusUpdate
Cmdlet          Get-WsusClassification
Cmdlet          Get-WsusComputer
Cmdlet          Get-WsusDynamicCategory
Cmdlet          Get-WsusProduct
Cmdlet          Get-WsusServer
Cmdlet          Get-WsusUpdate
Cmdlet          Invoke-WsusServerCleanup
Cmdlet          Remove-WsusDynamicCategory
Cmdlet          Set-WsusClassification
Cmdlet          Set-WsusDynamicCategory
Cmdlet          Set-WsusProduct
Cmdlet          Set-WsusServerSynchronization
```

Abbildung 17.51 Verfügbare Steuerungsoptionen mit WSUS-Cmdlets auf der PowerShell

```
Administrator: Windows PowerShell
PS C:\Windows\system32> get-wsusupdate -Approval unapproved

Title                                                                                                   Classification


-----                                                                                                   --------------
2018-10 Kumulatives Update für Windows Server 2019 (1809) für x64-basierte Systeme (KB4464330)          Sicherheitsupdates
2018-10 Update für Windows Server 2019 (1809) für x64-basierte Systeme (KB4465477)                      Sicherheitsupdates
Update for Adobe Flash Player for Windows Server 2019 (1809) for x64-based Systems (KB4462930)          Updates
2018-11 Update für Windows Server 2019 für x64-basierte Systeme (KB4465664)                             Sicherheitsupdates
2018-11 Sicherheitsupdate für Adobe Flash Player für Windows Server 2019 für x64-basierte Systeme (KB4467694) Sicherheitsupdates
2018-11 Kumulatives Update für Windows Server 2019 für x64-basierte Systeme (KB4467708)                 Sicherheitsupdates
2018-11 Sicherheitsupdate für Adobe Flash Player für Windows Server 2019 für x64-basierte Systeme (KB4477029) Sicherheitsupdates
2018-11 Kumulatives Update für Windows Server 2019 für x64-basierte Systeme (KB4469342)                 Updates
2018-12 Kumulatives Update für Windows Server 2019 für x64-basierte Systeme (KB4471332)                 Sicherheitsupdates
2018-12 Kumulatives Update für Windows Server 2019 für x64-basierte Systeme (KB4483235)                 Sicherheitsupdates
Windows Admin Center 1804.25                                                                            Updates
Windows Admin Center 1809                                                                               Updates
```

Abbildung 17.52 Nicht freigegebene Updates

Da aber nicht alle Updates auch benötigt werden, sollten Sie die Abfrage wie folgt auf notwendige oder fehlerhafte Updates einschränken (siehe Abbildung 17.53):

```
get-wsusupdate -approval unapproved -status failedorneeded
```

```
Administrator: Windows PowerShell
PS C:\Windows\system32> get-wsusupdate -Approval unapproved -status failedorneeded

Title                                                                                   Classification
-----                                                                                   --------------
2018-11 Kumulatives Update für Windows Server 2019 für x64-basierte Systeme (KB4469342) Updates
2018-12 Kumulatives Update für Windows Server 2019 für x64-basierte Systeme (KB4471332) Sicherheitsupdates
2018-12 Kumulatives Update für Windows Server 2019 für x64-basierte Systeme (KB4483235) Sicherheitsupdates
```

Abbildung 17.53 Fehlende oder fehlerhafte Updates mit dem Status »Nicht freigegeben«

Diese können Sie dann freigeben, indem Sie das Ergebnis an ein weiteres Kommando übergeben. Mithilfe von

```
get-wsusupdate -approval unapproved -status failedorneeded | approve-wsusupdate `
  -action install -targetgroupname "Alle Computer"
```

werden alle fehlenden Updates für `Alle Computer` freigegeben. Dabei liefert das Cmdlet keinen Rückgabewert, und die Kontrolle muss über eine erneute Abfrage der fehlenden Updates erfolgen. Wenn diese Abfrage kein Ergebnis mehr zeigt, war die Freigabe erfolgreich (siehe Abbildung 17.54).

```
Administrator: Windows PowerShell
PS C:\Windows\system32> Get-WsusUpdate -Approval unapproved -status failedorneeded |
Approve-WsusUpdate -Action Install -TargetGroupName "Alle Computer"
PS C:\Windows\system32> Get-WsusUpdate -Approval unapproved -status failedorneeded
PS C:\Windows\system32> _
```

Abbildung 17.54 Freigabe der Windows Updates, die benötigt werden

Weitere Erläuterungen zu den WSUS-Cmdlets finden Sie unter:

https://docs.microsoft.com/en-us/powershell/module/updateservices/?view=windowsserver2019-ps

`wsusutil` ist bereits seit den ersten Versionen von WSUS vorhanden und bietet eine Reihe von Optionen, die Abbildung 17.55 zusammenfasst.

```
Administrator: Eingabeaufforderung

C:\Program Files\Update Services\Tools>wsusutil
Windows Server Update Services-Verwaltungshilfsprogramm.
Versuchen Sie Folgendes:
        wsusutil help checkhealth
        wsusutil help configuressl
        wsusutil help configuresslproxy
        wsusutil help csaimport
        wsusutil help deletefrontendserver
        wsusutil help listinactiveapprovals
        wsusutil help removeinactiveapprovals
        wsusutil help export
        wsusutil help healthmonitoring
        wsusutil help import
        wsusutil help listfrontendservers
        wsusutil help listunreferencedpackagefolders
        wsusutil help movecontent
        wsusutil help refreshmuurl
        wsusutil help reset
        wsusutil help usecustomwebsite
        wsusutil help postinstall
```

Abbildung 17.55 »wsusutil.exe«-Optionen

Allerdings wird die Freigabesteuerung von Updates nicht unterstützt; der Nutzen des Tools ist also eingeschränkt. Es gibt allerdings mindestens eine Änderung der Einstellungen, die wir nur über `wsusutil` empfehlen: die Überwachung des freien Speicherplatzes.

Die Auswahl für diese Anforderung ist das Modul `Healthmonitoring`. Dieses können Sie wie folgt konfigurieren: `wsusutil healtmonitoring diskspaceinmegabytes` gibt Ihnen die aktuellen Schwellenwerte zurück. Durch `wsusutil healthmonitoring diskspaceinmegabytes 1500 3000` setzen Sie die Fehler- und die Warnungsschwelle auf 1,5 GB bzw. 3 GB (siehe Abbildung 17.56). Anschließend müssen Sie den `wsusservice` mit den Befehlen `net stop wsusservice` und `net start wsusservice` neu starten. Eine Kontrolle des Werts `diskspaceinmegabytes` zeigt den neu gesetzten Wert. Fehlermeldungen zu dieser Schwelle tauchen in der Ereignisanzeige, die Sie über `eventvwr.msc` starten können, in der Quelle WINDOWS SERVER UPDATE SERVICES auf.

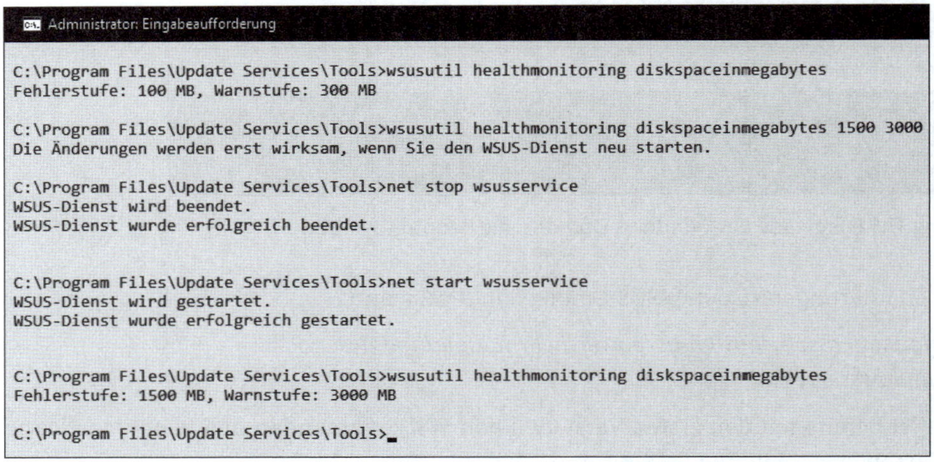
Administrator: Eingabeaufforderung
C:\Program Files\Update Services\Tools>wsusutil healthmonitoring diskspaceinmegabytes
Fehlerstufe: 100 MB, Warnstufe: 300 MB
C:\Program Files\Update Services\Tools>wsusutil healthmonitoring diskspaceinmegabytes 1500 3000
Die Änderungen werden erst wirksam, wenn Sie den WSUS-Dienst neu starten.
C:\Program Files\Update Services\Tools>net stop wsusservice
WSUS-Dienst wird beendet.
WSUS-Dienst wurde erfolgreich beendet.
C:\Program Files\Update Services\Tools>net start wsusservice
WSUS-Dienst wird gestartet.
WSUS-Dienst wurde erfolgreich gestartet.
C:\Program Files\Update Services\Tools>wsusutil healthmonitoring diskspaceinmegabytes
Fehlerstufe: 1500 MB, Warnstufe: 3000 MB
C:\Program Files\Update Services\Tools>

Abbildung 17.56 Konfigurieren der Warnschwelle für freien Speicherplatz mit »WSUSUtil.exe«

Die Warnungen finden Sie anschließend im Eventlog, wenn die Schwellenwerte unterschritten sind (siehe Abbildung 17.57). Um dies zu provozieren und die Events zu prüfen, können Sie die Werte vorübergehend massiv erhöhen. Anschließend tauchen Events mit der ID-Nummer *10041* (Warnung) und *10042* (Fehler) auf.

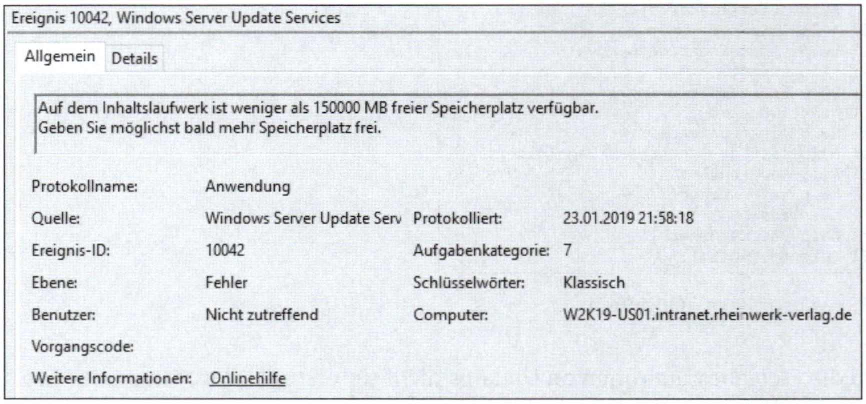
Ereignis 10042, Windows Server Update Services
Allgemein
Details
Auf dem Inhaltslaufwerk ist weniger als 150000 MB freier Speicherplatz verfügbar.
Geben Sie möglichst bald mehr Speicherplatz frei.
Protokollname:
Anwendung
Quelle:
Windows Server Update Serv
Protokolliert:
23.01.2019 21:58:18
Ereignis-ID:
10042
Aufgabenkategorie:
7
Ebene:
Fehler
Schlüsselwörter:
Klassisch
Benutzer:
Nicht zutreffend
Computer:
W2K19-US01.intranet.rheinwerk-verlag.de
Vorgangscode:
Weitere Informationen:
Onlinehilfe

Abbildung 17.57 Event 10042 ist ein rotes Event, die Vorstufe erscheint mit Event 10041.

WSUS kann sich somit in eine bestehende verwaltete Systemumgebung einfügen. Eine eventbasierte Überwachung von Systemen können Sie mit unterschiedlichen Systemen durchführen, z. B. mit *Microsoft System Center Operations Manager* oder mit der cloudbasierten *Operations Management Suite (OMS)*.

Weitere PowerShell-Module finden Sie unter *https://github.com/proxb/PoshWSUS*.

17.6 Azure Update Manager

Azure Update Manager ist die durchgängige Update-Verwaltung für Windows- und Linux-Systeme mit Azure Arc. *Azure Arc* ist die umfassende Serververwaltung von Microsoft Azure, also aus der Cloud. Wenn Sie also bereits Ihre lokalen Systeme in die Cloud-Verwaltung integriert haben, bietet es sich an, auch das Patching damit zu verwalten und zu überwachen. Sie sehen damit auf einen Blick, ob alle System aktuell sind, egal ob in Azure oder On Prem. Hinzu kommt, dass Azure Arc der zukunftssichere Ansatz ist, denn WSUS wird schon seit Jahren nicht mehr aktiv weiterentwickelt und man kann davon ausgehen, dass Microsoft diesen Weg nicht mehr weiter verfolgen wird.

17.6.1 Integration von On-Premises-Systemen in die Azure Arc-Verwaltung

Für die Integration dieser Systeme in die Azure Arc-Verwaltung müssen Sie einen *Azure Connected Machine Agent* nutzen. (Dieser entfällt in der Cloud, sofern sich die Compute-Workload auf Azure befindet.) Die Systemvoraussetzungen für den Agenten sind – anders, als man erwarten würde – nicht auf aktuell unterstützte Betriebssysteme beschränkt. Im Sommer 2024 war es auch noch möglich, ältere Systeme wie den Windows Server 2012 zu integrieren. Auf diesem Weg können Sie einfach am *Enhanced Security Update*-Programm *(ESU)* teilnehmen. Verwechseln Sie es aber nicht mit der kostenneutralen Bereitstellung von ESU-Updates bei einem vollständigen Betrieb des Serversystems auf Azure! Das ESU-Programm sorgt für die Bereitstellung von kritischen Sicherheitsupdates für Systeme, deren Support-Zeitraum gemäß ihrem Lifecycle schon abgelaufen ist.

Sie starten den Azure Connected Machine Agent in der Azure-Konsole unter *https://portal.azure.com*; suchen Sie einfach nach »Azure Arc«. Im Modul AZURE ARC finden Sie den Punkt COMPUTER HINZUFÜGEN (siehe Abbildung 17.58), mit dem Sie die Systeme für die eigene Cloud-Umgebung entsprechend konfigurieren.

Anschließend können Sie zwischen verschieden Bereitstellungsoptionen wählen. Abhängig von der Menge der Systeme, die Sie anbinden wollen, und der technischen Ausstattung im Unternehmen (z. B. mit einer Softwareverteilungslösung) gibt es mehr oder weniger praktikable Lösungsansätze. Wenn Sie eine große Anzahl von Systemen verwalten müssen, sollten Sie selbstverständlich eine passende Automatisierung einsetzen, damit auch alle Server überwacht werden. Für die Einbindung einzelner Systeme ist der Klick auf EINZELNE SERVER HINZUFÜGEN der simpelste Ansatz (siehe Abbildung 17.59).

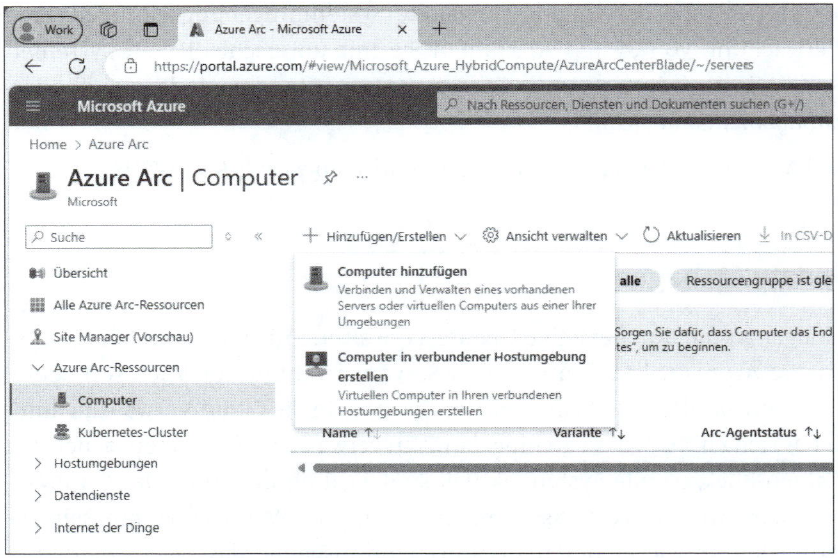
Work
Azure Arc - Microsoft Azure
https://portal.azure.com/#view/Microsoft_Azure_HybridCompute/AzureArcCenterBlade/~/servers
Microsoft Azure
Nach Ressourcen, Diensten und Dokumenten suchen (G+/)
Home > Azure Arc
Azure Arc | Computer
Microsoft
Suche
Hinzufügen/Erstellen
Ansicht verwalten
Aktualisieren
In CSV-D
Übersicht
Alle Azure Arc-Ressourcen
Site Manager (Vorschau)
Azure Arc-Ressourcen
Computer
Kubernetes-Cluster
Hostumgebungen
Datendienste
Internet der Dinge
Computer hinzufügen
Verbinden und Verwalten eines vorhandenen Servers oder virtuellen Computers aus einer Ihrer Umgebungen
Computer in verbundener Hostumgebung erstellen
Virtuellen Computer in Ihren verbundenen Hostumgebungen erstellen
alle
Ressourcengruppe ist gle
Sorgen Sie dafür, dass Computer das End
tes", um zu beginnen.
Name
Variante
Arc-Agentstatus

Abbildung 17.58 Azure Arc – Computer hinzufügen

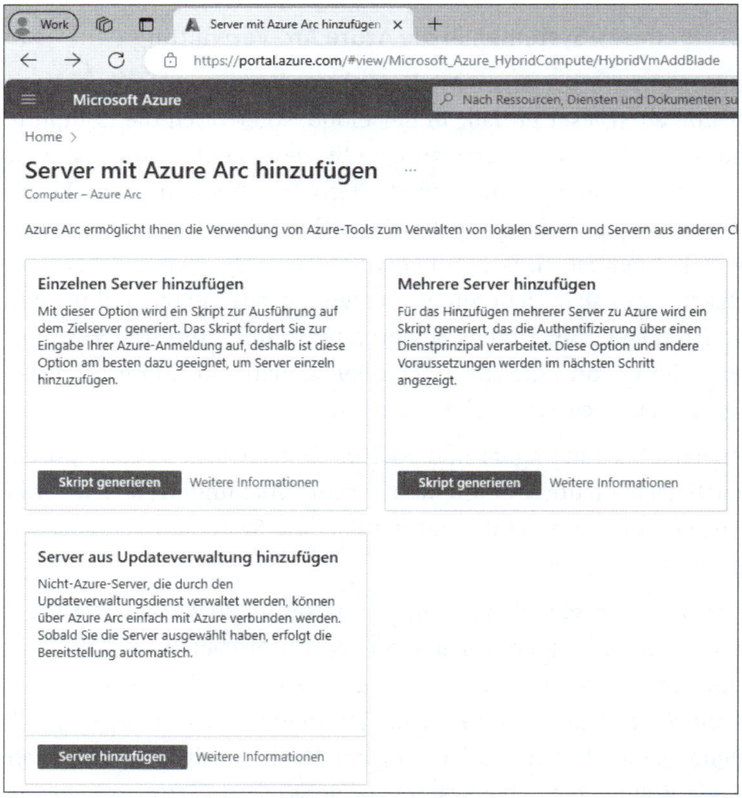
Work
Server mit Azure Arc hinzufügen
https://portal.azure.com/#view/Microsoft_Azure_HybridCompute/HybridVmAddBlade
Microsoft Azure
Nach Ressourcen, Diensten und Dokumenten su
Home >
Server mit Azure Arc hinzufügen
Computer – Azure Arc
Azure Arc ermöglicht Ihnen die Verwendung von Azure-Tools zum Verwalten von lokalen Servern und Servern aus anderen C
Einzelnen Server hinzufügen
Mit dieser Option wird ein Skript zur Ausführung auf dem Zielserver generiert. Das Skript fordert Sie zur Eingabe Ihrer Azure-Anmeldung auf, deshalb ist diese Option am besten dazu geeignet, um Server einzeln hinzuzufügen.
Skript generieren
Weitere Informationen
Mehrere Server hinzufügen
Für das Hinzufügen mehrerer Server zu Azure wird ein Skript generiert, das die Authentifizierung über einen Dienstprinzipal verarbeitet. Diese Option und andere Voraussetzungen werden im nächsten Schritt angezeigt.
Skript generieren
Weitere Informationen
Server aus Updateverwaltung hinzufügen
Nicht-Azure-Server, die durch den Updateverwaltungsdienst verwaltet werden, können über Azure Arc einfach mit Azure verbunden werden. Sobald Sie die Server ausgewählt haben, erfolgt die Bereitstellung automatisch.
Server hinzufügen
Weitere Informationen

Abbildung 17.59 Drei von mehreren Server-Integationsoptionen für Azure Arc

Zur Abrechnung der anfallenden Gebühren wird der jeweils gültige Vertrag für die Azure-Abrechnung (z. B. *Pay as you go*) angewendet. Die Abrechnung hängt von der jeweiligen Subscription (dem jeweiligen ABONNEMENT) ab. Das wählen Sie im Dialog aus Abbildung 17.60 ganz oben aus.

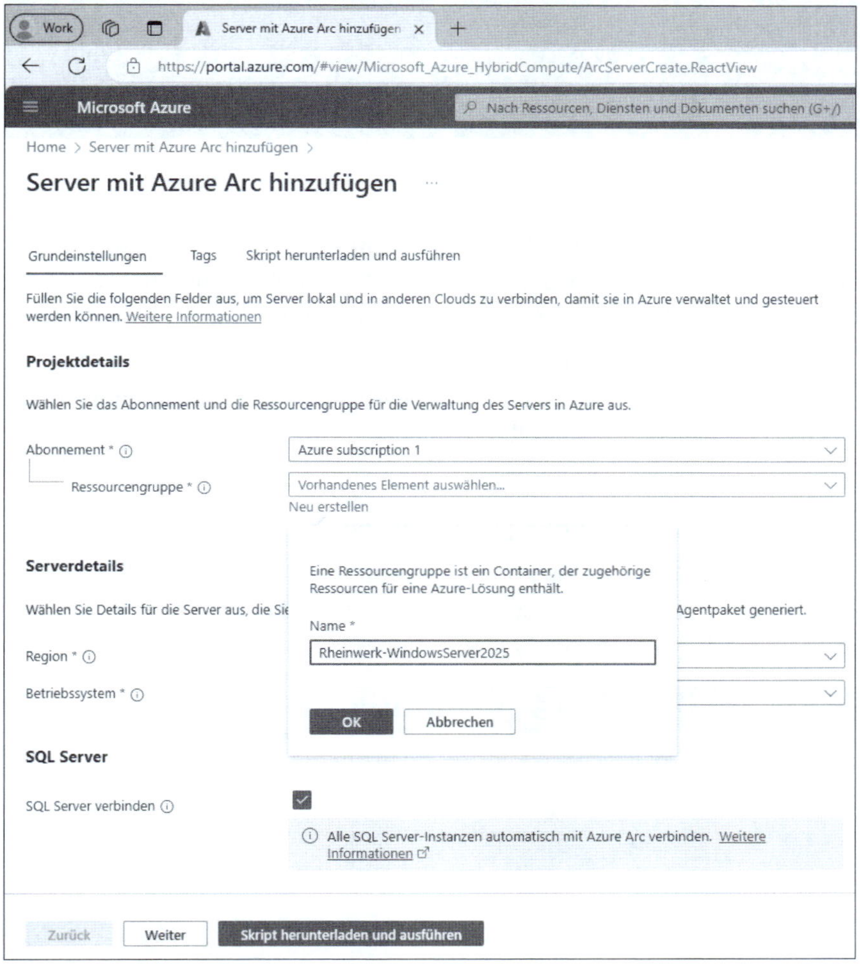

Abbildung 17.60 Grundeinstellung von Azure Arc

Die RESSOURCENGRUPPE ist die technische Klammer um die Azure Arc-Ressourcen, auch wenn dies nur Platzhalter für On-Premises-Server-Systeme sind bzw. für deren Cloud-seitige Einstellungen. Im Feld REGION können Sie das zugehörige Azure Datacenter auswählen, dem die Ressourcengruppe zugeordnet werden soll.

Die eigentliche Installation erfolgt bis auf die Eingabe von entsprechenden Cloud-adminstrativen Credentials relativ unspektakulär, z. B. über ein vordefiniertes PowerShell-Skript (siehe Abbildung 17.61).

Abbildung 17.61 Das Azure Arc-Installationsskript

Anschließend können Sie das System für Azure Update Manager, aber auch die übrigen Azure Arc-Features im Azure-Portal konfigurieren. Wie bei Cloud-Systemen üblich, ist die Provisionierung des Systems mit einer kurzen Wartezeit verbunden.

Wichtige Features von Azure Arc sind zum Beispiel *Defender for Server* oder erweitertes Servermonitoring. Beachten Sie dabei aber natürlich die Kosten und Lizenzbedingungen und sprechen Sie den Einsatz gegebenenfalls mit Ihrem Microsoft-Kontakt ab.

17.6.2 Wartungskonfiguration im Azure Update Manager

Während im WSUS GPOs oder Registry-Keys die Wartungsintervalle der Server-Systeme beeinflussen, sind in Azure Update Manager sogenannte *Wartungskonfigurationen* der relevante Steuerungshebel für das Anlaufen der Softwarewartung.

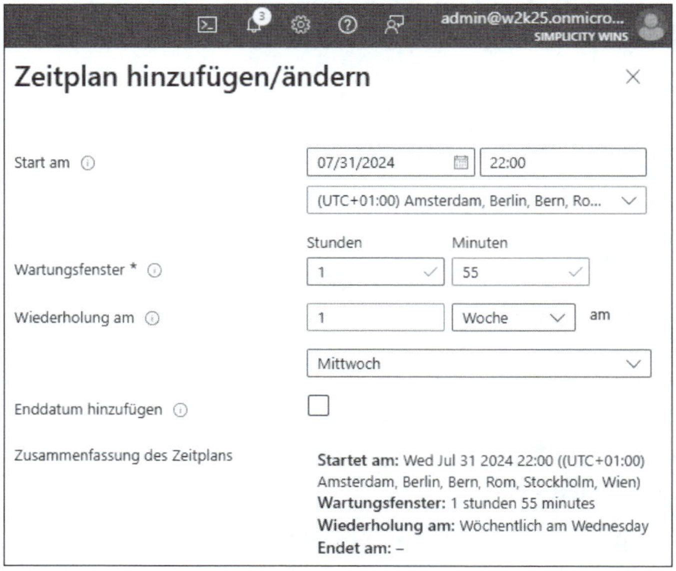

Abbildung 17.62 Wartungskonfiguration – Basisdefinition

Eine Wartungskonfiguration wird wieder in einer Azure-Ressourengruppe angelegt und dort verwaltet. Dabei handelt es sich zunächst vor allem um eine zeitliche Steuerung der Wartungskonfiguration (siehe Abbildung 17.62). Mehrere Wartungskonfigurationen können gleichzeitig auf Azure Arc-aktivierte Serversysteme angewendet werden und ergänzen sich bei der Steuerung.

Die zeitliche Steuerung erinnert hierbei an das Erstellen eines Serientermins im Kollaborations-Tool Outlook. Dabei ist es wichtig, die Zeiträume (also die Wartungsfenster) nicht zu kurz zu wählen, da sonst bei einem länger laufenden Update oder bei einem verspäteten Start des Wartungsfensters das Update bzw. die Updates nicht korrekt installiert werden können. Pre-Maintenance-Aktivitäten können (mit entsprechendem Vorlauf) vor das Update konfiguriert werden. Dies empfiehlt sich z. B. für das Abschalten bzw. Umschalten eines Monitoring-Tools.

Die verschiedenen Wartungskonfigurationen werden im Azure Update Manager angezeigt (siehe Abbildung 17.63).

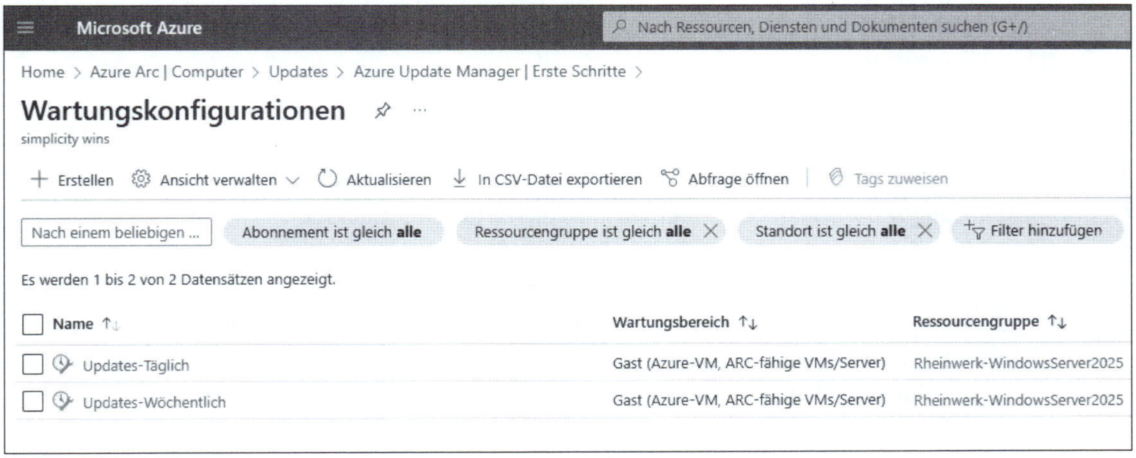

Abbildung 17.63 Übersicht über verschiedene Wartungskonfigurationen

Dabei können in den verschiedenen Konfigurationen unterschiedliche Updateklassifizierungen (wie bereits in WSUS eingeführt) enthalten sein. Zum Beispiel können Definitionsupdates täglich, Sicherheitsupdates wöchentlich und darüber hinaus übrige Updates monatlich durchgeführt werden. Anders als bei WSUS können auch Linux-basierte Azure Arc-aktivierte Serversysteme einbezogen werden (siehe Abbildung 17.64).

Die Mischung von Windows- und Linux-Serversystemen in einer Wartungskonfiguration empfiehlt sich nur, wenn die entsprechenden Policys, z. B. wöchentliche Update-Installation für Sicherheitsupdates, auch identisch im Unternehmen umgesetzt werden.

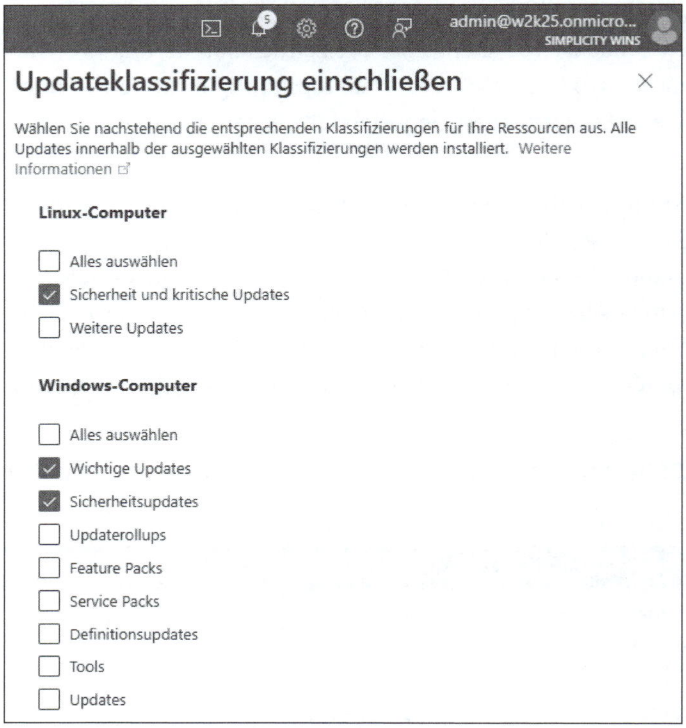

Abbildung 17.64 Updateklassifizierung in einer Wartungskonfiguration

Die Wartungskonfigurationen können Sie manuell einzelnen Systemen oder automatisch ganzen Systemgruppen zuweisen. Es empfiehlt sich, eine Wartungskonfiguration als »Fallback« für alle Systeme zu konfigurieren, die Sie nicht bereits in anderen Wartungskonfigurationen bearbeitet haben.

17.6.3 Designentscheidungen

Wenn Sie den Aufbau eines WSUS-Servers scheuen und stattdessen Cloud-Affinität mitbringen, können Sie mit *Azure Update Manager* die Updateverwaltung und Updatebereitstellung transparent und gesichert umsetzen. Der große Vorteil ist, dass Sie auf diese Weise viel automatisieren können, was bei einer lokalen Lösung schwieriger ist. Im Vergleich zu WSUS als Management-Plattform können Sie direkt über die Azure-Konsolen Windows- und Linux-Systeme verwalten, die sowohl auf Azure (automatisch in Azure Arc verwaltbar) als auch On-Premises laufen, und so den Patchmanagement-Prozess zentralisieren. Je nach Anteil der Azure-Cloud-Systeme empfiehlt es sich dringend, für die übrigen Systeme auch Azure Arc einzusetzen und so die Cloud maximal zu nutzen. Befindet sich der überwiegende Teil Ihrer Rechner noch On-Premises, bietet die Update-Verwaltung alleine wohl zu wenig Vorteile, um sich für ein kostenpflichtiges Azure Arc-Management zu entscheiden.

Die Updateverwaltung über Azure Update Manager können Sie allerdings nicht einsetzen, wenn eine vom Internet abgetrennte Umgebung geplant ist und Sie nur über eine begrenzte Bandbreite verfügen. Außerdem können Sie diese Variante natürlich nicht nutzen, wenn Ihnen keine Azure-Abonnements zur Verfügung stehen oder Sie eine Installationsvariante einsetzen, die von WSUS bzw. dem Windows Update (Microsoft Update) abweicht, z. B. mit einer Third-Party-Softwareverteilungslösung.

Darüber hinaus gelten die ganzen Pro- und Contra-Argumente zur Cloud-Nutzung und Integration Ihrer Systeme in Azure. Aber dieses Fass wollen wir hier nicht aufmachen ...

Kapitel 18
Remotedesktopdienste

Die Remotedesktopdienste – oft auch als »Terminaldienste« oder »Terminalserver« bezeichnet – werden von Unternehmen verwendet, um Clients Anwendungen oder komplette Desktopsitzungen zur Verfügung zu stellen.

Die *Terminaldienste* wurden unter Windows NT eingeführt. Damals gab es für die Serverbetriebssysteme spezielle Versionen, die diese Funktionen beinhalteten.

In Windows Server 2000 waren die Terminaldienste in das Serverbetriebssystem integriert und konnten bei Bedarf aktiviert oder installiert werden. In Windows Server 2012 wurden die Terminaldienste in *Remotedesktopdienste (RD)* umbenannt. Zusätzlich wurde die Rolle durch weitere Funktionen und Rollendienste erweitert.

Seit Windows Server 2016 gibt es drei verschiedene Optionen, um einen Zugriff auf ein System bereitzustellen:

- Aktivieren der Remotedesktop-Option für Administratoren
- Installation der Remotedesktop-Rolle auf einem Server zur Bereitstellung eines einzelnen Servers
- Bereitstellen einer Remotedesktop-Umgebung für die sitzungsbasierte oder anwendungsbasierte Bereitstellung

Der Zugriff auf die Dienste erfolgt über einen *Remotedesktop-Client (MSTSC)*, der in den Windows-Betriebssystemen enthalten ist. Alternativ können Drittanbieter-Clients verwendet werden, die z. B. auf einem Thin-Client betrieben werden können.

Einige der Neuerungen im Bereich *Remotedesktopdienste* seit Windows Server 2019 sind:

- RD-Lizenzaktualisierung, auch wenn Active Directory nicht verfügbar ist
- RDS-Zertifikate *(Remote Desktop Services, RDS)* können im Azure Vault gespeichert werden.
- Geräteumleitung für Kameras
- neue Leistungsindikatoren zum Troubleshooting und zum Bestimmen der Latenzen zwischen Benutzereingaben und »Reaktionen des Servers«
- Neben den klassischen Remotedesktopdiensten wurde *Microsoft Virtual Desktops* eingeführt. Dabei werden die Desktops unter Azure bereitgestellt.

18.1 Remotedesktopdienste vs. RemoteAdminMode

Die Aktivierung des Remotedesktopzugriffs auf einen Server (oder auch auf einen Windows-Client der »Pro«-Versionen oder höher) kann über die Systemeigenschaften erfolgen.

Dieser Modus wird als *RemoteAdminMode* bezeichnet. Unter Windows Server 2000 wurde der Terminalserverdienst in diesem Modus installiert, sodass Administratoren – ohne zusätzliche Lizenzkosten – per RDP auf dieses System zugreifen konnten.

Für die Kommunikation zwischen dem Client und dem Zielsystem wird das *Remotedesktop-Protokoll (RDP)* verwendet.

Je nach verwendetem Betriebssystem und Konfiguration des Zielsystems wird hier zusätzlich eine SSL- oder TLS-Verschlüsselung verwendet.

```
     44 12.050541      172.16.200.51           172.16.200.31          TLSv1.2    233 Client Hello
<
> Frame 44: 233 bytes on wire (1864 bits), 233 bytes captured (1864 bits) on interface 0
> Ethernet II, Src: Microsof_01:23:58 (00:15:5d:01:23:58), Dst: Microsof_01:23:68 (00:15:5d:01:23:68)
> Internet Protocol Version 4, Src: 172.16.200.51, Dst: 172.16.200.31
> Transmission Control Protocol, Src Port: 56521, Dst Port: 3389, Seq: 20, Ack: 20, Len: 179
v Secure Sockets Layer
  v TLSv1.2 Record Layer: Handshake Protocol: Client Hello
      Content Type: Handshake (22)
      Version: TLS 1.2 (0x0303)
      Length: 174
    v Handshake Protocol: Client Hello
        Handshake Type: Client Hello (1)
        Length: 170
        Version: TLS 1.2 (0x0303)
```

Abbildung 18.1 Verbindungsaufbau per RDP mit Wireshark

Abbildung 18.1 zeigt den Verbindungsaufbau des Clients (172.16.200.51) zu einem Server (172.16.200.31). Dieses Paket wurde mithilfe des Netzwerksniffers *Wireshark* (*www.wireshark.org*) protokolliert. Nach der Installation des Programms und der Installation des *PCap*-Treibers können Sie Netzwerkpakete des Systems mitschneiden, auf dem die Software installiert wurde.

Wireshark und Administratoren

Für das Protokollieren des Netzwerkverkehrs müssen Sie Wireshark als Administrator ausführen.

Im oberen Bereich von Abbildung 18.1 sehen Sie, dass hier das Paket 44 ausgewählt wurde. Dieses Paket wurde 12,05 Sekunden nach dem Starten des Traces aufgezeichnet und wurde von der Quell-IP `172.16.200.51` an das Zielsystem `172.16.200.31` gesendet. Vorher hatte bereits der 3-Wege-TCP-Handshake stattgefunden.

Das verwendete Protokoll ist TLSv1.2 und es wird ein *Client Hello* verwendet. Dieses Paket wird zum Verbindungsaufbau verwendet. Der Server wird daraufhin mit einem *Server Hello* antworten und sein Serverzertifikat zur Authentifizierung und zur Schlüsselverschlüsselung mitsenden.

Dieses Paket könnte für einen Webserver-Zugriff ähnlich aussehen, da dazu der gleiche sichere Verbindungsaufbau verwendet wird. Mithilfe des Zielports in der Zeile `Transmission Control Protocol` sehen Sie einen dynamischen Quellport (`Src Port: 56521`) und den Zielport (`Dst Port: 3389`). Der Port 3389 wird standardmäßig für die Remotedesktopverbindung verwendet.

Die Quellports werden vom Client dynamisch bestimmt. Seit Windows Vista und Windows Server 2008 erstreckt sich dieser Bereich von 49152 bis 65535 und umfasst damit 16.384 Ports. Sie können den Portbereich mithilfe von `netsh` (oder anderen Tools) konfigurieren und können sich den aktuell verwendeten Adressbereich wie folgt anzeigen lassen:

```
C:\>netsh int ipv4 show dynamicport tcp
Protokoll tcp Dynamischer Portbereich
---------------------------------
Startport        : 49152
Anzahl von Ports : 16384
```

Mit dem Befehl `netsh int ipv4 set dynamicport tcp start=10000 num=1000` können Sie die Quellports für TCP unter IPv4, den ersten zu verwendenden Port und die Anzahl der möglichen Ports konfigurieren. Es sind Konfigurationsmöglichkeiten für IPv4 und IPv6 und jeweils Optionen für TCP und UDP vorhanden.

18

Netzwerkkommunikation

Die Konfiguration der Quellports betrifft jede Netzwerkkommunikation. Wenn Sie hingegen die dynamischen Ports einer RPC-Kommunikation einschränken möchten, müssen Sie dies auf dem Zielsystem konfigurieren.

Der Remotedesktop-Client *(Remotedesktopverbindung)* ist in jedem Windows-Betriebssystem integriert. Neuere Betriebssysteme besitzen aktuellere Versionen mit den neuesten Protokollen.

Einige Funktionen werden in ältere Versionen implementiert. Wenn Sie alle neuen Funktionen der jeweiligen »Server-Versionen« nutzen möchten, müssen Sie sicherstellen, dass Sie auch den aktuellsten Client verwenden.

Im Startmenü befindet sich unter WINDOWS-ZUBEHÖR die Desktop-App *Remotedesktopverbindung*. Sie können die Anwendung auch über START • AUSFÜHREN • MSTSC starten. Das Kürzel *MSTSC* steht für den *Microsoft Terminal Services Client*. Die App können Sie bei Bedarf auch an die Startleiste anfügen, sodass Sie schneller auf sie zugreifen können.

Alternativ können Sie eine vorher erstellte RDP-Datei ausführen. In RDP-Dateien können Sie zusätzlich konfigurieren, welche Verbindungseinstellungen verwendet werden sollen.

Die Registerkarte ALLGEMEIN der Remotedesktopverbindung-App (siehe Abbildung 18.2) beinhaltet folgende Optionen:

- COMPUTER – Hier können Sie den Namen (oder die IP-Adresse) des Zielsystems eintragen. Vorher erfolgreich aufgebaute Verbindungen werden hier gespeichert. Bei domänenübergreifenden Zugriffen sollten Sie die Verwendung von Hostnamen präferieren, damit die Zertifikatüberprüfung erfolgreich durchgeführt werden kann.
- BENUTZERNAME – Haben Sie die Anmeldeinformationen bei einer früheren Verbindung gespeichert, werden diese hier angezeigt. Anmeldeinformationen werden im Tresor (SYSTEMSTEUERUNG • BENUTZERKONTEN • ANMELDEINFORMATIONSVERWALTUNG) unter den Windows-Anmeldeinformationen in der Form *Termsrv/IP-Adresse* gespeichert.
- VERBINDUNGSEINSTELLUNGEN – In den Verbindungseinstellungen können Sie die Einstellungen speichern und die RDP-Datei beim nächsten Verbindungsaufbau verwenden oder anderen Clients zur Verfügung stellen.

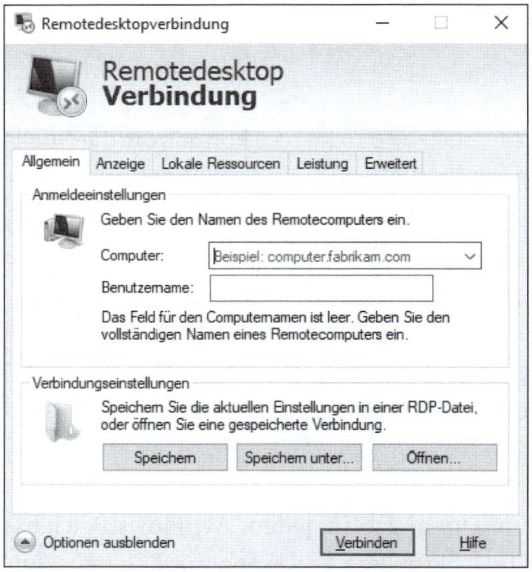

Abbildung 18.2 Die »Allgemein«-Registerkarte des RD-Clients

Auf der Registerkarte ANZEIGE definieren Sie, wie die Bildschirmdarstellung auf dem Client erfolgt. Hier können Sie neben einer festgelegten Größe auch den Vollbildmodus verwenden und über die Option ALLE MONITORE FÜR DIE REMOTESITZUNG VERWENDEN alle auf dem Client vorhandenen Bildschirme in die Remotesitzung »mitnehmen«. Dabei können auf dem Client auch unterschiedliche Auflösungen konfiguriert sein. Zusätzlich können Sie die Farbtiefe definieren. Dadurch wird – im Zusammenhang mit der Auflösung – die benötigte Bandbreite bestimmt.

Über die Optionen der Registerkarte LOKALE RESSOURCEN können Sie festlegen, welche am Client angeschlossenen Geräte in die RD-Sitzung übernommen werden. Hier können Sie neben den Audio- und Tastatureinstellungen festlegen, ob Smartcards, lokale Laufwerke und Netzwerklaufwerke des Clients mit in die Sitzung übernommen werden und ob Plug-and-play-Geräte mit übernommen werden.

Beachten Sie dabei, dass eventuell auf dem Zielsystem Treiber für die Geräte installiert werden müssen oder aber Fehler in der Ereignisanzeige angezeigt werden, wenn die Treiber nicht installiert bzw. heruntergeladen werden können.

Die Einstellungen in der Remotedesktopverbindung-App sind Konfigurationen, die der Client an den Server übergibt. Ob der Server diese akzeptiert und auswertet, hängt von der Serverkonfiguration ab.

Die Registerkarte LEISTUNG bietet die Möglichkeit, die Verbindungsqualität automatisch zu erkennen, oder Sie können hier eine gewünschte maximal genutzte Bandbreite definieren. Dadurch werden bestimmte Funktionen (Farbtiefe, Styles) deaktiviert.

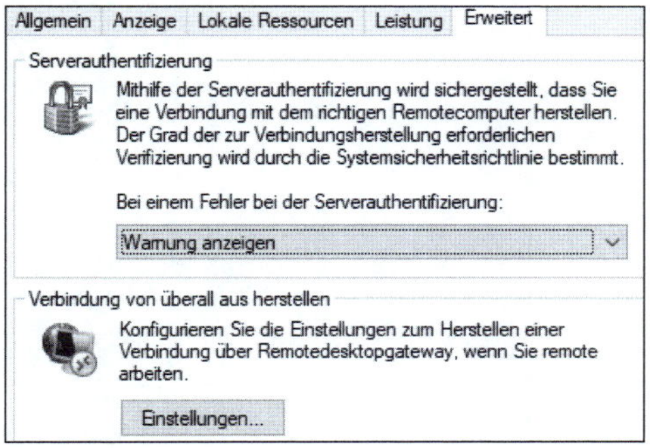
Allgemein
Anzeige
Lokale Ressourcen
Leistung
Erweitert
Serverauthentifizierung
Mithilfe der Serverauthentifizierung wird sichergestellt, dass Sie eine Verbindung mit dem richtigen Remotecomputer herstellen. Der Grad der zur Verbindungsherstellung erforderlichen Verifizierung wird durch die Systemsicherheitsrichtlinie bestimmt.
Bei einem Fehler bei der Serverauthentifizierung:
Warnung anzeigen
Verbindung von überall aus herstellen
Konfigurieren Sie die Einstellungen zum Herstellen einer Verbindung über Remotedesktopgateway, wenn Sie remote arbeiten.
Einstellungen...

Abbildung 18.3 Optionen der Registerkarte »Erweitert«

Die letzte Registerkarte der Anwendung ist die ERWEITERT-Karte (siehe Abbildung 18.3). Hier können Sie konfigurieren, wie sich der Client verhält, wenn bei der Überprüfung des vom Zielsystem verwendeten Serverzertifikats Fehler gemeldet werden. Sie können hier zwischen WARNUNG ANZEIGEN, VERBINDEN UND KEINE WARNUNG ANZEIGEN und KEINE VERBINDUNG HERSTELLEN wählen.

Eine Zertifikatwarnung besteht, wenn das Serverzertifikat nicht vertrauenswürdig ist, abgelaufen ist oder wenn Sie sich nicht mithilfe des Hostnamens, sondern mithilfe der IP-Adresse verbunden haben und die IP-Adresse nicht als alternativer Antragsteller registriert wurde.

Über die Option VERBINDUNG VON ÜBERALL AUS HERSTELLEN können Sie die Adresse eines Remotedesktop-Gateways festlegen. Ein solches Gateway kann dazu verwendet werden, über HTTPS auf einen Remotedesktopserver zuzugreifen (siehe Abschnitt 18.3.3, »Ein RD-Gateway verwenden«).

Sie können die Remotedesktopverbindungs-App aber nicht nur mit der grafischen Oberfläche öffnen, sondern auch mithilfe der Kommandozeile. Einige Optionen sind übrigens nur in der Kommandozeilenversion oder in einer gespeicherten RDP-Datei vorhanden.

Mithilfe von mstsc /? können Sie sich den in Abbildung 18.4 dargestellten Hilfetext anzeigen lassen.

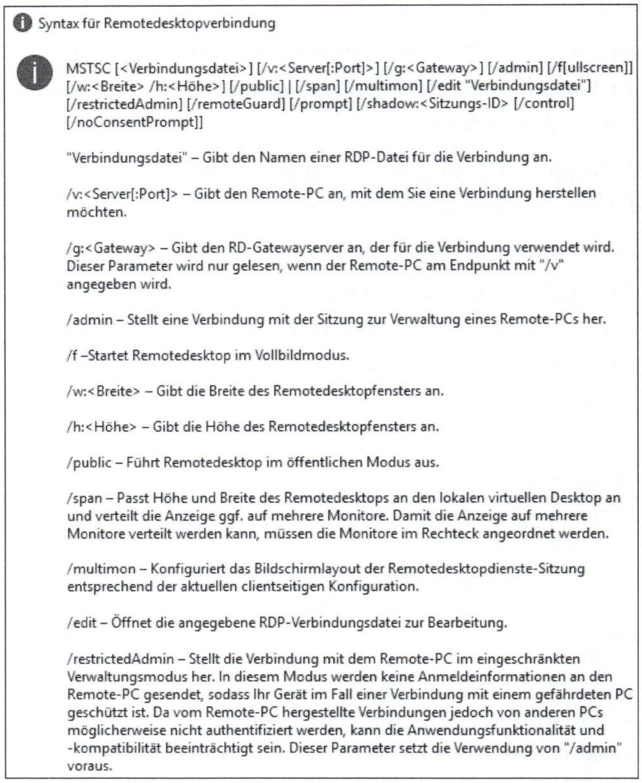

Syntax für Remotedesktopverbindung

MSTSC [<Verbindungsdatei>] [/v:<Server[:Port]>] [/g:<Gateway>] [/admin] [/f[ullscreen]] [/w:<Breite> /h:<Höhe>] [/public] | [/span] [/multimon] [/edit "Verbindungsdatei"] [/restrictedAdmin] [/remoteGuard] [/prompt] [/shadow:<Sitzungs-ID> [/control] [/noConsentPrompt]]

"Verbindungsdatei" – Gibt den Namen einer RDP-Datei für die Verbindung an.

/v:<Server[:Port]> – Gibt den Remote-PC an, mit dem Sie eine Verbindung herstellen möchten.

/g:<Gateway> – Gibt den RD-Gatewayserver an, der für die Verbindung verwendet wird. Dieser Parameter wird nur gelesen, wenn der Remote-PC am Endpunkt mit "/v" angegeben wird.

/admin – Stellt eine Verbindung mit der Sitzung zur Verwaltung eines Remote-PCs her.

/f –Startet Remotedesktop im Vollbildmodus.

/w:<Breite> – Gibt die Breite des Remotedesktopfensters an.

/h:<Höhe> – Gibt die Höhe des Remotedesktopfensters an.

/public – Führt Remotedesktop im öffentlichen Modus aus.

/span – Passt Höhe und Breite des Remotedesktops an den lokalen virtuellen Desktop an und verteilt die Anzeige ggf. auf mehrere Monitore. Damit die Anzeige auf mehrere Monitore verteilt werden kann, müssen die Monitore im Rechteck angeordnet werden.

/multimon – Konfiguriert das Bildschirmlayout der Remotedesktopdienste-Sitzung entsprechend der aktuellen clientseitigen Konfiguration.

/edit – Öffnet die angegebene RDP-Verbindungsdatei zur Bearbeitung.

/restrictedAdmin – Stellt die Verbindung mit dem Remote-PC im eingeschränkten Verwaltungsmodus her. In diesem Modus werden keine Anmeldeinformationen an den Remote-PC gesendet, sodass Ihr Gerät im Fall einer Verbindung mit einem gefährdeten PC geschützt ist. Da vom Remote-PC hergestellte Verbindungen jedoch von anderen PCs möglicherweise nicht authentifiziert werden, kann die Anwendungsfunktionalität und -kompatibilität beeinträchtigt sein. Dieser Parameter setzt die Verwendung von "/admin" voraus.

Abbildung 18.4 Parameter beim Aufruf über die Kommandozeile

Ein Großteil der Parameter ist selbsterklärend. Im Folgenden beschreiben wir daher nur die »anderen« Parameter:

- /g:<Gateway> – Der Parameter /g wird dazu verwendet, ein RD-Gateway anzugeben.
- /public – Der Schalter public aktiviert den *öffentlichen Modus*. Dieser ist vergleichbar mit dem *In-Private*-Modus des Internet Explorers oder des Edge-Browsers. Ist diese Option aktiviert, werden auf dem Client keine Kennwörter gespeichert oder gecacht und es werden keine Bitmaps (Bildschirminhalte) auf dem Client zwischengespeichert. Durch diesen Modus werden also keine Informationen auf dem Client gespeichert.
- /admin – Mithilfe dieses Schalters können Sie sich mit einem bestimmten Server verbinden, der Teil einer RD-Bereitstellung ist. Die Verbindung zu dem Zielserver wird aufgebaut, auch wenn auf einem anderen Server noch eine Sitzung existiert.
- /restrictedAdmin – Der Schalter restrictedAdmin aktiviert einen Modus, der seit Windows Server 2012 R2 vorhanden ist: Es werden keine Anmeldeinformationen an das Zielsystem gesendet bzw. dort im Speicher vorgehalten. Dadurch können diese Informationen nicht

abgegriffen werden, sollte das Zielsystem kompromittiert sein. Der Nachteil dieser Option ist, dass Sie vom Zielsystem aus nicht direkt auf andere Ressourcen (z. B. Netzlaufwerke) zugreifen können, wodurch eventuell Anwendungen nicht richtig funktionieren. Diese Funktion muss auf dem Zielsystem aktiviert werden.

- `/remoteGuard` – *Windows Defender Remote Credential Guard* ist die Weiterentwicklung des *RestrictedAdmin*-Modus und dient zum Schutz vor Pass-the-Hash-Attacken. Mit dem Schalter `/remoteGuard` aktivieren Sie die Funktion (siehe Abschnitt 18.3.6).
- `/prompt` – Wenn Sie den Einsatz des Remote Credential Guard erzwingen, wird bei einem Aufruf von MSTSC nicht nach Anmeldeinformationen gefragt, sondern direkt eine Authentifizierung per Single Sign-on (Kerberos) durchgeführt. Ist das verwendete Konto auf dem Zielsystem nicht berechtigt, wird die Verbindung fehlschlagen. Mit dem Aufruf über den Parameter `/prompt` wird kein Single Sign-on verwendet, sondern explizit zur Eingabe von Anmeldeinformationen aufgefordert. Dadurch ist dann der Wechsel zu einem anderen Konto möglich.

18.1.1 Remotedesktop aktivieren

Das Aktivieren der Remotedesktop-Funktion erfolgt über die Systemeigenschaften. Der schnellste Weg, diese Einstellungen zu erreichen, ist die Tastenkombination [Win]+[Pause] oder der Aufruf von `Sysdm.cpl`. Auf der Registerkarte REMOTE der Systemeigenschaften können Sie sowohl die REMOTEUNTERSTÜTZUNG als auch die Funktion REMOTEDESKTOP aktivieren bzw. konfigurieren (siehe Abbildung 18.5).

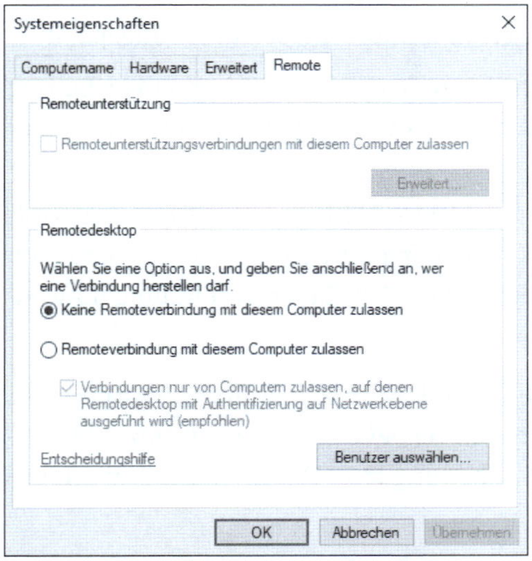

Abbildung 18.5 »Remoteunterstützung« und »Remotedesktop« aktivieren

Die Funktion *Remoteunterstützung* bietet die Möglichkeit, dass ein Benutzer Hilfe anfordert und ein Support-Mitarbeiter sich auf den Benutzerrechner aufschaltet und beide den Desktop des angemeldeten Benutzers sehen können. Eine solche Einladung erstellen Sie über die Funktion *Windows-Remoteunterstützung* (`msra.exe` – *Microsoft Remote Assistance*).

Remotedesktop ist die Funktion, über die wir in diesem Abschnitt sprechen. Es gibt die Möglichkeit, den Zugriff auf das System zu deaktivieren. Dazu verwenden Sie die Option KEINE REMOTEVERBINDUNG MIT DIESEM COMPUTER ZULASSEN; sie ist die Standardeinstellung des Betriebssystems. Die Option REMOTEDESKTOP steht unter Windows Home nicht zur Verfügung.

Wenn Sie die Option REMOTEVERBINDUNG MIT DIESEM COMPUTER ZULASSEN aktivieren, können Sie zusätzlich die empfohlene Option VERBINDUNGEN NUR VON COMPUTERN ZULASSEN, AUF DENEN REMOTEDESKTOP MIT AUTHENTIFIZIERUNG AUF NETZWERKEBENE AUSGEFÜHRT WIRD (EMPFOHLEN) aktivieren. Diese Option wird von allen gängigen Betriebssystemen unterstützt und dient zur Absicherung der Kommunikation zwischen Client und Server (bzw. RD-Host).

Vor dem ersten Verbindungsaufbau muss der Benutzer am Client Anmeldeinformationen eingeben (sofern Single Sign-on nicht aktiviert ist), und bevor der Server Informationen zum Client sendet, wird die Authentifizierung des Clients geprüft.

Das Kennwort muss (noch) gültig sein

Sollte das Kennwort des Kontos, das für den RD-Zugriff verwendet wird, abgelaufen sein, ist keine Verbindung bei aktivierter Authentifizierung auf Netzwerkebene *(Network Level Authentication, NLA)* möglich. Das Kennwort muss also vorher geändert werden.

Mit der Aktivierung der Funktion werden Registrierungsschlüssel gesetzt bzw. angepasst:

- Unter *HKLM\SYSTEM\CurrentControlSet\Control\Terminal Server* gibt es einen Eintrag `fDenyTSConnection`. Ist der Wert auf `1` gesetzt, ist der Remotedesktopzugriff deaktiviert. Der Wert `0` aktiviert den Zugriff.
- Die Steuerung von NLA erfolgt über den Key *HKLM\SYSTEM\CurrentControlSet\Control\Terminal Server\WinStations\RDP-Tcp*. Dort steuert der Eintrag `UserAuthentication`, ob NLA verwendet werden muss. Der Wert `1` bedeutet, dass NLA für die Verbindung notwendig ist.

Zusätzlich zum Aktivieren von RDP muss eine eventuell aktivierte Firewall angepasst werden (siehe Abbildung 18.6). Wenn Sie die Windows-Firewall verwenden, werden die drei benötigten Firewall-Regeln automatisch aktiviert (siehe Abbildung 18.7). Dabei werden Verbindungen über den Port 3389 (TCP und UDP) benötigt.

Wenn Sie den Port für die Verbindung ändern möchten, können Sie dies über die Registrierung tun. Dazu müssen Sie über den Key *HKLM\SYSTEM\CurrentControlSet\Control\Terminal Server\WinStations\RDP-Tcp* den Wert für `PortNumber` entsprechend anpassen.

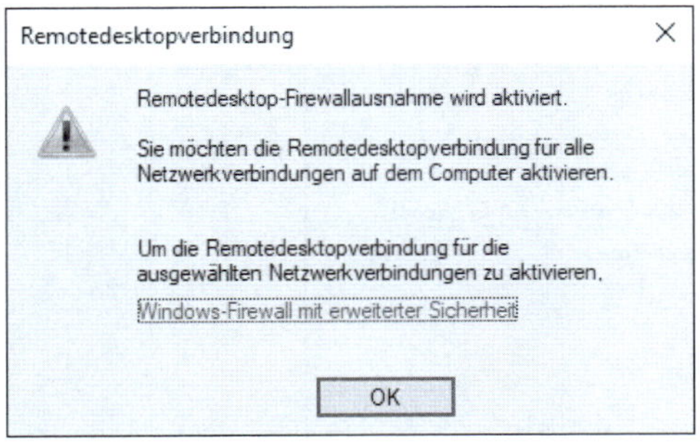

Abbildung 18.6 Hinweis, dass mit der Aktivierung von RDP Firewall-Regeln aktiviert werden

Sollten Sie mithilfe von Gruppenrichtlinien die Firewall-Einstellungen auf Ihren Systemen verwalten oder eine Drittanbieter-Firewall verwenden, wird – trotz aktivierter RD-Verbindung – der Zugriff nicht möglich sein, bis die entsprechenden Ports in der Firewall freigeschaltet sind bzw. die notwendigen Regeln aktiviert wurden.

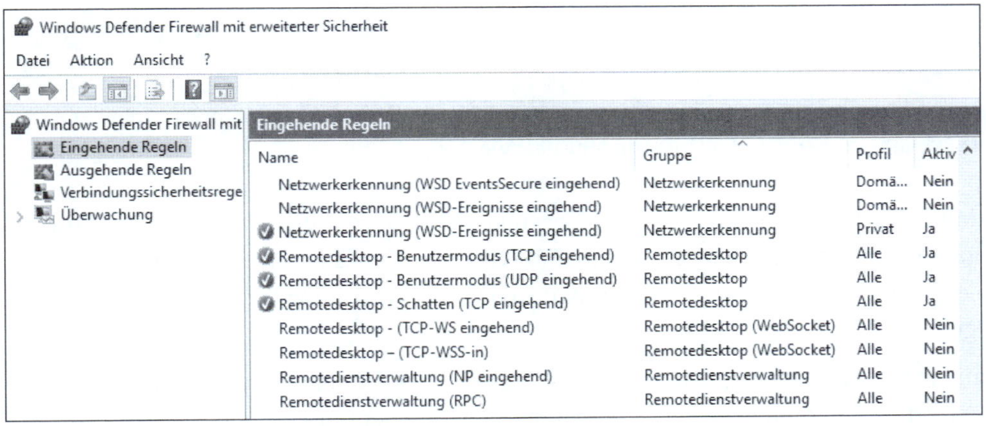

Abbildung 18.7 Aktivierte Firewall-Regeln für Remotedesktop

Damit ist die Aktivierung des Remotedesktop-Zugriffs abgeschlossen. Dieser Modus hieß früher auch *Terminalserver im Administrations-Modus*, da dieser Modus lizenzfrei war und nur für Benutzer mit Administratorrechten auf dem Zielsystem zur Verfügung stand.

Beim Aktivieren von RD gibt es die Möglichkeit, Benutzer auszuwählen, denen der Zugriff per RD gewährt wird (siehe Abbildung 18.5). Auf dem System, auf dem RD aktiviert wird, existiert eine lokale Gruppe mit dem Namen *Remotedesktopbenutzer* (siehe Abbildung 18.8). Mitgliedern dieser Gruppe ist der Zugriff auf das System per Remotedesktop gestattet.

Wenn Sie diese Gruppe verwenden, können Sie Konten zum Remotezugriff berechtigen, ohne diesen Benutzern lokale Administratorrechte zu gewähren.

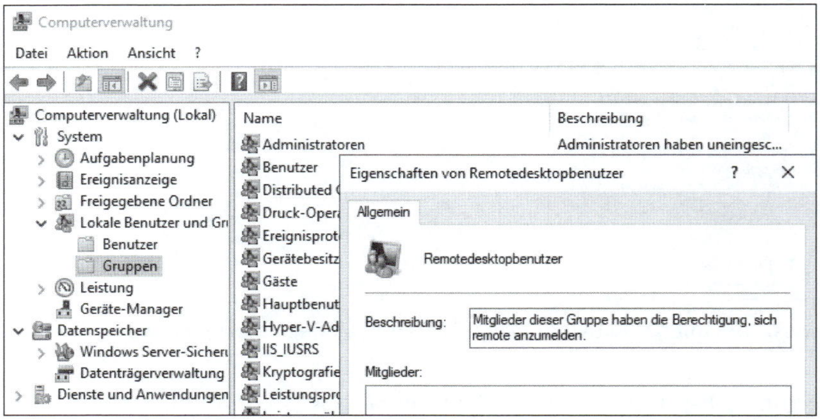

Abbildung 18.8 Lokale Gruppe der Remotedesktopbenutzer

RD-Server auf Domänencontrollern

Wenn es sich bei dem RD-Server um einen Domänencontroller handelt, wird die Gruppe im Active Directory als domänenlokale Gruppe angelegt. Mitglieder dieser Gruppe können sich an allen Domänencontrollern der Domäne anmelden, da die Gruppe und deren Mitglieder auf alle Domänencontroller der Domäne repliziert werden.

Die Mitgliedschaften in den lokalen Gruppen können Sie mithilfe von Gruppenrichtlinien pflegen und verwalten (siehe Abschnitt 7.8, »Gruppenrichtlinienobjekte (GPOs)«). Für die lokale Verwaltung wird eine Mitgliedschaft in der lokalen Gruppe der Administratoren benötigt.

Wenn Sie die Gruppenmitgliedschaft nicht anpassen möchten, können Sie das Recht zum Anmelden über Remotedesktop auch über die Sicherheitsoptionen steuern.

Sie können über die *Sicherheitseinstellungen* mit einer Richtlinie das Recht zum Anmelden gewähren oder auch verweigern. In Abbildung 18.9 wird die lokale Richtlinie eines Systems gezeigt (`gpedit.msc`). Sie können die Einstellung aber auch in einer Gruppenrichtlinie vornehmen.

Standardmäßig wird in der lokalen Richtlinie das Recht ANMELDEN ÜBER REMOTEDESKTOPDIENSTE ZULASSEN der Gruppe der lokalen Administratoren und der Remotedesktopbenutzer gewährt. Sofern in keiner domänenbasierten Gruppenrichtlinie die Option konfiguriert wurde, wird die lokale Einstellung verwendet. Sonst wird die Konfiguration aus einer Gruppenrichtlinie angewendet.

Ist der Benutzer, der sich verbinden möchte, Mitglied einer der Gruppen, denen das Recht gewährt wurde, und *nicht* Mitglied einer der Verweigern-Gruppen, wird der Zugriff gestattet. Die Verweigern-Berechtigung (ANMELDEN ÜBER REMOTEDESKTOPDIENSTE VERWEIGERN) hat Vorrang gegenüber dem Gestatten-Recht.

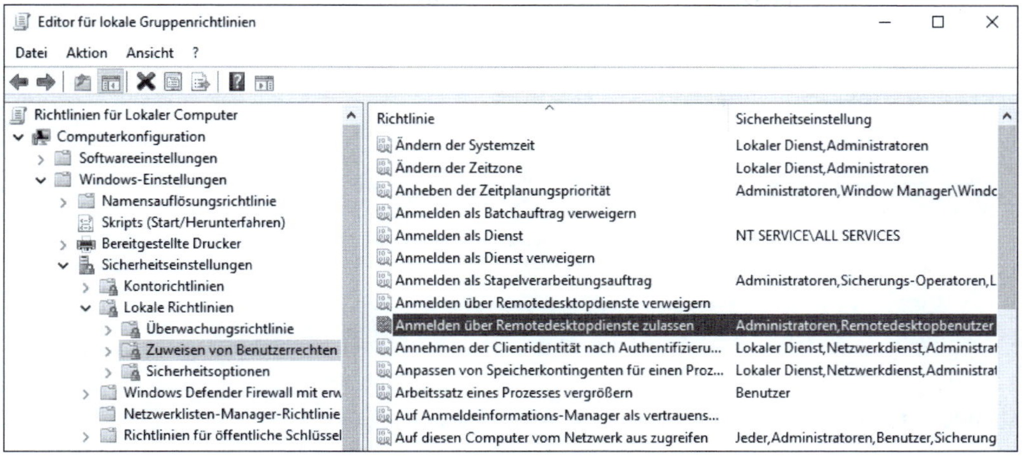

Abbildung 18.9 Zuweisen von Benutzerrechten zur Anmeldung per Remotedesktop

Benutzerrechte

Neben der Option, die Berechtigung für die Anmeldung über Remotedesktopdienste zu definieren, können Sie bei ZUWEISEN VON BENUTZERRECHTEN auch Rechte für die lokale Anmeldung definieren. Diese Rechte werden nicht für die Remotedesktopanmeldung verwendet, sondern für eine Anmeldung über die Konsole.

Wenn Sie die Einstellungen per Gruppenrichtlinie definieren, kann es notwendig sein, ein Gruppenrichtlinien-Update durchzuführen, damit die Einstellungen wirksam werden.

Zum Deaktivieren bzw. Abschalten von RD können Sie entweder den Benutzer aus den entsprechenden Gruppen entfernen und/oder die RD-Funktion auf dem System komplett deaktivieren. Dabei müssen Sie aber beachten, dass die Einstellungen erst bei einem neuen Verbindungsaufbau bzw. bei einer Reauthentifizierung angewendet werden und bestehende Verbindungen nicht unterbrochen werden.

18.1.2 Die einzelnen Rollendienste installieren

Wenn Sie die erweiterten zusätzlichen Funktionen der Remotedesktopdienste (z. B. *Remote-Apps*) nutzen möchten, müssen Sie die Rolle *Remotedesktop* installieren. Dies führt dazu, dass die Zusatzfunktionen installiert und aktiviert werden. Um diese Funktionen nutzen zu können, müssen Sie anschließend einen Lizenzserver bereitstellen.

Sie können über den Server-Manager oder über die PowerShell die einzelnen Rollendienste bereitstellen (ROLLENBASIERTE ODER FEATUREBASIERTE INSTALLATION) oder eine INSTALLATION VON REMOTEDESKTOPDIENSTEN auswählen (siehe Abbildung 18.10). Dabei führt ein Assistent Sie durch die Bereitstellung aller notwendigen Komponenten und richtet die Umgebung für die Verwendung ein.

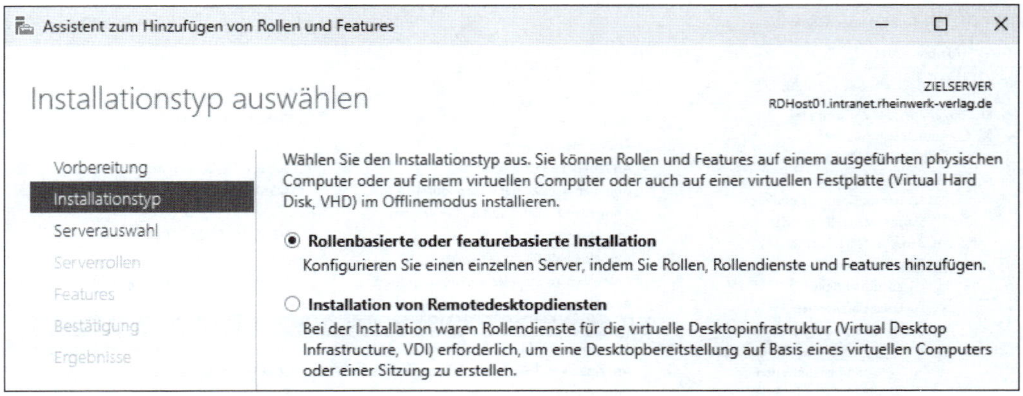
Assistent zum Hinzufügen von Rollen und Features
Installationstyp auswählen
ZIELSERVER
RDHost01.intranet.rheinwerk-verlag.de
Vorbereitung
Installationstyp
Serverauswahl
Serverrollen
Features
Bestätigung
Ergebnisse
Wählen Sie den Installationstyp aus. Sie können Rollen und Features auf einem ausgeführten physischen Computer oder auf einem virtuellen Computer oder auch auf einer virtuellen Festplatte (Virtual Hard Disk, VHD) im Offlinemodus installieren.
Rollenbasierte oder featurebasierte Installation
Konfigurieren Sie einen einzelnen Server, indem Sie Rollen, Rollendienste und Features hinzufügen.
Installation von Remotedesktopdiensten
Bei der Installation waren Rollendienste für die virtuelle Desktopinfrastruktur (Virtual Desktop Infrastructure, VDI) erforderlich, um eine Desktopbereitstellung auf Basis eines virtuellen Computers oder einer Sitzung zu erstellen.

Abbildung 18.10 Auswahl des Installationstyps im Server-Manager

Wenn Sie die rollenbasierte Installation auswählen, können Sie im Assistenten die einzelnen Rollendienste auswählen und auf dem System installieren.

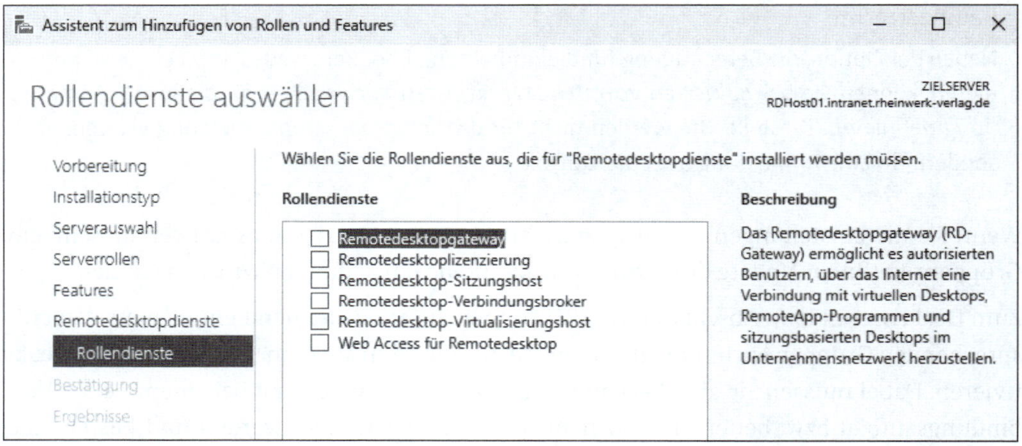
Assistent zum Hinzufügen von Rollen und Features
Rollendienste auswählen
ZIELSERVER
RDHost01.intranet.rheinwerk-verlag.de
Vorbereitung
Installationstyp
Serverauswahl
Serverrollen
Features
Remotedesktopdienste
Rollendienste
Bestätigung
Ergebnisse
Wählen Sie die Rollendienste aus, die für "Remotedesktopdienste" installiert werden müssen.
Rollendienste
Remotedesktopgateway
Remotedesktoplizenzierung
Remotedesktop-Sitzungshost
Remotedesktop-Verbindungsbroker
Remotedesktop-Virtualisierungshost
Web Access für Remotedesktop
Beschreibung
Das Remotedesktopgateway (RD-Gateway) ermöglicht es autorisierten Benutzern, über das Internet eine Verbindung mit virtuellen Desktops, RemoteApp-Programmen und sitzungsbasierten Desktops im Unternehmensnetzwerk herzustellen.

Abbildung 18.11 Auswahl der Rollendienste der Remotedesktopdienste

Abbildung 18.11 zeigt alle verfügbaren Rollendienste:

- Der REMOTE DESKTOP SESSION HOST ist ein Server, auf dem die Anwendungen bereitgestellt werden, auf die die Benutzer zugreifen. Der Zugriff kann entweder als kompletter Desktop oder über eine bereitgestellte Anwendung erfolgen. Bei der Bereitstellung einer Anwendung wird die Anwendung auf dem Server ausgeführt und der Client öffnet die Anwendung in einem Fenster. Der Vorteil besteht darin, dass es für den Anwender völlig transparent ist, wo die Anwendung ausgeführt wird. Wird ein kompletter Desktop bereitgestellt, kann es für den Benutzer verwirrend sein, weil er – je nach Konfiguration – mehrere Startmenüs und Desktophintergründe hat und es leicht zu Verwechslungen zwischen dem lokalen Desktop und dem Remotedesktop kommen kann.

- Ein REMOTEDESKTOPGATEWAY stellt eine Art Reverse-Proxy-Funktionalität für RD bereit. Dabei verbindet sich der Client – z. B. über das Internet – mit dem Remotedesktopgateway über SSL (Port 443) und authentifiziert sich am Remotedesktopgateway. Wird der Zugriff gewährt, erhält der Benutzer Zugriff auf den eigentlichen RD-Server. Das Gateway führt dabei die Umsetzung von Port 443 auf Port 3389 (oder einen anderen definierten Port) durch. Durch den Einsatz eines Remotedesktopgateways kann ein sicherer Zugriff auf RD-Ressourcen über das Internet bereitgestellt werden, ohne vorher ein VPN aufbauen zu müssen.
- Die Rolle REMOTEDESKTOPLIZENZIERUNG verwaltet die bereitgestellten Lizenzen für die Verwendung von Remotedesktop. Ist kein Lizenzserver erreichbar oder sind keine freien Lizenzen vorhanden, ist eine Anmeldung an einem Remotedesktop-Host nicht möglich.
- Der REMOTEDESKTOP-VERBINDUNGSBROKER verwaltet eine Übersicht der Sitzungen der Benutzer auf einem der Remotedesktop-Hosts. Durch die Verwendung eines Verbindungsbrokers können bestehende Sitzungen bei getrennter Verbindung erneut verbunden werden. Dadurch wird ein Benutzer, der z. B. aufgrund eines Netzwerkproblems vom Server getrennt wurde, wieder mit der gleichen Sitzung auf dem gleichen Server verbunden. Besonders empfehlenswert ist der Verbindungsbroker, wenn Sie mehrere RD-Hosts betreiben.
- Der REMOTEDESKTOP-VIRTUALISIERUNGSHOST verwendet Hyper-V, um Anwendungen oder Desktops mithilfe von virtuellen Maschinen bereitzustellen. Dabei wird eine separate isolierte virtuelle Maschine verwendet, um die Anwendung oder den Desktop bereitzustellen, und es wird nicht – wie beim RD-Host – nur eine Anwendung vom Server bereitgestellt, die sich alle Benutzer »teilen«.
- Der WEB ACCESS FÜR REMOTEDESKTOP kann dazu verwendet werden, den Clients auf einfache Art und Weise den Zugriff auf bereitgestellte Anwendungen zu ermöglichen. Zusätzlich kann die Webseite um eine Kennwortwechselfunktion erweitert werden.

Die einzelnen Rollendienste können kombiniert werden. Lediglich das Remotedesktopgateway sollte auf einem dedizierten Server installiert werden. Für eine einfache Bereitstellung einer Remotedesktop-Umgebung können Sie über den Server-Manager eine komplette Einrichtung der Server vornehmen und die Rollendienste verteilen.

18.1.3 Eine Remotedesktop-Umgebung bereitstellen

Bevor Sie mit der Einrichtung von mehreren Servern beginnen, sollten Sie im Server-Manager alle Server, die Sie bereitstellen möchten, zur Server-Sammlung hinzufügen (siehe Kapitel 10, »Verwaltung«). Im späteren Verlauf der Einrichtung können Sie dann direkt die jeweiligen Server auswählen.

Bei der Installation von Rollen und Features über den Server-Manager gibt es im ersten Fenster (siehe Abbildung 18.10) die Option zur INSTALLATION VON REMOTEDESKTOPDIENSTEN.

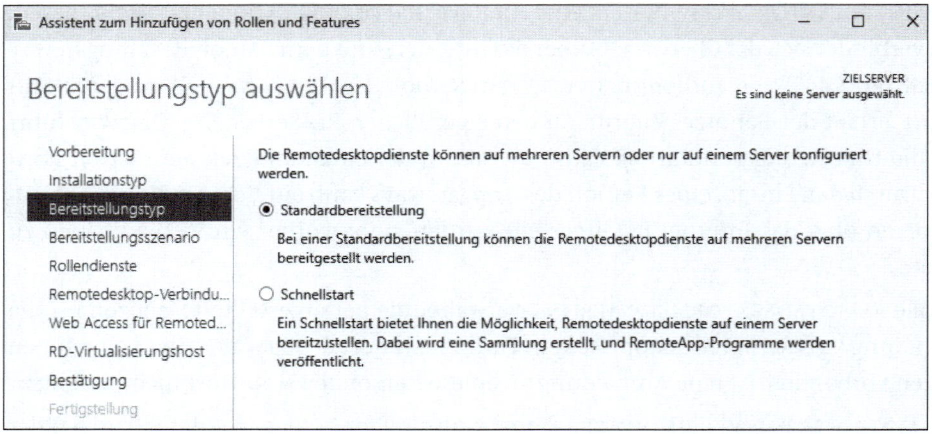
Assistent zum Hinzufügen von Rollen und Features
Bereitstellungstyp auswählen
ZIELSERVER
Es sind keine Server ausgewählt.
Vorbereitung
Installationstyp
Bereitstellungstyp
Bereitstellungsszenario
Rollendienste
Remotedesktop-Verbindu...
Web Access für Remoted...
RD-Virtualisierungshost
Bestätigung
Fertigstellung
Die Remotedesktopdienste können auf mehreren Servern oder nur auf einem Server konfiguriert werden.
Standardbereitstellung
Bei einer Standardbereitstellung können die Remotedesktopdienste auf mehreren Servern bereitgestellt werden.
Schnellstart
Ein Schnellstart bietet Ihnen die Möglichkeit, Remotedesktopdienste auf einem Server bereitzustellen. Dabei wird eine Sammlung erstellt, und RemoteApp-Programme werden veröffentlicht.

Abbildung 18.12 Bereitstellungstyp-Auswahl für die Installation der Remotedesktopdienste

Eine STANDARDBEREITSTELLUNG (siehe Abbildung 18.12) bietet dann die Möglichkeit, die notwendigen Rollen für eine komplette Bereitstellung auf mehrere Server aufzuteilen, um dadurch die Rollen und dazugehörenden Lasten zu verteilen. Bei der SCHNELLSTART-Bereitstellung werden die Funktionen auf einem einzelnen Server bereitgestellt, und dort wird auch die komplette Umgebung eingerichtet.

Der Assistent stellt zwei Bereitstellungsszenarien zur Auswahl (siehe Abbildung 18.13):

- AUF VIRTUELLEN COMPUTERN BASIERENDE DESKTOPBEREITSTELLUNG – Diese Art der Bereitstellung verwendet Hyper-V-Hosts, um Anwendungen oder komplette Desktops bereitzustellen.
- SITZUNGSBASIERTE DESKTOPBEREITSTELLUNG – Bei der sitzungsbasierten Desktopbereitstellung bauen die Clients Verbindungen zu einem RD-Host auf und alle Benutzer verwenden Anwendungen, die auf dem RD-Host-Server installiert wurden.

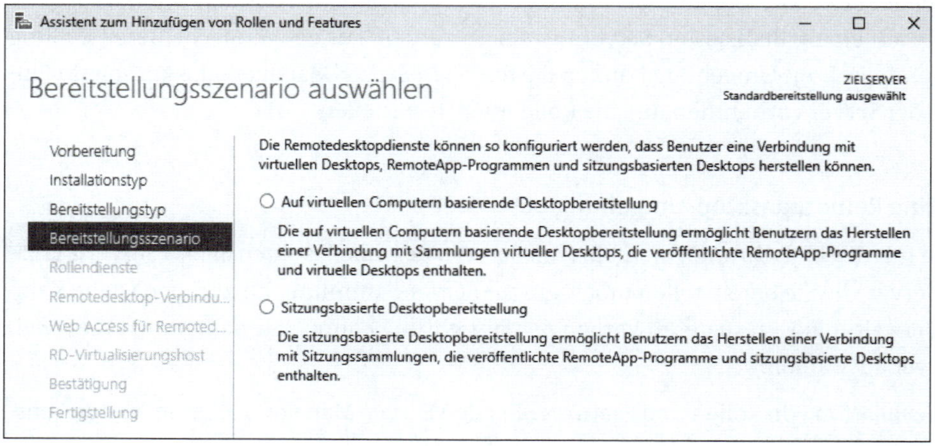
Assistent zum Hinzufügen von Rollen und Features
Bereitstellungsszenario auswählen
ZIELSERVER
Standardbereitstellung ausgewählt
Vorbereitung
Installationstyp
Bereitstellungstyp
Bereitstellungsszenario
Rollendienste
Remotedesktop-Verbindu...
Web Access für Remoted...
RD-Virtualisierungshost
Bestätigung
Fertigstellung
Die Remotedesktopdienste können so konfiguriert werden, dass Benutzer eine Verbindung mit virtuellen Desktops, RemoteApp-Programmen und sitzungsbasierten Desktops herstellen können.
Auf virtuellen Computern basierende Desktopbereitstellung
Die auf virtuellen Computern basierende Desktopbereitstellung ermöglicht Benutzern das Herstellen einer Verbindung mit Sammlungen virtueller Desktops, die veröffentlichte RemoteApp-Programme und virtuelle Desktops enthalten.
Sitzungsbasierte Desktopbereitstellung
Die sitzungsbasierte Desktopbereitstellung ermöglicht Benutzern das Herstellen einer Verbindung mit Sitzungssammlungen, die veröffentlichte RemoteApp-Programme und sitzungsbasierte Desktops enthalten.

Abbildung 18.13 Auswahl des Bereitstellungsszenarios

Im Fenster Rollendienste überprüfen (siehe Abbildung 18.14) wird ein erläuternder Text angezeigt. Er listet Ihnen die Rollendienste auf, die für die Bereitstellung benötigt werden, und erläutert sie.

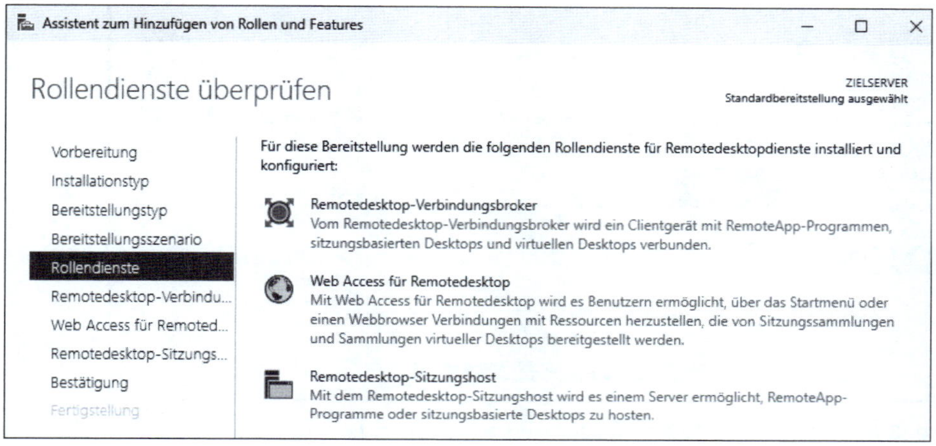

Abbildung 18.14 Übersicht der Rollendiente, die bereitgestellt werden

Wie bereits zuvor erwähnt, sollten Sie alle Server, die Sie hier zuordnen bzw. verwalten wollen, im Server-Manager unter Alle Server hinzufügen (siehe Abbildung 18.15). Für die Einrichtung benötigen Sie auf den Zielsystemen lokale Administratorrechte.

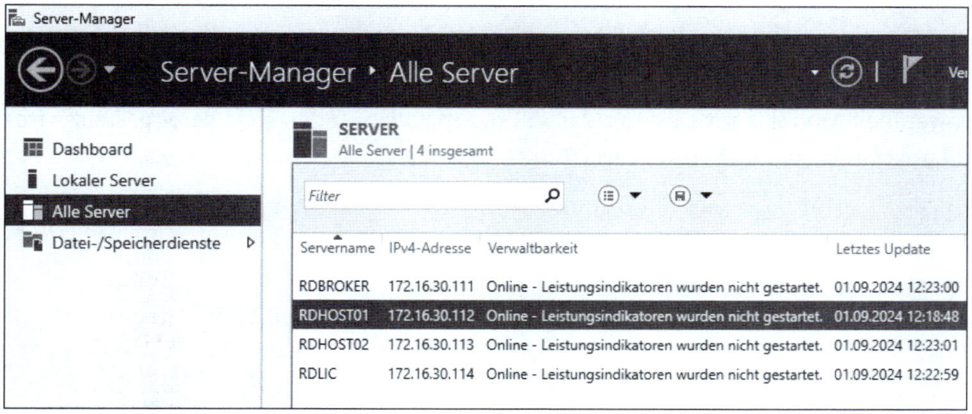

Abbildung 18.15 Anzeige der zuvor hinzugefügten Serversysteme

Installation des Lizenzservers

Die Installation des Lizenzservers erfolgt außerhalb des Assistenten, da der Lizenzserver für mehrere RDS-Farmen verwendet werden kann.

Die nun folgenden Fenster des Assistenten bieten die Möglichkeit, den einzelnen Rollen ein oder mehrere Serversysteme zuzuordnen.

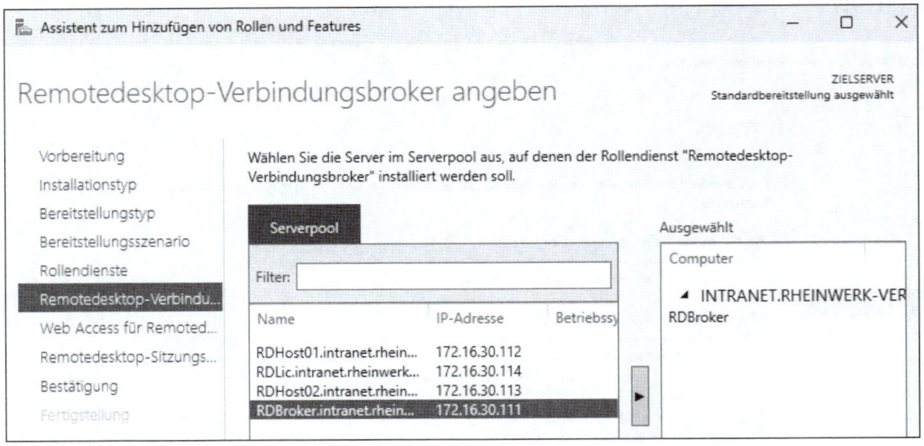

Abbildung 18.16 Auswahl des Verbindungsbrokers aus dem Serverpool

Der Verbindungsbroker (siehe Abbildung 18.16) ist das System, das die Sitzungsinformationen vorhält. Eine hohe Verfügbarkeit des Verbindungsbrokers können Sie, nachdem ein SQL-Server bereitgestellt wurde, über das PowerShell-Cmdlet `Set-RDConnectionBrokerHighAvailability` einrichten. In größeren und komplexeren Umgebungen kann es sinnvoll sein, den Verbindungsbroker hochverfügbar und ausfallsicher bereitzustellen, sodass auch beim Ausfall eines Systems – oder beim Einspielen von Updates – der Dienst trotzdem zur Verfügung steht.

Das PowerShell-Modul `RemoteDesktop`, das mit der Installation der Rolle bereitgestellt wird, bringt Funktionen zur Hochverfügbarkeit mit:

```
PS C:\Users\1peterkloep> get-command *rdconn*

CommandType     Name                                      Version    Source
-----------     ----                                      -------    ------
Function        Get-RDConnectionBrokerHighAvailability    2.0.0.0    RemoteDesktop
Function        Set-RDConnectionBrokerHighAvailability    2.0.0.0    RemoteDesktop
```

Listing 18.1 Übersicht der Befehle für die Hochverfügbarkeit des ConnectionBrokers

Nach der Zuweisung der *Verbindungsbroker-Rolle* muss der Server für den Webzugriff auf dem gleichen Weg zugewiesen werden.

Die *Webzugriff-Rolle* (und die *Gateway-Rolle*) können Sie mithilfe von Lastenausgleichstechnologien hochverfügbar bereitstellen.

Die nächste Rolle, die zugewiesen werden muss, ist die *RD-Sitzungshostserver-Rolle* (siehe Abbildung 18.17). Diese Server stellen die Anwendungen bereit, auf die die Clients zugreifen. Hier können Sie mehrere Server direkt angeben. Wichtig ist, dass die RD-Sitzungshostserver identisch konfiguriert sind, sodass die Anwender – egal mit welchem Server sie verbunden werden – die gleiche User Experience erfahren. Das heißt, dass die Anwendungen (und eventuell der Desktop) auf allen Systemen gleich aussehen müssen.

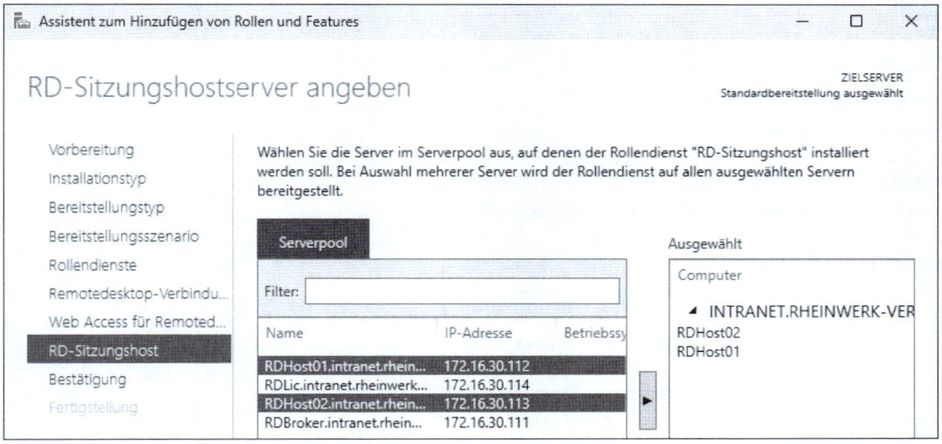

Abbildung 18.17 Auswahl der RD-Sitzungshostserver

Markieren Sie also die zu verwendenden Server im SERVERPOOL und verschieben Sie sie über den kleinen Pfeil rechts von dem Fenster mit den Servern in den Bereich AUSGEWÄHLT.

Damit ist die Auswahl für die Grundkonfiguration abgeschlossen. Der Assistent listet im Abschnitt BESTÄTIGUNG (siehe Abbildung 18.18) eine Zusammenfassung auf.

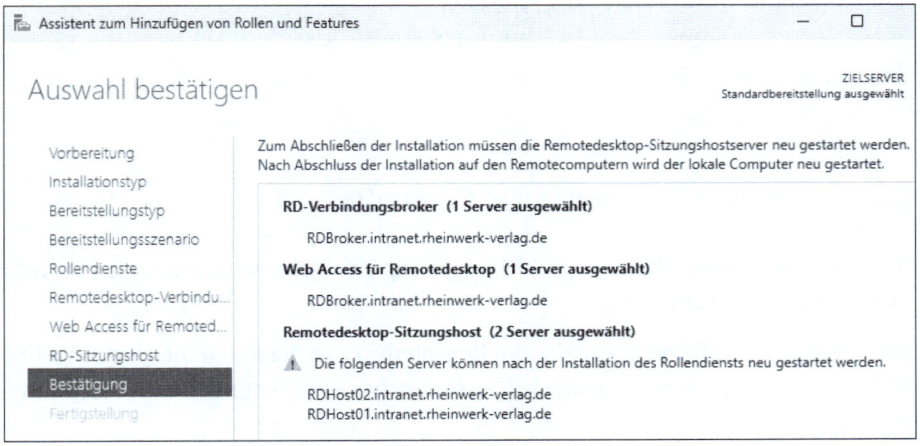

Abbildung 18.18 Zusammenfassung der Konfiguration

Die Sitzungshostserver müssen nach der Installation der Rolle neu gestartet werden. Aus diesem Grund müssen Sie im Bestätigungsfenster die Auswahlbox ZIELSERVER BEI BEDARF AUTOMATISCH NEU STARTEN aktivieren, bevor der BEREITSTELLEN-Button aktiviert wird und genutzt werden kann.

Nach dem Start der Bereitstellung informiert der Assistent Sie über den Fortschritt der Installation (siehe Abbildung 18.19).

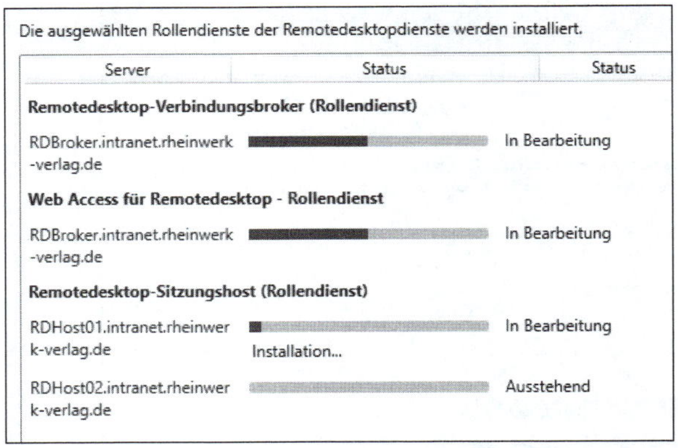

Abbildung 18.19 Der Fortschritt der Konfiguration

Die Serversysteme müssen Mitglied der Domäne sein, und das Konto, mit dem die Einrichtung durchgeführt wird, muss auf den Zielsystemen lokale Administratorrechte besitzen.

Eine Bereitstellung über die PowerShell kann mit dem Cmdlet `New-RDSessionDeployment` durchgeführt werden (siehe Listing 18.2):

```
New-RDSessionDeployment -ConnectionBroker W2K19-RDBroker `
                        -SessionHost W2K19-RDHost01 `
                        -WebAccessServer W2K19-RDBroker
Add-RDServer -Server W2K19-RDHost02 `
             -Role RDS-RD-Server `
             -ConnectionBroker W2K19-RDBroker
```

Listing 18.2 Bereitstellung einer RD-Umgebung über die PowerShell

Die Verwaltung und weitere Konfiguration der Umgebung erfolgt entweder über den Server-Manager oder mithilfe der PowerShell.

Im Server-Manager steht auf Systemen, die die Remotedesktopdienste (oder eine einzelne Rolle) installiert haben, der Verwaltungspunkt REMOTEDESKTOP-DIENSTE zur Verfügung (siehe Abbildung 18.20).

Für die Administration können Sie den Verbindungsbroker verwenden oder einen beliebigen Server der Umgebung. Bei der Verwaltung wird der Server-Manager immer eine Verbindung zum Broker aufbauen.

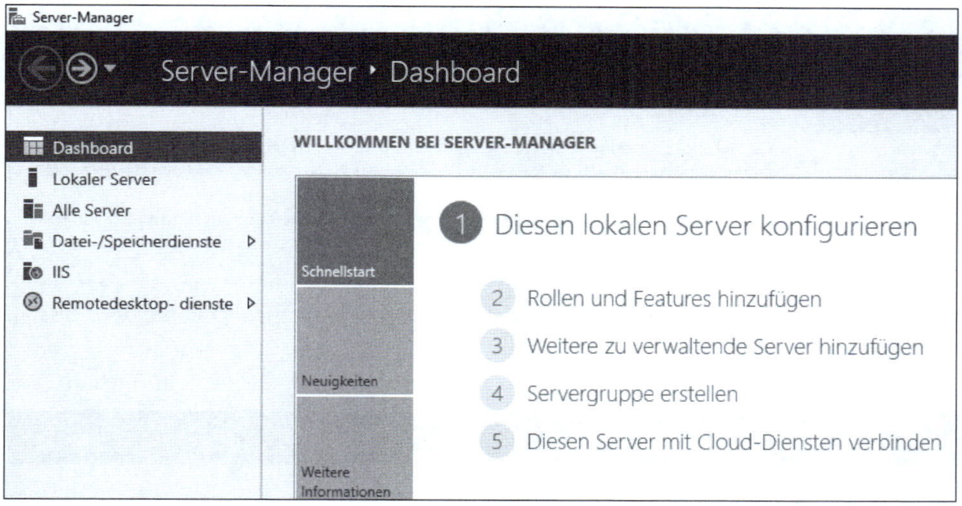

Abbildung 18.20 Möglichkeit zur Verwaltung der RD-Umgebung im Server-Manager

Damit eine Verwaltung möglich ist, müssen Sie sich mit einem Domänenkonto anmelden. Lokale Benutzer können die Verwaltung nicht vornehmen (siehe Abbildung 18.21).

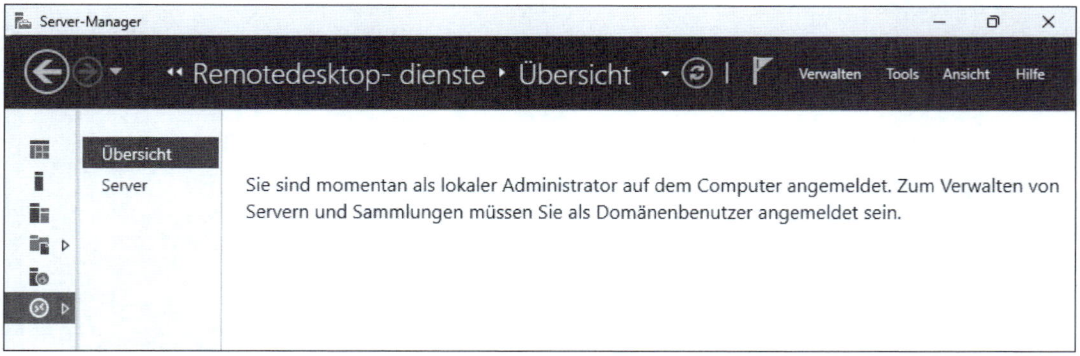

Abbildung 18.21 Meldung, dass ein lokales Konto keine Verwaltung durchführen kann

Bei der Überprüfung der Verwaltbarkeit wird auch getestet, ob alle Server der Farm zum Serverpool auf dem Server gehören, auf dem Sie den Server-Manager verwenden. Ist dies nicht der Fall, wird der Server-Manager Sie darauf hinweisen (siehe Abbildung 18.22). Sie müssen dann alle Server der Farm (zumindest den *RD-Verbindungsbroker, Web Access für Remotedesktop* und die *Remote Desktop Session Hosts*) zum Serverpool hinzufügen.

In der Übersicht für die Verwaltung der Remotedesktopdienste (siehe Abbildung 18.23) stehen Ihnen im oberen Bereich Optionen zur Verfügung, mit denen Sie weitere Systeme bzw. Sammlungen von Anwendungen hinzufügen können.

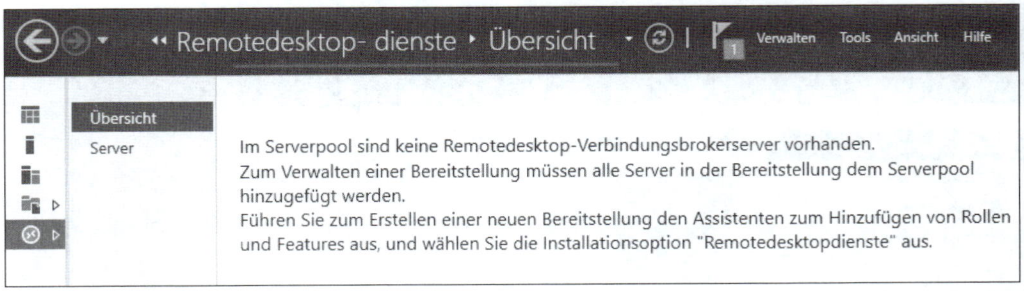

Abbildung 18.22 Hinweis, dass nicht alle Server der RD-Farm zum Serverpool gehören bzw. dass kein Broker vorhanden ist.

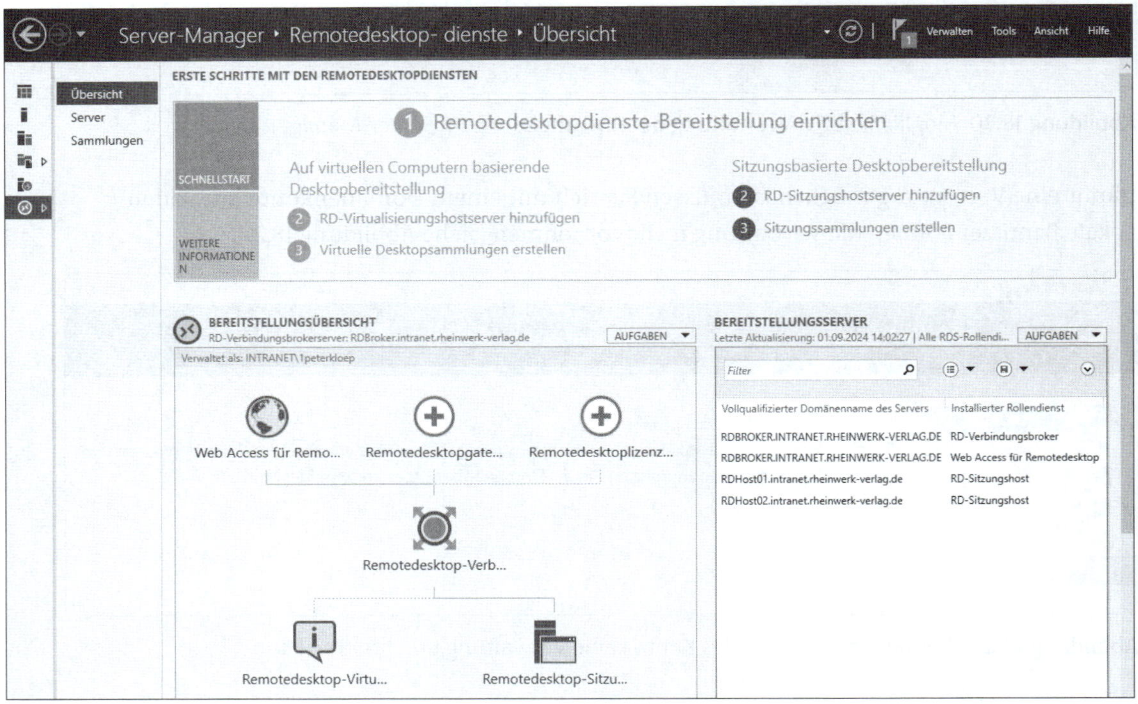

Abbildung 18.23 Verwaltung der Umgebung im Server-Manager

In der BEREITSTELLUNGSÜBERSICHT aus Abbildung 18.24 werden die bereitgestellten Komponenten dargestellt. Für den *Web Access* wird ein Weltkugelsymbol angezeigt. Dies bedeutet, dass diese Rolle bereits zur Verfügung steht und installiert wurde. Beim *Remotedesktopgateway* und bei dem *Remotedesktoplizenzserver* wird ein grünes +-Zeichen gezeigt, was bedeutet, dass diese Rollendienste noch nicht installiert wurden. Mit einem Klick auf das Pluszeichen starten Sie einen Assistenten, um diese Rollendienste in der Farm bereitzustellen und einzurichten.

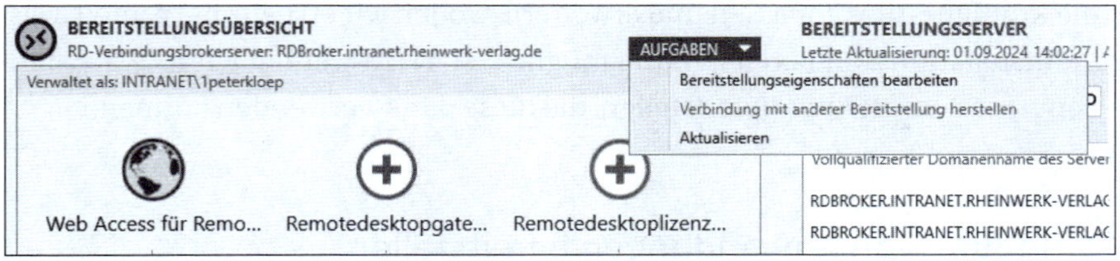

Abbildung 18.24 Möglichkeit, die Bereitstellungseigenschaften zu bearbeiten

Auf der Ebene der Bereitstellungsübersicht (siehe Abbildung 18.24) können Sie die allgemeinen Einstellungen für die Umgebung anpassen. Wenn Sie unter AUFGABEN die Option BEREITSTELLUNGSEIGENSCHAFTEN BEARBEITEN wählen, wird ein Fenster angezeigt, in dem Sie zahlreiche Konfigurationen vornehmen können:

- Unterhalb der Option REMOTEDESKTOPGATEWAY können Sie generelle Einstellungen für die Verwendung eines Remotedesktopgateways vornehmen. Diese Einstellungen werden dann z. B. von den RemoteApps als Standardeinstellung übernommen. Bei Bedarf können Sie die Einstellungen pro RemoteApp ändern.
- Die Option REMOTEDESKTOPLIZENZIERUNG bietet die Möglichkeit, die Lizenzierungsart zwischen »Pro Gerät« und »Pro Benutzer« zu ändern. Zusätzlich können Sie einen oder mehrere Lizenzserver angeben. Ein Lizenzserver wird benötigt, damit sich Benutzer an den Servern anmelden können und die RemoteApps (oder die Desktops) nutzen können.
- Unter WEB ACCESS FÜR REMOTEDESKTOP werden die Web Access-Server mit der entsprechenden URL aufgelistet, die mit der Bereitstellung verbunden sind. Zusätzlich gibt es einen Link für das Bereitstellen des HTML5-Clients (siehe Abschnitt 18.2.3).
- Über ZERTIFIKATE können Sie für die Farm die Zertifikate zuordnen und aktivieren. Zusätzlich können Sie ein selbstsigniertes Zertifikat erstellen. Sie sollten idealerweise Zertifikate von einer vertrauenswürdigen Zertifizierungsstelle verwenden, sodass die verwendeten Zertifikate bei den Clients automatisch als vertrauenswürdig eingestuft werden. Wenn Sie hier Zertifikate aus Dateien auswählen möchten, müssen Sie die Dateien als PKCS#12, also als Zertifikatdatei, mit dem privaten Schlüssel speichern.

Über die einzelnen Symbole in der Bereitstellungsübersicht können Sie für die jeweiligen Rollen Server hinzufügen oder entfernen (siehe Abbildung 18.25).

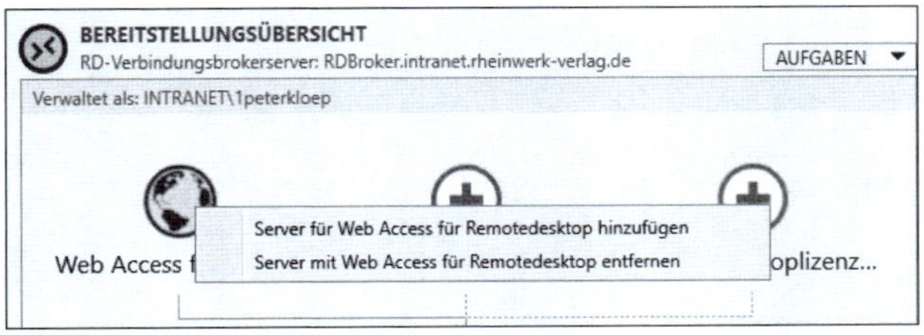

Abbildung 18.25 Optionen zum Hinzufügen oder Entfernen von Servern für die einzelnen Rollendienste

Bevor wir nun die Konfiguration anpassen und erweitern, wollen wir erst einmal prüfen, was nach einer Grundinstallation und Bereitstellung möglich ist. Dazu werden wir im nächsten Schritt für die Benutzer RemoteApps bereitstellen, die diese dann verwenden können.

18.2 Eine Sammlung von Anwendungen bereitstellen

Damit Benutzer nun die Infrastruktur nutzen können, sollten Sie eine RD-Sammlung erstellen, sodass die Benutzer die bereitgestellten Anwendungen im *App-Modus* verwenden können und nicht einen kompletten zweiten Desktop bereitgestellt bekommen.

Die Benutzer können die Anwendungen entweder direkt vom ihrem Clientbetriebssystem über das Startmenü aufrufen oder über die vom *RDWebserver* bereitgestellte Webseite. Dabei können Sie verschiedene Sammlungen von Anwendungen erstellen, sodass Benutzer – basierend auf ihren Gruppenmitgliedschaften – nur Zugriff auf solche Anwendungen bekommen, die für sie freigeschaltet wurden.

18.2.1 Eine RD-Sammlung erstellen

Über den Server-Manager – oder über die PowerShell – können Sie eine Sammlung von Anwendungen erstellen. In Abbildung 18.26 sehen Sie, dass noch keine Sammlung angelegt wurde.

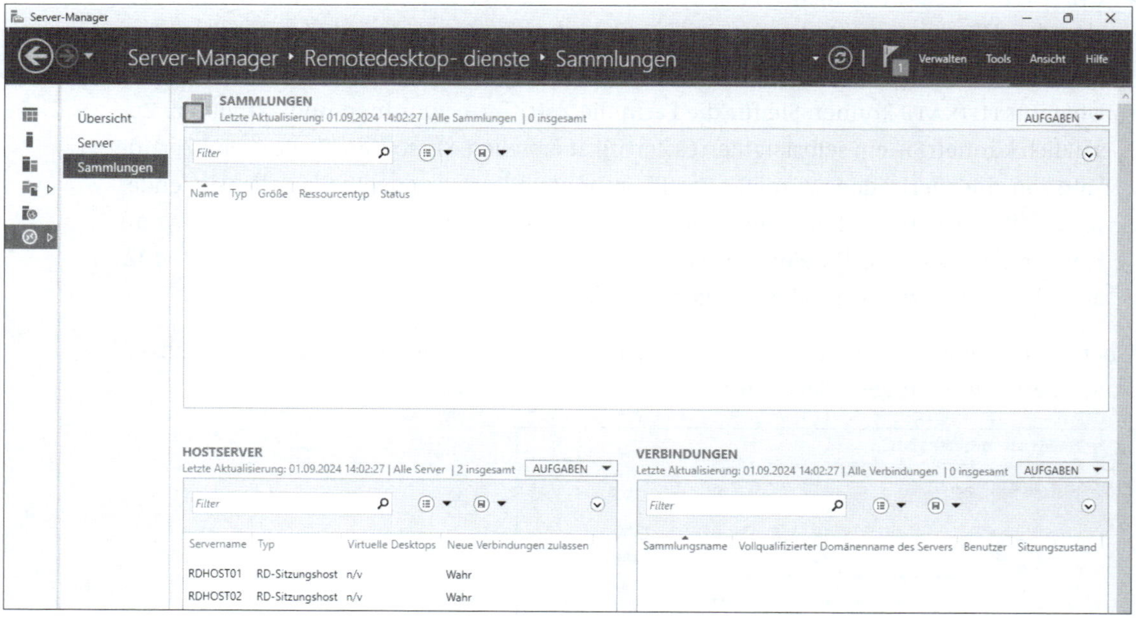

Abbildung 18.26 Übersicht über App-Sammlungen

In diesem Fenster werden unter HOSTSERVER die der Umgebung zugeordneten Sitzungshost-Server angezeigt, und unter VERBINDUNGEN finden Sie die aktuellen Verbindungen bzw. Sitzungen.

Um nun eine zusätzliche RemoteApp-Sammlung zu erstellen, klicken Sie im Bereich SAMMLUNGEN auf AUFGABEN und wählen die Option SAMMLUNG ERSTELLEN. Daraufhin startet ein Assistent.

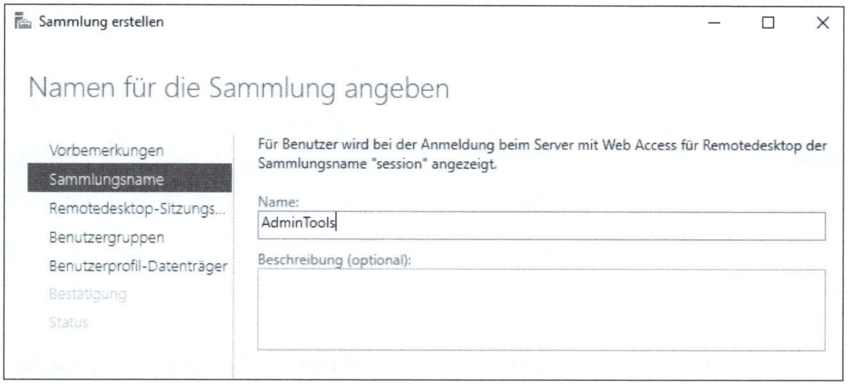

Abbildung 18.27 Erstellen einer neuen Sammlung

Im ersten Schritt des Assistenten müssen Sie der neuen Sammlung einen Namen geben (siehe Abbildung 18.27). Anhand dieses Namens können später die unterschiedlichen Sammlungen in der RD-Bereitstellung leichter identifiziert werden. Die Anwender sehen diesen Namen nicht bei der Verwendung von RemoteApp, sondern sehen nur die Namen der Anwendungen, die ihnen zur Verfügung stehen.

Im nächsten Schritt wählen Sie die RD-Sitzungshostserver aus, auf denen die Anwendungen bereitgestellt werden sollen (siehe Abbildung 18.28).

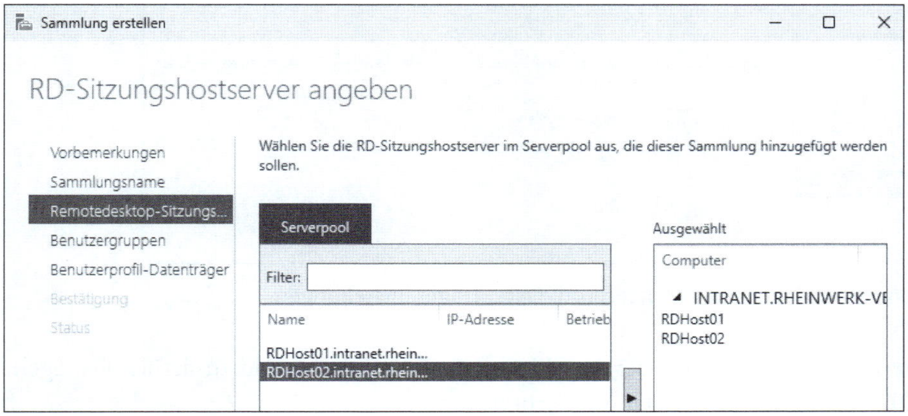

Abbildung 18.28 Auswahl der RD-Sitzungshostserver

Für jede Sammlung müssen Berechtigungen vergeben werden. Die Benutzer, die entweder explizit berechtigt werden, oder die Mitglieder der Gruppen erhalten Zugriff auf die in der Sammlung veröffentlichten Anwendungen. Zur Auswahl stehen nur Domänengruppen (siehe Abbildung 18.29).

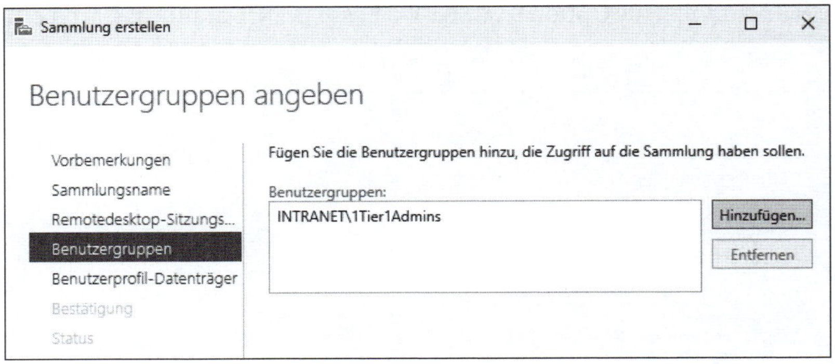

Abbildung 18.29 Auswahl der Gruppen, die auf die Sammlung zugreifen dürfen

Für die Sammlung können Sie einen BENUTZERPROFIL-DATENTRÄGER hinterlegen (siehe Abbildung 18.30). Dadurch werden die Profile der Benutzer – oder einzelne Ordner aus dem Profil – auf ein Netzlaufwerk gelegt. Mit der Aktivierung der Option wird in dem definierten Pfad eine Datei mit dem Namen *UVHDX-Template.vhdx* angelegt, die als Vorlage für alle neuen Profil-Datenträger verwendet wird.

Meldet sich nun ein Benutzer an der Sammlung an und startet er eine Anwendung, wird eine Datei mit dem Namen *UVHD-<SID>.vhdx* angelegt. *<SID>* entspricht dabei dem *Security Identifier* des Benutzers, also etwa `S-1-5-21-xxx`.

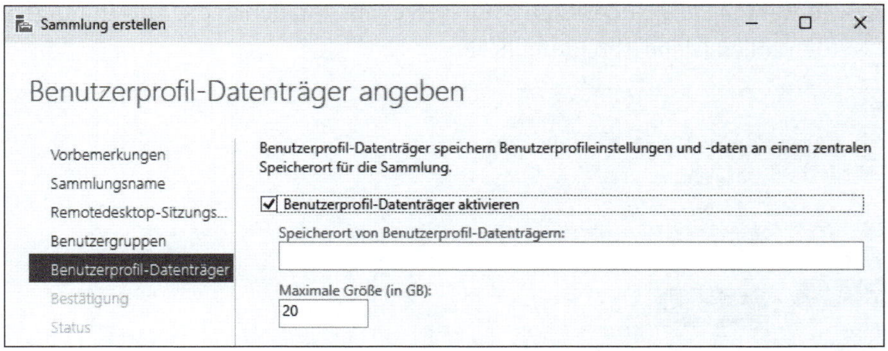

Abbildung 18.30 Festlegen der Benutzerprofil-Datenträgereinstellungen

Sie können die maximale Größe der Profildatenträger definieren und zusätzlich festlegen, welche Ordner auf dem Datenträger gespeichert werden.

Eine Alternative zum Benutzerprofil-Datenträger ist eine Ordnerumleitung oder sind servergespeicherte Profile für Terminalserver, die pro Benutzer in den Eigenschaften des Benutzerkontos definiert werden können.

Damit ist das Erstellen der Sammlung (ohne Anwendungen) auch schon abgeschlossen. Die Eigenschaften können Sie nachträglich noch anpassen.

Im nächsten Schritt können Sie nun über den Bereich REMOTEAPP-PROGRAMME (siehe Abbildung 18.31) mit der Option AUFGABEN • REMOTEAPP-PROGRAMME VERÖFFENTLICHEN diejenigen Anwendungen auf dem Server auswählen, die verfügbar sein sollen.

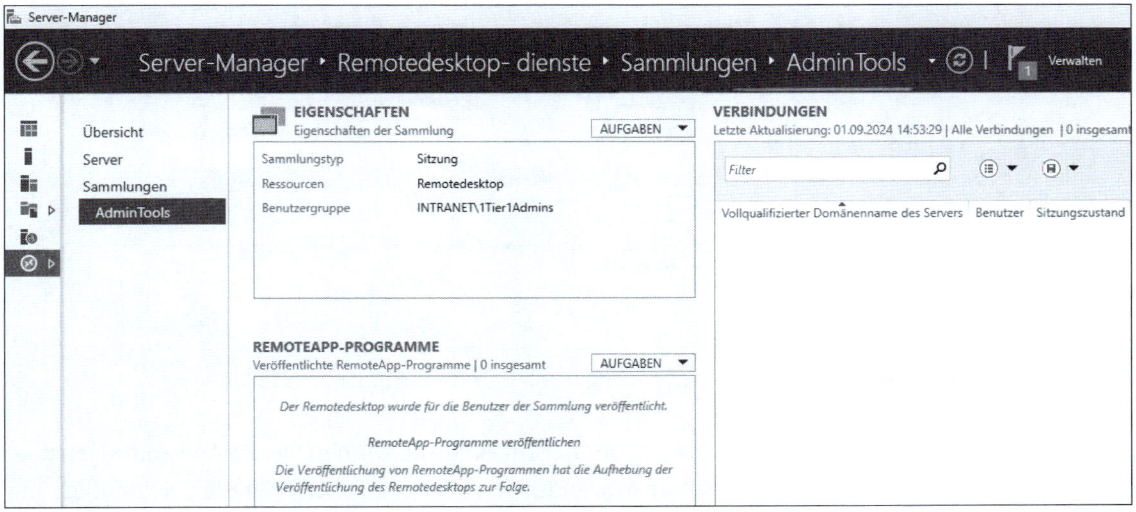

Abbildung 18.31 Anzeige der erstellten Sammlung »AdminTools«

Die Anwendung sollte dazu auf allen Sitzungshost-Servern der Farm installiert sein und – bei Bedarf – identisch konfiguriert werden, damit das Verhalten der Anwendungen für die Anwender immer gleich ist, egal mit welchem Server sie verbunden werden. Es kann nämlich sein, dass die Benutzer auf unterschiedliche Server geleitet werden. Dadurch sind Ausfallsicherheit und Lastenverteilung gewährleistet.

Die Anwendungen müssen nicht – wie es in früheren Versionen notwendig war – besondere Terminalserver-(oder Remotedesktop-)Versionen der Anwendung sein. Sie müssen jedoch sicherstellen, dass Sie eine entsprechende Lizenz besitzen, um die Applikation auf einem Remotedesktopserver einzusetzen.

Jede Anwendung, die auf dem Server betrieben werden kann, kann remote bereitgestellt werden. Sollte die Anwendung in der Liste der RemoteApp-Programme nicht automatisch aufgelistet sein, können Sie über die Option HINZUFÜGEN (siehe Abbildung 18.32) die ausführbare Datei auf dem lokalen Dateisystem auswählen. Danach taucht die Anwendung in der Liste auf. Die PowerShell und die PowerShell-ISE wurden auf diesem Weg hinzugefügt.

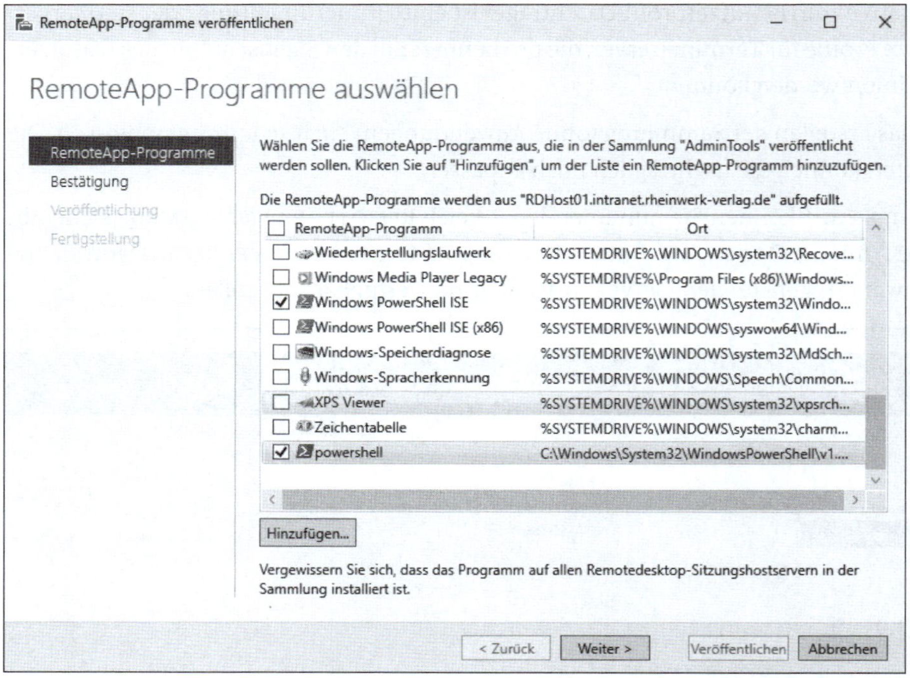

Abbildung 18.32 Auswahl der Anwendungen, die veröffentlicht werden sollen

Durch das Aktivieren der Checkbox vor der Anwendung können Sie die Anwendungen auswählen. Später können Sie weitere Anwendungen veröffentlichen oder die Veröffentlichung von Anwendungen wieder rückgängig machen, sofern dies gewünscht wird.

Für jede einzelne RemoteApp können Sie unter anderem den Namen, das Icon, eventuelle Dateiverknüpfungen sowie weitere Parameter konfigurieren (siehe Abbildung 18.33). Sie können z. B. konfigurieren, dass bei der Verwendung einer bestimmten RemoteApp keine lokalen Ressourcen vom Client durchgeschleift werden.

Sie können auch über die Option REMOTEAPP-PROGRAMM IN WEB ACCESS FÜR REMOTEDESKTOP ANZEIGEN steuern, ob die Anwendung über die Webseite bereitgestellt wird und/oder auf dem Client in den Verbindungen direkt gelistet wird.

In Abbildung 18.33 ist auch die Option interessant, mit der Sie den SPEICHERORT DES REMOTEAPP-PROGRAMMS konfigurieren. Hiermit legen Sie fest, in welchen Ordner die Anwendung auf der Webseite gelegt wird. Dadurch können Nutzer Anwendungen leichter auf der Webseite finden.

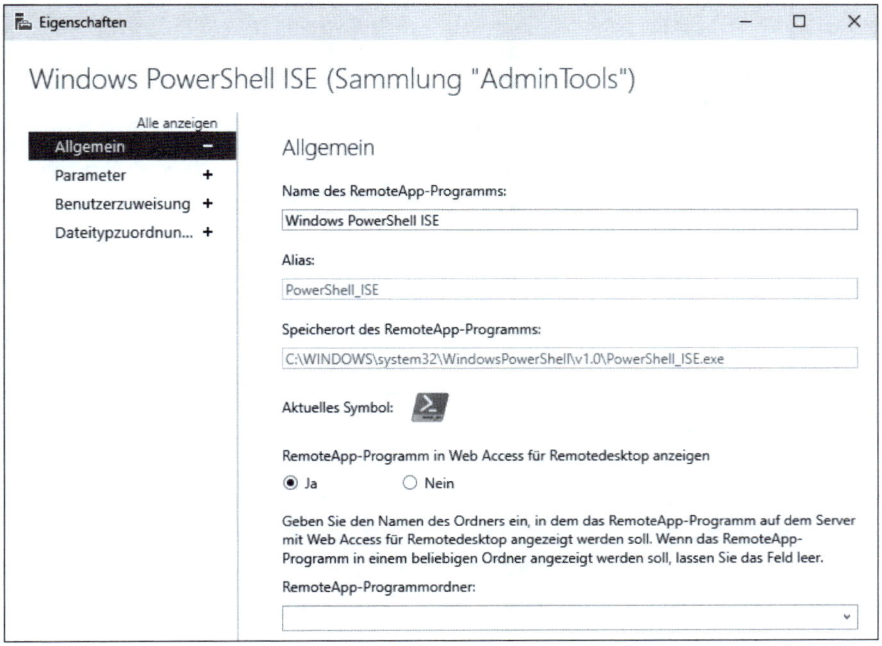

Abbildung 18.33 Konfiguration der Parameter für die RemoteApp

18.2.2 RemoteApps verwenden

Damit nun die Anwendungen »bei den Benutzern ankommen«, gibt es verschiedene Optionen. Die *Web Access-Rolle* stellt automatisch eine Webseite bereit, über die sowohl vollständige RD-Sitzungen (also Verbindungen zu einem kompletten Desktop) als auch der Zugriff auf die bereitgestellten RemoteApps zur Verfügung stehen. Indem Sie einen selbst gewählten Namen angeben, können Sie quasi Ordner auf der Webseite erstellen, in denen Sie dann die RemoteApps gruppieren können. Dadurch können die Anwender bestimmte Anwendungen leichter finden.

Auf der Webseite, die über *https://<Servername>/rdweb* erreichbar ist, meldet sich der Benutzer an, bevor die Anwendungen angezeigt werden (siehe Abbildung 18.34). Sollten Sie eine Zertifikatwarnung erhalten (`ERR_SSL_KEY_USAGE_INCOMPATIBLE`), müssen Sie auf dem Broker entweder das Zertifikat für den Webserver durch ein Webserver-Zertifikat austauschen, das von einer Zertifizierungsstelle ausgestellt wurde, oder per PowerShell ein neues selbstsigniertes Zertifikat erstellen und an die Website binden.

18

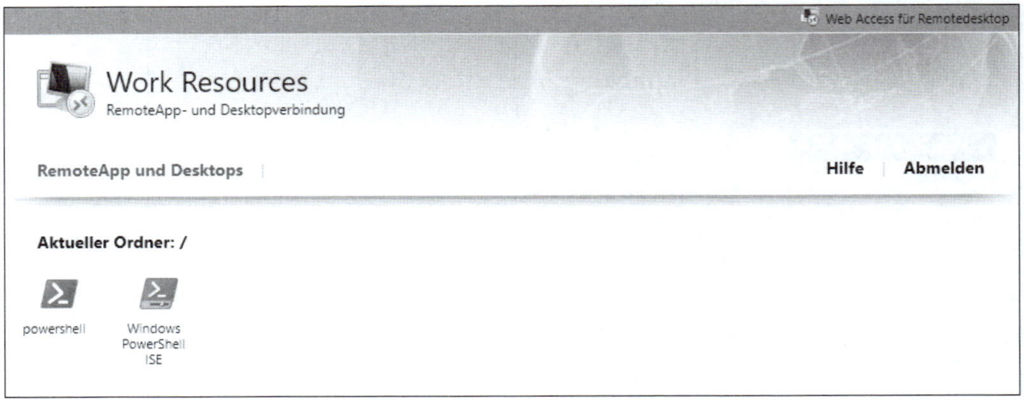

Abbildung 18.34 Auswahl der RemoteApps

Auf der Webseite können Sie die gewünschte RemoteApp durch einen einfachen Klick auf das Symbol der Anwendung aufrufen. Dabei wird der Client eine Verbindung zum Sitzungshost aufbauen. Diese RD-Verbindung über Port 3389 führt eine Anmeldung am Server durch. Dort wird auch ein »kompletter« Desktop erstellt, jedoch wird dem Client lediglich das Fenster der Anwendung bereitgestellt.

Dateien in der RemoteApp

Wenn Sie in einer RemoteApp den Dialog DATEI ÖFFNEN verwenden, sollten Sie – und besonders Ihre Anwender – daran denken, dass es sich bei den Laufwerken um die lokalen Laufwerke des Servers handelt.

Beim Starten der Anwendung kann es – sofern keine weitere Konfiguration vorgenommen wurde – zu Warnmeldungen kommen, die besagen, dass verwendete Zertifikate nicht vertrauenswürdig sind (siehe Abbildung 18.35). Um diese Meldungen zu verhindern, müssen Sie entweder vertrauenswürdige Zertifikate verwenden oder die selbstsignierten Zertifikate als vertrauenswürdig verteilen.

Für jede RemoteApp kann – wie auch bei einer RD-Verbindung über *MSTSC* – festgelegt werden, ob lokale Laufwerke, die Zwischenablage oder Plug-and-play-Geräte in die Sitzung übernommen werden.

Optionen auswählen

Je nach Konfiguration und der vorhandenen Netzwerkbandbreite kann es sinnvoll sein, einige der Optionen abzuschalten, da beispielsweise bei aktivierter Zwischenablage eine Datei beim Kopieren auch in die Zwischenablage des Servers übertragen wird.

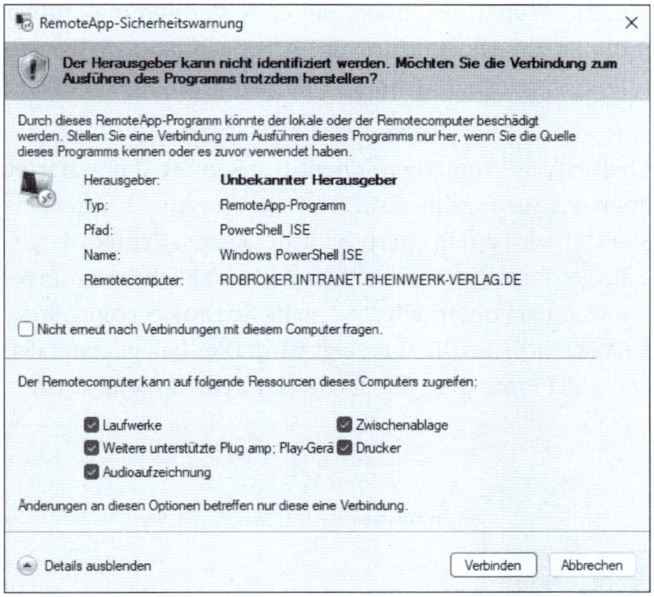
RemoteApp-Sicherheitswarnung
Der Herausgeber kann nicht identifiziert werden. Möchten Sie die Verbindung zum Ausführen des Programms trotzdem herstellen?
Durch dieses RemoteApp-Programm könnte der lokale oder der Remotecomputer beschädigt werden. Stellen Sie eine Verbindung zum Ausführen dieses Programms nur her, wenn Sie die Quelle dieses Programms kennen oder es zuvor verwendet haben.
Herausgeber: Unbekannter Herausgeber
Typ: RemoteApp-Programm
Pfad: PowerShell_ISE
Name: Windows PowerShell ISE
Remotecomputer: RDBROKER.INTRANET.RHEINWERK-VERLAG.DE
Nicht erneut nach Verbindungen mit diesem Computer fragen.
Der Remotecomputer kann auf folgende Ressourcen dieses Computers zugreifen:
Laufwerke
Zwischenablage
Weitere unterstützte Plug amp; Play-Gerä
Drucker
Audioaufzeichnung
Änderungen an diesen Optionen betreffen nur diese eine Verbindung.
Details ausblenden
Verbinden
Abbrechen

Abbildung 18.35 Anzeige der Warnmeldung mit der Option, die lokalen Ressourcen auszuwählen

Nach einem Klick auf VERBINDEN wird die App gestartet. Abhängig von der Dauer der Anmeldung und der Bereitstellung des Profils für den Anwender sehen Sie den Verbindungsaufbau wie in Abbildung 18.36. Mit der Option DETAILS EINBLENDEN sehen Sie alle Schritte der Anmeldung, die auf dem Server durchgeführt werden. Ist die Anmeldung abgeschlossen und die Anwendung gestartet, wird »nur« noch die App als Fenster angezeigt.

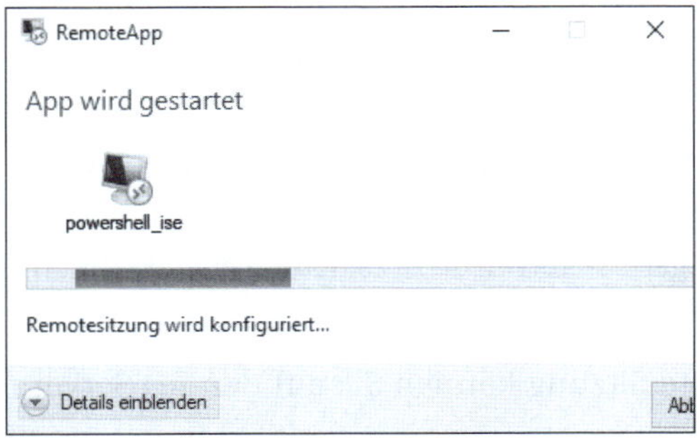
RemoteApp
App wird gestartet
powershell_ise
Remotesitzung wird konfiguriert...
Details einblenden

Abbildung 18.36 Hinweise während des Verbindungsaufbaus

Der Anwender sieht auf seinem Bildschirm die gewünschte und gestartete Anwendung. Alle Befehle und Aktionen, die ausgeführt werden, werden auf dem Zielserver ausgeführt. Der Anwender sieht dort nicht, auf welchem der RD-Sitzungshosts er gerade arbeitet. Öffnet ein Benutzer mehrere RemoteApps, werden diese jedoch auf dem gleichen Server ausgeführt.

Verbindet sich ein Benutzer mit einem Sitzungshost, findet der erste Verbindungsaufbau über den *Sitzungsbroker* statt oder der Sitzungshost prüft beim Sitzungsbroker, ob der Benutzer auf einem der Server eine offene Sitzung hat. Dann wird der Benutzer direkt auf diesen Server umgeleitet.

Abbildung 18.37 zeigt eine PowerShell ISE, die von einem Client per RemoteApp gestartet wurde. Ein `hostname` liefert den Namen des Sitzungshosts (`W2K19-RDHost01`) zurück. Am Symbol in der Taskleiste für die PowerShell ISE wird durch ein zusätzliches kleines Symbol dargestellt, dass die Anwendung remote ausgeführt wird. Dies beweist auch ein Blick in den Task-Manager auf dem Client. In ihm sehen Sie, dass unterhalb der App REMOTEDESKTOPVERBINDUNG die *Windows PowerShell ISE (W2K19-RDHost01)* angezeigt wird. Dies belegt ebenfalls, dass die Anwendung remote – über das RD-Protokoll – auf dem Zielsystem ausgeführt wird.

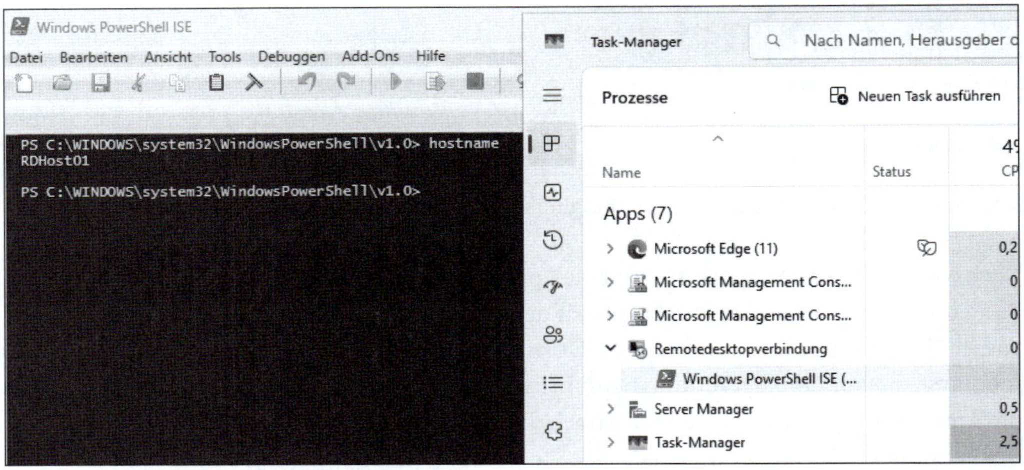

Abbildung 18.37 Anzeige der RemoteApp zur Prüfung, welche Prozesse gestartet sind

Diese Verbindung bleibt so lange bestehen, bis ein Sitzungslimit erreicht wurde, denn der Benutzer hat in der App keine Möglichkeit, sich am Server abzumelden. Schließt der Benutzer die RemoteApp, wird die Verbindung zum Sitzungshost getrennt. Dies bedeutet, dass die Anwendung dort aber weiterhin ausgeführt wird und Ressourcen verbraucht.

Die Begrenzungen für eine aktive oder getrennte Sitzung können Sie auf den RD-Servern konfigurieren.

In den VERBINDUNGEN auf dem Sitzungsbroker (siehe Abbildung 18.38) können Sie die aktiven oder auch die getrennten Verbindungen sehen. Hier können Sie Nachrichten an die Benutzer bzw. Sitzungen senden und über die Option SCHATTEN eine Sitzung spiegeln. Dabei kann ein Administrator den gleichen Bildschirminhalt (für die App) sehen wie der Benutzer.

In den Eigenschaften einer RemoteApp können Sie Dateierweiterungen hinterlegen (siehe Abbildung 18.39). Dadurch wird per Doppelklick auf eine Datei mit einer registrierten Dateierweiterung automatisch die RemoteApp geöffnet und der Dateiinhalt auf dem RD-Server angezeigt. Dazu werden über das RD-Protokoll die lokalen Laufwerke in den Server geschleift.

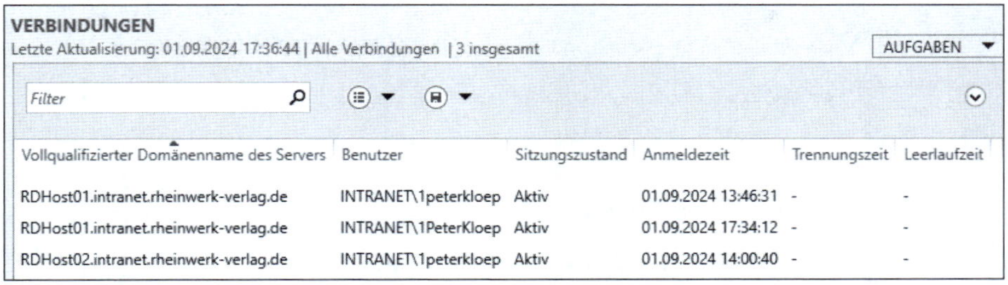

Abbildung 18.38 Übersicht der Verbindungen zur RD-Farm

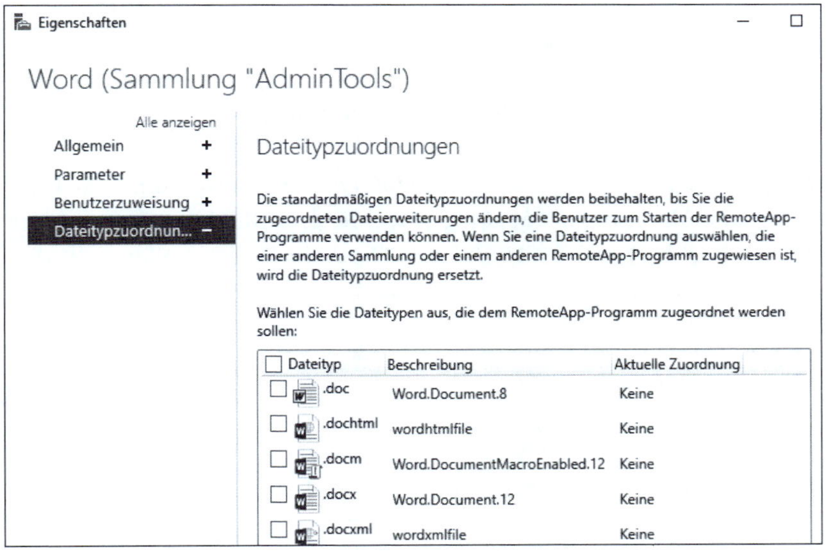

Abbildung 18.39 Konfiguration von Dateierweiterungen für eine RemoteApp

Bei der Verwendung der Webseite für den Aufruf der RemoteApps haben die Dateierweiterungen keine Funktion.

Eine Alternative zu der Verwendung der Webseite stellt die automatische Bereitstellung und Aktualisierung der RemoteApps dar. Über die Systemsteuerung (oder über eine Gruppenrichtlinie) kann die dynamische Veröffentlichung von RemoteApps am Client vorgenommen werden.

In der Systemsteuerung des Clients gibt es die Option, über REMOTEAPP- UND DESKTOPVERBINDUNGEN einen oder mehrere Server zu hinterlegen, auf denen der Client regelmäßig nach RemoteApps sucht und diese in das lokale Startmenü integriert. Außerdem registriert der Client mithilfe dieser Option Dateierweiterungen, sofern diese bei den RemoteApps konfiguriert wurden (siehe Abbildung 18.40).

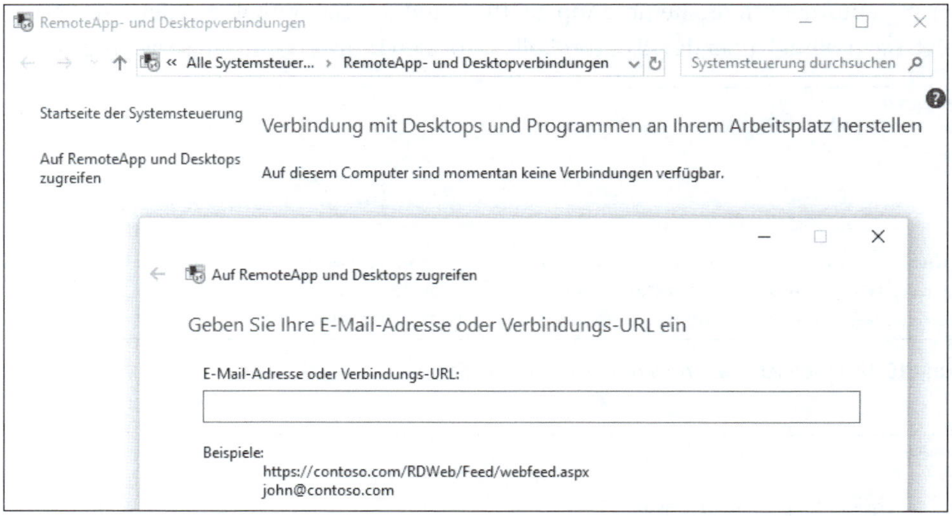
RemoteApp- und Desktopverbindungen
« Alle Systemsteuer... › RemoteApp- und Desktopverbindungen
Systemsteuerung durchsuchen
Startseite der Systemsteuerung
Auf RemoteApp und Desktops zugreifen
Verbindung mit Desktops und Programmen an Ihrem Arbeitsplatz herstellen
Auf diesem Computer sind momentan keine Verbindungen verfügbar.
Auf RemoteApp und Desktops zugreifen
Geben Sie Ihre E-Mail-Adresse oder Verbindungs-URL ein
E-Mail-Adresse oder Verbindungs-URL:
Beispiele:
https://contoso.com/RDWeb/Feed/webfeed.aspx
john@contoso.com

Abbildung 18.40 Definition einer Adresse für die RemoteApp-Verbindung

Die Adresse, die auf dem Webserver bereitgestellt wird, lautet *https://<Servername>/RDWeb/Feed/webfeed.aspx*. Nachdem die Adresse eingetragen wurde, prüft die Clientkomponente die Verbindung und die Erreichbarkeit der Adresse und des Inhalts (siehe Abbildung 18.41).

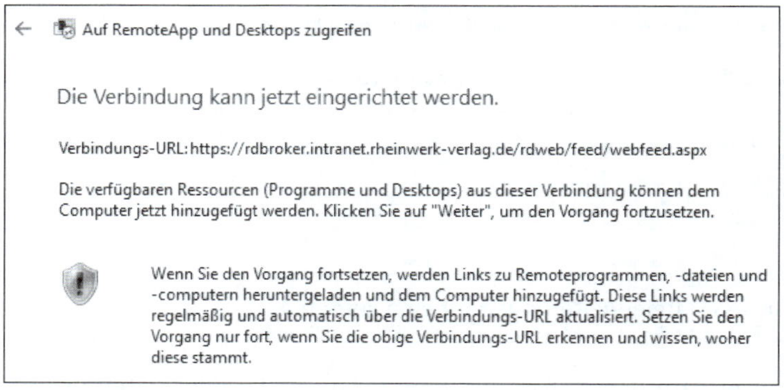
Auf RemoteApp und Desktops zugreifen
Die Verbindung kann jetzt eingerichtet werden.
Verbindungs-URL: https://rdbroker.intranet.rheinwerk-verlag.de/rdweb/feed/webfeed.aspx
Die verfügbaren Ressourcen (Programme und Desktops) aus dieser Verbindung können dem Computer jetzt hinzugefügt werden. Klicken Sie auf "Weiter", um den Vorgang fortzusetzen.
Wenn Sie den Vorgang fortsetzen, werden Links zu Remoteprogrammen, -dateien und -computern heruntergeladen und dem Computer hinzugefügt. Diese Links werden regelmäßig und automatisch über die Verbindungs-URL aktualisiert. Setzen Sie den Vorgang nur fort, wenn Sie die obige Verbindungs-URL erkennen und wissen, woher diese stammt.

Abbildung 18.41 Bestätigung zum Aufbau der Verbindung

Für die Verwendung des Feeds gelten die gleichen Bedingungen im Bezug auf Zertifikate wie bei der Verwendung der Webseite. Es kann also wieder zu Meldungen wie in Abbildung 18.42 kommen.

Bei der Verbindung wird eventuell nach Anmeldeinformationen gefragt. Basierend auf der Anzahl der Anwendungen und den Berechtigungen werden die Einträge im Startmenü angezeigt (siehe Abbildung 18.43).

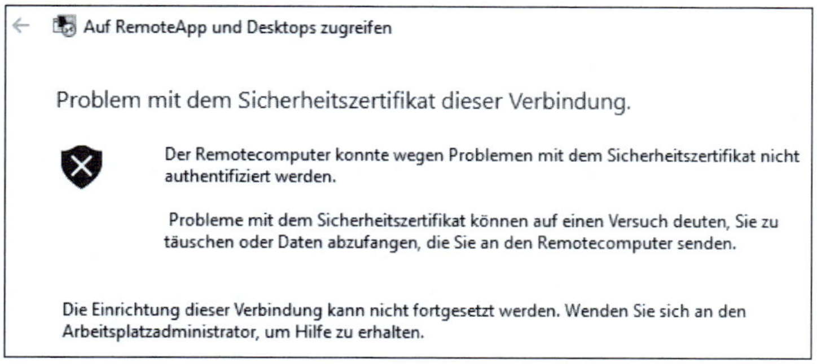
Auf RemoteApp und Desktops zugreifen
Problem mit dem Sicherheitszertifikat dieser Verbindung.
Der Remotecomputer konnte wegen Problemen mit dem Sicherheitszertifikat nicht authentifiziert werden.
Probleme mit dem Sicherheitszertifikat können auf einen Versuch deuten, Sie zu täuschen oder Daten abzufangen, die Sie an den Remotecomputer senden.
Die Einrichtung dieser Verbindung kann nicht fortgesetzt werden. Wenden Sie sich an den Arbeitsplatzadministrator, um Hilfe zu erhalten.

Abbildung 18.42 Zertifikatwarnung beim Zugriff auf den Webfeed

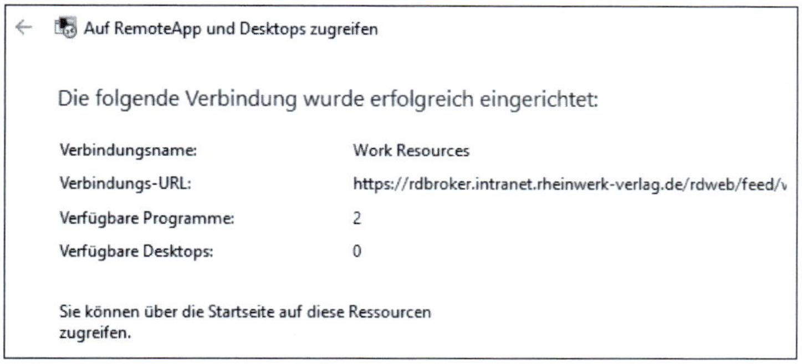
Auf RemoteApp und Desktops zugreifen
Die folgende Verbindung wurde erfolgreich eingerichtet:
Verbindungsname:
Work Resources
Verbindungs-URL:
https://rdbroker.intranet.rheinwerk-verlag.de/rdweb/feed/v
Verfügbare Programme:
2
Verfügbare Desktops:
0
Sie können über die Startseite auf diese Ressourcen zugreifen.

Abbildung 18.43 Erfolgreiche Verbindung mit verfügbaren RemoteApps

Der Verbindungsname kann angepasst werden. Werden Anwendungen vom Server entfernt oder werden neue Anwendungen hinzugefügt, werden die Änderungen automatisch an den Client synchronisiert (siehe Abbildung 18.44).

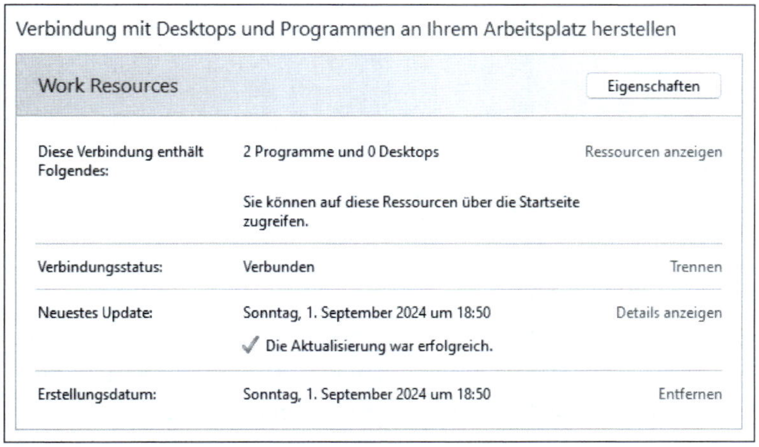
Verbindung mit Desktops und Programmen an Ihrem Arbeitsplatz herstellen
Work Resources
Eigenschaften
Diese Verbindung enthält Folgendes:
2 Programme und 0 Desktops
Ressourcen anzeigen
Sie können auf diese Ressourcen über die Startseite zugreifen.
Verbindungsstatus:
Verbunden
Trennen
Neuestes Update:
Sonntag, 1. September 2024 um 18:50
Details anzeigen
Die Aktualisierung war erfolgreich.
Erstellungsdatum:
Sonntag, 1. September 2024 um 18:50
Entfernen

Abbildung 18.44 Eigenschaften der Verbindungen

Die Synchronisierung erfolgt über eine geplante Aufgabe:

Microsoft\Windows\RemoteApp and Desktop Connection Update\<Benutzerprinzipalname des Benutzers>

Diese Aufgabe wird täglich um 0:00 Uhr ausgeführt bzw. bei der ersten Anmeldung des Benutzers am Tag.

In der Systemsteuerung können Sie die Konfiguration der Verbindung überprüfen und Verbindungen entfernen, wenn eine veraltete Verbindung vorhanden ist oder die Apps nicht von einem Server bereitgestellt werden sollen.

Die Anwendungen werden auf dem Client unter dem Startmenü-Punkt WORK RESOURCES (RADC) bereitgestellt (siehe Abbildung 18.45). Der Name kann angepasst werden. RADC steht für *Remote Access and Desktop Connections*.

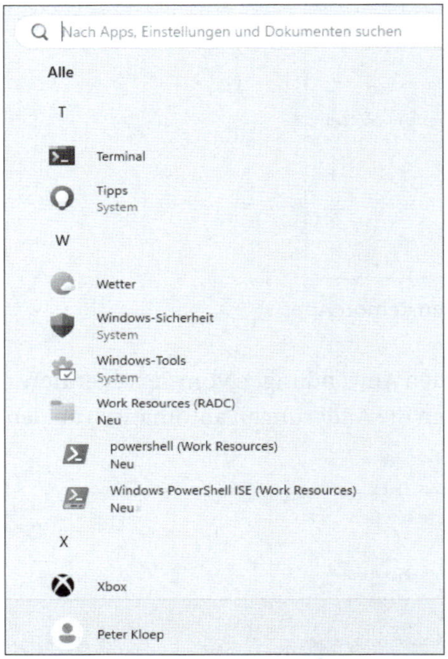

Abbildung 18.45 Integration der RemoteApps in das Startmenü

18.2.3 Den HTML5-Webclient verwenden

Microsoft hat einen weiteren Client für die Verwendung der Remotedesktopdienste bereitgestellt. Seit einiger Zeit gibt es einen auf HTML5 basierenden Webclient für die Remotedesktopdienste. Dieser Client kann mit verschiedenen Browsern verwendet werden.

Die Komponente für die Bereitstellung müssen Sie separat herunterladen und installieren. Zusätzlich müssen Sie in der Umgebung ein RD-Gateway bereitstellen (auch wenn die Zugriffe nur vom internen Netz aus erfolgen sollen).

Die Verwendung des Webclients setzt eine Lizenzierung pro Benutzer voraus. Die Installation erfolgt mithilfe der PowerShell. Im ersten Schritt laden Sie dazu mithilfe von `PowerShellGet` das Modul `RDWebClientManagement` herunter und installieren es. Dies kann auf einem System mit Internetzugang direkt erfolgen:

```
Install-Module -Name PowerShellGet -Force
```

Nach der Installation des `PowerShellGet`-Moduls sollten Sie alle PowerShell-Sitzungen beenden und die PowerShell erneut öffnen, damit die Installation »wirksam« wird:

```
Install-Module -Name RDWebClientManagement
```

Server und der direkte Internetzugang

Sie sollten es vermeiden, dass Ihre Server einen direkten Internetzugang haben. Sollte ein Zugriff auf das Internet notwendig sein, sollten Sie einen Webproxy-Server einsetzen, sodass der Server selbst keine direkte Verbindung zu Ressourcen im (unsicheren) Internet aufbaut.

Für die Installation des *RDWebClientManagement*-Moduls müssen Sie die Lizenzbestimmungen akzeptieren. Bei der grafischen Darstellung der Bestimmungen wurde jedoch keine Möglichkeit integriert, nach unten zu scrollen (siehe Abbildung 18.46). So müssen Sie »blind« die [Tab]-Taste drücken, damit von DECLINE zu ACCEPT gewechselt wird, und anschließend [Enter] drücken.

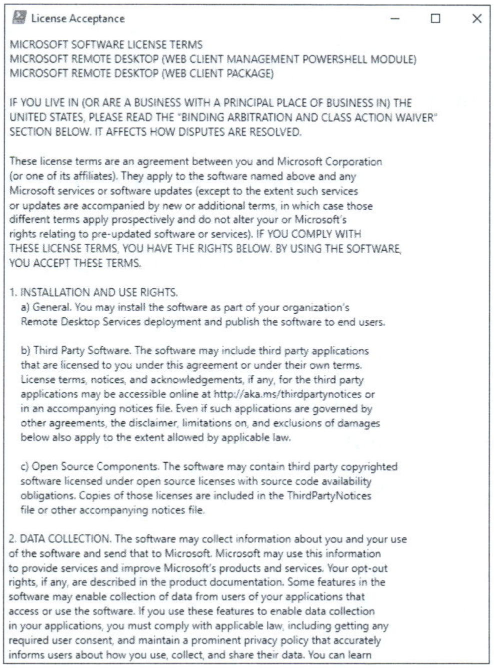
License Acceptance
MICROSOFT SOFTWARE LICENSE TERMS
MICROSOFT REMOTE DESKTOP (WEB CLIENT MANAGEMENT POWERSHELL MODULE)
MICROSOFT REMOTE DESKTOP (WEB CLIENT PACKAGE)
IF YOU LIVE IN (OR ARE A BUSINESS WITH A PRINCIPAL PLACE OF BUSINESS IN) THE UNITED STATES, PLEASE READ THE "BINDING ARBITRATION AND CLASS ACTION WAIVER" SECTION BELOW. IT AFFECTS HOW DISPUTES ARE RESOLVED.
These license terms are an agreement between you and Microsoft Corporation (or one of its affiliates). They apply to the software named above and any Microsoft services or software updates (except to the extent such services or updates are accompanied by new or additional terms, in which case those different terms apply prospectively and do not alter your or Microsoft's rights relating to pre-updated software or services). IF YOU COMPLY WITH THESE LICENSE TERMS, YOU HAVE THE RIGHTS BELOW. BY USING THE SOFTWARE, YOU ACCEPT THESE TERMS.
1. INSTALLATION AND USE RIGHTS.
a) General. You may install the software as part of your organization's Remote Desktop Services deployment and publish the software to end users.
b) Third Party Software. The software may include third party applications that are licensed to you under this agreement or under their own terms. License terms, notices, and acknowledgements, if any, for the third party applications may be accessible online at http://aka.ms/thirdpartynotices or in an accompanying notices file. Even if such applications are governed by other agreements, the disclaimer, limitations on, and exclusions of damages below also apply to the extent allowed by applicable law.
c) Open Source Components. The software may contain third party copyrighted software licensed under open source licenses with source code availability obligations. Copies of those licenses are included in the ThirdPartyNotices file or other accompanying notices file.
2. DATA COLLECTION. The software may collect information about you and your use of the software and send that to Microsoft. Microsoft may use this information to provide services and improve Microsoft's products and services. Your opt-out rights, if any, are described in the product documentation. Some features in the software may enable collection of data from users of your applications that access or use the software. If you use these features to enable data collection in your applications, you must comply with applicable law, including getting any required user consent, and maintain a prominent privacy policy that accurately informs users about how you use, collect, and share their data. You can learn

Abbildung 18.46 Bei der »License Acceptance« fehlt leider der Scrollbalken.

Alternativ können Sie das folgende PowerShell-Cmdlet verwenden:

```
Install-Module -Name RDWebClientManagement -AcceptLicense
```

Mögliche Warnmeldung aufgrund von veraltetem PowerShellGet

Sollten Sie bei der Installation des *RDWebClientPackage* die Fehlermeldung `WARNUNG: Das angegebene Modul "RDWebClientManagement" mit PowerShellGetFormatVersion "2.0" wird von der aktuellen PowerShellGet-Version nicht unterstützt` erhalten, müssen Sie mit dem PowerShell-Cmdlet `Install-Module -Name PowerShellGet -RequiredVersion 2.2.1 -Force` das *PowerShellGet*-Modul aktualisieren und anschließend die PowerShell schließen und neu öffnen. Danach sollte der Download funktionieren.

Eine Offline-Bereitstellung des Pakets ist mithilfe folgender Zeilen auf einem System möglich, auf dem das Paket installiert wurde:

```
Save-RDWebClientPackage C:\temp
```

Damit wird im angegebenen Ordner eine Datei mit dem Namen *rdwebclient-1.0.1.zip* angelegt (bzw. eine Datei mit der aktuellen Versionsnummer). Diese Datei verwenden Sie dazu, das Paket mit dem Cmdlet `Install-RDWebClientPackage -Source "C:\temp\rdwebclient-1.0.1.zip` zu installieren.

Bei der Online-Installation des Pakets auf dem Web Access-Server wird eine neue zusätzliche Webseite bereitgestellt.

Das installierte Paket bringt einige neue PowerShell-Cmdlets mit:

- `Install-RDWebClientPackage` – Der Befehl installiert das Paket für die Bereitstellung des HTML5-Zugriffs.
- `Import-RDWebClientBrokerCert C:\broker.cer` – Der Befehl importiert das Zertifikat vom RD-Verbindungsbroker.
- `Publish-RDWebClientPackage -Type Production -Latest` – Der Befehl veröffentlicht das Webclient-Paket auf dem Server.

Beim Zertifikatimport muss das Zertifikat vom Verbindungsbroker eingebunden werden.

Der Zugriff auf die neue Webseite erfolgt in unserem Beispiel über die URL *https://rdbroker.intranet.rheinwerk-verlag.de/RDWeb/WebClient/Index.html* (siehe Abbildung 18.47).

Nach der erfolgreichen Anmeldung werden dann entweder die bereitgestellten Desktops oder die veröffentlichten Anwendungen angezeigt.

Mit einem Klick auf die Anwendung (oder den Ordner *Test*) wird die Anwendung gestartet oder der Inhalt des Ordners angezeigt (siehe Abbildung 18.48).

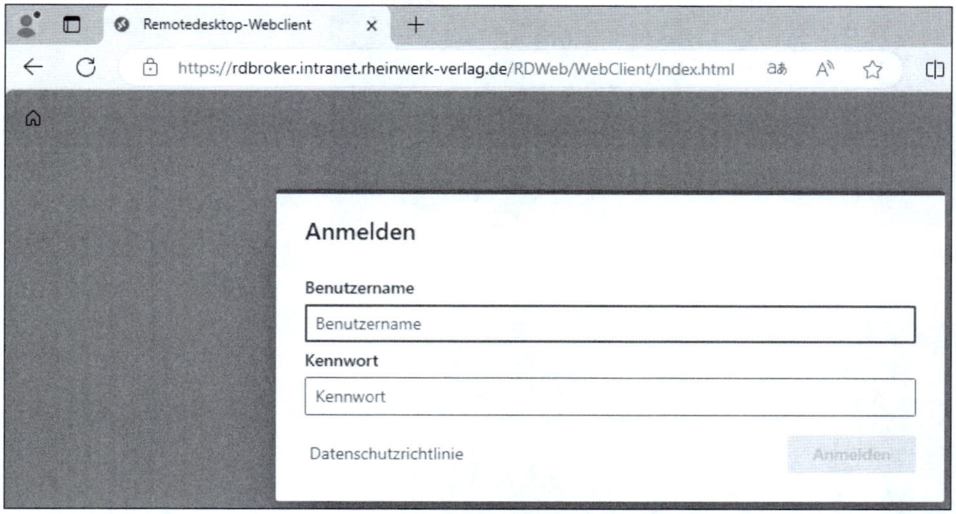

Abbildung 18.47 Anmeldung am »RDWeb« über den Webclient

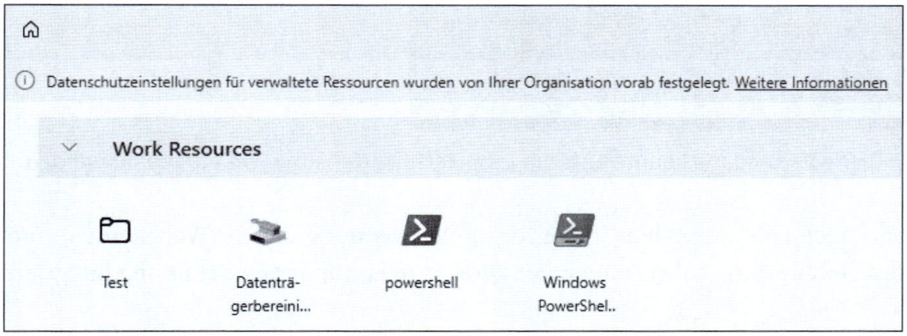

Abbildung 18.48 Auflistung der Apps und Ordner

In der Version 1.0.1 des Webclients wurde noch ein Remotedesktopgateway benötigt, worauf Sie gegebenenfalls eine Meldung wie in Abbildung 18.49 hinweist. In der aktuellen Version ist für den internen Einsatz das Gateway nicht mehr notwendig. Falls Sie das Setup testen wollen, finden Sie eine ausführliche Anleitung unter:

https://docs.microsoft.com/en-us/windows-server/remote/remote-desktop-services/clients/remote-desktop-web-client-admin

Ein weiterer Stolperstein beim Einsatz des Webclients können die verwendeten Zertifikate sein. Sie sollten sicherstellen, dass alle Zertifikate vertrauenswürdig sind. Bei selbstsignierten Zertifikaten müssen diese auf allen betroffenen Systemen (und den Clients) im Speicher der vertrauenswürdigen Zertifizierungsstellen gespeichert werden (siehe Abbildung 18.50).

Wir konnten leider keine Verbindung mit "PowerPoint" herstellen.
Der Webclient benötigt ein Remotedesktopgateway zum Herstellen einer Verbindung mit Desktops und Apps. Wenden Sie sich wegen der Einrichtung an Ihren Administrator.

Abbildung 18.49 Meldung, dass ein Remotedesktopgateway benötigt wird

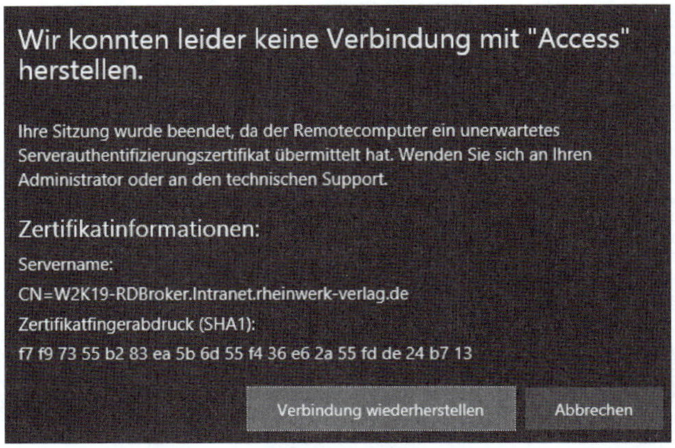
Wir konnten leider keine Verbindung mit "Access" herstellen.
Ihre Sitzung wurde beendet, da der Remotecomputer ein unerwartetes Serverauthentifizierungszertifikat übermittelt hat. Wenden Sie sich an Ihren Administrator oder an den technischen Support.
Zertifikatinformationen:
Servername:
CN=W2K19-RDBroker.Intranet.rheinwerk-verlag.de
Zertifikatfingerabdruck (SHA1):
f7 f9 73 55 b2 83 ea 5b 6d 55 f4 36 e6 2a 55 fd de 24 b7 13
Verbindung wiederherstellen
Abbrechen

Abbildung 18.50 Die Verbindung konnte aufgrund von Zertifikatfehlern nicht aufgebaut werden.

Aktuell werden noch keine mobilen Geräte für die Verwendung des RD-Webclients unterstützt. Es bleibt abzuwarten, welche neuen Funktionen in kommenden Versionen integriert werden.

18.3 Absichern einer Remotedesktop-Umgebung

Remotesdesktop-Umgebungen (RD-Umgebungen) können auf unterschiedliche Weisen abgesichert werden. In diesem Abschnitt stellen wir Ihnen einige Verfahren vor.

18.3.1 Einsatz von Zertifikaten

Für die Absicherung der RD-Umgebung ist der Einsatz von Zertifikaten notwendig. Es werden Zertifikate mit dem Zweck SERVERAUTHENTIFIZIERUNG benötigt. Sie können dazu entweder selbstsignierte Zertifikate verwenden oder Sie beziehen ein Zertifikat von einer eigenen internen Zertifizierungsstelle oder Sie erwerben Webserver-Zertifikate von einer kommerziellen externen Zertifizierungsstelle.

Achten Sie darauf, dass die jeweiligen Namen der Server im Antragstellernamen und/oder im alternativen Antragstellernamen enthalten sind.

Zusätzlich müssen Sie – wenn Sie die Zertifikate über die Verwaltungskonsole einbinden möchten – den privaten Schlüssel als exportierbar markieren oder sich von der Zertifizierungsstelle eine *.pfx*-Datei zur Verfügung stellen lassen, falls Sie keine eigene Zertifizierungsstelle im Netzwerk zur Verfügung haben.

Die Zertifikate für die RD-Bereitstellung können Sie entweder pro Maschine mithilfe der PowerShell einbinden oder Sie verwenden die Remotedesktopdienste-Übersicht im Server-Manager. Klicken Sie dort in der Bereitstellungsübersicht bei AUFGABEN auf die Option BEREITSTELLUNGSEIGENSCHAFTEN BEARBEITEN (siehe Abbildung 18.51).

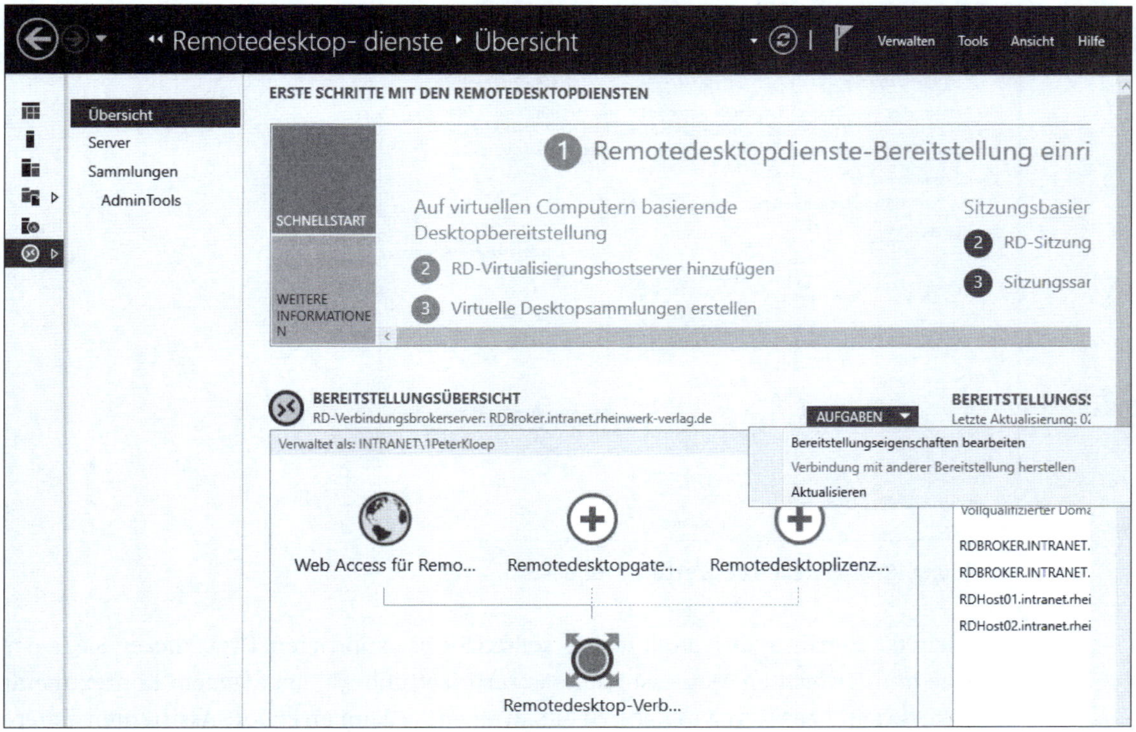

Abbildung 18.51 Option zum Bearbeiten der Bereitstellungseigenschaften

Wenn Sie Zertifikate einer Zertifizierungsstelle verwenden, sollten Sie, bevor Sie die Zertifikate im Assistenten einbinden, mithilfe der Zertifikate-Verwaltungskonsole für den Computer die passenden Zertifikate anfordern.

Auf der Zertifizierungsstelle können Sie die Webserverzertifikate-Vorlage duplizieren und anpassen. Sie sollten in der Vorlage den privaten Schlüssel als exportierbar markieren, sodass eine *.pfx*-Datei nach der Anforderung exportiert werden kann.

Sie müssen sich entscheiden, ob Sie ein sogenanntes Wildcard-Zertifikat **.<Domänenname>* erstellen möchten oder ob Sie alle benötigten Namen für die RD-Infrastruktur als alternative Namen eintragen. Wenn Sie Wildcard-Zertifikate verwenden, müssen Sie sicherstellen, dass der private Schlüssel nicht in unbefugte Hände gelangt, da mit diesem Zertifikat ein beliebiger Server mit einem vertrauenswürdigen Zertifikat konfiguriert werden könnte. Damit können Anwender auf »falsche« Server geleitet werden, ohne dass auffällt, dass sie auf einem Server gelandet sind, der nicht vertrauenswürdig ist.

In der Verwaltungskonsole für die Zertifikate des lokalen Computers (`certlm.msc`) können Sie über EIGENE ZERTIFIKATE • ALLE AUFGABEN • NEUES ZERTIFIKAT ANFORDERN die Zertifikatvorlage auswählen und die notwendigen Parameter eingeben (siehe Abbildung 18.52).

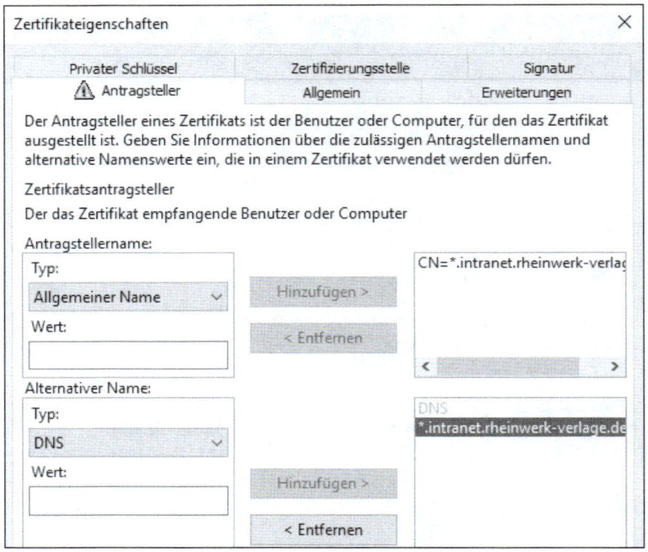

Abbildung 18.52 Erstellen des Zertifikatrequests

Nachdem das Zertifikat ausgerollt wurde, sollten Sie es exportieren. Dazu klicken Sie in der Konsole mit der rechten Maustaste auf das Zertifikat und wählen aus dem Kontextmenü ALLE AUFGABEN • ZERTIFIKAT EXPORTIEREN. Wählen Sie dann im Export-Assistenten die Option zum Exportieren des privaten Schlüssels und vergeben Sie ein Kennwort zum Schutz des Schlüssels.

Kopieren Sie die Daten auf den Server, auf dem Sie den Server-Manager zum Verwalten der RD-Farm verwenden, oder stellen Sie sie für den Zugriff zur Verfügung.

In den Eigenschaften zum Bearbeiten der Bereitstellungseigenschaften können Sie den einzelnen Diensten Zertifikate zuweisen. Sie müssen nach der Zuweisung eines Zertifikats die Änderung anwenden, bevor Sie einem anderen Dienst ein Zertifikat zuordnen.

In Abbildung 18.53 sehen Sie die vier möglichen Dienste, denen Sie Zertifikate zuordnen können, und die drei Vertrauensstufen:

- NICHT KONFIGURIERT bedeutet, dass kein verwaltetes Zertifikat zugeordnet wurde.
- NICHT VERTRAUENSWÜRDIG zeigt an, dass es sich um ein selbstsigniertes Zertifikat handelt, das vielleicht nicht als vertrauenswürdig betrachtet wird.
- VERTRAUENSWÜRDIG zeigt an, dass es sich um ein vertrauenswürdiges Zertifikat handelt.

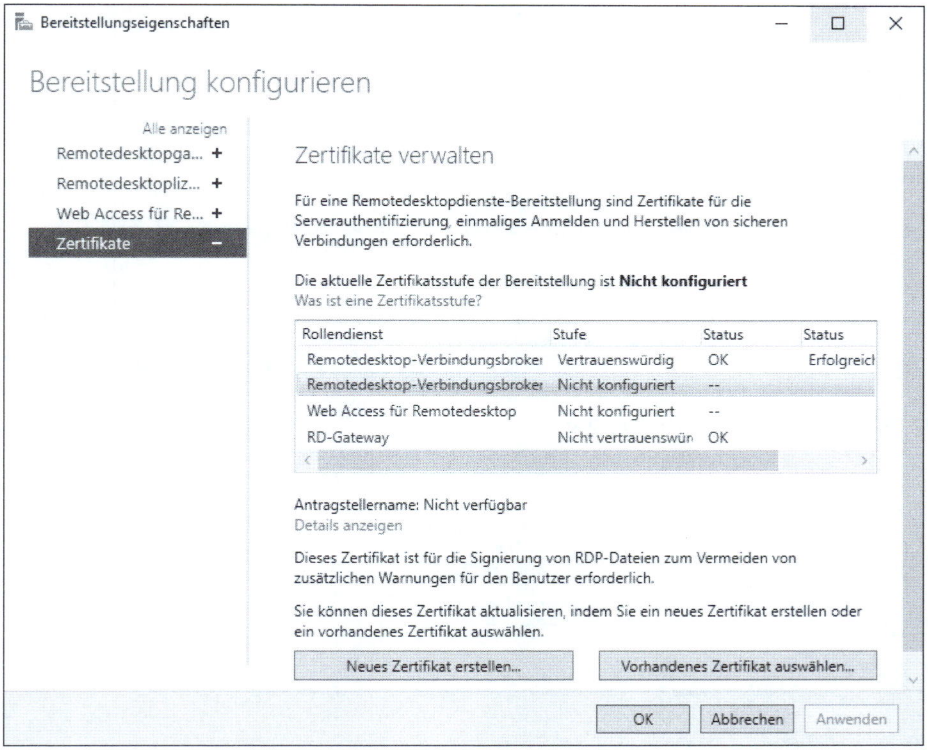

Abbildung 18.53 Auswahl der Zertifikate für die RD-Bereitstellung

Der Button NEUES ZERTIFIKAT ERSTELLEN startet einen Assistenten, mit dem Sie ein selbstsigniertes Zertifikat erzeugen könnne. Der Button VORHANDENES ZERTIFIKAT AUSWÄHLEN bietet die Option, ein bereits installiertes Zertifikat auszuwählen oder ein gespeichertes Zertifikat aus einer Datei zu verwenden (siehe Abbildung 18.54).

Nachdem Sie das Zertifikat den einzelnen Diensten zugeordnet haben, werden die RD-Zertifikatwarnungen für die Webseiten und die einzelnen RD-Hosts verschwinden.

Bei der Verwendung von RemoteApps werden jedoch weiterhin Warnungen angezeigt. Die Warnung aus Abbildung 18.55 erscheint, obwohl das verwendete Zertifikat vertrauenswürdig ist. Für die signierten Pakete muss das verwendete Zertifikat im Speicher der vertrauenswürdigen Herausgeber gespeichert werden, oder Sie müssen den Fingerabdruck des Zertifikats für die Verwendung der RemoteApps als vertrauenswürdig markieren.

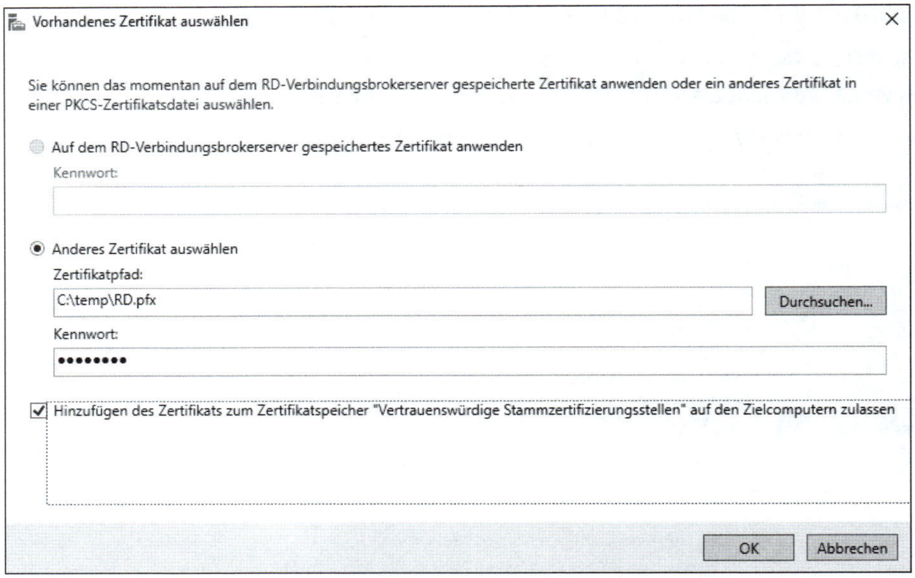
Vorhandenes Zertifikat auswählen
Sie können das momentan auf dem RD-Verbindungsbrokerserver gespeicherte Zertifikat anwenden oder ein anderes Zertifikat in einer PKCS-Zertifikatsdatei auswählen.
Auf dem RD-Verbindungsbrokerserver gespeichertes Zertifikat anwenden
Kennwort:
Anderes Zertifikat auswählen
Zertifikatpfad:
C:\temp\RD.pfx
Durchsuchen...
Kennwort:
Hinzufügen des Zertifikats zum Zertifikatspeicher "Vertrauenswürdige Stammzertifizierungsstellen" auf den Zielcomputern zulassen
OK
Abbrechen

Abbildung 18.54 Auswahl der Zertifikatdatei

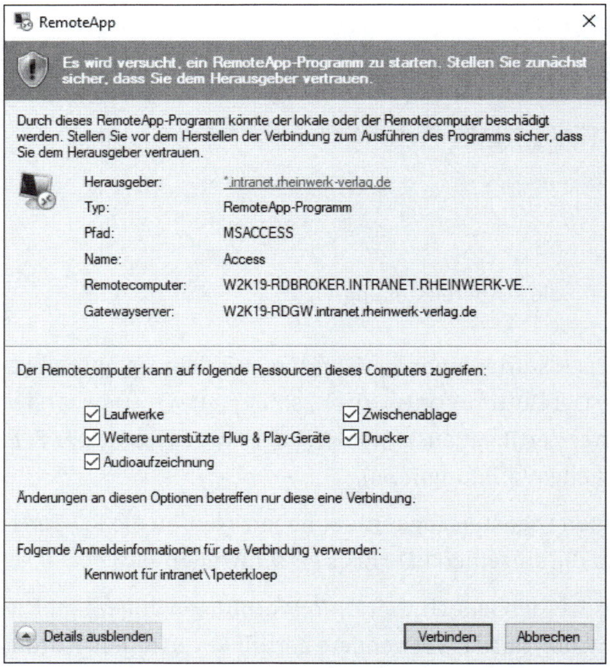
RemoteApp
Es wird versucht, ein RemoteApp-Programm zu starten. Stellen Sie zunächst sicher, dass Sie dem Herausgeber vertrauen.
Durch dieses RemoteApp-Programm könnte der lokale oder der Remotecomputer beschädigt werden. Stellen Sie vor dem Herstellen der Verbindung zum Ausführen des Programms sicher, dass Sie dem Herausgeber vertrauen.
Herausgeber: *.intranet.rheinwerk-verlag.de
Typ: RemoteApp-Programm
Pfad: MSACCESS
Name: Access
Remotecomputer: W2K19-RDBROKER.INTRANET.RHEINWERK-VE...
Gatewayserver: W2K19-RDGW.intranet.rheinwerk-verlag.de
Der Remotecomputer kann auf folgende Ressourcen dieses Computers zugreifen:
Laufwerke
Zwischenablage
Weitere unterstützte Plug & Play-Geräte
Drucker
Audioaufzeichnung
Änderungen an diesen Optionen betreffen nur diese eine Verbindung.
Folgende Anmeldeinformationen für die Verbindung verwenden:
Kennwort für intranet\1peterkloep
Details ausblenden
Verbinden
Abbrechen

Abbildung 18.55 Fehlermeldung beim Aufruf einer RemoteApp

Sie können den Fingerabdruck des Zertifikats mithilfe von Richtlinien verteilen. Dazu können Sie zum Testen die lokalen Richtlinien (`gpedit.msc`) verwenden oder Sie erstellen eine

Gruppenrichtlinie und verteilen die Einstellung an Ihre Clients bzw. die Systeme, von denen aus Sie zugreifen möchten.

Den Fingerabdruck des Zertifikats finden Sie in den Details des verwendeten Zertifikats. Wenn Sie den Fingerabdruck aus den Eigenschaften kopieren, müssen Sie prüfen, ob nicht ein führendes (verstecktes) Zeichen beim Kopieren angefügt wurde. Außerdem müssen Sie die Buchstaben des Fingerabdrucks in Großbuchstaben umwandeln. Dazu können Sie die PowerShell-Funktion `toUpper()` für Strings verwenden.

Die Einstellung zum Definieren der Fingerabdrücke finden Sie unter Computerkonfiguration • Administrative Vorlagen • Windows-Komponenten • Remotedesktopdienste • Remotedesktopdienste-Client. Hier können Sie unter dem Punkt SHA1-Fingerabdrücke von Zertifikaten angeben, die vertrauenswürdige RDP-Herausgeber darstellen Zertifikate eintragen, mit denen die RemoteApps (oder andere RDP-Pakete) signiert wurden (siehe Abbildung 18.56).

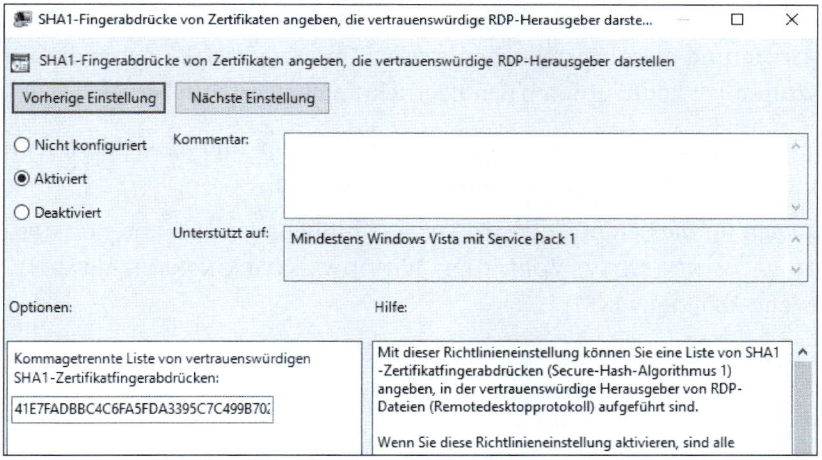

Abbildung 18.56 Einstellung für vertrauenswürdige RDP-Herausgeber

Wenn Sie mehrere Fingerabdrücke hinterlegen möchten, können Sie diese als kommagetrennte Liste definieren. Bei der Verwendung von Gruppenrichtlinien müssen Sie eventuell abwarten, bis die Information repliziert und von den Clients angewendet wurde.

Damit sind die Zertifikatwarnungen verschwunden, und die Benutzer können die Infrastruktur ohne störende Warnmeldungen verwenden. Sie sollten allerdings daran denken, ablaufende Zertifikate rechtzeitig zu erneuern.

18.3.2 Verwaltung der Umgebung mithilfe von Gruppenrichtlinien

Einen sehr großen Teil der Konfiguration – besonders aber das Verhalten der Clients – können Sie über Gruppenrichtlinien konfigurieren. Sie können dazu entweder die lokalen Richtlinien (`gpedit.msc`) verwenden oder eine Gruppenrichtlinie in der Domäne. Es kann sinnvoll sein, die Remotedesktop-Server in eine eigene Organisationseinheit zu verschieben, sodass Sie die relevanten Gruppenrichtlinien dort verknüpfen können.

Für die RD-Sitzungshosts werden Sie vermutlich eigene Richtlinien erstellen, damit Sie steuern können, wie die Benutzereinstellungen angewendet werden.

Sie sollten in Erwägung ziehen, den sogenannten *Loopbackverarbeitungsmodus* für Gruppenrichtlinien zu aktivieren. Damit können Sie steuern, ob die Benutzer »ihre« Gruppenrichtlinieneinstellungen auf dem Remotedesktopserver anwenden. Dazu gibt es unterhalb von COMPUTERKONFIGURATION • ADMINISTRATIVE VORLAGEN • GRUPPENRICHTLINIE die Option LOOPBACKVERARBEITUNGSMODUS FÜR BENUTZERGRUPPENRICHTLINIE KONFIGURIEREN. Hier stehen zwei verschiedene Modi zur Verfügung:

- Im Modus ERSETZEN werden die Gruppenrichtlinien, die auf das Benutzerkonto wirken, nicht angewendet. Es werden nur die Benutzereinstellungen angewendet, die für das Computerkonto des Remotedesktopservers konfiguriert wurden.
- Im Modus ZUSAMMENFÜHREN bringt der Benutzer seine Gruppenrichtlinien mit auf den Remotedesktopserver, und diese Einstellungen werden im »Konfliktfall« durch die auf dem Remotedesktopserver konfigurierten Benutzerrichtlinien überschrieben.

Wenn Sie erreichen wollen, dass alle Benutzer die gleichen Desktop- und Anwendungseinstellungen bekommen, sollten Sie den Modus ERSETZEN verwenden.

Zahlreiche Einstellungen für die Remotedesktopdienste selbst befinden sich unter COMPUTERKONFIGURATION • ADMINISTRATIVE VORLAGEN • WINDOWS-KOMPONENTEN • REMOTEDESKTOPDIENSTE (siehe Abbildung 18.57).

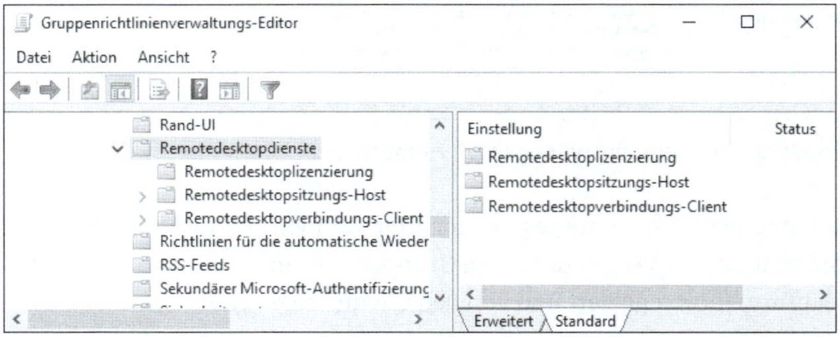

Abbildung 18.57 Einstellungen für die Remotedesktopdienste

Unterhalb von REMOTEDESKTOPDIENSTE sind die Einstellungen anhand der Verwendung gruppiert. Es gibt Einstellungen in Bezug auf die REMOTEDESKTOPLIZENZIERUNG und für die REMOTEDESKTOPSITZUNGS-HOSTS. Hier werden Einstellungen für die Server vorgenommen. Die Konfigurationen für die REMOTEDESKTOPVERBINDUNGS-CLIENTS werden üblicherweise auf die Clients angewendet.

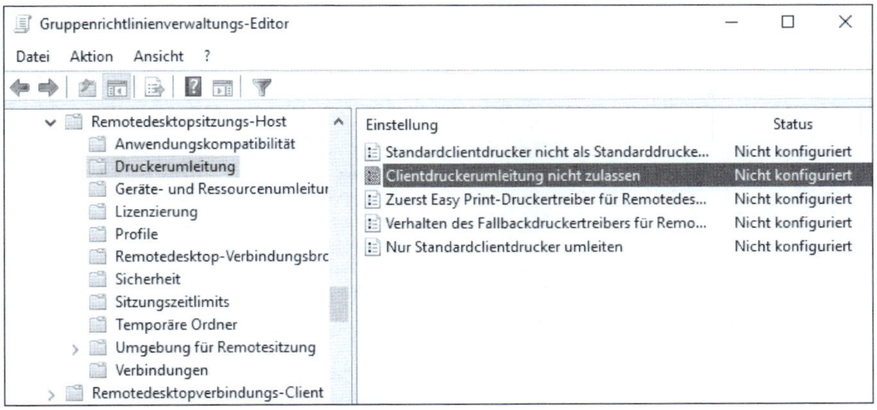

Abbildung 18.58 Konfigurationsoption zur Clientdruckerumleitung

Bei den Einstellungen für die Server sind unter anderem folgende Einstellungen verfügbar (siehe Abbildung 18.58):

- Clientdruckerumleitung nicht zulassen – Dadurch werden die Drucker der Clients nicht in die RD-Sitzung übernommen und die Treiber werden nicht auf dem RD-Host installiert. Wenn die Treiber nicht verfügbar sind, sehen Sie Fehlermeldungen in der Ereignisanzeige.
- Laufwerkumleitung nicht zulassen – Diese Einstellung, die Sie unter Remotedesktopsitzungs-Host • Geräte- und Ressourcenumleitung finden, steuert, ob die lokalen Laufwerke des Clients in die RD-Sitzung übernommen werden. Ist diese Option deaktiviert, können keine Dateien per Copy-and-paste in die RD-Sitzung übernommen werden und ein Öffnen von auf dem Client gespeicherten Dateien per RemoteApp wird nicht funktionieren.
- Zertifikatvorlage für Serverauthentifizierung (siehe Abbildung 18.59) – Diese Einstellung ist auch für Server und Computer interessant, auf denen Sie »nur« RD aktivieren möchten (Administrator-Modus). In der Gruppenrichtlinie kann eine Zertifikatvorlage definiert werden, sodass die Systeme ein Zertifikat anfordern und dieses an den RD-Dienst binden.
- Benutzerauthentifizierung mit Authentifizierung auf Netzwerkebene ist für Remoteverbindungen erforderlich – Diese Einstellung steuert, ob eine Authentifizierung auf Netzwerkebene durchgeführt werden muss oder ob eine Authentifizierung direkt an der grafischen Oberfläche stattfindet.
- Bei der Verbindungsherstellung immer zur Kennworteingabe auffordern – Diese Richtlinie konfiguriert, ob der Benutzer, der sich verbindet, »am Server« noch mal das Kennwort eingeben muss. Diese Option wirkt daher einem möglichen *Single Sign-on* entgegen.

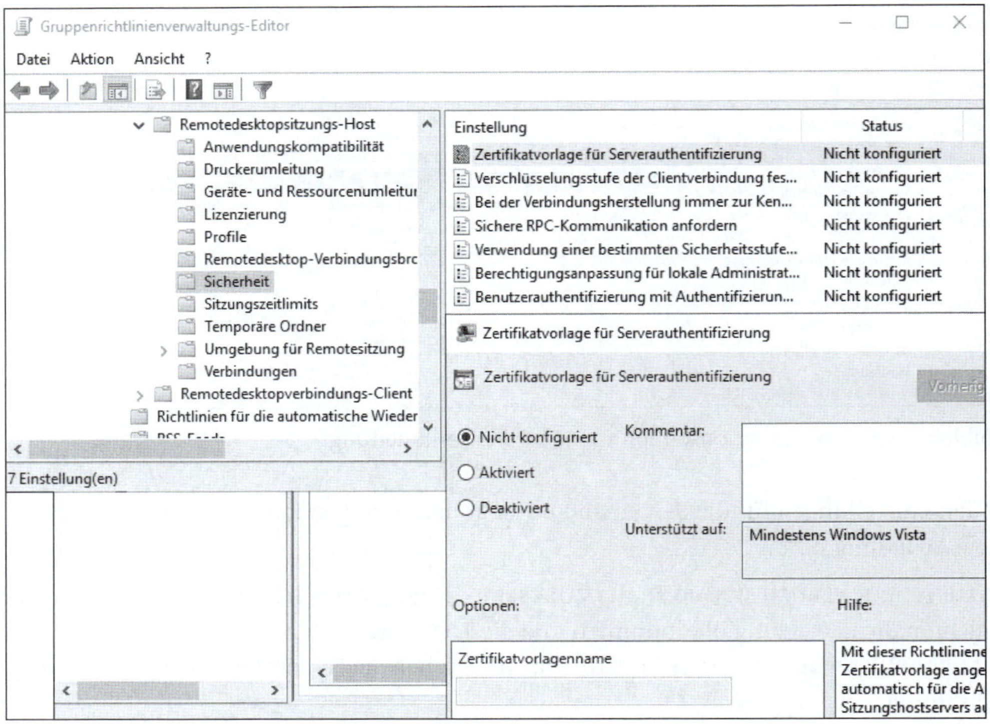

Abbildung 18.59 Festlegen der Zertifikatvorlage

Für die Client-Komponente sind unter anderem folgende Einstellungen aus Abbildung 18.60 interessant:

- SHA1-Fingerabdrücke von Zertifikaten angeben, die vertrauenswürdige RDP-Herausgeber darstellen – Hier werden die Fingerabdrücke für die Zertifikate definiert, mit denen z. B. die RemoteApps signiert wurden. Es können mehrere Fingerabdrücke mit Komma getrennt definiert werden.
- Serverauthentifizierung für Client konfigurieren – Hier gibt es die Optionen Immer verbinden, auch wenn Authentifizierung fehlschlägt, Warnung anzeigen, wenn Authentifizierung fehlschlägt und Keine Verbindung, wenn Authentifizierung fehlschlägt. Diese Einstellung kommt zum Tragen, wenn die Serverauthentifizierung durch das Serverzertifikat fehlschlägt.

Im Benutzer-Anteil der Gruppenrichtlinien stehen ebenfalls Einstellungen zur Verfügung, die die Remotedesktopdienste betreffen. Hier können Sie über die Option RemoteApp- und Desktopverbindungen die Standardverbindungs-URL angeben, von der der Client die Feeds lädt und ins Startmenü integriert (siehe Abbildung 18.61).

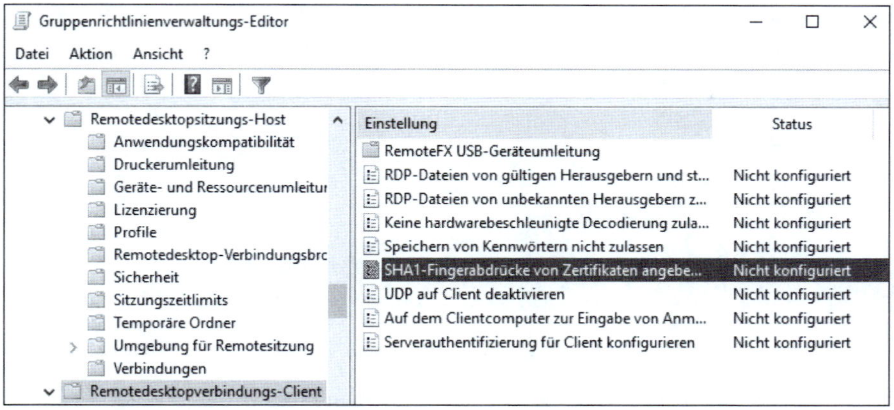

Abbildung 18.60 Festlegen der SHA1-Fingerabdrücke für die Signatur der RemoteApps

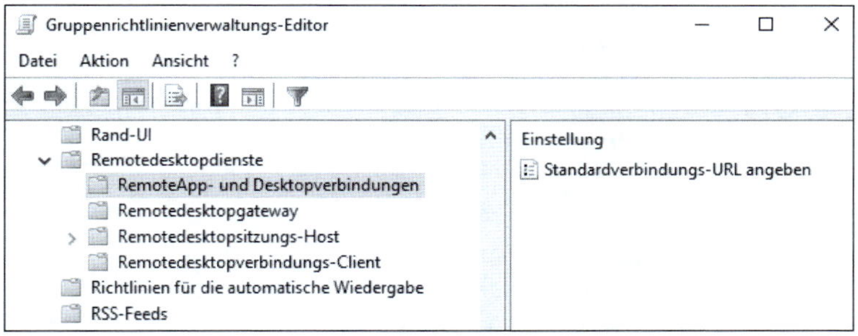

Abbildung 18.61 Festlegen der Adresse für die RemoteApp-Feeds

18.3.3 Ein RD-Gateway verwenden

Die *Remotedesktop-Gateway-Rolle* wurde mit Windows Server 2008 eingeführt. Mithilfe der Rolle können Sie einen sicheren Zugang zu RD-Brokern bereitstellen, ohne die RD-Server direkt aus dem Internet heraus verfügbar zu machen.

Das RD-Gateway nimmt dabei die Verbindung der Clients an und führt die Authentifizierung durch. Dabei prüft das Gateway auch die Berechtigung, ob und auf welche Ressourcen der Client zugreifen darf.

Die Rolle kann über den Server-Manager in der Übersicht der Remotedesktop-Dienste hinzugefügt werden.

Der vollqualifizierte Domänenname muss im Zertifikat hinterlegt sein, sofern Sie kein Wildcard-Zertifikat verwenden. Die Einstellungen können nachträglich angepasst werden (siehe Abbildung 18.62).

Der Assistent konfiguriert das ausgewählte Zielsystem (siehe Abbildung 18.63) und erstellt automatisch Zugriffsregeln, die den Zugriff auf die Systeme gestatten. Die Verwaltung der

Einstellungen erfolgt anschließend über den Remotedesktopgateway-Manager (siehe Abbildung 18.64). Dieses Tool kann auch über die Remoteserver-Verwaltungstools auf einem anderen System bereitgestellt werden.

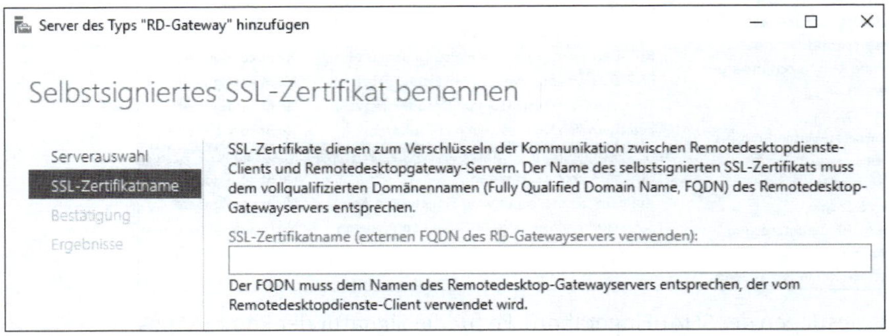

Abbildung 18.62 Festlegen des Zertifikatnamens für das RD-Gateway

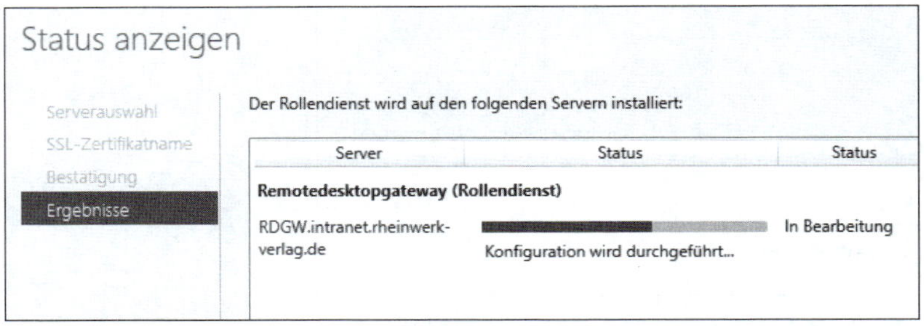

Abbildung 18.63 Zusammenfassung des Ergebnisses

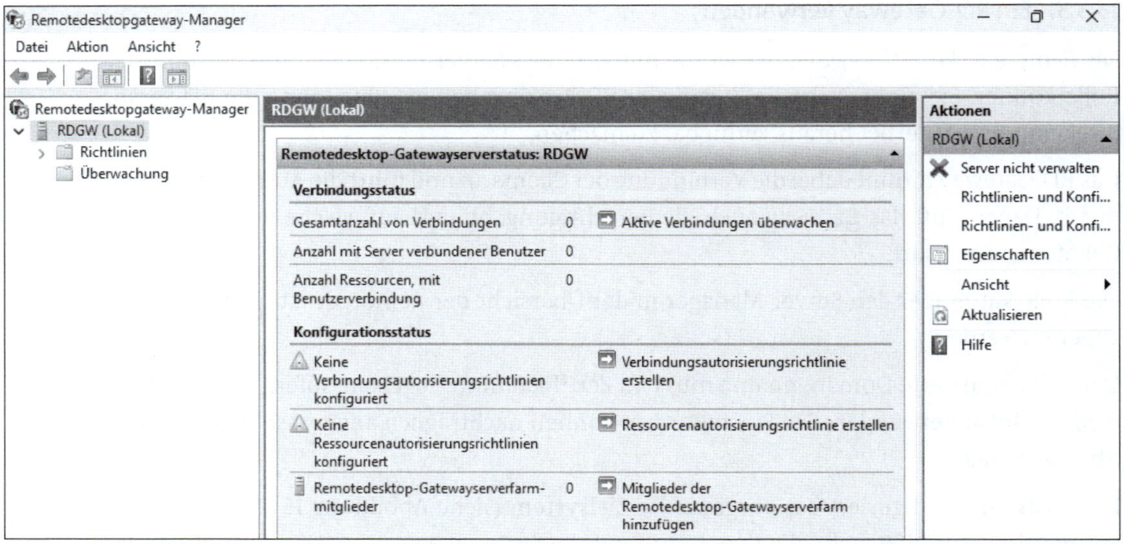

Abbildung 18.64 Verwaltungstool für das RD-Gateway

In den Eigenschaften des Servers stehen die zentralen Konfigurationsoptionen zur Verfügung (siehe Abbildung 18.65).

Alternativ können Sie die Installation und die Konfiguration über den Server-Manager des Brokers (oder eines anderen Servers aus der Bereitstellung) vornehmen und das Gateway in die Bereitstellung aufnehmen.

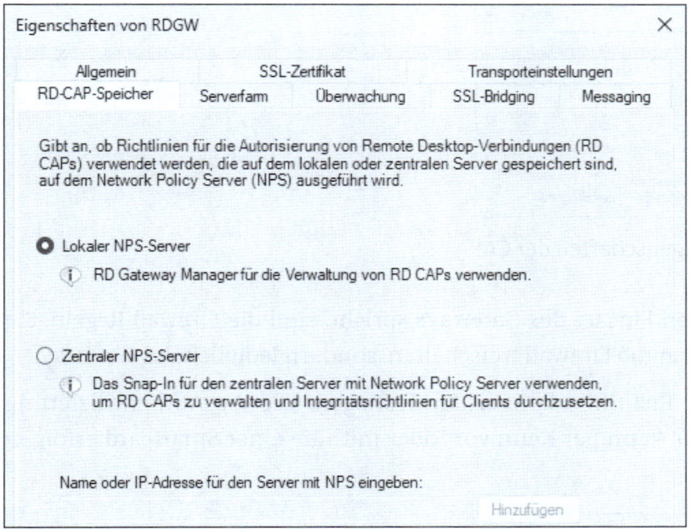
Eigenschaften von RDGW
Allgemein
SSL-Zertifikat
Transporteinstellungen
RD-CAP-Speicher
Serverfarm
Überwachung
SSL-Bridging
Messaging
Gibt an, ob Richtlinien für die Autorisierung von Remote Desktop-Verbindungen (RD CAPs) verwendet werden, die auf dem lokalen oder zentralen Server gespeichert sind, auf dem Network Policy Server (NPS) ausgeführt wird.
Lokaler NPS-Server
RD Gateway Manager für die Verwaltung von RD CAPs verwenden.
Zentraler NPS-Server
Das Snap-In für den zentralen Server mit Network Policy Server verwenden, um RD CAPs zu verwalten und Integritätsrichtlinien für Clients durchzusetzen.
Name oder IP-Adresse für den Server mit NPS eingeben:
Hinzufügen

Abbildung 18.65 Zentrale Einstellungen für den Gatewayserver

Hier können Sie festlegen, ob das Regelwerk lokal auf einem Netzwerkrichtlinienserver *(Network Policy Server, NPS)* verwaltet wird oder ob Sie einen zentralen Server bereitstellen, der alle Gatewayserver mit dem Regelwerk versorgt.

Die Registerkarte SERVERFARM bietet neben der Verwendung der Bereitstellungsübersicht die Möglichkeit, weitere Server hinzuzufügen, sodass Sie eine Lastenverteilung und Ausfallsicherheit erreichen können.

Das Regelwerk für den Zugriff über das Gateway wird über Verbindungsautorisierungsrichtlinien *(Connection Authorization Policy, CAP)* und Ressourcenautorisierungsrichtlinien *(Resource Authorization Policy, RAP)* geregelt.

Eine CAP steuert, wer sich über das Gateway verbinden darf, und die RAP steuert, auf welche Ressourcen zugegriffen werden kann, wenn eine CAP die Verbindung zulässt (siehe Abbildung 18.66).

Bei der Abarbeitung der Regeln werden die Regeln »von oben nach unten« angewendet. Die Reihenfolge wird durch die RICHTLINIENREIHENFOLGE festgelegt und kann angepasst werden. Sie können die einzelnen Richtlinien auch deaktivieren.

Durch das Zusammenspiel der Regeln können Sie festlegen, dass ein Benutzer innerhalb der Arbeitszeit Zugriff auf andere Ressourcen erhält als außerhalb der Arbeitszeit.

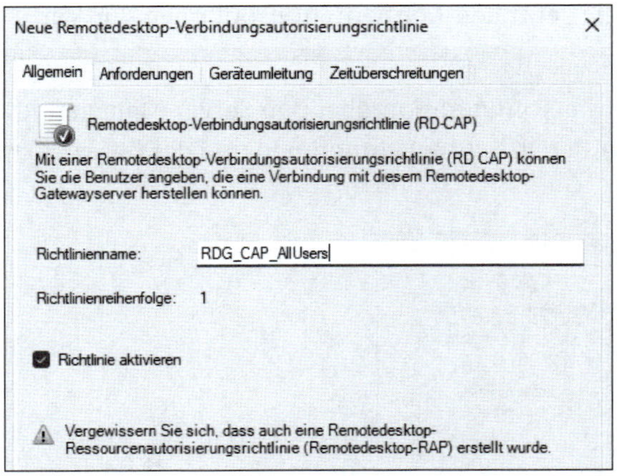

Abbildung 18.66 »Allgemein«-Eigenschaften der CAP

Ein weiterer Vorteil, der für den Einsatz des Gateways spricht, sind die Firewall-Regeln. Sie müssen nicht alle RD-Hosts über die Firewall freischalten, sondern lediglich das Gateway.

In den ANFORDERUNGEN der Richtlinie können Sie festlegen, wie die Authentifizierung durchgeführt werden muss. Sie kann per Kennwort oder mithilfe einer Smartcard erfolgen (siehe Abbildung 18.67).

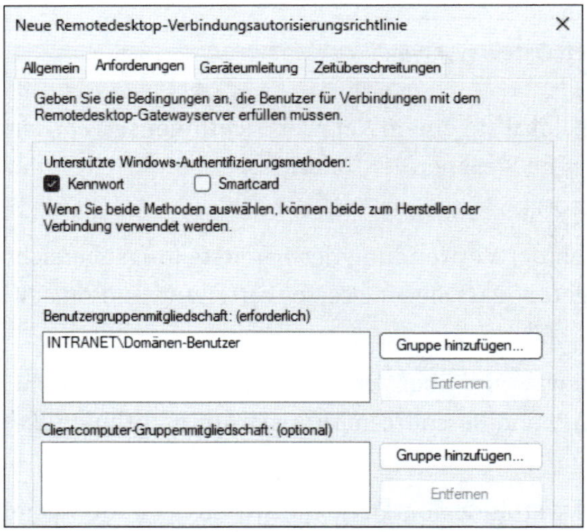

Abbildung 18.67 Anforderungseinstellungen der CAP

Im Bereich BENUTZERGRUPPENMITGLIEDSCHAFT können Sie die Gruppen eintragen, für die diese Regel angewendet werden soll.

Auf der Registerkarte GERÄTEUMLEITUNG (siehe Abbildung 18.68) steuern Sie, ob die Clientgeräte (wie Laufwerke, Zwischenablage, Drucker, Ports und Plug-and-play-Geräte) mit über das Gateway an den RD-Host durchgeschleift werden. Sie können einzelne Geräte deaktivieren oder alle Geräte zulassen. Sollten auf dem RD-Host jedoch einzelne Optionen deaktiviert sein, haben diese Einstellungen auf dem RD-Host Vorrang vor den Einstellungen auf dem RD-Gateway.

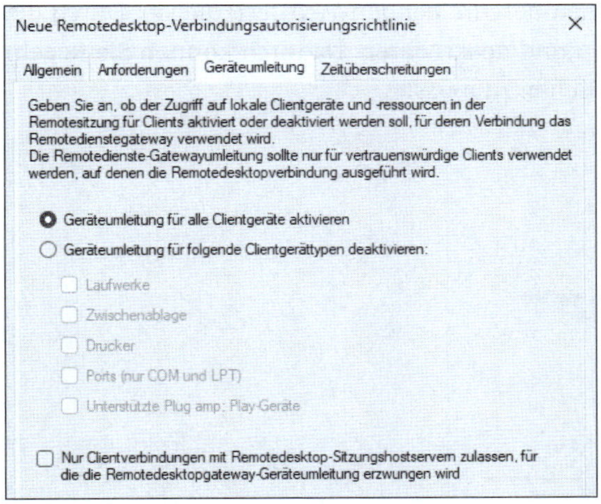

Abbildung 18.68 Konfiguration der Geräteumleitung

Auf der letzten Registerkarte, ZEITÜBERSCHREITUNGEN (siehe Abbildung 18.69), finden Sie Optionen, mit denen Sie die Begrenzungen für die Sitzungen konfigurieren können:

- Ein LEERLAUFZEITLIMIT ist eine Inaktivitätsüberwachung. Sollte in der Sitzung keine Aktivität erkannt werden, wird z. B. eine inaktive Sitzung nach 120 Minuten getrennt. Eine getrennte Sitzung belegt auf dem Server aber immer noch Ressourcen, und die Anwendungen und Prozesse der Sitzung werden auf dem Server weiterhin ausgeführt.
- Mit SITZUNGSZEITÜBERSCHREITUNG AKTIVIEREN können Sie eine maximale Nutzung der Verbindung definieren. Überschreitet ein Benutzer das Limit, wird die Sitzung entweder getrennt oder es wird eine Reauthentifizierung durchgeführt.

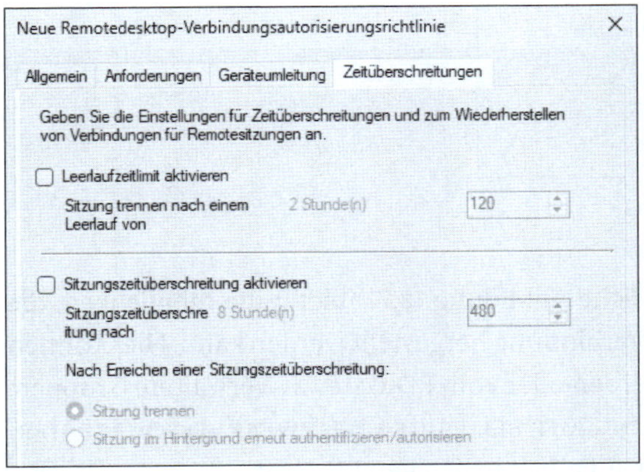

Abbildung 18.69 Festlegen der Sitzungslimits

Nach der Konfiguration der CAP sollten Sie eine RAP erstellen bzw. die vorhandenen Regeln daraufhin prüfen, ob sie Ihren Anforderungen entsprechen.

Die ALLGEMEIN-Registerkarte der Regel (siehe Abbildung 18.70) bietet die Möglichkeit, einen RICHTLINIENNAMEN zu definieren und einen beschreibenden Text festzulegen. Durch die Checkbox können Sie eine Regel aktivieren und deaktivieren. Dadurch können Sie Regeln »außer Funktion« setzen, ohne die Regel löschen zu müssen.

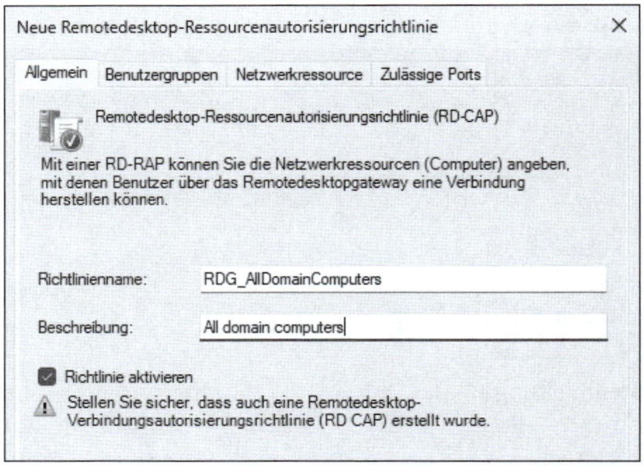
Neue Remotedesktop-Ressourcenautorisierungsrichtlinie
Allgemein
Benutzergruppen
Netzwerkressource
Zulässige Ports
Remotedesktop-Ressourcenautorisierungsrichtlinie (RD-CAP)
Mit einer RD-RAP können Sie die Netzwerkressourcen (Computer) angeben, mit denen Benutzer über das Remotedesktopgateway eine Verbindung herstellen können.
Richtlinienname:
RDG_AllDomainComputers
Beschreibung:
All domain computers
Richtlinie aktivieren
Stellen Sie sicher, dass auch eine Remotedesktop-Verbindungsautorisierungsrichtlinie (RD CAP) erstellt wurde.

Abbildung 18.70 »Allgemein«-Eigenschaften einer RAP

Beachten Sie den Hinweis, dass Sie sicherstellen müssen, dass es eine CAP gibt, damit eine RAP überhaupt angewendet werden kann.

In der RAP definieren Sie erneut, für welche BENUTZERGRUPPEN diese Regel angewendet werden soll (siehe Abbildung 18.71).

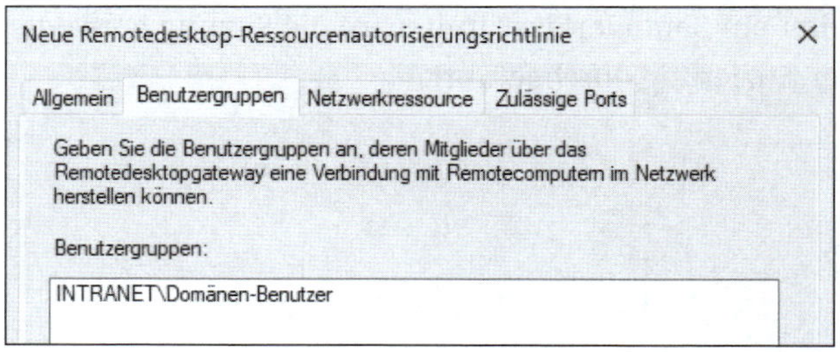
Neue Remotedesktop-Ressourcenautorisierungsrichtlinie
Allgemein
Benutzergruppen
Netzwerkressource
Zulässige Ports
Geben Sie die Benutzergruppen an, deren Mitglieder über das Remotedesktopgateway eine Verbindung mit Remotecomputern im Netzwerk herstellen können.
Benutzergruppen:
INTRANET\Domänen-Benutzer

Abbildung 18.71 Festlegen der Benutzergruppe

Die Registerkarte NETZWERKRESSOURCE (siehe Abbildung 18.72) bietet die Möglichkeit, die Zielcomputer festzulegen, mit denen eine Verbindung hergestellt werden kann. Hier können entweder Domänengruppen verwendet werden oder vom RD-Gateway verwaltete Gruppen. Die Option BENUTZER KÖNNEN VERBINDUNG MIT BELIEBIGER NETZWERKRESSOURCE HERSTELLEN gestattet dem Client einen Zugriff auf einen beliebigen RD-Host.

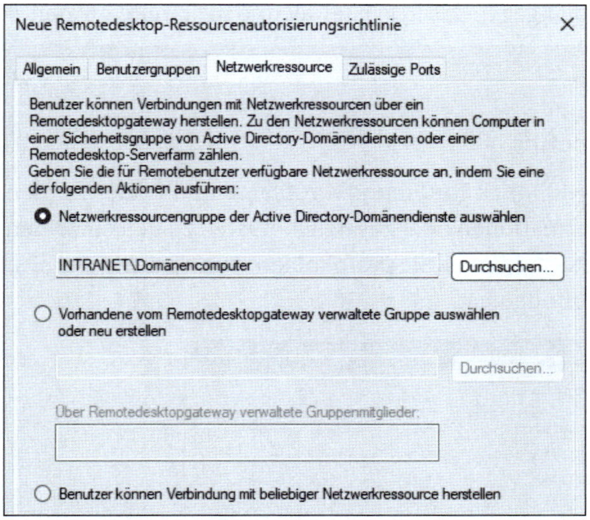

Abbildung 18.72 Festlegen der Zielressourcen in der RAP

Die letzte Registerkarte für die RAP ist die Definition der ZULÄSSIGEN PORTS (siehe Abbildung 18.73). Hier wählen Sie zwischen den Optionen, dass nur Port 3389 verwendet werden darf, dass ein anderer Port verwendet werden darf oder aber dass die Verwendung beliebiger Ports zulässig ist.

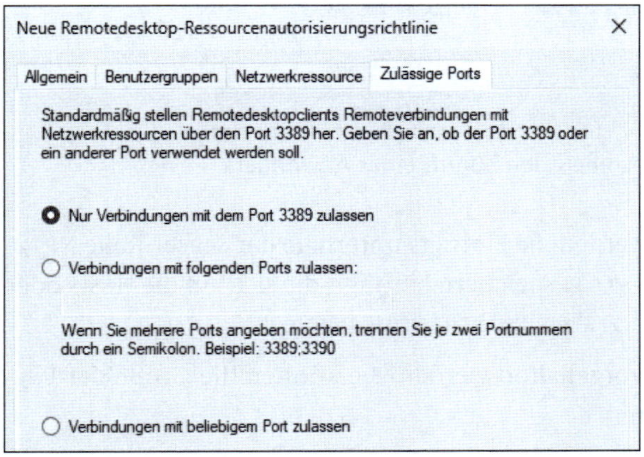

Abbildung 18.73 Festlegen der Ports

Unter *HKEY_LOCAL_MACHINE\System\CurrentControlSet\Control\Terminal Server\WinStations\RDP-Tcp\PortNumber* können Sie den *Listening-Port* für RDP ändern. Beachten Sie aber, dass Sie eventuell die Firewall-Regeln anpassen müssen, wenn Sie den Standardport für die Verwendung von RDP geändert haben.

Um ein Remotedesktopgateway zu verwenden, muss beim Verbindungsaufbau das Gateway mit angegeben werden. Sie werden dann vermutlich zweimal nach Anmeldeinformationen gefragt: Die erste Authentifizierung erfolgt gegen das RD-Gateway und die zweite Authentifizierung gegen den RD-Host.

18.3.4 Überwachung und Troubleshooting

Die Ereignisanzeige (siehe Abbildung 18.74) ist Ihr Freund: Probleme und Fehler werden hier genauso protokolliert wie auch Informationen oder zusätzliche Daten zu den einzelnen Rollen. Im Bereich Remotedesktopdienste können Sie protokollieren und prüfen, wer sich wann von wo aus mit dem RD-Host verbunden hat.

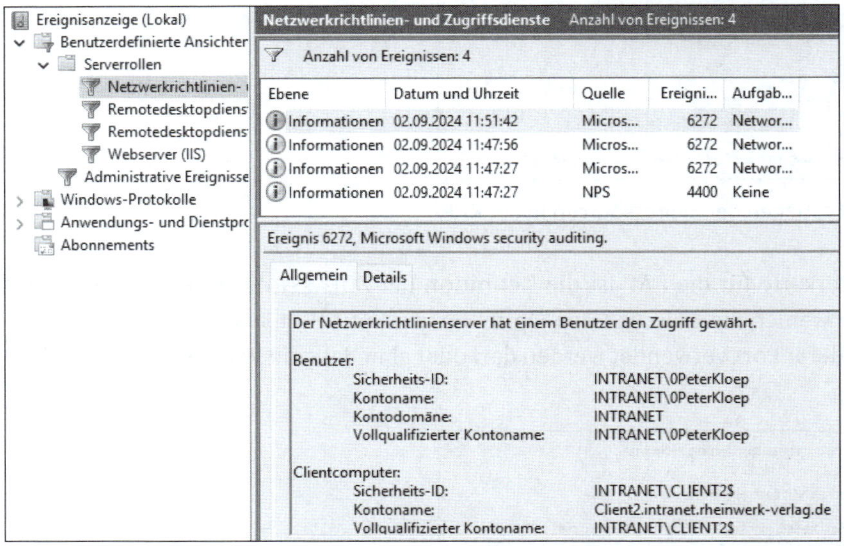

Abbildung 18.74 Die Ereignisanzeige protokolliert den Zugriff eines Anwenders.

Bei der Verwendung des RD-Gateways werden die Einträge unterhalb der Server-Rolle Netzwerkrichtlinien- und Zugriffsdienste gespeichert. Einträge, die sich auf die Hosts oder den Dienst beziehen, werden unter Remotedesktopdienste abgelegt.

Sie sollten prüfen, wie lange die Logs vorgehalten werden. Sie können die Größe der Logdateien der Ereignisanzeige konfigurieren.

Wenn Sie die Einträge länger aufbewahren möchten, können Sie auch eine Archivierung für die Logs einrichten. Dazu können Sie eine Drittanbieter-Software verwenden oder das Weiterleiten von Ereigniseinträgen *(Windows Event Forwarding, WEF)* einrichten.

Konfigurationsänderungen am System werden ebenfalls protokolliert und können dadurch nachvollzogen werden. Neben dem Datum und der Uhrzeit wird auch das Konto protokolliert, mit dem die Änderung durchgeführt wurde (siehe Abbildung 18.75).

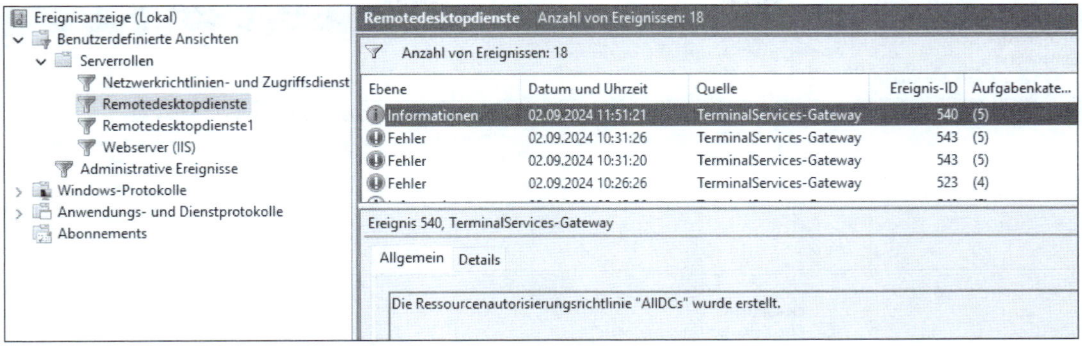

Abbildung 18.75 Protokollierung einer Änderung an der Konfiguration

Unterhalb der ANWENDUNGS- UND DIENSTPROTOKOLLE in der Ereignisanzeige stehen mehrere gefilterte Protokolle für die *TerminalServices* zur Verfügung (siehe Abbildung 18.76). Hier werden funktionale Probleme und Ereignisse protokolliert. Ein Administrator sollte regelmäßig die Ereignisanzeige auf Unstimmigkeiten und Unregelmäßigkeiten prüfen.

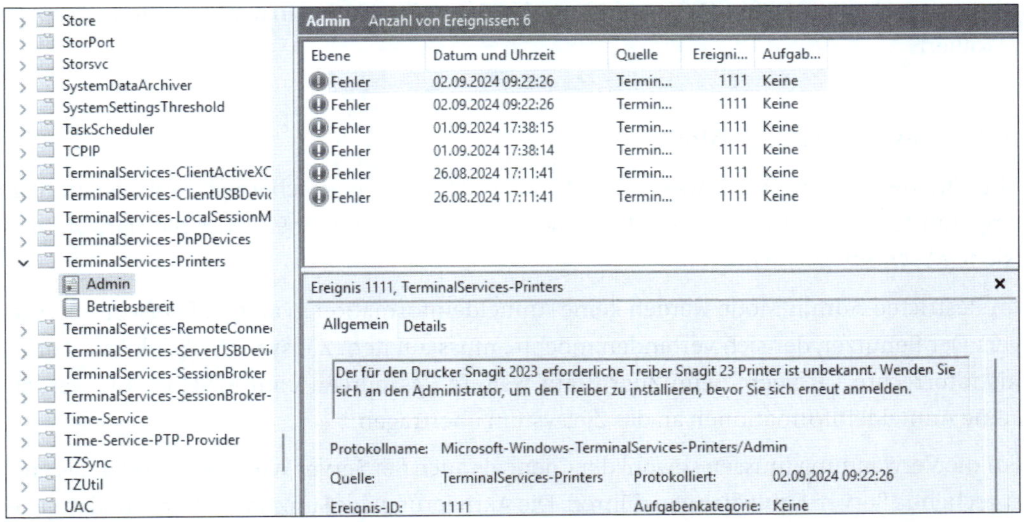

Abbildung 18.76 Logeinträge über das Fehlschlagen der Installation von Druckertreibern

Außer mit der Ereignisanzeige können Sie über die Bereitstellungsübersicht prüfen, welche Benutzer gerade jetzt eine Verbindung aufgebaut haben. Für das RD-Gateway steht diese Übersicht im *Remotedesktopgateway-Manager* unter dem Punkt ÜBERWACHUNG zur Verfügung (siehe Abbildung 18.77).

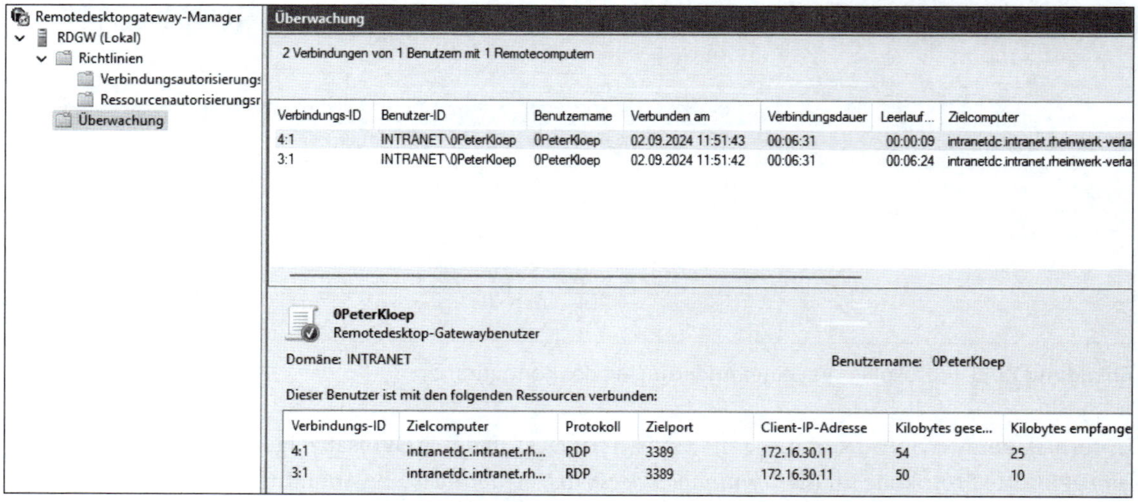

Abbildung 18.77 Überwachung der Konten, die über das Gateway verbunden sind

Die historischen Daten für die Verwendung des Gateways werden in der *Ereignisanzeige* protokolliert.

18.3.5 Restricted Admin Mode

Mit Windows 8.1 bzw. Windows Server 2012 R2 wurde eine neue Sicherheitsfunktion für RDP eingeführt: der *Restricted Admin Mode*. Dieser Modus soll vor einem *Pass-the-Hash-Angriff* (siehe Abschnitt 22.2) schützen.

Im Restricted Admin Mode werden keine Anmeldeinformationen an den RD-Host übertragen. Der Benutzer, der sich verbinden möchte, muss auf dem Zielsystem über lokale Administratorrechte verfügen. Beim Zugriff auf weitere Ressourcen vom RD-Host aus werden keine Anmeldeinformationen an das Zielsystem übertragen.

Für die Verwendung müssen sowohl der Client als auch der Server Windows 8.1 oder das entsprechende Server-Äquivalent ausführen. Die Aktivierung der Funktion erfolgt auf dem RD-Host über die Registrierung (oder mithilfe einer Gruppenrichtlinie). Unterhalb von *HKEY_LOCAL_MACHINE\System\CurrentControlSet\Control\Lsa* wird ein Reg_Dword mit dem Namen `DisableRestrictedAdmin` erstellt und mit dem Wert `0` versehen.

Die Verwendung erfolgt dann über den Aufruf von `mstsc` mit dem Schalter `/restrictedAdmin`.

18.3.6 Remote Credential Guard

Der *Remote Credential Guard* ist die Weiterentwicklung des *Restricted Admin Mode* und wurde mit Windows Server 2016 und Windows 10 eingeführt. Ist dieser Modus aktiviert, werden automatisch einige Schutzmechanismen aktiviert, die vor einem Pass-the-Hash-Angriff schützen. Abbildung 18.78 zeigt Ihnen eine Übersicht.

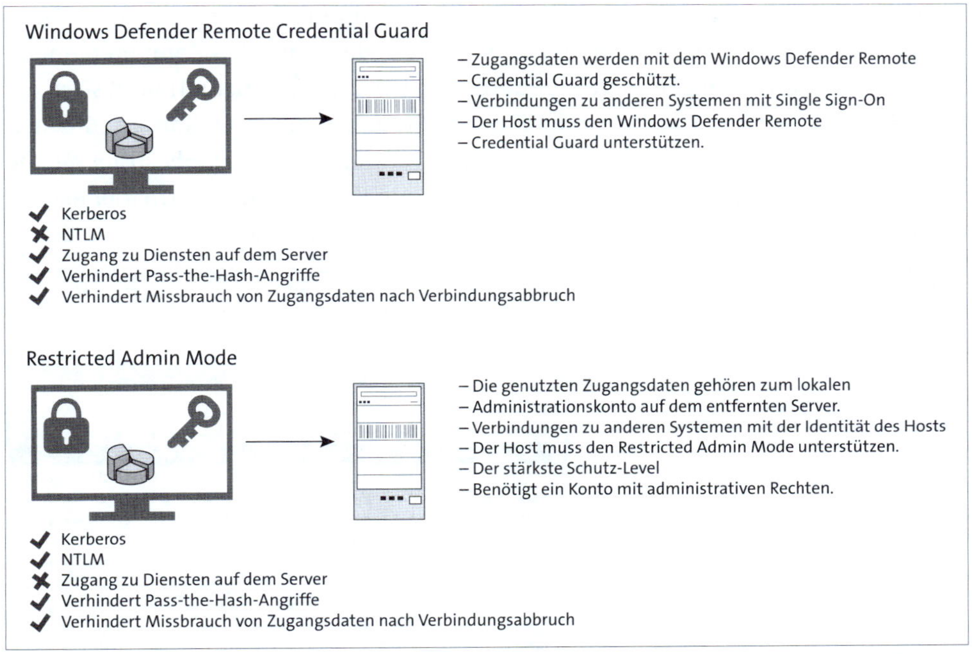
Windows Defender Remote Credential Guard
– Zugangsdaten werden mit dem Windows Defender Remote
– Credential Guard geschützt.
– Verbindungen zu anderen Systemen mit Single Sign-On
– Der Host muss den Windows Defender Remote
– Credential Guard unterstützen.
Kerberos
NTLM
Zugang zu Diensten auf dem Server
Verhindert Pass-the-Hash-Angriffe
Verhindert Missbrauch von Zugangsdaten nach Verbindungsabbruch
Restricted Admin Mode
– Die genutzten Zugangsdaten gehören zum lokalen
– Administrationskonto auf dem entfernten Server.
– Verbindungen zu anderen Systemen mit der Identität des Hosts
– Der Host muss den Restricted Admin Mode unterstützen.
– Der stärkste Schutz-Level
– Benötigt ein Konto mit administrativen Rechten.
Kerberos
NTLM
Zugang zu Diensten auf dem Server
Verhindert Pass-the-Hash-Angriffe
Verhindert Missbrauch von Zugangsdaten nach Verbindungsabbruch

Abbildung 18.78 Änderungen im Restricted Admin Mode (Quelle: https://learn.microsoft.com/en-us/windows/security/identity-protection/remote-credential-guard)

Um den Modus zu aktivieren, müssen Sie auf dem Zielsystem ebenfalls wie beim Restricted Admin Mode den Registrierungsschlüssel `DisableRestrictedAdmin` auf `0` setzen.

Den Remote Credential Guard aktivieren Sie über die Gruppenrichtlinie unter Computerkonfiguration • Administrative Vorlagen • System • Delegierung von Anmeldeinformationen mit der Option Delegierung von Anmeldeinformationen an Remoteserver einschränken. Wählen Sie hier die Option Delegierung von Anmeldeinformationen einschränken. Nun muss der Client entweder den `RestrictedAdminMode` (eingeschränkte Verwaltung) oder `RemoteCredentialGuard` verwenden.

Der Verbindungsaufbau kann am Client mit `mstsc.exe /remoteGuard` gestartet werden.

Auf dem Zielsystem werden keinerlei Anmeldeinformationen gespeichert. Dadurch können dort auch keine Anmeldeinformationen abgefangen werden. Wenn Sie ein anderes als das am (Client)-System angemeldete Benutzerkonto verwenden möchten, müssen Sie `mstsc.exe /prompt` verwenden. Auf allen Servern mit Windows Server 2025, die kein Domänencontroller sind, ist Remote Credential Guard automatisch aktiviert. Damit sind keine Verbindungen mithilfe von CredSSP (siehe Abschnitt 18.3.7) mehr möglich.

18.3.7 Single Sign-on für Remotedesktopdienste

Wenn Sie eine ältere Version des Windows Servers als Ziel verwenden, können Sie auch eine andere Option des Single Sign-on für die Benutzer oder Administratoren aktivieren. Dazu konfigurieren Sie eine Gruppenrichtlinie und verbinden diese mit den Computerkonten, von denen aus die Verbindungen aufgebaut werden sollen. Diese Konfiguration ist sinnvoll, wenn zum Beispiel die Clients RDP-Verbindungen zu Systemen mit ihren Konten aufbauen sollen oder wenn Administratoren von einem Admin-Terminalserver *(Jumphost)* aus auf die Zielsysteme springen sollen. Indem Sie eine Delegierung der Anmeldeinformationen einrichten, kann die Anzahl der notwendigen Kennworteingaben drastisch reduziert werden.

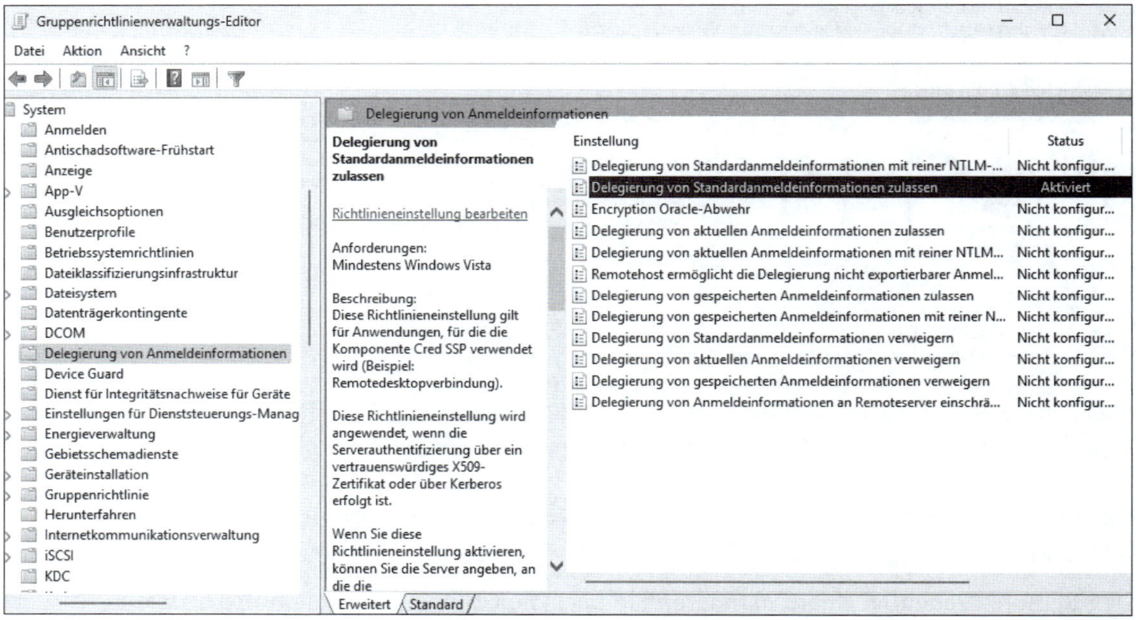

Abbildung 18.79 Die Gruppenrichtlinieneinstellung für die Delegierung von Standardanmeldeinformationen

Sie finden die notwendigen Einstellungen in der Gruppenrichtlinie unter COMPUTERKONFIGURATION • ADMINISTRATIVE VORLAGEN • SYSTEM • DELEGIERUNG VON ANMELDEINFORMATIONEN. Hier konfigurieren Sie die Option DELEGIERUNG VON STANDARDANMELDEINFORMATIONEN ZULASSEN (siehe Abbildung 18.79).

In den Eigenschaften der Gruppenrichtlinieneinstellung müssen Sie im ersten Schritt die Einstellung auf AKTIVIERT setzen und anschließend über die Option ANZEIGEN eine Liste der zugelassenen Server eintragen (siehe Abbildung 18.80) bzw. die erlaubten Protokolle definieren.

Im Bereich INHALT ANZEIGEN können Sie die Dienste und Server definieren, an die die Anmeldeinformationen weitergeleitet werden können. Hier werden die Daten in der Form

<Dienst>/<Ziel> eingetragen. Die Daten basieren auf den *Service Principal Names (SPN)*. Sie können hier Wildcards (*) verwenden oder einzelne Server explizit benennen.

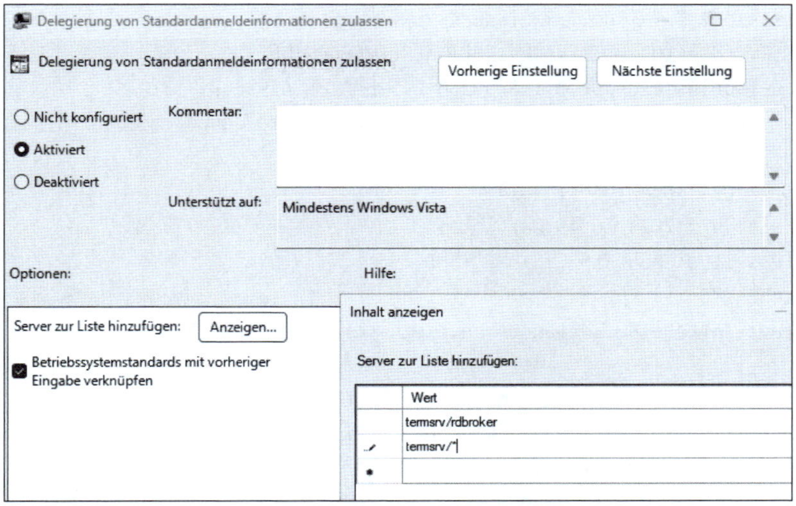

Abbildung 18.80 Konfiguration der Liste der erlaubten Ziele

Die Einstellungen werden wirksam, nachdem die Gruppenrichtlinie verknüpft wurde und der Client eine Aktualisierung und/oder einen Neustart durchgeführt hat. Startet nun ein Benutzer an dem Clientcomputer eine Remotedesktopverbindung, wird der Anmeldename automatisch ausgefüllt und kann auch nicht mehr geändert werden (siehe Abbildung 18.81). Ein möglicher Kontextwechsel wäre nur noch mit dem Parameter `/prompt` möglich.

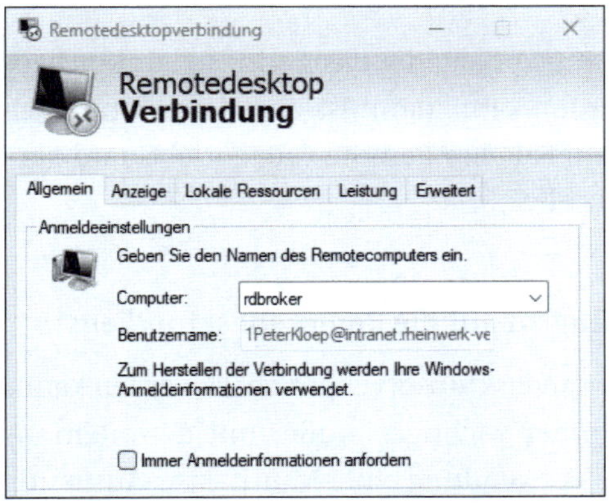

Abbildung 18.81 Aufruf einer RDP-Verbindung mit vorausgefüllten Anmeldeinformationen

Für den Verbindungsaufbau fordert der Benutzer nun ein Kerberos-Ticket an, das für die Authentifizierung verwendet wird. Dies erspart dem Benutzer die Eingabe von Anmeldeinformationen. Trotzdem werden die Sicherheitsanforderungen der Authentifizierung auf Netzwerkebene eingehalten.

In Listing 18.3 können Sie anhand der Server erkennen, dass Tickets für den Dienst TERMSRV auf die Zielsysteme RDHost01 (#2) und RDHost02 (#1) ausgestellt worden sind:

```
#1>     Client: 1peterkloep @ INTRANET.RHEINWERK-VERLAG.DE
        Server: TERMSRV/rdhost02 @ INTRANET.RHEINWERK-VERLAG.DE
        KerbTicket (Verschlüsselungstyp): AES-256-CTS-HMAC-SHA1-96
        Ticketkennzeichen 0xa10000 -> renewable pre_authent name_canonicalize
        Startzeit: 9/2/2024 12:50:09 (lokal)
        Endzeit:   9/2/2024 16:49:04 (lokal)
        Erneuerungszeit: 9/2/2024 16:49:04 (lokal)
        Sitzungsschlüsseltyp: AES-256-CTS-HMAC-SHA1-96
        Cachekennzeichen: 0
        KDC aufgerufen: IntranetDC.intranet.rheinwerk-verlag.de

#2>     Client: 1peterkloep @ INTRANET.RHEINWERK-VERLAG.DE
        Server: TERMSRV/rdhost01 @ INTRANET.RHEINWERK-VERLAG.DE
        KerbTicket (Verschlüsselungstyp): AES-256-CTS-HMAC-SHA1-96
        Ticketkennzeichen 0xa10000 -> renewable pre_authent name_canonicalize
        Startzeit: 9/2/2024 12:49:41 (lokal)
        Endzeit:   9/2/2024 16:49:04 (lokal)
        Erneuerungszeit: 9/2/2024 16:49:04 (lokal)
        Sitzungsschlüsseltyp: AES-256-CTS-HMAC-SHA1-96
        Cachekennzeichen: 0
        KDC aufgerufen: IntranetDC.intranet.rheinwerk-verlag.de
```

Listing 18.3 Ausgabe der Kerberos-Tickets für die RDP-Verbindungen

Wenn das verwendete Konto Mitglied der *Protected Users* ist oder das Konto so konfiguriert ist, dass es vertraulich ist und nicht delegiert werden kann, dann ist eine Anmeldung per Single Sign-on nicht möglich. Sie müssen in diesem Fall den Remote Credential Guard verwenden, wenn kein Kennwort eingegeben werden soll.

18.3.8 Multifaktor-Authentifizierung für den Zugriff auf die Remotedesktopdienste

Die Frage, wie die Authentifizierung an einem Remotedesktopserver gesichert werden kann, wird mit zunehmender Nutzung des Dienstes immer wichtiger. Außer mit dem Remote Credential Guard kann eine Anmeldung durch die Verwendung einer Multifaktor-Authentifizierung zusätzlich abgesichert werden. Dazu benötigen Sie:

- eine Remotedesktopdienste-Infrastruktur *(Remote Desktop Services, RDS)*
- eine *Azure AD MFA*-Lizenz
- die Netzwerkrichtlinien- und Zugriffsdienste-Rolle *(Network Policy and Access Services, NPS)*
- die Synchronisierung des lokalen Active Directorys mit dem Azure Active Directory

Der Verbindungsaufbau erfolgt gegen ein Remotedesktopgateway, das die Anforderung an einen RADIUS-Server (Netzwerkrichtlinienserver, NPS) weiterleitet. Dieser NPS-Server führt nun die Prüfung der Authentifizierung durch. Dazu kontaktiert er entweder einen Domänencontroller oder – sofern die Azure MFA-Erweiterung installiert ist – das Azure AD. Ist im Azure AD eine zusätzliche Authentifizierung konfiguriert, wird diese durch Azure AD gestartet.

Wenn diese Authentifizierung erfolgreich war, sendet Azure AD eine entsprechende Information zum NPS. Der NPS-Server leitet diese dann zum Remotedesktopgateway weiter, und die RDP-Sitzung des Benutzers wird zum Zielserver aufgebaut.

Eine detaillierte Beschreibung der Konfiguration und der Funktion finden Sie auf den Seiten von Microsoft:

https://learn.microsoft.com/de-de/entra/identity/authentication/howto-mfa-nps-extension-rdg

18.4 Sonstige Konfigurationen

In diesem Abschnitt zeigen wir Ihnen noch einige weitere Einstellungen, die für den Betrieb der Remotedesktopdienste erforderlich sind.

18.4.1 Einen RD-Lizenzserver implementieren

Damit die Remotedesktopdienste sauber funktionieren, müssen Sie im Netzwerk einen RD-Lizenzserver bereitstellen und bei Microsoft aktivieren. 18

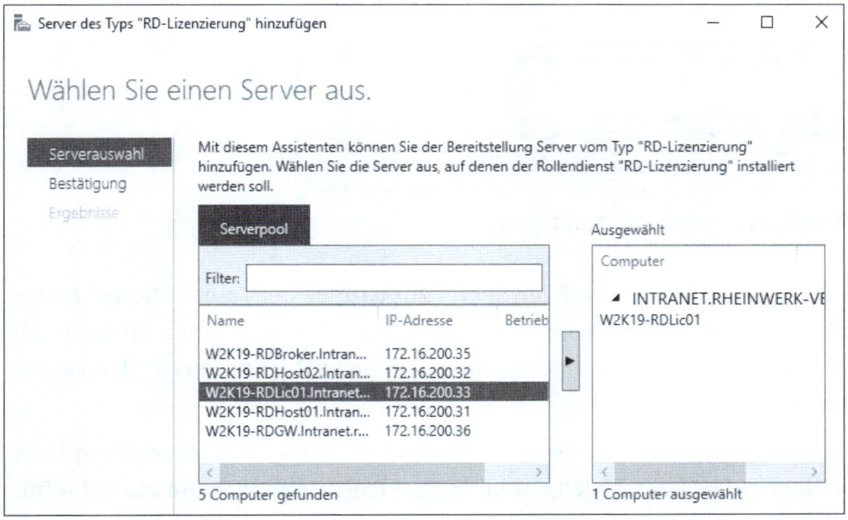

Abbildung 18.82 Einen Lizenzserver hinzufügen

Sie können den RD-Lizenzserver über die RD-Bereitstellung hinzufügen. Klicken Sie dazu auf das grüne +-Symbol und wählen Sie den Server aus. Alternativ können Sie auf einem Server den Rollendienst installieren und den RD-Hosts den Lizenzserver »bekannt machen«.

Nach der Installation der Rolle steht auf dem Zielsystem der *Remotedesktoplizenzierungs-Manager* zur Verfügung (siehe Abbildung 18.83). Diese Verwaltungskonsole können Sie mithilfe der Remoteserververwaltungs-Tools auch auf anderen Systemen installieren.

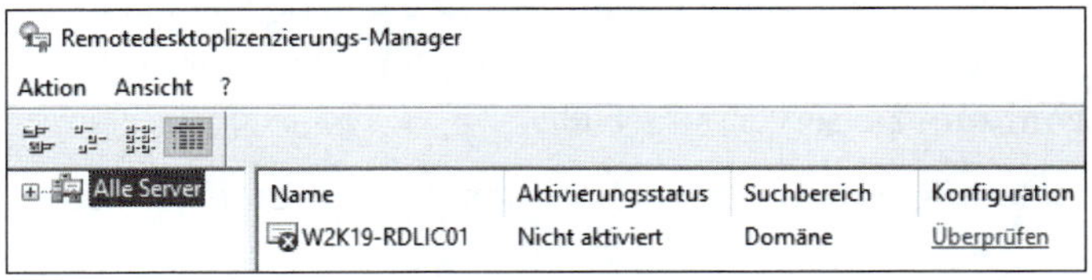
Remotedesktoplizenzierungs-Manager
Aktion Ansicht ?
Alle Server
Name
Aktivierungsstatus
Suchbereich
Konfiguration
W2K19-RDLIC01
Nicht aktiviert
Domäne
Überprüfen

Abbildung 18.83 Die Konfiguration des Lizenzservers »passt« nicht.

Im Lizenzierungsmanager wird die Konfiguration des Servers geprüft. Das weiße »x« im roten Kreis beim Servernamen in Abbildung 18.83 signalisiert, dass es Probleme mit dem Server gibt. Mit einem Klick auf ÜBERPRÜFEN öffnen Sie das Fenster zur Konfiguration der Einstellungen (siehe Abbildung 18.84).

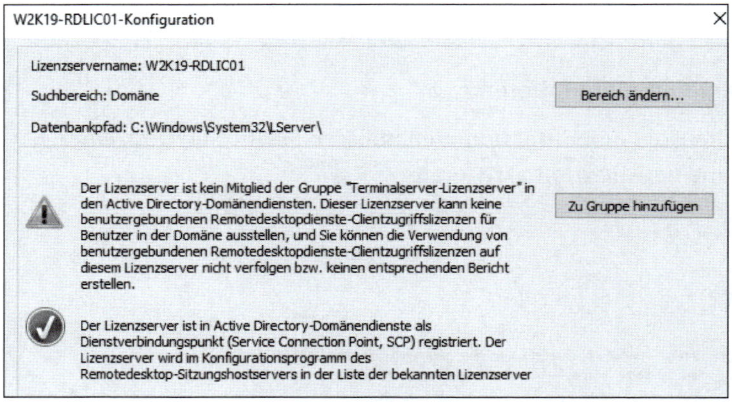
W2K19-RDLIC01-Konfiguration
Lizenzservername: W2K19-RDLIC01
Suchbereich: Domäne
Bereich ändern...
Datenbankpfad: C:\Windows\System32\LServer\
Der Lizenzserver ist kein Mitglied der Gruppe "Terminalserver-Lizenzserver" in den Active Directory-Domänendiensten. Dieser Lizenzserver kann keine benutzergebundenen Remotedesktopdienste-Clientzugriffslizenzen für Benutzer in der Domäne ausstellen, und Sie können die Verwendung von benutzergebundenen Remotedesktopdienste-Clientzugriffslizenzen auf diesem Lizenzserver nicht verfolgen bzw. keinen entsprechenden Bericht erstellen.
Zu Gruppe hinzufügen
Der Lizenzserver ist in Active Directory-Domänendienste als Dienstverbindungspunkt (Service Connection Point, SCP) registriert. Der Lizenzserver wird im Konfigurationsprogramm des Remotedesktop-Sitzungshostservers in der Liste der bekannten Lizenzserver

Abbildung 18.84 Überprüfung der Konfiguration

Hier können Sie den Bereich ändern und den Server zur Gruppe der *Terminalserver-Lizenzserver* hinzufügen. Mitglieder dieser Gruppe haben das Recht, Informationen im Active Directory zu aktualisieren. Diese Einstellungen können von den RD-Hosts verwendet werden, um den Lizenzserver zu finden.

Damit die Gruppenmitgliedschaft aktualisiert werden kann, muss das verwendete Admin-Konto Rechte auf der Gruppe haben (siehe Abbildung 18.85). Alternativ kann ein AD-Administrator das Serverkonto vorab in die Gruppe aufnehmen.

Im nächsten Schritt muss der Lizenzserver aktiviert werden. Dies können Sie über einen Rechtsklick auf den Server und SERVER AKTIVIEREN erreichen (siehe Abbildung 18.86).

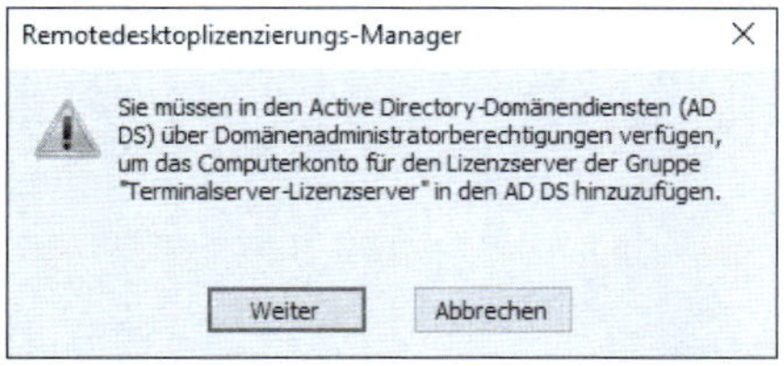
Remotedesktoplizenzierungs-Manager
Sie müssen in den Active Directory-Domänendiensten (AD DS) über Domänenadministratorberechtigungen verfügen, um das Computerkonto für den Lizenzserver der Gruppe "Terminalserver-Lizenzserver" in den AD DS hinzuzufügen.
Weiter
Abbrechen

Abbildung 18.85 Hinweis zu den benötigten Rechten

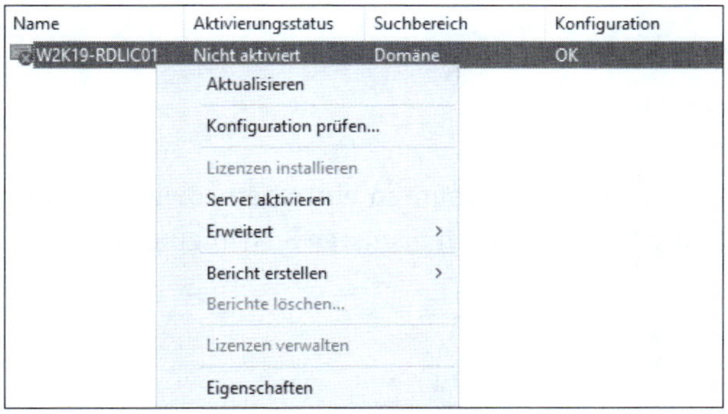
Name
Aktivierungsstatus
Suchbereich
Konfiguration
W2K19-RDLIC01
Nicht aktiviert
Domäne
OK
Aktualisieren
Konfiguration prüfen...
Lizenzen installieren
Server aktivieren
Erweitert
Bericht erstellen
Berichte löschen...
Lizenzen verwalten
Eigenschaften

Abbildung 18.86 Das Kontextmenü auf dem Serverkonto

Um den Server dann tatsächlich zu aktivieren, wird ein Assistent gestartet, der Sie durch die Einrichtung und die Installation der Lizenzen leitet (siehe Abbildung 18.87).

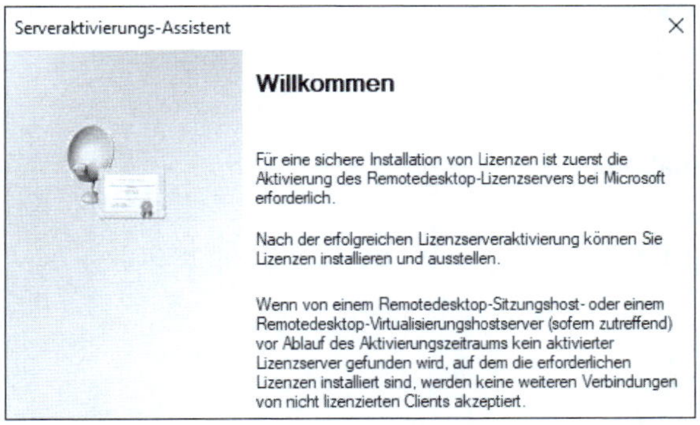
Serveraktivierungs-Assistent
Willkommen
Für eine sichere Installation von Lizenzen ist zuerst die Aktivierung des Remotedesktop-Lizenzservers bei Microsoft erforderlich.
Nach der erfolgreichen Lizenzserveraktivierung können Sie Lizenzen installieren und ausstellen.
Wenn von einem Remotedesktop-Sitzungshost- oder einem Remotedesktop-Virtualisierungshostserver (sofern zutreffend) vor Ablauf des Aktivierungszeitraums kein aktivierter Lizenzserver gefunden wird, auf dem die erforderlichen Lizenzen installiert sind, werden keine weiteren Verbindungen von nicht lizenzierten Clients akzeptiert.

Abbildung 18.87 Der »Willkommen«-Bildschirm für die Aktivierung des Lizenzservers

Sie können eine automatische Aktivierung, eine Aktivierung über die Webseite oder über das Telefon auswählen (siehe Abbildung 18.88). Die automatische Aktivierung ist geeignet, wenn der Computer über einen Internetzugang verfügt. Bei eingeschränkter Internetkonnektivität können Sie die anderen Optionen verwenden.

Bei der automatischen Aktivierung (Automatische Verbindung (empfohlen)) werden die Aktivierungsinformationen direkt an Microsoft gesendet und der Lizenzserver registriert und aktiviert. Die Daten werden über eine SSL-verschlüsselte Verbindung übertragen.

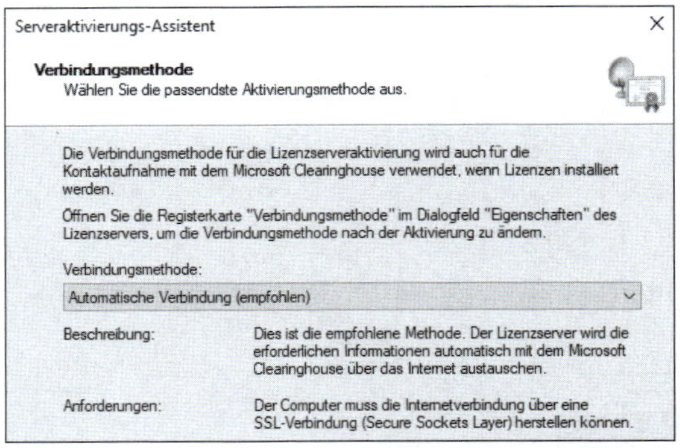
Serveraktivierungs-Assistent
Verbindungsmethode
Wählen Sie die passendste Aktivierungsmethode aus.
Die Verbindungsmethode für die Lizenzserveraktivierung wird auch für die Kontaktaufnahme mit dem Microsoft Clearinghouse verwendet, wenn Lizenzen installiert werden.
Öffnen Sie die Registerkarte "Verbindungsmethode" im Dialogfeld "Eigenschaften" des Lizenzservers, um die Verbindungsmethode nach der Aktivierung zu ändern.
Verbindungsmethode:
Automatische Verbindung (empfohlen)
Beschreibung:
Dies ist die empfohlene Methode. Der Lizenzserver wird die erforderlichen Informationen automatisch mit dem Microsoft Clearinghouse über das Internet austauschen.
Anforderungen:
Der Computer muss die Internetverbindung über eine SSL-Verbindung (Secure Sockets Layer) herstellen können.

Abbildung 18.88 Auswahl der Verbindungsmethode

Sie müssen Ihren Vor- und Nachnamen und den Firmennamen eintragen sowie das Land oder die Region auswählen (siehe Abbildung 18.89), um zum nächsten Schritt zu gelangen.

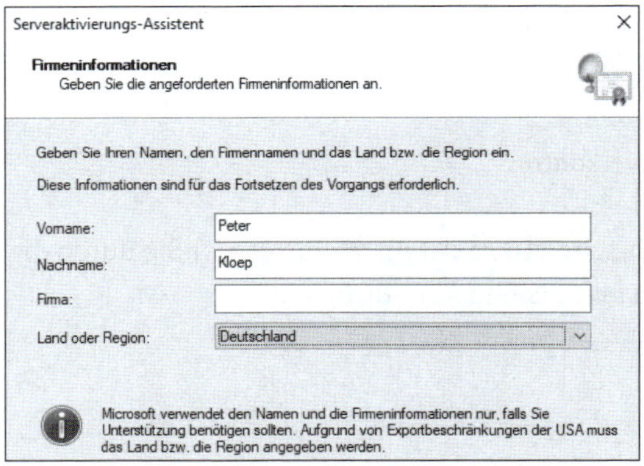
Serveraktivierungs-Assistent
Firmeninformationen
Geben Sie die angeforderten Firmeninformationen an.
Geben Sie Ihren Namen, den Firmennamen und das Land bzw. die Region ein.
Diese Informationen sind für das Fortsetzen des Vorgangs erforderlich.
Vorname:
Peter
Nachname:
Kloep
Firma:
Land oder Region:
Deutschland
Microsoft verwendet den Namen und die Firmeninformationen nur, falls Sie Unterstützung benötigen sollten. Aufgrund von Exportbeschränkungen der USA muss das Land bzw. die Region angegeben werden.

Abbildung 18.89 Festlegen der Kontaktinformationen

Im nächsten Fenster müssen Sie Kontaktdetails hinterlegen (siehe Abbildung 18.90).

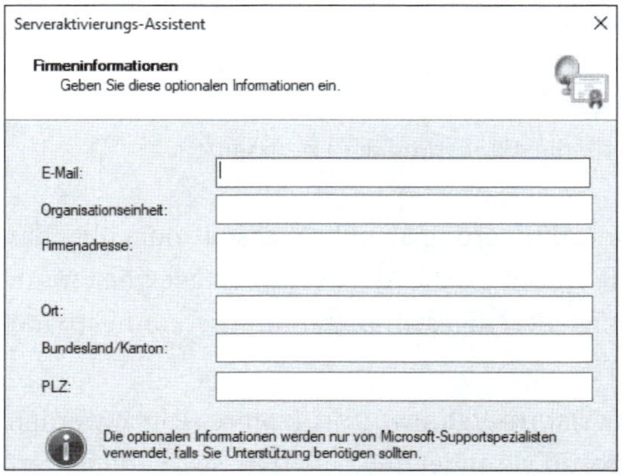
Serveraktivierungs-Assistent
Firmeninformationen
Geben Sie diese optionalen Informationen ein.
E-Mail:
Organisationseinheit:
Firmenadresse:
Ort:
Bundesland/Kanton:
PLZ:
Die optionalen Informationen werden nur von Microsoft-Supportspezialisten verwendet, falls Sie Unterstützung benötigen sollten.

Abbildung 18.90 Festlegen der Kontaktdetails

Mit den eingegebenen Informationen werden die Registrierung und die Aktivierung durchgeführt (siehe Abbildung 18.91).

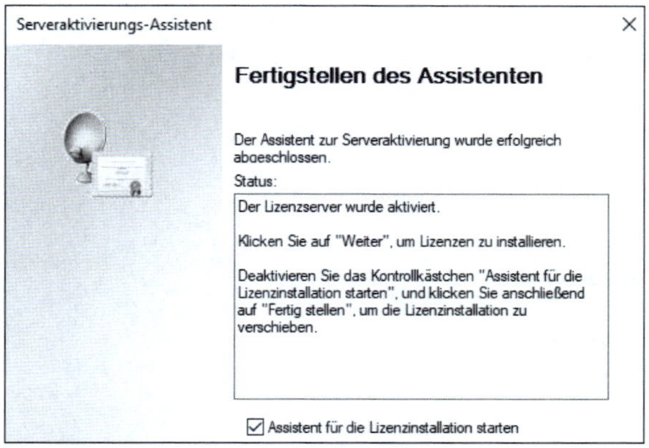
Serveraktivierungs-Assistent
Fertigstellen des Assistenten
Der Assistent zur Serveraktivierung wurde erfolgreich abgeschlossen.
Status:
Der Lizenzserver wurde aktiviert.
Klicken Sie auf "Weiter", um Lizenzen zu installieren.
Deaktivieren Sie das Kontrollkästchen "Assistent für die Lizenzinstallation starten", und klicken Sie anschließend auf "Fertig stellen", um die Lizenzinstallation zu verschieben.
Assistent für die Lizenzinstallation starten

Abbildung 18.91 Abschluss des Aktivierungsassistenten

Nach der Aktivierung müssen Sie Lizenzpakete einspielen. Dazu wählen Sie die Option LIZENZ INSTALLIEREN, die Sie über das Kontextmenü des Servers erreichen.

Die Lizenzschlüssel erhalten Sie entweder im Lizenzierungsportal, wenn Sie einen Volumenlizenzvertrag besitzen, oder vom Lieferanten, der Ihnen die Lizenzen zur Verfügung gestellt hat. Es stehen mehrere Lizenzprogramme zum Einspielen der Lizenzen zur Verfügung (siehe Abbildung 18.92).

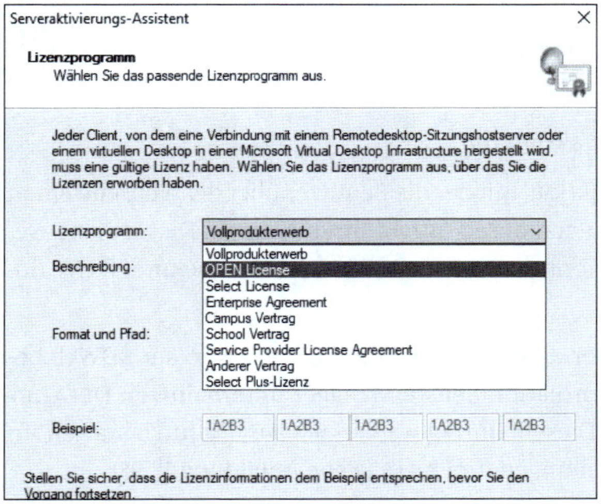
Serveraktivierungs-Assistent
Lizenzprogramm
Wählen Sie das passende Lizenzprogramm aus.
Jeder Client, von dem eine Verbindung mit einem Remotedesktop-Sitzungshostserver oder einem virtuellen Desktop in einer Microsoft Virtual Desktop Infrastructure hergestellt wird, muss eine gültige Lizenz haben. Wählen Sie das Lizenzprogramm aus, über das Sie die Lizenzen erworben haben.
Lizenzprogramm:
Vollprodukterwerb
Beschreibung:
Vollprodukterwerb
OPEN License
Select License
Enterprise Agreement
Campus Vertrag
School Vertrag
Service Provider License Agreement
Anderer Vertrag
Select Plus-Lizenz
Format und Pfad:
Beispiel:
1A2B3
1A2B3
1A2B3
1A2B3
1A2B3
Stellen Sie sicher, dass die Lizenzinformationen dem Beispiel entsprechen, bevor Sie den Vorgang fortsetzen.

Abbildung 18.92 Auswahl des Lizenzprogramms

Nachdem Sie das passende Lizenzprogramm ausgewählt haben, tragen Sie die Lizenznummer ein (siehe Abbildung 18.93). Diese Lizenz wird zunächst geprüft. Danach wird sie im System eingetragen und steht für die Verwendung zur Verfügung.

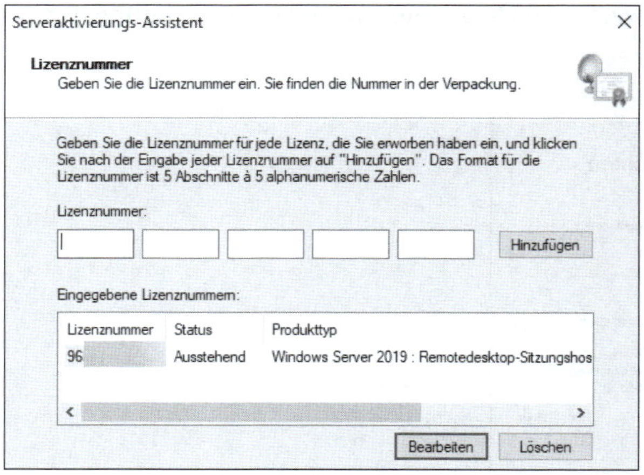

Abbildung 18.93 Eintragen einer Lizenz

Eine Übersicht der Lizenzen wird Ihnen im Anschluss unterhalb des Servers angezeigt (siehe Abbildung 18.94).

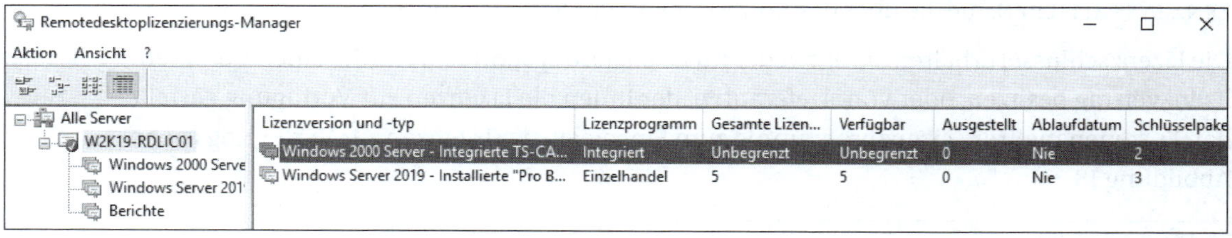

Abbildung 18.94 Übersicht der verfügbaren Lizenzen

18.4.2 Die Kennwortwechselfunktion aktivieren

Die *RDWeb*-Webseite beinhaltet eine Funktion, mit der die Benutzer über die Webseite einen Kennwortwechsel für die Domänenbenutzerkonten durchführen können. Dies ist eine elegante Möglichkeit, um Kennwörter für Konten zu ändern, die nicht für eine interaktive (lokale) Anmeldung verwendet werden.

Die Aktivierung der Webseite erfolgt über den IIS-Manager auf dem Server, der RDWeb bereitstellt. Hier finden Sie im Internetinformationdienste-Manager unterhalb von DEFAULT WEB SITE • RDWEB den Eintrag PAGES. Diesen Eintrag wählen Sie aus. Dadurch starten im mittleren Fenster die Anwendungseinstellungen für PAGES (siehe Abbildung 18.95).

In den ANWENDUNGSEINSTELLUNGEN ändern Sie den Wert für `PasswordChangeEnabled` von `false` auf `true`. Damit wird die Funktion aktiviert, und Sie können die Webseite bereits über die Adresse *https://<Name des Servers>/RDWeb/Pages/de-DE/password.aspx* aufrufen.

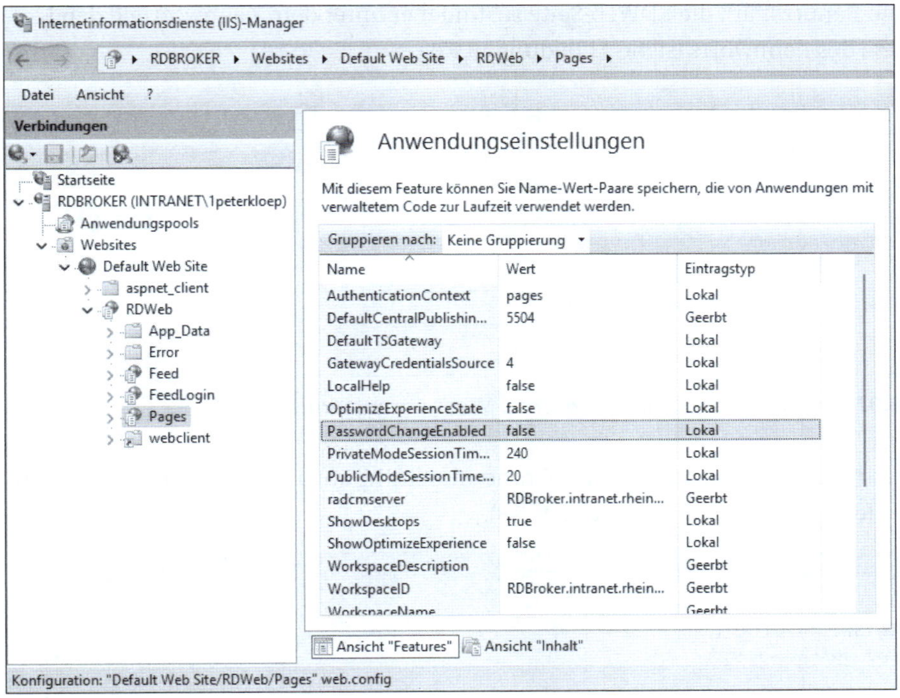

Abbildung 18.95 Aktivieren der Seite, auf der Sie das Kennwort wechseln können

Wenn Sie auf der »Startseite« von RDWeb bereits einen Link zum Kennwortwechsel erhalten möchten, können Sie die Datei *Login.aspx* im Ordner *C:\Windows\web\rdweb\pages\de-DE* anpassen. Suchen Sie hier nach dem Wert `UserPass` und erweitern Sie den Text so, wie in Abbildung 18.96 gezeigt. Nach einem Neustart des IIS *(IISReset)* steht die Funktion zur Verfügung.

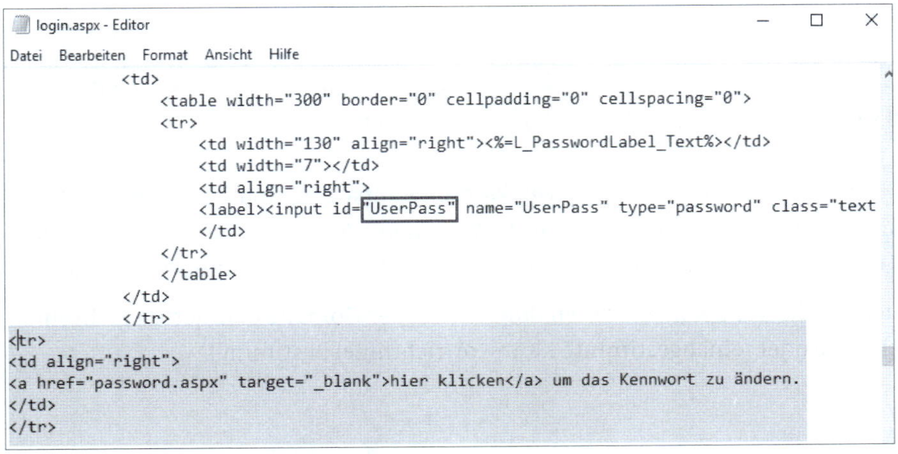

Abbildung 18.96 Anpassung an der »Login.aspx«

Greift nun ein Benutzer auf die RDWeb-Seite zu, findet er unter dem Kennwortfeld den Link zum Wechseln des Kennworts (siehe Abbildung 18.97).

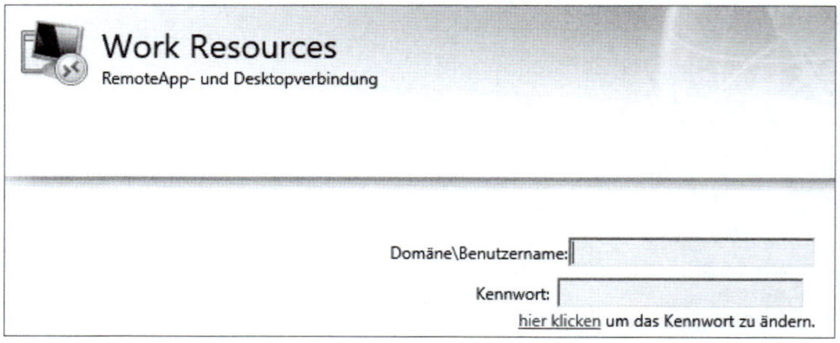

Abbildung 18.97 Option, um die Kennwortwechsel-Webseite aufzurufen

Alternativ kann auch direkt oder über eine Ordnerumleitung auf die Kennwortwechsel-Webseite zugegriffen werden (siehe Abbildung 18.98).

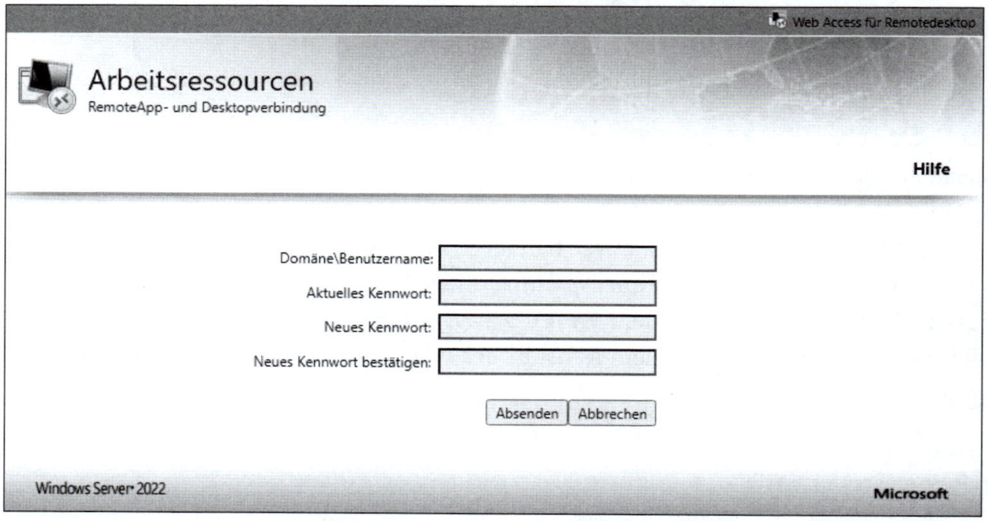

Abbildung 18.98 Kennwortwechsel-Webseite (ohne Anpassungen)

Sie können den Inhalt der Kennwortwechsel-Webseite anpassen, und zwar über die Datei *password.aspx* im Ordner *C:\Windows\Web\RDWeb\Pages\de-DE*. Auf diese Weise können Sie weitere Hilfstexte oder Informationen zur geltenden Kennwortrichtlinie hinterlegen.

Die Richtlinien für die Kennwörter werden durch die in der Domäne definierten Richtlinien (Gruppenrichtlinie oder feinabgestimmte Kennwortrichtlinie) bestimmt.

Kapitel 19

Virtuelles privates Netzwerk und Netzwerkrichtlinienserver

Einen sicheren Zugang zum Firmennetzwerk zu realisieren, ist essenziell für alle Mitarbeiter, die von zu Hause oder von unterwegs auf das interne Netzwerk zugreifen müssen. Außer mit vielen Drittanbieterlösungen können Sie auch mit Windows Server zahlreiche sichere Verbindungsoptionen zur Verfügung stellen.

Es ist eigentlich ganz einfach, einen Server gegen die allermeisten Angriffe abzusichern: Ziehen Sie das Netzwerkkabel!

Sollten Sie ein solches *Airgapped System* betreiben, haben Sie sicher einen guten Grund dafür. Für die meisten Anwendungsfälle sind diese Umgebungen allerdings nur sehr eingeschränkt nützlich. Stattdessen müssen Sie gewährleisten, dass Ihre Nutzer auch von unterwegs oder aus dem Homeoffice auf die Ressourcen zugreifen können, die sie für ihre Arbeit benötigen. In Zeiten globaler Epidemien ist dies ein tagesaktuelles Thema, aber auch in Zukunft werden es sich nur noch wenige Unternehmen leisten können, keinen komfortablen Zugang für ihre Mitarbeiter bereitzustellen.

Zusätzlich zu den Bereitstellungsfragen, die in diesem Kapitel besprochen werden, sind noch einige weitere Punkte zu berücksichtigen, auf die wir nicht im Detail eingehen, die aber für die reibungslose Nutzung der VPN-Infrastruktur sehr wichtig sind:

- Stellen Sie eine ausführliche Dokumentation für Ihre User zusammen, die eine Beschreibung des Gefahrenpotenzials und klare Handlungsanweisungen enthält.
- Achten Sie darauf, ob es Zugriffe von alten Betriebssystemen gibt, die nicht mehr unterstützt werden und die ein Sicherheitsrisiko darstellen. Ungepatchte Windows-Systeme finden sich noch auf viel zu vielen privaten PCs. Ob Sie diesen Clients den Zugang verwehren, die Nutzer zum Update auffordern oder sogar umfangreiche Hilfestellungen anbieten, hängt von Ihrer Firmenpolitik und den verfügbaren Ressourcen ab.
- Informieren Sie Ihre Nutzer über die Notwendigkeit von Updates, und erstellen Sie einfaches Dokumentationsmaterial, das bei der Aktualisierung privater Systeme hilft.
- Falls möglich, sollten Sie auch prüfen, ob die Nutzer Ihres VPN-Zugangs aktuelle Antiviren-Software nutzen und auch sonst die allgemein bekannten Regeln und Handlungsanweisungen in Bezug auf sichere IT-Nutzung beherzigen. Auch hier kann weiteres Doku-

mentationsmaterial nützlich sein. Auf jeden Fall sollten Sie Ihre Nutzer auf die möglichen Sicherheitsrisiken hinweisen, die die Nutzung des VPN-Zugangs für das Firmennetz mit sich bringt.

- Machen Sie Ihre User auch darauf aufmerksam, was die Nutzung des VPNs für ihre eigene Privatsphäre bedeutet. Vielen Nutzern wird nicht klar sein, dass das Surfen am privaten PC nicht sehr privat ist, wenn gleichzeitig der VPN-Zugang des Unternehmens genutzt wird.
- Prüfen Sie die Leistungsfähigkeit Ihrer VPN-Server. Gutes Monitoring und eine informierte Abschätzung der erwarteten Last sind für eine VPN-Infrastruktur überaus wichtig.

Diese grundsätzlichen Punkte müssen Sie in Abstimmung mit den Unternehmensrichtlinien mit Ihren Usern klären – wie immer helfen klare Bestimmungen und umfangreiche Dokumentationen weiter.

In diesem Kapitel soll es jedoch um die technische Bereitstellung eines sicheren Netzwerkzugangs gehen. Beginnen werden wir mit dem schon mehrfach angesprochenen VPN-Zugang.

19.1 VPN-Zugang

Die Rollendienste für die Einrichtung des Remotezugriffs werden unter der Rolle *Remotezugriff* zusammengefasst. Über die bekannten Installationsoptionen können diese auf einem Server bereitgestellt werden (siehe Abbildung 19.1).

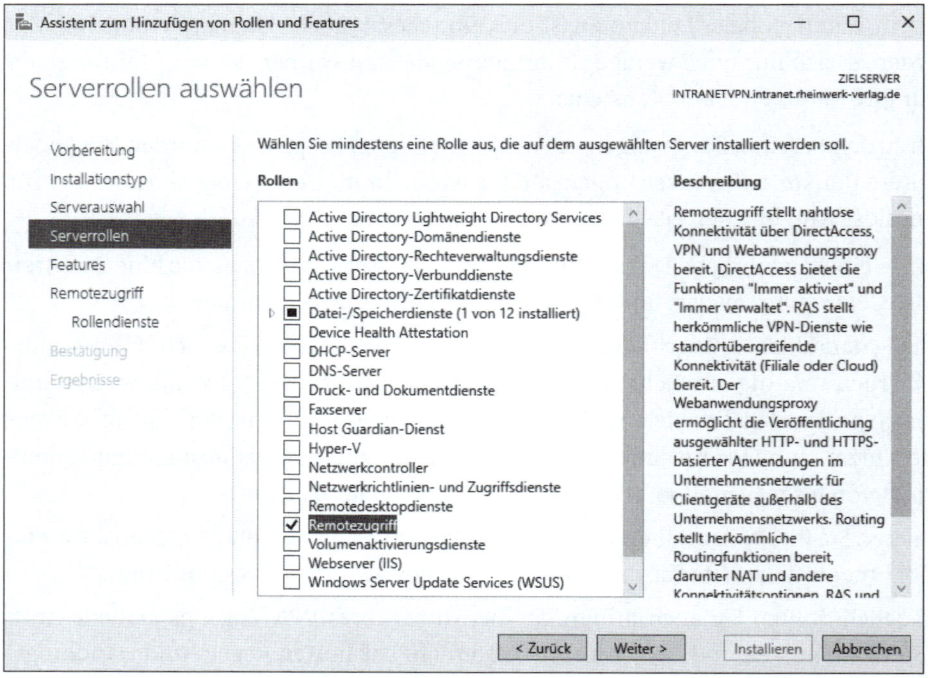

Abbildung 19.1 Die Serverrolle »Remotezugriff«

Die Serverrolle beinhaltet drei Rollendienste (siehe Abbildung 19.2):

- *DirectAccess und VPN (RAS)* – Dieser Rollendienst stellt die Remoteverbindungen zum Netzwerk und eine mögliche Standort-zu-Standort-Verbindung bereit.

  VPN und RAS sind die Verbindungen, die mit den meisten Clientbetriebssystemen (auch Nicht-Microsoft-Systemen) verwendet werden können. DirectAccess ist eine Verbindungsmethode für Windows-Systeme, die automatisch aufgebaut werden kann, sodass der Benutzer eventuell gar nicht merkt, dass er – sobald er eine Internetverbindung hat – mit dem Firmennetzwerk verbunden wird. Dadurch können Administratoren Systeme außerhalb des Firmennetzwerks remote verwalten.
- *Routing* – Die Rolle *Remotezugriff* beinhaltet auch den Rollendienst *Routing*. Dabei kann ein Server als Router verwendet werden oder für die Bereitstellung von *NAT (Network Address Translation)* genutzt werden.
- *Webanwendungsproxy* – Der Webanwendungsproxy ist ein Reverse-Proxy, den Sie dazu verwenden können, interne »Webressourcen« sicher im Internet oder in anderen weniger sicheren Netzwerken bereitzustellen.

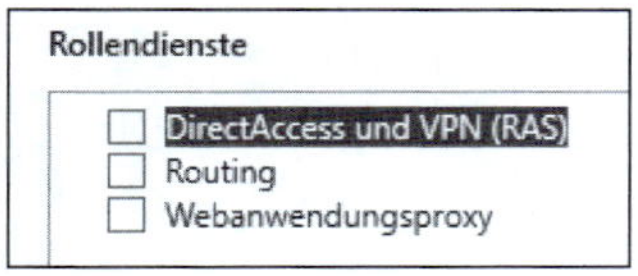

Abbildung 19.2 Übersicht über die Rollendienste der Serverrolle »Remotezugriff«

Die Installation der Rollendienste kann auch mithilfe der PowerShell erfolgen. Ein Aufruf von `Get-WindowsFeature` listet die Rollendienste und die Namen auf:

```
[X] Remotezugriff                  RemoteAccess              Installed
    [X] DirectAccess und VPN (RAS) DirectAccess-VPN          Installed
    [ ] Routing                    Routing                   Available
    [ ] Webanwendungsproxy         Web-Application-Proxy     Available
```

Listing 19.1 Ausgabe von »Get-WindowsFeature« mit den drei Rollendiensten des Remotezugriffs

Die Installation der Rolle und der Dienste benötigt keinen Neustart. In Abbildung 19.3 sehen Sie, dass die Installation erfolgreich abgeschlossen wurde und einige zusätzliche Rollendienste installiert wurden:

- *Gruppenrichtlinienverwaltung*
- *Interne Windows-Datenbank*
- *RAS-Verbindungs-Manager-Verwaltungskit (CMAK)* – Das *Connection Manager Administration Kit* (CMAK) ist ein Tool, mit dem Sie ausführbare Dateien für Clients bereitstellen, sodass Sie Einwahl- und VPN-Verbindungen auf dem Client zur Verfügung stellen. Sie können hier auch Telefonbücher zur Auswahl der richtigen Zielressourcen mitgeben.

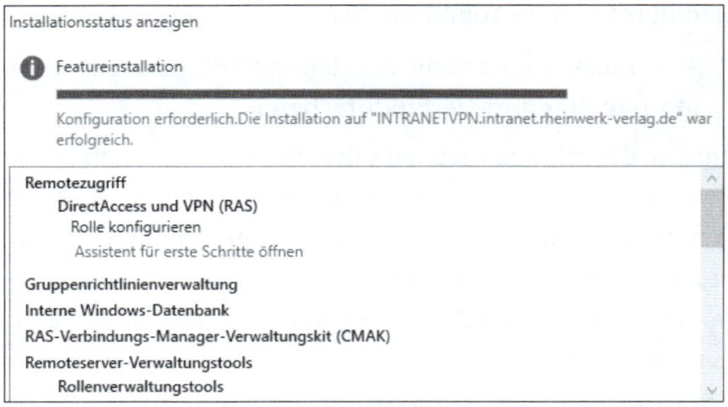
Installationsstatus anzeigen
Featureinstallation
Konfiguration erforderlich.Die Installation auf "INTRANETVPN.intranet.rheinwerk-verlag.de" war erfolgreich.
Remotezugriff
DirectAccess und VPN (RAS)
Rolle konfigurieren
Assistent für erste Schritte öffnen
Gruppenrichtlinienverwaltung
Interne Windows-Datenbank
RAS-Verbindungs-Manager-Verwaltungskit (CMAK)
Remoteserver-Verwaltungstools
Rollenverwaltungstools

Abbildung 19.3 Zusammenfassung der Installation

Wenn Sie auf Assistent für erste Schritte öffnen klicken, stehen Ihnen die drei Optionen aus Abbildung 19.4 zur Verfügung:

- DirectAccess und VPN bereitstellen (empfohlen) – Diese Option bietet die Möglichkeit, DirectAccess (siehe Abschnitt 19.2, »DirectAccess einrichten«) und einen VPN-Zugang einzurichten.
- Nur DirectAccess bereitstellen – Diese Option stellt ausschließlich einen DirectAccess-Zugang bereit.
- Nur VPN bereitstellen – Diese Auswahl konfiguriert einen VPN-Zugang.

Für die Installation und Einrichtung der VPN-Rollen werden lokale Administratorrechte benötigt.

Wenn Sie mit der VPN-Einrichtung fortfahren, wird die Konsole Routing und RAS geöffnet (siehe Abbildung 19.5), in der Sie die weitere Konfiguration vornehmen.

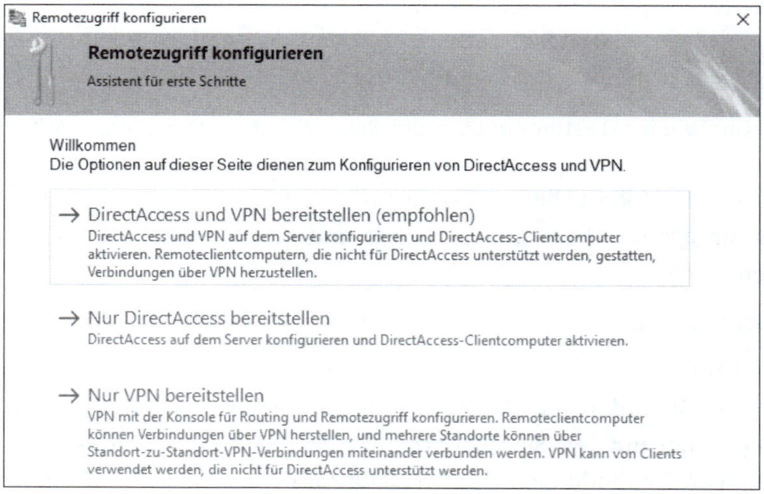
Remotezugriff konfigurieren
Remotezugriff konfigurieren
Assistent für erste Schritte
Willkommen
Die Optionen auf dieser Seite dienen zum Konfigurieren von DirectAccess und VPN.
→ DirectAccess und VPN bereitstellen (empfohlen)
DirectAccess und VPN auf dem Server konfigurieren und DirectAccess-Clientcomputer aktivieren. Remoteclientcomputern, die nicht für DirectAccess unterstützt werden, gestatten, Verbindungen über VPN herzustellen.
→ Nur DirectAccess bereitstellen
DirectAccess auf dem Server konfigurieren und DirectAccess-Clientcomputer aktivieren.
→ Nur VPN bereitstellen
VPN mit der Konsole für Routing und Remotezugriff konfigurieren. Remoteclientcomputer können Verbindungen über VPN herstellen, und mehrere Standorte können über Standort-zu-Standort-VPN-Verbindungen miteinander verbunden werden. VPN kann von Clients verwendet werden, die nicht für DirectAccess unterstützt werden.

Abbildung 19.4 Auswahl des Bereitstellungsszenarios

Wir werden im Folgenden den Server konfigurieren und einem Client die Verbindung zum Netzwerk ermöglichen. Im Anschluss daran werden wir die Umgebung absichern und die verschiedenen Konfigurationsoptionen für die unterschiedlichen Protokolle besprechen.

In der Konsole ROUTING UND RAS sehen Sie neben dem Servernamen einen nach unten zeigenden roten Pfeil (siehe Abbildung 19.5). Er signalisiert, dass Routing und RAS noch nicht konfiguriert ist bzw. beendet wurde. Bei einem Rechtsklick auf den Servernamen erscheint ein Kontextmenü mit der Option ROUTING UND RAS KONFIGURIEREN UND AKTIVIEREN.

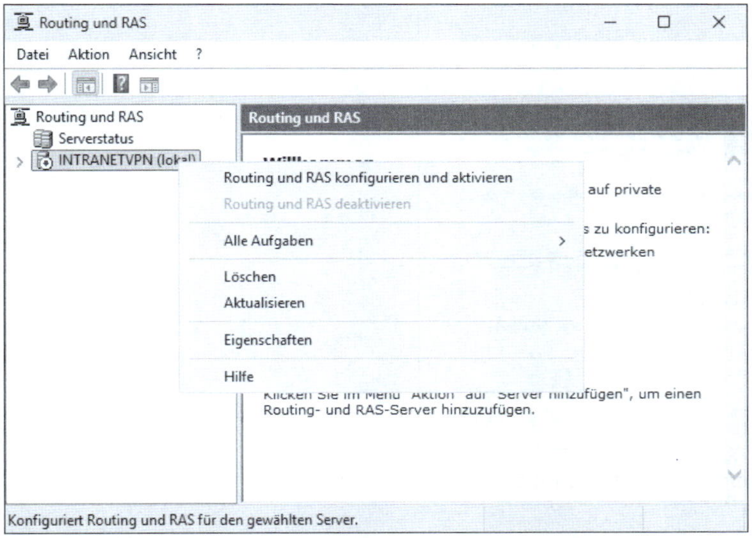

Abbildung 19.5 Die Verwaltungskonsole »Routing und RAS«

Direkt darunter finden Sie die Option ROUTING UND RAS DEAKTIVIEREN. Hier ist Vorsicht geboten: Wenn Sie diese Option wählen, wird die Konfiguration von Routing und RAS entfernt und der Dienst beendet. Wenn Sie »nur« den Routing-und-RAS-Dienst neu starten möchten, können Sie dies im gleichen Kontextmenü über ALLE AUFGABEN • NEU STARTEN erreichen.

Der Konfigurationsassistent der ROUTING UND RAS-Konsole (siehe Abbildung 19.6) bietet mehrere Auswahloptionen, die Sie durch die Konfiguration leiten:

- RAS (DFÜ ODER VPN) – Die RAS-Konfiguration bietet die Möglichkeit, einen VPN- oder DFÜ-Zugang zu aktivieren.
- NETZWERKADRESSÜBERSETZUNG (NAT) – Diese Option (siehe auch Abschnitt 19.3, »NAT einrichten«) kann dazu verwendet werden, weitere Netzwerkadressbereiche bereitzustellen, ohne alle Routingkomponenten im Netzwerk anzupassen.
- VPN-ZUGRIFF UND NAT – Diese Option ist eine Kombination aus RAS (DFÜ ODER VPN) und NETZWERKADRESSÜBERSETZUNG (NAT).
- SICHERE VERBINDUNG ZWISCHEN ZWEI PRIVATEN NETZWERKEN – Dieser Assistent stellt eine VPN-Site-2-Site-Verbindung her und kann so mehrere Standorte miteinander verbin-

den. Dadurch können Sie eine sichere Verbindung innerhalb eines unsicheren Mediums (Internet) aufbauen und auf diese Weise mehrere Subnetze (Standorte) verbinden.

- BENUTZERDEFINIERTE KONFIGURATION – Diese Option stellt eine Möglichkeit bereit, Ihre angepasste Bereitstellung einzurichten, ohne die vorgefertigten Assistenten zu verwenden. Zusätzliche Dienste und Rollen können nachträglich ergänzt oder entfernt werden, egal welchen Weg Sie zur Einrichtung verwendet haben.

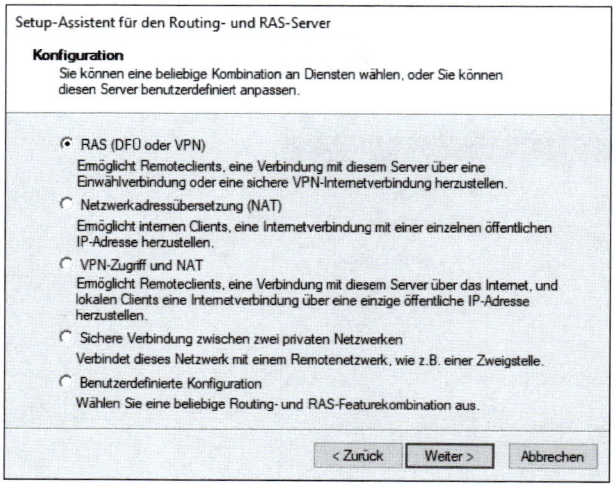
Setup-Assistent für den Routing- und RAS-Server
Konfiguration
Sie können eine beliebige Kombination an Diensten wählen, oder Sie können diesen Server benutzerdefiniert anpassen.
RAS (DFÜ oder VPN)
Ermöglicht Remoteclients, eine Verbindung mit diesem Server über eine Einwählverbindung oder eine sichere VPN-Internetverbindung herzustellen.
Netzwerkadressübersetzung (NAT)
Ermöglicht internen Clients, eine Internetverbindung mit einer einzelnen öffentlichen IP-Adresse herzustellen.
VPN-Zugriff und NAT
Ermöglicht Remoteclients, eine Verbindung mit diesem Server über das Internet, und lokalen Clients eine Internetverbindung über eine einzige öffentliche IP-Adresse herzustellen.
Sichere Verbindung zwischen zwei privaten Netzwerken
Verbindet dieses Netzwerk mit einem Remotenetzwerk, wie z.B. einer Zweigstelle.
Benutzerdefinierte Konfiguration
Wählen Sie eine beliebige Routing- und RAS-Featurekombination aus.
< Zurück
Weiter >
Abbrechen

Abbildung 19.6 Auswahl der Konfigurationsoption

Bei der Einrichtung der VPN-Verbindung müssen Sie dem Assistenten mitteilen, welche Netzwerkschnittstelle die Verbindung zum Internet aufbaut (siehe Abbildung 19.7). Glücklicherweise fällt diese Nachfrage im Vergleich zu früheren Versionen der Serverbetriebssysteme mittlerweile deutlich verständlicher aus.

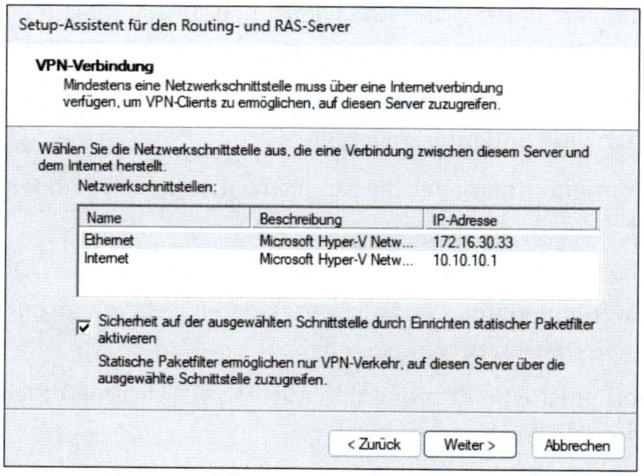
Setup-Assistent für den Routing- und RAS-Server
VPN-Verbindung
Mindestens eine Netzwerkschnittstelle muss über eine Internetverbindung verfügen, um VPN-Clients zu ermöglichen, auf diesen Server zuzugreifen.
Wählen Sie die Netzwerkschnittstelle aus, die eine Verbindung zwischen diesem Server und dem Internet herstellt.
Netzwerkschnittstellen:
Name
Beschreibung
IP-Adresse
Ethernet
Microsoft Hyper-V Netw...
172.16.30.33
Internet
Microsoft Hyper-V Netw...
10.10.10.1
Sicherheit auf der ausgewählten Schnittstelle durch Einrichten statischer Paketfilter aktivieren
Statische Paketfilter ermöglichen nur VPN-Verkehr, auf diesen Server über die ausgewählte Schnittstelle zuzugreifen.
< Zurück
Weiter >
Abbrechen

Abbildung 19.7 Auswahl der externen Schnittstelle

Vergeben Sie sprechende Namen

Sie können sich die Auswahl erleichtern, wenn Sie die Netzwerkverbindungen entsprechend benennen und dadurch für Wiedererkennbarkeit sorgen. Nutzen Sie dazu das Snap-In *ncpa.cpl*.

Bei der Auswahl der »externen« Schnittstelle ist automatisch der Paketfilter aktiviert, sodass der Datenverkehr »von außen« eingeschränkt wird. Außer dem Paketfilter müssen Sie bei Änderungen auch die Windows-Firewall anpassen.

Jeder VPN-Client bekommt eine Adresse aus dem internen Netzbereich oder – noch besser – aus einem separaten Netzwerkbereich, sodass direkt erkannt werden kann, dass es sich bei dem Client um einen VPN-Client handelt. Dies erleichtert die Auswertung von Zugriffslogs.

Für die Verteilung der Adressen können Sie entweder einen statischen Adressbereich auf dem VPN-Server hinterlegen oder Sie konfigurieren den VPN-Server so, dass er Adressen AUTOMATISCH von einem DHCP-Server abruft (siehe Abbildung 19.8).

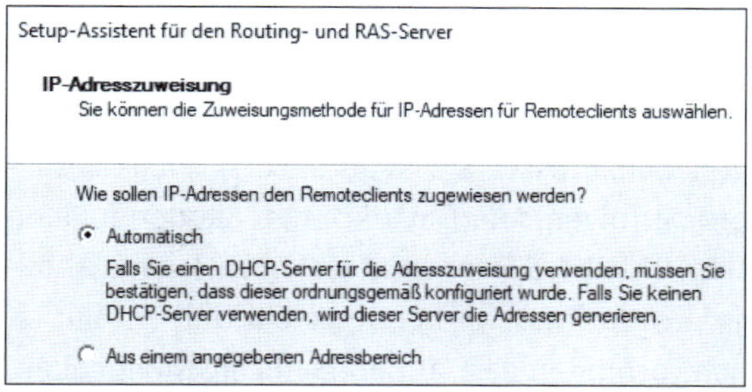
Setup-Assistent für den Routing- und RAS-Server
IP-Adresszuweisung
Sie können die Zuweisungsmethode für IP-Adressen für Remoteclients auswählen.
Wie sollen IP-Adressen den Remoteclients zugewiesen werden?
Automatisch
Falls Sie einen DHCP-Server für die Adresszuweisung verwenden, müssen Sie bestätigen, dass dieser ordnungsgemäß konfiguriert wurde. Falls Sie keinen DHCP-Server verwenden, wird dieser Server die Adressen generieren.
Aus einem angegebenen Adressbereich

Abbildung 19.8 Festlegen der Methode, wie der VPN-Server die IP-Adressen bezieht

Beim Einsatz eines DHCP-Servers können Sie weitere Optionen definieren und den VPN-Clients mitgeben.

DNS-Server

Bei der Verwendung eines angegebenen Adressbereichs kann kein alternativer DNS-Server für VPN-Clients hinterlegt werden. Die Clients verwenden den DNS-Server, der auf der externen Karte des VPN-Servers eingetragen ist.

Damit Sie einen DHCP-Server verwenden können, muss entweder ein DHCP-Server im gleichen Netzwerksegment verfügbar sein oder Sie müssen später in der ROUTING UND RAS-Konsole einen *DHCP-Relay-Agent* konfigurieren. Dahinter verbirgt sich die IP-Adresse des DHCP-Servers, an den die Anfragen gesendet werden.

Beim Starten des RAS-Dienstes least der Server zehn IP-Adressen beim DHCP-Server. Wollen mehr Clients eine Verbindung herstellen, wird der RAS-Server weitere Adressen anfordern.

In Abbildung 19.9 sehen Sie, dass als EINDEUTIGE ID anstelle der MAC-Adresse der Eintrag RAS hinterlegt wird. Dadurch wird gekennzeichnet, dass die IP-Konfiguration von einem VPN-Server angefordert wurde.

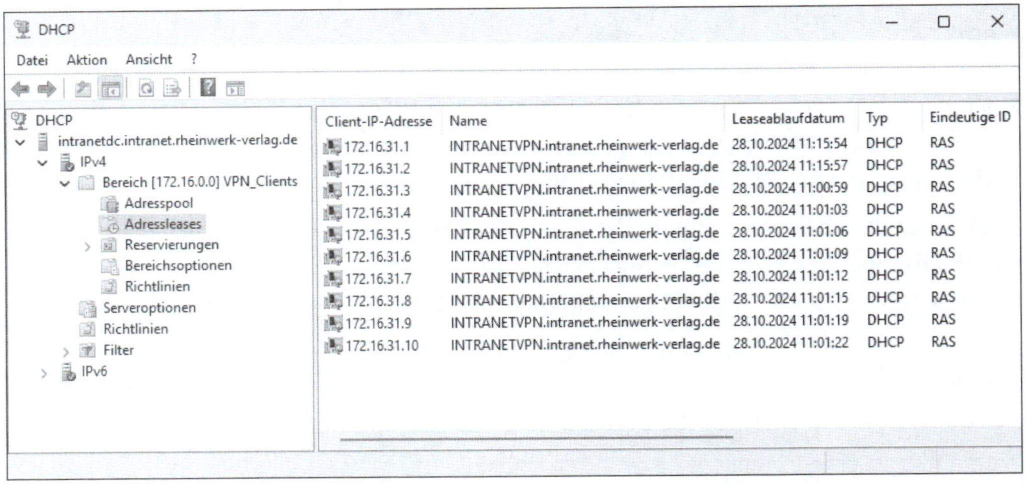

Abbildung 19.9 Die vom RAS registrierten DHCP-Leases

Nachdem Sie die IP-Adressvergabe festgelegt haben, müssen Sie zu guter Letzt noch definieren, wo die Authentifizierung der VPN-Clients erfolgen soll. Dazu können Sie den lokalen VPN-Server verwenden oder einen zentralen RADIUS-Server konfigurieren (siehe Abbildung 19.10). *RADIUS* wird durch den *Netzwerkrichtlinienserver* bereitgestellt und enthält einerseits ein Regelwerk, das bestimmt, wer sich verbinden darf, andererseits die Möglichkeit, zu protokollieren, wer wie lange verbunden war. Der Netzwerkrichtlinienserver wird in Abschnitt 19.4 erläutert und eingerichtet.

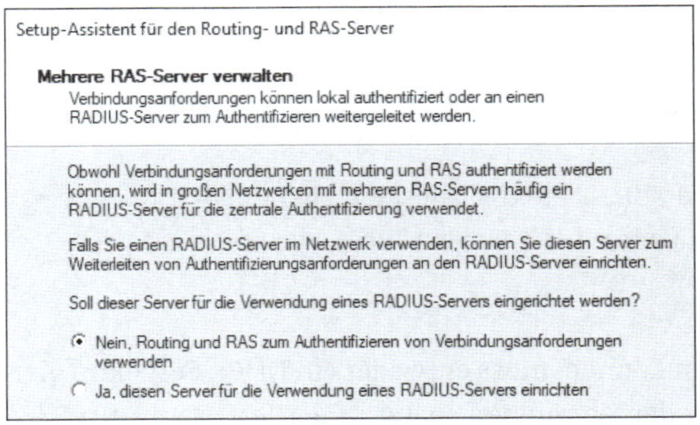

Abbildung 19.10 Auswahl der Authentifizierungsquelle

Der Einsatz eines RADIUS-Servers bietet sich besonders dann an, wenn mehrere VPN-Server verwendet werden, da hierbei nur einmal das Regelwerk zentral erstellt wird und die Authentifizierungsrichtlinien von allen VPN-Servern verwendet werden können.

Abschließend übernimmt der VPN-Server die Konfiguration und startet die Dienste neu. Dabei werden noch einige Tests durchlaufen. Schlagen diese fehl, werden Sie als Administrator auf die fehlende oder fehlerhafte Konfiguration hingewiesen (siehe Abbildung 19.11).

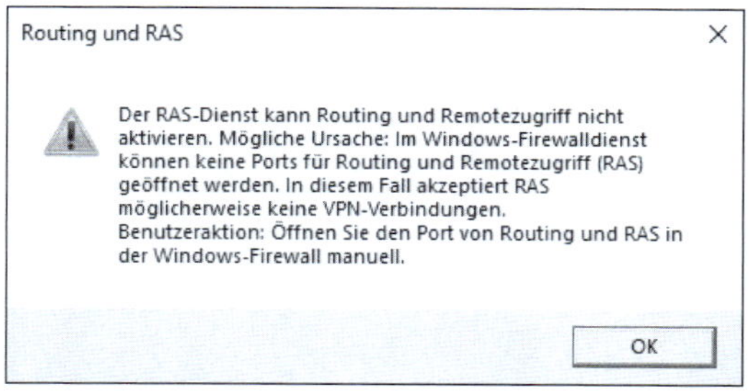

Abbildung 19.11 Mögliche Fehler bei der Windows-Firewall

Damit der VPN-Server Verbindungen annehmen kann, müssen Sie sicherstellen, dass die Windows-Firewall die notwendigen Regeln kennt und dass diese aktiviert sind.

Die Windows-Firewall (*wf.msc*) besitzt drei Regeln für Routing und RAS im Zusammenhang mit VPN-Protokollen (siehe Abbildung 19.12). Diese Regeln bestimmen, welche Protokolle durch die Firewall durchgelassen werden (*PPTP*, *L2TP* und *GRE*).

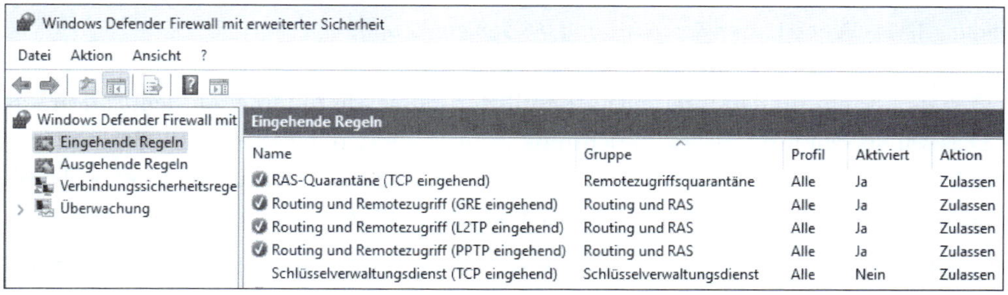

Abbildung 19.12 Firewallregeln für Routing und RAS

PPTP soll in Windows Server 2025 nicht mehr verfügbar sein

Das VPN-Protokoll PPTP sollte mit Windows Server 2025 entfernt werden, da es veraltet und unsicher ist. In der Build-Version 26311.5000 war die Anzahl der PPTP-Ports auf 0 gesetzt, sie konnten aber aktiviert und genutzt werden. Das gilt auch für die finale Version, die am 1. November 2024 veröffentlicht wurde.

Je nachdem, mit welchen Rechten Sie den Assistenten ausführen, wird Ihnen am Ende des Assistenten eine Meldung angezeigt, die besagt, dass die Gruppenmitgliedschaft für die Gruppe der »RAS- und IAS-Server« nicht angepasst werden konnte (siehe Abbildung 19.13 und Abbildung 19.14). Diese domänenlokale Sicherheitsgruppe befindet sich im USERS-Container der Domäne und beinhaltet die VPN-Server und die *Netzwerkrichtlinienserver (NPS)*.

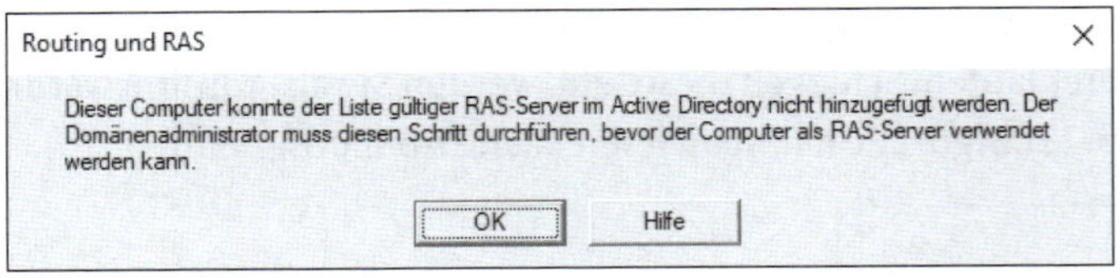

Abbildung 19.13 Hinweis, dass die Gruppenmitgliedschaft durch einen Domänenadministrator angepasst werden muss

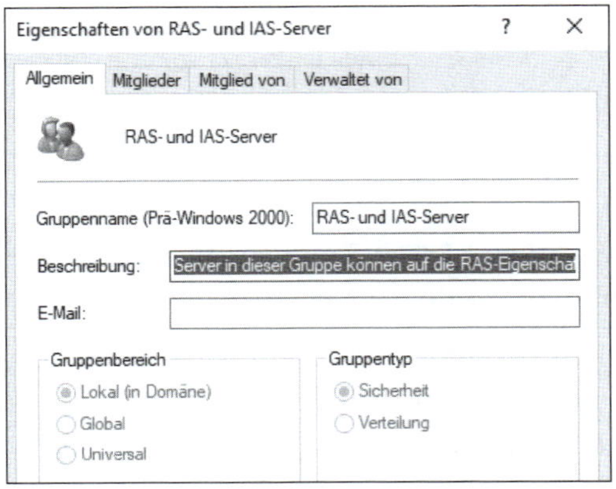

Abbildung 19.14 Eigenschaften der »RAS- und IAS-Server«-Gruppe

Das Kürzel *IAS* steht für den Internet-Authentifizierungsserver *(Internet Authentication Server)*. Dies war der Name des Netzwerkrichtlinienservers vor Windows Server 2008. Mitglieder dieser Gruppe haben das Recht, die »Einwählen«-Berechtigung der Benutzerkonten zu lesen. Dadurch kann geprüft werden, ob ein Konto das Recht zur Einwahl besitzt oder nicht.

Die Gruppenmitgliedschaft kann von einem Benutzer mit entsprechenden Rechten angepasst werden. Dies sind standardmäßig die Gruppenmitglieder der Organisationsadministratoren, der Domänenadministratoren der betreffenden Domäne und der domänenlokalen Gruppe der Administratoren. Bei Bedarf kann das Recht auch an andere Gruppen oder Benutzer delegiert werden.

Aktualisieren der Gruppenmitgliedschaft

Damit die geänderte Gruppenmitgliedschaft auf dem VPN- oder NPS-Server greift, muss der Server eventuell neu gestartet werden, um die Gruppenmitgliedschaft zu aktualisieren.

Damit ist die Grundeinrichtung des VPN-Servers abgeschlossen, und wir können uns die einzelnen Optionen und Eigenschaften der Konsole anschauen.

Der grüne nach oben zeigende Pfeil am Serversymbol (siehe Abbildung 19.15) signalisiert, dass der Dienst gestartet und konfiguriert wurde. In der Konsole stehen folgende Knoten zur Verfügung:

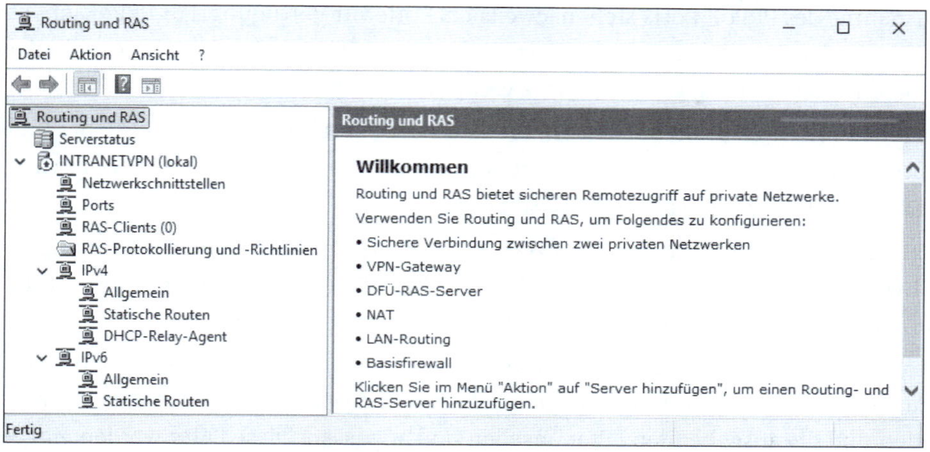

Abbildung 19.15 Die »Routing und RAS«-Konsole

- Routing und RAS – Hier können Sie weitere Server der Konsole hinzufügen, um alle Server aus einem Tool heraus zu verwalten und zu konfigurieren.
- Serverstatus – Der Serverstatus ist eine Übersicht der verbundenen Server und zeigt an, ob der Dienst konfiguriert und gestartet ist.
- <Servername> (lokal) – Dieser Knoten bietet die Möglichkeit, den Server zu konfigurieren bzw. zu entfernen. Zusätzlich können Sie den Dienst anhalten, starten oder neu starten. In den Eigenschaften des Servers konfigurieren Sie bei Bedarf DirectAccess.
- Netzwerkschnittstellen – Die Liste der Netzwerkschnittstellen beinhaltet neben den tatsächlichen Netzwerkkarten auch den Loopback-Adapter sowie eine »interne« Schnittstelle. Hier können Sie auch Neue Schnittstellen für Wählen bei Bedarf einrichten. Mit einer solchen Schnittstelle kann eine Verbindung zwischen zwei Servern hergestellt werden (*Site-2-Site*) und die Verbindung dann gestartet werden, wenn sie benötigt wird.
- Ports – Die Ports-Übersicht listet alle auf dem Server vorhandenen Ports auf. Hier können Sie die Anzahl der jeweils verfügbaren Ports sowie die Eigenschaften der Ports anpassen. Es stehen folgende Port-Typen zur Verfügung:
  - WAN Miniport *(SSTP)* – SSTP-Ports werden für das SSL-VPN verwendet.
  - WAN Miniport *(IKEv2)* – IKEv2-Ports können von Clients ab Windows 7 verwendet und hinter einem NAT-Gerät betrieben werden.
  - WAN Miniport *(L2TP)* – L2TP/IPSec-VPNs können von allen Clients verwendet werden. Hierbei kann es allerdings zu Problemen mit NAT kommen.
  - WAN Miniport *(PPPoE)* – Das *Point-to-Point Protocol over Ethernet* ist auch als *DSL-Protokoll* bekannt: Sie können den Server als DSL-Router zum Aufbau einer Internetverbindung verwenden.
  - WAN Miniport *(GRE)* – Das *Generic Routing Encapsulation*-Protokoll kann für Wählverbindungen im Zusammenhang mit Standortverbindungen eingesetzt werden.

Mit Ausnahme des PPPoE-Ports stehen jeweils 128 Ports zur Verfügung. Für PPPoE gibt es einen Port. In den EIGENSCHAFTEN der jeweiligen Ports können Sie neben der Anzahl der verfügbaren Ports auch die Verwendungszwecke auswählen.

- RAS-CLIENTS (0) – Der Knoten RAS-CLIENTS listet die aktuell verbundenen Clients und deren Anzahl auf (hier 0). In der Liste der verbundenen Clients können Sie sich Informationen über die Verbindung anzeigen lassen.
- RAS-PROTOKOLLIERUNG UND -RICHTLINIEN – Unter diesem Knoten erscheint lediglich ein Hinweistext, der Ihnen mitteilt, dass die Authentifizierungskonfiguration und die Logs unterhalb des lokalen Netzwerkrichtlinienservers zu finden sind.
- IPv4 • ALLGEMEIN – Unterhalb dieses Knotens können Sie sich die Eigenschaften und Statistiken der Netzwerkverbindungen anzeigen lassen und über die Eigenschaften die eingehenden und die ausgehenden Filter ansehen und anpassen. Diese Filter werden eingetragen, wenn Sie bei der Einrichtung der VPN-Zugänge die entsprechende Option aktiviert haben (siehe Abbildung 19.16).
- IPv4 • STATISCHE ROUTEN – Sie können sich die vorhandenen Routingtabellen des Systems anzeigen lassen und zusätzliche Routen eintragen, die dann angewendet werden. Dabei wird die Schnittstelle ausgewählt, für die der Eintrag aktiviert werden soll.
- IPv4 • DHCP-RELAY-AGENT – Ein DHCP-Relay-Agent nimmt den Netzwerk-Broadcast im Zusammenhang mit DHCP auf und leitet ihn per *Unicast* an einen DHCP-Server in einem anderen Netzwerksegment weiter. Die vom DHCP-Server empfangenen Antworten leitet der Relay-Agent dann per Broadcast ins lokale Subnetz weiter. Sie können hier mehrere DHCP-Server hinterlegen, die der Reihe nach angefragt werden.
- IPv6 • ALLGEMEIN – Unter IPv6 können für die einzelnen Schnittstellen die ein- und ausgehenden Filter konfiguriert werden.
- IPv6 • STATISCHE ROUTEN – Neben den IPv4-Routen können auch IPv6-Routen definiert werden.

Administrationsrechte benötigt

Um die Eigenschaften der einzelnen Elemente zu sehen, müssen Sie die Konsole ROUTING UND RAS mit administrativen Rechten ausführen. Ist die Benutzerkontensteuerung aktiviert und wird die Konsole »normal« geöffnet, werden bei einem Klick auf die Eigenschaften eventuell keine Informationen angezeigt (z. B. bei Schnittstellen und Ports).

In den Servereigenschaften können Sie auf der Registerkarte ALLGEMEIN das Routing für IPv4 und IPv6 aktivieren oder deaktivieren und den Remotezugang (VPN) ein- bzw. ausschalten (siehe Abbildung 19.16). Dies erfolgt durch das Setzen bzw. Entfernen der Option.

Die Registerkarte SICHERHEIT bietet unter anderem Sicherheitsoptionen für die Authentifizierung (siehe Abbildung 19.17). Sie können unter AUTHENTIFIZIERUNGSANBIETER zwischen der WINDOWS-AUTHENTIFIZIERUNG und der RADIUS-AUTHENTIFIZIERUNG wählen. Erstere führt eine Authentifizierung auf dem lokalen Server durch, wohingegen die zweite Option die Authentifizierungsanforderung an den konfigurierten RADIUS-Server weiterleitet. Bei der Einrichtung des RADIUS-Ziels müssen die IP-Adresse und der GEMEINSAME GEHEIME SCHLÜSSEL hinterlegt werden.

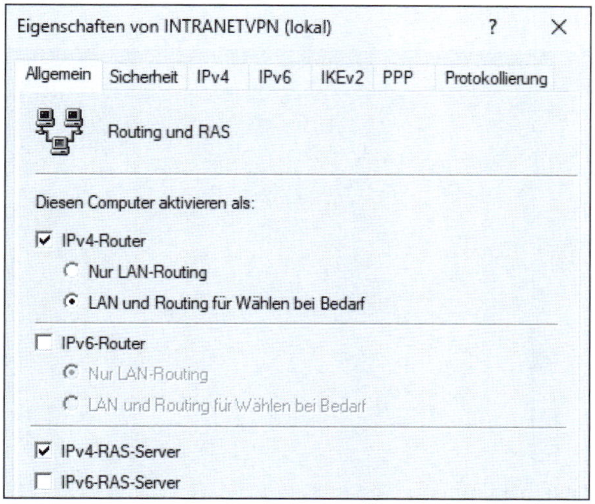

Abbildung 19.16 Konfigurationsmöglichkeiten auf der »Allgemein«-Registerkarte in den Eigenschaften des »Routing und RAS«-Servers

Eine weitere Option ist die Konfiguration der AUTHENTIFIZIERUNGSMETHODEN. Die hier ausgewählten Protokolle müssen mit denen der Clients übereinstimmen, damit eine erfolgreiche Authentifizierung durchgeführt werden kann. Im Feld KONTOANBIETER (engl. *Accounting*) haben Sie die Möglichkeit, Nutzungsinformationen zentral zu protokollieren. Dabei wird entweder lokal oder über einen Netzwerkrichtlinienserver (RADIUS) protokolliert, wer sich wann und wie lange verbunden hat.

Wenn Sie angepasste IPSec-Richtlinien für IKEv2 oder einen vorinstallierten Schlüssel *(Preshared Key)* für L2TP und IKEv2 verwenden möchten, können Sie diesen hier hinterlegen, sobald Sie die Checkbox BENUTZERDEFINIERTE IPSEC-RICHTLINIE FÜR L2TP/IKEV2-VERBINDUNG ZULASSEN aktivieren.

Die SSL-ZERTIFIKATBINDUNG wird von *SSTP (Secure Socket Tunneling Protocol)* verwendet. Dieses Zertifikat muss vom Client als vertrauenswürdig bestätigt werden, damit die Serverauthentifizierung erfolgreich durchgeführt werden kann.

Die Registerkarte IPv4 (siehe Abbildung 19.18) bietet zuoberst die Option IPV4-WEITERLEITUNG AKTIVIEREN. Wenn Sie diese Option deaktivieren, können VPN-Clients ausschließlich auf den VPN-Server zugreifen. Eine Weiterleitung in andere Systeme im Netzwerk wird unterbunden.

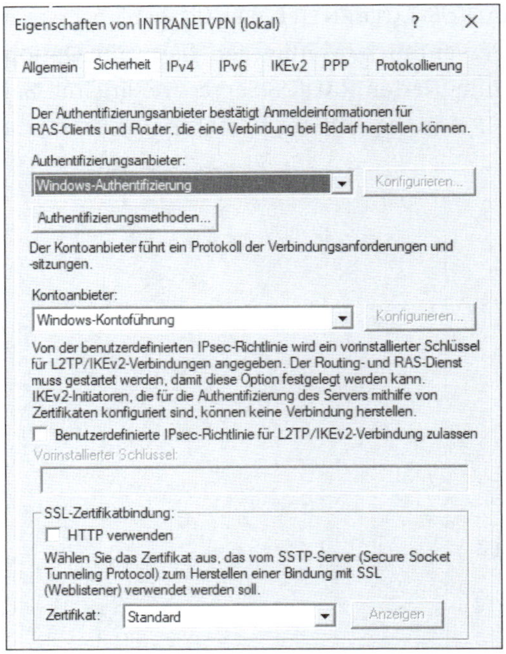
Eigenschaften von INTRANETVPN (lokal)
Allgemein Sicherheit IPv4 IPv6 IKEv2 PPP Protokollierung
Der Authentifizierungsanbieter bestätigt Anmeldeinformationen für RAS-Clients und Router, die eine Verbindung bei Bedarf herstellen können.
Authentifizierungsanbieter:
Windows-Authentifizierung
Konfigurieren...
Authentifizierungsmethoden...
Der Kontoanbieter führt ein Protokoll der Verbindungsanforderungen und -sitzungen.
Kontoanbieter:
Windows-Kontoführung
Konfigurieren...
Von der benutzerdefinierten IPsec-Richtlinie wird ein vorinstallierter Schlüssel für L2TP/IKEv2-Verbindungen angegeben. Der Routing- und RAS-Dienst muss gestartet werden, damit diese Option festgelegt werden kann. IKEv2-Initiatoren, die für die Authentifizierung des Servers mithilfe von Zertifikaten konfiguriert sind, können keine Verbindung herstellen.
Benutzerdefinierte IPsec-Richtlinie für L2TP/IKEv2-Verbindung zulassen
Vorinstallierter Schlüssel:
SSL-Zertifikatbindung:
HTTP verwenden
Wählen Sie das Zertifikat aus, das vom SSTP-Server (Secure Socket Tunneling Protocol) zum Herstellen einer Bindung mit SSL (Weblistener) verwendet werden soll.
Zertifikat:
Standard
Anzeigen

Abbildung 19.17 Konfiguration der Sicherheitseinstellungen

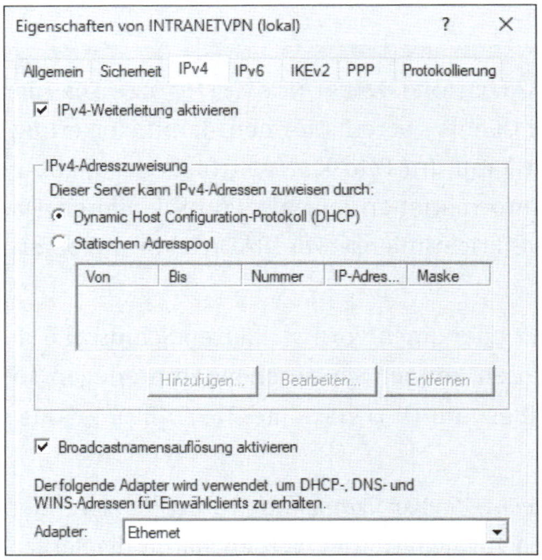
Eigenschaften von INTRANETVPN (lokal)
Allgemein Sicherheit IPv4 IPv6 IKEv2 PPP Protokollierung
IPv4-Weiterleitung aktivieren
IPv4-Adresszuweisung
Dieser Server kann IPv4-Adressen zuweisen durch:
Dynamic Host Configuration-Protokoll (DHCP)
Statischen Adresspool
Von Bis Nummer IP-Adres... Maske
Hinzufügen... Bearbeiten... Entfernen
Broadcastnamensauflösung aktivieren
Der folgende Adapter wird verwendet, um DHCP-, DNS- und WINS-Adressen für Einwählclients zu erhalten.
Adapter:
Ethernet

Abbildung 19.18 Die »IPv4«-Registerkarte

Im Bereich IPv4-ADRESSZUWEISUNG können Sie festlegen, ob der Server IP-Adressen von einem DHCP-Server beziehen soll. Alternativ können Sie einen oder mehrere statische IPv4-Adresspools hinterlegen, die dann an die mit dem Server verbundenen VPN-Clients vergeben werden. Die Checkbox BROADCASTNAMENSAUFLÖSUNG AKTIVIEREN aktiviert die

Namensauflösung für VPN-Clients im lokalen Subnetz – auch wenn kein DNS-Server hinterlegt wurde.

Die IPv6-Registerkarte (siehe Abbildung 19.19) bietet ähnliche Funktionen wie die IPv4-Registerkarte. Für das neuere IP-Protokoll werden keine Adressbereiche bereitgestellt. Es wird lediglich das Netzwerkpräfix definiert. Die Host-Anteile der Clients werden durch den Schnittstellenbezeichner – die letzten 64 Bits der IPv6-Adresse – selbst definiert.

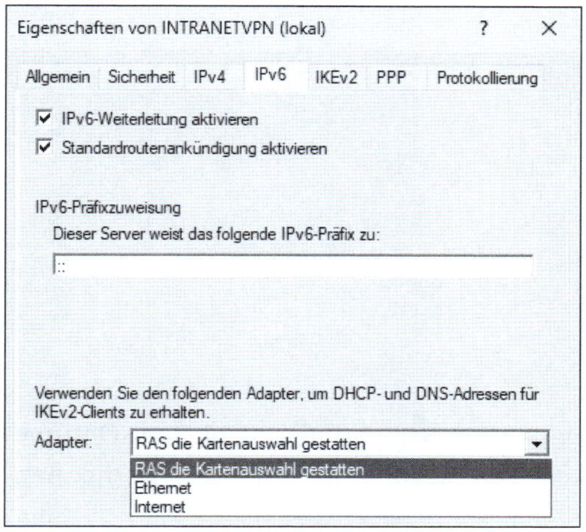

Abbildung 19.19 Auswahl der IPv6-Eigenschaften des VPN-Servers

Auf der Registerkarte IKEv2 *(Internet Key Exchange Protocol)* können Sie Parameter für die Verwendung des Protokolls konfigurieren (siehe Abbildung 19.20). Die LEERLAUFZEIT definiert die Zeitspanne, nach der eine Verbindung abgebaut wird, sofern keine Daten mehr übertragen werden.

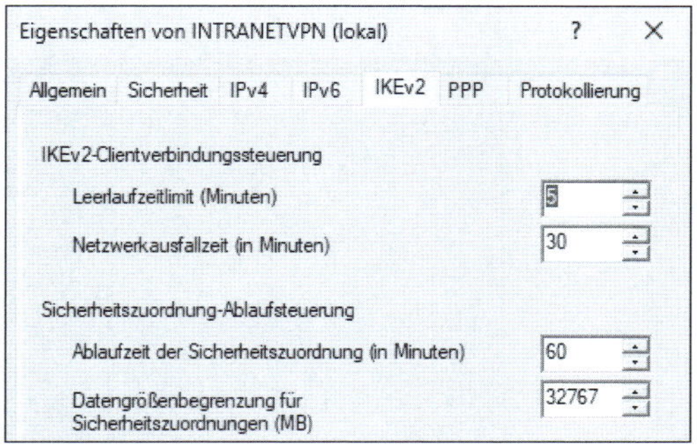

Abbildung 19.20 »IKEv2«-Einstellungen

Die NETZWERKAUSFALLZEIT legt den Zeitraum in Minuten fest, in dem Pakete erneut gesendet werden dürfen, bevor die Verbindung abgebaut wird. Bei höheren Werten können Netzwerkunterbrechungen kompensiert werden.

Die Sicherheitszuordnung-Ablaufsteuerung definiert die Limits für die Verwendung der ausgehandelten Schlüssel. Hier definieren Sie eine maximale Zeit und eine Grenze für die Datenübertragungsmenge. Sind die Grenzen erreicht, wird eine neue Authentifizierung durchgeführt.

Die Einstellungen für das Point-to-Point-Protokoll (PPP) in Abbildung 19.21 sind Legacy-Einstellungen, die bei der Verwendung von *Datenfernübertragung* (DFÜ) verwendet werden.

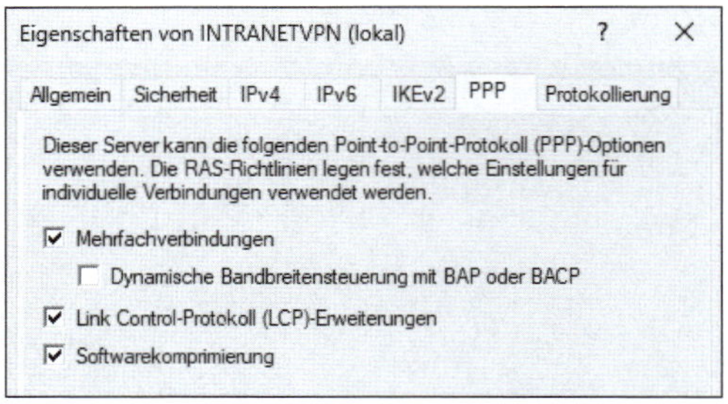

Abbildung 19.21 Konfiguration der PPP-Optionen

Hier können eine Kanalbündelung (Mehrfachverbindungen) und verschiedene Optimierungsprotokolle aktiviert werden. Diese Protokolle müssen auch von den DFÜ-Komponenten unterstützt werden.

Auf der Registerkarte Protokollierung (siehe Abbildung 19.22) definieren Sie, welche Informationen in der Ereignisanzeige protokolliert werden, und aktivieren die Debugprotokollierung, um Fehler zu finden. Die Debug-Logs werden im Ordner *%windir%\tracing* gespeichert.

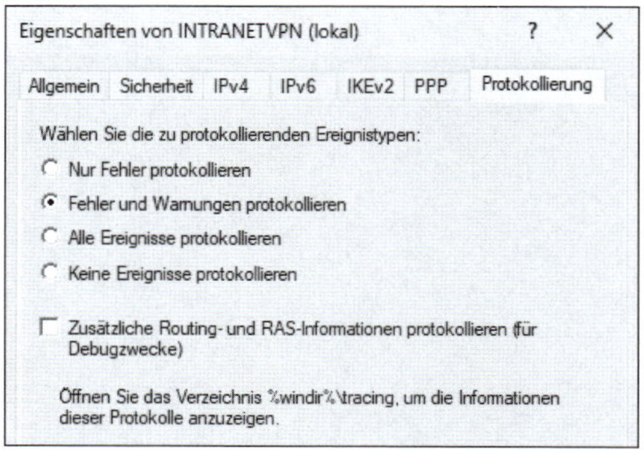

Abbildung 19.22 Konfiguration der Protokollierung

Standardmäßig besitzt der VPN-Server zahlreiche VPN-Ports, die genutzt werden können. Sie können nicht benötigte Ports in den Eigenschaften des Knotenpunkts Ports (siehe Abbildung 19.15) abschalten (siehe Abbildung 19.23). Öffnen Sie dazu die Eigenschaften, und ändern Sie die Anzahl der verfügbaren Ports. Beachten Sie, dass die maximale Port-Anzahl die maximale Anzahl der gleichzeitigen Verbindungen definiert!

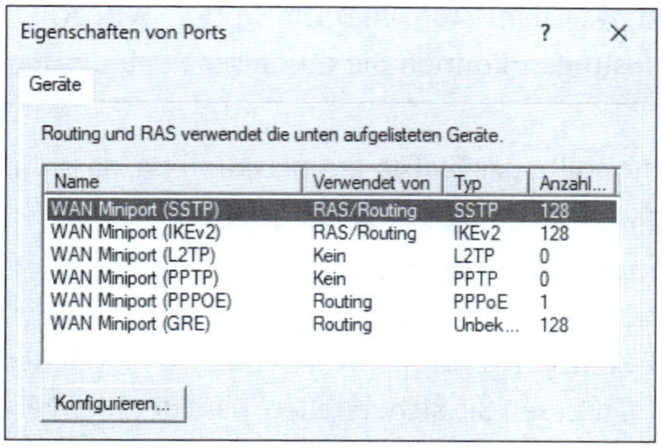

Abbildung 19.23 Übersicht der Ports, die auf dem VPN-Server vorhanden sind

Bevor wir die finale Serverkonfiguration vornehmen, bauen wir für einen ersten Test eine Verbindung von einem Client über das PPTP-Protokoll auf. Dazu muss zunächst ein Port für PPTP aktiviert werden. Beachten Sie, dass Sie den Port nicht mehr deaktivieren können und den Zugang über die Firewall oder über die Netzwerkrichtlinien verhindern müssen. Wir testen die Verbindung hier per PPTP, weil sie die geringsten Anforderungen an den Server und den Client stellt. Es werden keine Zertifikate benötigt und nur der Benutzer wird authentifiziert.

Auf einem Windows-Client (hier: Windows 11 24H2) können Sie über die Systemsteuerung (EINSTELLUNGEN) eine VPN-Verbindung einrichten. Wie Sie den Verbindungsaufbau automatisieren können, erfahren Sie in Abschnitt 19.1.3, »Konfiguration der Clientverbindungen«.

In den EINSTELLUNGEN können Sie unter NETZWERK UND INTERNET auf der Seite VPN mit einem Klick auf das +-Zeichen VPN-Verbindungen erstellen (siehe Abbildung 19.24).

19

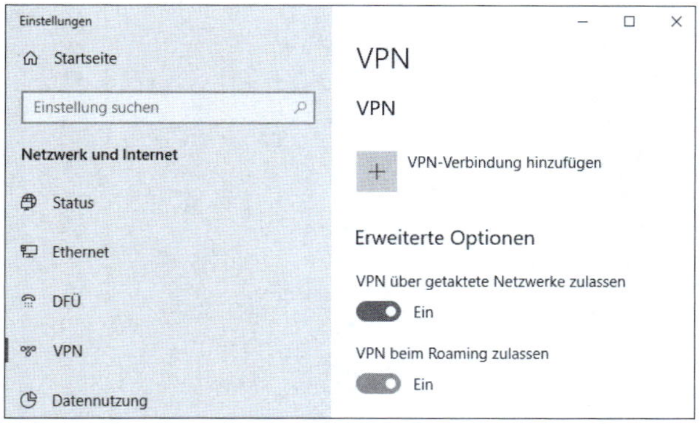

Abbildung 19.24 Möglichkeit zum Erstellen einer VPN-Verbindung

Für die Einrichtung der VPN-Verbindung müssen Sie einige Informationen bereithalten und eingeben (siehe Abbildung 19.25):

- VPN-ANBIETER – Auf einem Standard-Windows-Client steht hier die Option WINDOWS (INTEGRIERT) zur Verfügung. Drittanbieterlösungen können Sie an dieser Stelle in den Standard-Client integrieren.
- VERBINDUNGSNAME – Der Verbindungsname sollte das Ziel so gut beschreiben, dass die Benutzer die richtige Verbindung auswählen, sofern mehrere zur Verfügung stehen.
- SERVERNAME ODER IP-ADRESSE – Der Servername oder die IP-Adresse definieren den Zielserver, mit dem sich der Client verbindet. Dies ist in aller Regel die externe Adresse bzw. der externe Name des VPN-Servers. Wenn Sie ein VPN-Protokoll verwenden, bei dem der Server über ein Zertifikat authentifiziert wird, müssen Sie sicherstellen, dass der hier verwendete Name im Serverzertifikat enthalten ist.
- VPN-TYP – Über die Option VPN-TYP legen Sie fest, welche Art von VPN aufgebaut wird. Wenn unter der gleichen Adresse mehrere Protokolle möglich sind, können Sie hier auch die Option AUTOMATISCH verwenden. Der Client versucht dann, die verschiedenen Protokolle zu verwenden.
- ANMELDEINFORMATIONSTYP – Für die Anmeldeoptionen können Sie zwischen BENUTZERNAME UND KENNWORT, SMARTCARD, EINMALKENNWORT und ZERTIFIKAT wählen. Diese Anforderungen können in den Zugriffsrichtlinien auf dem RADIUS-Server spezifiziert werden.
- BENUTZERNAME (OPTIONAL) – Hier können Sie einen Benutzernamen hinterlegen.
- KENNWORT (OPTIONAL) – Hier können Sie ein Verbindungskennwort eintragen.

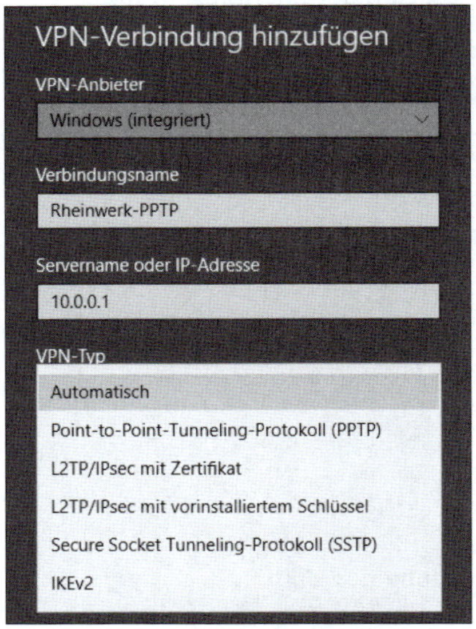

Abbildung 19.25 Konfiguration der Eigenschaften einer VPN-Verbindung

Wenn der Client eine Verbindung aufbaut, wird dort durch eine Statusanzeige bzw. durch Statusinformationen angezeigt, was gerade passiert (siehe Abbildung 19.26).

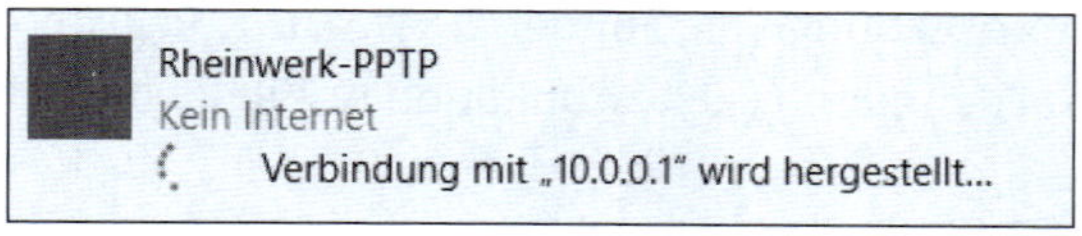
Rheinwerk-PPTP
Kein Internet
Verbindung mit „10.0.0.1“ wird hergestellt...

Abbildung 19.26 Verbindungsaufbau zum VPN-Server

Kann die Verbindung nicht aufgebaut werden, sollte auf der Clientseite eine Fehlermeldung mit dem möglichen Grund erscheinen. Die Fehlermeldung aus Abbildung 19.27 besagt, dass die Verbindung unterbrochen wurde. Diese Meldung wurde durch fehlende Konnektivität bzw. nicht aktivierte Firewalleinstellungen oder -regeln verursacht. In diesem konkreten Fall waren die Firewallregeln auf dem VPN-Server nicht aktiviert.

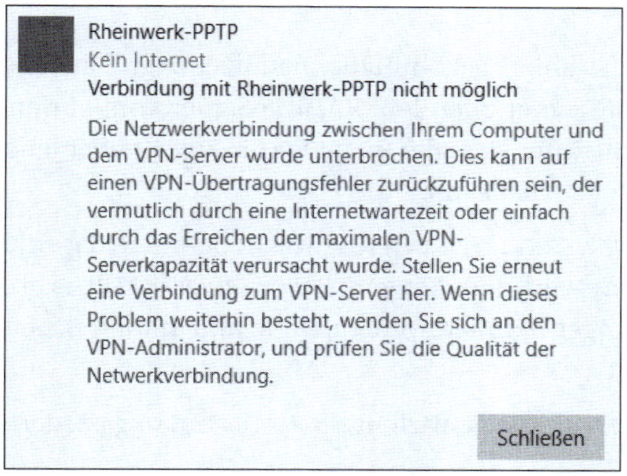
Rheinwerk-PPTP
Kein Internet
Verbindung mit Rheinwerk-PPTP nicht möglich
Die Netzwerkverbindung zwischen Ihrem Computer und dem VPN-Server wurde unterbrochen. Dies kann auf einen VPN-Übertragungsfehler zurückzuführen sein, der vermutlich durch eine Internetwartezeit oder einfach durch das Erreichen der maximalen VPN-Serverkapazität verursacht wurde. Stellen Sie erneut eine Verbindung zum VPN-Server her. Wenn dieses Problem weiterhin besteht, wenden Sie sich an den VPN-Administrator, und prüfen Sie die Qualität der Netwerkverbindung.
Schließen

Abbildung 19.27 Fehlermeldung beim Verbindungsaufbau

Wenn der Client eine Netzwerkverbindung herstellen, sich jedoch nicht erfolgreich authentifizieren kann, liegt dies in der Regel entweder an einer falschen Kombination der Anmeldeinformationen (Benutzername/Kennwort) oder der Benutzer hat kein Recht zur Anmeldung bzw. eine Richtlinie verbietet den Zugriff auf den VPN-Server.

Bei der Meldung aus Abbildung 19.28 konnte der Client zwar die Verbindung zum Server aufbauen, jedoch war entweder das Kennwort falsch oder der Benutzer hat keine Berechtigung zur Einwahl. Die Einwählen-Berechtigung kann über verschiedene Einstellungen definiert werden.

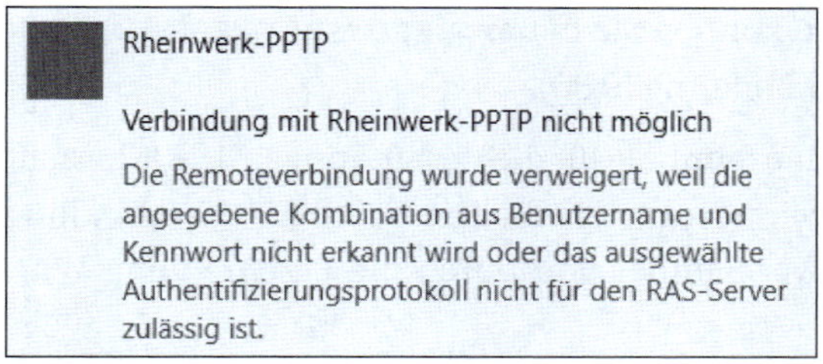
Rheinwerk-PPTP
Verbindung mit Rheinwerk-PPTP nicht möglich
Die Remoteverbindung wurde verweigert, weil die angegebene Kombination aus Benutzername und Kennwort nicht erkannt wird oder das ausgewählte Authentifizierungsprotokoll nicht für den RAS-Server zulässig ist.

Abbildung 19.28 Fehlermeldung aufgrund fehlender Rechte

In den Eigenschaften der Benutzerkonten im AD können Sie auf der EINWÄHLEN-Registerkarte des Benutzers die Rechte für die Einwahl definieren (siehe Abbildung 19.29).

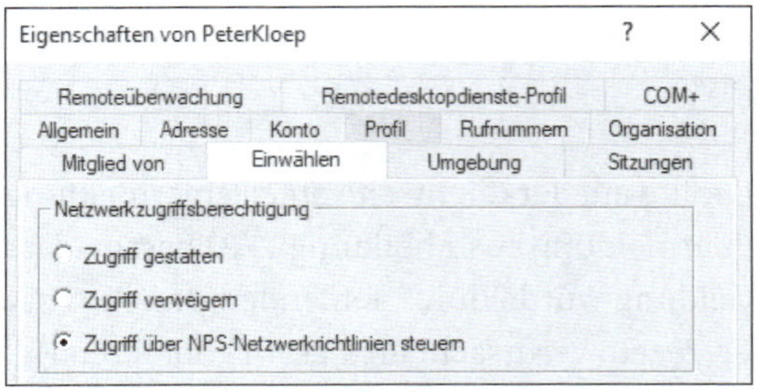

Abbildung 19.29 Festlegen der »Einwählen«-Berechtigungen eines Benutzers

Wenn Sie die Option ZUGRIFF GESTATTEN auswählen, bekommt der Benutzer Zugriff auf das Netzwerk – egal welche Regeln auf dem VPN-Server oder dem RADIUS-Server konfiguriert sind. Die Option ZUGRIFF VERWEIGERN stellt sicher, dass der Benutzer nie Zugriff über eine Einwahlverbindung bzw. VPN-Verbindung herstellen kann.

Die Standardoption ZUGRIFF ÜBER NPS-NETZWERKRICHTLINIEN STEUERN definiert, dass die Entscheidung, ob der Benutzer »reingelassen« wird, dem *Network Policy Server* (RADIUS) obliegt. Dort kann dann *granular* über Bedingungen definiert werden, wann und unter welchen Voraussetzungen der Benutzer Zugriff erhält.

Die Eigenschaften im Benutzerkonto werden über das Attribut `msNPAllowDialin` gesteuert. Dieses Attribut kann folgende Werte haben:

- `TRUE` – Der Benutzer hat das Recht zur Einwahl (Zugriff gestatten).
- `FALSE` – Der Benutzer hat kein Recht zur Einwahl (Zugriff verweigern).
- `<Nicht festgelegt>` – Die NPS-Richtlinien steuern, ob der Benutzer Zugriff erhält.

Mithilfe der PowerShell-Abfrage

```
Get-ADUser -Filter * -Properties msNPAllowDialin | ft name, msNPAllowDialin
```

können Sie sich die Kontoeigenschaften anzeigen lassen. Konten, die über NPS-Richtlinien gesteuert werden, liefern keinen Wert zurück. Alle anderen haben entweder den Wert `TRUE` oder `FALSE`.

Nach dem erfolgreichen Verbindungsaufbau können Sie in den NETZWERKVERBINDUNGEN den Status der Verbindung abfragen (siehe Abbildung 19.30).

In Abbildung 19.30 sehen Sie die verschiedenen Symbole für die Verbindungen. Die Ethernet-Verbindung wird durch einen RJ-45-Netzwerkstecker symbolisiert. Die VPN-Verbindung *Rheinwerk-PPTP* wird durch das kleine Server-Symbol und durch die Beschreibung *WAN Miniport (PPTP)* klassifiziert.

In den NETZWERKVERBINDUNGSDETAILS wird die VPN-IP-Adresse angezeigt, die der DHCP-Server (oder der VPN-Server) dem Client zugewiesen hat.

Auf dem Reiter DETAILS der Registerkarte STATUS VON ... werden weitere Verbindungsinformationen angezeigt.

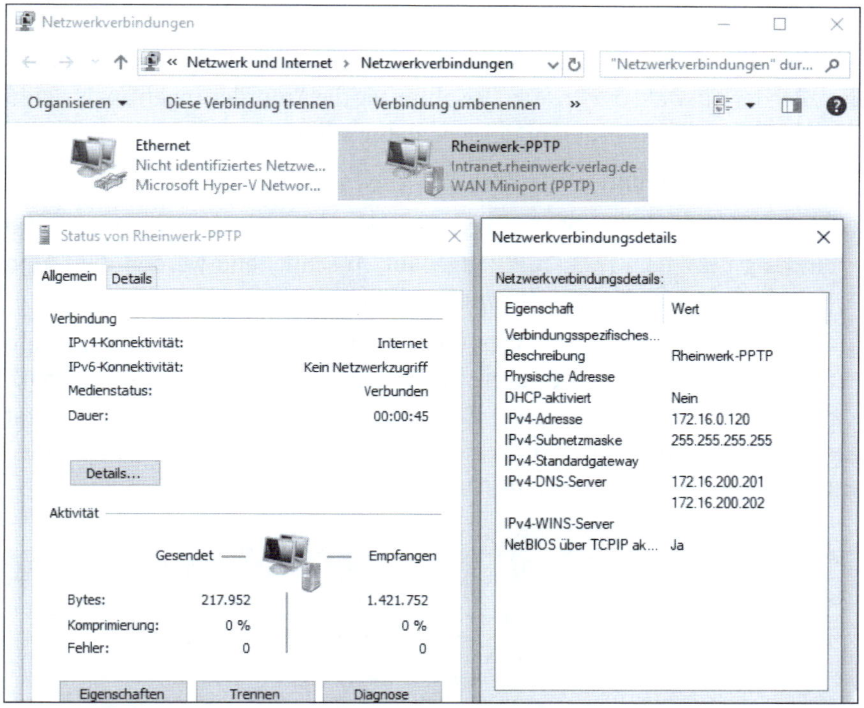

Abbildung 19.30 Verbindungsstatus der VPN-Verbindung

Abbildung 19.31 zeigt unter anderem die verwendete Authentifizierung und den VPN-Typ (PPTP) an. Die verwendete VERSCHLÜSSELUNG bei PPTP ist die *Microsoft Point-to-Point Encryption (MPPE)* mit einer Schlüssellänge von 128 Bit.

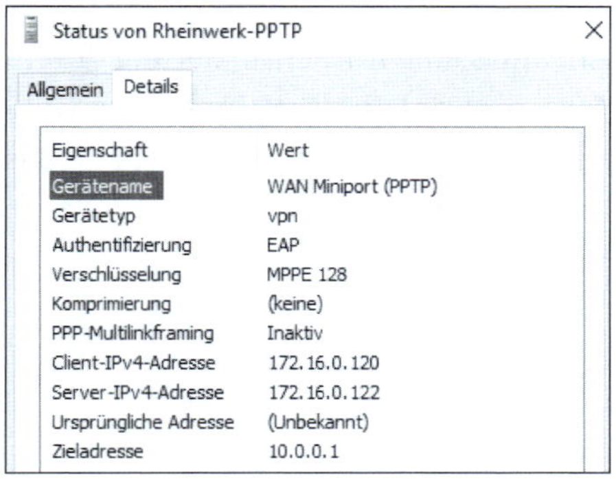

Abbildung 19.31 Weitere Details zur Verbindung

Die ZIELADRESSE zeigt die externe Adresse des VPN-Servers an. Die CLIENT-IPV4-ADRESSE ist die Adresse, die durch den Server zugewiesen wurde. Die SERVER-IPV4-ADRESSE ist die Adresse des VPN-Tunnels, die am VPN-Server terminiert.

19.1.1 VPN-Protokolle

Der Aufbau einer Verbindung wird durch ein VPN-Protokoll zusammen mit einer Authentifizierung definiert. Bei der Auswahl der Protokolle sollten Sie die Anforderungen analysieren und die beste Kombination aus Sicherheit und Zweckmäßigkeit wählen.

Folgende VPN-Protokolle werden unterstützt:

- **Point-to-Point Tunneling Protocol (PPTP)** – Beim *Point-to-Point Tunneling Protocol* wird eine VPN-Verbindung über Port 1723 (TCP) aufgebaut. Anschließend werden die Daten über das GRE-Protokoll *(Generic Routing Encapsulation)* verschlüsselt.

  In Abbildung 19.32 wird der Aufbau der VPN-Verbindung gezeigt. In der Spalte NO. sind rechts die Paketnummern zu sehen. Die Pakete 1 bis 3 stellen den 3-Wege-TCP-Handshake dar. In der Spalte INFO werden hierzu Zusatzinformationen angezeigt. Paket 1 – das Paket von der Quelle (SOURCE) zum Ziel (DESTINATION) – verwendet als Quellport einen dynamischen Port (52299) und als Zielport den PPTP-Port 1723.

No.	Time	Source	Destination	Protocol	Length	Info
1	0.000000	VPN-Client	VPN-Server	TCP	66	52299 → 1723 [SYN] Seq=0 Win=64240 Len=0 MSS=1460 WS=256 SA
2	0.000706	VPN-Server	VPN-Client	TCP	66	1723 → 52299 [SYN, ACK] Seq=0 Ack=1 Win=65535 Len=0 MSS=146
3	0.000793	VPN-Client	VPN-Server	TCP	54	52299 → 1723 [ACK] Seq=1 Ack=1 Win=2102272 Len=0
4	0.000970	VPN-Client	VPN-Server	PPTP	210	Start-Control-Connection-Request
5	0.001654	VPN-Server	VPN-Client	PPTP	210	Start-Control-Connection-Reply
6	0.001704	VPN-Client	VPN-Server	PPTP	222	Outgoing-Call-Request
7	0.007610	VPN-Server	VPN-Client	PPTP	86	Outgoing-Call-Reply
8	0.014757	VPN-Client	VPN-Server	PPTP	78	Set-Link-Info
9	0.031872	VPN-Server	VPN-Client	TCP	54	1723 → 52299 [ACK] Seq=189 Ack=349 Win=2102016 Len=0
10	0.040327	VPN-Client	VPN-Server	PPP LCP	71	Configuration Request
11	0.047744	VPN-Server	VPN-Client	PPP LCP	106	Configuration Request

  Abbildung 19.32 Wireshark-Mitschnitt des Aufbaus einer PPTP-VPN-Verbindung

  Die folgenden Pakete werden anschließend als PPTP-Protokoll erkannt und in der Spalte PROTOCOL direkt richtig geflaggt.

  Bevor der Tunnel endgültig aufgebaut werden kann, muss eine Authentifizierung durchgeführt werden. Der Client verwendet für den Transport der Informationen das GRE-Protokoll. Die Authentifizierungsinformationen werden in diesem Beispiel über das *Extensible Authentication Protocol* (EAP) übertragen (siehe Abbildung 19.33).

25	0.141330	VPN-Server	VPN-Client	GRE	46	Encapsulated PPP
26	0.332773	VPN-Server	VPN-Client	EAP	83	Request, MS-Authentication EAP (EAP-MS-AUTH)
27	0.337419	VPN-Client	VPN-Server	EAP	130	Response, MS-Authentication EAP (EAP-MS-AUTH)
28	0.365425	VPN-Server	VPN-Client	EAP	103	Request, MS-Authentication EAP (EAP-MS-AUTH)
29	0.367345	VPN-Client	VPN-Server	EAP	58	Response, MS-Authentication EAP (EAP-MS-AUTH)
30	0.368723	VPN-Server	VPN-Client	EAP	56	Success

  Abbildung 19.33 Verschlüsselung und Authentifizierung für den Aufbau der Verbindung

GRE verwendet das IP-Protokoll 47 im Header (siehe Abbildung 19.34). Dieses Protokoll und der Port 1723 müssen in der (Hardware-)Firewall freigeschaltet sein und an den VPN-Server weitergeleitet werden. Zusätzlich müssen diese Ports und Protokolle in der Windows-Firewall des VPN-Servers über die entsprechenden Regeln aktiviert werden.

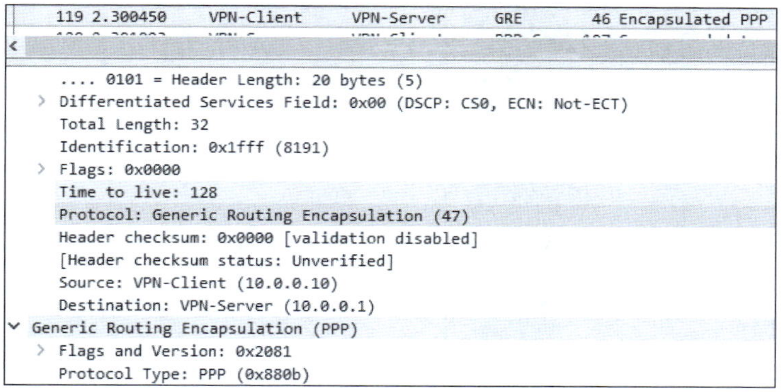

Abbildung 19.34 In der Beschreibung von Paket 119 sehen Sie in der Zeile »Protocol« das verwendete IP-Protokoll (47).

Sollte kein Verbindungsaufbau zwischen dem Client und dem Server möglich sein, sollten Sie – außer den Protokolldateien – eventuell vorhandene Logdateien der Firewall prüfen, um sicherzustellen, dass die Firewallregeln auf dem Server und auf der Unternehmensfirewall richtig konfiguriert wurden.

Wurde auf dem Windows Server nur die PPTP-Firewallregel (siehe Abbildung 19.35) aktiviert und wird dann ein Verbindungsaufbau versucht, so erhält der Client eine Fehlermeldung mit dem Hinweis, dass die VPN-Verbindung zwischen dem Computer und dem VPN-Server nicht hergestellt werden konnte.

19

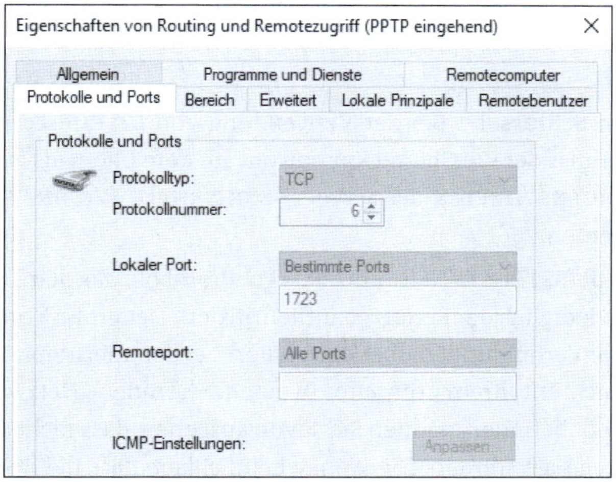

Abbildung 19.35 Firewallregel auf einem Windows Server für das PPTP-Protokoll

Die häufigste Ursache für diesen Verbindungsfehler ist, dass ein Internetgerät (z. B. eine Firewall oder ein Router) zwischen Ihrem Computer und dem VPN-Server nicht so konfiguriert ist, dass es GRE-Protokollpakete zulässt (siehe Abbildung 19.36).

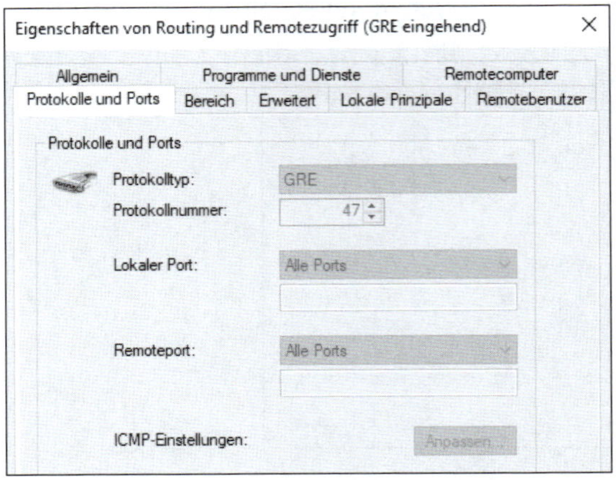

Abbildung 19.36 GRE-Firewallregel

Das PPTP-Protokoll ist das älteste Protokoll und sollte auf keinen Fall in Verbindung mit dem Authentifizierungsprotokoll MS-CHAP v2 verwendet werden, da diese Kombination sehr schnell zu »knacken« ist! Bei PPTP wird ausschließlich der Benutzer authentifiziert. Es findet keine Authentifizierung für das Computerkonto statt.

- **L2TP/IPSec mit Zertifikat** – Für die Verwendung von L2TP/IPSec mit einem Zertifikat muss der Clientcomputer über ein Zertifikat verfügen. Das *Layer 2 Tunneling Protocol* verschlüsselt keine Daten. Daher wird es in der Microsoft-Welt nur in Kombination mit IPSec eingesetzt. Bei L2TP werden sowohl der Computer als auch der Benutzer authentifiziert.

  Die verwendeten Ports sind UDP 1701, die DU-Ports 500 und 4500 für die IPSec-Verschlüsselung sowie das IP-Protokoll 50 für *ESP (Encapsulating Security Payload)* – die IPSec-Verschlüsselung.
- **L2TP/IPSec mit vorinstalliertem Schlüssel** – Bei der Verwendung von L2TP/IPsec mit einem vorinstallierten Schlüssel muss der Pre-Shared Key sowohl auf dem Client als auch auf dem VPN-Server unter den EIGENSCHAFTEN des Servers • SICHERHEIT • VORINSTALLIERTER SCHLÜSSEL hinterlegt werden.
- **Secure Socket Tunneling Protocol (SSTP)** – *SSTP* ist ein SSL-VPN-Protokoll, das den TCP-Port 443 verwendet. Mit ihm wird lediglich der Benutzer authentifiziert. Der große Vorteil des SSL-VPNs ist, dass ausgehende Verbindungen über diesen Port bei den meisten Netzwerken möglich sind. Wenn Sie sich mit Ihrem Computer in einem »fremden« Netzwerk oder an einem öffentlichen Hotspot befinden, können Sie davon ausgehen, dass nicht alle ausgehenden Verbindungen zugelassen werden. Die Wahrscheinlichkeit, dass die IPSec-Ports und die PPTP- bzw. L2TP-Ports geblockt werden, ist sehr hoch.

Das SSL-VPN verwendet den Standardport 443 für sicheres Browsen, der vermutlich in den meisten Netzwerken als ausgehender Port zugelassen ist.

- **IKEv2** – *IKEv2* ist die Weiterentwicklung von L2TP/IPsec und verwendet die gleichen Ports wie L2TP/IPSec. Der Vorteil von IKEv2 *(Internet Key Exchange)* besteht darin, dass dieses Protokoll auch hinter NAT-Systemen betrieben werden kann. Dabei wird eine Authentifizierung des Computers (PSK oder Zertifikat) und des Benutzers durchgeführt.

Neben den Tunnelprotokollen spielen die *Authentifizierungsprotokolle* eine wichtige Rolle. Sie regeln, welche Informationen der Benutzer zur Überprüfung angeben muss. Folgende Authentifizierungsprotokolle kommen zum Einsatz (siehe auch Abbildung 19.37):

- **Extensible Authentication Protocol (EAP)** – Die Protokollfamilie der EAP-Protokolle wurde mit Windows Server 2008 eingeführt und wird seitdem ständig erweitert. Bei Verwendung dieser Protokolle findet eine gegenseitige Authentifizierung statt. Damit diese erfolgen kann, benötigt der VPN-Server ein Serverauthentifizierungszertifikat mit dem richtigen Namen, also dem Namen, der vom Client für den Verbindungsaufbau verwendet wird.
- **Microsoft-verschlüsselte Authentifizierung, Version 2 (MS-CHAP v2)** – MS-CHAP v2 ist ein Authentifizierungsprotokoll, das für Windows NT und Windows 95 entwickelt wurde und auf dem *Challenge/Handshake*-Prinzip basiert.

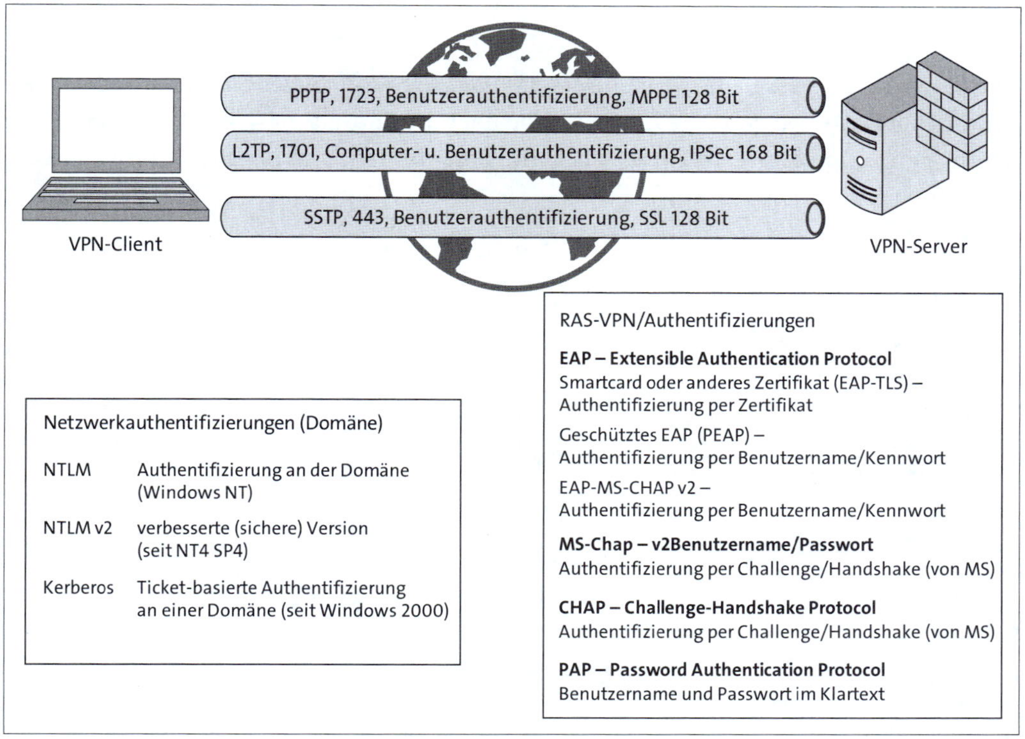

Abbildung 19.37 VPN-Protokolle und Authentifizierungsprotokolle

- **Verschlüsselte Authentifizierung (MS-CHAP)** – *MS-CHAP* (Version 1) ist die Microsoft-Implementierung des *Challenge Handshake Authentication Protocol*, das für DFÜ-Verbindungen verwendet werden kann.
- **Unverschlüsseltes Kennwort (PAP)** – Bei dem *Password Authentication Protocol* wird das Kennwort unverschlüsselt an den Server übertragen.
- **Computerzertifikatauthentifizierung für IKEv2** – Bei *IKEv2* wird ein Computerzertifikat für die Authentifizierung des Computers am VPN-Server verwendet.

Abbildung 19.37 zeigt eine Zusammenfassung und Gegenüberstellung der verschiedenen VPN-Protokolle und Authentifizierungsprotokolle.

19.1.2 Konfiguration des VPN-Servers

Damit der VPN-Server EAP-Protokolle unterstützen kann, benötigt er ein Serverauthentifizierungszertifikat. Dieses Zertifikat kann auf der Zertifikatvorlage *RAS- und IAS-Server* beruhen, sofern Sie eine Unternehmenszertifizierungsstelle verwenden. Der Verwendungszweck für das Zertifikat muss *Serverauthentifizierung* sein.

Die Zertifikatvorlage ist auf einer Unternehmenszertifizierungsstelle verfügbar, jedoch nicht automatisch veröffentlicht. Sie muss über die Verwaltungskonsole der Zertifizierungsstelle mit einen Rechtsklick auf ZERTIFIKATVORLAGEN • NEU • AUSZUSTELLENDE ZERTIFIKATVORLAGEN ausgewählt werden.

Wurde der VPN-Server in die Gruppe der *RAS- und IAS-Server* aufgenommen – und der Server anschließend neu gestartet –, können Sie über die Verwaltungskonsole für Zertifikate des lokalen Computers (*certlm.msc*) das Zertifikat anfordern und registrieren (siehe Abbildung 19.38).

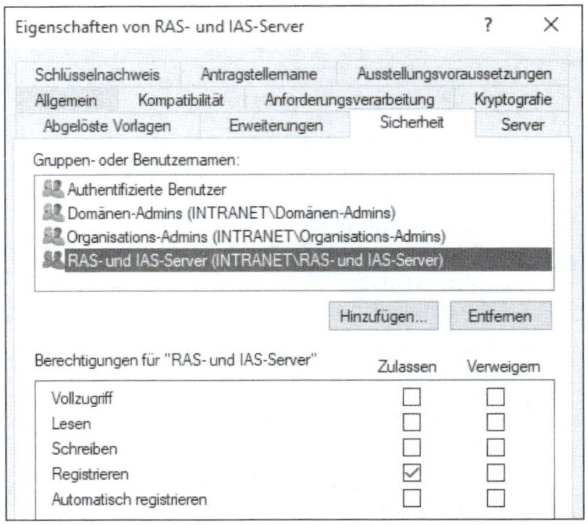

Abbildung 19.38 Die »Sicherheit«-Eigenschaften der Zertifikatvorlage »RAS- und IAS-Server«

Nachdem das Serverzertifikat bereitgestellt wurde, können auf dem VPN-Server die weiteren VPN-Protokolle und Authentifizierungsprotokolle aktiviert und verwendet werden. Eine detaillierte Beschreibung der Regelwerke und der Konfiguration der Clients folgt in Abschnitt 19.4. Sie sollten den bzw. die VPN-Server für die Verwendung eines RADIUS-Servers konfigurieren, um eine zentrale Protokollierung der Vorgänge zu erreichen. Zusätzlich bietet der RADIUS weitere Absicherungsmöglichkeiten für das WLAN und die portbasierte Sicherheit für die Switches.

19.1.3 Konfiguration der Clientverbindungen

Nun stellt sich die Frage, wie die Verbindungen am Client konfiguriert werden. Dazu gibt es die Möglichkeit, die Konfiguration manuell auf den ausgewählten Clients vorzunehmen, oder Sie verwenden Skripte oder Gruppenrichtlinien.

Sie können über Gruppenrichtlinien VPN-Verbindungen erstellen und ändern. Jedoch stehen hier nicht alle neuen Optionen zur Verfügung. Sie können nur die Einstellungen für den Computer oder für den Benutzer vornehmen. Dadurch haben Sie die Wahl, ob Sie eine Verbindung nur für bestimmte Benutzer bereitstellen möchten oder ob alle Benutzer, die sich an einem Computer anmelden, diese Verbindung zur Verfügung haben.

Sie finden die Konfigurationseinstellungen in der Konsole unter EINSTELLUNGEN • SYSTEMSTEUERUNGSEINSTELLUNGEN. Darunter befindet sich der Punkt NETZWERKOPTIONEN (siehe Abbildung 19.39). Hier können Sie über NEU • VPN-VERBINDUNG eine VPN-Verbindung konfigurieren.

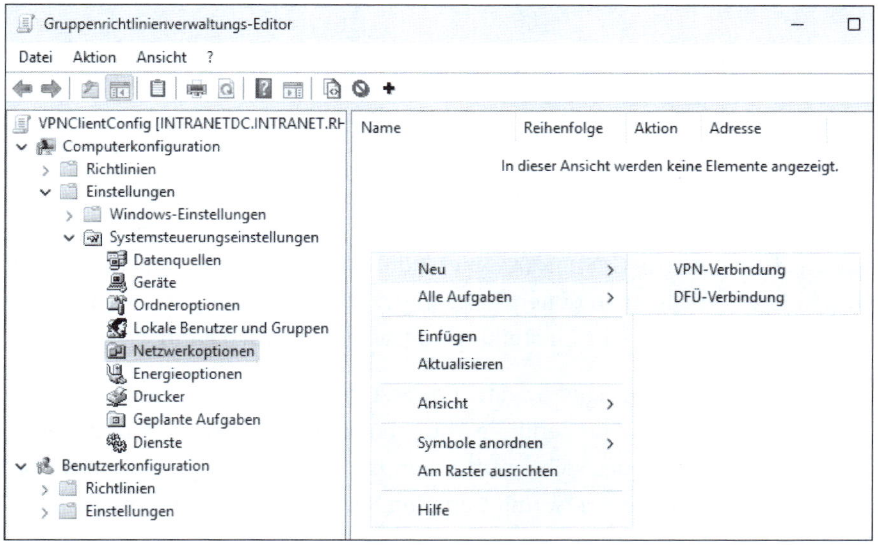

Abbildung 19.39 Erstellen einer neuen VPN-Verbindung

In Abbildung 19.40 sehen Sie das Fenster, das sich nun öffnet. Dort können Sie die Konfigurationen vornehmen. Folgende Registerkarten werden angezeigt:

- VPN-Verbindung – Diese Einstellung beinhaltet die Aktion, die mit der Verbindung durchgeführt werden soll. Hier können Sie zwischen Aktualisieren, Erstellen, Ersetzen und Löschen wählen. Sie können im Feld Verbindungsname die Bezeichnung hinterlegen, mit der die Verbindung auf dem Client angezeigt wird. Zusätzlich gibt es die Option, die Verbindung für alle Benutzer oder nur für den Benutzer einzurichten, der die GPO anwendet. Neben dem Servernamen oder der IP-Adresse können Sie noch definieren, ob im Infobereich ein Symbol für die Verbindung erstellt werden soll.
- Optionen – Die Optionen-Registerkarte bietet die Möglichkeit, Wähloptionen zu definieren und festzulegen, ob die Windows-Anmeldedomäne in die Authentifizierung mit einbezogen werden soll.
- Sicherheit – Auf dieser Registerkarte können Sie die Authentifizierungsprotokolle und die Verschlüsselungsoptionen festlegen. Diese müssen mit den Einstellungen auf dem VPN-Server bzw. NPS-Server übereinstimmen.
- Netzwerk – Auf der Registerkarte können Sie den VPN-Typ auswählen (siehe Abbildung 19.40). Aktuell stehen Automatisch, PPTP-VPN und L2TP-IPSec-VPN zur Verfügung. Wenn Sie ein IKEv2-VPN verwenden möchten, können Sie hier nur die Option Automatisch auswählen und müssen dann sicherstellen, dass keines der anderen VPN-Protokolle aufgebaut werden kann.

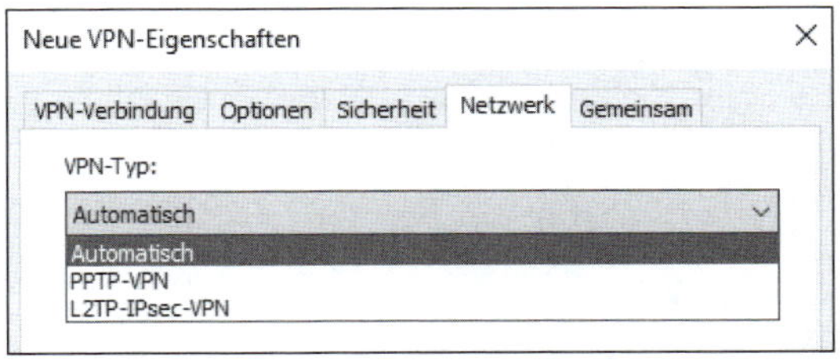

Abbildung 19.40 Möglichkeiten zur Auswahl des VPN-Typs in einer Gruppenrichtlinie

- Gemeinsam – Die Registerkarte Gemeinsam bietet die Konfigurationsmöglichkeiten für die clientseitigen Erweiterungen, in denen Filterungen oder Bedingungen definiert werden können, wann und von wem die Einstellung angewendet werden kann.

Eine weitere Möglichkeit, VPN-Einträge zu erstellen, besteht darin, die Verbindungen auf einem Client herzustellen und anschließend die Phonebook-Datei mit der Endung *.pbk* zu verteilen. Die Benutzerdatei befindet sich unter *C:\Users\<Benutzername>\AppData\Roaming\Microsoft\Network\Connections\Pbk* und trägt den Namen *rasphone.pbk* (siehe Abbildung 19.41).

Das Phonebook für alle Benutzer, das etwa über die Computerkonfiguration verteilt werden könnte, befindet sich im Ordner *C:\ProgramData\Microsoft\Network\Connections\Pbk*.

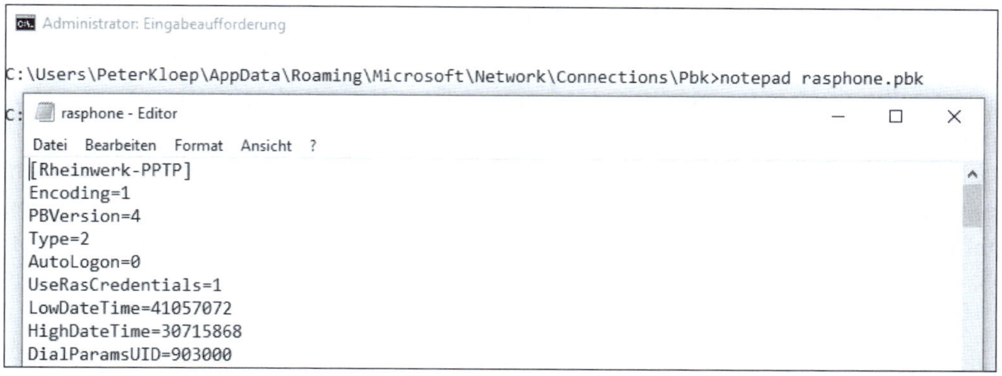
Administrator: Eingabeaufforderung
C:\Users\PeterKloep\AppData\Roaming\Microsoft\Network\Connections\Pbk>notepad rasphone.pbk
rasphone - Editor
Datei Bearbeiten Format Ansicht ?
[Rheinwerk-PPTP]
Encoding=1
PBVersion=4
Type=2
AutoLogon=0
UseRasCredentials=1
LowDateTime=41057072
HighDateTime=30715868
DialParamsUID=903000

Abbildung 19.41 Ordner und Dateiinhalt des Benutzer-»Telefonbuchs« mit den VPN-Einträgen

Eine weitere Möglichkeit zur Erstellung und Verwaltung von VPN-Verbindungen wird durch das PowerShell-Modul *VPNClient* bereitgestellt, das ab Windows 10 verfügbar ist (siehe Abbildung 19.42).

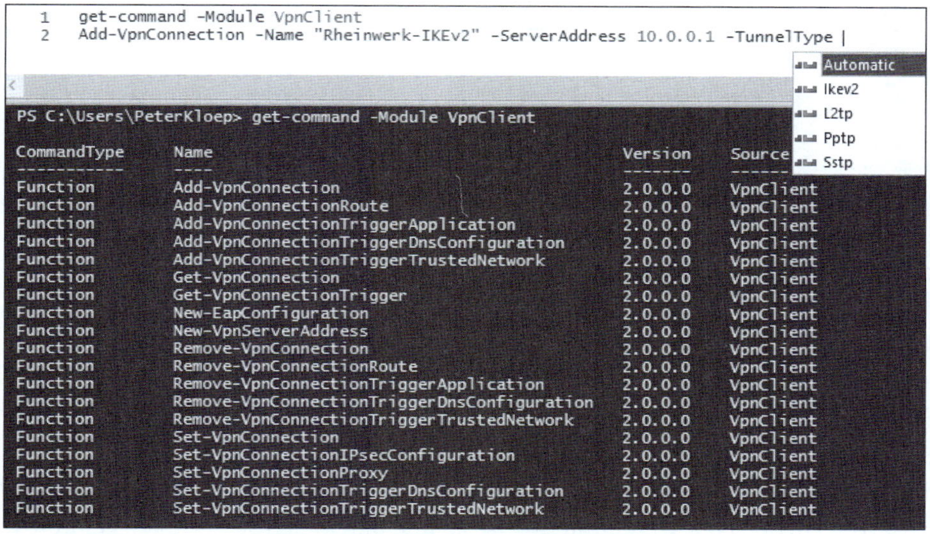
1 get-command -Module VpnClient
2 Add-VpnConnection -Name "Rheinwerk-IKEv2" -ServerAddress 10.0.0.1 -TunnelType |
Automatic
Ikev2
L2tp
Pptp
Sstp
PS C:\Users\PeterKloep> get-command -Module VpnClient
CommandType Name Version Source
Function Add-VpnConnection 2.0.0.0 VpnClient
Function Add-VpnConnectionRoute 2.0.0.0 VpnClient
Function Add-VpnConnectionTriggerApplication 2.0.0.0 VpnClient
Function Add-VpnConnectionTriggerDnsConfiguration 2.0.0.0 VpnClient
Function Add-VpnConnectionTriggerTrustedNetwork 2.0.0.0 VpnClient
Function Get-VpnConnection 2.0.0.0 VpnClient
Function Get-VpnConnectionTrigger 2.0.0.0 VpnClient
Function New-EapConfiguration 2.0.0.0 VpnClient
Function New-VpnServerAddress 2.0.0.0 VpnClient
Function Remove-VpnConnection 2.0.0.0 VpnClient
Function Remove-VpnConnectionRoute 2.0.0.0 VpnClient
Function Remove-VpnConnectionTriggerApplication 2.0.0.0 VpnClient
Function Remove-VpnConnectionTriggerDnsConfiguration 2.0.0.0 VpnClient
Function Remove-VpnConnectionTriggerTrustedNetwork 2.0.0.0 VpnClient
Function Set-VpnConnection 2.0.0.0 VpnClient
Function Set-VpnConnectionIPsecConfiguration 2.0.0.0 VpnClient
Function Set-VpnConnectionProxy 2.0.0.0 VpnClient
Function Set-VpnConnectionTriggerDnsConfiguration 2.0.0.0 VpnClient
Function Set-VpnConnectionTriggerTrustedNetwork 2.0.0.0 VpnClient

Abbildung 19.42 Cmdlets im PowerShell-Modul »VPNClient«

Die PowerShell-Skripte zum Konfigurieren der VPN-Verbindungen können entweder remote ausgeführt werden, oder Sie hinterlegen die Skripte in einer Gruppenrichtlinie.

Eine interessante Möglichkeit mit dem PowerShell-Modul ist die Konfiguration des *Split-Tunnelings*. Damit wird beschrieben, wie Clients mit aktivierter VPN-Verbindung auf Ressourcen »außerhalb« des VPNs zugreifen können.

Beim Split-Tunneling werden Datenpakete mit dem Ziel »Firmennetzwerk« in den Tunnel gesendet und alle anderen Pakete am VPN »vorbei« direkt ins Internet geleitet. Ein *Force-*

Tunneling sendet alle Daten durch den VPN-Tunnel. Bei diesem Modus kann z. B. nicht direkt auf einen Drucker zugegriffen werden, der im lokalen Netzwerk des Clients liegt.

Auf dem VPN-Server wurde während der Installation der Rollendienste auch das *CMAK (Connection Manager Administration Kit)* installiert. Dieses bietet assistentengesteuert die Möglichkeit, Einwahl- und VPN-Verbindungen in Form von Telefonbüchern bereitzustellen, die dann an die Clients verteilt werden können. Der Vorteil des CMAK ist, dass Sie hier in den Konfigurationen auch Routinganpassungen vornehmen können, wenn Verbindungen aufgebaut wurden.

19.1.4 Troubleshooting

In den Eigenschaften des VPN-Servers können Sie auf der Registerkarte PROTOKOLLIERUNG einstellen, dass alle Ereignisse protokolliert werden. Damit werden alle Ereignisse in der EREIGNISANZEIGE gespeichert und können ausgewertet werden. Hier werden neben den Informationen, wer sich wie von wo verbunden hat, auch die Informationen protokolliert, wann eine Verbindung abgebaut wurde (siehe Abbildung 19.43).

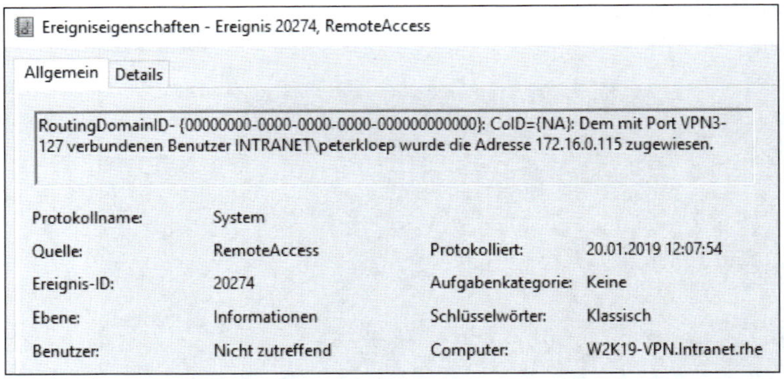

Abbildung 19.43 Auszug aus der Ereignisanzeige

Die Einträge finden Sie im Protokoll *System*. Sie kommen von der Quelle REMOTEACCESS und werden zusätzlich in den benutzerdefinierten Ansichten und in den Serverrollen gefiltert.

Die Menge an Einträgen hängt von der Anzahl der Verbindungen und von der ausgewählten Protokollierungstiefe ab. Je nach Auswahl kann das Protokollieren eine große Last auf dem Server verursachen bzw. kann die Vorhaltezeit der Logeinträge begrenzt sein, da normalerweise die Logs beim Erreichen der konfigurierten Größe überschrieben werden.

Wenn Sie Fehler suchen müssen, können Sie die Debug-Protokollierung aktivieren. Dabei werden im Ordner *%windir%\tracing* Logdateien erstellt, die bei der Fehleranalyse helfen können (siehe Abbildung 19.44).

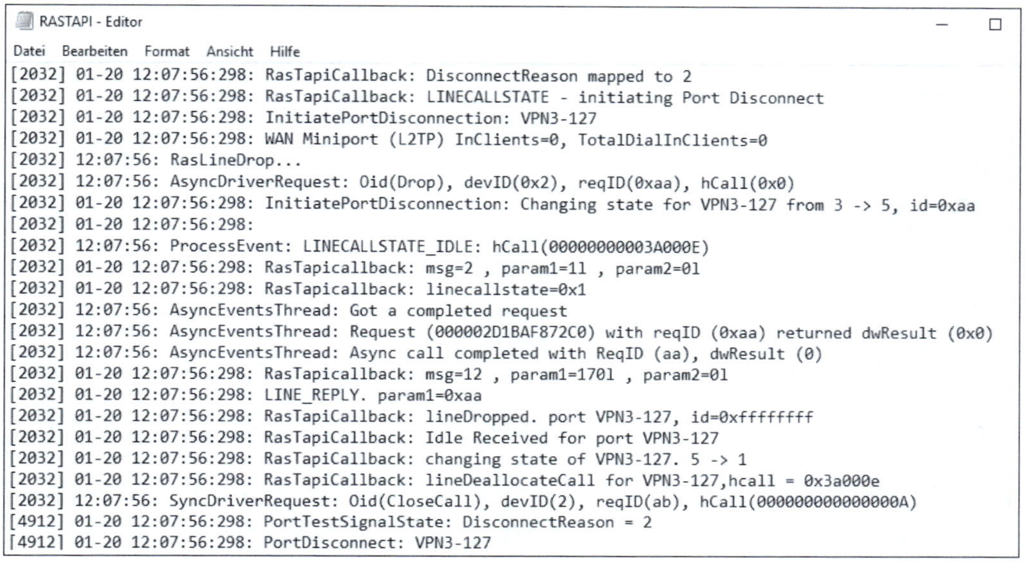
RASTAPI - Editor

Datei Bearbeiten Format Ansicht Hilfe

```
[2032] 01-20 12:07:56:298: RasTapiCallback: DisconnectReason mapped to 2
[2032] 01-20 12:07:56:298: RasTapiCallback: LINECALLSTATE - initiating Port Disconnect
[2032] 01-20 12:07:56:298: InitiatePortDisconnection: VPN3-127
[2032] 01-20 12:07:56:298: WAN Miniport (L2TP) InClients=0, TotalDialInClients=0
[2032] 12:07:56: RasLineDrop...
[2032] 12:07:56: AsyncDriverRequest: Oid(Drop), devID(0x2), reqID(0xaa), hCall(0x0)
[2032] 01-20 12:07:56:298: InitiatePortDisconnection: Changing state for VPN3-127 from 3 -> 5, id=0xaa
[2032] 01-20 12:07:56:298:
[2032] 12:07:56: ProcessEvent: LINECALLSTATE_IDLE: hCall(00000000003A000E)
[2032] 01-20 12:07:56:298: RasTapicallback: msg=2 , param1=11 , param2=01
[2032] 01-20 12:07:56:298: RasTapicallback: linecallstate=0x1
[2032] 12:07:56: AsyncEventsThread: Got a completed request
[2032] 12:07:56: AsyncEventsThread: Request (000002D1BAF872C0) with reqID (0xaa) returned dwResult (0x0)
[2032] 12:07:56: AsyncEventsThread: Async call completed with ReqID (aa), dwResult (0)
[2032] 01-20 12:07:56:298: RasTapicallback: msg=12 , param1=1701 , param2=01
[2032] 01-20 12:07:56:298: LINE_REPLY. param1=0xaa
[2032] 01-20 12:07:56:298: RasTapiCallback: lineDropped. port VPN3-127, id=0xffffffff
[2032] 01-20 12:07:56:298: RasTapiCallback: Idle Received for port VPN3-127
[2032] 01-20 12:07:56:298: RasTapiCallback: changing state of VPN3-127. 5 -> 1
[2032] 01-20 12:07:56:298: RasTapiCallback: lineDeallocateCall for VPN3-127,hcall = 0x3a000e
[2032] 12:07:56: SyncDriverRequest: Oid(CloseCall), devID(2), reqID(ab), hCall(000000000000000A)
[4912] 01-20 12:07:56:298: PortTestSignalState: DisconnectReason = 2
[4912] 01-20 12:07:56:298: PortDisconnect: VPN3-127
```

Abbildung 19.44 Debug-Log auf dem VPN-Server

Auf dem Client werden ebenfalls alle Vorgänge zu VPN-Verbindungen in der EREIGNISANZEIGE unter SYSTEM abgelegt. Die Quelle für die Einträge ist RASMAN.

19.2 DirectAccess einrichten

DirectAccess ist für Clientbetriebssysteme in der Enterprise-Version verfügbar. Es ist eine mit Windows 8 eingeführte Methode, um Clients an das Firmennetzwerk anzubinden.

Der Verbindungsaufbau erfolgt bereits beim Starten des Clients – sofern eine Internetverbindung besteht. Die Kommunikation mit den Zielen im Netzwerk erfolgt über IPv6-Adressen, was bedeutet, dass Sie im internen Firmennetzwerk IPv6 aktiviert haben müssen.

Der DirectAccess-Server muss für die Verbindung aus dem Internet heraus verfügbar sein, und der Client muss eine Internetverbindung »erkennen« können.

Wenn Sie DirectAccess in einer Testumgebung nachbauen möchten, können Sie mit einem Server aus dem 131.107.0.0-Subnetz die Erkennung für den Internetzugang »austricksen« (siehe Abbildung 19.45).

Konkret fehlt in der Fehlermeldung, die Sie in Abbildung 19.46 sehen, das Recht, in der Domäne einen WMI-Filter für die Gruppenrichtlinien zu erstellen.

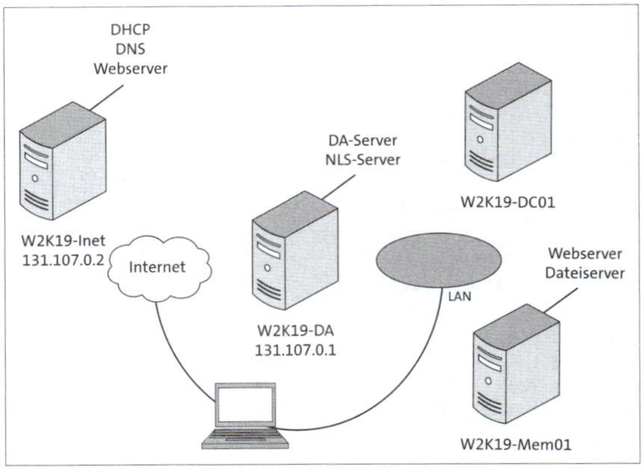

Abbildung 19.45 DirectAccess-(DA-)Testumgebung

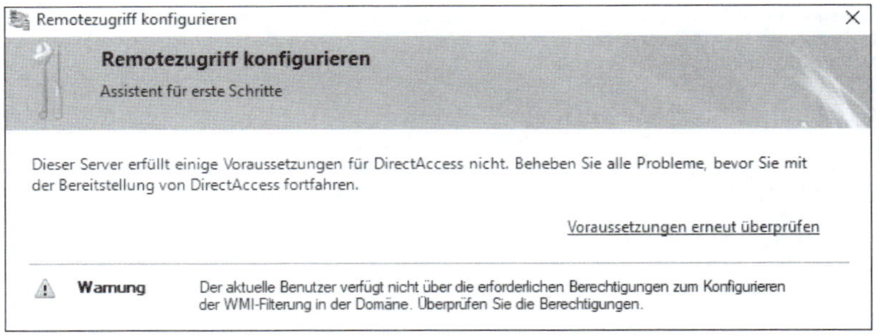

Abbildung 19.46 Warnhinweis über fehlende Rechte

Stellen Sie unter der Adresse 131.107.0.2 in Ihrem isolierten Netzwerk einen Webserver bereit, und installieren Sie dort die DNS- und die IIS-Rolle. Das folgende PowerShell-Skript führt die notwendigen Konfigurationen durch:

```
# Konfiguration der IP-Adresse und des DNS-Servers
New-NetIPAddress 131.107.0.2 -InterfaceAlias Ethernet -PrefixLength 24
Set-DnsClientServerAddress -InterfaceAlias "Ethernet"
  -ServerAddresses 127.0.0.1
Set-DnsClient -InterfaceAlias "Ethernet" -ConnectionSpecificSuffix
  isp.example.com

#Anpassen der Firewall
netsh advfirewall firewall set rule group="Datei- und Druckerfreigabe"
  new enable=yes
#Installation von DNS und IIS
Install-WindowsFeature DNS -IncludeManagementTools
Install-WindowsFeature Web-WebServer -IncludeManagementTools
```

```
#Erstellen der Zonen für die Erkennung der Internetkonnektivität
Add-DnsServerPrimaryZone -Name msftconnecttest.com -ZoneFile
  msftconnecttest.com.dns
Add-DnsServerResourceRecordA -ZoneName msftconnecttest.com -Name www `
  -IPv4Address 131.107.0.2
Add-DnsServerPrimaryZone -Name msftncsi.com -ZoneFile msftncsi.com.dns
Add-DnsServerResourceRecordA -ZoneName msftncsi.com -Name www `
  -IPv4Address 131.107.0.2
Add-DnsServerResourceRecordA -ZoneName msftncsi.com -Name dns `
  -IPv4Address 131.107.255.255

#Erstellen der Textdatei auf der Webseite
$filename = "C:\inetpub\wwwroot\connecttest.txt"
$text = "Microsoft Connect Test"
[System.IO.File]::WriteAllText($fileName, $text)
```

Listing 19.2 Automatisierte Bereitstellung des Webservers

19.2.1 Bereitstellen der Infrastruktur

Die Installation der Rolle erfolgt wie gewohnt über den Server-Manager oder über die PowerShell. DirectAccess ist Teil der *Remotezugriff*-Rolle.

Nach der Installation der Rolle wird der Konfigurationsassistent gestartet und Sie wählen die Option NUR DIRECTACCESS BEREITSTELLEN.

Für die Bereitstellung von DirectAccess muss der Administrator über lokale Administratorrechte auf dem DirectAccess-Server verfügen und das Recht haben, Gruppenrichtlinien und WMI-Filter zu erstellen. Zusätzlich sollte er – zumindest temporär – das Recht haben, Gruppenrichtlinien mit der Domäne zu verknüpfen. Alternativ kann dies durch einen Administrator mit den entsprechenden Rechten vorgenommen werden.

Der Konfigurationsassistent prüft, ob die Voraussetzungen erfüllt sind, und bemängelt fehlende Rechte.

Damit DirectAccess richtig eingerichtet werden kann, muss die passende Netzwerktopologie ausgewählt werden (siehe Abbildung 19.47). Zur Auswahl stehen:

- EDGE – In diesem Szenario steht der DirectAccess-Server mit einem Bein direkt im Internet und benötigt daher eine öffentliche IP-Adresse auf einer der beiden Schnittstellen.
- HINTER EINEM EDGEGERÄT (MIT ZWEI NETZWERKADAPTERN) – Der DirectAccess-Server steht hinter einer Firewall, die ihn gegen das Internet abschottet. Die externe Netzwerkschnittstelle des Servers muss über eine öffentliche IP-Adresse verfügen.
- HINTER EINEM EDGEGERÄT (MIT EINEM EINZELNEN NETZWERKADAPTER) – Der DirectAccess-Server verfügt über eine einzige Netzwerkschnittstelle und befindet sich hinter einer

Firewall (oder einem ähnlichen Gerät). In dieser Konstellation kann auf der Schnittstelle eine private IP-Adresse verwendet werden.

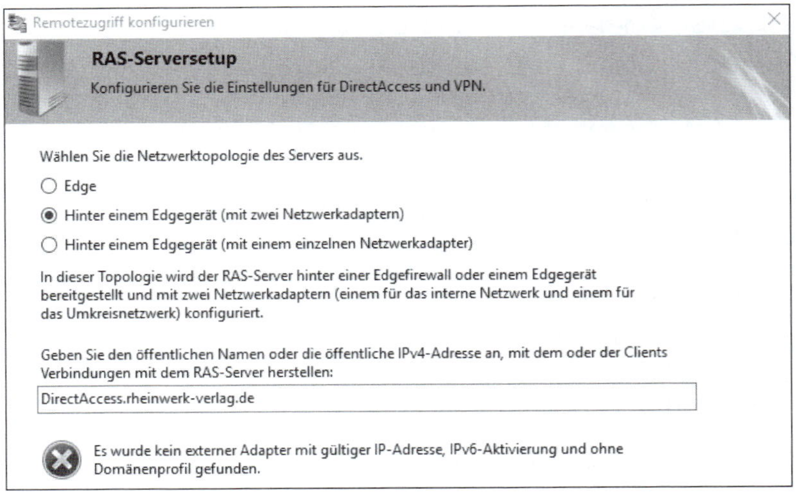
Remotezugriff konfigurieren
RAS-Serversetup
Konfigurieren Sie die Einstellungen für DirectAccess und VPN.
Wählen Sie die Netzwerktopologie des Servers aus.
Edge
Hinter einem Edgegerät (mit zwei Netzwerkadaptern)
Hinter einem Edgegerät (mit einem einzelnen Netzwerkadapter)
In dieser Topologie wird der RAS-Server hinter einer Edgefirewall oder einem Edgegerät bereitgestellt und mit zwei Netzwerkadaptern (einem für das interne Netzwerk und einem für das Umkreisnetzwerk) konfiguriert.
Geben Sie den öffentlichen Namen oder die öffentliche IPv4-Adresse an, mit dem oder der Clients Verbindungen mit dem RAS-Server herstellen:
DirectAccess.rheinwerk-verlag.de
Es wurde kein externer Adapter mit gültiger IP-Adresse, IPv6-Aktivierung und ohne Domänenprofil gefunden.

Abbildung 19.47 Auswahl der Netzwerktopologie

In der Topologie muss der Name für die Erreichbarkeit des DirectAccess-Servers für Clients aus dem Internet festgelegt werden. Dieser Eintrag wird in die Gruppenrichtlinie für die Clients übernommen.

Ist der Assistent fertig, zeigt er eine Zusammenfassung der Konfiguration an und listet eventuell aufgetretene Probleme auf (siehe Abbildung 19.48). In den Details der Meldungen (siehe Abbildung 19.49) wird genau beschrieben, was nicht funktioniert hat.

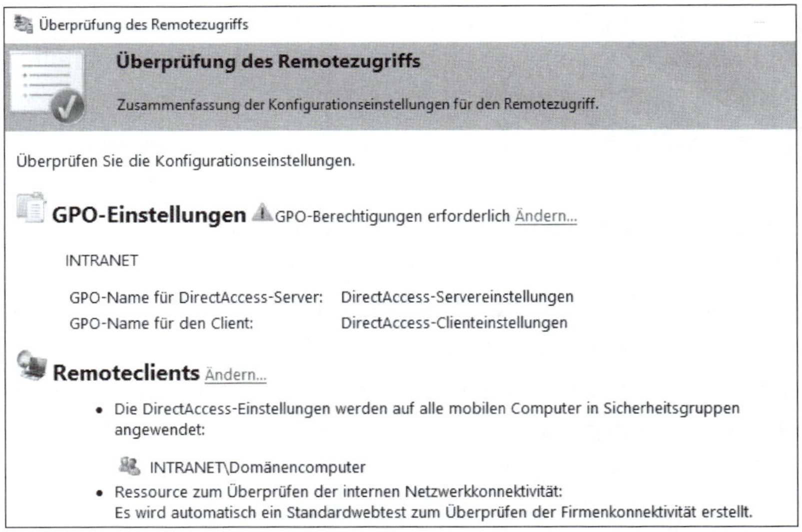
Überprüfung des Remotezugriffs
Überprüfung des Remotezugriffs
Zusammenfassung der Konfigurationseinstellungen für den Remotezugriff.
Überprüfen Sie die Konfigurationseinstellungen.
GPO-Einstellungen
GPO-Berechtigungen erforderlich Ändern...
INTRANET
GPO-Name für DirectAccess-Server: DirectAccess-Servereinstellungen
GPO-Name für den Client: DirectAccess-Clienteinstellungen
Remoteclients Ändern...
Die DirectAccess-Einstellungen werden auf alle mobilen Computer in Sicherheitsgruppen angewendet:
INTRANET\Domänencomputer
Ressource zum Überprüfen der internen Netzwerkkonnektivität:
Es wird automatisch ein Standardwebtest zum Überprüfen der Firmenkonnektivität erstellt.

Abbildung 19.48 Ergebnis der Konfiguration

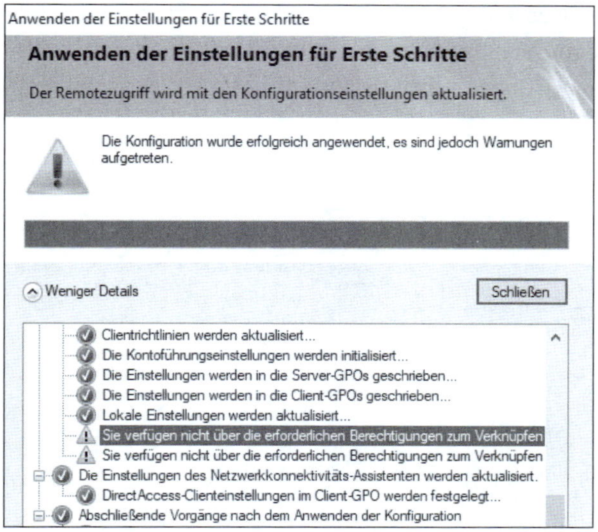

Anwenden der Einstellungen für Erste Schritte
Anwenden der Einstellungen für Erste Schritte
Der Remotezugriff wird mit den Konfigurationseinstellungen aktualisiert.
Die Konfiguration wurde erfolgreich angewendet, es sind jedoch Warnungen aufgetreten.
Weniger Details
Schließen
Clientrichtlinien werden aktualisiert...
Die Kontoführungseinstellungen werden initialisiert...
Die Einstellungen werden in die Server-GPOs geschrieben...
Die Einstellungen werden in die Client-GPOs geschrieben...
Lokale Einstellungen werden aktualisiert...
Sie verfügen nicht über die erforderlichen Berechtigungen zum Verknüpfen
Sie verfügen nicht über die erforderlichen Berechtigungen zum Verknüpfen
Die Einstellungen des Netzwerkkonnektivitäts-Assistenten werden aktualisiert.
DirectAccess-Clienteinstellungen im Client-GPO werden festgelegt...
Abschließende Vorgänge nach dem Anwenden der Konfiguration

Abbildung 19.49 Hinweis auf fehlende Rechte, um die Server- und Client-GPOs mit der Domäne zu verknüpfen

Weitere Konfigurationen und Überwachungen der Infrastruktur können Sie über die *Remotezugriffs-Verwaltungskonsole* durchführen. Hier können Sie die einzelnen Schritte der Bereitstellung erneut konfigurieren oder ändern (siehe Abbildung 19.50).

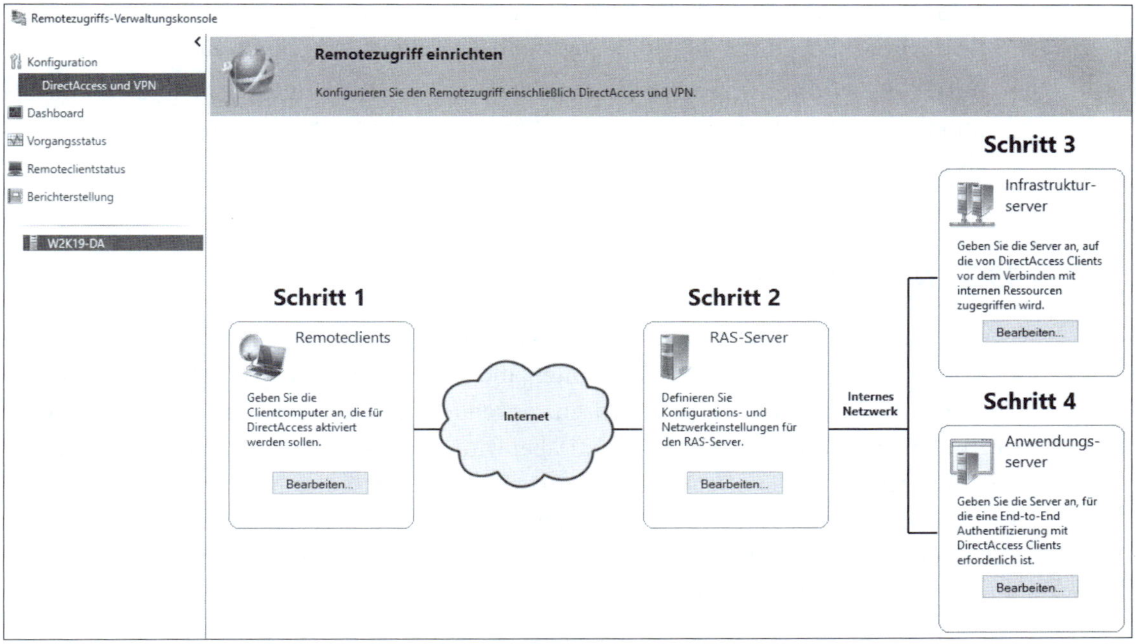

Remotezugriffs-Verwaltungskonsole
Konfiguration
DirectAccess und VPN
Dashboard
Vorgangsstatus
Remoteclientstatus
Berichterstellung
W2K19-DA
Remotezugriff einrichten
Konfigurieren Sie den Remotezugriff einschließlich DirectAccess und VPN.
Schritt 1
Remoteclients
Geben Sie die Clientcomputer an, die für DirectAccess aktiviert werden sollen.
Bearbeiten...
Internet
Schritt 2
RAS-Server
Definieren Sie Konfigurations- und Netzwerkeinstellungen für den RAS-Server.
Bearbeiten...
Internes Netzwerk
Schritt 3
Infrastruktur-server
Geben Sie die Server an, auf die von DirectAccess Clients vor dem Verbinden mit internen Ressourcen zugegriffen wird.
Bearbeiten...
Schritt 4
Anwendungs-server
Geben Sie die Server an, für die eine End-to-End Authentifizierung mit DirectAccess Clients erforderlich ist.
Bearbeiten...

Abbildung 19.50 Übersicht über die Bereitstellung

19

Alle Anpassungen an der Konfiguration werden in die Gruppenrichtlinien geschrieben und nach einer Aktualisierung wirksam. Sie müssen beachten, dass nur Clients mit einer Verbindung zu einem Domänencontroller eine Gruppenrichtlinie aktualisieren können (siehe Abbildung 19.51).

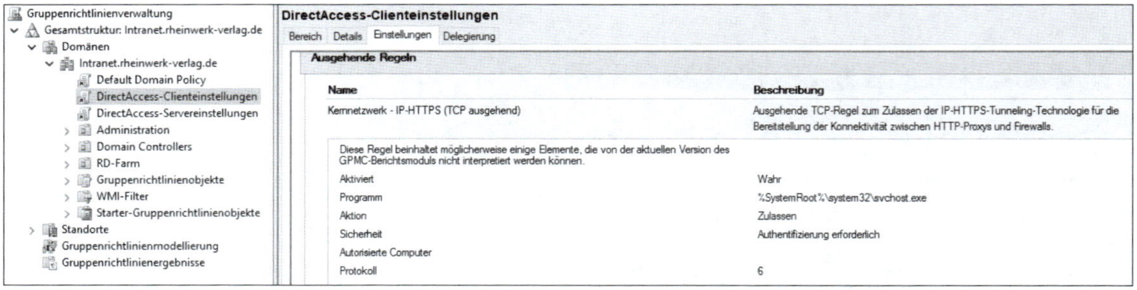

Abbildung 19.51 Einstellungen der GPO für die Konfiguration von DirectAccess

19.2.2 Tunnelprotokolle für DirectAccess

DirectAccess verwendet verschiedene Tunnelprotokolle für die Verbindung der Clients:

- **ISATAP** – tunnelt IPv6-Verkehr über ein IPv4-Netzwerk für eine Intranetkommunikation.
- **6to4** – wird von DirectAccess-Clients mit einer öffentlichen IPv4-Adresse verwendet (IP-Protokoll 4 ein- und ausgehend).
- **Teredo** – wird von DirectAccess-Clients mit einer privaten IP-Adresse hinter einem NAT-Gerät verwendet (Port 3544 (UDP) eingehend als Zielport, ausgehend als Quellport).
- **IP-HTTPS** – wird von DirectAccess-Clients verwendet, wenn keines der anderen Protokolle funktioniert (ISATAP, 6to4 oder Teredo; Port 443 (TCP) eingehend als Zielport, ausgehend als Quellport).

19.3 NAT einrichten

NAT (*Network Address Translation, Netzwerkadressübersetzung*) ist eine Möglichkeit – neben dem Routing – Systeme im Netzwerk miteinander kommunizieren zu lassen. Bei NAT wird ein System mit zwei Netzwerkkarten dazu verwendet, die Pakete aus dem privaten Netzwerk anzunehmen und neu zu adressieren. Dabei wird die Absende-IP-Adresse des ursprünglichen Clients durch die öffentliche Schnittstellen-IP-Adresse des NAT-Servers ersetzt. NAT kann auch sehr gut auf einem Hyper-V-Server verwendet werden, um virtuellen Maschinen den Zugriff auf Netzwerkressourcen zu gewähren, ohne dass die virtuellen Maschinen selbst aus dem Netzwerk heraus erreichbar sind.

Das Paket sieht also so aus, als käme es vom NAT-Server. Der große Vorteil beim Einsatz von NAT ist, dass andere Netzwerkkomponenten keine Kenntnis davon haben müssen, dass

»hinter« dem NAT-Server weitere Netzwerke »versteckt« sind. Der NAT-Server pflegt Verbindungslisten und Zuordnungen der Verbindungen, sodass er Antwortpakete wieder umschreiben kann und dem richtigen Client auf den richtigen Ports zusenden kann.

In Abbildung 19.52 sehen Sie die jeweils privaten Adressen (die Adressen der Systeme in dem privaten Netzwerk) und die dazugehörigen privaten Ports. Als öffentliche Adresse wird die Adresse des NAT-Servers verwendet. Die Remoteports und -adressen entsprechen den Adressen, die der private Client kontaktieren wollte.

W2K16 - Sitzungszuordnungstabelle für Netzwerkadressübersetzung

Protokoll	Richtung	Private Adresse	Privater Port	Öffentliche Adresse	Öffentlicher Port	Remoteadresse	Remoteport	Leerlaufzeit
UDP	Ausgehend	172.16.0.123	123	192.168.1.35	63.568	51.140.65.84	123	38
UDP	Ausgehend	172.16.0.123	62.426	192.168.1.35	62.426	192.168.1.2	53	38
UDP	Ausgehend	172.16.0.108	123	192.168.1.35	63.569	51.140.65.84	123	12
TCP	Ausgehend	172.16.0.120	49.688	192.168.1.35	61.960	23.32.125.203	80	16.117
TCP	Ausgehend	172.16.0.120	49.689	192.168.1.35	61.961	23.32.113.123	443	15.616
TCP	Ausgehend	172.16.0.119	49.732	192.168.1.35	62.136	23.32.113.123	443	12.826
TCP	Ausgehend	172.16.0.117	49.836	192.168.1.35	62.377	23.32.113.123	443	10.103
TCP	Ausgehend	172.16.200.10	49.729	192.168.1.35	62.419	40.67.251.134	443	9.681
TCP	Ausgehend	172.16.0.116	49.673	192.168.1.35	62.688	2.23.71.188	443	8.191
TCP	Ausgehend	172.16.0.123	49.677	192.168.1.35	62.724	93.184.221.240	80	8.307
TCP	Ausgehend	172.16.0.123	49.677	192.168.1.35	63.236	104.107.216.216	80	1.779

Abbildung 19.52 NAT-Tabelle eines Servers

Die NAT-Funktion ist Teil des Remotezugriffs und ist in dem Rollendienst *Routing* enthalten, der installiert werden muss. Bei der Auswahl des Rollendienstes ROUTING wird automatisch der Rollendienst DIRECTACCESS UND VPN (RAS) mit ausgewählt (siehe Abbildung 19.53).

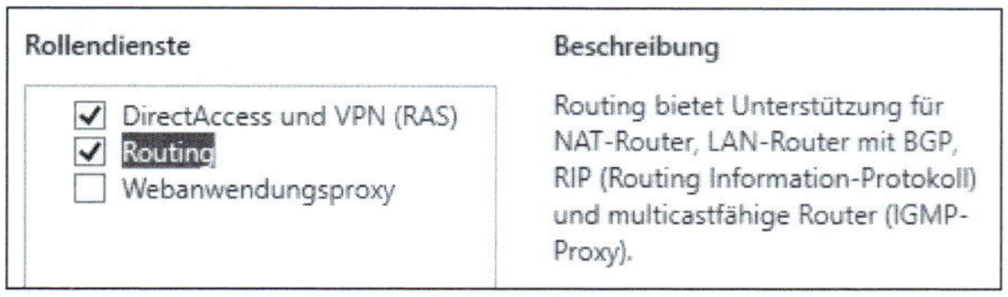
Rollendienste
DirectAccess und VPN (RAS)
Routing
Webanwendungsproxy
Beschreibung
Routing bietet Unterstützung für NAT-Router, LAN-Router mit BGP, RIP (Routing Information-Protokoll) und multicastfähige Router (IGMP-Proxy).

Abbildung 19.53 Auswahl des Rollendienstes für NAT

Nach der Installation der Rolle erfolgt die Konfiguration – wie in Abschnitt 19.1, »VPN-Zugang«, beschrieben. Als Konfigurationsoption wählen Sie dann im Dialog aus Abbildung 19.6 entweder BENUTZERDEFINIERTE KONFIGURATION oder NETZWERKADRESSÜBERSETZUNG (NAT).

Der Assistent wird die ÖFFENTLICHE SCHNITTSTELLE ZUM HERSTELLEN DER INTERNETVERBINDUNG erfragen (siehe Abbildung 19.54). Damit ist die externe Schnittstelle gemeint.

Der Konfigurationsassistent zeigt die vorhandenen Schnittstellen mit ihren Namen und ihrer IP-Adresse an. Dies erleichtert die Auswahl der richtigen Schnittstelle. Sollten Sie hier die falsche Karte ausgewählt haben, können Sie diese im Anschluss in der ROUTING UND RAS-Konsole wieder ändern (siehe Abbildung 19.55).

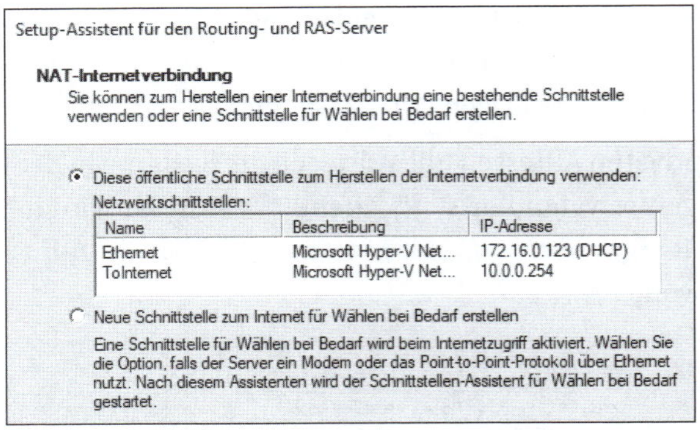

Abbildung 19.54 Auswahl der externen Schnittstelle

In der Konsole finden Sie unterhalb des Servers und des Knotens IPv4 das Routingprotokoll NAT. Wenn Sie bei der Ersteinrichtung NAT nicht aktiviert haben, können Sie mit einem Rechtsklick auf IPv4 • ALLGEMEIN die Option NEUES ROUTINGPROTOKOLL auswählen und anschließend NAT nachinstallieren.

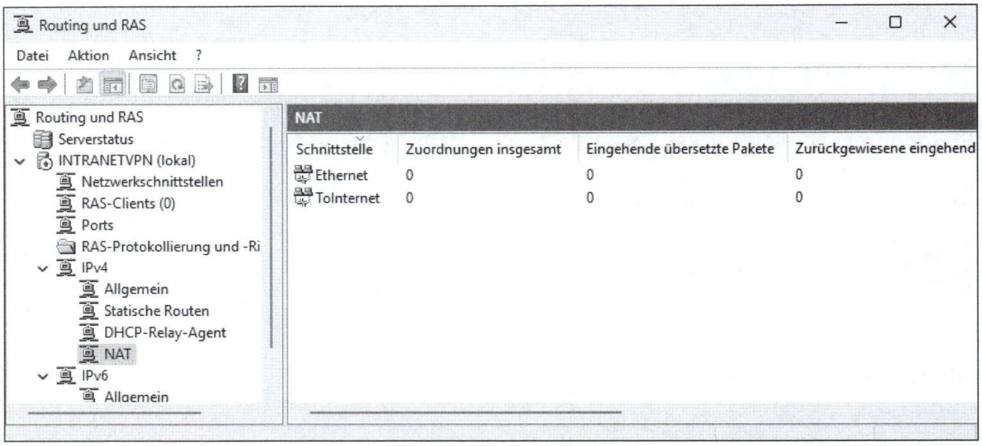

Abbildung 19.55 In der »Routing und RAS«-Konsole befindet sich der Knoten »NAT« unterhalb von »IPv4«.

Unterhalb von NAT werden die zugewiesenen Netzwerkschnittstellen angezeigt. In der Übersicht werden auch Statistiken zur Nutzung (ZUORDNUNGEN) angezeigt. Mit einem Rechtsklick auf die Netzwerkkarten können Sie sich die Eigenschaften anzeigen lassen und sie gegebenenfalls anpassen.

Für die externe Schnittstelle sollten Sie die Einstellungen so wie in Abbildung 19.56 wählen. Dort ist die Option AN DAS INTERNET ANGESCHLOSSENE, ÖFFENTLICHE SCHNITTSTELLE ausgewählt und NAT auf der Schnittstelle aktiviert. Die Checkbox NAT ... AKTIVIEREN sorgt dafür, dass der Server die Verbindungstabelle anlegt und die Header der Datenpakete umschreibt.

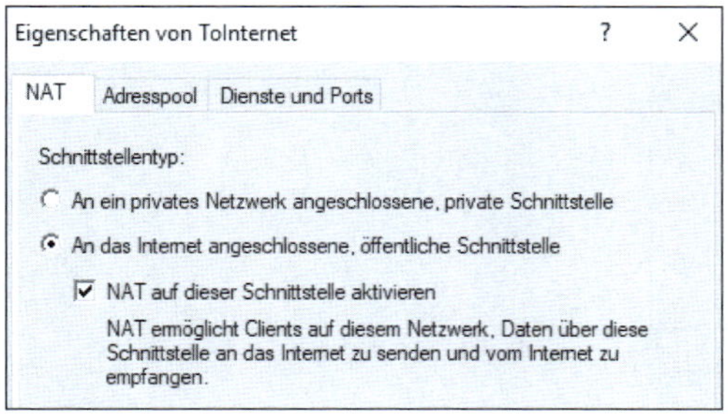

Abbildung 19.56 Festlegen der externen Schnittstelle und Aktivieren von NAT

Auf der externen Schnittstelle können Sie über die zusätzlichen Registerkarten weitere Konfigurationen vornehmen und über DIENSTE UND PORTS (siehe Abbildung 19.57) eine Portweiterleitung einrichten *(Port Forwarding)*, sodass von »außen« über Reverse-NAT Zugriffe auf interne Ressourcen möglich sind.

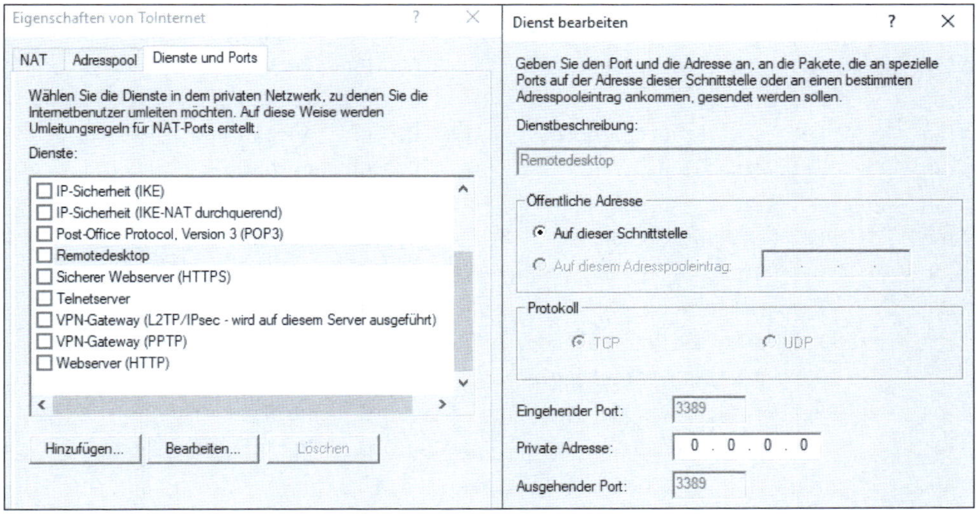

Abbildung 19.57 Konfiguration der Weiterleitung von Paketen von außen nach innen

Bei der Einrichtung wählen Sie unter DIENSTE ein vordefiniertes Protokoll oder Sie erstellen über HINZUFÜGEN eine eigene Einstellung. Dabei müssen Sie die Schnittstelle auswählen und den eingehenden und ausgehenden PORT definieren. Hier können Sie auch eine Änderung des Zielports erreichen. Die PRIVATE ADRESSE ist die IP-Adresse des internen Ziels, an das die Anfrage weitergeleitet wird.

Bei der privaten Schnittstelle sind keine weiteren Konfigurationsschritte notwendig (siehe Abbildung 19.58).

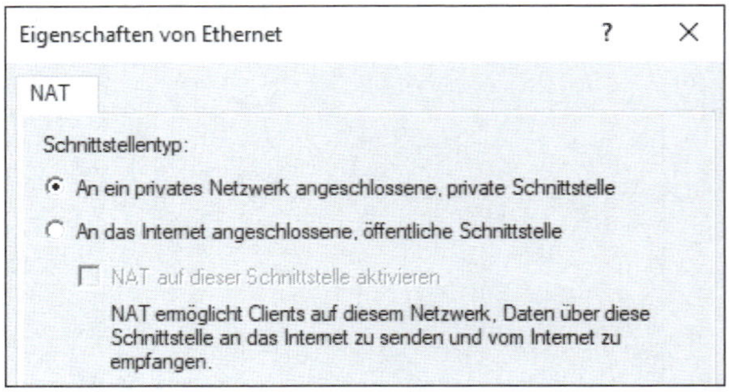

Abbildung 19.58 Konfiguration der privaten Schnittstelle

Seit Windows Server 2016 kann NAT auch ohne den Einsatz von ROUTING UND RAS über die PowerShell eingerichtet werden. Dazu können Sie die Cmdlets aus dem Modul *NetNat* verwenden, das unter Windows-Client- und -Server-Betriebssystemen verfügbar ist:

```
PS C:\> Get-Command -Module NetNat
CommandType     Name                            Version    Source
-----------     ----                            -------    ------
Function        Add-NetNatExternalAddress       1.0.0.0    NetNat
Function        Add-NetNatStaticMapping         1.0.0.0    NetNat
Function        Get-NetNat                      1.0.0.0    NetNat
Function        Get-NetNatExternalAddress       1.0.0.0    NetNat
Function        Get-NetNatGlobal                1.0.0.0    NetNat
Function        Get-NetNatSession               1.0.0.0    NetNat
Function        Get-NetNatStaticMapping         1.0.0.0    NetNat
Function        New-NetNat                      1.0.0.0    NetNat
Function        Remove-NetNat                   1.0.0.0    NetNat
Function        Remove-NetNatExternalAddress    1.0.0.0    NetNat
Function        Remove-NetNatStaticMapping      1.0.0.0    NetNat
Function        Set-NetNat                      1.0.0.0    NetNat
Function        Set-NetNatGlobal                1.0.0.0    NetNat
```

19.4 Netzwerkrichtlinienserver

Der Netzwerkrichtlinienserver ist die Microsoft-Implementierung eines RADIUS-Servers. *RADIUS* steht für *Remote Authentication Dial-In User Service* und bietet Dienste und Funktionen für die zentrale Authentifizierung von Remoteeinwahlversuchen. Dabei nimmt der Zugriffspunkt (Netzwerk-Switch, WLAN-Access-Point oder VPN-Server) die Authentifizierungsanfrage des Clients entgegen und leitet sie an den *Network Policy Server (NPS)* weiter. Bis einschließlich Windows Server 2003 hieß die Funktion auf einem Windows Server *Internet Authentication Server (IAS)*.

Nehmen wir einmal ein einfaches Beispiel wie das aus Abbildung 19.59. Sie haben mehrere WLAN-Access-Points (AP) und möchten eine Authentifizierung durchführen, die auf MAC-Adressen basiert.

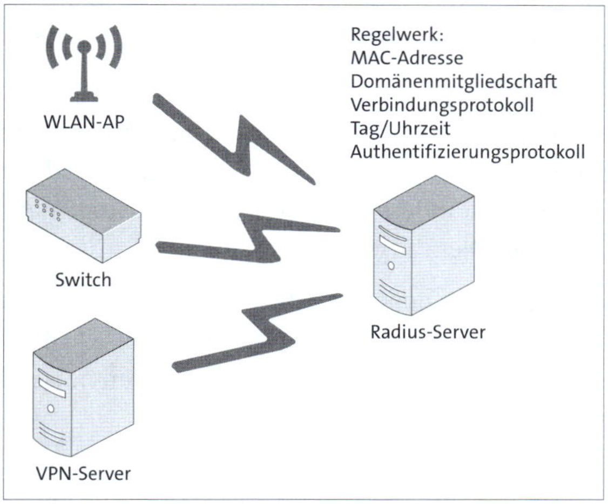

Abbildung 19.59 Verbindungen der RADIUS-Clients mit dem NPS-Server

Bei einem einzelnen Access-Point mag es vom Aufwand her vertretbar sein, alle MAC-Adressen einzupflegen. Sobald jedoch mehrere Zugriffspunkte und viele Änderungen an den Geräten, die zugreifen dürfen, vorhanden sind, ist es deutlich einfacher, die Anmeldebedingungen (z. B. MAC-Adresse) in einem zentralen Serverdienst zu hinterlegen und den Zugriffspunkten lediglich die Information mitzugeben, »wen« sie bei einer Authentifizierung fragen sollen.

Ein weiterer Vorteil beim Einsatz des NPS ist die Speicherung des Regelwerks in einer geschützten Umgebung. Da die WLAN-Zugriffspunkte eventuell nicht physisch gesichert werden können, befindet sich der NPS-Server in aller Regel im geschützten Netzwerk des Serverraums.

Die Kommunikation zwischen dem RADIUS-Client (WLAN-Access-Point) und dem RADIUS-Server erfolgt über vordefinierte Ports und Protokolle.

Der NPS-Server wird auch als *AAA-Server* bezeichnet. Die RADIUS-Funktion kann auch von vielen Netzwerkgeräten bereitgestellt werden. Die drei »A«s stehen dabei für:

- **Authentication** – Prüfen der Authentifizierungsinformationen und Rückmeldung an den RADIUS-Client, ob die Authentifizierung erfolgreich war. Die Prüfung der Authentifizierung kann gegen einen Domänencontroller erfolgen.
- **Authorization** – Gewähren des Zugriffs oder Verweigern des Zugriffs, basierend auf dem Regelwerk.
- **Accounting** – Protokollierung der »Kontenführung«. Dabei werden der Zeitpunkt der Verbindung und das Beenden der Verbindung protokolliert (wahlweise in einem SQL-Server oder in einer lokalen Datei).

Eine Protokollbezeichnung, die häufig im Zusammenhang mit RADIUS verwendet wird, ist 802.1x. Geräte, die dieses Protokoll unterstützen, können Authentifizierungsinformationen beim Zugriff an einen RADIUS-Server weiterleiten. Zu beachten ist hier jedoch, dass eine RADIUS-Authentifizierung zumeist eine »Bringschuld« des Clients ist: Wenn der Client keine Informationen an den RADIUS-Client liefert, dann kann der RADIUS-Client auch keine Informationen an den RADIUS-Server weiterleiten.

Die RADIUS-Clients müssen für die Verwendung eines RADIUS-Servers konfiguriert werden. Bei den meisten Systemen können bis zu zwei RADIUS-Server eingetragen werden. Sind die RADIUS-Server nicht erreichbar, findet unter Umständen keine Authentifizierung mehr statt, was bedeutet, dass keine Clients mehr auf das Netz zugreifen können.

Sie können einen sogenannten RADIUS-Proxy »zwischen« den RADIUS-Clients und den RADIUS-Servern platzieren, sodass Sie bei Bedarf auf dem Proxy einen neuen RADIUS-Server mit dem Regelwerk umleiten können, sollte ein Server ausgetauscht werden müssen (siehe Abbildung 19.60).

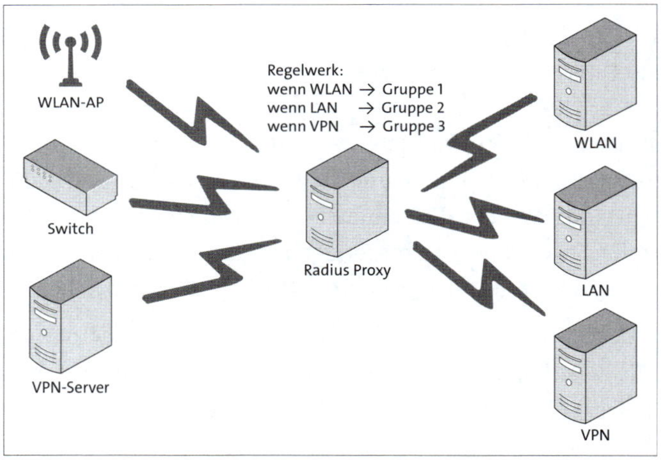

Abbildung 19.60 Einsatz eines RADIUS-Proxys

Auf einem RADIUS-Proxy werden die Regeln hinterlegt, die angeben, wo die Authentifizierung für bestimmte Zwecke durchgeführt wird. Man könnte diese Verbindungsanforderungsrichtlinien auch als Weiterleitungsregeln bezeichnen.

Auf dem Zielsystem – bzw. auf einem Server, der Mitglied der Remoteservergruppe ist – müssen die entsprechenden Netzwerkrichtlinien auf dem Server konfiguriert werden.

19.4.1 Einrichtung und Protokolle

Der Netzwerkrichtlinienserver gehört zu der Rolle *Netzwerkrichtlinien- und Zugriffsdienste* (siehe Abbildung 19.61) und kann über den Server-Manager oder die PowerShell installiert werden. Für die reine Installation werden lokale Administratorrechte benötigt.

Wie der RAS-Server muss der NPS auch in die Gruppe der RAS- und IAS-Server aufgenommen werden, damit der Server die Einwählen-Berechtigungen der Benutzerkonten überprüfen kann. Für die Änderung der Mitgliedschaft werden Rechte in der Domäne benötigt.

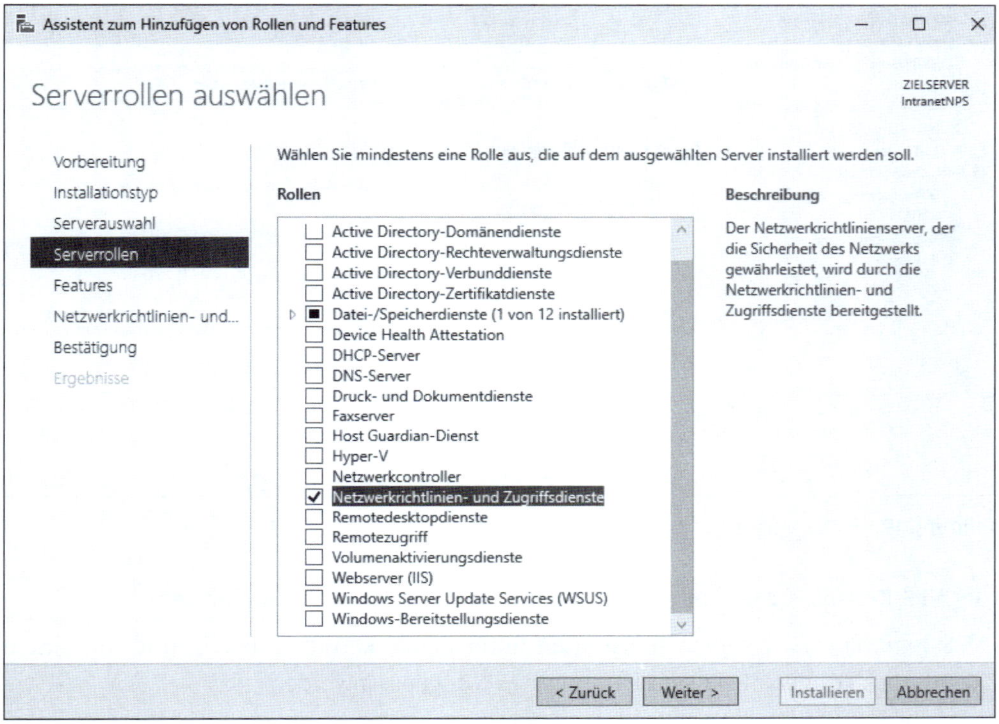

Abbildung 19.61 Installation der Rolle

Für die Installation der Rolle werden keine weiteren Informationen benötigt. Es stehen auch keine zusätzlichen Rollendienste zur Verfügung (siehe Abbildung 19.62).

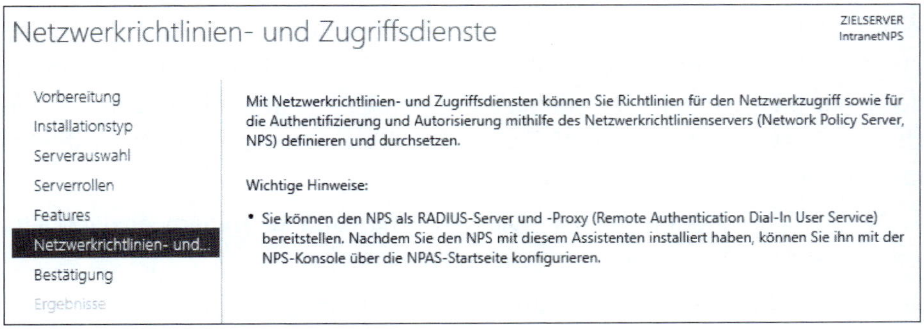

Abbildung 19.62 Beschreibung der Rolle

Nach der Installation steht Ihnen die Verwaltungskonsole für den Netzwerkrichtlinienserver zur Verfügung (siehe Abbildung 19.63).

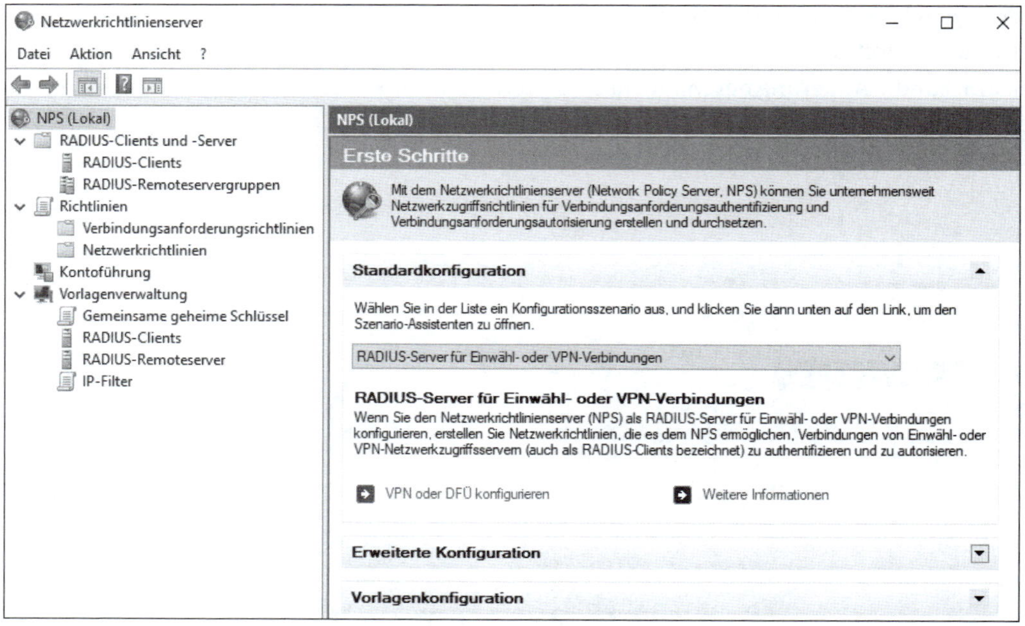

Abbildung 19.63 Die Verwaltungskonsole für den NPS

In der NPS-Konsole stehen Ihnen folgende Konfigurationsknoten zur Verfügung:

- NPS (LOKAL) – Hier stehen Assistenten unter ERSTE SCHRITTE bereit, und mit einem Rechtsklick können die Eigenschaften des NPS angepasst werden.
- RADIUS-CLIENTS UND -SERVER • RADIUS-CLIENTS – Ein *RADIUS-Client* ist ein »bekanntes« Gerät, das Authentifizierungsanfragen an den NPS-Server weiterleitet. Dies können VPN-Server, WLAN-Access-Points, Switches oder andere 802.1x-Geräte sein.
- RADIUS-CLIENTS UND -SERVER • RADIUS-REMOTESERVERGRUPPEN – An dieser Stelle können RADIUS-Servergruppen definiert werden, an die Authentifizierungsanfragen über einen RADIUS-Proxy weitergeleitet werden.
- RICHTLINIEN • VERBINDUNGSANFORDERUNGSRICHTLINIEN – Die Verbindungsanforderungsrichtlinien sind die Proxy-Richtlinien, in denen basierend auf Bedingungen definiert wird, ob die Authentifizierung auf dem lokalen NPS ausgeführt wird oder ob die Anfrage an einen anderen Server weitergeleitet wird.
- RICHTLINIEN • NETZWERKRICHTLINIEN – Die Netzwerkrichtlinien steuern, ob der Client, der über einen RADIUS-Server »anfragt«, Zugriff erhält oder nicht.
- KONTOFÜHRUNG – Der Knoten KONTOFÜHRUNG bietet die Möglichkeit, einen SQL-Server zu verwenden oder die Protokollierung in eine lokale Datei zu schreiben.
- VORLAGENVERWALTUNG – Die Vorlagenverwaltung beinhaltet Konfigurationsoptionen, die Sie bei der Verwendung der jeweiligen Objekte verwenden können.

Mit einem Rechtsklick auf NPS (LOKAL) gelangen Sie in das Kontextmenü des NPS-Servers (siehe Abbildung 19.64). Hier können Sie die Einstellungen exportieren und/oder importieren. Dadurch können Sie die Konfiguration zwischen mehreren NPS-Servern austauschen. Die (lokalen) Kontoführungseinstellungen werden dabei nicht exportiert. Über NPS-DIENST STARTEN und NPS-DIENST BEENDEN können Sie den Dienst neu starten. Der Punkt SERVER IN ACTIVE DIRECTORY REGISTRIEREN fügt das Computerkonto zur Gruppe der *RAS- und IAS-Server* hinzu, sofern das Konto über die notwendigen Rechte verfügt (siehe Abbildung 19.65).

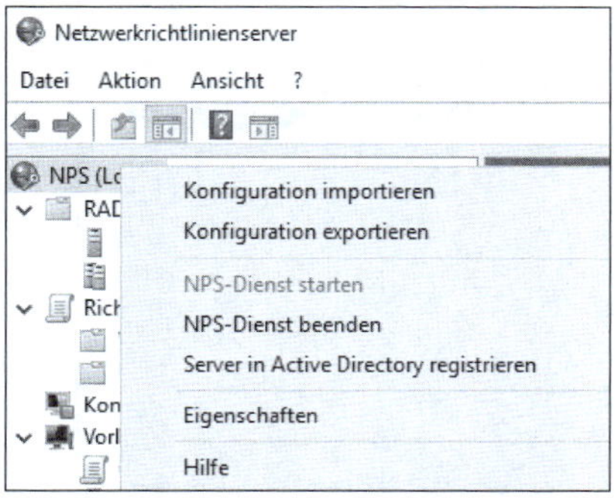

Abbildung 19.64 Eigenschaften des Servers

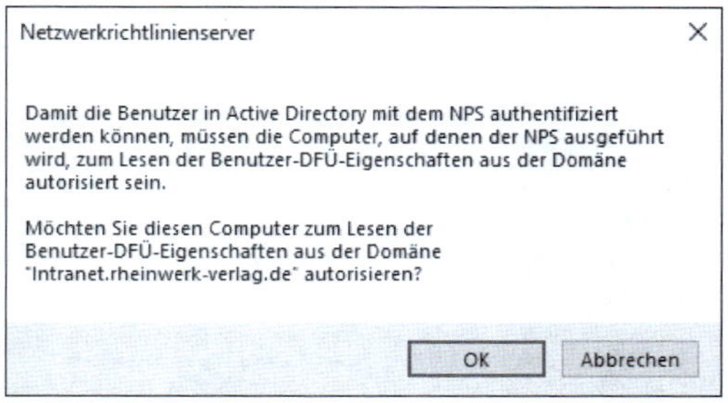

Abbildung 19.65 Hinweis zur Registrierung im Active Directory

In den Eigenschaften können Sie die UDP-Ports einstellen, die vom NPS verwendet werden:

- 1812, 1645 – Authentifizierung (1812 Microsoft, 1645 Cisco)
- 1813, 1646 – Kontoführung (1813 Microsoft, 1646 Cisco)

Damit die RADIUS-Clients mit dem Server kommunizieren können, sollten Sie eine neue eingehende Firewallregel erstellen (siehe Abbildung 19.66). Erlauben Sie dort die UDP-Ports 1645, 1646, 1812 und 1813.

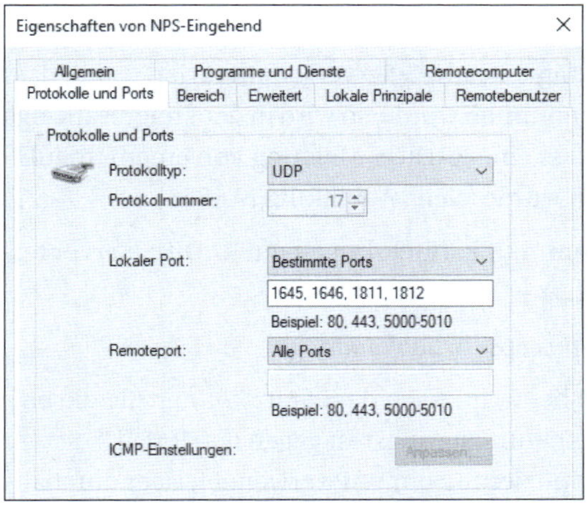

Abbildung 19.66 Firewallregel für die Kommunikation zwischen RADIUS-Client und NPS-Server

Damit ein RADIUS-Client mit einem RADIUS-Server kommunizieren kann, müssen die beiden Systeme miteinander bekannt gemacht werden. Dieser Vorgang kann mit einem Bluetooth-Pairing verglichen werden.

Auf dem RADIUS-Client tragen Sie den oder die RADIUS-Server ein. Eine Verbindung wird dabei über einen Pre-Shared Key authentifiziert (siehe Abbildung 19.67).

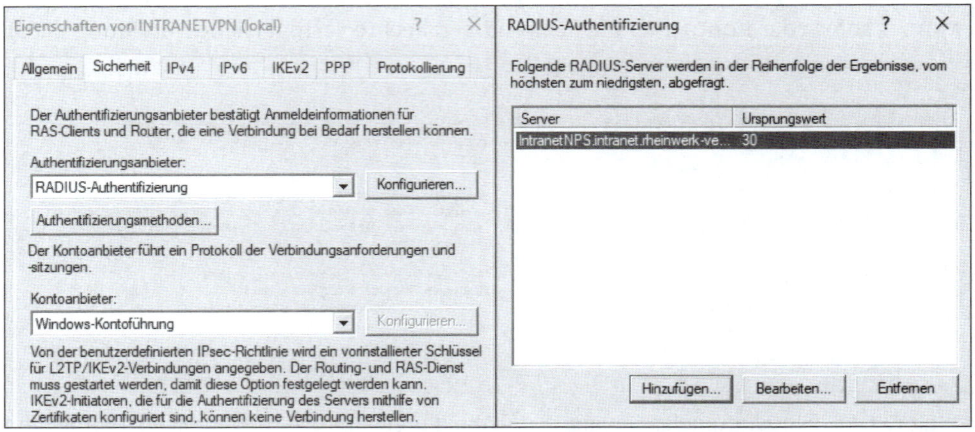
Eigenschaften von INTRANETVPN (lokal)
Allgemein
Sicherheit
IPv4
IPv6
IKEv2
PPP
Protokollierung
Der Authentifizierungsanbieter bestätigt Anmeldeinformationen für RAS-Clients und Router, die eine Verbindung bei Bedarf herstellen können.
Authentifizierungsanbieter:
RADIUS-Authentifizierung
Konfigurieren...
Authentifizierungsmethoden...
Der Kontoanbieter führt ein Protokoll der Verbindungsanforderungen und -sitzungen.
Kontoanbieter:
Windows-Kontoführung
Konfigurieren...
Von der benutzerdefinierten IPsec-Richtlinie wird ein vorinstallierter Schlüssel für L2TP/IKEv2-Verbindungen angegeben. Der Routing- und RAS-Dienst muss gestartet werden, damit diese Option festgelegt werden kann. IKEv2-Initiatoren, die für die Authentifizierung des Servers mithilfe von Zertifikaten konfiguriert sind, können keine Verbindung herstellen.
RADIUS-Authentifizierung
Folgende RADIUS-Server werden in der Reihenfolge der Ergebnisse, vom höchsten zum niedrigsten, abgefragt.
Server
Ursprungswert
IntranetNPS.intranet.rheinwerk-ve...
30
Hinzufügen...
Bearbeiten...
Entfernen

Abbildung 19.67 Konfiguration eines Windows-VPN-Servers für die Verwendung eines NPS-Servers

Auf die Reihenfolge kommt es an

Bevor Sie mit der Konfiguration des NPS und der Regeln beginnen, sollten Sie zuerst die Rolle installieren und auf dem RADIUS-Client den RADIUS-Server hinterlegen. Bei einem Verbindungsversuch eines Clients über den RADIUS-Client sollte die Verbindung fehlschlagen und sollten entsprechende Ereignisse auf dem NPS-Server protokolliert werden. Damit haben Sie sichergestellt, dass die Kommunikation zwischen dem RADIUS-Server und dem RADIUS-Client funktioniert.

Wurde nun ein VPN-Server für die Verwendung eines NPS-Servers konfiguriert, ohne dass auf dem NPS-Server eine Konfiguration vorgenommen wurde, so wird in der Ereignisanzeige des NPS ein Fehler protokolliert, der besagt, dass eine RADIUS-Meldung von einem ungültigen (unbekannten) RADIUS-Client empfangen wurde (siehe Abbildung 19.68).

Mit dem kleinen Tool *nRADIUS* können Sie Kommunikationen zu einem RADIUS-Server testen. Sie laden es unter folgendem Link herunter:

https://www.heise.de/download/product/nradius-56905/download

Zum Ausführen wird das .NET-Framework 3.5 benötigt. Nach dem Start können Sie die entsprechenden Parameter eingeben und den Authentifizierungstest gegen den RADIUS-Server ausführen. Auch wenn das Tool für die Authentifizierung nur PAP verwendet, ist es durchaus nützlich, um Kommunikationen bzw. Shared-Secrets zu testen (siehe Abbildung 19.69).

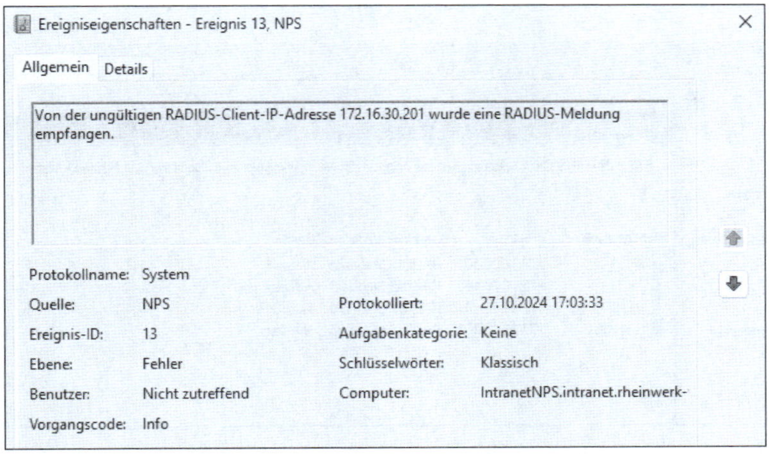

Abbildung 19.68 Protokolleintrag über die Verbindung von einem nicht autorisierten RADIUS-Client

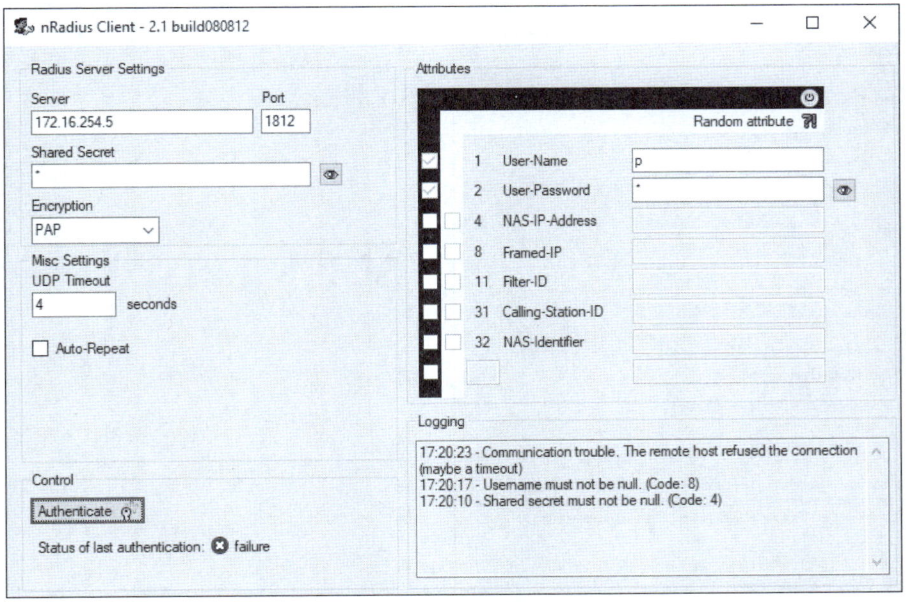

Abbildung 19.69 Ein fehlgeschlagener Verbindungsversuch wird mit dem »nRadius Client« analysiert.

Die RADIUS-Clients werden unter dem gleichnamigen Knotenpunkt in der NPS-Konsole eingetragen. Alternativ verwenden Sie das PowerShell-Cmdlet `New-NPSRadiusClient` zum Einrichten neuer RADIUS-Clients. Die konfigurierten Clients werden in der Konsole aufgelistet (siehe Abbildung 19.70).

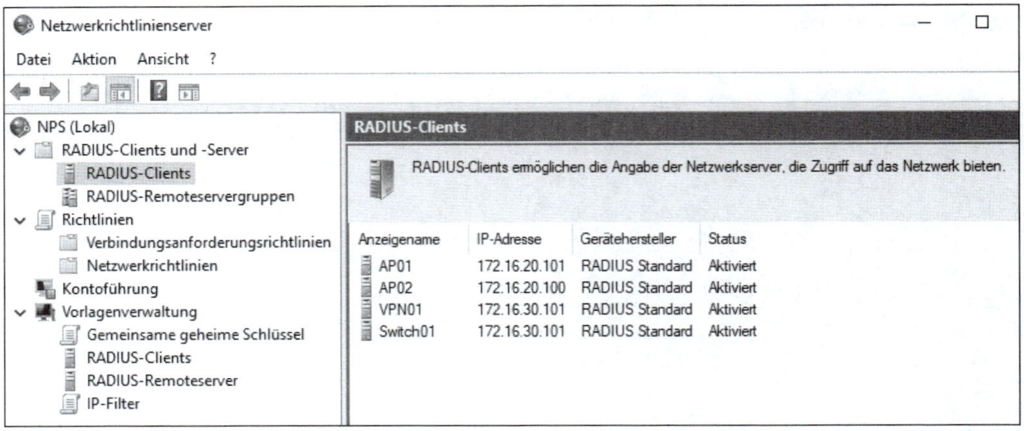

Abbildung 19.70 Übersicht der RADIUS-Clients

Mit einem Rechtsklick auf RADIUS-CLIENTS können neue RADIUS-Clients eingerichtet werden. Das Fenster für die Konfiguration (siehe Abbildung 19.71) bietet folgende Optionen:

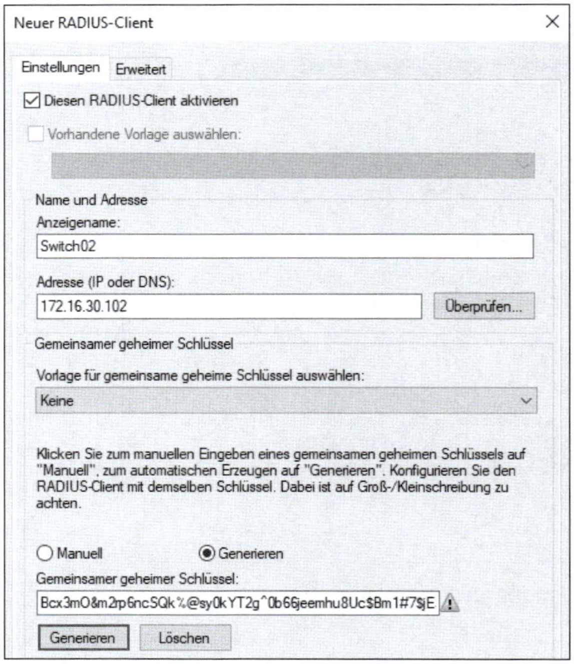

Abbildung 19.71 Konfiguration eines neuen RADIUS-Clients

- DIESEN RADIUS-CLIENT AKTIVIEREN – Sie können gespeicherte RADIUS-Clients durch Deaktivieren der Option in den passiven Modus schalten, ohne den Client löschen zu müssen.

- ANZEIGENAME – Der Anzeigename wird bei einer Authentifizierung in der Ereignisanzeige verwendet. Sie sollten hier einen sprechenden Namen verwenden, sodass Sie den RADIUS-Client leicht zuordnen können.
- ADRESSE (IP ODER DNS) – Die IP-Adresse oder der DNS-Name wird für die Bestimmung der Quelle verwendet.
- VORLAGE FÜR GEMEINSAME GEHEIME SCHLÜSSEL AUSWÄHLEN – Hier können Sie eine vorgefertigte Vorlage für Schlüssel verwenden. Alternativ hinterlegen Sie einen Schlüssel, den Sie auch auf dem RADIUS-Client eintragen müssen. Sie können auch komplexe Schlüssel GENERIEREN. Nach der Erzeugung wird ein Warnhinweis angezeigt, der besagt, dass nicht alle Netzwerkgeräte diese »langen« und komplexen Schlüssel unterstützen. Das Kennwort sollte so komplex wie möglich sein, sich in den Kennwortanforderungen an die Anforderungen für ein Dienstkonto anlehnen (24 Zeichen, maximales Alter 365 Tage) und regelmäßig geändert werden.

Auf der ERWEITERT-Registerkarte des RADIUS-Clients (siehe Abbildung 19.72) können weitere Optionen konfiguriert werden. Hier können Sie z. B. den Hersteller festlegen, für den Fall, dass das Gerät zusätzliche Informationen an den RADIUS-Server zur Auswertung senden kann.

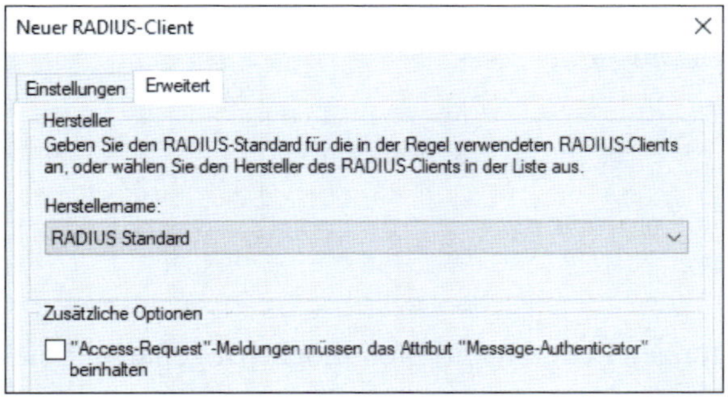
Neuer RADIUS-Client
Einstellungen
Erweitert
Hersteller
Geben Sie den RADIUS-Standard für die in der Regel verwendeten RADIUS-Clients an, oder wählen Sie den Hersteller des RADIUS-Clients in der Liste aus.
Herstellername:
RADIUS Standard
Zusätzliche Optionen
"Access-Request"-Meldungen müssen das Attribut "Message-Authenticator" beinhalten

Abbildung 19.72 Konfiguration der erweiterten Informationen

19.4.2 RADIUS-Proxy-Server

Für die Verwendung der Proxy-Funktionalität müssen Sie im ersten Schritt *Remoteservergruppen* erstellen. Diese bestehen aus einem (beschreibenden) Namen und einer Liste von RADIUS-Servern.

Sie können einer Remoteservergruppe entweder einen oder mehrere Server hinzufügen. Wenn Sie mehrere Server hinzufügen, können Sie über die PRIORITÄT und die GEWICHTUNG eine Lastenverteilung erreichen (siehe Abbildung 19.73).

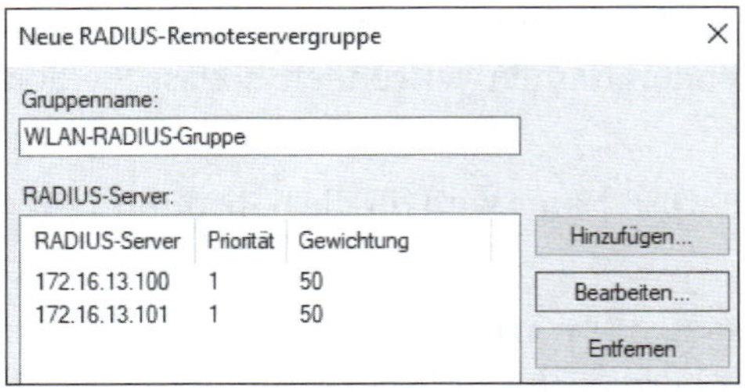

Abbildung 19.73 Konfiguration der Priorität und Gewichtung von Mitgliedern einer Remoteservergruppe

Nachdem Sie die Gruppe erstellt haben, kann sie in Verbindungsanforderungsrichtlinien verwendet werden. Eine solche Richtlinie besteht – wie alle Richtlinien – aus einer Bedingung (siehe Abbildung 19.74) und einer Aktion. Die Abarbeitung der Regeln erfolgt immer von oben nach unten. Die Richtlinie mit der geringsten Verarbeitungsreihenfolge wird zuerst geprüft. Trifft die konfigurierte Bedingung in der Regel zu, dann wird diese Regel angewendet und die Abarbeitung weiterer Regeln abgebrochen.

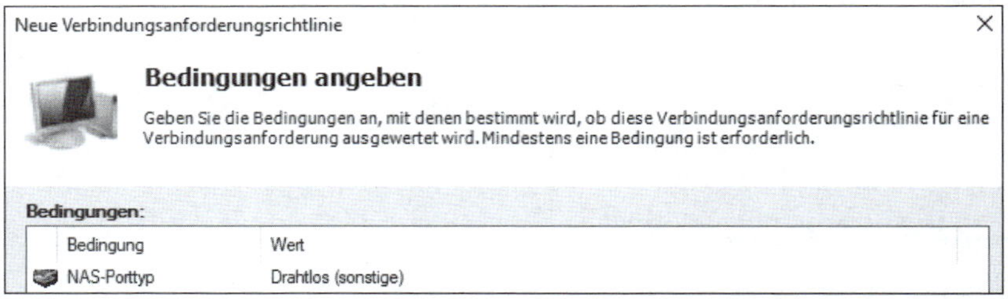

Abbildung 19.74 Konfiguration der Bedingung

Aus diesem Grund sollten Sie die Bedingungen in den Richtlinien möglichst genau definieren, sodass Sie alle Szenarien abbilden können.

In den Verbindungsanforderungsrichtlinien können Sie als Aktion die Option Anforderungen auf diesem Server authentifizieren oder Anforderungen an folgende RADIUS-Remoteservergruppe zur Authentifizierung weiterleiten wählen (siehe Abbildung 19.75). Sie können einen Proxy-Server auch für eine selektive Weiterleitung konfigurieren, indem Sie – basierend auf den Bedingungen – festlegen, dass für verschiedene Verbindungstypen (*NASPortType*) unterschiedliche Optionen zum Zuge kommen.

Die neue Regel wird oberhalb der Standardrichtlinie Windows-Authentifizierung für alle Benutzer verwenden gespeichert. Die Standardregel hat eine Verarbeitungsreihenfolge von 999999 und begrenzt damit die maximale Regelanzahl (siehe Abbildung 19.76).

Die Reihenfolge der einzelnen Regeln können Sie mit einem Rechtsklick und der Auswahl nach oben bzw. nach unten anpassen. Wenn Sie größere Anpassungen an der Reihenfolge vornehmen möchten, sollten Sie die Regeln exportieren, die exportierte Datei editieren und die Regeln wieder importieren.

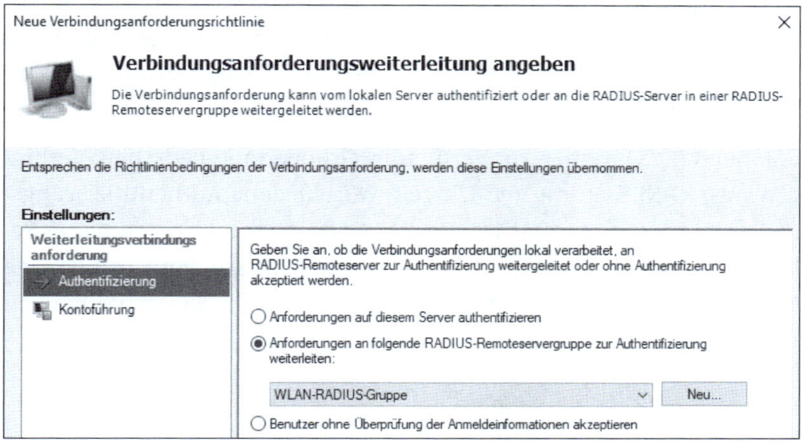

Abbildung 19.75 Auswahl des Ziels der Authentifizierung

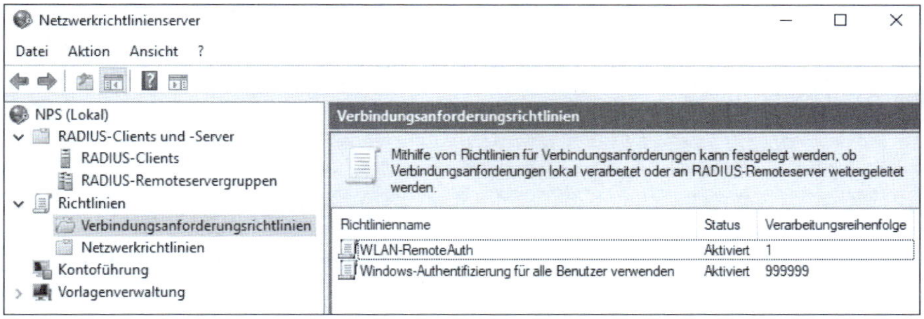

Abbildung 19.76 Übersicht der Verbindungsanforderungsregeln

19.4.3 Das Regelwerk für den Zugriff einrichten

Die Netzwerkrichtlinien legen fest, ob einem Client Zugriff gewährt wird oder nicht. Auch diese Regeln bestehen aus einer Bedingung und einer Berechtigung.

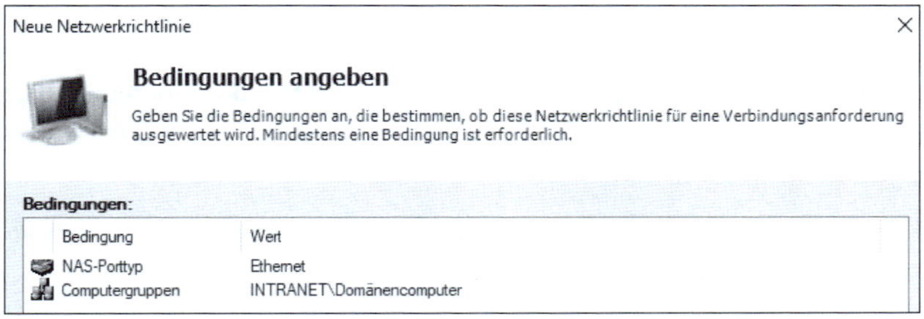

Abbildung 19.77 Auswahl der Bedingung

Bei den Bedingungen (siehe Abbildung 19.77) müssen Sie darauf achten, dass durch diese festgelegt wird, ob eine Regel Anwendung findet. Wenn Sie z. B. erreichen möchten, dass alle Benutzer einer bestimmten Gruppe außer einer Person Zugriff erhalten sollen, müssen Sie zuerst dieser Person den Zugriff verweigern und dann der Gruppe den Zugriff gewähren. Die erste Regel in der Abarbeitungsreihenfolge, in der die definierte Bedingung zutrifft, wird angewendet, und dann wird die Abarbeitung beendet.

Für die Bedingungen stehen viele Optionen zur Verfügung: Gruppenmitgliedschaft, Verbindungstyp (Netzwerk, WLAN, VPN), Datum- und Uhrzeit, verschiedene Authentifizierungsprotokolle sowie die Auswahl bestimmter RADIUS-Clients. Dadurch kann ein granulares Regelwerk für (fast) alle Zwecke realisiert werden. Über die Anrufer-ID können Sie auch eine Verwendung der MAC-Adresse hinterlegen, wenn keine anderen Möglichkeiten vorhanden sind (siehe Abbildung 19.78).

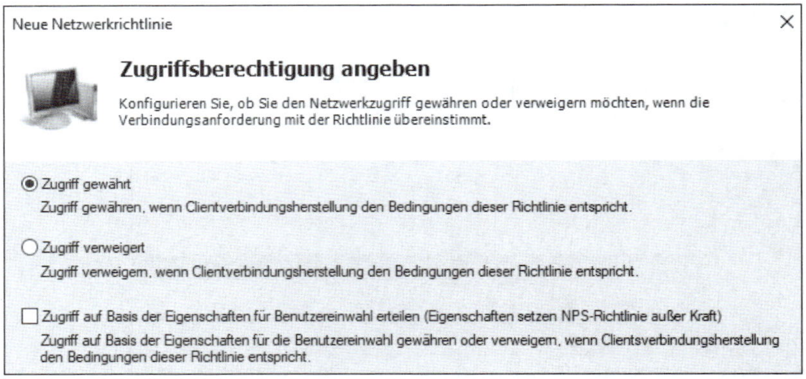
Neue Netzwerkrichtlinie
Zugriffsberechtigung angeben
Konfigurieren Sie, ob Sie den Netzwerkzugriff gewähren oder verweigern möchten, wenn die Verbindungsanforderung mit der Richtlinie übereinstimmt.
Zugriff gewährt
Zugriff gewähren, wenn Clientverbindungsherstellung den Bedingungen dieser Richtlinie entspricht.
Zugriff verweigert
Zugriff verweigern, wenn Clientverbindungsherstellung den Bedingungen dieser Richtlinie entspricht.
Zugriff auf Basis der Eigenschaften für Benutzereinwahl erteilen (Eigenschaften setzen NPS-Richtlinie außer Kraft)
Zugriff auf Basis der Eigenschaften für die Benutzereinwahl gewähren oder verweigern, wenn Clientsverbindungsherstellung den Bedingungen dieser Richtlinie entspricht.

Abbildung 19.78 In der Zugriffsberechtigung kann der Zugriff gewährt oder verweigert werden.

Mögliche Zugriffsberechtigungen, die Sie hinterlegen können, sind:

- Zugriff gewährt – Bei der Anwendung dieser Richtlinie erhält der anfragende Client den Zugriff.
- Zugriff verweigert – Dem Client wird der Zugriff verweigert.
- Zugriff auf Basis der Eigenschaften für Benutzereinwahl erteilen – Der Zugriff wird basierend auf den Eigenschaften in der Regel gewährt und kann z. B. durch Profileigenschaften eingeschränkt werden.

Beachten Sie, dass Sie in den Eigenschaften der Benutzerkonten die Einwählen-Berechtigung auf Über Netzwerkrichtlinien steuern konfiguriert haben müssen, damit diese Einstellungen überhaupt angewendet werden.

Im nächsten Schritt können und müssen Sie die Authentifizierungsmethoden konfigurieren, die für diese Netzwerkrichtlinie verwendet werden können.

Hier stehen alle »Standard«-Authentifizierungen zur Verfügung sowie verschiedene Methoden der EAP-Authentifizierung (siehe Abbildung 19.79).

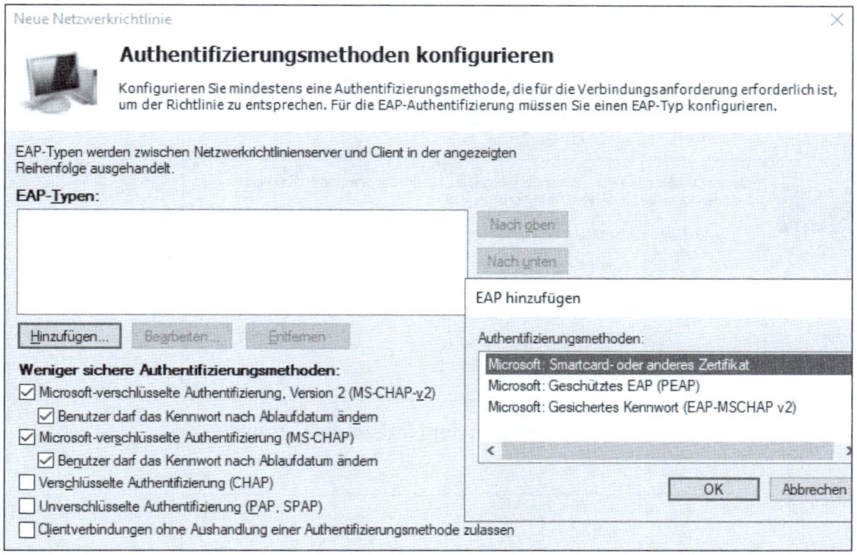

Abbildung 19.79 Auswahl der Authentifizierungsmethoden

Der NPS kann erweitert werden, sodass z. B. eine Mehrfaktorauthentifizierung mit Azure möglich ist. Dazu müssen die entsprechenden Pakete auf dem NPS installiert werden, und dadurch stehen dann neue zusätzliche Optionen zur Verfügung. Informationen zur Einbindung von Azure-MFA finden Sie unter *https://docs.microsoft.com/de-de/azure/active-directory/authentication/howto-mfa-nps-extension*.

Auf der nächsten Seite des Assistenten können Sie Einschränkungen konfigurieren (siehe Abbildung 19.80). Durch diese Einstellungen kann ein Zugriff nachträglich beschränkt oder verweigert werden. Hier können auch zeitliche Begrenzungen definiert werden (LEERLAUFZEITÜBERSCHREITUNG und SITZUNGSZEITÜBERSCHREITUNG). In den Einschränkungen können zusätzliche TAG- UND UHRZEITEINSCHRÄNKUNGEN angewendet werden, auch wenn diese in der Bedingung nicht vorhanden sind. Dadurch können Regeln zeitunabhängig angewendet werden und kann in den Einstellungen trotzdem der Zugriff basierend auf der Zeit gestattet oder verweigert werden.

Auf der letzten Seite des Einrichtungsassistenten können Sie Informationen und Parameter an den RADIUS-Client übermitteln. Hier können Sie z. B. einem Switch oder einem WLAN-Access-Point neben der Information, dass der Client Zugriff erhält, auch eine VLAN-Zuweisung mitgeben, sodass der RADIUS-Client nach der Authentifizierung das richtige VLAN zuordnet.

Es stehen RADIUS-STANDARD-Optionen zur Verfügung sowie herstellerspezifische Optionen (siehe Abbildung 19.81).

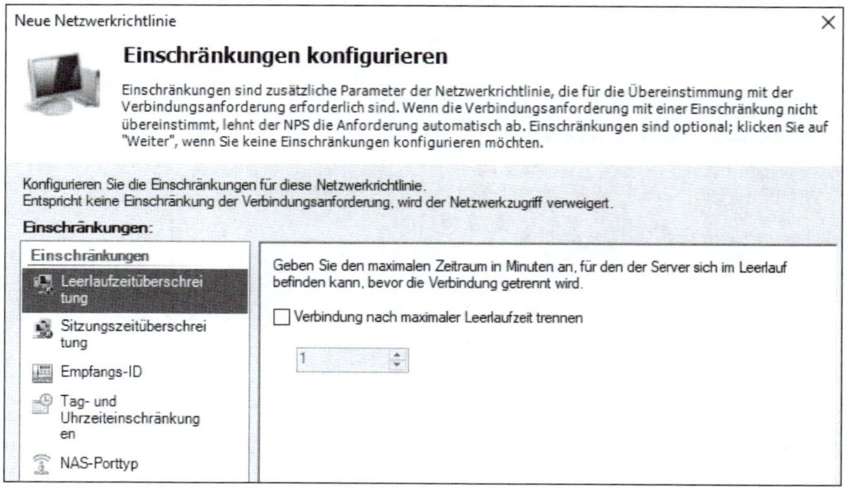
Neue Netzwerkrichtlinie
Einschränkungen konfigurieren
Einschränkungen sind zusätzliche Parameter der Netzwerkrichtlinie, die für die Übereinstimmung mit der Verbindungsanforderung erforderlich sind. Wenn die Verbindungsanforderung mit einer Einschränkung nicht übereinstimmt, lehnt der NPS die Anforderung automatisch ab. Einschränkungen sind optional; klicken Sie auf "Weiter", wenn Sie keine Einschränkungen konfigurieren möchten.
Konfigurieren Sie die Einschränkungen für diese Netzwerkrichtlinie.
Entspricht keine Einschränkung der Verbindungsanforderung, wird der Netzwerkzugriff verweigert.
Einschränkungen:
Einschränkungen
Leerlaufzeitüberschreitung
Sitzungszeitüberschreitung
Empfangs-ID
Tag- und Uhrzeiteinschränkungen
NAS-Porttyp
Geben Sie den maximalen Zeitraum in Minuten an, für den der Server sich im Leerlauf befinden kann, bevor die Verbindung getrennt wird.
Verbindung nach maximaler Leerlaufzeit trennen
1

Abbildung 19.80 Konfiguration der Einschränkungen der Netzwerkrichtlinie

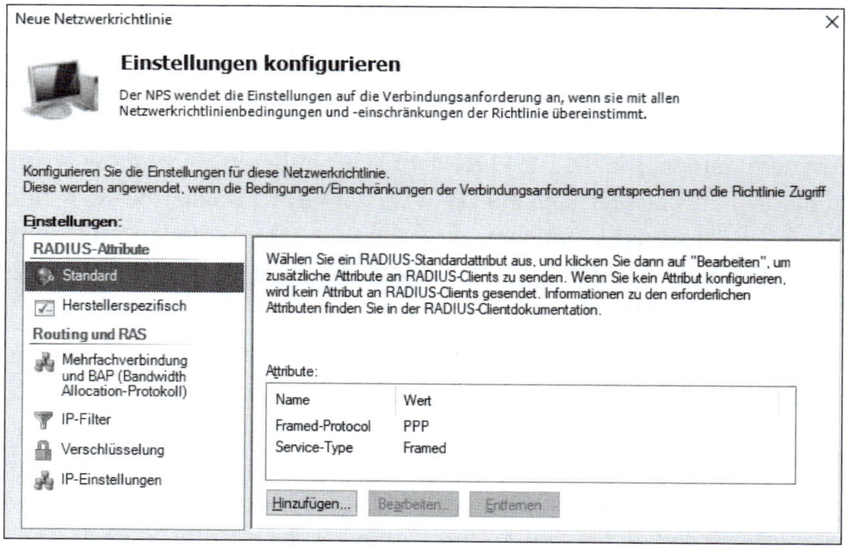
Neue Netzwerkrichtlinie
Einstellungen konfigurieren
Der NPS wendet die Einstellungen auf die Verbindungsanforderung an, wenn sie mit allen Netzwerkrichtlinienbedingungen und -einschränkungen der Richtlinie übereinstimmt.
Konfigurieren Sie die Einstellungen für diese Netzwerkrichtlinie.
Diese werden angewendet, wenn die Bedingungen/Einschränkungen der Verbindungsanforderung entsprechen und die Richtlinie Zugriff
Einstellungen:
RADIUS-Attribute
Standard
Herstellerspezifisch
Routing und RAS
Mehrfachverbindung und BAP (Bandwidth Allocation-Protokoll)
IP-Filter
Verschlüsselung
IP-Einstellungen
Wählen Sie ein RADIUS-Standardattribut aus, und klicken Sie dann auf "Bearbeiten", um zusätzliche Attribute an RADIUS-Clients zu senden. Wenn Sie kein Attribut konfigurieren, wird kein Attribut an RADIUS-Clients gesendet. Informationen zu den erforderlichen Attributen finden Sie in der RADIUS-Clientdokumentation.
Attribute:
Name
Wert
Framed-Protocol
PPP
Service-Type
Framed
Hinzufügen...
Bearbeiten...
Entfernen

Abbildung 19.81 Konfiguration der Einstellungen

Für ROUTING UND RAS-Verbindungen können Sie hier auch noch Einstellungen für die IP-Adressvergabe anpassen, die Verschlüsselungsoptionen definieren und das *Bandwidth Allocation Protocol (BAP)* konfigurieren, sofern Sie eine DFÜ-Verbindung verwenden und eine Kanalbündelung aktivieren möchten.

Abbildung 19.82 zeigt die notwendigen Einstellungen, um z. B. einem WLAN-Access-Point oder einem Netzwerk-Switch die Anweisung zu geben, den Client in das VLAN mit der Nummer 11 zu schalten.

Name	Wert
Framed-Protocol	PPP
Service-Type	Framed
Tunnel-Medium-Type	802 (includes all 802 media plus Ethernet canonical for...
Tunnel-Pvt-Group-ID	11
Tunnel-Type	Virtual LANs (VLAN)

Abbildung 19.82 Konfiguration der VLAN-Steuerung

Die Optionen `Framed-Protokoll = PPP` und `Service-Type = Framed` sind dabei standardmäßig vorhanden. Die zusätzlichen Optionen müssen Sie manuell festlegen:

- TUNNEL-MEDIUM-TYPE
- TUNNEL-PVT-GROUP-ID
- TUNNEL-TYPE

Durch diese Konfigurationsoptionen haben Sie die Möglichkeit, bestimmte Clientcomputer in einem Netzwerk immer in das gleiche VLAN zu bringen, egal an welchem Netzwerkport sie angeschlossen werden. Voraussetzung dafür ist, dass die Switches dynamische VLANs unterstützen und 802.1x verwenden können.

Sie können die Computer so z. B. basierend auf Gruppenmitgliedschaften in die entsprechenden VLANs bringen. Clients, die sich nicht authentifizieren können, erhalten entweder keinen Netzwerkzugriff oder werden in das »Default-VLAN« gesteckt, das z. B. – nach einer Bestätigung der Nutzungsbestimmungen – Internetzugriff gewährt.

19.4.4 Protokollierung und Überwachung

Der Netzwerkrichtlinienserver ist sehr »redselig« und protokolliert alle Ereignisse rund um die Authentifizierung in der Ereignisanzeige. Diese Ereignisse werden in der benutzerdefinierten Ansicht für den Netzwerkrichtlinienserver angezeigt. Hier erscheint neben dem Ergebnis der Prüfung »Zugriff gewährt« bzw. »Zugriff verweigert« auch die Information, von welchem RADIUS-Client die Anfrage gesendet wurde. In Abbildung 19.83 werden zahlreiche Informationen zu einer Authentifizierung protokolliert.

An dem Scrollbalken auf der rechten Seite können Sie erkennen, dass in der Abbildung nur ein Teil der Informationen angezeigt wird:

- ERGEBNIS – Der Netzwerkrichtlinienserver gewährte einem Benutzer Zugriff.
- SICHERHEITS-ID – Um welchen Benutzer handelt es sich? Hier können sowohl Benutzer als auch Computerkonten gelistet sein.
- CLIENTCOMPUTER • ID DER EMPFANGSSTATION – die IP-Adresse des VPN-Servers (Tunnelpunkt)
- CLIENTCOMPUTER • ID DER ANRUFSTATION – die IP-Adresse des VPN-Clients
- NAS-IP-ADRESSE – die IP-Adresse des RADIUS-Clients im internen Netzwerk

- NAS-PORTTYP – Virtuell (Es handelt sich um eine VPN-Verbindung.)
- VERBINDUNGSANFORDERUNGSRICHTLINIE – Welche Proxy-Richtlinie wurde angewendet?
- NETZWERKRICHTLINIE – Welche Richtlinie wurde angewendet?

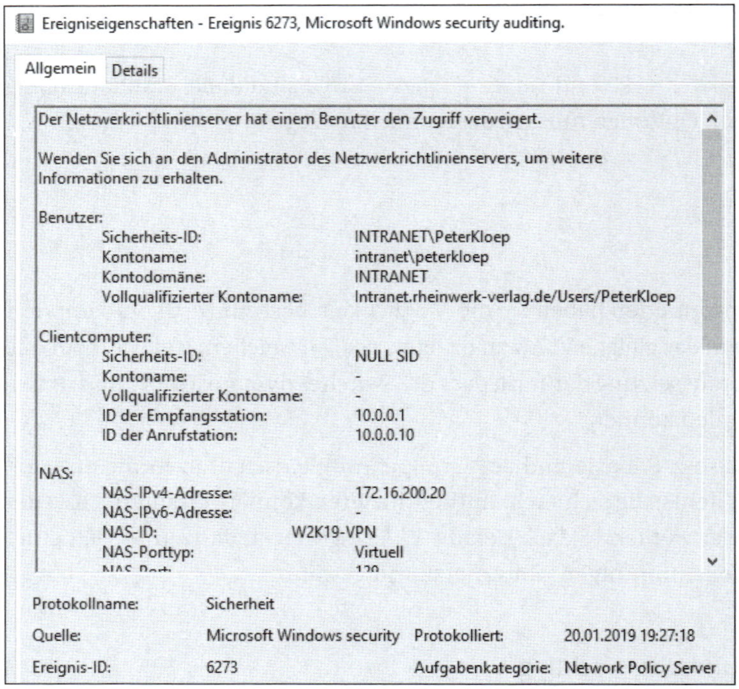

Abbildung 19.83 Ereignisprotokoll einer erfolgreichen Authentifizierung

Sie können diese Informationen aber nicht nur in der Ereignisanzeige betrachten, sondern sie auch entweder in einer lokalen Textdatei speichern oder in einer SQL-Datenbank ablegen, sodass die Informationen archiviert und leichter durchsucht werden können.

Die Einstellungen für die Protokollierung befinden sich unter dem Knoten KONTOFÜHRUNG. Damit die Kontoführung-(*Accounting*-)Informationen vom RADIUS-Client an den RADIUS-Server gesendet werden können, müssen Sie dies konfigurieren und eventuell die notwendigen Ports (1813, 1646) freischalten.

Sie können mit dem Assistenten KONTOFÜHRUNG KONFIGURIEREN die notwendigen Einstellungen für die Kontoführung vornehmen (siehe Abbildung 19.84).

Der Assistent bietet die Möglichkeit, die Daten in eine lokale Textdatei mit verschiedenen Dateiformaten oder in eine SQL-Datenbank zu schreiben. Sie können auch eine kombinierte Protokollierung in der Datenbank und der lokalen Datei konfigurieren, sodass die Daten redundant vorliegen (siehe Abbildung 19.85).

Die Protokollierungseinstellungen können im laufenden Betrieb angepasst werden, jedoch werden keine gespeicherten Protokolleinträge an die neue Quelle kopiert. Die Einstellungen gelten nur für neu auftretende Ereignisse.

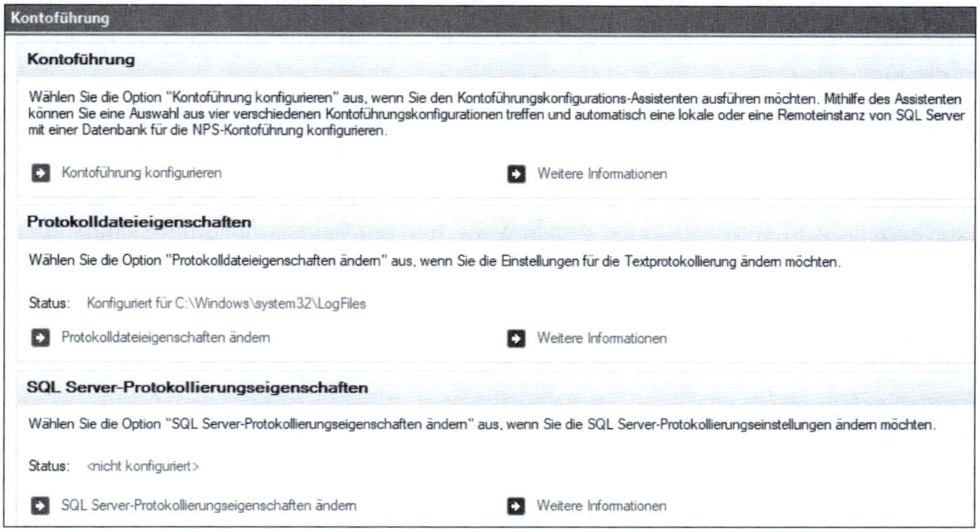
Kontoführung
Kontoführung
Wählen Sie die Option "Kontoführung konfigurieren" aus, wenn Sie den Kontoführungskonfigurations-Assistenten ausführen möchten. Mithilfe des Assistenten können Sie eine Auswahl aus vier verschiedenen Kontoführungskonfigurationen treffen und automatisch eine lokale oder eine Remoteinstanz von SQL Server mit einer Datenbank für die NPS-Kontoführung konfigurieren.
Kontoführung konfigurieren
Weitere Informationen
Protokolldateieigenschaften
Wählen Sie die Option "Protokolldateieigenschaften ändern" aus, wenn Sie die Einstellungen für die Textprotokollierung ändern möchten.
Status: Konfiguriert für C:\Windows\system32\LogFiles
Protokolldateieigenschaften ändern
Weitere Informationen
SQL Server-Protokollierungseigenschaften
Wählen Sie die Option "SQL Server-Protokollierungseigenschaften ändern" aus, wenn Sie die SQL Server-Protokollierungseinstellungen ändern möchten.
Status: <nicht konfiguriert>
SQL Server-Protokollierungseigenschaften ändern
Weitere Informationen

Abbildung 19.84 Konfiguration der Protokolleinstellungen für Accounting und Protokollierung

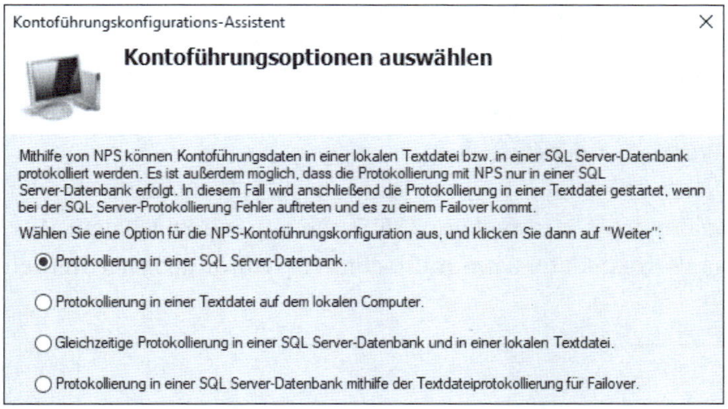
Kontoführungskonfigurations-Assistent
Kontoführungsoptionen auswählen
Mithilfe von NPS können Kontoführungsdaten in einer lokalen Textdatei bzw. in einer SQL Server-Datenbank protokolliert werden. Es ist außerdem möglich, dass die Protokollierung mit NPS nur in einer SQL Server-Datenbank erfolgt. In diesem Fall wird anschließend die Protokollierung in einer Textdatei gestartet, wenn bei der SQL Server-Protokollierung Fehler auftreten und es zu einem Failover kommt.
Wählen Sie eine Option für die NPS-Kontoführungskonfiguration aus, und klicken Sie dann auf "Weiter":
Protokollierung in einer SQL Server-Datenbank.
Protokollierung in einer Textdatei auf dem lokalen Computer.
Gleichzeitige Protokollierung in einer SQL Server-Datenbank und in einer lokalen Textdatei.
Protokollierung in einer SQL Server-Datenbank mithilfe der Textdateiprotokollierung für Failover.

Abbildung 19.85 Konfiguration der Protokollierung

Den Protokollierungsgrad können Sie später in den Eigenschaften der Protokolle anpassen. Sie können die gewünschten Informationen aktivieren oder abwählen (siehe Abbildung 19.86):

- Kontoführungsanforderungen
- Authentifizierungsanforderungen
- Status der regelmäßigen Kontoführung
- Status der regelmäßigen Authentifizierung

Der Pfad der Datei (*C:\Windows\System32\LogFiles*) kann über diese Einstellung verändert werden, sodass andere Benutzer auf dem Zielordner berechtigt werden können, ohne dass die Auditoren Zugriff auf den Windows-Ordner erhalten müssen. Zusätzlich sollten Sie beachten, dass die Protokollierung fortlaufend ist und dass je nachdem, wie viele Zugriffe protokolliert werden, die Anzahl und die Größe der Dateien den freien Plattenplatz auf dem System aufbrauchen kann.

Die Option VERBINDUNGSANFORDERUNGEN BEI PROTOKOLLIERUNGSFEHLERN VERWERFEN stellt sicher, dass alle Verbindungen protokolliert werden. Sollte keine Protokollierung möglich sein, weil kein Festplattenplatz verfügbar ist oder der SQL-Server nicht erreichbar ist, sind auch keine Authentifizierungen möglich. Sie müssen daher unbedingt sicherstellen, dass eine Protokollierung möglich ist.

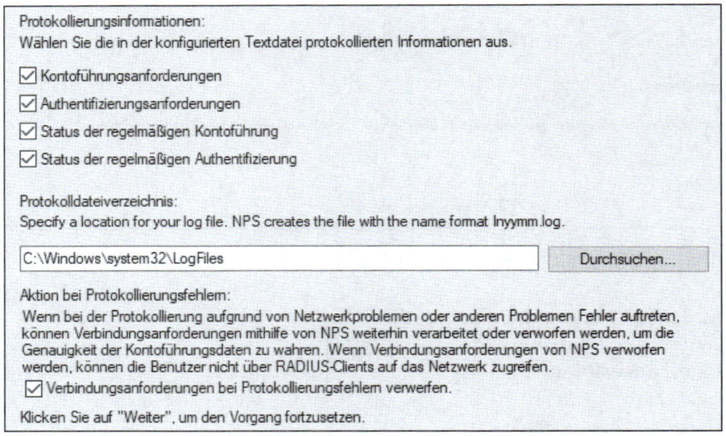

Abbildung 19.86 Anpassen der Protokollierungseinstellungen

Die Protokolldatei liegt wie erwähnt im Textformat vor. Der Dateiname wird nach dem Muster *<tt><mm>.log* gebildet. Die Protokolldatei kann mit jedem Texteditor geöffnet werden (siehe Abbildung 19.87).

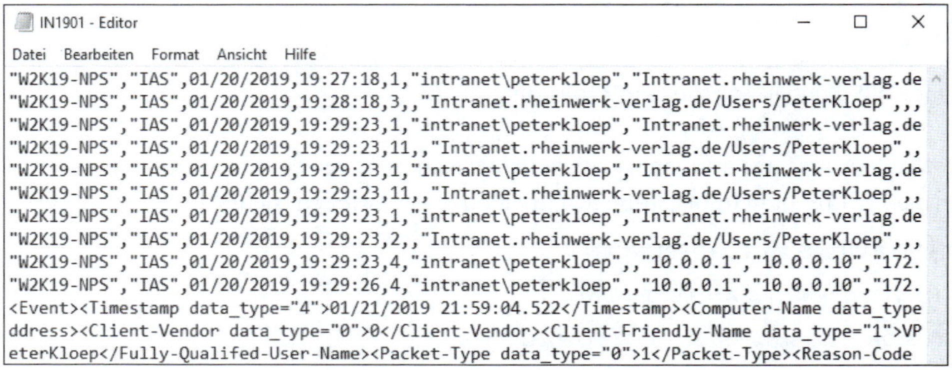

Abbildung 19.87 Inhalt der Logdatei

19.5 Den Netzwerkzugriff absichern

In diesem Abschnitt beschreiben wir die Konfiguration einer netzwerkbasierten Authentifizierung für Switches. Sie sollten ein paar Überlegungen anstellen, bevor Sie sich für den flächendeckenden Einsatz von 802.1x für LAN oder WLAN entscheiden:

- Die RADIUS-Server müssen hochverfügbar sein, denn wenn der oder die Server nicht erreichbar sind (wegen Störung bzw. Neustart), können eventuell in der Zeit keine Authentifizierungen vorgenommen werden. Sie sollten entweder an den RADIUS-Clients zwei RADIUS-Server konfigurieren oder durch den Einsatz eines RADIUS-Proxys eine Hochverfügbarkeit realisieren. Alternativ können Sie auch über Notfallpläne definieren, dass im Fehlerfall die Authentifizierung ausgesetzt wird.
- Ihre Umgebung sollte für VLANs *(Virtual LANs)* konfiguriert sein, sodass Sie eine dynamische VLAN-Steuerung verwenden können und Clients, die sich authentifiziert haben, dem passenden VLAN zugewiesen werden können. Die VLAN-Steuerung kann über Windows-Gruppen erfolgen, in denen der Computer (oder der Benutzer) Mitglied ist. Dadurch wird eine flexible und skalierbare Netzwerkarchitektur ermöglicht, die sowohl die Sicherheit als auch die Netzwerkverwaltung verbessert.
- Sie müssen festlegen, was passieren soll, wenn verschiedene VLANs an einen Netzwerkport angeschlossen werden bzw. wenn mehrere unterschiedliche Computer über das gleiche Kabel verwendet werden. (Beispiele sind virtuelle Maschinen auf einem Host oder ein Desktop-Switch, an dem mehrere Computer oder Telefone angeschlossen sind.) Eine sichere Authentifizierung und Zuweisung ist am einfachsten bei einem System pro Netzwerkswitch-Port.
- Die *802.1x-Authentifizierung* ist eine »Bringschuld«. Sie müssen definieren, was mit Clients passiert, die sich nicht authentifizieren können (z. B. Gäste bzw. nicht-802.1x-fähige Geräte). Hier können Sie z. B. ein Default-VLAN definieren, in das die nicht authentifizierten Clients geschaltet werden. So wird sichergestellt, dass auch nicht authentifizierte Geräte in einer kontrollierten Umgebung betrieben werden können, ohne den gesamten Netzwerkbetrieb zu stören.
- Die portbasierte Authentifizierung kann auf einem Switch jeweils für jeden Port individuell aktiviert werden. Somit können Sie bestimmte Ports von der Authentifizierung und der dynamischen Steuerung ausschließen. Dies kann beispielsweise für Drucker oder für Netzwerkdosen sinnvoll sein, an denen Sie Rechner über das Netzwerk installieren möchten.
- Für Windows-Systeme können Sie eine Authentifizierung basierend auf »Benutzername und Kennwort« des Computerkontos vornehmen oder Zertifikate an die Systeme verteilen und diese zur Authentifizierung nutzen.
- Systeme im geschützten Serverraum sollten nicht über 802.1x geschützt werden (besonders nicht die Systeme, die für die Authentifizierung selbst zuständig sind).

19.5.1 Konfiguration der Clients

Damit Windows-Systeme Authentifizierungsinformationen an den RADIUS-Client senden können, müssen Sie am Client eine entsprechende Konfiguration vornehmen. Diese kann für Computer, die Teil einer Domäne sind, über Gruppenrichtlinien gesetzt werden.

Der erste Schritt ist die Aktivierung des notwendigen Dienstes mithilfe der PowerShell:

```
PS C:\> get-service dot3svc | fl

Name                : dot3svc
DisplayName         : Automatische Konfiguration (verkabelt)
Status              : Stopped
DependentServices   : {}
ServicesDependedOn  : {RpcSs, Eaphost, Ndisuio}
CanPauseAndContinue : False
CanShutdown         : False
CanStop             : False
ServiceType         : Win32ShareProcess
```

Dieser Dienst wurde mit Windows XP SP3 eingeführt und ist dafür zuständig, dass die Clients bei verkabelten Verbindungen Authentifizierungsinformationen senden.

Über eine Gruppenrichtlinieneinstellung kann die Startart des Dienstes geändert werden. Standardmäßig wird der Dienst nicht gestartet.

Unter Computerkonfiguration • Richtlinien • Windows-Einstellungen • Sicherheitseinstellungen • Systemdienste haben Sie die Möglichkeit, die Startart von Diensten und die Berechtigungen auf den Diensten anzupassen (siehe Abbildung 19.88). Dieser Weg existiert schon länger, sodass er auch von »uralten« Clients verwendet werden kann.

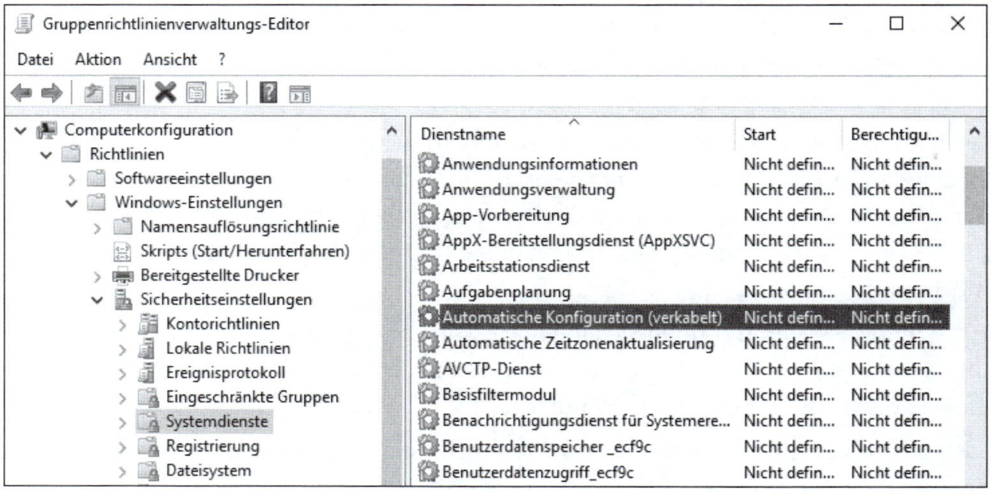

Abbildung 19.88 So passen Sie das Startverhalten des Dienstes »dot3svc« an.

Eine neuere Möglichkeit führt über die Einstellungen in den Gruppenrichtlinien. Sie bietet eine granulare Filterung, die festlegt, wer die Gruppenrichtlinie anwenden soll. Gehen Sie unter COMPUTERKONFIGURATION • EINSTELLUNGEN • SYSTEMSTEUERUNGSEINSTELLUNGEN • DIENSTE auf der rechten Seite des Fensters mit einem Rechtsklick auf NEU, um einen Dienst zu konfigurieren (siehe Abbildung 19.89).

In den Diensteigenschaften können Sie über den Button mit den drei Punkten rechts von DIENSTNAME die lokal installierten Dienste auswählen oder den Namen des Dienstes (*dot3svc*) eintragen. Zusätzlich können Sie die Startart (START: AUTOMATISCH) definieren und festlegen, was nach dem Ändern der Startart passieren soll. Sie können den Dienst sofort starten, indem Sie die DIENSTAKTION auf DIENST STARTEN festlegen. Andernfalls wird der Dienst erst beim nächsten Neustart gestartet.

Beachten Sie, dass die Clients die Gruppenrichtlinien standardmäßig erst nach 90 bis 120 Minuten aktualisieren und die Änderungen an einer GPO nicht sofort auf den Systemen aktiviert werden.

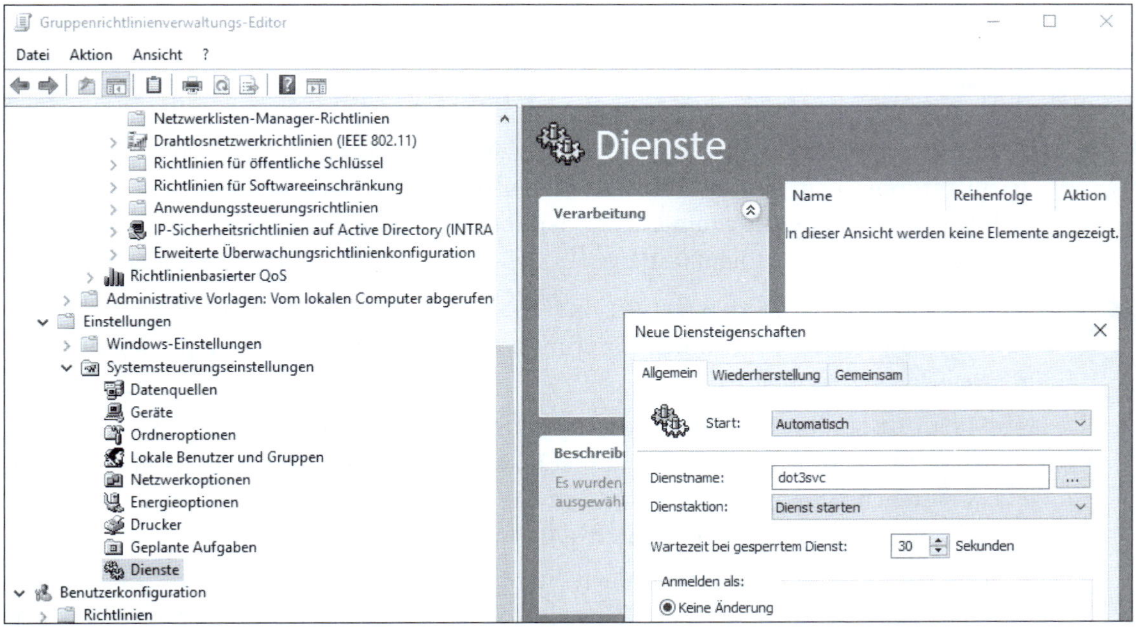

Abbildung 19.89 Konfiguration der Diensteigenschaften für »dot3svc«

Sie können das Anwenden der GPO am Client über die Ereignisanzeige verifizieren, oder Sie prüfen in der *Dienste*-Konsole, ob der Dienst AUTOMATISCHE KONFIGURATION (VERKABELT) gestartet wurde (siehe Abbildung 19.90).

Zu Testzwecken können Sie den Dienst auf der Konsole, über die Kommandozeile (`net start`) oder über die PowerShell (`Start-Service`) manuell starten.

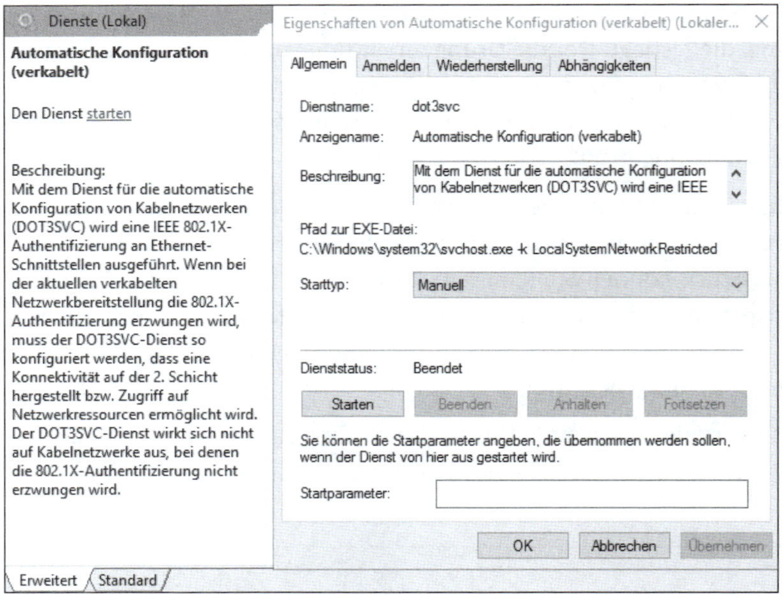
Dienste (Lokal)
Automatische Konfiguration (verkabelt)
Den Dienst starten
Beschreibung:
Mit dem Dienst für die automatische Konfiguration von Kabelnetzwerken (DOT3SVC) wird eine IEEE 802.1X-Authentifizierung an Ethernet-Schnittstellen ausgeführt. Wenn bei der aktuellen verkabelten Netzwerkbereitstellung die 802.1X-Authentifizierung erzwungen wird, muss der DOT3SVC-Dienst so konfiguriert werden, dass eine Konnektivität auf der 2. Schicht hergestellt bzw. Zugriff auf Netzwerkressourcen ermöglicht wird. Der DOT3SVC-Dienst wirkt sich nicht auf Kabelnetzwerke aus, bei denen die 802.1X-Authentifizierung nicht erzwungen wird.
Erweitert
Standard
Eigenschaften von Automatische Konfiguration (verkabelt) (Lokaler...
Allgemein
Anmelden
Wiederherstellung
Abhängigkeiten
Dienstname: dot3svc
Anzeigename: Automatische Konfiguration (verkabelt)
Beschreibung: Mit dem Dienst für die automatische Konfiguration von Kabelnetzwerken (DOT3SVC) wird eine IEEE
Pfad zur EXE-Datei:
C:\Windows\system32\svchost.exe -k LocalSystemNetworkRestricted
Starttyp: Manuell
Dienststatus: Beendet
Starten
Beenden
Anhalten
Fortsetzen
Sie können die Startparameter angeben, die übernommen werden sollen, wenn der Dienst von hier aus gestartet wird.
Startparameter:
OK
Abbrechen
Übernehmen

Abbildung 19.90 Eigenschaften und Informationen zum Dienst »dot3svc« am Client

Durch den Start des Dienstes wird auf den Netzwerkschnittstellen (LAN) eine zusätzliche Registerkarte mit dem Namen Authentifizierung angezeigt (siehe Abbildung 19.91). Hier können Sie entweder lokal am Client oder über eine Gruppenrichtlinie die Authentifizierungsoptionen für den Client festlegen. Es stehen folgende Optionen zur Verfügung:

- IEEE 801.1X-Authentifizierung aktivieren – Diese Checkbox aktiviert oder deaktiviert das Senden von Authentifizierungsinformationen bei einer Statusänderung der Netzwerkverbindung.
- Methode für die Netzwerkauthentifizierung – Über das Auswahlfenster legen Sie die Methode fest, mit der der Computer und/oder Benutzer authentifiziert wird. Zur Auswahl stehen Microsoft: Geschütztes EAP (PEAP) und Microsoft: Smartcard- oder anderes Zertifikat sowie mehrere EAP-Versionen.

  In den Einstellungen der einzelnen Protokolle können Sie weitere Einstellungen protokollabhängig vornehmen. Beispielsweise können Sie festlegen, dass eine Zertifikatüberprüfung des Servers durchgeführt werden muss und dass bei Fehlern eine Warnmeldung angezeigt werden soll.

  Die ausgewählte Authentifizierungsmethode muss mit der Netzwerkrichtlinie auf dem NPS übereinstimmen, damit eine erfolgreiche Authentifizierung durchgeführt werden kann. Zusätzlich müssen Sie beachten, dass Sie bei der Verwendung von Zertifikaten für Clients, die über das Internet eine Verbindung aufbauen möchten, Zugriff auf Sperrlisten der verwendeten Zertifizierungsstellen haben müssen, um die Gültigkeit der verwendeten Zertifikate zu prüfen.

- ZUSÄTZLICHE EINSTELLUNGEN – Hier können Sie festlegen, ob sich der Computer bzw. der Benutzer authentifizieren muss oder ob eine Authentifizierung als Gast durchgeführt werden soll.

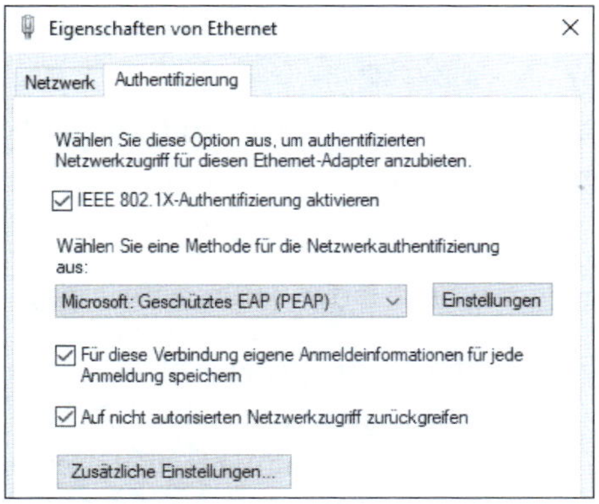

Abbildung 19.91 Konfiguration der Authentifizierungseinstellungen

Sie können mithilfe einer Computergruppenrichtlinie die gleichen Einstellungen wie am Client vornehmen und verteilen. Gehen Sie hierfür zu COMPUTERKONFIGURATION • RICHTLINIEN • WINDOWS-EINSTELLUNGEN • SICHERHEITSEINSTELLUNGEN • RICHTLINIEN FÜR KABELNETZWERKE (IEEE 802.3). Erstellen Sie dort mit einem Rechtsklick und durch Auswahl von NEU eine Konfiguration (siehe Abbildung 19.92).

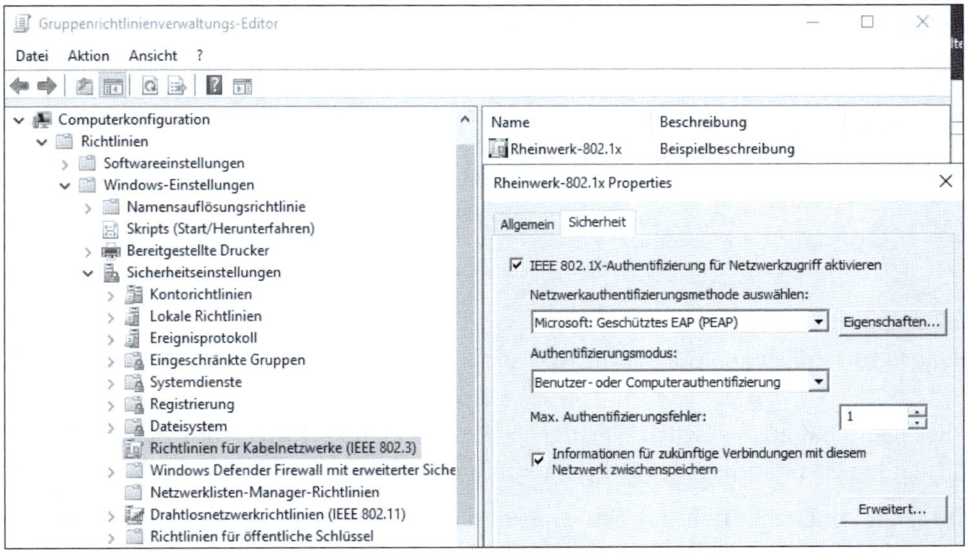

Abbildung 19.92 Konfiguration der Optionen für die Authentifizierung bei 802.1x

Die gleichen Optionen gibt es in der GPO auch etwas weiter unten für DRAHTLOSNETZWERKRICHTLINIEN (IEEE 802.11).

Nachdem die Clients die Richtlinien angewendet haben, können und werden sie Anmeldeinformationen an den Switch senden, der – sofern konfiguriert – diese Informationen an den RADIUS-Server (NPS) weiterleitet.

19.5.2 Konfiguration der Switches

Die Konfiguration der Switches hängt sehr stark vom verwendeten Hersteller und Modell ab. Grundsätzlich müssen immer zwei Schritte durchgeführt werden:

- Hinterlegen des RADIUS-Servers
- Konfigurieren der einzelnen Ports zur Verwendung der portbasierten Authentifizierung

Bei der Konfiguration der Switches sollten Sie die Clientkonfiguration und anschließend die Switch-Konfiguration vornehmen. Testen Sie nun eine Verbindung, bevor Sie den NPS konfigurieren, damit Sie sich sicher sein können, dass der Switch die Anmeldungen weiterleitet und diese beim NPS ankommen. Im Folgenden werfen wir einen Blick auf die Konfiguration von Switches dreier Hersteller.

Ubiquiti Unifi

Die Konfiguration und Verwaltung der *Ubiquiti*-Switches erfolgt über die *Unifi*-Controller-Software. Mit ihr können Sie die vorhandenen und am Netzwerk angeschlossenen Switches verwalten und konfigurieren (siehe Abbildung 19.93).

Abbildung 19.93 Konfiguration eines Switchs

Über die Eigenschaften des Switchs gelangen Sie zu dem Punkt KONFIGURATION, wo Sie die grundlegenden Einstellungen des Switchs hinterlegen können.

Unterhalb des Punktes SICHERHEIT aktiveren Sie die 802.1x-Steuerung und wählen entweder ein vorhandenes RADIUS-PROFIL aus oder erstellen ein neues (siehe Abbildung 19.94). Ein RADIUS-Profil definiert die Verbindungen zu den RADIUS-Servern (siehe Abbildung 19.95).

Im Profil geben Sie neben dem NAMEN, an dem Sie bei der Zuordnung das Profil leichter erkennen können, die Funktionen für den VLAN-SUPPORT für LAN und WLAN an, die Sie aktivieren möchten. Sie können sowohl für die Authentifizierung als auch für die Kontoführung (Abrechnungsserver) mehrere Systeme und die entsprechenden Ports angeben. Im Feld PASSWORT geben Sie das *Shared Secret* ein, das auf dem RADIUS-Server hinterlegt wird.

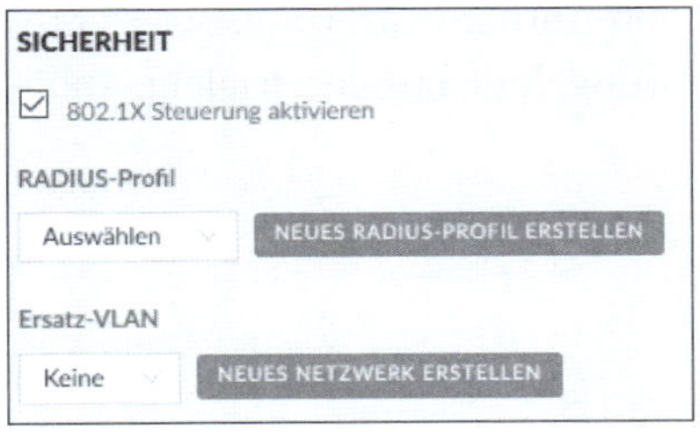

Abbildung 19.94 Aktivieren von 802.1x

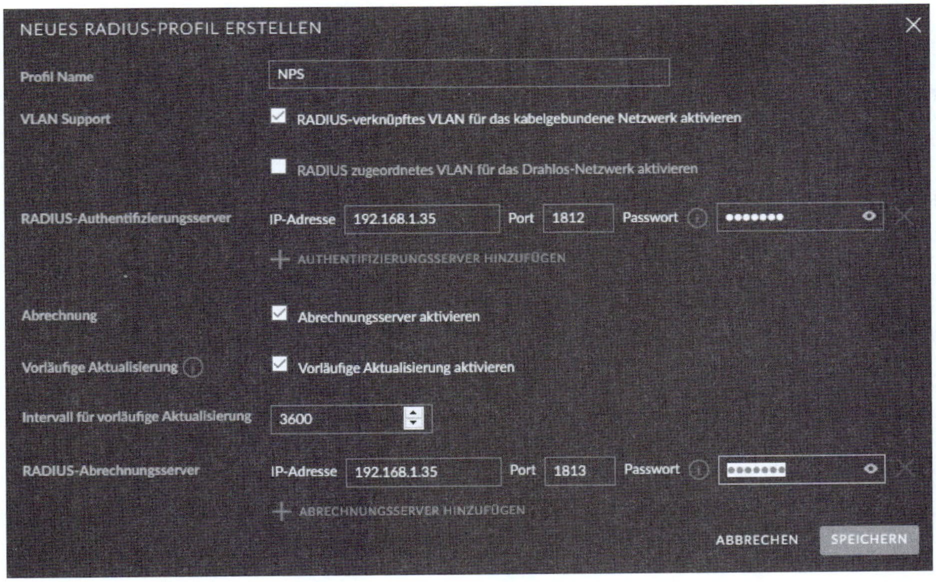

Abbildung 19.95 Festlegen der RADIUS-Server

Nach der (globalen) Konfiguration konfigurieren Sie die gewünschten Ports für die Verwendung der 802.1x-Steuerung. Hier wählen Sie die Option AUTOMATISCH, damit der RADIUS-Server die Steuerung übernimmt (siehe Abbildung 19.96).

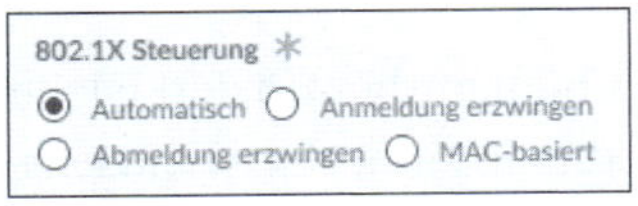

Abbildung 19.96 Auswahl der Authentifizierung für den Port

Nachdem Sie die Konfiguration der Ports abgeschlossen haben, können Sie die Systeme anschließen und testen.

Netgear

Die *ProSafe*-Serie von *Netgear* kann für die Verwendung von 802.1x mit RADIUS konfiguriert und für eine dynamische VLAN-Steuerung aktiviert werden. Dazu müssen Sie unter Verwaltungssicherheit • RADIUS die Konfiguration für den Authentifizierungsserver hinterlegen. Sie können den Accounting-Modus (Kontoführung) hier aktivieren (siehe Abbildung 19.97).

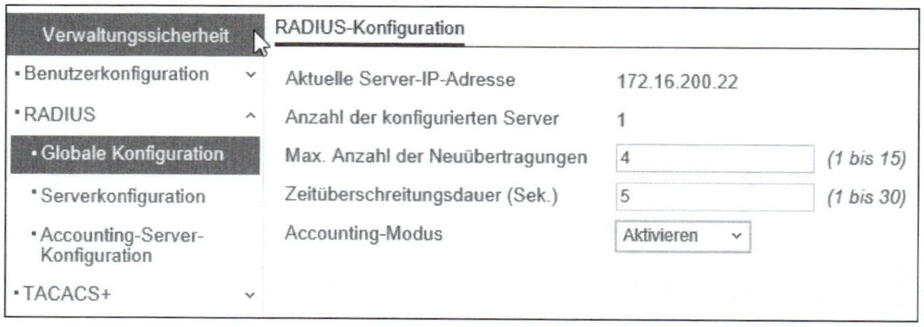

Abbildung 19.97 Festlegen des RADIUS-Servers

Im nächsten Schritt aktivieren Sie unterhalb von Sicherheit • Portauthentifizierung den Portbasierten Authentifizierungsstatus und die beiden VLAN-Optionen (siehe Abbildung 19.98).

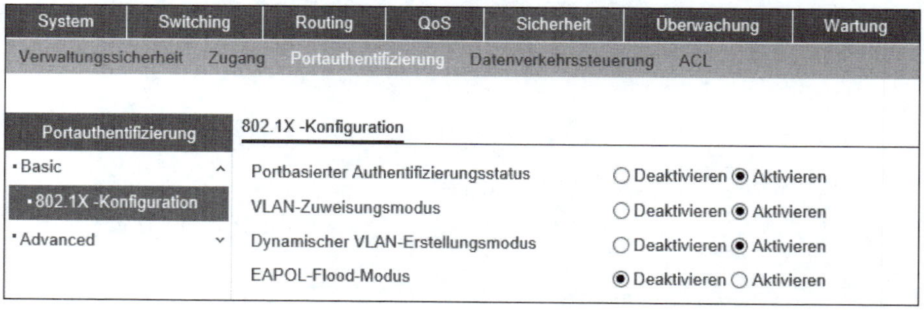

Abbildung 19.98 Aktivieren der dynamischen VLAN-Steuerung und der portbasierten Authentifizierung

Der letzte Schritt ist nun die Aktivierung bzw. Konfiguration der einzelnen Ports. Hier stehen die Optionen Genehmigt (immer zugelassen), Keine Genehmigung (nicht zugelassen) und Auto (Steuerung über RADIUS) zur Verfügung (siehe Abbildung 19.99).

Wählen Sie die Ports aus, die Sie schützen wollen. Wird nun ein Client authentifiziert (siehe Abbildung 19.100), wird die VLAN-Steuerung angewendet, sofern dies in einer Netzwerkrichtlinie auf dem RADIUS-Server (NPS) konfiguriert wurde. Der RADIUS-Server gibt alle notwendigen Informationen an den Switch zurück und dieser kann dann über die dynamische VLAN-Steuerung dem Client das entsprechende VLAN zuordnen. In diesem Fall wurde dem Client an Port 5 (g5) das Admin-VLAN (117) zugeordnet.

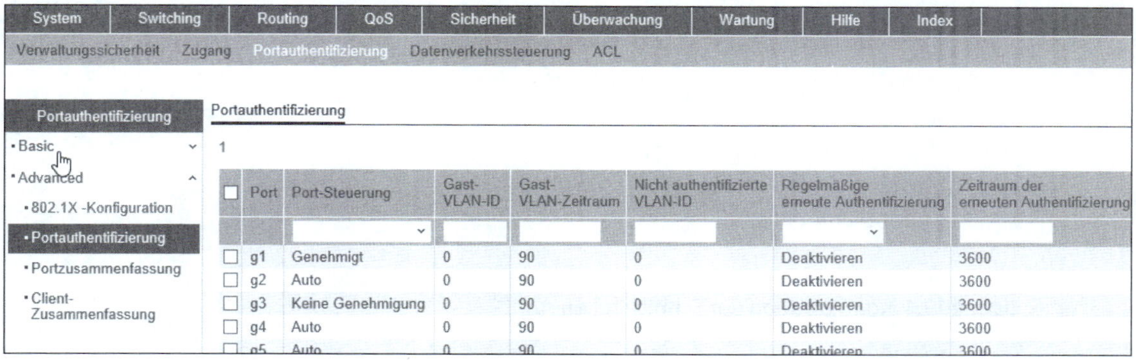

Abbildung 19.99 Konfiguration der einzelnen Ports

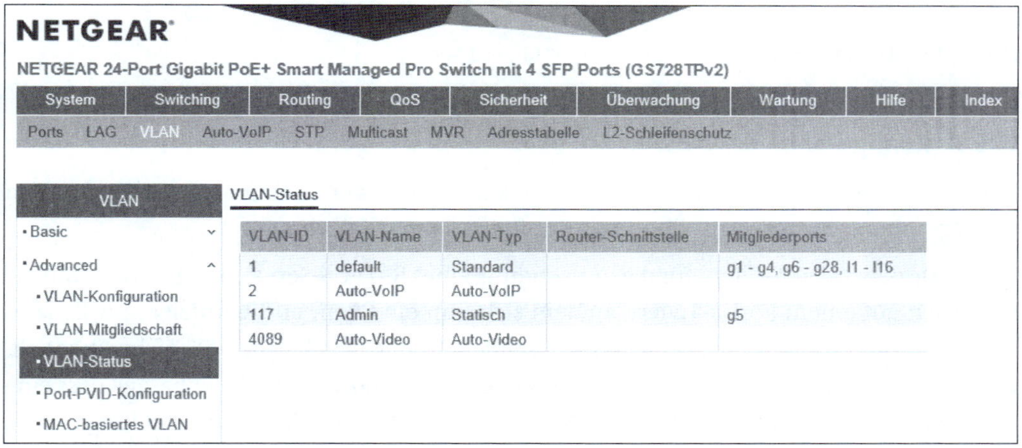

Abbildung 19.100 Überprüfung der VLAN-Zuordnung

Cisco

Bei den *Cisco*-Modellen hängt es von der Version und den installierten IOS-Versionen bzw. den aktivierten Modulen ab, ob und wie 802.1x konfiguriert werden muss. Listing 19.3 bis Listing 19.5 liefern Ihnen einen Auszug aus den einzelnen Bereichen:

```
!
aaa new-model
!
!
aaa authentication dot1x default group radius
aaa authorization network default group radius
!
```

Listing 19.3 Festlegen der Authentifizierung für 802.1x auf RADIUS

```
!
interface FastEthernet1/4
description Switchport geschuetzt mit 802.1x
switchport mode access
authentication host-mode multi-host
authentication port-control auto
dot1x pae authenticator
!
```

Listing 19.4 Konfiguration der Schnittstellen

```
!
radius-server host 172.16.200.22 auth-port 1812 key Test123
!
```

Listing 19.5 Festlegen des RADIUS-Servers mit Shared Secret

19.5.3 Konfiguration des NPS

Damit nun die Clients authentifiziert werden können und dem richtigen VLAN zugewiesen werden, müssen Sie auf dem NPS einige Konfigurationen vornehmen.

Haben Sie den RADIUS-Client für die Verwendung eines RADIUS-Servers konfiguriert und die Sicherheit auf einem Port aktiviert, an dem sich nun ein Client authentifizieren will, dann wird der Switch ein Datenpaket an den NPS senden. Ist der Switch beim NPS nicht eingerichtet worden, wird in der Ereignisanzeige des NPS ein Fehler protokolliert, der besagt, dass eine Nachricht von einem ungültigen RADIUS-Client empfangen wurde (siehe Abbildung 19.101).

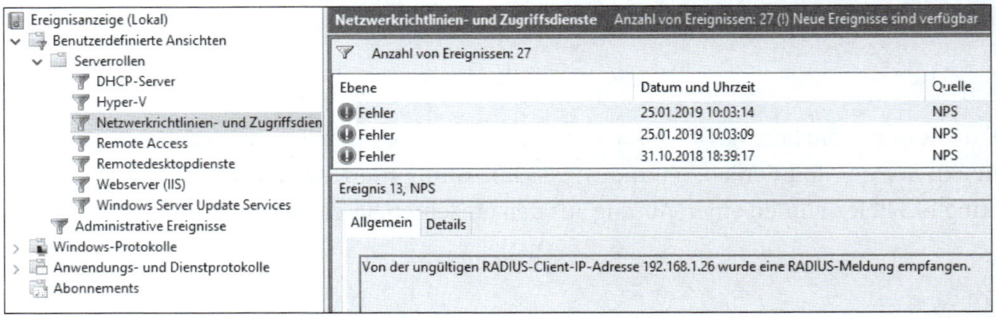

Abbildung 19.101 Fehlermeldung, dass der RADIUS-Client »nicht bekannt« ist

Damit ist erwiesen, dass der Switch die Authentifizierungsversuche an den RADIUS-Server sendet und dass diese dort auch ankommen.

Wenn Sie sich das Datenpaket in einem Netzwerkmonitor anschauen, können Sie sich viele Details anzeigen lassen. Diese Methode kann auch verwendet werden, um festzustellen, ob der Switch die Authentifizierungsversuche sendet.

Im FRAME DISPLAY VIEW des Netzwerkmonitors sehen Sie die Quell-IP-Adresse (Switch) und die Zieladresse (NPS-Server). Der Netzwerkmonitor erkennt das Paket und ordnet das Protokoll EAP zu.

In den Details unter `Udp` sehen Sie in Abbildung 19.102 den Quellport des Switchs (dynamischer Highport – 49988) und den Zielport (1812). Das Feld `AttributeUserName` beinhaltet den Namen des Clients (Computer oder Benutzer) und die Zusatzinformationen der MAC-Adressen des Clients (`AtttributeCalledStationID`) sowie die MAC-Adresse des Switchs (`AttributeNASIdentifier`).

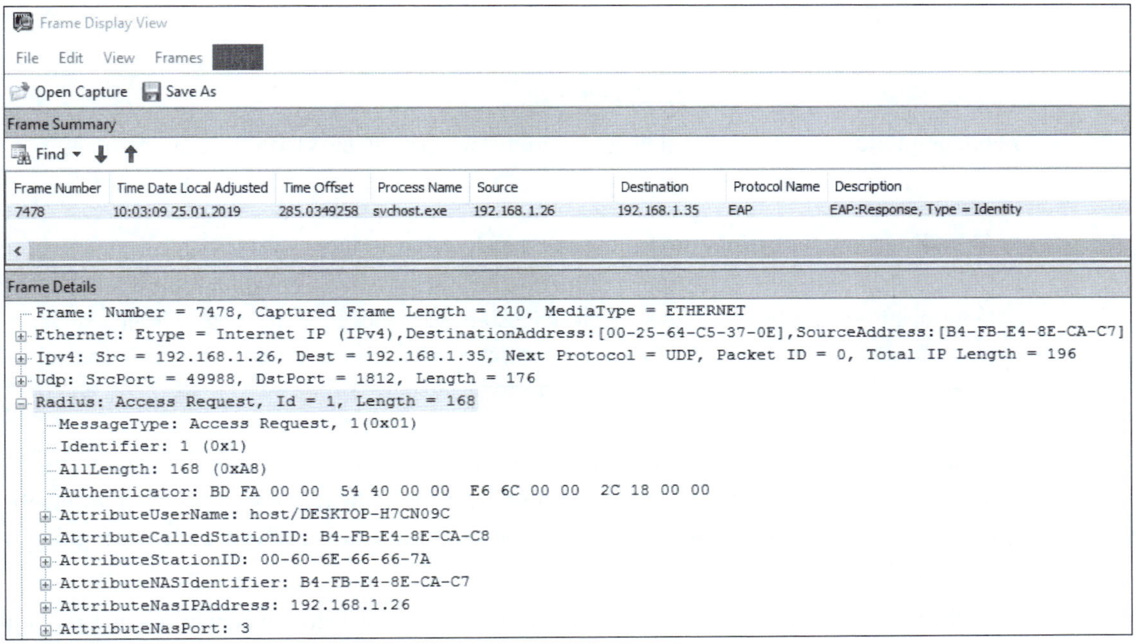

Abbildung 19.102 Netzwerktrace eines Authentifizierungspakets vom Switch

Neben der IP-Adresse des Switchs (192.168.1.26) wird auch die Nummer des Ports angegeben, an dem sich der Client authentifizieren wollte (`AttributeNasPort`). Diese Informationen werden auf dem NPS in der Ereignisanzeige protokolliert.

Um eine einfache Verwaltung der VLAN-Zuordnung zu erreichen, bietet es sich an, die Zuweisung über Windows-Gruppen vorzunehmen, die im Active Directory gespeichert sind und die die jeweiligen Computerkonten beinhalten (siehe Abbildung 19.103).

In die globale Sicherheitsgruppe werden die Computerkonten aufgenommen, die in das VLAN 117 geschaltet werden sollen. Verwenden Sie einen GRUPPENNAMEN, der später das Auffinden und Zuweisen in den Netzwerkrichtlinien erleichtert.

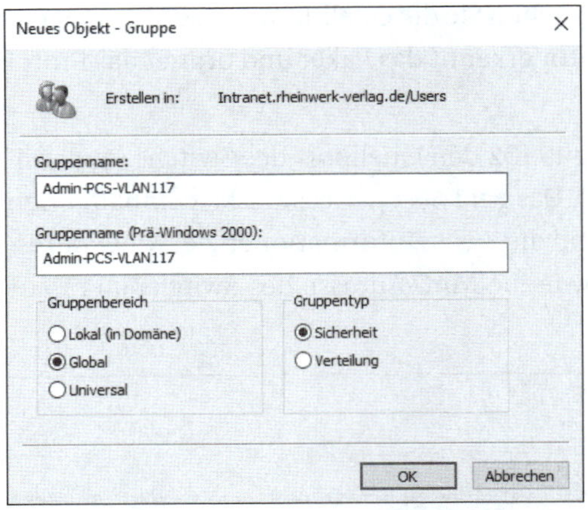

Abbildung 19.103 Erstellen einer globalen Sicherheitsgruppe für die VLAN-Zuweisung

> **Aktualisierung der Gruppenmitgliedschaft nicht notwendig**
>
> Die Zuweisung zu den VLAN-Gruppen funktioniert, auch wenn die Computer selbst anschließend nicht neu gestartet wurden. Beim nächsten Zugriff des Clients fragt der NPS-Server einen Domänencontroller, und die Gruppenmitgliedschaften werden vom Domänencontroller ausgewertet und nicht vom Client übermittelt.

Der nächste Schritt ist die Erstellung einer Netzwerkrichtlinie auf dem NPS-Server. Hier sollten Sie bedenken, dass beim Netzwerkrichtlinienserver die Regeln von oben nach unten abgearbeitet werden und die Anwendung nach der Richtlinie anhält, für die alle Bedingungen erfüllt wurden.

Abbildung 19.104 zeigt beispielhaft die Bedingungen für eine solche Netzwerkregel. Es sollen nur LAN-Verbindungen über diese Regel geprüft werden, daher ist ETHERNET als NAS-PORTTYP angegeben. Zusätzlich muss der Computer der Gruppe ADMIN-PCS-VLAN117 angehören, damit die Regel angewendet wird.

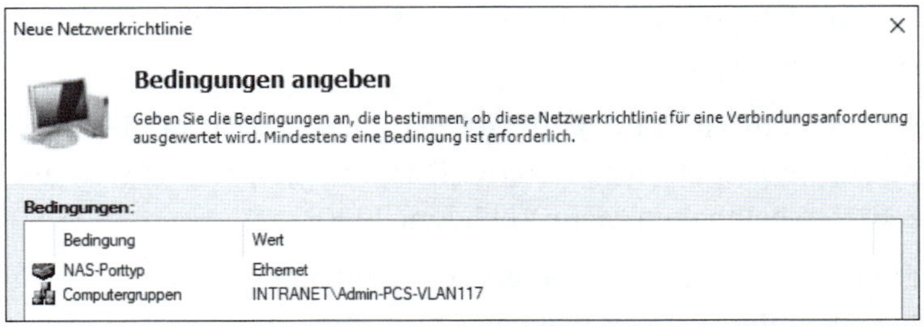

Abbildung 19.104 Festlegen der Bedingungen für die Netzwerkrichtlinie

In der Richtlinie wird nun der Zugriff gewährt und werden die Authentifizierungsmethoden festgelegt. Hier sollten Sie EAP-Protokolle verwenden (siehe Abbildung 19.105).

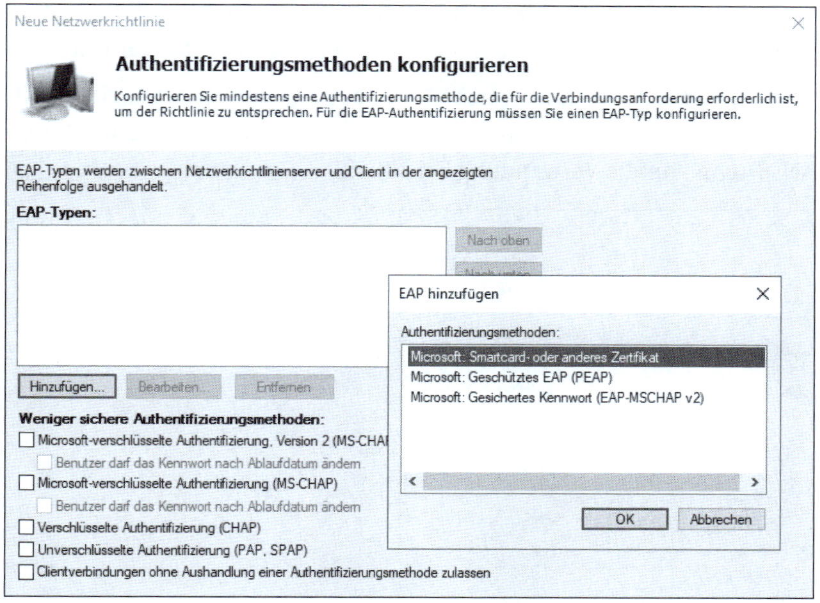

Abbildung 19.105 Festlegen der Authentifizierungsmethoden

Wenn Sie die Computerkennwörter verwenden möchten, sollten Sie MICROSOFT: GESICHERTES KENNWORT (EAP-MSCHAP V2) verwenden. Alternativ wählen Sie MICROSOFT: SMARTCARD- ODER ANDERES ZERTIFIKAT für eine zertifikatsbasierte Authentifizierung.

Zu guter Letzt muss noch die Zuweisung des VLANs konfiguriert werden. Dies erfolgt in den EINSTELLUNGEN der Netzwerkrichtlinie. Hier müssen Sie drei Standard-RADIUS-Attribute hinzufügen (siehe Abbildung 19.106).

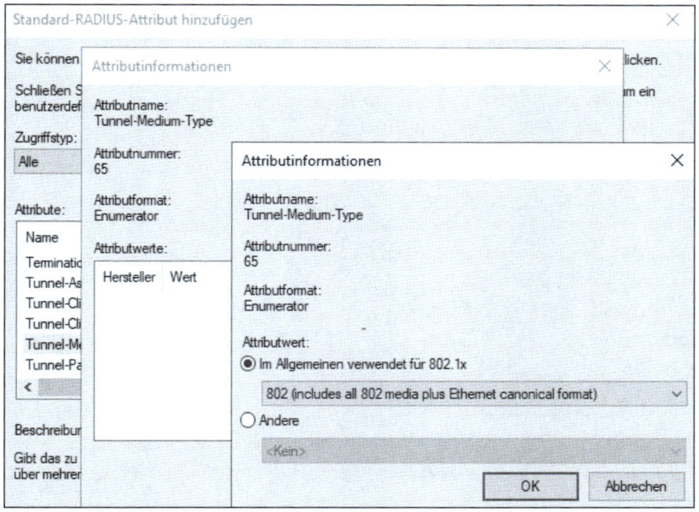

Abbildung 19.106 Festlegen des »Tunnel-Medium-Type«

Der Tunnel-Medium-Type wird auf »802« festgelegt. Der Wert wird in dem RADIUS-Attribut 65 übergeben. Diese RADIUS-Attribute sind im RFC 2865 definiert und standardisiert.

Das RADIUS-Attribut 64 wird zur Verwendung des VLAN-Taggings verwendet (siehe Abbildung 19.107). Das Attribut trägt die Bezeichnung Tunnel-Type und bietet die Auswahlmöglichkeit Virtual LANs (VLAN) für die Verwendung bei 802.1x.

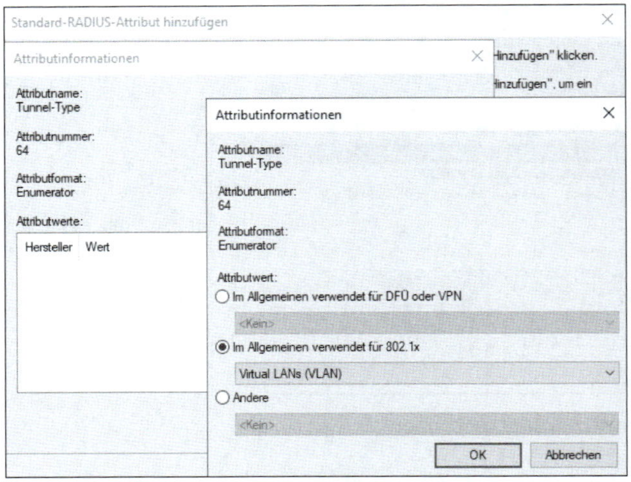

Abbildung 19.107 Aktivieren der VLAN-Steuerung

Die Tunnel-Pvt-Group-ID (*Tunnel Private Group ID*) gibt die ID oder den Namen des VLANs an, in das der Client geschaltet werden soll (siehe Abbildung 19.108). Dieses VLAN muss natürlich am Switch existieren, sofern Sie nicht die dynamische VLAN-Erzeugung aktiviert haben.

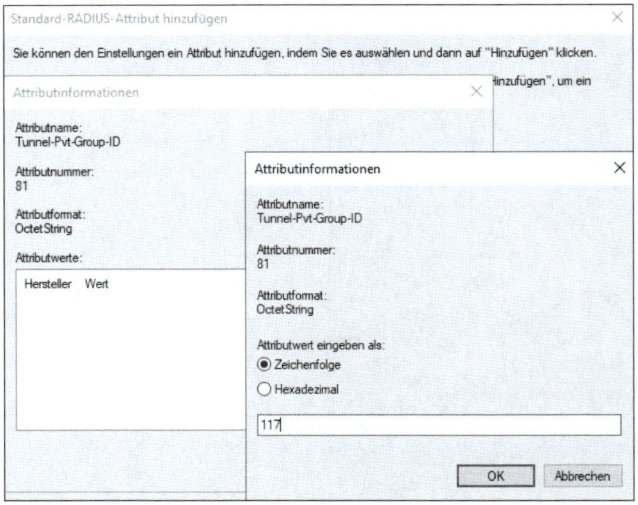

Abbildung 19.108 Konfiguration der VLAN-ID

Sie müssen sicherstellen, dass benötigte Infrastrukturdienste (DHCP, DNS, Authentifizierung) in den VLANs verfügbar sind.

Damit ist die Regel erstellt und kann verwendet werden. Sie können zusätzliche Regeln erstellen, indem Sie den NAS-PORTTYP verwenden und andere Windows-Gruppen zur Bedingung hinzufügen.

19.5.4 Protokollierung und Troubleshooting

Der Netzwerkrichtlinienserver protokolliert alle Vorgänge in einer Logdatei und der Ereignisanzeige. Die Informationen schlüsseln wir Ihnen im Folgenden in Einzelschritten auf:

```
Der Netzwerkrichtlinienserver hat einem Benutzer den Zugriff verweigert.

Wenden Sie sich an den Administrator des Netzwerkrichtlinienservers, um
weitere Informationen zu erhalten.
```

Der Abschnitt `Ergebnis` zeigt, ob der Zugriff erfolgreich war. In diesem Fall wurde der Zugriff verweigert.

```
Benutzer:
    Sicherheits-ID:         INTRANET\WIN-CLIENT03$
    Kontoname:              host/Win-Client03.intranet.rheinwerk-verlag.de
    Kontodomäne:             INTRANET
    Vollqualifizierter Kontoname:    intranet.rheinwerk-verlag.de/Computers/
                                     WIN-CLIENT03
```

Der Abschnitt `Benutzer` beinhaltet Informationen über den Client, der zugreifen wollte. Die `Sicherheits-ID` entspricht der `<Domäne>\<Computerkonto>`. Wurde eine Benutzerauthentifizierung verwendet, wird der Benutzer hier angezeigt. `Kontoname` und `Vollqualifizierter Kontoname` geben den Speicherort des Clients im Active Directory wieder. Diese Informationen hat der NPS vom Domänencontroller bekommen.

```
Clientcomputer:
    Sicherheits-ID:                 NULL SID
    Kontoname:                      -
    Vollqualifizierter Kontoname:   -
    ID der Empfangsstation:         B4-FB-E4-8E-CA-C8
    ID der Anrufstation:            DC-0E-A1-1F-CD-04
```

Unter `Clientcomputer` werden die MAC-Adressen des Clients und die MAC-Adresse des Switchs angezeigt.

```
NAS:
    NAS-IPv4-Adresse:          172.16.0.3
    NAS-IPv6-Adresse:          -
    NAS-ID:                    B4-FB-E4-8E-CA-C7
    NAS-Porttyp:               Ethernet
    NAS-Port:                  3
```

NAS beinhaltet Informationen über den *Network Access Server*, also den Switch. Neben der IP- und der MAC-Adresse wird auch der Switch-Port angegeben (NAS-Port), an dem der Client angeschlossen ist.

```
RADIUS-Client:
    Clientanzeigename:          Unifi Switch Geb. 03 / Etage 01
    Client-IP-Adresse:          172.16.0.3
```

RADIUS-Client zeigt die Informationen an, die auf dem NPS im Abschnitt RADIUS-Client konfiguriert sind.

```
Authentifizierungsdetails:
    Name der Verbindungsanforderungsrichtlinie:   Windows-Authentifizierung
                                                  für alle Benutzer verwenden
    Netzwerkrichtlinienname:        Verbindungen mit anderen Zugriffsservern
    Authentifizierungsanbieter:     Windows
    Authentifizierungsserver:       INTRANETNPS.intranet.rheinwerk-verlag.de
    Authentifizierungstyp:          EAP
    EAP-Typ:                        -
    Kontositzungs-ID:               -
    Protokollierungsergebnisse:     Die Kontoinformationen wurden in die
                                    lokale Protokolldatei geschrieben.
```

Die Authentifizierungsdetails protokollieren, welche Verbindunganforderungsrichtlinie (Proxy-Regel) angewendet wurde und bei welcher Netzwerkrichtlinie die Bedingungen erfüllt wurden. Verbindungen mit anderen Zugriffsservern bedeutet, dass keine definierte RADIUS-Netzwerkrichtlinie gefunden wurde, bei der die Bedingung zutraf.

```
    Ursachencode:              65
    Ursache:
```

Die Einstellung NETZWERKZUGRIFFSBERECHTIGUNG in den Einwähleinstellungen des Benutzerkontos in Active Directory ist so festgelegt, dass dem Benutzer der Zugriff verweigert wird. Um die Einstellung NETZWERKZUGRIFFSBERECHTIGUNG in ZUGRIFF ZULASSEN oder ZUGRIFF ÜBER NPS-NETZWERKRICHTLINIEN STEUERN zu ändern, fordern Sie die Eigenschaften des Benutzerkontos in *Active Directory-Benutzer und -Computer* an, klicken auf die Registerkarte EINWÄHLEN und ändern die NETZWERKZUGRIFFSBERECHTIGUNG.

Zu guter Letzt werden ein Ursachencode und eine Beschreibung des Fehlers angezeigt.

Mithilfe der Meldungen in der Ereignisanzeige können Sie recht gut die Ursachen der Fehler erkennen und dadurch notwendige Anpassungen identifizieren.

```
Authentifizierungsdetails:
    Name der Verbindungsanforderungsrichtlinie:    Windows-Authentifizierung
                                                   für alle Benutzer verwenden
    Netzwerkrichtlinienname:        AdminVLANEthernet
    Authentifizierungsanbieter:     Windows
    Authentifizierungsserver:       INTRANETNPS.intranet.rheinwerk-verlag.de
    Authentifizierungstyp:          EAP
    EAP-Typ:                        -
    Kontositzungs-ID:               -
    Protokollierungsergebnisse:     Die Kontoinformationen wurden in die
                                    lokale Protokolldatei geschrieben.
    Ursachencode:                   66
    Ursache:                        Der Benutzer hat versucht, eine
                                    Authentifizierungsmethode zu verwenden,
                                    die in der entsprechenden Netzwerk-
                                    richtlinie nicht aktiviert wurde.
```

In der letzten Meldung sehen Sie, dass laut `Ursache` eine Authentifizierungsmethode verwendet wurde, die nicht in der Netzwerkrichtlinie aktiviert worden ist. Dies kann vorkommen, wenn auf dem Client ein anderes Protokoll konfiguriert ist, als in der Netzwerkrichtlinie erwartet wurde. Die gleiche Fehlermeldung wird aber auch angezeigt, wenn der NPS über kein passendes Server-Zertifikat (RAS- und IAS-Server) verfügt.

Im Erfolgsfall werden die relevanten Informationen ebenfalls protokolliert. Die Ereignis-ID ist in diesem Fall *6272*. Die Verweigerungen werden in ID *6274* protokolliert.

```
Der Netzwerkrichtlinienserver hat einem Benutzer den Zugriff gewährt.

Benutzer:
    Sicherheits-ID:                 INTRANET\WIN-CLIENT03$
    Kontoname:                      host/Win-Client03.intranet.rheinwerk-
                                    verlag.de
    Kontodomäne:                    INTRANET
    Vollqualifizierter Kontoname:   intranet.rheinwerk-verlag.de/Computers/
                                    WIN-CLIENT03
```

Wenn Sie die Informationen aus der Ereignisanzeige archivieren möchten, können Sie entweder eine Archivierungssoftware verwenden oder Sie richten die Windows-Ereignisweiterleitung *(Windows Event Forwarding, WEF)* ein. Alternativ können Sie die lokale Logdatei des NPS sichern oder die NPS-Informationen in einer SQL-Datenbank protokollieren.

19.6 Absichern des Zugriffs auf Netzwerkgeräte über das RADIUS-Protokoll

Außer zum Zugriff auf das Netzwerk selbst kann ein NPS auch dazu verwendet werden, um die Authentifizierungen an den Netzwerkkomponenten, z. B. Switches und Routern, zentral zu steuern und dadurch einfach zu protokollieren. Für den normalen Betrieb und die Administration werden keine lokalen Konten auf den Netzwerkkomponenten benötigt, sondern es werden Benutzer (Administratorkonten) aus dem Active Directory verwendet.

Wir möchten dieses Vorgehen und die Konfiguration anhand eines *Cisco 3560*-Switchs beschreiben. Die Konfiguration und die Funktion können bei anderen Modellen abweichen. Prüfen Sie hierzu die Dokumentation des Geräts. Andere Hersteller bieten allerdings gleiche oder zumindest sehr ähnliche Optionen, um die Administration der Geräte abzusichern.

Der Hauptvorteil einer Authentifizierung über einen NPS (RADIUS) besteht darin, dass auf den Geräten keine zusätzlichen Benutzer angelegt werden müssen, wodurch die Kennwortpflege dieser Konten deutlich vereinfacht wird.

Genau wie bei der Konfiguration der Switches für 802.1x sollten Sie auch hier die Konfiguration Schritt für Schritt erstellen und jeden einzelnen Schritt prüfen, um mögliche Fehler schnell erkennen zu können.

19.6.1 RADIUS-Server für die Authentifizierung konfigurieren

Im ersten Schritt muss der Switch so konfiguriert werden, dass er bei Verbindungen über Telnet oder SSH einen RADIUS-Server für die Authentifizierung verwendet.

In Listing 19.6 finden Sie den relevanten Auszug aus der Konfiguration (`sh run`):

```
!
username cisco privilege 15 password 0 cisco
aaa new-model
!
aaa group server radius NPS
 server 192.168.1.84 auth-port 1812 acct-port 1813
!
aaa authentication login userAuthentication local group NPS
aaa authorization exec userAuthorization local group NPS if-authenticated
aaa authorization network userAuthorization local group NPS
aaa accounting exec default start-stop group NPS
aaa accounting system default start-stop group NPS
!
aaa session-id common
```

Listing 19.6 Konfiguration des lokalen »Notfallkontos« und Festlegen der AAA-Konfiguration

Listing 19.6 beschreibt die Konfiguration eines lokalen Kontos mit `privilege 15`-Rechten (also höchsten Rechten). Dadurch ist es möglich, auf das System zuzugreifen, sollte eine zentrale Anmeldung nicht möglich sein. Hier sollte natürlich ein komplexes Kennwort hinterlegt werden, das verschlüsselt gespeichert werden muss.

Nun wird eine Servergruppe mit dem Namen `NPS` unterhalb von `aaa` *(Authentication/Authorization/Accounting)* angelegt und dort ein Server mit der IP-Adresse 192.168.1.84 hinterlegt, was der IP-Adresse des NPS-Servers entspricht. Die verwendeten Ports können bei Bedarf angepasst werden. Windows-Systeme verwenden standardmäßig Port 1812 (Authentication) und 1813 (Accounting). Die Standard-Cisco-Ports sind 1645 und 1646.

```
ip radius source-interface FastEthernet0/23
!
radius-server host 192.168.1.84 key secret12key
radius-server host 192.168.1.84 auth-port 1812 acct-port 1813 key secret12key
!
line con 0
line vty 0 4
 authorization exec userAuthorization
 login authentication userAuthentication
 transport input telnet ssh
line vty 5 15
 authorization exec userAuthorization
 login authentication userAuthentication
 transport input telnet ssh
```

Listing 19.7 Konfiguration der unterschiedlichen Schnittstellen für die Verwaltung

`line con 0` ist der Konsolenanschluss des Switchs. Dieser ist in unserem Beispiel ohne zusätzliche Authentifizierung zugänglich. `line vty 0 4` ist für den Zugriff über Telnet oder SSH aktiviert und ist für die Privilege-Level 0 bis 4 vorgesehen. Dieser Zugang soll für die Benutzer vorgesehen sein, die nicht die vollen administrativen Rechte auf dem System besitzen. Hier wird definiert, dass dieser Zugang über eine Authentifizierung und Autorisierung erfolgen muss. `line vty 5 15` ist der Telnet- bzw. SSH-Zugang mit den höheren Rechten.

Die konkrete Steuerung, wer welchen Level an Privilegien bekommt, kann später auf dem NPS-Server über Windows-Gruppen erfolgen. Zusätzlich wird in diesem Abschnitt noch definiert, welche Schnittstelle des Switchs für die Kommunikation mit dem NPS verwendet wird.

Separate Netzwerke möglich

Sie können für die Kommunikation des Switchs mit dem NPS-Server separate Netzwerkverbindungen verwenden, um den Datenverkehr der Netzwerkwerkgeräte vom normalen Netzwerkverkehr zu trennen. Dazu können Sie dem NPS-Server eine zweite Netzwerkschnittstelle zuweisen, die dann für den Authentifizierungsverkehr verwendet wird.

Nachdem die Konfiguration abgeschlossen ist, können Sie einen Zugriff auf den Switch – z. B. per PuTTY – versuchen (siehe Abbildung 19.109).

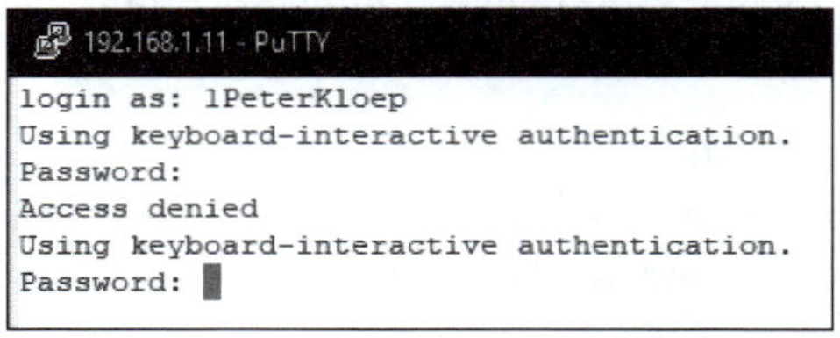

Abbildung 19.109 Fehlgeschlagene Authentifizierung bei der Verwendung des NPS-Servers über PuTTY

Verbindet sich nun ein Administrator – in diesem Fall der Benutzer *1PeterKloep* aus der Domäne des NPS-Servers (`intranet.rheinwerk-verlag.de`) –, wird die Authentifizierung nicht erfolgreich sein. PuTTY wird immer wieder nach dem (richtigen) Kennwort fragen, bevor nach einigen Versuchen die Verbindung getrennt wird.

Wenn Sie nun auf den NPS wechseln, werden Sie in der Ereignisanzeige unter Benutzerdefinierte Ansichten • Serverrollen • Netzwerkrichtlinien- und Zugriffsdienste die Protokolle finden. Hier wird ein Ereignis mit der ID 13 und der Quelle NPS registriert (siehe Abbildung 19.110).

Der Eintrag besagt, dass ein nicht bekannter RADIUS-Client (Switch) eine RADIUS-Meldung an den NPS-Server gesendet hat. Damit ist belegt, dass der Switch die Authentifizierungsanforderung an den NPS-Server weitergeleitet hat. Eine Kommunikation zwischen Switch und Server besteht also, und keine Firewall-Regel stört die Kommunikation. Sollte der Eintrag nicht erstellt werden, müssen Sie die Verbindung zwischen dem Switch und dem NPS-Server prüfen.

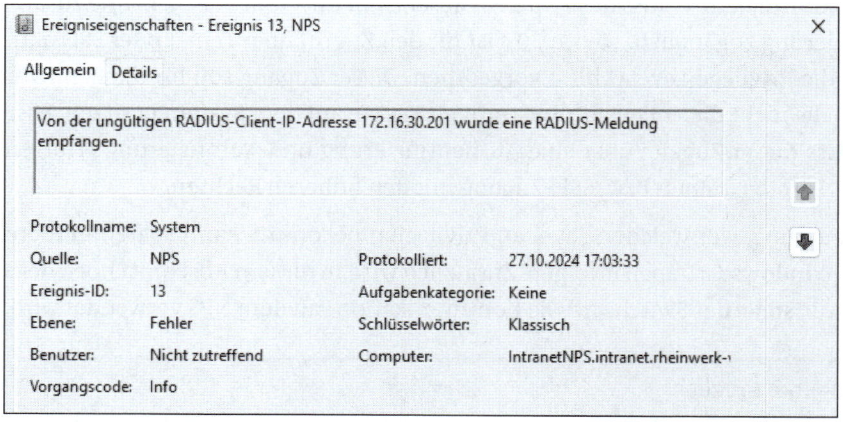

Abbildung 19.110 Ereignisprotokoll-Eintrag zu dem unbekannten RADIUS-Client

19.6.2 Definition des RADIUS-Clients

Der nächste Schritt der Konfiguration ist die Definition des RADIUS-Clients. Wechseln Sie dazu in der NPS-Verwaltungskonsole des NPS-Servers zum Knotenpunkt NPS (LOKAL) • RADIUS-CLIENTS, und erstellen Sie einen neuen Eintrag. Klicken Sie dazu mit der rechten Maustaste auf RADIUS-CLIENTS, und wählen Sie die Option NEU.

In dem Fenster, das sich nun öffnet, definieren Sie folgende Werte:

- ANZEIGENAME – Hier sollte ein »sprechender« Name verwendet werden. Dieser kann später beim Erstellen der Regeln als Abfragewert benutzt werden.
- ADRESSE (IP ODER DNS) – Hier legen Sie entweder die IP-Adresse oder den DNS-Namen des RADIUS-Clients fest.
- GEMEINSAMER GEHEIMER SCHLÜSSEL – Tragen Sie hier das Kennwort aus Listing 19.7 ein.

Wechseln Sie im Anschluss auf die Registerkarte ERWEITERT, und wählen Sie als Herstellername CISCO aus (siehe Abbildung 19.111). Bestätigen Sie die Einstellungen mit OK.

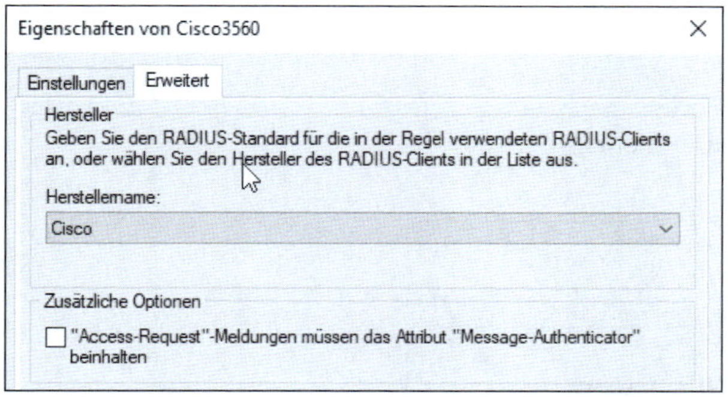

Abbildung 19.111 Den Herstellernamen des RADIUS-Clients festlegen

Durch die Definition des Herstellernamens werden Zusatzfunktionen des jeweiligen Herstellers aktiviert und ausgewertet. Sie können die Einstellungen nachträglich prüfen und anpassen (siehe Abbildung 19.112).

Nachdem nun der RADIUS-Client definiert wurde, versuchen Sie erneut, über PuTTY eine Verbindung zum Switch herzustellen. Dieser Verbindungsversuch wird mit der gleichen Meldung fehlschlagen. Auch dieser Fehler ist zu diesem Zeitpunkt zu erwarten.

Wenn Sie nun die Ereignisanzeige des NPS-Servers prüfen, werden Sie einen Ereignisprotokolleintrag mit der ID 6273 und der Quelle MICROSOFT WINDOWS SECURITY finden. Beachten Sie, dass dieser Eintrag als INFORMATION klassifiziert ist und nicht als Warnung oder Fehler (siehe Abbildung 19.113).

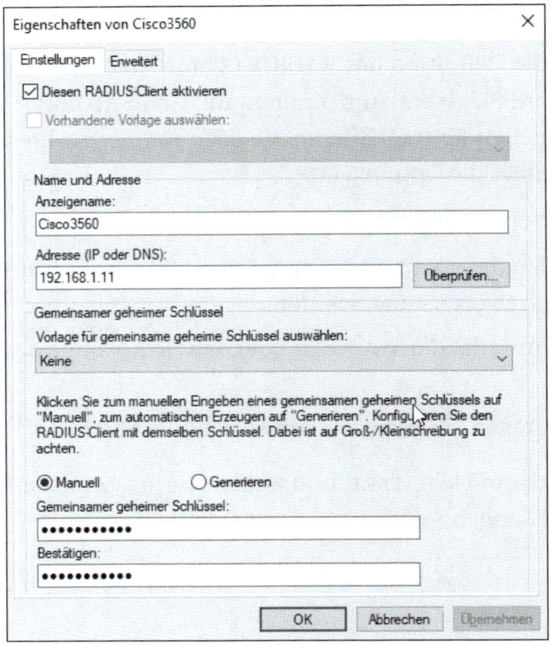

Abbildung 19.112 Konfiguration des RADIUS-Clients

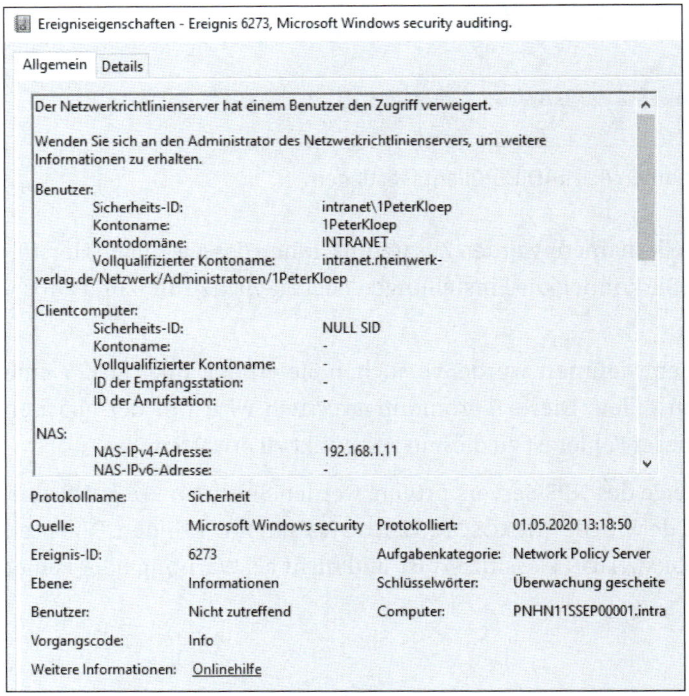

Abbildung 19.113 Ereignisanzeige-Eintrag über eine abgelehnte Authentifizierung

Listing 19.8 zeigt einen Auszug der einzelnen Abschnitte des Ereignisses, in denen die relevanten Informationen protokolliert werden. Dadurch kann der Grund der verweigerten Anmeldung schnell ermittelt werden:

```
Der Netzwerkrichtlinienserver hat einem Benutzer den Zugriff verweigert.

Wenden Sie sich an den Administrator des Netzwerkrichtlinienservers, um weitere
Informationen zu erhalten.

Benutzer:
    Sicherheits-ID:      intranet\1PeterKloep
    Kontoname:           1PeterKloep
    Kontodomäne:         INTRANET
    Vollqualifizierter Kontoname:    intranet.rheinwerk-verlag.de/Netzwerk/
                                     Administratoren/1PeterKloep
```

Listing 19.8 Ergebnis der Authentifizierung und Beschreibung des Kontos

Bei der Verwendung von PuTTY muss der Domänenname nicht mit angegeben werden. Dieser wird beim NPS automatisch angefügt. Neben dem Anmeldenamen (`NetBIOS-Name der Domäne\SAMAccoutName des Kontos`) wird auch der vollqualifizierte Domänenname (FQDN, *Fully Qualified Domain Name*) des Benutzers angegeben. Hier können Sie sehr einfach feststellen, in welcher Organisationseinheit oder welchem Container sich das Objekt befindet.

```
NAS:
    NAS-IPv4-Adresse:        192.168.1.11
    NAS-IPv6-Adresse:        -
    NAS-ID:                  -
    NAS-Porttyp:             Virtuell
    NAS-Port:                1

RADIUS-Client:
    Clientanzeigename:       Cisco3560
    Client-IP-Adresse:       192.168.1.11
```

Listing 19.9 Informationen zum RADIUS-Client

Der nächste Abschnitt des Eintrags (siehe Listing 19.9) liefert Informationen zum RADIUS-Client, also zu dem Switch, an dem sich der Benutzer authentifizieren wollte. Neben der IP-Adresse wird auch – wenn vorhanden – der NAS-Port angegeben. Der `Clientanzeigename` ist der Name, mit dem der Switch als RADIUS-Client im NPS konfiguriert wurde.

```
Authentifizierungsdetails:
    Name der Verbindungsanforderungsrichtlinie:    Windows-Authentifizierung
                                                   für alle Benutzer verwenden
```

```
Netzwerkrichtlinienname:       Verbindungen mit anderen Zugriffsservern
Authentifizierungsanbieter:    Windows
Authentifizierungsserver:      PNHN11SSEP00001.intranet.rheinwerk-verlag.de
Authentifizierungstyp:         PAP
EAP-Typ:                       -
Kontositzungs-ID:              -
```

Listing 19.10 In den Authentifizierungsdetails werden die angewendeten Regeln und der Authentifizierungstyp beschrieben.

Im nächsten Abschnitt (siehe Listing 19.10) finden Sie die Authentifizierungsdetails. Hier können Sie erkennen, welche RADIUS-Proxy-Regel (`Name der Verbindungsanforderungsrichtlinie`) und welche RADIUS-Regel (`Netzwerkrichtlinienname`) angewendet wurden. Hier sehen Sie auch, dass die Netzwerkrichtlinie mit dem Namen `Verbindungen mit anderen Zugriffsservern` angewendet wurde. Diese Regel ist eine der Standard-Verweigern-Regeln. Damit ist erwiesen, dass bei keiner Netzwerkrichtlinie die Bedingungen zutreffend waren, weswegen keine erfolgreiche Authentifizierung durchgeführt werden konnte.

```
Protokollierungsergebnisse:  Die Kontoinformationen wurden in
                             die lokale Protokolldatei geschrieben.
Ursachencode:                65
Ursache:                     Die Einstellung "Netzwerkzugriffsberechtigung"
                             in den Einwähleinstellungen des Benutzerkontos
                             in Active Directory ist so festgelegt, dass
                             dem Benutzer der Zugriff verweigert wird. Zum
                             Ändern der Einstellung "Netzwerkzugriffs-
                             berechtigung" in "Zugriff zulassen" oder
                             "Zugriff über NPS-Netzwerkrichtlinien steuern"
                             fordern Sie die Eigenschaften des Benutzer-
                             kontos in Active Directory-Benutzer und
                             -Computer an, klicken Sie auf die Register-
                             karte "Einwählen", und ändern Sie "Netzwerk-
                             zugriffsberechtigung".
```

Listing 19.11 Ergebnis des Authentifizierungsversuchs

Im `Ergebnis`-Abschnitt des Eintrags (siehe Listing 19.11) wird neben einem Ursachencode auch ein beschreibender Text zur Ursache ausgegeben. Damit ist eine mögliche Fehlersuche einfacher.

Da in unserem Beispiel noch keine Netzwerkrichtlinie erstellt wurde, war die fehlgeschlagene Authentifizierung zu erwarten. Damit haben wir getestet, dass der RADIUS-Client die Authentifizierungsversuche an den NPS-Server weitergeleitet hat.

19.6.3 Sicherheitsgruppen erstellen

Für den nächsten Schritt erstellen wir nun zwei Windows-Gruppen. Wir erstellen eine globale Sicherheitsgruppe mit dem Namen *P1SG-NetzwerkSwitchAdmins* und eine Gruppe mit dem Namen *P1SG-NetzwerkSwitchOperator*. Die *Admins*-Gruppe ist für die Netzwerkadministratoren vorgesehen und beinhaltet den Benutzer *1PeterKloep*, der mit administrativen Rechten (`Privilege: 15`) für die Administration des Switchs zuständig ist. In der *Operator*-Gruppe wird der Benutzer *PeterKloep* (kein Administratorkonto) Mitglied. Diese Gruppe soll nur ein Lese-Recht auf dem Switch bekommen (`Privilege: 1`).

Wechseln Sie in der NPS-Konsole zum Punkt NPS (LOKAL) • RICHTLINIEN • NETZWERKRICHTLINIEN, klicken Sie mit der rechten Maustaste auf NETZWERKRICHTLINIEN, und wählen Sie NEU.

Erstellen Sie als Erstes die Richtlinie für die Admins so, wie in Abbildung 19.114 gezeigt.

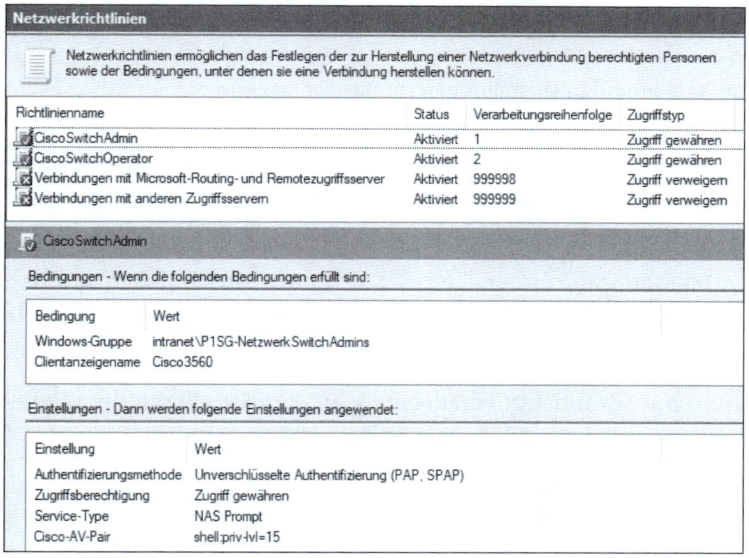

Abbildung 19.114 Anzeige der Richtlinie für die Switch-Admins

Wählen Sie die folgenden Einstellungen. Zwischen den einzelnen Seiten können Sie im Assistenten mit WEITER wechseln. Für alle nicht beschriebenen Werte übernehmen Sie die Standardeinstellungen.

- RICHTLINIENNAME – `CiscoSwitchAdmin`
- BEDINGUNG – `Windows-Gruppe intranet\P1SG-NetzwerkSwitchAdmins`
- BEDINGUNG – Clientanzeigename: `Cisco3560`
- AUTHENTIFIZIERUNGSMETHODE – nur unverschlüsselte Authentifizierung (PAP, SPAP)
- EINSTELLUNGEN KONFIGURIEREN – Service-Type: NAS-Prompt (zu finden unter ANDERE)
- EINSTELLUNGEN KONFIGURIEREN – Herstellerspezifisch: Cisco-AV-Pair: `shell:priv-lvl=15`

Eine zusätzliche Regel wird für die Switch-Operatoren angelegt:

- RICHTLINIENNAME – `CiscoSwitchOperator`
- BEDINGUNG – `Windows-Gruppe intranet\P1SG- NetzwerkSwitchOperator`
- BEDINGUNG – Clientanzeigename: `Cisco3560`
- AUTHENTIFIZIERUNGSMETHODE – nur unverschlüsselte Authentifizierung (PAP, SPAP)
- EINSTELLUNGEN KONFIGURIEREN – Service-Type: NAS-Prompt (zu finden unter ANDERE)
- EINSTELLUNGEN KONFIGURIEREN – Herstellerspezifisch: Cisco-AV-Pair: `shell:priv-lvl=1`

Die Zusammenfassung sieht dann so wie in Abbildung 19.115 aus.

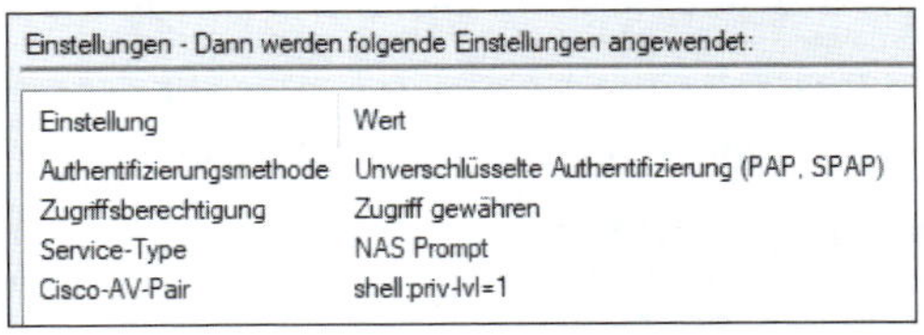

Abbildung 19.115 Anzeige der Berechtigungseinstellungen für die Operatoren

Bedenken Sie, dass Sie sicherstellen müssen, dass kein Konto in beiden verwendeten Sicherheitsgruppen Mitglied ist: Die erste Regel, bei der die Bedingung zutrifft, wird angewendet und die Abarbeitung der Regeln wird beendet.

Über das Attribut CLIENTANZEIGENAME können Sie zusätzlich noch einschränken, auf welchen Geräten ein Benutzer berechtigt wird. Alternativ können Sie unterschiedliche Windows-Gruppen erstellen.

Verbindet sich nun ein Konto mit administrativen Rechten auf dem Switch mit dem Gerät, wechselt der Switch automatisch in den Enable-Modus (siehe Abbildung 19.116).

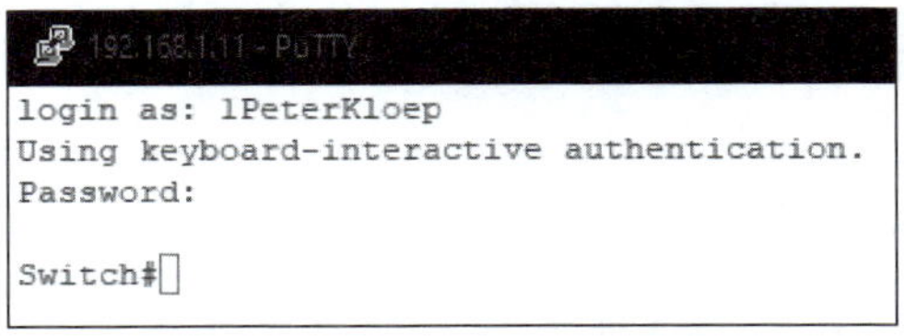

Abbildung 19.116 Erfolgreiche Anmeldung am Switch mit automatisch aktiviertem Enable-Modus

Diese erfolgreiche Authentifizierung am Switch wird – wie erwartet – auf dem NPS-Server in der Ereignisanzeige protokolliert. Zusätzlich kann über den NPS neben der lokalen Protokollierung (Kontoführung) auch eine zentrale Speicherung in einem SQL-Server erfolgen.

Das Ereignis in der Ereignisanzeige hat die ID 6272 und kommt von der Quelle `Microsoft Windows security auditing`.

Genau wie bei der vorher beschriebenen fehlerhaften Anmeldung werden in dem Ereignis die gleichen Informationen dokumentiert (siehe Abbildung 19.117).

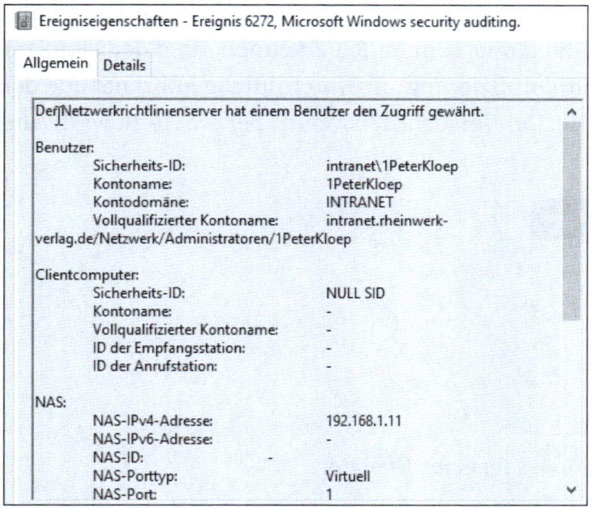

Abbildung 19.117 Erfolgreiche Anmeldung eines Administrators

In der Ereignisanzeige wird jedoch nicht protokolliert, welche Parameter an den Switch übertragen wurden. Damit Sie feststellen können, ob es ein Operator- oder Administratorzugriff war, sollten Sie den Netzwerkrichtlinien aussagekräftige Namen geben, sodass Sie anhand des Namens die Art und Weise des Zugriffs bestimmen können.

Die Kommunikation zwischen dem Switch und dem NPS-Server kann mit einem Netzwerksniffer (hier Wireshark) mitgeschnitten werden. In Abbildung 19.118 können Sie die beiden Authentifizierungspakete (80 und 81) und die beiden Kontoführungspakete (82 und 83) sehen. Sie finden ebenfalls die verwendete Benutzerkennung (`1PeterKloep`) sowie das verschlüsselte Kennwort, das für die Authentifizierung verwendet wurde.

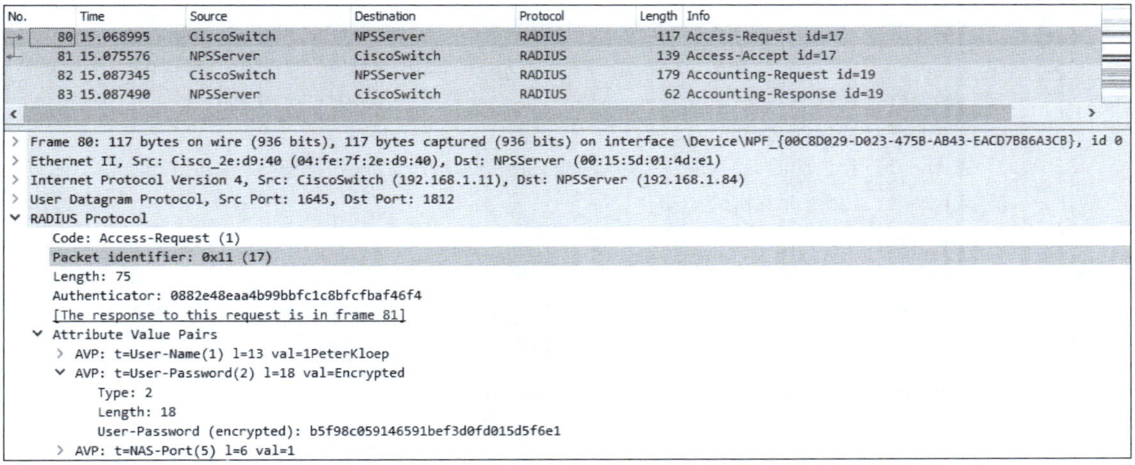

Abbildung 19.118 Mitschnitt einer Authentifizierung

Führt ein Operator eine Anmeldung durch (siehe Abbildung 19.119), kann der Benutzer keinen Enable-Modus aktivieren. In der Abbildung können Sie erkennen, dass der Benutzer PeterKloep (nicht administrativ) eine Authentifizierung am Switch durchgeführt hat und der Standardmodus (Switch>) aktiviert wurde. Der Versuch, den Modus per enable zu wechseln, schlägt fehl.

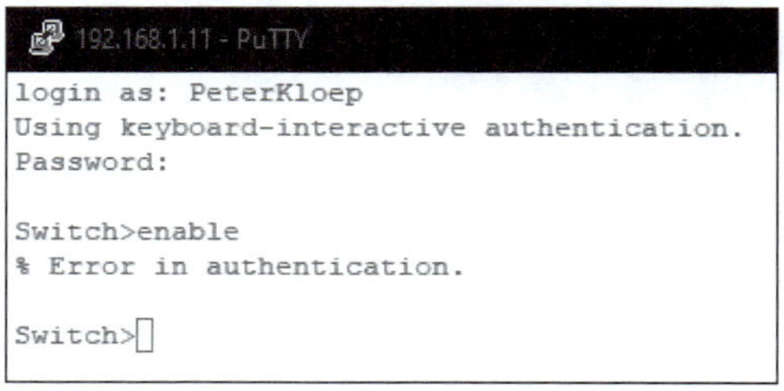
192.168.1.11 - PuTTY
login as: PeterKloep
Using keyboard-interactive authentication.
Password:
Switch>enable
% Error in authentication.
Switch>

Abbildung 19.119 Verweigern des Enable-Modus für einen Operator

Eine Anmeldung als Operator kann über die Ereignisanzeige nachvollzogen werden. Listing 19.12 zeigt einen Auszug aus den Daten des Ereignisanzeigeeintrags:

```
Der Netzwerkrichtlinienserver hat einem Benutzer den Zugriff gewährt.

Benutzer:
    Sicherheits-ID:          intranet\PeterKloep
    Kontoname:               PeterKloep
    Kontodomäne:             INTRANET
    Vollqualifizierter Kontoname:  intranet.rheinwerk-
                                   verlag.de/Users/PeterKloep

Authentifizierungsdetails:
    Name der Verbindungsanforderungsrichtlinie:  Windows-Authentifizierung
                                                 für alle Benutzer verwenden
    Netzwerkrichtlinienname:                     CiscoSwitchOperator
    Authentifizierungsanbieter:                  Windows
    Authentifizierungsserver:    PNHN11SSEP00001.intranet.rheinwerk-verlag.de
    Authentifizierungstyp:       PAP
    EAP-Typ:                     -
    Kontositzungs-ID:            -
    Protokollierungsergebnisse:  Die Kontoinformationen wurden in die lokale
                                 Protokolldatei geschrieben.
```

Listing 19.12 Authentifizierung eines Switch-Operators

Andere Anbieter von Netzwerkkomponenten bieten unter Umständen ähnliche Authentifizierungsmethoden für die sichere Administration an.

Leider verträgt sich die Authentifizierung an den Netzwerkkomponenten nicht mit anderen Sicherheitsfunktionen. Ist eines der Konten, die sich am Switch anmelden sollen, Mitglied der Gruppe *Protected Users*, ist eine Authentifizierung aufgrund von Protokollbeschränkungen nicht möglich. Versucht ein Benutzer eine Authentifizierung, schlägt diese fehl und es wird ein Eintrag im Ereignisprotokoll erstellt (siehe Abbildung 19.120).

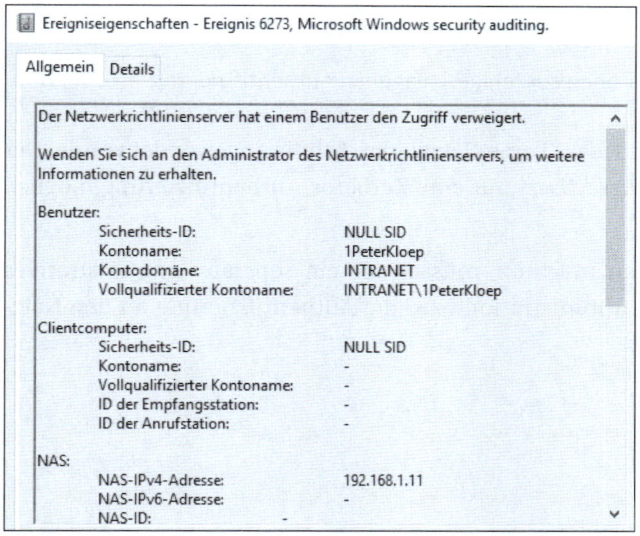

Abbildung 19.120 Ereignisprotokoll einer Authentifizierung, die aufgrund der »Protected Users«-Gruppe fehlschlug

In den Details des Eintrags findet sich der Grund für den verweigerten Zugriff (Listing 19.13 zeigt einen Auszug):

```
Der Netzwerkrichtlinienserver hat einem Benutzer den Zugriff verweigert.

Authentifizierungsdetails:
    Name der Verbindungsanforderungsrichtlinie:  Windows-Authentifizierung
                                                 für alle Benutzer verwenden
    Netzwerkrichtlinienname:                     -
    Authentifizierungsanbieter:                  Windows
    Authentifizierungsserver:                    PNHN11SSEP00001.intranet.
                                                 rheinwerk-verlag.de
    Authentifizierungstyp:                       PAP
    EAP-Typ:                                     -
    Kontositzungs-ID:                            -
    Protokollierungsergebnisse:                  Die Kontoinformationen
                                                 wurden in die lokale
                                                 Protokolldatei geschrieben.
    Ursachencode:                                38
```

```
Ursache:                Authentifizierungsfehler aufgrund einer
                        Benutzerkontoeinschränkung oder einer nicht
                        befolgten Anforderung. Dies kann beispielsweise
                        dann der Fall sein, wenn die Benutzer-
                        kontoeinstellungen die Verwendung eines Kennworts
                        erfordern, der Benutzer sich jedoch mit einem
                        leeren Kennwort anmelden wollte.
```

Listing 19.13 Auszug aus den Informationen zur fehlgeschlagenen Authentifizierung

In Listing 19.13 können Sie erkennen, dass keine Netzwerkrichtlinie angewendet wurde. Der Grund dafür ist, dass bei den *Protected Users* nur eine Kerberos-Authentifizierung möglich ist.

Wenn Sie beide Funktionen nutzen möchten, müssen Sie ein separates administratives Konto erstellen, das dann für die Administration bzw. die Authentifizierung an den Netzwerkkomponenten verwendet wird.

Kapitel 20
Integration in Azure

Azure Active Directory (Entra ID) und die Bereitstellung von Azure-Diensten als Erweiterung des Rechenzentrums in die Cloud stellen zwei mögliche Integrationen der On-Premises-Dienste in die Cloud dar.

Dieses Kapitel beschäftigt sich mit der Erweiterung des Active Directorys von Windows Server in Azure und mit dem Aufbau eines hybriden Rechenzentrums, also mit der Erweiterung der klassischen Serverressourcen in die Cloud. *Azure Active Directory* ist ein sogenannter *Identity Service* als *Software as a Service (SaaS)*. Der Einsatz von Office 365 ohne Azure Active Directory ist nicht möglich: Es ist ein Pflichtbaustein. Im Folgenden beschäftigen wir uns mit unterschiedlichen hybriden Szenarien und der Implementierung von hybriden Identitäten.

20.1 Hybride Szenarien

Hybride Szenarien beschreiben allgemein eine moderne Strömung in der Welt der IT, in der man die klassische Bereitstellung von Ressourcen mit der Bereitstellung aus einem Service-Angebot eines Providers koppelt. *Hybrid* werden alle Szenarien genannt, auf die dies zutrifft, ungeachtet der Tatsache, wie viele Leistungen aus der Cloud eines Providers bezogen werden.

Wir betrachten zunächst den Themenkomplex *Cloud*, bevor wir eine Übersicht über die verschiedenen Szenarien bieten.

Gemäß des *National Institute of Standards and Technology (NIST)* sind folgende Charakteristika spezifisch für Cloud-Computing:

- **On-demand self-service** – die Möglichkeit des Kunden, selbst Einfluss auf die Art bzw. Menge des Service zu nehmen, den er nutzt
- **Broad network access** – Zugriff über Standardmechanismen ohne zusätzliche Konfiguration bzw. Systeme
- **Resource pooling** – Bereitstellung im Rahmen von Multi-Mandanten-Systemen unter Berücksichtigung der ökonomischen Effekte
- **Rapid elasticity** – zeitnahe Anpassung der Umgebung, die den Service bereitstellt, an den Bedarf der Kunden

- **Measured service** – Messung der Service-Erbringung im Rahmen der im *Service Level Agreement* (SLA) definierten Parameter und Messung des genutzten Serviceumfangs

Die vollständige Übersicht finden Sie unter:

https://csrc.nist.gov/publications/detail/sp/800-145/final

Andere Definitionen gehen auf technologische Aspekte wie Virtualisierung (vor allem Hypervisor-Technologien) und Automatisierung ein, auch wenn dies nur unterstützende Komponenten sind. Die eben genannte Definition stellt im Rahmen dieses Buchs die Definition für das Cloud-Computing dar.

20.2 Entra ID

Entra ID ist der neue Markenname des zuvor als *Azure Active Directory* bezeichneten Online-Verzeichnisses. Es ist ein mehrinstanzenfähiger cloudbasierter Verzeichnis- und Identitätsverwaltungsdienst. Wie Microsoft selbst Entra ID definiert, zeigt Ihnen *https://learn.microsoft.com/de-de/entra/fundamentals/whatis*. Entra ID ist so konzipiert, dass ein Provider Entra ID mehreren Kunden als SaaS bereitstellt, sodass die Kunden keine eigene Infrastruktur zur Verzeichnis- und Identitätsverwaltung aufbauen müssen.

Entra ID hat zum Ziel, eine Plattform anzubieten, und stellt die entsprechenden Schnittstellen bereit. Es geht dabei um das einmaligen Anmeldens *(Single Sign-on, SSO)* von bereits vorab integrierten Anwendungen oder den Zugriff auf andere Online- und On-Premises-Dienste. Der Begriff *On-Premises* steht dabei für die klassische Infrastruktur auf dem eigenen Gelände bzw. im eigenen Rechenzentrum oder Computerraum. Abbildung 20.1 zeigt dies in einer Übersicht.

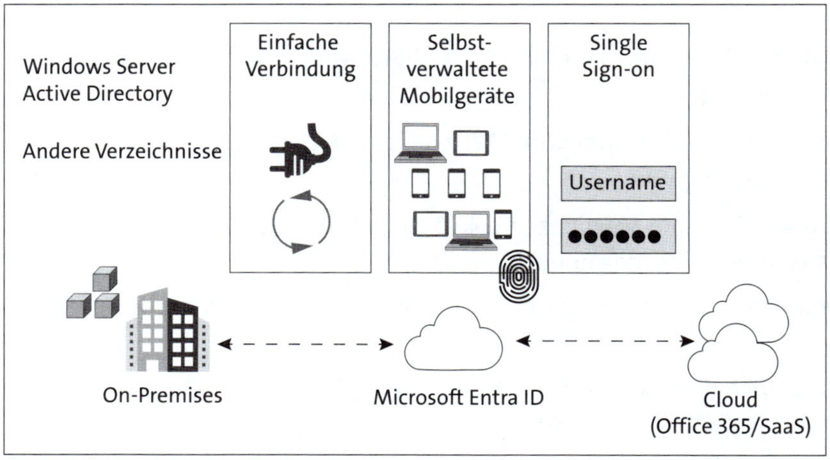

Abbildung 20.1 Das Konzept von »Entra ID« im Überblick

Neben der simplen Anbindung sind diverse Self-Services und die Anbindung an On-Premises-Dienste relevante Produktfeatures.

Entra ID ist ein geografisch verteilter Dienst, der in mehreren Rechenzentren bereitgestellt wird. Für jeden Kunden wird ein eigener sogenannter *Tenant* angelegt. Innerhalb dieses Tenants (dt. »Pächter«), der eine Umgebung beschreibt, werden alle Objekte wie Benutzer, Gruppen und andere Sicherheitsprinzipale verwaltet.

Diese Verwaltung erfolgt maßgeblich über die Konsole auf *portal.azure.com* und über die Software *Entra ID Connect* – bzw. seit Kurzem mit *Entra ID Cloud Sync* ebenfalls im Portal. Auf die Verwaltungsaufgaben innerhalb des Entra ID gehen wir im Verlauf des Kapitels noch detailliert ein.

Bei der Vorbereitung müssen Sie zunächst prüfen, ob es in Ihrer Organisation bereits eine Office 365- oder eine Azure-Umgebung gibt. Wenn ja, kann mit den dort verwendeten administrativen Zugangsdaten die Anmeldung über *https://portal.azure.com* erfolgen. Falls nicht, können Sie eine Office 365-Testversion unter *http://go.microsoft.com/fwlink/p/?LinkID=403802&culture=de-DE&country=DE* registrieren, um den Zugang auszuprobieren.

20.2.1 Microsoft Entra Domain Services

Die *Microsoft Entra Domain Services* sind die Alternative zum Deployment von Domänencontrollern auf IaaS (*Infrastructure as a Service*, also virtuelle Maschinen in einer Cloud-Umgebung) in Azure. Dabei bieten die Entra ID Domain Services eine sogenannte *Managed Domain*. Diese Domäne unterstützt den Domänenbeitritt, Kerberos/NTLM, LDAP(S) und Gruppenrichtlinien.

Die Microsoft Entra Domain Services werden zügig weiterentwickelt. Während zu Beginn nicht einmal die Erstellung von benutzerdefinierten Organisationseinheiten (OUs) möglich war, wurden diese Funktion und weitere im Verlauf der letzten Jahre ergänzt. Einschränkungen im Vergleich zu einem klassischen Active Directory bestehen jedoch weiterhin – vor allem bei der Schema-Erweiterung, beim Vollzugriff auf das Backend des Verzeichnisdienstes und bei der Erstellung von Vertrauensstellungen sowie bei der geografischen Verteilung.

Tabelle 20.1 zeigt die aktuell (Herbst 2024) verfügbaren Features.

Dienst	Microsoft Entra Domain Services	IaaS AD
Managed Service (Domänenverfügbarkeit, Teil von Tier 0)	✓	×

Tabelle 20.1 Featurevergleich von »Entra ID Domain Services« und »IaaS«-AD (in Anlehnung an: https://learn.microsoft.com/de-de/entra/identity/domain-services/compare-identity-solutions)

Dienst	Microsoft Entra Domain Services	IaaS AD
Sichere Bereitstellung	✓	Sichere Bereitstellung durch Administrator
DNS-Server	✓ (Managed Service)	✓
Ein Domänen- oder Organisationsadministrator wird benötigt.	×	✓
Domänenbeitritt	✓	✓
Authentifizierung mit NTLM und Kerberos	✓	✓
Kerberos-beschränkte Delegierung	ressourcenbasiert	ressourcenbasiert und kontenbasiert
Benutzerdefinierte OU-Struktur möglich	✓	✓
Schema-Erweiterungen	×	✓
AD-Domänen- bzw. Gesamtstrukturvertrauensstellung	✓ (one-way ausgehende Gesamtstruktur-vertrauensstellungen)	✓
LDAP-Lesezugriffe	✓	✓
Sicheres LDAP (LDAPS)	✓	✓
LDAP-Schreibzugriffe	✓ (innerhalb des Service)	✓
Gruppenrichtlinien	✓	✓
Geografisch verteilte Bereitstellung	✓	✓

Tabelle 20.1 Featurevergleich von »Entra ID Domain Services« und »IaaS«-AD (in Anlehnung an: https://learn.microsoft.com/de-de/entra/identity/domain-services/compare-identity-solutions) (Forts.)

Anders als ein Domänencontroller in IaaS auf Azure sind die Microsoft Entra Domain Services keine vollständige Erweiterung der On-Premises-Umgebung. Vielmehr wird die Domäne daneben noch einmal als verwaltete Domäne angeboten. Übergreifende Softwarearchitekturen mit dem Zugriff auf die Ressourcen anderer Systeme sind so nicht möglich. Wenn alle Lösungen allerdings in der verwalteten Domäne angesiedelt sind, so kann durch Microsoft Entra Domain Services der Aufbau von Domänencontrollern in der Cloud eventuell vermieden werden und damit der Aufwand verringert werden, der durch das Management einer vollständigen Tier-0-Umgebung in Azure entstehen würde. Seitdem noch weitere Features, wie die Gruppenrichtlinien und die geografische Bereitstellung, integriert wurden, hat das Entra ID einen weiteren Schritt in Richtung Praxistauglichkeit getan.

Tier 0

Im Ebenenmodell, das Microsoft zum Schutz vor Diebstahl von Identitätsdaten lange Zeit empfohlen hat, liegen auf *Tier 0*, also der obersten Ebene, diejenigen Systeme, die Identitäten kontrollieren. Inzwischen gehören diese zur Schicht *Privilege Access*. Details zum alten und neuen Ebenenmodell finden Sie in Kapitel 22, »Security in und mit Windows Server«.

Die Entscheidung für oder gegen die Microsoft Entra Domain Services sollten Sie in einem frühen Stadium treffen, wenn sie ausschließlich für eine Entra ID-only-Umgebung angewendet werden sollen. Entra ID speichert standardmäßig keine NTLM- bzw. Kerberos-kompatiblen Passwort-Hashes. Alle User, die »Cloud-only« sind, also nur in der Cloud existieren und später in einer verwalteten Domäne genutzt werden sollen, müssen ihre Passwörter neu setzen. Für Umgebungen, in denen Entra ID über Entra ID Connect befüllt wird, müssen Sie entsprechende Einstellungen in Entra ID Connect anpassen.

Die Passwort-Hashes sind verschlüsselt gespeichert. Lediglich der Microsoft Entra Domain Service selbst hat Zugriff auf sie. Die Entschlüsselungsschlüssel *(Decryption Keys)* sind individuell pro Entra ID-Tenant. Zusätzlich verschlüsselt Microsoft den unter den Microsoft Entra Domain Services liegenden Speicherplatz.

20.2.2 Was unterscheidet das Active Directory in Windows Server von Entra ID?

Wie bereits in Kapitel 6 beschrieben wurde, ist das Active Directory in Windows Server ein Dienst mit fünf Rollen. In den meisten Fällen wird implizit vom *Verzeichnisdienstanteil* gesprochen. Dieser ist ein Multi-Master-Verzeichnisdienst zur Verwaltung von Identitäten aller Art (User, Gruppen, Computer). Die Verwaltung erfolgt durch Strukturen und anzuwendende Richtlinien. Die Struktur gibt das Schema vor, den sogenannten *Forest* mit seinen Domänen. Der Name des Forests ist frei wählbar, und die erste Domäne heißt wie der Forest.

Ein besonders wichtiges Feature ist die Möglichkeit der Vererbung und Verschachtelung innerhalb des Verzeichnisdienstes. Das Active Directory in Windows Server (das in diesem Kapitel als *On-Premises-AD* oder auch als *WS AD* bezeichnet wird) bietet Authentifizierung auf Basis von NTLM und Kerberos sowie auf Basis von LDAP-Bind an. Außerdem werden in Windows Server die AD-Domänendienste mit zahlreichen ergänzenden Services ausgeliefert, die teilweise Features hinzufügen, die direkt mit der Authentifizierung zu tun haben. Beispielsweise werden so *Federation Token*-Formate wie OAuth, SAML2 oder WS-Fed unterstützt, die das Active Directory in Windows Server fit für die Verwendung von webbasierten Services machen.

Entra ID ist, wie eingangs in diesem Kapitel beschrieben, von Grund auf zur Nutzung von webbasierten Diensten vorgesehen. APIs, Web-Token-Formate und die Verwaltung der entsprechenden Fähigkeiten für Verbunddienste sind in die Basisfunktionen von Entra ID bereits eingebaut. Dabei ist jedoch ein großer Teil der Windows Server-Funktionalitäten nicht verfügbar, nämlich die Authentifizierung mit Kerberos, LDAP und NTLM. Auch können keine Gruppen ineinander verschachtelt werden, wie man es beispielsweise zur Abbildung von organisatorischen Ebenen kennt (ein Mitarbeiter ist in der Gruppe eines Teams, die Gruppen mehrerer Teams sind in einer Gruppe für die Abteilung usw.). Entra ID kennt außerdem keine Struktur wie eine OU-Struktur oder Domänen – es ist ein flaches Verzeichnis. Dies führt dazu, dass Sie Management-Berechtigungen und Ähnliches neu organisieren müssen.

Außerdem ist Entra ID technisch nicht mit dem Active Directory in Windows Server (WS AD) zu vergleichen. Während WS AD ein Multi-Master-Replikationsmodell nutzt, bei dem an vielen Stellen auf der Welt gleichzeitig geschrieben werden kann und das durch Algorithmen Konflikte behebt, ist dies bei Entra ID nicht vorgesehen. Bei Entra ID wird ein einzelner primärer Master, zu dem es noch einen oder mehrere Slaves gibt, schreibbar gehalten; alle anderen Kopien sind sogenannte *Read-Only-Partitionen*.

20.2.3 Systemvoraussetzungen für Entra ID

Für den Einsatz von Entra ID müssen einige Voraussetzungen erfüllt sein, die jedoch nicht wirklich als klassische Systemvoraussetzungen angesehen werden können.

Entra ID ist eine vollständig online verfügbare SaaS-Lösung. Daher brauchen Sie einen Azure-fähigen Vertrag (z. B. Office 365 E1–E5, Microsoft 365 E3 oder E5 oder ein Azure Enterprise Agreement bzw. eine Azure-CSP-Vereinbarung) bzw. ein kreditkartenbasiertes Azure-Abonnement.

Wenn eine dieser Voraussetzungen erfüllt ist, haben Sie Zugriff auf das Azure-Portal und damit die Möglichkeit, einen Tenant (Mandanten) zu erstellen. Dies ist, wie bereits beschrieben, auch über die Testfunktion von Office 365 oder auch über *Azure Free* (*azure.microsoft.com/free*) möglich.

Weitere Voraussetzungen sind ein uneingeschränkter Internetzugang mit einem entsprechend kompatiblen Browser. Sie können es daher unabhängig von Ihrem Betriebssystem nutzen.

Derzeit werden folgende Browser unterstützt:

- Microsoft Edge (neueste Version)
- Safari (nur auf Mac)
- Chrome (neueste Version)
- Firefox (neueste Version)

Als Ergänzung kann die *Azure Mobile App* verwendet werden. Diese stellt jedoch keinen vollständigen Ersatz für die Browservariante dar, denn mit ihr können nur grundsätzliche Service-Einschränkungen erkannt und bearbeitet werden. Unter *https://azure.microsoft.com/de-de/features/azure-portal/mobile-app/* lässt sich der Link zum Download abrufen.

Der Konsolenzugriff über ein Smartphone ist zwar alles andere als benutzerfreundlich. Die App kann jedoch ein interessanter Informationslieferant für Alarme und die Zustandsüberwachung von einzelnen Systemen sein, bis man wieder eine vollständige Konsole oder Zugriff auf die entsprechenden APIs von Azure hat.

Um Entra ID mit allen Automatisierungsoptionen nutzen zu können, ist die Verwendung von Microsoft PowerShell mit den zugehörigen Cmdlets für Entra ID unabdingbar. Bislang gab es keine betriebssystemspezifischen Voraussetzungen.

Als wir dieses Buchs geschrieben haben, waren alle unterstützten Windows-Versionen in der Lage, die entsprechenden Cmdlets (siehe Kapitel 11) auszuführen. Dies gilt also ab Windows Server 2012 und Windows 8.1 inklusive der entsprechenden Patches.

Derzeit existieren zwei Cmdlet-Varianten, die im Folgenden kurz vorgestellt werden:

- Azure Active Directory PowerShell for Graph (neuer)
- Azure Active Directory Module for Windows PowerShell (ursprüngliche Version)

Die Voraussetzungen für beide Varianten sind unterschiedlich:

- Für die *Graph*-Variante ist die wichtigste Voraussetzung der Einsatz von PowerShell 3.0 oder neuer. Diese Version ist in allen unterstützten Betriebssystemen bereits integriert.

  Zusätzlich benötigen Sie noch das .NET Framework 4.5 oder neuer.
- Für die *Windows PowerShell*-Variante muss zusätzlich noch der *Microsoft Online-Services Sign-In Assistant* installiert werden. Berücksichtigen Sie hierbei, dass nur noch die 64-Bit-Version von *Azure Active Directory Module for Windows PowerShell* unterstützt wird.

Derzeit werden in der Regel beide Varianten von Cmdlets benötigt, da die Funktionen (noch) nicht deckungsgleich sind – prüfen Sie von Zeit zu Zeit, ob es an dieser Stelle Änderungen gibt. Sie sollten die Funktionen aus der *Azure Active Directory PowerShell for Graph* vorziehen, da davon ausgegangen werden kann, dass die bereits existierenden Funktionen in Zukunft als *deprecated* markiert und nicht mehr langfristig gepflegt werden.

Zusammengefasst ist festzustellen, dass viele Funktionen auch ohne Windows-Infrastruktur zur Verfügung stehen. Allerdings sind die volle Administration und der volle Zugriff auf alle Funktionen nur mit aktuellen Windows-Betriebssystemen möglich.

20.2.4 Entra ID initial konfigurieren

In diesem Abschnitt verwenden wir den Office 365-Test-Tenant *w2k25.onmicrosoft.com* für weitere Tests (siehe Abbildung 20.2).

Abbildung 20.2 Basisinformationen zum Test-Tenant

Mit der Testumgebung erstellen Sie automatisch einen sogenannten Entra ID-Tenant. Der generierte Account ist aufgrund der Security Defaults bereits für die sogenannte *Multi-Factor Authentication (MFA)* aktiviert. Sie sollten diese nicht deaktivieren.

Den direkten Zugriff auf das Entra ID erhalten Sie über *https://entra.microsoft.com*. Sollten Sie einen bestehenden Tenant verwenden, dann hat die Einrichtung von MFA für Ihren globalen Administrator die höchste Priorität. Dazu wechseln Sie zum Abschnitt BENUTZER (siehe Abbildung 20.3), dort zu ALLE BENUTZER und wählen die Option MFA PRO BENUTZER (siehe Abbildung 20.4).

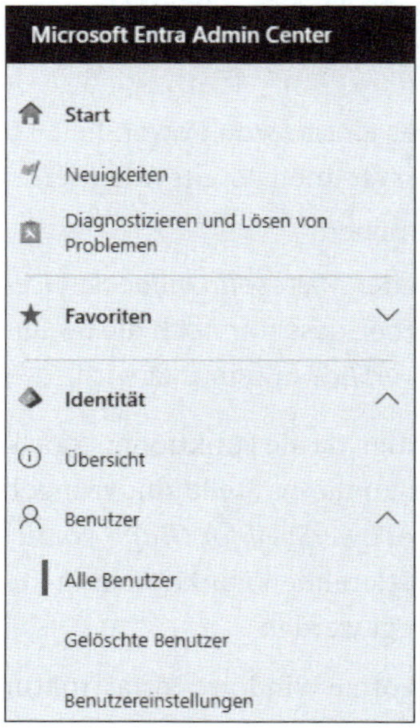

Abbildung 20.3 Menü im »Entra Admin Center«

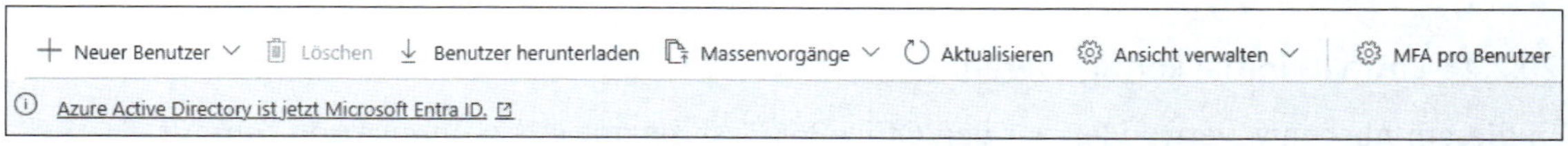

Abbildung 20.4 Menübar bei »Alle Benutzer«

Dies leitet Sie zum alten Entra ID-Portal weiter. Dort können Sie den Benutzer auswählen und für ihn MFA aktivieren (siehe Abbildung 20.5).

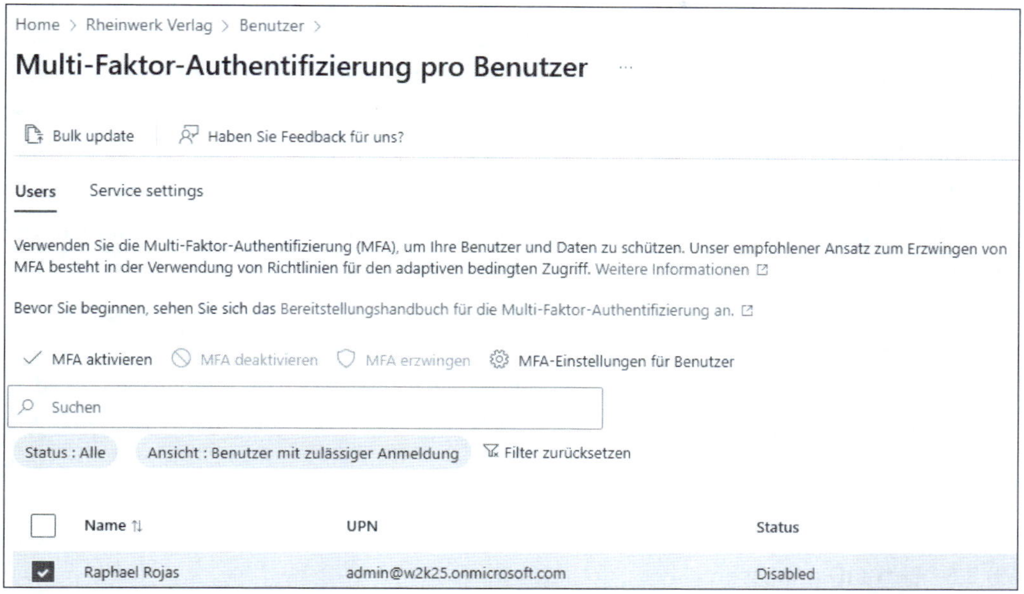

Abbildung 20.5 Ein Klick auf »MFA aktivieren« aktiviert die Multi-Faktor-Authentifizierung für die ausgewählten Benutzer.

Der Status sollte nach dem Anklicken von AKTIVIEREN auf AKTIVIERT oder ENFORCED stehen. Anschließend ist das vollständige Aktivieren für MFA notwendig. Dieses wird automatisch angestoßen, sobald Sie oder der konfigurierte Benutzer sich zum ersten Mal anmeldet. Azure stellt dann je nach vorheriger Konfiguration fest, dass mehr Informationen benötigt werden, und fordert diese an.

Sie können sich als zweiten Faktor zur Authentifizierung eine SMS zusenden lassen, einen Telefonanruf anfordern oder die *Azure Authenticator App* verwenden. Die *Authenticator App* ist für iOS und Android sowie für Windows verfügbar. Details hierzu finden Sie unter:

https://support.microsoft.com/en-us/account-billing/about-microsoft-authenticator-9783c865-0308-42fb-a519-8cf666fe0acc

Mindestens ein Administratorkonto sollte gleichzeitig ein sogenanntes *Notfallkonto* darstellen. Dieses sollte mit einem entsprechend komplexen Passwort und keinem telefonbasierten MFA eingerichtet werden. Das Verfahren ist auf *https://learn.microsoft.com/en-us/entra/identity/role-based-access-control/security-emergency-access* beschrieben.

Entra ID kennt unterschiedliche Kontentypen auf der Benutzer-Ebene. Die Details hierzu werden im Verlauf des Kapitels erörtert. An dieser Stelle müssen Sie jedoch berücksichtigen, dass diese Notfallkonten als »Cloud-only«-Benutzer bestehen bleiben, auch wenn Sie sich ansonsten für eine andere Bereitstellung entschieden haben (für die Nutzung von Verbunddiensten oder Passwort-Hash-Synchronisation oder für eine der weiteren Optionen). Außerdem kann an dieser Stelle aus Sicherheitsgründen keine umgebungsspezifische Domäne für den Anmeldenamen verwendet werden. Das heißt, die Konten bleiben als `notfalluser1@w2k25.onmicrosoft.com` und `notfalluser2@w2k25.onmicrosoft.com` bestehen. Diese Accounts müssen von Conditional Access Policys ausgeschlossen werden. Auch für diese Accounts gelten die Anforderungen zur MFA.

Link: *https://learn.microsoft.com/de-de/entra/identity/authentication/concept-mandatory-multifactor-authentication*

> **Notfallkonten**
> Zum Abschluss noch einmal der Hinweis, weil es wirklich wichtig ist: Bevor Sie weitere administrative Vorgänge in Entra ID durchführen, erstellen Sie unbedingt die entsprechenden Notfallkonten!

20.2.5 Entra ID anpassen

Nachdem Sie die Notfallkonten in Entra ID angelegt und den Zugang zu ihnen von allen Benutzerkonten getestet haben, ist ein großer Schritt der Basiskonfiguration umgesetzt: Der Tenant und sein Entra ID sind abgesichert und ein unberechtigter Zugriff kann so weit wie möglich ausgeschlossen werden.

Anschließend müssen Sie einige grundsätzliche Schritte durchführen, die wir in den folgenden Abschnitten beschreiben.

Hinzufügen von benutzerdefinierten Domänen

Namen der benutzerdefinierten Domänen (Custom Domain Names) bieten die Möglichkeit, die gewohnten firmenspezifischen Domänennamen zu verwenden – beispielsweise die, die Sie für E-Mail-Adressen einsetzen.

In Entra ID müssen diese Domänennamen autorisiert werden, da Entra ID als globaler Verzeichnisdienst keine überschneidenden Namensbereiche akzeptieren kann.

Nach der Anmeldung an Entra ID wechseln Sie zu *https://portal.azure.com* und geben »Entra« in die Suchfunktion ein. Im Menüband wählen Sie unterhalb von Verwalten die Option Namen der benutzerdefinierten Domänen aus (siehe Abbildung 20.6).

Im nächsten Schritt ist eine Übersicht aller mit diesem Entra ID-Tenant verbundenen Domänen zu sehen (siehe Abbildung 20.7).

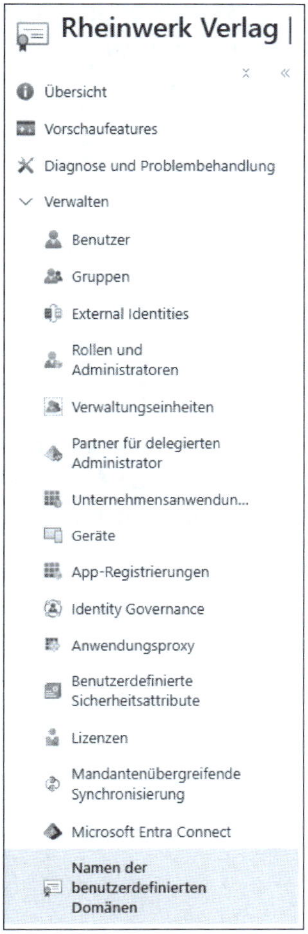

Abbildung 20.6 »Namen der benutzerdefinierten Domänen«

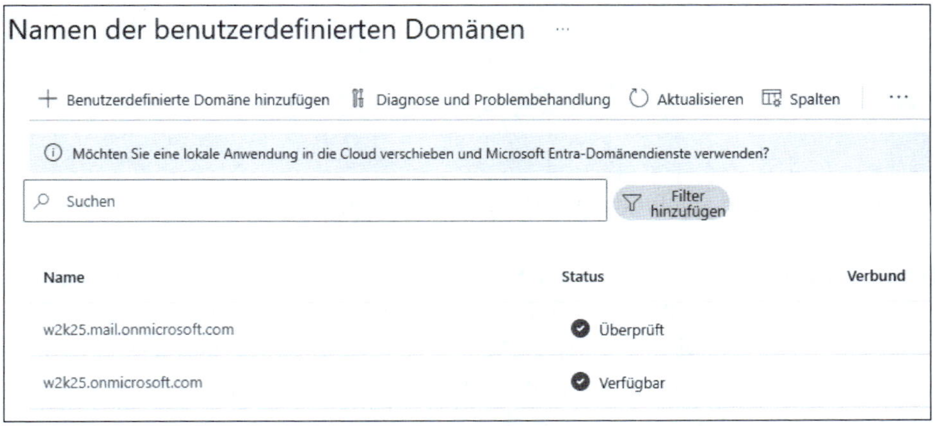

Abbildung 20.7 Übersicht zu »Namen der benutzerdefinierten Domänen«

An dieser Stelle ist zu Beginn nur die initial registrierte Domäne *w2k25.onmicrosoft.com* zu sehen. Eine zusätzliche Domäne ergänzen Sie über BENUTZERDEFINIERTE DOMÄNE HINZUFÜGEN. Im Beispiel aus Abbildung 20.8 fügen wir *raphael-msft.de* als Domäne hinzu.

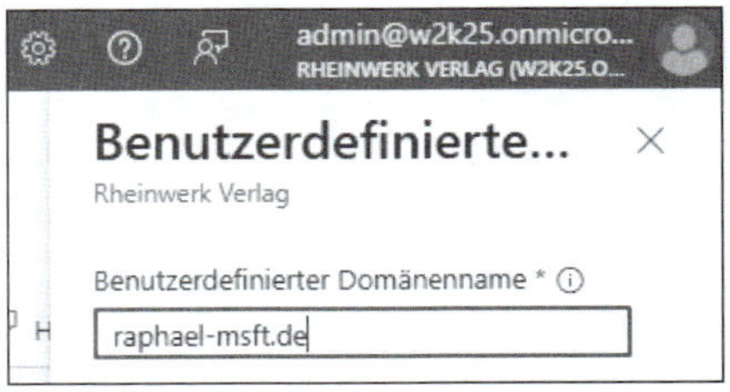

Abbildung 20.8 Tragen Sie den Domain-Namen ohne ein vorangestelltes »www« ein.

Anschließend erscheint eine Information, die Ihnen zeigt, welche Autorisierungsinformationen im DNS der Domäne hinzugefügt werden müssen, um die entsprechende Autorisierung (Besitz-Nachweis) für Microsoft sichtbar zu machen (siehe Abbildung 20.9). Dies sind wahlweise:

- ein TXT-Record im DNS
- ein MX-Record im DNS

Abbildung 20.9 TXT-Recordtyp-Information für die Autorisierung der Domäne

Anschließend müssen Sie beim jeweiligen DNS-Provider diese Information hinterlegen. Der genaue Ablauf ist je nach DNS-Provider unterschiedlich. Für die Einrichtung muss ein sonst selten verwendeter Eintragstyp *(Record Type)* TXT angelegt werden. Falls Sie diesen Typ nicht anpassen können, haben Sie alternativ die Möglichkeit, auch einen ins Leere führenden MX-Eintrag mit entsprechend niedrigerer Priorität anzulegen.

MX-Eintragsprioritäten

MX-Einträge zeigen üblicherweise auf E-Mail-Serversysteme und werden mit einer sogenannten *Priorität* versehen. Das bedeutet, dass Werte mit einer niedrigeren Priorität bevorzugt angesprochen werden, und bei gleicher Priorität wird zufällig ausgewählt. Für die Autorisierung eines Cloud-Systems wird eine hohe Priorität ausgewählt. Damit wird dieser Eintrag nicht für den E-Mail-Versand verwendet.

Wenn Sie direkt nach dem Anlegen im Provider-DNS auf ÜBERPRÜFEN klicken, wird in den meisten Fällen eine Fehlermeldung erscheinen (siehe Abbildung 20.10).

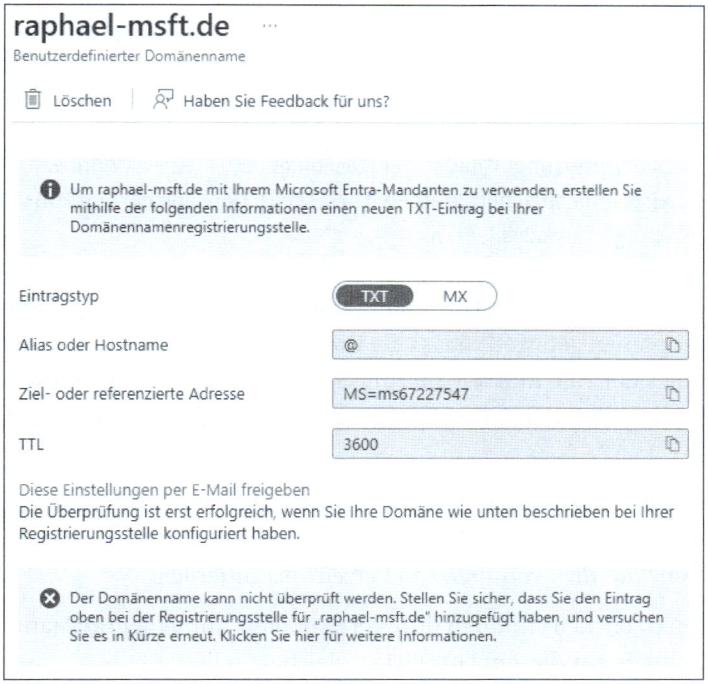
raphael-msft.de
Benutzerdefinierter Domänenname
Löschen
Haben Sie Feedback für uns?
Um raphael-msft.de mit Ihrem Microsoft Entra-Mandanten zu verwenden, erstellen Sie mithilfe der folgenden Informationen einen neuen TXT-Eintrag bei Ihrer Domänennamenregistrierungsstelle.
Eintragstyp
TXT
MX
Alias oder Hostname
@
Ziel- oder referenzierte Adresse
MS=ms67227547
TTL
3600
Diese Einstellungen per E-Mail freigeben
Die Überprüfung ist erst erfolgreich, wenn Sie Ihre Domäne wie unten beschrieben bei Ihrer Registrierungsstelle konfiguriert haben.
Der Domänenname kann nicht überprüft werden. Stellen Sie sicher, dass Sie den Eintrag oben bei der Registrierungsstelle für „raphael-msft.de" hinzugefügt haben, und versuchen Sie es in Kürze erneut. Klicken Sie hier für weitere Informationen.

Abbildung 20.10 Fehlermeldung bei fehlenden DNS-Settings

Die Fehlermeldung besagt, dass die korrekten DNS-Einstellungen nicht gefunden werden konnten. Die Prüfung, ob die gesetzten Einstellungen bereits im DNS lesbar sind, führen Sie mit dem Windows-Standard-Tool `nslookup` durch (siehe Abbildung 20.11).

Starten Sie die Kommandozeile mit [Win]+[R] und `cmd.exe`. Nach Eingabe von `nslookup` muss der Typ des abzufragenden Records auf TXT umgestellt werden. Dies erfolgt mit dem Kommando `set q=txt`. Anschließend geben Sie den Domänennamen ein.

Wenn der Inhalt `MS=ms67227547` zurückgegeben wird und er mit den Konfigurationsanforderungen (siehe Abbildung 20.9) übereinstimmt, klicken Sie auf ÜBERPRÜFEN.

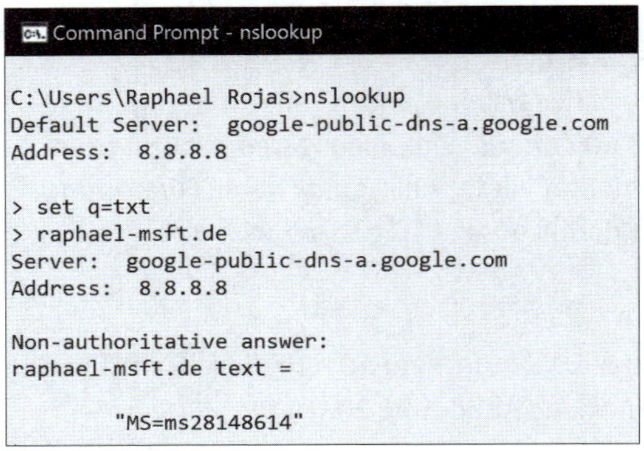
Command Prompt - nslookup
C:\Users\Raphael Rojas>nslookup
Default Server: google-public-dns-a.google.com
Address: 8.8.8.8
> set q=txt
> raphael-msft.de
Server: google-public-dns-a.google.com
Address: 8.8.8.8
Non-authoritative answer:
raphael-msft.de text =
"MS=ms28148614"

Abbildung 20.11 »nslookup« des TXT-Records

DNS-Zwischenspeicherung

Bitte achten Sie darauf, dass DNS-Auflösungen (auch fehlgeschlagene) in einer Windows-Umgebung immer im *Cache* zwischengespeichert werden. Diese Zwischenspeicherung können Sie auf dem Client mit `ipconfig /flushdns` leeren.

In einigen Fällen wurde jedoch schon zuvor eine Umgebung erstellt bzw. in einer Umgebung mit dem identischen Domänennamen getestet, sodass die Domäne noch mit einer anderen Umgebung verknüpft ist. Ist dies der Fall, müssen Sie zunächst die Verknüpfung auflösen, indem Sie die Domäne aus den benutzerdefinierten Domänennamen entfernen. Die Fehlermeldung lautet beispielsweise:

Diese Domäne wurde zuvor in "raphaelrojas.onmicrosoft.com" über ein vorhandenes Entra ID oder Office 365 konfiguriert. Um diesen Domänennamen zu überprüfen, müssen Sie den Domänennamen zuerst aus dem vorhandenen Verzeichnis entfernen.

Melden Sie sich am vorhandenen Entra ID mit den dort verwendeten Anmeldeinformationen an, und löschen Sie die Domäne aus diesem Entra ID an gleicher Stelle.

Das Entfernen ist ein mehrstufiger Prozess – abhängig davon, ob User und Gruppen die Domäne verwenden oder nicht. Im nächsten Schritt verifizieren Sie etwaig betroffene Benutzer, Gruppen und Anwendungenur Bestätigung der folgenden Aktionen müssen Sie den Domänennamen erneut eingeben.

Anschließend ist die Liste der verifizierten Domänen um die gelöschte Domäne verkürzt und Sie können erneut auf ÜBERPRÜFEN klicken. Dies löst den Prüfungsvorgang erneut aus.

Im nächsten Schritt sehen Sie die Meldung ÜBERPRÜFUNG ERFOLGREICH! und damit eine erfolgreiche Verknüpfung der Domäne mit diesem Entra ID. Diese Domäne kann nun für E-Mail-Adressen (hierzu sind allerdings weitere Konfigurationen im Rahmen von Office 365 notwendig), aber vor allem als Benutzernamensuffix verwendet werden.

Datenschutz- und Support-Informationen

Weil Microsoft das Entra ID als Dienst vollständig betreibt, kann es zu der Situation kommen, dass Microsoft mit Ihnen Kontakt aufnehmen muss, z. B. wenn ein Angriff auf Ihr Entra ID stattfindet. Außerdem ist es durch gesetzliche Auflagen notwendig, Hinweise zum Thema Privacy bzw. Datenschutz verfügbar zu machen.

Hierzu gibt es weitere Konfigurationsoptionen unter dem Menüpunkt IDENTITÄT • ÜBERSICHT • EIGENSCHAFTEN im Menüband (siehe Abbildung 20.12).

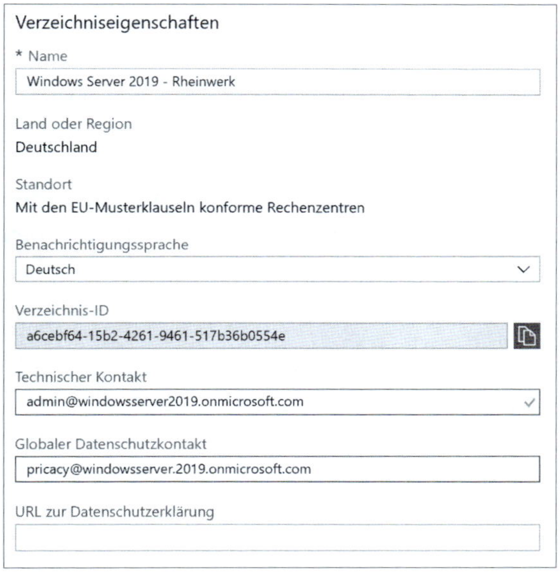

Abbildung 20.12 E-Mail-Adresse und URL für Datenschutzinformationen

Leiten Sie die hier hinterlegten E-Mail-Adressen an eine gemeinsam genutzte Mailbox weiter, sodass eine zeitnahe Reaktion auf E-Mails gewährleistet werden kann.

20.2.6 Zugriff für hybride Identitäten

Im Folgenden betrachten wir verschiedene Verfahren, wie hybride Identitäten auf das Entra ID zugreifen können.

Lösungsszenario ohne hybride Identitäten

In Firmen und Organisationen, die keine On-Premises-Umgebung betreiben, ist es möglich, dass die Thematik *hybride Identitäten* gar nicht zum Tragen kommt. Dies ist allerdings nur in neu gegründeten oder sehr Cloud-affinen Umgebungen zu erwarten. Daher wollen wir an dieser Stelle nur auf Folgendes hinweisen: Entra ID-Cloud-only-Identitäten sind primär in der Cloud erstellte und verwaltete Identitäten. Zusätzlich gibt es außerdem Situationen, in denen die On-Premises-Umgebung komplex oder nicht in der Hand einer zentralen IT-Abteilung ist, sodass die Einführung von Cloud-only-Identitäten eine Möglichkeit sein kann, die Integration zu vermeiden und dennoch gewisse Dienste standardisiert bereitzustellen.

Als weitere valide Option ist noch ein Test/Pilot von Office 365 anzusehen, sodass ohne Integration getestet werden kann, welche Features Office 365 bereitstellt.

Als letzte Option ist Cloud-only dann zu nennen, wenn alle »klassischen« Ressourcen (Kerberos, NTLM oder Ähnliches) in eine Umgebung mit verfügbaren Entra ID-Domänendiensten migriert wurden und dann die letzten On-Premises-Umgebungen abgeschaltet werden können.

Szenarienwahl

Welche Identity-Lösung die optimale für die zu administrierende Umgebung ist, lässt sich anhand von verschiedenen Kriterien in einem Ablaufdiagramm entscheiden. Das Ablaufdiagramm aus Abbildung 20.13 geht grundsätzlich davon aus, dass es keine Einschränkungen bzw. keine Präferenz für eine Lösung gibt, sodass rein auf Basis der Richtfragen entschieden werden kann.

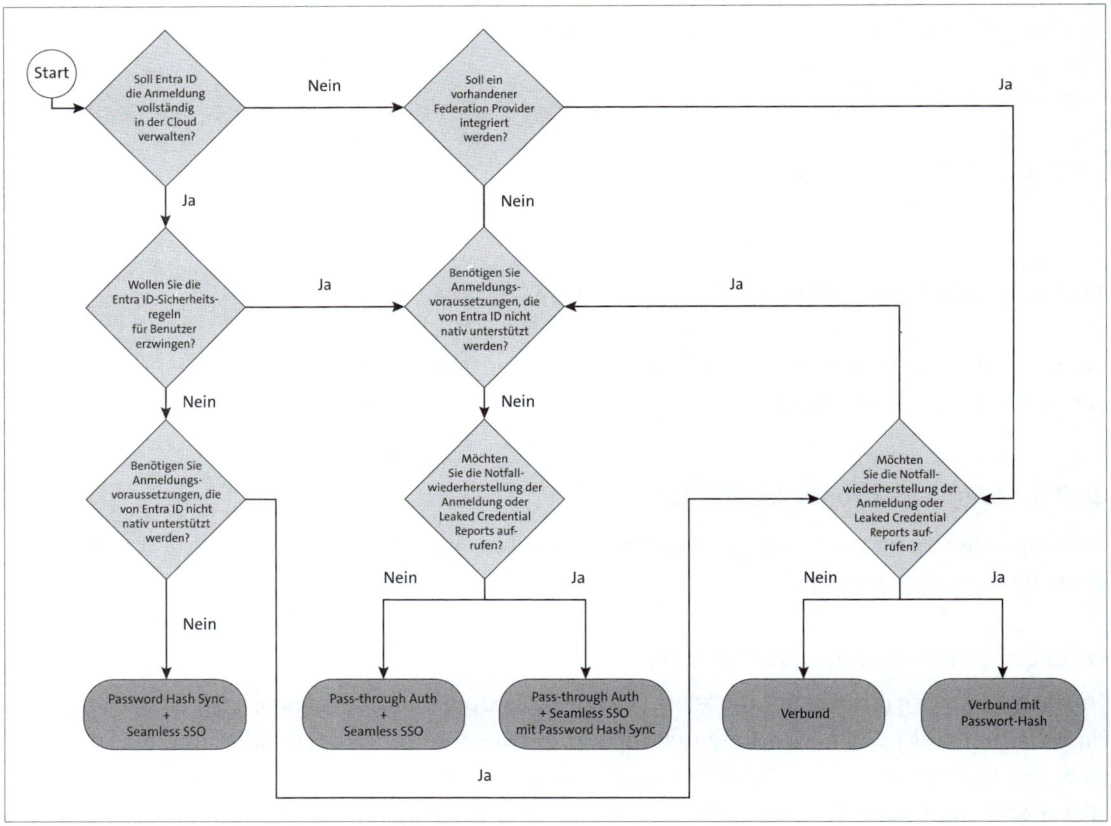
Start
Soll Entra ID die Anmeldung vollständig in der Cloud verwalten?
Nein
Soll ein vorhandener Federation Provider integriert werden?
Ja
Ja
Nein
Wollen Sie die Entra ID-Sicherheitsregeln für Benutzer erzwingen?
Ja
Benötigen Sie Anmeldungsvoraussetzungen, die von Entra ID nicht nativ unterstützt werden?
Ja
Nein
Nein
Benötigen Sie Anmeldungsvoraussetzungen, die von Entra ID nicht nativ unterstützt werden?
Möchten Sie die Notfallwiederherstellung der Anmeldung oder Leaked Credential Reports aufrufen?
Möchten Sie die Notfallwiederherstellung der Anmeldung oder Leaked Credential Reports aufrufen?
Nein
Ja
Nein
Ja
Nein
Password Hash Sync + Seamless SSO
Pass-through Auth + Seamless SSO
Pass-through Auth + Seamless SSO mit Password Hash Sync
Verbund
Verbund mit Passwort-Hash
Ja

Abbildung 20.13 Auswahl des korrekten Authentifizierungsszenarios
(Quelle: https://learn.microsoft.com/de-de/entra/identity/hybrid/connect/choose-ad-authn)

Die Szenarien werden anhand von fünf Fragen ermittelt:

- Die erste Frage, »Möchten Sie, dass Entra ID eine Sign-in-Anforderung vollständig in der Cloud abwickelt?«, ist so zu verstehen, dass die Funktionalität und die Abhängigkeiten gemeint sind: Werden Cloud-Ressourcen auch benötigt, wenn On-Premises-Verbindungen möglicherweise aus operationellen Gründen eingeschränkt verfügbar sind, z. B. aufgrund von Wartungsaktivitäten oder weil die technischen Voraussetzungen schlecht sind? Dies kann dann auch ein Ansatz sein, um die Abhängigkeit von operationell schwierigen Prozessen zu reduzieren.
- Die zweite Frage bezieht sich darauf, ob gewünscht ist, dass ein bereits existierender (oder aufzubauender) Federation Provider die Authentifizierungsanfragen übernimmt. Dies ist z. B. dann der Fall, wenn *Microsoft AD FS 2025* verwendet werden soll.
- Die dritte Frage beleuchtet Einschränkungen, die derzeit in der Cloud bestehen, sodass nicht alle Funktionen, die vom Active Directory in Windows Server bereitgestellt werden, genutzt werden können, um die Sign-in-Steuerung zu beeinflussen. Dazu gehören z. B. Login-Zeiten, das Ablaufen von Passwörtern und das Sperren von Konten.
- Als vierte Frage, die tatsächlich das Sign-in beeinflusst, ist zu klären, ob besondere Sign-in-Features benötigt werden. »Besonders« in diesem Sinne wären z. B. die Verwendung von Smartcards oder Zertfikaten *(User Authentication)* für die Anmeldung oder die Kombination mit einem eigenen MFA-Server sowie die Verwendung einer komplexen eigenen Authentifizierungslösung.
- Die fünfte Frage entscheidet letztlich nur noch, ob Passwort-Hashes synchronisiert werden sollen oder nicht. Dies ist notwendig, um im Zweifelsfall auf Cloud-Authentifizierung umzustellen bzw. erweiterte Funktionen bezüglich verloren gegangener Zugangsdaten *(Leaked Credentials)* zu aktivieren.

Passwort-Hash-Synchronisierung

Alle Optionen der hybriden Identitätenbereitstellung benötigen eine Synchronisierung von bereits existierenden Benutzern einer Umgebung (z. B. der Benutzer im Active Directory von Windows Server) mit Entra ID. Das Microsoft-eigene Tool hierfür ist das bereits erwähnte *Entra ID Connect* oder *Entra ID Connect Cloud Sync.*

Die einfachste Bereitstellung, die allerdings sehr umstritten ist, ist die Passwort-Hash-Synchronisierung. Sie ist eine von zwei Möglichkeiten, um sich an der Cloud zu authentifizieren. In Abbildung 20.14 sehen Sie, welche Daten in welcher Verarbeitungsform in die Cloud übertragen werden.

Das Passwort selbst wird nicht an Entra ID übertragen. Das im Active Directory als MD4 gehashte Passswort wird konvertiert, zusätzlich verfremdet *(salted)* und durch eine neue mathematische Formel verschlüsselt, deren Ergebnis dann an Entra ID übertragen wird. Der User meldet sich in der Praxis mit dem identischen Passwort in der Cloud und On-Premises an. Allerdings ist der Hash, mit dem der Vergleich stattfindet, jedes Mal ein anderer. Der Ablauf bei der Anmeldung ist folgender:

- Anfrage und Erhalten eines MD5-verpackten Passwort-Hashs
- Entschlüsseln, um den MD4-Hash zu erhalten
- Konvertierung in ein 64-Byte-Binary
- 10-Byte-Salting
- Der 64-Bit-Hash wird in einer SHA-256-Funktion übergeben.

An keiner Stelle im Prozess wird das Klartextpasswort des Benutzers sichtbar.

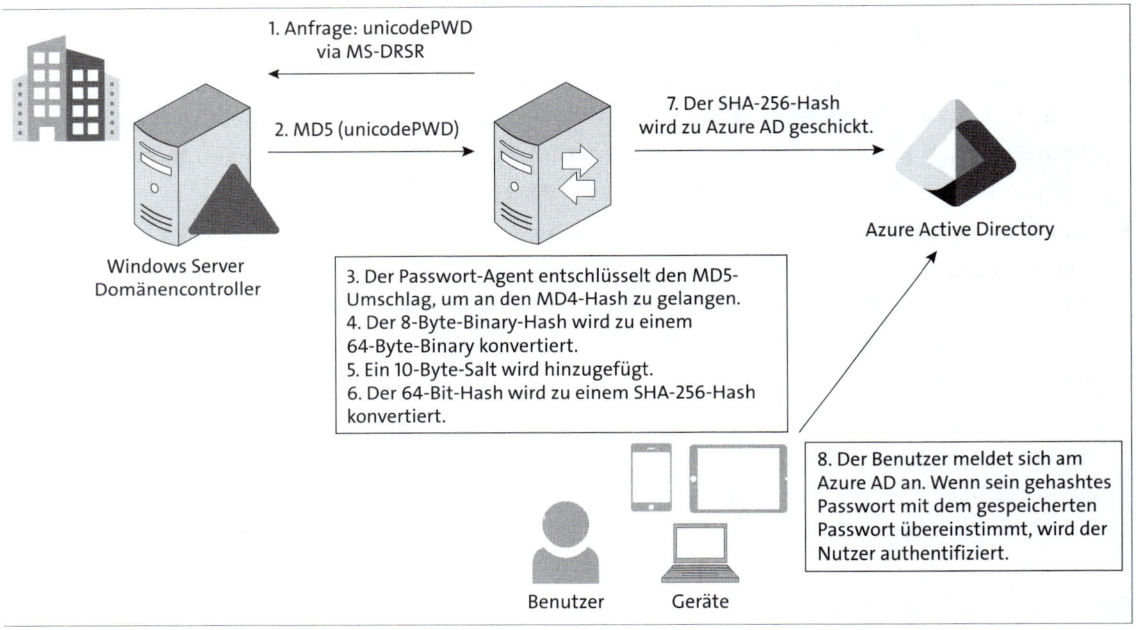
1. Anfrage: unicodePWD via MS-DRSR
2. MD5 (unicodePWD)
7. Der SHA-256-Hash wird zu Azure AD geschickt.
Windows Server Domänencontroller
Azure Active Directory
3. Der Passwort-Agent entschlüsselt den MD5-Umschlag, um an den MD4-Hash zu gelangen.
4. Der 8-Byte-Binary-Hash wird zu einem 64-Byte-Binary konvertiert.
5. Ein 10-Byte-Salt wird hinzugefügt.
6. Der 64-Bit-Hash wird zu einem SHA-256-Hash konvertiert.
8. Der Benutzer meldet sich am Azure AD an. Wenn sein gehashtes Passwort mit dem gespeicherten Passwort übereinstimmt, wird der Nutzer authentifiziert.
Benutzer
Geräte

Abbildung 20.14 Ablauf der Passwort-Hash-Synchronisierung (Quelle: https://learn.microsoft.com/en-us/entra/identity/hybrid/connect/how-to-connect-password-hash-synchronization)

Spätestens bei der Beschreibung dieser Funktion wird deutlich, wieso der zuvor eingerichtete Benutzer für Entra ID Connect solche weitreichenden Berechtigungen benötigt und warum der Dienstbenutzer, der für Entra ID Connect verwendet wird, ein kritisches Benutzer-Objekt ist.

Die Passwort-Hash-Synchronisierung zeigen wir an dieser Stelle nicht, wir beschreiben sie aber als Fallback-Lösung für Federation im Praxisteil.

Nutzung von Verbunddiensten mit AD FS

Die in Deutschland tatsächlich immer noch am häufigsten verwendete Authentifizierung ist die Verwendung von *Active Directory Federation Services* (*AD FS*, dt. Active Directory-Verbunddienste). Dies ist keine Cloud-Authentifizierung, da die Authentifizierung On-Premises gegenüber dem Active Directory durchgeführt wird. Dazu wird beim Zugriff auf eine durch das Verzeichnis *AzureAD* verwaltete Ressource der Anmeldevorgang an den sogenannten Vertrauensverbund-Partner *(Federation Trust)* weitergeleitet. Diese Infrastruktur wird jedoch nicht direkt im Internet exponiert, sondern durch einen Reverse-Proxy (*Web Application Proxy, WAP* – eine Rolle von Remote Access) bereitgestellt. Diese Reverse-Proxy-Server sind nicht Teil der Domäne und ermöglichen ausschließlich Zugriff auf den Service-Port des AD FS. Dieser ist HTTPS auf Port 443 (siehe Abbildung 20.15).

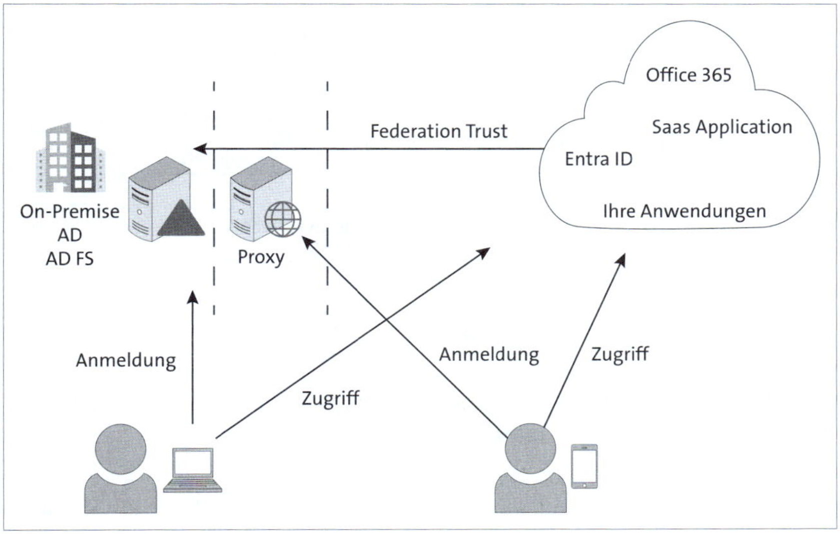

Abbildung 20.15 Login in Entra ID mittels Federation (Quelle: https://learn.microsoft.com/de-de/entra/identity/hybrid/connect/whatis-fed)

Wenn der Benutzer nicht aus dem Internet, sondern im Unternehmensnetzwerk zugreift, wird sein Anmeldevorgang (Sign-in) direkt an den AD FS-Server weitergereicht und passiert nicht den WAP-Server. Der Zugriff erfolgt auf die jeweilige Ressource, die in den meisten Fällen in der Azure Cloud oder in einer anderen SaaS-Umgebung läuft. Die Art der Geräte, mit denen der Login durchgeführt wird, ist dabei irrelevant; die Geräte müssen auch nicht Teil der Domäne sein. Wenn ein Gerät allerdings in der Domäne und On-Premises vorhanden ist, wird ein Single Sign-on möglich.

Federation mit Dritten

Da bei der Verwendung des Federation Trusts auf Standards zurückgegriffen wird (SAML, OpenID Connect), ist die Federation mit Dritten grundsätzlich möglich. Seit Kurzem unterstützt Entra ID bzw. Entra ID Connect offiziell *Ping Federate*. Auf eine Federation mit Dritten gehen wir in diesem Buch aber nicht weiter ein.

Pass-Through-Authentifizierung

Die *Pass-Through-Authentifizierung* ist die Möglichkeit, mit der Sie in der Cloud Benutzer authentifizieren, deren Passwörter nicht in der Cloud gespeichert sind. Dazu bedient sich Entra ID eines Tricks (siehe Abbildung 20.16).

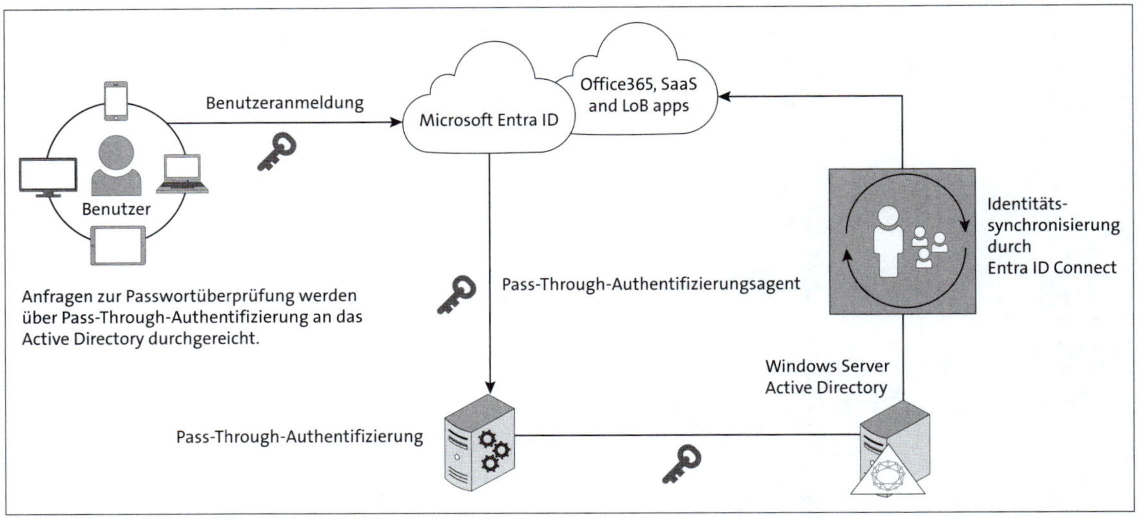

Abbildung 20.16 Pass-Through-Authentifizierung (Quelle: https://learn.microsoft.com/de-de/entra/identity/hybrid/connect/how-to-connect-pta)

Wenn der Benutzer eine Anwendung startet, die einen Login erfordert, wird ihm ein Entra ID-Login-Formular angeboten. Dort gibt er seine Benutzerzugangsdaten ein (mit oder ohne MFA). Das Passwort wird verschlüsselt und von einem sogenannten Pass-Through-Authentifizierungsagenten abgerufen. Die Agenten laufen On-Premises und können hochverfügbar ausgelegt werden. Es gibt damit keine Verbindung direkt aus der Cloud zu den Domänencontrollern des Verzeichnisdienstes. Lediglich die Authentifizierungsagenten benötigen eine Cloud-Verbindung. Eine weitere Voraussetzung ist, dass die User (ohne Passwort-Hash) in der Cloud bereitgestellt sind.

Die Authentifizierungsagenten gleichen das verschlüsselte Passwort nach seiner Entschlüsselung lokal mit dem Domänencontroller ab und geben ein positives oder negatives Feedback an Entra ID zurück. Entra ID ist letztlich für die finale Bearbeitung des Anmeldevorgangs verantwortlich und gewährt den Zugriff – oder eben nicht.

Pass-Through-Authentifizierung und Passwort-Hash-Synchronisierung können gemeinsam verwendet werden. Allerdings gibt es Beschränkungen bei dem automatischen Failover, denn dieses funktioniert schlicht nicht. Wenn die lokale Infrastruktur ausfällt, dann muss mindestens ein Entra ID Connect-Server zur Rekonfiguration bereitstehen, um auf Cloudbasierte Authentifizierung umzustellen. Außerdem beherrscht *Entra ID Connect Health* derzeit die Pass-Through-Authentifizierung noch nicht und es kann darüber kein Monitoring stattfinden.

Entra ID Seamless Single Sign-on

Das nahtlose einmalige Anmelden *(Seamless Single Sign-on)* ist ein Ergänzungsfeature für zwei grundsätzliche Anmeldeverfahren (Passwort-Hash-Synchronisierung und Pass-Through-Authentifizierung).

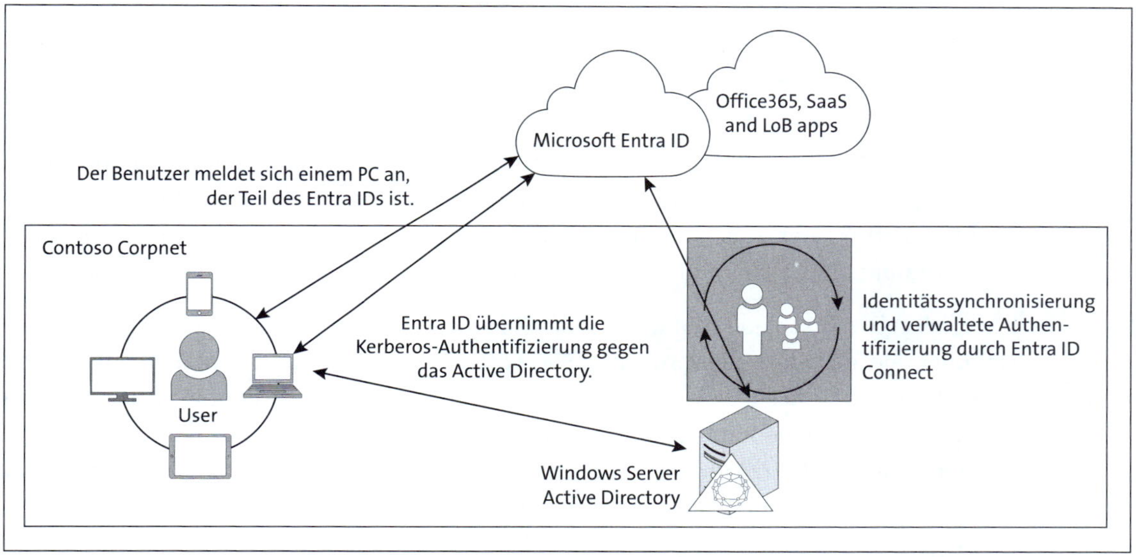

Abbildung 20.17 Entra ID Seamless Single Sign-on (Quelle: https://learn.microsoft.com/de-de/entra/identity/hybrid/connect/how-to-connect-sso)

Mit *Seemless Single Sign-on* kann die Funktion insofern ergänzt werden, als dass für die Anmeldung durch mit Entra ID authentifizierte Dienste und Anwendungen in den meisten Fällen keine Anmeldung mit Benutzername und Passwort mehr notwendig ist. Die einzige Voraussetzung ist bei beiden Szenarien, dass die Geräte, von denen der Anmeldeversuch startet, Teil einer Active Directory-Domäne sein müssen. In diesem Fall und bei Verwendung von kompatiblen Anwendungen oder Diensten wird ein extra dafür angelegtes Computer-Konto als Brücke verwendet, um den Anmeldeversuch zu übersetzen.

Zur Einrichtung und zu den Details der Konfiguration geben die folgenden Seiten Auskunft:

- *https://learn.microsoft.com/de-de/entra/identity/hybrid/connect/how-to-connect-sso*
- *https://learn.microsoft.com/de-de/entra/identity/hybrid/connect/how-to-connect-sso-quick-start*

20.3 Microsoft Entra ID mit einem On-Premises-Active Directory verknüpfen

20.3.1 Entra ID Connect oder EntraID Connect Cloud Sync einsetzen

Für die Verknüpfung von Entra ID mit einer On-Premises-AD-Umgebung bietet Microsoft inzwischen zwei grundsätzliche Möglichkeiten an. Diese unterscheiden sich in der Art und Weise, wie die Datenverarbeitung gesteuert wird und welche Optionen zur Verfügung stehen:

- *Entra Connect* ist die klassische Variante und wird derzeit in Version 2.3.20.0 bereitgestellt. Da die Abstände bei den Versionsupdates allerdings immer größer werden, ist anzunehmen, dass keine maßgebliche Weiterentwicklung mehr stattfindet und dass andere Varianten bevorzugt weiterentwickelt werden.
- Zu diesen Varianten zählt *Entra Cloud Sync*. Diese Variante ist seit Februar 2021 allgemein verfügbar und sorgt dafür, dass die Konfiguration und Definition der Objekte, die synchronisiert werden sollen, aus der Cloud heraus gesteuert werden. CloudSync benötigt mindestens eine Entra ID P1-Lizenzierung gemäß den geltenden Lizenzbedingungen.

Die größten Unterschiede sind dabei möglicherweise auf den ersten Blick nicht sofort verständlich. Sie existieren allerdings, und Sie sollten Rücksicht auf sie nehmen. Wenn Sie beispielsweise auf Device-Objekt-Synchronisierung angewiesen sind, dann führt derzeit kein Weg am »klassischen« Entra Connect vorbei. Wenn Sie stattdessen Hochverfügbarkeit benötigen, ist jedoch Entra Cloud Sync die erste Wahl. Die Geschwindigkeit und Einfachheit der Bereitstellung von Entra Cloud Sync ist ein weiteres Argument für diese Option.

Eine Übersicht über die Details finden Sie in folgendem Artikel:

https://learn.microsoft.com/en-us/entra/identity/hybrid/cloud-sync/what-is-cloud-sync

Wenn Sie ein umfassendes Migrationsprojekt planen, sollten Sie unbedingt die Synchronisationsoptionen genau prüfen. Allgemeingültige Hinweise sind hier leider nur schwer zu geben, und es ist auch davon auszugehen, dass sich die Angebote stetig entwickeln. Achten Sie auf die jeweils aktuellen Features, und planen Sie, welche Option für Ihre Umgebung am sinnvollsten ist.

In den folgenden Abschnitten geben wir Ihnen einen kurzen Überblick über die Installation und Funktionsweise von Entra Connect und erläutern die grundsätzliche Vorgehensweise von Cloud Sync.

20.3.2 Microsoft Entra Connect installieren

Wenn Sie Entra ID gemeinsam mit einer On-Premises-Umgebung nutzen wollen, kommen Sie an der Software *Microsoft Entra Connect* nicht vorbei. Es gibt zwar einige Möglichkeiten, diese Software durch eine benutzerdefinierte Version bzw. Auswahl zu ersetzen, aber der Standard inklusive aller offiziell verfügbaren Dokumentationen basiert auf Microsoft Entra Connect.

Was die Software betrifft, ist das Herzstück von Microsoft Entra Connect eine abgespeckte Version des *Microsoft Identity Managers* (*MIM*, zuvor *FIM*). Auch die frühere Namensgebung »Azure AD Connect« ist an vielen Stellen noch sichtbar.

Für die Bereitstellung von Microsoft Entra Connect ist es relevant, dass Sie sich mit der gewünschten Topologie auseinandersetzen. Eine Topologie besteht aus den folgenden drei Elementen:

- Active Directory-Gesamtstruktur (Forest)
- Synchronisierungsserver
- Azure Active Directory-Mandant

Unterstützt wird grundsätzlich die Kombination aus einer Struktur, einem Sync-Service und einem Entra ID-Mandanten. Das Dreieck in Abbildung 20.18 steht dabei für eine Active Directory-Gesamtstruktur, das Quadrat mit den zwei Pfeilen für eine Synchronisierungsentität (Microsoft Entra Connect) und die Wolke mit dem Entra ID-Symbol für den Entra ID-Dienst.

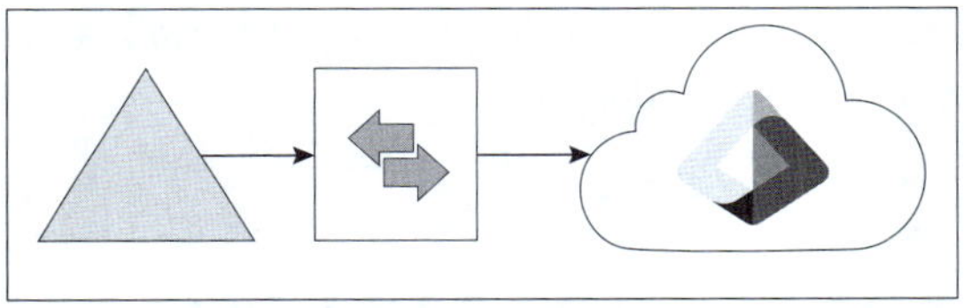

Abbildung 20.18 Unterstützte Standardtopologie

Da in der Realität häufiger aus historischen Gründen mehrere Active Directory-Gesamtstrukturen existieren, wird auch das Szenario aus Abbildung 20.19 unterstützt: mehrere Strukturen, die mithilfe eines Sync-Service in einem Entra ID-Mandanten synchronisiert werden.

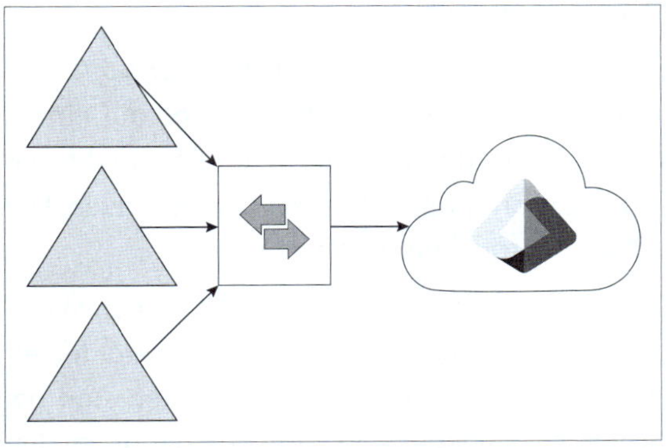

Abbildung 20.19 Unterstützte Topologie mit mehreren Gesamtstrukturen

Standardmäßig geht man davon aus, dass jedes AD-Konto einem Benutzer gehört und dass dieser auch nur ein einziges Konto hat. Komplexere Topologien müssen mit den in der Microsoft-Dokumentation beschriebenen Fällen abgeglichen werden. Weitere Informationen dazu finden Sie unter:

https://learn.microsoft.com/de-de/entra/identity/hybrid/connect/plan-connect-topologies#office-365-and-topology-considerations

System- und Umgebungsvoraussetzungen für Azure Microsoft Entra Connect

- ein Azure-AD-Mandant (z. B. über *https://azure.microsoft.com/de-de/free*)
- das Hinzufügen der notwendigen Domänen für die Benutzer (analog *User Principal Name, UPN*)
- weniger als 300.000 Objekte zur Synchronisierung, wenn keine Lizenzierung für Entra ID vorliegt (*AD Basic* oder *AD Premium* bzw. weitere Lizenzoptionen)
- lokales Active Directory mit *Schema 2003* oder höher
- schreibbarer Domänencontroller im Zugriff des Entra ID Connect-Servers
- ein NetBIOS-Domänenname bzw. ein Gesamtstrukturname ohne Punkt (.)
- ein Server mit GUI für die Synchronisation (Core wird nicht unterstützt.)
- die aktuellste Windows-Version inklusive aller Updates (Technisch ist der Einsatz ab Windows Server 2016 möglich, aber empfehlenswert ist das nicht.)
- gruppenverwaltete Dienstkonten
- 2 CPUs und 6 GB Memory
- Benutzer mit Unternehmens-Administrator-Berechtigung *(Enterprise Administrator)*

Weitere Voraussetzungen finden Sie unter:

https://learn.microsoft.com/de-de/entra/identity/hybrid/connect/how-to-connect-install-prerequisites

20.3.3 Express-Installation von Microsoft Entra Connect

Um Microsoft Entra Connect zu installieren, laden Sie es von *https://www.microsoft.com/en-us/download/details.aspx?id=47594* herunter und melden sich anschließend auf einem gesicherten, dafür vorgesehenen System mit einem administrativen Account an. Im besten Fall können Sie dafür eine dedizierte Server-Installation für den Connect-Server nutzen. Der Account benötigt zunächst nur eine lokale Administrationsberechtigung.

Im Installationsagent von Microsoft Entra Connect startet nach einer Willkommensnachricht automatisch die Express-Installation. Wundern Sie sich nicht, dass der Wizard derzeit weiterhin »Mirosoft Azure Active Directory Connect« als Titel anzeigt – Namen sind bei Microsoft ja oftmals nur Schall und Rauch. Wenn Sie die neueste Version von der offiziellen Seite heruntergeladen haben, stimmt alles.

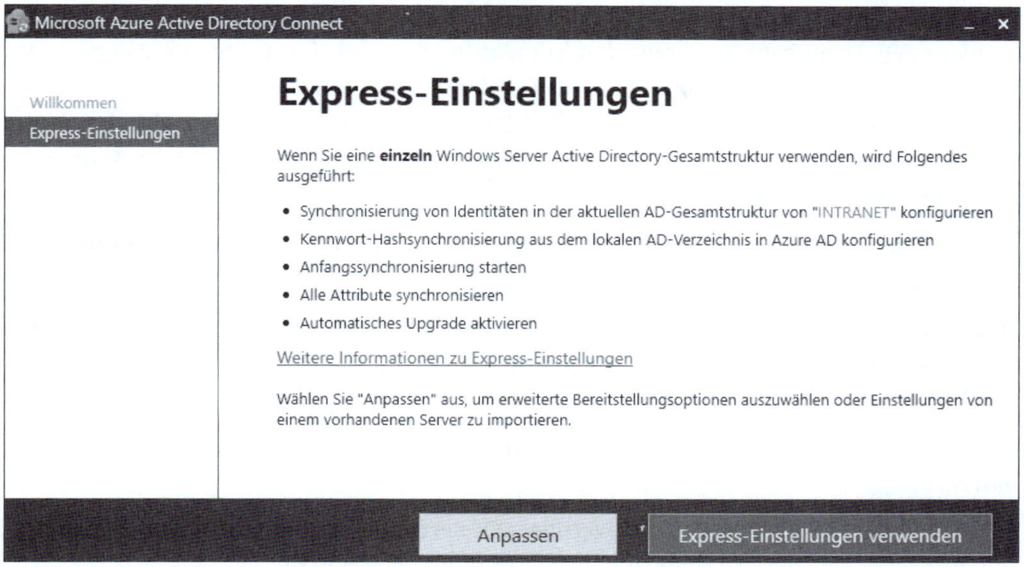
Microsoft Azure Active Directory Connect
Willkommen
Express-Einstellungen
Express-Einstellungen
Wenn Sie eine einzeln Windows Server Active Directory-Gesamtstruktur verwenden, wird Folgendes ausgeführt:
Synchronisierung von Identitäten in der aktuellen AD-Gesamtstruktur von "INTRANET" konfigurieren
Kennwort-Hashsynchronisierung aus dem lokalen AD-Verzeichnis in Azure AD konfigurieren
Anfangssynchronisierung starten
Alle Attribute synchronisieren
Automatisches Upgrade aktivieren
Weitere Informationen zu Express-Einstellungen
Wählen Sie "Anpassen" aus, um erweiterte Bereitstellungsoptionen auszuwählen oder Einstellungen von einem vorhandenen Server zu importieren.
Anpassen
Express-Einstellungen verwenden

Abbildung 20.20 Der Installationsagent mit den Express-Einstellungen

Die Express-Einstellungen sind die schnellste Variante der Installation und sind für die beispielhafte Installation ausreichend. Die erweiterten Einstellungen liefern Ihnen zusätzliche Anpassungsmöglichkeiten, falls Sie oder Ihre Umgebung besondere Konfigurationen benötigen. Schauen Sie sich dazu die offizielle Doku an, die alle Möglichkeiten beschreibt:

https://learn.microsoft.com/en-us/entra/identity/hybrid/connect/how-to-connect-install-select-installation

An den erforderlichen Komponenten im nächsten Schritt können Sie bei Bedarf weitere Anpassungen vornehmen.

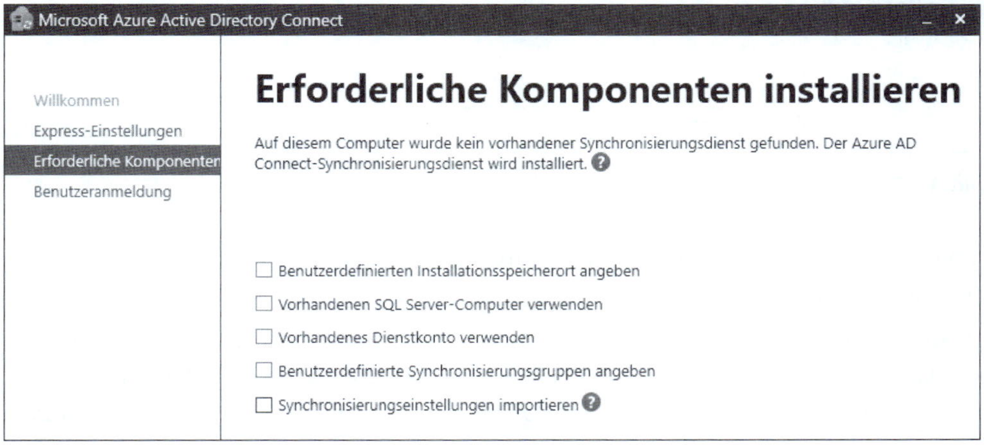
Microsoft Azure Active Directory Connect
Willkommen
Express-Einstellungen
Erforderliche Komponenten
Benutzeranmeldung
Erforderliche Komponenten installieren
Auf diesem Computer wurde kein vorhandener Synchronisierungsdienst gefunden. Der Azure AD Connect-Synchronisierungsdienst wird installiert.
Benutzerdefinierten Installationsspeicherort angeben
Vorhandenen SQL Server-Computer verwenden
Vorhandenes Dienstkonto verwenden
Benutzerdefinierte Synchronisierungsgruppen angeben
Synchronisierungseinstellungen importieren

Abbildung 20.21 Anpassungsoptionen im Express-Installationsvorgang

Am wenigsten selbsterklärend ist die Option, einen vorhandenen SQL-Server bzw. eine vorhandene SQL-Datenbank zu verwenden. Standardmäßig wird eine abgespeckte Version des SQL Server Express installiert, die mit einer Größenbeschränkung von ca. 100.000 Objekten klarkommt. Wenn Sie bereits eine größere Umgebung haben oder perspektivisch diese Grenze knacken werden, ist ein eigener SQL Server notwendig. Die notwendigen Voraussetzungen und Hinweise finden Sie hier:

https://learn.microsoft.com/de-de/entra/identity/hybrid/connect/how-to-connect-install-prerequisites

Da ein Verschieben von SQL Server Express zu einem Remote SQL Server möglich ist, können Sie diese Entscheidung aber auch vertagen. Sie müssen sich dann allerdings mit der Migration herumschlagen. Diese hat Microsoft hier dokumentiert:

https://learn.microsoft.com/de-de/entra/identity/hybrid/connect/how-to-connect-install-move-db

Für unser kleines Beispiel ist ein vollwertiger SQL Server nicht nötig und würde die Installation nur verkomplizieren. Daher sparen wir uns diese Abzweigung.

Nun müssen Sie sich an Entra ID und dem On-Premises-Active Directory anmelden (siehe Abbildung 20.22). Hierzu benötigen Sie auf der Entra-Seite einen *globalen Administrator* oder einen *Administrator für hybride Identität*. In Ihrem On-Premises Active Directory brauchen Sie hingegen die Berechtigung als Unternehmensadministrator *(Enterprise Administrator)*, damit im Express-Verfahren die notwendigen User direkt erstellt werden können.

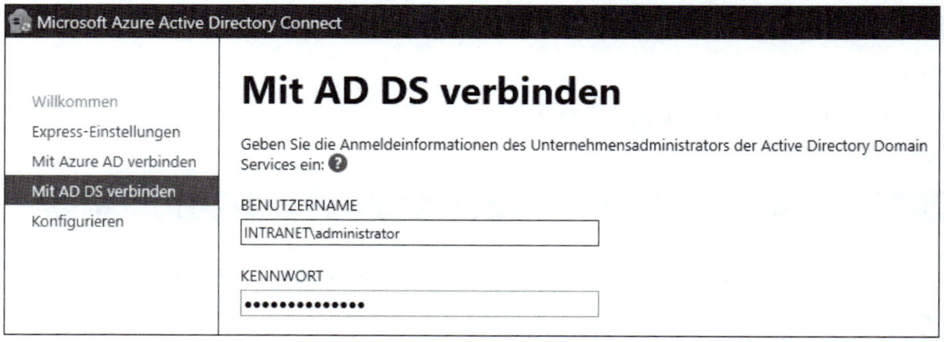

Abbildung 20.22 GUI zur Eingabe von User-Namen und Passwörtern

Nach einer erfolgreichen Anmeldung an Azure AD werden wie in Abbildung 20.23 die verwendeten UPNs angezeigt.

Im Menüpunkt Benutzeranmeldung sollten Sie die Kennwort-Hashsynchronisierung aktivieren (siehe Abbildung 20.24) sowie das Single Sign-on über die Option Einmaliges Anmelden aktivieren auswählen, sofern diesem Komfort aus Sicherheitsgründen nichts widerspricht. Damit haben die Anwender die optimale Login-Erfahrung, sobald sie die Einrichtung erfolgreich abgeschlossen haben.

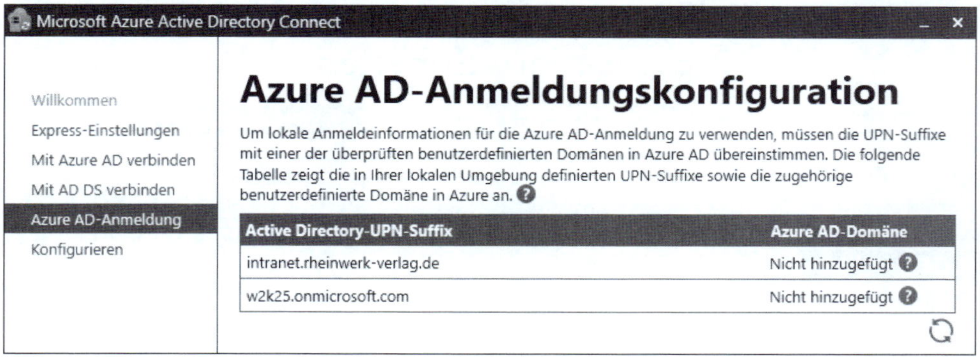
Microsoft Azure Active Directory Connect
Willkommen
Express-Einstellungen
Mit Azure AD verbinden
Mit AD DS verbinden
Azure AD-Anmeldung
Konfigurieren
Azure AD-Anmeldungskonfiguration
Um lokale Anmeldeinformationen für die Azure AD-Anmeldung zu verwenden, müssen die UPN-Suffixe mit einer der überprüften benutzerdefinierten Domänen in Azure AD übereinstimmen. Die folgende Tabelle zeigt die in Ihrer lokalen Umgebung definierten UPN-Suffixe sowie die zugehörige benutzerdefinierte Domäne in Azure an.
Active Directory-UPN-Suffix
Azure AD-Domäne
intranet.rheinwerk-verlag.de
Nicht hinzugefügt
w2k25.onmicrosoft.com
Nicht hinzugefügt

Abbildung 20.23 Verwendete Active Directory-UPN-Suffixe

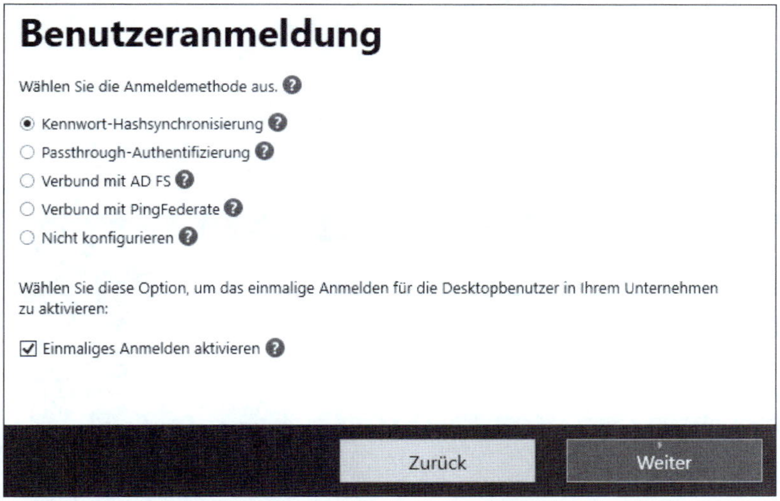
Benutzeranmeldung
Wählen Sie die Anmeldemethode aus.
Kennwort-Hashsynchronisierung
Passthrough-Authentifizierung
Verbund mit AD FS
Verbund mit PingFederate
Nicht konfigurieren
Wählen Sie diese Option, um das einmalige Anmelden für die Desktopbenutzer in Ihrem Unternehmen zu aktivieren:
Einmaliges Anmelden aktivieren
Zurück
Weiter

Abbildung 20.24 Benutzeranmeldung – Varianten mit Vor- und Nachteilen

Da in den wenigsten Fällen alle User-Daten in Entra ID verwendet werden, sollten Sie die Domäne bzw. deren OU-Struktur filtern und nur relevante Daten in Entra ID verfügbar machen. Dies geschieht in dem Menü, das Sie in Abbildung 20.25 sehen.

Im Beispiel werden nur Clients und User aus dem Tier 2 in Entra ID synchronisiert. System-User und weitere Konten aus anderen Tiers werden nicht synchronisiert.

Da es theoretisch zu abweichenden User-IDs und Dubletten kommen kann, wenn das falsche Attribut verwendet wird, fragt der Connect Assistent noch einmal nach der Eindeutigkeit von User-Accounts (siehe Abbildung 20.26).

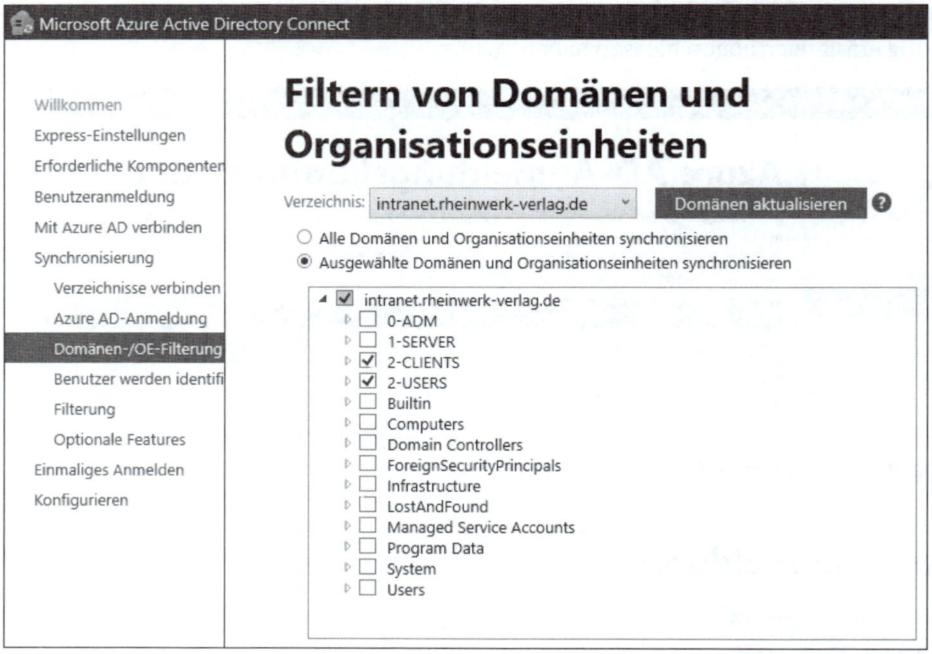

Abbildung 20.25 Schränken Sie die Domänen oder OUs ein, die synchronisiert werden sollen.

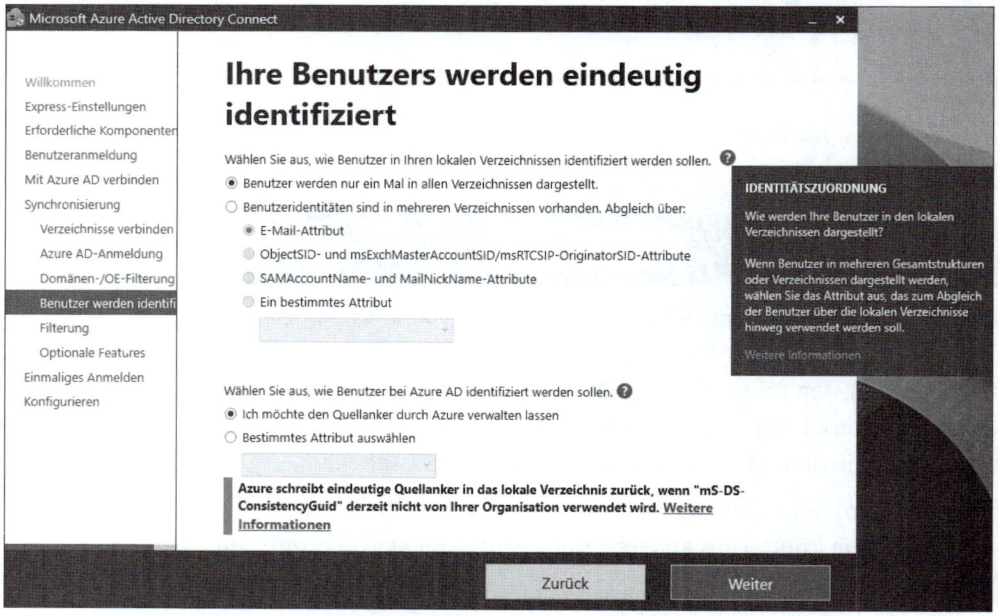

Abbildung 20.26 Eindeutigkeit von User-IDs

Hier ist vor allem in Szenarien, in denen mehrere Directorys zu Entra ID synchronisiert werden, Vorsicht geboten, da die Synchronisierung sonst zu seltsamen Effekten führt. Sollten User-IDs im On-Premises-AD und in Entra ID nicht »zusammenfinden«, obwohl der Quellanker (`sourceAnchor`) richtig gefüllt ist, ist Detailarbeit an den Datensätzen gefragt, denn dort gibt es offensichtlich Inkonsistenzen. Die gute Nachricht: Es gibt Möglichkeiten, dies zu bereinigen. Die Stichworte hierzu sind `ImmutableID` und `sourceAnchor` sowie `msds-consistency-Guid`; die dazugehörige Dokumentation finden Sie unter:

https://learn.microsoft.com/en-us/entra/identity/hybrid/connect/plan-connect-design-concepts

Abschließend können Sie die Synchronisierung nach der Konfiguration automatisch anstoßen, um für den ersten Abgleich der Informationen zwischen dem On-Premises-Active Directory und der Cloud zu sorgen (siehe Abbildung 20.27).

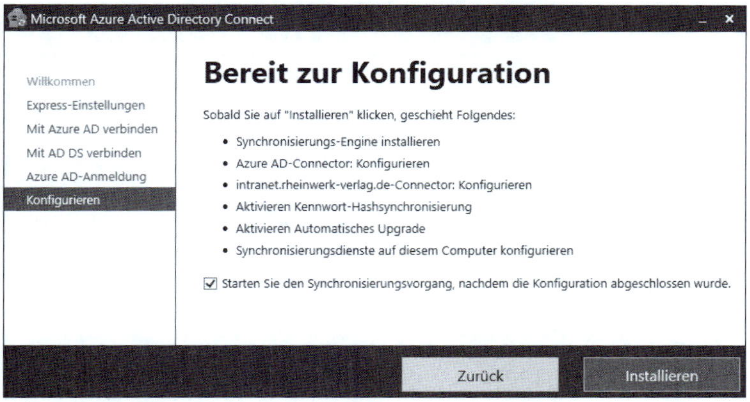

Abbildung 20.27 Abschließende Konfigurationsübersicht

In der Konfiguration werden zwei User mit den Präfixen `MSOL_` und `AAD_` angelegt. Der Account mit `MSOL_` und einer Zahlenfolge wird mit einem nicht ablaufenden komplexen Passwort angelegt. Bei einer sehr strengen Passwort-Policy in der Domäne kann das zu Konflikten führen. Dieser Account wird in der Forest Root Domain im User Container im Forest User Container angelegt. Er ist der Verbindungsaccount zum lokalen Active Directory. Außerdem wird ein AAD-Account angelegt. Dieser ist der Sync-Service-User auf dem Connect-Server.

Wenn die Konfiguration final abgeschlossen wurde, erhalten Sie eine Übersicht inklusive Warnhinweise. In unserem Beispiel aus Abbildung 20.28 wurde etwa der Papierkorb in der On-Premises-Domäne nicht aktiviert.

Die Synchronisierung können Sie außer in den lokalen Logfiles an zwei Stellen prüfen. Im Entra Admin Center gibt es dazu einen Menüpunkt SYNCHRONISIERUNGSDIENSTE (siehe Abbildung 20.29).

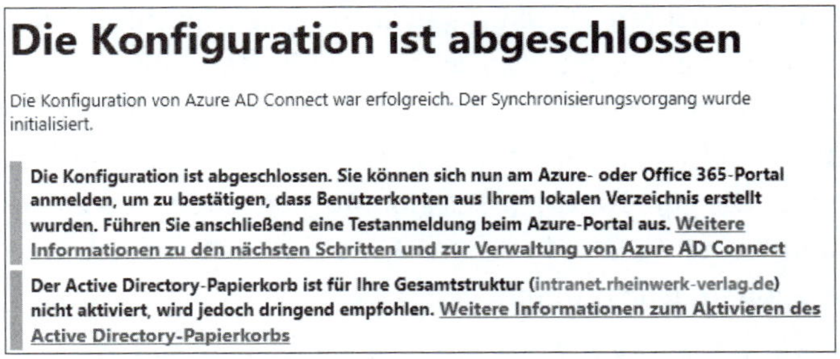

Abbildung 20.28 Warnhinweis nach erfolgreicher Konfiguration von Microsoft Entra Connect

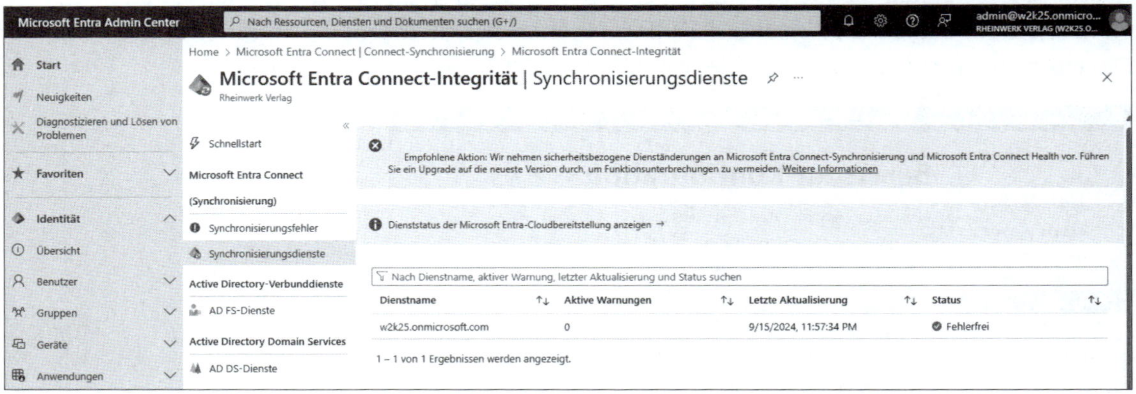

Abbildung 20.29 Synchronisierungsdienste

Diese Synchronisierungsdienste zeigen die letzte Aktualisierung und Warnungen. Sie prüfen außerdem, ob Fehler aufgetreten sind. Im besten Fall ist der Status *Fehlerfrei* und die aktiven Warnungen stehen auf 0. Außerdem wird auch im Azure-Portal unter ENTRA ID der Status angezeigt (siehe Abbildung 20.30).

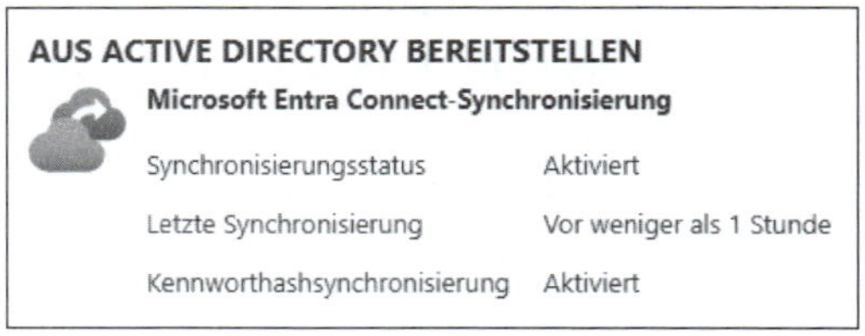

Abbildung 20.30 Entra ID Status im Azure-Portal

Die letzte Synchronisierung liegt hier nur kurz zurück, und die Kennworthashsynchronisierung und die Synchronisierung an sich sind aktiviert. Einer Verwendung der User-Daten aus dem On-Premises-Active Directory in Microsoft 365-Diensten oder weiteren Cloud-Diensten steht also nichts mehr entgegen.

Das Zurückschreiben von Passwörtern oder Password Writeback

Password Writeback ist ein lizenzpflichtiges Feature in Entra ID, das mit unterschiedlichen Lizenzpaketen ausgeliefert wird. Sein Kern ist die Entra ID-Premium-P1-Lizenz, die unter anderem in *EMS* oder ähnlichen Paketen enthalten ist.

Um Password Writeback verwenden zu können, brauchen Sie folgende Berechtigungen für das Entra ID-Dienstkonto:

- Passwort zurücksetzen
- Passwort ändern
- Schreibberechtigung auf das Attribut `lockoutTime`
- Schreibberechtigung auf das Attribut `pwdLastSet`

Erweiterte Berechtigung auf:

- das Stammobjekt jeder Domäne
- die Organisationseinheiten, die im Umfang der Nutzung für das Passwortzurückschreiben aktiv sind

20.3.4 Entra Cloud Sync: Voraussetzungen und Betrieb

Entra Cloud Sync (im Folgenden einfach *Cloud Sync* genannt) wird über das Entra ID-Portal aktiviert, sofern die nach Lizenzvertrag notwendigen Microsoft Entra ID-P1-Lizenzen (oder höher) vorhanden sind.

Dort befindet sich auch der Downloadlink der Agenten-Software. Die Installation eines Agenten kann auf einem Domänencontroller erfolgen, ist aber unter operativen Gesichtspunkten dort nicht zwingend richtig. Der Dienst unterstützt die Installation gleichermaßen auf einem anderen Serversystem, das allerdings äquivalent geschützt werden muss.

Es können ein oder mehrere Agenten installiert werden. Der größte Vorteil entsteht also durch die mögliche Hochverfügbarkeit, da die Cloud-Synchronisierung nicht mehr von einem singulären Server für Microsoft Entra Connect abhängig ist.

Im Betrieb können diese Agenten sich selbst aktualisieren und sind durch die Cloud-Oberfläche zur Konfiguration relativ wartungsarm.

20.3.5 Cloud-Monitoring

Mit Entra ID hat Microsoft zusätzliche Monitoring-Optionen eingeführt. Diese stehen im Rahmen der Entra ID-Premium-Lizenzen oder eines anderen Lizenzpakets zur Verfügung. Konkret sind es zwei Funktionalitäten, die den Einsatz anderer Monitoring-Systeme eventuell unnötig machen:

- Entra ID Connect Health for AD DS
- Entra ID Connect Health for AD FS

Beide Systeme basieren auf der Installation eines Agenten auf dem jeweiligen System. Das heißt, für die Variante *Connect Health for AD DS* müssen Sie Agenten auf Domänencontrollern installieren, während Sie *Connect Health for AD FS* auf den Servern der AD FS-Farm (nicht WAP) einrichten.

Im Setup gibt es keine Installationsoptionen, lediglich die Verwendung eines Administrators auf dem Domänencontroller ist notwendig.

Prüfen Sie vor der Installation die notwendigen Voraussetzungen, z. B. zur verpflichtenden Internetkonnektivität. Diese Voraussetzungen können Sie unter *https://learn.microsoft.com/de-de/entra/identity/hybrid/connect/how-to-connect-health-agent-install* einsehen. Dieses Feature rundet die Überwachungsmöglichkeiten der Integration der On-Premises-Landschaft in die Azure-Cloud ab.

20.4 Ausblick: Datacenter-Erweiterung und Azure Arc

Um das Potenzial einer vollständigen Datacenter-Erweiterung nach Azure zu evaluieren, sollten Sie zunächst die Voraussetzungen prüfen und überlegen, ob und wann eine solche Datacenter-Erweiterung denn tatsächlich benötigt wird. Die Bereitstellung von hybriden Identitäten, die Nutzung von Office 365 und Ähnlichem bedeutet nämlich noch nicht, dass Sie Azure vollständig nutzen.

Der klassische Fall, in dem diese Notwendigkeit fraglos besteht, liegt vor, wenn Teile eines Servernetzes, das eigentlich Teil der On-Premises-Infrastruktur ist und das mit internen Funktionen, Tools und Prozessen verwaltet wird, in der Cloud stehen müssen. Ein Standardserver benötigt heute Zugriff auf Update-Repositorys, Anti-Virus-Control-Server und viele weitere Managementsysteme. In Hinblick auf die Kosteneffizienz ist entsprechend ein redundanter Aufbau in der Cloud und im On-Premises-Datacenter zu vermeiden.

Bei der Business-Case-Betrachtung für den individuellen Fall sollten Sie unbedingt die folgenden Aspekte berücksichtigen:

- zusätzlich notwendige Betriebsaufwendungen
- zusätzlich notwendige Management-Prozesse
- zusätzlich notwendige Management-Unterstützung durch Tools
- Kostenunterschiede zwischen einer (virtuell) bereitgestellten Plattform On-Premises bzw. in der Cloud
- Restriktionen der lokalen (On-Premises-)Rechenzentren

Um ein vollständiges Bild über die Kostensituation zu erhalten, ist ein Testbetrieb unerlässlich. Außerdem sind viele planerische Aktivitäten die Voraussetzung dafür, eine Aussage über die Kosten machen zu können.

Für die Verbindung auf der Netz-Ebene sind die Architektur des Netzes innerhalb von Azure (z. B. Hub-and-Spike-Topologie oder andere) und die Anbindung an Azure zu klären. Die möglichen Referenzarchitekturen sind auf den Dokumentationsseiten von Microsoft unter *https://docs.microsoft.com/de-de/azure/architecture/reference-architectures/hybrid-networking/* verfügbar.

Da diese Architekturen nicht unterschiedlicher sein könnten, ist es natürlich nicht möglich, in diesem Buch detailliert auf die Bereitstellungen einzugehen. Eine solche Migration ist ein großes Projekt, das eine umfassende Planung benötigt. Bereiten Sie sie dementsprechend sorgfältig vor.

Die folgenden Links ermöglichen Ihnen mit ausführlichen Informationen einen guten Start in die hybride Azure-Datacenter-Welt:

- *https://docs.microsoft.com/de-de/azure/governance/azure-management*
- *https://docs.microsoft.com/de-de/azure/architecture/reference-architectures/hybrid-networking/*

Als relevanter Bestandteil – nicht von Windows Server selbst, aber für dessen Management – ist mit Sicherheit *Azure Arc* zu betrachten. In Abschnitt 17.6.1, »Integration von On-Premises-Systemen in die Azure Arc-Verwaltung«, wird der Einsatz an einem konkreten Beispiel erprobt; weitere Informationen finden Sie auch in Kapitel 10, »Verwaltung«. Besonders beim Patchmanagement und beim Monitoring wird deutlich, wie der Einsatz von Cloud-Diensten auch On-Premises-Systemen zugutekommt.

Das besondere Highlight an dieser Stelle ist die Verwaltung von On-Premises-Systemen parallel zu virtuellen Servern, die nativ in Azure betrieben werden, sodass es in der Administration keine Rolle mehr spielt, wo sich die Systeme befinden. Außerdem gibt es eine Reihe weiterer, allerdings kostenpflichtiger Sicherheits- und Governance-Funktionen. Wenn Sie Ihre Server-Landschaft mit Cloud-Fähigkeiten ergänzen und Automatisierungssysteme betreiben wollen, damit das Management der On-Premises-Systeme vermieden wird, werden Sie an Azure Arc nicht vorbeikommen. Die Weiterentwicklungen und die Kompatibilität auch mit Linux-Betriebssystemen zeigen, dass die Dienste grundsätzlich akzeptiert werden. Was bleibt, ist die Frage nach den Kosten und der konkreten Lizenzierung: Wie bei allen Microsoft-Diensten müssen Sie diese Frage mit dem Management abstimmen – und müssen dann sehr wahrscheinlich Kompromisse eingehen.

Kapitel 21

Troubleshooting im Windows Server

Jeder Computer kann irgendwann mal einen Schluckauf bekommen. In diesem Kapitel beschreiben wir einige der Möglichkeiten, wie Sie der Ursache einer Störung auf die Spur kommen können.

Früher oder später wird es vorkommen, dass Sie mit der Leistung Ihres Servers nicht mehr zufrieden sind oder der Server sich nicht so verhält, wie Sie es von ihm erwarten. In diesem Kapitel lernen Sie einige Werkzeuge und Möglichkeiten kennen, mit denen Sie proaktiv und reaktiv die Leistung und Funktionsfähigkeit des Systems beeinflussen können.

21.1 Die Windows-Ereignisanzeige

Die Windows-Ereignisanzeige sollte eines der ersten Tools sein, die Sie verwenden, wenn eines Ihrer Systeme »Probleme« macht, denn die meisten Fehler und Probleme kündigen sich vorher an. Neben klassischen Fehlern wie »Der Datenträger ist defekt« oder »Das System wurde unerwartet heruntergefahren« können in der Ereignisanzeige auch Überwachungsergebnisse protokolliert werden, z. B. »Benutzer X hat sich angemeldet« oder »Benutzer Y hat versucht, eine Datei zu löschen«.

Die Funktion der Ereignisanzeige wurde schon unter Windows Server 2019 nicht erweitert und das gilt auch für die Version 2025. Daher gehen wir in diesem Abschnitt auf einige grundlegende Funktionen und Methoden ein, die Ihnen dabei helfen können, die Stabilität Ihrer Systeme zu verbessern.

Die Ereignisanzeige (`eventvwr.msc`), die Sie in Abbildung 21.1 sehen, ist in vier Bereiche gegliedert:

- Benutzerdefinierte Ansichten – Dieser Knoten beinhaltet neben den vorgefertigten Filtern die Möglichkeit, eigene Filter zu erstellen, die Ereignisse basierend auf definierten Kriterien filtern und anzeigen, sodass Sie bestimmte Ereignisse schnell und einfach finden können. Diese Ansichten sind keine eigenen Protokolle, sondern lediglich Filter der Protokolle.
- Windows-Protokolle – Unter den Windows-Protokollen finden Sie die (alten) klassischen Ereignisprotokolle wie Anwendung, Sicherheit und System. Zusätzlich wird das Protokoll für die Installation angezeigt. Unter dem Punkt Weitergeleitete Ereignisse wird ein Speicherort für Ereignis-Abonnements bereitgestellt.

- ANWENDUNGS- UND DIENSTPROTOKOLLE – Unterhalb der Anwendungs- und Dienstprotokolle werden Protokolldateien verwaltet, die basierend auf den installierten Rollen und Features die Ereignisse rund um die Funktionen des Servers sammeln und bereitstellen.
- ABONNEMENTS – Über die Abonnements können Sie die Ereignisweiterleitung *(WEF, Windows Event Forwarding)* konfigurieren.

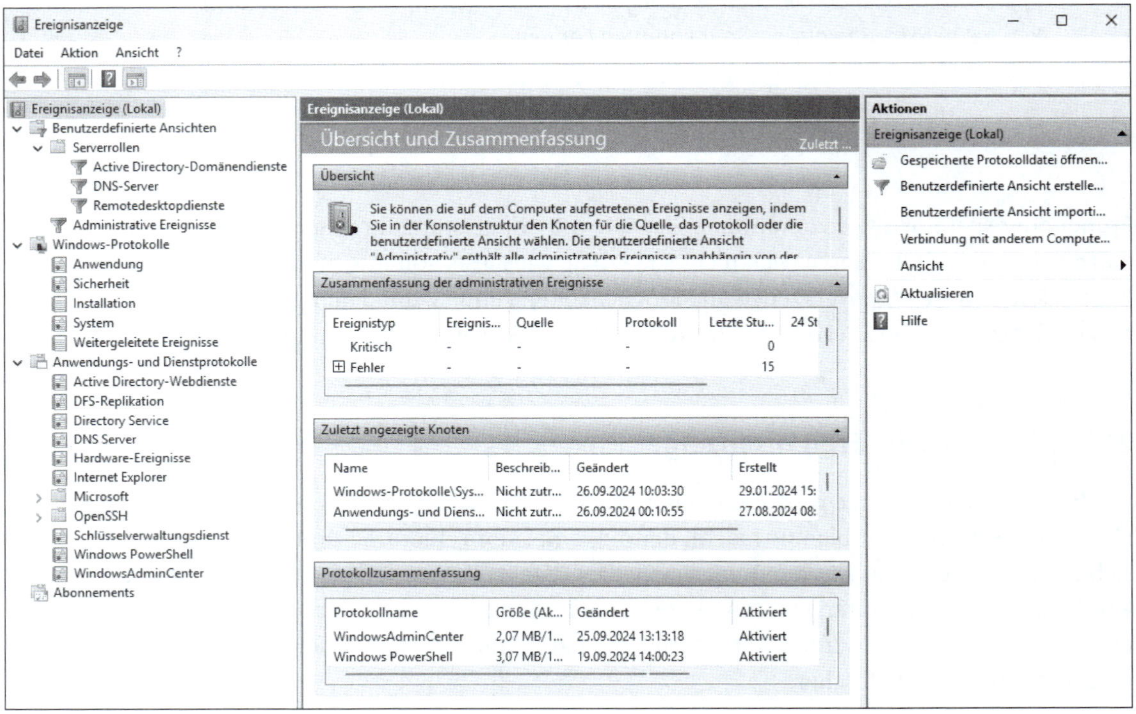

Abbildung 21.1 Ansicht der Ereignisanzeige eines Servers

In der vordefinierten Ansicht ADMINISTRATIVE EREIGNISSE werden Ereignisse aus allen Protokolldateien zusammengefasst, die nicht als INFORMATION eingestuft sind. Hier werden Sie nur Einträge finden, die mindestens als WARNUNG eingestuft sind. Die Einstufungen werden in der grafischen Oberfläche als EBENE bezeichnet. Dies scheint eine »freie« Übersetzung des englischen »Level« zu sein. Bitte denken Sie daran, dass unter den ADMINISTRATIVEN EREIGNISSEN eventuell auch Einträge gelistet werden, die zwischenzeitlich automatisch behoben wurden.

Häufig werden Warnungen protokolliert (z. B. wenn der Domänennamen-Master nicht erreichbar ist), weil der andere Server neu gestartet wird. Ist der andere Server wieder online, erkennt das lokale System, dass der Fehler behoben ist, und protokolliert dies meist als Information. Dieser Eintrag wird jedoch nicht in den ADMINISTRATIVEN EREIGNISSEN gespeichert, da hier nur »höher« eingestufte Einträge protokolliert werden. Um herauszufinden, ob ein Fehler behoben wurde, müssen Sie in die entsprechenden Protokolle des Dienstes oder in die Standardprotokolle schauen:

- INFORMATION – Diese Einstufung beinhaltet Informationen rund um das System, die Applikation oder den Dienst. Häufig wird durch eine Information protokolliert, dass eine Warnung oder ein Fehler nicht mehr existiert.
- WARNUNG – Eine Warnung deutet in aller Regel darauf hin, dass es ein Problem gibt, das – wenn es ignoriert wird – zu einem Fehler oder einer kritischen Situation führen kann.
- FEHLER – Fehler deuten auf Probleme und Störungen einer bestimmten Komponente hin und sollten sofort geprüft und behoben werden.
- KRITISCH – Kritische Systemereignisse erfordern eine sofortige Prüfung und Aktion.
- ÜBERWACHUNG ERFOLGREICH – Eine erfolgreiche Überwachung ist eine erfolgreiche Aktion eines Benutzers, die überwacht wurde. Dies kann eine erfolgreiche Anmeldung, der Zugriff auf eine Ressource oder die Änderung einer Konfiguration sein.
- ÜBERWACHUNG GESCHEITERT – Durch das Schloss-Symbol im Sicherheitslog werden fehlerhafte Überwachungsereignisse protokolliert. Diese treten auf, wenn sich zum Beispiel ein Benutzer mit falschen Anmeldeinformationen anmelden will oder wenn ein Benutzer Zugriff auf eine Ressource haben wollte, auf die er keinen Zugriff hat.

Die Einstufung von Logeinträgen hängt vom Entwickler des Produkts ab und kann willkürlich gewählt werden.

Jeder Logeintrag (siehe Abbildung 21.2) wird durch mehrere Merkmale gekennzeichnet:

- PROTOKOLLNAME – der Name der Protokolldatei, in der das Ereignis gespeichert wurde
- QUELLE – definierte Quelle (Dienst, Anwendung), die den Eintrag generiert hat
- EREIGNIS-ID – numerischer Wert, der durch den Entwickler definiert wurde und für die Quelle einmalig sein sollte
- EBENE – die Kritikalität des Eintrags (Information, Warnung usw.)
- BENUTZER – Wurde dieses Ereignis basierend auf einer Benutzeraktion protokolliert, wird der Benutzer hier angegeben.
- VORGANGSCODE – Über den Vorgangscode können beim Erstellen des Eintrages zusätzliche Informationen mitgegeben werden, die dann beim Auftreten des Ereignisses ausgewertet werden können.
- PROTOKOLLIERT – Erstellungsdatum und -uhrzeit des Auftretens des Ereignisses (Event)
- AUFGABENKATEGORIE – Über die Aufgabenkategorie können beim Erstellen des Eintrags zusätzliche Informationen mitgegeben werden, die dann beim Auftreten des Ereignisses ausgewertet werden können und die Sie zum Filtern verwenden können.

- SCHLÜSSELWÖRTER – Auch über die Schlüsselwörter können beim Erstellen des Eintrags zusätzliche Informationen mitgegeben werden, die dann beim Auftreten des Ereignisses ausgewertet werden.
- COMPUTER – Hier wird der Name des Computers protokolliert, auf dem das Event aufgetreten ist. Dies ist besonders bei Ereignisweiterleitungen wichtig, um die ursprüngliche Quelle des Ereignisses zu bestimmen.
- DETAILS – Auf der Registerkarte DETAILS können weitere Informationen angezeigt werden. Die Detailtiefe hängt jedoch von der Implementierung durch den Entwickler ab.

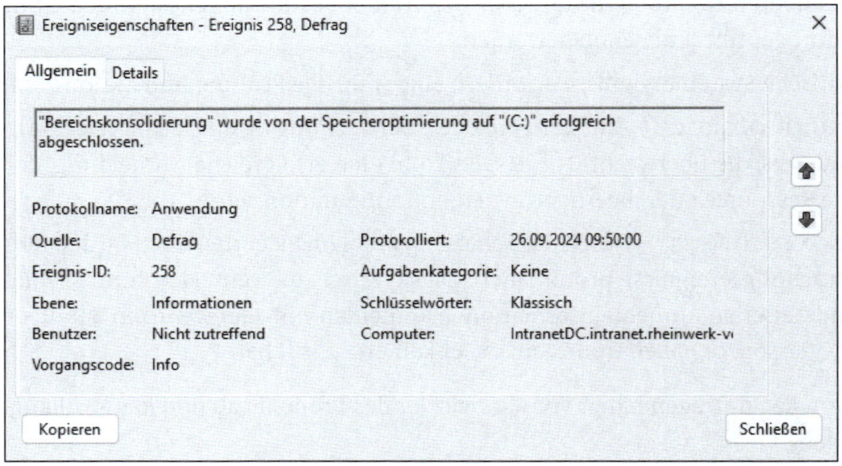

Abbildung 21.2 Detailansicht eines Protokolleintrags

Sie können bereits seit Windows Server 2008 (oder Windows Vista) an aufgetretene Ereignisse Aufgaben anfügen, sodass das System bestimmte Aktionen ausführt, wenn ein definierter Logeintrag erstellt wird. Dazu können Sie auf einem bestehenden Logeintrag mit der rechten Maustaste und AUFGABE AN DIESES EREIGNIS ANFÜGEN oder über den Aktionsbereich die entsprechende Aktion auswählen.

Daraufhin leitet ein Assistent Sie durch die Einrichtung einer EINFACHEN AUFGABE (siehe Abbildung 21.3). Dieses Ereignis erstellt eine geplante Aufgabe, deren Trigger das Auftreten des Ereignisses ist.

Auf der Seite BEI EREIGNISPROTOKOLLIERUNG (siehe Abbildung 21.4) werden neben dem PROTOKOLL des Ereignisses die QUELLE und die EREIGNIS-ID angezeigt. Diese Felder sind nicht veränderbar, da Sie ein bestehendes Ereignis ausgewählt haben und an dieses eine Aktion anfügen.

Im Nachhinein können Sie die erstellte Aufgabe in der Aufgabenplanung anpassen oder exportieren.

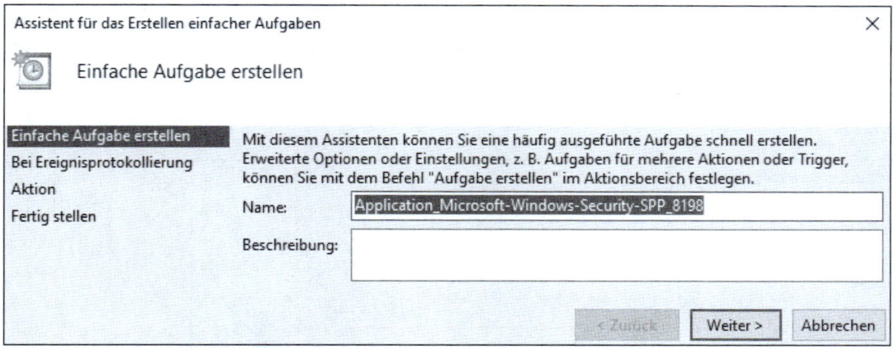

Abbildung 21.3 Anfügen einer Aktion an ein Ereignis

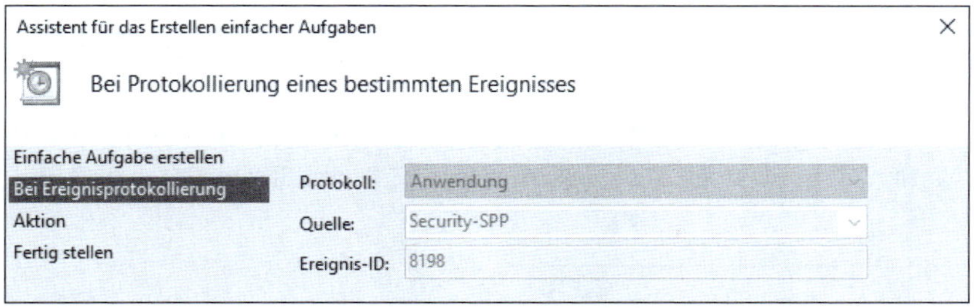

Abbildung 21.4 Anzeige des ausgewählten Ereignisses

Im nächsten Schritt müssen Sie festlegen, welche Aktion ausgeführt werden soll, wenn das Ereignis auftritt (siehe Abbildung 21.5). Neben PROGRAMM STARTEN stehen noch die Aktionen E-MAIL SENDEN (VERALTET) und MELDUNG ANZEIGEN (VERALTET) zur Verfügung. Die beiden veralteten Möglichkeiten können zwar noch konfiguriert werden, jedoch werden im Anschluss keine Aufgaben erstellt, sondern es wird eine Fehlermeldung angezeigt. Es bleibt also nur die Option, ein Programm zu starten. Als »Programm« können Sie jedoch auch ein PowerShell-Skript hinterlegen, das per `Send-MailMessage` eine E-Mail-Nachricht versendet.

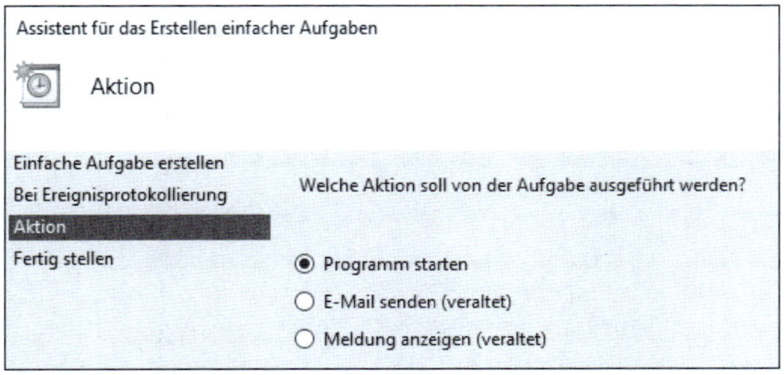

Abbildung 21.5 Auswahl der Aktion beim Auftreten des Ereignisses

Für die Ausführung des Programms müssen Sie den Pfad und den Dateinamen zur ausführbaren Datei hinterlegen (siehe Abbildung 21.6). Sie können auch die Windows PowerShell ausführen und über das ARGUMENTE-Feld den Pfad und den Namen des auszuführenden Skripts hinterlegen.

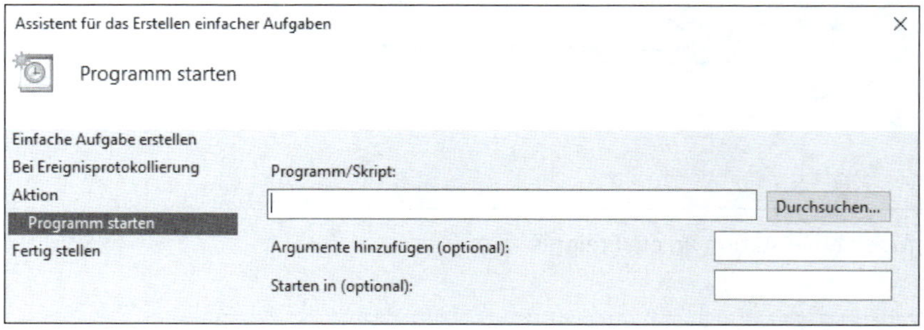

Abbildung 21.6 Auswahl des Programms, der Argumente und des Startordners

Mit dem Abschluss der Konfiguration wird eine Bestätigung angezeigt, dass eine geplante Aufgabe mit dem Namen `<Ereignislog>_<Quelle>_<Ereignis-ID>` erstellt wurde (siehe Abbildung 21.7).

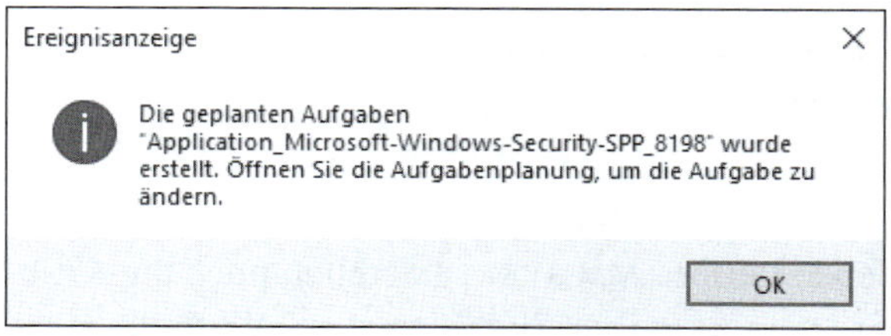

Abbildung 21.7 Bestätigung der erstellten Aufgabe

Diesen Eintrag finden Sie in der Aufgabenplanung unterhalb des Knotens AUFGABEN DER EREIGNISANZEIGE (siehe Abbildung 21.8). Hier können Sie die Aufgabe exportieren und an andere Systeme übertragen oder die Eigenschaften anpassen.

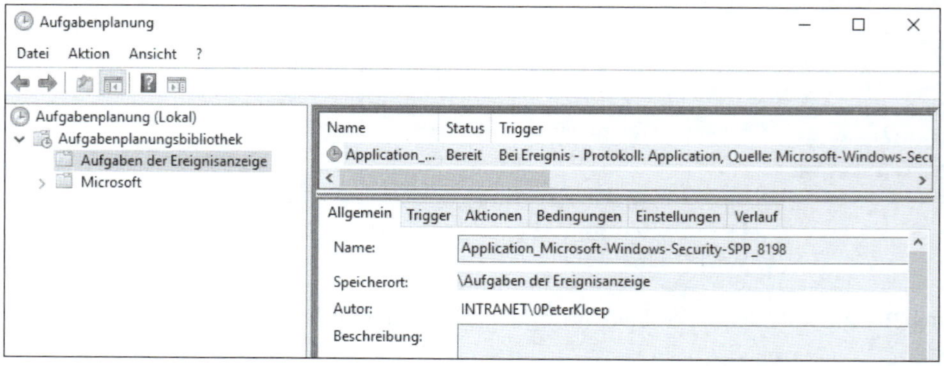

Abbildung 21.8 Erstellte Aufgabe in der Aufgabenplanung

Haben Sie bei der Aktion die veraltete Aktion E-MAIL SENDEN ausgewählt, erscheint – nachdem Sie mühevoll die Absende-Adresse, die Empfänger-Adresse, den Namen bzw. die IP-Adresse des Mailservers und den Nachrichtentext eingetragen haben – am Ende eine Fehlermeldung (siehe Abbildung 21.9), die besagt, dass die Aufgabe nicht angelegt wurde, weil das Feature veraltet ist.

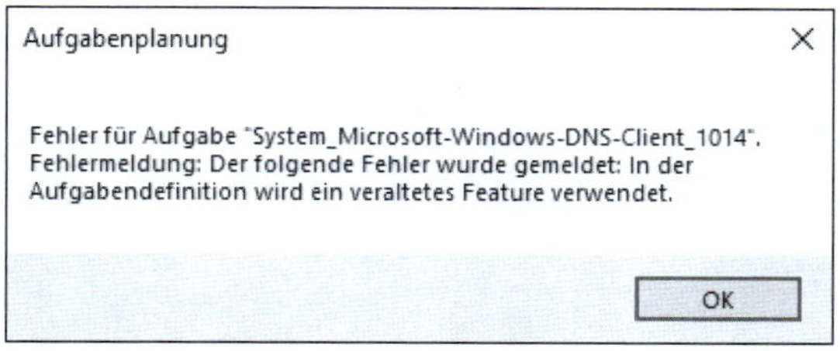

Abbildung 21.9 Fehlermeldung bei Verwendung eines veralteten Features

Wenn Sie ein bestehendes Protokoll filtern möchten, können Sie im AKTION-Bereich AKTUELLES PROTOKOLL FILTERN auswählen. Hier können Sie die gewünschten Kriterien festlegen (siehe Abbildung 21.10), nach denen dann das ausgewählte Protokoll gefiltert und angezeigt wird.

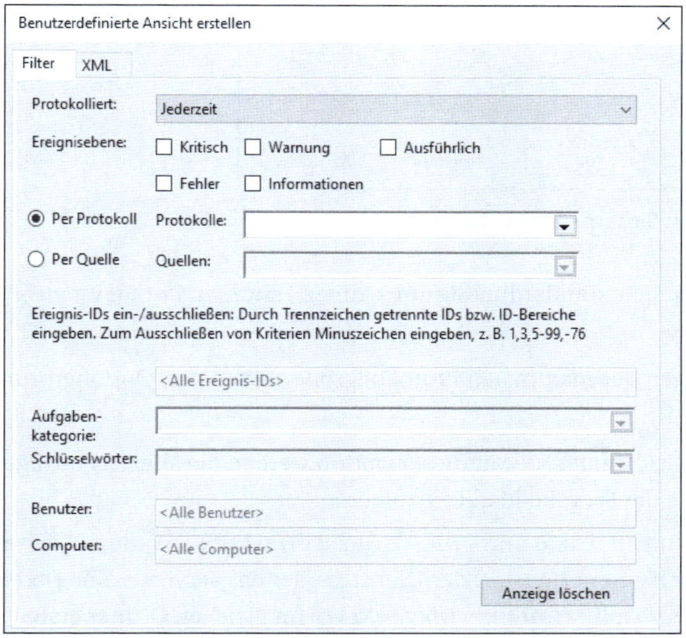

Abbildung 21.10 Festlegen des Anzeigefilters für ein Ereignisprotokoll

Zusätzlich können Sie über die *Suche* nach Inhalten in den Ereignisprotokoll-Einträgen suchen. Dadurch können Sie zum Beispiel sehr schnell und leicht nach Einträgen suchen, die durch bestimmte Benutzer erzeugt wurden oder bestimmte Objekte betreffen.

21.1.1 Konfiguration der Log-Eigenschaften

Sie können einige Anpassungen in den Eigenschaften der Protokolle vornehmen. Über das Kontextmenü der jeweiligen Logs unterhalb von Windows-Protokolle und Anwendungs- und Dienstprotokolle können Sie neben dem Speicherort und der definierten Größe auch das Verhalten definieren, wenn das Protokoll die maximale Größe erreicht.

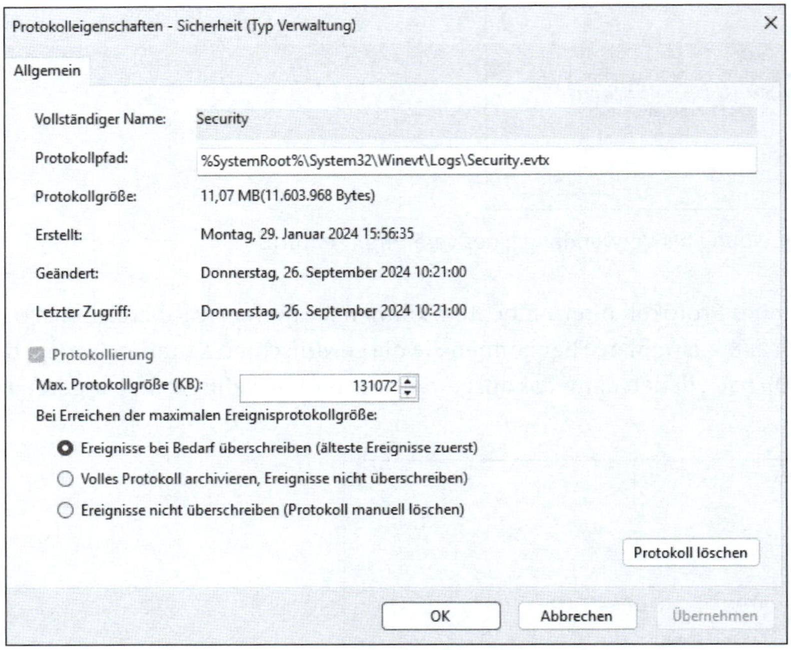

Abbildung 21.11 Eigenschaften des Sicherheits-EventLogs

Die Protokolldateien befinden sich standardmäßig im Ordner *%SystemRoot%\System32\Winevt\Logs*.

Für das Verhalten beim Erreichen der maximalen Protokollgröße stehen drei Optionen zur Verfügung (siehe Abbildung 21.11):

- Ereignisse bei Bedarf überschreiben – Mit dieser Option werden die älteren Einträge überschrieben, um die Größe der Protokolldatei einzuhalten.
- Volles Protokoll archivieren, Ereignisse nicht überschreiben – Wenn Sie diese Option aktivieren, wird – nach einem Neustart des Dienstes oder des Servers – eine Datei mit dem Namen *Archive-<Protokoll>-<Datum><Uhrzeit>.evtx* im gleichen Ordner erstellt und die bestehende Datei geleert.
- Ereignisse nicht überschreiben – Bei dieser Einstellung werden keine neuen Ereignisprotokolleinträge erstellt, wenn die maximale Dateigröße erreicht wurde. Stattdessen

gehen die (neuen) Einträge verloren. Sie können in den Sicherheitseinstellungen des Systems – oder in einer Gruppenrichtlinie – konfigurieren, dass das System heruntergefahren wird, wenn keine Protokollierung möglich ist. Wenn die maximale Größe des Protokolls erreicht wird, erscheint bei der Anmeldung eine Warnung, die Sie darauf hinweist, dass das Log voll ist (siehe Abbildung 21.12). Dieser Hinweis wird nur beim Sicherheitsprotokoll angezeigt.

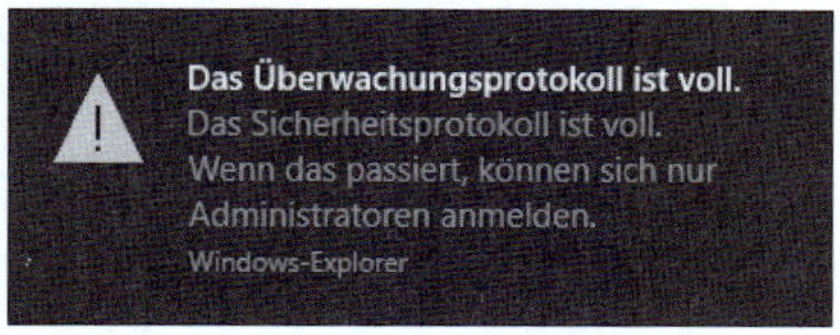

Abbildung 21.12 Hinweis bei der Anmeldung, dass das Sicherheitsprotokoll voll ist

Die Größen der einzelnen (Haupt-)Protokolle können Sie über Gruppenrichtlinien definieren (siehe Abbildung 21.13). Dadurch können Sie erreichen, dass alle Systeme die gleichen Einstellungen verwenden.

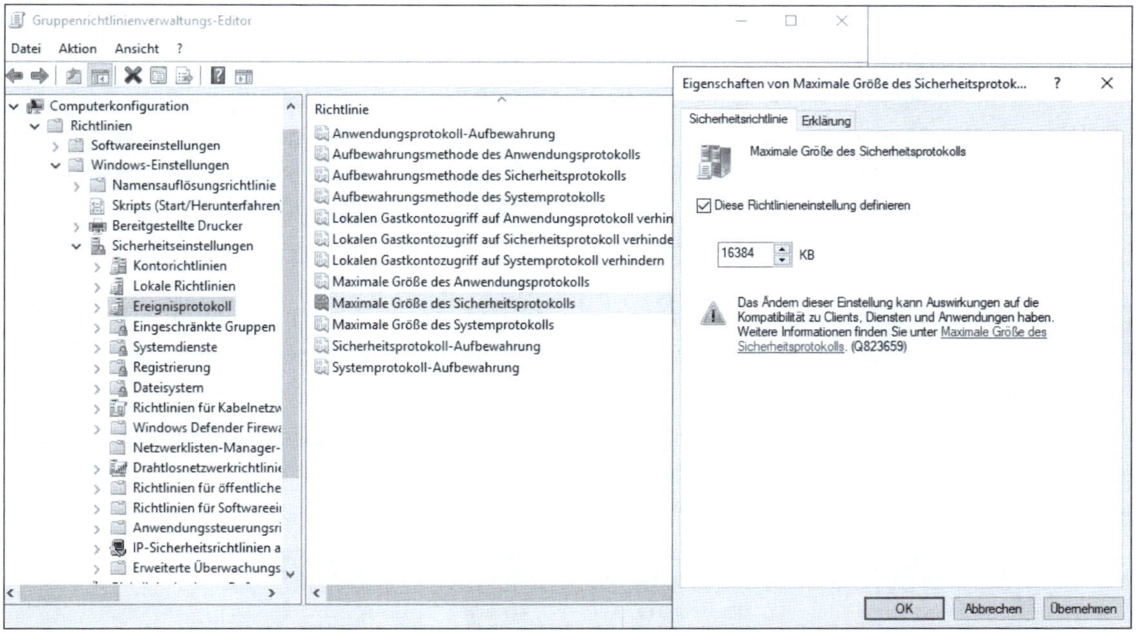

Abbildung 21.13 Die Größe der Ereignisprotokolle konfigurieren (altes Verfahren)

Über die COMPUTERKONFIGURATION • RICHTLINIEN • WINDOWS-EINSTELLUNGEN • SICHERHEITSEINSTELLUNGEN • EREIGNISPROTOKOLL können Sie für das Anwendungs-, Sicherheits- und Systemprotokoll die maximalen Größen konfigurieren. Diese Option ist jedoch das »Legacy«-Verfahren.

Seit Windows Server 2008 finden Sie unter COMPUTERKONFIGURATION • ADMINISTRATIVE VORLAGEN • WINDOWS-KOMPONENTEN den Eintrag EREIGNISPROTOKOLLDIENST. Hier stehen die Konfigurationsoptionen für die Protokolle zur Verfügung (siehe Abbildung 21.14).

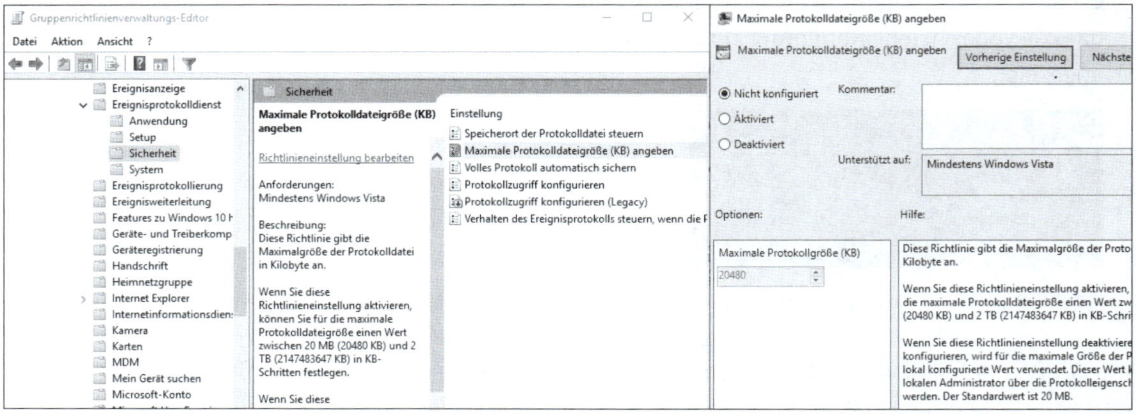

Abbildung 21.14 Konfiguration der Ereignisprotokollgröße (neues Verfahren)

Die Größe des Protokolls

In früheren Versionen von Windows wurde die Größe der Protokolldatei nicht verringert, wenn Sie in den Einstellungen einen kleineren Wert für die Größe des Protokolls konfigurierten als den bereits erreichten Wert. Windows Server 2019 und neuere Systeme verkleinern die Datei beim Leeren des Protokolls auf die neue tatsächliche Größe, wodurch ein Überschreiten der neuen konfigurierten maximalen Größe verhindert wird.

Ich treffe immer wieder Administratoren, die im Umgang mit der Ereignisanzeige die [F5]-Taste malträtieren, indem sie auf der Taste herumhämmern, während sie auf neue Ereignisse warten.

Seit Windows Server 2008 wird in der oberen Zeile über den Ereignissen angezeigt, ob neue Ereignisse verfügbar sind. Erst wenn Sie wie in Abbildung 21.15 NEUE EREIGNISSE SIND VERFÜGBAR sehen, »lohnt« sich eine Aktualisierung.

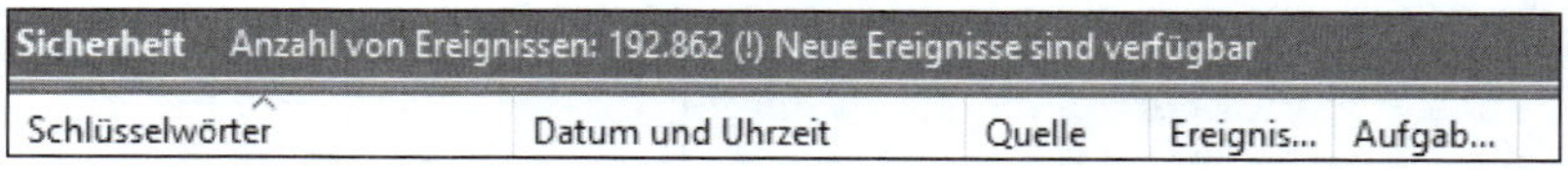

Abbildung 21.15 Hinweis, dass neue Ereignisse verfügbar sind

Wenn Sie die Protokolle auf anderen Computern anzeigen und auswerten möchten, kann es sein, dass dort die Dateien fehlen, die zum Anzeigen der Nachrichten in einem lesbaren – und lokalisierten – Format notwendig sind. Ihnen wird dann nur die Meldung angezeigt, dass die Information zu dem Ereignis nicht ausführlich angezeigt werden kann (siehe Abbildung 21.16).

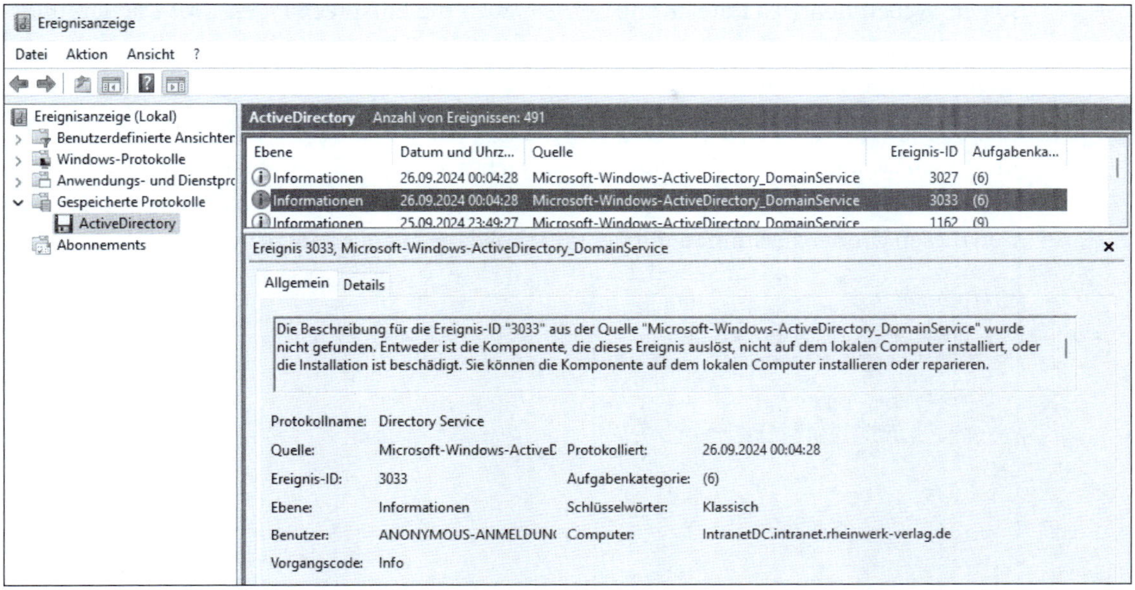

Abbildung 21.16 Der beschreibende Text für ein Ereignis kann nicht angezeigt werden.

Damit Sie die Texte auf einem anderen Computer – ohne die installierten Rollen – lesen können, müssen Sie die Quelle registrieren und die notwendigen Spachdateien auf das Zielsystem kopieren. Den Verweis dazu finden Sie in der Registrierung des Quellcomputers. Dort finden Sie unter *HKEY_LOCAL_MACHINE\SOFTWARE\Microsoft\Windows\CurrentVersion\WINEVT\Publisher* die Einträge für die registrierten Eventlogs und die dazugehörenden Sprachdateien.

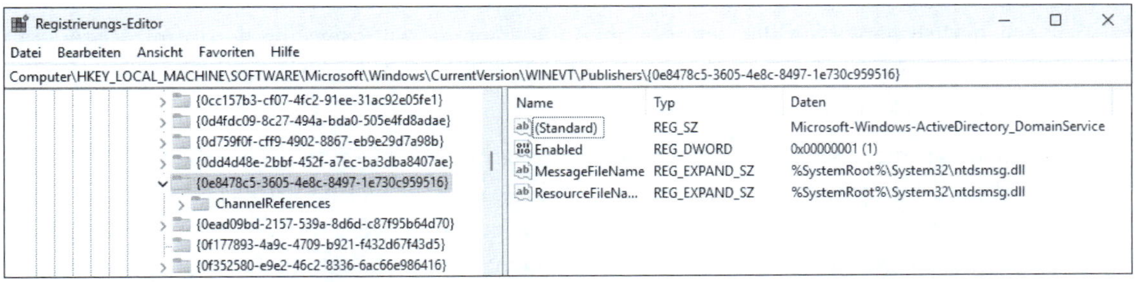

Abbildung 21.17 So finden Sie die verwendeten Sprachdateien für ein Ereignisprotokoll.

In Abbildung 21.17 sehen Sie den Eintrag für das Protokoll *Microsoft-ActiveDirectory_DomainService*, das als Quelle in dem Event aus Abbildung 21.16 angezeigt wurde. In der Registrierung wird mithilfe des Wertes `MessageFileName` der Pfad und Dateiname zu der notwenigen DLL-Datei aufgelistet. Diese Datei muss nun vom Quellcomputer auf das Zielsystem kopiert werden und die Registrierungseinträge müssen erstellt werden. Dies kann am einfachsten durch einen Export auf dem Quellsystem und einen Import auf dem Zielsystem erfolgen. Neben den DLL-Dateien müssen Sie auch die entsprechenden MUI-Dateien (*ntdsmsg.dll.mui*) im jeweiligen Sprachordner der verwendeten Betriebssystemsprache (de-DE oder en-US) vom Quellsystem auf das Zielsystem kopieren.

Alternativ können Sie bei Speichern der Protokolle die Option ANZEIGEOPTIONEN SPEICHERN auswählen (siehe Abbildung 21.18). Nach der Auswahl der entsprechenden Sprache wird neben dem Protokoll ein Ordner mit dem Namen *LocaleMetaData* erstellt. Kopieren Sie nun diesen Ordner zusammen mit der Protokolldatei auf das andere System.

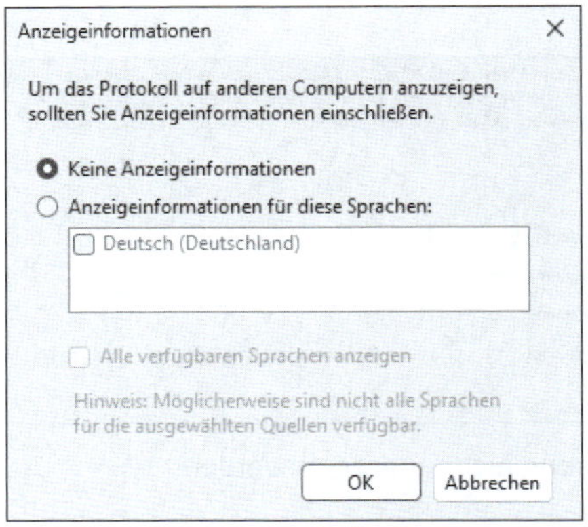

Abbildung 21.18 Speichern der Anzeigeinformationen

Danach sind die Protokolldateien auf dem Computer – auch ohne installierte Rolle – mit beschreibendem Text lesbar.

21.1.2 Eine Überwachung einrichten

Sicherlich haben Sie sich schon einmal die Frage gestellt, wer eine bestimmte Datei vom Dateiserver gelöscht hat. Oder auch die Frage, wer diese Active Directory-Gruppe bearbeitet oder die Gruppenrichtlinie geändert hat.

All diese Fragen können Sie sich durch die Ereignisanzeige beantworten lassen, indem Sie die Überwachungsfunktionen aktivieren. Wenn Sie eine solche Überwachung aktivieren möchten, sollten Sie sicherstellen, dass der Betriebsrat bzw. die Mitarbeitervertretung darüber informiert wird und zustimmt. Zusätzlich sollten Sie sich eine Methode zur Archivierung der Protokolle einrichten, damit Sie effektiv die relevanten Daten in den Protokollen finden können.

Die Einrichtung der Überwachung besteht meist aus zwei Schritten:

1. Aktivierung der Protokollierung für die Computer
2. Konfiguration der SACL (System-ACL), in der definiert wird, für wen was überwacht wird

Auch hier gibt es ein altes und ein neues Verfahren.

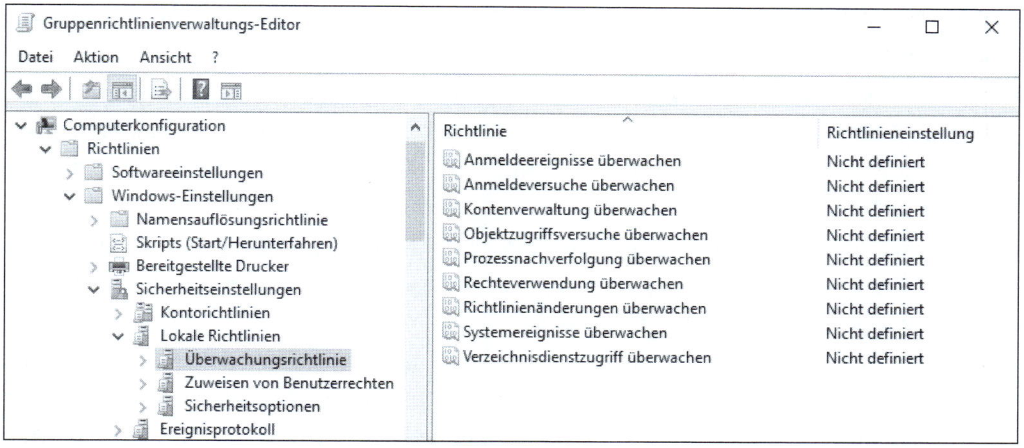

Abbildung 21.19 Konfiguration der Überwachungsrichtlinien (altes Verfahren)

Mithilfe einer Richtlinie können Sie die Überwachungsrichtlinien (altes Verfahren) über die COMPUTERKONFIGURATION • RICHTLINIEN • WINDOWS-EINSTELLUNGEN • SICHERHEITSEINSTELLUNGEN • LOKALE RICHTLINIEN • ÜBERWACHUNGSRICHTLINIEN einrichten. Hier stehen neun verschiedene Richtlinien zur Auswahl (siehe Abbildung 21.19), bei denen Sie jeweils eine »Erfolgsversuch«- und eine »Fehlversuch«-Überwachung aktivieren können:

- ANMELDEEREIGNISSE ÜBERWACHEN – Mit dieser Sicherheitseinstellung wird festgelegt, ob jede Instanz einer Benutzeranmeldung oder -abmeldung bei diesem Computer vom Betriebssystem überwacht wird. Diese Überwachung sollte auf den Clients bzw. Mitgliedsservern aktiviert werden.
- ANMELDEVERSUCHE ÜBERWACHEN – Mit dieser Sicherheitseinstellung wird festgelegt, ob jede Prüfung der Anmeldeinformationen eines Kontos vom Betriebssystem überwacht wird. Diese Überwachung sollte auf den Domänencontrollern aktiviert werden.
- KONTENVERWALTUNG ÜBERWACHEN – Mit dieser Sicherheitseinstellung wird festgelegt, ob alle Kontoverwaltungsereignisse auf einem Computer überwacht werden.
- OBJEKTZUGRIFFSVERSUCHE ÜBERWACHEN – Mit dieser Sicherheitseinstellung wird festgelegt, ob Benutzerzugriffe auf Nicht-Active-Directory-Objekte vom Betriebssystem überwacht werden. Eine Überwachung wird nur für Objekte generiert, für die eine SACL (*System Access Control List*, System-Zugriffssteuerungsliste) angegeben ist, und nur dann, wenn der angeforderte Zugriffstyp (beispielsweise Schreiben, Lesen oder Ändern) und das Konto, von dem die Anforderung stammt, den Einstellungen in der SACL entsprechen.
- PROZESSNACHVERFOLGUNG ÜBERWACHEN – Mit dieser Sicherheitseinstellung wird festgelegt, ob prozessbezogene Ereignisse vom Betriebssystem überwacht werden, beispielsweise Prozesserstellung, Prozessbeendigung, Handleduplizierung und indirekter Objektzugriff.

- Rechteverwendung überwachen – Mit dieser Sicherheitseinstellung wird festgelegt, ob jede Instanz überwacht wird, bei der ein Benutzer ein Benutzerrecht ausübt.
- Richtlinienänderungen überwachen – Mit dieser Sicherheitseinstellung wird festgelegt, ob das Betriebssystem jeden Versuch überwacht, die Richtlinie für die Zuweisung von Benutzerrechten, die Überwachungsrichtlinie, die Kontorichtlinie oder die Vertrauensrichtlinie zu ändern.
- Systemereignisse überwachen – Mit dieser Sicherheitseinstellung wird festgelegt, ob das Betriebssystem eines der Systemereignisse überwacht, z. B. das Ändern der Systemzeit oder das Beenden des Sicherheitssystems.
- Verzeichnisdienstzugriff überwachen – Mit dieser Sicherheitseinstellung wird bestimmt, ob Benutzerzugriffe auf Active Directory-Objekte vom Betriebssystem überwacht werden. Eine Überwachung wird nur für Objekte generiert, für die eine System-Zugriffssteuerungsliste *(System Access Control List, SACL)* angegeben ist, und nur dann, wenn der angeforderte Zugriffstyp (beispielsweise Schreiben, Lesen oder Ändern) und das Konto, von dem die Anforderung stammt, den Einstellungen in der SACL entsprechen.

Die neue Methode zum Aktivieren der Überwachung, die Vorrang vor dem alten Überwachungsverfahren hat, wird über die Erweiterte Überwachungsrichtlinienkonfiguration aktiviert (siehe Abbildung 21.20). Hier stehen mehr Auswahloptionen zur Verfügung. Der Vorteil der »neuen« Überwachungsmethode ist eine detailliertere Protokollierung, die bei den meisten Optionen nicht nur protokolliert, wer etwas geändert hat, sondern auch festhält, wie der alte Wert ausgesehen hat und auf welchen Wert er geändert wurde.

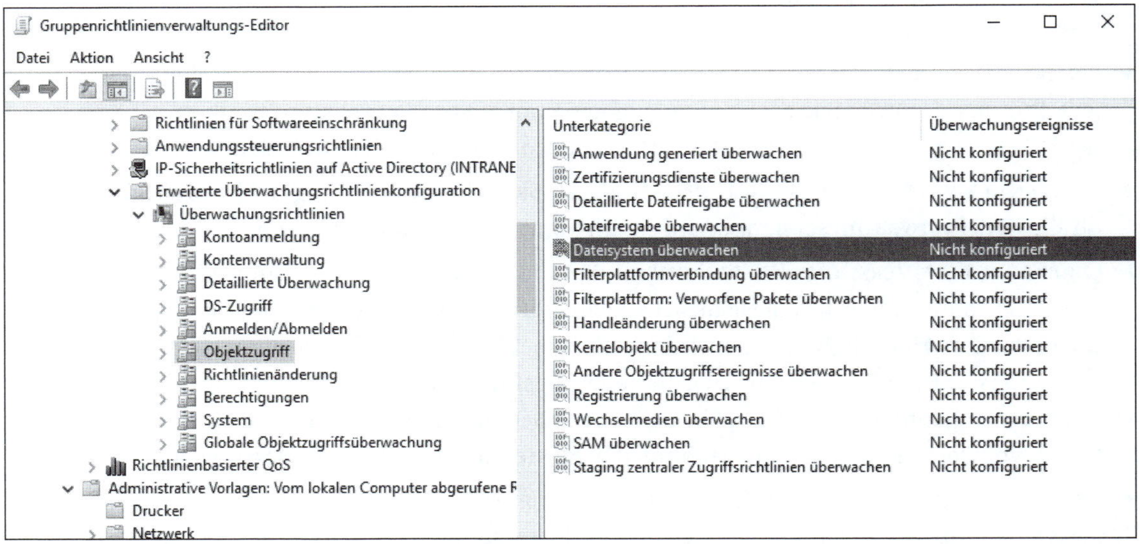

Abbildung 21.20 Neue Methode zur Aktivierung der Überwachung

Nach dem Erstellen der Richtlinie – und der Anwendungen im Rahmen eines GPUpdates – müssen Sie bei einigen Überwachungen die Objekte definieren, die überwacht werden sollen. Dazu wechseln Sie auf die entsprechende Ressource (Dateisystem oder Active Directory-OU) und öffnen die SICHERHEITSEINSTELLUNGEN. Hier wechseln Sie in die ERWEITERTEN SICHERHEITSEINSTELLUNGEN und wählen die Registerkarte ÜBERWACHUNG.

Hier können Sie nun die *System Access Control Lists (SACL)* konfigurieren, die festlegen, welche Zugriffsart für bestimmte Benutzer, Gruppen oder Computer überwacht werden soll. Bitte bedenken Sie, dass eine detaillierte Protokollierung eine hohe Last für den Ereignisprotokolldienst bedeuten kann.

In Abbildung 21.21 ist die SACL für einen Ordnerzugriff zu sehen. Hier können Sie den zu überwachenden PRINZIPAL (Benutzer, Gruppe, Computer) auswählen und festlegen, ob Sie eine erfolgreiche Überwachung oder eine fehlgeschlagene Protokollierung aktivieren möchten. Im Bereich ERWEITERTE BERECHTIGUNGEN können Sie nun die Aktionen definieren, die protokolliert werden sollen. So können Sie zum Beispiel nur das erfolgreiche Löschen von Dateien und Ordnern protokollieren lassen.

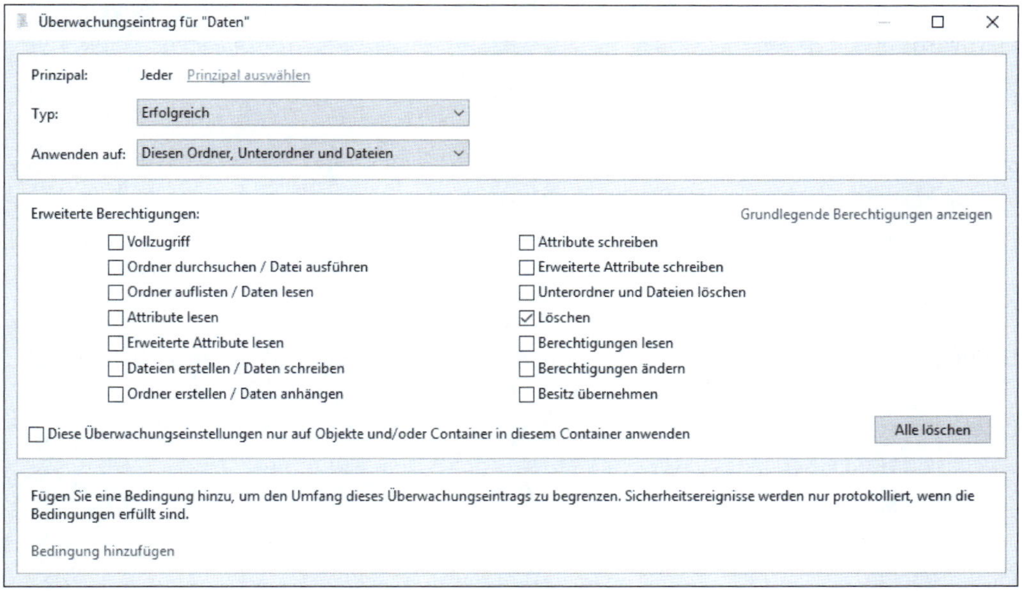

Abbildung 21.21 Konfiguration der System-ACL

Tritt nun ein solches Ereignis ein, wird ein entsprechender Eintrag im Sicherheitsprotokoll desjenigen Systems protokolliert, auf dem das Ereignis erzeugt wurde.

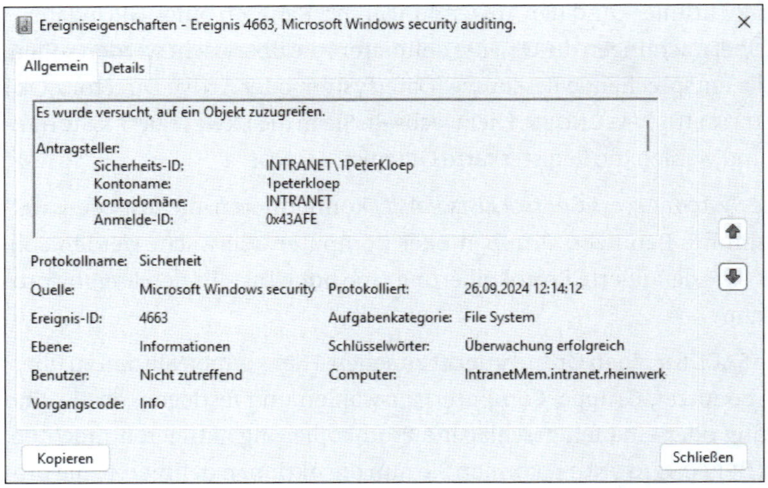

Abbildung 21.22 Protokolleintrag einer erfolgreichen Löschung einer Datei

Abbildung 21.22 zeigt den Eintrag im Sicherheits-Log für den Vorgang, der im Folgenden erklärt wird:

```
Es wurde versucht, auf ein Objekt zuzugreifen.

Antragsteller:
    Sicherheits-ID:     INTRANET\1PeterKloep
    Kontoname:          1peterkloep
    Kontodomäne:        INTRANET
    Anmelde-ID:         0x43AFE
```

Listing 21.1 Ergebnis des Vorgangs und Informationen zum Konto, das die Aktion ausgeführt hat

```
Objekt:
    Objektserver:       Security
    Objekttyp:          File
    Objektname:         C:\daten\AD-Tier-Prep-ps1
    Handle-ID:         0x3ae4
    Ressourcenattribute:    S:AI

Prozessinformationen:
    Prozess-ID:         0xb7c
    Prozessname:        C:\Windows\explorer.exe
```

Listing 21.2 Übersicht über das Objekt (die Datei), auf die zugegriffen wurde

```
Zugriffsanforderungsinformationen:
    Zugriffe:               DELETE
    Zugriffsmaske:          0x10000
```

Listing 21.3 Beschreibung des Zugriffs (DELETE)

Bitte bedenken Sie, dass Sie bei zu großer Überwachung sehr viele Einträge erzeugen und eventuell nicht mehr auf historische Daten im Protokoll zurückgreifen können, da die konfigurierte Protokollgröße sehr schnell erreicht wird und ältere Ereignisse bald überschrieben werden.

Daher sollten Sie sich das Aktivieren der Überwachungsaktionen gut überlegen: Das Erstellen und Bearbeiten einer neuen Datei erzeugt bis zu 10 Protokolleinträge, sofern Sie den Vollzugriff überwachen lassen. Dies ist selten notwendig und meist nicht zielführend.

21.1.3 Verwenden des Windows Admin Centers

Mit der Einführung des *Windows Admin Centers* wurde eine weitere Möglichkeit geschaffen, um – auch remote – auf die Ereignisanzeige eines Systems zuzugreifen. Wenn Sie über das Windows Admin Center auf ein System zugreifen (siehe Abbildung 21.23), geht das meist schneller und einfacher, als wenn Sie die lokale Verwaltungskonsole für die Ereignisanzeige selbst verwenden. Die Einrichtung des Windows Admin Centers wird in Kapitel 10, »Verwaltung«, beschrieben.

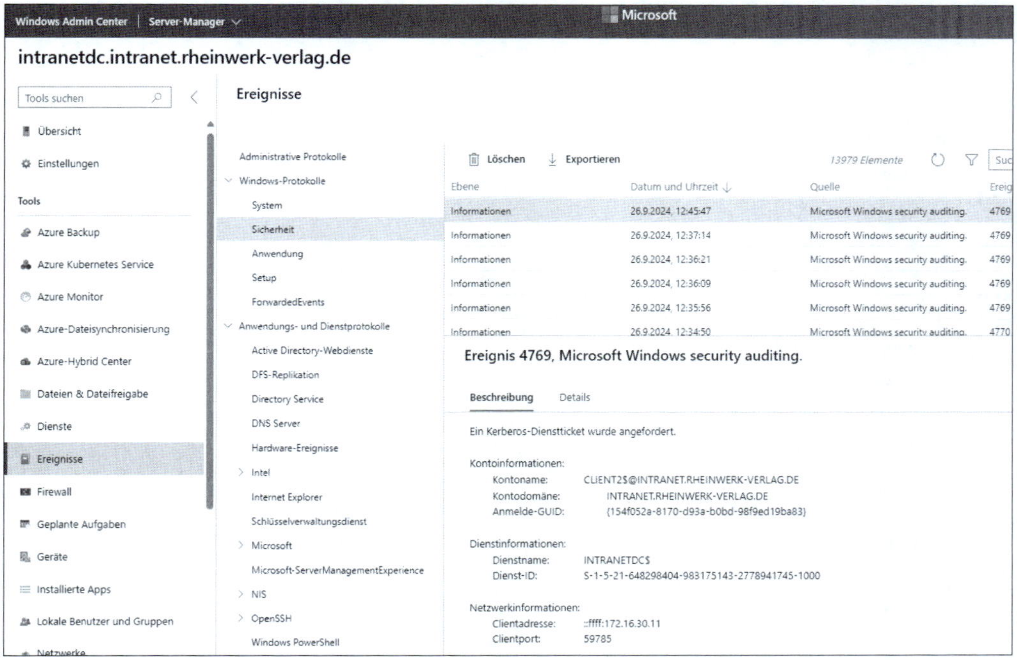

Abbildung 21.23 Zugriff auf die Ereignisanzeige über das Windows Admin Center

21.2 Die Leistungsüberwachung

Die schnellste und einfachste Möglichkeit, um die Leistungsdaten eines Servers zu überprüfen, bietet der *Task-Manager*. Sie können ihn entweder über die Taskleiste am unteren Rand des Bildschirms öffnen, durch Drücken von `Strg`+`Alt`+`Entf` oder Sie rufen `taskmgr.exe` auf.

Daraufhin öffnet sich der Task-Manager und zeigt die geöffneten Anwendungen an (siehe Abbildung 21.24).

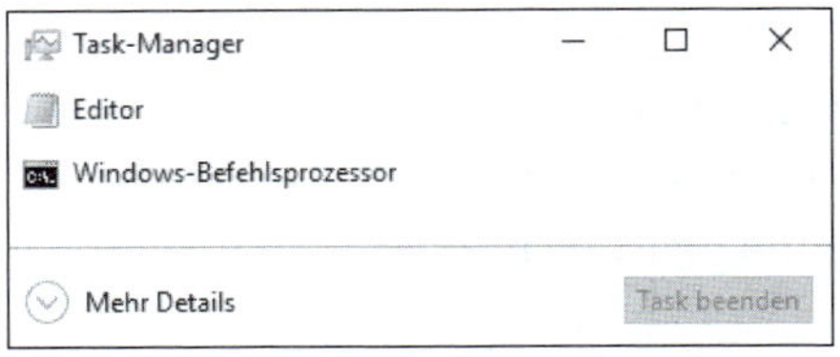

Abbildung 21.24 Ansicht der geöffneten Anwendungen im Task-Manager

Im Task-Manager werden auf der ersten Seite nur Anwendungen angezeigt, die durch den Anwender gestartet wurden. Wenn Sie zusätzliche Informationen oder die Systemprozesse sehen möchten, klicken Sie auf MEHR DETAILS. Sie gelangen dann in die erweiterte Ansicht, in der Sie neben den Apps auch die Hintergrundprozesse des Systems sehen (siehe Abbildung 21.25).

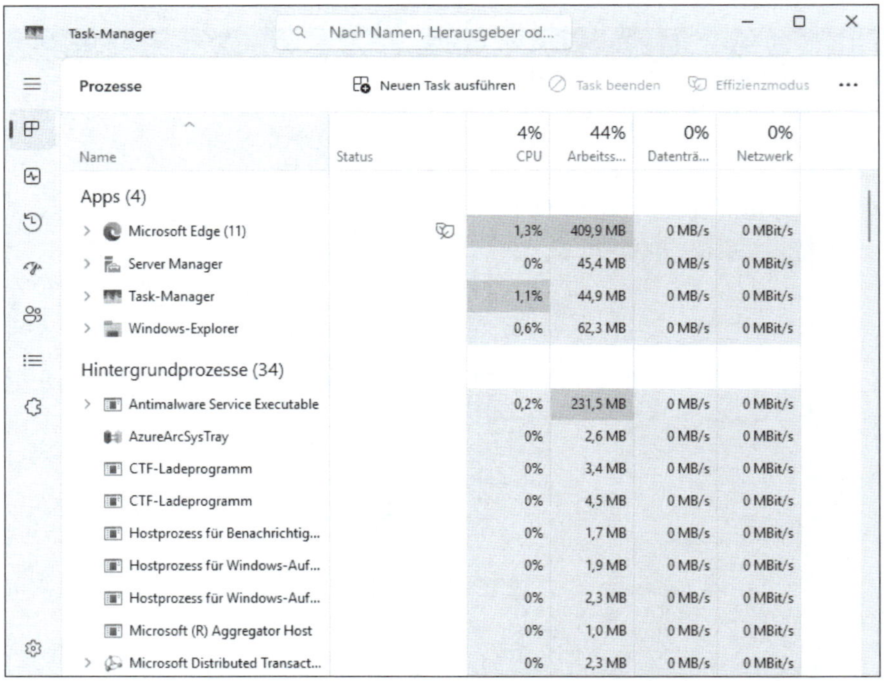

Abbildung 21.25 Anzeige der Apps und der Hintergrundprozesse

In Abbildung 21.25 sehen Sie neben den jeweiligen Apps und Prozessen die CPU- und Arbeitsspeicherauslastung der jeweiligen PROZESSE. Am unteren Rand sehen Sie in der Spalte STATUS des MICROSOFT EDGE ein kleines grünes Symbol. Es bedeutet, dass der Prozess gerade angehalten ist.

Einige Apps und Prozesse bieten die Möglichkeit, über den Pfeil > den Eintrag zu erweitern und mehr Informationen zu dem oder den Prozessen anzuzeigen.

Mit einem Rechtsklick auf eine App oder einen Hintergrundprozess öffnet sich das Kontextmenü mit folgenden Optionen:

- ERWEITERN – Diese Option erweitert ein vorhandenes > und zeigt die einzelnen Instanzen der App oder des Prozesses an.
- Über TASK BEENDEN wird die App oder der Prozess beendet. Verwendet die App mehrere unterschiedliche Prozesse, wird das System versuchen, alle zu beenden.
- Mithilfe von RESSOURCENWERTE • ARBEITSSPEICHER können Sie die Anzeige der verwendeten Ressourcen zwischen WERTE und PROZENT wechseln und sich damit entweder absolute Zahlenwerte oder relative Prozentwerte anzeigen lassen.
- ABBILDDATEI ERSTELLEN – Sie können für jede App oder jeden Prozess ein Speicherabbild erstellen lassen. Dieser Memory-Dump beinhaltet den Inhalt des Arbeitsspeichers und kann mit Debugging-Tools analysiert werden. Dieser Dump wird beim Erstellen des Abbilds im *Temp*-Ordner abgelegt. Der Dateiname beinhaltet den Namen der App oder den Namen des Prozesses:

```
C:\>dir *.dmp /s
 Volume in Laufwerk C: hat keine Bezeichnung.
 Volumeseriennummer: 1E30-2536

 Verzeichnis von C:\Users\1PeterKloep\AppData\Local\Temp
14.11.2024  14:27       443.878.826 powershell_ise.DMP
               1 Datei(en),    443.878.826 Bytes
```

- ZU DETAILS WECHSELN – Mit einem Wechsel zu den Details springen Sie auf die entsprechende Registerkarte des Task-Managers, wo Sie weitere Informationen zum Prozess abrufen können.
- DATEIPFAD ÖFFNEN – Mit dieser Option wird ein Explorer-Fenster an dem Ort geöffnet, an dem sich die ausführbare Datei der App oder des Prozesses befindet.
- Über die ONLINE-SUCHE wird ein Browser geöffnet und der Anzeigename der App und der Prozessname in die Suche übernommen.
- Über die EIGENSCHAFTEN können Sie sich die Dateieigenschaften der App bzw. des Prozesses anzeigen lassen und überprüfen.

Die Registerkarte LEISTUNG des Task-Managers zeigt eine Übersicht über die vier Kernressourcen des Systems (CPU, ARBEITSSPEICHER, DATENTRÄGER und ETHERNET), die Sie in Abbildung 21.26 sehen. Hier können Sie neben den Eckdaten über die Ressource auch in einem Diagramm sehen, wie die momentane Auslastung ist bzw. wie die Auslastung in der letzten Minute war.

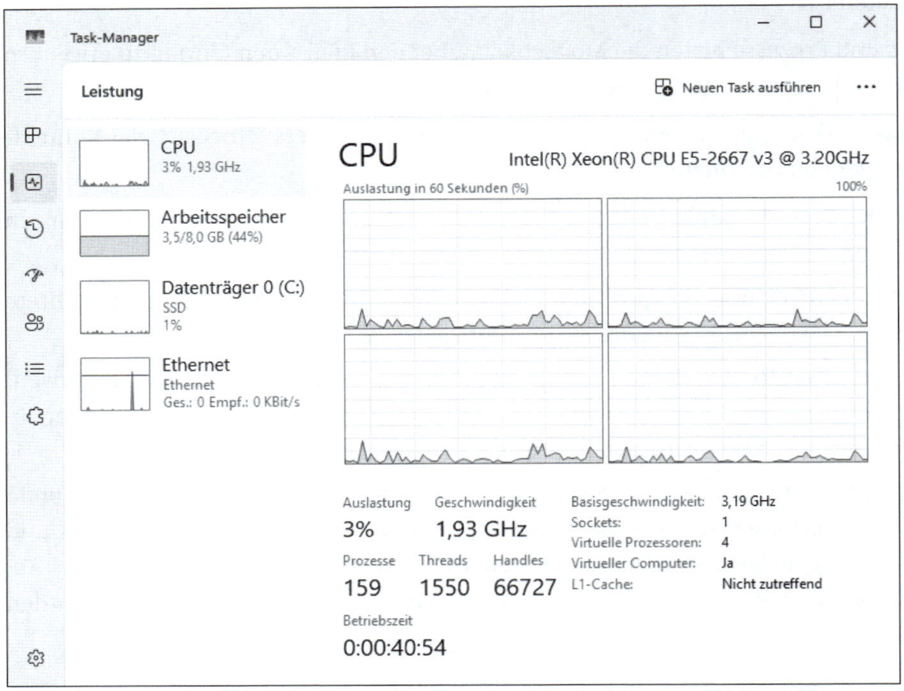

Abbildung 21.26 Anzeige der Leistungseckdaten

Die Registerkarte BENUTZER listet die auf dem System angemeldeten Benutzer auf. Dabei kann es sich um lokal oder um remote angemeldete Benutzer handeln. Sie können sich alle Prozesse und Apps für die jeweiligen Benutzer anzeigen lassen und die Verbindungen anderer Benutzer trennen oder abmelden bzw. die Tasks beenden oder untersuchen. Dies kann dann besonders sinnvoll sein, wenn Sie den Server neu starten möchten und andere Benutzer angemeldet sind. Eine Zwangsabmeldung kann jedoch zu Datenverlust führen, wenn das »andere« Konto nicht gespeicherte Dokumente auf dem System geöffnet hat.

Auf der Registerkarte DETAILS werden alle ausgeführten Prozesse aufgelistet (siehe Abbildung 21.27). Durch einen Rechtsklick auf die Spaltenüberschriften können Sie zusätzliche SPALTEN AUSWÄHLEN oder Spalten ausblenden.

Die letzte Registerkarte, DIENSTE, bietet Informationen über die auf dem System installierten Dienste. Sie können hier den Status des Dienstes abfragen oder Dienste starten bzw. beenden.

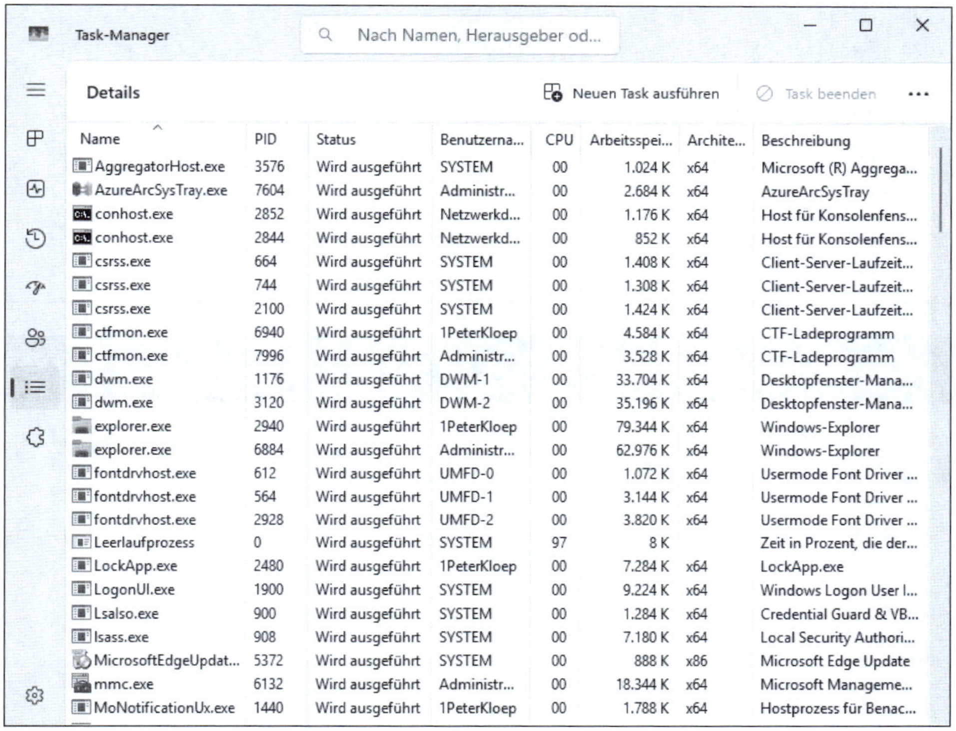

Name	PID	Status	Benutzerna...	CPU	Arbeitsspei...	Archite...	Beschreibung
AggregatorHost.exe	3576	Wird ausgeführt	SYSTEM	00	1.024 K	x64	Microsoft (R) Aggrega...
AzureArcSysTray.exe	7604	Wird ausgeführt	Administr...	00	2.684 K	x64	AzureArcSysTray
conhost.exe	2852	Wird ausgeführt	Netzwerkd...	00	1.176 K	x64	Host für Konsolenfens...
conhost.exe	2844	Wird ausgeführt	Netzwerkd...	00	852 K	x64	Host für Konsolenfens...
csrss.exe	664	Wird ausgeführt	SYSTEM	00	1.408 K	x64	Client-Server-Laufzeit...
csrss.exe	744	Wird ausgeführt	SYSTEM	00	1.308 K	x64	Client-Server-Laufzeit...
csrss.exe	2100	Wird ausgeführt	SYSTEM	00	1.424 K	x64	Client-Server-Laufzeit...
ctfmon.exe	6940	Wird ausgeführt	1PeterKloep	00	4.584 K	x64	CTF-Ladeprogramm
ctfmon.exe	7996	Wird ausgeführt	Administr...	00	3.528 K	x64	CTF-Ladeprogramm
dwm.exe	1176	Wird ausgeführt	DWM-1	00	33.704 K	x64	Desktopfenster-Mana...
dwm.exe	3120	Wird ausgeführt	DWM-2	00	35.196 K	x64	Desktopfenster-Mana...
explorer.exe	2940	Wird ausgeführt	1PeterKloep	00	79.344 K	x64	Windows-Explorer
explorer.exe	6884	Wird ausgeführt	Administr...	00	62.976 K	x64	Windows-Explorer
fontdrvhost.exe	612	Wird ausgeführt	UMFD-0	00	1.072 K	x64	Usermode Font Driver ...
fontdrvhost.exe	564	Wird ausgeführt	UMFD-1	00	3.144 K	x64	Usermode Font Driver ...
fontdrvhost.exe	2928	Wird ausgeführt	UMFD-2	00	3.820 K	x64	Usermode Font Driver ...
Leerlaufprozess	0	Wird ausgeführt	SYSTEM	97	8 K		Zeit in Prozent, die der...
LockApp.exe	2480	Wird ausgeführt	1PeterKloep	00	7.284 K	x64	LockApp.exe
LogonUI.exe	1900	Wird ausgeführt	SYSTEM	00	9.224 K	x64	Windows Logon User I...
Lsalso.exe	900	Wird ausgeführt	SYSTEM	00	1.284 K	x64	Credential Guard & VB...
lsass.exe	908	Wird ausgeführt	SYSTEM	00	7.180 K	x64	Local Security Authori...
MicrosoftEdgeUpdat...	5372	Wird ausgeführt	SYSTEM	00	888 K	x86	Microsoft Edge Update
mmc.exe	6132	Wird ausgeführt	Administr...	00	18.344 K	x64	Microsoft Manageme...
MoNotificationUx.exe	1440	Wird ausgeführt	1PeterKloep	00	1.788 K	x64	Hostprozess für Benac...

Abbildung 21.27 Die Details für die ausgeführten Prozesse

Eine weitere Methode, um Eckdaten über das lokale System oder andere verwaltete Systeme zu erhalten, ist in den Server-Manager integriert (siehe Abbildung 21.28). Hier können Sie zum Beispiel unter LOKALER SERVER im Bereich LEISTUNG Warnungen definieren, die anschlagen, wenn vordefinierte Grenzwerte für die CPU-Auslastung und den Arbeitsspeicher über- bzw. unterschritten werden.

Die Datensammlung im Server-Manager ist eigentlich von Haus aus deaktiviert, kann aber im Server-Manager durch einen Rechtsklick auf den Server aktiviert werden. Damit wird die Datensammlung auf dem Zielsystem gestartet und kann ausgewertet werden (siehe Abbildung 21.28).

Mit der Aktivierung der Überwachung werden auf dem System im Ordner *PerfLogs* (PerformanceLogs – Leistungsprotokolle) die benötigten Messdaten gespeichert und abgerufen:

```
C:\PerfLogs\Admin\ServerManager>dir
 Volume in Laufwerk C: hat keine Bezeichnung.
 Volumeseriennummer: 1E30-2536

 Verzeichnis von C:\PerfLogs\Admin\ServerManager
```

```
26.09.2024  09:34    <DIR>          .
26.09.2024  09:34    <DIR>          ..
26.09.2024  09:34         5.701.632 SNPerfMon-20190206093451-1.blg
26.09.2024  19:49         2.490.368 SNPerfMon-20190207093447-2.blg
               2 Datei(en),      8.192.000 Bytes
               2 Verzeichnis(se), 121.280.163.840 Bytes frei
```

Listing 21.4 Der Inhalt des Ordners »PerfLogs« auf einem Windows Server

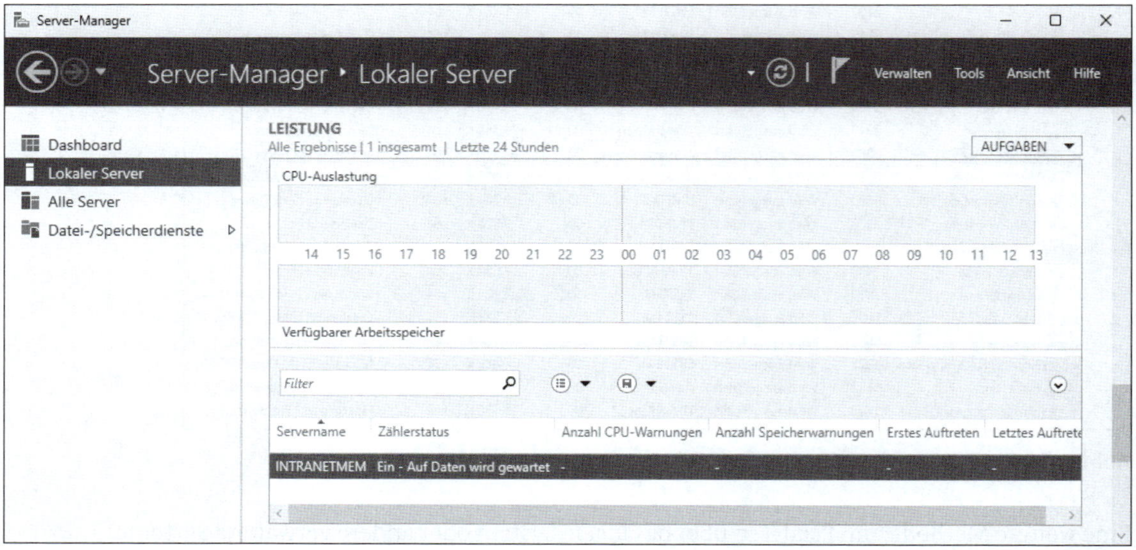

Abbildung 21.28 Aktivierte Leistungsüberwachung im Server-Manager

Unterhalb des Ordners *PerfLogs* wird ein Ordner *Admin\ServerManager* erstellt. Logdateien, genauer gesagt *Windows Binary Performance Log Files*, werden dort mit der Endung *.blg* abgelegt.

Berechtigungen für PerfLogs

Wenn Sie mit dem Windows Explorer in den Ordner *C:\PerfLogs* wechseln möchten, wird das System einen Hinweis anzeigen, dass Sie für diesen Zugriff erhöhte Berechtigungen benötigen. Dies rührt daher, dass der Explorer nicht als Administrator ausgeführt werden kann. Klicken Sie in dem erscheinenden Fenster auf FORTSETZEN, wird die ACL des Ordners erweitert und Sie werden explizit berechtigt.

Nachdem das Zielsystem die Daten bereitgestellt hat, werden sie im Server-Manager angezeigt (siehe Abbildung 21.29). Die Grenzwerte werden dabei in roter Farbe hinterlegt.

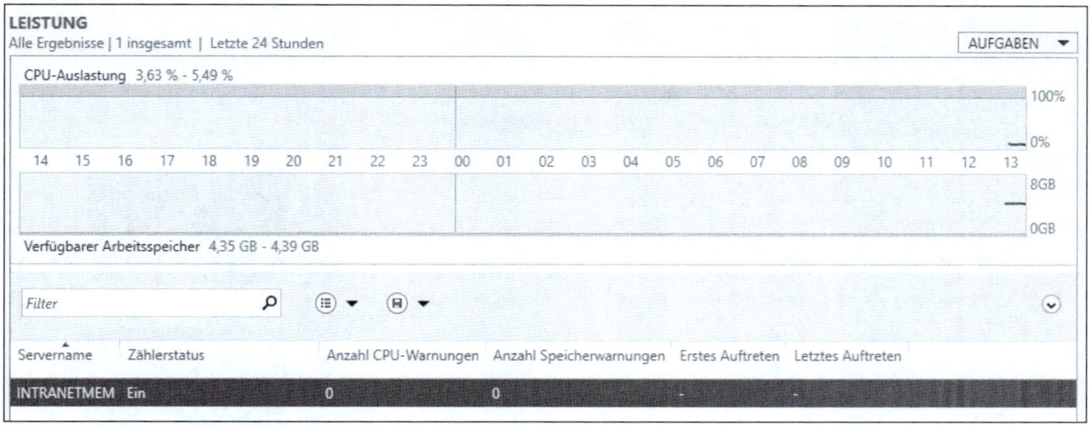

Abbildung 21.29 Anzeige der Ressourcenverwendung im Server-Manager

21.2.1 Ressourcenmonitor

Wenn Sie detailliertere Informationen zur Ressourcennutzung von einzelnen Prozessen sehen möchten, können Sie den *Ressourcenmonitor* verwenden. Diesen können Sie entweder über den Task-Manager öffnen oder Sie starten ihn direkt aus dem Startmenü heraus.

Der Ressourcenmonitor ist ein grafisches Tool, das analysiert, welche und wie viele Ressourcen ein Prozess nutzt. Das Tool bringt fünf Registerkarten mit. Neben der ÜBERSICHT werden für die vier Kernressourcen CPU, ARBEITSSPEICHER, DATENTRÄGER und NETZWERK detaillierte Informationen angezeigt.

Abbildung 21.30 zeigt die ÜBERSICHT-Seite des Ressourcenmonitors. Im linken Teil können Sie die einzelnen Prozesse sehen und neben der PID (Prozess-ID) die verwendeten Ressourcen. Im Bereich DATENTRÄGER sind vier Prozesse (SYSTEM) zu erkennen, die eine hohe Datenträgerlast erzeugen. In der Spalte DATEI erkennen Sie, dass es sich bei den »Dateien« um ausgeführte virtuelle Maschinen handelt.

Auf der rechten Seite des Fensters wird grafisch die Auslastung der vier Kernressourcen angezeigt, sodass Sie optisch einfach erkennen können, ob das System ausgelastet ist oder ob noch Ressourcen zur Verfügung stehen.

Energieschema

Prüfen Sie bei Ihren Systemen – auch bei den virtualisierten –, ob das Energieschema auf HÖCHSTLEISTUNG konfiguriert wurde. Der Standard des Betriebssystems ist AUSBALANCIERT, wodurch nicht alle Ressourcen mit maximaler Leistung angesteuert werden. Sie können das Energieschema entweder manuell festlegen oder für Ihre Server über eine Gruppenrichtlinie steuern.

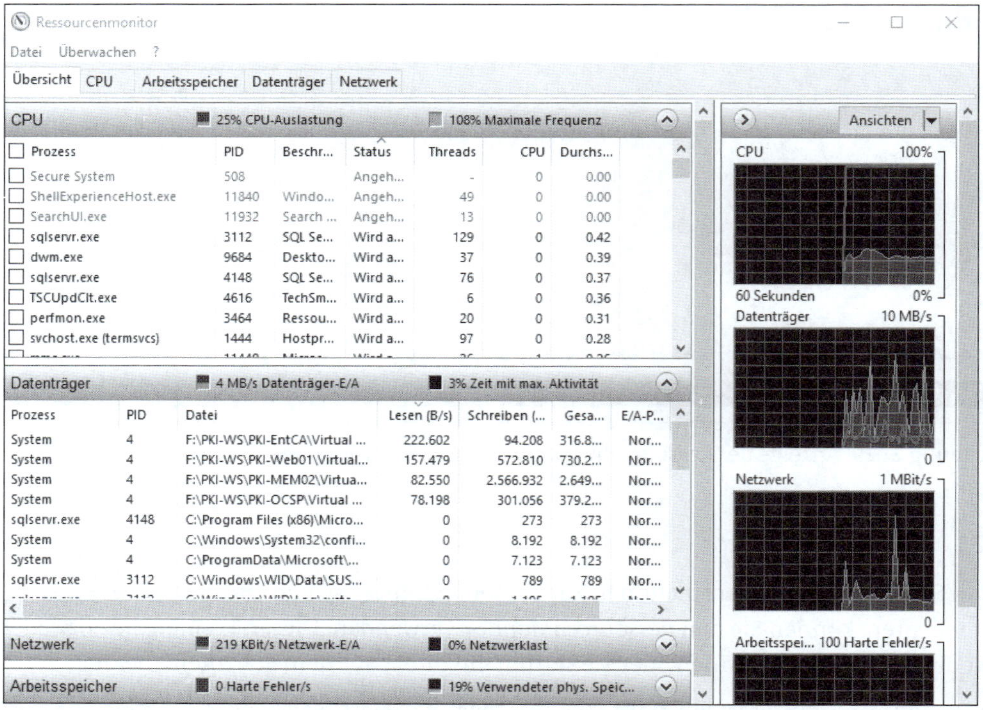

Abbildung 21.30 Übersicht über die Ressourcennutzung im Ressourcenmonitor

Ein großer Vorteil des Ressourcenmonitors besteht darin, dass Sie die Prozesse filtern können. Dadurch sehen Sie in einer Gesamtübersicht, welche Ressourcen ein Prozess verwendet. So ersparen Sie sich die separate Suche bei allen Ressourcen. Dazu können Sie im oberen Bereich einen Prozess auswählen (siehe Abbildung 21.31).

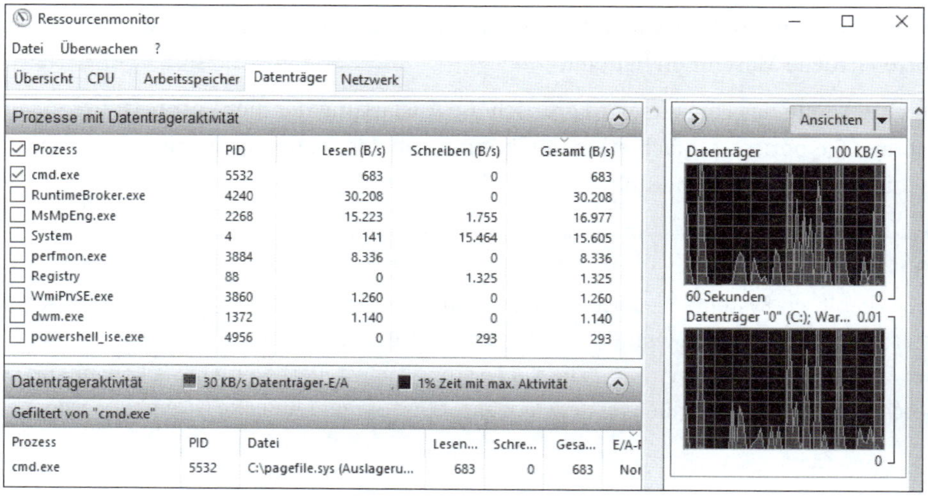

Abbildung 21.31 Filter der Performancedaten anhand eines Prozesses

In den weiteren Abschnitten der Registerkarten werden die Filter automatisch angewendet und es werden nur noch der ausgewählte Prozess bzw. die ausgewählten Prozesse angezeigt.

Auch im Ressourcenmonitor können Sie einzelne Prozesse beenden, wenn Sie dies möchten.

21.2.2 Leistungsindikatoren und die »üblichen Verdächtigen«

Die *Leistungsüberwachung* (`perfmon.exe`) kann für eine detaillierte Analyse der Performancedaten verwendet werden. Die Konsole ist in mehrere Bereiche aufgeteilt (siehe Abbildung 21.32):

- Hinter den ÜBERWACHUNGSTOOLS verbirgt sich die LEISTUNGSÜBERWACHUNG. Dabei handelt es sich um ein Tool, mit dem Sie eine große Anzahl von sogenannten Leistungsindikatoren überwachen und grafisch anzeigen lassen können.
- Mithilfe von DATENSAMMLERSÄTZEN können Sie über einen längeren Zeitraum Daten sammeln und analysieren lassen und diese dann später – von einem anderen System – auswerten lassen, ohne durch die Auswertung die Performance des »problematischen« Systems weiter zu beeinträchtigen.
- Der Knoten BERICHTE stellt die Ergebnisse der Datensammlersätze bereit.

In der Leistungsüberwachung wird automatisch der Leistungsindikator PROZESSORZEIT (%) in Form einer roten Linie hinzugefügt.

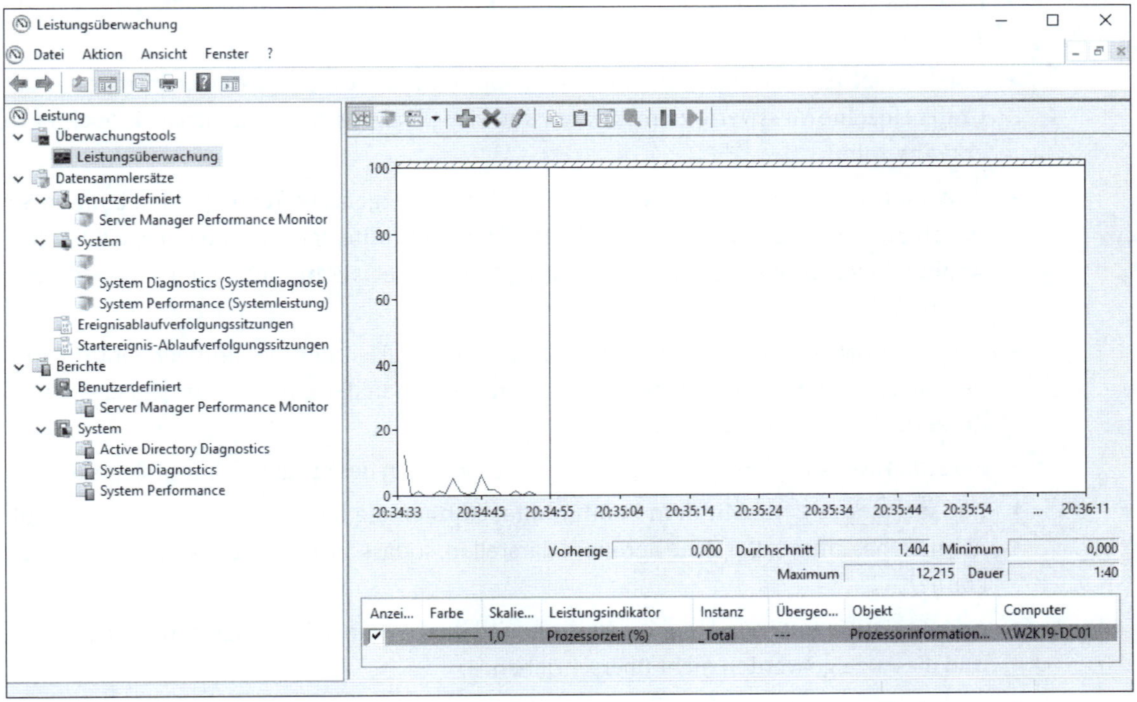

Abbildung 21.32 Anzeige der Leistungsüberwachung

Über die Symbole oberhalb der Grafik in Abbildung 21.32 können Sie weitere Leistungsindikatoren (Messpunkte) hinzufügen. Auf einem System stehen zahlreiche Indikatoren zur Verfügung. Abhängig von den auf dem System installierten Rollen und Features werden neue Indikatoren hinzugefügt, wodurch sich die Liste erweitert.

Über die Symbole können Sie:

- Aktuellen Vorgang anzeigen (Strg+T) – Dieser Button wechselt in die Live-Ansicht der Leistungsindikatoren. Sollten Sie vorher auf »historische« Daten zugegriffen haben, wechseln Sie hiermit wieder in die Live-Ansicht.
- Protokolldaten anzeigen (Strg+L) – Diese Option öffnet einen Dialog zur Auswahl von gespeicherten Logdateien. Diese sollten im *.blg*-Format gespeichert sein. Dadurch können Sie sich aufgezeichnete Daten im Nachhinein anschauen und diese analysieren.
- Diagrammtyp ändern (Strg+G) – Es stehen ein Liniendiagramm, eine Histogrammleiste (Balken) und die Berichtsform zur Verfügung. Sie können zwischen diesen Formen umschalten.
- Grünes + (Hinzufügen) (Strg+N) – Über das Pluszeichen können Sie weitere Leistungsindikatoren hinzufügen, um noch mehr Messdaten zu sammeln und anzeigen zu lassen.
- Löschen (Entf) – Mit dieser Option entfernen Sie einen Leistungsindikator aus der Anzeige.
- Markieren (Strg+H) – Die Markieren-Option kann dazu verwendet werden, in der Grafik einzelne Messwerte zu markieren und visuell hervorzuheben, sodass sie leichter zu erkennen sind.
- Eigenschaften kopieren (Strg+C) – Wenn Sie Eigenschaften kopieren, können Sie Informationen über das aktuell markierte Objekt mithilfe der Zwischenablage in andere Applikationen transferieren und dokumentieren oder sie in eine andere Konsole einfügen.
- Leistungsindikatorenliste einfügen (Strg+V) – Über die Einfügen-Option können Sie eine Reihe von Leistungsindikatoren, die sich in der Zwischenablage befinden, in die aktuelle Konsole einfügen.
- Eigenschaften (Strg+Q) – Zeigt die Eigenschaften des ausgewählten Objekts an.
- Zoom (Strg+Z) – Mit dem Zoom-Modus können Sie bei gespeicherten Langzeitaufnahmen bestimmte Bereiche »größer« darstellen, sodass Sie die Daten besser analysieren können.
- Anzeige fixieren (Strg+F) – Hiermit wird die Live-Ansicht »eingefroren«: Die Daten und die Anzeige werden nicht überschrieben.
- Daten aktualisieren (Strg+U) – Haben Sie die Anzeige fixiert, können Sie mit dieser Option manuell eine Aktualisierung der Daten auslösen.

In den Eigenschaften der einzelnen Indikatoren können Sie neben der Skalierung der Anzeige auch die Farbe der Linie anpassen, sodass Sie unterschiedliche Indikatoren besser unterscheiden und erkennen können.

Wenn Sie zusätzliche Indikatoren hinzufügen (siehe Abbildung 21.33), können Sie außer den Indikatoren des lokalen Systems <Lokaler Computer> über die Option Durchsuchen einen anderen Computer auswählen und die Daten dort »live« ansehen und auswerten. Für den Zugriff auf ein Remotesystem muss die Remoteverwaltung aktiviert und in der Firewall freigeschaltet sein und Sie müssen über die notwendigen Rechte auf dem Zielsystem verfügen.

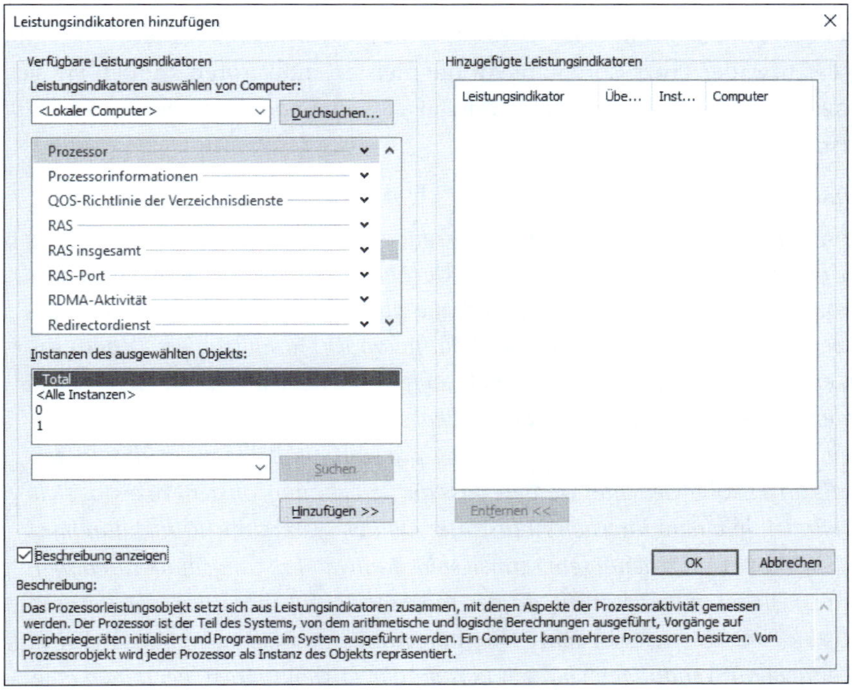

Abbildung 21.33 Option zum Hinzufügen eines zusätzlichen Leistungsindikators

Auf den aktuellen Windows-Systemen werden zwei Sicherheitsgruppen bereitgestellt, die für den Zugriff auf die Leistungsdaten verwendet werden können:

- Leistungsprotokollbenutzer – Mitglieder dieser Gruppe können die Protokollierung von Leistungsindikatoren planen, Traceanbieter aktivieren und Ereignistraces sammeln, sowohl lokal als auch über Remotezugriff auf diesen Computer.
- Leistungsüberwachungsbenutzer – Mitglieder dieser Gruppe können lokal und entfernt auf Leistungszählerdaten zugreifen.

Beim Hinzufügen von Indikatoren werden die Indikatoren gruppiert dargestellt. Dadurch können Sie den gewünschten Wert schneller finden. Für die meisten Indikatoren müssen oder können Sie anschließend die Instanz auswählen, die Sie protokollieren wollen. Meist gibt es hier die Möglichkeit, die Summe aller Daten _TOTAL oder für einzelne Instanzen des Indikators (z. B. für einzelne CPU-Kerne oder ein einzelnes Laufwerk) auszuwählen. Abbildung 21.33 zeigt eine Auswahl der unterschiedlichen Möglichkeiten.

21.2.3 CPU

Der Prozessor *(Central Processing Unit, CPU)* ist für die Berechnung der Operationen des Systems zuständig. Zu wenige oder zu langsame Prozessoren führen dazu, dass der Server langsam reagiert und die Berechnungen zu lange dauern.

Ein häufig verwendeter Indikator für den Prozessor ist die Prozessorzeit (%). Dieser Wert gibt die Auslastung des bzw. der Prozessoren an. Für die meisten Indikatoren können Sie sich beim HINZUFÜGEN eine Beschreibung anzeigen lassen, die – mehr oder weniger gut – erklärt, was mit diesem Indikator gemessen wird.

Die Beschreibung des Prozessorzeit-Indikators lautet beispielsweise:

> *»Prozentuale Angabe der verstrichenen Prozessorzeit, die zum Ausführen eines Threads benötigt wird, der sich nicht im Leerlauf befindet. Der Leistungsindikator wird berechnet, indem der Prozentwert der Zeit gemessen wird, die der Prozessor zum Ausführen des Threads im Leerlauf benötigt. Dieser Wert wird dann von 100 % subtrahiert. (Jeder Prozessor besitzt einen Leerlaufthread, der Zyklen belegt, wenn keine anderen Threads ausgeführt werden können.) Dieser Leistungsindikator ist die primäre Anzeige der Prozessoraktivität und zeigt die durchschnittliche prozentuale Belegung während des Abtastintervalls an. Es sollte beachtet werden, dass die Berechnung, ob der Prozessor sich im Leerlauf befindet, in einem internen Abtastintervall der Systemuhr (10 ms) durchgeführt wird. Da die Prozessoren heute sehr schnell sind, kann der Leistungsindikator daher die Prozessorauslastung unterschätzen, da der Prozessor möglicherweise viel Zeit mit dem Bedienen von Threads zwischen dem Systemuhr-Abtastintervall aufwendet. Arbeitslastbasierte Zeitgeberanwendungen sind ein Beispiel für Anwendungen, bei denen eine nicht genaue Messung wahrscheinlicher ist, da Zeitgeber unmittelbar nach dem Abtasten signalisiert werden.«*

Bei der Analyse der Indikatoren werden in der Grafik verschiedene Parameter und Eckdaten angezeigt, die Ihnen dabei helfen, die Daten zu bewerten (siehe Abbildung 21.32). Es stehen hier folgende Felder zur Verfügung:

- VORHERIGE – Bei der Anzeige der Messdaten wird hier der Wert »vor dem aktuellen« angezeigt. Dadurch können Sie Verläufe leichter erkennen.
- DURCHSCHNITT – Es wird der durchschnittliche Wert über die gemessene Dauer berechnet und angezeigt. Dadurch können Sie die durchschnittliche Ressourcennutzung bestimmen und besser einschätzen, ob die Ressource »im Schnitt« ausreicht und ob es sich nicht nur um Peaks gehandelt hat.

- MINIMUM – gibt den minimalen Wert an, der während der »Dauer« erreicht wurde.
- MAXIMUM – gibt den maximalen Wert an, der während der »Dauer« erreicht wurde.
- DAUER – ist die Zeit, über die die Messdaten gesammelt wurden.

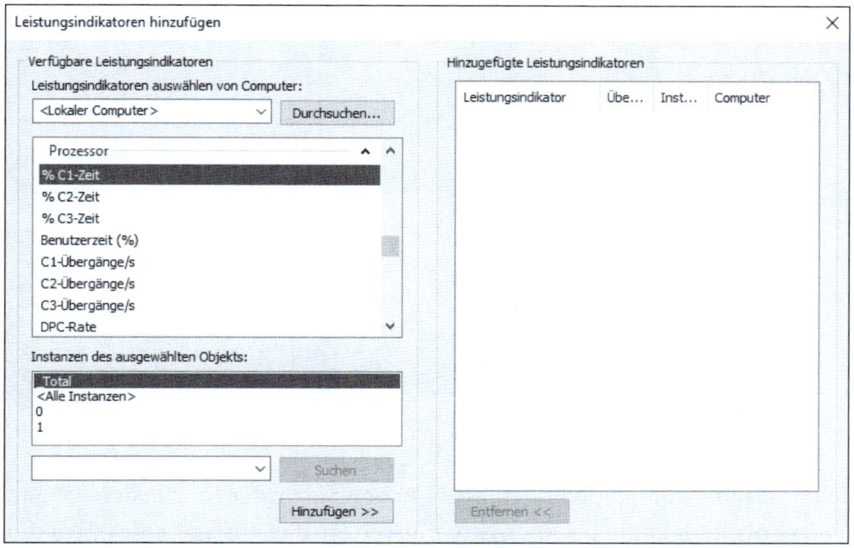

Abbildung 21.34 Auswahl der Leistungsindikatoren für die CPU

Jetzt stellt sich die Frage, wann eine CPU »ausgelastet« ist. Ist die durchschnittliche Prozessorauslastung größer als 80 %, sollten Sie darüber nachdenken, das CPU-System zu erweitern oder weitere Prozessoren hinzuzufügen. Bei virtuellen Maschinen kann dies unter Umständen sehr einfach erfolgen. Sie müssen aber darauf achten, dass Sie eventuell Softwareprodukte, die auf den Systemen laufen, nachlizenzieren müssen, sofern die Lizenzierung von den eingesetzten CPUs abhängig ist.

21.2.4 Arbeitsspeicher

Im Arbeitsspeicher legt der Server die Daten ab, die er für Berechnungen benötigt. Zudem werden Daten, die für die Clients bestimmt sind, im Arbeitsspeicher zwischengespeichert, bevor sie über das Netzwerk übertragen werden. Jedes Windows-System verwendet von Haus aus eine sogenannte *Auslagerungsdatei (Pagefile)*, in die das System nicht mehr – oder nur selten benötigte – Daten aus dem Arbeitsspeicher auslagert. Diese Datei liegt in aller Regel auf der Festplatte und ist meist bis zu 1 Million Mal langsamer als der Arbeitsspeicher.

Neben den Indikatoren für freien Arbeitsspeicher (siehe Abbildung 21.35) ist besonders die Übersicht über die SEITEN/S und SEITENFEHLER/S interessant. Von einem Seitenfehler spricht man, wenn eine ausgelagerte Speicherseite zurück in den Arbeitsspeicher geladen werden muss, weil ein Client (oder das System) auf diesen Inhalt zugreifen will.

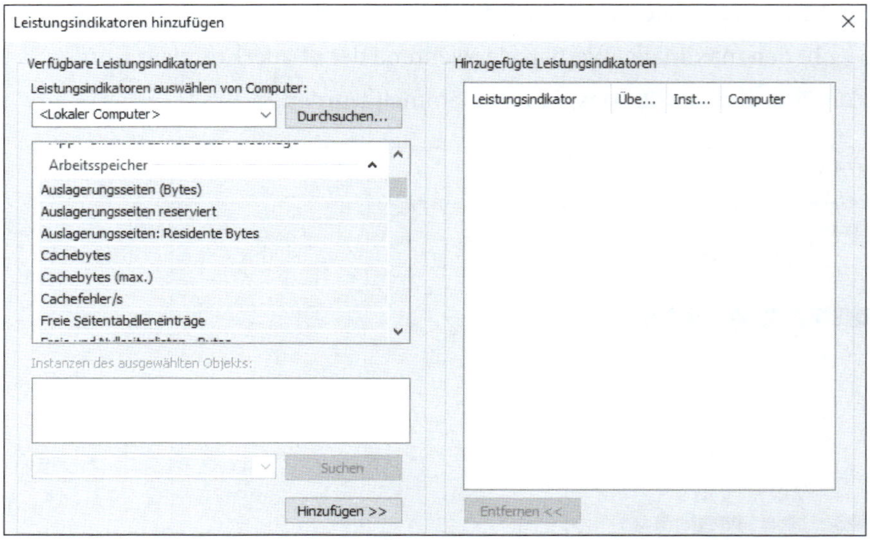

Abbildung 21.35 Leistungsindikatoren für den Arbeitsspeicher

Sind die Seitenfehler ständig auf einem hohen Wert, sollten Sie prüfen, ob Sie den Arbeitsspeicher des Servers erweitern können – alternativ müssen Sie das Auslagern deaktivieren. Eine Abschaltung der Auslagerungsdatei können Sie über die Systemeigenschaften vornehmen. Wenn die Pagefile abgeschaltet ist, können jedoch keine Speicherabbilder mehr erstellt werden.

21.2.5 Datenträger

Bei den Datenträgern kann zwischen den physischen und den logischen Datenträgern unterschieden werden. Dies kann dann interessant werden, wenn Sie einen physischen Datenträger unterteilt haben und wissen möchten, auf welchem Volume bestimmte Grenzwerte über- oder unterschritten werden.

Neben den Kapazitätsindikatoren können Sie auch die Warteschlangen der Datenträger überwachen (siehe Abbildung 21.36). Eine Warteschlange für einen Datenträger sollte über einen längeren Zeitraum im Durchschnitt unter 2 liegen. Liegt der Wert dauerhaft höher, sollten Sie in Erwägung ziehen, das Festplattensubsystem gegen ein schnelleres auszutauschen.

Neben den einzelnen Warteschlangenlängen für das Lesen und das Schreiben gibt es auch eine durchschnittliche Warteschlangenlänge des Datenträgers, die als Kennzahl recht gut geeignet ist, um einen ersten Eindruck von der Leistungsfähigkeit des Speichersystems eines Servers zu erhalten.

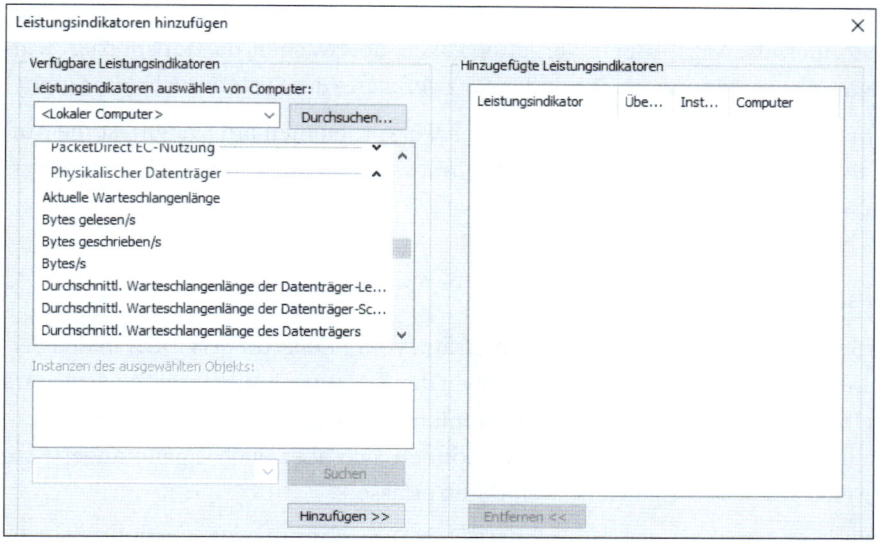

Abbildung 21.36 Leistungsindikatoren für die Datenträger

21.2.6 Netzwerk

Die vierte Kernkomponente für die Performance eines Systems ist das Netzwerk (siehe Abbildung 21.37).

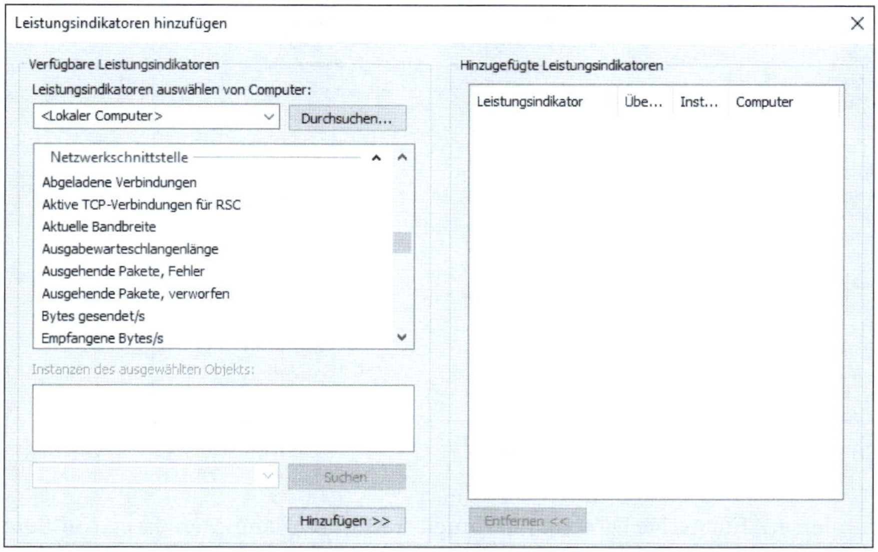

Abbildung 21.37 Leistungsindikatoren für die Netzwerkschnittstelle

Bei einer Netzwerkschnittstelle können Sie außer den Warteschlangen auch die Anzahl der Pakete und besonders die Anzahl der fehlerhaften Pakete überwachen, die transportiert wurden. Somit können Sie erkennen, ob es mit der Netzwerkkarte des Systems Probleme gibt.

Eine weitere Möglichkeit der Eingrenzung von Netzwerkproblemen am System ist die Aufschlüsselung der Pakete nach *Unicast* und *Nicht-Unicast*, um zu erkennen, ob andere Systeme das Netzwerk fluten.

21.2.7 Datensammlersätze

Mit Windows Server 2008 wurden Datensammlersätze *(Data Collector Sets, DCS)* in den Server-Manager integriert. Mit ihnen können Sie neben den Leistungsindikatoren noch weitere Daten sammeln und auswerten. Diese Datensammlersätze werden zum einen vom System und den installierten Rollen bereitgestellt, Sie können sich aber auch eigene angepasste Sammlersätze erstellen und die gewünschten Daten erfassen.

Auf einem Windows Server werden automatisch drei Datensammlersätze erstellt, die verwendet werden können. Der Eintrag ohne Namen unterhalb von SYSTEM (siehe Abbildung 21.38) ist auf einem Domänencontroller vorhanden.

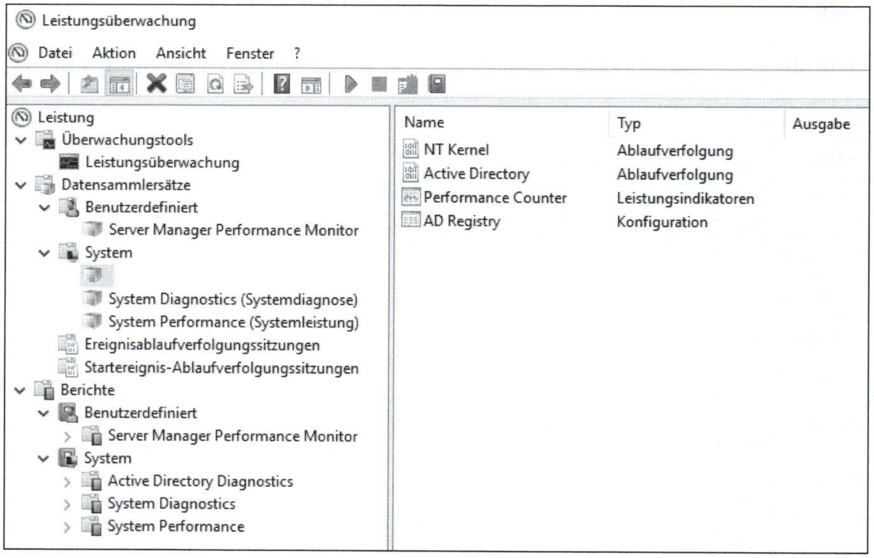

Abbildung 21.38 Übersicht der Datensammlersätze

Der Datensammlersatz für Active Directory sammelt 5 Minuten lang Messdaten auf dem Domänencontroller und bereitet die Daten in Form eines Reports auf. Dabei wird über eine Ampelansicht angezeigt, wie es um das System steht (siehe Abbildung 21.39).

In den Details des Reports können Sie prüfen, welche Clientsysteme mit dem Domänencontroller kommuniziert haben und welche Daten vom Domänencontroller abgerufen worden sind.

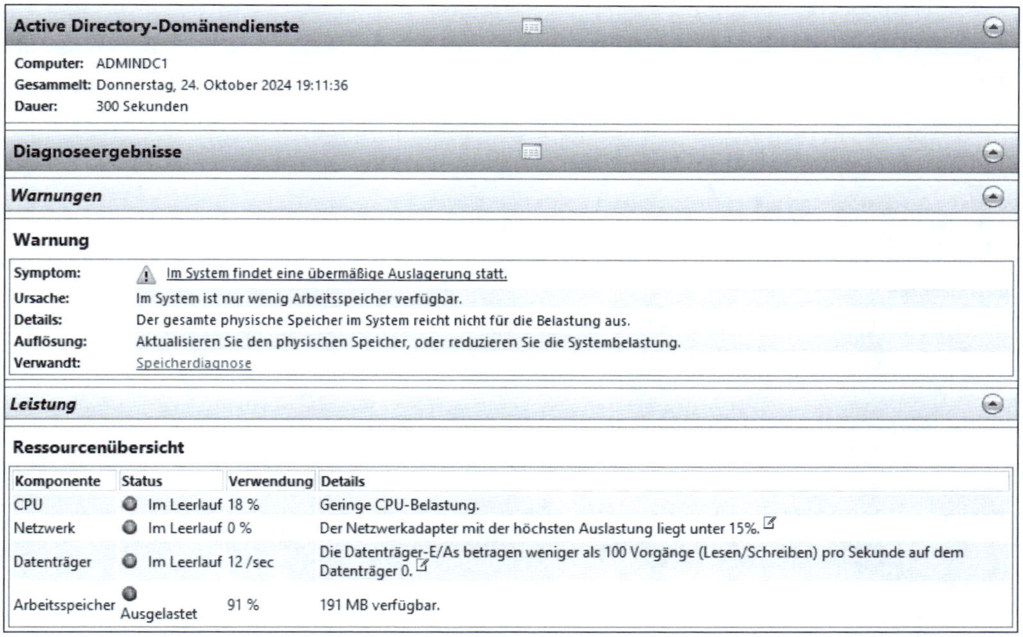
Active Directory-Domänendienste
Computer: ADMINDC1
Gesammelt: Donnerstag, 24. Oktober 2024 19:11:36
Dauer: 300 Sekunden
Diagnoseergebnisse
Warnungen
Warnung
Symptom: Im System findet eine übermäßige Auslagerung statt.
Ursache: Im System ist nur wenig Arbeitsspeicher verfügbar.
Details: Der gesamte physische Speicher im System reicht nicht für die Belastung aus.
Auflösung: Aktualisieren Sie den physischen Speicher, oder reduzieren Sie die Systembelastung.
Verwandt: Speicherdiagnose
Leistung
Ressourcenübersicht
Komponente Status Verwendung Details
CPU Im Leerlauf 18 % Geringe CPU-Belastung.
Netzwerk Im Leerlauf 0 % Der Netzwerkadapter mit der höchsten Auslastung liegt unter 15%.
Datenträger Im Leerlauf 12 /sec Die Datenträger-E/As betragen weniger als 100 Vorgänge (Lesen/Schreiben) pro Sekunde auf dem Datenträger 0.
Arbeitsspeicher Ausgelastet 91 % 191 MB verfügbar.

Abbildung 21.39 Ausgabe des Active Directory-Reports

Durch die Statistikinformationen wird das System Empfehlungen geben, wie der Aufbau der Active Directory-Datenbank durch den Einsatz eines zusätzlichen Index verbessert werden kann. Sie können diese Reports auch verwenden, um Systeme zu identifizieren, die »teure« und ineffiziente Abfragen an den Domänencontroller senden.

Die Reports werden unter dem Punkt BERICHTE abgespeichert. Diese Dateien können Sie im Ordner *C:\Perflogs\ADDS* finden. Dort wird auch der Report im HTML-Format gespeichert.

Neben den Leistungsübersichten können Sie auch eine Systemdiagnose zur Analyse des Systems erstellen, um Konfigurationsprobleme und -fehler zu erkennen und Anleitungen zu erhalten, wie der Fehler behoben werden kann. Ein Beispiel dafür sehen Sie in Abbildung 21.40.

Sie können eigene Datensammlersätze und Leistungsindikatorenwarnungen erstellen. Dadurch können Sie sich benachrichtigen oder alarmieren lassen, sobald ein definierter Grenzwert erreicht oder überschritten wird. Auf diese Weise können Sie sich proaktiv benachrichtigen lassen, wenn bestimmte Ressourcen aus dem Ruder laufen.

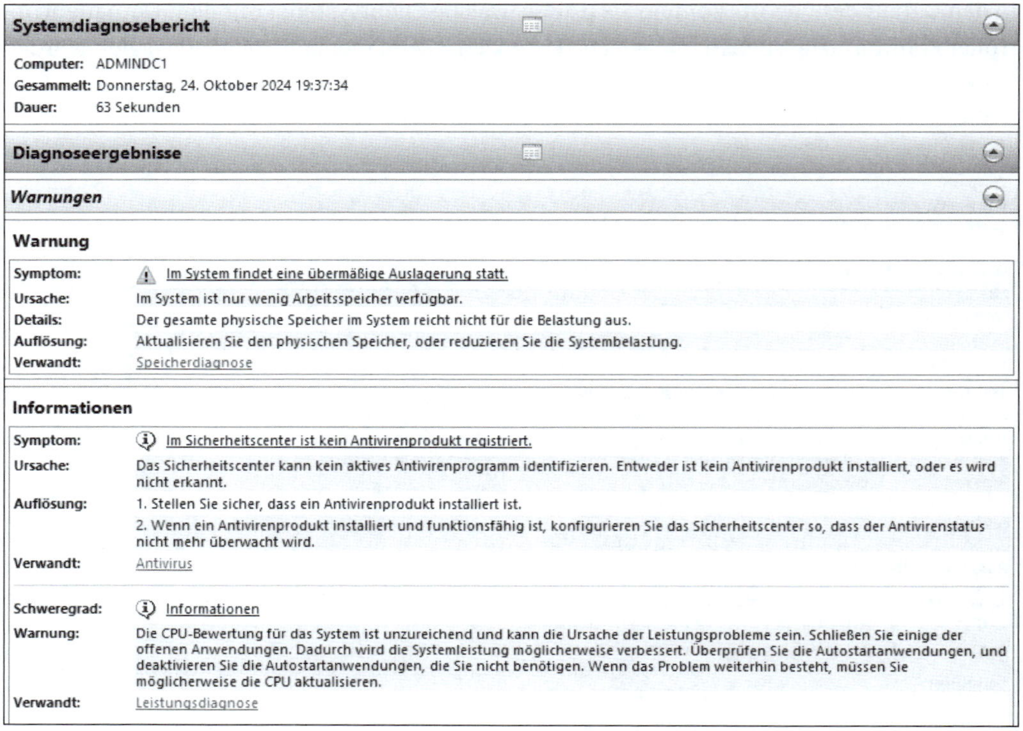
Systemdiagnosebericht
Computer: ADMINDC1
Gesammelt: Donnerstag, 24. Oktober 2024 19:37:34
Dauer: 63 Sekunden
Diagnoseergebnisse
Warnungen
Warnung
Symptom: Im System findet eine übermäßige Auslagerung statt.
Ursache: Im System ist nur wenig Arbeitsspeicher verfügbar.
Details: Der gesamte physische Speicher im System reicht nicht für die Belastung aus.
Auflösung: Aktualisieren Sie den physischen Speicher, oder reduzieren Sie die Systembelastung.
Verwandt: Speicherdiagnose
Informationen
Symptom: Im Sicherheitscenter ist kein Antivirenprodukt registriert.
Ursache: Das Sicherheitscenter kann kein aktives Antivirenprogramm identifizieren. Entweder ist kein Antivirenprodukt installiert, oder es wird nicht erkannt.
Auflösung: 1. Stellen Sie sicher, dass ein Antivirenprodukt installiert ist.
2. Wenn ein Antivirenprodukt installiert und funktionsfähig ist, konfigurieren Sie das Sicherheitscenter so, dass der Antivirenstatus nicht mehr überwacht wird.
Verwandt: Antivirus
Schweregrad: Informationen
Warnung: Die CPU-Bewertung für das System ist unzureichend und kann die Ursache der Leistungsprobleme sein. Schließen Sie einige der offenen Anwendungen. Dadurch wird die Systemleistung möglicherweise verbessert. Überprüfen Sie die Autostartanwendungen, und deaktivieren Sie die Autostartanwendungen, die Sie nicht benötigen. Wenn das Problem weiterhin besteht, müssen Sie möglicherweise die CPU aktualisieren.
Verwandt: Leistungsdiagnose

Abbildung 21.40 Systemdiagnosebericht für einen Server

21.3 Einen Startvorgang erstellen und auswerten

Seit Windows 7 können Sie sowohl am Client als auch auf Serverbetriebssystemen den Startvorgang des Systems »mitschneiden«, ohne dafür eine sonst übliche Netzwerkportspiegelung einrichten zu müssen. Für die Einrichtung werden keine zusätzlichen Softwarepakete oder -installationen benötigt. Sie können mithilfe von `netsh` den Startvorgang protokollieren und nach dem Neustart auswerten.

Für das Mitschneiden können Sie zwischen verschiedenen Szenarien auswählen. Abhängig von den installierten Komponenten können Sie ein Szenario oder mehrere aktivieren. Mit `netsh trace show scenarios` lassen Sie sich die möglichen Szenarien auf dem System anzeigen:

```
Verfügbare Szenarien (18):
-------------------------------------------------------------------
AddressAcquisition         : Problembehandlung im Zusammenhang mit der
                             Adressenerfassung
AddressAcquisitionServer : Probleme im Zusammenhang mit dem Adressbezugsserver
                             behandeln
DirectAccess               : Problembehandlung in Zusammenhang mit DirectAccess
```

```
DirectAccessServer      :
FileSharing             : Allgemeine Datei- und Druckerfreigabeprobleme behandeln
ICS                     : Behandlung von Problemen mit geteilter Internetverbindung
InternetClient          : Behandeln von Webkonnektivitätsproblemen
InternetServer          : Behandeln von serverseitigen Webkonnektivitätsproblemen
NetConnection           : Problembehandlung im Zusammenhang mit Netzwerkverbindungen
NetworkSnapshot         : Daten zum aktuellen Netzwerkzustand des Systems sammeln
P2P-Grouping            :
P2P-PNRP                :
RemoteAssistance        :
Virtualization          :
VPNServer               : Behandlung von Problemen mit VPN
WCN                     : Problembehandlung in Zusammenhang mit der Windows-
                          Sofortverbindung
WFP-IPsec               : Behandeln von Windows-Filterplattformproblemen und IPsec-
                          bezogenen Problemen
XboxMultiplayer         :
```

Listing 21.5 Anzeige der möglichen Szenarien zum Aufzeichnen des Startvorgangs

Aktiviert wird die Aufzeichnung über eine administrative Kommandozeile:

```
netsh trace start persistent=yes capture=yes scenario=LAN tracefile=c:\temp\boot.etl
```

Dieser Befehl startet die Protokollierung, »überlebt« einen Neustart (`persistent=yes`) und verwendet das LAN-Szenario:

```
C:\>netsh trace start persistent=yes capture=yes scenario=NetworkSnapshot tracefile=
c:\temp\
  boot.etl

Ablaufverfolgungskonfiguration:
-------------------------------------------------------------------
Status:             Wird ausgeführt
Ablaufverfolgungsdatei:         C:\temp\boot.etl
Anfügen:                        Aus
Kreisförmig:                    Ein
Maximale Größe:                 250 MB
Bericht:                        Aus
```

Listing 21.6 Gestartete Ablaufprotokollierung für das Szenario »NetworkSnapshot«

Danach können Sie den Computer neu starten, und der Vorgang wird zusammen mit der Netzwerkkommunikation aufgezeichnet.

Nach der erneuten Anmeldung am System sollten Sie wiederum eine administrative Kommandozeile öffnen und die Aufzeichnung beenden. Ohne Angabe einer Dateigröße wird das System eine 250 MB große Datei erstellen und diese immer wieder überschreiben.

```
C:\Users\Administrator>netsh trace stop
Ablaufverfolgungen werden korreliert... fertig
Ablaufverfolgungen werden zusammengeführt... fertig
Die Datensammlung wird generiert... fertig
Die Ablaufverfolgungsdatei und zusätzliche Problembehandlungsinformationen
wurden als "C:\temp\boot.cab" kompiliert.
Dateispeicherort = C:\temp\boot.etl
Die Ablaufverfolgungssitzung wurde erfolgreich beendet.
```

Listing 21.7 Beenden der Ablaufverfolgung

Mit dem Stoppen der Ablaufverfolgung werden die Dateien korreliert und zusammengeführt. Es wird eine *.cab*-Datei erstellt und eine *boot.etl* geschrieben (siehe Abbildung 21.41).

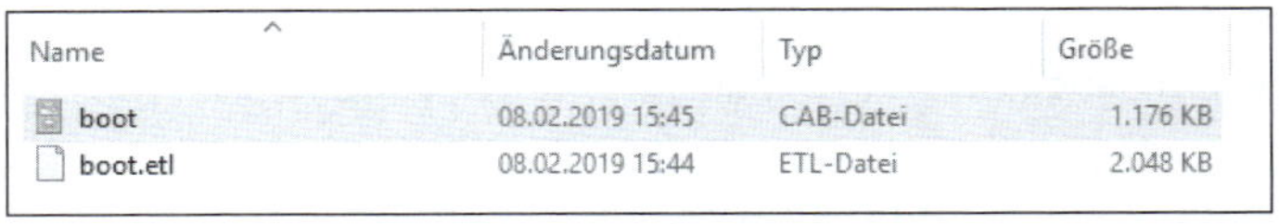

Abbildung 21.41 Die durch die Ablaufverfolgung erstellten Dateien im angegebenen Zielordner

Sofern Sie noch eine Version des *Message Analyzer* besitzen, können Sie sich die *.etl*-Dateien damit anzeigen lassen. Der Message Analyzer ist zwischenzeitlich abgekündigt worden und der Download wurde von der Microsoft-Webseite entfernt.

Das aktuelle Tool zum Anzeigen und Analysieren von *.etl*-Dateien ist der *Windows Performance Analyzer*, der Teil des *Windows Assessment and Deployment Kits* ist. Weitere Informationen finden Sie unter:

- *https://docs.microsoft.com/de-de/windows-hardware/test/wpt/windows-performance-analyzer*
- *https://go.microsoft.com/fwlink/p/?LinkId=526740*

Im *Windows Performance Toolkit* ist der Windows Performance Analyzer enthalten, und er kann dort über den Assistenten (siehe Abbildung 21.42) installiert werden. Sollte Ihr Computer, auf dem Sie das Tool einsetzen möchten, keinen Internetzugang besitzen, können Sie auf einem anderen Computer das Toolkit herunterladen und auf dem »Offline«-Computer bereitstellen.

Im Windows Performance Analyzer können Sie die *.etl*-Dateien öffnen und analysieren (siehe Abbildung 21.43). Sie können im Analyzer schnell auffällige Pakete erkennen, denn diese werden im Bereich REGIONS OF INTEREST angezeigt, sofern die Pakete vom Tool als auffällig erkannt wurden.

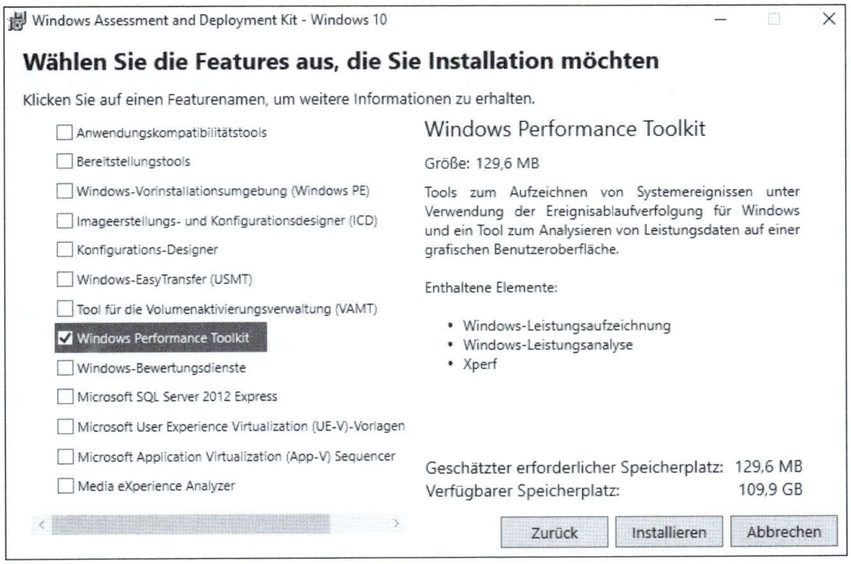

Abbildung 21.42 Zuerst müssen Sie das »Windows Performance Toolkit« installieren.

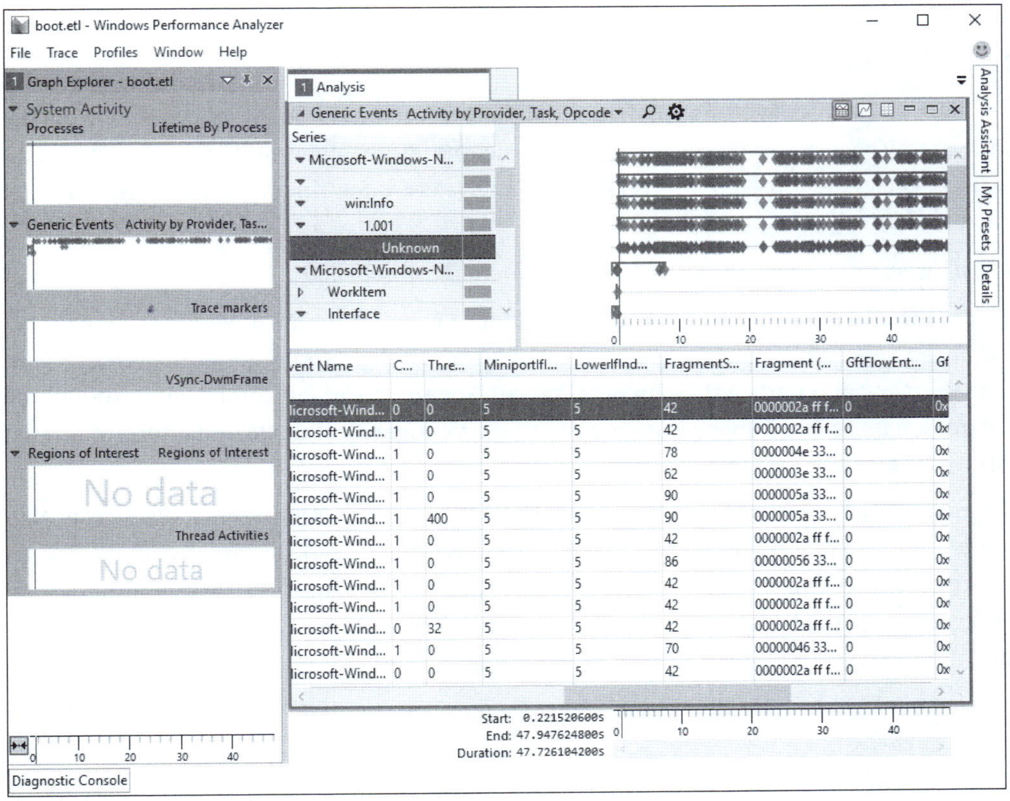

Abbildung 21.43 Anzeige der gesammelten Daten

21.4 Einen Netzwerktrace erstellen und lesen

Häufig ist ein Netzwerktrace die letzte Möglichkeit, um ein Problem zu analysieren. Die technischen Umgebungen werden immer komplexer, und die Anzahl der Komponenten, die die Kommunikation zwischen zwei Systemen steuern, wird immer größer. So gibt es neben klassischen Netzwerkkarten und Switches noch Layer-3-Komponenten, die zwischen VLANs routen, und sonstige Router und Firewalls, die Einfluss auf die Kommunikationswege nehmen und schlimmstenfalls Kommunikationen zwischen Systemen unterbinden.

Im Folgenden erläutern wir kurz drei gängige *Netzwerksniffer* und zeigen anschließend anhand von einigen Beispielen, welche Daten Sie in einem Trace sehen können.

Sie sollten sich – schon bevor es zu einem Fehlerfall kommt – mit einem Netzwerksniffer vertraut machen, damit Sie sich bei Bedarf direkt um den Fehler kümmern können und sich nicht erst mit der Bedienung der Software beschäftigen müssen.

Zusätzlich kann es hilfreich sein, wenn Sie im Fehlerfall einen »Gutfall« von einem anderen System erstellen können. Dann können Sie beide Aufzeichnungen vergleichen und nach den Unterschieden suchen, ohne dass Sie das verwendete Protokoll bis ins Detail verstanden haben müssen.

21.4.1 Microsoft Network Monitor 3.4

Der erste Sniffer, den wir uns anschauen, ist der *Microsoft Network Monitor 3.4*. Obwohl die Software nicht weiterentwickelt wird, leistet sie immer noch hervorragende Arbeit und ist bestens geeignet, um Netzwerkverkehr zu analysieren. Sie finden die Installationsdatei unter:

https://www.microsoft.com/en-us/download/details.aspx?id=4865

Bei der Installation des Network Monitors können Sie neben dem Softwarepaket auch sogenannte *Parser* installieren. Diese Parser sind dafür zuständig, dass die gesammelten Daten interpretiert werden und »lesbar« in der Software angezeigt werden. Ein Parser dekodiert die Binärdaten in lesbare Informationen, erkennt die richtigen Protokolle und interpretiert und erkennt Fehler im Protokoll.

Die meisten Netzwerksniffer gibt es nur in englischer Sprache. Nach der Installation des Network Monitors steht das grafische Tool zum Datensammeln und zum Anzeigen von gespeicherten Netzwerktraces zur Verfügung. Um sicherzustellen, dass Sie den gesamten Netzwerkverkehr des Computers aufzeichnen können, sollten Sie den Sniffer als Administrator ausführen.

Im Network Monitor erstellen Sie zum Starten eines Traces ein NEW CAPTURE TAB (siehe Abbildung 21.44).

Wenn Sie den Sniffer »einfach so« auf einem System starten, wird nur der Netzwerkverkehr aufgezeichnet, der

- an diesen Client gesendet wurde,
- von diesem Client gesendet wurde bzw.
- an alle Systeme im Netzwerksegment gesendet wurde.

Wenn Sie den kompletten Datenverkehr eines anderen Systems aufzeichnen möchten, müssen Sie eine sogenannte *Portspiegelung (Port Mirroring)* einrichten. Die meisten Profiswitches bieten diese Funktion, bei der der Netzwerktraffic von einem Port an einen anderen gespiegelt wird, der dann den Traffic aufzeichnet wird.

Wenn Sie Daten aufzeichnen möchten, sollten Sie in Erwägung ziehen, mit Aufzeichnungsfiltern (Capture-Filtern) zu arbeiten (siehe Abbildung 21.45). Dadurch können Sie die Datenmenge reduzieren, die verarbeitet werden muss. Ist diese nämlich zu groß, wird der Netzwerksniffer Datenpakete abschneiden und nur noch die Header abspeichern.

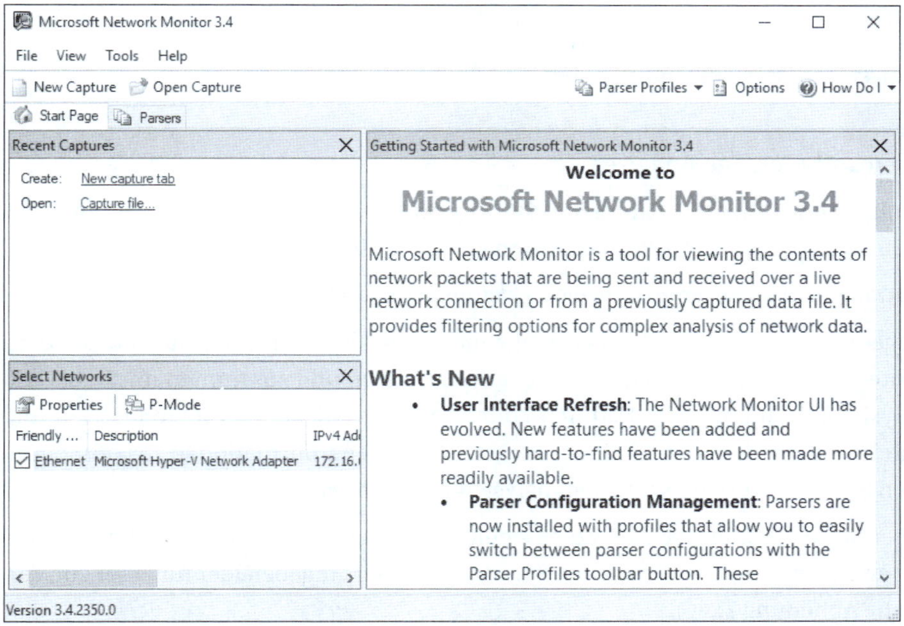
Microsoft Network Monitor 3.4
File View Tools Help
New Capture
Open Capture
Parser Profiles
Options
How Do I
Start Page
Parsers
Recent Captures
Create: New capture tab
Open: Capture file...
Getting Started with Microsoft Network Monitor 3.4
Welcome to
Microsoft Network Monitor 3.4
Microsoft Network Monitor is a tool for viewing the contents of network packets that are being sent and received over a live network connection or from a previously captured data file. It provides filtering options for complex analysis of network data.
What's New
User Interface Refresh: The Network Monitor UI has evolved. New features have been added and previously hard-to-find features have been made more readily available.
Parser Configuration Management: Parsers are now installed with profiles that allow you to easily switch between parser configurations with the Parser Profiles toolbar button. These
Select Networks
Properties
P-Mode
Friendly ...
Description
Ethernet
Microsoft Hyper-V Network Adapter
Version 3.4.2350.0

Abbildung 21.44 Oberfläche des »Microsoft Network Monitor 3.4«

Außer den Filtern können Sie im Network Monitor auch die zu verwendende Netzwerkkarte auswählen – sofern mehrere Netzwerkkarten im System vorhanden sind. Neben den klassischen Netzwerkverbindungen stehen auch VPN-Verbindungen und IPv6-Tunnel zur Verfügung.

In den Capture Settings (siehe Abbildung 21.45) können Sie den sogenannten P-Mode (*Promiscious Mode*) aktivieren. Üblicherweise wird eine Netzwerkkarte nur den Datenverkehr an die oberen Schichten des OSI-Referenzmodells (siehe Kapitel 3) weiterleiten, der an die »eigene« MAC-Adresse adressiert wurde. Wenn Sie den P-Mode aktivieren, werden jedoch alle Daten, die an der ausgewählten Netzwerkschnittstelle ankommen, an den Network Monitor weitergeleitet und aufgezeichnet.

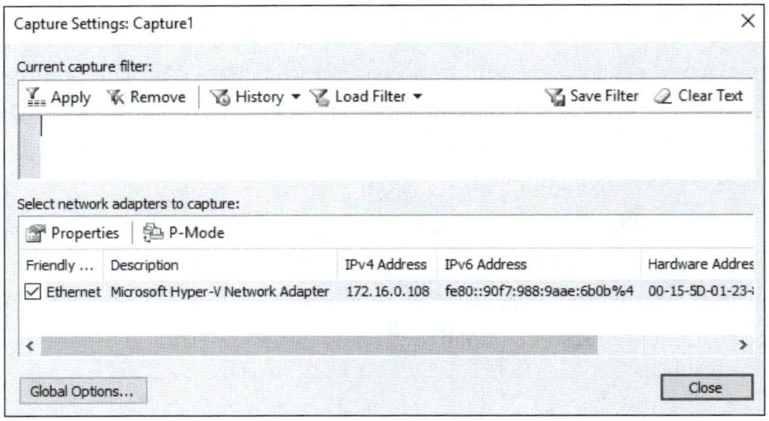

Abbildung 21.45 Anpassen des Capture-Filters

21.4.2 Microsoft Message Analyzer

Der Nachfolger des Network Monitors von Microsoft ist der *Microsoft Message Analyzer*. Auch er steht auf der Microsoft-Website kostenlos zur Verfügung:

https://www.microsoft.com/en-us/download/details.aspx?id=44226

Der Message Analyzer kann Netzwerkverkehr nicht nur klassisch mitschneiden, sondern auch Logdateien in unterschiedlichen Formaten analysieren und zusammen mit Netzwerktraces analysieren und anzeigen. Dadurch können Sie verschiedene Protokolldateien und -formate gleichzeitig laden und damit aus mehreren Quellen Informationen zusammentragen, um den Fehler besser und schneller analysieren zu können.

Auf der Oberfläche des Message Analyzers sehen Sie zahlreiche Icons und Symbole, die die Bedienung erleichtern sollten. Neben den Symbolen stehen Eingabefelder für Filter zur Verfügung (siehe Abbildung 21.46).

Die Anzeige der gesammelten Daten und die Möglichkeiten zum Filtern, Markieren, Auswerten und Verfolgen von Kommunikationswegen sind bei allen gängigen Analyseprogrammen ähnlich.

In Abbildung 21.46 sehen Sie neben Netzwerkpaketen (zu erkennen an SOURCE und DESTINATION) auch Informationen über Prozesse des Systems in der Spalte SUMMARY (z. B. bei Paket 74 zum Beenden eines Prozesses).

In der Spalte MODULE finden Sie Hinweise auf das Protokoll bzw. auf den Inhalt der Pakete, die vom Parser übersetzt und interpretiert wurden. Der Netzwerksniffer wird die Pakete durchnummerieren und die Zeitdifferenz zum Anfang des Scans protokollieren. Alle Sniffer bieten zusätzlich die Möglichkeit, Kommunikationswege zu verfolgen und damit das

»Grundrauschen« zu reduzieren. Sie können sich zum Beispiel die Kommunikationen basierend auf einem TCP-Stream oder aufgrund der Kombination aus Source und Destination markieren oder in einem separaten Fenster anzeigen lassen.

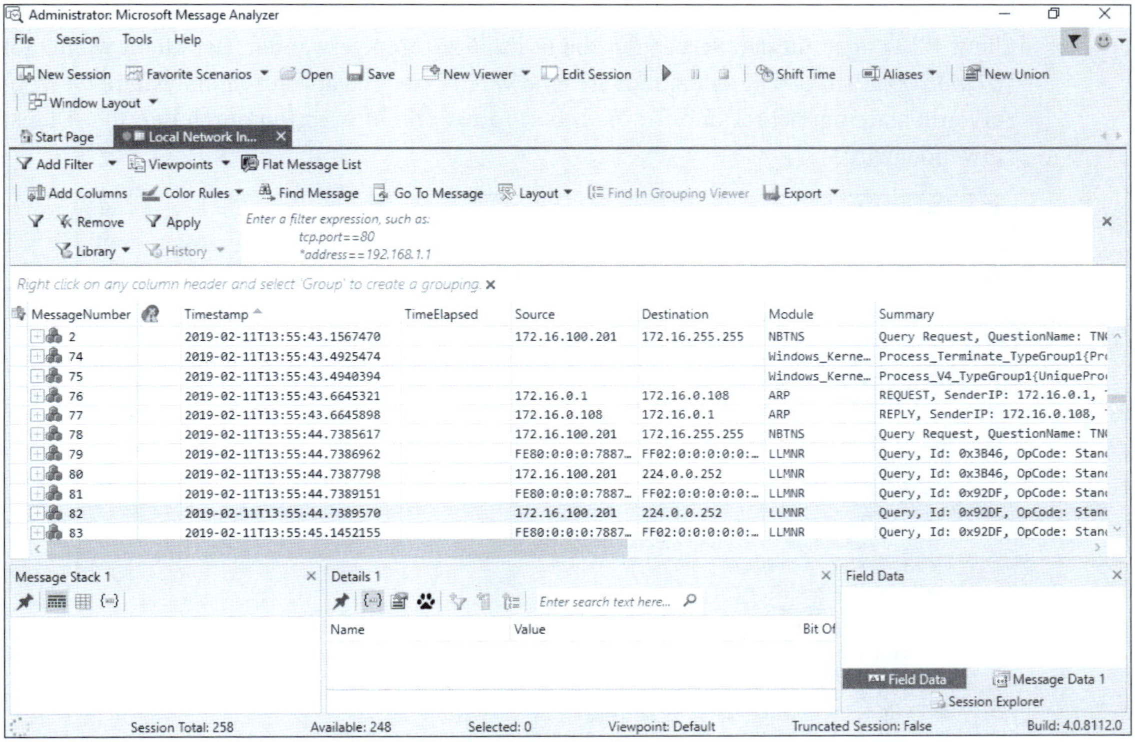

Abbildung 21.46 Ausgabe des »Microsoft Message Analyzer«

Alternativ können Sie über Anzeigefilter die Ausgabe der gefundenen Pakete anpassen und entweder bestimmte Protokolle oder IP-Adressen anzeigen oder filtern lassen.

21.4.3 Wireshark

Der dritte häufig genutzte Netzwerksniffer ist *Wireshark*. Auch er steht als kostenloser Download zur Verfügung:

https://www.wireshark.org

Wireshark kann auch als *Portable*-Version eingesetzt werden. Bei dieser Variante muss auf dem Zielsystem keine Software installiert werden.

Wireshark benötigt – wie die anderen Sniffer auch – einen Treiber, der von der Netzwerkkarte unterstützt wird. Wenn Sie im WLAN Netzwerkpakete mitschneiden möchten, brauchen Sie eine Netzwerkkarte, die diese Funktion unterstützt. Eine Liste von möglichen Karten und passenden Treibern finden Sie im Internet.

Die Sniffer unterscheiden sich – außer in ihrer Oberfläche – durch die Fähigkeiten ihrer Parser. Die Microsoft-Versionen werden über Windows Update mit Aktualisierungen versorgt, wogegen Sie Wireshark manuell aktualisieren müssen.

In Abbildung 21.47 sehen Sie Auszüge vom Zugriff des Benutzers *Intranet\OPeterKloep* vom Client *W10-Client* auf den Server, der die IP 172.16.200.201 verwendet. Der Client wollte auf *\\172.16.200.201\IPC$* zugreifen. *IPC$* ist eine versteckte Freigabe auf dem System, die vom Serverdienst eingerichtet und für die *Inter Process Communication* durch den RPC-Dienst verwendet wird.

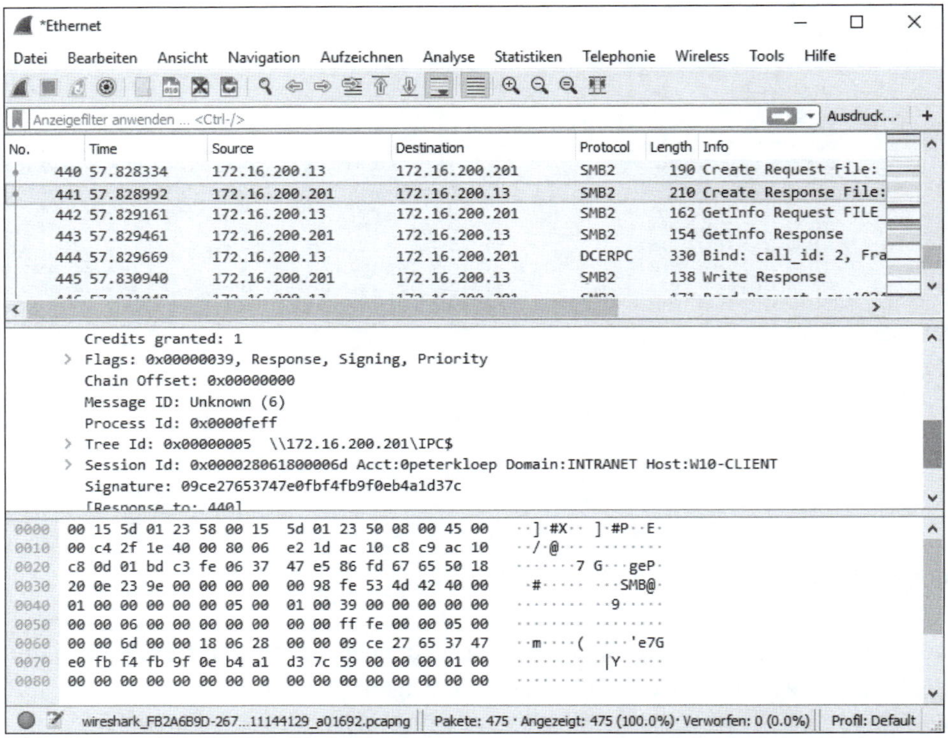

Abbildung 21.47 Ausgabe von Wireshark

21.4.4 Eine IP-Adresskonfiguration beziehen

Alle Sniffer bieten neben der Übersicht über die Pakete auch die Möglichkeit, detaillierte Informationen anzuzeigen. Diese werden durch die Parser interpretiert und dekodiert. Dadurch können Sie sich die protokollspezifischen Informationen anzeigen lassen und sie auswerten.

Schauen wir uns einmal ein paar Datenpakete zur IP-Adressverteilung an. In Abbildung 21.48 wird ein Anzeigefilter *(Display Filter)* PROTOCOLNAME == "DHCP" verwendet, damit nur Pakete angezeigt werden, die vom Parser als DHCP identifiziert werden.

In der Beschreibung von Paket Nr. 26 steht als MSGTYPE die Angabe RELEASE. Hier wurde also mit dem Befehl `IPConfig /release` die IP-Adresse durch das System (W10-Message) freigegeben. Diese Nachricht wird als Unicast an den DHCP-Server (`172.16.0.1`) gesendet.

Unmittelbar vor Paket 50 wurde dann ein `IPConfig /Renew` auf dem System durchgeführt und es werden nun vier Broadcast-Pakete gesendet.

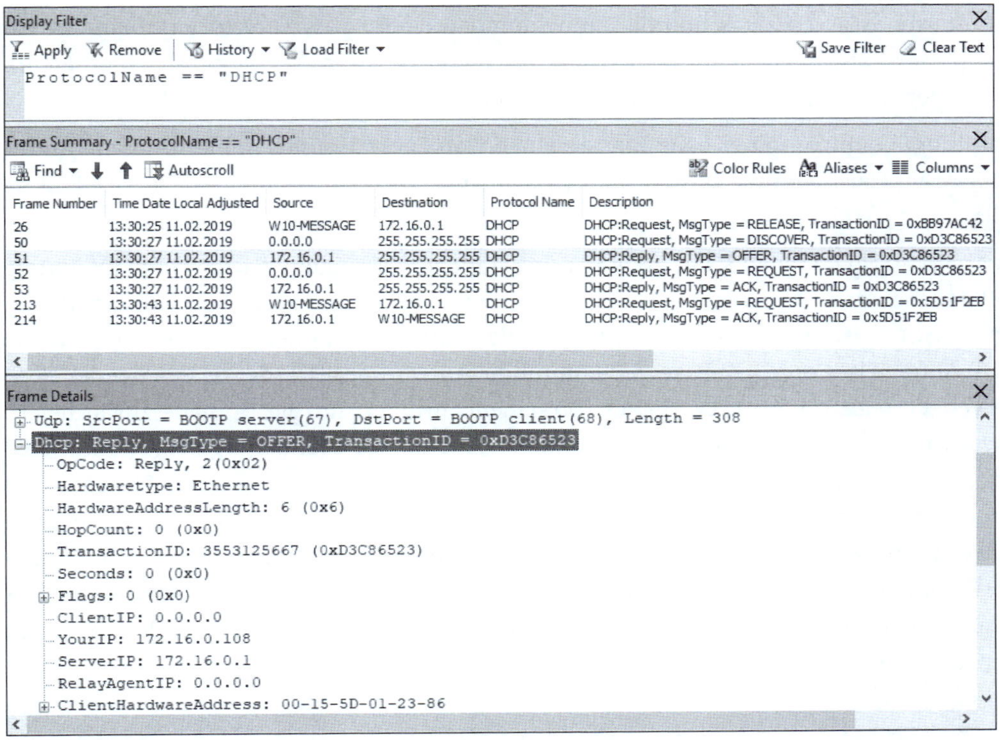

Abbildung 21.48 Aktivierter DHCP-Filter

Paket Nr. 50 mit der Quelladresse `0.0.0.0` und der Zieladresse `255.255.255.255` (Broadcast) ist das DHCP-DISCOVER-Paket. Dabei sendet der Client einen Broadcast mit Informationen über den Client (MAC-Adresse/Benutzerklassen). Im Paket Nr. 51 antwortet der DHCP-Server mit einem Broadcast und bietet dem Client eine IP-Konfiguration an.

In den FRAME DETAILS finden Sie einige der Parameter (YOURIP=172.16.0.108), die dem Client angeboten werden. Der Client wird diese OFFER in Paket 52 anfordern (*Request*). Auch dieses Paket ist ein Broadcast und wird mit der Bestätigung (*Acknowledge*, ACK) bestätigt. Danach übernimmt der Client die IP-Konfiguration.

Der Client wird nun die IP-Adresse verwenden und erst beim nächsten Neustart oder nach Ablauf von 50 % der Leasedauer erneut Kontakt zum DHCP-Server aufnehmen.

Paket 213 ist ein Erneuern der DHCP-Lease bei aktuell gültiger Lease. Diese Erneuerung ist eine Unicast-Kommunikation. Der Client »kennt« den DHCP-Server und wird ihn zielgerichtet kontaktieren. Dies erkennen Sie daran, dass die Absende-IP-Adresse die Adresse der W10-Message ist und die Zieladresse die IP-Adresse des DHCP-Servers. Der DHCP-Server wird die Lease erneuern (verlängern) und dies per Unicast in Form eines DHCP-Replys bestätigen.

21.4.5 Anmeldung eines Benutzers an einem System

Das Starten eines Systems und die Anmeldung an einer Active Directory-Domäne ist ein komplexer Vorgang, bei dem mehrere unterschiedliche Protokolle verwendet werden. Im Folgenden dokumentieren und erklären wir einige Ausschnitte einer Anmeldung.

Damit ein Clientcomputer beim Starten einen Domänencontroller seiner Domäne findet, kontaktiert der Client die hinterlegten DNS-Server und sucht nach einem Service-Eintrag (SRV).

In Abbildung 21.49 sehen Sie in Paket 552 eine Standard-DNS-Query nach einem SRV-Eintrag mit dem Namen `_ldap._tcp.dc._msdcs.intranet.rheinwerk-verlag.de`. Der Quellport der Anfrage (55060) ist ein dynamischer Highport des anfragenden Clients. Der Zielport für die UDP-Anfrage ist Port 53. In Paket 553 kommt die Antwort des DNS-Servers, in der der DNS-Server die registrierten LDAP-Server (Domänencontroller) für die Domäne zurückliefert. Diese Abfrage wurde während eines Domänenbeitritts des Clients mitgeschnitten. Sobald der Client Teil der Domäne ist, wird er den Active Directory-Standort, der ihm basierend auf der IP-Adresse zugewiesen wurde, in der Registrierung speichern und ab sofort immer nach einem Domänencontroller für diesen Standort suchen. Sollte der Client seinen Standort ändern, wird ihn ein Domänencontroller darauf hinweisen und der Client wird seinen Standort aktualisieren. Dadurch kann der Client immer einen Domänencontroller »in der Nähe« finden und verwenden.

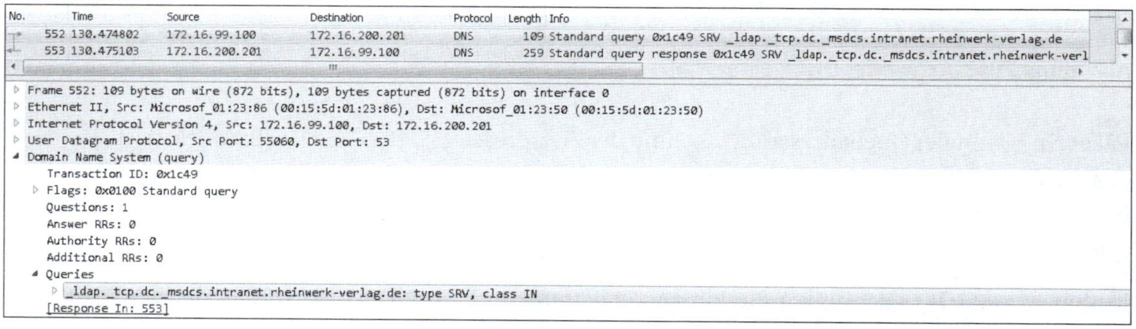

Abbildung 21.49 Abfrage nach LDAP-Servern für die Domäne des Computers

In der Antwort des DNS-Servers, die Sie in Abbildung 21.50 sehen, wird unter dem Abschnitt ANSWERS sowohl der W2K19-DC02 als auch der W2K19-DC01 als Antwort zurückgegeben. Der Client wird nun zuerst den DC02 kontaktieren und nur dann, wenn dieser nicht antworten sollte, den alternativen Server kontaktieren.

In den zusätzlichen Informationen vom DNS-Server stehen die Priorität (Bevorzugung von einzelnen Servern), eine Gewichtung (Lastenverteilung) und der verwendete Port für die Kommunikation (389).

Nach einer Kerberos-Authentifizierung wird der Clientcomputer eine Abarbeitung der Gruppenrichtlinien durchführen. Dazu ruft der Client vom Domänencontroller eine Liste der anzuwendenden Gruppenrichtlinienobjekte per LDAP (Port 389) oder LDAPS (Port 636) ab. In diesen Informationen erhält der Client die Dateipfade für den Download der Konfigurationsdateien der Gruppenrichtlinien (*Group Policy Templates*), die im *Sysvol*-Ordner des Domänencontrollers gespeichert werden.

```
◢ Domain Name System (response)
    Transaction ID: 0x1c49
  ▷ Flags: 0x8580 Standard query response, No error
    Questions: 1
    Answer RRs: 2
    Authority RRs: 0
    Additional RRs: 2
  ◢ Queries
    ▷ _ldap._tcp.dc._msdcs.intranet.rheinwerk-verlag.de: type SRV, class IN
  ◢ Answers
    ◢ _ldap._tcp.dc._msdcs.intranet.rheinwerk-verlag.de: type SRV, class IN, priority 0, weight 100, port 389, target W2K19-DC02.Intranet.rheinwerk-verlag.de
        Service: _ldap
        Protocol: _tcp
        Name: dc._msdcs.intranet.rheinwerk-verlag.de
        Type: SRV (Server Selection) (33)
        Class: IN (0x0001)
        Time to live: 600
        Data length: 47
        Priority: 0
        Weight: 100
        Port: 389
        Target: W2K19-DC02.Intranet.rheinwerk-verlag.de
    ◢ _ldap._tcp.dc._msdcs.intranet.rheinwerk-verlag.de: type SRV, class IN, priority 0, weight 100, port 389, target W2K19-DC01.Intranet.rheinwerk-verlag.de
        Service: _ldap
        Protocol: _tcp
        Name: dc._msdcs.intranet.rheinwerk-verlag.de
```

Abbildung 21.50 Antwort des DNS-Servers mit SRV-Informationen für Domänencontroller der Domäne

Der Client wird nun eine *SMB*-Verbindung *(Server Message Block)* über Port 445 zum Domänencontroller aufbauen und die Dateien herunterladen. In Abbildung 21.51 ist in den Paketen 2365 bis 2367 der 3-Wege-TCP-Handshake zu erkennen. Dieser besteht aus einem SYN, einem SYN-ACK und einem ACK. Dabei wird der Verbindungsaufbau durchgeführt und gegenseitig bestätigt. Danach werden die SMB-Informationen ausgehandelt. Zu erkennen ist, dass der Client zuerst mit SMB (v1) eine Anfrage sendet, der Server aber mit SMB 2 antwortet.

No.	Time	Source	Destination	Protocol	Length	Info
2365	179.467654	172.16.99.100	172.16.200.201	TCP	66	49705 → 445 [SYN] Seq=0 Win=64240 Len=0 MSS=1460 WS=256 SACK_PERM=1
2366	179.467665	172.16.200.201	172.16.99.100	TCP	66	445 → 49705 [SYN, ACK] Seq=0 Ack=1 Win=65535 Len=0 MSS=1460 WS=256 SACK_PERM=1
2367	179.468158	172.16.99.100	172.16.200.201	TCP	54	49705 → 445 [ACK] Seq=1 Ack=1 Win=2102272 Len=0
2368	179.471907	172.16.99.100	172.16.200.201	SMB	213	Negotiate Protocol Request
2369	179.472839	172.16.200.201	172.16.99.100	SMB2	306	Negotiate Protocol Response

Abbildung 21.51 Aufbau der SMB-Verbindung zum Domänencontroller

Abbildung 21.52 zeigt den Verbindungsaufbau zum Domänencontroller über das SMB-2-Protokoll und den Download der *GPT.ini* aus der GPO {31B2F340-...}, die die Default Domain Policy ist. In dieser Textdatei steht die Version der Gruppenrichtlinieneinstellung. Damit erkennt der Client, ob es seit der letzten Abarbeitung Änderungen an der Gruppenrichtlinie gab. Ist die Versionsnummer in dieser Datei größer als die lokal zwischengespeicherte Versionsnummer, wird der Inhalt übertragen. Die Gruppenrichtlinieneinstellungen werden über einen domänenbasierten DFS-Namespace mit dem Namen *Sysvol* (siehe Paket 2877) bereitgestellt. Darin sucht dann der Client nach Dateien im Unterordner *Policies\{GUID der Gruppenrichtlinie}*.

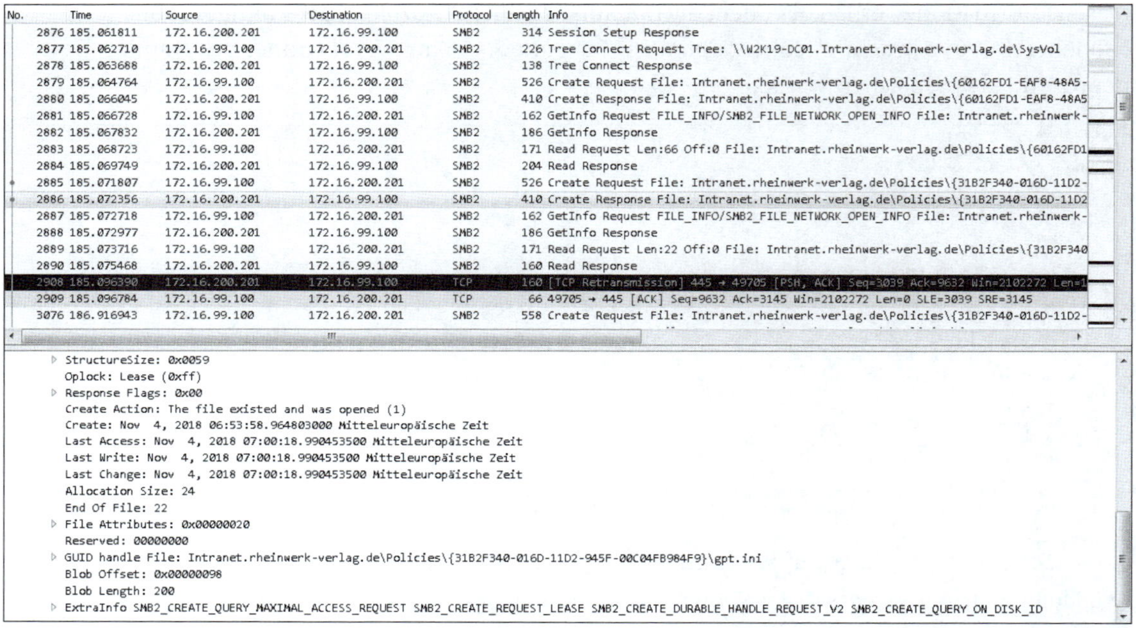

Abbildung 21.52 Download der GPT-Dateien aus dem »Sysvol«-Ordner

Nach der erfolgreichen Anmeldung des Benutzers an einem System wird auch für den Benutzer eine Gruppenrichtlinienaktualisierung durchgeführt und die Informationen werden vom Domänencontroller abgerufen.

21.4.6 Zugriff auf einen Webdienst

Beim Zugriff auf einen Webserver über HTTPS sendet der Client nach dem 3-Wege-Handshake ein `Client Hello` an den Webserver (siehe Abbildung 21.53). In diesem Paket sendet der Client eine Liste der möglichen Verschlüsselungsprotokolle, die er unterstützt. Der Server wertet diese Liste aus und wählt ein Protokoll aus, das von ihm und dem Client unterstützt wird. Diese Information sendet der Server an den Client zurück, worauf dieser einen symmetrischen Schlüssel erstellt und verschlüsselt an den Server überträgt. Mit diesem Schlüssel wird die weitere Datenkommunikation zwischen Client und Server verschlüsselt.

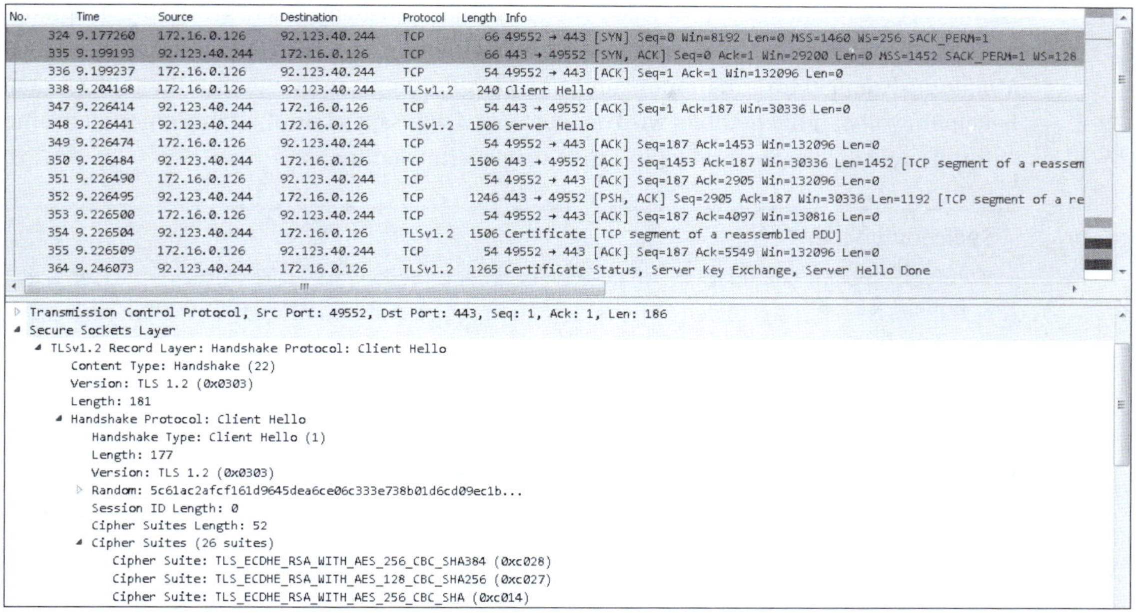

Abbildung 21.53 »Client Hello« und »Server Hello« beim Aufbau einer SSL-Verbindung

21.5 Debugging

Vermutlich hat jeder von Ihnen schon mal ein Bild wie in Abbildung 21.54 gesehen. Im Laufe der Zeit sind die *BSOD (Bluescreens of Death)* zwar deutlich weniger geworden, jedoch kann es sich lohnen, die Ursache für einen solchen Bluescreen zu ergründen.

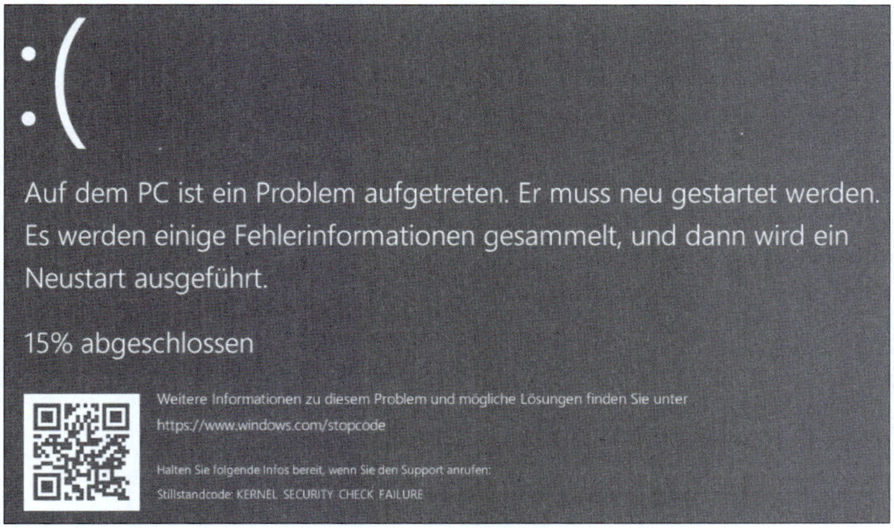

Abbildung 21.54 Bluescreen unter Windows 10

Damit Sie eine Chance haben, den Fehler zu finden und zu analysieren, sollten Sie sicherstellen, dass die notwendigen Informationen zur Verfügung stehen. Ein Speicherabbild kann als *Minidump* (weniger Informationen) und als *Full Dump* (vollständiges Abbild) erstellt werden. Bei einem vollständigen Abbild wird der gesamte Arbeitsspeicherinhalt im Fehlerfall in eine Dump-Datei geschrieben und kann somit ausgewertet werden.

Speicherabbilder

Wenn Sie Speicherabbilder zur Analyse weitergeben (besonders an »Externe«), müssen Sie sich bewusst sein, dass in den Speicherabbildern sensitive Informationen enthalten sind, die bei der Analyse ausgelesen werden können.

21.5.1 Aktivieren der zusätzlichen Protokollierungsoptionen

Bevor wir uns der Analyse von Bluescreens widmen, werfen wir als Beispiel noch einen Blick auf eine häufig verwendete Option, um an einem Client (oder Server) Fehler in Bezug auf die Abarbeitung von Gruppenrichtlinien zu erkennen.

Seit Windows Vista wird die Protokollierung der Gruppenrichtlinienabarbeitung durch den Gruppenrichtliniendienst *(gpsvc)* durchgeführt. Dieser Dienst muss auf den Systemen aktiviert werden, damit die Logdateien erstellt werden. Grundsätzliche Probleme und Fehler werden auch ohne Aktivierung in der Ereignisanzeige protokolliert. Wenn Sie jedoch detaillierte Informationen erhalten möchten, müssen Sie einen Ordner anlegen und einen Registrierungsschlüssel erstellen.

Für die Speicherung der Logdatei mit dem Namen *GPSVCLog* müssen Sie im Ordner *C:\Windows\Debug* einen neuen Ordner mit dem Namen *UserMode* anlegen. Zusätzlich müssen Sie in der Registrierung unter *HKEY_LOCAL_MACHINE\SOFTWARE\Microsoft\Windows NT\CurrentVersion\Diagnostics* einen Wert `GPsvcDebugLevel` als *DWord* erstellen und mit `0x30002` setzen. `0x` bedeutet, dass der Wert als hexadezimaler Wert eingetragen wird. Sollte der Schlüssel `Diagnostics` nicht existieren, müssen Sie ihn vorab anlegen.

Bei der nächsten Gruppenrichtlinienaktualisierung wird nun eine Datei mit dem Namen *GPSvc.log* erstellt, in der alle Vorgänge rund um die clientseitige Abarbeitung der Gruppenrichtlinie protokolliert werden:

```
GPSVC(1d00.1b00) 20:50:49:255 RefreshPolicyForPrincipal: Entering with bMachine = 1,
SID = null, options: 0, dwTimeout = 600000, currentProcessId = 7424,
processImageName = C:\Windows\System32\gpupdate.exe
GPSVC(20e4.1044) 20:50:49:271 Opened Existing Registry key
GPSVC(20e4.1044) 20:50:49:271 UncPath :'\\Intranet.rheinwerk-verlag.de\SYSVOL'
GPSVC(20e4.1044) 20:50:49:271 UncPath :'\\Intranet.rheinwerk-verlag.de\NETLOGON'
GPSVC(20e4.1044) 20:50:49:271 GetDomainControllerConnectionInfo: Enabling bandwidth
estimate.
```

```
GPSVC(20e4.1044) 20:50:49:586 Started bandwidth estimation successfully
GPSVC(20e4.1044) 20:50:49:586 GetDomainControllerConnectionInfo: Getting Ldap
Handles.
GPSVC(20e4.1044) 20:50:49:586 GetLdapHandle:  Getting ldap handle for host: W2K19-
DC01.intranet.rheinwerk-verlag.de in domain: intranet.rheinwerk-verlag.de.
GPSVC(20e4.1044) 20:50:49:586 GetLdapHandle:  Server connection established.
GPSVC(20e4.1044) 20:50:49:586 GetLdapHandle:  Binding using only kerberos.
GPSVC(20e4.1044) 20:50:49:586 GetLdapHandle:  Bound successfully.
```

Listing 21.8 Auszug aus »GPSvc.log« mit der Bindung zum Domänencontroller

Im Protokoll aus Listing 21.8 ist zu sehen, dass der Client eine Verbindung zum Domänencontroller `W2K19-DC01` aufgebaut und sich per Kerberos an diesem authentifiziert hat. Jeder Abruf der Gruppenrichtlinien kann theoretisch von einem anderen Domänencontroller erfolgen.

```
GPSVC(20e4.1044) 20:50:49:617 GetGPOInfo:  ********************************
GPSVC(20e4.1044) 20:50:49:617 GetGPOInfo:  Entering...
GPSVC(20e4.1044) 20:50:49:617 GetMachineToken:  Looping for authentication again.
GPSVC(20e4.1044) 20:50:49:617 SearchDSObject:  Searching <DC=Intranet,DC=rheinwerk-
                                                          verlag,DC=de>
GPSVC(20e4.1044) 20:50:49:617 SearchDSObject:  Found GPO(s):  <[LDAP://cn={5D111123-
3CF5-440F-A002-555450BEBDB4},cn=policies,cn=system,DC=Intranet,DC=rheinwerk-
verlag,DC=de;0][LDAP://cn={60162FD1-EAF8-48A5-9EE3-45DE7B2378F7},cn=policies,cn=
system,DC=Intranet,DC=rheinwerk-verlag,DC=de;0][LDAP://CN={31B2F340-016D-11D2-945F-
00C04FB984F9},CN=Policies,CN=System,DC=Intranet,DC=rheinwerk-verlag,DC=de;0]>
GPSVC(20e4.1044) 20:50:49:617 ProcessGPO(Machine):  ==============================
GPSVC(20e4.1044) 20:50:49:617 ProcessGPO(Machine):  Deferring search for <LDAP://cn=
{5D111123-3CF5-440F-A002-555450BEBDB4},cn=policies,cn=system,DC=Intranet,DC=
rheinwerk-verlag,DC=de>
GPSVC(20e4.1044) 20:50:49:617 ProcessGPO(Machine):  ==============================
GPSVC(20e4.1044) 20:50:49:633 ProcessGPO(Machine):  Deferring search for <LDAP://cn=
{60162FD1-EAF8-48A5-9EE3-45DE7B2378F7},cn=policies,cn=system,DC=Intranet,DC=
rheinwerk-verlag,DC=de>
GPSVC(20e4.1044) 20:50:49:633 ProcessGPO(Machine):  ==============================
GPSVC(20e4.1044) 20:50:49:633 ProcessGPO(Machine):  Deferring search for <LDAP://CN=
{31B2F340-016D-11D2-945F-00C04FB984F9},CN=Policies,CN=System,DC=Intranet,DC=
rheinwerk-verlag,DC=de>
GPSVC(20e4.1044) 20:50:49:633 SearchDSObject:  Searching <CN=Default-First-Site-
Name,CN=Sites,CN=Configuration,DC=Intranet,DC=rheinwerk-verlag,DC=de>
GPSVC(20e4.1044) 20:50:49:633 SearchDSObject:  No GPO(s) for this object.
GPSVC(20e4.1044) 20:50:49:633 EvaluateDeferredGPOs:  Searching for GPOs in cn=
policies,cn=system,DC=Intranet,DC=rheinwerk-verlag,DC=de
```

Listing 21.9 Log mit Informationen zu den Gruppenrichtlinien, die heruntergeladen wurden

Außerdem ist aus dem Log ersichtlich, welcher Standort für den Client relevant ist (`CN=Default-First-Site-Name`) und welche Gruppenrichtlinien gefunden wurden und angewendet werden sollen (siehe Listing 21.9).

21.5.2 Memory-Dumps erzeugen und prüfen

Bei einem Absturz einer Applikation oder des Systems wird automatisch ein Speicherabbild erstellt. Das Verhalten kann in den erweiterten Systemeigenschaften konfiguriert werden (siehe Abbildung 21.55). Alternativ kann eine Gruppenrichtlinie verwendet werden, sodass alle Systeme die gleichen Einstellungen anwenden.

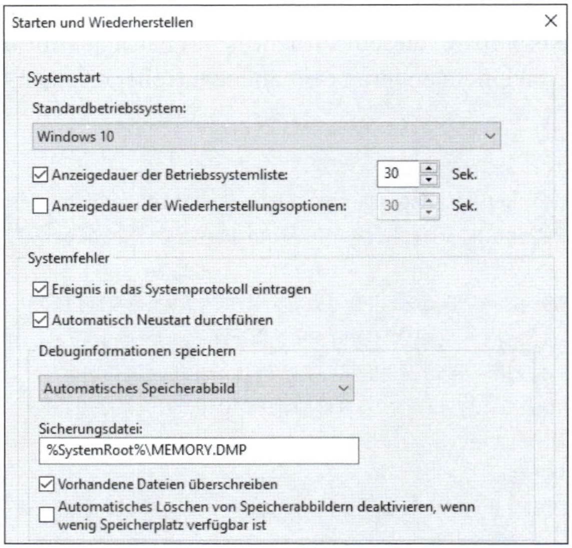

Abbildung 21.55 Konfiguration der Speicherabbilddateien

Kommt es nun zu einer Störung, wird im Windows-Ordner eine Datei mit dem Namen *Memory.dmp* erstellt. Diese Datei kann mit dem kostenlosen Tool *Windows Debugger* analysiert werden. Für eine grundlegende Analyse sind nicht unbedingt tiefe Debugging- oder Assembler-Kenntnisse notwendig. Der Windows Debugger kann oft bei einer Grundanalyse Hinweise darauf liefern, welche Module (oder Treiber) für den Absturz verantwortlich sind.

Um einen Fehler zu simulieren, werden wir im ersten Schritt die Möglichkeit schaffen, bei Bedarf einen Bluescreen zu provozieren. Dazu konfigurieren wir auf einem System zwei Registrierungseinstellungen:

- *HKEY_LOCAL_MACHINE\SYSTEM\CurrentControlSet\Services\kbdhid\Parameters* - *CrashOnCtrlScroll* als RegDWord mit dem Wert 1
- *HKEY_LOCAL_MACHINE\SYSTEM\CurrentControlSet\Services\i8042prt\Parameters* - *CrashOnCtrlScroll* als RegDWord mit dem Wert 1

Starten Sie nach dieser Änderung den Computer neu. Halten Sie nach der Anmeldung die rechte `Strg`-Taste gedrückt, und drücken Sie zweimal die `Rollen`-Taste. Das System wird einen Bluescreen erzeugen und ein Speicherabbild erstellen.

Zum Analysieren der Speicherabbilder können Sie den Windows Debugger verwenden, der Teil des *Software Development Kits (SDK)* ist. Sie finden das SDK unter:

https://developer.microsoft.com/de-de/windows/downloads/windows-sdk/

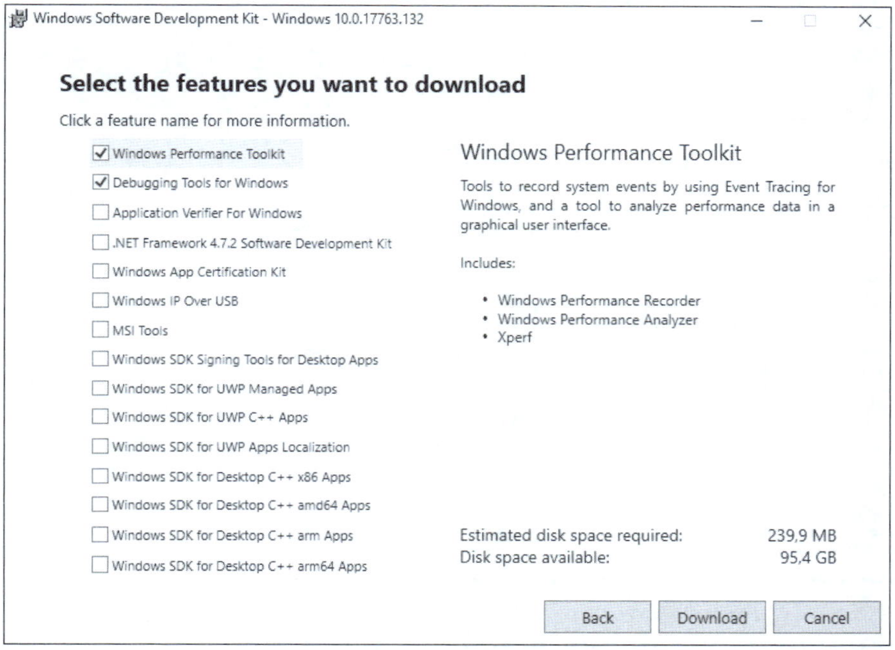

Abbildung 21.56 Einrichtung und Installation des Windows-SDK

Das SDK umfasst zahlreiche Tools rund um den Client bzw. die Serverbetriebssysteme. Nach der Installation der Debugging Tools for Windows (siehe Abbildung 21.56) steht der Windows Debugger auf dem System zur Verfügung. Nach der Installation und dem ersten Start können Sie über das File-Menü einen Crash-Dump laden und ihn automatisiert analysieren lassen.

Für die detaillierte Analyse eines Dumps kann es notwendig sein, die sogenannten *Symboldateien* bereitzustellen. Symboldateien helfen – ähnlich wie Parser bei Netzwerksniffern – dabei, die gesammelten und protokollierten Daten in ein »lesbares« Format umzuwandeln.

Über File • Symbol File Path können Sie entweder auf einen lokalen Pfad verweisen oder einen Internet-Pfad angeben, von dem die Dateien abgerufen werden können. Eine Beschreibung, wie Sie die Symboldateien einbinden, finden Sie unter:

https://docs.microsoft.com/en-us/windows-hardware/drivers/debugger/symbol-path

In Abbildung 21.57 wurde das erstellte Speicherabbild geladen und analysiert. Die Analyse erfolgt automatisch, sobald der Crash-Dump geladen wurde. In dem Bereich BUGCHECK ANALYSIS wird der Debugger die vermutete Ursache des Fehlers ausgeben. In diesem Fall wurde der Fehler (vermutlich) durch *kbdhid.sys (Keyboard/Human Interface Device)* verursacht. Detailliertere Informationen können Sie durch Eingabe von `!Analyze -v` erhalten, sofern diese verfügbar sind.

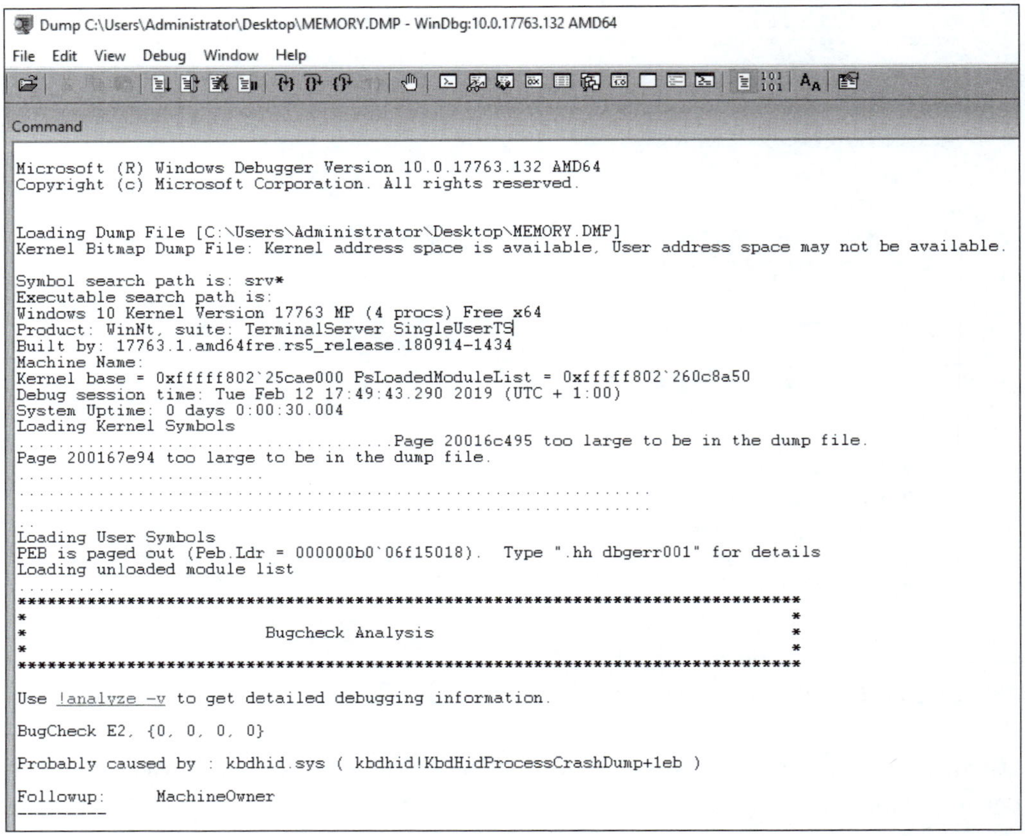
Dump C:\Users\Administrator\Desktop\MEMORY.DMP - WinDbg:10.0.17763.132 AMD64
File Edit View Debug Window Help
Command
Microsoft (R) Windows Debugger Version 10.0.17763.132 AMD64
Copyright (c) Microsoft Corporation. All rights reserved.
Loading Dump File [C:\Users\Administrator\Desktop\MEMORY.DMP]
Kernel Bitmap Dump File: Kernel address space is available, User address space may not be available.
Symbol search path is: srv*
Executable search path is:
Windows 10 Kernel Version 17763 MP (4 procs) Free x64
Product: WinNt, suite: TerminalServer SingleUserTS
Built by: 17763.1.amd64fre.rs5_release.180914-1434
Machine Name:
Kernel base = 0xfffff802`25cae000 PsLoadedModuleList = 0xfffff802`260c8a50
Debug session time: Tue Feb 12 17:49:43.290 2019 (UTC + 1:00)
System Uptime: 0 days 0:00:30.004
Loading Kernel Symbols
Page 20016c495 too large to be in the dump file.
Page 200167e94 too large to be in the dump file.
Loading User Symbols
PEB is paged out (Peb.Ldr = 000000b0`06f15018). Type ".hh dbgerr001" for details
Loading unloaded module list
Bugcheck Analysis
Use !analyze -v to get detailed debugging information.
BugCheck E2, {0, 0, 0, 0}
Probably caused by : kbdhid.sys (kbdhid!KbdHidProcessCrashDump+1eb)
Followup: MachineOwner

Abbildung 21.57 Anzeige des Windows Debuggers

Zum Erzeugen von Bluescreens können Sie auch das *Sysinternals*-Tool *NotMyFault* (»Nicht mein Fehler«) verwenden, um verschiedene Fehlersymptomatiken zu erzeugen (siehe Abbildung 21.58). Das Tool können Sie von der Microsoft-Website herunterladen und ausführen. Sie finden es unter:

https://docs.microsoft.com/en-us/sysinternals/downloads/notmyfault

Nach dem Starten können Sie aus verschiedenen Fehlerbildern auswählen (siehe Abbildung 21.59). Sie können auch Speicherlecks simulieren und prüfen, wie das System damit umgeht, oder testen, ob Ihre Überwachungssysteme diese Fehler finden können.

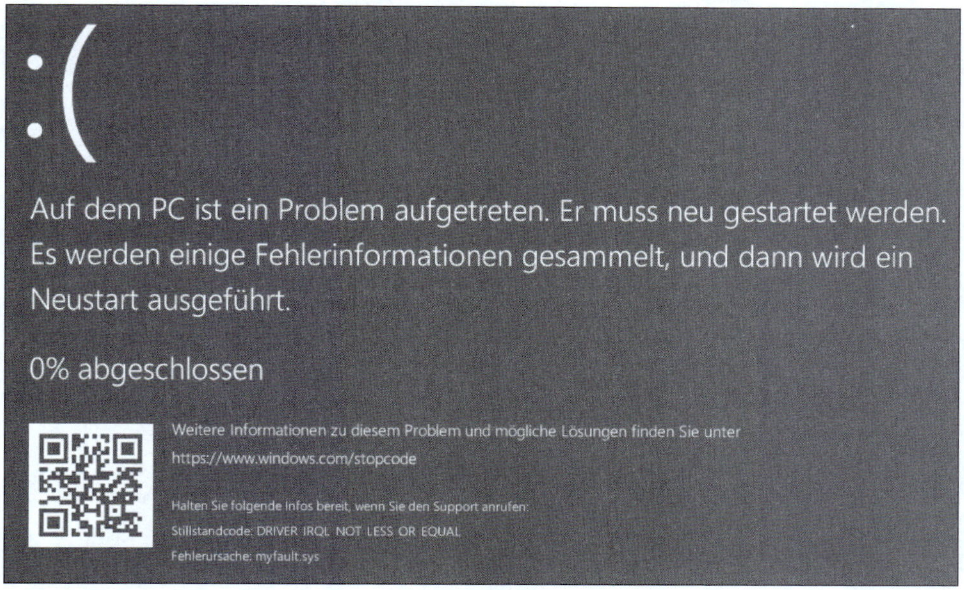
:(
Auf dem PC ist ein Problem aufgetreten. Er muss neu gestartet werden. Es werden einige Fehlerinformationen gesammelt, und dann wird ein Neustart ausgeführt.
0% abgeschlossen
Weitere Informationen zu diesem Problem und mögliche Lösungen finden Sie unter
https://www.windows.com/stopcode
Halten Sie folgende Infos bereit, wenn Sie den Support anrufen:
Stillstandcode: DRIVER IRQL NOT LESS OR EQUAL
Fehlerursache: myfault.sys

Abbildung 21.58 Bluescreen durch »myfault.sys«

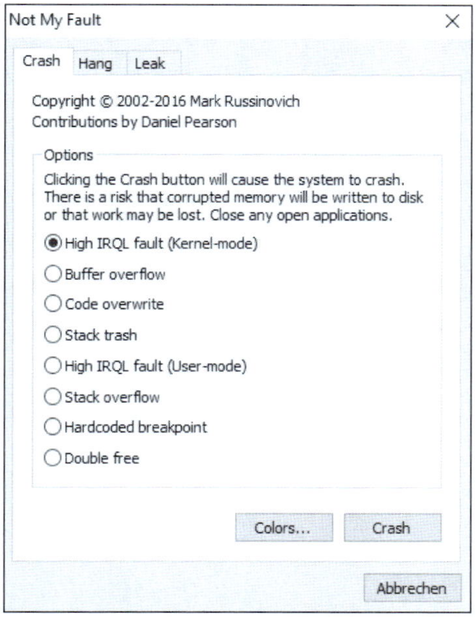
Not My Fault
Crash
Hang
Leak
Copyright © 2002-2016 Mark Russinovich
Contributions by Daniel Pearson
Options
Clicking the Crash button will cause the system to crash. There is a risk that corrupted memory will be written to disk or that work may be lost. Close any open applications.
High IRQL fault (Kernel-mode)
Buffer overflow
Code overwrite
Stack trash
High IRQL fault (User-mode)
Stack overflow
Hardcoded breakpoint
Double free
Colors...
Crash
Abbrechen

Abbildung 21.59 Auswahl des Crashs für das System

Beim Umgang mit diesem Tool auf produktiven Systemen raten wir zur Vorsicht, da das Tool einen Bluescreen – und damit einen Neustart des Systems – erzwingt.

Kapitel 22
Security in und mit Windows Server

Assume the breach – gehen Sie von einem IT-Sicherheitsvorfall aus! Dies ist das Mantra von Microsoft. Es gibt zwei Arten von Unternehmen: die, die schon gehackt wurden, und die, die es noch nicht wissen. Umso wichtiger werden Sicherheitsvorkehrungen auf Server- und Gesamtinfrastrukturebene.

Dieses Kapitel beschäftigt sich mit den verschiedenen Aspekten der Security in Windows Server 2025. Zunächst besprechen wir das Thema *Serverhärtung*, das Prinzip der *Delegation* von Berechtigungen, die Konfiguration von *Defender*, die Implementierung von *LAPS*, einer einfachen Kennwortverwaltung für lokale Konten, sowie das Thema *Tier-Modell* (Ebenenmodell) und seinen Nachfolger, das *Enterprise Access Model*. Ergänzt werden diese Bereiche durch die Themen *Managed Service Accounts* sowie *Red Forest*, die Erweiterung der Active Directory-Gesamtstruktur.

22.1 Sicherheitsprinzipien

Vorab möchten wir Ihnen einige grundlegende Sicherheitsprinzipien vorstellen. Die Kenntnis dieser Prinzipien bildet die Basis für dieses Kapitel.

22.1.1 Protect, Detect, Respond

Protect, *Detect* und *Respond* sind die drei Bereiche innerhalb der Security, die Sie bei einer ganzheitlichen Sicherheitsbetrachtung abdecken müssen:

- *Protection* beschreibt den Schutz, also präventive Sicherheitsmaßnahmen, die aus Konfiguration bzw. Härtung und Segmentierung oder Delegation von Berechtigungen bestehen.
- *Detection* (dt. *Erkennung*) ist der Funktionsbereich, der zur schnellen Erkennung von Sicherheitsauffälligkeiten dient.
- *Response* (dt. *Reaktion*) ist der Baustein, der die (meist organisatorische) Bearbeitung von eingetretenen Sicherheitsvorfällen abdeckt.

Innerhalb von Windows Server 2025 lassen sich zumindest für Protection und Detection Vorkehrungen treffen, die im Folgenden den roten Faden für dieses Kapitel bilden.

Um Schutz- und Erkennungsmethoden zu evaluieren, ist es notwendig, typische Angriffsszenarien und die Angriffsfläche eines Serverbetriebssystems zu kennen.

Während vor einigen Jahren Server oftmals ohne Internetverbindung ausgekommen sind, ist die Verbindung eines Windows-Servers mit dem Internet heute in vielen Fällen Standard bzw. notwendig. Ein Beispiel dafür ist die *Entra-Cloudsynchronisierung*, die wir in Kapitel 20 beschreiben. Besteht eine Verbindung in das Internet, ergibt sich das Risiko, dass Schadsoftware direkt auf einen Server gelangen kann, ohne andere Computer zu passieren. Die *Windows Defender Firewall mit erweiterter Sicherheit* ist nur bedingt dazu geeignet, ausgehende Verbindungen von Servern zu kontrollieren. Daher raten wie Ihnen dringend dazu, einen Proxy bzw. eine zusätzliche Firewall zu ergänzen, die den Datenverkehr schützt.

Ein Computersystem ist immer die Kombination aus Hardware (physisch oder virtuell), einem Betriebssystem, einer Sammlung von Anwendungen und aus Benutzern, die berechtigt sind, auf diese Anwendungen zuzugreifen. Alles muss im Einklang konfiguriert sein, damit die maximale Sicherheit gewährleistet werden kann.

Da die beste Kombination aus Schutzmechanismen eventuell nicht möglich ist und es weiter Lücken in der Konfiguration geben kann, ist der zweite große Baustein die Erkennung von Systemauffälligkeiten. Dazu muss ein entsprechendes Monitoring eingerichtet werden.

22.1.2 Das Least-Privilege-Prinzip

Das *Least-Privilege-Prinzip* wurde bereits in den 1970er-Jahren von Jerome Saltzer in »The Protection of Information in Computer Systems« (*http://www.cs.virginia.edu/~evans/cs551/saltzer/*) formuliert: Jedes Programm und jeder Benutzer eines Computersystems soll mit der minimalen Berechtigung arbeiten, die notwendig ist, um den vorgesehenen Arbeitsauftrag zu erfüllen. Damit kommt es weniger häufig zu unbeabsichtigten, unerwünschten und nicht richtigen Verwendungen von Berechtigungen. Doch was heißt dies konkret? Schließlich lässt sich eine Administration ohne Berechtigung nicht durchführen.

Das Least-Privilege-Prinzip kann und muss auf allen Ebenen konsequent durchgesetzt werden. Daraus gewinnen wir die folgenden ersten Erkenntnisse:

- Die tägliche Arbeit (Office, Standardsoftware) soll mit einem Benutzer ohne administrative Berechtigungen erfolgen.
- Administrationsberechtigungen auf Systemen müssen nach Systemklassen unterteilt werden, sodass ein Administrator nicht automatisch auch andere Systeme administrieren kann.
- Berechtigungen für Anwendungen und Services müssen untersucht werden und auf den kleinstmöglichen Berechtigungsumfang eingestellt werden.
- Das ungeplante und unberechtigte Ausweiten von Berechtigungen *(Privilege Escalation)* muss unterbunden werden.

- Die Vorteile des Least-Privilege-Prinzips sind höhere Sicherheit, höhere Stabilität und vereinfachte Multiplizierung eines Systemaufbaus, wenn detailliert bekannt ist, welche Funktionen tatsächlich benötigt werden.
- Dies wird durch das Prinzip der *Segregation of Duties* (Funktionstrennung) weiter unterstützt. Das bedeutet, verschiedene Funktionen sollten nicht vereint auf einer Benutzer-ID durchgeführt werden.

Daraus ergeben sich weitere Erkenntnisse:

- Ein Administrator benötigt für unterschiedliche Funktionen unterschiedliche Administrationskonten, beispielsweise eines zum Verwalten von Endgeräten und ein anderes für das Verwalten eines Mailservers.
- Manche Funktionen sollten nicht auf eine einzelne Personengruppe konzentriert sein, sondern in getrennten Gruppen durchgeführt werden.

22.1.3 Berechtigungssysteme innerhalb von Windows

Die Windows-Welt unterstützt diese Prinzipien durch eine mächtige Benutzerverwaltung (lokal und im Active Directory): Unterschiedliche Benutzerkonten können unterschiedliche Berechtigungen erhalten. Und selbst zwischen Mitgliedern der Gruppe der lokalen Administratoren können Unterschiede existieren. Die folgenden Abschnitte geben Ihnen einen Überblick über die Werkzeuge eines Windows-Systems, mit denen Sie die Berechtigungen steuern

Auf einem Windows Server, der nicht Mitglied einer Domäne ist, gibt es ausschließlich eine lokale Benutzerverwaltung. Diese ist die kleinste Einheit und steht auf allen Servern (ausgenommen Windows Servern mit der Rolle *Schreibbare Domänencontroller*) zur Verfügung. Eine Übersicht der lokalen Gruppen sehen Sie in Abbildung 22.1. Die Liste der Gruppen ist abhängig von den installierten Rollen und Features.

Auf einem Windows Server, der Mitglied einer Domäne ist, gibt es eine *lokale Verwaltung von Gruppen*, deren Mitglieder lokale Benutzer oder Benutzer aus dem Active Directory sein können. Dadurch wird das Management innerhalb von Unternehmen stark vereinfacht, da mit einem einzigen Benutzerkonto auf verschiedenen Systemen Berechtigungen möglich werden.

Für die Verwendung von Windows Server-Funktionen ist es (abgesehen von dem Aufruf von Websites, die anonym bereitgestellt werden) immer notwendig, ein gültiges Benutzerkonto zu haben. Die konkrete Berechtigung setzt sich dann, je nach Funktion des Servers, aus der Mitgliedschaft in einer lokalen Benutzergruppe, den zugewiesenen Benutzerrechten und den Rechten auf dem Dateisystem zusammen. Neben den offensichtlichen Berechtigungen in den Benutzergruppen der Computerverwaltung gibt es noch versteckte Möglichkeiten, um Berechtigungen zu vergeben.

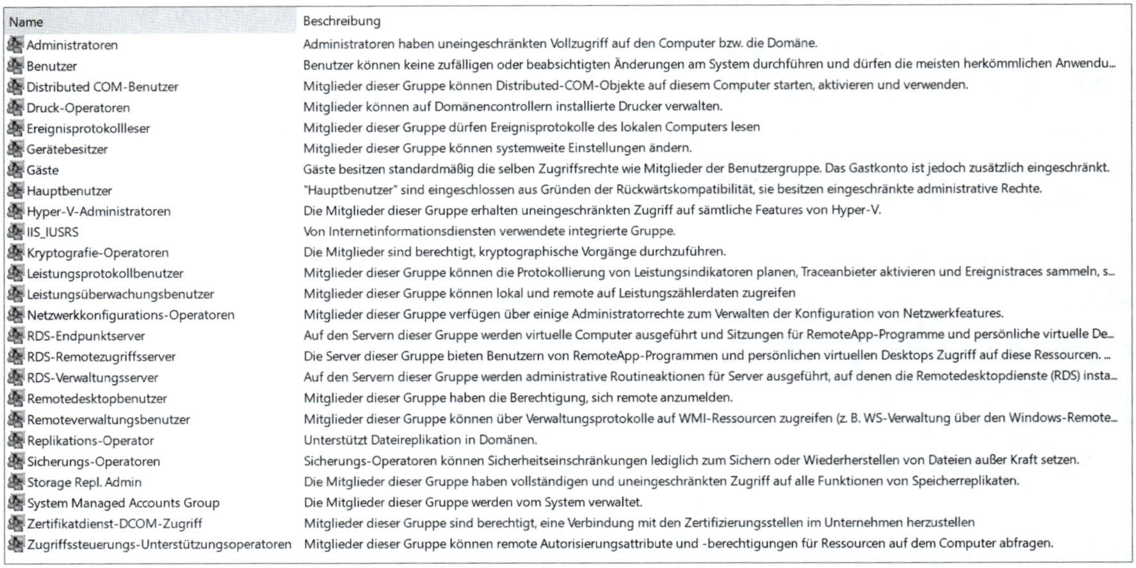

Name	Beschreibung
Administratoren	Administratoren haben uneingeschränkten Vollzugriff auf den Computer bzw. die Domäne.
Benutzer	Benutzer können keine zufälligen oder beabsichtigten Änderungen am System durchführen und dürfen die meisten herkömmlichen Anwendu...
Distributed COM-Benutzer	Mitglieder dieser Gruppe können Distributed-COM-Objekte auf diesem Computer starten, aktivieren und verwenden.
Druck-Operatoren	Mitglieder können auf Domänencontrollern installierte Drucker verwalten.
Ereignisprotokollleser	Mitglieder dieser Gruppe dürfen Ereignisprotokolle des lokalen Computers lesen
Gerätebesitzer	Mitglieder dieser Gruppe können systemweite Einstellungen ändern.
Gäste	Gäste besitzen standardmäßig die selben Zugriffsrechte wie Mitglieder der Benutzergruppe. Das Gastkonto ist jedoch zusätzlich eingeschränkt.
Hauptbenutzer	"Hauptbenutzer" sind eingeschlossen aus Gründen der Rückwärtskompatibilität, sie besitzen eingeschränkte administrative Rechte.
Hyper-V-Administratoren	Die Mitglieder dieser Gruppe erhalten uneingeschränkten Zugriff auf sämtliche Features von Hyper-V.
IIS_IUSRS	Von Internetinformationsdiensten verwendete integrierte Gruppe.
Kryptografie-Operatoren	Die Mitglieder sind berechtigt, kryptographische Vorgänge durchzuführen.
Leistungsprotokollbenutzer	Mitglieder dieser Gruppe können die Protokollierung von Leistungsindikatoren planen, Traceanbieter aktivieren und Ereignistraces sammeln, s...
Leistungsüberwachungsbenutzer	Mitglieder dieser Gruppe können lokal und remote auf Leistungszählerdaten zugreifen
Netzwerkkonfigurations-Operatoren	Mitglieder dieser Gruppe verfügen über einige Administratorrechte zum Verwalten der Konfiguration von Netzwerkfeatures.
RDS-Endpunktserver	Auf den Servern dieser Gruppe werden virtuelle Computer ausgeführt und Sitzungen für RemoteApp-Programme und persönliche virtuelle De...
RDS-Remotezugriffsserver	Die Server dieser Gruppe bieten Benutzern von RemoteApp-Programmen und persönlichen virtuellen Desktops Zugriff auf diese Ressourcen. ...
RDS-Verwaltungsserver	Auf den Servern dieser Gruppe werden administrative Routineaktionen für Server ausgeführt, auf denen die Remotedesktopdienste (RDS) insta...
Remotedesktopbenutzer	Mitglieder dieser Gruppe haben die Berechtigung, sich remote anzumelden.
Remoteverwaltungsbenutzer	Mitglieder dieser Gruppe können über Verwaltungsprotokolle auf WMI-Ressourcen zugreifen (z. B. WS-Verwaltung über den Windows-Remote...
Replikations-Operator	Unterstützt Dateireplikation in Domänen.
Sicherungs-Operatoren	Sicherungs-Operatoren können Sicherheitseinschränkungen lediglich zum Sichern oder Wiederherstellen von Dateien außer Kraft setzen.
Storage Repl. Admin	Die Mitglieder dieser Gruppe haben vollständigen und uneingeschränkten Zugriff auf alle Funktionen von Speicherreplikaten.
System Managed Accounts Group	Die Mitglieder dieser Gruppe werden vom System verwaltet.
Zertifikatdienst-DCOM-Zugriff	Mitglieder dieser Gruppe sind berechtigt, eine Verbindung mit den Zertifizierungsstellen im Unternehmen herzustellen
Zugriffssteuerungs-Unterstützungsoperatoren	Mitglieder dieser Gruppe können remote Autorisierungsattribute und -berechtigungen für Ressourcen auf dem Computer abfragen.

Abbildung 22.1 Lokale Gruppen eines Windows Servers

Eine bekannte Möglichkeit ist die Vergabe von Lese- und Schreibrechten auf dem Dateisystem (NTFS). Diese Rechte bestimmen, ob (ohne weitere Abfrage nach berechtigten Zugangsdaten) ein Benutzer auf einem System Zugriff auf Dateien und Ordnerstrukturen hat. Administratoren können in der Regel die Dateien und Ordner aller Benutzer auf einem Server übernehmen. Dies ist abhängig von der letzten Berechtigungsebene, dem Zuweisen von Benutzerrechten. Hier kann das Recht *Übernehmen des Besitzes von Dateien und Objekten* theoretisch auch den Administratoren entzogen werden. Mögliche Nebeneffekte sind allerdings schwer abzuschätzen.

Für einzelne Services bzw. Rollen kann es weitere Berechtigungen geben. Diese sind allerdings je nach Funktion eines Servers unterschiedlich.

22.1.4 Stellenwert von Identitäten

In Zeiten, in denen die Grenzen zwischen On-Premises und der Cloud verschwimmen und die Berechtigungen an einem universell einsetzbaren Benutzer hängen, wird deutlich, dass diese Nutzeridentität einen besonderen Stellenwert hat.

Der Schutz der einzelnen Identität gleicht dem früheren Schutz durch Trennung von Netzwerksegmenten. Die Identität wechselt mit dem Benutzer unabhängig davon, wo die Ressource, auf die zugegriffen wird, tatsächlich liegt. Bei Benutzern geht es also vor allem um den Schutz vor Datenabfluss oder vor der Übernahme ihres Kontos bzw. ihrer Identität. Bei Administratoren, die eine Vielzahl von Benutzern verwalten, betrifft dies sogar den Schutz der Gesamtumgebung.

Alle Sicherheitskonzepte müssen also berücksichtigen, dass nicht nur Netzwerkverkehr analysiert und beschränkt werden kann, sondern auch Identitäten. Schließlich ist aber ein identitätenzentrischer Ansatz keine eigenständige Lösung. Diese entsteht erst aus dem Konstrukt von Schutzmaßnahmen an Identitäten (»Was können diese?«), durch die Organisation des Identitäten-Lifecycles (Management von Identitäten) und die Überwachung der Aktivitäten (»Verhalten sich die Identäten wie erwartet?«).

Durch die Anwendung des Prinzips des Least Privilege ergibt sich die Frage, ob Benutzer mit den Berechtigungen arbeiten sollten, die sie für ihre administrative Tätigkeit benötigen. Schließlich sind diese ja diejenigen Berechtigungen, die sie brauchen. Selbstverständlich ist dies *nicht* die korrekte Lösung: Technische Identitäten (Benutzerkonten) und Benutzer aus Fleisch und Blut, also natürliche Personen, sind zwei unterschiedliche Typen. Je nach Größe und Rollenvielfalt in einer IT-Umgebung sind mehrere Konten für einen Anwender, der gleichzeitig ein Administrator ist, selbstverständlich.

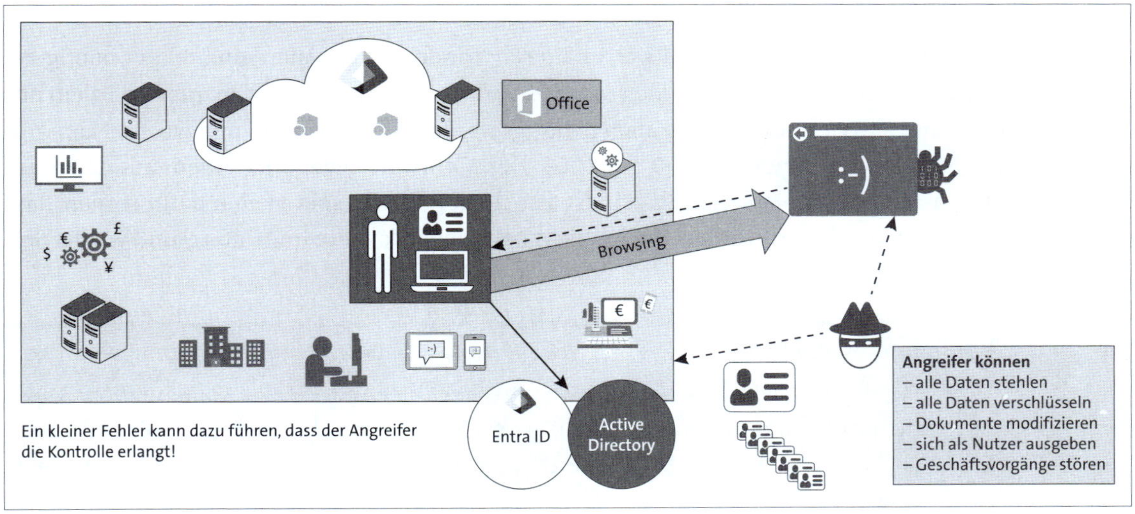
Office
:-)
Browsing
€
$
£
¥
Ein kleiner Fehler kann dazu führen, dass der Angreifer die Kontrolle erlangt!
Entra ID
Active Directory
Angreifer können
– alle Daten stehlen
– alle Daten verschlüsseln
– Dokumente modifizieren
– sich als Nutzer ausgeben
– Geschäftsvorgänge stören

Abbildung 22.2 Die Macht von Identitäten bei einem administrativen Fehler

Abbildung 22.2 zeigt die Auswirkungen durch einen administrativen Fehler an einem Benutzerkonto. Identitäten werden zum Zugriff auf Daten und Dokumente verwendet oder zur Verwaltung der dazugehörigen Managementsysteme. Dabei sind diese Konten auch im Internet aktiv und können einfach manipuliert werden. Dadurch haben Angreifer häufig Zugriff auf Daten und können diese ungewünscht verschlüsseln oder manipulieren.

Die Planung der passend zugeschnittenen Rollen sollte anhand der üblichen Tätigkeiten einer Person erfolgen. Berechtigungen, die nur in Ausnahmefällen vonnöten sind, sollten nicht an einen täglich verwendeten administrativen Benutzer vergeben werden. Wie wir schon zu Beginn des Kapitels gesagt haben: *Assume the breach!* Gehen Sie davon aus, dass eine Nutzeridentität übernommen werden kann.

22.1.5 Härtung von Systemeinstellungen und Anwendungen

In einschlägigen Standards wie dem IT-Grundschutz des BSI ist das Thema *Härtung* von Systemeinstellungen und Anwendungen ein Thema: Ein Betriebssystem und eine Anwendung werden mit dem Ziel einer möglichst großen Kompatibilität auf den Markt gebracht. Ohne gezielte Optimierungsmaßnahmen sind Funktionen aktiv und Angriffsflächen vorhanden, die für die eigentliche Verwendung des Servers bzw. des darauf zur Verfügung zu stellenden Service nicht notwendig sind. Außerdem sind Berechtigungen oftmals zu grob vergeben. Dies führt zu einem Spagat zwischen Sicherheit und Kompatibilität.

Die Härtung des Betriebssystems kann bei Windows mit Blick auf das Berechtigungssystem und andere Systemkomponenten an verschiedenen Bausteinen erfolgen:

- Services
- Berechtigungen
- Netzwerkfreischaltung

Die Deaktivierung von Services war in älteren Windows-Versionen eine relativ häufig gewählte Variante. Inzwischen werden Services von Windows jedoch in den meisten Fällen nur noch dann aktiviert, wenn diese auch benötigt werden. Dieser Paradigmenwechsel kam mit dem Sprung von Windows 2000 auf 2003. Der Mehrwert gegenüber einem auf den Standardeinstellungen belassenen System ist also nicht groß. Sie sollten eher dafür sorgen, dass keine Rollen installiert werden, die Sie nicht benötigen, da diese im Hintergrund wieder Services aktivieren.

Konfiguration der Rollen

Jede Rolle, die installiert bzw. aktiviert wird, benötigt eine vollständige Konfiguration. Eine nicht oder nicht richtig konfigurierte Rolle ist ein Sicherheitsrisiko. Ein System, das nur mit Klicks auf WEITER und FERTIG konfiguriert wurde, ist nicht optimal konfiguriert und bietet Angriffsflächen.

Für die Härtung von Berechtigungen sind mehrere Aspekte relevant. Erstens müssen Sie die eigentlichen Berechtigungen betrachten, über die ein Nutzer verfügt, wenn er Mitglied einer lokalen Gruppe ist.

Zweitens sollten Sie im Blick haben, wie die Nutzer überhaupt auf ein System zugreifen. Neben einer technischen Planung ist hier vor allem eine organisatorische Betrachtung notwendig, wie das *Tier-Modell* in Abschnitt 22.2 verdeutlicht.

Der dritte Baustein ist die Konfiguration der lokalen Firewall mit erweiterter Sicherheit, die als Teil von Windows Server ausgeliefert wird. Diese wird von Setup-Dateien und Rollen-Installationen manipuliert und erfordert ein regelmäßiges Aufräumen. Die sogenannte *Host-Firewall* ist kein Ersatz für eine klassische Netzwerk-Firewall, sondern nur eine Ergänzung.

Windows lässt standardmäßig jede ausgehende Kommunikation zu und blockt nur eingehende Verbindungen – dies allerdings rigoros. So ist im Zweifel nicht einmal ein Ping auf ein System möglich.

Bei der Härtung von Systemeinstellungen gibt es letztlich keine Patentlösung und keine eindeutig optimale oder immer richtige Lösung. Jeder Administrator muss die für sich passende Abwägung aus Sicherheit und Administrierbarkeit durchführen.

22.1.6 Das Clean-Source-Prinzip

Bei der Absicherung von Identitäten und Ressourcen (wie Servern, Datenablagen und weiteren) stellt sich die Frage der direkten und indirekten Abhängigkeiten. Kurz gesagt: Ein Objekt kann nur so sicher sein wie die Objekte, die direkt oder indirekt Kontrolle auf es ausüben. Abbildung 22.3 zeigt eine solche Abhängigkeit.

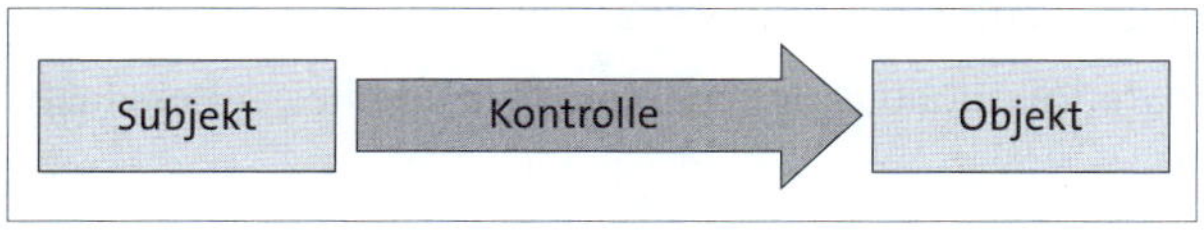

Abbildung 22.3 Kontrollverhältnis

Die Abhängigkeiten können allerdings nicht immer in einer 1:1-Beziehung existieren, denn auch indirekte oder transitive Kontrolle ist ausreichend, um ein System oder eine Identität zu kompromittieren (siehe Abbildung 22.4). Jeder Pfeil steht für eine aus Berechtigungen resultierende Beziehung zwischen Objekten. Diese Berechtigungen ermöglichen eine Modifikation oder ein Überschreiben.

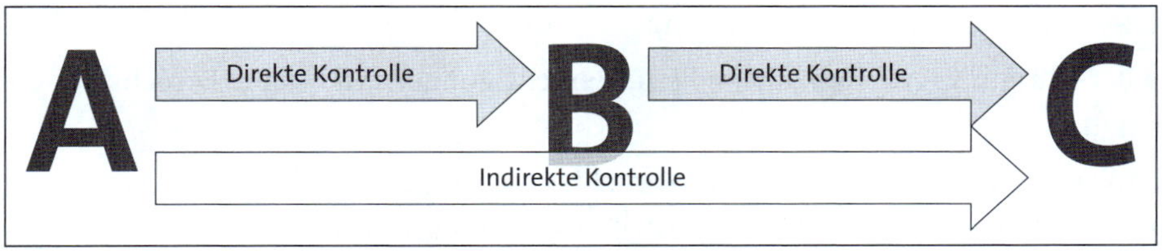

Abbildung 22.4 Indirekte Kontrolle über ein Objekt »C«

Das bedeutet: Ein Benutzer A, der die Kontrolle über die Benutzergruppe B hat, die ihrerseits C kontrolliert, ist im Besitz eines indirekten Kontrollverhältnisses: Dies ist beispielsweise der Fall, wenn der Benutzer A die Berechtigung besitzt, die Passwörter der Gruppe B zurückzusetzen, und die Mitglieder von B administrative Berechtigungen auf C haben.

Dieses Prinzip ist auf die Möglichkeit einer Infektion durch manipulierte Software übertragbar: Wer Software auf einem Server installieren kann, kontrolliert diesen auch (siehe Abbildung 22.5).

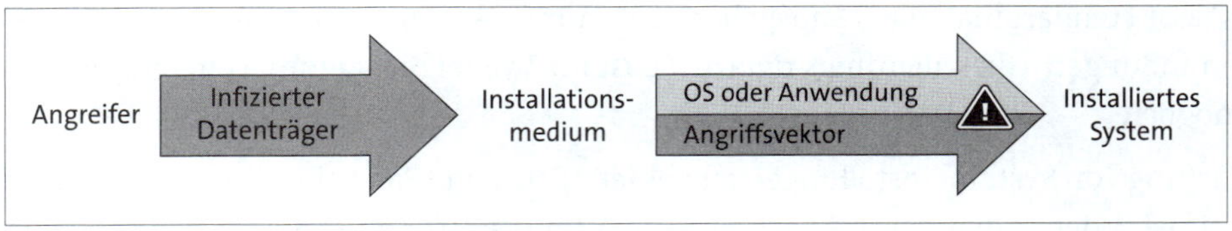

Abbildung 22.5 Infizierte Software als Kontrollverhältnis

Aus diesem Abhängigkeitsverhältnis entsteht die Forderung nach einer *sauberen Quelle*. Daher gelten für das Installationsmedium bestimmte Regeln. Um sicherzugehen, dass es sich um eine entsprechende Quelle handelt, muss der Quellcomputer, auf dem das Medium eingesetzt wird, sicher konfiguriert sein. Prüfen Sie die Software, die Sie installieren wollen, auf folgende Weise:

- Benutzen Sie nur originale Medien von bekannten Herstellern. (Das ist mittlerweile sehr schwierig, da nur noch selten physische Medien versendet werden.)
- Überprüfen Sie, ob ein sicherer Softwaredownload möglich ist und ob der Hersteller Hashwerte auf seiner Webseite bereitstellt.
- Laden Sie Software über mehrere Wege herunter, und vergleichen Sie die beiden Hashwerte. Hierdurch soll die sogenannte *Supply Chain Attack* (Angriff auf die Lieferkette) vermieden werden, bei der die Software auf dem Weg zum Administrator um Schadsoftware ergänzt wird.

Das *Clean-Source-Prinzip* ist dabei die Basis für das Tier-Modell und für das Design von administrativen Berechtigungen, um folgende Konzepte umzusetzen:

- Administrative Berechtigungen müssen als verkettete Abhängigkeiten betrachtet werden (auch in Bezug auf Software-Installationen).
- Niedrige Berechtigungsgruppen dürfen keine Berechtigungen auf höhere Berechtigungsgruppen haben.
- Kontrolle kann auch entstehen, indem Anmeldedaten im Zwischenspeicher eines Systems hinterlassen werden (z. B. durch eine RDP-Anmeldung von einem Desktop auf einen Domänencontroller).

Für die administrativen Vorgänge auf hochprivilegierten Systemen wie Domänencontrollern ergibt sich damit die Notwendigkeit, eine sichere administrative Workstation als Ursprung für alle Administration zu verwenden. Ein solcher Rechner wird *privilegierte administrative Workstation (PAW)* genannt. Eine kurze Zusammenfassung dieses Prinzips (das nicht nur für Windows Server 2025 relevant ist) finden Sie im folgenden Kasten, eine ausführliche Beschreibung in Abschnitt 22.4.1.

Privilegierte administrative Workstation (PAW)

Eine dedizierte – also eine eigenständige und exklusiv für eine Aufgabe verwendete – administrative Workstation wurde erstmals in der Dokumentation von Windows Server 2003 erwähnt. Diese Workstation dient zur Verwendung von administrativen Zugangsdaten auf einem sicheren Quellsystem und wird gegenüber dem Internet isoliert, mit Ausnahme von Cloud-Admin-Workstations.

Eine PAW kann zur Administration von einer oder mehreren Domänen verwendet werden. Auf ihr ist nur Software vorhanden, die zu administrativen Zwecken benötigt wird. Die PAW kann in bestimmten Fällen auf einer gemeinsamen Hardwareplattform mit einer Benutzer-Workstation installiert werden.

Weitere Informationen finden Sie unter *https://docs.microsoft.com/de-de/security/compass/privileged-access-strategy*.

22.1.7 Trusted Platform Modules, UEFI Secure Boot und virtualisierungsbasierte Sicherheit

Trusted Platform Modules (TPMs) sorgen für die sichere Speicherung von *Credentials* unterschiedlicher Typen. In den meisten Fällen geht es um private Schlüssel, die bei der Verwendung von Zertifikaten und Public-Key-Verfahren relevant sind. TPMs lassen einen Export des Inhalts nicht zu und autorisieren nur unter bestimmten Bedingungen die Nutzung des abgespeicherten Schlüssels. TPMs lassen sich mit einer im Computersystem eingebauten Smartcard vergleichen, die ähnliche Eigenschaften vorweist.

Windows unterstützt TPMs seit Windows Vista. Ein klassischer Anwendungsfall für TPM ist die Speicherung des BitLocker-Schlüssels. Eine verschlüsselte Festplatte lässt sich ohne TPM nicht entsperren und ist daher geschützt, wenn sie aus dem Rechner entnommen wird. Beim Entwenden des gesamten Servers wäre dieser Schutz natürlich nicht gegeben, außer es erfolgt ein zusätzlicher Schutz mit PIN.

UEFI Secure Boot ist ein Feature, das 2014 mit Windows Server 2012 eingeführt wurde. Es unterstützt den Bootvorgang durch zusätzliche Schutzmaßnahmen. Diese sorgen dafür, dass nur freigegebene Module gestartet werdenidentity/securing-privileged-access/securing-können. Bei einer Manipulation am Boot-Vorgang ist ein Start nicht mehr möglich, da die Authentizität der einzelnen Bestandteile durch Schlüsselabgleich geprüft wird. UEFI Secure Boot ist nur im UEFI-Startmodus verfügbar (Nachfolger von BIOS) und kann unabhängig von virtuellen oder physischen Servern eingesetzt werden. Die Hardware muss dies jedoch unterstützen.

Physische Sicherheitsmaßnahmen an die Konfiguration anpassen

Da alle Konfigurationen an der einen oder anderen Stelle potenzielle Schwächen haben, sollten Sie physische Sicherheitsmaßnahmen an die Konfiguration Ihrer Systeme anpassen. Wenn Sie beispielsweise keine verschlüsselten Festplatten einsetzen, müssen Sie jeden Techniker sowie die Entsorgung der Festplatten kontrollieren. Führen Sie dazu Standards ein. Erwägen Sie Verträge, die eine eigenständige Vernichtung von Festplatten ermöglichen.

Beschäftigen Sie sich mit den möglichen Schwächen oder nicht abgedeckten Szenarien, und erstellen Sie ein Sicherheitskonzept für die entsprechende physische bzw. organisatorische Sicherheit.

TPM und UEFI Secure Boot können auch auf virtuellen Gastbetriebssystemen eingesetzt werden. Dabei müssen Sie die Kompatibilität des *Hypervisors* beachten. Unter Hyper-V findet sich die Option auf der Einstellungsseite der jeweiligen virtuellen Maschine (siehe Abbildung 22.6).

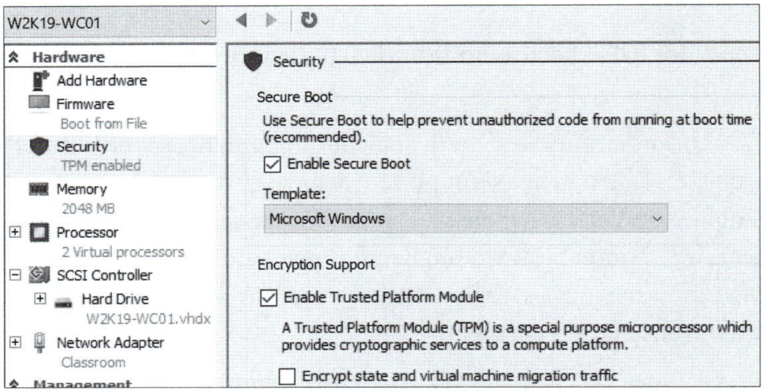

Abbildung 22.6 Hyper-V-Konfiguration von virtuellem TPM und Secure Boot

Ein virtuelles TPM stellt einem virtuellen Gastsystem dieselben Funktionalitäten zur Verfügung, die ein physisches TPM in einem physischen System liefert. Dadurch wird die Nutzung von BitLocker und virtualisierungsbasierter Sicherheit möglich. In den physischen Hypervisor muss dazu ein TPM-Chip eingebaut sein.

Virtualisierungsbasierte Sicherheit enthält drei maßgebliche Bereiche:

- *Windows Defender Application Guard* (nur auf Clientbetriebssystemen)
- *Windows Defender Credential Guard*
- *Windows Defender Device Guard*

Windows Defender Device Guard übernimmt den Bereich rund um die Sicherstellung von Code-Integrität. Hier wird geprüft, ob Codebestandteile den Vorgaben entsprechen, und im Zweifelsfall wird die Ausführung verhindert.

Windows Defender Credential Guard hingegen verhindert den direkten unverschlüsselten Zugriff auf den *Local Security Authority Server Service*-Prozess. Der *LSASS-Prozess* ist die Abbildung des Anmeldedienstes in Software (siehe Abbildung 22.7). Er existiert auf jedem Windows-basierten System und enthält die Schlüsseldaten der angemeldeten Benutzer, um diese bedarfsweise an ein anfragendes Objekt auszugeben. Neben dem sogenannten *NTLM-Hash* und den Kerberos-Tickets werden dort die Credentials von anderen Credential-Providern gehalten. Nach dem Aktivieren von Credential Guard sind nur noch NTLM (in der Version v2), Kerberos und Credential Manager möglich. Alle anderen Credentials – wie NTLMv1, MS-CHAPv2, Digest und CredSSP – werden nicht mehr im Single-Sign-on-Speicher verarbeitet.

Einsatz von virtualisierungsbasierter Sicherheit auf Windows 10/11

Der Einsatz von virtualisierungsbasierter Sicherheit ist auf *Windows 10/11 Enterprise* und Server-Editionen von Microsoft Windows beschränkt. Unter Windows 10/11 Professional und anderen Versionen kann dieses Feature nicht eingesetzt werden.

Erfolgt eine unbefugte Abfrage der Hashwerte, wird nur ein verschlüsselter Datensatz zurückgeliefert, der nicht für Angriffe genutzt werden kann.

Dazu wird der Kern des Anmeldeinformationsdienstes *(LSA, Local Security Authority)* verändert. Standardmäßig können Sie über die Windows-API auf alle Anmeldeinformationen zugreifen. Der notwendige Autorisierungslevel innerhalb des Betriebssystems ist `SYSTEM`. Dieses ist als Administrator einfach zu erreichen.

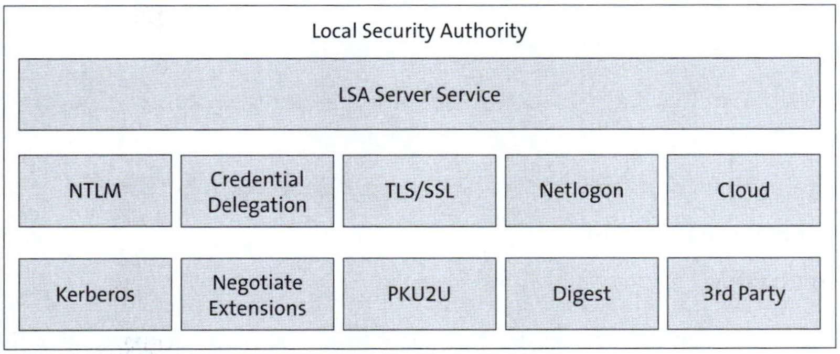

Abbildung 22.7 LSA (ohne Credential Guard)

Abbildung 22.7 zeigt den LSA mit den verschiedenen Credential-Providern, auf die über APIs zugegriffen werden kann. Um einen Teil der Software vor dem Zugriff des Levels `SYSTEM` zu schützen, wird ein sogenanntes *Virtual Trust Level* oberhalb des Kernels genutzt. Auf dieses kann systemseitig nicht zugegriffen werden. Diesen Teil nennt man dann *ISO-LSA* (isolierter Anmeldeinformationsdienst, siehe Abbildung 22.8).

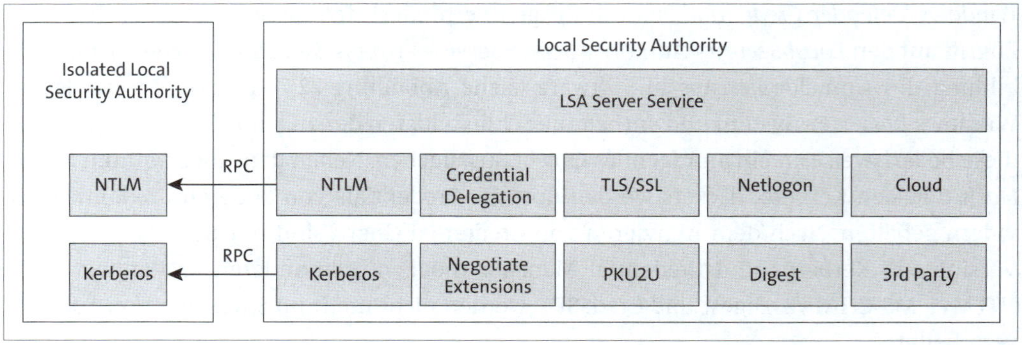

Abbildung 22.8 Erweiterung des LSA um ISO-LSA

Die isolierten Credentials werden über eine Funktion angesprochen. Bei jedem Versuch, diese isolierten Informationen mit erhöhten Berechtigungen abzufragen, werden nur verschlüsselte Daten zurückgegeben.

Folgende Daten werden geschützt:

- Anmeldungsinformationen von NTLM: NTOWF *(NT One Way Function)*
- Anmeldungsinformationen von Kerberos:
  - Benutzername und Passwort bis zum Erhalt eines initialen TGT
  - langlebende Schlüssel: DES, RC4, AES
  - TGT-Sitzungsschlüssel
- Credential Manager:
  - gespeicherte Domänenzugangsdaten

Nicht geschützt sind andere im Klartext vorliegende Inhalte, z. B. Benutzernamen und Passwörter von Websites. Weitere nicht geschützte Zugangsdaten sind:

- Daten, die in Diensten gespeichert sind
- Microsoft-Konten und Azure AD-Konten
- lokale Benutzerkonten (SAM)

Dies macht deutlich, dass der Schutz zwar einen Teil der Windows-Inhalte abdeckt, jedoch nicht vollumfänglich ausreicht. Außerdem ist der Schutz auf Windows-Endgeräten – je nach Lizenzmodell – nur eingeschränkt nutzbar. Es sind also weitere Maßnahmen nötig, um universell einsetzbar ein entsprechend hohes Sicherheitsniveau zu erzeugen.

22.2 Das Tier-Modell und das Enterprise Access Model

Die Begriffe *Tier-Modell* und *Pass the Hash* sowie *Pass the Ticket* sind untrennbar miteinander verbunden. Die *Pass*-Methoden stellen die vermutlich populärsten Angriffsmethoden innerhalb einer Windows-Infrastruktur dar. Wenn es darum geht, wie man sich gegen diese Angriffe absichern kann, wird die Implementierung eines Tier-Modells als eine der ersten Maßnahmen genannt. Die Grundprinzipien und Hintergründe werden wir daher nun erläutern. Ebenso gehen wir auf die neue Version des Ebenenmodells ein: auf das *Enterprise Access Model*.

22.2.1 Pass the Hash und Pass the Ticket

Ein Hash oder ein Ticket ist der abgeleitete Ersatz für ein Passwort. Mit einem *Hash* (NTLM) oder einem *Ticket* (Kerberos) lässt sich eine Anmeldung an einer Ressource durchführen (z. B. Zugriff auf ein Fileshare, Anmeldung an einem Remoteserver). Um an einen solchen Hash oder an ein Ticket zu gelangen, müsste ein Angreifer erstens administrative Berechtigungen (oder System-Level-Berechtigungen) erlangen, um zweitens die Anmeldedaten aus dem Speicher auszulesen. Letztlich kann er diese dann verwenden, um andere Geräte zu infizieren und weitere Admin-Berechtigungen zu erlangen. Dieser Vorgang wird so lange durchgeführt, bis der Angreifer die gewünschten Berechtigungen (in der Regel sehr hohe administrative Berechtigungen oder Domänenadministrator-Berechtigungen) erhalten hat.

Man nennt dieses Weiterreichen von Anmeldeinformationen je nach Art der Information *Pass the Hash* oder *Pass the Ticket*, da es sich um die Weitergabe der für die Zugriffssteuerung relevanten Information an einen anderen Benutzer handelt. Die Fortbewegung im Netzwerk wird als *Lateral Movement* bezeichnet. Dieses Lateral Movement soll verdeutlichen, wie sich ein Angreifer schrittweise durch ein Unternehmensnetzwerk hangelt und gezielt Anmeldeinformationen an den verschiedenen Stellen sammelt. Sein Ziel ist die maximale Ausweitung der eigenen Berechtigungen, indem er Zugangsdaten abgreift. Schließlich liegen die Zugangsdaten in einem relativ einfach zugänglichen Bereich eines Systems (Arbeitsspeicher) zur Abfrage bereit.

Diese Methode ist weit verbreitet, unter anderem wurde sie auch beim »Bundestags-Hack« vor einigen Jahren verwendet. So konnten dort die Konten von Domänenadministratoren kompromittiert bzw. gestohlen werden. Die benötigte Berechtigung ist das Debuggen von Programmen, die standardmäßig jedem Administrator zusteht.

22.2.2 Schutz von privilegierten Usern durch ein Ebenenmodell

Pass-the-Hash- und Pass-the-Ticket-Angriffe sowie andere Methoden, um erweiterte Berechtigungen zu erhalten (Session-Übernahme, Treiber-Injektion usw.), lassen sich nur dann vollständig ausschließen, wenn es keine Möglichkeit gibt, dass niedriger und höher privilegierte Benutzer gemeinsam auf einem System angemeldet sind. Es geht hierbei stets um den Vollzugriff, nicht um die Nutzung eines als Dienst angebotenen Service aus einer anderen Ebene.

Es ist also notwendig, dass Sie Ihre Infrastruktur in verschiedene Ebenen unterteilen. Diese Ebenen nennt man *Tiers*. Sie sind in Abbildung 22.9 dargestellt.

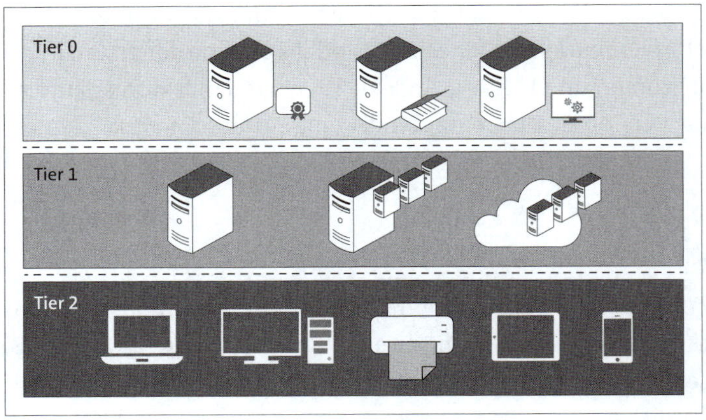

Abbildung 22.9 Das Ebenenmodell von Microsoft

Als Basismodell sieht Microsoft drei Tiers vor. Diese sind im Unternehmenskontext zu bewerten und benötigen eventuell eine weitere Unterteilung.

Die Definitionen sind dabei einfach gehalten; die Ausgestaltung ist häufig jedoch nicht ganz so trivial.

- **Tier 0**
  - direkte oder indirekte Kontrolle über Identitäten der Organisation
  - Konten, Gruppen sowie Ressourcen, die Kontrolle (direkt oder indirekt) über die Active Directory-Struktur, Domänen, Azure AD-Tenants und Zertifikate ermöglichen, die zur Anmeldung verwendet werden können
  - Managementsysteme für die oben genannten Systeme

  Typische Tier-0-Systeme sind:
  - Mindestens: Domänencontroller, Unternehmens-PKI, privilegierte administrative Workstations
  - Je nach Einsatz: Azure Active Directory Connect-Server, Active Directory Federation-Server, Backup-Server für Tier 0, Monitoringsystem für Tier 0, andere Systeme mit Kontrolle auf Tier 0, Exchange (wenn die Option für *Active Directory Split Permission* nicht gesetzt wurde)
- **Tier 1**
  - direkte oder indirekte Kontrolle über Serverbetriebssysteme, Anwendungen des Unternehmens und (nicht identitätenrelevante) Cloud-Dienste
  - alle Administratoren, die Berechtigungen auf Serverbetriebssystemen besitzen, oder Benutzer, die Kennwörter von Administratoren zurücksetzen können

  Typische Tier-1-Systeme sind Anwendungsserver, wie etwa Dateiserver, Datenbankserver, unternehmensspezifische Anwendungsserver – außer Servern, die bereits im Tier 0 beheimatet sind.

- **Tier 2**
  - direkte oder indirekte Kontrolle über Standard-Workstations oder deren Managementsysteme
  - alle Administratoren, die Berechtigungen auf Workstations haben, oder Benutzer, die Kennwörter von Administratoren zurücksetzen können

  Typische Tier-2-Systeme sind stationäre Workstations, mobile Workstations und mobile Endgeräte

Basisregeln zur Nutzung der Ebenen

Administratoren, die auf mehreren Tiers (Ebenen) aktiv sind, benötigen für jede der Ebenen separate Adminkonten. Jedes Konto, das sich heute noch auf mehreren Ebenen anmeldet, sollte in mehrere technische Konten gesplittet werden.

Benutzen Sie niemals ein ehemaliges Domänenadministrator-Konto für einen niedrigeren Level. Erstellen Sie stattdessen einen neuen Benutzer, und fügen Sie die notwendigen Gruppen für entsprechende Berechtigungen hinzu. Ehemalige Domänenadministrator-Konten haben nämlich eine abweichende ACL *(Access Control List)* und können dedizierte Berechtigungen haben, die auch nach einem Zurücksetzen der ACL nicht gelöscht werden. Diese Berechtigungen hängen im Zweifel an der SID (dem eindeutigen Identifier des Benutzers). Das Hochstufen eines Benutzers ist also grundsätzlich möglich, das Herunterstufen nicht.

Zusammengefasst lässt sich sagen, dass die Ebenen so getrennt werden müssen, dass ein kontrollierender (administrativer) Zugriff auf darüber liegende Ebenen nicht möglich ist. Auf darunter liegenden Ebenen dürfen Kontrollen nur ausgeführt werden, wenn diese über ein entsprechendes Managementsystem durchgeführt werden. Zum Beispiel kann ein Management von Tier 1 über die Konsole BENUTZER UND COMPUTER aus Tier 0 mit einem Domänenadministrator-Konto erfolgen. Dies lässt sich mit verschiedenen Geheimhaltungsgraden und der Freigabe für geheime Postfächer vergleichen, die nicht öffentlich zugänglich sind (siehe Abbildung 22.10). 22

Das Einloggen mit einem Benutzer auf einem niedrigeren Tier muss vermieden werden, da sonst die Zugangsdaten auf dem Zielsystem exponiert werden. Diese Exponierung kann zu einer Weiternutzung und zu Diebstahl führen (gestohlener Fingerabdruck).

Von einem höheren Tier aus darf auch niemals eine Anmeldung auf einer niedrigeren Ebene erfolgen (siehe Abbildung 22.11).

Welche Zugangsdaten exponiert werden, lässt sich abhängig von der Windows-Version an den verschiedenen Credential-Providern festmachen. In älteren Windows-Versionen konnten Sie die Klartextprivilegien in den Providern `tspkg` und `WDIGEST` ablesen.

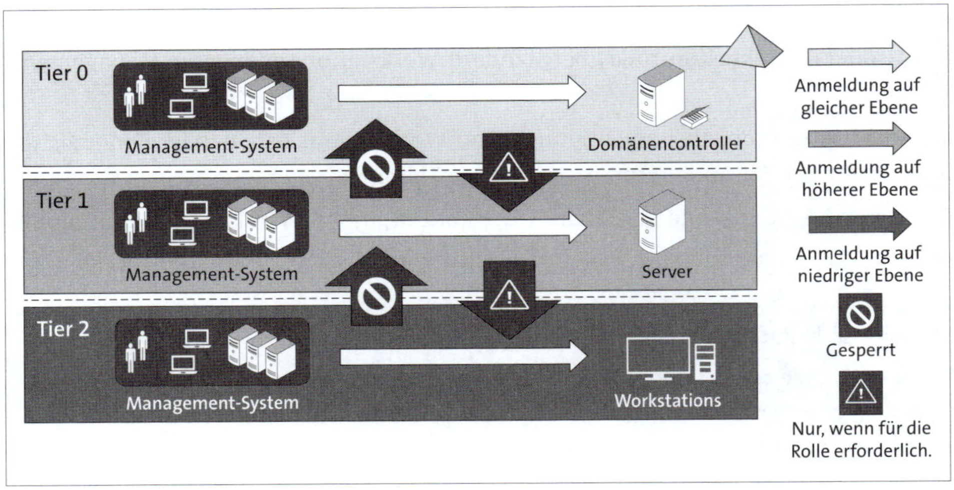

Abbildung 22.10 Kontrollmöglichkeiten und Ausschlüsse im Ebenenmodell (Quelle: https://docs.microsoft.com/de-de/windows-server/identity/securing-privileged-access/securing-privileged-access-reference-material#ADATM_BM)

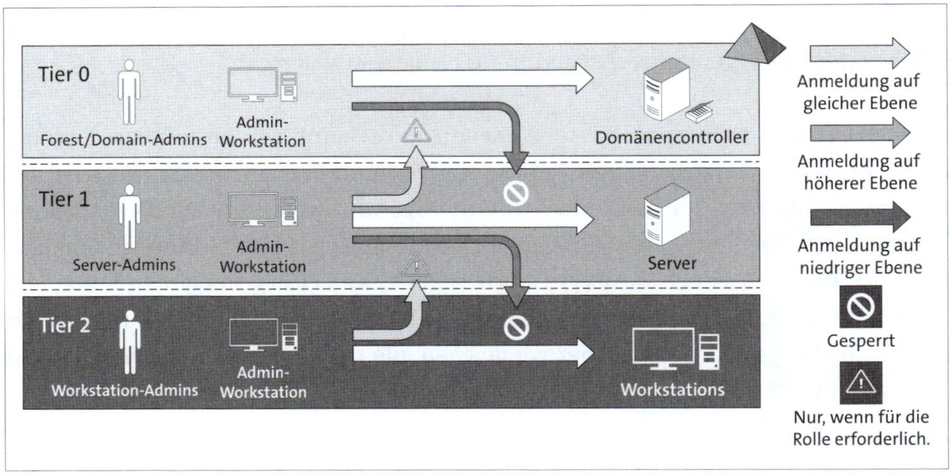

Abbildung 22.11 Logon-Möglichkeiten und Beschränkungen im Ebenenmodell (Quelle: https://docs.microsoft.com/de-de/windows-server/identity/securing-privileged-access/securing-privileged-access-reference-material#ADATM_BM)

Dies ist inzwischen standardmäßig deaktiviert. Dennoch bleiben Kerberos-Tickets und NTLM-Hashes im Speicher, sofern keine Aktivierung von *Credential Guard* erfolgt ist. Credential Guard schützt, wie bereits beschrieben, vor dem Auslesen der NTLM- und Kerberos-Inhalte des Anmeldedienstes. Aufgrund der vielen Voraussetzungen sollten Sie sich nicht allein darauf verlassen, dass Credential Guard den notwendigen Schutz bietet. Daher ist neben der Kontrolle auch die Anmeldung auszuschließen.

Smartcards und Credential Guard

Eine häufige Fehlinterpretation ist, dass *Smartcards* vor diesen Angriffen schützen würden. Dies ist nicht der Fall!

Da schließlich aber auch innerhalb einer Ebene ein Diebstahl grundsätzlich möglich ist, sollten Sie eine weitere Segmentierung vornehmen (siehe Abbildung 22.12). Durch verschiedene funktionale Zonen können die Auswirkungen eines Diebstahls von Zugangsdaten weiter beschränkt werden.

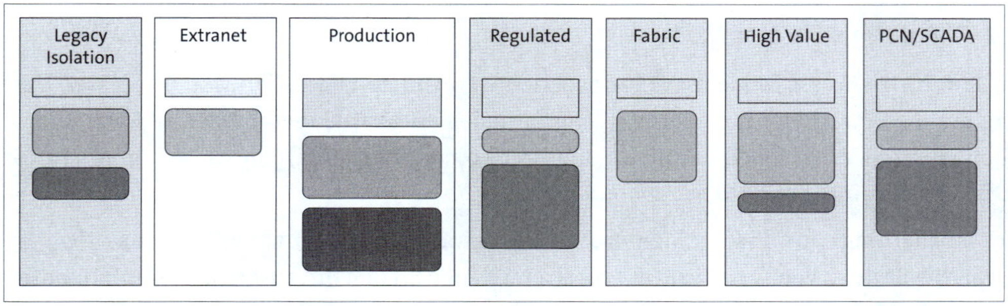

Abbildung 22.12 Segmentierungsvorschlag für unterschiedliche fachliche Systembereiche (Quelle: https://docs.microsoft.com/de-de/windows-server/identity/securing-privileged-access/securing-privileged-access-reference-material#ADATM_BM)

Ob allerdings eine Vielzahl von Segmenten tatsächlich notwendig ist, kann ausschließlich auf Basis der Umgebung entschieden werden. Eine strikte Trennung der Ebenen hat vor einer umfangreichen Segmentierung Vorrang. Die Abtrennung der Ebene 0 ist dabei die einfachste Maßnahme und kann am schnellsten umgesetzt werden. Dies gilt allerdings nicht, wenn auf den Domänencontrollern andere Rollen und Funktionen installiert sind. Dann ist eine entsprechende Neuinstallation des Systems notwendig. Wie bei anderen Systemen sollte ein Domänencontroller nicht wiederverwendet werden: Wenn ein Rechner einmal ein Domänencontroller war, dann sollten Sie ihn nicht mehr als Standardserver verwenden.

Üblicherweise wird die Domäne nach Funktion, Platzierung im Netzwerk (eher Richtung Internet, eher Richtung internem Produktionsnetz) oder auch nach Standorten segmentiert. Vor allem eine Standort-Unterteilung entspricht in vielen Unternehmen bereits den existierenden administrativen Berechtigungskonzepten.

Empfehlung zur Ebenentrennung und Segmentierung

- Beginnen Sie von oben nach unten: Die Abtrennung von Tier 0 hat oberste Priorität.
- Wenn die Abtrennung zwischen den Systemen technisch noch nicht umsetzbar ist, trennen Sie dennoch die Benutzerkonten der verschiedenen Ebenen, und sorgen Sie organisatorisch für eine entsprechende Nutzung.

- Verwenden Sie niemals hochprivilegierte Konten auf schlecht gesicherten Systemen der niedrigeren Ebene, z. B. auf Client-Computern, auf denen auch im Internet gesurft wird.
- Werfen Sie nicht alle Konzepte über Bord: Prüfen Sie, ob die vorhandene Berechtigungssegmentierung auch weiterverwendet werden kann.
- Achten Sie auf Bedienerfreundlichkeit, abhängig von der Anzahl der Administratoren je Ebene. Während auf Tier 0 nur wenige administrative Änderungen notwendig sind, ist dies auf Tier 1 oder Tier 2 anders.

22.2.3 Enterprise Access Model

Das Enterprise Access Model ist die konsequente Fortführung des Tier-Modells, dessen Umfang auf die Einschränkung von möglichen Privilegieneskalationen beschränkt war. Inzwischen wird das Tier-Modell häufig als überholt beschrieben – beispielsweise von Microsoft selbst unter *http://www.aka.ms/sparoadmap*.

Dies ist allerdings aus unserer Sicht nur teilweise zutreffend. Sinnvoller ist es, das Tier-Modell als die Basis zu verstehen und es an verschiedenen Stellen um zusätzliche Komponenten bzw. Denkweisen zu erweitern. Ein Beispiel dazu möchten wir Ihnen erläutern.

Tier 0 wurde von »Systemen, die Identitäten kontrollieren« erweitert, und zwar zu »zugangs- und identitätskontrollierenden Systemen allgemein« – und das unabhängig von der Platzierung im eigenen Rechenzentrum (On-Premises) oder in der Cloud. Was fällt also ganz allgemein zusätzlich darunter? Zum Beispiel Systeme, die Netzwerkzugänge sichern, wie *Network Access Control (NAC)* oder Mikrosegmentierungssysteme im Bereich von Operational Technology.

Konkret bedeutet dies, dass die strengsten Sicherheitsmaßnahmen auf mehr Systeme und Systemkomplexe ausgeweitet werden. Neben den in den folgenden Abschnitten beschriebenen Beschränkungen kommen Themen wie Multifaktorauthentifizierung und spezialisierte Erkennungsmechanismen hinzu. Ein System zur Erkennung wird in Abschnitt 22.3.6 einführend beschrieben.

Tier 1 wird gesplittet, und zwar in unternehmensweite Systeme und Prozess- oder Workload-Bereiche. Diese Trennung war auch in der alten Tier-Welt oft schon angesagt oder wurde implizit umgesetzt, wenn Least-Privilege-Prinzipien genutzt wurden. Bei der neuen *Workload Plane* geht man allerdings davon aus, dass – wie in der Realität oft gesehen – auch solche User dort administrative Tätigkeiten vornehmen, die möglicherweise nicht aus der IT stammen. Man kann also sagen, dass Tier 1 in zwei Unterebenen aufgeteilt wurde. Dies haben wir in Abschnitt 22.2.2 als *Segmentierung* bezeichnet und unter anderem Fokus bereits angesprochen.

Die User-Ebene (Tier 2) wird jetzt ganzheitlich beschrieben – inklusive des übergreifenden Zugriffs aus befreundeten Unternehmen und über externe Systemzugänge. Sie besteht aus

Usern, Workstations, aber auch aus virtuellen Zugängen. Hier ist das Enterprise Access Model deutlich abstrakter als das Ebenenmodell, andererseits aber auch viel realitätsnäher.

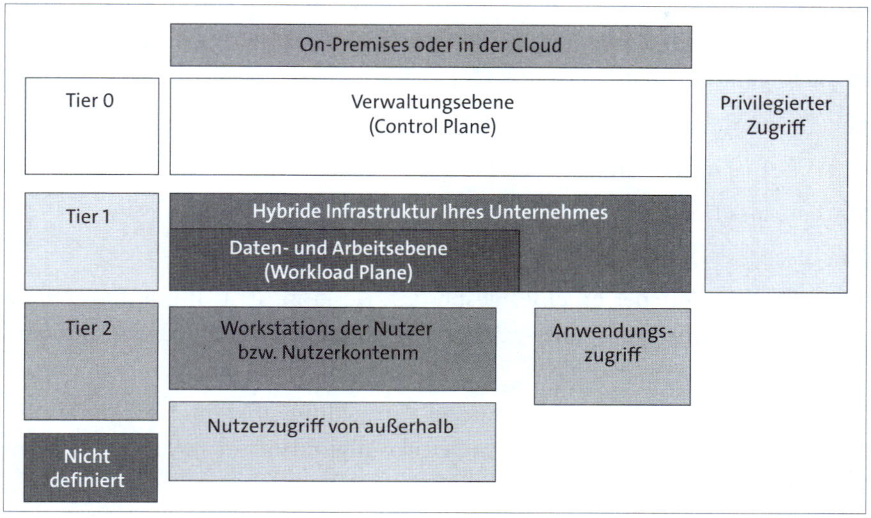

Abbildung 22.13 Das Enterprise Access Model und das Tier-Modell (Quelle: https://docs.microsoft.com/ de-de/security/compass/privileged-access-access-model)

Empfehlung zum Enterprise Access Model

- Erfinden Sie Ihre Umgebung nicht neu.
- Setzen Sie die Gedanken, die hinter diesem Modell stehen, in Ihrer Infrastruktur um.
- Wenn Sie gerade dabei sind, das Ebenenmodell zu implementieren, denken Sie über die notwendigen Weiterentwicklungen zum Enterprise Access Model nach.

Die administrativen Konten gehen von einem klassischen Ebenenmodell aus und sind an der Nummerierung mit 0, 1 bzw. 2 zu erkennen.

22.2.4 Logon-Beschränkungen

Logon-Beschränkungen *(Logon Restrictions)* können auf den unterschiedlichsten Wegen eingerichtet werden. Die zwei relevanten Verfahren für die Gestaltung einer größeren Umgebung sind:

- die Steuerung über die Gruppenrichtlinien *Lokal Anmelden zulassen* und *Anmelden über Remotedesktopdienste zulassen* auf dem jeweiligen System, auf das zugegriffen wird
- Logon Restrictions auf dem Benutzerobjekt, das eine bestimmte Auswahl an Servern erhält, an denen sich der Benutzer anmelden darf

Für Windows gibt es verschiedene Logon-Typen. Diese sollten Sie kennen, um in den Gruppenrichtlinien die relevanten Einstellungen tätigen zu können. Die Typen tauchen in den Events zum Logon auf, z. B. beim Event mit der ID 4624. Der Logon-Typ verrät Ihnen, von wo oder zu welchem Zweck Konten verwendet werden. Nicht alle Logon-Typen sind vergeben, daher erscheint die folgende Liste unvollständig:

- 2 - `Interaktiv` (`Interactive`) – Anmeldung an der Konsole (teilweise auch via Hyper-V)
- 3 - `Netzwerk` (`Network`) – Anmeldung an Dateifreigaben, z. B. über SMB
- 4 - `Stapelverarbeitungsdienst` (`Batch`) – geplante Aufgaben
- 5 - `Diensteanmeldung` (`Services`) – Start von Diensten
- 7 - `Entsperren` (`Unlock`) – Entsperren eines gesperrten Desktops (tritt nur auf, wenn die Verbindung auf den Desktop ohne Authentifizierung möglich ist, z. B. an der Hardware-Konsole)
- 8 - `Netzwerk-Klartext` (`NetworkCleartext`) – nur bei Anmeldung über das Netzwerk unter Verwendung von Klartext-Kontodaten (Ausnahmekonfiguration in IIS unter Verwendung von Basic-Authentifizierung)
- 9 - `Neue Authentifizierungsdaten` (`NewCredentials`) – häufig in Kombination mit *Run As* oder verbundenen Netzwerklaufwerken
- 10 - `Remote Interaktiv` (`RemoteInteractive`) – über Terminaldienste oder Remotedesktop sowie Remote Assistance
- 11 - `Zwischengespeichert` (`CachedInteractive`) – mit Domänenbenutzer angemeldet, während keine Verbindung zum Netzwerk bestand

Die entsprechenden Beschränkungen für das Ebenenmodell müssen unabhängig von der eingesetzten Variante für einen Login durchgeführt werden. Bevor Sie Anmeldebeschränkungen einsetzen können, müssen Sie dafür sorgen, dass einige Voraussetzungen erfüllt sind.

Voraussetzungen für die Arbeit mit Logon-Beschränkungen

- Erstellen Sie Gruppen für die berechtigten (bevorzugt) oder nicht berechtigten Benutzer einer bestimmten Aktion, z. B. für die Tier-0-Administratoren, die Tier-0-Dienstkonten und die Tier-0-Stapelverarbeitung.
- Prüfen Sie, ob sich die Gruppenmitgliedschaft in mehreren Gruppen gegenseitig ausschließt. Achten Sie auf die saubere Trennung zwischen Konten für verschiedene Rollen.
- Prüfen Sie die Verfügbarkeit von Notfallkonten, wie dem Standardadministrator (Built-in Administrator) mit der SID-Endung 500.

Verwenden Sie folgende Gruppenrichtlinien zur Umsetzung von Beschränkungen:

- **Logon-Typ 2 (Interaktiv)**
  - *Lokal anmelden zulassen*
  - *Lokal anmelden verweigern*

  Wenn ein Benutzer in beiden Gruppenrichtlinien (direkt oder indirekt) enthalten ist, dann übersteuert die Richtlinie zur Verweigerung die Richtlinie für die Zulassung. Auf Serversystemen empfehlen wir, dass sich außer den Administratoren und Operatoren niemand am System anmelden kann.
- **Logon-Typ 3 (Netzwerk)**
  - *Auf diesen Computer vom Netzwerk aus zugreifen*
  - *Zugriff vom Netzwerk auf diesen Computer verweigern*

  Hier verhält es sich genauso wie bei der zuvor vorgestellten Richtlinie: Eine Verweigerung übersteuert eine Zulassung. Der Zugriff aus dem Netzwerk ist für verschiedene Dinge notwendig, z. B. für den Zugriff auf Shares (so muss z. B. jeder Benutzer auch auf den *SYSVOL*-Share eines Domänencontrollers zugreifen können, um die Gruppenrichtlinie zu lesen). Verwenden Sie diese Richtlinien mit äußerster Vorsicht!
- **Logon Type 4 (Stapelverarbeitung)**
  - *Anmelden als Stapelverarbeitungsauftrag*
  - *Anmelden als Batchauftrag verweigern*

  Aufgaben, die über die Aufgabenplanung gesteuert werden, erzeugen beim Start einen Logon (mit Typ 4), damit die Berechtigungen des jeweiligen Benutzers verwendet werden können. Die Aufgabenplanung ist für Angreifer daher eine beliebte Möglichkeit, um sich permanent in einem Windows-System festzusetzen (*Persistence*).
- **Logon Type 5 (Dienste)**
  - *Anmelden als Dienst*
  - *Anmelden als Dienst verweigern*

  Dienste können mit lokalen (virtuellen) Konten und deren Berechtigungen oder mit Domänen bzw. lokalen Konten gestartet werden. Kontodaten, die hinter Diensten verwendet werden, sind nicht besonders gut geschützt. Daher ist die Verwendung von gruppenverwalteten Dienstekonten zu empfehlen, damit nicht regelmäßig Passwörter geändert werden müssen.
- **Logon Type 10 (Remote Interaktiv)**
  - *Anmelden über Remotedesktopdienste zulassen*
  - *Anmelden über Remotedesktopdienste verweigern*

  Die häufigste Anmeldevariante für Administratoren ist über den Remotedesktop. Dabei sollte die Anmeldung auf Administratoren beschränkt bleiben (außer bei Remotedesktopservern, die als Endbenutzer-Terminalserver eingesetzt werden, um Desktops zu ersetzen). Wenn ein GPO die Anmeldung verweigert, wird der Administrator ungeachtet seiner Gruppenmitgliedschaft (siehe Abbildung 22.14) an der Anmeldung gehindert (siehe Abbildung 22.15).

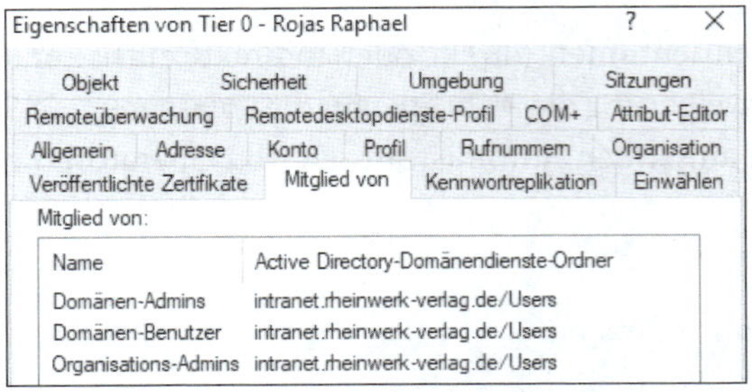

Abbildung 22.14 Gruppenmitgliedschaft

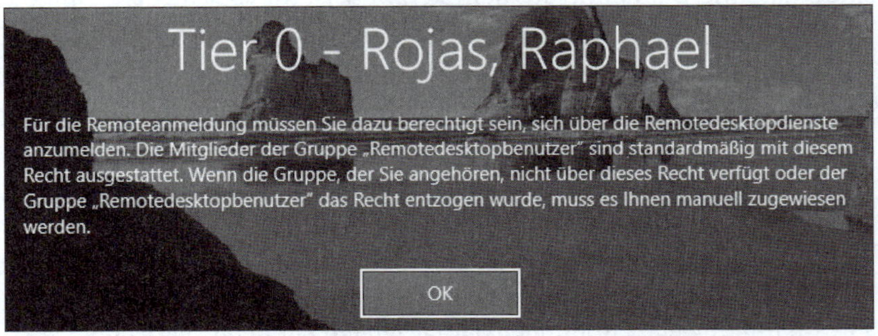

Abbildung 22.15 Meldung beim Versuch, sich remote mit einem ausgeschlossenen User anzumelden

Zudem gibt es die bereits beschriebene Variante der Logon-Beschränkung am Benutzerkonto selbst. Diese ist jedoch eher theoretischer Natur, da sie von jedem, der das Benutzerobjekt selbst verwaltet, verändert werden kann. Zudem erfordert sie hohen Administrationsaufwand. Die Konfiguration erfolgt über die Eigenschaften des Benutzerkontos auf dem Reiter KONTO • ANMELDEN ALS • ANMELDEARBEITSSTATIONEN (siehe Abbildung 22.16).

Zu berücksichtigen ist die Funktion *Network Level Authentication (NLA)*. Diese Funktion steht seit Windows 7 und Windows Server 2008 zur Verfügung und fügt dem Service *Remote Desktop* eine extra Schutzfunktion hinzu (siehe Kapitel 18). Die erste Authentifizierung erfolgt auf dem System, von dem aus der Remote-Desktop-Service angesprochen wird. Daher muss jeder Quellserver bzw. jedes Quellsystem in die Liste der Systeme eingetragen werden. Die Wechselwirkungen können weitreichend sein.

Wir empfehlen ausdrücklich, diese Option zur Anmeldebeschränkung (mit ANMELDEARBEITSSTATIONEN) nicht zu verwenden: zum einen wegen der weitreichenden Wechselwirkungen und der schwierigen Pflege, zum anderen wegen der beschränkten Zukunftsfähigkeit, denn diese Logon-Beschränkungen werden beispielsweise nicht in ein Online-Verzeichnis synchronisiert, das auf Azure AD basiert.

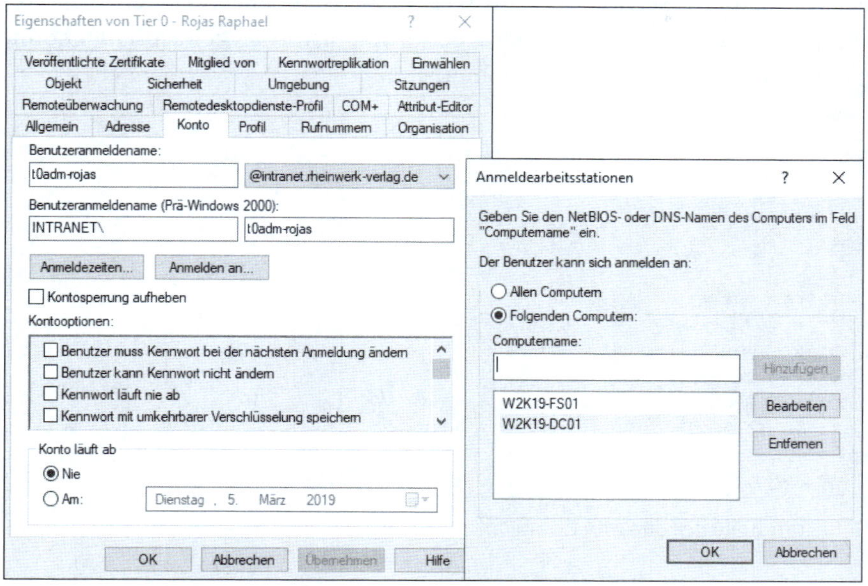

Abbildung 22.16 Ein User mit der Anmeldeberechtigung an zwei Servern

22.2.5 Security Baselines anwenden

Um einige der sicherheitsrelevanten Einstellungen einfach zu dokumentieren, veröffentlicht Microsoft regelmäßig sogenannte *Security Baselines* (Basis-Sicherheitsrichtlinien). Diese Baselines enthalten die empfohlenen Einstellungen für einen entsprechend abgesicherten Betrieb einer Windows-Infrastruktur. Bevor Sie die Security Baselines allerdings einsetzen, sollten Sie sich mit den Abhängigkeiten und Auswirkungen einer solchen Baseline beschäftigen. Wenden Sie sie nicht einfach nur plump an, denn sonst bringen Sie möglicherweise die ganze Umgebung zum Stillstand!

Administratoren stehen also vor der Frage, welche Einstellung denn nun die richtige ist, wenn die Verwendung eines Systems »out of the box« weiter Risiken mit sich bringt. Im Folgenden stellen wir eine Option zur strukturierten Konfiguration von Systemen vor und geben Hinweise zum Vorgehen.

Die notwendigen Informationen und Vorlagen finden Sie im *Security Compliance Toolkit*:

https://www.microsoft.com/en-us/download/details.aspx?id=55319

Die beschreibenden Informationen sind im *Security Baselines Blog* von Microsoft abgelegt:

*https://techcommunity.microsoft.com/category/security-baselines/blog/microsoft-security-baselines*Derzeit besteht das Security Compliance Toolkit aus den für Windows Client und Server-Systeme. (siehe Abbildung 22.17).

Zur Arbeit mit Security Baselines gibt es unterschiedliche Herangehensweisen, die von der Ausgangssituation der Umgebung abhängen. Handelt es sich um eine neue Infrastruktur, ist der Start mit der vollständigen Security Baseline relativ einfach möglich. Handelt es sich jedoch um eine bestehende Umgebung mit einer Vielzahl von historisch gewachsenen Konfigurationen, ist eine vorsichtige Umsetzung erforderlich.

Version:	**Date Published:**
1.0	11/26/2018
File Name:	**File Size:**
LGPO.zip	797 KB
Office-2016-baseline.zip	4.5 MB
PolicyAnalyzer.zip	1.6 MB
Windows 10 Version 1507 Security Baseline.zip	904 KB
Windows 10 Version 1511 Security Baseline.zip	902 KB
Windows 10 Version 1607 and Windows Server 2016 Security Baseline.zip	1.5 MB
Windows 10 Version 1703 Security Baseline.zip	1,011 KB
Windows 10 Version 1709 Security Baseline.zip	1.0 MB
Windows 10 Version 1803 Security Baseline.zip	1.1 MB
Windows 10 Version 1809 and Windows Server 2019 Security Baseline.zip	1.3 MB
Windows Server 2012 R2 Security Baseline.zip	699 KB

Abbildung 22.17 Bestandteile des Security Compliance Toolkits

Im Downloadpaket sind alle notwendigen Tools und Dokumentationen enthalten, um mit den Baselines entsprechend zu arbeiten. Mit dem Werkzeug *Local Group Policy Objects (LGPO)*, das Sie in der Datei *LGPO.zip* finden, können Sie lokal eingestellte Policys in eine GPO überführen. Dies ist hilfreich, wenn in der Vergangenheit Systeme manuell konfiguriert wurden. Aber auch andersherum lassen sich GPO-Settings z. B. auf Standalone-Systeme mithilfe von LGPO exportieren.

LGPO ist der Nachfolger von *LocalGPO*, das Teil des *Security Compliance Managers (SCM)* war. Beide werden nicht mehr gepflegt und wurden durch das *Security Compliance Toolkit* abgelöst. Mit LGPO können zuvor erstellte *.pol*-Dateien zusätzlich dekodiert und bearbeitet werden.

Als weiteres Tool steht Ihnen der *Policy Analyzer* zur Verfügung. Dieser dient zum Vergleichen und zur Analyse von bestehenden oder zu importierenden GPOs und ist in der Lage, Excel-Exports durchzuführen und auf Veränderungen zwischen verschiedenen GPOs hinzuweisen. Mithilfe dieses Tools lassen sich Veränderungen bei Versionswechseln besonders leicht identifizieren. Hier gilt die Grundsatzregel, dass zunächst geprüft werden muss, ob diese Änderung auf einem alten System überhaupt eine Auswirkung hat. Manche Policys sind versionsspezifisch. Dann müssen alte und neue Einstellungen gleichzeitig gesetzt werden. Wenn das Verhalten auf zwei unterschiedlichen Betriebssystemen abweichend ist, dann ist eine entsprechende Trennung in OUs oder durch WMI-Filter geboten. Die Verwendung von WMI-Filtern schränkt allerdings die Performance ein und ist mit hohem Betriebsaufwand verbunden.

Im folgenden Beispiel unterstützt uns der *Policy Analyzer* bei der Evaluierung der Windows ServerGPOs. In jedem Policy-Paket befinden sich mehrere Bestandteile (siehe Abbildung 22.18).

Abbildung 22.18 Inhalt eines Policy-Pakets

Im Ordner Documentation sind bereits die Policys in sogenannten *Policyrule*-Dateien zusammengefasst. Diese können vom Policy Analyzer direkt ausgelesen werden. Außerdem gibt es Excel-Auswertungen zu den Neuerungen gegenüber dem letzten Betriebssystem. Dies ist für Administratoren hilfreich, da sie nicht alle Policys manuell auswerten müssen. Außerdem befindet sich in diesem Ordner eine vollständige Dokumentation aller Einstellungen, die für Windows Server empfohlen werden.

Im Ordner GP Reports befinden sich HTML-Berichte zu den Gruppenrichtlinien (es sind verschiedene Teile der Baseline). Hier wird deutlich, dass es verschiedene Ebenen gibt, an denen Policys ansetzen. Während die Policy Member Server (siehe Abbildung 22.19) tatsächlich für Serversysteme in der Domäne gedacht ist (aber nicht zwingend für Clientcomputer), ist die Policy Domain Controller für Domänencontroller relevant.

Abbildung 22.19 Windows Server-GPOs

Eine entsprechende Verlinkung an den passenden organisatorischen Einheiten müssen Sie durchführen. Die Policy Domain Controller Virtualization Based Security *(VBS)* und die Policy MEMBER SERVER – CREDENTIAL GUARD betreffen die neu eingeführten Sicherheitsmechanismen. Auf Domänencontrollern wird *Credential Guard* nicht unterstützt, daher sind die Abschottung der Domänencontroller und die korrekte Konfiguration – unter anderem durch Verlinkung der VBS-Policy – nötig.

Die Policy DEFENDER ANTIVIRUS konfiguriert die zusätzlichen Windows Defender-Funktionalitäten wie *Advanced Surface Reduction*, *Network Attack Protection* und weitere.

Die Policy DOMAIN SECURITY beinhaltet Einstellungen, die auf die Domäne verlinken, wie die Konfiguration für Mindestpasswortlängen, Konto-Lockouts und einige wenige weitere Einstellungen.

Wenn Sie den *Policy Analyzer* (siehe Abbildung 22.20) verwenden möchten, müssen Sie ihn für den Download auswählen und anschließend entpacken. Bei der ersten Verwendung empfiehlt es sich, einen Ordner für Policy-Regeln festzulegen.

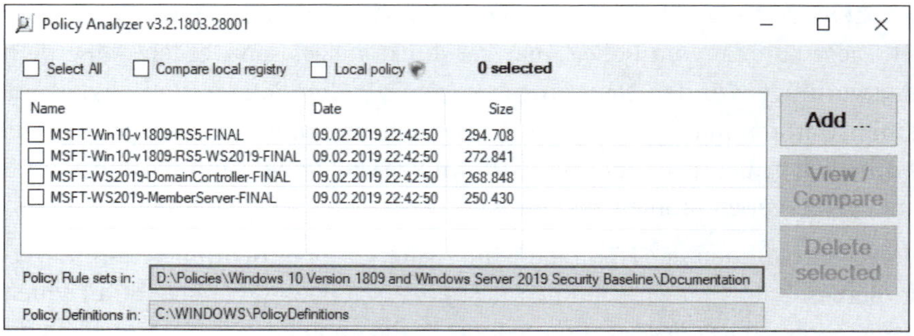

Abbildung 22.20 Policy Analyzer

Dies geschieht durch einen Klick auf POLICY RULE SETS IN. In diesem Beispiel wählen wir ein Verzeichnis auf dem Laufwerk *D:*, in dem die Baselines für Windows 10 1809 und Windows Server 2019 liegen.

Anschließend wählen Sie die beiden unteren Baselines aus und klicken auf VIEW / COMPARE. Dies erfolgt in diesem Beispiel an den zwei Policy-Sets für Domänencontroller und Standardserver, da in der für dieses Buch verwendeten Umgebung keine Vergleichspolicy existiert.

Nun öffnet sich der *Policy Viewer* wie in Abbildung 22.21 mit der Aufschlüsselung der verschiedenen Policy-Settings und deren konkreter Konfiguration.

Die Einstellungen, die in dieser Policy Rule nicht konfiguriert sind, erscheinen grau markiert; gelb werden Unterschiede zwischen Richtlinien dargestellt. So können Sie Unterschiede und Konflikte einfach erkennen. Unter dem Menüpunkt VIEW werden weitere Filterungen vorgenommen und Konflikte beziehungsweise Unterschiede angezeigt. Wenn in einem Policy-Rule-Set mehrere Gruppenrichtlinien integriert wurden, können Sie diese dennoch durch einen Klick auf VIEW • GPO FILTER auswählen (siehe Abbildung 22.22).

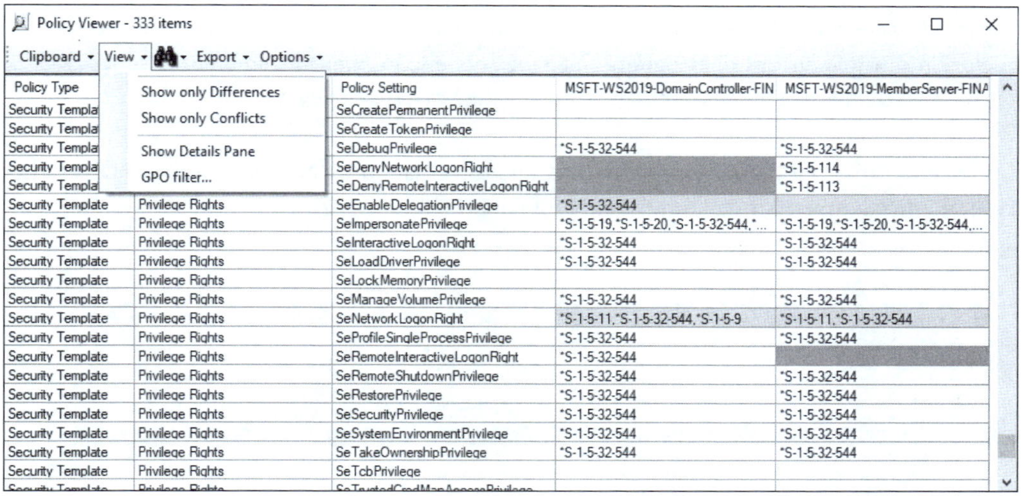

Abbildung 22.21 Vergleich zweier Gruppenrichtlinien

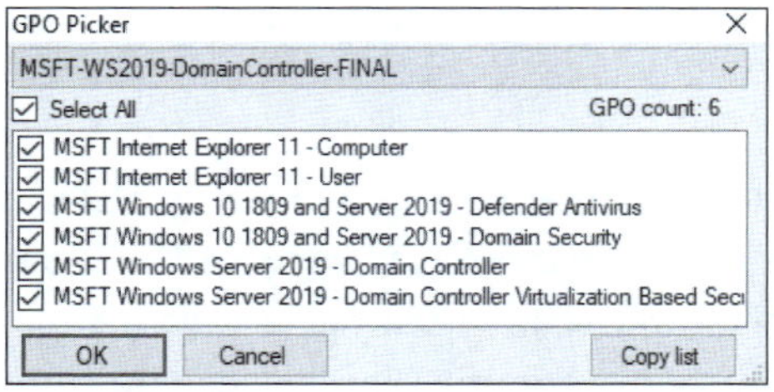

Abbildung 22.22 Einzelne Gruppenrichtlinien der Domänencontroller-Policy

Wenn Sie eine für sich passende Ansicht erstellt haben, können Sie die Daten in Excel exportieren, um beispielsweise eine Gruppenrichtlinie auf diese Weise zu dokumentieren.

Baselines

Um den Betrieb in Ihrer Umgebung nicht zu gefährden, sollten Sie jede Einstellung prüfen, wenn Sie darüber nachdenken, eine Gruppenrichtlinie auf Domänenebene zu verlinken und zu aktivieren.

Erstellen Sie eine *Organisationseinheit (OU)*, die für Tests zur Verfügung steht, und verlinken Sie relevante Gruppenrichtlinien für Memberserver nur auf diese Einheit. Beginnen Sie mit dem Verschieben eines Testservers in diese Einheit, und testen Sie die notwendigen Funktionalitäten. Achten Sie dabei darauf, dass auch alle unternehmensspezifischen Einstellungen gesetzt sind, die teilweise nicht in Baselines abgebildet sind bzw. Einstellungen aufweichen.

Aktivieren Sie Systeme nach und nach für die neuen Gruppenrichtlinien, um einen Ausfall zu vermeiden.

Für Domänencontroller erstellen Sie eine Filterung, die auf Sicherheitsgruppen basiert, um einzelne Domänencontroller bereits mit einer neuen Gruppenrichtlinie zu versehen. Verschieben Sie diese nicht aus der Organisationseinheit *Domänencontroller* hinaus.

Leere Felder im Policy Analyzer bedeuten, dass die Einstellung zwar konfiguriert ist, es aber keinen Eintrag im entsprechenden Feld gibt (siehe Abbildung 22.23).

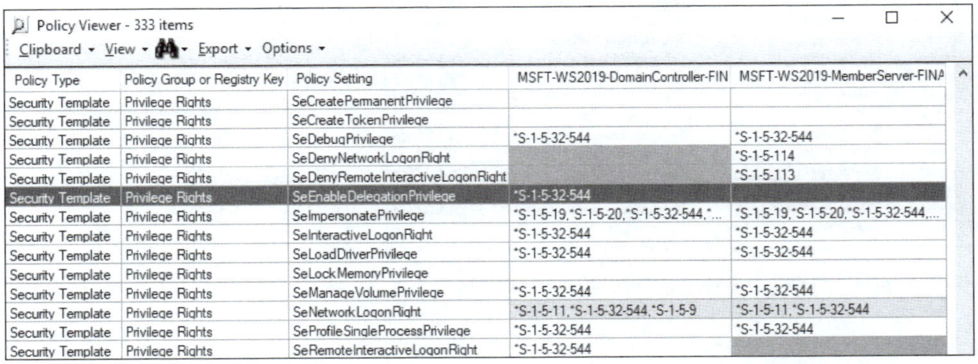

Policy Type	Policy Group or Registry Key	Policy Setting	MSFT-WS2019-DomainController-FIN	MSFT-WS2019-MemberServer-FINA
Security Template	Privilege Rights	SeCreatePermanentPrivilege		
Security Template	Privilege Rights	SeCreateTokenPrivilege		
Security Template	Privilege Rights	SeDebugPrivilege	*S-1-5-32-544	*S-1-5-32-544
Security Template	Privilege Rights	SeDenyNetworkLogonRight		*S-1-5-114
Security Template	Privilege Rights	SeDenyRemoteInteractiveLogonRight		*S-1-5-113
Security Template	Privilege Rights	SeEnableDelegationPrivilege	*S-1-5-32-544	
Security Template	Privilege Rights	SeImpersonatePrivilege	*S-1-5-19,*S-1-5-20,*S-1-5-32-544,*...	*S-1-5-19,*S-1-5-20,*S-1-5-32-544,...
Security Template	Privilege Rights	SeInteractiveLogonRight	*S-1-5-32-544	*S-1-5-32-544
Security Template	Privilege Rights	SeLoadDriverPrivilege	*S-1-5-32-544	*S-1-5-32-544
Security Template	Privilege Rights	SeLockMemoryPrivilege		
Security Template	Privilege Rights	SeManageVolumePrivilege	*S-1-5-32-544	*S-1-5-32-544
Security Template	Privilege Rights	SeNetworkLogonRight	*S-1-5-11,*S-1-5-32-544,*S-1-5-9	*S-1-5-11,*S-1-5-32-544
Security Template	Privilege Rights	SeProfileSingleProcessPrivilege	*S-1-5-32-544	*S-1-5-32-544
Security Template	Privilege Rights	SeRemoteInteractiveLogonRight	*S-1-5-32-544	

Abbildung 22.23 Details im »Policy Viewer«

Das Recht `SeEnableDelegationPrivilege` (also das Recht, Konten und Computer zur Delegation freizugeben) ist auf Domänencontrollern auf die sogenannte *Well-known SID* mit der Endung `544` gesetzt (Administratoren). Auf Memberservern ist der Eintrag leer, da hier gemäß der Empfehlung niemand dieses Recht zugesprochen bekommt. Dies zeigt das grau hinterlegte Feld.

Neben Microsoft (mit seinen Security Baselines) gibt es andere Institutionen, die Gruppenrichtlinienempfehlungen veröffentlichen. Dazu gehört beispielsweise eine Einrichtung der US-Regierung, die unter *https://public.cyber.mil/stigs/gpo/* Hinweise für Gruppenrichtlinien veröffentlicht. Allerdings werden deren Empfehlungen immer nur quartalsweise aktualisiert. Bis ein neues Betriebssystem aufgenommen wird, dauert es in der Regel einige Monate. Es stehen keine GPOs für die Versionen des Semi-Annual-Channels zur Verfügung.

22.2.6 Protected Users

Die Benutzer unter *Protected Users* sind zunächst einfach nur Mitglied einer AD-Gruppe. Diese AD-Gruppe hat allerdings weitreichenden Einfluss. Die Änderungen am Anmeldeverhalten dieser User lassen sich mit verschiedenen Eigenschaften beschreiben:

- Die Verwendung von NTLM wird vollständig abgeschaltet.
- CredSSP (ein Anmeldeprovider) cacht keine Zugangsdaten und vermeidet so das Vorhandensein von Fingerabdrücken dieser Kategorie.
- Kerberos erzeugt keine DES- und RC4-Schlüssel mehr.

- Kerberos-Anmeldungen können nach vier Stunden nicht mehr verlängert werden.
- Außerdem können Benutzer mit dieser Gruppenmitgliedschaft nicht delegiert werden (zur Kerberos-Delegierung siehe Abschnitt 5.1.3).

Durch diese Maßnahmen wird der Credential-Diebstahl drastisch erschwert. Alle Angriffe, die auf Schwächen des NTLM-Protokolls basieren, wie NTLM-Replay-Angriffe oder ähnliche, sind ausgeschlossen. Die als schwach geltenden Verschlüsselungsverfahren DES und RC4 werden vermieden. Kerberos arbeitet nur noch mit AES 128 bzw. AES 256.

Die wichtigste Änderung ist, dass Benutzer nach Ablauf von vier Stunden quasi wertlos werden. Es scheint, als wären die Benutzer plötzlich berechtigungslos, und eine Neuanmeldung ist notwendig. Standardbenutzer sind in der Lage, ihre Benutzertickets zu verlängern. Dazu werden Anfragen an die Domänencontroller gestellt und die Ticketgültigkeit revalidiert und verlängert. Bei Benutzern in der Gruppe *Protected Users* ist dies nicht der Fall.

Die vierstündige Verlängerung ist sonst von der Konfiguration verschiedener Gruppenrichtlinien abhängig, die für Mitglieder dieser Gruppe ignoriert werden. Es gelten die folgenden fest codierten Einstellungen:

- maximale Gültigkeitsdauer des Benutzertickets: 240 Minuten
- maximaler Zeitraum für die Erneuerung von Benutzertickets: 240 Minuten

NTLM-Protokoll aufspüren

Bei Anwendungen, die nicht Teil des Basisbetriebssystems sind (und im Zweifelsfall auch dort), ist im Einzelfall zu prüfen, ob diese nicht an einer Stelle noch NTLM verwenden. Dazu können Sie die standardmäßig deaktivierten Event-Logs unter *Anwendungs- und Dienstprotokolle\Microsoft\Windows\Authentication* aktivieren.

Service- und Computerkonten können keine Mitglieder der AD-Gruppe *Protected Users* sein. Zur weiteren Reduzierung von NTLM-Traffic können hier weitere Maßnahmen ergriffen werden (siehe Abbildung 22.24). Dabei handelt es sich um unterschiedliche Dimensionen: eingehend, ausgehend oder für die ganze Domain.

Zuallererst müssen Sie ein entsprechendes Netzwerk-Assessment durchführen, das die Anwendungen auflistet, die noch NTLM verwenden. Da dies zeitaufwendig ist, sollten Sie in Betracht ziehen, die Maßnahmen auf Tier 0 und dort beheimatete Computer und Konten zu beschränken. Dort sollten Sie die Protected Users aber verwenden, wo immer es möglich ist.

Netzwerksicherheit: Beschränken von NTLM: Ausgehender NTLM-Datenverkehr zu Remoteservern
Netzwerksicherheit: Beschränken von NTLM: Eingehenden NTLM-Datenverkehr überwachen
Netzwerksicherheit: Beschränken von NTLM: Eingehender NTLM-Datenverkehr
Netzwerksicherheit: Beschränken von NTLM: NTLM-Authentifizierung in dieser Domäne
Netzwerksicherheit: Beschränken von NTLM: NTLM-Authentifizierung in dieser Domäne überwachen
Netzwerksicherheit: Beschränken von NTLM: Remoteserverausnahmen für die NTLM-Authentifizierung hinzufügen
Netzwerksicherheit: Beschränken von NTLM: Serverausnahmen in dieser Domäne hinzufügen

Abbildung 22.24 NTLM-Restriktionsoptionen

Eine Erweiterung der Beschränkungen (deutlich komplexer und mächtiger als mit den eben genannten Gruppenrichtlinien) wird durch die Einrichtung von Authentication Policys und Silos ermöglicht.

22.2.7 Organisationseinheiten (OUs) und Delegationen erstellen

Dieser Abschnitt zur Erstellung von OUs und Delegationen von Berechtigungen gibt Ihnen einen Einblick, wie Sie Berechtigungen innerhalb der Active Directory-Gesamtstruktur organisieren und strukturieren können.

Bereits eingangs stand das Konzept *Least Privilege* im Vordergrund. Dieses Prinzip muss technisch unterstützt werden. Während das Ebenenmodell eine logische Abbildung ist, kann die technische Umsetzung durch die Erstellung von Organisationseinheiten (OUs) und Delegationen von Berechtigungen auf diese OUs stattfinden.

An dieser Stelle müssen Sie sich das Prinzip der Vererbung von Berechtigungen nochmals ins Gedächtnis rufen: Innerhalb eines Domänenbaums bzw. der OU-Struktur kann auf jeder Ebene und für jeden Objekttyp ein bestimmtes Set an Rechten für eine Gruppe oder einen Benutzer vergeben werden. Diese Berechtigung kann direkt und als nicht vererbbar oder auch als vererbbar vergeben werden. An jeder Ebene der Struktur kann eine Berechtigung, die als vererbbar provisioniert wurde, aber auch wieder aufgebrochen werden. Die Vielzahl an Kombinationen führt schnell zu Verwirrung.

Wie beim Ebenenmodell müssen Sie das OU-Modell an die Aufbau- und Ablauforganisation Ihres Unternehmens anpassen. Mithilfe der OUs sind zwar viele Containment-Zonen möglich, wenn die Zonen aber alle durch den gleichen Administrator betreut werden (der womöglich noch den gleichen administrativen Benutzer in allen Delegationen hinterlegt hat), ist die strukturelle Trennung durch das Berechtigungsmodell wieder aufgehoben.

Es muss Trennungen zwischen den verschiedenen Ebenen und den Objekttypen in den jeweiligen Ebenen geben. Wenn Sie in mehreren Ebenen tätig sein müssen, sollten Sie jede Ebene mit einem eigenen Administrationskonto verwalten.

Wenn Sie keine besonderen unternehmensspezifischen Anforderungen haben oder schnell mit einer einfachen Lösung starten wollen, können Sie sich auf das Referenzmaterial von Microsoft zum Schutz von privilegiertem Zugriff verlassen.

Im Prinzip sind vier Dinge notwendig, um die Ebenen aus dem Ebenenmodell nachzumodellieren:

- die OU-Struktur, in der Objekte abgelegt werden können
- die Gruppen, auf die Berechtigungen delegiert werden können
- die Delegationen, die konkrete Berechtigungen vergeben
- die Gruppenrichtlinien, die auf OUs wirken

An dieser Stelle geht es um die ersten drei Punkte.

Unter *https://github.com/inntran/pawmedia* (Kopie der vorherigen Skripte unter *http://aka.ms/PAWmedia*) finden Sie Vorlagen für diese Strukturen, Gruppen und Delegationen (siehe Abbildung 22.25). Am Beispiel dieser Skripte entsteht für die Umgebung des Buchs eine neue Struktur des *Forests intranet.rheinwerk-verlag.de* (mehr zu Forests finden Sie in Abschnitt22.3.6).

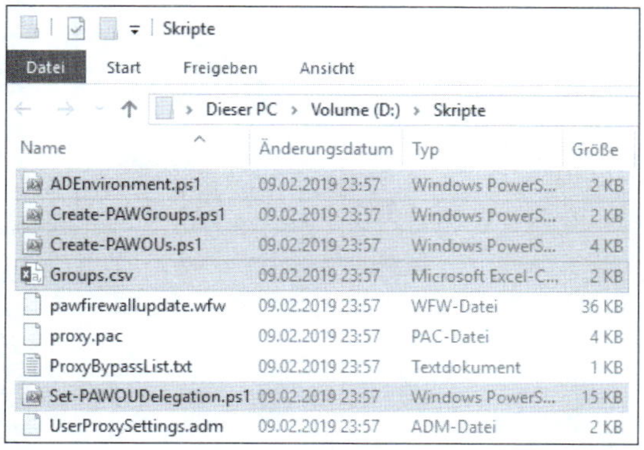

Abbildung 22.25 Inhalte des Pakets zum Schutz privilegierter Konten

In drei Schritten können die OUs angelegt, die Gruppen erstellt und die Delegationen ausgeführt werden. Es spricht nichts dagegen, die Skripte auszuführen, obwohl bereits eine OU-Struktur besteht. Lediglich die Doppelung eines Namens führt zu einem Konflikt.

Die Datei *Create-PAWOUs.ps1* enthält die Definitionen der zu erstellenden OUs (siehe Abbildung 22.26). Diese können angepasst, umbenannt oder ergänzt werden. Beachten Sie allerdings, dass alle Änderungen auch in die nächsten Dateien übernommen werden müssen.

```
#Creating Top Level OUs

New-ADOrganizationalUnit -Name "Admin" -Path "$sDSE"
New-ADOrganizationalUnit -Name "Groups" -Path "$sDSE"
New-ADOrganizationalUnit -Name "Tier 1 Servers" -Path "$sDSE"
New-ADOrganizationalUnit -Name "Workstations" -Path "$sDSE"
New-ADOrganizationalUnit -Name "User Accounts" -Path "$sDSE"
New-ADOrganizationalUnit -Name "Computer Quarantine" -Path "$sDSE"


#Creating Sub OUs for Top Level Admin OU

    New-ADOrganizationalUnit -Name "Tier 0" -Path ("OU=Admin,$sDSE")
    New-ADOrganizationalUnit -Name "Tier 1" -Path ("OU=Admin,$sDSE")
    New-ADOrganizationalUnit -Name "Tier 2" -Path ("OU=Admin,$sDSE")

#Creating Sub OUs for Admin\Tier 0 OU

        New-ADOrganizationalUnit -Name "Accounts" -Path ("OU=Tier 0,OU=Admin,$sDSE")
        New-ADOrganizationalUnit -Name "Groups" -Path ("OU=Tier 0,OU=Admin,$sDSE")
        New-ADOrganizationalUnit -Name "Service Accounts" -Path ("OU=Tier 0,OU=Admin,$sDSE")
        New-ADOrganizationalUnit -Name "Devices" -Path ("OU=Tier 0,OU=Admin,$sDSE")
        New-ADOrganizationalUnit -Name "Tier 0 Servers" -Path ("OU=Tier 0,OU=Admin,$sDSE")
```

Abbildung 22.26 Ausschnitt aus »Create-PAWOUs.ps1«

Beim Ausführen des PowerShell-Skripts mit den entsprechenden Berechtigungen gibt es nur im Fehlerfall eine Rückmeldung auf der Konsole. Ansonsten wird der Befehl still ausgeführt. Im OU-Baum des Active Directorys lassen sich die Änderungen selbstverständlich nachvollziehen (siehe Abbildung 22.27).

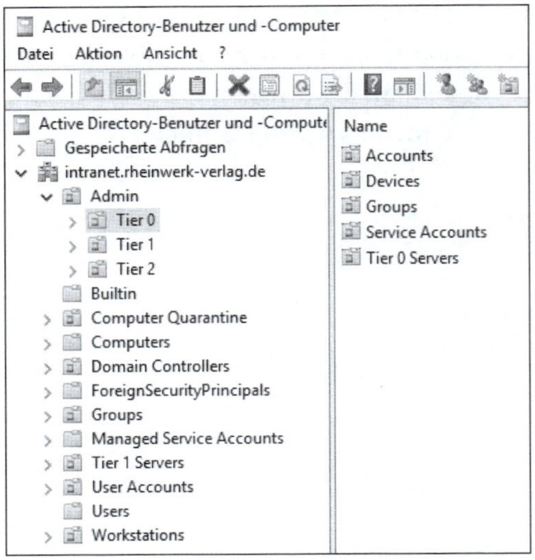
Active Directory-Benutzer und -Computer
Datei Aktion Ansicht ?
Active Directory-Benutzer und -Comput
Gespeicherte Abfragen
intranet.rheinwerk-verlag.de
Admin
Tier 0
Tier 1
Tier 2
Builtin
Computer Quarantine
Computers
Domain Controllers
ForeignSecurityPrincipals
Groups
Managed Service Accounts
Tier 1 Servers
User Accounts
Users
Workstations
Name
Accounts
Devices
Groups
Service Accounts
Tier 0 Servers

Abbildung 22.27 OU-Struktur auf der obersten Ebene

Die im Skript definierten OUs lassen sich auch auf der grafischen Oberfläche wiederfinden. Die OUs müssen durch einen Domänenadministrator oder einen anderen äquivalent berechtigten Benutzer angelegt werden.

Als Nächstes legen Sie die initial notwendigen Gruppen an. Dies geschieht über das Skript *Create-PAWGroups.ps1*, das die Datei *Groups.csv* als Quelle für das Anlegen von Gruppen einbezieht (siehe Abbildung 22.28).

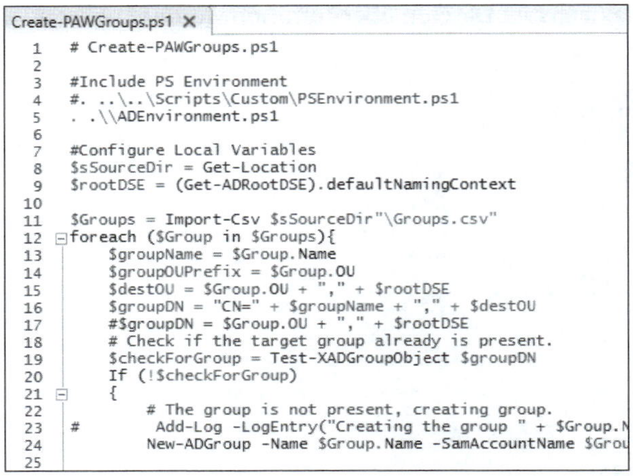
Create-PAWGroups.ps1
Create-PAWGroups.ps1
#Include PS Environment
#. ..\..\Scripts\Custom\PSEnvironment.ps1
. .\\ADEnvironment.ps1
#Configure Local Variables
$sSourceDir = Get-Location
$rootDSE = (Get-ADRootDSE).defaultNamingContext
$Groups = Import-Csv $sSourceDir"\Groups.csv"
foreach ($Group in $Groups){
$groupName = $Group.Name
$groupOUPrefix = $Group.OU
$destOU = $Group.OU + "," + $rootDSE
$groupDN = "CN=" + $groupName + "," + $destOU
#$groupDN = $Group.OU + "," + $rootDSE
Check if the target group already is present.
$checkForGroup = Test-XADGroupObject $groupDN
If (!$checkForGroup)
{
# The group is not present, creating group.
# Add-Log -LogEntry("Creating the group " + $Group.N
New-ADGroup -Name $Group.Name -SamAccountName $Grou

Abbildung 22.28 Ausschnitt aus dem Skript »Create-PAWGroups.ps1«

Da hier die `Import`-Funktion die vollständige *.csv*-Datei einliest, kann diese Funktion auch für das Anlegen aller anderen Gruppen verwendet werden. Die *.csv*-Datei wird entsprechend ergänzt. Um Gruppen anzulegen, benötigen Sie bei diesem Skript die folgenden Parameter:

- `Name`
- `samKontoName`
- `GroupCategory`
- `GroupScope`
- `DisplayName`
- `OU`
- `Description` (kann leer bleiben)
- `Membership` (kann leer bleiben)

Auch die Skriptausführung für die `Create-PAWGroups.ps1`-Funktion gibt kein Feedback zurück. Die Kontrolle kann erneut in der MMC für *Active Directory-Benutzer und -Computer* erfolgen (siehe Abbildung 22.29). Die Beschreibungstexte dieser Skripte liegen auf Englisch vor. Je nach Vorgabe können Sie diese aber auf Deutsch umstellen, indem Sie die Texte in der *.csv*-Datei ersetzen.

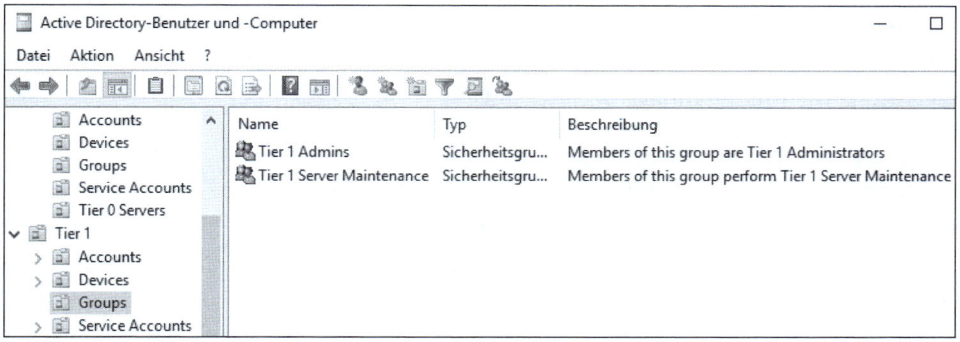

Abbildung 22.29 Tier-1-Admin-Gruppen

Sie schließen das Anlegen bzw. die Zuweisung der Delegationen in der Datei *Set-PAWOUDelegation.ps1* ab. Zu Beginn der Datei definieren Sie die OUs und Container als Variablen. Verwenden Sie hierfür den `samAccountName`. Da dieser keine Leerzeichen enthält, lässt er sich ohne Anführungszeichen verwenden.

22.3 Praxisbeispiele, mit denen Sie die Sicherheit in Windows Server 2025 erhöhen

In diesem Abschnitt zeigen wir Ihnen anhand einiger Beispiele, wie Sie Ihre Windows Server-Installation sicherer machen.

22.3.1 Windows LAPS

Aktuelle Malware breitet sich in einem Netzwerk automatisch von Computer zu Computer aus, wenn auf den Rechnern Sicherheitslücken durch fehlende Patches oder gleichartige Administratorenkonten vorhanden sind. Dabei spricht man vom *Lateral Movement* der Schadsoftware, da sie die ganze Breite des Netzwerks erfasst. Umso wichtiger ist es, dass Sie jedem einzelnen Computer in einer Domäne ein individuelles Passwort geben. Da dies ab einer gewissen Größe des Netzwerks aber zu einer nicht endenden Aufgabe wird, sollten Sie eine inzwischen in das Microsoft-Betriebssystem integrierte Lösung einsetzen. Die Funktion *Local Administrator Password Solution (LAPS)* ist ursprünglich im Rahmen eines Microsoft Consulting Projects entstanden und wurde inzwischen ins Betriebssystem integriert.

Wie zuvor besteht das Tool aus:

- einer GUI-Erweiterung, z. B. für den Support
- einem PowerShell-Modul mit verschiedenen Cmdlets, unter anderem für die Schema-Erweiterung und das Abfragen von Passwörtern
- einer clientseitigen Erweiterung (die aber nicht länger eine *Group Policy Client Side Extension (CSE)* ist)
- einer Gruppenrichtlinienvorlage *(ADMX/ADML)*

Windows LAPS wird auf allen Betriebssystemen unterstützt, die im April 2023 noch vollständigen Support hatten: Dies sind Windows 10, 11, Server 2019 und neuer. Eine Unterstützung für ältere Betriebssysteme muss über die Emulierung umgesetzt werden. Die Sourcen hierfür sind weiter verfügbar (Link: *https://www.microsoft.com/en-us/download/details.aspx?id=46899*).

Windows LAPS verfolgt primär vier Ziele:

- Zugriff auf Passwörter, ohne auf den Computer zuzugreifen
- unterschiedliche Passwörter auf jedem einzelnen Computer anzulegen
- regelmäßige Änderung von Passwörtern
- die permanenten Berechtigungen auf administrativen Konten zu reduzieren, um den Schaden bei einem möglichen Diebstahl von Credentials so gering wie möglich zu halten

Abweichend von den Gruppenrichtlinien aus der Security Baseline müssen Sie die Optionen aus Tabelle 22.1 bis Tabelle 22.3 einstellen, um ein Remote-Management mit LAPS-randomisierten Konten zu ermöglichen. Denn die Security Baseline geht davon aus, dass Sie keine lokalen Konten verwenden wollen, um sich remote amzumelden.

Policy-Pfad	*Windows Einstellungen\Sicherheitseinstellungen\ Lokale Richtlinien\Zuweisen von Benutzerrechten*
Policy-Name	Zugriff vom Netzwerk auf diesen Computer verweigern
Baseline-Einstellung	Windows-Client: *NT AUTHORITY\Lokales Konto* Windows Server: *NT AUTHORITY\Lokales Konto und Mitglied der Gruppe "Administratoren"*
Aktualisierte Einstellung	[leer]

Tabelle 22.1 Den Zugriff vom Netzwerk auf diesen Computer verweigern

Policy-Pfad	*Windows Einstellungen\Sicherheitseinstellungen\ Lokale Richtlinien\Zuweisen von Benutzerrechten*
Policy-Name	Anmelden über Remotedesktop verweigern
Baseline-Einstellung	*NT AUTHORITY\Lokales Konto*
Aktualisierte Einstellung	[leer]

Tabelle 22.2 Das Anmelden über Remotedesktop verweigern

Policy-Pfad	*Administrative Vorlagen\MS Security Guide*
Policy-Name	Apply UAC restrictions to local accounts on network logon
Baseline-Einstellung	Konfiguriert
Aktualisierte Einstellung	Nicht konfiguriert

Tabelle 22.3 Anwenden der Benutzerkontensteuerung auf lokale Konten bei Netzwerkanmeldung

Die Idee hinter Windows LAPS ist, dass ein Angreifer, der auf einem System in der Lage ist, diese Kontodaten zu stehlen, die entsprechende Kontrolle sowieso bereits hat und dass die Konto-Credentials für den Angreifer daher wertlos sind.

Auf dem System installiert, lassen sich die Komponenten von Windows LAPS wie folgt beschreiben (siehe Abbildung 22.30).

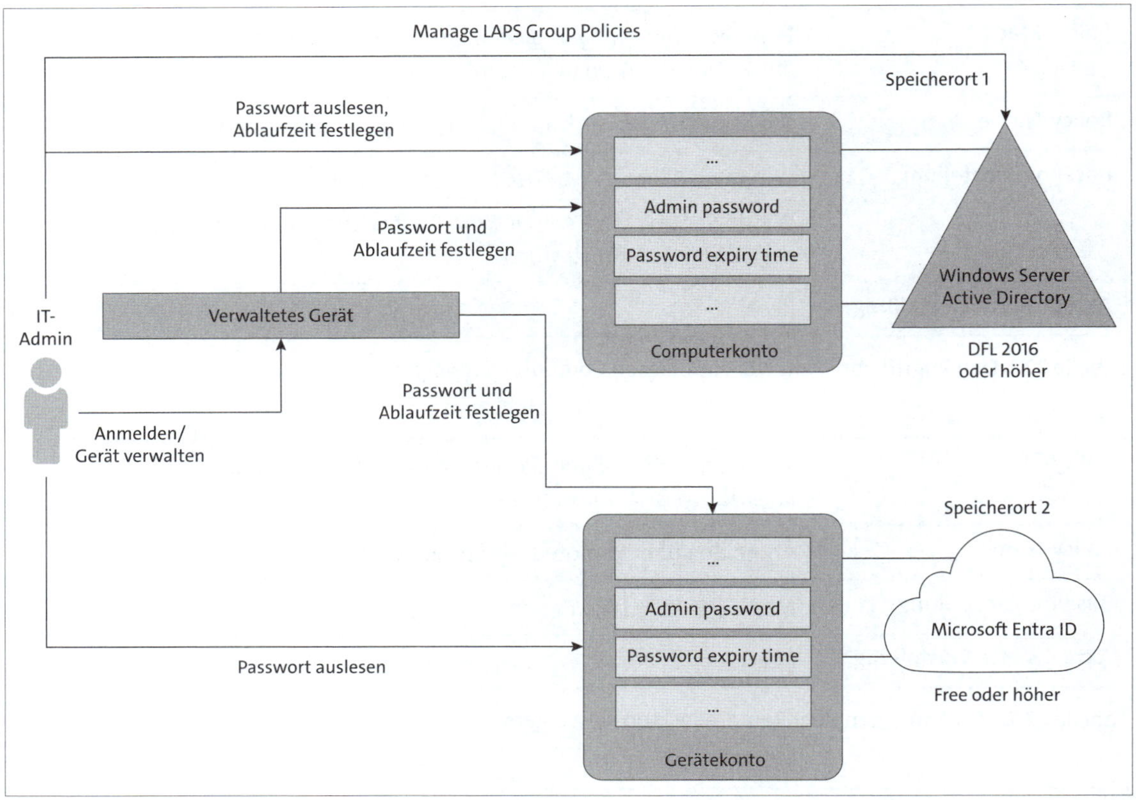

Abbildung 22.30 Komponenten von Windows LAPS

Das Computerkonto-Objekt wird um mehrere Felder ergänzt. Wer diese Felder auslesen darf, ist an sich schon eingeschränkt; die Information an sich ist nicht mehr nur durch die Salt-Verfahren des ADs an sich verschlüsselt. Inzwischen kann das Lesen des Passworts vom Lesen des Attributs unabhängig gesteuert werden.

Das Auslesen hängt also nun an einem entsprechenden Konto bzw. dessen Berechtigung. Wenn Sie mit der PowerShell den schlankesten Weg wählen, um das Passwort abzurufen, dann erhalten Sie die Ausgabe aus Abbildung 22.32 für dieses Konto mit einem unberechtigten Account.

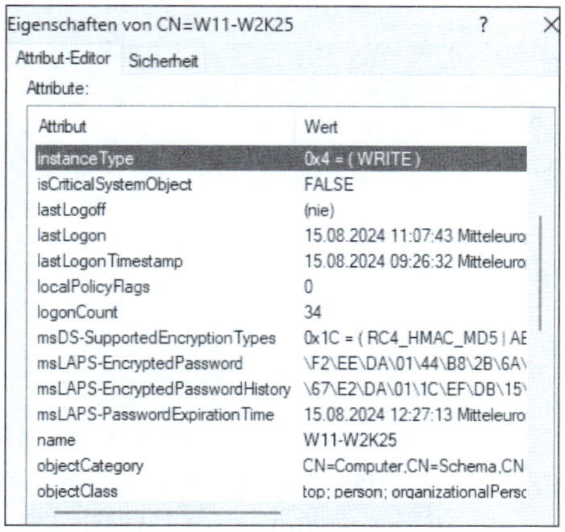

Abbildung 22.31 Attribute mit verschlüsseltem LAPS-Passwort und dessen Vorgänger-Passwort

```
PS C:\Users\Administrator> get-lapsadpassword -identity W11-W2K25 -asplaintext


ComputerName        : W11-W2K25
DistinguishedName   : CN=W11-W2K25,OU=T2-Clients,DC=intranet,DC=rheinwerk-verlag,DC=de
Account             :
Password            :
PasswordUpdateTime  : 15.08.2024 11:06:29
ExpirationTimestamp : 14.09.2024 11:06:29
Source              : EncryptedPassword
DecryptionStatus    : Unauthorized
AuthorizedDecryptor : INTRANET\T2-Laps-PasswordReaders
```

Abbildung 22.32 Unauthorized Account

Der `DecryptionStatus` ist hier `Unauthorized` – und damit wird kein Passwort angegeben und auch nicht der verwendete Account-Name. Mit einem einfachen Befehl (in diesem Fall für die Gruppe *T2-laps-passwordreaders* wird die Berechtigung vergeben (siehe Abbildung 22.33).

```
PS C:\Users\Administrator> Set-LapsADReadPasswordPermission -Identity T2-Clients -AllowedPrincipals "Intranet\
T2-laps-passwordreaders"

Name       DistinguishedName
----       -----------------
T2-Clients OU=T2-Clients,DC=intranet,DC=rheinwerk-verlag,DC=de
```

Abbildung 22.33 Berechtigungsvergabe für die LAPS-Passwörter

Ein anschließendes Abrufen des Passworts ist nun erfolgreich, wie Abbildung 22.34 zeigt. Der `DecryptionStatus` ist nun `Success` und das Passwort wird angezeigt, ebenso der Accountname.

```
PS C:\Windows\System32> get-lapsadpassword -identity w11-w2k25 -asplaintext


ComputerName        : W11-W2K25
DistinguishedName   : CN=W11-W2K25,OU=T2-Clients,DC=intranet,DC=rheinwerk-verlag,DC=de
Account             : localadmin
Password            : VJ3pzVvvsA1doirV68s2
PasswordUpdateTime  : 15.08.2024 11:06:29
ExpirationTimestamp : 14.09.2024 11:06:29
Source              : EncryptedPassword
DecryptionStatus    : Success
AuthorizedDecryptor : INTRANET\T2-Laps-PasswordReaders
```

Abbildung 22.34 Erfolgreicher Abruf des LAPS-Passworts

Die beiden Attribute sind das Passwort selbst und die nächste Passwort-Ablauf-Zeit (`ExpirationTimestamp`). Die berechtigten Supporter erhalten Zugriff auf das Passwort und können – bei entsprechender Berechtigung – die Passwort-Ablauf-Zeit modifizieren und damit eine neue Passwortgenerierung auslösen. Diese Generierung erfolgt durch eine stündliche Ausführung der GPO (harte Zeiteinstellung).

Um LAPS in Betrieb nehmen zu können, benötigen Sie einige Berechtigungen und Zugriffsrechte. Dazu gehören unter anderem ein Schema-Administrator sowie der Zugriff auf den *Schema-Master*; dies ist eine der Betriebsmaster-Rollen bzw. FSMO-Rollen der Domänencontroller. Wenn Sie keine Änderungen an den FSMO-Rollen Ihrer Umgebung vorgenommen haben und vorher niemals ein Domänencontroller eingesetzt wurde, ist es sehr wahrscheinlich, dass der erste Domänencontroller, den Sie in Betrieb genommen haben, diese Rolle innehat. Die stabilsten Installationserfolge können Sie erzielen, wenn Sie mit den entsprechenden Berechtigungen das Schema auf dem Schema-Master selbst erweitern.

Doch kommen wir zunächst zur Installation: Wir konzentrieren uns auf die Bereitstellung des Active Directory als Speicherort. Um das Schema zu erweitern, starten Sie auf dem Schema-Master eine adminstrative PowerShell und führen den Befehl `Update-LapsADSchema` aus.

Anschließend kopieren Sie die Datei *%windir%\PolicyDefinitions\LAPS.admx* in den zentralen Policy Store, in unserem Fall nach *\\intranet.rheinwerk-verlag.de\SYSVOL\intranet.rheinwerk-verlag.de\policies\PolicyDefinitions*. Der Vorteil des zentralen Policy Stores ist die automatische Replikation auf alle Domänen-Controller.

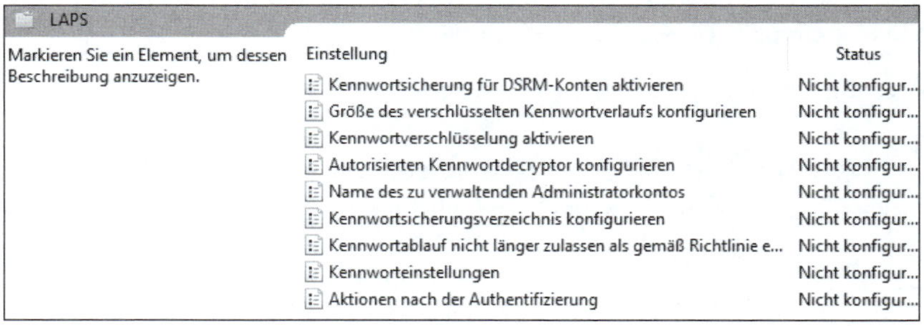

Abbildung 22.35 GPO unter LAPS

Die GPO ist nun unter COMPUTERKONFIGURATIONEN • RICHTLINIEN • ADMINISTRATIVE VORLAGEN – LAPS verfügbar. Die meisten Einstellungen, wie z. B. die Kennworteinstellungen, sind selbsterklärend. Die in Abbildung 22.35 gezeigte Kennwortverschlüsselung wurde mit den gleichlautenden Einstellungen gesetzt. Neu in Windows LAPS ist jedoch die Auswahl des Speicherorts, wie Abbildung 22.36 zeigt.

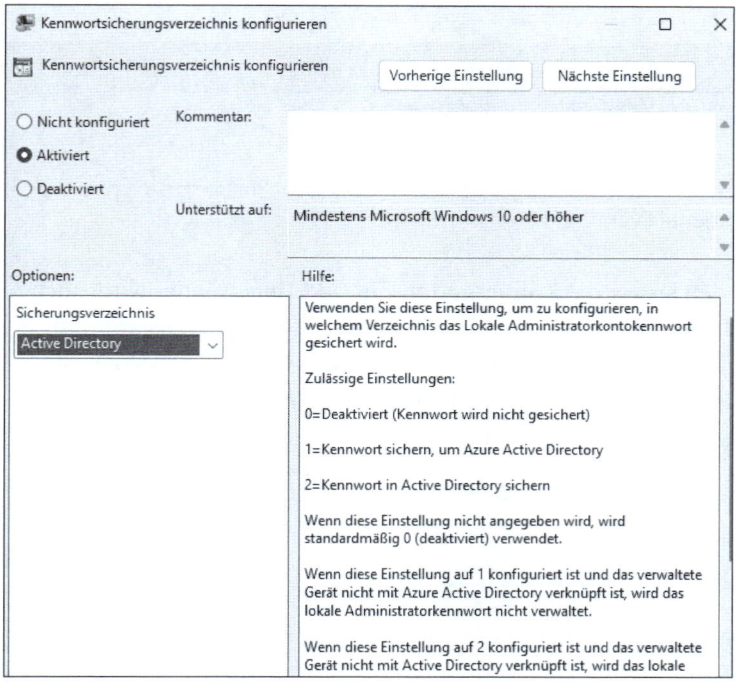
Kennwortsicherungsverzeichnis konfigurieren
Kennwortsicherungsverzeichnis konfigurieren
Vorherige Einstellung
Nächste Einstellung
Nicht konfiguriert
Kommentar:
Aktiviert
Deaktiviert
Unterstützt auf:
Mindestens Microsoft Windows 10 oder höher
Optionen:
Hilfe:
Sicherungsverzeichnis
Active Directory
Verwenden Sie diese Einstellung, um zu konfigurieren, in welchem Verzeichnis das Lokale Administratorkontokennwort gesichert wird.
Zulässige Einstellungen:
0=Deaktiviert (Kennwort wird nicht gesichert)
1=Kennwort sichern, um Azure Active Directory
2=Kennwort in Active Directory sichern
Wenn diese Einstellung nicht angegeben wird, wird standardmäßig 0 (deaktiviert) verwendet.
Wenn diese Einstellung auf 1 konfiguriert ist und das verwaltete Gerät nicht mit Azure Active Directory verknüpft ist, wird das lokale Administratorkennwort nicht verwaltet.
Wenn diese Einstellung auf 2 konfiguriert ist und das verwaltete Gerät nicht mit Active Directory verknüpft ist, wird das lokale

Abbildung 22.36 Das Sicherungsverzeichnis »Active Directory« für Windows LAPS

Außerdem neu ist die Möglichkeit, nach erfolgter Authentifizierung mit dem geschützten Konto eine Aktivität auszuführen (siehe Abbildung 22.37). Dies reduziert die Angriffsfläche, die mit diesem zwar einmaligen und randomisierten Passwort dennoch geboten wird.

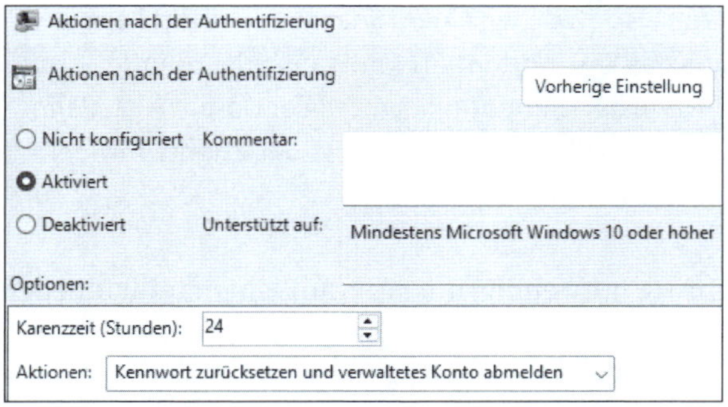
Aktionen nach der Authentifizierung
Aktionen nach der Authentifizierung
Vorherige Einstellung
Nicht konfiguriert
Kommentar:
Aktiviert
Deaktiviert
Unterstützt auf:
Mindestens Microsoft Windows 10 oder höher
Optionen:
Karenzzeit (Stunden):
24
Aktionen:
Kennwort zurücksetzen und verwaltetes Konto abmelden

Abbildung 22.37 Nach 24 Stunden wird der »localadmin« abgemeldet und das Passwort zurückgesetzt.

Diese Aktivität wird in der Aufgabenplanung eingeplant und lässt sich im Eventlog zu LAPS nachvollziehen (siehe Abbildung 22.38).

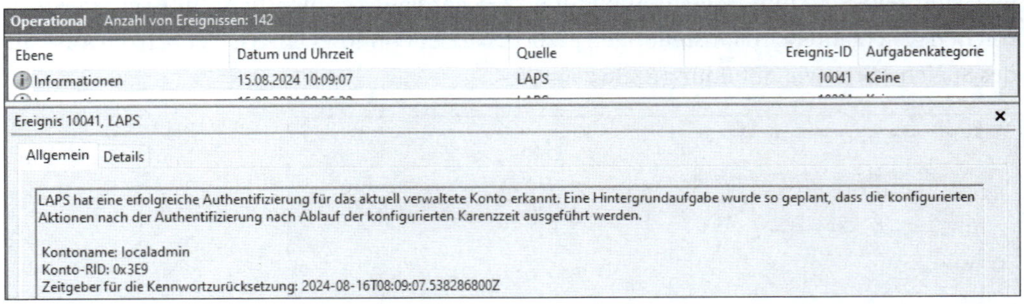
Operational Anzahl von Ereignissen: 142
Ebene
Datum und Uhrzeit
Quelle
Ereignis-ID
Aufgabenkategorie
Informationen
15.08.2024 10:09:07
LAPS
10041
Keine
Ereignis 10041, LAPS
Allgemein
Details
LAPS hat eine erfolgreiche Authentifizierung für das aktuell verwaltete Konto erkannt. Eine Hintergrundaufgabe wurde so geplant, dass die konfigurierten Aktionen nach der Authentifizierung nach Ablauf der konfigurierten Karenzzeit ausgeführt werden.
Kontoname: localadmin
Konto-RID: 0x3E9
Zeitgeber für die Kennwortzurücksetzung: 2024-08-16T08:09:07.538286800Z

Abbildung 22.38 LAPS Operational Eventlog

Damit der Computer, auf den später die Konfiguration für LAPS angewendet wird, auch in der Lage ist, sein eigenes Passwort zu ändern, muss eine entsprechende Delegation für die Berechtigungen angewendet werden. Dabei sind die Berechtigungen so gesetzt, dass sie auf eine OU und alle (nicht vor Vererbung geschützten) Organisationseinheiten darunter angewendet werden. Abbildung 22.39 zeigt ein Beispiel.

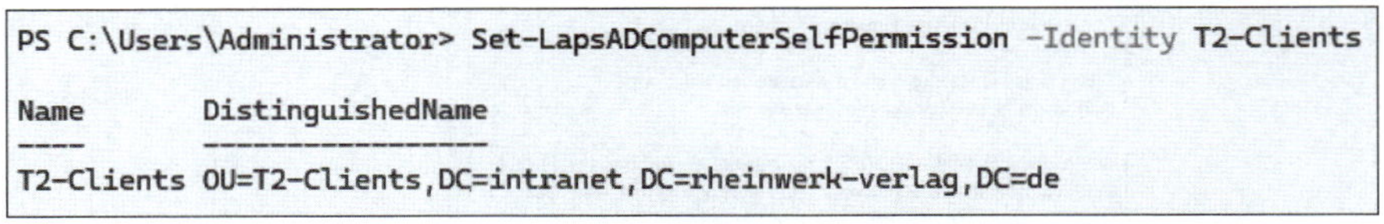
PS C:\Users\Administrator> Set-LapsADComputerSelfPermission -Identity T2-Clients
Name DistinguishedName
---- -----------------
T2-Clients OU=T2-Clients,DC=intranet,DC=rheinwerk-verlag,DC=de

Abbildung 22.39 Self-Berechtigung zur Attributänderung des eigenen Objekts

Mit diesem Befehl wird für die OU *T2-Clients* die *SelfPermission* gesetzt. Diese können Sie natürlich sehr weit oben oder auf den jeweils benötigten Computer-OUs setzen.

Passwortablauf und Recovery von Computern

LAPS sorgt für eine regelmäßige Änderung des Passworts, ohne dass im Active Directory eine History der alten Passwörter existiert. Wenn also zwischen einem Snapshot und der Recovery mehr Zeit vergangen ist, kann es sein, dass das Passwort im AD schon geändert wurde, lokal aber auf das vorherige zugegriffen wird. Wenn der Computer noch Teil der Domäne ist, dann aktualisiert er nach kurzer Zeit sein Passwort erneut. Wenn nicht, ist der Zugriff mit dem lokalen Administratorkonto über die Passwort-History möglich.

Zusammengefasst sind die folgenden Schritte notwendig, um LAPS auf einem individuellen Client zu aktivieren:

Einmalig:

- Schema-Erweiterung
- Import der GPO (administrative Vorlage)
- Berechtigungen auf den entsprechenden OUs

Auf jedem Client:

- Konfiguration einer GPO, die auf den Computer wirkt
- Aktivieren der GPO für entsprechende Computerbereiche

Zusammengefasst lässt sich sagen: LAPS ist die beste Möglichkeit, um lokale Passwörter automatisiert zu randomisieren, ohne dazu in teure Zusatzsoftware investieren zu müssen. Die Einschränkungen (nur ein Passwort pro System und Domänenbeitritt) sind in den meisten Fällen nicht relevant. Ein erster Schritt besteht darin, alle permanenten Berechtigungen von Mitarbeitern zu entfernen, die diese nur für den Bedarfsfall haben. Diese Konten sollten Sie auf LAPS umstellen. Dies führt zu einer massiven Reduzierung der permanenten Mitglieder in der lokalen Adminstratorengruppe.

Und da inzwischen der Abruf der LAPS-Passwörter sehr angenehm gestaltet ist (siehe Abbildung 22.40), gibt es auch keine Akzeptanzprobleme mehr.

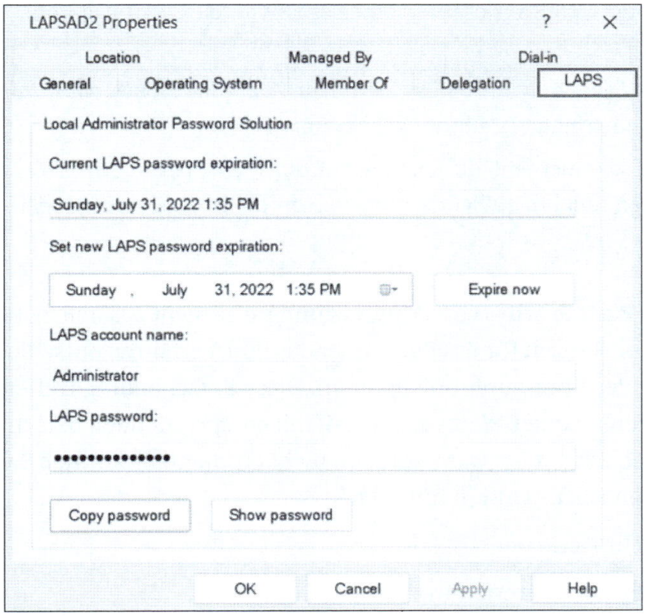

Abbildung 22.40 LAPS-Einstellungen im Active Directory

22.3.2 Windows Event Forwarding zur Zentralisierung von Log-Informationen

Windows Event Forwarding (WEF) ist die seit vielen Windows-Versionen eingebaute Standardfunktionalität, um Log-Informationen auf Windows-Servern und -Clients zu zentralisieren.

Dabei werden Systemaktivitäten geloggt, die in der Audit-Policy der Gruppenrichtlinie oder der lokalen Richtlinie konfiguriert wurden. Allerdings werden diese Aktivitäten zunächst nur im lokalen Event-Log gespeichert. Dieses Event-Log kann dann von Monitoring-Systemen ausgelesen werden. In Umgebungen, in denen die Installation von Agenten auf Clientrechnern auf ein Minimum reduziert werden soll, ist die Verwendung von Windows Event Forwarding eine gute Option.

WEF basiert entweder auf einem Push- oder einem Pull-Prinzip, wobei Sie das Push-Prinzip bevorzugen sollten, wenn Ihre Infrastruktur dies zulässt. Bei dieser Konfiguration schickt das Quellsystem die Daten an einen zentralen Server, der über die Policy bestimmt wird. Auf dem Zielsystem benötigt das Quellsystem keine speziellen Berechtigungen. Lediglich eine Authentifizierung per Zertifikat oder Computerkonto (bei der gleichen Domäne bedeutet dies Kerberos-Authentifizierung) muss erfolgreich durchgeführt werden können.

Die Grenzen von Windows Event Forwarding

Sie können maximal 1000 Quellen per WEF auslesen. Anschließend wird die Event-Log-Konsole unbenutzbar.

Als permanenter Speicher ist das Event-Log auf einem zentralen *Windows Event Collector* nicht geeignet, da die Logdateien nach einiger Zeit sehr groß werden.

Sie sollten einzelne Systeme in ein Abonnement aufnehmen, z. B. durch eine gesteuerte GPO, um das Lastverhalten zu evaluieren und um zu beobachten, wie oft die Logs überschrieben werden.

Windows Event Forwarding ist ein Basis-Feature von Windows und muss nicht zusätzlich installiert werden. Das heißt, nachdem Sie sich für das Push- oder das Pull-Verfahren entschieden haben, können Sie direkt mit der Konfiguration beginnen. Diese Entscheidung treffen Sie abhängig von Ihrem Berechtigungsmodell. Wenn der Zugriff mit entsprechenden Berechtigungen auf alle Domänensysteme erlaubt ist (was wir Ihnen nicht empfehlen), können Sie PULL verwenden. Ansonsten wählen Sie die Option mit PUSH.

Beginnen Sie mit den folgenden Schritten:

- Richten Sie die Gruppenrichtlinie zur Weiterleitung ein.
- Fügen Sie die richtigen Berechtigungen auf das Windows-Event-Log hinzu.
- Aktivieren Sie den *Windows Event Collection Service*.

- Konfigurieren Sie ein oder mehrere Abonnements des Windows-Ereignissammlungsdienstes *(Windows Event Collection, WEC)*.
- Prüfen Sie die Funktion von Windows Event Forwarding.

Windows Event Forwarding zur Intrusion Detection

Es gibt Ansätze, um aus den Events eine Intrusion Detection (also die Erkennung von erfolgreichem Eindringen in Systeme) abzuleiten. Den entsprechenden Artikel für Windows 10 und Windows 11 finden Sie hier:

https://docs.microsoft.com/en-us/windows/security/threat-protection/use-windows-event-forwarding-to-assist-in-intrusion-detection

An dieser Stelle sollten entsprechende Überwachungsrichtlinien (Audit-Policys) bereits gesetzt sein. In den meisten Fällen sind das die Baseline-Audit-Policys. Für Windows 10 und Windows Server 2016 hat Microsoft einen sehr umfangreichen *Security Audit Guide* herausgebracht. Diesen finden Sie unter:

https://www.microsoft.com/en-us/download/details.aspx?id=52630

Für die Gruppenrichtlinie müssen Sie entscheiden, ob die Übertragung von Event-Logs mit einer Transportverschlüselung erfolgen soll (oder muss) oder nicht. Im Editor für Gruppenrichtlinien unter COMPUTEREINSTELLUNGEN • ADMINISTRATIVE VORLAGEN • WINDOWS-KOMPONENTEN finden Sie den Punkt EREIGNISWEITERLEITUNG. Diesen setzen Sie auf AKTIVIERT und klicken auf die Schaltfläche ANZEIGEN bei SUBSCRIPTIONMANAGERS (siehe Abbildung 22.41). Tragen Sie nun das Zielsystem und den Parameter für die Übertragung ein (siehe Abbildung 22.42).

Der Wert sieht vor, dass dort ein oder mehrere Ziele für eine Weiterleitung hinterlegt werden. Bevor Sie sich jetzt aber überlegen, ob Sie eine hochverfügbare Umgebung aufbauen, bedenken Sie Folgendes:

- Wenn Sie das Zielsystem auf einer virtuellen Maschine betreiben, bedeutet ein Reboot nur eine Nichtverfügbarkeit von wenigen Sekunden.
- Die sendenden Systeme halten ihre Logs so lange selbst und übertragen diese auch, wenn das Zielsystem erst nach einiger Zeit wieder verfügbar ist.
- Bei der Migration eines Serversystems auf einen neuen Server mit einem anderen Namen sollten Sie einen zweiten Server eintragen. Wenn die Gruppenrichtlinie überall angewendet wurde, können Sie den alten Server löschen. Dadurch ergibt sich eine kurze Zeit an Überlappung, aber es gehen keine Events verloren.

Der Wert, den Sie eintragen müssen, beginnt mit dem Präfix `Server=`. Anschließend folgt das Übertragungsprotokoll, in diesem Fall `http://` (der Inhalt ist separat verschlüsselt). Dann folgen der vollqualifizierte Domänenname des Zielcomputers `w2k19-wc01.intranet.rheinwerk-verlag.de` und der Port. Für HTTP ist der Port `:5985` vorgesehen, für HTTPS der Port `:5986`. Dort wird der Endpunkt `/wsman/SubscriptionManager/WEC` mit einem Aktualisierungsintervall von 60 Sekunden (`Refresh=60`) angesprochen. Wichtig ist, dass Sie das Komma zwischen `WEC` und `Refresh` nicht vergessen und keine Leerzeichen zwischen beiden Angaben belassen, da ansonsten die Weiterleitung der Ereignisse nicht funktioniert.

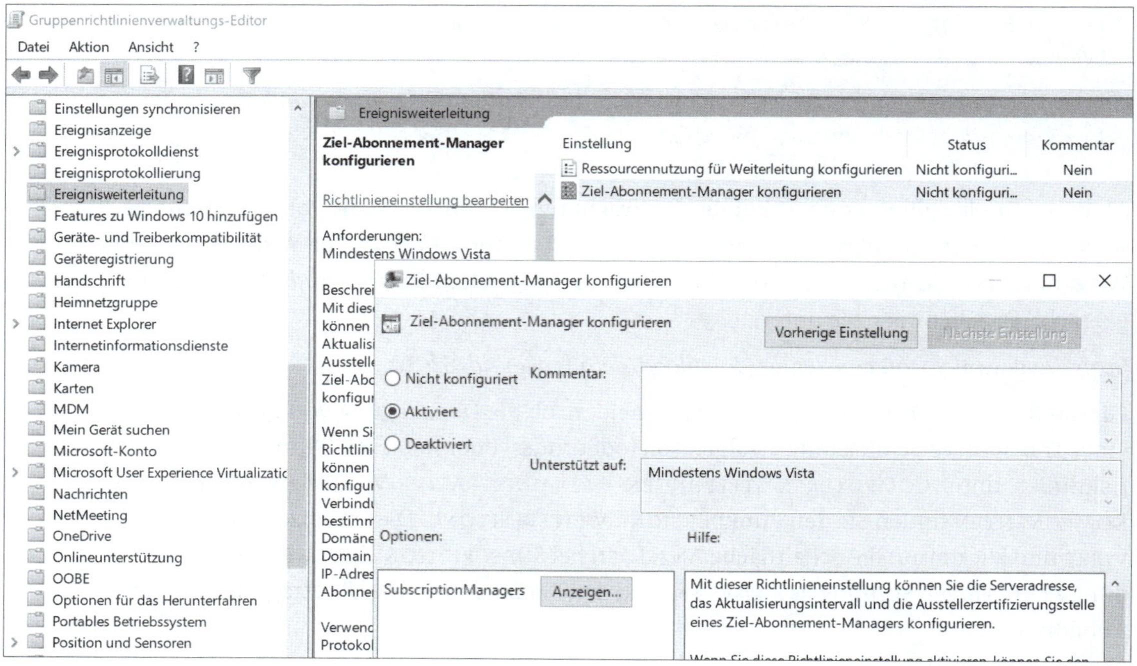

Abbildung 22.41 Gruppenrichtlinie zur Konfiguration der Ereignisweiterleitung

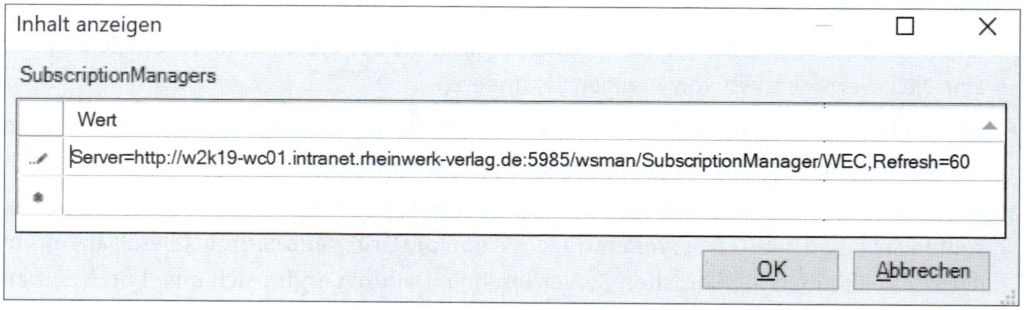

Abbildung 22.42 Serverwert für ein Abonnement (Subscription)

Damit der Dienst, unter dem die Windows-Ereignisweiterleitung läuft (Netzwerkdienst), auch auf die Logs zugreifen kann, müssen Sie die Berechtigung prüfen bzw. setzen. In einer Domänenumgebung müssen Sie dem Benutzerprinzipal NETZWERKDIENST mithilfe einer

GPO die Benutzerrechte für den Punkt VERWALTEN VON ÜBERWACHUNGS- UND SICHERHEITSPROTOKOLLEN zuweisen (siehe Abbildung 22.43).

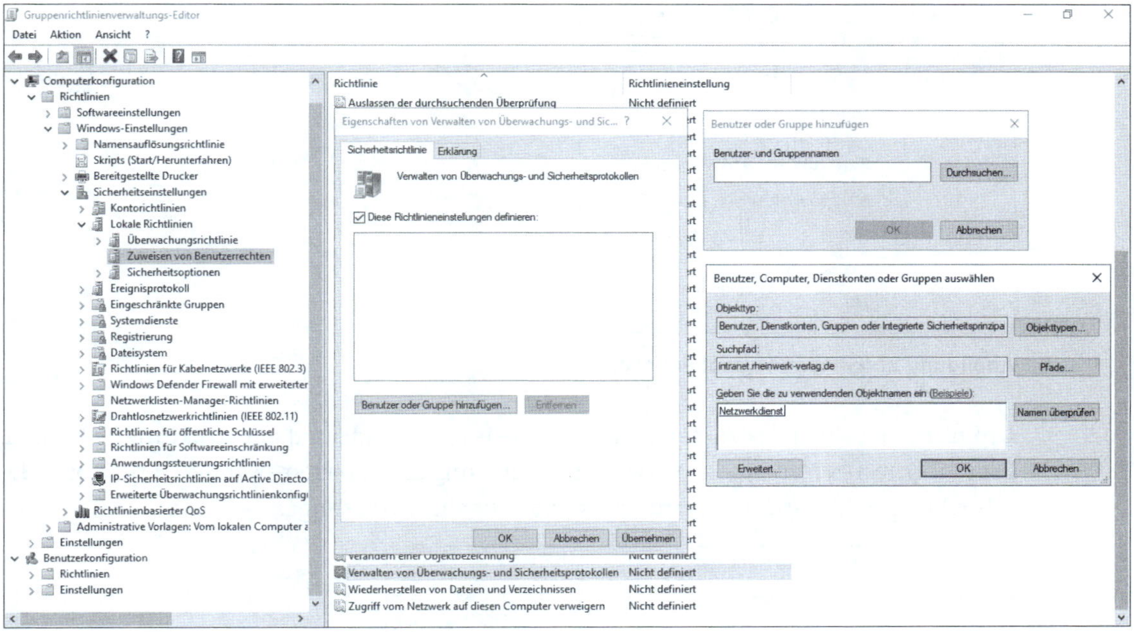

Abbildung 22.43 Der Benutzerprinzipal »Netzwerkdienst« benötigt Berechtigungen.

Damit sind die ersten zwei Punkte der Abarbeitungsreihenfolge erledigt. Nun geht es an die Aktivierung des Dienstes *Windows Event Collector* (Windows-Ereignissammlungsdienst). Dieser Dienst aktiviert sich, wenn Sie auf die EREIGNISANZEIGE auf dem für die Sammlung vorgesehenen Server gehen, dort die EREIGNISVERWALTUNG öffnen und auf ABONNEMENTS klicken. Dann erscheint die Abfrage aus Abbildung 22.44, die Sie mit JA quittieren, um den Dienst automatisch zu starten.

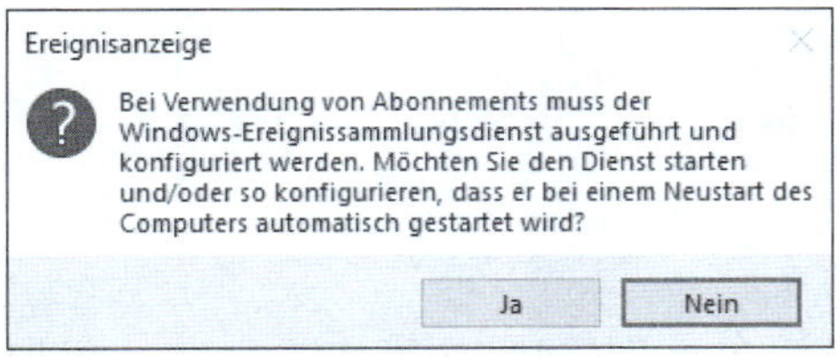

Abbildung 22.44 Der Window-Ereignissammlungsdienst wird bei der ersten Verwendung umkonfiguriert.

Als zweiten Schritt erstellen Sie ein Abonnement (siehe Abbildung 22.45). Ein *Abonnement* ist eine Verfahrenansweisung (unabhängig davon, ob das Push- oder das Pull-Verfahren verwendet wird). Sie legt fest, welche Events vom Quell- auf das Zielsystem geleitet werden sollen. Unter Sicherheitsgesichtspunkten und um die Sicherheits-Event-Logs von mehreren

Domänencontrollern zu konsolidieren, ist in diesem Beispiel ein Abonnement für genau diese Logs vorgesehen. Es sollte ein typischer Anwendungsfall sein.

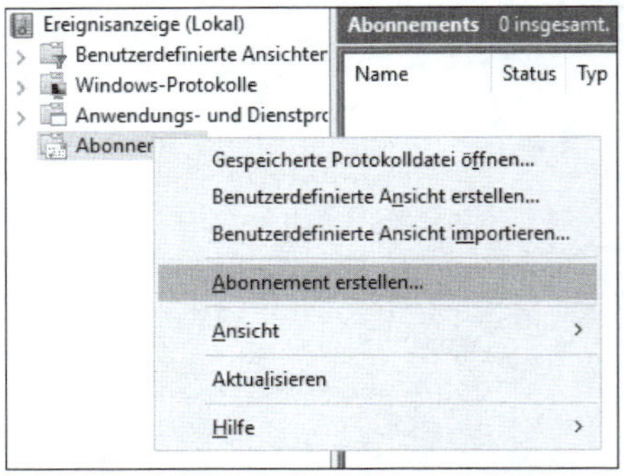

Abbildung 22.45 Abonnement erstellen

Um nicht den Überblick zu verlieren, wählen Sie sprechende und gut strukturierte Namen. Die ABONNEMENTEIGENSCHAFTEN (siehe Abbildung 22.46) bieten zwar die Option, eine Beschreibung zu hinterlegen, allerdings ist dies nur eine Notlösung.

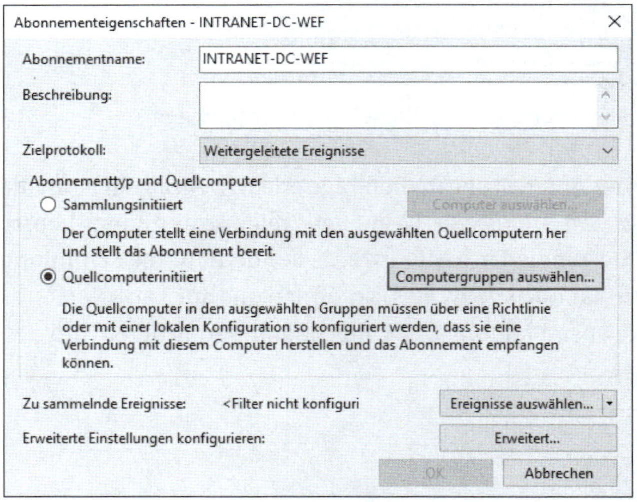

Abbildung 22.46 Abonnementeigenschaften

Als Beispiel gibt es hier ein Abonnement mit dem Namen *INTRANET-DC-WEF*. Spannend ist die Auswahl des entsprechenden Zielprotokolls. Verschiedene Abonnements können verschiedene Ziele haben. Standardmäßig versendet Windows Ereignisse, die zur Weiterleitung anstehen, an das Protokoll WEITERGELEITETE EREIGNISSE. Die Protokolle haben alle eine identische Funktion, sodass es von der Weiterverarbeitung abhängt, welches Protokoll Sie hier auswählen sollten.

Im Bereich Abonnementtyp und Quellcomputer wählen Sie für Push-Verfahren Quellcomputerinitiiert und für das Pull-Verfahren Sammlungsinitiiert. Da die Option Sammlungsinitiiert keine Vorteile bietet, überspringen wir ihre Beschreibung.

Neben Quellcomputerinitiiert klicken Sie auf Computergruppen auswählen. Dieser Button führt Sie zu einer Übersicht der eingeschlossenen Computer. Es können domänenverbundene und nicht domänenverbundene Computer eingesetzt werden (siehe Abbildung 22.47).

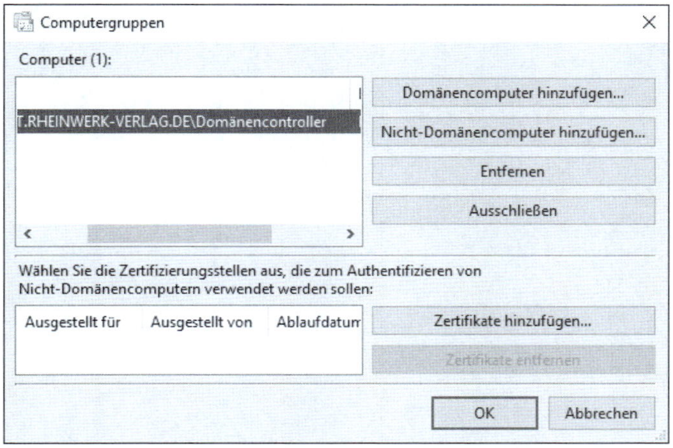

Abbildung 22.47 Hinzufügen der Computer für die quellcomputerinitiierte Sammlung

Für nicht domänenverbundene Computer gibt es weitere Anforderungen. Diese müssen ein Client-Zertifikat einer vertrauten Zertifizierungsstelle haben. Damit können sie sich entsprechend am Dienst authentifizieren. Für Domänenumgebungen spielt dies jedoch keine Rolle. Wenn die Zertifizierungsstelle nicht im Windows-Zertifizierungsspeicher als vertrauenswürdig hinterlegt ist, kann diese Vertrauensstellung auch im Abonnement erzeugt werden.

Mit dem Klick auf die Schaltfläche Domänencomputer hinzufügen wählen Sie z. B. die Gruppe der Domänencontroller aus. Passend zum Namen *INTRANET-DC-WEF* sollen diese ihre Sicherheitsereignisse an die zentrale Übersicht senden. Die Verwendung von Gruppen bietet hier den Vorteil, dass spätere Veränderungen an der Infrastruktur nicht immer zu einer Abonnementänderung führen.

Im Hintergrund passiert nun Folgendes: Ein Computer, der mit der zuerst eingerichteten Gruppenrichtlinie so konfiguriert wird, dass er sich an den Sammlungsserver wendet, erhält basierend auf dieser Gruppenmitgliedschaft die Informationen zur Sammlung des jeweiligen Abonnements oder die Information, dass keine Sammlungsinformationen bereitstehen. Dann wird auch kein Ereignis übertragen. Das heißt, dass die Gruppenrichtlinie zur Einrichtung des Ziels und die Abonnementinformationen übereinstimmen müssen.

Der Klick auf EREIGNISSE AUSWÄHLEN in den Abonnementeigenschaften (siehe Abbildung 22.46) führt Sie zu einem Filterdialog wie in Abbildung 22.48. Dort können Sie Einschränkungen auf Basis der Filter (die Sie auch vom klassischen Filtern im Event-Log kennen) oder auf Basis von XML-Querys angeben. Sollten Sie keine besonderen Anforderungen haben, wählen Sie das Protokoll SICHERHEIT aus und klicken alle Optionen neben EREIGNISEBENE an.

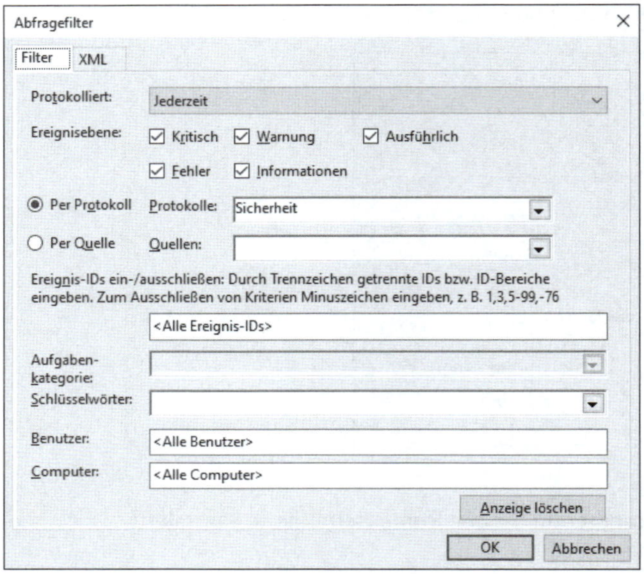

Abbildung 22.48 Ereignisweiterleitungsfilter

Wenn Sie nur einzelne Events benötigen, ist der XML-Filter eine gute Alternative. Er kann einfache und komplexe Sonderfälle besonders gut abdecken. Wenn Sie zum Beispiel ausschließlich über alle Änderungen an Sicherheitsgruppen informiert werden wollen, ist die folgende `QueryList` hilfreich:

```
<QueryList>
    <Query Id="0">
       <Select Path="Security">*[System[(EventID='4761'")]]</Select>
      <Select Path="Security">*[System[(EventID='4762')]]</Select>
    </Query>
</QueryList>
```

Details zur Query-Sprache finden Sie in der Microsoft-Dokumentation unter:

https://docs.microsoft.com/de-de/windows/desktop/WES/consuming-events

Die Schaltfläche ERWEITERT in den ABONNEMENTEIGENSCHAFTEN aus Abbildung 22.46 führt Sie zur EREIGNISÜBERMITTLUNGSOPTIMIERUNG (siehe Abbildung 22.49).

Hier müssen Sie bei PROTOKOLL zwischen HTTP oder HTTPS wählen. Diese Entscheidung muss zur Definition in der Gruppenrichtlinie passen. Die Ereignisübermittlungsoptimierung bezieht sich vor allem auf entsprechende Intervalle und bestimmt, wie lange der sendende Computer Events sammeln soll, bevor er diese überträgt. Sofern Sie keine besonderen Anforderungen an diese Optionen haben, belassen Sie es bei der Standardauswahl NORMAL.

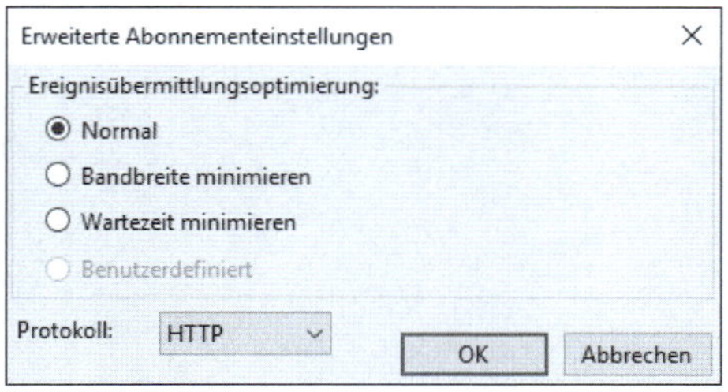

Abbildung 22.49 Erweiterte Abonnementeinstellungen

Ein Klick auf OK in den ERWEITERTEN ABONNEMENTEINSTELLUNGEN und in den ABONNEMENTEIGENSCHAFTEN aktiviert das Abo.

Nach einigen Minuten (bzw. wenn die Gruppenrichtlinie auf dem Quellsystem angewendet wurde) verbindet sich das Quellsystem zunächst und wendet anschließend die Abonnementkonfiguration an. Wenn alle Einstellungen korrekt sind, übermittelt das sendende System seine Ereignisse an das Zielsystem (siehe Abbildung 22.50).

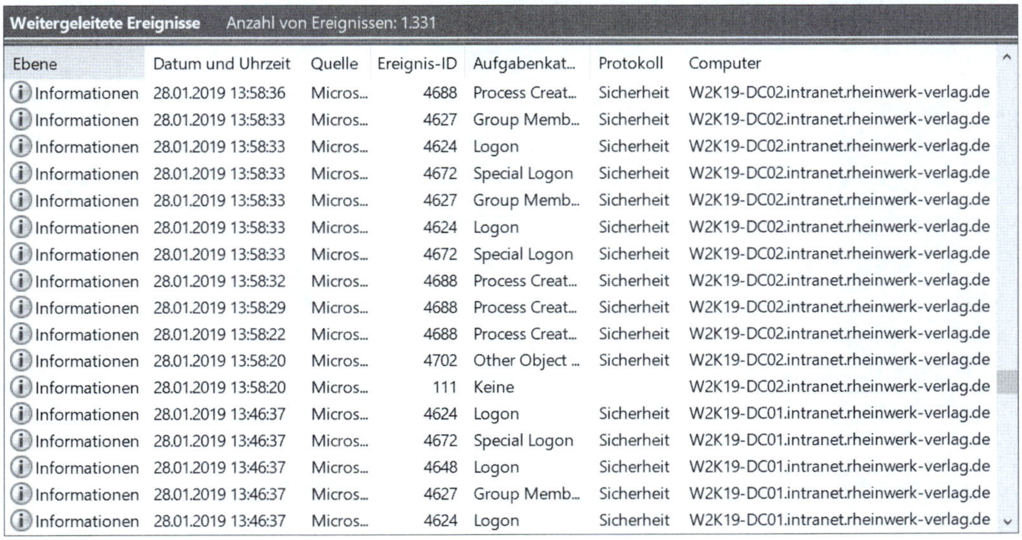
Weitergeleitete Ereignisse Anzahl von Ereignissen: 1.331

Ebene	Datum und Uhrzeit	Quelle	Ereignis-ID	Aufgabenkat...	Protokoll	Computer
Informationen	28.01.2019 13:58:36	Micros...	4688	Process Creat...	Sicherheit	W2K19-DC02.intranet.rheinwerk-verlag.de
Informationen	28.01.2019 13:58:33	Micros...	4627	Group Memb...	Sicherheit	W2K19-DC02.intranet.rheinwerk-verlag.de
Informationen	28.01.2019 13:58:33	Micros...	4624	Logon	Sicherheit	W2K19-DC02.intranet.rheinwerk-verlag.de
Informationen	28.01.2019 13:58:33	Micros...	4672	Special Logon	Sicherheit	W2K19-DC02.intranet.rheinwerk-verlag.de
Informationen	28.01.2019 13:58:33	Micros...	4627	Group Memb...	Sicherheit	W2K19-DC02.intranet.rheinwerk-verlag.de
Informationen	28.01.2019 13:58:33	Micros...	4624	Logon	Sicherheit	W2K19-DC02.intranet.rheinwerk-verlag.de
Informationen	28.01.2019 13:58:33	Micros...	4672	Special Logon	Sicherheit	W2K19-DC02.intranet.rheinwerk-verlag.de
Informationen	28.01.2019 13:58:32	Micros...	4688	Process Creat...	Sicherheit	W2K19-DC02.intranet.rheinwerk-verlag.de
Informationen	28.01.2019 13:58:29	Micros...	4688	Process Creat...	Sicherheit	W2K19-DC02.intranet.rheinwerk-verlag.de
Informationen	28.01.2019 13:58:22	Micros...	4688	Process Creat...	Sicherheit	W2K19-DC02.intranet.rheinwerk-verlag.de
Informationen	28.01.2019 13:58:20	Micros...	4702	Other Object ...	Sicherheit	W2K19-DC02.intranet.rheinwerk-verlag.de
Informationen	28.01.2019 13:58:20	Micros...	111	Keine		W2K19-DC02.intranet.rheinwerk-verlag.de
Informationen	28.01.2019 13:46:37	Micros...	4624	Logon	Sicherheit	W2K19-DC01.intranet.rheinwerk-verlag.de
Informationen	28.01.2019 13:46:37	Micros...	4672	Special Logon	Sicherheit	W2K19-DC01.intranet.rheinwerk-verlag.de
Informationen	28.01.2019 13:46:37	Micros...	4648	Logon	Sicherheit	W2K19-DC01.intranet.rheinwerk-verlag.de
Informationen	28.01.2019 13:46:37	Micros...	4627	Group Memb...	Sicherheit	W2K19-DC01.intranet.rheinwerk-verlag.de
Informationen	28.01.2019 13:46:37	Micros...	4624	Logon	Sicherheit	W2K19-DC01.intranet.rheinwerk-verlag.de

Abbildung 22.50 Weitergeleitete Ereignisse von beiden Domänencontrollern

Wenn Sie keine oder nur teilweise Events in den weitergeleiteten Ereignissen sehen, dann gibt es mehrere Stellen, die Sie zur Kontrolle und Fehlersuche betrachten sollten. Die erste

Anlaufstelle ist die Ereignisanzeige auf dem Zielsystem. Dort wechseln Sie in den Menüpunkt ABONNEMENT und klicken mit der rechten Maustaste auf das Abonnement, bei dem Sie einen Fehler vermuten. Der Menüpunkt dazu heißt LAUFZEITSTATUS (siehe Abbildung 22.51).

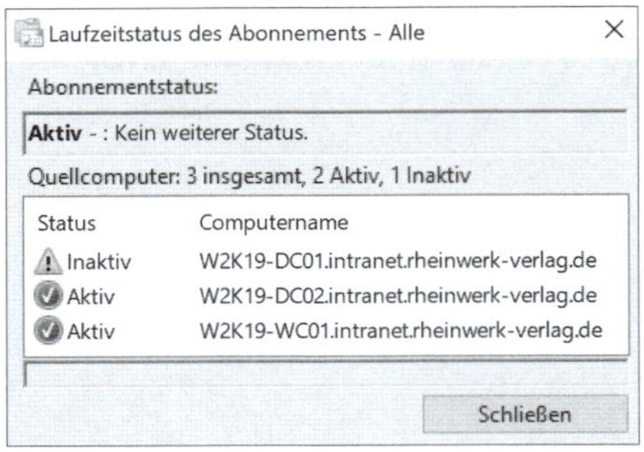

Abbildung 22.51 Laufzeitstatus

Computer, die derzeit keine Events senden, werden als inaktiv markiert und mit einem Ausrufezeichen-Icon versehen. Dies bedeutet, dass dieser Computer schon einmal verbunden war und Ereignisse gesendet hat. Um die konkrete Fehlerursache zu finden, wechseln Sie auf die Ereignisanzeige des entsprechenden Quellcomputers und dort in das Betriebsbereit-Log des Event-Forwarding-Plug-Ins. Dieses finden Sie unter ANWENDUNGS- UND DIENSTPROTOKOLLE • MICROSOFT • WINDOWS.

Größe des Event-Logs per GPO bestimmen

Es gibt zwei Gruppenrichtlinien, um die Größe von Event-Logs einzustellen:

- *Computerkonfiguration\Richtlinien\Administrative Vorlagen\Windows-Komponenten\Ereignisprotokolldienst\Sicherheit\Maximale Protokolldateigröße (KB) angeben*
- *Computerkonfiguration\Richtlinien\Windows-Einstellungen\Sicherheitseinstellungen\Ereignisprotokoll\Maximale Größe des Sicherheitsprotokolls*

Beide konfigurieren die Größe des Protokolls *Sicherheit*. Allerdings können Sie mit der Einstellung in den administrativen Vorlagen maximal 2 TB und in den Windows-Einstellungen nur bis 4 GB auswählen. Die Ereignisanzeige wird bei einer Dateigröße einer einzelnen Logdatei von deutlich über 4 GB sehr langsam und eventuell unbenutzbar. Die Empfehlung für eine einzelne Logdatei lautet immer noch, dass sie maximal 4 GB groß sein sollte.

Leider werden alle Computer im Laufzeitstatus gespeichert, unabhängig davon, ob die Gruppenrichtlinie überhaupt noch weiterhin auf den Computer angewendet wird oder ob der Computer schon längst aus dem Netzwerk entfernt wurde. Jeder Eintrag im Laufzeitstatus entspricht einem Eintrag in der Registry. Unter

HKEY_LOCAL_MACHINE\SOFTWARE\Microsoft\Windows\CurrentVersion\EventCollector\Subscriptions\<SubscriptionName>

sind alle Computer mit ihrem Status abgespeichert (siehe Abbildung 22.52). In großen Umgebungen ist ein entsprechendes Aufräumen notwendig, um eine Verlangsamung des Systems zu vermeiden. Pro Abonnement sind weniger als 1000 Computer empfohlen. Mehr als 50.000 Computer sorgen für eine drastische Einschränkung der Funktionalität des Systems: Die Ereignisanzeige startet nicht mehr, die Registry wird eventuell nicht mehr lesbar etc. Wenn Sie in Ihrer Umgebung solche Größen erreichen, ist das Aufsplitten der Last nötig.

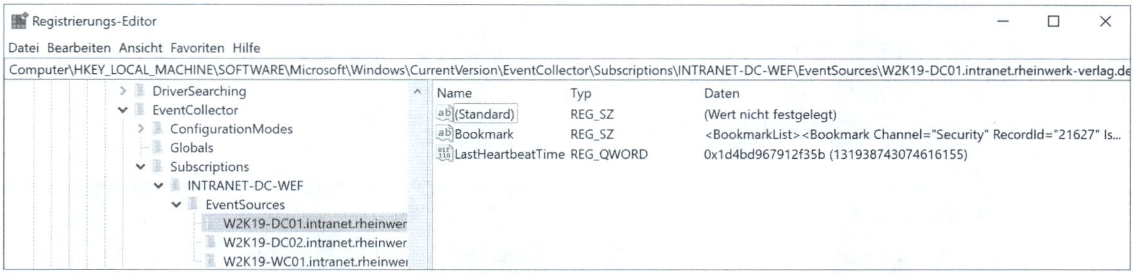

Abbildung 22.52 »EventSources« in der Registry

In größeren Umgebungen ist das Event-Log allerdings nur bedingt als dauerhafter Datenspeicher geeignet, um umfangreiche Logdaten abzulegen. Auch bei einer Umkonfiguration der maximalen Loggröße überschreibt sich das Event-Log nach einiger Zeit. Denken Sie bei dieser Anforderung über die Verwendung eines Log-Management- oder SIEM-Systems nach.

Nutzen Sie Wecutil.exe

Eine Automatisierung und deren Einbau in Managementskripte im Event-Log-Bereich erreichen Sie mit `Wecutil.exe`.

Informationen dazu finden Sie unter:

https://docs.microsoft.com/de-de/windows/desktop/wec/wecutil

22.3.3 Die Verwendung von Standardgruppen einschränken

Die Einschränkung der Built-in-Gruppen (Standardgruppen) leistet einen maßgeblichen Beitrag zum weiteren Absichern der Umgebung. *Built-in*-Gruppen sind die Gruppen, deren Existenz vom Betriebssystem vorgegeben ist. Manche davon werden benötigt, andere nicht unbedingt.

Die Verwendung der Built-in-Gruppen ist insofern kritisch, als sie an sehr vielen Stellen im System verwendet und standardmäßig berechtigt werden. Daher ist kaum Transparenz möglich. Wir empfehlen Ihnen daher, die Standardgruppen an so wenigen Stellen wie möglich zu verwenden und nur dedizierte Gruppen für die Benutzung freizugeben. Überwachen Sie die einzelnen Gruppen und Gruppenänderungen.

Achten Sie besonders auf diese Gruppen:

- Schema-Admins
- Organisations-Admins
- Konten-Operatoren
- Sicherungs-Operatoren
- Server-Operatoren
- DnsAdmins
- Print-Operatoren
- Sicherungs-Operatoren
- Zertifikatsveröffentlicher

AdminCount

Diese Gruppen haben alle eine Gemeinsamkeit: Das Attribut `AdminCount` steht auf `1`. Das bedeutet, dass der sogenannte *AdminSDHolder* regelmäßig den Schutz prüft. Infos dazu finden Sie unter:

https://docs.microsoft.com/de-de/previous-versions/technet-magazine/ee361593(v=msdn.10)

Während die ersten beiden Gruppen für temporäre spezielle Administrationsaufgaben benötigt werden, können Sie auf die übrigen meist vollständig verzichten.

Als grundsätzliche Regel gilt:

- Die *Schema-Admins* sollten immer leer sein – außer es wird gerade ein Schema-Update durchgeführt (z. B. für die Installation von LAPS). Schema-Updates sind allerdings keine regelmäßige Tätigkeit (auch wenn von ihnen in Exchange-Rollups reger Gebrauch gemacht wird).
- *Organisations-Admins* werden ebenfalls nur benötigt, wenn neue Domänen in einer Gesamtstruktur angelegt oder AD-integrierte Anwendungen, wie Zertifizierungsstellen oder Exchange-Maildienste, installiert werden. Besonders in einer Umgebung mit nur einer Domäne reicht in den meisten Fällen nur ein Domänenadministrator. Einzelne Bereiche in der sogenannten *Configuration*-Partition können allerdings nur von der Berechtigung *Organisations-Admin* beschrieben werden.

Durch Security Baselines entschärft sich die Situation der Berechtigungen mit den Standardgruppen maßgeblich. Berechtigungen, die großflächig über die Zuordnung der Benutzerrechte *(User Rights Assignment)* in der Grundeinstellung enthalten sind, werden aufgelöst.

Bei allen anderen privilegierten Gruppen (Domänenadministratoren und weiteren) sollten Sie auf eine Reduzierung der direkten oder sogar der indirekten Mitglieder achten. Dass das Passwort regelmäßig getauscht wird, sollte eine Selbstverständlichkeit sein. Auch die regelmäßige Prüfung der Mitglieder von privilegierten Gruppen sollten Sie nicht vergessen.

22.3.4 Gruppenverwaltete Dienstkonten

Dienstkonten sind für Administratoren ein Fluch und ein Segen zugleich. Verwendet man sie, um Diensten die Ausführung im Hintergrund zu ermöglichen, ist das Passwort-Management dieser Konten eine Herausforderung. An einer Stelle geänderte Passwörter sorgen für fehlgeschlagene Ausführungen an anderer Stelle, weil dort das neue Passwort (z. B. in einem Dienst) noch nicht hinterlegt wurde. In diesem Abschnitt zeigen wir Ihnen Standards, um *Low-Touch*-Accounts zu verwenden, die ihre Passwörter selbst in der Hand haben.

Bereits in Windows Server 2008 wurden verwaltete Dienstkonten *(Managed Service Accounts)* angeboten. Diese verwalteten Dienstkonten nutzen eine Ableitung des *Computer*-Objekts und ändern ihr Passwort mit der gleichen Technik, die auch ein Computer für seine Verbindung zur Domäne verwendet.

Dies klang zunächst zu gut, um wahr zu sein. Und tatsächlich waren diese Konten durch eine geringe Applikationskompatibilität und die Beschränkung auf einen einzelnen Computer als Nutzer des Service-Kontos stark eingeschränkt. Der Zugriff von Diensten auf Dateiablagen etc. konnte weiterhin nur mit einem normalen Service-Benutzer durchgeführt werden. Das Gleiche gilt für *Virtual Accounts* (virtuelle Konten), die allerdings auch auf Servern ohne Domänenbeitritt funktionieren. Mit Windows Server 2012 wurden gruppenverwaltete Dienstekonten *(Group Managed Service Acounts, GMSA)* eingeführt. Diese Konten ermöglichten es erstmals, dass ein Dienstkonto nur von bestimmten Computern verwendet werden kann und dass Zugriffe über mehrere Computer verteilt vergeben und genutzt werden können. Das Passwortmanagement übernimmt der *Key Distribution Service* auf einem Domänencontroller, auf dem zumindest Windows Server 2012 läuft und der das dazugehörige Forest-Level besitzt.

Ein gruppenverwaltetes Dienstkonto (GMSA) besteht aus mehreren Teilen:

- KDS-Root-Key (Er ist für alle GMSAs in einer Domäne identisch.)
- Benutzername
- Identitäten mit Abrufberechtigung

Der KDS-Root-Key muss nur einmal pro Domäne erstellt werden. Dies erledigen Sie mit einem Enterprise- oder Domänenadministrator in einer administrativen PowerShell mit dem Befehl `Add-KdsRootKey -EffectiveImmediately`. Dieser Befehl wird nur mit einer GUID quittiert.

Der Schlüssel wird vom Active Directory verteilt und 10 Stunden lang gesperrt. So lange antwortet der KDS nicht auf Anfragen bezüglich GMSAs. Um diesen Vorgang zu beschleunigen, können Sie den Server 10 Stunden in die Vergangenheit versetzen, sodass die 10 Stunden bereits abgelaufen sind:

```
Add-KdsRootKey -EffectiveTime ((get-date).addhours(-10))
```

Dies sollten Sie aber natürlich nur in Testumgebungen tun! Es kann nämlich zu Nebeneffekten durch fehlende Replikation oder noch nicht erneuerte Kerberos-Tickets kommen.

Sobald der KDS-Root-Key verfügbar ist, können Sie ein entsprechendes Konto anlegen. Dies geschieht mit dem Befehl `New-ADServiceAccount` (siehe Abbildung 22.53).

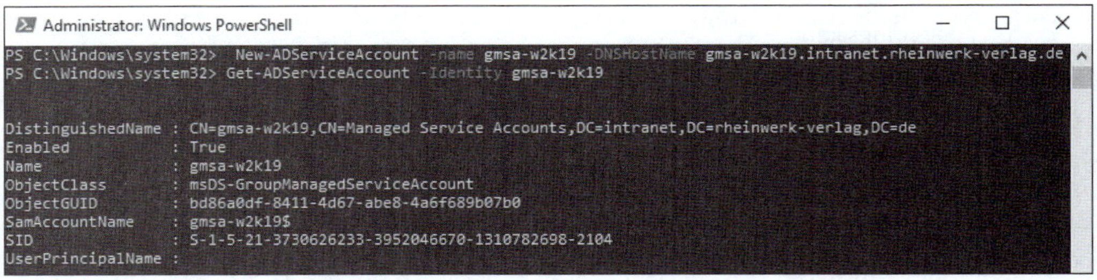
Administrator: Windows PowerShell
PS C:\Windows\system32> New-ADServiceAccount -name gmsa-w2k19 -DNSHostName gmsa-w2k19.intranet.rheinwerk-verlag.de
PS C:\Windows\system32> Get-ADServiceAccount -Identity gmsa-w2k19
DistinguishedName : CN=gmsa-w2k19,CN=Managed Service Accounts,DC=intranet,DC=rheinwerk-verlag,DC=de
Enabled : True
Name : gmsa-w2k19
ObjectClass : msDS-GroupManagedServiceAccount
ObjectGUID : bd86a0df-8411-4d67-abe8-4a6f689b07b0
SamAccountName : gmsa-w2k19$
SID : S-1-5-21-3730626233-3952046670-1310782698-2104
UserPrincipalName :

Abbildung 22.53 Erstellen eines gruppenverwalteten Dienstkontos

Verschiedene Parameter sind optional, andere müssen vergeben werden. Pflicht sind `-name`, `-DNSHostname` oder ein `-SPN`.

Mit dieser Einstellung ist allerdings zunächst kein Computer berechtigt, dieses Passwort anzufordern. Der Befehl `Test-ADServiceAccount -identity gmsa-w2k19` schlägt ebenso fehl wie der Aufruf `Install-ADServiceAccount`.

Mit dem Attribut `PrincipalsAllowedToRetrieveManagedPassword` (siehe Abbildung 22.54) geben Sie die Computeridentitäten an, die in der Lage sein sollen, das Passwort des GMSA abzurufen und zu ändern.

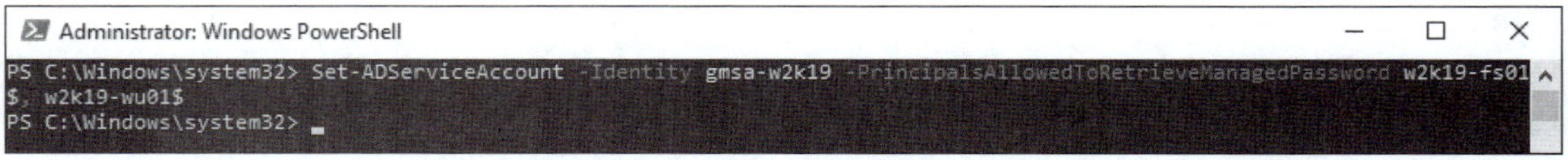
Administrator: Windows PowerShell
PS C:\Windows\system32> Set-ADServiceAccount -Identity gmsa-w2k19 -PrincipalsAllowedToRetrieveManagedPassword w2k19-fs01$, w2k19-wu01$
PS C:\Windows\system32>

Abbildung 22.54 Zwei Computer werden zum Abrufen autorisiert.

Anschließend können Sie die Konten installieren, die dann in einem Service verwendet werden (siehe Abbildung 22.55).

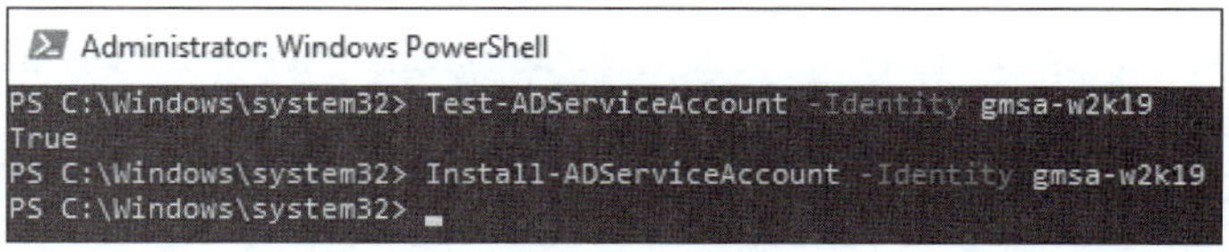
Administrator: Windows PowerShell
PS C:\Windows\system32> Test-ADServiceAccount -Identity gmsa-w2k19
True
PS C:\Windows\system32> Install-ADServiceAccount -Identity gmsa-w2k19
PS C:\Windows\system32>

Abbildung 22.55 Test und Installation auf einem berechtigten Computer

Das Verwalten, Ändern oder Absichern des Passworts des gruppenverwalteten Dienstkontos ist nicht notwendig. Es wird (in der Grundeinstellung) alle 30 Tage geändert und den Computern zur Nutzung bereitgestellt.

Failover-Cluster

Eine Einschränkung ist zu beachten: Die Verwendung auf einem Failover-Cluster wird nicht unterstützt, allerdings kann innerhalb von Clusterdiensten ein solches Konto verwendet werden.

delegated Managed Service Account (dMSA)

Mit Windows Server 2025 wurde ein neuer Account-Typ eingeführt: *delegated Managed Service Account (dMSA)*. Diese Accounts werden durch einen zufälligen Schlüssel geschützt, der automatisch erstellt wird. Ein dMSA ist durch Systeme eingeschränkt abrufbar (vergleichbar mit gMSA) und kann zudem teilweise durch den Credential Guard geschützt werden. Die Praxiserfahrungen dafür stehen in produktiven Umgebungen noch aus, jedoch ist das Konzept vielversprechend und kann eine Ergänzung für den Schutz von Systembenutzern sein, die bisher dem so genannten *Kerberoasting* leicht zum Opfer fielen. Weitere Infos finden Sie unter: *https://learn.microsoft.com/de-de/windows-server/identity/ad-ds/manage/delegated-managed-service-accounts/delegated-managed-service-accounts-set-up-dmsa*

22.3.5 Security Center in Windows Server 2025

In Windows Server 2025 sind die Sicherheitsfeatures in der Konsole WINDOWS-SICHERHEIT zusammengefasst. Diese teilt sich auf in VIREN- & BEDROHUNGSSCHUTZ, FIREWALL- & NETZWERKSCHUTZ, APP- & BROWSERSTEUERUNG sowie GERÄTESICHERHEIT. In diesem Abschnitt werden nur beispielhaft die Konfigurationsoptionen vorgestellt.

Für die verschiedenen Bereiche sind die meisten Einstellungen über die zuvor erläuterten Baselines gesetzt. Dennoch gibt es einige Optionen, die nur an dieser Stelle vorhanden sind. Die Kachel VIREN- & BEDROHUNGSSCHUTZ bietet einen Status der aktuellen Bedrohungen und der letzten Überprüfungen. Auch eine Historie ist unter BEDROHUNGSVERLAUF sichtbar. Zudem lässt sich unter dem Punkt UPDATES FÜR VIREN- & BEDROHUNGSSCHUTZ die Stabilität der Downloads der entsprechenden Informationen vom Update-Server oder von Windows Update validieren. Einige Einstellungen – wie das Verhindern von Zugriffen auf verdächtige Websites durch Apps oder Benutzer – lassen sich derzeit nur über Gruppenrichtlinien konfigurieren.

Sie können die Meldung in PROZESSE UND KONTAKTMÖGLICHKEITEN an Ihr Unternehmen anpassen. Wenn der Netzwerk-Schutz oder eine andere Sicherheitsvorrichtung zuschlägt, können Sie die Buttons in der Warnmeldung ändern, wie wir es beispielsweise in Abbildung 22.56 getan haben.

Diese Anpassung erfolgt in einer Richtlinie unter COMPUTEREINSTELLUNGEN • ADMINISTRATIVE VORLAGEN • WINDOWS-SICHERHEIT • UNTERNEHMENSANPASSUNGEN.

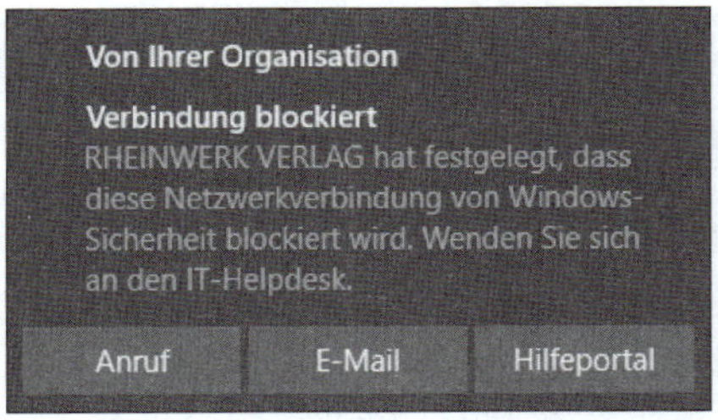
Von Ihrer Organisation
Verbindung blockiert
RHEINWERK VERLAG hat festgelegt, dass diese Netzwerkverbindung von Windows-Sicherheit blockiert wird. Wenden Sie sich an den IT-Helpdesk.
Anruf
E-Mail
Hilfeportal

Abbildung 22.56 Warnung vor einer unerwünschten URL

Diese Individualisierung gilt für *Windows Defender Exploit Guard, Windows Defender Anti Virus* und für *Blocken bei erstmaliger Sichtung* sowie bei potenziell unerwünschten Anwendungen. Exploit Guard besteht aus vier Komponenten: Exploit-Schutz, *Attack Surface Reduction*-Regeln, Netzwerkschutz und kontrolliertem Ordnerzugriff.

Alle Features bedürfen entsprechender Planung. Wenn Sie bereits *EMET* (das *Enhanced Mitigation Toolkit* – eine Ergänzung zu Windows-Betriebssystemen von Microsoft) eingesetzt haben, um den Exploit-Schutz auf Systemen vor Windows Server 2019 zu gewährleisten, können Sie die dort vorgenommene Konfiguration exportieren und in Exploit Guard importieren:

```
ConvertTo-ProcessMitigationPolicy -EMETFilePath emetConfigFile.xml `
  -OutputFilePath ExploitGuard.xml
```

Das System wird mit Standardeinstellungen geladen. Wenn keine besonderen Effekte auftreten, können Sie diese Werte übernehmen.

Im Bereich FIREWALL- & NETZWERKSCHUTZ finden Sie den Verweis zur klassischen Host-Firewall, die inzwischen *Windows Defender Firewall mit erweiterter Sicherheit* genannt wird. Die Konfigurationen der Firewall haben sich seit den vorherigen Versionen von Windows Server nicht geändert. Achten Sie hier vor allem auf eine Konfiguration, nämlich darauf, dass Sie auch unbenutzte Profile konfigurieren (am besten per GPO), sodass ein Server, sofern er einmal nicht mitbekommt, dass er Teil einer Domäne ist, dennoch nicht entsprechend weitreichende Portöffnungen vornimmt.

Unter der Kachel GERÄTESICHERHEIT (siehe Abbildung 22.57) konfigurieren Sie zwei Funktionen, die mit den letzten Serverversionen eingeführt wurden:

- KERNISOLIERUNG ist ein auf entsprechend kompatiblen Geräten aktivierbarer Schutz, der aus dem Bereich der virtualisierungsbasierten Sicherheit kommt. Prozesse des Computers, des Betriebssystems und der Benutzer werden strikt voneinander getrennt, wenn die Speicherisolierung als Teil der Kernisolierung aktiv ist.
- Der SICHERE START (*UEFI Secure Boot*) sorgt dafür, dass keine Rootkits den Bootvorgang von Windows Server beeinflussen können und dort Daten auslesen. Die Hardwarekompatibilität ist jedoch in manchen Fällen ein Problem: Achten Sie beim Kauf von Virtualisie-

rungshosts auf eine entsprechende Zertifizierung, damit Sie diese Funktion auf so vielen Systemen wie möglich einschalten können.

Abbildung 22.57 Neue Funktionen bei »Gerätesicherheit«

Weitere Funktionen der Sicherheit werden außerhalb des Security Centers aktiviert (zumeist per Gruppenrichtlinie), wie zum Beispiel die virtualisierungsbasierte Sicherheit für Credential Guard (siehe Abbildung 22.58).

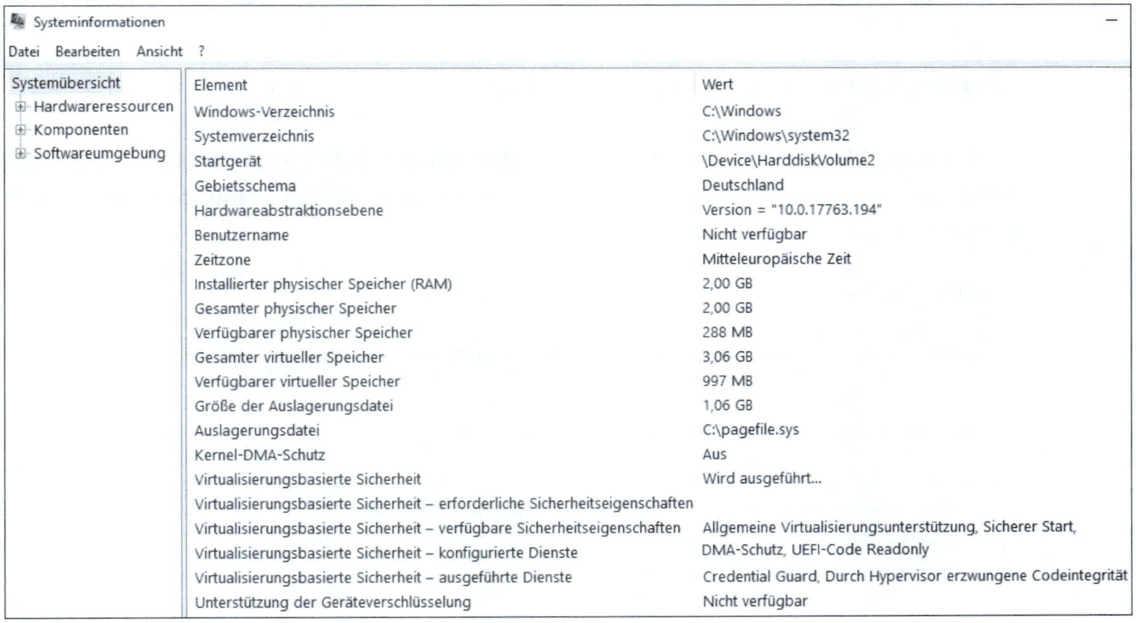

Abbildung 22.58 Virtualisierungsbasierte Sicherheit

`MSINFO32.exe` zeigt die aktivierten Sicherheitsfeatures.

22.3.6 Windows Defender Application Control

Mit *Windows Defender Application Control (WDAC)* (oder *Windows Defender Anwendungssteuerung*) können Sie auf Windows-Betriebssystemen den Start von Programmen und das Laden von Treibern zusätzlich einschränken. Deutlich länger auf dem Markt ist der *AppLocker*, der aber vor allem auf Endgeräten genutzt wird. AppLocker verfolgt ein ähnliches Ziel, wird aber nicht mehr weiterentwickelt und sollte daher allenfalls als Ergänzung für noch fehlende Features von WDAC eingesetzt werden.

WDAC ist grundsätzlich in der Lage, die Rechte von Applikationen auf Basis verschiedener Attribute zu erweitern oder einzuschränken. Damit lassen sich besonders gehärtete Systeme erstellen. Die Grundlage für diese Härtung bildet eine Policy. Diese lässt sich unter anderem über den *WDAC Wizard* (*https://webapp-wdac-wizard.azurewebsites.net/*) erstellen.

Für unser Beispiel wollen wir eine sehr einfache Policy verwenden. Starten Sie dazu einfach den WDAC Wizard. Sie erhalten dann das Fenster aus Abbildung 22.59.

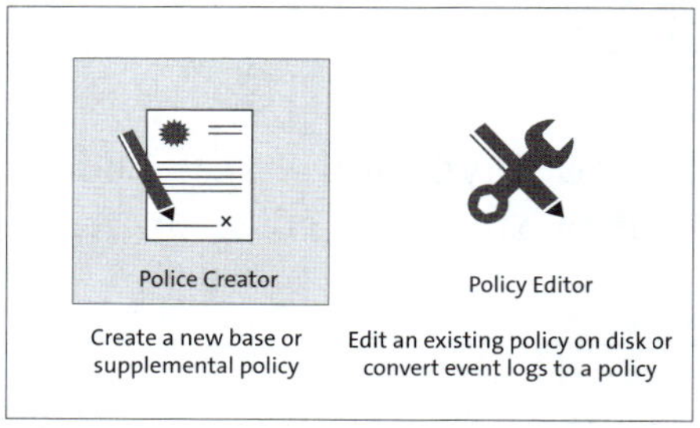
Police Creator
Policy Editor
Create a new base or supplemental policy
Edit an existing policy on disk or convert event logs to a policy

Abbildung 22.59 »Policy Creator« im WDAC Wizard

Nach einem Klick auf POLICY CREATOR wählen Sie den Policy-Typ aus (siehe Abbildung 22.60). Achten Sie darauf, dass erst Windows Server 2022 und neuer mit mehreren Policys zurechtkommen.

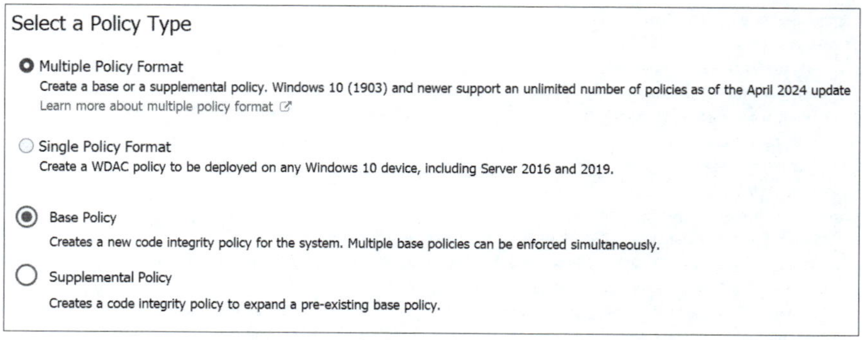
Select a Policy Type
Multiple Policy Format
Create a base or a supplemental policy. Windows 10 (1903) and newer support an unlimited number of policies as of the April 2024 update
Learn more about multiple policy format
Single Policy Format
Create a WDAC policy to be deployed on any Windows 10 device, including Server 2016 and 2019.
Base Policy
Creates a new code integrity policy for the system. Multiple base policies can be enforced simultaneously.
Supplemental Policy
Creates a code integrity policy to expand a pre-existing base policy.

Abbildung 22.60 Policy-Typ-Auswahl für WDAC

Für unsere Demonstration wählen wir das MULTIPLE POLICY FORMAT und BASE POLICY aus.

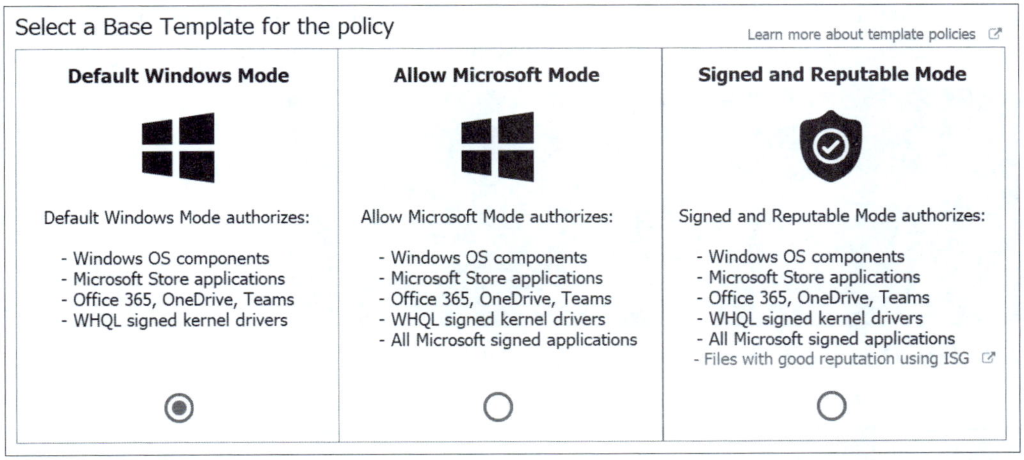

Abbildung 22.61 Auswahl der Basis-Policys im WDAC Wizard

Die Policy DEFAULT WINDOWS MODE sorgt bereits dafür, dass nur noch die aufgelisteten Programme und Komponenten ausgeführt werden dürfen. In den nächsten Schritten können Sie zusätzlich weitere Features und Einstellungen hinzufügen oder abschalten. An der Auflistung der zusätzlichen Optionen aus Abbildung 22.62 sehen Sie, wie umfassend die Konfiguration der Kontrollen durch WDAC sein kann.

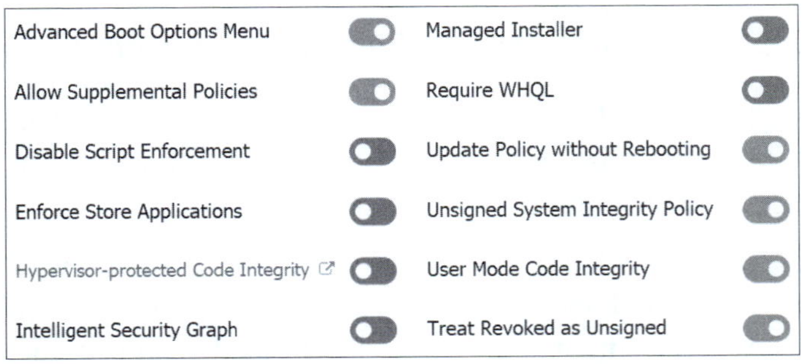

Abbildung 22.62 Zusatzfunktionen im WDAC Wizard

Nach Abschluss des WDAC Wizards erhalten Sie eine XML-Datei mit den lesbaren Informationen und eine binäre CIP-Datei, die Sie in den Pfad *C:\Windows\System32\CodeIntegrity\CI-Policies\Active* kopieren müssen. Dort wird sie nach einem anschließenden Neustart aktiv.

Das System blockiert nun den Aufruf »fremder« Apps und sorgt dafür, dass keine unautorisierten Programme mehr gestartet werden können. Falls ein Benutzer doch eine Datei aus dem Internet herunterlädt und ausführen will, erscheint ein blauer Banner mit dem Hinweis, dass »App Control for Business« verwendet wird, um den Start zu verhindern. (Wir haben im Sommer 2024 mit einer Preview-Version gearbeitet, in der die Texte noch nicht vollständig und richtig übersetzt waren. *App Control for Business* ist eigentlich der Name für die *Mana-*

22

ged Apps in Intune. Dort können Sie sehr ähnliche Policys wie mit dem WDAC Wizard erstellen. Trotzdem kann sich dieser Text in der finalen Version noch ändern.)

Ihr organization hat App Control for Business verwendet, um diese App zu blockieren.
C:\Users\Administrator\Downloads\putty.exe
Weitere Informationen erhalten Sie vom Support.
In Zwischenablage kopieren
Schließen

Abbildung 22.63 Die Warnmeldung bezieht sich auf »App Control for Business«.

Policys verteilen

Selbstverständlich lassen sich die WDAC-Policys auch über GPO oder Intune verteilen – Sie müssen sie nicht auf jedem Rechner per Hand einstellen. Für einen größeren Einsatz ist es unerlässlich, dass Sie zunächst mit dem Audit-Modus arbeiten und genau testen, welche Features und Programme Sie wirklich abschalten können. Planen Sie dafür eine ausgiebige Testphase ein schalten Sie die Einschränkungen erst im Anschluss scharf.

22.4 Erweiterte Maßnahmen zum Schutz von Windows-Umgebungen

Neben den Standard- und fortgeschrittenen Maßnahmen, die wir bisher beschrieben haben, gibt es weiterführende erweiterte Maßnahmen zum Schutz von Windows-Umgebungen. Diese beschreiben wir in den nächsten Abschnitten.

Dabei geht es zunächst um *Privilege Access Workstations (PAWs)*, also um sichere Administrationsterminals für Administratoren, anschließend um die Beschränkung von Anmeldevorgängen mit einer neuen Art von Silo-Beschränkung, um den grundlegenden Aufbau eines administrativen *Forests* oder *Red Forests* sowie um die Möglichkeit, mit zusätzlichen Tools eine Überwachung zu etablieren, die über klassisches Monitoring hinausgeht.

22.4.1 Sicherer Zugriff auf Windows Server 2025 durch Privilege Access Workstations

Eine *Privilege Access Workstation (PAW)* oder eine sichere Administrationsworkstation ist ein gehärteter, abgeschotteter Clientcomputer. Mit diesem Computer greifen Sie ausschließlich auf sogenannte *High-Value Assets (HVAs)* zu. Dies können die Domänencontroller sowie andere besonders kritische Zugriffsbereiche sein, z. B. Schlüsselverwaltungsstellen, Identitätenmanagementsysteme oder Ähnliches.

Eine PAW ist die konsequente Fortführung der Trennung von Benutzer- und Adminkonten in zwei technische Konten. Diese sollten an der gleichen Stelle genutzt werden.

Zwei Ziele sind mit einer PAW verbunden: die ausschließliche Verwendung und Offenlegung von kritischen und sensitiven Konten auf vertrauenswürdigen Hosts sowie die Vereinfachung der Administration durch Verfügbarkeit aller relevanten administrativen Tools.

Vielleicht fragen Sie sich, warum es ein extra Computer sein muss. Hier kehren wir zurück zum Clean-Source-Prinzip. Dieses geht davon aus, dass nur durch eine saubere Quelle kein Angriffsvektor (oder kaum ein Angriffsvektor) entsteht. Wenn Sie ein hochprivilegiertes Administrationskonto (in Abbildung 22.64 mit einer Smartcard dargestellt) auf einer Benutzer-Workstation nutzen, kann ein Angreifer aus dem Internet oder dem internen Netzwerk leichter Malware einschleusen und die Admin-Anmeldeinformationen missbrauchen, um sich weitere Privilegien zu verschaffen.

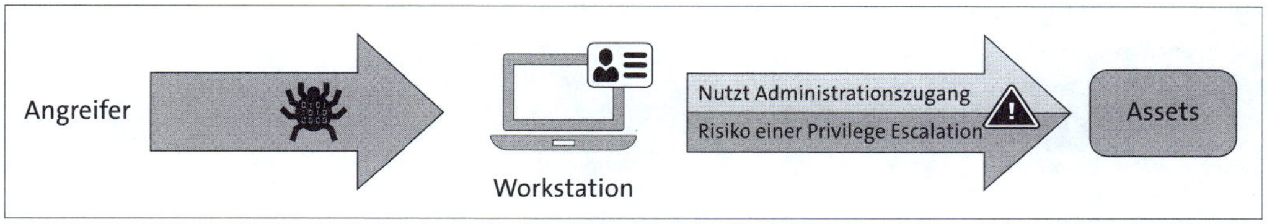

Abbildung 22.64 Ein Angreifer kann eine User-Workstation infizieren und verwendete administrative Anmeldeinformationen ausnutzen.

Die Maßnahmen, um eine PAW für eine Infektion unerreichbar zu machen, sind vielfältig. Dazu gehören:

- Verwendung von eigenen Nutzern für die PAW-Administration
- eine konsequente Netzwerktrennung durch die *Windows Defender-Firewall mit erweiterter Sicherheit*
- Härtung des Systems durch die Security Baseline
- Einschränkung des Internetzugriffs auf Azure Active Directory (wenn es verwendet wird)
- Prüfung der Software auf Authentizität
- ein getrennter Softwarelebenszyklus
- Überwachung der Hardwarelieferkette und Auflösung der sonst verteilten Zuständigkeiten von Installationsvorgängen

Wenn Sie diese Punkte einhalten, können Sie Ihre PAW als relativ sicher betrachten. Wenn Sie also davon ausgehen, dass ein Angreifer keinen Zugriff auf eine PAW erlangen kann, dann ist ein Zugriff auf weitere Ressourcen als sicher anzusehen. Also kann auch ein Zugriff auf weitere Ressourcen akzeptiert werden, z. B. auf einen administrativen Jump-Server (siehe Abbildung 22.65).

In der Praxis ist es kostspielig oder unbequem, zwei Computer für die Administration zu verwenden. Wenn Sie darauf verzichten wollen, ist es akzeptabel, wenn Sie auf Ihrem gesicherten Rechner mit einem Standardbenutzer eine virtuelle Maschine starten. Allerdings ist wirklich nur diese Variante akzeptabel! Eine normale Workstation mit einer PAW-VM wäre nicht in Ordnung. Seit Hyper-V die Verwendung von Multimedia-Anwendungen in der virtuellen Maschine voll unterstützt, spricht nichts gegen den Einsatz einer Windows-PAW mit Hyper-V und einer Installation des Standardclients in der VM (siehe Abbildung 22.66).

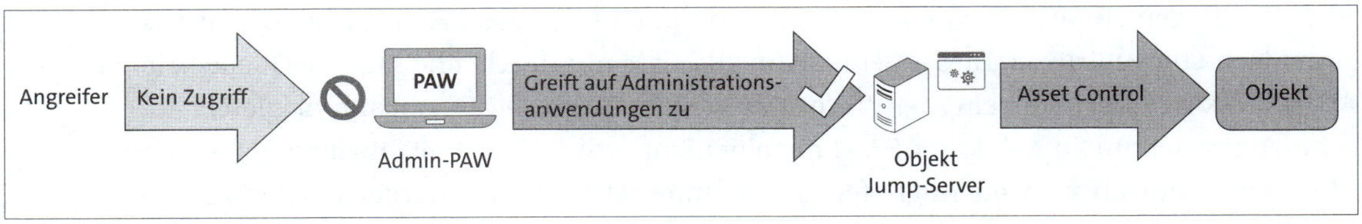

Abbildung 22.65 PAW als Clean-Source zur Administration

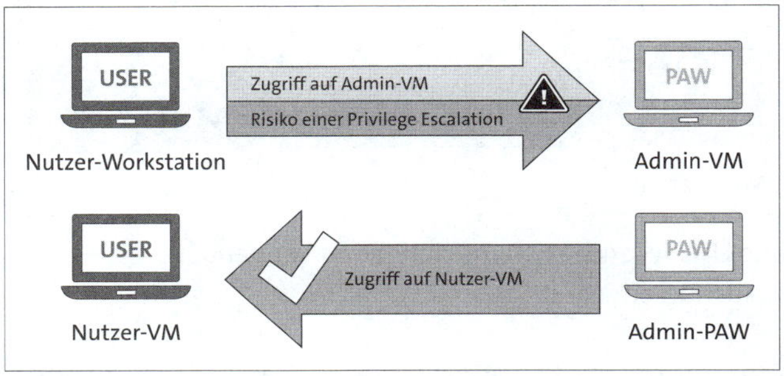

Abbildung 22.66 User-VM mit einer Admin-PAW

Verwenden Sie unterschiedliche Benutzer für die PAW-Standardnutzung und für PAW-Wartungsaufgaben, um sicherzustellen, dass Sie Wartungsaufgaben sehr bewusst wahrnehmen!

Als Ausgangspunkt für die Einschränkung von *Windows Defender*-Firewall und -Proxy bzw. des Internetzugangs können Ihnen die Skripte bzw. Konfigurationen aus der folgenden Quelle dienen. Sie finden sie im gleichen Paket wie die zuvor verwendeten Delegationen:

- *https://github.com/inntran/pawmedia*
- Außerdem gibt es auch neue Methoden, die aber sehr Cloud-abhängig sind: Securing devices as part of the privileged access story: *https://learn.microsoft.com/en-us/security/privileged-access-workstations/privileged-access-devices*

Damit PAW-Nutzer auch tatsächlich nur Privilege Access Workstations nutzen, sollten Sie Authentication Policys und Silos einsetzen. Dies wird im folgenden Abschnitt erläutert.

22.4.2 Authentication Policys und Silos

Wenn Sie das Konzept des Containments weiterverfolgen und dafür sorgen wollen, dass administrative Konten nur sehr eingeschränkt verwendet werden können, dann sollten Sie sich mit Authentication Policys und Silos befassen.

Authentication Policys sind Anweisungen an den KDC (den Dienst auf Active Directory-Domänencontrollern, der Kerberos-Tickets ausstellt), die definieren, wie er sich bei der Ausstellung von Tickets verhalten soll. Dies betrifft vor allem die Gültigkeit.

In der Vergangenheit waren Tickets bezogen auf die lokalen Berechtigungen immer domänenweit gültig und nicht eingeschränkt. Eine gewisse Dynamisierung brachte die sogenannte *Claims-basierte Authentifizierung*, die auf Ansprüchen basiert. Dies ermöglicht es, Ticketgültigkeiten in Abhängigkeit von dynamischen Faktoren zu generieren. Im Fall von Authentication Policys und Silos werden also Tickets einer bestimmten Ausführung (Policy) und für bestimmte Systeme (Silo) generiert.

Dazu müssen Sie die Umgebung mit zwei Policy-Einstellungen (GPOs) vorbereiten. Die erste ermöglicht es, dass der KDC diese neuartigen Tickets ausstellt. Die zweite gibt kompatiblen Clients (ab Windows 8 bzw. Windows Server 2012) die Gelegenheit, diese Tickets auch tatsächlich zu nutzen. Die Domänenumgebung muss auf dem Level 2012 R2 oder höher betrieben werden.

Die relevanten Einstellungen für die Gruppenrichtlinien lauten:

Policy-Pfad	*Computerkonfiguration\Richtlinien\Windows-Einstellungen\AdministrativeVorlagen\System\KDC*
Policy-Name	Unterstützung des Kerberos-Domänencontrollers für Ansprüche, Verbundauthentifizierung und Kerberos-Schutz
Einstellung	Aktiviert Option: Unterstützt
Link	Domänencontroller
Policy-Pfad	*Computerkonfiguration\Richtlinien\Windows-Einstellungen\AdministrativeVorlagen\System\Kerberos*
Policy-Name	Unterstützung des Kerberos-Clients für Ansprüche, Verbundauthentifizierung und Kerberos-Schutz
Einstellung	Aktiviert
Link	Domäne

Tabelle 22.4 Authentication Policys

Zur Administration von Authentication Policys und Authentication-Policy-Silos bietet Windows Server zwei Optionen an: die PowerShell und das Active Directory-Verwaltungscenter. Im Folgenden sehen wir uns die Erstellung der Policy und des Silos in der GUI an.

Klicken Sie im *Active Directory-Verwaltungscenter* auf den Menüpunkt AUTHENTIFIZIERUNG und erstellen Sie dort mit einem Rechtsklick auf AUTHENTICATION POLICY eine neue Policy.

Für die Richtlinie *DConly* gilt nur ein Konto, nämlich das administrative Tier-0-Konto eines Administrators. Die Einstellung, die maßgeblich beeinflusst wird, ist die TICKET-GRANTING-TICKET-LEBENSDAUER *(TGT Lifetime)* und damit die Gültigkeit eines Kerberos-Tickets. Diese reduzieren Sie vom Standardwert auf 120 Minuten (siehe Abbildung 22.67). Sobald die Richtlinie eingerichtet ist und die Replikation auf alle Domänencontroller erfolgt ist, greift die entsprechende Einstellung auf dem Konto, das Sie unter KONTEN hinzugefügt haben.

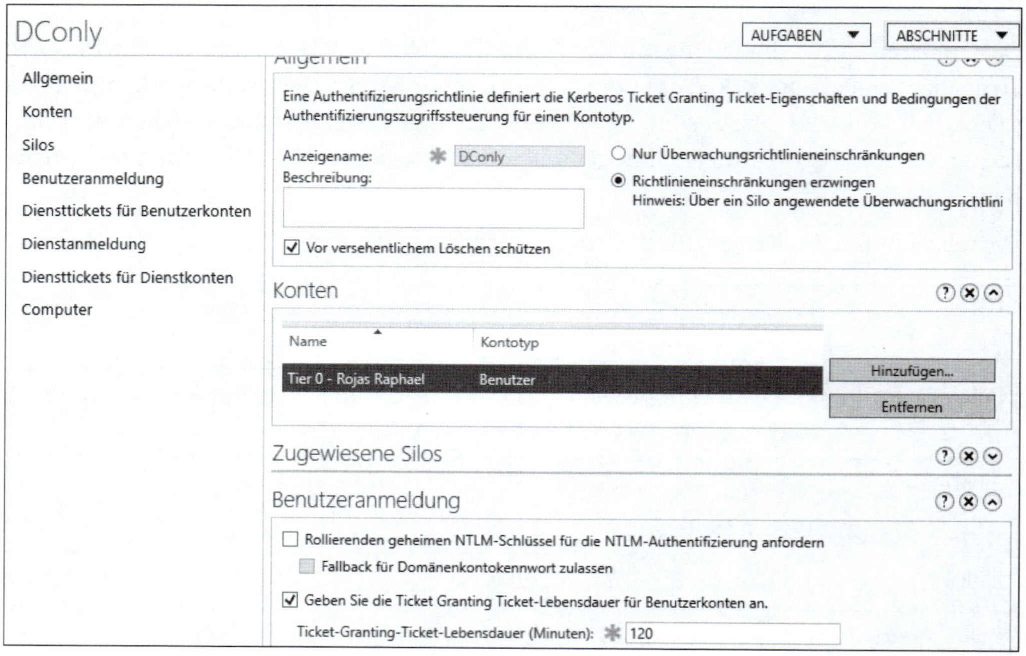

Abbildung 22.67 »DConly«-Authentication-Policy

Um die Wirksamkeit der Richtlinie zu prüfen, starten Sie die Eingabeaufforderung und geben den Befehl `klist` ein (siehe Abbildung 22.68).

Diese Richtlinie sorgt also dafür, dass das Ticket eines Benutzers nach zwei Stunden ungültig wird. Anschließend können Sie ein *Silo* erstellen, um die Verwendung von Benutzern auf bestimmte Systeme zu beschränken. Dies sorgt für ein zuvor auch schon beschriebenes Prinzip von Containment und verhindert Fehler von Administratoren: Kontodaten können jetzt nur noch auf dafür vorgesehenen Systemen angezeigt werden.

In der Active Directory-Verwaltungskonsole können Sie unter AUTHENTICATION POLICY ein neues Silo anlegen (siehe Abbildung 22.69). Zu diesem Silo können Sie die zulässigen Konten (Benutzer und Computer) hinzufügen und es mit der Policy verbinden.

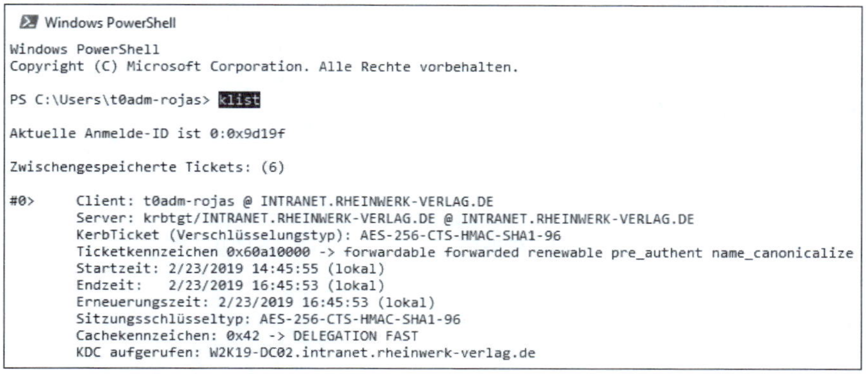

Abbildung 22.68 Das Kerberos-Ticket ist zwei Stunden lang gültig.

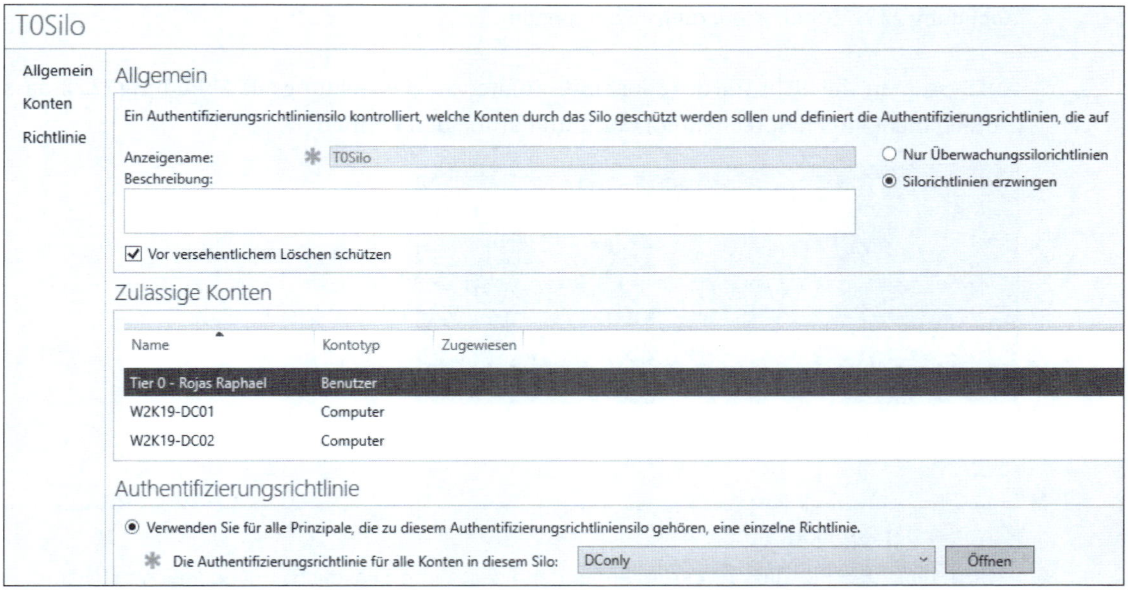

Abbildung 22.69 T-0-Silo ohne Kontenzuweisung

Zunächst sind die Konten nicht zugewiesen (wie in Abbildung 22.69). Das heißt, das Silo ist auch nicht aktiv. Die Zuweisung können Sie durchführen, indem Sie auf die einzelnen Konten klicken. Erst wenn Sie die Silo-Eigenschaften erneut aufrufen, sind entsprechende Haken unter ZULÄSSIGE KONTEN sichtbar (wie in Abbildung 22.70).

Alternativ verwenden Sie das Cmdlet `Grant-ADAuthenticationPolicySilo` zur Zuweisung.

Damit die Benutzeranmeldung auf dem Silo basiert, fügen Sie unter BENUTZERANMELDUNG in der Authentication Policy die ZUGRIFFSSTEUERUNGSBEDINGUNGEN hinzu (siehe Abbildung 22.71). Dort tragen Sie »T0Silo« ein, um das entsprechende T-0-Silo zur Bedingung zu machen.

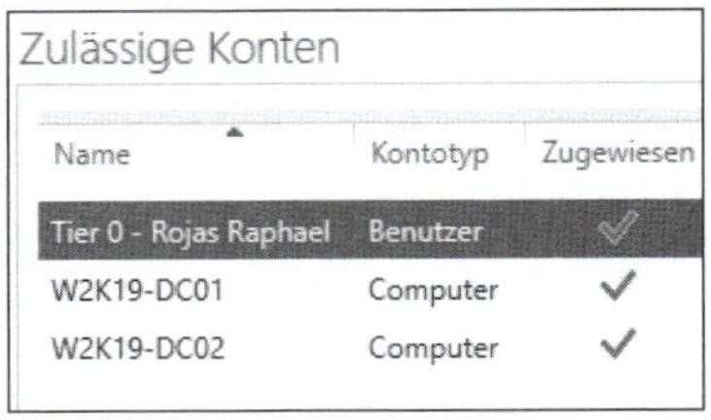

Abbildung 22.70 Die zulässigen Konten sind jetzt aktiv.

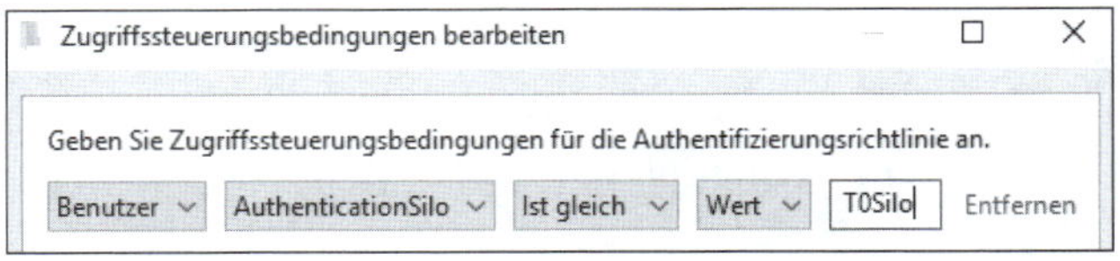

Abbildung 22.71 Zugriffssteuerungsbedingungen

Auf Systemen, die nicht Teil des Silos sind, erhalten Sie die Meldung aus Abbildung 22.72, dass Sie sich nicht am entsprechenden Computer anmelden können.

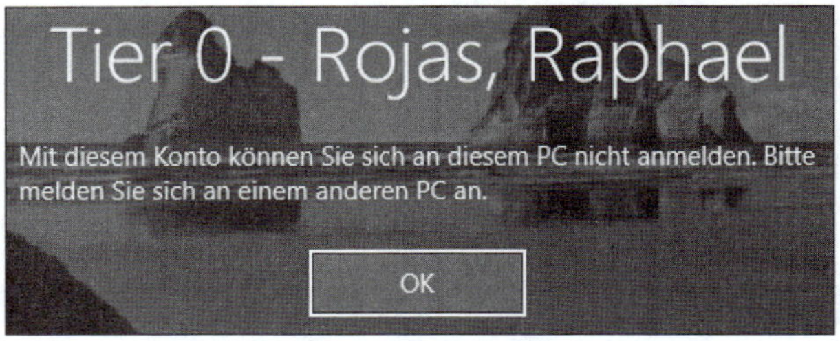

Abbildung 22.72 Fehlermeldung bei Systemen außerhalb des Silos

Dauer der Replikation

Bitte beachten Sie, dass Änderungen an den Policys und Silos nicht unverzüglich aktiv sind, sondern dass es ein bisschen dauert, bis die Replikation abgeschlossen ist.

Diese Fehlermeldungen werden von Event-Log-Einträgen mit der ID `4820` und dem entsprechenden Hinweis begleitet, dass die Zugriffsbestimmungen nicht eingehalten wurden (siehe Abbildung 22.73).

Für die großflächige Verwendung von Authentication Policys und Silos fehlen die richtigen administrativen Tools. Aktuell ist dieser Ansatz nur in besonderen Umgebungen verbreitet. Wenn Sie eine solche Infrastruktur planen und dann komplexe Policys und Silos abbilden müssen, sollten Sie auf die PowerShell zurückgreifen. Dafür gibt es die Cmdlets `New/Get/Set-ADAuthenticationPolicy` und `New/Get/Set-AdAuthenticationPolicySilo`.

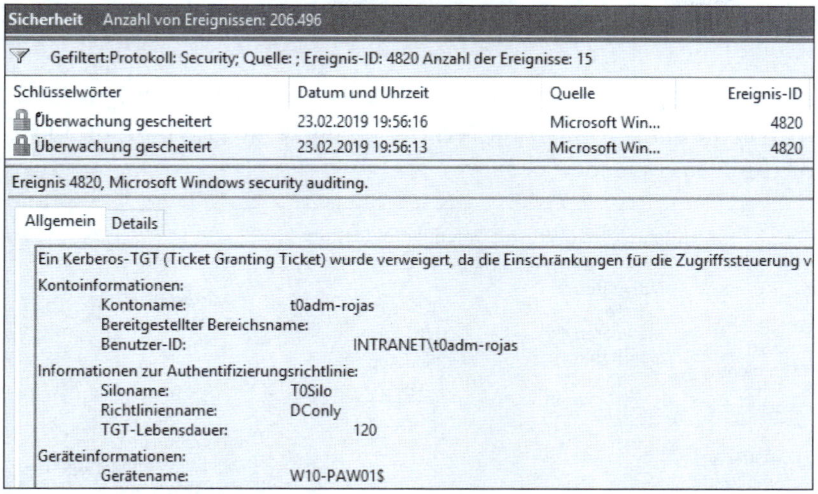

Abbildung 22.73 Event-Log zum Authentication-Policy-Silo

22.4.3 Defender for Identity

Trotz aller Sicherheitsvorkehrungen ist die Sicherheit in Active Directory-Umgebungen niemals perfekt. Microsoft hatte zwischenzeitlich mit *Advanced Threat Analytics (ATA)* ein System zur Verfügung gestellt, das besondere Anzeichen von gezielten Angriffen auf Active Directory-Umgebungen sichtbar macht.

Microsoft Advanced Threat Analytics ist inzwischen jedoch nur noch in einer Cloud-Version verfügbar: als *Microsoft Advanced Threat Protection (ATP)* bzw. inzwischen als *Microsoft Defender for Identity*. Die Basisfunktionalität der On-Premises-Variante unterscheidet sich nicht von derjenigen der Cloud-Variante. Die On-Premises-Variante wird allerdings nur noch für Bestandskunden unterstützt.

In Microsoft Defender for Identity werden Agenten auf Domänencontrollern und inzwischen auch auf AD FS- und AD CS-Servern installiert. Diese lösen die ehemaligen *Lightweight Gateways* ab. Diese Agenten kommunizieren mit dem Backend des Defenders for Identity und geben Alerts und Metadaten an Microsofts XDR-Umgebung weiter.

Microsoft Defender XDR

Microsoft Defender XDR ist der neue Name des *Microsoft Defender 365*. Das Kürzel *XDR* steht für *Extended Detection and Response*. Microsoft verspricht damit eine umfassende Erkennung von Sicherheitsproblemen in den Cloud-Angeboten. Weitere Informationen dazu finden Sie unter:

https://www.microsoft.com/de-de/security/business/siem-and-xdr/microsoft-defender-xdr

Der Agent sendet Objektdaten aus dem Active Directory, Teile von Netzwerktraffic und Windows-Events in die Cloud.

Den schematischen Aufbau sehen Sie in Abbildung 22.74. Hier wird auch deutlich, dass Defender for Identity sich in die übrigen Microsoft-Security-Produkte integriert, wie die Cloud App Security und Microsoft 365 Defender.

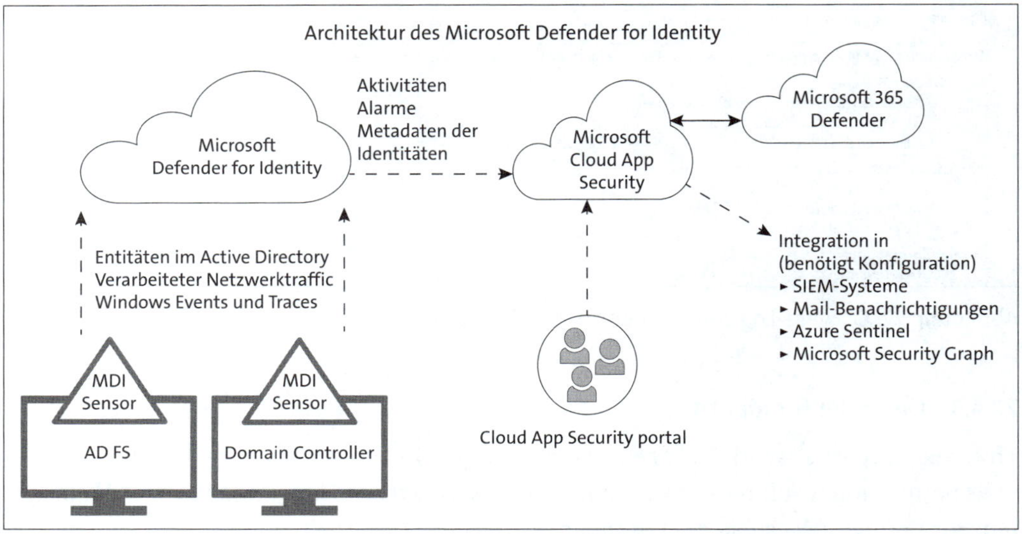

Abbildung 22.74 Aufbau von »Defender for Identity« (Quelle: https://docs.microsoft.com/de-de/defender-for-identity/architecture)

Sobald die Agenten auf jedem der Domänencontroller installiert sind, werden entsprechende Daten geliefert.

Defender for Identity kann verschiedene Aktivitäten überwachen und melden. Die wichtigsten sind:

- Veränderung von sensitiven Gruppen
- Brute-Force-Angriffe auf LDAP-Verbindungen
- unverschlüsselte Passwörter auf LDAP-Verbindungen
- Pass-the-Hash-Aktivitäten
- Golden Tickets (von Benutzern losgelöste lange gültige Kerberos-Tickets)
- nicht autorisierte Replikationen von Domäneninformationen
- Auflistung von Konten (Enumeration)

Die Alarmmeldungen werden in den »Vorfällen« im Microsoft Security Portal (*https://security.microsoft.com*) aufgezeigt und können bei Bedarf an SIEM-Systeme *(Security Information and Event Management)* oder an E-Mail-Postfächer weitergeleitet werden.

Für die Installation benötigen Sie keine zusätzlichen Server-Systeme. Sie können die vollständigen Voraussetzungen für Ihre Umgebung evaluieren:

https://docs.microsoft.com/de-de/defender-for-identity/prerequisites

Das Portal *Microsoft Security* steht auch in deutscher Sprache zur Verfügung.

Die Konfiguration im Portal beschränkt sich auf die Einrichtung eines Service-Users, der Zugriff auf die Active Directory-Daten hat. (Dies kann ein Group Managed Service Account sein, aber auch ein anderer Account ohne besondere Berechtigung.)

Aber zurück zum Beginn: Defender for Identity benötigt eine aktive Lizenzzuweisung. Ohne diesen Schritt erscheint unter EINSTELLUNGEN im Security-Portal das notwendige Feld IDENTITÄTEN nicht. (Wenn die Lizenz erst kurzfristig zugewiesen wurde, erscheint möglicherweise eine Fehlermeldung, denn die Bereitstellung dauert ein wenig.)

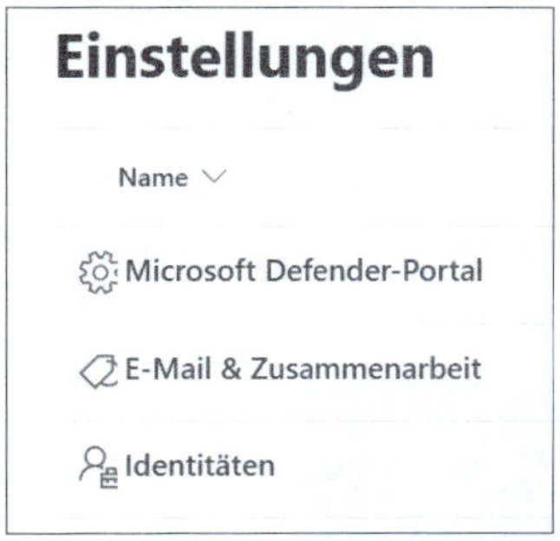

Abbildung 22.75 Einstellungen in »security.microsoft.com«

Anschließend können Sie in den EINSTELLUNGEN den wichtigsten Schritt unter SENSOREN • SENSOREN HINZUFÜGEN ausführen (siehe Abbildung 22.76).

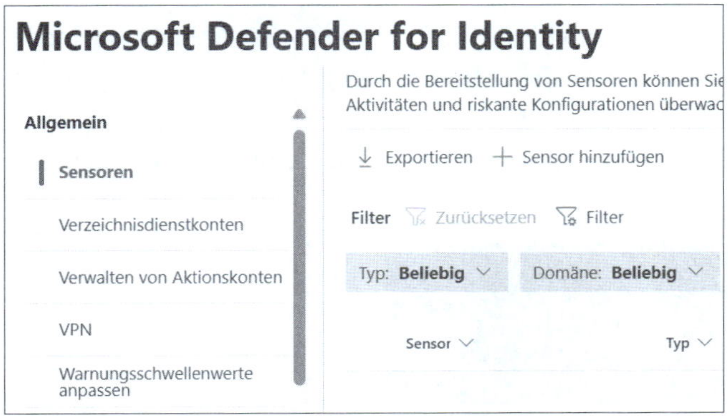

Abbildung 22.76 Die noch leere Sensorenübersicht

Es entsteht ein individueller Key, der für die Installation und das Verbinden des Agenten und der Plattform notwendig ist (siehe Abbildung 22.77).

Neuen Sensor hinzufügen
Installieren und konfigurieren Sie den Sensor mithilfe des generierten Zugriffsschlüssels. Nach der Installation wird der neue Sensor in der Sensorliste angezeigt. Weitere Informationen
Installationsprogramm herunterladen
Zugriffsschlüssel
rK1D2Mi89gijs2OIKYAjrG+FdBp4L1P5rzqxc9xO6R1+d3D6Mwjh4XafYJF...
Der Zugriffsschlüssel wird nur während der Sensorinstallation verwendet. Durch das erneute Generieren des Schlüssels wird der vorhandene Schlüssel ungültig, und Installationen mit dem vorherigen Schlüssel schlagen fehl.
Schlüssel erneut generieren

Abbildung 22.77 Individueller Key

Der Key ist einem Passwort gleichzusetzen und sollte in einem sicheren Tool für das Passwort-Management abgelegt werden. Er darf keinesfalls öffentlich geteilt werden!

Laden Sie dann das Installationsprogramm herunter, und führen Sie es auf den Zielsystemen aus (siehe Abbildung 22.78). Ausführliche Informationen dazu finden Sie unter *https://learn.microsoft.com/en-us/defender-for-identity/deploy/install-sensor*.

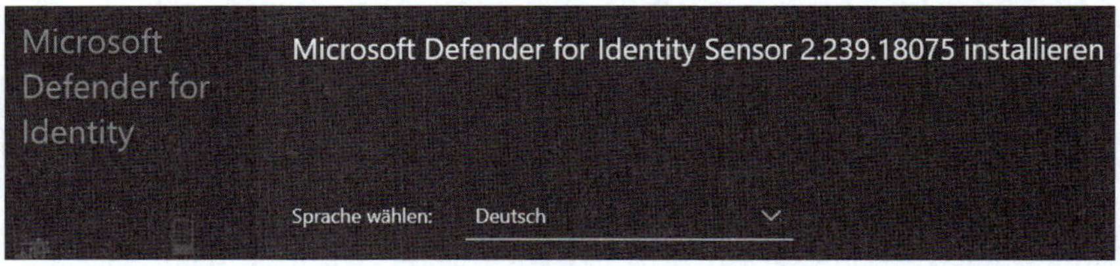
Microsoft Defender for Identity
Microsoft Defender for Identity Sensor 2.239.18075 installieren
Sprache wählen:
Deutsch

Abbildung 22.78 Installationsroutine für den »Defender for Identity«-Agenten

Während des Installationsvorgangs (siehe Abbildung 22.79) können Sie zwischen verschiedenen Sensorbereitstellungstypen wählen bzw. die Software wählt den richtigen Typ selbstständig aus. Neben der Installation auf dem System ist auch eine Spiegelport-Lösung möglich; außerdem ist der Agent für Systeme wie AD FS separat und hat eine leicht abweichende Funktionalität.

Konfigurieren Sie den Sensor
Installationspfad
C:\Program Files\Azure Advanced Threat Protection Sensor
Zugriffsschlüssel
?
‹c9xO6R1+d3D6Mwjh4XafYJFDYCXLPxhNcR7iiGkYj+YJk7Qm8Q==

Abbildung 22.79 Eingabe des Schlüssels während der Installation

Wie wir vorhin angesprochen haben, müssen Sie unter den Verzeichnisdienstkonten einen User hinterlegen, der keine Berechtigungen benötigt, die über das Lesen des Active Directory hinausgehen – das darf jeder User bereits standardmäßig. Anschließend ist der Sensors bereits einsatzbereit.

Der Defender for Identity wird Sie dann auf »Integritätsprobleme« aufmerksam machen. In Abbildung 22.80 sehen Sie beispielsweise, dass die NTLM-Überwachung auf unserem neuen Server nicht aktiv ist, was direkt bemängelt wird.

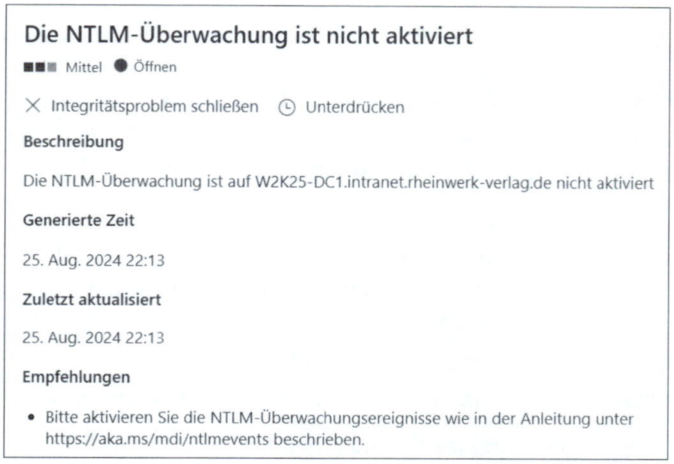

Abbildung 22.80 Ein Integritätsproblem aufgrund fehlender Audit-Einstellungen

Außerdem werden bei einem entsprechenden Verdachtsfall die Vorfälle und Warnungen im Security-Portal mit den notwendigen Details aufgelistet (siehe Abbildung 22.81).

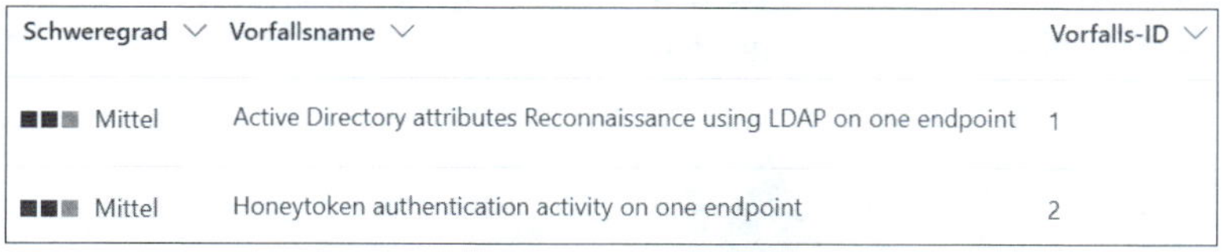

Abbildung 22.81 Die Vorfälle werden im Security-Portal aufgelistet.

Alle Agenten bieten zusätzlich die Funktionalität, automatisch Updates zu installieren. (Die Updates laufen im Systemkontext bzw. als lokaler Service des jeweiligen Domänencontrollers und haben damit die entsprechende Berechtigung.) Hier kann man eine Verzögerung aktivieren: Um Ausfälle zu vermeiden, sollten Sie dies mit Ihrem Betriebskonzept abgleichen.

Alarme sind teilweise durch die pure Auswertung und Korrelation von Event-Logs nicht zu generieren. Nur Systeme, die den Anmeldenetzwerkverkehr untersuchen, können diese Ereignisse aufzeichnen.

Alarme aus Defender for Identity können über einen entsprechenden Konnektor auch an Azure Sentinel als Datenkonnektor geliefert werden. So erhalten Sie eine Übersicht über alle sicherheitsrelevanten Ereignisse in Ihrer Umgebung.

Die Lizenz für Defender for Identity ist in keiner Version von Windows Server 2025 enthalten. Defender for Identity ist also ein Cloud-Produkt, das gesondert erworben und lizenziert werden muss. In Zusammenarbeit mit anderen Defender-Produkten erhalten Sie im Security-Portal von Microsoft auch ohne ein SIEM-System eine relativ umfassende Visualisierung ihrer aktuellen Sicherheitssituation.

22.4.4 Ausblick auf Red Forest

Sie haben bereits einige Optionen kennengelernt, um Ihren Domänen und Organisationsadministratorenkonten den maximal möglichen Schutz zu geben. Wie wäre es allerdings, wenn es im Active Directory gar nichts zu stehlen gäbe, weil die Konten gar nicht Teil des gewöhnlichen Active Directorys sind?

Stellen Sie sich vor, dass Sie die Administration im produktiven Active Directory nur mit Greifarmen vornehmen, die Sie aus sicherer Entfernung steuern. Dies ist das Prinzip hinter einem sogenannten *Red Forest* oder *Admin Forest*. Ob dieses Konzept in einer hybriden Welt für Sie einen Vorteil bringen kann, müssen Sie abhängig von Ihrer Umgebung bewerten. Hinterfragen Sie kritisch, ob der Aufwand in einem sinnvollen Verhältnis zum Nutzen steht.

Prinzipiell besteht eine Gesamtumgebung nach Einführung eines Red Forests aus mindestens zwei Active Directory-Gesamtstrukturen: Die eine enthält alle Ressourcen und Benutzer, die andere einen Großteil der Tier-0-Komponenten sowie die Administratoren. Administratorenkonten im produktiven Active Directory werden so weit wie möglich vermieden. Beide Umgebungen sind durch eine unidirektionale Vertrauensstellung *(One-way Trust)* miteinander verbunden. Die Administratoren aus dem Red Forest können daher im produktiven Forest authentifiziert werden, aber nicht andersherum.

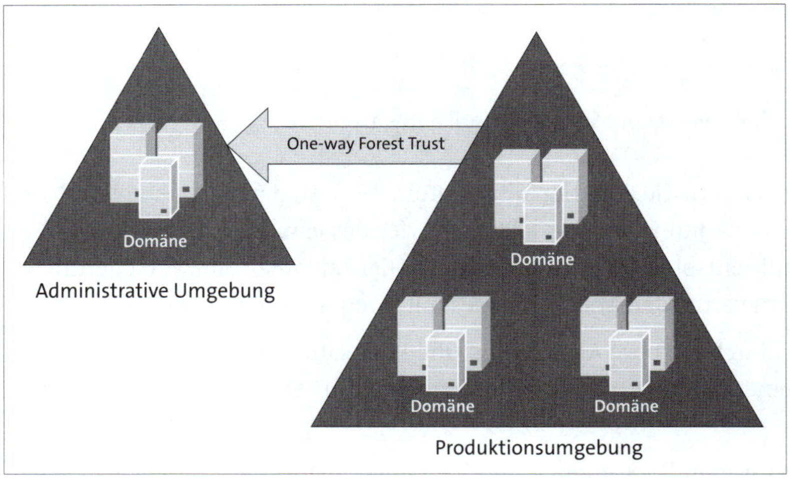

Abbildung 22.82 Unidirektionale Vertrauensstellung von der Produktionsgesamtstruktur zur Admin-Gesamtstruktur

Für den Red Forest gibt es einen neuen Domänencontroller namens *Admin*. Diese Benennung ist unter produktiven Gesichtspunkten nicht zu empfehlen. Auch wenn es viele Anzeichen gibt, an denen ein unberechtigter Angreifer einen Admin-Forest erkennen kann, gilt dennoch, es nicht zu offensichtlich zu gestalten.

Durch die Erstellung des One-way Trusts ergibt sich die Situation, dass im produktiven Active Directory ausschließlich fremde Sicherheitsprinzipale *(Foreign Security Principals)* auftauchen. Die originären Benutzerkontodaten werden nicht exponiert. Administratoren, die eine Konfigurationsänderung im produktiven Active Directory durchführen sollen, haben gleichzeitig im administrativen Active Directory nur Benutzerberechtigungen. Im administrativen Active Directory gibt es also nur relativ wenige Möglichkeiten, diesen Benutzer zu übernehmen oder sich damit Berechtigungen zu erschleichen.

Manche Standardgruppen im produktiven Forest (hier: *intranet.rheinwerk-verlag.de*) können keine Gruppen oder Benutzer aus dem administrativen Active Directory aufnehmen, da sie dies als globale Gruppen nicht können. Also kann die Gruppe der Administratoren und eine beliebige Art von delegierten Gruppen verwendet werden.

Um sie später im produktiven Active Directory zu verwenden, legen Sie im administrativen AD eine Struktur für die entsprechenden Benutzer an (siehe Abbildung 22.83).

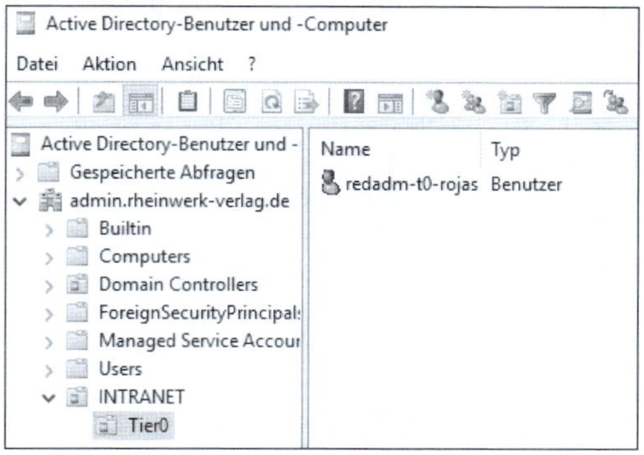

Abbildung 22.83 Tier-0-Organisationseinheit

Legen Sie außerdem einen Benutzer an, mit dem Sie einen Zugriff auf das Active Directory *admin.rheinwerk-verlag.de* erhalten (Gruppe: *Domänenbenutzer*).

Erstellen Sie gegenseitig *Stubzonen* oder eine bedingte Weiterleitung im DNS, sodass die Namensauflösung gewährleistet ist. Alle anderen Optionen zur DNS-Auflösung sind ebenfalls denkbar. Prüfen Sie, ob die Namensauflösung für Objekte im administrativen Active Directory erfolgreich ist.

Wechseln Sie im produktiven Active Directory in die Konsole für *Active Directory-Domänen und -Vertrauensstellungen*, und erstellen Sie eine ausgehende Vertrauensstellung (siehe Abbildung 22.84).

Wählen Sie aus, dass diese Vertrauensstellung nur in dieser Domäne angelegt wird, und legen Sie ein Vertrauensstellungspasswort fest. Dies führen Sie ebenfalls auf der Seite des Admin-Active Directorys aus, dort allerdings mit der Option UNIDIREKTIONAL: EINGEHEND.

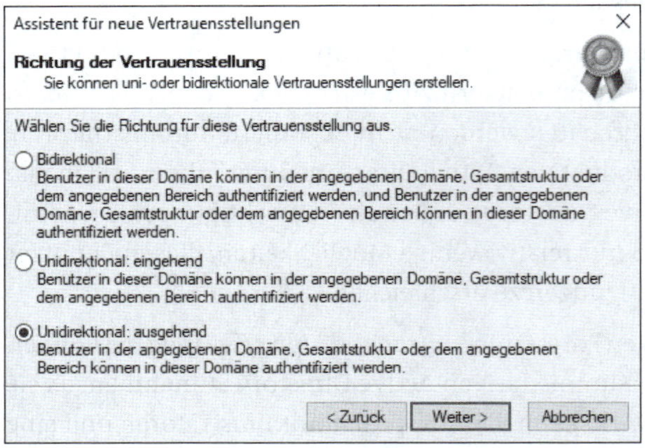
Assistent für neue Vertrauensstellungen
Richtung der Vertrauensstellung
Sie können uni- oder bidirektionale Vertrauensstellungen erstellen.
Wählen Sie die Richtung für diese Vertrauensstellung aus.
Bidirektional
Benutzer in dieser Domäne können in der angegebenen Domäne, Gesamtstruktur oder dem angegebenen Bereich authentifiziert werden, und Benutzer in der angegebenen Domäne, Gesamtstruktur oder dem angegebenen Bereich können in dieser Domäne authentifiziert werden.
Unidirektional: eingehend
Benutzer in dieser Domäne können in der angegebenen Domäne, Gesamtstruktur oder dem angegebenen Bereich authentifiziert werden.
Unidirektional: ausgehend
Benutzer in der angegebenen Domäne, Gesamtstruktur oder dem angegebenen Bereich können in dieser Domäne authentifiziert werden.
< Zurück
Weiter >
Abbrechen

Abbildung 22.84 Unidirektional ausgehende Vertrauensstellung

Sobald die Vertrauensstellung aufgebaut ist, kann ein Benutzer aus dem Admin-Forest den Berechtigungsgruppen des produktiven Forests hinzugefügt werden (siehe Abbildung 22.85). Jetzt kommt der angelegte Nutzer ins Spiel.

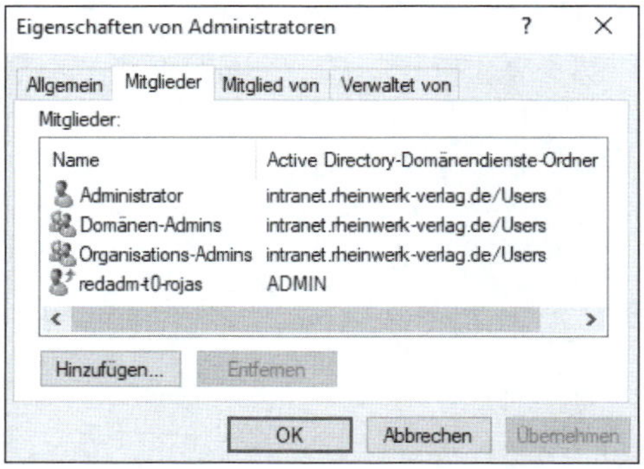
Eigenschaften von Administratoren
Allgemein
Mitglieder
Mitglied von
Verwaltet von
Mitglieder:
Name
Active Directory-Domänendienste-Ordner
Administrator
intranet.rheinwerk-verlag.de/Users
Domänen-Admins
intranet.rheinwerk-verlag.de/Users
Organisations-Admins
intranet.rheinwerk-verlag.de/Users
redadm-t0-rojas
ADMIN
Hinzufügen...
Entfernen
OK
Abbrechen
Übernehmen

Abbildung 22.85 Admin-Forest-User erkennen Sie am roten Pfeil in den Gruppenmitgliedschaften.

Mit dieser Gruppenmitgliedschaft können Sie sich mit einem Konto, das nicht Teil der Umgebung *intranet.rheinwerk-verlag.de* ist, am Domänencontroller von *INTRANET* anmelden und dort administrative Aktivitäten ausführen.

Weitere Ergänzungen sind die Aktivierung der selektiven Authentifizierung, die optimierte Delegierung für verschiedene administrative Aktivitäten und die Aktivierung von IPSec zwischen den Umgebungen. Um einen administrativen Forest komplett betreiben zu können, sind außerdem viele Prozesse und viele zusätzliche Systeme notwendig. Die Anmeldung an Systemen des Admin-Forests sichern Sie mithilfe von PKI-basierten Zertifikaten ab, den Lifecycle von Software und Updates gestalten Sie mit einem eigenständigen Update- und Softwaremanagement-System.

Eine alternative Form von sicherheitsergänzenden Active Directory-Umgebungen, die PAM-Trusts, werden in Abschnitt 7.9 beschrieben. Diese PAM-Gesamtstrukturen ermöglichen die zeitgebundene Berechtigungszuweisung für administrative Benutzer.

Glossar

Abkürzung	Bezeichnung	Beschreibung
.NET	Microsoft .NET	Framework, mit dem Anwendungen entwickelt werden können
10BASE-T		Beschreibung einer Art der Verkabelung (T = Twisted Pair) und der Geschwindigkeit (10 MBit/s)
24H2	2. Jahreshälfte 2024	Bezeichnung der Version der Betriebssysteme von Microsoft
A		IPv4-DNS-Eintrag zur Auflösung eines Namens in eine IP-Adresse
AAA	Authentication, Authorization, Accounting	Bezeichnung für einen Authentifizierungsdienst, der eine Authentifizierung, Autorisierung und Kontoführung durchführt (NPS)
AAAA		IPv6-DNS-Eintrag zur Auflösung eines Namens in eine IP-Adresse
AAD	Azure Active Directory	Cloudbasierter Verzeichnisdienst von Microsoft
ACE	Access Control Entry	Berechtigungseintrag in einer Access Control List (ACL)
ACL	Access Control List	Liste mit Berechtigungen, die auf einer Ressource festgelegt werden
ASCII	American Standard Code for Information Interchange	Codierung von Zeichen. Jedem Zeichen wird ein fester Wert zugeordnet.
AD	Active Directory	Verzeichnisdienst von Microsoft, der auf LDAP basiert
AD CS	Active Directory Certificate Services	Die Active Directory-Zertifikatdienste stellen Dienste im Zusammenhang mit der Ausstellung und Verwaltung von Zertifikaten bereit.
AD DS	Active Directory Domain Services	Verzeichnisdienst von Microsoft, der auf LDAP basiert
AD FS	Active Directory Federation Services	Active Directory-Verbunddienste – Dienst zum Authentifizieren an Webressourcen. Wird überwiegend für eine Authentifizierung an Cloud-Diensten verwendet.

Abkürzung	Bezeichnung	Beschreibung
AD LDS	Active Directory Lightweight Services	Ein auf LDAP basierender Verzeichnisdienst mit abgespeckten Funktionen im Vergleich zu AD DS
AD RMS	Active Directory Rights Management Services	Rolle zum Schützen von Dokumenten
ADAM	Active Directory Application Mode	Bezeichnung für AD LDS unter Windows Server 2003
ADBA	Active Directory Based Activation	Aktivierung von Betriebssystemen über das Active Directory
ADK	Windows Assessment and Deployment Kit	Kostenloses Softwarepaket, mit dem unter anderem Antwortdateien für automatisierte Installationen erstellt werden können
ADML	Administrative Template – Language File	Datei, die Beschreibungen zu den Einstellungen in Gruppenrichtlinien enthält
ADMT	Active Directory Migration Tool	Tool zur Migration von Benutzern zwischen Active Directory-Domänen bzw. -Gesamtstrukturen
ADMX	Administrative Template – Config File	Konfigurationsdatei für die Einstellungen der administrativen Vorlagen in Gruppenrichtlinien
ADSI	Active Directory Services Interface	Schnittstelle, um auf Daten eines LDAP-Dienstes zuzugreifen
ADSI Edit	Active Directory Services Interface – Editor	Tool aus den Active Directory RSAT-Tools zum Lesen und Bearbeiten von LDAP-Daten
AES	Advanced Encryption Standard	Verschlüsselungsstandard, der auf dem Rijndael-Algorithmus basiert
AIA	Authority Information Access	Zugriff auf Stelleninformationen. Wird bei einer Zertifizierungstelle verwendet, um einen Pfad zum Download des CA-Zertifikates oder den Pfad zum Online-Responder zu definieren.

Abkürzung	Bezeichnung	Beschreibung
ANSI	American National Standards Institute	Nach dem Institut bekannte Codierung von Zeichen. Jedem Zeichen wird ein fester Wert zugeordnet. Weiterentwicklung von ACSII.
API	Application Programming Interface	Anwendungsprogrammierschnittstelle: Softwarepaket, das Zugriff auf Anwendungen und Daten bereitstellt
APIPA	Automatic Private IP Adressing	Automatische IP-Adressvergabe aus einem IP-Adressbereich von Microsoft (`169.254.x.y`)
App-V	Microsoft Application Virtualization	Microsoft-Anwendung zur serverbasierten Bereitstellung von virtualisierten Anwendungen
ARP	Address Resolution Protocol	Protokoll auf Layer 2, um IP-Adressen in MAC-Adressen zu »übersetzen«
AS	Authentication Service	Dienst auf einem Domänencontroller, der Ticket gewährende Tickets (Ticket-granting Tickets, TGT) für Kerberos ausstellt
AS_Req	Authentication Service – Request	Netzwerkpaket zur Anforderung eines TGT
ASM	Address Space Management	Berechtigungsgruppe im IPAM-Server; dient zur Verwaltung der IP-Adressbereiche.
ASR	Attack Surface Reduction	Regelwerke zur Reduzierung der Angriffsfläche auf Systeme
ATA	Microsoft Advanced Threat Analytics	Microsoft-Softwareprodukt zum Erkennen von Angriffen auf das Netzwerk bzw. die Domänencontroller
ATM	Asynchronous Transfer Mode	Protokoll zur Übertragung von Daten, Sprache und Video
ATP	Windows Defender Advanced Threat Protection	Microsoft-Lösung für präventiven Schutz und die Erkennung bereits erfolgter Angriffe
BGP	Border Gateway Protocol	Routingprotokoll, das im Gegensatz zu RIP einen besseren Schutz vor Routingschleifen bietet
BIOS	Basic Input Output System	Firmware auf einem Computer, die Einstellmöglichkeiten bietet. BIOS ist der Vorgänger von EFI bzw. UEFI.

Abkürzung	Bezeichnung	Beschreibung
BITS	Background Intelligent Transfer Service	Intelligenter Hintergrundübertragungsdienst: Dienst, der Downloads netzwerkbandbreitenoptimiert durchführt. Wird z. B. zum Download von Windows Update-Dateien verwendet.
BOOTP	Bootstrap Protocol	Vorgänger des DHCP-Protokolls, mit dem IP-Adressen und zusätzliche Konfigurationen über das Netzwerk bezogen werden können
BSOD	Bluescreen of Death	Das Bild, das beim Absturz eines Windows-Systems angezeigt wird
CA	Certification Authority	Zertifizierungsstelle: Rolle auf einem Windows Server, die zum Ausstellen und Verwalten von Zertifikaten berechtigt
CAB	Cabinet	Dateiformat – üblicherweise mit Installationsdateien
CAL	Client Access License	Clientzugriffslizenz: Lizenz zum Zugriff eines Clients auf ein Serversystem
CAP	Connection Authorization Policy	Verbindungsautorisierungsrichtlinie: Richtlinie auf dem Remote Desktop-Gateway
CAPI2	Crypto-API2	Eventlog für die Crypto-API, um Meldungen rund um die Zertifikate zu protokollieren.
Cat	Category	Bezeichnung der Übertragungsgeschwindigkeit von Netzwerkkabeln. Cat 5e oder Cat 7 sind sehr verbreitet.
CCTV	Closed Circuit Television	Abgeschottete Video-Überwachungs- und -übertragungssysteme
CDP	CRL Distribution Point	Sperrlistenverteilpunkt, der auf einer Zertifizierungsstelle konfiguriert wird und Speicherorte für Sperrlisten definiert
CEP	Certificate Enrollment Policy Server	Serverdienst, der Sie bei dem Ausrollen von Zertifikaten aus unsicheren Netzwerken unterstützt
CES	Certificate Enrollment Server	Serverdienst, der Sie bei dem Ausrollen von Zertifikaten aus unsicheren Netzwerken unterstützt
CIDR	Classless Inter-Domain Routing	Bezeichnung und Schreibweise von Subnetzmasken in der »Slash«-Notation (z. B. /24)

Abkürzung	Bezeichnung	Beschreibung
CIFS	Common Internet File System	Vorgängerprotokoll von SMB. Wurde bzw. wird zum Zugriff auf Dateiserver verwendet.
CMAK	Connection Manager Administration Kit	Rollendienst zum Erstellen und Verwalten von VPN-Verbindungen
CMS	Content-Management-System	Lösung zur Verwaltung von dynamischen Inhalten für eine Webseite
CN	Common Name	LDAP-Bezeichnung für Objekte (`CN=PeterKloep`)
CNA	Converged Netwerk Adapter	Ein Netzwerkadapter, der die Funktionen eines Hostbus-Adapters und einer Netzwerkkarte in sich vereint
CNAME	Canonical Name	Ein Alias-Eintrag im DNS, der auf eine andere Ressource verweist
CNO	Cluster-Name-Object	Ein Computerkonto im Active Directory, das für den Cluster angelegt wird
COM	Component Object Model	Technik für Windows zur Kommunikation zwischen Prozessen
CP	Certificate Policy	Allgemeine Beschreibung, wie das Unternehmen mit Zertifikaten umgeht
CPS	Certificate Practice Statement	Detaillierte Beschreibung, wie das Unternehmen mit Zertifikaten umgeht
CPU	Central Processing Unit	Hauptprozessor des Computers bzw. des Systems
CRL	Certificate Revocation List	Zertifikatsperrliste: Liste mit Zertifikaten, die durch die Zertifizierungsstelle gesperrt worden sind
CSE	Client-Side Extension	Erweiterungsmodul für die Abarbeitung der Gruppenrichtlinien, das neue Optionen aktiviert
CSMA/CD	Carrier Sense Multiple Access/Collision Detection	Definition, wie Daten über Verbindungen übertragen werden
CSP	Cloud Solutions Provider	Anbieter von cloudbasierten Lösungen
CSR	Certificate Signing Request	Zertifikatanforderungsdatei

Abkürzung	Bezeichnung	Beschreibung
CSV	Cluster Shared Volume	Gemeinsamer Speicherplatz, der als Clusterressource definiert wurde
CSV	Comma Separated Value	Textdateien, bei denen die Daten durch jeweils ein Komma (oder ein anderes Trennzeichen) voneinander getrennt sind
DAC	Dynamic Access Control	Dynamische Zugriffssteuerung: Möglichkeit, um basierend auf AD-Attributen Rechte auf Ressourcen zu definieren.
DAD	Duplicate Address Detection	Mechanismus zum Erkennen von doppelten IP-Adressen
DAP	Directory Access Protocol	Vorgänger von LDAP
DC	Domain Controller	Domänencontroller. DC kann auch als Abkürzung für »Domain Component« bei der Verwendung von LDAP-Pfaden verwendet werden.
DCOM	Distributed COM	Objektorientiertes Remote-Procedure-Call-System
DCS	Data Collector Set	Datensammlersatz für die Perfomance-Analyse eines Systems
DEP	Data Execution Prevention	Datenausführungsverhinderung: Schutzmechanismus des Prozessors
DFL	Domain Functional Level	Domänenfunktionsebene
DFS	Distributed File System	Verteiltes Dateisystem
DFS-N	Distributed File System Namespace	Bereitstellungen eines DFS-Namensraumes
DFS-R	Distributed File System Replication	Replikation von Daten zwischen Servern über das DFS-R-Protokoll
DFÜ	Datenfernübertragung	Übertragung von Daten über eine Telefonleitung
DHA	Device Health Attestation	Integritätsnachweis für Geräte

Abkürzung	Bezeichnung	Beschreibung
DHAS	Device Health Attestation Service	Dienst, der DHA bereitstellt
DHCP	Dynamic Host Configuration Protocol	Protokoll zum automatischen Verteilen von IP-Konfigurationen
DISM	Image Servicing and Management	Kommandozeilentool zum Verwalten von WIM-Images und zum Verwalten von Features
DJOIN		Kommandozeilentool für den Offline-Domain-Join
DLL	Dynamic Link Library	Dynamische Programmbibliothek
DMZ	Perimeter Network	Demilitarisierte Zone: ein geschütztes Netzwerksegment
DN	Distinguished Name	LDAP-Bezeichnung des Objekts inklusive Speicherort innerhalb der Struktur
DNS	Domain Name Service	Dienst für die Namensauflösung
DOS	Disk Operating System	Betriebssystem, das (ursprünglich) von Disketten gestartet wurde
DSC	Desired State Configuration	PowerShell-Lösung, um bestimmte Einstellungen auf Systemen umzusetzen
DSRM	Directory Services Restore Mode	Active Directory-Wiederherstellungsmodus
DTLS	Datagram Transport Layer Security	TLS-Verbindungen über UDP
DVD	Digital Versatile Disk	Speichermedium, von dem aus ein Betriebssystem installiert werden kann
DWORD		Datentyp eines Zahlenwertes (wird häufig in der Registry verwendet)
EAP	Extensible Authentication Protocol	Authentifizierungsprotokoll für den Remotezugriff
EFI	Extensible Firmware Interface	Weiterentwicklung des BIOS

Abkürzung	Bezeichnung	Beschreibung
EMET	Enhanced Mitigation Experience Toolkit	Tool von Microsoft zur Härtung der Systeme
ESE	Extensible Storage Engine	Datenbankformat, das von den AD-Verzeichnisdiensten verwendet wird
ETL	Microsoft Windows Trace Log	Dateiformat für Überwachungsdateien in Windows-Systemen
FAST	Flexible Authentication Secure Tunneling	Schutzmechanismus bei Kerberos, der eine Replay-Attacke erschwert (Kerberos Armoring)
FAT	File Allocation Table	Dateisystem für Laufwerke
FAT32	File Allocation Table 32	Dateisystem für Laufwerke
FDDI	Fiber Distributed Data Interface	Ring-Netzwerkstruktur, die durch das Ethernet mit den Bus- und Stern-Topologien ersetzt wurde.
FFL	Forest Functional Level	Gesamtstruktur-Funktionsebene
FIM	Forefront Identity Manager	Programm zur Identitätsverwaltung vom Microsoft
FQDN	Fully Qualified Domain Name	Vollständiger qualifizierter Domänenname: `<Hostname>.<Domänenname(n)>`
FRS	File Replication Service	Dateireplikationsdienst, Vorgänger von DFS-R
FSMO	Flexible Single Master Operations	Betriebsmasterrollen von Active Directory
FTP	File Transfer Protocol	Protokoll zur Dateiübertragung im Internet
GAN	Global Area Network	Globales Netzwerk
GB	Gigabyte	Einheit für eine Datenmenge
GC	Global Catalog	Globaler Katalog – Suchdienst eines Domänencontrollers

Abkürzung	Bezeichnung	Beschreibung
GHz	Gigahertz	Geschwindigkeitsangabe
gMSA	Group-Managed Service Account	Gruppenverwaltetes Dienstkonto
GPC	Group Policy Container	AD-Objekt für Gruppenrichtlinien
GPMC	Group Policy Managent Console	Verwaltungskonsole zum Bearbeiten von Gruppenrichtlinien
GPO	Group Policy Object	Gruppenrichtlinie; besteht aus GPC und GPT.
GPT	Group Policy Template	Konfigurationsdateien mit dem Inhalt der Gruppenrichtlinien – werden im Sysvol gespeichert.
GRE	Generic Routing Encapsulation	Netzwerkprotokoll zum gekapselten Übertragen von Daten
GUI	Graphical User Interface	Grafische Oberfläche
GUID	Globally Unique Identifier	Eindeutiger zufällig generierter Bezeichner
HCI	Hyper-Converged Infrastructure	Hyperkonvergente Infrastruktur. Methode, um Ressourcen in Rechenzentren dynamisch zu verwalten.
HCL	Hardware Compatibility List	Hardwarekompatibilitätsliste mit unterstützter Hardware
HGS	Host Guardian Service	Dienst zum Bereitstellen von abgeschirmten virtuellen Maschinen
HKCU		Der Zweig `HKEY_Current_User` der Registry
HKLM		Der Zweig `HKEY_Local_Machine` der Registry
HSM	Hardware Security Module	Krypto-Modul für eine Zertifizierungsstelle, auf dem Schlüsselmaterial gespeichert werden kann
HTTP	Hypertext Transfer Protocol	Protokoll zum unverschlüsselten Übertragen von Inhalten über das Internet
HTTPS	Hypertext Transfer Protocol Secure	Protokoll zum verschlüsselten Übertragen von Inhalten über das Internet

Abkürzung	Bezeichnung	Beschreibung
IaaS	Infrastructure as a Service	Bezeichnet die Bereitstellung von Infrastrukturdiensten in der Cloud
IAS	Internet Authentication Server	Vorgängerprodukt des NPS. Stellt RADIUS-Funktionalität bereit.
ICMP	Internet Control Message Protocol	Netzwerkprotokoll, das unter anderem »Ping« bereitstellt
IDP	Issuing Distibution Point	IDPs werden von Nicht-Windows-Clients verwendet, um den Sperrstatus zu überprüfen.
IEEE	Institute of Electrical and Electronic Engineers	Institut, das Normungen definiert
IFM	Install From Media	Installationsoption für Domänencontroller, um Bandbreite zu sparen
IGMP	Internet Group Management Protocol	Protokoll, das im Zusammenhang mit Mulitcast verwendet wird
IHL	Internet Header Length	Länge eines IP-Headers
IIS	Internet Information Server	Webserver des Windows-Betriebssystems
IKE	Internet Key Exchange	Authentifizierungsprotokoll für IPSec-Verbindungen
IMAP	Internet Message Access Protocol	Protokoll zum Abrufen von Mail-Nachrichten
IP	Internet Protocol	Protokoll zum Übertragen von Daten im Netzwerk
IPAM	IP Address Management	Softwareprodukt von Microsoft zum Verwalten von IP- und DNS-Informationen
IPC	Inter-Process Communication	Prozesse und Verfahren zum Austausch von Daten zwischen Prozessen
IPP	Internet Printing Protocol	Protokoll, um Druckdaten über HTTP zu übertragen
IPSec	IP Security	Protokoll zum Absichern des Datenverkehrs

Abkürzung	Bezeichnung	Beschreibung
IPX	Internetwork Packet Exchange	Altes Netzwerkprotokoll zur Übertragung von Daten
IQN	iSCSI Qualified Name	Bezeichnung eines Namens bei der Verwendung von iSCSI
iSCSI	Internet Small Computer System Interface	Verwendung des SCSI-Protokolls über das Netzwerk
ISE	Integrated Scripting Environment	Grafische Oberfläche zum Entwickeln von PowerShell-Skripten
iSNS	Internet Storage Name Service Protocol	Dienst zur Namensauflösung für iSCSI-Systeme
ISO		Dateiformat mit dem Abbild einer CD oder DVD
ITU-T	International Telecommunication Union – Telecommunication Standardization Sector	Abteilung innerhalb der ITU, die für die Normierungen innerhalb der Telekommunikation zuständig ist
JEA	Just Enough Administration	PowerShell-Lösung zum Reduzieren der benötigten Rechte bei der Verwaltung von Diensten oder Systemen
KCC	Knowledge Consistency Checker	Dienst auf einem Domänencontroller, der für den Aufbau der Replikationstopologie zuständig ist
KDC	Key Distribution Center	Dienst zum Ausstellen von Kerberos-Tickets
KMS	Key Management Server	Dienst zum Aktivieren von Betriebssystemen oder Office-Anwendungen
KRBTGT	Kerberos Ticket Granting Ticket	AD-Benutzer, mit dessen Kennwort die Kerberos-Tickets verschlüsselt werden
L2TP	Layer-2-Tunneling Protocol	Tunnelprotokoll für VPN-Verbindungen
LAN	Local Area Network	Lokales Netzwerk
LANMAN	LAN Manager	Das Authentifizierungsprotokoll LM

Abkürzung	Bezeichnung	Beschreibung
LACP	Link Aggregation Control Protocol	Durch Kanalbündelung kann der Datendurchsatz zwischen Switches und Systemen verbessert werden.
LAPS	Local Admin Password Solution	Gruppenrichtlinienerweiterung zum automatischen Verteilen unterschiedlicher Kennwörter an Windows-Clients
LDAP	Lightweight Directory Access Protocol	Protokoll zum Zugriff auf Verzeichnisdienstdaten
LDAPS	Lightweight Directory Access Protocol Secure	Protokoll zum gesicherten Zugriff auf Verzeichnisdienstdaten
LDIF	LDAP Data Interchange Format	Format zum Austausch von Daten mit LDAP-Diensten
LDP		Tool für den Zugriff auf LDAP-Informationen
LLC	Logical Link Control	Netzwerkprotokoll auf der Sicherungsschicht
LLMNR	Link Local Multicast Name Resolution	Namensauflösung im lokalen Subnetz unter IPv6
LM	LAN Manager	Domänen-Authentifizierungsprotokoll
LPD	Line Printer Daemon	Protokoll zum Übertragen von Druckjobs an Drucker
LSASS	Local Security Authortity Subsystem	Sicherheitssystem, in dessen Kontext Anmeldungen durchgeführt werden
LTE	Long Term Evolution	Übertragungsprotokoll für Mobilfunknetze
LTSC	Long Term Services Channel	Support-Kanal für Windows-Systeme
LTSK	Long Term Session Key	Schlüssel, der auf dem Kennwort des Ziels basiert und für den eine Kerberos-Verschlüsselung verwendet wird
LUN	Logical Unit Number	Logische Nummer, über die Festplattenplatz auf dem Speichergerät bereitstellt wird
LWL	Lichtwellenleiter	Datenübertragungstechnik mithilfe von Licht
MAC	Media Access Control	Eindeutige Kennung einer Netzwerkkarte

Abkürzung	Bezeichnung	Beschreibung
MAC	Media Access Control, Zugriffskontrollschicht	Erweiterung des OSI-Modells
MADCAP	Multicast Address Dynamic Client Allocation Protocol	Protokoll zur dynamischen Zuweisung von Multicast-Adressen
MAK	Multiple Activation Keys	Lizenzschlüssel, mit dem mehrere Systeme aktiviert werden können
MAN	Metropolitan Area Network	Netzwerkverbindung zwischen mehreren Orten
MBR	Master Boot Record	Enthält das Startprogramm und Partitionsinformationen der Festplatte.
MD4	Message Digest 4	Hashing-Algorithmus
MD5	Message Digest 5	Hashing-Algorithmus
MDM	Mobile Device Management	Lösung zum Verwalten von mobilen Geräten (Telefone/Tablets)
MFA	Multi-Factor Authentication	Mehrfaktor-Authentifizierung zur sicheren Anmeldung
MIM	Microsoft Identity Manager	Programm zur Identitätsverwaltung vom Microsoft
MMC	Management Console	Verwaltungskonsolen in Windows-Systemen
MP3	MPEG-1 Audio Layer III	Dateierweiterung für Musikdateien
MSA	Managed Service Account	Verwaltetes Dienstkonto
MSC		Dateierweiterung für Verwaltungskonsolen
MS-CHAP	Microsoft Challenge Handshake Authentication Protocol	Authentifizierungsprotokoll für Remotezugriffe
MSDN	Microsoft Developer Network	Webseite bzw. Plattform bei Microsoft, auf der Ressourcen für Entwickler bereitgestellt werden

Abkürzung	Bezeichnung	Beschreibung
MSI	Microsoft Installer	Dateierweiterung für Installationspakete
MSM	Multi Server Management	Berechtigungsgruppen im IPAM-Server
MSMQ	Message Queuing	Anwendungsprotokoll für Nachrichtenwarteschlangen
MTU	Maximum Transmission Unit	Zahlenwert, der die maximale Paketgröße für Netzwerkübertragungen definiert
MX	Mail Exchanger	DNS-Eintrag zum Auffinden eines Mailservers
NAS	Network Attached Storage	Ans Netzwerk angeschlossene Speichermedien
NAS	Network Access Server	Zugriffssystem, das als RADIUS-Client konfiguriert ist
NAT	Network Address Translation	Netzwerkadressübersetzung; dient zum Manipulieren von IP-Paketen, um Quellinformationen zu verbergen.
NDES	Network Device Enrollment Service	Protokoll zum Verteilen von Zertifikaten an Netzwerkgeräte
NDP	Neighbor Discovery Protocol	IPv6-Protokoll zum Erkennen von Ressourcen im lokalen Subnetz
NetBIOS	Network Basic Input Output System	Protokoll bzw. API zum Austausch von Daten im Netzwerk
NFS	Network File System	Netzwerkbasiertes Dateisystem
NIC	Network Interface Card	Netzwerkschnittstelle
NIST	National Institute of Standards and Technology	US-Normungsbehörde
NLA	Network Level Authentication	Authentifizierung auf Netzwerkebene; kann zum Absichern von RDP-Verbindungen aktiviert werden.
NLB	Network Load Balancer	Netzwerklastenausgleich; Möglichkeit, Webdienste und RD-Server hochverfügbar zu machen.
NPS	Network Policy Server	Microsoft-Implementierung eines RADIUS-Servers

Abkürzung	Bezeichnung	Beschreibung
NTDS	New Technology Directory Service	Bezeichnung der Datei für die Active Directory-Datenbankdatei
NTFS	New Technology File Systeme	Dateisystem für Festplatten
NTLM	New Technology LAN Manager	Authentifizierungsprotokoll für Domänenanmeldungen
NUD	Neighbor Unreachability Detection	IPv6-Protokoll, um die Erreichbarkeit von Netzwerkpartnern zu prüfen
NUMA	Non-Uniform Memory Access	Prozessoren haben neben einem eigenen Speicherbereich auch einen Speicherbereich, den sie mit anderen Prozessoren teilen können.
OAuth2	Open Authorization, Version 2.0	Authentifizierungsprotokoll für Webdienste
OCSP	Online Certificate Status Protocol	Protokoll zum Überprüfen der Gültigkeit von Zertifikaten
OE	Organisationseinheit	Organisationselement im Active Directory
OID	Object Identifier	Kennzahl, die eine Funktion definiert
OMS	Operations Management Suite	Cloudbasierte Überwachungslösung von Microsoft
OOBE	Out Of the Box Experience	Installationsschritt bei der Installation von Windows
OSE	Operating System Environment	Die installierte Instanz eines (Windows-)Betriebssystems
OSI	Open Systems Interconnection	Modell zur Beschreibung von Datenkommunikationen
OU	Organizational Unit	Organisationselement im Active Directory
OWA	Outlook Web App	Zugriff auf Mailinformationen über eine Webseite
PaaS	Platform as a Service	Cloudbasierte Bereitstellung von Betriebssystemen
PAC	Privilege Access Certificate	Teil des Kerberos-Tickets, das die Gruppenmitgliedschaften und Privilegien enthält

Abkürzung	Bezeichnung	Beschreibung
PAM	Privilege Access Management	Verwaltung privilegierter Konten: besondere Vertrauensstellungsart
PAN	Private Area Network	Privates Netzwerk für kurze Verbindungen
PAP	Password Authentication Protocol	Authentifizierungsprotokoll für Remotezugriff
PAW	Privilege Access Workstation	Besonders gehärtete Arbeitsstation für administrative Aufgaben
PDC	Primary Domain Controller	Domänencontroller mit der FSMO-Rolle des PDC-Emulators
PE	Preexecution Environment	Windows-Vorinstallationsumgebung
PFX	Personal Information Exchange	Dateiformat zur Speicherung eines Zertifikats mit dem privaten Schlüssel (PKCS #12)
PID	Process ID	ID eines Prozesses unter Windows
PKCS	Public-Key Cryptography Standards	Definierte Standards für unterschiedliche Zwecke im Umgang mit Zertifikaten
PKI	Public Key Infrastructure	Infrastruktur für öffentliche Schlüssel
PNRP	Peer Name Resolution Protocol	Protokoll für die Namensauflösung im lokalen Subnetz
PoE	Power over Ethernet	Stromversorgung für Geräte über die Netzwerkverkabelung
POP3	Post Office Protocol 3	Protokoll zum Abrufen von Mail-Nachrichten
PPP	Point-to-Point Protocol	Protokoll zum Aufbau von Wählverbindungen
PPPoE	Point-to-Point Protocol over Ethernet	Protokoll, das von DSL-Anschlüssen verwendet wird.
PPTP	Point-to-Point Tunneling Protocol	Tunnelprotokoll für VPN-Verbindungen
PS1		Dateierweiterung für PowerShell-Skripte

Abkürzung	Bezeichnung	Beschreibung
PSO	Password Settings Object	Feinabgestimmte Kennwortrichtlinie zum granularen Steuern von Kennwortrichtlinien
PSRC	PowerShell Role Capabilities File	Definitionsdatei für JEA
PSSC	PowerShell Session Configuration Files	Definitionsdatei für JEA
PSWA	PowerShell Web Access	Webzugriff für Windows PowerShell
PTR	Pointer	DNS-Eintrag zur Auflösung von IP-Adressen in Namen
PXE	Pre-execution Environment	Möglichkeit für Systeme, über das Netzwerk zu booten
QoS	Quality of Service	Datenpriorisierung auf dem Netzwerk basierend auf dem Typ der Daten
RADC	Remote Access and Desktop Connections	Startmenü-Eintrag, unter dem Remotedesktopverbindungen angezeigt werden
RADIUS	Remote Authentication Dial-in User Server	Protokoll zur Authentifizierung von Remotezugriffen
RAM	Random Access Memory	Arbeitsspeicher des Rechners
RAP	Resource Authorization Policy	Richtlinie des RD-Gateways, die regelt, auf welche Systeme ein Nutzer zugreifen kann
RARP	Reverse Address Resolution Protocol	Protokoll, mit dem Systemen ohne Festplatten-IP-Adressen zugeordnet werden können
RAS	Remote Access Server	VPN-Server, der Zugriff auf das Netzwerk ermöglicht
RD	Remote Desktop	Bezeichnung der Dienste rund um die Terminaldienste
RDC	Remote Differential Compression	Protokoll zur Komprimierung von Daten bei Übertragung über langsame Verbindungen
RDMA	Remote Direct Memory Access	Direkter Speicherzugriff auf Systeme über das Netzwerk

Abkürzung	Bezeichnung	Beschreibung
RDP	Remote Desktop Protocol	Protokoll bei der Verwendung der Remotedesktop-Dienste
RDS	Remote Desktop Servics	Dienste rund um die Terminalserver
ReFS	Resilient File System	Dateisystem für Datenträger
RFC	Request for Comments	»Quasi«-Definition von Standards
RID	Relative ID	Dynamischer Anteil bei der Erstellung von SIDs
RIP	Routing Information Protocol	Routingprotokoll, mit dem Router Informationen untereinander austauschen
RJ45		Steckerformat für Netzwerkverbinder
RODC	Read-Only Domain Controller	Schreibgeschützter Domänencontroller
RootDSE		Stamm der Verzeichnisdatenstruktur mit Daten über den Verzeichnisdienst
RPC	Remote Procedure Call	Methode zum Aufrufen von Prozessen auf anderen Systemen
RS-232	Recommended Standard 232	Beschreibung einer seriellen Schnittstelle zur Übertragung von Daten
RSAT	Remoteserver Administration Tool	Werkzeuge zur Remoteverwaltung von Systemen und Diensten
RSS	Receive Side Scaling	Funktion eines Netzwerkkartentreibers zur Optimierung der Leitung und des Datendurchsatzes
S/FTP	Screened Fully shielded Twisted Pair	Netzwerkkabel, das besonders abgeschirmt ist
S2D	Storage Spaces Direct	Hochverfügbare Speicherlösung für Windows Server
SaaS	Software as a Service	Cloudlösung für die Bereitstellung von Anwendungen im Internet
SAC	Semi Annual Channel	Softwareversion, die zweimal pro Jahr aktualisiert wird und einen verkürzten Support-Zeitraum hat

Abkürzung	Bezeichnung	Beschreibung
SACL	System Access Control List	Überwachungsrichtlinien auf Ressourcen
SAML	Security Assertion Markup Language	XML-basiertes Dateiformat zum Austausch von Authentifizierungsinformationen
SAN	Subject Alternate Name	Alternativer Antragstellername in Zertifikaten
SAN	Storage Area Network	Netzwerkbasierter Speicherort für Daten
SCCM	System Center Configuration Manager	Programm zum Verteilen von Anwendungen oder Updates oder zur Installation von Betriebssystemen
SCEP	Simple Certificate Enrollment Protocol	Protokoll zum Verteilen von Zertifikaten an Netzwerkgeräte
SCOM	System Center Operations Manager	Softwareprodukt zum Überwachen von Systemen
SCVMM	System Center Virtual Machine Manager	Softwareprodukt zum Verwalten von Virtualisierungshosts und virtuellen Maschinen
SDK	Software Development Kit	Softwarepaket mit Tools zur Entwicklung von Software
SDN	Software Defined Networking	Möglichkeit zur Verwaltung von virtuellen Switches, Netzwerken und Gateways
SET	Switch Embedded Teaming	Möglichkeit, um Netzwerkverbindungen unter Hyper-V hochverfügbar bereitzustellen
SHA	Secure Hash Algorithm	Algorithmus zum Erstellen von Prüfsummen (Hashes)
SID	Security Identifier	Eindeutige Kennung eines Objekts: `{S-1-5-21-xxx-xxx-xxx-yyy}`
SIM	Windows System Image Manager	Tool, um Antwortdateien für Installationen zu erstellen
SLA	Service Level Agreement	Vereinbarung über die Verfügbarkeit eines Dienstes
SLAAC	Stateless Address Autoconfiguration	Statuslose IPv6-Konfiguration

Abkürzung	Bezeichnung	Beschreibung
SLAT	Second-Level Address Translation	Hardwareunterstützte Virtualisierungstechnik
SLB	Software Load Balancer	Softwarelösung, um Anwendungen hochverfügbar bereitzustellen
SMB	Server Message Block	Protokoll zum Zugriff auf Daten im Netzwerk
SMI-S	Storage Management Initiative – Specification	Basis für die Verwaltung von Speicherlösungen
SMTP	Simple Mail Transfer Protocol	Protokoll zum Senden von Mail-Nachrichten
SNMP	Simple Network Management Protocol	Protokoll zum Verwalten und Abfragen von Komponenten
SOA	Start of Authority	Der Autoritätsursprung ist ein Eintrag in einer DNS-Zone mit Informationen zur Zone.
SoFS	Scale-out File Server	Dateiserver mit horizontaler Skalierung, der für die Speicherung von VMs oder SQL-Datenbanken optimiert ist
SPN	Service Principal Name	Registrierter Eintrag auf einem Benutzer oder Computer, der zur Verschlüsselung von Service-Tickets verwendet wird
SQL	Structured Query Language	Datenbanksprache; der *SQL Server* ist ein relationales Datenbankmanagementsystem von Microsoft.
SR	Storage Replica	Speicherreplikat; eine Möglichkeit, Laufwerke mit Daten zwischen Servern zu übertragen
SRV	Service Record	Dienstekennung im DNS mit Priorität/Gewichtung und Port
SSL	Secure Socket Layer	Absicherung einer Verbindung durch Aufbau einer Verschlüsselung
SSO	Single Sign-On	Möglichkeit, ohne erneute Anmeldung auf Ressourcen zuzugreifen
SSTP	Secure Socket Tunneling Protocol	Tunnelprotokoll für VPN-Verbindungen, das SSL verwendet

Abkürzung	Bezeichnung	Beschreibung
SUS	Server Update Service	Vorgänger des WSUS
SUVP	Security Update Validation Program	Möglichkeit, auf eine Vorschau eines Updates zuzugreifen und dieses zu testen
TCP	Transmission Control Protocol	Verbindungsorientiertes Übertragungsprotokoll im Netzwerk
TFTP	Trivial File Transfer Protocol	»Einfaches« FTP-Protokoll, mit dem Daten an Systeme (und Netzwerkkomponenten) übertragen werden können
TGS	Ticket Granting Service	Dienst auf einem Domänencontroller, der Dienstickets ausstellt
TGT	Ticket Granting Ticket	Mit einem ticketgewährenden Ticket können Diensttickets angefordert werden.
TIFF	Tagged Image File Format	Grafikformat für Bilddateien
TLS	Transport Layer Security	Protokoll zur Absicherung von Netzwerkverbindungen
TOS	Type of Service	Feld im IP-Header zur Klassifizierung des Dienstes
TPC	Transmitter Power Control	Steuerung der Leistung eines Senders
TPM	Trusted Platform Module	Sicherheitsgerät im Computer
TTL	Time To Live	Wert, der angibt, wie lange ein Objekt verwendet werden kann
UBR	Update Build Revision	Gibt die Update-Version des Betriebssystems an.
UDP	User Datagram Protocol	Verbindungsloses Kommunikationsprotokoll im Netzwerk
UEFI	Unified Extensible Firmware Interface	Firmware im System, die beim Starten des PCs angewendet wird. Nachfolger von EFI.
UE-V	Microsoft User Experience – Virtualization	Bereitstellung virtueller Desktops für Anwender

Abkürzung	Bezeichnung	Beschreibung
UI	User Interface	Benutzerschnittstelle zur Bedienung einer Anwendung
UNC	Uniform Naming Convention	Beschreibung eines Pfades zum Zugriff auf Netzwerklaufwerke (`\\Server\Freigabe`)
UPN	User Principal Name	Benutzerprinzipalname; besteht aus: `<Name>@<Suffix>`
URL	Uniform Resource Locator	Adresse, über die auf Webressourcen zugegriffen werden kann
USB	Universal Serial Bus	Anschlussmöglichkeit für externe Geräte
USMT	Windows-EasyTransfer (User State Migration Tool)	Programm zum Übertragen von Anwendungen und Einstellungen zwischen Systemen
USV	Unterbrechungsfreie Stromversorgung	Auch: UPS (Uninterruptable Power Supply); batteriegepufferte Stromversorgung für Systeme
V.24		Schnittstellendefinition für Datenfernübertragungssysteme
VAMT	Volume Activation Management Tool	Werkzeug zum Verwalten von Aktivierungen von Systemen und Anwendungen
VDI	Virtual Desktop Infrastructure	Dienste, die virtuelle Systeme für Anwender bereitstellen
VDS	Virtual Disk Service	Dienst zur Verwaltung von Datenträgern auf Windows-Systemen
VHD	Virtual Hard Disk	Dateierweiterung für virtuelle Festplatten
VHDX	Virtual Hard Disk v2	Neues Dateiformat für virtuelle Festplatten
VL	Volume License	Volumenlizenz-Datenträger für Betriebssysteme
VLAN	Virtual LAN	Virtuelles LAN (meist Layer 3) zum Abschotten von Netzwerken
VM	Virtual Machine	Virtuelles Computersystem
VMMQ	Virtual Machine Multi Queues	Verbesserung des VMQ-Datendurchsatzes durch die Verwendung mehrerer Hardware-Warteschlangen pro virtueller Maschine

Abkürzung	Bezeichnung	Beschreibung
VMQ	Virtual Machine Queue	Möglichkeit, Netzwerkpakete zwischen virtuellen Maschinen direkt zu übertragen, ohne über das Netzwerk zu gehen
VSC	Virtualization Server Client	Die Client-Komponenten, die den VSP nutzt
VSP	Virtualization Service Provider	Bietet Unterstützung für virtuelle Geräte in einer Child-Partition des Virtualisierers
vTPM	Virtual Trusted Platform Module	Ein virtuelles TPM-Modul, das in einer VM bereitgestellt wird
VPN	Virtual Private Network	Remotezugriffsmöglichkeit zum internen Netzwerk
VSS	Volume Shadow Copy Service	Volumenschattenkopie-Dienst, der sicherstellt, dass z. B. Sicherungen einen konsistenten Zustand haben
WAC	Windows Admin Center	Verwaltungstool für Windows-Systeme
WAN	Wide Area Network	Netzwerk, das mehrere Standorte verbindet, die weit entfernt voneinander liegen
WAP	Windows Azure Pack	Sammlung von Werkzeugen für die Verwaltung und Konnektivität zu Azure
WBF	Windows-Biometrieframework	Framework, mit dem biometrische Funktionen unterstützt werden
WCF	Windows Communication Foundation	Plattform für verteilte Anwendungen
WDS	Windows Deployment Services	Windows-Bereitstellungsdienste; eine Rolle zur Verteilung von Betriebssystemen
WebDAV	Web Distributed Authoring and Versioning	Möglichkeit, auf Netzlaufwerke über HTTP(S) zuzugreifen
WEF	Windows Event Forwarding	Weiterleitung von Einträgen in der Ereignisanzeige an ein anderes System
WID	Windows Internal Database	Windows-Rolle, die einen Datenbankdienst zur Verfügung stellt

Abkürzung	Bezeichnung	Beschreibung
WIF	Windows Identity Foundation	Tools, die Entwicklern helfen können, auf Ansprüche (Claims) basierende Anwendungen zu entwickeln
WIM	Windows Image Media	Dateiformat von Microsoft, das dem ISO-Format ähnelt
WinRM	Windows Remote Management	Möglichkeit zur Fernverwaltung von Systemen
WINS	Windows Internet Name Service	Namensauflösungsdienst für NetBIOS-Namen
WLAN	Wireless LAN	Netzwerkverbindung über Funk
WMF	Windows Management Framework	Softwarepaket mit WinRM
WMI	Windows Management Instrumentation	Schnittstelle zum Abfragen und Verwalten von System- und Hardwarekomponenten
WoW	Windows on Windows	Kompatibilitätsplattform, um 32-Bit-Anwendungen auf 64-Bit-Betriebssystemen auszuführen
WPAD	Windows Proxy Auto Detection	Möglichkeit, einem Computer einen Proxyserver zuzuweisen
WPAN	Wireless Personal Area Network	Funknetzwerk für kurze Verbindungen
WPAS	Windows Process Activation Service	Dienst, der Prozessaktivierung, Ressourcenverwaltung und Zustandsüberprüfung im IIS liefert
WSL	Windows-Subsystem für Linux	Möglichkeit, GNU/Linux direkt unter Windows laufen zu lassen
WSUS	Windows Server Update Services	Serverrolle unter Windows, die Updates für Systeme bereitstellt
X.21		Ein in Telefonleitungen verwendeter Standard zur Datenübertragung
x64		Beschreibung für ein 64-Bit-System
x86		Beschreibung für ein 32-Bit-System

Abkürzung	Bezeichnung	Beschreibung
XML	Extensible Markup Language	Textdatei, mit der plattformunabhängig Daten zwischen Systemen ausgetauscht werden können. Dabei wird ein hierarchischer Aufbau verwendet.
XPS	XML Paper Specification	Ein von Microsoft entwickeltes Dateiformat für Dokumente

Index

B

C

D

E

F

G

H

M

N

O

P

Q

R

T

U

V

W

Was ist neu im Windows Server 2025?

Peter Kloep
Karsten Weigel
Exklusiv als E-Book
Migrationsguide
Windows Server 2025
▸ Was ist neu im Windows Server 2025? Features, Änderungen und die neue AD-Funktionsebene
▸ Der neue Windows Server im Praxistest
▸ Serverdienste migrieren und aktualisieren
Rheinwerk
Computing

Der Windows Server 2025 ist die neue Version des Server-Betriebssystems aus dem Hause Microsoft. Und zum ersten Mal seit 2016 wird auch das Active Directory eine neue Funktionsebene erhalten. Dieser Migrationsguide bietet Ihnen zusammengefasst und auf den Punkt gebracht die wichtigsten Änderungen des neuen Servers. Peter Kloep und Karsten Weigel zeigen Ihnen, wie Sie Ihre Dienste auf ein neues Fundament stellen und was Sie bei In-Place-Updates beachten müssen.

247 Seiten, E-Book, 29,90 Euro, ISBN 978-3-367-10436-9
www.rheinwerk-verlag.de/5983

So schützen Sie Ihre Windows-Systeme

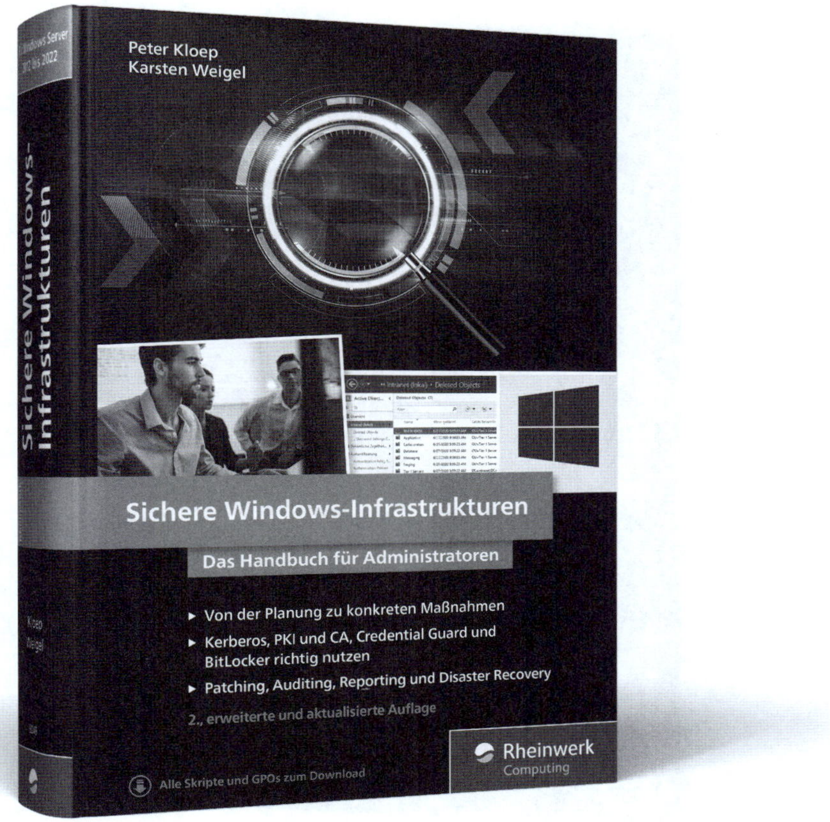

Peter Kloep
Karsten Weigel
Sichere Windows-Infrastrukturen
Das Handbuch für Administratoren
Von der Planung zu konkreten Maßnahmen
Kerberos, PKI und CA, Credential Guard und BitLocker richtig nutzen
Patching, Auditing, Reporting und Disaster Recovery
2., erweiterte und aktualisierte Auflage
Rheinwerk Computing
Alle Skripte und GPOs zum Download
Sichere Windows-Infrastrukturen

Microsoft gibt Ihnen viele Werkzeuge zum Schutz Ihrer Infrastruktur an die Hand, und dieser Leitfaden zeigt Ihnen, wie Sie diese effektiv einsetzen. Mit den richtigen Administrationsmethoden machen Sie Angreifern das Leben schwer und sorgen dafür, dass Daten sicher bleiben und kein Schaden entsteht. Viele Best Practices und Praxis-Hinweise zeigen, wie Sie Ihre Systeme absichern und sich auf den Ernstfall vorbereiten. Neu in der 2. Auflage: Hinweise für die Migration bestehender Umgebungen und Handlungsvorschläge für die Disaster Recovery.

811 Seiten, gebunden, 69,90 Euro, ISBN 978-3-8362-9249-8
www.rheinwerk-verlag.de/5612

Microsoft 365 für Administratoren

Markus Widl
Für die Business- und Enterprise-Editionen
365
Microsoft 365
Das umfassende Handbuch
Mit A2-Poster zur PowerShell
Microsoft Teams, Exchange Online, SharePoint Online, OneDrive for Business und Viva für Ihre Infrastruktur
Praxiswissen zur AD-Synchronisation, Domänen- und Benutzerverwaltung, Administration und Automatisierung
Compliance, Datenschutz und Sicherheit
Mit fertigen Skripten zum Download
Rheinwerk Computing
Microsoft 365

Das Standardwerk für die Administration von Microsoft 365! Mit den erprobten Anleitungen dieses Handbuchs administrieren Sie die Daten Ihres Unternehmens sicher in der Cloud. Ob Sie die Microsoft 365-Dienste in Ihre bestehende IT-Infrastruktur integrieren oder Ihre Nutzerdaten in die Microsoft-Cloud migrieren möchten: Markus Widl zeigt Ihnen von der Active-Directory-Integration bis zur Automation von wiederkehrenden Aufgaben mit der PowerShell die besten Lösungen. Inkl. getesteter Skripte und Referenz-Poster.

1.346 Seiten, gebunden, 69,90 Euro, ISBN 978-3-8362-8820-0
www.rheinwerk-verlag.de/5459